U0910668

中華人民共和國國務院批准的重大文化出版工程

國家文化發展規劃綱要的重點出版工程項目

新聞出版總署列爲「十一五」國家重大工程出版規劃之首

國家出版基金重點支持項目

中華大典

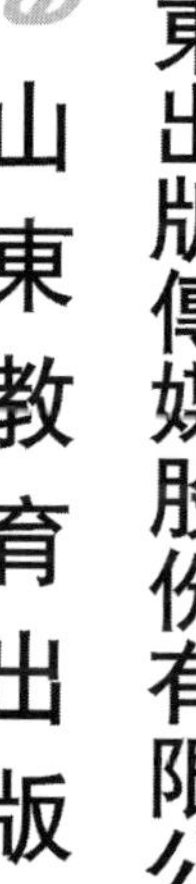

山東出版傳媒股份有限公司
山東教育出版社

圖書在版編目（CIP）數據

中華大典.理化典.中西會通分典：全二册 /《中華大典》工作委員會,《中華大典》編纂委員會．—濟南：山東教育出版社，2018

ISBN 978-7-5701-0159-7

Ⅰ.①中…　Ⅱ.①中…　②中…　Ⅲ.①百科全書—中國②中外關係—科學交流—自然科學史—西方國家　Ⅳ.①Z227②N092

中國版本圖書館CIP數據核字（2018）第041311號

中華大典·理化典·中西會通分典

編　　纂：《中華大典》工作委員會
　　　　　《中華大典》編纂委員會
主管單位：山東出版傳媒股份有限公司
出版發行：山東教育出版社
　　　　　地址：濟南市緯一路321號　郵編：250001
　　　　　電話：（0531）82092664　網址：www.sjs.com.cn
排　　版：南京展望文化發展有限公司
印　　刷：山東臨沂新華印刷物流集團有限責任公司
版　　次：2018年5月第1版
印　　次：2018年5月第1次印刷
開　　本：787毫米×1092毫米　1/16
印　　張：106.25
字　　數：3400千
印　　數：1—1000

定價：990.00圓（全二册）

《中華大典》工作委員會

主　任：柳斌傑
　　　　金人慶

副主任：李　彦　于永湛　郿書林　張少春　李衛紅
　　　　周和平　陳金泉　李静海

委　員：張小影　伍　傑　朱新均　吴尚之　孫　明
　　　　王家新　徐維凡　劉小琴　毛群安　遲　計
　　　　曹清堯　彭常新　王志勇　潘教峰　姜文明
　　　　王　正　石立英　安平秋　陳祖武　詹福瑞
　　　　戴龍基　宋焕起　孫　顯　陳　昕　魏同賢
　　　　王建輝　朱建綱　高紀言　莫世行　段志洪
　　　　李　維　何學惠　甄樹聲　馮俊科　譚　躍
　　　　羅小衛　王兆成

《中華大典》辦公室

主　　任：于永湛

副 主 任：伍　傑

姜學中

編　　審：趙含坤

崔望雲

馮寶志

宋志英

谷笑鵬

封面裝幀設計：章耀達

《中華大典》編纂委員會

總主編：任繼愈

副主編：席澤宗　程千帆　戴　逸　吴文俊　柯　俊

　　　　傅熹年

編　委：卞孝萱　任繼愈　李明富　余瀛鰲　林仲湘

　　　　郁賢皓　馬繼興　袁世碩　席澤宗　陳美東

　　　　黄永年　章培恒　張永言　張晉藩　葛劍雄

　　　　董治安　程千帆　傅世垣　曾棗莊　龐　樸

　　　　趙振鐸　劉家和　潘吉星　錢伯城　戴　逸

　　　　楊寄林　穆祥桐　吴文俊　金正耀　戴念祖

　　　　柯　俊　金維諾　白化文　汪子春　周少川

　　　　孫培青　朱祖延　傅熹年　李　中　郭書春

　　　　熊月之　柴劍虹　吴子勇　寧　可　江曉原

　　　　鄭國光　吴征鎰　尹偉倫　魏明孔

《中華大典》前言

《中華大典》是運用我國歷代漢文古籍編纂的一部大型工具書。其目的是爲學術界及願意瞭解中國古代珍貴文化典籍的人士提供準確詳實、便於檢索的漢文古籍分類資料。

中國是世界文明古國之一，幾千年來纂寫和聚集的文化典籍浩如烟海。我國歷代都有編纂類書的優良傳統，具有代表性的《永樂大典》等大多已佚失，現存《古今圖書集成》編就距今也已數百年。爲了適應今天和以後研究和檢索的需要，一九八八年海内外三百多位專家學者和各古籍出版社同仁倡議，在已有類書的基礎上，用現代科學方法編纂一部新的類書《中華大典》。

國務院在關於編纂《中華大典》問題的批覆中指出，編纂《中華大典》「是我國建國以來最大的一項文化出版工程」。本書所收漢文古籍上起先秦，下迄清末，約三萬種，達七億多字，分爲二十四個典，近百個分典，内容廣博，規模宏大，前所未有。

《中華大典》的編纂工作堅持科學態度和百花齊放、百家争鳴方針。儘量採用古精校精刻本，優先採用我國建國後文獻學和考古學的優秀成果。對傳統文化中重要的不同學派的資料，兼收并蓄。運用現代圖書分類的方法，對收集到的資料，精選、精編，力求便於檢索、準確可信。

這項工作從開始起就受到中共中央、國務院和有關部門的重視和支持。國家主席江澤民、國務院總理李鵬分别爲《中華大典》題詞。江澤民的題詞是「同心同德群策群力認真編好中華大典爲建設有中國特色的社會主義服務」。李鵬的題詞是「繼承和弘揚民族優秀傳統文化」。全國政協主席李瑞環、國務委員李鐵映也作了重要指示，要求抓緊辦理。一九九〇年五月，國務院批准《中華大典》爲國家重點古籍整理項目。一九九二年九月，正式成立了《中華大典》工作委員會和《中華大典》編纂委員會，召開了《中華大典》工作、編纂會議。自此，《中華大典》的編纂工作由試點轉入正式啓動，逐步鋪開。

編纂《中華大典》，學術性很强，工作量很大，工程十分艱巨，全賴廣大專家學者和全國各有關高等院校、科研院所、圖書館、出版單位的鼎力支持與積極參與。大家本着弘揚中華民族優秀文化的心願，發揚奉獻精神，克服各種困難，團結協作，給這部巨大類書的出版提供了根本保證。在此謹表示誠摯的謝意。

對本書的批評與建議，我們將十分歡迎。

《中華大典》編纂委員會

一九九七年四月

二〇〇六年十一月修訂

《中華大典》編纂通則

一、性質：《中華大典》（以下簡稱《大典》）是對漢文古籍（含已翻譯成漢文的少數民族古籍）進行全面的、系統的、科學的分類整理和彙編總結的新型類書，是在繼承歷代類書優良傳統、考慮漢文古籍固有特點的基礎上，借鑒和參照近代編纂百科全書的經驗和方法編纂而成。編纂《大典》的目的，是爲學術界及願意瞭解中國古代珍貴文化典籍的人士提供各種分門别類的、準確詳細的古代漢文專題資料。

二、規模和體例：《大典》所收古籍的時限，上自先秦，下迄辛亥革命。全書共收各類漢文古籍三萬餘種，七億多字。全書體例，着重汲取清代《古今圖書集成》所採用的經目和緯目相交織這一統一框架結構的模式，同時參照現代科學的學科、目録分類方法，並根據各類學科内容的實際情況，一般將每一大類學科輯爲一典，也有將幾個相關學科共輯爲一典的。對各典名稱，均以現代學科命名，對於所收入的各種古籍資料，亦儘可能納入現代科學分類體系之中。

三、經目：大典共分二十四個典，即哲學典、宗教典、政治典、軍事典、經濟典、法律典、教育典、語言文字典、文學典、藝術典、歷史典、地理典、民俗典、數學典、物理化學典、天文典、地學典、生物學典、醫藥衛生典、農業典、林業典、工業典、交通運輸典、文獻目録典。典以下以分典、總部、部、分部分級，分部之下的標目根據各學科特點由各典自行擬定。

四、緯目：共設置九項緯目，用以包容各級經目的具體内容：

（一）題解：對有關學科的名稱、概念、含義、特點等作總體介紹的資料。

（二）論説：有關理論部分的資料。

（三）綜述：有關學科或事物的系統性資料，凡有關學科或事物的性狀、制度、範疇、特點及學科地位、發展情況等具體内容均編入此緯目中。

（四）傳記：有關人物的傳記資料。

（五）紀事： 有關學科或事物的具體活動或事例的資料。

（六）著録： 重要人物或文獻的有關著作資料，如專集介紹、序跋、藏書題記，以及有關著作的成書經過、版本源流等。

（七）藝文： 有關屬於文學欣賞性的散文或韵文。

（八）雜録： 凡未收入以上各緯目，而又有較高參考價值的資料，均入雜録。

（九）圖表： 根據有關經目的内容需要，圖與表附於相關專題之下，或集中彙總於某級經目之後。

《大典》以内容分類安排各級緯目，各級緯目的正文，一般以原書爲單位，按時代順序排列。 每一條資料前標明出處，包括書名或作者名、篇名或卷次，以利讀者核對原書。

五、書目： 每分典後附有該分典所收書之書目，書目包括書名、作者、時（年）代、版本等内容。 時代以成書時代爲準，成書時代不詳者，以作者主要活動時代爲準，並遵從歷史習慣。

六、版本： 《大典》在選用版本時儘量採用古人的精校精刻本，亦採用學術界通用的近、現代整理圈點本及現代學者校點整理本。

七、校點： 爲儘可能保存古籍原貌，《大典》衹對底本中明顯的脱、訛、衍、倒進行勘正。 古本中的避諱字一般不作改動，衹對缺筆字補足筆劃。 後人刻書時避當朝人諱而改動的字，據古本改回。 《大典》採用新式標點法。

一九九六年八月

二〇〇六年十一月修訂

《中華大典·理化典》編纂委員會

主　編：金正耀

副主編：（以姓氏筆畫爲序）

李志超　胡化凱

編　委：（以姓氏筆畫爲序）

石雲里　史玉民　付邦紅　吕凌峰　李志超

金正耀　胡化凱　柯資能　陳　彪　張志輝

榮志毅

《中華大典·理化典》項目領導小組

項目負責人：劉東傑　陸　炎

項目聯絡人：陸　炎　韓義華

項目組成員：（按姓氏拼音爲序）

白漢坤　范增民　韓義華　劉　純

劉進軍　陸　炎　孟旭虹　齊　飛

任軍芳　石　静　吴江楠　張　弘

《中華大典·理化典》序

金正耀

搞清楚中國傳統科學技術遺産的家底，特别是物理學、化學方面的情況，是《中華大典·理化典》編纂工作的初衷。跟農、醫、天、算相比，理化方面古籍材料比較分散，系統的文獻整理也就無從談起。實事求是地説，《理化典》的編纂工作，基礎相對比較薄弱，任務的確要艱巨一些。最初接下這一任務時，《中華大典》總主編任繼愈先生特意强調了《理化典》編纂工作的重要意義，要求我們克服困難努力完成。現業師離世有年，已經無法聽到其批評意見了。

《理化典》共分《物理學分典》《化學分典》《中西會通分典》三個分典。

《物理學分典》按照力、熱、聲、光、電磁現代物理學體系分設五個總部，採擷文獻資料予以編録。上世紀八十年代初，我在中國科學技術大學學習中國古代科學技術史，錢臨照先生親自爲我們首批科學技術史專業的研究生授課，我的另一位業師李志超先生講授古代物理學史和古代文獻方面的課程。錢先生研究《墨經》中的物理學知識，撰有《墨經中力學光學諸條》等影響廣泛的學術論文。李先生研治《夢溪筆談》有年，思想活躍，是同學們樂於請教的導師。物理學史的研究，在中國科學技術大學一直受到重視。現《物理學分典》由我的同事，長期致力於物理學史研究的胡化凱教授領銜，可説是不二人選。

《化學分典》設民生日用工藝化學、金屬化學、軍事化學、金丹化學四個總部，著重考慮的是中國古籍資料中化學知識存在的本來樣態。

《中西會通分典》則設譯介傳播、物理會通、化學會通、西技應用四個總部，架構設計和資料選擇重在反映明清兩代西方科學東漸歷史進程中的碰撞和受容。

我負責的這兩個分典，從經緯目框架結構到材料編排，編纂過程中幾經改易，最終形成今天這個結果。

二〇〇六年春，我從中國社會科學院調中國科學技術大學工作，《理化典》的編纂工作大約同時啟動。十一年來，中國科學技術大學科技史與科技考古系很多同事先後參與這項工作，中科大科技考古實驗室我的很多研究生也爲這項任務的完成做出了貢獻。山東教育出版社十餘年來恪盡職守予以敦促督導，對《理化典》的出版從無懈怠。没有他們的辛勤付出，這項任務是不可能完成的。

二〇一七年夏於中科大聞欣苑

《中華大典·理化典》總目

《中華大典·理化典·物理學分典》

一　力學總部

二　熱學總部

光學總部

電磁學總部

三、四　聲學總部

引用書目

《中華大典·理化典·化學分典》

一、二　民生日用工藝化學總部

金屬化學總部

三　軍事化學總部

金丹化學總部

引用書目

《中華大典·理化典·中西會通分典》

一　譯介傳播總部

二　物理會通總部

化學會通總部

西技應用總部

引用書目

中華大典·理化典

中西會通分典

《中華大典·理化典·中西會通分典》編纂委員會

主　編：金正耀

編纂人員：（以姓氏筆畫爲序）

于　戈　王　翔　王曉然　吴又進
吴曉桐　吕骎骎　何仲徹　李　雍
長孫櫻子　季豐收　金正耀　郁田園
高　軍　康　輝　黄　梅　許應媛
劉瑩嶼　劉　棟　范安川

《中華大典・理化典・中西會通分典》編纂説明

明清時代西方科學技術傳入中國，物質層面以遠鏡鳴鐘和堅船利炮爲代表，學科上則以數學、物理、化學爲代表。無論是深處帝都的欽天監，還是遠在東南領海，西方科學與中國傳統學術的碰撞，既發生在基於物理觀測的天文學領域，也體現爲殘酷的艦船槍炮火藥技術對抗。在當時世界文明的大格局之下，中華民族對西來學術文化，包括自然科學，從被衝擊到主動選擇吸收，這一歷史進程充滿艱辛，不但體現了一種堅韌的民族文化精神，同時也展現了本土文化的開放和包容性質。

《理化典・中西會通分典》所設四個總部依次爲「譯介傳播」「物理會通」「化學會通」和「西技應用」，集中收録明清兩代能够反映上述歷史進程的文獻資料。因文獻材料範圍限於明清兩代，故朝代一律從略。具體條目資料纂録編排上有兩可選擇的，以具體内容爲依歸，原則上在分典或全典内不重復出現；西方傳教士的漢文著作和翻譯著作，因屬這一歷史進程中的有機組成部分，故斟酌採録。

有關材料收録的標題、標點等其它事項，請參閲《理化典》編纂説明。

《中華大典·理化典·中西會通分典》編纂體例説明

本典體例參照《中華大典》統一體例，根據理化學科文獻資料的實際情況，稍有調整。現分別説明如下：

一、緯目：題解、論説、綜述、傳記、紀事、著録、藝文、雜録、圖表一共九個緯目中，將圖表一項更易爲圖録，且位置在藝文之前。

二、材料年代：文獻材料採集對象爲一九一一年以前的漢文資料，包括外來譯成漢文的著作。

三、材料出處：材料出處録入遵照《中華大典》統一要求，經書、先秦著作、二十四史等，不標朝代、作者；歷代欽定纂修書籍，一般不標朝代和作者。

四、標點：依據《中華大典》規定，書名號、句號、逗號必用，盡量少用頓號、冒號、問號、分號等，一般不用引號、感歎號和問號。現代點校整理本，一律依照原有標點符號，除非明顯錯誤，一般不做改動。

《中華大典·理化典·中西會通分典》簡目

一

譯介傳播總部

譯事譯館部

論説

綜述

紀事

藝文

雜録

序跋部

綜述

物理會通總部

物理總論部

題解

論說

基礎理論分部

綜述

傳記

著録

圖録

物理測量與儀器分部

綜述

紀事

圖録

力學部

題解

論説

著録

剛體力學分部

綜述

傳記

圖録

流體力學分部

綜述

圖録

力學儀器和機械分部

綜述

紀事

圖録

藝文

雜録

熱學部

題解

基礎熱學分部

綜述

著録

熱學儀器和機械分部

綜述

傳記

紀事

圖録

聲學部

題解

綜述

電磁學部

……八七二

題解

綜述

著録

紀事

圖録

雜録

譯介傳播總部

譯事譯館部

論説

楊光先《不得已》卷上《中星説》　古今掌故，無載籍可考，則紛如聚訟，終無足徵。可以逞其私智，肆其邪説，以簧鼓天下後世，而莫之所經正。夫既有載籍可考，又有一定掌故，乃盡以爲不可據，是先王之法不足遵，而載籍不足憑也。載籍以義畫爲祖，然有畫而無文。《尚書》有文有事，典雅足徵。故孔子删書，斷自唐虞，誠文章政事之祖，而又經歷代大儒之所論注，則其爲憲萬世不待言矣。《堯典》乃命羲和欽若昊天之後，即分命申命二氏，宅於四極，考正星房虚昴四正之中星。此二氏必羲后之裔，與其司天之史守其家學，故世其官，而掌故之淵源，必本之肇造干支之太古，學有師承，其來舊矣，定非創自胸臆，若今人之以新鳴也，考其四正之中星，咸以太陽之宿居於四正宫之中。蓋太陽者，人君之像，中立而弗偏倚者也。人君宅中，以治天下，故以太陽宅於四正宫之中以象之，非無所取義而云然也。【略】

此《堯典》之所記載，歷代遵守四千餘年，莫之或議，可云不足法乎？今西洋人湯若望盡更羲和之掌故而廢黜之。將帝典真不足據，則世間載籍當盡付之祖龍一火矣。奚必存此贅疣，以爲擾亂新法之具哉？

又　卷下《孽鏡引》　孽鏡者，鏡《西洋新法》之妄也。人生世上，造種種罪孽，事發經官，備諸拷掠。而犯刑憲之徒，獨强辯抵飾，以希僥倖。及至閻羅鏡之下，從前所作罪孽，畢見鏡中。然後欲辯不能，始俛首承伏，此予所以有《孽鏡》之著也。

《新法》之妄，其病根起於彼教之輿圖，謂覆載之内，萬國之大地，總如一圓球，上下四旁，布列國土，虚懸於太空之内，故有上國人之足心與下國人足心相對之論。所以將大寰内之萬國，不盡居於地平之上，以映地上之天之一百八十度，而將萬國分一半于地平之上，以映地平上之天之一百八十度，分一半于地平之下，以映地平下之天之一百八十度，故云地廣二百五十里，在天差一度。自詡其測驗之精，不必較之葭管之灰，而得天上之真節氣。所以分朝鮮、盛京、江、浙、川、雲等省爲十二區，區之節氣時刻、交食分秒，地各不同。此荒唐之説，不但不知曆者信之，即精於曆法曆理者，亦莫敢不信之。何也？天遠而人邇，邇者既不克問天，而遠者又弗肯人答，真與不真安所辨驗？雖心知其妄，然無法以辟之，所以其教得行於中夏。予以曆法關一代之大經，曆理關聖賢之學問，不幸而被邪教所擯絶，而弗疾聲大呼爲之救正，豈不大負聖門？故向以曆之法辟之，而學士大夫，邃于曆法者少。即有之，不過剽紙上之陳言，未必真知曆之法。故莫爲羲和之援，所以《摘謬十論》雖爲前矛，然終以孤立，莫克靖其魔氛。既又以曆之理辟之，學士大夫，既不知曆之法，必反疑理之未必真能與法合。所以《呈稿》一書，竟作存疑之案，以俟後之君子，訂其是非。故若望愈敢肆其邪妄，而無所忌憚。

噫！斯學士大夫之罪也。《典》重欽若察齊，不知學者何以弗潛心探討。明祖禁習天文，未嘗禁習曆法也。蓋天文觀星望氣，詹驗妖祥，足以惑亂人聽，動摇人心，故在所禁。若曆法乃聖帝明王敬天勤民之實政，豈亦所宜禁哉？使曆法而禁，則科場發策不當下詢曆法於多士矣。朝廷既以曆法策多士，而多士又以曆法射榮名，今乃諉之弗知，而坐視新法之欺罔，羲和之廢絶，豈非學士大夫之罪哉？曆法近於術數，固不足動學士大夫之念。而二典爲祖述堯舜之孔子所首存，豈亦不足動學士大夫之念乎？此予之所以日夜引領，而不可得者也。不得已而幸冀於羲和之舊官，而舊官者，若而人乃盡叛其家學，而拜仇作父，反摇尾於賊蹠，以吠其生身之祖考，是欲求存羲和已絶之一線於羲和之後人者，又不可得矣。予此懼，舍欽若之正法正理，都置不論。唯就若望所刊之輿圖、所訂之道理，照以孽鏡，與天下後世共見其二百五十裡差一度，天上真節氣之不真。即愚夫愚婦，見之莫不曉然明白，盡識其從前之無所不妄。學士大夫由其天上真節氣之妄，推而知其曆法曆理學問之妄，鳴共攻之鼓，不與同於中國。俾羲和之學，墜而復明，尊羲和以尊二典，尊二典以尊仲尼，端有望于主持世道之大君子。特懸《孽鏡》，以照其妄如左。

康熙改元仲夏端陽日新安布衣楊光先長公氏著。

馮桂芬《校邠廬抗議》卷下《采西學議》　傳稱左史倚相，能讀三墳、五典、八索、九邱。孔安國曰：九州之志，謂之九邱。詩列十五國之風。康成譜序云：欲知源流清濁之所處，則循其上下而省之，欲知風化芳臭氣澤之所及，則旁行以觀之。孔子作春秋，有取於百二十國寶書，伊古儒者，未有不博古而兼通今，綜上下縱横以爲學者也。顧今之天下，非三代之天下比矣。《周髀算經》有四極四和，與半年爲書、半年爲夜等説，後人不得其解。《周禮·職方》疏：神農以上，有大九州，後世德薄止治神州，神州者東南一川也。騶衍《談天》，中國名曰赤縣神州，中國外，如赤縣神州者九，當時疑爲荒唐之言。顧氏炎武不知西海，夫西洋即西海，彼時已習於人口，《職方外紀》等書已入中國，顧氏或未見，或見而不信，皆未可知。今則地球九萬里，莫非舟車所通，人力所到，周髀、禮疏、騶衍所稱，一一實其地。據西人輿圖所列，不下百國，此百國中，經譯之書，惟明末意大里亞及今英吉利兩國書，凡數十種。其述耶穌教者，率猥鄙無足道，此外如算學、重學、視學、光學、化學等，皆得格物至理。輿地書備列百國山川阨塞，風土物産，多中人所不及。昔鄭公孫揮能知四國之爲，子産能舉晉國實沈臺駘之故，列國猶其有人，可以中華大一統之邦而無之乎？亦學士之羞也。

今之習於夷者曰通事。其人率皆市井佻達，游閒不齒鄉里，無所得衣食者始爲之。其質魯，其識淺，其心術又鄙，聲色貨利之外，不知其他，且其能不過略通夷語，間識夷字，僅知貨目數名，與俚淺文理而已，安望其留心學問乎？惟彼亦不足於若輩，特設義學，招貧苦童稺，兼習中外文字。不知村童沽豎，穎悟者絶少，余嘗於吾鄉村塾義塾中物色異敏之士，數十年無所得。而又漸染於夷場習氣，故所得仍與若輩等。今欲采西學，宜於廣東、上海設一翻譯公所，選近郡十五歲以下，穎悟文童倍其廩餼，住院肄業。聘西人課以諸國語言文字，又聘內地名師，課以經史等學，兼習算學。一切西學皆從算學出，西人十歲外，無人不學算，今欲采西學，自不可不學算，或師西人。或師內地人之知算者，俱可。聞英華書院，墨海書院藏書甚多，又俄夷道光二十七年所進書千餘種，存方略館，宜發院擇其有理者譯之，由是而秝算之術，而格致之理，而制器尚象之法，兼綜條貫，輪船火器之外，正非一端。如曆法，從古無數十年不變之理，今時憲以乾隆甲子爲元，承用已逾百年，漸多差忒，甲辰修改，墨守西人舊法，進退其數，不足依據，必求所以正之。聞西人見用地動新術，與天行密合，是可資以授時。又如河工前造百龍搜沙之器，以無效而輟。聞西人海港刷沙，其法甚捷，法用四馬大火輪置船旁，可上可下，於潮退時下其輪，使附於沙而轉之，沙四飛隨潮而去。凡通潮之地，皆宜之。黄河水性湍急，更無處不宜，自下游迤邐而上，積日累月，鍥而不舍，雖欲復由地中行之舊不難。此不特黄河可用，北河亦可用，即南運河徒陽等處亦可用。且東南水利久不治，數日之霖，積月不退，宜於通潮各海口，如法濬之，使下流迅駛，則上流雖不濬，而自有一落千丈强之勢，可收事半功倍之效。是可資以行水。又如農具織具，百工所需，多用機輪，用力少而成功多，是可資以治生。其他凡有益於國計民生者，皆是，奇技淫巧不與焉。三年之後，諸文童於諸國書應口成誦者，借另本作許。補本學諸生，如有神明變化，能實見之行事者，由通商大臣請賞給舉人，如前議。中國多秀民，必有出於夷而轉勝於夷者，誠今日論學一要務矣。

夫學問者，經濟所從出也，太史公論治曰：法後王，本荀子。爲其近已而俗變相類，議卑而易行也，愚以爲在今日又宜曰：鑒諸國。諸國同時並域，獨能自致富强，豈非相類而易行之尤大彰明較著者。如以中國之倫常名教爲原本，輔以諸國富强之術，不更善之善者哉。且也通市二十年來，彼酋之習我語言文字者甚多，其尤者能讀我經史，於我朝章吏治，輿地民情，類能言之。而我都護以下之於彼國，則懵然無所知。相形之下，能無愧乎？於是乎不得不寄耳目於蠢愚謬妄之通事，詞氣輕重緩急，轉輾傳述，失其本指，幾何不以小嫌釀大衅。夫馭夷爲今天下第一要政，乃以樞紐付之若輩，無怪彼己之不知，情僞之不識，議和議戰汔不得其要領，此國家之隱憂也。此議行，則習其語言文字者必多，多則必有正人君子通達治體者出其中，然後得其要領而馭之。《地理全志》作於癸丑年，書中於日本國，記其欺侮亞墨科加觸石漁船，時思報復。於安南國，極惡其機防之嚴，榷稅之重。於緬甸國，亦有胥吏横征之怨，未幾，日本、安南皆有兵端，可見彼國書不可不觀。若能知其未譯之書，所得必倍多。綏靖邊陲，道又在是。如謂六合之內，論而不議，封故見而限咫聞，恐古博物君子必不爾也。

倭仁《奏陳學習西洋天文數學爲益甚微，延西人教習正途學士爲害甚大》

《[同治]籌辦夷務始末》卷四七　大學士倭仁奏：昨見御史張盛藻奏，天文算學無庸招集正途一摺，奉上諭：朝廷設同文館，取用正途學習，原以天文算學，爲儒者所當知，不得目爲機巧，於讀書學道，無所偏廢等因，欽此。數爲六藝之一，誠如聖諭，爲儒者所當知，非歧途可比。惟以奴才所見，天文算學，爲益甚微，西人教習正途，所損甚大，有不可不深思而慮及之者，請爲我皇上陳之：

竊聞立國之道，尚禮義不尚權謀；根本之圖，在人心不在技藝。今求之一藝之末，而又奉夷人爲師，無論夷人詭譎，未必傳其精巧；即使教者誠教，學者誠學，所成就者不過術數之士。古今來未聞有恃術數而能起衰振弱者也。天下之大，不患無才，如以天文算學必須講習，博采旁求，必有精其術者，何必夷人？何必師事夷人？且夷人吾仇也。咸豐十年，稱兵犯順，憑陵我畿甸，震驚我宗社，焚毁我園囿，戕害我臣民，此我朝二百年未有之辱。學士大夫，無不痛心疾首，飲恨至今。朝廷亦不得已而與之和耳，能一日忘此仇恥哉？

傅蘭雅《江南製造總局翻譯西書事略·論譯書之益》 西人多以爲華文不能顯明泰西近來之格致，非用西文，則甚難傳至中國。此等人看局内譯書之事，不過枉費工力而已。有人以爲西學雖可勉强譯以華文，然不久英語必爲萬國公言，可以不必譯書。間有人云：「迨西曆一千九百年時，英語必爲萬國公言。」此等人看譯書之事，僅可予中國數年之益，不久則改以英文，何必設此一舉。其殆亦不知譯書之益耳！

間有欲作善事之西人或會，因心中有此意見，則以爲欲俾華人得益，必先教以西文，如中國皇家每年費帑送生徒至歐羅巴與北美利加等處學習西學。殊不知中國欲通曉西文，雖暫時有理，而所得之益不能甚大。蓋送生徒出洋之意，原以爲回國時必將所得者傳教華人。但見出洋各人，所得才能甚大，幾同於西人，至回國時，則不想傳授同邦，惟以所學者爲資本，賴以致富。此爲平常回國者之意見。然有數人於回國後，則盡心力欲引本國人全得其藝，以致西學廣行於中國也；惟如此者惜未多有。

藉令回國生徒能熱心傳授華人，亦難比譯書更有益於華人。蓋已在西國學多年者，其西學愈深，則華文必愈疏；即全得西學而爲西國已取中者。然欲教華人，必仍用華語，所用之書亦須華文。否則必令中國全棄經史而盡通西語，豈易事哉！況中國書文流傳自古，數千年來未有或替，不特國人視之甚重，即國家亦賴以治國焉。有自主之大國，棄其書文而盡用他邦語言文字者耶？若中國爲他邦所屬，或能勉强行以西文；惟此事乃斷不能有者，故不必慮及焉。

從以上之説，可見中國多年舊習，必賴譯書等法始漸生新。今在十八省中所有新法新事已見流通，且顯沛然莫禦之勢。要之，西國所有有益中國之學，中國必欲得之，蓋華人已有飲泉思渴之心焉。

此繙譯館已設數年，所有費用皆資國帑，可見此舉必有益於中國者也。中國雖已有書文最多，視爲珍重；而雖待來辦公事與傳教之西人若何，然明知學術一道，不在一國一邦，故雖視西人爲夷狄之邦，亦樂學其有益於中國之事；惟必依本國之法以學，否則棄而不取。如與西國和約，許西人傳教，似爲不得已之事；然考究西學，毫無牽强，皆爲請教西人者也。凡見西國有益學術，則不惜工費而譯成書，以便傳通全國。可見中國不獨甘心願學，且肯出資。求得交涉事内，此爲勝舉，泰西無人不宜稱頌者也。

局内譯書之事，雖經十有餘年，亦僅爲開創之初；所已成者可爲後世基趾，而畫棟雕梁必興於其上，故宜歷年續作，而與中國同時盛興。察所銷售書籍已數萬餘，可見中國皆好此書。蓋華人凡不珍重、不喜歡之物，未嘗有費財購取者也。而此各書，爲西人多年察考，始經著成，若在中國無甚裨益，則爲奇事。華人得此各書，則格致之學不減泰西，而考察之苦已無煩備嘗矣。

局内已刊之書，有數種在北京同文館用之，在耶穌教中大書館内亦有用之者。如《三角數理》一書，在登州狄先生書館用以教課。今狄先生回國，在惠先生代理，亦爲西國著名算家，其寄函云：「本年有一半生徒學貴館所譯《三角數理》，余看此書甚善，有數字刊訛，余已更正；想此書除在書館教課，則難識此訛，余見此訛字少者則甚稱奇。蓋將深算書譯出，而華人能洞識者，甚爲難事也。」等語。惜乎所有教門中學館，能與狄先生處用局中之書者甚少焉。

數年前，南京有美國魏丁先生，多購局内書籍，專售於好算學家。説者云：「南京有大憲設館教算學等事，學者不少，故有多人購買局中算書。」而館爲國家所設。惟望此館至今猶存。

局内有數書館已設多年，教習造船或造船汽機或兵戎等法，惟不用局中所刊之書。蓋教習者不通華文，必以西文教授，雖生徒初時難諳西文，久習亦易。若乍想局内書館不用其書，似爲奇異，足顯所譯之書無用。然此亦有故焉，因他西人不審此意，見生徒讀西文已得法，雖通曉頗難，而教習者總能因此而得大功焉。

局内之書，爲官紳文士購存者多，又上海、厦門、烟台之公書院中亦各購存。如上海公書院，在格致書院内有華君若汀居院教習，凡來咨諏者，則爲之講釋；而華君在局内時，與西人譯書有十餘種，故在院内甚能講明格致。夫格致書院本爲英領事起手勸各埠西人捐設者，迄今書院大興，皆賴徐君雪村之力辦成。惟望不久院内有生徒肄業，能用局中之書，則不勝忻然矣。夫徐、華二君，一生用力，不獨欲益智於己，並欲公好於人，故在院内若能多得學者讀所譯之格致書，用所備之格致器，將見中國人文蔚起，才智迭興，四海之内，孰不景頌二君之盛德也哉！

此局以外，另有西人譯格致書數種，亦爲善事。如設繙譯館後，則有丁韙良在北京著《格物入門》《萬國公法》諸書，與其同事者，亦著格致書與公法書數種，皆爲華人所悦服者，亦大有益於國。其書文雅清順，故官紳學士皆欲先睹。惟惜同文館多年所譯之書，尚未見其細目，故不能詳述。外有西教師譯格致書不少，約五六人，將來必爲華人推崇，仰爲師表也。

今中國於和約各大國内均有星使，又在英國倫敦與俄克斯弗得、法國巴黎、美國哈法得等大書院内亦有教習華文者，可見西人學華文，年重一年，恐不數年後，不獨在華有譯書西人，即在西國亦可多有其人也。夫中國地廣人稠，則格致等書，以此法搜求，可與土地同廣而與人民並稠者已。

近來所設益智書會，其意與局中略同，今欲共著書四十餘種，大半爲合於教門中書館之用，亦合於初習格致者所用。

惟今設此譯書之事，其益不能全顯，將來後學必得大益。蓋中西久無交涉，所有西學不能一旦全收，將必年代迭更，盛行格致，則國中之寶藏與格致之儲才，始能焕然全顯。考中國古今來之人性，與格致不侔；若欲通變全國人性，其事甚難。如近來考取人才，乃以經史詞章爲要，而格致等學置若罔聞，若今西人能詳慎譯書而傳格致於中國，亦必能親睹華人得其大益。雖不敢期中國專以西學考取人才，然猶願親覩場中起首考取格致等學，吾其拭目望之矣。

西人常居局内，專理譯書，故人遠處，無暇往來；而且水土爲災，不勝異鄉之感，終朝一事，難禁悶懣之懷。然而多年敏慎，風雨無虚者何也？蓋以爲吾人於此分所當耳。況上帝之意，必以此法裨益中國，安可任意因循，違乎天耶！是故朝斯夕斯，忍耐自甘，所以順天心耳。

孫維新《泰西格致之學與近刻繙譯諸書詳略得失何者爲最要論》《**格致書院課藝·己丑春季**》 竊以致知格物之學，乃修齊治平之本，富國强兵所必賴焉。我朝文學昌明，才智迭興，格致之學由來舊矣。惟無專書，久而失傳。《大學》十章，獨亡其傳，不若泰西之講求精深，著述宏富也。按泰西格致之學，起於希臘之阿盧力士託德爾，始於周安王年間，而後英法俄普諸國好學之士，踵事增華，不遺餘力，考求至今，幾盡精微。別類分門，撰成各書，曰算學，曰重學，曰天學，曰地學，曰地理，曰礦學，曰化學，曰電學，曰光學，曰熱學，曰水學，曰氣學，曰醫學，曰畫學，曰植物學，曰動物學，實事求是，盡人可曉。諸學中，首重算學。童蒙入塾，日課數學。算學之類，已纂精詳。淺近者，曰心算，曰數算。稍深者，曰幾何，曰三角，曰八線。再深者，曰代數，曰微分，曰積分。日用事爲之間，無處不用數算。製造工藝之内，法多賴夫幾何。三角八線可測天文，微積代數可證事理，此皆算學之有裨實用者。至於開心益智，解惑袪紛，尤學者之所必需也。重學爲權衡之本，機器之根，近則有用於製造工程，遠則可藉推天空諸曜。天學爲造曆之本源，航海之標準。測儀象可分星野，推運撲可定薄蝕，考日躔而知節候，觀月離而識朔望，此皆天學之有裨實用者。況其中奥理深義，更足擴人心懷。隱見實虚，又可擇人思慮乎。地學考地殼之層累，可藉以推古今之遷變，明地質之種類，可資以求礦藏之脈理。開礦産者，非地學不足以發地寶。植穀果者，非地學不足以盡地利。此地學之足重者也。地理論疆域之部位，釋山川之形勢，綜萬國於一紙，歷歷可辨；合遠近而比律，處處綴圖。下而政治風俗，人情物理，各有異同。智愚巧拙，强弱貧富，了然易見。此地理之有益者也。礦學繫於鍊金，識别金石之優劣，分辨煤鐵之真僞，銀銅鉛錫依樣可别，瑪瑙砆按形立辨。無此學，易以玩石爲寶物，誤貴礦爲廢金。此礦學之宜重者也。化學尤要於諸學，真爲用甚溥也。近之能體驗一身，遠之可覺察萬物，大之足搜測山海，小之能辨析毫芒。循天地自然之變化，而化察庶物，雖物類萬殊，形性千變，莫不可考其所以然。且能分合變化以法造化之元機。化學實爲諸學之根。醫藥賴以考求形性，動植藉以考察生理，地礦賴以驗化原質，金石藉以點試真僞，而衛生養命之道，日用飲食之間，無不藉資化學。其爲用也，豈淺鮮哉。電學之有大用者，曰電燈，曰電報，曰電語，曰電鍍。電氣之燈光白而明，用以照夜，較別燈爲尤勝。電氣之報通信最速，千里之遥，頃刻可達，緊急音問，毫無延誤。電語西名德律風，相去數里或數十里之遥，對談言語，不惟達意，猶能傳聲，彼此共話，若對面然。電鍍之法，有用於工藝，能將貴金鍍於賤金，以飾美觀；或以銅水鍍成字模，圖板印書清細。又以電傳成吸鐵，可製指南針，以吸鐵，造作機器，可醫數種疾病，袪風爲尤宜。間有以電運機，堪作起水、鋸木、紡織諸事者，亦皆由電覺考究而出也。光學明視理，因之作千里鏡，以窺天文；製顯微鏡，以查細物。照像之鏡，光距須準。返形之鏡，光面宜平。凹鏡能聚光，凸鏡可取火。他若分光成色，知七色之本於日光。分光求原，知各原之有定光線。此皆光學之理，有益於日用之間也。熱學詳物質漲縮，因之製寒暑表，以測氣候；造自準擺，以配時刻。熱表可測金類鎔度，汽表可顯熱汽漲力。他若風之變遷，冰之結化，居處之宜寒宜熱，飲食之宜温宜涼，亦皆藉熱學闡明其理。水學論水之性，有静有動，静者可藉以製壓水櫃，生大力，便於擠壓鬆物，或起重等事之用。知水下壓之力，可堅築堤塘。知水上托之力，可豫定貨儎。知水平性，可造管水，引以便日用。動水之有大用者，可運水輪，以動機器，堪作鋸木、磨粉、舂碓、碾穀諸工。而水龍可以救火，恒升筩可以吸水，亦皆由水學而察知者也。氣學詳空氣之壓力、抵力、凹凸力，以及如何成風，如何成雲，如何成雨成雪，如何凝露凝霜，因之製風雨表，以驗陰晴，測氣候，以知風颶，行船之家，多所賴焉。空氣能傳聲，因考出聲學一門。明音律之協和，闡琴弦之動理，製收聲筒，可濟人之重聽。造傳聲管，可達遠處通言。此亦氣學之有益者也。又有汽學一門，理頗似於氣學，乃論蒸汽之能力，能推抵轉輔，運動機器，以之行船牽車、起水起重、紡織紗布、製造器物等工，大省人力，利益無窮。醫學尤利於人生，實益民之要道，濟世之良方也。詳全體之功用，使人知所保衛，辨百藥之形性，使人知所療治，按部位而施刀圭，刀圭神驗；審病源而投藥石，藥石奇靈。更有奇者，目瞽可補獸睛，唇缺可縫完全，割癰去瘤，迷蒙水可止其痛；救溺解倦，火酒精可提其神。是居處動作之間，日不可離夫此學，故醫學與諸學並重焉。畫學分兩端，一曰畫圖，一曰畫形。畫圖乃製器之始基，無論何種機器，必先繪圖樣而後仿造，始能無差。畫圖之工，亦非易事。或仿舊制，或出新樣，均須大小比例，無分毫之或失，方圓正側有尺寸之可憑。畫形爲尚象之先導，或畫物之正形，或畫物之視形，務求其肖，儼然如真。此學似屬末藝，無關緊要，然實製造首務，亦文人之雅事也。花草樹木之類，均屬(值)［植］物學之理。其生長也，有內長之有外長。其滋生也，或種子，或根芽。細心考驗，不惟能識化機，並可知某爲益人之物，某爲有用之材，某可入於飲食，某可列於藥品。要者審其土宜，廣爲植種，盡意栽培，以便取用，此亦植物學之有大益者。飛潛動走之類，又屬動物之學。虎豹獅象之大，蝦蟹昆蟲之微，皆可依類區分，詳其形性，考其出處，察其功用，或用以服役，或藉供食饌，或取其皮毛之堪珍，或奇其文采之悅目。千奇百怪，大可增人見聞，此皆動物學之有大益者。凡此諸學，皆爲西人數千百年之心思智力，考察而出，國賴以强，民賴以富。諸學初興之時，其中不無反背之理，歷經精明之士，細心考證，始臻善美。遞傳至今，不啻家喻户曉，誠以開心益智之學，無逾於格致者也。我華久有格致之名，惜無專書。自西人航海東來，始漸傳譯西書。前明有利瑪竇譯之《同文算論》《幾何原本》《圜容測義》，熊三拔譯之《簡平儀》《表度説》，陽瑪諾譯之《天問畧》，乂儒略譯之《職方外紀》，熊三拔譯之《泰西水法》，此僅寥寥數種，且皆略而不詳。至我朝道咸間，海禁大開，西人來華者接踵連肩，其樂成義學者，或施醫，或設塾，既通華文，復譯西書，因而積習漸化，風氣頓開。識者皆知泰西格致實爲有用之學，乃特聘西士，專譯諸書，現刻出行世者，不下百有餘種。試請縷細陳之。廣譯格致書處，一在京師同文館，一在江南製造局。此外若廣州之博濟醫院，登州之文會學館，申江之墨海書館等處，亦譯有數書，刊行問世。至於各書之詳略得失，或要或不要，可依類分陳，一一指論焉。算學類，有利瑪竇與偉烈亞力譯之《幾何原本》，偉烈亞力譯之《數學啓蒙》《代數學》《代微積拾級》，狄考文譔之《筆算數學》《形學備旨》，傅蘭雅譯之《數學理》《算式集要》《代數術》《代數難題》《三角數理》《微積溯源》，艾約瑟譯之《圓錐曲線説》，此數種，皆屬精要之書，深奧可學。他若蘭醫生著之《西算啓蒙》，那夏禮譯之《心算啓蒙》，哈邦氏輯之《心算初學》，皆淺簡小書，只爲便蒙之用，無甚深義焉。《幾何原本》乃周顯時希臘人歐幾里得所譔，止十三卷，後人續增二卷，共十五卷。明萬曆間，義大里人利瑪竇與徐文定公共譯成前六卷，尚有九卷。幾二百餘年，無人續貂。迄咸豐間，始經英士偉烈亞力與李君善蘭譯成完帙。韓君緑卿，捐資刊印，印行無幾，板燬於寇。同治間，曾文正公重刊於金陵，直行至今，人所共睹。首卷載界説、公論，一卷三角形，二卷論性，三卷論圜，四卷論圜內外形，五卷論比例，六卷論線面比例，七卷至九卷，論有比例無比例之理，十卷論無比例十二綫，十一至十三卷論體，十四十五卷亦論體，乃後人所續也。每卷設題，按題貼説，由淺及深，秩然有序，實算術中之第一要學也。《數（家）［學］啓蒙》印於咸豐三年，其書淺而易明，共分兩卷，由加減乘除命分小數，以至比例、開方、對數，各有術有法。設題演算，洵初學之門徑，西算之津梁也。《代數學》乃英人棣麼甘譔，偉烈亞力與李善蘭同譯，印於咸豐九年。首卷外共分十三卷，首言綱領，一論一次方程，二論代數與數學之記號不同，三論多元一次方程，四論指數及代數式漸變之理，五論一次二次式之義。及二次方程之數學解，六論限及變數，七論代數式之諸類並約法，八論級數及未定之係數，九論代數與數學之相等不同，十論紀函數法，十一論合名法，十二論指數對數之級數，十三論用對數爲算術之捷法。其書固詳備矣，惜以活字擺印無多，久已告罄，今無從覓矣。夫代數爲大有用之學，凡天文、火器、航海、築城、光學、重學、測量、繪圖等事，須推算者，皆可以代數馭之。其學與中土天元之理同，而法則異。由已知之數，而推未知，爲用甚便。六朝時，希臘王丢番都始傳其法，惟不甚精。至於嘉靖萬曆間，其學漸盛。今至我華，精造其極。以天地人物代未知之數，甲乙丙丁代已知之數，凡隱微紛繁之算題，均可用以布算，且甚便捷焉。故習數算之後，即當繼習此學。《代微積拾級》，美國羅密士譔，偉烈亞力、李善蘭同譯，刻於咸豐九年。書分十八卷，詳釋代數幾何、微分、積分三種。代數幾何者，以代數推幾何之點線圜及各種曲線。微分者，凡線面體皆設爲由小漸大，一刹那中所增之積，即微分也。其全積，即積分也。故積分逐層分之，爲無數微分。合無數微分，仍爲積分。其法之大要，恒設縱横二線，以天代横線，以地代縱線，以彳代横線之微分，以彵代縱線之微分，其理奥秘精深，非通曉幾何者，不易輒明此書也。《筆算數學》，美國狄考文譔，便於學徒習練。故由加減乘除，以至諸等命分、小數、比例、百分利息、保險賠賺、糧餉、開方、級數、差分推解，里法各術，多綴題問，使學者按題演算，易於精熟，因此其書不免煩累，亦不得已也。狄君來華，幾三十年，於登州設文會館，常肄業者幾百餘人。每日課程算學爲要，因譔此書，以便授徒。初僅抄本，於光緒元年，始以活字印成，爲用頗久。後於光緒十一年，復選輯《形學備旨》十卷，印行問世。乃以美國著名算家士魯米斯所著成稿，增損補益，遂成全本，與《幾何原本》大致相同，而去其無甚用之繁題，補以簡要之妙術，大有用於八線量法、航海法諸學。是此書一出，大可省《幾何原本》之煩累矣。《數學理》亦英人棣麽甘譔，英士傅蘭雅與趙元益同譯，刊於光緒五年。書共九卷，另附一卷。其論數算各理，均由極淺起首，漸進深奥，爲童蒙所易學也。《算式集要》，即量法也，共四卷，論各種線、面、體積、圓錐、曲線之算法，均以相等式明之，雖極深奥之題，觀其算式一目瞭然，毫無難義，洵度量之捷徑也。並附測算地面諸法，亦測量家之便用也。乃英人哈司韋所輯，傅蘭雅與江衡同譯，刊於光緒三年。《代數術》，英國華里司輯，傅蘭雅與華蘅芳同譯，刊於同治十一年。共二十五卷，凡二百八十一款，由淺及深，循序而論。卷一論代數之加減乘除，二論代數諸分之法，三論代數之諸乘方，四論無理之根式，五論代數之比例，六論變清獨元之一次方程式，七論變清多元之一次方程式，八論一次式各題之解法，九論二次之正雜各式解法，十論各次式之總理，十一論三次之正雜各式解法，十二論四次式之解法。此十二卷尚淺簡易明，後則漸深，須細心體會，始得其指。十三論等職各次式，十四論等根各次式，十五論求實根之法，十六論求略近之根，十七論無窮級數，十八論對數，十九論利息法，二十論連分數，二十一論無定之式，二十二論代數幾何，二十三論方程界線，二十四五論八線數理，是此書較代數學尤精詳矣，尤賅備矣。於尋常算題，已無不可馭矣，然猶有極難之題，未及詳解者。因又同譯英國倫德譔之《代數難題解法》十有六卷，刊於光緒五年，卷卷設題，題題布解，解法整齊簡明，最便初學讀之。又有微妙之法，爲初學所思索不到者。式多繁雜，變化無窮，洵習算家有用之書也。後同譯華里司輯之《微積溯源》《三角數理》二書，《微積溯源》刻於同治十三年，較代數術尤深一層矣。書共八卷，前四卷論微分術，後四卷論積分術。算術以變繁爲簡，轉難爲易，化遲爲速爲善。微分積分者，實因加減乘除開方之不勝其繁，且有窒礙難通之處，立此二術，以濟其窮，並使簡易而速者也。此書深奥精密，前偉烈亞力譯《代微積拾級》，僅粗明微積二術之梗概，有此書，可以補其缺略矣。《三角數理》即平弧三角法，刻於光緒四年，有十二卷。率以比例求三角形之邊角實爲八線學之根本又爲測量法之要術亦幾何中之一種也。凡平三角形必有六事，三爲邊，三爲角，六事中已生其三，則餘三事可以法求而得之。近年以來，三角算法之意比昔更廣，海麻士輯著此書，已稱皆備焉。《圜錐曲線説》，英士艾約瑟與李善蘭同譯，刻於同治五年，共三卷，論曲綫三種，曰橢圜線，曰雙曲線，曰拋物線，均以代數比例布算，亦有用於測量，較《算式集要》中所論者，又覺詳細焉。以上算書十三種，於泰西算學已幾完備矣。明此各書，則於他格致學之理，易通澈矣。故算學爲諸學之冠焉。重學類，有偉烈亞力著之《重學淺説》，艾約瑟譯之《重學》，傅蘭雅譯之《重學圖説》《體性圖説》。《重學淺説》止論静重學，助力器六種，曰桿，曰輪軸，曰滑車，曰斜面，曰劈，曰螺旋也，有圖有説，淺近易明。《重學》，英人故威立著，艾約瑟與李善蘭同譯，同治五年刻於金陵，同治六年復出活字印本，與《重學淺説》並訂一書，分二十卷。一至七論静重學，八至十七論動重學，後附流質重學三卷。其論格致理，兼明算學法，不惟有用於制器，並有裨於考天。蓋重學者，權衡之學也。幾何者，度量之學也。昔四人以權衡之學制器，以度量之學考天，今則制器考天皆用重學矣。《重學圖説》刻於光緒十一年，外有大圖一幅，按圖綴論，淺簡易明。首論六類器之理，及推算之法，知無論何器，能增力者不能增速，能增速者必費大力。復論機件動法，以明凡機器之繁，均藉六類簡器并合而成。此静重學也。《體性圖説》，即動重學也，亦刻於是年。首論體質之重學性，次論動理，次論各力，按説觀圖，極易明曉。二書乃初學之津梁也。重學之寶用，可藉以造機器。機器之有大用者，曰汽機。所譯汽機之書，有《汽機發軔》《汽機必以》《汽機新製》三種。《汽機發軔》，英人美以那與白勞那合譔，偉烈亞力與徐壽同譯，刊於同治十年凡九卷，一汽機公理，二鍋爐，三汽機事件，四汽機分類，五整理汽機條例，六行船條例，七兵船要事，八泊船餘事，九汽機算理。所論頗詳，理亦明顯。《汽機必以》，英國蒲而榛譔，傅蘭雅與徐建寅同譯，刊於同治十一年。凡十四卷，首論造機公法，一論汽機諸式，二論熱燒汽，三論自漲力，四論汽機能力，五論鍋爐尺寸，六論汽機尺寸，七論汽機善式，八論船體行水，九論船機成式，十論陸地汽機，十一論製造鍋爐，十二論造機司機，附卷論續新制，言汽機之詳，無出其右者矣。次年復《刻汽機新制》一書，乃英人白爾格譔，凡八卷。詳論各種機件之尺寸比例，便於製造汽機之用。汽機之藝，爲近來要事，輪船火車工藝製造，及各大工程，無不用之。故此學亦爲格致之要學也。天學類則有偉烈亞力譯之《談天》，薛承恩著之《天文淺説》，摩嘉立、薛承恩同譯之《天文圖説》。天文之書，莫善於英國侯失勒約翰所譔之稿，初名《天文略》，印於道光十年，後漸增廣新理，陸續重印，凡十有二次。咸豐九年，經偉烈亞力與李君善蘭譯以華文，名曰《談天》，印以活字，後仍有新理增補，乃與徐君建寅續譯，刊於光緒五年。書凡十有八卷，一論地，二命名，三測量之理，四地理，五天圖，六日躔，七月離，八動理，九諸行星，十諸月，十一彗星，十二攝動，十三橢圜諸根之變，十四逐時經緯度之差，十五恒星，十六恒星新理，十七星林，十八曆法，末附諸恒星常例等及光理等表。所論皆近考新理，昔多録某無理之説多已删除。推求諸曜之理，不但言數，而且言象，依象立法，確鑿可據。其言天也，日居中，地與諸行星俱繞日而行。其言星象也，有恒星，有雙星，有三合四合星，有星團，有星氣星林。推恒星之體，或等於太陽，或大於太陽，疑各爲一日，各有行星繞之成一日屬恒星之多，難以數計。目視之似相逼近，算器測之星外有星，相去甚遠。從可知天空之遼濶，不可思議矣。其言彗星也，亦有定軌，繞日而行，按時而至，惟其軌橢圜極長，去日遠時，人不得見。此談天之要略，頗易通曉，尚有極深之算理，爲初學所難明者。後有美國薛承恩輯著《天文淺説》一本，理明義簡，童蒙易學，今其書已罄矣。光緒九年，又與摩嘉立同譯英天文士柯雅各所撰之《天文圖説》四卷，凡五十二章，更屬簡明易學。卷一論日月並行星之次第，卷二論天文圖撮要，卷三論天空異象，卷四論天空星宿，外有大圖四幅，細繪天象之形勢，較前之天文圖尤爲詳悉，觀之易明大旨，閲説更易了然，實爲初學天文之捷徑也。地學類有瑪高温譯之《地學淺釋》，文教治譯之《地學指略》二書。《地學淺釋》，英國雷俠兒譔，美國瑪高温與華蘅芳同譯，刊於同治十年。閲二年，工始告竣。書凡三十八卷，論地體之層累，土石之形質，滄桑之變遷，物跡之種類，詳且備矣。惜書在初譯，辭意不暢，名目繁雜，初學難以清澈。光緒九年，英士文教治譯刊《地學指畧》一本，凡十九章，理極淺顯，名亦雅稱，可爲初學入門。地理類有慕維廉纂之《地理全志》，印行頗久，後於光緒九年，復校正重印。其論大地諸國，詳明簡要，共分五洲，每洲首論其文質政，每國並詳其風土人情物産，國名地名多採取《海國圖志》《瀛寰志略》二書。其書不略不詳，大合文人之用。其前有瑪吉士譯之《萬國地理備考》，與之相若，今板已毁。再有褘理哲著之《地球説畧》一本，初印於咸豐六年，重印於光緒四年。其論各國形勢、風土、民性、物産，與《地理全志》大致相同，惟辭意淺簡，合於啓蒙之用。另有美國甘弟德著之《地理問答》，刊印已久，後於光緒十二年重加修補。其書凡八十三回，有問有答，甚便課蒙之用。光緒八年，美國江德載輯《地理志略》一本，凡九十九章，先述情形，次設條問，亦爲課蒙而設。外有慕維廉譯之《大英國志》，裨治文譯之《聯邦志略》，闞斐迪譯之《俄史輯譯》等書，亦嘗略及地理。礦學之書，有美國代那譔之《金石識别》，瑪高温與華蘅芳同譯，刊於同治十年。凡十二卷，論礦石之類極詳，惟名目與他書有異。後傅蘭雅集成《中西名目表》一册，西字名與《金石識别》之名及他書内之名並列，每查一名即知他書内用何名。後光緒十年，刊成《寶藏興焉》一部，乃英國費而奔著，傅蘭雅與徐壽同譯。不獨論各礦之形性，兼論各金之鍊法，有十二册，一論金礦，二論鉑礦，三論銀礦，四論銅礦，五論錫礦，六論鐵鑛，七論鉛鑛，八論鋅鑛，九論鎳鑛，十論銻鑛，十一論鉍鑛，十二論汞鑛。每册或一二卷，或十數卷，極爲詳細，大有用於礦務之家。再有傅蘭雅譯之《礦石圖説》一本，刊於光緒十年，書固淺簡，然於緊要礦石皆舉而論説，並有大圖一幅，繪各礦石之形色，儼然逼真，習認礦者用之大可得益。至於開礦之書，則有《開煤要法》《井鑛工程》二書。《開煤要法》，英國士密德輯，傅蘭雅與王德均同譯，刊於同治十年。凡十二卷，論煤礦極詳，於開他礦之事，亦有補益。《井礦工程》，英國白爾捺輯，傅蘭雅與趙元益同譯，刊於光緒五年。凡三卷，論鑿井開洞之法頗詳，有益於工程之家。所譯化學之書，迄今已稱該備。計傅蘭雅譯者有八種，曰《化學鑑原》《化學分原》《化學續編》《化學補編》《化學考質》《化學求數》《化學易知》《化學衛生論》，多爲徐壽同譯。嘉約翰譯者一種，曰《化學初階》，畢利幹譯者二種，曰《化學指南》《化學闡原》《化學鑑原》，英國韋而司譔，刊於同治十年，共六卷，凡四百十節，專詳化成類之質。論原質六十有四，氣質五種，曰輕氣、養氣、淡氣、緑氣、弗氣。流質二種，曰溴、曰汞。餘皆定質，計五十七種，曰碘、硫、硒、碲、燐、砷、矽、炭、鉀、鈉、鋰、鏭、銣、鋇、鍶、鈣、鎂、鋁、鉻、鋯、釷、鈦、鉺、鉞、錯、鋃、鏑、鐵、錳、鉻、鈷、鎳、鋅、鎘、銦、鉛、鉿、鍚、銅、鉍、鈾、釩、鎢、鉭、鐠、鉬、釩、銻、鉀、銀、金、鉑、鈀、鋑、釘、銤、鋱，分爲非金類與金類質。每質論其形性，取法試法，及各變化，並所成雜質，於以知天地間之物，無非此六十四原質分合變化而成。所論質點之細小，而無内變化之巧，出入意外。習天文可想天地之大，襟懷爲之廣濶。習化學能覺物則之細，心思爲之縝密。《鑑原》爲化學善本，條理分明，欲習化學，應以此爲起首工夫。《化學分原》，英國蒲陸山撰，徐建寅同譯，亦刊於是年。凡八卷，專論化分工夫，習之熟，無拘何物，欲悉其含何原質，依法化試，不久易曉。《化學續編》，亦蒲陸山撰刊於光緒元年。凡二十四卷，尋詳生長類之質，首以含衰之質起論，蓋此物爲炭二分、淡氣一分所成，其性類乎原質，能與他原質化合，則屬化成類之質。惟錬取此物，多由廢皮舊用而得，又屬生長類之質。是此一物，介乎二大類之間，即以爲化成生長二大類之過脈。次論蒸煤蒸木所得之質，再次論油酒粉糖醋等質性，以至動物變化、植物生長等事。各詳妙理，於以知物極則反，死生相接，天地間無非一化學耳。《化學補編》補《鑑原》之所不及者，亦蒲陸山撰，刊於光緒五年。凡六卷，一二三四卷論非金類質，五六卷論金類質。所論原質亦六十有四，惟較《鑑原》爲尤詳耳。附卷論體積分劑，亦極詳細。所謂分劑者，原質之分數也。分兩種，一曰輕重分劑，一曰體積分劑，二者迥不相同。如輕養二氣，以輕重論，輕氣爲一，而養氣爲八。以體積論，則養氣爲一，而輕氣爲二也。《化學考質》，德國富里西尼烏司著，刊於光緒十年。凡八卷，大意與分原略同，而尤詳焉。乃考驗庶物而定爲何原質所成？無論簡繁，俱能條分而縷析之。是將不知之物，變爲能識之物也。其工深矣，微矣。非熟習化學，心靈手敏，不易蔵事。非心志堅定，細審端緒，恐難得法。故習此書者，宜熟玩索，慣則自成焉。《化學求數》，亦德國富里西尼烏司著，刊於光緒十一年。凡十五卷，謂之求數者，乃推求物質之輕重數，或體積數也。較考質功夫，更屬精密，實爲化學之極致，非深識化學家，不易致力。果能精熟，則凡天下庶物，均能詳攷其原質，而細求其準數，遂使法有證據，理得顯明，洵亦有用之書也。《化學易知》，刊於光緒七年，乃摘《鑑原》與《續編》之緊要者，輯成上下二卷，以爲初學之捷徑。蓋化學之理深矣，奥矣，閲者每有畏其繁密而中止者，得讀此編，淺嘗薄試，不難升堂入室，亦啓蒙之一助也。《化學衛生論》譯於光緒六年，陸續印於《格致彙編》，閲二年，始得卒業。書凡三十三章，自呼吸之氣論起，而及所飲之水，所種之土，所植之物，所食之糧，肉、茶、加非、可可、糖、酒、菸、鴉片、醉毒香臭等物，以至消化之理，養身之法，論頗詳盡，意亦趣雅，堪供衆賞焉。《化學初階》刊於同治九年初，止兩卷，續增二卷。卷一二原稿與《化學鑑原》同，譯出則大異名目，多不相合。卷三四與《化學分原》相似。此書可旁觀，不可正讀。惟其譯刻在先，行世已久，人多購閲。《化學指南》印於光緒二年，凡十册，係講配合質之法，大意與《分原》略同，惟爲問答體，便於課蒙用之。《化學闡原》刊於光緒八年，凡十五卷，大意與《分原》略同，而較詳焉。此二書所以異於他化學者，不惟名目不同，各名之寫法亦大奇焉。如《鑑原》所名之淡氣，此則名爲硝氣；名曰碘者，此則燐；名曰矽者，此則鏴；名曰錳者，此則鑯；名曰鉻者，此則鐩。種種奇異，甚覺難讀，似《鑑原》名目，愈於此也。電學類有《雷學》《雷學綱目》《雷學圖説》三種，均傅蘭雅譯。《電學》原名《電學大全》，英國瑙挨德著，徐建寅同譯，刊於光緒五年。凡十一卷，首論電氣源流，一論摩電氣，二論吸鐵氣，三論生物電氣，四論化電氣，五論電氣吸鐵，六七論吸鐵氣，八論熱電氣，九論電報，十論電氣時辰鐘及諸雜法，論電氣之詳，無逾於此書者，亦無深奥於此書者。細考電氣者，宜讀之。《電學綱目》，英之田大里著輯，周郇同譯，刊於光緒五年。凡三十九章，共三百五十七款，捜集電學大旨，提要分陳，言簡而意賅，條分而有序，初學習之，可得綱領旨趣焉。《雷學圖説》，刊於光緒十三年。凡五卷，一論吸鐵氣，二論摩電氣，三論化電氣，四論電報，五論電鍍，均極淺顯，人所易明，並多載新近理法，爲前書所不道者。外有大圖五幅，凡一百零八圖，繪極精細，每圖有説，分解明詳，復費年餘之力，一一臨摹，縮訂書内，使睹是書者，不必另購大圖，實省便焉。光學有傅蘭雅與趙元益譯本，乃田大里輯，分上下二卷，後附金楷理譯之《視學諸器説》一册，刊於光緒二年，論光理頗詳，此外尚無他譯本。熱學未譯專書，僅見於《格物入門》之火學内。水學亦未譯專本，見之於《重學》及《格物入門》之水學、氣學，亦見於《格物入門》，别無譯本。醫學類，近譯成之書頗多。若合信氏譯之《全體新論》《西醫略論》《婦嬰新説》《内科新説》，嘉約翰譯之《西藥略釋》《皮膚新編》《裹紮新法》《花柳指迷》《割症全書》《眼科撮要》《内科闡微》《内科全書》《炎症論略》《體用十章》《體質窮源》《衛生要旨》，柯爲良譯之《全體闡微》，德貞譯之《全體通考》，稻維德譯之《全體圖説》《眼科指蒙》，傅蘭雅譯之《儒門醫學》《西藥大成》。《全體新論》刊於咸豐元年，凡三十九欵，由體骨以及五官、百骸、内經外膚，一一分剖確切，並多刻圖式。瞭如指掌。《西醫略論》刊於咸豐七年，分上中下三卷，上論醫理及外科瘡症，中論外科傷症，下論方藥治法。雖未甚詳，殊裨初讀。《婦嬰新説》刊於咸豐八年，論婦女胎産，嬰兒育養諸事，理法詳備，語意確鑿。《内科新説》亦刊於是年，分上下兩卷，上論内科諸症以及治法，下論藥劑形性及製配各法。此四書，印行已久，喜閲者多，今板已朽，圖多糢糊，數年前重加修補，始覺顯明。《西藥略釋》刊行頗久，陸續增補，凡三易稿，近於光緒十二年重刊者，幾稱賅備。共四卷，首總論藥性功用理法，次按藥性區分，列爲瀉吐利表、化歛補提、平和解蒙等門，一一道其形性出處功用，甚便於習醫之用。《皮膚新編》，專論皮膚諸症情形，以及治法。《裹紮新法》，專論割症裹纏之法以及用物。《花柳指迷》，專論受毒覈要，指破迷途，人知所戒。《割症全書》，論割治瘡瘤腐淋之法纂詳，並釋應用之器件方法。《眼科撮要》，論眼症形式極詳，並言其各症治法。此皆外科書，習醫者宜細玩焉。《内科闡微》，發明臟肺脈絡細微處受病之故，與其醫法。《内科全書》，凡十六卷，發明經内諸症極詳。凡五臟六腑情形，病原病狀辨別，安危治法，無不備載，誠醫家認症之大宗，講求内科之全帙也。刊於光緒八年，今喜閲者多。《炎症論略》，詳明内傷外損皆致發炎，有新舊之不同，並輕重之各别，附以藥方敷治各法，足闡醫門之秘。《體用》十章，凡四卷，刊於光緒十年，釋解全體功用，隱微必備，瞭如觀火。他若《體質窮源》之略釋五官百骸，圖精易顯，《衛生要旨》之專言養生大旨，日用攸資。此皆嘉約翰在粤東歷年輯譯之醫書也，實嘉惠學者不淺。至於柯爲良譯之《全體闡微》，較他書尤見詳備。所論全體質理，深入細微。書凡六卷，印於光緒七年。德貞所譯之《全體通考》，亦極詳細，與《闡微》相若。書凡十八卷，印於光緒十二年。近有傅恒理譯《省身指掌》，凡九卷，專論全體之功用，較他書簡而易明。論知覺性才，反覺别開生面，印於光緒十一年。《全體圖説》論極簡畧，外有大圖二幅，印極精詳。觀圖閲説，梗概易明，刊於光緒十年。《眼科指蒙》備論眼之各症，附載醫治之方，各圖亦極精細，刊於光緒十三年。《儒門醫學》，英國海得蘭撰，趙元益同譯，刊於光緒二年。凡三卷，上論養生之理，中論治病之法，下論方藥之性，縷析條分，雅俗共賞。原名《醫學袖珍》以其便於家庭日用也。凡欲粗涉方書者，得此大有裨益。《西藥大成》譯刊數年，凡十數册，今尚未告竣。亦趙元益同譯，論西藥之詳，無出其右者。畫學類之書，已刻者有《器象顯真》《運規約指》《繪地法原》《測地繪圖》《行軍測繪》共五種。《器象顯真》，英國白力蓋著，傅蘭雅與徐建寅同譯，刻於同治十一年。凡四卷，一論畫圖器具即規尺筆紙等件，二論用幾何法作單形即畫直圓各線面之法，三論以幾何法畫機器視圖諸法，四論機器視圖匯要，後附機器圖樣一册。《畫法顯真》，此書深淺合宜，大有用於習畫圖之人。《運規約指》，英國白起德著，亦傅徐同譯，刊於同治十年。凡三卷，一論單形，二論合形，三論更面，共百餘題，按題明其畫法，與幾何相似。惟畫法多用圜規，故曰運規。《繪地法原》，金楷理與王德均同譯，刊於光緒元年。凡十二章，論畫地圖之理法極詳。《測地繪圖》，英國富路瑪譔，傅蘭雅與徐壽同譯，刊於光緒二年。凡十二卷，一總論，二測量底線，三分地面爲原三角形，四圖内填補衆物，五行軍揭要，六準平線以定高低，七證驗高低諸器，八臨摹鐫刻諸法，附以鐫板印圖法，九經畫新疆屬地，十球形相關之事，十一天文相關之事，附以天文解題。蓋此書論測繪地圖之法極詳矣，大有用於勘畫地圖量度道理之用。《行軍測繪》，英國連提譔，傅蘭雅與趙元益同譯，刊於同治十二年。凡十卷，大致與《測地繪圖》同。惟簡而易明，不獨論測繪之法，猶論合用之器，如測向羅盤、平面桌、紀限儀、測直角器等是也。此五種均屬畫圖之書，於畫體形不相涉焉。畫形之書已刻者止兩種，一曰《畫形圖説》，英國里察森撰，傅蘭雅譯刊於光緒十一年。凡一册，論畫視圖十有二法，凡立方體、圓柱體、圓錐體、六面柱體、圓球體之正視、側視、斜視、立視、平視、横視、卧視諸形，一一明其畫法。後及數體相並之畫法，各線隱見逗接，亦皆有法，洵初學畫形之捷徑也。一曰《論畫淺説》，美國范約翰譯，印於光緒五年。論畫物體之形，淺簡易明，圖亦精雅。無論何物，欲畫視形，必有平線、定點、立所、聚點，畫之始顯遠近。惜論説太畧，無甚大用耳。植物學，有韋廉臣與艾約瑟同譯之本，刻於咸豐八年。凡八卷，一總論，二論内體，三四五六論外體，七論分部，八論分科。所論植物生長之理，詳明確切，洞入細微，自習見以至罕見，皆考而明之，於以知造化之妙，有非人意所及者矣。動物學之書，有韋明珠譯之《動物類編》，印於光緒八年。凡十二章，自猴蝠熊貍之靈，貂犬獅虎之珍，貓狐鼠兔之俐，象犀馬駝之大，以至鵬鵰之能，鸚鵡之麗，魚蝦之繁，蟲蝶之細，一一繪圖，彩色逼真。按圖綴説，性情乃見。蒙童閲之，大有意趣。再有韋道氏譯之《百獸圖説》《百鳥圖説》二册，均刊於光緒八年，論百獸有一百三十五種，分爲猴類、蝙蝠類、食蟲類、肉食類、有袋類、齟物類、無齒類、厚皮類、返嚼類、水陸同居類、永居水中類，皆屬胎生者也。論百鳥有一百四十五種，分肉食類、常立類、善爬類、鴿類、雞類、善跑類、水地行走類、有掌類，皆屬卵生者也。鳥獸各有大圖一幅，繪圖生動，彩色鮮明，較動物類編尤爲逼肖。以上爲近刻繙譯格致諸書之要略也。每部專論一門之學，或淺而爲初學易讀，或深而爲好者精求，莫不可爲肄習格致之一助。若其錯綜各學，總彙諸家而合刻以成一集者，如合信氏之《博物新編》，丁韙良之《格物入門》，艾約瑟之《西學啓蒙》十六種，林樂知之《格致啓蒙》，傅蘭雅之《格致須知》，皆是也。《博物新編》，刊於咸豐五年，凡三集，一論地氣即氣學，論熱即熱學，論水質即水學，論光即光學，論電即電學。二論天文。三論動物。各學兼論，自不能詳，然言簡而賅，足供披覽。《格物入門》刊於同治七年，書凡七卷，一水學，二氣學，三火學，四電學，五力學，六化學，七算學，其稿經多人潤色，辭固雅順，人多快覩，然屢有誤會處，或有自相矛盾處。經名家駁詰，凡數改正。近聞丁君另行修輯，大加校正，將重刊刻，故舊本不復刷印矣。《西學啓蒙》，總稅務司赫君倩艾約瑟譯，刊於光緒十二年。凡十六種，曰《西學略述》《格致總學啓蒙》《地學啓蒙》《地理質學啓蒙》《地學啓蒙》《植物學啓蒙》《身理啓蒙》《動物學啓蒙》《化學啓蒙》《格致質學啓蒙》《天文啓蒙》《富國養民策》《辨學啓蒙》《希臘志略》《羅馬志略》《歐洲史略》，其書於格致學外多講理學，爲他書所不及焉。原稿乃泰西新出學塾適用之書，今譯華文可爲初學格致之用。《格致啓蒙》刊於光緒六年，凡四卷，一化學，二格物學，三天文，四地理，與他書大同小異。《格致須知》，陸續輯刻，今成初二兩集，計十六種，曰《天文須知》《地理須知》《地志須知》《地學須知》《算法須知》《化學須知》《氣學須知》《聲學須知》爲初集，《電學須知》《量法須知》《畫器須知》《代數須知》《三角須知》《微積須知》《曲線須知》《重學須知》爲二集。此各書乃輯格致學之緊要者，各成一册，言簡意賅，淺近易明，凡無暇深究格致者，睹此易於了了；而童蒙初習格致時，讀此亦易記誦。由此入步，漸臻精奥，實亦不可少之書也。聞尚有數十種，將陸續刊出，以成全帙焉。此外尚有行船之書數種，曰《航海金針》《御風要術》《航海簡法》《海道圖說》。武備之書十數種，曰《防海新論》《臨陣管見》《水師操練》《水師章程》《輪船布陣》《兵船砲法》《攻守砲法》《砲準心法》《克虜伯砲法造法》《火器略說》《水雷秘要》《營城揭要》《營壘圖說》《普法戰紀》《東方交涉記》《英俄交涉記》《城堡新義》《陸操新義》《整頓水師說》《海戰用砲新說》《聯邦南北戰編》《秘智海戰記》《水雷紀要》。工藝之書數種，曰《西藝知新》《海塘輯要》《冶金録》《製火藥法》《爆藥紀要》《電氣鍍金》《電氣鍍鎳》《照像略法》《照像乾片法》。此各書雖非格致之學，實具格致之理，富國强兵在乎此等書中出也。然非本務。設無格致學，則不能推究此各事。是天文、地理、化、電、光、熱諸學，格致之理也，本也。技藝武備之學，格致之用也，末也。舍本務末，烏乎其可！近刻繙譯諸書，固不止此，即此已可見其詳略矣。惟已譯之各書，非出一人之手，因而所用名目意義各書不同，最易混閲者之目，亦大憾事也。且各自一心所譯，多有重複，似各爲一家，不知其外已有他書也。故習者應擇其要者用之，如習算學，應以《幾何原本》《代數術》《三角數理》《微積溯源》爲要，他書可旁及焉。習化學，應以《鑑原續編》爲要，他書可旁及焉。習格致，應以《談天》《重學》《電學》《光學》《地理全志》爲要，餘書可旁及焉。習礦學，應以《寶藏興焉》《金石識別》爲要，《礦石圖說》《地學淺釋》《地學指略》可旁及焉。習醫學，應以《全體闡微》《内科全書》《西藥略釋》《西藥大成》爲要，餘書亦不可不閲。欲略通格致諸學，應以《格物入門》《格致須知》《西學啓蒙》爲要。或謂繙譯諸書中，應以汽機行船、武備之類爲最要，然耶否耶，非敢妄議。要之我華既有此格致諸書，從此練習，精益求精，富强之術即在其中，才能之出不外是道，取西人數十百年之心思智力，一旦而爲我用，安見不駕西人而上之乎！

又　車善呈同題　我皇朝懷柔遠人，道光年間，許泰西各國通商，逾今數十載，風氣一新。凡輪船、電報、機器、鐵路諸政，均已設局專理，風行海内，拓千古未有之奇。而又恐習其事者，或不究其學，終非自强之計，於是又設廣方言館，水陸武備電學測繪學堂，萃子弟之英敏者，肄業其間，聘華洋品學兼優之士爲之教習，朝孜夕稽，口講指畫，勉爲有用之學，務底於成，此固躬源竟委，庶幾洋務權衡胥歸我操。顧究其學而不辨其學之宗旨，是非貿貿焉。一惟彼説是從，此何異食而不知其味者，亦安能辨其美惡之所在哉。於此恭見憲台殫心時政，精益求精，亟以泰西格致之學與近刻繙譯諸書詳略得失何者爲要垂詢，芻蕘在草茅下士，何足知此，第念愚者千慮，或有一得，爰就管窺所及，謹陳梗概。攷各直省繙譯諸書，與西人用華文自刻彼國之書，無慮二百餘種，其學悉以格致爲宗，即如化學、算學、重學、天學、地輿、礦務、機器、輪船、航海、火器、測繪、光學、聲學、醫學，雖不以格致題名，總不離乎格致。溯泰西格致之學，肇於希臘之阿盧力士託德爾，淵源至遠，傳述至久，然其時物理未甚顯明，見地僻陋，故其學駁雜不精。至明季英人貝根出，好學深思，鋭志格志，卒乃盡變前説，其學始精。逮今達文、施本思二家，又闡發貝根未盡之蘊，旁搜遠紹，探賾索隱，筆之於書，其學愈詳而愈備。然攷其格致大旨，離神明而求迹象，逐事物而外道德，非若中國格致之學，本末兼賅，精粗畢貫，於此又見泰西之格致，究不出中國格致之範圍也。蒙嘗讀《格致啓蒙》《須知》《新編》《彙編》《全書》《釋器》，與夫《格物入門》《探源》，益知諸書所載格致之理，研求考索，如論生物原質流質定質物理因果性情緣故，動力攝力漲力縮力壓力，空氣熱氣冷氣，純駁疏密凝結諸端，探幽闡秘，察微知彰，千蹊萬徑，層出不窮。窮物情之源委，悟妙理於當幾，究其旨不外百物之質性氣味，五行之生尅制化，看似新奇，實則平淡。然所論皆係實事，絶不蹈空學。其學者，雖不能契天人性命之理，而凡人事日用藝學技能，皆得資以增長知識，開拓心思。自是泰西最上乘之書，其有名非格致而爲格致之實用者，曰化學。如《化學初階》《鑑原》《分原》《續編》《補編》《闡原》《指南》《攷質》《求數》諸書，所載原質，攷養、輕、炭、矽、硼、淡、緑、溴、碘、弗、硫、硒、碲、燐、鉀、鹽類原質，水、模、鉀、鈉、鋇、錮、銀、汞、鐵、銅、鋼、鉛、鉛、錫、金、錳、陶器灰石分劑以至取法，攷數重數，製合化分，濾洗熬蒸，燒熖鎔化，結成事類，綱舉目張，條分縷析，無窮變化，想入非非，苟專心致志，皆得精其業，以專門而名家。且如硝磺鹽强水，及白藥凝化藥水電氣等，中國已次第自造，資以利用。其書本無可訾議，然頭緒紛繁，意境邃奥，往往有過求險僻，而不慮及毒害。因其論列，皆就泰西風土人物而言，與他國並不計及。華士若不辨中西人情物理之異同，從其學而一意徑行，有未見其悉當者。此由未明乎化學中又須化裁通變，而作書者固不任其咎也。顧泰西格致之學，所包者廣，所造者深，而發揮於推算者有三種，曰算學，曰重學，曰天學。其挈領提綱，包涵衆有，而算學重學天學之理無不賅者，則有《幾何原本》一書，西人歐几里得譔，凡十五卷，爲泰西言算之祖。自明季利瑪竇入中國，徐光啓譯出六卷，至咸豐年間，海寧李氏善蘭與西儒偉烈亞力踵譯全書十五卷，始無缺憾。其書備言理，而法即由理而著，括一切有形，而概之曰點線面體。點相引而成線，線相遇而成面，面相疊而成體。而線與線，面與面，體與體，其形有相似，有相兼。其數有和有較，有有等，有無等，有有比例，有無比例，洞悉乎點線面體，而馭之以加減乘除，凡天地間有形象可指者，推求無不密合，洵推算之津樑，儒家萬不可不讀之書也。算學則有《三角數理》《代數術》《微積溯源》《代數難題》《數學理》，借根方法對數諸書，則皆執簡馭繁，因難布巧，敏思精義奥妙入神。然三角乃兩勾股所合，惟勾股必取一直角。三角形等邊者爲正三角，不等邊者非鈍角即鋭角。其用，惟視所適而與爲通變，足以濟勾股之不及。代數微積算法先須立式，無論何數皆可任作記號代之，數之左邊有丄號者爲正，有丅號者爲負。凡有幾個代數式俱有丄號或俱有丅號，謂之同名數。或有丄號，或有丅號，謂之異名數。加法分爲三種，一同式同號，一同式異號，一式號俱異。減法惟有一公法，反其減式之正負而加之。即得乘法，則同號之數相乘，其乘得之數爲止。異號之數相乘，其乘得之數爲負。除法，則同號之數相乘其除得之數爲正，異號之數相除其除得之數爲負。皆先求根數，有一次二次三次四次以及多次諸式，錯綜變化，左宜右有。凡求割圓、開方、三角、八線諸數，若馭以代數，指顧即得，其術與借根方法畧同。然借根方法如以線爲問，則借根。以面爲問，則借平方長方。以體爲問，則借立方。諸乘方加減乘除，令與未知之數齊等，而本數始出。立法雖巧，布算頗繁。故自有代數，而借根方法遂不用。對數表爲西儒訥白爾所創，後有布里格斯變通其術。至順治年間，穆尼閣始傳其法入中土。其法以真數自一至十萬，俱設假數，與真數逐一對列，故名對數。以加代乘，以加倍代自乘，以三因代再乘。以減代除，以二歸代開平方，以三歸代開立方。凡多一乘方，皆遞加一歸，爲算學至捷之徑。而對數八線表，以二率與三率相加減，去首率即得末率。用之步天，較常法簡易省算。然凡此西法算書，用其法者，以之馭繁算而見易，以之馭常算而反勞，因其法原爲推算繁難而設。學者必先通九章，而後其法始能用。若躐等以求，則有高而不切之弊，反致扞格不通。《重學》二十卷，其學分二科，一曰静重學，如權衡、輪軸、槓桿、滑車、斜面、螺旋、尖劈之類。一曰動重學，如流質、水火、風氣、船舶、鎗礟、圓球、秒擺之類。而其理之最要者有二，曰分力并力，曰重心，爲動静二重學之樞紐。蓋萬物以重心爲定，若二力加於一體，令之静必定於并力線。令之動，必行於并力線。故知分力并力與重心，而環繞攝動諸力，一切重理皆從此出。得其要領，而重學思過半矣。其學無甚奥衍，而施之平常實用，俱有確證，真有用之書也。天學惟《談天》一書，乃據英人侯失勒原本而刪譯者。所述論地命名，測量之理，地學天圖，日躔月離，動理諸行星、諸月、彗星攝動，橢圓，諸根之變，逐時經緯度之差，恒星新理，星林秝法，皆備言。天學之理與用數其術以恒星天與日俱不動，月繞地又繞日而行，地與五星俱繞日而行，故以地球繞日一周爲一歲，以地球自轉一周爲一晝夜。其行道，月、地、五星俱係橢圓。於是言天學者，盡變舊術。海内疇人，翕然宗之，謂之新法。又謂彗星行法與五緯同，而橢圓之長徑甚長，兩心差甚大，故或數十年而一見，見時無關災異。顧地動之説，中國先有其端。如《尚書·攷靈曜》云，地體雖静，而終日旋轉。《春秋·元命苞》曰，地右轉以迎天。《河圖・括地象》曰，地右動。然言地動，而未嘗言天不動也。若以地動而天不動，則羲經言天行健，日月運行，虞書曰在璿璣玉衡，以齊七政，古聖人明天察地，其義甚精，豈大知反不若西人乎？近時吴氏善述有《地球運行辨》，謂地動不可信者十有七事，詳徵博攷，刊布駁詰，習新法者卒無以應。竊意天包地外，地與日月五星俱處天中，天動，而地與日月五星自必俱隨之動。地與日月五星距天近者，因天之攝力速，而動亦速。遠者攝力緩，而動亦緩，乃不易之理。第以天地日月五星俱動主算，施之推步立法甚難。故談天之法，以之爲步天之捷術，尚屬可參，以之爲象緯之本然，殊難憑信。且西人先有精步天者，以地動之義，推光緒七年九月二十四日地球行迫日輪，一時粉碎，人物無存，天地間萬國世界從此了局，謂開闢以來之末一日，至有臨期而早作準備坐以待斃者，且有先圖自盡以免慘狀者，乃其期已過，而天地萬物依然如故，則其言庸可信乎？至謂彗星無與於災異，何以往史所言彗出而天下必有事變，使人君及早警戒，尚可消患於未形。果若談天所言，適足啓人主之縱肆，而天變亦不足畏矣。以是而論《談天》一書，其日躔月離、平行經緯、度分定率，亦足資授時之用，而其悖理妄誕之見，學者不可不深察而決去之也。西人最重理財，理財必先明水陸地輿，而格致之見於地輿之學者，其書一曰《地學淺釋》，所論水層石形質生物之迹，沈物凝變之理，揭石層平斜曲折凹凸之故，被水蝕去之處砂泥土石之鬆結，以及殭石新疊，層沛育新，冰遷石、火山石、鎔結石、熱變石、五金藏脈義類，大旨以地球全體均爲土石凝結而成，其定質雖爲泥、爲砂、爲灰、爲炭，其石或嫩或堅，而皆謂之石類，均有逐漸推移之據。觀地中生地之形迹，别其種類，能知其當時生長之地，各有水陸湖海之不同。而其天時氣候，亦有冷熱温和之各異。是亦精微之至矣。其條論生物消滅形迹，變成金石，地面水道，南北冰山，冰海，海中生物，礦脈凝聚裂縫類，皆透發至理，言淺事顯，各有實得。爲講地學以理財者，必不可少之書。一曰《海道圖説》，論列自海南瓊州，至廣東香港福建厦門澎湖浙江象山舟山甬江乍浦上海揚子江山東直隸水道，暨直隸遼東二海，朝鮮日本海島，並長江圖説，明大風流水之源，由記島嶼礁石之隱現，彰行船之法程，表朝汐之時刻，與夫泊船避風淺深險夷之所在，臚列形勢，未始不詳。然南洋各島至新嘉坡、孟加拉、印度洋、新舊金山，及歐俄美各國海島口，均未載入，則是書雖詳而實略，得者近而失者遠也。若夫《航海通書》《簡法》《御風要術》三書，測太陽太陰，星次蒙氣經緯度距數以定行向，驗風向風差以識順逆，究陰晴風雨之變，闡颶風先兆，旋轉軸線之方，而悉示以趨避之機，皆爲航海指迷之書，深堪取法。而格致由地學以及礦務之書，曰《井礦工程》《開煤要法》《金石識别》《寶藏興焉》，備論造湧水井開礦法，裂石分土用藥，煤層布列厚薄，鑿孔開石察煤取産法器，各物凝結根本，元式分類互變，以至雙形合形，同質異形，土金類中又别科子胚斯水晶浮石之屬，看似纖悉靡遺，然曩時曾聞偉烈亞力言，開礦須量而後入。事有三要，曰辨陰陽。凡山得陰氣多而清者，礦産爲金爲銀爲錫。濁者，爲鋼爲鉛爲鐵。得陽氣多而清者，而硫黄爲水銀。濁者，爲煤。故測量礦山，常年日月照臨，而知得陰陽之分數，以爲始義。曰驗礦苗。陰陽氣分雖辨，當驗礦苗以徵實。産之在礦，猶樹之根株，苗其枝芽也。察枝芽之枯潤豐薄，即可知根株之虚實大小。充斯旨以驗苗，而礦産之多寡美劣可得其實。曰核經費。既知礦之確據，須核用工之人數，程工之遲速，器具之總件，運脚之遠近，及一切食用經費，彙而計之。再約計開取礦産，可值若干，兩相比較，利則舉之，不利不舉。其言雖簡淺，按之實理則精當不易。竊觀諸書所論，惟詳於器用法則，而本本原原略而不及。若泥其書而茫然嘗試，得則未必反恐不免於失，不可不深察也。機器製造彼國詡爲獨擅，格致之奇，如《汽機發軔》《必以》《新制藝器》《西藝知新》諸書，備載鍋鑪、汽機、汽筩、汽罨、漲力、能力、水抽、水制、挺桿、曲拐，鍵輔、鞲鞴、螺輪輪軸，以及車床、刨床、鑽床、鋸床、鎔軋舂裁、絞捩鑿劃諸事，並論作平圓、立圓、撱圓、平方、斜方、尖錐諸形，五花八門，法立巧生。假水火以代人工，成物之速，罕與倫比，可謂學造精奇，靈妙無匹。然其書意義紛歧，條理不貫，即如馬力一事，忽言號馬力，忽言實馬力。又謂一實馬力，一分時起重三萬三千磅高一尺，而驗之實事不合。不知馬力當量鑪内空汽積，以弧線求徑法推算得立方汽積若干尺寸，即可知若干馬力。既知馬力，即可定配用機器大小。由是以機器而準諸所適之用，則程功一一可計。故凡製造何種器物，亦可先推得須用若干汽力，而後配鍋鑪機器以爲之用，百不爽一。其功用惟見於《克虜伯礮彈造法》《爆藥》《製火藥法》《水雷秘要》諸書，又附見於營造輪艦、船塢、鐵路、開礦之書，亦各詳載言之。在中國仿造，因已見有實效，而獨於繅紡袵織綢布呢絨羽毛，以及玻璃顔料日用百物，其造法均未有繙譯成書。講時務者憾焉。然機器看似離奇奥妙，按之皆平淡無奇。觀其造物，凡人力須轉手幾次者，即需用幾次機器，並無超越徑成之法。惟器有巧拙疏密，故智者可以設想變法。因之日新月異，更尚無窮。在中國即欲創造綢布呢絨日用百物，亦非甚難。

蓋物有本末，事有終始，苟研精夫始事原由，繼事節目，終事功效，層層推敲，自無遁情，而致功易於反掌。然用機器以製造，期以勝人力而省工費，非謂百物皆可以機器造之。此又須攷核而施，而書中皆不載此義。故機器諸書詳略相間，得失相參，未可拘泥不化也。水陸行軍武備，爲彼格致學中最重之事。其書有《水師操練章程》《輪船布陣》《防海新論》《臨陣管見》《營壘圖説》《兵船礮法》《克虜伯礮法》《礮準心法》《攻守礮法》諸書，詳載職司駕馭隊伍陣勢，赴敵戰法，礮臺礮準，藥裹水雷，電線，槍刃位置，氣候號令諸事，繁引博稱，意在求全，而且火器速率又有高下差、東西差之定表，未嘗不嘆其武功之精密。然兵法貴乎奇正相生，虛實並用。善用兵者，要在出奇制勝，避實攻瑕，而且因糧於敵，藉器於寇，反賓爲主，以寡勝衆。自古儒將百戰百勝，必先知彼知己，量而後進，所謂運用之妙在一心，決勝之策應千里，推之山川風火、草木禽獸皆可作兵，故軍事雖不離器利甲堅，而取勝成功重在善謀達勢，亦不專恃乎器甲堅利也。又載輪船陣名，有曰魚貫，以爲銜尾而入也。有曰雁行，以爲排列而前也。攷中國兵法，斷無如此之愚，是欲制敵而反爲敵制，有是理乎？竊謂中國兵事盡於智仁勇信嚴五字，而泰西僅能得中國之半，何也？曰信曰嚴，彼所能也。其勇則專恃血氣，非若中國巧力兼濟，斯爲之勇，故曰僅得中國之半也。由此而觀水陸行軍武備諸書，其列載船艦槍礮器械僅有可取，若用之防守禦敵，非不足恃；而用以攻戰克敵，則又難必。以其書之所詳者，僅在法與器二事。而不知有法外之法，器外之器。爲行軍所最要者，曰機曰謀，何以書中略無一語，則其書之得失，即由此判焉。測量繪圖二事，而有《測候叢談》《測地繪圖》《繪地法原》《行軍測繪》《運規約指》諸書。所論傳熱、散熱、水氣、溫帶、底線、界線、剖面、角度、距弧、全圖、縮圖，單形、雙形，以至地平、經緯儀，紀限儀、佛逆羅盤、比例尺諸器，用爲事勢之先資。舉其遠者大者，而瞭然於咫尺間，則操持有本，而擘畫無乖。其書皆精切不浮，可資妙用。惟儀器必先精心取準，而後測量無訛。否則失之毫釐，差以千里，此又不可不知也。《光學》《聲學》二書，探光體、光線、視差之原，論傳聲、發聲、成音之理，而且回光折光測算，馭諸鏡景，聲根聲度速率判以秒微，亦格致獨得之書，精妙而資利用。更有《富國策》一書，發生財制産之理，創均富同功之説，捃摭彼國故事，牽掇成編，大旨不外滋生種植開礦製造，自是泰西理財之術。然中西風土物産不同，以彼例此，必形枘鑿。夫生之者衆，食之者寡，爲之者疾，用之者舒，生財之道，盡於大學四言。按之當今，輪船行運，機器製造，亦已賅括其中。特是聖人明體達用，理財必衷諸大道，期於上下咸宜，行之胥利。即或勢異時殊，事多更故，聖人亦自有變通盡利之方。所謂奴僕彼法，而不爲彼法所束縛。其道自有所在，此豈西人所能知，則其書亦付之存而不論之列而已。其論醫學，而見於《全體通攷》《闡微》《圖説》《新論》《內科全書》《內科闡微》諸書，皆繪圖立説，詳臟腑之大小部位，經脈之動息短長與夫血氣多少筋骨尺寸，徵引詳明，實足補華醫所不逮。然其治法，詳於病狀，而略於病源，得解者實證，失攷者虛神。蓋緣切脈之道，非彼所能通曉，故在標治本，攻實救虛之妙法，絶無記述。其論解剖之學，中國《靈樞經》先發其端，亦無足怪。但以大辟之囚，不妨偶驗以攷學。若施之病没常人，斷無其理，則其醫書貴乎善讀而知法戒耳。綜而論之，離神明而求迹象，逐事物而外道德，西人之學如此，其書亦如此。而其書之詳畧得失，最要者，亦視其書之所載，用事據理，而與爲剖斷。故特舉繙譯諸書載事之大者，參以格致之學，分類而明辨之。然而一得之見，未敢必以爲然，聊備采擇而已矣。

又　鍾天緯同題　格致之學何所不賅，亦無一不備。大而天文、曆算、輿地、山川，小而水火聲光、重雷化醫各學，莫不有精微之理存乎其間。惟中國重道輕藝，故久置不講而寖失其傳。外國重藝輕道，故日益研求反成絶詣。迄今風氣大開，新理日闢，上以富强其國，下以世業其家，每挾其長以侮我所短，誇其所有以傲我所無，不知華人心思才力，何嘗亞於西人，苟稍分制藝之精神，專究格致，不難更駕西人而上之。特恐中西言語不通，文字復多隔閡，此近世繙譯書籍之所由起也。繙譯西書，初創於上海。墨海書館，繼而京都則同文館，上海則製造局，均以繙刻西學爲事。刻成者，益不下數十種。而西人之寓居各埠者，時有著述以繼之，如益智書會、格致書院等是也。近日赫總稅務司亦繙譯初學之書，天津亦設繙譯館。日本與我爲同文之國，而譯刻西書至百餘種，亦可謂海內之大觀已。顧京師所譯者，多交涉公法之書。上海所譯者，多工藝製造之事。惟日本所譯最廣。惜中間雜以土字，難以通行。然就此各種西書而論之，其中雖有詳略之殊，而以發明泰西格致之學則一也。請擇其最要者言之。一曰天文學。中國自古以來皆言天圓而地方，而西人則言地體渾圓。中國言日月麗地而西行，人則言地球自轉，而與諸行星皆繞日而行，蓋地爲行星之類。中國言日月食爲計都闇虛，而西人則言日爲月體所掩而日食，月爲地球所隔而月食。中國言天有九重，最上爲宗動天。而西人則言恒星爲太陽之一類，各有行星月輪繞之。中國言彗爲天之垂象，而(四)[西]人則言彗亦有軌道可循，且必循橢圓線而行。中國言日爲君象，月爲后象，而西人則言月小於日幾千萬倍，且行星各有月輪，如木星則有四月繞之。凡其所言，皆鑿鑿可據。且製造極精之儀器，可以仰觀俯測，是以天學大明。而航海者竟能環繞地球而行，即夜寒晝暑之理，無不能言其要。今所譯者，如《談天》等書是也。此可謂天學之最要已。一曰地理學。地爲流質所結成，其始極熱，漸冷漸縮而漸堅。地殼漸結成凸凹之形，則山川是已。地中火質，有時發洩，則爲地震，亦有裂爲火山火井者。地既外冷而內熱，則入土百尺即加熱若干度，深至十里則金石皆鎔矣。地球既繞日而行，則因南北而有寒暑，因向背而有晝夜，因吸力而有潮汐，因冷熱而有風颶，皆一理爲之相生者也。就地面言之，則區爲五大洲，分爲百餘國，有山川以隔風氣，有江湖以資灌輸。就地內言之，則有五金煤鐵各礦，土石層累而成。西人識別礦產，即就逐層土石以驗之，而地之寶藏盡出。近所繙譯者，如《地理全志》上下編、《地理備考》《地球説界》《萬國輿圖》《地學指略》《瀛寰志略》《海國圖志》《地學淺識》《金石識別》《開煤要法》《開礦工程》《寶藏興焉》等書，其於地理、地輿、地質三種，言之綦詳。此則言地學之要也。一曰氣學。氣分兩種，有空氣，有蒸氣。空氣者，合養氣淡氣而言之。環地球外，皆有空氣包羅。蓋即天地氤氳之氣，所以生育萬物者也。人物皆處空氣之中，如魚之游泳於水中。人物四圍，受空氣所壓，故骨肉停匀。若一離空氣，則百脈僨張，氣喘欲死。凡室中生煤火，則空氣爲其逼走，人無空氣呼吸，即奄然欲斃，俗謂之中煤毒，其實乃無空氣之故也。不獨無空氣足以殺人，即空氣少亦足致病。凡舟艙監獄，室小人多，往往致斃。西人有空氣筩之製，抽出空氣則納以鳥獸而立斃，燃以火藥而無光，或擊鐘無聲，或錢毛並落，皆其驗也。至若蒸氣，則每水一立方寸，化氣一千七百倍，藉汽之漲力，代人力之用。故西國凡百機器，皆以汽力運之。如火輪舟車，紡織機器，皆以汽爲之行動。汽之爲用大矣哉。西人創爲寒暑風雨等表，輕氣球、空氣槍，則空氣之力也。汽機、鍋爐、汽罨等物，則蒸汽之力也。繙譯者，如《汽機新製》《汽機必以》《汽機發軔》等書，皆言氣學之要也。一曰水學。水爲輕養二原質所成，以電氣化分，仍還爲輕養二氣質，而水即涓滴無餘矣。若復以電氣還原，則氣質仍爲流質。故順之則就下，搏之則過山，蒸之則化汽，壓之則傳力，其用無窮。西人因創爲水輪、水碓、水龍。水法，吸水筩、壓水櫃、蒸氣機、自來水諸法，民生利賴愈宏。蓋水性就下，因地心有吸力，水必順下而流。水性平流，設有兩櫃，各距數里，而以鐵管相通，則此端水高一尺者，彼端亦高一尺。地形之高下，以水測之，西國則有水平之制。物性之輕重以水爲衡，西國則有水秤之器。水可借力，如大小兩筒，其底相通，則壓其小筩之水，而大筩之水即上升。如大筩徑逾十倍，即增力十倍。此近日壓水櫃之法。凡放礮起重壓鐵，無不賴以傳力。如《博物新編》《格致入門》等書，皆詳載其制。此亦水學之要也。一曰電學。萬物日在電氣之中，而不覺電氣亦伏於萬物之內而無形。大而人髮，小而貓皮，粗爲玻璃，細爲火漆，皆電氣之易見者也。人心亦有電氣，道家謂之三昧火，而西人謂之腦氣筋。司一身之知覺運動，全賴腦氣筋爲之覺察也。物類中之電，則分兩種，一爲乾電，則以攝鐵磨擦而生，如電光燈，即用此法。一爲濕電，則以白鉛炭精，代精錡銅片之用，一經硝强水，而電氣生焉。如電綫通信，即用此法。至照相亦初用濕電，近已改用乾片矣。西人謂今之電學，初起機緘，將來深究精微，必愈出愈奇。不但如得律風、電光燈、水雷、電報而已也。或用電氣行車，或用電氣交戰，較各種西學，最無涯岸。然其端，則仍中國發之。中國以琥珀拾芥，西人因之推究其理，名之琥珀電氣。近所譯者，如《電學》一書，及《電氣塗金》鍍鎳各法，此則電學之要也。一曰化學。中國以金木水火土爲五行，而西人則分爲六十四原質。原質者，即純一獨立之質，挺生於天地之間，而不與他質相雜者也。原質之中，分爲三類，有實質，有流質，有氣質，三者可遞相變易，亦可互相還原。天壤間品彙庶類，千變萬化，皆由此原質而成。有化分、化合之異，其化合之故，全藉愛力相攝，而必得熱火光三種，則變化更速。自有此學，大之足以品察萬類，小之足以剖晰毫芒，直探造物之元機，而使凡人得窺位育之作用，其功豈可與綵丹鍊汞者同日語哉。西國學校，童蒙即習其書，是以重視化學，爲民生切要之圖。近來譯出西書，如《化學鑑原》《分原》《考質》《求數》，及《化學初階》等書，其於西人之精蘊，略已賅備，謂非化學之要哉。一曰重學。力有動静，動者遇力而静，静者亦遇力而動，兩力相抵而止，兩力相併而前。西人機捩之學，胥本乎此。蓋力之爲用廣矣。顧論力之根源，肇始於太陽，由是而星月之相攝有力，地心之吸動有力，波濤之摧壓有力，風氣之鼓盪有力。水蒸汽則有漲力，火生熱則有焚力，以及電有傳力，物有化合之力，皆力之大較也。西人因創爲助力借力之器，於是一髮之力可引千鈞，一夫之手能移萬石。爰考其制，則分爲七類。一爲槓桿，二爲輪軸，三爲轆轤，四爲斜面，五爲螺絲，六爲齒輪，七爲尖劈。凡造鐘表之擺錘，器具之機簧，無不藉此七種而爲之。近來繙譯者有《重學》一書，其餘附見於《格致入門》等書，不勝枚舉。此重學之要也。一曰醫學。人之大壽死生雖賦於命，然病前之防護，病時之調治，病後之補救，實爲生命之大關。西國醫理，實爲格致之大端。其始本興於羅馬，歷代均有名家，著書垂世，自格致化學明，而醫學亦爲之大變。二百年前，脈管迴血之理，西醫猶未講明，近始證驗明確。此外如腦氣筋甜肉經之類，皆發前人所未發，更爲中國自古醫學所無。所以然者，大半由於剖驗之功。西國取老病院或獄囚之病死者，細爲剖驗其臟腑血脈，究其致病之由，是以於人之四體百脈，無不洞垣一方。即病者自知不起，亦肯捨身醫院，以教生徒，以救同病。若病死而不得其由，一若大仇之未復，故精益求精也。近來譯出之書，如《儒門醫學》《西藥大成》四種，醫書《西藥釋略》等，世人頗有能讀之者。而西醫復在各省施醫施藥，治之輒效，足見西醫之治法，皆從格致中來，初非無本之學。此醫學之要也。以上不過粗舉大綱，而西學之範圍，已不出於是。若夫聲學、光學，不過爲氣學、熱學之緒餘；律學、算學，別屬於專門之絶詣，茲故不贅焉。

王韜《論日報漸行於中土》《弢園文新編》 泰西日報，約昉於國朝康熙時。日耳曼刊録最先，而行之日盛。他國皆厲禁。凡關國事軍情，例不許印，妄置末論者，輒寘諸獄。後禁稍弛而行亦漸廣。英、法、美各國皆繼之而興，僻壤偏隅無不徧及，而閲者亦日衆。然法國所刊閭閻隱密報，法廷聞之，立加禁斥。誠以日報之例，不得譏刺人之隱事也。

西國之爲日報主筆者，必精其選，非絶倫超羣者，不得預其列。今日雲蒸霞蔚，持論蠭起，無一不爲庶人之清議。其立論一秉公平，其居心務期誠正。如英國之《泰晤士》，人仰之幾如泰山北斗，國家有大事，皆視其所言以爲準則，蓋主筆之所持衡，人心之所趨向也。美國日報，一日至頒發十萬張，可謂盛矣。大日報館至用電報傳遞，以速排印。夫豈第不脛而走也哉。

華地之行日報而出之以華字者，則自西儒馬禮遜始，所刻《東西洋每月統紀傳》是也，時在嘉慶末年。同時，麥君都思亦著《特選撮要》，月印一冊。然皆不久即廢，後繼之者久已無人。咸豐三年，始有《遐邇貫珍》刻於香港，理學士雅各、麥領事華陀主其事。七年，《六合叢談》刻於上海，偉烈亞力主其事，採搜頗廣。同時，有《中外新報》刻於寧波，瑪高温、應理思迭主其事。同治元年，上海刊《中西雜述》，英人麥嘉湖主其事。嗣皆告止。近則上海刊有《教會新報》，七日一編。後改爲《萬國公報》，林君樂知主其事。而《中西聞見録》亦刊於京師，艾君約瑟、丁君韙良主其事。顧此皆每月一編者，兼講格致雜學，器藝新法，尚於時事簡略。

惟香港孖剌之《中外新報》，仿西國日報式例，間日刊印，始於咸豐四五年間，至今漸行日遠。其仿效之者，上海字林之《新報》，廣州惠愛館之《七日録》，又港中西洋人羅郎也之《近事編録》，相繼叠出。三四年間，又益之以德臣之《華字日報》，而我局之《循環日報》行之亦已二年。上海則設有《申報》。自《申報》行而字林之《新報》廢。去歲春間，粵人於上海設有《匯報》，旋改爲《彙報》。近數月間，又有所謂《益報》。聞福州亦設有日報，但行之未廣，未得多見也。港中日報四家，上海日報兩家，皆排日頒發，惟於星、房、虛、昴四日則停止耳。日報之漸行於中土，豈不以此可見哉。

顧秉筆之人，不可不慎加遴選。其間或非通材，未免識小而遺大，然猶其細焉者也。至其挾私訐人，自快其忿，則品斯下矣，士君子當擯之而不齒。至於採訪失實，紀載多誇，此亦近時日報之通弊。或並有之，均不得免。惟所冀者，始終持之以慎而已。

綜述

李之藻《請譯西洋曆法等書疏》《明經世文編》卷四八三 茲者恭逢皇上聖壽五十有一，蓋合天地大衍周而復始之數，御曆紀元，命曰萬曆；則億萬年無算之壽考，與億萬年不刊之曆法，又若有機會之適逢，事非偶然；而其紹明修定之業，當有托始於今日者。邇年臺監失職，推算日月交食，時刻虧分，往往差謬。交食既差，定朔定氣，由是皆舛。夫不能時夜，不夙則莫，詩人刺焉。欽若昊天，敬授人時，堯典之所首載。以國家第一大事，而乖訛襲舛，不蒙改正；臣愚以爲此殆非小失矣。天道雖遠，躔度有常。從來日有盈縮，月有遲疾，五星有順逆，歲差有多寡，前古不知，藉後人漸次推測，法乃綦備。惟是朝戠徵求。士乏講究；間有草澤遺逸，通經知算之士，留心曆理者，又皆獨學寡助，獨智師心，管窺有限，屢改爽終，未有能確然破千古之謬，而垂萬禩之準者。伏見大西洋國歸化陪臣龐迪我、龍華民、熊三拔、陽瑪諾等諸人，慕義遠來，讀書談道，俱以穎異之資，洞知曆算之學，攜有彼國書籍極多，久漸聲教，曉習華音；在京仕紳與講論，其言天文曆數，有我中國昔賢談所未及者，凡十四事。一曰天包地外，地在天中，其體皆圓，皆以三百六十度算之。地徑各有測法，從地窺天，其自地心測算，與自地面測算者，皆有不同。二曰地面南北，其北極出地高低度分不等；其赤道所離，天頂亦因而異，以辨地方風氣寒暑之節。三曰各處地方所見黄道，各有高低斜直之異；故其晝夜長短，亦各不同；所得日影，有表北影，有表南影，亦有周圍圓影。四曰，七政行度不同，各自爲一重天，層層包裹，推算周徑，各有其法。五曰列宿在心，另有行度，以二萬七千餘歲一周，此古今中星所以不同之故，不當指列宿之天爲晝夜一周之天。六曰月五星之天，各有小輪，原供平行，特爲小輪，旋轉於大輪之上下；故人從地面測之，覺有順逆遲疾之異。七曰歲差分秒多寡，古今不同；蓋列天外，別有兩重之天，動運不同；其一東西差出入二度二十四分，其一南北差出入一十四分，各有定算，其差極微，從古不覺。八曰七政諸天之中心，各與地心不同處所；春分至秋分多九日，秋分至春分少九日，此由太陽天心，與地心不同處所。人從地面望之，覺有盈縮之差，其本行初無盈縮。九曰太陰小輪，不但算得遲疾，又且測得高下遠近大小之異，交食多寡，非此不確。十曰日交食，隨其出地高低之度，看法不同；而人從所居地面南北望之，又皆不同；兼此二者，食分乃審。十一曰日月交食，人從地面望之，東方先見，西方後見，凡地面差三十度，則時差八刻二十分；而以南北相距二百五十里，作一度，東西則視所離赤道以爲減差。十二曰日食與合朔不同，日食在午前，則先食後合；在午後，則先合後食。凡出地入地之時，近於地平，其差多至八刻，漸近于午，則其差時漸少。十三曰日月食所在之宫，每次不同，皆有捷法定理，可以用器轉測。十四曰節氣當求太陽真度，如春秋分日，乃太陽正當黄赤二道相交之處，不當計日匀分。凡此十四事者，臣觀前此天文曆志諸書皆未論及，或有依稀揣度，頗與相近；然亦初無一定之見。惟是諸臣能備論之，不徒論其度數而已，又能論其所以然之理。蓋緣彼國不以天文曆學爲禁，五千年來，通國之俊，曹聚而講究之；窺測既核，研究亦審；與吾中國數百年來，始得一人，無師無友，自悟白是，此豈可以疏密較者哉。觀其所製窺天窺日之器，種種精絶，即使郭守敬諸人而在，未或測其皮膚。又況見在臺監諸臣，刻漏塵封，星臺跡斷，晷堂方案，尚不知爲何物者，寧可與之同日而論，同事而較也。萬曆三十九年，曾經禮部具題，要將平素究心曆理如某人某人等，開局繙譯，用備大典，未奉明旨，雖諸臣平日相與討論，或窺梗槩；俱問奇之志雖勤，摛槧之功有限。當此曆法差謬，正宜備譯廣參，以求至當；即使遠在海外，尚當旁求博訪；矧其獻琛求實，近集輦轂之下，而可坐失機會，使日後抱遺書之歎哉。洪武十五年奉太祖高皇帝聖旨，命儒臣吴伯宗等譯回回曆經緯度天文書副在靈臺，以廣聖世同文之化，以佐臺監參伍之資，傳之史册，實爲美事。今諸陪臣真修實學，所傳書籍，又非回回曆等書可比；其書非特曆術，又有水法之書機巧絶倫，用之灌田濟運，可得大益。又有算法之書，不用算珠，舉筆便成，又有測望之書，能測山嶽江河遠近高深，及七政之大小高下。有儀象之書，能極論天地之體，與其變化之理。有日軌之書，能立表於地，刻定二十四氣之影線；能立表於牆面，隨其三百六十向，皆能兼定節氣；種種製造不同，皆與天合。有萬國圖誌之書，能載各國風俗山川險夷遠近。有醫理之書，能論人身形體血脈之故，與其醫治之方。有樂器之書，凡各鍾琴笙管，皆別有一種機巧。有格物窮理之書，備論物理事理，用以開導初學。有幾何原本之書，專究方圓平直，以爲制作工器本領。以上諸書，多非吾中國書傳所有，想在彼國，亦有聖作明述，別自成家。總皆有資實學，有裨世用。深惟學問無窮，聖化無外。歲月易邁，人壽有涯。況此海外絶域之人，浮槎遠來，勞苦跋涉，其精神尤易消磨。昔年利瑪竇最稱博覽超悟，其學未傳，溘先朝露，士論至今惜之。今龐迪我等鬚髮已白，年齡則衰，遐方書籍，按其義理，與吾中國聖賢可互相發明。但其言語文字，絶不相同，非此數人，誰與傳譯。失今不圖，政恐日後無人能解。可惜有用之書，不免置之無用。伏惟皇上久道在宥，禮備樂和，儒彦盈廷，不乏載筆供事之臣；不以此時繙繹來書，以廣文教；今日何以昭萬國車書會同之盛，將來何以顯曆數與天無極之業哉。如蒙俯從末議，勅下禮部亟開館局，徵召原題明經通算之臣如某人等，首將陪臣龐迪我等所有曆法，照依原文譯出成書，進呈御覽，資令疇人子弟，習學依法測驗。如果與天相合，即可垂久行用，不必更端治曆，以滋煩費；或與舊法各有所長，亦宜責成諸臣細心斟酌，務使各盡所長，以成一代不刊靈憲；毋使仍前差謬，貽幾後世；事完之日，仍將其餘各書，但係有益世用者，漸次廣譯，其於鼓吹休明，觀文成化，不無裨補。

利類思　安文思　南懷仁《西方要紀》　西學

西北諸邦文字，各自一法。遠西又以二十三字母爲主，當二十三筆法。以二十三筆字互相配，則成人物之名目，其用甚活。凡萬國語音與風雨鳥獸之聲，皆可寫出。蓋中國先有其字，後有其音；西洋隨聞其音，即成其字，其詳見《西儒耳目資》之書可覽也。至如經典書籍，最上則爲天主之經，其次則歷代聖賢所著述者，而格物窮理諸種與夫文集詩史又次之。考取之法，總有六科。一考文，與中華文章科第相似。文章既優，又進窮理之學，窮究天地間事物實理，驗其精者而取中焉。二學既進，又分四學，爲醫學、爲法學、爲教學、爲道學，隨人擇其一二而專習之。爲醫者，既進文科，復讀醫書，聽名醫講解，必經考選，乃敢行醫。蓋人命至重，不許任意行也。法學所以剖斷民事，必讀六七年法律，然後准試。中者則爲文官，國王所用以涖民者也。教學者，即教化法律，歷代教宗所定者。考中則教主用之，以專傳教化也。最重者在道學一家，將天主經典與諸聖微言參證發明，使人洞曉心性功夫、生死大事，共止於至善真福也。

南懷仁《進呈窮理學書奏》 治理曆法加工部右侍郎又加二級南懷仁謹奏：爲恭進窮理學之書，以明曆理，以廣開百學之門，永垂萬世事。竊惟治曆明時，爲帝王之首務；今我皇上治曆明時，超越百代，如太陽之光，超越諸星之光。然蓋曆法有屬法之數，有立法之理，設惟有其法之數，而無其法之理，即如人惟有形體，而無靈性，亦如諸天惟有定所，而無運動之照臨焉。夫曆理爲諸星恒動定規之所由，如泉源爲永流之所自也。嘗觀二十一史所載，漢以後諸家之曆詳矣，大都專求法數，罕求名理；脩改之門户雖歧，實則互相依傍；雖間有出一二新意，亦未能洞曉本原。惟元郭守敬之曆，號稱精密，顧其法亦未盡善，在當日已有推食而不食，食而失推之弊；其立法之後，不越十八年，其差已如此，況沿至於今日哉。今我皇上之治曆，已爲全備，其書則有永年曆表，有靈臺儀象志，有諸曆之理指一百五十餘卷。曆典光明，可謂極矣。然臣猶有請者，非爲加曆理之内光，惟加曆理之外光，將所載諸書之曆理，開窮理之學，以發明之，使習曆者知其數，並知其理，而後其光發見於外也。今習曆者，惟知其數，而不知其理；其所以不知曆理者，緣不知理推之法故耳。夫見在曆指等書，所論天文曆法之理；設不知其推法，則如金寶藏於地脈，而不知開礦之門路也。若展卷惟泥於法數，而不究法理；如手徒持燈籠，而不用其内之光然。故從來學曆者，必先熟習窮理之總學；蓋曆學者窮理學中之一支也。若無窮理學，則無真曆之學，猶木之無根，何從有其枝也。所以前代曆法壞亂失傳，朦朧不明者，皆不知理推之法故也。臣自欽取來京，至今二十四載，晝夜竭力，以全備理推之法，詳察窮理之書，從西字已經翻譯而未刻者，皆較對而增修之，纂修之；其未經翻譯者，則接續而翻譯，以加補之，輯集成帙，庶幾能備理推之要法矣。前曾在内庭奏聞，及越一載，復蒙上問格物窮理之書已翻譯完畢否？此見我皇上萬幾之中，尤勤念於典學，明睿所照，知窮理學爲百學之根也。且古今各學之名公凡論，諸學之粹精純貴，皆謂窮理學爲百學之宗，謂訂非之磨勘，試真之礪石，萬藝之司衡，靈界之日光，明悟之眼目，義理之啓鑰，爲諸學之首需者也。如兵工醫律量度等學，若無理推之法，則必浮泛而不能爲精確之藝。且天下不拘何方何品之士，凡論事物，莫不以理爲主，但常有不知分别其理之真僞何在，故彼此恒有相反之説，而不能歸於一；是必有一確法以定之，其法即理推之法耳。然此理推之法，洵能服人心，而成天下之務，可以爲平天下之法也。若寶塔城池，奇巧等工，年代已久，必至湮没，而創立者之名，亦與之湮没矣。孔孟之學，萬世不磨，理推之學，亦然；蓋理爲人性之本分，永刻在人類心中，今皇上開理學之功名，必同刻在人心爲永遠之鞏固；緣人性永遠不滅，職是故也。由此而皇上之功，與孔孟齊光於天壤矣。兹繕成窮理之書六十卷，進呈御覽，伏乞睿鑒，鏤板施行，臣原從曆法起見，字多逾格，爲此具本親齎，謹具奏聞。

康熙二十二年八月二十六日奏九月初八日奉。

姚瑩《康輶紀行》卷一二《外夷留心中國文字政事》 《澳門月報》曰：西洋人留心中國文字者，英吉利而外，耶馬尼國爲最，普魯社次之。順治十七年，則有普魯社之麻領部一士人著書談中國，現貯在國庫内。又有普魯社之摩希彌阿部落教師，亦曾譯出中國《四書》一部。又有普魯社之般果羅尼部落一名士曰阿旦士渣，著書論中國風土人情，但用其本國文字。嘉慶五年間，有人曰格那孛羅，熟諳中國文字，但恃才傲物。又有耶馬尼國之紐曼，曾到廣東，回國著一書論佛教，一書論中國風土，將帶回書籍與耶馬尼諸國人考究，又繙出《詩經》一部。又有力達者，著《中國地理志》一本，説中國如極樂之國，令耶馬尼人人驚異。又有耶馬尼之包底阿，現在佛蘭西國雕中國活字板，普魯社亦出財助成其事。又有歐色特鼇阿 人，曰奄里查，亦著一書論中國錢糧。

又曰：中國官府全不知外國之政事，又不詢問考求，故至今中國仍不知西洋，猶如我等至今未知利未亞洲内地之事。東方各國如日本、安南、緬甸、暹羅則不然，日本國每年有一秒報，考求天下各國諸事，皆甚留神。安南亦有記載，凡海上遊過之峽路皆載之。暹羅國中亦有人奮力講求由何路可到天下各處地方，於政事大得利益。緬甸有頭目曰彌加那者，造天地球地里圖，遇外國人即加詢訪，故今緬甸國王亦甚知外國情事。中國人果要求切實見聞，亦甚易，凡老洋商之歷練者及通事、引水人，皆可探問。無如驕傲自足，輕慢各種蠻夷，不加考究，惟林總督行事全與相反，署中嘗有善譯之人，又指點洋商、通事、引水二三十位，官府四處探聽，按日呈遞，亦有他國夷人甘心討好，將英吉利書籍賣與中國。林係聰明好人，不辭辛苦，觀其知會英吉利國王第二封信，即其學問長進之效驗。

又曰：道光十七八年，澳門有依溼雜説，乃西洋人士羅所印，由英吉利字譯出中國字，以中國木板會合英吉利活字板同印在一篇。序云：數百年前英吉利曾有一掌教僧，將本國言語同訥體那言語同印，今仿其法，所言皆用中國人之文字。此書初出時，中國人爭購之，因其中多有譏刺官府之陋規，遂爲官府禁止。中國居天下人中三分之一，其國又居阿細亞洲地方之半，周圍東方各國，皆用其文字，其古時法律經典皆可長久，其勇敢亦可與高加薩人相等。性情和順靈巧，孝親敬老，皆與歐羅巴有王化國分相等，惟與我等隔一深淵，即是言語文字不通。馬禮遜自言：只略識中國之字，若深識其文學，即爲甚遠。在天下萬國中，惟英吉利留心中國史記言語，然通國亦不滿十二人，而此等人在禮拜廟中，尚無坐位。故凡撰字典撰雜説之人，無益名利，只可開文學之路，除兩地之坑塹而已。

瑩謂：中國固有象胥之官，所以通四方夷狄之言語也。又有外史掌四方之志，如晉乘、楚檮杌之類。大抵不出禹貢九州之域。蓋三代以來，不勤遠略，非復黄帝、神農以前，德被遐荒之舊矣。儒者習於所見，皆以侈談異域爲戒，而周穆王之享西王母，漢武之通西域，無不詬其夸侈，爲其病中國也。然而古今異勢，非可拘談。三代王畿不過千里，其外自侯甸以逮要、荒，屏藩以次鞏固，自無事於遠求。及秦、漢以來，天下一統，則昔之所謂要、荒者，今皆吾接壤，直侯、甸耳，豈勤遠略哉？謂固我屏藩，不勞師於異域可也，若坐井觀天，視四裔如魑魅，闇昧無知，懷柔乏術，坐致其侵陵，曾不知所憂慮，可乎？甚矣，拘迂之見，誤天下國家也。平居太言，謂一事不知爲耻，乃勤於小而忘其大，不亦舛哉。觀英吉利、普魯社、耶馬尼之留心中國文字，日本、安南、緬甸、暹羅之講求記載，是彼外夷者，方孜孜勤求世務，而中華反茫昧自安，無怪爲彼所詘笑輕玩，致啓戎心也。然如西洋士羅所印説：英吉利留心中國史記言語，亦不過十二人，禮拜廟中尚無坐位。豈葉公好龍，中外有同慨耶？余於外夷之事，不敢憚煩，今老矣，願有志君子，爲中國一雪此言也。

王韜《漫遊隨録》卷一《黄浦帆檣》 墨海書館初見西人　時西士麥都思主持墨海書館，以活字板機器印書，競謂創見。余特往訪之，竹籬花架，菊圃蘭畦，頗有野外風趣。入其室中，縹緗插架，滿目琳琅。麥君有二女，長曰瑪梨，幼曰瑪瓓，皆出相見。坐甫定，即以晶杯注葡萄酒殷勤相勸，味甘色紅，不啻公瑾醇醪也。又爲鼓琴一曲，抗墜抑揚，咸中音節，雖曰異方之樂，殊令人之意也消。

後導觀印書，車床以牛曳之，車軸旋轉如飛，云一日可印數千番，誠巧而捷矣。書樓俱以玻黎作窗牖，光明無纖翳，洵屬琉璃世界。字架東西排列，位置悉依字典，不容紊亂分毫。

與麥君同在一處者，曰美魏茶，曰雒頡，曰慕維廉，曰艾約瑟，咸識中國語言文字。

又王韜《甕牖餘談》卷二《英人倍根》 倍根，英國大臣也。生於明嘉靖四十年。少具奇慧，聰警罕儔。既長，於格致之學心有所得。生平著述甚夥。其爲學也，不敢以古人之言爲盡善，而務在自有所發明。其立言也，不欲取法於古人，而務極乎一己所獨創。其言古來載籍，乃糟粕耳，深信膠守，則聯盟爲其所囿；於是澄思渺慮，獨察事物以極其理，務期於世有實濟，於人有厚益。蓋明泰昌元年，倍根初著格物窮理新法，前此無有人言之者。其言務在實事求是，必考物以合理，不造理以合物。

倍根仕於英王惹迷斯第六朝，其時朝政不綱，羣奸當道，倍根無所匡正，惟攬權瀆貨是聞。英一千六百十七年，上院首輔依勒斯米蕘，倍根代之，英王封以世爵，號巴倫弗魯藍，頗寵任焉。一千六百二十一年正月，巴力門集議，言王政多病民，廷議諸官府不法事，倍根與焉。時倍根官盞瑟勒，掌王詔令，行國律法，王方深倚畀，不欲卒究其事。倍根不能彌衆議，自首其罪，冀以求宥於衆。上下兩院公議黜倍根職，且下之獄，捐金贖罪，王不許，僅使去位閒居而已。越四年，倍根死，年六十五歲。

跡倍根生平爲人，交友則忘恩，秉政則受賂，其人固碌碌無足取也，然其所著之書，則後二百五年之洪範也。西國談格物致知之學者，咸奉其書爲指歸。其稜哈爾非始爲血絡周流之學，醫術爲之一變。觀象儀器，其製更精，其術益驗。於是哈略測日面有黑點；又有人測水星過日面，爲今時新法之證；紐敦始爲光學；客勒格力始爲遠鏡，兼始造反照之器；弗蓋斯得始明行星定星旋轉排列之理；哈力始考察彗星往還，別一軌道，按時而至。英國諸學，蒸蒸日上，無不勤察事物，講求真理，祖倍根之説參悟而出。蓋倍根之前，專心於學者，如磨旋之牛，徒費力行，莫出跬步；自倍根闢其機緘，啓其橐籥，於是醫法日新而治病多效，農具巧而播種省工，觀天文，察地理，他如測遠鏡、量天尺、電氣標、報時表、火輪機、輕氣球、潛水鐘，諸器之有神於人者，指不勝屈，此皆效之共見者也。英國自臣紳顯臣，下逮細民，共習倍根之書，然皆欽其學，而薄其行，殆愛而知其惡者歟。言固不必以人廢，而公是非，百世不能掩焉。

又　卷四《日本略記》　西士理雅各，東遊日本諸海口，覽其山川景物，察其俗尚民風。日本雖尊崇儒術，而君相多媚佛求福，一遇變故，即便祝髮空門，以求脱罪；淫祠叢興，不可究詰，此其蔽也。臣民率輕性命若鴻毛，稍有事犯，往往剖腹自殺。平居男女無別，廉恥不勵。東方推結侏離之俗，猶未盡變焉。他若任豪俠；競智巧；留心於經濟有用之學；於西洋器藝造作制度，能窺其用心；多購輪舶，不惜重值；延請西匠，教以機括轉捩火水二力運用之妙；風氣大開，靈慧漸闢，而不甘以因循苟且自域，是則可取者爾。至於文字，兼通漢文。自唐以來，固不乏通人才士。雅各購其國中書籍甚夥。日本國史約有數種，而堪資考證者，尤在羣經治要。歐陽永叔云：徐福行時書未焚，則日本所得，當在秦火之先也。如七經考文、佚序叢書，皇侃論語疏，皆中國不傳之本，不獨可供異聞也。

又　卷五《西儒實學》　近日西儒入中國，通覽中國文字，著書立説者，紛然輩出，而皆具有精意，卓然可傳。如天算之學，則有偉烈亞力《談天》《代數學》《續幾何原本》《代微積拾級》，已深探曆法之大凡，而大闢疇人之蹊逕；即今時中國名家如徐君青、戴鶴士、李壬叔，亦皆莫能出其範圍。言醫學，則有合信氏之《全體新論》《西醫略論》《内科新説》《婦科新説》《指陳病證》《詳繪圖經》，爲開軒岐以來未有之奧，洵非尋常小道也。言輿地形質之學，則有慕維廉之《地理全志》上下編，上編記載時事，析論情勢，凡稱簡約詳核焉。言史學，則有慕維廉之《英志》，裨治文之《聯邦志略》，自創國至今，原本具備，於一邦之制度事實，有所考證，中國史册中所必采也。言格致各種之學，則有合信氏之《博物新編》，丁韙良之《格致入門》，講論明析，使讀者能窺其制作之原；艾約瑟之《重學》，製器運物，意精理妙，能開無窮之悟；瑪高温之《博物通書》，言電氣詳矣，《航海金針》，講風力備矣，此論氣行舟者所不廢也；韋廉臣之《植物學》，剖陳微至，可云多識草木矣。言律例之學者，如丁韙良之《萬國公法》，採取廣富，而斷制詳明。凡此撰述，俱足以垂不朽，而要皆爲英吉利及米利堅人。獨怪法蘭西、以大利等國，其通内地已三百餘年，當明之季，如利瑪竇、熊三拔、鄧玉函等，以天文算學著者不下數十人，皆有著作，載在四庫書目，天學初函者，不過蹄涔之一勺，全豹一斑耳。往嘗見其西書目録，約有四百餘種，可云極盛，抑至今日，何寂寥之甚也。豈地氣轉移，世運升降，盛極而衰耶？亦或懷才抱異之士，未至中土也歟？

又　《西國印書考》　西國印書之昉，古矣。昔迦勒底國藏有巴比倫印章，其刻或字或畫，鑄版之法，實兆於此。但印小鈐遲，事勞工費，不能通之於印書也。當明初時，歐洲始有以木版印紙牌，爲法王迦羅思第六玩物者。永樂二十一年，又以木版鐫刻圖畫。其初印者，現庋置英京書院，第創始未知何人。嗣後作者精益求精，刊印歷代事蹟全圖，旁綴以字，刻字肇端於此。後分每字母爲活板，不必逐板鐫刻，而數十百種之書，悉可取給。始造此者，爲谷敦保，世居每納士，生於明永樂元年，二十二年至斯達四吧。洪熙末，同其地之特雒盛立夫希耳曼合作，設局於特舍。亡何特死，谷致書特弟，毋令人入其室，恐人知之而竊傳其法也。是時局中四人互相争，乃訟諸官，因此衙署中始知谷爲始作活板者。事在正統四年。四人由是不和，而谷貲亦罄，回故鄉，欲其法克傳，特患貧力不足以濟事。時有金工弗思特，家巨富，與之謀貸，因同設印書局焉。始印零星小帙，自景泰元年至六年，乃用臘頂語印新舊約書，字係鉛質，用刀鐫刻，現有一册印於羊革，存於普魯士書庫，谷因是得馳名一時。書成，閲五載，弗思特之家業又磬。弗始料不及此，怒甚，訟谷於官，責償子母，於是谷所置器具，盡爲弗有，而弗遂得專行其業，人之見之者盡奇之。谷印約書外，更印别書，古致可觀。自離弗後，踪跡莫詳，有言谷自後忽忽不樂，隱處山林，人罕見其面。成化元年，國王詔給精禄，四年乃卒。谷所造活字有謂鐫刻者，有謂澆製者，聚訟紛紛。但觀字之鋒稜，實係刀刻。澆製之法，始於饒弗，乃谷後起之雋也。饒弗年少思精，爲弗高弟。弗與谷相絶後，即偕饒同業年餘，始印大闢詩篇，書尾言活字之作，肇自我二人。按是書作已四載，明爲谷所未竟之業。饒按二十六字母之數，以作字模，鎔鉛澆製，潛與弗思特觀之，弗喜甚，因妻以女。其法秘不示人，印書工匠來者，必先密誓，後令工作。天順六年，其地法兵、衆匠離散，以印書法傳於他邦，於是歐洲列國始知其用。亂定，弗再建局於哈崙，復從哈崙遷於羅馬。成化三年，法國立印書局於吐耳。五年，設局於法京巴黎斯。天順四年，俄羅斯立局印書。英國刻印書册，未知始於何時。相昉傳自惡肆弗爾及京都倫敦，後建於阿爾班等處，咸爲教師勸立，所印皆教中書。宏治年間，設立官局，專掌王印書事，行之六七十年，皆用臘頂語，及他國文士之言。後有以英國方言譯印新舊約者，主教嫉之。嘉靖五年，有博學士子，譯印新約，以英國語，倫敦教主怒，因繙譯他文，理旨或有背謬也。乃下令國中禁勿誦讀，諭人盡納是書於官，而投諸火，否則以背道論。令下民勿從，購者殊衆。按印書之法，行於英國甚遲。嘉靖隆萬間，國中亂甚，民不向學，印書者寥寥，國法局中無得過二十人。久而禁弛，文學大興，歐洲印書由漸而盛。顧惟日耳曼無禁，其餘皆有厲禁。凡事有關家國，例不許印，每刻一書，必上呈於官。法京巴黎斯禁稍寬，然總不若英之不設禁令也，以是印法莫精於英，富人助貲者衆。他國忌諱多，羣情疑沮，貲以不集，因歐洲多書禁，自米利堅乃興於西。明崇禎時，麻薩朱實立第一印書局，印器從英運至，其後日增月盛。至以西法變通，行於華字，此不過五十餘年耳。嘉慶時，英人馬施曼，自天竺學華言，譯印新舊約書，始造華言鉛胚，此印刻華字之濫觴也。其書至今尚有存於華地者。後有臺約爾至檳榔島，悉心於華字，造陰模陽模，澆成製字，大小二種。建屋曰英華書院，立和約後，遷於香港，開局印書。臺死。合衆人谷立繼之，廣印書籍。臺所作陰陽字模之未成者，谷竟其業，更作小字，及數日等字，共四種。他處印書購字者，悉於此取給焉。甯波聖華書院，又將每字偏旁分析，或分二，或分三，用字省簡，而工較費。近合衆姜教士，更以化學新法製字，以木胚代鋼模，費省事速，其價漸貶。觀於此可以略知西國印書之源流矣。

又王韜《瀛壖雜誌》卷三　廣方言館，向設於舊學宮之西偏，樓閣房廊，制極宏敞。馮景亭中允擬定章程十二則，合凡肄業文童，以年十四歲以下，資稟穎悟、根器端静者充選。定額四十名，延西士之學問充裕者爲之教習，而教以西國之文字語言，兼課以算學，以西人制器尚象之法，皆從此出。三閱月一行考覈，拔其優者充博士弟子員，或在通商衙門司理繙譯，承辦洋務，即可由此遴選。果其才能出衆，則督撫登諸薦牘，調京察驗，授以官職。同治己巳，應敏齋方伯於南門外製造局，大拓地基，自西南迤邐至東北，以建書院。門外植竹萬竿，緑陰夾道；入則重樓傑閣，丹檻迴環。庚午春間，廣方言館移附於此。其後爲繙譯館，人各一室，日事撰述。旁爲刻書處，乃剞劂者所居。口譯之西士，則有傅蘭雅、林樂知、金楷理諸人。筆受者，則爲徐雪村、華若汀諸人。自象緯、輿圖、格致、器藝、兵法、醫術，罔不搜羅畢備，誠爲集西學之大觀。其已鋟木者，約二十餘種，發藴探微，將來盡長技而操勝券者，當以此爲嚆矢。

又　卷六　西人設有印書局數處。墨海，其最著者。以鐵制印書車床，長一丈數尺，廣三尺許，旁置有齒重輪二，一旁以二人司理印事，用牛旋轉，推送出入。懸大空軸二，以皮條爲之經，用以遞紙，每轉一過，則兩面皆印，甚簡而速，一日可印四萬餘紙。字用活板，以鉛澆製。墨用明膠、煤油合攪煎成。印床兩頭有墨槽，以鐵軸轉之，運墨於平板，旁則聯以數墨軸，相間排列，又揩平板之墨，運於字板，自無濃淡之異。墨匀則字跡清楚，乃非麻沙之本。印書車床，重約一牛之力。其所以用牛者，乃以代水火二氣之用耳。

印書車床，製作甚奇。華士之往來墨海者，無不喜歡，入之吟詠。秀水孫次公《洋涇浜雜詩》云：車翻墨海轉輪圓，百種奇編宇内傳。忙殺老牛渾未解，不耕禾隴種書田。海鹽黄韻珊《海上蜃樓詞》云：榜題墨海起高樓，供奉神仙李鄴侯。多恐秘書人未見，文章光焰借牽牛。黄詩中所云李鄴侯者，蓋指壬叔，其時正排印天算諸書也。墨海後廢，而美士江君，别設美華書館于南門外，造字製板，悉以化學，實爲近今之新法。按西國印書之器，有大小二種，大以牛運，小以人挽。人挽者，亦殊便捷，不過百金可得一具云。

《郭嵩燾日記》咸豐六年二月初九日　次至墨海書館。有麥都事者，西洋傳教人也，自號墨海老人。所居前爲禮拜祠，後廳置書甚多。東西窗下各設一毬，右爲天毬，左爲地毬。麥君著書甚勤，其間相與校定者，一爲海鹽李(任)[壬]叔，一爲蘇州王蘭卿。李君淹博，習勾股之學。王君語言豪邁，亦方雅士也。爲覓《數學啓蒙》一書，爲偉烈亞力所撰。偉君狀貌無他奇，而專攻數學。又有艾君，學問尤粹然，麥都事所請管理書籍者也。外贈《遐邇貫珍》數部，前格物理一二事，而後録中外各處鈔報，即所謂新聞報也。刷書用牛車，范鐘爲輪，大小八九事。書板置車廂平處，而出入以機推動之。其車前外方小輪，則機之所從發也，以皮條套之。而屋後一柱轉於旁設機架。牛拽之以行，則皮條自轉。小輪隨之以動，以激轉大輪。紙片隨輪遞轉，則全板刷印無遺矣。皮條從牆縫中拽出，安車處不見牛也。西人舉動，務爲巧妙如此。王君挈眷寓此，所居室聯云：短衣匹馬隨李廣，紙閣蘆簾對孟光。亦有意致。詢其所事，則每日出坐書廳一二時。彼所著書，不甚諳習文理，爲之疏通句法而已。其《耶蘇教或問》，乃多取儒家之義相比駁，而襲引佛氏地獄之説，詆娸誣罔，以推重其術，則此數君者附會援引之勤，恐不得爲無過也。

又郭嵩燾《請廣求諳通夷語人才摺》《四國新檔・英國檔》下 再臣伏讀聖祖平定羅刹方略，移書俄夷，前後四次，並命依羅刹字作書往諭。聖人遠猷大略，神明變化，未易窺測。而所以制禦遠夷之道，雖甚頑梗，必務疏通其情。其後因與俄夷互習語言文字，蓋辭命通而往返無阻，乃能悉知其情僞。今英夷鴟張於南，俄夷桀驁於北，中國情形虚實，皆所周知，無復顧忌。而通市二百餘年，交兵議款又二十年，始終無一人通知夷情，熟悉其語言文字者。竊以爲今日禦夷之窾要，莫切於是。

唊夷在廣東、上海，率以重貲，雇中國讀書人，審正文字聲音，所以能習知中國情形，大率由此。中國不能鉤致夷人，自可訪求蒙古漢人之通夷語者。廣東、上海與諸夷相接，恰克圖、庫倫等處與俄夷相接，語言文字積久諳習，當不乏人。合無仰懇皇上，飭令江廣督臣、黑龍江將軍、庫倫辦事大臣，推求此等人才，資送入京，命理藩院歲餉銀數千兩，給之薪米，使轉相傳習，亦可以推考諸夷嗜好忌諱，以施控制之略，聖祖所以卒服俄夷，使之帖耳受盟，其深略猶可考見。謹奏。

清總理衙門《奏請創設京師同文館疏》 總理衙門奏：「爲遵議設立學習外國語文字學館，恭摺仰祈聖鑒事。竊查咸豐十年冬間，臣等於通籌善後章程内以外國交涉事件必先識其情性，請飭廣東、上海各督撫等分派通解外國語言文字之人，攜帶各國書籍來京，選八旗中資質聰慧年在十三四歲以下者俾資學習。嗣遵籌未盡事宜，復經聲明鑄錢局除改作衙署外，尚有鑪房修葺堪作館所等因，均經先後奉旨允准在案。臣等伏思欲悉各國情形，必諳其語言文字方不受人欺蒙。各國皆以重資聘請中國人講解文藝；而中國迄無熟習外國語言文字之人，恐無以悉其底蘊。廣州、上海既無咨送來京之人，不得不於外國延訪。旋據英國威妥瑪言及，該國包爾騰兼通漢文，堪充此席。因於五月十五日先令挑定之學生十人來館試行教習；仍另請漢人徐樹琳教習漢文，即以此學爲同文館。再俄、法等國語言文字，亦應一體學習，容俟覓有妥當教授，再行隨時酌辦。」

李鴻章《奏請設外國語言文字學館》《李文忠公全書・奏稿》 奏爲援案請設外國語言文字學館，恭摺仰祈聖鑒事。竊臣前准總理衙門來咨，遵議設立學習外國語言文字學館，爲同文館等因。伏維中國與洋人交接，必先通其志，達其欲，周知其虚實誠僞，而後有稱物平施之效。互市二十年來，彼酋之習我語言文字者不少，其尤者能讀我經史，於朝章憲典吏治民情，言之歷歷。而我官員紳士中，絶少通習外國語言文字之人。各國在滬均設立繙譯官一二員，遇中外大臣會商之事，皆憑外國繙譯官傳述，亦難保無偏袒捏架情弊。中國能通洋語者，僅恃通事，凡關局軍營交涉事務，無非雇覓通事往來傳話，而其人遂爲洋務之大害。查上海通事一途，獲利最厚，於士農工商之外，另成一業。其人不外兩種：一，廣東、寧波商夥子弟，佻達游閒，別無轉移執事之路者，輒以學習通事爲逋逃藪；一，英法等國設立義學，招本地貧苦童稚，與以衣食，而教肄之；市兒村豎，來歷難知，無不染洋涇習氣，亦無不傳習彼教。此兩種人者，類皆資性蠢愚，心術卑鄙，貨利聲色之外，不知其他。且其僅通洋語者十之八九，兼識洋字者十之一二。所識洋字亦不過貨名價目，與俚淺文理，不特於彼中兵刑食貨張弛治忽之大，瞢焉無知，即遇有交涉事宜，詞氣輕重緩急，往往失其本旨，惟知藉洋人勢力，播弄挑唆，以遂其利欲，蔑視官長，欺壓平民，無所忌憚。即如會辦防堵一節，間與通習漢語之大酋晤談，尚不遠乎情理，而瑣屑事件，勢不能一一面商，因而通事假手其間，勾結洋兵爲分肥之計，誅求之無厭，挑斥之無理，支銷之無藝，欺我聲喑，逞其簧鼓，或遂以小嫌釀大衅。洋務爲國家懷遠招携之要政，乃以樞紐付若輩之手，遂至彼己之不知，情僞之莫辨，操縱進退迄不得其要領，此非細故也。京師同文館之設，實爲良法，行之既久，必有正人君子，奇尤異敏之士，出乎其中，然後盡得西人之要領，而思所以駕馭之。綏靖邊陲之原本，實在於此。惟是洋人總匯之地，以上海廣東兩口爲最，種類較多，書籍較富，見聞較廣。語言文字之粗者，一教習已足；其精者務在博采周咨，集思廣益，非求之上海廣東不可。故行之他處，猶一齊人傳之之説也；行之上海廣東，更置之莊嶽之間之説也。臣愚擬請仿照同文館之例，於上海添設外國語言文字學館，選近郡年十四歲以下，資稟穎悟，根器端静之文童，聘西人教習，兼聘内地品學兼優之舉貢生員，課以經史文藝。學成之後，送本省督撫考驗，作爲該縣附學生，准其應試。其候補佐貳佐雜等官，有年少聰慧，願入館學習者，呈明由同鄉官出具品行端方切結，送局一體教習，藉資照料。學成後亦酌給升途，以示鼓勵。均由海關監督督籌試辦，隨時察覈具詳。三五年後，有此讀書明理之人，精通番語，凡通商督撫衙門及海關監督，應添設繙譯官，承辦洋務，即於學館中遴選承充，庶關税軍需可期核實，而無賴通事亦斂跡矣。

夫通商綱領固在總理衙門，而中外交涉事件則兩口轉多，勢不能以八旗學生兼顧，惟多途以取之，隨地以求之，則習其語言文字者必多；人數既多，人才斯出。彼西人所擅長者，測算之學，格物之理，制器尚象之法，無不專精務實，泐有成書。經譯者十纔一二，必能盡閱其未譯之書，方可探賾索隱，由粗顯而入精微。我中華智巧聰明豈出西人之下，果有精熟西文，轉相傳習，一切輪船火器等巧技，當可由漸通曉，於中國自强之道，似有裨助。如蒙俞允，一切章程及薪資工食各項零費，容臣督同關道設法籌畫，或仍於船鈔項下酌量提用。其廣東海口，可否試行，有無窒礙之處，應請飭下該省督撫體察辦理。臣愚昧之見，是否有當，伏乞皇上聖鑒訓示遵行。謹奏。

馮桂芬《校邠廬抗議》卷下《上海設立同文館議》 今通商爲時政之一，既不能不與洋人交，則必通其志、達其欲、周知其虛實情僞而後能收稱物平施之效。互市二十年來，彼酋類多能習我語言文字之人，其尤者，能讀我經史，於朝章、國政、吏治、民情，言之歷歷。而我官員紳士中，絶無其人，宋龔鄭昭固已相形見絀；且一有交涉，不得不寄耳目於所謂通事者，而其人遂爲洋務之大害。上海通事人數甚多，獲利甚厚，遂於士農工商之外别成一業。廣州、寧波人居多。其人不外兩種：一爲無業商賈。凡市井中游閒跅弛，不齒鄉里，無復轉移執事之路者，以學習通事爲逋逃藪。一爲義學生徒。英、法兩國，設立義學，廣招貧苦童稚，與以衣食而教育之，市兒村豎，流品甚雜，不特易於漸染洋涇習氣，且多傳習天主教；更出無業商賈之下。此兩種人者，聲色貨利之外，不知其他，惟藉洋人勢力，狐假虎威，欺壓平民，蔑視官長，以求其所欲。即如會辦防堵一舉，間與能作漢語之大酋議論，未嘗遠於事理，而局中米鹽瑣屑，勢不能與大酋言，往往需索之無厭，挑斥之無理，開銷之無藝，無非通事勾結洋兵爲分肥之計，欺我聾瘖，逞其簧鼓，顛倒簸弄，惟其所欲爲，實法所必誅而不勝誅、且不能不誅，又其人質性中下，識見淺陋，叩其所能，僅通洋語者十之八九，兼識洋字者十之一二；所識洋字，亦不過貨名、銀數與俚淺文理，不特於彼中致治張弛之故，瞢焉無知，即間有小事交涉，一言一字，輕重緩亟，輾轉傳述，往往影響附會，失其本恉，幾何不以小嫌釀大釁！洋務爲國家招攜懷遠一大政，乃以樞紐付之若輩，遂致彼己之不知，真僞之莫辨，宜與宜拒，訖不得其要領，其關係非淺鮮也。

夫適習西語西文，例所不能禁，亦勢所不可少。與其使市井無賴獨能之，不若使讀書明理之人共能之。前見總理衙門又新設同文館，招八旗學生，聘西人教習諸國語言文字，與漢教習相輔而行，此舉最爲善法。行之既久，能之者必多，必有端人正士、奇尤異敏之資，出於其中，然後得西人之要領而馭之，綏靖邊陲之原本，實在於是。惟是洋人總匯之地，以上海、廣州二口爲最，種類較多，書籍較富，見聞較廣，凡語言文字之淺者，一教習已足，其深者，務在博采周咨，集思廣益，則非上海、廣州二口不可。行之他處，猶是一齊人傅之之説也；行之上海、廣東，則置諸莊嶽之間之説也。況通商綱領雖在總理衙門，而中外交涉事件則二海口尤多，勢不能以八旗學習之人，兼顧海口，惟有多途以招之，因地以求之，取資既廣，人才斯出。愚以爲莫如推廣同文館之法，令上海、廣州仿照辦理，各爲一館，募近郡年十五歲以下之穎悟誠實文童，聘西人如法教習，仍兼聘品學兼優之舉貢生監，兼課經史文藝，不礙其上進之途。三年爲期，學習有成，調京考試，量予録用。遇中外交涉事件，有此一種讀書明理之人，可以咨訪，可以介紹，即從前通事無所施其伎倆，而洋務之大害去矣。至西人之擅長者，曆算之學，格物之理，製器尚象之法，皆有成書，經譯者十之一二耳！必能盡見其未譯之書，方能探賾索隱，由粗迹而入精微。我中華智巧聰明，必不出西人之下，安知不冰寒於水，青出於藍，輪船火器等製，盡羿之道，似亦無難於洋務，豈曰小補之哉！

奕訢《奏請京師同文館添設天文算學館疏》 恭親王奏：「臣等因製造機器必須講求天文算學，議於同文館內添設一館等因，於十一月初五日具奏，奉旨：『依議，欽此』。欽遵在案。臣等伏查此次招考天文算學之議，並非務奇好異，震於西人術數之學也。蓋以西人製器之法，無不由度數而生；今中國議欲講求製造輪船機器諸法，苟不藉西士爲先導，俾講明機巧之原，製作之本，竊恐師心自用，枉費錢糧，仍無裨於實際，是以臣等衡量再三而有此奏。論者不察，必有以臣等此舉爲不急之務者，必有以舍中法而從西人爲非者，甚且有以中國人師法西人爲深可恥者，此皆不識時務也。夫中國之宜謀自强，至今日而已亟矣。識時務者莫不以采西學製洋器爲自强之道，疆臣如左宗棠、李鴻章等皆深明其理，堅持其説，時於奏牘中詳陳之。上年李鴻章在上海設立機器局，由京營揀派兵弁前往學習；近日左宗棠亦請在閩設立藝局，選少年聰穎子弟，延聘洋人教以語言、文字、算法、畫法，以爲將來造輪船機器之本。由此以觀，是西學之不可不急爲肄習也，固非臣等數人之私見矣。或謂雇賃輪船，購買洋槍，各口均曾辦過，既便且省，何必爲此勞賾。不知中國所當學者，固不止輪船槍礮一事；即以輪船槍礮而論，雇買以應其用，計雖便而法終在人；講求以徹其原，法既明而用將在我。蓋一則權宜之策，一則久遠之謀，孰得孰失，不待辨而明矣。至於以舍中法而從西人爲非，亦臆説也。查西術之借根，實本於中術之天元，彼中猶目爲東來法。特其人性情縝密，善於運思，遂能推陳出新，擅名海外耳，其實法固中國之法也。天文算法如此，其餘亦無不如此。中國創其法，西人襲之，中國儻能駕而上之，則在我既已洞悉根源，遇事不必外求，其利益正非淺鮮。且西人之術，我聖祖仁皇帝深韙之矣，當時列在臺官，定爲時憲，兼容並包，智周無外，本朝掌故，亦不宜數典而忘。況六藝之中，數居其一。古者農夫戍卒，皆識天文，後世設爲厲禁，知者始鮮。我朝康熙年間，除私習天文之禁，由是人文蔚起，天學盛行，治經之儒，皆兼治數，各家著述，考證俱精。語曰：『一物不知，儒者之恥』，士子出户，舉目見天，顧不解列宿爲何物，亦足羞也。即今日不設此館，猶當肄業及之，況乎懸的以招哉？若夫以師法西人爲恥，此其説尤謬。夫天下之恥，莫恥於不若人。查西洋各國數十年來講求輪船之制，互相師法，製造日新。東洋日本，近亦遣人赴英國，學其文字，究其象數，爲仿造輪船張本，不數年亦必有成。西洋各國雄長海邦，各不相下者無論矣，若夫日本，蕞爾國耳，尚知發憤爲雄。獨中國狃於因循積習，不思振作，恥孰甚焉！今不以不如人爲恥，而獨以學其人爲恥，將安於不如而終不學，遂可雪其恥乎！或謂製造乃工匠之事，儒者不屑爲之，臣等尤有説焉：查《周禮·考工》一記，所載皆梓匠輪輿之事，數千百年，黌序奉爲經術，其故何也？蓋匠人習其事，儒者明其理，理明而用宏焉。今日之學，學其理也，乃儒者格物致知之事，並非强學士大夫以親執藝事，又何疑焉！總之，學期適用，事貴因時，外人之疑議雖多，當局之權衡宜當。臣等於此，籌之熟矣。惟是事屬創始，立法宜詳，大抵欲嚴課程，必須優給廩餼，欲期鼓舞，必當量予升途。謹公同酌擬章程六條，繕呈御覽，恭候欽定。再查翰林院編修、檢討，庶吉士等官，學問素優，差使較簡，若令學習此項天文算學，成功必易。又進士出身之五品以下京外官舉人五項貢生，事同一律，應請一併推廣招考，以資博採。」

楊廷熙《奏請撤銷同文館》《[同治]朝籌辦夷務始末》卷四九　臣聞天垂象，見吉凶，故聖人常因天道以警人事。今年自春及夏，久旱不雨，屢見陰霾蔽天，御河之水源竭，都中之疫癘行；本月初十日，大風晝晦兩時之久，此非尋常之災異也。十七日伏讀邸鈔，見候補内閣侍讀學士鍾佩賢奏稱：亢旱日久，請旨飭廷臣直言極諫，以資修省。恭奉上諭：著在廷諸臣，於時政得失，盡必獻替，毋循故常，毋避忌諱；爾大小臣工務當精白乃心，共圖匡弼，以期君臣交儆，感召天和，欽此。仰見兩宫皇太后勤求政理，皇上勵精圖治，敬天愛民之至意。然天象之變，必因時政之失。京師中街談巷議，皆以爲同文館之設，强詞奪理，師敵忘仇，禦夷失策所致。臣思天道淵微，雖不繫於一事，而此事實貽患之大者，謹越職昧死，爲陛下條陳之：

竊維修德行政，實千古臨御之經；盡人合天，乃百代盛强之本。自來奇技淫巧，衰世所爲；雜霸驩虞，聖明無補。所以唐虞深明天道，亦止授時齊政，垂爲典章，未聞使羲和仲叔作推步之書；成周記列考工，亦止分職設官，勤於省試，未聞令庠序學校習工師之事。推之孔子不言天道，孟子不重天時，非故秘也，誠以天文數學，禨祥所寓，學之精者，禍福之見太明，思自全而不爲世用，事事委諸氣數，而或息其忠孝節義之心；學之不精，則逆理違天，道聽塗説，必開天下奇衰詭惑之端，爲世道人心風俗之害。伊古以來，聖神賢哲，不言天而言人，不言數而言理，其用意至深遠矣。

前月見總理各國事務衙門請開設同文館，專用翰林進士恩拔副歲少年科第官員，延西洋人教習天文算數，以爲製造輪船機器之用，臚陳六條，俱奉旨准行。旋見御史張盛藻奏請改派學習；繼見大學士倭仁請罷前議。臣以爲同文館之議，或可中止。茲復見總理衙門示期考試，録取送館攻習。臣月餘以來，日夜研思同文館原奏，覺其事其理其言其心有不可解者十焉。謂學士大夫不可無羞無恥，而必欲激其羞惡之良，愧恥之念，其見未嘗不善；然而中國之可羞可恥者，未有大於西洋之流毒，西人之倡亂矣。自道光年間啓釁粤東，其前誤於琦善等喪師辱國，失守沿海礮臺，任其盤踞香港，因得潛窺内地虚實，熟悉江海水道，故由廣東而江浙而天津，搆數千年未有之禍，擾亂中國之邊疆，憑陵中國之城池，侵踞中國之關口，耗散中國之財賦，荼毒中國之人民，屢和屢叛，國家之貧弱因之。其後誤於端華、肅順等，藉寇要君，牽掣沿海將帥，因而戰守失策；於咸豐十年，乘中原多事，又復渝盟敗約，肆虐京華，焚燒宫闕，以致文宗皇帝北狩熱河，上賓龍馭，諸王大臣目擊其變，身受其災。正宜嘗膽卧薪，處心積慮，勤思破敵之良策，廣求濟變之人才，以掩當年之羞，以雪數世之恥，方足以激勵天下也；乃今日不恥不共戴天之讎，而羞不知星宿之士，何忘大恥而務於小恥也？此臣之不解者一也。

原奏稱西人製器之法，無不由度數而生；又稱其法本中國之法，特西人慎密，善於運思。意以爲深明天文數學無過西人，此又所見之不廣也。中國自羲軒堯舜禹湯文武周公孔孟以及先儒曩哲，或仰觀俯察，開天明道，或繼承纘述，繼天立極，使一元之理，二五之精，三極之道，旁通四達；體之爲天人性命參贊化育之經，用之爲帝典王謨聖功賢學之準，廣大悉備，幽明可通。所以歷代之言天文者，中國爲精；言數學者，中國爲最；言方技藝術者，中國爲備。如渾天儀、乾鑿度、太元洞極潛虚、星紀、九章、三率、周髀、皇極諸書，相繼而起，恐西學輪船機器，未必有如此幽深微妙矣。又況中國爲人材淵藪，數理載國朝精藴，二百餘年，時憲無失閏之譏，天象無昏迷之誚，是此時之天文算數，較歷代爲尤精也。夫以中國之大，養士之久，豈無一二知天文明數學之士，足以駕西人而上之者哉？即如康熙乾隆時，當塗縣徐文靖，一文學士，作山河兩戒考，取諸家之辯論，與西士互相考證，其間星宿多寡，度數躔次，歧異者不一而足，可見西洋於天文數學未必精也。又有侍郎胡煦作周易函書，講明河洛理數，指陳句股尺算，俱采入四庫全書，最易通曉，何不令天下舉而習之，而必自卑尊人，舍中國而師夷狄？此臣之不解者二也。

原奏稱製造輪船機器，苟不藉西士爲先導，俾講明機巧之原，製作之本，竊恐師心自用，徒費錢糧。意必以輪船機器，爲西洋恃以制勝中國之具，而亦用輪船以敵輪船，機器以禦機器，其策尤非也。夫有利器者，在有善其事之工而器始利；有善事之工，無善用之人，其器不利；即有善用之人，遇有人焉能破之，其器仍不利。嘗見宋史載水賊楊太，湖中浮舟，以輪激水，其行如飛，官舟迎之輒碎，而岳飛兵到，不數日其船悉破，其人就擒，可見輪船機器不足恃也。況中國數千年來，未嘗用輪船機器，而一朝恢一朝之土宇，一代拓一代之版章。即我朝自開創以來，與西洋通商非一日，彼之輪船機器自若也，何康熙時不准西洋輪船數隻近岸，彼即俯首聽命，不敢入内地一步？及至道光咸豐，沿海將帥督撫，開門揖盜，内廷大臣，以耳爲目，先存畏懼之心，請旨屢示寛容，而彼愈張凶燄；然猶有僧格林沁於天津一戰，破彼輪船十餘隻，又可見輪船機器，即洋人用之亦不足恃也。今不思破之之方，禦之之術，竊恐中國將來之輪船機器，較彼尤精，而用之不得其法，不得其人，未必不徒費錢糧，徒勞人力也。此臣之不解者三也。

原奏稱論者不察，必以臣等爲不急之務。第思此時當務之爲急者，不在天文，而在人事；不在算數機巧，而在政治修明。近來洋人伏於肘腋間，横行恣睢，沈幾觀變，朝廷急宜憂勤惕厲，奮其神武，或旁招遠詔，求天下之人才；或博訪周咨，知民間之疾苦。近責樞密大臣，正本清源，深謀遠慮，務使立一法必思不戾舊章，行一令必期永孚衆志；不得敷衍了事，不得唯阿取容。遠策將帥督撫，振興士卒，整飭官常，作忠義之氣於行間，盡教養之懷於民上。條例無益者除之，免胥吏弄法；黜陟無實者駁之，免督撫專權；應天以實不以文，敬事而信無所欺。如此則紀綱立，號令行，政教興，洋人雖衆，機器雖利，輪船雖多，斷不敢肆行無忌也。今自皇上御極以來，汲汲以求賢爲念，而廷臣薦舉，半皆獲罪人員；時時以安民爲心，而凋敝餘生，猶有官吏剥削。新章一出，成憲徒事變更；軍務未竣，賞賚時多反覆。嘗見久經奏調保舉人員，部曹胥吏竟置諭旨於不問，輒敢駁斥。經外臣奏參者，律例煩苛，曹司胥吏得從中舞弊也。舉劾當臚陳事實，今則於六法之外，擬一二語以爲甄叙，無怪薦彈乖異無實，不足示勸懲也。且資格限難於自效，賢才所以多消阻；官禄薄無以養廉，士夫所以荒職業。善政未修於上，實學未講於下，而猶令舍人事以習天文數學，此臣之不解者四也。

原奏稱中國之宜謀自强，至今而已亟也。夫自强之道，豈在天文算數輪船機器哉？臣觀史册，見歷代之致昇平臻郅治者，皆上有至誠無息之令主，下有各盡其職之臣工，緯武經文，一時天下畏威懷德，庶民子來，百工咸集，蠻夷率服矣。今者西洋以數千魑魅魍魎，横恣中原，朝廷猶因循含忍，不籌控馭之奇策，懾服之宏規。而且宰輔不聞撻伐之書；臺諫竟無驅除之疏；吏部惟知循例，即以爲得人；户部止悉收捐，即以爲富國；兵制大壞而兵部不知；工作不精而工部不省，無惑乎人才不興，國用不足，兵氣不揚，國威不振也。有自强之心，無自强之政，而徒震驚於外洋機器輪船不可制，此臣之不解者五也。

原奏稱招取翰林進士五項正途京外官員考試録取，延聘西人在館教習，此尤大傷風教。夫洋人之與中國，敵國也，世讎也，天地神明所震怒，忠臣烈士所痛心。無論偏長薄技，不足爲中國師，即多材多藝，層出不窮，而華夷之辨，不得不嚴；尊卑之分，不得不定；名器之重，不得不惜。況科甲人員，讀聖賢書，將以致君澤民爲任，移風易俗爲能，一旦使之師事讎敵，竊恐朝夕相聚，西人或懷私挾詐，施以蠱毒，飲以迷藥，遂終身依附於彼，昏瞀不醒。習其教者牢不可破，而忠義之氣自此消矣，廉恥之道自此喪矣，機械變詐之行自此起矣。聖賢之大道不修，士林之節概不講，無一非西學階之厲也。此臣之不解者六也。

原奏稱西洋各國講求輪船之製，互相師法，製作日新，雇買以應其用，計雖便而法終在人；講求以得其源，法既明而用將在我，因開設同文館。揆諸立館之心，亦隱慮洋人布滿天下，數十年來從無有人議及破之禦之之法，而乃於少年科甲中擇其穎悟者，師其製作，或洞悉源本，或陰得人才，以爲將來破之禦之之地步。此中委曲，又不便明示天下以啓釁端，而故爲權宜之計，久遠之謀。不知其計亦左，其謀亦拙也。夫洋人詭譎百出，所爲狡焉思逞，侵陵中國者，方將以輪船機器罔中國無窮之利，斷不肯以精微奥妙指示於人。就令其盡心竭力，舉其理其源，細微曲折，全行教授，亦不過製成船器，與之並駕齊驅已耳，而破之禦之之法，豈能並以相告哉？況輪船必熟諳江海水性水道，而運用始靈，今使科甲人員明其理，悉其源，將來造輪船時，勢必引繩削墨，一一教工匠製作；又必紛紛探明江海水勢淺深，教水手運用。制敵之法，有如是之勢而能成功者乎？竊見古今來堅甲利兵，足以制敵之命，較機器尤精也，而人不爲用，屢有棄甲曳兵之時；高城險塞，足以爲人之衛，較輪船尤固也，而人不爲守，屢有棄城失險之候。可知天時不如地利，地利不如人和也。兹不操出奇之勝算，而爲依樣之葫蘆，此臣之不解者七也。

原奏稱李鴻章、左宗棠等，皆能深明其理，堅持其説，或設藝局，或設機器局，揀派兵弁與少年子弟，延請洋人，教以語言文字算法畫法，以爲將來造輪船機器之本。由此以觀，是西學之不可不急爲肄習也。臣思此事疆臣行之則可，皇上行之則不可；兵弁少年子弟學之猶可，科甲官員學之斷不可。何也？疆臣之制作，信從者不過一省一時；朝廷之詔令，遵守者則在天下萬世。兵弁子弟，學之不過成其藝事；科甲官員，學之即可寖成風俗也。蓋科甲官員，四民之瞻仰，天下所崇奉者也。查耶穌之教，流入中國有年，不能誘善良而行習者，以其書皆怪誕不經之書，其教乃違天害理滅倫廢義之教，所以稍有知識者，必不聽其蠱惑也。今而使少年科甲人員，習其天文數學，北面修弟子之儀，不二十年間，循例升轉，内而公卿大臣，外而督撫大吏，皆惟教是從，惟命是聽，出於門牆者也。萬一徇私情，廢公義，其害可勝言哉？又恐天下之人，因科甲尚且學習，遂相習成風。或奉行不善，一時顓蒙愚魯之輩，奸宄不法之徒，藉習天文算學爲名，結黨成羣，互相引誘煽惑，倚彼勢力，造言生事；洋人愈得步進步，連合響應，以倡亂階，恐西學未成而中原多故也。是西教本不行於中國，而總理衙門請皇上導之使行也，此臣之不解者八也。

原奏稱事屬創始，立法宜詳，欲嚴課程，必須優給廪餼；欲期鼓舞，必當量予升途，是於勤惰之中，亦寓賞罰之道。竊思賞罰爲驅策天下之大柄，賞罰宜公，禄養宜厚，豈僅於同文館一處行之哉？近日陝甘滇黔豫楚，賊氛正熾，軍士飢譁屢告；京外大小官員，廉俸裁撤，未見增加，從公枵腹。而朝廷之賞罰無位，隨財而行：殺賊立功者，不稽覈真僞於前，而苟求出身於後，特開補交捐免保舉之條，此賞之不信也；因罪獲譴者，不追咎其既往，予自新於將來，有加倍捐復之例，則罰之不必也。而且遇缺存遇缺之名，即用無即用之實。披堅執鋭者，半目爲夤緣，循行數墨者，厚膺其爵賞，將何以勵戎行而申士氣也？兹惟於同文館厚廪餼，廣升途，何明於此而暗於彼，略其大而舉其細也？此臣之不解者九也。

原奏稱外人之物議雖多，當局之權衡宜定，臣等於此籌之熟矣。此言尤屬偏執己見，專擅挾持，啓皇上以拒諫飾非之漸。夫自古帝王立隆建極，務在循天理，順人情，故詢事考言，用中執兩，而後成爲大知；懸鞀設鐸，博採旁搜，而後不拂乎民心。若事當於理而可行，自必詢謀僉同，無有疑議。若事必不可行而行之，物議沸騰，在所不畏，人言浮動，置若罔聞；尼沮者招愆，諫諍者獲譴，則有王安石之行新法，秦檜之主和議，大抵如是也。其後禍及天下，害貽後世，何莫非膠固擅權獨行獨斷之所致哉？伏見我朝成憲，凡改一制度，設一官職，必下王大臣九卿翰詹科道會議妥協，覆奏施行，所以無專擅諸弊。今新立一同文館，而令翰林進士科甲正途出身京外各官皆從事夷狄，此何等重大事件，關繫非輕，豈總理衙門數人之私見，遂能決然行之而無弊乎？即觀其原奏命意，亦兢兢於人言，務爲迴護，是其設立同文館之初，未嘗不明知此事之不當於天理，不洽於人心，不合於衆論，而必欲潰夷夏之防，爲亂階之倡，此臣之不解者十也。

臣知同文館爲總理衙門請旨准行，未嘗計及於行之害不行之利，狃於目前，忽於日後，强詞奪理，萬難挽回。惟見兩宫皇太后自聽政以來，遇事必虚衷訪問，斟酌盡善，不拘成見，兹於同文館之設，創制非宜，謹請收回成命，以杜亂萌而端風教，弭天變而順人心。若事在必行，恐失信於外洋又生釁隙，仰懇將翰林進士科甲有職事官員撤銷，惟招取曾經學過天文算數者考録送館，與西人互相印證，如此既無失信於外夷，亦可無傷風化也。

再同文館三字，係宋代獄名。考宋史蔡京等當權，殘害忠良，排斥正士，有異己者，即下同文館獄。是同文館之名，非美名也。今復襲之，而令翰林進士五項正途相聚其中，既失考據，而又非嘉予士林之盛舉矣。近因人情疑懼，議論紛紛，實不能已於芻蕘之獻者，故越職言事之罪，在所不辭，冒死直陳。

馮焌光《稟南洋大臣陳江南製造局造船造槍炮及譯書情形并籌議商租輪船攬運漕米煤鐵等事》《海防檔・機器局》 卑局志在盡得西法所長，借洋人以爲引導，不令洋人以把持。募集内地工匠，日與洋匠講求，寓教習於製造之中，而不欲多用洋人，致長盤踞之漸。年來口講指畫，心摹手追，亦覺門徑漸窺，粗有造就。而尤切要者，在設立繙譯學館，招致西人之積習有素，而又通曉中國語言文字者，擇譯外國有用諸書。計自同治七年起，先後覓請英國傅蘭雅，美國金楷理、林樂知三人，在局繙譯。又七年分，曾覓得英國偉烈亞力、美國瑪高温二人，暫在上海租界，就近繙譯。均係局員徐縣丞壽、華牧蘅芳、王牧德均、徐令建寅、李主事鳳苞、嚴中書良勳、丁舉人樹棠，協同司事，日與西人口講筆述，悉心研究。現計譯成製器之書六種：一曰瀛機發軔，二曰瀛機必以，三曰瀛機信度，四曰瀛機新制，五曰藝器記珠，六曰範模要略。造船之書一種，曰造船新法。火器之書四種：一曰大砲全輪，二曰克虜伯砲法，三曰製火藥法，四曰水雷祕要。繪圖之書三種：一曰運規約指，二曰器象顯真，三曰行軍測繪。地產之書三種：一曰金石識別，二曰地學淺識，三曰開煤要法。化學之書二種：一曰化學分原，二曰化學鑑原。行船之書四種：一曰航海簡法，二曰禦風要術，三曰測候瑣言，四曰航海通書釋例。船操之書三種：一曰水師操練，二曰輪船布陣，三曰兵船砲法。設防之書三種：一曰防海新論，二曰城壘全法，三曰攻守制宜。江海圖説二種：一曰長江圖説，二曰海道圖説。西國雜記之書二種：一曰四裔年表，二曰綖紘外乘。算學之書三種：一曰代數術，二曰微積溯源，三曰平弧三角法。聲學之書一種：曰聲學。此外已譯未成者，趕緊譯出。其前項譯成各書，均經陸續校刊，以求盡得其成法所在，切實演習，將來中土日精，則不用洋人，亦可自爲辨理。此繙書之情形也。

傅蘭雅《江南製造總局翻譯西書事略・論譯書之法》 西人嘗云：「中國語言文字最難爲西人所通，即通之亦難將西書之精奥譯至中國。蓋中國文字最古最生而最硬，若以之譯泰西格致與製造等事，幾成笑談。然中國自古以來，最講求教門與國政，若譯泰西教門與泰西國政，則不甚難。況近來西國所有格致，門類甚多，名目尤繁；而中國並無其學與其名，焉能譯妥，誠屬不能越之難也。」等語。然推論此説，實有不然。蓋明時利瑪竇諸人及今各譯書之人，並未遇有甚大之難以致中止。譯西書第一要事爲名目，若所用名目必爲華字典内之字義，不可另有解釋，則譯書事永不能成。然中國語言文字與他國略同，俱爲隨時逐漸生新，非一旦而忽然俱有。故前時能生新者，則後日亦可生新者，以至無窮。近來中西交涉事年多一年，則新名目亦必每年增廣。如中國聖諱每行禁用，則能定寫以何法，代以何字。而全境内每年所改所添之字，則難爲國家定奪。如貿易或交涉事内有新意新物，必設華字新名，始能明顯。然所設新名，間有文雅者，間有粗拙者，如前西人與華人所定各名，常有蠢而不能久行者。蓋各國所設名目，若甚不當，自不久必更以當者，而中國亦然。如西國久用之名，後知不合，則更新者，雖多有不便，亦不得已也。二三百年前，英國多藉希臘與羅馬等國文字以作格致與製造内之新名，後則漸除不用，或換以更妥者，而中國亦難免此舉。凡自他國藉用之名，則不能一時定準，必歷年用之始能妥協。

然而西人在華初譯格致各書時，若留意於名目，互相同意，則用者初時能穩妥，後亦不必大更改。如譯化學書，應使初學此書之華人與未見此書之西人，閲之同明其名義。凡初次用新名處，則注釋之，後不必再釋。若不從頭觀看而隨意展閲，則自難明，與西人以此法看化學書同理。然竟有華友及西人，曾將局内所譯之書於半中披覽，遇新名處則不識，問諸師友亦莫之知，因曰「此書無用」，或云「所譯不清，孰能明之」，又曰「若是繙譯西書，實爲枉費工力而已」，殊不知所不明者爲己之粗心耳！

此館譯書之先，中西諸士皆知名目爲難，欲設法以定之。議多時後，則略定要事有三：

一、華文已有之名　設擬一名目爲華文已有者，而字典内無處可察，則有二法：一可察中國已有之格致或工藝等書，並前在中國之天主教師及近來耶穌教師諸人所著格致、工藝等書。二可訪問中國客商或製造或工藝等應知此名目等人。

二、設立新名　若華文果無此名，必須另設新者，則有三法：一、以平常字外加偏旁而爲新名，仍讀其本音，如鎂、鉀、碲、矽等；或以字典内不常用之字釋以新義而爲新名，如鉑、鉀、鈷、鋅等是也。二、用數字解釋其物，即以此解釋爲新名，而字數以少爲妙，如養氣、輕氣、火輪船、風雨表等是也。三、用華字寫其西名，以官音爲主，而西字各音亦代以常用相同之華字，凡前譯書人已用慣者則襲之，華人可一見而知爲西名；所已設之新名，不過暫爲試用，若後能察得中國已有古名，或見所設者不妥，則可更易。

三、作中西名目字彙　凡譯書時所設新名，無論爲事物人地等名，皆宜隨時録於華英小簿，後刊書時可附書末，以便閲者核察西書或問諸西人。而各書内所有之名，宜彙成總書，製成大部，則以後譯書者有所核察，可免混名之弊。

以上三法，在譯書事内惜未全用，故各人所譯西書常有混名之弊，將來甚難更正。若繙譯時配準各名，則費功小而獲益大，惟望此館内譯書之中西人以此義爲要務。用相同之名，則所譯之書，益尤大焉。

譯書混名之事，不獨此館爲然，即各教師所譯西書亦嘗有之。如合信氏《博物新編》之名目不甚差忒，而譯書者可仍其舊；因不但其名妥洽，且其書已通行中國，夫人而知。然譯書西士，以爲定名幾若爲彼一人所主，而前人所定者皆置於不論。故有以《博物新編》内之淡氣當爲輕氣之用，若華人閲此二人著作，則淡氣、輕氣之義幾難分辨矣。察各門教師稱造化萬物之主，有曰天主者，有曰上帝者，有曰真神者，此爲傳教第一要名，尚未能同心合意，通用一名，而彼輕氣、淡氣相混者亦不爲奇焉。然若能彼此同心以定格致名目，則有大益。凡前人已用者，若無不合，則可仍之，猶之西格致家，凡察得新動、植等物而命以名，則各國格致家亦仍其名而無想更改者。有云：「北京有數教師共擬成華字一副，以譯西國人地各名。」但其所設者用以譯新名則可，若不仍前人所用者，亦不能有甚大益。

以上所言，爲譯書用名之事。至於所譯各書若何分類，若何選擇，試略言之。初譯書時，本欲作大類編書，而英國所已有者雖印八次，然内有數卷太略，且近古所有新理新法多未列入，故必察更大更新者始可繙譯。後經中國大憲諭下，欲館内特譯緊用之書，故作類編之意漸廢，而所譯者多零件新書，不以西國門類分列。平常選書法，爲西人與華士擇其合已所緊用者，不論其書與他書配否，故有數書如植物學、動物學、名人傳等尚未譯出。另有他書雖不甚關格致，然於水陸兵勇武備等事有關，故較他書先爲講求。

已譯成之書大半深奥，能通曉之者少，而不明之者多。故數年前設有《格致彙編》，將格致要端以簡法譯成，凡初學者可藉爲階進；然此彙編非局中所刊，而費用爲輯者自備也。又有格致啓蒙書數種，爲林樂知所譯，亦有益於初學。近來設有益智書會，欲刊之書，尤合於初學之用。此會爲一千八百七十七年耶穌教大公會所設者，亦請傅蘭雅、林樂知爲幫辦董事。此會之書成後，大能輔助局中所譯者；且其定所刊書之板與局中同式，此法甚善。

至於館内譯書之法，必將所欲譯者，西人先熟覽胸中而書理已明，則與華士同譯，乃以西書之義，逐句讀成華語，華士以筆述之；若有難言處，則與華士斟酌何法可明；若華士有不明處，則講明之。譯後，華士將初稿改正潤色，令合於中國文法。有數要書，臨刊時華士與西人核對；而平常書多不必對，皆賴華士改正。因華士詳慎郢斲，其訛則少，而文法甚精。既脱稿，則付梓刻板。中國刻板法，將書以宋字寫於薄紙，反糊於木板，則用刀剞劂。書中所有圖畫，則有畫工摹成，同糊板上鐫之。至於偉烈亞力所譯《談天》書内之圖，則爲英國以鋼板所印者；而地圖與海道各圖，乃局内所刻陰文銅板所印者。

近來上海多用鉛字活板，印中國書籍甚便。局内亦有一副鉛字並印書架等。然所譯格致書，仍用古制而刊木板，以手工刷印。此法爲歐洲初有印書法之先多年而中國已用者，較鉛字活板更省更便。其板各頁等大，略寬八寸，長十二寸，厚半寸，每板兩面刻字，每面當西書兩面之用，可見一書全板佔地無幾。有云：「刻一木板，較排活板所費有限，且木板已成，則每次刷印，隨意多寡，即祇印一部亦可。」此法之便可知矣。若照西法以活板印書，則一次必多印之，始可拆板；設所印者年深變舊，或文字錯訛，則成廢紙而歸無用。惟中國法則不然，不須鉅資多印存儲；若板有錯字，亦易更改；而西法已印成書，則無法能更改也。有云：「最能印書者，一日可印五千頁，不用印架，不需機器，俱以手工手器印之，而工價亦廉，每四工約得洋一圓。」印書之紙爲上等連史紙，另一種次者爲賽連紙，較連史紙價扣八折。書用白絲線裝訂，較平常書籍格外精緻，甚合於學士文人之用。

張之洞《張文襄公全集》卷三四《奏議·設立自强學堂片》 再，治術以培植人才爲本，經濟以通達時務爲先。自同治以來，總理各國事務衙門設立同文館，創開風氣，嗣是南北洋及閩粤各省遞設廣方言館、格致書院、武備學堂，人才奮興，成效昭著。湖北地處上游，南北衝要，漢口、宜昌均爲通商口岸，洋務日繁，動關大局，造就人才似不可緩，亟應及時創設學堂，先選兩湖人士肄業其中，講求時務，融貫中西，研精器數，以期教育成材，上備國家任使。臣前奏明建立兩湖書院，曾有續設方言、商務學堂之議。兹於湖北省城内鐵政局之旁，購地鳩工，造成學堂一所，名曰自强學堂，分方言、格致、算學、商務四門，每門學生先以二十人爲率。湖北、湖南兩省士人方准與考。方言學習泰西語言文字，爲馭外之要領；格致兼通化學、重學、電學、光學等事，爲衆學之入門；算學乃製造之根源；商務關富强之大計。每門延教習一人分齋教授，令其由淺入深，循序漸進，不尚空談，務求實用。所需經費暫就外籌之款湊撥濟用，俟規模漸擴，成效漸著，再行籌定專款奏明辦理，以爲經久至計。

又 卷二〇三《勸學篇·設學》 今年特科之詔下，士氣勃然濯磨興起，然而六科之目可以當之無愧上幅聖心者，蓋不多覯也。去年有旨令各省籌辦學堂，爲日未久，經費未集，興辦者無多。夫學堂未設，養之無素而求之於倉卒，猶不樹林木而望隆棟，不作陂池而望巨魚也。遊學外洋之舉，所費既鉅，則人不能甚多。且必學有初基，理已明，識已定者始遣出洋，則見功速而無弊。是非天下廣設學堂不可。各省、各道、各府、各州縣皆宜有學。京師省會爲大學堂，道府爲中學堂，州縣爲小學堂。中小學以備升入大學堂之選。府縣有人文盛物力充者，府能設大學，縣能設中學尤善。小學堂習四書，通中國地理、中國史事之大略，算數、繪圖、格致之粗淺者。中學堂各事較小學堂加深，而益以習五經，習通鑑，習政治之學，習外國語言文字。大學堂又加深加博焉。

或曰天下之學堂以萬數，國家安得如此之財力以給之？曰先以書院改爲之。學堂所習皆在詔書科目之內，是書院即學堂也，安用駢枝爲？或曰府縣書院經費甚薄，屋宇甚狹，小縣尤陋，甚者無之，豈足以養師生購書器？曰一縣可以善堂之地，賽會演戲之款改爲之，一族可以祠堂之費改爲之。然數亦有限奈何？曰可以佛道寺觀改爲之。今天下寺觀何止數萬，都會百餘區，大縣數十，小縣十餘，皆有田產。其物業皆由布施而來。若改作學堂，則屋宇田產悉具，此亦權宜而簡易之策也。方今西教日熾，二氏日微，其勢不能久存。佛教已際末法中半之運，道家亦有其鬼不神之憂，若得儒風振起，中華乂安，則二氏固亦蒙其保護矣。大率每一縣之寺觀，取什之七以改學堂，留什之三以處僧道。其改學堂之田產，學堂用其七，僧道仍食其三。計其田產所值，奏明朝廷旌獎。僧道不願獎者，移獎其親族以官職。如此則萬學可一朝而起也。以此爲基，然後勸紳富捐貲以增廣之。昔北魏太武太平真君七年、唐高祖武德九年、武宗會昌五年，皆嘗廢天下僧寺矣。然前代意在稅其丁，廢其法，或爲抑釋以伸老，私也。今爲本縣育才，又有旌獎，公也。若各省薦紳先生以興起其鄉學堂爲急者，當體察本縣寺觀情形，聯名上請於朝，詔旨宜無不允也。

其學堂之法約有五要：一曰新舊兼學。四書、五經、中國史事、政書、地圖爲舊學，西政、西藝、西史爲新學。舊學爲體，新學爲用，不使偏廢。一曰政藝兼學。學校、地理、度支、賦稅、武備、律例、勸工、通商，西政也；算、繪、鑛、醫、聲、光、化、電，西藝也。西政之刑獄，立法最善；西藝之醫，最於兵事有益，習武備者必宜講求。才識遠大而年長者宜西政，心思精敏而年少者宜西藝。小學堂先藝而後政，大中學堂先政而後藝。西藝必專門，非十年不成；西政可兼通數事，三年可得要領。大抵救時之計、謀國之方，政尤急於藝。然講西政者亦宜略考西藝之功用，始知西政之用意。一曰宜教少年。學算須心力鋭者，學圖須目力好者，學格致、化學、製造須質性穎敏者，學方言須口齒清便者，學體操須氣體精壯者。中年以往之士，才性精力已減，功課往往不能中程，且成見已深，難於虛受，不惟見功遲緩，且恐終不深求，是事倍而功半也。一曰不課時文。新學既可以應科目，是與時文無異矣。況既習經書，又兼史事、地理、政治、算學，亦必於時文有益，諸生自可於家習之，何勞學堂講授，以分其才思，奪其日力哉？朱子曰：上之人曾不思量，時文一件，學子自是著急，何用更要你教？語類卷一百九 諒哉言乎！一曰不令争利。外國大小學堂皆須納金於堂，以爲火食束脩之費，從無給以膏火者。中國書院積習，誤以爲救濟寒士之地，往往專爲膏火獎賞而來。本意既差，動輒計較錙銖，忿争攻訐，頹廢無志，紊亂學規，剽襲冒名，大雅掃地矣。今縱不能遽從西法，亦宜酌改舊規。堂備火食，不令納費，亦不更給膏火。用北宋國學積分之法，每月核其功課，分數多者酌予獎賞。數年之後，人知其益，即可令納費充用，則學益廣，才益多矣。一曰師不苛求。初設之年，斷無千萬明師。近年西學諸書，滬上刊行甚多，分門別類，政藝要領大段已詳，高明之士研求三月可以教小學堂矣；兩年之後，省會學堂之秀出者可以教中學堂矣。大學堂初設之年所造亦淺，每一省訪求數人，亦尚可得。三年之後，新書大出，師範愈多，大學堂亦豈患無師哉？

若書院猝不能多設，則有志之士當自立學會，互相切磋。文人舊俗，凡學業，楷書、放生、惜字、賦詩、飲酒、圍棋、葉戲，動輒有會，何獨於關繫身世安危之學而緩之？古人牧豕都養尚可聽講通經，豈必橫舍千間，載書兼兩而後爲學哉？始則二三，漸至什伯，精誠所感，必有應之於千里之外者。昔原伯魯以不悦學而亡，越句踐以十年教訓而興，國家之興亡，亦存乎士而已矣。

又 《學制》 外洋各國學校之制有專門之學，有公共之學。專門之學，極深研幾，發古人所未發，能今人所不能，畢生莫殫，子孫莫究。此無限制者也。公共之學，所讀有定書，所習有定事，所知有定理，日課有定程，學成有定期。或三年，或五年。入學者不中程不止，惰者不得獨少。既中程而即止，勤者不必加多。資性敏者同爲一班，資性鈍者同爲一班，有間斷遲誤者附其後班。生徒有同功，師長有同教。此有限制者也。無事無圖，無堂無算；師無不講之書，徒無不解之義。師以已習之書爲教，則師不勞；徒以能解之事爲學，則徒不苦。問其入何學堂，而知其所習何門也；問其在學堂幾年，而知其所造何等也。文武將吏、四民百藝，其學無不皆同。

小學堂之書較淺，事較少，如天文、地質、繪圖、算學、格致、方言、體操之類，具體而微。中學堂書較深，事較多。如小學堂地圖則極略，僅具疆域山水大勢，又進則有府縣詳細山水，又進則有鐵路、電線、礦山、教堂。餘書仿此。方言則兼各國，算學則講代數、對數，於是化學、醫術、政治，以次而及。餘事仿此。大學堂又有加焉。小學、中學、大學又各分爲兩三等，期滿以後考其等第，給予執照。國家欲用人才，則取之於學堂，驗其學堂之憑據，則知其任何官職而授之，是以官無不習之事，士無無用之學。其學堂所讀之書，則由師儒纂之，學部定之，頒於國中。數年之後或應增減訂正，則隨時修改之。

其學堂之費率皆出地方紳富之捐集，而國家略發官款以補助之。入學堂者但求成才，不求膏火。每人月須納金若干，以爲飲食束修之費。貧家少納，富家多納。其官紳所籌學堂之費，專爲建堂、延師、購書、制器之用，不爲學生膏獎。亦有義學，以教極貧子弟，學生出貲甚微。然義學甚少，所教極淺。來學者既已出費，則必欲有所得而後歸。學成之後，仕宦工商各有生計，自無凍餒，此以教爲養之法也。是以一國之內常有小學數萬區，中學數千，大學百數，由費不仰給於官，亦不盡仰給於紳故也。其善有三：出貲來學則不惰，志不在利則無爭，官不多費則學廣。

蘇子瞻沮新法學校之説曰：必將發民力以治宫室，斂民財以養遊士。如西法所爲，可無多費之虞矣。王介甫悔新法學校之誤曰：本欲變學究爲秀才，不謂變秀才爲學究。如西法所爲，可無變爲學究之患矣。凡東西洋各國立學之法、用人之法，小異而大同，吾將以爲學式。

又《廣譯》 十年以來，各省學堂嘗延西人爲教習矣，然有二弊：師生言語不通，恃繙譯爲樞紐。譯者學多淺陋，或僅習其語，而不能通其學，傳達失真，毫釐千里。其不解者，則以意刪減之，改易之。此一弊也。即使譯者善矣，而洋教習所授每日不過兩三時，所教不過一兩事，西人積習往往故作遲緩，不盡其技，以久其期，故有一加減法而教一年者矣。即使師不憚勞，而一西人之學能有幾何？一西師之費已爲鉅款，以故學堂雖建，迄少成材。朱子所謂無得於心而所知有限者也。此二弊也。前一弊學不能精，後一弊學不能多。至機器製造局廠用西人爲工師，華匠不通洋文，僅憑一二繙譯者，其弊亦同。

嘗考三代即講譯學，周書有舌人，周禮有象胥誦訓，揚雄録别國方言，朱酺譯西南夷樂歌，于謹兼通數國言語，隋志有國語雜文、鮮卑號令、婆羅門書、扶南胡書、外國書。近人若邵陽魏源於道光之季譯外國各書、各新聞報爲海國圖志，是爲中國知西政之始。南海馮焌光於同治之季，官上海道時，創設方言館，譯西書數十種，是爲中國知西學之始。跡其先幾遠蹠，洵皆所謂豪傑之士也。若能明習中學而兼通西文，則有洋教習者，師生對語，不惟無誤，且易啓發；無洋教習者，以書爲師，隨性所近，博學無方。況中外照會、條約、合同，華洋文義不盡符合，動爲所欺，貽害無底。吾見西人善華語華文者甚多，而華人通西語西文者甚少，是以雖面談久處而不能得其情，其於交涉之際失機誤事者多矣。大率商賈市井，英文之用多，公牘條約，法文之用多。至各種西學書之要者，日本皆已譯之，我取徑於東洋，力省效速，則東文之用多。

惟是繙譯之學有深淺，其僅能市井應酬語，略識帳目字者不入等；能解淺顯公牘書信，能識名物者爲下等；能譯專門學問之書，如所習天文、礦學，則只能譯天文、礦學書。非所習者不能譯也爲中等；能譯各門學問之書，及重要公牘、律法深意者爲上等。下等三年，中等五年，上等十年。我既不能待十年以後譯材衆多而後用之，且譯學雖深，而其志趣才識固未可知，又未列於仕宦，是仍無與於救時之急務也。是惟多譯西國有用之書，以教不習西文之人。凡在位之達官、腹省之寒士，深於中學之耆儒，略通華文之工商，無論老壯，皆得取而讀之，采而行之矣。譯書之法有三：一，各省多設譯書局；一，出使大臣訪其國之要書而選譯之；一，上海有力書賈、好事文人廣譯西書出售，銷流必廣。主人得其名，天下得其用矣。此可爲貧士治生之計，而隱有開物成務之功。其利益與石印場屋書等，其功德比刻善書則過之。惟子須略大，若石印書之密行細字，則年老事繁之人不能多讀，即不能多銷也。今日急欲開發新知者，首在居官任事之人，大率皆在中年以上，且事煩暇少，豈能挑燈細讀。譯洋報者亦然。

王仲任之言曰：知古不知今謂之陸沈，知今不知古謂之聾瞽。吾請易之曰：知外不知中謂之失心，知中不知外謂之聾瞽。夫不通西語，不識西文，不譯西書，人勝我而不信，人謀我而不聞，人規我而不納，人吞我而不知，人殘我而不見，非聾瞽而何哉？學西文者效遲而用博，爲少年未仕者計也；譯西書者功近而效速，爲中年已仕者計也。若學東洋文，譯東洋書，則速而又速者也。是故從洋師不如通洋文，譯西書不如譯東書。

又張之洞《上海强學分會序》 天下之變岌岌哉！夫挽世變在人才，成人才在學術，講學術在合羣；累合什百之羣，不如累合千萬之羣，其成就尤速，轉移尤鉅也。今者海内多故，天子愍焉閔憂，特下明詔，搜求才識閎達，及九能之人，一藝之士，而應詔者寡；固搜訪之未逮歟，得無專門之學風氣未啓有以致之耶！故患貧而理財，而專精農工商礦之學者無人；患弱而練兵，而專精水陸軍及製造船砲之學者無人；乃至外國政俗亦寡有深通其故者，此所關非細故也。頃士大夫創立强學會於京師，以講中國自强之學，風雨雜沓，朝士鱗萃，尚慮未能布衍於海内。於是江海散佚，山林耆舊，盍簪聚講，求如漢之汝南，唐之東都，宋之洛陽，爲士大夫所走集者，今爲上海，乃羣天下之圖書器物，羣天下之通人學士，相與講焉。嘗考泰西所以富强之由，皆由學會講求之力。傳偁以文會友，以友輔仁，記偁敬業樂羣，其以開風氣而成人才，以應聖天子側席之意而濟中國之變，殆由此耶！其樂從諸君子遊乎！吾願觀其成焉。

附《强學會章程》

一，本會專爲中國自强而立。以中國之弱，由於學之不講，教之未修，故政法不舉。今考鑑萬國强盛弱衰之故，以求中國自强之學，總會立於上海，以接京師，次及於各直省。

一，今日學校頽廢，士無學術，衹課利禄之業，間考文史。不周世用。又士皆散處，聲氣不通，講習無自，既違敬業樂羣之義，又失會友輔仁之旨。西國每講一種學術必有專會，會中無書不備，無器不儲，即僻居散處，亦得購書閲報以廣觀摩，故士有專業而才日以成，國資其用而勢日以盛。今設此會，聚天下之圖書器物，集天下之心思耳目，略仿古者學校之規及各家專門之法，以廣見聞而開風氣。上以廣先聖孔子之教，下以成國家有用之才。最要者四事條列於下，其局章附焉：

（一）譯印圖書　道莫患於塞，莫善於通；互市者通商以濟有無，互譯者通士以廣問學。嘗考講求西學之法，以譯書爲第一義。蓋以中國人而講西文，不過通酬酢語言，只能譯書札尺牘，其能讀朝章國律者已少。至各學專門之書，各具深微之理，即其字義，各有專門，不盡相通。彼方士人不入此門者，亦不識其字。此固非游歷洋差人所能解，亦非同文方言譯生所能知。即有一二專門之士，無以發天下之學者，其爲益甚尠。欲令天下士人皆通西學，莫若譯成中文之書，俾中國百萬學人人人能解，成才自衆，然後可給國家之用。今西學堂知課語言文字而寡及譯書，惟聖祖仁皇帝《御纂數理精藴》潤色西算，嘉惠士林；高宗純皇帝《欽定四庫提要》凡自明以來所譯西書，並許著録。曾文正公開製造局以譯書爲根，得其本矣。今此會先辦譯書，首譯各國各報以爲日報取資，次譯章程、條教、律例、條約、公法、日録、招牌等書；然後及地圖暨各種學術之書。隨譯隨刊，並登日報，或分地，或分類，或編表，分之爲散報，合之爲宏編，以資講求而廣見聞。並設譯學堂，專任此事。

（二）刊布報紙　陳文恭公勸士閲邸報以知時務，林文忠公常譯《澳門月報》以覘敵情。近來津滬各報，取便推俗，語涉繁蕪；官譯新聞紙，外間未易購求。今之刊報，專録中國時務，兼譯外洋新聞，凡於學術治術有關切要者，巨細畢登，會中事務附焉。其邸鈔全分，各處各種中文報紙，各處新事，各人議論，並存鈔以廣學識，各局互相鈔寄。

（三）開大書藏　乾隆時敕建文匯閣於揚州，建文宗閣於鎮江，例准士子就讀；經亂散失，遺書無多。此會擬宏區宇，廣集圖書。近年西政西學日新不已，實則中國聖經古子先發其端，即歷代史書，百家著述，多有與之闇合者。但研求者寡，其流漸湮。今之聚書，務使海内學者知中國自古有窮理之學，而講求實用之意亦未遠遜，正不必驚望而無極，更不宜畫界以自封。泰西通都大邑，必有大藏書樓，即中國圖書，亦藏庋甚多。今合中國四庫圖書購鈔一分，而先搜其經世有用者；西人政教及各種學術圖書，皆旁搜購採，以廣考鏡而備研求。其各省書局之書，皆存局代售。

（四）開博物院　文字明，其義有不能明者，非圖譜不顯；圖譜明，其體有不能明者，非器物不顯。《詩》稱「關關雎鳩」，熟陸機之疏，通冲遠之説，學者窮日詳考其形色而不知雎鳩也，置雎鳩於前，則立識矣。人之一體，讀《素問》，考《明堂》及《全體新論》不知也，外國有人身全體，一見則立明矣。康熙年間欽定時憲書，采用西法，置南懷仁所造儀器於觀象臺，其立算與中土迥異，今步天測實，非登臺觀器不能明。又如輪船之大而且速，槍礮之堅而且利，製造機器之所出貨皆捷而且多，苟一寓目，便知守舊蹈常斷不能與之角力而争利。西國博物院，凡地球上天生之物，人造之器，備列於中。苟一物利用，必想考而成之，不令棄擲；苟一器適用，必思則傚，旋且運化生新，而利便又遠過之。合衆人之心思以求實用，合萬國之器物以啓心思，烏得不富，烏得不强！今創設此院，凡古今中外兵、農、工、商各種新器，如新式鐵艦、輪車、水雷、火器，及各種電學、化學、光學、重學、天學、地學、物學、醫學諸圖器，各種礦質及動植物種類，皆爲備購，博攬兼收，以爲益智集思之助。

右四條，具本會開辦，各有詳細章程，別行刊布。

一，會中於義所應爲之事，莫不竭力，視集款多寡次第舉行者又有數事：立學堂以教人才，創講堂以傳孔教，派游歷以查地輿、礦務、風俗，設養病院以收乞丐，教工藝，視何處籌款多者，即在其地舉行。惟望我海内志士合力爲之。

一，入會者將姓名、爵里函知局中，即送以章程。收捐款後，即編號會中，遇事知照，展轉援引，愈推愈廣。庶幾自保其類，不致令外國誚以散沙。

一，入會者不論名位學業，但有志講求，概予延納。德業相勸，過失相規，患難相恤，務推藍田鄉約之義，庶自保其教。

一，中國非無專門績學之士，苦於不相聞問，無由觀摩；即已有學問，無人能知；且平素無相交之雅，相遇生妒忮之心。今此會使海内學士聲氣相通，以期增長；是入會之大益，既無隔礙，且合海内之士聯結講求，庶自强其基。

一，入會諸君，原爲講求學問，聖門分科，聽性所近；今爲分別門類，皆以孔子經學爲本。自中國史學、歷代制度、各種詞章、各省政俗利弊、萬國史學、萬國公法、萬國律例、萬國政教、理法、古今萬國語言文字、天文、地輿、化、重、光、聲、物理、性理、生物、地質、醫藥、金石、動植、氣力、冶術、師範、測量、書畫、文字臧筆、農務、牧畜、商務、機器、製造、營建、輪船、鐵路、電綫、電器、製造、礦學、水陸軍學，以及一技一藝，皆聽人自認，與衆講習。如有新得之學，新得之理，告知本會，以便登報。將來設立學堂，亦分門教士，人才自盛。

一，入會諸君，原爲學問起見，其有疑義，可函詢會中講求，當詢通人評答。其有經世文字、新論新法，可寄稿本局，經通人評定，或鈔存備覽，或刊刻流通。倘發中西未得之新理，加酬獎賞，標其姓名，以收切磋之益。

一，外國學會咸樂布施，有捐至百萬者，故學者甚盛；各省善堂，捐數亦多累千盈百；況此舉功德，比善堂尤大。今議凡來入會者，皆須捐助，最少以十兩爲限。

一，善堂捐助義舉，皆立即捐貲；凡入此會，概同斯例。若逾月不交，即將其會名扣除。其五十兩以上，准分兩次交清；百兩以上，准分四次交清，每次以兩月爲限。

一，凡捐助百兩以上者，每譯印成書，各送一部；五十兩以上者，譯印之書，但收成本；三十兩以上者，取譯印之書減價一成；自十兩以上，報紙皆改二成，並刊名報上。其有捐助千金者，永准其送一人入學堂肄業，由會中支給。

一，捐助之款，寫明姓名、爵里，交强學總局給收條，仍到本局換票處換聯票收執，作爲入會之據。其各處捐助之款，寫明姓名、爵里，就近交電報局代收，製給三聯票收條，電報局將三聯票編號存案，將第二聯票寄本局換給入會聯票，交電報局付給收執爲據。本局將姓名、爵里、學業、寄寓，按照聯票號數彙編存案。聯票皆有董事圖章。

一，開辦此會，合海内之耆碩名士任之。所有局事，由開辦諸人内公舉四人爲提調，二人坐辦，二人會辦；公舉諳練公正者八人爲董事，亦四人坐辦，四人會辦。創辦定後，分年舉人輪管。倘董友因事辭退，提調、董事集衆公舉，擇衆而從。既經舉定，不準以私見議改；被舉之人，非有實在爲難，亦不準規避委卸。其管事、管書、管器，皆用會内通達之人，由提調、董事公酌保用。董事擬多邀辦賑諸君，其協理人數，隨時增議。

一，入會之友，必求品行心術端正明白者，方可延入局中。應辦之人，會友隨時獻替，留備採擇。到局之後，倘別存意見，或誕妄挾私及逞奇立異者，恐於局務有礙，即由提調、董事諸友公議辭退。如有不以局中爲然者，到局申明，捐銀照例充公，去留均聽其便。

一，局中訪求博雅通才，主譯書撰報之事。其人數隨時增廣，皆由提調、董事公同妥訪邀請。

一，局内司賬，須習知貿易書籍情形及刷印文字者充其選，必須董友考查確實，一秉至公，又須有結實舖保，方許招致。倘涉營私舞弊，一經查出，原保之人照例責賠；經手之董事、會友，凡預有保薦之力者，亦須一律議罰。

一，局中用項，概由值董核發；如有巨款在數千百萬以上者，須各董友齊集公議，方准開支。收有成數，擇殷實商號存儲，立摺支取；如存數漸多，亦可議生利息。發票之期，按幾日爲限，由值董跟同經理。

一，開局時提調、董事，均仗義創辦，不議薪資。將來局款大盛，須專請人辦理，始議薪水。惟譯書、撰報、管書、管器、司事、教習、游歷、司賬，酌量給予薪水。

一，譯書刊報，會友應分送及減成售買者，俱持票到總局、分局驗票付給。

一，書局開辦之始，務求儉約，以期持久。擇地賃屋，茶點坐落，須清雅潔淨。董友集議之日，不拘分際，儀文從簡。凡博奕、遊戲、徵逐、喧囂，概宜屏禁，俾無壞局規。嗣後辦有成效，人多款足，再議擴充，自行建造，添設園舍。

一，局內用款，分出、入、存三柱簡明登記，每月一小結，刊刻報章。月朔由各董事齊集查閲，務期核實無弊，閲竟各於名下署押爲記。每年一大結，彙刻徵信録，分送提調、董事及捐款百兩以上者，以昭信實。

一，先訂簡明章程，以期迅速集辦。每事各有詳細章程，舉辦以後，隨時集議。如有利弊應興應革，均由提調、董友公議删增。或每季一集，每年一大議，並核用款，稽勤惰，詳稽論定，再行刊刻布告。

邵作舟《邵氏危言》卷下《譯書》 道光以前，通泰西文字語言者甚寡，不知其書。後乃弛海禁，而泰西人士之稍稍譯傳於我中國，亦特同文館。閩、粵、津、滬之地皆頗立學，招來英秀子弟肄習其中。傅蘭雅、丁韙良之徒所譯書益衆，若律令、公法、史記、地輿、算數、器藝之學，大略有之，中國因以知其學問、政事。又讀日報，而諸國政令條教、盛衰大勢，小有舉動，朝發夕知，非復前日蒙昧之象，可謂盛矣。

顧今所譯，大抵水火汽電、化學、算數、械器工藝之書爲多。夫此諸學，其數繁，其物賾，一器之成，所用以成器之器十百，苟欲從事於此，則必身至乎其地，而良工師爲之親相授受，口講而手畫；又有徒輩相與肄習討論以善其觀摩，偏考乎他製以明其同異，優游乎歲月以要其成功，然後淺深工拙之故有以喻於其心而應乎其手。非有此數者，則雖以公輸匠石之巧，器物之備，圖説之詳且明，夙夜以求之，憑虚以構之，得其數不能得其巧，得其象不能得其理，蓋求其粗明大意者已爲天下之至難矣，況能銖黍密合而卓然復駕於其上乎？

若夫政教義理之學不然，不必於爲其事，而在於明其理。其理可得而明也，則其事可得而爲也。方今之勢，泰西微弱不足數之國，舉得乘他人戰勝之威，嚴氣厲色以加乎中國者，此非其真有所恃也。我之名久屈於外，而於彼之時勢窾要又有所不能盡知，是誠不免於心懾氣餒廢然而自沮耳。豈彼一城之長，一旅之衆，舉皆在於不可敵之數哉？誠大譯諸國史乘、地志、氏族、職官、禮樂、學校、律令事例、賦税程式，一切人情風俗、典章制度與夫倫常教化義理之書，官爲刊集，偏布海内，則天下之有志於時務者，不必通其文字言語，而皆可以讀其書，究其事，朝得而學之，夕可起而行之。内則擇其善政，斟酌損益以補我之所未備；外則洞知其强弱治亂，向背喜惡，有所盟約論議，則以知其張弛操縱，而恫喝之術窮，知其異同得失，而舉措之機當。以中國人才之衆，不及十年，雖無寸兵尺鐵，其所以應敵折衝於樽俎間，必超然有以異於今日。然則今日譯泰西政教義理之書最急，而器數工藝之書可以稍緩。此譯書所當講之一事也。

中國之雜藝不逮泰西，而道德、學問、制度、文章則敻然出於萬國之上，莫能及也。然而彼且操其所謂天主之教行於中國，招徒聚講，肆爲荒誕淺陋之説而不愧者，彼固不知聖人之道，致廣大而盡精微，極高明而道中庸若是其至也。鄉里窶人，饜糟糠，被短褐，以爲比天下之至美也；而以進於富人之門，苟出其膏粱文繡以明示之，則將有赧然自慚其服食之陋而思棄之者矣。故夫聖人之道，彼不深知則已；苟深知，則將自慚其爲教之陋，而忻喜服從必矣。聞英吉利人得四子書而好之，其踐履篤實或過於中國儒者。我周公、孔子之爲教固出乎人心之所同，然入人之深宜其若是，無足怪也。夫泰西天主之教始分爲二，繼分爲三，又析爲四五，蓋在其教已不勝門户水火之争，而彼格物窮理之士亦已漸覺其非，特未敢於顯言。故自波羅士特之教大行，則其民之服習者已不能强使一教。以此觀之，格致日益精，義理日益明，其教將日益絀。今之嬲於中國，特其暮氣餘燄而已。然則建諸天地而不悖，質諸鬼神而無疑，百世以俟聖人而不惑者，必我周公、孔子之道耳。近英吉利人有自中國歸而手譯五經以教授於國者，顧其人不能盡通經義，所譯多謬。夫開天立極者，聖人之功；而覺世牖民者，王者之事。竊謂今日宜廣招明儒，與通泰西文字者同處，首譯四子書、儀禮、周官、禮記、大清會典、通禮、律例與夫倫常義理諸書，精刊而廣布之，使奉使外國者偏贈其國君、卿士大夫及其學者，無慮數百萬帙。苟有一二英達之士，深知而篤好之，則以傳習靡然向風，其所謂天主之謬不待闢而自衰息。既以移其風，易其俗，又使知聖道之大且精，綱紀法度之焕然美備而不敢於輕中國，功之大、效之遠，蓋莫過於此者。此譯書所當講之又一事也。

前歲天津建議欲集資百餘萬金，譯泰西有用之書，規模至宏廓，用意至深遠也，獨惜其未果行。臣謂朝廷宜大發帑金，設起其事，費不過一鐵艦，而其功則過於鐵艦遠矣。事所謂似緩而實急，似迂而實切者，此類是也。

陳漢章《明艾儒略述泰西建學，凡六科，曰勒鐸理加，曰斐禄所費亞，曰默第濟納，曰勒義斯，曰加諾搦斯，曰陡禄日亞，今已各有删併同異損益，可覼縷以言之歟》《格致書院課藝・甲午年春季正課》　謹案西學凡一書所稱勒鐸理加者，小學之文科也。斐禄所費亞者，中學之理科也。而大學又分四科：默第濟納爲醫科，勒義斯爲治科，加諾搦斯爲教科，陡禄日亞爲道科。小學在鄉邑，中學、大學在郡國。學者自小學進中學，又進大學，有合於古人鄉學、郊學、國學之制。紀文達公謂理科如中國之大學，非也。今則初學公塾仍舊散設各處，通國幼童無論貧富男女，並使讀書識字。優者進於郡學院，删併文科四種爲之，而勒鐸日加之，古賢名訓，各國史書，各種詩文，文章議論具矣。再進爲實學院，删併理科三種爲之，而斐禄所費亞之落日加費西加默達費西加具矣。又進爲大學院，仍分四科，其名曰經學、法學、智學、醫學。法學考論政事律例，利弊異同，出使通商、更變損益，與治科勒義斯同。醫學考論全身骨竅、血絡肉筋、食物病源、藥品製配，與醫科之默第濟納同。經學考論天主耶穌二教，以猶太國文義講《舊約》，希利尼國文義講《新約》，合教科道科爲一，則删併加諾搦斯、陡禄日亞爲之者也。而智學專論格致，乃艾儒略所述，瑪得瑪第加之學。當時屬斐禄所費亞科，不甚重之。今西人别爲大學一科，或名格致大書院。學者自入郡學院，即教以算、曆、力、汽所必用之書，實學院亦有文理格物書館之名，是泰西建學異同損益之大略也。綜論六科，惟加諾搦斯、陡禄日亞不足取，餘皆有用之學，瑪得瑪第加爲尤要。今中國設有西醫學堂、武備學堂、自强學堂，而西人亦翻譯五經四書，道與器異趨而同歸，其自此精益求精乎。至《職方外紀》又有所謂公學者，名爲學問之母，蓋諸學之總名，猶公法爲萬國所通行者矣。

又　王輔才同題　世之談富强者，動稱泰西。泰西何以富，富以學也。何以强，强以學也。論者不察，徒驚其兵力之强，軍火之盛，以爲富强之效，有所由來，不知此皆末務也。而其富强之本，實在學校之良。考明萬曆四十一年，意大里人艾儒略，航海東來，嗣著有《西學凡》，述西國建學育才之法，共分六科：曰勒鐸理加，曰斐禄所非亞，曰默第濟納，曰勒義斯，曰加諾搦斯，曰陡禄日亞。每科又分次第，其法綦良，今則不無删併同異損益也。請覼縷言之。其一曰勒鐸理加，譯即文學科也。科中多爲小學，與今之文科有異者，如英涇士學堂文學科，分經義、時務、印度公務各目。經義者何？文詞言語之學，希臘臘丁之書，各國古文諸史之史法、文法是也。時務者何？如籌算、繪畫、各國文字是也。印度公務，則英史、英文譯語之法，希臘羅馬之文學，及法文法語、德文德語，凡有關印務者，靡不研究。他若辨方言之異同，考文字之得失，詩書略論，書畫法程，以及樂律詞歌，皆文科之學。按西國亦有不設文科而文學之事皆併於别科。夫是以所賅者廣，所括者宏，較昔之勒鐸理加科，實有所增益矣。其二曰斐禄所非亞，譯即理學科也。性理之學，皆歸此科。以今考之，則其删併之條，損益之事，尤有不同者矣。考普國之制，性理之事並無專科，而併於智學科。其科所分之目，一學話，二性理，三靈魂真幻，四格物，五正教妙諦，六行爲，七美形各種事物，八性理名家之言。其國大書院俱立此科，以教性智等學。雖其學目有與斐禄所非亞同者，然昔以理學立科，而兼及心智之功。今以智學立科，而兼課性理之法，是其删併損益，古今亦至不同。蓋道雖歷久而不變，法每因時以制宜也。其三曰默第濟納，譯即醫學科也。今西國皆有醫科，其制尚同，而其詳略則異。蓋明時醫學新法，尚屬無多，繼而内科療治之方，外科割灸之法，層出不窮，故至今醫學一科，别類分門，既詳且盡。就法、普等國言之，其科首在格物，凡全體骨竅之形狀，肉筋之運動，血絡之流行，液管之若何情形，腦筋之若何關係，與内外諸部如何配置，皆究以格物之功。次爲各經功用，如心運血，肺呼吸，甜肉按甜肉西醫謂在心下，此爲中法所無。醉食物等類。次爲病源，辨其原委。次爲藥品，論其功能。次爲配製之法，以使合宜。次爲胎産之方，以期無誤，而又輔以新法，如剖驗人身，攷究臟腑之形，揀用汽機，審聽寒熱之症。可見醫科之學，較明時增益甚衆，然則此科亦不異而異焉。其四曰勒義斯，譯即法學科也。今普國法學科，與此大同小異，其科分教、政二目，攷論古今異同、彼此利弊。凡律例、政治、國計，及奉使他國，如何不貽隕越之羞，皆謂之法學。英之法學科，尤專精於政治，而條目甚詳，計分二十一欵：一各國理民之法，二管理地方之事，三各國賦税，四定賦税之所自至，五核全年賦税出入之欵，六考校理財之方，七比較各國商例，八總撮西一千七百八十四年以後通商條約，九各國條約，十各國關係和約，十一歐洲各國關係事略，十二出使章程，十三英法美近百年政事，十四法國議院事例，十五比瑞普奥政事因革，十六各國交涉公理，十七議和公例及設領事章程，十八政事關係之地圖，十九核算户口之法，二十通商地圖之學，二十一各國民間户婚田産事例。並專設學館，以廣陶成，拔其尤者，内而充地方官員，外以任參贊領事，是以英之大小官職，大都出於法學科中。此蓋視昔之勒義斯科而尤備也。其五曰加諾搦斯，譯即教學科也。明代以前，羅馬之教未盡衰，各國君民敬教士若神明，珍教書如拱璧，而傳教之士亦必學之有素，方可出而爲牧師，故其視教學極重，所由立專科也。今泰西各國未嘗不重教學，然多謂之經學，而無教科專名。其經學科，除文辭經籍外，而分天主、耶穌二教。教中經文有《新約》，有《舊約》，《新約》文義以希利尼爲本，《舊約》文義以猶太爲宗。且講《舊約》並須以阿拉伯、巴比倫、敘利亞、霏尼基、埃及等國文義互相參考，窮溯源流。他如宣講之學，奏樂之學，無不屬於經學科。是則昔之加諾搦斯，今併於經學科矣。其六曰陡禄日亞，譯即道學科也。道學之功，不外乎格物致用。而所格之事，小則無非器數，大則在於象緯。今歐洲各國，凡製造學、農商學，及一切技藝學，統謂之藝學科，而不謂之道者，蓋道學之事，皆併於藝科也。顧今之藝科，所分之類不一，若算學、化學、重學、汽學、光學、電學、熱學、畫學，均屬藝學也。然則藝學一科，實賅乎格物之事焉。此泰西建學，刪併同異損益之大概也。共教育之法，則又有條不紊。初學者先入鄉塾，次進縣學，及郡學塾，功漸進，是入博物等館，然後再升入大學院。大學院各項學問，無所不賅，而尤以英之制爲良。在昔英之大學院僅有二所，一在阿斯福，一在堪比日，每院生徒五六千人。今則阿爾蘭有三所，蘇格蘭有六所，生徒不下數萬人。他國之人，亦有不遠千里而來從之肄業者，則法良意美可知也。迄於今道學日隆，人才日盛，興利除弊之方日以出，保邦致治之道日以興，遂能以三島控制五洲，而天下莫敢輕侮。故曰，富强之本，實在學校之良也。我國家菁莪造士，棫樸呈材，文治之昌明，尤足獨隆千古矣。

又　殷之輅同題　學術隨世遞變，中西皆然。學術既變，則其建學也，自不能無同異損益，或刪之，或併之，皆所以因其變而變也。惟變雖同，而所以變者不同，或由實而之虚，中學之變，變而降也。或由虚而之實，西學之變，變而升也。變而降，故恒視前人高於後人，中國所以尊古而薄今。變而升，故恒視後人勝於前人，西學所以喜新而厭故。中西學術升降不同如此，而升降之閒，必有中立之階。當其中立也，則中西學術多有不期同而同者。試觀明艾儒略述泰西建學所分六科，頗與中國漢學、宋學相表裏，豈非中立之證乎！所謂六科者，一曰勒鐸理加，乃文科也。二曰斐禄所費亞，乃理科也。三曰默第濟納，乃醫科也。四曰勒義斯，乃法科也。五曰加諾搦斯，乃教科也。六曰陡禄日亞，乃道科也。此六科在中國雖未專立，而其學則皆有之。惟醫科未列於學校，餘皆不出漢學、宋學之範圍。故自明以上之西學，適與中學大致相仿。明季而還，西學乃大變矣。蓋自格致新理出，而舊説幾於摒棄如遺。考今西國格致會中所列諸學，如天文學、算學、重學、機器學、測量學、植物學、動物學、農務學、商務學、世務學、聲學、熱學、光學、電學、氣學、地理學、化學、礦學、金石學、人學、醫學等，凡廿餘家。此外如陸軍、水師、刑律，及各項工藝，亦皆各有學堂，專資習鍊。而每一學中，又復分門别類，名目繁多，迄難枚舉。内僅醫學一端，爲舊六科中所本有，餘皆無之。且醫亦自爲格致中之醫，非復六科中之醫所可比也。由此以觀，西學之變，誠爲變之至極，於此而欲迹其刪併，以辨其同異之方，核其損益之數，雖有巧歷，亦所難盡。蓋學則猶是也，而面目氣象均不可復識矣。雖然，舊六科之所謂文也，理也，醫也，法也，教也，道也，無一可廢者也，而新學竟刪其五，何歟？蓋刪者不過刪其虚名，而其實事則固隱具於各學之中，變之善者也。而或且謂西學所習，皆工匠之事，支離煩瑣，鄙不足道。殊不知極廣大者，必致精微。《書》稱勤小物，聖言能鄙事，謂之何哉？今西學詳審精密，切於日用，頗有合於先民作述之旨。故曰由虚而之實，西學之變，變而升也。吾因是重有慨焉，亦因是重有幸焉！慨者，慨中國之不善變，徒承有明時文之弊，以育才，而才多糜爛，迄今不改，學校久成虚設。幸者，幸西學之已入中國，漸□相觀而化，雖此時學校尚襲故常，將來自必因西而復古，終有舍虚崇實，降極而升之一日。爰縱筆及之，以覘其後。

康有爲《强學會序》　俄北瞰，英西睒，法南瞵，日東眈，處四强鄰之中而爲中國，岌岌哉！況磨牙涎舌，思分其餘者尚十餘國。遼台茫茫，回變擾擾，人心皇皇，事勢僢僢，不可終日。昔印度，亞洲之名國也，而守舊不變，乾隆時英人以十二萬金之公司通商而墟五印矣。昔土耳其，回部之大國也，疆土跨亞歐非三洲，而守舊不變，爲六國執其政廢其君矣。其餘若安南，若緬甸，若高麗，若琉球，若波斯，若阿富汗，若俾路芝及國於太平洋羣島、非洲者，凡千數百計，今或削或亡。舉地球守舊之國，蓋已無一瓦全者矣。我中國孱弱於羣雄之間，鼾寢於積薪之上，政務防弊而不務興利，吏知奉法而不知審時，士知考古而不知通今，民能守近而不能行遠。孟子曰：「國必自伐而後人伐之。」蒙盟、奉吉、青海、新疆、衛藏土司圉徼之守，咸爲異墟；燕、趙、閩、浙、江、淮、楚、粵、川、黔、滇、桂膏腴之地，悉成盜糧，吾爲突厥黑人不遠矣。西人最嚴種族，仇視非類：法之得越南也，絶越人科學富貴之路，昔之達宦，今作貿絲矣；英之得印度百年矣，光緒十五年而始舉一印度人以充議員，自餘土著，畜若牛馬。若吾不早圖，倏忽分裂，則桀黠之輩，王謝淪爲左衽；忠憤之徒，原郤夷爲皂隸。伊川之髮，駢闐於萬方；鍾儀之冠，蕭條於千里。三州父子，分爲異域之奴；杜陵弟妹，各銜鄉關之感。哭秦庭而無路，餐周粟而匪甘。矢成梁之家丁，則螳臂易成沙蟲；覓泉明之桃源，則寸埃更無浄土。肝腦原野，衣冠塗炭，嗟吾神明之種族，豈可言哉，豈可言哉！夫中國之在大地也，神聖繩繩，國最有名，義理制度，文物駕於四溟；其地之廣，於萬國等在三，其人之衆等在一，其緯度處温帶，其民聰而秀，其土腴而厚，蓋大地萬國未有能比者也。徒以風氣未開，人才乏絶，坐受凌侮。昔曾文正與倭文端諸賢講學於京師，與汀忠烈、羅忠節諸公講練於湖湘，卒定撥亂之功。普魯士有强國之會，遂報法仇；日本有尊攘之徒，用成維新。蓋學業以講求而成，人才以摩礪而出；合衆人之才力，則圖書易庀；合衆人之心思，則聞見易通。《易》曰「君子以朋友講習」；《論語》曰「百工居肆以成其事，君子學以致其道」。海水沸騰，耳中目中，𩰚聲隆隆。凡百君子，豈能無淪胥非類之悲乎！圖避謗乎閉户之士哉，有能來言尊攘乎！豈惟聖清，二帝三王孔子之教，四萬萬之人將有託耶。

又康有爲《上海强學會後序》《萬國公報》卷八　號物之大者，曰駝象騾馬牛，皆彭亨龐巨，倍於人體。然而檻之縶之，服之乘之，甚且刲之炰之。象駝牛馬，俛首宛轉，悲啼痛苦，受縶縛駕乘刲炰，而呼號終莫救，仇怨終莫雪者，何哉？爲其弱也。牛馬無罪無辜，服勤供役，勞亦甚矣，而不免宰割者何哉？爲其愚也。書曰：兼弱攻昧。既弱既昧，自召兼攻，奈之何哉！嘗考三千年青史氏之册，五大洲萬國之志，若劉石之破洛陽，耶律氏之取石晉，金斡離不之破汴，驅虜擄掠，有若犬羊，斷殊骨肉，宛轉道路，託命異類，寄生鼎俎。當此之時，其與象駝牛馬之受縶縛駕乘刲割，豈有異哉？豈有異哉？彼馬基頓之破波斯，回教突厥之破羅馬，及近者泰西之分非洲，虜掠凌暴，異種殊族，皆以愚弱而被吞食。然則天道無知，惟佑强者。易首繫乾，以自强不息；洪範六極，弱居極下。蓋强弱，勢也，雖聖人亦有不能不奉天者歟，然則惟有自强而已。夫强者有二：有力强，有智强。虎豹之猛，而扼於人，虎豹不能學問考論，則愚；人能學問考論，則智，是智勝也。至於天人鬼物、昆蟲草木，莫不考論，則益智，故貴學。美人學會繁盛，立國百年，而著書立説，多於希臘羅馬三千年，故兵僅二萬，而萬國莫敢誰何，此以智强也。夫物，單則弱，兼則强，至累重什百千萬億兆京垓之，則益强。荀子言：物不能羣，惟人能羣。象馬牛駝不能羣，故人得制焉。如使能羣，則至微之蝗，羣飛蔽天，天下畏焉，況莫大之象馬而能羣乎！故一人獨學，不如羣人共學；羣人共學，不如合什百億兆人共學。學則强，羣則强。累萬億兆皆智人，則强莫與京。吾中國地合歐洲，民衆倍之，可謂龐大魁巨矣，而吞割於日本，蓋散而不羣，愚而不學之過也。今者思自保，在學之羣之。昔在京師，既與諸君子開會，以講中國自强之學，朝士集者百數，然猶未足合天下之才。海内耆賢通學，捧手推襟，欲推廣京師之會，擇合羣之地，而益宏厥規。則滬上總南北之匯，爲士夫所走集，乃羣中外之圖書器藝，羣南北之通人志士，講習其間，而因推行於直省焉。凡吾神明之胄、衣冠之族，思保其教，思保其類，以免爲象駝牛馬之受檻縶刲割，豈無同心乎？抑其甘淪異類耶？其諸有樂於會友輔仁歟。仁者何？仁吾神明之胄、先聖孔子之教，非歟？

又康有爲《廣譯日本書設立京師譯書局摺》　奏爲請廣譯日本書，大派游學，以通世界之識，養有用之才，恭摺仰祈聖鑒事。竊頃東事大敗，割臺灣，賠巨萬，舉國痛之。臣以爲此非日本之勝我也，乃吾閉關之自敗而人才之不足用也。夫中國萬里之廣土，五千年文明之古國，以文學教化，自尊高於大地者也；以夙昔環我皆諸番野蠻，未開化者，故鄙爲夷狄，又皆遺學於我。而日本政法、文學，亦自我出，故足已無待，輕視一切，此中國人數千年之積習，非一日矣。其學者所事，學八股試帖，讀四書五經而外，無他學矣。其號稱博學方聞之士，則有義理考據、掌故、詞章、輿地、金石諸學，通之者郡縣寡得其人，然問以新世五洲之輿地國土、政教、藝俗，蓋皆茫然無睹，瞪目撟舌，若罔聞知，猝以投之大地交通萬國之世，以當各國之新法、新學、新器，安有不敗者哉！蓋人才之盲聾不足用也，數千年閉關自足使然也。吾永永閉關，以爲今之世，猶古之世也。而不意自嘉慶之世，汽船驟出；道光之世，電綫忽成；咸豐之代，鐵艦創行；同治之朝，鐵路交通；近乃電話四達。於是，諸歐挾其異器，横行宇内，隳突全球，若天上諸星之忽下於地也。遂破吾數千年久閉之重關，驚吾久睡之大夢，入吾之門，登吾之堂，處吾之室矣。自爾之後，吾中國爲列國競争之世，而非一統閉關之時矣。列國競争者，政治、工藝、文學、知識一切相通相比，始能並立，稍有不若，即在淘汰敗亡之列。而吾乃以宿昔閉關之俗，對待之。天已大雪，不覓爐裘，而尚葛屨履霜；前横大河，不具舟航，而以方車渡水，其有不寒斃而溺死者乎！我國今勢，何以異此。日本昔亦閉關也，而早變法，早派游學，以學諸歐之政治、工藝、文學、知識，早譯其書而善其治，是以有今日之强，而勝我也。吾今自救之圖豈有異術哉，亦亟變法，亟派游學，以學歐美之政治、工藝、文學、知識，大譯其書以善其治，則以吾國之大，人民之多，其易致治，强可倍速過於日本也。今以吾國人士至卿大夫，此一國之託命者也。其聰明才智，豈爲乏人，其欲講求外國之政治、文學、工藝、知識亦夥矣。然苦於欲通之，而無其道也。以無各國之書故也。昔者大學士曾國藩嘗開製造局於上海以譯書，於今四十年矣。其天津、福建、廣州亦時有所譯。然皆譯歐美之書，其途至難，成書至少；既無通學以主持之，皆譯農、工、兵至舊非要之書，不足以發人士之通識也。徒費歲月，糜巨款而已。臣愚顓顓思之，以爲日本與我同文也，其變法至今三十年，凡歐美政治、文學、武備新識之佳書，咸譯矣。但工藝少闕，不如歐美耳。譯日本之書，爲我文字者十之八，其成事至少，其費日無多也。請在京師設譯書局，妙選通人主之，聽其延辟通學，專選日本政治書之佳者，先分科程並譯之。不歲月後，日本佳書，可人略皆譯也。雖然日本新書無數，專恃官局爲人有幾，又佳書日出，終不能盡譯也，即令各省皆立譯局，亦有限矣。竊計中國人多，最重科第，退以榮於鄉，進仕於朝，其額至窄，其得至難也。諸生有視科第得失爲性命者，僅以策論取之，亦奚益哉，臣愚請下令，士人能譯日本書者，皆大賚之，若童生譯日本書一種，五萬字以上者，若試其學論通者，給附生。附生增生譯日本書三萬字以上者試論通，皆給廪生。廪生則給貢生。凡諸生譯日本書過十萬字以上者，試其學論通者，給舉人。舉人給進士。進士給翰林。庶官皆晉一秩。應譯之書，月由京師譯書局，分科布告書目，以省重複。其譯成之書，皆呈於譯書局，譯局驗其文可，乃發於各省學政，試可而給第。舉人以上至庶官，則譯局每月彙奏，而請旨考試給之，若行此乎，以吾國百萬之童生，二十萬之諸生，一萬之舉人，數千之散僚，必皆竭力從事於譯日本書矣。若此，則不費國帑，而日本羣書可二三年而畢譯於中國，吾人士各因其性之所近而研究之，以成通才，何可量數。故臣之請譯日本書便也。若夫派游學乎，則宜多在歐美矣。書者空言也，實行之事，非深久游入其學校，尚慮不能深明之，且歐美近今之盛，實以物質，故汽力之爲用，倍人力者三十，而國勢之富盛强亦三十倍。夫物質之學，又非可以譯書得也。請大籌學費，或令各縣分籌之，大縣三人，中縣二人，小縣一人，皆舉其縣之秀才，令其縣自籌供其費。吾以千五百縣，通計縣二人，驟得三千游學生矣。律、醫二者，我宜緩學。自哲學、海、陸軍、化、電、光、重農、工、商、礦、工程機器，皆我所無，亟宜分學，每科有二三百人矣。其後歲歲議增，及理財既成，增派無數。六年之後，立國之才，庶幾有恃。若派學生於諸歐，以德爲宜，以德之國體同我，而文學最精也。若法民主，於歐東多變，覆車可鑒，吾國體不宜，惟日本道近，而費省，廣厲東游，速成尤易。聽人士負笈，自往游學，但優其獎導，東游自衆，不必多煩官費。但師範及速成之學，今急於須才，則不得已，妙選成學之士，就學於東，則收新學之益，而無異説之害。昔日本變法之始，派游學生於歐美，至於萬數千人，歸而執一國之政，爲百業之師，其成效也，此臣所以請派游學也。我皇上憂國如臘，歎念人才，乞下明詔，亟開譯書局，並籌遣游學，其於作人成才，以供國用，至大計也。伏維皇上聖鑒，謹奏。

馬建忠《擬設繙譯書院議》《適可齋記言》卷四　竊謂今日之中國，其見欺於外人也甚矣。道光季年以來，彼與我所立約款税則，則以向欺東方諸國者轉而欺我，於是其公使傲睨於京師以陵我政府，其領事强梁於口岸以抗我官長，其大小商賈盤踞於租界以剥我工商，其諸色教士散布於腹地以惑我子民。夫彼之所以悍然不顧敢於爲此者，欺我不知其情僞，不知其虚實也。然而其情僞虚實，非不予我以可知也。外洋各國，其政令之張弛、國勢之强弱、民情之順逆，與其上下一心相維相繫，有以成風俗而禦外侮者，率皆以本國語言文字，不憚繁瑣而筆之於書，彼國人人得而知之，並無一毫隱匿於其間。中國士大夫，其泥古守舊者無論已，而一二在位有志之士，又苦於語言不達，文字不通，不能遍覽其書，遂不能遍知其風尚，欲其不受欺也得乎？雖然前車之覆，後車之鑒也，然則欲使吾士夫之在位者盡知其情實，盡通其壅蔽，因而參觀互證，盡得其剛柔操縱之所以然，則繹書一事非當今之急務與？語云：知己知彼，百戰百勝。戰勝於疆場則然，戰勝於廟堂亦何獨不然？泰西各國自有明通市以來，其教士已將中國之經傳綱鑑譯以辣丁、法、英文字，康熙間於巴黎斯設一漢文書館。近則各國都會不惜重貲，皆設有漢文館，有能將漢文古今書籍，下至稗官小説譯成其本國語言者，則厚廪之。其使臣至中國署中，皆以重金另聘漢文教習學習漢文，不盡通其底蘊不止。各國之求知漢文也如此，而於譯書一事，其重且久也又如此。近今上海製造局、福州船政局與京師譯署雖設有同文書館，羅致學生以讀諸國語言文字，第始事之意止求通好，不專譯書。即有譯成數種，或僅爲一事一藝之用，未有將其政令治教之本原條貫譯爲成書，使人人得以觀其會通者。其律例公法之類，間有摘譯，或文辭艱澁，於原書之面目盡失本來；或挂一漏萬，割裂複重，未足資爲考訂之助。夫譯之爲事難矣，譯之將奈何？其平日冥心鉤考，必先將所譯者與所以譯者兩國之文字，深嗜篤好，字櫛句比，以考彼此文字孳生之源，同異之故，所有相當之實義，委曲推究，務審其音聲之高下，析其字句之繁簡，盡其文體之變態，及其義理精深奧折之所由然。夫如是則一書到手，經營反覆，確知其意旨之所在，而又摹寫其神情，仿佛其語氣，然後心悟神解，振筆而書。譯成之文，適如其所譯而止，而曾無毫髮出入於其間，夫而後能使閱者所得之益與觀原文無異，是則爲善譯也已。今之譯者，大抵於外國之語言，或稍涉其藩籬，而其文字之微辭奧旨，與夫各國之所謂古文詞者，率茫然而未識其名稱。或僅通外國文字言語，而漢文則麤陋鄙俚，未窺門徑，使之從事譯書，閱者展卷未終，俗惡之氣，觸人欲嘔。又或轉請西人之稍通華語者爲之口述，而旁聽者乃爲仿佛摹寫其詞中所欲達之意，其未能達者則又參以己意而武斷其間。蓋通洋文者不達漢文，通漢文者又不達洋文，亦何怪夫所譯之書皆駁雜迂訛，爲天下識者所鄙夷而訕笑也。夫中國於應譯之書既未全譯，所譯一二種又皆駁雜迂訛，而欲求一精通洋語洋文兼善華文，而造其堂奧足當譯書之任者，橫覽中西，同心蓋寡，則譯書之不容少緩，而譯書之才之不得不及時造就也，不待言矣。

余生也晚，外患方興，内訌洊至，東南淪陷，考試無由，於漢文之外乃肆意於辣丁文字，上及希臘並英法語言。蓋辣丁乃歐洲語言文字之祖，不知辣丁文字，猶漢文之昧於小學，而字義未能盡通，故英法通儒日課辣丁古文詞轉譯爲本國之文者此也。少長，又復旁涉萬國史事、輿圖、政教、曆算、度數與夫水光聲電，以及昆蟲草木金石之學，如是者五六年，進讀彼所謂性理格致之書又一二年。而後於彼國一切書籍，庶幾貫穿融洽，怡然理順，涣然冰釋，遂與漢文無異。前者郭侍郎出使，隨往英法，暇時因舉曩所習者，在法國考院與考，其文字格致兩科而幸獲焉。又進與考律師之選、政治之選、出使之選，亦皆獲焉。曾擬將諸國政教之源流、律例之同異，以及教養之道、制用之經、古今沿革之凡、貨財斂散之故，譯爲一書，而爲事拘牽，志未得遂。近復爲世詬忌擯斥，家居幸有暇日，得以重理舊業。今也倭氛不靖，而外禦無策，蓋無人不追悔於海禁初開之後，士大夫中能有一二人深知外洋之情實而早爲之變計者，當不至有今日也。余也蒿目時艱，竊謂中國急宜創設繙譯書院，爰不惜筆墨，既縷陳譯書之難易得失於左，復將書院條目與書院課程臚陳於右，倘士大夫有志世道者，見而心許，採擇而行之，則中國幸甚。

一，繙譯書院之設，專以造就譯才爲主。諸生之入院者擬選分兩班：一選已曉英文或法文，年近二十，而姿質在中人以上者十餘名入院，校其所造英法文之淺深，酌量補讀，而日譯新事數篇以爲工課。加讀漢文，如唐宋諸家之文，而上及周秦漢諸子，日課論説，務求其辭之達而理之舉。如是者一年，即可從事繙譯，而行文可免壅滯艱澁之弊。一選長於漢文、年近二十而天姿絶人者亦十餘名，每日限時課讀英、法文字，上及辣丁、希臘語言。果能工課不輟，用志不紛，而又得循善誘者爲之指示，不過二年，洋文即可通曉，然後肆力於繙譯，收效必速。蓋先通漢文，後讀洋文，事半功倍，爲其文理無間中外，所異者事物之稱名耳。

一，擬請一兼通漢文洋文之人爲書院監理，並充洋文教習。凡諸生應讀洋文書籍與每日譯書課程皆其派定，應譯之書亦其擇選。而考校諸生之勤惰進退及學有成效與否，胥責成焉。

一，擬請長於古文詞者四五人專爲潤色已譯之書，並充漢文教習，改削論説。暇時商定所譯名目，必取雅訓，不戾於今而有徵於古者，一一編録，即可爲同文字典底本。又擬雇用書手五六名以備鈔録。

一，院中有執事者必須常川住院。諸生則旬日休沐一次，准假歲無過一月。歲終諸生勤惰由監理稟報，批飭榜示。

一，應譯之事擬分三類：其一爲各國之時政。外洋諸國内治之政，如上下議院之立言，各國交涉之件，如各國外部往來信札、新議條款、信使公會之議，其原文皆有專報，此須隨到隨譯，按旬印報，書院初設即應舉辦者也。其二爲居官者考訂之書，如行政、治軍、生財、交鄰諸大端所必需者也，爲書甚繁。今姑舉其尤當譯者數種，如羅瑪律要、爲諸國定律之祖諸國律例異同、諸國商律考異、民主與君主經國之經、山林漁澤之政、郵電鐵軌之政、公法例案、備載一切交涉事件原委條約集成、自古迄今，宇下各國，凡有條約無不具載，其爲卷甚富，譯成約可三四百卷。東方領事便覽、生財經權之學、國債消長、銀行體用、方輿集成、凡五洲險要皆有詳圖，爲圖三千餘幅，乃輿圖中最爲詳備之書。羅瑪總王責撒爾行車日記、法王那波倫第一行軍日記。此兩王者，西人稱爲古今絶無僅有之將材，所載攻守之法至爲詳備。他書應譯者不可勝記。而諸書類皆英法文字，擇其善者譯之。開院後一年，其已通洋文諸生即可將前書分課繙譯，二年後新讀洋文諸生亦可助譯，則出書自易。其三爲外洋學館應讀之書，應次第譯成，於彼國之事方有根柢。如萬國史乘，歷代興廢政教相涉之源；又算法、幾何、八線、重學、熱光聲電與夫飛潛動植金石之學，性理格致之書，皆擇其尤要而可資討論者，列爲逐日課程，一二年後即派諸生吏譯，附旬報印送，以資觀覽焉。

一，書院中擬設書樓。除初設時已購中外書籍外，新出者應隨時添購。其書籍必派人專司，日時啓閉，每月按簿查點。其初應購之書值約數千，每歲添費數百金，可以補其未備。

一，一二年後擬於院中自備活字板一副，雇刻工之精於刻圖者數名。其初譯件不多，可備書坊代印。

一，書院房屋總宜寬敞整潔。其居地宜附近通商口岸，取其傳遞便捷，消息靈通。而外洋各報紙，公司船隨到隨送，即可分譯，不致稽留。

一，書院費用皆有定額，擬派一支應者專司出入，按月呈報。至書院内各項額外開支，皆宜預籌經費，按年撥給，以爲書院立不拔之基焉。

李提摩太《中國各報館始末》《時事新論》卷一　泰西各國競立報館者何也？緣百年之内，各國所出新法，有益於教養者多，故先登報章，俾人周知，擇善而從之也。考西國日報：德國有五百六十種，英國一百六十九種，法國一百二十八種，意人利一百五種，比利時、荷蘭二國共九十四種，其餘各國共有二百五十種，合歐洲各國日報共計一千三百〇六種，每一種匀計每次可售七千張。美國日報九百六十二種，南美洲共一百十五種。其出報之多也如此，然尚未及中國《京報》之早。既而漸入中華各省亦有立此報館者，而猶以西人教會報爲多，故前有耶穌教會派人查考中國各報始末，去年已經佈列，除《京報》外，自始至今共有七十六種，計：新加坡一帶報有六種，香港亦六種，粤東報六種，臺灣、廈門、汕頭共報五種，福州報三種，寧波報兩種，上海報三十二種，漢口報五種，九江報一種，天津報一種，北京報一種外，有英畫報一種，日本畫報二種，美國報兩種，此等報名及主筆人名，某年開設，每次共出若干，係教會報或教外報，其或每日或隔日，或隔三日、十日，或無一定時日出報，暨報價，一一記載甚清。查其所報之册，知第一次報由嘉慶二十年（一八一五）至咸豐十一年（一八六一）計四十六年之久，共有八處報館，皆教會報也。其第一報名察世俗每月統紀，開設在馬喇加，去新加坡不遠。教外第一次報，自咸豐十一年出，名《中外新報》，開設香港，中國人爲主筆。嗣後開設愈多，有月報、日報諸名，不必以次序出。總之：月報卅六種，七日報八種，日報廿一種，其餘或隔一日二日十日等報，每報只出一種，不如月報、日報、七日報之多也。再七十六報中，十之六係教會報，有數月停止者，有數年停止者。惟現存每日所出之報則《循環日報》《華字日報》《中外新報》《維新日報》各出香港，《廣報》出廣東，《申報》《滬報》出上海，《時報》出天津。除此以外，現在每月出者即《萬國公報》《中西教會報》《閩省會報》；按四季出者《格致彙編》等共有廿八種，内有十五種係教會報。其日報，十篇中有二三篇論中外交涉之事，惜職此報之人出洋者少，未曾周歷外洋，故雖論説精微，總不免有未中肯處。《萬國公報》《中西教會報》每報必有數篇皆西國博學之士所著，凡五洲教務之事無不通達，故欲考察此數者，閱此二報可知。以上諸報，皆非紙上空談，均有據之言也。此報不但論教務，亦且論古今各國興衰之故，並西國學校之事及格物雜學。至於天主教所出之報，惟《益聞録》最好，《格致彙編》惟論格致最詳。凡欲博考世務者，此等報慎勿輕忽也。

高鳳謙《繙譯泰西有用書籍議》《時務報》册二六　有聲音而後有言語，有言語而後有文字。然五方之聲音，長短高下，清濁疾徐，既萬有不齊，言語文字即因以俱異。有王者起，患天下之不一，以同文爲先，於是讀書之士，挾方寸之簡，上下千年，縱横萬里，無所不可通，夫而後中國之文字匯於一。其環中國而處者，如日本、朝鮮各邦，雖用中國之文字，猶不能無所異同。況泰西遠絶數萬里，千歲未通者耶。互市以來，天下競尚西學，競習西文，然而音義詭異，則學之難也；教授乏人，則師之難也；由官設學，則周遍之難也；由民自學，則經費之難也；文義深遠，則成功之難也；國不一國，則兼通之難也。惟以譯書濟之，則任其難者不過數十人，而受其益者將千萬人而未已。

泰西有用之書至蕃至備，大約不出格致、政事兩途。格致之學，近人猶知講求，製造局所譯，多半此類。而政事之書，則鮮有留心，譯者亦少。蓋中國之人震於格致之難，共推爲泰西絶學，而政事之書，則以爲吾中國所固有，無待於外求者。不知中國之患，患在政事之不立。而泰西所以治平者，固不專在格致也。況格致之學各有附隸，非製造之人不能學，即學之亦無所用。且需儀器以資考驗，非徒據紙上之空談。若夫政事之書，剖析事理，議論時政，苟通漢文者無不能學。果能悉力考求各國政事之失得、兵力之强弱、邦交之合離、俗尚之同異、何國當親，何國當疏，何事足以法、何事足以戒，無不了了於胸中，遇有交涉之事，辦理較有把握；即欲興一新法，亦不至事事仰鼻息於人，或反爲所愚弄。此繙譯政事之書所以較格致爲尤切也。

譯書之要有二：一曰辨名物。泰西之於中國，亘古不相往來，即一器一物之微，亦各自爲風氣。有泰西所有，中國所無者；有中國所有，泰西所無者；有中西俱有，而爲用各異者。至名號則絶無相通。譯者不能知其詳，以意爲之名，往往同此一物，二書異名。且其物爲中國所本有者，亦不能舉中國之名以實之。更有好更新名，强附文義，以爲博通，令人耳目炫亂，不知所從。宜將泰西所有之物，如六十四原質之類，及一切日用常物，一一考據。其爲中國所有者，以中名名之；中國所無者，則遍考已譯之書，擇其通用者用之；其並未見於譯書者，則酌度其物之原質與其功用，而别爲一名。凡泰西所用之物，用中字西字詳細臚列，刊爲一書，頒布通行。後之譯者以此爲準，不得更改。其他權衡度量，國各不同，亦宜定爲一表。如英磅合中權若干，法邁合中尺若干，詳爲條舉，以附前書之後。中西權衡度量表一書，金陵亦有刻本，但考據未盡精詳耳。一曰諧聲音。名物制度，有義可尋，雖有異同，猶可稽考。地名人名，有音無義，尤爲混雜。西人語言佶屈聱才，急讀爲一音，緩讀爲二三音。且齊人譯之爲齊音，楚人譯之爲楚音，故同一名也，百人譯之而百異。即一人譯之，而前後或互異。瀛寰志略中所載國名之歧，多至不可紀極。宜將羅馬字母編爲一書，自一字至十數字，按字排列，注以中音。外國用英語爲主，以前此譯書多用英文也。中國以京語爲主，以天下所通行也。自兹以後，無論以中譯西，以西譯中，皆視此爲本。即一二音不盡符合，不得擅改，以歸畫一。此書若成，可與名物之書相輔而行，譯者讀者俱有所據。若將此二書呈之譯署，請旨頒行，飭令各省譯局及私家撰述，一體遵照，尤爲利便。此二者譯書之根本也。

若譯書之人，必兼通中西文而後可。其有專精西文者，可以文士輔之。傳曰：言之無文，行而不遠。必使所譯之書，質而不流於俗，博而不傷於誕，又義可觀，又無失原書之意，庶亦牖人心開風氣之一助也夫。

孫家鼐《官書局開設緣由》 學會、報館，在西國已成習俗，在中國則爲創見；是以開辦之始，動遭疑阻。去年京師設立强學會於城南之孫公園，爲諸京官講求時務之地，已而改爲强學書局，業已購置書器，開刷報章，旋於十二月間由御史楊崇伊奏請封禁；已而言官多有上疏争之者，而御史胡孚宸一疏，尤爲婉轉闓切，奉旨交譯署議奏，旋復奏請逕由官辦理。正月十七日奉上諭：「總理衙門奏新設官書局請派大臣管理一摺，着孫家鼐管理，欽此。」此蓋我皇上至聖至明，洞知時務一道非講習則不明，非羣聚以講習則不能得其要領。兹將都城傳抄總署覆奏一通照録於後，俾有志時事者得所觀覽焉：

光緒二十一年十二月二十二日，准軍機處鈔交御史胡孚宸奏「書局有益人才，請飭籌議以裨時局」一摺，軍機大臣面奉諭旨：「着總理各國事務衙門議奏，欽此。」欽遵，到臣衙門。查原奏内稱：京師近日設有强學書局，經御史楊崇伊奏請封禁，在朝廷預防流弊，立意至爲深遠。惟局中所儲藏講習者，首在列聖聖訓及各種政書，兼售同文館、上海製造局所刻西學諸書，繪印輿圖，置備儀器，意在流通祕要圖書，考驗格致精蘊，所需費用，皆係捐資集股，絶無迫索情事；所刻章程，尚無疵謬。此次封禁，不過防其流弊，並非禁其向學。倘能廣選賢才，觀摩取善，此日多一讀書之士，即他日多一報國之人，收效似非淺鮮。請旨飭下總署及禮部各衙門悉心籌議；官立書局選刻中西各種圖籍，任人縱觀，隨時購買，並將總署所購洋報選譯印行以擴聞見，或在海軍舊署開辦。經理既善，流弊自除，庶於國家作育人才挽回時局之本心不相刺謬，等因。臣等維國勢之强弱，視乎人才；人才之盛衰，繫乎學校。古者家塾、黨庠、州序、國學，自諸侯以達王畿，莫不建學；大而德行道藝，細而名物象數，綜貫靡遺，是以人才日盛。近世學者往往避實騖虚，舍難就易，視西人一技之長，一能之擅，或斥爲異學，或詫爲新奇。不知西人之學，無不以算學爲櫽括，西算之三角，與中算之勾股，理無異同。《周髀經》曰「圜出於方」，又曰「方數爲典，以方出圜」，言圜之不可御而馭之以方，西人三角八綫之法實基於此。餘若天學、化學、氣學、光學、電學、重學、礦學、兵學、法學、聲學、醫學、文字製造等學，皆見中國載籍，試取《管》《墨》《關》《列》《淮南》諸書以類求之，根原具在。可知西學者中國固有之學，西人踵而行之，所謂禮失而求諸野耳。泰西教育人才之道，計有三事：曰學校，曰新聞報館，曰書籍館。英、法、德、俄各國學校之盛，或二三萬所，或六七萬所，生徒率皆二三十萬人。美國學校多至十七萬餘所，生徒幾及千萬人，學校費用自三四千萬至八千餘萬不等，率由國家及生徒各出其半；各國富强之基實本於是。是庶政由人才而理，人才由學術而成，固有明效大驗。該御史請將强學書局改爲官辦，自係爲講求實學培養人才起見，臣等公同商酌，擬援照八旗官學之例，建立官書局，欽派大臣一二員管理，聘訂通曉中西學問之洋人爲教習，常川住局，專司選譯書籍、各國新報及指授各種西學，並酌派司事譯官收掌書籍，印售各國新報，統由管理大臣總其成，司事專司稽察。所需經費，由總理衙門於出使經費項下每月提撥銀一千兩，以備購置圖籍、儀器、各國新聞紙及教習、司事、繙譯薪水等用，核實散放，年終由臣衙門奏銷，毋庸招股集貲。設不敷用，再由臣衙門設法籌措。如有慕義之士，願捐鉅款，或捐書籍，准由司事呈明管理大臣酌定核收。至建設學舍地方，或假官房，或租民宅，取足教習各官起居之地，兼爲士大夫入觀群書之所，因地制宜，妥籌布置。該御史所請就海軍舊署開辦之處，應毋庸議。如蒙俞允，再由管理大臣詳定章程，定期開設。再該書局現既奏明擇地另設，其强學書局原屋，應行文該地面官，飭令屋主領回以清界限。

又《官書局奏開辦章程》　光緒二十二年正月二十一日奉上諭：「總理各國事務衙門奏新設官書局請派大員管理一摺，着派孫家鼐管理，欽此。」臣奉諭旨，朝夕籌思，且與原辦書局諸臣悉心酌度，謹擬開辦章程分條臚列，恭呈御覽：

一，藏書籍：擬設藏書院，尊藏列朝聖訓欽定諸書及各衙門現行則例，各省通志、河漕鹽釐各項政書，並請准其咨取儲存庋列。其古今經史子集有關政學術業者，一切購置院中，用備留心時事講求學問者入院借觀，恢廣學識。

一，刊書籍：擬設刊書處譯刻各國書籍，舉凡律例、公法、商務、農務、製造、測算之學，及武備、工程諸書，凡有益於國計民生與交涉事件者，皆譯成中國文字，廣爲流布。

一，備儀器：擬設游藝院，廣購化學、電學、光學諸新機，礦質、地質、動物、植物各異產，分別部居，逐門陳列，俾學者心摹手試，考驗研求，了然於目，曉然於心。將來如製造船隻，槍砲等事，可以別材質之良窳，物價之低昂，用法之利鈍，不致受人蒙蔽。

一，廣教肄：擬設學堂一所，延精通中外文理者一人爲教員。凡京官年力富强者，子弟之姿性聰穎安詳端正者，如願學語言文字及製造諸法，聽其酌出學資，入館肄習。

一，籌經費：總理衙門原奏，每月撥銀一千兩。查月中用款，以延教習、繙書籍爲大宗。此外譯報及書手、匠役人等工價、伙食，費亦不貲，每月千兩，只供各項之用。至於購買圖籍儀器等款，尚無所出。原辦零星招股，過於冗碎，自應遵照原奏，概行停止；其慕義樂輸捐助鉅款者，善堂書院有例可循，亦應查照原奏酌核收納。現在事屬刱行，需款數難預定，惟有就現有經費次第興辦，總以撙節爲充拓之基，切戒濫費，以收實濟。

一，分職掌：上年部院諸臣開設書局，倉猝舉辦，草定規模，議事尚未畫一。今擬將局諸物各分職掌，庶心志專一，可期日起有功。所有在局辦事諸臣職名，另單開呈御覽。

一，刊印信：擬刻一木質關防，文曰「管理官書局大臣之關防」，凡向總理衙門領取經費及有行文事件，即以此爲憑信。

以上七條，如蒙俞允，臣即敬謹遵行，即從本日開辦。臣竊惟同治初年，總理衙門請設立同文館，講求泰西諸國文字，令翰詹部院各官一體入館習練。維時議論紛紜，人情疑阻，風氣未開，事因中止。後雖經總理衙門設法招徠，入館生徒略有成就，而讀書明理之人從事其中者絶少，遂致中外間隔，彼已不知，倉猝應機，動多舛誤。近者倭人搆釁，創鉅痛深。一二文人學士，默參消息，審知富强之端，基乎學問，講肄所積，爰出人才，砥礪奮興，消除畛域，期以洞中外之情形，保國家於久大，此與同治初年設立同文館之意實相表裏，誠轉移風氣一大樞紐也。臣開辦初章，事歸簡要，未盡事務，漸圖擴充。其藏書、刊書、游藝、學堂諸所，有稽查諸員考其課業，綜理諸員總其綱維，各期敬業樂羣，尊賢尚齒，善資羣議，術集衆長，庶幾成材者擴會通過半之思，志學者得師友觀摩之益。至局中用款，惟延請繙譯，鈔寫書籍，典收文簿，登記帳目，及工匠製造之人，發給薪水。此外興辦局務，翰詹科道部院諸臣，皆出於誠懇之心，忠勤之念，但期創開風氣，增廣見聞，爲異日報効國家之用。臣亦鑒其初心，一概不請獎敍，不支薪資。至印送各路電報，只選擇有用者照原文鈔録，不加議論。凡有關涉時政，臧否人物者，概不登載，以符總理衙門原奏。

又孫家鼐《改上海時務報爲官報摺》　報館之設，所以宣國是而通民情，必應亟爲倡辦，該大臣所擬章程三條，均尚周妥，著照所請，將《時務報》改爲官報，派康有爲督辦其事，所出之報，隨時呈進；其天津、上海、湖北、廣東等處報館，凡有報單，均著該督撫咨送都察院及大學堂各一册，擇其有關時務者，由大學堂一律呈覽。至各報體例，自應以指陳利害、開擴見聞爲主，中外時事，均許據實昌言，不必意存忌諱，用副朝廷明目達聰、勤求治理之至意。所籌官報經費，即依議行。欽此。臣孫家鼐跪奏，爲遵旨議奏事：五月二十九日內閣奉上諭：御史宋伯魯奏，請將上海《時務報》改爲官報一摺，著總理大學堂大臣孫家鼐酌核妥議，奏明辦理。欽此。臣竊維明目達聰，唐虞之盛德；采風問俗，三代之隆規。自古聖帝明王，未有不通達下情而可臻上理者也。今之論治者，皆以貧弱爲患矣。臣竊謂貧弱之患猶小，壅蔽之患最深！該御史請將《時務報》改爲官報，進呈御覽，擬請准如所奏。該御史請以梁啓超督同向來主筆人等，實力辦理。查梁啓超奉旨辦理譯書事務，現在學堂既開，急待譯書，以供士子講習，尚恐分譯書功課；可否以康有爲督辦官報之處，恭請聖裁。抑臣更有請者，唐臣魏徵對唐太宗曰：「人君兼聽則明，偏聽則暗。」泰西報館林立，人人閱報，其報能上達於君，主亦不問可知。今《時務報》改爲官報，僅一處官報得以進呈，尚恐見聞不廣。現在天津、上海、湖北、廣東等處，皆有報館，擬請飭各省督撫飭下各處報館，凡有報單，均呈送都察院一分，大學堂一分，擇其有關時事、無甚背謬者，均一律録呈御覽，庶幾收兼聽之明，無偏聽之蔽，如此則皇上雖法宮高拱，萬里之外如在目前，於用人行政，似有裨益。臣謹擬章程三條開列於後：

一，《時務報》雖有可取，而龐雜猥瑣之談，誇誕虚誣之語，實所不免；今既改爲官報，宜令主筆者慎加選擇，如有顛倒是非，混淆黑白，挾嫌妄議，瀆亂宸聰者，一經查出，主筆者不得辭其咎。

一，官書局向有《彙報》，係遵總理衙門奏定章程，不准議論時政，不准臧否人物，專譯外國之事，俾閱者略知各國情形。今新開官報，既得隨時進呈，臚陳利弊，將來《官書局報》亦請開除禁忌，仿陳詩之觀風，准鄉校之議政。惟各處報紙送到，臣仍督飭書局辦事人員，詳慎選擇，不得濫爲印送。

一，原奏官報經費一節，臣查官書局印報例，令閱報者出價；惟所售無多，故每月經費不足，由書局貼補。兹新設官報，閱報者自應一體出價，擬請將此項官報，隨時寄送各省督撫，通行道府州縣均令閱看，每月出價銀一兩，統十八省一千數百州縣，約計每月得價近一千兩，常年核算約在兩萬四千之譜，加以官商士庶閱報出價經費，亦可得鉅款，於紙墨刷印工本，自當游刃有餘，可無庸另籌經費。惟創設之始，需費必需數千金，若在上海開辦，或由上海道代爲設法，可令該員自行籌商。

以上遵旨議奏及所籌辦法，是否有當？伏乞皇上聖鑒訓示。謹奏。

又孫家鼐《議覆開辦京師大學堂摺》《皇朝經世文新編》卷五 奏爲遵籌京師建立學堂大概情形，懇恩撥款開辦，恭摺覆陳，仰祈聖鑒事。本年七月十三日准總理各國事務衙門咨開議覆刑部左侍郎李端棻奏請推廣學校以勵人才摺内，京師建立大學堂一節，係爲擴充官書局起見，請飭下管理書局大臣，察度情形，妥籌辦理等因。奉旨依議，欽此欽遵，咨行到局。臣查本年正月，總督原奏請立官書局，本有建設學舍之説。臣奉命管理書局，所奏開辦章程，亦擬設立學堂，延請教習。是學堂一議，本總署原奏所已言，亦即官書局分内應辦之事。刻開辦書局時近半年，各處咨取書籍，譯印報章，草創規模，粗有眉目。惟苦於經費不足，祇能略添儀器，訂購鉛機，蒐求有用之圖書，採摭各邦之郵電，俾都人士耳目見聞稍加開拓而已。若云作育人才，儲異日國家之大用，則非添籌經費，分科立學不爲功。

獨是中國京師建立學堂，爲各國通商以來僅有之創舉，苟僅援前此官學義學之例，師徒授受，以經義帖括獵取科名，亦復何裨大局？即如總署同文館、各省廣方言館之式，斤斤於文字語言，充其量不過得數十繙譯人才而止。福建之船政學堂、江南製造局學堂及南北洋水師武備各學堂，皆囿於一才一藝；即稍有成就，多不明大體，先厭華風。故辦理垂數十年，欲求一緩急可恃之才而竟不可得者，所以教之之道固有未盡也。此中國舊設之學堂不能仿照辦理也。

泰西各國近今數十載，人才輩出，國勢驟興，學校徧於國中，威力行於海外。其都城之所設大學堂，規模閎整，經費充盈，教習以數百計，生徒以數萬計。其學有分四科者、五科者、六科者。仍廣立中學、小學，以次遞升，暗與中國論秀書升之古制相合，遂以争雄競長，淩抗中朝，犖犖羣才，取之宫中而皆備，非僅恃船堅礮利爲也。當兹事變日多，需才孔亟，以蓄艾卧薪之意，爲懲前毖後之方，亟應參仿各國大學堂章程變通辦理，以切時用。第各國分科立學，規制井然，而細繹其用心致力之端，終覺道器分形，略於體而詳於用，故雖勵精圖治，日進富强，而雜霸規爲，未能進於三代聖王之盛治者，亦其學限之耳。況外國學校經費充溢，千狐集腋，非一日所成，驟欲一蹴而幾，安得有此財力？此外國大學堂之法亦有不能全行仿辦者也。

臣與在局諸臣悉心籌議，深知此事定制之難，創始之不易。且中國堂堂大國，立學京師，尤四海觀瞻之所繫，一或不慎，則徒招譏議，無補時艱，反不如不辦之爲愈矣。刻仍内外函商，周咨博訪，務求悉臻美善，以期仰副聖明。謹先將現在籌辦大概情形，臚爲六事，縷析爲我皇上陳之：

一曰宗旨宜先定也。中國五千年來，聖神相繼，政教昌明，決不能如日本之舍己芸人，盡棄其學而學西法。今中國京師剏立大學堂，自應以中學爲主，西學爲輔，中學爲體，西學爲用。中學有未備者，以西學補之；中學有失傳者，以西學還之。以中學包羅西學，不能以西學凌駕中學。此是立學宗旨。日後分科設教，及推廣各省，一切均應抱定此意，千變萬化，語不離宗。至辦理章程，有必應變通盡利者，亦不得拘泥跡象，局守成規，致失因時制宜之妙。

二曰學堂宜造也。書局初開，爲節省經費起見，暫賃民房，一切已多不便。

今學堂將建，則講堂齋舍必須爽塏宜人，儀器圖書亦必庋藏合度。泰西各國使署密邇，聞中國剏立學校，亦將相率來游，若湫隘不堪，適貽外人笑柄。擬於京師適中之地，擇覓曠地，或購民房，剏建學堂以崇體制。先建大學堂一區，容大學生百人。四圍分建小學堂四所，每學容小學生三十人。堂之四周仍多留隙地，種樹蒔花，以備日後擴充，建設藏書樓、博物院之用。

三曰學問宜分科也。京外同文方言各館，西學所教，亦有算學格致諸端，徒以志趣太卑，淺嘗輒止，歷年既久，成就甚稀。不立專門，終無心得也。今擬分立十科：一曰天學科，算學附焉；二曰地學科，礦學附焉；三曰道學科，各教源流附焉；四曰政學科，西國政治及律例附焉；五曰文學科，各國語言文字附焉；六曰武學科，水師附焉；七曰農學科，種植水利附焉；八曰工學科，製造格致各學附焉；九曰商學科，輪舟鐵路電報附焉；十曰醫學科，地産植物各化學附焉。總古今，包中外，該體用，貫精粗，理索於虚，事徵諸實。立格以待奇傑，分院以庋圖書。風會既開，英才自出，所謂含宏光大，振天綱以賅之也。雖草創規模，未能開拓，而目張綱舉，已爲萬國所無。他日並包六合之機，權輿於是矣。

四曰教習宜訪求也。大學堂内應延聘中西總教習各二人。中國教習應取品行純正，學問淵深，通達中外大勢者，雖不通西文可也。外國教習須深通西學，兼識華文，方無扞格。如實難其選，則擬先聘一人。修脯必豐，禮敬必備。中西教習一律從同。此燕昭築黄金臺以待天下賢士之意也。四小學堂每堂延中西教習各一人，亦須學正品端足爲師表者乃膺其選。西師所教，先以英法方言，如能兼習德俄尤便。繙譯書籍，應俟届時察酌辦理。

五曰生徒宜慎選也。大學堂學生，年以二十五歲爲度，以中學、西學一律賅通者爲上等；中學通而略通西學者次之；西文通而麤通中學者又次之。仍分三班，給發薪水。頭班月八金，二班六金，三班四金。由同文方言各館調取，内外各衙門咨送，及舉貢生監曾學西文者，自行取給投考。惟中西各學均須切實考驗，第其優劣，分别去留。仍須性行温純，身家清白，方能入選。四小學之學生，年以十五歲爲度，便於學習語言。剏辦時額數無多，暫由滿漢各官員子弟中報名投考，亦須中文麤通、識字稍多者方能入選。不足再出示招考，由鄉鄰具結，確係讀書世家乃准與考。考取入學，自備薪水，不出束脩。數年後中西各學俱通，升入大學堂，始給薪水以示鼓勵。

六曰出身宜推廣也。學而不用，養士何爲？用違其才，不如不用。中國素重科目，不寬予以出身之路，終不能鼓舞人才。擬參酌中西，特闢三途以資激勵：一曰立科。光緒甲申，禮部議覆潘衍桐摺，請立算學一科，以二十名取中一名，然屢届人數均不滿額。擬援此例立時務一科，包算學在内。鄉會試由大學堂咨送與考，中式名數定額宜寬。應俟學堂規模大定之時，請旨辦理。二曰派差。學生應試不中者，由學堂考驗，仿西例獎給金牌文憑，量其所長，咨總署派往中國使館，充當繙譯隨員，或分佈南北洋海軍陸軍船政製造各局幫辦一切，以資閱歷。三曰分教。泰西各國有所謂師範學堂者，專學爲師。大學堂學生如不能應舉爲官者，考驗後仿泰西例獎給牌憑，任爲教習。各省立學之始，皆先向京師大學堂咨取充當，則師資自有，俯仰無憂，京外各學堂亦可聯爲一氣矣。

此六事者，準今酌古，原始要終，實已兼包中外。以後詳細辦法，或應行推廣一切未盡事宜，容當博采羣言，隨時奏明請旨。惟是開辦之始，籌款爲先。泰西各國學校，歲需幾與官俸、兵餉相等，有多至華銀八千餘萬兩者。英京大學堂歲支九百萬鎊，故爾規模閎整，俊彦雲興。中國總署同文館歲費二十餘萬兩，天津醫學堂歲費十萬兩，各省同文方言各館、水師武備各堂歲費十餘萬數萬兩不等，大抵草率狹隘，日久因循，卒未聞成就一人足以上濟國家之急，固緣辦理之未善，亦苦於經費之不敷耳。今京師剏立大學堂，款太多則籌措維艱，款太少則開銷不足。思維再四，旰夕旁皇。伏念學堂一事，屢經臣工條奏，明旨飭行，良以時局多艱，亡羊補牢，非有人才不能自立。今設學堂於輦轂之地，耳目近接，稽察易周，臣等仍當慎選真才，力求核實，以上副聖主寤寐求賢之至意。内外諸臣受恩深重，以人事君之素志，具有同心，豈宜惜此區區，致撓盛舉？應請旨飭下户部，飛飭南北洋大臣，無論何款，按月各撥銀五千兩解交户部，作爲京師學堂專款。自奉旨之日爲始，由臣飭派局員按月領取，俾得從容布置，刻期一載，當可告成。此款比之泰西，固屬泰山之毫末；即較之各省學堂同文各館，亦尚係酌中之數，得半之間。而不敢斤斤於體制所存率請多撥者，實以無徵不信，剏始維艱，俟他日成效已彰，人才漸出，續行奏請添撥款項，廣置生徒，以漸推行於各省，庶循名責實，慎始圖終，海宇傾風，賢才輩出，師師濟濟，爲國干城，内治外交，永不必借材異地。此則皇上之洪福，臣等之素心，抑亦宗廟社稷之神靈所默爲呵護者已。

所有籌議學堂大概情形，及請撥款開辦緣由，謹繕摺上陳，伏乞皇上聖鑒訓示。謹奏。

李端棻《奏請推廣學校設立譯局報館摺》《東華續録》卷一三四

光緒丙申五月,李端棻奏請推廣學堂,建設新政五端:一、設藏書樓;二、創儀器院;三、開譯書局;四、廣立報館;五、選派游歷。奏:「竊臣聞國於天地,必有與立,言人才之多寡,繫國勢之强弱也。去歲軍事既定,皇上順窮變通久之義,將新庶政以圖自强,恐辦理無人,百廢莫舉,特降明詔,求通達中外能周時用之士,所在咸令表薦,以備擢用。綸綍一下,海内想望,以爲豪傑雲集,富强立致。然數月以來,應者寥寥;即有一二,或僅束身自好之輩,罕有濟難瑰瑋之才,於側席盛懷,未能盡副。夫以中國民衆數萬萬,其爲士者十數萬,而人才乏絶至于如是。非天之不生才也,教之之道未盡也。夫二十年來,都中設同文館,各省立實學館、廣方言館、水師武備學堂、自强學堂,皆合中外學術相與講習,所在而有。而臣顧謂教之之道未盡,何也?諸館皆徒習西語西文,而于治國之道,富强之原,一切要書,多未肄及,其未盡一也。格致製造諸學,非終身執業,聚衆講求,不能致精;今除湖北學堂外,其餘諸館,學業不分齋院,生徒不重專門,其未盡二也。諸學或非試驗測繪不能精,或非游歷察勘不能確;今之諸館,未備圖器,未遣游歷,則日求之于故紙堆中,終成空談,無自致用,其未盡三也。利禄之路,不出斯途,俊慧子弟,率從事帖括以取富貴,及既得科第,遂與學絶,終爲棄材。今諸館所教,率自成童以下,苟逾弱冠,即已通籍;雖或向學,欲從未由,其未盡四也。巨廈非一木所能支,横流非獨柱所能砥,天下之大,事變之亟,必求多士,始濟艱難;今十八行省祇有數館,每館生徒祇有數十,士之欲學者,或以地僻而不能達,或以額外而不能容,即使在館學徒一人有一人之用,尚于治天下之才萬不足一;況于功課不精,成就無幾,其未盡五也。此諸館所以設立二十餘年,而國家不一收奇才異能之用者,惟此之故。曰:然則巖穴之間,好學之士,豈無能自績學以待驅策者?曰:格致、製造、農、商、兵、礦諸學,非若考據詞章帖括之可以閉户獺祭而得也。書必待繙譯而後得讀,一人之學,能繙羣籍乎?業必待測驗而後致精,一人之力,能購羣器乎?學必待游歷而後徵實,一人之身,能履羣地乎?此所以雖有一二倜儻有志之士,或學焉而不能成,或成矣而不能大也。乃者欽奉明詔,設官書局于都畿,領以大臣以重其事。伏讀之下,仰見聖神措慮,洞見本原。臣于局中一切章程雖未具悉,然知必有良法美意以宣達聖意闡揚風化者,他日奇才異能由斯而出,不可勝數也。惟育才之法匪限于一途,作人之風當徧于率土;臣請推廣此意,自京師以及各省府州縣皆設學堂,府州縣學,選民間俊秀子弟年十二至二十者入學,其諸生以上欲學者聽之。學中課程,誦《四書》《通鑑》《小學》等書,而輔之以各國語言文字,及算學、天文、地理之粗淺者,萬國古史近事之簡明者,格致理之平易者,以三年爲期。省學選諸生年二十五以下者入學,其舉人以上欲學者聽之。學中課程,誦經史子及國朝掌故諸書,而輔之以天文、輿地、算學、格致、製造、農、商、兵、礦、時事、交涉等學,以三年爲期。京師大學,選舉貢監年三十以下者入學,其京官願學者聽之。學中課程,一如省學,惟益加專精,各執一門,不遷其業,以三年爲期。其省學大學所課,門目繁多,可仿宋胡瑗經義治事之例,分齋講習,等其榮途,一歸科第;予以出身,一如常官。如此,則人争濯磨,士知嚮往,風氣自開,技能自成,才不可勝用矣。或疑似此興作,所費必多,今國家正值患貧,何處籌此巨款?臣查各省及府州縣率有書院,歲調生徒入院肄業,聘師講授,意美法良;惟奉行既久,積習日深,多課帖括,難育異才。今可令每省每縣各改其一院,增廣功課,變通章程,以爲學堂。書院舊有公款,其有不足,始撥官款補之。因舊增廣,則事順而易行;就近分籌,則需少而易集。惟京師爲首善之區,不宜因陋就簡,示天下以樸,似當酌動帑藏以崇禮制。每歲得十餘萬,規模已可大成,中國之大,豈以此十餘萬爲貧富哉。或又疑所立學堂既多,所需教習亦衆,竊恐乏人堪任此職。臣以爲事屬創始,學者當起于淺近,教者亦無取精深。今宜令中外大吏各舉才任教習之士,悉以名聞,或就地聘延,或考試選補,海内之人,必有可以充其任者。學堂既立,遠之得三代庠序之意,近之采西人廠院之長,興賢教能之道,思過半矣。然課其記誦而不廓其見聞,非所以造異才也;就學者有日進之功,其不能就學者無講習之助,非所以廣風氣也。今推而廣之,厥有與學校之益相須而成者蓋數端焉:

一曰設藏書樓:好學之士,半屬寒畯,購書既苦無力,借書又難其人,坐此固陋寡聞無所成就者不知凡幾。高宗純皇帝知其然也,特於江南設文宗、文匯、文瀾三閣,備庋祕籍,恣人借觀。嘉慶間大學士阮元推廣此意,在焦山靈隱起立書藏,津逮後學。自此以往,江浙文風,甲于天下,作人之盛,成效可睹也。泰西諸國,頗得此道,都會之地皆有藏書,其尤富者至千萬卷,許人入觀,成學之衆,亦由於此。今請依乾隆故事,更加增廣,自京師及十八行省省會,咸設大書樓,調殿板及各官書局所刻書籍,暨同文館、製造局所譯西書,按部分送各省以實之。其或有切用之書,爲民間刻本,官局所無者,開列清單,訪查價值,徐行購補。其西學書陸續譯出者,譯局隨時咨送,妥定章程,許人入樓看讀,由地方公擇好學解事之人經理其事。如此，則向之無書可讀者，皆得以自勉於學，無爲棄才矣。古今中外有用之書，官書局有刻本者，居十之七八。每局酌提部數，分送各省，其費至省，其事至順，一奉明詔，事即立辦。而餉遺學者，增益人才，其益蓋非淺鮮也。二曰創儀器院也：格致實學，咸藉試驗。無視遠之鏡，不足言天學；無測繪之儀，不足言地學；不多見礦質，不足言礦學；不習覩汽機，不足言工程之學；其餘諸學，率皆類是。然此等新器，所費不貲，家即素封，亦難備購。學何從進，業焉能成。今請於所立諸學堂咸別設一院，購藏儀器，令諸學徒皆就試習，則實事求是，自易專精。各器擇要而購，每省撥萬金以上，已可粗備，此後陸續添置，漸成大觀，則其費尚易措籌，而學徒所成，視昔日紙上空談相去遠矣。三曰開譯書局也：兵法曰『知己知彼，百戰百勝。』今與西人交涉而不能盡知其情僞，此見弱之道也。欲求知彼，首在譯書。近年以來，製造局、同文館等處，譯出刻成已百餘種，可謂知所務也。然所擇之書，詳於術藝而略於政事，於彼中治國之本末，時局之變遷，言之未盡。至於學校、農政、商務、鐵路、郵政諸事，今日所亟宜講求者，一切章程條理，彼國咸有專書，詳哉言之，今此等書悉無譯本。又泰西格致新學，製造新法，月異歲殊，後來居上，今所已譯出者率十年以前之書，且數亦甚少，未能盡其所長。今請於京師設大譯書館，廣集西書之言政治者，論時局者，言學校、農、商、工礦者，及新法新學近年所增者，分類譯出，不厭詳博，隨時刻布，廉值發售，則可以增益見聞開廣才智矣。四曰廣立報館也：知今而不知古則爲俗士，知古而不知今則爲腐儒。欲博古者莫若讀書，欲通今者莫若閱報，二者相須而成，缺一不可。泰西每國報館，多至數百所，每館每日出報，多至數萬張。凡時局、政要、商務、兵機、新藝奇技，五洲所有事故，靡所不言。閱報之人，上自君后，下自婦孺，皆足不出户，而於天下事瞭然也。故在上者能措辦庶務而無壅蔽，在下者能通達政體以待上之用，富强之原，厥由於是。今中國邸鈔之外，其報館僅有上海、漢口、廣州、香港十餘所，主筆之人不學無術，所言率皆淺陋，不足省覽。總署海關近譯西報，然所譯甚少，又未經印行，外間末由得見。今請於京師及各省會，並通商口岸、繁盛鎮埠，咸立大報館，擇購西報之尤善者分而譯之；譯成，除恭繕進呈御覽並咨送京外大小衙門外，即廣印廉售，布之海内。其各省政俗土宜，亦由各館派人查驗，隨時報聞，則識時之俊日多，幹國之才日出矣。五曰選派游歷也：學徒既受學數年，考試及格者，當選高才以充游歷。游歷之道有二：一游歷各國，肄業於彼之學校，縱覽乎彼之工廠，精益求精以期大成。一游歷各省，察驗礦質，鈎核商務，測繪輿地，查閱物宜，皆限以年期，厚給薪俸，隨時著書，歸呈有司，察其切實有用者，爲之刊布，優加獎勵。其游惰而無狀者，官則立予降黜，士則奪其出身。數年之後，則輶軒絶域之士，斐然成章，郡國利病之書，備哉燦爛矣。或疑近年兩次所派游歷學生，未收大效。不知前者所派游歷，乃職官而非學童；在中國既未經講求，至外洋亦未嘗受學。故事涉空衍，寡有所成。其所派學生又血氣未定，讀中國書太少，遽游歷絶域，易染洋風，雖薄有技能，亦不適于用。今若由學堂選充，兩弊俱免，其所成就，必非前此之所能例也。夫既有官書局、大學堂以爲之經，復有此五者以爲之緯，則中人以下，皆可自勵於學，而奇才異能之士，其所成就益遠且大。十年以後，賢俊盈廷，不可勝用矣。以修内政，何政不舉；以雪舊恥，何恥不除。上以恢列聖之遠猷，下以懾强鄰之狡啓，道未有急於是者。若仰蒙采擇，乞飭下中外大臣妥議章程，取旨施行。」

梁啓超《飲冰室合集·文集》之一《論譯書》 兵家曰：知己知彼，百戰百勝。諒哉言乎！中國見敗之道有二：始焉不知敵之强而敗，繼焉不知敵之所以强而敗。始焉之敗猶可言也，彼直未知耳；一旦情見勢迫，幡然而悟，奮然而興，不難也。昔日本是也，尊攘論起，閉關自大，既受俄德美劫盟之辱，乃忍恥變法，盡取西人之所學而學之，遂有今日也。繼焉之敗不可言也。中國既累遇挫衄，魂悸膽裂，官之接西官，如鼠遇虎；商之媚西商，如蟻附羶。其上之階顯秩，下之號名士者，則無不以通達洋務自表異。究其日日所抵掌而鼓舌者，苟以入諸西國通人之耳，諒無一語不足以發噱。謀國者始焉不用其言而敗，繼焉用其言而亦敗。是故不知焉者其禍小，知而不知，不知而自謂知焉者其禍大。中國之效西法三十年矣，謂其不知也，則彼固孜孜焉以效人也；謂其知也，則何以效之愈久，而去之愈遠也。甲自謂知而詆人之不知，自丙視之，則乙固失而甲亦未爲得也。今人自謂知而詆昔人之不知，自後人視之，則昨固非而今亦未爲是也。三十年之敗坐是焉耳。

問者曰：吾子爲是言，然則吾子其知之矣。曰惡，某則何足以知之？抑豈惟吾不足以知而已，恐天下之大，其真知者殆亦無幾人也。凡論一事，治一學，則必有其中之層累曲折，非入其中，不能悉也；非讀其專門之書，不能明也。譬之尋常譚經濟者，苟不治經術，不誦史，不讀律，不講天下郡國利病，則其言必無當也。西人致强之道，條理萬端，迭相牽引，互爲本原，歷時千百年以講求之，聚衆千百輩以討論之，著書千百種以發揮之。苟不讀其書，而欲據其外見之粗迹，以臆度其短長，雖大賢不能也。然則苟非通西文肄西籍者，雖欲知之，其孰從而知之？不甯惟是，居今日之天下，而欲參西法以救中國，又必非徒通西文肄西籍遂可以從事也，必其人固嘗邃於經術，熟於史，明於律，習於天下郡國利病，於吾中國所以治天下之道，靡不挈樞振領而深知其意。其於西書亦然，深究其所謂迭相牽引互爲本原者，而得其立法之所自，通變之所由，而合之以吾中國古今政俗之異而會通之，以求其可行，夫是之謂真知。今夫人生不過數十寒暑，自其治經術、誦史、讀律、講天下郡國利病，洎其稍有所得，而其年固已壯矣。當其孩提也，未嘗受他國語言文字，及其既壯，雖或有志於是，而妻子仕宦，事事相逼，其勢必不能爲學童挾書伏案故態。又每求效太速，不能俯首忍性，以致力於初學蹇澀之事，因怠因棄。蓋中年以往，欲有所成於西文，信哉難矣！夫以中學西學之不能偏廢也如彼，而其雖相兼也又如此，是以天下之大，而能真知者殆無幾人也。

夫使我不知彼，而彼亦不知我，猶未爲害也。西國自有明互市以來，其教士已將中國經史記載，譯以拉丁英法各文。康熙間，法人於巴黎都城設漢文館；爰及近歲，諸國繼踵，都會之地咸建一區，庋藏漢文之書，無慮千數百種。其譯成西文者，浩博如全史三通，繁縟如國朝經説，猥陋如稗官小説，莫不各以其本國語言繙行流布，其他種無論矣。乃至以吾中國人欲自知吾國之虛實，與夫舊事新政，恒反藉彼中人所著書，重譯歸來，乃悉一二。以吾所見，日本人之清國百年史、支那通覽、清國工商業指掌，其中已多有中國人前此不及自知者，西文此類之書當復不少。昔遼耶律德光謂晉臣曰：中國事，吾皆知之；吾國事，汝曹不知也。以區區之遼，猶且持此道以亡中國，況聲明文物、典章制度遠出於遼人萬萬者乎！

欲捄斯弊，厥有二義：其一使天下學子，自幼咸習西文；其二取西人有用之書，悉譯成華字。斯二者不可缺一。而由前之説，其收效必在十年以後；今之年逾弱冠已通中學者，多不能專力西文，故必取少年而陶鎔之，非十年以後不能有成。由後之説，則一書既出，盡天下有志之士，皆受其益，數年之間，流風沾被，可以大成。今之中國汲汲顧影，深惟治標之義，不得不先取中學成材之士而教之，養其大器，以爲捄焚拯溺之用。且學校貢舉之議既倡，舉國喁喁嚮風，而一切要籍，不備萬一，則將何所挾持以教士取士耶？故譯書實本原之本原也。大哉聖人乎，太祖高皇帝命子弟近臣肄唐古忒文，誦蒙古記載，遂以撫蒙古。太宗文皇帝受命建國，首以國書譯史鑑，乃悉知九州扼塞及古今用兵之道，遂以屋明社。聖祖仁皇帝萬幾之暇，日以二小時就西士習拉體諾文，任南懷仁等至卿貳，採其書以定曆法。高宗純皇帝開四庫館，譯出西書四十一家，悉予箸録。宣宗成皇帝時，俄羅斯獻書三百五十餘號，有詔庋秘府，擇要譯布。然則當祖宗之世，邊患未形，外侮未亟，猶重之也如此，苟其處今日之天下，則必以譯書爲强國第一義，昭昭然也。且論者亦知泰東西諸國，其盛强果何自耶？泰西格致、性理之學原於希臘，法律、政治之學原於羅馬。歐洲諸國各以其國之今文，譯希臘羅馬之古籍，譯成各書，立於學官，列於科目，舉國習之，得以神明其法，而損益其制，故文明之效極於今日。俄羅斯崎嶇窮北，受轄蒙古，垂數百年，典章蕩盡。大彼得躬游列國，盡收其書，譯爲俄文，以教其民，俄强至今。日本自彬田翼等始以和文譯荷蘭書，洎尼虛曼孑身逃美，歸而大暢斯旨，至今日本書會，凡西人致用之籍，靡不有譯本，故其變法灼見本原，一發即中，遂成雄國，斯豈非其明效大驗耶？彼族知其然也，故每成一書，展轉互譯，英著朝脱稿，而法文之本夕陳於巴黎之肆矣；法籍昨汗青，而德文之編今庋於柏林之庫矣。世之守舊者，徒以讀人之書，師人之法爲可恥，而甯知人之所以有今日者，未有不自讀人之書、師人之法而來也。

問者曰：中國自通商以來，京師譯署、天津水師學堂、上海製造局、福州船政局，及西國教會醫院，凡譯出之書不下數百種，使天下有志之士，盡此數百種而讀之，所聞不已多乎？曰：此真學究一孔之論，而吾向者所謂知而不知，不知而自謂知焉者也。有人於此，挾其節本儀禮、左傳，而自命經術，抱其綱鑑易知録、廿一史彈詞，而自詡史才，稍有識者未嘗不嗤其非也。今以西人每年每國新著之書，動數萬卷，英國倫敦藏書樓，光緒十年一年中新增之書三萬一千七百四十七卷，他年稱是，他國亦稱是。美國則四倍之。日本亦每歲數千卷。舉吾所譯之區區置於其間，其視一蝨一蝱不如矣，況所譯者未必爲彼中之善本也。即善本矣，而彼中羣學日新月異，新法一出，而舊論輒廢，其有吾方視爲瓌寶而彼久吐棄不屑道者，比比然也。即不如是，而口授者未必能無失其意也，筆授者未必能無武斷其詞也。善夫馬君眉叔之言曰：今之譯者，大抵於外國之語言，或稍涉其藩籬，而其文字之微辭奧旨，與夫各國之所謂古文詞者，率茫然未識其名劃；或僅通外國文字語言，而漢文則麤陋鄙俚，未窺門徑。使之從事譯書，閱者展卷未終，俗惡之氣，觸人欲嘔。又或轉請西人之稍通華語者爲之口述，而旁聽者乃爲彷彿摹寫其詞中所欲達之意，其未能達者，則又參以己意，而武斷其間。蓋通洋文者不達漢文，通漢文者又不達洋文，亦何怪乎所譯之書，皆駁雜迂訛，爲天下識者鄙夷而訕笑也。適可齋記言四吁！中國舊譯之病，盡於是矣。雖其中體例嚴謹、文筆雅馴者，未始無之，而駁雜繁蕪，訛謬俚俗，十居六七。是此三百餘種之書，所存不及其半矣。而又授守舊家以口實，謂西學之書皆出猥陋俗儒之手，不足以寓目，是益爲西學病也。故今日而言譯書，當首立三義：一曰擇當譯之本，二曰定公譯之例，三曰養能譯之才。

請言譯本。中國官局舊譯之書，兵學幾居其半。中國素未與西人相接，其相接者兵而已，於是震動於其屢敗之烈，怵然以西人之兵法爲可懼，謂彼之所以駕我者兵也，吾但能師此長技，他不足敵也，故其所譯專以兵爲主。其間及算學、電學、化學、水學諸門者，則皆將資以製造，以爲强兵之用。此爲宗旨刺謬之第一事。起點既誤，則諸線隨之。今將擇書而譯。當知西人之所强者兵，而所以强者不在兵。不師其所以强，而欲師其所强，是由欲前而却行也。達於此義，則兵學之書，雖毋譯焉可也。

中國之則例律案可謂繁矣，以視西人，則彼之繁，十倍於我而未已也。第中國之律例，一成而不易，鏤之金石，懸之國門，如斯而已；可行與否，非所問也；有司奉行與否，非所禁也。西國則不然，議法與行法分任其人。法之既定，付所司行之，豪釐之差，不容假借。其不可行也，尅日付議而更張之，故其律例無時而不變，亦無時而不行，各省署之章程是已。記曰：不知來，視諸往。西國各種之章程，類皆經數百年數百人數百事之閱歷，而講求損益，以漸進於美備者也。中國仿行西法，動多窒礙，始事之難，斯固然也。未經閱歷，於此事之層累曲折未從識也，則莫如借他人所閱歷有得者，而因而用之，日本是也。日本法規之書，至纖至悉，皆因西人之成法而損益焉也。故今日欲舉百廢，新庶政，當以盡譯西國章程之書爲第一義。近譯出者有水師章程、德國議院章程、倫敦鐵路公司章程、航海章程、行船免衝章程等，然其細已甚矣。

今之攘臂以言學堂者紛如矣，中西書院之建置亦幾於徧行省矣，詢其所以爲教者，則茫然未知所從也。上之無師，下之無書，中學既已束閣，西學亦罕問津。究其極也，以數年之功，而所課者不過西語西文。夫僅能語能文，則烏可以爲學也？西人學堂悉有專書，歲爲一編，月爲一卷，日爲一課。小學有小學之課，中學有中學之課，專門之學各有其專門之課。其爲課也，舉學堂之諸生無不同也，舉國之學堂無不同也。計日以程，循序而進，故其師之教也不勞，而其從之成就也甚易。今既知學校爲立國之本，則宜取其學堂定課之書，繙成淺語，以頒於各學，使之依文按日而授之，則雖中才，亦可勝教習之任。其課既畢，而其學自成，數年之間彬彬如矣。舊譯此類書極少，惟啓悟初津爲幼學極淺之書，幼童衛生編、筆算數學略近之。

國與國並立而有交際，人與人相處而有要約，政法之所由立也。中國惟不講此學，故外之不能與國爭存，內之不能使吾民得所。夫政法者，立國之本也。日本變法則先其本，中國變法則務其末，是以事雖同，而效乃大異也。故今日之計，莫急於改憲法，必盡取其國律、民律、商律、刑律等書而廣譯之。如羅瑪律要，爲諸國定律之祖。諸國律例異同、諸國商律考異、民主與君主經國之經、公法例案，備載一切交涉事件原委條約集成自古迄今，宇下各國凡有條約無不備載，譯成可三四百卷。等書，以上諸書，馬氏所舉。製造局所譯各國交涉公法論，似即公法例案之節本。皆當速譯。中國舊譯，惟同文館本多法家言，丁韙良蓋治此學也。然彼時筆受者皆館中新學諸生，未受專門，不能深知其意，故義多闇昧。即如法國律例一書，歐洲亦以爲善本，而館譯之本往往不能達其意，且常有一字一句之顛倒漏略，至與原文相反者。又律法之讀尤重在律意，法則有時與地之各不相宜，意則古今中外之所同也。今欲變通舊制，必盡采西人律意之書，而斟酌損益之，通以歷代變遷之所自，按以今日時勢之可行，則體用備矣。舊譯無政法類之書，惟佐治芻言一種耳。

史者，所以通知古今，國之鑑也。中國之史長於言事，西國之史長於言政。言事者之所重，在一朝一姓興亡之所由，謂之君史；言政者之所重，在一城一鄉教養之所起，謂之民史。故外史中有農業史、商業史、工藝史、礦史、交際史、理學史謂格致等新理等名，實史裁之正軌也。言其新政者，十九世紀史西人以耶穌紀年，自一千八百年至九百年謂之十九世紀，凡歐洲一切新政皆於此百年內浡興，故百年內之史最可觀。近譯泰西新史攬要，即此類書也，惟聞非彼中善本。等，撰記之家，不一而足，擇要廣譯，以觀西人變法之始，情狀若何，亦所謂借他人之閱歷而用之也。舊譯此類書有大英國志、俄史輯譯、法國志略、英法俄德四國志略等，然太簡略，不足以資考鏡，故史學書尚當廣譯。

西人每歲必有一籍，紀其國之大政大事、議院之言論，近世譯者名之爲藍皮書，蓋國之情實與其舉措，略具於是矣。宜每年取各國此籍盡譯之，則能知其目前之情形，無事可以借鑑，有事可以知備。若苦繁重，未能盡譯，則擇撮要之數國譯之。其餘諸國，則彼中每年有將各國情實編爲成書者，製造局舊譯列國歲計政要是也。惜僅得癸酉一年，後此蓋闕。若能續譯至今，則二十年來西方之形勢，皆瞭如指掌，中國學者或不至瞀闇若是耳。

欲興自然之利，則農學爲本。今西人種植之法、糞溉之法、畜牧之法、漁澤之法，及各種農具，皆日新月異。李提摩太謂中國欲開地利，苟參用西法，則民間所入可驟增一倍，補益可謂極大矣。然舊譯農書不過數種，且皆簡略，末從取資，故譯農書爲當務之急也。

譯出礦學之書，多言鍊礦之法，未及察礦之法，今宜補譯。然此事非習西文入其專門學堂，且多經勘驗，不爲功也。

中國之人，耐勞苦而工價賤，他日必以工立國者也。宜廣集西人各種工藝之書，譯成淺語，以教小民，使能知其法，通其用。若能使中國人人各習一業，則國立强矣。舊譯有西藝知新等書，言小工之學，工程致富、考工記要等書，言大工之學，格致彙編中亦多言工藝。惟西人此學日進無疆，苟能廣譯，多多益善也。

通商以後，西來孔道，爲我國大漏巵，華商之不敵洋商也，洋商有學，而華商無學也。彼中富國學之書，日本名爲經濟書皆合地球萬國之民情物産，而盈虚消息之。至其轉運之法、銷售之法，孜孜討論，精益求精。今中國欲與泰西争利，非盡通其學不可，故商務書當廣譯。舊譯有富國策、富國養民策、保富述要等書，佐治芻言下卷亦言此學。

泰西自希臘强盛時，文物即已大開，他里斯等七人號稱七賢，專以窮理格物之學，提倡一世。而額拉吉來圖、梭格拉底、拍勒圖、什匿克安得臣、知阿真尼、雅里大各、德謨吉利圖、阼士阿士對等，先後以理學名。亞力斯多德爾、比太、哥拉、歐几里得、提馬華、多而司諸人，闡發物理，所著各籍，玄深微妙，近世格致家言皆祖之。其後果魯西亞士、白分道弗等，以匹夫發明公理，爲後世公法之所祖。故欲通西學者，必導原於希臘、羅馬名理諸書，猶欲通中學者，必導原於三代古籍周秦諸子也。舊譯此類書甚寡，惟明人所譯，有名理探空際格致等書，然未盡精要，且語多詰屈。近譯者，有治功、天演論、辨學啓蒙等書。幾何原本、奈端數理等爲算理之書。算理者，理學中之一種也。

以上各門，略舉大概，舊所已有者略之，舊所寡有者詳之。實則西人政學百新，無一書無獨到處，雖悉其所著而譯布之，豈患多哉？特草刱之始，未能廣譯，則先後緩急，亦當有次。蒙既未習西文，未闚西籍，率其臆見，豈有所當？惟存其一説，以備有力者之采擇而已。至如同一門類之書，則當於數書之中，擇其佳者，如記西國百年以來事實者，彼中無慮數十家，近人所譯馬懇西氏之書，聞非善本也。或擇其後出者。其有已譯之書，而近歲有續編及駁議等編，皆當補譯，以成一家之言，此亦譯本者所當留意也。

請言譯例。譯書之難讀，莫甚於名號之不一。同一物也，同一名也，此書既與彼書異，一書之中前後又互異，則讀者目迷五色，莫知所從。道咸以來，考據金元史稗，言西北地理之學，蔚爲大觀，究其所日日争辯於紙上者，大率不外人名、地名、對音、轉音之異同。使當日先有一遼金元三史國語解之類之書，泐定畫一，凡撰述之家，罔不遵守，則後人之治此學者，可無斷斷也。今欲整頓譯事，莫急於編定此書。昔傅蘭雅在製造局所譯化學汽機各書，皆列中西名目表，廣州所譯之西藥略釋，亦有病名、藥名等表，皆中文、西文兩者並列，其意最美。時務報所譯各名，亦於卷末附中西文合璧表，欲使後之讀者知吾所譯之名，即西人之某名，其有訛誤，可更正之；其無訛誤，可沿用之。此整頓畫一之道也。惜未悉心考據，未能作爲定本。製造局之名目表則大佳，他日可以沿用矣。今區其門目，約有數事：

一曰人名、地名。高鳳謙曰：西人語言，佶屈聱牙，急讀爲一音，緩讀爲二三音，且齊人譯之爲齊音，楚人譯之爲楚音，故同一名也，百人譯之而百異。瀛寰志略所載國名之歧，多至不可紀極。宜將羅馬字母編爲一書，自一字至十數字，按字排列，注以中音。外國用英語爲主，以前此譯書多用英文也；中國以京語爲主，以天下所通行也。自兹以後，無論以中譯西，以西譯中，皆視此爲本，可謂精當之論。惟前此已譯之名，則宜一以通行者爲主。舊譯之本多出閩粤人之手，雖其名號參用方音者，今悉無取更張。即間有聲讀之誤，亦當沿用。蓋地名、人名，祇爲記號而設，求其舉此號，而聞者知爲何人何地足矣。近人著書，或矜言釐正，如謂英吉利乃一島之稱，稱其國名，則當云白爾登，謂西伯利亞之音不合，宜易爲悉畢爾之類，徒亂人意，蓋無取焉。今宜取通行最久人人共讀之書，刺取其譯名，泐爲定本。其續譯之本，有名目爲舊譯所無者，然後一以英語京語爲主，則盡善矣。

二曰官制。有義可譯則譯義，義不可譯乃譯音，此不易之法也。人名、地名，不過記號之用，譯音已足。至如官制一途，等差甚繁，職掌各别，若徒譯音，則無以見其職位若何，及所掌何事。如水師章程等書，滿紙不相連屬之字，鉤輈格磔，萬難强記，此一蔽也。若一以中國官比例之，則多有西官爲中土所無者。康成注經，以漢況周，論者猶譏其不類，况於習俗迥殊，沿革懸絶。且中國官制，雖品位不謟，職掌已未必脗合。如守土大吏，率加督撫之號，統兵大員，概從提鎮之名，鹿馬同形，安見其當。至於中土本無此官，强爲附合者，其爲乖謬，益不待言，此又一蔽也。今宜博采各國官制之書，譯一通表，先用西文列西名，詳記其居何品秩，掌何職守，然後刺取古今官制與之相當者，爲譯一定名。今有其官，則用今名；今無其官，則用古名；古今悉無，乃用西音，繙出名之。中國官稱喜襲古號，即如巡撫兼副都之銜，而遂號中丞，知州非司牧之任，而沿稱刺史，凡此之類不一而足，皆於正名之誼有乖。然人人知其爲同名異實，無所不可。若以西官襲中號，則人將因其所定之名，以求其所掌之職，苟立名不慎，則讀者鮮不誤會。即如英國印度之長官，與威而士之長官，譯者皆名之爲印度總督、威而士總督，而不知其權迥異也。此等之類極多，不可枚舉。取參錯之名而比較以定之，此事最難。如歷代職官表，可謂近代博大明備之書，然其定例以本朝官爲主，而列歷代之名於下，其前代有此官而本朝竟無之者，已多漏略失載，而其中以古制勉强牽合今制，實則其職絶不相類者，尤屬不少。夫同在中國，數其沿革尚且若茲之難，況以中例西耶！故苟其職爲古今悉無者，切不可勉强牽合，無寧譯西音而注其職掌而已。此後凡譯書者，皆當按西文查表，溝若畫一，則耳目不亂，制置釐然矣。若未能就此盛業，亦當於譯出之每官名下，詳注其品秩職掌，勿使學者疑焉。日本近日官制悉模仿西法，而其官名率多漢唐遺稱。若有中國古今悉無之官，則用日本名稱亦大佳也。

三曰名物。高鳳謙曰：泰西之於中國，亘古不相往來，即一器一物之微，亦各自爲風氣。有泰西所有中國所無者，有中國所有泰西所無者，有中西俱有而爲用各異者。至名號則絶無相通，譯者不能知其詳，以意爲之名，往往同此一物，二書異名。且其物爲中國所本有者，亦不能舉中國之名以實之。今宜將泰西所有之物，如六十四原質之類，及一切日用常物，一一考據。其爲中國所有者，以中名名之；中國所無者，則偏考已譯之書，擇其通用者用之；其並未見於譯書者，則酌度其物之原質與其功用，而别爲一名。其論韙矣。有生以來，萬物遞嬗，自大草大木大鳥大獸之世界，以變爲人類之世界，自石刀銅刀鐵刀之世界，而變爲今日之世界，其間産物，生滅相代，其種非一，或古有今無，或今有古無，或古今俱有之，而古人未能别析其名。如六十四原質，自古人視之，則統名爲氣、爲土、爲石而已。至於人造之物，日新月異，其名目之增，尤不可紀極。西人惟文字與語言合也，故既有一物，則有一音，有一字，有一名。中國惟文字與語言分也，故古有今無之物，古人造一字以名之者，今其物既已無存，則其字亦爲無用。其今有之物，既無其字，則不得不借古有之字而强名之，此假借之例，所以孳乳益多也。然以虚字假實字，沿用已久，尚無不可。不字、焉字、之字、也字、哉字之類。以實物而復假他實字以爲用，則鮮不眩矣。且新出之事物日多，豈能悉假古字。故爲今之計，必以造新字爲第一義。近譯諸名如汽字之類，假借字也；如六十四原質，鋅、鉑、鉀等之類，造新字也。傅蘭雅譯化學書，取各原質之本名，擇其第一音譯成華文，而附益以偏旁，屬金類者加金旁，屬石類者加石旁，此法最善。他日所譯名物宜通用其例，乃至屬魚類者加魚旁，屬鳥類者加鳥旁，屬木類者加木旁，屬器類者加匚旁，自餘一切，罔不如是。既無稱名繁重之苦，又得察類辨物之益。定名之後，仍用名目表之法，並列兩文以資證引，此譯家正名之宏軌矣。

四曰律度量衡。列國並立，則衡量必不一；列國既通，則必於其不一者，而思所以一之。李斯之制秦權秦量是也。今將譯通萬國之籍，亟宜取萬國之律度衡量，列爲一表。一英尺爲中國若干尺，一英里爲中國若干里，一磅一佛郎一羅卜等爲中國若干金。其西國之名，皆宜劃一，如或稱佛郎，或稱福蘭格，或稱羅卜，或稱盧布，或稱留之類。各國類别，勿有罣漏。四明沈氏，有中國度量權衡表一書，惜未大備，掇拾補苴之，斯成大觀矣。

五曰紀年。以孔子生年爲主，次列中國歷代君主紀年，次列西曆紀年，次列印度舊曆紀年，次列回回曆紀年，次列日本紀年，通爲一表。其有小國雖紀年不同，而無大事可載記者，暫略之。它日譯書，依名從主人之義，凡記某國之事，則以其國之紀年爲正文，而以孔子生年及中國歷代紀年旁注於下。

譯書有二蔽：一曰徇華文而失西義，二曰徇西文而梗華讀。夫既言之矣，繙譯之事莫先於内典，繙譯之本亦莫善於内典，故今日言譯例當法内典。自鳩摩羅什、實叉難陀皆深通華文，不著筆受；玄奘之譯瑜伽師地論等，先游身毒，學其語，受其義，歸而記憶其所得，從而筆之。言譯者當以此義爲最上，舌人相承，斯已下矣。凡譯書者，將使人深知其意，苟其意靡失，雖取其文而删增之，顛倒之，未爲害也。然必譯書者之所學與著書者之所學相去不遠，乃可以語於是。近嚴又陵新譯治功、天演論，用此道也。

凡義法奧賾條理繁密之書，必就其本文分別標識，則讀者易了。經學以儀禮爲最繁密，故治儀禮學者，分章節務極細；佛學以相宗爲最奧賾，故治慈恩學者，修科文務極詳。今西人格致、律法諸書，其繁賾與相宗、禮學相埒，凡譯此類書，宜悉仿内典分科之例，條分縷析，庶易曉暢，省讀者心力。近英人潘慎文新譯格物質學，頗得此意。其或佳書舊有譯本，而譯文佶屈爲病，不可讀者，當取原書重譯之。南書涅槃經，經謝靈運再治，而大義畢顯，華嚴楞伽皆經唐譯而可讀，其前事也。如同文館舊譯之富國策，而時務報有重譯之本，廣學會舊譯之泰西新史攬要，而湖南有删節之編，咸賅原書曉暢數倍，亦一道也。

舌人聲價日益增重，譯成一籍，眥已不貲，而譯局四設，各不相謀，往往有同此一書，彼此並譯。昔製造局所繙化學鑑原，並時繙者凡有四本。黄金虚牝，良可歎嗟。今宜定一通例，各局擬譯之書，先期互告，各相避就，無取駢拇。然此非有司之力，殆未易整齊也。

請言譯才。凡譯書者，於華文西文及其所譯書中所言顓門之學，三者具通，斯爲上才；通二者次之；僅通一，則不能以才稱矣。近譯西書之中，算書最佳，而幾何原本尤爲之魁，蓋利、徐、偉、李皆邃於算，而文辭足以達之也。故三者之中，又以通學爲上，而通文乃其次也。今國家之設方言學堂，其意則非教之以學也，不過藉爲譯署使館之通事而已。故其學生亦鮮以學自厲，肄業數年，粗識蠻語，一書未讀，輒已出學，若此類者，殆十而六七也。夫執略解華文能操華語之人，而授之以先秦兩漢舊籍，欲其索解焉不可得也。今責此輩以譯西文，殆猶是也。故欲求譯才，必自設繙譯學堂始。馬建忠曰：繙譯書院之學生，選分兩班，一選已曉英文或法文，年近二十，而姿質在中人以上者十餘名入院。校其所造英、法文之淺深，酌量補讀，而日譯新事數篇，以爲功課。加讀漢文，由唐宋八家，上溯周秦諸子，日課論説，使辭達理舉。如是一年，即可從事繙譯。一選長於漢文，年近二十，而天姿絶人者亦十餘名。每日限時課讀英、法文字，上及拉丁、希臘語言。果能功課不輟，不過二年，洋文即可通曉。適可齋記言四其言韙矣。入學堂一二年以後，即以譯書爲功課，譯才成而譯出之書亦已充棟矣，此最美之道也。惟譯天、算、格致、聲、光、化、電、法律等專門之書，則又非分門肄習，潛心數載，不爲功也。

日本與我爲同文之國，自昔行用漢文，自和文肇興，而平假名、片假名等始與漢文相雜厠，然漢文猶居十六七。日本自維新以後，鋭意西學，所繙彼中之書，要者略備，其本國新著之書亦多可觀。今誠能習日文以譯日書，用力甚尠，而獲益甚鉅。計日文之易成，約有數端：音少，一也；音皆中之所有，無棘刺扞格之音，二也；文法疏濶，三也；名物象事，多與中土相同，四也；漢文居十六七，五也。故黄君公度謂可不學而能，苟能强記，半歲無不盡通者。以此視西文，抑又事半功倍也。

又梁啓超《大同譯書局叙例》 譯書真今日之急圖哉！天下識時之士，日日論變法，然欲變士，而學堂功課之書，靡得而讀焉。欲變農，而農政之書靡得而讀焉。欲變工，而工藝之書靡得而讀焉。欲變商，而商務之書靡得而讀焉。欲變官，而官制之書靡得而讀焉。欲變兵，而兵謀之書靡得而讀焉。欲變總綱，而憲法之書靡得而讀焉。欲變分目，而章程之書靡得而讀焉。今夫瞽者雖不忘視，跛者雖不忘履，其去視履固已遠矣，雖欲變之，孰從而變之？無已，則舉一國之才智，而學西文，讀西籍，則其事又迂遠，恐有所不能待，即學矣，未必其即可用，而其勢又不能舉一國之才智而盡出於此一途也。故及今不速譯書，則所謂變法者，盡成空言，而國家將不能收一法之效。雖然，官譯之書，若京師同文館、天津水師學堂、上海製造局，始事迄今，垂三十年，而譯成之書不過百種；近且悉輟業矣。然則以此事望之官局，再自今以往，越三十年，得書可二百種，一切所謂學書、農書、工書、商書、兵書、憲法書、章程書者，猶是萬不備一，而大事之去，固已久矣。是以憤懣，聯合同志，創爲此局。以東文爲主，而輔以西文；以政學爲先，而次以藝學。至舊譯希見之本，邦人新著之書，其有精言，悉在采納。或編爲叢刻，以便購讀；或分卷單行，以廣流傳。將以洗空言之誚，增實學之用，助有司之不逮，救燃眉之急難，其或憂天下者之所樂聞也。

一，本局首譯各國變法之事，及將變未變之際一切情形之書，以備今日取法。譯學堂各種功課，以備誦讀。譯憲法書，以明立國之本。譯章程書，以資辦事之用。譯商務書，以興中國商學，挽回利權。大約所譯先此數類。自餘各門，隨時間譯一二，種部繁多，無事枚舉。其農書則有農學會專譯，醫書則有醫學會專譯，兵書則各省官局尚時有續譯者，故暫緩焉。

一，舊譯之書，或有成而未刻，刻而已佚者，隨時搜取印布，或編爲叢書，以便新學購讀。

一，中國人所著或編輯之書，有與政教藝學相關切實有用者，皆隨時印布。

一，海内名宿，有自譯自著自輯之書，願託本局代印者，皆可承印，或以金錢奉酬，或印成後以書奉酬，皆可隨時商訂。同志之士，想不吝見教。

一，本局所印各書，行款裝潢，悉同一式，散之則爲單行本，合之則爲叢書，收藏之家，至爲便益。

一，本局係集股所立，不募捐款，印出各書，譯費印費，所糜甚鉅，已在上海道署存案，翻印射利者究治。

又梁啓超《京師同文館館規》

一，各館繙譯，以漢文爲本。漢文未能明順，故繙譯洋文多有不通之處。嗣後查看前館學生，有漢文未能明晰者，著令仍歸後館學習漢文，午後再學洋文。

一，禮拜之日，各洋教習向不到館，是正宜温習漢文。雖後館學生間有作詩文者，亦有名無實。嗣後前後館學生，每遇禮拜日，加添漢文功課，或論策，或繙譯照會，以備他日辦公之用。其有願作詩文者，亦聽其便。

一，館中功課，以洋文、洋語爲要。洋文、洋語已通，方許兼習別藝。近來有一人兼習數藝者，難免務廣而荒；且有不學洋文、洋語，僅習別藝，殊失當日立館之本意。嗣後諸生務令先學洋文、洋語，通後亦祇准兼習一藝。其有不能洋文、洋語者，即由提調會同總教習分別差等，以示區別。

一，每月向有課表，各生勤惰，即責成各教習分別標注。每月課後，參酌平日之功課，定列等次。其新到館及後館各學生，學習洋文、洋語，限以一年爲期，可否造就，即惟副教習是問。各副教習務當破除情面，據實呈報，以免濫竽充數。

一，月課、季課以及年終歲考，前後館學生必須分別考試。第一次會考前後館能繙譯漢文各學生，其繙譯條子者，即歸次日考試。該提調務當實力稽查，嚴防槍替；其有不遵約束者，立即回堂照章辦理。

一，後館學生，向例早晨學習漢文，午後學習洋文。近來竟有午刻始行到館，並不學習漢文，殊屬有違館規。嗣後前後館學生，仍照舊立夏起限十點鐘，至立秋起限九點鐘到館，當面畫到。如逾時不到，即照章辦理。午後仍著提調不時抽查，倘有畫到後出館者，即著從嚴懲辦。其後館學生有告假及不到者，即責成副教習開列姓名，送提調處，與畫到簿校對查核，以憑辦理。

分年課級　肄業諸生，其各項課程，均有次第可循，如由洋文而涉獵諸學，共須八年。

首年：認字寫字，淺解辭句，講解淺書。

二年：講解淺書，練習句法，繙譯條子。

三年：講各國地圖，讀各國史略，繙譯選編。

四年：數理啓蒙，代數學，繙譯公文。

五年：講求格物，幾何原本，平三角，弧三角，練習譯書。

六年：講求機器，微分積分，航海測算，練習譯書。

七年：講求化學，天文測算，萬國公法，練習譯書。

八年：天文，測算，地理，金石，富國策，練習譯書。

以上課程，惟漢文熟諳、資質聰慧者可期成就，否則年數雖加，亦難有成。至西語則當始終勤習，無或間斷。而天文、化學、測地諸學，欲精其藝者必分途而力求之，或一年，或數年，不可限定，此其大綱也。至於細目，仍宜與各教習隨時體察，酌量變通。

考課章程　考試有月課、季考、歲試之分。季考於月終舉行，歲試於封印前舉行。月課、季考二日而畢事，歲試三日而畢事，提調、總教習、分教習監場；總理衙門堂官監場。月課例給花紅銀三十二兩，季考例給花紅銀四十八兩，歲試例給花紅銀七十二兩。夏季增加漢文課，每月給花紅銀八兩。歲試、季考則酌量課業之進退，而增減其薪水。大考每屆三年舉行，優者保升官階，次則記優留館，劣者除名。

又梁啓超《中國各報存佚表》　報章之利益，近世士大夫類能言之。沈沈震旦，報章闕如，考古之士，潛思冥索，以爲古者太史所陳輶軒所採百工矇瞽所箴誦，已爲報章之權輿，不過以其通上下之情，陳列國政治風俗之得失利病，與報館之職，頗相類，爰比附之，自張其軍，然究不得謂之爲報也。邸抄既興，略爲相近，然所紀者，諭旨奏牘之外，屏焉不録，但爲椎輪，體未備也。近世以來，斯道漸盛，林文忠公命譯外國近事，名爲西國近事彙編，月出一册，是吾國報章之最早者，是爲月報之始。五口通商，風潮漸播，上海一隅，尤爲中西人士薈萃之所，《申報》既出，是爲日報之始。丁戊之間，吾國迭受大創，乃講求中外之政學，是時魁人傑士，創《時務報》於上海，風靡一時，吾國始有旬報。是歲也，《廣仁報》亦創於桂林，七日一册，名雖不著，然溯星期報之始，首屈一指焉。報章體制，幾乎備矣。繼軌並興，斯道大暢。《知新報》屹立於澳門，《湘學報》屹立於吾湘，與《時務報》鼎足分峙，彪炳一時。他若《國聞彙報》以及各旬報中，頗多佳構，曰報則以《國聞報》《湘報》爲巨擘焉。月報寥寥，僅《萬國公報》孤鳴於世，星期報則尤闕如也。聖主幽囚，新政隳墮，內地報館，封禁無存。天津、上海、澳門爲權奸勢力所不能及，巍然存者，僅二三焉。《天南新報》突起於新加坡，頗爲敢言，不溺其職，苟能始終如一，亦何嘗非報界之偉著也。《漢報》以日本人之力，大聲疾呼於漢口。《新聞報》於政變之始，亦屬敢言，惜乎不能强立而不返，論者恡焉。日報之卓卓者，盡於此矣！香港各報章，能不媚權貴者，亦不乏其人。他若《亞東時報》、五洲時事彙報、《中外大事報》，皆出於政變之後，卓然名論，砥柱狂瀾，吾國旬報之不易得者，然綿力微薄，不能久遠，悲夫！後之興者，《蘇報》《中外日報》《同文滬報》，皆日報矯矯者，屹立於驚濤駭浪狂飈毒霧之中，難矣，誠可貴矣！歲在辛丑，新政再振，俊傑之士，多所建立，後之來者，蒸蒸日上，進步未知其所底止。今不具論，祝之禱之。若夫《國民報》《開智録》等，皆叢報之後來居上者也。《申報》開設最早，前之主持者，雖未能如近日各報之良，然頗能開風氣爲宗旨；近則以無恥小人，妄主筆政，顛倒是非，媚奸嗜利，吾恐自世界有報以來所未有者，異矣！本報主持清議，議論撰述，千秋萬世，自有定評者，不敢自譽。今採吾國自有報以來，列爲一表，亦報界之歷史所不可闕者。約分二類：一曰日報，星期報附之。二曰叢報。旬報月報附之。

日報			叢報		
宮門鈔	北京	存	京報	北京	存
官書局報	同	佚	諭摺彙存	同	同
京話報	同	存	官書局彙報	同	佚
燕京時報	同	同			
新聞彙報	同	同			
津報	天津	未詳	國聞彙編	天津	佚
直報	同	存			
國聞報	同	佚			
天津時報	同	未詳			
天津日日新聞	同	存			
申報	上海	存	時報務	上海	佚
新聞報	同	同	集成報	同	同
時務日報	同改爲中外日報。		昌言報	同	佚
中外日報	同	存	農學報	同	同

日報			叢報		
字林滬報	同改爲同文滬報。		蒙學報	同	續出
同文滬報	同	存	算學報	同	佚
蘇報	同	同	實學報	同	同
指南報	同	佚	萃報	同	同
博聞報	同	同	衛生報	同	未詳
商務日報	同	存	謀新報	同	未詳
游戲報	同	同	益智報	同	未詳
采風報	同	同	亞東時報	同	佚
消閒報	同同文滬報附張。		五洲時事彙報	同	同
笑林報	同	存	中外大事報	同	同
寓言報	同	同	格致新報	同	未詳
華洋報	同	同	教育世界報	同	存
奇新報	上海	同	畫報	上海	同
世界繁華報	同	同	益聞報	同	未詳
覺民報	同	存	選報	同	存
匯報	同	同	外交報	同	同
廣報	廣東	佚	金粟齋譯書	同	同
中西報	同改名越嶠紀聞。		中西教會報	同	同
越嶠紀聞	同	存	格致彙編	同	佚
博聞報	同改名安雅書局世説編。		萬國公報	同	存
安雅書局世説編	同	存			
嶺南報	同	佚			
嶺海報	同	佚			
寰球報	同	同			
商務報	廣東	存			

日報			叢報		
紀南報	同	佚			
廣智報	同	同			
湘報	湖南	佚	湘學報	湖南	佚
電抄	同	同	經濟報	同	同
京電録	同	同			
杭報	浙江	佚	譯林	浙江	存
白話報	同	同	經世報	同	佚
			羣學社編	同	存
			醫學報	同	佚
無錫白話報	江蘇	存	勵學譯編	江蘇	存
漢報	湖北	存	商務報	湖北	存
博聞報	江西	未詳			
廣仁報	廣西	佚			
渝報	四川	未詳			
閩報	福州	存			
膠州報	山東	存			
華字日報	香港	存	中國旬報	香港	佚
中國日報	同	同			
中外新報	同	同			
循環日報	同	同			
維新日報	同	同			
香港新報	同	佚			
通報	同	同			
郇報	同	同			
澳報	澳門	佚	知新報	澳門	佚
天南新報	星加坡	存			
日新報	同	同			
叻報	同	同			
檳城新報	檳榔嶼	同			

日報			叢報		
東華新報	雪梨	同	東亞報	神户	佚
廣益華報	同	同	國民報	東京	同
岷報	馬尼剌	存	譯書彙編	同	存
文興日報	舊金山	同	大同學録	橫濱	佚
華洋報	同	同	開智録	同	同
翰香報	同	同	清議報	同	存
寶文報	同	同			
中西報	同	同			
華美報	同	同			
萬球報	同	同			
新中國報	檀香山	同			
隆記報	同	同			
華夏報	同	同			
麗記報	同	同			

右表所列，僅得八九，闕漏謬誤，自知不免，深自恧焉。自報章興，吾國之文體，爲之一變，汪洋恣肆，暢所欲言，所謂宗派家法，無復問者；夫宗派家法，固不足言，然藩籬既決，而蕪雜鄙俗之弊，亦因之而起。覺世之文，與傳世之文固異，不能執此以繩，然後生來學，亦不可不知也。又或嬉笑怒駡，不無已甚，君子病焉。至如法言莊論，指斥是非，而纖佻謔浪之語，雜乎其間而不自覺，浮薄之習，賢哲所呵，吾自犯之，且爲尤甚，矢志湔滌，來者可追，並願普告我同文者。

又 **《新舊各報存目表》**一八七二—一九〇二年　本館編校者，彙録各地華字等報，先計其佚者，後計其存者，均於目下稍加圈識，取便學者查究；又於所存者略著價值，更便學者購閲，亦不敢自信無錯漏也。尚希識者函告幸甚。

中西見聞録
閩省會報
益聞録
新聞彙報
北京官話報
昌言報○○○
譯書公會報○○○
畫報
格致新報現改匯報。○○○
小孩月報
益智新録
格致彙編○○○
官書局彙報
囗囗報原文如此。○○○
五洲時事彙報○○○
江西通學彙編○○
實學報
女學報○○○
益智報
嶺學報○
香港中國旬報
天津時報
上海時務日報現改中外日報。○○○
指南報
博文報現改世説編。○
嶺南報
寰球報
紀南報

計已佚册報雜誌

時務報○○○
天津國聞彙編○○
求是報
集成報
萃報○○○
亞東新報○○
謀新報
中外大事報○
算學報○○
廣東醫學報○
四川渝報
經濟報
工商報
湘學新報○○○
浙江經世報
利濟報
囗囗報原文如此。○○○
澳門知新報○○○
横濱大同學報
日本神户東亞報○○
開智録○○○

計已佚日報

廣智報
國聞報現改天津日日新聞。○○
字林滬報現改同文滬報。○
廣東中西報現改越嶠紀聞。
廣報
嶺海報
無錫白話報○○○

湘報○○
湖南電鈔
漢報
政務處彙編政要每月一册。
北京官報
閣抄
京話報月出三册。○○○
天津大公報○○○
蒙學報月出三册。○○○
諭摺彙存
抄報
時事采新彙選每日一册。
北京工藝報每月二册。
覺民報
湖南新報每月三册。○○○
教育世界報月出三册。○○○
外交報全年卅二册。○○○
普通學報月出一册。○○
政學報全年卅二册。○
史學報月出一册。
通報
廣西廣仁報
北京公報
天津直報
中外日報○○○
匯報三日一出。○○○
商務日報○
新聞報○
京電報
杭報
澳報

計現有册報

萬國公報每月一册。○○
農學報半月一册。○○○
中西教會報
選報月出三册。○○○
圖畫演説報月出一册。○○○
中外算報月出一册。○
政藝通報每月二册。○
湖北商務報每月三册。○
郇報
杭州白話報全年卅三册。○○○
蘇州白話報七日一册。○
南洋七日報七日一册。○○
香港新報
羣學社編月出一册。○○○
新民叢報每月二册。○○○
勵學譯編全年十二册。○○○
譯書彙編月出一册。○○○
譯林月出一册。○○○

計現有日報

申報
順天時報○○○
天津日日新聞
同文滬報○○○
郴州政學徵信報三日一出。○○○
中國日報

蘇報　循環日報
廣東越嶠紀聞○　新加坡天南新報○○○
福州閩報　叻報
香港華字日報　雪梨東華新報
中外新報　馬尼剌岷報
維新日報　華洋報
日新報　寶文報
檳榔嶼檳城新報　中西報
廣益華報　萬球報
舊金山文興報　華夏報
翰香報　華美報
世説編○○　檀香山新中國報○○○
膠州報　隆記、麗記等報
附　上海游戲文章報七種
采風報　笑林報　游戲報　寓言報　新奇報　花月報　繁華報
以上各報均係所聞見者大概如此，餘俟續録。壬寅一九〇二年。四月下旬。
文中圈識照録，定價略。

又梁啓超《中國報館之沿革及其價值》　西諺曰：羅馬者非一日之羅馬。凡天下大業，必非一蹴可幾，必漸次發達，以進於圓滿之域，此事物之公例，無可逃避者也。雖然，其發達之遲緩而無力，獨未有如中國之報館者。中國《邸報》，視萬國之報紙皆爲先輩，姑置勿論。即自通商以後，西國之報章形式，始入中國，於是香港有《循環日報》，上海有《申報》，於今殆三十餘年矣。其間繼起者雖不少，而卒無一完整良好可以及西人百分之一者，以京都首善之區，而自聯軍割據以前，曾無一報館，此真天下萬國之所無也。十八行省每省之幅員户口，皆可敵歐洲一國，而除廣東福建外，省會之有報館者無一焉，此亦世界之一怪現象矣。近年以來，陳陳相接，惟上海香港廣州三處，號稱最盛，而其體例，無一足取，每一展讀，大抵「滬濱冠蓋」「瀛眷南來」「祝融肆虐」「圖竊不成」「驚散鴛鴦」「甘爲情死」等字様，闐塞紙面，千篇一律；甚乃如臺灣之役，記劉永福之娘子軍，團匪之變，演李秉衡之黄河陣，明目張膽，自欺欺人。觀其論説，非「西學原出中國考」，即「中國宜亟圖富强論」也。展轉抄襲，讀之惟恐卧。以故報館之興數十年，而於全國社會無纖毫之影響。大抵以資本不足，閲一年數月而閉歇者十之七八，其餘一二，亦若是則已耳。惟前者天津之《國聞報》，近日上海之《中外日報》《同文滬報》《蘇報》，體段稍完，然以比諸日本一僻縣之報，猶不能望其肩背，無論東京之大者，更無論泰西也。若夫叢報，則更不足道。前者惟《格致彙編》稍稱完整，然出於西人之手，且據上海製造局官書之力，又不過每季一册，又僅明一義，不及其他，然猶僅出二十八册，遽亦中斷。其次則《萬國公報》，亦出西人之手，憑教會之力，其宗旨多倚於教，於政治學問界非有大關係焉。甲午挫後，《時務報》興，一時風靡海内，數月之間銷行至萬餘份，爲中國有報以來所未有，舉國趨之，如飲狂泉。作者當時，承乏斯役。雖然，今日檢閲其舊論，輒欲作嘔，覆勘其體例，未嘗不汗流浹背也。夫以作者今日之學識思想經歷，其固陋淺薄，不足以當東西通人之一指趾甚明也，則數年前之庸濫愚謬，更何待論。而舉國士大夫，乃嘖嘖然目之曰：此新説也，此名著也，嗚呼傷哉！吾中國人之文明程度，何低下之至於此極也。《時務報》後，澳門《知新報》繼之，爾後一年間，沿海各都會繼軌而作者，風起雲湧，驟十餘家，大率面目體裁，悉仿《時務》，若惟恐不肖者然。其間惟天津《國聞彙編》成於碩學之手，精深完粹，夐乎尚矣，然僅出五册，便已戛然。此外餘子，等諸自鄶。及戊戌政變，《時務》云亡，而所謂此十餘家者，亦如西山斜陽，倏忽匿影，風吹落葉，餘片無存。由此觀之，其當初設報之心果何在乎，不待鞫訊矣。《知新報》僻在貧島，靈光巋然者凡四年有餘，出報至一百三十餘册，旬報之持久者以此爲最，然其文字體例，尚不及《時務報》，於社會之關係，蓋甚淺薄。已庚之間，上海有所謂《亞東時報》《五洲時事報》《中外大事報》者出，皆頗闡新理，視《時務》有過之無不及；然當中國晦盲否塞達於極點之際，不爲學界所歡迎，旋興旋廢，殆無足論。客冬今春以來，日本留學生有《譯書彙編》《國民報》《開智録》等之作。《譯書彙編》至今尚存，能輸入文明思想，爲吾國放一大光明，良可珍誦，然實不過叢書之體，不可謂報。《國民報》《開智録》亦錚錚者也，而以經費不支，皆不滿十號，而今已矣！此實中國數十年來報界之情狀也。由此觀之，其發達之遲緩無力，一何太甚！吾向者謂欲覘國家之强弱，則於其報章之多寡良否而已。使此言而無稽也則可；此言如稍有可信者，則是豈可不爲寒心哉！推原其所以致此之由，蓋有數端：一、由於創設報館者，不預籌相當之經費，故無力擴充，或小試輒蹶；二、由於主筆訪事等員之位置，不爲世所重，高才之輩，莫肯俯就；三、由於風氣不開，閲報人少，道路未通，傳佈爲難；四、由於從事斯業之人，思想淺陋，學識迂愚，才力薄弱，無思易天下之心，無自張其軍之力。而四者之中，尤以第四項爲病根之根焉。嗚呼！案既往，考現在，不知吾中國所謂此第四種族者，何時始見其成立也！擲筆三思，感慨係之矣。

沈桐生《東西學書提要總敘》卷上《天學總敘》 象緯之學，尚矣。自開闢以來，神聖迭興，至軒轅氏，命大撓作甲子，羲和占日，常儀占月，車區占星氣，容成作蓋天儀，而天學始興。稽古帝堯，欽若昊天，置閏成歲。舜齊七政，璿璣玉衡。逮乎成周，馮相保章，各司厥職。《周髀》商高，專門名家。蓋天、渾天，儀器尤精。累朝史籍，天文有志，天官有書。推步測算，疇人術備。太初三統，立法尚疏，麟德大衍，漸能詳密。至元郭守敬造授時歷，可謂窮微闡幽，登峰造極矣。乃自泰西利瑪竇、湯若望、羅雅谷等航海西來，而言天學者於是參用西法，雖然，此非西人之創論也，其源流具見於中國古書。請類徵而詳説之。一曰天文體學，以明諸曜之形勢體質焉。按《中庸》云，日月星辰繫焉。《楚辭·天問》篇云，圜則九重，孰營度之？是即五星各麗一天之説。今西人謂太陽者，諸行星之心也，居中不動，其外有辰星繞之，地球繞之，熒惑繞之。又其外有穀女、武后、火女等十四小星繞之。歲星繞之，填星繞之，天王、海王繞之，皆各行軌道。所謂恒星者，有雙星、三星、四合諸星。此外有星團、星氣、星林，以及飛流彗孛等星。其間躔度次舍，寅餞永短，衝伏留退，順逆遲速，各有定準。大約諸行星可分爲三類，内類水金地火四星，體在大小之間，質重形扁。中類十四小行星，質輕體小，其軌道互相交錯。外類木土天王海王四星，質鬆體大形扁，俱有多月繞之，其本體之赤道，與各月之軌道平行，復有光帶形跡。此所謂天文之體學也。一曰天文用學，以器步諸曜之經緯也。按《周禮·考工記》云，匠人營國，水地以縣，置槷以縣，眡以景，爲規，識日出之景與日入之景，晝參諸日中之景，夜考之極星。水地者，即西人之用水準縣垂綫也。極星，如西人之測句陳大星也。此言定午綫也。又大司馬以土圭之法，測土深，正日景。土深，指南北。日景，指東西。夏至晝漏中，日南景短，是地在南近日，故土圭之景短也。日北景長，是地在北遠日，故土圭之景長也。此言定緯度也。日東景夕，是地在東，日過其國之午綫時，東地之景已夕。日西景朝，是地在西，日過其國之午綫時，西地之景方朝。此言定經度也。故欲測經度，先定午綫。西人之定午綫也，較準指南針，電氣差定子午儀，以窺日之過午，爲其國之午綫。其隨處測緯度也，則自日晷過午時用紀限儀，或經緯儀。屢測太陽高弧，爲本處太陽過午綫距地平高度，減蒙氣差，加地半徑差，爲實高度，以減象限九十度，得太陽距天頂度，以與本日太陽赤緯度南加北減，即得北極出地之度。其隨處測經度也，或用日食，或用太陰淩犯星宿時，或用木旁四小星掩食木星時，常用之簡法，則以極準時表，俟太陽過其國之午綫時，開準，乃行至本處，測其午正，視時表差若干，化分爲度，即知本處在其國東西若干度。此所謂天文之用學也。一曰天氣學，以明測候天氣變遷之理也。按《曾子天圓》篇云，偏則風，俱則雷，交則電，亂則霧，和則雨，陽氣勝則散爲雨露，陰氣勝則凝爲霜雪，陽之專勝爲雹，陰之專氣爲霧。霰雹者，一氣之化也。今西人《測候叢談》一書，專究天氣變化，地面熱度，言風，言雨，言霜，言雪，言雷，言電，莫不窮極微細。如日光照地，與氣上升，偏於燥則發爲風。火與上俱挾氣上升，阻於陰雲，奮迅決發，則爲雷。與氣交合，迸爲火光，則爲電。日氣入地，鬱隆騰起，冷發二氣，結雲成雨。升至冷際，乃凝爲露，是陽勝也。雲受冷侵，凝互成雪，與露結爲霜，其理略同，是陰勝也。夏月氣鬱，決絶上騰，逕至冷際驟凝爲雹。冬時氣升，嚴寒所逼，歸併點滴，下成爲霰。是雹霰者，皆陰陽一氣所結而成也。蓋西人言氣，有寒際温際之分，散熱傳熱之異。其理甚確，此所謂天文之氣學也。一曰天文力學，以証諸曜之攝力與行向也。按《莊子·天運篇》云，天其運乎，地其處乎，日月其爭於所乎。孰主宰是，孰綱維是，意者其運轉而不能自止耶。此地與諸曜互相攝動之理也。今西人謂諸行星交點退行之理，生於攝動。其攝動非發諸行星，而發於日。蓋地繞日，月繞地，五星繞日各行軌道者，因日體之攝力加之也。其行與力不能適合平圓，故皆行橢圓。至於向心力、離心力者，即質點運行其繞公重心者是。此本輪均輪之理，亦即歲差月差之由生，所謂天文之力學也。夫西人之言天學者，刱於希臘之嘉臘提表，其外若依巴谷多禄葦，皆各持一見，紛無定論。自歌白尼測得新法，踵其後者，若奈端，侯失勒，著書立説，推測布算，不爽毫釐。我朝握命凝符，窺天鑑地，理必求其淵源，數必究其根柢，如《御製數理精蘊》《曆象考成》諸書，綜貫中西，密合天行，一時象緯曆算之學，迥出尋常，誠千古以來盡善無弊者也。子輿氏有言曰，天之高也，星辰之遠也，苟求其故，千歲之日至，可坐而致也。西人可謂善求其故者矣。述天學。

又 《地學總叙》 《中庸》有之曰，今天地，一撮土之多，及其廣厚，載華嶽而不重，振河海而不洩，萬物載焉。此聖人之言地學也。然所謂地學者，講圖志者爲史學，非格致一派。格致之地學，乃地質、地理二學是也。蓋天地之所由分，以陰陽之氣既異，古所謂輕清者爲天，重濁者爲地，兩語盡之矣。故張横渠云，氣塊然太虚浮而上者，陽之清。降而下者，陰之濁。其感遇聚散，爲風雨，爲霜雪。萬品之流形，山川之融結，糟粕煨燼，無非教也。朱考亭云，天運不息，晝夜輥轉，故地確在中間。地者，氣之渣滓也，所以道重濁者爲地。此先儒語録闡發地學之理，固已昭然若揭矣。今西人精究地學，如地學稽古，則考其本原層級之所由始。如地理徵實，則明其山川河海江湖水地陸地之所由成，以及海流潮汐風雨之理。如地質辨物，則究土石之層累體質。皆確有至理，請分别而叙述之。其曰地學稽古者，何也？蓋西人之言地學者，以混沌未開之先爲荒古，混沌既開之後爲極古，動植生爲太古，人類生爲近古。據地學家言，地球當渾沌之初，體原極熱，當時沸蕩天空稀輭如汁，略成圓形，後漸涼漸縮，外皮凝結堅定，即成硬殼。漸遇空氣燥溼冷熱之變化，歷若干年，剥蝕腐爛，而成土石泥沙，地面始有今形。又謂荒古時，地體漸涼漸縮，外面遂成凸凹之狀，水聚於凹處，即爲洋海。凸處無水，即爲山原。其成深海、高山、平原之後，又多經起落漲縮，乃漸成今日之形勢。此之謂極古、荒古層。至太古層者，其始尚未有物，地球結膜，閒有高出水面者，則生緑苔青草。其内則生螺蛤之屬，是爲地球有生物之始。純陽鬱蒸，盛大蕃昌，草皆成樹，高數十丈。海則有巨魚飛鼉，陸則有異禽大獸，久之低者忽升，高者忽下，山原河海屢經變遷，延歷數十萬年，而人始生焉。此之謂太古層。若云近古層者，其時怪禽惡獸磨牙殺人，人乃斵木礪石，作爲弓斧刀矢之器以殺之。故近古最下一層，掘出器物類皆堅石所爲，西人名曰石期。及生人閱歷生巧，乃錬銅爲兵器，西人名曰銅期。最下一層已近地面，掘出各物則皆係鐵器，西人名曰鐵期。此之謂近古層。由是知滄海桑田之變易，高陵深谷之遷移。古人言之，西人申之耳。此地學稽古之大略也。其曰地理徵實者，何也？則以明陸地之山原，水地之江湖河海，以及潮汐風雨之理也。所謂陸地者，其形北廣南狹，有高山之緜亘，有平原之坦廣，故全球大勢，以近赤道者爲最高，蓋由地火噴發而成，至南北二極之冰山，則因冰雪凝結而成。若高山之益，爲其能出雲降雨，蓋海水熱漲上行，遇山嶺之冷氣，即變爲雨澤下降。如地震之理，則由地内熱汁漲縮無恒，一遇地心之火，奮發即成嶽崩川沸之災矣。至論平原之地，亦有不同。如土地肥沃之區，往往有江河之灌輸，故能物產滋豐。若其地爲沙漠戈壁，則風多雨稀，種植不繁，惟低窪處閒生水草，以資遊牧，而磽瘠特甚。是爲陸地之大勢。所謂水地者，如江河湖海之類，皆屬焉。蓋江河之大，皆由衆水所匯而成。其源多發高山深谷之閒，經支流灌輸，始成浩淼之勢。至湖則由江河諸水瀦蓄之處，高低淺深，因乎地勢。而其究也以海爲歸，朝宗萬派，畏此滔滔，汪洋澒洞，包涵萬象。其深處至於千尋萬丈，其質含鹽二十五分之一，能留地面之熱氣，能降地面之雨露。故環瀛九萬里，而水居七分，其利用靡窮焉。此水之大勢也。然江海之有潮汐，地面之有風雨，在在與地利有關，亦宜深求其故焉。夫潮者，地之喘息也。隨月消長，早曰潮，晚曰汐。按海半向月，半背月，向背二地，潮汐同時。蓋向月者，水爲月攝動而高漲。背月者，月吸球離水，水亦高漲。而且不特係乎月之攝動，并係乎日之吸引。觀夫朔望之際，月近於日，故月行疾而潮應大。朔望之後，月遠於日，故月行遲而潮應小。潮之大者，以月近於日，日之吸力，有以助月之吸力也。潮之小者，以月遠於日，日之吸力，不足助月之吸力也。故潮汐之大小，又以月之遠近爲準。此循環妙理，可深思而徐悟也。若夫地面之有風雨，其理尤可推求。蓋地球四周，包有空氣，氣熱則漲，氣冷則縮。一漲一縮，而風以生。故風者，空氣之流動所致也。原其升降遷移之理，一因地球有轉動，二因空氣有冷熱。至風之發熱，亦有二種。一因受日之熱，二因地球發出之熱。空氣受之，則漲而騰，二極冷氣因流進以補其缺，此恒風之所由生也。若其變，則爲暴風，爲颶風。暴風者，因地球上空氣熱極，驟然上升，四面冷氣吹進而起也。颶風者，或因風與地東西相反，或因日熱之光行改變，則風近地行，旋向轉换而生焉。由是而觀，則莊周所謂大塊噫氣，豈寓言哉。至若雨之所以降者，則因空氣燥溼之變。蓋地面熱氣吹過水面，氣候乾熱，凡有水處皆漸化而成水氣，水氣多則空氣溼，上升遇冷，即行凝結，濛濛細點，成霧成雲，至愈凝愈大，較空氣加重，則墜下成雨矣。地球之東南多雨，西北少雨者，以離海遠近故耳。他若霜露之成，由地球日閒所受光熱，至夜閒地冷，其空氣所含之溼，即降水成珠。雪雹之成，由空中冷結，水氣成冰則凝爲雪，若墜下時，上熱下冷，乃結爲雹，其理與雨大同小異。此所謂地理徵實之大略也。其曰地學辨質者何？分考土石之謂也。案地殼之土石，約分兩類。一曰有層累，一曰無層累。有層累者，其石層層相疊，有平鋪，有斜鋪，皆由水淤結而成，故又謂之水成石。無層累者，其石皆渾然體質，無層可分，乃由火融結而成，故又謂之火成石。至查其部位，則分段凡十二。第一段爲近今所成，中爲泥沙。第二段分白粉石、石膏、木煤三層。第三段有緑砂石、五色石脂等類。第四段有魚子石、黑泥片石等類。第五段約分二層，上多石膏，中爲灰石，下皆砂石。第六段爲鎂灰石及紅砂石。第七段多産煤層及青石礪石。第八段爲砂片石及子母石。第九、十兩段爲泥版沙版等石。第十一、二兩段爲花剛礫片等石。其層次井然，決無倒錯。至水成石中，則又多藏物跡，略分五等。一本體尚存，如海蘊所遺之殼。二形體尚存，本體已化爲他物，如煤中草木之踪跡。三形狀尚存，本體消滅，他物補入其中，如石蟹石、燕石鼂之類。四體質尚存，空留本物之痘跡，如石中所留蛤螺殼之空像，花木類之影像。五爲活物印跡，如石中所帶鳥獸足跡，蚓類行跡。此外尚有雨點打跡，波浪漾跡，小水流跡，日曬裂跡，均可辨認。至火成石，則無層無序，或壁立如牆，或分散如脈，或凸起如山。有如柱者，有四方者，有渾無定形者。然按形體言之，不外花剛、階形、火山三類之石。皆經格致家體察考驗而知。於以見輝含石韞，造物孕育之精華，真有廣厚莫測者矣。此所謂地學辨質之大略也。綜此三者，而知大塊鋪菜，大鈞亭毒，其所以鼓盪坤輿者，不外乎定質、流質之力。蓋氣質發熱，流而爲火，火氣凝冷結爲石層，外面蒸汽注於冷面，重降爲水，地心火力蒸發，與日光照熱，浮爲空氣，氣蝕水盪，石腐爲土，乃生動植，火發水漲，又多淹没，上加壓力，土又變爲石。死死生生，世界不一，無非一氣之循環而已。噫，吾觀地學家言，始而愕然，終而涣然。姑略述所聞，採摭成篇，以補淮南《墜形訓》之闕。然乎，合乎，吾不得而知之矣。述地學。

又《地志學總叙》 竊嘗欲横覽坤軸，控目寰瀛，以放跡乎罔食窅冥之區，偏歷乎殊俗絶國之廣，揮戈逐日，遠蹠高掌，顧宗生之志未逮，漢使之槎莫附也。於是惓惓夢軫，披圖指畫，聊復卧遊，髣髴乎泝東海而上之，策六鰲，濯扶桑，乘風破浪，望神山之縹緲而至東瀛焉。故老告余曰，日地舊分九道八十四國，自明治維新以來，盡撤藩封爲郡縣之治。初置三府六十縣，其後併爲三十六縣。三府者，東京府、京都府、大坂府是也。三十六縣者，神奈川、兵庫、長崎、新瀉、崎玉、千葉、茨城、山梨、静岡、愛知、三重、堺、滋賀、岐阜、長野、羣馬、橡木、福島、宫城、岩手、青森、山形、秋田、石川、島根、岡山、廣島、山口、和歌山、愛媛、高知、福井、大分、熊本、鹿兒島、冲繩等縣是也。惟北海道不在此例。至於要害之區，東爲横濱，西爲長崎，南爲鹿兒島，中樺爲大坂、神户、下關爲全國關鍵。他若壹岐、對馬等島，則爲外蔽之藩籬焉。小駐旬餘即乘輪東指，自亞細亞之東，繞道於澳大利亞之北，遥望新金山，南極正臨，巨浪拍天，詢之舟人曰，此即所謂新南威利士也。其地爲英人所屬，分建五省，曰：紐所威路、域多利亞、衮司倫、亞都律、西澳士地利。昔屬鴻荒，今闢榛蕪。其大埠有雪利、美利濱、咊打穩等，其近島有紐西蘭，稱要區焉。未幾舵輪駛行至太平洋，綿四萬里，巨浸汪洋，浩無際涯，然第覺波平如鏡，上下天光，一碧萬頃，曠視海面，島嶼縈迴，羅列如星。其東南曰會島低島者，法蘭西之屬也。曰友島者，英吉利之屬也。其西南曰拉特羅尼廿島，西班牙之屬也。其西曰希勃力第等島，德意志之屬也。其北五十羣島，日本之屬也。其餘散島皆酋長分攝，不相統屬。惟所稱檀香島者，黄白族繁，土番漸少，風俗臻美矣。由此西指，約半月輪程，抵北美彌利堅之紐約埠，爰舍舟登陸，至華盛頓都城，觀其崇墉櫛比，闤闠交通，知爲精華薈萃之區，爰假駐焉。適有美友造訪，具通款曲，因詢其國地，曰，是即所謂合衆國是也。都城之外，尚有緬邦、牛邦、花邦、馬邦、洛邦、千邦、紐邦、烏邦、邊邦、特邦、瑪邦、貴邦、諾邦、曳邦、卓邦、福邦、雅邦、密邦、禄邦、德邦、耳邦、典邦、建邦、米邦、默邦、音邦、伊邦、愛邦、威邦、梅邦等地，子盍一往觀乎。曰，余將次遊歷歐洲，未暇通歷南北美諸邦，煩吾友爲我約略言之。曰可。美之西南，有墨西哥焉。其都城曰達拉爾搬，山川秀發，風景清幽，奥壤神皋，産銀之礦甚多焉。墨國之東，有得撒國，其東南又有危地馬拉、桑薩爾瓦多爾、閔都拉斯、尼加拉瓜、哥斯德爾尼加五國，其地在海頸漸狹之區，有巴拏馬。頸者，闊僅六十里，爲全境之綰轂焉。至巴拏之南，又有可侖比亞。其國分爲三，曰加拉大，曰厄瓜多，曰委内瑞辣。地氣温和，植物豐饒焉。可侖之南，則有秘魯，其都城名曰利馬，濱河建築，頗極宏壯。境内有安達斯山，西環如帶，形勢天然。其南有玻利非亞，均饒有銀鑛焉。玻利之南，是爲智利，幅員褊小，而土沃礦旺。智利之東，則有拉巴拉他，其地荒草彌野，叢棘載道，終於蠻荒焉。若拉巴之東，又有巴拉圭湖河縈灌，土甚肥沃，都城曰阿松桑。此外尚有公塞桑等部，昔盛而今衰矣。其南尚有烏拉乖，除都城蒙德維納之外，尚有馬多那多等部，山屏河帶，物産饒富焉。至若南美大國，則首數巴西，縱横約九千餘里，除都城黑約熱盧之外，尚有勝寶盧等部，境内有亞馬孫大江，横貫東西，商舶蟻集，百貨填溢焉。其北境尚有歪阿那者，分屬於法、荷、英諸國。其南境有巴他峨拏，則近於冰疆矣。他若北美之坎拏笞，爲英屬之統稱。此外尚有古巴、牙買嘉、海提等島國焉。客言既畢，因泚筆記之。越宿挈裝登舶，作歐洲之遊矣。爰繞球背，鼓浪而前，覺朔風凜烈，陽威潛没，已入歐洲北海矣。因登舵樓眺望，忽見海面有地形如葵扇下垂者，知所謂瑞典、挪威是也。因披圖展閲，知瑞典之地，舊分四大部，并以挪威舊屬六部而成。至其都城，則建於美拉湖濱，爲通國之大埠焉。且其西與瑞隔海峽相迎距者，則又有丹馬，地形褊小，如握拳伸臂于海中。除都城哥本赫根外，有人德蘭等部。其峽口曰加的牙，横亘如根，貨船經過，設關権税焉。未幾見島渚敻然，鼎足互峙，蓋已抵英倫矣。因往倫敦遊覽，見林花嫣然，風景清幽，顧而樂之。詢之士人，知其國實合三島而成，其曰英倫者，即本國；其北境曰蘇格蘭，西島曰阿爾蘭。倫敦之南，有根得薩塞司烏義爾得等部，又有諸爾佛爾厄塞士、岡比利司等部，又有諸東白蘭諸部，中爲支士德部。至蘇格蘭，則在英倫之北，舊都曰壹丁不爾厄，爲北方之都會。其西隔海峽別爲一島，即阿爾蘭，其會城曰都伯林，皆各領屬部。至於口岸，則墨屑河口之利物浦，爲歐美往來薈萃之所。樸芝幙口，則爲水師船艦聚泊之區。形勢天然，稱要地焉。英遊既畢，旋乘艦渡海往法，縱一葦之所如，望哈浮而進發，見沿岸砲台林立，知已抵埠矣。既而進賽納河口，深廣清澈，傍岸石垣周繚者，即法都巴黎城也。爰登陸遊覽，弔拏破侖之故址，歎佳兵之不祥，因訪其屬地，則與英國隔海相望者，爲下塞納加爾瓦多斯滿砂等部；與西班牙接壤者，爲比里牛斯厄羅爾德等部；與比利時接壤，爲亞爾德尼斯本塞納等部；與布魯斯接壤者，爲羅內羅亞諸部；與意大利接壤者，爲亞爾卑斯諸部。平原沃野，溝洫蓄洩，物産稱爲極盛。旋乘鐵車飈馳，遍歷西葡荷比德奥義瑞諸國，將皆有車塵軌迹焉。因先逾比里斯牛山，見大山數疊，自東而西，横亘如垣者，則已至西班牙矣。爰至其都城馬得里，乃歐洲最高之地，憑眺四顧，見其北爲舊加斯德辣部，其西爲義斯得勒馬都拉部，西北爲加黎薩部，東北爲加達魯尼亞等部，其極南之及布羅陀海峽，爲地中海之咽喉。既乃乘車西發，渡德人河，見有砲壘聳峙者，則葡萄牙之里斯玻岦都城也。按其屬地，在中者爲義斯德勒馬多，在北者曰卑拉，在東者曰亞零德人，在南者曰亞利牙爾威，極北曰達拉斯德蒙德斯，均爲要埠。尋出葡境至海濱，見有地形窪下者，乃荷蘭之唵斯特坦都城也。考其地北部曰北荷蘭，南部曰南荷蘭，迤東爲烏德蘭支給爾德勒德倫得諸部，迤南爲非里薩古羅凝加等部，中有來因馬斯二河交跨，横直築隄，形如方罫焉。既而南往比利時，至伯魯色爾都城，問其疆域，則北有安都厄爾比西部，西有發蘭斯德諸部，迤南有海腦德那慕爾諸部，國甚褊小焉。因向北進發，已至德境，蓋歐洲之中原也。因駐柏靈都城小憩，主人告余曰，吾國分東西二土，東土巴郎的不爾厄部，即爲都城所在。迤北爲波美拉尼亞，東南爲西里西亞，東爲波森，西爲薩克亞，極東北爲布魯斯特，西士會城曰閔士得，在西法里部。其北爲勒那納，即萊尼也。近則合漢挪瓦，而統東西爲一土矣。因溯多惱河至奥斯馬加之維也納都城，登藏書樓，見其儲庋甚富，緬昔隆軌，不禁感慨係之。因問其地，則在都城之西者，爲的羅爾部，西南爲義士的里亞部，南爲壹黎里亞部，北爲波希米亞部，東爲摩里維里部。至所合匈牙利地，則有達郎西里瓦尼等部，皆西與土耳其接壤。因西南過海峽往意大利，遊羅馬教王之故都焉。問其地，則有勝馬里虐等部，至其要口，則曰波賽，曰然恩，其埠曰亞力山德者，乃闤闠之藪也。於是乘火車穿阿耳魄士北往瑞士，見峯巒起伏，萬景變幻，旋傍官斯丹薩大湖行，明漪盪漾，如入桃花源中，忘路之遠近，蓋歐洲勝境也。其腹地有百爾尼諸部，西有加拉利斯諸部，北有梭律勒諸部，南有德西怒諸部，全境清奇，甲於歐洲焉。諸國遊歷既周，爰乘艦過波羅的海，至俄京彼得羅堡，見形勢險阻，北拱冰疆，西枕黄海，誠地球雄國焉。考其國境，跨據亞歐美三洲，環長二萬餘里，共分四大省。在歐羅巴洲者二省：一曰波羅的省，爲俄羅斯本土，東爲彼得羅堡部，北爲芬蘭部，其中土爲墨斯科部，其西曰加斐牙部，南曰都拉部，北臨北冰洋者曰亞爾干日爾部，東境曰加匽部，西南曰小俄諸部，南曰南俄諸部；二曰波蘭省，乃兼併波蘭八部以合於白俄六部之地者也。在亞細亞洲者二省：一曰高加索省，亞州西境也，東至裏海，西至黑海西境之白爾木，與加匽接壤，以阿斯達拉干爲首部，北爲可侖不爾部，蒙回各部互市於此，南爲薩加社部，又南爲諾尼阿部、日爾日部；二曰西伯利省，亞洲北境也，西起烏拉山，東至大洋海，南抵外興安嶺，西北近烏拉山者曰海波蘭斯科部，其西南爲都木斯科部，迤東爲也尼塞士科部、可慕斯科部、義古斯科部，又南爲恰克圖，與中國互市之城焉，又東爲亞古德斯科，又東爲亞哥斯科，至堪加察部，爲亞細亞極東地。自此而東南至亞美利加，爲亞魯甸羣島，其後跨白令海峽，而據美洲之監加札荒地。又據歐洲極西北之芬蘭，與日本相近之古列羣島，蠶食鯨吞，餘威籠絡，近又佔朝鮮之月尾、絶影二島焉。俄遊既畢，因便道過土耳其境，往地中海，不禁讀昔也日闢國百里，今也日蹙國百里之詩，而爲之太息也。按土境分西中東三土，古羅馬猶太故地，其東土本西域游牧各部，在地中海東岸者，爲西里亞，以阿爾山德爲首邑。迤南爲猶太，以耶路撒冷爲都。迤南爲美索不達迷亞，又東爲古爾提士丹。其北爲阿爾美尼亞，其東南爲巴索勒貿易之地。其中土曰買諾，東境馬拉德勒比遜，與東土接壤，北距黑海。其西爲西威斯亞達那，又西爲加拉馬尼，又西爲阿那多里亞，三面距海，奧西土隔一海峽，爲出入要道。其西土曰羅美羅部，即都城君士坦丁所在也。西濱海隅，商船所聚，其西北爲西里士的黎亞，又東北爲瓦拉支摩爾達維亞，西北爲波西尼阿，迤東南爲沙威日薩爾黑坐義，而抵希臘界，此土疆域之可考者也。未幾已近地中海岸，見有伸臂海中槎枒如掌者，乃希臘國也。因至其都城雅典一遊，按希自昔爲聲名文物之邦，今則景象蕭條矣。除雅典外，其北有亞德納斯等部，其南有拏波里等部，并有戛卑亞羣島，此希境之大略也。希遊既畢，迺乘輪出地中海、紅海，道經蘇彝士河，明鐙照岸，恍如綴旒，右顧埃及，山水清修，欲登岸訪舊時石刻，迺炎熇特甚，瘴癘之氣咄咄逼人，來異國之人，誠有不可久留者。因展地志以資考證，按非洲地當熱帶，大半沙漠，迤北爲回部，迤南爲土番，其地約分五上：曰北上者，與紅海鄰，首爲埃及，其都城曰加義羅，地分二十五部，大半皆沙磧之地，惟傍尼羅河兩岸，稱爲嘉壤。其南曰努比阿，東枕紅海，散爲四小部，各有酋長。又南曰阿比西尼，地氣炎熱特甚。東接埃及者爲的黎波里，民皆遊牧。迤西爲突尼斯，其民安居執業，稱爲善良。又西爲阿耳及爾，今爲法屬。再西曰摩洛哥，其地北枕地中海，西距大西洋。其曰中上者，爲撒哈拉沙漠，東偏有回部二，南偏有總回部一，近努比阿者，曰哥爾多番，有巴拉大河貫之，其會城曰可卑德，其要部曰巴拉，爲商賈所萃。迤西曰達爾夫耳，沙壤相雜，廣八百里，都城曰哥卑，國屬埃及焉。至沙漠之南，回部甚多，中原坦闊，總名爲蘇丹焉。其曰東土者，在印度海之西。傍海隅者，曰亞得爾。地勢高聳重疊，河流交貫。其南曰亞然，城建海濱，有深港可以泊船，貿易頗盛。又南曰桑給巴爾，國分數小邑，其著者曰蒙巴薩美林德等，皆爲海濱埠頭。又南爲莫三鼻克，地多瘴癘，其索發拉埠，已爲葡人佔據矣。迤南爲磨諾麻達，皆係黑番，亦爲英人囊括矣。其曰西上者，在大西洋東岸，境内西屬法，曰幾内亞。東屬英，曰塞内岡比。迤南有美闢之地，曰奕尼。迤東屬比利時，曰孔戈。其公額大河之傍，則爲葡所立之昂痾拉奔給拉二部焉。其曰南土者，地形微橢，東面向印度海者，曰加弗勒里。西面距大西洋者，曰星卑巴西亞，曰痾丁多的亞。距大南海者，曰加不加弗里亞。其地叢林茂密，獸多獅象，鳥多鷲鷹。迤南有大浪山，舟人望之以爲標準焉。方閱非洲地志畢，忽見波濤噴湧，海頸狹隘，乃舟出亞丁口也。爰登舵樓瞭望，則馬達斯加羣島環列目前，忽見天空海闊，薰風南來，文鷁盪漾，海鷗浮沈，知舟行已過阿剌伯海，抵印度洋面矣。順流而下，則錫蘭一島，屹立海中，昂頭四顧，豪情勃發，不禁懷天竺之遺，溯身毒之舊而慨焉。興歎還舟小憩，因檢印度回部地志而考證之。按印度在藏衛之西南，地形三角，南銳北平，乾隆時，英人括有全土，於海濱建立三馬頭：東曰孟加拉，所以控其東陲；二曰曼打拉薩，所以扼其南疆；三曰孟買，所以鈐其西北。東印度之城曰加爾各答，最爲富庶。東北有阿薩爾之若爾合德城，麻大拉薩之海濱，有法國之埔，日本第治利至孟買，亦英屬會城。其適中之地曰亞加拉，至印度西北爲賽哥等部，其會城曰勞爾。孟加拉之東，英人新闢一地，曰亞山。其東南有數小部落，俱爲英屬。再南海灣有跋散漾貢各新埠，皆昔緬甸屬地，今割隸於英矣。此五印度之大略也。夫印度爲佛教所興，乃鷲嶺雞峯，河山依舊，舍衛鹿苑，遺跡盪然。所謂慧光照於震旦，而淨土反滋他族，良可慨已。至印度以西，尚有四回部：一曰阿富汗，二曰俾路芝，三曰波斯，四曰亞喇伯。昔號强勁，今則不振矣。既而見對面列樹蔥青，蜂房層疊，乃蘇門答臘島也。是謂南洋境矣。時值金輪西没，玉鑑宵明，微風瀾漪，萬象呈露，偕友人登高眺望，見島嶼環列，有若屏障。蘇之東南，爲三佛齊。其西北爲大小亞齊，立埠于西南之叭噹，其南之巽他海峽，北之麻六甲海峽，乃歐洲東來之門户也。麻六甲東南有新加坡，西北有檳榔嶼，其坍近小埠尚有芙蓉、彭亨、石蘭峨、卑力吉隆、罅律等島國。由此而來，舟行已過波羅洲，有馬神、昆甸、文萊、吉里問諸埠，其東有蘇禄小島，至婆羅正南爲爪哇，其埠有噶羅巴、泗里末、三寶壠，爲估帆輻湊之區。既至吕宋之弗立賓島，地形如魚，振尾欲縱，迤南有西武、民答那峩、西里伯摩鹿加、巴布亞諸島，拳石紛羅，皆分屬于西國焉。因嘗慨前明之置吕宋爪哇於度外者，實與棄大甯東勝河套哈密同一失策。蓋南洋各島環繞，儼爲海國長城，乃昔之共球相屬者，今爲他族之逆旅，不禁感慨係之。因入艙假寐，聞舟人相語云，已抵滬濱矣。而奔騰澎湃之聲，怪誕奇離之狀，尚歷歷在耳目間。壯哉此行！可酬素願矣。乃晨雞載唱，黄粱已熟，栩栩寤□此身仍蜷伏牖下也。爲悵然若失者，久之。述地志學。

又《學制總叙》 凡僕緣大地之上，號稱文教之國，圓顱方趾之倫，莫不有學。而學校之盛衰，即人才之興替係之。我中華胄衍神明，氣鍾靈淑，自昔聖帝明王，莫不以敬教勸學爲急務。爰考其制，虞則有上庠、下庠，夏則有東序、西序，間則有左學、右學。至周，則於辟雍外，兼設四代之學，曰東序，瞽宗，上庠，成均。又有師氏、保氏、司樂等官，以掌其教。大而德行道藝，細而名物象數，兼綜條貫，纖悉靡遺，故得人爲盛，而治術獨隆。逮及漢代取士，詔旨命之曰賢良方正，曰孝廉，曰博士弟子，曰茂才。徵辟察舉，蒲輪致召。至魏晉，專尚門第。

隋唐，漸用科目。宋遼金元明，試士之道各殊。而用文藝以擇流品，歸於一致。於是科舉之與學校，遂分兩途矣。此歷代學制選舉之大略也。今東西諸國，廣設學校，學有定制，授方任能，皆出其中。爰類存之，以資採擇。案日本之制，其高等學校分爲三科，曰理化學，曰博物學，曰文學。而每科又分數目，如教育學，倫理學，物理學，語言學，數學，化學，以及音樂、體操，皆統於理化學科。博物學科除倫理、教育、語言、數學、化學外，則有生理學、地質學、礦物學、動物學、植物學。文學科，除教育、倫理外，則有漢文、東語、英語、哲學、歷史、理財。其三科皆先以倫理教育者，俾學者知淑世持躬之道，嗣乃各專一業，以爲進身之階，及乎學成，則升入師範院。其學亦分三科，曰尋常小學科，曰高等小學科，曰尋常中學科。課程層級，縷析條分。此外尚有醫法工商海陸諸軍等學校。自東京以及各屬，皆仿行辦理。此東學之規制也。至若泰西各國學校，大略相同，而德尤爲明備。其制有郡學、實學、大學，以及技藝、格物、船政、武備等院郡學院，因材施教，專授史鑑、藝術、語言文字等書。實學院分班考試，以定進止。至於大學院，則各種書籍儀器，無不備具。一經學。係論其教中之事理，故不屑道。二法學。考論古今政事利弊異同，如何損益，又奉使外國，如何修辭，或通商事宜，有關國例者。然後入衙門考取，聽候簡用。三智學。係格物兼性理、文字言語諸事。四醫學。分爲六課，首以格物統覈全身，及内外諸部位。次論經絡表裏功用。次論病源，及製配藥品。次論胎產接生，必須考選。又技藝院，學習汽機、電報、採礦、陶冶、製煉、織造等事。格物院與技藝院同條共貫，大抵多發源於算學，算學則以幾何爲宗。器件齊備，使學者討論而窮究之。其要者，爲力學化學，考覈甚微。又格金石、植物、胎卵、溼化各物，如何而化，如何而生。觀天則有測步鏡儀，而算術爲最要。船政院，爲行船航海之學，先通外國語言文字，並天算、地理。若涉大海，茫無津涯，學此則隨處可知船在經緯幾分，各處潮汐之遲速大小，各處海口水道之深淺，礁石之隱顯，風雨如何趨避，器械如何得宜。至武學院中，則兼課測算繪圖諸法，槍礮機簧理法，槍礮諸件用法，子彈引伸藥力理法，子彈引伸各件用法，步隊、馬隊、礮隊營陣之要，營壘、橋道製造之法，山川險易攻守進退之機。至水師，則測風，防颶，量星，探石，辨認各國兵船，識別各處沙礁，先授末秩，循級而升。此外更有通商院、農政院、丹青院、律樂院，即至盲聾枯廢，無不各勤職業。此西學之規制也。吾嘗綜觀環球各國三十年來，皆以振學明術之效，樹安内攘外之基。崇學者積治以富强，虛僞者積衰以貧弱，事如操券，成效昭然。邇來我國家網羅英俊，推廣學堂，權衡萬國，圭臬三古，立格以待奇杰，分院以庋圖書。凡所立制度，總古今，包中外，該體用，貫精粗。事徵諸實，理探其原，删剔異言，標揭宗旨。綸綍昭宣，薄海遜聽。洵建中之上儀，混一之隆軌也。風會既開，英賢自出。或誇鳳翩之才，或備鷹揚之選。於以範圍天地，籠罩華夷，安邦輔主，建威銷萌，極巍焕，信景鑠，皆將於是基之矣。敢拜手而頌之曰，盛乎哉斯世。述學制。

又　卷下《算學總叙》　今天下競言西算矣。學堂林立，無不以算學爲權輿者，何也？蓋算雖爲一技一藝之末，實統乎萬事萬物之綱。故凡天文之高遠，地域之廣輪，居家而布帛菽粟，在官而兵河鹽漕，凡有關乎多寡厚薄之調劑，長短大小輕重之比較，莫不需乎算數。此算學之所以可貴也。中國自《河圖》寓加減之原，《洛書》肇乘除之祖，隸首立法，商高授書，掌於保氏，散爲疇人，秦漢而後，不乏專家。如劉徽注《九章》，王孝通撰《緝古》，李治述《天元》，朱世傑演四元，各有著述。至我朝稽古右文，振興算術，御纂《數理精蘊》，立綱明體，合貫中西，一時承學之士，若薛儀甫，王曉庵，梅定九等，類皆甄明八綫，洞曉六宗。其後自戴東原表章古籍，而算經諸書傳自錢竹汀，詳論三統、四分諸術，而推步之學精。至如徐莊愍之垛積招差，割圓綴術，李壬叔之對數探原，尖錐泛積，精心巧思不在西人之下。其餘如張古愚、羅茗香、董方立、項梅侶、戴諤士、徐鈞卿、劉省庵諸公，皆能發明古義，創撰新術。非中算之不西若也，第算書緐多，算理紛賾，窮年累月，莫殫莫究，不若從西算循序漸進，較爲直捷。兹特依其層級綴説演術，以明算數之理法。非曰能之，亦願學焉。一曰數學。數學以加減乘除爲始。乘者，加之簡法也。除者，減之簡法也。其外有諸等法，即斤求兩，兩求斤，度折里，里折畝，升進斗石，升折合勺杪圭諸等之法也。又有公生數之法，全算之爲大公生數，以去其重疊之數。簡算之爲小公生數，以求其相生之倍次，名爲公倍數。此乘法約計之簡法也。公其層次之度數，令齊等適盡，則爲公度數。此除法約計之簡法。其外尚有分數之法，曰命分者，存記其數，使仍爲整數也。曰約分者，因整數既有倍次，則分數亦可約使齊同也。曰通分者，以分母乘整也。此外尚有加分、減分、乘分、除分等法。其曰小數者，奇零不盡，實則爲分數之實數，皆以十爲母。蓋數整者，由一以上，引至無窮。數小者，由十而下，亦可引至無窮。故小數不限於十分，由十分引長至千萬億兆分，均無不可。西人凡算賦税、利息、保險，皆用此法。此所謂數學之用也。一曰比例。凡同類相比者，如綫比綫，面比面，體比體是也。同項相比者，如權比權，度比度，量比量是也。凡四率比例之首項與四項爲外率，二項與三項爲中率。外率相乘，等於中率相乘。若連比例三率，則首項兩項相乘，等於中項自乘。如以二項爲首項，三項爲末項，則爲反比例。無論何等四率比例，仁以他數乘除之，以屬反分合之理改之，必仍爲四率比例。因此四率之界度，本適相等，終不能變其倍次相等之理，與命分之分數除法無異也。至其目，則有正比例，轉比例，連比例，合比較，加減比例，按次遞加比例，按次遞減比例，遞加遞減比例，首尾互準比例，互和折半比例，互加互減比例，和數比例，較數比例，和較比例，此所謂比例之法也。一曰開方。凡乘方一綫自乘爲正方，大小兩綫相乘爲長方，一綫自乘再乘爲立方，長方又以高乘之爲長立方。開平方有面積求方根也。方根者，方邊之綫，其法視積之大小，以定初商。倍初商爲長廉，以長廉除餘積求次商，如不能適盡，又倍初次兩商以爲長廉，而求三商。依此往下遞求，分積之兩位爲一頓，凡數有幾頓，即可開幾位根數。此開正方也。至開長方，是爲帶縱，必有和較方能開之。和自乘，減原積四倍平方，較自乘加原積四倍平方開之，得較與和，此開長方也。至開立方，其法較繁。立方之形，分爲六面，求得整立方之後，必三面相加，以次商乘三方廉，三長廉，及隅法，以合成正立方也。其帶縱立方之法，可由此而遞推之。至開多乘方，其隅廉過多，難以言罄。此所謂開方之法也。一曰三角，即勾股弦也。短面爲勾，長面爲股，相與結角爲弦。然有平弧之分，蓋由立方而割之，則成三角體。平三角者，角度與邊綫互相求也。凡各度適足九十度者，曰正角。不及九十度者，曰鋭角。過乎九十度者，曰鈍角。而三角形之角度，併之適足半周，故有二角，可知餘一角也。有正角者爲句股形，無正角者爲三角形。而三角之比例，仍不外乎句股也。若由渾球面割之，則成弧角形。弧三角者，角度與弧綫互相求也。角有正，有鋭，有鈍，與平角同，而其法較緐。蓋平圓之割弧，以正弦正切爲比例。弧三角之三邊，皆爲弧綫，須三邊各作正弦以求比例。斜弧三角，則以垂綫分爲兩弧三角形，各以正弦爲比例。此所謂三角之理也。一曰八綫。八綫者，馭圓以方也。凡平圓之周，定爲三百六十度，自圓心平分圓周爲四分，名曰四象限。從正餘弦相接之點，向兩半徑各作垂綫，在正弧邊者爲正弦，在餘弧邊外者爲餘弦。正弦截半徑爲正矢，餘弦截半徑爲餘矢。正餘弧公用之半徑，割出圓外爲正弧邊切綫。截於正割者爲正割，爲餘弧邊切綫所截者爲餘割。正弧邊切綫截於正割爲正切，餘弧邊切綫截於餘割爲餘切。其形如每一角一弧，即有正弦、餘弦、正矢、餘矢，已成四綫於圓界之内。復引出半徑於圓界之外，而成正割、餘割、正切、餘切之四綫。内外共爲八綫，故曰割圓八綫。凡此八綫，皆九十度以内鋭角之所成。總而計之，則倒順四句股，比例相生用之極便。此所謂八綫之式也。然平弧三角八綫皆幾何學，西人統名形學，而總不外乎積點成綫，積綫成面，積面成體之理。故由渾球體而割之，則成諸多面體。由圓球而割之，則成尖錐。由尖錐割之，而成平圓、雙曲、拋物、橢圜四綫，而變化更無窮矣。一曰代數。西法之代數，即中法之四元也。四元別以位次代數，別以記號。法雖殊，理則一也。其法以甲乙丙丁代已知之數，以天地人物代未知之數，其加減乘除與筆算無異。所異者，分正負耳。正者，本有也。負者，負欠也。正負相同爲同名，不同爲異名，加減以同名爲主。故同名者則加減之，異名者則反用之，此理之易喻者。若乘除，以同名爲正，異名爲負，此理之難以言喻者也。至其中之變化，皆爲命分之聚化通約，遷項相消。不外此理之錯綜方程，即比例之求等一次及二次三次之方程，皆可不煩言而解。其二次雜方程式，須配成正方，以求同數。二次及多次雜方程，則須變其方程之二項爲零，次第以解之，即可得矣。總之，代數之馭題立術，左宜右有，即凡隱微紛緐者，無不可用以布算，且甚便捷。此所謂代數之術也。一曰微積。蓋用代數以馭極深之算，有時尚覺不便，故算家創微分積分之術。其算式彳爲微分，禾爲積分。本數之長數謂之微分，諸小較之一謂之微分。微分者，正流數也。微分還原謂之積分，諸小較併之謂之積分。積分者，反流數也。其理之大要，凡綫面體皆設爲由小漸大，一刹那中所增之積，即微分也。其全積，即積分也。故積分逐層分之爲無數微分，合無數微分，仍爲積分。其法之大要，以天代横綫，以地代縱綫，以伏代横綫之微分，以彵代縱綫之微分。凡代數式皆以法求其微係數，係於伏或彵之左，爲一切綫面體之微分。故一切綫面體之微分，與縱横綫之微分，皆有比係，而可疊求微係數，以得綫面體之級數曲綫之諸異點，是爲微分術。既有綫面體之微分，疊求微係數，可反求其積分。而最神妙者，凡同類諸題，皆有一公式，而每題又各有一本式。公式中恒兼有天地，或兼有伏彵，但求得本式中天與伏之同數，或彵與地之同數以代之，乃求其積分，即得本體之全積，是爲積分術。然則算學何以微積爲用乎？曰，算術以變繁爲簡、轉難爲易、化遲爲速爲善微積者。實因加減乘除開方之不勝其緐，且有窒礙難通之處，故立此二術以濟其窮，並使簡易而速者也。此所謂微積之用也。綜此諸級，而西算於是乎登峰造極矣。然而中西雖判，理法無殊。即如橢圜立術，稽故訓於《靈均》蒙氣有差，證前聞於姜岌，以及形呈句股，實爲三角之宗。度著弧弦，能賅八綫之用。對數之設，原比例之相連。代數之推，亦四元之遞衍。固不僅借根方之捷法，悉本天元一之遺規也已。學者苟能演習其數，鑽研其理，錯之、綜之、反之、覆之、比之、例之、代之、借之，方圓曲直，無所遁形。正負陰陽，無所遁情。微分積分，進而上之。精義入神，各種曲綫，動静重學，互爲其根，統大小以兼賅，合精粗而畢貫。非特一切準繩規矩度量權衡，皆能瑣屑周知。且可握尺管而窺乾軸，操寸錐而測坤維。其理至深，其用至廣，固不得以其細而忽之，亦不必以其難而畏之也。述算學。

又《圖學總叙》 古者圖史並稱，凡籍必系以圖。《尚書・刑德倣》，禹長於地理，得括地象圖，堯以爲司空。他如白澤王會益地諸圖，皆語出讖緯，不足徵信。《周書》伻來以圖及獻卜，此言地圖之始。案《周禮》，大司徒掌建邦之土地之圖，周知九州之地域，廣輪之數。司險職方諸官，又分掌之，其圖之互爲詳略可知。又案《管子》曰，凡主兵者，必審知地圖。轘轅之險，濫車之水，名山通谷，經川陵邱阜之所在，苴草林木蒲葦之所茂，道里之遠近，城郭之大小，名邑、廢邑困殖之地，必盡知之。地形之出入相錯者，盡藏之。然後可以行軍襲邑，舉措知先後，不失地利，則古人地圖之詳又可知。戰國時燕有督亢圖，漢蕭何入關，先收秦圖，因以具知天下阨塞廣遠。至晉裴秀作禹貢地域圖十八篇。制圖之體，凡六。一曰分率，所以辨廣輪之數也。二曰準望，所以正彼此之體也。三曰道里，所以定所由之數也。四曰高下，五曰方邪，六曰迂直。高謂岡巒，下謂原野，方如矩之鉤，邪如弓之弦，迂如羊腸九曲，直如鳥飛準繩，此三者，各因地制宜，所以校夷險之異也。其法至爲詳備。今西人既工測算，故圖繪特精，凡所至之地，窮探極測，山川道里，高深遠近，計里開方，瞭如指掌，皆圖學之功也。兹特舉其測繪之梗概而分叙之。案西人測地，亦分二端。一測地面平形，一測地面高形。其測平形也，所用之器最要者，爲經緯儀，爲測向羅盤，均爲圓周，分三百六十度，密者能辨分秒，疏者亦分半度，皆有指南針。經緯儀有窺管，測向盤僅安植表，繫絲於植表之視孔，成十字交點。視交點蔽所測之物，方爲指準。由是遞測成爲大小角度，至若道里河流之迂曲，則以記里車記其遠近，使容於各角度之内。此測平形之法也。其測高形也，所用之器最要者，爲紀限儀，爲瓶水地平儀。紀限儀爲六十弧度，亦能辨分秒，有活半徑及回光際綫等鏡，有窺管，亦繫十字綫，以測高深之都數。既求得山頂之垂綫，又用紅銅版爲象限儀，九十分之，懸垂綫於版心，繫錘使下墜，自弧之一角，依平邊仰望高處相切，視垂綫所成角，即爲斜度。行軍之圖，斜度約分三等，十五度以下，礮車能行。三十度以下，馬兵能行。四十五度以下，步兵僅能行。過此須攀援矣，故測斜度止於四十五。瓶水地平儀，以測逐層高低之數，器爲銅長管，管之兩端上安玻璃瓶，刻度，盛水。瓶與管成直角，管下承三足架，使管中承處爲活節，置器於高低之閒，升降銅管，視兩端瓶水等平而止。於器之上下，對管口植尺，自管窺之，而取其度。高低懸遠者，屢測之，而記其逐層之數。山勢硗礴者，環測之，而記各點之向。此測高形之法也。測事既畢，於是言繪。繪者，當首明分率。分率者，地與圖之比例也。地周三百六十度，度二百里，里一千八百尺，是則一尺實爲一萬二千九百六十萬分地周之一。凡爲圖，必先開方。設爲每方一寸，十方一里，是以圖之一尺，代圖之一千八百尺也。其分率爲一千八百分之一。他如或大或小，隨人度其圖之詳略而命之可也。分率既定，始布經緯度。經度當赤道處，每度相距二百里。漸北則漸狹，當用八綫表。以半徑一千萬爲一率，每度二百里爲二率，各地北極出地度之餘弦爲三率，求得四率，爲其地經度相距里數，按度推之，列爲成表，以便檢用。又作分率微分尺，如圖爲九十萬分之一，用四寸六十分之，名曰度尺。用四寸二百分之，名曰里尺。均畫對角斜綫表微分。又作分度器，密者以銅爲圓弧，玻璃爲中心，能辨三百六十度之分秒。疏者以明角片爲半周，分百八十度，度半分之，以作綫定點。此繪平形之法也。至若畫高之法，大要以山之各層平剖面平距數，依分率入圖。如其遠近方向作點，以曲綫聯之，爲天空俯視山頂，及各層平剖面之形。再於平剖面之閒，補作垂綫，上下交於兩平剖面界，必成直角。其疏密定率，兩垂綫相距，等於兩平剖面界相距四分之一，垂綫之方向，即斜度之方向也。粗視之，斜度小者其綫疏，斜度大者其綫密。若辨其度之幾何，則必以其距明之。其距者，山之逐層高較也。凡用其距者，分率愈大，則辨析愈明。此繪高形之法也。至於繪法，原無一定。歐洲各國，尚難一律。學者但當擇善而從，不必刻舟以求，是又在神明其意者。噫，吾觀測繪之學，所用綦廣，故於城邑川涂，則圖之以敷治理。邊陲險要，則圖之以慎防維。至若上測天星，下繪洋海，披圖以索，按籍以求，萬緒一綱，萬里一室，雖出儀器之精良，亦因習學之嫥壹，裨益實用，良非淺鮮。世有言測繪學者，願持此以質正之。述圖學。

又《醫學總叙》 醫之爲道，非小道也。是故良醫之功，比乎良相。醫術之用，擬於仁術。蓋所以免斯民於夭札，而登斯世於仁壽者也。中國之醫，由來者遠。自神農嘗百草之味，伊尹著湯液之經，上溯軒岐，經傳靈素，載稽《周禮》，醫屬天官。至於秦越人、張長沙、皇甫謐、孫思邈，道其源而始顯。張潔古、劉河間、主海藏、李東垣，暢其流而益明。蓋歷四千餘年，而後鴻術通乎神明，靈機出之妙悟。人得習諳乎明堂甲乙，玉册元球，博通乎三部九候、五運六氣，所以歸諸平淡，不尚新奇也。至若泰西醫學，當中國周貞定王時，有埃及人希布可拉第司者，著書六十餘種，而醫之學始傳於世。其後傳血絡周行之法者，有若哈爾斐。傳種痘之新法者，有若直納。以電學治病者，有若約翰。以化學治病者，有若畢始利。他如舍仇電之於外科，實父之於迷濛，類皆創行新法，特著神奇，邇來推闡愈精。醫者藥皆自製，器必求精。偶有不治，必考其由，而醫學於是大明。至若日本醫學，其初不及中國，觀許浚所纂《東醫寶鑑》一書，既粗且劣，近亦效法西醫。吾嘗觀其近所譯著各種醫書，圖說詳備，理法顯豁，而歎其進步之速矣。雖然，中醫優於理，西醫長於法。中醫失於虛，西醫泥於實。要之各有短長，莫能軒輊。茲特舉其大者而叙述之，以明醫學之功用焉。一曰診脈。考中國論脈之書，如扁鵲《難經》首言脈法，仲景則立平脈、辨脈二法於《傷寒論》中。迨西晉太醫令王叔和撰爲《脈經》，列脈二十有四，六朝時有高陽生者，僞託叔和之名，剽作七言脈訣，致有七表八裏九道之殊。劉元賓從而和之，晦盦朱子特斥其爲鄙淺僞書，元戴同父因而直刊其誤。前明李瀕湖以脈經二十四種，無長短二脈，脈訣亦二十四種。增長、短而去數、散，皆非也，因著《脈學》一篇，增入數、散二脈，且補以革之一脈，爲二十七脈。

本朝李延是復增以疾之一脈，余燕峯又增以大、小二脈，則脈合有三十矣。總之脈象雖繁，要當以舉、按、尋三字爲法度。上、下、來、去、至、止六字爲準繩。經曰，調其脈之緩急大小滑濇，而病變定矣。又曰大小滑濇浮沈，《難經》則曰浮沈長短滑濇。仲景曰，弦緊浮沈滑濇，此六者名殘賊，能爲諸脈作病。滑伯仁曰，提綱之要，不出浮沈遲數滑濇之六脈。此數説者，詞雖稍異，義實相通，意蓋以六者足以定諸脈之綱領，亦足以統表裏陰陽虛實冷熱風寒燥溼藏府氣血之病。《經》所謂知其要者，一言而終。不知其要，流散無窮。其斯之謂歟。今西醫則代以脈表，其用法則以脈表置於小臂，用帶繞之，左右有小鉤，上施鋼簧象牙板等件，故每脈一至，板必少動，如鐘表然。其端有奇形之筆，能使脈之起落畫於紙上，宛如綫形，以爲實證。而動力之大小遲速，毫無遁藏。然如《內經》春弦、夏洪、秋毛、冬石之四時平脈，以及屋漏、解索、雀啄、循刀之諸怪脈，他如《傷寒論》之診趺陽太溪太衝，則恐非西醫脈表所能及。此診脈之大略也。一曰辨症。按中國治病之書，以《靈樞》《素問》爲祖，下此則張仲景《傷寒金匱》，又爲羣醫之祖。於病情傳變，因症施治，法甚詳備。若西人內科新説，及內科全書，僅論熱證，祇如溫熱各症，不及傷寒論百中之一。而炎症則各藏之病，大半與傷寒相出入，如《新説》《全書》載胃肺各炎，半爲風寒食熱，以致積血，《傷寒論》所謂裏實積血諸病，早已賅之。《新説》熱症，祇及瘟疫熱症。而《內科全書》又有熱症論一卷，先辨論炎症與熱證之不同，又論小腸變壞熱症謂出疹、出麻、出痳，此症已可賅之。又分能傳染之熱證，即時行疫癘也。又論復發之熱症，其瘧及應時輕重症，以爲霉毒串發而成。此《內科全書》論熱證大概也。其小腸壞熱症，則《傷寒論》陽明病多與之類。能傳染之熱症，爲《傷寒論》之別症。復發之熱症，即《傷寒論》之食復、勞復等類應時輕重症。則《傷寒》所謂寒熱往來形似瘧者，病不一見也。他若其所論瘧疾之脾大積血，即《金匱》所謂瘧母也。其所謂霉毒入血傳經，即《素問》風入衛氣，日移其節之説也。即此可見西醫之考證精詳處，亦能證明古義。此外內科中尚有水證、黄證、頭痛、癲狂、勞症、欬血、瀉痢、霍亂，凡腦肺心肝胃膽腎等病，亦皆各舉治法。至於婦科兒科，另有專書。其論婦科者，如經帶妊娠胚胎等類，以及墮胎半產臨產産前産後等症。至論兒科者，如吮乳斷乳宜忌諸端，生牙換牙，麻証痘証，無不剖別詳細。此辨症之大略也。一曰方藥。中國古方甚鮮流傳，至漢張仲景，專以方藥治病，於是世有經方。其後如孫思邈，有《千金翼方》，王燾有《外臺秘要》，而方書臻多。綜計各家醫方，不下數百部，可謂盛矣。至於藥品之書，中國向以《神農本草》爲宗。其本經祇三卷，藥三百餘種，皆經考驗。至唐宋諸家，時有增益。及明李時珍《本草綱目》，則集成二千餘種，允爲大成。至於西醫，則有《萬國藥方》《西藥大成》諸書。或則按病註藥，按藥配方。或則詳其形性，言其功用，道其炮製，載其服數，亦既詳明，然方不外漏泄。分解清涼收酸，强壯緩攣等法，而其藥則草木少而金石多，且有與中國相反者。如大黄、黄連以爲補劑，硫强、硝强以爲當藥。且其內證諸方，用金雞那阿芙蓉者，十居八九。攝邪入胃而使之下行，苟中氣虛者，恒以伏留致困。觀此知西藥究非純和之品。然彼之所以致效者，蓋其平日食牛羊，飲火酒，且體氣亦有不同，故覺相宜。若以施之中國之人，則非特無益，而又害之矣。此方藥之大略也。一曰器具。中醫於外治亦有刀針諸器，然不若西醫之精良。按西醫於刺割所用者，有自開鉗、血管鉗、曲鉸剪、直鉸剪，刀則曰鈎曰割，針則曰探曰抗，以及手鉗、銀丹筩等器，皆精巧利用。其尤奇者，如凡外治而痛楚難受者，昔有哥囉哱迷藥，使病者昏迷，然後施治。嗣有法醫羅以司者，易以光學之法，其法將各色小回光鏡，置於架上，令其自行轉動，人見各色之光耀目，一分時即昏睡，五分後即沈迷。心既無知，體亦難動，而後治之，此爲最奇。又診病必觀舌苔，西醫則用寒暑表，置病人口内液中，看其熱度，即知病症。蓋人身平常之熱，現於口内液中，以九十八度四分爲率，有時差三四分上下，尚無相妨，若減至九十七度三分，則必有大寒之症。過於九十九度五分，則必有大熱之症。用表驗之，可以毫忽不差。其外有聽肺筒者，將此筒一端，按病人之胸，一端合醫生之耳，則肺病了然矣。有測喉鏡者，以一鏡納入人口，以一鏡反照入喉，能使纖微畢現。昔扁鵲飲上池水，洞見五臟癥結。今製此鏡，信有徵矣。此器具之大略也。一曰割症。按中國針灸之法，即西人割症之祖。《靈素》言針可去血絡之邪，此即西人放血之理也。考《内經》刺法，有九變十二節。九變者，輸刺，遠道刺，經刺，絡刺，分刺，大寫刺，毛刺，巨刺，焠刺。十二節者，偶刺、報刺、恢刺、參刺、揚刺、直針刺、輸刺、短刺、浮刺、傍刺、陰刺、贊刺。共二十一法。今考西人割治之症，骨肉死生，毒爲一類。瘡瘤癰傷，爲一類。天生肢體殘缺，贅疣通塞，爲一類。跌打損傷，折骨斷骨，爲一類。眼疾爲一類。淋疝，大小便結，爲一類。凡此皆用刀割。有内外割法，有挑起割法，又有從上下四旁割法，有焠鐵先炙後割之法，其焠而後割，即所謂焠刺也。其分割，即所謂分刺、毛刺、傍刺各法也。其刺内府出毒必深，即遠道刺、大寫刺、直刺各法也。其所要者，有手法，刀法，裹紮法、止血法、辟毒洗刷法，用器施工，皆極敏捷。大旨不欲以一體之壞累全體，去病之根，唯割最速。此割症之大略也。一曰衛生。中國古來講求導引辟食之方，其丹經藥録，閒有流傳。他如尋常所論者，則以參術芪苓，及一切血肉有情之藥，爲補益之品。而於日用飲食之道，頗多忽略。今閱西醫愛汶司所著《延年益壽編》一書，其中化分食物，究其利害，列表二十餘紙，上質鹽質，以果仁果肉爲最少，畜類之肉次之，蔬菜又次之，五穀荳屬爲最多。果中無含養氣之蛋白質，與微絲質，可以卻老。且多半含有酸質，如檸檬酸、蘋果酸、葡萄酸等，能使血不重濁，則暢行無礙。周回更捷，兼能涼血，不使血之熱度與天氣懸殊，遇冷畏縮。而養氣與有益之料，耗散自少，米飯亦易消化，但不如果品之速。蓋果品非但至胃即化，而所含滋養之料，多半化入血内，故能精神煥發，血行愈速，舊時所淤塞血管，一律疏通，耳目聰明，倍於平日，衰老變爲少年，果品之功有如此者。其中尤以葡萄爲最，蓋其功用，不特生津利氣，且燐酸極多，能補腦氣，能生胃汁。其所論實能補中醫所未備。因思上古之世，示有火化，其時巢居穴處者，多享遐齡，或以此歟。此衛生之大略也。以上所述西醫大概，已稱略備，其外更有奇者，如目瞽可補獸睛，脣缺可縫完全。考微蟲爲患之理，治瘟疫者因悟妙法。得電魚療疾之用，而癱瘓者多能起廢。種種新理，莫能殫述，閒嘗平心考察，逐事比較，而知中西醫術各有短長。中醫長於内治，如傷寒雜症，華人治之，明標本，依經絡，病情千變，藥品攸殊。雖有成方，隨症加減，苟得神乎其技者，何嘗不著起死回生之效。西醫無此精微也。若論西醫，則長於外治，如癰疽諸毒，金刃等傷，以及跌打贅疣之屬。西醫按病施治，利其器，敷其藥，計日可瘳。中醫鮮此把握也。他如洞明全體，精闡格致，則西醫之長，更有進矣。吾願學者略其短，而採其長，庶幾能出神入化，著手成春。於古者尊生慎疾之心，育物仁民之意，隱隱相符，豈曰小補之哉。述醫學。

又《全體學總敘》 全體之學微矣哉。攷《靈樞》經云，夫八尺之士，皮肉在此外可度量切循而得之，其死可解剖而視之。其藏之堅脆，府之大小，穀之多少，脈之長短，血之清濁，氣之多少，十二經之多血少氣，與少血多氣，與其皆多血氣，皆少血氣，皆有大數。解剖之言，始見於此。《漢書·王莽傳》，莽誅翟義之黨，使太師尚方與巧屠共刳剥之，量度五臟，以竹筳導其脈，知所終始，云可以治病。又趙與時《賓退録》云，廣西戮歐希範及其黨，凡二日，割五十有六腹，宜州推官靈簡皆詳視之，爲圖以傳於世。崇甯閒，泗水刑賊於市，郡守李夷行遣醫并畫工往視，抉膜摘膏肓，曲折圖之，盡得纖悉。校以古書，無少異者。《赤水玄珠》載何一陽説云，介先年精力時，以醫從師，征南歷剖賊腹，考驗臟腑，心大長於豕心，而頂尖不平，大小腸與豕無異，惟小腸上多花紋，膀胱是脬之實，餘如《難經》所云。由是言之，中國亦皆取之實驗，固不獨西人爲然也。今西人講全體學者，謂人身臟腑筋絡骨節腠理，如鐘表機輪，非開折細驗，無以知其功用，及致壞之由。是以其病院中，遇有死者，准醫局剖析肢體，窮究病症。故全體一學，繪圖列説，闡厥精微，亦學者之所當知者焉。按人身全體，各有專司，可分爲三大部，即首、幹、肢是也。首部爲腦之所居，而視聽嗅味之官在焉。幹部如臟腑之屬在焉。肢部則有手與臂以主工作，脛與足以主行動焉。其外尚有肌、骨、血、管四大類，均宜知其部位功用爲要。曷言乎首部也？蓋人身以首爲衆體之宗，首之頂，稱天靈蓋，前爲面，後爲肬，左右則有頰，有耳，中則有髮，至面部稱名尤夥。最上爲額角，下爲眼眶，眼上有眉，兩眉中間有印堂。其下有鼻，鼻有兩孔，鼻之左右爲兩顴。鼻下有口，口有上下兩脣，口下有頷，左右兩旁曰頰。其後曰腮，而總其類，則以耳目鼻口四者爲要。耳者，司聽之官也，分外中内三竅。其外有耳輪者，能攝聲而傳之外竅。外竅約深寸許，至耳膜爲界。耳膜，西人謂之耳鼓，乃外竅之衣，相倚而成者。至於中竅，有遞相連貫之骨四，一椎骨，二砧骨，三小珠骨，四馬鐙骨。再入則爲内竅，内竅歧路甚多，大致判爲三處，一曰三角房，二曰半圈骨，三曰螺紋骨。此耳竅之略也。目者，司視之官也，其體最爲奥妙。目睛爲球，後有目窠，胞内有皮曰罩睛皮，罩睛皮之内，有明角罩，所以透光見萬物者也。目睛球分三層，外層曰白殼，中層曰血絡黑油衣，内層曰腦筋衣。油衣之外，又有隔簾者，其中有孔爲瞳人，前後有清水簾，内又有微絲肉絲三層，能斂光於内。其内則有睛珠，有薄明衣包之，衣内微有清水，所以收束外入之光，以通乎腦筋衣。此目體之略也。至於鼻者，所以司嗅也。内有竅，外有珠，所以運氣之出入。其腦筋之異形，能以保其肺而不使惡氣吸入。此爲鼻之功用。若夫口者，所以司味司言也，其要在舌列於口底下，牙牀骨體兩旁端之間，其底或根由顩肌以連舌骨，由嫩膜之三折疊，即作爲舌會厭筋帶，以連會厭，此爲口之功用。然全身中尤以腦爲主。按腦體有大腦，有小腦，腦橋，脊腦，自和腦，諸筋綫。大腦主覺，小腦主動。大小腦綫共十二對，散絡面部，及聲管肌與肺心胃之間。腦橋在大腦底，專主決斷。脊腦綫有三十一對，分布上下，遍於周身，分前後兩條，兼主覺動，内而臟腑及頭頸之中，又有自和腦綫，皆腦結實串而成。自和者，自然呈能，不必由人管理。能使腹内各經相輔，管理血脈管微絲管之鬆緊長縮，使血行有度。故其腦府爲靈性所居之舍，其綫道爲精氣遊行之路，全身宗主，依以結體。此爲腦之體用。而首部之要，於是乎備。曷言乎榦部也？蓋人身之樞紐，以臟腑爲中榦。何謂臟？如心肝肺脾腎是也。所謂心者，位處胸中，左右有肺，周圍夾膜裹之，名曰心胞。下尖上闊，當中有直肉隔之，故稱爲左房、右房。左右半截之間，又有横肉間之，故又有上、下房之别，互相舒縮，機巧天然，實爲運行衆血之府也。所謂肝者，居膈肉右方，左右兩葉，向上圓滿，貼承膈肉，下鋭披離，外凸内窩，右靠腎而左枕胃，窩内横隙，透入下部，迴血合管以生膽汁也。所謂肺者，位居諸臟之上，體窩向内，中央有血管隔之，質輕而鬆，周圍有夾膜裹之，狀如懸磬，系以氣喉。肺葉左二右三，披離下垂，後面豐圓，粘附背骨。前邊利薄，逼近胸膛。其功用在能翕張開闢，吸養吐炭，以調劑生氣也。所謂脾者，居胃之左，上半有膈肉蓋之，形如豎掌。外邊豐圓向脇内邊豐窩向胃，其内有迴血管，由胃後入肝，脾質甚輭，可大可小，其用大率聚集往來餘剩之血，爲動脈寬閒之地也。至於腎臟，有内腎、外腎之别。内腎者，乃司溺之經，在大小腸夾膜之後，左右相對。右腎略大，上有肝腸蓋之。左腎略長，上有脾胃及大腸蓋之。周圍有肥網包裹，所謂腎系者，即溺水、血脈、迴血三總管。至於外腎，則爲生精之府，延嗣之經，兹不具述。何謂腑，如胃及膽及膀胱大小腸等是也。所謂胃者，其形紆曲如袋，横居膈下，頭大向左賁門，尾小向右幽門。下屬小腸，其功在能舒縮擁動，以運食物，以生津液。所謂膽者，乃肝液之囊，存貯其汁以待用者。其色緑，其味苦，繫連於右肝内旁之下，其汁乃下部迴血入肝所化，主榨食物之精液者也。所謂膀胱者，位居兩胯骨盤正中，其肉三層，體圓如盤，舒縮自如。其上口與前陰相連，溺水出焉。所謂小腸者，上口通胃，下口横接大腸，外皮光滑，内皮摺疊，食物由胃至小腸頭，即與膽汁甜肉汁會合，漸落漸榨出精液，以爲衆管所吸也。所謂大腸者，分上中下三迴。上迴與小腸相接，名曰闌門。中迴在肝下，横過胃底。下迴落至肛門，以傳渣滓也。至所謂甜肉經者，横貼胃後。中土初無其名，意乃膽之將伯歟。綜此諸類，而榦部之要，於是乎備矣。曷言乎肢部也？蓋人身外體兩旁有肩，其前有胸，有脅，有腹，有臍。其旁有腰，其後有背，有脊。脊管自上至下，直達尾閭。而後胸脅背三骨相連，方能指固。而其爲身之用者，以手足四肢爲要。手分數節，曰肱，曰臂，曰掌，曰指。臂上連肩而下連肱，臂肱旋轉之節曰肐，肱掌相連之節曰腕，每掌各五指，共二十八節。至足爲下二肢，脚指之節，其數亦同手指，但短而不能屈伸。脚盤有底，有凹。脚後曰跡，足以上曰脛，脛上曰膝，膝有圓扁之骨爲蓋。凡骨皆具於母胎中，獨此骨乃於孩提學行時始生。膝以上爲大股，自足至股，其節凡三。而肢部之要，於是乎備矣。至於血也，骨也，肌也，管也，其形質功用，亦當備悉。一曰血。蓋人身之有血，與植物之有津相類。本係無色流質，惟有紅色之微體，浮於其中，形質如輪，故謂之血輪。其中含質甚多，有養、輕、炭、緑、燐、鐵，及蛋白質等類。血之紅者，由肺中吸入空氣所致。血之紫者，因食物中有炭氣所致。然人身内大小百體，無不藉此以爲灌輪。此血之體用也。一曰骨。骨爲人身最堅之質，統計全軀長短圓扁共二百餘枚，另有牙齒三十二枚。各骨咸有衣包裹，名曰骨衣。其在頭者，曰額骨、枕骨、左右顱頂骨，左右耳門骨、蝴蝶骨、上水泡骨。其連全身之柱者，曰脊骨，如頸、骨、腰三骨是。其外尚有脇骨、胸骨、尾骶骨、尾閭骨、左右胯骨及骨臼。其在上肢者，有肩胛骨、鎖子骨、上臂骨、正肘骨、轉肘骨、手腕骨、手掌骨、指骨等類。其在下肢者，有腿骨、膝骨、胻骨、足拗骨、足掌骨、足趾骨等類，各有部位。此骨之體用也。一曰肌。肌之名狀不一，有取其方位者，如腹斜頭横是也。有取其部位者，如脛輔肘、肘輔腿是也。有取其形象者，如三角斜方是也。有取其分別者，如杈之數雙頭單頭是也。有取其功用者，如屈伸開合是也。有取其所挂之處，如胸鎖乳胸舌骨胸脾是也。總之，肌之在四肢者，則長，其淺者尤長。其深者則寬，俱圍於其骨，以保護其交節。在體者寬匾，大凡胸膛肚腹之空處，以肌爲壁，此肌之體用也。一曰管。有骨管、脈管、微血管、迴血管、吸液管、總吸管等類。骨管者，爲全身之架，及生長血液之要。脈管者，乃環柱形，由心之兩下房助運其血於周身。微血管者，即脈管分極之處，微細如絲，交結成網，絡於遍身。其管之膜極薄，最易呼吸精液，調和養炭之氣，并補肉之欠缺。迴血管者，由周身各處之微血管迴於心底，此管較粗於脈管。管内時有相疊門扇，血向心迴時，門依在一邊不擋血。若不回流，門即堵住，而血斷不能倒行。此蓋由微絲管呼出養氣，吸入炭氣，紅血又變爲紫血，必需迴血管使血迴流至心，再變新血也。吸液管者，分内外兩種。外者在皮膚之下，内者在肌與臟腑之中。此管無論内外，皆徧布周身，其最要者，爲總吸管，乃環柱形，其管由喉之下端起，即與第五項脊骨之對面而分爲左右兩肺氣管，爲呼吸出入之路，一呼一吸，使胸膛一起一落，諸血液管伸縮動盪，而化易之用神焉。此管之體用也。其外尚有皮也，甲也，毛也，髮也，筋也，脈也，油也，脂也，液也，膜也，或爲定質，或爲流質。其形質功用，不及縷述。吁，天地一大機輪也，人身一小天地也。其所以知覺運動者，有肌骨筋脈之器用，血液精汁之變化，臟腑之消運，腦筋之感覺，其循環機緘，誠爲大造所造，化工所化。儒者通天地，貫古今，而於己身之所有，豈不可識其名而知其故乎？是則全體學者，亦近取諸身之學也。因撮其大要，按次遞述成篇，觀者作銅人明堂圖視也可。述全體學。

又《動物學總叙》 嘗讀《禮》而至《樂記》曰，天地訢合，陰陽相得。煦嫗覆育萬物，然後草木茂，區萌達，羽翼奮，角觡生，蟄蟲昭蘇，羽者嫗伏，毛者孕鬻，胎生者不殰，卵生者不殈，則樂之道得焉耳。於以知古聖王對時育物，羣生咸若也。閒嘗仰觀宇宙之大，俯察品類之盛，其閒鳥獸魚蟲形形色色，洪纖各遂，或振翩而鼓翅，或鉤爪而鋸牙，或耀鱗而孕璆，或跂行而蝡動，莫不含靈抱異，亭毒散殊於九萬里地殼之中。古人云，一物不知，儒者之恥。然則動物之學，亦宜多識其名，而詳記其實矣。今東西各國，凡都會緐盛之區，均有動物園及博物院。動物園者，搜羅各國鳥獸魚蟲，置於院中，見其動作入息，飲啄飛鳴，以資考證。博物院者，乃以禽獸之已死者，□其皮以硝之，復以木屑實其中，使形體宛然如生。其蟲魚一類，有裝入玻瓶，浸以藥水者，即至一骨、一角、一鱗、一爪，莫不存其真迹，以備觀覽，非所謂體物不遺者乎。因類叙而實徵之，首爲有脊骨類。除人爲萬物之靈，不具述外，其四手者，乃猴類也。其種有長尾、長肱、長鼻諸猴，并伸般西歌拉利等皆是。其兩翼者，乃蝙蝠類也。其種有食血蝙蝠，及飛利摩飛狐狸皆是。若四足者，其類甚多，約分兩種。一有爪，一有蹄。有爪者分爲五類，曰食肉之類者，如獅虎豹貍野貓爲一類，犬豺狼野狗海乙那爲一類，黄狼銀鼠貂獺貓爲一類，熊貉樹貍爲一類，海狗海獅海馬海象爲一類。此類等物，齒牙堅利，舌如毛刷，故善嚙也。曰食蟲之類者，其齒牙甚圓，利於嚼蟲。如田鼠刺蝟是也。曰能齦之類，如鼠兔海騾箭豬等是也。曰無齒牙之類，如食蟻獸阿馬底羅木狗穿山甲等是也。曰有袋之類，如袋鼠幽頞袋箭豬鴨嘴獺是也。至若有蹄之一種，如象也，豬也，犀牛也，河牛也，羊也，馬與驢騾也，鹿與獐鹿長頸鹿及麋也，麝也，麞也駱駝也，其類約分兩等，有返嚼、不返嚼之別。其外尚有無手足一類，如鯨魚江豬海牛之屬，形狀尤奇。以上大都獸類居多，閒有屬水族者，與中書所分似有別異也。次爲鳥部，其類亦多。其食肉者，爲鷹類，如老鷹大鵟狗頭鷹貓頭鷹皆是。至樹棲之類，有圓嘴者，如麻雀百鴒鴉鵲霧鳥之類。有鉤嘴者，如鴟鳥夜鶯畫眉反舌之類。有大嘴者，如燕華麗翡翠鳥之類。有小嘴者，如蜂雀之類。其他尚有能跙者，則如鸚鵡啄木鳥是也。有能搔者，則如雞雉孔雀鵓鴿是也。有能跑者，則如駝鳥無翅鳥是也。有能入水者，則如仙鶴鷺鷥竹雞是也。有能游水者，如鷗鳥鵞鴨火烈鳥大鰲客是也。次爲魚屬，其體之奇者，外有腮以爲氣之呼吸，内有泡以劑氣之盈虛，大小各種名目不可勝述，約分兩種。有骨之種，如鱸魚青魚黄魚劍魚馬魚飛魚鰻鱺電鱔黄魡魚黄點鯆皆是。有脆骨之種，則鱘鰉魚鯊魚是也。次爲爬蟲類，約分五等。一龜類，二鱷魚類，三爲壁虎類，如蛤蚧虬龍變色龍皆屬焉。四爲蛇類，有毒蛇角蛇響尾蛇王蟒蛇之屬。五爲兩生類，因其體半肖魚，半肖爬蟲，如蝌蚪田雞樹蟾之屬是也。前所述者，綜爲四類，如獸也，鳥也，魚也，爬蟲也。此皆所謂有脊骨動物也。至於無脊骨動物一項，或爲圓節體，或爲輭體，約皆蟲類。其圓節之體，支派甚多。一飛蟲，有堅翅者，如地鱉蟲鹿角蟲掘墳蟲撲火蟲跳鱉蟲斑貓虎皮甲之類，皆屬焉。有直翅者，如蟑螂螳螂蚱蜢蟋蟀螽蝗蜩蟲之類皆屬焉。有沙皮翅者，如蜻蜓白蟻之類皆屬焉。有脆翅者，如黃蜂蜜蜂之類皆屬焉。有鱗翅者，如蝴蝶燈蛾蠶蛾之類皆屬焉。有半翅者，如蟬與蟻牛呀囒之類皆屬焉。有兩翅者，如蚊蠅之類是也。有無翅者，如蚤蝨蝨之類是也。此外有百足一類，其蟲身長多節，少則有二十四足，多則至八十足，大都皆毒蟲也。有多足一類，如蜘蛛蠍子瘡蟲是也。有有殼一類，如蝦蟹是也。有無足一類，如蚯蚓螞蝗是也。至若輭體之類，其物於體外具堅殼一層，此殼異乎蝦蟹而若房，約分有首、無首兩種。有首者，又分一殼、赤體兩類。一殼者，如魟魚蝸螺螺螄是也。赤體者，如蜒蚰墨魚鬼魚是也。至有兩殼者，其物皆無首，如蛤蚶蚌之類是也。此皆所謂無脊骨之動物也。其外尚有動植難分之種，如星魚也，海膽也，海參也，海蟄也，海菌也，海燐火也，海梳也，此類皆是。且有肖蔬菜者，則如菟葵海特珊瑚海絨皆是也。噫，吾觀動物學之書，歎其類聚羣分，考察體驗，凡五洲所有者，亦已略備。而何以證之《山經》，如當扈嬰勺赤足白身天吴開明八尾九首之類，曾不一見。豈古有而今無乎，抑西人未之見耶？掩卷沈思，莫明其故。頃聞德人某細核生物之數，有三十八萬六千種，擬彙成巨帙，此書若出，必爲大觀矣。請以俟諸異日。述動物學。

又《植物學總叙》 中國言植物學者多矣。自禹作《山經》，察情紀狀，白實黃華，赤枝青葉，光怪陸離，莫可名狀。《爾雅》所載，釋草釋木。《禹貢》所紀，惟喬惟夭。他若《月令》風詩，博引繁稱。下及《上林賦》之所陳述，《羣芳譜》之所臚列，則凡吐葩揚芬修條竦幹之類，莫不琅琅炳炳，箋釋靡遺矣。雖然，格物之功不獨識其名，亦宜盡其性也。《周禮》大司徒以土會之法，辨五地之物生。山林，其植物宜皁物。川澤，其植物宜膏物。邱陵，其植物宜覈物。墳衍，其植物宜莢物。原隰，其植物宜叢物。古者因物之性，各以土宜，故能物產蕃殖也。今西人格致家考究地面植物，共計十萬餘種，俱有定名定質，因推求其所以生長之理，傳種之理，纖悉細微，莫不畢具，亦博雅君子之所當識者也。茲特辨其種類，詳其體質，以略明其梗概焉。按植物之體，分爲內外，其內體共分爲四，曰聚胞體，曰木體，曰綫體，曰乳路體。何謂聚胞體？蓋植物有細胞黏合，中生漿液，凡果之瓤，草木之心，葉皮之內層，皆此物所黏合而成。其胞內有漿，夏綠秋黃，故葉之色亦隨而變也。何謂木體，乃無數長管所合而成，如動物之有骨。其管長細，既可枝幹堅固，又可使上汁上升也。何謂綫體？係合諸管所成，其中有作綫盤形者，有作螺旋形者，如芭蕉水蓮。此體甚多，以蓄養氣者也。何謂乳路體？亦支管之類，多在木之根皮處，貫以乳路，令樹之乳往來流通而受外風，此所謂植物之內體也。若論外體，其類甚多，曰根，曰幹，曰枝，曰葉，令植物生長之體也。曰花，曰萼，曰瓣，曰鬚，曰心，曰果，曰胚，曰仁，乃令植物傳種之體也。根之體奈何？其體聚胞以固根幹，且根有細管，有小口，以吸土中之汁，與樹上之枝葉相應，若雨露潤卜，管中即吸食之，以資長養也。幹之體奈何？蓋幹在初生之時，係屬萌芽，日光助之，始變木質。其體有外長、內長、上長、通長之分。外長之幹，共分五層，一爲內心，二爲內皮，三爲木質，四爲木質外層，五爲層外皮。若內長之幹，逐年遞長，質大而實，多聚胞體，不分層疊也。上長之幹，空而上削，故每年木落，即增一節。通長之幹，逐節而生，如葛蘚類。有長成圓體者，如番薯類。有四□分條者，如蕈之類。均幹屬也。枝葉之體若何？枝發於幹，葉生於枝，其多寡俱依螺綫，故樹枝多者，葉管亦多。由總管分出支管，支管分出細管，次第不亂。其外尚有無枝者，如椶櫚之類是也。又有葉如圓錐針形者，如松杉之類是也。而且葉之背面有數萬口，能吸炭吐養，引風引日，成爲新木質也。至於花之體質，分爲四輪，有萼瓣鬚心之別。其曰萼者，厥色甚綠，外苞以護花蕊，至花瓣落後，即爲果蒂，或爲果皮也。其曰瓣者，內有無數細胞，采色排列，因受日光，故鮮艷各呈也。其曰鬚者，其末有囊，中含粉質，其粉著於花心，始能孕果，爲植物傳種孳生之本也。其曰心者，係數皮所捲而成，每層皮內，分口、管、子房爲三體，內有小卵，卵內更有胚珠，卵外更有胞體，鬚之紛點，飛入子房，則動盪成胎也。至於果者，約分二類。一爲獨生果，如桃李梅杏之屬。一爲衆生果，如松實波羅之屬。果之皮，即子房衣也。果之蒂，即花之跗也。果之頂，即花之莖也。然獨生果衹有一心皮，衆生果則有數心皮。狀類不齊，如蒲萄橙橘石榴西瓜等類，又各有數房也。至若種子，其類有三。一爲胚胞，四圍有毛叢生，能令其入水不沈也。一爲胚乳，即漿之類。種子未吸土汁時藉此以養活也。一爲全胚，有生一仁、二仁、數仁或無仁者，而皆根幹之所以發生。凡此諸端，皆爲開花植物之約體。此外尚有無花植物，約分五類，曰背陰草類，曰毒苔類，曰石蕊類，曰蕈類，曰海帶類。其生長傳種之法，則不相同。且又有暗生植物，亦分二類，曰奇生，曰無法生。其變化尤無窮焉。而且植物之體，復具雌雄，足見化工鼓盪，其奇妙誠有不可思議者。雖然，此不過明植物體質之殊耳。至若其種類名稱，則不可覼述焉。近日東西洋各國考察試驗，立説著書，并以此列入學級也。蓋以天地間品彙紛紜，無事非學，即無學無用。植物學者，亦格致之一類，豈可以其細而忽之乎。述植物學。

光緒《覆奏譯書局章程》《東華續録》卷一四六　孫家鼐奏舉人梁啓超恭擬《譯書局章程》，并瀝陳開辦情形，據呈代奏一摺。譯書局事務前經派令梁啓超辦理；現在京師設立大學堂，爲各國觀聽所繫，應需功課書籍，尤應速行編譯，以便誦習。該舉人所擬章程十條，均尚切實，即着依議施行。此事創辦伊始，應先爲經久之計，必須寬籌經費，方不至於草率遷就，致隘規模。現在購辦機器及中外書籍，所費不貲，所請開辦經費銀一萬兩，俾得措置裕如；其常年款項亦應寬爲核計，着於原定每月經費一千兩外，再行增給每月二千兩，以備博選通才，益宏搜討。以上各款，均由户部即行籌撥，自七月初一日起，每月應領經費並着預先發給，毋稍稽延。其大學堂及時務官報局亟應迅速開辦，所需經費如有不敷，准由孫家鼐一併隨時具奏。至大學堂借撥公所，迭經諭令内務部剋日修葺移交，着趕緊督催，先將辦理情形即日覆奏。國家昌明政教，不惜多撥帑金，該大臣等務當督飭在事人員認真籌辦，務令經費綽有餘裕，庶幾茂矩宏規，推之彌廣，用副朝廷實事求是至意。

又《覆議新政有關繙譯諸奏疏》《東華續録》卷一六九　光緒二十六年十二月初十日上諭：「法令不更，錮習不破，欲求振作，當議更張。著軍機大臣、大學士、六部、九卿、出使各國大臣、各省督撫，各就現在情形，參酌中西政要，舉凡朝章、國故、吏治、民生、學校、科舉、軍政、財政，當因、當革、當省、當併，或求諸己，或取諸人，如何而國勢始興？如何而人才始出？如何而度支始裕？如何而武備始修？各舉所知，各抒所見，通限兩個月詳悉條議以聞。」

次年（一九〇一年），張之洞、劉坤一會奏變法自强，前後上三疏，其第三疏中提出有關繙譯東西學書的具體辦法，摘録於下：「一、多譯東西各國書。今日欲采取各國之法，自宜多譯外國政術學術之書。譯書約有三法：一令各省訪求譯刻，譯多者准請奬；然經費有限，書不能多也。一請明諭各省舉貢生員，如有能譯出外國有用之書者，呈由京外大臣奏聞，從優奬以實官，或奬以從優虛銜發交各省刊行，如此則費省矣。然外國要書，流播中國者無幾，不能精也。一請敕令出使大臣訪求該國新出最精最要之書，聘募該國通人爲正繙譯官，即責令所帶隨員學生助之；通洋文而文理深者，充副繙譯官，文理優而洋文淺者，充幫辦繙譯官；其全不通洋文而文理平常者，不准充出洋隨員學生，以杜濫竽糜費之弊。限三年之内，每人譯書若干種，每種若干字，回華繳呈，不得短缺；短缺及過少者，不准保舉。如此則去時洋文雖淺，歸時洋文必深，於隨員學生之學業，暗中多所成就；而所譯皆切用之書矣。然猶不能速也，并擬請敕令出使日本大臣多帶隨員學生，准增其經費，倍其員額，廣蒐要籍，分門繙譯，譯成隨時寄回刊布。緣日本言政言學各書，有自創自纂者，有轉譯西國書者，有就西國書重加删訂酌改者，與中國時令、土宜、國勢、民風大率相近。且東文東語通曉較易，文理優長者欲學繙譯東書，半年即成，鑿鑿有據。如此則既精而且速矣。」

王之春應詔連上二摺，其第二摺中建議廣譯羣書，摘録於下：「一、廣譯羣書。今日各國風氣大開，學問之途日廣，中國若專恃海内儒流，著書立説，其勢必有所不及。且農、工、商、兵之學，中國專書不盡適用，或且無之，若不借資外國，其學虛立，不能成就。前上海道馮焌光於同治年間譯西書數十種，風行海内，人争讀之，有益於中國學問甚大，如算學、化學諸書是也。或云中國卷軸繁富，白首難窮，何爲譯此？不知中國已有之書，其講道精深者必應謹守；中國未備之書，有學藝切實者不妨廣求。體用本聖學所兼修，道藝尤今日之急務。考之日本初變法時，凡學凡事，惟德國是效，及學校功成，大加增改，遂成爲日本之學，與德迥殊。今我果能博譯羣書，實心采法，他日必有成學懷忠之士，善爲去取，一旦改觀，譯書有用，無可疑者。擬請旨於京師設一譯書處，外派翰林部員數人率同繙譯官專司其事，譯成一書，進呈御覽後，或木印，或排印，分派京外各衙門以資采用。所譯之書以武備爲要，其他有關士農工商各學者，一體譯刻，惟取近時新出者爲至要。西書譯手本少，惟日本選譯最精，中東同文，通才學東文，三月便可卒業，以後漸推漸廣，次第兼及，凡東西有用之書皆可供我搜采，其獲益將無窮矣。」

張百熙覆新政疏，建議創立官報，設立譯局，摘録於下：「一，創立官報。報紙所以寄耳目，東西洋於開化變法之始，無不以此爲要圖。官吏不知民情，與草野不識時局，致上下不喻意，中外不通情，皆報紙不能流通之故也。中國通商各埠，由民間自行辦理者不下數十種，然成本少而宗旨亂，除略佳之數種外，多不免亂是非而淆視聽。又多居租界，挂洋旂，彼挾清議以訾時局，入人深而藏力固，聽之不能，阻之不可。惟有由公家自設官報，誠使持論通而記事確，自足以收開通之效而廣聞見之途。應請飭各省及有洋關設立等處，酌籌的款，或勸喻紳董各設報館一所，並粗定報律：一不得輕議宮庭；二不得立論怪誕；三不得有意攻訐；四不得妄受賄賂；此外則宜少寬禁制，使得以改革立論，風聞記事；不然，則恐徒塞銷售之途，不足間讒慝之口也。

又今日方議採西法，而不能繙譯各國書籍，是猶無米之炊。從前大學士曾國藩創設廣方言館按指繙譯館。於上海，所譯西書近百餘種，不及十分之一，且多屬舊法，已不適今日之用。所有學術章程等類需急用者正多，應請於京師津滬鄂粤等處設譯局數所，擇中外通達之區，以上海爲總局，先行開辦，延請通才，定爲凡例，所有官名地名人名物名以及製造格致諸家名目，皆擬成一定之音，書作一定之字，以就指歸而免淆亂。所有滬局開辦經費，請飭下南洋大臣妥籌巨款迅速開辦。蓋求才莫先於教學，而教學莫先於譯書，使即日爲之，而收效尚在十年之後，事固無急於此者。」

張謇上變法平議中，建議分省設譯書局，及設置文部總裁，主持編纂各級學校課本，摘録於下：「一，譯書分省設局。集一裘之腋者，必獵千狐，求連城之璧者，必剖萬璞，非好爲是煩難也。西政專門之書，經東人列爲學科者，類已踰百，而一類之中又有新舊之本，各家之説。約計所知，大抵又五六倍焉。若西書之繁，尤不勝數。注：據花之安《德國學校論》：一千八百七十一二年，新撰書二萬七百餘種；英國一千八百七十年，新撰書三千四百八十九種。今中國爲先河後海之謀，宜譯東書；即爲同種同文之便，亦宜譯東書。然各省同時並立學堂，並需課書，若專倚一省，不及供求取之殷；而各省榛興，亦慮有複沓之弊。謂宜約分門類，就江南注：蘇州、淮南書局并入。上海、江西、湖北、湖南、山東、四川、浙江、福建、廣東十處原有書局經費，各認若干門延致通才，分年赶譯，每成一種，互相分送，全數譯成，仍分各類，由宏達之士爲之芟蕪薙沓，集要鉤玄，都爲一書，以餉學者。收通力合作之效，亦即爲博學詳説之資。抑更有説焉：今天下新舊南北之見囂然矣，譯書事繁，雅才難得，苟勝其任，宜破嫌疑。非特藉兹實事，弭釁化争而已；以愛力合羣，其將由之。徵諸古，則宋太祖之修《太平御覽》；考諸今，則我聖祖之修《明史》，胡文忠之《寶善堂》，曾文正之忠義局，聖君哲相，神明之用，不大可思乎？一，權設文部總裁。中國教化之事，禮部任之。若開館修書，則特派總裁，任用部院府寺各官分承編纂之事。日本官制，舊仿《唐六典》，維新後始建文部，有學務編習局，凡一切學校之事，設學之區，教育之規，必經文部審定准諾；而授課之書，不得出文部檢查之外；故舉國業學，合轍同途。今各省普立學堂，則小學堂、中學堂、高等學堂、大學堂、大學院各科之書，必次第編輯課本，又必約準畢業年限，各家之學，不漏不繁，中人之資，可於限内畢業者，宜請特派學問賅洽、通知時事、素有聲望之大臣爲總裁，設局編纂。或令致仕大臣仿書局自隨故事，在外總裁，自辟賓僚，設局編纂。其有私家編擬課程之書，悉由總裁審勘，奏請朝廷勅定頒行。」

又《宣示諸臣實力講求西學》《清德宗景皇帝實録》卷四一八　諭内閣：數年以來，中外臣工講求時務，多主變法自强。邇者詔書數下，如開特科、裁冗兵、改武科制度、立大小學堂，皆經再三審定，籌之至熟，甫議施行。惟是風氣尚未大開，論説莫衷一是。或託於老成憂國，以爲舊章必應墨守，新法必當擯除。衆喙曉曉，空言無補。試問今日時局如此，國勢如此，若仍以不練之兵，有限之餉，士無實學，工無良師，强弱相形，貧富懸絶，豈真能制梃以撻堅甲利兵乎？朕惟國是不定，則號令不行，極其流弊，必至門户紛争，互相水火，徒蹈宋明積習，於時政毫無裨益。即以中國大經大法而論，五帝三王不相沿襲，譬之冬裘夏葛，勢不兩存。用特明白宣示，嗣後中外大小諸臣，自王公以及士庶，各宜努力向上，發憤爲雄，以聖賢義理之學，植其根本；又須博採西學之切於時務者，實力講求，以救空疏迂謬之弊。專心致志，精益求精。毋徒襲其皮毛，毋競騰其口説。總期化無用爲有用，以成通經濟變之才。京師大學堂爲各行省之倡，尤應首先舉辦。著軍機大臣、總理各國事務王大臣，會同妥速議奏。所有翰林院編檢、各部院司員、大門侍衛、候補候選道府州縣以下官、大員子弟、八旗世職、各省武職後裔，其願入學堂者，均准入學肄業，以期人材輩出，共濟時艱。不得敷衍因循，徇私援引，致負朝廷諄諄告誡之至意。將此通諭知之。

○**又《現有大小書院一律改爲兼習中西學之學校》**《清德宗景皇帝實録》卷四二

諭内閣：前經降旨開辦京師大學堂，入堂肄業者，由中學小學以次而升，必有成效可覩。惟各省中學小學尚未一律開辦，總計各直省省會暨府廳州縣無不各有書院，著各該督撫督飭地方官，各將所屬書院坐落處所、經費數目，限兩個月詳查具奏。即將各省府廳州縣現有之大小書院，一律改爲兼習中學西學之學校。至於學校等級，自應以省會之大書院爲高等學，郡城之書院爲中等學，州縣之書院爲小學，皆頒給京師大學堂章程，令其仿照辦理。其地方自行捐辦之義學、社學等，亦令一律中西兼習，以廣造就。至各書院需用經費，如上海電報局、招商局及廣東闈姓規，聞頗有溢款，此外陋規濫費當亦不少，著該督撫儘數提作各學堂經費。各省紳民如能捐建學堂，或廣爲勸募，准各督撫按照籌捐數目，酌量奏請給奬。其有獨力措捐鉅款者，朕必予以破格之賞。所有中學小學應讀之書，仍遵前諭，由官設書局編譯中外要書，頒發遵行。至如民間祠廟，其有不在祀典者，即著由地方官曉諭居民，一律改爲學堂，以節糜費而隆教育。似此實力振興，庶幾風氣徧開，人無不學，學無不實，用副朝廷愛養成材至意。將此通諭知之。

奕劻《議覆籌款開館譯書摺》《皇朝經世文四編》卷七　爲遵旨議覆，恭摺具陳，仰祈聖鑒事。竊臣衙門於光緒二十四年四月十九日准軍機處鈔交御史李盛鐸奏：時務需才，請開館譯書，以宏造就。乾隆年間開四書庫全館，西士譯著之書悉予著録。今者梯杭鱗集，文軌四通，政俗既同歸而殊塗，學藝復日新而月異。論外交，非洞明公法律例，無以爲應變之方；肄武備，非講求格致製造，無以爲制勝之具；言理財，非考究農工商礦，無以探養民富國之原。查現譯書事務，至日本明治以來，而所譯書極多由東譯華，較譯自西文尤爲便捷。應請飭下出使大臣，飭查日本所譯西書，全數購寄，以便譯印。至江南製造局譯書一事，仍飭查照成案辦理。如蒙俞允，所有譯書館事務應否特派大臣管理，抑或由管理官書局大臣兼辦等因。奉旨：該衙門議奏，欽此。

臣等查該御史所稱，籌款開館繙譯洋書以開民智而造人才，自係當務之急，亟應及時舉辦，以開風氣之先，且令京外各學堂有所肄習。至原奏所稱，譯書館事務應否特派大臣管理，抑或由管理官書局大臣兼辦一節，係爲鄭重起見，惟是譯書一事與設立學堂互相表裏，全在經理得人，不繫官職之大小。況所譯書籍既購自外洋，則擇地開館尤宜審慎周詳，庶經費不至虚擲。茲查有廣東舉人梁啓超究心西學，在上海集資設立譯書局，先譯東文，規模已具，而經費未充，殊非經久之道。上海爲華洋中外，所購外洋書籍甚爲利便，刷刊工本亦較相宜，該舉人經理譯書事務，可收事半工倍之效。臣等公同酌議，每月擬撥給該局譯書經費銀二千兩，即將該局改爲譯書官局，官督商辦。倘經費仍有不敷，准由該局招集股分，以竟其成。所譯之書，應先儘各國政法、治律、史傳諸門，觀其治亂興衰之故，沿革得失之迹，俾可參觀互證，以決從違。徐及兵治、醫學、農礦、工商、天文、地質、聲、光、化、電等項，收以實用。譯成一種，揭以提要，即寄臣衙門，以備進呈御覽。並令分送各省新設之學堂、學會、藏書樓各一分，以資考究。其餘准該局出售。俟開辦數年，復譯出之書漸多，售書之值可敷局中推廣之用，當即停撥官款，以節經費。如蒙俞允，即由臣衙門知照南洋大臣暨札行江海關道，就在出使經費項下按月撥給該局譯書經費銀二千兩。並札飭該局員，將開辦日期妥擬詳細章程，呈送臣衙門核定立案。至江南製造局譯書一事，仍應查照成案認真辦理，毋令廢弛。

所有臣等遵議緣由，理合恭摺具陳，伏乞皇上聖鑒。謹奏。

清總理衙門《奏請京師編譯局歸併舉人梁啓超主持片》　戊戌，總理衙門奏：「再本月初十日，臣衙門議覆御史楊深秀、李盛鐸請設局譯書一摺，奉旨依議，欽此。又軍機大臣面奉諭旨：京師大學堂指日開辦，亦應設立譯書局以開風氣，應如何籌款興辦之處，著總理各國事務王大臣一併妥議具奏等因，欽此。臣等竊維譯書一事，與學堂相輔而行，譯出西書愈多，則講求西學之人亦愈衆。故以日本區區小國，而所設譯局，在東京、大坂、熊本、長崎各地者，凡十餘處。今當更新百度之始，必以周知博采爲先。譯書既不厭其多，則譯局似不妨廣設，惟事必呵成一氣，始能日起有功。

查應譯之西書甚繁，而譯成一書，亦頗不易。若兩局同時並譯，不相聞問，易至複出，徒費無益；且書中一切名號稱謂，亦須各局一律，始便閲看，故大學堂編譯局，似宜與上海之官書譯局歸一手辦理，始能措置得宜。

查上海爲華洋要衝，一切購買書籍、延聘譯人等事，皆較便易，既經臣等查有廣東舉人梁啓超堪勝此任，奏准在案。今京局似可與上海聯爲一氣，仍責成該舉人辦理，由該舉人隨時自行來往京滬，主持其事。所有細章，皆令該舉人妥議，由臣衙門核定施行。

至京師編譯局爲學堂而設，當以多譯西國學堂功課書爲主。其中國經史等書，亦當撮其菁華，編成中國功課書，頒之行省，所關最爲重大，編纂尤貴得人。梁啓超學有本原，在湖南時務學堂編有各種課程之書，教授生徒，頗著成效；若使之辦理此事，聽其自行分纂，必能勝任愉快。至京局用款，視上海總局較省，應請每月撥款一千兩，由户部在籌撥大學堂常年經費項下，一併籌措，實爲妥便。所有臣等遵旨議覆緣由，謹附片陳明，伏乞聖鑒。謹奏。」

又《改譯書局爲譯書官局摺》　總理各國事務衙門議覆籌款開館譯書摺：竊臣衙門於光緒二十四年四月十九日准軍機處鈔交御史李盛鐸奏：時務需才，請開館譯書，以宏造就。乾隆年間開四庫書全館，西士著譯之書，悉予著録；今者梯航鱗集，文軌四通，政俗既同歸而殊途，學藝復日新而月異。論外交非洞明公法律例，無以爲應變之方；肄武備非講求格致製造，無以爲制勝之具；言理財非考究農工商礦，無以探養民富國之原。查現譯書事務，至日本明治以來，所譯書極多，而由東譯華，較譯自西文尤爲便捷，應請飭下出使大臣，飭查日本所譯西書，全數購寄，以便譯印。至江南製造局譯書一事，仍飭查照成案辦理。如蒙俞允，所有譯書館事務，應否特派大臣管理，抑或由管理官書局大臣兼辦。等因。奉旨：該衙門議奏。欽此。臣等查該御史所稱籌款開館繙譯洋書，以開民智而造人才，自係當務之急，亟應及時舉辦，以開風氣之先，且令京外各學校有所肄習。至原奏所稱譯書館事務，應否特派大臣管理抑或由管理官書局大臣兼辦一節，係爲鄭重起見。惟是譯書一事，與設立學堂互相表裏，全在經理得人，不繫官職之大小。況所譯書籍，既購自外洋，則擇地開館，尤宜審慎周詳，庶經費不至虚擲。兹查有廣東舉人梁啓超，究心西學，在上海集資設立譯書局，先譯東文，規模已具而經費未充，殊非經久之道。上海爲華洋總匯，所購外洋書籍甚爲利便，刷刊工本亦較相宜，該舉人經理譯書事務，可收事半功倍之效。臣等公同酌議，每月擬撥給該局譯書經費銀二千兩，即將該局改爲譯書官局，官督商辦；倘經費仍有不敷，准由該局招集股份，以竟其成。所譯之書，應先儘各國政治法律史傳諸門，觀其治亂興衰之故，沿革得失之迹，俾可參觀互證，以決從違；徐及兵治醫學農礦工商天文地質聲光化電等項，以收實用。譯成一種，揭以提要，即寄臣衙門以備進呈御覽，並令分送各省新設之學堂學會藏書樓各一份，以資考究；其餘准該局出售。俟開辦數年後，譯出之書漸多，售書之值可敷局中推廣之用，當即停撥官款，以節經費。如蒙俞允，即由臣衙門知照南洋大臣暨扎行江海關道就在出使經費項下，按月撥給該局譯書經費銀二千兩，並札飭該局員將開辦日期，妥擬詳細章程，呈送臣衙門核定立案。至江南製造局譯書一事，仍應查照成案，認真辦理，毋令廢弛。所有臣等遵議緣由，理合恭摺具陳。

又《京師大學堂附設編譯局諸奏疏》

一

軍機大臣總理衙門奏遵籌開辦京師大學堂摺：章程第五節：「西國學堂皆有一定功課書，由淺入深，條理秩然；有小學堂讀本，有中學堂讀本；按日程功，收效自易。今中國既無此等書，故言中學則四庫、七略，浩如煙海，窮年莫殫，望洋而歎；言西學則淩亂無章，顧此失彼，皮毛徒襲，成效終虚。加以師範學堂未立，教習不得其人，一切教法皆不講求。前者學堂不能成就人才，皆由於此。今宜在上海等處開一編譯局，取各種普通學盡人所當習者，悉編爲功課書，分小學、中學、大學三級。量中人之才所能肄習者，每日定爲一課。局中集中西通才，專司纂譯。其言中學者，薈萃經史子之精要，及與時務相關者編成之，取其精華，棄其糟粕；其言西學者，譯西人學堂所用之書，加以潤色。既勒爲定本，除學堂學生每給一分外，仍請旨頒行各省學堂，悉遵教授，庶可以一趨向而廣民智。」

孫家鼐奏陳籌辦大學堂大概情形疏：「【略】一，編書宜慎也。查原奏内開一編譯局，取各種溥通書盡人所當習者，悉編爲功課書，分小學、中學、大學三級，量中人之才所能肄習者，每日定爲一課。謹按：先聖先賢著書垂教，精粗大小無所不包者，各隨其天資之高下以爲造詣之淺深，萬難强而同之。若以一人之私見，任意删節，割裂經文，士論必多不服。蓋學問乃天下萬世之公理，必不可以一家之學範圍天下。昔宋王安石變法，創爲《三經新義》，頒行學官，卒以禍宋；南渡後旋即廢斥，至今學者猶詬病其書，可爲殷鑒。臣愚以爲經書斷不可編輯，仍以列聖所欽定者爲定本；即未經欽定而舊列學官者，一概不准妄行增減一字，以示尊經之義。此外如史學諸書，前人編輯，頗多善本，可以擇用，無庸急於編纂。惟有西學各書，應令編譯局迅即編譯。一，西學宜設總教習也。查原奏有中總教習，無西總教習，立法之意，原欲以中學統西學。惟是聘用西人，其學問太淺者無所裨益，其學問較深者又不甘於小就；即如丁韙良曾在總理衙門充總教習多年，今若任爲分教習，則彼不願。臣擬用丁韙良爲總教習，專理西學，仍與訂明權限，其非應辦之事，概不與聞。」

二

張百熙奏辦京師大學堂疏：「【略】一，譯局宜附設也。查現隷大學堂之官書局，開辦最早。當時即選譯各局書籍，及外洋各種報章。上海設立南洋公學，江寧新設學堂，亦先後奏設譯書局。是譯書一事實與學堂相輔而行，擬即就官書局之地開辦譯局一所。蓋欲求中國經史政治諸學，非藏書樓不足以供探討之資；欲知西國政治工商等情，非譯書局不足以廣見聞之用也。惟欲隨時採買西書，刷印譯本，更宜設分局於上海，則風氣既易流通，辦理亦較妥便。又繙譯東文，費省而效速；上海就近招集譯才，所費不多，而成功甚易。南中紙張工匠，比京師尤賤，擬即將東文一項在上海隨譯隨印，可省經費之半。惟是中國譯書近三十年，如外洋地理名物之類，往往不能審爲一定之音，書作一定之字。擬由京師譯局定一凡例，列爲定表，頒行各省；以後無論何處譯出之書，即用表中所定名稱，以歸劃一，免淆耳目。然譯局非徒繙譯一切書籍，又須繙譯一切課本。泰西各國學校，無論蒙學、普通學、專門學，皆有國家編定之本，按時卒業，皆有定章。今學堂既須考究西政西藝，自應繙譯此類課本，以爲肄習西學之需。惟其中有與中國風氣不同及牽涉教宗之處，亦應增刪潤色，損益得中，方爲盡善。至中國《四書五經》，爲人人必讀之書，自應分年計月，垂爲定課。此外百家之書，浩如烟海，亦宜編爲簡要課本，按時計日，分授諸生。蓋編年、紀傳、諸子百家之籍，固當以兼收並蓄，使學子隨意研求；然欲令教者少有依據，學者稍傍津涯，則必須有此循序漸進由淺入深之等級，故學堂又以編輯課本爲第一要事。現各處學堂皆急待國家編定，方有教法，上海南洋公學，江鄂新設學堂，即自編課本以教生徒，亦不得已之舉也。臣惟國家所以變法求才，端在一道德而同風俗，誠恐人自爲學，家自爲教，不特無以收風氣開通之效，且轉以生學術凌雜之虞。應請由臣慎選學問淹通、心術純正之才，從事編輯，假以歲月，俾得成書。書成之後，請頒發各省府州縣學堂應用，使學者因途徑而可登堂奧，於詳備而先得條流。事半功倍，莫切於此。」

清禮部《會奏變通科舉章程》 禮部謹奏，爲變通科舉遵旨會議具奏事：光緒二十七年八月初五日，內閣鈔出七月十六日奉上諭：科舉爲掄才大典，我朝沿用前明舊制，以八股文取士，名臣碩儒多出其中。其時學者皆潛心經史，文藝特其緒餘；乃行之二百餘年，流弊日深，士子但視爲弋取科名之具，剿襲庸濫，於經史大義無所發明，急宜講求實學，挽回積習。況近來各國通商，智巧日闢，尤貴博通中外，儲爲有用之材，所有各項考試，不得不因時變通，以資造就。着自明年爲始，嗣後鄉會頭場，試中國政治史事五篇，二場試各國政治藝學策五道，三場試《四書》義二篇，《五經》義一篇，考官閱卷，合校三場，以定去取，不得偏重一場。生童歲科兩考，仍先試經古，一場專試中國政治史事及各國政治藝學策論，正場試《四書》義、《五經》義各一篇。考試試差庶吉士散館，均用論一篇，策一道。進士朝考論疏、殿試策問，均以中國政治史事及各國政治藝學命題。以上一切考試，凡《四書》《五經》義，均不準用八股文程式，策論均應切實敷陳，不得仍前空衍剽竊。自此次降旨之後，皆當爭自濯磨，務以《四書》《五經》爲根柢，究心經濟，力戒浮囂，明體達用，足備器使，庶副朝廷求治作人之至意。所有各試場詳細章程，及其餘各項考試未盡事宜，着禮部會同政務處妥議具奏，欽此欽遵。仰見聖謨深遠，洞澈源流，於袪除積弊中甄拔真才，於講求時務中昌明正學，士林興起，薄海同欽。臣等伏考本朝定章，試士原有策論，近因鄉會歲科各考偏重時文，士學日非，遂爲通人所訾議。至經義始於北宋，體裁一如講義，文筆亦尚雅馴。溯查順治二年，制科取士，亦曾試以《四書》義、《經》義，厥後屢有變更。今既一律考試論策義，是準今仍以酌古，天下學術所在，即國家治本所賅，關繫實非淺鮮。惟科舉節目，頭緒紛繁，考覈務極其周詳，通變不離乎宗旨，臣等博稽例案，參酌時宜，謹將各項考試事宜，詳擬章程，開列清單，恭請欽定，伏候命下，分別咨行京外各衙門，一體遵照。其餘內外簾一應場規，悉照科場條例辦理，如尚有未盡事宜應行變通之處，即由各督撫、學政隨時酌度，咨由禮部另行覈議具奏。所有遵旨妥議緣由，是否有當，伏乞皇太后、皇上訓示遵行。再此摺係禮部主稿，合併聲明，謹奏請旨。

再前據山東學政尹銘綬奏，議變科舉，籲懇欽頒程式，以昭法守一摺，欽奉硃批：著政務處會同禮部議奏，欽此。查該學政所請欽頒程式，大意不外釐訂科舉章程；臣等業經遵旨將變通章程詳細酌議，開列清單具奏，應請毋庸再議。謹附片具陳，伏乞聖鑒，謹奏。

光緒二十七年十一月初一日奏。本日奉旨：依議欽此。

謹將變通科舉各項考試事宜，詳擬章程，恭呈御覽。

一，第一場試中國政治史事論五篇：中國歷史事蹟，具詳正史，其沿革大政，則《資治通鑑》《續資治通鑑》中采摭略備。御批《通鑑綱目》、御批《通鑑輯覽》二書，聖斷折衷，尤足昭示萬古。此外如唐杜佑《通典》、宋鄭樵《通志》、馬端臨《文獻通考》、欽定《續通典》《續通志》《續文獻通考》等編，士子平時用功，均宜博覽周知，以恢學識而資論斷。考官命題，則謹以御批《通鑑綱目》、御批《通鑑輯覽》及歷代正史爲本，上下古今已足賅括。至國朝掌故，書目繁多，講實學者尤宜切實討論，藉以援古證今，應聽考官酌舉命題，不必定以專書。

一，第二場試各國政治藝學策五道：查各國政治，自以學校、財賦、商務、兵制、公法、刑律、天文、地理爲大綱，其藝學則格致、算術、製造、聲、光、化、電等類，亦宜研究入微，各求心得。現奉新章，以此命題試策，士子講求時務，肄習有素者，自可各舒底蘊；惟恐邊遠省分，風氣尚未大開，現譯各書，亦未流傳悉徧，覆試均試《四書》義一篇，其應行恭默《聖諭廣訓》，悉仍其舊。凡生員優等及文童取進，若正場試卷文理同屬通順，應先儘其經古場之入彀者，以勵實學。

一，各省考試拔貢優貢，向例各分兩場，今既變通考試，拔貢頭場擬改試中國政治史事論二篇，各國政治藝學策一道；優貢頭場改試中國政治史事論一篇，各國政治藝學策一道。拔貢優貢第二場均改試《四書》義一篇，《五經》義一篇；拔貢優貢朝考，均改試《四書》義一篇，中國政治史事論一篇。其宗室鄉會試覆試及各直省鄉會覆試鄉試録科，並考試漢教習，均照優拔貢朝考一例改試。至翻譯會試：頭場向試《孝經》論一篇，《四書》文一篇，今擬將《四書》文改試《四書》義，《孝經》論改試中國政治史事論，其餘翻譯各項考試暨考試滿教習，向非八股時文，悉仍其舊；惟有論題者，均改試中國政治史事，以昭畫一。

一，向來朝考殿試散館考差，以及録取優拔，並中書教習謄録等項，類皆偏重小楷，兼及詩賦，今既改試策論，詩賦已屬無用，而小楷一道，徒捐志氣，耗目力，亦與實學無裨。嗣後遇有各項考試，但期字畫端正，無庸刻意求工，並准其添註塗改。考官閲卷，專取其文理優良，不得復以小楷之優劣定去取。除貢士殿試，皇上臨軒策問，體制宜崇，擬仍用朱絲直格大卷；其餘各場試卷，有直格無横格者，均添用横格；有横直皆無界格者，均添用直格横格，以便書寫。

一，官辦試卷，鄉會自有定制，今既改試策論義，並擬裁去謄録草稿，不用硃卷，若仍照舊式，則填寫年貌履歷及鈐蓋各項關防戳記，卷面不敷，卷内頁數多寡亦有不合。現擬展寬卷式：每頁紅格二十行，二十五字，頭二場均用十四頁，三場八頁，每場卷首均留空白三頁，預備彌封；每頁字數仍照舊例，不滿三頁者不録。卷頁行數既已加增，縱士子才長，亦儘敷獻藝，不得雙行擠寫。其鄉會覆試卷，仍照舊式，每頁紅格十二行，改用八頁。至頭場題目，應低二格照寫全題加論字，文改爲低二格寫；二場題目，仍低二格照寫全題加策字，文低二格寫；三場照《四書》文、《經》文例書寫原文，文亦頂格寫，所有添註塗改及一切違式應貼之處，悉照例辦理。

一，試卷取中後，向有磨勘，原以正文體，察弊竇，功令所垂，理宜核實；乃行之既久，漸涉煩苛，或摘取字句之小疵，或搜尋正草之脱落，其他不勝枚舉；士子拘牽避忌，往往尋行數墨，轉不能切實發揮，文體日卑，半由於此，今既改試論策義，但期學問之淹通，何必吹求於毫末，除有關弊竇及文理悖謬、剿襲雷同、直犯廟諱、御名諸大端，仍照例磨勘外，其稍有不諳例禁，無關緊要者，概從寬

擬請近科考試，先以各國政治藝學中之切於實用者命題，算學有應繪圖者，准其於卷内繪圖，迨數年後，振興鼓舞，造就有成，再由典試學臣酌量文風高下，由淺入深，或酌分門類，仿國初分經試士之法，以蘄專精而收實效。算學既歸入二場考試，前定中額應即裁撤。

一，第三場試《四書》義二篇，《五經》義一篇：查向來順天鄉試及會試，《四書》文題，均請欽命，現改八股爲《四書》義，移於後場，仍合校三場以定去取；擬請嗣後順天鄉試及會試，第一場論題，第二場策問題，均由考官酌擬；其第三場《四書》《五經》題，仍請欽命，庶於講求實學之中，仍寓崇尚經術之意，並請飭下各省鄉試考官，命題仍遵《四書》《五經》原文，不得删改增減，割裂聖經。

一，論策義體例，較之八股文律固應從寬，惟考官衡文，亦不得不限以程式：頭場五論，士子切題發揮，必須上下古今，指陳得失；策則每舉一事，亦必窮原竟委，議論詳明，總期各抒所見，不蹈空言。《四書》義、《經》義，尤宜樸實説理，研究精義，會通各家經説，闡發無遺，不得剿襲講章，膚淺塞責。其釐正文體之法，尤不得塗澤浮豔，作駢儷體，鉤章棘句，作怪澀體，仍不准闌入雜家謬論，二氏妄談，異域方言，報館瑣語，一切離經畔道之言，悉當嚴加屏黜。考官選刻魁卷，每場試藝，均應擇尤刊刻，以爲標準。

一，向例策題五道，每道或十餘條，或八九條，題目字數過多，故功令僅書第幾問；士子對策，無論空疏寡學者固屬依題敷衍，即實對者亦不過抄襲坊本，剿説雷同。今既講求實學，擬此後策士命題，每道約舉一二事；字句無多，即可書寫全題，俾士子切實敷陳，自不至仍前空衍。

一，鄉會試向設謄録，現經政務處議准裁撤，則對讀官亦應裁去。主試、房考等官閲卷，務宜秉公衡鑒，如有辨認字迹，狥私濫中，一經發覺，應即從嚴議處。至試卷向有空白起草，故事奉行，寖成虚設。今既講求實學，五論、五策、三義，士子各場竭一晝夜之力，已苦不支，擬一併裁去；鄉會覆試卷應行起草者，亦照此辦理。其餘一切考試應行起草者，悉仍其舊。至鄉會試默寫頭二場起講，所以防試卷外錯，今既改爲論策，應默寫首藝前四行，以憑核對，外簾筆色，應將謄録硃筆對讀，黄筆撤銷，内簾筆色，均仍其舊。

一，歲科兩考，先試經古一場，專試中國政治史事，及外國政治藝學策論，應由學政酌量命題，生童願考與否，仍聽其便。童試正場試《四書》義、《五經》義各一篇，覆試試《四書》義一篇，生員歲科試，正場試《四書》義、《五經》義各一篇。

免，亦仰體朝廷破格求賢之意也。

一，闈中備考書籍，均係欽頒，間有調閱，隨時坊間購置。禮部向存書庫，卷帙紛繁，兵燹之餘，全行散失，現又改試策論，講求中國政治史事，及各國政治藝學，所需書籍尤多。查同治年間，江南、浙江、湖北、廣東等省，曾將各種書籍，設局刊版，流傳已久；所有場中備用各書，擬由禮部開單咨取江南、浙江、湖北、廣東各省官書局，照單咨送；至應用各國政治藝學諸書，亦擬由兩江、兩湖、兩廣各督撫，查照現已譯成之書，有關鄉會試闈中備查者，擇要開單，一併咨送到部。其學堂所有書籍，亦許闈中隨時調閱。

一，變法之初，原期盡善，而奉行尤在得人，士子之趨向，端視考官爲轉移；衡文校藝之人，果能明體達用，深通中外各學，則鑒衡不爽，自可得碩學而黜浮華。擬請嚴飭典試學臣及同考等官，嗣後閱卷，務當悉心評定，總以經術湛深、史學淵博、通達時務、切於實用者爲準；倘仍有剿襲荒謬之文，濫行入選，一經磨勘簽出，定當從重議處，以爲奉行不力者戒。至外省簾官，取於州縣，大都學問荒疏居多，尤宜令各督撫慎加遴選，必期衡校得人，不可濫竽充數，庶幾文風丕變而真才日出矣。

盛宣懷《愚齋存稿》卷六《南洋公學推廣繙輯政書摺》 奏爲南洋公學推廣繙輯政治法律諸書，敬陳綱要大端，恭摺仰祈聖鑒事。竊臣於本年六月十四日奏陳南洋公學推廣繙譯事宜一摺，七月十二日奉硃批：即著推廣繙輯，欽此。欽遵在案。命下以來，諏訪通材，博求善本，數月之間，略知端緒。蓋近日東西人士觀光中夏者，靡不以興學爲自强之急圖，而譯書尤爲興學之基址。專門之書與普通之書異，小學校中學校之書與大學校書異，私家著述教門傳習之書與文部所定學校所用之書又異，且各國風尚不同，習其學者莫不自尊其說，擇焉不察，流弊滋多。故論譯書，則天算製造較政治史學爲難；論選書，則政治史學較天算製造爲難。昔年官譯諸書祇有同文館所譯法國律例，製造局所譯佐治芻言數小種，餘皆不及政治。蓋不敢率爾操觚，其難其慎，良有故矣。現在舉行新政，凡學校、科舉、軍政、財政諸大端，欽奉明詔，一皆參酌中西，以議施行，則凡有關乎學校、科舉、理財、練兵之政治法律諸書，均待取資，勢不容以再緩。臣所辦公學譯院，經費無多，規模誠未能盡量擴充，辦法則不敢不悉心斟酌。敬陳綱要，凡有四端：

其一曰先章程而後議論。自昔臣工條奏闕於辦法，往往難見施行，江鄂會奏所謂考求西政者不過粗知大略，不能詳舉其章，誠學者之通病。其故由政令無可考之書，而議論之傳自教會報章者，斷爛不完，且不免郢書燕説，莠言篤論，糅雜難分，無所據以正之，競騰口説，囂凌彌甚。臣痛心兹事，歷有歲年，現擬先譯日本法規以啓其端。其書皆取則於泰西，一年一修，皆彼所身體力行損益去取而後定。倘中國再能隨時損益去取，積以歲時，可期詳備。

其二曰審流别而定宗旨。泰西政俗流别不同，有君主專制之政治，有君主憲法之政治，有民權共和之政治，有民權專制之政治。美民主而共和，法民主而專制，其法律議論判然與中夏殊風。英之憲法略近尊嚴，顧國體亦與我不同。惟德意志自畢士馬以來，尊崇帝國，裁損民權，畫然有整齊嚴肅之風，日本法之，以成明治二十年以後之政績。俄雖號君主專制之國，其法律多效自法人，制度與國體參差，故邦本杌隉，而世有內亂，不若日、德之鞏固也。較量國體，惟日、德與我相同，亦惟日、德之法於我適宜而可用。臣嘗謂欲求詳備，必博選通達古今之士游歷德國，逐事諮詢；仍於各省多設德文學堂，廣譯德書，而後斟酌損益，可以萬全而無弊。今兹公學力有未能，姑就東文之繙自德文者譯之，得尺得寸，爲早年一溉之計。他年經費可籌，尚思授德文而傳德學。格致製造則取法於英、美，政治法律則取法於日、德。慺慺微忱，實在於此，惟聖明鑒察而指示之。

其三曰正文字以一耳目。自古爲政必正名，周禮行人諭書名，外史達書名，鄭氏皆釋以文字。王天下有三，重同文而後得同倫，此我世宗憲皇帝所以定同文韻統以治黄教，高宗純皇帝所以脩西域同文志以靖四部者也。課學必以譯本，譯本要在同文。昔時譯署繙書，人地國名皆取準於瀛寰志略，與官文書一例，視而可識，髠寄無歧。後來化學書亦有定名，便於讀者，良非淺尠。而近來私譯名字紛拏，官譯爲其所淆，亦復不能自守。西班匈牙，國有數譯，維多威廉，人有數名，讀者方審音測字之不遑，何暇研究事理？印度以語言雜而致紛争，埃及以文字雜而致危殆。中國語言文字幸爲薄海同風，無故自亂其例，横生障礙，何爲乎？臣今所譯科學書夥多，不敢不致慎於斯。除隨文勘整外，其人地國名、品彙名物，仿古人一切經音義繙譯名義集之例，别爲名義，坿諸卷後。尚思取西文字典分類譯之，以期諸學淺深綱要，開卷瞭然，專門者藉以溯洄，涉獵者亦可預知門徑。

其四曰選課本以便教育。中學博而寡要，在於成人以後，不在蒙養之初。

其不適當世之用者，由於科學之課程不具，非由經籍之義理太深也。教西學者於格化識其精蘊，於政法觀其會通，其得力在象勺之年。至於髫齔之初，苟無小學、孝經、四書預固其根基，成人以後放僻邪侈，流極不知何底。近日學堂新論，不知謀學課於成人之後，而務鑒童真於冡養之初，拾西士之唾餘，謂中國文法太深，謂四書朱注無用，俚文俗語造作短書，於西學未有入門發軔之功，而於中學已啓拔本塞源之弊，瞽盲相引，實駭聽聞。臣今所譯，爲學堂計，以外國尋常小學校、高等小學校課本備將來各省小學堂之用，以外國尋常中學校、高等中學校課本備將來各省中學校之用。專取其文部所定教員所授之本，思聞雜學，概不兼收。以西學佐子史之旁通，不敢以俗説代經文之正本。學生在學自十二歲至於二十五歲，日月方長，但令西學課本條理秩然，儘足備當世之取材，亦不憂無暇日以畢經書之業，不必遽求速化，轉滋流弊也。凡兹諸事，在外國皆文部所裁定，他時京師大學堂自當有頒行規則。臣拮据措辦，局在海壖，就現有經費，爲一家體例，思慮所及，粗立體裁，亦不敢自謂所見之不差，尚望聖明飭下政務處及京師大學堂，速立學堂課本章程，早口通行，俾海内有所準則，以免紛紜駁雜之病。

埃及學校四千，學生二十萬，廢國文而借英、法、德文爲課程，比有事曾不得一人之用。英、德諸國學業之興，並由譯拉丁書爲本國文字，而後羅馬諸學之精微，學者得以用力，少程功多，名家輩出，超軼前代。然則變法之端在興學，興學之要在譯書。舉天下學者而變之其中，反復推遷，十年中尚不知有幾何變態。東西各國成事炳然，要之發慮造端宜規久遠，決 可誤於流俗淺躁急切之言。圖大於其細，慎終於其始，風俗人心，關繫在此。所有南洋公學推廣繙輯政書，敬備陳綱要大端情形，謹恭摺具奏，伏乞皇太后、皇上聖鑒訓示。謹奏。

又盛宣懷《政議叢書・政書通輯》卷七

《奏請設立譯書院片》

再時事方殷，需才至亟。學堂造士，由童幼之年層累而進，拔茅連茹，勢當期以十年。欲速副朝廷側席之求，必先取資於成名之人，盛才之彦；臣是以有達成館之議也。顧非能讀西國之籍，不能周知西國之爲，而西國語言文字殊非一蹴可幾；壯歲以往，始行學習，豈特不易精嫻，實亦大費歲月。日本維新之後，以繙譯西書爲汲汲，今其國人於泰西各種學問皆貫串有得，頗得力於譯出和文之書。中國三十年來，如京都同文館、上海製造局等處，所譯西書不過千百中之十一，大抵算化工藝諸學居多，而政治之書最少；且西學以新理新法爲貴，舊時譯述半爲陳編，將使成名成才者皆究極知新之學，不數年而大收其用，非如日本之汲汲於譯書，其道無由矣。現就南洋公學内設立譯書院一所，廣購日本及西國新出之書，延訂東西博通之士，擇要繙譯，令師範院諸生之學識優長者筆述之。他日中上兩院雋才，亦可日分晷刻輪遞，有可以當學堂繙譯之課，獲益尤多。譯成之書，次第付刻；倘出書日多，即送蘇、浙各局分任刊印，以廣流傳。所需譯書院經費，即在公學捐款内通融撥用，並歸總理公學之員一手經理以專責成。

《奏陳南洋公學繙輯諸書綱要摺》

竊臣於本年六月十四日奏陳南洋公學推廣繙譯事宜一摺，七月十二日奉硃批：「即着推廣繙譯，欽此。」欽遵在案。命下以來，諏訪通才，博求善本；數月之間，略知端緒。近日東西人士觀光中夏者，靡不以興學爲自强之急圖，而譯書尤爲興學之基址。專門之書與普通之書異，小學校、中學校之書與大學校書異，私家著述、教門傳習之書與文部所定學校之書又異。且各國風尚不同，習其學者莫不自尊其説，擇焉不察，流弊滋多。故論譯書則天算、製造較政治、史學爲難，論選書則政治、史學較天算、製造爲難。昔年官譯諸書，祗有同文館所譯《法國律例》、製造局所譯《佐治芻言》數小種，餘皆不及政治，蓋不敢率爾操觚，其難其慎，良有故矣。現在舉行新政，凡學校、科舉、軍政、財政諸大端，欽奉明詔，一皆參酌中西以議施行，則凡有關於學校，科舉、理財、練兵之政治、法律諸書，均待取資，勢不容以再緩。臣所辦公學譯院，經費無多，規模誠未能盡量擴充，辦法則不敢不悉心斟酌。敬陳綱要，凡有四端：其一曰先章程而後議論。自昔臣工條奏，關於辦法，往往難見施行，江鄂會奏所謂考求西政者，不過初知大略，不能詳舉其章，誠學者之通病。其故由政令無可考之書，而議論之傳自教會、報章者斷爛不完，且不免郢書燕説，莠言篤論，糅雜難分，無所據以正之，競騰口説，囂淩彌甚。臣痛心兹事，歷有歲年。現擬先擇日本法規以啓其端，其書皆取則於泰西，一年一修，皆彼所身體力行，損益去取而後定。倘中國再能隨時損益去取，積以歲月，可期詳備。其二曰審流別而定宗旨。泰西政俗，流別不同：有君主專制之政治，有君主憲法之政治，有民權共和之政治，有民權專制之政治。美民主而共和，法民主而專制，其法律議論，判然與中夏殊風。英之憲法，略近尊嚴，顧國體亦與我不同。惟德意志自畢士馬以來，尊崇帝國，裁抑民權，劃然有整齊嚴肅之風。日本法之以成明治二十年以後之政績。俄雖號君主專制之國，其法律多效自法人，制度與國體參差，故邦本杌隉，而世有内亂，不若日、德之鞏固也。較量國體，惟日、德與我相同，亦惟日、德之法於我適宜而可用。臣嘗謂欲求詳備，必博選通達古今之士，遊歷德國，逐事諮詢，仍於各省多設德文學堂，廣譯德書，而後斟酌損益可以萬全而無弊。今茲公學力有未能，姑就東文之繙自德文者譯之，得尺得寸，爲旱年一溉之計；他年經費可籌，尚思教德文而傳德學。格致製造則取法於英、美，政治法律則取法於日、德，縷縷微忱，實在於此，惟聖訓鑒察而指示之。其三曰正文字以一耳目。自古爲政必正名。《周禮》行人諭書名，外史達書名，鄭氏皆釋以文字。王天下有三重，同文而後得同倫。此我世宗憲皇帝所以定《同文韻統》以治黄教，高宗純皇帝所以修《西域同文志》以靖回部者也。課學必譯本，譯本要在同文。昔時譯署繙書，人地國名，皆取準於《瀛寰志略》與官文書一例，視而可識，鞮寄無歧。後來化學書亦有定名，便於讀者，良非淺鮮。而近來私譯，名字紛拏，官譯爲其所淆，亦復不能自守。西班、匈牙，國有數譯；維多、威廉，人有數名；讀者方審音測字之不遑，何暇研究事理。印度以語言雜而致紛争，埃及以文字雜而致危殆。中國語言文字，幸爲薄海同風，無故自亂其例，横生障礙何爲乎！臣今所譯科書夥多，不敢不致慎於斯，除隨文勘整外，其人地國名，品彙名物，仿古人《一切經音義》《繙譯名義集》之例，别爲名義，附諸卷後。尚思取西文字典分類譯之，以期諸學淺深綱要，開卷瞭然，專門者藉以溯洄，涉獵者亦可預知門徑。其四曰選課本以便教育。中學博而寡要，在於成人以後，不在蒙養之初；其不適當世之用者，由於科舉之課程不具，非由經籍之義理太深也。教西學者於格化識其精蘊，於政法觀其會通，其得力在象勺之年。至於髫齡之初，苟無《小學》《孝經》、《四書》預固其根基；成人以後，放僻邪侈，流極不知何底。近日學堂新論，不知謀學課於成人之後，而務鑿童真於蒙養之初，拾西士之唾餘，謂中國文法太深，謂《四書朱註》無用，俚文俗語，造作短長，於西學未有入門發軔之功，而於中學已啓拔本塞源之弊，羣盲相引，實駭聽聞。臣今所譯，爲學堂計，以外國尋常小學校、高等小學校課本，備將來各省中學校之用。專取其文部所訂、教員所授之本，咫聞雜學，概不兼收。以西學佐子史之旁通，不敢以俗説代經文之正文。學生在學，自十二歲至於二十五歲，日月方長，但令西學課本條理秩然，儘足備當世之取材，亦不憂無暇日以畢經書之業，不必遽求速化，轉滋流弊也。凡茲諸事，在外國皆文部所裁定，他時京師大學自當有頒行規則。臣拮据措辦，局在海壖，就現有經費，爲一家體例，思慮所及，粗立體裁，亦不敢自謂所見之不差。尚望聖明飭下政務處及京師大學堂速立學校課本章程，早日通行，俾海内有所準則，以免紛紜駁雜之病。埃及學校四千，學生二十萬，廢國文而借英、法、德文爲課程，一有事曾不得一人之用。英、德諸國學業之興，並由譯拉丁書爲本國文字，而後羅馬諸學之精微，學者得以用力少程功多，名家輩出，超軼前代。然則變法之端在興學，興學之要在譯書。舉天下學者而變之，其中反復推遷，十年中尚不知有幾何變態。東西各國，成事炳然，要之發慮造端，宜規久遠，決不可誤於流俗淺躁急切之言。圖大於其細，慎終於其始，風俗人心，關繫在此。

佚名《譯書略論》《選報》三一期 人生於一羣之中，欲自開其智識，則必讀書。兩羣相遇，欲互换其智識，則必譯書。兩羣之中，甲羣稍高，乙羣稍次，則甲羣譯乙羣之書，尚可暫緩；而乙羣譯甲羣之書，則在所宜急。夫今日者，腦力之世界也，人固不可不讀書；而支那者又稍次於歐美者也，更不可不譯書。然則今日之支那，其以布帛菽粟視譯書也審矣。

且支那者，久慣譯書之國也。問支那二字之名，從何而來？即從譯書而來。當東漢之初，金容入夢，遂爲支那譯書之始，自漢明帝時法蘭摩騰等譯《四十二章》起，至唐貞觀時玄奘等譯相宗各經論止，此八百年之歲月，皆爲支那譯書之時代。其間主張譯書者，有華人，有胡人；其口譯筆受者，有華人，有天竺人。其宗派則大小乘無定，其文筆則華樸繁簡無定，其擇書則一書二譯三譯甚至六譯亦無定。而自其大勢觀之，則其哲理由淺而漸深，《四十二章經》等至淺，《順地經》等至深。其文字由疏而漸密，慈恩以前所譯，通其義而已，至慈恩所譯，則必合名學。其一書之卷軸亦由少而至多，《四十二章經》共一卷，《大般若經》六百卷。自竺法蘭至規基等，其進步之等級，至清晰至完備也。夫古之譯釋典也，求死後之罪福而已，非以救燃眉之存亡也；講高尚之哲理而已，非以求切膚之衣食也。而緇俗信徒，乃能合力而成此洋洋萬卷之《大藏經》文，支那人譯書之猛勇精進，不可駭哉！惜乎，中唐以來，禪宗既盛，置此不講，兩宋元明，百學俱隳，本有之書，尚多束閣，豈能他求？洎乎明季，已達極點，而譯書之死灰復燃。

明以前之譯書，取之西方；明以後之譯書，亦取之西方。明以前之譯書爲傳教，明以後之譯書亦爲傳教；但一則印度，一則歐美，一則釋迦，一則基督耳。及其後時世所迫，乃漸與國政相連。今分之爲四時代：

第一期　時代：明崇禎□□年。所譯之書：宗教、算學。譯書之地：上海徐家匯。譯書之宗旨：傳羅馬教。譯書之經費：教會。

第二期　時代：咸豐口口至咸豐己未。所譯之書：天文、算學。譯書之人：偉烈亞力、李善蘭等。譯書之地：上海墨海書院館。譯書之宗旨：顯其獨得之學。譯書之經費：教會。

第三期　時代：同治十年起到今。所譯之書：格致、工藝。譯書之人：傅蘭雅、金楷理、華蘅芳、趙元益等。譯書之地：上海製造局。譯書之宗旨：國家欲明製造。譯書之經費：國家。

其第三期同時者尚有數社會：

甲　時代：光緒初年至今。所譯之書：條約、外國律例、旅行遊記、醫學。譯書之人：丁韙良、同文館學生等。譯書之地：北京同文館。譯書之宗旨：未聞。譯書之經費：國家。

乙　時代：光緒初年。所譯之書：算學、物質學、歷史。譯書之人：艾約瑟、花之安等。譯書之地：上海益智會。譯書之宗旨：傳路德教。基督教。譯書之經費：教會。

丙　時代：光緒十餘年。所譯之書：宗教、格致、史事、政治。譯書之人：李提摩太等。譯書之地：上海廣學會。譯書之宗旨：傳路德教。譯書之經費：教會。

丁　時代：光緒元年。所譯之書：醫學。譯書之人：嘉約翰、尹端模等。譯書之地：香港廣州博濟醫院。譯書之宗旨：傳路德教。譯書之經費：教會。

第四期　時代：目今。所譯之書：政治學等。譯書之人：士人學生。譯書之地：各大市場。譯書之宗旨：輸入文化挽救衰亡。譯書之經費：人民自備。

觀右諸表，即知支那譯書，當後勝於前矣。何也？前譯書之人，教會也，朝廷也；前譯書之目的，傳教也，敷衍也。後譯書之人，士夫也，學生也；後譯書之目的，謀公利也，謀私利也。宜乎後譯之力，當萬倍於前譯之力。前譯者爲東方之啓明，而後譯者爲經天之烈日；前譯者爲昆侖虛叢林灌莽中之涓流，而後譯者爲江河入海處吞天之巨浸，殆時勢之一定，而不可改者矣。乃一讀其書，竟大不然，其後譯之書，較前譯之書，不及遠甚！試舉其普通大例如左：

其一，前譯皆取諸西文，後譯皆取諸東文。

其二，前譯多科學，後譯多泛論。

其三，前譯多鉅帙，後譯多短書。

此三事者，各有致此之因。其第一條，以深於英文之人過少，即有數人，而其人之事已至極繁，不能再肩此任，此爲西文之所限一也。第二條，有專門之科學，即有專門之名詞，通東文者雖多，而曾學科學者甚少，此爲東文所限二也。第三條，編輯者數字以賣之，發行者計日以趕之，皆以短書爲便，此爲財力所限三也。此外又有近因，能致譯書於至壞之地步者，則科目爲最有力焉。此四者具，而譯書之不及前決矣。今得一例如左：

專爲傳其學説起見，上也；欲以其學著名，次也；欲以其學易利，又次也；利在前而後從事於學焉，下也。以此四期分證之。

第一期之譯書也。其時歐西之説，初來中土，非惟無利可謀，無名可得，而且處數千年豐蔀之下，忽然而倡此新宗教、新學説，上無國家之保護，下有社會之阻力，其禍有不勝言者焉。徐、利諸公，舉不暇計，惟是熱心信教，欲以傳上主之奧理於人間，其胸次之高尚爲何如也！故所譯《幾何原本》等，至今尚占譯書中惟一之地位。此爲犯難譯書時代。

第二期嘉道之季，士大夫舊學漸進精深，故算學一科遂成顯學。李壬叔生當其時，其資稟又與此爲獨近，故亟欲集其大成，爲同時諸公所未有也。此爲名譽譯書時代。

第三期則既已開公局、支薪俸矣，然而其局爲常局，其課程以時計不以字計，故爲日較長，得以從容從事焉；且諸公又皆嗜此學者也。此爲薪俸譯書時代。按同時各教會譯書筆述人情形亦與此相若。

第四期科舉既變，八股既廢，於是《四書合講》《詩韻合璧》《大題文府》《策府統宗》等，遂與飛蛇飛鼉大麋大鹿，同爲前世界之陳迹，不能不又有物焉代興其間也。以故其講求者，非求智識也，買夾帶也。其編輯者，非開民智也，賣夾帶也。此爲夾帶譯書時代。夫譯書而至以充夾帶，則譯書之惡達於極點矣！以觀其工，則譯工、印工、裝訂工，無不草率之極。以觀其料，則墨料、紙料、線料，無不偷減之極。以較前時所譯者，不必展讀，蓋一望其書之外形，而知其工率之分矣。雖然，吾知不轉瞬而譯書者必將改良，從何而改？即從此數十之主考房官而改也，蓋其力能使譯書與夾帶分而爲二。今觀各省所出之題，既可不用譯書，則將來所刻之闈墨，必皆不引譯書，則此後求夾帶者，必不求之譯書之中，即謀譯書者，斷無望其兼有夾帶之用，而譯書自譯書，夾帶自夾帶，將見專備夾帶之新書，漸不銷行，專備夾帶之譯局，漸行停止，而其存者，必其真輸文化開民智者也。再久之，則科目之制，終必廢絶，而學校之讀本興焉，至此而譯書之面目大更矣！若再言其他，則更關係於國家之存亡榮辱，此時亦無人能知之。若如上之言，則固可以確信矣。

西人有恒言曰：「今勝於古。」華人有恒言曰：「今不古若。」此二言者各相反也，而要皆其社會之實情。余等自有智識以來，見乎在西人者，何事不日進？在華人者，何事不日退？不必論相角於争存劇烈之界也，即作中國仍爲閉關自守觀之，亦實有不堪對我古人者。同一綢緞也，出於古人者必厚密，出於今人者必疏薄。同一器用也，出之古人者必精堅，出之今人者必窳脆。同一書册也，出之古人者其紙墨裝訂必工整，出之今人者其紙墨裝訂必草率。以光緒二十年後，較之光緒初年，而不逮見焉。以光緒朝較之同治朝，而不逮見焉。以同治朝較之道咸朝，而不逮見焉。道咸朝較之乾嘉朝，而不逮見焉。此均非有西人日促之也，其退化何如此之速哉？使速率常如此，十年百年千年之後，國將何如？噫！

李希聖《京師大學堂譯學館章程》

譯學館沿革略

咸豐十年冬，恭忠親王等奏：「請飭廣東、上海各督撫等分派通解外國語言文字之人，攜帶各國書籍來京，選八旗中資質聰慧、年在十三四歲以上，俾資學習。」嗣以鑄錢局改爲總理衙門，因鑪房修葺之，作爲館舍，以居學生。同治元年，廣東、上海各督撫，皆無咨送來京之人，英使威妥瑪薦英人包爾騰爲教習。包爾騰號通漢文，因於五月十五日挑選學生十人，入館肄習英文，此同文館開辦之始也。其後於同治二年三月初六日，復開法文、俄文二館，延法、俄二國人爲教習，而乾隆二十二年於内閣所設之俄羅斯文館亦併入之；各館學生皆由八旗咨取年在十四歲内外者。同治五年十一月，又奏請添設一館，招取滿、漢舉人，以及恩拔歲副優貢年在二十以外，並准舉人五貢出身、五品以下之滿、漢京外各官，願入館者，一併與試，規模始漸擴充；除語言文字之外，兼習天文、算學、化學、格致、醫學。總教習美人丁韙良，於同治四年到館，充英文繙譯教習，同治七年始任總教習。其課程則由洋文而及諸學，卒業需八年；其年齒稍長，不能肄習西文，僅藉譯本以求諸學者，卒業需五年。光緒十四年，添設德文館；自甲午以後，乃設東文館。二十餘年以來，所造就人才頗衆。光緒二十七年十二月，奉旨以同文館歸併大學堂，而常年開支，在海關船鈔項下撥用三成之款扣留外，外務部經費無着，大學堂房舍又不敷，乃於北河沿購宅一區，稍加修理，改名譯學館。於光緒二十八年十一月十九日，奏定變通辦法，於華俄銀行餘利項下撥用四萬餘金，習英、法、俄、德、日本五國文兼他科學。復經外務部議復，所有學生均與大學堂學生一律予以出身。此同文館改譯學館之沿革大略如此。

光緒二十九年癸卯三月禊日記。

譯學館開辦章程

第一章 總綱

第一節 本館以造就譯才，品端、學裕爲宗旨，務使具普通之學識，而進於法律交涉之專門，通一國之語文，而周知環球萬國之情勢，體用兼備，本末交修，上有以應國家需才之殷，下有以廣士林譯書之益，兼編文典，以資會通。

第二節 本館建於大學堂附近北河沿，乃大學堂購置房産，一切事宜應即分別辦理；惟外國文教習由大學堂延聘。

第三節 本館隸屬於大學堂，由管學大臣遴派人員，認真辦理。重要事件，由監督申告管學大臣裁奪；尋常事宜，由監督主持。

第四節 本館一切事宜，監督總其大成，教育責成於總教習，諸教習分任之；辦事責成於提調，諸辦事人員分任之。務當各盡心力，矢慎矢勤，無負朝廷興學育才之盛意。

第五節 學生修業，以備當世之用，宜以敦品勵學爲主，功課務宜切實約束，不嫌稍嚴。

第二章 延聘教習及教習之職務

第一節 本館設外國文教習五員，普通學總教習一員，普通學教習四員；法律交涉專門學教習，應於二年後再行設置。

第二節 外國文教習，由大學堂聘外國人爲之；普通學總教習由大學堂總教習兼理；普通學教習由本館訪求得人，經監督暨總教習認可，申告管學大臣派充，再由監督與教習訂立合同。

第三節 外國文教習主授各國語言文字，兼編文典；英文教習主授英文，兼編中英文典；法文教習主授法文，兼編中法文典；俄文教習主授俄文，兼編中俄文典；德文教習主授德文，兼編中德文典；日本文教習主授日本文，兼編中日文典。

第四節　譯學館總教習主審量教法，研定課本，稽察教習勤惰，考驗學生優劣，有實施教育之責，有整理學務、約束學生之權。

第五節　分教習主分認學科，按程講授，亦有實施教育之責，約束學生之權。

第六節　開辦之初，學生未能深通外國文，而外國教習亦未必盡諳華語，應暫設助教五員，隨同外國教習在講堂傳授。

第七節　外國文教習授課勤惰及能否勝任，本館監督暨總教習均有稽察之權；如外國文教習教課不勤，及任意紊亂課程上之規約，或於館中傳授宗教，應照《欽定大學堂章程》第六章第七節、第八節辦理，由監督暨總教習申告管學大臣，將該教習辭退。

第八節　外國文助教，宜深通外國文並當兼通中文，始能以中文達外國文之意；其任事勤惰及能否勝任，監督兼總教習皆有稽察留退之權。

第九節　外國文教習所用課本，每學期之前，應由外國教習開列名目，並該書之大要，經監督暨總教習察定合用，然後購置講授。每學期既畢，外國教習應將期內所授功課報知監督，由監督送總教習察覈。

第十節　普通學教習於每學期開課之前，須作該學期內授業預定書，送總教習審定。所有該學期內應教授之事項，宜循序詳載；學期既畢之後，所有該學期內已課之事項，宜作一授課報告書，送總教習察覈。

第十一節　館中設立學生功課記分册，每學科一本。外國文記分册由外國教習評記；普通學記分册由普通學教習評記。學生因事請假曠課者，亦記入記分册。

第十二節　外國文功課記分册，每星期由外國文教習送監督，監督送總教習察覈一次；普通學記分册，每星期由教習送總教習察覈。

第十三節　館中設立學生記過册，每教習處各存一册。教習應隨時察看學生性情行事，有無過失；其有違背規則者，應即記其事由於記過册，亦每星期送總教習察核一次。

第十四節　總教習處設立記分總册、記過總册；各教習處記分册、記過册送看之後，由總教習通記各學生分數，記過次數，彙載入册，或總教習別行察出學生應當記過之處，亦載入記過册。

第十五節　講堂授學，教習應依照學生規則，約束學生；自修及休息時，由辦事人隨時稽察。

第十六節　學生俟講堂功課完畢，即以講堂爲自修之地。其自修時，分教習應到講堂監視，以察勤惰。講堂五處，各教習分任之。

第十七節　總教習有因緊急事故招集教習會議之權；並得告知監督，招集辦事人員或數人會議。

第十八節　課程若有應更改之處，課本書若有應換用之處，或欲大更改授業預定書內所載之事項或其次第者，應由總教習與教習商定。

第十九節　監督與教習訂立合同，以五年爲期，五年之內不得他適；如遇朝廷録用或家有要事，必須離館者，應先行舉人自代。所舉之人，必經管學大臣及本館監督、總教習認可，該教習始能離館。

第三章　學生入館及卒業

第一節　學生由大學堂現設之速成科，及漸次設立之進士科，擇其略通外國文者調取入館，以百二十名爲額。

第二節　學生入館，外國文深淺不齊，由外國教習察驗，分班肄業。

第三節　學生入館，以五年爲卒業之期，應於外國文外，兼習普通學；二年之後，兼習法律交涉專門學。

第四節　學生五年卒業之後，業已奏定援照《大學堂章程》，應得舉人、進士、生員等出身。嗣後外務部及出使各國大臣、南北洋大臣、各省督撫咨取譯員，並各處學堂延聘外國文教習，均以此項學生爲上選。

第五節　五年卒業考驗及格，平日未曾記過及記過較少者，具册稟報管學大臣頒發卒業文憑，奏請賞賜出身。遇各處咨取譯員，延聘教習，即以最優者應選。

第六節　卒業考驗不及格者，或五年之内有因事曠課不能及格者，應仍留館中補習。

第四章　學程及計分考驗

第一節　外國文分設：英文一科，法文一科，俄文一科，德文一科，日本文一科。每人認習一科，務期專精，無庸兼習；但無論所習爲何國文，皆須肄習普通學及法律交涉專門學。

第二節　外國教授方法：曰綴字，曰讀方，曰譯解，曰會話，曰文法，曰作文。二三年後，兼授各國歷史及文學大要。

第三節　普通學之目八：曰修身，曰歷史，曰地理，曰數學，曰博物，曰物理及化學，曰圖畫，曰體操。專門學之目二：曰法律，曰交涉。

第四節　普通學用大學堂速成科現用課本，其有未備，由本館教習編定。法律交涉學用外國學校課本。

第五節　學科授受以五年爲期，應次列學科程度配當表，以便教習依序講授，學生按時肄習。

第六節　學生功課用計分之法，外國文功課由外國教習按日計分，普通學功課由普通學教習按日計分。

第七節　學生功課每課以百分爲額，届卒業之期，通各科平均計算，得六十分以上者爲及格。

第八節　功課應有考驗，每月月盡之日，舉行月考；每年第二學期期盡之日，舉行年考；每五年期盡之日，舉行卒業考。月考，總教習暨教習蒞之；年考，監督暨總教習蒞之；卒業考由監督請管學大臣到館暨總教習蒞之。

第九節　考驗之法，但舉平日所講授者隨意發問，令學生筆答，並附加論説，以試其悟力，不別試他項文字。

第十節　考試評定分數，兼視平日之修學勤惰，立品純疵，以爲多寡；所計分數應與平日分數平均計算。

第五章　學生規則

【略】

第三十五節　外國文課本、格本、筆墨、石板之類，凡習外國文所必需者，由本館按時發給，宜愛惜用之；其有意濫耗者概不補給。

第三十六節　如有萬不得已之故欲中途退學者，須出具願結，叙明情由，經監督暨總教習認許，方准告退；並須核計該學生在館年分，館中爲該學生所用經費幾何，責令繳償。

第三十七節　不敦品行，屢加戒飭而仍不悛者，學期試驗屢不及格者，困於疾病或累於他事難望成學者，違背規則有犯第七節所揭示者，一月之内請假逾期限，及其他犯規各節，按照情節輕重，分別開除記過。其記過章程均照大學堂一律，如有心違犯規則，志在剔退出堂者，仍須繳償學費。

第三十八節　譯學館功課以語言文字爲重，課有定程，亦有定日，宜整齊畫一，不便參差。凡入學諸生卒業後，既優與出身，自不必再應科舉，此次核定章程，不得不與大學堂略爲區別，諸生投考時，應申明情願不應科舉字樣。凡遇科舉年分託故告假，即作爲中途廢學，追繳學費。

第六章　館中禮節及學期

第一節　開學散學之日，每朔望日，由監督、總教習、教習暨辦事人員，率學生詣至聖先師位前行禮；禮畢，學生向監督、總教習、教習暨辦事人員三揖退班。

第二節　開學散學，由監督申請管學大臣到館，學生行禮後，應由監督帶領謁見管學大臣。

第三節　每歲恭逢皇太后、皇上萬壽聖節，皇后千歲節，至聖先師誕日，仲春、仲秋、上丁，釋奠日，皆由監督、提調、總教習、教習暨辦事人員，率學生至禮堂行禮如儀。

第四節　學生見管學大臣、總教習、教習，皆執弟子之禮。遇監督及辦事人員一揖致敬。

第五節　每年以正月二十日開學，至小暑節散學放假爲第一學期；立秋後六日開學，至十二月十五日散學放假爲第二學期。

第六節　小暑節散學放假爲暑假，十二月十五日散學放假爲年假，兩假期合計在七十日之外。每歲恭逢皇太后、皇上萬壽聖節，至聖先師誕日，仲春、仲秋、上丁、釋奠日，端午、中秋節，房虚星昴日，各停課一日。

第七章　文典

第一節　文典以品彙中外音名，會通中外詞意，集思廣益，勒成官書爲宗旨。

第二節　文典應分英、法、俄、德、日本五國，每國分三種：一種以中文爲目，以外國文繫綴於後；一種以外國文爲目，以中文繫綴於後；一種編列中外專名，繫以定義定音。

第三節　文典辦法，以搜羅爲始基，凡已譯書籍、字典，及本館外國文教課譯出之字，或外來函告所及，概行纂録。

第四節　創辦文典，爲中外學術會通之郵，國家文教振興之本，海内通儒，游學志士，共有斯責，研討有獲，即當函告本館，以備纂録。

第五節　外國文字，數十倍於中國，且時有增益，中文勢不敷用，應博搜古詞古義以備審用；若猶不足，再議變動之法。

第六節　專科學術名詞，非精其學者不能繙譯，俟學術大興，專家奮起，始能議及。

第七節　外國文字繙成中文，有一字足當數字之用者，有求一名一義之允當而不得者，本館以兼收衆説、戒除武斷爲主。

第八節　文典每成一國，送呈管學大臣鑒定之後，即行刷印，頒發各處學堂及各辦理交涉衙門，以備應用；並應另印多册，以備學者購取。

第九節　文典刷印，應歸官書局辦理，其紙張印費由本館開銷。

第十節　文典編定之後，凡繙譯書籍文報者，皆當遵守文典所定名義，不得臆造。其未備及訛誤之處，應即告知本館續修時更正。其隨時審定之名詞，雖未成書，可知照譯書局及大學堂潤色講義處，以歸畫一。

第十一節　文典由監督主持，陳告管學大臣核定一切，於館中設文典處辦理。

第十二節　文典處設總纂一員，總理文典事務，並參議館中一切事宜。分纂二員，主搜羅纂輯兼理外來函告。繙譯一員，協理外國文字兼繙譯館中外國文件。辦理刊印書籍一員，主刊印文典及館中一切刊印之件。

第八章　辦事

第一節　監督主持館務，稽察學規，選擇人員，裁定經費，凡館中開辦章程及將來應興應革應改之事，得博採館中人員意見，呈明管學大臣核定施行。

第二節　提調受成於監督，有實行辦事之責，開辦時經理工程及購置物件，平時酌度應辦事宜，稽察辦理員役，辦事自支應以下，提調應有稽察之權。並照料學生出入。

第三節　文案主館中文墨，凡館中章奏咨移信函等件，由管學大臣、監督審定意旨，授與文案繕稿，並管理往來文件。

第四節　支應主經手銀錢收發出入，應設總分賬籍，隨時登載，務詳務實；並收掌購給學生洋文課本及紙筆墨石板等項。

第五節　照料學生事務委員主按照課程時刻，報發鐘點；學生上講堂時按照班别，查看坐次，並照料學生晨興夜寢及餐飯休息自修時分一切事宜；遇有學生違犯規則之處，應分别告知教習暨提調，照學生規則施行；其給發學生操衣操靴及發給洋燭等事，並向提調處承領分發。

第六節　雜務委員督察館中夫役，切實照料，兼管廚務，如遇監督提調有不時差遣，應即承應。

第七節　館中章奏由管學大臣主持，其餘咨移信函等件涉及教法者，由監督與總教習會商；涉及文典者，由監督與文典總纂會商。

第八節　館中遇有支應銀錢之事，應先開單書明事由，計定數目，經監督提調認許，各蓋戳記，支應始得照數發給，其單即存支應處，以便查賬時查驗；如監督提調祇有一戳或竟無戳，支應不得發給。監督提調如有因事他往一時不在，即以一戳爲定。

第九節　館中賬籍，每月月盡之日，由提調查覈一次；每學期期盡之日，由監督查覈一次；年終送管學大臣查覈一次。

第十節　館中辦事人員，均應在館中居住，其所任職務或無須通常住館，或實有要事他往數日者，遇館中有集議要事，一經知會，即須前來。

第十一節　辦事人員如自有要事必須出館，其應辦之事，應自行請人代理，所請非本館人員不可。每次至久不過五日；如自有事故竟須離館者，應先告知監督，候派人接辦之後，始能離館。

第十二節　館中放假日期，辦事人員仍有應辦之事，不得相率出館。監督提調必須有一人在館，平日亦然。

第十三節　館中辦事，各有定所，不得侵越。開學放學及諸行禮之日，或特别集議之日，由本館先日知會一定時刻，届時來集，不得稍遲。

第十四節　館中章程議就，經管學大臣鑒定之後，館中人員均應確遵，不得以一二人之私意，擅行更改或違背；如有實在窒礙之處，應由館中人員公同商改。

第十五節　附學生所繳附學費，應收入本館經費項下，分别支用；如附學生人數過多，應於本館另闢房舍，届時酌量辦理。

《大陸報》光緒二九年正月一〇日《論文學與科學不可偏廢》 **辛亥革命前十年間時論選集**

文學者何，所謂形上之學也；科學者何，所謂形下之學也。科學二字，爲吾國向所未有，蓋譯自英文之沙恩斯Science。英文之沙恩斯，又出于拉丁之沙倭Scio，沙倭云者，知之謂也。至十六世紀，沙恩斯一字乃與阿爾德Art一字相對峙，蓋沙恩斯爲學，而阿爾德則術也。至十七世紀，沙恩斯一字又與律多來久Literature一字相對峙，蓋沙恩斯爲科學，而律多來久則文學也。茲義實傳至今日，傳至東方，傳至我國，此科學二字所由來也。

古者文明之國，有以文學著者，有以科學著者，有以文學與科學並著者。如印度人有婆羅門佛陀之學，伊蘭人有作洛亞斯德之學，希伯來人有舊約全書、約百記詩篇諸學，羅馬則有奧格斯德時代之文學，此皆以文學著者也。埃及人有天文、幾何、算學、醫術諸學，巴比侖人有天文、算學諸學，亞剌伯人有天文、幾何、解剖、醫術諸學，此皆以科學著者也。然印度、伊蘭、希伯來、羅馬人，僅有形上之學，而形下之學不著；埃及、巴比侖、亞剌伯人，僅有形下之學，而形上之學又不顯；而欲求其于形上形下之學，兩有所得者，實惟希臘。

以今日之學言之，則歐美實世界之母也；以古時之學言之，則希臘又歐美之母也。蓋論其文學，則蘇格拉第、柏拉圖、亞歷斯度德爾之哲學，杭墨之詩歌，翕洛道泰之史學，伊斯吉勒、蘇福格利之傳奇，他國之文學莫與匹也。論其科學，則亞歷斯度德爾、嘗論力學、氣學、熱學等理。柏拉圖、嘗論物質與形狀二理，並論光線之理。比太哥拉、亞歷斯多雪尼、比氏論聲學謂按算法，而亞氏謂按耳定聞而定。歐幾里得、論光線。亞基米德、嘗用凸鏡返光焚羅馬船，希臘人傳有是説。提馬華多爾斯，始創元點之説。他拉氏始用琥珀引電。等之物理學，額拉吉來圖，嘗論火化爲天地秘機。德謨吉利圖以莫破質點言物。之化學，亞歷斯度德爾嘗著動物史，當時已知解剖，知鯨爲温血動物，且知蜂卵不受精。之生物學，歐幾里得即著幾何原本者。之幾何學，他國之科學又莫與匹也。故今日歐洲各國，文學盛而科學尤盛，即科學盛而文學益精，兩者互相調和，互相發明，僉不曰希臘之賜。

至若以我國言之，則西歷紀元前二十六世紀已有黄帝之醫術，紀元前二十四世紀已有羲和之天文學及璇璣玉衡之器，紀元前十二世紀已有周公之算經及指南車，且周以來，管、墨、淮南諸子，往往發明科學之理，其科學發達之早，固不待言。然今則僅有文學，固無所謂科學也。且即以文學言之，漢魏不如周秦，元明不如唐宋。降及今日，僅餘科舉之文、公牘之文並彈詞小説之文，則支那雖曰僅有文學，實並無所謂文學也。幸也，適當歐亞交通黄白相見之際，其始也，西國之科學既稍稍輸入，其繼也，西國之文學更益益發見。然則向日之學由東而西，今日之學由西而東，支那文學科學之大革命，意在斯乎！意在斯乎！！

嗚呼，吾觀于支那之學界，未嘗不嘆支那之士夫，誠不足以語學也。其始以爲天下之學盡在中國，而他國非其倫也；其繼以爲我得形上之學，彼得形下之學，而優劣非其比也；其後知己國既無文學更無科學，然既畏其科學之難，而欲就其文學之易，而不知文學、科學固無所謂難易也。故由前之説，則塊然爲盲瞽猶可言也；由繼之説，則自以爲不盲瞽，而實爲大盲瞽，亦可言也；由後之説，則有目能見，有耳能聞，而既無向學之志，冀爲剽竊之計，不可言也。以上三者，實爲今日士夫之通習，除一二豪傑之外，蓋未能免此者也。

夫文學與科學，固互相爲用者也，未有舍科學而言文學者也。試思亞歷斯度德爾之外籀哲學，尚推理而不尚實驗，然亞氏且對于科學無所不通；況自貝根、路勒斯以來，倡爲内籀哲學，其學尚實驗而不尚推理，苟不通科學，何以效貝根、路勒斯之實驗乎？自奈端發明重學之理，其影響及于康德之哲學，苟不通物理學，何以讀康德之哲學乎？自達爾文發明自然淘汰之理，斯賓率爾、赫胥黎皆取其説以言天演，苟不通生活學，何以讀斯賓率爾、赫胥黎之哲學乎？又馬哀爾發明「愛涅」不生不滅之理，斯賓率爾本其説以著哲學原理，非司克本其説以著萬有哲學，苟不通理化學，又何以讀斯賓率爾之哲學原理、非司克之萬有哲學乎？由此觀之，則西人形而上學之進步，皆形而下學之進步有以致之也。今欲學其形上之學，而舍其形下之學，是無本之學也，而何學之與有！而何文學之與有！

雖然，僅借區區科學，亦未足言也。政教之衰頹，公德之掃地，人權之放失，通科學者或熟視而無睹，甚且有深入其中而不自覺者，此固可太息而流涕者也。吾之所以斤斤于科學者，特謂支那人之性質，就虚而避實，畏難而樂易，故不恤爲學界中人，味乎其言之也。試思今日爲學堂求教習，則教修身、教歷史者必奔走相赴，而教理、化、動、植則闕如焉。又試爲報館求主筆，則談時事、工諷刺者必下筆千言，而談科學之理則擱筆焉。故多養數千百工程師、礦學師，供廠主之奔走，聽外人之役用，固不足道也；多養數千百五經之博士、入定之高僧、風雅之詞人、縱横之辯士，亦不足齒也，其流弊一也。

今日之士夫，其頑陋無恥者無論矣；其飄流滬上，加新學之虚銜者亦無論矣；即當世所崇拜爲通人、而彼亦自命爲通人者，亦不過剽竊東籍中一二空論，龐然自豪于衆，若詢其根底之學，則亦茫然未有以應也。且不特此也，即以當世所最屬望之留學生言之，曰言辦事者有之矣，高談政理者有之矣，即敢言教育者亦有之矣，而欲于其中求有根底之學，則亦寥寥不數覯焉。嗚呼，支那學界之腐敗如是，吾竊爲支那學界中人恥之！爰拉雜一二以告當世，彼息心講學者，或有取焉。

周樹奎《譯書交通公會序》附簡章 中國文學，素稱極盛，降及挽近，日即陵替，好古之士，惄焉憂之，乃亟亟焉謀所以保存國粹之道，惟恐失墜。蒙竊惑焉：方今人類日益進化，全球各國，交通利便，大抵競争愈烈，則智慧愈出，而國亦日强，彰彰不可掩也。吾國開化雖早，而閉塞已久；當今之世，苟非取人之長，何足補我之短。然而環球諸國，文字不同，語言互異，欲利用其長，非廣譯其書不爲功。顧先識之士，不新之是圖，而惟舊之是保，抑獨何也！夫舊者有盡，而新者無窮，與其保守，毋寧進取；而況新之於舊，相反而適相成，苟能以新思想新學術源源輸入，俾躋吾國於强盛之域，則舊學亦必因之昌大，卒收互相發明之效。此非譯書者所當有之事歟。雖然，以吾近時譯界之現狀觀之，謂遂足以盡輸入新思想新學術之責矣乎。抑有愈於保守舊學諸子之所爲乎？譯一書而能兼信達雅三者之長，吾見亦罕。今之所謂譯書者，大抵能率爾操觚，慣事直譯而已。其不然者，則勦襲剽竊，敷衍滿紙。譯自和文者，則惟新名詞是尚；譯自西文者，則不免佶曲聱牙之病；而令人難解則一也。尤其甚者，坊間所售之書，異名而同物也；若此者不一而足，不特徒耗精神，無補於事，而購書之人，且倍付其值，僅得一書之用，而於書賈亦大不利焉。夷考其故，則譯書家聲氣不通，不相爲謀，實尸其咎。鄙人於英法二文，得稍知門徑，從事譯述，蓋十餘年於兹矣。此中況味，頗有所知。爰敢不揣冒昧，發起斯會，願與海内譯述諸君，共謀交換智識之益，廣通聲氣之便，惟是志願雖宏，才力綿薄，尚希大雅君子，匡其不逮，共襄美舉，有厚望焉。

光緒丙午（一九〇六年）桂月二十四日，上海周樹奎。桂笙甫識。

附簡章

一、定名　本會定名爲譯書交通公會。

二、宗旨　本會以交換智識，廣通聲氣，維持公益爲宗旨。

三、會員　發起人一員，書記員一員，名譽贊成員無定員，此外擬請學界中聲望卓著者數位爲議董，公同主持會務。

四、會友　凡各處譯書家，各省學務處，學堂教員，學生，書局編輯所、印刷所等處一切人員，皆可入本會爲會友，一律平等相待。

五、會費　會員、會友每年繳會費銀洋二元，每半年先繳一元，願全數預交者聽。聊作告白印刷報告郵遞之費；會費之外，願另捐開辦經費或捐資至二十元以上者，本會當認之爲名譽贊成員，永遠題名會籍，以彰盛德。入會人姓名、籍貫、里居均須詳細開列，與會費同寄本會。

六、辦法　凡各處會友開譯一書，無論正書、小説及無論何國文字，均須先將原書書名、譯定書名以及著書人之姓名，用中西文詳細開列，寄交本會書記註册，按月列表刊單分送各會友，俾在會之人，詳悉某人現譯某書，以除重複同譯之弊。譯書出版之後，如能見惠一册，則本會猶當竭力介紹於人；其有關教育與夫世道人心者，本會尤當竭力擔任廣銷之責。內地會友或因交通不便，限於見聞，欲託本會同人物色中西書籍，或向外洋代定書報等物者，本會自當竭盡能力，以效微勞，惟價值須酌量先付。

七、度支　一切度支，每届一年，本會當詳細開列清單，報告會友。

八、會所　本會暫假上海泥城橋西牯嶺路毓麟里内月月小説社爲會所；並暫假《月月小説》報爲本會機關報。

譯書交通公會發起人周樹奎桂笙、贊成員吴沃堯趼人、汪慶祺惟父，代理書記員謝允燮强夫同啓。

清考察政治館《奏設印刷官報局片》《東華續録》卷二〇五　光緒三十三年三月，考察政治館奏：「光緒三十二年十月三十日御史趙炳麟奏設印刷官報局一片，奉旨考察政治館知道。欽此。查該御史奏稱：朝廷立法行政，公諸國人，擬請參用東西各國官報體例，設立官報，以仰副七月十三日懿旨，使紳民明悉國政，爲預備立憲之意等語。竊維預備立憲之基礎，必先造成國民之資格；欲造國民之資格，必自國民皆能明悉國政始。東西各國開化較遲，而進化獨速，其憲法成立，乃至上下一體，氣脈相通，莫不藉官報以爲行政之機關，是以風動令行，纖悉畢達。或謂英國民人政治知識最富，故其憲法程度最高，蓋收效於官報者非淺顯也。中國風氣甫開，國民教育尚未普及，朝章國典，罕有講求；向行邸報，大抵例摺居多；而私家報紙又往往摭拾無當，傳聞失實，甚或放言高論，熒惑是非。欲開民智而正民心，自非辦理官報不可。前政務處曾經奏明彙取中外文牘，編纂政要一書，衹因各處鈔送寥寥，未能編輯。今學部、農工商部暨南北洋、山東、陝西等處，已有官報刊行，惟僅限於一部一省之事。亟應兼綜條貫，彙集通國政治事宜，由館派員專辦一報，以歸納衆流，啓發羣治。即如該御史所奏，凡一切立法行政之上諭及内外臣工摺件電奏並咨牘章程等類，除軍機外交祕密不宣外，所有軍機處發鈔暨各衙門隨時咨送事件，依類分門，悉心選録，取東西各官報敏速精確之意。先辦日報一種；一俟鈔送日多，流行寖廣，再行查照前次奏案，擇其尤要，編輯月報，一體印行，以期周備。通國官民，從此傳觀研究，俾皆曉然於政令條教之本，無不與民休戚相關，自然智慮開通，共識負担國家之義，忠愛激發，咸有服從法律之心，非特憲法日以修明，而鞏固邦基，要不外此。」「得旨：如所議行。」

趙惟熙《創設格致實學書院摺》《**變法自强奏議彙編**》**卷三**　奏爲創設書院以培人材，恭摺仰祈聖鑒事。竊惟世運之升降，視乎人材；人材之振興，資於學校。書院者，所以輔學校之不逮也。陝西爲文獻舊邦，名臣大儒，史不絶書。我朝教澤涵濡二百餘年，尤稱極盛。近經兵燹之餘，元氣未復，而關中宏道、味經各書院肄業諸生多能講求實學，研精典籍，蓋陝人心質直而氣果毅，貧不廢讀，故易於有成。惟其所服習者，經史之外，制藝詩賦而已。明體或不能達用，考古或未必通今。邇來時局多艱，需材尤急，自非儲其用於平日，萬難收其效於臨時。兹據書院肄業舉人邢廷筴、成安，生員孫澂海、張象詠等聯名呈懇，自籌款項，創建格致實學書院，延聘名師，廣購古今致用諸書，分門研習，按日程功，不必限定中學、西學，但期有裨實用，如天文、地輿、吏治、兵法、格致、製造等類，互相講求，久之自能洞徹源流，以上備國家之採擇，各等情前來。

臣等伏查生人之急，爲學而已矣；求學之方，務實而已矣。聖門論學不尚空疏，游藝繼於依仁，政事先於文學。後世士夫或專精訓詁，或僅事詞章，或空談性理，而於經世致用各學轉致少所鑽研。冒耏之倫遂得竊我所長，以爲專門名家之業。淺見者或且鰓鰓然從而驚訝之，而不知其實淵源於我也。近來講求實學，風氣一變，然自京師之同文館而外，於天津等處之武備各學堂，類皆選取幼童俾習西學，其於經籍典章未遑學問，恐亦難期得力。今該舉人等請設書院，由學政調取年少聰穎之生員而肄習之，平素根柢既深，程功更易，久之授受漸廣，風氣漸開，未必無傑出之才奮然而起，似於培植人材之方不無裨益。如蒙俞允，再由臣等商酌辦理，敦請博通古今體用兼備之儒主講其中，分科學習，嚴訂章程，總期不事空談，專求實獲，庶仰副聖主崇尚實學之至意。

所有據情請建書院緣由，謹會同署陝甘總督臣陶模合詞具陳，伏乞皇上聖鑒訓示。再，此摺係臣趙惟熙主稿，合併陳明。謹奏。

▽**趙惟熙《請開設譯書公局摺》**《**皇朝經世文新編續集**》**卷二〇**　奏爲請開譯書公局以培人才，恭摺仰祈聖鑒事。竊自詔行新政以來，天下喁喁咸有望治之心，内外臣工之條陳時務者，亦各參酌情形，嘉謨入告，但裨實政，立予施行，仰見聖主集廣益之虚懷，凡在臣民，同深欽戴。臣竊惟今日之急務，以培人才爲最要；培人才之急務，以周知四國之爲爲最要。比者屢降明諭飭建學堂，各省疆臣學臣咸已次第興辦，奉令惟謹矣。惟設學之初，勢難徧及。東南大省或者尚易爲謀，至邊徼之區，不惟經費莫籌，而洋文教習更覺無從聘請。即以一鄉一邑論，承學之士何啻千人，鼓篋有心，而望洋興歎，亦主持文教者之責也。即偏設學堂，而所讀旁行斜上之書，受寄象鞮譯之語，爲數究屬有限。且學習西文宜於幼童，而已登仕版之職官，任繁而不暇學；已得科名之宿儒，時過而不能學。今欲收速成之效，饜多士之求，百十人任其難，億兆人獲其益者，當無過廣譯西書矣。查從前譯書最夥者，如江南之製造局，其次如同文館，如天津學堂，如上海西人各學會，譯本刊行雖有三百餘種之多，然分别觀之，每部不過數種，欲求通其門徑，而尚不可得。且半皆彼士二三十年前之撰述。太西新學，月異而歲不同，我方珍爲瓌奇，彼已弁髦視之矣。又局譯之本多專重兵事一門，不知太西之政藝各學，整齊畫一，釐然秩然，實得我古先聖王遺意。至兵之一説，乃不得已而用之，西人之所以富所以强，全不繫此。不本之務，惟末是圖，即使果能勝，而兵凶戰危，所傷實多。故譯書當以政學爲前，藝學爲次。擬請旨飭設譯書總局於京師，分局於各省，同力並舉，出書自多，務使宿學新知均得沾溉，窮鄉僻壤咸遂取求，庶風氣日開，見聞益廣，必多奇才異能之士崛起於時，以上副作育人才之至意。謹就管見所及，酌擬譯書事宜八條，敬備朝廷採擇：

一，擬請先在京師設立譯書總局一所，以大臣領之，或徑隸翰林院及大學堂管理。局中聘請精通中外文學之人，專譯東西各國新出有用書籍。翰林院編檢各員，職事無多，即可任筆述之寄。書成再遴選詞臣中之素工古文詞者，加以斧藻，總期文理明達，不至以駁雜鄙俚貽笑通人，而以能曲暢旁通，弗失原書意旨者，乃爲定本，刊印成書，編頒行省。既可省譯費之半，而詞館各員亦得藉此以練習外事，似一舉兩善之法，莫便於此。擬請敕令沿海沿江大省，每省設一分局，即由該省督撫學政管理，任令提款，聘訂通人專司譯政。惟成書之後，須繕寫全本咨送總局鑒定，加以潤色，然後發還原局，陸續頒行。至邊遠小省，力不能專設譯局者，亦應設官書局一所，俟總局及各局譯有成本，要者自行刊刻，次者廣爲購運，庶鄉曲寒畯均得同霑教澤矣。至此項譯局書局各費，即爲培才起見，擬懇准其作正開銷，以免觀望。

一，出使各國大臣例帶繙譯官數員在外，公牘無多，任令光陰虚度，亦殊可惜。擬請旨飭令出使諸臣，就近訪求其國新出精要之書，派令譯述，仍咨總局鑒定。先爲酌定程式，三年任滿，每員應呈繳若干種，約若干卷。精當者准於例保之外加等優叙，草率及不如格，則停其保獎。如有繁重大部，非譯員數人所能集事，准聘該國通人主之，而責譯員等分承其乏。其應需款項，即在出使經費内開支，庶蒐羅廣而取用宏矣。

一，自通市以來，隨使人員及出洋遊學者頗不乏人，其能著書立説考求外洋政藝者，以臣所見已有數十種之多，而繙出之西書亦均斐然可觀。惟以未奉明諭，推行不廣。擬請旨准令各省文人，有能譯出西書善本，准就近送由地方官咨送總局查核。其書内果能裨益實用，無離經畔道之語者，分别等次，上者奏請獎，以資官局爲刊本通行；次者發還本人，令其自爲刊布，予以專利之據。庶有志之士聞風興起，咸出其才力，以上輔乂明之治矣。

一，應譯之書擬請先政而後藝。政學約分三類：其一爲各國内政。如制用有經，勸學有典，議院之論説，法院之科條，重農經武之規模，通商惠工之利病，分院分類，不厭詳求。其二爲各國外交。如外部之政策、使臣之官，公法何以持其平，約章何以善其後，交鄰有道，駕馭攸資。其三爲居官之職掌。太西各國，一官專理一事，一事專訂一章。章程既定，所司奉行，罔敢分毫踰越。其稍有窒礙者，尅日付議而變通之，故無一成不易之法，亦無徒法不行之慮。蓋其因時損益，美矣備矣。大綱既立，然後漸及其專門之學，如格致、製造、化電聲光等類，以求實際，庶乎有體有用，本末兼賅矣。

一，譯書之事似易實難，非西文精而兼熟華語者不能口譯，非中學優而兼通西學者不能筆述。且西學門類最繁，知此者非必通彼。即如近日之以譯書名者，丁韙良，公法家也，所譯格致諸書，卒淺陋不足觀；傅蘭雅，格致工藝家也，所譯公法交涉論，糾葛不可卒讀，是其明證。請旨飭下中外臣工保薦譯才，無論中西人士，但能深通洋文者，各舉所知，以備採擇。須考其素精某學，即令譯某類之書，庶無遷地弗良之慮矣。

一，西人語言文字稍合，其聲音稍有緩急輕重不同，故拼字法亦無一定之式。至譯以漢文，則同一名也，或只一二字，或至三四字以外。且北人譯之，則以北音，南人譯之，則以南音，故百其手則百其文。即如英吉利國名，凡見諸以前紀傳者，字音歧出，無慮數十種，開學者之瞀惑，授旁觀以詆誹。兹事雖小，所關實鉅。總局既立，應令先將數見之國名、地名、官名、人名、物名譯以京語，仿遼金元三史國語解之例，重加釐定。其相沿既久者仍之，立爲一表，以後凡有譯本，悉依此表，不得意爲出入，亦同文之一端也。

一，譯成一書頗需時日，費亦不資，要當慎於事先，而後物力日力不至虚擲。設局既多，彼此各不相謀，難免重譯之事。即以前論，如製造局所繙出之化學鑑原，先後並譯者乃有四本，同文館之富國策，先後並譯者乃有三本，事倍功半，殊爲可惜。以後分局擬譯何書，先將原書本名及書内大概宗旨咨報總局查核，奉可乃行，庶免重譯之慮。

以上各條，擬於推廣新政之事稍有裨益。伏念今之時局日棘，需才尤殷，急則治標，不得不先即中學已通之人，冀收早成之效。即將來學堂林立，而生徒亦可不必盡習西文，則自多餘力以爲考求實學之用矣。

所有請設譯書公局緣由，理合恭摺具陳，伏乞皇太后、皇上聖鑒。謹奏。

再，現已奉旨飭建學堂，並以中西政藝各學取士，仰見聖主因時制宜之深衷，曷勝欽悚。惟致用各書，門目極夥，不惟後生初學驟難問津，即老師宿儒亦苦涉獵不及。查外國學堂均有官訂之功課本，師以是授，生以是受，無淩節而施之弊，有閉門合轍之益。如譯書總局奉俞允行，即請將編訂功課書一事歸該局專辦。凡蒙學堂以何等爲應讀之書，小學、中學、大學各堂以何等爲專課之書，何等爲兼習之書，何等爲涉獵之書，凖酌一定程式，頒行各學堂遵照辦理，庶將來師範既一，教官亦得所持以爲衡鑒之具。至經義及論孟義創始於宋臣王安石，其大意以發明聖賢經傳之義理爲本，間出己意，加之論斷，並引用古今事蹟以證據之。其法律疏於八股文，而能上下千古，暢所欲言，足以考見作者之才識，故理不致詭於正格，不妨從其寬。並擬請旨恭仿高宗純皇帝欽定四書文之例，令儒臣搜求名作，裒集成書，以爲士林矜式。如以古作不多，或徑請特派能文之翰林院官撰擬若干篇進呈御覽，賜之删定，俾主司羣士得所遵循，庶愈廣同文之雅矣。是否有當，理合附片陳明，伏乞聖鑒訓示。謹奏。

孫學修《譯書篇》《皇朝經世文新編》卷五　稽我太宗文皇帝開基，首以國書繙成綱鑑，然後知中華扼塞古今政俗之由，用以制明。高宗純皇帝欽定四庫前書，譯出西書四十一家，悉予箸録。宣宗成皇帝時，俄羅斯進書三百五十餘號，亦命庋弆秘閣，擇要繙録。大哉聖人之道，豈諜奇夸異哉？蓋以周敵國之情狀，廣天下之師資，而普教思於無窮也。大地事故，愈久愈繁，匡時應變，非守古者所能，夫人而知之。其知之奈何？曰以多譯西書爲本。泰西各書區類最繁，或總或分，並有專家。異域文字，非人人所能讀。書誠可觀，譯令通曉，故其一切譔述備哉燦爛。中土三十年來開築賓館，授簡譯書者，廑有京師同文館、天津學堂、上海製造局三處。至今合中西人士官箸私箸可讀之書，約三百種而已。歐美各邦歲出新書，除報章經書外，凡法律、交涉、史鑑、掌故、天文、輿地、礦務、船政、算術、格致、訓蒙、戰法、農漁、汽機、測繪、工程，百家論説，不下萬餘部，名都書庫收挾萬國書籍至一百十萬種。以吾所固有者相較，直太倉之一粟耳。又況彼中政學，歲月改觀，距今眎之，已爲陳羹。士子興焉有志，舍此之外，羌無仰鑽，一知半解，騰笑方聞。今以吾知之簡，敵彼之繁，吾俗之懵，測彼之靈，焦氏易林所謂販鼠買蛙，無以成家者也。而欲其閉門艁車者，出門合轍，蓋亦難矣難矣。夫千夫仰汲，褎甕者不已勞乎？萬仞思虧，携壝者不貽笑乎？以彼歲出之數，即使删其繁蕪，集其菁要，拔十得五，亦當歲出百種，廑恃滬局津館，固覺日不暇給。嘗竊竊然以謂吾十八行省有官書局處甚夥，原其命意，莫非流布實學，嘉惠士林，初無中外之畫也，則曷不於中書之外兼譯西書，不煩籌貲，無需奏請，此倡彼應，譔箸日茂，廣印賤售，蔪開風氣。至於應譯各書，宜先延訪通士，識其涂徑。或由出使大臣屬通曉洋文之隨員，就各國藏書樓究心瀏攬，撮其宏恉，譯爲提要，諗夫何者爲急，何者爲緩，審慎圖之，則書盡切要，人爭先睹之爲快，書局歲入因以增多，事至利便，胡爲至今不問耶？南徐馬建忠適可齋記言，載《設繙譯館議》，猶不若此之易舉。或曰：中西文字迥不同軌，屢經筆舌，已失其恉，深原立論，當自肄習拉丁文字始，吾子齗齗於此，抑末矣。孫學修曰：今日非西文不興之爲急，乃西學不興之爲急。如責以西學必先責以西文，老而慕焉，則餘光無幾；童而習之，則程功已遲。及今而外資出洋，内樹書院，然勝譯才者廑如鳳毛麐角，況其諧今道古，中西名家者哉？蓋收效之難如此矣。有人於此，意舂之必燠而忍其寒焉，目禾之必熟而忍其餓焉，則譁然曰此大惑者也，意成材之有日，謂譯書之可緩者眎此矣。夫使列聖之典不遵，推廣之道不籌，徒讀古書，罔獲新義，耳目廢置，事勢寂然。先王之治，無新簡書，韓非謬穜所不樂聞耳。

佚名《推廣譯書以裨實用議》《皇朝經世文四編》卷七　古有象鞮譯寄，所以達聲音，通言語者，法至良矣，意至美矣。獨譯書之舉創始於明季，盛行於我朝，不特覘異域情形，並可增吾人識見。蓋中外相隔數萬里，彼欲窺我之虚實，非譯中書不爲功；我欲知彼之規爲，非譯西書不濟事。時勢所迫，風會所趨，誠有不得不然者。乃或不察，謂其費鉅而效遠，毫無補於時艱。噫！此真偏僻之見，而未能就譯書之本末深思而熟計之也。試以國事而論，我朝立法之初，原屬無美不臻，無弊不剔，顧天道無百年而不變，國德無數代而不變，法雖盡善，而三百年來必有宜古不宜今，宜彼不宜此者，若乃拘守舊章，不能多譯西書，以師彼之長，以節我之短，此致困之道也。況不明萬國公法，則事多掣肘，將何以杜絶憑陵？不悉各國律例，則動受欺朦。將何以持平交際？不特是也，西人之所以自强者何在，西國之所以致此者何方，要非多譯其書，則不知新政何者爲要，新法何者爲精，新例何者爲確當，新理何者爲純粹，勢必因陋就簡，國日以弱，民日以愚，將何以保我四萬萬黄種之人？且何以固我二萬萬神州之地？噫！譯書所以爲取法之資而維新之本也。

比年以來，上海廣方言館兼設繙譯，京都官書局則有譯報之舉，而有志之士復設局繙有用之書，規模似已廣充，然吾聞各國大書院藏書多至數百萬種，而格致新法又歲有所增，今中國所譯之書不滿千種，是猶太倉之粟，九牛之一毛，豈足擴吾民之聰明，供士林之傳誦？而況所譯善本，百無一二，或失之繁雜，或失之瑣屑，或遺其精液，或取其皮毛。蓋西文與華文用法迥然不同，以英文言，必以調音爲主，定音成言，積言成句。有五六字而定一音，有五六音而成一句。而其二十六字母則又不盡有音，獨自成音者，只有五六字，半音者有二字，餘十九字爲啞音，非相拼不能成言。故英文語多詰屈繁冗，譯者茍無簡明曉暢之筆，則曲折婉微之處不能心領神會，必似是而實非矣；精深奥渺之間不能曲證旁通，必掛一而漏萬矣。如此則雖譯千百萬書，曾何裨於實用？爲今之計，當照上縣繙譯館之制，每省增設數館，第一要著在乎得人，以精通西文者譯述，而聘請議論透澈筆致委婉者皆爲總校，去其繁冗，標其要領。並先將西文所有中文所無之一切事物名議義爲彙訂成册，傳佈天下，俾譯書者皆遵此册而行，不得立意矜奇，妄造新字，致混閲者心目。尤必擇緊要之書，分門繙譯，斯不譯則已，譯必足爲考證之資。然則當今之時，何書果爲最要？則莫要於兵法及技藝格致等書。以兵法言之，中國原不及於泰西，水師既具皮毛，陸師更鮮實濟，有事可以平土匪而不足以拒强鄰，此不及西法之明驗。然西法亦不盡同，非謂各國兵法皆勝於中國也。今歐洲境内，水師以英、法爲精，陸師以俄、德爲勝，自當多譯英、法、俄、德四國兵書。以技藝言之，中國向視爲末流，聰明者不屑爲，愚魯者不能爲，而木牛流馬之精思，至今日遂成絶調。彼西人最重技巧，機器日新月異，法制層出不窮，而復本格致以考求，故其技藝新書，皆矢數十載精神，費數十人心力，互相琢磨而成，讀其書即可增人巧也，則技藝格致之書不可不先譯。若夫史學亦不可不譯，蓋西史猶之中史，讀中史則堯舜以後之政治得失、朝政興廢，皆燦然而並列心胸；觀西史則羅馬以來之文教盛衰、武功强弱，悉宛然而在心目。其善者可以爲師，其不善者可以爲戒也。矧時至今日，合天下爲一家，而猶不知地球各國政治，其何以辦理交涉而措置得宜哉？然欲使繙一書有一書之功，一書得一書之用，則仍不外乎吾向之所言也。所言維何？曰在乎得人。

魏允恭《江南製造局記》卷二

學館

學館	功課	員役	學生	房屋	經費
廣方言館 同治二年設於上海城内八年移入本局	國文 英文 法文 算學 輿地	提調一人每月支銀六十兩 國文教習三人每月共支洋一百二十元 西文教習四人每月共支洋二百九十元 稽課委員一人每月支銀三十兩 司事一人每月支銀十二兩 夫役十一人每月共支錢八十二千文	正課四十名 附課四十名 考取試國文兩藝 年歲十五以上二十以下合格 四年畢業收膳費	平房十三間 樓房二座三十六間 廂房二座十二間 平房連兩廂共十六間 茶房厨房浴房共二十五間 共一百二間	江海關船鈔項下銀六千兩 本局歲撥津貼銀三千兩 共九千兩
工藝學堂 光緒二十四年設	化學工藝兼習國文英文 算學機器工藝兼習國文英文算學繪圖	國文教習二人西學教習六人月共支銀二百三十兩 司事二人月共支銀四十二兩 夫役七人月共支錢四十二千文	學額五十名考取試國文二藝 四年畢業	正南北樓房各五間 東西廂樓房各二間 又平房三間 茶房厨房共三間 浴堂厠所各一間 共二十一間	書圖房經費銀三千餘兩 操砲學徒二成口糧銀六千餘兩 共九千餘兩
繙譯館 同治六年設	翻譯格致化學製造各書	提調一人 口譯二人 筆述三人 校對畫圖四人月共支薪水約洋三百元銀二百六兩		藏書樓二間 譯書室三間 住房四間 客廳一間	員司薪水購買圖書刷印等項無定額隨時由正項開支

附 圖書

書名	本數	卷數	圖	原著	繙譯	筆述	校對	出版	價值
四裔編年表	四	四		美林樂知	嚴良勳	李鳳苞			一元九角
埏紘外乘	八	二十五		林樂知	嚴良勳	蔡　澄		光緒二十八年	二元四角
西國近事彙編	每年四冊自癸酉至己亥年共一百八冊 由繙譯館委員分年編輯計價洋十六元								

續表

書名	本數	卷數	圖	原著	繙譯	筆述	校對	出版	價值
俄國新志	三	八		英陔勒低	傅蘭雅	潘松		光緒二十四年	八角五分
法國新志	二	四		英陔勒低	傅蘭雅	范熙庸	潘松	光緒二十四年	七角
西美戰史	二			法勃利德	李景鎬			光緒三十年	四角五分
佐治芻言	三	一			傅蘭雅	應祖錫			七角五分
列國歲計政要	六	十二		英麥丁富得力	林樂知	鄭昌棪		光緒二年	一元八角半
保富述要	二	一		英布來德	傅蘭雅	徐家寶		光緒二十二年	五角五分
國政貿易	二	二		英法拉	傅蘭雅	徐家寶		光緒二十三年	五角五分
公法總論	一	一		英羅柏村	傅蘭雅	汪振聲			一角
各國交涉公法	十六	十六		英費利摩羅巴德	俞世爵	汪振聲 錢國祥		光緒二十四年	二元六角
各國交涉便法論	六	六		英費利摩羅巴德	傅蘭雅	錢國祥			一元八角
東方時局論略	一	一		高麗鄧鏗					一角五分
東方交涉記	二	十二		英麥高爾	林樂知	瞿昂來		光緒六年	五角
英俄印度交涉書	一	一		英馬文	羅亨利	瞿昂來		光緒十三年	三角五分
防海新論	六	十八	九十五	布希理哈	傅蘭雅	華衡芳	江衡	同治十二年	一元五角
前敵須知	五	四	十九	英克利賴	舒高第	鄭昌棪		光緒十六年	七角
行軍測繪	二	十	二百五十五	英連提	傅蘭雅	趙元益	沈善蒸	同治十三年	六角
臨陣管見	四	九	三	布斯拉弗司	金楷理	趙元益	孫鳴鳳		一元一角
行軍指要	六	六	四十九	英哈密	金楷理	趙元益		光緒二十七年	二元八角
水師章程	十六	二十		英水師兵部	林樂知	鄭昌棪		光緒五年	四元
水師操練	三	十八	十一	英戰船部	傅蘭雅	徐建寅		同治十三年	八角五分
水師保身法	一	一		法勒羅阿	伯克雷	趙元益			二角
海軍調度要言	二	三	四十	英挈核甫	舒高第	鄭昌棪		光緒十六年	四角
輪船布陣	二	十二	一百五十八	英賈密倫	傅蘭雅	徐建寅		同治十三年	六角五分

續表

書名	本數	卷數	圖	原著	繙譯	筆述	校對	出版	價值
鐵甲叢談	二	五	五十	英黎特	舒高第	鄭昌棪			六角五分
營城揭要	二	二	五十	英儲意比	傅蘭雅	徐壽			四角
營壘圖說	一	一	八	比利時 伯里牙芒	金楷理	李鳳苞			二角
攻守礮法	一	六	五十四	布軍政局	金楷理	李鳳苞			四角
營工要覽	二	四	一百九十	英武備工程課則	傅蘭雅	汪振聲			五角
行軍鐵路工程	一	一	八十三	英武備工程課則	傅蘭雅	汪振聲		光緒十二年	三角
開地道轟藥法	二	二	一百十四	英武備學堂	傅蘭雅	汪振聲		光緒十九年	六角五分
英國水師考	二	一		英巴那比美克理	傅蘭雅	鍾天偉			四角五分
英國水師律例	二	四		英德麟	舒高第	鄭昌棪			六角五分
俄國水師考	一	一		英百拉西	傅蘭雅	李嶽蘅			三角
法國水師考	一	一		美杜默能	羅亨利	瞿昂來	鍾天偉		三角
美國水師考	一	一		英巴那比美克理	傅蘭雅	鍾天偉			三角
列國陸軍制	三	一		美歐潑登	林樂知	瞿昂來		光緒十五年	八角五分
西國陸軍制攷略	四	八		英柯理集	傅蘭雅	范本禮		光緒二十八年	一元二角
德國陸軍考	四	四	二	法歐盟	吳宗濂	潘元善			五角
兵船礮法	三	六	一百八十	美水師書院	金楷理	朱恩錫	李鳳苞		七角
礮乘新法	六	三	一百四十一	英製造局	舒高第	鄭昌棪		光緒十六年	四角
水雷秘要	六	五	二百二十四	英史理孟	舒高第	鄭昌棪		光緒六年	一元
爆藥紀要	一	六	四	美水雷局	舒高第	趙元益		光緒五年	三角
礮法畫譜	一	一	二十七	丁乃文			程瞻洛	光緒十五年	一角五分
礮準心法	二	二	二十三	布軍政局	金楷理	李鳳苞	邱瑞麟		三角五分
子藥準則	一	一		丁乃文				光緒十四年	三角
克虜卜礮圖說	二	四	三十五	布軍政局	金楷理	李鳳苞	胡樹棻	同治十三年	六角

續表

書名	本數	卷數	圖	原著	繙譯	筆述	校對	出版	價值
格林礮操法	一	一		美佛蘭克林	傅蘭雅	徐建寅		光緒元年	一角
洋槍淺言	二	一	十五		顔邦固			光緒十二年	一角
喇叭吹法	一	一	三十一		金楷理	蔡錫齡		光緒三年	一角
養蒙正規	一	一			秀耀春	汪振聲			一角
小學韻語								光緒二十一年	
日本學校源流攷	一	一	三	美路義恩	衛理	范熙庸		光緒二十五年	二角五分
日本東京大學規制攷略	一	一							三角
類證活人書	四	二十	二五		吴勉學			光緒十二年	一元一角
保全生命論	一	一		英吉蘭肥勒	秀耀春	趙元益	趙詒琛	光緒二十七年	三角
儒門醫學	四	三		英海得蘭	傅蘭雅	趙元益	徐華封		一元一角
法律醫學	十	二十	一百八十七	英該惠連 弗里愛	傅蘭雅	趙元益	趙詒琛	光緒二十五年	四元
臨陣傷科附圖	四	四	一百五十一	英怕脱	舒高第	鄭昌棪			一元
内科理法	十二	二十	一百十	英虎伯	舒高第	趙元益	程仲昌	光緒十五年	四元
産科	四	一	六十五	英密爾	舒高第	鄭昌棪		光緒三十一年	
婦科	六	一	二百六十六	美湯麥斯	舒高第	鄭昌棪			二元二角
濟急法	一	一	四十八	英舍白竦	秀耀春	趙元益	趙詒琛	光緒三十一年	三角
西藥大成	十六	十	二百六十九	英來拉 海得蘭	傅蘭雅	趙元益	孫鳴鳳	光緒十三年	六元
農學要書簡明目録	一	一			傅蘭雅	王樹善	趙元益	光緒二十七年	一角五分
農學初級	一	一		英旦爾恒理	秀耀春	范熙庸		光緒二十四年	三角
農學津梁	一	一		英恒理湯納耳	衛理	汪振聲		光緒二十八年	二角五分
農務土質論	三	三	四十五	美金福蘭格令希蘭	衛理	汪振聲		光緒二十八年	二角五分
農務化學問答	二	二	三十七	英仲斯敦	秀耀春	范熙庸	王汝駢	光緒二十五年	五角
農務化學簡法	一	三		美古來拉	傅蘭雅	王樹善	蔡澄	光緒二十八年	四角五分

續表

書名	本數	卷數	圖	原著	繙譯	筆述	校對	出版	價值
西藥大成中西名目表	一	一							一角五分
意大利蠶書	一	一	三十三	意丹吐魯	傅蘭雅	汪振聲	趙元益	光緒二十五年	四角
工業與國政相關論	二	二		英司担離遮風司	衛理	王汝駲			三角
藝器記珠	一	一	五十七		徐建寅			光緒十年	六角
西藝知新	六	十	三百九十五	英諾格德	傅蘭雅	徐壽	徐華封	光緒四年	一元六角
西藝知新續刻	九	十三	七百四十四		傅蘭雅	徐壽	徐華封	光緒十年	
化學工藝	十三	十	七百十一	英能智	傅蘭雅	汪振聲	徐華封		二元八角
工程致富	八	十三	七十六	英馬體生	傅蘭雅	鍾天偉		光緒二十四年	一元六角
海塘輯要	二	十	八	英偉根斯	傅蘭雅	趙元益	沈善蒸		六角
船塢論略	二	二			傅蘭雅	鍾天偉	程瞻洛		二角
鐵路彙考	二	十三	二	美柯理集	傅蘭雅	潘松		光緒二十五年	八角
鐵路紀要	一	三	二	美柯理集	潘松	章善□		光緒二十三年	一角五分
航海通書									
行海要術	三	四	六十六		金楷理	李鳳苞		光緒十六年	五角八分
航海章程	一	一		美弗蘭克林	鳳儀	徐家寶		光緒二十一年	二角五分
行船免撞章程	一	一	六十		傅蘭雅	鍾天偉	程瞻洛		二角五分
御風要術	二	三	五十一	英白爾特	金楷理	華衡芳	江衡	同治十二年	五角五分
算學啓蒙		三	九		朱世傑				六角五分
算法統宗	四	十一	一百三十九	程汝思	梅穀成		賈步緯	光緒四年	一元二角
勾股六術	一	一	二十六	項名達			賈步緯		二角五分
疇人傳	十二	五十二		阮文達元	羅士琳				二元
董方立遺書	一	一		董佑誠				光緒五年	三角五分
謝穀堂算學三種	一	三	一		謝家禾		沈善蒸	光緒十五年	二角
九數外録	一	一		顧觀光			賈步緯	同治十三年	二角五分

續表

書名	本數	卷數	圖	原著	繙譯	筆述	校對	出版	價值
幾何原本	三	四	六百八十三				沈善蒸		一元
代數術	六	二十	四十一	英華利局	傅蘭雅	華衡芳	劉彝程	同治十三年	一元七角
數學理	四	九		英棣麼甘	傅蘭雅	趙元益	江　衡	光緒五年	一元
算式集要	二	四	一百四十二	英哈司偉	傅蘭雅	江　衡	賈步緯		五角五分
代數難題	六	十六		英倫德	傅蘭雅	華衡芳	華世芳	光緒九年	二元二角
微積溯原	六	八	五十九	英國原書	傅蘭雅	華衡芳	劉彝程	同治十三年	一元五角
三角數理	六	十二	一百七十二	英海麻士	傅蘭雅	華衡芳	劉彝程	光緒三年	一元七角
算式解法	二	十四	九	英好敦斯開奈利	傅蘭雅	華衡芳	周道章	光緒二十五年	五角五分
開方表	一	一					賈步緯		一角五分
繙譯弦切對數表	八	八			賈步緯		火榮業		一元七角
八線簡表	一	一	一		賈步緯		賈步緯	同治十三年	二角
對數表	四	四					賈步緯		一角五分
八線對數簡表	一	一			賈步偉		火榮業		二角
恒星圖表	一	一	二		賈步偉		火榮業		二角
簡易庵算稿	四	四		劉彝程		丁國均		光緒二十六年	一元二角
運規約指	一	三	一百三十六	英白起德	傅蘭雅	徐建寅	沙　英	同治九年	三角
器象顯真附圖	三	四	三百六十二	英白力蓋	傅蘭雅	徐建寅	邱瑞麟	同治十年	七角五分
測繪海圖全法	六	八	五十六	英華爾敦	傅蘭雅	趙元益	趙詒琛	光緒二十六年	一元七角
測地繪圖	四	十一		英富路瑪	傅蘭雅	徐　壽			一元二角
繪地法原	一	一	三十九	英國原書	金楷理	王德均			二角五分
海道圖說附長江	十	十五		英金約翰	傅蘭雅	王德均	蔡錫齡		三元一角
石印平圓地球圖	一		十二						一元二角
石印八省沿海圖	一		一百十八						六元四角
談天	四	十八	一百三十五	英侯失勒	偉烈亞力	徐建寅		光緒七年	一元八角

書名	本數	卷數	圖	原著	繙譯	筆述	校對	出版	價值
測候叢談	二	四	二十二	金楷理	華衡芳			光緒二年	六角
躔離引蒙	二	一		賈步緯			賈文浩	光緒十八年	四角
交食引蒙	一	一						光緒二十年	一角五分
地學淺釋	八	三十八	七百十五	英雷俠兒	瑪高温	華衡芳	沙　英	同治十二年	二元五角
金石識別	六	十二	二百九十八	美代那	瑪高温	華衡芳	江　衡	同治十一年	一元九角
寶藏興焉	十六	三十	三百三十六	英費而奔	傅蘭雅	徐　壽	徐華封	光緒十年	四元八角
相地探金石法	四	四	四十一	英喝爾勃特喀格斯	王汝駧			光緒二十九年	一元一角
求礦指南	二	十	五十二	英安德孫	傅蘭雅	潘　松		光緒二十五年	六角
銀礦指南	一	一	二十一	美亞倫	傅蘭雅	應祖錫		光緒十七年	三角
探礦取金	二	六	三十四	英密拉	舒高第	汪振聲		光緒二十九年	五角
開煤要法	二	十二	五十七	英士密德	傅蘭雅	王德均	王峻卿	同治九年	五角
井礦工程	二	三	一百四十	英白爾捺	傅蘭雅	趙元益		光緒五年	五角
金石表	一	一							一角五分
石印開礦器法圖説	六	十	六百九十一	美俺特累	傅蘭雅	王樹善	華衡芳		三元
格致啓蒙	四	四	一百五十四	英羅師古	林樂知	鄭昌棪		光緒五年	一元
格致小引	一	一		英赫斯賚	羅亨利	瞿昂來		光緒十二年	一角五分
化學源流論	二	四		方尼師	王汝駧				三角
化學鑑原	四	六	一百四十九	英韋而司	傅蘭雅	徐　壽	趙元益	同治十一年	一元二角
化學鑑原續編	六	二十四	十五	英蒲陸山	傅蘭雅	徐　壽	趙元益	光緒元年	一元五角
化學補編	六	六	二百六十		傅蘭雅	徐　壽	徐　鍾	光緒八年	二元四角
化學求數	十四	十五	一百八十六	德富里西尼	傅蘭雅	徐　壽	徐華封	光緒九年	四元六角
化學分原	二	八	五十九	英蒲陸山	傅蘭雅	徐建寅	江　衡	同治十一年	七角
化學考質	六	八	四十八	德富里西尼	傅蘭雅	徐　壽	徐華封	光緒九年	二元五角
化學材料中西名目表	一	一							一角五分

續表

書名	本數	卷數	圖	原著	繙譯	筆述	校對	出版	價值
物理學上編	四	四	二百	日飯盛挺造	藤田豐八	王季烈		光緒二十七年	一元三角
物理學中編	四	四	二百六十	日飯盛挺造	藤田豐八	王季烈		光緒二十八年	一元三角
物理學下編	四	四	二百三十	日飯盛挺造	藤田豐八	王季烈		光緒二十九年	
聲學	二	八	一百六十九	英田大理	傅蘭雅	徐建寅			七角
光學	二	二	三十	英田大理	金楷理	趙元益	沈善蒸	光緒五年	六角五分
電學	六	十	四百二十	英瑙挨德	傅蘭雅	徐建寅		光緒六年	二元五角
電學綱目	一	一		英田大理	傅蘭雅	周郇	沈善蒸		三角
無線電報	一	一	十二	英克爾	衛理	范熙庸		光緒二十六年	二角五分
電氣度綫	一	一	五		傅蘭雅	徐華封		光緒十二年	一角五分
通物電光	一	四	九十	美英且登	傅蘭雅	王季烈		光緒二十五年	四角五分
物體遇熱改易説	二	四	六	英瓦特斯	傅蘭雅	徐壽	趙元益	光緒二十五年	五角五分
電氣鍍金略法	一	一	十二	英華特	傅蘭雅	周郇	沈善蒸		三角五分
冶金録	二	三	四十二	英阿發滿	傅蘭雅	趙元益			五角五分
考工紀要	八	十七	一百九十五	英瑪體生	傅蘭雅	鍾天偉	汪振聲	光緒二十年	二元五角
鑄金論略	六	六	三百五十一	英司布勒村	傅蘭雅	汪振聲		光緒二十八年	二元
金工教範	一	一	九十五	美康潑吞		王汝駣 范熙庸		光緒三十年	
錬金新語	三	一	八十三	英奥期吞	舒高第	鄭昌棪			九角
製□金法	二	二	十二	日橋本奇策		王季點		光緒二十七年	四角五分
錬石編	二	三	六十六	英亨利黎特	舒高第	鄭昌棪			五角
鑄錢工藝	二	三	三十二	工藝製造書中摘譯	傅蘭雅	鍾天偉	程瞻洛	光緒十六年	六角
錬鋼要言	一	一	四		徐家寶			光緒二十二年	一角
汽機必以	六	十二	一百九十九	英蒲而捺	傅蘭雅	徐建寅	趙元益	同治十二年	一元七角
製機理法	四	八	二百四十二	英覺顯禄斯	傅蘭雅	華備鈺		光緒二十六年	一元四角
汽機發軔	四	九	八十三	英美以納白勞那	偉烈	徐壽		同治十年光緒二十九年再版	一元三角

續表

書名	本數	卷數	圖	原著	繙譯	筆述	校對	出版	價值
汽機新制	二	八		英白爾格	傅蘭雅	徐建寅		同治十一年	六角五分
汽機中西名目表	一	一							一角五分
兵船汽機	八	六	二百六十二	英息尼德	傅蘭雅	華備鈺		光緒二十年	二元三角
製火藥法	一	三	五十八	英利稼孫華得斯	傅蘭雅	丁樹棠	李乘時	同治九年光緒二十八年再版	三角五分
克虜卜礮藥彈造法	三	四	一百五十二	布軍政局	金楷理	李鳳苞	胡瑞麟	同治十三年	七角
煤油法									
取濾火油法	一	一	十五	美日得烏特	衛理	汪振聲		光緒二十七年	二角五分
造洋漆法	一	一	八	日田原良純	藤田豐八	汪振聲		光緒二十九年	二角
考試司機	六	七	一百九十	英施爾那	傅蘭雅	徐華封		光緒二十一年	二元四角
照相鏤板印圖法	一	一	一	美貝列尼	衛理	王汝駢		光緒二十七年	二角

傳記

王徵《杜奥定先生東來渡海苦蹟》 杜先生者，遠西歐邏巴州意大里(西)[亞]國士也。聖名奥定，道號公開，爲耶穌會中修士。在會爲大會長所推重，授以撒責爾鐸德之任，擇同會侶若瑟、西北盎等六人，奉教化皇命，來我東土，闡傳天主聖教。先生則親承教皇面諭，優禮特簡，率侶偕來者也。自天主降生一千六百二十六年九月間，從羅瑪府起程登舟，同舟者耶穌會中人凡三十有五，其餘在天主教者共六百餘人。舟行海中，多經風浪，苦難盡述，第述其最苦難者。

過大浪山腳，大風雨兩日夜，莫知所往。風最猛逆，蓬帆盡被吹落，止露檣杆三根，舟人咸謂必死。乃杆頭忽有火毬環繞，厥色不紅而藍，類硫黄煙炎，或左或右，或遠或近，一似往來驅逐提扶狀，風遂散止，舟始平浮。駕長等驚喜大呼，曰：「此天主救我一舟人也！」奚(次)[吹]號器，令闔舟之人跪誦天主經，感謝洪恩，謂從此直抵小西洋，再無險阻可畏矣。不意渡至若望得那襪海島傍，水流猛迅，若萬馬奔騰，而大風則擁舟迎風若水，兩相衝突争戰，舟則迴漩其中，不能退，不能進者凡九日。夜夜無月，天陰黑甚。約三鼓時，偶聞霹靂聲，惶駭莫知所由來。比再響震，始知舟觸大石，乃爾作響，其舟已破壞矣。凡大海舟上，必有一小舟，爲取水買物使用。故大舟既壞，衆急取小舟入海，用救大舟，倉卒間溺死已數十人矣。黑夜罔克拯救，駕長呼衆無顧財物衣糧，各急存命爲計。顧舟重檣長，大浪所怒摧者恒在此。況大砲十二枚，列舟兩旁，厥重尤甚。於是砍去檣杆，棄卻大砲，及一切糧物，始得免於沉溺，然水從壞處已入舟矣！舟已側翻，岸邊人反死據舟外，每大浪至，即擁數人逝去。

時先生當如是急難中，乃不顧己身，一心專求天主，惟以解罪救人靈魂爲務。比天明，望見若望得那襪海島在近有數十里，急命小舟上人先詣探視。回報野島無人處也，先生方令小舟救渡見在人衆，陸續赴島中存活。先生身無長衣，止留法郎濟斯哥聖物一匱在胸。爾時小舟載衆去島，舟中一武將隨去。先生在大壞舟上，獨持聖物護身救人，連四日無一粒充口。時同舟者有一鐸，亦爲人解罪，然病甚，謂己可以死矣，哭勸先生速速赴島。先生涕淚而言曰：「寧我一人死此，決不敢委棄衆人靈魂而不救也。」忽一大浪如山，將臨舟畔，先生急呼天主聖號，以聖物指之，浪輒過去。四日內，小舟被武將留止，不來接救。有一人善浮水，欲去取舟，浮半里餘，水淺可行。遂再招善浮者，輒有三十人入水浮去。比至島，僅存二人耳。先生痛其溺也，止勿再浮。輒生一法，命匠折大舟檣木，並諸板木，製如桄式，用木撐扶，衆人都得存活抵島。末後一桄，衆人力擁先生而上。將至岸，衆人壯有力者，咸登岸先行。先生數日未食一粒，弱甚，不能登岸。及跧跧登岸，海潮漸溢，岸浸水中。水中石嶺岈如刀，刺足抵，破傷血出，足痛無奈，手扶膝行。顧去島尚遠，潮益長，漸漸及胸，先生呼聖法郎濟斯哥曰：「數日來以爾聖物救無數人，今咫尺不救我耶？」呼畢，小舟倏至，遂登舟而抵島焉。先生抵島，衆人如得慈父，武將亦來慰勞。先生正色責教之，蓋責其不發小舟救人故也。舟壞時，所見存者三百人；計至島，全活者二百三十有奇，非先生皆飽鯨鯢腹矣！

居此島中，凡兩月。島橫闊可六十里，樹木蓁樸，野草茂密，百鳥羣集其間：大者、小者、飛者、棲者、紅者、黑者、黃者、白者，色色各別，種種奇異。最大鳥曰野馬者，肥大若牛形，其卵埒鵝卵而十倍過之，卵食可以食飢，卵之殼堅硬埒石，厚可半分，牙色有細點文。先生持一枚來視之，真奇物也。其島絕無人跡，無房室，無水泉，亦絕無煙火。時衆人缺衣缺食，咸取諸鳥：取其毛羽作衣，取其皮作鞋，取其卵作食。然苦無火。先生命以兩木相摩，火乃生矣。第海水鹽苦，無可飲者，先生祝祈天主、聖母，用刀掘一小井，水輒溢出，甘美可飲，衆呼爲聖母泉云。先生居島七日後，命武將同教中數人，駕小舟詣黑人國摩蘱比格府取救船，緣此府中先有耶穌會士振鐸彼地故也。小舟兩日半便至府，方至府，大風發矣。風若先一刻發，小舟安能至彼岸哉？小舟既至摩蘱比格，會士知先生同衆海島受難，遂覓大舟來救。舟至海邊，方欲發，無故自裂。島中日望不至，於是伐木自造一舟，又用九人詣府求救。比至府，飢死者六人，僅存三人。登岸，黑人執見國主。國主知爲大西人也，命送會士處以報，於是再發大舟來迎。

先生日望救舟久不至，因命匠伐大木作一十字架，刻記被難始末，樹之以垂後。每日羣教中人於其下，誦祈天主，爲瞻禮之所，若將終身也者。島極僻靜，而所衣所食，充然具足，且有多魚，每尾重五七斤，味甚甘美。時晝雖焦熱，夜則寒甚，乃又有絶乾冗細長草作被卧，人反帖然以爲樂土，而不願離。爾時乏薪，有一人欲先取魚，先生曰：「爾第先取薪去，天主即賜爾魚無難也。」其人從命去採薪，薪已束，將行，偶一鴉過，墮一魚於肩頷，約長二尺餘。其人駭喜交集，感頌聖跡。蓋皆天主督佑先生，因以督佑教衆，俾之絕地逢生，有如此耳。

久之，大舟迎至。先生始同衆登舟，赴摩蘱比格府，而與會士相晤談云。府中人被化者衆，率尊敬先生，所餽遺奇物甚多，有麟之角，重十一觔；又（在）［有］麟角杯一枚，今在開封費先生處；若麟之趾，麟之齒，及魚之牙長八寸餘者，見在此中。其地有先勞冷佐島，島極大，山水極奇特。島中國王自三十歲即位，惟時將一百六十歲矣。聞先生至，喜甚，因請先生至其島，躬自進教，同其后及子皆入教。欲久留先生，使之自擇一地，乃國中一小山，山上地甚廣平，俯視宮室，都在目下，周圍皆池塘活水，最奇境也。俾於其上，建大天主堂，以爲先生彌撒之所。顧先生行急，後竟不知何如。居府一年，始（棄）［乘］舟，將兩月至小西洋。（小西洋）八閱月，乘舟東來。又兩月，始抵廣東香山。自初發開閔六年，受萬端危苦，而後至止於此。倘非天主垂憫憐救，萬萬不能（主）［至］此。然非先生純心事天，篤志愛人，一心戀主，萬苦不辭，亦烏能當萬死一生中，屢荷天主篤佑，陡顯奇跡之若是哉？蹤跡甚奇，然皆苦境，故總記之曰：《渡海苦跡》。

噫嘻！先生不婚不宦，不名不利人也。祗爲敬天愛人一念，不遠九萬里惠顧我東土，歷絶盡百險百危，曾不一毫退轉。我輩癡迷，盈盈一水之隔，不百里而近，乃憚跋涉苦，弗能時時親炙德輝，良可笑耳，且可其愧已！爰援筆述其始末，用以自鏡，並以告我同志。

崇禎十年冬日，了一子記。

查繼佐《罪惟録·徐光啓傳》 徐光啓，字子先，號玄扈，南直上海人也。先世從宋南渡。祖母尹以節聞。光啓幼矯摯，饒英分，嘗雪中躡城雉，疾馳，縱遠跳。讀書龍華寺，飛陟塔頂，趺頂盤中，與鸛争處，俯而嘻。其爲文層折於理，於情，進凡思五六指，乃祝筆。故讀之者，不辭凡思五六指，猝未易識，而實可試諸行。往往顧盼物表，神運千仞之上。以北雍拔順天首解，甲辰成進士，選庶常。好論兵事，以爲先能守而後戰，約以二言，曰求精，曰責實。會萬曆末年，廟謨腐於體例，臣勞頹於優尊，此四字可呼沉寐。後數十年，長計無過此。光啓甫釋褐，一口裕之也。授簡討，分禮闈，與同官魏南樂不協，移病歸，田於津門，蓋欲身試屯田法。因就間彊理數萬畝，後草《農政全書》十二卷以聞，本此。歷左春坊左贊善，奉勅封慶藩，盡却餽遺。時方東顧，四路進兵，光啓疏上，此法大謬，策楊經略鎬必敗。且曰：「杜將軍當之不復返矣。」及全覆，嘆曰：「吾姑言之，而不意其或驗也。」分列五要，無過練兵除器，而最切監護朝鮮，意以内兵萬不可振，則因糧海國，爲之訓成嚴旅，譬我特設犄角，猝便呼應，名爲振孱，實則將助。朝廷未嘗浪一金錢，而車徒不辦自足。時未便明言，止以監護二義先示威惠。光啓且釋中秘書，竟欲身之，已得旨行矣，爲言官祝耀祖所沮，不果。觀他日朝鮮他效，我失左臂，大事去，則所料已在二十餘年之前哉！改訓兵通州，以詹事府兼河南道御史。甫就事，又以安家、吏番二議不協，事不就。會神廟崩，予告回籍。天啓改元，遼警，起光啓知兵，一再投書遼撫熊廷弼，有曰：「人皆天之勞子，其所厚子者，勞之更甚。願深體此意，於煩惱中得大安慰。今日之計，獨有厚集兵勢，固守遼陽。次則保全海蓋四州爲上策。多儲守器，精講守法，而善用火礮爲最良。」且曰：「足下欲空瀋陽之城，併兵合勢，亦無不可。第斷不宜以不練之卒浪營城外，致喪銳氣，寒城守。」蓋自廷弼受命而東，其指在守，與光啓頗合。祇以廟無成畫，議論紛沓，羣以黨事相左，撓廷弼者衆。未幾，瀋遼相繼失守。光啓曰：「吾言之，而又不意其或驗也。」請急用前法，堅壁廣甯。時復以經撫委任不專，戰守無據，而光啓練兵除器之說，徒令舌敝，無補大壞，臺抨疾歸。癸亥，即家拜禮部右侍郎，兼翰林院侍讀學士，纂修神廟實録。時魏璫用事，南樂廣微，以通譜勢張，意引光啓爲重，固不應。益忤，嗾臺臣論劾，閒住。崇禎初，起原官，補經延講官。疏請講筵併參論軍國重大事宜，及古今沿革利弊。以勞，加太子賓客，充熹宗實録副總裁。時插酋虎墩兔犯宣大，上憂時一疏，有曰：「用寡節費，臣言之屢矣。請但與臣精兵五千，唯臣所須，毋或牽沮，試要害不驗，臣執其咎，驗則以次遞增，然亦不得踰三萬，一當十，可三十萬也。」不果用。改本部左。十一月，遵化不守，都城驚甚，光啓應召平臺，曰：「臣故言之而不意其或驗也。」急請嚴埰守，毖火器，走勅招揀。督師袁崇煥自遼左入援，倖戰輒敗。及事定，請終練兵除器之說，不果用。陞禮部尚書兼翰林院學士，協理詹事府事。辛未八月，大凌河兵覆，光啓疏萬全之策，有云：「用戰以爲守，先步而緩騎，宜聚不宜散，宜精不宜多。」陳車營之制甚悉，條奏中有曰：「速召孫元化於登州，此議行，後可無吳橋之變矣。」不果。時廷臣酷水火，光啓中立，不逢黨，故此置若忘之。獨天子知其學主自盡，將之以誠，不任氣，特手勅以原官兼東閣大學士，參預機務。時督師孫承宗行邊，老謝事，上意光啓繼之。光啓亦自意可盡展其所欲爲，卒不果。進太子太保，兼文淵閣尚書如故，代享太廟，釋奠先師。八月，病乞休，不許，慰問特至。病劇，猶請以山東參政李天經終曆事，誡家人速上《農政全書》，以畢吾志。卒，年七十有三。贈少保，謚文定。以《農政》一書有裨邦本，加贈太保，並兩廕。光啓寬仁果毅，澹泊自好，生平務有用之學，盡絶諸嗜好，博訪坐論，無間寢食。嘗曰：「富國必以本業，强國必以正兵。」大指率以退爲進，曰：「此先子勇退遺教。」因權之諸大政，無不以此。遂於治曆，明農、鹽屯、火攻、漕河等，咸所究治。先是元年五月日蝕，欽天監推算刻數不合，光啓受命監修曆事，與西洋龍華民、湯若望等精心測驗，上曆書前後共三十一卷，大約按地南北，差其後先，以交食不誤爲準。所爲《農書》，計十二目，而終之以荒政。其議屯田，以墾荒爲第一義，立虛實二法招揀之。其議鹽法也，歸重禁私，剖悉明暢。至論火攻，不惟其攻，惟其守，曰：「以大勝小，以多勝寡，以精勝粗，以有捍衛勝無捍衛。」獨於漕議，謂漕能使國貧，漕能使水費，漕能使河壞。國貧者，東南五倍而致一西北，坐而靡之。水費者，自淮以北，涓滴爲漕用，則滋田者寡。河壞者，會通河横絶□□□□萬世不能□□□河易決，必以□□望爲主，使□形水勢，瞭然於中，□經權而治之之法可以施矣。且曰：「□可待□，而河不能爲我難。」則兼採支運之意以節次之。諸議雜見志中，蓋四十年耳□目營，指畫口授惟此，他無及也。宦邸蕭然，敝衣數襲外，□著述手草，塵東而已。啓居約嗇如寒士，門無雜賓，不設姬媵，廳事至不能旋馬。訓子孫，毋空期明日，期明日，則今日是作夢之日，以夢廢今日，而明日不醒，當奈何？□從主退作解，且曰：「吾兒可倖，吾孫其不免矣。」其審以天道也夫。

論曰：「求精、責實」四字，平平無奇，文定持之終身不□。□時深而驗物，切以爲求治卒不能易此。時非東林以□□懟東林，即東林亦□以空言難非東林。而文定中立，既不譽發，□□以四字善東林，而後可以難非東林也。至於固圉，亦只「練兵、除器」四字，是所謂實也精也。總之以救尚口之窮。又按文定嘗著《選練論》，有義募、義餉、義蔫之勸，定營制，有散可散操，合可合操之用。因民兵代戍之議，而曰：「即此費以飽近京丁壯，自足成練。」因固京師之議，而曰：「火砲我之所長，勿與敵共之。」因帑議，而曰：「欲裕諸餉，必行屯田。」而隨有墾荒議、旱田用水議、以官爵招之巨室議及□□□□□屯額科□□□□□宜通邊額□宜貶諸例□□□□□時□□□□□籍教鹵令習文物□□□可以弱鹵。文定曰：「文盛則武衰，自然之理也。今韃□不□古冒頓五胡之强，以其樂華風之故。」嗟乎！使中朝無黨，以光啓爲中樞，而專任熊經略東事，守在遼東一語，乃終始之矣。

《明史・徐光啓傳》 徐光啓，字子先，上海人。萬曆二十五年舉鄉試第一，又七年成進士。由庶吉士歷贊善。從西洋人利瑪竇學天文、曆算、火器，盡其術。遂徧習兵機、屯田、鹽筴、水利諸書。

楊鎬四路喪師，京師大震。累疏請練兵自効。神宗壯之，超擢少詹事兼河南道御史。練兵通州，列上十議。時遼事方急，不能如所請。光啓疏争，乃稍給以民兵戎械。

未幾，熹宗即位。光啓志不得展，請裁去，不聽。既而以疾歸。遼陽破，召起之。還朝，力請多鑄西洋大礮，以資城守。帝善其言。方議用，而光啓與兵部尚書崔景榮議不合，御史丘兆麟劾之，復移疾歸。天啓三年起故官，旋擢禮部右侍郎。五年，魏忠賢黨智鋌劾之，落職閒住。

崇禎元年召還，復申練兵之説。未幾，以左侍郎理部事。帝憂國用不足，敕廷臣獻屯鹽善策。光啓言屯政在乎墾荒，鹽政在嚴禁私販。帝褒納之，擢本部尚書。時帝以日食失驗，欲罪臺官。光啓言：「臺官測候本郭守敬法。元時嘗當食不食，守敬且爾，無怪臺官之失占。臣聞曆久必差，宜及時修正。」帝從其言，詔西洋人龍華民、鄧玉函、羅雅谷等推算曆法，光啓爲監督。

四年春正月，光啓進《日躔曆指》一卷、《測天約説》二卷、《大測》二卷、《日躔表》二卷、《割圜八線表》六卷、《黄道升度》七卷、《黄赤距度表》一卷、《通率表》一卷。是冬十月辛丑朔，日食，復上測候四説。其辯時差里差之法，最爲詳密。

五年五月以本官兼東閣大學士，入參機務，與鄭以偉並命。尋加太子太保，進文淵閣。光啓雅負經濟才，有志用世。及柄用，年已老，值周延儒、温體仁專政，不能有所建白。明年十月卒。贈少保。御史言：光啓以偉相繼没，蓋棺之日囊無餘貲，請優卹以媿貪墨者。帝納之，乃謚光啓文定，以偉文恪。久之，帝念光啓博學强識，索其家遺書，子驥入謝，進《農政全書》六十卷，詔令有司刊布，加贈太保，録其孫爲中書舍人。

又《明史・外國傳》 意大里亞，居大西洋中，自古不通中國。萬曆時，其國人利瑪竇至京師，爲《萬國全圖》，言天下有五大洲。第一曰亞細亞洲，中凡百餘國，而中國居其一。第二曰歐羅巴洲，中凡七十餘國，而意大里亞居其一。第三曰利未亞洲，亦百餘國。第四曰亞墨利加洲，地更大，以境土相連，分爲南北二洲。最後得墨瓦臘泥加洲爲第五。而域中大地盡矣。其説荒渺莫考，然其國人充斥中土，則其地固有之，不可誣也。大都歐羅巴諸國，悉奉天主耶穌教，而耶穌生於如德亞，其國在亞細亞洲之中，西行教於歐羅巴。其始生在漢哀帝元壽二年庚申，閲一千五百八十一年至萬曆九年，利瑪竇始汎海九萬里，抵廣州之香山澳，其教遂沾染中土。至二十九年入京師，中官馬堂以其方物進獻，自稱大西洋人。

禮部言：「《會典》止有西洋瑣里國無大西洋，其真僞不可知。又寄居二十年方行進貢，則與遠方慕義特來獻琛者不同。且其所貢《天主》及《天主母圖》，既屬不經，而所攜又有神仙骨諸物。夫既稱神仙，自能飛昇，安得有骨？則唐韓愈所謂凶穢之餘，不宜入宫禁者也。況此等方物，未經臣部譯驗，徑行進獻，則内臣混進之非，與臣等溺職之罪，俱有不容辭者。及奉旨送部，乃不赴部審譯，而私寓僧舍，臣等不知其何意。但諸番朝貢，例有回賜，其使臣必有宴賞，乞給賜冠帶還國，勿令潛居兩京，與中人交往，别生事端。」不報。八月又言：「臣等議令利瑪竇還國，候命五月，未賜綸音，毋怪乎遠人之鬱病而思歸也。察其情詞懇切，真有不願尚方錫予，惟欲山棲野宿之意。譬之禽鹿久羈，愈思長林豐草，人情固然。乞速爲頒賜，遣赴江西諸處，聽其深山邃谷，寄跡怡老。」亦不報。

已而帝嘉其遠來，假館授粲，給賜優厚。公卿以下重其人，咸與晉接。瑪竇安之，遂留居不去，以三十八年四月卒於京。賜葬西郭外。

其年十一月朔日食。曆官推算多謬，朝議將修改。明年，五官正周子愚言：「大西洋歸化人龐迪我、熊三拔等深明曆法。其所攜曆書，有中國載籍所未及者。當令譯上，以資採擇。」禮部侍郎翁正春等因請倣洪武初設回回曆科之例，令迪我等同測驗。從之。

自瑪竇入中國後，其徒來益衆。有王豐肅者，居南京，專以天主教惑衆，士大夫暨里巷小民，間爲所誘。禮部郎中徐如珂惡之。其徒又自誇風土人物遠勝中華，如珂乃召兩人，授以筆劄，令各書所記憶。悉舛謬不相合，乃倡議驅斥。四十四年，與侍郎沈淮、給事中晏文輝等合疏斥其邪説惑衆，且疑其爲佛郎機假託，乞急行驅逐。禮科給事中余懋孳亦言：「自利瑪竇東來，而中國復有天主之教。乃留都王豐肅、陽瑪諾等，煽惑羣衆不下萬人，朔望朝拜動以千計。夫通番、左道並有禁。今公然夜聚曉散，一如白蓮、無爲諸教。且往來壕鏡，與澳中諸番通謀，而所司不爲遣斥，國家禁令安在。」帝納其言，至十二月令豐肅及迪我等俱遣赴廣東，聽還本國。命下久之，遷延不行，所司亦不爲督發。

四十六年四月，迪我等奏：「臣與先臣利瑪竇等十餘人，涉海九萬里，觀光上國，叨食大官十有七年。近南北參劾，議行屏斥。竊念臣等焚修學道，尊奉天主，豈有邪謀敢墮惡業。惟聖明垂憐，候風便還國。若寄居海嶼，愈滋猜疑，乞并南都諸處陪臣，一體寬假。」不報，乃怏怏而去。豐肅尋變姓名，復入南京，行教如故，朝士莫能察也。

其國善製礮，視西洋更巨。既傳入內地，華人多效之，而不能用。天啓、崇禎間，東北用兵，數召澳中人入都，令將士學習，其人亦爲盡力。

崇禎時，曆法益疏舛，禮部尚書徐光啓請令其徒羅雅谷、湯若望等，以其國新法相參較，開局纂修。報可。久之書成，即以崇禎元年戊辰爲曆元，名之曰《崇禎曆》。書雖未頒行，其法視《大統曆》爲密，識者有取焉。

其國人東來者，大都聰明特達之士，意專行教，不求禄利。其所著書多華人所未道，故一時好異者咸尚之。而士大夫如徐光啓、李之藻輩，首好其說，且爲潤色其文詞，故其教驟興。

時著聲中土者，更有龍華民、畢方濟、艾如略、鄧玉函諸人。華民、方濟、如略及熊三拔，皆意大里亞國人，玉函，熱而瑪尼國人，龐迪我，依西把尼亞國人，陽瑪諾，波而都瓦爾國人，皆歐羅巴洲之國也。其所言風俗、物產多夸，且有《職方外紀》諸書在，不具述。

徐驥《文定公行實》《徐氏宗譜》　嗚呼！痛昔先文定之盡瘁于官也！不孝孤三千里外，奔訃幾隕厥軀，强勉視息，扶柩南旋，日月居諸，星霜再易，若猶是湮墜厥績，勿克邀大仁人長者一言，揭石墓門，罪實滋甚。抆淚而言曰：

先文定諱光啓，字子先，別號玄扈。先世自南渡抵中州，分支海上，因家焉。譜牒之廢，以倭燹故也。高祖廣文公家世清白。曾祖淳隱公以役累中落，耕于野。祖西溪公倜儻負氣，去爲賈。雖游于賈乎，所交必行義卓絶者，廉賈五之，竟以是饒。先大父懷西公，配錢太夫人。今自曾祖淳隱公以下，俱贈太子太保；高祖妣陳氏，曾祖妣尹氏，祖妣錢太夫人，俱贈一品夫人。始先大父六歲而孤，遺貲從親故貸去略不問，至鬻田宅以給，伺得鬻輒復貸，終不問也。亡何寇至，從尹太夫人踉蹌避難。公府推擇大户，給軍興，置爲祭酒，出入危城，能識別名將奇士，指授戰守方略，出人意表。兼以勤學好問，博覽强記，然以亂離，故不竟學。專以修身事天，常訓先文定云：「開花時思結果，急流中宜通退，」其意遠矣。錢太夫人少經亂離，事勤苦，聞里中有以言事被黜者，嗟吁言曰：「吾兒若貴，庶爲彼之爲乎？」不孝孤嘗見先文定致通家《王少宰書》云：「先慈當保幼年，豫見躍冶之氣，秋闈不利，每爲色喜。今者復得全身遠害，明發之懷，更爲欣愷，」則淵源所致，蓋有自矣。

先文定既早聞家學，膽智過人。弱冠補諸生高等，食餼學宮，便以天下爲己任。爲文鈎深抉奇，意必自暢，嘗曰：「文宜得氣之先，造理之極，方足炳輝千古。」以食貧，故教授里中子弟。知公者相延入粵，荒煙苦雨，崇山峻嶺間，文日益奇益富，得入籍成均。萬曆丁酉試順天，卷落孫山外。是年大司成漪園焦公典試，放榜前二日，猶以不得第一人爲恨，從落卷中獲先文定卷，擊節賞嘆，閱至三場，復拍案嘆曰：「此名世大儒無疑也，」拔置第一。名噪南北，猶布衣徒步，陋巷不改。惟閉户讀書，仍以教授爲業。尤鋭意當世，不專事經生言，徧閱古今政治得失之林。甲辰成進士，改翰林院庶吉士，試《安邊禦寇疏》，慷慨陳列，云藿食之臣，久欲效其區區，適與時會，不容嘿嘿。累累數千百言，雖塞上老將吏勿及。館師唐公極口稱讚，嘆云：「行文學蘇長公，諸封事擘畫處，鑿鑿中窾，」遂以柱石相期，舉朝大奇之。又試《漕河議》，廣至八千餘言，大旨謂：舉南北新舊諸河，從源達委，皆能知其積高積下之數；一河之中，分別測量，又能知其遞高遞下之數。地形水勢如指諸掌，從而錯綜之，參伍之，則其病受之處，必可知也。即旱而某處任其涸，即潦而某處任其決，又必可知也。又列引祖宗來赴南都支領月糧，及伍軍操備旂軍擺堡，運糧宣府，獨石口外懷來等故事，爲漕河萬世利。館師楊公旴衡而前曰：「全河全漕，了然胸中，條分縷析，悉有考據。所持議皆裨廟謨，留心經濟，足覘異日大業矣！」

丁未授檢討，即迎先大父于京邸，備極孝養，惟恐少拂先大父意。是年即遭先大父喪，奔走哀號，匍匐歸葬，哀痛慘怛，三年如一日也。大喪禮畢，遵制起補前職，教習内書堂。癸丑分試禮闈，先文定公故習《葩經》，是役承乏《麟經》，得十有四人，俱名下士。源流展轉相接，皆當代異等。是秋以病歸，丙辰復除前官，丁巳晉左春坊左贊善。奉命册立慶王。往例概有餽遺，王具二百金并弊儀等物追送至潼關，先文定謝箋有云：「若儀物之過豐，例無冒受；惟隆情之下逮，即衷切鐫銜」等語，遂委婉謝辭。生平取予不苟，往往類此。復以病歸，田于津門。

戊午東事急，陷撫順、清河、白家衝、三岔河、會安堡，起楊鎬爲經略，用兵十三萬，四路進戰，京師大震。先文定慨然上疏曰：「兵家肯綮之論，無如管仲之言八無敵，晁錯之言四予敵。近日遼東之戰，我有一可勝敵者乎？杜松、劉綎、潘宗顔皆偏師獨前，豈非無紀律乎？兵與敵衆寡相等，而分爲四路，彼以四攻一，我以一攻四，豈非不知分合乎？戰車火器我之長技，撫順臨河不濟，開、鐵、寬奠皆離隔不屬，豈非無改教乎？出關四十里，遇水不能渡，遇險不能過，入伏不能知，豈非不知地利，哨探無法乎？如是而求幸勝，必不得之數也。今日用兵之要，全在選練，但練須實練，選須實選。」又疏言兵非選練，決難戰守等事，條對詳確。疏中并有亟造都城萬年臺，及亟遣使臣監護朝鮮。奉神宗特旨，以文定曉暢兵事，不宜遠去，即令訓練新兵，防禦都城，陞詹事府少詹事兼河南道監察御史，管理練兵。因條上事宜，如欽命也，駐劄也，副貳也，將領也；又如待士、揀選、軍資、近募、徵求、勸義等項，指陳明晰，當世稱爲碩畫云。尋因邊警稍緩，人情狃于晏安，當事者復多掣肘，至使士卒露宿空拳。特以忠義血誠感激人心，于是有指揮胡楫、中書楊之驊捐助四千金，河南領兵官丁呂試、陶堯臣捐百金，置蒿犀槍棍等項，招選教師演習，諸法壁壘遂一新矣。尋遭孝瑞皇后、神宗皇帝、光宗皇帝喪，山陵襄事，練習之工僅約四月，而瓜期已屆。先文定乃除簡汰老弱三千餘外，存已練者四千六百，諭以忠義，帥以恩威，驅之出關，勇氣百倍。數年後尚有言關門諸事，惟徐詹事練習一隊，足當一面。議者謂以先文定當促襟露肘之餘，小試萬一，已堪若此，況出其全力，何難復全遼也！嗣是以還，人心益怠，先文定亦引嫌告避矣。

辛酉天啓改元，遼、瀋繼陷，舉朝震驚，吏部復奏起先文定，遂奉旨回京，因上疏曰：「此事必須盡用臣言，然後可濟。昔年諸疏不幸而言中矣，及今圖之，猶爲未晚。」因得旨，着該部會同議行前條議練兵事宜，另行具奏。先文定乃上疏申奏明初意，尋得旨「所奏練兵除器甚悉，仍着議委任，以畢其用。」先文定又疏言：往年朝鮮之行，聽臣所指，亦足牽其内顧。至于今日，又可連島夷，接礦民爲恢復計，臣自請行，不敢避難，而某某疏沮，遂辭疾歸。然而忠勤惻怛之至誠，社稷封疆之大計，在人耳目間者，不能澌滅。癸亥即家拜禮部右侍郎兼翰林院侍讀學士協理詹事府事纂修《神宗實録》副總裁。而先文定以逆焰方張，落落無出山志，遂招黨魏諸人之忌，諷台臣智鋌論劾閒住。

戊辰今上即位，詔起原官，侍日講，補經筵講官。先文定以日講舊例，無益于治，宜節省繁文，凡所誦説，必稱引二帝三王，以爲聖明補助。又欲于講論之餘，商榷章奏諸事，咨考軍國利弊，更增置講官數員，更番入直，遇有重難事情，必須援古證今，按據國朝典故，如此則天下要事，略如指掌矣。疏上，閣擬韙之。十二月以日講叙勞，加太子賓客，充纂修《熹宗實録》副總裁。是年插酋虎墩兔犯宣大。己巳先文定復上疏曰：「方今急務莫若先事强兵，兵强則戰必勝，守必固，而費又可省。臣十一年條陳諸疏，具在御前，若見諸施行，猶然可以保勝，可以節財。倘蒙聖鑒，先與臣精兵五千或三千，一切所須，毋容牽沮，再加訓練，擇封疆急切處，惟皇上所使，必立微功以報命。既有成驗，然後增兵，大張撻伐。」即令録進條陳東事諸疏，得旨：「覽前後章奏，具見留心兵事。今封疆所在，戒備緩急何先？督撫專責外，作何專任？」兵部覆奏：以督撫專責外，别無事任，欲留置先文定于左右，以備顧問。四月改左。十一月邊報破撫順，長驅而入，京師震恐，奉旨會議。先文定言：「臣自通籍以來，一切籌策，言之數矣，所言者已成既往。今日之事，惟有待援于遼而已。内地之兵不可以勝，職所能知也；東來之兵必可以勝，非職所能知也，速爲都城守禦之備，弗以張皇爲諱。今太倉無宿儲，凍糧在河干，即發兵防守，能禦寇乎？不若速運近各城者，即貯各城，更近者運入都。自車牛馬騾而外，可用董搏霄人運之法，不然無待攻圍，只須坐食，而我困矣。」其守禦最急者莫如火器，時大司寇請用先文定，奉旨協同工部尚書張鳳翔料理物件。初四日，上御平臺，召對内閣兵部諸臣，先文定奏：「臣于今年正月曾疏陳兵事，此時若拮据措辦，得如臣奏，有精兵三五千，今日臣請自願領兵擊賊無難矣。」上曰：「曾有此奏。」先文定復奏：「敵人精騎止萬人，今之人衆，大都掠我良民，其中豈無脱身欲歸者？但官兵遇之，必殺以報功，是絶其歸正之路，所以彼衆日繁，仰祈皇上敕諭招徠，亦解散一策也。」即令先文定屬稿，中有「貪官污弁，尅減成風，虚占軍丁，實充囊橐。又因遼事方殷，月餉稽發，譁而得罪，誠非得已。但爾等生長中華，豈無父母妻子親戚鄉井之戀？彼暫相羈誘，終被屠僇，前此受害者，爾等亦聞之矣；今特赦爾等前罪，許爾維新，解甲投戈，棄敵來歸者，計功加賞，轉滅族之禍爲傳世之榮，在此一舉。」諭到，展轉相傳，一日夜間，棄敵來歸者絡繹不絶。尋議守城及城外劄營事，總協獨主劄營，先文定奏：「守城全賴火器，非素練不能；若營卒出城，則城夫皆屬平民，未經練習，不知火器。昔遼陽之變，臣再遺書諸當事，云城外列營，萬分不可；只憑城用砲，自足盡賊，不聽。大兵出城，望賊潰散。寧遠之捷，憑城用砲，殲敵萬衆。二者較較可知已。」上起立，復問二説何從？總協二臣奏訖，先文定復奏：「古時無火器，非戰不勝；今大砲既能殺賊於城外，是坐而戰勝也。若驅未練習之民于城外，勝負難期，不如守城爲穩。」上曰：「既如此，定于守城。」乃令安民廠造西洋砲三位，一面教練，晝夜在城，飢渴俱忘，風雨不避，手面瘴瘃，提點軍士。二十三日於德勝門外三發大砲，殲敵甚衆。奈當事者展轉齟齬，不踰月而京城之外申甫滿桂兵連遭挫折，至是而文定所言城内守禦，城外列營，于兹益驗矣。時涿州護送西洋大砲至，先文定又疏云：「神器即見，宜盡其用。東事以來，克敵制勝，獨有神威大砲，一見于寧遠之殲，再見于京都之守，三見於涿州之守，既享其利矣，可見空返乎？」時工部尚書南居益疏請一切軍器，皆宜歸併兩廠，先文定于是遂謝其事。然而皇上鑒先文定忠勤城守，叙勞頒賚，寔有加焉。

上又命户部清理屯鹽二事，先文定疏云：「臣雖東南腐儒，于此二事抱杞憂之日久矣，蓋嘗游學奉使，咨詢十直省，朝考夕思，揣摩四十年。竊有二策于此，其理確然而不易，其事甚易而無難，其着數則捨此而外，別無措意之處，其效驗則漸次而成。要之數年之後，則財計而民生士風邊防，皆倍勝于今日。惟在皇上斷然必行，與中外羣工努力奉行而已。」二疏條例款要約二萬餘言，上慨然嘉納之。各項俱源委詳明，鑿鑿有據，最得屯鹽要理。兩疏具在，未遑備載。時因言事者議論不協，先文定再疏乞休，而上復有慰留修曆之命。先文定既懇辭不得，因嘆曰：「欽若昊天，王者重事。況歲差之法，歷代皆有修改，煌煌天朝，大典廢缺，生平肄習，其敢愬焉！」於是始精意事天之學矣。

先是萬曆四十年十一月朔日食，欽天監推算不合，兵部員外范守己累疏駁正。四十一年正月十五日月食，又不合，部科請修改，咸薦先文定，不果。崇禎二年五月初一日日食，上傳諭欽天監推算日食刻數，不對。大學士韓公奏言：「救護之日，先文定先推算本日食止二分有餘，不及五刻」，驗之果合。於是上命修改，給敕書關防。先文定上疏大略：天行有恒數，無齊數，終歲之間無一相似。歲法如此，他法皆然。又陳急要事宜四款，得旨，修議曆法，立論簡確，列法明備。開局未幾，以儆暫停，敵退復理曆事。庚午六月陞禮部尚書兼翰林院學士協理詹事府事，時以曆事正殷，刻分杪末，推算浩繁，繼晷焚膏，不遺餘力。十二月以《神宗實録》成，加俸一級。辛未三月充廷試讀卷官，六月充考庶吉士讀卷官。八月，邊報攻圍大凌河，援兵大敗，城陷，降我將士。先文定上疏云：「臣言兵十三年，章疏十上，謹彙括上塵御覽，」旋蒙聖鑒，令再詳明條奏。先文定又上疏，言選練事甚悉。疏中陳列雖未獲盡數舉行，然議論丰采，朝野倚重，忠清素望，注卜實殷。時值陵工告成，頒賜銀三十兩。

壬申五月初四日，旋奉旨以禮部尚書兼東閣大學士，入内閣辦事。先文定再疏懇辭，兩承温旨，着即入直辦事，以副徯佇。先是枚卜之典，必由會推，皇上加意考慎，見先文定勤劬積久，官舍之内，門清如水，謂可屬以大事，故有是命。遂以禮部尚書兼東閣大學士，入内閣參預機務，纂修《熹宗實録》總裁，玉牒提調。時先文定以孑立之踪，忝居重地，雖生平餽遺請託，必絶必嚴，至是則通候常札，亦必對使焚械，婉詞謝却。而又以聖恩特達，捐軀難報，每夜必殫焚香告帝之虔，每日入直，目不停披，手不停揮，百爾焦勞，雖有以食少事繁之意微詞婉諷者，先文定弗顧也。八月同知經筵事，十二月以皇三子命名，頒賜銀十五兩。癸酉元旦頒賜銀三十兩。時先文定雖叨陪密勿之中，時切疆埸之念，而皇上亦有以宰臣行邊之意，屬意先文定。一日夜分退朝，喜形于色，初不以叨居輔弼之司，遂忘鎖鑰北門之寄，而綢繆户牖之防，腸蓋一日九迴也。本年七月二品考滿，上隆禮眷顧，謂先文定協贊忠誠，勞績茂著，加太子太保文淵閣大學士，尚書如故，蔭一子中書舍人，追贈先高祖而下，俱贈太子太保。尋遣中使賜鈔二千貫，羊一牽，酒一瓶。八月初九日以脾疾乞假，奉旨：「卿偶恙未能入直，閣務殷繁，暫調一二日，即出佐理，不必請假。」經月不愈，屢遣中使慰問，賜猪羊酒米醬瓜茄，奏謝，奉旨：「慎加調攝，稍痊即出佐理，以慰倚注。」病中以閣臣恭視寫纂進封貴妃册印，頒賜銀二十兩，賜紵絲一表裏。奏謝，奉旨：「加意調攝，即入直佐理，以副延佇。」又一月病益甚，上疏乞休。奉旨：「卿輔政忠勤，積勞偶恙，殊切朕念，暫調即可痊復，仍可輒有引請，着加意慎攝，稍愈即入直佐理，以副眷倚。」時先文定力疾倚榻，猶矻矻提管了《曆書》。良由平生勞勩，習與性成，不自覺病體之莫可支也。是日以册封貴妃，禮成，頒賜銀二十兩，紵絲一表裏，鈔二千貫。奏謝。明日又遣中使王忠賜猪羊酒米醬瓜茄，忠入卧所，面宣上意。先文定就床叩頭奏謝。自念：感聖恩之如天，悲報國之無日，不覺慟哭失聲，中使爲之感動。幸值曆事將竣，先文定度不能起，乃于二十九日疏明：已進《曆書》七十四卷，已完而未進者六十卷，即荐山東參政李天經以畢其事。又奏：明年二月十五日月食。以皇四子命名頒賜銀十五兩。時病勢益甚，尚語孫爾爵曰：「疾深矣！倘得乞休，歸里門，明農訓後人，耕鑿歌帝力耳！」又草《農書》數卷，至十月初七日而長逝矣！嗟乎痛哉！内閣具奏，訃聞，上輟朝一日，深加憫惻，着禮部從優議卹。生之日特達霑恩；殁之日五典備禮，不知先文定何以得此于皇上也！無論不孝孤，即百世之下，聞之猶慨焉失涕者，國事方殷，主恩未報，文定誠未可以死也。

文定爲人寬仁愿確，樸誠淡漠，于物無所好，惟好學，惟好經濟。考古證今，廣諮博訊，遇一人輒問，至一地輒問，問則隨聞隨筆，一事一物，必講究精研，不窮其極不已。故學問皆有根本，議論皆有實見，卓識沉機，通達大體。如曆法、算法、火攻、水法之類，皆探兩儀之奥，資兵農之用，爲永世利。居恒敬天法天之學，皆得之功深積久之餘，故當機應務，萬變不窮，而一皆根極理要。凡所動作，有一事不可對人，有一念不可對天者，不敢出也。至若應變解忿，他人遲回斟酌而未即得者，文定當前立決，絶無惘疑。如在通州，通天下援遼兵俱道經，請衣請食者無數，四川石柱司土官秦氏率兵三千至，與兵部請餉，兵部給之曰：「餉俱在通州徐少詹處」，秦氏來謁，先文定曰：「我正苦無餉，」川兵忿無所告，適浙兵亦從天津至，求餉，忿激格鬥，總兵畢應武使兵捕之，見殺，文定使人諭之，遂解散。延綏遊擊盛以彰率兵三千至，糧盡，以彰入京，兵欲譁爲亂，文定躬自拮据，人給二鐶而止。恩信威義，所在感孚，大率類此。時孝瑞皇后崩，文定入哭，鑑湖孫公遣使訃告天下，徑與牒以行矣，文定謂孫公曰：「禮宜請頒哀詔，」孫公亟悟，追還使者，而御史左光斗遂論劾孫公矣。八月，神宗皇帝晏駕，長安洶洶，先文定從通州星夜馳至，備不虞。初議大行皇帝廟號「顯宗恭皇帝」。文定與大學士方公言：「皇上垂拱四十年，深居而天下治，豈非神明默運乎？」因更定今謚。光宗皇帝即位，一月而崩，美政畢舉，羣臣哀慕，爲改元稱號，先文定知其非禮而言之不得也。是非之際，斷然不欺；利害之交，凜然不苟。當練兵通州時，部議廩劄諸費，視巡撫例辭十分之一，迨事竣而所餘廩給，若操賞，若捐助，暨皇賞共一萬六千餘兩，悉奏還各庫，無染指；反以延綏兵故行糧乏而譁，文定自捐俸金四百餘兩犒之。而前後所造銃式，及屢造車式臺式共數百金，開局條歷寔備，又日周其不給，不下數百金，而捐己奉公又如此！他年兵部庫中有部院緘封銀一篋，後進有司不知也，召經久胥徒而問之，始知爲先文定通州繳還原物。生平懿跡，每事不求人知又如此！居官自迎養，先大父殁後，不欲以家室相隨，官舍蕭然，臨歿之時，適内外孫二人爲應試至，獲視含殮，視笥中惟敝衣幾襲，銀一兩而已。故事詞林之遷轉差遣，一循資叙，萬曆戊午宜典畿試，大學士方公屢屢不出；宜典武試，辭；宜充日講官，辭；宜充經筵講官，辭；册封之使初定蜀府，有以慶府易則易之；後宜管理誥封，亦辭；宜充纂修官，亦辭。至臨大事慷慨奮發，不知有毁譽禍福，每誦唐人詩：「一人計不用，萬里空蕭條，」有擊碎玉壺之意。都城戒嚴，奉旨協理城守，日苦調度不給，甚至朽木寸鐵，皆爲珍惜。臨没了了，祇以疆圉多故爲念，一語不及于私。古人連呼渡河之氣，文定有焉。不孝孤當年嘗見先文定覆友人一札云：「東方之事，異常寃慘，假使不佞當之，豈令決裂至此！惟有澄江冷月，差堪語此，興言至是，豈勝邑邑！」嗟呼！文定利于己者無一不讓諸人，利于國者無一不任之己。世方樹籬立户，互相標榜，文定不隨波附和，亦不立異以爲高，與物無競，物亦不得而親，終身惕厲，惟知上有朝廷，四十年如一日也。一材一技必折節收之，不惟不待其求，亦不令其知。有枉抑不平者，輒代爲暴白，人或知而引謝，曰：「我自公耳，何謝焉？」人困阨，有求不忍辭，必曲爲捐助，然未嘗一一與家人言。雖博綜最富，著述最多，皆爾雅道健，然未嘗逞懸河以炫長，或遇人即言，非其人則木如也。又性喜隱意字學，筆筆正鋒，而亦不欲以藝顯。待人温温，笑語竟日，無惰容倨色。然不可干以私，門無雜賓，居家絶跡公府，地方利弊，不惜百口。如建閘蓄水，濬吴淞江，復禹舊跡，及民輸布運等役，不靳筆舌。通籍四十年，室廬不改，惟務本業，得開物成務之遺。每有志興西北水利，買田天津，辟草萊而耕之，人遂有倣而行之者。慶弔燕會，不隨俗浮靡，力返于樸，服食儉約，不殊寒士，終身不蓄妾媵。教戒子孫下至臧獲皆有法焉，鄉黨澆薄爲之一變。是則先文定居朝居鄉之大略也。惜乎富强之略，不見之施設，僅見于紙墨之流傳；魚水之歡，不得之盛年，而得之桑榆之迅景。假使先文定慷慨上書之日，無所牴牾，必將大有建樹，何至身都富貴，終身若抑鬱而誰語者哉！不孝孤所以仰天椎心而泣血也。

文定生于嘉靖壬戌三月二十一日，卒于崇禎癸酉十月初七日，享年七十有二。配吴氏，累封淑人，今封一品夫人。子一，即不肖孤驥也，郡庠生，今廕官生。娶太學生顧公昌祚女。孫男五人：爾覺邑庠生，今廕中書科舍人，娶甲子科舉人俞公廷鍔女；爾爵邑庠生，今廕中書科中書舍人，先娶禮部主事喬公煒女，繼娶廩膳生李公延茲女；爾斗邑庠生，娶登萊巡撫孫公元化女；爾默邑庠生，娶南京應天府經歷黄公兆蘭女；爾路邑庠生，娶工部主事潘公雲龍女。曾孫男六人，俱未聘。

所著有《曆書》一百三十二卷，《清臺奏草》《兵事疏》《幾何原本》《測量》《勾股》《水法》《簡平儀》《農遺雜疏》《毛詩六帖》《百字訣》行于世。《文集》數十卷，《南宫奏草》《端闈奏草》《經闈講義》《通漕類編》《讀書算》《平渾》《日晷》《九章算法》《農書》《醫方》藏于家。

惟是本年月日卜吉而藏，泣血拊心，名公大人狀之則事且無徵，恭惟老先生門下，文蔽班揚，道高管鮑，雙字單詞，允爲信史，敢徼福先靈，叩閽以請。泣念先文定温室之言不泄，闇室之積難窺，謹按疏草憲令，私居遺跡，摭什一于千百，布之司籍，伏乞憐而鑒之，俯賜如椽，以爲先文定公重。詎惟不孝孤寔世世子孫式靈無既矣！驥無任瀝血哀懇之至。不孝孤驥泣血謹述。

阮元《疇人傳・魏文魁傳》 魏文魁，自號玉山布衣，滿城人也。著《曆元》《曆測》二書。崇禎四年六月，命其子象乾進曆書于朝。通政司送局考驗，經光啓駁之，語見《光啓傳》。時欽天監在局學習官生周允、賈良棟、劉有慶、周良琦、朱國壽、潘國祥、朱光顯、朱光燦，及訪舉庠生鄔明著等，共排文魁。文魁更申前說，以答光啓曰：一議交食。據崇禎四年四月十五日月食，魁以第二男星乾、第二孫理漕候漏測驗。魁以法推得分秒，以著《曆元》，乞貴局大方家更正。咨云，獨崇禎二年五月乙酉朔日食，《曆測》稱三分九秒初虧，巳初刻，是刊書者誤也。魁之原稿所存日食一分三十九秒，復圓午初三刻。將日食分秒，作成定用，倍而減之，初虧自見。一議冬至。據《曆測》不用加減歲實，亦不用大統歲實，而用金大明術歲實，非余用也。余之所用歲實者，不假思索，皆從天得。《曆元》著明，千載合天，誠不謬也。一議歲實。自漢以來，代有減差。至授時術減爲二十四刻二十五分。郭守敬自言自大明壬寅歲距至元辛巳，八百一十九年，似積年而一積日得歲實，非減而得之也。守敬止有這一長處。其月策轉終，交終交泛等，并皆仍舊矣。百年消長各一，決不可用。魁用衆君子所測，今年辛未歲天正冬至甲午日夜半後五十分爲應，上距大明壬寅歲一千一百六十九年，乘歲實三百六十五日二十四刻二十七分，得中積減氣，應以甲子去之，餘以減甲子得乙酉日二十九刻天正冬至，與天合。又以授時至元辛巳三百五十年，乘歲實得中積減氣，應以甲子去之，餘以減甲子，得己未日夜半後六刻冬至，與天合。一議句股弧矢。術家之斧斤繩尺也，猶用圍三徑一，是術一誤，何所不誤？貴局責誤者，不責其源清，而責流濁。余所著句股弧矢三乘之術，已誤三百五十餘年，起于元李冶，其後郭守敬遵而用之。既然圍三徑一之誤，必也用太乙之文三而一二一三之數也。弧矢割圓三乘之誤，貴局定有良見，著爲書，何如使魁收入《曆元》，以傳後世。一議夏冬二至不爲盈縮之定限。殊不知冬至盈初，夏至縮初，春分前二日四十刻，秋分後二日四十刻，盈縮遞換，即爲末限二日四十刻者，自平立定三差而來曰極差。一議太陰而用圭表所測，是真遲疾者。何云非？夫測太陰，非太陽之比也。四年半測高，四年半測低，九年一率遲疾一更。今以尖圓法得平立定三差，盈縮遲疾，咸備在《曆元》卷之三天啓癸亥歲日低月高之會測法細録。貴局查之。一議日食。謂在正午則無時差，是也。所謂時差者，言旦夕不言距度也。食在夕者酉初一刻，時差多定朔小餘，必在七十二刻，時差六刻有奇。食在晨者卯正三刻，定朔小餘，必是二十八刻，時差六刻有奇。食在午正初刻者，定朔小餘，必是五十刻，則時差自何而來？在《曆元》二卷中論之甚明，是貴局非也。一議日食限定爲陰曆距交八度，陽曆距交六度，亦是也。是距交前後二度相并也。自陰陽八度六度之前後，漸漸而寬，寬至六度，漸漸而窄，窄至距交，陰八陽六，二度相并，乃食之所也。弧矢三乘尖圓之法，正謂此云。一議《曆測》云宋元嘉六年己巳十一月己丑朔日食不盡如鈎，晝星見。貴局言南宋都金陵三千里，郭術造于燕，去河北止千里，非三千里，不可辨論，何謂也？貴局報今年四月望月食，朝鮮虧時，與山西太原同，則可知矣。夫北極出地，南北異，東西同。求日出日入則可，若交食時刻相同，則不然矣。

七年，文魁上言曆官所推交食節氣皆非是，于是命文魁至京測驗。是時言術者四家，大統、回回外，以西洋爲西局，文魁爲東局。言人人殊，紛若聚訟。李天經督修新法，又駁文魁之謬，法遂不行。《明史・曆志》《新法算書》

論曰：文魁主持中法，以難西學，然其造詣較唐宋術家，固已遠遜，反覆辨論，徒欲以意氣相勝，亦多見其不知量矣。至謂歲實之數，「不假思索，皆從天得」，可以「千載合天」，自欺乎，欺人乎！其悠謬誕妄，真不足與較也。

又《周子愚傳》 周子愚，官五官正。時西洋人利瑪竇、龐迪莪、熊三拔，及龍華民、鄧玉函、湯若望等，先後至京師，皆精究天文曆法。子愚因上言：「迪莪、三拔等，攜有彼國曆法，以中國典籍所未備者，乞視洪武中譯西域曆法例，取知曆儒臣率同監官，將諸書盡譯，以補典籍之缺。」《明史・曆志》

又《李之藻傳》 李之藻，字振之，號涼庵，仁和人也。神宗戊戌進士。官南京工部員外郎。時大統法浸疏，禮部因奏請精通曆法如邢雲路、范守己爲時所推，請改授京卿，共理曆事。翰林院檢討徐光啓、南京工部員外郎李之藻亦皆精心曆理，可與西洋人龐迪莪、熊三拔等，同譯西洋法，俾雲路等參訂。疏入，留中。未幾雲路、之藻皆召至京師，參預曆事。雲路據其所學，之藻則以西法爲宗。四十一年，之藻已改銜南京太僕少卿。上言迪莪、三拔及龍華民、陽瑪諾等諸人，俱以穎異之資，洞知曆算之學，攜有彼國書籍極多，久漸聲教，曉習華音。其言天文術數，有我中國昔賢所未及道者。一曰天包地外，地在天中，其體皆圜，皆以三百六十度算之。二曰地面南北北極出地高低度分不等。三曰各處地方所見黄道，各有高低斜直之異，故其晝夜長短亦各不同。四曰七政行度各爲一重天，層層包裹。五曰列宿在天，另有行度，二萬七千餘歲一周。六曰五星之天，各有小輪，原俱平行，特爲小輪旋轉于大輪之上下，故人從地面測之，覺有順逆遲疾之異。七曰歲差分秒多寡各有定算，其差極微，從古不覺。八曰七政諸天之中心，各與地心不同處所，人從地面望之，覺有盈縮之差。九曰太陰小輪，不但算得遲疾，又且測得高下遠近大小之異。交食多寡，非此不確。十曰日月交食，隨其出入高低之度，看法不同。十一曰日月交食，人從地面望之，東方先見，西方後見。凡地面差三十度，則時差八刻二十分。而以南北相距二百五十里差一度，東西則視所離赤道，以爲減差。十二曰日食與合朔不同，凡出地入地之時，近于地平，其差多至八刻，漸近于午，則其差時漸少。十三曰日月食所在之宫，每次不同，皆有捷法定理，可以用器轉測。十四曰節氣當求太陽真度，如春秋分日，乃太陽正當黄、赤二道相交之處，不當計日均分。凡此十四事者，臣竊觀前此天文曆志諸書，皆未論及。惟是諸臣能備論之，觀其所製窺天、窺日之器，種種精絶。昔年利瑪竇最稱博覽超悟，其學未傳，溘先朝露，士論至今惜之。今迪我等鬚髮已白，年齡向衰，失今不圖，政恐後無人解。伏乞敕下禮部亟開館局，首將陪臣迪我等所有曆法，照依原文譯出成書。其于鼓吹休明，觀文成化，不無裨補也。崇禎二年七月，詔與大學士徐光啓同修新法。

之藻先從利瑪竇游，盡得其學。著《渾蓋通憲》二卷。言渾蓋舊論紛紜，推步匪異。爰有通憲，範銅爲質，平測渾天。截出，下窺遥遠之星，所用固僅倚蓋，是爲渾度蓋模，通而爲一。面爲俯視圓象，背則璇璣玉衡，中樞兼有南北二極，系以窺筩，及定時衡尺，其上弁以提紐，用則懸之。儀之陽有數層，上爲天盤，其下皆爲地盤，各俱中規，三規爲赤道内外，二規爲南至北至之限，而黄道絡于内外二規之間。天盤渾似天體，用黄道以紀太陽周天之度，度分三百六十，剖爲十二宫二十四氣。其度斜刻，緊切地盤，以便觀覽。錯以經星，星不具載，載其最明鉅者，各以針芒所指爲準。地盤隨地更換，各視所用地方。北極出地之度爲率，其盤分地上、地下二限。最下一曲綫，爲晨昏界。稍升一曲綫，爲出地、入地之界。自此以上，度數以漸平升，直至天頂，匀爲九十度，以觀太陽列宿。漸升漸降，所到其中央一直綫，則當子午之中。其過頂一曲綫，結于赤道卯酉之交者，則爲正東西界。其餘方向，皆有曲綫定之。近北窄而近，南寬，蓋若置身天外斜望者然。其晨昏界下諸曲綫，分爲五停。又爲夜漏之節云，儀之陰中分十字界，其衡界以分入地、出地之限。其最上近紐處，爲天中外規周分三百六十度，自地上至天頂，左右俱鐫九十度。中央運以睍筩，筩立兩表，各有大、小二竅，以受太陽列宿之影，以觀其影離地而上，得幾何度。其三百六十度，每三十度作一宫，内次層則分三百六十五度四分之一，以具歲周全數。備刻節氣列宿，以與外盤相準爲用，皆以窺筩審定，此爲太陽行實度也。中央上截另爲分時小軌，下截方儀。以句股測遠近高深，各法詳具圖説，凡十有八篇。總見大圜之體，環中無窮，規繩曲中，不可思議。又著《同文算指前編》二卷、《通編》八卷、《圜容較義》一卷，皆譯西人利瑪竇之書也。其《同文算指序》略曰："西儒利瑪竇先生，精言天道，旁及算指，其術不假操觚，第資毛穎。"又曰："薈輯所聞，釐爲三種。《前編》舉要，則思已過半。《通編》稍演其例，以通俚俗。間取《九章》補綴，而卒不出原書之範圍。《别編》則測圜諸術存之，世行天學初函，之藻所彙刻也。"崇禎四年，卒于官。《明史》本傳，《曆志》《明史稿·曆志》《明史·紀事本末》《渾蓋通憲圖説》《圜容較義》《同文算指》。

論曰：西人書器之行于中土也，之藻薦之于前，徐光啓、李天經譯之于後，是三家者皆習于西人，亟欲明其術而惟恐失之者也。當是時，大統之疏闊甚矣，數君子起而共正其失，其有功于授時布化之道，豈淺小哉。

又 《徐光啓傳》 徐光啓字子先，上海人也。神宗二十五年舉鄉試第一，又七年成進士，由庶吉士歷贊善。從西洋人利瑪竇學天文推步，盡得其術，爲譯《幾何原本》《測量法義》等書。言："《幾何原本》者，度數之宗，所以窮方圓平直之情，盡規矩準繩之用也。利先生從少年時，留意藝學，其師丁氏又絶代名家，以故極精其説。而與不佞遊久，講譚餘晷，時時及之，因請其象數諸書，更以華文。獨謂此書未譯，則他書俱不可得論。遂共譯其要約六卷，既卒業而復之。由顯入微，從疑得信，蓋不用爲用，衆用所基，真可謂萬象之形囿，百家之學海矣。是書以當百家之用，猶其小者；有大用於此，將以習人之才，令細而確也。"又言："西泰子之譯測量諸法也，十年矣；法而系之義，自歲丁未始。曷待乎？于時《幾何原本》始卒業，至是而後得傳其義也。是法也，與《周髀》《九章》之勾股測望不異，何貴焉？亦貴其義也。"光啓又引伸《測量法義》作《勾股義》一卷，言："勾股遺言見于《九章》中凡數十法，不出余所撰正法十五條。元李冶廣之作《測圓海鏡》，近顧司寇應祥爲之分類釋術，余欲爲説其義，未遑也。其造端第一論，則此篇亦略具矣。《周髀》爲算術中古文第一，故爲采摭要語，弁諸篇端；至于商高問答之後，所謂榮方問于陳子者，言日月天地之數，則千古大愚也。」

天啓三年擢禮部右侍郎。崇禎二年五月乙酉朔日食，光啓依西法預推：順天府見食二分有奇，瓊州食既，大寧以北不食。《大統》推算三分有奇，《回回》推算五分有奇。已而光啓法驗，餘皆疏，帝切責監官。時五官夏官正戈豐年等言：「《大統》乃國初監臣元統所定，即元太史郭守敬《授時術》也。二百六十年來，按法推步，一毫未嘗增損。《授時》之法，古今稱爲極密，然依其本法，尚不能無差。守敬以至元十八年成術，越十八年爲大德三年八月，已推當食不食；六年六月又食而失推。時守敬方知太史院事，亦付之無可奈何。彼立法者尚然，況斤斤守法者哉！今欲循守舊法，向後不能無差；欲行修改，更非淺陋所及。」於是禮部奏請開局修改，乃以光啓督修新法。敕曰：「西法不妨于兼收，諸家務取而參合，用人必求其當，製象必覈其精，責有攸歸，爾其慎之！」

光啓乃上修曆法十事：其一、議歲差。每年東行漸長漸短，以正古來百年、五十年、六十年等多寡互異之說。其二、議歲實小餘。昔多今少，漸次改易，及日景長短歲歲不同之因，以定冬至，以正氣朔。其三、每日測驗日行經度，以定盈縮加減真率東西南北高下之差，以步日躔。其四、夜測月行經緯度數，以定交轉遲疾真率東西南北高下之差，以步月離。其五、密測列宿經緯諸度，以定七政盈縮遲疾順逆違離遠近之數。其六、密測五星經緯行度，以定小輪行度遲疾留逆伏見之數，東西南北高下之差，以推步凌犯。其七、推變黄赤道廣狹度數，密測二至距度，及月五星各道與黄道相距之度，以定交轉。其八、議日月去交遠近及真會似會之因，以定距午時差之真率，以正交食。其九、測日行考知二極出入地度數，以定周天緯度，以齊七政，因考月食，知東西相距地輪經度，以定交食時刻。其十、依唐元法隨地測驗二極出入地度數，地輪經緯，以定晝夜晨昏永短，以正交食有無多寡先後之數。又修曆用人三事：其一、臣部所舉南冏臣李之藻已蒙録用外，果有專門名家，亦宜兼收簡用。其二、西洋天學臣利瑪竇等，曾經部覆推舉，今其同伴鄧玉函、龍華民現居賜宇，必得其書其法方可較正增補。若以《大統》法與之會通歸一，則事半而功倍矣。其三、合用人員外有訪求招致者，聽臣部類齊考試，各取所長，不致濫收糜費。又修曆急用儀器十事：一、造七政象限大儀六座。二、造列宿紀限大儀三座。三、造平渾懸儀三架。四、造交食儀一具。五、造列宿經緯天球儀一架。六、造萬國經緯地球儀一架。七、造節氣時刻平面日晷三具。八、造節氣時刻轉盤星晷三具。九、造候時鐘三架。十、裝修測候七政交食遠鏡三架。奏可。九月癸卯開局，又徵西洋人湯若望、羅雅谷等譯書演算。是月光啓進本部尚書。十月十七日測驗月食，臺官用器不同，測時互異，有旨較勘畫一。光啓因言：「臣等竊照定時之法，當議者五事：其一、壺漏等器規制甚多，今所用者水漏也，然水有新舊滑澀，則遲疾異；漏管有時而塞，有時而磷，則緩急異。定漏之初必於午正初刻，此刻一誤，無所不誤，雖調品如法，終無益也。故壺漏者特以濟晨昏陰雨儀表所不及，而非定時之本；所謂本者，必準于天行，則用儀表以測日星是已。其二、指南鍼者，今術恒用以定南北，辨方正位，皆取則焉，然所得子午非真。今以法考之，實各處不同：在京師則偏東五度四十分，若憑以造晷，則冬至午正先天一刻四十四分有奇。今觀象臺日晷一座，及正方案，以法考之，正方案偏東二度，日晷先天半刻，據此以候交食時刻，其失不盡在推步也。今但用表臬或儀器，以求子午真線，與舊晷較勘，差數立見矣。其三、臬表者，即《周禮・匠人》置槷之法，識日出入之景，參之日中之景，以正方位。今法置小表於地平，午正然後累測日景，以求相等之兩長景，即爲東西，因得中間最短之景，即爲真子午也。其四、本臺原有立運儀，以測驗七政高度，臣等即用以定子午。于午前累測日高度分，因最高之度，得最短之影，此午正時南北真線也。其五、造成平面日晷，依前儀器表臬南針三法參互考合，務得子午卯酉真線，因以分布時刻，加入節氣諸線，即成平面日晷。若今所用圓石欹晷是爲赤道晷，亦用所得子午線較定。此二晷者皆可得天正時刻，所謂晝測日也。若測星，用重盤星晷，上盤書時刻，下盤書節氣，展轉相加，依近極二星，用時指垂權，測知天正時刻，所謂夜測星也。惟表、惟儀、惟晷，悉本天行，私智謬巧，無容其間，故可爲候時造曆之準式也。今若準儀、準表、準針，任用一事，以造日星二晷，又因二晷以較定壺漏，令遲疾如意，則天正時刻，人人通知，在在畫一矣。如此而交食尚有先後，則失在推步也。然而推步之學，其中事理有須申明奏聞者：授時之法，三百五十年略無修正，近蒙聖主加意釐正，而諸臣見臣等著述稍繁，似有畏難之意；不知其中有理、有義、有法、有數，理不明不能立法，義不辨不能著數，明理辨義，推究頗難；法立數著，遵循甚易。所謂明理辨義者，在今日則能者從之，在他日則傳之其人，今可據爲修改地耳。如舊用測圓術求距度一率，即須展轉乘除，窮日之力，而臣等翻譯原文二萬一千六百率，又改從《大統》加減演算爲三萬六千率，用之推步，展卷即得。其他諸術，亦多類此。此則今之愈繁，乃後之愈簡；以臣等之甚難，開諸臣之甚易也。」光啓進《曆書總目》一卷、《日躔術指》一卷、《測天約説》二卷、《大測》二卷、《日躔表》二卷、《割圓八線表》六卷、《黄道升度表》七卷、《黄赤道距度表》一卷、《通率表》二卷，言「邇來諸臣頗有不安舊學志求改正者，故萬曆四十年有修術譯書分曹治事之議。夫使分曹各治，事畢而止。《大統》既不能自異于前，西法又未能必爲我用，亦猶二百年來分科推步而已。臣等愚心，以爲欲求超勝，必須會通；會通之前，必須翻譯。蓋《大統》書籍絶少，而西法至爲詳備，且又近今數十年間所定，其青于藍寒于水者，十倍前人。又皆隨地異測，隨時異用，故可爲目前必驗之法，又可爲二三百年不易之法，又可爲二三百年後測審差數，因而更改之法，又可令後之人循習曉暢，因而求進，當復更勝于今也。翻譯既有端緒，然後令甄明《大統》、深知法意者，參詳考定，鎔彼方之材質，入《大統》之型模。臣惟兹事義理奥賾，法數盈繁，述叙既多，宜循節次；事緒尤紛，宜先基本。今擬分節次六目：一曰日躔術，二曰恒星術，三曰月離術，四曰日月交會術，五曰五緯星術，六曰五星交會術。基本五目：一曰法原，二曰法數，三曰法算，四曰法器，五曰會通。一切譒譯撰著，區分類別，以次屬焉。」夏四月戊午夜望月食，光啓預推分秒時刻方位，奏言：「日食隨地不同，則用地緯度算其月食多少；用地經度算其加時早晏，月食分秒，海内並同。止用地經度推求先後時刻，臣從輿地圖約略推步，開載各布政司月食初虧度分，若食分多少既，天下皆同，則餘率可類推，不若日食之經緯各殊，必須詳備也。又月體一十五分，則盡入闇虚亦十五分止耳；今推二十六分六十秒者，蓋闇虚體大于月，若食時去交稍遠，即月體不能全入闇虚，止從月體記其分數。是夕之食，極近于交，故月入闇虚十五分，方爲食既，更進一十一分有奇，乃得生光，故爲二十六分有奇。如《回回》術推十八分四十七秒，略同此法也。」八月又進《測量全義》十卷、《恒星曆指》三卷、《恒星曆表》四卷、《恒星總圖》一摺、《恒星圖像》一卷、《揆日解訂訛》一卷、《比例規解》一卷。冬十月辛丑朔日食，新法預推：順天見食二分有奇，河南陝西山東俱見食一分，南京以南不食，大漠以北食既。例京師見食不及三分不救護，光啓言：「月食在夜，加時早晚苦無定據，推日食明白易曉，按晷定時，無可遷就，故術法疏密，獨此最爲的證。況臣等翻譯纂輯，漸次就緒，而向後交食爲期尚遠，此時不一指實，與該監臣明白共見，即曆成之後，無憑取驗。非獨此也，是日之必當測候有四説焉：按日食有時差，舊法用距午爲限，中前宜減，中後宜加，若日在正中，則不用加減，故臺官相傳日食時差，多在早晚，日中必合。獨今此食既在日中，而加時則舊術在後，新術在前，當差三刻以上。所以然者，七政運行，皆依黄道，不由赤道，舊法所謂中，乃赤道之午中；而不知所謂中者，黄道之正中也。黄赤二道之中，獨冬夏二至乃得同度，餘日漸次相離。今十月朔去冬至度數尚遠，兩中之差二十三度有奇，豈可乃因食限近午不加不減乎？若食在二至，果可無差，即食于他時，而不在日午，即差之原尚多難辨。適際此食，又值此時，是可驗時差之正術。一也。交食之法既無差誤，及至臨期實候，其加時又或少有後先，此則不因天度而因地度。本方之地，經度未得真率，則加時難定，必從交食時測驗數次，乃可較勘畫一。今此食依新術測候，其加時刻分，或先後未合，當取從前所記地經度斟酌改定，此可以求里差之真率。二也。時差一法，但知中無加減，而不知中分黄道；今一經目見，一經口授，人人知加時之因黄道。一時發覆，蹊徑了然，此足以明學習之甚易。三也。監臣之所最苦者詆爲擅改，不知即欲改，不能如時差等術，必因千百年之測候而後立法，即守敬不能驟得之，況諸臣乎？此足以明疏失之非辜。四也。」帝是其言。至期，光啓與欽天監秋官正周允、五官司書劉有慶、漏刻博士劉承志、天文生周士昌薛文燦、西洋人羅雅谷湯若望等，預點定日晷，調定壺漏，以測高儀器推定日晷高度。又于密室中斜開一隙，置窺筩眼鏡以測虧復。畫日體分數圖板，以定食分。其食甚時刻高度密合，而分數未及二分。於是光啓言：「今食甚之度分密合，則經度里差，似已的確，無煩改更。獨食分未及原推者，蓋因日光閃爍，惟食及四五分以上者，乃得與原推相合，故食一分内外者，與不見食同；則二分有奇者，所見宜不及二分也。」五年四月光啓又進《月離曆指》四卷、《月離曆表》六卷、《交食曆指》四卷、《交食曆》二卷、《南北高弧表》一十二卷、《諸方半晝分表》一卷、《諸方晨昏分表》一卷。五月光啓以本官兼東閣大學士。九月十四日己酉月食，監推初虧在卯初一刻，光啓等推在卯初三刻，《回回》科推在辰初初刻，三法互異，有旨詰問。至期雲氣隱蔽，無憑測驗。光啓因具陳三法不同之故，言：「交食之法，先求平朔望；平朔望之算，起于曆元。今法本用《授時術》，以至元辛巳爲曆元，當時所立四應稍有未合。臣等新法以崇禎元年戊辰爲曆元，兩者相推，已推得舊法後六十五分爲半刻有奇矣。既得平朔望以求定朔望，定朔望即日月食之食甚定分也。法以日躔、盈縮、月轉遲疾推其各差，又以兩差之較爲加減時差，用以加減，于平數得定數焉。時九月十四日夜望，則太陽在縮限，而《授時法》縮限起夏至，不知日有最高，有夏至兩行異法，縮限宜從最高起也。惟宋紹興年間兩行同度，郭守敬後此百年，去離僅一度有奇，故未及覺。今最高一行已在夏至後六日有奇，以推縮差，則舊法後天一十八分有奇也。是日太陰在疾限，遲疾之法，《授時》止論一轉周，新法謂之自行輪；月自行之外又有兩次輪，以次密推，則舊法疾限先天二度有奇，以推疾差，又後天四十分也。次以縮疾兩差相較，變爲時而求定望，宜用減法。舊法則一推而得四十八刻九十分，新法再推先得四十一刻一十三分有奇，次得四十四刻八分，兩得相較，又差三刻弱。故舊法之食甚定分得二十八刻弱，新法得三十刻弱。以推初虧，則舊法在子正後二十二刻二十二分，爲卯初一刻；新法在子正後二十二刻五十九分，爲卯初三刻。此舊法與新法異同之因也。若《回回》術又異二法者，臣等實未能盡曉其故，僅知彼曆元爲阿剌必年，與隋開皇相值，去今一千三十餘載矣。年遠數殊，意其平朔望亦未必合也。即以減分論，則是太陽縮限在四宫一度，依彼法得縮差一度四十一分，新法得一度四十三分，其差二分。太陰疾限在十宫十七度，依彼法得疾差二度一十九分半，新法得三度六分，其差一十三分半。兩差相併得十五分半，變爲時約，彼法在新法後四刻；今差五刻者，意其緣正在曆元四應，否則創法之處距西一萬餘里，或里差又未合也。三家所報各依其本法，欲辨其疏密，則在臨食之時，實測實驗而已。今已往之事，無復可論，將來準法，似須商求。其所求者蓋有二端：其一曰食分多寡，按交食法中，不惟推步爲難，併較驗亦復未易。臣前疏嘗言日食時陽晶晃耀，每先食而後見；月食時游氣紛侵，每先見而後食。蓋食者二體相交之謂也。日食既交，因其光大，人目未見，必至一分以上乃得見之；月食未交闇虚之旁，先有黑影侵入于月，及其體交，反無界限。故推步無舛謬，而較驗多任目任意，揣摩影響，不能灼見分數，以證原推，得失亦無繇知。如宋臣周琮所定差天一分以下爲親，二分以下爲近，三分以下爲遠，非苟自恕，蓋其術止此而已。今欲灼見食分，有近造窺筩新法，日食時用于密室中取其光影，映照尺素之上，自初虧至復圓，所見分數，界限真確，畫然不爽。月食不能定其分秒之限，然二體離合之際，鄞鄂著明，中間色象，亦與日測迥異。此定分法也。其二曰加時早晚。定時之術，相傳有壺漏，爲古法；近有輪鐘，爲簡法。然而調品皆繇人力，遷就可憑人意，故不如求端于日星。晝則用日，夜則任用一星，皆以儀器測取經緯度數，推算得之，是爲本法。其驗之，則測日有平晷新法，測星有立晷新法，皆礱石範銅，鑱畫數度，節氣時刻，一一分明，以之較論交食。皆于本晷之上，某時某刻，先期注定；至時徵驗，是合是離，灼然易見。此定時法也。二法既立，一遇交食，凡古今諸術得失疏密，如明鏡高懸，妍媸莫遁矣。月食諸史不載；所載日食，自漢至隋凡二百九十三，而食于晦日者七十七，晦前一日者三，初二日者三，其疏如此。唐至五代凡一百一十，而食于晦日者一，初二日者一，初三日者一，稍密矣。宋凡一百四十八，則無晦日，更密；猶有推食而不食者十三。元凡四十五，亦無晦食；猶有推食而不食者一，食而失推者一，夜食而書晝者一。至加時先後至四五刻，當其時已然，至今遵用，安能免此！乃守敬之法，三百年來世共歸推，以爲度越前代，何也？高遠無窮之事，必積世累時，乃稍見端倪。故漢至今千五百歲，立法者僅十有三家，蓋于數十百年間一較工拙，非一人之心思智力所能黽勉者也。守敬集前古之大成，加以精思廣測，故所差僅四五刻，比于前代，洵爲密矣。若使守敬復生今世，欲更求精密，計非苦心極力，假以數年，恐未易得，何可責于沿襲舊法如諸臺臣者乎？」六年十月光啓以病辭局務，薦李天經以竣其事。逾月光啓卒，贈少保，謚文定，後加贈太保。

先是，三年巡按四川御史馬如蛟薦資縣諸生冷守忠執有成書，言論娓娓，抄録原書送局。光啓力駁其謬。言「曆法一家本于《周禮·馮相氏》會天位，辨四時之叙，于他學無與也。從古用《大衍》，用樂律，牽合傅會，盡屬贅疣。今用《皇極經世》，亦猶二家之意也。此則無關工拙，可置勿論。惟是術之始事，先定氣朔；術之終事，必驗交食。今崇禎四年辛未歲前冬至，《大統》術推在庚午十一月十八日亥正一刻；本部從前推步，臨期測驗，定在十九日丑初一刻五分四十一秒，則于《大統術》已是先天一十二刻有奇，而于來術所推在酉初四刻，又先《大統》一十六刻，則比于本部新法其先二十八刻有奇。燕越蒼素不啻遠矣！然而此事奥賾難宣，逝駒莫挽，彼此是非，孰從定之，亦姑未論。獨辛未年日月交食，此可預推，尤難掩覆，合離疏密，此不可以口舌爭也。考是年四月十五日月食，新法所推食限二十六分六十秒，四川成都府初虧在子正初刻九十一分一十三秒，食既在丑初一刻二十六分六十七秒，食甚在丑正初刻七十零分六十三秒，生光在寅初初刻二十六分四十零秒，復圓在寅正初刻五十分七十三秒，復圓之時，月輪尚在地平上一十五度有奇；來術云加時在晝，則相左之甚，而明白易見。時日既在指顧，事理又若列眉，令本生至期候驗，如果加時在晝，則其法敻絕千古，當盱衡俟之；若或在夜，則尚宜虛心習學，以成先志。」已而四川報守忠所推月食實差二時，而新法密合。

四年魏文魁進所著《曆元》《曆測》于朝，通政司送局考驗，光啓作二議七論詰之。一議交食，言據單開崇禎四年四月十五日夜望月食，今考驗食分，則爲密合，加時後天一刻，亦爲親近。獨二年五月朔日食，臨期實候，得食止二分，初虧巳正四刻，與本部所據新法密合。此修改之議所從起也。今《曆測》稱三分九秒，初虧巳初三刻，則食多一分，時先五刻。《曆元》稱日食一分二十一秒，初虧午初初刻，則食少一分，加時密合，而兩書自相違異，食差將及二分，加時不啻五刻，此宜再加研察，方可議定成法，以垂永久。至今年十月朔日食，本局新法推食二分有奇，初虧午正一刻；而單開食止九十七秒，初虧未初二刻，則食少一分有奇，加時後天五刻，此法異同，不須争論，宜待臨時候驗，疏密自見。一議冬至。言據《曆測》不用《授時術》加減歲實，亦不用《大統》定用歲實；而用金《重修大明術》，小餘二十四刻三十六分，則各年冬至宜遞加二十四刻三十六分，方合古來成法。今查《曆元》稱崇禎元年戊辰測已巳歲天正冬至得癸未日午正二刻，崇禎三年庚午測辛未歲天正冬至得甲午日子正初刻，兩年之間，實差四十九刻，平分之得二十四刻五十分，亦爲密近。但天啓七年丁卯測戊辰歲天正冬至得戊寅日卯初二刻，而前推已巳歲天正冬至得午正二刻，則差二十九刻，與小餘不合者四刻六十四分，兩測兩推，必居一誤矣。所宜再加研究，以求必合。其七論言：歲實自漢以來代有減差，至《授時》減爲二十四分二十五秒，依郭法百年消一，今當爲二十一分有奇，而《曆元》用楊級、趙知微之三十六秒，翻復驟加，與郭法懸殊矣。今詳郭法寖次減率，考古驗今，實非妄作，決宜遵用；而《曆元》所用，又以實測得之，是以確然自信，仍非臆説。二義參差，將何決定？根尋究竟，則皆是也，又皆非也。其中義据，巧曆茫然。所宜極論者一。勾股弧矢，曆學之斧斤繩尺也，每測皆尋弧背，每算求弦矢，而今《曆測》中猶用圍三徑一開方求矢之法，此之半徑，則六十度八十七分五十秒之通弦耳，此而可用，則六十度八十七分五十秒之弧與其通弦等乎？半之則三十度四十三分七十五秒之弧又與其正弦等乎？是術一誤，何所不誤。所宜極論者二。冬至夏至，不爲盈縮之定限，今考日躔，春分迄夏至，夏至迄秋分，此兩限中日時刻不等；又立春迄立夏，立秋迄立冬，此兩限中日時刻不等。此皆測量易見，推算易明之事，則太陽盈縮之實限，宜在冬夏二至之後，而各有時日刻分，代有長消加減。所宜極論者三。舊術言太陰最高得疾，最低得遲，且以圭表測而得之，非也。太陰遲疾是入轉內事，表測高下是入交内事，若云交即是轉，緣何交終轉終，兩率互異？既是二法，豈容混推，以交道之高下爲轉終之遲疾也？交轉既是二行，而月行轉周之上，又復左旋，所以最高向西行則極遲，最低向東行乃極疾，正與舊法相反。五星高下遲疾，亦皆准此。所宜極論者四。日食法謂在午正則無時差，非也。時差言距，非距赤道之午中，乃距黄道限東西各九十度之正中也，而黄道限之正中在午中前後有差至二十餘度者，若依午正加減，烏能必合？所宜極論者五。交食限、定陰限距交八度，陽限距交六度，亦非也。本局考定陰限當十七度，陽限當八度，月食則定限南北各十二度。所當極論者六。《曆測》云宋文帝元嘉六年十一月己丑朔，日食不盡如鉤，晝星見，今以郭氏《授時術》推之，止食六分九十六秒，郭術舛矣。不知所謂舛者何也？若郭術果推得不盡如鉤、晝星見，則真舛耳；今云六分九十六秒，乃是密合，非舛也。夫月食天下皆同，日食九服各異，前史類能言之。南宋都于金陵，郭術造于燕中，相去三千里，北極出地差八度，日食分度，宜有異同矣；其云不盡如鉤，當在九分左右，而極差八度，時在十一月，則食差當得二分弱，郭術推得七分弱，非密合而何？本局今定日食分數，首言交，次言地，次言時，一不可闕。所宜極論者七。文魁不服，作《答問》以難光啓，語見《文魁傳》。光啓于是復爲《答客難》曉之。言：崇禎二年五月朔日食，據云刻書者誤也，然原稿未誤者，云食一分三十九秒，亦恐未確。蓋日食一分以下非人目所能見，是日果食一分三十九秒，則所見極微矣；而通都共覩，實不止一分三十九秒也。今年十月朔，密室所候，將及二分；而外間所見，止一分以上，此足下所目覩，非其明效邪？又言：歲實小餘三十六分，據云此趙知微《重修大明術》四餘所用，《授時》《大統》皆仍之，處士亦仍之，則三十六分特用之四餘，不用之氣朔邪？豈四餘氣朔當有兩歲實邪？不知五星之歲實，又與氣朔四餘同邪異邪？處士自云所用歲實，不假思索，皆從天得，此疑實測所定，果亦近之；然何不少費思索，并定一五星四餘畫一不爽之歲實，乃猶仍金元諸人之舊也。又言：歲實加減小餘，自漢《四分術》定爲二十五分，《乾象術》減爲二四六一八，南宋《大明術》又減爲二四二八一四，宋《統天》元《授時術》又減爲二四二二五，其間七十餘家互有加損，總計之，則自漢至今皆以漸減也，彼皆實測實算，以爲當然，烏得謂元以後遂不應復減者邪？郭云百年減一分，三百五十年來應減三分五十秒，當爲二十一分五十秒，而該局所考，正今之定用歲實，乃是二十分四十八秒六十微，即又不及百年而減一分。明理著數，亦猶行古之道也。此則不知者聞之，將大笑且駭，以爲該局所推冬至時刻，必且先天若干，亦先《大統》若干，而又不然。如今歲推壬申年天正冬至,《大統》得在十一月三十日己亥寅正一刻,而局推在辰初一刻一十八分,乃後于《大統》一十二刻,用儀器測驗,確與天合,並無乖爽。此爲何故?平歲實非本年冬至,可定真冬至時刻,非歲實可推也。此説甚長,更僕未罄,姑就所明通之:處士亦知冬至時刻終古無定率乎?果有定率,則處士所定二十七分,歲歲加增足矣,何爲每測必差?即曆元所測定,二三年間便成參錯,此其間得無諉之於儀表未精,測候未確,不知果精果確,乃真見其無定率矣。蓋正歲年與步月離相似,冬至無定率,與定朔定望無定率。一也。朔望無定率,宜以平朔望加減之;冬至無定率,宜以平年加減之。若郭太史所增減之歲實,平年也;故新法之平,冬至或在《大統》前或在後,其定冬至恒在《大統》後也。又言:勾股三乘術非誤也,特徑一圍三不合耳。既稱作者宜自爲清源,奈何沿前人之濁流邪?弧與弦終古無相等之率,無論古率、徽率、密率、太一率,即多分之至萬萬億,猶是弦也,否則外周之切線也。且弧弦之術,舉手即須,每推一法,當數四用之,即以古率推演,已覺太繁,況徽密以上乎?必若此者,術將卒世而不就矣。該局既以言之,安得無見,又安得無書!第所傳之書,有論説,有立成,有通率,都爲一十六卷,八十餘萬言,以入《曆元》,得毋本末不相稱邪?此書爲用甚大,故名《大測》,自當孤行于世,待知者用之。又言:舊法冬夏二至爲盈縮之定限,今云否者,古名術家精詳測候,見春分至立夏行四十五度有奇,立秋至秋分亦行四十五度有奇,其度等,而中間所歷時日不等。又時日多寡,世世不等。因知日行最高度,上古在夏至前,今世在夏至後六度,則夏至後六日乃真盈縮之限,此即真冬至所自出矣。又言:太陰遲疾用圭表得之。夫太陽用二至前後表景推算,在一二日内,或亦近之;若遠,則所得者定非真率,何況太陰?但太陰之遲疾不在去地高卑,高卑者交道也。九年再測者,亦非測太陰,測月孛也,月交東鶩,月轉西馳,兩道違行,是生月孛。孛者悖也,月轉至是,則違天行,故最遲也。九年以内,孛實行天一周,四年半在高,四年半在卑,其測高測卑之月日太陰,必與孛同度,既得同度,必是最遲,豈因圭表去地高下爲其遲疾邪?且孛則九年而一周,月則二十七日有奇而一轉,若洞悉交轉之義,即日月自有其遲疾,日日可得其高下,何必九年哉!必九年乃得者,則歲星須十二年,填星須二十九年,歲差須二萬五千餘年,誰能待之!又言:日食距午時差,舊法以爲論時則定朔小餘五十刻是也;本局以爲論度則黄道九十度限是也。時與度有離合,食在午中,或近午左右,而推算時刻乃不合天者,其度限去午左右稍遠故也。又言:日食距交限,該局定爲陰限十七度,陽限八度,而云不然,何不考今年十月朔日食甚距交幾度邪?按是日食甚在未初一刻内五十一分,本月十五日夜望月食食甚在辰初一刻内一十三分,兩食中積爲十四日七十三刻,月食甚時過正交入陰限一度,依法推得日食甚時,月未至中交十四度强,而食及二分,則初入食限,豈非十七度乎?至宋神宗天聖二年甲子歲五月丁亥朔,曆官推當食不食,司天奏日食不應,中書奏表稱賀。乃諸術推算皆云當食,以《授時》推之亦然,夫于法則實當食,而于時則實不食,此事遂爲千古不決之疑,今當何以解之?按西術日食有變差一法,是日在陰限距交一度强,于法當食。而獨此食,此地之南北差變爲東西差,故論天行,地心與日月兩心俱參直,實不失食;而從人目所見,則日月相距,近變爲遠,實不得食。顧獨汴京爲然,若從汴以東數千里漸見食,至東北一萬數千里則全見食也。此術于日食法中最爲深賾,論術至此,果所謂得未曾有也。又言:據答末後一條,語意難明,如云河北千里,朝鮮虧時等,不知何物?若本部原咨,則有二説:一謂南北里差。《元史》稱四海測驗二十七所,大都北極出地四十度太强,揚州三十三度,今測得金陵三十二度半,較差八度少。如《唐書》每度三百五十里,則二千九百餘里謬也;如近法每度二百五十里,則二千餘里爲其南北徑線,加行路紆曲,豈非三千里乎?有里差則有食分差,安可謂日食時南北之分秒等耶?一謂東西里差。盡大地人皆以日出處爲東,日入處爲西,皆以日出時爲卯,日入時爲酉也,有定東西,無定卯酉也。南北里差,論北極出地若干里,而高下差一度。東西里差,論七政出入亦若干里,而遲疾差一度。不易之定論,驗之交食最易見矣。今反抹去此差,而欲議交食乎?按漢安帝元初三年三月二日日食,史官不見,遼東以聞。五年八月朔日食,史官不見,張掖以聞,豈非食在早獨見于遼東,食在晚獨見于張掖乎?據稱西域之巳時,即中國之未時,則日月有食,西域之見食爲巳,中國之見時爲未,極易曉。何者?地有兩時,天無二食也。推之西域以西,中國以東,何獨不然,安得謂南北異東西同哉?

光啓等所修《崇禎曆書》凡一百二十六卷,《曆書總目》一卷、《日躔曆指》四卷、《日躔表》二卷、《恒星曆指》三卷、《恒星圖》一卷、《恒星圖系》一卷、《恒星曆表》四卷、《恒星經緯表》二卷、《恒星出没表》二卷、《月離曆指》四卷、《月離表》六卷、《交食曆指》七卷、《交食表》七卷、《五緯曆指》九卷、《五緯表》十卷、《測天約説》二卷、《大測》二卷、《割圓八線表》六卷、《黄道升度表》七卷、《黄赤道距度表》

一卷、《通率表》二卷、《元史揆日訂誤》一卷、《通率立成表》一卷、《散表》一卷、《割圓八線立成長表》四卷、《黄道升度立成中表》四卷、《曆指》一卷、《測量全義》十卷、《比例規解》一卷、《南北高弧表》十二卷、《諸方半晝分表》一卷、《諸方晨昏分表》一卷、《曆學小辨》一卷、《曆學日辨》五卷。《明史·本傳》《曆志》《藝文志》《新法算書》《幾何原本》《測量法義》《測量異同》《勾股義》。

論曰：自利氏東來，得其天文數學之傳者光啓爲最深，洎乎督修新法，殫其心思才力，驗之垂象，譯爲圖説，洋洋乎數千萬言，反覆引伸，務使其理其法，足以人人通曉而後已，以視術士之祕其機械者，不可同日語矣。迄今言甄明西學者，必稱光啓，蓋精于幾何，得之有本，其識見造詣，非文魁、守忠輩所能幾及也。

又《薛鳳祚傳》 薛鳳祚字儀甫，淄川人也。少從魏文魁游，主持舊法。順治中，與西洋人穆尼閣談算，始改從西學，盡傳其術。因著《天學會通》十餘種。其曰對數比例者，即西洋之假數也。曰中法四綫者，以西法六十分爲度不便于算，改從古法，以百分爲度表，所列止正弦、餘弦、正切、餘切，故曰四綫。其推步諸書，曰《太陽太陰諸行法原》，曰《木火土三星經行法原》，曰《交食法原》，曰《歷年甲子》，曰《求歲實》，曰《五星高行》，曰《交食表》，曰《經星中星》，曰《西域回回術》，曰《西域表》，曰《今西法選要》，曰《今法表》，皆會中西以立法。以順治十二年乙未天正冬至爲元，諸應皆從此起算。以三百六十五日二十三刻三分五十七秒五微爲歲實，黄赤道交度有加減，恒星歲行五十二秒，與天步真元法同。梅文鼎謂其書詳于法，而無快論以發其趨。蓋其時新法初行，中西文字輾轉相通，故詞旨未能盡暢也。《天學會通》。

論曰：國初算學名家，南王北薛并稱。然王非薛之所能及也。曉庵貫通中西之術，而又頻年實測，得之目驗，故于湯、羅新法諸書，能取其精華，而去其糟粕。儀甫謹守穆尼閣成法，依數推衍，隨人步趨而已，未能有深得也。

又《楊光先傳》 楊光先字長公，徽州府歙縣人也。恩廕新安衛官生。以西人耶穌會非中土聖人之教且湯若望《算造時憲》書面不當用上傳「依西洋新法」五字，于順治十七年具呈禮科不准，又于康熙三年狀告禮部。奉旨下部，會吏部同審。湯若望等由是罷黜。四年，特授欽天監右監副，旋授監正。光先以但知推步之理，不知推步之數，叩閽辭職。疏凡五上，不准辭。輯前後所上書狀論疏爲上下卷，名曰《不得已》。其《日食天象驗》篇曰：「湯若望之曆法，件件悖理，件件舛謬，乃訖于人曰：『我西洋之新法，算日月交食有準，彼以此自奇，而人亦以此奇之，竟弗考對天象之合與不合，何其信耳而廢目哉！已往之交食姑不具論，請以康熙三年甲辰歲十二月初一戊午朔之日食驗之，人人共見，人人有目，難盡掩也。其準與不準，將誰欺乎？而世方以其不合天象之交食爲準，而附和之。是以西洋邪教爲我國必不可無之人，而欲招徠之援引之，自貽伊戚也。毋論其交食不準之甚，即使準矣，而大清國卧榻之内，豈慣謀奪人國之西洋人鼾睡地也耶！從古至今，有不奉彼國差來朝貢，而可越渡我疆界者否？有人貢陪臣不還本國，呼朋引類，散布天下，而煽惑我人民者否？江統徙戎論，蓋蚤炳于幾先，以爲毛羽既豐，不至破壞人之天下不已。兹敢著書顯言東西萬國及我伏羲與中國之初人盡是邪教之子孫，其辱我天下人至不可言喻。而人直受之而弗恥，異日者脱有蠢動，還是子弟拒父兄乎？還是子弟衛父兄乎？衛之于義不可，拒之力又不能，請問天下人何居焉！光先之愚見，寧可使中夏無好曆法，不可使中夏有西洋人。無好曆法，不過如漢家不知合朔之法，日食多在晦日，而猶享四百年之國祚。有西洋人，吾懼其揮金以收拾我天下之人心，如厝火于積薪之下，而禍發之無日也，況其交食甚舛乎？故圖戊午朔食之天象，與二家報食之原圖，刊布國門，偏告天下，以辨舊法新法之孰得孰失，以解耳食者之惑云。」

康熙三年十二月初一戊午朔合朔，未正三刻二分，西洋湯若望推算日食八分九十二秒，初虧申正一刻强，正西，食甚申初二刻半，正南，復圓酉初三刻，正東，日入地平，未復光七分六十六秒，食甚，日躔黄道丑宫斗宿二十一度二十一分，與天象全不合。舊法(何)[河]雒書推算日食八分五十六秒，初虧未正三刻，正西偏北，食甚，申正一刻，正北，復圓酉初三刻，正東偏北，日入地平未復光三分七十二秒，食甚，日躔黄道丑宫斗宿二十二度一分四十秒，此與天象有八分合。光先在監三年，謂戊申歲當閏十二月，尋覺其非，自行檢舉，時來年時憲書已頒行，乃下詔停止閏月。尋事敗，論大辟。《不得已》《池北偶談》。

論曰：錢少詹大昕曰，吾友戴東原嘗言歐邏巴人以重價購《不得已》而焚燬之，蓋深惡之也。光先于步天之學，本不甚深，其不旋踵而敗，宜哉。然摘謬十論，譏西法一月有三節氣之新，移寅宫箕三度入丑宫之新，則固明于推步者所不能廢也。元所藏《不得已》卷末，有雜記數條，不署譔人名氏，中一條云：「歙人言光先南歸，至山東暴卒，蓋爲西人毒死。」而《池北偶談》則稱論大辟，其實光先蓋論大辟免死，歸卒者也。

又《杜知耕傳》 杜知耕字端甫，號伯瞿，柘城舉人也。以利瑪竇、徐光啓所譯《幾何原本》，復加删削，作《幾何論約》七卷，後附十條，則知耕所作也。言其法似爲本書所無，其理實函各題之内，非能于本書之外，别生新義也。稱後附者，以别于丁氏、利氏之增題也。又雜取諸家算法，參以西人之説，依古《九章》爲目，作《數學鑰》六卷。言數非圖不明，圖非手指不明，圖用甲乙等字作誌者，代指也。故其書于圖解尤詳。梅文鼎謂其圖註《九章》，頗中肯綮。《幾何論約》《數學鑰》《道古堂文集》。

又《李子金傳》 李子金字子金，號隱山，柘城人也。諸生。嘗與儕輩聚飲，鄰有高樓，子金以小尺就地上縱横量之，使一人縋上，垂繘于地，試之不爽銖黍。又嘗渡河睨視水面，即能知水深淺。與王錫闡、梅文鼎、游藝、揭暄輩，并以算術相高。著《隱山鄙事》四卷，以發明《幾何原本》幾何法要之理。《欽定四庫全書總目》《池北偶談》《數學鑰》。

又《梅文鼎傳》 梅文鼎字定九，號勿庵，宣城人也。兒時侍父士昌及塾師羅王賓，仰觀星氣，輒了然于次舍運轉大意。年二十七，師事竹冠道士倪觀湖，受麻孟璇所藏臺官交食法，與弟文鼐、文鼏共習之。稍稍發明其所以立法之故，補其遺缺，著《曆學駢枝》二卷，後增爲四卷，倪爲首肯，自此遂有學曆之志。值書之難讀者，必欲求得其説，往往至廢寢忘食。殘編散帖，手自抄集，一字異同，不敢忽過。疇人弟子及西域官生皆折節造訪，人有問者亦詳告之無隱，期與斯世共明之。所著曆算之書凡八十餘種。讀《元史》授時曆經，歎其法之善，作《元史曆經補註》二卷。又以授時集古法大成，然創法五端外大率多因古術，因參校古術七十餘家，著《古今曆法通考》五十八卷，後增至七十餘卷。授時以六術考古今冬至，取魯獻公冬至證統天術之疏，然依其本法步算，與授時所得正同，作《春秋以來冬至考》一卷。《元史》「西征庚午元術」，西征者，謂太祖庚辰也；庚午元者，上元起算之端也。《曆志》訛太祖庚辰爲太宗，不知太宗無庚辰也；又訛上元爲庚子，則于積年不合也，考而正之，作《庚午元曆考》一卷。授時非諸古術所能方，郭守敬所著《曆草》乃曆經立法之根，拈其義之精微者，爲《郭太史曆草補注》二卷。《立成》傳寫魯魚，不得其説，不敢妄用，作《大統立成注》二卷。授時術于日躔盈縮、月離遲疾并以垛積招差立算，而《九章》諸書無此術，從未有能言其故者，因世得孝廉之疑，作《平立定三差詳説》一卷。此發明古法者也。唐九執術爲西法之權輿，其後有婆羅門十一曜經及都聿利斯經，皆九執之屬。在元則有札馬魯丁西域萬年術，在明則馬沙亦黑馬哈麻之回回術，西域天文書，天順時貝琳所刻《天文實用》，即本此書，作《回回曆補注》三卷，《西域天文書補注》二卷，《三十雜星考》一卷。表景生于日軌之高下，日軌又因于里差而變移，作《四省表景立成》一卷。《周髀》所言理差之法，即西人之説所自出，作《周髀算經補注》一卷。渾蓋之器最便行測，作《渾蓋通憲圖説訂補》一卷。西國日月以太陽行黄道三十度爲一月，作《西國日月考》一卷。西術中有細草，猶授時之有通軌也，以曆指大意隱括而注之，作《七政細草補注》三卷。新法有《交食蒙求》《七政蒙引》二書，并逸，作《交食蒙求訂補》二卷、《交食蒙求附説》二卷。監正楊光先《不得已》日食圖，以金環與食甚時分爲二圖，而各具時刻，其誤非小，作《交食作圖法訂誤》一卷。新法以黄道求赤道，交食細草用儀象志表，不如弧三角之親切，作《求赤道宿度法》一卷，謂中西兩家之法，求交食起復方位，皆以東西南北爲言。然東西南北惟日月行至午規而又近天頂，則四方各正其位矣。自非然者，則黄道有斜正之殊，而自虧至復，經歷時刻，展轉遷移，弧度之勢，頃刻易向，且北極有高下，而隨處所見必皆不同，勢難施諸測驗。今别立新法，不用東西南北之號，惟人所見日月圓體分爲八向，以正對天頂處命之曰上，對地平處命之曰下，上下聯爲直綫，作十字横綫，命之曰左、曰右，此四正向也。曰上左、上右，曰下左、下右，則四隅向也。乃以定其受蝕之所在，則舉目可見，作《交食管見》一卷。太陽之有日差，猶月離交食之有加減時，因表説含糊有誤，作《日差原理》一卷。火星最爲難算，至地谷而始密，解其立法之根，作《火緯本法圖説》一卷。訂火緯表記，因及七政，作《七政前均簡法》一卷。金水歲輪繞日，其度右移，上三星軌迹，其度左轉，若歲輪則仍右移，作《上三星軌迹成繞日圓象》一卷。《天問略》取黄緯不真，而列表從之，誤，作《黄赤距緯圖辨》一卷。西人謂日月高度等，其表景有長短，以證日遠月近，其説非是，作《太陰表影辨》一卷。新法帝星句陳經緯，刊本互異，作《帝星句陳經緯考異》一卷。測帝星、句陳二星，爲定夜時之簡法，作《星晷真度》一卷。以上皆以發明新法算書，或正其誤，或補其闕也。

康熙癸丑，宣城施副使閏章總裁郡邑之志，以分野一門相屬，作《寧國府志分野稿》一卷、《宣城縣志分野稿》一卷，刻入郡邑志中。明年，制府于成龍檄修通志，亦以分野相屬，力疾成《江南通志分野擬稿》一卷。而志局易人，存于家。歲己未，明史開局，《曆志》爲錢塘吴檢討任臣分修，總裁者睢州湯中丞斌也。繼以崑山徐司寇乾學，經嘉禾徐善、北平劉獻廷、毘陵楊文言，各有增定，最後以屬餘姚黄聘君宗羲，又以屬鼎，摘其訛舛五十餘處，以《曆草通軌》補之，作《明史志擬稿》三卷。雖爲大統而作，實以闡明授時之奥，補《元史》之缺略也。其總目凡三：曰法原，曰立成，曰推步。而法原之目七：曰句股測望，曰弧矢割圓，曰黄赤道差，曰黄赤道内外度，曰白道交周，曰日月五星平立定三差，曰里差刻漏；立成之目凡四：曰太陽盈縮，曰太陰遲疾，曰晝夜刻，曰五星盈縮；推步之目凡六：曰氣朔，曰日躔，曰月離，曰中星，曰交食，曰五星。又作《曆志贅言》一卷，大意言明用大統，實即授時，宜于《元史》闕載之事詳之，以補其未備。又回回曆承用三百年，法宜備書。又鄭世子曆學已經進呈，亦宜詳述。他如袁黄之《曆法新書》，唐順之、周述學之《會通回曆》，以庚午元曆之例例之，皆得附録。其西洋曆方今現行，然崇禎朝徐、李諸公測驗改憲之功，不可没也，亦宜備載緣起。

歲己巳，至京師，謁李文貞公光地于邸第，謂曰：「曆法至本朝大備矣，經生家猶若望洋者，無快論以發其意也。宜略倣元趙友欽《革象新書》體例，作爲簡要之書，俾人人得其門户，則從事者多，此學庶將大顯。」因作《曆學疑問》三卷。俄光地視學大名，遂以原稿雕板。壬午十月，光地扈駕南巡，駐蹕德州，有旨取所刻書籍回奏。光地因匆遽未及攜帶，遂以所訂刻《曆學疑問》謹呈，求聖誨。奉旨：「朕留心曆算多年，此事朕能決其是非，將書留覽再發。」二日後召見光地，上云：「昨所呈書甚細心，且議論亦公平，此人用力深矣。朕帶回宫中，仔細看閲。」光地因求皇上親加御筆批駁改定，上肯之。明年癸未春，駕復南巡，于行在發回原書，面諭光地：「朕已細細看過。」中間圈點塗抹及簽貼批語，皆上手筆也。光地復請此書疵繆所在，上云：「無疵繆，但算法未備。」蓋梅書原未完成，聖諭遂及之。後光地以書歸之文鼎，俾寶藏焉。未幾，聖祖西巡，荷問隱淪之士，光地以關中李永、河南張沐及文鼎三人對，上亦素知永及文鼎。乙酉二月南巡狩，光地以撫臣扈從，上問：「宣城處士梅文鼎者今焉在？」光地以尚在臣署對，上曰：「朕歸時，汝與偕來，朕將面見。」四月十九日，光地與文鼎伏迎河干，越晨，俱召對御舟中。從容垂問，至于移時，如是者凡三日。上謂光地曰：「曆象算法，朕最留心，此學今鮮知者，如文鼎真僅見也。其人亦雅士，惜乎老矣。」連日賜御書扇幅，頒賚珍饌。臨辭，特賜「績學參微」四大字。越明年，又命其孫瑴成内廷學習。五十三年十二月二十三日，瑴成欽奉上諭：「汝祖留心律曆多年，可將《律吕正義》寄一部去令看，或有錯處，指出甚好。夫古帝王有『都俞吁咈』四字，後來遂止有『都俞』，即朋友之間亦不喜人規勸，此皆是私意。汝等要須極力克去，則學問自然長進，可并將此意寫與汝祖知道。欽此。」恩寵爲千古所未有。

文鼎圖注各省直及蒙古各地南北東西之差，爲書一卷，名《分天度里》。地既渾圓，則所云二百五十里一度者，緯度則然，若經度離赤道遠，則里數漸狹，然惟其路正東西行與距等圈合，自有一定算法。路或斜行，則其法不可用爲立法，若兩地各有北極高度，又有相距之經度，而無相距里數，是有兩邊一角，而求餘一邊即可以知斜距之里。若先有斜距之里數而求經度，是爲三邊求角，亦可以知相距之經度。其法并用斜弧三角形立算，可與月食求經度之法相參，而且簡易的確。作《陸海鍼經》一卷，又謂之《里差捷法》。

文鼎于測算之圖與器，一見即得要領。古六合三辰四遊之儀，以意約爲小製皆合。又自製月道儀，揆日測高諸器，皆自出新意。嘗登觀象臺，流覽新製六儀，及元郭守敬簡儀，明初渾球指數，其中利病皆如素習。其書有《測器考》二卷，又《自鳴鐘説》一卷、《壺漏考》一卷、《日晷備考》三卷。其説曰：「吾郡日晷依赤道斜安，實爲唐製，則日晷非始西人也。西製有平晷、立晷、碗晷、十字晷諸式，廣之不啻百十餘種。余所見自曆書、《渾天儀説》《比例規解》外，別有日晷書三種，互爲完缺。而其中作法，亦有似是而非之處，則以所學有淺深，抑倣而爲者，以臆參和，厥理遂晦。」《赤道提晷説》一卷，亦日晷之一，其説備考中所無也。《勿庵揆日器》一卷，其説曰：「取里差以定高度，黍珠進退，準乎節序，用二至爲端，器溢于寸，表止于分，而黄赤之理備焉。」《諸方節氣加時日軌高度表》一卷，其説曰：「曆書目有諸方晝夜晨昏論，及其分表，今軼不傳，《交食高弧表》非節氣度，今依弧三角法算定爲揆日之用。」《揆日淺説》一卷，其説曰：「日晷之書詳于法，法之理多未及也。倣作多差，不亦宜乎？故擇其尤難解者疏之，所説多渾天大意，故別爲卷。」《測景捷法》一卷，其説曰：「精于測景之法，可以知南北之里差。既知里差，則隨地隨時，可以預定其景之分寸。約而言之，惟切綫一法而已。切綫者，句股相求也，表如半徑，直表之景如餘切，横表之景如正切，并以極高度取之。」《璇璣尺解》一卷，其説曰：「尺有二皆同樞，樞即北極。尺即以堅楮爲之，銅亦可。其一具周歲節氣，所以測日也。其一載大星十數，所以測星也。并以赤道緯度定之，晝測日景，得其高度，即可查節氣以知時刻。夜測星得其高度，亦可查星距太陽經度，以知時刻。善用者即此已足，蓋渾蓋天盤之法略具其中矣。」《測星定時簡法》一卷，其説曰：「有日之時，有星之時，法用星之緯度，于簡平儀上，查其星距子午規若干時刻，再查此星距太陽若干時刻，以相加減，即得真時。此法不拘何星可用，故曰簡法。」《勿庵側望儀式》一卷，其說曰：「簡平儀耑論日景，故以二至爲限，此製十二至外仍具緯度，北至極，南至地平，如置身六合之外，以望天體，故曰側望。」《勿庵仰觀儀式》一卷，其說曰：「圖星垣者，以北極居中，見界爲邊；或分兩極居中，赤道爲邊。此即經緯無差，必所居之地以極爲天頂，則所見然耳。其各地天頂之星，與地平環上之星，不可以擬諸形容也。此式各依本方極高之地，以規地平，而安天頂于中央，依距緯以安北極，再從北極出弧綫以定赤道；又自北極依法作多圈以擬赤緯，則某星在天頂，某星在某方，高若干度，某星在地平，環二十四向，可以周知。又依分至節氣各爲一圖，則天盤經緯與地盤經緯相加之處，可指而數，毫無疑似，雖從未知星者，可以案圖而得矣。」《勿庵渾蓋新式》一卷，其說曰：「渾蓋舊製以赤道外二十三度半爲限，止于晝短規，今于短規外再展八度，則太白所居南緯，可以查其所加，占測之用，于是而全。」《勿庵月道儀式》一卷，其說曰：「月道出入于黃道，猶黃道之出入于赤道也，自古及今，未有爲之儀器者。今依渾蓋北密南疎之度，以黃極爲樞，而月道半在其內、半出其外，則月緯大小之理，及正交、中交、交前、交後之法，可以衆著。儀以銅爲之，略如渾蓋。其上盤爲月道，亦如渾蓋天盤之黃道圈，其下盤黃道，經緯分宮分度，并以黃極爲心，而儘邊以黃緯九十五度少半爲限，出黃道南五度少半，月道所到也。」白言「吾爲此學，皆歷最艱苦之後，而後得簡易。有從吾遊者，坐進此道，而吾一生勤苦皆爲若用矣。吾惟求此理大顯，使古絕學不致無傳，則死且無憾，不必身擅其名也。」

禮部郎中豫章李焕斗嘗從文鼎問曆法，作《答李祠部問曆》一卷。滄州老儒劉介錫同客天津，屢有所問，并據曆法正理告之，作《答劉文學問天象》一卷。又言生平于難讀之書，不敢置也。每手疏而攜諸篋衍，以待明者問之，于曆算尤多，作《思問編》一卷。緯度以測日高，因知北極高，爲用甚博。古用二至二分，今則逐日可測，承友人之命，作《七十二候太陽緯度》一卷。潘天成從文鼎學曆，而苦于布算，作《寫算步曆式》一卷授之。又《授時步交食式》一卷，文鼎季弟文鼏之稿也。《步五星式》六卷，文鼎與其仲弟文鼐共成之者也。同時西洋穆尼閣作《天步真原》，青州薛鳳祚本《天步真原》而作《會通》，吳江王錫闡著《曆書》及《圜解三辰儀畧》，廣昌揭暄著《寫天新語》，文鼎每得一書，皆爲正其訛闕，指其得失，有《天步真原訂註》《天學會通訂註》《王寅旭書補註》《寫天新語鈔存》一卷。又《古曆列星距度考》一卷，從殘壞之本，尋其普天星宿人宿去極度分，中缺二星。又從閩中林侗寫本補完之，而斷以爲授時之法。以上曆學之書，凡六十二種。

萬曆中，利瑪竇入中國，始倡幾何之學，以點、綫、面、體爲測量之資，製器作圖，頗爲精密。然其書率資翻譯，篇目既多，而取徑紆迴，波瀾闊遠，枝葉扶疎，讀者頗難卒業。學者張皇過甚，無暇深考乎中算之源流，輒以世傳淺術，謂古《九章》盡此，于是薄古法爲不足觀，而或者株守舊聞，遽斥西人爲異學。兩家之說，遂成隔礙。文鼎集其書而爲之說，用籌、用筆、用尺，稍稍變從我法，若三角比例等，原非中法可該，特爲表出。古法方程亦非西法所有，則專著論，以明古人之精意，不可湮没，又具爲《九數存古》，以著其概。

書凡九種，總曰《中西算學通》，《序例》一卷。一，《勿庵籌算》七卷。籌算之法，蓋起于作曆書時，術本直籌横寫，易之以横籌直寫，所以適中土筆墨之宜。二，《勿庵筆算》五卷。亦用直寫，以便文人之用，而定位一端，視舊法亦捷。三，《勿庵度算》二卷。西人尺算，即《比例規解》所述也。其書原無算例，文鼎弟文鼏補之，而參以嘉禾陳藎謨《尺算用法》。陳書只平分一綫，文鼏書諸綫皆備，又有矩算，則文鼎所創。西人用三角故兩其尺，今用句股，故祇用一尺一方板，其理無二。尺算矩算，皆度算也。四，《比例數解》四卷。比例數表者，西算之别傳，其法自一至萬，并設有他數相當，謂之對數，不用乘除，惟憑加減，前此無知者。本朝順治間，西士穆尼閣以授薛鳳祚，始有譯本。穆、薛所著《天步真原》《天學會通》并依此立算。不知此，則二書不可得而讀，因稍爲詮次爲書。五，《三角法舉要》五卷。西法用三角，猶古法之用句股，而三角能通句股之窮，要其理不出于句股，故鋭角形分，則二句股也，鈍角形以虛補實，亦句股也，鈍角形補其虛角，則成半實半虛之句股形，又成一虛句股形，而所設鈍角形，又即爲兩句股相較之餘形，皆句股法也。不明三角，則曆書佳處必不能知，其有缺處亦不能正矣。其目有五，曰測量名義，曰算例，曰內容外切，曰或問，曰測量。李文貞公爲刻于保定。歲乙酉，南巡，蒙召對，以是進呈。六，《方程論》六卷。算法之有方程，猶量法之有句股，皆其最精之事，因作論明之。安溪李鼎征爲刻于泉州。七，《幾何摘要》三卷。《幾何原本》爲西算之根本，其法以點、綫、面、體疏三角測量之理，以比例大小分合疏算法異乘同除之理，由淺入深，善于曉譬。但取徑縈紆，行文古奥峭險，學者多不能終卷。稍爲芟繁補遺而爲是書。八，《句股測量》二卷。測量必用句股，立少以觀多，即近以見遠，故立矩可以測高，覆矩可以測深，偃矩可以測遠，然而方可測，圓不可測，于是而割圓之法立；平可測，險不可測，于是而重差之術生。古書雖不盡傳，然《周髀》開方之圖，《海島》量山之算，猶存什一于千百，具録其要，以存古意。九，《九數存古》十卷。九數即九章，隸首之法僅存者，《九章》之目耳，後有作者，莫能出其範圍。

以上爲初編。外有書一十七種，并爲續編。一，《少廣拾遺》一卷。古有一乘方至九乘方相生之圖，而莫詳所用。《同文算指》演之，具七乘方，亦非了義。《西鏡録》增有廉積立成，然譌亂不可讀。楊時可丁令調寄問四乘方、十乘方法，諸乘方中惟此二者不可以借用他法，摘此爲問，蓋亦留心學問人也。因爲推演至十二乘方，有條不紊。二，《方田通法》一卷。算家有捷田二十三法，稍廣之，爲百二十有四。三，《幾何補編》四卷。《幾何原本》止于測面，七卷以後未經譯出，取《測量全義》量體諸率，實考其作法根源，以補原書之未備。而原書二十等面體之算，向固疑其有誤者，今乃得其實數。又原本理分中末綫，但有求作之法，而莫知所用。今依法求得十二等面及二十等面之體積，因得其各體中稜綫及輳心對角諸綫之比例。又兩體互相容及兩體與立方、立圓諸體相容各比例，并以理分中末綫爲法，乃知此綫不爲徒設，則西人之術固了不異人意也。四，《西鏡録訂注》一卷。《西鏡録》不知誰作，其書當在《天學初函》之後，知者，《同文算指》未有定位之法，而此書有之，其爲踵事加精可見。所立金法、雙法，亦即借衰互徵、疊借互徵之用，較《同文指算》尤覺簡明。五，《權度通幾》一卷。重學爲西術一種，然載于《比例規解》者，譌誤尤甚，今以南勳卿《儀象志》互相訂補，其數始真。六，《奇器補詮》二卷。關中王公徵《奇器圖説》，所述引重轉木諸製，并有裨于民生日用，而又本諸西人重學，以明其意。嘗以書史所傳，如漢杜詩作水鞴以便民，及王氏《農書》諸水器之類，睹記所及，如劉繼莊詩集載筒車灌田法，稍爲輯録，以補其所遺，而圖與説不相應者，爲之是正，其以西字爲識者易之。七，《正弦簡法補》一卷。《大測》諸書言作八綫表之法詳矣，讀薛鳳祚書，有用矢綫求度法，爲之作圖，以發其意，因得兩法，在六宗率三要法之外，而爲用加捷。兩法者，一曰正弦，方冪倍而退位，得倍弧之矢；一曰正矢，進位折半，得半弧正弦上方冪。八，《弧三角舉要》五卷。全部曆書皆三角法也。內分二支，一曰平三角，一曰弧三角。凡曆法所測皆弧度也，弧綫與直綫不能爲比例，則推測窮理。弧三角者，剖析渾圓之體，而各于弧綫中得其相當直綫，即于無句股中尋出句股，此法之最奇最確，聖人復起，不能易也。弧三角之用法雖多，而其最著明者，爲黄赤交變一圖，反覆推論，瞭如列眉，熟此一端，則其餘不難推及矣。《測量全義》第七、第八、第九卷專明此理，而舉例不全，且多錯謬，其散見諸曆指者，僅存用數，無從得其端倪。《天學會通》圈綫三角法作圖草率，往往不與法相應，一以正弧三角爲綱，仍用渾儀解之，正弧三角之理盡歸句股，參伍其變，斜弧三角之算亦歸句股矣。其目曰弧三角體式，曰正弧句股，曰求餘角法，曰弧角比例，曰垂弧，曰次形，曰垂弧捷法，曰八綫相當。九，《環中黍尺》五卷。《舉要》中弧度之法已詳，然更有簡妙之用，不可不知。《測量全義》原有斜弧用兩矢較之例，所立圖姑爲斜望之形，而無實度可言。今一以平儀正形爲主，凡可以算得者，即可以器量渾儀真像，呈諸片楮，而經緯歷然，無絲毫隱伏假借。至于加減代乘除之用，曆書僅舉其名，不詳其説，疑之數十年，而後得其條貫，即初數、次數，甲數、乙數諸法，并砉然以解。其目曰總論，曰先數後數，曰平儀論，曰三極通幾，曰初數次數，曰加減法，曰甲數乙數，曰加減捷法，曰加減又法，曰加減通法。十，《塹堵測量》二卷。塹堵測量者，借土方之法以量天度也，其術以平圓御渾圓，以方體測圓體，以虚形準實形，故托其名于塹堵也。古法斜剖立方，成兩塹堵，塹堵又剖爲二，成立三角，立三角爲量體所必需，然此義中西皆未發。今以渾儀黄赤道之割切二綫，成立三角形，立三角本實形，今諸綫相遇成虚形，與實形等，而四面皆句股，即弧度可相求，不須用角，西法通于古法矣。又于餘弧取赤道及大距弧之割切綫，成句股方錐形，亦四面皆句股，即弧度可相求，亦不言角，古法通于西法矣。二者并可用堅楮爲儀，以寫其狀，則弧度中八綫相爲比例之理，瞭如掌紋。而郭守敬圓容方直矢接句股之法，不煩言説而解。其目曰總論，曰立三角摘録，曰渾圓內容立三角，曰句股錐，曰句股方錐，曰方塹堵容圓塹堵，曰圓容方直儀簡法，曰郭太史本法，曰角即弧解。十一，《用句股解幾何原本之根》一卷。幾何不言句股，然其理并句股也，故其最難通者，以句股釋之則明，惟理分中末綫，似與句股異源。今爲游心于立法之初，而仍出于句股，信古《九章》之義，包舉無方。徐光啓譯《大測表》，名之曰《割圓句股八綫表》，其知之矣。十二，《幾何增解》數則。其目有四，曰以方斜較求斜方，曰切綫角與圓內角交互相應，曰量無法四邊形捷法，曰取平行綫簡法，并就幾何各題而增，不入補編，附前條共卷。十三，《仰觀覆矩》二卷。一查地平經度爲日出入方位，一查赤道經度爲日出入時刻，并依里差，用弧三角立算，與曆書法微別。十四，《方圓冪積》二卷。曆書周徑率至二十位，然其入算仍用古率十一與十四之比例，豈非以乘除之際，難用多位歟？今以表列之，取數殊易，乃爲之約法，則徑與周之比例即方圓二冪之比例，亦即爲立方、立圓之比例，殊爲簡易直捷。十五，《麗澤珠璣》一卷。友朋之益，取其關于算學者。十六，《算器考》一卷。今有筆算，遂以珠盤爲古，不知古用籌策，故曰持籌。其用珠盤，蓋起元末明初，制度簡妙，天下習用之，而遂忘古法，故爲之考。十七，《數學星槎》一卷。減并乘除，三日可了，初學莫易于筆算，然除法定位轉易，乘法定位稍難，玆以本數、大數、小數三者別焉，雖童子可知矣。至于句股開方，非圖不解，《周髀算經》有古圖，簡質可玩，曆書本幾何立說，亦足引人思致，今稍廣之，爲圖者六。

文鼎爲學甚勤，劉輝祖嘗與同舍館，告桐城方苞曰：「吾每寐覺漏鼓四五下，梅君猶篝燈夜誦，昧爽則已興矣。乃今知吾之玩日而愒時也。」居京師時，裕親王以禮延致朱邸，稱梅先生而不名。李文貞公命子鍾倫從學，介弟鼎徵及群從皆執弟子之禮。宿遷徐用錫、晉江陳萬策、景州魏廷珍、河間王之鋭、交河王蘭生皆以得與參校爲榮。家多藏書，頻年遊歷，手鈔雜帙不下數萬卷。歲在辛丑卒，年八十有九。上聞，特命有地治者經紀其喪，士論榮之。以孫瑴成貴，贈左都御史。

文鼎《曆學疑問》曾恭呈御覽，後又引申其說，作《曆學疑問補》二卷，皆平正通達，可爲步算家準則。今録其要者數篇。

論中西二法之同曰，問者曰：「天道以久而明，曆法以修而密，今新曆入，而盡變其法以從之，則前此之積候舉不足用乎？」曰：「今之用新曆也，乃兼用其長，以補舊法之未備，非盡廢古法而從新術也。夫西曆之同乎中法者，不止一端。其言日五星之最高加減也，即中法之盈縮曆也，在太陰則遲疾曆也；其言五星之歲輪也，即中法之段目也；其言恒星東行也，即中法之歲差也；其言節氣之以日躔過宮也，即中法之定氣也；其言各省直節氣不同也，即中法之里差也。但中法言盈縮遲疾，而西說以最高最庳明其故；中法言段目，而西說以歲輪明其故；中法言歲差，而西說以恒星東行明其故。是則中曆所著者當然之運，而西曆所推者其所以然之源，此其可取者也。若夫定氣里差，中曆原有其法，但不以註曆耳，非古無而今始有也。西曆始有者，則五星之緯度是也，中曆言緯度，惟太陽、太陰有之，而五星則未有及之者。今西曆之五星有交點、有緯行，亦如太陽、太陰之詳明。是則中曆缺陷之大端，得西法以補其未備矣。夫于中法之同者，既有以明其所以然之故，而于中法之未備，又有以補其缺。于是吾之積候者得彼說而益信，而彼說之若難信者亦因吾之積候，而有以知其不誣，雖聖人復起，亦在所兼收而亟取矣。」

論地圓可信曰，問：「西人言水地合一圓球，而四面居人，其地度經緯正對者，兩處之人以足版相抵而立，其說可信與？」曰：「以渾天之理徵之，則地之正圓無疑也。是故南行二百五十里，則南星多見一度，而北極低一度；北行二百五十里，則北極高一度，而南星少見一度。若非地正圓，何以能然？至于水之爲物，其性就下，四面皆天，則地居中央爲最下，水以海爲壑，而海以地爲根，水之附地又何疑焉？所疑者，地既渾圓，則人居地上，不能平立也。然吾以近事徵之，江南北極高三十二度，浙江高三十度，相去二度，則其所戴之天頂即差二度，各以所居之方爲正，則遥看異地皆成斜立，又況京師極高四十度，瓊海極高二十度。若自京師而觀瓊海，其人立處皆當傾跌，而今不然，豈非首戴皆天，足履皆地，初無欹側，不憂環立歟？然則南行而過赤道之表，北遊而至戴極之下，亦若是已矣。是故《大戴禮》則有曾子之說，《内經》則有岐伯之說，宋則有邵子之說、程子之說，地圓之說固不自歐邏西域始也。」

論恒星東移有據曰，問：「古以恒星即一日一周之天，而七曜行其上，今則以恒星與七曜同法，而別立宗動，是一日一周者與恒星又分兩重，求之古曆亦可通與？」曰：「天一日一周，自東而西，七曜在天，遲速不同，皆自西而東，此中西所同也。然西法謂恒星東行，比于七曜，今考其度，蓋即古曆歲差之法耳。歲差法昉于虞喜，而暢于何承天、祖冲之、劉焯、唐一行，歷代因之，講求加密，然皆謂恒星不動，而黄道西移，故曰天漸差而東，歲漸差而西。所謂天即恒星，所謂歲即黄道分至也。西法則以黄道終古不動，而恒星東行。假如至元十八年冬至在箕十度，至康熙辛未，歷四百十一年，而冬至在箕三度半，在古法謂是冬至之度，自箕十度西移六度半，而箕宿如故也；在西法則是箕星十度東行，過冬至限六度半，而冬至如故也。其差數本同，所以致差者則不同耳。」「然則何以知其必爲星行乎？」曰：「西法以經緯度候恒星，則普天星度俱有歲差，不止冬至一處，此蓋得之實測，非臆斷也。」「然則普天之星度差，古之測星者何以皆不知耶？」曰：「亦嘗求之于古矣，蓋有三事可以相證：其一，唐一行以銅渾儀候二十八舍，其去極之度皆與舊經異，今以歲差考之，一行銅儀成于開元七年，其時冬至在斗十度，而自牽牛至東井十四宿去極之度皆小于舊經，是在冬至以後，歷春分而夏至之半周，其星自南而北，南緯增則北緯減，故去北極之度漸差而少也。自輿鬼至南斗十四宿去極之度皆大于舊經，是在夏至以後，歷秋分而冬至之半周，其星自北而南，南緯減則北緯增，故去極之度漸差而多也。嚮使非恒星移動，何以在冬至後者漸北，在夏至後者漸南乎？其一，古測極星即不動處，齊、梁間測得離不動處一度强，至宋熙寧測得離三度强，至元世祖至元中測得離三度有半，嚮使恒星不動，則極星何以離次乎？其一，二十八宿之距度，古今六測不同，故郭太史疑其動移，此蓋星既循黄道東行，而古測皆依赤道，黄、赤斜交，句弦異視，所以度有伸縮，正由距有横斜耳，不則豈其前人所測皆不足憑哉？故僅以冬至言差，則中西之理本同，而合普天之星以求經緯，則恒星之東移有據。何以言之？近兩至處恒星之差在經度，故可言星東移者，亦可言歲西遷，近二分處恒星之差竟在緯度，故惟星實東移，始得有差，若只兩至西移，諸星經緯不應有變也。如此，則恒星之東移信矣，恒星既東移，不得不與七曜同法矣。恒星東移既與七曜同法，即不得不更有天挈之西行，此宗動所由立也。」

論周天十二宫并以星象得名，不可移動曰，問：「天上十二宫亦人所名，今隨中氣而移，亦何不可之有？」曰：「十二宫名雖人所爲，然其來久矣。今考宫名，皆依天上星宿而定，非漫設者。如南方七宿爲朱鳥之象，故名其宫曰鶉首、鶉火、鶉尾；東方七宿爲蒼龍，故其宫曰壽星、曰大火、曰析木；北方七宿爲玄武，其宫曰星紀、曰玄枵、曰娵訾；西方七宿爲白虎，其宫曰降婁、曰大梁、曰實沈。由是以觀，十二宫名皆依星象而取，非漫設也。《堯典》『日中星鳥』，以其時春分昏刻，朱鳥七宿正在南方午地也；『日永星火』，以其時夏至初昏，大火宫正在午也；『宵中星虚』，以其時秋分昏中者玄枵宫也，即虚危也；『日短星昴』，以其時冬至昏中者昴宿也，即大梁宫也。曆家以歲差考之，堯甲辰至今已四千餘歲，歲差之度已及二宫，然而天上二十八舍之星宿未嘗變動，故其十二宫亦終古不變也。若夫二十四節氣、太陽躔度，盡依歲差之度而移，則歲歲不同，七十年即差一度，安得以十二中氣即過宫乎？試以近事徵之。元世祖至元十七年辛巳冬至在箕十度，至今康熙五十八年已亥冬至在箕三度，其差蓋已將七度，而即以箕三度交星紀宫，則是至元辛巳之冬至宿已改爲星紀宫之七度，再一二百年，則今已亥之冬至宿爲星紀宫之初度者，又即爲星紀宫之第三度，而尾宿且浸入星紀矣。積而久之，必將析木之宫盡變爲星紀，大火之宫盡變爲析木，而十二宫之星宿皆差一宫，即十二宫之名與其宿一一相左，又安用此名乎？再積而久之，至數千年後，東宫蒼龍七宿悉變玄武，南宫朱鳥七宿反爲蒼龍，西宫白虎七宿反爲朱鳥，北宫玄武七宿反爲白虎。國家頒曆授時，以欽若昊天，而使天上宿度宫名顛倒錯亂如此，其可以不亟爲釐定乎？又試以西術之十二宫言之。夫西洋分黄道上星爲十二象，雖與羲和之舊不同，然亦皆依星象而名，非漫設者。如彼以積尸氣爲巨蟹第一星，蓋因鬼宿四星，而中央白氣有似蟹筐也；所云天蝎者，則以尾宿九星卷而曲其末二星相并，如蝎尾之有歧也；所云人馬者，謂其所圖星象，類人騎馬上之形也；其餘如寶瓶，如雙魚，如白羊，如金牛，如陰陽，如師子，如雙女，如天秤，以彼之星圖觀之，皆依稀彷彿有相似之象，故因象立名。今若因節氣而每歲移其宫度，積而久之，宫名與星象相離，俱非其舊，而名實盡淆矣。又案西法言歲差，謂是黄道東行，未嘗不是。如今日鬼宿已全入大暑日躔之東，在中法歲差則是大暑日躔退回鬼宿之西也，在西法則是鬼宿隨黄道東行，而行過大暑日躔之東，其理原非有二，尾宿之行入小雪日躔東亦然。夫既鬼宿已行過大暑東，而猶以大暑日交鶉火之次，則不得復爲巨蟹之星，而變爲師子矣。尾宿已行過小雪後，而猶以小雪日交析木之次，則尾宿不得爲天蝎，而變爲人馬官星矣。即詢之西來知曆之人，有不啞然失笑者乎？」

論恒氣定氣曰，問：「舊法節氣之日數皆平分，今則有長短，何也？」曰：「節氣日數平分者，古法謂之恒氣。其日數有多寡者，古法謂之定氣。二者之算，古曆皆有之，然各有所用。唐一行《大衍曆議》曰：『以恒氣注曆，以定氣算日月交食。』是則舊法原知有定氣，但不以之註曆耳。譯西法者未加詳考，輒謂舊法春、秋二分，并差兩日，則厚誣古人矣。夫授時曆所註二分日，各距二至九十一日奇，乃恒氣也。其所註晝夜各五十刻者，必在春分前兩日奇及秋分後兩日奇，則定氣也。定氣二分與恒氣二分原相差兩日，授時既遵《大衍曆議》以恒氣二分註曆，不得復用定氣，故但于晝夜平分之日，紀其刻數，則定氣可以互見，非不知也。且授時果不知有定氣平分之日，又何以能知其日之爲晝夜平分乎？夫不知定氣，是不知太陽之有盈縮也，又何以能算交食，何以能算定朔乎？夫西法以最高卑疏盈縮，其理原精，初不必爲此過當之言，良由譯書者并從西法入手，遂無暇參稽古曆之源流，而其時亦未有能知授時立法之意者，爲之援據古義，以相與虚公論定，故遂有此等偏説以來，後人之疑議，不可不知也。」

再論恒氣、定氣曰，問：「授時既知有定氣，何爲不以註曆？」曰：「古者註曆，只用恒氣爲置閏地也。《春秋傳》曰：『先王之正時也，履端于始，舉正于中，歸餘于終。履端于始，序則不愆；舉正于中，民則不惑；歸餘于終，事則不悖。』

蓋謂推步者必以十一月朔日冬至爲起算之端，故曰『履端于始，而序不愆』也。又十二月之中氣必在其月，如月内有冬至，斯爲仲冬十一月；月内有雨水，斯爲孟春正月；月内有春分，斯爲仲春二月；餘月并同，皆以本月之中氣正在本月三十日之中，而後可名之爲此月，故曰『舉正于中，民則不惑』也。若一月之内只有一節氣，而無中氣，則不能名之爲何月，斯則餘分之所積而爲閏月矣。閏即餘也，前此餘分累積歸于此月，而成閏月。有此閏月，以爲餘分之所歸，則不致春之月入于夏，且不致今冬之月入于明春，故曰『歸餘于終，事則不悖』也。然惟以恒氣註曆，則置閏之理易明，何則？恒氣之日數皆平分，故其每月之内各有一節氣、一中氣，此兩氣策之日，合之共三十日四十三刻奇，以較每月常數三十日，多四十三刻奇，謂之氣盈。又太陰自合朔至第二合朔，實止二十九日五十三刻奇，以較每月三十日，又少四十六刻奇，謂之朔虚。合氣盈、朔虚計之，共餘九十刻奇，謂之月閏，乃每月朔策與兩氣策相較之差。積此月閏，至三十三個月間，其餘分必滿月策而生閏月矣。閏月之法，其前月中氣必在其晦，後月中氣必在其朔，則閏月只有一節氣，而無中氣，然後名之爲閏月，斯乃自然而然，天造地設，無可疑惑者也。一年十二個月俱有兩節氣，惟此一個月只一節氣，望而知其爲閏月。今以定氣註曆，則節氣之日數多寡不齊，故遂有一月内三節氣之時，又或有原非閏月，而一月内反只有一中氣之時，其所置閏月雖亦以餘分所積，而置閏之理不明，民乃惑矣。然非西法之咎，乃譯書者之疎略耳。何則？西法原只有閏日而無閏月，其仍用閏月者，遵舊法也。亦徐文定公所謂『鎔西洋之巧算，入大統之型模』也。案《堯典》云『以閏月定四時成歲』，乃帝堯所以命羲和，萬世不刊之典也。今既遵《堯典》而用閏月，即當遵用其置閏之法，而乃不用恒氣，用定氣，以滋人惑，亦昧于先王正時之理矣。是故測算雖精，而有當酌改者，此亦一端也。今但依古法，以恒氣註曆，亦仍用西法最高卑之差，以分晝夜長短進退之序，而分註于定氣日之下，即置閏之理昭然衆著，而定氣之用亦并存而不廢矣。又案恒氣在西法爲太陽本天之平行，定氣在西法爲黄道上視行平行度，與視行度之積差有二度半弱，西法與古法略同，所異者最高衝有行分耳。古法恒氣註曆，即是用太陽本天平行度數分節氣。」

文鼎又嘗作《學曆説》以曉世，論尤精確。其説曰：古之爲曆也疏，久而漸密，其勢然也。唯其疏也，曆所步或多不效，于是乎求其説焉不得，而占家得以附會于其間，是故日月之遇交則食，以實會視會斷有常度也。而古曆未精，于是有當食不食、不當食而食之占。日之食必于朔也，而古用平朔，于是有食在晦二之占，月之行有遲疾，日之行有盈縮，皆有一定之數，故可以小輪爲法也。而古惟平度，于是占家曰：「晦五而月見西方謂之朓，朓則侯王其舒；朔而月見東方謂之仄慝，則侯王其肅。」月之行，陰陽曆以不足廿年而周。其交也則于黄道；其交之半也，則出入于黄道之南北五度有奇，皆有常也，而古曆未知，于是占家曰：「天有三門，猶房四表，中央曰天街，南間曰陽環，北間曰陰環。月由天街，則天下和平，由陽道則主喪，由陰道則主水。」夫黄道且有歲差，而況月道出入于黄道，時時不同，而欲定之于房中央，不已謬乎？月出入黄道，既有南北，而其與黄道同升也，又有正升斜降、斜升正降之不同，唯其然也，故月之始生，有平有偃。而古曆未知也，則爲之占曰：「月始生，正而仰，天下有兵。」又曰：「月初生而偃，有兵兵罷，無兵兵起。」月于黄道有南北，一因也；正升斜降，二因也；盈縮遲疾，三因也；人所居南北有里差，則見月有早晚，四因也。是故月之初見，有在二日、三日之殊，極其變，則有朔日、四日之異。而古曆未知，則爲之占曰：「當見不見，是失舍也。」又曰：「不當見而見，魄質成蚤也。」食日者月也，不關雲氣，而占者之説曰：「未食之前數日，日已有謫，日大月小，日高月卑，卑則近，高則遠，遠者見小，近者見大，故人所見之日月大小略等者，乃其遠近爲之，而非其本形也。」然日月之行各有最高卑，而影徑爲之異，故有時月正掩日，而四面露光如金環，此皆有可考之數，而占者則以金環食爲陽德盛。五星有遲疾留逆，而古法惟知順行，于是占者以逆行爲災，而又爲之例曰：「未當居而居，當去不去，當居不居，未當去而去，皆變行也，以占其國之災福。」五星之出入黄道亦如日月，故所犯星座可以預求也，而古法無緯度，于是占者以爲失行，而爲之例，曰陵，曰犯，曰鬭，曰食，曰掩，曰合，曰句已，曰圍繞。夫句已、陵、犯，占可也，以爲失行，非也。五星離黄道不過八度，則中宫紫微及外宫距遠之星，必無犯理，而占書皆有之。近世有著《賢相通占》者，删去古占黄道極遠之星，亦既知其非是矣。至于恒星有定數，亦有定距，終古不變，而世之占者既無儀器以知其度，又不知星座之出入地平，有濛氣之差，或以横斜之勢，而目視偶乖，遂妄謂其移動，于是爲占曰：「王良策馬，車騎滿野，天鉤直則地維坼，泰階平，人主有福。」中州以北去北極度近，則老人星遠而近濁，不常見也，于是古占者曰：「老人星見，王者多壽。」以二分日候之，若江以南則老人星甚高，三時盡見，而疇人子弟猶歲以二分占老人星密疎貢諛，此其仍訛習歟，尤大彰明者矣。

文鼎所著書，柏卿魏荔彤兼濟堂纂刻者凡二十九種：《平三角舉要》五卷、《句股闡微》四卷、《弧三角舉要》五卷、《環中黍尺》五卷、《塹堵測量》五卷、《方圓冪積》一卷、《幾何補編》五卷、《解割圓之根》一卷、《曆學疑問》三卷、《曆學疑問補》二卷、《交食管見》一卷、《交食蒙求》三卷、《揆日候星紀要》一卷、《歲周地度合考》一卷、《冬至考》一卷、《諸方日軌高度表》一卷、《五星紀要》一卷、《火星本法》一卷、《七政細草補註》一卷、《三銘補註》一卷、《曆學駢枝》四卷、《平立定三差解》一卷、《曆學答問》一卷、《古算演略》一卷、《筆算》五卷、《籌算》七卷、《度算釋例》二卷、《方程論》六卷、《少廣拾遺》一卷。後榖成以算學起家，謂兼濟堂所刻校讎編次不善，又《解割圓之根》及《句股闡微》第一卷係楊學山所譔，因削去楊書，另爲編次，更名《梅氏叢書輯要》，總六十二卷：《筆算》五卷附《方田通法古算器考籌算》二卷、《度算釋例》二卷、《少廣拾遺》一卷、《方程論》六卷、《句股舉隅》一卷、《幾何通解》一卷、《平三角舉要》五卷、《方圓冪積》一卷、《幾何補編》四卷、《弧三角舉要》五卷、《環中黍尺》五卷、《塹堵測量》二卷、《曆學駢枝》五卷、《曆學疑問》三卷、《疑問補》二卷、《交食》四卷、一《日食蒙求》，二《日食蒙求附說》，三《月食蒙求》，四《交食管見》。《七政》二卷、一《細草補註》，二《火星本法圖說》。七政前均簡法，上三星軌迹成繞日圓象。《五星管見》一卷、《揆日紀要》一卷、《恒星紀要》一卷、《曆學答問》一卷、《雜著》一卷、《附録》二卷，則榖成所著《赤水遺珍》《操縵卮言》也。今《欽定四庫全書》著録者，用魏荔彤所刻本，榖成所刻則列之存目焉。乾隆四五十年間，嘉定錢少詹大昕主講鍾山書院，梅氏子孫多從受業，訪文鼎未刻諸書，則無一存者矣。《欽定四庫全書總目》《梅氏全書》《梅氏叢書輯要》《勿庵書目》《道古堂文集》《錢少詹説》。

論曰：徵君年二十七，即有志步算之學，距其卒且六十年，積畢生之精力，從事一藝，既專且久。是以所造能究極精微，而無所不備，其學由授時以溯三統、四分以來諸家之術，博考九執、回回而歸于新法，一一洞見本原，深澈底蘊，而又神明變化于三角、八綫、句股、方程諸算事，故著書滿家，皆獨抒心得，如創爲三角，方直等儀，求弧度而不言角，以上下左右論交食方向，而不云東西南北，尤足以見中西之會通，而補古今之缺略者也。其論算之文務在顯明，不辭勞拙，往往以平易之語解極難之法，淺近之言達至深之理，使讀其書者不待詳求而義可曉然。誠以絶業難傳，冀欲與斯世共明之，故不憚反覆再三，以導學者先路，此其用心之善也。卒以李文貞公薦，受聖祖皇帝特達之知，苟非積學淵深，安能膺兹榮遇哉？自徵君以來，通數學者後先輩出，而師師相傳，要皆本于梅氏。錢少詹大昕目爲國朝算學第一，夫何愧焉！

又 《利瑪竇傳》 利瑪竇，明萬曆時航海到廣東，是爲西法入中國之始。著《乾坤體義》三卷，言地與海而合一球，居天球之中，其度與天相應。但天甚大，其度廣，地甚小，其度狹，差異耳。直行北方者，每二百五十里，北極高一度，南極低一度。直行南方者，每二百五十里，北極低一度，南極高一度。每一度廣二百五十里，則地之東西南北各一周，有九萬里，厚二萬八千六百三十六里零三十六丈，上下四旁，皆生齒所居。予自太西浮海入中國，到晝夜平綫，已見南北二極，皆在平地，略無高低。道轉而南，過大浪峯，已見南極出地三十六度，則大浪峯與中國上下相爲對待，故謂地形圓，而週圍皆生齒者，信然矣。以天勢分山海，自北而南爲五帶，一在晝長晝短二圈之間，其地甚熱，則謂熱帶，近日輪故也。二在北極圈之内，三在南極圈之内，此二處地俱甚冷，則謂寒帶，遠日輪故也。四在北極晝長二圈之間，五在南極晝短二圈之間，此二地皆謂之正帶，不甚冷熱，不遠不近故也。凡北極出地數同，四季寒暑同態，若兩處離中綫，一南一北，四時相反，蓋此之夏，爲彼之冬焉耳。日輪每辰行三十度，兩處相違，三十度差一辰，設差六辰，則兩處晝夜相反。地心至第一重月天，四十八萬二千五百二十二餘里。第二重水星天，九十一萬八千七百五十餘里。第三重金星天，二百四十萬六百八十一餘里。第四重日輪天，一千六百零五萬五千六百九十餘里。第五重火星天，二千七百四十一萬二千一百餘里。第六重木星天，一萬二千六百七十六萬九千五百八十四餘里。第七重土星天，二萬五千七十七萬五百六十四餘里。第八重列宿天，三萬二千二百七十六萬九千八百四十五餘里。第九重宗動天，六萬四千七百三十三萬八千六百九十餘里。此九重相包如葱頭，皮皆堅硬，而日月星辰定在其體，如木節在板。第天體明而無色，則能透光，如琉璃水晶之類，無所礙也。若二十八宿星，其上等每大于地球一百零六倍又六分之一。其二等之各星，大于地球八十九倍又八分之一。其三等之各星，大于地球七十一倍又三分之一。其四等之各星，大于地球五十三倍又十二分之十一。其五等之各星，大于地球三十五倍又八分之一。其六等之各星，大于地球十七倍又十分之一。此六者，皆在第八重天也。土星大于地球九十倍又八分之一，木星大于地球九十四倍又一半分，火星大于地球半倍，日輪大于地球一百六十五倍又八分之三。地球大于金星三十六倍又二十七分之一，大于水星二萬一千九百五十一倍，大于月輪三十八倍又三分之一。又言第一重月天，二十七日三十一刻一周，自西而東，第二重水星天，第三重金星天，第四重日輪天，皆三百六十五日二十三刻一周。自西而東，第五重火星天，一年三百二十一日九十三刻一周。自西而東，第六重木星天，十一年三百一十三日七十刻一周。自西而東，第七重土星天，二十九年一百五十五日二十五刻一周。自西而東，第八重五十二相，即三垣二十八宿天帶，轉動下七重，七千年一周，于春秋分一圈上，自北而東而南而西復回。第九重無星，水晶天帶轉動下八重，四萬九千年一周。自西而東，第十重無星，宗動天帶轉動下九重，一日一周。第十一重永静不動。

又言水、火、土、氣爲四元行，火情至輕，躋于九重天之下。夜間數見空中火似星隕，横直飛流，其誠非星，乃烟氣從地冲騰而至火處著點耳。又言人疑日月大不踰大甕之底而俱等，何以知日大于地，地大于月，借視照法六題易曉者，以破其疑，而後可指三球之大小相比。第一題言物形愈離吾目，愈覺其小。二題言光者照，目者視，惟以直綫。三題言圓尖體之底必爲環，使直切之數節其俱乃環，而環彌離底者彌小，而皆小乎底環者。四題言圓光體者照一般大圓體必明，其半爲影，廣于體者等而無盡。五題言光體大者，照一小圓體，必其大半明，而其影有盡，益近元體益大。六題言光體小者，照圓體者大，惟照明其小半，而其影益離元體，益大而無盡。徵日大于地，地大于月。由日月食，故先須明二蝕之所以然。朔時月或至黄道，在日之下，便掩其光，而吾不能見日，謂日蝕也。望時月或至黄道，于太陽正對，而地球障隔其光，而不得照之，故月失光，乃地影朦之也。倘月食時，日月全見地平上，必海水影暎，并水土之氣發浮地上，現出月體，此時月影實在地下。此理可試于空盂内置一錢，遠視之不見，令斟水滿之，而宛可見，所見非錢體，乃其影耳。如云日球或小或等于地球，地球之影宜無盡，則必能及火、木、土星并二十八宿而蝕之矣。然未見火、木、土星、二十八宿之蝕，則地球影有盡。既有盡，則日球不可謂或小或等于地球而必大也。然則地球大于月球，何以驗之？曰：地影爲一尖圓體，月球蝕時，全在其尖體之内。而久行其中，則月球之徑，甚小于地球徑也。其圜容較義，言萬形有全體，目視惟一面，即面可以推全體也。面從界顯，界從綫結，總曰邊綫。邊綫之最少者爲三邊形，多者四邊、五邊，乃至千百萬億邊，不可數盡也。三邊形等度者，其容積固大于三邊形，不等度者四邊亦然。而四邊形容積恒大于三邊形，多邊形容積恒大于少邊形。恒以周綫相等者驗之，邊之多者莫如渾圜之體，渾圜者多邊等邊，試以周天度剖之，則三百六十等邊也。又剖度爲分，則二萬一千六百等邊也，乃至秒忽毫釐不可勝算。凡形愈多，邊則愈大，故造物者天也，象天者圜也。圜無不容，無不容故爲天。試論其概。凡兩形外周等，則多邊形容積恒大于少邊形容積。凡同周四直角形，其等邊者所容大于不等邊者。凡同周四角形，其等邊等角者，所容大于不等邊等角者。

又立五界説及諸形十八論。第一界等周形，二界有法形，三界求形心，四界求形面，五界求形體。第一論凡諸三角形，從底綫中分作垂綫，與頂齊高，以中分綫及高綫作矩内直角方形，必與三角所容等。二題論凡有法六角等形，自中心到其一邊之半徑綫，作直角形綫，其半徑綫及以形之半周綫，舒作直綫，爲矩内直角長方形，亦與有法形所容等。三題論凡有法直綫形，與直角三邊形，并設直角形，傍二綫一長一短。其短綫與有法形半徑綫等，其長綫與有法形周綫等，則有法形與三邊形正等。四題論凡圜取半徑綫及半周綫，作矩内直角形，其體等。五題論凡直角三邊形，任將一鋭角于對邊作一直綫分之，其對邊綫之全與近直角之分之比例，大于全鋭角與所分内鋭角之比例。六題論凡直綫有法形數端，但周相等者，多邊形必大于少邊形。七題論有三角形其邊不等，于一邊之上，另作兩邊等三角形，與先形等周。八題論有三角形二等周等底，其一兩邊等，其一兩邊不等，其等邊所容，必多于不等邊所容。九題論相似直角三邊形，并對直角之兩弦綫爲一直綫，以作直角方形。又以兩相當之直綫四，并二直綫，各作直角方形，其容等。十題論有三角二其底不等，而腰等，求于兩底上另作相似三角形二而等周，其兩腰各自相等。十一題論有大小兩底，令作相似平腰三角形相并，其所容必大于不相似之兩三角形并。其底同，其周同，又四腰俱同。而不相似形并，必小于相似形并。十二題論同形其邊數相等，而等角等邊者，大于不等角等邊者。十三題論凡同周形，惟圜形者大于衆直綫形有法者。十四題論鋭觚全形所容，與鋭頂至邊垂綫，及三分底之一矩内直角立形等。十五題論平面不拘幾邊，其全體可容渾圓切形者，設直角立形，其底得本形三之一，其高得圜半徑即相等。十六題論圜半徑，及圜面三之一，作直角立方形，以較圜之所容等。十七題論圜形與平面他形之容圜者，其周同，其容積圜爲大。十八題論凡渾圜形與圜外圜角形等周者，渾圜形必大于圜角形。時李之藻、徐光啓等皆師之，盡得其學，各有著述。三十八年卒。《乾坤體義》。

論曰：自利瑪竇入中國，西人接踵而至，其于天學皆有所得，采而用之，此禮失求野之義也。而徐光啓至謂利氏爲今日之羲和，是何其言之妄而敢耶？天文算數之學，吾中土講明而切究者，代不乏人。自明季空談性命，不務實學，而此業遂微，臺官步勘天道，疎闊彌甚。于是西人起而乘其衰，不得不矯然自異矣。然則但可云明之算家不如泰西，不得云古人皆不如泰西也。我國家右文尊道，六藝昌明。若吴江王氏、宣城梅氏，皆精于數學，實能盡得西法之長，而匡所不逮。至休寧戴東原先生發明《五曹》《孫子》等經，而古算學明矣。嘉定錢竹汀先生著《廿二史考異》，詳論三統四分以來諸家之術，而古推步學又明矣。學者苟能綜二千年來相傳之步算諸書，一一取而研究之，則知吾中土之法之精微深妙，有非西人所能及者。彼不讀古書，謬云西法勝于中法，是蓋但知西法而已，安知所謂古法哉？

又《熊三拔傳》 熊三拔，明萬曆壬子入中國，著《簡平儀説》一卷。言簡平儀用二盤，下層方面，名爲下盤，亦名天盤。上層圓面，半虚半實者名爲上盤，亦名地盤。下盤安軸處爲地心，其過心横綫名曰極綫，極綫之左界爲北極，右界爲南極。其過心直綫，與極綫作十字交羅者，名爲赤道綫。盤周之最内一圈，名爲周天圈。赤道綫左右各六直綫漸次疏密者，名爲二十四節氣綫。即以赤道綫爲春分爲秋分，次左一，曰清明，曰白露。次左二，曰穀雨，曰處暑。次左三，曰立夏，曰立秋。次左四，曰小滿，曰大暑。次左五，曰芒種，曰小暑。次左六，曰夏至。此爲日行赤道北諸節氣綫也。次右一，曰驚蟄，曰寒露。次右二，曰雨水，曰霜降。次右三，曰立春，曰立冬。次右四，曰大寒，曰小雪。次右五，曰小寒，曰大雪。次右六，曰冬至。此爲日行赤道南諸節氣綫也。若儀體小者，左右各三綫，則以一宫爲一綫。若儀體大者，左右各十八綫，則以一候爲一綫也。從赤道綫上取心，以冬夏二至綫爲界，上下各作半圈者，名爲黄道圈。用半圈周平分十二者，是黄道半周，天度十五度爲一分。若儀體大者分三十六，則五度爲一分也。極綫之上下并周天圈，分各十二曲綫。漸次疏密者，名爲十二時刻綫。即以極綫爲卯正初刻，酉正初刻，次上一爲卯正，二爲酉初，二每綫二刻，依時列之。次上十二，即周天圈，分爲午正初刻也。次下一爲酉正，二卯初，二每綫二刻，依時列之。至次下十二，即周天圈分，爲子正初刻也。若儀體小者，上下各六綫，則以四刻爲一綫。儀體大者，上下各二十四綫，則以一刻爲一綫。更大者上下各七十二綫，則以五分爲一綫也。周天圈以赤道綫極綫分爲四圈分，每圈分分九十度，爲周天象限。四象限共三百六十，爲周天度數。上盤中央安軸處，爲盤心。盤中過心横綫，在半虚半實之界，名爲地平綫。其過心直綫與地平綫作十字交羅者，名爲天頂綫，上盤之圈周，亦以地平天頂綫，分爲四圈分，每圈分分九十度，爲周天象限。四象限共三百六十，爲周天度數。上盤半虚處，左右相望作針孔，貫以絲繩，與地平綫平行。不論多寡，皆名爲日晷綫。上盤地平綫下，横布疏密度數，是依天頂綫作平行直綫。上應周天度分者，名爲直應度分。上盤軸心，施一綫下垂，綫末繫墜，令旋轉加于上盤周天度分者，名爲垂綫。若以銅爲權，下重末鋭，令其末旋轉加周者，名爲垂權，與垂綫同用。下盤之上方，横作一直綫，與極綫平行者，名爲日景綫。綫之兩端，截去綫之上方寸許，不盡綫半寸許，又截去綫之下方半寸許。令版之左右上角，各爲方柱。柱端與日景綫平行者，名爲表。其用法凡十三。第一，隨時隨地，測日軌高幾何度分。以上盤地平綫加于下盤南北極綫，次任用下盤一表以承日。令表端景加于日景綫，次視垂綫所加上盤圈周度分，即日下日軌高于地平度分。第二，隨節氣求日躔黄道距赤道幾何度分。日日約行一度，視本日去春秋分幾何日，即循兩黄道圈，各檢取去赤道綫幾何度爲兩界，用直綫隱兩界上，循直綫視所當周天圈度分，即所求。第三，隨地隨日，測午正初刻，及日軌高幾何度分。約日將中時，用第一法，測日軌高幾何度分。少頃，復依法累測之，日昃而止。次檢日軌最高度分，爲本地本日午正初刻日軌高。若立表隨所測作綫，即得子午綫。第四，隨地測南北極出入地幾何度分。依第三法，測得本地午正初刻日軌高幾何度分。次依第二法，求本日日躔距赤道幾何度分。次視日躔赤道南北算之，若日躔赤道南，則以距度加高度，得赤道至地平之高。以赤道高減周天象限度，即得赤道離天頂度，亦即本極出地度，對極入地度。日躔赤道北，則以距度減高度，得赤道至地平之高。如法算之。若春秋分日正躔赤道，即無距度。其日軌高，即赤道至地平之高，如法算之，地在赤道南北并同。其有日軌距赤道，天頂居中，日中有倒景者，即倒測日軌高。以高度并距度，減去周天象度，即得赤道離天頂度。地在赤道南北并同。第五，隨地隨節氣，求晝夜刻各幾何。以上盤地平綫，加于下盤本地南北極出入地度數，視地平綫，加本日節氣綫上，得地平綫以上幾何刻，即晝刻，以下所餘刻，即夜刻。第六，隨地隨節氣，求日出入時刻。依第五法，上下盤相加，視地平綫，加某時刻分，即得日出入時刻。第七，論三殊域晝夜寒暑之變。依第五法，上下盤相加，視地平綫以上時刻即晝，以下即夜。赤道之下，日行天頂皆夏，日行南北皆冬。第八，隨地隨節氣，求日出入之廣幾何。依第五法，上下盤相加，視地平綫下直應度分，值本日節氣綫得幾度，即所求。第九，隨地隨節氣用極出入度，求午正初刻日軌高幾何度分。依第五法，上下盤相加。從地平綫所加，起算歷周天度分，數至本節氣上得幾何度分，即所求。第十，日晷依第一法，測得目下日軌高幾何度。次依第五法，上下盤相加。次依日晷綫所值日高度分，平行視本日節氣綫所值刻綫，即目下時刻。若日晷綫不值日高度分，即別用一直綫。依日高度分，與日晷綫平行取之。若不用日晷綫，即以日高度分之半弦爲度，與天頂綫平行。　界抵地平，一界抵日高度分，依地平綫平行取之。第十一，隨地隨節氣，求日交天頂綫在何時刻。依第五法，上下盤相加。視天頂綫加某時刻，即所求。第十二，論地爲圜體，用地平綫天頂綫，加于下盤周天度數，展轉推論，可證地圜之義。第十三，論各地分表景不同。用上盤地平綫天頂綫，展轉加于下盤周天度數，可推立表取景隨地不同。若赤道之下南北極，各與地平，其地有三種景。若南北極各出地初度以上，至未及二十三度半强者，其地有四種景。正當二十三度半强者，亦有三種景。若二十三度半强以上至九十度者，其地有二種景。若在九十度左右者，則有無窮景。

又《表度説》一卷，言術家有渾天儀，有平儀，有正方案，以測七政星辰高下之分，以審日月方位，因而隨時隨地可用測驗日輪高下度分及午正初刻也。有法于此，任意立表取景，以表景度分，得日高度分，甚爲簡便。第欲明表景之義，先須論日輪週行之理，及日輪大于地球之比例。二論爲説甚長，俱有全書。今特舉要，略作五題焉。第一題，日輪周天上向天頂，下向地平。其轉于地面俱平行，故地體之景亦平行。第二題，地球在天之中。第三題，地球小于日輪。從日輪視地球，止于一點。第四題，地本圜體。第五題，表端爲圜心。凡立表取景，必于兩平面之上，求得兩種景。其一，立表平面上，與地平爲直角，其所得景直景也，如山岳、樓屋、樹木等景在平地者是。其二，倒景者，横表之景也，如向日有牆，于其平面横立一表，與地平爲平行者是。立表取景，以表之度分，量此二種景，可得其短長。以短長之度數，可得日軌離地平分秒。又量得一種景，推算可得別種。但須先得二景之比例，及表與二景相求之法，乃悉其立法所由。今引説數條，推明指義如左。其一曰：日軌出地平，從一度至九十度漸升，上就天頂。既過一象限，從九十度漸入地平，下離天頂。故表景因日上下而得消長。日上，直景消倒景長；日下，倒景消直景長，皆至午正而復。其二曰：倒景與日景之比例表，與二景之比例，皆在日輪出入上下度分也。令立二表相等，取兩種景，日出地平，則倒景表無景，其端正對日光故也。而直景之表，有無窮景，無數可量，其景與地平平行故也。其三曰：日軌既出地平，漸向天頂而上，至高四十五度，此半象分内二景，一消一長。直景漸消，故大于表，倒景漸長，故小于表。日過四十五而上，直景亦消，而小于表。倒景亦長，而亦大于表。其四曰：日軌高四十五度爲半象限，即二景亦相遇，其長皆與表等。其五曰：日軌至天頂高九十度，此即直景，表無景，而倒景之表，有無窮景。其六曰：日出地與日高九十度，二景之理既同，即一度，至其間相反相對者，理并同也。試如日高一度，直景得長，倒景得短。日高八十九度，倒景得長，直景得短。則日高一度之直景，八十八度之倒景，其長同也，其短反是。以至日高三、四、五度，二景短長，與日高八十七、八十六、八十五度，并同也。假如立二表相等，各十二平分之，日高五度，直景之長爲表之一百三十七度，即日高八十五度，倒景之長亦爲表之一百三十七度。日高五度，倒景之短爲表之一度日高八十五度，直景之短亦爲表之一度。一景一消一長，相反相對，無有不合。故用日高度分，表景短長，法立布算，自初度至九十度，每十分求得直景表之度分，反之，即倒景表之度分。列爲圖，推一得二，致爲簡便也。

凡立表取景，先定表長。以表之長，任意平分爲若干度。今分表爲十二平分，以十二平分之一爲度，每度更六十平分之，共得七百二十分。凡立表必作垂綫于平面，而與爲直角法，以表之位爲心，從心作一圈，次三平分圈界作三點，立表于圈心，用規從界之一點，量至表端爲度。用此度量第二、三點，皆至表端，則表正矣。用法：第一，隨地隨時測日軌高幾何度分法，立表取景，得景長爲表之幾何度，檢圖得所求。第二，隨地隨時測午正初刻，測本日日軌最高度分，及定方面正法。依上法立表取景，視表景消極長初，即得午正初刻。依法量其長，即得本日日軌最高度分。又自表位至景末作綫，即得本地子午綫。依子午作垂綫，即天元卯酉爲定方面之正法。第三，隨地隨日測南北極出入地幾何度分。依第二法，立表測得本地午正初刻日晷高幾何度分，次求本日日躔距赤道幾何度分，次視日躔赤道南北算之。若日躔赤道南，則以距度加高度，得赤道至地平之高。以赤道高減周天象限度，即得赤道離天頂度，亦即北極出地度。日躔赤道北，則以距度減高度，如法算之，亦得北極出地度分。第四，隨地測節氣定日。此法先用各距赤道幾何度分，及本地北極度分。故具例如左：春分、秋分，無距度分。清明、寒露、驚蟄、白露，距赤道六度十九分。穀雨、霜降、雨水、處暑，十一度半。立夏、立秋、立春、立冬，十六度四十分。小滿、小雪、大暑、大寒，二十度十二分。芒種、大雪、小暑、小寒，二十二度四十六分。夏至、冬至二十三度半强。春分後，日軌入赤道北加。秋分後，日軌入赤道南減。北京北極出地四十强，南京三十二半，山東三十七，山西三十八，陝西三十六，河南三十五，浙江三十，江西二十九，湖廣三十一，四川二十九，廣東二十三，福建二十六，廣西二十五，雲南二十二，貴州二十四。自春分至秋分，加其距度分于赤道高度分。秋分至春分，減其距度分于赤道高度分，得各節氣高于地平度分。以其高于地平度分，依法測表景長短，得各節氣本日。第五，依表之度分物景之長，得物之高。依第一法，量得日高四十五度。此際物在地平之景，與其物之高等。若日高四十五度以下，物景多于物之高，減其多得物之高。若日在四十五度以上，景短于物，當用加法得物之高。第六，日晷。日晷凡數百種，其理甚廣。今止就用景而造者，略説一二。表景與日躔平行，日出地而上，或過午而下。每行三十度得一時，表景亦然。一長一消，俱有定度。因其定度，則可定時。又日之升降于地平，隨地各異，表景之長，亦隨地各異。求各處各節氣每時每刻日軌高度分，具簡平儀説造圓柱晷，法用堅木或銅，作圜體如柱，任意大小長短，其圜必中規，而上下等。次于兩端之圈界，各十二平分之。依所分各界，兩兩相對。作直綫，俱平行，各綫與柱體亦平行。柱體之周爲十三直綫，皆平行相等。每綫直二節氣。惟夏、冬二至，各得一綫，名爲二十四節氣綫。即任取一綫爲冬至。次右二，曰小寒、大雪。右三，曰大寒、小雪。右四，曰立春、立冬。右五，曰雨水、霜降。右六，曰驚蟄、寒露。右七，曰春分、秋分。右八，曰清明、白露。右九，曰穀雨、處暑。右十，曰立夏、立秋。右十一，曰小滿、大暑。右十二，曰芒種、小暑。右十三，曰夏至。次作表，表長短無定度，約柱之長短，而定其度。既得其度，依前分表法十二平分之爲表度，每度六十平分之，凡七百二十分。依圖視節氣每時刻表景長短幾何度分，而移之柱晷之節氣本綫，即得各時刻。晷之上端爲樞，表體之長，伸其度長，爲空于餘表，而入之樞。令表之度，皆在晷體之外。用時視本日爲幾，某節氣第幾日，轉表加于晷端界。第幾日上次轉晷承日景，令表景與節氣綫平行，視表末所至得時刻。造方晷以倒景，其法同也。其節氣綫以分黄道法爲疏密度，略見《簡平儀説》。用直景造圜晷及方晷，其法并同。又《泰西水法》六卷，有製龍尾、恒升、玉衡車諸法，一皆本于句股。西洋之學有關民用者，莫切于此。《簡平儀説》《表度説》《泰西水法》。

論曰：揆日爲推步之要務，簡平儀表度之用于測日爲特詳。梅徵君謂中西算法，并以日躔爲主，是也。《水法》龍尾、恒升、玉衡車諸製，非究極算理者不能作。而龍尾一車，尤于水旱有補裨之功。戴庶常震所以贏旋車之記也。長洲沈君培深于此學，因屬指授工人造一具，目驗之，得水多而用力省，推而行之，足以利民生矣。

又 **《艾儒略傳》** 艾儒略，萬曆時入中國，著《幾何法要》四卷，即《幾何原本》求作綫面諸法，而較《幾何原本》爲詳。《新法算書》。

又 **《龐迪我　龍華民傳》** 龐迪我、龍華民，皆萬曆時入中國。周子愚、李之藻、徐光啓等先後薦修新法。《明史·曆志》《新法算書》。

又 **《陽瑪諾傳》** 陽瑪諾，明萬曆乙卯入中國，著《天問略》一卷。其論天有幾重，及七政本位，言敝國術家設十二重天，其形皆圓，各安本所，各層相包，如裹葱頭，日、月、五星、列宿在其體内，如木節在板，一定不移，各因本天之動而動。第一重月輪天，第二重水星天，第三重金星天，第四重日輪天，第五重火星天，第六重木星天，第七重土星天，第八重五十二相，即三垣二十八宿天，第九重東西歲差，第十重南北歲差，第十一重無星宗動天，第十二重永静不動。其論日天本動，及日距赤道度分，言赤道則第十一重宗動天之中分也，黄道則第四重日天之中分也。日天本動，自西而東，北南二極，離宗動天。赤道之極二十三度半，黄道以南以北，離赤道二十三度半，爲冬、夏至。黄道以東以西，與赤道相交，爲春、秋分。又言太陽平行，一日一度，自春分至秋分，宜行半周天，自秋分至春分亦然。今其不然，何也？曰：七政各有本天，所麗各有異動。然其本天之中心，不與地之中心同一心，故其行轉于地體之面一周，自非可謂平行也。其論日蝕，言日食非日失其光，乃月掩其光也。月天在日天之下，朔時月輪正過日輪之下，故掩其光，若有失之。又言日食非各處共有之，或一處見食，别處見光；或一處全食，别處半食，皆目隨地異也。試觀居房内者，房中有燭以照四方，若于東方有掩光者，必坐東者不見其光，而坐南、北、西方者得光也。各方如是，與食同理也。若月食則所缺分秒，萬人萬目，同作是觀，别無同異，與日不同。其論晝夜時刻，隨北極出地各有長短。言北極出地，即夏至晝長夜短，冬至晝短夜長，南極出地反是。南北二極與地平，則其地晝夜恒平。南北爲緯，東西爲經，各一周三百六十度。人在地面，凡居經度一帶之内者，其晝夜長短同，其日入出及晝夜時刻則異，此同緯者也。若緯度之異者，其晝夜長短各異矣。其論月體爲第一重天，及月本動，言太陰最近于地，吾徵之日食，由于月掩其光，且恒見月體能掩水與金星，則月天必居其下。依表景之理，亦可徵也。立表取景，日體高于地平五十度，月輪亦高于地平五十度。然而所得日景則短，月景則長也。日輪恒行黄道一路，月輪之路非一，乃出入黄道五度，其相交處謂之龍頭龍尾。月本動自西而東，每日約行十三度有奇。朔時日月同度，至第三日及第四日，即見月輪在日輪之東。非月行最疾，何能如是？其論月食，言地球懸于十二重天之中央，如雞卵黄在青之中央，故日由西照地，則必有景射東，照東必有景射西。夫日輪恒在黄道上，若遇望日，而月輪亦在黄道上，與日正對望，則地球障隔日月之間，月輪必入地景之内，太陽不能照之，故失光而食矣；漸出地景之外，太陽能照之，則漸復原光，因知月食悉由于地景也。《天問略》。

論曰：陽瑪諾《天問略》與利瑪竇《乾坤體義》大旨相同。蓋其學出于一原，故其議論亦相似也。自橢圓地動之説起，乃愈出而愈奇矣。

又《鄧玉函傳》 鄧玉函字函璞，明萬曆時入中國。崇禎二年七月，徐光啓薦舉同修術法，翻譯諸術表，草稿八卷。次年四月卒。著有《奇器圖説》三卷。西洋謂之力藝之學，謂天地生物，有數、有度、有重，數爲算法，度爲測量，重即此力藝之學，凡器物之微，須先有度、有數。因度而生測量，因數而生計算，因測量計算而有比例，因比例而後可以窮物之理，理得而後可解此奇器。第一卷論重之本體，以明立法之所以然，凡六十一條。第二卷論各色器具之法，凡九十二條。第三卷起重十一圖，引重四圖，轉重二圖，取水九圖，轉磨十五圖，解木四圖，解石、轉碓、書架、水、日晷、代耕各一圖，水銃四圖。凡三卷。諸論圖説，皆引取《乾坤體義》《幾何原本》及《句股法義》諸書，與南懷仁《靈臺儀象志》互相發明。《新法算書》《奇器圖説》。

論曰：奇器之作，專恃諸輪，蓋輪爲圓體，惟圓故動，數輪相觸，則能自行。西人以機巧相尚，殫精畢慮于此，故所爲自行諸器，千奇萬狀，迥非西域諸國所能及，于此可見人心之靈。日用日出，雖小道必有可觀，彼無所用心者，當知自愧矣。

又《羅雅谷傳》 羅雅谷字間韶，明天啓末年入中國，寓河南開封府。崇禎三年五月，督修新法。徐光啓奏請訪用，七月赴局供事。雅谷在局譯譔書，經奏進者十一種，曰《月離曆指》《月離表》《五緯總論》《日躔增五星圖》《日躔表》《火木土二百恒年表》，并《周歲時刻表》《五緯曆指》《五緯用法》《夜中測時》。又著《籌算》一卷，言算數之學，大者晝野經天，小者米鹽淩雜。凡有形質度數之物與事，靡不藉爲用焉。且從事此道者，步步蹠實，非如談空説玄，可欺人以口舌；明明布列，非如握槊奪標，可欺人以强力；層層積累，非如懸旬刹那，可欺人以荒誕也。而爲術最繁，不有簡法濟之，即窮年不能殫，惡暇更工它學哉？敝國以書算其來遠矣，乃人之記函弱而心力柔，厭與昏每乘之，多有畏難而中輟者。後賢别立巧法，易之以籌。余爲譯之，簡便數倍，以是好學者皆喜，以爲此術之津梁也。傳不云不有博奕者乎？爲之猶賢乎已。是書稍賢于博奕，然旅人入來未見它有論著。以此先之，不亦末乎？復自哂曰：「小道可觀，聊爲之佐一籌而已。」九年三月卒。《新法算書》。

論曰：九執術言天竺算法，用九箇字乘除，一舉札而成。後回回亦以土盤寫算，蓋西域舊法皆用筆算也。筆之變而爲籌，猶中土之易算子爲珠盤，然用籌仍須以筆加減，固不如筆算之爲便矣。

又《湯若望傳》 湯若望字道未，明崇禎二年入中國。時禮部奏請開局脩改曆法，次年五月徵若望供事曆局。徐光啓、李天經前後所進《交食曆指》《交食表》《交食表用法》《交食蒙求》《古今交食考》《恒星出沒表》諸書，及《恒星屏障》，皆若望所作也。國朝順治二年六月，若望上言：「臣于明崇禎年間曾用西洋新法，製測量日月星晷，定時考驗諸器，近遭賊燬，臣擬另製進呈。今先將本年八月初一日日食，照新法推步京師所見日食分秒，并起復方位圖象，與各省所見不同之數，開列呈覽。」及期大學士馮銓同若望赴臺測驗，與所算密合，有旨行用新法。七月，禮部言欽天監改用新法，推註已成，請易新名頒行。和碩睿親王言：「宜名時憲，昭朝廷憲天乂民至意。」奉旨以《時憲書》頒行天下。若望又言：「敬授人時，全以節氣交宫，與太陽出入晝夜時刻爲重。今節氣之日時刻分，與太陽出入晝夜刻分，俱照道里遠近推算，請刊入《時憲書》。」奏入，允其請。十一月，以若望掌欽天監事。時若望疏言：「臣等按新法推算月食時刻分秒，復定每年進呈書目，重複者删去，以免混淆。」得旨：「欽天監印信，著湯若望掌管。所屬官員，嗣後一切占候選擇悉聽舉行。」累加太僕太常寺卿，勅錫通微教師。

十四年四月，回回科秋官正吴明炟疏言：「若望所推七政書，水星二、八月皆伏不見。今水星于二月二十九日仍見東方，八月二十四日又夕見。」又言若望舛謬三事，一漏紫炁，一顛倒觜、參，一顛倒羅、計。命内大臣等公同測驗，水星實不見。議明炟詐妄之罪，援赦得免。康熙四年，徽州新安衛官生楊光先上言若望新法十謬，及選擇不用正五行之誤。下王大臣等集議。若望及所屬各員俱罷黜治罪。于是廢西法，仍用大統。至康熙九年，復用新法。

其術以天聰戊辰爲元，分周天爲三百六十度。太陽一日平行五十九分八秒一十九微四十九纖三十六芒，最高一年行四十五秒。戊辰年平行距冬至五十三分三十五秒三十九微，最高衝距冬至五度五十九分五十九秒。太陰一日平行一十三度一十分三十五秒一微，自行一十三度三分五十三秒五十六微。正交行三分一十秒，月孛行六分四十一秒。戊辰年平行距冬至六宮一度五十分五十四秒四十六微，自行距冬至六宮二十五度三十二分一十五秒三十四微。正交行距冬至一宮一十四秒，月孛行距冬至一十一宮六度一十九分。土星諸行應平行距冬至爲十一宮十八度五十一分五十一秒。本年最高行距冬至爲九宮八度五十七分五十九秒，平行距最高即引數，爲二宮九度五十三分五十二秒。正交行距冬至爲六宮七度九分八秒，一平年平行爲十二度十三分三十一秒，最高行一分二十秒十二微。以最高行減平行，得十二度十二分十五秒，乃一年之引數也。一閏年平行爲十二度十五分三十五秒，引數爲十二度十四分十五秒，正交行一年爲四十二秒。木星諸行應平行距冬至爲八宮二十八度八分三十一秒，本天最高行爲十一宮二十七度十一分十五秒，平行距最高即引數爲九宮初度五十七分十六秒，正交行爲六宮二十度四十一分五十二秒。一平年距冬至平行爲一宮零度二十分三十二秒，最高行爲五十七秒五十二微。兩數相減，得一宮零度十九分三十四秒，乃一平年之引數。其一閏年距冬至平行爲一宮零度二十五分三十一秒，引數爲一宮二十四分三十三秒。正交行一年爲一十四秒，火星諸行應平行距冬至爲五宮四度五十四分三十秒。本天最高在七宮二十九度三十分四十秒，平行距最高即引數爲九宮五度二十三分五十秒。正交行爲三宮十七度二分二十九秒，一平年距冬至平行爲六宮十一度十七分一十秒，最高行一分十四秒。兩數相減，得六宮十一度十五分五十五秒。一閏年距冬至平行爲六宮十一度四十八分三十六秒，引數爲六宮十一度四十七分二十一秒，正交行一年爲五十三秒。金星諸行應平行距冬至與太陽同度，爲初宮初度五十三分三十五秒三十九微，平行距最高即引數爲六宮零度五十六分五十五秒。伏見行從極遠處起爲初宮九度十一分七秒，最高行在六宮零度十六分六秒。一平年距冬至爲十一宮二十九度四十五分四十秒三十八微，自行引數爲十一宮二十九度四十四分十七秒。伏見行爲七宮十五度一分五十秒，最高行爲一分二十一秒。一閏年距冬至及自行加五十九分八秒，伏見行加三度六分二十四秒，乃一日之行也。金星正交在最高前十六度，即五宮十四度十六分，其行極微，故未定其率，然于最高行不大差。水星諸行應平行距冬至與太陽同度，平行距最高即引數爲二十九度二十分二秒。伏見行從極遠處起爲三宮二十九度五十四分一十六秒，最高在十一宮零度五十二分四十二秒。一平年距冬至亦與太陽同度，自行引數爲十一宮二十九度四十三分五十一秒，伏見行滿三周外有一宮二十三度五十七分二十六秒。一閏年引數爲十二宮零度四十二分五十九秒，伏見行全周外爲一宮二十七度三分五十二秒。正交行或曰與最高同度難測，故不敢定。然或非與最高同，亦必不遠。

若望所定《新法算書》總一百卷。《緣起》八卷、《大測》二卷、《測天約説》二卷、《測日略》二卷、《曆學小辯》一卷、《渾天儀説》五卷、《比例規解》一卷、《籌算》一卷、《遠鏡説》一卷、《日躔曆指》一卷、《日躔表》二卷、《高赤正球》一卷、《月離曆指》四卷、《月離表》四卷、《五緯曆指》九卷、《五緯表説》一卷、《五緯表》十卷、《恒星曆指》三卷、《恒星表》二卷、《恒星經緯圖説》一卷、《恒星出没表》二卷、《交食曆指》七卷、《古今交食考》一卷、《交食》九卷、《八綫表》二卷、《幾何要法》四卷、《測景全義》十卷、《新法曆引》一卷、《曆法西傳》一卷、《新法表異》二卷。其《曆法西傳》《新法表異》二書，則入本朝後所作也。

若望論《新法》大要凡四十二事。一曰天地經緯。言天有經緯，地亦有之，地形實圓。大約二百五十里當天之一度，經緯皆然。二曰諸曜異天。言諸曜各天，高卑相距遠甚，舊曆認爲同心，爲誤非小。三曰圓心不同。言太陽本圈與地不同心，二心相距，古今不等。四曰蒙氣有差。言地中有游氣上騰，能映小爲大，升卑爲高，地勢不等，氣勢亦不等。若非先定本地之蒙氣差，終難密合。五曰測算異古。言古法測天惟以句股，新法測天以弧三角形，算以割圓八綫表。是爲以圓齊圓，遇直遇斜，無往不合。六曰測算皆以黄道。言日行黄道，月五星皆出入黄道内外，曆家測天用赤道儀，所得經度尚非本曜在天之宫次。新法就所得，通以黄赤通率表，乃與天行密合。七曰改定諸應。言七政平行起算之端，悉從天聰二年戊辰前冬至後己卯日子正爲始。八曰節氣求真。言舊法平節氣，非天上真節氣，新法悉皆改定。九曰盈縮真限。言歲實生于日躔，由日輪之轂，漸近地心，其數浸消，往曆强欲齊之，古今不相通矣。授時創立消長，此説爲近。而據算測天，則又未合者，須知日有最高、最卑二點，上古在二至前，今世在二至後六度有奇，乃真盈縮之限。授時從二至起算，如此歲實安得齊也？今用授時消分爲平歲，更以最高卑差加減之，爲定歲。十曰表測二分。言舊以圭表測冬至，非法之善也。新法用春秋二分較二至爲最密。十一曰太陽出入及晨昏限。大統曆自永樂後造自燕都，乃猶從江南起算，與天違甚。新法從京都起算，而諸方各有加減。十二曰晝夜不等。言一歲行度日日不等，其差較一刻有奇。新法獨明，其故有二：一緣黃道夏遲冬疾，差四分餘；一緣黃、赤二道廣狹不同距，則率度必不同分也。十三曰改定時刻。言晝夜定爲九十六刻，于推算甚便。十四曰置閏不同。言舊法置閏用平節氣，非也。新法用太陽所躔天度之定節氣，與舊不同。十五曰太陰加減。言朔望止一加減，餘日另有二三均數，多寡不等。十六曰月行高卑遲疾。言月行轉周之上，最高極遲，最卑極疾，五星準此。十七曰朔後西見。言朔後月見遲疾，甚有差至三日者，新法獨明。其故有三：一因自行度遲疾，一因黃道升降斜正，一因白道在緯南緯北。十八曰交行加減。言月在交上，以平求之，必不相合，因設一加減爲交行均數。十九曰月緯距度。言舊法黃、白二道相距五度，不知朔望外尚有損益。其至大之距，五度三分之一。二十曰交食有無。言距交近則其度狹，小于兩半徑，故食；距交遠則其度廣，月與景遇而不相涉，何食之有？然此論交前後也。又當論交左右太陰與黃道之緯度相距幾何度分，月食則以距度較月與景兩半徑并，日食則以距度較日月兩半徑并，而距度爲小則食，若大則不食。二十一曰日月食限不同。言月食則太陰與地景相遇，兩周相切，以其兩視半徑，較白道距黃道度，又以距度推交周度定食限。若日食，則雖太陽與太陰相遇，兩周相切，而其兩視半徑，未可遂以之定兩道之距度，爲有視差，故必加入視差而後得距度。二十二曰日月食分異同。言距度在月食爲太陰心實距地景之心，愈近食分愈多，愈遠食分愈少。在日食爲日月兩心之距，距近食多，距遠食少，與月食同，但日食不據實距，而據視距。二十三曰實會中會。以地心爲主，言會者，以地心所出直綫上至黃道者爲主，而日月五星兩居此綫之上，則實會也。若月與五星各居其本輪之周，地心所出綫上，至黃道，而兩本輪之心俱當此綫之上，則爲中會。二十四曰視會以地面爲主。言視會新法所創也。日食有大上之實食，有人所見之視食，其食分之有無多寡，兩各不同，其推算視食，則依人目與地面爲準。二十五曰黃道九十度爲東西差之中限。言地半徑三差恒垂向下，高卑差以天頂爲宗，南北差以黃道極爲宗，東西差則黃道上弧也。故論天頂則高卑差爲正下，南北差爲斜下，而東西差獨中限之一綫爲正下，以外皆斜下。論黃道則南北差爲股，東西差恒爲句，高卑差恒爲弦。至中限，則股、弦爲一綫無句矣。所謂中限者，黃道出地平東西各九十度之限也。二十六曰三視差。言視會即實會者，惟天頂一點爲然，過此則有三種視差。其法以地半徑爲一邊，以太陰、太陽各距地之遠爲一邊，以二曜高度爲一邊，成三角形。用以得高卑差，一也；又偏南而變緯度得南北差，二也；以黃道九十度限偏左、偏右而變經度得東西差，三也。二十七曰外三差。言東西南北高卑之差皆生于地徑，外三差不生于地徑而生于氣，一曰清蒙氣差，二曰清蒙徑差，三曰木輪徑差。此振古未聞，近始得之。二十八曰虧復不一。言日食虧復時刻，非一時折半之說，新法以視行推變時刻，則虧復時刻不一之故了然矣。二十九曰交食異算。言諸方各以地經推算交會時刻及日食分。三十曰日食變差。言據法因食而實不見食，必此日此地之南北差變爲東西差，故此亦千百年偶遇一二次，非常有者也。三十一曰推前驗後。言新法諸表，遠溯唐虞，下沿萬禩，開卷瞭然，不費功力。三十二曰五星準日。言推算五星皆以太陽爲準。舊法于合伏日數時多時寡，徒以段目定之，故不免有差，新法改正。三十三曰伏見密合。言五星伏見，舊法惟用黃道距度，非也。須知五星有緯南、緯北之分，黃道又有斜正升降之勢，各宮不同，所以加減各異，新法改正。三十四曰五星緯度。言太陰本道斜交黃道，因生距度與陰陽二曆，五星亦然，故其兩交亦曰正交、中交，其在南、在北亦曰陰陽二曆，新法一一詳求，舊未能也。三十五曰金、水伏見。言金星或合太陽而不伏，水星離太陽而不見，用渾儀一測便見，非舊法所能知也。三十六曰五星測法。言測五星須用恒星爲準。三十七曰恒星東移。言恒星以黃道極爲極，故各宿距星時近赤極，亦或時遠赤極，此由二道各極不同，非距星有異行或易位也。三十八曰繪星大備。言舊法繪星，僅依河南見界，新法周天皆有，不但全備中國見界而已。又新法定恒星大小有六等之別，前此未聞。三十九曰天漢破疑。言天漢昔稱雲漢，疑爲白氣者，新法測以遠鏡，始知是無算小星攢聚成形，即積尸氣等亦然。四十曰四餘删改。言羅睺即白道之正交，計都即中交，月孛乃月所行極高之點，至紫炁一餘無數可定，明係後人附會，今俱改删。四十一曰測器大備。言近代靈臺所存惟有圭表、景符、簡儀、渾象等器，頗不足用。新法增置者，曰象限儀、百游儀、地平儀、弩儀、天環、天球、紀限儀、渾蓋簡平儀、黃赤全儀、日星等晷。而所製遠鏡，更爲窺天要具，此西洋近時新增，百年前未有也。四十二曰日晷備用。言單論求時則晷爲最準，新法創斯晷，隨處可用，無拘垣壁正側，咸可製造。其稱最者，則地平晷、三晷、百游晷、通光晷，他若柱晷、瓦晷、碗晷、十字晷等，不啻數十種。此外更有星晷及測月之晷，以爲夜中測時之需云。十七年，若望卒。《新法算書》《欽定四庫全書總目》。

論曰：明季君臣以大統寖疏，開局修正，既知新法之密，而訖未施行。聖朝定鼎，以其法造《時憲書》，頒行天下。彼十餘年間，辯論、翻譯之勞，若預以備我朝之采用者，斯亦奇矣。夫歐羅巴，極西之小國也；若望，小國之陪臣也，而其術誠驗于天，即録而用之。我國家聖聖相傳，用人行政惟求其是，而不先設成心，即是一端，可以仰見如天之度量矣。若望以四十二事表西法之異，證中術之疏，由是習于西説者，咸謂西人之學非中土之所能及。然元嘗博觀史志，綜覽天文算術家言，而知新法亦集合古今之長而爲之，非彼中人所能獨創也。如地爲圓體，則《曾子十篇》中已言之。太陽高卑，與《考靈曜》地有四游之説合。蒙氣有差，即姜岌地有游氣之論。諸曜異天，即郄萌不附天體之説。凡此之等，安知非出于中國，如借根方之本爲東來法乎？蓋步算之道，必後勝于前，有故可求，則修改易善。古法之所以疏者，漢、魏之術冀合圖讖，唐、宋之術拘泥演譔，天事微眇，而徒欲以算術綴之，無惑乎其術之未久輒差也。至授時去積年日法不用，一一憑諸實測，其于天道已能漸近自然，然則由授時而加精，不得不密于前代矣。彼西人者幸值其時耳，使生于授時以前，則其術必不能如今日之密。唐之九執，元之萬年可證也。且西術之密，亦密于今耳，必不能將來永用無復差忒。小輪之法，旋改橢圓，可見也。世有郭守敬其人，誠能徧通古今推下之法，親驗七政運行之故，精益求精，期于至當，則其造詣當必有出于西人之上者。使必曰西學非中土所能及，則我大清億萬年頒朔之法，必當問之于歐羅巴乎？此必不然也。精算之士，當知所自立矣。

又 《南懷仁傳》 南懷仁字勳卿，一字敦伯，康熙初年入中國。是時吴明烜、楊光先等以舊法黜竄遞更，强天從人，儀器倒用，以致天道勿協。康熙七年十二月，命大臣召懷仁與監官質辯，越明年正月丁酉，諸大臣同赴觀象臺測驗立春、雨水、太陰、火星、木星。懷仁預推度數與所測皆符，明烜所指不實。大臣等請將康熙九年《時憲書》交南懷仁推算，從之，遂以懷仁爲監副。是年八月，因舊製儀器有差，疏請改造，并呈式樣。部照南懷仁所指速造，十二年儀成。擢懷仁爲監正。

其儀凡六。一曰黄道經緯儀。儀之圈有四，圈各分四象限，限各九十度。其外大圈恒定而不移者，名天元子午規。外徑六尺，規面厚一寸三分，側面寬二寸五分。規之下半，夾入于雲座仰載之，半圓，前後正直。子午上直天頂，從天頂北下，數五十度定北極，從天頂南下，數一百三十度定南極，此赤道極也。次爲過極至圈，圈平分處，各以鋼樞貫于赤道之南北極。又依黄赤大距度，于過極至圈上，定黄道之南北極。距黄極九十度，安黄道經圈，與過極至圈十字相交，各陷其中以相入。令兩圈合爲一體，旋轉相從，經圈之兩側面，一爲十二宫，一爲二十四節氣。其兩交處，一當冬至，一當夏至，至此第三圈也。第四爲黄道緯圈，則以鋼樞貫于黄極焉。圈之徑爲圓軸，圍三寸，軸之中心立圓柱爲緯表，與緯圈側面成直角。而經圈緯圈上各設遊表儀，頂更設銅絲爲垂綫。全儀以雙龍擎之，復爲交梁，以立龍足。梁之四端，各承以獅，仍置螺柱以取平。一曰赤道經緯儀。儀有三圈。外大圈者天元子午規也。以一龍南向而負之，規之分度定極，皆與黄道儀同。去極九十度，安赤道經圈，與子午規十字相交，恒定不動。經圈之内規面及上側面，皆鋟二十四時各四刻。外規面分三百六十度，内安赤道緯圈，以南北極爲樞，而可東西遊轉，與經圈内規面相切。緯圈徑亦爲圓軸，軸中心亦立圓柱，以及遊表、垂綫、交梁、螺柱等法，皆同黄道儀。一曰地平經儀。儀止用一圈，即地平圈，全徑六尺，其平面寬二寸五分，厚一寸二分。分四象限，限各九十度。以四龍立于交梁以承之，四端各施取平之螺柱，而梁之交處則安立柱，高與地平圈等，適當地平圈之中心。又于地平圈上東西各立一柱，約高四尺。柱各一龍，盤旋而上，從柱端各伸一爪，互捧圓珠。下有立軸，其形扁方，空其中如牕櫺，以安直綫。軸之上端入于珠，下端入立柱，中心令可旋轉。而軸中之綫，恒爲天頂之垂綫焉。又爲長方横表，長如地平圈，全徑厚一寸，寬一寸五分。中心開方孔管，于立軸下端便隨立軸旋轉，復剡其兩端令鋭，以指地平圈之度分，又自兩端各出一綫，而上會于立軸中直綫之頂，成兩三角形。凡測一星，則旋轉遊表，使三綫與所測之星參相直，乃視表端所指，即其星之地平經度也。一曰地平緯儀。即象限，蓋取全圈四分之一以測高度者也。其弧九十度，其兩邊皆圓，半徑六尺，兩半徑交處爲儀心。儀架東西立柱，各以二龍拱之，上架横梁，又立中柱，上管于横梁令可轉動。儀安柱上，儀心上指儀之兩邊，一與中柱平行，一與横梁平行。又于儀心立短圓柱以爲表，又加窺衡，長與半徑等。上端安于儀心，剡其下端，以指弧面度分，更安表耳于衡端。欲測某物，乃以窺衡上下遊移，從表耳縫中窺圓柱，令與所測之物相參直，其衡端所指度分即其物之高度也。一曰紀限儀。紀限儀者，全圓六分之一也。其弧面爲六十度，一弧一幹，幹長六尺，即全圓之半徑。弧之寬二寸五分，幹之左右細雲糾縵纏連，蓋藉之以固全儀者也。幹之上端有小横，與幹成十字，儀心與衡兩端皆立圓柱爲表。而弧面設遊表三。承儀之臺約高四尺，中直立柱，以繫儀之重心，則左右旋轉高低斜側，無所不可，故又名百遊儀焉。一曰天體儀。儀爲圓球，徑六尺，面布黄赤經緯度分及宫次，星宿羅列，宛然穹象，故以「天體」名之。中貫鋼軸，露其兩端，以屬于子午規之南北極，令可轉運。座高四尺七寸，座上爲地平圈，寬八寸，當子午處各爲闕，以入子午規，闕之度與子午規之寬厚等。則兩圈十字相交，内規面恰平，而左右上下環抱乎儀。周圍皆空五分，以便高弧遊表進退。又安時盤于子午規外，徑二尺，分二十四時。以北極爲心，其指時刻之表亦定于北極，令能隨天轉移，又能自轉焉。座下復設機輪運轉子午規，使北極隨各方出地度升降，則各方天象隱現之限皆可究觀，尤爲精妙。六儀相須爲用，凡礙于彼者，又有此以通之，所以并行而不悖也。乃繪圖立説，次爲一十六卷，名曰《新製靈臺儀象志》。

其書首論推測七政之行，諸星相離遠近之數，并詳製器法度，輕重堅固之理，表裏精粗，互相發明。其言地平儀之用，測日或測星，須于地平圈内旋轉中心表，向于本點，而令横表上所立句股形之兩綫正對之。蓋句股兩綫，如股與弦或句與弦，并人目、本星，四者相參直，則横表之度指所在，即本星地平之經度分也。或從東西，或從南北，起而數之皆可。若當日光照灼，難用目視，則于白紙上以句股形兩綫相參直之影爲準。若日色淡時，則可用目視之。然人之目與太陽正對，亦必射目，須用五彩玻璃鏡以窺之。若夜間測星，不拘何器，必以兩籠炬之光，照近遠兩綫兩表。所謂近遠者，即于測星之目爲近遠也。其炬光須對照表端，而不可以對照測星之目。試將籠炬糊其半，而不使之透明于其後，則人在籠炬之後，于隱暗之地，而目所見，凡光照之物更爲明顯也。象限儀之用，凡測日或測星，轉儀向天，低昂窺衡，以取參直，即得地平之緯度。凡轉動儀時，若其背面之垂綫，或有不對于原定之處，則其偏内或偏外若干分秒，必須與其所測得之緯度，或加或減分秒若干。蓋儀偏于内則用減，偏于外則用加也。夫地平而分爲經緯兩儀者，以便于用而窺測爲準故也。其便于用者，蓋謂兩人同時分測，乃并向于一點，以轉動而互用之，則赤道經緯度可推也。并夫日月五星之視差，及地半徑差、清蒙氣差等，無不可推也。紀限儀之用，其測法先定所測之二星爲何星，乃順其正斜之勢，以儀面對之，而扶之以滑車。一人從衡端之耳表，窺中心柱表及第一星，務令目與表與星相參直，又一人從游耳表向中心柱表，窺第二星法亦如之。次視兩耳表間弧上之距度分，即兩星之距度分也。若兩星相距太近，難容兩人并測，則另加定耳表，于中綫或左或右之十度，一人從所定表向同邊之柱表窺第一星，又一人從游表向中心表窺第二星，其定表至游表之指綫度分若干，即兩星相距度分若干也。赤道儀之用，可以知時刻，亦可以測經緯度分。若測時刻，則赤道經圈上用時刻游表，即通光耳，而對之于南北軸表。蓋經圈内游表所指，即本時刻分秒也。若經度用兩通光耳，即兩徑表在赤道經圈上一定一游，一人從定耳窺南北軸表，與第一星相參測之，一人以游耳轉移遷就，而窺本軸表，與第二星相參直。如兩耳間于經圈外之度分，即兩星之經度差也。用加減法即得某星之經度矣。緯度亦以通光耳于緯圈上轉移而遷就焉。若測向北之緯度，即設耳于赤道之南，測向南之緯度，即設耳于赤道之北。務欲其準，與夫在本軸中心小表，令目與表與所測之星相參直，次視本耳下緯圈之度分，在赤道之或南或北若干度分，即本星之距赤道南北之度也。若本星在赤道密近，難以軸中心表對之，則用負圈角表，定于緯圈之第十度上。在赤道或南或北，次以通光游表對之。蓋游表距相對之十度若干度分之數，則減其半，即爲某星之緯度分也。黄道儀之用，欲求某星之黄道經緯度，須一人于黄道圈上，查先所得某星之黄道經緯度分。其上加游表，而過南北軸中柱表，對星定儀，又一人用游表于緯圈上過柱表，對所測之星，游移取直，則緯圈上游表之指綫，定某星之緯度，又定儀查黄道圈兩表相距之度分，即某星之經度差。若本星在黄道密近，難以軸中心表對之，則用負圈角表，而測其緯度，其法與測赤道緯法同。

十七年八月，預推七政交食表成。表爲湯若望所推，懷仁續成之者。凡三十二卷，名曰《康熙永年表》。二十一年八月，懷仁奉命至盛京測北極高度，較京師高二度，别爲推算日月交食表，名《九十度表》。懷仁言曆之爲學也，其理其法，必有先後之序，漸以及焉，故由易可以及難，由淺可以入深，未有略形器而可驟語夫精微之理者也。如《幾何原本》諸書，爲曆學萬理之所從出，然其初要自一點一綫一平面之解，及其至也，窮高極遠，而天地莫能外焉。又製垂球，鍊銅爲球，以綫繫之，數其往來之數，準定時刻，可以測日月之徑，候星辰之行。所著又有《坤輿圖説》二卷、《西方要記》一卷、《不得已辨》一卷、《别本坤輿外紀》一卷。《欽定大清會典》《靈臺儀象志》《操縵巵言》。

論曰：懷仁謂推步之學，未有略形器而可驟語精微者，斯言固不爲無見也。

西人熟于幾何，故所製儀象極爲精審。蓋儀象精審則測量真確，測量真確則推步密合。西法之有驗于天，實儀象有以先之也。不此之求，而徒騖乎鍾律、卦氣之説，宜爲彼之所竊笑哉！

又《紀利安傳》 紀利安，一作紀理安，欽天監官。康熙五十四年奉命製地平經緯儀，合地平、象限二儀而爲一。其製平置地平圈外，徑五尺，闊七寸七分，周圍刻四象限度，下設四柱，以圓座承之。地平圈之中心，倒安螺柱，上出立軸，東西安立柱，高一丈一尺。上結曲梁，正中開孔，以容立軸之上端。中間安象限儀，圓心在下半徑六尺，弧闊二寸七分，背面結于立軸以運之。圓心安遊表，長八尺。本設横耳，末設横柱，以備仰窺。凡測諸曜，將象限儀推轉，又將遊表仰昴，令與諸曜參直，則横半徑所指即地平經度，遊表所指即地平緯度，是一測而經緯悉得矣。《欽定大清會典》《四庫全書總目》《操縵卮言》。

又《穆尼閣傳》 穆尼閣，順治中寄寓江寧。喜與人談算術，而不招人入會，在彼教中號爲篤實君子。青州薛鳳祚嘗從之游，所譯新西法，曰《天步真原》。以西漢哀帝永壽四年庚申爲元，以三百六十五日二十三刻三分四十五秒爲歲實，以兩心差測春秋分有加減。黄赤大距有行分，用月距日行以求太陰經度，其五星行度俱用通弦立算。其算恒星，因壁宿一星離黄經四度者爲主，各星皆距此日行。其論日月食，言交常度有南北之不同，正中交有東西之兩限，與《新法算書》互有同異。其所傳比例數表，以加減代乘除，折半代開方，則前此西人所未言者。《天步真原》。

論曰：穆尼閣《新西法》，與湯、羅諸人所説互異。當時既未行用，而薛鳳祚所譯，又言之不詳，以故知其術者絶少。安得好事重爲翻譯，俾談西學者知小輪橢圓之外，復有此一術也。

又《顔家樂傳》 顔家樂，著《測北極出地簡法》。其法先于其處，測一恒星，自出地平至正午所歷之時刻，及其高度，乃以時刻變爲赤道度，以其大矢爲一率，正矢爲二率，高度之正弦爲三率，求得四率爲正弦。查表得數内減去星距天頂度，餘與九十度相加，折半得數，復與九十度相減，餘即其處北極出地度也。《赤水遺珍》。

又《蔣友仁傳》 蔣友仁，乾隆二三十年間入中國，進《增補坤輿全圖》及新製渾天儀。奉旨翻譯《圖説》，命内閣學士兼禮部侍郎何國宗、右春坊右贊善兼翰林院檢討錢大昕爲之詳加潤色。其《坤輿全圖説》，言天體渾圓，地居天中，其體亦渾圓也。地圓如球，今畫大地全圖，作兩圈界，以象上下兩半球，合之即成全球矣。大地之經緯度，各分三百六十，與天度相應，而以天上相應之處名之。如圖之上下頂衝兩點，與天之南北兩極應者，亦名南北兩極。横綫平分南北爲兩半，與天上赤道應者，亦名赤道餘綫。做此經綫，以赤道爲主，平分赤道爲三百六十度。每度各作一橢圓之弧，上會于北極，下會于南極，以象地周三百六十經度，此綫即爲各處之子午綫。緯綫以子午綫爲主，平分子午綫爲三百六十度，每度各作一圈，惟赤道爲大圈，漸遠赤道，則漸小。至南北二極，則合爲一點，以象地球，南北各九十距等圈，是爲緯度。

其論測量地周新程，言凡圓形有二：一爲平圓；一爲橢圓。設經圈爲平圓，是分全圓三百六十度，其容積皆等。自古天文家但論地爲圓形，未察此圓形何類。今西士以新製儀器，屢加推測，則疑地球大圈，未必是平圓形。而其度所容之遠近，亦未必相等。以故拂郎濟亞國王特遣精通數術之士，分往各國，按法細測南北各度所容之里數。自近赤道者，自近北極者，自居北極赤道之中者，凡三處，測其高度之容。近赤道則狹，漸離赤道則漸寬，由此推得地球大圈之圓形不等。止赤道爲平圓，而經圈皆爲橢圓。地球長徑過赤道短徑過兩極，短徑與長徑之比例，若二百六十五與二百六十六。設如修地球或坤輿圖者，命過赤道徑二尺六寸六分，則過極徑止二尺六寸五分。然斯差微小，而于修地球或地圖，或可不論也。按京師營造尺，一里得一百八十丈，而新法測得赤道各度一百九十二里十七丈二尺一九五八。若此數以三百六十乘之，則得赤道周圍六萬九千一百三十四里七十八丈九尺七。經圈上之初度一百九十度一百十八丈三尺，第四十度一百九十一里九十五丈四尺，第九十度一百九十二里一百四十六丈八尺，總合經圈上諸度之里數，則得經圈周圍六萬九千零二十四里一百零二丈七尺。

其論七曜序次，言自古天文家推七政躔離行度，其法詳矣。西士殫其聰明，各自推算，乃創想宇宙諸曜之序次，各成一家之論。今姑取其緊要四宗，以齊七曜之運動而已。第一，多禄畝論地爲六合之中心，地周圍太陰水、金、太陽火、木、土，及恒星，各有本輪，俱爲實體，不相通而相切。本輪之外，又有均輪，七政各行于均輪之界，而均輪之心，又行于本輪之界。然此論不足以明七政運行之諸理。今人無從之者。第二，第谷論地爲六合之中心，地周圍太陰、太陽及恒星，各有本輪，隨地旋轉。水、金、火、木、土五曜之本輪，則以太陽爲心。而本輪之上，俱有均輪。第三，瑪爾象論地爲六合之中心，不距本所。而每日旋轉一周，于南北兩極，地周圍太陰、太陽及恒星，旋轉太陽周圍水、金、火、木、土之輪。以上二家雖有可取，然皆不如歌白尼之密。第四，歌白尼置太陽于宇宙中心，太陽最近者水星，次金星，次地，次火星，次木星，次土星，太陰之本輪繞地球。土星旁有五小星繞之，木星旁有四小星繞之，各有本輪繞本星而行。距斯諸輪最遠者乃爲恒星，天常静不動。按歌白尼叙諸曜之次，蓋本于尼色達之論，而歌白尼特闡明之，繼之者有刻白爾、奈端、噶西尼、辣喀爾、肋莫尼，皆主其説。今西士精求天文者，并以歌白尼所論序次，推算諸曜之運動。歌白尼論諸曜，以太陽静地球動爲主。人初聞此論，輒驚爲異説，蓋止恃目證之故。今以理明之。如人自地視太陽、太陰，謂其兩徑相等，而大不過五六寸。若以法推，則知太陽之徑，百倍大于地球之徑。而太陰之徑，止爲地球徑四分之一也。人自地視太陽，似太陽動而地球静。今設地球動太陽静，于推算既密合，而于理亦屬無礙。試舉一二端以驗其理。其一曰：人在地面，視諸曜之行，皆環繞地球。而地似常静不動，究不可以爲地静而諸曜動之據也。譬如舟平浮海，舟中之人見舟中諸物，遠近彼此恒等，則不覺舟行。而視海岸山島及舟以外諸物，時近時遠，時左時右，則反疑其運動矣。今地球及地周圍之氣，一無阻礙，運動均匀，人在地面上，視周圍諸物之遠近恒等，則不能覺地之運行。而視地球外之諸曜，見其時上時下，時左時右，則謂諸曜繞地球而旋行。其二曰：雖設地動而太陽静，自地視之，必似太陽動而地静。然以斯二者推太陽出入地平之度，其數必相等。如太陽西行繞地，太陽在卯，則見太陽出地平。太陽自卯向午則漸升，自午向酉則漸降。太陽至酉，見太陽入地平，太陽行地平之下，自酉過子，復至卯，又出地平，此太陽動而地静之説也。今設太陽常静不動，而地球左行。自東往西，旋轉于本心，則視太陽似升降出入于地平，與前無異。其三曰：太陽本爲光體，月、水、金、火、木、土六曜，皆爲暗體，借太陽之光以爲光，與地球相似。設有人在太陰及他曜面上，則其視地球，亦如地面上之視太陰，有時晦，有時光滿，有時爲上下弦。此理凡通天文者皆知之。今六曜既皆似地球，豈有六曜及太陽循環地球，而獨地球安静之理乎？不如設太陽于宇宙中心，而地球及其餘游曜，皆旋繞太陽，以借太陽之光，斯論不亦便捷乎？又言水、金、地、火、木、土六曜之本輪，旋繞乎太陽，太陰之本輪，旋繞乎地球，而土、木二星，又各有小星之本輪繞之。然太陽、地球、土、木非爲各本輪之中心，而微在其一偏，其相距之數名爲兩心差。歌白尼將此諸輪作不同心之圈，而刻白爾細察游曜之固然。證此諸輪皆爲橢圓，橢圓有大小二徑，并有三心，即中心及兩偏心。若知大小兩徑之比例，或兩心差，則可畫橢圓之式。又言水、金、地、太陰、火、木、土，并木、土周圍九小星，皆有兩運動，一循行其本輪，一旋轉于本心。太陽雖無本輪，亦如他游曜旋轉于本心。既設地球之兩運動，若地球于本心，每日東行一周，則諸曜在地周圍。似每日西行一周，地西行一年一周輪，則太陽似東行一年一周天。

其論恒星，言恒星在天，終古常静不動。自地視之，似有兩種運動，皆因地球旋轉之故。每九十五刻十一分四秒，恒星似西行一周，蓋此時地球于南北兩極之軸，東行一周故也。每七十二年，恒星與黄道南北兩極，似東行約一度，蓋此時地球兩極之軸漸轉，微偏約一度也。七政體之大小，及距地之遠近，天文家皆能測知其實數，惟恒星不然。因其距地最遠，雖細加測量，僅知其大小遠近不等而已。又恒星本各有光，其中多有較太陽更大者。恒星距地最遠，故地球并地球本輪之徑，自恒星天視之，僅如微點。地球行本輪之時，其南北二極，恒向于天之南北二極，在地雖相距有遠近，以應恒星天之兩極，常若無二。

其論諸曜徑各不同，言天文家測量七政遠近大小不等。取規于地球半徑，若測量土、木旁九小星，取規于本星之徑，既知地徑之里數，由此可推知他曜遠近大小之里數。地徑二萬八千六百五十里，徑較于地徑，日一百倍，水三分之一，金等，月四分之一强，火五分之一，木十倍强，土十倍弱。取規于地半徑，水距日最遠一萬零二百七十四，最近六千七百五十四，金距日最遠一萬六千零六十，最近一萬五千七百九十六。地距日最遠二萬二千三百七十四，最近二萬一千六百二十六。月距地最遠六十二，最近五十四。火距日最遠三萬六千六百三十八，最近三萬零四百二十六，木距日最遠十一萬九千九百，最近十萬八千九百。土距日最遠二十二萬一千八百七十，最近十九萬七千八百零四。旋轉于本心，日二十五日四十八刻，金九十三刻五分，地九十五刻十一分四秒，月二十七日，火一日三刻十分，木三十九刻十一分。循行一周輪，水八十七日九十三刻七分，金二百二十四日六十七刻三分二十秒，地三百六十五日二十三刻三分五十七秒，月二十七日三十刻十三分五秒，火六百八十六日九十四刻零三十秒，木四千三百三十二日四十八刻，土一萬零七百五十九日三十二刻。自地視徑：日三十二分五秒，水七秒十五微，金一分十七秒三十微，月二十八分四十六秒，火八秒六微，木三十七秒十五微，土十六秒。自日視徑：水二十一秒，金三十秒，地二十五秒，火十二秒，木三十七秒，土十六秒。橢圓之比例：水長徑七千七百四十二，短徑七千五百七十，兩心差八百一十；金長徑一萬四千四百七十二，短徑一萬四千四百七十一，兩心差五十二；地長徑二萬，短徑一萬九千九百九十七，兩心差一百六十八；火長徑三萬零四百七十四，短徑三萬零三百四十二，兩心差一千四百一十五；木長徑十萬零四千零二十，短徑十萬零三千八百九十九，兩心差二萬五千零五十一；土長徑十九萬零七百五十八，短徑十九萬零四百四十八，兩心差五萬四千二百九十八。

其論春夏秋冬，言歌白尼論春夏秋冬四季之輪流，亦由地運動而所生，地球所循之本輪相應于渾天之黃道。地兩極之軸，斜行于黃道之軸，而地赤道斜行于本輪，各二十三度半，是爲黃赤距緯。地循本輪，其軸恒斜，而其極恒向天之兩極。設地球之與太陽應者，在赤道北二十三度半，此處見太陽于天頂。此時地旋轉于本心，則見太陽于夏至圈，繞地左行，北方之晝長，南方之晝短。夏至後第八日，爲太陽最高之時，因此時地距太陽最遠故也。地循本輪與太陽應者，漸近赤道，太陽正當地之赤道，此時地旋轉于本心，則見太陽于赤道圈旋行，而晝夜適平。秋分後地球與太陽應者，漸距赤道向南，在赤道南二十三度半，此時地旋轉于本心，則見太陽于冬至圈，繞地左行。冬至後第八日，是爲太陽最卑之時，因此時地距太陽最近故也。地循本輪與太陽應者，漸近赤道，則見太陽于赤道圈旋行。地行本輪一周，人從地面視之，則見太陽于黃道上循行一周而爲一歲也。太陽之視徑大小，太陽之視行盈縮，隨時不等，皆自地兩運動而生。

其論太陽，言太陽之光雖大，其面上每有黑點，或一或二，或三四不定。其點初小漸長，然後漸消，以至于盡。黑點或多且大，則能減太陽之光。此點特在太陽之面，究不審其何物，然視其自此往彼，每以二十五日半復歸于原所，則知太陽二十五日半旋轉于本心一周。太陽每一日似西行繞地一周，每一歲似東行一周。然此兩動，非太陽之實動，乃由地球旋轉于本輪而生。

其論太陰，言太陰及五星之體皆無光，借太陽之光以爲光。若以望遠鏡望太陰之面，則見其黑暗之處，似山林湖海，及地面上所有之物。太陽之光，照太陰之面，其點皆生黑影。于太陽正對處，測其所生之影，則知太陰面上之山，其高過于地面上之山也。太陰面上黑點，各有定所，天文家各以名命之，以爲考驗東西經度之用。設如太陰食而入地影，或地影相切于太陰面上某黑點，雖無先後，然其虧復各分限時刻，各處俱不等。若知兩處時刻相差幾何，即知兩處東西經度相距幾何。如人在京師，觀月食初虧，及地影相切于某黑點，在子初二刻三分。又有人在伊犂觀月食初虧，及地影相切于某黑點，在亥初一刻二分。兩處時差爲兩小時一刻一分，以每時行度之率推之，得三十四度，即伊犂距京師西之經度。

其論五星，言水、金、火、木、土之體，與地球相似。其向日之半球恒明，背日之半球恒暗。金、水二星，自地視之，有朔望上下兩弦，順合如月之望，退合如月之朔，東西大距，如月之上下弦。但人以目視之，不覺其變，若以望遠鏡窺之，可得金星朔望兩弦之象。惟水星距太陽最近，其體又微小，故難以分耳。土、木、火三星，自地常視其光面。獨火星距地九十度時，自地視其光面稍背，似月望前後兩日，因火星距地近故也。土星旁有五小星，各有本輪，繞土星而行，如金水二輪之圍繞太陽。各小星行之遲疾，隨其輪之大小不等。第一星行一日八十五刻，第二星行兩日七十刻，第三星行四日四十九刻，第四星行十五日九十刻，第五星行七十九日三十一刻，俱循本輪一周。木星旁有四小星，各有本輪繞木星而行。第一星行一日七十三刻，第二星行三日五十二刻，第三星行七日十四刻，第四星行十六日六十六刻，俱循本輪一周。土、木兩星既全爲暗體，必于太陽相對之處生影，其周圍諸小星之體亦無光，光借于日，故入本星之影則食。木星旁四小星，以遠鏡望之易見，又其食最繁，每日或一或二，可視其出入本星之影，故用此以定各處之經度，與月食同理。又以遠鏡望土星之體，有一光圈，似渾天儀之地平。此圈隨時變更，未審其爲何物。按歌白尼所定諸曜次第，五星皆如地球，繞日順行于橢圓形之本輪。其行一周之遲速不等，由其距日遠近而生。水星距日最近，故其循本輪最速，八十八日而一周。土星距日最遠，故其循本輪最遲，計二十九年零一百五十五日而一周。太陽在五星諸輪之一偏心，凡各星相等之時，所循本輪弧之面積亦相等。設自太陽視之，諸星雖遲速不等，而皆爲順行，若自地視之，則見其有留退等變。然此變非諸星之變，乃自地本輪半徑差所生也。其變有二類，由星輪在地輪内外不同之故，各有圖詳之。

其論客星，言《明史》曰：「客星者，言其非常有之星，殆諸異星之總名。若客星不發光芒，則曰客星；若發光芒，則曰孛彗長。」今按客星之體，非地氣上升，亦并非妖瑞之兆。第如諸恒星及游星之體，其行于天上也，亦如游星行于本輪。客星之本輪爲橢圓形，太陽在其一偏心。客星距地遠，故自地不見，距地近，故自地可見。相等之時，其所行本輪弧之面積皆相等。星行本輪之弧愈大，而行愈速，又橢圓之長徑愈長，則其行一周愈遲。故客星或五六十年止行一周，止見一次。古今懼客星爲災，因未明其實理耳。茲千百餘年來，已測得五六客星再見之準策，日後屢測諸客星之見，庶可得其一定之數，并隱見之諸策也。友仁明水法，在養心殿造辦處行走。《地球圖説》

論曰：古推步家齊七政之運行，于日躔曰盈縮，于月離曰遲疾，于五星曰順留伏逆，而不言其所以盈縮、遲疾、順留伏逆之故。良以天道淵微，非人力所能窺測。故但言其所當然，而不復强求其所以然，此古人立言之慎也。自歐邏向化遠來，譯其步天之術，于是有本輪、均輪、次輪之算。此蓋假設形象，以明均數之加減而已。而無識之徒，以其能言盈縮、遲疾、順留伏逆之所以然，遂誤認蒼蒼者天。果有如是諸輪者，斯真大惑矣。乃未幾而向所謂諸輪者，又易爲橢圓面積之術，且以爲地球動而太陽静，是西人亦不能堅守其前説也。夫第假象以明算理，則謂爲橢圓面積可，謂爲地球動而太陽静，亦何所不可？然其爲説至于上下易位，動静倒置，則離經畔道，不可爲訓，固未有若是甚焉者也。地谷至今才百餘年，而其法屢變如此，自是而後，必更有于此數端之外，逞其私知，創爲悠謬之論者，吾不知其伊于何底也。夫如是而曰西人之言天，能明其所以然，則何如曰盈縮，曰遲疾，曰順留伏逆，但言其當然，而不言其所以然者之終古無弊哉？

羅士琳《疇人傳續編・劉衡傳》　劉衡，字藴聲，一字訒堂，簾舫其號也。榜名琛，以副榜貢生教習官學，秩滿爲令。初任廣東四會、博羅、新興等縣事，丁艱服闋，銓選四川墊江縣，調梁山，再調巴縣，擢綿州，進知保寧府，遷成都府，授河南開歸陳許道，以疾歸。生平伉直誠愨，無他腸，與人迕，旋悔且謝，未嘗宿留于中，遇人豁然，不爲畦畛，與言無不盡，勤學强記，至老不衰。自經史百氏，以迄六書、星經、地理、醫方、藥性，下及雜家小説，靡不通覽。于吏治以廉能著聲。有《庸吏庸言》《蜀僚問答》《讀律心得》三書刊行。殁後不數年，蜀人粵人，各以名宦請入祠崇祀，其政績詳載兩省事實册。尤嗜九章、句股、八綫、測量中西諸算法。曾受學于李雲門侍郎，爲補《輯古算經》佚注二則。嗣與奉新趙竹岡、同里揭韻餘朝夕討論益精，進譔《六九軒算書》五種。目曰《尺算日晷新義》上、下卷，《句股尺測量新法》上、下卷，《借根方法淺説》《四率淺説》。趙序云：「僕于世事略無所通曉，惟頗好算法，能言後即俛能之。家有梅、方二氏書，時時披閲，苦未盡解。長大後益無訾省，又乏同志講貫，茲事遂廢。今年遇簾舫明府于端州，辱示舊所著書凡五種。大要中明古義，特出新意于測量、四率、日晷、乘方、借根方法，旁通曲鬯，務欲以艱深歸諸顯易，使人人皆得其門而入。夫算學之重久矣，于吏事尤切要，財賦、農田、水利、土方、工築，下逮日用米鹽淩雜，皆奸欺出没之藪，非通曉何以馭之？簾舫爲人勤敏耐辛苦，爲吏卓然有聲，用餘暇益精研于學。江右談此事者，寧都邱氏未有書，德化毛氏、廣昌氏有書而未顯。簾舫此五種及小學書，鄙見以爲必傳無疑。」

其自序《尺算日晷新義》略云：「天體渾圓而非平圓，北極出地，隨方不同。故日度所躔，與日景所到，亦遂有因地高下之異，而晝夜之長短因之。欲所用晷，不求極出地度，隨處通用，嘻，謬矣！夫在天一度，在地南北約二百里，顧執一成之器而概之，薄海内外，曰此其晷也，豈但差毫釐而失千里已哉？衡不敏，以鄙意造算尺一具，專爲製晷設也。乃製晷得六則，一曰斜立向正南之晷，二曰斜立向正東之晷，三曰斜立向正西之晷，四曰平面向正北之晷，五曰立面向正南之晷，六曰斜立向正北之晷。晷式不同，然其用北極以定赤道之高下以求晷，則區區主見所在，六者毋或歧軼。分上、下卷，上卷造尺法，下卷則製晷法也。」

又序《句股尺測量新法》略云：「測量舊法，用表用重表，用三表、四表。西法用鏡，用盂水，用矩尺，用套竿，用覆笠，用矩度，用象限儀。罔弗貫幽入微，備臻美善。然皆有待于算，未有不煩布算一量即得者。衡少喜泰西家學，熟測量諸法。年來反復探索，輒以鄙意創爲句股尺。其制長方，即句股相乘之積面，畫横縱諸綫，凡山岳樓臺城郭之高，川谷之深，土田道里之遠，一測而得，不煩布算。但數尺面縱横各格，即得真距，無分秒差。繪圖立説，得十二法，集爲一編，命兒輩鈔存之，自備省覽，且爲家塾啓蒙之一助云。」

又序《籌表開諸乘方捷法》略云：「宣城梅勿庵先生，本泰西羅雅谷籌算開方廉隅共法之法，譔《開方捷法》一卷，祇及平方立方，而不及三乘已上諸乘方，蓋隅者小方形也，借方籌爲隅法，在平方則以之合廉法籌，在立方則以之合平廉法籌。夫平方之廉法，立方之平廉法，古謂之方法，與諸乘方之第一廉等。但以次商之根乘之，即得廉積，故列籌九格，其數皆可取商。而三乘方以上諸方廉法漸增者，則格而難行也。衡少讀泰西家書，熟籌算，同人有以廉隅字索解者，乃創立《開諸乘方表》，以濟籌之窮。定爲初商，用籌次三等商。第一廉廉隅，共法者用籌兼用表。二廉以下則專用表，因方遞增。其間錯綜雜糅，動致混淆，以籌并表御之，用籌則易于尋其源，用表則可以理其紛，順逆次第，展卷釐然，亦算家一快事也夫。」又因梅文穆公衹解借根方，即天元一，原名「阿爾熱八達」，譯言東來表，于體例多未備。爰舉加、減、乘、除及相等諸例，譔《借根方淺説》。而四率爲古之今有術，又名「異乘同除」，算家最要之法。小而日用交易，大而躔離交食，皆所必需。乃合重測法，譔《四率淺説》。卒年六十有七。《輯古算經考注》《循吏劉公傳行狀》《六九軒算書》。

論曰：語云：「工欲善其事，必先利其器。」觀察之學，能出新意以製器，御煩于簡，俾至賾者一歸至便。如日晷之算尺，測量之句股尺，開諸乘方之籌與表，皆器也，皆新意之獨造也。若其借根方與四率，則又詳明術例，使初學易于入門。是書久藏家塾，鄉僅于《輯古算經考注》中見所補之二注。金其嗣星、方都轉良駒刊刻遺書，始獲見之，亟爲補傳于此。抑人之傳不傳，與夫書之存不存，殆有數焉。觀都轉記中所云家鈍生叔祖斯增，洎趙竹岡吏部敬襄，皆明算而無書。至于揭韻餘茂才廷鏘，竊聞其中年目眚，稿悉散佚。噫！此豈非斯人之不幸也歟！

諸可寶《疇人傳三編·馮桂芬　陳暘　管嗣復》　馮年丈桂芬，字林一，號景亭，吴縣人。道光二十年一甲第二名進士及第，授職翰林院編修。嘗充順天鄉試同考官，廣西鄉試正考官，教習庶吉士。咸豐六年補詹事府右春坊右中允，九年告歸。同治初元，合肥相國肅毅伯密疏薦，得旨宣召，病不克赴，遂無意出山。六年，叙團練善後功，賞加四品卿銜，旋晉三品。十三年卒于家，年六十有六。生有異稟，幼擅文譽，中年以後，益肆力于古文辭，説經宗漢儒。精研小學，嘗手摹宋本《楚金韻譜叙》而刊之。尤喜習疇人家言，師事尚之、申耆兩李先生。曾手製定向尺及反羅經，用以步田繪圖。

有《繪地圖議》，略云：「大抵不審乎偏東西經度，北極高下緯度，不可以繪千里萬里之大圖；不審乎羅經三百六十度方位，及弓步丈尺，不可以繪百里十里之小圖，而繪小圖視繪大圖更難。以無顯然之天度可據，全在辨方正位，量度丈尺。今定一簡易之法，任取本州縣一城門左旁立一石柱爲立柱，即爲起數之根。依此作子午卯酉縱横綫，以一里三百六十步爲度，各立一柱。令四柱之内爲一圖，容田五百四十畝。各圖中乾坤艮巽四隅，皆有一柱。而以艮隅之柱爲本柱，以千字文爲號，勒于其上。柱徑一尺，高一丈，埋露各半。其露者尺寸有識，適當山水市舍則省之，或向西或向南，退行若干步補之。繪圖則用約方二尺之紙，十步爲一格，縱横各三十六格，則一里内阡陌廬舍，纖悉可畢具，如是而地之廣袤著矣。更用水平測量高下，即以主柱所傍城門之石檻爲地平起數之根，以絜各圖石柱，而得各圖立柱之地高下于城檻之數。又徧測本柱前後左右四里之高下，而得四里内高下于本圖之數。又徧測東西南北毗連州縣城檻之高下，而得各城檻高下于本城檻之數，以之入圖，則著色爲識别。凡高下于城檻在一尺内者不著色，其餘分數色。以一尺爲一色，至若干尺以上，則概爲一色。高山土阜又别爲一色，仍識若干尺于上。如是而地之高下亦明矣。」

又嘗校正李氏《恒星圖》，測定咸豐紀元恒星表。其跋《甲辰新憲赤道恒星圖》，略曰：「武進李氏兆洛刻道光甲午歲差赤道恒星圖，板存余家，經亂燬大半，徒輩請補之。今經甲辰，臺頒《欽定儀象考成續編》之後，星數星等，多有增損升降，歲差亦改爲五十二秒。原板剜改猶易，遂補刻成完帙。謹遵《續編》官度星數星等與《後編》異者，一一改入。計原圖星三百座，三千八十三星。今增計三百座，三千二百四十星。至圖式距極三十度内，南北各爲圓圖一。三十度外，南北各爲臯彭形，十二緯度，皆一度爲一格。經度近極五度内，并十度爲一格。五度外，十度内，并兩度爲一格。三十度外，一度爲一格。星等皆仍李氏舊式，總圖皆正座無增減，惟星等間有升降，亦依新測改之云。」

自著有《弧矢算術細草圖解》一卷，本李尚之氏十三題詳演天元諸式，有裨初學。又譔《咸豐元年中星表》一卷，《丈田繪地章程》一卷。與江寧門人陳暘同著者，爲《西算新法直解》十八卷，湘陰郭侍郎嵩燾刊之。《廣東新法》者，米利堅人羅密士譔《代微積拾級》一書也，以初譯奥澀不可讀，商榷凡例各日課二三條。咸豐十一年全書成，遂用名之。外此所著《顯志堂詩文集》《説文解字段註考正》《使粤行紀》《校邠廬抗議》《家譜》《兩淮鹽法志》《蘇州府志》各如干卷。每一書成，遠近學者争快覩焉。

陳暘，馮稿作瑒。字子瑒，江寧人。祖國楨，父昌緒，仍世名諸生。家小康，藏書甚富，能會通而貫穿之。經學、史學、小學、天文、輿地、詩古文辭，旁及詞曲、武備、方術，靡所不習，而尤精于算學。用馮年丈薦，入上海廣方言館，課算學，與溧水姚拔貢必成同館。姚病痢驟卒，猶爲屏當其喪。有頃亦痢，夕旋没，時同治二年秋也，年五十有八。生平著述甚多，有《算學發明》二十四卷、《算學一得》十六卷、《算學啓蒙》十二卷、《算學重差》十二卷、《尺書》一卷，皆燬無稿。

家刻者僅《礮規圖説》《九章補餘》及《屈子生卒年月考》三種。他惟與馮年丈同著者有存本爾。同郡又有管嗣復，字小異，上元人。異之孝廉同子，揚州汪户部喜孫未取婿也。博雅好經術，一時耆彦方聞之士，多折行輩與之交。又研算術，窺代微積之略。遭亂死吴中。《顯志堂稿》《弧矢算術細草圖解》《續纂江甯府志》。

論曰：公子太守芳植與可寶爲同歲生，又讀文集十二卷，得備諗年丈之學之精且博。夫繪地用算，良法不刊。年丈既創于前，南海鄒氏擅長于後。道不相謀，理皆闇合。第窺曲藝之能，足徵神智之用已。晚歲徜徉泉石，蕭然自怡。而生平當事勇爲，爲乞師辦賊均賦甦民，有功東南者最偉。又久主諸書院講席，引掖成就者藉甚當時。然則康濟之術，非託空言，六九之工，莫與儔匹。今號耆儒碩望繼往而開來，若年丈者，庶幾無愧色歟？

黄鐘駿《疇人傳四編・鄭洪猷傳》 鄭洪猷著《幾何要法》一卷。自序曰：「世之執牛耳盟者，幽言理至。度數之學，則以爲迂，而無歸于道，而芻狗置之。夫度數而斤斤術藝也，則芻狗置也可。度數之中，大而授時，定曆正律，審音算量，分秒不爽，水泉灌溉有資。與夫力小任重，營建機巧畢具，而兵家制勝列營陣，揣形勢，策攻守所須，夫此者尤極用之如斯其且切也。此而可芻狗視之？將虞書璿璣，亦枯而不靈之器，禹奏平成，可舍句股而勿用？而姬公測驗必周髀是問，何爲也？始信理脱數而藏易，借以覆短，數傳理而見，則有物有事，假作不得，假説亦不得也。善哉！《幾何原本》之帙，譯自西國，自徐太史先生之手，其中比分櫛解，又數詳明，可以佐隸首，商高之不逮，可以補十經九執之遺亡。而梓甘翟襄不擅專長者，神而明之，引類而伸之，先王器用之法備見矣。特初學望洋而歎，不無驚其繁。余因悟西先生得受《幾何要法》，其意約達簡而易從，爲攻堅木先易者，後其節目久矣。相説以解，先河而後海，昔有言之矣。不操縵而能安絃，有是學乎？爰是訂而副諸梓人，僭數語弁其端，有笑而詫猷以俗史，而迂譚度數之理，猷烏知？《幾何要法》。

《清史稿・湯若望傳》 湯若望，初名約翰亞當沙耳，姓方白耳氏，日耳曼國人。明萬曆間，利瑪竇挾天算之學入中國，徐光啓與游，盡其術。崇禎初，日食失驗，光啓上言：「臺官用郭守敬法，歷久必差，宜及時修正。」莊烈帝用其議，設局修改曆法，光啓爲監督，湯若望被徵入局掌推算。光啓卒，以李天經代，奏進湯若望所著書及恒星屏障。迭與臺官測日食，候節氣，並考定置閏先後，湯若望術輒驗。莊烈帝知西法果密，欲據以改《大統術》，未行而明亡。

順治元年，睿親王多爾衮定京師，是歲六月，湯若望啓言：「臣於明崇禎二年來京，用西洋新法釐正舊曆，製測量日月星晷、定時考驗諸器。近遭賊毁，擬重製進呈。先將本年八月初一日日食，照新法推步。京師日食限分秒並起復方位，與各省所見不同諸數，開列呈覽。」王命湯若望修正曆法。七月，禮部啓請頒曆，王言：「治曆明時，帝王所重。今用新法正曆，以敬迓天休，宜名《時憲曆》，用稱朝廷憲天乂民之至意。自順治二年始，即用新曆頒行天下。」湯若望復啓言：「敬授人時，全以節氣交宫，與太陽出入、晝夜時刻爲重。今節氣、日時、刻分與太陽出入、晝夜時刻，俱照道里遠近推算，增加曆首，以協民時，利民用。」王奬其精確。八月丙辰朔，日有食之。王令大學士馮銓與湯若望率欽天監官赴觀象臺測驗，惟新法脗合，《大統》《回回》二法時刻俱不協。

世祖定鼎京師，十一月，以湯若望掌欽天監事。湯若望疏辭，上不許。又疏請別給敕印，而以監印繳部，謂治曆之責，學道之志，庶可並行不悖，上亦不許。並諭湯若望遵旨率屬精修曆法，整頓監規，如有怠玩侵紊，即行參奏。加太僕寺卿，尋改太常寺卿。十年三月，賜號通玄教師，敕曰：「國家肇造鴻業，以授時定曆爲急務。羲和而後，如漢洛下閎、張衡，唐李淳風、僧一行，於曆法代有損益。元郭守敬號爲精密，然經緯之度，尚不能符合天行，其後晷度遂以積差。爾湯若望來自西洋，精於象緯，閎通曆法。徐光啓特薦於朝，一時專家治曆如魏文魁等，實不及爾。但以遠人，多忌成功，終不見用。朕承天眷，定鼎之初，爾爲朕修《大清時憲曆》，迄於有成。又能潔身持行，盡心乃事。今特錫爾嘉名，俾知天生賢人，佐佑定曆，補數千年之闕略，非偶然也。」旋復加通政使，進秩正一品。

欽天監舊設回回科，湯若望用新法，久之，罷回回科不置。十四年四月，革職回回科秋官正吴明炫疏言：「臣祖默沙亦黑等一十八姓，本西域人。自隋開皇己未，抱其曆學，重譯來朝，授職曆官，歷一千五十九載，專管星宿行度。順治三年，掌印湯若望諭臣科，凡日月交食及太陰五星陵犯、天象占驗，俱不必奏進。臣察湯若望推水星二八月皆伏不見，今於二月二十九日仍見東方，又八月二十四日夕見，皆關象占，不敢不據推上聞。乞上復存臣科，庶絶學獲傳。」並上十四年《回回術》推算太陰五星陵犯書，日月交食、天象占驗圖象。別疏又舉湯若望舛謬三事：一遺漏紫炁，一顛倒觜參，一顛倒羅計。八月，上命内大臣愛星阿及各部院大臣登觀象臺測驗水星不見，議明炫罪，坐奏事詐不以實，律絞，援赦得免。

康熙五年，新安衛官生楊光先叩閽進所著《摘謬論》《選擇議》，斥湯若望新法十謬，並指選擇榮親王葬期誤用《洪範》五行，下議政王等會同確議。議政王等議：「歷代舊法，每日十二時，分一百刻，新法改九十六刻。康熙三年立春候氣，先期起管，湯若望妄奏春氣已應參、觜二宿，改調次序，四餘删去紫炁。天祐皇上，曆祚無疆，湯若望祇進二百年曆。選榮親王葬期不用正五行，反用《洪範》五行，山向年月俱犯忌殺，事犯重大。湯若望及刻漏科杜如預、五官挈壺正楊宏量，曆科李祖白、春官正宋可成、秋官正宋發、冬官正朱光顯、中官正劉有泰皆淩遲處死；故監官子劉必遠、賈文郁、可成子哲、祖白子實、湯若望義子潘盡孝皆斬。」得旨，湯若望效力多年，又復衰老，杜如預、楊宏量勘定陵地有勞，皆免死，並令覆議。議政王等覆議，湯若望流徙，餘如前議。得旨，湯若望等並免流徙，祖白、可成、發、光顯、有泰皆斬。自是廢新法不用。

聖祖既親政，以南懷仁治理曆法，光先坐譴黜，復用新法。時湯若望已前卒，復通微教師封號，視原品賜卹，改「通玄」曰「通微」，避聖祖諱也。

又《楊光先傳》 楊光先，字長公，江南歙縣人。在明時爲新安所千户。崇禎十年，上疏劾大學士温體仁、給事中陳啓新，舁櫬自隨。廷杖，戍遼西。

國初，命湯若望治曆用新法，頒《時憲曆書》，面題「依西洋新法」五字。光先上書，謂非所宜用。既又論湯若望誤以順治十八年閏十月爲閏七月，上所爲《摘謬》《闢邪》諸論，攻湯若望甚力，斥所奉天主教爲妄言惑衆。聖祖即位，四輔臣執政，頗右光先，下禮、吏二部會鞫。康熙四年，議政王等定讞，盡用光先説，譴湯若望，其屬官至坐死。遂罷新法，復用《大統術》。除光先右監副，疏辭，不許；即授監正，疏辭，復不許。

光先編次其所爲書，命曰《不得已》，持舊説繩湯若望。顧學術自審不逮遠甚，既屢辭不獲，乃引吴明烜爲監副。明烜，明炫兄弟行，明炫議復回回科不得請，至是明烜副光先任推算。五年春，光先疏言：「今候氣法久失傳，十二月中氣不應。乞許臣延訪博學有心計之人，與之制器測候，并飭禮部採宜陽金門山竹管、上黨羊頭山秬黍、河内葭莩備用。」七年，光先復疏言：「律管尺寸，載在《史記》，而用法失傳。今訪求能候氣者，尚未能致。臣病風痺，未能董理。」下禮部，言光先職監正，不當自諉，仍令訪求能候氣者。

是時，朝廷知光先學術不勝任，復用西洋人南懷仁治理曆法。南懷仁疏劾明烜造康熙八年七政民曆於是年十二月置閏，應在康熙九年正月，又一歲兩春分，兩秋分，種種舛誤，下議政王等會議。議政王等議，曆法精微，難以遽定，請命大臣督同測驗。八年，上遣大學士圖海等二十人會監正馬祐測驗立春、雨水兩節氣及太陰火、木二星躔度，南懷仁言悉應，明烜言悉不應。議政王等疏請以康熙九年曆日交南懷仁推算，上問：「光先前劾湯若望，議政王大臣會議，以光先何者爲是，湯若望何者爲非，及新法當日議停，今日議復，其故安在？」議政王等疏言：「前命大學士圖海等二十人赴觀象臺測驗，南懷仁所言悉應，吴明烜所言悉不應，問監正馬祐，監副宜塔喇、胡振鉞、李光顯，皆言南懷仁曆法上合天象。一日百刻，歷代成法，今南懷仁推算九十六刻，既合天象，自康熙九年始，應按九十六刻推行。南懷仁言羅睺、計都、月孛，推曆所用，故入曆；紫炁無象，推曆所不用，故不入曆。自康熙九年始，紫炁不必造入七政曆。」又言：「候氣爲古法，推曆亦無所用，嗣後並應停止。請將光先奪官，交刑部議罪。」上命光先但奪官，免其罪。

南懷仁等復呈告光先依附鼇拜，將歷代所用《洪範》五行稱爲《滅蠻經》，致李祖白等無辜被戮，援引吴明烜誣告湯若望謀叛。下議政王等議，坐光先斬，上以光先老，貸其死，遣回籍，道卒。刑部議明烜坐奏事不實，當杖流，上命笞四十釋之。

又《南懷仁傳》 南懷仁，初名佛迪南特斯，姓阜泌斯脱氏，比利時國人。康熙初，入中國。時湯若望方黜，楊光先爲監正，吴明烜爲監副，以《大統術》治曆，節氣不應，金、水二星躔度舛錯。明烜奏水星當見，其言復不售。乃召南懷仁，命治理曆法。南懷仁劾光先、明烜而去之，遂授南懷仁監副。

時康熙八年三月，南懷仁言是歲按舊法以十一月置閏，以新法測驗，閏當在九年正月。既又言是月二十九日雨水，乃正月中氣，即爲康熙九年之正月，閏當在是年二月。上命禮部詢欽天監官，多從南懷仁，乃罷八年十二月閏，移置九年二月；節氣占候，悉用南懷仁説。六月，南懷仁請改造觀象臺儀器，從之。十二月，儀器成，擢南懷仁監正。儀凡六：曰黄道經緯儀，曰赤道經緯儀，曰地平經儀，曰地平緯儀，曰紀限儀，曰天體儀；並繪圖立説，次爲《靈臺儀象志》。十七年，進《康熙永年表》，表推七政交食，爲湯若望未竟之書，南懷仁續成之。二十一年，命南懷仁至盛京測北極高度，較京師高二度，别爲推算日月交食表上之。南懷仁官監正久，累加至工部侍郎。二十七年，卒，謚勤敏。

自是欽天監用西洋人，累進爲監正、監副，相繼不絶。五十四年，命紀理安製地平經緯儀，合地平、象限二儀爲一。乾隆中，戴進賢、徐懋德、劉松齡、傅作霖皆賜進士。道光間，高拱宸等或歸國，或病卒。時監官已深習西法，不必復用西洋人，奏奉宣宗諭，停西洋人入監。乃聖祖用南懷仁，許奉天主教，仍其國俗，而禁各省立堂入教。是時各省天主堂已三十餘所。雍正間，禁令嚴，盡毀去，但留京師一所，俾西洋人入監者居之。入内地傳教，輒繩以法。迨停西洋人入監，未幾海禁弛，傳教入條約，新舊教堂遍内地矣。

又**《馬建忠傳》** 馬建忠，字眉叔，江蘇丹徒人。少好學，通經史。憤外患日深，乃專究西學，派赴西洋各國使館學習洋務。歷上書言借款、造路、創設海軍、通商、開礦、興學、儲材，北洋大臣李鴻章頗稱賞之，所議多採行。累保道員。光緒七年，鴻章遣建忠赴南洋與英人議鴉片專售事。建忠以鴉片流毒，中外騰謗，當寓禁於徵，不可專重税收。時英人持正議者，亦以强開煙禁責其政府，引以爲恥。聞建忠言，雖未能遽許，皆稱其公。

八年，朝鮮始與美國議約，鴻章奏派建忠往莅盟。約成，英、法先後遣使至，建忠介之，皆如美例成約。日本駐朝公使屢詗結約事，建忠祕不使預聞，日人滋不悦。建忠歸而朝鮮亂作，庶昌以聞。時鴻章以憂去，張樹聲權北洋大臣，令建忠偕海軍提督丁汝昌率兵艦東渡觀變。建忠抵仁川，日本海軍已先至，建忠設辭緩之，而亟請速濟師代定亂。朝命提督吴長慶率三千人東援。建忠先定誘執首亂之策，偕長慶、汝昌往候大院君李昰應，減騶從，示坦率。及昰應來報謁，建忠遂執之，强納諸輿，交長慶夜達兵輪，而汝昌護送至天津。復擒亂黨，援朝鮮國王復其位。日使雖有言，而亂已定，亦無如何，皆建忠謀也。於是長慶統軍留駐，其隨員袁世凱始來佐營務。及建忠歸，而維新黨之亂又作。日軍先入，交涉屢失機，其後卒致全敗。建忠憤後繼失人，初謀盡毁，譔《東行録》以記其事。

建忠博學，善古文辭；尤精歐文，自英、法現行文字以至希臘、拉丁古文，無不兼通。以泰西各國皆有學文程式之書，中文經籍雖皆有規矩隱寓其中，特無有爲之比儗而揭示之，遂使學者論文困於句解，知其然而不能知其所以然。乃發憤創爲《文通》一書，因西文已有之規矩，於經籍中求其所同所不同者，曲證繁引，以確知中文義例之所在，務令學者明所區别，而後施之於文，各得其當，不唯執筆學爲古文詞有左宜右有之妙，即學泰西古今一切文學，亦不難精求而會通焉。書出，學者皆稱其精，推爲古今特創之作。又著有《適可齋記言》《記行》等書。

又**《李鳳苞傳》** 李鳳苞，字丹厓，江蘇崇明人。少聰慧，究心曆算之學，精測繪。丁日昌撫吴，知其才，資以貲爲道員。歷辦江南製造局、吴淞炮臺工程局，繪地球全圖，並譯西洋諸書。日昌爲船政大臣，調充總考工。朝議遣生徒出洋，加三品卿，派爲監督。光緒三年，率赴英、法兩國，分置肄業。明年，賜二品頂戴，充出使德國大臣，旋兼使奥、義、荷三國，往來數千里，周旋各國間，聯絡邦交。時建議興海軍，並命督造戰艦。

十年，法越搆釁，暫署法使。法事決裂，遂奉命回國，歸過澳門。澳門自明中葉久爲葡萄牙人税居，及是葡人私議欲攘爲己有。鳳苞寓書部臣，乞請旨與葡人定約，免後患。部臣懼生事，寢其議。後一年，葡人遂據其地，論者惜之。既，覆命，有旨發往直隸交李鴻章差遣，令總辦營務處，兼管水師學堂。未幾，以在德造艦報銷不實，被議革職。十三年，卒。著有《四裔編年表》《西國政聞彙編》《文藻齋詩文集》等。其他音韻、地理、數學，皆有論著，未成。

又**《吴汝綸傳》** 吴汝綸，字摯父，桐城人。少貧力學，嘗得雞卵一，易松脂以照讀。好文出天性，早著文名。同治四年進士，用内閣中書。曾國藩奇其文，留佐幕府，久乃益奇之，嘗以漢禰衡相儗。旋調直隸，參李鴻章幕。時中外大政常決於國藩、鴻章二人，其奏疏多出汝綸手。

尋出補深州，丁外内艱。服除，補冀州。其治以教育爲先，不憚貴勢，籍深州諸村已廢學田爲豪民侵奪者千四百餘畝入書院，資膏火。聚一州三縣高材生親教課之，民忘其吏，推爲大師。會以憂去，豪民至交通御史以壞村學劾奏，還其田。及莅冀州，仍鋭意興學，深、冀二州文教斐然冠畿輔。又開冀、衡六十里之渠，洩積水於滏，以溉田畝，便商旅。時時求其士之賢有文者禮先之，得十許人。月一會書院，議所施爲興革於民便不便，率不依常格。稱疾乞休。

鴻章素重其人，延主蓮池講席。其爲教，一主乎文，以爲：「文者，天地之至精至粹，吾國所獨優。語其實用，則歐、美新學尚焉。博物格致機械之用，必取資於彼，得其長乃能共競。舊法完且好，吾猶將革新之，況其窳敗不可復用。」其勤勤導誘後生，常以是爲説。嘗樂與西士遊，而日本之慕文章者，亦踔海來請業。會朝旨開大學堂於京師，管學大臣張百熙奏薦汝綸加五品卿銜總教務，辭不獲，則請赴日本考學制。既至其國，上自君、相及教育名家，婦孺學子，皆備禮接款，求請題詠，更番踵至。旋返國，先乞假省墓，興辦本邑小學堂。規制粗立，遽以疾卒，年六十四。

汝綸爲學，由訓詁以通文辭，無古今，無中外，唯是之求。自羣經子史、周、秦故籍，以下逮近世方、姚諸文集，無不博求慎取，窮其原而竟其委。於經，則《易》《書》《詩》《禮》《左氏》《穀梁》《四子書》，旁及小學音韻，各有詮釋。於史，則《史記》《漢書》《三國志》《新五代史》《資治通鑑》《國語》《國策》皆有點校，尤邃於《史記》，盡發太史公立言微旨。於子，則老、莊、荀、韓、管、墨、《吕覽》《淮南》《法言》《太玄》各有評隲，而最取其精者。於集，則《楚辭》《文選》，漢魏以來各大家詩文皆有點勘之本。凡所啓發，皆能得其深微，整齊百代，别白高下，而一以貫之。盡取古人不傳之蘊，昭然揭示，俾學者易於研求；且以識夫作文之軌範，雖萬變不窮，而千載如出一轍。

其論文，嘗謂：「千秋蓋世之勳業皆尋常耳，獨文章之事，緯地經天，代不數人，人不數篇，唯此爲難。」又謂：「中國之文，非徒習其字形而已，綴字爲文，而氣行乎其間，寄聲音神采於文外。雖古之聖賢豪傑去吾世邈矣，一涉其書，而其人之精神意氣若儼立乎吾目中。」務欲因聲求氣，凡所爲抗墜、詘折、斷續、斂侈、緩急、長短、伸縮、抑揚、頓挫之節，一循乎機勢之自然，以漸於精微奥窔之域。乃有以化裁而致於用，悉舉學問與事業合而爲一；而尤以瀹民智自强亟時病爲兢兢云。著有《易説》二卷、《寫定尚書》一卷、《尚書故》三卷、《夏小正私箋》一卷、《文集》四卷、《詩集》一卷、《深州風土記》二十二卷，及點勘諸書，皆行於世。

又《林紓傳》 林紓，字琴南，號畏廬，閩縣人。光緒八年舉人。少孤，事母至孝。幼嗜讀，家貧，不能藏書。嘗得《史》《漢》殘本，窮日夕讀之，因悟文法，後遂以文名。壯渡海遊臺灣，歸客杭州，主東城講舍。入京，就五城學堂聘，復主國學。禮部侍郎郭曾炘以經濟特科薦，辭不應。

生平任俠尚氣節，嫉惡嚴。見聞有不平，輒憤起，忠懇之誠發於至性。念德宗以英主被扼，每述及，常不勝哀痛。十謁崇陵，匍伏流涕。逢歲祭，雖風雪勿爲阻。嘗蒙賜御書「貞不絕俗」額，感幸無極，誓死必表於墓，曰「清處士」。憂時傷事，發之於詩文。

爲文宗韓、柳。少時務博覽，中年後案頭唯有《詩》《禮》二疏，《左》《史》《南華》及韓、歐之文，此外則《説文》《廣雅》，無他書矣。其由博反約也如此。

其論文主意境、識度、氣勢、神韻，而忌率襲庸怪，文必己出。嘗曰：「古文唯其理之獲，與道無悖者，則味之彌臻於無窮。若分畫秦、漢、唐、宋，加以統系派别，爲此爲彼，使讀者炫惑莫知所從，則已格其途而左其趣。經生之文樸，往往流入於枯淡，史家之文則又橐突恣肆，無復規檢，二者均不足以明道。唯積理養氣，偶成一篇，類若不得已者，必意在言先，修其辭而峻其防，外質而中膏，聲希而趣永，則庶乎其近矣。」紓所作務抑遏掩蔽，能伏其光氣，而其真終不可自閟。尤善叙悲，音吐悽梗，令人不忍卒讀。論者謂以血性爲文章，不關學問也。

所傳譯歐西説部至百數十種。然紓故不習歐文，皆待人口達而筆述之。任氣好辯，自新文學興，有倡非孝之説者，奮筆與争，雖脅以威，累歲不爲屈。尤善畫，山水渾厚，冶南北於一爐，時皆寶之。紓講學不分門户，嘗謂清代學術之盛，超越今古，義理、考據，合而爲一，而精博過之。實於漢學、宋學以外别創清學一派。時有請立清學會者，紓撫掌稱善，力贊其成。甲子秋，卒，年七十有三，門人私謚貞文先生。有《畏廬文集》《詩集》《論文》《論畫》等。

又《嚴復傳》 嚴復，初名宗光，字又陵，一字幾道，侯官人。早慧，嗜爲文。閩督沈葆楨初創船政，招試英俊，儲海軍將才，得復文，奇之，用冠其曹，則年十四也。既卒業，從軍艦練習，周歷南洋、黄海。日本窺臺灣，葆楨奉命籌防，挈之東渡詗敵，勘測各海口。光緒二年，派赴英國海軍學校肄戰術及礮臺建築諸學，每試輒最。侍郎郭嵩燾使英，賞其才，時引與論析中西學術同異。學成歸，北洋大臣李鴻章方大治海軍，以復總學堂。二十四年，詔求人才，復被薦，召對稱旨。諭繕所擬萬言書以進，未及用，而政局猝變。越二年，避拳亂南歸。

是時人士漸傾向西人學説，復以爲自由、平等、權利諸説，由之未嘗無利，脱靡所折衷，則流蕩放佚，害且不可勝言，常於廣衆中陳之。復久以海軍積勞叙副將，盡棄去，入貲爲同知，累保道員。宣統元年，海軍部立，特授協都統，尋賜文科進士，充學部名詞館總纂。以碩學通儒徵爲資政院議員。三年，授海軍一等參謀官。復殫心著述，於學無所不窺，舉中外治術學理，靡不究極原委，抉其失得，證明而會通之。精歐西文字，所譯書以瓌辭達奥旨。

其《天演論·自序》有曰：「仲尼之於六藝也，《易》《春秋》最嚴。司馬遷曰：『《易》本隱而之顯，《春秋》推見至隱。』此天下至精之言也。始吾以爲本隱之顯者，觀象繫辭，以定吉凶而已；推見至隱者，誅意褒貶而已。及觀西人名學，則見其格物致知之事，有内籀之術焉，有外籀之術焉。内籀云者，察其曲而知其全者也，執其微以會其通者也。外籀云者，援公理以斷衆事者也，設定數以逆未然者也。是固吾《易》《春秋》之學也。遷所謂『本隱之顯』者外籀也，所謂『推見至隱』者内籀也，二者即物窮理之要術也。夫西學之最爲切實，而執其例可以御蕃變者，名、數、質、力四者之學而已。而吾《易》則名、數以爲經，質、力以爲律，而合而名之曰『易』。大宇之内，質、力相推，非質無以見力，非力無以呈質。凡力皆乾也，凡質皆坤也。奈端動之例三，其一曰：『静者不自動，動者不自止，動路必直，速率必均。』而《易》則曰：『乾，其静也專，其動也直。』有斯賓塞爾者，以天演自然言化，其爲天演界説曰：『翕以合質，闢以出力，始簡易而終雜糅。』而《易》則曰：『坤，其静也翕，其動也闢。』至於全力不增減之説，則有自强不息爲之先；凡動必復之説，則有消息之義居其始。而『易不可見，乾坤或幾乎息』之旨，尤與熱力平均、天地乃毁之言相發明也。大抵古書難讀，中國爲尤。二千年來，士徇利禄，守闕殘，無獨闢之慮，是以生今日者，乃轉於西學得識古之用焉。」凡復所譯著，獨得精微皆類此。

世謂紓以中文溝通西文，復以西文溝通中文，並稱「林嚴」。辛酉秋，卒，年六十有九。著有《文集》及譯《天演論》《原富》《羣學肄言》《穆勒名學》《法意》《羣己權界論》《社會通詮》等。

又《辜鴻銘傳》 同時有辜湯生，字鴻銘，同安人。幼學於英國，爲博士。遍遊德、法、意、奥諸邦，通其政藝。年三十始返而求中國學術，窮《四子》《五經》之奥，兼涉羣籍。爽然曰：「道在是矣！」乃譯《四子書》，述《春秋》大義及禮制諸書。西人見之，始歎中國學理之精，爭起傳譯。庚子拳亂，聯軍北犯，湯生以英文草《尊王篇》，申大義。列强知中華以禮教立國，終不可侮，和議乃就。張之洞，周馥皆奇其才，歷委辦議約、濬浦等事。旋爲外務部員外郎，晉郎中，擢左丞。

湯生論學以正誼明道爲歸，嘗謂：「歐、美主强權，務其外者也；中國主禮教，修其内者也。」又謂：「近人欲以歐、美政學變中國，是亂中國也。異日世界之爭必烈，微中國禮教不能弭此禍也。」湯生好辯，善駡世。國變後，悲憤尤甚。窮無所之，日人聘講東方文化，留東數年，歸。卒，年七十有二。

又《薛鳳祚傳》 薛鳳祚，字儀甫，淄川人。少習算，從魏文魁游，主持舊法。順治中，與法人穆尼閣談算，始改從西學，盡傳其術，因著《算學會通正集》十二卷，《考驗》二十八卷，《致用》十六卷。其曰對數比例者，乃西算以假數求真數之便法也；曰中法四線，以西法六十分爲度，不便以十進位，改從古法，以百分爲度，所列止正弦、餘弦、正切、餘切，故曰四線。其推步諸書：曰《太陽太陰諸行法原》，曰《木火土三星經行法原》，曰《交食法原》，曰《歷年甲子》，曰《求歲實》，曰《五星高行》，曰《交食表》，曰《經星中星》，曰《西域回回術》，曰《西域表》，曰《今西法選要》，曰《今法表》，皆會中、西以立法。以順治十二年乙未天正冬至爲元，諸應皆從以起算。以三百六十五日二十三刻三分五十七秒五微爲歲實，黄、赤道交度有加減，恒星歲行五十二秒，與《天步真原》法同。梅文鼎謂其書詳於法，而無快論以發其趣，蓋其時新法初行，中、西文字輾轉相通，故詞旨未能盡暢。然貫通中、西，要不愧爲一代疇人之功首云。

鳳祚定歲實秒數爲五十七，與奈端合，與穆尼閣以爲四十五秒者不同，則其學非墨守穆氏可知。或譏其謹守穆尼閣成法，依數推衍，非篤論也。

又《梅文鼎傳》 梅文鼎，字定九，號勿庵，宣城人。兒時侍父士昌及塾師羅王賓仰觀星象，輒了然於次舍運轉大意。年二十七，師事竹冠道士倪觀湖，受麻孟旋所藏臺官《交食法》，與弟文鼐、文鼏共習之。稍稍發明其立法之故，補其遺缺，著曆學駢枝二卷，後增爲四卷，倪爲首肯。【略】

文鼎於測算之圖與器，一見即得要領，古六合、三辰、四遊之儀，以意約爲小製，皆合。又自製爲月道儀，揆日測高諸器，皆自出新意。嘗登觀象臺，流覽新製六儀，及元郭守敬簡儀、明初渾球，指數其中利病，皆如素習。其書有《測器考》二卷，又《自鳴鐘説》一卷，《壺漏考》一卷，《日晷備考》一卷，《赤道提晷》一卷，《勿菴揆日器》一卷，《加時日軌高度表》一卷，《揆日測説》一卷，《璇璣尺解》一卷，《測量定時簡法》一卷，《勿庵測望儀式》一卷，《勿庵仰觀儀式》一卷，《月道儀式》一卷。

其説曰：「月道出入于黄道，猶黄道之出入于赤道也。自古及今，未有爲之儀器者。今依渾蓋北密南疏之度，以黄極爲樞，而月道半在其内，半出其外，則月緯大小之理，及正交、中交、交前、交後之法，可以衆著。儀以銅爲之，略如渾蓋，其上盤爲月道，亦如渾蓋天盤之黄道圈；其下盤黄道經緯，分宫分度，並以黄極爲心，而儘邊以黄緯九十五度少半爲限。出黄道南五度少半，月道所到也。」

禮部郎中李焕斗嘗從文鼎問曆法，作《答李祠部問曆》一卷。滄州老儒劉介錫同客天津，問曆法，作《答劉文學問天象》一卷。又言生平於難讀之書，每手疏而攜諸篋，以待明者問之，於曆學尤多，作《思問編》一卷。緯度以測日高，因知北極爲用甚博，古用二至二分，今則逐日可測，承友人之問，作《七十二候太陽緯度》一卷。潘天成從文鼎學曆，而苦于布算，作《寫曆步曆法》一卷授之。又《授時步交食式》一卷，文鼎季弟文鼐之稿也。《步五星式》六卷，文鼎與其仲弟文鼐共成之者也。

文鼎每得一書，皆爲正其訛闕，指其得失，又《古曆列星距度考》一卷，從殘壞之本，尋其普天星宿，入宿去極度分，中缺二星，又從閩中林侗寫本補完之，而斷以爲《授時》之法。萬曆中利瑪竇入中國，始倡幾何之學，以點線面體爲測量之資，制器作圖，頗爲精密。學者張皇過甚，未暇深考，輒薄古法爲不足觀；而株守舊法者，又斥西人爲異學：兩家之説，遂成隔礙。文鼎集其書而爲之説，用籌、用尺、用筆，稍稍變從我法。若三角、比例等，原非中法可賅，特爲表出。古法方程，亦非西法所有，則專著論，以明古人之精意不可湮没。又爲《九數存古》，以著其概。總爲《中西算學通例》一卷。

又《應陛傳》 應陛，字對虞，婁縣人。道光二十四年舉人，官内閣中書舍人。少好讀周、秦諸子，爲文古質簡奧，非時俗所尚。既而從同里姚椿遊，得望溪、惜抱相傳古文義法。西人所創點、線、面、體之學，爲《幾何原本》，凡十五卷，明萬曆間利譯止前六卷。咸豐初，英人偉烈亞力續譯後九卷，海寧李壬叔寫而傳之。應陛反覆審訂，授之剞劂，亞力以爲泰西舊本弗及也。外若新譯重、氣、聲、光諸學，應陛推極其致，往往爲西人所未及云。

又《李善蘭傳》 李善蘭，字壬叔，海寧人。諸生。從陳奐受經，於算術好之獨深。十歲即通《九章》，後得《測圓海鏡》《句股割圜記》，學益進。疑割圜法非自然，精思得其理。嘗謂道有一貫，藝亦然。《測圓海鏡》每題皆有法有草，法者，本題之法也；草者，用立天元一曲折以求本題之法，乃造法之法，法之源也。算術大至躔離交食，細至米鹽瑣碎，其法至繁，以立天元一演之，莫不能得其法。故立天元一者，算學中之一貫也。並時明算如錢塘戴煦，南匯張文虎，烏程徐有壬、汪曰楨，歸安張福僖，皆相友善。咸豐初，客上海，識英吉利偉烈亞力、艾約瑟、韋廉臣三人，偉烈亞力精天算，通華言。善蘭以歐几里《幾何原本》十三卷、續二卷，明時譯得六卷，因與偉烈亞力同譯後九卷，西士精通幾何者尟，其第十卷尤玄奧，未易解，譌奪甚多，善蘭筆受時，輒以意匡補。譯成，偉烈亞力歎曰：「西士他日欲得善本，當求諸中國也！」

偉烈亞力又言美國天算名家羅密士嘗取代數、微分、積分合爲一書，分款設題，較若列眉，復與善蘭同譯之，名曰《代微積拾級》十八卷。代數變天元、四元，別爲新法，微分、積分二術，又借徑於代數，實中土未有之奇秘。善蘭隨體剖析自然，得力於《海鏡》爲多。

粵匪陷吴、越，依曾國藩軍中。同治七年，用巡撫郭嵩燾薦，徵入同文館，充算學總教習、總理衙門章京，授户部郎中、三品卿銜。課同文館生以《海鏡》，而以代數演之，合中、西爲一法，成就甚衆。光緒十年，卒於官，年垂七十。

善蘭聰彊絶人，其於算，能執理之至簡，馭數至繁，故衍之無不可通之數，抉之即無不可窮之理。所著《則古昔齋算學》，詳《藝文志》。世謂梅文鼎悟借根之出天元，善蘭能變四元而爲代數，蓋梅氏後一人云。

又《華衡芳傳》 華衡芳，字若汀，金匱人。能文善算，著有《行素軒算學》行世。其《筆談》一書，猶爲生平精力所聚。凡十二卷，第一卷論加、減、乘、除之理；第二卷論通分之理；第三卷論十分數；第四卷論開方之理；第五卷論看題、馭題之法，以明加、減、乘、除、通分、開方之用；第六卷論天元及天元開方；第七卷論方程之術，已寓四元之意，末乃專論四元；第八卷論代數釋號及等式；第九卷論代數中助變之數及虛代之法；第十卷論微分；第十一卷論積分；第十二卷一論各種算學不外乎加、減、乘、除，二論一切算稿分十六款以明之；三論算學中可以著書之事，四論學算與著書並非兩事，五論繙算學之書，六論《疇人傳》當再續。綜計自加、減、乘、除、通分以至微分、積分，由淺入深，術本繁難，而括之以簡易之旨；理本艱深，而寫之以淺顯之詞。

又於同治十三年，與英士傅蘭雅共譯《代數術》二十五卷，衡芳序之曰：「代數之術，其已知、未知之數，皆代之以字，而乘、除、加、減各有記號，以爲區別，可如題之曲折以相赴。迨夫層累已明，階級已見，乃以所代之數入之，而所求之數出焉。故可以省算學之工，而心亦較逸，以其可不假思索而得也。雖然，代數之術誠簡便矣，試問工此術者，遂能不病其繁乎？則又不能也。夫人之用心，日進而不已，苟不至昏眊迷亂，必不肯終輟。故始則因繁而求簡，及其既簡也，必更進焉，而復遇其繁，雖迭代數十次，其能免哉？自是知代數之意，乃爲數學中鉤深索隱之用，非爲淺近之算法設也。若米鹽零雜之事，而概欲以代數施之，未有不爲市儈所笑者也。至於代數、天元之異同優劣，讀此書者自能知之，無待余言也。」

又與傅蘭雅共譯《微積溯源》八卷，序之曰：「吾以爲古時之算法，惟有加、減而已。其乘與除乃因加減之不勝其繁，故更立二術以使之簡易也。開方之法，又所以濟除法之窮者也。蓋學算者自有加、減、乘、除、開方五法，而一切簡易淺近之數，無不可通矣。惟人之心思智慮日出不窮，往往以能人之所不能者爲快，遇有窒礙難通之處，輒思立法以濟其窮，故有減其所不可減，而正負之名不得不立矣；除其所不受除，而寄母通分之法又不得不立矣。代數中種種記號之法，皆出於不得已而立者也。惟每立一法，必能使繁者爲簡，難者爲易，遲者爲速，而算學之境界，藉此得更進一層。如是屢進不已，而所立之法，於是乎日多矣。微分、積分者，蓋又因乘、除、開方之不勝其繁，且有窒礙難通之處，故更立此二術以濟其窮，又使簡易而速者也。試觀圜徑求周，真數求對數之事，雖無微分、積分之時，亦未嘗不可求，惟須乘、除、開方數十百次，其難有不可言喻者。不如用微積之法，理明而數捷也。然則謂加、減、乘、除、代數之外，更有二術焉，一曰微分，一曰積分可也。其積分猶微分之還原，猶之開方爲自乘之還原，除法爲乘法之還原，減法爲加法之還原也。然加與乘，其原無不可還，而微分之原，有可還有不可還者，是猶算式中有不可還原之方耳，又何怪焉！如必曰加減乘除開方已足供吾之用，何必更求其精？是舍舟車之便利，而必欲負重遠行也。其用力多而成功少，蓋不待智者而辨矣。又《代數術》中末卷之中，載求平員周率簡捷法式，爲猶拉所設。未有此法之時，曾有算學士固靈用平員内容外切之多等邊形，費極大工夫，算得三十六位之數。設徑爲一，周爲三一四一五九二六五三五八九七九三二三八四六二六四三三八三二七九五零二八八。其臨死之時，囑其家以此數刻於墓碑，蓋平時得意之作，恐其磨滅，故欲傳之永久，亦猶亞基默得之墓，刻一球形與員柱形也。」

又與傅氏共譯《三角數理》，此書爲英士海麻士所譔。海麻士專精三角、八線之學，著書十有二卷，皆言三角數理，即用爲名。首明三角用比例之理；次論兩角或多角諸比例數；次論造八線比例表之法；次解平三角諸形；次論諸角比例乘約變化之理，紀彼國算士棣弗美創例也，附以專論對數術及諸三角形設題一百則，爲書三卷，以引學者；次總説球上各圈及弧三角形之界；次解正弧斜弧三角形之法；次雜論求弧三角數種特設之表；終以弧三角形設題二十七則焉。然書中説解過於煩費，仍不能變外角和較與垂弧、次形、總較諸舊法，故自海氏書出，益覺徐有壬《拾遺三術》難能可貴，超越西人。

又與傅氏共譯《代數難題解法》十六卷。

其弟世芳，字若溪。亦通算術，著有《近代疇人著述記》。

《清史列傳·薛鳳祚傳》 薛鳳祚，字儀甫，山東淄川人。嘗師事定興鹿善繼、容城孫奇逢。著《聖學心傳》，發明認理尋樂之旨。尋從魏文魁學天文，主持舊法。順治中，譯穆尼閣説爲《天步真原》，謹守繩尺，著《曆學會通》十餘種。蓋新法初行，欲以中西文字會而通之，故曰「會通」也。其曰對數比例者，即西法之假數也；曰中法四線者，以西法六十分爲度，不便於算，改從古法，百分爲度，表所列止正弦、餘弦、正切、餘切，故曰四線。其書之目：曰《太陽太陰諸行法原》，曰《木火土三星經行法原》，曰《交食法原》，曰《歷年甲子》，曰《求歲實》，曰《五星高行》，曰《交食表》，曰《經星中星》，曰《西域回回術》，曰《西域表》，曰《今西法選要》，曰《今法表》。以順治十二年乙未天正冬至爲元，諸應皆從百起算，以三百六十五日二十三刻三分五十七秒五微爲歲，實黄赤道交度有加減，恒星歲行五十二秒與《天步真原》法同。梅文鼎《天算書記》所謂青州之學也。

鳳祚又著《兩河清彙》，詳究黄河、運河，北自昌平、通州，南至浙江，河湖泉水諸目，皆詳載之；又記黄河職官、夫役、道里之數，及歷代至國朝治河成績，援據古今，疏證頗明。别爲《海運》一篇，欲倣元運故道，與漕河並行，蓋祖邱濬舊説也。

王韜《泰西著述考》 西洋葡萄牙國，自明武宗正德十二年，始與我中國通商立埠於廣東之澳門。由是歐洲各國接踵東來，不但賈舶商艅相繼不絶於道，而傳教之士亦復懷鉛握槧而至。挾其天算輿地之學，與名公鉅卿相交際，爭以著書立説，以自鳴高。於是我中國始知地球爲圓體，秝算格致於焉日啓。西學之入中國，實自此始。余嘗得其目録觀之，獲備於世者，約略二百十一種，亦可云富矣。當時著名之士，凡九十有二人，文辭爾雅，彬彬乎登述作之林。蓋自東西兩海道通以來，約百有餘年，所至者，皆天教會中之修士。凡其初至之年，所著之書，及其卒葬處所，無不班班可考。爰爲釐次其姓氏，詳述其著作，以臚於篇，用爲談海外掌故者廣厥見聞云。

方濟各沙勿略，納襪辣國人。明嘉靖三十一年壬子甫至廣東屬地三洲島，即離塵世。其肉軀迄今不朽，尚在小西洋卧亞府天主堂中。在世及逝後，多著靈異，至今不絶。有《行實》行世，其國稱之曰聖人。教中尊重其學，久而弗衰。

利瑪竇字西泰，意大理亞國人。明萬曆九年辛巳至中國，先傳教於粵東諸郡，轉往江西，後寓金陵。二十八年庚子同龐迪我齎方物進朝神宗，恩賚極厚，欽賜官職固辭不受，蒙上眷注始留京師，偕龐迪我僦屋以居，日用取給于光禄，遵上命也。至三十八年庚戌四月卒，御賜祭葬，墓在北京阜城門外滕公柵欄。

有《行略》行世，所著各書：《天主實義》二卷，《畸人十篇》二卷，《辯學遺牘》一卷，《幾何原本》六卷，《交友論》一卷，《同文算指》十一卷，《西字奇蹟》《西國記法》《測量法義》《萬國輿圖》《乾坤體義》三卷，《勾股義》，《二十五言》一卷，《渾蓋通憲圖説》二卷，《圜容較義》。韜按，利西泰算學書多刻在《海山仙館叢書》中，復有《經天該》一卷，刻在《藝海珠塵》，此不載，或經後人采輯成書者也。

羅明堅字復初，意大理亞國人。明萬曆九年辛巳至，傳教廣東，後回本國。著有《聖教實録》。

巴範濟字庸樂，意大理亞國人。明萬曆十一年癸未至，傳教於各地，後回廣東。卒，墓在香山墺。

孟三德字甯寰，路西大尼亞國人。明萬曆十三年乙酉至，傳教廣東，墓在香山墺。

麥安東字立脩，路西大尼亞國人。明萬曆十三年乙酉至，傳教江西，後回廣東。卒，墓在香山墺。

石方西字鎮宇，意大理亞國人。明萬曆十八年庚寅至，傳教江西，後回廣東。卒，墓在韶州府。

郭居静字仰鳳，意大理亞國人。明萬曆二十二年甲午至，傳教江甯，後往上海，復往浙江。卒於杭州，墓在杭州方井南。著有《性靈詣主》，未刻。

蘇如漢字瞻清，路西大尼亞國人。明萬曆二十三年乙未至，傳教廣東。卒，墓在香山墺。著有《聖教約言》。

龍華民字精華，西濟利亞國人。明萬曆二十五年丁酉至，先傳教於江西，後進都中。至我朝順治十年癸巳，卒。蒙世祖章皇帝賜銀三百兩，遣内侍祭奠，欽賜繪容一軸。墓在京師阜城門外滕公柵欄。所著各書：《聖教日課》《念珠默想規程》《靈魂道體説》《急救事宜》《地震解》《死説》《聖若撒法行實》《聖人禱文》。

羅儒望字懷中，路西大尼亞國人。明萬曆二十六年戊戌至，傳教嘉定縣，後至浙江。天啓癸亥年卒，墓在杭州方井南。

龐迪我字順陽，依西把尼亞國人。明萬曆二十七年己亥至，即同西泰利先生進朝，遂留都中傳教，後回墺。卒，墓在香山墺。所著各書：《七克》七卷，《人類原始》《龐子遺詮》二卷，《實義續編》《天神魔鬼説》《受難始末》《辯揭》一卷。

李瑪諾字海嶽，路西大尼亞國人。明萬曆二十九年辛丑至，傳教江西等處，後回廣東。卒，墓在香山墺。

黎甯石字攻玉，路西大尼亞國人。明萬曆三十二年甲辰至，先傳教於浙江，後至上海，復至浙江。卒，墓在杭州方井南。

費奇規字揆一，路西大尼亞國人。明萬曆三十二年甲辰至，傳教河南，後至江西建昌，復往廣東。卒，墓所在俟攷。所著各書：《振心總牘》《周年主保》《聖人單》《玫瑰經十五端》。

杜禄畝字濟宇，意大理亞國人。明萬曆三十二年甲辰至，傳教江西，復往廣東。卒，墓在俟考。

高一志字則聖，意大理亞國人。明萬曆三十三年乙巳至，傳教山西，崇禎某年卒，墓在絳州南門外。所著各書：《西學修身》十卷，《西學齊家》五卷，《西學治平》，《四末論》四卷，《聖母行實》三卷，《聖人行實》七卷，《則聖十篇》《十慰》《斐録彙答》二卷，《勵學古言》，《童幼教育》二卷，《譬學》，《空際格致》二卷，《寰宇始末》二卷，《教要解略》二卷。

林斐理字如泉，路西大尼亞國人。明萬曆三十三年乙巳至，傳教江甯。卒，墓在江甯聚寶門外雨花臺側。

駱入禄字甸西，路西大尼亞國人。明萬曆三十三年乙巳至，某年卒，墓在香山墺。

熊三拔字有綱，意大理亞國人。明萬曆三十四年丙午至，傳教北京。天啓年間，欽取修曆，後回廣東。卒，墓在香山墺。所著各書：《泰西水法》六卷，《簡平儀》《表度説》。

陽瑪諾字演西，路西大尼亞國人。明萬曆三十八年庚戌至，傳教北京、江南等處，後駐浙江。至我朝順治某年卒，墓在杭州方井南。所著各書：《聖經直解》十四卷，《十誡真詮》《景教碑詮》《天問略》此書曾刻在《藝海珠塵》中。《輕世金書》《避罪指南》未刻。《聖若瑟行實》《天神禱文》。

金尼各字四表，拂覽第亞國人。明萬曆三十八年庚戌至，傳教浙江。崇禎二年己巳卒，墓在杭州方井南。著有《西儒耳目資》三卷，《況義》《推歷年瞻禮法》。

畢方濟字今梁，納玻理國人。明萬曆四十一年癸丑至中國，欽召進京，尋往河南，後徐文定公延歸上海，傳教吳下諸郡，嗣往浙江，轉入閩中，復至金陵，又往粵東，明末時卒於廣州府，墓在省城北門外。所著各書：《靈言蠡勺》《睡答》《畫答》。

艾儒畧字思及，意大理亞國人。明萬曆四十一年癸丑至，先入都門，徐文定公迎歸上海，轉行浙江宏宣聖教。葉相國福唐復延入閩，閩中稱爲西來孔子，受教者甚衆。至我朝順治二年乙酉，卒，墓在福州。所著各書：《天主降生言行紀略》八卷，《降生引義》，《昭事祭義》二卷，《滌罪正規》《萬物真原》《三山論學》《西學凡》《性靈篇》《性學觕述》《職方外紀》五卷，《西方答問》二卷，《幾何要法》四卷，《景教碑頌註解》《聖體要理》《聖體禱文》《出像經解》《十五端圖像》《聖夢詞》《利瑪竇行實》《熙朝崇正集》四卷，《楊淇園行略》《張彌克遺跡》《悔罪要旨》《五十言》《四字經》。韜按，《職方外紀》曾刻在《守山閣叢書》中。

史惟貞字一覽，熱而瑪尼亞國人。明萬曆四十一年癸丑至，傳教江西。卒，墓在江西。

曾德昭字繼先，路西大尼亞國人。明萬曆四十一年癸丑至，傳教杭州，轉金陵，復回廣東，卒，墓在香山墺。著有《字考》。

鄔若望字瞻宇，達而瑪濟亞國人。明萬曆四十八年庚申至，傳教江南。卒，墓在江甯府聚寶門外雨花臺側。

鄧玉函字涵璞，熱而瑪尼亞國人。明天啓元年辛酉至，傳教某處，後入都中，佐理曆局，善醫，格究中國本草八千餘種，惜未翻譯。遽卒于京師，墓在阜城門外滕公栅欄。所著各書：《人身説概》二卷，《奇器圖説》三卷。此書刻在《守山閣叢書》中。《測天約説》二卷，《黄赤距度表》《正球升度表》《大測》二卷。

傅汛濟字體齋，路西大尼亞國人。明天啓元年辛酉至，傳教浙江、陝西等處，復往廣東香山墺，卒，墓在香山墺。著有：《寰有詮》六卷，《名理探》十卷。

湯若望字道未，熱而瑪尼亞國人。明天啓二年壬戌至，欽召入京，修正曆法。逮我大清定鼎，特命修時憲曆，授欽天監監正，加太常寺卿，勅賜通微教師，除通政使司通政使，加二品，又加一級，進光禄大夫。康熙五年丙午疾，卒，八年己酉十月欽賜祭葬銀五百二十四兩，遣官至墓諭祭，墓在京師阜城門外滕公栅欄。所著各書：《進呈書像》，《主制羣徵》二卷，《主教緣起》五卷，《渾天儀説》五卷，《真福訓詮》《古今交食考》《西洋測日曆》《遠鏡説》此書已刻在《藝海珠塵》。《星圖》，《交食曆指》七卷，《交食表》九卷，《恒星歷指》，《恒星表》五卷，共譯各圖八線表一卷，《恒星出没》二卷，《學歷小辯》一卷，《測食略》二卷，《測天約説》二卷，《大測》二卷，《奏疏》四卷，《新歷曉或》一卷，《新法歷引》一卷，《秝法西傳》一卷，《新法表異》二卷。

費樂德字心銘，路西大尼亞國人。明天啓二年壬戌至，傳教河南。究習中國文學，儒者多服其論。崇禎十六年壬午卒，墓在開封府。所著各書：《聖教源流》一卷，《總牘内經》《念經勸》一卷。

伏若望字定源，路西大尼亞國人。明天啓四年甲子至，傳教杭州。崇禎十三年庚辰六月卒，墓在方井南。著有《助善終經》《苦難禱文》《五傷經規》。

羅雅谷字味韶，意大理亞國人。明天啓四年甲子至，傳教山西絳州。崇禎四年辛未欽取來京修歷，某年卒，墓在阜城門外滕公栅欄。所著各書：《齋克》二卷，《哀矜行詮》二卷，《聖記百言》一卷，《天主經解》《聖母經解求説》，未刻。《同歲警言》一卷，《測量全義》十卷，《比例規解》一卷，《五緯表》十卷，《五緯歷指》九卷，《月離歷指》四卷，《月離表》四卷，《日躔歷指》一卷，《日躔表》二卷，《黄赤正球》一卷，《籌算》一卷，《歷引》一卷，《日躔考晝夜刻分》。

盧安德字盤石，波羅尼亞國人。明天啓六年丙寅至，傳教福建，于某年卒，墓在福州府。

顔爾定字務本，拂覽第亞國人。明崇禎二年己巳至，傳教江西，後至江甯。卒，墓在聚寶門外雨花臺側。

瞿西滿字弗溢，路西大尼亞國人。明崇禎二年己巳至，傳教福建，後進都中，復往廣東。我朝順治十七年庚子卒，墓在香山墺。著有《經要直指》。

方德望字玉清，法郎濟亞國人。明崇禎三年庚午至，傳教陝西漢中等處，有聖德，多顯奇蹟。至我朝順治十六年己亥卒，墓在漢中府。

聶伯多字石宗，意大理亞國人。明崇禎三年庚午至，傳教福建等處，後往江西。至我朝康熙十四年乙卯卒，墓在南昌府。

林本篤字存元，路西大尼亞國人。明崇禎三年庚午至，傳教廣東，順治八年辛卯卒，墓在瓊州府。

金彌格字端表，拂覽第亞國人。明崇禎三年庚午至，傳教山西等處。我朝康熙四年乙巳往廣東，七年戊申卒，墓在廣州府河之南。

謝貴禄字天爵，意大理亞國人。明崇禎三年庚午至，傳教江西，某年卒，墓在南昌府。

杜奥定字公開，意大理亞國人。明崇禎四年辛未至，傳教陝西，後往福建。某年卒，墓在福州府海濱。

郭納爵字德旗，路西大尼亞國人。明崇禎七年甲戌至，傳教陝西等處，後轉福建。我朝康熙四年乙巳往廣東，五年丙午四月卒，墓在廣州府河之南。著有《原染虧益》上下二卷，未刻。《身後編》上下二卷。

李範濟字仁方，路西大尼亞國人。明崇禎九年丙子至，傳教河南，後至廣東，復回小西洋，卒。

何大化字德川，路西大尼亞國人。明崇禎九年丙子傳教福建等處。至我朝康熙十六年丁巳卒，墓在福州府北門外。著有《蒙引》。

盧納爵字燒貴，路西大尼亞國人。明崇禎十年丁丑至，傳教福建，後至江南、上海，復往廣東，後回小西洋，卒。

孟儒望字士表，路西大尼亞國人。明崇禎十年丁丑至，傳教江西，後往浙江，復回小西洋，卒。所著各書：《辯敬録》《照迷鏡》《天學略義》。

賈宜睦字九章，西濟利亞國人。明崇禎十年丁丑至，傳教浙江、江南等處。我朝順治十六年卒於蘇州常熟縣，墓在虞山鐵拐亭之北。著有《提正編》六卷。

利類思字再可，西濟利亞國人。明崇禎十年丁丑至，傳教江南、浙江、四川等處。逮我朝定鼎京師，駐修輦轂下蒙世祖章皇帝時加寵渥，潛心述撰，士林稱之。所著各書：《超性要學》目録四卷。《天主性體》六卷，《三位一體》三卷，《萬物原始》一卷，《天神》五卷，《六日工》一卷，《靈魂》六卷，《首人受造》四卷，《主教要旨》《不得已辯》《昭事經典》《司鐸典要》《七聖事禮典》《司鐸課典》《聖教簡要》《正教約徵》《獅子説》《進呈鷹論》。

潘國光字用觀，西濟利亞國人。明崇禎十年丁丑至，傳教江南蘇松等處，駐修上海，被化甚衆。我朝康熙四年乙巳往廣東，十年辛亥卒於廣州府，後回葬上海南門外。所著各書：《聖體規儀》十誡，《勸論天神會課》《聖教四規》《未來辯論》《天階》。

萬密克字潛修，熱而瑪尼亞國人。明崇禎十一年戊寅至，傳教山西，十六年甲申卒，墓在山西蒲州。

徐日昇字左恒，熱而瑪尼亞國人。明崇禎十一年戊寅至，傳教杭州。卒，墓在方井南。

李方西字六宇，意大利亞國人。明崇禎十三年庚辰至，傳教陝西。至我朝康熙五年丙午往廣東，十年辛亥自粤東歸西安，行至江南安康府，卒，回葬西安府，墓在會城東南三里之沙坡。安文思字景明，路西大尼亞國人。明崇禎十三年庚辰至，傳教四川等處，遭寇亂，危險瀕死者數矣。逮我朝順治五年戊子來京，恭遇世祖章皇帝，時荷寵渥，康熙十六年丁巳卒，蒙聖祖仁皇帝倍加憫恤，親製論文，賜銀緞營葬，墓在阜城門外滕公柵欄。著有《復活論》。

梅高字允調，路西大尼亞國人。明崇禎十三年庚辰至，傳教陝西，後往江西。卒，墓在南昌府。

衛匡國字濟泰，意大利亞國人。明崇禎十六年癸未至，傳教浙江，後進京師，復往福建、廣東等處，仍至浙江。我朝順治十八年辛丑卒，墓在方井南。著有《靈性理證》。

穆尼各字如德，波羅尼亞國人。明崇禎十六年癸未至，傳教北方。我朝順治十年進京，後至廣東肇慶府，卒，墓在肇慶府城外。瞿安德字體泰，熱而瑪尼亞國人。順治六年己丑至，傳教廣西，十三年丙申卒，墓在廣西。

卜理格字致遠，波羅尼亞國人。順治七年庚寅至，傳教廣西，十六年己亥卒，墓在廣西。

汪儒望字聖同，法郎濟亞國人。順治八年辛卯至，傳教山東。

成際理字竹君，路西大尼亞國人。順治八年辛卯至，傳教江南。

張瑪諾字仲金，路西大尼亞國人，順治八年辛卯至，傳教江南淮揚等處，以格致之學講授鄉里，羣彦從風，奉爲圭臬。康熙十六年丁巳卒，墓在江甯府聚寶門外雨花臺側。

利瑪第字聖先，路西大尼亞國人。順治十三年丙申至，傳教廣東瓊州府。時西學未行於中土，君實爲之先導。後於康熙二年癸卯往江西、江南等處，仍回廣東香山嶴，後卒。

王若翰字振先，意大利亞國人。順治十三年丙申至，傳教廣東瓊州府，後旅居香山嶴。出其緒餘以教粤人，至稱爲西域宗師。

聶仲遷字若瑞，法郎濟亞國人。順治十四年丁酉至，傳教江西。著有《古聖行實》，恪守教中清規，尺步繩趨，動循矩矱。

傅若望字遐及，法郎濟亞國人。順治十四年丁酉至，傳教廣東瓊州府。順治十八年庚子卒，墓在瓊州府。

劉迪我字聖及，法郎濟亞國人。順治十四年丁酉至，傳教江南、江西贛州，後至上海。康熙十四年乙卯卒，墓在上海南門外。

洪度貞字復齋，法郎濟亞國人。順治十四年丁酉至，傳教杭州。康熙十三年癸丑卒，墓在方井南。

穆宜各字全真，法郎濟亞國人，爲格我迪我同胞之弟。順治十四年丁酉偕其二兄同至，傳教江西，不三月卒，同志惜之。墓在南昌府東門外，康熙十七年移葬於湖廣武昌府。

穆格我字來真，法郎濟亞國人。順治十四年丁酉至，傳教陝西漢中，康熙十年自廣回陝，甫至江西，卒，墓在南昌府東門外，康熙十七年移葬於湖廣武昌府。

穆迪我字惠吉，法郎濟亞國人。順治十四年丁酉至，傳教湖廣。

樂類思字能慮，法郎濟亞國人。順治十四年丁酉至，傳教福建，轉江西，十六年己亥卒，墓在南昌府東門外。

林瑪諾字能定，路西大尼亞國人。順治十四年丁酉至，傳教江西，後往江南，卒，墓在江甯府聚寶門外雨花臺側。

蘇納字德業，熱而瑪尼亞國人。順治十六年己亥，欽取來京佐修歷務，因與水土不習成疾，詔令養病山東，不久，卒，墓在濟南府。生平精曆數之學，所有箸述身後散佚，爲可惜也。

郎安德字最樂，路西大尼亞國人。順治十六年己亥至，傳教淮安，後轉福建。至十七年庚子卒，墓在福州。

吴爾鐸字紹伯，拂覽第亞國人。順治十六年己亥至，傳教山西，復回小西洋，卒。

畢嘉字鐸民，意大利亞國人。順治十六年己亥至，傳教江南，後奉旨駐陝西，清修不貳，以操守稱於時。

柏應理字信未，拂覽第亞國人。順治十六年己亥至，傳教福建、浙江、江南等處。所著各書：《百問答》《永年瞻禮單》《聖玻而日亞行實》《四末真論》《聖若瑟禱文》《周歲聖人行略》。未刻。

魯日滿字謙受，拂覽第亞國人。順治十六年己亥至，傳教江南。康熙十五年丙辰，卒於太倉州，墓在常熟縣北門外鐵拐亭之北。著有《問世編》《聖教要理》。

殷鐸澤字覺斯，西濟利亞國人。順治十六年己亥至，傳教江西，今在杭州。著有《耶穌會例》《西文四書直解》三卷。

南懷仁字敦伯，一字勳卿，拂覽第亞國人。順治十六年己亥至，傳教陝西。十七年，欽召入京纂修曆法。康熙八年己酉，特命治理曆法，授欽天監，由監副而擢至監正，加太常寺卿，又加通政使司通政使加一級。嘗言曆之爲學，其理法必有先後之序，未可略形器而驟語精微。洵屬不刊之論。所著各書：《儀象志》十四卷，《儀象圖》二卷，《測驗紀略》一卷，《驗氣説》《坤輿全圖》《坤輿圖説》二卷，《熙朝定案》二卷，《曆法不得已辯》一卷，《康熙永年曆法》三十二卷，《教要序論》一卷，《告解原義》一卷，《聖體答疑》一卷，《赤道南北星圖》《簡平規總星圖》。韜按，《疇人傳》中載其有《西方要記》一卷，别本《坤輿外紀》一卷，《日月交食表》，此竝未見，想猶有所軼歟。

瞿篤德字天齋，意大理亞國人。順治十六年己亥至，傳教廣東瓊州府等處，旋往江西贛州，後仍駐瓊州，卒年未詳。

白乃心字葵陽，熱而瑪尼亞國人。順治十六年己亥，欽取來京，佐修曆務，多所匡正，深合天行，後回本國。

陸安德字泰然，納玻理國人。順治十六年己亥至，傳教廣東，後往江南等處，所著各書：《真論直捐》二卷，《聖教略説》一卷，《聖教問答》一卷，《萬民四末圖》未刻。《默想大全》未刻。《聖教撮言》一卷，《善生福終》，《正路》一卷，《聖教要理》一卷，《默想規矩》一卷。

恩理格字性涵，熱而瑪尼亞國人。順治十七年庚子至，傳教山西。康熙十年辛亥，爲修正曆法欽取來京。十五年丙辰，告假奉旨往山西絳州。著有《文字考》。未刻。

方瑪諾字允中，法郎濟亞國人。康熙三年甲辰由香山墺至，傳教福建等處，十五年丙辰卒，墓在福州府。

羅迪我字天祐，路西大尼亞國人。康熙三年甲辰由香山墺至，廣州府，後仍回墺，卒年未詳。生平專務實學，爲後學取法焉。

楊若瑟字伯和，路西大尼亞國人。康熙三年甲辰由香山墺至廣州府，旋旅香山墺，秉鐸一隅，誨人不倦，有古風焉。

石嘉樂字悦天，意大理亞國人。康熙七年戊申至廣東，時以西學之淺近者引人入勝，某年卒，墓在廣州府河之南。

閔明我字德先，意大理亞國人。康熙十年辛亥欽取來京，佐理曆法，於步天之術多所發明。雖創新法，而仍不悖於古焉。

鄭瑪諾字惟信，廣東香山墺人。自幼往西國羅馬京都，習格物窮理超性之學，并西國語言文字，深於音學，辨析微茫。康熙十年辛亥來京，十三年甲寅卒，墓在阜城門外滕公柵欄。

徐日昇字寅公，路西大尼亞國人。康熙十二年癸丑，奉上諭特差部員往廣東香山墺，欽取來京，佐理庥法。韜按，此與明季傳教杭州者同姓名。

韜嘗考之《疇人傳》，從西洋至中國著書立説而明厤算之學、精推步之術者，凡得十有七人。而如紀利安、戴進賢、徐懋德、杜德美、顔家樂、蔣友仁諸子，竝爲此册所不載。然則所軼者多矣，即天學各書亦多未備，如戴進賢之日躔月離二表，杜德美之周徑密率、求正弦正矢捷法，徐懋德之增補表解圖説，皆未之及，猶得曰人軼則書亦不傳。而如湯若望、穆宜閣、羅雅谷、南懷仁輩，著述多寡亦有異同詳略，則何也？蓋由其目録紀載之疎也。暇尚當采之他書以補其闕失。

又王韜《弢園老民自傳》《弢園文新編》 老民姓王氏，素居蘇州城外長洲之甫里村，即唐陸天隨所隱處也。老民以道光八年十月四日生，初名利賓。十八歲，以第一入縣學，督學使者爲秦中張筱坡侍郎，稱老民文有奇氣。旋易名瀚，字懶今。遭難後避粤，乃更名韜，字仲弢，一字子潛，自號天南遯叟，五十後又曰弢園老民。

老民世系本出崑山王氏，有明時巨族也。族中多有位於朝。明末兵事起，吾家闔門殉國難，始祖必憲，甫在垂髫，逸出存一綫。自此至晉侯、詒孫、載颺，居崑凡四世，並讀書習儒業，有聲庠序間。載颺諱鵬翀，品端學博，尤爲士林所推重。以早世，子尚幼，戚串中有覬覦者，乃遷甫里。大父諱科進，字敬齋，習端木術，篤厚慎默，見義勇赴，鄉里稱善人。父諱昌桂，字肯堂，一字雲亭，著籍學官，邃於經學。九歲盡《十三經》，背誦如流，有神童之譽。家貧，刻苦自勵，教授生徒，足跡不入城市。老民上有三兄，十日間，俱以痘殤。禱於武林，遂生老民。

老民幼時，屢夢浮屠佛像，魂自能從泥丸宫出入，十餘歲後始止。自少性情曠逸，不樂仕進。尤不喜帖括，雖勉爲之，亦豪放不中繩墨。既孤，家益落。以衣食計，不得已橐筆滬上。時西人久通市我國，文士漸與往還。老民欲窺其象緯輿圖諸學，遂往適館授書焉。顧荏苒至一十有三年，則非其志也。滬上雖爲全吴盡境，而當南北要衝，四方冠蓋往來無虚日，名流碩彦接跡來遊。老民俱與之修士相見禮，投縞贈紵，無不以國士目之。中如姚梅伯、張嘯山、周弢甫、龔孝拱，其交尤密。西館中，時則有海寧李壬叔、寶山蔣劍人、江寧管小異、華亭郭友松，並負才名，皆與老民爲莫逆交。惟是時事日艱，寇氛益迫，老民蒿目傷心，無可下手。每酒酣耳熱，抵掌雄談，往往聲震四壁，或慷慨激昂，泣數行下，不知者笑爲狂，生弗顧也。

金陵既陷爲賊窟，而滬上亦以閩、粤會匪起，戕官據城。老民思出奇計以復之，卒不能。發憤抑鬱，患咯血疾幾殆。咸豐八年，徐君青中丞開府吴中，與老民固有文字之契。老民以和戎、防海、弭盗三大端進言，前後上書十數通，皆蒙優答。十年，金陵大營潰，賊竄吾吴，常、鎮、蘇、太同時俱陷。東南半壁至此糜爛，四郡村鄉亦蹂躪無完土。老民於是志愈孤，心彌苦。方捧上官檄督辦諸鄉團練。老民知其貪詐畏怯，萬不可恃，屢上書當事，代晝方略。言過切直，當事外優異而内忌嫉之。顧所言頗見施行，能多見效，其最要者以西人爲領隊官，教授火器，名曰洋槍隊。後行之益廣，卒以此收復江南。然用其言而仍棄其人，並欲從而中傷之。此老民之所以扼腕太息痛哭流涕長往而不顧者也。

惟時賊於蘇鄉遍設僞官，立董事，皆士著人，暴斂横徵，僞卡林立。老民固素識諸董事，密相結納，説以反正，言曾帥善用兵，只以方剿上游，未遑兼顧。今安慶已復，援軍旦夕必至，不可不自爲計。因激以忠義，勉以功名，令諸董事入賊中説頭目結内應，皆有成説。其黠者亦從而徘徊觀望。老民密縱反間，使賊黨互相猜貳，自翦羽翼。諸内應者多急欲見功，勢頗可乘。而當事者遽以通賊疑老民，禍且不測，聞者氣沮。老民急還滬上，猶思面爲折辨。顧久之，事卒不解，不得已航海至粤，旅居香海。自此杜門削跡，壹意治經，著有《毛詩集釋》，專主毛氏，後見陳碩甫《毛氏傳》、胡墨莊《毛詩後箋》，遂廢不作。

同治二、三年間，李宫保方次第克復吴中郡縣，老民代粤人某上書宫保，陳善後事宜，並言諏遠情，師長技，自致富强之術，頗蒙采納。

六年冬，西儒理君雅各招往泰西佐譯經籍，遂得遍遊域外諸國，覽其山川之詭異，察其民俗之醇漓，識其國勢之盛衰，稔其兵力之强弱。道經法都，得瞻其宫室之壯麗，士女之便娟，廛市之駢闐，財物之殷阜，與英之倫敦並峙稱雄，同爲歐洲巨擘焉。既至英土，居蘇格蘭之西境。其地近北極，少燠而多寒，春夏之交，徹夜有光，而山水清淑，岩壑秀美，遊屐所至，殊足娱情適志。九年二月還粤。此三年中，老民以孤身往還數萬里。嘗登舵樓以眺望，決目極天，蕩胸無際，波濤消其壯志，風雨破其奇懷，未嘗不感愴身世，悲憫天人，擊碎唾壺，淚涔涔墮也。

老民既還自泰西，當事頗有知其寃者，或貽書勸其出山，或欲託人招致幕下。老民俱謝不往。豐順丁公，一代偉人也，尤賞識老民，謂當今通達時務，熟稔外情，莫若老民，爲之揄揚於南北諸大僚。於是諸大僚始稍稍知有老民者。嗚呼！此老民生平第一知己也。老民固極思感激馳驅以報知己，而憂患以來，精氣消亡，才華零腐，既不能上馬殺賊，下馬草檄，又不能雕琢文字，刻畫金石，以稱頌功德，徒爲聖朝之棄物，盛世之廢民而已。

辛未秋，普法戰事起，七閲月而後定。老民綜其前後事實，作《普法戰紀》。是書雖僅載二國之事，而他國之合縱締交，情僞變幻，無不畢具。於是談泰西掌故者，可以此爲鑑。惟倉卒秉筆，或患冗蕪，尚有待於異日之重輯，而老民自知其必傳於後無疑已。癸酉，香海諸同人醵貲設印局，創行日報，延老民總司厥事。老民著述乃得次第排印。

光緒五年己卯，老民作東瀛之遊，藉以養宿疴，滌煩慮。取道滬瀆，放櫂金閶，得重見故鄉風景。闊别二十年矣。真覺城郭則是，人民則非，有「丁令威化鶴歸來」情況。及身而重閲滄桑，生還枌梓，固老民初念所未及料者也。

既至日東，遍歷崎陽、神户、浪華、西京諸名勝。居江户者十旬，遍交其賢士大夫。一時執贄請受業者，户外屨滿。壺觴之會，壇坫之開，無日無之。唱和諸作，頗有豪氣。中又爲日光山之遊，遍覽諸瀑布，窮其幽邃。老民將歸，日之賢士大夫餞别於中村酒樓，星使參贊以下至者百有餘人。日人謂自開國數千年來所未有也。

老民久居粤東，意鬱鬱不歡，恒思歸耕故鄉，卜居於莫釐、鄧尉之間。築三椽之屋，拓五畝之園，藏書數萬卷，買田一、二頃，徜徉誦讀其中，優遊卒歲，以没吾齒。顧是願卒未能遂，豈非天耶！

嗚呼！老民雖流徙遐裔，僻處菰蘆，而睠懷家國，未嘗一日忘。嘗言此十數年中，時局一變。髮、捻、回、苗，悉數蕩平。左帥用兵新疆，擴地數萬里，功震寰中，威行徼外，赫然見中興盛烈。然而泰西大小諸邦叩關互市，輒以兵力佐其商力。所至各埠，設官置戍，艨艟相望。每挾其所長，從而凌侮我。來必應，請必遂。一旦齟齬，環而伺我者數十國，腹心肘腋間遍佈森列，幾於國不可爲國矣。嗟乎！此蓋誤於羈縻之説，而駕馭未得其宜也。近者日併琉球，俄據伊犂，我國家並持節往問，而時虞失和，勢且岌岌。老民外感於時勢之艱難，内憤於措施之顛倒，舊疾陡發，誠使祈死得死，亦復何憾？

老民有弟曰利貞，字叔亨，一字諮卿，讀書未成名而卒，年僅二十有七。有姊曰媖，字伯芬，嫁吴村周氏，癸酉六月先老民而逝。老民妻楊氏夢蘅，名保艾，字台芳，娶僅四年没於滬。續娶林氏名琳，字懷蘅，一字泠泠，經歷患難中與老民同甘苦。老民無子，有女二。長曰婉，字苕仙，歸吴興茂才錢徵，早殞。次曰嫻，字樨仙，生不能言。嗚呼！老民既無子矣，而復奪其女。不解造物者所以待之抑何刻酷至斯哉？

自始祖必憲至今二百四十餘年，七葉相承，五代單傳，僅得男子十有五人。老民以下有從姪三人，相繼夭没。於是自明以來，巍然碩果，僅存老民一人而已。天之所廢，誰能興之？天不獨厄老民，而或將並以毒王氏也，恐王氏一綫之延，至老民而斬矣。噫嘻！不大可痛歟？尤可異者，曾王父娶於沙氏，大父娶於李氏，父娶於朱氏，其家並無後。老民弟娶於夏氏，髫齔俱亡。老民先娶於楊氏，危乎不絶如縷，繼娶於林氏，亦已不祀。祖姑嫁於汪，伯姑嫁於曹，宗祧並絶。老民族黨無存，密親蓋寡，側身天地，形影相弔，豈天之生是使獨歟？老民每一念及，未嘗不拔劍斫地，呵壁問天也。

老民少承庭訓，自九歲迄成童，畢讀羣經，旁涉諸史，維説無不該貫，一生學業悉基於此。自後奔走四方，無暇潛心默識矣。父在未嘗盡一日養。奉母居滬上，扁舟道路，甘旨缺如，而母氏絶無不豫色，但勗以忠義節廉而已。老民母固知書識大體，四五歲時，字義都由母氏口授，夏夜納涼，率爲述古人節烈事。老民聽至艱苦處，輒哭失聲。因是八九歲即通説部。吴門既亂，母氏憂形夢寐，逮老民遭罹奇禍，母氏竟以憂殞其生。老民以此積慘終身，痛欲刓心，贖難糜體，雖仍偷息人世，不可復爲人矣。

老民於詩文無所師承，喜即爲之下筆，輒不能自休。生平未嘗屬稿，恒揮毫對客，滂沛千言。忌者或訾其出之太易。至於身遭讒謗，目擊亂離，懷古傷今，憂離弔逝，往往歌哭無端，悲愉易狀，天下傷心人别有懷抱也。

老民邇來潦倒頹唐，百事俱廢。去冬咯血，至今未愈，日在藥爐火邊作生活。深懼一旦溘然，平生著述，必爲人拉雜摧燒。因先將《詩録》八卷檢付手民。其餘藏於行篋者尚多，不足供餬窗覆瓿，因病得閑，聊自料理。所著有《春秋左氏傳集釋》六十卷、《春秋朔閏考》三卷、《春秋日食辨正》一卷、《皇清經解劄記》二十四卷、《瀛壖雜志》六卷、《台事竊憤録》三卷、《普法戰紀》十四卷、《四溟補乘》三十六卷、《法志》八卷、《俄志》八卷、《美志》八卷、《西事凡》十六卷、《甕牖餘談》十二卷、《火器説略》三卷、《乘桴漫記》一卷、《扶桑遊記》三卷、《海陬冶遊録》七卷、《花國劇談》二卷、《老饕贅語》十六卷、《遯窟讕言》十二卷、《淞隱漫録》十六卷、《弢園文録》八卷、《弢園文録外編》十二卷、《蘅華館詩録》八卷、《弢園尺牘》十二卷、《弢園尺牘續鈔》四卷，都二十有六種。

生而作傳，非古也。老民蓋懼没世無聞，特自叙梗概如此。

著録

傅蘭雅《江南製造總局翻譯西書事略・論譯書各數目與目録》 此繙譯館起於西曆一千八百六十八年，而初印之書爲一千八百七十一年始成者，有《運規約指》與《開煤要法》二書。由此至今，連譯不息，今將其要分成三類，臚陳於後：

第一類爲已刊成或出售之書名，與撰書人名，及中西譯書人名，並刊書年歲與每書本數，及每書價錢。由此類中，可見已刊成書有九十八種，共計二百三十五本；每本頁數爲六十頁至一百頁不定。每書一頁，與英國平常一頁文義略同；惟譯時或有鬆緊，故此數僅爲大略而已。

於去年西六月終，計算所已銷售之書有三萬一千一百十一部，共計八萬三千四百五十四本。又已刻成地圖與海道圖共二十七張；海道圖大半爲英國者，譯出後俱在局中鐫銅板印之，已銷售者共四千七百七十四張。

閲以上所售之書，其數雖多，然中國人數尤多，若以書數與人數相較，奚啻天壤。惟中國郵遞之法，尚無定章，而國家尚未安設信局，又未佈置鉄路，則遠處不便購買。且未出示聲明，又未分傳寄售，則内地無由聞知，故所售之書尚爲甚少。吾有以上各法，則銷售者必多數十倍也。

以上售出各數，尚未計及新聞紙與《近事彙編》等隨時所印之書。此二種書，每若干時則印三百至五百本，分呈於上海及各省官員。

第一類爲已譯成而未刊之書，共有四十五種，約共成一百二十四本；内有將待刊者，亦有僅爲初稿者。

第三類爲未譯全之書，共十三種；内略有三十四本已譯成。

以上三類，可依各門之學而列一表如下：

各門等書	已刊成者	尚未刊者	未譯全者	已譯出者
算學測量等書	二十二部，計五十二本	二部，計八本	三部	計五本
汽機等書	七部，計十七本	三部，計六本	一部	計二本
化學等書	五部，計十九本	一部，計一本	一部	計四本

續　表

各門等書	已刊成者	尚未刊者	未譯全者	已譯出者
地理等書	八部，計十二本		二部	計九本
地學等書	五部，計二十本			
天文行船等書	九部，計二十七本	三部，計四本		
博物學等書	六部，計十四本	四部，計五本	一部	計一本
醫學等書	二部，計八本	一部，計六本	二部	計十本
工藝等書	十三部，計十五本	九部，計二十六本		
水陸兵法等書	十五部，計四十一本	九部，計二十六本	二部	計二本
年代表新聞紙等	六部，計十本	一部，計一本		
造船等書		三部，計十三本	一部	計一本
國史等書		五部，計十八本		
交涉公法等書		二部，計二十六本		
零件等書		二部，計二本		

總共：已刊成者九十八部，計二百三十五本；尚未刊者四十五部，計一百四十二本；未譯全者十三部，計已譯出三十四本。

局中書目外，另有目録二章，茲並録入：一爲益智書會擬將譯而刊之書共四十二種；一爲寓華諸西人所自譯各書，今已刊行問世者也。

以上所述，爲十二年在局内譯書事之大略，乃自撰成西書一册，並非華官派作。蓋屢有西人視中國考究西學甚爲要事，故頻問訊顛末。又有西士欲自譯書，因未深悉局内已成諸書，恐有重複。是故撰成此册，以便諸士有所核察，别無他意。

梁啓超《西學書目表》上

天學

《談天》	偉烈亞力、李善蘭、徐建寅	製造局重刻本	四本	七百	最精善。
《天文圖説》	庫嘉立、薛承恩	益智書會本	一本	七角	圖極精美，説亦簡明。

續表

《天文揭要》	赫士、朱葆琛	益智書會本	二本	七角五分	有新説，補《談天》所未備。
《西國天學源流》	偉烈亞力	上海排印本	在《弢園西學輯存》中		
《測候叢談》	金楷理、華蘅芳	製造局本	二本	二百四十	
《測候器》	傅蘭雅	格致彙編本	一本	一百五十	

地學

《地學淺釋》	瑪高温、華蘅芳	製造局本	八本	一千二百	精善完備。
《地學指略》	文教治、李慶軒	益智書會本	一本	二角五分	
《地學稽古論》	傅蘭雅	格致彙編本			
《地理初桄》	卜舫濟	益智書會本	一本	三角五分	
《地勢略解》			一本	五角	
《地理全志》	慕維廉	益智書會本	一本	五角	簡而頗備。
《地理志略》					
《地理略説附圖》	戴集	上海重印本	一本	五角	亦名《淺説》，太淺而舊。
《八星之一總論》	李提摩太	廣學會本	一本	五分	初名《地球奇妙論》，印入《格致彙編》。

全體學《心靈學》《知識五門》《人秉雙性説》三種，皆言腦氣筋之事，故附於此。

《全體闡微》	柯爲良	福州排印本	四本	一元七角	
《全體通考》	德貞	同文館本	十六本	四兩五錢	頗備。
《全體圖説》	傅蘭雅	益智書會本	一本	一角	
《全體新論》	合信	廣州刻本	一本		舊。

續表

《體骨考略》	德貞	北京刻本		一元	
《體學易知》		北京刻本	一本	三角	
《省身指掌》			一本	五角	
《心靈學》	顔永京		一本	五角	尚有續篇，未印成。
《知識五門》	顔永京	益智書會本	一本		

又 學制

《西國學校》	花之安	廣州刻本	一本	一角五分	好。
《文學與國策》	林樂知	廣學會本	二本	二角	
《七國新學備要》	李提摩太	廣學會本	一本	三分	
《肄業要覽》	顔永京	上海排印本	一本	二角	有新理新法。
《西學課程彙編》	沈敦和	上海排印本	一本	一角	
《格致書院西學課程》	傅蘭雅	上海排印本	一本	一角	附有數學題。
《教化議》	花之安	廣州刻本	一本	一角五分	命意自佳。

又《西學書目表》下

書名	撰譯人	刻印處	本數	價值	識語
游記 西人游歷各地，多國家所派，故著其國名。					
《西學考略》	丁韙良	同文館本	二本	五錢	丁告假回國，歸而著此，詳於學校。
《環游地球雜録[記]》	潘慎文	格致彙編本			
《歷覽記略》	傅蘭雅	格致彙編本			傅告假回國，觀諸機器廠，歸而著此。
報章					
《中西聞見録》		北京印本	每月一本		久停，現甚難購，所載亦太舊。

續表

書名	撰譯人	刻印處	本數	價值	識語
《西國近事彙編》		製造局本	三十六本	二千三百	自癸酉訖壬午，凡九(手)[年]。
《格致彙編》	傅蘭雅	自印本	每年四本	每年一元	凡七年以上，二書皆極要。
《萬國公報》		廣學會本	每月一本	每年一元三角	前數年極佳，惜今已難購。
《中西教會報》		廣學會本	每月一本		
《本年西國近事》	鳳儀	製造局本	每月一本		
無可歸類之書					
《譯書事略》	傅蘭雅	格致彙編本	一本	一百	
《佐治芻言》	傅蘭雅 應祖錫	製造局本	三本	三百八十	言政治最佳之書。
《辨學啓蒙》	艾約瑟	上海重印本	一本	二角	
《華語考原》	艾約瑟	格致彙編本			
《美國博物大會圖説》	傅蘭雅	格致彙編本	一本	一角五分	
《幼學操身》	慶丕 翟汝舟	益智書會本	一本	五角	有用。坊間翻刻改名《西國易筋經》。
《幼學初階》			一本	一角	

又《西學書目表》附卷

通商以前西人譯著各書四庫著録及叢書中有刻本者，皆注出。

《同文算指》 前編二卷、通編八卷、別編一卷天學初函本、海山仙館本、四庫著録

《測量法義》 一卷天學初函本、海山仙館本、指海本、四庫著録。

此書或標徐光啓撰，蓋當時各書皆利口授，而徐與李之藻筆述也。

《圖容較義》 一卷天學初函本、海山仙館本、守山閣本、四庫著録。

或標李之藻撰。

《乾坤體義》 三卷四庫著録。

《渾蓋通憲圖説》 二卷天學初函本、守山閣本、四庫著録。

或標李之藻撰。

《經天該》 一卷藝海珠塵本。

《萬國輿圖》

《西字奇蹟》

《西國記法》

以上利瑪竇。其《幾何原本》一種，至偉、李兩君乃譯全，故列近譯各書中。

《地理備考》 十卷海山仙館本。

以上瑪吉士。

《泰西水法》 六卷天學初函本。

《表度説》 一卷天學初函本。

《簡平儀説》 一卷天學初函本、守山閣本、四庫著録。

以上熊三拔。

《天問略》 一卷天學初函本、藝海珠塵本、四庫著録。

以上陽瑪諾。

《西學凡》 一卷天學初函本、四庫存目。

《幾何法要》 四卷新法算書本、四庫著録。

《新法算書》著録於四庫，故凡在《算書》中者，皆標著録。

《職方外紀》天學初函本、守山閣本、墨海金壺本、龍威秘書本、四庫著録。

《西方答問》

《利瑪竇行實》

以上艾儒略。

《黄赤距度表》

《正球升度表》

《奇器圖説》 三卷守山閣本、四庫著録。

《人身説概》 二卷

以上鄧玉函。

《奏疏》 四卷新法算書本、四庫著録。

《秝法西傳》 一卷新法算書本、四庫著録。

《新法秝引》 一卷新法算書本、四庫著録。

《新法表異》 二卷新法算書本、四庫著録。

《新法曉或》 二卷新法算書本、四庫著録、青照堂本。

《大測》 二卷新法算書本、四庫著録。

《學秝小辨》 二卷新法算書本、四庫著録。

《測天得説》 二卷新法算書本、四庫著録。

《渾天儀説》 五卷新法算書本、四庫著録。

《西洋測日秝》

《星圖》

《恒星表》 五卷

《恒星出没》 二卷新法算書本、四庫著録。

《恒星屏障》

《測食略》 二卷新法算書本、四庫著録。

《古今交食考》 一卷新法算書本、四庫著録。

《交食秝指》 七卷新法算書本、四庫著録。

《交食表》 九卷新法算書本、四庫著録。

《交食表用法》

《交食蒙求》

《恒星秝指》 四卷新法算書本、四庫著録。

《八線表》 一卷新法算書本、四庫著録。

《遠鏡説》 新法算書本、四庫著録、藝海珠塵本。

《火攻挈要》 三卷海山仙館本。

以上湯若望。

《測量全義》 十卷新法算書本、四庫著録。

《五緯表》 十卷新法算書本、四庫著録。

《五緯秝指》 九卷新法算書本、四庫著録。

《月離秝指》 四卷新法算書本、四庫著録。

《月離表》 四卷新法算書本、四庫著録。

《日躔厤指》 一卷新法算書本、四庫著録。

《日躔表》 一卷新法算書本、四庫著録。

《黄赤正球》 一卷新法算書本、四庫著録。

《籌算》 一卷新法算書本、四庫著録。

《比例規解》 一卷

《秝引》 一卷

《日躔考晝夜刻分》

《五緯總論》

《日躔增五星圖》

《火木土二百恒年表》

《周歲時刻表》

《五緯用法》

《夜中測時》

以上羅雅谷。

《靈言蠡勺》 二卷天學初函本、四庫存目。

以上畢方濟。

《空際格致》 二卷四庫存目。

以上高一志。

《天學略義》

以上孟儒望。

《靈臺儀象志》 十四卷多採入《欽定儀象考成》中。

《儀象圖》 二卷

《測驗紀略》 一卷

《驗氣説》

《坤輿全圖》

《坤輿圖説》 二卷指海本、四庫著録。

《秝法不得已辯》 一卷

《康熙永年厤法表》 三十二卷

《赤道南北星圖》

《簡平規總星圖》

《西方要記》 一卷

《坤輿外紀》 一卷

以上南懷仁。

《文字考》

以上恩理格。

《天步真原》

以上穆尼閣。

《口躔表月離表》

以上戴進賢。

《周徑密率》

《求正弦正失捷法》

以上杜德美。

《地球圖説》 何國宗、錢大昕奉敕潤色，文選樓本。

以上蔣友仁。

近譯未印各書其未譯成及已佚者，皆附見。

書名	撰譯人	撰譯處	本數	
《奈端數理》	傅蘭雅 李善蘭	製造局	三本	未譯成
《代數學》	偉烈亞力 李善蘭			已佚
《代數總法》	傅蘭雅 華蘅芳	製造局	四本	未印
《代數初基》	狄考文	益智書會		未印
《幾何初基》	狄考文	益智書會		未印
《三角測算》	狄考文	益智書會		未印
《心算數學》	哈氏	益智書會		未印
《格物測算》	丁韙良	同文館		已佚
《代形合參》	潘慎文	益智書會		未印
《決疑數術》	傅蘭雅 華蘅芳	製造局	四本	未印
《質數證明》	傅蘭雅 徐壽	製造局	四本	未譯成
以上算學。				
【略】				

續表

書名	撰譯人	撰譯處	本數	
《天文略論》		同文館		未印
《恒星經緯表》	傅蘭雅 賈步緯	製造局	一本	未印
《天文淺説》	薛承恩			已佚
【略】				
以上天文。				
《地説》	金楷理 李鳳苞	製造局	八本	未譯成
《地球説略》	沙氏	益智書會		
《地理略論》	貝氏	益智書會		
《萬國地理》	江載德	益智書會		未印
《地理大圖》	江載德	益智書會		未印
《地學入門》	文氏	益智書會		
《地理問答》	甘弟德			已佚
以上地學。				
《人身理論》	德貞	益智書會		未印
《人身淺説》	博氏	益智書會		未印
《質體形性》	范約翰	益智書會		未印
以上全體學。				
《動物形性附圖》	韋氏	益智書會		未印
《植物形性附圖》	韋廉臣	益智書會		未印
《植物利用》	傅蘭雅	益智書會		未印
以上動植物學。				
《醫學總説》	舒高第 趙元益	製造局	六本	未譯成
《眼科書》	舒高第 趙元益	製造局	六本	未印
《婦科全書》	舒高第 鄭昌棪	製造局		未印
以上醫學。				
【略】				

中國人所著書算學書別著録。表中所列之書，亦有過而存之者，概不加圈識，讀者分別觀之可也。

《海國聞見録》 陳倫炯
《海録》 楊炳南
《海國圖志》 魏源
《瀛環志略》 徐繼畬
《國地異名録》 林謙
《地球圖説》 丁日昌 未刻。
《續瀛環志略》 薛福成 未刻。
《朔方備乘》 何秋濤
《英政概》 劉啓彤
《英藩政概》 劉啓彤
《法政概》 劉啓彤
《印度芻記》 黄楙材
《綏服紀略》 松筠
以上地志。
《中西紀事》 夏燮
《各國通商條約》同文館本
《條約類編》 保定刻本
《通商約章類纂》 天津刻本坊間翻刻改名《通商約章成案類編》。
《通商約章纂要》 勞乃宣
以上交涉。
《奉使俄羅斯日記》 張鵬翮
《異域録》 圖理琛
《出塞紀略》 錢良擇
《海隅從事録》 丁壽祺
《使琉球記》 李鼎元
《乘槎筆記》 斌椿

《日本國志》 黄遵憲
《日本雜事詩》 黄遵憲
《日本圖經》 傅雲龍
《日本志》 姚文棟 未刻。
《日本地理兵要》 姚文棟
《日本新政考》 顧厚焜
《美國地理兵要》 顧厚焜
《巴西地理兵要》 顧厚焜
《巴西政治考》 顧厚焜
《安南小志》 姚文棟
《越南世系沿革略》 徐延旭
《越南輿地圖説》 盛慶紱
《國朝柔遠記》 王之春 坊間縮印改名《通商始末記》，又名《國朝洋務柔遠記》。
《中外交涉類要表》
《光緒通商綜覈表》 錢恂
《中俄界約斠注》 錢恂
《帕米爾分界私議》 錢恂
《中俄交界續記》 王錫祺
《出使瑣記》 蔡鈞
《西輶日記》 黄楙材
《東槎聞見録》 陳家麟
《環游地球新録》 李小池
《漫游隨録》 王韜
《扶桑游記》 王韜

《初使泰西記》 宜垕
《使西紀程》 郭嵩燾
《英軺日紀》 劉錫鴻
《航海述奇》 張德彝
《使英雜記》 張德彝
《使法雜記》 張德彝
《使俄日記》 張德彝
《隨使日記》 張德彝
《使還日記》 張德彝
《使美紀略》 陳蘭彬
《使東述略》 何如璋
《出使英法日記》 曾紀澤
《歐游隨筆》 錢德培
《使西書略》 孫家穀
《使德日記》 李鳳苞
《歐游雜録》 徐建寅坊間翻刻改名《西遊日記》。
《美會紀略》 李圭
《東行日記》 李圭
以上游記。末二種附見。
《校邠廬抗議》 馮桂芬
《曾惠敏集》 曾紀澤
《瀛海論》 張自牧
《蠡測卮言》 張自牧
《瀛海卮言》 王之春
《西事蠡測》 沈純
《游歷芻言》 黄楙材
《籌洋芻議》 薛福成
《黎蒓齋集》 黎庶昌

《談瀛録》 袁祖志 坊間翻印改名《出洋須知》。
《南行日記》 吴廣霈
《游歷筆記》
《三洲游記》
《道西齋日記》 王詠霓
《古巴雜記》 譚乾初
《西征紀程》 鄒代鈞
《俄游彙編》 繆祐孫
《俄游日記》 繆祐孫
《西伯利探路記》 曹廷杰
《奉使朝鮮日記》 崇禮
《出使英法義比四國日記》 薛福成
《出使美日祕國日記》 崔國因
《東輶日記》 王之春
《使俄草》 王之春
《泰西采風記》 宋育仁
《適可齋記行》 馬建中
《金軺籌筆》 坊間縮印改名《中俄交涉記》。
《五次問答節略》
《四上書記》 南海康先生 時務報館代印本。
《危言》 湯壽潜
《報國録治平通議》 陳虬 總名《蟄廬叢書》。
《庸書》 陳熾
《續富國策》 陳熾
《適可齋記言》 馬建忠
《興算學議》 譚嗣同
《著相庵觳音》 何樹齡
《中[卑]議》 宋恕 未刻。

《海外文編》 薛福成　《中西教學通議》 黄傳祁 未刻。
《雲南勘界籌邊記》 姚文棟　《盛世危言》 鄭官應
《公車上書記》　《中國亟宜改革政法論》 何啓 以上二種坊間合刻改名《時務叢鈔》,又名《洋務叢書》。
以上議論。
《外國師船表》 許景澄　《電氣問答》
《法國海軍識[職]要》 馬建忠　《弢園西學輯存》 王韜
《俄羅斯鐵路圖表》 李家鏊　《中西度量權衡表》
《星軺考轍》 劉啓彤 坊間縮印改名《鐵路圖考》。　《長江礮臺芻議》 姚錫光
《子藥準則》　《天文歌略地理歌略》 葉瀚葉瀾
《魚雷問答》
以上雜録。

康有爲《日本書目志》卷二《理學門》

《理科教授法》一册,和久正辰譯輯,一圓
《理科通志》十二册,山縣悌三郎　杉山文悟譯補,二圓四角
《理科提要》三册,闞澄藏著,三角九分
《理科仙鄉》十册,山縣梯三郎譯補,一圓七角
《理科教授法》《普通教育全書》第九篇,今泉祐善著,一角五分
《科學入門》一册,普及舍譯,三角五分
《科學之原理》一册,本村駿吉著,五角五分
《帝國大學紀要》理科英文,一册出版,帝國大學印行,十四圓一角
右理學總記八種。
《小學校用理科》小學校用,八册,平賀義美　朝夷六郎編,一圓二角七分
《理科入門》小學校用,八册,松本駒次郎纂譯,一圓四角八分
《理科入門》小學校用,四册,金港堂編輯,五角五分
《理科教科書》小學校用,岡村增太郎編述,八角六分
《理科教授書》四册,山田誠之助著,八角
《新撰理科讀本》小學校用,八册,武田安之助譯補,一圓六角
《理科讀本》小學校用,三册,中村謙次郎譯補,四角七分
《理科初步》小學校用,八册,三宅米吉　新保盤次合著,一圓五角四分
《高等小學理科書》小學校用,教育學館
《明治理科書》高等小學校用,八册,高島勝次郎著,八角
《小學理科書》高等科生徒用,四册,小野太郎編述,六角八分
《小學理科教授書》小學校用,四册,山田誠之助編,八角
《小學理科新篇》六册,小杉豐甕著　鳥居怸夫平阪閎閲,六角
《小學理科新書》甲種高等科生徒用,四册,學海指針社編輯,四角五分
《小學理科新書》乙種高等科生徒用,二册,學海指針社編輯,近刻
《小學理科新書》甲種高等科教師用,四册,學海指針社編輯,一圓
《小學理科新書》乙種高等科教師用,二册,學海指針社編輯,近刻
《新定理科書》小學校用,八册
《新撰理科書》高等小學校用,八册,高島勝次郎編纂,一圓二角
《新撰理科書附録化學》小學校用,二册,高島勝次郎編纂,三角
右理科學校用二十種。
《簡易地震學》《通俗教育全書》廿四篇,谷口政德,一角二分
《日本地震學會報告》英文,十九册,地震學會編,二十二圓二角五分
《地震家屋》一册,佐藤二男造著,三角
《地震》一册,工學士橫河民輔著,二角八分
右地震學四種。
人僕緣二萬七千里熱燒鐵汁之石殼上,太險矣哉。鐵汁之大如此,而以區區數十里之石裹之,勢必不能閉塞之矣,故太古多火山,當時人民之死者,烈哉。大木之爲煤,鬱積於地下者,皆火山爆壓之,以貽我後人也。裹之之殼日厚,爆裂之力漸難,而其火力轉動既不能止,于是地震矣。日本爲島國,近太平洋地震尤多,其學會報告一書可徵地理焉。
《博物教授論》一册,白井毅編,二角
《博物學示教》一册,堀正太郎著,九角
《小學中等科博物學》三册,山崎忠興編,二角五分
《小學博物書》三册,村田忠恕編,五角五分
《啓蒙博物學》五册,小宮山弘道編,八角三分
《日本博物學年表》一册,白井光太郎著,五角

《受驗問答博物一千題》《通俗教育全書》四十三篇，須永金三郎，一角二分

右博物學書七種。

孔子辨防風之骨、商羊之舞，子産以博物名，至教小子多識鳥獸草木，豈非三古所貴耶。後儒不知天人之故，言義理，則自隘其國土；言名物，則虚考其文字；於是天下皆爲愚而無用之人，甚或足己自尊矣。夫人之智，從萬物出者，大；從人出者，小；聖人之師萬物也。泰西近日翻陳出新，皆從物理出。日本舊法，新井君美物，茂卿賴襄之徒，僅知詞章考据。其上者，藤原正肅、林勝信之流，高談理學，與中國同。近講博物學，自童業至大學，皆以爲教，故其博物書有小學啓蒙之科，有千題之發至年表一書，日人學問日異歲不同，可以考見。故舉國皆智，而人才不可勝用也。夫虎豹犀象雖大，而人至小，乃能檻縶之，以智勝物也。觀是書也，吾之爲日縶也，豈無故耶？

《通信教授生物學》一册，巖川友太郎著，六角五分

《生物學》一册，三好學著，二角五分

《進化原論》一册，伊澤修二譯，六角五分

《進化新論》一册，石川豐代松著，一圓七角五分

《進化要論》十册，山縣悌三郎譯補，二角七分

《通俗進化論》一册，城泉太郎譯，一角三分

《動物進化論》一册，美國人口述，石川千代松筆記，四角

《萬物退化新説》一册，德國人著，石川千代松譯，四角

右生物學書八種。

天地之大德曰生，生生之謂易。能知天地生物之故，萬物生生之原，萬物種分類別之故，則天地位、萬物育矣！生物之學者，化生之學也。讀《萬物退化新説》一書，蓋技也而進於道矣。

《人類學一班》一册，高橋五郎著，一角八分

《百科全書人種篇》文部省藏板，三角

《百科全書骨相學》文部省藏板，二角一分六厘

《究理人身論》二册，山本義俊譯，五角

《初學人身究理》二册，松山棟庵著，三角八分

《初學須知人體問答》一册，西阪成一編，一角二分五厘

《人體生理圖》中學用，七軸，英國醫學博士原著，醫學士西鄉吉義譯，十四圓四角

《人體生理圖》小學用，五軸，英國醫學博士原著，醫學士西鄉吉義譯，十圓四角

《人身生理學》一册，小林義直譯，一圓六角

《人身生理學》三册，松山成義纂述，六角

《人身生理書》六册，川崎典民編輯，一圓四角五分

右人類學十一種。

人皆曰，予知有身，而不自知也，可謂智乎？人欲知其身，日考明堂之圖，未能見也。吾在天津見臘人一體，腦髓肺腸可隨手抽拽開闔也。盡讀《全體論》而未能曉，然一觀人體，而負床之孫立解矣。泰西以顯微鏡考人體，近且有電器洞見肺腑矣。日本于泰西專門之學，有傑兒氏、蘭氏、歇兒蔓氏、達兒敦氏爲精，其書見皆譯之，其生理圖亦精，其教小學初學尤詳哉。造化懷衽之論，本生生之始，《人種篇》考轉變之由，蓋異書也。

《中等教科動物學》一册，巖川友太郎編纂，八角

《中學動物學》六册，宫原直堯纂述，一圓

《中等教育動物學教科書》一册，飯島魁編，一圓三角五分

《動物書》一册，安本德寬編，五角

《動物學》一册，巖川友太郎編纂，二角五分

《訂正八版動物學》一册，敬業社編纂，二角

《動物學》面部彩色之部，二册，博物局藏板，一圓

《動物小誌》一册，白井毅編，一角五分

《石川動物學教科書》二册，石川千代松著，七角

《動物學新書》《普通學全書》第廿四篇，富山房編，二角

《動物學初步》一册，矢田部良吉譯，七角五分

《初等教育小動物學》《通俗教育全書》第二十篇，三田周一郎，一角二分

《普通動物學教科書》一册，飯島魁編，三角

《普通動物學》一册，丹波敬三　柴田承桂共纂，九角五分

《通常動物》一册，辻敬之著，一角五分

《動物訓蒙》一册，博物局藏板，五角

《百科全書動物及人身生理》文部省藏板，一角六分五厘

《動物通解》二册，岩川友太郎　佐夕木忠二郎合著，一圓一角三分

《動物通解續篇》附圖，二册，石川千代松，七角六分
《動物字彙》一册，村上瑛子著，二角
《動物實驗初步》一册，飯島魁著，三角
《人體寄生動物編》一册，飯島魁著，二角
《口本動物總目録》一册，岡田魁編，四角五分
《動物圖》二十四枚，三宅米吉編，二角四分
《動物圖解説》一册，金港堂編輯，八分
《動物畫圖》二十五枚，博物館藏板，三角七分
《百科全書動物綱目》文部省藏板，四角六分
《鳥之目録》一册，飯島魁著，二角
《動植物採集標本製作法》一册，巖川友太郎編，四角
《動物解剖指針》一册，石川千代松著，二角
《動物電氣論》一名睡眠，一册，鈴木萬次郎譯，四角五分

右動物學三十一種。

製造局亦有譯者，但粗，得其萬一，去日人遠矣。日人尤詳於訓蒙初步之書哉，其目録可觀也。近泰西之囿，皆畜百獸，池沼擭萬魚。英人水晶宮，乃畜水產物於夾牆，以便察考矣。風霆流形，近乃知凡物之動，皆由於電。其《動物電氣論》猶可取。夫治人物者，皆有所受於天，不得其本始肯綮，豈能用之哉。

《百科全書植物生理學》文部省藏板，二角
《教科用植物生理學》一册，齋田功太郎　染谷德五郎補譯，四角五分
《植物形態學》齋田功太郎　染谷德五郎合著，三角
《日本植物志圖編》每月一日發行，牧野富太郎著，二角
《植物通解》一册，矢田部良吉，六角五分
《植物自然分科一覽表》一枚，三好學著，一角五分
《植物自然分科檢索表》一册，白井光太郎編，一角
《教科用植物分科覽要》一册，松村任三著，七角
《有用植物圖説》八册，田中芳男編，八圓
《日本植物圖解》英和兩文，二册出板，矢田部良吉譯，一圓
《日本菌類圖説》二册出板，田中延次郎　田中長嶺共著，七角
《小石川植物園草木圖説》三册出板，東京大學編，十四圓一角
《學校用植物圖》三十六枚，三宅米吉編，八角
《學校用植物圖解説》一册，三宅米吉編，一角五分
《草木錦葉集》八册，水野忠曉著，一圓五角
《植物之内景及生理》一册，松村任三著，一角八分
《植物生長何如》二册，大内健　今井秀之助同譯，二圓七角
《理科大學植物標品目録》一册，帝國大學編，二圓
《帝國大學植物園植物目録》一册，帝國大學編，五角
《博物館列品目録植物之部》一册，博物局藏板，二角
《草木圖説目録》一册，博物館藏板，一圓
《植物綱目撮要》一册，松原新之助編，六角
《百科全書植物綱目》一册，文部省藏板，三角
《中等教科植物學》一册，齋田功太郎編纂，八角
《中等教育植物學教科書》一册，三好學編，二圓
《植物學教科書》一册，岡村金太郎編，九角
《植物學教科書》二册，松村任三編纂，上□製一圓三角　一圓一角
《訂正十一版植物學》一册，敬業社編纂，二角
《植物學》一册，長松篤棐編纂，二角五分
《植物書》一册，安本德寬編，五角
《植物小誌》一册，白井毅編，一角二分
《植物學新書》《普通學全書》第十二篇，富山房編，二角
《新式植物學》一册，齋田功太郎　高橋章臣同纂，六角五分
《新編植物學》一册，近刻
《普通植物學》一册，丹波敬三高橋　柴田承桂，九角五分
《普通植物學教科書》一册，三好學編，五角
《通常植物》一册，辻敬之著，一角五分
《植物學初步》一册，矢田部良吉譯，四角
《實驗植物學入門》一册，松村任三著，二角五分
《植物學入門》一册，齋谷功太郎　染谷德五郎合著，一角二分
《初等教育小植物學》《通俗教育全書》第十四篇，太熊權平，一角二分
《藥用植物學》二册，下山順一郎編纂，三角

《植物教科隱花植物大意》一册，三好學著，三角
《植物解剖用紙》一册，敬業社，一角一分
《草木性譜》附《有毒草木圖説》，五册，金人清原重著，寫生圖插入，一圓二角
《植物學字彙》一册，大久保三郎　外二氏共編，二圓
《日本植物名彙》一册，松村任三編，二圓
《植物學語鈔》一册，松村任三編，二角
《重修植物名實圖考》清吴其濬，日本小野職愨重修，二十圓
《物品識名》四册，水野豐文著，五角

右植物學五十種。

泰西之於羣卉草木，皆公家之囿植焉。集大地，集其本國、異國羣卉萬木，别種辨類，分列部居，懸以木牌，著其色香性味、種植之法於牌上，而縱士民之覽觀。凡大地之卉木，一日可徧觀，而盡得之，則一日增無量智矣。至其爲是學者，皆有專門考求之書，教授之法。學成，專任園囿之事，故其植物學秩如也。日本地環海，沃長於種植，近加以譯用泰西之學，其園囿皆可觀，其普通之教、分科之表，及其國内目録、博物院目録，及《性譜》、辨剖諸書，皆可採也。吾製造局譯一書耳，名理已無量哉。

又　卷一〇《教育門》

《教育原理》一册，三刀谷扶綱譯述，二角
《日本教育原論》一册，杉浦重剛著，一角五分
《日本教育論》一册，日高真實著，四角
《教育新論》四册，高嶺秀夫譯，三圓二角
《社會教育論》一册，山名次郎著，一角
《日本農業教育論》一册，宫崎道正著，二角
《日本商業教育論》一册，河上謹一著，一角五分
《日本工業教育論》一册，平賀義美著，二角五分
《通俗商業教育論》一册，高橋義雄著，一角八分
《手藝教育論》一册，峰是三郎著，五角
《女子教育論》《普通教育全書》第七篇，永江正直著，一角五分
《歌謡教育論》一册，西村正三郎著，三角
《通俗教育論》一册，庵地保著，六角
《天台道士教育論纂》一册，杉浦重剛譯　渡邊元吉草川清編纂，五角
《中等教育私議》一册，勝浦鞆雄著，一角
《百科全書教育論》文部省藏板，一角八分五厘
《日本教育論》一册，文學士日高真實著，四角
《教育之大本》一册，稻垣滿次郎著，三角
《教育典範》二册，日下部三之介著，六角
《歐米大家教育格言》一册，渡邊嘉重著，二角
《益軒之教育法》一册，三宅米吉著，四角
《國家教育策》一册，日下部三之介編，二角五分
《虞氏應用教育論》一册，能勢榮著，六角
《標註斯氏教育論》一册，有賀長雄著，一圓五角
《理論應用教育論》町田則文　林吾一合譯，七角五分
《教育新論》《通俗教育全書》第三十二篇，高槻純之助，一角二分
《教育哲論》一册，尾原亮太郎著，三角
《加氏初等教育論》一册，和久正辰譯，一圓
《小學教育新編》五册，西村貞譯，一圓三角
《小學教育新篇講義録》一册，西村貞講義　日下部三之介筆記，二角四分
《亞細亞諸國教育一斑》一册，田中登作編，四角
《露國教育法》一册，高須治輔譯，三角五分
《教育學講義》二册，和久正辰講義，一圓五角
《教育學講義》一册，國府寺新作著，六角
《教育精義》一册，山口小太郎譯註，五角五分
《教育學》一册，文學士大瀨甚太郎編，六角
《中等教科教育學》二册，山縣悌三郎著，三角五分
《教育學》四册，能勢榮著，二圓
《删訂教育學》四册，土屋政朝譯述　大槻文彦校閲，一圓二角
《教育學》《普通教育全書》第十二篇，今泉祐善著，一角五分
《通信教授教育學》二册，能勢榮著，一圓二角
《教育學》二册，久保田貞則編纂，五角

《普通教育學》一册，國府寺新作著，一圓
《普通教育學》《通俗教育全書》第三十篇，澁江保，一角二分
《普通教育全書》十二册每月一回，一角五分
《通俗教育全書》百册每月一回，一角二分
《初等教育學》一册，高須治輔著，三角五分
《國家主義新編教育學》四册，文學士平沼淑郎編，一圓二角
《易解教育學》一册，國府寺新作　磯江潤合著，七角五分
《魯氏教育哲學》一册，松尾貞次郎譯解，八角五分
《釋註魯氏教育學》一册，國府寺新作譯，八角
《麟氏教育學》一册，藤代禎輔譯
《倍因氏教育學》六册，文學士添田壽一譯，一圓
《普通教育學》一册，澤柳正太郎　立花銑三郎合譯，九角
《釋註如氏教育學》二册，有賀長雄譯，二圓六角
《教育辭典》一册，木村一步著，三圓
《教育新論》二册，岡村愛藏譯，一圓五角
右教育學書五十七種。
《地理歷史教授原論》一册，峰是三郎譯，二角八分
《體育學》一册，毛利仙太郎　神保濤次郎同著，四角
《婦女子之職務》一册，成瀬仁藏著，一角
《胎内教育》《通俗教育全書》第四十四篇，伊東岑次郎，一角二分
《子供之育方》一册，土井辨次郎著，三角
《應用教授新論》一册，甫守謹吾著，五角五分
《小學教授新論》一册，片山熊太郎編，三角
《根氏教授論》二册，能勢榮著，一圓
《普通教授新論》一册，湯原元一譯，五角
《新式教授學》一册，國府寺新作　相澤英二郎合著，一圓二角五分
《麟氏教授學》一册，有賀長雄譯，七角
《遞信教授法》一册，有賀長雄著，一圓
《小學全科教授法》二册，林吾一山崎　忠興前川一郎同輯，二圓六角
《初等教育教授法》《通俗教育全書》第二十六篇，大石兵藏，一角二分
《單級教授法》《通俗教育全書》第三十五篇，清水直義，一角二分
《改正單級教授法》一册，山田邦彦著，三角五分
《單級學校》附《多級學校教授法》一册，原慶二郎編纂，三角五分
《小學校讀書科教授法新案》一册，山田邦彦著，一角三分
《尋常小學教授學略説》一册，今泉祐善著，五角
《根氏教授法》一册，能勢榮譯，八角
《教育叢書教授之得失》一册，山縣悌三郎著，二角四分
《增訂三版教授及訓練》一册，小池民次著，二角五分
《改正教授術》一册，近刻
《教授術》一册，黑田定治　木下邦昌編纂，二角五分
《俄氏新式教授術》一册，本莊太一郎譯，九角
《改正合級教授術》一册，渡邊嘉重著，一角二分
《再版改正教授術》正續，四册，若林虎三郎　白井毅編，一圓
《教授新案》一册，白井毅編，九角
《心算教授書》一册，白井毅編，三角
《尋常小學教授法》一册，佐藤時彦編，二角
《高等師範學校附屬小學科教授細目》一册，八角八分
《高等師範學校附屬小學科教授細目》一册，茗溪會著，八角八分
《尋常小學科教授細目》一册，渡邊嘉重著，五分
《小學校教授細目》一册，教育評論社，二角五分
《心性開發小學教科書論》一册，普及舍著，二角
《實驗教授術》一册，是石辰二郎　松木貢同著，九角五分
《實驗小學試驗術》一册，白井毅編，二角二分
《實用教授論》一册，三刀谷扶剛譯補，四角五分
《小學校教員心得》一册，野口保興譯述，八角
《小學新篇》三册，岡木監輔編輯，七角五分
《小學生徒訓練法》一册，多田房之輔著，三角五分
《小學教授軌範》一册，高橋熊太郎　前川一郎　長倉文彦同輯，一圓
《教育學教授法問答》一册，多田房之助編輯　渡邊正吉校正，三角
《學級教授術》一册，白井毅編，五角

《小學假名教授器》金港堂編輯，一圓五角
《日本獨乙合級小學校》一册，木場貞長著，二角五分
《教育學及管理法》一册，近刻
《學校管理法》一册，金港堂編輯，二角五分
《學校管理法》一册，生駒恭人撰，六角
《學校管理法》六册，外山正一　清野勉譯補，二圓三角
《改正學校管理法》一册，峰是三郎編纂，近刻
《學校管理法》一册，峰是三郎　生駒恭人編纂，二角五分
《學校管理法提要》一册，甫守吾編，三角五分
《學校管理術》一册，能勢榮著，七角
《實驗學校管理法》《通俗教育全書》四十六篇，杉山正毅，一角二分
《奎土學校管理法》一册，小宫山弘道譯，五角
《教室之整理》一册，山口鉞三郎著，二角八分
《教具之準備法》一册，峯是三郎著，三角五分
《學校通論》一册，箕作麟祥譯，三角五分
《學校通論》九册，箕作麟祥譯，一圓四角四分
《公私學校比較論》一册，澤柳政太郎著，一角四分
《平民學校論略》一册，村岡理學博士譯述，三角
《學校衛生論》一册，小林義直譯，五角五分
《墺獨佛瑞學校概論》二册，田中登作　橋本武合譯，二圓一角
《教授要訣注意力纏方》一册，林吾一譯，三角
《學務委員必讀》一册，日下部三之介編，一角五分
《佛國教育制度》一册，土屋政朝纂，二角五分

右實地教育六十七種。

泰西之强，吾中人皆謂其船械之精，軍兵之鍊也，不知其學校教育之詳也。故五十年來，吾中國亦漸講軍兵砲械，費帑萬萬而益以藉寇兵而齎敵糧耳。此中西强弱之大鍵，不可不明辨也。日人之變法也，先變學校，盡譯泰西教育之書，學校之章程倍根氏之《教育學》，爲泰西新變第一書，魯氏、如氏、麟氏條理尤詳矣。若《教育學新論》《原論》《普通學》諸書備哉粲燦，無微不入矣。吾中國以先聖之教爲文化大國，然士人知國而不知教，故重人主之富貴，而輕聖人之道義。而前明朱元章乃陰售其八股愚民之術，本朝未暇改之，而不肖有司乃增加大卷摺子之楷，枯困割裂之題，務弊天下千百萬人士之精神才力於無用之地，故危亡中國者，教爲之也。非先聖之教也，割截枯困之文，大卷摺子之楷，士人以此致貴，以此終老，求一稍通今古之故者，郡邑或無一人焉，或一省無幾人焉。况欲其明天人分際，達治教之原，通中外之故，小大精粗六通四闢者，安可得哉。野皆愚民，庠皆愚士，朝皆愚吏，於此而國不危也可得乎？試考各國教法之精粗疎密，可以知其國之强弱盛衰矣。若夫其農工商業有專學，單級高等有别科，師範教育有細目，學校筦理有法，教室教具有法，其他澳、獨、佛、瑞學校概論，日本、德國合級小學校、公私學校比較論，學校通論，皆兼備各國精微，詳盡皆可參觀而思兼之，亦得失之林矣。觀國者，必本於是焉。

【略】

《教育原論沿革史》一册，杉浦重剛譯，一圓五角
《教育叢書教育哲學史》一册，山縣悌三郎譯，二角
《標註教育學説史》一册，山本義明譯，八角
《教育史》《普通教育全書》第十篇，矢島錦藏著，一角五分
《教育全史》合本，二册，杉浦重剛譯，一圓一角
《日本教育史》二册，佐藤誠實，一圓二角五分
《日本教育史略》一册，文部省編纂，二角五分
《教育古典》《普通教育全書》第十一篇，本庄太一郎著，一角五分

右教育歷史八種。

《育幼草》一册，二角
《日本洋學年表》大槻，四角
《伊勢貞文家訓》《日本文庫》第七編之内，伊勢貞文，二角五分
《白鹿洞學規集註講義》《日本文庫》第八編之内，淺見絅齋，二角五分
《家庭教育女學校》《通俗教育全書》第四篇，谷口政德，一角二分
《家族主義女子教育》一册，望月興三郎著，一角五分
《人間》一册，土居通豫著，一角五分
《讀書法》一册，澤柳政太郎編述，二角
《圖書館管理法》一册，西村竹間編，一角五分
《訂正四版立志之礎》一册，松村介石著，二角五分

《貝原益軒家訓》《日本文庫》第七編之内，貝原益軒，二角五分
《學理論通》《普通學全書》第一編，富山房編，一角六分
《學校報告簿》一册，中野鉠太郎編，八厘
《學問之方針》《寸珍百種》一篇，宫村鐵次郎著，一角
《幼年之針路》一册，田村直臣著，二角
《第一高等中學校一覽》一册，第一高等中學，二角
《徂徠學則》一册，物茂卿，一角
《徂徠學則標註》二册，伊藤金藏，三角
《通俗學術演説》一册，須永金三郎著，二角五分
《通俗家庭教育論》一册，坂部廣貫編述，一角
《通俗教育演説》一册，澁江保，二角五分
《實用教育農工學校》《通俗教育全書》六篇，谷口政德，一角二分
《高等小學日課表》一枚，野口幾太郎編，二分
《家庭教育高等小學校》《通俗教育全書》三篇，谷口政德，一角二分
《處世方針幸福要訣》澁江保譯補著，二角五分
《師傅必携子供性質》一册，六分
《國民之真精神》一册，天眼鈴木力著，正價
《了守教育法》一册，渡邊嘉重著，一角五分
《帝國大學一覽》一册，帝國大學，三角
《三大教育家肖像》一枚，一角五分
《教育報知》一册，東京教育社編，五分
《教育家懷中日記》一册，岡村增太郎老案，一角五分
《教育科試驗問題答案》一册，牧野吉彌著，五角
《教員學力試驗問題》一册，日下部三之介編，二角五分
《慶長以來諸家著述目録》小説家之部，一册，中根肅治編輯，一角五分
《處世活法》一册，澁江保譯補著，二角五分
《處世之法》一册，菊池武德譯，二角
《勿一名處世之方針》《寸珍百種》第二編，一册，中原小回德著，一角
《小學生徒心得》一册，學友館編輯，三分
《人夫之本領》一册，天眼鈴木力著，四角五分
《訂正六版少年論》一册，尾崎行雄著，八分
《實用教育商業學校》《通俗教育全書》五篇，須永金三郎，一角二分
《尋常小學日課表》一枚，野口幾太郎編，一分五厘
《家庭教育尋常小學校》《通俗教育全書》二篇，谷口政德，一角二分
《小學百科叢書》合本，一册，高橋省三編，四角五分
《精神的講話》一册，演説，一角五分
《教育百夜演説》一册，谷口政德著，一角五分
《入學試驗數學問題集》一册，野澤謙輔編輯，一角
《入學試驗問題》一册，西田富衛著，一角五分
《諸官立學校入學試驗問題集》一册，渡邊温校閲　矢橋裕編輯，二角五分
《入學試驗問題集》一册，三田周一郎編，一角五分
《高等中學入學試驗例題解答》一册，清水吉之助編，二角五分
《入學試驗問題答案》一册，村松直一郎著，一角五分
《陸軍士官學校志望者必携》一册，納富忠一編輯，三角
《高等普通文官代言試驗及第秘法》一册，鈴操居士著，一角
《地方生指針》一册，北山外史，一角八分
《教育百科全書》一册，古志學人編，八分

右教育雜書五十八種。

楊毓輝《文字肇興，歷數千載，藏書之富，今倍於古。近日泰西亦重文字，據聞各國書院有藏書至數十萬卷、數百萬卷者，不知所藏何書？中國書籍固有流傳外洋者，而西士著作日盛，除已譯西書外，其未入中國者尚多。凡諳習各國文字之士，應留心及之，尚能詳徵博考，撮舉大要，録爲書目否》《格致書院課藝·甲午夏季正課》　今夫圖書者，治天下之本也。千古之性道文章，非文字無以闡述。一朝之兵農禮樂，非書籍無以研究。此天下五大洲所由皆重文學也。考古者結繩以記事，後聖人代以書契，而文字由是肇興。降及後世，文治日光，書籍日富，漢成帝命劉向等總羣書而著《七略》，得書三萬三千九百卷。光武中興，篤嗜文雅，藏書之富，三倍於前。南宋時謝靈運造四部目録，凡六萬四千五百八十二卷。隋時西京嘉則殿有書三十七萬卷，此爲藏書極富之時。唐代莫盛於開元，經史子集四類，都五萬三千九百十五卷。學者自爲之書，又有二萬八千四百六十五卷。宋之《崇文總目》，書共三萬六百六十九卷，明又益之。可見書籍之流

傳，愈積而愈衆矣。然此猶古時之藏書也，試再徵之近日，我朝稽古右文，《四庫全書》藏儲甚鉅，外省則西湖有文瀾閣，揚州有文匯閣，鎮江有文宗閣，琳瑯彪炳，蔚爲大觀。其家藏之書，則如杭州汪氏振綺堂，鄞縣范氏天一閣，崑山徐氏傳是樓，吴門黄氏滂熹園，錢塘吴氏瓶花齋，石埭嚴氏芳茉堂，昭文張氏愛日精廬，南潯劉氏眠琴山館，歙鎮鮑氏知不足齋，大都宏富異常，惜兵燹之餘，半多散佚。繼起者，則有吴興陸氏皕宋樓，尤爲宏備，並出所藏善本，建守先閣，以供多士覽觀。是則今日書籍之富，更可知矣。然此猶中國之藏書也，試更徵之泰西。泰西藏書之多始於埃及，其極盛時，聚至九十萬種。羅馬太學院，聚至十二萬種。亞拉伯城，亦聚二十五萬種。今西國所積尤多，法國大書樓，共五百所，藏書四百五十九萬八千册。其巴黎京都，已獨藏二百七萬九千册。奥國大書樓五百七十七所，藏書五百四十七萬六千册。英國倫敦藏書六十一萬種，綜計三島，共藏二百八十七萬二千册。日耳曼有一城，聚八十一萬八千六百種。普魯士書樓三百九十八所，藏書二百二十四萬册。意大里羅馬都城，聚三十二萬四千種，另有鈔本三萬五千册。細若蠅頭，共計通國大書樓四百九十三所，藏書四百三十五萬册。俄國都城，聚四十七萬五千種，統計書樓一百四十五所，藏書九十五萬三千册。是則泰西聲明文物，亦積久而始宏也。今自中西通道以來，中國之書亦多流傳於外國，嘏園先生旅英時，曾以華書數千卷輸之博物院中。而法國所藏華書尤多，至三萬餘卷。則西國之慕中朝文治可知。至中國譯西文書籍，雖已逐漸加增，而以未譯者相較，固不啻太倉一粟、九牛一毛耳。今承明問，爰就管窺所及，將未經繙譯之書，擇其切要者，訂爲簡明目録。録中計分十一類：曰史學，曰法學，曰經學，曰理學，曰算學，曰地學，曰兵學，曰文學，曰藝學，曰醫學，曰農學。而未知者，仍闕疑焉，不敢以杜撰貽不知妄作之譏也。伏乞教正是幸。

史學類【略】

理學類

《俄羅斯性理齊治誌》，俄人撰，凡一本。

《論性文》，俄人撰，凡一本。

《五行断解》，俄人撰，凡一本。

《氣遇靈機》，俄人撰，凡二本。

《天地定理》，俄人撰，凡一本。

《天地物理彙説》，俄人撰，凡一本。

《天地物理習解》，俄人撰，凡二本。

《釋明凡物性理指南誌》，俄人撰，凡一本。

《發明天地物理指南全書》，俄人撰，凡一本。

以上理學。

算學類

《第氏算書》，丹人第谷撰，凡六卷。一取二分真氣至時，二取北極之高，三求月平行，四解測星應用儀器，五解客星而分十二章，六載測器諸圖而分五章，勘驗極確，後世稱爲天學名家焉。

《歌氏算書》，波蘭人歌白尼撰，凡六卷。一言天動，二言天并七曜，三論歲差，四論月經。緯及日月交食，五求五星平行，六證五星緯度。

《算法全書》，俄人撰，凡二本。次《學算法全書》，俄人撰，凡一本。

《算法本原》，俄人撰，凡一本。次《學算法本原》，俄人撰，凡一本。

《古三角算法》，阿喇伯人撰，西一千二百五十年傳其書於法國。

《多氏天算全書》，埃及人多禄某撰，凡十三卷。一詳證數學，二論宗動天，三考太陽行，四言太陰行，五解月行經緯，六闡日月合會，七恒星遠近，八天漢起没，九求五星，十講金水二星，十一述土木二星，十二解五星行度，十三論五星緯度，於天學頗立異説。

《訥氏對數表》，英人訥白爾撰，用加減代乘除，以二零七一八二八一八爲元，此爲西法代數之鼻祖。

《肥氏數學紀要》，法人肥乙大撰，成於西一千五百九十年。始究明代數學，以二十五字母代數目字，不論已知未知，俱可推測。又造開三乘方法，算學至是益精。

《貼斐葉楞齊數書》，俄人撰，凡一本。

《貼斐葉楞齊數書發明》，俄人撰，凡二本。另有四種，每種一本。

《阿勒喀布拉數書》，俄人撰，凡一本。

《算法歸除》，俄人撰，凡一本。

《算法數目》，俄人撰，凡一本。

《恒星經緯度表》，尼西人依巴谷撰，始測定軒轅大星，在鶉尾宫二十九度五十分，並各恒星經緯，悉列爲表。

《火星行圖》，日耳曼人刻白爾撰，凡五卷七十二章，始言行星軌道皆爲橢圓，又言行星用橢圓平積爲平行，西國天文家皆宗其説。

《日月星辰論》，俄人撰，凡一本。
《宿繪三十篇》，俄人撰，凡一本。
《初學天地日月星辰論》，俄人撰，凡一本。
《定準日出日入書》，俄人撰，凡一本。
《天象旋轉考》，波蘭人歌白尼撰，成於西一千五百四十三年，始言太陽居中不動，五星及地球環繞之，後世多宗其説，迄今而未之改焉。
《地球或問》，意人伽離略撰，成於西一千六百三十六年。
《圓球原本》，德阿多西阿撰，言大圈皆與球同心，以及直角交角之理。
《彗星解》，丹人第谷撰，凡十卷。測彗星之高度，尾之短長，光之隱顯，及其方向，考十二星在黄道上，以求彗星之真，更作表圖，以精測驗，其法綦詳。
《天地儀器釋文》，俄人撰，凡一本，專釋儀器理法。
《圓球圓柱全理》，希臘人亞奇默德撰，凡一卷，三十一題，俱言球柱理法。
以上算法。

地學類地理、地志皆地學也。按日本地學書多有可採，且其地密邇中國，舉凡山川道里亦講形勢者所宜詳究，故採録數十種，以備有心人擇譯焉。

《各國地理誌》，俄人撰，凡一本。
《古地理總誌》，俄人撰，凡一本。
《地理總誌彙纂》，俄人撰，凡一本。
《地理總誌必讀》，俄人撰，凡一本。
《各國資學誘掖地理彙書》，俄人撰，凡二本。
《開闢阿彌葉唎喀新洲誌》，俄人撰，凡一本。即亞美利加洲。
《阿彌葉唎喀洲記》，俄人撰，凡一本。
《阿細阿洲記》，俄人撰，凡七本。即亞細亞洲。
《俄羅斯地理誌》，俄人撰，凡二本。
《俄羅斯都城誌》，俄人撰，凡三本。
《童蒙必讀俄羅斯地理誌》，俄人撰，凡一本。
《葡萄牙地理全志》，葡人撰。
《法蘭西地理全志》，法人撰。　《德意志地理全志》，德人撰。
《美利堅地理全志》，美人撰。　《英吉利地理全志》，英人撰。
《比利時地理全志》，比人撰。　《意大里地理全志》，意人撰。
《奥斯馬加地理全志》，奥人撰。　《土耳其地理全志》，土人撰。
《瑞典地理全志》，瑞人撰。　《西班牙地理全志》，西人撰。
《荷蘭地理全志》，荷人撰。　《瑞士地理全志》，瑞人撰。
《希臘地理全志》，希人撰。　《挪威地理全志》，挪人撰。
《蘇丹地理全志》，蘇人撰。　《丹馬地理全志》，丹人撰。
《巴西地理全志》，巴人撰。　《埃及地理全志》，埃人撰。
《墨西哥地理全志》，墨人撰。　《秘魯地理全志》，秘人撰。
《門的内哥地理志》，門人撰。　《智利地理全志》，智人撰。
《賽爾斐亞地理志》，賽人撰。　《摩洛哥地理全志》，摩人撰。
《加弗勒里地理志》，加人撰。　《布加利亞地理志》，布人撰。
《岌朴哥羅尼地理志》，岌人撰。　《羅馬尼亞地理志》，羅人撰。
《莫斯廓瓦都城志》，俄人撰，凡二本，即莫斯科窪。
《莫斯廓瓦南都誌》，俄人撰，凡一本。
《擦爾色庫葉都城記》，俄人撰，凡一本。
《空谷爾國志》，俄人撰，凡二本。　《俄羅斯國志》，俄人撰，凡一本。
《俄羅斯國各處方物志》，俄人撰，凡一本。
《俄羅斯國各處民生志》，俄人撰，凡一本。
《俄羅斯國辨明誌》，俄人撰，凡六本。
《喀法喀斯所屬各處誌》，俄人撰，凡四本。
《斯拉費楊各部落風俗書》，俄人撰，凡一本。
《大八洲記》，日本梨本祐之撰，凡十二卷。
《三國地志》，日本藤堂元甫撰，凡一百十二卷。
《藝藩通志》，日本官書，凡一百五十九卷。
《地理纂考》，日本官書，凡二十八卷。
《新編鎌倉志》，日本河井恒久撰，凡八卷。
《備前略史》，日本成田元美撰，凡二卷。
《日本地志提要》，日本官書，凡七十七卷。
《日本國地方銘鑑》，日本安岡百樹撰，凡一卷。
《日本風土記》，日本官書，凡五十卷。
《駿國雜志》，日本阿部正信撰，凡四十九卷。

《新撰陸奥國志》，日本士岸俊武撰，凡九十卷。
《甲斐國志》，日本松平定能撰，凡一百二十三卷。
《武藏國風土記》，日本官書，凡二百六十五卷。
《常陸國志》，日本中山信名撰，凡六十三卷。
《肥後國志》，日本森一瑞撰，無卷數。
《豐後國志》，日本唐橋世濟撰，凡九卷。
《阿波志》，日本藤原憲撰，凡十二卷。
《紀伊續風土記》，日本官書，凡九十七卷，附録九十四卷。
《福山志料》，日本吉田豐功撰，凡三十五卷。
《岡山縣里程經緯周圍録》，日本官書，凡一卷。
《足羽縣地理志》，日本官書，無卷數。
《若耶羣談》，日本人撰，凡二卷。
《白川風土記》，日本官書，凡三十三卷。
《會津風土記》，日本官書，凡百二十卷。
《近江輿地志略》，日本寒川辰清撰，凡百卷。
《東京府志料》，日本官書，凡百二十卷。
《相模風土記稿》，日本官書，凡百二十卷。
《豆州志稿》，日本秋山章撰，凡十三卷。
《駿河志料》，日本新宫道平撰，凡七十九卷。
《駿河新風土記》，日本新莊道雄撰，無卷數。
《攝陽群談》，日本岡田徯志撰，凡十卷。
《國勢要覽》，日本官書，凡二卷。
《遷都考證》，日本望月綱撰，凡一卷。
《輿地實測録》，日本伊能忠敬撰，凡十三卷。
《天保鄉帳》，日本官書，無卷數。
《五鈴遺響》，日本安岡親毅撰，凡八十卷。
《三州志》，日本富田景周撰，凡四十卷。
《備陽記》，日本石九定良撰，凡三十五卷。
《東作志》，日本正木輝雄撰，凡四十五卷。
《作陽志》，日本江村宋普撰，凡六卷。
《雲陽志》，日本黑澤宏忠撰，凡十五卷。
《因幡志》，日本安倍維親撰，凡三十七卷。
《飛州志》，日木長谷川崇忠撰，凡十二卷。
《尾張志》，日本深田正韶撰，凡六十卷。
《南路志》，日本武藤致和撰，凡一百二十卷。
《西條志》，日本官書，凡二十卷。
《贊岐志》，日本尾原景惇撰，凡十卷。
《長崎志》，日本田茂邊起撰，凡十六卷。
《續長崎志》，日本小原克紹撰，凡十三卷。
《西讚府志》，日本秋山維恭撰，凡六十卷。
《雍州府志》，日本黑川道祐撰，凡十卷。
《五畿内志》，日本關祖衡撰，凡六十卷。
《蝦夷志料》，日本官書，凡二百九卷。
《太宰管内志》，日本伊藤常足撰，凡八十二卷。
《壹岐續風土記》，日本吉野秀正撰，凡百十七卷。
《筑前續風土記》，日本貝原篤信撰，凡二十八卷。
《邊要分界圖考》，日本近藤守重撰，凡七卷。
《民部省圖帳》，日本官書，凡二卷。
《火山温泉攷》，日人撰。
《海陸驛程攷》，日人撰，詳日本各道驛程情形。
《驛站指程》，俄人撰，凡二本，詳記俄國郵程。
《天下奇物誌》，俄人撰，凡四本。
《經行沿海記》，俄人撰，凡一本。
《巡查南洋記》，俄人撰，凡三本。
《發蒙周行天下四方記》，俄人撰，凡二本。
《週行沿海四方記》，俄人撰，凡三本。
《經行四方記》，俄人撰，凡四本。
《經行南洋記》，俄人撰，凡三本。
《入海經行記》，俄人撰，凡一本。
《北海經行記》，俄人撰，凡三本。
《四次至北海記》，俄人撰，凡一本。
《天下地理鑑》，俄人撰，凡三本。
《古地理圖》，俄人撰，凡一本。
《天下地理全圖》，俄人撰，凡一本。

《大下東西地理圖》，俄人撰，凡二本。
《五洲地理圖》，俄人撰，凡一本。《天下土產圖》，俄人撰，凡一本。
《俄羅斯國地理圖》，俄人撰，凡一本。
《俄羅斯水陸地圖》，俄人撰，凡一本。
《額俄羅怕洲地理圖》，俄人撰，凡一本，即歐羅巴洲。
《鄰國地理全圖》，俄人撰，凡一本。
《乜葉忒爾布爾噶城等處圖説》，俄人撰，凡二幅。
《乜葉忒爾布爾噶宮室圖》，俄人撰，凡一幅。
《大下山水古蹟圖》，俄人撰，凡二本。
《格呼齊雅國景物圖》，俄人撰，凡一本。
《什魏察爾濟雅國景物圖》，俄人撰，凡一本。
《地勢高下圖》，俄人撰，凡一本。
《經行地理圖》，俄人撰，凡一本。
《因時指定各國疆域地理圖》，俄人撰，凡一本。
《天下地理人物圖像記》，俄人撰，凡二本。
《殊方景物圖覽》，俄人撰，凡一本。
以上地學。

兵學類

《俄羅斯防守叢林隘口推廣條例》，俄人撰，凡一本。
《置兵出戰書》，俄人撰，凡五本。
《行師各國書》，俄人撰，凡三本。
《武備志》，俄人撰，凡四本。另有二種：一則二本，一則一本。
《平定費陽梁地紀略》，俄人撰，凡一本。
《征法蘭西戰策》，俄人撰，凡一本。
《俄羅斯征法蘭西言行記》，俄人撰，凡一本。
《俄羅斯大帥言行記》，俄人撰，凡一本。
《擇地列陣建營圖説》，俄人撰，凡一本。
《用兵技藝謀略論》，俄人撰，凡二本。另有一種，凡一本。
《軍營修造晰解》，俄人撰，凡三本。《俄羅斯武備誌》，俄人撰，凡三本。
《英吉利武備志》，英人撰。《法蘭西武備志》，法人撰。
《德意志武備志》，德人撰。《美利堅武備志》，美人撰。
《意大里武備志》，意人撰。《西班牙武備志》，西人撰。
《葡萄牙武備志》，葡人撰。《比利時武備志》，比人撰。
《奧斯馬加武備志》，奧人撰。《荷蘭武備志》，荷人撰。
《瑞典武備志》，瑞人撰。《挪威武備志》，挪人撰。
《丹馬武備志》，丹人撰。《瑞士武備志》，瑞人撰。
《希臘武備志》，希人撰。《土耳其武備志》，土人撰。
《賽爾斐亞武備志》，賽人撰。《羅馬尼亞武備志》，羅人撰。
《門的內哥武備志》，門人撰。《布加利亞武備志》，布人撰。
《加弗勒里武備志》，加人撰。《岌朴哥羅尼武備志》，岌人撰。
《巴西武備志》，巴人撰。《秘魯武備志》，秘人撰。
《智利武備志》，智人撰。《埃及武備志》，埃人撰。
《蘇丹武備志》，蘇人撰。《墨西哥武備志》，墨人撰。
《摩洛哥武備志》，摩人撰。《兵技論》，俄人撰，凡二本。
《堅壘論》，俄人撰，凡二本。《陣總論》，俄人撰，凡一本。
《行兵戰守論》，俄人撰，凡二本。《行兵進退論》，俄人撰，凡一本。
《策戰》，俄人撰，凡一本。《礮兵法解》，俄人撰，凡二本。
《阿爾塔列勒書》，俄人撰，凡一本。
《管船官員事宜論》，俄人撰，凡一本。
《慎守造用軍器發明》，俄人撰，凡一本。
《俄羅斯國各項兵丁衣服器械記》，俄人撰，凡三本。
《俄羅斯國大元帥傳》，俄人撰，凡三本。另有二種：一則二本，一則一本。
《征法蘭西名帥傳》，俄人撰，凡四本。《水師名帥傳》，俄人撰，凡四本。
《宰相元帥傳》，俄人撰，凡二本。《統兵元帥傳》，俄人撰。
《武臣傳》，俄人撰，凡三本。《舟師記》，俄人撰，凡四本。
《寄舟師信函》，俄人撰，凡二本。
《平定空谷爾國方略》，俄人撰，凡三本。
《那普哩勇犯界戰策誌》，俄人撰，凡二本。
《博羅抵腦戰策》，俄人撰，凡一本。
《戰圖》，俄人撰，凡一幅。

《法蘭西兵丁渡河圖》，俄人撰，凡一幅。

《舟師海戰圖》，俄人撰，凡一幅。

以上兵學。

文學類【略】

藝學類 藝學者，不僅工藝也。泰西凡格致、博物皆謂之藝學，今從之。

《格致新理》，英人貝根撰。共分七類。一天地闡義，凡三十七條。二方寸意像，凡二十四條。三格物諸理，凡九條。四格物差謬，凡七條。五格物謬因，凡十五條。六格物漸興之基，凡三十二條。七天地闡義新法，凡十五條。遺糟粕而闢新機，格致之學始盛。

《新器》，英人貝根撰，言窮理新法。

《西洋製器全書》，不詳撰人名氏。按《俄羅斯叢記》載，高郵王壽同曰，曩歲余慕蘧仲兄從事粵東軍營，有售《西洋製器全書》者，凡海外各國製器之法，無不備載，需價三千金。仲兄請於祁竹軒制府，欲售而譯之，以備講習火器舟車之用。會有言於大府者，恐譯之而不能用，徒擲此金。事遂中輟。

《風水工作器用晰解》，俄人撰，凡一本。

《俄羅斯國事功鑄錢集成》，俄人撰，凡一本。

《古今錢法》，俄人撰，凡三本。　《各國錢法異同》，俄人撰，凡一本。

《葉瓦魯巴州錢法》，俄人撰，凡一本。

《馬丁鍊鋼法》，法人撰。

《西門子鍊鋼法》，英人撰。西門子本格致名家，於西歷一千八百四十六年，攷究鍊鋼，因設回熱爐，以省燒料，書中紀載綦詳。

《別色麻鍊鋼法》，英人撰，按鍊鋼之法，至別色麻益精也。

《陪爾奴鍊鋼法》，法人撰。　《織染發明》，俄人撰，凡二本。

《淘金新法發明》，俄人撰，凡一本。　《各項工作發明》，俄人撰，凡二本。

《村居器具造法》，俄人撰，凡二本。

《俄羅斯國工作器具記》，俄人撰，凡一本。

《建造樓臺書》，俄人撰，凡一本。　《民生財産記》，俄人撰，凡一本。

《傳真古法》，俄人撰，凡一本。　《樂記》，俄人撰，凡一本。

《樂理晰解》，俄人撰，凡一本。

《英國格物類編》，英人撰。按《格致彙編》曾譯其《汽錘略論》及《織布機器》兩條。

《英國貿易編》，英人撰。言近今商務工藝，中有日本效西國工藝一條，《格致彙編》已摘譯之。

《苟氏電學》，西人苟白得撰。

《賈氏電學》，步路捺人賈法尼撰。其書載剖開田雞，以悟傳電之法，實開化電氣之源。

《包司托電學》，西人包司托撰，論賈氏電氣源流。

《弗拉打電學》，意人弗拉打撰。

《奧氏電學》，丹人奧司太特撰，論吸鐵氣與電氣異同。

《傅氏電學》，英人傅蘭克令撰。

《兑氏電學》，英人兑飛撰，成於西歷一千八百十二年，詳論來頓瓶化電摩電理法。

《亞氏重學》，希臘人亞齊默德撰，主論流質重學。

《動植原》，英人達文撰。

《植物綱目》，西人賴氏撰。其書大旨有三，即草木實中之仁單仁雙，以及永不著花之類。

《木植物原性綱目》，法人撰，其書遵賴氏之意而引伸之。

《草木原委分類》，荷人羅貝勒撰。

以上藝學。

醫學類

《醫學箴言》，古希波拉底撰，古今註釋凡一百三十七家。

《身内通行血脉醫學理》，法人馬里撰，成於西一千八百六十三年，言脉表之一切理法，特精。

《醫法論》，俄人撰，凡一本。　《醫法新編》，俄人撰，凡四本。

《千金一方》，俄人撰，凡一本。　《本草備要》，俄人撰，凡一本。

《本草損益》，俄人撰，凡二本。　《本草綱目》，俄人撰，凡一本。

《初學必讀本草綱目》，俄人撰，凡一本。

《西國本草全書》，英國名醫撰。按英士傅蘭雅譯有《西國本草撮要》，疑即本於是書。

《西國本草綱目》，瑞典人林挪氏撰，記載甚詳，並引他書精圖以相證，允爲善本。

《藥品本草圖譜》，荷人福烏篤印撰，採取頗詳。
《泰西本草名疏》，日本伊藤清民撰，凡三卷，大都採之西書，加以論斷。
《新訂草木圖説》，日本飯沼慾齋撰，專論日本草木而分爲某科某類某種，並生於何處，及根梗葉花子實，攷證詳明。惟不言及藥品之用，是其略處。
《草木記》，俄人撰，凡六本。另一種，凡一本。
《金石記》，俄人撰，凡二本。　《金石總鑑》，俄人撰，凡三本。
《土産辨明》，俄人撰，凡二本。
《發明土産金寶記》，俄人撰，凡二本，亦金石藥品之類也。
《禽獸集圖》，俄人撰，凡二本，亦有關於藥品也。
《俄羅斯植木記》，俄人撰，凡一本。　《形體全録》，俄人撰，凡一本。
《形體全録理解》，俄人撰，凡二本。　《形體記》，俄人撰，凡二本。
《内症記》，俄人撰，凡一本。　《對症用藥記》，俄人撰，凡五本。
《療病用藥記》，俄人撰，凡一本。
《愛氏醫書》，英人愛凡司撰。其書分爲數種，如論人老肺癆之故，霍亂吐瀉之故，及免霍亂法，癧病根源治法，精確異常。
《巴氏暈船醫法》，美人巴次撰。其人向在船中行醫，因見人多暈船嘔吐，乃攷究病源治法，編撰成書。大旨謂用法施治，十可免九焉。
《眼科》，俄人撰，凡二本。　《延壽法》，俄人撰，凡一本。
《魂病論》，俄人撰，凡一本。　《種牛痘法》，俄人撰，凡一本。
《醫病發解》，俄人撰，凡一本。　《發明痔瘡論》，俄人撰，凡一本。
《發明涼水治病論》，俄人撰，凡一本。　《疹脉病形書》，俄人撰，凡一本。
《小兒疾病辨明論》，俄人撰，凡一本。
《醫獸用藥治明》，俄人撰，凡一本。
《希魯爾吉醫書》，俄人撰，凡二本。　《貼藥爾撇醫書》，俄人撰，凡十本。
以上醫學。

農學類

《隴畝分界書》，俄人撰，凡一本。　《地丁究源》，俄人撰，凡六本。
《地丁書》，俄人撰，凡四本。　《地丁全書》，俄人撰，凡二本。
《地丁工作新編》，俄人撰，凡三本。　《地丁工作成法》，俄人撰，凡一本。
《耕種總論》，俄人撰，凡二本。　《耕牧論》，俄人撰，凡一本。
《耕耘論》，俄人撰，凡一本。　《鄉民耕種資學》，俄人撰，凡一本。
《耕耘成法論》，俄人撰，凡二本。　《月令集要》，俄人撰，凡一本。
《種樹論》，俄人撰，凡一本。　《種菜論》，俄人撰，凡一本。
《種花草論》，俄人撰，凡一本。　《防守植木論》，俄人撰，凡一本。
《山野養植樹木發明》，俄人撰，凡一本。
《花木園亭圖》，俄人撰，凡一本。
以上農學。

蘇松太兵備道劉原評：

首藝切實詳明，斟酌盡善，有條有理，不蔓不支，當可見諸施行。次殫見洽聞，深於西學，體例亦極精詳，可稱博雅之士。

又　王輔才同題　今夫往者何以繼，繼以文也。來者何以開，開以文也。文字之功用，不綦大乎！中國文字肇於倉聖，至後世而益備。隋煬帝時，藏書至三十七萬卷，惜後多散佚。我朝《四庫》所收書目，宏括異常，而未採者尚衆，邇來文字日盛，書籍更層出不窮，誠極千載一時之盛矣。考泰西亦重文字，然欲盡知其書籍頗難，何則？泰西字皆斜行，而體又各異，如英、法、德、俄、希臘，大都自成一體，且法用本國字，而愛勒脱以南，即爲哀斯記書矣。俄用本國字，而芬蘭都以西即爲波蘭書矣。是不但中西互異，即西國亦各不同，安能盡識其體而徧攷其書乎！雖然，未嘗不可知也。近來英之倫敦，德之伯靈，法之巴黎，奥之維也納，美之華盛頓，意之羅馬，俄之彼得羅堡，藏書尤夥，自數十萬至數百萬卷，不足爲奇，其中並有中國書籍，蓋自通商而後，流傳於外洋者日多也。且西士著作，近亦日增月盛。前見英國新出書，單計西歷一千九百九十二年，即光緒十八年，共出新書六千二百五十四部，中以小説類最多，凡一千五百三十七部；次則學校類，六百九十四部；道學類，六百七十三部；紀傳類，三百六十八部；地理類，三百三十六部。餘皆爲天算、格致、圖畫、詞歌、醫政等書焉。其書如是之備，可知未入中國者尚多也。兹就一得之見，謹將已譯未譯各書，合訂爲目，而分天、地、人、物四類。天類，則天算測候等書屬焉。地類，則輿地邦國山水等書屬焉。人類，則政事、文史、詩詞、格致、格致者，凡化電、聲、光、重、熱、汽皆是也。醫、農、工等書屬焉。物類，則植物、動物、器用等書屬焉。惟測算屬於天類，專言器具者，則屬於物類。兵、醫、農、工等書屬焉。物類，則植物、動物、器用等書屬焉。英人所著者，則註一英字，俄人所著者，則註一俄字，餘皆倣此，以歸簡便。其已譯者，則加以譯字，以示區別。世有博學君子，匡其不逮，是所望焉。

天類

《天象旋轉考》，波蘭。　《日月星辰論》，俄。
《定準日出日入書》，俄。　《算法數目》，俄。
《算法全書》，俄。　《算法本原》，俄。
《算法歸宗》，俄。　《宿繪三十篇》，俄。
《天地儀器釋文》，俄。　《阿喇喀布拉算書》，俄。
《貼斐葉楞齊數書》，俄。　《訥氏對數表》，英。
《彗星解》，丹。　《第氏算書》，丹。
《多氏算書》，埃。　《火星行圖》，日耳曼。
《數學紀要》，法。　《天學圖說》，法。
《幾何原本》，譯希。　《代數術》，又英。
《微積溯原》，又英。　《算式集要》，又英。
《三角數理》，又英。　《數根開方術》，又英。
《代數難題解》，又英。　《數學理》，又英。
《談天》，又英。　《格致啓蒙天文》，又英。
《測候叢談》，又英。　《天文圖說》，又英。
《天文揭要》，又美。　《代數積拾級》，又美。
《算算數學》，又美。　《形學備旨》，又美。
《算式集要》，又英。　《圜錐曲線》，又英。
《天文淺說》，又美。

按，近來天算之書，尚有《對數表》《弦切對數表》《算學啓蒙》《算法統宗》《勾股六術》《八線簡便》，不下二三十種，然皆華人所著，故不列焉。

地類

《俄羅斯地理志》，俄。　《俄羅斯都城志》，俄。
《俄羅斯國辨明誌》，俄。　《俄羅斯國方物誌》，俄。
《俄羅斯國民生誌》，俄。　《地理總誌彙纂》，俄。
《阿細阿洲誌》，俄。　《阿彌葉喇喀洲記》，俄。
《古地理總誌》，俄。　《各國地理誌》，俄。
《莫斯廓瓦南都誌》，俄。　《莫斯廓瓦都城誌》，俄。
《喀法喀斯各處誌》，俄。　《擦爾色庫葉都城記》，俄。
《北海經行記》，俄。　《經行沿海記》，俄。
《經行南洋記》，俄。　《經行四方記》，俄。
《巡查南洋記》，俄。　《入海經行記》，俄。
《天下地理鑑》，俄。　《天下地理圖》，俄。
《五洲地理圖》，俄。　《古地理圖》，俄。
《驛站指程》，俄。　《空谷爾國誌》，俄。
《俄羅斯國地理圖》，俄。　《俄羅斯國水陸圖》，俄。
《天下東西地理圖》，俄。　《英國全圖》，英。
《英屬印度圖》，英。　《英屬南洋各島圖》，英。
《德國全圖》，德。　《法國全圖》，法。
《荷國全圖》，荷。　《荷國南洋屬島圖》，荷。
《奥國全圖》，奥。　《意國全圖》，意。
《美國全圖》，美。　《葡國全圖》，葡。
《測地繪圖》，譯英。　《海道總圖》，又英。
《海道分圖》，又英。　《大江圖》，又英。
《大江圖說》，又英。　《海道圖說》，又英。
《繪地法原》，又英。　《地學淺釋》，又英。
《開煤要法》，又英。　《格致啓蒙地理》，又英。
《海塘輯要》，又英。　《航海簡法》，又英。
《地球說略》，又英。　《地學指略》，又英。
《寶藏興焉》，又英。　《地理問答》，又美。
《地理志略》，又美。　《聯邦志略》，又美。
《金石識別》，又美。　《大英國志》，又英。
《礦石圖說》，又英。　《地理全志》，又英。

人類

《俄羅斯國總例》，以下政事。俄。　《俄羅斯國新例》，俄。
《俄羅斯資治總記》，俄。　《西洋各國通例》，俄。
《治國齊民誌》，俄。　《俄羅斯國汗踐祚典禮》，俄。
《德國律例》，德。　《美國律例》，美。

《葡國律例》，葡。
《法國律例》，譯法。
《英國律例》，又英。
《富國策》，又美。
《義理新解》，以下文學。俄。
《各種文編》，俄。
《西洋文風記》，俄。
《俄國文風記》，俄。
《俄國文編》，俄。
《古文風記》，俄。
《益幼全書》，俄。
《幼學故事》，俄。
《養幼發解》，俄。
《初學次序》，俄。
《幼藝必讀》，俄。
《養幼篇》，俄。
《幼學各種文風集》，俄。
《俄羅斯方言叢書》，俄。
《俄羅斯方言資學》，俄。
《俄羅斯方言晰解》，俄。
《俄羅斯論》，俄。
《俄羅斯字式新書》，俄。
《俄羅斯字式發明》，俄。
《俄羅斯資學字書》，俄。
《俄羅斯字式理解》，俄。
《英國字學全書》，英。
《法國字學全書》，法。
《德國字書》，德。
《法語進階》，譯法。
《肄業要覽》，又英。
《西國學校》，又德。
《那畢爾史書》，以下史學。英。
《紀年志》，俄。
《各國表文》，俄。
《寰海各國史》，俄。
《寰海世系史》，俄。
《外國史彙纂》，俄。
《俄羅斯國史》，俄。
《南方居民史》，俄。
《寰海史通纂》，俄。
《俄國汗史》，俄。
《俄國妃史》，俄。
《俄國妃誌》，俄。
《名媛彙史》，俄。
《公法釋疑》，荷。
《通使條例》，荷。
《布氏公法》，荷。
《當今公法》，德。
《古法經世》，德。
《歐洲公法》，德。
《律法釋義》，英。
《邦國條例》，英。
《通融公法》，法。
《發氏公法》，瑞。
《萬國公法》，譯美。
《公法便覽》，又美。
《星軺指掌》，又德。
《四裔編年表》，又英。
《列國歲計政要》，又英。
《年代表》，又英。
《萬國通鑑》，又
《大英國史》，又英。
《英國詩録》，以下詩詞英。
《俄羅斯詩》，俄。
《依里瓦達詩集》，俄。
《底米忒里氏詩集》，俄。
《柯里嚕幅氏詩集》，俄。
《奥氏電學》，以下格致。丹。
《電學新書》，丹。
《格致新理》，英。
《格致叢書》，英。
《化學新法》，英。
《光學考原》，英。
《光論》，英。
《聲學》，法。
《汽學理法》，德。
《亞氏重學》，希。
《汽機必以》，譯英。
《汽機新制》，又英。
《汽機發軔》，又英。
《重學》，又英。
《重學圖説》，又英。
《體性圖説》，又英。
《化學鑑原》，又英。
《化學分原》，又英。
《化學鑑原續編》，又英。
《化學補編》，又英。
《化學求數》，又德。
《化學攷質》，又德。
《化學初階》，又美。
《化學闡原》，又英。
《化學指南》，又英。
《化學易知》，又英。
《電學》，又英。
《電學綱目》，又英。
《電學圖説》，又英。
《光學》，又英。
《聲學》，又英。
《格致啓蒙》，又美。
《西學啓蒙》，又英。
《戰策》，以下兵備俄。
《武備志》，俄。
《陣總論》，俄。
《兵技論》，俄。
《堅壘論》，俄。
《置兵出戰書》，俄。
《行師各圖書》，俄。
《用兵技藝謀略論》，俄。
《博羅抵腦戰策》，俄。
《礮兵法解》，俄。
《行兵進退論》，俄。
《製礮新書》，德。
《行軍測繪》，譯英。
《營城揭要》，又英。
《輪船布陣》，又英。
《營壘圖説》，又比。
《防海新論》，又德。
《攻守礮法》，又德。
《礮準新法》，又德。
《克虜伯礮説》，又德。

《克虜伯礮彈藥法》，又德。 《陸操新義》，又德。
《兵船礮法》，又美。 《水師操練》，又英。
《英國水師》，又英。 《英國水師律例》，又英。
《法國水師》，又法。 《美國水師》，又美。
《列國陸軍制》，又採輯。 《爆藥記要》，又美。
《醫學全書》，以下醫道英。 《醫病發解》，俄。
《千金一方》，俄。 《本草備要》，俄。
《金石總鑑》，俄。 《形體全録》，俄。
《對症用藥記》，俄。 《內症記》，俄。
《延壽法》，俄。 《儒門醫學》，譯英。
《西藥大成》，又英。 《全體新論》。又
《全體闡微》。又 《內科闡微》。又
《內科全書》。又 《體質窮源》。又
《體用十章》。又 《全體通攷》。又
《全體圖說》。又 《眼科指蒙》。又
《衛生要旨》。又 《炎症論略》。又
《割症全書》。又 《眼科撮要》。又
《花柳指迷》。又 《裹札新法》。又
《皮膚新編》。又 《西藥略釋》。又
《婦嬰新說》。又 《耕耘論》，以下農工。俄。
《耕種總論》，俄。 《地丁全書》，俄。
《隴畝分界書》，俄。 《地丁工作新編》，俄。
《各項工作發明》，俄。 《淘金新法發明》，俄。
《俄羅斯工作記》，俄。 《製造新法》，英。
《工藝新機》，英。 《製火藥法》，譯英。
《冶金録》，又美。 《造銕全法》，又英。
《西藝知新》，又英。 《鋅板印圖》，又英。

物類

《草木原委》，以下動植。荷。 《動植原》，英。
《種樹論》，俄。 《種花論》，俄。
《防守植木論》，俄。 《草木記》，俄。
《禽獸集圖》，俄。 《百鳥圖說》，法。
《魚鳥新編》，法。 《獸集》，法。
《百鳥圖》。譯 《百獸圖》。又
《百蟲圖》。又 《百魚圖》。又
《植物圖》。又 《植物學》。又
《格物探原》。又 《博物新編》。又
《動物須知》。又 《植物須知》。又
《風水工作器用晰解》，以下器用。俄。 《村居器具造法》，俄。
《機器攷原》，德。 《工作器具彙編》，德。
《器用生財記》，德。 《器用致富全書》，美。
《藝器記珠》，譯英。 《器象顯真》，又英。
《顯鏡遠鏡說》，又英。 《測繪器》，又英。
《照像器》，又英。

以上所列書目，皆擇其有裨實用也。無關緊要者，概弗收録。至於教務書籍，支離荒誕，大悖聖人之道，故無論已譯未譯，亦一概不收。是否有當，望垂教焉。

甯紹台兵備道吴福茨觀察原評：

首藝思議周帀，推闡精詳，杜漸防微，深中肯綮，迥殊浮光掠影之談。次分四類，搜羅美富，敘次簡要不煩，良由筆妙。

又　李經邦同題　中國上古之世不立字文，但有語言，而荒遠難稽，猶泰西之在造分音塔以前，同爲不可攷耳。自倉頡創造書契，功在萬世。厥後太史籀箸大篆，李斯創小篆，程邈增減大小篆而爲隸書，其原皆本諸倉聖。至今日而孳生變化，字與書並倍于古矣。泰西文字以蠟丁、猶太爲最古，蓋猶太開國于中國夏時，厥後遂啓希臘。及殷商中葉，灑哥落自厄日多來立國典雅，始以文字傳其國人。歐洲人通文字自希臘始，故西人寶猶太文，正如中國之貴大篆也。降至今日，泰西之人文日盛，而有志之士亦莫不箸書立說，以垂于後。各國藏書之處，書帙之多，頗足以資聞見。奥地里國有大書樓五百七十七所，藏書籍五百四十七萬六千册。法蘭西國有書樓五百所，藏書四百五十九萬八千册。意大利國書樓四百九十三所，藏書四百三十五萬册。普魯士國書樓三百九十八所，藏書二百二十四萬册。英頡利國書樓二百所，藏書二百八十七萬二千册。俄羅斯國書樓一百四十五所，藏書九十五萬三千册。法國巴黎京城有一書樓，宏敞異常，藏書最富，獨得二百七萬九千册。普國伯靈都城有一書樓，亦有七十萬册。而羅馬大書院，萃四方祕籍，儲上古之珍函，別有手鈔書籍三萬五千册。此泰西各國藏書之大較也。其所藏之書，門分類別，各有目録，而大略不外算學、重學、天學、地學、化學、電學、光學、醫學數門。若中國書籍之流傳外洋者，法國則有中華書目三巨册，英德俄各國亦皆有之。而中國所譯之西書，其種數亦枚不勝舉。至于未入中國之書，則更汗牛充棟，非諳習各國文字者，不能窺其棗籥焉。昔經邦奉使奧法意普英俄諸國，游覽各國書院，曾譯其書目及撰人姓氏，以便觀覽。茲承明問，謹分爲算學、重學、化學、醫學四類，仿簡明書目體例，每書撮舉大要，誌其得失，俾閲者不致爲所蒙焉。

算學類

《阿蘭因莫叶金》十五卷，西曆一百三十五年，奧國天文士仄威黎撰。書分十五卷，首卷論界説，二卷論綫，三卷論圜，四卷論割圜，五卷論三角形，六至十卷論比例及綫面，十一至十五卷論比例無比例之理。每卷設題，案題立説，由淺及深，秩然不紊。惟書中推尊耶穌，直同天帝，未免太過。且于算學無關，而妄則其閒，亦覺龐雜。是即其書之未純也。

《坡尒頗勿尼》二卷，西曆二百二十一年奧國算學堂教習德連騰撰。上下共分兩卷，説皆淺近，極易明曉。由減乘除命分小數，以至開方對數，各言其法，而設題演算，亦皆簡當。洵初習算術之門徑也。惟全書中未論及比例，未免少嫌疏漏耳。

《齊尼可來的密》十三卷，西曆五十八年法國算士倭聯朵尒撰。分卷十有三，首言綱領，次論方程，二三四論指數，五至十二論約法及級數，十三論用對數。書中詳言算術之捷法，凡天文、火器、航海等事須推算者，皆可本是書以推演。其爲用也，甚大，而亦甚便。故西國習算法者，皆以此書爲不可少也。

《德則特廓惹》八卷，西曆六百九十一年法國天文院長貝林左拏聖所撰。計八卷，首論數學，次論多元一次方程，三論漸變之理，四論紀函數法，五六二卷論級數並對數之級數，七八兩卷論未定之數。此書在算學中可謂精造其極，凡隱微紛繁之算題，均可用以布算，且甚便捷。故法國之算士，莫不肄業及之也。

《夏干柏蘭尼》四卷，西曆四百六十一年意大利算士亞瑪作搦撰。首卷總論幾何之點綫圜，二三四各卷詳論微分積分。微分者，凡綫面體皆設爲由小漸大，一刹那中所增之積，即微分也；其全積即積分也。故積分逐層分之，爲無數微分；合爲無數微分，仍爲積分。其理奧秘，非深于算術者，不能得其門徑焉。

《噶勒什鏗》一册，西曆九百三十七年意大利天文士甘麼撰。不分卷數，合爲一册。內言比例百分利息保險諸法，並及推解里法。各術多綴題問，使學者可以案題演算，易于精熟。惟其煩累之處甚多，苟得精于算法者，刪繁就簡則完善矣。

《阿喀接密亞》三卷，西曆一千六百十年意大利算學家士疋布倫司撰。書分三卷，首卷論八綫之法，次卷論量法，三卷論航海法。簡要得當，辭無支蔓，亦算書中善本也。

《嘰尒鈹勿諾》九卷，西曆五百九十一年普國算士拉彼特肯撰。書凡八卷，末附一卷，合爲九卷。其論數算各理，並由極淺起首，漸進深奧。凡各種綫面體積圜錐曲綫之法，均以相等式明之。雖極深極奧之題，觀其算式，無不了然于胸中，毫無疑難之處。洵測量之捷徑也。

《巴薩嘎什》一卷，西曆八百七十四年普國算院掌教威尒札勿達撰。書中詳論測算地面各法，凡地面之測量者，當從此書入手。故西國測量家，皆目此爲最便之書。

《布烈特疋古特》十五卷，西曆七百三十六年英國天文算學教習坡塔甯撰。凡十五卷，首論加減乘除，次論代數諸分之法，三論諸乘方，四論無理根式，五論比例，六論變清獨元，七論變清多元，八論各題解法，九論正雜各式，十論總理，十一論正雜解法，十二論求略近之根，十三論無窮級數，十四論求實根法，十五論無定之式。此書博大精深，凡尋常算題，無不賅備，亦算家不可少之書也。

《阿喇伯哈》四卷，西曆九百七十三年英國算士嚕莫秋撰。分爲四卷，卷設題，題布解，解法整齊，語言明簡。凡極難之題，皆詳加解釋，初學讀之最便捷。惟秋深信耶穌，書中勸人入教，每于題解後坿言耶穌之有功於民，並有功算學，不倫不類，此其失也。

《馬哩汀斯喀》五卷，西曆一千一百十一年俄國算學院掌教雅得琳側甫撰。共分五卷，前二卷論微分術，後三卷論積分術。算學以變繁爲簡、轉難爲易、化遲爲速爲第一要義，微分積分者，實因加減乘除、開方之不勝其繁，且有窒礙難通之處，立此二術以濟其窮，所以使簡易而速也。

《巴勞烏作》十二卷，西曆一千三百六十七年俄國天文院算學生喀羅梯撰。卷分十二，內所言者率以比例求三角形之邊角，實爲八綫學之根本。又爲測量法之要術，凡平三角形，必有六事：三爲邊，三爲角。六事中已生其三，則餘三事可以法求而得之，此書中無不賅備焉。

重學類

《格倭尒幾》二十卷，西曆八百三十年奧國格致士顆索撰。卷分二十，首卷至七卷論重學之靜者，八卷至十七卷論重學之動者，末三卷坿論流質之重學，及凝質之重學。其論格致之理，必兼明算學，不特製器者必讀是書，即測量天文者，亦當參觀是書也。

《唯闐司幾》一册，西曆七百八十二年法國格致教習薩尒哈撰。不分卷數，首繪大圖一幅，按圖綴説，淺簡易明。下乃論六類器之理，及推算之法。知無論何器，能增力者，不能增速；能增速者，必費大力。復論機件動法，以明凡機器之繁，均藉六類簡器并合而成。此一册中皆詳言之。

《頗魯赤尼克》三卷，西曆一千三百二十五年法國重學院教習多喀撰。分上中下三卷，上卷論體質之重學性，中卷論動理，下卷論各力。三卷之末，殿以大圖一幅，按説觀圖，極易明曉。初習重學者，非此無以得門也。

《多尒噶盧》四卷，西曆七百三十九年意大利學士波布立顆撰。分四卷，詳論各種機件之尺寸比例，便于製造汽機之用。後復附各汽機之圖，計一百三十二圖。圖各附以小説，其體例可稱詳備。亦重學之不可少者也。

《林柯特尼顆來》九卷，西曆一千一百八十二年普國格致生託克馬可立而司乃撰。凡九卷，一汽機公理，二鍋鑪，三汽機分類，四機器修理法，五汽機事件，六行船，七兵輪事宜，八泊船條例，九汽機算理。所論甚詳，而講理亦極明顯，洵非深於汽機重學者不能道也。

《葛勒什鑑》七卷，西曆六百七十九年英國算士阿蘭因喀尒撰。分卷爲七：曰造機公法第一，[曰]汽機諸式第二，曰熱燒汽第三，曰自漲力第四，曰汽機能力第五，曰鍋鑪尺寸第六，曰汽機尺寸第七。此亦重學中最要之書，非可輕而忽之者也。

《米海洛》八卷，西曆一千四百二十三年英國藝院拉略諾哈撰。共八卷，首卷總論，二至五卷論製造鍋鑪及造機司論等法，六論船中機力之大小，七八兩卷論陸地汽機之力。其説甚精，于行船之法，尤爲詳明也。

《游務拉的密》一册，西曆一千五百八十年俄國水師堂長院阿勃勒威甫撰。不分卷數，惟詳論機器各式，明指其病之所在，并及船體行水各法，皆水師所宜習，不可輕心掉之也。

化學類

《倭波理納》八卷，西曆一千三百十二年奧國藝院生芊蔑撰。書分上四卷、下四卷。上四卷論非金類，與金類質。每質論其形性，以及取法試法。下四卷論輕氣、養氣、淡氣、緑氣，其變化之巧，真能奪天之工，出人之意，無一物不可化也。非心思縝密者，烏足以知此。

《伊彎諾維池》二十四卷，西曆一千一百四十一年法國總學院教習羅卜不化撰。凡二十四卷，專詳生長類之質。首以含衰之質起論，因此物爲炭二分、淡氣一分所成。其性類乎原質，能與他原質化合，故以之居首。次論蒸煤蒸木所得之質，再次論油酒粉餹醋之質，以至動物植物。各詳言其妙理，洵化學中之巨觀也。

《唯特噶黎穆》一册，西曆一千五百九十年意大利化學生枯喀而尼撰。其書無卷數，惟分五十七章。每章論一定質之物，如碘也，硫也，硒也，矽也，硴也，碲也之類。皆詳其質，並言變化所成之質。其心思能想入非非，初觀之似未可深信，及以各質試之，皆如其言，無一不驗者。此可見其學之深矣。

《朵倮斯朔》六卷，西曆一千二百六十四年普國藝學生朵飛羅撰。書凡六卷，首二三論陰金類質，四五論陽金類質，末卷詳論體積分劑。皆化學中至精微之法，依法試化，不久易曉，然非襲其皮毛者，所能一望而知也。

《巴勞烏作》一册，西曆一千四百十三年英國製造官列彎拉賓諸撰。不分卷數，攷驗庶物，而定爲何原質所成。無論繁簡，俱條分縷析，凡物之不可知者，經其攷驗分化，無不能識。即其物之名不可知，而物所含何質，則斷無有不可知者。其功深矣，非熟習化學者，不能論辨如是之密也。

《寬古維遲》二卷，西曆一千六百九十年英國藝士叶唯尒拉薩克撰。書分上下兩卷，上卷論輕重分劑，下卷論體積分劑。二者迥不相同，如輕養二氣，以輕重論，則養氣爲一，輕氣爲二也。書中詳爲分别，並能言其所以輕重體積之理，俾學者不致疑惑也。

《古馬尼阿迭沙》一卷，西曆一千五百九十二年俄國水師管教習梯富麗側甫撰。書僅一卷，中分三十三章。自呼吸之氣論起，以及所飲之水，所種之土，所植之物，所食之糧，一一詳攷其消化之理，可爲養生之法，故西人往往家置一編焉。

醫學類

《大而噶薩司》四卷，西曆八百七十八年奥國醫士好司撰。分四卷，首卷論醫理，次卷論外科瘡症外科傷症，三卷論方藥治法，末卷則分三十七欵，由骨體以及五官百骸，内經外膚，一一分剖明切，並多刻圖式，使閲者瞭如指掌焉。

《赫連德音》三卷，西曆九百五十八年奥國醫院掌教波維納尒司撰。書分上中下三卷，上論内科諸症以及治法，中論藥劑形性及配製各法，下論婦女胎産嬰兒育養諸事。理法詳備，語意明塙，洵西醫書中善本也。

《札什納福》四卷，西曆一千二百四十七年法國太醫士吉尒占忽得撰。書分四卷。首總論藥性功用理法。次按藥性區分，列爲瀉吐利表、化斂補提、平和解蒙等門，一一道其形性、出處、功用，甚便于習醫之用。三專議皮膚各症情形，以及治法。四則論割治裹纏之法，以及用物。惟其所用藥，並屬霸道，究與華人不甚合宜也。

《把厥洛侌》一大册，西曆一千一百九十八年意大利水師醫官摸民撰。其書不分卷數，詳論割治瘡瘤腐淋之法，並釋應用之器件方法。此爲西醫之外科書，其割治各法，實較華醫爲勝。習外科者，宜細心攷究也。

《捌阿播林史倭深》四卷，西曆一千七百四十四年普國醫生淋格揮尒愛撰。書分四卷，詳言内傷外損，並釋解全體功用，隱微必備，瞭如觀火。附以藥方、敷治各法，亦甚精細。惟其藥究不能純耳。

《克老尒司》二卷，西曆一千五百七十一年英國醫院掌教麥格華撰。書分上下卷，上卷所論全體質理，深入細微；下卷所論全體功用，較他書簡明。並能各症附方，尤爲易曉。故西人亦以是書最便，而不敢忽視也。

《哈摹金》四卷，西曆一千七百十二年俄國武備院醫堂總管側威喝甫撰。凡四卷，上論養身之理，中論治病之法，下論方藥之性，縷析條分，雅俗共賞；末一卷，繪人圖二幅，印極精詳，觀圖閲説，梗概易明。俄人習醫，莫不以此書爲初桄也。

以上凡算學十三種，重學八種，化學七種，醫學七種，共爲書三十五部，皆西書之未入中國者也。惟各國書目雖極繁多，而其重出者亦不少，兹擇其有用者，攷其書目，撮舉大略以對。

甯紹台兵備道吴福茨觀察原評：

首作約舉六條，簡要可行，不淺不深，自然合拍，足徵閲歷有得之候。次所著書目薈萃精華，删煩就簡，西學可見一班，剽竊鈔襲者，烏能道其隻字。

徐維則《增版東西學書録》卷一　學校第三　附禮儀

《肄業要覽》一卷，上海排印本，一册，《湘學報》本。改名《史氏新學記》，《西政叢書》本，格致書室印本，《格致彙編》本。英史本守著，顔永京譯。史氏見國中大書院皆希利尼禄馬之文，無當於實用，遂慨然推論人生學業輕重得失之要，復昌言講新法而不明格致之害，著爲成書，遍行國中，其後俄、法、德、意、荷、丹、奥諸國深知其益，譯以教學者而國日盛。書中論列大旨分爲五端，曰保護性命之學、曰護生計之學、曰教養子女之學、曰爲民下之學、曰玩物適情之學，就五端分條推闡，確中時弊，内論盡民下責分一篇，尤足以救中國今日民心之弊，不可不急讀也。

《教化議》一册，廣州刻本，德花之安著。

《西國學校》一卷，廣州刻本，一册，上海石印本。改名《學校論略》，《西政叢書》本。德花之安譯。原書七卷，今爲一卷，所記皆德國學校之制，叙課程不及西學課程彙編之詳，而學校較備，每學皆有總説以挈其要，蓋德制於學校最爲精密。《列國歲計政要》所載亦詳於德，當參觀之。湘學會有删改本，今未見。

《七國新學備要》一卷，廣學會本，瀏陽質學社刊《廣學會叢書》八種本。英李提摩太著。前五章紀外國學校數目、費用及報館、書籍館，大旨已具，後二章按英、法、德、俄、美、日本以推算中國宜如何設學，末章專爲中國籌變通章程，語焉不詳，然大端不外乎此。光緒戊戌廣學會復摘印其言學校、書籍者名曰《速興新學條例》。

《速興新學條例》一卷，《新學彙編》本。英李提摩太著，蔡爾康譯。即從《七國新學備要》摘出，篇中論征學童速奏其效，應讀之書分十二類，頗有理，惟以教書冠首，殆所謂教士之言與。顧補。

《擬請創設總學堂議》一卷，《新學彙編》本。美狄考文等著。蓋上諸譯署王大臣者，篇中言興學必先改换時文，引朱子《貢舉私議》諸言以抵制拘墟者之謬説，可謂別具苦心。顧補。

《西學考略》二卷，同文館本，二册。坊間改名《西學考》。美丁韙良著。此丁氏回國時日記，上卷載曆涉各國之聞見，下卷言各國學校之規則，其論各國源流一篇足以窺學術遞變之成跡，而於測算、格致、公法、史學尤三致意焉。

《西學略述》十卷，《西學啓蒙》本，一册。英艾約瑟著。綜言各學淵源，爲啓蒙十五種之綱領。中述希臘舊學頗爲翔實，其言教亦詳，足與《古教匯參》互證。

《文學興國策》二卷，廣學會本，二册。日本森有禮輯，美林樂知譯，任延旭述。有禮曾肄業英國，復使美國，深鑒美之盛實賴學校，乃訪求其文學成法，告諸本國朝廷采而用之，遂廣設學堂，遍召生徒，幾如美盛。此編所載皆美國各部大臣、議院各紳及各書院監院照復公函，凡設塾之良規，教學之成法具著於此，惟其中論救世教語不免囿於美俗耳。

《教育學綱要》□卷，《亞東時報》本。奥林度涅爾著，日本劍潭釣徒譯。凡六章，一論人所以必需教育，二論教育要件並教育宗旨，三論所化性暨區分，每章各系備考以相發明。顧補。

《學校管理法》一卷，《教育世界》本。日本田中敬一編，周家樹譯。不知教育學而管理學校，猶之不明工藝學而管理製造廠，不惟無益，且甚危險。是書分十章，一緒論，二校舍，三校具，四教科，五學級，六教員，七管理狹義，八衛生，九經濟即理財，十表簿，舉學校關係之事一一詳其利弊。我國近日士夫競言學校，不可不熟玩是書。徐補。

《教育學》一卷，《教育世界》本。日本立花銑三郎講述，王國維譯。是書分爲三編，第一編曰教育之精神，分宗旨、方便、方法三章；第二編曰教育之原質，分體育、智育及實際教育三章；第三編曰教育之組織，分教育、訓練、教授三章。作者自言以德國教育學家留額氏所著書爲本，其所未盡以己意補之，智育一章最詳，皆以心理學説明之，讀者可以證我國舊日專制强灌之非法矣。徐補。

《教授學》一卷，《教育世界》本。日本湯本武比古著。凡十四章，曰小學校教師，曰教授通義，曰興味，曰類化，曰教授材料之選擇及參互，曰教授之統合，曰教授材料之處置法，曰指示大旨，曰第一第二第三第四第五形式階段即豫備授與聯合結合應用，曰教授之原則。此書亦以體育、智育爲宗旨，其推論教授之義理可謂反復詳盡，後附各學教授案六則，凡爲教師者讀之足以知教授之門徑。徐補。

《歐洲中古學人風氣》一卷，戊戌《知新報》本。美紐約《哈罷月報》著，知新報館譯。顧補。

《法國鄉學章程》一卷，《教育世界》本，法鄉學原本。鄭守箴譯。章程凡二十六條，課程三種，一有益身體，二啓悟聰明，三馴定心性，即體育、智育、德育之謂，以毋教學堂及上、中、下三等學堂表之。徐補。

《德國文教説略》一卷，《嶺學報》本。嶺學報館譯。德以文學雄地球，普魯士興，藉其通學慧智之民而兵之，以傾踕撻奥蹶法，赫然爲歐洲望國，間考德史文教列表，其文學以撒遜爲最，通國不知書者僅千之七，宜其强矣。此編考德之鄉校書院頗詳。顧補。

《美國太學考》□卷，《萬國公報》本。泰西布蘭颸著，美林樂知、蔡爾康譯。顧補。

《國民教育資料》二卷，《教育世界》本。日本峰是三郎著，沈紘譯。一國之人無國家思想，而言論自由則流弊甚大，故各國皆籌教育普及之法，而寓國家主義於其中。是書則日本教育家所持以爲演繹國家主義之資料者也，我國有志教育者當依其例而酌於我國國體以爲之。徐補。

《日本文部省沿革略》一卷，《教育世界》本。從日本官書中譯出。彼國文部省建於明治四年，是編兼叙前三年舊大學及大學之沿革，自元年至三十二年，具見各學校逐漸改良之跡。徐補。

《日本陸軍學校章程彙編》四册，南洋公學本。日本陸軍省原本，南洋公學譯書院輯譯，不分卷。凡名學校者十三，不名學校而稱教導團者一，自應募入學習業乃至學校中起居瑣節各有章程，蓋取單行各本綴而合之，去其重複，自成首尾，彼中陸軍學校之制一覽可盡。徐補。

《日本陸軍士官學校條例》□卷，《昌言報》本。昌言報館譯。分三章，一曰總則，二曰職制，三曰召募定則。丹徒姚錫光著有《東瀛學校舉概》，可以參觀。顧補。

《日本教育制度》一卷，時務報館本，在《日本學校章程三種》内。日本古城貞吉譯。此明治二十三年十月敕定，蓋集諸教育書而成者，凡帝國大學令十八條，學位令五條，學位令細目十條，中學校令十四條，師範學校令十二條，尋常師範學校學科及程度十二條，小學校令九十三條，其更制設學、許狀授官諸要皆任之文部大臣，故其氣通、其法密，而於小學校教令尤爲周詳，日本變法首在學校，其知所重矣。徐補。

《日本高等師範學校章程》一卷，時務報館本，在《日本學校章程三種》内。日本古城貞吉譯。日本變法首在師範，其高等章程五十七條曰文科、曰理科、文科分倫理、教育、國語、漢文、英語、歷史、地理、哲學、理財、體操爲教目九，理科分倫理、教育、國語、英語、數學、物理學、化學、地學、動物學、植物學、生理學、農業、工藝、圖學、體操爲教目十五，每學之中又自有條目，其教授時刻、卒業年限、考校選擇章程亦並詳載，内附譯者解語數則。譯書公會印有日本安藤虎雄譯《日本女子高等師範學校章程》，東亞書局譯有《女學校胎教新法》，均未出。徐補。

《日本小學校章程》一卷。日本松林方純孝譯。是書系抄録明治二十四年十一月官報，分二十四條，于小學各事頗詳備。顧補。

《日本華族女學校規則》一卷，時務報館本，在《日本學校章程三種》内。日本宫内省奉論定，中國使館譯。徐補。

《東學遊記》一卷，《嶺學報》本。嶺學報館譯。言日本學校之事頗詳。顧補。附《格致書院課程》一册，附課題，光緒乙未上海排印本。英傅蘭雅著。

以上學校。

又　卷四

理學第二十五先理學，次文學，附書目

《斯賓塞爾文集》□卷，《時務報》《昌言報》連印本。英斯賓塞爾著，曾廣銓譯，章炳麟述。斯氏爲西國格致名家，創天演之説，深研夫質力聚散之幾，推極古今萬國盛衰之由，著書造論貫天地人而一之，而大旨以任天爲治爲本，剖析精微，折中至當，實爲奇論，惜譯者未精斯學，未能曲達其旨，讀者未免掩卷耳。勸學篇一卷《侯官嚴氏叢刻》本英斯賓塞爾著，嚴復譯。此書以勉人治群學爲宗旨，以爲凡人民自相生相養、通功易事以至於禮樂、刑政之大，皆從能群之性以生，故惟群事爲最難，亦惟治群學爲最要。是篇以近今格致之理推明日用人生之事，以及治平之大，精義妙説深切著明，惜僅譯第一篇耳。徐補。

《天演論》二卷，侯官嗜奇精舍石印本，上海重印本。英赫胥黎著，嚴復達指。因斯氏創任天爲治之論而赫氏盡變其説，謂天不可獨任，貴乎以人持天，所論保種保群、自强進化之公理，皆與斯氏異説以救斯氏之末流，其有裨於國計民生殆非淺鮮。是書經嚴幾道觀察譯而文之，縱横奥頡，大能達其旨趣，附著論説復能曲申其義例，中譯之善本無有過於此書者。英斯賓塞爾撰有《群誼篇》，柏捷特撰有《格致治平相關論》，皆嚴復譯成未刻，《國聞彙編》有嚴復譯斯氏《勸學篇》，亦未刻全。

《物競論》□卷，譯書彙編社刊本。日本加藤宏之著，楊廷楝譯。是書據生物進化之例，以驗天賦人權之説，以發明强權之理，先總論，次舉人類中五大競争而分論之，一治人者與被治者，二貴族與平民，三自由民與不自由民，四男與女，五國與國，博綜約説，勃率理窟，廉頑立懦，有功世道。徐補。

《辨學啓蒙》一册，《西學啓蒙》本。英哲分斯著，英艾約瑟譯。人生之初有知識即知分辨，窮理度物、審情推事，大小精粗無不各有界説，創斯學者首自希臘，其後西人殫心探討，其理日精，而大書院中遂爲教授童蒙課程。是書所列條理僅舉大略，足以窺見辨學之門徑，亟宜考究其理由，淺入深詳，列問答以成一書，借爲課蒙之用。利瑪竇有《辨學遺牘》，與此異。

《格致新機》七卷，廣學會本，一册。英慕維廉著。序言指爲培根爲理學家言與尋常言格致不同，但譯筆甚劣，未能深明其義。《彙編》一有慕氏《格致理論》，可參證。又二有慕氏《格致新法》，疑即《新機》之節本。

《理學須知》一卷，光緒二十四年格致書室刊本，一册。英傅蘭雅著。其書專揭分晰事物之法，于理學爲論辨，於辨學爲理辨，與艾約瑟所譯《辨學啓蒙》相出入，而文詞之明白過之。學者欲窮格致之要，宜讀此以植其基，而旁考《西學略述》中之言理學與赫胥黎《天演論》下卷以窮其流，於真理庶乎無疑。

《理化示教》□卷，《教育世界》本。

《華語考原》二卷，《格致彙編》本。英艾約瑟著，英傅蘭雅輯譯。考究中國古語源委，而於心聲之發尤能推闡其理，蓋心靈學之支流，西人好學深思於此可見，至其論古音亦頗有理，雖謬處不少，其發明中國音學之功誠不可没，惜其書似未譯全耳。

以上理學。

《譯書事略》一卷，《格致彙編》本，一册。英傅蘭雅著。凡製造局及局外譯述各書無不詳列，檢閲亦便，中論譯書之法、譯書之益頗可採取，而設局源流亦載之。實學報館印有朱樹人譯《巴黎書庫提要》，未成。

《日本理學書目》□卷，《亞泉雜誌》本。亞泉學館譯。分十三類，一理學，總記學校用理科書，二物理學，横文物理學、理化學，三化學，四天文學、曆書、五氣象學，六博物學，七生物學，八人類學，九動物學，十植物學，十一地質學，十二地震學，十三礦物學。顧補。

以上書目。

幼學第二十六附體操學

《啓悟要津》一卷，上海排印本，一册，坊間改名《格致西學啓蒙》。美蔔舫濟著。凡天地萬物之理略舉其要，設爲問答，專爲發蒙之用。

《幼學初階》一册，香港文裕堂刻本。不著撰人名氏。專取簡筆之字以成淺俗語，蓋香港西書塾中教幼童而作。

《初學階梯》三册，香港文裕堂刻本。不著撰人名氏。亦西書塾教初學之本，取習見習聞之事物著爲小論，第三論故事、論五金、論香港各篇頗足觀，中有涉教中語，可厭。

又 遊記第二十八 《聘盟日記》一卷，《中西聞見録》本，小方壺齋本。俄雅蘭布著，柏齡譯。此一千六百九十二年即康熙三十年俄特派雅蘭布至中國詳訂通商條約時所紀，詳載京都景物而已。

《探路日記》一卷，小方壺齋本。英密斯耨著。此一千八百六十八年使中國，至七十七年差滿遂遊西藏、雲貴等處而作。《譯書公會報》印有英巴伯《探西藏行記》一卷，法岱理松著、袖海客譯《東遊隨筆》，均未成。

《柬埔寨以北探路記》十五册，同文館本。法晃西士著。自西貢起遊歷雲南、四川等處。

《黑蠻風土記》二册，上海石印本，小方壺齋本。英立温斯敦著。游阿非利加洲之日記，專記其風俗及曆涉情景，無關宏旨，立温斯敦居非洲最久，宜其所記尚爲翔實。

《中亞洲俄屬遊記》二卷，時務報館印本，同文館本，二册。英蘭斯德路著，楊樞、莫鎮藩同譯。詳記俄人所屬諸部，足以見英人注視俄國，眉間所注出自李順德師及沈子培比部手，詳考輿地爲多，講西北地學者宜取資於此。

《曆覽記略》一卷，《格致彙編》本，製造局本，一册。英傅蘭雅、徐壽譯。斯爲傅氏請假回國時曆覽製造各廠日記，詳言機器製造，而於規模制度、房屋之壯麗、汽機之鼓鑄、輪軸之斡旋，無不繪圖詳載，講工程學者當流覽也。《彙編》一傳氏又有《遊覽東洋日記》。

《環游地球雜記》一卷續録一卷，《格致彙編》本。美潘慎文著。所記皆各國製造各機器，而於美國言之尤詳。

《西行瑣録》一卷，小方壺齋本。德福克著。此克氏與奥國人滿德至甘肅辦理織局時所紀行程及甘省風景，蓋光緒五年間情形也。

《觀光紀遊》十卷，明治十九年排印本，小方壺齋本。日本岡千仞著。當光緒十一年間遊中國所作，曰航滬日記，曰蘇杭日記，曰滬上日記，曰燕京日記，曰滬上再記，曰奥[粤]南日記，憤中國之積弱而以六經毒與雅片毒並言，儒者當自反取詬之由。

《斐洲遊記》四卷，上海中西書室排印本。英施登萊著，彙報館譯。述洲内地方、物産、民情甚詳，附圖若干幅，坊間删改其書名《三洲遊記》，殊嫌割裂。顧補。

《李傅相曆聘歐美記》二卷，廣學會印本。美林樂知輯譯西報而成。上卷紀李文忠公道出各國優待之隆，下卷采時務各報論中俄密約事，具體而微，無甚精意。顧補。

《西藏遊記》一卷，《亞東時報》本。英撒倍朗達著。拉薩爲西藏首府所在，達賴拉麻居焉，向不許外人入其境，邇者西人冒險探討是地不啻千百，皆爲土司所阻而返，撒氏於二年前由印度起程漸至拉薩附近，爲官吏所縛投於岸獄，幸事申免死送出國境，歸國後記録道途所經而作此書。顧補。

《南部阿非利加遊歷談》□卷，《亞東時報》本，《通學彙編》本。日本古谷駒平著，亞東時報館摘譯。古谷駒平君夙有意于南部阿非利加，此次遠遊途次抵印度麻都拉斯，由麻都拉斯駛往那大爾，沿東岸而南進，經苡西都倫頓波土埃里沙倍斯茉些爾倍遠喜望峰轉而赴岌樸丹，更中央鐵路北進入内地，于金魃聯地方視察金剛石坑，在都蘭士拔兒地方探見金銀坑，又旁察其風土人情焉。顧補。

《東游紀略》五卷，《通學齋叢書》本。英艾約瑟著。當中國元世祖時有歐洲加路博俄革五博士相繼東游亞地，即所見聞各有著述，艾君就其所作摘譯以成斯書。顧補。

《支那紀遊》一卷，《通學齋叢書》本。德利施和芬著，英艾約瑟譯。蓋遊歷中國日記，于中國諸省形勢、礦産記載甚詳。顧補。

《墨澳覓地記》□卷，《彙報》本。彙報館譯。書中所記乃麥折倫尋覓新地之事，蓋繼高隆後一人而已。顧補。

《遊歷亞中記》一卷，《彙報》本。瑞典赫定著，彙報館譯。書中記赫君遊歷亞洲中央，備嘗辛苦，由俄國烏拉山抵燕京，由烏拉山出帕米爾山跋涉於回部、西藏間，該處中、俄、英三國交界，爲必爭之地，故所記特詳。所言加斯加城之冰山光怪陸離，讀之令人生慄，惟西北苦寒缺水，驚沙萬里，資斧費至四萬余佛郎，則此遊誠不易矣。顧補。

《遊布哇事宜》□卷，《譯書公會報》本。日本金城生著，譯書公會報館譯。篇中言布哇人情風俗而區別日人宜來不宜來者逐次解説，皆有根據，然自美人收布哇入版圖，恐日人不能來去自由矣。按布哇又名火奴魯，又名夏威仁，又名檀香山，特附注於此。顧補。

《歐美漫遊記》□卷，《譯林》本。日本鎌田榮吉著。于歐美各名埠險要、勝跡言之甚詳。顧補。

報章第二十九

《中西聞見録》，北京印本，每月一册，泰西人在京都施醫院編輯。創于同治十年七月，略述泰西政學而中國人之著作亦有附刻，惜不久旋止。

《萬國公報》，廣學會本，每月一册，泰西人教會編輯。報創自癸未、甲申間，後因事中止，至己丑復延林樂知主筆踵而行之，甲午以後又延蔡爾康筆述。報中所采多教士議論時事之作，而中西重大新政悉具於中，惜文筆未佳，每册首載有言教之説爲可厭。

《中西教會報》，廣學會本，每月一册，泰西人教會編輯。多載説教之語，極可厭，然亦間有新政、新論。

《西國近事彙編》三十六册，製造局本，每年四册。癸酉，美金楷理譯，姚棻述；甲戌、乙亥、丙子、丁丑，美金楷理譯，蔡錫齡述；戊寅、己卯、庚辰、辛巳，美林樂知譯，蔡錫齡、鄭昌棪述。依年翻譯西國各報而成，凡各國交涉、和戰、政治、法律、文學之事靡不具載，惜至壬午而止，後宜續行之。

《格致彙編》二十八册，自印本，每年四册，凡七年。英傅蘭雅輯。所言格致新理擇要摘譯，洪纖具載，彙集成編，多有出於所譯各書之外者。凡首尾完具之數十種已散見各類中，載答問語數百條，若分類別刊一編，其啓發後學不少也。

《西國近事》□卷，製造局本。鳳儀譯述。專譯西報中所載大事，每月一册，抄送總署及南北洋通商大臣、江海關道，惜未刻印。

《時務報》，石印本，設上海。中、東人合譯，汪康年等撰述。采譯英、法、俄、日各報，凡中外政要譯録頗詳，光緒二十二年七月起至二十四年六月止，每月三册，後改《昌言報》。

《知新報》，排印本，設澳門。中、西人合譯，何廷光等撰述。采譯英、葡、德、法、美、日各報，附印譯書數種，光緒二十三年正月起，每月三册，今已停。

《官書局報》，排印本，設北京。北京官書局輯譯。今已止。

《尚賢堂報》，排印本，設北京。美李佳白輯譯。李教士于光緒二十三年在北京創設尚賢堂，以中人曾記奏明，復編印報章以爲學之助，所撰多中西政要，惜不久輒止。

《農學報》，石印本，設上海。中、東人合譯，羅振玉等撰述。光緒二十三年四月始，至十二月止，每月二册，二十四年以後每月三册。專譯中外言農之書，次第編印，數葉裝訂成册，所譯以日本農學新法之書爲多，首載中國講農諭折稟牘，及東西農人各報，間録會員采訪各省農事情形，最爲可觀。中國近來講求農政誠爲亟務，此報之益實非淺鮮，但農人多不識字，守舊之見牢不可破，開通風氣在報館，振興農利在有位，宜於此二端先加意焉。

《經世報》，石印本，設杭州。譯英、法文報章，章炳麟、宋恕等撰述。光緒二十三年七月起，十餘册即止。

《實學報》，石印本，設上海。王斯沅等譯，王仁俊等撰述。光緒二十三年八月始，每月三册，首載章奏及英、日報文，後附刻中西人書籍甚多，均未完全，原此報主義將分天、地、人、物學爲四綱，包舉宏廣，惜十餘册輒止，未暇自備體例。

《求是報》，排印本，設上海。陳季同、曾仰東、陳壽彭等輯譯。內編目三，曰交涉，曰時事，曰附録；外編目五，曰西報，曰西律，曰製造，曰格致，曰泰西；稗編所采多法國書報，中以所譯拿布侖律爲最佳。自光緒二十三年九月起，每月三册，旋截止，所譯均未成。

《譯書公會報》，排印本，設上海。中、東人合譯。光緒二十三年十月起，每七日一册，不久即停。此報以譯書爲主，擇歐洲占政治諸書每期各印數葉，惜皆未成。

《蒙學報》，石印本，設上海。中、東人合譯，葉瀚等撰述。光緒二十三年十一月起，每七日一册，所譯皆東西文蒙養之書，最于童蒙有益。中文各種多出浩吾茂才一人手，立法之善，可謂苦心孤詣矣。

《國聞彙編》，排印本，設天津。中、西人合譯，嚴復等撰述。光緒二十三年十一月起，每月三册，專譯俄、英、法、德、美、日各報及各國近聞，首譯泰西名論甚爲可觀，報章之最佳者，惜至七册即止。

《嶺學報》，排印本，設廣東，重印合訂本。張百熙、黎國廉等輯譯。始於光緒二十四年正月，仿《湘學新報》體例而稍變之，分六類，曰國政、邦交、文教、武備、史學、民事，皆譯自西書互爲考證，與《湘學新報》以中國舊籍考證不同，附以西文譯篇，每月三册，至十六册停止。顧補。

《格致新報》，排印本，設上海。朱開甲、王顯理等譯。光緒二十四年二月起，每月一册，每次載答問數則，頗足啓發，至十册止，後與《益聞録》合，改名《格致益聞彙報》，每七日印二次，後又改名《彙報》。

《東亞報》，排印本，設日本。中、東人合譯，韓曇首等撰述。其例目曰論説、曰宗教、曰政治、曰法律、曰商務、曰藝學、曰經世文選，後附各書，所載皆采自日本各報，後譯諸書皆言政治、法律，光緒二十四年五月起，每月三册，今已停。

《亞東時報》，排印本，設上海。日本山根虎之助輯譯。分論説、商務、講演、軍事、中外論叢、史傳、雜録、彙報、詩賦等類，始於光緒二十四年五月，至二十六年三月停止，凡二十一册，報中多總核名實之文，足爲我國詭譎反復者藥石。顧補。

《昌言報》，排印本，設上海。中、東人合譯，梁鼎芬、汪康年等撰述。光緒二十四年七月起，每月三册，至十册止，體例與《時務報》同，然多采商務各報，凡《時務報》附印未成之書仍由《昌言報》接印，惜不久即停。

《五洲時事彙報》，排印本，設上海。日本佐原篤介、沈士孫合輯譯。首論説，次録諭旨、奏疏，次五洲近事，附印法國脱雷福斯案紀事本末、各國財政大數表、維新三傑傳，始於光緒二十五年八月，至第四册停止。

《工商學報》，排印本，設上海。張德坤等譯。光緒二十四年八月起，每月四册，不久即停，後附英惠克斐爾撰《東方商埠考略》一種，論中國各口岸商務，頗足借鑒，惜未成。

《彙報》，排印本，設上海。徐家匯法教士等輯譯。其體例一仍《格致益聞彙報》之舊，仍每七日出二紙，每紙界八葉，四葉言西學各事，頗淺近易曉，附以答問尤爲明晰，四葉言時事，亦無冗雜之弊，間有言教務處，宜分别觀之，始於光緒二十四年七月。顧補。

《亞泉雜誌》，排印本，設上海。杜亞泉譯著。所論算術、格致、化學多有新理，始於光緒二十六年十月，月各二册，至十册停。顧補。

《譯書彙編》，排印本，設日本。中、東人合譯。是編搜集東西各國政治書籍翻譯成册，中分政治學、法律學、行政學、經濟學、史學、政治哲學各類，末間附雜録，亦譯自他書，概不參以議論，原著皆東西碩儒著名之書，每月一册，始於光緒二十六年冬季。顧補。

《工藝報及工藝叢書》，排印本，設上海。奚世幹、沈紱輯譯。光緒二十六年十月始，振興工藝爲近日中國救貧之要政，奚君本有譯印日本工藝製造之書爲《工藝叢書》，後慮行之不廣，乃仿東西洋各國雜誌之體，與《工藝叢書》皆月出一册，俾人人便於購閱，報中采譯皆近年各國新出之法，並中國各報之關於藝事者，凡可以自成一種者入叢書，餘皆編入報章，曩爲巾箱本，自二十八年正月始改爲大本。奚君字挺筠，爲南匯鄉人，乃能出資以作斯報，可謂難得，特附記之。徐補。

《勵學譯編》，木刻本，設蘇州。勵學社譯。譯東西各書有關政治、輿地、格致、歷史者，按月譯行，間附小説一二種，每月一册，始於光緒二十七年正月。顧補。

《譯林》，排印本，設杭州。林獬等合譯。擇東西政治、史傳、製造各書，按月譯行，附以日本政治各表，頗便觀覽，每月一册，始於光緒二十七年正月。顧補。

《教育世界》，排印本，設上海。羅振玉輯譯。始於光緒二十七年五月，每月出二册，皆言教育之法，附譯之書爲六類，曰各學科規則、曰各學校法令、曰教育學、曰管理法、曰學級教授法、曰各種教科書，近年遍設學堂，講求教法，則此報萬不可少也。顧補。

《外交報》，排印本，設上海。張元濟等輯譯。始於光緒二十七年十二月，月出二册。報分八類，首論説，選擇東西外交家著述，或自撰、或來稿；次諭旨，不涉外交者亦録之；次文牘，凡章奏、條約、規則、報告皆録之；次本國外交紀聞；次譯東西文報，以各國對我國政策爲第一類，各國互相交涉爲第二類，各國內政爲第三類；次要電匯録。交涉之學爲今日之急務，編斯報者可謂得要領矣。徐補。

附《泰西新報源流表》□卷，《嶺學報》本。嶺學報館譯。顧補。

又 《增版東西學書録》附上　東西人舊譯著書

凡傳入中國者著之，言教之書不具列。

利瑪竇字西泰，義大利亞國人。

其《幾何原本》一種，至偉、李兩君乃譯全，故列近譯各書中。

《同文算指》前編二卷通編八卷別編一卷，《天學初函》二編本，《海山仙館叢書》本，《中西算學叢書》本前編言筆算，通編以西術論，九章。

《句股義》一卷，或標明徐光啓撰。《天學初函》二編本，《海山仙館叢書》本，《指海》本，掃葉山房本，《中西算學叢書》本，《西學大成》本。

《測量法義》一卷，《天學初函》二編本，《守山閣叢書》本，《海山仙館叢書》本，《指海》本，《中西算學叢書》本。或標明徐光啓撰，蓋當時各書皆稱口授而徐與李之藻筆述也。此書專明句股測量之義。

《圜容較義》一卷，或標明李之藻撰。《天學初函》二編本，掃葉山房本，《海山仙館叢書》本，《守山閣叢書》本，《西學大成》本，《中西算學叢書》本。此書專明圜容之義，而各面、各體比例之義亦備。

《乾坤體義》二卷，明釋廣湊校刻本，明萬曆余永寧重刊本。上卷言天象，下卷言算術。

《渾蓋通憲圖説》二卷，或標明李之藻撰。《天學初函》二編本，《守山閣叢書》本，《中西算學叢書》本。此書出自西國簡平儀法。

《經天該》一卷附圖，康熙間梅文鼎刻本，《藝海珠塵》本，《高厚蒙求》本，《西學・大成》本。

《萬國輿圖》《西字奇跡》《西國記法》《辨學遺牘》一卷，《天學初函》本。此利氏排斥釋氏之作，於不可究詰之筆，窮言力辟，適見其多事也。利氏尚有《疇人十篇》《天主實義》《西琴曲意》《二十五言》諸書，以其宗旨皆發明天主教，故删去之。又有傅汎際《寰有銓》六卷，其旨相同，亦屏不載。

《交友論》一卷，《天學初函》本，《續説郛》本，《寶顔堂秘笈》本。此與建安王論友道而作，其言不甚荒悖，然多爲利病而言，醇駁亦參半。

瑪姬士字□□，葡萄牙國人。

《地理備考》十卷，《海山仙館叢書》本。

《地球總論》一卷，《小方壺齋叢書》本。

熊三拔字有綱，義大利國人。

《泰西水法》六卷，明徐光啓同撰。《天學初函》二編本，嘉慶庚申掃葉山房重刻本，《農政全書》本，《授時通考》本。此記取水、蓄水之法，而引水法别有備論，兹不具。

《表度説》一卷，《天學初函》二編本。表度起自土圭，今創爲捷法，以隨意立表，誠爲至便。全書未見，兹僅舉其要。

《簡平儀説》一卷，《天學初函》二編本，《守山閣叢書》本。弧三角以量代算之法實本於此，今復推於測量，法簡而用捷。

陽瑪諾字演西，葡萄牙國人。

《天問略》一卷，《圖書集成・乾象典》本，明萬曆己卯刻本，《天學初函》二編本，《藝海珠塵》本。皆設問答以發明其義，其説與《乾坤體義》大旨相同，又與《表度説》次第相承，淺深相系，蓋互爲表裡之書也。

《景教碑詮》。

艾儒略字思及，義大利國人。

《幾何法要》四卷，《新法算書》本即《幾何原本》求作線面諸法，而較《幾何原本》爲詳。

《西學凡》一卷，附録唐大秦寺碑一篇。《天學初函》本。所述皆其國建學育才之法，幾分六科，與近時彼土學校之制不相上下，讀之足以知學制源流。

《職方外紀》五卷，《天學初函》本，《守山閣叢書》本，《墨海金壺》本，《龍威秘書》本。所紀皆絶域風土，爲當時輿圖所不載，故曰《職方外紀》。

《西方答問》二卷，《三山論學》《景教碑頌注釋》，《熙朝崇正集》四卷，《利瑪竇行實》《楊其園行略》《張彌克遺跡》。

鄧玉函字涵璞，日爾曼國人。

《黄赤距度表》《正球升度表》。

《測天約説》二卷，明徐光啓同撰。《新法算書》本，《重訂新法曆書》本，《圖書集成・乾象典》本，又《曆法典》本。

《奇器圖説》三卷附機器圖説一卷，明王徵、蔣友仁同撰，附卷王徵撰。明崇禎刻本，道光己丑張氏重刻本，坊間通行本改名《機器圖説》，《守山閣叢書》本。專論重之本體及引動之理，與南懷仁《靈台儀象志》相發明。

《人身説概》二卷。

湯若望字道末，法蘭西國人。

《曆法西傳》一卷，《重訂新法算書》本，《圖書集成・曆法典》本。

《新法曆引》一卷，《重訂新法算書》本，《圖書集成・乾象典》本，又《曆法典》本。

《新法表異》二卷，《重訂新法算書》本，《昭代叢書》本，《圖書集成・曆法典》本。

《新法曉式》二卷，《重訂新法算書》本，《青照堂叢書》本，《昭代叢書》本。

《大測》二卷，明徐光啓同撰。《新法算書》本，《重訂新法曆書》本，《圖書集成・曆法典》本。

《曆學小辨》二卷，或作一卷，明徐光啓等同撰。《新法算書》本，《重訂新法曆書》本。

《渾天儀説》五卷，《重訂新法算書》本，《圖書集成・乾象典》本，又《曆法典》本作四卷。

《西洋測日曆》。

《周天列宿圖》一卷，《重訂新法曆書》本，《圖書集成・庶徵典》本。

《恒星經緯圖説》一卷，《重訂新法曆書》本。

《星圖恒星表》五卷，或作二卷，《重訂新法曆書》本。

《恒星出没表》二卷，或標明李天經撰。《重訂新法算書》本，《重訂新新法算書》本。

《恒星屏障》。

《恒星曆指》四卷，或作三卷，《重訂新法算書》本。

《測食略》二卷，《重訂新法算書》本，《圖書集成・乾象典》本，又《曆法典》本。

《古今交食考》一卷，或標明李天經撰。《重訂新法算書》本，《圖書集成・曆法典》本。

《交食曆指》七卷，或標明徐光啓、羅雅穀同撰，後三卷明李天經續修，《新法算書》本，《重訂新法曆書》本，《圖書集成・乾象典》本。

《交食表》七卷，明徐光啓同撰。《新法算書》本，《重訂新法曆書》本作九卷，附交食圖義大利閔明我康熙年修。

《交食表用法》。

《交食蒙求》一卷，明李天經同撰。《新法算書》本。

《坤輿格致》五卷，明崇禎十三年刻本。

《割圓八線表》附代勾股開方法一卷，明徐光啓同撰。《重訂新法算書》本。

《割圓八線表》六卷，明徐光啓同譯。《新法算書》本。

《遠鏡説》一卷，《重訂新法算書》本，《圖書集成・乾象典》本，《藝海珠塵》本，《鏡史》附刻本。

《籌算》一卷、《籌算指》一卷，《新法算書》本。

《火攻挈要》三卷圖二卷，焦勗述，明崇禎癸未刻本，道光辛卯揚州重刻本名《則克録》，不全，《海山仙館叢書》本。

《奏疏》四卷，《新法算書》本。

羅雅穀字問韶，義大利國人。

《測量全義》十卷，《新法算書》本。

《五緯表説》十卷，《重訂新法算書》本。

《五緯曆指》九卷或作八卷，明李天經同撰。《新法算書》本，《重訂新法曆書》本，《圖書集成・乾象典》本。

《五緯總論》一卷，明李天經同撰。《新法算書》本，《重訂新法曆書》本，《圖書集成・乾象典》本。

《五緯用法》一卷，《新法算書》本。

《月離曆指》四卷，明徐光啓同撰。《新法算書》本，《重訂新法曆書》本，《圖書集成・乾象典》本，又《曆法典》本。

《月離表》六卷，明徐光啓同撰。《新法算書》本，《重訂新法曆書》本作四卷。

《日躔曆指》四卷，明徐光啓同撰。《新法算書》本，重訂本作一卷，《圖書集成・乾象典》本，又《曆法典》本。

《日躔表》一卷，或作二卷，明徐光啓同撰。《新法算書》本，《重訂新法曆書》本。

《日躔考晝夜刻分》二卷，或標明李天經撰。《新法算書》本。

《日躔增五星圖》一卷，明李天經同撰。《新法算書》本。

《曆引》一卷。

《黄赤正球》一卷，或標湯若望撰。《重訂新法曆書》本。

《火木土二百恒年表》，《重訂新法算書》本。

《周歲時刻表》一卷，《新法算書本》一名《歲周平行表》。

《夜中測時》一卷，《重訂新法算書》本。

《籌算》一卷，《新法算書》本。西人之法皆用筆算，易之以籌雖取簡便，然易於移動，故今日多尚筆算也。

《比例規解》一卷，或標明徐光啓撰。《新法算書》本，《重訂新法曆書》本，《圖書集成・曆法典》本，《中西算學大成》本。凡分十線，梅勿庵有《度算釋例》，即本是書而有所增訂。

畢方濟字今梁，納玻理國人。

《靈言蠡勺》二卷，《天學初函》本。皆論亞尼瑪之學，亞尼瑪者，譯言靈性也，可知西人言心靈學亦已久矣。

《睡答》《畫答》。

高一志字則聖，義大利國人。

《空際格致》二卷，西法以火、氣、水、土爲四大元行，一志因作此書以揚其説。

《寰宇始末》二卷。

孟儒望字士表，路西大尼亞國人。

《天學略義》。

龍華民字精華，西濟利亞國人。

《急救事宜》《地震解》《死説》。

龐迪我字順陽，依西把尼亞國人。

《人類原始》。

《七克》七卷，《天學初函》本。大旨亦本天主教宗，然其立言不爲無理，故附存之。

曾德昭字繼先，路西大尼亞國人。

《字考》。

南懷仁字敦伯，一字勃卿，法蘭西國人。

《靈台儀象志》十四卷，圖二卷，劉蘊德等同修。康熙年刻本，《圖書集成·曆法典》本作七卷，有圖並説，無表。此康熙九年南氏爲監正改造儀器時所作，多采入欽定《儀象考成》中。

《測驗記略》一卷，《驗氣説》。

《曆法不得已辨》一卷。

《康熙永年曆法表》三十二卷，康熙年刻本，即《七政交食立成表》。表爲湯若望所推，十七年八月南氏乃續成之。

《赤道南北星圖》《簡平規總星圖》《坤輿全圖》

《坤輿圖説》二卷，《指海》本，《圖書集成·乾象典》本，又《坤輿典》本。上卷自坤輿至人物分十五條，皆言地之所生；下卷載海外諸國道里山川、民風物産，大致與《職方外紀》互相出入。

《坤輿格致説略》二册，明萬曆甲寅與《坤輿圖説》合刻本。

《坤輿外紀》一卷，《説鈴》本有删節，《龍威秘書》本。

《西方要紀》一卷，利類思、安文思同撰。《昭代叢書》本，《學海類編》本，《小方壺齋叢書》本。專記西洋國土風俗、人物土産及海程遠近，意在誇大，語多失實。

《熙朝定案》二卷。

恩理格字性涵，熱西瑪尼亞國人。

《文字考》。

穆尼閣字如德，法蘭西國人。案又有穆宜各，字全真，法郎濟亞國人，待考。

《天步真原》三卷，薛鳳祚同譯。《守山閣叢書》本，《曆學會通》本，《椿樹齋叢説》附刻中卷，《推測易知》摘録下卷。論日月食與《新法算書》互有同異，其所傳比例數表以加減代乘除、折半代開方，今日行之，不知穆氏早言之焉。

《天步真原人命》三卷，薛鳳祚同譯。六君子室校本。

《比例四線新表》一卷，薛鳳祚同譯。《曆學會通》本。

《比例對數表》一卷，薛鳳祚同譯。《曆學會通》本。

《天步真原選擇》二卷，薛鳳祚同譯。《曆學會通》本。

戴進賢。

《日躔表》《月離表》，二表列入禦制《曆象考成後編》中，乾隆二年復與徐懋德增補《表解圖説》。

《黄道經緯恒星圖》一幅，欽天監刻本，京都重刻本。

《地球圖》一幅，欽天監刻本，京都重刻本。

顔家樂。

《測北極出地簡法》。

杜德美。

《周徑密率》《求正弦正矢捷法》。

《康熙地圖》一册，西洋雷孝思、麥大成、費隱如同奉敕測繪，内府本。凡内地十六葉、外邊十六葉，皆著明經緯度數。

蔣友仁。

《地球圖説》一卷，何國宗、錢大昕奉敕潤色，《文選樓叢書》本，焦循有補一卷，在《木犀軒叢書》中。

鄭麟趾字□□，朝鮮國人。

《高麗史》二卷，現行本僅《世系》一卷、《後妃列傳》一卷，蓋殘帙也。

黎崱字景南，號東山，安南國人。

《安南志略》十九卷首一卷，光緒甲申樂善堂排印本。所紀安南事實與《元史》列傳多有異同，可以參考。

室直清字師禮，一字汝玉，小字順祥，號滄浪，日本國人。

《赤穗義人録》二卷，《甘雨亭叢書》本。記元禄十四年收並赤穗城死事義人。

貝原篤信字予誠，初號柔齋，後稱損軒，又改益軒，日本國人。

《格物餘話》一卷，《甘雨亭叢書》本。亦日記之屬，中記彼土風俗掌故，多可采。

新井君美字在中，初名瑪一，字濟美，號白石，日本國人。

《白石先生遺文》二卷拾遺二卷，立原萬輯，《甘雨亭叢書》本。中多論史之作，足以參校國史。白石本有《經邦典例》之作，惜未見，僅存其序於《拾遺》中。

《奥州海運記》一卷，《甘雨亭叢書》本。記寛文十年河村瑞賢辦理海運之事。

《畿内治海記》一卷，《甘雨亭叢書》本。記天和三年治理畿内河道事。

《奥州五十四郡考》一卷，廣賴典補遺。《甘雨亭叢書》本。專考陸奥山川地理，其記沿革分屬足以證史。

《南島志》一卷，《甘雨亭叢書》本。即琉球志也，所記甚略。

丹波元簡字廉夫，又字櫟窗，日本國人。

《素問識》八卷，《聿修堂叢書》本。博采諸家，上及《蒼》《雅》，因文字以求義理，惟于運氣從略。

《靈樞識》六卷，活字版本。此書晚出。

《傷寒論輯義》七卷，《聿修堂叢書》本。是書爲櫟窗未定之本，其子元堅録稿刊行者。

《金匱王函要略輯義》六卷，《聿修堂叢書》本。雜采諸家，後下己意，爲櫟窗手定本。

《脈學輯要》三卷，《聿修堂叢書》本。首以總説，次以各脈形象，又次以婦人、小兒及怪脈，頗詳盡。

《救急選方》二卷，《聿修堂叢書》本。援據賅博，病有陰陽塞脱之不同，倉卒之際或難認者，間揭其厓略。

丹波元堅字茝庭，日本國人。

《傷寒論述義》五卷，《聿修堂叢書》本。因《輯義》爲櫟窗未定之本，茝庭述爲五卷，以擴《輯義》之餘意。

《傷寒廣要》十二卷，《存誠藥室叢書》本，《聿修堂叢書》本。采摭頗富，推其用意，亦是補《輯義》之遺。

《金匱述義》三卷，《存誠藥室叢書》本，《聿修堂叢書》本。亦以述《金匱輯義》之所遺。

《藥治通義》十二卷，《存誠藥室叢書》本，《聿修堂叢書》本。時有精義，如論石膏逐水之類，工於尋討。

《診病奇侅》二卷附載五云子腹診法一卷，活字版本。足備醫家之一格，傳、廖二序俱謂丹波元簡著，誤。

森立之字□□，日本國人。

《本草經》四卷附考異一卷，温知藥室刻本。與孫、顧諸家輯本略異，李英公《新修本草》卷子本尚存彼土，故編次較爲可據。

又　附下之上　中國人輯著書上

《中外大事表》□卷，上海排印本。**【略】**

《學校通議》□卷，李鈞鼐，未見，《湘學報》有總論一篇。

《西學課程彙編》一册，沈敦和，光緒十一年耳學廬刻本，上海石印本，《西政叢書》本。

《學校芻議》□卷，夏□□[偕復]，日本排印本。

《教育一得》□卷，葉瀚，《勵學彙編》本，《同文滬報》本，《中國旬報》本。

《學堂教科論》一册，蔡元培，普通學書室印本。

《學政私議》一卷，羅振玉，教育世界社本。

《各直省大學堂章程》一卷，常熟張氏，石印本。

《課士略説》□卷，顧□□[家湘]，《萍鄉課士新藝續編》本，又排印單行本，又有《勸士質言》十二卷，未刻。

《推廣鼇洲書院章程》□卷，鐘應德，排印本，木刻本。經他人删改，不佳。

《東瀛學校舉概》□卷，姚錫光，《時務報》本，《湘報》本。

《日本遊學指南》□卷，章宗祥，日本排印本。

以上學校。

又 附下之下 中國人輯著書下

《物類釋》□卷，《蒙學報》本。

《西學原始考》一卷，王韜，《西學輯存》本。

《初學讀書要略》一册，葉瀚，光緒丁酉自刻本。

《西學提要》一卷，方克猷，會稽徐氏《政藝新書》本。

《讀書法》□卷，湯振常，上海義記書莊石印本。【略】

《泰西著述考》一卷，王韜《西學輯存》本。

《中西普通書目表》一卷，黄慶澄，光緒戊戌自刻本。

《通學書籍考》一册，鄒淩沅，《通學齋叢書》本。

以上理學，附文學、附書目。

《新學開蒙淺字文》二卷，上海石印本。

《西學蒙求答問》□卷，黄慶澄，算學報館本。【略】

以上幼學，附體操學。

《進藏紀程》□卷，王世睿，《昭代叢書》本。

《藏行紀程》□卷，杜昌丁，《昭代叢書》本。

《蒙游紀略》□卷，戊戌《申報》本。

《安南紀游》一卷，潘鼎珪，《龍威秘書》本。

《使琉球紀》四卷，李鼎元，小方壺齋本，上海申昌書室排印本。

《使琉球記》一卷，張學禮，《龍威秘書》本，小方壺齋本。

《使西紀程》二卷，郭嵩燾，小方壺齋本，《西學大成》本。

《英軺日記》八卷，劉錫鴻，小方壺齋本。

《使英雜記》六卷，張德彝，小方壺齋本。

《西輔日記》一卷，黄楙材，小方壺齋本。

《印度劄記》一卷，黄楙材，小方壺齋本。

《使法雜記》六卷，張德彝，小方壺齋本。

《適可齋記行》六卷，馬建忠，自刻本。

《使德日記》一卷，李鳳苞，小方壺齋本。

《西海紀行》□卷，潘飛聲，《潘蘭史集》本。

《薩克遜遊記》□卷，潘飛聲，《潘蘭史集》本。

《使美紀略》二卷，陳蘭彬，小方壺齋本。

《遊歷美利加圖經》三十二卷，傅雲龍，石印本。

《遊歷加納大圖經》八卷，傅雲龍，石印本。

《古巴雜記》一卷，譚乾初，小方壺齋本。

《遊歷古巴圖經》二卷，傅雲龍，石印本。

《游巴塘記》□卷，侯永齡，《萬國公報》本。

《遊歷秘魯圖經》四卷，傅雲龍，石印本。

《遊歷巴西圖經》十卷，傅雲龍，石印本。

《南洋述遇》一卷，不著撰人名氏，《通學齋叢書》本。

《南行日記》一册，吴廣霈，弢園王氏排印本，《小方壺齋再續鈔》本。

《奉使俄羅斯行程録》一卷，張鵬翮，《藝海珠塵》本，小方壺齋本。

《西伯利東偏紀要》一卷，曹廷傑，汪氏《振綺堂叢書》本。

《[西]伯利探路記》二卷，曹廷傑，小方壺齋本。

《使俄日記》四卷，張德彝，小方壺齋本。

《俄遊彙編》八卷，繆祐孫，光緒己丑上海石印本，小方壺齋本。

《俄遊日記》四卷，繆祐孫，與《彙編》合印本，小方壺齋本。

《使俄草》八卷，王之春，光緒二十一年上海石印本，《小方壺齋再續鈔》本。

《使東述略》一卷，《使東雜詠》一卷，何如璋，通行巾箱本，小方壺齋本。

《扶桑遊記》三卷，王韜，排印本，小方壺齋本。

《東槎聞見録》四卷，陳家麟，東洋排印本，小方壺齋本。

《東行日記》四卷，李圭，小方壺齋本。

《東遊記》一卷，吴鐘史，小方壺齋本。

《東游紀程》二卷，朱綬，南昌刻本。

《遊歷日本圖經》□卷，傅雲龍，石印本。

《東輔日記》一卷，《東洋瑣記》一卷，王之春，小方壺齋本。

《東遊日記》一卷，黄慶澄，光緒甲午自刻本，《小方壺齋再續鈔》本。

《奉使朝鮮日記》一卷，崇禮，《小方壺齋續鈔》本。

《異域録》二卷，圖理琛，自刻本，借月山房本，《指海》本，小方壺齋本。

《出塞紀略》一卷，錢良擇，小方壺齋本。

《海隅從事録》一卷，丁壽祺，小方壺齋本，又《再續鈔》本有《西行日記》。
《乘槎筆記》二卷，斌椿，通行巾箱本，小方壺齋本。
《初使泰西記》三卷，宜垕，小方壺齋本，通行本。
《航海述奇》四卷，張德彝，小方壺齋本。
《隨使日記》十卷，張德彝，小方壺齋本。
《使還日記》一卷，張德彝，小方壺齋本。
《歐遊雜録》二卷，徐建寅，自刻本，小方壺齋本，坊間翻印改名《西遊日記》。
《西輶紀略》一卷，徐建寅，《譯書公會報》本。
《乘桴漫記》一卷，王韜，《弢園老民自著書》本。
《漫遊隨録》二卷，王韜，小方壺齋本。
《涉洋管見》一卷，袁祖志，小方壺齋本。
《出洋須知》一卷，袁祖志，小方壺齋本，申報館本。
《瀛海采問記實》一卷，袁祖志，小方壺齋本。
《道西齋日記》二卷，王詠霓，石印本，小方壺齋本名《歸國日記》。
《歐遊隨筆》四卷，錢德培，自排印本，小方壺齋本。
《重遊東瀛閲操記》一卷，錢德培，自刻本。
《使西書略》一卷，孫家谷，小方壺齋本。
《環遊地球新録》四卷，李圭，自刻本。
《遊歷筆記》二卷，不著撰人名氏，小方壺齋本。
《三洲遊記》八卷，不著撰人名氏，小方壺齋本。
《出使英法義比四國日記》六卷，薛福成，光緒甲午刻本，小方壺齋本。
《出使英法日記》二卷，曾紀澤，上海排印與文集合印本，小方壺齋本。
《出使美日比日記》十六卷，崔國因，光緒甲午排印本，《小方壺齋再續鈔》本。
《遊歷圖經余紀》十七卷，傅雲龍，石印本。
《天外歸槎録》□卷，潘飛聲，《潘蘭史集》本。
《泰西各國采風記》五卷，宋育仁，光緒丙申縮印本，《小方壺齋再續鈔》本，附紀程詩。
《出洋瑣記》一卷附録一卷，蔡鈞，弢園王氏刻本，小方壺齋本。
《隨軺遊記初集》四卷，吳宗濂，時務報館本。
《隨軺遊記續集》二卷附餘編一卷，吳宗濂，經世報館印本。
以上遊記。
《輯善録》，廣東公善堂排印本，光緒二十□年□月始，月出一册，旋停止。
《利濟學堂報》，陳虬等，温州木刻本，光緒二十二年始，月出二册，至二十册止。
《商務報》，沈祖燕、詹塏等，上海排印本，光緒二十三年二月始，月出十五册，旋停止。
《湘學新報》，江標、徐仁鑄，長沙木刻本，光緒二十三年三月始，月出三册，至四十五册止。
《湘報》，湘人士合輯，長沙排印本，散爲日報，合爲月報，光緒二十四年二月始，至八月止。
《秦中書局彙報》，李有棻，長安排印本，光緒二十□[三]年□月始，月出二册，至二十册止。
《集成報》，不著編輯人名氏，上海石印本，光緒二十三年四月始，月出三册，旋停止。
《菁華報》，顧燮光，萍鄉排印本，光緒二十□年□月始，月出二册，至四册止。
《時務月報》，湘人士合輯，長沙木刻本，光緒二十□年□月始，月出一册，旋停止。
《衛生新學報》，趙元益等，上海排印本，光緒二十三年六月始，月出三册，旋停止。
《博聞録》，陶必恭，南昌排印本，光緒二十□年□月始，月出□册，旋停止。
《萃報》，朱克桑等，上海石印本，光緒二十三年七月始，七日出一册，旋停止。
《工商雜誌》，鄒淩沅等，南昌排印本，光緒二十六年四月始，至十月停止。
《算學報》，黄慶澄等，上海刻本，光緒二十三年九月始，月出一册，旋停止。
《醫學報》，沈習之等，上海排印本，光緒二十三年□月始，月出□册，旋停止。
《女學報》，沈静英等，光緒二十四年六月始，月出三册，旋停止。
《湖北商務報》，湖北商務局，武昌刻本，光緒二十□[五]年□月始，月出三册。

《江南商務報》，江南商務局，上海排印本，光緒二十□[六]年□[二]月始，月出二册，旋停止。

《杭州白話報》，杭州刻本，光緒二十七年□[五]月始，月出三册，旋停止。

《南洋七日報》，趙連璧，上海石印本，光緒二十七年八月始，月出四册。

《蘇州白話報》，蘇州刻本，光緒二十七年□[九]月始，七日出一册。

《京話報》，黄思永，京師工藝廠印本，光緒二十七年□[八]月始，月出二册。

《普通學報》，杜亞泉，上海石印本，光緒二十七年十一月始，月出一册。

《選報》，蔣智由、趙祖德，上海排印本，光緒二十七年□[十]月始，月出三册。

《童蒙易知草》，刻本，光緒二十七年十二月始，月出□册。

《史學報》，温州刻本，光緒二十八年正月始，月出□册。

以上報章。近年中國所設日報，《申報》以外尚有《新聞報》《博聞報》《博文報》《時報》《福報》《滬報》《廣州報》《蘇報》《漢報》《中西報》《直報》《益聞報》《循環報》《杭報》《香港華字日報》《華報》《南紀日報》《指南報》《閩省會報》《香港新報》《循環口報》《華洋報》《星報》《叻報》《蘇海彙報》《中外新報》《維新日報》《大公報》《奇聞報》《俄京華字日報》《國聞日報》《中外日報》，或行或停，約舉之已不下數十種，此外未悉者尚多，今擇旬報著於録。

《明夷待訪録》二卷，黄宗羲，石印本，原刻本。

《校邠廬抗議》二卷，馮桂芬，天津廣仁堂刻本，光緒十年江西刻本，《葛氏叢書》本，上海石印本甚多。

《罪言存略》一卷，郭嵩燾，光緒二十三年天津時報館重印本，光緒戊戌時務報館重刻本。

《藏印邊務録》□卷，升恭勤公，時務報館未印出。

《瀛海論》一卷，張自牧，廣州刻本，小方壺齋本。

《蠡測巵言》十卷，張自牧，光緒五年排印本止三卷，小方壺齋本。

《幽憂論》一卷，祖香先生，《孟晉齋集》本。

《盛世危言》六卷續編四卷補編六卷，鄭官應，排印大字本，上海石印本。

《籌洋芻議》一卷，薛福成，光緒丁亥刻本，製造局本，《普天忠憤集》本。

《海外文編》四卷，薛福成，光緒丙申上海石印本，湖南刻本，光緒乙未蕭山陳氏刻本。

《李肅毅奏議》二十卷，李鴻章，上海排印本。

《曾惠敏文集》五卷、《奏議》六卷，曾紀澤，上海排印本。

《條議存稿》一卷，徐承祖，光緒十一年排印本，石印本。

《西事蠡測》一卷，沈純，小方壺齋本。

《遊歷芻言》一卷，黄楙材，小方壺齋本。

《瀛海巵言》一卷，王之春，光緒十七年廣雅書局附《柔遠記》刻本，小方壺齋本。

《黎蓴齋集》□卷，黎庶昌，餘編二卷光緒丁酉上海石印《黎星使叢稿》本。

《使東奏議》□卷，黎庶昌，未見。

《使東文牘》□卷，黎庶昌，未見。

《出使條陳》一卷，吴宗濂，《經世報》本。

《富强芻議》八卷，楊毓輝，石印本。

《勸學篇》二卷，張之洞，兩湖書院石印本，同文館本，山陰湯氏刻本，上海印本甚多。

《中國亟宜改革政法論》二卷，何啓，廣東刻本，合《盛世危言》坊間改名《時務叢鈔》，又名《洋務叢書》。

《曾侯中國先睡後醒論書後》一卷，何啓、胡禮垣，原刻本，《新政真詮》本。

《新政始基》一卷，何啓，胡禮垣，《新政真詮》本。

《新政變通》一卷，何啓、胡禮垣，《新政真詮》本。

《勸學篇書後》二卷，何啓、胡禮垣，單行本，《新政真詮》本。

《新政安行》一卷，何啓，胡禮垣，《新政真詮》本。

《庸書内外篇》二卷，陳熾，光緒丁酉上海縮印本，《西政叢書》本作八卷。

《適可齋記言》四卷，馬建忠，自刻本，《西政叢書》本。

《息養廬文集》十一卷，徐□□[錦華]，木刻本。

《潛書》四卷，唐甄，蘇州刻本。

《時務條陳》□卷，趙寬，《集成報》本。

《籌海蠡言》一卷，鐘體志，南昌刻本。

《籌鄂龜鑒》七卷，□□□，上海石印本。

《東三省邊防芻議》□卷，沈賢，《實學報》本。

《保教末議》□卷，陳繼儼，《知新報》本。

《危言》四卷，湯壽潛，光緒十六年刻本，上海石印本，又排印本，會稽徐氏排印本。

《治平通議》八卷，陳虬，光緒十九年自刻本，以下二種總名《蟄廬叢書》。

《報國録》四卷，陳虬，光緒十九年自刻本。

《邵氏危言》□卷，邵作舟，上海刻本。

《守信録》二卷，李宗言，南昌刻本。

《原强》一卷，嚴復，《侯官嚴氏叢刻》本。

《上皇帝書》一卷，嚴復，《侯官嚴氏叢刻》本。

《論世變之急》一卷，《救亡決論》一卷，嚴復，《侯官嚴氏叢刻》本。

《學會興國議》一卷，董祖壽，《經世報》本。

《著相庵觳音》一卷，何樹齡。

《卑議》四卷，宋恕，光緒二十四年自刻本。

《辟中原人荒議》一卷，宋恕，《經世報》本。

《中西教學通議》□卷，黃傳祁，未刻。

《時務論》一卷，宋育仁，附《泰西各國采風記》後。

《昌言集》□卷，《昌言報》本。

《涵鑒齋文録》□卷，袁叔輿，湖南刻本。

《老劍文稿》一卷，潘飛聲，《説劍堂集》本。

《變法平議》一卷，張謇，《中外日報》附印本，上海排印本。

《求己録》三卷，陶保廉，杭州求是書院石印本，上海石印本。

《辛卯隨侍録》□卷，陶保廉，木刻本。

《口蘜閣微詞》二卷，顧燮光，未刻。

以上議論。

《西事凡》四卷，王韜，《弢園老民自著書》本。

《臺事竊憤録》二卷，王韜，《弢園老民自著書》本。

《弢園文録外編》八卷，王韜，排印本。

《談瀛録》六卷，袁祖志，上海石印本，坊間翻印改名《出洋須知》。

《文牘偶存》一卷，謝希傳，《歸楂叢刻》本。

《酸鼻録》□卷，抱器舊主，《同文滬報》本。

《五次問答節略》

《英人强賣鴉片記》八卷附録一卷，湯叡，上海譯書局本。

《康説書後》一卷，何啓、胡禮垣，《新政真詮》本。

《義和拳源流考》一卷，勞乃宣，自刻本，《彙報》本。

《格致演義》□卷，曾廣銓，《蒙學報》本。

《天津一月記》□卷，不著撰人名氏，《滬報》本，《中國旬報》本。【略】

《航雲記》□卷，《蒙學報》本。

《工程致富演義》□卷，楊子玉，《湘報》本。

《摩西傳》一卷，貫公，日本排印本。

《時務報館文編》，《時務報》本。

《洋務實學新編》二卷，傅雲龍，原刻本，石印本。

《時務報館譯編》一卷續編一卷，《時務報》本。

《翼教叢編》六卷，蘇輿，光緒二十四年武昌刻本。

《萍鄉課士新藝》四卷續編四卷三編四卷四編四卷後編二卷外編四卷，顧□□[家湘]，排印本，重印本，三編以下未刻。

《沅湘通藝録》十二卷，江標，湖南刻本。

《邊事匯鈔》十二卷，又續鈔八卷，朱克敬，湖南刻本。

《事物匯表》二卷，鄒淩沅輯，《通學齋叢書》本。

《通學彙編文編》八卷，鄒淩沅輯，《通學齋叢書》本。

《時賢閎議》一百卷，顧燮光，未刻。

以上雜著。

顧燮光《譯書經眼録》卷三　學校第三首學制，次教育，次教授，次文學，次幼學

《日本陸軍大學校論略》一卷，浙江官書局木刻本，《續富强叢書》本，《新政叢書》本。

日本東條英教口述，川島浪速初譯，張滄杳雙綬點定。分本旨、原始、編制、學生、教育、退校、經費七篇，語簡辭賅，多可取法。惟每名學生三年之費需二千餘元，薪水、旅費尚在其外，儲材不易可見一斑，然免置干城，得戰勝於廟堂，則此區區何足惜哉[？]丹徒姚錫光有《東瀛學校述略》，張大鏞《日本學校紀略》，可以參觀。

《日本學政纂要》二卷，勸學會洋裝本，二册。

日本沖禎介著。本書臚舉日本學政大要，以普通、師範、中等、高等、專門、貴族、女子、廢疾、私立、軍事各種教育爲之綱，各有細目以相發明，其規制、課程足爲考察之助，卷首所論各節尤足以知日人教育精神之所在。

《日本學校源流》一卷，《新政叢書》本，製造局大字本。

美路義里撰，美衛理口譯，範熙庸筆述。全書四章，一明治以前學校情形，二新教法始行之大略，三詳論新法，四新教法相關之各事，於日本學校源流考之極詳，附歷年各學校比較表，尤便考核。

《英德學制比較》一卷，武昌翻譯學堂洋裝本。

英查理斯伯德撰，項驤譯。英查理氏游于德之司德犇學校，討論其課程教育，以英之學制比較之，著爲論説，計三章，著論宏通，譯筆暢達。其言德人受高等教育者多於英，足見學制之善，欲英政府擇善而從，誠屬熱心之論，所論科學各節尤爲本書特色也。

《英國十學校説》一卷，泰東時務譯印局洋裝本，一册。

陳壽彭輯譯。本書詳考英國十大學校規則沿革，具征英人學制之善，卷首列歐洲各國大學校沿革考及表各一篇，亦足資考證。

《法國學制》一册，京都譯學館洋裝本，上海時務書局本改名《法國經世輯要》。

林行規譯。是書編譯英人格烈森《法國教育沿史》，並參考日人土屋政朝《佛蘭西通國制度》二書而成，計三編，首詳言法國學政得失、前代教務改革以明學制之變更成立，次載述文部省及各教務局之模型，以至選舉局員稽查功課，以揭教育之樞紐，末編綜核各學區規則，制稽察督勵之方，而以地方學政終焉。編更分章，章復析節，條序厘然，頗資證考。時務書局之本小有異同，似系譯者初稿，故字句無此整飭。

《文部省外國留學生規程》一卷，辛丑《教育世界》本。

日本明治三十四年三月敕令本，沈紘譯。山陰樊炳清譯有《文部文課規程》八條、《文部大臣官房圖書課事務分掌課程》六條，可以參證。

《日本中學校令施行規則》一卷、《教授要目》一卷，上海作新社洋裝本，一册。

錢恂譯。皆本明治三十四年三月五日文部大臣松田正久所頒第三號之省令也，計七章，一學科及其程度，二學年教授日數及式日，三編制，四設備，五設置及廢止，六入學、在學、退學及懲戒，七補則，八附則。日本自明治十三年以來教育程度歲歲進步，學校規則屢屢改良，至明治三十三年而小學校之令定，三十四年而中學校之令定，蓋小學教育爲國家應擔之義務，而中學校則關上等社會，所系尤重，厘定規則、選擇學科非教育家所當留意者乎[？]其《教授要目》爲日本明治三十五年二月文部大臣理學博士菊池大麓所頒訓令中最新者，其《要目》首列修身科，所云對國家責務以忠君愛國爲首，其教授上之注意第一條云彼詭激例語總須避之，若偶爾言及亦當留意，不令誤用；第三條云當第二學年或第三學年時生徒之身體及精神漸起變動，易陷於内外之誘惑，此時宜注意務使養堅固之志操，成良習慣；第四條云倫理學之一斑無徒馳於高尚，或涉于諸學派之異説。由此以觀，是平權、自由諸説固非日人所許，其防學生囂張之弊蓋有先幾之燭者矣。

《中學校學科及程度》一卷，辛丑《教育世界》本。

日本明治十九年六月文部省令本，陳毅譯。

《中學校要則》一卷，《速成師範講義叢録》本。

日本平田芳太郎講述，周鳳起編輯。學校以教員爲重，而師範尤爲造就教員之地。是書計四章，首總説，次高等師範學校，三女子高等師範學校，四師範學校。全書於日本學校均括其要説，總論一章言日本學制甚詳，足資取法，師道立則善人多，可謂知本矣。

《師範學校學科及程度》一卷，辛丑《教育世界》本。

日本明治二十五年七月文部省令本，陳毅譯。書分十二條，於學科程度言之極有條理，講求教育者所宜取法者也。

《師範學校卒業生服務規則》一卷，辛丑《教育世界》本。

日本明治二十五年七月文部省令，陳毅譯。原書二十四條，言卒業服務規則極詳，當與學科程度參觀。日本步武泰西，教育界尤爲講求文明進步其説如此，其强也宜哉。

《師範學校簡易科規則》一卷，辛丑《教育世界》本。

日本明治二十五年七月文部省令本，陳毅譯。

《成城學校生徒心得》一卷，辛丑《教育世界》本。

高鳳謙譯。全書計八章，一綱要及通則，二尊稱，三敬禮，四服裝，五寄宿規則，六班長及規則，七講堂管理、生徒之勤務，八校外寄宿舍之規則。日本仿行西法，學校尤所注重，規則所立，學生視爲目的，罔敢違犯，書中尊稱、敬禮、服裝列爲專章，具有深心，孰謂自由易服之説爲日人所認許哉？

《高等女學校令施行規則》一卷，辛丑《教育世界》本。

日本明治三十四年三月文部省令本，沈紘譯。全書八章，一學科及程度，二學年教授日、式日，三編制，四設備，五設置及廢止，六入學、在學、退學及懲戒，七補則，八附則。

《日本關小學校教員檢定等規則三十三條》，辛丑《教育世界》本。

高鳳謙譯。

《小學校令》一卷，辛丑《教育世界》本。

胡鈞、樊炳清合譯。原書系日本明治二十三年十月敕令第二百十五號。全書八章，計九十六條，一小學校之本旨及種類，二小學校之編制，三就學，四小學校之設置，五小學設置上所有府、縣、郡、市、町、村之負擔及授業費，六小學校長及教員，七管理及監督，八附則。

《小學校要則》二卷，《速成師範講義叢録》本。

日本山路一游講述，朱杞、龍紀官編輯。是書分上、下二卷，共計十章，上卷曰編制，曰設備，曰地方制度，曰設置，下卷曰就學，曰教員，曰地方制度之概要，曰學校費及授業科，曰教育之機關，曰校務整理，於日本小學校規制沿革言之極詳。近日我華講求教育，小學規制未備，盍取而法之。

《實驗學校管理術》一卷，上海廣智書局本。

日本山高幾之丞著，胡家熙譯。計九章，一總論，二位置，三編制，四設備，五管理，六經濟，七衛生，八表簿，九教帥，寥寥數千言，于小學應盡教育義務頗爲扼要。小學爲立身始基，所系極重，日人興學育才，尤留意幼稚園，可謂知本矣。

《學校建築模範圖》一幅，譯書彙編社本。

日本文部省秘本。詳列學校房舍一切配置之法，自師範以至幼稚園無不具備，吾華近日興學，所建學校苦無成式，曷取此圖參考之。

以上學制。

《萬國教育志》三卷，上海進化譯社洋裝本。

日本寺田勇吉著，趙必振譯。本書分爲三編，一國家與教育之關係，二歐美諸國之教育制度，三日本帝國之教育制度，皆發紓教育制度之概要，以明立國特質、進化精神之作用。卷末復列二表，以觀教育行政及教育制度之關係，所論頗多精義，足資考證。

《東西洋教育史》二卷，獵較社洋裝本，一册。

日本中野禮四郎著，蔡艮寅、賀廷謨合譯。書分三編，編各爲章，第一編所述東洋教育家則首中國而次以印度、波斯、埃及、猶太，于中國尤三致意，令人慨想堯、舜、周、孔往時教育之盛；其二、三編所述西洋則首太古時之希臘，次中古教育家，次近代教育家，而終以十九世紀教育之大勢。上下縱横，使知泰西各國氣象日新，其來有漸。卷首冠以總論，所言頗能扼要，譯筆亦通達暢適，足以卒讀，張氏競良所著《萬國教育通考》殆以此爲藍本焉。上海蘇報館亦有譯本。

《泰西教育史》二册，金粟齋本。

日本能勢榮著，葉瀚譯。是書分上、下二篇，上篇論教育沿革，下篇記近世教育家略及改良方法。今海族勃興，學戰最烈，新理日出，捷如傳電，哀我中國沉夢方酣，欲唤醒國民精神，振興遠東國勢，必自講求教育始也。

《教育史教科書》一卷，作新社洋裝本。

作新社編譯。本書所述乃日本教育，詳考其如何變遷而有今日之發達，自秦、漢迄明則取法乎吾華，安化、明治以來則取法歐西，故第一章叙日本古來至王朝教育，二至三叙他國教育與當時關係者，如唐、宋、明以來之學術及印度佛教等。四、五叙日本中世至近世之教育，六至十一叙近世之末至王政維新後日本教育之變動與歐美教育之淵源，十二叙日本教育受歐美教育之波及所以有今日之教育。綜全書觀之，則日本學術自古迄今類皆借助他山，擇善而從，毫無固執拘迂之習，故能文明大啓，國勢日强。所述中西歷來學派洞明源流，語多實際，雖專言日本教育源流，固可當西洋教育史讀也。惟言日本處多用「我」字，譯者未加删改，殊屬疏忽。

《内外教育小史》二卷，辛丑《教育世界》本。

日本原亮三郎編，沈紘譯。原書分上、下二卷，上卷專言中日教育，計十五章，一日本上古至天智天皇，二支那上古，三秦、漢以後，四唐代，五、六日本王朝時代，七佛教，八鎌倉町時代，九宋、明時代，由十至十四德川時代，十五維新以後；下卷言泰西教育，計十四章，一西洋古代，二、三西洋中古，四至十四西洋近世。

《原師》一卷，武昌翻譯學塾洋裝本，一册。

日本澤柳政太郎著，武昌翻譯學塾譯。全書凡十二章，專言教育重要，將來資格效果規則各事。觀其緒論中言日本小學校教員至六萬千有餘名，宜其强矣。

《教育新論》一卷、《教育新史》一卷，文明書局洋裝本，一册。

張肇熊譯，《新論》爲日本天眼鈴本力所著《丈夫之本領》一書中之一篇，名曰《自助》，舉泰西教育家言側重自修，頗與吾儒「君子求諸己」之旨相合，譯者分爲五章，其中精理名言均能發明其奥；《新史》系摘譯日本中野禮四郎所著《東西洋教育史》中「歐洲各國教育現情」一章，凡歐洲各國學校種類、課程、卒業期均列説著表以明之，譯者分爲四章，條理亦甚精密，凡司教育者宜取讀之。

《實用教育學》一卷，文明書局洋裝本。一册。

日本越智直、日本安東辰巳郎合著，張肇桐譯。凡五篇，首附概論，一論智育，二論致智之方，三論德育，四論養德之方，五論體育兼論學校衛生事宜，六論管理事宜，蓋綜合教育學、教授法、學校管理法而爲一書，簡明扼要，有足取焉。其論智育、體育、德育即《中庸》所謂三達德，足爲中外古今一理之據；所言修身之教以躬行實踐、取法鴻哲爲上，萬不可採用宗教家言，此指西教而言，讀者勿誤會之。

《教育學原理》一卷，教科書輯譯社《教育叢書》第一編洋裝本。一册。

日本尺秀三郎、日本中島半次郎講述，季新益譯。是書爲東京專門學校文學教育科講義之一，專述教育學之原理，分序論、本論、餘論之類，綜論教育之形式終之。蓋國民不能無教育，而教育非管理、制度二者所能發抒其精神，是編博采泰西教育家言，而征以心理、宗教各理，故無陳腐庸陋之譚，亦教育書中之善本也。

《國民教育資料》二卷，《教育世界》本，一册。

日本峰是三郎著，沈紘譯。全書計三十三章，上卷八章，發明國民愛國之義務；下卷二十五章，則言政治之教育焉。夫一國之人無國家思想，而言論恣肆則流弊甚大，故各國皆籌教育普及之法而寓愛國主義於其中，是書日本教育家所特以爲演繹愛國主義之資料者也。

《教育與國家》一卷，《速成師範講義叢録》本。

日本山路一游講，顔可鑄編輯。書分八類，一漢學之傳來，二西洋文物之傳來，三通俗教育，四書籍及學術器之輸入，五西洋之學術及分類，六學問之應用，七東西學風之差異，八學校之統系。通篇皆發明日本國家教育之理，其所言學校統系尤詳，惟海軍、炮兵、鐵路、郵便、電線皆有特殊學校，故不講述焉。

《教育學原理》一卷，《速成師範講義叢録》本。

日本波多野貞之助講述，顔可鑄編輯。有各種科目然後有教育學，而教育之理必假科目以立，是書擇最要言之，凡分十有八節，其教育分普通、職業二類，尤有至理存焉。

《教育探源》一卷，辛丑《教育世界》本。

日本岡本監輔著。

《家庭教育》一卷，上海人演社印本。

上海人演社輯譯。書凡二十章，以日本民友社之《家庭教育》爲主，參考日本母親之心得及吾華之憲法等書，譯者間附己意，指摘中國舊時家庭缺點以補原書所未及。按家庭教育爲幼稚時代之原動力，一或不慎流弊滋多，本書所言擇交、自治諸説極有至理，世之愛子若孫者當于此加之意焉。

《女子教育論》一卷，上海作新譯書局洋裝本，一册。

日本成瀨仁藏撰，楊蔭棟、周祖培譯。全書四章，分宗旨、德育、智育、體育四類。

《教授學》一卷，《教育世界》本，一册。

日本湯本武比古著。原書計十四章，附録各一章，言教授各事極詳，其言孔子爲世界大教育家，發明憤起、悱發、舉隅之理，尤可謂有功聖道。

《新教授學》一卷，杭州排印本。

日本小山忠雄著，田真譯。本書發明教授之理，凡五篇，若干章，分總論、教授原理、材料、方法、問答五類，皆詳其體要，惜譯筆冗弱，未足以達全書之奥。

《新學教授學》一卷，上海排印本。

日本模山榮次著。是書首列緒論，次教授之目的，次教授之材料，次教授之作用，其于教授新法靡不賅備，洵教科書中别開生面也。

《統合新教授法》二卷，上海南洋公學本，一册。

日本棲□勘次郎著，董瑞椿譯。上卷十一章，論教授不可妨礙活潑之理；下卷十一章，則言統合教授之法。蓋以日本用德人愛培脱教育法，過於拘泥，致妨幼童靈潑天機，各學科支節漫無倫次，故學生不能專精，蓋欲以遊戲循誘而以普通歸宿焉。

《中學各科教授細目》十八卷附表，文明書局排印本，一册。

江蘇師範講習會譯。本書分倫理、國語、漢文、英文、地理、歷史、數學、博物、植物、生理、礦物、理化、化學、物理、習字、圖畫、唱歌、體操爲十八科，科各系以細目，按學年次第臚列，故甚清晰。惟該書譯自東文，書中于國語、漢文、地理、歷史四科皆偏重日本，日人之書固宜爾也，苟取法之，其細目配置似宜改定。卷末附第一學年至第五學年時間配置表五幅。

《日本普通學科教授細目》上中下三卷，附《中學校令施行規則》一卷，光緒二十九年翔鸞社洋裝本，一册。

日本東京高等師範附屬小學校編纂，胡元倓、仇毅編譯。日本東京高等師範學校爲全國考求教育之地，其中附屬小學校爲師範生實驗之所，實全國小學校之模範也。所用教授細目乃精於教育者編定，共十二門，惟算術、手工二門有刊行本，餘皆手録之書，外人無從見之，胡、仇二君以學速成師範游於日本，惟高等師範學校校長嘉納治五郎是依，得見細目，借録一過，取其第二部譯之。其中年分學期，學期分周，分時間，詳密周備，無微不具。復取日本堤又次郎所著《中學校教授細目》以補之，其分學期、分周、分時間與小學細目同，合二者編之，則普通學科教授之細目遂以完備。又附日本文部省明治三十四年所頒中學校令施行規則於卷末，凡六十一條，以資考證。按我國近日講求教育，每日功課排列之時常患先後緩急之失序，苟取斯書讀之，以其實驗爲我教育進步之方針，勞逸蓋迥不侔矣。

《小學各科教授法》九卷附論一卷附表一卷，文明書局排印本，二册。

日本寺内穎、日本兒崎爲槌同著，白作霖譯。本書專發明小學各科教授之法，故於注意實際分科言之，不厭詳盡，且措辭平易，無偏激之言。附論九章，所言教育原理足輔教授法之用，附表七亦足資考核。

《小學校教授學及管理法綱目》一册，上海會文堂本。

日本田口義治編纂，章梫譯。學校教授學及管理法之系於教育進退，蓋什與伍之比例，彼東西諸國教育進步之速，蓋由教育學及管理法之良美周密也，吾國學校雖立，於此二者駁而不純，欲求教育進步豈不難哉？是書言教授學者分章十八，自修身至於歷史、地理，均詳言其要旨、方法；言管理法者分章十二，自學級至於學舍、器具，均明其關係、編制，凡學校校長、教員皆宜家置一編也。

以上教授。

【略】

《訓蒙窮理圖解》二卷，攻媿軒《日本叢書》本。

日本福澤諭吉著。書凡十章，爲臺灣民政部學務課本，言格致諸理，語簡能賅，尚便學子。

以上蒙學。

王景沂《科學書目提要初編》

政治科

政治學　法律學　財政學　國際公法學

文學科

倫理學　哲學　名學　外國史學　地理學　教育學　圖繪學　數理學　代數學　幾何學　三角八線學　曲線學　微積學

武備科

陸軍學　海軍學　器械學　軍事工程學　軍事測繪學　軍樂學

格致科

天文學　地質學　化學　物理學　動植物學

農業科

農學總論　農業化學　林學　農具學　害蟲學　蠶桑學　園圃學　畜牧水産學

工藝科

采礦冶金學　土木工學　造船學　電氣工學

商業科

商法學　商業學　商業歷史學　商業地理學

醫術科

全體學　醫學　藥學　醫律學

政治科

《萬法精理》法國孟德斯鳩著，譯書彙編社譯本。【略】

右政治學六種。西儒研究政學遠矣。自亞里士多德以來，政治一科若泉達火。然孟氏書出，而三權鼎立遂爲世界莫破之公理，久而愈瑩。迄乎德意志統合，政界一變。於是伯倫知理之學大昌，所謂有機國家之學説也。前世紀末，國民國家之説起而代之，以較伯氏尤精矣。那特硜書，其最新者也。日本崇尚德學，遂譯討論，詳覈美善，抑歐箸之亞焉。

《國法學》日本岸崎昌中村孝同箸，烏程章宗祥譯，四卷。【略】

右法律學六種。　今世界號爲文明者，必曰法治國。自天子至於庶人，一以納諸軌物。雖有癸辛之君，共驩之臣靡得而踰焉。承天位者，膺神聖不可犯之尊號，身榮國光，民氣發舒，若今英吉利、德意志、日本君主，真所謂子孫萬世之業也，而實恃此法學之昌大，爲不祧之符，懿歟盛哉。亞洲自日本外皆人治國也，一得一失，可深長思已。

《原富》英國斯密亞丹著，侯官嚴復譯，甲乙丙丁戊五部。【略】

右財政學一種。　《大學》平治章多言理財，後人誤會董子之説，因而煽之。士夫言利者，清議不齒，至於今朝野上下身受其禍，嗚呼酷矣哉。西洋計學，至斯密氏而集大成。《原富》之作，當我乾隆中葉，遥遥一百二十餘年；而侯官嚴氏譯本始出，吾國人乃知有所謂計學者，爲立國行政所莫能外。雖曰晚乎，猶勝於不知者也。錢氏監學日本，采掇所聞，簡而能要，亦可備考察焉。

《公法便覽》美國吴爾璽著，同文館編譯本，四卷續一卷。【略】

右國際公法學四種。　必私法備而後可言公法，必國内公法備而後可言國際公法。中國設同文館時首重斯學，初譯《萬國公法》，書實始於同治甲子，歷歲四十，而猶見屏於公法之外。何哉？不揣本而齊末，以至此也。盍歸而求之矣。

文學科

《倫理學》日本元良勇次郎著，順德麥鼎華譯，二卷。【略】

右倫理學三種。　東洋之言倫理也，始於男女，極於君臣，推於朋友。西洋之言倫理也，考於原人，起於血族，盛於社會，成於國家。其揆一也，平心思之，彼説較彌密矣。豈非中國自契創五教，沈沈五千年學，士大夫篤守一先生之言，不能增進新理，名存實瘝。而彼中魁碩，極深研幾，知來藏往，既富實驗，復勤小物，每建一説，動經掊擊，苟其能存，必爲公理，故久而愈完歟。元良氏舉東西兩哲精義，執中調和之，多引吾國經傳，以相發明，用教學僮，美善無弊。岸本《群學》推勘古初，迄乎成國，可謂知微知章，能盡人性者也。下田以一婦人遊學歐美，歸而爲華族女師，全國陰教被影響焉。《家政》之譯，意蓋爲吾國女學預備，理正義賅。賢哉魯敬姜曹大家之流乎。

《天演論》英國赫胥黎著，侯官嚴復譯，二卷。

《物競篇》英國達爾文著，桂林馬君武譯，一册。

《物競論》日本加藤弘之著，譯書彙編社譯本，一册。

《理學鈎玄》日本中江篤介著，南海陳鵬譯，三卷。

右哲學四種。

《穆勒名學》英國穆勒約翰著，侯官嚴復譯，部甲八篇。

《名學》無錫楊蔭杭輯著，一册。

右名學二種。　哲理於羣治奚裨乎？曰，治未開化之民，恃宗教；治文明之民，恃哲理。智力日闢，禍福無朕之説不足以助進化，則必闢一光大貞固之宇，有以寄其耳目思慮，縋幽入微，考造物之原始，窮吾生之未來，而形上形下，乃皆有以見乎其極。若今日歐美之文化，其諸倍根、達爾文諸賢之所賜歟。然譯入我國者，蓋鮮。《天演論》出，星鳳不啻矣。辭義典雅，足傳於後，他有述者，莫之或先。加藤爲德學大師，提倡强權，足砭頑懦。穆勒父子仍世濟美名，學奥衍形難爲狀。殆棘端刻猴者乎，非静者不能也。夫世宙之理益賾，則人之應之也，必繁變相副，乃足以日進而自存。哲學一科，其可忽乎哉。

《四裔編年表》美國林樂知吴縣嚴良勳同譯，崇明李鳳苞編，四卷。【略】

右外國史學二十一種。　居今日而論史學，與古代異。古史紀一姓，今史紀一國，因異果別，譬南北舛馳而不可通，此無庸爲諱者也。柱下職掌窮年莫殫，執我國人，訊我國史，十九瞢瞢焉，豈況他族之譜牒版圖乎？舊譯諸外國史，蓋多半出於教徒，取備觀覽。若《俄史輯譯》《美國志略》，其錚錚者也。黄氏《日本國志》出版在馬關和約之後，惜我國人見之晚也。其文章爾雅，無謝作者矣。近歲游學寖盛，登屩駱驛，相競譯述，如日在東。乙部所隸，斐然彪列，單簡片帙，往往見寶。我讀《可薩克侵略史》，若有怪物刺我之神經然，殆可針膏盲[肓]而起廢疾者乎！印度、埃及、波蘭諸史，詳略純駁不一，皆我之前車也。並録焉。

《世界地理》作新社編輯本，一册。【略】

地理學四種。　近代學者研究大地島陸之廣狹，海岸綫之長短，山之阻修，川河之交，寒熱帶之氣候，則知國於其地者之通塞、文野、貧富，奚若十不失一二。若我國疆宇宅温度富流域，於文明國之地理，釐然合也。而萬族睽睽，欲取而代，豈以東洋先進諸國秀而不實，有如殤子，遂與印度、波斯例視我乎？抑厚蓄晚達，乃今將試其雄飛也。中村氏書首括名義，博稽六洲，朗若列螺；志賀講義，指畫重要，絜領振綱，蓋取徑於自然學，而注意於政治學者。二籍相輔，可云並美。《世界地理》輯本，實成於吾國留學生，亦教科書也。於中國風物俗尚加詳焉，意深哉。

《泰西教育史》日本能勢榮著，仁和葉瀚譯，二卷。【略】

右教育學十一種。　學校最良之宗旨，有二焉：曰精神教育、國民教育是也。然而規制不美備，則精神無所寄；個人無秩序，則國民無由成，故普通程度爲尤亟。日本能勢榮之言曰，教育者，非教人爲聖神也，各盡職務，維持適當之位置，保全一國之公益而已。美利堅教育主義曰，欲使人人守憲法，必使人人有締造憲法之知識。然哉，然哉。我國求益東鄰，游學相望，教育專書，輸入寖繁，擇其適於我者而用之，沛乎有餘也。山高氏、田中氏小學規則，並爲善本。能勢卒業北美，歸而箸書，卓然有見道之言。讀《泰西教育史》，循循善誘，想見諸賢之用心焉。隅谷氏書，獎厲孤孽，詠嘆前美，浩氣剛德奮乎百世，可謂驚心動魄，一字千金者矣。

《西畫初學》格致彙編本，六卷。【略】

右圖繪學六種。　凡宇宙萬彙之質性狀態，必一一藉文字傳達之，厥惟艱哉！圖繪者，所以濟文字之窮也，亦兼用疇人術，自一名一物，以及都市江海之險要廣深，靡不至纖至悉，肖貌而異，如履其地，如見其形，可不謂神妙乎！施於兵事，别一專門學也，蓋尤要焉。

《數學理》英國傅蘭雅、新陽趙元益同譯，九卷。【略】

右數理學八種。　事物之理，由簡單而趨於複雜，至於複雜，而吾人推解之力窮矣。數學者，以簡單御複雜之定律也。觀野蠻人以手記數，十指以外，非其所知。而吾人則有籌有珠有筆，砉然奏刀，腠理盡解。數學，理其最精者也。狄氏之書病於繁，韋氏之書病於略，其最適實用者，則心算筆算物算珠算，爲近時普通之本。華氏所箸，以爲研究可也。

《代數備旨》美國狄考文輯譯，六卷續一卷。【略】

右代數學六種。　代數之學出於天元，至其變化錯綜，則非天元所敢望也。初，借根法之來自歐洲也，宣城梅氏謂其與天元同科，迨偉譯《代數學》、傅譯《代數術》，則疇人家言爲之一變。厥後名理日精，蓋天下靡然從風矣。備旨正續，由淺入深，爲課本之善者也。

《幾何原本》前六卷泰西利瑪竇、吴淞徐光啓同譯。

《幾何原本》後九卷英國偉烈亞力、海甯李善蘭同譯。【略】

右幾何學九種。　數者，無形之物也。以幾何示之，則視而可識，條段益明矣。故又曰形學。歐幾里得之箸，距今蓋二千餘年，其前六卷出於明末；至後九卷，則雖歐西績學之士歎爲絶詣。而海甯李氏，萃畢生精力，溝而通之，偉先生謂他日西人從事斯學，當還求諸中國。嗚呼美哉！後有作者，不過推闡抽演，莫能出其範圍矣。《益古演段》與幾何相表裏，存之以示吾古學之所自有云。

《三角數理》英國傅蘭雅金匱華蘅芳同譯，十二卷。【略】

右三角八線學八種。　句股之學始於《周髀》，至於和較雜糅，累千萬題而不能盡，蓋近於玩物喪志矣。至三角術出，舉一切句股之理，悉以八線推之，莫不就我範圍。項氏之書，不可謂非中西之通郵也。

《圓錐曲線》美國路密司箸，美國求德生、蓬萊劉維師同譯，一卷。【略】

右曲線學七種。　曲線之類多至不可數紀，其最著者，則平圓、橢圓、拋物、雙曲四者而已。海甯李氏以對數推此術，奥衍繁博，發前人所未發。能讀其書者，蓋不多覯焉。其餘各家雖斷簡零册，耽於斯學者，亦靡不寶貴云。

《代微積拾級》英國偉烈亞力、海甯李善蘭同譯，十八卷。【略】

右微積學六種。　微分積分蓋一術而相對待者也。微分求變數，積分其還原爾。偉、傅二書之譯，迄今已三十年，繼軌寥寥，則以其深微淵妙之理，學者有望洋之歎焉。近今士夫研究漸夥，《須知》《答問》二種，其入門之鎖鑰也夫。

武備科

《訓練操法詳晰圖説》工部右侍郎袁世凱奉勅纂，二十二册。【略】

右陸軍學二十四種。　鳥獸無爪牙，則不肉食。有土地人民而無兵，則不國。兵之古義始於衛生争存，而兼弱攻昧之公例起焉。列國文化既進，殆無不以佳兵殺人爲大戚者。然而愈益畏惡之，愈益獎勵之；愈益銷弭之，愈益擴張之。何哉？地醜德齊，莫敢先發，則世界之大勢恒平，而民族進取之心又各思光榮其國旗爲全球之主人焉。此所以糜金如邱山而不惜也。吾族强毅耐苦，至今日而號爲不能戰之國，爲世界僇笑。固由右文輕武，釀成柔弱，實以二千年來祗供一姓驅除之資，於合羣自衛之真理，茫乎未有聞。斯義不明，雖譯籍汗牛，庸有濟乎！讀是書者，以爲大匠之規矩可爾。

《外國師船圖表》嘉興許景澄輯，八卷附雜説三卷圖一卷。【略】

右海軍學九種。　道光以來，中國盛言海防。彼族犯礁，颸冒霧露，越數萬里，輦金割地必勝必取。而我設署購船，糜帑亡算，仍用僨績。藝不精，律不嚴，職不舉，以至此也。抑我誠有意自樹立，不當曰防之防之而已，必將大建商舶，衛以礮艦，出帆南洋，放乎歐海，練我水犀，揚我龍旂，乃可平揖羣雄，焜耀黄族。長守其雌，何時與世界相見乎！彼德意志陸師三百萬，宜可自足，比年輕營海軍，不遺餘力，然則今代大勢可覩矣。希理哈之言曰，如國境海岸延長不能扼要據守，先事迎擊，而於綿亘數千里節節分兵設守，則爲大謬之舉。此即就防論防，亦宜奉爲鍼砭者哉。

【略】

《中國通商贏絀表》歸安錢恂輯本。

右商業歷史學二種。　自腓尼基市場焜燿於四千年前，西班牙、葡萄牙航路發見於十五紀內，凡商力所及，政治學術皆與爲灌輸，誠文明媒介哉。惜東方大陸交通之晚也。我商戰之具一切幼稚，科學輸入，實始萌芽，貿遷化居，宜爲所弱。錢氏列表訖於光緒己丑，進出口貨相抵，歲約絀一千六百餘萬。比年最近報告，乃絀至一萬一百餘萬。而其中生貨變熟，還以售我及華工供用物品又占其多數焉。嗚呼，幾何其不竭也。夫通商之理，彼我兼利，惟文野相遇，則公例不可憑。長此不悟，他日宛轉枯池回憶江湖之寬，其可再得哉！吾安得偏執我邦人，號泣而道之也！

《東亞各港口岸志》日本參謀本部編譯，一卷。

右商業地理學一種。　近代學者引德儒黑革之言，曰水性使人通，山性使人塞，水勢使人合，山勢使人離。此商業地理之權輿哉。遷史詠歎秦以來貨殖所聚，必在都會。黄河、尼羅河蔚然爲東西文化之母，不其然乎。我自五口互市，門户洞開，名都大城，江介海曲悉爲他族之利，曾未有隻輪單艘，抱布貿絲於波羅的蘇彝士間者。茫茫六州河山如繡，不禁廢書投袂而起也。

醫術科

《仝體通考》英國德貞箸，十八卷坿圖二卷。【略】

右仝體學五種。　西人仝體之學，至晚近而益明者，解剖精也。自血管腦筋之理發見，據以推察官骸藏府維繫之用，罔不密合。常者安之變者，探其原而去其害。夫惟了然於心，故能砉然於手。斯學不明，而囂囂以方技自雄，直妄人而已矣。

《西醫内科全書》美國嘉納翰、遼陽孔慶高同譯，六卷。【略】

右醫學十六種。　龍門傳扁鵲，曰特以診脉爲名耳。意彼所謂見垣一方者，必有全理奇器，若今之X光線然。後世俗工不知三陽五會爲何事，悍然執無據之舊説，詬病實測之西醫，豈不悖哉。太平之世，民不夭札，非有神異靈怪相與呵護，實由科學精邃、醫理昌明，躋斯人於仁壽之域也。十七紀歐人平均得十三歲，十八紀則二十歲，十九紀乃得三十六歲，可謂明效大驗已。

《江南製造局書目提要》卷一

《日本學校原流》一卷。

美國路義思撰，衛理口譯，上海范熙庸筆述。讀之可知新教法之源流也。

明治以前學校情形　新教法始行之大畧　詳論新教法　新教法相關之各事

《日本東京大學規制》一卷。

撰人失名。是書備載課程規則，條理秩然，教育家所宜法焉。

大學總規　教科　學規　研究科規則　副手規則　選科規則　貸費規則　俸金學費　各科學科課程　附官用醫學講習科規則，與農學林學獸醫學諸二科規則　大學院規則附入學規則　大學官制　大學官俸　大學總長職務規則　大學評議會規則　聘用外國人規則　大學衛生委員規則　卒業考驗規則　學位規則附考驗規則　圖書館規則　列品室　實驗室

紀事

利瑪竇《上大明皇帝貢獻土物奏原疏》　大西洋陪臣利瑪竇謹奏，爲貢獻土物事：臣本國極遠，從來貢獻所不通，逖聞天朝聲教文物，竊語霑被其餘，終身爲氓，庶不虚生；用是辭離本國，航海而來，時歷三年，路經八萬餘里，始達廣東。蓋緣音譯未通，有如喑啞，因僦居學習語言文字，淹留肇慶、韶州二府十五年；頗知中國古先聖人之學，於凡經籍，亦略誦記，粗得其旨。乃復越嶺，由江西至南京，又淹留五年。伏念堂堂天朝，方且招徠四夷，遂奮志徑趨闕廷。

謹以原攜本國土物，所有天帝圖像一幅，天帝母圖像二幅，天帝經一本，珍珠鑲嵌十字架一座，報時自鳴鐘二架，《萬國輿圖》一冊，西琴一張等物，陳獻御前。此雖不足爲珍，然自極西貢至，差覺異耳，且稍寓野人芹曝之私。

臣從幼慕道，年齒逾艾，初未婚娶，都無繫累，非有望幸。所獻寶像，以祝萬壽，以祈純嘏，佑國安民，實區區之忠悃也。伏乞皇上憐臣誠愨來歸，將所獻土物，俯賜收納，臣益感皇恩浩蕩，靡所不容，而於遠臣慕義之忱，亦少伸於萬一耳。

又，臣先於本國，忝與科名，已叨禄位，天地圖及度數，深測其秘，製器觀象，考驗日晷，並與中國古法吻合。倘蒙皇上不棄疏微，令臣得盡其愚，披露於至尊之前，斯又區區之大願，然而不敢必也。臣不勝感激待命之至！萬曆二十八年十二月二十四日具題。

又《貢品清單》 時畫天主聖像壹幅，古典天主聖母像壹幅，時畫天主聖母像壹幅，天主經壹册，聖人遺物及各色玻璃、珍珠鑲嵌十字聖架壹座，萬國輿圖壹幅，自鳴鐘大小各一座，三棱鏡貳方，大西洋琴壹張，沙刻漏貳具，乾羅經壹册，大西洋各色腰帶計四條，大西洋布與葛布共五疋，大西洋國行使大銀幣四枚，犀牛角一隻，玻璃鏡及玻璃瓶大小共八件。

夏燮《中西紀事》卷一《通番之始》 歐羅巴居天下四洲之一，其地在亞細亞洲西南洋之西，而中隔以地中海。曰歐維巴，總其洲之島岸名也。曰大西洋，以其海之方隅名也。若其國名，則中國之所謂大秦，西人之所謂泰西也。

自古不通中國，惟東漢時遣使一貢，范蔚宗立大秦傳，而歷代之史因之。傳言其人民皆長大平正有類中國，故謂之大秦。又言大秦嘗欲通使于漢，而安息貪以漢繒采與之互市，故遮閡不得自達。至東漢桓帝延熹九年，大秦王安敦遣使自日南徼外獻象牙、犀角、瑇瑁，始乃一通焉。大西洋之名聞中國，濫觴于此。然不列王會之圖，遂闕職方之紀。故後漢書但知其爲海西國，晉書始言其在西海之西。西海即今之西南洋，五印度之地。至魏書乃云：從條支西渡海曲一萬里，方隅之可紀者如此。若其地理之分合，建置之沿革則均不詳也。

惟元代版圖之闊，亘古未聞，而太祖世祖封建屏藩，但及于葱嶺西南之五天竺。明初通貢之遠，遣使頻仍，而三保太監七下西洋，第盡於紅海東岸之忽魯謨斯，雖西北界接歐羅巴，西南界接利未亞，而一海之隔，苦于問津，無不自崖而反。宜利瑪竇初至京師，而明之禮臣不識大西洋之爲何地，意大利亞之爲何國也。然中國固不識大西洋之地，而利瑪竇方自海外來，亦茫然安識其所謂大秦者。蓋自與徐光啓輩交，又得見唐之大秦景教碑，詳卷二。以爲與其國所奉事之天主教合，故中外稱之無異詞。

艾儒略者，亦西人，既載其碑于所撰西學，凡後又考其疆域，序其島岸之國名，而作《職方外紀》。大略言：歐羅巴洲中七十餘國，其大者凡十一國，則佛蘭西、即紀中之拂郎祭。意大里、荷蘭、即紀中之法蘭得斯。呂宋、即紀中之倚西把尼。及額力西、即紀中之厄勒祭。俄羅斯即紀中之莫哥斯未之屬皆在焉。又言地中海之西有意而蘭、大諳厄利諸島國，即今之英吉利兼轄阿爾蘭者是也。

考其分合之由，則自漢以前皆統於額力西，即今之希臘。至東漢時羅馬浸彊，即今之意大里亞國，并吞各部，歷四百年綱紀，西洋一統最久。六朝之季，羅馬衰微，爲北狄戎特之族所侵，分裂其地，于是各部自王，不相統攝，惟共奉一教主，而其教皇世居意大里亞國中，凡大西洋受封廢立之事，皆請命焉，然不能執予奪之權也。佛郎西興于唐，英吉利興于宋，而一時歐羅巴洲各國如荷蘭、葡萄牙、西班牙等，經營貿易，估帆所達，及于西南洋、東南洋，各開市埠，英、佛聞而繼之，遂以是爲通中國之漸矣。

明自永樂以後，數遣人下西洋，示以通貢，凡前後隨使至者以百數，而大西洋之國不與焉。迨正德間，佛郎西踞滿剌加之地，遣使臣請貢方物，後又乘倭寇之間，縱横海上，占踞澳門，而荷蘭、葡萄亞繼之，然明之諸臣，迄不知其爲大西洋人。直至萬曆間，利瑪竇至京師，始識大西洋之名，而迄不知其與佛、荷等國之或同或異也。況自西士利、艾等與中朝士大夫往返討論，固已備悉其山川風土，指掌列眉，而修明史者尚墮雲霧中，豈非卧榻之旁，被人鼾睡而不知者邪？然則通番之遠，莫遠于明，而勤遠略于數萬里之遥。遂釀近憂于二百年之久，豈細故哉？

林樂知《記上海創設格致書院》《萬國公報文選》卷三〇六 「格物致知」，《大學》首揭其旨，而紫陽朱氏更推其藴曰：所謂致知，在格物者，言欲致吾之知，在即物而窮其理也。蓋人心之靈莫不有知，而天下之物莫不有理。惟於理有未窮，故其知有不盡也。儒者當貫通三才，一物不知，引以爲恥。然所謂知者非僅多識名物，詡詡然誇淵博已也，必深究夫物之終始其常也。若何其變也，若何其合也，若何其離也，又若何洞澈夫物之精粗本末，而後微之、擴之、併之、析之，而皆適於用。此之謂「格」，此之謂「致」。非然者能識物而不能用物，縱誇博學無補於世，何以爲治國平天下之本哉？

吾西國力學之士，每即物窮理，實事求是。自夫天文、地輿，以迄一草一木之微，皆鄭重詳審焉而不敢忽。鈎深索奥，剖毫析芒，迨於用力之久誠不如朱子所謂一旦豁然者，而後化朽腐爲神奇，參天地之化育，其圓通巧妙至於不可思議。今之蒸汽運千鈞，電氣達萬里。以及繫籃升天、泳鐘入海，諸有益於宇内者皆從格致中來也。其法至奇至創，其理則至庸至常。非如中國之奇方幻術，託於鬼神虚誕，令人茫乎莫憑，杳乎難索也。

西國多書院之設，各以穎分，雖百工藝事亦莫不有講習之所。自格致之學興，通都大邑皆設有格致院。儲書籍、備器具，供人探討。蓋格致之學非誦讀可比，必隨物測驗以而究其極。而其測驗之具則甚夥，非多金不辦。有志之士每苦無力，故格致之必有書院較他書院爲尤要也。

中國不乏鴻儒碩學，然或務詞章，或談性理，或負經師之望，或有淵博之名，其於「格致」二字惟以虛談了之，及見夫西國之怪怪奇奇，則羣相驚咤，謂爲鬼工，謂爲幻法，而於其所以然之故，曾未能無惑且拘於墟也。間有一二好學者，漸留心西法，涉獵格致之書，而見聞未廣，考證無資，亦未免望洋興嘆。是必如吾西國之有格致院，儲書籍、備器具，以供探討，而後有志格致者得以知普天之下物産之同異，物類之繁多，物性之變化。舉凡所謂怪怪奇奇皆得實徵。其所以然之故，庶幾物物而不物於物。而彼迂拘腐儒，亦得於目睹之下使知格致之學，固有如是之信而可徵者，非虛談所可託，亦非荒誕所可方。積世之惑可祛於一旦。此上海所以有格致書院之設也。

書院倡於英領事麥君，及王副戎錦堂，唐司馬景星。而吾友傅君蘭雅，徐君雪村實贊成之。二君固皆精於格致者也。院設於租界，以在事諸君董之。凡格致書籍器物，自西國購之。惟備計需若干金。上海觀察使者沈公首捐廉助，中外紳富靡不樂輸。事經草創，其若何章程尚未刊定，不具論。余惟華人樂善者衆矣，施醫藥、掩骼胔，以及救溺育嬰諸善舉皆與西國埒，而獨於擴人聰明益人智慧之事曾未一措意。不知耳無聞謂之聾，目無見謂之瞽。其有雖不聾瞽而一若聾瞽者，則不聾瞽於耳目而實聾瞽於心。其可矜恤憐憫當較聾瞽爲尤甚。今諸公此舉，不啻塞者使聰，蔽者使明。其所以療人心之聾瞽者，實有中外而並蒙其惠。苟擴而充之，則足以開風氣育人材。利用厚生，使朝廷收富强之效。《大學》所謂「治國平天下」之本將於是乎在。其功德之偉，豈煦煦爲仁者所可同日語哉？余既嘉麥領事諸君之樂善，而又爲中國人士幸也。爰樂而爲誌其緣起。

附　格致書院籌備會議記録

自西一千八百七十四年三月起，至一千八百七十五年九月止。自西文譯出。

設立書院之源流並原意，上海與各口所有中外之人固皆知其大略。然恐後日或致遺忘，或有誤會，故擬此第一次記録。首述其原意與源流。

上海設立書院，供華人之用。其意數年前已有之，並有新聞紙論及之。惟初創此議，勸人設法與此事者係英領事麥。在一千八百七十四年三月初五日《字林新報》内言之。因華人考究各種西學，年進一年，故宜獎成此大意而引之入室，則設此格致書院爲最合宜之事。所有章程十五條，開列如左：

擬設書院規條

一、書院名格致書院。

二、立此書院原意欲中國士商深悉西國之事，彼此更敦和好。

三、此院應於租界内設立。

四、設此書院一切造資，擬由中外士商捐成。約在一千五六百金之數。

五、凡有士商來此讀書起坐，每月每人納洋半元。以杜不類之徒前來攪雜。且可藉以開支各項費用。

六、此院限以百人爲滿。如滿數外仍有人欲來者，須得數中兩人舉薦方可。

七、此院均係中國士商所用，西人不在其列。惟倡首出捐者，自可隨意前來觀看。

八、經理書院，各務須設董事。少則五人，多則七人。首先一年可邀出捐一二西人幫辦。

九、院内備有各省現時及續增所刊新聞，並有西人所譯西國經史子集各種書卷。漢文著作至中國各種書籍，聽憑董事增列入院。又設天球、地球並各項機器奇巧圖式，俾衆備覽。

十、特派一人住於院内，留心看管書卷。不准看者將書卷等項攜出。

十一、書院之内不准有人嘈雜。書院傍設耳房，如有人商議何事可至耳房談論。

十二、隨時請有西人講解機器各法並西國各論。

十三、院内不准游戲、賭博。

十四、看院之人，每日預備煙茶，其價從廉酌取。

十五、書院每晨十點鐘開門，晚七點鐘關閉。

三月二十四日，在博物會内，請明曉格致之西人聚議設立格致書院之事。衆人無有不歡悦。有人指出辦此書院之正路，皆以爲極有道理。因擬定兩款。第一款爲麥領事擬。設格致書院之意，聘請董事若干人成會，捐銀辦理此院。第二款爲所請之董事。西人麥領事、旗昌行主福辟士、偉烈亞力、傅蘭雅共四人。華人爲招商局總辦唐景星。此會本宜公舉中外董事多人。

各董事第一次聚議爲一千八百七十四年四月初六日，在大英公館。立中外捐銀簿各一本，其中國之簿唐景星管理，西國之簿麥領事管理。約定共捐銀一千五百兩，足爲開一小院之用。

各董事第二次聚議爲一千八百七十四年六月十一日。此時西國之簿已捐銀九百八十兩，中國之簿雖未收銀，亦有多人許捐者。擬在洋涇浜租界內買地建屋，但恐僅備格致之書而無格致之具並機器小樣等件，則來看書之華人難於明曉。如化學等不覩其變化，必甚模糊。所以擬設講論理法之堂，略與英國之大格致堂相同。然中國董事尚少，故請徐雪村與王榮和商量捐銀之法。當時所有之銀不足以購格致之器，又擬請西國製造之行家或送或借所需之各器，供人觀玩，爲補其製造貿易之法。故託傅蘭雅寄信各西國，告知此事，並託蒲而捺公司在倫敦收送各物。且作一啓印出數千張，散於各國，譯出如左：

現在擬於中國上海設立格致書院。其意欲令中國便於考究西國格致之學、工藝之法、製造之理。蓋中國地大人衆，地產寶物尚未開動，各種有利於人之西法尚未通行。可見此書院之設，令中外各等人獲益不少。上海又爲中外貿易之藪，最宜於在此處開院。院中董事已捐本處中外人之銀兩，今因欲令此院更能開闊，故請西國所有製造家，通商家與好善家相助此事。或送、或借各種機器與器具。或其小樣，或其圖，或格致之器，或人物花卉之圖像，或造成之各物。凡有益於中國人者，俱可寄來。另備解説用法等事，並送器者之姓名、住處，便於翻譯華文，刻入目録書中。所有現譯華文之格致書，並中國舊傳各種有益之書，均須院中便人閲看，又擬講明格致之專。所以格致堂內須備各種物件，如能寄送最佳。

各董事第三次聚議爲八月三十日。當時所捐之銀共計一千六百兩。銀數雖少，亦可起手興辦。董事徐雪村稟明李中堂，並李制台，各董事見其稟盡皆歡悦。

各董事第四次會議爲十月十六日。當時共捐銀三千餘兩，內有一千兩爲李制台給發。英國等國寄信來華，許機器具等件。各董事亦寄信於蒲而捺公司致謝，自印告示勸人送物之功。又託傅蘭雅開明院內詳細章程之稿，便於下次觀看而議定之。又託偉烈亞力開明格致等書目，便於購存院內。

各董事第五次會議爲一千八百七十五年正月初八日。當時共捐銀五千餘兩。內有一千零八十七兩爲李中堂給發。中堂批內：「望此書院速成」。又有祥生洋行助銀三百三十三兩，亦爲徐雪村勸捐而得之。此時銀數足以開院。因旗昌主人福辟士辭院回國，故請敬妥瑪代之。又因中國董事尚少，故請徐仲虎相助，即近來總理衙門保舉可往西國辦學者也。又請麥領事收管銀兩，託傅蘭雅辦理本院信札等件。中外各有董事四人。可以趕緊買地建屋。前一次託傅蘭雅開細章程初稿，各董事略有更改，即爲定準。此章程與徐雪村稟內章程略同。

各董事第六次會議爲四月初二日。有董事三人各覓地一處，然各有合宜不合宜之處。後有一董事另覓得三馬路西首空地一塊，各董事看之均爲合式，擬欲定買。又議房屋應造何種式樣，應請何等匠作。各董事之意應照中國之式最爲合宜。而以初造之屋爲始基，後再添造。其時因麥領事不在上海，應待回滬商定。又接倫敦來信云：「在英國有董事成會，助上海董事辦理捐銀送物之事。而羅倫司伯爵之子承辦信札之事」又云：「英國火輪公司承辦機器等件送至上海，存在院內。本公司之船不取水脚。」等語。北京英欽差威來信極喜設立書院之事，助銀一百兩。上海道馮亦許凡有進口格致書院中之物件，新關免取税銀。

各董事第七次會議爲五月三十一日。此時擬買之地尚未成，因未交銀之先，英工部局一定欲開一馬路過此地之間，故不能成。待工部局之意見如何則延誤多日。幸有地一方，係美華書館前日所買，現欲賣去者。而在舊跑馬場之邊，初查其畝數與價值過大，故擬買其半爲本書院之用。而請他人又買得彼半。後想此書院將來必要廣大，恐不能買回彼半，不如全買之，待後不用再行售去。原價銀四千五百兩，徐雪村已備一房屋之圖，又開一細賬，各董事細閲均以爲是。但因此爲要事，擬請數造房之人繪圖、開賬，如有更合式者則取之。

各董事第八次會議爲七月十一日。有倫敦來信云：「上海董事應立收送物件之細章程。又應派一西人在院中管理送來之機器等件，則大製造家更能放心多送物件。」但各董事以爲院尚未開，此説尚早。待已開而將興旺再議未遲。又有廈門來信云：「擬在廈門開格致書院，爲本院之分院。請本院照應相助。」各董事定見可助者必當助之。再論書房內預備之書，請偉烈亞力趕緊開書賬，管理預備書房之事。至於造房屋之事，因徐雪村之圖賬最清，最合式，各董事定見請其料理此事。造屋價銀二千九百六十兩，必在三個月內成功。如所捐之銀不足此數，必押地借銀以成之。

從第八次會議之後，至今尚未會議。造成房屋，預備書與器具，約須銀三千餘兩。將此事告禀上海道馮大人，因其本喜格致之事，故極喜此院之開，所以允助銀一千兩。現在擬於西十二月開院。開院之日，請中外官員紳士惠臨，其房屋在湖北、廣西兩馬路之角，靠舊跑馬場之西南邊。其内外極其整齊華美。因專爲中國人之用，故專用中國之式爲之。其寬廣足供目下之用。大廳樓上下各有大房長四十六尺，寬一十二尺，另有十六尺方者八間。每兩間能合爲一大間。另有大小房十餘間，爲看守等事之用。

現在各董事知辦理本院之事實非易易。買地造房等事已遇難處甚多，而房屋已成則其難處更增。雖中外各董事竭力辦理，不免再請中外紳富照應助銀。每年之費用必大，所費之心亦不少。凡有餘書籍、圖畫等件者，可送來存於書房内。凡有餘格致器具者，可送來存於格致堂内。凡能講格致之理，無論中外之士皆可在院内購買。凡有中外各種機器亦可送來，寫明其用處與其理。倫敦董事來信云：「如能在本院之旁造花紋大鐵屋，爲安置倫敦寄來之物件最佳。」但其價值必昂，如倫敦等處不能設法得銀，則恐本院必待多年方能廣大而辦理此事。現在所有之房屋能容多物，倫敦所送之物至今只有十四箱。若至開院之時，倫敦送來之箱必更多。

現在倫敦之董事共有八人。即司弟分孫、亞立山太、代非斯脱、那婆剌苦、來發里、羅倫司、活得司、蒲而捺。此各人俱爲上品之人，大半曾在印度、中國等東方之國辦事者。現常會議格致書院之事，設法照應。一面勸好善家捐銀，一面勸製造家送物。大約將報上海各董事，知其所成之事。因本院所有之空地足爲大鐵房，與西國所作大博物院同式，但其尺寸更小，此爲原設此院時所不及料者。增於格致書院中則有大益處。所見鐵房圖之中國董事與聞此事之官員紳士無有不喜躍，無有不想法助銀。倘使鐵房竟不能成，倫敦董事送物助本院者已屬不少矣。

設格致書院之時已用多法，免西國新報説差本院之原意。然前數次新報已説差誤人。一面説此院中國全國所開，而各西國要贈物爲賽其高下，與各西國所作之院同。此以一處之小院放大之，一誤也。一面又説本院爲貿易器具之大舖，凡要買機器者存入本院，可省開舖之煩。此以院爲舖，二誤也。現此記録印出之後，望各人去其誤會之意，又能顯出自定開此院，至今分毫不改其原意，只有放大規模而已。蓋上海爲緊要之大埠，格致書院應依其地之情形配之。

觀附後助銀者之姓氏，則知西國所捐之銀甚少，而中國大官員助銀之數甚大。可見格致之事，華人皆喜爲之，且佩服立院之意甚深。各董事更能鼓舞，向來所有西人設法傳格致之理於中國者，其助銀略皆爲西人，所來學者大半爲下等之人。然此院與此不同。中國貴官不但助銀，尚贊美此事。故本院成功之後，擬將禀李中堂與李制台之禀稿，及所批之語在院内大廳書牌懸掛。望中國上等人來院，廣其見聞。中國近來與各外國交涉之事更親密，故西學比從前更爲緊要。

各董事尚未設法，補每年院中之開銷，恐必待數年之後方能自立。招商局總辦唐已極其費力勸捐銀兩，其意請好友百人，每人每年助洋六元。現略有五十人。各董事現擬請中外各等人，或每年捐若干銀，或當時捐助若干銀俱可。凡捐銀之人能設妙法料理本院之事，請其書明送至本院，則各董事必斟酌行之。已有人想法書明寄信云：「各大洋行應寫信至本國之原行，指明本院之事，勸其相助。如願意者，則本院送此記録若干本，各洋行寄與本國之本行。時可附信説明此院能助本行之貿易，令中國人知所售之器具物件等，兩面皆屬有益。」

望中國各口通商之處知本院之事，亦開分院。已在廈門有開分院之事。九江無幾時亦開分院。近來福州亦來信本書院，章程等事，竟欲仿而行之。無論何處欲開院，則本院無不竭力照應相助也。

現在出第一次記録辦理本院之事，自始至今，無誤可喜。望將來大爲得意。中國向未開設格致書院，創成此舉，實非易易，不能爲之極速，必循序漸進。觀中國人已助銀若干，輔成本院。所爲之事則西人更當踴躍相助，因此院不但有益於華人，亦且有益於西人也。中西不甚相通，則有隔閡之虞。有此格致書院以通之，則於通商貿易之事更能興旺。以前不能爲此事，近時能爲之，亦時勢使然也。

附二　格致書院章程

一，設立格致書院，欲中國士商深悉西國之事，彼此更敦和好。先在上海通商碼頭購地建院，以便訪求格致新法機器小樣，並購買泰西新出書籍，邀同西士講解理法。蓋以現在講求之人尚少，不得不借才以爲倡導。將來風氣日開，人才愈衆，再行推廣於別處。或各省會，另設分院，自可無藉西人矣。

一，院中肄業，鹵莽輕浮之人不得混收。其來歷清白，資性聰穎者，概聽入院。由董事驗明，司事登記籍貫、姓名、來歷、年歲，然後逢期進院。學習均須自備資斧，院中亦不取修金。至中西官紳富商，亦可隨意進院遊觀，並與董事等講究一切。

一，經理書院各務，公舉董事，首先一二年，同捐銀之西人合辦，並於董事中選出精曉藝術者數人，以爲院師。均須自備資斧，每月擬定日期，輪流講論一切。如天文、算法、製造、輿圖、化學、地質等事。惟門類繁多，現在人才尚少，只可統講大綱。日後學者益衆，即可各習一門，以期專精。均係專考格致，毫不涉及傳教，並不干預別項公事。

一，院中陳列舊譯泰西格致諸書，各種史志，上海製造局新譯諸書，各處舊有及續印新報，西國文字各種格致機器新舊之書，格致機器新報機器新式圖册，以及天球、地球各種機器小樣，天文儀器，化學各器，格致入門各器，五金礦石各樣。又備中國經史子集，以期酌古證今，廣見博聞。今才創設，自宜擇其尤要者。搜羅購備。蓋此等書院在西國原爲聚精會神之所，一切製造之學由此以興。日後果能經費充足，亦當盡仿其規模。

一，專派妥實司事一人，院使一名，常住院中，薄給薪水、工食以資養贍。所有肄業生徒，及遊觀紳商其籍貫、姓名、出入時日，以及書籍器具均令該司事分別登記號簿。至書籍器具責成留心看管，不准任人損壞攜去。又經費既蒙上憲賜給，並各紳商捐助，其銀錢收支須登記明晰。由董事按款驗核，於年終彙開簡明清單，以昭誠信。

一，書院每日晨十點鐘開門，晚七點鐘關門。不准閑人嘈雜，嚴禁遊戲賭博。院旁另設耳房，如商議他事可以入內談論，以昭肅静。

奉李制憲批：「據禀邀集中西官商，在滬捐建格致書院。購備書器，推廣圖算製造諸法，尚係精求西學，非設堂傳教者比。所請酌撥經費，應飭上海沈道於雜款項下提銀一千兩，交給該員等領用。

同治十三年八月十七日。」

奉李中堂批：「據禀邀集中外官商在上海捐建格致書院，所擬章程六條尚屬妥協，其起造房屋，購備書器經費不敷，應飭津海關道，於洋藥加增捐款内撥給銀一千兩，以資應用。該員等務須實力參稽，多方招致，使中土藝學日興，人材日多，以裨實用。是爲切盼。

同治十三年九月初九日。」

續舉董事西士敬妥瑪、華士黄司馬冀階、李部郎丹崖、沙縣尉子春，會同商辦。俟開院之時再行禀明大憲。

附三　格致書院捐助經費表

直隸爵閣督部堂李　發銀一千零八十七兩　兩江總督部堂李　發銀一千兩

記名提督軍門直隸正定總鎮吴　助銀二百十三兩五錢　江蘇蘇松太兵備道馮　助銀二千兩

傅蘭雅《江南製造總局翻譯西書事略·論源流》　溯江南製造總局設館繙譯西書之事，起於西曆一千八百六十七年冬。成此一舉，藉無錫徐、華二君之力爲多；蓋當時二君在局内爲幫辦之員，志尚博通，欲明西學。故欲知此舉起緣，可陳述二君顛末。

無錫爲江蘇常州府之一縣也，南濱太湖，城池雄壯。所有人民，大都巧於工藝，且認真作事，志在必成，又有往來日本國者。而士人多以爲詩書經史幾若難果其腹，必將究察物理，推考格致，始覺愜心；如是者凡數人，而徐、華二君好之尤甚。

此數人者，每相往來，屢次會集，所察得格致新事新理，共相傾談，有不明者彼此印證。凡明時天主教師所著天文、算學諸書及中國已有同類之書，無不推詳討論。後二君遊覽上海，至墨海書館見合信氏在一千八百五十五年所著《博物新編》一書，甚爲欣羨，有愜襟懷。蓋利瑪竇諸人著格致書後，越有二百餘年，此時内泰西格致大興，新理迭出，而中國尚未之知也。故一獲此書，猶之忽過二百年而與此新理相觀面。遂在家中自製格致器以試其書中理法，且能觸類引伸旁通；其所未見者，一有所得即筆之於書，將所記者彼此參觀，有不明者互相答問。而徐君手下所存記録器具等尤多，是故徐君名譽，邦家有光。西諺云「曠漠淵源特出，周遭百草滋榮」，其徐君之謂歟！惜乎當時髮賊作亂，侵據無錫而得其城，民人逃避山中，多經艱苦；惟徐君以已知格致有益之法，能減其苦，且可輔助他人。

同治元年三月時，有諭旨下，命兩江總督稽察兩省才能之士，能曉製造與格致之事者，舉爲國用。故曾文正公選舉八人，奏明皇朝。此八人中有徐、華二君在焉。二君之名，久聞中外，總督遂召至安慶府，令考究泰西製造與格致所有益國之事。

當時髮賊已據南京，而四周之地，兵荒頻有。故考究西學，甚覺不便。惟華君集聚中國當時格致諸書，欲再翻刻，則在南京書局刊成數種，即利瑪竇與偉烈亞力所譯《幾何原本》及偉烈亞力之《代微積》［拾級］，並艾約瑟之《重學》，後另刊他書數種。惟此時總督派徐君之事與此不同，乃令刱造輪船，以試實效。遂依《博物新編》中略圖，製成小樣，因甚得法，則預備造一大者。所用之器料，即取諸本國。嘗在安慶時見過一小輪船，心中已得梗概，即自繪圖而興工；雖無西人輔理，此事甚難，而徐君父子樂爲不倦，總督亦常慰藉之。至船成時，以西法量之，爲二十五噸之船，於一千八百六十五年初行大江中，七時内可逆水行二百五十五里，及回而順水，不過四時已到。曾侯爺甚喜此船，因錫名「黄鵠」，後在大江中屢次來往。華人之能自造輪船者，可推徐君爲首焉。

徐君父子已有此能，則於製造與格致之學，可謂精明而無出其右者矣。然其心猶未足，以爲見聞尚淺，故屢至上海搜求西國新理新法。時當李壬叔與偉烈亞力及韋廉臣在墨海書館譯《談天》與《植物》等書，故常與李君並各西士相談；又遇艾約瑟、慕維廉、楊格非諸西士，亦略能增廣新理於心。

以後徐君決意久居上海，以便與西士考證西學，故請曾文正公派於江南新設製造局内，略於一千八百六十七年到局。旋請局中馮、沈二總辦設一便考西學之法，至能中西藝術共相頡頏；因想一法，將西國要書譯出，不獨自增識見，並可刊印播傳，以便國人盡知。又寄信至英國購《泰西大類編書》，按即《大英百科全書》。便於繙譯者；又想書成後可在各省設院講習，使人明此各書，必於國家大有裨益。

總辦聞此説善之，乃請總督允其小試。又在上海聘請能譯書之西士，則遇在字林行作《上海新報》者傅蘭雅，因請之購西書數部，即與徐仲虎首譯《運規約指》一書；又請偉烈亞力與徐雪村譯《汽機發軔》一書；又請瑪高温與華若汀譯《金石識别》一書。此三書爲在上海租界西人宅内所譯者，然甚覺不便，莫若在局中譯之。又因局與租界相離頗遠，則西人不便每日往復，故請傅蘭雅在局内所設之繙譯館專辦譯書之事，即於一千八百六十八年六月中開館。所有初譯之書，均呈總督賞鑒，甚爲許可，即出示多添譯書西人，故又請金楷理專辦譯書。後上海城中廣方言館移至局内，則又請林樂知每半日教習，半日譯書。金楷理譯書數年，則辭職而爲駐上海兵備道通事，仍兼辦繙譯。時有華士舒鳳，已在美國多年肄業，考取醫學，回至上海，因請之譯醫學諸書，蓋在美國時已精練此藝，故譯此書甚宜也。

譯書華士，屢有更换，迄今略有五人，與西人繙譯，或將譯者討論潤色，以備刊板。惟徐雪村一人，自開館以來，尚未辭職，今雖年高，然考究格致之心，未嘗少減。再有華士趙静涵，原通曉中國方書，因欲探索西醫與格致，即改故業而來譯書，開館後三年即進館，至今所譯成之醫學格致等書不少。又有華士蔡寵九通知時事，鄭熙臺明曉洋務，俱勝繙譯之任。另有數君，譯書之時暫久不定，或因嫌譯書爲終於一事者，或因升官而辭職者。但此常换人之事，自必有礙於譯書。蓋常有要書譯至中途，而他人不便續譯；或譯成之原稿，則去者委人收存，至屢去屢委，則稿多散失。所有前譯書而爲官者，有駐德國星使李丹崖，並前爲山東製造局總辦王筱雲，又在倫敦爲供事者黄玉屏，另有嚴子猷等諸君，今俱當要職，亦前在館譯書者。此數君前在館時，每日與西人譯書講論，故俱曉西學。可見此譯書外另有大益於國，因譯書而爲官者皆通曉西事，能知中西交涉所有益國之處。

繙譯華士之外，有賈君步緯，在館數年，與譯書事相連屬，其源流與徐、華二君相同。幼時嗜好算學，原在上海城内以生理爲業，常日夜思維天文、算學等事，能自推日月虧蝕。又著諸曜通書刊售，名曰《便用通書》，人多喜用之，以其所推確鑿，且備載詳細；又著有《萬年書》並《量法代算》等出售。總辦馮公知其才，延至館内，近來每年作《航海通書》，以上海經度爲主；又作《算學表》等書，因其精於此藝，故宜於此事；餘復校刊《算法統宗》《九數外録》《勾股六術》等算學十書，供人學習。

又有中國著名算學家李壬叔暫時在館譯書，後至北京同文館爲算學總教習。李君係浙江海寧人，幼有算學才能，於一千八百四十五年初印其新著算學；一日，到上海墨海書館禮拜堂，將其書予麥先生展閲，問泰西有此學否，其時有住於墨海書館之西士偉烈亞力見之甚悦，因請之譯西國深奥算學並天文等書。又與艾約瑟譯《重學》，與韋廉臣譯《植物學》，以至格致等學無不通曉。又與偉烈亞力譯《奈端數理》數十頁，後在繙譯館内與傅蘭雅譯成第一卷。此書雖爲西國甚深算學，而李君亦無不洞明，且甚心悦，又常稱贊奈端之才。此書外另設西國最深算題，請教李君，亦無不冰解。想中國有李君之才者極稀；或有能略與頡頏者，必中西廣行交涉後，則似李君者庶乎其有。或云，「金山人顯尚之，與李君不分高下」，但未知然否。

局内刊板印書之處，原爲小屋；然刊書一事漸大，故其屋亦增廣。内有三十餘人，或刊板，或刷印，或裝訂，而一人董理，又一人董理售書之事，另有三四人抄寫各書。

局内書館所存西字格致書有數百部，約爲中國所有西字格致書最多之處。近來西國所出新格致書，擬再續購存儲。

在館西人俱有保舉國家欽賜頭銜：而傅蘭雅得三品，金楷理得四品，林樂知得五品。

中國大憲已數次出諭，令特譯緊要之書，如李中堂數次諭特譯某書等。又有各憲深悦此館譯書之事，如丁雨生中丞閲局時，云此譯書爲局内所作各要事之一，又曾襲侯來局數日，云由設館以來甚欣悦此功，因以扇親楷一詩贈傅蘭雅，爲奬譽譯書之意。

尹彦鉌《濟變篇》　五月，開譯書局。案西國各類學科，有各類文字，不可移易，中國通專門高等西文者寡，故譯書少而劣，而詳於兵戎，略於政制，識者憾焉。欲令士子咸肄西文，恐難猝致，則自以譯書爲要務也。

黄伯禄斐默《正教奉褒》　神宗萬曆八年，教士利瑪竇意大理國人。來華。初至廣東肇慶府，時兩廣總督駐劄肇慶。郭制臺、黄太守款留甚厚。遂築室以居，宣講聖道。旋劉制軍字節齋。知瑪竇欲進内地宣教，遂行知韶州府，給與附城河西官地，建造天主堂。士紳來問道者，殆無虚日。厥後瑪竇至南雄州，王太守名應麟，字玉沙，後任順天府府尹。敬愛尤加。越數年，至江西臨江府宣教，謁建安王，王賓禮之。

萬曆二十八年，瑪竇偕龐迪我西班牙國人。等八人，賫貢物，詣燕京進獻。十二月二十四日，具疏稱，大西洋陪臣利瑪竇謹奏，爲貢獻土物事。臣本國極遠，從來貢獻所不通。逖聞天朝聲教文物，竊欲霑被其餘，終身爲氓，庶不虚生。用是辭離本國，航海而來。時歷三年，路經八萬餘里，始達廣東。緣音譯未通，有同喑啞，僦居學習語言文字，淹留肇慶、韶州二府十五年。頗知中國古先聖人之學，於凡經籍亦畧誦記，粗得其旨。乃復越嶺，由江西至南京，又淹五年。伏念堂堂天朝，方且招徠四夷，遂奮志徑趨闕廷。謹以原携本國土物，所有天主圖像一幅，天主母圖像二幅，天主經一本，珍珠鑲嵌十字架一座，報時自鳴鐘二架，萬國圖誌一册，西琴一張等物，敬獻御前。此雖不足爲珍，然自極西貢至，差覺異耳，且稍寓野人芹曝之私。臣從幼慕道，年齒逾艾，初未婚娶，都無繫累，非有望幸。所獻寶像，以祝萬壽，以祈純嘏，佑國安民，實區區之忠悃也。伏乞皇上憐臣誠慤來歸，將所獻土物俯賜收納。臣益感皇恩浩蕩，靡所不容，而於遠臣慕義之忱，亦少伸於萬一耳。又臣先於本國，忝與科名，已叨禄位。天地圖及度數，深測其秘，製器觀象，考驗日晷，並與中國古法脗合。倘蒙皇上不棄疎微，令臣得盡其愚，披露於至尊之前，斯又區區之大願，然而不敢必也。臣不勝感激待命之至，謹奏。帝閲覽各物，悉令收存。供天主聖像於御前，置自鳴鐘於御几，萬國地圖，珍藏内府。召瑪竇等便殿覲見，垂問天主教旨、西國政治。又設饌三辰，宴勞廷闕。欲親貌顔，令工繪圖。更寵頒官職，瑪竇等固辭。上命禮部待以上賓，厚給廩餼，并於京都宣武門亦名順承門。内東首，賜第居之。

萬曆二十九年，上賜第左浄地一區，利瑪竇等遂建天主堂，譯經敷教，著測算書表，製天像儀器。在京碩彦，翕然景從。時詣瑪竇宅，相與論道，罔不敬服而退。自是教士踵至，俱蒙恩准，分赴各省傳教。

萬曆三十四年，熊三拔意大理國人。抵華，奉勅居京，宣教供事。

萬曆三十八年三月十八日，利瑪竇病故。禮部奏聞，上震悼。各部大臣、翰苑諸公，暨在京紳士，俱贈賻詣唁。

萬曆三十八年四月二十三日，自利瑪竇卒後，朝中諸公議請葬地，龐迪我、熊三拔等具疏奏請。帝即將阜城門亦名平則門。外滕公栅官地二十畝、房屋三十八間，賜給龐迪我等，永遠承受，以資築墳營葬。并改建堂宇，爲供奉天主及祝釐之所。

萬曆三十八年，欽天監推十一月朔日食，分秒虧圓時刻俱有差忒。職方郎范守己疏駁其誤。先是監官推曆，已屢次不合天行。如英宗正統六年，監推正月朔日食，已而不應。代宗景泰元年，正月朔日食卯正三刻，誤推辰初初刻。二年，監官言六月朔，卯初刻日當食。至期不見。英宗天順八年，四月朔，監推日食不驗。憲宗成化十五年，十一月望，月食誤推。十七年，直隸正定縣教諭俞正已上改曆議，禮部尚書周洪謨等奏正已輕率狂妄，宜正其罪。遂下正已獄。十九年，天文生張陞上言，請修改曆法。欽天監謂祖制不可變，陞説遂寢。孝宗宏治中，監推月食屢不應，日食又舛。武宗正德十二年六月、十三年五月，預推日食起復皆弗合。漏刻博士朱裕上言請改正曆法，部奏古法未可輕變。世宗嘉靖十九年，推三月朔，日當食，不驗。萬曆二十四年，河南僉事按察司副使。邢雲路，疏言監官推算有誤，請勅修正。欽天監見雲路疏，甚惡之。監正張應候具奏，詆其僭妄惑世。禮部范謙乃言曆爲國家大事，士大夫所當講求，非曆士之所得私。律例所禁，惟妄言妖祥者耳。監官拘守成法，不能修改合天，幸有其人，當和衷共事，不宜妬忌。至是禮部疏請博求精通曆學者，令與監官晝夜推測，庶幾曆法靡差。於是五官正周子愚，疏言大西洋遠臣龐迪我、熊三拔等，携有彼國曆書，多中國典籍所未備者。乞勅取知曆儒臣，率同監官，將諸書盡譯，以補典籍之缺。禮部奏稱，翰林院檢討徐光啓、字子先，一字玄扈。江蘇上海縣人。萬曆二十五年舉順天試第一，三十二年成進士，由庶吉士歷贊善。天啓三年，擢禮部右侍郎，崇禎元年轉左侍郎。三年，進本部尚書，管曆局務。五年，以本官兼東閣大學士，入參機務。尋加太子太保，進文淵閣。六年十月，以病辭局務，荐右参政李天經董其事。逾月卒，贈少保，謚文定。後加贈太保。南京工部員外李之藻，字振之，又字我存，號凉菴。浙江仁和縣人。萬曆二十六年成進士，四十一年官南京太僕少卿，召赴北京參預曆務。崇禎四年卒於官。亦皆精心曆理，可與龐迪我、熊三拔等同譯西洋曆法，以資參訂修改。乞勅詔下從事。時廷臣以曆法浸疎，推算交食往往不驗，多議改用西法。然臺官墨守舊聞，謂祖制不可變者亦衆。建議者俱格而不行，故奏入留中不報。

萬曆四十一年，時李之藻已召至京師參預曆事，授南京太僕少卿。乃奏言監官推算日月交食，每多差謬，有大西洋國陪臣，龐迪我、熊三拔、龍華民、陽瑪諾等慕義遠來，讀書談道，俱以穎異之資，洞知曆算之學。携有彼國書籍極多，久漸聲教，曉習華音。在京仕紳，樂與講論。其言天文曆數，有我中國先賢所未及道者。迪我等不徒論其度數而已，又能明其所以然之理。所製窺天窺日之器，種種精絶。昔年利瑪竇最稱博覽超悟，其學未傳，溘先朝露，士論惜之。今迪我等鬚髮已白，年齡向衰。失今不圖，政恐後無人解。伏乞勅下禮部，亟開館局，首將陪臣迪我等所有曆法，照依原文譯出成書。其於鼓吹休明，觀文成化，不無裨補也。其時庶務因循，未暇開局。

萬曆四十四年五月，南京禮部侍郎沈㴶上疏詆毁西士，謂在京師有龐迪我、熊三拔等，在南京有王豐肅、即高一志，意大利國人。陽瑪諾等，其他省會各郡所在多有，自名其教曰天主教，其説浸淫人心，即士君子亦有信向之者。乞勅下立限驅逐云云。

萬曆四十四年七月，左春坊左贊善兼翰林院檢討徐光啓謹奏，爲遠人學術最正，愚臣知見甚真，懇乞聖明表章隆重，以永萬年福祉，以貽萬世又安事。臣見邸報，南京禮部參泰西陪臣龐迪我等，內言其説浸淫，即士君子亦有信向之者。一云妄爲星官之言，士人亦墮其雲霧。曰士君子，曰士人，部臣根株連及。畧不指名，然廷臣之中，臣嘗與諸陪臣講究道理，書多刊刻，則信向之者臣也。亦嘗與之考求曆法，前後章疏，具在御前，則與言星官者，亦臣也。諸陪臣果應得罪，臣豈敢幸部臣之不言，以苟免乎？然臣累年以來，因與講究考求，知此諸臣最真最確，不止踪跡心事一無可疑，實皆聖賢之徒也。其道甚正，其守甚嚴，其學甚博，其識甚精，其心甚真，其見甚定。在彼國中，亦皆千人之英，萬人之傑。所以數萬里東來者，蓋彼國教人，皆務修身以事天主。聞中國聖賢之教，亦皆修身事天，理相符合。是以辛苦艱難，履危蹈險，來相印證，欲使人人爲善，以稱上天愛人之意。其説以昭事上帝爲宗本，以保救身靈爲切要，以忠孝慈愛爲工夫，以遷善改惡爲入門，以懺悔滌除爲進修，以生天長生於天。真福爲作善之榮賞，以地獄永殃爲作惡之苦報。一切誡訓規條，悉天理人情之至。其法能令人爲善必真，去惡必盡。蓋所言天主生育拯救之恩，賞善罰惡之理，明白真切，足以聳動人心，使其愛信畏懼，發於由衷故也。臣嘗論古來帝王之賞罰，聖賢之是非，皆範人於善，禁人於惡，至詳極備。然賞罰是非，能及人之外行，不能及人之中情。又如司馬遷所云，顔回之夭，盗跖之壽，使人疑於善惡之無報，是以防範愈嚴，欺詐愈甚。一法立，百弊生。空有願治之心，恨無必治之術，於是假釋氏之説以輔之。其言善惡之報，在於身後，則外行中情，顔回、盗跖似乎皆得其報。謂宜使人爲善去惡，不旋踵矣。奈何佛教東來，千八百年，而世道人心未能改易，則其信似是而非也。説禪宗者，衍老莊之旨，幽邈而無當。行瑜迦者，雜符籙之法，乖謬而無理。且欲抗佛而加於上帝之上，則既與古帝王聖賢之旨悖矣，使人無所適從。何所依據乎，必欲使人盡爲善，則諸陪臣所傳事天之學，真可以補益王化，左右儒術，救正佛法者也。臣聞繇余，西戎之舊臣，佐秦興霸。金日磾，西域之世子，爲漢名卿。苟利於國，遠近何論焉。又伏見梵剎琳宫，遍佈海内，番僧喇嘛時至中國。即如回回一教，並無傳譯經典，可爲證據。累朝以來，包荒容納，禮拜之寺，所在有之。高宗皇帝命翰林臣李翀、吴伯宗、回回大師馬沙赤黑、馬哈嘛等，繙譯曆法，至稱爲乾方先聖之書。此見先朝聖意，深願化民成俗，是以褒表搜揚，不遺遠外。而釋道諸家，道術未純，教法未備。二百五十年，猶未能稱皇朝表章之盛心。若以崇奉佛老者崇奉上主，以容納僧道者容納諸陪臣，則興化致理，必出唐虞三代之上矣。皇上豢養諸陪臣一十七載，恩施深厚。諸陪臣報答無階，所抱之道德，所懷之忠藎，延頸企踵，無由上達。臣既知之，默而不言，則有隱蔽之罪。是以冒昧陳請，儻蒙聖明采納，特賜表章，自今暫與僧徒道士一體容留，使敷宣勸化。竊意數年之後，人心世道，必漸次改觀。乃至一德同風，翕然丕變，法立而必行，令出而不犯。中外皆勿欺之臣，比屋成可封之俗。聖躬延無疆之遐福，國祚永萬世之太平矣。倘以臣一時陳說難可遽信，或恐旁觀猜忖，尚有煩言，臣謹設爲試驗之法有三，處置之法有三，并以上請試驗之法。其一，盡召疏中有名陪臣，使至京師。乃擇内外臣僚數人，同譯西來經傳。凡事天愛人之說，格物窮理之論，治國平天下之術，下及曆算、醫藥、農田水利等興利除害之事，一一成書。欽命廷臣，共定其是非。果係叛常拂經，邪術左道，即行斥逐，臣甘受扶同欺罔之罪。其二，諸陪臣之言與儒家相合，與釋老相左。僧道之流，咸共憤嫉，是以謗害中傷。風聞流播，必須定其是非。乞命諸陪臣，與有名僧道互相辨駁，推勘窮盡，務求歸一。仍令儒學之臣，共論定之。如言無可採，理屈詞窮，即行斥逐，臣與受其罪。其三，譯書若難就緒，僧道或無其人，即令諸陪臣將教中大意，誡勸規條，與其事跡功效，畧述一書。并已繙譯書籍三十餘卷，原來本文經典一十餘部，一并進呈御覽。如其踳駁悖理，不足勸善戒惡，易俗移風，即行斥逐。臣與受其罪。此三者，試驗之法也。處置之法，其一，諸陪臣所以動見猜疑者，止爲盤費一節。或疑燒煉金銀，或疑夷商接濟，皆非也。諸陪臣既已出家，不營生産，白然取給於捐施。凡今衣食，皆西國捐施之人，輾轉託寄。間遇風波盜賊，多不獲至。諸陪臣亦甚苦之。然二十年來，不受人一錢一物者，蓋恐人不見察，受之無名，或更以設騙科斂等項罪過相加，且交接往來，反多煩費故耳。爲今之計，除光禄寺恩賜錢糧照舊給發外，其餘明令諸陪臣，量受捐助，以給衣食。足用之外，義不肯受者，聽從其便。廣海夷商，諭以用度既足，不得寄送西來金錢。仍行關津嚴查阻回。如此音耗斷絶，盡釋猜嫌矣。其二，諸陪臣所居地方，不擇士民，不論富貴貧賤，皆能實心勸化。自今宜令隨其所在，依止焚修，官司以禮相待，使隨人引掖。或官司未能相信，令本地士民，擇有身家行止者，或十家二十家，同具一甘結在官。如司教之人果有失德猥行，邪言妄念，表率不端者，依今部議，放流迸逐。甘結諸人，一體科坐。其無人保結，不得容留。若他人有以違犯事理，傳聞告言者，官司亦要體訪的確，務求實跡。則掩飾難容，真僞自見矣。其三，地方保舉倘有扶同隱匿，難以遽信。再令所在官司，不時備細體察，如有前項違犯，登時糾舉外，其道行高潔，地方士民願從受教者，有司給與印信文簿二扇，令司教者循環報數在官。年終，正印官備查從教人衆，曾不犯有過惡。問有罪名，另籍登記。三年總行考察，如從教人衆一無過犯，兼多善行可指，正印官與司教之人優行加奬。如從教者作奸犯科，計其人之衆寡，罪之輕重，甘結士民量行罰治。若從教之人故犯罪惡，司教同教，戒勸不悛。因而報明官司，除其教籍者，或教籍未除，而同教之人自行出首者，或過犯在從教以前，事發在後者，罪止本身，同教之人，並不與坐。如此，官府有籍可稽，諸人互相覺察，不惟人徒寡少，仍於事體有益。其他釋道諸人，或争論教法，更不必設計造言，希圖聳聽。只須分明司教，亦同此法。考察賞罰，誰是誰非，孰損孰益，久久自明矣。此三者處置之法也。已上諸條，伏惟聖明裁擇。如在可采，乞賜施行。臣於部臣，爲衙門後輩，非敢抗言，與之相左。特以臣考究既詳，灼見國家致盛治保太平之策。無以過此。倘欽允部議，一時歸國，臣有懷不吐，私悔無窮。是以不避罪戾，齋沐陳請。至於部臣所言，風聞之說，臣在昔日，亦曾聞之，亦曾疑之矣。伺察數載，臣實有心窺其情實，後來洞悉底裏，乃始深信不疑。使其人果有纖芥可疑，臣心有一毫未信。又使其人雖非細作奸徒，而未是聖賢流輩，不能大有裨益，則其去其留，何與臣事。修歷一節，關係亦輕。臣身爲侍從之臣，又安敢妄加稱許，爲之游說，欺罔君父，自干罪罰哉。竊恐部臣而伺察詳盡，亦復如臣，其推轂奬許，亦不後於臣矣。臣干冒天威，不勝惶恐待命之至。奉御批：知道了。

天啓三年，艾儒略、畢方濟俱意大理國人。奉召至京聽用。

崇禎十二年十二月初六日，畢方濟上疏，稱奏爲遠臣久切祝聖之忱，謹修方物之貢，並陳一得，仰佐中興盛治事：臣西極鄙儒，以格物窮理爲學，以事天愛人爲行，潔己修身。自神宗朝偕先後輩利瑪竇等，浮海八萬里，閲三年，始覲光上國。荷蒙恩澤屢加，亡者與葬，生者給田。即在先帝時，同輩占星修曆，製器講武，効有微勞。又蒙寵錫洊加，禮數隆重。更賜欽褒天學匾額，頂踵戴德，三十餘年。今幸皇上龍飛，仁明英武，立就中興大業。訪道親賢，問民疾苦，振武揆文，遐邇畢炤。遠臣不勝欣戴，向天虔祝聖壽無疆。敬製星屏一架，輿屏一架，恭獻御前，或可爲聖明仰觀俯察之一資。附貢西琴一張，風簧一座，自鳴鐘一架，千里鏡一筒，火鏡一圓，西香六炷，沙漏一具，白鸚鵡一隻，伏乞俯賜飭收。臣又蒿目時艱，思所以恢復封疆，裨益國家者，一曰明曆法以昭人統，一曰辨礦脈以裕軍需，一曰通西商以官海利，一曰購西銃以資戰守。蓋造化之利，發現於礦。第不知脈絡所在，則妄鑿一日，即虚一日之費。西國格物窮理之書，凡天文、地理、農政、水法、火攻等器，無不備載。其論五金礦脈，徵兆多端，似宜往墺取精識礦路之儒，繙譯中文，循脈細察，庶能左右逢原。廣東墺商，受廛貿易，納税已經百年。偶因牙儈爭端，阻遏進省貿易，然公禁私行，利歸於奸民者，什之九。歸於府庫者，什之一。宜許其照舊進省，明定何地棲止。往來有稽，多寡有驗，則歲可益數萬金錢，以充國用。況中商出洋，每循海岸，所以多險。西商惟按度數行止，故保無虞。亦可推而習之，所利非小。西銃之所以可用者，以其銅鐵皆百鍊，純粹無滓，特爲精工。竊照天啓元年，邊疆不靖，兵部題奏，奉有取西銃西兵之旨。是以臣輩陸若漢等二十四人，進大銃四位，援急擊敵，屢著奇功。兵部題敘，蒙聖旨將陣亡之公沙的西勞等，贈棺賜葬。受傷之陸若漢，賞勞南還調理，卒於廣省，至今未葬。察得墺中三巴寺旁，有海隅僻地，懇祈恩賜一區，掩其枯骨。俾同伴得以葺築斗室，虔修祝聖，以報盛世澤枯之仁。更乞勅部由墺聘取熟諳製銃西士數人，以授製藥點放之術，摧鋒破敵之奇。并精明推曆西士數人，襄助曆局供事。伏乞聖明勅賜施行。本月初七日，奉旨：海禁初開，畢方濟，着劉若金伴往海上，商議墺船事宜。陸若漢，准給地安葬。所進星屏等物，司禮監察收。欽此。

崇禎十四年，禮部議曆法疏稱，前因欽天監推法差誤，奉旨特置西法一局，令禮臣徐光啓領其事。而寺卿李天經，陪臣湯若望，中書王應遴，新局官生黄宏憲等，累年著成新曆書一百四十餘本，日晷、星晷、星球、星屏、窺筩諸器，多曆家所未發。專門勞勩，積有幾年，似宜量加敘録。

崇禎十四年十二月，湯若望進十五年新曆。

崇禎十六年三月朔，日食。大統回回舊法所推，仍俱不驗。獨與西洋新法密合。八月，詔西法既屢驗得密合天行，著通行天下。然終以臺官泥於舊聞，當事憚於改作，格未施行。其曆局中諸西士，費十餘年之勤勞，製成各種儀器，繙譯多類曆書，若預以備我朝之采用者，斯亦奇矣。

康熙二十七年二月二十日，禮部題稱，前奉旨：洪若等五人，内有通曆法者，亦未可定，著起送來京候用。其不用者，聽其隨便居住。欽此。欽遵咨行該撫，去後，今准該撫所送洪若、李明、劉應、白進、張誠俱法蘭西國人。等，併伊等所帶渾天器、象顯器、千里鏡、量天器、天文經書等物，共計大中小三十箱等因到部。相應將洪若等，交與欽天監，問明果否通曉天文曆法可也。本日奉旨：此等物件，即交與伊等使用。將伊等交與徐日昇引見，可用留用。不可用者，照原旨聽其隨便居住。欽此。二十一日，徐日昇引見在乾清宫。蒙上慰問，徐日昇俱代爲奏對。天顔喜悦，賜茶優待。各賜銀五十兩，復遣侍衛趙昌送回天主堂。旋奉旨留白進、張誠在京備用。欽此。

康熙二十八年十二月二十五日，上召徐日昇、張誠、白進、安多等至内廷。諭以自後每日輪班至養心殿，以清語授講量法等西學。上萬幾之暇，專心學問，好量法、測算、天文、形性、格致諸學。自是即或臨幸暢春園，在西直門外十二里。及巡行省方，必諭張誠等隨行。或每日、或間日，授講西學。并諭日進内廷，將授講之學，翻譯清文成帙。上派精通清文二員，襄助繕稿，并派善書二員謄寫。張誠等每住宿暢春園，上派太監伺候照料，并知教規齋期，不食禽獸齋餚，特諭御膳房，留心分別備給勿誤。張誠等授講數年，上每勞之。

藝文

許鑾《叢桂山房詩鈔·新樂府》　中外文字不同，通商往來，文稿必資通曉。因設此館，選少年子弟送入，並習外洋文字。名曰：同文。

天地判玄黄，結繩易書契。頡籀觀蟲魚，秦漢分篆隸。點畫辯經生，反切通禪隸。悠悠及聖明，郁郁盛文制。漢明始受學，梁武親講藝。善價雞林收，公主烏孫惠。車書異域通，文字中土製。名物別方言，教澤衍荒裔。會意悟真詮，析理含妙諦。簡編動鬼神，苞符探古帝。如此逞臆説，何堪同比例。謬如回鶻經，捧若天竺偈。無清亦無濁，非誥亦非誓。如疇範以陳，如卦辭相繫。怪奇類祝巫，影響勞卜筮。擬經成郛郭，取材亦富麗。照印金石精，汙穢塵上砌。支離千萬言，字母廿六計。偶然憑獵取，倏焉忘獺祭。看燈芒穗生，白日浮雲翳。古聖不可作，小儒空破淚。所恥雖不知，用此將安濟？家學傳五經，祖獵聊卒歲。

孫融《洋涇浜雜詩》王韜《瀛壖雜志》卷六　車翻墨海轉輪圓，百種奇編宇内傳。忙殺老牛渾未解，不耕禾隴種書田。

黄均珊《海上蜃樓詞》《王韜日記》[咸豐]八年十月八日庚戌　牓題墨海起高樓，供奉神仙李鄴侯。謂壬叔。多恐秘書人未見，文章光焰借牽牛。謂印書車以牛曳。

雜録

陳其元《庸閑齋筆記》卷八　《西國近事彙編》

外國之新報，即中國之邸抄也，閲之可得各國之情形，即可知天下之大局。馮竹儒觀察令美國人金楷理口譯之，歷城蔡錫齡筆述之，彙爲一册，名曰《西國近事彙編》，誠留心世事之學也。余摘録其事之有關係中外之大計者若干條，登之于左：【略】

布報謂：中國相臣大吏近時譯閲新報，皆能深悉各國情形，知法國新敗，布國新合；奥懼内變，有分裂之虞；俄患内虚，惟農桑是務；英國之志祇在通商，且與中國最親；他國亦頗結中國歡，云云。

右所録各條，皆關涉中外大局者。方今外國以俄、布爲强，大英則少懦矣。故其計畫亦以保守疆圉爲亟，而俄、布則頗以不肯用兵自明；第英人謀國深遠，終爲之備。雖然，當强鄰逼處之時，豈特英人當備已哉！有國家者，固宜深長思也。

佚名《泰西藏書考略》《皇朝經世文新編續集》卷二〇　入其國，行其原野，遊其都邑，矚其塗衢之蕪治，農商之耗息，工技之良窳，其政可知也。覽其學校若干塾，報館若干區，藏書若干舍，其教可知也。聖清文治邁前古，内若翰林院，外若文瀾閣，咸富貯圖書。直省儒學亦頒給《十三經》《廿四史》《三通》等藉。今上右文興學，開官書局，首重藏書，所以涵育士類者。恩至渥，法至備，海外伶侏兜離之俗，即博購墳藉、振式教學，曾何足以況百一！顧泰岱屹崒不鄙部婁，耀靈赫戲兼列衆宿，凡夫舟車所通之國有能構書庫、開民智，亦談文教者所有事也。自古埃及時，西人已築樓聚書，其所藏有巴比路士本。巴比路士者，樹名，狀如柏，生河濱。埃及人捆履、織席、索綯，胥恃此。復削其樹之體爲木簡，以代紙寫，書故名之曰巴路士本。閲三千餘年，今猶有存。亞述巴比倫之間古城郭遺址，往往獲碑碣及零磚斷瓦，摹辨古文字記，曩日藏書事亦甚具。希臘古史亦備言古昔藏書之樓。希臘中絶，教化播傳鄰邦，於是亞州之西，埃及與義大利書樓踵築，其最著之樓二，一當埃及之亞力山大城，近尼羅河口。相傳爲巴多那買王所築。一當皮加門，相傳爲皮加門王所築。西曆前二百零二年漢高祖五年，羅馬人戰勝加他哥即今日從利斯地而歸，偃兵修文，廣築儲書之舍。當是時有羅馬人二，一名亞西劉士，一名波厘呵，同創公家大書樓。其後羅馬皇奥士古篤又廣建私家書樓。迨西曆四百年以後，而羅馬公家書樓已增至二十九所，世家華族咸就而讀之。蓋羅馬書樓自昔已夥，典書者多用脱奴籍之人云。羅馬人之曾爲奴而遇赦者，此種人多有學問。羅馬既衰，戎卒蹂毁藏書，樓室蕩然無存。中古時歐西修道之士捜剔金石、徵考文獻，故亞佗士之修道院今尚存遺碑，而邊尼特之修道規條至以羅曩籍寫古書爲第一義。其藏書樓之在修道院者，則以滿加斯、那哥威在威士花連、夫里打、山加連四處爲最知名。哥士畢者，山加連之修道院長也。於八百一十六年唐憲宗元和十一年，創建大書□閲二十年而始成。古書樓無有其匹，偉乎其鉅制也。自文教蒸起，而西人之采古籍者滋益多，邦君豪族咸以求遺書爲美談，修道之士尤以爲務。教皇尼哥魯第五有手寫秘笈三千函，蓋異時羅馬教皇之設大書樓實基此也。匈牙利王馬太阿哥尹奴，聘延義大利工書之士寫書以充其樓，名其樓曰哥尹拿，藏書最博。然無異藉秘册，惟以鈔繕精美見長而已。一千五百二十六年明世宗嘉靖五年，樓爲土耳其人所毁，書帙流散，四方吉光片羽，今西人之藏書者皆寶之。自一千四百餘年以來明以後，西歐始刊書，後中國已四百年矣。當是時，德國更改教會，凡修道院皆封禁，罄修道院所儲歸之國，修道院之書悉以貸民，西歐藏書之制一變矣。當德國三十年争戰時，毁書樓不可悉數。及提厘總統攻係地北，城中新構書樓儲鈔本甚侈，城下之日，掠其書歸，以實羅馬之書樓。及法蘭西畔黨内訌，藏書最著之樓多爲所毁。一千七百九十七年嘉慶二年，羅馬城陷於法，凡書之藏于教皇者悉掠之，手寫之書歸法京者殆數千帙焉。一千八百零九年嘉慶十四年，德之書樓半掠於法。偉恩書樓破掠尤酷。拿破崙第一敗，法人乃悉返其書，且並三十年前提厘總統所掠者而歸之，係地北之樓於是儲書益博。普法戰時，士打士堡城之書樓燼于炮，好古之士咸惜之。而書樓之新構者，在柏靈則經始於一千八百一十年嘉慶十五年，在邦城則經始於一千八百一十八年嘉慶二十三年，在耳冷元與哥定元則經始於一千七百三十七年當乾隆二年。哥定元書樓藏書之法最善，且多精本。德法並稱文教之邦，儲書皆最富，然累世争劫，簡帙之摧殘者衆矣。歐州藏書之富，以法京大書樓爲最，凡書二兆零五十萬卷，又藏手寫本九萬二千卷。而英京博物院之樓亦伯仲焉。博物院之藏，其始祇有士倫尼士之理學書而已，迨一千八百三十八年道光十八年，而所藏增至二十三萬五千卷，後更增爲一兆六十萬卷，而寶星邊又附以已書萬六千卷，卓耳基第三之子孫復益以祖父之書六萬五千卷，又增以連威書樓之藏二萬零二百四十卷。此樓所儲手寫本最富，而每歲又輒增三萬餘卷。淵敟，其美備矣！而德國大書院之書樓亦未嘗多讓焉，計一千八百九十年乾隆五十四年，柏靈皇家書樓已有七十九萬七千九百七十四卷，又手寫本二萬四千零二十四卷。此外民間之書、公會堂之書，或私置、或公會所置、或會館所置，歲輒增益，則懿乎其益智之券也。蓋書樓之設，與書院實相輔而行，西歐最初之書樓，亦與大書院同時經始。今京師官書局與滬上大同書局皆擬廣譯西書，因匯考西籍之藏，冀有海內碩夫搜付譯人，以聰吾民之耳目者也。

公奴《金陵賣書記・緒言》 歲七月，以長者命赴試金陵，非始願也。顧念文明之光輝，未普照於內地，乃者過江如鯽，萃金陵者不下二萬人；之人也，又不啻各爲其地之代表者，自應於是加審敁而播文明之種子。且大江南北，夙號才藪，瑰瑋特絶之才，何可勝數，不融其氣誼，義務未爲盡也。爰偕同志，選有用之書如干種，擔筐挈篋，貰椽彼都，且以貿書，且以爲交通文化之機關，凡月餘而卒事。雖不能大有所發明，而此行猶爲不虛。乃就所聞見，録爲是帙：上卷爲輸入文明者較準其方鍼，下卷則以示社會之現狀焉。

壬寅九月公奴識。

又 **卷上** 自志士東遊以來，譯本書如風發雲舉，一切學科日見進步，政法諸書尤闢渾茫，歐西鉅子之學説，滔滔焉飛渡重洋，競灌輸吾同胞之意識界矣。然內地人士之性質，畢竟尚含大陸氣候，文明空氣未易驟吸，要其所購新書，皆其導火線也。茲列所售書爲表如左：節録。

歷史	種數三八	共銷八九三部
地理	種數十九	共銷三三七部
政法	種數二七	共銷五三三部
經濟	種數六	共銷一六八部
教育	種數七	共銷九四部
科學	種數二八	共銷四二七部
報章	種數五	共銷一八九册
文編	種數九	共銷二八二部
科場書	種數五	共銷四六部

所銷之書，以歷史爲最多，其原因有二：一、史皆事實，故譯筆率皆暢達，便於省覽；二、此次科場，兼問各國政事，故不得不略求其端緒。

通史一類，作新社之《萬國歷史》爲最暢銷，不必其書之特優，大率震於版式耳；然要其簡備，自未必在《西洋史要》《泰西通史》下。東洋史殆無過桑原氏之《東洋史要》者。至如《西史綱目》之類，恐終不免鄰貓産子之誚。

近世史一類，表中似顯其絀，然此實未足爲憑。此次科場之例，兼敁本朝掌故，而內地之士，有語以熙雍乾嘉而不知爲何朝者，故如《清史攬要》《最近支那史》之類，實可大銷，只患書之不敷耳。惜之數書者，均不足爲善本。餘若《十九世紀外交史》《日本三十年史》，允爲輸入文明之利器。

紀事多單本小帙，價廉易銷；《明治政黨小史》尤見特色。

表中史論一類，專指關係大局者言。吾國文士之史論，大率志在行文，已歸入文編類矣。是類中以《現今世界大勢論》《東亞將來大勢論》《中國現勢論》三書爲特優。統計之書，皆極有用，皆參考所不可無，特于是求得門，將惝怳而不知所據，由敁據多而發明少也。凡此銷數，其大半爲場屋翻檢之用。

傳記數種，銷數特高，此其原因，由所傳所見者確係人人所欲知之事，而飲冰室主人鋭利之筆鋒，亦大張其燄者也。外是者，恐不能永保此程度。

就史而論，爲行銷內地計，大約有三要：

一、人地名勿歧出，最好須藍本于《萬國史記》或《瀛寰志略》；蓋諸書行世已久，知之者多，彼書誠不佳，吾非佳其書而仍之，實仍人所習知耳。如音或不準，不得已而改，亦宜附以舊譯名；即或自定新譯名，要斷不容前後歧出。爲內地人計，固應如是，即律以譯者之義務，亦應如是也。新出書中，精本如《萬國歷史》，此弊猶層見，不亟改正，貽誤無窮矣。

二、和文名詞勿多用譯，所以爲不知外國文者計也。吾能譯書，吾自能知其意，然胡可以我例人。彼能知之，彼讀原書可矣，何必讀吾譯文；如其未也，吾曷爲不明示之，而固存其所不知也。揆諸譯者之義務，實是無當。其實難更易，即如此「義務」二字，亦必詳加註解，務爲易知而後可。彼自撰之書而亦滿望皆是者，更不足道矣。

三、附圖須精善。外國地名本不易記，今古雜揉，則難之又難。故附圖必不可無，尤不可不精善，若《西洋史要》《西洋史綱》之圖，猶之未有也。《萬國歷史》之暢銷，實在乎是。

地理一類，佳本蓋鮮。作新社《世界地理》，千銷數則可矣，然其地名之誤者，蓋不知其幾許；體例雖是，要未爲佳本也。

地理書之難讀，如唱名然，某甲某乙，隨過隨忘，能免名簿之患者，尚無其書。且爲內地計，中西合璧幾全無所用，識外國文者少也。予所編《地理讀本》亦正犯此二病，計將有以改之。

分國地志之銷數短于無書，若《東亞三國地志》者，儘可暢銷數十部。專記一隅一處之地志，所記皆與吾人極有關係，并極相切近，故銷數特優，非必果有大勝人處。

地圖之佳者，價實太貴，因之不易輸入。《普通地理暗射圖》定價從廉，即易銷矣。又內地無學堂，故大幅掛圖遠不如折本之合用。湖北輿地學會所刊之《大地平方圖》價頗廉，最投內地人所好，要其銅版之精細，在吾國自製圖中，實未有其兩。

法理一類兼哲學諸書而言，嚴譯《大演論》盛名鼎鼎，知者較多，譚瀏陽之《仁學》，雲譎波詭，大震庸目。加藤氏之《物競論講演集》，深切明著，鍥人肺肝，要惟譯筆之明鋭，有以大助其力。《法學通論》三種中，惟金粟齋本尤爲合用。內地人士之思想，大半已壞于束縛，驟爲解脱，轉致無立足地。譬猶生長監獄中者，一旦出而見世事，則目眩無所措其手足矣。故欲發其思想之自由，自不可不用哲理書，而斷不宜驟語艱深，致令望洋興歎。然則若《天演論》《仁學》者曷爲而易銷？曰：兩書雖有譯撰之别，實則皆可謂之撰，其筆墨皆有過人處耳。猶之《時務報》發行時，內地人士争相購讀者，意不在其説之是非，不過諷誦其行文之法也。

憲法諸書雖亦淺近，但專門學之名目已嫌太多，每有購其書而不能讀者。《憲法精理》《公法論綱》二書，明備精審，並推傑作，可見吾國人自撰之書，較譯本究易推行也。

撰勝於譯，厥故甚多，其大要端曰：無所牽制，故詞意暢適，自不蹈滿紙和文名詞之習耳。且國人對語，較諸爲他國人譯語，其意自是易達，奥曲隱晦之弊，不期然而免矣。

外交之書，種類太少，果有善本，定可暢行，蓋最爲內地人所欲知者也。

政體諸志略同統計書，惜善本太少，未能副人所求。

經濟學書，理論不及記載。記載諸書頗切用，故表中「中數」特高，其理論諸書，非有根柢者不能閱讀。特書係極新出者，故尚不見其滯耳。

爲此學開先路，宜取傳記足以動人者，先灌輸於其腦中，如《豪商立志譚》之類，皆利器也。又繼之以國計學之統計書，然後從而講商學，然後從而講理論；此學在內地最不可少，蓋交通不便，實根於內地人心之日非，開通其心，決不能開通其道也。善本尚少，殊覺慊然。

教育學諸書，比較最絀，究其原因，蓋無留意教育之人耳。彼以赴試來者，意在求官，本不甘以青氊老。其上焉者，亦惟自修其學而已，斷難層層於教人。故求略知科學者，尚不至絶無，留意教育者，則竟不可得，是大憾也。彼以應試來者，迹其平日，蓋十七八而司教，或授徒於已家，或就館於他氏，數萬青年之將來，一司於若輩手，而顧莫或措意若是，可爲此青年痛矣。然既無如彼何，則不得不轉咎譯著之人，何咎乎？曰：惟程度太高。故教育制度之書，略勝於理論者，此與教育無涉，蓋以備科場檢查之用，非意所欲觀也。至如《遊學指南》之類，則惟一二有志東遊者購之而外，餘者莫或顧問矣。

小説書亦不銷者，於小説體裁多不合也。不失諸直，即失諸略；不失諸高，即失諸粗；筆墨不足副其宗旨，讀者不能得小説之樂趣也。即有極力爲典雅之文者，要於詞章之學，相去尚遠，塗澤滿紙，只覺可厭，不足動人也。今新小説界中若《黑奴籲天録》，若《新民報》之《十五小豪傑》，吾可以百口保其必銷；《經國美談》次之。然龍溪固小説家之雄，如所撰《浮城物語》者，得詞章家以譯之，必有偉觀。

以小説開民智，巧術也，奇功也，要其筆墨決不同尋常。常法以莊，小説以諧；常法以正，小説以奇；常法以直，小説以曲；常法則正襟危坐，直指是非，小説則變幻百出，令人得言外之意；常法如嚴父明師之訓，小説如密友賢妻之勸。得此旨，始可以言小説。今之爲小説者，俗語所謂開口便見喉嚨，又安能動人。

吾於小説，不能不爲賢者責矣。小説之妙處，須含詞章之精神。所謂詞章者，非排偶四六之謂。中外之妙文，皆妙於形容之法；形容之法莫備於詞章，而需用此法最多者莫如小説。巴黎，文詞之淵藪也，其大文豪皆以戲曲著；坪內雄藏，爲日本維新後之詞宗，而以《春也》著。比來海內諸同志，力矯厥弊，皆以排浮華、崇實學爲宗旨，故尋常通問函件，或且不甚了了，而詞章一學，行且絶響。然果無此學，究不能顯難顯之情。飲冰室主人之文筆，夙爲海內所歎服矣，然吾得而斷之曰：實惟得力於詞章。故諸同志不欲爲小説則已，如欲爲之，勿薄詞章也。

專門學書，非專門家不能譯；吾又從而益之曰：專門學書，非專門家之習知吾國是業者不能譯。即以商業言之，若「爲替料」，若「小切手」之類，譯者每仍原文，其實自有「匯費」「劃條」等相當之名。曰在於小說，何獨不然；曰外國小說之佳者，非中文所能形容，嗚呼，何重誣吾國文也！

科學書實視教育書爲消長，彼既不銷，此自無用；顧其間有數特高者，要各有其原因。

高等國文學以《學術史綱》爲最多，良以最新，書名亦頗動聽也。且自鏡己貌，人之所樂爲。教育家之言曰：教人者當因其所已知者而爲之證。吾蓋觀是而益信。

生理學諸書，以婚姻衛生學爲最暢銷。購此等書者，其意見蓋有三等，而確知其所當知之故者，蓋無有也。最下者視之若淫書，一見其圖，喜躍不自已。然惟恐人之見之也，故來購必以暮夜，避師友，屏羣從，伺人少時以隻身來。其擇取之也，指以手，而口不敢道也。稍高明者，則目之爲閒書，意若謂可有可無，取以銷永日耳。其上也者，則視爲醫書，意若爲醫者所當知也；然即非醫者亦不可不知，固彼所未敢信也；即非醫者亦無容諱言，又彼所未肯許也。名學亦頗行銷，是亦可喜事。然以其程度攷之，固又鮮能語此也；其所以銷之故，殊難定斷。

和文諸書，其所銷自見特異，購是諸書者，與尋常之宗旨迥殊，其程度亦不一。

算學一科，內地頗有能者，於各學科中，此科之程度最高矣。惟所攜皆課本書，無高深之作，故銷數未見其大。

報章一門，內地大可行銷。此次所銷，以《譯書彙編》爲最多；然統全市計之，則又不逮《新民叢報》。

文編一類中有傑作焉：若《飲冰室自由書》，若《中國魂》，若《覺頓冥齋內言》，若《瀏陽二傑遺文》，皆內地人所亟欲一見者，固亦內地人所不可不見者也。而獨此《策論新選》一種，銷至百餘部之多，則科場使然耳。

科場書非吾輩注意所在，所攜極少，故銷數若是，通常坊店皆什伯是，而未可據爲準則也。

總之，內地人之購書，第一先擇版式，洋裝大字，朗若列星，則書之善否不暇問也。其次問價值，版即不良，價在一元內而裒然三四册，則其他亦不問矣。其稍有辨別力者，則視譯筆，明白了解，無所留難，則其說之果當與否，亦所不計矣。若夫有用無用，蓋視科場爲衡，苟科場所不需，則雖佳亦從緩。能越此範圍，殆百不及一。

吾願譯者與撰述者，必籌所以廣銷之法，非惟爲獲利也。試思書果不銷，人何由見其書，又何所用？曰：吾不爲內地設，將以示已開化之人也，人已開化，自能求學，何必乞靈於此。且環顧內外，求其已開化者曾有幾人，舍大多數之勿問，而徒汲汲於最少數者歟？故譯撰書者，總須爲內地人計，總須爲能銷入內地計；蓋銷書之數，即輸入文明之數，至無疑義也。即謂爲獲利計，亦無庸諱；苟無利，安能持久？豈惟不能持久，且爲輸入文明之阻礙多矣。閱歷所得，不敢自私，吾同志儻熟察之歟。

又　卷下　考棚街上之考先生，大莫與京，尊無可對者也。共招遥過市時，一眼所抹倒者，皆市儈也。同人到寧時，方且引入闈爲恥，諱之也甚深；既而經録科場，漸爲人所識，不能自秘。每有買書者來，其昂然直入之際，意氣甚盛；及察知吾輩亦爲其同類也，則容態驟變。蓋意吾輩從上海來，必能通知時務，冀幸場屋之或一遇，可從而求教也。於是吾輩對付之方鍼亦因之一變。遇有爲難者，不惟不自諱，且利用吾昔日之所諱者以炫之，則靡不帖然就範；因而爲之指示，爲之講演，爲之選擇，頗有見聽從者。吾輩之權力，得之於此，誠非始願所及矣。此無他，曰：惟科舉思想故。

亦有不得已而來者，然以二萬人計，蓋幾乎千而一；而一者，亦不皆有宗旨也，徒覺其可厭可惡，而不樂於受苦已耳。求其真知其非者，不知分數果何若？

王維泰《汴梁賣書記》卷上　記賣書

金陵賣書後，同人相約作汴梁之遊，藉開風氣。於正月杪，載書二十餘箱，爲數計二百餘種，趁輪啓行。初四到漢口，留一日，初六乘火車至信陽。先是，函託南汝光道署戚友臨時招待，是日車抵站，承派人來接，並預備客寓車輛，頗安適。翌日大雪，留四日，至十一日開車。十八抵汴城，復有友人代爲安寓，賃考棚街屋設肆，大書「開明書店專售新書」布牌，並寫「廣開風氣，輸佈文明」招帖，遍貼通衢，以招同志。

汴省向無售新書者，去秋有上海友人開設時中書社，所售皆場屋書，間帶新書，頗有顧問者。到汴後就詢情形，其店友爲余言：「此間賣書，即交易數百文，須飭人隨去取款。若衙門公館，來者高車駟馬，必延入櫃中，奉以煙茶，任其隨意翻閱，歷數小時之久，選定後飭人送往，約日取款。及期往收，不曰主人出差，即云賬房不在。節復一節，年更逾年，及至歸銀，又短平壓色，總總爲難。」【略】

衙門公館僕從爲主人持銀取貨，無不欲取回倉，落後手，計不得遂，則私低銀，妄易小錢。汴梁各舖及書店皆曲順之，其實索價時早爲地步。開明書目刻定價值，同業多婉諷者，竊議者，及聞余等貿易各情，又相與驚歎爲不可及。惟一班倚仗威福者，往往因屢受挫折，從中騰口，定貨不取，亦復不少。最奇者，有某太守以講求新學名，凡購書等事，皆委其猶子某來，多方欲占便宜，竟不可得，遂退書數種，找銀而去，遂絶跡。不圖上等社會亦復有此，此亦中國膈症之一證也。

場前買書者，類皆取地理歷史兩部，雜著能閱者尚多，至教育一門，則寥寥無幾。臨場數日，奔走於道，問《通鑑輯覽》《史論大觀》者日數十起。歷問各書皆無，則詫曰：「汝店究賣何書？」乃出書目示之，翻閱未竟，掉頭曰：「無甚書」，否則曰「無好書」，棄而走。或問此本要償值否？答以是送人者，遂懷之去。間或曰：「待場後來細看」，此等思想已屬少數。余帶有《周禮政要》三十部，數日已售罄，問者絡繹不絶，故誑之曰：「頃剩一部適售去」，則頓足拊髀，失聲蹉歎。有汗流氣喘而至者，脱口問《周禮》一種有否？答以無，狼倉左右望，向別家馳去。更有借買新書爲名，翻閱數種後，便問《周禮政要》；以早罄對，猶堅懇不已。緣此書各坊不備，故以居奇相揣度。余等厭其聒耳，遂大書「《周禮政要》已完」榜之門，於是始望望然去。至初七日，某書店忽續到六十部，頃刻而盡。書係石印二小本，與原板迥別，售銀七錢，争先恐後，櫃外隻手林舉，高聲索書，極似書院之點名搶卷者。問以究竟何用，皆莫能言其故，風潮所惑，正復不可思議哉！

有閱過書目提要而來者，有偶見招貼詞意而來者，有因朋友揄揚稱道而來者，類多同志之士，選書甚有條理。有各省已歷學堂而來，識見都高人一等，沈悶時得此良友，胸襟爲之一暢。其他好學下問者，亦正不乏。約計各省中，選擇精當者以直隸、兩湖爲最，山東、陝西、四川次之，江西、貴州又次之，甘肅、廣西、安徽、山西、雲南竟寥寥無幾，河南爲尤甚；若江、浙、閩、粤半皆道出上海購取，故來者反不見爲多。於何證之？證之在豫官幕兩途中，能購書者仍以四省人占多數云。

一日，有三人聯袂至，見壁上書目，指《寥天一閣文》相顧而笑，急曰：「取此。」與之閱，疾翻數頁，若驚若憤，語詰屈不可辨，意必新疆一帶人，叩其籍，則瀏陽也，余爲愕然。客擲書去，適有瀏陽二友來，皆知名士，爰告之，友曰：是無怪，本有新瀏陽、舊瀏陽。

所帶生理科書，有《妊娠論》《交合論》及醫科生殖器圖，頗精緻。凡客來，閱書數十種尚未得要領者，即速出以上書舉圖示之，則皆駭笑，視爲遊戲之作。及告以生理科學及東西各校醫科列入大學之義，則容稍莊；更有不恥下問者，或竟購之去，兼及他書。有一客指「交合」二字，以此命名太不雅，因詰之曰：「『男女媾精』，聖經不諱，試校雅俗何如？」客首肯曰：「領教領教。」

倫理學，日本元良勇所著，舉直覺、實驗兩説合東西洋之思想而貫通之，爲中等教科善本，麥鼎華譯之以享我學界，汴人士從無顧問者。一日，忽有客指索此書，以爲必教育家也，殷勤叩之，則曰：「京師大學堂新添倫理一科，恐場中命題，預備調查耳。」嘻！大學堂是科之設，其宗旨與東西洋合否誠不可知，如彼人者，亦可謂善於揣摩者矣。

《心聲齋策論》及《强聒齋》，以《心聲》爲優；每部皆兩本，《心聲》價銀五錢，《强聒》祇三錢，店中場屋書祇此兩種，亦不慫恿買客。場前一日，問有無夾帶本者甚多，遂出示之。以《强聒》之價廉也，索購者踵相接。有客取《强聒》一部，必欲求減值，糾纏不已；同人取書向内，急曰：「買汝買汝」。出手中銀一塊，權之適三錢，不差累黍。又一客袖錢一包，索書目，遍閱兩週惘然若失；囁嚅而問曰：「有所謂《强聒》否？」同人急應曰：「有之，何不早説？」取授之，而展其錢正三百二十文也。詢其籍，則前山西而後河南也。

《併吞中國策》，日本尾崎行雄著，原名《支那處分案》，甲午後，日人所以計算吾國者；余故易以今名，編入提要，爲吾國民奮發興起張本。有喜談時事者，輒勸其購閲；其上者則贊歎不絶口；次之則曰：「書雖佳，願俟試畢」；下焉者一見撒手，目爲喪心病狂而已。

生理、物理、地質、動物、化礦等書，皆科學必備之本，惟購者甚少；間有之，皆在多數中帶銷一二分。若憲法、公法、國法、外交等書，購者雖不乏人，而應試者反居少數。每婉勸之曰：「釋褐後將入大學堂矣，盍預備諸！」亦有欣然領受者；究以守「學優則仕」之義爲多。可見科舉與學堂，其衝突有如此。

《金陵賣書記》，友人某去年所誌，描寫内地社會情狀，頗極妙肖。此次帶來百餘本，裝箱時用以實隙者，於此間爲非賣品，遇有記中相似人物，輒投之以當藥石。旬日間指索甚衆，或稱其學問之博，或贊其筆墨之工，其轉語則比之禹鼎，未免太酷云云。然用爲開鑿利器，却無過是。一日，有客昂然入，揀閲書數十種，隨手一揭，即云不好，置之，又揭一書亦如之。余友應櫃者，亦孝廉也，詢以何科？大聲答曰：甲午。閲書如故，其胸中「舉人」二字，膨脹已臻極頂，故外形亦龐然而不自覺。繼而選定書數種，問曰：「有無折扣？」答以無，則鼻應曰：「哼！」又問：「能欠否？」答以不能，又應曰：「哼！」聲益厲。同人知其非藥不靈也，即以《金陵賣書記》進。客受而問價，答曰：「非賣品。」遂與同來者並觀之，未及數行，兩人相顧語，蠻鴃不可辨，忽擲書汗赧而遁。

《民約》《社會》二書，提要中列爲政治部首，知者絶少。有購求政治者，又視爲非急務。輒諷以士夫居鄉之義，始有受者。若嗚呼噫嘻派中人，一見便如石引針，翕合無間。

《初等國文教授》及《植物學》《動物學》，皆學堂善本，其銷數甚少。其原因有二：一誤於詞章派，以風花雪月爲濬靈之具；一誤於道學派，以孝悌忠信爲養正之基。不知童子就傅之年，尚不辨菽麥牛馬，授以《千家詩》《朱子小學》，豈能領會？下學上達，始於六藝。廢八股詩賦而存科舉，正不知學界黑暗何日能明也。

各省公車約五六千人，耗國帑百十萬兩，竭民力數十萬人以得之。在掄才者以爲精華所萃盡在斯矣，然其間程度相去，正如七級浮屠。試將旬日間買客約略位置：其最多之多數，必問《通鑑輯覽》《經世文編》，甚至或問《子史精華》《四書味根》《五經備旨》者，此皆未脱八股詞章窠臼者，爲最下乘。其次則問《商榷》《扎記》《掌故彙編》《九家古註》《七經精義》等書，是爲舊學中已得門徑者，爲次下乘。若購覓《朔方備乘》《航海圖經》及《泰西新史》《政治藝學全書》等，則漸有新舊過渡思想，臨文時能解調查者，爲中下乘。至講求公法，詳考路礦，採訪學制，搜討兵政，東西各書籍者，雖不外得第起見，然已預備得第後之進步，是爲中乘。若考察理化各科，工商諸業，殖民政策，建國主義者，其胸中已有成竹，特假文場爲發揮地，不繫心於得失者，是爲上乘。至留心民約、社會、立憲、國法，則其思想已臻極點，方針已有定向，行所欲行，止所欲止，是爲更上乘。若平日立定宗旨，不辭義務，學有門徑，善自韜晦，意在枉尺直尋者，雖千百中不得一二，是爲能造世界之英雄，乃無上上乘。其他私利填胸，功名束肋，若劇場之傀儡，全無自動力者，於七級浮屠，尚未涉足，更不可以數計。曾與客縱談至此，客曰：「甚矣哉，開明之店，勝於衡鑒之堂。」

場後買書者，其先入之見，以爲各店收場在邇，必減價求早脱貨，齗齗争論價值，百方曉喻終不信，直至將書入架，始逡巡而退。有客似山西人，每日必來問：「《自由書》現價若干矣？」以照刻定價對，乃去；翌日又來，亦如之，不可以次計。此其固習爲向來買懷挾者通病，不圖新學界中亦有如是者。

場前後買書者甚雜，不足據爲定論。近日頗有官幕兩途來者，購書漸有條理，詳誌下卷交際篇。

王韜《弢園文録外編》卷八《送西儒理雅各回國序》 三百年前中國人士罕有悉歐羅巴諸邦之名者，自以大利人利瑪竇入中國，與中國儒者遊，出其蘊蓄，著書立説，然後上自卿大夫，下逮庠序之士，羣相傾倒，知有西學矣。繼而接踵來者，皆西方名彦，凡天文、曆算、格致、器藝，無不各有成書。其卓卓可傳者，均經采入四庫以備乙覽。其言教之書曰天學初函，著録附存目中，覽者已歎爲西儒述譔之富。然余嘗得其書目觀之，不下四百餘種，知當時所采進者不過蹄涔之一勺而已。自是以來，歐洲各國航海東邁，史不絶書。而英國獨以富强雄海外，估舶遍天下，特來中國者多貴官巨賈。嘉慶年間，始有名望之儒至粤，曰馬禮遜；繼之者曰米憐維琳。而理君雅各先生，亦偕麥都思諸名宿橐筆東遊。

先生於諸西儒中，年最少，學識品詣卓然異人。和約既定，貨琛雲集，中西合好，光氣大開。泰西各儒，無不延攬名流，留心典籍，如慕維廉，禆治文之地志，艾約瑟之重學，偉烈亞力之天算，合信氏之醫學，瑪高温之電氣學，丁韙良之律學，後先並出，競美一時。然此特通西學於中國，而未及以中國經籍之精微通之於西國也。先生獨不憚其難，注全力於十三經，貫串考覈，討流泝源，别具見解，不隨凡俗。其言經也，不主一家，不專一説，博采旁涉，務極其通，大抵取材於孔鄭，而折衷於程朱。於漢宋之學，兩無偏袒。譯有四子書，尚書兩種。書出，西儒見之，咸歎其詳明該洽，奉爲南鍼。

夫世之談漢學者無不致疑於古文尚書，而斥爲僞。孔先生獨不然，以爲此皆三代以上之遺言往訓，援引多見於他書，雖經後人之哀集，譬諸截珥編璫，終屬可寶，何得遽指爲贋托而擯之也？平允之論，洵堪息羣喙之紛争矣。嗚呼！經學至今日，幾將絶滅，尚溯自嘉道之間，阮文達公以經師提唱後進，一時人士稟承風矣，莫不研搜詁訓，剖析毫芒。觀其所撰國朝儒林傳，以及江鄭堂漢學師承記，著述之精，彬彬郁郁，直可媲美兩漢，超軼有唐。逮後老成凋謝，而吴門陳奂碩甫先生能紹絶學，爲毛氏功臣。今海内顧誰可繼之者？而先生獨以西國儒宗，抗心媚古，俯首以就鉛槧之役。其志欲於羣經悉有譯述，以廣其嘉惠後學之心，可不謂難歟？然此豈足以盡先生哉？先生自謂此不過間出其緒餘耳，吾人分内所當爲之事；自有其大者遠者在也，蓋即此不可須臾離之道也。

先生少時讀書蘇京太學，舉孝廉，成進士，翔歷清華，聲名鵲起。弱冠即遊麻六甲，繼來香港，旅居最久，蓋二十四年於兹矣。其持己也廉，其待人也惠；周旋晉接，恂恂如也。驟見之頃，儼然道貌，若甚難親，而久與之處，覺謙冲和藹之氣浸淫大宅間。即其愛育人才，培養士類，務持大體，弗尚小仁，二十餘年如一日也。粤中士民無論識與不識，聞先生之名，輒盛口不置。嗚呼！即以是可知先生矣。

今以有事返國，凡遊先生之門，涵濡教化者，無不甚惜其去，而望其即至。余獲識先生於患難中，辱以文章學問相契，於其歸也，曷能已於言哉？是雖未敢謂能識先生之心，而亦略足盡其生平用力之所在矣，願與海内之景慕先生者共證之可也。

又王韜《漫遊隨録》《弢園文新編》

墨海書館

上海自與泰西通商，時局一變。丁未仲夏，先君子飢驅作客，小住滬北。戊申正月，余以省親來遊，一入黄歇浦中，氣象頓異。從舟中遥望之，烟水蒼茫，帆檣歷亂，浦濱一帶，率皆西人舍宇。樓閣峥嶸，縹緲雲外，飛甍畫棟，碧檻珠簾。此中有人，呼之欲出；然幾如海外三神山，可望而不可即也。

時西士麥都思主持墨海書館，以活字版機器印書，竟謂創見。余特往訪之，竹籬花架，菊圃蘭畦，頗有野外風趣。入其室中，縹緗插架，滿目琳琅。麥君有二女，長曰瑪梨，幼曰瑶瓓，皆出相見。坐甫定，即以晶杯注葡萄酒殷勤相勸，味甘色紅，不啻公瑾醇醪也。又爲鼓琴一曲，抗墜抑揚，咸中音節，雖曰異方之樂，殊令人之意也消。後導觀印書，車床以牛曳之，車軸旋轉如飛，云一日可印數千番，誠巧而捷矣。書樓俱以玻黎作窗牖，光明無纖翳，洵屬琉璃世界。字架東西排列，位置悉依字典，不容紊亂分毫。與麥君同在一處者，曰美魏茶，曰雒頡，曰慕維廉，曰艾約瑟，咸識中國語言文字。

英華書院

香港中環有保羅書院，上、下交界有英華書院，上環有大書院，皆有子弟肄業，教以西國語言文字，造就人才以供國家用。英華書院兼有機器活字版排印書籍。【略】

漢學家儒蓮

是日風清日暖，往訪博士儒蓮，法所稱博士，猶中華之翰林掌院學士也。爲素波拿書院監督。院中庋華書三萬册，目録凡三卷。儒蓮好學媚古，壹志窮經，足跡雖未至禹域，而譯書已裒然盈尺。見余喜甚，握手接吻，待若上賓。儒蓮通中國文字，能作筆談。今有導者代爲傳言，故無煩管城子爲介紹也。儒蓮原籍猶太，年垂六十，而惟生一女，近以疾殞，年僅十六。其像即懸書室，碧眼修眉，花妍月媚。余不知而指問之，儒蓮淚猶涔涔下，蓋過時而猶悲也。

講學牛津

英之北土曰哈斯佛，有一大書院，素著名望。四方來學者不下千餘人。肄業生悉戴方帽，博袖長衣，雍容文雅。每歲必品第其高下，列優等者，例有賞賚。而頒物之先，必先集於會堂聽講。監院者特邀余往，以華言講學。

余備論中外相通之始，言昔英女主以利沙伯遣人至粤，而東方之貿易以開。繼有英官斯當東者，始效華言，於是接踵來華者始能通中國語言文字。夫中國在亞境之東方，英國處歐洲之西鄙，地之相去也七萬餘里。三百年前，英人無至中國者。三十年前，中國人無至英土者。今者越重瀛若江河，視中原如堂奥。無他，以兩國相和，故得至此。惟願嗣後益敦輯睦，共樂邕熙。爾衆子弟讀書國塾，肄業成均，其已得考授秀士孝廉，列於前茅者，皆出類拔萃之資，年少而志盛，學博而文富，皆將來有用之才也。他日出而用世，上則翼輔王家，下則流傳聖道，必能有益於中國，是所厚望焉。

是時，一堂聽者，無不鼓掌蹈足，同聲稱贊，牆壁爲震。其中肄業生之年長者，多由國家銓選，授以職官，遣至印度、中國，以備翻譯人員之用，特來問余中國孔子之道，與泰西所傳天道若何？余應之曰：孔子之道，人道也。有人斯有道。人類一日不滅，則其道一日不變。泰西人士論道必溯原於天，然傳之者必歸本於人。非先盡乎人事，亦不能求天降福，是則仍繫乎人而已。夫天道無私，終歸乎一。由今日而觀其分，則同而異；由他日而觀其合，則異而同。前聖不云乎：東方有聖人焉，此心同，此理同也；西方有聖人焉，此心同，此理同也。

請一言以決之曰：其道大同。諸問者俱爲首肯。

又 與英國傅蘭雅學士

韜與執事爲海外文字交。曩旅香海，景仰盛名，時欲修士相見禮，以人事羈紲不果。恒偕執事高足弟子遊，稔知執事文章經濟、學問德業，爲舉世所欽慕。往歲執事同郭侍郎回中土，獲一見顔色，覺和靄之氣，溢於大宅間。時讀大著《格致彙編》，未嘗不嘆執事用心之細，命意之深，而誘迪後學無窮也。

韜居粤二十有三年矣。壬、癸、甲三年，三度言旋。鵬飛思息，鳥倦知還，寄跡淞南，結廬滬北。日惟閉門覓句，仰屋劬書，絶不問户外事。猥蒙執事不棄，偕景星觀察高軒枉顧，惠然先施。辱承中西董事公舉韜爲格致書院山長一席，此何敢當？向日於泰西一切實學，雖講求有素，而僅涉藩籬，能知其略，而不能言其詳，能明其淺，而不能達其深，恐猶不足以爲人師。受命以來，時虞隕越。然近自滬上長官，遠至海外星使，知韜謬膺斯任，折簡相投，輒加獎譽，而爲書院慶得人。聲聞過情，實深愧恧。惟竊自幸者，登諸薦剡，實由執事始。以此時交口所稱，可不累執事知人之明。故敢爲執事告，非自譽也。特慮執事既知韜之所長，而猶未知韜之所短也。

韜生平所好，在馳馬春郊，徵歌别墅，看花曲院，載酒旗亭，此固騁一時之樂事，快平日之豪情，蹤跡多在張園、徐墅間。竊以爲此特風流遊戲之事，本無庸諱之於人前，深恐執事不察，或有以小節進言者，則韜固不任受也。泰西主道，究亦與中土儒理殊塗而同歸。況乎道統與學術分門，文苑與儒林異趣。彼迂腐者流，韜方欲避道而趨，當亦非執事之所喜也。

山左之行，病尚未能，姑待徐丞先發。黄花開後，當著祖生之鞭。夏首春餘，薄寒猶勁。伏冀餐衛維宜，爲道自愛。

序跋部

綜述

《江南製造總局翻譯西書事略》

傳蘭雅　序　江南製造局内設繙譯館，業十餘年，遠近諸君幾若共聞；然其中本末裨益，尚有未詳知者，屢承顧問；且常有西人書緘頻寄，訊此館之源流，問譯書之理法，究察所用各物之名，訪求所譯西書之目。然一人事繁，難盡酬應，故將譯書大略，撰成西書一册。所有各事，共分要件四章；而局中書名，依類附入，並録以撰書人名，譯書人名，筆述人名，刊書年歲，及每書本數，每書價錢。另有局外所譯之書，亦登其目録，以便西人有所檢閱，不必另向他處搜求。因自備資斧，印成此書，分送於西國朋友並樂傳格致西人。然書爲西文，華友不便披覽；若僅裨益西人而不公諸華友，殊屬憾事。故不憚勞悴，燈下譯成，附於彙編，供諸同好。余居華夏已二十年，心所悦者，惟冀中國能廣興格致至中西一轍耳。故平生專習此業而不他及，閱此篇者，幸勿視爲河漢也可。

光緒六年，端陽月，傳蘭雅敘。

《泰西著述考》

王韜　序　西洋葡萄牙國，自明武宗正德十二年，始與我中國通商，立埠於廣東之澳門。由是歐洲各國接踵東來，不但賈舶商艅相繼不絶於道，而傳教之士亦復懷鉛握槧而至，挾其天算輿地之學，與名公鉅卿相交際，争以著書立説，以自鳴高。於是我中國始知地球爲圓體，秝算格致於焉日啓。西學之入中國，實自此始。余嘗得其目録觀之，獲傳於世者，約略二百十一種，亦可云富矣。當時著名之士，凡九十有二人，文辭爾雅，彬彬乎登述作之林。蓋自東西兩海道通以來，約百有餘年，所至者皆天教會中之修士。凡其初至之年，所著之書，及其卒葬處所，無不班班可考。爰爲釐次其姓氏，詳述其著作，以臚於篇，用爲談海外掌故者廣厥見聞云。

又　跋　韜嘗考之《疇人傳》，從西洋至中國，著書立説而明曆算之學、精推步之術者，凡得十有七人。而如紀利安、戴進賢、徐懋德、杜德美、顔家樂、蔣友仁諸子，並爲此册所不載。然則所軼者多矣，即天學各書亦多未備。如戴進賢之《日躔》《月離》二表，杜德美之《周徑密率》《求正弦正矢捷法》，徐懋德之《增補表解圖説》，皆未之及。猶得曰，人軼則書亦不傳。而如湯若望、穆宜閣、羅雅谷、南懷仁輩，著述多寡亦有異同詳略，則何也？蓋由其目録紀載之疎也。暇尚當采之他書，以補其闕失。

《西學書目表》

梁啓超　西學書目表序例　余既爲《西書提要》缺醫學、兵政兩門未成；而門人梁作霖、黄公祐，家弟啓勳以書問應讀之西書及其讀法先後之序；乃爲表四卷，札記一卷示之。縢之以叙曰：大哉，聖人之道！孔子適周，求得百二十國寶書。聖祖仁皇帝《御纂數理精藴》，潤色西算，弁諸卷首。高宗純皇帝欽定《四庫總目》，凡譯出西書，悉予著録。先聖後聖，其事不同，其揆若一。嗚呼！溥博宏遠，蔑以加矣。海禁既開，外侮日亟。曾文正開府江南，創製造局，首以繙譯西書爲第一義。數年之間，成者百種；而同時同文館及西士之設教會於中國者，相繼譯録，至今二十餘年，可讀之書略三百種。昔紀文達之撰提要，謂《職方外紀》《坤輿圖説》等書，爲依仿中國鄒衍之説，夸飾變幻，不可究詰。阮文達之作《疇人傳》，謂第谷天學，上下易位，動静倒置，離經畔道，不可爲訓。今夫五洲萬國之名，太陽地球之位，西人五尺童子，皆能言之。若兩公固近今之通人也，而其智反出西人學童之下，何也？則書之備與不備也。大凡含生之倫，愈愚獷者其腦氣筋愈粗，其所知之事愈簡；愈文明者其腦氣筋愈細，其所知之事愈繁。禽獸所知最簡，故虎豹雖猛人能檻之；【略】智愚之分，强弱之原也。今以西人聲、光、化、電、農、礦、工、商諸學與吾中國考據詞章帖括家言相較，其所知之簡與繁相去幾何矣。《兵志》曰：「知己知彼，百戰百勝。」人方日營伺吾側，纖悉曲折，虚實畢見，而我猶枵然自大，偃然高臥，匪直不能知敵，亦且昧於自知，坐見侵陵，固其宜也。故國家欲自强，以多譯西書爲本；學子欲自立，以多讀西書爲功。此三百種者，擇其精要而讀之，於世界蕃變之迹，國土遷異之原，可以粗有所聞矣。抑吾聞英倫大書樓所藏書凡八萬種有奇，今之所譯，直九牛之一毛耳。西國一切條教號令，備哉粲爛，實爲致治之本，富强之由；今之譯出者何寥寥也？彼中藝術，日出日新，愈變愈上，新者一出，舊者盡廢。今之各書譯成，率在二十年前，彼人視之，已爲陳言矣。而以語吾之所謂學士大夫者，方且詫爲未見，或乃瞠目變色如不欲信。嗚呼！豈人之度量相越遠邪？抑導之未得其道也？

光緒二十二年九月朔，新會梁啓超自叙。

一，譯出各書，都爲三類：一曰學，二曰政，三曰教。今除教類之書不録外，自餘諸書，分爲三卷：上卷爲西學諸書，其目曰算學、曰重學、曰電學、曰化學、曰聲學、曰光學、曰汽學、曰天學、曰地學、曰全體學、曰動植物學、曰醫學、曰圖學；中卷爲西政諸書，其目曰史志、曰官制、曰法律、曰農政、曰礦政、曰工政、曰商政、曰兵政、曰船政；下卷爲雜類之書，其目曰游記、曰報章、曰格致總、曰西人議論之書、曰無可歸類之書。

一，明季、國初，利、艾、南、湯諸君，以明曆見擢用，其所著書見於《天學彙函》《新法算書》者百數十種。又製造局、益智書會等處譯印未成之書百餘種。通商以來，中國人著書言外事其切實可讀者亦略有數十種。捃拾薈萃，名爲坿卷。

一，西學各書，分類最難。凡一切政，皆出於學，則政與學不能分；非羣學不能成一學，非合庶政不能舉一政，則某學某政之各門不能分。今取便學者，强爲區別，其有一書可歸兩類者，則因其所重。如《行軍測繪》不入兵政，而入圖學；《御風要術》不入天學，而入船政；《化學衛生論》不入化學而入醫學是也。又如《電氣鍍金》《電氣鍍鎳》等書，原可以入電學；《脱影奇觀》《色相留真》《照像略法》等書，原可以入光學；《汽機發軔》《汽機必以》《汽機新制》等書，原可以入汽學，今皆以入工藝者，因工藝之書，無不推本於格致，不能盡取而各還其類也。又如《金石識别》，似宜歸礦學類，又似宜歸地學類，而皆有不安，故歸之化學。《海道圖説》，似宜歸地學類，又似宜歸海軍類，而皆有不安，故歸之船政。此等門目，亦頗費參量。然究不能免牽强之誚。顧自《七略七録》以至《四庫總目》，其門類之分合，歸部之異同，通人猶或訾之，聚訟至今，未有善法，此事之難久矣。海内君子惠而教之，爲幸何如。

一，門類之先後：西學之屬，先虚而後實；蓋有形有質之學，皆從無形無質而生也。故算學、重學爲首；電、化、聲、光、汽等次之；天、地、人謂全體學。、物謂動植物學。等次之；醫學、圖學全屬人事，故居末焉。西政之屬，以通知四國爲第一義，故史志居首；官制、學校，政所自出，故次之；法律所以治天下，故次之；能富而後能强，故農、礦、工、商次之；而兵居末焉。農者地面之産，礦者地中之産，工以作之，作此二者也；商以行之，行此三者也。此四端之先後也。船政與海軍相關，故附其後。

一，已譯諸書：中國官局所譯者，兵政類爲最多。蓋昔人之論，以爲中國一切皆勝西人，所不如者，兵而已。西人教會所譯者，醫學類爲多，由教士多業醫也。製造局首重工藝，而工藝必本格致，故格致諸書，雖非大備，而崖略可見。惟西政各籍，譯者寥寥；官制、學制、農政諸門，竟無完帙，今猶列爲一門者，以本原所在，不可不講，懸其目以俟他日之增益云爾。

一，書目例標撰人名氏，今標譯人不標撰人者，所重在譯也。譯書率皆一人口授，一人筆述；今諸書多有只標一人者，原本不兩標，故仍用之，名從主人也。

一，收藏家最講善本，故各家書目於某朝某地刻本，至爲齗齗。今所列皆新書，極少别本，仍詳列之者，不過取便購讀，與昔人用意微殊。其云在某某書中者，無單行本也。其云《格致彙編》本、《萬國公報》本、《時務報》本，其下不注本數價值者，亦無單行本也。

一，古書用卷子本，故標卷數。後世裝潢既異，而猶襲其名，其無謂也；故今概標本數，不標卷數。

一，目録家皆不注價值，蓋所重在收藏無須乎此。今取便購讀，故從各省官書局之例，詳例價值，其標若干兩、若干錢者，銀價也；其標若干千、若干百者，制錢價也；其標若干元、若干角者，洋銀價也。製造局、同文館、天津學堂之書，概據原單。其家刻本及西士自印本，據格致書室單。製造局書有原價、重減價。格致書室單所列製造局書，略依其減價之值。今所列者，乃其重減之值。減價之視重減價，約如十與八之比例。

一，表下加識語，表上加圈識，皆爲學者購讀而設，體例不能，雅馴所不計也。惜所識太略，又學識淺陋，未必得當耳。世之君子，尚校正之。

一，附卷所載通商以前之西書，多言天算、言教兩門；今除言教之書，不著録外，自餘諸書，不能以類别，故以著書人爲别。

一，附卷所載中國人言西學之書，搜羅殊隘，其海内通人或有成書而未刻，刻成而鄙人未及見者，當復不少，管窺蠡測，知其孤陋。若夫坊間通行之本，有稗販前人，割裂原籍以成書者，乃市儈射利之所爲，方聞之士所不屑道，概不著録，以示謹嚴，非罣漏也。

一，中國人言西學之書，以遊記爲最多，其餘各種亦不能以類别，今用内典言人非人，化學家言金非金之例，區爲遊記類、非遊記類二門。

一，近人頗有以譯本之書而歸入自著書之中，不標譯字者，概爲疏通證明，仍入諸譯書表中，不援名從主人之例。

一，表後附札記數十則，乃昔時答門人問之語，略言各書之長短，及某書宜先讀，某書宜緩讀，雖非詳盡，初學觀之，亦可以略識門徑。故竊取過而存之之義，附見末簡，名曰讀書法。博雅君子，諒無哂之。若其芻蕘之見，則略具所著《西書提要》中，此不能多及也。

又　西學書目表後序　梁啓超曰：吾不忍言西學。梁作霖曰：子曰與人言西學，曷爲不忍言西學？梁啓超曰：今日非西學不興之爲患，而中學將亡之爲患。風氣漸開，敵氛漸逼，我而知西學之爲急，我將興之；我而不知，人將興之；事機之動，在十年之間而已。今夫守舊之不敵開新，天之理也。動植各物之遞嬗，非墨兩洲之遷移，有固然矣。中國俗儒，拘墟謬瞀之論，雖堅且悍，然自法越以後蓋稍變矣，中日以後蓋益變矣。援此推之，十年二十年以後，其所存者希矣。雖然舊學之蠹中國，猶附骨之疽，療疽甚易，而完骨爲難。吾嘗見乎今之所論西學者矣，彝其語，彝其服，彝其學動，彝其議論，動曰中國之弱，由於教之不善，經之無用也，推其意直欲舉中國文字悉付之一炬，而問其於西學格致之精微有所得乎？無有也；問其於西政富强之本末有所得乎？無有也。之人也，上之可以爲洋行買辦，下之可以爲通事之西奴，如此而已。更有無賴學子，自顧中國實學一無所識，乃藉西學以自大，囂然曰：此無用之學，我不爲之，非不能也。然而希、拉，謂希臘、拉丁。英、法之文，亦未上口，聲、光、化、電之學亦未寓目，而徒三傳束閣，論語當薪，而揣摩風氣，摭拾影響，盛氣壓人，苟求衣食。蓋言西學者，十人之中，此兩種人幾居其五，若不思補救，則學者日夥，而此類日繁，十年以後，將十之六七矣，二十年以後，將十八九矣。嗚呼！其不亡者幾何哉？

雖然，中學之不自立，抑有故焉。兩漢之間，儒者通經，皆以經世，以禹貢行水，以洪範察變，以春秋折獄，以詩三百五篇當諫書，蓋六經之文，無一字不可見於用，教之所以昌也。今之所謂儒者，八股而已，試帖而已，律賦而已，楷法而已。上非此勿取，下非此勿習。其得之者，雖八星之勿知，五洲之勿識，六經未卒業，諸史未知名，而靦然自命曰儒也、儒也。上自天子，下逮市儈，亦裒然尊之曰儒也、儒也。又其上者，箋注蟲魚，批抹風月，旋賈、馬、許、鄭之胯下，嚼韓、蘇、李、杜之唾餘，海内號爲達人，謬種傳爲巨子。更等而上之，則束身自好，禹行舜趨，衍誠意正心之虚論，勦攘彝尊王之迂説。綴學雖多，不出三者，歷千有餘年，每下愈況，習焉不察，以爲聖人之道如此而已。是則中國之學，其淪陷澌滅一縷絶續者，不自今日。雖無西學以乘之，而名存實亡蓋已久矣。況於相形之下，有用無用應時立見，孰興孰廢不待言決。然此輩既舍此無以爲學，此道即離此無以圖存。嗚呼！豈可言哉？豈可言哉？

今夫六經之微言大義，其遠過於彼中之宗風者，事理至賾，未能具言，請言其粗淺者。生衆食寡，爲疾用舒，理財之術盡矣。百姓足，君孰與不足，富國之策備矣。穀與魚鼈不可勝食，材木不可勝用，農務漁務林木之利闢矣。行旅皆欲出於其塗，道路通矣。通功易事，羨補不足，商務興矣。使於四方，不辱君命，乃謂之士，公法之學行矣。以不教民戰，是謂棄之，兵學之原立矣。國人皆曰賢，國人皆曰不可，議院之制成矣。以上僅證之於四書，又每事僅舉其一條，其詳具於專書。又如春秋之義，議世卿以伸民權，視西人之貴爵執政分人爲數等者何如矣。古之埃及、希臘，近今之日本，皆有分人數等之弊。凡國有上議院者皆未免此弊，蓋上議院率世族盤踞也。英至今未革，俄尤甚。疾滅國，疾火攻，而無義戰，視西人之治兵、修械、爭城、爭地者何如矣。自餘一切要政，更僕難盡。夫以士無世官之制，萬國太平之會，西人今日所講求之而未得者，而吾聖人於數千年前發之，其博深切明爲何如矣。然則孔教之至善，六經之致用，固非吾自袒其教之言也。不此之務，乃棄其固有之實學，而抱帖括、考據、詞章之俗陋，謂吾中國之學已盡於是，以此與彼中新學相遇，安得而不爲人弱也。

然則奈何？曰讀經讀子讀史三者，相須而成，缺一不可。吾請語學者以經學：一當知孔子之爲教主；二當知六經皆孔子所作；三當知孔子以前有舊教；如佛以前之婆羅門。四當知六經皆孔子改定制度以治百世之書；五當知七十子後學皆以傳教爲事；六當知秦漢以後皆行荀卿之學，爲孔教之孽派；七當知孔子口説皆在傳記，漢儒治經皆以經世；八當知東漢古文經，劉歆所僞造；九當知僞經多摭拾舊教遺文；十當知僞經既出，儒者始不以教主待孔子；十一當知訓詁、名物，爲二千年經學之大蠹，其源皆出於劉歆；十二當知宋學末流，束身自好，有乖孔子兼善天下之義。請言讀子：一當知周秦諸子有二派：曰孔教，曰非孔教；二當知非孔教之諸子皆欲改制創教；三當知非孔教之諸子，其學派實皆本於六經；四當知老子、墨子爲兩大宗；五當知今之西學，周秦諸子多能道之；六當知諸子弟子各傳其教，與孔教同；七當知孔教之獨行，由於漢武之表章六藝，罷黜百家；八當知漢以後無子書；九當知漢後百家雖黜，而老楊之學深入人心，二千年實陰受其毒；十當知墨子之學當復興。請言史學：一當知太史公爲孔教嫡派；二當知二千年政治沿革，何者爲行孔子之制，何者爲非孔子之制；三當知歷代制度皆爲保王者一家而設，非爲保天下而設，與孔孟之義大悖；四當知三代以後，君權日益尊，民權日益衰，爲中國致弱之根原，其罪最大者，曰秦始皇，曰元太祖，曰明太祖；五當知歷朝之政，皆非由其君相悉心審定，不過沿前代之敝，前代又沿前代之敝，而變本加厲，後代必不如前代；六當知吾本朝制度有過於前代者數事；七當知讀史以政爲重，俗次之，事爲輕；八當知後世言史裁者，最爲無理。以上諸義，略舉大概，若其條理，當俟專述。

要之舍西學而言中學者，其中學必爲無用；舍中學而言西學者，其西學必爲無本。無用無本，皆不足以治天下。雖庠序如林，逢掖如鯽，適以蠹國，無救危亡。方今四彝交侵，中國微矣，數萬萬之種族，有爲奴之痛，三千年之宗教，有墜地之懼，存亡絶續，在此數年。學者不以此自任，則顛覆慘毒，寧有幸乎？曾子曰：士不可以不弘毅，任重而道遠。仁以爲己任，不亦重乎！死而後已，不亦遠乎！是在吾黨。

附録　梁啓超《西書提要·農學總敘》　論者謂中國以農立國，泰西以商立國，非也。歐洲每年民産進項，共得三萬一千二百二十兆兩，而農田所值，居一萬一千九百三十兆兩。商務所值，僅一千一百二十兆兩。然則歐洲商務雖盛，其利不過農政十分之一耳。稼植之富，美國爲最。每十方里所産，可養人二百。而化學家以爲能盡地力，每十方里所産，可養人至一萬六千。較美國今日所産，增十餘倍。而美國所産，較歐洲尚增一倍有餘。然則今日歐洲農政，直萌芽之萌芽耳。中國農政，又遠在歐洲後，如三十四與十二之比例。西人謂，設以歐洲尋常農學之法所産，推之中國，每縣每年可增銀七十五萬。推而至一省十八省，當何如耶？推而至十年百年，又當何如耶？況中國去赤道近，日熱厚，雨澤足，同用一法，所獲又可加豐於歐洲。若推而極於盡地力之法，又當何如耶？故中國患不務農耳。果能務農，豈憂貧哉。今之譚治國者，多言强而寡言富。即言富國者，亦多言商而寡言農。舍本而圖末，無惑乎日即於貧，日即於弱也。西人言農學者，國家有農政院，民間有農學會，農家之言，汗牛充棟，中國悉無譯本。祇有《農學新法》一書，不及三千言，本不能自爲一部，今特立此門，采《格致彙編》中與農學比附者益之，以明此事爲切要之舉。以俟後之君子，續譯鉅編，俾衰然成帙焉。

又　讀西學書法　譯出西書數百種，雖其尠已甚，然苟不審門徑，不知別擇，驟涉其藩，亦頗繁難矣。昔所卒業，略窺一二，輒綴札記數十則，以眎吾黨，匪曰著書也。梁啓超記。

中國譯出各西書，半皆彼中二十年前之著作。西人政學，日出日新，新者出而舊者廢。然則當時所譯，雖有善本，至今亦率爲彼所吐棄矣。惟算學一門，西人之法，無更新於微積者。而當時筆受諸君，又皆深於此學，不讓彼中人士。故諸西書中，以算書爲最良也。

學算必從數學入，乃及代數。偉烈之《數學啓蒙》，即《數理精蘊》之節本。每法取其一題，而去其蕪詞，極便學者。狄考文之《筆算數學》，專爲授蒙之用，全用俗語，習問極多，皆便於初學之書也。二書於比例、開方兩門，皆極簡明，狄書更能舉其要，非中國舊説所能及。惟狄書譯筆太繁耳。

《數學理》説理由淺而深，每門必及代數，頗嫌躐等，於初學不甚相宜。惟天才絶特者，讀之或有速效。

《幾何原本》，徐交(交)[文]僅譯前六卷，至李壬叔乃續成之。然第十卷之理甚深，非初學所能解。即西人學校通習者，亦僅在前六卷。故偉力亞烈謂西人欲求此書善本，當反索之中國矣。學者初但觀徐譯，久之此學日深，神明其法，自能讀全書也。《數理精蘊》本較簡，然究以讀原書爲佳。

《形學備旨》序，謂有許多要題，乃近世新得，不在《幾何原本》之内者，西國每譯幾何，必將要題增補於各卷之後，今李譯皆無之云云。然則讀幾何者，不得不兼讀此書矣。

李壬叔初譯《代數學》已佚，其存者《代微積拾級》，依西人文法，不敢稍有變動，故極佶屈難讀。馮林一嘗以己意重演之，爲《西算新法直解》，然不能善也。

習代數者當以《代數術》爲正宗，而以《代數備旨》輔之。《備旨》習問太多，頗嫌繁而不殺，其弊與《筆算數學》同。且除加減乘除命分外，止有一次二次方程式，於代數一術，亦未完備也。然《代數術》卷二十三論方程界線，頗有錯誤。學者讀至此，姑緩置之，躐讀下卷可也。

《代數難題解法》，率有算草無解説，非已習代數者，不能明之。代數既通，可習微分積分，則爲今時世界上算學之峰極矣。《代數統法》，局譯成未印。

西法借根，即中法天元；西法代數，即中法四元。天元密於借根，代數捷於四元。西塾課程，率明筆算後，即習代數。而華若汀以爲先習天元，乃習代數，更便易也。

中國古今算書繁多，不具論。惟華氏《學算筆談》，從記數起以至微積，由極淺以至極深，所用皆西人之法，而經中國人手著，文理暢達，辨難通詳，實學者最便之書也。

《奈端數理》，製造局譯未成。聞理太奧賾，李壬叔亦不能譯云。

《決疑數術》，局譯成未印。西國人命保險諸事，即用此法。《格致彙編》中曾有一篇，略言其術，然不能盡也。

李壬叔所譯《重學》甚精。然聞西人原書，本分三編。其前編極淺，以教孩孺；其後卷極深，一切重學致用之理在焉。李譯者僅其中編耳。

李提摩太嘗語余云：十年以前之電學書，可以一字不讀，西人悉棄不用矣。頃中國譯出電學數書，皆在十年以前。然必先知舊説之粗淺，乃能語新説之精深，則亦不可以不讀也。

凡人之所見所聞，皆與一身成比例。凡大於身千倍以上，或小於身千倍以上者，其形其聲，即未從聞，未從見矣。西人聲、光兩學，實爲世界上加無限力量。有遠鏡，則恒星五緯之大，皆能見之；有顯微鏡，則蠅目蝨舌之小，皆能見之。此皆光學家巧奪造化之事。《格致彙編》中，有《顯微鏡遠鏡説》一書，其法尚新可讀。聲學傳聲、記聲兩事，亦爲非常之學，譯出者尚未有專書也。

泰西專門之學，各有專門之字，條理繁多，非久於其業者，不能盡通而無謬誤也。況於以中譯西，方音淆舛，尤不可憑，毫釐千里，知難免矣。局譯有《金石識別表》《化學材料表》《汽機中西名目表》《西藥大成藥名表》等書，西字、譯音，二者並列，最便查檢。所定名目，亦切當簡易。後有續譯者，可踵而行之也。

《金石識別》，爲化分極有用之書。然原書圖分五色，今譯本去之，則有圖如無圖矣。

《化學鑑原》與《續編》《補編》，合爲一書，《化學考質》《化學求數》合爲一書，譯出之化學書，最有條理者也。廣州所譯《化學初階》，同文館所譯《化學闡原》，聞即《化學鑑原》云。西文本同一書，而譯出之文，懸絶若此，誠可異也。徐仲虎語余，是書同時尚有教會亦譯出一本，蓋並時而有四本云。《初階》譯筆甚劣，幾難索解，可不讀。

《闡原》所譯原質材料各名，與製造局所定之名不同，其發凡皆見於前此所譯《化學指南》一書。《指南》與《闡原》合爲一書，猶《鑑原》之有《續編》《補編》也。今《指南》已佚，《闡原》遂不可讀。然《指南》《闡原》所定之名，如鑀鑰等類，皆杜撰可笑；視製造局之取羅馬字母第一音，而加金石偏旁以示識別，其精審不逮遠矣。《闡原》等書，譯在《鑑原》之後，乃不從其所定之名，以致其書不可讀，亦譯者之陋也。

化學莫要於試驗，故置器爲第一義。《格致彙編》中有《化學器》一篇，《格致釋器》有單行本。初學必須之器略具矣，其價值亦備列。

人日居天地間，而不知天地作何狀，是謂大陋。故《談天》《地學淺釋》二書，不可不急讀。二書原本，固爲博大精深之作，即譯筆之雅潔，亦羣書中所罕見也。

《談天》初譯成，在上海墨海書局發印，册大將徑尺，圖表朗明，紙刻精絶。今坊間無此本矣。製造局本，有徐仲虎補譯。

《談天》一書，必涵算學，明測量，乃能卒業。其稍易明曉者，則有《天文圖説》《天文揭要》二書。《圖説》之圖，精妙可喜。《揭要》則多新法，常有棱正《談天》之誤者。《揭要》爲登州文會印本，尚有《聲學揭要》《光學揭要》，皆甚新。

風雲雷雨等，相沿以爲天文，其實皆地面上之物耳。西人言地學者，約分三宗：風雲雷雨等，謂之地文學；地中礦石物迹，謂之地質學；五洲萬國形勢沿革，謂之地志學。地文學之書，如《測候叢譚》等是也；地質學之書，如《地學淺釋》等是也；地志學之書，如《地理全志》等是也。

地質學之書，就地中生物之迹，以考地球初成以來至於今日，天氣地形物種人類遞變之狀，因識地球由草昧而文明之理。游心荒古，歷歷如在目，蓋未有文字以前地球之全史也。西人亦有石史之目。於三宗之中，其致用似不及彼二者。然欲明格致之理者，必由之，不僅爲礦政之用而已。《地學指略》《地學稽古編》，與《淺釋》有相備之處。

地志之書，尚無善本。《瀛環志略》，相沿已久，而謬誤殊多，不如《地理全志》。然《全志》太簡略，且亦太舊，近年變遷多矣。聞薛叔耘所輯《續瀛環志略》，其家已謀付印，想必有可觀矣。

地文之書，《測候叢譚》最足觀。近譯《八星之一總論》，初名《地球養民關係》。

尤多新理。

人自有其身，而不知身之情狀，可愍孰甚！故全體學之書，不可不讀。《全體通考》《全體闡微》，號爲詳備。若欲觀大略，則《省身指掌》《體學易知》兩種，讀其一可矣。

泰西又有一學派，專論腦氣管往來之事。有《心靈學》《知識五門》《辨學啓蒙》等書，常得新理。蓋名家堅白馬之支流，亦導源於幾何公論也。辨學與心靈學又自不同。

動植物學，推其本原，可以考種類蕃變之迹；究其致用，可以爲農學畜牧之資，乃格致中最切近有用者也。《植物學》《植物圖説》皆甚精，《動物學新編》則不備，反不如《百鳥圖説》《百獸圖説》。聞李壬叔譯有《動物學》，嘗在天津刻之，未獲見也。西人又譯有《活物學》，亦未見。

微生物亦天地間一大種類，非光學大明，無以知之矣。《格致彙編》中，有《人與微生物争戰論》一篇，中多瑰詭可聽之論。

西人醫學，設爲特科，選中學生之高才者學焉。中國醫生，乃强半以學帖括不成者爲之。其技之孰良，無待問矣。《漢志》方伎，猶自列爲一略；後世廢棄，良足歎也。譯出醫書，以《内科理法》《西藥大成》爲最備。《儒門醫學》，上卷論養生之理，尤不可不讀。廣東教士譯醫書最多，然偏重外科。近譯《醫理略述》，頗多新理也。

中國人數之衆，甲於大地。然歐洲近三十年間，户口驟增。中國則自嘉慶以來，即號四萬萬，至今百年，其數如昔。固由水旱兵劫之所致，抑亦養生之道未盡，夭折者多也。西人近以格致之理，推求養生所應得之事，飲食居處，事事講求。近譯如《衛生要旨》《化學衛生論》《居宅衛生論》《幼童衛生論》等書，凡自愛之君子，不可以不講也。

《延年益壽論》《治心免病法》二書，所言之理，與尋常西醫書截然不同。蓋彼中之新學也，藝也而漸近乎道矣。西人之學，日以求新爲主，故新法亦日出而不窮。其未經譯出之新書，汗牛充棟，何可勝道邪？去年新創電光照骨之法，三月之間，而舉國醫士，已盡棄舊法而用之。西人舍己從人，真不可及矣。

古人讀書，左圖右史。蕭何入關，收秦圖籍，得以知阨塞、定天下。鄭漁仲《通志》，特立圖譜一略，可謂高識矣。中國向無精圖，由於測繪之事不講，握籌操觚，難乎其人也。西人入學之始，即教以幾何畫形之學，人人習之。蓋以凡百學問，皆有藉乎此也。譯出者有《測地繪圖》《行軍測繪》等書，與《運規約指》《周冪知裁》諸編，本不能分而爲二。然圖畫實爲西人一種顓門之學，以坿算學，亦覺不安，故别録之。

中國地圖，無一精本。胡文忠之圖，號稱最善，而舛謬漏略，不可僂指。近年新修《會典》，各省派專員測繪，然多因襲舊圖，未能精善。故欲讀圖者，必以譯出西圖爲斷。余所見者，有製造局之《平圓地球圖》二大幅，益智書會《平圓地球圖》一大幅，日本人所繪《坤輿方圓》一大幅，楊□□所譯《五大洲平方總圖》，陳作琴所譯《萬國輿圖》一本，李提摩太所譯《五洲各國統屬圖》，洪文卿《中俄交界圖》三十五幅，天津所譯《八省沿海圖》十六幅，日本人所印《亞細東部圖》一幅，《朝鮮圖》一幅，製造局所譯《海道圖》《長江圖》，税務司所譯《新長江圖》，某教會所譯《十八省行省圖》，某領事所譯《俄羅斯西伯利鐵路所經各地圖》等，皆有可觀。余所見日本陸軍測量部，所繪東三省、直隸、山東及日本、高麗沿海各地圖，乃去年九月間印成者，華文之圖，以此本爲最新矣。新化鄒君沅帆現譯一圖，據西人極精之本，全分共有六百七十張，三年之内，可以全圖告成，真不朽之盛業矣。

西史之屬，其專史有《大英國志》《俄史輯譯》《法國志略》《米利堅志》《聯邦志略》等書，俄史最佳。鄉人黄君公度，近纂《日本國志》，體例明通，議論閎達，直躋古人著作之林，與舌人之手筆，相去不可道里計矣。

通史有《萬國史記》《萬國通鑑》等。《通鑑》乃教會之書，其言不盡可信，不如《史記》。税務司所譯《西學啓蒙十六種》，中有《歐洲史略》一書，不以國分而以事紀，其體例似過於二書，惜譯文太劣耳。又有《希臘志略》《羅馬志略》二書，《啓蒙十六種》之二。希臘、羅馬，並歐洲古時聲明文物之國，今泰西政事、藝學，皆於此出焉，亦不可以不讀也。《四裔編年表》，頗便繙閲，而舛錯亦多。

《泰西新史攬要》，初名《泰西近百年來大事記》。述百年以來，歐美各國變法自强之迹，西史中最佳之書也。惜譯筆繁蕪，眩亂耳目。苟得能文者删潤之，可去其半。《列國變通興盛記》，其名甚動人，然書中惟記俄羅斯、日本二篇足觀，其他則亡國之餘，而以爲興盛，於名太不順矣。

紀事本末，有《德國合盟本末》《普法戰紀》《祕智海戰記》《俄土用雷記》，皆足觀。遵義黎氏譯《華盛頓傳》，實則美國開創記也。五十年來，歐洲三大戰，其一曰南北美之役，《防海新論》詳之；其二曰普法之役，《臨陣管見》詳之；其三曰俄土之役，《東方交涉記》詳之。然則此三書者，亦可作紀事本末讀也。至近印之《中東戰紀》，其書議論之是非，稍有知識者能道之，無待余言。

《列國歲計政要》，述歐洲各國疆域、户口、官制、教門、學校、國用、商務、兵力等事。然其書爲同治癸酉年之書，去今二十餘年，因廢變遷，已成陳迹。西人此類之書，歲歲皆有，或官撰，或私述，不一而足。若能自癸酉至今，每年譯成一書，豈不甚善！而惜其止於此也。

變法之本原，曰官制，曰學校。官制之書，尚無譯本，惟徐仲虎之《德國議院章程》近之。然議院不過官制之一事，徐書又僅言開院之例，未及其他也。惟《英法政概》《日本國志》中，略述一二。學校之書，有《德國學校》一書，分門别類，規模略見。近印之《文學興國策》，爲日本興學取法之書，然多閒文矣。

沈仲禮近譯《西學課程彙編》，述西國各學堂所定功課，分門分年，區爲份數，讀之於彼中學制大略可見。顔永京有《肄業要覽》一書，言教學童之理法，頗多精義。父兄欲成就其子弟，不可不讀之。

西人凡百政事，皆有章程，頒行省署。其定章之始，既已精詳審慎，又復隨時修改。有司奉行，不少假借；其不可奉行者，應時改之。此西政之所以善也。今欲變法，莫亟於多譯章程之書，得以取資。頃已譯出印成者，有《水師章程》《行船免撞章程》《德國議院章程》《航海章程》。近者《時務報》附印《倫敦鐵路公司章程》，又譯《日本彙聚法規》，及《開礦章程》，他日告成，甚有補也。

《水師章程》，譯文極佶屈，因官名及所辦事務等名，皆譯音不譯義，故滿紙多不相屬之字，幾於不能讀也。

西國公法家言，皆布衣下士，持空理以著書。講之既久，執政者漸因用之，頗有成《春秋》而亂賊懼之意。然所據者，多羅馬及近世舊案，非能悉由公理；又必彼此兩國，文野文謂文明之國，野謂野蠻之國。之軌相近，强弱之度相等，乃能用之，否則徒爲空言而已。然近數十年間，因此而免於戰事者，已無慮百十事，則公法家之息兵會，與有力焉。中國與西人交涉日繁，苟明此學者漸多，則折衝尊俎，其弭患無形者，必不少也。

同文館教習丁韙良，公法專家，故館譯多法學之書。然西人治公法，有聲於時者，無慮數十百家。丁譯之《萬國公法》，非大備之書也。局譯《各國交涉公法論》，分三集，爲書十六本，視館譯爲優矣。聞李丹崖譯有《公法書》，甚詳備，未印出。

《佐治芻言》，言立國之理，及人所當爲之事。凡國與國相處，人與人相處之道，悉備焉。皆用幾何公論，探本窮原，論政治最通之書。其上半部論國與國相處，多公法家言；下半部論人與人相處，多商學家言。

《中國古世公法論略》，丁韙良得意之書。然以西人譚中國古事，大方見之，鮮不爲笑。中國當封建之世，諸國並立，公法學之昌明，不亞於彼之希臘。若博雅君子，衰而補成之，可得巨帙也。西政之合於中國古世者多矣，又甯獨公法耶？

《星軺指掌》，言使臣之職掌，及派使待使之道，條理粲然，亦章程類之書也。惟原書上編言法程，下編言成案，今僅譯上編耳。

《法國律例》，名爲律例，實則拿破侖治國之規模在焉，不得以刑書讀也。惟譯文繁訛，館譯之書，皆坐此弊。粤人著有《英律全書》，體例未善，慰情聊勝無也。局譯《洗冤録》未印成。

西人富民之道，仍以農桑畜牧爲本。論者每謂西人重商而賤農，非也。彼中農家，近率改用新法，以化學糞田，以機器播獲，每年所入，視舊法最少亦可增一倍。中國若能務此，豈患貧邪？惜前此洋務諸公，不以此事爲重，故農政各書，悉未譯出。惟《農事略論》《農學新法》，兩種合成，不過萬字，略書其梗概耳。

絲市爲中國出口貨一大宗，而年來爲日本、美國所奪，絲業殆將圮矣。法國蠶務總會，曾託浙海關某税員，查中國蠶政敗壞之由，查得中國之蠶，皆患瘟病，因詳言其生病之由，及除病之道，著爲《蠶務圖説》一書。今中國欲保全利源，此等書必不可以束高閣矣。

《西國養蜂法》，言印度不養蜂，其所失之利，過於其所得種鴉片之利。然則養蜂之爲利大矣。此書言用光學聚蜂，以化學察蜂等理，至纖至悉。西人於此等微細之事，其講求乃如此，宜其富强哉！

礦政一門，鍊礦各書譯出者，有數種；察勘礦苗之專書，尚無譯者，亦所當留意也。

《汽機發軔》《汽機必以》《汽機新制》諸書，譯本皆甚善。《發軔》詳於理，下二書詳於法。《工程致富》《考工記要》二種合爲一書，言修房、築路、建橋等大工程。《西藝知新》原續刻共十五種，爲一叢書，皆言手製各物小工程。其法雖頗舊，然中國工人，苟覃心研究，能通其法，則亦可以獲利。因中國物料與工價俱賤，而嚮用之法，舊於此等十倍也。他人歷萬里，購我物料歸國而製造之，復運來以取售於我，而其利之溥猶如此。貨棄於地，惜哉！

同文館所譯《富國策》，與税務司所譯《富國養民策》，或言本屬一書云，譯筆皆劣，而精義甚多。其中所言商理商情，合地球人民土地，以幾何公法盈虛消長之，蓋非專門名家者，不能通其窔奥也。中國欲振興商務，非有商學會聚衆講求，大明此等理法不可。

《生利分利之别》一書，不滿三千言。其所論者，商學理中之一義也。俗儒多疑機器一興，小民失業，皆未明此論故也。

製造局新譯《保富興國》《國政貿易相關》，皆言商學大義，未印成。

兵學之書，馬眉叔所譯《海軍職要》，李丹崖所譯《陸操新義》，最佳。《陸操新義》坊間有翻刻本，易名《德國練要》。

《臨陣管見》《前敵須知》《防海新論》《列國陸軍制》《英國水師章程》《德國軍制述要》等書，可先讀。其餘皆專門致用之書，非壹志於兵學者，可以緩讀。

日本人新著有《戰法學》一書，刻於都中日本使署，乃中東戰争以後所著，言極詳盡，華文兵書中最佳者也。坊間無通行本。

西人游歷各地，多學會所派，或地學會、或商會、或教會，其國家專派人者亦有焉。其所派者，率皆學成之人。所至測驗氣候，量繪阨塞，詳紀俗尚，勒成一書，歸報國家。其國家他日欲有事於此地，則取資焉。游歷之所關重矣。今譯者有法人晃西士《探路記》，英人蘭士路得《俄屬游記》等書，讀之可以知彼中游歷之體例焉。

英人立温斯敦居非(州)[洲]内地二十年，諳其地利，習其人情。近年歐人剖分非洲，半用其言也。今彼之著述譯成華文者，有《黑蠻風土記》一書，叙述瑣屑，無關宏恉，蓋必尚有他書，未譯出者也。

《西學考略》，爲丁韙良請假回國之日記，詳於學校。《歷覽記略》，爲傅蘭雅請假回國所記，詳於機器。皆日記之可觀者也。

二十年前，京師創有《中西聞見録》，略述泰西政藝各事，閲者寥寥，不久旋輟。嗣在上海續繙《格致彙編》，前後七年，中經作輟，皆言西人格致新理，洪纖並載，多有出於所繙各書之外者，讀之可以增益智慧。惜當時風氣未開，嗜之者終復無幾。聞傅蘭雅因譯此編，賠墊數千金云。故光緒十六年以後，即不復譯。今中國欲爲推廣民智起見，必宜重興此舉矣。

欲知近今各國情狀，則製造局所譯《西國近事彙編》，最可讀，爲其繙譯西報，事實頗多也。自同治癸酉起譯至今，然自壬午以後，無刊佈之本，實可悵恨。譯出以活字板排印，送總署、南、北洋、海關、道各一分而已。每月一本，所譯者英國《泰晤士報》也。

癸未甲申間，西人教會始創《萬國公報》，後因事中止，至己丑後復開，至今亦每月一本。中譯西報頗多，欲覘時事者，必讀焉。然教會所立，士夫每不樂觀之。

税務司所譯《西學啓蒙十六種》，中有數種，爲他書所未道及者，如《希臘志略》《羅馬志略》《辨學啓蒙》《富國養民策》，皆特佳之書也。其《西學略述》一種，言希臘昔賢性理詞章之學，足以考西學之所自出，而教之流派，亦頗詳焉。惜譯筆甚劣，繁蕪佶屈，幾不可讀。然其書則不可不讀也。

同文館所譯《格物入門》，無新奇之義，能詳他書所略者，而譯文亦劣，可不必讀。傅蘭雅所譯《格致須知》，分爲三集，共三十餘本，每本不過二十餘頁，力求簡明，便於初學。惟格致各門，理法極繁密，非反覆詰證，不能大明，必非二十餘葉所能達也。故初學讀之，仍苦未由懸解。但欲粗通大略，此書亦可省觀也。

《格致彙編》中，有《格致略論》一種，同一簡括，而明備似過於《須知》。新學披覽，亦可增智也。

《格致探原》《物理推原》，皆教門之書，將一切事物，歸功天主，益其本意也。惟所言萬物蕃變之故，多奇鑿可聽。

《格致釋器》中，有《測候器》《化學器》《重學器》《水學器》《氣學器》《照像器》《顯微鏡遠鏡説》等篇，《照像器》以下三種，不入《格致釋器》中，體例則同也。詳言某學需用某器，顯之以圖，係之以説，言明用法，列其價值，專門名家者最便之書也。

通論中國時局之書，最先者，林樂知之《東方時局論略》《中西關繫略論》。近李提摩太之《時事新論》《西鐸》《新政策》，言論多有可採。餘無足觀。

戰事以後，西人代中國籌畫之策，頗復不少。所見者來春石泰之《借箸籌防論略》，金陵有刻本。福士達之《整頓中國條議》、雷諾之《揚子江籌防芻議》，皆將以次坿入《時務報》中。林樂知之《治安策》，見於《中東戰紀本末》，皆多可取者也。

艾約瑟《華語考原》，曾附印於《格致彙編》中。以西人而考據中國古言，其刺謬固甚多。然有好學深思之處，不可没也。

五十年來，西國屢興博物大會，集五洲之土産，及製造等物，而大賽之。凡有新學新法，悉萃焉。所以振厲其國人，使工作商業浡興。此西國富强之所由也。光緒十六年，爲美洲開闢四百年之期，開大會於芝嘉皋，其盛爲前此所未有。《格致彙編》中，曾譯有《美國博物人會圖説》，學者讀之，可知此事與商務相關，殊非淺尠也。

《幼學操身》，述體操之法，與中國《易筋經》等相彷彿，而其法較善。有志繕生之學者，不可不留意。西人學堂，皆立體操，定課每日以一二小時爲之。此西人所以多强壯，而舉國皆可爲兵也。中國讀書種子，率文弱柔脆，皆不講體操所致也。

近日士夫，多有因言西學，並袒西教者。懾於富强之威，而盡棄其所據，亦由前此於中國書，未經讀有心得也。亡友陳君通父，名千秋。著有《耶穌教平説》一書，未成而卒。其第四篇曰：泰西政事原於羅馬，與耶穌無關考。；其第五篇曰：泰西藝學原於希臘，與耶穌無關考。可謂持平之論矣。

埃及、巴比倫、叙利亞、希臘，皆有小教門，印度之婆羅門，九十六外道爲尤盛，如中國周秦諸子，皆治道術之士也。譯出者有《古教彙參》，述其一二，惜太漏略，且譯筆亦太劣也。《西學略述》中，言教者與《彙參》互有詳略，其疵亦同。聞洪文卿《元史補注》中，述亞洲種教頗詳，顧未之見。

前申報館印有《昕夕閒譚》，亦名《英國小説》，乃彼中説部之書，讀之可見西俗。惜僅譯成上半部耳。廣學會近譯有《百年一覺》，初印於《萬國公報》中，名《回頭看紀略》，亦小説家言。懸揣地球百年以後之情形，中頗有與《禮運》大同之義相合者，可謂奇文矣。聞原書卷帙甚繁，譯出者不過五十分之一二云。

中國人所著言西事之書，所見者如曾惠敏之《文集》，薛叔耘之《籌洋芻議》《四國日記》《海外文編》，黎蒓齋之《文集》，許竹筼之《外國師船表》，黄豪伯之《印度劄記》《西輶日記》《游歷芻言》，劉丹廷之《英法政概》《星軺考轍》，坊間翻刻，改名《鐵路圖考》。黄公度之《日本國志》《日本雜事詩》，姚子梁之《日本地理兵要》，顧少逸之《美國地理兵要》《巴西地理兵要》《巴西政治考》《日本新政考》，李丹崖之《日記》，張在初之《日記》，徐仲虎之《歐游雜録》，馬眉叔之《適可齋記言》，錢念劬之《中俄界約注》《帕米爾圖説》《交涉類表要表》《通商綜覈表》，沈□□之《西事蠡測》，陳次亮之《庸書》《續富國策》，湯蟄仙之《危言》，鄒沅帆之《西征紀程》，葉浩吾、清漪兄弟之《天文歌略》《地理歌略》，皆佳者也。餘未盡獲見，不敢具論。近風氣頗開，此種著述，亦日盛一日。然或學無本末，語無心得，互相沿襲，讀之徒費時日，無甯讀黄梨洲之《明夷待訪録》，龔定庵之《文集》矣。

吾師南海康先生，己丑、乙未凡四上書。其弟四書，推言變法下手之方，及其條理次第。苟由此道，中國之富强，易如反手耳。原稿悉存啓超處，行將敬校上石，以公之天下。

近清河王氏輯有《小方壺齋輿地叢鈔》一書，於中國人近著各書，搜羅頗富。學者亦宜置一通。

天津新印《中西度量權衡表》，未能大備。若有好事者能續補之，則亦有功於西學也。

譯出各書，多二十年前之舊籍，彼中人士，已吐棄不道；且屢經筆舌，每失其意。故欲周知四國，成一家言者，非習西文不可。日本舉國之人，能通英、法文者，幾及其半，此人才之所以盛也。中國一孔之儒，吐棄不屑，固爲可哂。其稍有志趣者，或慮齒長舌强，學步爲難，斯固不然。余所見二十以後始學此者，其成就之人，指不勝屈。西國學童，必習拉丁文。羅馬文字。蓋法文、英文，各書之中，大半用拉丁文法；猶今人著書，必用秦、漢文義也。故欲求能讀西書，莫如先從拉丁文入手。聞一年之内，即可以自讀各書矣。

今之教子弟者，扶牀入塾，即教以「四書」「五經」。夫誠正治平之大義，學者白首猶未能言；今以初學識字之人，驟焉語之，何以能解其意？則非欲其成學也，欲其剽竊兔册，嚮壁虚造，僥幸於科第而已。故常有讀書十年，而於一切事理，未能明晰者，初教之不如法也。今宜於入學之始，教以粗淺之事物，如算學、天文、地理之類，設爲問答，隨機指點，則孺子不苦其勞，而能受其益矣。西人所著，如《啓悟要津》《筆算數學》《格致啓蒙》等書，皆可讀。葉氏《天文歌略》《地理歌略》，亦甚善也。此等書皆未備，異時當分類標例，屬吾黨編纂之，令各種專門之學，皆有入手之處。學童於尋常之物理人事，既已略明，則求「六經」之微言不難矣。

學者一人獨立，難以成學，或力量不能備購各書，則莫若設立學會。大會固不易舉，則莫若爲小會。數十人可以爲會，十餘人可以爲會，即等而少之，至三四人，亦未嘗不可以爲會。聯購各書，嚴立課程，定習專門，互相糾勸。如此以求成學，所謂事半而功倍者也。孔子曰：「君子以文會友。」荀子曰：人之所以異於禽獸者，以其能羣也。敬業樂羣謂之吉，離羣索居謂之吝。欲自成以成物者，其無懾於紀昀之讆言，紀昀謂漢亡於黨錮，宋亡於講學，明亡於東林，是明目張膽，與李元禮、司馬公、朱子、顧涇陽爲仇，而甘心爲十常侍、蔡京、韓侂胄、魏忠賢之奴隸也。余著有《學會末議》一首，專論斯義。而違傳記之大義也。

《東西學書提要總敘》

沈桐生　自敘　今夫道之大，原出於天。綱常名教，歷亘古而常新。學之通變，囚乎時。政、法、藝、術，貴通今以致用。我朝龍興遼瀋，統壹寰區，厚澤深仁，重熙累洽，故凡有血氣，莫不尊親。而且右文稽古，褒德録賢，太學尊師，圜橋觀聽，卉服弟子，入監横經。孔孟禰述之教，如日中天，如水行地，士生其間，得以沐浴詩書，涵濡雨露，何其幸也。然而大地事故積久愈繁，欲昭偉略而匡時變，須審敵情而廣師資。洪惟列祖列宗擴長駕遠馭之規，順牖世覺民之義，牢籠八紘，經緯萬端，恭考順治二年，世祖章皇帝任南懷仁、湯若望等，令製渾天、星球，地平、日晷儀，以定曆法。康熙四十四年，聖祖仁皇帝詔翰林院習外國文字。乾隆年間，高宗純皇帝開四庫全書館，譯出西書四十一家，悉予箸録。道光二十五年，宣宗成皇帝因俄羅斯進書三百五十餘部，命庋弆秘閣，擇要繙録。咸豐十一年，文宗顯皇帝允恭親王之奏，建總理各國事務衙門，既乃考取滿漢軍機章京，入衙門辦事。同治六年，穆宗毅皇帝設同文館於京師。十年，又募聰穎子弟出洋學藝，固已百度貞明，庶績咸熙矣。逮及今上皇帝，御極以來，測海貢珍，重譯獻表，内稟慈聖之訓誨，外授廷臣之樞畫，舉凡製造、海軍、鐵路、礦務諸大政，靡不宏規式廓，大猷翼新。邇者西夔梗道，東鰈跳波，我皇上發憤爲雄，開經濟之科，廣學校之設，合萬類以甄陶，憲四方而立極，所謂含宏廣大，振天綱以賅之者也。凡在食毛踐土，延頸舉踵，莫不忭舞乎康衢，而思潤色乎鴻業。桐生呫嗶陋儒，草茅下士，當束髮授書之日，存致身報國之心，比來擔簦負笈，從遊賢俊，焚膏繼晷，盜竊陳編，用是不揣固陋，網羅譯箸，博之約之，抉之擇之，類存之，綜論之，輯成《東西學書録》，析其要旨，冠以總敘，愧未能鉤元提要，通學術之指歸。亦惟是區類分門，識羣書之流別而已。書既成，爰比事屬辭，謹贅數語，以識其後，曰，粵自炎帝嗣基，翠媯受籙，元穹漸剖，離躔攸分，璇璣玉衡，孔壺漏箭，授時觀象，各擅靈奇。然而窺筩測器，彌新彌精。知地球自轉，繞日而行，則本輪均輪之説可廢。知日與恒星亦有微動，則歲差歲實之故可明。所以靈臺纂曆象之編，毫釐密合。節署輯疇人之傳，流壤兼收。此天學之可述者也。夫讀《春秋》緯候之書，則四斿本自不停。觀《禮記》曾參之論，則四角未嘗相掩。故晝夜長短，視環繞於金烏。潮汐盈虚，窺缺圓於玉兔。以及冰洋、火山，地質有冷熱之别。恒風驟雨，地氣有漲縮之殊。是知勺水拳石，均布濩於扶輿。滄海桑田，感遷流於宙合。此地理、地質學之可述者也。至若《爾雅》紀要荒極泰遠邠國祝栗濮鉛之遠，《逸書》圖王會窮平林義渠質沙曲集之遥。以及金壺來秦，紕罽通漢，不過偶附職貢，略予羈縻。今則歐、阿、澳、美，九萬里譯鞮紛來。黄白黑椶，五大洲種類咸集。故征伐會盟，欲震威稜於域外。疆域險要，須熟形勢於胸中。此地志學之可述者也。至於敷言試功，《虞書》著明揚之典。賢升秀舉，王制定銓選之條。逮及漢崇制策，晉尚門資，唐重墨試，金著程文，皆所以振拔夫人材，網羅乎英俊，彼夫溥通專門，既階分而級限，學堂書院，必業卒而名成。雖云重藝而輕道，尚能崇實以黜浮，此學制之可述者也。夫覽風后握奇之經，圖分八陣，參太公陰符之秘。制備六韜，以及輪墨攻守之巧。孫吴訓練之規，累代相承，成法畢著。今時殊而勢易，當博採而兼收。蓋兵學至精，兵事綦繁，故於器械，則當盡機軸相箝，輕重互配之理。於戰陣，則宜識進退擊刺、疏密分合之機。他若水火分度，鋼鐵韌堅，彈藥疾徐，礁沙隱顯，砲則圓徑殊製，槍則速率異宜，凡此諸端，均資研究，庶爲知方之選，堪操必勝之權。此兵學之可述者也。至若青黎黄壤，《禹貢》辨土地之宜藝稷條桑，豳風詳種植之制。讀官禮所載，園廛漆林，均巡方而布算。覽亞聖所陳，材木魚鼈，皆纖悉而縷詳。今則辨種儲肥，古法參用土化。耘田汲水，新器可代人工。續致富之奇書，洵齊民之要術。此農學之可述者也。若夫神聖迭興，開物成務，因落葉而製舟，見飛蓬而造車，乃自智創巧述，日異月新。神州飛轂，穴蟻隧而駕黿梁，千里捷於一瞬。海國馳輪，畫鷁首而穿鱷港，重洋亦止須臾。以及杼軸竊天孫之巧，錢幣鑄王面之文。土製塞門德而來，鋼有别色麻之號。羌分曹而授藝，自物備而器成。此工學之可述者也。至於唐開互市，邊關有茶馬之征。明遣寶船，番舶擅珠犀之利。今則幏布賧錢，山集於外府。蜑人泉客，麕聚於邊疆。啓駔儈無厭之求，奪閭閻有恒之業。惟勵懋遷而勤組製，庶塞巵漏而挽利權。此商學之可述者也。若夫虞廷命五刑以討罪，《周禮》建三典以詰姦，是知嘉石鈞金，盛世亦多讞録。赭衣黑幪，大廷自有常刑。蓋禁虣即可安辰，明法所以弼教。彼夫憑證保，延律師，質訊雖可盡情；重監禁，輕罰鍰，寬縱焉能止辟，即寓矜全之意，不無姑息之誚。此法律學之可述者也。至若周官約劑，書於丹圖。晉侯誓盟，有如白水。

今則合縱連衡，歡聯樽俎，采風問俗，職重輶軒。雖非漢諭尉陀，陸賈奉書以往，差比唐親回鶻，殷侑承命以行。欲争 字之名，當籀萬國之法，庶幾國制既崇，强鄰胥泯釁隙。邦交永固，遠人敬問起居。此交涉學之可述者也。夫吉甫撰郡縣之志，未盡域中。景純注山海之經，空譚荒外。自史氏代興，殊方爰記，扶桑蓬島，傳附東瀛。弱水流沙，近窮西域。身毒啓疆於博望，大秦通譯於永元。凡其蹶張十萬，摽揃三方，鍛戟稱雄，錐刀競疝，襲屠者之貢，呈犂鞬之琛。露紒而謁祆神，焚頂而親梵法。俶詭情狀，控扼爰艱。要其盛衰迭代之機，交野推遷之跡，禍福倚伏之數，割據分併之形，前後同軌，中外一轍。將牖荒而燭遠，必踐實以徵詳。此史學之可述者也。至若河遊神馬，圖開八卦之先。洛出靈龜，書備九疇之用。數明隸首，術受周髀，理象兼賅，規橅略具。圓出於方，而割圓八綫之義生。方原於矩，而直角等邊之法具。以及縱横定位，肇自孫經，垜疊演圖，見於郭術。他如地動成儀，海圓測鏡，範圍彌廣，推衍無窮。凡兹西法，悉本東來。信異地之同符，如閉門而合轍。此算學之可述者也。夫覽蕭相之圖，能知阨塞。效賈耽之畫，能別華夷。固知高卑夐絶，弧綫可度其環周。盈沖顯殊，經緯易循其布疒。今則繪圖測地，藝善法精。約其圍徑，參厥廣輪，準望分率，高下直袤，靡不釐然合度，井然有條，匪惟職方之著蔡，亦係航海之金鍼。此圖學之可述者也。至若廿人列於《周禮》，鐵官詳於《漢書》。蓋丹甑銀甕，呈天地之精華。陊谷巉巖，藴乾坤之寶藏。既驗苗而辨質，復絶險而縋幽。故鑿井及泉，藉桔槔以戽水。剥膚存液，燭爐錟以騰霄。以及淵泉達臭，空穴來風，工欲善事，先資利器。此礦學之可述者也。若夫亢害承制，陰陽互變，鑠金離木，剛柔相推，古義昭著，新理胚胎。今則質定流定，參二炁絪緼之理。化分化合，體五行生剋之精。用之於組製，則化朽腐爲神奇。用之於洗煉，則化渣滓爲精華。故凡質點微塵，體積分劑，愛攝諸力，多寡比例，金石草木之性，輕淡炭養之分，皆當窮其纖微，庶能施諸實用。此化學之可述者也。至若子午相乘，則怒而生雷。陰陽夾持，則激而爲電。與夫頓牟拾芥，磁石引針，載籍有徵，感動無異。今則森森表道，颯颯飛書，以銅片觸電，以精錡發電，減增均協其宜。以鐵綫引電，以羅輪報電，遠近罔有弗達。他若電燈耀空中之月，電礮燃水底之雷，惟兹人巧，可奪天工。此電學之可述者也。若夫陽燧取火，陰燧取水，即影鏡中樞之理。正木景長，梔木景短，即表度測影之規。今則光綫光表，辨析於毫芒。鏡突鏡窪，闚觀夫鉅細。固不徒鳶飛窗隙，馬走燈前，聊資遊嬉，無關奥旨。此光學之可述者也。至若金錞節鼓，注水以取聲。輅井伏罌，穴地以聽遠。巧製精思，舊法可徵。今則聲傳聲回，辨及微秒。聲稀聲密，析及豪釐。固不獨器號留聲，攝聲欸於耳内。筒名聞病，通呼吸於肺中。此聲學之可述者也。若夫均髮均縣，説詳墨翟。蜕水蜕地，語出亢倉。乃自地心吸力，悟於墜蘋。而奈端之動，律出蒸氣。漲力推自煮茗，而瓦特之汽機成。觀夫静重以攝引，動重以運轉。壓托旋膀握其樞，汽櫃圓而長，汽尺準以平。消息盈虚定其數，信機鍵之合度，如累黍而不差。此重學、汽學之可述者也。粤自神農嘗百草，而巫彭、伊摯調攻補温凉之劑。軒轅圖明堂，而岐伯、俞跗參望問切之精。以及刀圭劀刮，爲割症所禰祖。竹筳導量，識全體所源流。蓋既落形氣之中，難盡謝陰陽之寇。故凡血輪貫注，腦筋覺悟，衛生要旨，濟世經方，當廣益而集思，藉參詳而印證。此醫學與全體學之可述者也。至若鄂跗蓓蕾，均有孳娠之理。跂行喙息，盡在覆載之中。既上滲而下漬，宜俯察以仰觀。故含汁聚胞，化機可悟。予齒去角，至理堪思，非徒辨類識名，繡兹鞶帨，亦當察形盡性，歸我彌綸。此動植物學之可述者也。綜此諸端，而東西學之規制於是乎咸備矣。苟能實力講求，將見我聖朝聲教誕敷，純風鬯洽。雕題交趾，咸屈膝以投誠。烏弋黄支，均迴面而受吏。率邇者踵武，逖聽者風聲。校文講義之官，采遺於内。懷荒振遠之使，論德於外。合車書於南北，一候尉於東西。上以恢列聖之遠猷，下以懾强鄰之狡啓。真足絣萬嗣，揚洪輝，奮景炎，播芳烈，教敷一時，澤流千古矣。桐生嘗欲牟網巨帙，環絡鴻篇，瀹滌源流，掇拾菁華，上規端臨文獻之書，近法儀徵簒詁之集，輯爲中外政學綱目一書。顧非才自愧，夙志難逮，兹編所述，擇焉不精，語焉不詳，不過兒笘之録，兔園之册而已。罅漏滋多，識者諒焉。若其體大物博，聚精會神，是又責在振奇襲古之士，承明著作之才，非桐生之所敢望也。恭録其緣起如右。

龍飛光緒二十三年四月，會稽沈桐生自敘于上海南洋公學。

《中西學門徑書七種》

梁啓超　中西學門徑書七種叙　或問於南海先生曰：「大千世界，芸芸萬種，有强弱乎？」曰：「有。」「弱者必愚而强者必智乎？」曰：「否。蓋氣之强弱根乎魄，性之愚智息於魂。其魄小者，魂必强；其魄雄者，魂必弱。棄魂而守魄，是爲陷性之阱。故駃驥仰秣，韓盧守夜，神龜召灼，狐革爲裳，合胎卵飛沈諸種類而受制於倮人者，無智力也。棄魄而守魂，是爲載道之器。故潛龍造歷，飛龍造書，太昊作干戈，高陽作禮樂，竭耳目心思之妙用以取材於萬物者，智力强也。智力强，則學問開，新有自來矣。不甯惟是，湛湛天元，心之主也；六慾以滓之，三毒以盪之，則其源蔽矣。汶汶胚胎，生之質也；三明以繙之，六藝以游之，則其機動矣。故鷹化爲鳩，鼠化爲鴽，由惡而之善也，君子以是徵文化焉。秦女化石，公牛化虎，由善而之惡也，君子以是占民俗焉。世界蕃變，文明彪舉，塊然中處，甯有他哉！是在學之善不善焉已耳。夫善射者，有儀表之度；善斲者，有規矩之數。此皆有所得以至於妙。然而公輸不可爲逢蒙，蒲且不可爲大匠者，是曰諭於一曲，而未窺其度數也。今四庫遺帙，汗牛充棟；泰西祈學，羣雄爭長。哀哀諸公，未窺門徑，輒欲以一支半解了之，蓋亦如公輸學射、蒲且掣斧之類云爾，是自愚也。夫愚者自愚，猶可説也；愚而自智，可勝道哉！」余聞之，不覺背之刺，顙之泚，而又恐學者之茫無所據也。於是研精搆思，欲踵南海先生《長興學記》之餘義，駢列一書，以質吾黨，此《幼學通議》《孟子界説》《春秋界説》數篇所由嚆矢也。洎乙未余駐京師，乃得徧購所譯西書，以充目力。適家弟啓勳潛心西學，爰將讀法層序，綴成一卷，約舉而條示之，名之曰《讀西學書法》。去年秋，余又講學湘南，凡屬《學約》《章程》，均余手定。內分專精、涉獵兩門，固南海先生課學之常法，亦同學少年擇善之標準也。夫巢林不過數枝，飲河不過滿腹。凡此數種，余欲付之剞劂也久矣。頃友人袖出一書，籤曰《輶軒今語》。余閲之，蓋徐研甫先生所撰者也。然而條理蕃瀵，精義岑奥，決破羅網，盪除榛穢，非有卓識鉅力，精思沈學，而能翔實如是哉！若絜裘領，詘五指而頓之，誠足補余所未備者也。爰據己意，首列《長興學記》，次列《輶軒今語》，踵列余生平所綴各書，總名曰《中西學門徑書七種》。雖蓬生麻中，未嘗不捧腹自笑。然駟牡分馳，同歸一轍，歷階趨進，亦未始非愚者智之、弱者强之之一助焉。

孔子生二千四百四十九年，爲光緒二十四年三月，新會梁啓超記。

《中西普通書目表》

孫詒讓　序　光緒戊戌秋，朝廷始更科舉法，以策論易四書文，將以通識、時務厲天下士。於是鄉曲俗儒昔所挾爲秘册者，一切舉廢，則相與索諸市，求所謂時務書者。顧問以篇目某某，則盱眙不能應。黠估或示以斷爛朝報，輒大喜，急持去。噫，講時務而求之書册，所得幾何！不并所謂書册者，亦不能舉其名。科舉之陋至是，其爲世所詬病，不其宜乎。余友黄君愚初自滬瀆歸，出新栞《中西普通書目表》見示，曰，吾悯夫俗儒之陋，將以是通之涂徑。雖自媿簡淺，要得吾書以索之市，可以略識所從事尔。蓋君書兼綜中西，無所偏主，故以普通爲名。中書多取之南皮尚書《書目荅問》，西書多取之新會梁氏《西書表》，芟其不甚急，而益以新出之書，所列不必求備，間附平議，亦略揭一耑，不必盡其指要。然以是餉科舉之士，則爲已侈矣。君行甚急，不及與細商榷。喜俗子之有所津逮，而慮夫通博之士孰校讎目録家誼例，黈其離合也。輒爲綜述大意，著之書耑。瑞安孫詒讓。

又　黄慶澄　自記　張南皮尚書云，滄海横流，外侮洊至，不講外學則勢不能，兼講中學則力不給。又云，將來入官用世之人，皆係通曉中學大略之人。書種既存，終有萌孽滋長之日。痛哉言乎！慶澄不揆固陋，謹就管窺所及，輯爲茲編，綴藁，匆匆行篋之書，不足以備查檢。訛謬固多，而區區苦心，海內君子幸進教之。

光緒戊戌六月，東甌愚初黄慶澄自記於海上算學報館。

又　中西書目表一　自識　痛矣哉！南皮尚書之言曰，滄海横流，外侮洊至，不講新學則勢不能，兼講舊學則力不給。又曰，將來入官用世之人，皆係通曉中學大略之人，書種既存，終有萌孽滋長之日。慶澄愚以爲學無中西，其書之歷刼不磨者，必其人之精靈不可埋没者也。中國自唐虞以來神聖相傳，書種之亡，必無可慮。所慮者，峩冠博帶終歲咿啞，皓首芸編迄無寸得。行見新學未興，中學之傳不亡而亡，斯爲可懼耳。茲就管窺所及，輯爲茲編，删之又删，簡之又簡，世之君子，其亦鑒我苦衷乎。

光緒戊戌九月，平陽黄慶澄自識。

中西書目表二　自識　今之據高頭講章岸然道貌者，動曰吾習舊學，不屑新學也。今之繙洋板新書昂然自命者，動曰吾習新學，不屑舊學也。嗟乎，學亦何新舊之有！尼山未老，六經均係新出之編。秦刼不灰，諸子皆擅時流之譽。慶澄愚以爲學而切用，其學爲地球之公學，其書即爲地球之公書，不必問爲舊學，爲新學也。且地球之理日出而不窮，不特非今日舊學所能盡，亦豈今日新學所能盡乎！行遠必自邇，積小以高大，推陳以出新，握經而待變，海內有道諸君子，其亦不河漢我言歟。

光緒戊戌九月，平陽黄慶澄自識。

中西書目表三　自識　董子云，通天地人，謂之儒。慶澄謂，人生世上，戴天履地，無論所學何事，總不出天地人之外，不以中西殊也。中國士大夫株守兔園，册子而於三才之學，茫乎未聞，可發浩嘆。茲特條列三綱，略舉數書，俾好學者知所從事焉。

光緒戊戌九月平陽黄慶澄自識。

又　書目表補遺附識　近日新出之書，若政治家，若史學家，若哲學家，若教育家，其炳炳麟麟開拓新學界者，不下六七十種。而《新民叢報》尤爲獨出冠時。此藁係戊戌舊作，稍暇擬賡而續之。

壬寅端午前七日，慶澄附識。

《日本書目志》

康有爲　日本書目志序　聖人譬之醫也，醫之爲方，因病而發藥，若病變則方亦變矣。聖人之爲治法也，隨時而立義，時移而法亦移矣。孔子作六經而歸於易春秋，易者隨時變易，窮則變，變則通。孔子慮人之守舊方而醫變症也，其害將至於死亡也。春秋發三世之義，有撥亂之世，有昇平之世，有太平之世，道各不同。一世之中，又有天地文質三統焉，條理循詳，以待世變之窮而採用之。嗚呼！孔子之慮深以周哉！

吾中國，大地之名國也，今則耗矣，哀哉！以大地萬國皆更新，而中國尚守舊故也。伊尹，古能治病國者也，曰：用其新，去其陳，病乃不存。湯受其教，故言日新又新。積池水而不易，則具腐臭；身面不沐浴，則垢穢盈；大地無風之掃蕩改易，則萬物不生。物新則壯，舊則老；新則鮮，舊則黯；新則潔，舊則敗，天之理也。今中國亦汲汲思自强而改具舊矣，而尊資使格，耆老在位之風未去，楷書割截之文，弓刀步石之制未除，補綴其一二，以具文行之，譬補漏糊紙於覆屋破船之下，亦終必亡而已矣。

即使掃除震蕩，摧陷其舊習而更張之，然泰西之强，不在軍兵砲械之末，而在其士人之學、新法之書。凡一名一器，莫不有學。理則心倫生物，氣則化光電重，業則農工商礦，皆以專門之士爲之，此其所以開闢地球，横絶宇内也。而吾數百萬之吏士，問以大地道里國土、人民物産，茫茫如墮烟霧，瞪目撟舌不能語，况生物心倫哲化光電重農工商礦之有專學新書哉！其未開徑路固也。故欲開礦而無礦學，無礦書；欲種植而無植物學，無植物書；欲牧畜而無牧學，無牧書；欲製造而無工學，無工書；欲振商業而無商業，無商書；仍用舊法而已。則就開礦言之，虧敗已多矣。泰西於各學，以數百年考之，以數十國學士講之，以功牌科第激厲之。其堂室門户，條秩精詳，而冥冥入微矣。吾中國今乃始舍而自講之，非數百年不能至其域也。彼作室而我居之，彼耕稼而我食之，至逸而至速，决無舍而别講之理也。

今吾中國之於大地萬國也，譬猶泛萬石之木航，與羣鐵艦争勝於滄海也。而舵上榜人皆盲人瞽者，黑夜無火，昧昧然操柁於烟霧中，即無敵船之攻，其遭風濤砂石之破可必也。况環百數習於出没波濤之鐵艦，而柁工榜人皆漁户爲之，明燈火張旌旗而來攻，其能待我從容求火乎？然今及諸艦之未來攻也，吾速以金篦刮目，槐柳取火，尤不容緩也。然即欲刮目取火以求明矣，而泰西百年來諸業之書萬百億千，吾中人識西文者寡，待吾數百萬吏士識西文而後讀之，是待百年而後可，則吾終無張燈之一日也。故今日欲自强，惟有譯書而已。今之公卿明達者亦有知譯書者矣，曾文正公之開製造局以譯書也，三十年矣，僅百餘種耳。今即使各省並起，而延致泰西博學專門之士，歲非數千金不能得一人；得一人矣，而不能通中國語言文字，猶不能譯也。西人有通學游於中國而通吾之語言文字，自一二教士外，無幾人焉，則欲譯泰西諸學之要書，亦必待之百年而後可。彼環數十國之狡焉思啓者，豈能久待乎？是諸學終不可得興，而終不能求明而自强也。夫中國今日，不變法日新不可，稍變而不盡變不可，盡變而不興農工商礦之學不可。欲開農工商礦之學，非令士人通物理不可。凡此諸學，中國皆無其書，必待人士之識泰西文字，然後學之。泰西文字，非七年不可通，人士安得盡人通其學？不待識泰西文字而通其學，非譯書不可。譯書非二十行省並興不可。即二十行省盡興而譯之矣，譯人有人矣，而吾國岌岌，安得此從容之歲月？然則法終不能變，而國終不可强也。

康□□昧昧思之曰：天道後起者勝於先起也，人道後人逸於前人也。泰西之變法至遲也，故自倍根至今五百年，而治藝乃成。日本之步武泰西至速也，故自維新至今三十年，而治藝已成。大地之中，變法而驟强者，惟俄與日也。俄遠而治效不著，文字不同也。吾今取之至近之日本，察其變法之條理先後，則吾之治效可三年而成，尤爲捷疾也。且日本文字猶吾文字也，但稍雜空海之伊吕波文十之三耳。泰西諸學之書，其精者日人已略譯之矣。吾因其成功而用之，是吾以泰西爲牛，日本爲農夫，而吾坐而食之，費不千萬金，而要書畢集矣。使明敏士人習其文字，數月而通矣，於是盡譯其書，譯其精者而刻之，布之海内，以數年之期，數萬之金，而泰西數百年數萬萬人士新得之學舉在是，吾數百萬之吏士識字之人皆可以講求之，然後致之學校以教之，或崇之科學以勵之，天下嚮風，文學輻湊，而才不可勝用矣。於是言礦學而礦無不開，言農工商而業無不新，言化光電重天文地理而無微之不入也。以我温帶之地，千數百萬之士，四萬萬之農工商，更新而智之，其方駕於英、美，而逾越於俄，日可待也。日本變法二十年而大成，吾民與地十倍之，可不及十年而成之矣。邇者購鐵艦槍礮，築營壘，以萬萬計，而挫於區區之日本，公卿士夫恐懼震動，幾不成國。若夫一鐵艦之費，數百萬矣，一克虜伯礮之微，費數萬金矣，夫以數金可譯書，以開四萬萬人之智，以爲百度之本，自强之謀而不爲，而徒爲購一二礮以爲齎敵藉寇之資，其爲智愚何如也？

嗚呼！日人之禍，吾自戊子上書言之，曲突徙薪，不達而歸，欲結會以譯日書久矣，而力薄不能成也。嗚呼！使吾會成，日書盡譯，上之公卿，散之天下，豈有割臺之事乎？故今日其可以布衣而存國也。然今不早圖，又將爲臺灣之續矣。吾譯書之會，不知何日成也。竊憫夫公卿憂國者，爲力至易，取效至捷，而不知爲之也。購求日本書至多，爲撰提要，欲吾人共通之。因漢志之列，撮其精要，剪其無用，先著簡明之目，以待憂國者求焉。

又　梁啓超　讀日本書目志書後　梁啓超曰，今日中國欲爲自强第一策，當以譯書爲第一義矣。吾師南海先生，早睊睊憂之，大收日本之書，作《書目志》以待天下之譯者。謹按其序曰，聖人譬之醫也，醫之爲方，因病而發藥，若病變則方亦變矣。聖人之爲治法也，隨時而立義，時移而法亦移矣。【略】

啓超既卒業，乃正告天下曰，譯書之亟亟，南海先生言之既詳矣。啓超願我農夫，考其農學書，精擇試用，而肥我樹藝。願我工人，讀製造美術書，而精其器用。願我商賈，讀商業學，而作新其貨寶貿遷。願我人士，讀生理心理倫理物理哲學社會神教諸書，博觀而約取，深思而研精，以保我孔子之教。願我公卿，讀政治憲法行政學之書，習三條氏之政議，撢究以返觀，發憤以改政，以保我四萬萬神明之胄。願我君后，讀明治之維新書，借觀於寇讎，而悚厲其新政，以保我萬萬里之疆域，納任昧於太廟，以廣魯於天下，庶幾南海先生之志，則啓超願鼓歌而道之，跪坐而進之，馨香而祝之。

《東籍月旦》

梁啓超　敘論　新習得一外國語言文字，如新尋得一殖民地。雖然得新地，而不移民以墾闢之，則猶石田耳。通語言文字，而不讀其書，則不過一鸚鵡耳。我中國英文英語之見重，既數十年，學而通之者，不下數千輩。而除嚴又陵外，曾無一人能以其學術思想輸入於中國。此非特由其中學之缺乏而已，得毋西學亦有未足者耶。直至通商數十年後之今日，而此事尚不得不有待於讀東籍之人，是中國之不幸也。然猶有東籍以爲之前驅，使今之治東學者，得以幹前此治西學者之蠱，是又不幸中之不幸也。

東學之不如西學，夫人而知矣，何也？東之有學，無一不從西來也。與其學元遺山之詩，何如直學杜少陵。與其學桐城派古文，何如直學唐宋八家。然概計我學界現在之結果，治西學者之收效，轉若不能及治東學者，何也？其故有二：一、由治西學者大率幼而治學，於本國之學問一無所知，甚者或並文字而不解。且其見識未定，不能知所別擇，其初學之本心，固已非欲求學理爲通儒矣。而所從之師，又率皆市井闒闠之流，所以導之者，非學問之途，而衣食之途也。雖其中能自拔流俗者未始無人，然已麟角鳳毛矣。若治東學者，大率皆在成童弱冠以上，其腦中之自治力、別擇力漸以發達，故嚮學之心頗切，而所獲較多也。二、由欲讀西文政治、經濟、哲學等書，而一一詮解之，最速非五六年之功不能。若幼童腦力未開，循小學校一定之學級以上進，則尤非十餘年不可。向來治西學者，既無遠志，又或困於境遇，不能卒業。故吾國尋常學西文之徒，其最高等者，不過有中學校卒業之資格而已。何怪乎於精深之學問一無所聞也。若治東學者，苟於中國文學既已深通，則以一年之功，可以盡讀其書而無隔閡。即高等專門諸科，苟好學深思者，亦常不待求師而能識其崖略。故其效甚速也。然則以求學之正格論之，必當於西而不於東，而急就之法，東固有未可厚非者矣。

治東學者不可不通東語，此亦正格也。蓋通其語則能入其學校，受其講義，接其通人，上下其議論，且讀書常能正確，無或毫釐千里，以失其本意，誠不可少之具矣。雖然學東語雖較易於西語，然亦非居其地接其人，以歲餘之功習之不能。若用簡便之法，以求能讀其書，則慧者一旬，魯者兩月，無不可以手一卷而味津津矣。故未能學語而專學文，不學作文而專學讀書，亦一急就之法，殊未可厚非也。

今我國士大夫學東文能讀書者，既漸多矣。顧恨不得其塗徑，如某科當先，某科當後，欲學某科，必不可不先治某科：一科之中，某書當先，某書當後：某書爲良，某書爲劣，能有識抉擇者，蓋寡焉。同學諸子，慫恿草一書以餉來者，自念淺學如余，未嘗能通其語，入其學校，非惟專門之學一無所得，即普通之學亦未循習。以門外人而語宗廟百官之美富，適爲知者嗤而自點耳。雖然，其留學斯邦諸君子，或功課繁劇，無暇從事，或謙讓自持，率不操觚，今我不述，則恐更閱數年。而此種書尚不能出現於我學界，斯寧非一恨事歟。是用不揣固陋，就所見及者，草爲是篇。雖無大裨於時彦，抑不至貽誤於後生，是所差堪自信者耳。

《東西學書録》

蔡元培　序　自漢以來書目存者慮有四家，一曰藏書之目，如《漢書・藝文志》之屬爲官書，《遂初堂書目》之屬爲家書是也；一曰著書之目，如《通志・藝文略》、焦氏《國史・經籍志》通歷代著書之人，《明史》志藝文以明爲斷，《方志》志藝文以鄉人爲斷是也；一曰譯書之目，如隋《衆經目録》、《開元釋教録》是也；一曰買書之目，如《書目答問》是也。海禁既開，西儒踵至，官私譯本書及數百，英傳蘭雅氏所作《譯書事略》嘗著其目，蓋《釋教録》之派而參以《答問》之旨者也。其後或本之以爲表別部居，補遺逸，楬精沽，係讀法，駸駸乎藍勝而冰寒矣。吾友徐子以爲未備，自删劄記之要，旁采專家之説，仿《四庫全書簡明目録》之例以爲書録，補兩家之漏而續以近年新出之書及東人之作，凡書之無謂者、複重者，互相證明者皆有説以明之。夫兩家之書裨益學者睹成效矣，得徐子之書而詳益詳，備益備，按圖以索，毫髮無憾，蓋公理漸明，誕譎無實之作日消，而簡易有用之書遞出，廣學之倪吾以是券之矣。

光緒二十五年三月，山陰蔡元培敘。

又　徐維則　例目　西人教法最重童蒙，有衛生之學，有體操之法，有啓悟之書。日本步武泰西通俗教育，其書美備。近今各省學堂林立，多授幼學，宜盡譯日本小學校諸書任其購擇，一洗舊習，獲效既速，教法大同。

不精其學，不明其義，雖善譯者理終隔閡，則有書如無書也。且傳譯西書才難費巨，所得復少，日本講求西學年精一年，聘其通中西文明專門學者翻譯諸書，厥資較廉，各省書局盍創行之。

算學一門，先至於微積，繼至於合數，已超峰極，當時筆述諸君類皆精深，故偉烈氏乃有反索諸中國之贊，是西書中以算學書爲最佳。

西國專門之學必有專字，條理極繁，東人譯西文亦必先有定名，中國所譯，如製局之化學書與廣州及同文館同出一書而譯文異，所定之名亦異，驟涉其藩易滋迷誤，宜由製局先撰各學名目表，中、西、東文並列，嗣後官譯私著悉依定稱，度量權衡亦宜詳定一書以爲准。

聲、光、化、電諸書中譯半爲舊籍，西人凡農、礦、工、醫等學，每得新法必列報章，專其藝者分類譯報，積久成帙，以餉學者，最爲有益。

欲知各國近政，必購閲外報，英之《泰晤士報》及《路透電音》，日本之《太陽報》《經濟雜誌》，於各國政要已具大略，盍仿西人傳單之法，排日譯印，寄送各官署，兼聽民間購買，以資閲歷。

言政以公法、公理之書爲樞紐，言學以格致、算學之書爲關鍵，東西人在中國譯書者，大抵丁韙良、古城貞吉長於公法，李提摩太、林樂知長於政事，傅蘭雅在局最久，譯書最多，究其歸旨似長於格致、製造諸學。算學之書可云備矣，惟公法、公理、格致之書中國極少，後之譯者當注意於斯。

一人孤立，何以成學？譯書雖少，備購匪易，莫若官設藏書樓，任士人進讀西人多以捐設藏書樓爲善舉。或數十人、十餘人聯設學會，綜購圖籍，交相忞慔，事易功倍。

自《七略》以下門類分合、部居異同，前人猶多訾議，東西學書分類更難，言政之書皆出於學，言學之書皆關乎政，政、學不分則部次奚定？今强爲區別，取便購讀，通人之誚，知難免焉。

部勒書目於別出、互見之法，古人斷斷。東西學書，凡一書可歸兩類者，或一書旁及他事者，比比多多，大費參量，今因其所重依類强入，于古人目録之成法相去遠甚，等於簿録而已。

通行西書目但標譯人不標撰人，西國立一議、創一法，勒爲書即以其名名之，中譯之本乃立書名、題撰人，作者之功豈堪湮没？今概爲著之。其有采譯各説以成書者，則譯者之功爲多，東西人譯輯者概録於篇，中國人輯著者入於附卷。

東西人著書多分章節，不分卷數，中譯之後乃析爲卷，今從譯刻之本析卷者注明卷數或標册數。

教會之書多醫家言，局譯之書多兵家言，自余局刻言學諸書皆彼土二十年前舊説，新理日出，舊者吐棄，以無新譯之本，今姑載之，藉備學者省覽。

學者驟涉諸書，不揭門徑，不別先後，不審緩急，不派源流，每苦繁瑣，輒難下手，不揣檮昧，於書目下間附識語，聊辟途徑，不足云提要也。

通商以前上溯明季，西洋人遊歷中國所著之書曆算爲多，東人之書傳入中國醫學爲多，綜核其數無慮百數十種，雖云舊籍無可厚非，其後交涉日繁，風氣日辟，迻洋日衆，中國人言外事、講西學者書亦日出，擇其切實者掇拾數種，概附於後。

《書録》之作始於去夏，學業媕陋，倉卒成帙，舛訛尤多，方深愧恧，同學胡君鐘生道南、何君豫才壽章、蔡君隺廎元培、杜君秋帆煒孫、馬君湄蓴用錫多爲糾正例類，疏補書義，匡余不逮，何幸如之。同時沈君雨蒼桐生撰西書提要未成，間掇其論説一併寫入。

光緒二十五年正月，會稽徐維則識。

《增版東西學書録》

蔡元培　序　前者吾友徐君以遜維則印其所編《東西學書録》而元培爲之敘，迄今閲三年矣，又得新書數百種，君欲續著録焉而未果，會顧君鼎梅燮光自江西郵示所著，則此數百種者大略已具，且於前録遺漏之書亦有所補焉，徐君大喜，遂更爲之編校增補而合印之。夫圖書之豐歉與學術之競讓爲比例，方今士氣大動，争研新學，已譯未印之書存目報紙者已不可僂指數，自是以往益將汗牛而未已，兩君者誠能仿外國圖書世界之例，日纂而月布之，其裨益學界非淺鮮矣。

光緒二十八年十月元培又識。

又　顧燮光　序　西人之學以知新爲貴，故新書日出不窮，有昔爲珍秘，今視爲塵羹土飯者。中國譯書之處，昔僅天津之水師學堂、上海之製造局而已，近年海内通人志士知自强興學，非廣譯東西典籍不爲功，蘇、杭、閩、粤相繼興起，不數年間新書當可流遍於二十一行省。

兵家言南洋公學譯之，商務書江南、湖北兩商務報譯之，格致學《彙報》《亞泉雜誌》譯之，農學則《農學報》譯之，工藝則《工藝報》譯之，蒙學則《蒙學報》譯之，此數種近日皆有譯本，其東西政治、歷史則上海近多設編譯局，皆有譯者，惟礦學、醫學兩種甚乏新譯，富國强種均當務之急，有心人盍起圖之。

算學以微積、合數爲極處，著譯之人非專門名家不能無毫髮遺憾，故新譯者甚少，《彙報》中附譯之《幾何探要》圖説詳明，尚稱精審，其劉舍人振愚之《古今算學叢書》收録冗雜，亦無新譯佳本，可知此道之難。

公法、公理之書爲立國根本，故國際公法爲交涉最要者，《嶺學報》所譯《公法探源》一書條分縷晰，推闡靡遺，然公理愈講愈明，則考求此道者非立專門學堂不可，區區典籍豈足盡理法之能事。

民權、自由諸説乃矯枉過正之言，不足爲學者訓也，蓋法人當路易第三暴虐之後，盧騷氏出倡爲此説，舉歐洲之人從之，詎知作法於涼，其弊猶貪，泰西近來弑總統、殺君後之事屢有所見，無君父之黨所在跧伏，伺隙而動，豈非盧騷、斯賓塞爾諸人階之厲乎？

五洲之民種色雖殊，固同一本也，李思約翰《萬國通史》前編言之甚詳，然謂人類先生於米素波濤米，後散於四方，較之西教所云分音塔諸説似近於理，其云石、鐵、黄銅諸代僅得諸掘地之間，雖反復考徵究同穿鑿，然埃及、羅馬諸古跡考古家至今珍之，則前説已不可非矣，則知世界文明蠻野固有循環比例之可證。

譯西書難，譯西史愈難，非通各國方言暨古文不能蕆事也，象形、諧聲、會意，西字亦不能出此範圍，然其拼合變化日新不已，今英文已有十萬餘字，即彼之文學家亦不能全識。蓋西人得一新島、造一新器，必立一新名、創爲新字，數十百年後將有字滿之患矣。論者謂西文簡於中文，豈其然乎？

西政之善曰實事求是，西藝之善曰業精於勤，西人爲學在惜日物之力，有輪艦、汽車諸器則萬里無異庭闈，有格致、電化諸學則朽腐皆變神奇，彼夫玩愒光陰，貨棄於地，安得不爲之所弱哉？明乎此，則可與探西政、西藝之本原。

中國輿圖素乏精本，即世稱胡文忠一統輿圖尚多訛誤，新化鄒君沅帆有地圖公會之設，僅譯成頭批，至今尚未卒業，論者惜焉。製造局所刊海道圖亦據西人舊本，朱氏正元雖繪有沿海險要圖，僅江、浙二省，用殊不廣，至近年會典館新測各省輿圖[下闕]

聲、光、化、電諸學，非得儀器試驗、明師指授不易爲功，雖英儒傅蘭雅所譯格致諸書詳盡可讀，卒無裨於風氣者，以既乏明師又鮮儀器也，近日江浙志士設科學儀器館於上海，取便學者，其功甚大。

《亞泉雜誌》中言格致諸學頗多新理，然非稍有門徑者不能獲益，似不如《彙報》中所列西學設爲問答淺顯易解也。

譯書不廣，學難日新，新書既多，又患冗雜，坊間書估割裂成書，改名牟利，其害尤甚。上海近設檢查書籍處，章程頗能扼要，然在下者之防範，莫若在上者之維持。泰西有專利之條，日本有版權之例，可取法焉。

亞密斯丹《原富》甲、乙、丙三集，泰西政學家言也，嚴幼陵觀察譯之，於全書精到靡不洞徹，與昔譯《天演論》足以媲美，蓋能以周秦諸子之筆，達天擇物競之理，發明處尤足耐人三日思，新譯書中佳本也。

自戊戌以還有報館之禁，各埠報章爲之一衰，其海外流傳者類多偏激謬妄之譚，不足以貽學者，然欲知五洲時事，開内地風氣，非此不爲功，故旬報之設尤急於日報，苟有人踵昔日時務各報之例，采輯務求精審，吾知其功大矣。

每書凡譯自東西人者皆綴以識語，或節録原序，或採自他書，或鄙人自撰，務求恰切，不敢爲充篇幅之談，其未寓目或欠精審者則付闕如，不敢爲一辭之贊，若云提要鉤元則吾豈敢。

旬、日各報附印之書最易散佚，兹擇其尤者收録，俾便察閱，惟江海各埠譯出新書頗多未見，暇時再當編輯再版，以臻完備。

目録之書，區別部勒最難，兹依徐君原書之例，取便學者，譾陋之誚自知不免，況新書日出，僻在一隅，搜羅每苦未備，竊附聖人「舉爾所知」、「知之爲知之」例，庶可見諒於大雅。

續《書録》之作始於辛丑二月，成於十一月，郵稿徐君以愻維則，遂仍曩例編爲一書，並增益若干種文字，知己永矢，勿諼同志，如歙縣朱君意如適、永福黄君少希士恒、黄君幼希士復、會稽陶君君節必恭、陽湖吴君伯揆亮勳、武進張君受甄贊墀、元和宋君潛五繼郊、東台戈君鏡湖文瀾、山陰陸君拙存敬修、廬陵劉君幼甫承華、萍鄉文君嘯樵景清、鍾君奏壎應德，或糾正疵謬，或假書考核，匡蒙不逮，俾成篇章，敬列右方以志高誼。

光緒二十八年二月，會稽顧燮光識於江西萍鄉縣署之小蓬萊。

又 徐維則 廣問新書之概則 庚子變後，學界萌芽，各省學堂益現發達之象，公哲士夫知改造社會與輸通文明之二大要素非吸取各國新思想不爲功，於是糜費腦力，擴張譯界，政學、科學之書官私出版坊局發行，日綴報章未可指數，倘不都爲著録，學者將從何介紹乎？維則於曩歲編印《東西學書録》，輯舊日譯本，别以部居，析爲三册，去歲復與顧君鼎梅燮光踵事賡續，視線所及幾倍前書，名曰《增版東西學書録》，預約二月稍出版，然新籍愈多，財力未大，居地既僻，聞格又限，再期增廣，難乎其難，爰動廣問之思，遂創組合之義，特擬概則如左，我國志士及各地編譯局所素有愛力，具見熱心，凡平時目見、手自譯著爲拙録所未收者，隨筆提要，絡繹郵寄，或拙録訛略，實力指示，積日成帙，少則再爲增補編印以行，多則改爲《圖書世界》月出一册，以爲國民教學之前導，幸甚幸甚。【略】

《譯書經眼録》

顧燮光 自序 清光緒中葉，海内明達，懲於甲午之衅，發憤圖强，競言新學，而譯籍始漸萌芽。新會梁氏著《西學書目表》及《讀西書法》，學者方有門徑。老友徐君以愻，病其略焉，乃仿《提要》例，而有《東西學書録》之作，蔡孑民先生叙之。是時，燮光醉心新學，日以讀譯書是務，爲補其闕，由徐君合印以行，而孑民先生復識之，匆匆三十餘年矣。嗣後燮光遨遊南北，迄光緒三十年止，又讀譯籍約千餘種，仍踵徐書前例，著爲《譯書經眼録》一書，棄諸行篋有年。中歲以還勞心政治，對於兹著視等塵羹。時際滄桑，辭榮辟地，太行訪古，荏苒十年，飢可驅人，學益荒落。甲戌夏秋，于役關輔，輪蹄無恙，爰返杭州，取舊稿整理之，以所著録各書，間有少傳本者，懼其佚也，釐爲八卷。姑記昔年陳跡，未足值學者一噱耳。孑民先生杖履綏和，獎掖後進，今覩此書印行，得毋感季札自鄶之譏，同切徐公掛劍之痛也夫。乙亥正月，會稽顧燮光自序於西湖金佳石好樓中。

又 述略 本書係繼徐君以愻《東西學書録》而作，著録各書，由前清光緒二十八年至三十年止，徐君原作，初版成於光緒二十五年三月，增版成於二十八年十月，計四卷，附録二卷，爲類凡二十八，内燮光補闕者三百餘種。爲卷凡八，爲類凡廿五，附子目若干，體例循前書稍變，因時制宜，未能削足就履也。

壬寅以還，世尚游學，扶桑三島，一葦能航，和文迻譯，點竄便易成書，然瞬息已成故紙，此所著録，迄今求諸坊間，湮没殆將半矣。

自商務印書館崛起申江，延聘通人，注意新籍，開吾華書林之新紀元。厥後繼之雲起，以主者具奮鬥精神，譯著與日俱進，學子欲求善本，固當知所先後矣。

教科書以商務、文明兩書局編譯最早，至今已成書業之重心，至專門科學之書，科學儀器館固曾譯之。新學會社則譯印農學諸書，至今猶未已也。至政治、歷史諸書，廣智書局、作新社均有譯本，旋亦中止。若醫學全體各書，各教會譯著轉無曩昔之盛，豈社會智識已無勞他人借箸乎。

湖北《武學全書》，浙江《武備新書》，均爲兵家言，新譯之本，今日已爲陳舊；然對於戰術研究、營壘工程、器械考察、鎗砲測算，均附圖解，在當時甚切實用，迥非紙上談兵者比也。

留東學界，頗有譯書，然多附載於雜誌中，如《譯書彙編》《遊學彙編》《浙江潮》《江蘇》《湖北學生界》各類，考其性質，皆藉譯書别具會心，故所譯以政治學爲多。

林琴南先生以譯小説而得盛名，操觚之士，羣趨於譯小説之一途，新著乃日出不窮，閲者亦應接不暇，過眼雲烟，瞬息即幻，本書著録無多，聊備一格而已。

徐君原作經始，適當戊戌之後，對於新籍，立論固難着筆，著録又費選擇，各書傳世恐已十存三四而已。今徐君墓木已拱，同時商榷者，僅蔡孑民先生安善。今茲《經眼録》繕定，得就正有道，追懷舊雨，感慨係之。

是作草創於卅餘年前，久已視成廢紙，年來息影湖濱，以整理金石舊稿爲樂，取此稿閲之，以尚足備新學書目之用，無寧過而存之，爰加删潤，幸成篇章。友人青浦徐君調均，女夫鄞縣戴君仁，静山。能參編輯之勞，繕稿則兒子培意，合併誌之。

卷一　史志第一　卷二　法政第二　卷三　學校第三　交涉第四　兵制第五　卷四　農政第六　礦務第七　工藝第八　商務第九　船政第十　理化第十一　象數第十二　卷五　地學第十三　全體學第十四　卷六　博物學第十五　衛生學第十六　測繪第十七　哲理第十八　宗教第十九　體操第二十　游記第二十一　報章第二十二　卷七　議論第二十三　雜著第二十四　小説第二十五　卷八　本國人輯著書

《新學書目提要》

沈兆禕　總敘　夫文侯思治，别令樂前陳；漢主策邊，則賢良集議。既佇聞於良説，宜取重於當時，自古所昭，於今爲貴。史家秉筆，先登載記之篇；英彦成書，不少昌言之作。矧撢人設職，朱車載途。環球九萬里，乙太方孳；通商十七邦，官書盈尺。不勞畫地成圖，便當抵掌可述，則千秋之金鑒，猶百國之寶書。所以見此聲明，考其法律，源流可按，授受斯多。五萬載之石碑，重美洲之舊物；十二章之銅表，傳羅馬之遺文。莫不人蓄短毫，家持片劄，初宏偉義，肇作新辭。森林獨鬱，溯蠻族之自由；櫻蕊方紅，是和魂之所寄。三年已邈，萬卷非窮，羌有補於改弦，諒無忘于蓄艾者已。然而笙鏞競響，終非協律之音；涇渭殊流，寧見同歸之派。言非一致，家自爲師，軒眉拊掌之倫，舐筆和鉛之士。論鹽鐵之計乃有多人，翻華嚴之經至於三部，或騰聲於學界，競樹幟于譯林，固以一字千金，願書萬本。魏文甄表之用，更生校理之勤，從事有年，服膺未釋。詩家自好，恨不作于鄭箋；《吕覽》猶縣，翻有遲于高誘。非雲點竄，頗欲讚揚。若乃涉獵未宏，名詞猶淺，驚世駭俗之論，鹵莽滅裂之譏。初知漢讀之法，已述和文；未窺民約之文，自稱路索。八星之不知，五洲之未辨，剛果乃成爲自主，泥瓜則易以巴拿。搗果爲單，幾令一行不識；説鈐在肆，何勞揚子騰詞。百家之言，黄帝不盡雅馴；五事之出，郭沖鹹雲僞託。既見彈于流俗，方衍謬於他年，信筆於是，寂寥雅言，終以歇絶菁華，既竭蘭艾。同登不有搴裳，曷圖滋蔓；用是然脂削牘，向曉搴書。占世論之多淆，懼民生之猶惑，豈有資於芳鑰，聊用摘其冥行。未敢相輕，深憂失當，作爲平議，以諗通人。旁行經説，豈有正讀？無非棘下傳書，良由嫉此蔽冒。權衡所在，謹慎將之，爲書凡若干卷，名曰《新學書目提要》，所以辨同異、昭是非也。綜其爲篇，列目有八，體裁所在，揚榷可言。

崔寔《政論》之篇，太初時事之議，窮變通久之道，周文殷質之宜，無取陳言，夫惟大雅。布新除舊，彗宿斯著其祥；進化改良，天演方傳其説。軫覆車之重跡，審韋佩之逌宜，亦有葸苾禁碑、澶淵故事。信守則藏之故府，易行則近法後王，凡實驗之多門，亦施行之不紊。名山所存，重以金繩玉檢；進禦之本，寧爲魚蠹蛛絲。古雲縹緲之書，今見藍皮之册。又如墨者鉅子，包邱大儒，既四海之同心，即六家之要旨。街名萬法，何期通德之門；人謚七賢，是曰顧廚之例。豈太平之人智，抑波斯之寓言，方假手于斧柯，諒不辭於津逮。此外修身大義，倫理專科，對人則貴于合群，律己則嚴于自治。義以正我，知毖記之未焚；仁者相人，瞻禮堂而隱約。緯書可證，戴記非訛，載在成篇，著爲師範。是曰法制，其流一也。

横由世宙，經緯當今，備陳異俗之詳，自寫陰符之術。悚浮雲之多變，概來日之大難，覽大勢變遷之説則晨悲黄種沉淵，省未來世界之篇則夜夢白翎翔海。其或同條相屬，據事直書。競傳抗命之峰，間紀交兵之略，齒冷和平之會，譏深公法之文。斐濱淒霧，遥符五百軍人；波亞蠻煙，多謝八千子弟。至有希蹤高躅，崇拜偉人，惟崧嶽之降神，亦江河之不廢。重買絲而繡像，譬立石以範模。重以世族分支，教宗異派。稱則力微皇帝，謚惟博大真人，兼求政典之遺，並述文明之祖。是曰歷史，其流二也。

殖民之業，探險所經。能飛先上木星，没脛而求冰澥，或推行於軌道，兼注重于海權。崑崙屹峙，甯非希馬之峰；裨海環流，即是閣龍之墓。賽布偏求蠻國，嬪珠裁漏麟洲，更言考古之資，抑亦儒生之事。游心舊史，矚目新圖，都名則審其對音，地勢則辨其方位。扶桑可纈，占異説于美洲；奄蔡非遥，指方輿於俄國。雖無征之不信，亦有開而必先。況複界析華離，論騰瓜剖，研其物産，附及民風。形勝重於兵家，地肥出於佛典。金角之譽，君士辟其良灣；磁器之稱，支那蔚爲古國。測量已廣，戒慎方深，益以科學之言，是爲地質之説。驗大山之性質，研地震之原因，温泉繞于英倫，海線長於日本。珊瑚成島，乃雲結自蟲窠；荷蘭建都，或謂填於鯨骨。影響推之文化，幸福及于政談。是曰輿地，其流三也。

元溟方揚其埃，哲士猶殷其痛，傷萃毛之見焫，戴鶡冠而深藏。窮愁所以著書，曲學敢雲阿世？位卑計掾，棲遲抗議之門；分守司動，寂寞論兵之幕。乃有北朝文士，窮海纍臣，自署新民，愴懷故國，林下見鵩而拜，九夷從風以嬉。新城在望，淒其上堵之吟；入蜀何年，允矣屍佼之著。又壯游之志，古禮所雲，交聘之儀，百王不廢。離家二年，滿紙旅行之感；廷争一字，皆言奉使之忠。士懷負笈之心，人有乘槎之望，亦越本朝之例，禁刊奏議之文。凡邸報之鈔胥，即官中之鴻寶，近世或經採集，庶以廣其流傳。黄門啓事，寧遺温室之言；青瑣朝班，定有京華之戀。攢茲數體，並屬高文，著述之風，于斯爲盛。怨夫容于江上，愁薜荔於大荒，漢使植其葡萄，楚臣佩其蘭芷。是曰文學，其流四也。

今者環球競言商戰，至於實業，國有專門，百物所以成名，九州於焉鑄鼎。陋齊民之無術，罄貨殖以難書，俞跗失其針，工倕喪其指。群雄駢立，成俗相聞，載其書者專車，言其事者列屋。競求波於海若，咸貸木于鄧林，凡强國之多謀，亦富民之不妄。地分赤緹，幾經土地之勞；人異鳥倮，乃有得財之術。譬彼桓侯，初笑失於扁鵲；猶斯巧匠，機心運以飛鳶。並有新知，皆資取法，矧以戰陳之事，教訓之方，棄地之譏，懷寶之誚。人師尉繚，郡置銅官，數年以來，其説愈熾。上應玄武，頗聞漢代之功；下有丹砂，猶是齊人之語。此則昔聞遺事，今被鄰風，略舉數端，尤滋重譯。衛鞅治秦，法令寄于耕戰；馬殷立國，流風重於工商。樂府傳突厥之鹽，名都記遼人之鐵，三千里而求藥，十萬劍以横磨。挹彼注茲，甯容深諱。是曰西學，其流五也。

玩物有戒，藝學尤微，繁彼歐人，乃多創獲。鬼工不絶，新理連篇。實驗重于倍根，計學盛於斯密，雖借根之相襲，匪格竹之多迂。草生不茂，初有怵於留良；果落何心，翻證疑於吸力。若斯巧觸，播以美談，冥想所窮，神人如接。將以揮茲迷信，辟此讏言，亟當由是失靈，天質乃爲所撓。砲彈猶差，未許升天之速；星球愈冷，從知奔月之虚。羲氏掌日，已昭七色之桄；電字從神，更蓄千年之氣。學術占其進步，思想所以變遷，既前哲之用心，抑今時之利用。宜其周髀不隔，測地有儀，藉汽可以行車，無電乃能傳信。買樹膠於荒域，搜瀑布於窮岩。七二原質，近説以爲多訛；五萬微蟲，諦視猶其未審。尊聞彌確，抱器良多，恥一物之不知，羌遇人而輒問。師其長技，是牖靈聰，末日何愁，谷神宛在。是曰西藝，其流六也。

世變所以頻繁，學術因之愈廣，昔爲一轍，今出多途。四庫狹其分門，九流溢其支派，必師前例，當有新聞。自哲理東舒，别裁間作，標題既雜，目録幾窮。正使班生尚存，《隋書》具在，其爲定識，豈有不刊？躋《晏子》于墨家，已非通論；録《孝經》于小學，或是外篇。龍筋鳳髓之號，實乃詞章；解牛相馬之談，誤孱農術。末流所衍，此類方滋，即語通行，已多小品。偶資記臆，偏重精神，或署青年，亦稱怪傑。蒙學求其課本，體操附以新圖，凡此片言，皆裨勸學。爾雅以觀于古，長河不擇細流，雖異草之難名，亦雜俎之不棄。二十劄家之言，彊萮孔甲；百一詩篇之體，被服應場。辨章則别出裁篇，最録則都爲一集。涉睢涣之分流，皆成斷錦；過給孤之衛土，頗見散金。冀所得以償勞，庶今人之不薄。是曰雜録，其流七也。

稗官之體，變俗是資，雖出委談，久登裡乘。溯虞初之托始，至唐代而盛行，沿及今時，已成風教。西游則長春卻步，國志則陳壽焚書，惟口實之模糊，或傳聞之軼麗。暹羅開國，題李俊之傳奇；高麗稱兵，指虯髯而可想。雖雲瀆語，頗複雄心，旁涉泰西，流風愈博，浸淫所及，磅礴東洋。法國三豪，仰尊嚴於佛禄；東邦百哲，著想像於耐庵。即論推崇，皆由時趣。方煙聚癖，譬酒生醒，草木炫其殘英，風露感而變色。巴黎造紙，于此價高紐約；飛樓詎言，百丈傳之中國。吸受方宏，以興愛國之感情，並悉外人之性質。短圜春老，毋忘絶島之行；屬土瘴寒，猶署籲天之狀。私中自勵，遥契何堪？近世好奇，尤多述異，可以紀諸觚剩，播此丹青。海戰連年，黄報司其秘鑰；神權不永，紅黨著其危機。雖故實之難憑，望流芳而可挹。是曰小説，其流八也。

猥以短材，丁茲浩運，游梁經歲，入洛有年，寧無呵壁之辭，方讀《思玄》之賦。守遼東之皂帽，分南國之白頭，寰宇多風，荒江自默。魯連已拙，蹈東海其奚辭；沮授猶疏，望黄河而自隕。入世明其皆醉，涉溟省其方危，民生哀以多艱，時議棼而不一。飲之菊水，庶有續於斷齡；浴以蘭湯，諒無煩於大惑。夢天衢之有棘，見垣宿之生蕪，屬在當年，能無引領？既乞靈之無術，羌望帝以何心。五龍夾日，遲拜表於衡州；獨鶴寒年，悵行歌於開府。聽之曆數，委以懸談，異象所呈，殷於邇日。橫流未已，賢劫初長，俯注微塵，睠言京國。羅平妖鳥，方聞積釁之祥；淮海微禽，愴念遊仙之語。每抽書嚮日，擁卷懷人，折苕之憂，至於掩袂。揲蓍有歎，戒此土之龍荒；觀衆生嗟，瞻于誰之烏止。虜馬飲江，猶滯卯年之讖；金牛假道，翻愁丁力之窮。曲室寒心，高明來瞰，閉門不出，將語先喑。讀漢欒而斷章，只今銜口；證墜禪於不二，終日無言。傷禽多畏，撫翮譬其空弦；猘犬猶憎，在抱損其幽佩。戊己以還，差池自放，憂生念亂，寥闃如何。此篇之成，亦存初志，匪見陳於高論，度不嫉于明時。頗刪發憤之文，彌著持平之概，冀以自證得失，豈必摘其瑕疵。靈均樹蕙，憂百畝之不芳；元亮種桑，望三年而當采。以雲微意，略出於斯。嗚呼！海外有州，人間何世？兼年作客，累日爲愁。燕巢自樂，棲晨鳳以何枝；魚爛頗深，羨游鯨之高逝。題辭方競，彩筆已枯。是爲序。

又 趙祖惪 跋 震旦數千年學術思想，煬於漢武，賊於明高，至十九世季新中國學界開幕之初，經一二志士以腦力排舌瀾，鼓頸血争，始克於黑闇泥犁放一光線，則二十紀之始正學界武裝姤戰時代，非學界文德大同時代。莽莽大陸，浩浩平洋，吾日夜鼓血輪，發腦電，使吾同胞魁且傑者，争言論、自由、幸福之不暇，遽於學芽蒙剥之世，正大統，定一尊，學界文明之專制與學界野蠻之專制奚以異？雖然，吾尤有感焉。吾中國海通以後，政界之精神形表日見頹落，學界之精神形表日有進步，進步之速率猛則將來之希望亦不自覺其奢，而學科之方針亦不可不於旭日初升、風潮初激時，游心於未來璀璨莊嚴之新中國而預定之。吾嘗慨念同、光之始，吾中國之吮歐學者藝學而已，至甲午而政學之新硎發，戊戌而哲學之智炬燭，庚子大創而歐花怒發，亞草鹹萎，環球之志士腦潮、鴻碩血瀋齊貫注於東方新舞臺，即陳日之屍槧曲儒、語冰學究，亦知世界有所謂溥通學、專門學者，斯時受吾人崇拜之學界魁傑，苟放棄其天職，不於瓦鐘雜向、點線橫交時勘定一中心點，使一切宗旨乖謬、斷濫譯著先入吾黨腦影，禍我未來中國，厥咎安辭？此通雅齋主人所以有《新學書目提要》之作也。蒙前年來海上治選報，嘗有檢察新書之舉，責任重大，躊躇中止，得主人爲我國學界華盛頓，余之天職賴君而盡，讀是書者亦可興矣。諸曁趙祖惠跋。

又 新聞報館記者 跋 吾聞之古之聖賢，得位於時，雖道行天下而不輕於著書，蓋以事業存於制度，足以自見也。若夫在下君子，道德充積，困阨於時，上窺古昔，下及時勢，其爲學也滔滔汩汩日夜不止，不得已而發之爲文，若決水於江河淮海，順而行之，雖欲障之而不能，是故傳之名山，後之人于在上君子不過稱盛其遭際，而在下君子之遺書雖百世可行。嗚呼！此文章之可貴，吾所爲於時賢之著書立説，或譯泰東西之原本，或編名哲學之記述，信其以先覺覺後覺、以先知覺後知也。通雅齋有《新學書目提要》之編，其爲目綜近時譯家之手著而匯爲若干門，八面乃能受敵，九能可爲大夫，其於列邦之政治、群雄之歷史，經緯天人，縱横宇宙，蓋參伍錯綜，足以爲康莊之道，世之志新學者，其於是編所輯之目扼其要領而啓其莞鑰，則窺見堂户，尚何至徘徊宫墻之外哉？然後歎著書者之功業，在下君子與在上君子同爲不朽矣。新聞報館記者跋。

又 朱勛 跋 讀書有法乎？曰法安在，未讀書而先求法，法不得，書終無可讀也。讀書無法乎？曰是烏得無法，特先者難而後者易耳，惟巧者苦心，乃能以古之法讀今之書，自爲其難而予人以易。自西力東漸以來，剪人國家，滅人種類，朘人膏血，浸淫慘毒，流入中土，豪傑之士深觀時變，洶懼乎覆宗絶祀之及，亟思爲拯溺救焚之計，知非取彼之長無以補我之短，非盡發其所學無由以驟得其長，於是渺慮殫精，紛譯外籍以餉同類，間或發明舊學、補助新理，顧救世者在而利徒亦托，又其因或原質之措良與學植之高下，各傳其真，各肖其形，媸者、妍者、密者、疏者雜然並見，無法導之，將灝乎淼淼要領莫究，終無有實效自强之一日矣。通雅諸君心憂乎此，乃遽組合同志，搜括近譯，條縷爬梳，别爲八類，人任其一，取紀氏修書之例，爲群籍繩墨之存，朝夕沉酣，務使一書之中神形畢見，如物在鼎，視聽不惑，而後成編即出，罔或稽留，蓋深慮乎歲月之駸駸而河清之難俟也。癸卯秋中漫遊棕嶼，得讀初槧，見其分水畫沙，去從顯揭，慨然曰：是編也可以爲讀書法矣，可謂自爲其難而予人以易者矣。使吾教育、學者准此以求，節力省時，得以速研乎終古蒙昧之理、人己優劣之機，發憤新謀以保中夏，俾我軒轅、昌意之子孫不至泯焉以澌滅，則是編固援國之巨手而運世之功臣也，不可不闡揚而推廣之，屬當再鐫，遂書其後以告海内。

光緒二十九年癸卯冬十一月中浣黔嘞峨朱勛跋於日本東都。

《科學書目提要初編》

王景沂 科學書目提要初編序 世變日亟，士之軒眉抵掌者相率而譚時務，流沫雪涕，若登高而振鐘鼓。及其弊也，剿襲掇撦，靡有條貫。於是尚理論者起焉，以爲民族進化必有其精神，精神全，則後起之物質一皆受役於我。此爲探極原始，誠卓然可自樹立。及其弊也，洞然而枵，龐然而驕，或行跖而言堯。於是天下知空言不復可用，靡然相勸爲實學。至於今日，而百科之塗術乃次第發見萌蘖。若是乎層累曲折，其故甚紆極深，研幾其道甚賾，風雨洊至而版築未具，又重吾人以日暮途遠之悲也。欲競實學，莫如讀書。我國譯入西籍肇始數十年，説者多謂自疇人術外鮮遘完善。本大路椎輪，宜其爾也。比年材秀頴發，褰裳遠學，肄業所及加以涉獵歐瓌美珍，載寶滿舟，東鄰溯洄，沾溉尤廣，挹新競奇，日月增益，合并舊譯，數逾百千。此在學術晚進之國，亦可謂勇猛矣。品目繁夥，乃有駁雜剽賊之輩，沿質襲貌，鳴鼉炫紫，囂然叢雜於都市，而偏鄙樸僿之邑。筐篋章句之士，往往眩惑而莫知所守，則以意取舍之，真贋純駁，本末先後之閒，不能悉中度程。或拋棄形下應用學，相競以浮漂之辭，庸有濟乎？今人恒畏理化繁奥，多願舍質就文，此大誤也。學無定程，深造則難，淺嘗則易。凡一科之成立，始必有所根據，中必有所發揮，終必有所利用。匪直物理博物之元妙細密，微天下之静者不能至乎其極。彼立法行政之犖犖大端，關乎國度羣治之進退。苟一事一名能離立而自有其特質，則力索實驗即有賴乎專家。然則由淺及深，因端竟委，爲之抉擇衆籍，董治部居，亦今代學子之所當有事矣。今年春旅居天津，商城張觀察督爲是編，意在餉遺直省内地僻邑，無取賾邃，又津滬雖三日程，而新譯書不能以時至，僅就官局藏庋所及，妄以己意箸録，得書約三百種，爲綱八目四十有奇，目所缺者，書限之也。因請於觀察，題曰《初編》，以待畢業。編中數學書四十餘種，爲元和張君雲摶甄輯，不敢掠美，謹識於此云。

光緒癸卯三月，江都王景沂。

《江南製造局譯書提要》

陳洙　敘　滬製造局附屬之繙譯書館，自同治以來，積四十載，成書蓋富。曩歲館中撰《譯書提要》，以無錫孫君景康，金匱張君蔚，丹徒劉君寶珍，江甯陳君炳華，分任纂輯。稿本犆具，而體例不能無殊。張君、劉君之稿約得十之七，孫君、陳君約得十之三。今年夏□總辦局事合肥張弢樓先生倩新陽趙君詒琛以書稿屬之洙，俾竣厥事。辭不獲已，爰就譯述之暇，取四君初稿，排比删潤，訛者訂之，脱者補之。算學、礦學、醫學諸類書補正較繁，既終卷，以付手民。且印且校，凡五月而工畢。書目之有提要，濫觴于宋陳直齋晁公武。乾隆間，紀陸二公纂輯官書，始有提要之名。海通以來，譯著日盛。《東西學書録》及《新學書目提要》等書，仍舊例以賅新籍，亦能不悖先民矩範。兹編一以館譯爲限，體例與諸家雖微不同，而津逮後學之意則一。今夫廣大之山基於卷石，不測之淵起於勺水。館譯新籍，自今以往將出千萬册以至於無窮。若兹編者，蓋猶嵩岱之先有卷石，江海之先有勺水也。洙學識荒陋，從四君之後，手訂成書，不能使無毫髮遺憾，以副□弢樓先生之囑。冀趙君及海内宏達，匡其不逮而是正之。濡筆書緣起，冠之卷首，蓋不能無汗顔也。

宣統己酉十一月，江浦陳洙珠泉氏序于滬北寓廬之寶蓮華館。

《廣學會譯著新書總目》

廣學會　序　本會夙以振興新學、開通民志爲己任，創辦以來，譯印各書千百餘種，此乃泰西名士奉爲寶笈，人人必讀之要書也，擇其尤佳者，詳録於後。

《申報館書目》

申報館　一　書目序　邇日申江以聚珍板印書問世者，不下四五家，而申報館獨爲其創。六載以來，日有搜輯，月有投贈，計印成五十餘種，皆從未刊行及原板業經燬失者，故問價之人踵相接也。歲丁丑，余假館於尊聞閣，暇日，主人請撰叢書之目。余謂凡書須手披口吟，涵詠數四，始可叙其要領。貴館之書，雖間預參定，偶作弁言，究未能盡識廬山真面；今貿貿然爲之，恐不免蹈失言之咎，君盍見示大概乎？主人曰：諾。翌晨，以一册眎余。既扶質以立幹，未垂條而結繁。乃竭數日之力，傅以色澤，運以機杼，輯成此書。其原本有推崇鄙人之處，爲淘汰其十之八而付手民。主人又以序爲請，並定其名曰提要。余曰：叢書之刻，漢魏尚矣。唐宋以下，代有專本。至我高宗純皇帝御宇，文教昌明，遂命開《四庫全書》館。其時紀文達公以閎博碩彦，實總其成，撰《提要》一帙，源探星宿，語別壤流，久爲士林所膾炙。今若妄欲續貂，微特無先達之才，且將背尊王之制，奚其可者！乞以《書目》易其名，似較融渾。主人曰善，惟申報館字様，似欠雅馴。余曰：皮之不存，毛將焉附，命名以此，從其朔也，又何諱之與有。工既竟，即書問答語於簡端，以質觀者，即謂之序，亦無不可。

光緒三年一八七七年。四月下浣，海上縷馨僊史漫書。

又　二　續書目序　魯有先大夫曰：臧文仲，既没，其言立。立言固不朽之一也。士君子生當輓近，及身則功業爛然，聲名鵲起；然當時則榮，没則已焉。物换星移，湮没而不彰者，何可勝道！而獨有遊思竹素，發爲著述，藏之名山，傳之其人者，百世而後，猶動人以高山仰止，景行行止之心。嗚呼！可不謂不朽之盛業歟？雖然，亦賴有傳之者耳。僕少長泰西，壯遊中土，間嘗究極中國之文字，思欲一一有以傳之。爰自壬戌應作壬申。歲昉，敬遵武英殿聚珍板之制，校印各種書籍，清奇濃淡，不名一家，迄於丁丑夏五，印成五十餘部，屬縷馨僊史撰成《書目》一卷。乃二年以來，日積月累，又陸續印成六十餘部，悉依袖珍之式，舟車所至，便於取攜；且類多精雅絶倫者，雖曰敝帚千金，然自珍而不敢自秘也。又念古人著書立説，必有命意之所在，若徒事披覽，得糟粕而遺菁華，奚其可者！春日方長，端居多暇，重屬縷馨僊史更撰《續集》一卷，先考作者之姓名爵里，次及其精神所專注之端，間或旁參當時之事蹟，而輔以議論，佐以點綴，閲者雖如帳中之李夫人可望而不可即，然已不啻手披而口吟之。迨至誦其詩、讀其書，又實有知人論世之感焉。書曰：若網在綱，有條而不紊。記曰：三王之祭川也，皆先河而後海，或源也，或委也，此之謂務本。《書目》之作，其有合於條與本焉否？願以質諸世之博雅君子。

光緒五年一八七九年。歲次己卯，如月之吉，尊聞閣主序。

又 三 蒐書附答 夫珊瑚蟠於大海，非鐵網則莫貢奇珍；梧桐秀於空山，無瑶軫則不申逸響。試效卞和之獻璧，實同毛遂之脱錐。世有抱祭獺之才，名不顯於故里；具雕龍之技，文不達於通都。青眼其誰？素心難遇！無他，文字之緣淺，而剞劂之價昂也。敝館地處申江，門臨亥市，生涯翰墨，事業丹鉛。玉軸牙籤，不慮五丁之攫；青箱黄卷，欲窮二酉之藏。惟是聞見無多，搜羅有限。倘妄擬張華淵博，識者貽譏；若再誇李泌珍儲，言之滋愧。因思裒成集腋，宜聚精而會神；書著等身，詎韜光而匿采。雖敝帚值千金之貴，何凝鷄廉；倘名山誇萬卷之多，或供蠹蝕。嗟何及矣，恨莫如之！倘蒙惠以大函，示之秘本，許付麻沙之木，頓開智慧之花。白鳳吐來，快獲琳琅滿目；青蚨飛去，聊酬錦繡羅胸。面議何妨？足翹而俟。抑或不貪爲寶，竟嫌銅臭之薰；持贈多珍，欲作錫朋之咏。則新書數百部，願奉瑶齋；縱故鄉二三千程，亦呈珂里。總視珠還之遲速，以衡瓊報之重輕。又有桑梓流傳，未風行於海内；棗梨燬失，更堙滅於寰中；倘許重付雕工，另成專本，亦即稍申薄意，致謝殷拳。望諸君速達星郵，諒不遭浮沉於殷氏；俾敝館先窺雲笈，好共稱充汗於曹家。是爲啓。

再者：諸君如有知秘籍之名，而苦於鄴架無存者，則函致敝館，俾得搜獲排印，亦定不負曹邱生也。又佈。

《富强齋叢書正全集》

張之洞 重校富强叢書序 寒暑變而成四序，時會變而成古今，此天道、世道所由並行而不悖也。《易》言：「窮則變，變則通，通則久。」可知凡事、凡物，苟一成而不易，其推行必有窮盡之時。惟善變者處之，始可通而可久，古之聖人固早言於數千百年之前矣。

中國自有書契以來，神聖遞嬗，罔不以詩、書、禮、樂文章範圍斯民，以故聲明文物之盛，爲海外諸邦所宗仰。苟使海禁不開，閉關自守，人民土地日益繁富，我中國固不敝之金湯常保之世局也。道光之季，五口通商，互市寖盛，自此外人雜處中土，幾成中外一家。使仍故步自封，將彼日以富强，我日以貧弱。吕氏之言曰：「病變而藥不變，安望沉疴之起乎？」明達之士知事之不可以膠執而鮮通也。於是就彼國之書籍切要者翻譯成書，俾華夏之士增長識見，誘啓智慧。十數年來，西學之書幾於汗牛充棟，唯是格致、算學、電、化、聲、光諸學各成一家，交涉、公法、律例諸條分編一帙，叢書之刊嘗未之見，學者病之。海上富强齋主人存顯達、達人之心，爰薈萃西學要書八十餘種，得三百餘卷，自天文、地理、政教，以至藝學、兵制莫不備集，顔其名曰《富强叢書》。在憤悱之士，既可以咨啓發而明體達用之方，尤得窺其奥竅，擷其菁華，始以彼之利，用供我之所求，馴以我之會通，奪彼之所恃，行見中國之富强且駕西國之上也。揆之是書命名之意，恂不愧矣。

光緒二十三年歲次丁酉，南皮張之洞序。

附 西學富强叢書凡例

一，昔韓昌黎曰非三代兩漢之書不敢觀，以爲舍此不足以繼聖賢之道統。居今之世，而尚論時事，又非中外測算格致之書不敢讀，實舍此不足以致國家於富强。蓋製造船械、開採礦産等事，不自格致測算以得之，不足以精益求精。不揣固陋，爰自中國遠及五洲，舉凡有用之書，而計乎斯二術之精者，共選得八十餘種，凡三百餘卷，彙刊巨帙，名曰《西學富强叢書》，以備天下學人之涉獵。

一，爲學之道，行遠必自邇，登高必自卑。欲窺西學之精微，必自先通測算始。故首列算學，以爲先路。

一，既有算學，以爲綱領，尤貴有機器，以精製造。顧機器之用，有墜力、有壓力、有轉動之力、有牽引之力，罔不由積重而致。故西人統謂之重學，繼算學之後。

一，電學之用，以電報爲最重。夫兵情之幻瞬息千變，我中國向以馹遞，一日八百里爲速，而電報之傳，環地球九萬里，可一日而達。泰西水陸徵兵，全憑電報。中國仿而行之，頗見成效。由此擴充至於耕田農器，亦藉其力。神妙之其用無窮，而又至要，故以次重學。

一，凡物之用，非化學不能成。其間各養氣質，分合先後，陰陽燥濕，奇偶相生，確有邇象可術者，是非賴有師承，悉心討論，不足以得其底蘊。故後於電學，以見本源。

一，格致之學，不僅徵諸實在之事物，益且驗之憑虛之發現。西人於聲音之學，其和者何以順於耳，雜者何以拂於聽，辨之甚精。又且聲之去者，能使之留聲；之微者能使之大。其微妙處，有非言思所能擬議者。是不可以不講，故化學之後，即以聲學繼之。

一，憑虛發現之處，其足以成實用者，又有光學焉。光學一道，其用之至大者，莫如戰艦中之迴光鏡，能用以燒敵船。其他取用亦多類是，故以光學次聲學焉。

一，測算之學，算難於測天。古人《周髀》《宣夜》諸書，亥步九章諸法，備徵載籍；而西人推算尤極精微。舉凡日月五星推行纏度，幾無纖毫之差忒。成書具在，可勿講歟，是宜於電、化、聲、光諸書之後詳求之。

一，測算既明，則以地學證之。凡屬五洲各島山川之險要，海洋之淺深，及水石沙土如何形質，總散各圖，皆富强之根柢。學者必先肄習，考察，精通，了然於心，自可臨時濟用。

一，援古證今，學者所不可廢。我中國之事有全史，在自已考据有素。兹擇泰西諸國史記、兵略等書，嚴輯諸編，以資比例知興衰焉。

一，通商口岸既開，若徒守中國之律，以相比例泰西，無怪方鑿圓枘，格一不入。兹選律法一門，列諸史學之後，以爲交涉之鵠。

一，藝既精，學既績，才既爲有用之才，國亦可爲自立之國。特是既庶之後，非富何以卷卷求富之道，無論如何征歛，終不如採自然礦利爲最。正是舍開礦，別無求富之法也。

一，五金、煤礦之利既獲，講求製造等事，必運以汽機。夫汽機之爲用，上自製造各廠鐵甲雷船，下至輪車以既耕種，罔不恃爲權輿。煤爲汽之原，汽爲煤之用，顧不重歟。

一，國之治亂，以整齊嚴肅與否卜之，百不一爽。每見大治之國，舉凡城池、營壘、溝洫、道路、海埠、山鎮、駁岸、海塘，以及圩港濱以成地，堰洪流之漫溢，利於國計，利於民生者，莫不修築井然，心目爲爽。揆其所由，胥賴於工學之夙講。是有國之責者，必先講求有素，臨時庶可措置裕如。是工程亦富强之羽翼，何可忽耶。

一，兵可百年不用，不可一日不備。泰西英、法、德、美諸國，水陸兵制實可空前絶後。雖孫吴復生，亦當遜其精實而勁敵，相與從事，亦嘗追奔逐北、伏屍相枕籍，假使弱者當之，其潰覆尚堪問耶。是我中國人士，於講求兵學一門，不可須臾或緩用。殿書末，亦以見盛世弭兵之意云爾。

一，水陸之師恃乎槍礮，其極靈、極堅、極速，皆自測算格致中來。是士飽馬騰、船堅礮利，舍及遠命中，無以自立。故以礮學繼兵學後，如虎豹之有牙爪。

一，國何以富，富在民也。聽民游手閑散，不能富也。必教之藝，使各有自主謀生之權，然後漸以法律寬猛相濟，未有不就我範圍者。馴致藏富於民，以潛消其犯上作亂之漸。爰選藝學，以爲諸書之殿。

一，胡五峯曰，學欲博，不欲雜。是編所選，不出測算、格致二術之藩籬，而間以史學者，以見蠻争觸鬬，亦復轍亂旗靡，船堅礮利亦不足恃，盛衰之故，藉自鏡焉。

一，選擇諸善本鴻編巨制，捜括靡遺，間有説帖、芻言不成卷帙者，雖吉光片羽，因不忍割愛，則諸其類，竊比附庸。

一，諸書著述者之姓名，詳載各書，不再重列於總目録下，以歸簡便。

一，是書所選，皆深於格致、測算，有關富强之善本，收羅彙刊，凡與前二術略近形似，雖文理斐然可觀，亦均弗録。其有兩種同秉一義例者，存其一種，以歸實濟。

一，自來操選政者，皆有將伯之助。蒙素寡交遊，時又濫竽譯署，干牘旁午昕夕，未遑姑就行笈所有者悉心褒擇，未暇博采廣羅，匡我未逮，仍有望於後之君子。

一，是編之輯，不過爲講求斯道之學人漁獵筌蹄，毋以握珠自足，仍望博極旁通，是則鄙人之私願也。

一，是編發耑於乙未夏，告成於丙申秋。蒙總其大綱，不克伏案讐校。其斟酌句讀，排比次序，勘對再四，而尠魯魚亥豕之訛，則崇川袁君潤生之力爲多。載諸簡以附，風人弗諼之旨。

光緒二十二年太歲在丙申陽月，富强齋主人書於海上。

《富强齋叢書續全集》

儲桂山　續富强叢書序　三代上言仁義，三代下言富强。說者謂王伯昇降氣運使然，而吾獨曰，否。蓋王道伯功祗争一間富强，仁義本係同原。試觀古之稱霸者，以齊桓爲最，而管仲實佐之，乃一匡九合，宣聖稱其仁。城濮召陵，春秋書其義，此皆褐然可證，不難思而得者也。是以有識之士，箸書論治術，人不一家，說不一旨，而其以仁義爲根本，富强爲枝葉，言仁義必極富强，求富强不外仁義，夫異體殊功者，固不肖强爲株連，而同條共貫者，亦不必妄生分別。果如其說，充其迂腐量之所至，則煦煦爲仁，孑孑爲義，舍富强而高言仁義，仁義既僞，本實先撥，欲不貧弱也，得乎？方今列强並峙，世變岌岌，證之中國歷史之時代，惟戰國最近，固非富强不足以自立也。中國堂堂廿三省，開化之早，甲乎全球，而顧曰患貧弱者，則守舊頑固之腐儒過多，而富强仁義之原，與其相合之媒，未之講也。夫君愛民，仁也，不代擴農工鉅利，籌保衛良方，而任聽外人飼養驅策，則仁而失其爲仁。民愛君，義也，不克助天家正供，捍邊塞敵氛，而徒受外人侵蝕壓制，則義而失其爲義。由是觀之，欲全仁義，非力求富强不可。富强之術，西人最精。《記》曰，禮失求野，而矧爲文明之歐埃乎。然則欲求富强，以與泰西角勝，則非先知泰西富强之術不可。富强齋主人洞然燭燭，惄然憂憂，集西書之精者，爲《富强叢書》，重校於丁酉，刊行於己亥，識者莫不欲奉爲富强治術之圭臬，風被海內，久已膾炙人口矣。顧己亥至今，時移勢易，譯編之行世者，既層出而不窮，則叢書之續成者，當羅披而彌廣。主人復不憚艱劬，刺取西書，彙輯三百餘卷，自內政外交，以至一技一藝之細靡，非當今之急務，手一編於案，足以豁心目界，誠蔚然鉅覌也。印既成，署曰，《續富强叢書》，將出而問世。而不佞適遊滬瀆，屬爲序之，雖不文，無可辭也。爰發揮鄙意，而弁之於簡端。

光緒二十七年秋八月，吴陵儲桂山馨遠甫識。

附　續富强叢書凡例

一，西國富强之策，分西政、西藝兩門，而總謂之西學，稱爲新學也尤宜。前編所輯者，以算學爲入門之初階，循序漸進，可以升堂入室。斯編以格致爲始基，舉萬類之緐，六合之廓，莫不以此爲關鍵，而匯其通焉。

一，耳聞者爲聲，目覩者爲光。能傳聲、發光，而妙其用者，莫如電。電在卦爲震，乾坤之長子，故其能力也最速。說者謂十九周爲汽機世界，二十周爲電氣世界，信然。

一，水火既濟，蒸而爲汽。除天氣壓力分，若無阻礙力，能漲一千七百倍。凡建造機器之大工程，胥賴以利用，則汽學爲考工之原，留心製造者，所宜晳也。

一，天地人，謂之三才。人知天地，則貫三才而一之。但自風角堪輿興，而談天說地者均與格致相反對，蠱惑人心，莫此爲甚。爰録泰西天學地學家言，而救正之。

一，萬物以人爲最靈，亦最貴。其所以能生力，生巧，生骨肉筋絡，生疾病瘖聾跛躃，泰西格致家講求全體，已不留餘力，醫家尤斷斷焉，録全體學。

一，地球上之植物，比比皆是。穀果供人食，樹木資人用，柴薪供人炊，花卉悅人目。雖曰天生，亦賴人力栽培也。其滋生傳種之機，菀枯肥瘠之理，西人分部分科以闡明之，其用詎有窮耶。

一，格致中最近切有用者，植物外莫如動物。有瘠骨類：有圜節類、有柔體類、有動植難之類。推其本，可考蕃變之迹。究其用，可爲畜牧之資。故以動物次植物焉。

一，中國自扁、和之術，已醫學遂荒，近復强半，以學帖括不成者爲之，爲害甚矣。西人格致曰精，理法益備，其見地之高，手法之妙，器具之靈，勝華醫倍蓰亦大造之生機也。

一，古人讀書，左圖右史尚矣。西人以圖畫爲顓門之學，凡製造、行軍、測量，一切格物學罔不繪圖帖說，以明體用。自入門以暨深造，能洞明乎邊角曲直、體面方圓之理，則入西學之堂奧，復何難哉。

一，泰西官制義例謹嚴，亦講時務者所必晳。其內外文武之職，頒爵制禄之經，籌畫周詳，力矯欺飾，固不獨議院章程，意、美、法良也。録官制。

一，文學興國，列邦皆然。日本行之而大效，其學堂各數千百所，大有三代家熟黨庠術序之遺風。其規制斟酌盡善，華人尤宜仿而行之。

一，公法爲外交之方鍼，不諳其理，而徒以口舌争，內無補於國政，外貽笑於通人，烏乎可。綜而録之，亦强國之本原也。

一，西人富民之策，仍以樹畜爲本，非重商而賤農也。近皆改用新法，以化學糞田，以機器播種，事半功倍，尤宜學步。録農政。

一，富强之本，商等於農。商戰之策，西人最精。古之計然、陶朱，尚不能望其項背。史遷云，農以生之，工以成之，商以通之。舍商將奚由生殖哉。故録商政，以次農學。

一，《禮》云，地不愛寶。礦乃地産之通稱，五金、煤炭，無物不藴於地球殼面。取之無盡，用之不竭，封而閉之，良足惜也。因録礦政，以爲理財者之助。

一，工爲商之本，製造不精强富育，大賈不能以朽窳易金銀。泰西有工藝院，有工藝報，民無游手者，乞食子皆勒令作工。致富之術其在是乎。

一，兵法至火器而益精。英以小師雄長全球，德以陸師駕凌歐亞。國而無兵，猶人無手足也。欺之辱之，聽命於人，奚以自立。故國以强爲立，强以兵爲要，將兵將將，盍展卷而則效之。

一，五洲互市，商舶如織，重洋遣戍，軍艦頻來。擇地築塢，設廠興修，其工程尤爲製造之巨擘，此固中國當務爲亟者。録船政。

一，西國議院，即古鄉校之遺意，而精詳則過之。達中外之勢，通上下之情，莫善於此。近復有通論時局之書，别籌治安之策，亦海外不刊之清議也。録議政。

一，是編所輯之書，僅抉其大略，以提其要。學，期有用，非徒尚新奇也。前編已録者從略，其餘選輯校讐之工，悉遵曩例。惜蹄涔之識，網羅不富，尚希海内博雅君子教之。

光緒二十七年太歲在辛丑秋月，崇川袁俊德潤身甫識於上海富强齋。

《新輯各國政治藝學全書》

趙以炯　各國政治藝學書序　十九、二十世紀之間，地球萬國文野競争之機關，其消息于書也乎。歐美之制，不税紙以爲者，印書之産文明之媒也。故嘗視其國費紙之多寡，爲文明程度之比例差。倫敦大藏書樓綿亘幾三十里，英國國家嘗歲出金千鎊，以刊佈其書目。日本維新以來，叢書、雜誌之流行，歲恒數倍，著作之權，出版之律，載於憲法，分佈于朝野。蓋國民之精神智識，所發現，所灌溉，固有大影響於强弱之關係者也。各國于世界學問界，其尚在幼稚時代乎。國民之言論思想受外界之激刺，始稍稍萌芽，而内界之發達尚晚。其與東西文化之離點，殆未可以道里計。自去年詔改科舉，海内新識之士，莫不移的換目，東其所謂十萬選、五萬選者，而全注其腦電於譯本。于是各國之政治家言，藝學家言，無不漸次譯印，羅列于五都之市，而用紙之數，遂頓漲數十度。書業之現狀，殆即文明之風潮乎。惜乎一人之私言，每多偏駁雜，摭之叢本，大半支離，求其分門别類，疏朗若晨星，鑿險縋幽，顯澈如明鏡者，殆不多覯。東山主人涖滬有年，於東西新學之書，多所瀏覽，爰擇十九世紀、二十世紀中之新譯善本，彙爲全書，付之石印。其子目分二十有三，而其宗旨，則不外政治、藝學兩大端，遂標其名曰《各國政治藝學全書》。此正我中國輸入文明之朕也。書既成，問序于余。因涉獵一周，泚墨而爲之序。

光緒二十八年四月既望，貴陽趙以炯書於京邸。

又　李明智　敘　礦政設官始於《周禮・卝人》，五金之外，煤最賤，而用最廣，可以運汽機，可以行舟車，可以鎔冶五金，煅煉百物。泰西諸邦視爲富國之要政焉。中國自《卝人》不設采用，由民開煤之法，相因不改，用力雖巨，而獲利無多。於是國家專以五金爲重，而煤則不介意矣。蓋中國取煤務旁通，泰西取煤務深入，自近年漸講機器制造、輪車輪船諸政，始創煤礦公司，延募礦師開。開平、大冶、萍鄉等礦，較舊法利數倍焉。昔英國里多文君屢著論説，謂中國各山藏礦極多，按畝與歐洲産煤最盛之國相較，尚爲更豐、更佳，惜不得采取善法，未盡天地自然之利耳。此言誠是也。予於礦政留心廿餘年，足跡幾偏天下，深知産煤之山偏地皆是，因轉運艱難，而中止者半，因挖至半途而水湮者半，坐不講求新法之故也。昔東洋礦學未興，延西人代辦，長崎大加西馬煤礦不十年而東人自辦開取焉。泰西無異我中國，如能效而行之，其獲利豈不爲五洲之冠哉。曩英國傅蘭雅君，手《煤礦圖説》一書，法精圖備，討論至詳，閲之如覩指畫，如聞口授，講煤礦之書雖不一種，而以此書爲最善。今海内羣知礦務爲要政，凡講求開煤者，研究此編，自不難精益求精。如東人之取法以自强，俾中國大興礦政，庶不没蘭雅君之苦心，而可上追《周官》之盛軌也已。雅州李明智啓君甫撰并書。

《乾坤體義》

四庫全書提要　《乾坤體義》三卷，明利瑪竇撰。利瑪竇西洋人，萬曆中航海至廣東，是爲西法入中國之始。利瑪竇兼通中西之文，故凡所著書皆華字華語，不煩再譯。是書上中卷皆言天象，以人居寒煖爲五帶，日月星天爲九重，以水火土氣爲四大元行，以日月地影三者定薄蝕，至於恒星七曜與地各有倍數，日月出入各有映蒙，多發前人所未發，其多方罕譬，亦皆委曲詳明。下卷皆言算術，以邊線面積平圜撱圜互相容較，補古方田之所未及，爲今線面體之造端。雖篇帙無多，而其言皆驗諸實測，其法皆具得變通，所謂詞簡而義賅者。我朝《御製數理精蘊》多因其說而推闡之。當當明季曆法乖舛之餘，鄭世子載堉、邢雲路諸人，皆力斥其非，而所學未足以相勝。自徐光啓等改用新法，乃漸由疏入密。至本朝而益爲研究，始盡精微，則是書固亦大輅之椎輪矣。

《天問略》

四庫全書提要 《天問略》一卷，明萬曆乙卯西洋人陽瑪諾撰。是書於諸天重數，七政部位，太陽節氣，晝夜永短交食本原，地影釄細，蒙氣映漾，曚影留光，皆設爲問答，反覆以明其義，末載曚影刻分表，并詳解晦朔弦望交食淺深之故，亦皆具有度說，指證詳明，與熊三拔所著《表度說》次第相承，淺深相繫，蓋互爲表裏之書。前有陽瑪諾自序，其說乃舍其本術而盛稱所謂天主者，且謂第十二重不動之天，爲諸聖之所居，天堂之所在，信奉天主者乃得升之，以歆動下愚。蓋欲借推測之有驗，以證天主天堂之[不]誣，其用意極爲詭譎。然其考驗天象，則實較古法爲善。今置其荒誕售欺之說，而但取其精密有據之術，削去原序，以免熒聽，其書中間涉妄謬者，刊之則文義或不相續，姑存其舊，而闢其邪說如右焉。

又 周希令 題天問略 吾所取大者，道也。道用莫如天。始造天者，萬物之理畢具。學士罕言之，泰西獨以服習精，雖薄蝕旋變表占杪忽之差，悉能見於方罫之規，一髮之線，其他稱是世無舉。羲前有畫，禹前有圖，孔子前有官，周子前有極者，皆經千載始出，出亦不盡。儒與中國非神物司之時，至事起不脛而走，天且弗違乎。語云，賢者識其大，今日之大安在哉？歲差之於曆也，測量之於漕也，水法之於西□地利也，圖經占極之於海運倭防也。通此者，爲事而不必命，以事可以紀遠。子儀又識。

又 孔貞時 天問略小序 昔韋宗睹僔檀論議，因嘆絶其奇，以爲五經之外，冠冕之表，各自有人，不必華宗夏士，亦不必八索九丘。旨哉斯言。世固有奇文妙理，發于咫聞之外者，第吾人罣步方内，安睹所爲奇人而稱之。予于西泰書，初習之奇，及進而求之，乃知天地間預有此理，西士發之，東士睹之，非西士之能奇，而吾東士之未嘗究心也。《天問》册特其一端，其言黄道，似沈夢溪辨九道之說，其言日蝕由月，似王充太陰太陽之說，其言月借日光，似張衡靈憲所什生魄生明之說，其言諸天，似有出諸儒見解之外，而又非佛氏三十三天之說者。嗟乎，往代天官書，唐史甚精，以其多成于李淳風之手，專門校著，視他書楊藻掞天者愈也。今西士以其畢世聰明，求之于天，而通以中國之書，使考測者乘之，不大有裨助乎。夫精如淳風而麟德之曆不能不爲太衍，則羲淺積畸所繇然矣。今之積差漸久，緹穀不應，而授時度事亦漸以不符，正之宜亟，則有關于三辰四游者，其書皆宜講求，是書又不止攷測之助已也，于徒詫其奇者何有。

時萬曆乙卯夏四月，中甫孔貞時題。

又 王應熊 刻天問略題詞 談天家有二患，一曰淺而不專，一曰執而難通。斑固之言曰，星事殉悍，非湛密者弗能由也。貴專也。《易》曰，知變化者，其知神之所爲。故貴通也。夫不專不通，則紀昌之蝨姿所大於車輪，公孫之劍亦何關於波磔。即以奏薄技不可得，而況商天地之綱紀，擅神明之制作乎。蓋學者惟無獨守之志，故多拘方之見，至於不恠所可怪，而怪所不可恠，且學方圓自然之故而惑之已。余攬西士之爲象緯家言也，窮年累月，精力絶無旁用，比讀吾中國書卷，以通之乎此道，而凡爲樂器，爲籌安，爲農田水利諸政，無不以此道通之。非天下之至材，其孰與焉。而或駴以爲奇，又或疑以爲與吾中國異，何也？盍取《洛》《範》諸書一紀律之，又取法象之見前者一表測之，西人之說乃正自平常，而未始出吾範圍之内，則夫聖作明述，成變化而行鬼神，於人無不封白，特承習者自迷矣。木難火齊，而翻謂胡僧多眼，政猶見布而疑麖，見罽而驚毳，亦可嘆已。嗟乎，古道不明，《洛》《範》諸書僅流爲占候推測之用，占候推測又失其官，而象緯家始立言以辯之，噫抑末矣，然則學者宜何患焉。

萬曆乙卯季春望後，巴國王應熊書於寶畬齋中。

又 陽瑪諾 天問略自序 造物主者，生人則賜之形軀及靈神，而又特使好知。又生天地列象萬物，種種完備紗巧，如肆大筵，陳異品，置人其間，令形軀享厥用，而靈神窮厥理，且愈窮愈細愈眇，以引其好知之心而樂之。故從古即至聖極聰，惟窮理是務，身心之餘，間及事物，物理愈微，其求悟亦愈殷，幸而悟亦愈樂。嘗辟知心於財，心增一知，彌增知渴，益一財，彌益財貪也。吾西格物之學，門臚而府藏，枝屬而源備，於天論則尤所詳慎。故其說能剖決心疑，使人不得不是之。如以手指物示人，舉目即得，名爲指論。吾西欲證一切講辨最確無疑，最實無虚者，即曰天文指論也。論天文者約有二端，一則測天重之多寡厚薄，日月星之運旋遲速，大小上下，去地之遠近，及出入朔望弦食、晝夜寒暑，斯類者，雖有寔理，第不急於日用，謂之測學。一則定節候，以便稼穡，以令種植，察行度以知時刻，以程作事，算躔會，以識禀受，以治疾病，量極宿以度地里，以便行海，斯類者有益於日用，謂之用學。乃其本旨，則又有説焉。天學以道德爲本，而道德之學又以識天主、事天主爲本。有爲於此學之學，爲寔學、益學、永學，無爲于此學之學，爲虚學、廢學、暫學而已。天論者，所以使人識事真主，輕世界而重天堂者也。譬如入一巨宫，崇而且麗，布置安美，職司勤勸，雖不見其主，必意此室中有主居之、治之，且必大富大智大德矣。嗟乎，宫之崇麗，孰如圓穹。布置之安美，孰如七政列宿。職司之勤勸，孰如四時之乘除、萬物之生息。誠孰思之，不可謂天地萬物無主以造之治之也。經云，肉目不能視天主，觀其所造，即能識之。既識之，容不愛敬乎。故使人識事天主者，此也。人情非[見]彼大，不知此小，非視彼妍，不悟此媸。苟能思天之大且美，則必謂此所立所居所争所分之地，乃天中一點耳。其間福樂，以天之福樂視之，不可爲真，乃福樂之景耳。色搦加曰，習于天者，忽于地，故使人輕世界而重天堂者，此也。夫天象甚廣且多，難以殫悟，日月附在人目，亦用切人身，特撮大略數端，使同志者稍嘗而喜焉。敢曰天論之入門，天堂之引路乎。然寔所私祝矣。

萬曆乙卯仲秋月，泰西陽瑪諾題。

《函宇通・格致草》

熊志學　函宇通　敘　夫儒者，通天地而參於其中，則必知天之所以天，地之所以地，推本乾元，順承生生之意，而後於三才稱無忝也。大易之論，天地厥理至矣。《虞書》之贊，欽若《禹貢》之表山川法象，規萬千古莫能外焉。孔子之知天地，見於删《詩》，日居月諸東方自出，七月流火，定之方中，嘒彼小星，三五在東。是則定朔望分至、昏旦之徵也。殷其雷在南山之陽，英英白雲，露彼菅茅，有渰淒淒，興雨祁祁。是則風、雨、露、雷其本在地上，其功於天之徵也。帝命式于九圍，是即地爲圓體，同天之徵也。至若上天之載，無聲無臭，帝度其心，天命降鑒，是又□大易資始資生，《尚書》降衷受中之論，合矣。漆園、稷下，亦不安於蛙井，是窺求其故而不得，遂姑寓言焉，臆言焉。乃楚左徒氏曰，圜則九重，孰營度之。韓諸公子曰，地在天中，大氣舉之。誰謂秦燔以前，遂無明兩儀真體者乎。漢宋名儒，惟董子，道之大，原出於天。程子，儒者本天之語，足爲盡性至命根蒂。若性理書所載形氣之説，猶之臆焉耳，可遂謂窮至事物之無遺哉。吾宗壇石大司馬伯、甘小宰橋梓，隱居吾考亭之里也。性理之言，既皆大有功于考亭矣。而大司馬《格致草》之言天也，賅《崇禎曆書》而約之，更有富于《曆書》所未備者。小宰《地緯》之言地也，賅《職方外紀》而博之，更有精于《外紀》所未核者。其學問崇宏思慮淵奧，窮理盡性，以至於命，豈特功于考亭哉，蓋上之而功于孔子矣。《格致草》初名《則草》，成於萬曆時，後廣之爲今書，刻于華日樓，海内宗之，而分至金水諸論，則今戊子考測乃定《地緯》，刻於浙中，柱史蘭陵梁公入告于薦剡矣。今頗删削，取慎餘闕文之意，且原版多佚，台小子志學，是以合而重刻之，僭爲之大，共名曰《函宇通》，以偏贊乎爲儒之有志乎參兩者。夫重黎世司南北，正天明地，察我熊有初焉。兹書實焜曜惇大之，豈僅僅成一家言乎。

順治五年夏五，閩潭陽書林熊志學魯子氏頓首序。

又　熊明遇　格致草自序　儒者志大，學則言必首格物致知矣，是誠正治平之關籥也。然屬乎象者皆物，物莫大於天地。有物必有則。《中庸》曰，天地之道，可一言而盡也。其爲物不貳，則其生物不測。孟子曰，天之高也，星辰之遠也，苟求其故，千歲之日至可坐而得也。是思、孟之所以受於孔子，有味乎其言之歷千古之諸説同異得失，而無敝也。物以則而呈象，聖人則其則。如虙羲氏則《河圖》以畫八卦，禹則《洛書》而陳之《洪範》，其義精微矣。上古之時，六府不失其官，重黎氏世敘天地，而別其分主。其後三苗復九黎之亂德，重黎子孫竄於西域，故今天官之學裔土有顓門，堯復育重黎之後不忘舊者，使復典之。舜在璿璣玉衡，以齊七政，於是爲盛。三代迭建，夏正稱善，今之所從也。寖尋至春秋戰國，騶衍、楊朱、莊周、列禦寇之徒，荒唐曼衍，任臆鑿空，其則安在！秦火之後，漢時若董仲舒，第以推陰陽爲儒者宗，劉向數禍福，傳以《洪範》，而司馬遷之書，班固之志，張衡、蔡邕、鄭玄、王充諸名儒，論著具在，文辭非不斐然，其於中庸不貳之道，孟子所以然之，故有一之脗合哉。唐溺於攻詞，疎於研理，僅僅李淳風以方士治曆，但知測數立差，其於差之故，亦茫乎未之曉也。宋儒稱斌斌理解矣，而朱子《語録》、邵子《皇極經世書》，其中悠謬白著耳食者，輒羣然，是訓是式，而不折衷於孔子，可；思、孟子其可乎？恭際我朝，天明普照，萬國圖書牣於秘府，士多胥臣之聞，家讀射父之典，人集剡子之官，而睿慮廣延，考課疏密以資，欽若臺史，業有充棟之奏。竊不自量，以區區固陋，平日所涉記而衡以顯易之則，大而天地之定位，星辰之彪列，氣化之蕃變，以及細而草物蟲豸，一一因當然之象，而求其所以然之故，以明其不得不然之理。雖未敢曰於大人格物致知之義，贊萬分之一，但令昭代學士，不顛首服膺於漢、唐、宋諸子無稽之談，俾兩間物生而有象，象而有滋，滋而有數者，各歸於中庸不貳之道，庶幾不虚負覆載，可列於冠圜履句之儒乎。

《圜容較義》

四庫全書提要　《圜容較義》一卷，明李之藻撰，亦利瑪竇之所授也。前有萬曆甲寅之藻自序，稱：「凡厥有形，惟圜爲大；有形所受，惟圜至多。渾圜之體難名，而平面之形易析。試取同周一形以相参考，等邊之形必鉅於不等邊形，多邊之形必鉅於少邊之形。最多邊者圜也，最等邊者亦圜也，析之則分秒不漏。是知多邊聯之，則圭角全無。是知等邊不等邊，等邊則必不成圓。惟多邊等邊，故圜容最鉅。」「昔從利公研窮天體，因論圜容，拈出一義，次爲五界十八題，借平面以推立圜，設角形以徵渾體」云云。蓋形有全體，視爲一面；從其一面，例其全體，故曰「借平面以測立圜」。面必有界，界爲線，爲邊，兩線相交必有角，析圜形則各爲角，合角形則共成圜，故曰「設角以徵渾體」。其書雖明圜容之義，而各面各體比例之義胥於是見，且次第相生，於《周髀》「圓出於方」「方出於矩」之義，亦多足發明焉。

又　李之藻　圜容較義序　自造物主以大圜天包小圜地，而萬形萬象錯落其中，親上親下，肖呈圜體。大則日躔月離軌度所以循環，細則雨點雪花潤澤敷於涓滴。人文則有旋中規而坐枹鼓，況顱骨、目瞳、耳竅之渾成。物宜則有穀孕實而核含仁，暨鳶翔、魚泳、蛇蟠之咸若。胎生卵育，混沌合其最初；葩發苞藏，團欒干焉保合。俯視漚浮水面，仰觀暈合天心，摶風滃乎蘋端，湛露擎于荷蓋。砂傾活汞，任分合以成顆；鮫泣明珠，撒枰杆而競走。無情者飛蓬轉石，斡運總屬天機；有情若蛛網蟲窠，經營自憑意匠。若乃靈心濬發，尤多規運成能。璧水明堂，居中而宣政教；六花八陣，周衙而運正奇。樂部在懸，簫鼓共圜鐘迭奏；軺車欲駕，輪轅貫樞軸其旋。戲場有蹴鞠彈棋，雅事對莆團蓮漏。忽然一嚏，成如珠如霧之談奇；謾説恒沙，滿三千大千之國土。至於火炎鋭上，試遠矚而一點圓光；水積紆迴，指寥天而兩縫規合。蓋天籟、地籟、人籟，聲聲觸竅皆圜；如象官、象事、象物，粒粒浮空有爛。所以龜疇蓍策，用九之妙無窮；羲畫文重，圍圜之圖不改。草玄翁之三數，安樂窩之一九，先天後天，此物此志云爾。

凡厥有形，惟圜爲大；有形所受，惟圜最多。夫渾圜之體難明，而平面之形易晰。試取同周一形以相参考，等邊之形必鉅於不等邊形，多邊之形必鉅於少邊之形。最多邊者圜也，最等邊者亦圜也，析之則分秒不億。是知多邊聯之，則圭角全無。是知等邊不多邊，等邊則必不成圜。惟多邊等邊，故圜容最鉅。若論立圜渾成一面，則夫至圜何有周邊？周邊尚莫能窺，容積奚復可量？所以造物主之化成天地也，令全覆全載，則不得不從其圜，而萬物之賦形天地也，其成大成小，亦莫不鑄形于圜。即細物可推大物，即物物可推不物之物，天圜、地圜，自然，必然，何復疑乎？

第儒者不究其所以然，而異學顧恣誕於必不然，則有設兩小兒之爭，以爲車蓋近而盤盂遠，滄涼遠而探湯近者，不知二曜附麗於乾元，將旦午之近遠疇異；氣行周繞于地域，其厚薄以斜直殊觀。初陽映氣，故暉散影巨，而炎旭應微；亭午籠虚，則障薄光澄，而曝射當烈。又有造四大洲之誑，以爲日月遶須彌爲晝夜，地形較縱廣於由旬者，試問須彌何物，凌日與月而虧天？且縱廣奚稽，乃狹與彎之變相？積由旬至億千萬，則地徑有度，金輪豈厚載所容？統忉利謂三十三，則象緯正圜，諸天之棋累可怪！且夫極辨者，方圜之體若白黑一二之難欺；最精者，方圜之度當微渺毫芒之必析。沖虚撰模稜而侮聖，釋氏騁荒忽以誣民，彼曾不識圜形，惡足與窺乾象！

夫寰穹邈矣，豈排空馭氣可以縱觀？乃道理躍如，若指掌按圖無難坐得。昔從利公研窮天體，因論圜容，拈出一義，次爲五界十八題，借平面以推立圜，設角形以徵渾體。探原循委，辨解九連之環；舉一該三，光映萬川之月。測圜者，測此者也；割圜者，割此者也。無當于曆，曆稽度數之容；無當於律，律窮絫黍之容，存是論也，庸謂迂乎？

譯旬日而成編，名曰《圜容較義》。殺青適竟，被命守澶，時戊申十一月也。柱史畢公梓之京邸。近友人汪孟樸氏因校《算指》，重付剞劂，以公同志，匪徒廣略異聞，實亦闡著實理。其於表裏算術，推演幾何，合而觀之，抑亦解匡詩之頤者也。

萬曆甲寅三日既望，涼庵居士李之藻題。

《寰有詮》

四庫全書提要　《寰有銓》六卷，明西洋人溥汎際撰。書亦成於天啓中。其論皆宗天主，又有圜滿純體不壞等十五篇，總以闡明彼法。

案：歐邏巴人天文推算之密，工匠製作之巧，實逾前古。其議論夸詐迂怪，亦爲異端之尤。國朝節取其技能，而禁傳其學術，具存深意。其書本不足登册府之編，然如《寰有詮》之類，《明史·藝文志》中已列其名，削而不論，轉慮惑誣，故著於録而闢斥之。又《明史》載其書於道家，今考所言，兼剽三教之理，而又舉三教全排之，變幻支離，莫可究詰，真雜學也。故存其目於雜家焉。

又　李之藻　譯寰有詮序　權輿天地，神人萬物森焉。神佑人，萬物養人，造物主之用恩，固特厚於人矣。原夫人稟靈性，能推義理，故謂小天地，又謂能參贊天地。天地設位，而人成其能。試觀古人所不知，今人能知；今人所未知，後人又或能知，新知不窮，固驗人能無盡。是故有天地，不可無人類也。顧今試論天地何物，何所從有，何以繁生諸有，人不盡知。非不能知，能推不推，能論不論，奚從而知？如是而尚語參贊乎。不參贊，尚謂虛生，併不肯推論，不與一切蠢動埒乎？兩人邂逅，初識面目名姓，稍狎之，併才情、族屬瞭然，獨於戴堪履輿，五有孕結，其爲生我育我，終始我諸所以然，終身不知，終古無人知也而可乎？聰明傍用，不著本根，貿貿而生，泯泯而死，夫惟不能推厥所以然，是故象緯河山，不識準望；躔度變合，不知步測；冷熱乾濕，不審避就。乃至稼穡耕獲遺利，醫療運氣失調，化遷盈縮愆時，工藝良楛違性，梯航軍旅迷嚮，以至操觚繪物，比事撰德，悉皆耳食臆忖，無當實際。彼夫裨海大瀛，三千大千，一切恣其夸毗，以誣惑世愚。而質之以眼前日用之事，大抵盡茫如也。鞮鞻靈明，既甘自負，更負造物主之恩，且令造物主施如許大恩於世，而無一知者，則其特注愛於人類，亦何爲也。昔吾孔子論修身，而以知人先事親，蓋人即仁者人也之人，欲人自識所以爲人，以求無忝其親，而又推本知天。此天非指天象，亦非天理，乃是生人所以然處。學必知天，乃知造物之妙，乃知造物有主，乃知造物主之恩，而後乃知三達德、五達道，窮理盡性，以至於命；存吾可得而順，歿吾可得而寧耳。故曰，儒者本天。然而二千年來，推論無徵，謾云存而不論，論而不議，夫不議則論何以明，不論則存之奚據？蔽在於蝸角雕蟲，既積錮於俗輩；而虛寂恠幻，復厚毒於高明。致靈心埋沒，而不肯還嚮本始，一探索也。景教來自貞觀，當年書殿繙繹經典頗多，後人妄爲改竄，以歸佛藏。元宗沈晦，殆九百載。我明天開景運，聖聖相承，道化翔洽於八埏，名賢薦瑞於上國，時則有利公瑪竇，浮槎開九萬之程，既又有金公尼閣，載書踰萬部之富，乾坤殫其靈祕，光岳煥彼精英，將進闕廷，鼓吹聖教文明之盛，蓋千古所未有者。緣彼中先聖後聖，所論天地萬物之理，探原窮委，步步推明，繇有形入無形，繇因性達超性。大抵有惑必開，無微不破。有因性之學，乃可以推上古開闢之元。有超性之知，乃可以推降生救贖之理。要於以吾自有之靈，返而自認，以認吾造物之主。而此編第論有形之性，猶其淺者。余自癸亥歸田，即從修士傅公汎際，結廬湖上，形神並式，研論本始，每舉一義，輒幸得未曾有，心眼爲開，遂忘年力之邁，矢佐繙譯，誠不忍當吾世失之。而惟是文言敻絶，喉轉棘生，屢因苦難閣筆。乃先就諸有形之類，摘取形天土水氣火所名五大有者，而創譯焉。夫佛氏楞嚴亦説地水火風，然究竟歸在真空。茲惟究論實有，有無之判，含靈共曉。非必固陋爲贅，略引端倪，尚俟更僕詳焉。然而精義妙道，言下亦自可會。諸皆借我華言翻出西義而止，不敢妄增聞見，致失本真。而總之，識有，足以砭空；識所有之大，足以砭自小自愚。而蠅營世福者，誠欲知天，即此可開户牖。其於景教，殆亦九鼎在列，而先嘗其一臠之味者乎。是編竣，而修士於中土文言理會者多，從此亦能漸暢其所欲言矣。於是乃取推論名理之書，而嗣譯之。噫，人之好德，誰不如我將伯之助，竊引領企焉。不然，秉燭夜遊之夫，而且爲愚公，爲精衛，夫亦不自量甚也。

崇禎元年戊辰日，躔天駟之次，後學李之藻盥手謹識。

《空際格致》

四庫全書提要　明西洋人高一志撰。西法以火、氣、水、土爲四大元行，而以中國五行兼用金、木爲非。一志因作此書，以暢其説。然其窺測天文，不能廢五星也。天地自然之氣，而欲以强詞奪之，烏可得乎，適成其妄而已矣。

又　高一志　引　空際所視變化之蹟，繁矣，奇矣，明著矣，而究其所以然者，古格致之學恒以爲難，茲余將測其略，頃先推明其變化之切根，然後可。切根者，惟四元行所謂火、氣、水、土是也。

《談天》

偉烈亞力　談天序　天文之學，其源遠矣。太古之世既知稼穡，每觀天星以定農時。而近赤道諸牧國，地炎熱，多夜放羣羊，因以觀天。間嘗上攷諸文字之國，肇有書契，即記及天文。如《舊約》中屢言天星，希臘古史亦然。而中國《堯典》亦言中星，歷家據以定歲差焉。其後積測累推，至漢太初三統而立七政，統母諸數，從此代精一代。至郭太史，授時術法已美備，惟測器未精，得數不密，此其缺陷也。中國言天者三家，曰渾天，曰蓋天，曰宣夜。然其推歷但言數，不言象。而西國則自古及今，恒依象立法。昔多禄某謂地居中心，外包諸天，層層硬殼。傳其學者，又創立本輪，均輪諸象，法綦繁矣。後代測天之器益精，得數益密，往往與多氏説不合。歌白尼乃更創新法，謂太陽居中心，地與諸行星繞之。第谷雖譏其非，然恒得確證，人多信之。至刻白爾，推得三例，而歌氏之説始爲定論。然刻氏僅言其當然，至奈端更推求其所以然，而其説益不可摇矣。夫地球大矣，統四大洲計之，能盡歷其面者，無幾人焉。然地球乃行星之一耳，且非其最大者。計繞太陽有小行星五十餘，大行星八，其最大者，體中能容地球一千四百倍，其次能容九百倍也。設以五百地球平列，土星之光環能覆之，而諸行星又或有月繞之，總計諸月共二十餘。設盡并諸行星及諸月之積，不及太陽積五百分之一。太陽體中能容太陰六千萬倍，可謂大之至矣。而恒星天視之，亦只一點耳。設人能飛行空中，如最速礮子，亦須四百萬年，方能至最近之恒星。故目能見之恒星最小者，可比太陽；其大者，或且過太陽數十萬倍也。夫恒星多至不可數計，秋冬清朗之夕，昂首九霄，目能見者約三千。設一恒星爲一日，各有行星繞之，其行星當不下十五萬。況恒星又有雙星，及三合四合諸星，則行星之數當更不止於此矣。然此僅論目所能見之恒星耳。古人論天河，皆云是氣。近代遠鏡出，知爲無數小星。遠鏡界内所已測見之星，較普天空目所能見者，多二萬倍。天河一帶，設皆如遠鏡所測之一界，其數當有二千零十九萬一千。設一星爲一日，各有五十行星繞之，則行星之數當有十億零九百五十五萬。意必俱有動、植諸物，如我地球。偉哉，造物！其力之神，能之鉅，真不可思議矣。而測以更精之遠鏡，知天河亦有盡界，非佈滿虛空也。而其界外，別有無數星氣。意天河亦爲一星氣，無數星氣，實即無數天河。我所居之地球，在本天河中近，故覺其大。在別星氣外遠，故覺其小耳。星氣已測得者三千餘，意其中必且有大於我天河者。初，人疑星氣爲未成星之質，至羅斯伯之大遠鏡成，始知亦爲無數小星聚而成。而更別見無數星氣，則亦但覺如氣，不能辨爲星之聚。設異日遠鏡更精，今所見者俱能辨，恐更見無數遠星氣，仍不能辨也。如是累推，不可思議。動法亦然。月繞行星，行星繞太陽，近代或言太陽率諸行星，更繞他恒星，與雙星同。然則安知諸雙星不又同繞一星，而所繞之星，不又繞別星耶。如是累推，亦不可思議。偉哉造物，神妙至此。蕩蕩乎，民無能名矣。昔大闢有詩，曰，觀爾所造之穹蒼，又星月之輝光，世人爲誰兮，爾垂念之。人子爲誰兮，爾眷顧之。夫大闢所見天空，理非甚深也。尚歡欣贊歎不能自已，況我人得知天空如此精奇神妙耶。夫造物主之全智、鉅力，大至無外，小至無内，罔不蒞臨，罔不鑒察。故人雖至微，無時不蒙其恩澤。試觀地球上萬物，莫不備具，人生其間，渴飲饑食，夏葛冬裘，何者非造物主之所賜！竊意一切行星，亦必萬物備具，生其間者，休養樂利，如我地上。造物主大仁大慈，必當如是也。設他行星之人類，淳樸未雕，與天合一，見我地球天性盡失，欺僞争亂，厥罪甚大，而造物主猶不棄絶，令愛子降生，舍身代贖，當必贊歎造物主之深仁厚澤，有加無已。而身受者，反不知感激圖報，可乎？余與李君同譯是書，欲令人知造物主之大能，尤欲令人遠察天空，因之近察己躬，謹謹焉修身事天，無失秉彝，以上答宏恩，則善矣。

咸豐己未孟冬之月，英國偉烈亞力序於春申浦上。

又　李善蘭　談天序　西士言天者曰：恒星與日不動，地與五星俱繞日而行，故一歲者，地球繞日一周也，一晝夜者，地球自轉一周也。議者曰：以天爲靜，以地爲動，動靜倒置，違經畔道，不可信也。西士又曰：地與五星及月之道，俱係橢圜，而歷時等則所過面積亦等。議者曰：此假象也，以本輪均輪推之而合，則設其象爲本輪均輪，以橢圓面積推之而合，則設其象爲橢圓面積，其實不過假以推步，非真有此象也。

竊謂議者未嘗精心考察，而拘牽經義，妄生議論，甚無謂也。古今談天者，莫善於子輿氏苟求其故之一語，西士蓋善求其故者也。舊法火木土皆有歲輪，而金水二星皆有伏見輪，同爲行星，何以行法不同。歌白尼求其故，則知地球與五星皆繞日，火木土之歲輪，因地繞日而生，金水之伏見輪，則其本道也。由是五星之行，皆歸一例，然其繞日非平行，古人加一本輪，推之不合，則又加一均輪推之，其推月且加至三輪四輪，然猶不能盡合。刻白爾求其故，則知五星與月之道，皆爲橢圜，其行法面積與時恒有比例也。然俱僅知其當然，而未知其所以然。奈端求其故，則以爲皆重學之理也。凡二球環行空中，則必共繞其重心，而日之質積甚大，五星與地俱甚微，其重心與日心甚近，故繞重心即繞日也。凡物直行空中，有他力旁加之，則物即繞力之心而行，而物直行之遲速，與旁力之大小適合平圜率，則繞行之道爲平圜，稍不合則恒爲橢圜，惟歷時等所過面積亦等，與平圜同也。今地與五星本直行空中，日之攝力加之，其行與力不能適合平圜，故皆行橢圓也。由是定論如山，不可移矣。又證以距日立方與周時平方之比例，及恒星之光行差，地道半徑視差，而地之繞日益信。證以煤坑之墜石，而地之自轉益信。證以慧星之軌道，雙星之相繞多合橢圜，而地與五星及日之行橢圓益信。

余與偉烈君所譯談天一書，皆主地動及橢圜立說，此二者之故不明，則此書不能讀，故先詳論之。

又　談天凡例

一，此書原本，爲侯失勒約翰所撰。約翰昔爲英國天學公會之首，其父曰維廉，曰爾曼之阿諾威人，遷居英國，專精天學，不假師授，有盛名。維廉有妹，曰加羅林，相助測天，功亦不細。約翰有子，亦名約翰，乃印度軍中之武官，即有博學之名。其次子名亞力，已勤習天學，而今即大學內之一師也。侯失勒氏言天者，凡五人，學者勿混爲一云。

一，此書原本，咸豐元年刊行，其後測天家屢有新得，今一一附入。如小行星，最後有如同治十年所得者。又有論太陽等事說，非原書所有，而由重刊之本文，新譯之也。

一，凡年月日時，原本皆用西國法，準倫敦經度。今用中國法，準順天經度譯改，以便讀者。如第八百二十三條中，本文爲耶穌降世一千八百四十六年正月三日〇時九分五十三秒，今譯改道光二十五年十二月初六日戌初三刻十分四十七秒是也。亦間有用各國本地時者，如第五百九十條中，午後三小時六分，若改用中國時，則在夜中不能見日，與下文測見其中體距日心句不合，故仍原文也。

一，中國步天黄經赤經，皆用度分。西國黄經用度分，赤經用時分，例見第九十一、一百零八、一百零九三條。今間依中法，亦譯改度分。如八百二十九條，本文爲十六小時五十一分一秒五，今譯改二百五十二度四十五分二十二秒五是也。

一，凡數皆直書，單位下帶小數，則以「・」別之。如三百五十條，一・〇一六七九，其小數即十萬分之一千六百七十九也。間有横書者，則因與代數記號相雜，依代數例不便直書也。

一，凡度、里、尺諸數，皆遵《數理精蘊》，每度二百里，每里一千八百尺。近代西國細測地球，密推赤道徑，得英尺四千一百八十四萬八千三百八十，赤道周得英尺一億三千一百四十七萬五百六十五，以三百六十度約之，則一度得英尺三十六萬五千一百九十六。攷一度爲中尺三十六萬，乃以一度之英尺爲一率，一度之中尺爲二率，一爲三率，求得四率〇・九八五七七，是英國一尺爲中尺九寸八分五厘七毫七絲也。凡原文英尺譯改中尺，俱準此。又英國一里，得英尺五千二百八十。中國一里，得英尺一千八百二十五・九八。依此，推得英一里當中國二里八九一六。凡原文英里譯改中里，俱準此。

一，中國天圖有新舊二種，舊圖與《步天歌》合，新圖與《經天該》合。書中諸星凡舊圖所有者，則云某座第幾星，如角宿第一星之類是也。若舊圖無而新圖有者，則云某座增第幾星，如老人增第二之類是也。若二圖俱無，則或云近某星，如近外屏第三星之類是也。

《遠鏡説》

湯如望　自序　人身五司，耳目爲貴無疑也。耳與目又孰爲貴乎？昔亞利斯多稱，耳司爲百學之母，謂凡授受以耳，學問所以彌精彌廣也。若目司，則巴拉多稱爲理學之師，何者？蓋當其陡與物遇，見其然即索其所以然，由麤入細，由有形入無形，理學始終總目爲牖矣，而不寧惟是。明光色光較形聲臭味獨居上分，不既屬於目乎？觀夫亞尼瑪以目爲居止。孟子謂，存乎人者莫良於眸子。則凡情開意動之微，必達於目，善惡莫掩，有如執左契然者。且耳之於聲也，有待目之於形也，無待聞。每後見，每先聞，每似見，每其聞，僅有輕重清濁，見豈特元黄采素而已哉。物體有大小方圓、邪正動静，數有多寡，位有遠近，疇非於目辨者乎？誠若是，則目之貴於耳也，明矣。雖然，耳目皆不可廢者也。則佐耳佐目之法，亦皆不可廢者也。第佐耳者用力省，以管則遠，以螺則清。利物出於天成，其巧妙自無可得而言。佐目者用力煩，管以爲眶，鏡以爲睛，利物出於人力，其巧妙誠有可得而言者。無可得而言者，言之則誕。有可得而言者，祕之則欺。此《遠鏡説》之所由述也。

天啓六年歲次丙寅仲秋月，大西洋湯如望題。

《遠西奇器圖説録最》

四庫全書提要　《奇器圖説》三卷，《諸器圖説》一卷。《奇器圖説》，明西洋人鄧玉函撰。《諸器圖説》，明王徵撰。徵涇陽人，天啓壬戌進士，官揚州府推官。嘗詢西洋奇器之法於玉函，玉函因以其國所傳文字口授，徵譯爲是書。其術能以小力運大，故名曰重，又謂之力藝。大旨謂，天地生物有數，有度，有重。數爲算法，度爲測量，重則即此力藝之學，皆相資而成。故先論重之本體，以明立法之所以然，凡六十一條。次論各色器具之法，凡九十二條。次起重十一圖，引重四圖，轉重二圖，取水九圖，轉磨十五圖，解木四圖，解石轉碓書架水日晷代耕各一圖，水銃四圖。圖皆有説，而於農器水法尤爲詳備。其第一卷之首有表性言解表德言解二篇俱極誇其法之神妙。大都荒誕恣肆，不足究詰。然其製器之巧，實爲甲於古今。寸有所長，自宜節取。且書中所載，皆裨益民生之具，其法至便，而其用至溥。録而存之，固未嘗不可備一家之學也。《諸器圖説》凡圖十一，各爲之説，而附以銘贊，乃徵所作，亦具有思致云。

又　王徵　序　《奇器圖説》乃遠西諸儒携來，彼中圖書此其七千餘部中之一支。就一支中，此特其千百之什一耳。余不敏，竊嘗仰窺制器尚象之旨，而深有味乎璇璣玉衡之作，一器也，規天條地，七政咸在，萬禩不磨，奇哉蔑以尚已。《考工》指南，而後代不乏宗工、哲匠，然自化人、奇肱之外，巧絶弗傳，而木牛流馬遂擅千古絶響。余甚慕之，愛之。間嘗不揣固陋，妄製虹吸鶴飲、輪壺代耕，及自轉磨、自行車諸器，見之者亦頗稱奇，然于余心殊未甚快也。偶讀《職方外紀》所載奇人奇事，未易更僕數其中一二奇器絶非此中見聞所及。如云，多勒多城在山巔，取山下之水，以供山上，運之甚艱。近百年内，有巧者製一水器，能盤水直至山城，絶不賴人力，其器自能晝夜轉運也。又云，亞而幾墨得者，天文師也，承國王命造一航海極大之舶舶，成，將下之海。計雖傾一國之力，用牛馬駱駝千萬，莫能運也。幾墨得營作巧法，第令王一舉手，引之舶如山岳轉動，須臾即下海矣。又造一自動渾天儀，其七政各有本動，凡列宿運行之遲疾，一一與天無二。其儀以玻璃爲之，悉可透視，真希世珍也。《職方外紀》西儒艾先生所作，其言當不得妄。余蓋爽然自失，而私竊嚮往，曰，嗟乎，此等奇器，何緣得當吾世而一覩之哉。丙寅冬余補銓如都，會龍精華、鄧函璞、湯道未三先生，以候旨修曆，寓舊邸中，余得朝夕晤請教益，甚讙也。暇日因述《外紀》所載，質之三先生，笑而唯唯，且曰，諸器甚多，悉著圖説見在可覽也。奚敢妄。余亟索觀，簡帙不一，第專屬奇器之圖、之説者，不下千百餘種。其器多用小力轉大重，或使升高，或令行遠，或資修築，或運芻餉，或便泄注，或上下舫舶，或預防災祲，或潜禦物害，或自舂自解，或生響、生風，諸奇妙器，無不備具。有用人力物力者，有用風力水力者，有用輪盤，有用關捩，有用空虛，有即用重爲力者，種種妙用，令人心花開爽。間有數製，頗與愚見相合。閱其圖繪，精工無比，然有物有像，猶可覽而想像之，乃其説則屬西文西字，雖余嚮在里中得金四表先生爲余指授西文，字母字父二十五號，刻有《西儒耳目資》一書，亦略知其音響乎，顧全文全義則茫然其莫測也。於是亟請譯以中字，鄧先生則曰，譯是不難，第此道雖屬力藝之小技，然必先考度數之學，而後可。蓋凡器用之微，須先有度有數。因度而生測量，因數而生計算。因測量、計算，而有比例。因比例，而後可以窮物之理。理得，而後法可立也。不曉測量、計算，則必不得比例。不得比例，則此器圖説必不能通曉。測量另有專書，《算指》具在同文。比例亦大都見《幾何原本》中。先生爲余指陳，余習之數日，頗亦曉其梗槩。於是取諸器圖説全帙，分類而口授焉。余輒信筆疾書，不次不文，總期簡明易曉，以便人人覽閱。然圖説之中，巧器極多，第或不甚關切民生日用，如飛鳶、水琴等類，又或非國家工作之所急需，則不録，特録其最切要者。器誠切矣，乃其作法或難，如一器而螺絲轉太多，工匠不能如法，又或器之工值甚鉅，則不録。特録其最簡便者。器俱切俱便矣，而一法多種，一種多器，如水法一，器有百十多類，或重或繁，則不録，特録其最精妙者。録既成，輒名之爲《遠西奇器圖説録最》云，客有愛余者，顧而言曰，吾子嚮刻《西儒耳目資》，猶可謂文人學士所不廢也。今兹所録，特工匠技藝流耳，君子不器，子何敝敝焉。於斯矧西儒寓我中華，我輩深交，固真知其賢矣。第其人越在遐荒萬里外，不過西鄙一儒焉耳，奚爲偏嗜篤好之若此。余應之曰，學原不問精麤，總期有濟於世人。亦不問中西，總期不違於天。兹所録者，雖屬技藝末務，而實有益於民生日用。國家興作甚急也，儻執不器之説而鄙之，則尼父繫易胡以。又云，備物制用立成器以爲天下利莫大乎聖人。且夫畸人罕遘，紀學希聞，遇合最難，歲月不待，明睹其奇，而不録以傳之，余心不能已也。故嚮求耳目之資，今更求爲手足之資已耳，他何計焉。夫西儒在兹多年，士大夫與之遊者，靡不心醉神怡，彼且不驕不吝，柰何當吾世而覿面失之。古之好學者，裹糧負笈，不遠數千里往訪。今諸賢從絶徼數萬里外，齎此圖書以傳我輩，我輩反忍拒而不納歟？諸賢寥寥數輩，胥皆有道之儒，來賓來王，視昔越裳、肅慎，不啻遠之遠矣，正可昭我明聖德來遠，千古罕儷之盛。邇來余省新從地中掘出一碑，額題景教流行中國碑，頌乃唐郭子儀時所鐫，千載如新。與今日諸賢所傳敬天主之教，一一若合符節。所載自唐太宗以後凡六帝，遞相崇敬甚篤也。在昔已然，今又何嫌忌之與。有客又笑謂余曰，是固然矣。第就子言，耳目有資，手足有資，而心獨可無資乎哉？西儒縹緗盈室，資心之書必多，子不之譯，而獨譯此器書，何也？余俯而唯唯，曰，有迹之器具，麤可指陳。無形之理譚，猝難究竟。余小子不敏，聊以辦此，足矣。若夫西儒義理全書，非木天石渠諸大手筆弗克譯也。此固余小子昕夕所深願而力不逮者，其尚俟之異日。客遂頷然而去。余因併録其言，以識歲月。

時天啓七年丁卯孟春，關中涇邑了一道人王徵謹識。

又 新製諸器圖小序　甕叟抱樸驚捪，渾帝化人，奇肱巧絶弗傳，懼滋竭來人心之幻耳。然人心之幻滋甚彌難，方物初不盡識破斲之咎，而民生日用之常，漸有輕捷省便之法，黐多滯泥罔通，似於千古尚象制器之旨，不無少拘。睨彼大圜輪輪遞轉，匪一輯以自斡，疇萬象之更新，而顧爲是拘拘者邪。不揣固陋，妄有所作，見之者，頗謂裨益民生日用，有已造而行之者，有未造而儀其必可行者，繪集爲圖，爲説，間爲之銘。自解其嘲，而識之若此。其他自動風翣，與活輥木活地平，及用小力運鉅重之器，尚有多種，爲其關民生之未甚急也，兹不具載。

時天啓六年孟春人日，了一道人王徵題。

又　武位中　奇器圖後序　世間非常之事，非常之人爲之。非常者，奇也。小儒膽薄而識淺，借口中庸，以文餙其固陋。夫中庸之不可能非奇邪。秇苑有奇文，戰陣有奇兵，術數有奇門，人倫有奇士，山海有奇物，鬼神有奇狀，詎於器而無奇也者。要亦非常之人，靈心躍露，直以器爲寄焉耳。關西王公，司理維揚，寬明仁恕，莊敬中和，政簡刑清，士民胥化。即正樂一事，其與不肖位講明而脩舉者，亦既洋洋大雅，追六代之遺矣。以位爲可教也，復出其《奇器圖説》一書，采輯者爲卷三，創置者爲卷一，授位學焉。葢公膽智宏材，披天根而漱地軸，觸類多能，其緒餘矣，嘗考古善奇者，輸班、墨翟見用於時，有益於世，其最著者矣。嗣若祖沖之、張平子、馬鈞、藝元之流，皆當世名巧，而功不集事，利不及民，終無取焉。獨木牛流馬，膾炙至今。此外多屬假託，非其真也。乃公所製自行車，自行磨，已足雁行武侯；而虹吸鶴飲之備旱潦，輪壺之傳刻漏，水銃之滅火災，連弩之禦大敵，代耕之省牛馬，因風趁水之不煩人力，其有裨於飛輓轉運，軍旅農商，瑣細米鹽，小大悉備，逸勞相萬矣。昔人謂文至韓愈，詩至杜甫，書至顔真卿，畫至吴道元，天下之能事畢焉。然於國家緩急，生民日用，曾何毛髮益乎。是書也，廣而公之，固濟世利物者一大舟楫也，寧止嘉惠維揚哉。《陰符》曰，爰有奇器，是生萬象。位則曰，公有奇器，實利萬民。則公之品，誠有用大儒；公之書，固非常偉業，是胡可以不傳也。敬手繪而壽之梓。

時崇禎改元中秋日，直隸揚州府儒學訓導武位中頓首撰并書。

又　汪應魁　奇器圖説小序　余自燥髮時，聞有虞氏之璇璣玉衡，周公之指南車，諸葛之木牛流馬，以爲集千古而獨出，越萬禩而無倫。其爲靈心異巧，有非後人所敢彷彿者。及讀《考工記》一書，其聖人之制作，工巧之述守，凡所以飭五材以辨民器者，莫不臚列畢載，昭灼無遺。因知備物制用立成器，以爲天下利者，聖人之心亦良勤篤矣。後客遊廣陵，得郡司理關中王公授以西儒鄧函璞《奇器圖説》一編，葢函璞之所指授，而王公之所譯註者也。《圖説》所載，不啻數十百種，其資民用爲宕切，其費工力爲不煩。眂吾聖人制器尚象之旨，不既有妙契懸解也耶。至若圖繪之精，語言之妙，又不待言矣。殆如張平子所稱，心侔造化，思協神契者。歟噫，亦大奇矣。予懼是録傳佈弗廣，命剞劂氏重刻之，俾寓内好事君子，師而用之，其濟世利物者，詎淺鮮哉。若曰形而下者謂之器，則奇器雖精，亦一藝爾，而與奇肱之風車，梓慶之削鐻，公輸之飛鳶，偃師之巧倡，宋人之葉玉，燕士之棘猴，同類而等視之，則淺之乎知此録矣。新安後學玄杓汪應魁題。

又　張鵬翀　重刊王忠節公奇器圖説序　《奇器圖説》，吾秦涇陽王忠節公所輯也。公，丁明末造由進士前後司理廣平揚州，所至惠聲洋溢，上下交孚。比解組歸田，值流寇猖獗，所刼州縣率無完區，獨涇原一邑屢出奇兵制勝，使寇不敢西向而彎弓者，實公一人捍禦之功。惜當時葉臺山、徐元扈兩相國，暨李崧毓、楊忠烈諸君子，以工佐才交章推薦，卒爲權佞阻撓，未獲起用。即值鼎革，以絶粒聞。至我朝高宗純皇帝追謚忠節，以慰毅魄，是其忠惠大節已彪炳如日星河嶽，夫豈徒以緒餘表見哉。即以緒餘論，其《圖説》之巧，率皆有關于國計民生，迥非吴夫差之造千石酒鍾，唐齊映之製八尺銀餅者所可埒。且余聞之父老云，公未通籍前，每春夏播耕時，多爲木偶，以供驅策，或舂者、簸者、汲者、炊者、操餅杖者、抽風箱者，機關轉捩，宛然如生。至收穫時，輒製自行車，以捆載禾束，事半功倍，鄉人多艷而效之。公所居室，曾竅一壁以通傳語。每值冠昏葬祭事，使一人語于竅，則前後數十屋悉聞之，名曰空屋傳聲，亦以簡御繁之術也。又公于甲申林下時，聞李自成寇京師，公壘瓦礫爲内外城如京制，繞城默祝者七晝夜，適一犬自西南至，曳城一隅，圮。公知事不可爲，乃仰天慟哭，七日不食而殉國難。此非深明天時人事者能如是乎。吾不知天生此才使不究其用，其生之者何心，而死之者又何心。抑優游歲月，俾立器盡制，以洩前賢未洩之藴歟。然此書也人多議之，謂天有常道，聖有常教，民有常器，何必索隱行怪，駭人耳目。余曰不然。緔髮闓首之民，剥木以戰不知耕，抱木以游不知濟。自神農黄帝代作斲木爲耜，揉木爲耒，刳木爲舟，剡木爲楫，厥用既神，厥功斯茂。試遥想鷇飲鶉居之衆，有不乍見而適、然驚耶。及歷用久之，則如布帛菽粟之無奇矣。且不第是蜀漢諸葛武侯造木牛流馬，以運軍食，省物力，即以蓄民財，此軍政之最善者。然而後人猶議其非中庸之道者，他何論焉。今公以聰明天授之資，收遠西師資之益，成備物致用之書，古皇固不敢妄擬，其亦武侯之流亞歟。亟宜廣爲流佈，俾百姓日用而不知，萬世率由於不敝，又奚事詫橐駝爲馬腫背耶。余家居時，聞此書板片漶漫，善本難得，不惜重貲購得之，異推廣公意，以傳於無窮，苦於無暇無力，屢舉輒屢輟之。今需次錦官偶出是書，以授同好，見者咸謂官有資於政事，民有資於身家，盍重刊之，以公海内。余因衆志僉同，遂詔棨氏而謀之，並録所聞軼事數端，以補史傳之未備云。

時道光己丑秋八月上旬，例授承德郎 制科孝廉方正辛巳 恩科舉人癸酉科拔貢四川候補直隸州州判安康張鵬翂補山氏，書於錦官雙樨精舍。

又 錢熙祚 奇器圖説跋 子墨子曰：利於人，謂之巧。不利於人，謂之拙。古聖王制器尚象，以前民用，後世不賢識小，師其意而爲之，苟裨於民生日用，非奇技淫巧比也。然班輸雲梯、區紙木奴，春穀馬鈞翻輪激水，諸葛武侯木牛流馬，其制或傳或不傳，即傳亦尠有通其意者。技能雖末事，不專心致志，則不得也。西學三科，力藝居一。法能以小運大，以輕運重，卑能昇高，近能致遠。具鄧氏《奇器圖説》一書，原本四解各爲卷，今只三卷。疑先分後合，末卷詳言利用，而前二卷深明所以然之故。其較算重心，比量形質，要不離乎度數。然則算學者，重學之根也。世有如了一道人者，旁通曲盡，推求古器，以窺前人制作之意，知者創物，巧者述之，其利於人，豈簡册所能囿耶。癸巳年春，金山錢熙祚識。

《自鳴鐘錶圖説》

徐朝俊 鍾表圖説自序 太陽隨天左旋一晝夜，而分十二時。時析八刻，刻析六十分，分析六十秒。蓋天道之交節，憑焉。地氣之飛葭，應焉。人事之趨吉避兇，繫焉。是時之爲義，大矣。即測時器之爲用，亦重矣。余既述日晷諸法，以測晝時，復述星月儀表諸法，以測夜時。而于陰雨晦冥之時，尚未之。及因輯是編，所以辨子亥，定支于[干]，非以供陳設玩好也。考上古衹有銅壺，自元明以來，而鐘錶漸行中土。獨惜縉紳士大夫之有是器者，恒以機滯易停爲憾。余自幼喜作自鳴鐘錶，舉業餘暇輒借此以自娱。近者精力漸頽，爰舉平日所知，能受徒而悉告之，并舉一切機關轉捩利弊，揭其要而圖以明之。俾用鐘錶者如醫人遇疾洞見躐腑，知其受病在何處，去病宜何方，保其無病宜何法。悉其機關，何患觸手輒敝。至於一切矜奇競巧，如指日捧牌奏樂翻水走人拳戲浴鶩行船，以及現太陰盈虚變名，葩開謝諸巧法，衹飾美觀，無關實用，且近于奇技淫巧之嫌。故授諸徒者，聊以見其奇，而筆諸楮者竟或從其略。非秘也，蓋即遊藝一端微寓周書，玩物喪志之戒云爾。

嘉慶己巳春正月，徐朝俊書。

《測量法義》《測量異同》《句股義》

四庫全書提要 《測量法義》一卷，《測量異同》一卷，《句股義》一卷，明徐光啓撰。首卷演利瑪竇所譯，以明句股測量之義。首造器，器即《周髀》所謂矩也；次論景，景有倒正，即《周髀》所謂仰矩、覆矩、卧矩也；次設問十五題，以明測望高深廣遠之法，即《周髀》所謂知高、知遠、知深也。

次卷取古法《九章》句股測量，與新法相較，證其異同，所以明古之測量法雖具，而義則隱也。

然測量僅句股之一端，故於三卷則專言句股之義焉。序引《周髀》者，所以明立法之所自來，而西術之本於此者，亦隱然可見。其言李冶廣句股法爲《測圓海鏡》，已不知作者之意；又謂欲説其義而未遑，則是未解立天元一法，而謬爲是飾説也。古立天元一法，即西借根方法。是時西人之來，亦有年矣，而於冶之書，猶不得其解，可以斷借根方法，必出於其後也。

三卷之次第，大略如此，而其意則皆以明《幾何原本》之用也。蓋古法鮮有言其義者，即有之，皆隨題講解。歐邏巴之學，其先有歐几里得者，按三角方圓，推明各數之理，作書十三卷，名曰《幾何原本》。按：後利瑪竇之師丁氏續爲二卷，共十五卷。自是之後，凡學算者必先熟習其書，如釋某法之義，遇有與《幾何原本》相同者，第註曰見《幾何原本》某卷某節，不復更舉其言；惟《幾何原本》所不能及者，始解之。此西學之條約也。光啓既與利瑪竇譯得《幾何原本》前六卷，並欲用是書者依其條約，故作此以設例焉。其《測量法義》序云：「法而係之義也，自歲丁未始也，曷待乎？於時《幾何原本》之六卷始卒業矣，至是而傳其義也。」可以知其著書之意矣。

又 徐光啓 題測量法義 西泰子之譯測量諸法也，十年矣。法而係之義也，自歲丁未始也。曷待乎？于時《幾何原本》之六卷始卒業矣，至是而後能傳其義也。

是法也，與《周髀》《九章》之句股測望，異乎？不異也。不異何貴焉？亦貴其義也。劉徽、沈存中之流，皆嘗言測望矣，能説一表，不能説重表也，言大、小句股能相求者，以小股大句、小句大股兩容積等，不言何以必等能相求也，猶之乎丁未以前之西泰子也。曷故乎？無以爲之藉也。無以爲之藉，豈惟諸君子不能言之，即隸首、商高，亦不得而言之也。《周髀》不言藉乎？非藉也，藉之中又有藉焉，不盡説《幾何原本》不止也。

《原本》之能爲用，如是乎？未盡也，是鯀之于河，而螽之于海也。曷取是焉先之？數易見也，小數易解也，廣其術而以之治水、治田之爲利鉅、爲務急也，故先之。嗣而有述者焉，作者焉，用之乎百千萬端，夫猶是飲于河而勺于海也，未盡也，是《原本》之爲義也。吴淞徐光啓撰。

又　測量異同序言　《九章算法，句股篇》中故有用表、用矩尺測量數條，與今譯《測量法義》相較，其法略同。其義全闕，學者不能識其所繇。既具新論，以考舊文，如視掌矣。今悉存諸法，對題臚列，推求異同，以竢討論。其舊篇所有今譯所無者，仍補論一則，共爲《測量異同》六首，如左。【略】

又　句股義序　《周髀算經》曰，昔者周公問于商高曰：「竊聞乎大夫善數也，請問古者庖犧立周天歷度。夫天不可階而升，地不可尺寸而度，請問數從安出？」商高曰：「數之法，出於圓方，圓出于方，方出于矩，矩出于九九八十一，故折矩以爲句廣三，股修四，徑隅五。既方之外，半其一矩，環而共盤，得成三四五兩矩，共長二十有五，是謂積矩。故禹之所以治天下者，此數之所生也。」漢趙君卿注曰：「禹治洪水，決流江河，望山川之形，定高下之勢，除滔天之災，釋昏墊之厄，使東注于海，而無浸溺，乃句股之所由生也。」又曰：「觀其迭相規矩，共爲反覆，互與通分，各有所得，然則統敘群倫，弘紀衆理，貫幽入微，鈎深致遠，故曰其裁制萬物，惟所爲之也。」

徐光啓曰：《周髀》句股者，世傳黄帝所作，而經言庖犧，疑莫能明也。然二帝皆用造曆，而禹復藉之以平水土，蓋度數之用，無所不通者也。後世治歷之家，代不絶人，亦且增修遞進，至元郭守敬若思，十得其六七矣，亡不資算術爲用者。獨水學久廢，即有岩門名家，代不一二人，亦絶不聞以句股從事。僅見《元史》載守敬受學于劉秉忠，精算數水利，巧思絶人，世祖召見，面陳水利六事，又陳水利十有一事；又嘗以海面較京師至汴梁，定其地形高下之差；又自孟門而東，循黄河故道，縱廣數百里間，各爲測量地平，或可以分殺河勢，或可以灌溉田土，具有圖志。如若思者，可謂博大精深，繼神禹之絶學者矣。勝國略信用之，若通惠、會通諸役，僅十之一二。後其書復不傳，實可惜也。至乃溯其爲法，不過句股測量，變而通之，故在人耳。

又自古迄今，無有言二法之所以然者。自余從西泰子譯得《測量法義》，不揣復作句股諸義，即此法底裏洞然。于以通變施用，如伐材于林，挹水于澤，若思而在，當爲之撫掌一快已。方今曆象之學，或歲月可緩，紛綸衆務，或非世道所急；至如西北治河，東南治水利，皆目前救時至計。然而欲尋禹績，恐此法終不可廢也。有紹明郭氏之業者，必能佐平成之功，周公豈欺我哉！

句股遺言，獨見于《九章》中，凡數十法，不出余所撰正法十五條。元李冶廣之作《測圓海鏡》，近顧司寇應祥爲之分類釋術。余欲爲説其義，未遑也。其造端第一論，則此篇之七亦略具矣。《周髀》首章，《九章》句股之鼻祖。甄鸞、李淳風輩爲之重釋，頗明悉，實爲算術中古文第一。余故爲采摭要語，弁諸篇端，以俟用世之君子不廢芻蕘者。其圖注見他本，爲節解，至于商高問答之後，所謂榮方問于陳子者，言日月天地之數，則千古大愚也。李淳風駁正之，殊爲未辨。若《周髀》果盡此，其學廢弗傳，不足怪。而亦有近理者數十語，絶勝渾天家，余嘗爲雌黄之，别有論。

又　勾股義緒言　勾股即三邊直角形也。底線爲勾，底上之垂線爲股，對直角邊爲弦。勾股上兩直角方形并與弦上直角方形等，故勾三、股四，則弦必五，從此可以勾股求弦，勾弦求股，股弦求勾；可以求勾股中容方、容圓；可以各較求勾、求股、求弦；可以各和求勾、求股、求弦；可以大小兩勾股互相求；可以立表求高深廣遠，以通勾股之窮；可以二表四表，求高深，極廣遠，以通立表之窮。其小大相求及立表諸法，《測量法義》所論著略備矣；勾股自相求，以至容方容圓，各和各較相求者，舊《九章》中亦有之，第能言其法，不能言其義也。所立諸法，蕪陋不堪讀。門人孫初陽氏删爲正法十五條，稍簡明矣，余因各爲論譔其義，使夫精於數學者，攬圖誦説，庶或爲之解頤。

《表度説》

四庫全書提要　《表度説》一卷，明萬曆甲寅西洋人熊三拔撰。三拔有《泰西水法》，已著録。是書大旨，言表度起自土圭，今更創爲捷法，可以隨意立表，凡欲明表景之義者，先須論日輪周行之理，及日輪大於地球比例。彼法別有全書，此復舉其要略，分爲五體，一謂日輪周天上向天頂，下向地平，其轉于地面俱平行，故地體之景亦平行。一謂地球在天之中，若令地球不在天中，則在地之景必不能隨日周轉，且遲速不等矣。今春秋二分，日輪六時在地平上，爲晝；六時在地平下，爲夜，非在正中而何。一謂地小於日輪，從日輪視地球，止于一點。若令地非一點，則隨在地面，不得見天體之半，必上半恒小，下半恒大，而爲半地之厚所礙矣。一謂地本圓體，故一日十二辰更叠互見，如正嚮日之處得午時，其正背日之處得子時，處其東三十度得未時，處其西三十度得已時。若以地爲方體，則惟對日之下者，其時正。處左、處右者，必長短不均矣。一謂表端爲地心，凡立表取景，必于兩平面之上，求得兩種景。其一立表平面，上與地平成直角，其所得景，直景也。如山岳、樓臺、樹木等，景在地平者是也。其一横表之景，倒景也。如嚮日有墻，于其平面横立一表，于地平爲平者是也。末言表式、表度，并節氣、時刻、推算之法，繪畫日晷術，皆具有圖説，指證確實。夫立表取影，以知時刻、節氣，歷法中之至易至明者，然非明於天地之運行，習于三角之算術，則不能得其確準。是時地圓、地小之説，初入中土，驟聞而駭之者甚衆，故先舉其至易至明者，以示其可信焉。

又　周子愚　表度説序　粤古二帝，制璿璣玉衡，以齊七政，三代以下曆法遷改不常，器亦因之。惟元太史郭守敬制造儀象圭表，以測驗而定節氣成曆法，爲得其要。然最精而簡者，尤莫若任意立表取景西國之法爲盡善矣。蓋齊七政者，必依太陽方位而齊焉。準曆數者，必依太陽本動而準焉。定節氣者，必依太陽躔度而定焉。而太陽方位，本動躔度，俱以表景度分，得其真確，則表度之法信，治曆明時之指南也。圭表，我中國本監雖有之，然無其書，理未窮，用未著也。余見大西洋諸先生，其諸書内具有此法，請於龍精華先生譯其書，以補本典，用備曆元，龍先生然之。乃以其友熊有綱先生，即爲口授，因演成書，以行于世。大西洋諸君子所携本國書典，其種甚廣，各極其妙。我中國人當一一傳而譯之，悉如此書也。憶昔余與利西泰先生嘗談律吕之學，見其精，實可以補本典所無，余願有請也，利先生慨然許之。嗚呼，先生已化，不能無人琴之感矣。今其友龍先生依然道，故再請之。龍先生曰，吾友之本業，則事天主、講學論道也，學道餘暑，偶及曆數耳。貴國諸君子心欲之，吾輩何有吝色乎。是故大宗伯欲依洪武壬戌故事，以譯大西洋諸書，請明上聞業已有成緒矣。盡傳其書，以裨履端考正之功，而佐我國家敬天勤民之政，是亦千古一快事也。余日庶幾望之。

萬曆甲寅歲冬十月，加正四品俸承德郎欽天監監副慈水周子愚序。

又　熊明遇　序　黄帝考定星曆，建天地物類之官，備哉燦爛，神明之式也。嗣是上稽乾則，炳諸典謨者，莫崇乎唐虞。蓋古曆作于孟春，於時秭鳺先滜，氣物攸建，寅正尚矣。殷周各據一統，推本天元，夏時近古春秋之季，存羊禮失，伏螯火愆，孔子譏之。至于迭推五勝，歲首娵訾，舛午猶甚。漢興，號稱網羅文獻矣，然吹律之理微，占符之術鑿，張倉蒙訛于黑時，公孫銜繆于黄龍，事不師資，廣延何取。一行運算，淳風徵文，唐□□更迄無定据。郭太史守敬測量之法最爲合理，而候人乘遽，僅止北溟，誰云桂海無天，氷天無地，一間不達，遂格圜容。表相洪亮之業，得無耑待明時哉。乃臺史徒以《九章》爲紬績，曆理茫然，何分天部？故文曜之麗者明愆，歲差之犄者未覺。交食合朔，致野叟之臚言，考誤證真；煩祠官之彙請，而聖明鄭重。宣問未遑，誠慮師説不明；人持意幟，愈改愈悖。愚謂曆者歷也，日月所歷之次舍也。黄赤之道，終古不忒，揆測奚難。惟坤體彈丸，乾元軿冐，清揚者環動薄靡，重濁者。中止澄凝，隨處顛玄趾黄，而目力所際，恒半分三百六十五度，極星高下，斯其燦然者矣。奈人域是域，誰解大全，不謂西方之儒之書，持之有故，言之成理也。或曰中夏聖神代起，開闢以來，詎闕斯旨，而借才異域爲。熊子曰，古神聖蚤有言之者，岐伯曰，地在天中，大氣舉之，伯爲黄帝天師，參佐有羲和五官，曆法肇明，上哉夐矣。惟黎亂參燔，莊荒列寓，疇人耳食，學者臆摩，厥義永晦。若夫竺乾佛氏，唱爲須彌隱日，大寶縮川，忉利天宫，金繩地界，其誕愈甚。語曰，百聞不如一見。西域歐邏巴國人，四泛大海，周遭地輪，上窺玄象，下采風謡，彙合成書，確然理解。仲尼問官于剡子，曰，天下失官，學在四夷。其語猶信，古未有歐邏巴通中夏，通中夏。自今上御曆始。上古至治，龜呈馬負，焜燿簡篇。中古興朝，馴象麒麟，旒贅荒服，至于星槎絶海。禺谷賓王，抱圖史以觀光，隊書翀而利見，豈非同文之□事，無外之上摹哉。儻祠官采譯以聞，太史氏參伍刊定，以補臺監之不及，將三辰定于次，四時定于紀，舉正歸餘，直媲美乎黄軒之曆矣，何漢唐之足云。

時龍飛萬曆，歲在閼逢攝提格，日月會於填星之廟，豫章熊明遇拜手書。

《簡平儀説》

四庫全書提要　《簡平儀説》一卷，明西洋人熊三拔撰。據卷首徐光啓序，蓋常參證于利瑪竇者也。大旨以視法取渾圓爲平圓，而以圓測量渾圓之數。凡名數十二，則用法十三，則其法用上下兩盤。天盤在下，以取赤道經緯，故有兩極線、赤道線、節氣線、時刻線。地盤在上，以取地平經緯，故有天頂，有地平，有高度線，有地平分度線，皆設人目，自渾體外遠視，其正對大圜爲平圓，斜倚於内者爲橢圓，當圓心者爲直線，其與大圈平行之距等，小圈亦皆爲直線，地盤空其平圓，使可合視。二盤中挾樞紐，使可旋轉，用時依其地北極高度，安定二盤，則赤道地平兩經緯交錯分明。凡節氣時刻高度偏度皆可互取其數。天盤用方板，上設兩耳表，以目測影，地盤中心繫墜線，以視度分立，用之，可以得太陽高弧度。既得太陽高弧，則本時諸數皆可取焉。蓋是儀寫渾於平，如取影於燭，雖云借象，而實數可推弧、三角，以量代算之法，實本於此。今復推于測量，法簡而用捷，亦可云數學之利器矣。

又 徐光啓 簡平儀説序 楊子雲未諳曆理，而依物法言理，理於何傳？邵堯夫未嫺曆法，而撰私理立法，法於何生？不知吾儒學宗傳有一字曆，能盡天地之道，窮宇極宙，言曆者莫能舍旃！孔子曰「澤火革」，孟子曰「苟求其故」，是已。革者，東西南北，歲月日時，靡所弗革，言法不言革，似法非法也。故者，二儀七政，參差往復，各有所以然之故，言理不言故，似理非理也。唐虞邈矣，欽若授時，學士大夫罕言之。劉洪、姜岌、何承天、祖沖之之流，越百載一人焉，或二三百載一人焉，無有如羲和、仲叔極議一堂之上者，故此事三千年以還忞忞也。郭守敬推爲精妙，然於革之義庶幾焉，而能言其所爲故者，則斷自西泰子之入中國始。先生嘗爲余言：西士之精於曆，無他謬巧也，千百爲輩，傳習講求者三千年，其青於藍而寒於水者，時時有之，以故言理彌微亦彌著，立法彌詳亦彌簡。余聞其言而喟然。以彼千百爲輩、傳習講求者三千年，吾且越百載一人焉，或二三百載一人焉，此其間何工拙可較論哉！先生没，賜葬燕中，仍詔聽其同學二三君子，依止焚修。諸君子感恩圖報，將欲續成利氏之書，盡闡發其所爲知天事天、窮理盡性之學。而會中朝方修正曆法，特簡宿學名儒，涖正其事。于時司天氏習聞諸君子之言者，争推舉以上大宗伯，欲依洪武壬戌故事，盡譯其書，用備典章。大宗伯以聞，報可。自是一時疇人世業，亡不賈勇摩厲，以勸厥成。盛哉！堯舜在上，下有羲和，庶其將極議一堂之上乎？余以爲諸君子之書成，其裨益世道，未易悉數。若星曆一事，究竟其學，必勝郭守敬數倍，其最小者。是儀、爲有綱熊先生所手創，以呈利先生，利所嘉嘆。偶爲余解其凡，因手受之，草次成章，未及詳其所謂故也。若其言革也，抑亦文豹之一斑矣。熊子以爲少，未肯傳，余固請行之，爲言曆嚆矢焉。第欲究竟其學，爲書且千百是，是非余所能終也。必若博求道藝之士，虚心揚搉，令彼三千年增修漸進之業，我歲月間拱受其成，以光昭我聖明來遠之盛，且傳之史册，曰：曆理大明，曆法至當，自今伊始，敻越前古，亦綦快已。

萬曆辛亥秋月，吴淞徐光啓序。

又 錢熙祚 簡平儀説跋 簡平儀與渾蓋通憲，皆以平測渾者也。而渾蓋地盤隨地更換，簡平儀則祇須以地平線旋轉測之，尤爲便捷。其法先作周天大圓，以十字線縱横分之。横者爲南北極綫，縱者爲春秋分線。又將圓周匀分三百六十度，於二分綫左右二十三度半，各作直綫，與二分線平行，爲二至綫。近北極者，夏至；近南極者，冬至也。次以圓心爲心，二至綫爲界，作小圓，匀分二十四節氣，就所分處各作直線，與二分線平行，爲各節氣線。其兩端抵大圓處，即各節氣黄赤距緯度也。次以大圓半徑爲九十度之正弦，遞取三度四十五分之正弦，作識於二分線。又以二至半徑爲九十度之正弦，遞取三度四十五分之正弦，作識於二至線。乃用三點求心法，於二分線上求得其心。展規，以分至綫上時刻各作弧線聯之，而簡平儀之天盤定矣。地盤亦分三百六十度，半虚半實，其地平線在虚實之界。地平線上各度俱作虚線，與地平線平行。地平線下各度俱作實線，與地平線十字相交。其過圓心之綫，即天頂線也。用時兩盤相合，以地平線加於本處北極出地度，則地平之經緯，與天度之經緯相與，參伍錯綜，而如指諸掌，不特便於測量，兼可明弧、三角形用八線爲比例之理，可謂巧之至矣。原本有説無圖，今補作二圖，附於其後，庶可以依法製造云。熙祚。

《理法器撮要》

原跋 求自樓主人自識 右書三卷，圖注精詳，詮詁明確，約而不泛，簡而能明，洵天文數學家不易得之寶也。戊寅初夏，借得汲古閣毛氏鈔本，因令胥鈔録一通，雖字跡繪工遠遜毛本，然大意不失，尚可見廬山面目，爰書數語藏之篋衍。求自樓主人識。

《新曆曉或》

原序 曆頒時憲，正朔維新，爰欽爰若，萬世用遵。義闕肇造，匪舊是因。聊設答問，與世共論。作《曉或》凡六條。

又 楊復吉 跋 測量推步，新法實密於舊法。明末格於門户不能立入，國朝乃用以布授時之典。其有改革刱造者，湯氏設爲問答，以發明之致詳且悉，向附載於《新法表異》後。《表異》卷帙頗繁，故僅録此以見一斑。乙丑仲夏，震澤楊復吉跋。

《新法表異》

湯若望 總説 帝王圖治，求端于天，曆事由是興焉。炎帝八節，俶農功也。軒轅甲子，係日成也。帝嚳序星，徵天象也。堯置閏月，四時乃定。舜造璣衡，七政以齊。夏后、周人，其教漸詳。《月令》記于戴禮，協紀載於箕疇。自是以迨春秋，率歲登臺測驗日至，然而閏多失置，晦朔國殊，疎舛爲甚。六曆出于周秦之際，後人疑其僞作，而今不可考矣。漢初張蒼承秦用顓頊曆，洛下閎太初，劉歆三統，始立積年日法，以爲推步之準。後世因之，而行之愈不能久者，不知順天求合之道也。其後李梵造四分曆七十餘年而儀式方備又百三十年劉洪造乾象曆，始減歲餘，創制月行遲疾，陰陽黄赤交錯，以合天度，爲推步師表。又百八十年，後秦姜岌造三紀曆，始以月食衝檢知太陽躔度所在。又五十七年，宋何承天造元嘉曆，始悟測景以定冬至。又六十五年，祖沖之造大明曆，始悟太陽有歲差，及極星去不動處有一度餘。又五十二年，北齊張子信始悟日月交道有表裏，五星有遲留伏逆。又三十三年，劉焯造皇極曆，始知日行有盈縮。又三十五年，唐傳仁均造戊寅元曆，頗采舊儀。高宗時李淳風造麟德曆，以古曆章蔀元首分度不齊，始爲總法，用進朔以避晦日及月見。又六十三年，開元時僧一行造大衍曆，始以月朔建爲四大三小諸法較密。又九十四年，穆宗時徐昂造宣明曆，始悟日食有氣、刻、時三差。又二百三十六年，徽宗時，姚舜輔造紀元曆，始悟食甚、汎餘差數。又一百七十餘年，元郭守敬造授時曆，兼綜前術，時創新意，然亦僅能度越前代諸家，而求其密合天行，垂之永久而無敝，終未能也。明初作大統曆，襲授時之成法，二百餘年不知變通，訛舛特甚，萬曆間曾議改修，至崇禎已巳，乃召望等前來，著書演器，曆成，亟欲頒行，恭遇聖朝建鼎，遂用新法造時憲寶曆，頒行天下。豈非一代之興，必有一代之曆，預修二十年，以備興朝萬年之法傳哉。於戲，盛矣。古來治曆者稱七十餘家，考之前史，僅四十有餘人而已。略引各朝各曆，繼以本朝新曆之凡概，以質諸世之知曆者。精粗疎密，展卷即得，夫孰得而掩乎。

又　沈棫惪　新法表異跋　天之垂象，一而已矣。豈中國一天，而西洋又一天哉。梓慎論日食，曰，日月二分同道，二至相過。利瑪竇本此，謂日食與合朔不同，日食在午前，則先食後合；在午後，則先合後食。張衡論月食，曰，當日之衝，光蔽于地，是謂闇虚。利瑪竇本此，謂日射地毬，地毬反影射月，故月食。然則西洋新法特就前人成説而小變之，何異之有。惟是天行歷久必差，推步之家，隨時順天以求合，而愈測愈精，其法必有與前代不同者。湯氏原原本本，表而出之，有以哉。壬寅初夏，吳江沈棫惪識。

《西洋新法曆書·曆法西傳》

湯若望　引説　凡學非能驟成，莫不始于格物以致其知，而後從而推廣，從而精詳焉。以故古人因目所見，心悟頓啓，紀而驗之，接續成書，以詔來世，乃成一學。即曆學亦然矣。其初所悟者，槩不出日月交食，及冬夏四正、五緯凌犯等觸目易見者數事。因而再求之，然後乃知月有本道焉，交食有期有率焉。又因而推廣之，精詳之，以及他數他理，而曆學始爲大全。此如原泉，一脉涓涓，流而爲壑，浸假而百川彙集，由湖由江以入于海，浩浩乎無涯際矣。後有好學者，留思古人之學，參以己見，曾無幾許，而附以傳世，是爲坐收其成，豈可擅稱超悟，屈抑前功哉。余著曆書百卷，大要取之古人，而又括以《曆引》，今復爲此編，先明西曆古書大指，而次則遂及余書。蓋一則著新法非一人之法，非近創之法，良由博古深思，參互考訂，以得一真，無容妄議。一則令後之人便于循習曉暢，數百年後，測審差數，推往知來，善于變通也。或疑中西異法，如格礙何。余謂天行無隱，君命非私，曆至今日，中人亦西學矣。且即就中曆而論，其根亦本于西，如列宿距星皆同，又列宿有屬太陽者四，屬太陰者四，亦同。是知根本既同，而清其枝幹，通其脉絡，有成書在，展卷研求，無不可見，豈足相難哉。學者勉之可也。

西古曆法西庠之學，其大者有五科：一道科，二治科，三理科，四醫科，五文科。而理科中旁出一支，爲度數之學。此一支又分爲七家：曰數學家，曰幾何家，曰視學家，曰音律家，曰輕重家，曰曆學家，曰地理家。七家俱統于度數，要皆師傳曹習，確有根據者也。

《西洋新法曆書·新法曆引》

原序　曆學維新　曆學有法有用。法者，測各重天之運行體勢，以審諸曜出入隱現，以求本行軌道，以定準則也。用者，取本法測定之分數，隨方隨時以推步日月五星次舍衝照交食凌犯順逆等情也。二者闕一不可。然而立法難矣。語云，毫釐之差，千里之謬。在曆學，爲尤甚。中國自漢迄元，造曆者七十餘輩，立法者僅十有三家，且皆不免乖違，後人難憑致用。有謂得一冬至之正時即爲密近者，非也。測冬至之于曆術，未及百分之一。聞一知百，世無其人。有謂得一歲實、一朔實，及轉終交終等策，爲已定者，非也。此皆諸曜平行之率，何由遽定。視行有謂測率四應可以無忒者，非也。此不過推算平行之界而已。有謂多測交食，稽其某法先天，某法後天，而後彙計籌策，折中取之者，亦非也。曆家法數繁瑣，用以算步交食，不下四十餘條。究竟何項何欵，可以折中取半者？因知古來修改，門户雖岐，實則互相依傍，聞有出一二新意，亦未必洞曉本元。跡其大端，猶不過截前至後，通計所差，加減乘除，分派各歲之下，便謂修改已耳。即使僅合一時，豈能施諸久遠。後惟授時曆，庶稱精密。顧其法亦未盡善，在當日已有推食不食、食而失推之弊，何況沿襲至于今日哉。他若回回曆者，其曆元爲西域所定，使非中曆先推太陽躔度至春分之日，彼亦茫然無據，以得支干以合中國所用歲月也。況其曆元已歷千年，不可復用乎。茲惟新法，悉本之西洋治曆名家，曰多禄某，曰亞而封所，曰歌白泥，曰第谷，四人者，蓋西國之于曆學，師傳曹習，人自爲家。而是四家者，首爲後學之所推重。著述既繁，測驗益密，立法致用，俱臻至極。旅輩採其精詳，究其奧賾，而又參以獨得，發所未發焉。更審今測，以廣古測，必求合天，年世互考中西，名例半皆仍舊合異歸同。成書已進。闕庭，新法已行天下，用彰昭代曆典，度越前古，暨質諸來禮，雖億萬年，求永不爽云。

《西洋新法曆書・交食曆指》

原序　交食曆指敘　或問日月薄蝕，是災變乎，非災變乎？若言是者，則躔度有常，上下百千萬年，如視掌耳，豈人世之吉凶，亦可以籌算窮也。若言否者，則古聖賢戒懼脩省，又復何說？曰，災與變不同，災與災，變與變，又各不同。如水旱蟲蝗之屬，傷害民物者，災也。日月薄蝕無患害可指。然以理揆之，日爲萬光之原，是生暄燠。月爲夜光之首，是生濕潤。大圜之中，惟是二曜相資相濟，以生萬有。若能施之體，受其蔽虧，即所施之物成其闕陷矣。況一朔一望，兩光盛長，受損之勢，將愈甚焉。是謂無形之災，不可謂非災也。夫暈珥彗孛之屬，非凡所有者，異也。交食雖躔度有常，推步可致，然光明下濟，忽焉掩抑，如月食入景深者，乃至倍于月體。日食既者，乃至晝晦星見，噫其甚矣。是則常中之變，不可謂非變也。既屬災變，即宜視爲譴告，側身脩省，是以有脩德正事之訓，有無敢馳驅之戒，兢業日慎，猶懼不壓矣。曰，既稱災變，凡厥事應可豫占乎？可豫備乎？曰，從古曆家不言事應，言事應者，天文也。天文之學，牽合傅會，儻過信其說，非惟無益，害乃滋大。欲辨真僞，總之能言其所以然者近是。如日月薄蝕，宜論其時，論其地。論時，則正照者災深。論地，則食少者災減。然月食天下皆同，宜專計時。日食九服各異，宜并記地矣。迨于五緯恒星，其與二曜，各有順逆乖睽之性，亢害承制之理，方隅衝合之勢。爲其術者，一一持之有故，然以爲必然不爽，終不可得也。惟豫備一法，則所謂災害者，不過水旱、蟲蝗、疾癘、兵戎數事而已。誠以欽若昭事之衷脩勤恤顧畏之實，過求夙戒，時至而救之者，裕如則所謂天不能使之災，又何必徵休咎于梓禆，問禨祥于京翼乎。然則星曆之家，概求精密，尤勤于交食者，何也？曰太陰去人最近，饒有視差，凡人目所見，人器所測，則視度而已。其實行度分，非人可見，非器可測，必以食甚時知爲定，望與日正相對，從是知其實度，從是知其本行，自餘行度漸可推算也。又因月食知地景爲角體之形，月體過之，其距地同，而入景之淺深不同，可推日在其本天行，與地爲不同心也。又因日食，推月距地時時不等，知其有本輪，有次輪也。又兼以日月食，推日月體之小大，及日月距地之遠近也。別有度地之學，因月食可推地在天之最中，其四周皆以天爲上，人則環居地面也。又因月食，知地景爲圓體，而居東者漸遠漸後見食，即非月食以地爲先後，特因各所見之時刻爲先後也。因以推地爲圓體，而水附于地合爲一球也。又以月食與子午線相距遠近，知諸方之地經度也。若泯薄蝕於二曜，即造曆者。雖神明默成，無所措其意矣。是則交食者，密術之所繇生。故作者、述者，咸于此盡心焉。今譔《曆指》，有合論，有分論。月食術稍簡，以附合論之末；日食頗繁，釐爲別卷。諸立成表，以類從之。

《西洋新法曆書・測食》

汪喬年　西洋測略序　占步之法，與混闢並興，如三厄爰定，干支始制，逮至羲曆軒圖，撓推隸算，其後起者耳。上下數千年，業擅專門，如梓慎、史墨、淳風、道茂、虞喜、何承天、洛下閎、郭守敬輩，攻是道者，慮難更僕，然猶曰，星官曆師，精神職業萃於此，乃若裁成。欽若帝王先務，而聖門第一流傳心於夏正，首兢兢焉。嗣是以降，如康成精算於渾天，張衡殫思於靈憲，高允歲差之辨，盧照鄰渾儀之賦，以至竇儼預占奎聚，邵堯夫巧立差法，沈存中考定兩極，此皆學海儒宗，詞林韻士仰觀玄覽，不遺餘力，毋亦以理數之源同，天人之旨一，範圍通知，自是學者分內事歟。明興，景運聿隆，偉人輩出，道德文章，背項相望。獨治曆一法，薦紳先生罕所論述。予生長僻陋，甕天爲眇，每誦管公明家雞野鶩之言，重增嘆息，爲縫掖居里中，聞有西域遠人，壯遊上國，圜象曆法，精密罕儷，輒欣然神往焉。通籍以還，風塵鞅掌，重來都中，獲聆緒論，初若河漢，疑信半之，徐而繹思，皆有歸宿。其說往往就目前實際，而窮極至大，推見至隱，舉凡廣漠纖忽，符節不爽。恨才識寡尠，莫窺津畔，然已不啻挈我於海若之洋矣。先達鉅公，多與之遊，因譯有《測蝕略》一編，爲占步嚆矢，其副墨則予小子得而寓目焉。將付梨棗，以公同志，不揣蕪鄙，粗述梗概，乃若其人，誠心質行，善詮名理，風土雖殊，旨趣原一。始信鶩湖南北海之說，未爲虛語。予方守儒門功令，未暇入其玄中，然一有味乎其言，則曆象直糟粕耳。

天啓五年歲次乙丑季夏吉旦嚴陵汪喬年撰。

又　湯若望　總論　天學家究日月諸星之理，設爲圜界，以論其運動，支分爲五隨應焉。

其一，論從月星之本圜小輪，而應其居所不一，時或正行，時或退行。

其二，論月星之隨應太陽，如臣庶之應其君也。其光之消長，及其東西出没，無不隨而應之。

其三，論月星與太陽相近、相遠、相會、相對，或三一，或四一，或六一。何謂三一？是全圜三分之一也。如上下弦，即全圜四分之一之類。

其四，論月星應日躔赤道之遠近，離躔道謂之黄道緯度，離赤道謂之赤道緯度。

其五，論月星顯示人目之别，垂象向地之異，如會望似似實似之類。此支之隨應，倍切于彼四支者，以能快人，覩而不難證也。

本篇於前四支尚不具論，僅論其第五支。然欲采諸子之成法，而全連之。懼浩瀚難盡，兹獨摘其最切于食義者，釐爲上下二篇。上述食之梗概，下窮食之義理，以豁初習天蔀者之一二疑云爾。

《西洋新法曆書·恒星曆指》

原序　恒星曆敘目　曆以齊七政，乃自日躔而後首論恒星者。何也？曰，日躔終古行黄道，其經其緯易定耳。若月、五星各有道，各有極，各有交，各有轉，紛糅不齊。非先定恒星之經緯，即六曜之經緯無從可論。故六曜如乘傳，恒星其地誌也。六曜如行棊，恒星其楸局也。以是先恒星也。恒星之黄道赤道須並論者，何也？曰，赤道在天中，終古不變，推步者賴爲準則焉。及諸曜皆循黄道行，一切躔度因之布算。故用赤道經緯以求合於天元，用黄道經緯以求合于本行。則七政如海舟，黄道其行程，赤道其望山也。故黄赤二道須並論也。二道之兼求經緯，何也？曰，凡測量躔度及交食會合，必將定其所至之處，左右前後，纖微乖舛，非定處矣。故二道之各經各緯，如棋局之有縱有横，地圖之有袤有廣，闕其一固不可也。然則自古曆家何以皆有經度，無緯度乎？曰，創始難工，增脩易善。前人所作，爲後人之師。前人所缺，待後人而補，凡事盡然。曆爲尤甚者，天事難明故也。有經無緯，正前人所未及。回回曆有經有緯，而成法爲千年前所立，至今無測候改定者，亦彼法所未及也。曰，繇前取喻，既以爲郵之誌，棊之局，宜恒定不易矣，今又須測候改定，則是恒星之經緯，亦非恒定也。已自不定，曷爲他行待彼而定。曰，天載無窮，天能無盡。大圜在上，既爲動體，凡在體中，無有不動。若云不動，則有窮之屬也。顧其爲動，動必有法。若云無法，又無能之屬也。天豈然哉，非止動而已也。凡能動者，皆有四端：一曰隨動，一曰自動，一曰疾動，一曰遲動。宗動西行，諸曜從之。此隨動也。七曜恒星，各自東行而各有法，此自動也。西行一日一周，其爲亟速非思議所及，此疾動也。諸曜東行經時不等，比于宗動，皆可名遲。最遲者，二萬五千餘年而東行一周，此遲動也。今論恒星，則屬自動，又屬遲動。自動既有法，即依法推步，可爲他行之法。遲動即數十年而微露端倪，數百年而灼見違離。違離之後，因可隨時革正，端倪初見，不妨豫爲更易。其或甄明此學，人不絶世，即數年之間，一爲推變，有何不可。向所云測候改定，職此之繇。《易》稱治曆明時，取象于《革》，至哉乎，一言蔽之矣。曰，向言每一動者各有四動，今恒星之黄赤經緯又屬四種，此四動者，異乎？同乎？曰，安得同乎？黄赤二道，位置不等，其各兩極不等。二經二緯縱横不等，交互不等。故今星行不等，其差亦不等。有名爲有差，而絶不可謂差者，黄道之經度是也。恒星依黄道東行，如載籍相傳，堯時冬至日躔約在虚七度，今躔箕四度，四千年間而日退行若干度者，即星之進行若干度也。古曆謂之歲差，各立年率。郭守敬以爲六十六年有奇，而差一度。今者斟酌異同辨析微眇，定爲每歲東行一分四十三秒七十三微二十六纖，六十九年一百九十一日七十三刻而行一度。凡二萬五千二百〇二年九十一日二十五刻而行天一周。終古恒然也。此立名爲差，而實有定法，不可謂差者也。有行度不爽而兩道參差，致生違異者，赤道之經度是也。星依黄道行，與赤道諸緯皆以斜角相遇，兩經相較，是生廣狹。因其廣狹，是生疾遲。又因其斜迤，而從赤極分經。古今各測，復生參錯，其南北東西，亟舒寬迮，互有乘除，一再週易，即還故處。此則星經不異，而以交道爲異者也。有星本平行而兩距變易，致成升降者，赤道之緯度是也。黄赤兩至之距爲二十三度八十六分有奇，星從南至行，北距如是。既迄象限，與赤同行，迨于半周，則其距南亦復乃爾。計行半周，而南北距差四十七度七十二分有奇，盡一周而復。是其星行不異，而以距度爲異者也。至若黄赤二道兩至之距，古來皆稱二十四度，今測定爲二十三度八十六分七十六秒。考之西史所載，周顯王時一測，西漢景帝時一測，東漢順帝時一測，三史折衷爲二十四度一十八分三十秒，以較今測，差三十一分五十四秒。此爲二道之兩至距度，二千年間昔遠今近，漸次移易之數也。故有不係星行、不關經度，而躔道自爲近就者，黃道之緯度是也。今四者論之，有易見易知者一，有難見而可知者二，有易見而不可知者一。黃道經行，與日躔同類，理明數順，易見易知矣。赤經赤緯，糾紛轉易，致爲繁曲，然其理可推，其數可循，總皆二萬五千二百○二年有奇而一周，則難見而可知也。惟是黃緯一差，分數曉然，然古時既遠，上古時當更遠，不知遠于何始。今時既近，後來者當更近，不知近于何終。遠極或當先近，不知改于何年，近極或當返遠，不知轉于何日。此則非理數所能窮，非思路所能及，故曰，易見也，不可知也。而近世曆家以支離之詞，文鹵莽之術，揣摩者尚云微有移動，誕妄者直曰天度失行，自非博稽遠覽，探賾索隱，何繇知天運之必無僭差，天事之終難究竟耶。然則法當何如？曰，無他道焉。深論理，明著數，精擇人，審造器，隨時測驗，追合于天而已。西曆所載，恒星經緯定自萬曆年間，迄今已三十餘載，不敢因仍妄用。今擬新曆，以崇禎元年戊辰歲爲曆元，一切撰造，斷以是年爲始。故恒星黃赤道經緯。皆用是年實躔度分，展轉推算，三四較勘，無有差忒，然後繪圖立表，以待施用。別爲《恒星曆指》三卷，首言測驗諸法，次言本行及經緯度變易，又次言經緯相求繪圖法義，于所謂深論理、明著數者，未及詳備，已得其十二三矣。用之百年，當無舛戾。後此依法推變，略如前說，凡爲圖二十有五，立成表四卷，其與舊傳天文圖稍異者，舊圖無緯度，并分宮分宿，亦千二百年前所定。今則皆係見測，又圖中止有形象，而無本星躔度。回回曆立成所載，有黃道經緯度者上二百七十八星，其繪圖者止十七座九十四星，亦無赤道經緯。今皆崇禎元年所測黃赤二道經緯度分，各各備具，各各正對，一加量度，即圖中各星所在度分，與立成表所載本星度分，各各符同，並無差失。凡有測而入表者，一千三百五十六星，所分大小等次、遠近位置、紆直形模，悉與天象相合。其所繇符合者，非從舊圖改易，非從懸象倣摹，若改易倣摹，不惟不合，去之彌遠。今此諸圖黃赤經緯，每座每星測算既確，次于圖中依表點定，乃加印記，後方聯綴，所謂閉門造車，出而合轍。因此知前之測候，曾無乖爽，後來致用，可無謬誤也。其舊圖未載，而體勢明晳，測量已定，經緯悉具者，一一增入舊圖所有。而微細隱約者，雖仍其位座目所未見，星猶闕焉。此外微星雖分明可見，而不在測數者，悉無增加，免致煩亂。至若舊圖中南天田六周天柱天床等，皆茫昧依希，不成位座。又如器府天理八魁天廟等，按圖索之，了不可得。其近處多有微星，或云昔之作者，牽合此星，綴緝成形，以補苴空缺。今欲依經緯度分聯之，即非本像。因仍舊貫，則爲無爲有，迹涉矯誣。儻令依圖指陳，依法測驗，將無辭以對。不得不并廢其名也。《恒星曆》三卷，共一十六題四十八章，目録如左。

《西洋新法曆書·日躔曆指》

原序　日躔曆指敘目　曆象以齊七政，今首日躔者，何也？曰，七政運行各有一道二極，各有三百六十經緯度。其度分又各有實經緯、視經緯，其會合有實會、視會，實望、視望，棼然不齊。首日躔者，乃所以齊之也。日躔之能齊七政，奈何？曰，凡測量之法，必自其根始，如度樹之短長，地其根也。度舟行之遠近，水次其根也。度天行之根有二，其一在天行之内，歲首是也。古法，以今歲之十一月冬至爲來年之天正歲首，冬至者，則日軌高度分之極少，日躔赤道緯之極南也。其一在天行之外，曆元是也。自昔推曆元者，必求上古之積年。後來歲實稍密，即無數可論。故至授時而廢不用矣。授時以至元辛巳爲曆元，以其氣應爲根而求通積，以歲實而一得冬至。然此所得者，皆平年之冬至，非定冬至也。今法以崇禎元年戊辰冬至日子正初刻爲曆元，依恒年表求其根數爲平冬至，因以法加減之爲定冬至。定冬至者，歲歲加減，初無通積可求，蓋日軌度之真極少，日躔緯之真極南也。是則天行之兩根，舍日躔皆無從取之矣。曰，此兩根者，六曜皆有行度，皆可用以爲歲首爲曆元，何獨日躔乃可乎。曰，此其故有二。其一，七曜之中，獨日躔之行甚順也。其一，以他曜測，不若以日躔測甚便也。何謂甚順？太陽之行與本天之本行相合爲一，繇黃道帶之最中無出入，歲月日時各平行，有恒度分，無永短。如是者，皆終古不易。他曜之行，於本天本行之外，各有小輪，各有緯距度，各有遲疾留逆，時時不等。雖有定法，而似無法，何能爲他行之法。譬如畸零不齊之布帛，宜以十寸之尺度之，若以畸零度畸零，無乃欲齊而棼之乎。故八曜者，畸零之布帛。日躔者，十寸之尺也。若恒星之東行與日相似，亦可謂順矣。乃行度最遲，必六十餘年而一度，二萬五千二百餘年而一周，推步者欲求其變動之數，卒世而不一得也。且考恒星之經度，必用太陽之經度，自非二分二至爲其準則，何從定之！星之古測今測，更多不合，或曰順行，或曰否，人自爲說，又何從定之。豈若日躔之歲月日時，具可測驗，具可推算哉。何謂甚便？日光甚大，用闚筩諸器，即分秒可得。諸星體微光眇，測候頗難。月體大矣，而去地甚近，其視差甚大，已亦不能爲主。古今法考月離經度者，必因其食甚時刻，考太陽之經度，加半天周，得太陰之經度。故自昔名曆家，先測太陽，定其行度經緯度，以爲定法。是知日行者，諸行之本也。然曆法首步氣朔，兹有氣而未及朔，何也？曰，朔望者，日與月比論乃得之也。未論月離，未可論朔望也。其不及歲差，何也？曰，歲差者，日與恒星比論乃得之也。未論恒星，未可論成差也。今以本法諸義著於篇，綴之立成表二卷，以資推算焉。

《西洋新法曆書·月離曆指》

原序　月離曆指敘目　步七政，次月離者，何也？曰，其故有六。月與日視體相若，雖偕恒星五緯，同借日光，而獨能繼照古今，以之配日，稱爲二曜，則尊於諸星，一也。太陽以定春夏秋冬而成歲，太陰以定晦朔弦望而成月。歲與月錯綜損益，曆法興焉。以知天時，以授民事，二也。日食于定朔，月食于定望，恒用日躔月離諸行，以求食分加時，日食之繁，倍于月食。其三視差皆從月生，三也。太陽、五緯、恒星，漸次高遠，差數漸微，大小高下，難可遽得。惟月去人最近，差數爲大，易見易測，故測候諸曜，皆用月差較量。繇顯入微，悉能推見，四也。日與星不並見，欲測太陽躔度，距某星幾何，無法可得。古法於晝時測日月之距，至夜測月星之距，并之得日星之距，五也。大圜之中百昌庶物生長之緣有二：日以暄之，月以潤之。諸風雲雨露霜雪等，皆係于月。其在物也，各有盈虛消息，亦係月之虧復進退。其與太陽經緯諸星，或會或衝，或三合四合六合，各有順逆承制之理，測候推算之法。醫家藉此以工治療，農家藉此以爰稼穡，商旅藉此以行舟泛海，六也。上五則有關曆學者。書中略已論述，後一則各有本學。兹不備著。有此諸端，故推步之法宜求密合。而欲求密合，政復未易。如日躔之行，止有三種，月離則有七種。參錯之中，欲求齊一，非明理無以立法，非立法無以致用。其曲折繁細，十倍日躔矣。乃勝國至今，此學湮廢，星官家徒傳舊法，若求其立法之原與乖違之故，即無片言隻字可資考證。好學者偶一測驗，偶一致思，便欲輕言改作，不復究本來之條貫，求目前之徵實，計後世之變遷，譬如勺水于河，曷嘗遡源于星海，窮委于歸墟者哉！今據西法譯該《曆指》四卷，闡理著數，似覺井然。曆表四卷，條畫分明，以步月離經緯度。比于舊法，可省工力三分之二。以步交食，可省四分之三。其爲密近，似復勝之。且令數百年後，據兹義指，得以改憲求合焉。

《西洋新法曆書·測天約説》

原序　測天約説敘目　測天者，脩曆之首務。約説者，議曆之初言也。不從測候，無緣推算，故測量亟矣。即測候推算，亦非甚難不可幾及之事。所難者，其數曲而繁，其情密而隱耳。欲御其繁曲，宜自簡者始。欲窮其密隱，宜自顯者始。約説之義，則總曆家之大指。先爲簡顯之説，大指既明，即後來所作易言易知，漸次加詳，如車向康莊，此爲發軔已。又古之造曆者，不欲求明，抑將晦之，諸凡名義，故爲隱語，諸凡作法，多未及究論其所從來，與其所以然之故。墻宇既峻，經途斯狹，後來學者多不得其門而入矣。此篇雖云率略，皆從根源起義，向後因象立法，因法論義亦復稱之，務期人人可明，人人可能，人人可改而止，是其與古昔異也。或云諸天之説無從考證，以爲疑義，不知曆家立此諸名，皆爲度數言之也。一切遠近、内外、遲速、合離，皆測候所得，舍此，即推步之法無從可用，非能妄作，安所置其疑信乎。若夫位置形模，實然實不然，則天載幽玄，人靈淺尠，誰能定之，姑論而不議可矣。都爲二卷，共八篇，如左。

《西洋新法曆書·幾何要法》

鄭洪猷　幾何要法序　國之執牛耳盟者幽言理。至度數之學，則以爲迂而無當，於道而芻狗置之。夫度數而斤斤術藝也者，則芻狗寘也可。度數之中，大而授時、定曆、正律、審音，算量分秒不爽，水泉灌溉有資，與夫力小任重營建，機巧畢具。而兵家制勝，列營陣，揣形勢，策攻守，所須乎此者，尤亟用之，如期其廣且切也。此而可芻狗視之，將羲畫虞璿，亦枯而不靈之器；而禹奏平城，可舍句股勿用；而姬公測驗，必《周髀》是問，何爲也！始信理脱數而藏，易借以覆短，數傳理而見，則有物有事，假作不得，假説亦不得也。善哉《幾何原本》之帙，譯自西國，裁自徐太史先生之手，其中比分櫛解，義數詳明，可以佐隸首、商高所不逮，可以補十經九執之遺亡，而梓甘翟襄不擅長焉者，神而明之，引類而伸之，先生制器利用之法備見矣。特初學望洋而嘆，不無驚其繁。余因晤西先生，乃受《幾何要法》，其義約而連，簡而易從，以攻堅木，先其易者，後其節目，久也相説以解。先河而後海，昔有言之矣。不操縵而能安絃，豈是學乎。爰是訂而副諸梓人，僭數語弁其端，有咲而詫猷，以俗吏而迂譚度數之理也，猷烏知。

崇禎辛未仲春，陸安鄭洪猷書。

《西洋新法曆書·比例規解》

羅雅谷　比例自序　天文、曆法等學，舍度與數，則授受不能措其辭，故量法、算法恒相發焉。其法種種不襲而器，因之各國之法與器大同小異。如算法之或以書，或以盤珠，吾西國猶以爲未盡其妙也。近世設立籌法，以更超越千古。至幾何家用法，則籌有所不盡者而量該之，不能不藉以爲用。今□《幾何》

六卷六題，推顯比例規尺一器，其用至廣，其法至妙，前諸法、器不能及之。因度用數，開闔其尺，以規揞度，得算最捷，或加減，或乘除，或三率，或開方之面與體，此尺悉能括之。又函表度、倒景、直景、日晷、句股弦，算五金輕重諸法，及百種技藝無不賴之。功倍用捷，爲造瑪得瑪第嘉最近之津梁也。昔在上海曾爲徐宗伯造其尺，而未暇譯書，今奉旨修曆，兼用敝序之法，思此小器爲用既廣，曷敢秘而不傳。第中西文字絶不相同，倘因艱澁而輟譯，是坐令此器不得其用，不甚可惜哉。因草創成書，請教宗伯，此器之倘爲用於世也，則潤色之，增補之，定有其時而谷之不文或見亮於天下後世也矣。

崇禎庚午仲秋，遠西羅雅谷識。

《西洋新法曆書·渾天儀説》

李天經　渾儀用法序　夫人戴天履地，塊然中處，至詢以三光之運行、大塊所凝住，或謙讓未遑焉。乃亶其聰明，仝上下古今不可紀極之人物政事，徽惡廢興，靡不窮搜强識而誇淹貫；顧於有生以來，與我踵頂俱覆載，精氣相維結。光曜所煦照、未能須臾離者，輒委之若迂若誕，鮮有過而問者，抑獨何歟？故參贊上矣，次莫如知則。夫斷其理者求其故，考其數者步其行，器，固未可廢也，而用，斯要焉。粤自堯欽曆數，舜察璣衡，是爲渾天鼻祖。第其製久湮，後人倣作，如陶弘景類，自兩極二道外，罔所發明，于適用蔑如也。星球之製，起于中古，即甘石諸家無過以黄黑赤别其姓氏，而星座僅取步天見界限於南極，即仰參玄象尚多掛漏，安問摶抚剏用而裨于曆數哉。乃西儒道未湯先生、味韶羅先生，奉命修曆，自遠來賓，爰授法爲渾儀，星球之製，儀則設爲子午地平過極，諸圈併黄赤而六焉，且高弧時牌、遊表以佐其用。球則自見界羣星外，凡有度可稽、南極未考者，莫不珠聯璧綴，以補其遺。而高弧時牌用同渾儀，半圈則所獨焉，其周天列曜斯犂然俱備矣。道未先生又以用法未明，無以詔來，玆乃更闡其奥旨，疏爲款列，纚纚數萬餘言，彙成五卷，併儀球諸晷，進呈御覽。蒙勑靈台諸臣，進先生等於大内，虚心講求焉。仰見聖明之留神欽若，真度超千古矣。藩臣李子竊與共事，讀其書而志怡神酣，如濟川得舟，撥雲見日，而不能已於讚述也。其提挈原始，則乹象坤維，總屬圜理，是器也，而道存其間矣。縷分玅用，則揆度定時，不爽纖芒，雖形也，而神明其用矣。攷究占驗，則分宫起舍，細抉玄微，一旋轉之頃也，而天人窮其藴矣。要以北極高度立其基，而凡以求黄赤之經緯，諸曜之出沒，晝夜之永短，五緯之見與伏，各距之時與度，至昧爽有時刻，而交食有方位，莫不取足於一掬之儀球，而衆理咸備。其爲用也，顧不大哉。且以勾股立算，未能合天，乃闡明圜線三角形，以盡諸弧之變，而洞交角之理，尤信握籌而算，無若按儀而考之爲便捷也，又微乎其微矣。至依法以製多形日晷，特餘事耳。大都先生之學窮天極地，而中察人倫，通三才，之謂儒先生，真其人哉。故始則法天以制器，若立其模；繼乃因器以著用，如啓其籥。此籥啓而衆玅之門闢，鉅之而衍曆數，稽災祥，細之而推命理，前民事，其範圍無外，而總不離此球儀之用爲機權耳。真功侔參贊者乎，而知不足言矣。聖明方欽若昊天，先生等應運而至，將爲國家定非嘗之大典，而垂無疆之寶曆。余小子將聿觀厥成，以免塊然之誚也。先生之明德遠矣哉，是爲序。時崇禎九年日躔壽星之次，督修曆法山東布政使司右參政李天經書于修曆公署。

《西洋新法曆書·測量全義》

原序　測量全義敘目　《測量全義》十卷，前九卷屬法原，後一卷屬法器。法原者，法之所以然也。凡事不明于所以然，則其已然者茫茫不知所來，其當然者昧昧不知所往。即使沿其流，齊其末，窮智極慮，求法之確然不易，弗可得已。況天之高，星辰之遠，曆數之賾且隱也，而不究其原，可乎？旋觀往代，如《二十一史》所載漢以後諸家之曆詳矣，大都專求法數，罕言名理。即才士間出，亦各窺一二，莫覩大全；雜以易卦樂律，益增迷瞀，何恠乎千八百年而未有定法也。夫曆法之原有二，其一則象緯之原也，天事也。其一則推測之原也，人事也。象緯之原，如《測天約説》所論，百中之一二耳。其他散見于《七政本論》，會而通之，聊足著明矣。此書所論，則推測之原也。古今言推測者又有二。其可以形察，可以度審者，謂之更術。不可以形察，不可以度審者，謂之綴術。此所論者，又綴術也。綴術之用又有二。其一總物以爲度，論其幾何大，曰量法也。其一截物以爲數，論其幾何衆，曰算法也。曆象之家兼用二法，如鳥之傅兩翼也，則無所不可之矣。凡幾何之屬有四，曰點、曰線、曰面、曰體。點引爲線，線展爲面，面積爲體。凡此四者，諸有形有質之物，細若纖芥，鉅若大圜，悉可極其數而盡其變，所以能範圍不過、曲成不遺也。點不可爲度，線不可爲形。必三線交，始成三角形焉。凡度與數，不用此形，即巧曆無從布算。故三角者，雖形體之始基，實測量之綱要，諸卷中當首論者，此也。凡言度數，必通大小，通近遠者也。三角形，繇兩視線、一逕線。徑線者，所測物之廣也。徑之兩端出兩直線，入交於目睛之最中而成形。如分寸咫尺，爲近小之形；乃至大圜七政，爲遠大之形，形絶不等，然其爲三角等，則比例必等，因而用小推大，用近推遠，亡不合者。故曰通大小，通遠近也。夫學難者必自近也，學微者必自顯也。最難且微，莫如天之三光。最易且顯，莫如地之百物。次卷所測，測地與物，以此故也。然而測一物之高，一山之高，與測日月星辰去地之高也無以異，則亦通大小，通遠近者也。其次進而測面。面者，平方、平圓之類，其變不可勝窮也。然而測物之面，與測地景之面，測日月星之面，其理一也。又進而測體。體者，立方立圓之類，其變不可勝窮也。然而測物之容，與測地之容，日月星之容，其理一也。是皆遠近大小通焉者也。既曰通焉，而不言遠大，先言近小者，則所以習之也。習之柰何？習手與目，以求其貫也。習心與意，以求其信也。不習不貫，未有能信者也。習且貫，未有不信者也。故習小、習近，言遠大者之所求也。夫論度數至於測體，深矣，微矣，然而皆平面直線也。大則圜體，其面圜面，其線曲線也。測圜面之難，十倍平面。測曲線之難，十倍直線。蓋圜與曲，謂之弧，而測弧無法。於無法中求有法，其勢不得不難。世有傳弧矢算術、測圓術者，皆非術也。其本術稍見于《人測》，其爲數則《割圓八線表》，而此書第七至第九，則言其理與法也。蓋以弧背求弦矢，用測曲線三角形，展轉推求，展轉變易，凡周天衆規，相交相距，所以經緯七政，運行四時，推遷運會者，上下百千萬年可知也。諸天諸曜，種種運行，悉無一定之法，其爲紛頤莫可勝原此弧弦諸法，則何以能追求至盡乎？蓋所論者，非諸曜自行之度數，而宗動天之度數也。宗動者，不依七政，而能爲七政之準則，曆家謂之天元道、天元極、大元分至，終古無變易也。因此推步，是以有恒御無恒，曆家之立法，最難在此。其用法最易，亦在此矣。終之以法器，何也？曰器之用大矣，智者非器不作，明者非器不述，差者非器不改，合者非器不驗，教者非器無以措其辭，學者非器莫能領其意。巧者非器末繇見其長，拙者非器有所匿其短，是以唐虞欽若，首在璣衡，歷代以還，屢更其制。據今所有，則渾天儀、簡儀、立運儀、渾天象四器也。而年逾數百，久闕繕治，地址傾墊，樞軸鏽蝕，渾大一儀不復運動，簡儀、立運猶似堪用，復少黄道規環。且測候多端，止憑一器，架柱森列，多成映蔽，均賦辰度，尚未精密。刻定宿度，則又元時所測，非今測也。此卷中分列諸器，擇其最急，略有五種。曰測高儀，曰距度儀，曰地平經緯儀，曰赤道經緯儀，曰黄道經緯儀。有此諸儀相襲並用，彼礙則此通，可以無求不得矣。更求密測，責以分秒無差，則一式又須三器，三器俱列，用相參較。三測并合，則製器精工，安置如式，測驗得法，灼然具見矣。有不合者，可以推究病源，更求釐正。釐正之後，測復參差，則擇其同者用之。若止據一器，有得即真，烏從知其然不然、可不可乎。且舊儀大環徑止五尺二寸，度止十分，今擬新式，用半徑者六尺，則三倍大也；度得百分，則十倍細也；用全徑亦六尺，度可六十分，亦六倍細也。夫今之改憲，欲求倍勝于古，非倍勝之器，諒無從得之矣。或疑法器重大，取數復多，即用物必奢，是又不然。今之舊儀，不能揣知輕重，大都唐宋以來，考諸史志，約略相等。《宋史》言東都渾儀四座，每座約銅二萬餘斤。今擬諸式，概從輕省，若得宋元一儀之費，足以盡造諸器有餘矣。且每式三器，誠不可少。若宛轉相就，則經緯儀可以得距，地平儀可以得高，一倍本數，亦能通用。或五大既全，稍從狹小，以爲副貳，兼用精鐵，以省銅材，固無不可。則所計一儀之費，尚可損其半也。惟是舊儀欲將修改，則一器止堪一用，其修改之費，恐過于造作，計不當爲之耳。惟渾天象，止以測到度分，量度經緯，在于施用，未爲闕切。今體製完美，無煩再造矣。

《西洋新法曆書·大測》

原序　大測目録　《大測》者，測三角形法也。凡測算皆以此測彼，而此一彼一，不可得測。《九章》算多以三測一，獨《句股》章以二測一，則皆三角形也。其不言句股者，句與股交。必爲直角。直角者，正方角也。遇斜角，則句股窮矣。分斜角爲兩直角，亦句股也。遇或不可得分，又窮矣。三角形之理，非句股可盡，故不名句股也。句股之易測者，直線也，平面也。測天則圜面曲線，非句股所能得也，故有弧矢弦割圜之法。弧者，曲線，弦矢者，直線也。以弧求弧，無法可得。必以直線曲弧，相當相準，乃可得之。相當相準者，圜徑之法也。而圜與徑，終古無相準之率。古云，徑一圍三。實圍以内二徑之六弦，非圍也。祖沖之密率云，徑七，圍二十二。則其外切線也，非圍也。劉徽密率云，徑五十，圍百五十七，則又其内弦也，非圍也。或推至萬萬億以上，然而小損即内弦，小益即外切線也，終非圍也。曆家以句股開方，展轉商求，累時方成一率。然不能離徑一圍三之法，即祖率已繁，不復能用，況徽率乎？況萬萬億以上乎？是以甚難而實謬。今西法，以周天一象限分爲半弧，而各取其正半弦其術，從二徑六弦始，以次求得六宗率，皆度數之正義，無可疑者。次用三要法，相分相準，以求各率，而得各弧之正半弦，又以其餘弧之正弦爲餘弦，以餘弦減半徑爲矢，弧之外與正弦平行而交於割線者，爲切線，以他半徑，截弧之一端，而交於切線者爲割線。其與餘弦平行者，則餘切線也。即正割一線，交於餘切線而止者，餘割線也。以正弦減半徑者，餘矢也。總之爲八線，其弧度分，爲五千四百。每一度分，有八線焉。合之爲四萬三千二百率也。其用之，則一形中有三邊三角。任有其三，可得其餘三也。凡測候所得者，皆弧度分也。以此二三弧，求彼一弧，先簡此弧之某直線，與彼弧之某直線，推算得數。簡表，即得彼弧之度分。不勞餘力，不費晷刻，爲之者勞，用之者逸。方之句股開方以測圓者，甚易而實是也。然則必無差乎？曰，有之。或在其末位，如半徑設十萬，則所差者，十萬分之一也。設千萬，則所差者，千萬分之一也。曆家推演，至微纖以下，率皆棄去，即謂之無差，亦可。故論此法者，謂于推步術中，爲農夫之剡耜，工匠之利器矣。測天者所必須，大于他測，故名大測。其解義六篇，分爲二卷，八線表九十度，分爲六卷如左。

《西洋新法曆書·籌算》

羅雅谷　自序　算數之學，大者畫野經天，小者米鹽凌雜，凡有形質、有度數之物與事，靡不藉爲用焉。且從事此道者，步步蹠實，非如談空說玄，可欺人以口舌。明明布列，非如握槊奪標，可欺人以强力。層層積累，非如繇句剎那，可欺人以荒誕也。而爲術最繁，不有出法濟之，即當年不能殫，惡暇更工它學哉！敝國以書算，其來遠矣。乃人之記函弱而心力柔，厭與昏每乘之，多有畏難而中輟者。後賢別立巧法，易之以籌。余爲譯之，簡便數倍，以似好學者，皆喜以爲此術之津梁也，遂梓行之。傳不云，不有博弈者乎，爲之猶賢乎已。是書稍賢於博弈，然旅人入來，未及它有論著，以此先之，不亦末乎？行復自哂，曰，小道可觀，聊爲之佐一籌而已。

崇禎戊辰暮春廿日，雅谷識。

《渾蓋通憲圖說》

四庫全書提要　《渾蓋通憲圖說》二卷，明李之藻撰。之藻有《頖宮禮樂疏》，已著録。是書出自西洋簡平儀法。蓋渾天與蓋天皆立圓，而簡平則繪渾天爲平圓，則渾天爲全形，人目自外還視；蓋天爲半形，人目自内還視；而簡平止於一面，則以人目定於一處而直視之之所成也。其法設人目於南極或北極，以視黄道赤道及晝長晝短諸規，憑視線所經之點，歸界於一平圓之上。次依各地北極出地以視，法取天頂及地平之周，仍歸界於前平圓之内。次依赤道經緯度以視，法取七曜恒星，亦歸界於前平圓之内。其視法以赤道爲中圈，赤道以内，愈近目則圈愈大而徑愈長。赤道以外，愈遠目則圈愈小而徑愈短。之藻取晝短規爲最大圈，乃自南極視之，晝短規近目而圈大。其意以爲中華之地，北極高，凡距北極百一十三度半以内者，皆在其大圈内也。卷首總論儀之形體，上卷以下，規畫度分時刻及制用之法，後卷諸圖咸根柢於是。梅文鼎嘗作訂補一卷，其說曰：渾蓋之器，以蓋天之法代渾天之用，其製見於《元史》扎瑪魯鼎原作扎馬魯丁，今改正。所用儀器中。竊疑爲《周髀》遺術，流入西方。然本書黄道分星之法尚闕其半，故此器甚少，蓋無從得其制也。兹爲完其所闕，正其所誤，可以依法成造云云。又有《旋璣尺解》一卷，皆足與此書相輔而行。以已見文鼎書中，兹不復贅焉。

又　李之藻　渾蓋通憲圖説自序　儒者實學，亦惟是進，修爲競競。祲祥感召，繇人前知，咎或在泄。暨於曆策，亦有司存，比我民義，不並亟矣，然而帝典敬授，實首重焉。人之有生，惡有終身戴履照臨，可無諳厥條貫者哉？瞻依切於父母，第見繪像，必恭敬止。

儀象者，乾父坤母之繪事也。於焉顧諟太上修身昭事，其次見大袪俗，次以廣稽覽，次以習技數，而猶賢於博弈也。

六籍所載博矣，顓帝渾象，迄兹遵用。蓋天肇自軒轅，《周髀》宗焉，擬其形容，殆割渾天一弧，而世鮮習者，蓋自子雲八難始。夫其方圜句股，乃步算之梯階；旋籥引繩，均測圜之户牖。假令可渾、可蓋，詎有兩天？要於截蓋繇渾，總歸圜度；全圜爲渾，割圜爲蓋。蓋笠擬天，覆槃擬地，人居地上，不作如是觀乎？若謬倚蓋之旨，以爲厚地而下，不復有天，如此則乾不成圜，不圜則運行不健，不健則山河大地下墜無極，而乾坤或幾乎息。且夫凝而不墜者，運也；運而不已者，圜也。圜中之聚，一粟爲地；地形亦圜，其德乃方。曾子曰：「若果天圜而地方，則是四隅之不相揜也。」《坤》之文曰：「至静而德方。」孔、曾生周，從周著論。若是謂姬公髀測之書，必戾渾而自爲蓋，可哉？

圭表土臬，水準衡覸，千機萬軸，共一混元之體，合則雙美，離則兩傷。何則？渾儀語天，而弗該厚載；《周髀》兼地，而見束地員。所以景差千里一寸，按實恒年；北極三十六度，易地斯齬。嘗試以渾詮蓋，蓋乃始明；以蓋佐渾，渾乃始備。崔靈恩以渾蓋爲一義，而器測蔑聞，說亦莫考。

大都譚天之家，迄後來而更覈；測圜之學，尋遡覽者爲精。《元嘉》《開元》，涉歷稍廣。元人晷測，經緯逾詳。里人之識路也，榆社焉已耳。職方之掌，以山川；海人之占，以星斗；游境彌廣，見界彌超。

昔從京師識利先生，歐邏巴人也，示我平儀。其制，約渾爲之，刻畫重圜，上天下地，周羅星曜，背綰睍筩。貌則蓋天，而其度仍從渾出。取中央爲北極，合《素問》中北外南之觀；列三規爲歲候，遂羲和候星寅日之旨，得未曾有。耳受手書，頗亦鏡其大凡。旋奉使閩之命，往返萬里，測驗無爽。不揣爲之圖說，間亦出其鄙譾，會通一二，以尊中曆，而他如分次度，以西法本自超簡，不妨異同，則亦於舊貫無改焉。語質無文，要便初學，俾一覽而見天地之大意，或深究而資曆象之至理。

是故總儀列說，睹大全也；天度時刻，先晷測也；赤道永短，協歲功也；地平漸昇，揆辰極也；天中地衢，辯方域也；晨昏箭漏，戒夙莫也；黄道宫界，剖辰次也；經星位置，參儀象也；句股測望，以御遠近高深也。而又次之制用，以悉其致；先之渾象，以揮其原。説具一圖，圖兼數法，法法不離圜體，規規咸絜天行。平之則準，懸之則繩，可以仰觀，可以俯察，徑不盈尺，可挈而趨。

然則聖作明述，何國蔑有？儻中國亦舊有其術乎？藻也何知，幸獲問奇，聊附誦說，抑亦與海内同志者共訂諸。而鄭輅思使君，以爲制器測天，莫精於此，爲讎訂而授之梓。令尹樊致虚氏樂玩妙解，躬勤檢測，實相與有成焉。

是刻無預保章，有裨馮相，傳之其人，幸不與地動、覆晷諸儀同歸泯没，而秘義巧術，迺得之乎數萬里外來賓之使。然則聖世球圖，亦豈必琛璧之爲寶耶！

夫經緯淹通，代固不乏玄、樵。若吾儒在世善世，所期無負霄壤，則實學更自有在。藻不敏，願從君子砥焉，先天道於民義，所不敢也。

萬曆彊圉叶洽之歲，日躔在軫，仁和李之藻振之甫書於栝蒼洞天。

又　樊良樞　鍥渾蓋通憲圖説跋　在昔顓頊，乃命南北重黎；稽古帝堯，爰咨羲和、仲叔。維司空熙載，尚求平土之官；若師尹具瞻，寧忘省日之政？越有君子振之先生，踔躪三才，漁獵二有，長庚叶彩，竪赤幟於詞壇；太乙揚輝，下青藜於秘閣。吞三爻而受命，道契羲圖；按《九章》而測維，算窮亥步。玉尺徵其神解，錞于辨以靈心。既索隱於西人，亦探奇於北地。司分司至，學在四夷之官；渾天蓋天，傳自中郎之帳。排閶闔而上，卿雲旦浮；遊河渚以來，流星夜朗。觀文察變，象貫趾於丘園；正日協時，喜寅賓於暘谷。

于是真人東度，令康署里以高陽；仙氣西來，尹喜受經於柱下。土圭之法，測日晷以求中；水地以縣，考辰樞而正夕。平軌衍經緯之術，圜儀具句股之形。驗黄道於重乾，旋規拱極；準玉衡於七曜，立則扶陽。爰制會通，遂開靈憲。圖以無象之象，數本畫前；説有不言之言，筌忘繫表。雖裨竈、梓慎，莫喻其神；若甘德、石申，罕窮其奥矣。

刊諸貞石，用表少徽之墟；傳之大都，豈藏名山之笈。庶官靖共爾位，克撫五辰；昭代敬授人時，行申四命。鄭康成之擅禮樂，大道知其東行；李孟節之占風星，中使於焉内召。玉者猶玉，告厥成於復圭；玄之又玄，貴此道於拱璧。莫贊談天之頌，聊同測海之觀。

萬曆彊圉協洽之歲，日躔在軫，豫章樊良樞致虚甫撰并書。

《不得已》

楊光先　小引　世間事有不可已而已者，計利計害之鄙夫也。有可已而不已者，暴虎馮河之勇夫也。暴虎馮河固爲聖人之所不與，而計利計害亦非君子之所樂爲。顧其事之何如爾。事當其正，雖九死其如飴。事或匪正，即萬鍾所不屑。斯可已不可已之辨，而鄙勇二者之失，皆可置之不問矣。唯於不可已之事而不計利害生死，堅其不可已之志以行之，迹雖似乎徒搏徒涉之心，終爲先聖後聖之所亮。此不可已之大中至正當不可已者也。世道之不替，賴士大夫以維之。士大夫者，主持世道者也。正三綱，守四維，主持世道者之事。士大夫既不主持世道，反從而波靡之，導萬國爲正法邪教之苗裔，而滅我亘古以來之君親師，其事至不可已也。舉世學人，不敢一加糾政，邪教之力如此重哉。三光晦，五倫絶矣，將盡天下之人胥淪於無父無君也！是尚可以已乎？此而可已，孰不可已！斯光先之所以不得已也。較子輿氏之辯，其心傷，其情迫，何利害之足計，搏涉之云徒哉。故題其書曰《不得已》。

《宣西通》

唐仲冕　宣西通序　談天家言人人殊，無一説不窮，亦無一説不可通。何也？天必有所寄，天之外，爲水、爲氣、爲空，皆必有止境，而亦安得有止境。莊子所謂天下，有大惑焉。萬世之後遇大聖，知其解者是旦暮遇之也。此合古今聖神材智而皆窮者也。然以心思之幻，説天上慌忽不可見之事，則亦何説不可通，非特渾、蓋、宣及歷朝測天諸家。即如天日本動，而云不動；地本静，而云日日東行，上下日月，而人不覺，亦無不可，自成一家言也。聖人與天合德，其言天，亦第就可見者言之耳。書之《堯典》所載中星七政，爲渾、蓋、宣三家之祖。繫《易》曰，天行健。坤至静，而德方。又曰，日月得天而能久照。天尊地卑，日月運行，至於治秝明時則取諸革。《戴記》亦云，道並行而不相悖。《春秋》書，日有食之，而不言所食。書恒星不見，而不言所以不見。六合之內，論而不議。六合之外，存而不論。談天之法，不外乎是。余素不了天官家言，聞地球之説，地底有人，亦甚疑之。解之者曰，地以上皆天也，子以地底人爲倒懸，彼亦將以子爲倒懸，氣之所聚，人在氣中，故不知耳。余遂信之。東海許君月南，素精算學，近得宣夜不傳之祕，捄西法之失，著《宣西通》一書，而先以測天詩二十首見示，謂天頂沖不應有人。余乃據前説以規之。今月南郵寄是書，且云桂林於西法重數小輪，斷其必無其書。大端有二，一曰地下半皆氣承之，上半居人，而非面面居人。一曰北極爲氣母，不爲天樞。蓋地誠面面居人，必周圍以氣裹之，氣外當有殼，殼外豈得便空氣有母，則可無殼，而日月星宿皆天屬爲陽，陽則輕清而能運轉，地獨屬陰，陰則重濁下承以氣而不動。岐伯言，大氣舉地。舉，非裹也。《考靈曜》言地四遊。氣承之，乃能遊也。其説本晉天文志所載宣夜之説，以明西法之小輪重數，及地底有人之説必不可通。讀其書，可謂明辨晳矣。而其來書且言，桂林姑存此説，以備一解，先生可於序中指正其失。何其謙也。《傳》曰，禮，吾未見者有六焉，又何以規。余三復是書，始而茫然，久乃豁然，又安能復理前説哉。蓋月南本宣夜天了無形質，日月衆星浮生空中，行止須氣，七曜無所根繫，遲疾任情之説，以正西法之失，深有合於古人言天，不知其所不知，故無惡於鑿也，雖然有進焉。《易》曰，日月麗乎天。《記》云，日月星辰繫焉。若非麗且繫，何能宿離不忒。但麗不必有質，繫不必有繩，如西人木節在板，目睛自動之喻，日月之行，有冬，有夏，經星有歲差，緯星有進留退伏，皆可推算，意者即氣母之主宰是而綱維是乎。月南其必能通其説矣。然月南謂得氣母之説，而談天竟可不窮，則吾請問氣母之上，誠如宣夜所云，谷黑山青眼瞀精絶矣，而究竟伊于胡底，恐亦不得不窮。叶，殆所謂存而不論者也。夫言天，亦第言其可見者而已矣。陶山唐仲冕譔。

《天文啓蒙》

原序　小引　凡學者，於書館不見外物，耳目皆囿於近，一出門，即知有他處。過推姆斯江橋略遠，便知有他邑城池。每邑合有幾許都圖坵户而成，即吾英亦合威而士、斯古得蘭、阿爾蘭等處爲一國。人無論在何地、何國讀書，而書其所在，必曰，某館在某街、某圖，某縣、某省、某國，以是見此書館，如太倉之一粟。學者縱未至法、德、俄、奥、意、土等國，亮早聞而知之。合各國成爲歐羅巴一大洲，無異合多許城邑成一大國也。學者應亦聞知外有亞美理加、亞細亞、阿非利加、澳大利亞，或有人即在彼處，讀此種書，彼處亦如歐羅巴，各自成爲一大洲，陸地外環以海者也。若言乎地之全體，照天文師所講，是一行星。其所以知其爲行星者，説見於後。於是書此書館所在，又必曰，某館在某街、某圖、某縣、某省、某國、某洲、某行星，爾等聞吾言，得毋謂吾不論天而論地乎？顧欲知天文，先明地理。地理之終，即天文之始。有如書館，何等形景能指明其處，在地球之某洲、某國、某縣、某地，或人在他洲，亦能指明所在。然後識地球在天空諸行星間，若何行徑有與天學相關者，於此編特著明之。

《天文須知》

原序　總引　人居地面，仰看天空，見朝出而暮入者，日也。時圓而時缺者，月也。光彩點點，如散珠，如列錢者，星宿也。而講明日月星宿之理者，即天文之學也。明乎此，學則能擴充性靈，增長智慧，攷求至精，更有裨於實用。如四時節候，日月虧蝕，皆可先期推算而定。海面行船、陜地遊覽，測量日星亦能知所到之方位。至日之大小，月之形狀，星之遠近，宿之疏密，莫不能詳攷而知。更有新奇之理，深趣之事，皆常人目力所難視及者，而天文中能各論其所以然。近來又以分光鏡窺看日星，能知其體爲何原質所成。又有法推量其各體之輕重，誠爲奇矣。況明此學，可以不信異端，不受邪惑，如論星命而卜人吉凶之事，自能不受其愚也。可見此學不可不習。但近今天文書理多深奥，初學難明，兹將其中要事，要理摘集成編，以便閲者一目了然。至於如何測量，如何推算，則皆略而不詳。因此皆屬算學之理，未精算學者，不易明也。是書共分六章，依次而列，第一章總論地球，第二章總論太陽，第三章總論太陰，第四章總論行星，第五章總論彗星、恒星等，第六章略論天文諸器。閲者從此推求，再細攷《談天》等書，自可得其詳也。雖中國天學久已有之，而更加以西士所攷者，豈非更有裨益哉。

《幾何原本》

四庫全書提要　《幾何原本》六卷，西洋歐几里得撰，利瑪竇譯，而徐光啓所筆受也。歐几里得，未詳何時人。其原書十三卷，五百餘題，利瑪竇之師丁氏爲之集解。又續補二卷於後，共爲十五卷。今止六卷者，徐光啓自謂譯受是書此其最要者也。其書每卷有界説，有公論，有設題。界説者，先取所用名目解説之。公論者，舉其不可疑之理。設題，則據所欲言之理，次第設之，先其易者，次其難者，由淺而深，由簡而繁，推之至於無以復加而後已。又每題有法、有解、有論、有係。法言題用，解述題意，論則發明其所以然之理，係則又有旁通者焉。卷一論三角形，卷二論線，卷三論圓，卷四論圓内外形，卷五、卷六俱論比例。其餘三角、方圓、邊線、面積、體積、比例，變化相生之義無不曲折盡顯，纖微畢露。光啓《序》稱其窮方圓平直之情，盡規矩準繩之用，非虛語也。且此爲歐邏巴算學專書，前作後述，不絶於世，至歐几里得而爲是書，蓋亦集諸家之成。故自始至終，毫無疵類。加以光啓反覆推闡其文句，尤爲明顯，以是弁冕西術，不爲過矣。

又 利瑪竇 譯幾何原本引 夫儒者之學，亟致其知，致其知，當由明達物理耳。物理渺隱，人才頑昏，不因既明，累推其未明，吾知奚至哉！吾西陬國雖褊小，而其庠校所業格物窮理之法，視諸列邦爲獨備焉。故審究物理之書極繁富也。彼士立論宗旨，惟尚理之所據，弗取人之所意，蓋曰理之審，乃令我知，若夫人之意，又令我意耳。知之謂，謂無疑焉，而意猶兼疑也。然虛理隱理之論，雖據有真指，而釋疑不盡者，尚可以他理駁焉；能引人以是之，而不能使人信其無或非也。獨實理者明理者，剖散心疑，能强人不得不是之，不復有理以疵之，其所致之知且深且固，則無有若幾何一家者矣。

幾何家者，專察物之分限者也，其分者若截以爲數，則顯物幾何衆也；若完以爲度，則指物幾何大也。其數與度或脱於物體而空論之，則數者立算法家，度者立量法家也。或二者在物體，而偕其物議之，則議數者如在音相濟爲和，而立律吕樂家，議度者如在動天迭運爲時，而立天文曆家也。此四大支流，析百派。

其一，量天地之大，若各重天之厚薄，日月星體去地遠近幾許、大小幾倍，地球圍徑道里之數，又量山岳與樓臺之高，井谷之深，兩地相距之遠近，土田城郭宫室之廣袤，廩庾大器之容藏也。

其一，測景以明四時之候，晝夜之長短，日出入之辰，以定天地方位，歲首三朝，分至啓閉之期，閏月之年，閏日之月也。

其一，造器以儀天地，以審七政次舍，以演八音，以自鳴知時，以便民用，以祭上帝也。

其一，經理水土木石諸工，築城郭作爲樓臺宫殿，上棟下宇，疏河注泉，造作橋梁，如是諸等營建，非惟飾美觀好，必謀度堅固，更千萬年不圮不壞也。

其一，製機巧，用小力轉大重，升高致遠，以運芻糧，以便泄注乾水地水乾地，以上下舫舶，如是諸等機器，或借風氣，或依水流，或用轉盤，或設關捩，或恃空虛也。

其一，察目視勢，以遠近正邪高下之差，照物狀可畫立圜立方之度數於平版之上，可遠測物度及真形；畫小，使目視大；畫近，使目視遠；畫圜，使目視球，畫像有坳突，畫室屋有明闇也。

其一，爲地理者，自輿地山海全圖，至五方四海，方之各國，海之各島，一州一郡，僉布之簡中，如指掌焉。全圖與天相應，方之圖與全相接宗，與支相稱，不錯不紊，則以圖之分寸尺尋，知地海之百千萬重，因小知大，因邇知遐，不誤觀覽，爲陸海行道之指南也。

此類皆幾何家正屬矣。若其餘家，大道小道，無不藉幾何之論，以成其業者。夫爲國從政，必熟邊境形勢，外國之道里遠近，壤地廣狹，乃可以議禮賓來往之儀，以虞不虞之變，不爾，不妄懼之，必誤輕之矣。不計算本國生耗出入錢穀之凡，無以謀其政事，自不知天文，而特信他人傳説，多爲僞術所亂熒也。農人不豫知天時，無以播殖百嘉種，無以備旱乾水溢之灾，而保國本也。醫者不知察日月五星躔次，與病體相視乖和逆順，而妄施藥石針砭，非徒無益，抑有大害。故時見小恙微疴，神藥不效，少壯多夭折，蓋不明天時故耳。商賈懵於計會，則百貨之貿易，子母之入出，儕類之衰分咸晦混，或欺其偶，或受其偶欺，均不可也。

今不暇詳諸家借幾何之術者，惟兵法一家，國之大事，安危之本，所須此道尤最亟焉。故智勇之將，必先幾何之學，不然者，雖智勇無所用之；彼天官時日之屬，豈良將所留心乎！良將所急，先計軍馬芻粟之盈詘，道里地形之遠近、險易、廣狹、死生；次計列營布陣，形勢所宜，或用圓形以示寡，或用角形以示衆，或爲卻月象以圍敵；或作鋭勢以潰散之；其次策諸攻守器械，熟計便利，展轉相勝，新新無已。備觀列國史傳所載，誰有經營一新巧機器，而不爲戰勝守固之藉者乎？以衆勝寡，强勝弱，奚貴？以寡弱勝衆强，非智士之神力不能也。以余所聞，吾西國千六百年前，天主教未大行，列國多相并兼，其間英士有能以羸少之卒，當十倍之師，守孤危之城，禦水陸之攻，如中夏所稱公輸、墨翟九攻九拒者，時時有之。彼操何術以然？熟於幾何之學而已。

以是可見，此道所關世用至廣至急也。是故經世之雋偉志士，前作後述，不絶於世，時時紹明增益，論撰綦爲盛隆焉。

乃至中古，吾西庠特出一聞士，名曰歐几里得，修幾何之學，邁勝先士而開迪後進，其道益光，所製作甚衆甚精，生平著書了無一語可疑惑者，其《幾何原本》一書，尤確而當。曰「原本」者，明幾何之所以然，凡爲其説者，無不由此出也。故後人稱之曰：歐几里得以他書踰人，以此書踰己。今詳味其書，規摹次第，洵爲奇矣。題論之首先標界說，次設公論，題論所據；次乃具題，題有本解，有作法，有推論，先之所徵，必後之所恃。十三卷中，五百餘題，一脈貫通，卷與卷，題與題，相結倚，一先不可後，一後不可先，纍纍交承，至終不絕也。初言實理，至易至明，漸次積累，終竟乃發奧微之義，若暫觀後來一二題旨，即其所言人所難測，亦所難信，及以前題爲據，層層印證，重重開發，則義如列眉，往往釋然而失笑矣。千百年來，非無好勝强辯之士，終身力索，不能議其隻字。若夫從事幾何之學者，雖神明天縱，不得不藉此爲階梯焉。此書未達，而欲坐進其道，非但學者無所措其意，即教者亦無所措其口也。吾西庠如向所云，幾何之屬幾百家，爲書無慮萬卷，皆以此書爲基，每豎一義，即引爲證據焉；用他書證者，必標其名，用此書證者，直云某卷某題而已，視爲幾何家之日用飲食也。

至今世又復崛起一名士，爲竇所從學幾何之本師，曰丁先生，開廓此道，益多著述。竇昔游西海，所過名邦，每遘顓門名家，輒言後世不可知，若今世以前，則丁先生之於幾何無兩也。先生於此書，覃精已久，既爲之集解，又復推求續補凡二卷，與元書都爲十五卷；又每卷之中，因其義類，各造新論，然後此書至詳至備，其爲後學津梁，殆無遺憾矣。

竇自入中國，竊見爲幾何之學者，其人與書，信自不乏，獨未睹有原本之論。既闕根基，遂難創造，即有斐然述作者，亦不能推明所以然之故，其是者已亦無從別白，有謬者人亦無從辨正。當此之時，遽有志翻譯此書，質之當世賢人君子，用酬其嘉信旅人之意也，而才既菲薄，且東西文理，又自絕殊，字義相求，仍多闕略，了然於口，尚可勉圖，肆筆爲文，便成艱澀矣。嗣是以來，屢逢志士，左提右挈，而每患作輟，三進三止。嗚呼！此遊藝之學，言象之粗，而齟齬若是。允哉，始事之難也！有志竟成，以需今日。

歲庚子，竇因貢獻，僑邸燕臺。癸卯冬，則吳下徐太史先生來。太史既自精心，長於文筆，與旅人輩交游頗久，私計得與對譯，成書不難；於時以計偕至，及春薦南宮，選爲庶常，然方讀中秘書，時得晤言，多咨論天主大道，以修身昭事爲急，未遑此土苴之業也。客秋，乃詢西庠舉業，余以格物實義應。及譚幾何家之說，余爲述此書之精，且陳翻譯之難，及向來中輟狀。先生曰：「吾先正有言，一物不知，儒者之恥，今此一家已失傳，爲其學者皆闇中摸索耳。既遇此書，又遇子不驕不吝，欲相指授，豈可畏勞玩日，當吾世而失之？嗚呼！吾避難，難自長大；吾迎難，難自消微；必成之。」先生就功，命余口傳，自以筆受焉。反覆展轉，求合本書之意，以中夏之文重復訂政，凡三易稿。先生勤，余不敢承以怠，迄今春首，其最要者前六卷，獲卒業矣。但歐几里得本文已不遺旨，若丁先生之文，惟譯註首論耳。太史意方鋭，欲竟之，余曰：「止，請先傳此，使同志者習之。果以爲用也，而後徐計其餘。」太史曰：「然，是書也苟爲用，竟之何必在我。」遂輟譯而梓是謀，以公佈之，不忍一日私藏焉。

梓成，竇爲撮其大意，弁諸簡端，自顧不文，安敢竊附述作之林？蓋聊叙本書指要，以及翻譯因起，使後之習者，知夫創通大義，緣力俱艱，相共增修，以終美業，庶俾開濟之士，究心實理，於向所陳百種道藝，咸精其能，上爲國家立功立事，即竇輩數年來旅食大官，受恩深厚，亦得藉手以報萬分之一矣。萬曆丁未泰西利瑪竇謹書。

又 徐光啓 刻幾何原本序 唐虞之世，自羲和治曆暨司空、后稷、工虞、典樂五官者，非度數不爲功。《周官》六藝，數與居一焉，而五藝者不以度數從事，亦不得工也。襄曠之於音，般墨之於械，豈有他謬巧哉？精於用法爾已。故嘗謂三代而上爲此業者盛，有元元本本師傳曹習之學，而畢喪於祖龍之餤。漢以來多任意揣摩，如盲人射的，虛發無效，或依儗形似，如持螢燭象，得首失尾，至於今而此道盡廢，有不得不廢者矣。《幾何原本》者度數之宗，所以窮方圓平直之情，盡規矩準繩之用也。利先生從少年時，論道之暇，留意藝學。且此業在彼中所謂師傳曹習者，其師丁氏，又絕代名家也，以故極精其說。而與不佞游久，講譚餘暑，時時及之，因請其象數諸書，更以華文。獨謂此書未譯，則他書俱不可得論，遂共翻其要。約六卷，既卒業而復之，由顯入微，從疑得信，蓋不用爲用，衆用所基，真可謂萬象之形囿，百家之學海，雖實未竟，然以當他書，既可得而論矣。私心自謂：不意古學廢絕二千年後，頓獲補綴唐虞三代之闕典遺義，其裨益當世，定復不小，因偕二三同志刻而傳之。先生曰：「是書也，以當百家之用，庶幾有羲、和、般、墨其人乎？猶其小者；有大用於此，將以習人之靈才，令細而確也。」余以爲小用大用，實在其人，如鄧林伐材，棟梁榱桷，恣所取之耳。顧惟先生之學，略有三種：大者修身事天，小者格物窮理；物理之一端別爲象數，一一皆精實典要，洞無可疑，其分解擘析，亦能使人無疑。而余乃亟傳其小者，趨欲先其易信，使人繹其文，想見其意理，而知先生之學，可信不疑，大概如是，則是書之爲用更大矣。他所説幾何諸家藉此爲用，略具其自叙中，不備論。吴淞徐光啓書。

又 幾何原本雜議　下學工夫，有理有事。此書爲益，能令學理者祛其浮氣，練其精心；學事者資其定法，發其巧思，故舉世無一人不當學。聞西國古有大學，師門生常數百千人，來學者先問能通此書，乃聽入。何故？欲其心思細密而已。其門下所出名士極多。

能精此書者，無一事不可精；好學此書者，無一事不可學。

凡他事，能作者能言之，不能作者亦能言之；獨此書爲用，能言者即能作者，若不能作，自是不能言。何故？言時一毫未了，向後不能措一語，何由得妄言之。以故精心此學，不無知言之助。

凡人學問，有解得一半者，有解得十九或十一者，獨幾何之學，通即全通，蔽即全蔽，更無高下分數可論。

人具上資而意理疎莽，即上資無用；人具中材而心思縝密，即中材有用，能通幾何之學，縝密甚矣！故率天下之人而歸於實用者，是或其所由之道也。

此書有四不必：不必疑，不必揣，不必試，不必改。有四不可得：欲脱之不可得，欲駁之不可得，欲減之不可得，欲前後更置之不可得。有三至、三能：似至晦實至明，故能以其明明他物之至晦；似至繁實至簡，故能以其簡簡他物之至繁；似至難實至易，故能以易易他物之至難。易生于簡，簡生于明，綜其妙在明而已。

此書爲用至廣，在此時尤所急須，余譯竟，隨偕同好者梓傳之。利先生作叙，亦最喜其亟傳也，意皆欲公諸人人，令當世亟習焉。而習者蓋寡，竊意百年之後必人人習之，即又以爲習之晚也。而謬謂余先識，余何先識之有？

有初覽此書者，疑奥深難通，仍謂余當顯其文句。余對之：度數之理，本無隱奥，至于文句，則爾日推敲再四，顯明極矣。倘未及留意，望之似奥深焉，譬行重山中，四望無路，及行到彼，蹊徑歷然。請假旬日之功，一究其旨，即知諸篇自首迄尾，悉皆顯明文句。

幾何之學，深有益於致知。明此，知向所揣摩造作，而自詭爲工巧者皆非也。一也。明此，知吾所已知不若吾所未知之多，而不可算計也。二也。明此，知向所想像之理，多虚浮而不可挼也。三也。明此，知向所立言之可得而遷徙移易也。

此書有五不可學：躁心人不可學，麤心人不可學，滿心人不可學，妬心人不可學，傲心人不可學。故學此者不止增才，亦德基也。

昔人云：「鴛鴦繡出從君看，不把金針度與人」，吾輩言幾何之學，政與此異。因反其語曰「金針度去從君用，未把鴛鴦繡與人」，若此書者，又非止金針度與而已，直是教人開丱冶鐵，抽線造針；又是教人植桑飼蠶，湅絲染縷。有能此者，其繡出鴛鴦，直是等閑細事。然則何故不與繡出鴛鴦？曰：能造金針者能繡鴛鴦，方便得鴛鴦者誰肯造金針？又恐不解造金針者，菟絲棘刺，聊且作鴛鴦也！其要欲使人人真能自繡鴛鴦而已。

又 題幾何原本再校本　是書刻於丁未歲，板留京師。戊申春，利先生以校正本見寄，令南方有好事者重刻之，累年來竟無有，校本留置家塾。暨庚戌北上，先生没矣，遺書中得一本，其别後所自業者，校訂皆手跡，追惟篝燈函丈時，不勝人琴之感。其友龐、熊兩先生，遂以見遺，庋置久之。辛亥夏季，積雨無聊，屬都下方争論曆法事，余念牙絃一輟，行復五年，恐遂遺忘，因偕二先生重閲一過，有所增定，比於前刻，差無遺憾矣。續成大業，未知何日，未知何人，書以竢焉。吴淞徐光啓。

又 張文虎　幾何原本序　《幾何原本》前六卷，明徐文定公受之西洋利瑪竇氏，同時李涼庵彙入天學初函。而《圜容較義》《測量法義》諸書，其引《幾何》頗有出六卷外者，學者因以不見全書爲憾。咸豐間，海甯李壬叔始與西士偉烈亞力續譯其後九卷，復爲之訂其舛誤，此書遂爲完帙。松江韓中翰嘗刻之印行，無幾，而板燬於寇。壬叔從余安慶軍中，以是書示余曰：此算學家不可少之書，失今不刻，行復絶矣。會余移駐金陵，因屬壬叔取後九卷重校付刊。繼思無前六卷，則初學無由得其蹊徑；而亂後書籍蕩泯，天學初函，世亦稀覯；近時廣東海山仙館刻本，紕謬實多，貽誤來學，因並取六卷者屬校刊之。

蓋我中國算書，以《九章》分目，皆因事立名，各爲一法。學者泥其迹而求之，往往畢生習算，知其然而不知其所以然，遂有苦其繁而視爲絶學者。無它，徒眩其法而不知求其理也。傳曰：物生而後有象，象而後有滋，滋而後有數。然則數出於象，觀其象而通其理，然後立法以求其數，則雖未覩前人已成之法，剏而設之，若合符契。至於探賾索隱，推廣古法之所未備，則益遠而無窮也。《幾何原本》不言法而言理，括一切有形而概之曰：「點、線、面、體。」點、線、面，體者，象也。點相引而成線，線相遇而成面，面相沓而成體。而線與線，面與面，體與體，其形有相兼，有相似，其數有和，有較，有有等，有無等，有比例，有無比例。洞悉乎點、線、面、體，而御之以加、減、乘、除，譬諸閉門造車，出門而合轍也，奚敝敝然逐物而求哉？然則《九章》可廢乎？非也。學者通乎聲音訓詁之端，而後古書之奥衍者可讀也；明乎點、線、面、體之理，而後數之繁難者可通也。《九章》之法，各適其用，《幾何原本》則徹乎《九章》立法之源，而凡《九章》所未及者，無不賅也。致其知於此，而驗其用於彼，其如肆力小學，而收效於羣籍者與！

《幾何論約》

四庫全書提要　《幾何論約》七卷，國朝杜知耕撰。知耕字臨甫，號伯瞿，柘城人。是編取利瑪竇與徐光啓所譯《幾何原本》復加删削，故名曰《論約》。考光啓於《幾何原本》之首冠雜議數條，有云此書有四不必：不必疑，不必揣，不必試，不必改。有四不可得：欲脱之不可得，欲駁之不可得，欲減之不可得，欲前後更置之不可得。知耕乃刊削其文，似乎蹈光啓之所戒，然讀古人書者往往各有所會心，當其獨契，不必喻諸人人，併不必印諸著書之人。《幾何原本》十五卷，光啓取其六卷，薩幾里得以絶世之䔧傳其國，遞校之秘法，其果有九卷之冗贅待光啓去取乎？亦各取其所欲取而已。知耕之取所欲取，不足異也。梅文鼎算術造微，而所著《幾何摘要》，亦有所去取於其間，且稱知耕是書足以相證。則是書之删繁舉要，必非漫然矣。

又　吴學顥　原序　凡物之生，有理、有形、有數。三者妙於自然，不可言合，何有於分。顧從來語格物者，每詳求理，而略形與數。其於數，雖有《九章》之術求其精確，已苦無傳書。至論物之形，則絶無及者。孟子曰，繼之以規矩準繩，以爲方圓平直，不可勝用。意古者公輸、墨翟之流，未嘗不究心於此，而特未及勒爲一家之言與，然不可考矣。嘗竊論之，理爲物原，數爲物紀，而形爲物質。形也者，理數之相附以立者也。得形之所以然，則理與數皆在其中。不得其形，則數有窮時，而理亦杳渺而不安。非理之不足恃，蓋離形求理，則意與象睽，而理爲無用。即形求理，則道與器合，而理爲有本也。《幾何原本》一書，創於西洋歐吉里斯。自利瑪竇攜入中國，而上海徐元扈先生極爲表章，譯以華文，中國人始得讀之。其書囊括萬象，包羅諸有，以爲物之形有短長，有闊狹，有厚薄。短長曰線，闊狹曰面，厚薄曰體。以三者提其大綱，而曲直相參，斜正相求，方員相準，多寡相較，輕重相衡，以虚例實，用小該大，自近測遠，參之伍之，錯之綜之，物之形得，而無閡數、無遁理矣。顧其書雖存，而習者卒鮮。即稍窺其藩，亦僅以爲歷學一家之言，不知其用之無所不可也。友人杜子端，甫束髮，好學於天文、律歷、軒岐諸家，無不該覽，極深湛之思，而歸於平實，非心之所安，事之所驗，雖古人成説，不敢從也。其於是書，尤沛然有得，以爲原書義例條貫已無可議，而解論所繫間有繁多，讀者難則知者少矣。於是爲之删其冗複，存其節要，解取詰題，論取發解，有所未明間以己意附之，多者取少，迂者取徑，使覽者如指掌列眉，庶人不苦難而學者益多。既成，徵序於予。予譾陋，何能爲役，然念先君子嘗精研此書，弗釋卷，不肖總角時，每聞其略，今愧不能紹前業。讀杜子書而附名末議，尤所欣願者。故爲述其大意，以應杜子之請，而因爲之言曰，今藝學之榛荒，久矣。即以律歷論，二者雖同出於數，然各有本末，不必强同。漢魏以來，務爲牽合，了無確義。至天文一家，尤多穿鑿。凡日月交食、五星淩犯，有所弗通，不咎推步之失，反誣天行之錯，以致批根人事，除翦無辜，翕張政刑，不可殫述。蓋不徒時刻愆期、分秒失算而已。是豈非學而不實之過哉。若捨去一切傅會揣合之説，而以幾何之學求之，則數以象明，理因數顯，涣然氷釋，無往不合，即推而廣之，凡量高測遠、授土工、治河渠，以及百工技藝之巧，日用居室之微，無一之可離者。然則此書誠格致之要論，藝學之津梁也。今夫釋迦之學亦來自西域，中更劉宋蕭梁諸人翻演妙諦，轉涉懸渺，然終屬摶沙，無裨實用，中國人猶嗜之不啻飢渴。《幾何》一書，絶非其倫。徐、利二公一本平實，杜子所述更歸捷簡。學者輟其章句詞賦之功，假十一於千百數日間可得之，亦何憚而不一觀與。杜子先有《數學鑰》六卷，已行於世，正與幾何家相爲表裏，合二書評之，皆潔净精實，幾於不能損益一字。語不云乎，言之無文，行之不遠。吾以爲，言之不簡，不可爲文。簡而不該，不可爲簡。請以此語贊兩書。讀之者，既得其簡，即得其該。其於是道也，庶幾哉。吴學顥序。

又　杜知耕　原序　《幾何原本》者，西洋歐吉里斯之書，自利氏西來，始傳其學。元扈徐先生譯以華文，歷五載，三易稿而後成。其書題題相因，由淺入深，似晦而實，顯似難而實易，爲人不可不讀之書，亦人人能讀之書。故徐公嘗言曰，百年之後，必人人習之。即又以爲習之晚也。書成於萬曆丁未，至今九十餘年，而習者尚寥寥無幾。其故何與？蓋以每題必先標大綱，繼之以解，又繼之以論，多者千言，少者亦不下百餘言，一題必繪數圖，一圖必有數線，讀者須凝精聚神，手誌目顧，方明其義。精神少懈，一題未竟，已不知所言爲何事。習者之寡，不盡由此，而未必不由此也。若使一題之蘊，數語輒盡，簡而能明，約而能該，篇幅既短，精神易括，一目了然，如指諸掌，吾知人人習之恐晚矣。或語余曰，子盍約之。余曰，未易也。以一語當數語，聰穎者所難，而況魯鈍如余者乎。雖然，試爲之。於是就其原文，因其次第，論可約者約之，别有可發者，以己意附之。解已盡者，節其論。題自明者，併節其解。務簡省文句，期合題意而止。又推義比類，復綴數條於末，以廣其餘意。既畢事，爰授之梓，以就正四方。倘摘其謬，删其繁，補其遺漏，尤余所厚望焉。杜知耕序。

《同文算指》

四庫全書提要　《同文算指》前編二卷、通編八卷，明李之藻演西人利瑪竇所譯之書也。前編上、下二卷，言筆算定位、加減乘除之式，及約分通分之法。通編八卷，以西術論《九章》。卷一曰三率準測，即古異乘同除；曰變測，即古同乘異除；曰重測，即古同乘同除。卷二、卷三曰合類差分，曰和較三率，曰洪衰互徵，即古差分，又謂之衰分。卷四曰疊借互徵，即古盈朒。卷五曰雜和較乘，即古方程。卷六曰測量三率，即古句股。曰開平方，曰奇零開平方，即古少廣。卷七曰積較和開平方。卷八曰帶縱諸變開平方，曰開立方，曰廣諸乘方，曰奇零諸乘方，皆即古少廣。案：《九章》乃周禮之遺法，其用各殊，爲後世言數者所不能易。西法惟開方即古少廣。句股各有專術，餘皆以三率御之。若方田、粟米、差分、商功、均輸五章，本可以三率御之，至於盈朒以御隱雜互見，方程以御錯糅正負，則三率不可御矣。蓋中法西法固各有所長，莫能相掩也。是書欲以西法易《九章》，故較量長短，俱有增補。其論三率比例，視中土所傳方田、粟米、差分諸術，實爲詳悉。至盈朒、方程二術，則皆仍舊法。少廣略而未備，且法與數多出入之處。梅文鼎《方程餘論》曰：《幾何原本》言句股三角備矣，《同文算指》於盈朒方程取古人之法以傳之，非利氏之所傳也。又曰：諸書之謬誤，皆沿之而不能察，其必非知之而不用，能言之而不悉，亦可見矣。誠確論也。然中土算書，自元以來，散失尤甚，未有能起而蒐輯之者。利氏獨不憚其煩，積日累月，取諸法而合訂是編，亦可以爲算家考古之資矣。

又　徐光啓　刻同文算指序　數之原，其與生人俱來乎？始於一，終於十，十指象之，屈而計諸，不可勝用也。五方萬國，風習千變，至于算數，無弗同者，十指之賅存，無弗同耳。我中夏自黄帝命隸首作算，以佐容成，至周大備。周公用之，列於學官以取士，賓興賢能而官使之。孔門弟子身通六藝者，謂之升堂入室。使數學可廢，則周孔之教踳矣。而或謂載籍燔於嬴氏，三代之學多不傳，則馬、鄭諸儒先，相授何物？《唐六典》所列十經博士弟子，五年而學成者，又何書也？

由是言之，算數之學特廢於近世數百年間爾。廢之緣有二：其一爲名理之儒，土苴天下之實事；其一爲妖妄之術，謬言數有神理，能知來藏往，靡所不效，卒於神者無一效，而實者亡一存。往昔聖人所以制世利用之大法，曾不能得之士大夫間，而術業政事盡遜於古初遠矣。

余友李水部振之，卓犖通人，生平相與慨歎此事，行求當世算術之書，大都古初之文十一，近代俗傳之言十八，其儒先所述作，而不倍于古初者亦復十一而已。俗傳者，余嘗戲目爲閉關之術，多謬妄弗論，即所謂古初之文，與其弗倍於古初者，亦僅僅具有其法，而不能言其立法之意。益復遠想唐學十經，必有原始通極微渺之義，若止如今世所傳，則浹月可盡，何事乃須五季也？既又相與從西國利先生游，論道之隙，時時及於理數，其言道言理，既皆返本蹠實，絶去一切虚玄幻妄之説，而象數之學亦皆溯源承流，根附葉著，上窮九天，旁該萬事，在於西國膠庠之中，亦數年而學成者也。吾輩既不及睹唐之十經，觀利公與同事諸先生所言曆法諸事，即其數學精妙，比于漢唐之世，十百倍之，因而造席請益。惜余與振之出入相左。

振之兩度居燕，譯得其算術如干卷。既脱稿，余始間請而共讀之，共講之。大率與舊術同者，舊所弗及也；與舊術異者，則舊所未之有也。旋取舊術而共讀之，共講之，大率與西術合者，靡弗與理合也；與西術謬者，靡弗與理謬也。振之因取舊術，斟酌去取，用所譯西術，駢附梓之，題曰《同文算指》，斯可謂網羅藝業之美，開廓著述之途，雖失十經，如棄敝屩矣。

算術者，工人之斧斤尋尺，曆律兩家，旁及萬事者，其所造宫室器用也，此事不能了徹，諸事未可易論。頃者交食議起，天官家精識者，欲依洪武故事，從西國諸先生備譯所傳曆法，仍用京朝官屬筆，如吴太史，而宗伯以振之請，余不敏，備員焉。值余有狗馬之疾，請急還南，而振之方服除赴闕，儻一日者復如庚戌之事，便當竣此大業，以啓方來，則是書其斧斤尋尺哉！若乃山林畎畝，有小人之事，余亦得挾此往也，握算言縱横矣。

萬曆甲寅春月，友弟吴淞徐光啓撰。

又　李之藻　同文算指序　古者教士三物，而藝居一，六藝而數居一。數于藝，猶土于五行，無處不寓，耳目所接已然之迹，非數莫紀；聞見所不及，六合而外，千萬世而前而後必然之驗，非數莫推。已然必然，總歸自然，乘除損益，神智莫增，喬詭莫掩，顓蒙莫可誑也。惟是巧心濬發，則悟出人先，功力研熟，則習亦生巧。其道使人心心歸實，虛憍之氣潛消，亦使人躍躍含靈，通變之才漸啓。小則米鹽凌雜，大至晝野經天，神禹賴矩測平成，公旦從《周髀》窺驗，誰謂九九小數，致遠恐泥？嘗試爲之，當亦賢于博弈矣。

乃自古學既邈，實用莫窺，安定蘇湖，猶存告餼。其在於今，士占一經，恥握從衡之算；才高七步，不嫺律度之宗。無論河渠、曆象，顯忒其方；尋思吏治民生，陰受其敝。吁，可慨已！

往遊金臺，遇西儒利瑪竇先生，精言天道，旁及算指，其術不假操觚，第資毛穎，喜其便於日用，退食譯之，久而成帙。加減乘除，總亦不殊中土，至於奇零分合，特自玄暢，多昔賢未發之旨。盈縮句股，開方測圜，舊法最難，新譯彌捷。夫西方遠人，安所窺龍馬龜疇之秘，隸首商高之業？而十九符其用，書數共其宗，精之入委微，高之出意表，良亦心同理同，天地自然之數同歟！

昔婆羅門有《九執曆》，寫字爲算，開元擯謂繁瑣，遂致失傳。視此異同，今亦無從參考。若乃聖明在宥，遐方文獻，何嫌並蓄兼收，以昭九譯同文之盛？矧其裨實學、前民用如斯者，用以鼓吹休明，光闡地應。此夫獻琛輯瑞，儻亦前此希有者乎？

僕性無他嗜，自揆寡昧，遊心此道，庶補幼學灑掃應對之闕爾。復感存亡之永隔，幸心期之尚存，薈輯所聞，釐爲三種：前編舉要，則思已過半；通編稍演其例，以通俚俗，間取《九章》補綴，而卒不出原書之範圍；别編則測圜諸術，存之以俟同志。今廟堂議興曆學，通算與明經並進，傳之其人，儻不與《九執》同湮。至於緣數尋理，載在《幾何》，本本元元，具存《實義》諸書。如第謂藝數云爾，則非利公九萬里來苦心也。

萬曆癸丑，日在天駟，仁和李之藻振之書於龍泓精舍。

《視學》

年希堯　視學弁言　余曩歲即留心視學，率嘗任智殫思，究未得其端緒。迨後獲與泰西郎學士數相晤對，即能以西法作中土繪事，始以定點引線之法貽余，能盡物類之變態，一得定位，則蟬聯而生，雖毫忽分秒不能互置。然後物之尖斜平直，規圓矩方，行筆不離乎紙，而其四周全體，一若空懸中央，面面可見。至於天光遥臨，日色傍射，以及燈燭之輝映，遠近大小隨形呈影，曲折隱顯，莫不如意。蓋一本乎物之自然，而以目力受之，犂然有當於人心。余然後知視之爲學，如是也。今一室之中，而位置一物，不得其所，則觸目之頃，即有不適之意生焉。矧筆墨之事，可以舍是哉。然古人之論繪事者，有矣。曰，仰畫飛檐。又曰，深見溪谷中事。則其目力已上下無定所矣，烏足以語學耶。而其言之近似者，則曰透空一望，百斜都見，終未若此册之切要著明也。余故悉次爲圖，公諸同好，勤敏之士，得其理而通之，大而山川之高廣，細而蟲魚花鳥之動植飛潛，無一不可窮神盡秘，而得其真者。毋徒漫語人曰，真而不妙。夫不真，又安所得妙哉。

己酉二月之朔，偶齋年希堯書。

又　自序　視學之造詣無盡也，予曷敢遽言得其精藴哉。雖然，予究心於此者，三十年矣。嘗謂中土工繪事者，或千巖萬壑，或深林密箐，意匠經營，得心應手，固可縱横自如、淋漓盡致，而相賞於尺度風裁之外。至於樓閣器物之類，欲其出入規矩，毫髮無差，非取則於泰西之法，萬不能窮其理而造其極。先是予粗理其端緒，刊圖問世，特豹之一斑，而鼎之一臠。雖已公諸同好，終不免於膚淺。近得數與郎先生諱石寧者，往復再四研究其源流，凡仰陽合覆、歪斜倒置、下觀高視等線法，莫不由一點而生。迨細究一點之理，又非泰西所有而中土所無者。凡目之視物，近者大，遠者小，理有固然。即如五嶽最大，自遠視之，愈遠愈小，然必小至一星之點而止。又如芥子最小，置之遠處，驀直視去，雖冥然無所見，而於目力極處，則一點之理仍存也。由此推之，萬物能小如一點，一點亦能生萬物。因其從一點而生，故名曰頭點。從點而出者，成線。從線而出者，成物。雖物類有殊異，與點線有差别，名或不同，其理則一。再如物置面前，遠五尺者若干大，遠一丈者若干大，則用點劃之，謂之曰離點。而遠近又有一定不易之理矣。試按此法，或繪成一室，位置各物，儼若所有，使觀之者如歷階級，如入門户，如升堂奧，而不知其爲畫。或繪成一物，若懸中央，高凹平斜，面面可見。借光臨物，隨形成影，拱凹顯然，觀者靡不指爲真物，豈非物假陰陽，而拱凹室從掩映而幽深，爲泰西畫法之精妙也哉。然亦難以枚舉縷述，而使之該備也。惟首知出乎點線，而分遠近；次知審乎陰陽，而明體用；更知取諸天光，以臻其妙，則此法之若離若合、或同或異、神明變化，亦略備於斯三者也。予復苦思力索，補綫五十餘圖，並爲圖說，以附益之，亦可云克物類之變化，而廣點綫之推移，直探斯法之源流，爲視學之梯航矣。倘於退食之暇，更得窮無盡之造詣，精思以闡其藴，而質諸高明君子，藉所裨益焉，則又予之願也夫。

雍正乙卯二月之朔，偶齋年希堯書。

《御製數理精藴》

四庫全書提要　《御製數理精藴》五十三卷，康熙五十二年聖祖仁皇帝御定律歷淵源之第二部也。上編五卷，曰立綱明體。其別有五，曰數理本源，曰河圖，曰洛書，曰周髀經解，曰幾何原本，曰算法原本。下編四十卷，曰分條致用。其別亦有五，曰首部，曰綫部，曰面部，曰體部，曰末部。又表八卷，其別有四。曰八綫表，曰對數闡微表，曰對數表，曰八綫對數表。皆通貫中西之異同，而辨訂古今之長短。如舊傳方程分二色爲一法，三色爲一法，四色、五色以上爲一法，頭緒紛然。所立假如僅可施之本例，而不可移之他處。至于正負加減法，實並分母諸例，率皆謬誤。今則約之爲和數、較數、和較兼用、和較交變四例。而和數不分正負，較數任以一色爲正，即以相當之一色爲負，皆以異名相併，同名相減，實足正舊法之訛誤。又割圜術，古以徑一圍三爲周徑之率，宋祖沖之用圓容六觚起算，元趙友欽用圓容四邊起算，皆屢求勾股，得徑一者，周三一四一五九六二五，泰西法亦同其率，古今周率之密，無逾于此。而舊所傳弧矢諸術，周徑皆用古率，又弧弦弦背互求諸術，立法極爲疏舛。今則以六宗、三要、二簡法求得，一象限內，弦矢割切正餘八綫立爲一表，洵極勾股弧矢之變。又《幾何原本》止于測面七卷，以下徐光啓、李之藻後無譯之者。《新法算書》往往有雜引之處，讀者未之能詳。且理分中末綫但有求作之法，而莫知所用。今則求得各等面體，及球內容外切各等面體之積，至十二等面，及二十等面之體，皆以理分中末綫爲之比例，足以補《測量全義》《量體諸率》之簡略。至末部借根方法，即古人天元一之術，唐宋諸算家咸用之，至明而失傳，是以顧應祥、唐順之于元李冶《測圓海鏡》一書所立天元，一皆茫然不解。今則具明其加減乘除之例，而後根與平方以下諸乘方之多少者，咸得其開法，與古所云帶縱立方三乘方諸變同歸一揆。且綫、面、體一以貫之，而本法所不能求者，皆可以借根而得，至爲精妙。他若對數表，以假數求真數；比例規解，以量代算，皆西法之迥異於中法者，咸爲疏通證明，繪圖立表，粲然畢備，寔爲從古未有之書。雖專門名家，未能窺高深于萬一也。

《里堂學算記》

阮元　里堂學算記序　數爲六藝之一，而廣其用，則天地之綱紀，羣倫之統系也。天與星辰之高遠，非數無以效其靈。地域之廣輪，非數無以步其極。世事之糾紛繁(頤)[賾]，非數無以提其要。

通天地人之道曰儒。孰謂儒者而可以不知數乎？自漢以來，如許商、劉歆、鄭康成、賈逵、何休、韋昭、杜預、虞喜、劉焯、劉炫之徒，或步天路而驗於時，或著算術而傳之於後，凡在儒林，類能爲算。後之學者，喜空談而不務實學，薄藝事而不爲，其學始衰。降及明代，寖以益微。間有一二士大夫留心此事，而言測圓者，不知天元。習回回法者，不知最高。謬誤相仍，莫能是正，步算之道，或幾乎息矣。

我國家稽古右文，昌數學。聖祖仁皇帝《御製數理精藴》，高宗純皇帝《欽定儀象考成》諸編，研極理數，綜貫天人。鴻文寶典，日月昭垂，固度越乎軒轅隸首而上之。以故海內爲學之士，甄明度數，洞曉幾何者，後先輩出。專門名家，則有若吳江王昰闇錫闡、淄川薛儀甫鳳祚、宣城梅徵君文鼎。儒者兼長，則有若吳縣惠學士士奇、婺源江慎修永、休寧戴庶常震。莫不各有譔述，流佈人間。蓋我朝算學之盛，實往古所未有也。

江都焦君里堂，與元同居北湖之濱，少同遊，長同學。里堂湛深經學，長於三禮，而於推步數術，尤獨有心得。比輯其所著加減乘除釋八卷，天元一釋二卷，《釋弧》三卷，《釋橢》一卷，總而録之，名里堂學算記。書成而屬元序之。

元思天文算學至今日而大備，而談西學者，輒詆古法爲觕疏不足道，於是中西兩家遂多異同之論。然元嘗稽考算氏之遺文，汎覽歐邏之述作，而知夫中之與西，枝葉雖分，而本幹則一也。如地爲圓體，則曾子十篇中已言之。七政各有本天，與郄萌日月不附天體之説相合。月食入於地景，與張衡蔽於地之説不別。熊三拔簡平儀說，寓渾於平，而崔靈恩已立義以渾蓋爲一矣。的谷四方行測，刱蒙氣及光之差，而姜岌已云地有游氣，蒙蒙四合矣。然則中之與西，不同者其名，而同者其實。乃彊生畛域，安所習而毀所不見，何其陋歟？

里堂會通兩家之長，不主一偏之見。於古法穿穴十經，研求三數，而折中乎劉氏徽之注九章。西法，隨事立說，闡其隱秘。而日月五星之果有小輪，與夫日、月、五星、本天之果爲橢圓與不？則存而不論。昔蔡中郎撰十意未竟，上言欲思惟精意，扶以文義，潤以道術，著成篇章。今里堂之説算，不屑屑舉夫數，而數之精意無不包，簡而不遺，典而有則。所謂扶以文義，潤以道術者非邪？然則里堂是記，固將以爲儒流之典要，備六藝之篇籍者矣。

元少略涉斯學，心鈍不能入深。且以供職中外，斯事遂廢。今見里堂成此書，敬且樂焉。吾鄉通天文算學者，國朝以來，惟泰洲陳編修厚耀最精。今里堂之學，似有過之無不及也。

《夏氏算學四種》

鄒伯奇　刻夏紫笙算書遺稿序　夏紫笙名鸞翔，杭州人也。同治二年遊廣東，三年五月，卒於廣州旅舍。南豐吴子登太史得其算書遺稿，曰《少廣縋鑿》，曰《洞方術圖解》，曰《致曲術》，曰《致曲圖解》，曰《萬象一源》，屬彙刻之以傳。紫笙爲項梅侶高弟子，又於戴諤士爲世好，年少聰穎，講究曲線諸術，洞析圓出於方之理，匯通各法，更推演以窮其變，所著書詞簡而意賅，理精而法密。近今海内爲此學者十餘家，紫笙蓋又後來居上者矣。昔沈存中以隙積、會圓二術古書所無，自言深思而得之。今按會圓即弧田面線相求，爲郭若思三乘方求矢之啓端。然所得非密周。孔巽軒又推至七乘方，略近之，仍不及杜德美法之脗合。隙積即堆垛，其術僅明立體，亦未及《四元玉鑑》之推至多乘也。蓋人心之靈有開，必先欲窮其極，在人之善變而已。又授時術以垛積招差求日行盈縮，其意蓋引申於綴術，是曲線與堆垛相通已露端倪。及西法出，專以諸輪三角相求，遂無有理會之者。今則以微分積分馭曲線，無所不通，然後知隙積之有裨於會圓者，固甚要也。紫笙諸書成非一時，故其術有互見者，亦有具題而缺術者。今竝仍之，不加芟削。後有同好，熟讀而精思之，當更有無限觸發也。徐鈞卿中丞有《務民義齋算學》先自梓行，海内算家已得而讀之，惟《造各表簡法》《截球解義》《橢圓求周術》未合爲一編，皆變而易通，簡而益密，亦子登所抄存，以卷帙無多，難以孤行，并刻之，欲聚其類也。南海鄒伯奇序。

又　切《韻指掌圖》跋　孫仲益《内簡尺牘》與致政楊尚書中修云，新書間季高劉侍郎名岑字季高。已爲鏤版，序引容少紆思納上，第留一兩版見待，不嫌少緩也。又一簡云，序引納上。大意言《類篇集韻》數巨公更兩朝而能成，公因之作類例，啓悟後學。此二簡後附《切韻類例》，序云，洪農楊公博極羣書，尤精韻學。今老矣，出平生所著《切韻》，樂與學者共之。昔仁宗朝詔翰林學士丁公度、李公淑增，韻學自許慎而降凡數十家，總爲《類篇集韻》，而以賈魏公、王公洙爲之屬。治平四年，司馬温公繼纂其職，書成，上之，有詔頒焉。今楊公又即其書科別户分，著爲十條，爲圖四十四，推四聲子母相生之法，正五方言語不合之訛，清濁重輕，形聲開合，梵學興而有華竺之殊，吴音用而有南北之辨。解名釋象，纖悉備具，離爲上下篇，名曰《切韻類例》。右從孫仲益《内簡尺牘》卷三録出，俟求《鴻慶集》再校。據此，則《集韻》既成之後，爲《切韻圖》者自楊尚書始耳。仲益生元豐辛酉，卒乾道己丑，作此序當在南渡之初。而今所傳《切韻指掌圖》題司馬温公撰，有嘉定癸亥嘉定有癸酉疑譌字。番易董南一序在，其後五六十年，有温公自序，其語俱與孫序雷同。孫序稱，著爲十條，爲圖四十四。而今《指掌》爲圖二十，疑南宋流傳改併失真，乃冒温公名以求售，而條例尚存。故邵光祖以爲全背圖旨，不知據例正圖，而反因圖刪例矣。圖既合併，遂有應檢而不在圖之字，則又增檢圖之例矣。余謂《集韻》切語俱用音和，據以爲圖，可無類隔門法。惜乎爲切韻之説者，俱以後圖繩前書，宜其轇轕矣。附識於此，以諗知者。

同治壬戌三月朔。

又　《少廣縋鑿》跋　今晨往吴子登處借夏紫笙遺書底本，忽又搜出一本，名曰《少廣縋鑿》，專立捷術，以開各類乘方。通爲一術，可逕求方根數十位，不論益積、翻積，俱視爲坦途矣。爲書止二十葉，急録副本，擬並刻之。算學自戴東原表章古書，同其志者爲錢辛楣，而學識俱不逮。逐其塵者則李尚之、焦里堂輩，皆墨守古法而不通融，每算一數，用紙數十篇，需時數百刻，廢人廢日，所得仍復粗疏，而不足施之於用。在彼則以用盡精神，不肯割愛付之梨棗。有讀之，祇令多一重障礙而已。何如紫笙書而明白已曉乎。

又　《道鄉集》跋　伯奇族居南海泌沖，謹按譜牒，係出鄒忠公之後。忠公南遷，雄州李君鴻以弱女事忠臣，遂生季子諱相，及忠公歸常州，相與母留處雄州。生三子，其仲諱繼孔，即吾族始遷之祖也。伯奇少讀《宋史》，知忠公有遺書名《道鄉集》四十卷，購求二十年不得，問之所識藏書家，亦未有見者。咸豐丁巳，友人金芑堂孝廉北上，請其代爲搜訪。閲二年，遂得於都城瑠璃廠。往返萬里，緘以贈余，不勝欣感。此本爲晉陵二十六世裔孫鄒禾重刊，陽湖李兆洛所校，後附年譜，載元豐七年甲子長子柄生，字德久。紹聖元年甲戌次子栩生，字德廣。兆洛附論云，公有冠子柄文，云二十而冠，禮故有儀。十五而冠，義亦從宜。其時公已謫湖外，未赴昭州，而德久公年止十五，則當生於元祐戊辰己巳間。又云，公以癸未謫昭州，夫人與兩子並寄零陵，若德廣生於甲戌，其時固已十歲，遇赦量移，又歷兩年之外。公先後作詩示子，不應無一語及之。其洗幼子文，有據瀟湘上遊之句，或當生於南遷而未赴昭州之日云云。謹按兆洛此論非也。年譜所載，必有依據。柄之冠也，年方十九，故引禮文，以見不必二十而冠耳，豈可泥此定其年爲十五。平公謫昭州，家口寄零陵，家書訓飭，何必盡見於詩。且詩存無多，將示詩所不及，遂謂無此子，可乎？年譜書栩生於甲戌，既不能臆斷其誤。然時未南遷，而洗幼子文有據瀟湘上遊之句，是生於南遷之後，其爲季子相而作可知也。蓋相爲公外婦之子，離居嶺表，故爲墓誌年譜者，皆缺略失載。李兆洛不知其詳，而因集内有洗幼子文，未得其人以實之，遂欲改年譜以求合，此不能闕疑之過也。伯奇詳稽家譜，知身之所自來，復恭讀遺書，得相印證，敢不明辨李兆洛懸揣之謬。並記求得歲月，念辟處之固陋，感良友之信義，以示後人，其珍藏無忽。

咸豐十年歲在庚申七月二日，二十三世裔孫南海鄒伯奇謹跋。

又 夏鸞翔 《洞方術圖解》序 自杜氏術出，而求弦矢得捷徑焉。顧以之求弦矢猶煩，乘除演算終不易，向思一可省乘除之法，而迄未得也。丁巳夏客都門，舟次宿遷，爲舲唇傷足不能步履者屢月。書長無事，因細思連比例術者，尖堆底也。尖堆底之比例，與諸乘方之比例等，以之求連比例術必合諸乘方積而并求之。設不得諸乘方積遞差之故，方積何能并求乎。且并求方積而欲以加減代之，又必得諸較自然之數而後可，誠難之難矣。既而悟之，曰，方積之遞加，加以較也，較之遞生，生於三角堆也。較加較而成積，亦較加較而成較。且諸乘方積之數，與諸乘尖堆之數，數異而理正同。三角堆起於三角形，故累次增乘，皆增以三角。方積起於正方形，故累次增乘，皆增以正方。三角之較數，增一根則增一較。方積之較數，增一乘則增一較，理正同也。累次相較，較必有盡。惟其有盡，乃可入算。相連諸弦矢，所以愈相較而較愈均者，正此理矣。諸較之理，皆起於天元一，而生於根差。遞加根一，諸乘方根差皆一。一乘之數不變，故可以省乘。若增其根差，則非復單一，乘不能省。弦矢表弧背之差，或差一秒，或差十秒，即以一秒或十秒弧綫當根差，按根遞求，即可盡得諸乘方之較。即以較加較，而盡得求弦矢各數矣，豈不捷哉。爰乘數月暇演爲求弦矢術，俾求表者得以加減代乘除，并細釋立術之義，編爲兩卷，以俟精於術數者采擇焉。丁巳五月，紫笙夏鸞翔書於津門舟次。

《徐氏算學三種》

徐有壬 《造各表簡法》序 圜不可量，綴之以方。弧不可比，綴之弦。矢乘除不可省，綴之對數。皆不可，無立成。昔人名之曰鈐、曰表，皆立成之別名。西法有八綫表，有對數表，萬算皆從此出。表之用，大矣哉！惜其刱造之初，取徑紆徊，布算繁賾，不示人簡易之方，令學者望洋興歎。如八綫對數一表，至今無人知其立表之根者，不可謂非缺事也。余讀《四元玉鑑》，究心於垛積招差之法，推之割圜諸術，無所不通。蓋垛積者，遞加數也。招差者，連比例也。合二術以施之割圜，六通四闢，而簡易之法生焉。導源於杜德美氏，發揮於董方立氏，旁推交通於項梅侣氏、戴鄂士氏、李秋紉氏，幾無遺蘊矣。是書集諸家成説，參以管見，簡益求簡，凡五術，以就正有道君子。

又 《截球解義》序 《幾何原本》謂，球與同徑同高之圓困其外面皮積等；截球與截圓困同高，則其外面皮積亦等。而不直抉其所以然。遍檢梅氏諸書，亦未能明釋之也，蓄疑於心久矣。近讀李淳風《九章注》，乃得其解，因釋之以告同志。雖然，以戴東原之善讀古書，而猶謂淳風此注當有脱誤甚矣。索解人之難也。今釋《幾何原本》，而淳風之注因是以明。蓋淳風用方，今用圓，其理則無二也。述《截球解義》。

又 《橢圜求周術》序 橢圜求周，無法可馭。借平圜周求之，則有三術：以袤爲徑，求大圜周，及周較相減，此項梅侣氏之術也。以廣爲徑，求小圜周，及周較相加，此戴鄂士氏之術也。余亦悟得一術，以橢周爲圜周，求其徑，以求周，即爲橢圜之周。術更直捷，兼可貫三術爲一術，如後方。

《火攻挈要》

焦勗 則克録《火攻挈要》自序 中國之火攻備矣，其書亦綦詳矣，似無容後人可贅一詞。然而時異勢殊，有難以今昔例論。深心者更不可不審機觀變，對症求藥之爲愈也。即古今兵法言之，如《武經總要》《武學大成》《武學樞機》《紀效新書》《練兵實紀》《練兵全書》《登壇必究》《武備志》《兵録》《一覽知兵》諸書，所載火攻頗稱詳備，然或有南北異宜、水陸殊用，或利昔而不利於今者，或更有摭拾太濫，無濟實用者，似非今日救急之善本也。至若火攻專書，稱《神威祕旨》《大德新書》《安攘祕着》，其中法制雖備，然多紛雜濫溢，無論是非可否，一槩刊録。種類雖多，而實效則少也。如《火龍經》《制勝録》《無敵真詮》諸書，索奇覓異，巧立名色，徒炫耳目，罕資實用。惟趙氏藏書《海外火攻神器圖説》《祝融佐理》，其中法則規制，悉皆西洋正傳，然以事關軍機，多有慎密。不詳載、不明言者。以致不獲兹技之大觀，甚爲折衝者之所歉也。晟質性愚陋，不諳韜鈐，但以虜寇肆虐，民遭慘禍，因目擊艱危，感憤積弱，日究心於將略，博訪於奇人，就教於西師，更潛度彼己之情形，事機之利弊，時勢之變更，朝夕講究，再四研求，只爲痴憤所激然耳。乃二三知己，誤以晟爲深諳玆技，每問器索譜，晟茫無以應。因不揣鄙劣，姑就名書之要旨，師友之祕傳，及苦心之偶得，去繁就簡，删浮採實，釋奥註明，聊述成帙，公諸同志，以備參酌云爾。

崇禎癸未孟夏，後學焦勗謹識。

又 張維屏 《演礮圖説》《增補則克録》合序 古之礮用石，故礮字從石。至火礮蓋始於宋紹興間，虞允文用霹靂礮破金兵。然此非鐵礮也。鐵礮蓋始於金元之間，金人守汴，有鐵礮曰震天雷。元世祖破襄陽，人謂之襄陽礮。然其時鑄礮之法未精，用礮之法未備也。其後兵家著書，兼言火器者，則有如《武備志》《登壇必究》《練兵紀要》《金湯十二籌》諸書。專言火器者，則有如《火龍經》《制勝録》《神威秘旨》《火攻神器圖説》諸書。而尤以西人湯若望所授、寧國焦勗所述之《則克録》爲精且備焉。然《則克録》未言中線加表之法，則礮發而無準，無準則不中，不中則不能克敵。則湯氏之書雖精猶未精，雖備猶未備也。

晉江丁君星南，生於閩，寓於粤，平日好講求有用之學。嘗泛海舶至外洋，與西人窮究算學及火器，對於鑄礮用礮之法，尤研精入微。既返粤，乃本其得於心驗於手者，著《演礮圖説》。會暎夷不靖，礮火在所亟須，當事者以君所著書進呈。於是荷九重之睿鑒，賜六品之官銜，君究心於此事，不可謂不遇矣。然其時尚未知有《則克録》也，厥後聞有《則克録》，亟購得觀之，乃歎二百年間有同心焉。然《則克録》有疏漏，有舛譌，未知爲湯氏之失與？抑焦氏之失與？君爲之補其漏，訂其譌，增入中線差高加表準則，然後礮法有準，有準然後能中，能中然後能克敵。是鑄礮用礮之法，至君所著之書，然後爲精且備也。且《則克録》謂：銃規高一度，即象限儀高七度半，彈發可四百丈。君謂至遠二百餘丈，不能再多，此又可見前人未免浮誇而君立言務實，尤可貴也。

君自訂《演礮圖説》前編後編，又《增補則克録》，以二書問序於余。余因歷敘前人火器之書，以見君書之精備，乃身歷重洋，得於心而驗於手者，良非易事也。雖然，兵革非不堅也，委而去之，則咎不在器而在人。君所著書，於鑄礮用礮之法精且備矣。若夫用以克敵，用以奏功，則在乎將能用兵，兵能用命者。

《西法神機》

金民譽 序 此書爲我畷孫中丞所著，蓋泰西利瑪竇所傳也。先生好奇略，啓禎間，從軍遼左洊升登萊巡撫，歴數戰，皆火攻取勝。其法甚秘，迨吳橋激變，禍生肘腋，中丞歸朝待罪。其後人痛之，凡著作之有關兵事者，輒焚棄。而火攻一法，亦鮮有傳者。幸中丞中表王公式九預留副本，遞傳及余，且三十年矣。因録之以示同學。

康熙元年四月，畷城金造士民譽識於古香草堂。

又 楊恒福 跋 明萬曆間，西人利瑪竇入中國時，上海徐文定官贊善，從利氏學天算、火器，吾邑火東先生又學於文定，盡其術。是書爲金民譽家藏本，流傳於濤閣葛氏。葛君味荃出以示余，謀付梓。余受而讀之，有圖有説，條理秩然，註解者未詳爲誰，金氏疑即民譽也。邇來西藝益精巧，器非求舊惟新，此特仍其舊而已。然製造演放測量合度，今昔原無異致。存之以見一斑，并以見中西授受之源云。

光緒二十八年夏日，邑後學楊恒福跋。

《鑄砲鐵模圖説》

龔振麟 自序 浙江巡撫劉片奏，查嘉興縣縣丞龔振麟，于道光二十年六月，調赴寧波軍營差委，因素有巧思，在營製造輪船。前欽差大臣裕謙，令督製軍營一切器械，迨九月間臣復令在省局監工。凡軍器中一切應用機括之物，皆係該員督率指示，如鑄造砲位，向須合土爲模，再行笵金傾鑄。而土模非月餘不能乾燥，極爲費手。上年冬間，雨雪連綿，模不能乾，以致砲不能鑄。該員冥心苦索，創爲鐵模，試用與土模無異，仍可源源鎔鑄。且事簡功倍，所省工費尤多，不特内地工匠等所未知，并爲西洋夷法所未有。其運施之靈，用心之細，寔屬不可多得。現在揚威將軍已照會臣，將該員先行記功，以示鼓勵。玆查出該員監造鳥鎗，亦有不能合用，功罪不能相掩，是以臣聲請一併交議。但其在局數月，監造之器不計其數，且多靈巧堅固，洵屬勞績懋著，即鳥鎗之震落門盤，露有沙眼，亦因多加火藥之故，況僅止四桿，爲數無多，可否將該員應得處分，俯予寛免。奏旨准行。

庚子夏，英夷犯順，侵入舟山。其時振麟備職禾中，奉檄赴甬東，見逆帆林立，中有船以筒貯火，以輪擊水，測沙線，探形勢，爲各船嚮導，出没波濤，維意所適，人僉驚其異而神其資力于火也。振麟心有所會，欲仿其製，而以人易火，遂鳩工製成小式，而試于湖，亦迅捷焉。中丞劉公聞製船事，令依前式造巨艦，越月而成，駛海甚便。中丞又以礮架舊式重滯，僅能直擊，與林少穆制府共相籌畫，擬數千觔重器置於上，畀一人之力，使之俯仰左右旋轉轟擊，授以繩墨，振麟得以師承其意，而如法以成，即圖中磨盤架四輛車是也。辛丑秋八月蛟門失事，省城添局製造，授振麟以鑄礮事。鑄礮向以合土爲模，經旬累月，一模始成，一鑄即廢，不可復用。當軍書旁午，緩難濟急，且時入冬令，雨雪連綿，製尤不易。當謀一勞永逸之計，殫思竭慮，擬以鐵易土爲模，而苦無成法。遂以私臆創造，模成後，鼓鑄便捷。旋蒙入告，並以所呈圖説刊訂成書，移咨沿海，同人紛索，遂復校刊是編，敘而存之，以誌一時之知遇云爾。龔振麟自序。

△鹿澤長　序　修始於范蠡，然飛石擊人非火攻也。元人得西洋礮奪取襄陽，後不甚著。前明中官鄭和造大舶，征服西洋諸國，招徠粵東通市，於是中國有佛郎機礮。兵家者言，蓋缺如也。惟泰西湯若望《火攻挈要》《祕要》兩卷，專講礮法，頗爲詳備。然其建爐造模之繁難，甚於內地。內地泥模，層層筍合，雖較湯法簡便，泥以水合，非一月不能乾透，若值冬令雨雪陰寒，晴霽絶少，則非三兩月不能乾透。且一鑄之後，隨即毀之，當軍興緊迫之際，何能咄嗟而辦。禾城龔十振縣丞，精於泰西算法，故製造軍械皆能覃思極巧，神明乎規矩之外。如造夷船式，礮車用四輛，可以推拽進退，車上另用磨盤木，四面旋轉，皆堪施放。辛丑夏，英夷犯順，予從事鎮海糧臺，兼管礮局，甚慮製造之艱緩，與商變通之法。十振擬刱鐵模，工匠駭爲河漢。既而鑄造若干，著有成效。其法至簡，其用最便。一工收數百工之利，一礮省數十倍之貲。且旋鑄旋出，不延時日。無瑕無疵，自然光滑。事半功倍，利用無窮。闢衆論之異軌，開千古之法門。其有裨於國家武備者，豈淺鮮哉。

道光癸卯四月，上浣東牟鹿澤長識。

《火器説略》

王韜　火器説略前序　庚辛之間，江浙淪陷，余以避兵來粵，樂香港之僻，遂寄跡焉。旅居多暇，一意治經。時西儒理君雅各方譯尚書，招佐編輯，因識黄君平甫。平甫固通西國語言文字之學者，少時曾游米利堅，讀書於小學，而能識其大。一日偶述丁雨生觀察在吳，屢以李宫保命札書見招。觀察監製礮局，所製極精，命中及遠，屢收其效，軍中號爲飛礮。火器之法，自西洋流入中國，今中國造作，每不及西法之長，豈其心思智力有不逮耶？抑其法未臻盡善耶？因謂平甫，今軍事方棘，平賊要務，首貲利器，何不貢其所知，少爲觀察助，兼以上荅宫保公虚己訪求之盛心；滅寇之功，子與有勞。平甫乃出其篋中西書，譯有鍊鐵、造模、置爐、鑽礮、驗藥五則；其次則測量各表，附以鎗説。余爲之第其先後，增損裁汰之，參以管見，佐以近聞。所有論説諸條，皆係貢自鄙臆；惟測量説中天空風氣阻力，爲西書新義，向來兵家者所未言。書既成，因名之曰《火器説略》。而序之曰：

嗚呼！至今日而言用兵，人人自以爲能知兵矣；至今日而言西事，人人自以爲能稔西情者矣。不知知兵者，不當在既用之後，而當在未用之先；稔西情者，不當在西人方張之時，而當在西人始入之日。有心者方且瞻顧咨嗟，仰盱旁矚，而嘆其禍之烈之一至於斯也。然而來軫方遒，補牢未晚，則所以爲目前計，爲後日慮者，誠不得不早言之矣。火器之法，特其一端也。近今新法迭變，而我中國方且墨守成規，視爲特創；甚者官惜工貲，匠減物料，多窳濫而不適於用。軍營殺賊所需，稱之爲利器者，半購自外國，機括偶壞，修葺無人。既知以火器爲重，而行陣之間，仍恃刀矛；武科之開，仍試弓石。所用非所習，所習非所用。凡此皆其蔽也。今者江南砲局之設，延西人爲教習，所鑄皆泰西新法，是則以後西法不慮其不明，所要者在用之於臨時，練之於平日耳。夫有利器而無善用利器之法，與無利器同；有善法而無能行善法之人，與無善法同。用器行法之人，是在勁兵良將而已。欲得勁兵，必先求良將。有良將導以善法，有勁兵用此利器，斯賊不足平矣。

嗚呼！今天下患苦賊久矣。兵與賊遇，相距尚遠，即以鎗砲轟擊，藥竭彈盡，紛然駭走，是千百鎗砲曾未能收一槍礮之用也，雖有火器奚恃？且所貴乎火器者，爲其能殺賊也，不能殺賊而反爲賊殺，豈火器之咎哉？不善用之耳。故以火器殺賊，當以善用火器之人爲前列，賊至乃發，發無不中，數里之間，可使盡喪。兼以火陣火箭火龍火雷，制賊騎之衝突，而佐火器之所不及，於是遇無不殺，而火器乃得以收其全功。

矧夫治今日之賊，計非多殺不可。上游既已肅清，而蘇常亦盡收復，賊所負嵎固抗者，金陵一隅耳。此無非兇酋悍黨，惡積罪盈，萬無免理。金陵依山而阻江，以兵力破之則難，以火器攻之則易。水則用輪舶，施炸彈於高桅；陸則藉土阜，發巨礮以下注，焚廬舍，燬積聚，則賊無有不亂者。因其亂也而攻之，靡不濟矣。雖然火器之用，非但藉以殺賊已也，殺其已作賊者，而未爲賊者知警；殺其甘心從賊者，而不願陷賊者咸思自拔來歸。寇氛既息，民氣乃静，國本既固，外侮不興。是則火器者，善用之則足以威民而懾戎。自古聖王在上，不廢用兵。

夫亦曰平所不平，殺以止殺也。火器之行，非以助殘忍，亦欲除姦去暴，充其不忍之仁而已。忍於賊而不忍於民，忍於敵而不忍於鄉，斯其所以爲仁也。能存此心，火器雖千百世不廢可也。吾故曰爲目前之平賊計，後日之威敵慮者，火器其一端也，而可不亟爲講求哉？

《火器真訣》

李善蘭　序　凡鎗礮鉛子皆行拋物線推算甚繁，見余所譯《重學》中。欲求簡便之術，久未能得。冬夜少睡，復于枕上反覆思維，忽悟可以平圜通之，因演爲若干欵，依欵量算，命中不難矣。戊午臘盡日自識。

《兵學新書》

張羅澄　兵學新書敘　我中國右文絀武，書生不識時務，輒謂耀德不觀兵，一若雍容揖讓，可坐致承平。咨以兵事，則謝不敏，意謂是乃粗率武夫之所爲，鄙夷而不屑學。間有自命知兵者，亦僅取孫吴、穰苴諸陳編，略上口無甚心得，又不參之時變，與人紙上談，詞鋒釯鍔不可挫，及握兵符臨大敵，則戰而潰耳，否則不戰而走耳。喪師失地，上遺君父辱，下爲億兆臣民所切齒。如甲申馬尾、甲午關東兩覆轍，非其明鑒哉。自臺灣棄歸日本，不移時膠州、旅順、大連灣各要隘旋爲各國攫去。時事迫人日甚一日，而欲以總署筆舌兩端，偷且夕之安，遂恃爲太平之策，能乎不能？當軸諸公荷此艱難，亦知不能戰，終不能和，但念餉源既竭，無力養兵，欲强且先謀富，於是踵武西法，凡商務、礦務、郵政、鐵路諸舉，無不舍其舊而新。是謀有請練兵數十萬，備非常者。不諉曰無將，則謝曰無饟。豈知懷璧而匹夫獲罪，負乘則自我致戎。中國地大物博，五金貨殖之利，各國久垂涎，近日瓜分圖偏售不諱。殆哉，岌岌乎！尚不急思設法練兵，以禦强敵，未然之富不可致，已然之富亦不可保。譬之人家慢藏誨盜，盜已入門，欲以甘言長揖謀買黠桀兇頑之盜，事必無濟。此徐仲虎先生所爲撫時生感，折中各國兵家之長，發憤而著《兵學新書》十六卷也。先生素有大志，抱負雄才遠略，在昔壯年苦志力學，久而彌篤，博聞强記，無書不讀，凡學必精。光緒初，曾奉使德國，歷觀輪船、軍械各廠，探討政治風俗，訪其議院，及其軍操諸程式。比歸，人誦其箸述，咸稱救世奇士。而先生剛正不阿附，有忌之者，不獲大用。會大東溝一役，獨先生所購鋼面鐵甲船兩艘，價廉而堅固，各受彈數百，皆僅成深凹而未穿成孔，絶無所損。天子知其能，特簡派往船政。今夏蒙從壽山師帥駐船署者三日，得與先生論當世事。先生恨時局決裂，不得手援，有攬轡澄清之志。抵掌而談，慷慨激昂，躍躍欲試。蒙叩以搘撑危局所先，先生以爲欲圖存，須自强；欲自强，須備戰。備戰必練兵，練兵必立法，非此不可爲國。語竟，出其所著《兵學新書》相示。見其才大心細，採集各國軍政，實事求是，擇精語詳。自募選訓練，以及布陣運用，下至軍十起居飲食之微，凡軍所需，與一切有關於軍者，無不繪圖繫説。如韓信將兵多益善，又恐籌餉維艱，并擬每壯丁一人日出一泉，二百壯丁共養一兵之法，合四百兆人，不計婦女老弱，可得壯丁八十兆，練兵四十萬，不勞民，不傷財，有兵而即有餉。遵教民七年之言，分爲二次，每次三年，共教成八十萬。留一半，起一半，成軍以出，奉辭伐罪，戰不勝不止。亦與外國常備、後備之兵相類而不相襲。無法不備，無備不精，不載吉凶占驗諸異説，可謂集近時兵學之大成，得古今教民之深意矣。天而右序我國家，憫拯我黄種也。使先生一旦大柄，用發胸中數百萬甲兵殺敵致果，雖開疆拓土不難，固當今一萬里城也。又何恥不可湔，何變不可挽哉。先生之言曰，方今人皆知各國以戰相雄長，然我堯舜禹湯文武幾見有不戰而能立國者乎？孔子不得已而去兵，亦不得已而用兵，故夾谷請以司馬從。凡好謀而成可以即戎，平日不憚於軍政，三致意焉，安在不戰而屈人哉。先生此論，蓋不同趙括讀書矣。蒙躬丁世變，念貧弱至於此極，强敵壓境，變故環生，動執利益均霑之説，眈眈逐逐，自有中國以來，其變未有甚於此日者。苟非人人是兵，家家能戰，患何由弭。嘗仿井田七家一卒之意，擬竊百家爲一團，選卒六人，每月四人歸農，止二人赴操，輪替訓練。曾上其法於各當道。今先生以二百壯丁養一兵，何其先得我心歟。蘇東坡謂戰者必然之事，不先於我，則先於彼；不出於西，則出於北。又謂，戰不可得而試，惟見之於治兵。其言若爲今日發，又若爲先生寫矣。先生熟諳時勢，知海軍不足恃，亦不暇及，故獨詳陸軍。非疎也，大局然耳。惟冀獲是書者，精研其法，知各國不足畏，而氣自壯。簡練揣摩，他日共爲先生前驅，相與削平大難，則非蒙一人之所得私也。

光緒二十有四年仲夏朔，蜀長甯張羅澄岷遠拜敘。

附　兵學新書凡例

一，統計地球六七大國，蔑棄禮讓，競尚暴戾，挾勢不論理，觀兵不耀德，角力争雄，恃强凌弱，皆以戰勝攻取爲其立國要圖。我中國若不君臣上下、通國人民合志同心，講求兵學，親之，信之，尊之，重之，則無以洽民心，强兵力，保國本，尊君權。

一，泰西各國講求兵學久有成法，愈新而器械愈利，兵學愈精。其書有兵部之章程，有各家之著述，門類紛繁，新舊雜出，汗牛充棟，浩如淵海。欲取所長，折中一是，殆非易易。中國士子素未講求此學，古來兵書半多空談，不切實用。戚氏紀效新書，雖稍述實事，而語焉不詳，難以取法。有志之士欲講兵學，莫得門徑，無從探討。余目擊時艱，心傷淪胥，中夜傍皇，昕夕躊躇，研求救世之策，莫若兵學爲先。爰於鳩工之餘，攷究治兵之要，揭各國新法之精理，輯泰西諸書之菁華，以保我國，以尊我君。惟既會集各書之成法，即似剿襲西法之陳言。蓋因一旦啓釁疆場，兩國陳兵原野，槍礮先施，鋒刃既接，軍之勝敗立見，國之存亡以決。若非平日以實心行實事，實力講實學，確有根據，絶無虚浮者，曷能固兵心以操勝機，握成算以挫敵焰，豈膚詞空言，杜譔臆説，避剿襲陳言之譏，博自出心裁之美，以致淆混志士之趣向，甚且貽誤大局之要樞者，所可同日而語耶。況乃古來鴻文鉅製，如史公之自序，半剿六經之舊説；班氏之《漢書》，多襲《史記》之陳言，未聞爲識者之所譏。宋儒東坡先生所謂人臣納忠，譬如醫者用藥，藥雖進於醫手，方多傳於古人，蓋已經效於世間，不必皆從己出。若必欲杜譔方藥，不襲成法，自詡名醫，貿然臨症，其不致誤病殺人者幾希矣。

一，維新之政端在富强，富强之基始於學問。設學堂以培才，講工商以致富，扼要以圖，成效可睹。惟中國積弱之名已布，四鄰覬覦之心日亟，若必待人才學成而後致富，已富而後自强，是猶從容拯溺，揖讓拒寇。且果能致富有效，則是漫藏誨盜，益啓戎心，勢弱氣消，阽危立待。若不先講兵學，力圖强兵，則設學堂以培才，攷工商以致富，不啻勤於稼穡，留爲四鄰之儲積；力於南畝，以待盜賊之收穫。洵足懼也，可不慮哉。

一，兵以衛國，國以庇民，民以尊君，君以治兵。國能自立，民以得安。民皆當兵，國以自立。兵與民，民與君，君與國，國與民，互相連合而不離，君臣上下通，國民人心志相孚，聲息相通，一德一心，雖欲不强，不可得矣。欲得君臣庶民聲氣相通心志相孚，非詳訂議章，設立議堂，講求兵學，選練民兵，難臻禦侮之功，而期自立之效也。

一，是書卷一爲一旗初操，係哨隊官長操兵之法，及一旗之制。卷二卷三爲一旗陣式及運用，係旗哨官長操兵之法，皆步兵也。蓋戰陣雖兼用步馬礮三兵，而以步兵爲之主。步兵又以一旗爲始基，故詳説焉。卷四爲一營陣式及運用，係營旗官操兵之法，並及一營步兵之制。卷五爲一軍陣式及運用，係統領分統布陣之法，示以進攻布置之程式，以及軍制並總論用兵要訣。卷六爲馬兵列陣運用，及馬兵一旗一合營之制。卷七爲礮兵一旗，先操一礮之用法，次操六礮之走陣，以及運用之法，礮兵一旗之制。卷八爲步馬礮合用之法，以及攷徵古來戰事之要，並調度方略之用。

一，卷九爲挑民兵、集民餉之制。以每壯丁二百人内挑一人爲兵，即令壯丁二百人每日各出制錢一文，共得二百文以公養一兵。國省養兵之費，民無苛斂之苦。次爲教訓官弁兵丁之制，使之品端學邃，皆成正人君子，各堅其忠君愛國之心，不必孳孳求富，而國用自足；不必紛紛培才，而人才自成。卷十爲糧餉衣食之制、軍市轉運之法，使軍無缺乏而士飽馬騰，鋭氣常新。卷十一論槍礮軍械皆取新法適用之件，其舊法粗笨及過於纖巧不適實用者，皆置不録，以免魚目混珠，徒亂人意之病。卷十二論挖築溝墻，以明數十人至數萬人防守攻取之法，以避槍礮子彈飛擊傷人之慘。卷十三論行軍曠野預備宿食之法，俾不受行役之苦。卷十四論造望臺、築道路，以瞭遠處而利遄行。卷十五論行軍鐵路造築之法，因當今鐵路爲行軍最要之事也。卷十六論以鐵路運兵之章程，及倉卒毁壞鐵路不資敵用，及攻城平行溝之小鐵路，並軍中所用製造機器之大略。

《物理小識》

于藻 序 每歎牝馬之貞，豚魚之信，《繫辭》觸類何若？是其精。涿壺象榆，蟈氏牡鞠之類，《周禮》載職，何若？是其悉歟。《月令》分候、治曆、定律，蘭臺性命，手握天地，古聖人體道而備物致用，巨細一致者也。伏羲合俯仰遠近，而通神明，類萬物。舜好問而好察，邇言謂之生知，殆生而知好學者乎。余見愚者大師具一切智，中和統御，華嚴五地，其茶飯也。《物理小識》一書原附《通雅》之末，蓋是大師三十季前居業遊學之餘，有聞隨録，以待旁徵積攷者也。先君子于秦淮盤桓，早服其淹洽超人數等矣。老吸西江而乘雲以遊，又烏測其所至乎哉。《通雅》四十卷已行，而《小識》十二卷尚在子宣手。《通雅》以通稱，謂免古今之聚訟。而《小識》以紀物，用核其寔際，誠案頭所不可少者。子宣獨于物理有深入處，醉心此書，因田伯佐、白素北所編而重抄之，余故捐俸爲倡，公諸斯世。天道律曆之符，山澥五行之藴，禮樂製作之矩，人間日用之宜，因物付物，得此條理，羣疑立決，享其不欺，豈不快哉。余既捐俸爲倡，公諸斯世矣，今重訂而梓之，以廣其傳。

康熙甲辰，宛平于藻題于廬陵署中之春音堂。

又 方以智 物理小識自序 盈天地間皆物也，人受其中以生，生寓於身，身寓於世，所見所用，無非事也。事，一物也。聖人制器利用，以安其生，因表理以治其心。器，固物也。心，一物也。深而言性命，性命一物也。通觀天地，天地一物也。推而至於不可知，轉以可知者攝之，以費知隱，重玄一實，是物物神神之深幾也。寂感之藴，深究其所自來，是曰通幾。物有其故，實考究之，大而元會，小而草木蠢蠕，類其性情，徵其好惡，推其常變，是曰質測。質測即藏通幾者也。有竟掃質測而冒舉通幾，以顯其宥密之神者，其流遺物誰是合外内貫一多而神明者乎。萬曆年間，泰西學入，詳於質測，而拙於言通幾。然智士推之，彼之質測猶未備也。儒者，守宰理而已。聖人通神明，類萬物，藏之於易。呼吸圖策端幾至精歷律醫占皆可引觸學者幾能研極之乎智。何人斯敢曰通知。顧自小而好此因虚舟師物理所隨聞隨決隨時録之，以俟後日之會通云耳且曰自娱。歲在昭易汁洽日至箕三浮山愚者記。

又 方中通　物理小識編録緣起　宋贊寧禪師有《物類志》十卷，所稱識畫夜牛色者也。陶九成載東坡《物類相感》百數十條，得毋東坡閲贊寧而取其近用者乎。鄧潛谷先生作《物性志》，收《函史》上編，余曾祖廷尉公曰，此亦《説卦》極物之旨乎。王虚舟先生作《物理》，所崇禎辛未老父爲梓之。自此每有所聞，分條别記。如《山海經》《白澤圖》，張華、李石《博物志》，葛洪《抱朴子》《本草》采摭所言，或無徵，或試之不驗，此貴質測，徵其確然者耳。然不記之，則久不可識。必待其徵實而後彙之，則又何日可成乎。沈存中、嵇君道、范至能諸公隨筆不倦，皆是意也。老父《通雅》殘稿，自京師攜歸，《物理小識》原附其後，老父庚寅苗中寄回一簏，小子分而編之。生死鬼神會於惟心，何用思議，則本約矣。象緯、歷律、藥物同異，驗其實際，則甚難也。適以泰西爲郯子足以證明大禹、周公之法，而更精求其故，積變以考之。士生今日，收千世之慧，而折中會決，又烏可不自幸乎。是用類成附《通雅》後，亦可單行，知格物大人以爲監瞽所不廢也。不肖男中通百拜書。

《一斑録》

顧恩　序　古稱三不朽，立言居一。大則聖經賢傳長教萬世固已。次如諸子百家，其説與經傳互相發明，亦並稱不朽焉。近世士君子，鋭志科名者，祇求文藝之工；空談性理者，未究精深之藴，即有浸淫卷軸採輯，考證諸家，夙稱飽學，欲幾於立言不朽，實難言之。吾友梅軒鄭君，平生敦品力行，抗心古學，讀書得一解，即志希實踐。常謂生人日用，行習何一非道。所慮中無主宰，則道在當前而不見。雖明師益友，剴切指陳，而領悟卒鮮。故先生口不引古人之言，而身實佩古人之訓。著書五卷，自名之曰《一斑録》，示謙抑也。然其言天地、物理、鬼神，提要鉤元，入深出顯，即格致之學也。仙佛與楊墨同害，闢之而人心始正，人道乃立，即誠正之學也。若人事一卷，始以造化自然，非即以利爲本之旨乎。次以福命有定，非即不知命無以爲君子之旨乎。終以情理中權，非即君子時中未可與權之旨乎。蓋先生所言皆括論、孟、學、庸四子之精藴，更能闢古來未盡之奇，破人世自然之惑。如天文參西法，而不信天主所居之各説。地理窮北極，而獨得中旋際入之真詮。物理通古今，能綜其著變紛紜而陰陽消長之機著焉。鬼神隨氣運，能悉其因，人體物而妖孽禎祥之故顯焉。淺解高超，持論中正，使先生得與耆儒碩彦共相切劘，其造詣又當何如。抑使得展所學，其經世之才當必有大過人者。比至桑榆景晚，鍵户著書，以此編爲傳家之訓亦可，知其志之所存已。余以舊友訂新交，得受而讀之，反覆玩索，因懣恿付梓，廣爲醒世之資，并書此以弁其簡端云。戊戌仲夏日同里弟顧恩拜撰。

又 邵淵懿　序　詩書亘古常存，而義理人心皆具。人能體其心之所知，上契乎先民之訓，而從而發明之、推廣之，此其人不必高譚道德，可共信命，世之才也。自不必讀破萬卷，可自負巨儒之目也。即一介之士，苟出其所真知者，以著書立説，亦足以維持世道而力挽頹風。然非好學深思者，不足以語此。梅軒鄭丈，少不由人，長益邁俗，其學未嘗有所師承，惟平居遇一事，必窮其原，意其委，所造既深，得解至穀，其於事物之本末表裏，了然於胸中，醖釀久之，不能自已，爰著《一斑録》五卷。本四子五經之正脉，而格物致知之功更有匡正人所未逮者。其言天地本無中生有，祇以中旋一動而成，世界人事皆造化自然，要在知天安命，以希賢聖。物理本太極，必期陰陽相濟爲合德，而失律無虞也。方外爲僊釋，但取慈悲一念爲心法，而岐趨必擯也。若鬼神，尤人所難知，乃能探嘖尋幽，以闡其精藴，而定其妖孽禎祥。彙萃而成一家言，可以守身，可以警世。蓋其學識實有大過人者焉。夫世之儒者，孰不讀古人書，顧觀心養性者，或悮於異學；挾數任術者，且入於妖妄。茲於群情淆亂中，獨能洞幽明，窮性理，崇正學，黜邪説，俾信從者咸遵坦蕩之塗，則此書所係豈淺鮮哉！尋又以古來權量不同，不繪其式而空言尺度，則幾等於無稽。數學推衍無盡，不舉其約而漫言句股，則繁雜而莫究。於是益之以附編，並旁及方藥，是亦不爲良相，即爲良醫之意乎。庚子以後自檢所著尚多餘藴，又舉身之所經，耳之所熟，記載之所可據，自一鄉一邑，推之四海九州之表，凡可以廣見聞而昭懲勸者，續而録之，以補正書之缺略。洋洋乎大觀，庶幾躊躇而滿志矣。去年秋嘗訪丈於青玉山房，爲言人之入世，處常則格物以應萬事，處變則安命以定一心。試取其正後所録讀之，不可知其志向之所存，而立品之純一不雜哉。爰摭其立言大旨，僭爲之序云爾。同邑邵淵耀拜序

道光二十四年歲在甲辰孟秋邵淵懿書於青玉山房

又　鄭光祖　自序　我生以前歲月凡幾我無與也。我生以後，歲月凡幾我無與也。我生於世，僅一瞬耳，何可不惜光陰。然光陰之惜，非僅耕鑿之能力、誦習之克勤也。當自有身心之要焉。夫聖賢大道如平路，履蹈爲難。庸衆昏愚成錮疾，鍼砭不易，徒具人形，伥伥而没世，曷足貴乎。大凡生人善惡，心爲之主。心之職思，人心繫焉，道心繫焉，義利之途判於是，邪正之念分於是。苟不慎所思，則畢生之非經悖聖者多矣。余也志好研窮而胷無卓識，半生留意，祗愧徒勞。惟自戊午歲後，偶患不寐，無以閒心，因取日用閒行之不著，習矣不察之事物人情，玩索其理，覺夜静之心較旦晝加清。思之，思之，時有微會迨書窗閒暇輒濡毫記之，其意總期醒世，而其説多出臆見，違大衆同然之論，而不慮人之譏評。抒一己獨得之言，而不避人之嘲笑。積久漸多，不忍捐棄，分作五篇，等之齊東野人之語，不亦可乎。則我姑妄言之，人姑妄聽之。曰天地者，人所戴履者也，故首之。曰人事者，人所當盡者也，故次之。曰物理者，人所宜知者也，復次之。曰方外、曰鬼神者，人所易惑，不可不力爲剖析者也，故後之、殿之。竊思我生數十年矣，嘗見失學之人食肉飲酒，遊戲徵逐，好行小慧，務爲輕薄，得意揚揚也，而叩以真知灼見，則茫乎若迷。閱數十寒暑，其與草木同腐耳。亦有資禀清高不隨流俗，曾觀書史，自詡博綜，而至理未及講求，心多悮用，卒至受人欺而不悟，貽厥咎而不知。無他，察識未精，嚮往非正路也。余成此一編，不務取他書所載。前人所道之陳説，據而誇多，惟即一己至微至陋之見聞，著爲獨得，豈不遺管中窺豹之譏哉。因自名所録曰一斑，俾觀此書者諒余之志可耳。

道光二年歲次壬午重九前三日，鄭光祖自記，時年四十有七。

余才疎學淺，乃欲於當世事物之繁、人道之要，議論短長，固自知舉重而不量力矣，然積半生之聞見，探賾索隱，著此一編，儻得高明宏博之士，開其茅塞，牖其聰明，將蕪詞俚句删改而成雅馴之文，何幸如之。是不得不將原稿存而有待也。惟嫌稿中事理太畧，爲增益之。戊子孟夏之月也，時年五十有三。

智求其深而尚淺，慮欲其遠而仍近。余自愧殘年，學無精進，將前存稿重爲檢校，覺不免草率且多缺畧，乃於新秋之暇，重爲修飾，删去者十之一，增入者十之三，再録存之。乙未仲秋之初也，時年六十。

聖賢之書務明道。道者，人所當爲之事也。當爲之事而不爲，何以爲人。故人非下愚皆難自解免而可與爲善以云因果報應則卑之無甚高論矣。雖作善降祥，不善降殃，聖經載之，然此亦言其理之當然耳。後世乃採古來顯然之果報，著感應篇等書，刊行勸世，而人終不克盡勸，且不能必信者何也？蓋揆諸當世之人事，其善惡果報不盡然也。此編於聖賢之旨畧有微會，或可爲初學致知之助，而於善惡之報亦多徵信，又可爲勸世闡理之資。立説介乎兩閒，亦期言之無罪，聞之足戒而已。余今年齒益衰，心思日窒，後必不能復有所得矣。因又增人世所宜知之事於其末，别之曰《附編》，獨是才力短薄，既限於天之所付見聞淺隘，又限於學之未深，必漫謂所言有當，余不敢自信也。姑録而成帙，以待卓識者評之。戊戌季春又記，時年六十有三。

異學立説，久已深入人心，積習所成，又且潛移人性。余著此書，冀與二三知己守正理，由正路，不至入於匪僻，斯可矣。乃屢經删改而草率如故，缺畧如故，今於甲辰之冬，再爲勘訂，未達者引伸之，支離者裁抑之，不足者增補之。修飾既定，正書與附編大半重新雜述，記余一生聞見，又爲移易增補，更定遠方異域，又採他人之聞見，著爲舟車所至一書，從此年力衰邁，不克復有所事矣。歲次乙巳春，刊成時年七十。

七十而後尚歲有剷改增加，今年屆八旬，衰倦已極，努力增足雜述八卷而止。乙卯正月記此。

《費隱與知録》

包世臣　費隱與知序　近世盛行西法，自乾隆之季迄今以算學知名者十數，而歙汪萊孝嬰、吴李鋭四香之名尤著。二君皆與予善。予嘗招集于秦淮水榭，二君各言中西得失之故，齟齬辨論不可合。予故未習此，聞之初不解爲何語。及二君相繼物故，後來又言西法本出于中而加精密，或又謂中法勝于西而人不加察，然皆爲微言似妙道不可言傳者。鄭君元甫，予以世交相習數十年，聞其能通西法而已。道光辛丑同客豫章，過從既久，乃出示所著《費隱與知》二百餘則。予受而讀之，所説皆世人驚駭以爲災祥奇怪之事，而鄭君推本説之，或以物性而殊，或以地形而變，或以目力而别，明白平易如指諸掌。當鄭君之未説也，循其迹幾于聖人所不知。及其既説而目驗之，則夫婦之所與知也。鄭君性

沈默，不欲多上人，與汪君同里，李君亦所朝夕而名則遠遜。予既不習此，無以質君與二君之優劣。然予聞二君言如夢寐，而讀君書則涣若冰釋，則鄭君遠矣。是書也，不僅能窮物理之極，且使天下人嗣後見事之奇怪者，知物理自然之常，而得免其驚駭，是至庸而至奇真宇宙不可少之書。予幸遇之，故弁其首，以告天下後世之善讀書者。

道光壬寅清明日，安吳包世臣譔。

《鏡鏡詅癡》

張穆　鏡鏡詅癡題詞　乙未冬，初晤浣香於銀灣客館，從之學算，圍爐温酒，無夕或間。一日夜深，月上，出自製遠鏡，相與窺月，中窅眹黑點四散，作浮萍狀，懽呼叫絶。浣香因爲説遠鏡之理，旁喻曲證，亹亹不竭。次日復手是書見示。穆讀而憙之，以爲聞所未聞，倩胥録副藏之篋。衍逮丑寅之交，海孽鴟張或頗詑，其善以遠鏡立船桅上測内地虚實，惜無能出一技與之敵者。穆因從臾當事，延浣香幕中，以所録副本爲券。當事既不甚措意，未幾撫局大定，議亦遂寝。甲辰春，浣香復來京師，靈石楊君墨林斗其高名，禮請爲季弟子言師，兼謀刻所箸論算各種。穆曰，是無宜先於《鏡鏡詅癡》者。因稍爲畫定體例，附《火輪船圖説》於後。嘗念天下何者謂之奇才？實學即奇才也。一藝之微，不殫數十年之講求，則不精屠龍。刻楮各從所好，精神有永，有不永，而傳世之久暫，視之浣香雅善製器，而測天之儀、脈水之車尢切民用。今老矣，有能奇其才者，乃知所學之適用也。

道光二十六年丙午秋八月朔日，平定張穆題。

又　鄭復光　鏡鏡詅癡自序　測實易，測虚難。非測虚難，虚必徵實之，難也。而非虚非實，則尤難。昔西士作《幾何原本》，指畫抉發，物無遁形。説遠鏡者不復能如幾何，豈故祕哉，良難之也。蓋鏡以物形是，緣虚求實，而物以鏡象，是攝實入虚。以實入虚者，而實中之虚以生。以虚求實者，而虚中之實彌幻。虚邪，實邪，抑非虚非實者邪，吾烏乎測之。雖然，非此物不有此象，非此鏡不覿此形，以物象物，即以物鏡鏡，可因本遠鏡説推廣其理，敢曰猶賢詅吾癡焉耳。憶自再游邗上，見取影鐙戲，北華弟好深湛之思，歸而相與研尋，頗多弋獲，遂援筆記之，時逾十稔，然後成稿。蕭山廣文黄鐵年先生見而嗜之，欲爲付梓，僕病未能也，重拂其意。復加點竄，又已，數年，稍覺條理麤具而疵纇多有，殊不足存。顧念成之之艱，得一知已覆瓿無憾已。弆之敝簏，以待深思篤好如鐵年、北華其人者。古歙鄭復光書。

《鄒徵君遺書》

陳璞　鄒徵君遺書序　近日海内算學日精，吾粤則以鄒特夫徵君爲稱首。余與徵君少相善，每見徵君讀書，遇名物制度必窮晝夜探索，務得其確，或按其度數繪爲圖，造其器而驗之，涣然冰釋而後已。故其解識多前人所未發，又能正舛誤，别是非，皆以算術權衡之。其晚年論算家新法，曰，自董方立以後，諸家極思生巧出於前人之外，如華嚴樓閣彈指即見，實抉算理之窔奥。然恐後之學者不復循途守轍，而遽趨捷法，將久而忘其所自，是可憂矣。余於是益服徵君所慮之遠也。徵君既殤，粤中明算之士莫不以徵君爲宗。海内聞其名者，咸慕之。徵君所著書，有《學計一得》二卷，《補小爾雅釋度量衡》一卷，《格術補》一卷，《對數尺記》一卷，《乘方捷術》三卷，《存稿》一卷，《恒星圖》二幀，《輿地圖》一册，今皆刻成。陳蘭甫語余曰，是當有序。我病不能作，子宜作之。余於徵君之學未能究其涯涘，何以序其書！無已，即余所羡慕及徵君所論者書之，以爲喤引焉可矣。

同治十三年三月，陳璞序。

又　鄒仲庸　鄒徵君存稿序　先兄徵君，讀書好覃思而懶著述。其成書者，《學計一得》《乘方捷術》《格術補》三種而已。先兄既没，諸公聞名相慕，捐資刻其遺書。仲庸復取其篋中手蹟，質之陳蘭甫先生，寫爲一卷，題曰《鄒徵君存稿》，以付梓人。其不必存者，則以其稿付舍姪達泉什襲藏之，以實其手澤，不必盡以問世也。所存者雖篇葉不多，然往往有關於實事求是，與夫鉤深索隱甚費苦心者，覽者當有取焉。

同治十二年十二月，弟仲庸謹序。

《光論》

張福僖　光論自敘　測實易，測虚難。測虚而徵之實，則更難。光之爲物，虚而實者也。其源有六：一曰日光，二曰火光，三曰燐光，四曰鹹汐光，五曰蟲光，六曰電光。凡六者，火與日爲正光，其質輕清而甚微，其行直射而彌捷。有傳光、有回光、有出入折線光，有光芒，無光線。光之明分以路遠近平方反比爲準，光之行分以木星上小月蝕時之時刻比例布算。然光呈即色呈，其數有七，合則爲白，分則爲紅，爲橙黄，爲正黄，爲緑，爲藍，爲老藍，爲青蓮。設以三角玻璃條，試向日中射影于地，立見其效。紅色最熱，青蓮色變化他物之色最易。太陽光中有無數定界黑線。惟電氣油火燒酒諸光，但有明線，而無黑線。故知光之爲物，實而非虛也。明天啓間，西人湯若望著《遠鏡説》一卷，語焉不詳。近歙鄭浣香先生汝光著《鏡鏡詅癡》五卷，析理精妙，啓發後人，顧亦有未得爲盡善者。咸豐癸丑艾君約瑟聘予在滬繹天算格致諸書，《光論》此其一種也。歸安張福僖序。

《光學》

田大里　序　百餘年來，格致家究心光理，所著之書，卷帙浩繁，體用兼備矣。去夏，余於書院中講論光學，從游者衆。恐其人之隨得而隨忘也，故筆記之以備觀覽，並無求傳於各國之意。好學之士見此書，而樂其簡且明也，屢索於余，乃託坊友印行，以公同好。

西曆紀歲一千八百七十年夏五月，田大里識。

又　原跋　此書述著名格致家論光之形性，令人知空中及各質内俱有傳光氣，此傳光氣，能傳光，亦能傳熱。若不信傳光氣之説，而用質點之説，則光理必扞格不通。光浪與熱浪，從日至地，歷時八分。此八分時内，在空氣中，必減少其光與熱。設有空處一立方里，一剎那間得光與熱。試問此光與熱究爲何物，則必念光與熱之徵驗，而分其體用。體不見，而用可見也。此一立方里内，光熱已滿，究有何事，可知光與熱之性情？能令物動，能起重物，動輪車，放礮彈不用火藥。等，俱屬光與熱之作爲。既能動物，則必有自動之性矣。

一立方里之光熱，能動各物，人第知動之一事，屬於物，而不知動物之物爲何物。解之曰，是以脱類也。此氣與尋常氣不同，所以不同之故，未可詳解。其氣動時，感動別質，能令別質盪動，蓋此氣具有物質之性。若無質，安能感動他物耶。格致家知其動法有二，一光順直線而行，二盪動成浪而行。奈端先創光順直線發質點之説，後有拉不拉司畢亞普兒斯登馬勒司，皆信發質點之理，由是光學之不能解者甚多，其言不足徵。惟用傳光氣浪之説，始可解光學一切之事。本書所言者是也。一事合，推之萬事亦無不合。光浪之理，可解明回光、折光、歧光性情，厚顆粒片、薄顆粒片之色，各體之色，極光之理，極光透過顆粒之豔色，此理在光學中開無數法門，學者由是有從入之路。不然，若夜行之無燭也。近時，著名格致家云，傳光氣亦無永動之性，且依定理傳其本體之盪動於他體，他體盪動亦類是。熱學中言熱有力，而令物動。日光之熱射至地面，其能力甚大。若無傳光傳熱之氣質，必不能至地面也。

脱麥司養未見聲浪之象，設想聲浪之形，既設想聲浪之形，又考傳光氣之浪，以爲傳光氣不與地球之空氣同動。苟同動，即不能解説光行差之理。又言，傳光氣浪行過地球，若一陣風吹過樹林之狀。後有英人思多刻思云，可用以脱與有凹凸力之實質相比，以解説光行差之理，不必用風吹樹林之説取譬也。此二人者，皆極信傳光氣成浪之説也。

法人飛續，曾試驗一體動時，能令包其本體質點之傳光氣同動，若引動之有帶動也。然同去與否，尚未能定。惟著名之人試此事，可知近時格致名家，俱信傳光氣之理。

余言光浪之理雖爲準確，然聞是説者，不必信之而無所疑。百年前用奈端光爲質點之説，近時無人能信之。近時光浪之説，以後或欲改易，亦未可定。昔有希臘人多禄某以爲地居中心，日與行星俱繞之而動。奈端之徒，信噏力之理，而多氏之説始顯其謬。不意光爲質點之説，至今亦顯其謬。然噏力之理，萬難改易。天文之故，藉噏力之理，事事解明。今光浪之理，亦已事事解明，毫無疑義。解光浪之理，較難解於噏力之理。解噏力者云，天空測海王星之法，爲噏力之確證。昔有天文士亞但史力佛理亞兩人，測天王星有無法之小動，而用噏力之理，算得別有一行星，加噏力於天王星而生差數。於是作書寄伯靈布國京城名。天文士嘉勒，詳述其算理。嘉勒亦信此理，用遠鏡測得一行星，名曰海王星，其徑約三萬六千英里。故噏力之理，至今無疑矣。

發明光浪之理，其功與測得海王星略同。昔有福而司農，得兩視樞線之顆粒内光浪面大小之算式，尚未知除歧光以外，此種顆粒又有他折光。後有算學家海没兒脱云，光浪面有四箇點，在此四點，光線不分爲兩，祇分爲無窮之數。且在此四點，不成兩形像，但成一圓錐形之包。海没兒脱以前，人未知有圓錐形之包也。力佛理亞告嘉勒云，依噏力之理，必可測得未知之行星。嘉勒測之，果有海王星。海没兒脱告六意脱云，必有圓錐形之包，六意脱將哀來果奈脱顆粒依算理試驗，果有圓錐形之包。故圓錐形折光爲光浪之確據，與測得海王星，爲噏力之確據無異也。

《光學揭要》

赫士　光學揭要序　光之爲用，昭昭也。通乎熱，鄰乎電，散見於日月星辰之間，自古迄今莫之或息也。然惟格致之士興斯學，於是有專家。此篇之由緝，與天文、聲學相同，皆爲本館諸生起見，爰即累年所講習，集腋成裘；復自西國名書中稍加補苴，罣漏之處固有，然大抵不屬。揭要之類，所用名目亦防太繁，其新增者，尤難望盡愜人意，惟求清確易讀而已。至引用化學之處，概依新記法，如硫强水不作輕養硫養，而作輕硫養是也。至於前原質之名字，而益智書會業已改正，即金改作鏋，碘作紫，鉀作鋏，錳作錁，鈉作鐹，鎴作銇，鍇作鈦，哀作藍，炭作碳，鈣作鋿，砩作剋，溴作臭，燐作硄，汞作銾，淡亦名硝氣，今作育淡；輕即育輕，今作鋞。其餘之原質，雖有更易者，因此書未用，故不盡録也。寒暑表之度數，與熱學同，例俱準百度。首數章皆加習問，俾學者演習精熟，便於利用。竊謂一二三章之算式，不宜脱畧，因此理不熟，難洞悉諸光學器。返鑑與透光鏡，須背畫其圖，後則易於從事。公餘著述，謭陋難免，望學者善通其意，不泥其辭，庶幾渣滓去盡，清光大來矣。未開凡例，聊弁數語於簡端。

時光緒戊戌仲冬望日，赫士序於登郡文會學館。

《電學須知》

原序　電學須知總引　格致學内有一門曰電學焉，精微細奥，妙用無窮。小之可試以玩娱，大之可施諸實用。如鍍金也，飾器皿以美觀；達信也，縮千里如覿面；燃作燈燭也，發光如日，照夜似晝。至於放雷燃礮，有用於軍武；運機代織，有用於工藝；製針指南，有用於航海；造鐵引電，有用於防雷，是皆由電學考究而出。蓋電隱伏萬物之中，爲極稀無重之氣質，故曰電氣清微，流通平而不顯，感觸生發，取之靡窮。總言之曰電氣，分言之則曰摩電氣、化電氣、吸鐵氣。摩電氣或曰乾電，乃摩擦而生。大空雷電是其類也。昔人徒知發光者爲電，擊響者爲雷，以爲雷公電母主其事也。後有能者出，設法以引空中雷電，試之與摩電無異，始知無司雷之神也。化電氣或曰濕電，乃由金類感化而生，性與摩電亦同。吸鐵氣或曰磁氣，有自然生成者，磁石是也。有以電氣傳成者，吸鐵、鋼條等是也。此原有電學書，及《格致啓蒙》《格物入門》《電學圖説》《電學綱目》諸事論之，然或過深，或爲太舊，非初學所可披覽。今避深就淺，舍舊從新，輯成六章，以爲初學門徑。第一章總論電源電性，第二章畧論摩電氣，第三章畧論吸鐵氣，第四章畧論化電氣，第五章畧論發電諸器，第六章畧論電之利用。閲者由此淺嘗，不難深造也。

《重學》

錢鼎卿　序　《漢志》曰，權與物鈞而生衡，衡運生規，規圓生矩，矩方生繩，繩直生準。是規矩準繩皆本於權衡矣。乃方圓平直之理，《九章》諸書言之綦詳，而獨不及於重學，豈久而失傳耶？西人重學，遠有師承，近百餘年間愈入愈深，且用以步天而知七政之行，由地球與諸曜之互相攝引，故其遲疾時時不等，遂於小輪不同心天之外，别開門户。胡君威立英國之精於重學者也，著書十七卷，分動静兩大支。其静重學，先求重心，以得其相定之理。定理既明，乃可以用動力。而輪軸滑車諸器或分或合，或複或單，均能以小力運大重，是即動重學之根矣。其動重學，有平速、漸加速之分，而地心下引之力爲漸加速。速之比例，用股而不用弦。此皆理勢之自然。故物自上而下弧綫長於圜徑，圜徑長於通弦，而其時刻無不同者。此中士諸人習焉不察，一經拈出，妙義環生，且因此而知一分中月行弧綫之矢，同於一秒中重物下行之路。蓋月之右旋即如重物行於弧綫，而地之引力加於月者，僅得地面三千六百分之一也。艾君約瑟謂，言天學者，必自重學始。因偕海甯李君善蘭，同譯是書。余得而讀之，謂可以補算術之闕文，導步天之先路，而用定質、流質爲生動之力，以人巧補天工，尤爲宇宙有用之學。爰商之同邑顧君觀光，南滙張君文虎，詳校而付之梓。書中多以代數立説，中士雖無其術，而西人《代微積拾級》一書，上海已有刊本，且與中法天元大略相似，故不復詳釋，讀者以意會之可也。抑又聞佛蘭西拉白拉瑟著有《天文重學大成》其立法之奇妙，義藴之奥衍，當必有進於是書者。李君倘能譯而傳之，余亦樂爲之刊行也。刊《重學》成因，書其後，以詢李君。咸豐己未冬十一月，金山錢熙輔鼎卿氏識。

又　李善蘭　重學序　歲壬子，余游滬上，將繼徐文定公之業，續譯《幾何原本》。西士艾君約瑟語余曰：君知重學乎？余曰：何謂重學？曰：幾何者，度量之學也；重學者，權衡之學也。昔我西國以權衡之學制器，以度量之學考天；今則制器考天，皆用重學矣，故重學不可不知也。我西國言重學者，其書充棟，而以胡君威立所著者爲最善，約而該也。先生亦有意譯之乎？余曰：諾。於是朝譯幾何，暮譯重學，閲二年同卒業。韓君緑卿既任刻幾何，錢君鼎卿亦請以重學付手民，同時上板，皆印行，無幾同燬於兵。今湘鄉相國爲重刊幾何，而制軍肅毅伯亦爲重刊重學，又同時得復行於世。

自明萬曆迄今，疇人子弟皆能通幾何矣，顧未知重學。重學分二科：一曰静重學。凡以小重測大重，如衡之類，静重學也。凡以小力引大重，如盤車轆轤之類，静重學也。一曰動重學。推其暫，如飛礮擊敵，動重學也。推其久，如五星繞太陽，月繞地，動重學也。静重學之器凡七：桿也、輪軸也、齒輪也、滑車也、斜面也、螺旋也、劈也。而其理維二：輪軸、齒輪、滑車，皆桿理也；螺旋、磅，皆斜面理也。動重學之率凡三：曰力、曰質、曰速。力同則質小者速大，質大者速小；質同則力小者速小，力大者速大。靜重學所推者，力相定：或二力方向同定於一線，或二力方向異定於一點。動重學所推者，力生速：凡物不能自動，力加之而動；若動後不復加力，則以平速動；若動後恒加力，則以漸加速動。而其理之最要者有二：曰分力並力，曰重心。則靜動二學之所共者也。凡二力加於一體，令之静，必定於並力線；令之動，必行於並力線。且物之定，必定於重心；物之動，必行於重心線。並力綫必經過重心也。又凡物旋動，必環重心，地動是也。二物相連而相繞，必環公重心，月地相攝而動是也。故分力並力及重心，爲重學最要之理也。

胡氏所著凡十七卷，益以流質重學三卷，都爲二十卷。制器考天之理，皆寓於其中矣。嗚呼！今歐羅巴各國日益强盛，爲中國邊患，推原其故，制器精也；推原制器之精，算數明也。曾李二公有見於此，亟以此付梓。上好之，下必有甚焉者。異日人人習算，制器日精，以威海外各國，令震攝奉朝貢，則是書之刻，其功豈淺尠哉！

《聲學揭要》

赫士　聲學揭要序　是書之緝，原爲本舘諸生肄業及之也。惟限於抄寫，頗不敷用，因思付諸剞劂，以公同好。則本館用之而有餘者，即他舘欲用之亦當無不足。篇中尺寸未明言者，皆指華尺，即按《談天》中譯改之法，一英尺爲華十萬分之九萬八千五百七十七尺，一英寸爲華萬分八千二百一十五寸。所用之名目，與前用於天文及光學者同。自他處引用者，非甚合式，率稍加改易。然防名目太繁，從同者亦間有之。至寒暑度數，則依法倫表。地名皆本地理志，間有難明之處，在初學無妨，暫爲逾越。其試驗處則貴乎及時，究之是書，亦屬入門。學者玩索有得，引而伸之，將審音以知聲，審聲以知樂。凡聲之與耳謀者，當無不與心通焉，又豈僅拘乎兹編之所聞聞也。予日望之。

時在光緒十九年端陽節，赫士序於登郡文會舘之北樓下。

《畫形圖説》

甲察森　畫形圖説序　是書之作，因有大圖一十二幅，各繪體式，界線分明，張懸壁間，便於一班生徒共同觀摩。幅内各圖，藉通視法爲之。習學時，一面觀其圖，一面閱其書，復有教師口講指畫，逐細分解，則圖内各線之畫法，與彼此之關涉，自易暢曉矣。近來尚未見他人著有合用之畫形書，故覺是册爲不可少。業已多年在國家書院教習畫圖各事，往往用此書所論之法，而得大益。然此書非但爲幼學所設，凡塾中少年輔教習，即學長之類。皆可藉之指授衆徒，故於各法格外詳明。可免輔師時詢於總教習之煩至於圖内各式之列法欲使生徒見體時無論何向觀之皆得畫其當時之形故凡輔師詳閲此書，以之指點畫圖，每步之工，則必爲得法，而學者亦易有進步矣。

凡用此各圖教習時，必將其真體置於身旁，以爲準驗。不可但抄摩圖式，而盲於真體也。所用之體，可照各圖形式，以粗鐵絲或木等製之，或購西國現成之副亦可。

光緒六年英國畫師里察森撰。

《同度記》

孔繼涵　序　《虞書》曰，同律度量衡。夫律，何以能同度量衡也？蓋物生而後有象，象而後有數律也者，其象也、律也者，陰吕陽律也。數也者，九九八十一也。九九八十一出於圜方，圜方出於陰陽。陽象圜而數奇，陰象方而數偶。圜數多奇，方數多偶。故律者起數之事，而非所以成數。樂尺九寸，夫九寸非尺，而何以謂之尺？推律者假以便度，後人遂假以名律耳。故起數者，律之事也。成數者，度量衡之事也。故律之數以九，而度量衡之數以十。《易》云，天一生水，地六成之。生，其起數之謂與。成，其成數之謂與。所以算瀠一握而成六觚，一握立圜周之率六觚立圜徑之率，有周，有徑，有觚，而圜方奇衺之數畢舉矣。然則何以同度名所記不及於樂，而尺、斛、秤爲民生所日需？記云，謹權量審法度。蓋亦審度以修權量。三者修而四方之政行，以日用飲食，民生不越是也。爲經凖四篇，上篇以經之釜，經之溢，漢之粟米瀠，與溢之重，起尺斛秤之耑。中篇凖量。下篇凖權，而以表終焉。曰總篇不敢辭瑣宂，俾治經之際因是以求庶省步算之勞，而有志漢學者或有子規焉。其細草則秀才齊復斌重推，惜其日力遂坿於下。

乾隆辛丑閏五，闕里孔繼涵。

《中西度量權衡表》

原跋　以上所載舉其切用者，略具梗概。此外尚有量流質、量乾物之法，權寶物、權藥料之名，又有至微極細、虛有其名並無其物者，雖亦可推算，而得以非切用，暫略不載。再英法各國大小金銀錢各有名目，然與中國通用紋銀比校，隨時價高低，月異而歲不同。綜十年中至高之價，與極低之價相去至十之二，故不能列表。將來如欲編列,只可將攙和之質、輕重之等、大小之式,圖列於表,而以時價之高低,附註於後。其他計里數、畝數,諸表亦應補入,今暫從闕。

《御風要術》

華衡芳　御風要術序　《御風要術》三卷,爲航海者趨避颶風之法,余與西士金楷理所譯也。金君幼時,曾在番舶學習操舟,於行海之事,知之最詳。嘗與余言颶風之爲物也,悍怒飈疾,倏忽千里,惟其起有一定之時,其行有一定之路,而其旋轉之勢,恒與太陽所行之方向相反。行舟者,如能知颶風之性,因其勢而用之,非但無害,且可借風力而遠行。苟不知其性,則往往隨之旋轉,行入中心,而遇危險焉。故西人於颶風之理,究之已數百年,知某處某時,有某種颶風,其先見之兆如何,所行之路如何,用何法以防於未然,救於臨事,則可獲其利,而免其害。書中所論者,至精且悉也。余聞其說,而視其圖,以爲確有至理,遂與譯此書焉。然余素畏風濤,每遇舟稍掀簸,即嘔吐僵卧而不敢起,不能以所聞於金君者,一一身試而目驗焉,爲可惜也。

《泰西水法》

四庫全書提要　《泰西水法》六卷,明萬曆壬子西洋熊三拔撰。是書皆記取水蓄水之法,一卷曰龍尾車,用挈江河之水。二卷曰玉衡車,附以專筩車;曰恒升車,附以雙升車,用挈井泉之水。三卷曰水庫,記用蓄雨雪之水。四卷曰水法,附餘皆尋泉作井之法,而附以療病之水。五卷曰水法,或問備言水性。六卷則諸器之圖式也。西洋之學,以測量步算爲第一,而奇器次之。奇器之中,水法尤切於民用,視他器之徒矜工巧爲耳目之玩者又殊。固講水利者所必資也。四卷之末,有附記云,此外測量水地,度形勢高下,以決排江河,蓄洩湖澱,別爲一法。或於江湖河海之中,欲作橋梁,城垣,宫室,永不圮壞,別爲一法。或於百里之遠,疏引源泉,附流灌注,入於國城,分枝析脈,任意取用,別爲一法。皆別有備論。兹者專言取水,未暇多及云云,則其法尚有全書,今未之見也。

又　徐光啓　泰西水法序　泰西諸君子,以茂德上才,利賓于國。其始至也,人人共歎異之;及驟與之言,久與之處,無不意消而中悦服者,其實心、實行、實學,誠信於士大夫也。其談道也,以踐形盡性,欽若上帝爲宗。所教戒者,人人可共由,一軌於至公至正,而歸極於「惠迪吉、從逆兇」之旨,以分趨避之路。余嘗謂其教必可以補儒易佛,而其緒餘更有一種格物窮理之學,凡世間世外、萬事萬物之理,叩之無不河懸響答,絲分理解;退而思之,窮年累月,愈見其說之必然而不可易也。格物窮理之中,又復旁出一種象數之學。象數之學、大者爲曆法,爲律吕;至其他有形有質之物,有度有數之事,無不賴以爲用,用之無不盡巧極妙者。昔與利先生游,嘗爲我言:「薄游數十百國,所見中土土地人民,聲名禮樂,實海内冠冕,而其民顧多貧乏,一遇水旱,則有道殣,國計亦詘焉者,何也?身被主上禮遇隆恩,思得當以報。顧已久謝人間事矣,筋力之用,無所可効。有所聞水法一事,象數之流也,可以言傳器寫,倘得布在將作,即富國足民,或且歲月見效。私願以此爲主上代天養民之助,特恐羈旅孤踪,有言不信耳。」余嘗留意兹事,二十餘年矣,詢諸人人,最多畫餅。驟聞若言,則唐子之見故人也;就而請益,輒爲余説其大指,悉皆意外奇妙,了非疇昔所及。值余銜恤歸,言別,則以其友熊先生來,謂余:「昨所言水法不獲竟之,他日以叩之此公可也!」迄余服闋趨朝,而先生已長逝矣。間以請於熊先生,唯唯者久之,察其心神,殆無吝色也;而顧有怍色。余因私揣焉:無吝色者,諸君子講學論道,所求者,亡非福國庇民,矧兹土苴以爲人,豈不視猶敝蓰哉!有怍色者,深恐此法盛傳,天下後世見視以公輸墨翟,即非其數萬里東來,捐頂踵,冒危難,牖世兼善之意耳。輒解之曰:人富而仁義附焉,或東西之通理也。道之精微,拯人之神;事理粗迹,拯人之形,並説之,並傳之,以俟知者,不亦可乎?先聖有言:「備物致用,立成器以爲天下利,莫大乎聖人。」器雖形下,而切世用,兹事體不細已。且窺豹者得一斑,相劍者見若狐甲而知鈍利,因小識大,智者視之,又何遽非維德之隅也!先生復唯唯。都下諸公聞而亟賞之,多募巧工,從受其法。器成,即又人人亟賞之。余因筆記其説,實不文。然而諸公實存心於濟物,以命余,其可辭?抑六載成言,亦以此竟利先生之志也。梓成,復命余申言其端。夫諸器利益,諸公已深言之,曷贅焉?然而有兩言焉。嘗試虚心揣之:西方諸君子而猶世局中人也,是者種種有用之學,不乃其祕密家珍乎?亟請之,往往無吝色而有怍色,斯足以窺其人矣。抑人情勢則思,佚則忘善,此器也而爲世用,誰則不佚,倘弗思而忘善乎?不乃階之爲厲矣。余願用兹器者,相與共默計之,先生之所爲蹙然而色怍也,將無或出於此?

萬曆壬子春月,吴淞徐光啓序。

又　曹于汴　泰西水法序　惟上帝好生,既生人,則爲之生食。食出於地,藝於人。人有遺能,地乃有遺利,食乃不足,其不足,恒以旱乾天澤既不可徼,則渠塘溉灌急焉。顧亦罕所講究,而西北之鄉尤未閑習。土高泉寡,井有淺深甘鱗，大段不得水之用，即有用之者，工力繁浩，不償所費。然大禹疏治溝洫，必於冀州，建都之域，不至獨遺。今胡以一望岡鹵，豈阡陌開後，因仍墮廢，遂謂水泉之利。若靳於此，方田家終歲懸懸，占雲盼雨，雨愆其期，立視苗槁。猥云天實爲之，人力無可奈何。枵腹菜面，展轉爲溝中之瘠而已矣。太史玄扈徐公，軫念民隱，於凡農事之可興，靡不採羅。閲泰西水器及水庫之法，精巧奇絶，譯爲書而傳之。規制具陳，分秒有度，江河之水、井泉之水、雨雪之水，無不可資爲用，用力約而收效廣。蓋肇議於利君西太，其同儕共終厥志，而器成於熊君有綱。中華之有此法，自今始。粵稽曩昔盛世，首重民食，而田器亦有司存。《周禮·稻人》掌稼，蓄水、止水、蕩水、均水、舍水、瀉水，俱有經畫。今也牧民之宰簿書不遑，過隴畝，間桑麻亦未多睹，他何論哉。雖前人樹藝之方載於《月令》諸編，上不倡，下不諳也，食胡以足。竊意冬曹當以此書頒之直省，而方岳之長宜宣告郡邑，倣而行，觸類而長尚，何患粒食之難乎。夫士人談及參贊，遜爲聖神，若無敢望涯涘者，不知此類事，即贊化育。井田壞而古今分。雖猝不能言復，然崇重農功，固王道之先也。不圖於是，而欲睎蹤隆古之治，必弗可覬已。且安有尊處民上，坐享民膏，不爲民生熟計，忍令其饑以死，此豈天之意也哉。

萬曆壬子歲夏五月望日，賜同進士出身吏科都給事中河東曹于汴撰。

又　彭惟成　聖德來遠序　聖明在宥，道化淳備。有歐羅巴利先生，偕其國聰慧有學者諸儒彥，航海西洋，修我貢事，至懿美也。兩先生曆法、律呂，巧奪化工，言動周旋，悉程軌物，澹然忘其家，而設教則歸於天主。彭子於辛丑一見，大玄賞之，自以爲得塵外鑣也。予後供奉鳳池，旋入瑣闥，轉聘十二年，懷人憶舊，欲再見利先生，則拜之北邙矣。低徊悲痛不能已已，與熊有綱先生依然道故，亦猶之利先生也。予得其日晷，尚難解其測法。又得其取水具，遂命工習之，攜工南行，以廣高人教澤。攄予夙心，熊先生徵予一言，予冗久未相酬。茲於途次，憶其《交友論》《二十五言》《畸人》篇等書，如李冢宰、馮宗伯、曹都諫、李工部、徐太史諸公，鳴珂清暇相與講德，豈非我聖明雍熙之會，而至德來遠之賜哉。猗歟盛矣，然予實有以見。夫往古來今，宇宙寥廓，懷瑾握瑜，彥聖崇閎，而語水，語海，固未可束于見也。吾輩所見者，不及几蘧以上。惟讀伏羲、神農、黄帝以來，虞夏商周之書，而西洋諸先生則往往無吾之所有，而又有吾之所無。可嘉尚者，彼其多能，而不皦皦以智名，好修而不沾沾以學著。以是將進之於汾穆之世，則有其能，有其修；將偕之於聲華之埸，則又無其能，無其修。朝廷予之官，不拜，高準碧瞳，方巾青袍，身爲遠臣，日給大官之奉，讀中原書，習中原語，隨人所問，即開心授人。近用廷議，與修曆法，先生輩其高人，而吾輩其玄賞也已。昔者，聖人觀象於乾坤，考度於神明，探命曆之去就，省群後之德業，類族辨物，繁有千品。少昊氏都於曲阜，鞮鞮毛人獻其羽裘。渠搜之人服禹之德，獻其珎裘，毛出五彩。今西洋儒彥覲我文明而來，其人皆學識才藝，何啻一羽裘珎裘之獻乎！吾輩相與邂逅，緬惟疇昔博物洽聞，吹藜天禄，固已知其所知者。茲於西洋儒彥，獲知其所未知焉。吾未知西洋之所知，猶之乎西洋未知吾之所知也。由是而之焉，極天所際如西洋者，又何可勝數。惟是義理無盡，寥廓無邊，超然大觀，可以破小。此借貲於高人，而取精於玄賞，不亦奇乎。彭子曰，奇矣，而未爲奇也。何也？夫子論至聖配天，曰，聰明睿知曰溥博。淵泉至精微矣，而曰洋溢。中國施及蠻貊，則性於天者。中國、蠻貊之所有，即至聖之所有。如水然，隨所洋溢，無不同流。如朋友交際然，此有施及，彼即茹受。夫子固已觀其所以一而不貳者，籍使蠻貊不與中國一，中國不與至聖一，則眸睫之外即相枘鑿，何以曰洋溢，曰施及哉。況熊先生輩津津理窟，彬彬儒生，縱一葦之所如而觀光於天朝，其於至聖之妙，當必有所脗合者。吾輩得此雅游，世不常有，史不多書，所謂奇者，固自真奇矣。熊先生之教在天主，即吾輩事天之學。人身喘息呼吸，無一不與天通。造化聚散升沉，無一不與人應。譬如髮潤則將雨，亦人天合一之證矣。是書成于太史公手，尤邃古，讀之恍然忘其爲今之人也。因歎天壤間，有一奇事，必有習其精微，筆之書，以利天下，傳於後世者。余恨十載京華，未面太史耳。嗟乎西洋諸先生之得太史以傳也，幸矣哉。

萬曆壬子孟夏日，廬陵彭惟成書于良鄉公館。

又　鄭以偉　泰西水法序　此《泰西水法》，熊先生成利先生之志而傳之者也。法五種。曰龍尾圖，凡五。曰玉衡圖，凡四。曰恒升圖，凡四。曰水庫圖，凡三。而終之以藥露諸器圖，凡一。用以取水，力省而功倍。徐太史子先譜之最悉，一開卷即不必見其具，可按文而匠也。書成，中國不憂傳焉。蓋開闢以來，修水用者數易矣。標枝之世掬而飲，亡何蠡焉，盂焉，尊焉，井焉，使掬者視之，不亦最巧也乎，用矣，而未廣。其後偃鴻井其田以受潤，廣矣，而未備。又其後阡陌開而陂池興，雨雲從，渠插中出也，備矣，而未有機。又其後桔槔出，機矣，而井田、陂池亦不可復覩。古者水土共爲一官，統之司空，土行不修，則水利愈巧，巧固生于窮歟，然未有若此之利者。夫田不可復井，何者？必十年始驅民田入之官，必十年始溝官田畫之澮。墳廬城郭之阻又亡論。則必廢二十餘年畊而可，此可幾乎？意者水田可也，而予郡徐伯繼尚實一爲而躓。故爲今之農，仰天不雨，惟取土龍而祝之耳。予家世農，見鄉土最壚，浹旬晴，則桔江而之田。浹旬雨，則又決田而之江。遭苦旱，醵錢爲車，如碓加輪焉，寘筒其表，前軒後輊，與水爲無窮。一晝夜度灌二十鐘，顧必急流而可，不然則法窮。又山之民縋泉于竹以溉，而不費人力，顧必山泉而可，不然則法窮。茲法也，而傳急流可，即吴越緩流也亦可，山泉可，即燕齊平蕪也亦可。隨俗之便，或用中土法，或用此法，可以佐水車之不及而前民用，所謂巧生于窮，而窮亦因巧而濟者耶。人云《考工記》可補《冬官》，予直謂《冬官》未亡，第錯於他官。如稻人瀦溝之類。徐太史文既酷似《考工記》，此法即不敢補《冬官》，或可備稻人之採，非墨子蜚鳶比也。利先生爲歐羅巴人，偕其儕用賓于朝，甲辰予識其人于都中，綠瞳虬鬚，與之言，恂恂有道君子也。予休澣別去，利先生已化，曾爲詩以哭之。至壬子復趨朝，則墓草已宿矣。悲愴久之，乃訪熊先生，見其家削者、髹者、絇者，則治水具也。彼方日以錢易水而飲，顧切切然思人田之毛澤。又且遠臣，此其人豈區區踵頂利所可及哉。永樂時神機火槍法得之交南，嘉靖時刀法、佛狼機、鳥嘴砲法得之日本，然金火之用耳。師金火以攻利，詘水土而廢巧，則爲敢于殺人，而不敢于養人矣，而可乎？大都西洋之學，尊天而貴神，其餘伎復善曆算，精于勾股。予每欲學，而苦不得暇。至其言物理，則願與之，相與質難于無窮，而此不具論，論其水法如此。上饒鄭以偉撰。

《化學材料中西名目表》

傅蘭雅　徐壽　化學材料中西名目表小序　是表，於同治九年，在江南製造總局，繙譯《化學鑑原》《續編》《補編》時所作。原意祇將此表附於本書之後，但因陸續加入別種化學書內之名目，冀其用處更覺寬廣。

各種化學材料，有中國尚未知者，有前繙譯家尚未定名者，無奈必設公法，特命新名。

所有原質，多無華名，自必設立新者。而以一字爲主，或按其形性大意而命之，或照西字要聲而譯之。

所有雜質之名，率照西國之法，將其原質之名與數併而成之。中國有者，另爲釋註。

所有生物質之名，或將其原意譯其要略，或按其西音譯以華字。因此不免字多，名似過長。內有屬於礦學與藥品之名目，亦歸同法譯之。惟另有此兩種學之細目，刊印成表，故此表不多及之。

本局初譯化學類之書時，西國所用各質之分劑數，適在廢舊法而興新法之間，當時祇能得用舊法之書爲底本，後雖新法盛行，而本局已刻化學諸書，均依舊法。如今改用新法，則前後不應，恐誤學者，故仍前分劑，以歸一律。然以舊法變爲新法，或以新法變爲舊法，觀化學書內所設公法，即易明悉。

光緒十年十二月十一日識。

《農學初級》

范熙庸　弁言　西人之學，精益求精，新理日出。故其書每印一次輒加增損，非曰訂訛，亦義取乎新也。《農學初級》始印於西曆一千八百七十八年，迄今凡九印，熙庸與秀君初譯是書，係照第七次印本，譯至半，又購得一千八百九十七年所印本，即第九印也。秀君詳加檢閱，見第二章已改爲論種子，第六章以下改竄尤多。於是六章以下，悉依新印本譯出，而補譯論種子一章，附於原譯第二章之後。譯成，爰述其梗概於簡端。

光緒二十四年歲次戊戌仲春既望，上海范熙庸識。

《農務化學簡法》

拉撒拉固來納　農務化學簡法原序　昔農家各工不必考究化學，因種物之泥土內，本含養植物需用之各種肥料，祇須耕地撒種，删去野草，届時收穫，可遇豐年。美利堅開國之初，泥土最爲肥沃，念不到應加肥田之料。今美國農務與前大不相同，蓋因泥土力量已乏，用耒耜等器墾其地面尚嫌不足，似飢者之必須餵養，又必依泥土之性情，而定其種何物，用何法。否則，花草樹木菜果五穀多不茂盛。是故從前農家全賴地面所有之富足，爲農工之根本，今泥土已變其性情，不但不富足，而且窮乏，所以農家祇能視泥土爲造五穀等物之器具，必將生料添入此器具內，方能變成各種有益於人之植物。由此農工幾變爲製造之一類矣。

農家製造五穀等植物，必先預備各種生料。而其生料之價不可過昂，否則所造成之五穀等物，不惟不能得利，反至虧本，此事實爲從前農家所念不到者。又所需用之生料其價昂貴，如果隨便購買，隨便施用，不免虧本。故今農家斷不可不考究生料之性情，與其功益，及其價值，方可動用。然而此等生料，全仗化學方能分辨而明悉其理。惟農家者流，何暇考究化學之全！苟能通曉緊要之數端，足使種植得法斯可矣。其精細工夫，可待專門化學家考究之。

此書所論之化學，最爲簡便，均爲余所已經考究者。但余所考究之化學頗淺，故讀此書者，不可以爲有此書已能全知化學之理與法。即如專門化學家，亦不能通曉農工中之各緊要事。如種一類植物，往往得利，或亦爲平常化學家所不能及。然而農家所有必須知之化學，在專門化學家亦必知之。即如水果，或五穀，或各種菜類，要究其原質爲何質，爲何數目，則非化學家不可。又如每泥土一立方尺，含此各原質之分數，亦非化學家不可。但如平常農家以爲某地要種某物，必先化分其物，得知其原質，再化分其泥土，得知其原質，二者相對，則泥土不必再加別料。如泥土或缺何種原質，即加入，能使植物茂盛，斷無此理，斷無此農家。蓋萬物之變化，泥土之性情，與生物之能生長，其所恃之道理，化學家亦且有所不能全知，祇能明其大略。由此可見，農家不能不由試驗而知何法之可用，何法之不可用。全恃化學家化分不足，全恃農家試驗亦不足，必合兩家之工夫，從事乎其間，種植方能得利。是故農家必先考究各種肥田之料，而知何種能省費，何種能合用，何種泥土種何種植物，必配何種肥田料，乃可起手動用。否則妄作，遇巧亦或能得法，但百發難得一中也。余生長田間，幼時習慣農務，而考究其理與法，不但種植得利，而且大有趣味。故願農家少年子弟，恒思五穀等物之價值，今最便宜，農家甚難得利。苟其能自考究農務之道理，一切得法，則農工尚可合算，否則農工不可爲矣。鄙意久思著書，無如學問尚淺，文理又粗，並未深究格致工夫，故祇能以最簡便之法，最易明白之文理，著述此書。深望農家少年，讀之而能獲其益，成立以後，管理農工，業精於明，自然得利。幸甚幸甚。美國紐約邦拉撒拉固來納自序。

《農學新法》

原序　農學新法小引　五十年來，歐洲競講農學新法。溯未明新法以前，假如每田一畝可藝粟一斛者，既明新法，便可二斛。美洲地脉本肥，既得新法，竟可增至六斛。時則又有各種新式務農機器，從前三人所爲之事，既有機器，二人即可優爲之。而其口實，除糧食一百分增至一百二十分外，其牧養牛羊以供肉食者，每百分亦增五十七分之多，民安得而不富者。又查歐洲人類，每五六人中有農夫一人，美國亦不相上下。至於泰西，田間所種之五穀，以麥爲最多，次則油麥，形如麥而較細，較長，力則較麥爲大。又次則大麥，其餘皆雜糧矣。又考美洲禾稼之多，甲於歐洲，每年所產約可值銀三千一百兆兩。其次則俄羅斯，每年值銀二千二百兆兩。又次則法國，每年一千八百餘兆兩。又次則德國，一千七百兆兩。又次則奥國，一千三百兆兩。又次則英國，一千兆兩。又次則意國，八百兆兩。又次則西班牙，六百七十兆兩。下此不計。泰西農家當年亦全恃糞力，然糞有限而田無盡，且與人相近之田可得多糞，窮鄉僻壤其若之何？今有化學所成之物，其形如灰，可以携挈至遠道，而將一切地畝徧行澆灌，其利何可勝道。試以驗過之地畝言之，無糞之地約可產穀十二斗者，有糞之地可產三十二斗，用化學培植之地可産三十四斗。以此數推於中國，中國每省之地約計八千萬方里，計田三百兆畝。除山林城市而外，可耕之地約得一百五十兆畝。又以每省百縣計之，一縣約得地八萬方里，此係開方算術，若以縱横計算，每縣約不足九十里。即得田一百五十萬畝。每畝地每年産穀一百斤，約值銀一兩。若以化學澆壅，可使地加倍增産，則每縣非增銀一百五十萬兩乎？中國本有糞可以肥地，再於此一百五十萬金中折半計算，不尚可增銀七十五萬兩乎？一縣如此，一省若干，一省如此。十八省若干，一年如此，十年、百年若干，此之謂本富。本富而末不强者，未之前聞也，此貝君以化學導中國農夫之苦心也。余既爲譯而存之，并揭其綱領於首幅，世之君子應亦蹶然起、皇然思矣。抑更有説者，中國既有腴田，可茁多物，若無好路，則轉運又恐不靈。考運糧之法，若行陸路三百里，其運脚必照原價加一倍。是産米之地每銀二兩購米一石者，運至三百里之外，必需銀四兩矣。近來各國徧築鐵路，有人通盤核算，就鐵路以運米，即越三千里之遠，比原價不需加倍。若以輪船通水路，更遠而至於三萬里，亦不需加倍原價。此又籌富民者所不可不知者也。

《桑政萃編》

徐樹銘　桑政萃編敘　伊耆氏之始爲蜡也，祝辭曰，土反其宅，水歸其壑，昆蟲毋作，草木歸其宅[澤]。農政也，而桑政備焉。《禹貢》九州各篚所織，而絲之織者六所。云桑土既蠶者，九州之土各宜桑、宜蠶，故以既蠶告成功也。神禹治水兼治土，既列田賦，復著明桑土，明桑與農皆要政也。土質各殊既詳辨之，兼著其色，如赤埴、黑墳、青黎之屬，明九穀之種植攸殊，而土化之法亦因之。至《周禮》始詳著其所宜，於司徒、草人二官后稷教民稼穡，職掌其事，世修其業，至於古公未嘗癈墜。《豳風》言農兼言桑，曰執懿筐，曰伐遠揚，曰獻功，曰朱黄，於桑之事尤備，明周之所以王天下，之所以歸仁也。漢之循吏，如黄霸、龔遂、召信臣、茨充、張堪、王景之屬，皆以務農桑爲政本。自是以來，賢臣哲吏莫不以是爲切於民用之大者。元世祖詔司農司著《農桑輯要》一書，頒行海内。至於特置使者，以綱領之而課其殿，最其用心可謂勤矣。乾隆三十八年，武英殿印行，以布教各行省，今浙江湖州家勤其業，世習其義，十數州縣歲入二千萬之利，比武昌、保定亦種植有效，浙桑移栽，浙匠導之也。而各省土之剛柔燥溼，亦宜區别以使之，各得其利。天時之早晚寒燠，尤爲至要。前署清河道員衛杰究心有年，著《蠶桑》一書，其第二卷論天時、地利、土化、桑種、培壅、接插之法尤詳，予亟愛之，勸刊之以貽同人。所云土水、昆蟲、草木、應芟應去之法，即伊耆氏祝辭之意。古以歲十二月行之告成功，祈新祉諳諳焉。有心者法古以宜民，振數千年之遺緒，開億萬人之樂利，循憲典而光治術，閭閻充實，海寓乂安，不其韙歟。

光緒二十五年十一月，經筵講官國史館副總裁管理户部三庫事務工部尚書臣徐樹銘謹敘。

《内科理法前編》

原序　此爲醫學家常用之書，即將醫家應知之事，包括於一書之内。無論在病家或醫院調治之候，俱可用之。

行醫最要之事，即一見病人即知其病之屬於何種，並分别此病與别種相類之病，而能先知其病之久暫與徵驗。其治法之精良，大半藉其認病之確實，與辨病之分明。此即行醫者或依一定之理，或由習練而得，或能明其病性與致病之由也。

凡能認病與辨病，知其性情與根原，定病之久暫結末，與相配之治法，此一切事雖爲行醫者所不可少，然此數事外，又有應知之各事，並有益之各法，雖不包括於論病之内，亦屬緊要。蓋論病之言，衹是簡要記録，或爲尋常病情之關節，其餘年紀之長幼，男女之分别，與各人别異之長法，皆與身體强弱有相關，如有病證，即與證之輕重有關係。以上一切之事，行醫者不可不究心於此。

大抵醫家應有之學問，最難完備。有時在病房内得一病之證據，最爲緊要，如觀詳論各病之書内，未必及之。此一病證據，間有屬於數病；或雖爲一病特有之證據，而未必傷生。且又有病之各證據與兆，須細查方知。或須用察病之器具，與化學之考驗，且用器具與化學之時，須留心謹慎，恐爲之不合法而有差。故醫者在平時必將此法習練之。

如醫者所知之事，與所用之方法，衹由他人所傳，而無心得者，不可謂上等之醫。無論何事業，日出新理而不窮，如欲明之，必藉總理而得其所以然。醫者必先讀此書之前編，即總理之所在也。既知總理，方能調治各病，及其所未見之兼病。

凡人能詳知治病之各事，即爲有學問之醫。如在病房内所見之各證，與書之所言符合，常用察病器具與化學確據，而考得病證之實在情形，即爲練達之醫。如已有學問與歷練可謂上等之醫者，其意甚廣，不可依尋常所言之意論之。蓋謂上醫者，其人之才學，實有格致等功夫，非有名無實者也。

兹欲求醫道之精詳，故此書分爲三編。前編依次連續講究病原與總治法，後編分論各病並查驗法、決病法與病勢治法，及醫學中一切應知之事，令學者易於查究之。

此書前編分爲六卷，其目如下：一、平人與病人，包括一切行法相合之説。指出平人與病人與年紀長幼、男女分别自然生性、生命之理有相關。包括病之俗名，表明其意，分别其類。如此醫士能知病之確實，即俗人之説，亦能明之。二、死之根原。此卷内，表明許多事情與死之根原有關係，如此醫士即知何病爲最重，傷命最多。三、略論全體功用與總病。此卷内，凡於醫道緊要着實之事理，皆合於一處略表明之。凡非緊要確實之論，皆免之。四、查察病有分外緊要之證據與兆。包括溺腹與胸膛内之臟腑，脉呼吸之法。五、略論保身之法。分各人保身法，與衆人保身法。六、醫道總論。包括養身之道，與其治法，又治法中所用藥物，及用藥物之法。

後編爲習練醫事，其目如下：一、身體情形，即與實在之病有分别。二、有界限之病，關係全身或數箇器具。三、發熱病，與有界限重病無關者。四、發熱病，與有界限重病相關者。五、發熱病，以有界限病爲根原。六、總病不發熱，與有界限重病相關者其餘之病。三編分爲十卷如下：一、腦筋器具之病。二、運行血法中器具之病。三、呼吸器具之病。四、消化食物器具之病，與臟腑之病。五、生溺器具之病。六、生育器具之病。七、知覺器具之病。八、皮膚與相連之體之病。九、蟲病。十、中毒救解。三編之末，有一種方與式及藥品書所載服數之多少，依類分載。

《西藥大成藥品中西名目表》

江南製造總局　序　《西藥大成藥品中西名目表》，附人名地名兩表。此表載英國醫士來拉著《西藥大成》一書内各種藥品名目，並化學料與植物動物名，其中臘丁與英文具依字母排列，便於用此書者查考，令其用處更廣。

凡植物動物分類所有之臘丁名目，平常譯其音，尚有分種之名，則譯其意而列於類名之前。如圓葉金雞哪，其金雞哪爲類名，圓葉爲種名是也。如其種名因原爲人名或地名，或因他故無法譯其意，則仍譯其音，凡能察得中華已有常用之名目，亦並記之。

凡植物動物之英文名目，亦照前款之意譯之。如確知中華名目者，則不譯其音。

凡藥料變成之名目，必存其原音之根，或原音根之要分，如金雞哪以亞、金雞哪以尼、金雞哪以西尼、金雞哪以弟亞等，俱存金雞哪爲音之根。又如雞哪以尼、雞哪以西尼、雞哪以弟亞、雞哪哇尼等，俱存雞哪爲音根之要分。凡生物鹼類酸類等，其各名之末字，常歸一例記之。如以克、以尼、以亞等是也，與西名同法。

凡死物質之名，俱依前印《化學材料中西名目表》所載之公法而定之。

另附人名、地名二表，此不但有來拉所作《西藥大成》一書之人名、地名，兼有醫學化學等書內常遇之人名、地名，此各名不用一定之華字，代一定之西音。又如在已有之中國書內，得合用人名、地名，則必從之，不敢另設新法記之。

初譯此書，兼造名目，自起手迄今，已逾十二載。祇爲試作之意，故不免有弊，且其弊有試作者所預知，而比他人知之更詳者，然如改其一弊，又恐有他弊由此而生，所以改弊之全法，以俟後之君子。

光緒十三年夏四月，江南製造總局排印。

《金石識別》

華蘅芳　金石識別序　金石識別十二卷，西士瑪高温所譯也。瑪君於金石之品，知之最詳，因以醫爲業，不能延之至局，故余僦屋於外，每日至其家，俟其爲醫之暇，則與對譯此書。書中所論之物，有中土有名者；有中土無名者；有中土雖有名，而余不知其名，一時不易訪究者。每譯一物，必辨論數四。其有名者，則用中土之名；其無名及不知其名者，則將西國之名，譯其意義。又有以地爲名，以人爲名，並無意義可譯；或其名鄙俚，不可譯其意義者，則用中土之字，以寫西國之音。故其名佶屈聱牙，不能以文意相貫，多至五六字七八字者，時時有之。而書之體例，又條分縷析，每將各物之名，彼此互舉，以作比較。又有連舉數名連記數事，不能辨其句讀者，則必用虛字以間之，或空格別行，以清眉目。此皆出於不得已，非欲徒侈卷帙也。瑪君於中土語言文字，雖勉强可通，然有時辭不能達其意，則遁而易以他辭，故譯之甚難，校之甚繁，幾及一年，始克蕆事。今已刊板印行，居然成書矣。追憶當時挾書卷，袖紙筆，徒步往來，寒暑無間，風雨不輟，汗不得解衣，咳不得涕吐，病困疲乏，猶隱忍而不肯休息者，爲此書也。惟是日獲數篇，奉如珍寶，夕歸自視，訛舛百出，塗改字句，模糊至不可辨，則一再易紙以書之，不知手腕之幾脱也。每至更深燭跋，目倦神昏，掩卷就牀，嗒焉如喪，而某金某石之名，猶往來糾擾於夢魂之際，而驅之不去。此中之況味，豈他人之所能喻哉？觀察馮公，以爲不可無以誌之也，故余爲略述曩事如此。

至於試驗之方，鎔鍊之術，書中論之至詳，且有目録可檢，不必再挈其綱領矣。惟此書之大意，專爲識別金石而作。蓋識別之法愈多，則物無遁情，可不爲貌似者所淆，而其真者，乃不至於埋没。於是可取其有用者，棄其不適於用者；取其寶貴者，棄其無處不有者。則此書之成，亦未始非民生利用之一助也。或謂：五金之礦藏，往往與强兵富國之事，大有相關焉。然耶？否耶？

又　跋　美國代那作《金石識别》書，同治八年瑪高温譯以漢文，所定金石之名，初時未曾列表。故考究礦學者，往往既得金石祇有西名，而無華名，即不能從已譯之書，索其底蘊。且後人續譯化學、礦學等書，因無金石名表，故不免另立新名。由是金石家更以名目不同爲憾。兹將西名列於左行，瑪氏所定之名列於中行，其有遺漏者，則考其原有之别名代之；其竟無别名可代者，闕之。續譯化學、礦學等書所定金石之名，與其最要之原質，列於右行。異同、是非，可比較而得之。金石家從礦石而得西名，從西名而得華名，求之於已譯之金石礦學等書，亦足有裨實用也。

光緒九年三月。

《繪圖礦學攷》

傅蘭雅　繪圖礦學攷總説　礦之爲物，產於地中。其類甚繁，有屬金類者，有屬石類者，有屬煤炭類者，有常見者，有罕見者，有產之多而用廣者，有產之少而珍貴者。如鐵，如媒，幾於無處不有，亦幾於無處不用。若金，若玉，產處希罕，人則寶貴，假使地產金玉多如煤鐵，人將視同賤物而不珍藏。天生煤鐵罕若金玉，人將取用不足，無以爲生。今竟產多用廣，搭配適宜，夫乃歎天之生物，莫不與人有大益耶，於礦產可見其一端焉。夫礦藏於地中，任人開取，上可强國，下足富民，實當今之急務也。地不愛寶，人亦何患而不取耶。惟礦取之非艱，識之惟難，不知者每視賤礦爲貴金，誤寶玉爲常石，是礦學不可不講求也。礦在地内，有層次脈理，恒與地勢有關涉，採礦者猶必明夫地學。礦内各質，非化合化分不能悉其純雜，辨礦者更須諳夫化學。化學、地學，與礦學實相表裏，前已各著成書，言其要略，兹擇礦學要端，著論成册，以便初學。第一章論礦總性，第二章論礦形色，第三章論非金礦，第四章論輕金礦，第五章論重金礦，第六章論石類礦，删繁輯要，縷析條分，雖於礦類不能盡該，然尋常礦石之易見易明者，莫不歷歷述明。學者由此淺嘗不難深造，再觀《金石識别》《寶藏興焉》諸書，益可得礦學之旨趣焉。

《銀礦指南》

原序　西曆一千八百六十九年，余曾撰就一書，專論用水銀分銀礦之法。其法類皆便捷簡要，凡極難分銀之礦，尋常鍊礦家棄置不問者皆可，不用煅法而能分出所含銀質一百分之九十分。余在摩奴府奔墩地方，用此法亦大獲利。後於該處建立二廠，一廠中備有杵臼五副，一則多至十副云。

余用此法多歷年所，所備機器亦極簡便。如石研盆，與合水銀、木桶，及分水銀桶。其運動止用一水輪。價值既極便宜，而功力却復不小。凡小本鍊礦之人，分自己所採之礦，最能獲利。惟欲代人分礦者，此法尚嫌太畧耳。

前書每本售洋二角五分。近有脱而孥其人者，在奔丹孥地方將余書少加竄改，翻印出售，其命名之意爲試驗銀礦並各種製造工程，每本售洋十圓。書中所言，儼然據爲己出，而竄改處又不免多所舛誤。觀其所定價目，想脱君亦重視此書也。

脱君書中所增議論數則，亦爲余曩時所撰，曾登入礦務新聞紙内者。今又代余刊入，亦足見脱君之佩服余法與余之書者甚深，至每本售洋十圓，其獲利比余更厚。脱君智計之巧，余又竊愧弗如矣。

余自刊前書後，重將此法精詳研究，五易寒暑。蓋余之孜孜於此者，並非專爲圖利起見，亦謂從此講求，庶可擴充見識耳。兹將數年内所身體力行者，另撰爲一書，較脱君翻印者更加詳盡。書中另增别法數則，俱與礦務大有關係。

是書並非因格致家而設，亦並非自炫學問，寔恐羅列衆説，必使閲者目眩，幾不辨其爲作書人之本意，與從他書中得來。故他書所有之法，是編俱置弗論。第增入簡便有益者數則，以備開礦家參考。至此數則中果於礦務有益與否，則閲是編者當有卓見，而非余之所敢知矣。

是編内所用字樣，俱極淺易，即尋常礦師及查礦人，亦能通曉。至所載各法，俱從己意想出，或由平日體驗得來，與各書院論鍊金類礦書所載者有别。

凡銀礦，在山中時其情形各處不同，或有成小脈形者，墨西哥人謂之線形。間有成捆形、囊形，及結成之小層形者，其在資本充裕之人，必以爲此種銀礦鍊之不甚合算。然無本錢及小本錢之礦家，如能得簡便之法分出其銀，亦可獲利。常有建立礦廠，專代開礦人分銀者，而開礦人每疑廠中分出之銀，必有侵蝕，不能盡數繳交，且所有良礦之地，其礦既不甚多，距廠又遠，因此不能合算。故廠中生意，亦不甚起色。

凡墨西哥國中産銀礦處，其開礦工人皆能通曉礦務，故於山中遇有銀礦一小處，其中可得上等銀礦若干者，必能設法開出，以期獲利。此小做之易於集事也。若夫大做，必須多備資本，多集工人，則墨西哥人又不及美國之人遠矣。然美國人之開礦、查礦者，往往飢餓而死。墨西哥人則不但能資温飽，而且可得盈餘。此其故不大可思耶。

是編雖爲開礦處之貧户，及無讀書人地方而作，然亦不得謂此法只能小做得利，大做即恐虧折。蓋資本愈大，其得利亦愈厚也。如將舊番墩法用是編所載者變通而增益之，招股集資，往剛司托克地方開鍊銀礦，則有股分之人必能使囊中漸漸多錢，即股分之價亦可長保昂貴，而卡而孫河内自不致有廢礦，含銀色至數百萬之多，日在浪沙中衝湧矣。然究不能謂有余一人，用余一法，即能除去積弊，興此大利，而别人别法皆無成功。余故止就一人所知者，筆之於書，至他人短長不敢深論，亦不必深論，以他人之事他人自能言之也。

常有人駁余曰，君之法固已善矣，然君往年曾在勿爾吉尼阿邦辦理銀礦務，何不就將新法試用，即以傳授於人乎。余答之曰，余法本欲傳人，並無閟而不宣之意。奈各廠主人每皆執定己見，拘泥舊法，雖有良法，亦如瞽者之熟視無覩焉。子因此而疑余法之不善，誤矣。

余以爲，閲是編者必稍諳礦務内所需機器，並各器試用工夫。故凡杵臼木桶或盆，進出料之法，與夫修理各器具，並壓水銀膏，蒸水銀膏，諸法編中概不論及，以集隘不能備載也。且以上各事開礦工人多有知之者，即或不知，亦可往各廠中查驗，一見自能明曉。總之，余之刊是編者，不過欲素有識見而又畧諳礦務之人，從此講求，以期大獲利益而已。至於資本充裕、格致精深者，亦能取是編參觀而討論焉。是又私心所竊幸者矣。

《鍊石編》

原序　鍊石編序　鍊石者，合灰、沙、泥三種，以製石之謂也。西國製石佳料，莫如帕得蘭西們脫。或混稱爲水泥近十年，格致工藝推求漸廣，而西們脱用處甚多。凡泊船所在及船塢等，幾不可缺此。一千八百六十八年曾著論製西們脱之事，倫敦採買日衆，製造日益加工。有布國人，采取格物家最新、最佳之法，以精其造作。又製者與用者，以格物法試驗，彼此互證，務期盡美。或英人亦如是，同心互證，則於此可得大益。按帕得蘭地名西們脫，猶言膠也。即製石膠黏之料。予於此編從最好源頭采取其法。或疑帕得蘭西們脱以白石粉與河泥調成，予則謂取料不拘一處，惟物料有難合併。是以所需提淨料質機器，與衆不同。此編論之極詳，並附圖表明之。

鎔燒西們脱之法，聊備格物一端，並無甚用處。各種窑内考驗，又試驗所需機器，此編亦詳及之。或有嫌其過詳書者，倫敦工部局循我論著辨理，蓋亦確有所見。是以不能不深切著明，並以謝不深考者之訾議也。

用法之最新者，鋪路及作溝隧，足見從前用法之未廣。此編詳究西們脱料質，不及推求用處。

此編詳製造所需料質，非出自予一人之見。予實感各家代爲試驗，俾集其成，而得其要。内有由他書摘録者，必附著其姓氏。蓋非集思廣益，則一人之見究有限也。

一千八百七十七年，英國亨利黎特序。

《造硫强水法》

原跋　是書本意將歷試成效之事列論，殊有裨於燒造之家。惟此事盡屬化學之理，尋常司廠務者，固無講求此學，是以不能深知肯綮。今有此書，示諸斯乎。

《銅刻小記》

干肇鋐　自敘　天下事有一技一物，雖至纖至微，用之得當，因小以成大，足以立功而顯名。宋人不龜手之藥，用於洴澼絖耳，一善用之，即利於水戰，得裂地而封；然非買以百金，研精而習之，亦不能適於用也。鋐一介諸生，痛先人之賫志以終也，思爲有用之學，以繼先志，遂東游日本。自揣不文，惟於輿地爲性之近。但孤寒無力，提挈無人，薄游三載，始盡得其沿海各島險要。有未備者，更轉輾求諸彼國海軍署中。成書十二卷，於口岸形勢，纖悉畢載。是時遵義黎公，出使是邦，先以呈之公，公閲而首肯。今年春，始得以咨達海軍及總署北洋諸處。祇以卷帙繁重，圖幅纖細，力難付鐫，僅於戊子春將總圖付諸銅版。因知彼國刻銅之法，創自泰西，較之石印爲精。慮分圖之未便再假手東人也，乃考求其法，研精而習之，盡得其方。爰分繪刻銅諸器，各繫以説。世有知者，或以爲用之異於洴澼絖也，資助而成之，不獨是書之幸能印成，即寰宇諸輿圖均可精繪而付鋟，雖牛毛之細，亦朗若列眉，則鋐之獲是法也，其亦如吴人之用以水戰乎；抑僅適用於洴澼絖乎。或有以圖籍付書肆爲牟利計告予者，笑謝之曰：此乃鬻技數金耳，況適爲彼國所忮忌；鋐猶思續游東瀛，更周閲其險要，以上備國家之用，詎有利之見存於中耶。楊子云：「雕蟲小技，壯夫不爲。」鋐欲因小以成大，而用之得當也。故敘其緣起如此。

光緒己丑十月，王肇鋐敘於都門寓次。

《火戲略》

楊復吉　跋　煙火之戲，載籍罕聞，惟見于明人《月令廣義》，及《宛署記》中。然亦衹寥寥數語，無所取材。錢唐趙君恕軒，特覼陳其製造配合之方，裒然成帙，雖事涉瑣碎，而蒐羅采綴頗具苦心，實能剏前人所未有，正不必以作爲無益嗤點其書也。癸酉季夏，震澤楊復吉識。

《琉璃誌》

楊復吉　跋　此孫文定公《顔山物産誌》之一也。文法奇崛，酷肖酈善長《水經注》，間作韻語，又似郭景純《山海經圖讚》。超心鍊冶，筆端具有化工。乙丑初夏震澤楊復吉識。

《兵船汽機》

原序　余昔在英國家兵船書院，爲教習若干年，專講汽機之理。嗣爲國家船廠教習，又講汽機製造各法。兩處生徒嘗欲求汽機善本，以便揣摩，而前人著作大都博而不賅，往往但論源流，及久已廢棄之式，備好古者瀏覽怡情，廣其識見，而理詳法畧，徒使讀者誤用心思，虚擲光陰而已。故余特著此書，力矯各弊，於汽機源流甚畧，其廢棄舊式幾置不問，而獨講其理法，及今所合用之式，於近時兵船汽機理法，尤爲詳盡。惟此書之著，意在將管理船汽機之法，易究其大畧，便於兵船各官之用，使凡專習汽機者熟讀是書，於製造各工藝可以得心應手，即非專考汽機之兵船官亦易通曉。故論理用淺近之辭，布算去深奧之式，務取簡明，不辭淺陋。而余所尤致意者，以簡便之體例，敘可恃之理法，使學者一目了然，籍慰舊日生徒之望爾。然觀第一章所叙，近三十年船汽機之增益可知。船汽機雖益加精，亦尚未盡善矣。至汽機之書，坊間汗牛充棟，此書叙述，不免有與他書大同小異之處。要其叙事體例實迥不同，其有引用他書者，皆註明出處，示不掠美。而書中論汽各章，多引用壳德利拉之論，至近時汽機理法，則以來敬所論爲正宗，故亦引用之。書成，襄理校對者企勒閣德之力居多，他山之助，余不敢没其勞也。

又　重印增序

此書初印之本早已售罄，兹又將重印，余始願不及此也。惟今公事旁午，不能全行修改，衹將新增理法補輯之。如三合抵力汽機，與封挑煤艙以强風力二事爲最要，因近來兵船俱用此法也。至於前印書内有欠妥之處，蒙閲者指疵，感胡可言。業已各照來書更整，其此次重印校理等事，均由兵船部派查驗汽機官襄辦，余甚感之。

西曆一千八百八十五年，英國兵船部汽機總管息尼德又序。

《機動圖説》

原序　是書彙集機器運動之法，共有五百零七圖，各系以説。内有力學、水學、氣學、汽機學，並磨器、壓器、與鐘錶等，並一切零器之合於尋常日用者。略依類而列次第，以便製造家與學生及工師匠，目所檢閲。留心斯道者擇取應用，獨出新裁，以製成奇器，自當無施不宜。嚮來未有此種全書行世，兹故博採羣書，旁詢各家，裒聚精粹而成此圖説。先在美國工藝新聞紙上絡繹印出，散見在五年所印之内，閲者俱信服之。故即重加編次，而特印是書。

是書所列各種圖説，不唯採取本國之書，并將别國同類之書詳細考究。但此各法之内，略有四分之一，從未見于别書，而爲美國所刱製者。其數雖多，亦不敢以無益之法濫入，而誇張其數。所以但能作一事之用而不能爲公用者，一概不取。

書中各説俱爲暇時擇取而得，所有各圖，亦爲隨時刻成，而隨印於新聞紙。故其列次雖分大類，而亦稍有出入之處，讀者諒之。美國工藝新聞紙館主序於紐約。

《汽機中西名目表》

江南機器製造總局　小序　是表以《汽機發軔》所定名目爲主，因《發軔》譯於同治十年，爲汽機之第一書，後更續譯《汽機必以》《汽機新制》等書，名目亦逐漸增多。今擬譯《兵船汽機》一書，恐前後名目或有互異，故先將光緒十五年以前所有成書内已定汽機名目，輯成《中西名目表》，嗣後有新出名目，擬另加附表。至於是表名目，皆指形象物，亦有言其功用，而與英文本義不甚脗合者。間有數名目，爲從前所定，衹合於當時之用，揆之於今，稍有不稱。然歷經習熟，勢不能一一更新，致前後不符。故皆仍其舊，便於通行。若人名地名，衹能譯以英字之音，其餘則均解意義，使閲者易於了然。惟有機件名目，或屬汽機，或屬船體，爲兩項所公用者，兹亦列入，俟後再輯入船體名目表，彼此互見，庶幾便於查檢云爾。

光緒十五年十月，江南機器製造總局序。

《鐵路紀要》

柯理　原序　客有問於予者，曰，鐵路易爲乎？曰，不易也。興事易，選材難。設局易，用人難。興利易，除弊難。思其難，以圖其易，其庶幾乎。美國鐵路共長二十五萬餘英里，分爲公司數百家，其一切製作章程，閲歷多而精進猛，有歷久不改者，有隨時酌宜者，始圖專主，繼則通行，終且良於合辦。鐵路公司之外，更興公司，亦名睡車公司。製精駛捷，坐卧咸宜，幾不知身在車中也。即新聞郵便，亦得附此而彌盛。其防危杜弊，與夫一切相關之事，無不講求盡善，以冀行安利溥，誠可爲先事之師。余集是書，蠲私見而採公論，一以富國便民爲本旨，編爲三卷，以供衆覽。倘有益於斯世，則予意無失焉。

西曆一千八百八十九年，美國工程家柯理識於紐約。

又　劉麒祥　康侯甫　譯刊鐵路紀要序　聖人之教，大於車同軌、書同文，兩者皆不同，何取哉？然我朝聖天子發育萬物，四裔來賓，五大部洲之英奇靡不懷其智術，挾其技能，以求供獻於闕下。合肥相國智包六合，遂乃博搜旁採，已於津灤開道，南皮制軍亦於鄂中設局，皆同軌計也。夫兩大之内軌，無不同。識軌之書豈可於文獨異？爰命譯員潘筱洲參軍，將《鐵路紀要》一帙詳加繙譯，經數月而竣。反覆披覽，洵爲時務切要之書。海禁大開以來，士商雲起，講求富强，其將究於斯，而附李、張之政軼。今將付諸手民，援筆而爲之序。

光緒二十年，歲在閼逢敦牂且月既望，湘鄉劉麒祥、康侯甫識於江南製造總局。

《工程致富論略》

原序　工程致富論略序　此書要助各國新建工程而作，作者爲英國人，故其論亦就英人所視爲緊要之事。凡在他國新建工程，常藉英國工程師設法，及富家借銀，又令英國工程家包做，所以別國建造工程，常與以上三種人同心合辦，而以明白事理爲第一關鍵。常有在別國建造工程，此黨之人不知彼黨之意見，與其所作事之關係，所以作此書之大旨，要將各種工程利弊及其所根據之格致、製造等學各事薈聚而合論之。因其工程得法與否，都藉此各事之預先明白與否。平常辦理此種工程，必先繪圖而估價。而畫圖與估價所本之理與器，俱於此書内依類論列，以便查閲。此書外，擬續作一書，論工程合式之料，及機器之要理，并運至別國所常遇見之事，名《工程致富二集》。作此書有多友相助，分論各事，他山之益，未敢没其功也。

一千八百七十八年二月二十六日，倫敦瑪體生自序。

《考工記要》

原序　此書即《工程致富》第二集也。初集内言明辦理各種工程之要事，其得利與否，以何事爲根源。此二集名《製造須知》，與初集《工程致富》相爲表裏，理法均已賅備，後來不復再有續刻矣。書内言辦理各種工程製造所需用之器具材料，用何法立合同，又定買機器與物料其樣式、尺寸、成色，俱靠何種理法，以上俱指在外國辦此各事之用。或在本國屬地，或在別國屬地，俱可用之。因在外國辦此各事，往往兩邊之人彼此辭不達意，或意見不同，因此常致僨事。如有此書，則可免彼此之誤。如閲書者嫌其掛漏，或有應增入有益之説，則請不憚函告，以匡不逮。將來重印時，可以補入焉。

西曆一千八百八十一年六月初一日，瑪體生在倫敦自序。

《地學淺釋》

華蘅芳　序　《地學淺釋》三十八卷，校刻既畢，印本流傳於外者已數百，得見其成，且爲之序也。蓋自《金石識別》譯成之後，因金石與地學必互相表裏，地之層累不明，則無從察金石之脈絡，故又與瑪君高温譯此書。其時余寓居虹口，所攜一童一僕，此外別無伴侣。而書之稿本、改本、清本，以及草圖，皆一手任之。蓋自恃精力之强，不自知其勞苦也。晨起而食，即往瑪君家。日中而歸，食罷復往，以至於暮。譯書時，有踵門求醫者，輒輟筆待之。及醫畢，再譯，則文義已不相續，大費躊躕。有時瑪君爲人延去治病，則坐而自理稿本，以待其歸，未嘗一日曠也。惟余於西國文字未能通曉，瑪君於中土之學又不甚周知，而書中名目之繁，頭緒之多，其所記之事迹每離奇恍忽，迥出於尋常，意計之外，而文理辭句又顛倒重複而不易明，往往觀其面色、視其手勢，而欲以筆墨達之，豈不難哉。迨譯至十七卷，余忽患血痢之症，日夜數十次，氣息懨懨，無復人色。自思所譯之書不可中廢，數請友人代之，皆以言語支離，猝不易解爲辭，則心愈憂而病愈劇。所居之樓俯臨大道，人聲喧雜聒耳不能寐，時有車馬馳過，其聲隆隆然，若觸於心而蹂躪其肺腑也。甫一交睫，則覺高山巨壑水陸變遷，其中鱗介之蜕，奇獸之骨，種種可駭可噩之物，層見迭出，紛然並集於前。蓋平日所入於耳、寓於目，而有會於心者，其境界一一發見於若夢若寐之際，而魂魄亦爲之不安，則余之去死也幾希矣。於是乞假而歸，調治數月，又扶病而出。當局諸公亦憐其憔悴，而勸以不必憂急。遂移寓於洋涇之北，而攜眷養疴焉。半年以後，漸能從事筆札。瑪君亦日來就余，乃將以下各卷次第譯出。又令人謄寫楷書，始得卒業。蓋自此而余之精力亦大衰矣。惟思此書卷帙既多，抄胥不易，若不付諸梨棗，則無以廣其傳；而其中各物之圖，又工細無比，精於繪事者，莫不望之卻步。適有陽湖趙君宏來訪，力任此事，遂倩其描寫，又募良工剞劂焉。計自繪圖發刻，以至工竣，又閲兩年矣。此書之成，其難也如是。今四方好事之家，既莫不争致一編，以備收藏之列，固不必復慮其湮没矣。但不知此書流播於世，果能有益於斯世與否。海内讀書之士，見之而許可者，能有幾人，其屏棄不觀，而指爲荒誕無稽之説，未可知也。或流覽一過，以資矜奇炫博之助，亦未可知也。然而余於此書，則可以從此畢矣。

同治十二年三月十五日，金匱華蘅芳序於江南製造局之繙譯館中。

《地學指略》

佚名　地學指略序　欲曉國家歷來之事蹟，則有史書、有遺傳、有古蹟，可攷而知。欲悉地球歷來之情形，則有各類土石，與其中所藴藏之物跡，可得而明。攷各石之體質，可知其石如何成形，及其成形於何處。查各石之形勢，更可明其成形之後，經歷如何改變遷易。再查其中之物跡，亦可知地上飛潛動植各物，歷來之興衰起伏。據此而論，地上各石可比史書，石中物跡可比古蹟。詳而究之，地球歷來之情形雖不能盡悉，亦可得其大略。古人不明此學，以爲地面之形勢自來如此，山川河海永無變更，從未有查究其理者。見石中之物跡，亦不明其來源，以爲怪異。即如見石中之蛤跡，則以爲石燕。見石中象麋鹿等獸之牙跡，則以爲龍齒。見石中之魚跡，則以爲豐稔之兆。其他皆類乎此。惟在中國漢時，希臘國有數才子斯塔布等，雖於此學尚未深悉，然已稍知其理。惜未有人繼其後，以致中斷。至前明世宗時，始有意大利國士子，好究地理肇興此學。後有西方各國士子，繼續深究，查明各石之體質、形勢，與其中之物跡，從此而知石之成形，各有其源，各有其時，各有其地，亦知石中之物跡，並非怪異，乃動植各物之遺體，沉没於泥沙，經久而變石。於是始將各類之石，按其成形之先後，分層分段。其中之物跡，亦按其種類而分之。近百年内，西國士人益深追究，更得其詳細，明其要理，遂成爲專門之學。然在中國，則未有講及此學者。中國地面寬廣，形勢皆備，若有人將其各處之石類，並其物跡，詳攷細究，其有益於地學，實非淺鮮。倘閱是書者，興起其攷古之心，則予之所厚望也。

《東西洋考》

四庫全書提要　《東西洋考》十二卷，明張燮撰。燮字紹和，龍溪人，自署海濱逸史，蓋布衣也。是書成於萬曆丁巳，仿宋趙汝適《諸蕃志》例，惟載海國之通互市者。首《西洋考》，凡十五國，又附録者四。次《東洋考》，凡七國，又附録者十二。次《外紀考》，爲日本及紅毛番，不通貢使，故别著之。次《税餉考》，分《水編》《陸編》《職官》《公署》四子目。次《舟師考》，分《内港水程、二洋針路》《祭祀》《占驗》《水醒水忌》《定日》《惡風》《潮汐》七子目。次《税璫考》，紀神宗時内官高寀通(書)[番]蠹國，刼官擾民始末最詳。次《藝文考》，次《逸事考》。其例於交阯、占城、暹羅、彭亨、吕宋、蘇禄名與古同者，仍用古名，他若爪哇之爲下港，柬埔塞之爲真臘，大泥之爲勃泥，舊港之爲三佛齊，麻六甲之爲滿剌加，啞齊之爲蘇門荅剌，思吉港之爲蘇吉，丹暹悶之爲吉里地悶，文萊之爲婆羅，猫里務之爲合猫里，則並從今名，使通俗易檢。每國先列沿革事蹟，多與諸史相出入。如占城即古臨邑，而五代史以爲自古未通之類，亦頗有改正。大致與《明一統志》畧同，而稍益以諸書。如閩部疏之誤記燕窩菜，及小葛羅誤稱吉蘭丹之類，咸附辨之。次列海船交易之例，則皆采自海師賈客之口，爲傳記之所未詳。其《税璫》一篇，言利弊最悉。《水程》《針路》諸篇，尤切於實用。惟明代控制外蕃，至爲無術，無事則百計以漁利，有變則委曲以苟安，事事可爲炯戒。而篇末諸論，乃稱功頌德，曲筆實多，蓋當時臣子之詞，置而不論可矣。

又　王起宗　序　昔輶軒使者握槧懷鉛，採四方之方言謡俗，以備掌故，然皆震旦以内事耳。島嶼敻隔，波臣間之，自非躬履其地，未易辨悉。即履其地矣，自非深心遠綜，安能使萬方千門指畫無爽也。余備員清漳，謬司榷餉之役。蓋漳，海國也。其民畢力汗邪，不足供數口。歲張艅艎，赴遠夷爲外市，而諸夷遂如漳窔奥間物云。同寅如城蕭公署郡篆，每與余蒿目相將，圖維舶政。間進商民，細詢其疾苦。暇則粗及島外事，時有新語，霏霏不絶。惜乎莫有善畫者莫能圖，而又竊訝諸國羅峙漲海外，大率盡此；據舶人所稱引，何以從來多未通中國？乃先代貢夷由閩粤來朝者，又何以賈舶不至者多？意必傳呼之訛，乃紀載闕然，良以增慨。誰爲合之，又誰爲分之乎？蕭公謂余曰：「子其圖之。」

已，稍稍聞前令陶君嘗禮聘孝廉張紹和，載筆從事，功未及竣。時孝廉方滅景山棲，余强出之，俾竟斯局。自秋杪至冬終，凡四閲月，考既成而鍥劂亦隨就。余取而竟讀之，始悟舶人所稱某港者，即古之某國。譬之鴻飛天表，楚以爲乙，越以爲鳧，乃今而鴻常一矣。且夫山河之臚列，風土之畢敘，與夫順逆之異情，强弱之殊勢，成敗之屢變，豐嗇之遞更，試一展卷，洪纖不迷。而又徐存榷政始末，凡良有司之所造福，中貴人之所煽殃，華夷兼收，鑒誡悉備，則斯考之大較也。

海上人爲余言：中貴人時，每歲横索珍奇以獻闕下，名爲方物，商人坐此破産。主上仁聖，下尺一與商人蠲貸，撤中貴還都，爲漳除殘。有司受事，琅琅宣聖天子恩德。明珠、大貝，悉聽賈人自有之，無敢掠此進尚方。今庶幾挾是編以報曰：是職方之外紀，主客之逸叢也。而以供史氏他日之採，無煩輶軒躬訊其地。榷臣不敏，藉以不尸素云耳。

時萬曆戊午人日，金陵王起宗書於三事餘思軒。

又　蕭基　小引　澄，水國也。農賈雜半，走洋如適市。朝夕之皆海供，酬酢之皆夷産。閭左兒艱聲切而慣譯通，罷襏畚而善風占，殊足異也。往歲，商苦璫苦胥，余條十三議上之，稍見蘇。時詣予引覈，間進而問徼外風土諸種種異。因介司餉金陵王君謀曰：「是不可以無紀，並郡誌所逸也。」於是孝廉張紹和父博物善屬辭，延之參咨搜稽。閲月，《二洋考》成，受梓。予讀而躍然曰：

異哉！吾儒之一耳一目之足以盡海内乎！彼僅隔一帶水，華風夷運，遞閲因陳，不啻陰陽寒暑之代乎其前矣。要以茫茫堪輿，恢恢函蓋，我雖不得文教一之，其指南所至，風轄所屯，西産多珍，東産多鑛。今觀其各區宇者，部領酋護，莫非率也；甓城椰屋，莫非式也；寶帶錦帔，莫非容也；竹轝筒吸，莫非餉也；擊鉦踏曲，莫非節也；灼骨嚙指，莫非盟也；吹蠡飲血，莫非武也，則其異異同同者也。獨至嗜殺敢死，枕戈佩盾，朝君暮虜，東奔西掠，不親親而親釋，不問醫而問巫，則諸番類然，寧獨天性，亦漸靡使之耳。傳曰：「性相近也，習相遠也。」

交南諸國，非秦漢以及國朝所列冠帶也乎！史稱任延等出守，化行俗易矣。藉非阻距關河，盡臣服之，寧梗化外，而勢不行也。固天所以格夷而令窮於華也。乃我土之民，自倭禁外，亹亹然梯航以導之，幣質以要之，昵之如嬰孩，收之如几席，上以佐帑需，下以廣生遂。波斯之藏吐耀，紫貝之玩充牣，非天以夷賜華而不窮於夷，其較著也耶！

嗟嗟！朔方開而竟塞，九真郡而旋罷，無庸溯矣。居夷出關，意念良深。余弗克得之星槎，而習之三老長年，按性習之異同，總百蠻之錯落。可市亦可釁者夷耶，綢繆之其奚盡？能生亦能殺者海耶，疏瀹之其奚道？誠得自今一秉於成，波不沸而市不挑，水國浸稱樂郊，獨澄利也乎哉！是編也，足以觀矣。而第曰續稗史之叢譚，資韻士之夢游，非考意也。然自非王君好事，張君博物，予何從以跼蹐睹方外之跡，不更足夸異乎！遂次第以弁諸首。

時萬曆丁巳嘉平月之廿日，西昌蕭基書於李署水心堂。

▽ 周起元 序 漢武聞枸醬而渡夜郎，思走馬而征西宛，算舟車，佐兵革，抽解之征繁興，海内罷敝。唐宋而後，自高駢鑿南海之石，而夷人來市於粤；自王審知招航海之商，而閩人泛粤以轉市於夷。殊俗從此雜處，雖來賓之屬國平，而抱杞憂者，虞其習我内地也。我穆廟時除販夷之律，于是五方之賈，熙熙水國，刳艅艎，分市東西路。其捆載珍奇，故異物不足述，而所貿金錢，歲無慮數十萬。公私並賴，其殆天子之南庫也。

販兒視浮天巨浪如立高阜，視異域風景如履户外，視酋長戎王如挹幕尉。海上安瀾，以舟爲田，競競挑釁，導引之禁，有如王赫斯怒，埽未靖之鯨鯢。及討不庭而誅後至，此揮篙搴掉之衆，皆瀚海貔貅也。有漢之威遠而師餉不内耗，有唐宋之通貨而情形不外洩，然則澄之舶政，豈非經國阜財，固圉强邊之最便者哉！

古設外史氏掌四方志，重譯獻琛之國，王者皆望祭其山川，混一弘規，固宜兼收夷夏。上下二十四代，戎夷叛服，互市沿革之變，史未嘗不特書。然未有倣郡國誌勒成一家言，闡洋溢聖化，被及遐徼者。余友紹和張君，淹貫史籍，沈酣學海，將收千古歸之筆端，豈於耳目覩記失之，爰次《洋考》，用補前人所未備。是役也，司餉夢所王公諳孝廉之船，馳域外之觀，開采訪之局，垂不刊之典。職莞榷貨，而不僅僅簿書期會塞責，嘉與賢良方正，講求此道，良足多焉。考中形勝、風俗、物産、針經、水程，莫不稽之記乘，訂以長年，事具辭核，庶幾無一字虛設。更彙藝文，以明雕題鑿齒之區；法令所不及，而文教迄之，洋洋乎上國之觀哉！

嘗謂四夷産寶，中土産文，登是書於東園西壁間，即梯航所貢明珠、大貝、翠羽、文犀，何多讓焉。余所爲掩卷而太息，望洋而興嗟者，始乎算緡，卒乎渴澤；始乎充軍實，卒乎輸内帑。功令所推求，中貴人所鑱削，即幸不身填巨壑，然實憯於海鰌之吞舟。五方之賈，稍稍掉臂，不肯入澄。今虐璫已鋤，招集此其時矣。昔李勉掌廣州舶，明年夷貨增四五十柁，仁恕之所召也。讀司理如城蕭公所條十三事，切時艱，中流弊，一本仁恕之意。是書成而蕭規具在，孰是説以求民瘼，衡官常，固泉貨盈縮之源，人倫得失之鑒也。豈特鋪張靈爽之廣被，聲教之四迄，跨軼前代而已哉！月溪主人周起元拜撰。

附 張燮 凡例

一，島外諸國，惟交阯、占城、暹羅、彭亨、吕宋、蘇禄，舶人所稱，尚沿故號。若下港之爲爪哇，柬埔寨之爲真臘，大泥之爲渤泥，舊港之爲三佛齊，麻六甲之爲滿剌加，啞齊之爲蘇門答剌，思吉港之爲蘇吉丹，遲悶之爲吉里地問，文萊之爲婆羅，貓里務之爲合貓里，往往訛璞爲朴，認魯稱魚。是必質之方言，參之鄰壤，驗之謡俗方物，始能得其主名，用心良苦。今於屬掇，輒書古號。若標題某國，則仍依舶人給引之舊，使俗眼易於披閲，而里耳可以不驚也。

一，占城之先爲林邑，在唐爲環王；暹羅之先爲赤土、婆羅剎，後又爲暹與羅斛二國；爪哇之先爲闍婆，亦曰社婆；三佛齊之先爲干陀利；滿剌加之先爲哥羅富沙；蘇門答剌之先爲大食，即宿學不能綜其變而名其源。歐陽永叔作《五代史》，尚誤稱占城前代不入中國，況豎儒哉！自非窮搜千卷，鮮不迷亂。余所稱引，俱本於先正所論次而折衷之，非敢臆見，妄爲牽合也。

一，諸國前代之事，史籍倍詳，而明興以來爲略。即國初之事，掌故粗備，而嘉隆以後爲尤略。每見近代作者叙次外夷，於近事無可縷指，輒用「此後朝貢不絶」一語唐塞。譬之爲人作家傳，叙先代門閥甚都，至後來結束殊蕭索，豈非缺陷！余每恨之。間採于邸報所抄傳，與故老所誦述，下及估客舟人，亦多借資，庶見大全，要歸傳信。

一，列國各立一傳，如史體。其後附載山川、方物，如《一統志》體。以其爲舶政而設，故交易終焉。

一，集中所載，皆賈舶所之。若琉球、朝鮮，雖我天朝屬國，然賈人所未嘗往，亦不掇入，或曰日本、紅夷，何以特書？書其梗賈舶者也。

一，司關者其人强半見在，不便立傳。第賢者又不宜泯没，聊於各名下爲誌數語。其有碑可採者，亦附載名下，以見繫思。倘碑出溢情，與本宦名實不相肖，則削不録。

一，紀税璫者何？曰：史不有《宦者傳》乎？間一展卷，如久病暫蘇，追念呻吟嘗藥之候，悲喜交集，乃國醫之功，不可誣也。即附逐璫疏於後，如譜良劑焉。

一，舶人舊有航海《針經》，皆俚俗未易辨説，余爲稍譯而文之。其有故實可書者，爲鋪飾之。渠原載針路，每國各自爲障子，不勝破碎，且參錯不相聯，余爲鎔成一片。沿途直叙，中有迂路入某港者，則書從此分途軋入某國，其後又從正路提頭直叙向前，其再值迂路亦如之。庶幾尺幅具有全海，稍便披閲。若謂新豐之雞犬識路，穆滿之臺榭積蘇，則吾豈敢。

一，藝文、逸事不載者尚多，無論搜剔所未及，即余自能覩記者，亦僅行其一臠。聊待後人之補入。

《萬國二圜圖》

徐光啓　題萬國二圜圖序　西泰子之言天地圜體也，猶二五之爲十也。或疑焉，作正、戲、別三論解之。

正論曰：古法北極出地三十六度，此自中州言耳。唐人云南北相去每三百五十一里八十步而差一度，宋人云自交南至子岳臺六千里而差十五度，此定説也。夫地果平者，即南北相去百億萬里，其北極出地之度宜恒爲三十六，不能差毫末也；猶山高千尺不能差毫髀量之，自此山之下稍移之平地數十里外，宜恒爲千尺，不能差毫末也。以郭若思之精辨，南北測驗二萬里，北極之差至五十度，而不悟地爲平體，移量北極之不能差毫末，何也？又因而柳札焉魯丁使其術不顯，何也？

戲論曰：嵩高之下，北極出地三十六度，自此以北每三百五十一里八十步而差一度，則嵩高之北一萬八千九百六十六里正當北極之下矣。近世渾天之説明，即天爲圜體無疑也。夫天爲圜體，地能爲平體，北極又能爲遞差，則以《周髀》計之，北極之下、自天至地裁一萬三千八百二十九里而已，次以弧矢截圜法計之，則北極之下、更北行四千四百七十六里有奇，而地與天俱盡也。合計之，即自嵩高以北二萬三千四百四十里有奇，而地與天俱盡也。倍之，則東西廣，南北袤，各四萬六千八百八十五里有奇，而地與天俱盡也。此三者以爲可不可也？

別論曰：楊子雲主蓋天，桓君山詘之，是也。然蓋天能知地平，則北極不能爲差，故云北極之下高於中國六萬里，但如其説者又不能爲圜天圖，天則高於中國六萬里之處，既與相及矣，故曰天之北極高於四周亦六萬里，斜倚之，合天與地不相及也。若言圜天而不言圜地，政不足以服《周髀》。

《赤道南北兩總星圖》

徐光啓　赤道南北兩總星圖敘　道有理數所不能祕者，非言弗宣；有語言所不能詳者，非圖弗顯。昔人云：爻象敘疇之辭煩，而河洛圖書之理晦，圖之重於天下久矣。《堯典》創中星之説，所云平秩作訛，以授時而秩事，夏有《少至》，周有《時訓》，秦漢以下及唐宋皆有《月令》。詩詠《定中》《春秋傳》「啓蟄而郊，龍見而雩」，又云「凡馬日中而出，日中而入」，蓋人君出政，視星施行；人臣宣猷，戴星出入，乘時急民用之前，其關於世道人心，非細故也。

我太祖高皇帝專設靈臺郎，辯日月星辰躔次，及論曆法，日惟以七政有度無差爲是。聖神欽若至意，千秋若揭。惟是古來爲圖甚多，而深切著明者蓋鮮。夫星之定位，原自分秒不移，乃於經緯度數溷而莫辯，按圖者將何據焉？昔之論星者有甘德、郭璞、宋均、郭守敬諸賢，皆亦青藍之互出；今予獨依西儒湯先生法，爲圖四種：一曰《見界星總圖》，一曰《赤道兩總星圖》，一曰《黄道兩總星圖》，一曰《黄道二十分星圖》，業已進上，公之海寓，似無遺義。兹所刻，則因前圖尺幅狹小，位次聯絡之間，恐於天象微有未合，不便省覽；復督同事諸生鄔明著輩，從先生指授，製爲屏障八面，繪以兩大圖。就中每星每座，一一依表點定，分布既寬，體質自顯，則斜正疏密之界，殆和盤托出矣。

故以赤道爲界，圖各一周，外分三百六十度，内分三百六十五度四分度之一，是爲天之經。剖渾體二之：一以北極爲心，一以南極爲心，繇心至邊九十度，兩極相距百八十度，是爲天之緯。其去極二十三度半有奇復作一心者，黄道極也；從黄道極出曲線抵界者，十二宫也；從心至界分二十八直線者，二十八宿各距星所占度分也。又各有斜絡赤道上下，廣狹不等，疑若白練者，則俗所稱雲漢是也。南極圖自見界諸星外，尚有極旁隱界諸星，舊圖未載，此雖各省直未見，而從海道至滿剌加國悉見之，我國家大一統，何可廢也！因是測定星若干，爲座若干；增入星若干，增座若干，俱等以六，各各有黄赤經緯度，各各用崇禎戊辰年實躔度分，與他測有經無緯，有經緯無隨時隨地測候活法者迥别。

且不直此也，圖之上下隙爲《黄赤總圖》，左右隙爲《五緯圖》，以至分者合之，合者分之，具有本論。總期與皇上乙夜之觀，憬然悟天體之真，洞然晰經緯之道，羅星斗於胸中，授人時於指掌。爲諸臣者，鑒郎官列宿尚書北斗之任之重，効職布公，時厪熒惑守斗之慮，求致五星聚奎之祥，而共奏泰階六符於無艾乎？則是圖之有裨於朝廷世道，詎小補云。賜進士第光禄大夫柱國太子太保禮部尚書兼文淵閣大學士奉勅督修曆法徐光啓題。

《地球説》

顧觀光　讀地球説書後　噶西尼新法謂太陽静而地球動，人聞是説，鮮不駭且惑矣。今按《尚書・考靈耀》云：地有四游，冬至地上行北而西三萬里，夏至地下行南而東亦三萬里，春秋二分其中矣。地常動不止，而人不知。譬如人在大舟中閉牖而坐，舟行而人不覺也。《御覽》三十六。《河圖緯》亦有此文。《文選》勵志詩注。鄭注《考靈耀》云：地與星辰俱有四游升降，四游者自立春地與星辰西游，春分西游之極，地雖西極，升降正中，從此漸漸而東，至春季復正。自立夏之後北游，夏至北游之極，地則升降正中，至秋季復正。立冬之後南游，而冬至南游之極，地則升降極上，至冬季復正。《爾雅・釋天疏》。繹其文義，蓋以最高爲北游之極，最卑爲南游之極，中距爲東西游之説也。既自西而北而東而南則不能不旋轉而成圓形。而鄭言四季復正者，以其界於高卑中距之中，前後各四十五度耳。故言北游之極，則曰升降極下，在地爲極下者，在天爲最高也。言南游之極，則曰升降極上，在地爲極上者，在天爲最卑也。言東西之極則曰升降正中，於高卑爲適中者，實行與平行等也。

鄭注《考靈耀》又云：地蓋厚三萬里，春分之時，地當正中，自此地漸漸而下，至夏至之時，地下游萬五千里，地之上畔與天中平。夏至之後，地漸漸而上，至秋分，地正當天之中央，自此地漸漸而上，至冬至上游萬五千里。地之下畔與天中平。自冬至後，漸漸而下。《爾雅・釋天疏》。此條專言升降，不言四游，而實與四游之義互相發。錢竹汀援以爲日行高卑之證，其説良是。特不知所謂升降者，升降於日輪之四周，而徒以近日爲升，遠日爲降，故於四游之説，不能無疑於心，而竟置不論。今具列其説觀之，知新法實本緯書，而人在舟中之喻，尤爲若合符節。古人可作，當有相視而莫逆者矣。

或曰：新法言地球自西而東，右旋一周而爲一歲。今四游之序，自西而北、而東、而南，則是左旋也。二説何以能合爲一乎？曰：以地球静太陽動觀之，太陽固右旋也。則設太陽静而地球動，亦必爲右旋無疑。而四游之説乃類於左旋者，蓋以日行盈縮言之也。普天下人皆以近日爲南，遠日爲北。冬至地距太陽極近，則角度大於積度，而實行疾於平行，是爲南游之極。冬至後地距太陽以漸而遠，其疾漸減，至於春分而升降正中，則實行與平行等。然而積疾之多，正在春分。人從地面測之，則見太陽在平行之東二度有奇，爲疾差之極大者，故春分爲西游之極也。夏至地距太陽極遠，則角度小於積度，而實行遲於平行，是爲北游之極。夏至後地距太陽以漸而近，其遲漸減。至於秋分而升降正中，則實行與平行等。然而積遲之多，正在秋分。人從地面測之，則見太陽在平行之西二度有奇，爲遲差之極大者，故秋分爲東游之極也。蓋就每日之實行言之，則二分與平行同，而二至之盈縮極大，故以二分爲升降正中，而二至爲升降上下之極也。統前後之積差計之，則二至爲盈縮起算之端，而二分之積差極大，春分疾差二度奇，太陽在平行西，則地爲東游之極矣。

然則新法與古法同乎？曰：亦不同也。新法恒星終古不動，而古法星辰亦有四游，則古法爲尤善矣。恒星距地雖遠，然謂太陽不動而地球行乎四周，以地半徑計之，距日最遠二萬二千三百七十四，最近二萬一千六百二十六。夫以四萬四千倍地半徑而加減於恒星，天距地之數，則必同一時，而某方視某星較近，某方視某星較遠。又必同一地，而某時視某星較近。某時視某星較遠。安得均無遠近，而地上地下各六宫乎？古法星辰四游並與地同，故星辰距地無四時遠近之殊，而太陽終古不動，地旋轉於本心，復循環於本輪，因有晝夜永短，冬夏盈縮之異。前人皆以誕妄訾之，即梅瑴成亦謂地惟至静，故能載萬物，必無升降之理，少見多怪，真緯書之一危矣。王述庵歷舉緯書之有裨於經者，謂其原本聖門，非後人所能臆造。余論新法而有取於四游升降之文，竊以王説爲不可易云。

《地球圖》

王韜　地球圖跋　大地如球之説，始自有明。由利瑪竇入中國，其説始創。顧爲疇人家言者，未嘗悉信之也。而其圖遂流傳世間。覽者乃知中國九州之外，尚有九州。泰西諸國之名，稍稍有知之者。是則始事之功爲不可没也。

近時西學日盛，其圖愈精，經緯縱横，勾稽度數，朱墨粲然。各國疆域，瓜區豆分，界畫犂然。即一覽間，而舉五大洲已瞭然指諸掌。然而深山大川，殊方異域，民生其間者異俗，因土之宜，以別其性。其間情僞相感，利害相攻，强併弱，衆暴寡，不知凡幾，而莫能有以一之。不知一之者，理而已矣。

綜地球諸國而觀之，雖有今昔盛衰大小之不同，而循環之理，若合符節。天之理好生而惡殺，人之理厭故而喜新。泰西之教曰天主，曰耶穌，皆貴在優柔而漸漬之。於是遂自近以及遠，自西北而至東南，舟車之制，至極其精，而遂非洪波之所能限，大陵之所能阻。其教外則與吾儒相敵，而内則隱與吾道相消息也。

西國人無不知有天主、耶穌，遂無不知有孔子。其傳天主、耶穌之道於東南者，即自傳孔子之道於西北也，將見不數百年，道同而理一，而地球之人，遂可爲一家。今世之覽《地球圖》者，當以是説語之。此之謂善觀《地球圖》者。

《地球圖説》

阮元　地球圖説序　西洋人言天地之理最精，其實莫非三代以來古法所舊有。後之學者，喜其新而宗之，疑其奇而闢之，皆非也。言天員、地員者，顯著於《大戴記·曾子天員篇》。元曩見編修杭世駿作《梅文鼎傳》，言其有《曾子天員篇注》，向其裔人求之，實無此稿，但有一二條，見《天學疑問·中元》之注釋《曾子十篇》也。於《天員篇》未嘗不用泰西之説。曾子曰，上首謂之員，下首謂之方。如誠天員而地方，則是四角之不揜也。參嘗聞之夫子曰，天道曰員，地道曰方。據此，則天員、地員之説，孔子、曾子已明言之，非西域所創也。《周髀算經》曰，日運行處極北，北方日中，南方夜半。日在極東，東方日中，西方夜半。日在極南，南方日中，北方夜半。日在極西，西方日中，東方夜半。據此，則天員、地員之説，周公、商高已明言之，非西域所創也。嘉定少詹事錢大昕，以乾隆年間奉旨所譯西法《地球圖説》一書見示，且屬付梓。元讀其書，校熊三拔《表度説》等書，更爲明晰詳備。按：地球即地員。元時西域札馬魯丁造西域儀象，有所謂苦來亦阿兒子者，漢言地理志也。其製以木爲圓球，畫水與地，今之地球即其遺法。西人之説，以地體渾圓在天之中，若令地球不在天中，則在地之景，必不能隨日周轉且遲速不等矣。今春秋二分，日輪六時在地平上爲晝，六時在地平下爲夜，非在正中，而何？地體本圓，故一日十二辰更迭互見，如正向日之處得午時，其正背日之處得子時，處其東三十度得未時，處其西三十度得巳時，相去二百五十里而差一度，又七千五百里而差一時。若以地爲方體，則惟對日之下者其時正，處左處右者必長短不均矣。西域此説，即曾子《地圓》之意，亦即《周髀》日行之意，非創解也。梅徵君《天學疑問》曰，西人言水地合一，圓球而四面居人，其地度經緯，正對者兩處之人以足版相抵而立，其説可從歟？曰，以渾天之理徵之，則地之正圓無疑也。是故南行二百五十里，則南星多見一度，而北極低一度。北行二百五十里，則北極高一度，南星少見一度。若地非正圓，何以能然。所疑者，地既渾圓，則人居地上不能平立也。然吾以近事徵之，江南北極高三十二度，浙江高三十度，相去二度，則其所戴之天頂即差二度，各以所居之方爲正，則遥看異地皆成斜立。又況京師極高四十度，瓊海極高二十度，若自京師而觀瓊海，其人立處皆當傾跌，而今不然，豈非首戴皆天，足履皆地，初無傾側，不憂環立歟？然則南行而過赤道之表，北游而至戴極之下，亦若是矣。元又謂，水地所以能居天中者，天行至健，有大氣以包舉之。試以豆置豬膀胱中，氣滿其内，則豆虚騰而居其中，以繩絡椀，置水盈椀，旋轉而急舞之，椀側覆而水不溢。置木球於水盎中，攪水急旋，則球必居正中。登泰山極頂，天寒風烈，氣塞耳鳴，況高遠千百倍於泰山者。其健氣急旋，地居其中，人皆正立，無分上下，又何疑哉。此所譯《地球圖説》，侈言外國風土或不可據，至其言天地七政恒星之行度，則皆沿習古法，所謂疇人子弟散在四夷者也。少詹事原書有説無圖，爰屬詹事高弟子李鋭畫圖爲説以補之。凡坤輿全圖二、太陽併游曜諸圖一十九，共二十一圖。是説也，乃周公、商高、孔子、曾子之舊説也，學者不必喜其新而宗之，亦不必疑其奇而闢之可也。

《坤輿萬國全圖》

李之藻　序　輿地舊無善版，近《廣輿圖》之刻，本唐賈南皮畫寸分里之法，稍以縝密。然取《統志》《省志》諸書詳爲校覈，所載四履遠近亦復有漏。緣夫撰述之家非憑紀載即訪輶軒，然紀載止備沿革，不詳形勝之全，輶軒路出紆迴，非合應弦之步，是以難也。禹貢之内且然，何況絶域！

不謂有上取天文以準地度如西泰子《萬國全圖》者。彼國歐邏巴原有鏤版，法以南北極爲經，赤道爲緯，周天經緯捷作三百六十度而地應之，每地一度定爲二百五十里，與《唐書》所稱三百五十一里八十步而差一度者相彷彿，而取里則古今遠近稍異云。其南北則徵之極星，其東西則算之日月衝食種種，皆千古未發之秘。所言地是圓形，蓋蔡邕釋《周髀》已有天、地各中高外下之説；《渾天儀注》亦言地如雞子中黄，孤居天内；其言各處晝夜長短不同，則元人測景二十七所亦已明載。惟謂海水附地共作圓形，而周圓俱有生齒，頗爲創聞可駭。要之，六合之内論而不議，理苟可據，何妨求野。圜象之昭昭也，晝視日景，宵窺北極，所得離地高低度數，原非隱僻難窮，而人有不及察者，又何可輕議于方域之外。沈括曰：「古人候天，自安南至嶽臺纔六千里，而北極差十五度稍北不已。庸詎知極星不直在人上乎？」夫極星在人上，是極星下有人焉。再背而揹負極星，其理可推也。元人測景雖遠，止于南北海二萬里內，而北極所差已五十度。西泰子泛海，躬經赤道之下，平望南北二極，又南至大浪山，而見南極之高出地至三十六度。古人測景曾有如是之遠者乎？

其人恬澹無營，類有道者，所言定應不妄。又其國多好遠遊，而曾習於象緯之學，梯山航海，到處求測，蹤逾章亥，算絶橈、隸。所攜彼國圖籍，玩之最爲精備，夫亦奚得無聖作明述焉者？異人異書世不易遘，惜其年力向衰，無能盡譯。

此圖白下諸公曾爲翻刻，而幅小未悉。不佞因與同志爲作屏障六幅，暇日更事殺青，釐正象胥，益所未有，蓋視舊業增再倍，而于古今朝貢中華諸國名尚多闕焉，意或今昔異稱，又或方言殊譯，不欲傳其所疑，固自有見，不深强也。

別有南北半球之圖，横剖赤道，蓋以極星所當爲中，而以東西上下爲邊，附刻左方，其式亦所創見。然考黄帝《素問》已有其義，所言立於午而面子，立於子而面午，至於自卯望酉，自酉望卯，皆曰北面；立於卯而負酉，立於酉而負卯，至於自午望南，自子望北，皆曰南面。是皆以天中爲北，而以對之者爲南，南北取諸天中，正取極星中天之義，昔儒以爲最善言天。今觀此圖，意與暗契，東海西海，心同理同，於兹不信然乎！

於乎！地之博厚也，而圖之楮墨，頓使萬里納之眉睫，八荒了如弄丸。明晝夜長短之故，可以挈曆算之綱；察夷隩析因之殊，因以識山河之孕，俯仰天地，不亦暢矣大觀！而其要歸於使人安稊米之浮生，惜隙駒之光景，想玄功於亭毒，勤昭事於顧諟，而相與偕之乎大道。天壤之間，此人此圖詎可謂無補乎哉！浙西李之藻撰。

又 利瑪竇 跋 吾古昔以多見聞爲智，原有不辭萬里之遐往訪賢人、觀名邦者。人壽幾何，必歷年久遠而後得廣覽博學，忽然老至而無遑用焉，豈不悲哉！所以貴有圖史，史記之圖傳之，四方之士所睹見，古人載而後人觀，坐而可減愚增智焉。大哉，圖史之功乎！

敝國雖褊，而恒重信史，善聞各方之風俗與其名勝，故非惟本國詳載，又有天下列國通誌以至九重天、萬國全圖無不備者。竇也，跧伏海邦，竊慕中華大統萬里，聲教之盛，浮槎西來。壬午解纜東粵，粵人士請圖所過諸國以垂不朽。彼時竇未熟漢語，雖出所攜圖册與其積歲劄記紬繹刻梓，然司賓所譯，美免無謬。庚子至白下，蒙左海吴先生之教，再爲修訂。辛丑來京，諸大先生曾見是圖者，多不鄙棄羈旅，而辱厚待焉！

繕部我存李先生夙志輿地之學，自爲諸生編輯有書，深賞兹圖，以爲地度之上應天躔乃萬世不可易之法，又且窮理極數，孜孜盡年不捨。歉前刻之隘狹，未盡西來原圖什一，謀更恢廣之。余曰：「此迺數邦之幸，因先生得有聞于諸夏矣，敢不匱意再加校閲。」乃取敝邑原圖及通志諸書重爲考訂，訂其舊譯之謬與其度數之失，兼增國名數百，隨其楮幅之空，載厥國俗土産。雖未能大備，比舊圖亦稍贍云。但地形本圓球，今圖爲平面，其理難於一覽而悟，則又倣敝邑之法，再作半球圖者二焉，一載赤道以北，一載赤道以南，其二極則居二圈當中，以肖地之本形，便於互見。共成大屏六幅，以爲書齋卧遊之具。嗟嗟，不出户庭，歷觀萬國，此於聞見不無少補。

嘗聞天地一大書，惟君子能讀之，故道成焉。蓋知天地而可證主宰天地者之至善、至大、至一也。不學者，棄天也，學不歸原天帝，終非學也。淨絶惡萌以期至善，即善也。姑緩小以急於大，減其繁多以歸於至一，於學也庶乎。竇不敏，譯此天地圖，非敢曰資聞見也，爲己者當自得焉。竊以此望于共戴天履地者。

萬曆壬寅孟秋吉旦，歐邏巴人利馬竇謹譔。

又 吴中明 跋 鄒子稱中國外如中國者九，裨海環之，其語似宏大不經。世傳崑崙山東南一支入中國，故水皆東流，而西北一支仍居其半，卒亦莫能明其境。夫地廣且大矣，然有形必有盡，而齊州之見，東南不踰海，西不踰崑崙，北不踰沙漠，於以窮天地之際，不亦難乎！囿於所見，或意之爲小；放浪於所不見，或意之爲大。意之類皆妄也。利山人自歐邏巴入中國，著《山海輿地全圖》，薦紳多傳之。余訪其所爲圖，皆彼國中鏤有舊本，蓋其國人及拂郎機國人皆好遠遊，時經絶域，則相傳而誌之，積漸年久，稍得其形之大全。然如南極一帶，亦未有至者。要以三隅推之，理當如是。山人淡然無求，冥修敬天，朝夕自盟以無妄念、無妄動、無妄言。至所著天與日、月、星遠大之數，雖未易了，然其說或自有據，並載之以俟知者。歙人吴中明撰。

又 楊景淳 跋 漆園氏曰：「六合之内論而不議。」子思子亦曰：「及其至，聖人有所不知。」夫唯不知，是以不議。然未嘗不論，亦未嘗不知也，章亥之步地所從來矣。《禹貢》之書歷乎九州，《職方》之載罄乎四海，班氏因之而作《地理志》，政治風習靡所不具，此其大章明較著者。而質之六合，蓋且挂一而漏萬，孰有囊括苞舉六合如西泰子者！詳其圖說，蓋上應極星，下窮地紀，仰觀俯察，幾乎至矣。即令大撓而在，當或采摭之，其彷彿章步、羽翼禹經、開拓班志之搜羅者，功詎眇小乎哉！而凡涉之乎輶軒，識之乎心目，亦且窮年，夫豈耳食臆決、管窺蠡測者可同日語！而其中有未盡釋者，儻亦論而不議之意乎？第西泰子難矣，而知西泰子亦不易。語云：「千載而下有知己者出，猶爲旦暮遇。」元之耶律，浙之青田，其一證矣。茲振之氏與西泰子聯千載於旦暮，非大奇遘耶？此圖一出而範圍者藉以宏其規摹，博雅者緣以廣其玄矚，超然遠覽者亦信太倉稊米、馬體豪末之非窾語，寧獨與譚天蝸角之論、惝怳悠謬之見並眎之也！不佞淳與振之氏爲同舍郎，稱莫逆，而與西泰子傾蓋如故者，視刻也，蓋同心云。蜀東楊景淳識。

又　陳民志　跋　西泰子之有是役也，夫寧是浮舟棋局，脛之所不走而以卧遊？蓋裴秀六體，蟹匡爾；計然五土，蟬緌爾；亥之步而章之搜，至涯而反爾。方之此圖，窮青冥，極黄壚，四遊九瀛所未嘗而累累焉。臚而指諸掌，彼惡溪、沸海、陷河、懸度直以甕牖語人；而叱夜郎爲大於漢，此亦胥象之侈事，柱鼇之曠則矣。夫西泰子經行十萬里，越廿禩而届吾土，入長安，李繕部旦暮而過之，遇亦奇矣哉！沘陽陳民志跋。

又　祁光宗　跋　昔人謂通天地人曰「儒」。夫「通」何容易！第令掇拾舊吻，未能抉千古之秘，何必非管窺也，于天地奚裨焉？西泰子流覽諸國，經歷數十年，據所聞見，參以獨解，往往言前人所未言。至以地度應天躔，以讀天地之書爲爲己之學，幾於道矣。余友李振之甫愛而傳之，乃復畫爲圖說，梓之屏障，坐令天地之大歷歷在眉睫間，非胸中具有是圖儻能爲此？倘所謂通天地人者耶！余未爲聞道，獨於有道之言嗜如饑渴，故不覺津津道之如此。如以余之叙茲圖也，而並以余爲知言，則余愧矣。東郡祁光宗題。

《坤輿圖説》

四庫全書提要　國朝南懷仁撰。懷仁西洋人，康熙中官欽天監監正。是書上卷自坤輿至人物分十五條，皆言地之所生。下卷載海外諸國道里山川、民風物産，分爲五大州，而終之以《西洋七奇圖説》，大致與艾儒略《職方外紀》互相出入，而亦時有詳略異同。案：東方朔《神異經》曰，東南大荒之中，有樸父焉。夫婦並高千里，腹圍案：此下當有腹圍之里數，原本脱佚，今姑仍之。自輔天初立，時使其夫婦導開百川，嬾不用意，謫之，並立東南，不飲不食，不畏寒暑，須黄河清，當復使其夫婦導護百川云云。此書所載，自銅人跨海而立，巨舶往來出其胯下者，似影附此語而作。又考《神異經》曰，北方層冰萬里，厚百丈，有磎鼠在冰下土中焉，形如鼠，肉重千斤，可以作脯，食之已熱云云。此書記此物全與相合。又周密《癸辛雜識》曰，西域有沙海，正據要津，其水熱如湯，不可向近，此天之所以限華夏也。終古未嘗通中國，忽一夕有巨獸浮水窒，其骨長數十里，横於兩涘，如津梁然。骨中有髓竅，可容並馬，於是西域之地始通中國。其國謀往來者，每以膏油塗其骨，懼其枯朽，折則無復可通故耳云云，此書記此事，亦全與相合。疑其東來以後，得見中國古書，因依仿而變幻其説，不必皆有實跡。然核以諸書所記賈舶之所傳聞，亦有歷歷不誣者。蓋雖有所粉飾，而不盡虛構，存廣異聞亦無不可也。

《海國圖志》

魏源　海國圖志原敘　《海國圖志》六十卷，何所據？一據前兩廣總督林尚書所譯《西夷之四洲志》，再據歷代史志及明以來島志，及近日夷圖、夷語，鈎稽貫串，創榛闢莽，前驅先路。大都東南洋、西南洋增於原書者十之八，大小西洋、北洋、外大西洋增於原書者十之六。又圖以經之，表以緯之，博參羣議以發揮之。何以異於昔人海圖之書？曰：彼皆以中土人譚西洋，此則以西洋人譚西洋也。是書何以作？曰：爲以夷攻夷而作，爲以夷款夷而作，爲師夷長技以制夷而作。《易》曰：愛惡相攻而吉凶生，遠近相取而悔吝生，情僞相感而利害生。故同一禦敵，而知其形與不知其形利害相百焉。同一款敵，而知其情與不知其情利害相百焉。古之馭外夷者，諏以敵形，形同几席；諏以敵情，情同寢饋。然則執此書即可馭外夷乎？曰唯唯，否否，此兵機也，非兵本也，有形之兵也，非無形之本也。明臣有言：欲平海上之倭患，先平人心之積患。人心之積患如之何？非水、非火、非刃、非金、非沿海之奸民、非吸煙販烟之莠民，故君子讀雲漢、車攻，先于常武、江漢，而知二雅詩人之所發憤，玩卦爻内外消息，而知大易作者之所憂患。憤與憂，天道所以傾否而之泰也，人心所以違寐而之覺也，人才所以革虛而之實也。昔準噶爾跳踉於康熙雍正之兩朝，而電掃於乾隆之中葉。夷煙流毒，罪萬準夷。吾皇仁勤，上符列祖。天時人事，倚伏相乘，何患攘剔之無期，何患奮武之無會，此凡有血氣者所宜憤悱，凡有耳目心知者所宜講畫也。去僞、去飾、去畏難、去養癰、去營窟，則人心之寐患祛其一。以實事程實功，以實功程實事，艾三年而蓄之，網臨淵而結之，毋馮河，毋畫餅，則人材之虛患袪其二。寐患去而天日昌，虛患去而風雷行。《傳》曰：孰荒於門，孰治於田，四海既均，越裳是臣。敘海國圖志。

以守爲攻，以守爲款，用夷制夷，疇司厥楗，述籌海篇第一。

縱三千年，圜九萬里，經之緯之，左圖右史，述各國沿革圖第二。

夷教夷煙，毋能入界，嗟我屬藩，尚堪敵愾，志東南洋海岸各國第三。

呂宋爪哇，嶼埒日本，或噬或駾，前車不遠，志東南洋各島第四。

教閱三更，地割五竺，鵲巢鳩居，爲震旦毒，述西南洋五印度第五。

維皙與黔，地遼疆閡，役使前驅，疇諏海客，述小西洋利未亞第六。

大秦海西，諸戎所巢，維利維威，實懷泮鴞，述大西洋歐羅巴各國第七。

尾東首西，北盡冰溟，近交遠攻，陸戰之鄰，述北洋俄羅斯國第八。

勁悍英寇，恪拱中原，遠交近攻，水戰之援，述外大洋彌利堅第九。

人各本天，教綱於聖，離合紛紜，有條不紊，述西洋各國教門表第十。

萬里一朔，莫如中華，不聯之聯，大食歐巴，述中國西洋紀年表第十一。

中曆資西，西曆異中，民時所授，我握其宗，述中國西曆異同表第十二。

兵先地利，豈間遐荒，聚米畫沙，戰勝廟堂，述國地總論第十三。

雖有地利，不如人和，奇正正奇，力少謀多，述籌夷章條第十四。

知己知彼，可款可戰，匪證奚方，孰醫瞑眩，述夷情備采第十五。

水國恃舟，猶陸恃堞，長技不師，風濤誰讋，述戰艦條議第十六。

五行相克，金火斯烈，雷奮地中，攻守一轍，述火器火攻條議第十七。

軌文匪同，貨幣斯同，神奇利用，盍殫明聰，述器藝貨幣第十八。

道光二十有二載，歲在壬寅，嘉平月，內閣中書邵陽魏源敘于揚州。

又　海國圖志後敘　譚西洋輿地者，始於明萬曆中泰西人利馬竇之《坤輿圖說》，艾儒略之《職方外紀》。初入中國，人多謂鄒衍之《談天》，及國朝而粵東互市大開，華梵通譯，多以漢字刊成圖說。其在京師欽天監供職者，則有南懷仁、蔣友仁之《地球全圖》，在粵東譯出者，則有鈔本之《四洲志》《外國史略》，刊本之《萬國圖書集》《平安通書》《每月統紀傳》，燦若星羅，瞭如指掌，始知不披海圖海志，不知宇宙之大，南北極上下之渾圓也。

惟是諸志多出洋商，或詳於島岸土產之繁，埠市貨船之數，天時寒暑之節，而各國沿革之始末，建置之永促，能以各國史書，誌富媪山川縱橫九萬里上下數千年者，惜乎未之聞焉。

近惟得布路國人瑪吉士之《地里備考》，與美里哥國人高理文之《合省國志》，皆以彼國文人留心丘索，綱舉目張，而《地里備考》之歐羅巴洲總記上下二篇，尤爲雄偉，直可擴萬古之心胸。至墨利加北洲之以部落代君長，其章程可垂奕世而無弊。以及南洲孛露國之金銀，富甲四海，皆曠代所未聞。既彙成百卷，故提其總要於前，俾觀者得其綱而後詳其目，庶不致以卷帙之繁，望洋生歎焉。

又　馮桂芬　海國圖志跋　是書以林文忠公所譯《四洲志》爲藍本，不宜轉取從前之《職方外紀》《萬國全圖》等書以補其所無，不幾以春秋列國補戰國策乎？又西人地理書皆著經緯度，真得地理要義，正恨中國古書無此，故並省沿革，多所聚訟。魏氏不知，輒多刪薙。今以英人《地理全志》，米人褘理哲《地球說略》校之，多所不合。如耶穌生於猶太，明史據利瑪竇言，生於如德亞即猶太，爲今土耳其東境，不宜屬之印度，誤一也。波蘭窪肖爲今西俄羅斯，地在通國五十七部之中，不宜列波蘭爲一國，誤二也。領墨國下，述加納王事，即全志嗹國駕奴特王事案說略，嗹國又名嗹馬，嗹馬即領墨之轉，乃別出嗹國，又出大尼國，臆斷領墨、大尼同用黃旗，非一國，幸所引萬國全圖經緯度，大尼度正與全志嗹國度合，是止一嗹國，而歧爲三，誤三也。瑞丁國即瑞顛，綏林即綏蘭，爲瑞顛之首部。又那威國，久并於瑞顛，《地理全志》瑞顛國爲那威，本屬於嗹，嘉慶二十年以瑞地之近於嗹國者歸嗹，以那威歸瑞，由是合爲一國。乃別出綏林國，那威國，是止一瑞顛，而亦歧爲三，誤四也。偶校數卷，即有此誤，恐全帙尚不止此。又圖中列天下萬國，而旁注中國之書長書短綫，更無解於不知而作之譏矣。

又　陳澧　書海國圖志後呈張南山先生　前者見示魏氏《海國圖志》，讀之三歎。曰：魏君可謂有志之士矣，非毅然以振國威安邊境爲己任，何其編録之周詳，議論之激切如此哉？澧謂其書，羅列荒遠之國，指掌形勢，可謂奇書。其所論則以調客兵不如練土兵，及裁兵併糧，水師將弁用舵工、礮手出身諸條爲最善，切實可行，真有用之言也。此外有可議者：英吉利今雖議款，其患未已。誠慮他日當事者於此書或不善采擇，則所係不少，不得不辨。且去其瑕，正所以顯其瑜，固厚待魏君之意也。

此書之首，冠以議守議攻議款三篇，澧以爲最可議者莫如議攻篇以夷攻夷之說也。魏君之爲此說，直因廓爾喀一稟而起，遂欲令俄羅斯、米利堅、佛蘭西皆助攻英吉利。不知廓爾喀素服中國兵強，又誤聞英逆犯順以來，屢爲中國擊敗，故欲乘勢助攻，自雪讎怨。今中國議款，廓夷聞之，難保其無輕中國之意。而魏君乃欲其受我調度，此其未喻一也。俄羅斯本非朝貢之國，乾隆中天威遠播，令其縛獻阿睦爾撒納，彼猶爲之隱匿，何況今日，使受驅策？此其未喻二也。當英逆犯順，米利堅、佛蘭西出爲調人，不過恐英逆在廣騷擾，阻彼貿易，彼但勸和，何遽欲使助討？二夷果能攻取印度，自獲厚利，亦何待中國驅策？且印度屬之二夷，與屬英吉利何異？豈二國得之即不種造鴉片哉？此其未喻三也。魏君謂廓夷忠順，謂米利堅恪拱中原，何其相信之篤乎？倘請明詔借外兵，而四夷不奉命，豈不貽笑千古哉？然且四國果肯助攻，尤有後災。夫勝負者不可必之事也，假令四國出兵，失利則英逆之氣愈揚，我之氣愈挫，其不可一也。又令四國一戰而勝，則是爲我復讐，爲我敵愾，必自謂大有造於中國，其驕抗要求必爲我之所不堪。不滿所欲，必且啓釁。唐之回紇，是其覆轍。其不可二也。英吉利以戰鬪爲事，四國既與搆怨，必相報復。自昔外夷相攻，中國可以不問，若以中國之故，四國受兵，亦將藉助中國。叩關乞師，我應其請，則勞師涉遠，不應，則何詞以對？匪特貽笑，且必反和好爲仇釁，其不可三也。議者謂以夷攻夷爲示弱，魏君深斥其非。澧謂示弱之説誠非也，中國兵强，乃能驅策四夷。即如魏君所稱封暹羅而安南緬甸服，此正由乾隆閒天戈所指，無不克捷，故暹羅有求封之事。今日安能如是？爲今之計，中國貴乎崇廉恥，覈名實，刑政嚴明，賞罰公當，則可戰可守，外夷自不敢欺。不循其本而效縱横家言，爲遠交近攻、近交遠攻之説，譬如人有虚羸之疾，不務服藥培補，而但求助己者出與人鬭可乎？且秦所謂遠交近攻者皆在中國，非在徼外也，安得效其説哉？

魏君之言曰：內守既固，乃議外攻。夫內守誠固，則彼技無所施，不得不仍求通商。此時雖絶其貿易可也，許貿易而禁絶鴉片可也。國威已振，大患即除，何必復攻之海外以成奇烈哉？海外奇烈，語見《聖武記》。其議守之説曰：調水師不如練水勇。此爲水師廢弛，倉卒變生，權宜之計則可耳。今日爲豫備之計，當練兵，不當練勇。兵之外復有勇，則兵必缺責。勇之貲厚於兵，則兵必解體。前年練勇，時論者多矣。今勇散爲盗，在在刼掠，又其害之彰明較著不必贅論者也。其云：守海口不如守內河。亦不盡然，夫守必據險，海口有險，則守海口。內河有險，則守內河。然必海口無險可守，然後守內河。蓋寇入內河，則百姓之驚惶，土賊之竊發，多內顧之憂，必分外禦之力。且以吾粤言之，獵德，大黄滘地勢平衍，孰如虎門險峻乎？魏君謂誘入內河，斷其出口之路而殲之。然則非議守仍議攻也。請即以其説論之：當逆夷之入內河，非衆艘並進也。每艘輒相去數里或十數里，而以小船聯絡之。彼正防我截其後路，殆懲於安南俄羅斯之役也。二事見本書。又夷船能入內河，必非淺狹。魏君所議下大樁，聯厚纜，加以大樹大石，此必旬日而後成，彼豈束手待斃，而坐觀我兵之下樁下石乎？大樹之説，尤不可行。枝柯槎枒，不能挽之赴水，去枝則漂流如一葦。前時曾試之，而不可行矣。如欲斷後路，惟有所云沉舟一策耳。然兵無紀律、無膽氣，則逃散久矣。誰與殲之？

至其議款之篇，吾以爲論款夷後如何控馭？如何防範？如何漸復舊制？乃其書則追咎昔時，不聽米佛二夷代款。此事後之論，何補於今日？且一篇之中，惟此條關於款夷，其餘則皆論禁烟非議款夷也。夫夷寇與烟患兩事也。中國吸烟，但耗中國之財産，不能致夷寇。中國禁烟，但罪中國之人，亦不能致夷寇。林制軍初至粤東，嚴辦烟案，不獨內地畏服，即外夷亦甚畏服。使不勒繳烟，不勒出結，不令關提督擊夷商之船以取敗，不諱敗爲勝以見輕於外夷，但明諭諸夷，販烟者與內地民人一律治罪，彼方震於制軍之聲威，即陽奉陰違，不肯不販鴉片，亦斷不敢犯順。而魏君乃謂激變不由繳烟，以逆夷繳烟之後，旁皇半年未動爲説。知逆夷歸國起兵，粤人皆聞之矣。其不動者，兵未到耳。此正當日輕敵致敗之由，異日所宜深戒也。不爲事後之論則已，如縱論之，則惟粤人能知其詳，而傳聞不足恃也。

夫兵兇器，戰危事，不可易言之也。好奇則其禍必烈，貪功則其患必速。信影響之談，則其計必誤。爲不可行之説，則臨事無一可用。澧腐儒不知兵。魏君才高而多聞。固澧所不敢望者，聊抒管見，質諸長者，幸教之也。

［後數年，魏君來粤，余以此書所説質之，魏君大悦。遂定交焉。並屢改《海國圖志》之書，其虚心受言，殊不可及也。］

《瀛環志略》

劉韻珂　瀛環志略敘　粤自兩儀奠位，八極造基，北辰縣象，南維湊汐。周髀設四隤之喻，鄒衍創九州之説。固知高卑敻絶，縱横可度其環周，盈沖顯殊，經緯易循其布算。然而洪荒悠遠，甄索實難。禹貢紀要荒之域，未擴寰垠，周官志職方之典，僅賅中寓。其有探賾殥紘，摉奇沈墨，則九都遼廓，名詭山經，十洲窅渺，記儕郢説。以爲定論，殆或未然。史氏代興，殊方爰記，條支奄蔡，傳坿大宛。弱水流沙，迹窮西域。身毒啓疆於博望，大秦通譯於永元。至若青羌丹粟之鄉，縣度繩行之國，六朝以降，載籍屢傳。顧欲極亥章之步，掌示而數恒沙，探甲乙之藏，眉列而陳坤載。稽之羣册，祇益懵如。

松龕中丞，綜貫百家，淹通七略，智絶輿圖之學，識精形勢之言。蓋自簪筆西清，以迄建牙南嶠，固已韞五嶽於寸心，鏡二垂於尺素。又以爲渠圜盂方，乃宙合自然之理，左舒右闢，實造化無窮之運。將牖荒而燭遠，必踐實以徵詳。於是旁蒐四裔，徧求衆説，爰有海西諸國，用呈續事。原其帆檣之所經，測候之所及，約其圍徑，參厥廣輪，準望分率，致爲精審。譯其未達，制以爲圖，並綴前言，藉成信志。效賈耽之書，能别華夷，誦倚相之篇，遂兼邱索。方輿全體，粲然備焉。

夫以大塊之積，元模之廣，絶以窮荒，阻以巨浸，剛柔輕重，既殊其俗，陰陽燥濕，復異其宜。祝髮而裸，氣炎以舒，鞨巾而裘，風肅而斂。蹶張十萬，伺星月之盈虚，摽揃三方，極風霆之變厲。託廩君於白虎，誓倓布於黄龍。露紒而謁祆神，焚頂而親梵法。襲屠耆之貴，則鍛戟稱雄，呈犂鞬之琛，則錐刀是競。俶詭情狀，控扼爰艱。要其盛衰迭代之效，沿革遷流之故，割據並吞之勢，禍福倚伏之形，前後同軌，古今一轍。則觀伏波之聚米，善審機宜，蕭相之披圖，皆知阨塞。有心斯世者，宜可深長思矣。近世志外域者，代不乏人，然或呎聞尺見，鄙僿無徵，浩引曲稱，浮夸尠實。舛東西之界，奮鵬翮而稽程，誤轉注之方，調鴃音而變響。訛謬之襲，有識爲譏。中丞獨埽響言，衷諸一是。大之囊括四隅，綦寘六合。小之犀燭品彙，象圖神姦。上之爲遠撫長駕，考鏡得失之資。下之爲殫識博通，援核後先之本。而余又與中丞共治海邦，撫輯彝夏，有以見其用志之密，度物之明。慎樞機於一室，恢磅礴於萬里者，蓋如此也。道光己酉，夏四月，汶上年愚弟劉韻珂拜譔。

又 徐繼畬　瀛環志略序　地理非圖不明，圖非履覽不悉，大塊有形，非可以意爲伸縮也。泰西人善於行遠，帆檣周四海，所至輒抽筆繪圖，故其圖獨爲可據。

道光癸卯，因公駐厦門，晤米利堅人雅裨理，西國多聞之士也，能作閩語，攜有地圖册子，繪刻極細，苦不識其字，因鈎摹十餘幅，就雅裨理詢釋之，粗知各國之名，然匆卒不能詳也。明年再至厦門，郡司馬霍君蓉生，購得地圖二册，一大二尺餘，一尺許，較雅裨理册子尤爲詳密。並覓得泰西人漢字雜書數種，余復搜求得若干種，其書俚不文，淹雅者不能入目，余則薈萃採擇，得片紙亦存録勿棄，每晤泰西人，輒披册子考證之。於域外諸國地形時勢，稍稍得其涯略。乃依圖立説，採諸書之可信者，衍爲之篇，久之積成卷帙。每得一書，或有新聞，輒竄改補增，稿凡數十易。自癸卯至今，五閲寒暑，公事之餘，惟以此爲消遣，未嘗一日輟也。陳慈圃方伯，鹿春如觀察，見之以爲可存，爲之删訂其舛誤，分爲十卷。同人索觀者多慫慂付梓，乃名之曰瀛環志略，而記其緣起如此。道光戊申秋八月，五臺徐繼畬識。

又 王韜　瀛環志略跋　近來談海外掌故者，當以徐松龕中丞之《瀛環志略》、魏默深司馬之《海國圖志》爲嚆矢。後有作者，弗可及已。以視明季所出之《坤輿圖説》《職方外紀》，其詳略爲何如哉？此誠當今有用之書，而吾人所宜盱衡而矚遠者也。

此二書者，各有所長。中丞以簡勝，司馬以博勝。顧綱舉目張，條分縷析，綜古今之沿革，詳形勢之變遷，凡列國之强弱盛衰，治亂理忽，俾於尺幅中，無不朗然如燭照而眉晰，則中丞之書，尤爲言核而意賅也。

嗚呼！中丞之作是書，殆有深思遠慮也乎？其時罷兵議款，互市通商，海寓晏安，相習無事。而内外諸大臣，皆深以言西事爲諱，徒事粉飾，彌縫苟且於目前。有告之者，則斥爲妄，而沿海疆圉，晏然無所設備。所謂諏遠情，師長技者，茫無所知也。況詢以海外輿圖乎？

中丞莅官閩嶠，膺方面之寄，蒿目時艱，無所措手。即欲有所展布，以上答主知而下扶時局，而拘文牽義者，動以成法爲不可踰，舊章爲不可改，稍有更張，輒多掣肘。中丞内感於時變，外切於邊防，隱憤抑鬱，而有是書，故言之不覺其深切著明也。嗚呼！古人著述，大抵皆爲憂患而作。顧使中丞不得行之於事，而徒見之於言，爲足惜已。

方今光氣大開，西學日盛。南北瀕海各直省，開局設廠，製造舟艦槍炮，一以泰西爲法。而域外之山川道里，皆能一一詳其遠近夷險。未始非中丞爲先路之導也夫。

《海國紀聞》

李兆洛　海國紀聞序　予遊廣州，觀於洋商肆樓，見夷人形狀之殊詭，室屋衣服器用之窮巧極侈，欲求土人能通曉外夷事一詢：諸國所在遠近，海道曲折，及其國之大小强弱，風氣厚薄美惡，政令刑禁之大凡，幾以考驗故籍，規揣今勢。而通事譯卒率貿然莫辨，復時爲謾誕以相眩駭，意常恨之。久之，識吴廣文石華，言其鄉有謝清高者，幼而隨洋商船周歷海國，無所不到，所到必留意搜訪，目驗心稽，出入十餘年。今以兩目喪明，不復能操舟業賈自活，常自言恨不得一人紀其所見，傳之于後。石華憫焉，因受其所言爲海録一卷。予取而閲之，所言具有條理，於洪濤巨浸，茫忽數萬里中，指數如視堂奥。又於紅毛、荷蘭諸國，吞并濱海小邦，要隘處輒留兵戍守，皆一一能詳，尤深得要領者也。然以草草授簡，未盡精審，或失檢會，前後差殊，因屬石華招之來，將補綴而覈正焉。而石華書去，而清高遽死，欲求如清高者而問之，則不復可得也，惜哉，惜哉。就其所録各國，大致幸已粗備，船窗有暇，爲整比次第，略加條定，疑者缺之，復約其所言，列圖於首，題曰海國紀聞云耳。清高嘉應州之金盤堡人，十八歲隨番舶出洋，朝夕舶上者十有四年，三十一歲而瞽，生乾隆乙酉，死時年五十七。吴廣文名蘭脩，亦嘉應州人。

《職方外紀》

四庫全書提要　《職方外紀》五卷，明西洋人艾儒略撰，其書成於天啓癸亥，因西洋利氏齎進《萬國圖誌》，龐氏奉命翻譯，儒略更增補以成之。蓋因利瑪竇、龐我迪舊本潤色之不盡，儒略自作也。所紀皆絶域風土，爲自古輿圖所不載，故曰《職方外紀》。其説分天下爲五大州。一曰亞細亞州，其地西起那多理亞，離福島六十二度，東至亞尼俺峽，離福島一百八十度；南起爪哇，在赤道南十二度；北至冰海，在赤道北七十二度。二曰歐邏巴州，其地南起地中海，北極出地三十五度；北至冰海，北極出地八十餘度，經一萬一千二百五十里；西起西海福島初度；東至阿北河，距福島九十二度，經二萬三千里。三曰利未亞州，西南皆至利未亞海，東至西紅海，北至地中海，極南南極出地三十五度，極北北極出地三十五度，東西廣七十八度。四曰亞墨利加，地分南北，中通一峽，峽南之地，南起墨瓦蠟泥海峽，南極出地五十二度；北至加納達，北極出地十度半；西起二百八十六度，東至三百五十五度。峽北之地，南起加納達，南極出地十度半，北至冰海，其北極出地度數則未之測量；西起一百八十度，東盡福島三百六十度。五曰墨瓦蠟泥加，則彼國與之初通疆域，道里尚莫得詳焉。前冠以《萬國全圖》，後附以《四海總説》，所述多奇異，不可究詰，似不免多所夸飾。然天地之大，何所不有，録而存之，亦足以廣異聞焉。

又　艾儒略　職方外紀自序　造物主之生我人類於世也，如進之大庭中，令饗豐醼又娱歌舞之樂也。嘗試仰觀大象，而有日月五星列宿之麗，則天似室廬，列象似瑰寶之飾垣壁者然。俯察地形，而有山川草木之羅列芬芳，則猶劇戲之當場者然。其他空中飛鳥、江海潛鱗、地上百穀果實，則集五齊八珍之薦列几筵者然。然則造物主之恩厚亦極矣，胡爲乎人每日用不知，若將謂固然宜然，而曾莫究其所以然也！昔神皇盛際，聖化翔洽，無遠弗賓，吾友利氏齎進《萬國圖誌》。已而吾友龐氏又奉繙譯西刻地圖之命，據所聞見，譯爲圖説以獻。都人士多樂道之者，但未經刻本以傳。迨至今上御極，而文物重新，駸駸乎王會萬方之盛矣。儒略不敏，幸厠觀光，慨慕前庥，誠不忍其久而湮滅也，偶從蠹簡得覩所遺舊稿，乃更竊取西來所攜手輯方域梗概，爲增補以成一編，名曰《職方外紀》。私竊自哂，殆不過如匠氏竹頭木屑之陳，庖人蘋蘩藴藻之獻，優伶雜劇百戲之搬演，無當大觀，非關實學。惟用以供有識卧遊之萬一，則亦或者小有補云。

且夫士抱雅志，將以周遊四遠。或爲采風問俗，以弘教化；或爲搜珍覓寶，以充美觀；或窮此疆爾界，以察地形；或訪聖賢名流，以資師友；或通有無貿遷，以求贏羨；或考群方萬國山川形勝，以證經傳子史之載紀；或探奇覽秀，以富襟懷，以開神智。諸如此類，即有志焉，而勢不無道里跋涉之勞瘁，舟車貲費之經營，以至寇賊風波意外之警，又往往足爲我虞。矧人壽之幾何，勢非假羽翮以翔遊，或莫能遍歷八荒，以畢吾一生壯遊之願也。兹賴後先同志，出遊寰宇，合聞合見，以成此書，不出户庭可以周遐遠。在創聞者，固未免或駭爲奇，然而非奇實常；或疑爲虚，然而非虚皆實。夫惟造物主之神化無量，是故五方萬國之奇詭不窮。倘一轉念，思厥所由，返本還原，徑固不遠，區區之愚，良有見於此耳！而淇園楊公雅相孚賞，又爲訂其蕪拙，梓以行焉。要亦契余不忘昔者吾友芹曝自獻之夙志，而代終有成所願共戴天履地者。

既幸宅是庭，饗是醼，觀是樂，因而遡流窮源，循末求本，言念創設萬有一大主宰，而喟然昭事之是惕，則巵言薈稡，庶其不貽説鈴之誚乎！若曰異聞異見，姑以炫耀耳目，則儒略何人，而敢於學海名區呈此伎倆，是又與於玩物喪志之甚者也。

天啓三年歲在癸亥八月望日，西海艾儒略識。

又　楊廷筠　職方外紀序　方域大矣，其間位置凴生，日新富有，在一方即有一方物用，滿足周匝，不相假貸。有齊諧不能志，隸首不能紀者，是孰使之然哉？有大主宰在也。《楚辭》問天地何際，儒者不能對。今欲窮思極索，以求涯際，必至狂惑畔涣喪志而未有得，何居乎？西方之人，獨出千古，開創一家，謂天地俱有窮也而實無窮，以其形皆大圜，故無起止，無中邊。最輕清者爲天，天體多重，迥出地外；最重濁者爲地心，恰恰正在天中，以其爲重濁，本所有形有質者，皆附就之。此外上下四傍，皆係輕清，重地不能就輕，自不能倒落一處。論其成位，則天包火，火包氣，氣包水，水包土，重重包裹。人之肉目只見水土二行，不見氣火二行。遍地周遭皆人所居，不得以地下之人與我脚底相對，疑其有傾倒也。考圖証説，歷歷可據，斯亦奇矣！

揆厥所由，西國有未經焚刼之書籍，有遠遊窮海之畸人，其所聞見，比世獨詳。然是編所摘，猶是圖籍中之百一。即彼國圖籍所紀，又是宇宙中之萬一。而俶詭瑰奇，業已不可思議矣，又況自地而上，窮無窮，極無極，進之而虚空，進之而天載函蓋之間，更無差數可睹，安得以人心分量彷彿測之！夫睹九重宫闕，嵬然焕然，必非謂偶成也，定由工師構之，司空董之，至尊臨御之也。方域至大，其位置馮生，日新富有，徧地生齒各給其用，各不相襲，此不可窺測造物主之全能與貴重，人類獨超萬物之上哉！既知造物主全能，則世惟一尊，無可與並。即生知安行之聖，出有入無之神，不過全能中所造萬類之一類，而豈可以爝火比太陽，蹄涔並滄海乎！惟聖人見其然，故凛凛昭事，畏天命，對上帝，暗室屋漏。日監在兹，不敢戲渝，不敢怠荒，此真能知天事天，質之東海西海，不相謀而符節合者。

西士引人歸向天帝，往往借事爲梯，注述多端，皆有深意。而是編則用悦耳娱目之玩以觸人之心靈。言甚近，指甚遠。彼淺嘗者，第認爲輶軒之雜録，博物之談資，則還珠而買櫝者也。泌園居士楊廷筠。

又　李之藻　刻職方外紀序　萬曆辛丑，利氏來賓，余從寮友數輩訪之。其壁間懸有大地全圖，畫線分度甚悉。利氏曰：「此吾西來路程也。其山川形勝土俗之詳，别有鉅册，已藉手進大内矣。」因爲余説：「地以小圓處天大圓中，度數相應，俱作三百六十度。凡地南北距二百五十里，即日星晷必差一度。其東西則交食可驗，每相距三十度者，則交食差一時也。」余依法測驗，良然。廼悟唐人畫方分里，其術尚疎，遂爲譯以華文，刻爲《萬國圖》屏風。居久之，有瀆呈御覽者，旋奉宣索，因其版已携而南，中貴人翻刻以應。會閩税璫又馳獻地圖二幅，皆歐邏巴文字，得之海舶者。而是時利氏已即世，龐、熊二友留京，奉旨繙譯。龐附奏言：「地全形凡五大洲，今闕其一，不可不補。」乃先譯原幅以進。别又製屏八扇，載所聞見，附及土風物産，楷書貼説甚細。余以甲寅赴補，幸獲覩焉。此圖延久未竟，會放歸，齎投通政司，弗納，則奉致大明門外，叩頭而去，今尚庋中城察院云。而龐、熊旋卒於途。其底本則京紳有傳寫者，然皆碎玉遺璣，未成條貫。今年夏，余友楊仲堅氏與西士艾子爲增輯焉。凡系在職方朝貢附近諸國，俱不録，録其絶遠舊未通中國者，故名《職方外紀》。種種咸出俶詭，可喜可愕，令人聞所未聞。然語必據所涉歷，或彼國舊聞徵信者。世傳貫胸、反踵、龍伯、僬僥之屬，以爲荒誕，弗收也。

艾子語余：「是役也，吾謏聞也與哉！地如此其大也，而其在天中一粟耳。吾州吾鄉又一粟中之毫末，吾更藐焉中處，而争名競利於蠻觸之角也與哉，則性爲形役，實錯厥履。夫皆夸毗其耳目思想以自錮，而孰知耳目思想之外，有如此殊方異俗地靈物産真實不虚者，此見人識有限，而造物者之無盡藏也。而又窮變極備，隨處悉供人類之用，兼賦人以最靈之性，俾能通天徹地，不與草木鳥獸同頑同朽。明乎造物主之於人獨厚也，人可不克己昭事，以期復命歸根。作如是觀，庶吾儕未聞天道，先語地員，不詒先後倒置之誂也乎！」而艾子之友金子則又曰：「此姑以綴屏上之圖也云爾！吾欲引伸其説，作諸國山川經緯度數圖十卷、風俗政教武衛物産技藝又十卷，而後可以當職方之一鏡也」。金子者，齎彼國書籍七千餘部，欲貢之蘭臺鱗室，以參會東西聖賢之學術者也。德之庥明，奎躔炳瑞，時則有異國異書梯航九萬里而來，蓋曠古於今爲烈。聖主崇文，第令得廣致羣英，分曹摘槧，以盡傾海嶽之奇乎！將河洛未足誇，鳳鳥不虚至，而謂曩所拾一屏一册卧遊之具，尚足爲咫聞炫哉！

余聞西域天文，洪武中曾譯之，右文家法固然矣。禮樂盛百年，聲教敷四海，儒有涵醇飫蹠，播頌於無窮，知必不與鳩摩、玄奘輩所致書同類而並眡之也。天啓癸亥日躔天駟，浙西李之藻書於龍泓精舍。

又　瞿式穀　職方外紀小言　鄒子九洲之説，説者以爲閎大不經。彼其言未足盡非也。天地之際，赤縣神州之外，奚啻有九？則見猶未墮方隅。獨笑儒者未出門庭，而一談絶國，動輒言夷夏夷夏。若謂中土而外，盡爲侏離左衽之域，而王化之所弗賓。嗚呼，是何言也！吾夫子作《春秋》，攘夷狄，亦謂吴楚實周之臣，而首奸王號，故斥而弗與，非謂凡在遐荒，盡可夷狄擯之也。試觀嵩高河洛，古所謂天下之中耳，自嵩高河洛而外，皆四夷也。今其地曷嘗不受冠帶而祠春秋，敦《詩》《書》而説《禮》《樂》，何獨海外不然？則亦見之未廣也。

嘗試按圖而論，中國居亞細亞十之一，亞細亞又居天下五之一，則自赤縣神州而外，如赤縣神州者且十其九，而戔戔持此一方，胥天下而盡斥爲蠻貉，得無紛井蛙之誚乎！曷徵之儒先，曰東海西海，心同理同。誰謂心理同而精神之結撰不各自抒一精彩，顧斷斷然此是彼非，亦大踳矣。且夷夏亦何常之有？其人而忠信焉，明哲焉，元元本本焉，雖遠在殊方，諸夏也。若夫汶汶焉，汩汩焉，寡廉鮮耻焉，雖近於比肩，戎狄也。其可以地律人以華夷律地而輕爲訾詆哉！故愚謂茲刻之大有功於世道也，不但使規毫末者破蝸國之褊衷，抑且令恣荒唐者實恒沙之虚見。如第以娱心志悦耳目也者，則雖上窮青冥，亦《山經》《穆傳》之餘魂，下極黄壚，亦志怪、齊諧之賸馥，而何以追玄造于生成，荷神工於亭毒，幾幾不爲無益之談，以度越鄒子也。後學海虞瞿式穀識。

又 許胥臣 職方外紀小言 楊子《法言》曰：「吾寡見人之好遐者也。邇文之視，邇言之聽，遐則偭焉。曷若兹之甚也？好盡其心於聖人之道者，君子也，人亦有好盡其心矣，未必聖人之道也。多聞見而識乎正道者，至識也；多聞見而識乎邪道者，迷識也。」迷莫迷於昧天。西賢之絛地規天，專以導人敬天事天，而所以辯乎非天之天者不一而足，而無奈譊譊者天下皆訟也。天下之亡聖也久矣，呱呱之子，各識其親，譊譊之學，各習其師。班固曰：安其所習，毁所不見，終以自蔽。此學者之大患也。精而精之，是在中矣。天下有三好，衆人好己從，賢人好己正，聖人好己師。《職方外紀》似亦稗官小説，要於哀奇薈異，使人識造物主功化之無涯。擴其所見，不局於所未見，而因以醒其錮習之迷，以歸大正，則不第多其見聞而已也。人果盡心於知性知天，晦斯光，窒斯通，狹斯宏，散漫繁衍，皆歸於宗，如之何偭焉？其遐而好盡心於邇也。浩浩之海，濟樓航之力也，航人無楫，如航何？熒魂曠枯，糟莩曠沈，擿埴索塗冥行而已矣，故曰，聖人聰明淵懿，繼天測靈，冠乎羣倫。有以擬天地而參諸身乎！或問天地易簡，而聖人法之，何支離爲？曰，支離蓋所以爲簡易也，摭我華而不食我實，小知之師亦賤矣。衆言淆亂折諸聖，萬物紛錯懸諸天。彼所謂敬天事天者，赫赫乎日出之光，羣目之用也；渾渾乎聖人道，羣心之用也。已簡已易，焉支焉離！後學錢唐許胥臣識。

又 葉向高 職方外紀序 泰西氏之始入中國也，其説謂天地萬物皆有造之者，尊之曰天主。其敬事在天之上，人甚異之。又畫爲《輿地全圖》，凡地之四周皆有國土，中國僅如掌大，人愈異之。然其言天主，則與吾儒畏天之説相類，以故奉其教者頗多。其言輿地，則吾儒亦有地如卵黄之説，但不能窮其道里、名號、風俗、物産，如泰西氏所圖記。要以茫茫堪輿，俯仰無垠，吾中國人耳目聞見有限，自非絶域奇人，躬履其地，積年累世，何以得其詳悉之若是乎！昔張騫使西域，其足跡不能出葱嶺、天竺外；元人窮河源，亦至崑崙而止。我朝陳誠、鄭和踰流沙、涉滄溟，輶軒所記，皆在方以内，琛球共貢之所及，然已足以見明德之覆被遠矣！今泰西艾君乃復有《職方外紀》，皆吾中國曠古之所未聞，心思意想之所不到，夸父不能逐，章亥不能步者，可謂坱圠之極觀，人間世之至弔詭矣。而其言皆鑿鑿有據，非汪洋謬悠如道家之諸天，釋氏之恒河、須彌，窮萬劫無人至也。泰西氏去中國已九萬里，自上古未嘗通。今艾君輩乃慕義遠來，獻其異書數千種於朝，其視越裳之重譯獻雉，不啻過之。夫安知此後如外紀所臚列，不有聞泰西之風接踵而至者乎！是愈可以昭聖治而暢聲教也。此書刻于淛中，閩人多有索者，故艾君重梓之。余爲書其端如此。福唐葉向高書。

又 熊士旂 跋 昔人謂讀書益人神智，又謂開卷有益。《職方外紀》之有刻，爲益匪細也。《中庸》贊天地山川曰無窮、曰廣厚、曰廣大、曰不測，必歸功造物。騶衍之談侈而不核，章亥之步局而未周。西海先生間關九萬里而入中國，仰觀赤道南北二極之躔度以定萬國之封域，而兹紀露一斑云。吾人壽幾何，胡能足跡遍大地悉覩記諸殊尤絶迹哉！蓋惟道無遠弗屆，惟天無地弗戴，諸有道在，雖食人之國，不避諸艱，以樂就焉。但此猶其大略云爾，善讀是紀者，當思盈天地間生生不已，必非偶然徒然。大造良屬，有意欲令人見形而下者，既如是萬變無方，非一人耳目可悉，則形而上者有無窮奥義妙境，非人心思之所及。浸假而由象識心，由心性求之天載，即一事一物皆可以醒寤。吾人寓形宇内，眇如太倉之一粟，造物者發育萬有，悉用以供我啓翼我德我，其宜何如以仰答之。故覩奇器則知良工之苦心，目名畫則憶國手之巧心，閲《外紀》則念大造生成之宏賜，是皆不役志于物而直探本原。諸名碩先生並譯著其説，倦倦善誘，深意其在斯乎！進賢熊士旂題。

《校邠廬抗議》

馮桂芬 校邠廬抗議自序 三代聖人之法，後人多疑爲疏闊，疑爲繁重，相率芟夷屏棄，如弁髦敝屣，而就其所謂近功小利者，世更代改，積今二千餘年，而蕩焉泯焉矣。一二儒者，欲挾空言以争之，而勢恒不勝。迨乎經歷世變，始知三代聖人之法，未嘗有此弊，夫而後恍然於聖人之所以爲聖人也。試略舉數事言之：以億萬人自養則有餘，以一人養千百人則不足。觀於今日，奉軍國則民力竭，養兵勇則國力又竭，而始知聖人兵農合一，車徒馬牛甲兵出自民間之法之善也。取士何以始澤宮，射御何以登六藝。觀於今日，文臣不知兵，武士不曉事，而始知聖人文武不分之法之善也。什而取不及一，視古爲少，倍蓰而當一，視古轉多。觀於今日，倍征無藝，而始知聖人百畝而徹之法之善也。土宜出於地而無窮，遠物限於地而難致。觀於今日，運道阻，天庾空，而始知聖人四百里粟、五百里米之法之善也。食爲民天，有食斯有民。水爲穀母，治田先治水。觀於今日，水利塞，稻田少，民受其飢，而始知聖人盡力溝洫之法之善也。世之盛衰在吏治，治之隆汙在人才。觀於今日，科目不得人，而始知聖人鄉舉里選之法之善也。郅治必先親睦，百行莫先孝弟。觀於今日，期功陌路，富貴貧賤不相恤，而始知聖人宗以族得民之法之善也。廉遠堂高，箋疏有體，九重萬里，呼籲誰聞。觀於今日，諫諍設專官，民隱不上達，而始知聖人懸鞀建鐸，庶人語之法之善也。權所屬則末秩亦將逞志，用不贍則中材不能無求。觀於今日，俸薄官貪，而始知聖人分田制禄之法之善也。天下有億萬不齊之事端，古今無範圍不過之法律。觀於今日，則例猥瑣，案牘繁多，而始知聖人不鑄刑書之法之善也。開邊拓土，石田不耕，長駕遠馭，鞭長莫及。觀於今日，夷患不已，而始知聖人守在四夷之法之善也。術業以不專而疏，心思以不用而錮。觀於今日，器用苦窳，藉資夷裔，而始知聖人梓匠名官，倉庾世氏之法之善也。此類尚多，更僕難數，然則爲治者，將曠然大變，一切復古乎？曰：不可。古今異時亦異勢，論語稱損益，禮稱不相沿襲，又戒生今反古。古法有易復，有難復，有復之而善，有復之而不善，復之不善者不必論，復之善而難復，即不得以其難而不復，況復之善而又易復，更無解於不復。去其不當復者，用其當復者，所有望於先聖後聖之若合符節矣。

桂芬讀書十年，在外涉獵於艱難情僞者三十年，間有私議，不能無參以雜家，佐以私臆，甚且羼以夷説，而要以不畔於三代聖人之法爲宗旨。志此者有年，一官無言責，懷欲陳之而未有路，乃者鄉居，偶一好事，創大小户均賦之議，輒中僉壬所忌，固宜絶口不挂時政。重以衰病逡巡，無用世之望，懼遂泯没，爰以避地暇日，筆之於書，凡爲篇四十。歸作附者又二，用後漢趙壹傳語，名之曰抗議，即位卑言高之意。明知有不能行者，有不可行者，夫不能行則非言者之過，而千慮一得，多言或中，又何至無一可行。存之以質同志云爾。

咸豐十一年冬十月，吳縣馮桂芬自序。

《西學凡》

四庫全書提要　《西學凡》一卷，附録唐大秦寺碑一篇，明西洋人艾儒略撰。儒畧有《職方外紀》，已著録。是書成於天啓癸亥，《天學初函》之第一種也。所述皆其國建學育才之法，凡分六科：所謂勒鐸理加者，文科也；斐録所費亞者，理科也；默第濟納者，醫科也；勒斯義者，法科也；加諾搦斯者，教科也；陡禄日亞者，道科也。其教授各有次第，大抵從文入理，而理爲之綱。文科如中國之小學，理科則如中國之大學。醫科、法科、教科者，皆其事業，道科則在彼法中所謂盡性至命之極也。其致力亦以格物窮理爲本，以明體達用爲功，與儒學次序畧似。特所格之物，皆器數之末；而所窮之理，又支離神怪而不可詰，是所以爲異學耳。末附唐碑一篇，明其教之久入中國。碑稱，貞觀十二年，大秦國阿羅本遠將經像來獻上京，即於義寧坊勅造大秦寺一所，度僧二十一人云云。考《西溪叢語》載，唐貞觀五年，有傳法穆護何禄，將祆教詣闕，聞奏勅令長安崇化坊立祆寺，號大秦寺，又名波斯寺。至天寶四年七月勅，波斯經教出自大秦，傳習而來，久行中國，爰初建寺因以爲名，將以示人必循其本，其兩京波斯寺，並宜改爲大秦寺。天下諸州郡有者，準此。《册府元龜》載，開元七年，吐火羅國王上表，獻解天文人大慕闍，智慧幽深，問無不知，伏乞天恩唤取，問諸教法，知其人有如此之藝能，請置一法堂，依本教供養。段成式《西陽雜俎》載，孝億國界三千餘里，舉俗事祆，不識佛法，有祆祠三千餘所。又載，德建國烏滸河中有火祆祠，相傳其神本自波斯國，乘神通來，因立祆祠。祠内無像，於大屋下置小廬舍向西，人向東禮神，有一銅馬，國人言自天而下。據此數説，則西洋人即所謂波斯，天主即所謂祆神。中國具有紀載，不但有此碑可證。又杜預注《左傳》次睢之社曰，睢受汴東經陳留梁譙彭城入泗此水次有祆神，皆社祠之。顧野王《玉篇》亦有祆字，音阿憐切，註爲祆神。徐鉉據以增入《説文》。宋敏求《東京記》載，寧遠坊有祆神廟。注曰，《四夷朝貢圖》云，康國有神名祆，畢國有火祆祠。或傳石勒時立此，是祆教其來已久，亦不始於唐。岳珂《桯史》記番禺海獠其最豪者，蒲姓，號白番人，本占城之貴人留中國，以通往來之貨，屋室侈靡踰制，性尚鬼，而好潔。平居終日相與膜拜祈福，有堂焉，以祀如中國之佛，而實無像設。稱謂聱牙，亦莫能曉，竟不知爲何神。有碑，高袤數丈，上皆刻異書如篆籀，是爲像主，拜者皆嚮之。是祆教至宋之末年尚由賈舶達廣州，而利瑪竇之初來，乃詫爲亘古未睹。艾儒略作此書，既援唐碑以自證，則其爲祆教更無疑義。乃無一人援古事以抉其源流，遂使蔓延於海内。蓋萬曆以後，士大夫大抵講心學，刻語録，即盡一生之能事，故不能徵實考古，以遏邪説之流行也。

又　楊廷筠　刻西學凡序　儒者本天，故知天，事天，畏天，敬天，皆中華先聖之學也。詩書所稱，炳如日星，可攷鏡已。自秦以來，天之尊始分，漢以後，天之尊始屈。千六百年天學幾晦，而無有能明其不然者。利氏自海外來，獨能洞會道原，實修實證，言必稱昭事，當年名公碩士皆信愛焉。然而卒未有能盡叩其學，緣其國隔九萬里，象胥絶不相通，所可譯者，器象圖數有跡可揣之物，而其於精義妙道，析牛毛超象罔者，書雖充棟，不能盡以手口宣也。推厥所繇，彼中士人學問修詣有次，不能躐等徑造，極開敏者，亦必廿年乃成，再三考試，周德不亂，乃始聽許遠遊。迨入中華，間關數載，又以數載習語認字，數載通經學文，始能融會兩境義理，有所闡譯，而老將至矣。而我華人又鮮肯虚心參究與共功力者，所以後先數輩，率皆齎志以殁，而學不盡傳。而貌取者第敬其操詣之純篤，與其名理之該洽，又或以爲淺譚象數，而無當於精奥，抑孰知原原本本，真有當年累世而莫可窮竟者。即如彼國讀書次第取士，科條種種，實修實用，欲著一詞章，功利欺世盗名，如吾三代以下陋習，而無所庸之。以此作養成就，其人才，自是不同。教化流行，風俗醇美，無可疑者。若疑言涉夸毗，諸賢素不妄語，以余所聞，又閲多人，多載顒若畫一。所稱六科經籍，約略七千餘部，業已航海而來，具在可譯。此豈蔡愔、玄奘諸人近採印度諸國，寂寂數簡所可當之者乎。而其凡則，艾子述以華言，友人熊子士旂、袁子升聞、許子胥臣，爲授梓以廣異聞。夫此其於天學也，猶未諳象緯，而先持寸軌以求夙莫者也。嗟乎，吾中國文教光天，秘府名山所藏，即珠函貝笈之僻，大抵富有不遺。詎可令此種學問歲月滛征，而光彩久韜不耀。假我十年，集同志數十手衆共成之。昭聖天子同文盛化，良亦千載一時。而其如俟河之清，人壽苦短，何哉？雖然吾終不謂如許奇袐，浮九萬溟渤而來，而無百靈爲之呵護，使終湮滅，獨竊悲諸誦法孔子而問禮問官者之鮮，失其所自有之天學，而以爲此利氏西來之學也。

天啓癸亥季夏之吉，鄭圃居士楊廷筠題。

又　許胥臣　西學凡引　凡也者，舉其槩也。左丘明以凡翼經，而西學以凡翼天。言天，非自西學始也。程子曰，儒者本天，蓋宗古敬天畏天言之。游、楊、吕三家，親出程氏之門，而已有徑庭之誤，朱子辯之詳矣。浸淫於速化，眯謬於提宗，而格致一種學脈晦蝕幾盡。不聞有返本窮原，苦修實體，而理析於繭絲牛毛，教攝於踐形超性，如艾氏所述西方之學者。讀其凡，其分有門其修有漸，其詣有歸，恍然悟吾儒格物原非汗漫，致知必不空疎，而格致果躋治平，治平必肇端於格致也。然則聖人豈欺我，而近儒超捷高玅之旨，果能試之有效，而推之東海西海而準否耶。昔左氏不列學官，漢下明詔，諸博士或不肯置對，今試令廣譯西學，傳播人世，真是真非，必瞭然心目。第恐創聞則駭，耳食則疑，未必肯虚心張眼而一一切磋究之耳。善乎李太僕之言，云，學者之病有四：淺學自篸一也，怠惰廢學二也，黨所錮習三也，惡聞勝已四也。祛此四病，而相與馳騁乎域外之觀，會通乎天人之際，不負此生，不虚此日，玆於同志者有深望矣。或曰西學自漢購之，白馬馱來，寥寥四十二章，不聞奇論，迨今迺出，不飾説歟？曰，此身毒之書，非九萬里外歐邏巴之書也。吾聞西國書言大抵千里一譯，距我中華雖心同理同，而語言文字别有天地，夐不易知。自利氏觀光三十年來，名公鉅儒相與投分研精，夫非一人一日而所能通譯者。自《實義》《畸人》《七克》而外，不過度數器用諸書，千百之一二。非不欲譯，不易譯也。當時蔡諳秦景何人，一往輙返，乃能得其要領，而況身毒距歐邏巴尚七萬里，影响相傳，有何確據。嗣後文人佞佛，增飾夸張，幾與吾儒角立，而吾儒顧且拾其餘瀋，甚且入室操戈。噫禮失則求之於野，讀《西學凡》而學先格致教黜空虚，吾亦取其有合于古聖之教而已矣。未屑藉資重譯，而與彼佛較曲直也。艾子西來有年，言不妄發，是學之傳，則余友人袁子升聞，力扣而請以華言譯之者，至于加以句讀，綴之圈點，則余不佞亦竊有所契于斯文。異日者廣致其書籍而盡繙譯焉。鼓吹庥明，小可比左氏一經，大則盡洗竺乾之悠謬，竊所寤寐，固不敢謂操緹摘槧，世更無揚子雲也。

東海許胥臣識。

《格物入門》

董恂　格物入門序　宋學格物，不斥所格何物，以爲物物而不物於物也。然而治漢學者，時復左宋而右漢，烏虖，日月麗天、江河行地之兩家者，上下千古，卒未有以相勝，顧未稔學者致力何如耳。泰西之學，確摯鋭韌，不哂夸父，而恥不愚公。所謂有弗學學之弗能弗措，有弗問問之弗知弗措，有弗思思之弗得弗措，有弗辨辨之弗明弗措，有弗行行之弗篤弗措者，輒於泰西乎見之，惜其語言文字，中國不能通。我國家握符闡珍，宣風重譯，思有以大無外之規，而廣見聞之所不及。於是乎有同文館之設，而延西士教習其中，冠西丁教師與焉。冠西博通强記，來中國久，能華言，迺者綜所學西學之水學、氣學、火學、電學、力學、化學、算學，歷著之華文，里質其詞，搆爲問、答、説，所未喻豁之以圖，承口講以手畫，洵明白而易曉學者。於此玩索而有得焉，亡論示漢、宋學何等。其要則内而析理，外而利用，非空言也。鄉也觀於洴澼絖之事，蓋其淺焉者已。

大清同治七年，青龍在箸雝執徐律中太簇之月，揚州董恂撰。

▽ 徐繼畬　序　泰西之學，始於利瑪竇之東來。迨後南、艾諸公擴而充之，益見詳備。然所言者天文曆法，於格物窮理之説未之詳也。余頃待罪閩中，因公至厦門，晤米利堅人雅裨理，廣見博聞之士也，能作閩語。余暇輒引與長談，於泰西各國古今形勢，粗知大畧，至格物之學，未暇及也。至同治五年，奉旨陛見派在總理各國事務衙門行走，管理同文館事務，因而識冠西丁君。冠西學問淵博，無所不通，著有《格物入門》一書，屬余爲序。余受而讀之，皆聞所未聞，且一一可以見之實事，與他人之馳騖元虚其語卒不可究詰者，蓋判然矣。

大清同治七年仲春，五臺徐繼畬拜手序。

附　凡例

一，格物之學源於開闢太初之人，始出兩間，環視萬物。究其性情，別其名目，斯爲格物。今人戴高履厚，内我外物，日與庶類以接爲搆，雖不學、不思，亦終於與知與能者，略悉一二，然非專心研究焉，得貫串維繫，而掌天地之秘鑰，以啓宇宙之寶藏乎。

一，泰西之興格物，久矣，而近代尤隆尚也。各國設庠序以課之，錫顯爵以勢之，遐邇徧搜，互相爭先。蓋富强之策在是已。苟以中華士林之衆，輻輿之廣，誠志乎窮理精藝之學，其誰可及哉。

一，是書之作，由美國教師丁韙良來兹中土，蒙王大臣延爲同文館教習，昕夕思維利國便民，莫急於格物，於是蒐羅泰西羣書，謹爲考覈，采其易明而有實濟者，編成七卷，由總理各國事務大臣批閱，因命付之剞劂云。

一，是書次序由淺及深，自水、火發端，而電、力、化、算各學相繼，問以出題，答以破題，條分縷析，文義惟求明徹，不事艱深，仍恐辭句有未適者，即經大興生員李光祐、河間貢生崔士元襄之潤色，脱稿後復蒙大司馬董加之斧政云。

一，學者諳其理，習其事，二者並進，方覺工夫有味，而實效可望。然每舉一端，器具材料務臻精審，否則試之不驗。如此而依次諳習七卷，可謂得門而入矣。

一，卷中偶有洋里、洋尺等語，華尺十寸，爲洋尺十四寸一分；中華三里，爲泰西一里即洋里也。

一，卷中所加眉批，凡皆標其綱領，立片言以居要，亦以釐定其層次也。

《格致古微》

俞樾　格致古微敘　自泰西諸國交乎中夏而西學興焉。趨時者喜其創獲，泥古者惡其奇袤，而不知西學亦吾道之所有也。何以徵之？曰，吾人束髮讀書，不先受《小戴記・中庸》《大學》兩篇乎？《大學》曰，致知在格物，《中庸》曰，惟天下之至誠爲能盡其性。能盡其性，則能盡人之性。能盡人之性，則能盡物之性。能盡物之性，則可以贊天地之化育。是《大學》原致知之始事，必以格物爲基，而《中庸》推盡性之全功，必以盡物性爲極。盡其性矣，未足也，必繼之以盡人性。盡人性矣，未足也，必繼之以盡物性。至盡物性，而後可以贊化育，而後可以與天地參。嗚呼，西人之學其出於此乎。西人所言化學、光學、重學、力學，蓋由格物而至於盡物之性者也。惟古之聖人皆以人道爲重，故曰聖人人倫之至也。自堯舜三代以來，吾人皆奉聖人之教以爲教，專致力於人道，而於物或不屑措意焉。是以禮樂文章高出乎萬國之上，而技巧則稍遜矣。彼西人之學，務在窮盡物理，而人道往往缺而不修，君臣、父子、夫婦、昆弟之間每多遺憾，而奇技淫巧則日出而不窮。蓋中國所重者，本也。而西人所逐者，末也。逐末則遺本，而重本則末亦未始不在其中。苟取吾儒書而熟復之，則所謂光學、化學、重學、力學，固已無所不該矣。宋元儒者所見，皆不及此。恭讀我聖祖仁皇帝御製《三角形論》曰，論者謂今法古法不同，殊不知原自中國流傳西土。大哉言乎，足以會中外之通，而破古今之蔀矣。自是以來，學者始知西法即出於中法，震而矜之者，俗士也。鄙而夷之者，陋儒也。吴下王君幹臣，以名進士入詞林，改官吏部始讀中祕書，即思發古書之義藴，窮西學之根株，創爲一書，曰《格致古微》，不我鄙棄，就而質焉。余力贊成之。至今歲仲春見我於春在堂，則其書成矣。自九經二十四史，以及諸子之書，百家之集，凡有涉於西學者，博采而詳論之，使人知西法之新奇可喜者，無一不在吾儒包孕之中。方今經術昌明，四部之書犂然俱在，士苟通經學古，心知其意，神而明之，則雖駕而上之不難。此可爲震矜西法者告，亦可爲鄙夷西法者進也。余章句陋儒，於西人新法一無所解，承君問序於余，姑引《大學》《中庸》之言，以應之。《中庸》不云乎，致廣大而盡精微。如君所論，廣矣，大矣，精矣，微矣。又云，温故而知新。天下之人，但喜西法之新，而不知皆本吾儒之故。温故知新，願以告天下好學深思之士。

光緒二十二年春二月，曲園居士俞樾序於平望舟中。

又 林頤山 格致古微敘 自古疇人算術至元代而極盛，其殆合九章爲一章乎。國朝董、項、戴、徐、顧、李諸君子輩起益闡其未發之祕，故雖泰西諸家澄思眇慮，觸類引伸，歷萬變而不離其宗，蓋借根方即李敬齋之天元而消法，從同代數即朱松庭之四元而化法不同，夫人而知之也。西儒偉烈亞力謂，董氏方立項氏梅侶，戴氏鄂士、徐氏君青、顧氏尚之、李氏秋紉所著書，甚近微分。由是言之，微分還原，又名積分，亦即郭太史之平、立、定三差，及董、項、戴、徐、顧、李之三乘、四乘諸差穎悟而得。然借根方一名，東來法獨代數、微積不名。東來法者，猶之董、項、戴、徐、顧、李諸乘差，乃由郭太史垛積招差遞變，其法不復存其原名故也。推而至於麻算，亦惟元授時術已臻美備，其與西麻殊致者，西麻輪法託爲假象，橢圜不同心，自是真象。中麻不論真假各象，但論盈縮遲疾，以求密合於天行之數。設以平、立、定三差，再加三乘、四乘諸差，仿古盈縮率、遲疾率以造時憲，足與橢圜輪法竝行不悖。中士人材詎真遜於泰西也？今夫算術之妙用，固不止麻算已也。間嘗涉獵西書，撰其大旨，算學爲經，重學、化學爲緯，天學、機學隸重學，地學、礦學隸化學，水學、氣學、熱學、電學及火器、水師等學，又兼隸重學、化學。外此若聲學、光學，乃氣學、熱學之分支，似非重學、化學所可隸者。頤山竊不自揆，借重學之理，證以《考工記》鄭注，借化學之理，證以《抱朴子・黄白》等篇，草草勞人，未遑卒業。今者得讀王庶常幹臣同年《格致古微》，而益擴所聞見也。庶常博洽羣書，上自周秦，下暨元明，苟有涉於格致，必爲之條分縷析，兼蓄竝收，箋釋宏通，衮然成帙。果使實事求是，得如董、項、戴、徐、顧、李之徒，仿古麻算例而擴而充之，亦將訪是書以假涂徑，則凡重學、化學諸大端，事事皆必則古昔，雖欲擷泰西之菁英，鎔中士之模范，不難矣。抑又攷之《禮記》鄭注，《大學》自誠意始，不自致知格物始，頗與譯書所稱格致有別。會其通者，以意逆志而已。必執《大學》物格知至，與《樂記》物至知知相參證，夫豈通儒之達詁也哉。

光緒丙申仲春，年愚弟慈谿林頤山謹敘。

又 胡玉縉 格致古微跋 自圖書啓而即具格致之理，觀飛蓬爲車，因落葉爲舟，充其智豈不能爲今之火輪、舟車？而聖人弗爲者，利於民而已，不必矜其巧也。讀《周易・繫辭》《世本・作篇》，皆是此義。故成湯破壞飛車，漢陰丈人公肩假且羞桔槔，且賁魯般之以人毋嘗巧，厥後聰穎之士或就其性之所近，刱造奇技，卒以所重在此不在彼，寖失其傳。即如日月交蝕，有一定之朔望，聖人能置閏，豈不知日月有常度！而《春秋》《小雅》云，日有食之。但舉其可見者爲言，將使人君鑒天變而加惕也。故曰有不宜有也，古立意之深如此。自萬曆中利瑪竇、熊三拔以西法入中國，其時徐光啓不學無術，詫爲絶詣，不知其衍中士之緒餘。幸遇聖清龍興閎儒輩出，梅徵君、紀文達、阮文達諸公旋發其覆，鄒伯奇、陳澧，及近人張自牧，又證其藝學所自始。於是詭譎伎倆歷歷在目，惜未有薈萃成書者。同年，王君幵、鄭因復徧攷四部，坿益已說，總爲是編，其用力可謂勤矣。書中於剖割之忍，機械之巧，婁婁抑之，斥彼經直解之謬，抉商埠發冢之弊，尤爲有功名教。而韓非論殷法，桓寬論水旱，王充論死，亦不以古書而護其非。昔亭林氏有言，文須有益於天下。烏虖如君此書，得不謂之有益歟。以《說卦》：坤爲地，不言爲方，即是地員，與元人李冶說合。以思字爲以聲兼義，與郝懿行說合。吾以是服此書之精。以剖割爲過於殘忍，則《四國日記》之盛稱寔事求是者，其立論之偏，隱然自見於言外。以安息、天竺、交市及陶侃立夷市爲通商之祖，則使俄草之推本日中爲市者，亦似是而非。然則此書尤在讀者之參觀互證，以是益服其精也。承不鄙棄，屬加校勘，余學殖荒落，何足補益此書，顧不直則道不見，又不敢不稍有獻替。鄒衍說大九州本於《河圖》，俞正燮言之，緬甸王召見臣工，須脱屨上殿，此非曲禮意。古者脱屨爲坐，入朝不坐，理無脱屨。自漢魏誤會古之燕飲侍坐脱屨爲敬，於是入朝必脱屨，而蕭何、曹操之劍履上殿，乃爲優禮重臣。《左傳》：恒星不見。即是恒星不動，當以《史記》條爲正。雲漢爲無數小星，譚大夫似已見，及《大東》詩諸星皆取有明，而無用雲漢，亦有光，而無所明。其意可會，然皆無關宏恉，則此書之精可知已。竊嘗論之，中國自互市以來，實爲天地一大變局。迺者琉球滅於日，越南併於法，緬甸覆於英，朝鮮通商而暹羅半翦，甚且以臺灣割畀他族。人人有變於夷之懼，吾則謂正用夏變夷之時。泰西之通華文者，類皆譯讀四子五經書。英有比遞斯尼教，以躬行實(淺)[踐]爲本。現聞俄又尊崇聖教，立孔子廟，是聖道自東徂西，而天之將以中外大一統予我聖清也，明甚。我中國苟能自强，則此日之憂危，即爲他日之興起，匪特歐亞諸洲，將歐亞外又有四大洲來隸我宇，而鄒衍之説益驗，豈不懿哉。自强之道，放效西法，外先求甄拔人才，破除資格。其喪師失地者，法不少貸。一言以蔽之，曰明賞罰而已矣。讀此書不禁罣然高望也。

光緒丙申三月，同學年小弟元和胡玉縉謹跋於郡城之學古堂。

《格物中法》

袁昶　序　往在同治己巳庚午，客居白下，因戴君子高識寶應劉君叔俛，因叔俛又習知其從弟佛卿，之方閒績學踰十許年，而佛卿登第官農部，所詣益邃，乃抱其胸次倔奇久龐眉郎潛，弗得一試其鋩刃，顧密爾自娛於斯文。昨見示所箸《格物中法》十卷，之一命之敘，受而讀之。吏叢倥偬，頃始得盡半日之力，校讀卒業作而曰，物必有名，以象其材。性名必有義，以析其體。用義必有趣，以究其指歸。博矣哉，部居件系，若入太廟而數法物也。深矣哉，理解冰釋，若鉤重淵而出沈鱗也。不佞嘗持辟謬之論，謂古今窮理格物之學，當有四要。四要之藉，資儒生日用，有裨治道，不可不勤肄之，視若飢食渴飲布帛之相須。此外箋記瑋細聲悅藻麗，徒眩民智，不切實用者，舉可東之高閣，毋虚費吾日力。於是芟繁舉要，治萬物至賾之緖，而使之理御萬物至動之氣，而約之静易簡，而宰制天下之術得矣。何謂四要？一曰發揭義理之學。孟子得易之用，老子得易之體，以及荀、董、揚、韓、司馬、潛虚迂書。邵、觀物經世。程、朱之著書，皆義學也。操六藝之微言以決事，佐人君，官陰陽，以遂羣生。敬用五事，以明教化，秉要執本，清静自正，爲道日損，爲學日益，損以遠害，益以興利，敬義夾持，物來順應，克己復禮，天下歸仁。此皆先自治而後治人，先治内而後治外，義理之學之所長也。陳同甫當南宋外患迭乘之會，譏朱子原心杪忽，析理分寸，類風痺不知痛癢之人，豈知彌綸萬變操諸一心，君子慎始，正其本，萬事理同。父之鹵莽，惡足以窺朱學之精深哉。一曰善言名理之人。莊、列、尸、鄧，《呂覽》《國策》《短長説》，下至留侯之格君不爲面折廷諍，勿煩言而意自解。王導、謝安之正容悟物，因時立業，據勢爲資，支拄偏安之危局是已。古今事變蕃矣，紛紜倉猝，有非正言莊語可了。惟神明閒澹，中有主宰者，談言微中，足以解之。是乃無智名、無勇功，而足以定一時之變者，抑其次也。一曰洞達事理之史。《尚書》記言，《春秋》《内傳》記事，河汾《元經》，涑水《通鑑》，是已述往古之軌，足以御當今之變，成敗禍福，驗倚伏之幾，決蓍龜之惑。憂勞可以興國，逸豫可以亡身。聖君修之，吉。闇主悖之，凶。此古今得失之洞林也。一曰掔究物理之書。《計然・萬物論》《淮南萬畢術》《内經・太素》《抱朴内篇》《齊民要術》，楊泉《物理論》、方氏《物理小識》、汪子《物詮》之屬是已。而未有薈萃其説而條析之者，佛卿於是揚榷羣籍，别擇其品彙，融液其精英，著爲《格物中法》一編，仰以觀於天行，俯以察於地脈，近取諸一身，遠徵諸庶物，顯而驗諸五行百産，微而候諸六氣三機，皆切於興物前民之用者也。夫斵木掘地，智不如機舂。聖人不欲琱萬物之大朴，而懷其餘巧，故淵兮爲萬物之宗，乃西士所謂格物鉤索幽隱，必欲鑿破渾沌，不殫其巧突不止，於是重學、光學、汽學、電學、化學，漫衍雲興，推勘踰明，試驗踰碻，施用踰廣，此亦天地氣機之自然。將來物智既倦，必有返游其初，而復歸於朴者。井蛙一曲之徒，神之而色駴。抱蜀研幾之士，探之而逢原。佛卿是編，蓋所以會九流百家之要，而範圍西士漫衍曲説不可少之書。蓋有志經世者，必湛潛義理，而後可以立天地之心；拈提名理，而後可以應世務之變；損益事理，而後可以神明古法而御今；掔窮物理，而後可以厚濟民生而利用。茲編闡物理之精蘊，示西蓺之椎輪，其濟芸生而利民用也，大矣。太西人得立天元一術，以製借根方，名爲阿爾熱八達，譯云東來法也。異日西士得此編，因而悟格物學之原始，得毋亦稱爲東來法歟。佛卿世經家學，浩浩乎靈臺一而不桎，其窮理觀物，積之也久，故能異條同貫，推見至隱，若此視時彦所爲，不止上下牀之别矣。其探索物名，而饜涉義趣也，非猶夫人之言物名、義趣也，殆博矣，深矣，蔑以加矣。不揣固陋，竊爲之紬繹古今，窮理四要，匪止西士所謂格物一門，得粗而遺精者，且思以我法中之美備，寤太西游蓺之士，俾啓其逃墨歸儒，進技於道，自然感格之新機焉。

光緒己亥日，南至桐廬袁昶敘。

又　劉嶽雲　自序　自《冬官》之書佚，而操藝者各挾其工巧衒鬻于市，前明澳門通商以來，西戎用機器玩好無益之技，簧鼓中國，以漸逞其陰計秘謀，攘奪繁富之心至今日而益熾。夫戎之技，一工人耳，薦紳之所不道，而學士大夫之所鄙也，烏足言哉，烏足言哉！然而居今之時，欲移易其耳目，莫若即中國所自有者著之，俾知夫中國之才百倍於戎狄，特屏棄弗爲，别求其至遠至大者也。吾嘗譯戎之書矣，有曰重學，以齊動力之輕重疾徐，而製器也。曰光學，以求分光聚點之遠近大小，而利視也。曰汽學，以化水氣，使積力而生動也。曰電學，以辨五金乾溼之感觸，用之化質生動也。曰化學，則又戎所云最精微者，爲能剖别物質，顛倒真僞，升鍊金石草木之類而成藥也。諸名係從《格物入門》所譯。夫顯鏡、遠鏡，孰與照膽之奇。日晷、鐘錶，孰與元帝殿漏之幻。汽機之繁重，孰與水碓風車之簡。輪船、火車、氣球，孰與飛車木鳶、木牛流馬之巧。研窮物質，孰與始知藥性、化鍊丹汞、種羊炕雞之奧。忘其至奇至幻至簡至巧奥者，而惟戎是好，不亦慎乎？不甯惟是，中國之攻木攻石攻金，皆重學也。冶人丱人，皆化學也。不甯惟是，蒸釜洒龍，汽學之日用而不知也。陽燧銅鑑，光學之日用而不知也。磁石引鍼，琥珀拾芥，電學之日用而不知也。酒漿、油酪、權量、舟車，化學、重學之日用而不知也。由是言之，精其業者秘其法，習其事者忽其理，大較然耳，豈戎狄知而中國愚哉！且西戎之法，皆中國之法也。有如漂布、熟皮、種樹、養蠶、造糖、燒磁、鍍金，少或十數年，多不過百年，始通其理。雖神明變化，精益求精，然非中國啓其知，而能若此哉！至於得南鍼而後知航海，得火藥而後用鎗礮，製火藥法書中云，火藥不知自始相傳，法本東來。據此，今人云始于西洋，不亦誤乎。則尤中國大有造於戎者，乃戎無一不賴中國，而中國反曰吾知遠出戎下，抑獨何歟。故是書之旨，編次古今言格物者，知其理所以然，則詳之，否則闕之。采書若《墨子》言光學、重學，《抱朴子》言化學之屬，文或不能盡識，則鈎稽而爲之注，亦竊坿鄙意，及中國六工之事䢖通證明，使天下知戎之技皆中國所自有，所不有者，則中國鄙屑不爲，與戎以小慧引伸得之也。若越人洞垣之藥，張衡地動之儀，乃至窮其理而不得，亦可見聖人之丣靡學不精，即一事一物，且超出戎狄萬萬也。嗟乎，聖賢之學，至遠至大者何可限量。今作此書，乃與戎爭工藝之長，重自愧已。

又　例言　卷中所言，既非《大學》之格物，亦非古人之藝事。蓋《大學》格物本不如今人所解，古人藝事必以禮樂爲先也。欽遵御製《幾暇格物編》命名之意，假取格物二字，以名此書。閲者，當先識此。

書名，屢有時彦規令更易。然此卷之意，本在申中抑西，質言之較爲明顯。所謂吾愛吾鞹，若下喬入谷，固所不願。陽儒陰墨，亦所不屑也。天以陰陽五行化生萬物，太極静則生陰，動則生陽，陰陽，氣也。故此卷以氣、五行爲次第，而繼之以蠕動，萬物雜而機械生，故以機巧繼之。然盈天地間皆氣，氣凝而爲形，形散而爲氣，形氣迭爲變化，而生生無窮焉。故又繼之以神化。

古籍佚者，多從諸書徵引，本朝儒生搜羅殘佚，大半已有輯本。故卷中即註原書不詡檢書之博，間有詳註處，不能一例，識者諒之。

次第諸書，以吾意所明之事爲先後，不以書之時代爲先後。若所明之事語意相同，則亦以書時代先後次之。

聖人不作，九流百家各以其説支離攘臂乎其間。故中國之書，其是非常兼收並蓄，如海水之無不容。今但擇其足以伸吾説者載之，其與吾説觝牾者聽之，不爲博辨以啓争端也。書雖言理，歸於實用，則製器尚矣。後之勝前，理固應爾。然古勝於今，亦所時有。博采繪圖，以餉覽者。

書已編成，陸續所得，不便再編；亦有無可歸宿者，統爲《雜識》，別繫於後。

書作於庚午之歲，歴年增改，自以檢書太少，遺漏孔多，未敢示人。庚子遭亂，僥倖存篋。時局變更，靡知所届，因付梓人，聊存鄙意。世有通儒，或匡不逮。

又　馮書　跋　謹案，先生所云古法，乃《九章算術》内，今有人持錢之蜀賈利十三，初返歸一萬四千，次返歸一萬三千，次返歸一萬二千，次返歸一萬一千，後返歸一萬。凡五返歸，錢本利俱盡，問本持錢及利各幾何一題，原術用盈不足法，殊不足據。甄鸞注法尚係正術，而不免於煩。今先生此書，設爲問答，由易而難，較古法爲精，即不深諳算法者，亦能因術以求合，視近人粟布演草尤簡明。方今天下多故，至於貸銀以紓難，有心者惕然傷之。先生之書，其亦有憂患也夫。

光緒丙申初冬，受業鹽亭馮書謹跋。

《日本國志・學術志》

黄遵憲　學術志西學篇後記　外史氏曰：以余討論西法，其立教源於墨子，吾既詳言之矣。而其用法類乎申韓，其設官類乎周禮，其行政類乎管子者，十蓋七八。若夫一切格致之學，散見於周秦諸書者尤多。蓋中土開國最先，數千年前環四海而居者，類皆蠻夷戎狄，鶉居蛾伏，混沌芒昧，而吾中土既聖智輩出，凡所以厚生利用者，固已無不備。其時儒者能通天地人，農夫戍卒能知天文，工執藝事得與坐而論道者，居六職之一。西人之學，未有能出吾書之範圍者也。西人每謂中土泥古不變，吾獨以爲變古太驟。三代以還，一壞於秦之焚書，再壞於魏晉之清談，三壞於宋明之性命，至詆工藝之末爲卑無足道，而古人之實學益荒矣。大清龍興，聖祖崛起，以大公無外之心，用南懷仁、湯若望爲臺官，使定時憲。經生之兼治數學者，類多融貫中西，闡竭幽隱。其精微之見，於吾書者皆無不樂用其長。特憾其時西人藝術猶未美備，不獲博採而廣用之耳。百年以來，西國日益强，學日益盛，若輪舶，若電綫，日出奇無窮。譬之家有秘方，再傳而失於鄰人，久而迹所在，或不憚千金以購還之。今輪舶往來，目擊其精能如此，切實如此，正當考求古制，參取新法，藉其推闡之妙，以收古人制器利用之助。乃不考夫所由來，惡其異類而並棄之，反以通其藝爲辱，效其法爲耻，何其隘也！夫弓矢不可敵人礮，槳櫓不可敵輪舶，惡西法者亦當知之，特未知今日時勢之不同。古人用夏變夷之説，深入於中，誠恐一學西法，有如日本之改正朔，易服色，殊器械以從之者，故鰓鰓然過慮，欲并其善者而亦棄之，固亦未始非愛國之心。顧以我先王之道德涵濡於人者至久，本朝之恩澤維繫於人者至深，所謂天不變，道亦不變，終不至盡棄所學而學他人。彼西人以器用之巧、藝術之精，資以務財訓農，資以通商惠工，資以練兵，遂得縱橫倔强於四海之中。天下勢所不敵者，往往理反爲之屈。我不能與之争雄，彼挾其所長，日以欺侮我，凌逼我，終不能有簪筆雍容，坐而論道之日。則思所以扞衛吾道者，正不得不藉資於彼法以爲之輔。以中土之才智，遲之數年，即當遠駕其上。內則追三代之隆，外則居萬國之上，吾一爲之而收效無窮矣。曾是一慚之不忍而低首下心，沁沁晛晛，爲民吏羞乎。且器用之物，原不必自爲而後用之。泰西諸國以互相師法而臻於日盛固無論矣，日本蕞爾國耳，年來發憤自强，觀其學校，分門别類，亦駸駸乎有富强之勢。則即謂格致之學非我所固有，尚當降心以相從，況古人之説明明具在。不耻術之失其傳，他人之能發明吾術者，反惡而拒之，指爲他人之學，以效之法之爲可恥，既不達事變之甚，抑亦數典而忘古人之實學、本朝之掌故也已。

《西學啓蒙·西學略述》

曾紀澤　西學略述序　記曰：辟如行遠必自邇，辟如登高必自卑。老氏亦云：合抱之木，生於豪末；九層之臺，起於絫土；千里之行，始於足下。蓋天下事業文章學問術藝，未有不積小以高大，由淺近而臻深遠者。泰西之學，條别派分，更僕難數。學成而精至者，大抵撼風霆而揭日月，奪造化而疑鬼神。方其授學伊始，往往舉孩提之童所能言能知，匹夫愚婦所不屑道者，筆之爲塾鈔，編之爲日課，耆彦師姆，諄複道之，不以粗淺爲恥，翻以躐進爲戒。其向學易，而爲學有次第，此泰西學者之所以衆多，學而成名者亦因是而濟濟焉。試舉一二端明之：論光色之學，曰白者諸色皆備，黑者諸色皆無。諸色皆備，則不復受色，故以色者白紙，常推而拒之，顯露於紙上。諸色皆無，則能受衆色，故以色著黑紙，常納而入之，隱於紙中。夫繪白紙而顯露，繪黑紙而隱晦，此孩提之童所能言能知，匹夫愚婦所不屑道者也。然泰西學士由此理以證日質之所有，辨虹蜺之七色，窺玻璃之三角，定藻繪之彰施，考影相之宜忌，其學無窮極焉。又論寒熱之學，曰五金傳熱，毛羽不傳熱。投鐵杖一端於火，火外之鐵遽不可執；焚獸皮，將盡而未盡者仍可執。此傳熱不傳熱之證也。狐貉足以禦寒，非狐貉能生熱也，惟其不傳熱，故能護藏人身本有之熱。夫投鐵杖與獸皮於火，可執不可執之别，此亦孩提之童所能言能知，匹夫愚婦所不屑道者也。然泰西學士由此理以考求太陽地心之熱力，與一切機器鍵轄火輪舟車蒸汽生力之大凡；稽化學生剋之源，察冷暖漲縮之理；儲水銀、鑄鋼鼓，以製寒暑之表、風雨之鍼；五緯、彗孛、地球、月輪藉攝力以環日；地火震山，空陽生颶，循定軌以行災；推測之眇，通乎神明，其學亦無窮極焉。所謂積小以高大，由淺近而臻深遠者，非其效歟！總税務司鷺賓赫君擇泰西新出學塾有用之書十有六種，屬英國儒士艾先生約瑟譯成華文，書成，問敍於予。予嘗忝持使節，躬隷歐洲，每欲纂輯見聞，編爲一帙，事務紛乘，因循不果。今閲此十六種，探驪得珠，剖璞呈玉，遴擇之當，實獲我心。雖曰發蒙之書，淺近易知，究其所謂深遠者，第於精微條目，益加詳盡焉耳，實未始出此書所紀範圍之外。舉淺近而深遠寓焉，詎非涉海之帆檝，燭暗之鐙炬歟！古稱通天地人爲儒，又曰一物不知，儒者之恥。儒豈易言？發軔於此書，就性天之所近，更箸研眈之力，其於專門之學，殆庶幾乎爾雅訓詁之文，急就奇觚之字，賈、董、揚、班於是乎興。吾人而有志於西學，則雖以爾雅急就章視此編焉，可也。注：「西學略述」爲艾約瑟譯「西學啓蒙」十六册中之第一册。

《格致彙編》

薛福成　傅蘭雅　格致彙編序　西士傅蘭雅纂《格致彙編》，介趙静涵請序於余。余以滬館事冗，即屬静涵代擬一稿，已爲點定，送交傅君矣。兹者風和日麗，舟平如砥，復取前稿，諷玩數徧，酌加删潤，附誌於此。

序曰：格致之學，在中國爲治平之始基，在西國爲富强之先導，此其根源非有殊也。古聖人興物以前民用，智者創，巧者述。舉凡作車行陸，作舟行水，作弧矢之利以威天下，所謂形上形下，一以貫之者也。後世歧而二之，而實事求是之學，不明於天下，遂令前人創述之精意，潛流於異域。彼師其餘緒，研究益精，競智争能，日新月盛。雖氣運所至，亦豈非用力獨專歟！方今海宇承平，中外輯睦，通使聘問，不絶於道。西國之討論中華經史者不乏其人，而吾儒亦漸習彼天文地輿器數之學。涉其藩，若浩博無涯涘；究其奥，則於古聖人作述之原，未嘗不有所見焉。甚哉！格致之功之不可不窮其流也。西士傅蘭雅先生，英國之通人也，航海東來二十餘年矣，通曉中華語言文字，於繙譯西書之暇，取格致之學之切近而易知者，彙爲一編，按季問世，不憚採輯之煩，譯述之苦，傅君之用心可謂勤且摯矣。顧吾謂中國數千年以來，材智迭興，固未嘗無好學深思之士造乎其極者，第自《周禮・冬官》一書既佚，而操藝者師心自用，擅其片長，以眩於世學，士大夫又鄙棄工藝而不屑道，而古先聖哲所作述之絶學遂亡。詎知泰西各國，殫億兆人之智力，潛闢造化之靈機，奮志經營，日臻富强以雄視宇宙邪！間嘗考其大凡，其齊動力之輕重疾徐而製器者曰重學，即攻木、攻石、攻金之工也；剖别物質各殊其劑以程材者曰化學，即冶人、礦人之業也；以火化水使積力而生動者曰汽學，即蒸釜酒龍之製也；凹凸晶鏡令光點遷就而利視者曰光學，即陽燧銅鑑之各適其用也。其他磁石引鍼，琥珀拾芥即電學之權輿也；一尺之棰，日取其半，萬世不竭，即幾何學之妙用也。吾華讀書之士，明其道者忽其事；工師之流，習其業者昧其理，多未明曉西法，故不能互相引證，抉其精要。然其學未嘗不可攻而能也。傅君彙編出，而人知格致之實用，庶幾探索底蘊，深求其理法之所以然。風氣既開，有志之士鍥而不捨，蘄使古今中西之學會而爲一，是則余之所默企也夫。

《西學圖説》

王韜　跋　逸史氏王韜曰，西人測天之學，至近日而益精，則以有遠鏡而憑目測也。遠鏡始於光學，湯若望《遠鏡説》已開其端，至侯失勒而其製乃精。嗣是而後，既先之以推算，復佐之以測驗，兩者皆符，始筆於書。始知行星之道爲橢圓，世上一切物，皆有藉於日光始能長養生育。英人愛理始知日月之光激動空氣，月體本無光亮，人所見之光，乃日之光照於月面，而返照於地。此皆非遠鏡不能明，亦非從算學中出則不能知。既以算學爲根柢，而後格致之理乃擴之而愈廣，由此而氣學、聲學、化學、電學相繼而興，悉心究察，窮極精微。余於西學粗涉其藩籬，入之未深，然性所好焉。常於西儒之説而求其故，偶有所得，輒志不忘。《西學圖説》不過追紀所聞之緒餘耳。恐其久而浸失，聊復存之而已。如欲輯成一書，尚俟異日。

《西學原始考》

王韜　跋　韜於咸豐癸丑、戊午兩年，偕西士艾君約瑟譯《格致新學提綱》，凡象緯、曆數、格致、機器，有測得新理，或能出精意創造一物者，必追紀其始。既成一卷，分附於《中西通書》之後。今俱散佚，無從搜覓。因於鉛槧之暇，復爲編輯。篇帙遂多，爰授之剞劂氏。非敢問世也，亦欲世之考求西學者，知其濫觴之所自爾。然挂漏之譏，知所不免，他日容有續增，未可知也。

光緒庚寅閏花朝，天南遁叟王韜自識於滬上淞隱廬，時年六十有三。

《德國學校論略》

李善蘭　德國學校論略序　比年德與諸鄰國戰，必大勝之。夫德之鄰，皆强國也，而德之兵，必出於學校，人人向義，故能勝之。竊歎德之用兵，何以甚合我中土聖人之教也，以不教民戰，是謂棄之，德人其知之矣。今年德教士花君之安，以所著《德國學校論畧》，介美國衛公使問序於余。余展讀之，始知德國之必出於學校者，不獨兵也。蓋其國之制，無地無學，無事非學，無人不學。曷言乎無地無學也？鄉則有鄉塾，郡則有郡學，其國境之内，無論在邑在野，無不爲之立學焉。曷言乎無事非學也？文則有仕學院，武則有武學院，農則有農政院，工則有技藝院，商則有通商院，四民之業，無不有學已。其他欲爲師，則有師道院，欲傳教，則有宣道院。又如實學院、格物院、船政院、丹青院、律樂院，凡有一事，必有一專學以教之，雖欲不精，不可得矣。曷言乎無人不學也？男固有學，而女亦有學。平人固有學，而疲癃殘疾聾瞽瘖啞無不有學。孤子無父母者，童子有罪者，皆設一學以收教之。且其國之公令，八歲以上不入學者，罪其父母。故食德之毛，踐德之土，必入德之學矣。夫無地無學，則朝出侍函丈，夕歸修定省，而負笈遠遊、千里思親之患，可以免矣。無事無學，則今日之所講，即異日之所行，而所習非所用、所用非所習之弊，可無慮矣。夫質猶田畝也，學猶開墾也，雖有膏腴，不墾則荒；雖有良材，不學則廢。國無不墾之地，則米粟不勝食。國無不學之人，則賢才不勝用。國之盛衰，繫乎人。德國學校之盛如此，將見人才輩出，其國必日盛一日。佛氏之説，有所謂金輪聖王者，我蓋有望於德國之主焉，豈特兵之有勇知方而已哉。

同治癸酉季冬，海甯李善蘭序。

又　原序　中華亘古稱爲文物之邦，環中國者皆，蠻夷部落，榛榛狉狉，故中華視外國人，一概以夷狄稱之。夫古所謂夷狄者，即今中國之内，非中國之外。春秋之世，吴楚稱荆蠻，秦蜀號西戎，燕趙謂北狄，《禹貢》九州，不過冀、兗、徐、豫爲中國之正，青、揚、荆、雍、梁尚爲蠻夷。迨秦漢中國始大，猶未及今日之廣也。三代以下混一統者，曰秦，曰漢，曰晉，曰隋，曰唐，曰宋，曰元，曰明，曰清，餘皆偏安。大清輿圖，遠邁前代，北界俄羅斯，西逾葱嶺。葱嶺爲古所未識之地，況葱嶺以外乎。歐羅巴去葱嶺尚萬餘里，距中華幾三萬里，獨漢時與羅馬僅一通使，以後無聞。是以歐羅巴之名，歐羅巴之學，華人鮮有知者。前明西洋人艾儒略《職方外紀》，始言天下分五大州，曰亞西亞，曰歐羅巴，曰亞非利加，曰亞美利加，曰埃大利亞。華人意其多誇飾宗國之辭，疑之。而《職方外紀》一書，今亦罕覯。歐羅巴之學，肇自商周。周初時，希利尼國聲名文物噪傳天下。其製造之巧，學問之博，夐絶一時。其書尚在，可攷而知。先希利尼者，有猶太國，是耶穌降生之國。其國亘古著名。夏時有聖人，曰亞伯拉罕，商時有聖人，曰摩西，制禮贍詳，俱在《舊約》經内。近猶太古有巴比倫、亞述二國，亦夙著名，巴比倫尤以曆學算學著。後二國之學失傳。今有博士至此，窖其地，出其金石，雖湮没數千年，其文尚可摩挲讀焉。秦漢時，羅馬崛興，東平亞細亞，西混歐羅巴全州，南拓亞非利加，文德武功，焜燿古今。《漢書》所謂大秦國，制度文章與大漢等。亞非利加北鄙埃及國，有夏時其學亦甚著，文字尚形，與中國之籀文相仿。天竺國邇中國，其學與中國並古，古經爲其國人不能達。今有歐州人至其地訓之，可見亘古以來，國皆有學，不第中華然也。華人自負其學，呼外邦曰夷人，亦未覩天壤之大、古今之局耳。三千年前，歐羅巴尚草昧未開，自猶太國所崇事上帝之道漸被之，始然有學。迨耶穌教一入化其民人，學問蔚然日盛，理學益精，器藝益巧，有裨實用，利及寰區。今旅居中土者，悉歐羅巴米利堅之士。米利堅於有明中業，歐羅巴人始闢其地，乾隆間，始自立國。祇緣崇事耶穌之道，遂不數十年，禮樂文章與歐羅巴相埒。耶穌道實能化民成俗，其明驗也。余入粤傳耶穌道有年，恒與華士相往還。每見華士徒艷泰西之器藝，而棄其聖道，不知器藝葉也，聖道根也；器藝流也，聖道源也。無根則木必隕，無源則川不流。掇其糟粕，而遺其精華，甚爲惜之。傳道之餘，嘗輯《德國學校》一書，畧言書院之規模，爲學之次第，使海内人士知泰西非僅以器藝見長，器藝不過蹄涔之一勺耳。因器藝而求其學問，因學問而求其至道，有不涔然而興者，未之有也。有志者起而行之，知他年不以子言爲河漢矣。

耶穌降生一千八百七十三年，德國花之安識。

又　小引　泰西諸國，大書院固多，而小書院亦復不少。有爲皇家所立，有爲民間自設。今學術繁興，民間自設之家塾較前漸少，因需多置各種書籍、器具，非有力之家不能。每院分列數班，每年考察勤怠，入彀者可遷實學、仕學或技藝、格物等院，視人之所能，而學其所學，由此以定其學。太學院集諸院之大成，國之俊秀者萃於此。每年春秋二季考課，需留院三載，方能入考。三考而不見録者，黜之，永不得復考。見售者，則書院給以文摺，可以任職行事。此爲學梗概，歐洲諸國大同小異。惟德國則不拘男女貧富諸色人等，俱要入院肄業。自七八歲起，至十五歲止，此國家定制。若有抗例，則司書院者記録其名，呈知地方官，罰其父母，以示後戒。故通國男女，皆知書識寫之人。

《日本學校紀略》

廖壽豐　序　丁酉春，杭垣士大夫規普慈寺之舊，改爲求是書院、武備學堂各一區，招集生徒，課以西文格致有用之學，與夫洋操行陣制勝之策。而事方草剏，規模尚隘尟，所取資僉，以爲域外之觀，千聞不如一見，今年夏，貲遣肄業生文武各四，游學東瀛，檄張令大鏞，率以東渡，並令徧觀各校課程，訪求儲材選將之要。比事竣，遄返録陳，節畧三十餘通，其間境皆親歷，敘述較晰，雖辭頗不文，而官牘體製，無取古雅，達意即止。會迫瓜代，慮其散錢無貫，羼置吏案中，久且徒飽蟫蠹也。屬幕寮略加編訂，釐爲日本《武學兵隊紀畧》一卷，又《各校紀略》一卷，並坿雜記若干篇。既削藁，亟授梓人，而書其緣起於簡耑。

光緒廿有四年，歲在戊戌，季冬之月，撫浙使者嘉定廖壽豐并書。

《肄業要覽》

顔永京　肄業要覽序　閒嘗考悉英國之肄業，在大書院中所誦習者，則重希利尼羅馬之古時著作，及本國之舊文，皆無當於實用者也。昔咸豐時有英國名士史本守先生，目擊情形，慨然有感，思欲挽救於將來，著之於册名曰《肄業要覽》。今取而讀其書，亦不激不隨，其所論列，又確中時弊。凡歐洲法、德、意、俄、荷、丹、恒諸國，深知其益而譯以本文。若美國，本係同文，可不必贅其後。《肄業》之中，具有實用，而國家因之寖昌寖熾，臻於富强，恨吾華人曾未之見也。我中土學問之弊，固有不類而類者，雖曰以之自鏡，未必盡同。然於其剔弊諸法，亦足餉我無窮。予因暇時譯以成書，以效芻蕘之一得。第恐文詞蕪陋，不足達其所言，惟三復及之，以返觀内証，是亦予之所望也夫。

光緒八年孟冬，上澣滬城顔永京書於約翰書院。

《長興學記》

梁啓超　長興學記敘　在昔有漢學、宋學之争，於今有中學、西學之辨，究其終始，折中孔子而已。孔子創制法後，繙經演緯，俟聖不惑在大義，因時變通在微言。二宗既暢，條枏彌天。雖七十邈矣，孟、荀潤色於齊楚；城旦苛政，圖書不淪於燒薪。然東京訓詁，代興經籍，道息宋世，老、楊奪統，仁愛義乖，陵夷至今，大患痡迫。南海先生憂之，講學長興里，著爲《學記》，昭示來兹，愛同類以及異類，推孔教以仁萬國。啓超幸以爝火之明，得日月之炤耀。邇者講學長沙，仁智玆媿。懼大道之統或墜於眇躬，乃敬將此書上石，以饋天下焉。弟子梁啓超敬誌。

《中國工藝商業考》

梁啓超　中國工藝商業考提要　《中國工藝商業考》日本緒方南溟撰，凡分十章：一中國境域地理要略，二中國政治，三外國貿易沿革，四外國貿易大勢，五中國與日本貿易情形，六中國工業上，七中國工業下，八航海業，九中國各港志上，十中國各港志下。末附中國、日本事物名目表。南溟居中國三十餘年，自中東事定，歸而著此書，故敘述中國情形頗詳。其中所論前明之時，上下奢華相競，故工藝之業反盛，本朝崇尚儉德，政體雖整肅，而工藝實因以漸衰。其言具有精理，與葛屨蟋蟀之經義相發明。又云，中國所興製造之業，徒偏重於造船、造兵械、造火藥等局，糜金甚巨，而無益民業。又言中國製絨、織布、繅絲、鍊鐵等廠，皆緣官辦之故，百弊滋生。即有號稱半官半民者，亦皆以官法行之，其真爲民業者蓋寡。此中國工藝不興之大原。其言深切著明，洞中窾要。所述各港，只有上海、蘇州、杭州、漢口、重慶、宜昌、沙市、九江、蕪湖、鎮江等處，其他尚不及。蓋猶非大備之書。然每港列具情形，並考其所出手業，及各大行廠，莫不記載。其體例蓋與《知新報》附印新譯《東方商埠述要》相仿彿，特彼書所列較繁博，並不止中國一國耳。嗟夫，以吾國境内之情形，而吾之士大夫，竟無一書能道之，是可恥矣。吾所不能道者，而他人能道之，是可懼矣。

《天演論》

吴汝綸　天演論序　嚴子幾道既譯英人赫胥黎所著《天演論》，以示汝綸曰，爲我序之。天演者，西國格物家言也，其學以天擇物競二義，綜萬彙之本原，考動植之蕃耗。言治者取焉，因物變遞嬗，深揅乎質力聚散之幾，推極乎古今萬國盛衰興壞之由，而大歸以任天爲治。赫胥氏起而盡變故説，以爲天不可獨任，要貴以人持天。以人持天，必究極乎天賦之能，使人治日即乎新，而後其國永存，而種族賴以不墜，是之謂與天爭勝。而人之爭天而勝天者，又皆天事之所苞，是故天行人治，同歸天演。其爲書奧賾縱橫，博涉乎希臘、竺乾、斯多噶、婆羅門、釋迦諸學，審同析異，而取其衷，吾國之所創聞也。凡赫胥氏之道具如此，斯以信美矣。抑汝綸之深有取於是書，則又以嚴子之雄於文，以爲赫胥氏之指趣，得嚴子乃益明。自吾國之譯西書，未有能及嚴子者也。凡吾聖賢之教，上者道勝而文至。其次道稍貶矣，而文猶足以久。獨文之不足，斯其道不能以徒存，六蓺尚已。晚周以來，諸子各自名家，其文多可喜，其大要有集録之書，有自箸之言。集録者篇各爲義，不相統貫，原於詩書者也。自箸者建立一幹，枝葉扶疏，原於易春秋者也。漢之士争以撰箸相高，其尤者太史公書繼春秋而作人治以著，揚子太玄擬易爲之天行以闡，是皆所爲一幹而枝葉扶疏也。及唐中葉而韓退之氏出，源本詩書，一變而爲集録之體，宋以來宗之。是故漢氏多撰箸之編，唐宋多集録之文，其大略也。集録既多，而向之所爲撰箸之體不復多見。間一有之，其文采不足以自發，知言者擯焉弗列也。獨近世所傳西人書，率皆一幹而衆枝，有合於漢氏之撰箸。又惜吾國之譯言者大氐弇陋不文，不足傳載其義。夫撰箸之與集録，其體雖變，其要於文之能工，一而已。今議者謂西人之學多吾所未聞，欲瀹民智，莫善於譯書。吾則以謂今西書之流入吾國，適當吾文學靡敝之時，士大夫相矜尚以爲學者時文耳、公牘耳、説部耳，舍此三者，幾無所爲書。而是三者固不足與於文學之事。今西書雖多新學，顧吾之士以其時文、公牘、説部之詞譯而傳之，有識者方鄙夷而不之顧，民智之瀹何由？此無他，文不足焉故也。文如幾道，可與言譯書矣。往者釋氏之入中國，中學未衰也，能者筆受，前後相望，顧其文自爲一類，不與中國同。今赫胥氏之道未知於釋氏何如，然欲儕其書於太史氏、揚氏之列，吾知其難也。即欲儕之唐宋作者，吾亦知其難也。嚴子一文之，而其書乃駸駸與晚周諸子相上下。然則文顧不重耶？抑嚴子之譯是書，不惟自傳其文而已，蓋謂赫胥氏以人持天、以人治之日新，衞其種族之説，其義富，其辭危，使讀焉者怵焉知變，於國論殆有助乎？是旨也予又惑焉。凡爲書必與其時之學者相入，而後其效明。今學者方以時文、公牘、説部爲學，而嚴子乃欲進之以可久之詞與晚周諸子相上下之書，吾懼其舛馳而不相入也。雖然嚴子之意蓋將有待也，待而得其人，則吾民之智瀹矣，是又赫胥氏以人治歸天演之一義也歟！

又　嚴復　譯天演論自序　英國名學家穆勒約翰有言，欲考一國之文字語言，而能見其理極，非諳曉數國之言語文字者不能也。斯言也，吾始疑之，乃今深喻篤信，而歎其説之無以易也。豈徒言語文字之散者而已，即至大義微言。古之人殫畢生之精力，以從事於一學，當其有得，藏之一心則爲理，動之口舌、著之簡策則爲詞，固皆有其所以得此理之由，亦有其所以載焉以傳之故。嗚呼，豈偶然哉！自後人讀古人之書，而未嘗爲古人之學，則於古人所得以爲理者，已有切膚精憮之異矣，又況歷時久遠，簡牘沿譌、聲音代變，則通假難明；風俗殊尚，則事意參差。夫如是，則雖有故訓疏義之勤，而於古人詔示來學之旨愈益晦矣。故曰，讀古書難。雖然，彼所以託焉而傳之理，固自若也。使其理誠精，其事誠信，則年代國俗無以隔之。是故不傳於兹，或見於彼，事不相謀，而各有合。考道之士，以其所得於彼者，反以證諸吾古人之所傳，乃澄湛精瑩，如寐初覺。其親切有味，較之覘畢爲學者，萬萬有加焉。此真治異國語言文字者之至樂也。

今夫六藝之於中國也，所謂日月經天、江河行地者爾。而仲尼之於六藝也，《易》《春秋》最嚴。司馬遷曰，《易》本隱而之顯，《春秋》推見至隱，此天下至精之言也。始吾以謂本隱之顯者，觀象繫辭以定吉凶而已。推見至隱者，誅意褒貶而已。及觀西人名學，則見其於格物致知之事，有內籀之術焉，有外籀之術焉。內籀云者，察其曲而知其全者也，執其微以會其通者也。外籀云者，據公理以斷衆事者也，設定數以逆未然者也。乃推卷起曰，有是哉，是固吾《易》《春秋》之學也。遷所謂本隱之顯者，外籀也。所謂推見至隱者，內籀也。其言若詔之矣，二者即物窮理之最要涂術也。而後人不知廣而用之者，未嘗事其事，則亦未嘗咨其術而已矣。近二百年，歐洲學術之盛遠邁古初，其所得以爲名理公例者，在在見極，不可復搖。顧吾古人之所得，往往先之，此非傅會揚己之言也。吾將試舉其灼然不誣者，以質天下。夫西學之最爲切實，而執其例可以御蕃變者，名、數、質、力四者之學是已。而吾《易》則名、數以爲經，質、力以爲緯「緯」，而合而名之曰《易》。大宇之內，質力相推，非質無以見力，非力無以呈質。凡力，皆乾也。凡質，皆坤也。奈端動之例三。其一曰，靜者不自動，動者不自止，動路必直，速率必均。此所謂曠古之慮。自其例出，而後天學明，人事利者也。而《易》則曰，乾其靜也專，其動也直。後二百年，有斯賓塞爾者，以天演自然言化，著書造論，貫天地人而一理之，此亦晚近之絕作也。其爲天演界說曰，翕以合質，闢以出力，始簡易而終雜糅。而《易》則曰，坤，其靜也翕，其動也闢。至於全力不增減之說，則有自彊不息爲之先。凡動必復之說，則有消息之義居其始。而《易》不可見乾坤或幾乎息之旨，尤與熱力平均天地乃毀之言相發明也。此豈可悉謂之偶合也耶！雖然，由斯之說，必謂彼之所明皆吾中土所前有，甚者或謂其學皆得於東來，則又不關事實適用自蔽之說也。夫古人發其端，而後人莫能竟其緒，古人擬其大，而後人未能議其精，則猶之不學無術未化之民而已。祖父雖聖，何救子孫之童昏也哉。大抵古書難讀，中國爲尤。二千年來，士狗利祿，守闕殘，無獨闢之慮。是以生今日者，乃轉於西學，得識古之用焉。此可與知者道，難與不知者言也。風氣漸通，士知弇陋爲恥，西學之事，問塗日多，然亦有一二巨子，訑然謂彼之所精，不外象數形下之末；彼之所務，不越功利之間；逞臆爲談，不咨其實；討論國聞，審敵自鏡之道，又斷斷乎不如是也。赫胥黎氏此書之恉，本以救斯賓塞任天爲治之末流，其中所論，與吾古人有甚合者。且於自强保種之事，反復三致意焉。夏日如年，聊爲迻譯，有以多符空言，無裨實政相稽者，則固不佞所不恤也。

光緒丙申重九，嚴復序。

又　譯例言

一，譯事三難：信、達、雅。求其信已大難矣，顧信矣不達，雖譯猶不譯也，則達尚焉。海通已來，象寄之才隨地多有，而任取一書，責其能與於斯二者，則已寡矣。其故在淺嘗，一也；偏至，二也；辨之者少，三也。今是書所言，本五十年來西人新得之學，又爲作者晚出之書，譯文取明深義，故詞句之間，時有所傎到附益，不斤斤於字比句次，而意義則不倍本文，題曰達恉，不云筆譯，取便發揮，實非正法。什法師有云，學我者病，來者方多。幸勿以是書爲口實也。

一，西文句中名物字，多隨舉隨釋，如中文之旁支，後乃遙接前文，足意成句。故西文句法，少者二三字，多者數十百言。假令仿此爲譯，則恐必不可通；而刪削取徑，又恐意義有漏。此在譯者將全文神理，融會於心，則下筆抒詞，自善互備。至原文詞理本深，難於共喻，則當前後引襯，以顯其意。凡此經營，皆以爲達，爲達即所以爲信也。

一，《易》曰，脩辭立誠。子曰，辭達而已。又曰，言之無文，行之不遠。三者乃文章正軌，亦即爲譯事楷模。故信達而外，求其爾雅，此不僅期以行遠已耳，實則精理微言。用漢以前字法句法，則爲達易，用近世利俗文字，則求達難。往往抑義就詞，毫釐千里。審擇於斯二者之間，夫固有所不得已也，豈鈎奇哉！不佞此譯，頗貽艱深文陋之譏，實則刻意求顯，不過如是。又原書論說，多本名數格致，及一切疇人之學，倘於之數者向未問津，雖作者同國之人，言語相通，仍多未喻，矧夫出以重譯也耶。

一，新理踵出，名目紛繁，索之中文，渺不可得，即有牽合，終嫌參差。譯者遇此，獨有自具衡量，即義定名，顧其事有甚難者。即如此書上卷導言十餘篇，乃因正論理深，先敷淺說。僕始繙《卮言》，而錢塘夏穗卿曾佑病其濫惡，謂內典原有此種，可名《懸談》。及桐城吴丈摯父汝綸見之，又謂《卮言》既成濫詞，《懸談》亦沿釋氏，均非能自樹立者所爲。不如用諸子舊例，隨篇標目爲佳。穗卿又謂，如此則篇自爲文，於原書建立一本之義稍晦。而懸談、懸疏諸名，懸者乎也，乃會撮精旨之言，與此不合，必不可用。於是乃依其原目，質譯導言，而分注吴之篇目於下，取便閲者。此以見定名之難，雖欲避生吞活剥之誚，有不可得者矣。他如物競天擇、儲能效實諸名，皆由我始。一名之立，旬月踟躕，我罪我知，是存明哲。

一，原書多論希臘以來學派，凡所標舉，皆當時名碩。流風緒論，泰西二千年之人心民智係焉。講西學者，所不可不知也。茲於篇末，略載諸公生世事業，粗備學者知人論世之資。

一，窮理與從政相同，皆貴集思廣益。今遇原文所論，與他書有異同者，輒就譾陋所知，列入後案，以資參考。間亦附以己見，取《詩》稱嚶求，《易》言麗澤之義。是非然否，以俟公論，不敢固也。如曰標高揭己，則失不佞懷鉛握槧、辛苦迻譯之本心矣。

《疇人傳》

阮元　疇人傳序　昔者黄帝迎日推策而步術興焉。自時厥後，堯命羲和，舜在璿璣，三代迭王，正朔遞改。蓋效法乾象，在宣庶績。帝王之要道也。是故周公制禮，設馮相之官，孔子作春秋，譏司術之過。先古聖人，咸重其事。兩漢通才大儒，若劉向父子，張衡、鄭元之徒，纂續微言，鉤稽典籍，類皆甄明象數，洞曉天官。或作法以敘三光，或立論以明五紀。數術窮天地，製作侔造化。儒者之學，斯爲大矣。世風遞降，末學支離，九九之術，俗儒鄙不之講，而履觀臺領司天者，皆株守舊聞，罔知法意，演撰算造之家，徒换易子母，弗憑圭表爲合，驗天失之彌遠。步算之道，由是日衰。臺官之選，因而愈輕，六藝道湮，良可嗟歎。甚或高言内學，妄占星氣，執圖緯之小言，測淵微之懸象。老人之星，江南常見。而太史以多壽貢諛，發斂之節，終古不差，而倖臣以日長獻瑞，若此之等，率多錯謬。又或稱意空談，流爲虚誕，河圖洛書之數，傳者非真，元會運世之篇，言之無據。此皆數學之異端，藝術之楊墨也。

元蚤歲研經，略涉算事。中西異同，今古沿改，三統四分之術，小輪橢圓之法，雖嘗旁稽載籍，博問通人，心鈍事棼，義終昧焉。竊思二千年來，術經七十改，作者非一人。其建率改憲，雖疏密殊途，而各有特識，法數具存，皆足以爲將來典要。爰掇拾史書，薈萃羣籍，甄而録之，以爲列傳。自黄帝以至今，凡二百四十三人，附西洋三十七人，大凡二百八十人。離爲四十六卷，曰《疇人傳》，綜算氏之大名，紀步天之正軌。質之藝林，以諗來學，俾知術數之妙，窮幽極微，足以綱紀羣倫，經緯天地。乃儒流實是求是之學，非方技苟且干禄之具。有志乎通天地人者，幸詳而覽焉。

《續疇人傳》

阮元　續疇人傳序　向疑八線表及八線對數表，字數在一二百萬已上，且盡數目之字，非有文義可尋，而字體微芒，細萃叢密，保無寫刻之僞。緣從屢求勾股所成，無由讎校。近見羅氏茗香以乾隆間明氏捷法，校得八線對數表一度十三分二十秒正切，第五字〇誤作一。又六度四十一分十秒正切，第五字〇誤作六。又十二度五十分正弦，第六字七誤作五。又十六度三十二分十秒正切，第七字九誤作〇。又四十二度三十二分四十秒正切，第九字五誤作四。可見西人之所能者，今人亦能之也。

羅氏又因讀《四元玉鑑》，如於像招數一門，有所會通。更取明氏捷法，御以天元，知密率亦可招差。其弧與弦矢互求之法，與授時曆草之垜積招差，一一符合。且以祖氏之綴術，失傳已久，其法厪見於秦書，即大衍之連環求等遞減遞加，亦如明氏捷法相近。爰融會諸家法意，爲撰綴術輯補二卷。纂續微言，興復絶學，古人之名，亦從茲不朽，爲功匪淺。

明氏爲乾隆初滿洲人，其《割圓密率捷法》，海内無刊本，與元朱松庭《四元玉鑑》等書，皆出在嘉慶初。《疇人傳》成之後，兩家之書，又皆大有裨於曆數。在昔聖人治易畫象，獨於革卦，一則曰：治曆明時，取諸革。再則曰：天地革而四時成。夫日三月成時，月三日成霸。霸之義从月亦从革，説文革更也，故術家因之隨明修改，以求合於天行。自古以來，所以有七十餘家之術，而授時歲實之上考用長，下推用消，黄赤大距之古大今小，歲差之古今不同，皆其明證。非古人之心思才力不逮今人，亦非古法之疏，不若今法之密，蓋迫於積漸生差，術以是見疏耳。漢洛下閎謂太初術，八百歲當差一日，亦本取革之義。自西人尚巧算，屢經實測修改，精務求精，又值中法湮替之時，遂使乘間居奇。世人好異喜新，同聲附和，不知九重本諸天問，借根昉自天元，西人亦未始不暗襲我中土之成説成法，而改易其名色耳。諸如輪變爲橢圓，不同天心變爲地球動是已。元且思張平子有地動儀，其器不傳。舊説以爲能知地震，非也，元竊以爲此地動天不動之儀也。然則蔣友仁之謂地動，或本於此，或爲暗合，未可知也。

西法之最善者，無過八綫，然舍表無以布算，苟如羅氏以密率招差，是其法亦無異乎元朝授時曆草，更安知八綫表不亦由於此乎？世之學者，卑無高論，且因八綫對數，以加減代乘除，競趨簡便，日習其術，罔識其故，致古人精詣盡晦矣。夫爲數之道，首在虞書，辨氣朔之盈虚，課日月五星之遲疾，因時制宜，即孟子所謂苟求其故，此亦事實求是，最大最難者也。枚乘七發曰：孟子持籌而算之，萬不失一。此漢人亦必有所本。前傳未列孟子，應否補列？請思酌之。方今聖世，六藝昌明，佚書大顯，後有疇人，思欲復古，將見大衍爲考古之根，天元爲開來之具，綴術爲五星之用，招差爲八綫之資，合大衍約分天元寄母綴術求等招差累積，又爲後學之權衡，斯又宋元來復見之各書，所亟宜甄録而表章也。

元少壯本昧於天算，惟聞李氏尚之、焦氏里堂言天算。尚之往來杭署，捜列各書，與元商撰成《疇人傳》，今老病告歸田里，更爲昏耄。又喜得羅氏茗香論古天算有如此，羅氏補續疇人，各列爲傳，用補前傳所未收者。得補遺十二人，附見五人，續補二十人，附見七人，大凡四十四人，離爲六卷，次於前傳四十六卷之後，統前傳共成五十二卷。容有挂漏，俟再續焉。又宋元間算法所指太極、天元、四元、大衍等名，皆用假判真，借虚課實，以爲先後彼此地位之分別耳。非如道學家言，確有太極天地之道，貫乎其中。至術數佔候，及太乙壬遁符讖之流，則尤明曆明算者所不屑言也。前傳凡例，已詳析之，兹更不及之。

道光二十年夏四月，予告體仁閣大學士經筵講官太子太保在家食俸揚州阮元序，時年七十有七。

《西學課程》

傅蘭雅　格致書院西學課程序　嘗思致知必先格物，收效務講實學。格致者，西學之本也。西人窮究數百十年，研求非一朝夕，所費心血，無可衡量；所著書籍，幾於充棟。推陳出新，務期精奥，實事求是，志在必成。直至於今諸學大備，民由之足以致富，國賴之可以稱强，此西學之所以爲實學也。故凡童蒙入塾，輒以格致諸學開其聰明，發其智慧，朝講夕課，面命耳提，務使其明曉暢達，豁然貫通。肄業既成，必經考取方足用世。此西學之不可以不學也。洎乎中外互市以來，華洋既接，各事交通，西學之流進中國者，已非朝夕。識時務者，每喜西學之有裨實用。明道理者，亦嘉西學之足擴襟懷。一再仿行，因設同文方言之館，次第舉辦，乃興武備水師之堂。然此特國家仿效西法之一端，猶非振興西學之盛舉。光緒初年，中西名士刱辦格致書院於滬瀆，經年始成。咸以爲從此格致可以盛行，西學不難振興，然歷多年，仍無實效。一由於風氣未開，鮮知格致之益。一由於經費不足，未能推廣擴充。一由於無合宜之師，足課有志諸士。嘻，惜矣。余於書院忝居西董之列，每念及此，輒思設法振興。此院前倡考課之議，爰請海關諸位道憲，按季命題，課以格致等學。初應課者雖少，後竟有加。復請南北洋大臣，於正課外添以春秋特課。今應課者濟濟多士，動輒百數十人，而且嘉言讜論，多發明洋務西學。此格致學爲之一振，然此猶屬紙上空談，未必竟有實際。欲興西學，猶未可於此已也。本年夏，復籌及一會講西學之法，定於每禮拜六晚，躬親教習，凡聰幼文人有志考求者，皆許來院習學。爰擬課程六學，一礦務，二電務，三測繪，四工程，五汽機，六製造。前四學已印成篇，附列於後。末二學，現不及譯，俟後補印。諸學以算學爲起首工夫，違此則不能前進。蓋算學爲各學之根本，算學不明，則諸理難解，故不可不先習也。算學又以數學爲首。明乎數，算始可進。習代數、幾何、三角、八綫諸算學，是學算宜以數學爲先也。算爲中國古學，六藝之中，數居其一。今之科場，亦以考取算學爲重，人亦何憚而不學耶。且算之爲學，節節可以致用，非若他學，必待學全而始有用。此則淺而習之，可施於日用平常。深而求之，可藉以析紛理變。窮而通之，可以製器。大而化之，可以參天。算學之益，豈淺尠哉。或以爲算學與格致似居兩途，不學算亦可徑習他學。殊不知格物務在明理，格致之理多賴算學證明，不明算，即不明理學，之能無疑義乎。或以爲粗習中算古法，即可學等疇人，不知叩其實際，考其真能，則無以應。甚至老法塞胸，舊術滿腹，繁不勝繁，固執難化，算一題不厭經日，演一草需紙半張。若此能算，亦祇謂之能算而已矣。余之所以必教數學者，正欲醫其痼疾，汰其繁累，法愈簡愈妙，理愈講愈明。薰陶數月，積困頓開，誘掖半年，學業驟進。現常從學者，凡三四十人，每次發給數學課題十餘道，使自習練，揣摩演草於卷，交出批閱，每禮拜六晚，爲之細講各題之理法，使之明悉。滿一月，則面試，百分中能考得七十五分以上者，爲中式，照給課憑一紙，以徵所學有成。現得課憑者，凡數人。將來能考中者，自必尚多。考中後再爲之課，習代數、幾何、三角等學，如此，則學者可得實際，所習之業亦屬真工。如徒欲粗識皮毛，不求甚解，則非我之所厚望焉。夫西人肄業，以三事爲不可少。一識字讀書，一寫字作文，一熟練數學。三事精通，始可進習他學。華人肄業，亦宜仿行此意，毋以涉獵爲也。凡居遠地欲從學者，尚擬寄發課題，依例繕卷批閱。惟往返力資，須學者自備。余之所以倡此舉者，意在振興格致，鼓勵人才，使有志之士，知所勤苦奮勉，發憤興學，故不惜工力，趁暇教講，今已半年有餘。所積課題不少，深恐遠近未能周知，故特印出，以公同好。是爲序。

光緒二十一年歲次乙未十一月上旬，英國傅蘭雅識。

又　格致書院會講西學章程

一，本書院之設，原欲興行格致之學，惜開院多年，未收實效。茲特設法，以便倡行西學，引人講求。凡聰幼文人，有志考求者，可於每禮拜六晚七點鐘起，到院談訂録號，言定欲習何種西學，以便照課講習。

一，照今所有西學書籍足資考求者，可分六學：一礦務，二電務，三測繪，四工程，五汽機，六製造。各學有全課，有專課，學者可任取某學，逐次講習。此外欲另習他學者，亦可商訂考求。

一，以上六學，照西法各有派定課程，譯印成張。學者可按課學習，所需書籍，各自購備。居恒逐細讀閱，以期熟練。遇有難明之處，可按期到院詢問，爲之講解。

一，每月一次，於禮拜六晚，爲考試之期。凡學者，可如期到院面試。果□純熟，則給課憑。後再换新□不熟者，仍需温習前課。

一，凡習熟一學全課，或一門專課，考試中式，則發給本書院課憑。指明其人已精此門學業，足爲行用。

一，無論欲習何學，必照譯成課程，循序而進，不得躐等，不得躁進。每七日中，必自盡心習練在學之課，以便臨期考試。

一，本書院所設此舉，意在倡引鼓勵，並非坐館塾師逐字課讀者比。所有功課，全賴學者自行工苦殷勤習學，本書院不過畧助講解，以便明通而已。

一，學課中，遇有須演試者，擬用院内已有之器具，訂期在院依法試驗，或用影戲燈等法顯明其理。以上各事，一槩不取分文。

一，如將來願學人多，而學者已得門徑，不難精求，擬另聘請專師居院教習。如何從學，到時當另有章程。

光緒二十一年四月二十四日，上海格致書院西董事傅蘭雅謹識。

又　格致書院西學課程綱目

第一學　礦務

一課　數學

二課　洞内通風法　分爲氣質化學課　防火燈課　測風器具課　通風理法課　岔路通風法課等

三課　煤之地學

四課　求煤各法

五課　開煤井煤洞法　分爲開井開洞開煤各法課

六課　開各金類礦法

七課　測繪煤與各金類礦井洞法　分爲幾何略法課　指南針測繪課　經緯儀測繪課　水平儀測繪課　測井法課　測煤洞法課　測金類礦洞法課

八課　機器學　分爲重學略課　助力器課　配機器樣式課　器具材料堅固課　汽機鍋爐課　起重牽重課　用空氣與壓緊空氣器具課　静水學課　動水學課　水重學課　起水機器課　通風器具課　鑽器鑿器課　地面備用房屋機器器具課

九課　畫圖法　分爲畫圖器料課　運規各法課　畫各物體課

十課　立醫傷害初用各法

十一課　開煤開礦各國律例

十二課　開煤開礦管帳法

十三課　吹火筒辨試各礦法

十四課　礦學

十五課　試驗各礦法　分爲備礦法課　天平法碼課　鎔爐課　試礦藥料課　試驗金銀法課　鍋内鍊礦法課　骨灰分銀法課　試驗鉛礦法課　試水驗鐵法課　試驗矽養二法課等

十六課　金類礦之地學　分爲地學畧課　金之地學課　銀之地學課　鉛之地學課　鋅之地學課　銅之地學課　鐵之地學課　煤與火油之地學課　錫之地學課　汞等地學課

十七課　相地求礦法

以上全課，另分爲專課三門如左。

第一門　開煤課

一課數學　二課通風法　三課防火燈　四課煤之地學　五課求煤法　六課開井法　七課開煤法　八課測繪煤洞法　九課重學畧法　十課材料堅固法　十一課鍋爐學　十二課汽機學　十三課牽重機器　十四課起重機器　十五課起水機器　十六課鑽器鑿器　十七課壓緊空氣傳力法與電氣傳力法　十

八課通風機器　十九課備煤塊大小分等法　二十課醫受傷初用法　二十一課開煤律例　二十二課開煤洞管帳法

第二門　開金類礦課

一課數學　二課測繪開金類礦洞法　三課吹火筒法　四課礦學　五課試礦法　六課各礦地學　七課相地求礦法　八課開井法　九課開礦法　十課重學畧法　十一課材料堅固　十二課鍋爐學　十三課汽機學　十四課起重機器　十五課起水機器　十六課壓緊空氣傳力法　十七課電氣傳力法　十八課鑿礦機器　十九課軋礦分礦機器　二十課醫傷初用法　二十一課開礦管帳法

第三門　礦務機器課

一課數學　二課重學畧法　三課機器重學　四課配機器樣式法　五課材料堅固法　六課鍋爐學　七課汽機學　八課起重牽重機器　九課起水機器　十課壓緊空氣傳力法　十一課用電氣傳力法　十二課通風機器　十三課鑽與鑿機器　十四課分煤塊大小機器　十五課軋碎各礦與分類機器　十六課畫各機器圖法

第二學　電務

一課　數學

二課　代數學

三課　幾何與三角學

四課　重學略法

五課　水重學　分爲静水學課　動水學課

六課　氣學

七課　熱學

八課　運規畫圖法

九課　汽機學

十課　材料堅固學

十一課　機器重學

十二課　鍋爐學

十三課　配機器樣式法

十四課　電氣學　分爲電氣根源課　通電阻電料課　記電數法課　吸鐵氣課　電與吸鐵之顯力課　測電法與器具課

十五課　用電各器　分爲發化電器課　電報課　傳聲器課西名德律風　吸鐵磨電器連通法課　吸鐵磨電遞更反正法課　電氣機器連通法課　炭條等電燈課　電鍍金類課　電銲金類法課

十六課　吸鐵電機器配式樣尺寸法　分爲電力與器具之相關課　銜鐵輪課　造銜鐵法課　通斷電氣軸課　聚引電氣帚課　電氣吸鐵器課　電氣吸鐵圈造法課　吸鐵機器零件課　十五馬力電機器圖與推算及繞線各法課

十七課　通電燃燈或傳力法　分爲總房各事課　安排電線各法課　電車鐵路法課

以上全課，另分爲專課二門如左。

第一門　電氣機器課

一課數學　二課代數學　三課幾何三角學　四課重學略法　五課水重學　六課氣學　七課熱學　八課運規畫圖法　九課畫各體法　十課汽機學　十一課材料堅固學　十二課機器重學　十三課鍋爐學　十四課配機器樣式法　十五課電氣學　十六課用電各器　十七課配吸鐵電機器樣式法　十八課電線通光傳力法

第二門　電業課

一課數學　二課代數學　三課幾何三角學　四課重學略法　五課熱學　六課運規畫圖法　七課畫各體法　八課材料堅固學　九課電氣學　十課用電各器　十一課配吸鐵機器樣式法　十二課電線通光傳力法

第三學　測繪

一課　數學

二課　代數學

三課　幾何學　分爲幾何學課　三角學課　量法學課

四課　重學略法

五課　水重學　分爲静水學課　動水學課

六課　氣學

七課　運規畫圖法

八課　測量各法　分爲測量總理課　指南針測量法課　經緯儀測量法課　水平儀測量法課　細測小地面法課　測水面法課

九課　測國分地界法

十課　畫課地圖各法

第四學　工程

第一門　開鐵路工程課

一課　數學

二課　代數學

三課　幾何學　分爲幾何學課　三角學課　量法學課

四課　重學略法

五課　水重學　分爲静水學課　動水學課

六課　氣學

七課　静重學畫圖法

八課　材料堅固學

九課　測量各法　分爲測量總理課　指南針測量法課　經緯儀測量法課　水平儀測量法課　細測小地面法課　測水面法課

十課　畫地圖各法

十一課　開鐵路定方向法

十二課　開鐵路各工法

十三課　安鐵條各工法

十四課　鐵路建造各務法

第二門　造橋工程課

一課　數學

二課　代數學

三課　幾何學　分爲幾何學課　三角學課　量法學課

四課　重學略法

五課　水重學　分爲静水學課　動水學課

六課　氣學

七課　運規畫圖法

八課　繪畫橋圖法

九課　静重學畫圖法

十課　推算橋各處任力法

十一課　材料堅固學

十二課　配材料尺寸法

十三課　造橋各件尺寸與樣式法

《格致書院課藝》

王韜　丙戌格致書院課藝序言　格致書院之設，於今十餘年矣。乙酉秋，唐景星觀察偕丹文律帥、傅蘭雅西士，延余爲監院，不獲辭，承乏以來兩載，於茲深恐隕越貽羞，無以副諸君子所期望。余雖略知西法，而於格致之學僅涉藩籬，未足爲肄業者師，况四方俊彦志乎西學者哉。竊謂近今一切西法，無不從格致中出。製造機器皆由格致爲之根柢，非格致無以發明其理而宣洩其閫奥。以是言之，格致顧不重哉。惟是世之欲明格致者，都畏其難於入門，而不知無難也在乎專心致志，觸類旁通，即文字以發揮格致之理。傅君之意，欲於海内人士結文字緣，由文字引伸之，俾進於格致。每年分四季爲課期，由余請於當道出題課士，即由當道視其優劣評定甲乙，列前茅者，例撥院款，給以奬勵。而當道亦復分厥廉泉，優加策勉，藉以鼓舞興起之焉。傅君先撰《格致彙編》，搜羅宏富，辨論精深，遐邇傳觀，奉爲圭臬。今日所行課藝，亦即彙編之微恉也。彙編出所知以詔人課藝，集衆長以問世，其間誘掖奬勸，獨具苦心。所有丙戌一年課卷，先將前列三名刊出，俾留意於格致文字者得以覽觀焉。排印既竣，爲之序，其緣起如此。

光緒丁亥十月下澣，格致書院監院天南遁叟王韜謹識。

又　丁亥格致書院課藝序言　國家之設書院，以課士也。人咸曰，爲培養人才計也。然其所以培養人才者，惟尚詞章之學而已。求其所以通知時事爲務者，未之聞也。光緒初元，中西人士同心協力於滬上創設格致書院，舉董事十六人，總其成。院中儲藏之物，圖書之外，兼備西洋儀器及製造工藝需用之器，便學者之觀摩而則傚也。數年之閒，亦既規模粗具矣。甲申之夏，中西董事聘余主其事，由是四方之士無日而不來。然皆流連往返，或過而不留，求其確有心得者，又未之見也。董事中有欲擴充斯院者，收生徒若干人肄業其中，苦於經費不足，有願莫償。適值會議之日，一董事倡言於衆曰，此院之不能振興，董事之責也。盍設季課，請當道以時務命題，拔其尤者而奬勸之，庶幾稍有裨補於時事，稍可培植人才乎。衆董皆曰善。於是倩余致書當道命題課士，每季遵行不改與課者日益多，迄今已三年矣。課藝中宏篇鉅製，美不勝收，前已選録丙戌年佳卷，彙爲一帙，用活字板印行。茲仍曩例，將丁亥年前列各卷印行問世。題不外乎洋務、格致，文亦可以坐言起行。有心時事者，苟欲採蕘言、拔真才，則是編或有補於萬一也。余老矣，行將拭目而觀中士人才蒸蒸日上，通知時事，爲國家立富强之基也。豈不幸哉，豈不快哉。

光緒十有四年，歲在戊子，季秋朔，吴門王韜序於滬上之格致書院。

戊子格致書院課藝序　余忝主格致書院臯比者五年，於兹矣，既刊戊子課藝竣事，而序之曰，當今人才，夫豈以一隅限哉，而求其貫通中西之學問，講求格致之淵源，涉藩籬，探奥窔，聞一知十，推陳出新，足與西國博物知名之士度長絜短，並駕齊驅，蓋殊難其選矣，非中國人才遠不逮西國也，所習所尚者非也。國家設科，文武並重，文以制藝，武以弓刀石，士子非是末由進身，他技雖精，俱非所重。夫上有好者，下必有甚焉者矣。上以此求，斯下以此應。舉凡西國所尚，象緯、輿圖、律算、機器，格致之精，製作之巧，俱非所習。即有一二草野有志者流，專心致志於此，世非議其迂，即譏其謬，而上之人亦無有過而問焉者。近日朝廷漸知嚮用西學，特設算學一科以取士，船艦槍砲製造，一切漸尚西法，特創海軍，開鐵路，駸駸乎遠馳域外之觀矣。而士之有志振興者，趨之亦日夥焉。然以中國之大，一時風氣之開，不過在通商各埠。而通商各埠中，亦惟推上海一隅爲巨擘，其故何也？事莫難於創始，基莫難於造端，學問之道，何莫不然。余於乙酉秋間甫涖院事，擬進肄業者於庭，而詔以格物致知之理，使之由淺以入深，由粗以及精，一時應者寥寥。明年春請於今邵筱村中丞，出題課士，擢其尤者列之前茅，厚獎以膏火，由是來者日多，而於西學似各有所得，庶幾坐而言者可起而行。三四年來，人才稱盛，郁郁彬彬，海内承風之彦聞而興起，争自濯磨，冀得高奪錦，標以爲榮，甄拔所加，皆一時之選也。今年南北洋大臣更行特課，觀聽所萃，愈形踴躍，豈非格致之學有漸行之機乎！行之，則必自上海始，由上海而達之於通商各埠，則由漸推廣之機也。將見格致之學，必不以一隅而限也。備兵使者龔仰蘧觀察洞燭洋務，而尤留意於人才，説士若甘，好賢如渴，雖於一介寒畯，亦必加意栽植，謂於地方樂育人才，即爲國家培養元氣。以是書院各事有益於士子者，凡有所請，無不俯允。於龍門求志，各書院課士，無不以實學。士風文學之盛，超軼前時，余得躬逢其間，竊自幸已。

光緒十有五年，歲在己丑，律中夷則之月，天南遁叟王韜序於滬北淞隱廬。

己丑格致書院課藝序　余承乏格致書院，謬主臯比，七年於兹。自丙戌之春，請於當軸，命題課士，或詢西學，或問時務，一時肄業士子潛心致力，頗多揅獲，不少特見。由此擴充於泰西格致之理，詎不能深造而有得哉。初但有四季課，繼請於南北洋大臣，另設春秋兩季特課，則自己丑年始。合肥李傅相謂上海格致書院諸生課卷，經本閣爵大臣細加評閱，其中不乏究心實學議論中肯者，殊堪嘉奬。以是遠近名流碩彦聞風興起，彬彬稱盛，可見鼓舞人才其權實操之自上。竊謂近今既以算學一門列於考試，用以取士，則格致之學又何妨連類而及之。夫有益於日用行常者，皆得謂之實學。上古製作之精，何一不由學問而來。後世區學問與藝術爲二文字，遂爲空談。讀書拘墟之士，多爲世所詬病。且所貴乎算學者，其精微之所注，固在推測象緯，而尤在能制器成物，非先以算學爲根柢，則末由探厥閫奥，故形而上者謂道，形而下者謂器，道以成器，而器以載道，二者無相離也。若格致不明，一切製造何由入室而升堂歟？深願院中肄業之士，由淺以入深，由粗以及精，出其緒餘，可以措之於實用，庶幾爲不負乎所學。非然者，徒知乎泰西語言文字之末，又曷足貴哉。

光緒辛卯花朝後十日，格致書院山長天南遁叟王韜識於淞隱廬。

庚寅格致書院課藝序　余於甲申仲春自粤還吴，擬結廬淞水之濱，以終餘年，不復出而問世，乃承書院中西董事公舉，謬主臯比，忽忽八九年矣。四方俊彦來游來歌，猥蒙不棄，高軒枉過，賞奇析疑，共相商榷。乙酉之春課文取士，而其言多有可取者。其談洋務，或剴切詳明，或激昂慷慨。於西學則窮流溯源，由本及末，由觕及精，皆能進探其奥窔。於是知當今天下，未嘗無人才也，特患在上者不知所以求之耳，即求之矣，而恐其猶未至也。夫功令以時文取士，非此莫由進身，時文於西學大相逕庭，士子即能深通西學，苟所長不在時文，則亦同於無用。西學未設專科，而時文早有定例。人之聰明材力有限，豈能兼賅並貫旁騖曲通。故人於西學一若無足重輕，以非畢生富貴功名之所繫也。如是，安能使其專心致志，領奥探幽，而與西人齊驅並駕哉。即如算學一門，習之者多而精之者少，鄉場用以命題取士，於三四十人中拔其尤，得預中式，然仍以正場時文爲重，則亦有名而無實。况深明算學者，貴在能窺望測量，製器造物以適於用否，則虚有其説，亦何所裨！今年諸當軸所命各題，都係西學之精微、洋務之切近者，所取前列諸生，類皆能綱舉目張，旁通曲導，參中西而一貫，括經濟之大全，誠未易多覯者也。由此觀之，人材豈少也哉，特以下之人不肯潛思力索，壹意講求，羣相授受切磋，以期於通，遂未能深造而有得以見之施行，而惟以西學佐談資耳。且夫今人之於西學其習之者，以性之所好也。其不習者，以非功令所重也。習者多至半途中輟，不習者悍然不顧，或瞢然無知。二者之蔽，一也。

昔時如《列禦寇》之木鳶能飛，祖沖之之千里船施機自運，近日如江慎修之耕具不煩人力，惜身死不傳，其法遂廢。若得有心人互相考索，精益求精，又何難駕西人而上之哉。奇技異巧，雖聖王所弗尚，而有益於民生，有裨於國計，可立乎富强之本者，亦所不廢。今誠能於格致之學循序而進，由空言而收實效，則此書院一席地安知不可以培植人才，造就多士，用備他日出使絶域之選，俾焜耀乎敦槃，折衝乎樽俎，而爲國家慶得人哉。

光緒十有八年首夏下澣，天南遁叟王韜識於淞隱廬。

辛卯格致書院課藝序　格致書院之建，於今二十餘年，余之謬擁皋比，承乏山長也，自乙酉始。請於當道，以文課士也，自丙戌始。於兹七載，舉行無間。自己丑始，又請於南北洋大臣，別於春秋兩季，創行特課。院中肄業士子，多則百餘人，少亦數十人，無不争自濯磨，共相奮勉，以期於格致之學，漸能深造而有得，他日以家脩爲廷獻，出而宣力於國家，或使於四方，不辱君命，雍容乎壇坫，折衝乎樽俎，或練習韜鈐，克敵致果，或制器象物，各適於用。蓋西學以曆算爲基，格致爲宗，一切光學、化學、聲學、重學，皆從此出。竊謂西學與洋務雖分兩途，而實一貫。如欲於其間融會貫通，默相消息，雖不必盡由西國之語言文字，特恐非此末由問津。故語言文字實爲熟諳洋務之嚆矢，而亦爲西學之入門。達彼此之情，參古今之祕，隨時應變，即故知新神而明之，存乎其人。夫我曾見今之所爲語言文字之學者矣，一知半解，便已快然自足，自視太重，視人太輕，遇事粗疏，行事鹵莽，不能得西人之所長，而徒得西人之所短，此由無學問識見以濟之也。苟其學問優長，識見明遠，自能變通乎西學，自能稔悉乎洋務，觸處洞然心領神會，肆應而不疲，有言而悉驗，於事變之來，早決於幾先，又何必有藉乎語言文字之末哉？無他，語言文字特其跡而已。西學多端，非更僕之所能盡，姑不必論洋務則形見者也。特其中有著而共喻者，有隱而未發者，壬辰所命課題，如李爵相之垂問，俄人築造西伯利亞鐵路，人人知其將來必爲中國患，而所以先事之圖未雨而綢繆者，果安在哉？聶觀察所詢，欲仿泰西設立銀行，有利亦有弊，今欲興利而除弊，則必以得人爲先。然言之易，而行之難。誠能得人，天下何事不可爲！知人則哲，大禹尚不敢以之自任，遑論其他。吴觀察所問，防海、防陸有難易緩急之分，説者皆重在西北，誠以俄事爲足憂，特備之，未有善策，行鈔幣不過創設銀行之一端，誠能恒示天下以信，則治天下且不難，而何有乎區區之鈔幣哉。裴税務司論辦理洋務人員首當稱職，而專其責於大憲之選派。誠哉是言也，中國大矣，人才衆矣，誠能衡鑒精而識拔，公委任專，而使令當何地無人才於辦理洋務乎。何有中外通商以來中國之財日流於外，數十年中講求商務者無一人。盛觀察考之貿易册，而知歲中英贏銀至六千八十餘萬之多，其勢幾不可以終日。今欲杜塞漏卮，振興商務，非於工藝加意經營，莫能挽回也。凡此數端，皆洋務中之切要著明者，苟人人能由此致意，奮發有爲，安見富强之基、盛隆之業不於此始哉。是所望於學識之君子。

光緒十有七年歲次辛卯十月二十四日，天南遁叟王韜識於滬北淞隱廬。

壬辰格致書院課藝序　余以甫里之逋客，作歇浦之賓萌，忽忽十有三年於兹矣。端居多暇，惟於故書堆中作生活，置一切世事於不問。嘗自撰楹聯云，息轍絶交游屏跡此心同木石，杜門耽箸述安神無夢到軒輿。方以爲内亂削平，外交輯睦，閭里共安耕鑿，黎氓咸樂昇平，可没世不見兵革，不謂藐兹日東無端蠢動，既已翦滅乎，琉球復圖吞併乎？朝鮮潛師北犯，擾我畿疆，薄海臣民無不痛心疾首，咸思擐甲枕戈，同讎敵愾，共伸大義於天下。憶自庚寅年秋，聶仲芳廉訪命題，曾以朝鮮爲中國藩屬，應宜如何保守爲問。時論者皆以爲朝鮮之患專在於俄，并欲中國自取朝鮮，以絶俄人之覬覦，或簡員往駐，代理其政事。不知此適以召强敵尋釁之師，而予人以口實，亦恐朝鮮未必虚衷聽命，非策之善者也。或者意欲結英以拒俄，併力合謀，藉以制其横恣。不知英之不爲我用也。且因人之力，殊不足恃。設使我中國竟棄之不顧，一聽其然，要亦非計。廉訪則謂，英人果能力顧歐亞兩洲大局，與中國協力同心，則因時制宜之策莫善於此。蓋中英合而敵勢孤，俄必有所懾而不敢肆。中英分而敵勢横，中英兩有所損，而難以圖功。故聯英以制俄之説，亦未可偏廢。不料今日朝鮮之患不在俄，而在日，顧日未嘗不爲俄人之先驅也。廉訪之命此題也，具有深意，蓋已識燭乎先幾，而智存乎獨見。天下料事之明者，類如是也。無論朝鮮之患日、患俄，我國要宜先爲之備。防守既固，無隙可乘，彼自不敢先發難端。即作者所論，果可坐言起行，亦莫由上告之當軸，不過聊備一説已耳。至事已決裂，乃歎其言之不用，則已晚矣。至於此編所命諸題，有言天算者，有談經濟者，有論時事者，有辨教術者，有備詳輿圖者，有精求農事者，有維持商務者，至於開礦、冶鐵、織紡、製造、屯田、備邊、裕利源、去積弊，述槍礮施放之巧妙，考中西醫學之源流，巨細精粗，無乎不貫。諸生所對，皆能犖犖舉其大端，集思廣益，萃衆長而備一得，咸有裨於國家大計。蓋諸生講求西學，揣摩時局，日就月將，進而益上，較之前時已大相逕庭矣。每讀一篇，輒浮大白，至慷慨激昂悲憤抑鬱處，不禁爲之拔劍起舞。竊歎天下之非無人才也，特患未爲上之所用，以一試其所言耳。蓋天下之智者、明者，其料事也有若燭照，數計而龜卜，即或後日未克盡踐其言，要亦相違不遠。況乎能用西人之所長，尤貴乎能去西人之所短，則又何患之有。排印既竟，竊喜而書之如此。

光緒二十年歲次甲午八月望日，天南遁叟王韜識於滬上淞隱廬，時年六十有七。

癸巳格致書院課藝序　余自乙酉之夏，謬掌皋比，迄今十有一年。以文課士，來者日衆，而於西學西法，皆有心得言之，俱能溯厥淵源，觀其所言，料事明而見事審，類能識微知著，達於幾先。於近時，新學尤能探閫奧而闢端倪，未嘗不顧而喜之，以是知世固不乏有志之士也。設使爲上者專設格致、藝術、製造、象緯、輿圖、兵法、武備諸科，用以取士，必有奇材異能者出乎其間。中國地大物博，山峙淵渟，磅礴鬱積扶輿靈淑之氣，必有所鍾，挺生通才，必能扶世而長民。何至今聰明智奇之士寥寥罕覯也，豈以上之人未之求歟。今夫賢才達而在上，則足以有所展布；窮而在下，則終身湮没已耳。今之效西法、嗜西學者，求之於世，世未嘗無其人，豈爲博取功名計，不過以性之所近，聊以自娱而已，以非功令所尚，故世亦未之知也。即如癸巳一年，當軸所命諸題，亦在乎精歷算、勘地理、慎邦交、辨文字、恤貧民、整學校、齊刑律、達輿情、效紡織、盛工作、興商務十數事而已。推當軸之意，亦欲袪習尚以期振作，行倣傚以挽利權，改成法以歸實用，然知之而不能爲也，言之而不能行也。則以清流多矯激，廷議多拘迂，從旁而掣其肘者衆也。然猶曰，中國未嘗不倣西法、重西學也。礮廠、船塢、槍械、舟艦、鐵甲、魚雷，一切皆能自造，又復延請西弁設立學堂，訓練海軍，竭思殫慮將三十年。乃自倭人犯順以來，一戰於平壤，而知陸兵之不可用矣；再戰於旅順，而知礮臺之不足恃矣；三戰於威海，而知兵輪之無所濟矣。坐令天下事敗壞決裂至於此極，而局外者反追咎於西法之不可用，幾欲盡廢海軍，是誠足爲藉口地也。竊以爲我軍何嘗與倭人一戰哉，將領無人，軍士烏合，從未交鋒，紛然駭走，一人先奔，萬衆隨之，敗北之徽，若出一轍。此衆猶可用歟？雖經百戰而百蹶也。每聽北來者談戰事，未嘗不眦裂髮指，痛哭流涕而長太息者也。今和議定矣，烏容再置一喙。以後惟有亟圖整頓，奮刷精神，更革舊章，痛除積弊。顧目前所云，尚西學，行西法，以馴致乎富强，幾類老生常談。即使借材異域，變法自强，亦已言之屢矣，而卒未有毅然起而行之者也。當此創鉅痛深之際，宜切卧薪嘗膽之思，乃竟晏然若無事，猶睡者之無醒時，是可歎也。夫事前易爲功，事後易爲智，至今日而力排和議，晚矣。今當協力同心，挽回大局，勵精圖治，奮發有爲，庶幾可復中興之盛。余也老病頽唐，幾欲效祝宗之祈死，惟望英賢繼起，院中肄業諸生益加奮勉，他日朝廷遣使絶域，修睦强鄰，聯絡與國，廣結厚援，以冀一洗此恥。此草莽小民所飲食以祝之，旦夕以望之者也。天南遁叟王韜序。

又　趙元益　甲午格致書院課藝弁言　今書院之有課藝也，所以萃多士之心思才力，而校其文藝之優劣也。雖然，學無論新舊，必以有益於世者爲宗。況格致之學所包者，廣育萬物，參天地悉備於其中，若徒拾西人之唾餘，以文其譾陋，是直歐陽公所謂鳥獸好音之過耳也，世曷貴有文藝哉。滬上格致書院之設，已二十餘年，於兹矣，請當道以課藝校士，亦已十餘年。於兹矣，新學日出而不窮，世變迭乘而愈亟，都人士食毛踐土，不忍見强大之侵陵，而思有以補救之。亦既籌之，熟而思之，審矣今之發爲文章者，特其餘事焉耳。然則文藝也，而器識不可見乎哉。癸巳以前王廣文紫詮已取課藝之前列者，用活字印行，以傳於世。甲午以後，廣文屢病，竟致不起。非特佳卷有散失者，即校士之舉曠廢者一載有餘。去年仲夏，中西董事會議於院中憂其事之將廢也，延余監理課藝事，辭之不獲。承乏以來，深恐才不勝任，而負中西諸君子所期望。幸今當道諸公能副中西董事培植士林之舉，按季請題，無不聲應氣求，優加策勉，是足以見樂育人才之盛意焉。雖然文藝末也，坐而言者，要貴能起而行之。諸君子抱負有素，其將挾策而應當世之求乎，則此編者特其嚆矢焉耳。甲午課藝排印既竣，書此以諗識時務之君子。

光緒二十四年歲次戊戌十月上澣，新陽趙元益識於滬上格致書院。

附　丙戌格致書院課藝目録

春季：陳湯甘延壽論

邵筱村方伯鑒定。

夏季：中國創設海軍議

薛叔耘觀察鑒定。

秋季：中國近日講求富强之術，當以何者爲先論

周玉珊都轉鑒定。

冬季：中國創行鐵路利弊論

龔仰蘧觀察鑒定。

又　丁亥格致書院課藝目録

春季：格致之學中西異同論

許星臺方伯鑒定。

夏季：輪船、電報二事應如何剔弊方能持久論

盛杏蓀觀察鑒定。

秋季：問中國近年絲茶出口之貨核通商總册較光緒初年有增無減，而絲茶各商日見耗折，其故何歟？今議整頓之法，其策安在

薛叔耘觀察鑒定。

冬季：水旱災荒平時如何豫備，臨事如何補救論

龔仰蘧觀察鑒定。

又　戊子格致書院課藝目録

春季課題：西漢人才可與適道，東漢人才可與立，三國人才可與權論

龔仰蘧觀察鑒定。

夏季課題：問中國工商生計多爲洋人所奪，欲收回利權應如何進口貨少、出口貨多，以期利不外散，權自我操？諸生留心時事，其各條舉以對

盛杏蓀觀察鑒定。

秋季課題：問海軍以船爲本，有船則必有修船之塢，而修理鐵甲船之塢尤爲難得，以經費與地勢限之也。近者北洋大沽、旅順皆有船塢，膠州則甫經規畫，將來能否漸修鐵艦均未可知；南洋惟廣州之黄埔船塢號爲能修鐵甲船，恐亦不甚寬暢。故中國近雖有鐵艦，必須駛至日本之長崎借塢修理，甚非計也。夫以中國之大，豈竟無一善地可爲鐵甲船塢者乎？彼長崎之船塢其初用費幾何，究竟形勢若何，中國經營鐵甲船塢以何地最善，能詳悉言之歟

薛叔耘星使鑒定。

冬季課題：近日北邊防務輕重緩急何在論

胡雲楣觀察鑒定。

又　格致書院己丑年課藝目録

北洋大臣李傅相春季特課題三道：

一問　大學格致之説自鄭康成以下無慮數十家，於近今西學有偶合否？西學格致始於希臘之阿盧力士託爾德，至英人貝根出，盡變前説，其學始精。逮達文、施本思二家之書行，其學益備。能詳溯其源流歟

二問　各國立約通商，本爲彼此人民來往營生起見，設今有一國議欲禁止有約之國人民來往，其理與公法相背否？能詳考博徵以明之歟

三問　印度近來講求茶利不遺余力，幸茶味不及華産，是以銷售未廣，一時尚難與中國敵，惟印商近以華茶攙和印茶，冀暢銷路，始則華多而印少，繼則華少而印多。中國茶利後此必漸爲所奪。能預籌防弊之方歟

升任浙江按察司龔仰蘧廉訪春季課題：泰西格致之學與近刻繙譯諸書詳略得失何者爲最要論

甯紹臺兵備道吴福茨觀察夏季課題：洋藥一項，每歲金錢出口甚鉅，中國吸煙者多，而罌粟之禁慮妨民食，勢必土漿日少，洋藥居奇，宜用何策堵塞漏卮無害穀産論

問中國古今養蠶之法，宜取何術致蠶絲收成日旺；並各國現在養蠶利病得失，視中國有無異同？出口之貨，絲爲大宗，江浙等省尤以蠶務爲重，諸生講求時事，其詳舉所聞以對

南洋大臣曾宫太保秋季特課題三道：

聖人有四府論

救荒備荒目前宜若何爲盡善策

鑄銀幣得失説

登萊青兵備道盛杏蓀觀察秋季課題：

問海軍衙門議造漢口至盧溝橋輪車幹路，以資拱衛，或謂漢口至信陽州，山路崎嶇，工程倍費；或謂取道襄樊，路較平易；或謂由浦口起，可兼運長江下游各省貨客。南北幹路自系定策，取道遠近、難易、平陂、繁簡，將來勘擇，不厭求詳。如有熟諳輿地之學，精核工程之計，以及如何分籌官本商本，不借洋債不買洋鐵，以期有利無弊，盍詳晰以對，並可繪圖立説，備轉陳採擇焉

三品銜江南製造局繙譯格致書院董事傅蘭雅先生冬季課題：華人講求西學，用華文用西文利弊若何論

又　庚寅格致書院課藝目録

北洋大臣李爵閣督春季特課題三道：

一問　化學六十四原質中多中國常有之物，譯書者意趨簡捷，創爲形聲之字以名之，轉嫌杜撰，諸生宣究化學有年，能確指化學之某質即中國之某物，並

詳陳其中西之體用歟

二問　古設律度量衡，所以測點線面體也，自聲學、熱學、光學、電學之説出，而尋常律度量衡之用幾窮，西人測音、測熱、測光、測電，果何所憑藉而知其大小多寡，能詳言其法歟

三問　鍛鍊金質全視火候，西人將各物質試驗定爲鎔度，能一一詳列歟？電池必用二種金類，一陰一陽方能生電，有同一金質，與彼金較則爲陰，與此金較則又爲陽，西人因列金質十數種，按序推排，任取二種皆成陰陽，絶不淆亂。能詳其説，並列表以明之歟

升任廣西臬司天津兵備道胡芸楣廉訪春季課題：論事物各有消長，試求其正變公例

甯紹台兵備道吴福茨觀察夏季課題：

問近來東南各省多用外洋銀錢，民尚稱便，中國如自造金銀各錢，應用何策，能否通行，有無利弊，試詳言之，用備採擇

西曆稱善，適承明季之衰，試證之

南洋大臣署理兩江總督沈仲復制軍秋季特課：

絲茶煙布合論

西學儲材説

蘇松太兵備道聶仲芳觀察秋季課題：朝鮮爲中國藩屬應宜如何保守論

登萊青兵備道盛杏蓀觀察冬季課題：問中國郵政應如何辦法，其各以實義條對

又　辛卯格致書院課藝目録

欽差北洋大臣直隸爵閣督李春季特課題三道：

一　《周髀》經與西法平弧三角相近説

二　西法測量繪圖即晉裴秀製圖六體解

三　俄國西伯利亞造鐵路道里經費時日論

蘇松太兵備道聶仲芳觀察春季課題二道：

嵇叔夜養生論云，豆令人重，榆令人瞑，合歡蠲忿，萱草忘憂，薰辛害目，豚魚不養，蝨處頭而黑，麝食柏而香，頸處險而癭，齒居晉而黄。諸生研究物理，試析言其故，以補注家所未及將覘素蘊焉

問各省仿泰西設立銀行，試言其利弊所在

甯紹台兵備道憲吴福茨觀察夏季課題二道：

防海防陸難易緩急論

問昔有行鈔之法多因滋弊而罷，如部局頒發銀錢各幣，必恒示天下以信，應如何變通古制，參用西法，詳酌時宜，俾可通之四海，行之百年，免匱乏而保利權，便商民而濟國用策

欽差南洋大臣兩江總督劉制軍秋季特課題二道：

一　爲物體凝流二質論

二　爲潮汐應月説

三品銜江海關税務司裴秋季課題：中國各大憲選派辦理洋務人員應以何者爲稱職論

頭品頂帶山東登萊青兵備道憲盛杏蓀觀察冬季課題：問各國至中國通商，按光緒十六年貿易册，英贏銀至六千八十餘萬，而俄、美等國各補入中國銀八九百萬，核稽歷年，大抵英必贏而俄、美必絀，豈西國經商亦各有工拙歟？抑物産使然歟？今欲振興商務，其策安在

又　壬辰格致書院課藝目録

北洋大臣直隸李爵閣督春季特課題三道：

揚子雲難蓋天八事以通渾天説

管子地數篇解

德奥義合縱俄法連衡論

升任浙江臬司蘇松太兵備道江海關榷憲聶仲芳廉訪春季課題四道：

《周禮・攷工記》：攻木之工七，攻金之工六，攻皮之工五，設色之工五，刮摩之工五，摶埴之工二，各有分職，厥類惟詳。古之工作多以人力，今之工作間用機器。目今製造鋼船鋼礮爲防海之利器，亦格致家所宜及也。諸生討論有素，其一一參校而詳説焉

大洋海大西洋海印度海北冰海南冰海攷

韓退之原道云，古之教者處其一，今之教者處其三。以儒教外有二氏也。今考泰西各國有所謂洋教、西教，名目益繁，未可枚舉。中國通商口岸皆有各國教堂，果何道而使民教相安，無詐無虞，常敦睦誼歟？諸生留心時務，其各抒所見，箸爲論説，以備採擇焉

風性表説

甯紹台兵備道海關榷憲吳福茨觀察夏季課題二道：

各省兵燹以來，軍需善後多賴釐金以應度支。現在承平日久，未能遽停。庫欵仍絀，其中盈虛損益情形，論時事者所宜參究

應如何籌節餉項，減免抽釐，以裕利源而紓商方策

南洋大臣兩江督憲劉制軍秋季特課題三道：

《隋書》婆登國有月熟之稻，《抱朴子》南海有九熟之稻。昔人又云天竺稻四熟，交趾稻再熟，今有其種否？能行諸内地否？《齊民要術》《廣志》南方有蟬鳴稻，五月熟；青芋稻，六月熟；白漢稻，七月熟。《演繁露》又有紅霞米，早熟，且耐旱。其耐水者，宜何種

殷區田、周稻人諸法久廢，水旱之備宜何施而可昔扁鵲爲兩人互易心，仲景穿胸納赤餅，華陀刳腹去積聚，在腸胃則湔洗之。今其法華人不傳，惟西醫頗用其法而不盡得手。究竟中西醫理孰長

上海海口形勢輿圖廣袤城池道里丈尺考

直隸津海關道榷憲盛杏蓀觀察秋季課題：問鐵利爲自强要務，漢陽廠基鑪座規模具舉，大冶礦苗厚旺，開採如何合法？鋼鐵以暢銷爲先，如何推廣銷路、利不外奪？若使官督商辦，能爲經久之計否？織紡相輔而行，今欲推廣紗利兼顧布局，如何妥籌盡善？洋紗不用土花，如何收種洋棉，並使華棉有用？盍臚舉所知以對

登萊青兵備道海關榷憲李子木觀察冬季課題三道：

問：鎗礮取準必用抛物線法，今以二十四生特之礮平擊敵船，當若千里？若斜向下擊，或斜向上擊，各當若千里？究竟下擊、上擊有何區别？果用何法乃能避其上擊，仍不礙我下擊？能精思其故，得其數而詳述之歟？又以開花彈子下墜平口，與平擊豎口，當用何術使之不失累黍，能考其用法歟

又　癸巳格致書院課藝目録

北洋大臣直隸爵閣督李傅相春季特課題三道：

以月離測經度解

西域帕米爾輿地考

整頓中國教務策

升任浙江臬憲江蘇蘇松太兵備道憲聶仲芳廉訪春季課題二道：

倉頡造字，篆隸淵源。揚子方言，齊楚音别。近自崑山顧亭林氏輯音樂五書，辨五方之音字，考覈綦詳。泰西人語多詰屈，字皆斜行，而英法兩國之文字語言尤爲各國通行。近譯英字入門《英語集全》、法字入門《法語進階》諸書，爲西學之初桄，果能脗合無誤否？夫不譯西字，曷窺製作之精；不解洋言，難膺行人之選。其於中西及各國文字語言之異同，諸生討論有素，其各條舉以封

《周官・大司徒》保息六以養民，有賑窮恤貧之條文，王發政施仁，必先煢獨。嗣是收養貧民有普濟堂、政先堂、體仁堂、廣仁堂、養濟院、留養局，名目不一，總爲收養鰥寡孤獨廢疾貧民而設。上海善堂林立，而蒙袂乞食之徒時見於道路，蓋博施濟衆，仁聖所難。聞歐洲諸國亦設養濟院，教以工藝，嚴其部勒，潔居室，别勤惰，厥法若何，其詳可得聞乎

浙江甯紹台兵備道憲吳福茨觀察夏季課題二道：

中外各國刑律輕重寬嚴異同得失考

泰西醫術昉自何時，傳自何人，其治病諸法各國有無異同，視中東醫理精粗優劣如何，試詳證之

南洋大臣兩江總督劉制軍秋季特課題二道：

書院之設，即古黨庠術序之遺意。宋時鵝湖鹿洞講學著聞，胡安定先生以經學治事分齋設課，得人爲盛。中國一鄉一邑皆有書院，大率工文章以求科舉。而泰西藝學亦各有書院，自京師有同文館，以肄算學。天津江南有水師學堂，以習海軍。上海設立格致書院，專論時務，踵事日增。中西書院不同，其爲育才一也。或謂綱常政教中國自有，常經惟兵商二途，宜集思而廣益。第中西之載籍極繁，一人之才力有限，果何道而使兼綜條貫各盡所長歟？試互證而詳論之

風俗通稱臯陶造律，至漢蕭何因秦法作律九章，律之名所由始。其曰例者，王制之所謂比是也。古者獄辭之成，必察大小之比，律有一定，例則隨時變通。讀律者有八字、十六字之分，剖析毫釐，不得畸輕畸重，無非明慎欽恤，以仁施法之意。史記言匈奴獄久者不過十月，一國之囚不過數人，何其速而簡也。宋鄧肅對高宗言，外國文書簡簡故速，中國文書繁繁故遲。其説信否？西國用律師判斷兩造權與官埒，此中國所無也。中西律例異同，得失安在，能詳悉言之歟

欽加三品銜江南製造局繙譯傅蘭雅西士秋季課題：中國仿行西法紡紗織布，應如何籌辦，以俾國家商民均沾利益論

招商局總辦候補道鄭陶齋觀察冬季課題三道：

考泰西於近百十年間，各國皆設立上下議院，藉以通君民之情，其風幾同。

於皇古書有之曰，民惟邦本，本固邦甯。又曰，衆心成城。設使堂廉高遠，則下情或不能上達。故説者謂中國亦宜設議院，以達輿情，采清議，有若古者鄉校之遺意。苟或行之，其果有利益歟？或有謂行之既久，不無流弊，究未悉其間利害若何，能一一敷陳之歟

外國之富，在講求技藝日新月異，所以製造多，商務盛，藉養窮民無算。未悉泰西技藝書院分幾門，學幾年藝乃可成，我中土何以尚未設技藝書院，各省所設西學館、製造局多且久矣，未識有精通技藝機器之華人，能獨出心裁，自造一新奇之物否。必如何振興其事，斯不借材異域，請剖晰論之

泰西善舉甚多。除育嬰、施醫、禁酒自新、恤孤勸和、訓啞教聾等會外，又有恤貧院，凡丐食街市，及無業游民，收入院中，教以淺近手藝，至期藝成，得以自養。諸院有設自國家者，有捐自官紳者，每歲所集經費自十萬數十萬不等。竊思古者發政施仁，凡有鰥寡孤獨窮民之無告者，皆在所矜恤。然則恤貧院亦當今急務，不悉當道與富紳能立此功德否？應若何籌款，其章程如何，始能悉臻美善？請切實指陳，以備采擇。

又　格致書院甲午年課藝目録

升任浙江臬憲江蘇蘇松太兵備道聶仲芳廉訪春季課題(四)[三]道：

明艾儒略述泰西建學凡六科，曰勒鐸理加，曰斐禄所費亞，曰默第濟納，曰勒義斯，曰加諾搦斯，曰陡禄日亞，今已各有删併同異，損益可覼縷以言之歟

宛平石景山莊頭有修姓者，能布土於沙石，引水成田；意大利西南有馬里他島，地多磐石，居民積土爲田以耕。試考求其法，以裨農功

墨子經上及説上已啓西人所言曆學、光學、重學之理，其條舉疏證以聞意大利即漢大秦興廢沿革考

浙江甯紹台兵備道憲吴福茨觀察夏季課題二道：

通商以來，華洋雜處，中外商民往來遷徙，或彼此聯姻，或寄籍他國。現經薛星使奏准，豁除海禁。此後回華之民如已隸洋籍，其人口産業有仍留洋者，有全回華者，應如何參酌中外情形，訂立改籍、回籍年限章程，使隸華隸洋釐然各別，庶分土治民者，不至任其隱溷

文字肇興，歷數千載，藏書之富，今倍於古。近日泰西亦重文字，據聞各國書院有藏書至數十萬卷、數百萬卷者，不知所藏何書？中國書籍固有流傳外洋者，而西士著作日盛，除已譯西書外，其未入中國者尚多。凡諳習各國文字之士應留心及之，尚能詳徵博考，撮舉大要，録爲書目否

江蘇蘇松太兵備道憲劉康侯觀察秋季課題五道：

聖母萬壽頌

目下防務宜如何布置盡善策

擬曹子建求自試表

趙苞棄母破賊論

緊備水軍直擣東瀛議

招商局總辦候補道鄭陶齋觀察冬季課題四道：

三代以上，黨庠學校以教以養，統隸於官，故人才之盛衰，關國家之興廢。自秦始皇焚書坑儒以愚黔首，漢初崇尚黄老，私家傳習各守專經。東漢以迄唐宋，雖設學官，有同旒贅，朝廷以科目取士，士亦竭畢生精力，沈溺於詩賦、時文、帖括之中。書院介乎官私之間，雖亦能作養人才，而其所傳習亦不離乎三者。近是泰西諸國學校林立，無人不學，無事非學，大學小學教無躐等，綽有三古遺風。其經費皆出於官歟？抑多由私家捐辦歟？其章程之不同者安在？中國將統古今，合中外，使積習丕變而民聽不疑，設學將以何地爲先？取法當於何國最善？科考與取士於學校之法孰優？可詳悉言之歟。昔年資遣出洋學生所費頗鉅，中途而廢，説者謂年歲太小，中學未通，故爲人所詬病。不知日本歷派出洋肄業諸生有無成效，應如何變通盡利，使之事半功倍歟，其悉抒讜論毋隱

伊古黄帝分疆畫井，禹平水土主名山川，烝民乃粒。后稷播時百穀，成周遂以稽事開基。今所傳區田之法，出於伊尹，行之或效，或不甚效。孟子所謂上農夫食九人，其次食七人，最次食五人者，知上古農書必有專學，洊經兵火，寖至失傳，其散見於經史者，能略舉之否？今《齊民要術》《農桑輯要》諸書間存什一，或未能通俗，或情形不同，應如何準古宜今，家喻户曉？泰西近日講求化學，植物之最不可少者何質，試詳言之。西人耘田用海島鳥糞，中國不易致，能以他物代之否？古者溝渠畎澮，樹藝有經，今北方水利若何修復，開渠、築塘、濬井何者宜先？英人治北印度，在高地蓄水，售與農民，可參用之否？泰西農部種樹有專官，以爲樹多致雨，瘠地可變膏腴，規制若何，願聞其略。南北各省寒暖迥殊，五土之宜應如何肇興大利、立富强之本，中國農民太願弗厭詳求，以開風氣，宜推廣言之

古時勸百工之法，日省月試，既禀稱事，《曲臺記》著於九經，自《周禮·冬官》經亂而逸，以《考工》一記補之，自漢以來漸亡古制，百工居肆，間有專習。高

曾規矩，日敝日窳，聰明才智之人，夷諸賤隸，亦遂無能克自振拔者，皆國家無以勸之故也。今泰西巧思奇器日異月新，竊思名物象數，授受必有淵源，其由何時何人何法，能不使各國仿造，能約略言之否。華人才智豈皆遠遜西人，惟用志不紛，乃凝於神，非童而習之，終身行之，子孫世守之，不能精進不已也。宜如何設藝塾以教之，立藝科以獎之，賜金牌、給憑照以維持之，試參酌中西，詳言規制。美國外部考察，船礮物美價廉，官廠不如商廠，商廠費省而成功速，非出新意不能銷售故也。中國尚無商廠，應若何逐漸振興，勸商民設立，請試言之

中國古者衆建諸侯，各有分土，惡民之輕去其鄉，故有崇本抑末之説。然官山府海齊用富强，服賈牽牛，衛隆孝養，日中爲市，貨殖成書。陶朱《計然》，古有專術。維時國家賦税取於農民，惡商之操奇計贏以剥之，故抑之耳。自漢以來，土宇益廓，鹽茶轉運亦國計所關。迨此次軍興，及五口通商而後釐金洋税數埒地丁，中國度支，農與商遂各居其半。商務盛衰隱關國本，安可侈言舊制，坐受困窮。惟中外商情西巧而華拙，西大而華小，西富而華貧，必如何而後能維持補救歟？説者謂中國官商隔閡，剥商之政太多，以至於此。近日華商栁設公司，陰圖專利，不公不溥，適以病商。應如何參用西法，盡袪其弊？泰西商部規制若何，商律之保護商民者安在，商學之開益神智者何方，現在之商務若何保全，將來之利源若何開濬，北省出産益少，若何振興？諸生關懷時局，留意有年，望條舉所知，以資商権

《東西洋考每月統記傳》

原序　子曰，多聞闕疑，慎言其餘，則寡尤。多見闕殆，慎行其餘，則寡悔。言寡尤，行寡悔，禄在其中矣。亦曰，多聞，擇其善者而從之。故必遍觀而詳核也。且因以孝弟風俗，表率以孝弟爲先，以文藝爲後，則確然於禮義之可守，惕然於廉恥之當存。子曰，弟子入則孝，出則弟，謹而信，汎愛衆，而親仁，行有餘力，則以學文。又曰，志於道，據於德，依於仁，游於藝。

夫自上帝降生民，則莫不與之以仁義禮智之性。奈何風俗頹敗，異端惑世誣民充塞仁義者，又紛然雜出乎。故設庠序學校，凡以爲興賢育才、化民成俗計也。故曰，城郭不完，兵甲不多，非國之災也。田野不辟，貨財不聚，非國之害也。上無禮，下無學，賊民興，喪無日矣。由是觀之，鼎興正道，黜斥異端，闡發藝文，是君子之專務矣。

夫子曰，當仁不讓於師。亦德無常師主，善爲師。善無常主，協於克一。子曰，三人行，必有我師焉。居處恭，執事敬，與人忠，雖之夷狄，不可棄也。亦曰，惟上知與下愚不移。好仁不好學，其蔽也愚。好知不好學，其蔽也蕩。好信不好學，其蔽也賊。好直不好學，其蔽也絞。好勇不好學，其蔽也亂。好剛不好學，其蔽也狂。君子如切如磋，如琢如磨，是以君子將其知識之理而益窮之，以求至乎其極，則衆物之表裏精粗無不到，而吾心之全體大用無不明矣。故湯之銘曰，苟日新，日日新，又日新。致明明德，窮至事物之理焉。

蓋學問渺茫，普天下以各樣百藝文滿，雖話殊異，其體一而矣。人之才不同，國之知分別，合諸人之知識，致知在格物，此之謂也。詩云，吾聞出於幽谷、遷于喬木者，未聞下喬木而入於幽谷者。即是君子擇術，猶鳥擇巢，止進術終不退，尋之執之，終生用之。

夫誠恐因遠人以漢話闡發文藝，人多懷疑以爲奇巧，却可恨該人不思宗族、國民之猶水之有分派，木之有分枝，雖遠近異勢，疏密異形，要其水源則一。故人之待其宗族、列國民，須以友恤也。必如身之有四肢百體，務使血脉相通，而疴癢相關。萬姓雖性剛柔緩急，音聲不同，却萬民出祖宗一人之身。因此原故，子曰，四海之内，皆兄弟也。是聖人之言，不可棄之言者也。結其外中之綢繆，倘子視外國與中國人，當兄弟也，請善讀者仰體焉，不輕忽遠人之文矣。

夫舟車所至，人力所通，天之所覆，地之所載，日月所照，霜露所墜，凡有血氣者，莫不尊親，以昭雍睦也。且孝友睦婣任恤，隆據熙皞遺風，萬國咸寧，則合四海爲一家，聯萬姓爲一體，中外無異視，弟情願推雍睦之意結異疏，故纂此文，讀者不可忽之，則樂不勝。爲序。

《遐邇貫珍》

原序　吾在中國數載，屢思其地誠爲佳境，其山孕奇蓄異，寶藏而五金礦穴興焉。其河分派哲枝，利濟而灌溉，載運備焉。其平原膏田沃壤，蕃植蔬果五穀，千百種悉數而不能終。其鉅海涵生廣育，恒産魚鱉水族，萬千人採食而不能盡。念及此，稱之爲華夏，誠不虚也。復思其人，常盈億兆，類多聰秀，恒耐勤勞。其儒者，不惜數十載窓下寒暑辛勤，研求古昔聖賢訓詞之藴，追溯前代鑑史政治之方。其農人，早夜致力耕耡磽瘠之區，收穫倉箱豐登之益。尚有織造絹帛，甄陶磁器，雕鏤采刻等類。由此觀之，環瀛列邦，各有美利，誠難比擬。中國人類之俊秀，物産之蕃庶，可置之列邦上等之伍。所惜者，中國雖有此俊秀蕃庶，其古昔盛時，教化隆美，久已超邁儕倫，何期倏忽至今，列邦間有蒸蒸日上之

勢，而中國且將降格以從焉，是可歎已。我英國創始之祖，未備冠裳之時，中國人已解用絲帛。古之亞墨利加國人，衹識泛海捕魚，刳木爲舟，中國已有指南針，製造巨船，出海載運。惟今日不然，列邦日進月盛，而中國且每降日下，其現用商船，恒不逮於古。而聖哲久未梃生，在其始祖，惟虔祀上帝，迨後乃紛崇無知覺之偶像。列邦商船，駛行迅利，天下無港無之。而中國商船，裝駕鈍滯，至遠但抵息力葛羅巴等處。列邦偶遇荒年，迅速派船四出，運米賑濟，而中國值荒，惟靠本土千萬蒼生，饑困者紛紛坐斃。列邦大江泛溢，即能築造石塘，永杜其害。而中國黄河，每歲衝決爲災，羣黎遭溺。列邦紛興火船，遇風水俱逆，每一時可行八十餘里。而中國一無所有，亦無人解造。泰西各國，俱有火車，人貨並載，每一時可行三百六十餘里。而中國至速僅屬乘騎，每時可馳二十餘里，其平常行旅，每時不過十餘里耳。泰西各國創造電氣秘機，凡有所欲言，瞬息可達數千里。而中國從未聞此。其致此之由，總緣中國邇年與列邦不通聞問，昔年列邦人於中土，隨意遊騁，近年阻其往來，即偶有交接，每受中國人欺侮，惟准赴五港通商而已。彼此不相交，我有所得，不能指示見授。爾有所聞，無從剖晳相傳。倘若此土恒如列邦，准與外國交道相通，則兩獲其益。列邦人原無意尋戰侵疆，因争占所得，理難久享其利，不若貿易相安，時可獲益無窮也。是中國愈見興降，則列邦愈增豐裕，上帝創造斯世，各國咸界以境土，曾錫詔命，凡世上之人，皆爲一家，其原始於一夫一婦所生，四海皆爲兄弟。設有一家，而兄弟數人，各分居住，其一杜門孤處，日用所需，尤不肯有無相通，緩急相濟，是之謂憂喜不相關。上帝所以詔令各國凡民，相待均如同胞，倘遇我有所缺，彼以有餘濟之，或遇彼有所乏，我以其盈酬之。彼此交相通融，彼此亦同受其益也。吾屢念及此，思於每月一次，纂輯《貫珍》一帙，誠爲善舉。其内有列邦之善端，可以述之於中土。而中國之美行，亦可以達之於我邦。俾兩家日臻於洽習，中外均得其裨也。現經四方探訪，欲求一諳習英漢文義之人，專司此篇纂輯，尚未獲遘，仍翹首以俟其人。乃先自行手爲編述，尤勝於畏難而不爲也。惟自忖於漢文義理，未能洞達嫻熟，恐於篇章字句間有未盡妥協，因望閲者於此中文字之疵，勿爲深求，但取其命意良厚，且實爲濟世有用之編，更望學問勝我者，無論英漢，但有佳章妙解，郵筒見示，俾增入此帙，以惠同好，諒而助益之，是所盼於四海高明耳。中國除邸抄載上諭奏摺，僅得朝廷舉動大畧外，向無日報之類。惟泰西各國如此帙者，恒爲疊見，且價亦甚廉，雖寒素之家，亦可購閲。其内備載各種信息，商船之出入，要人之往來，並各項著作篇章。設如此方遇有要務所關，或奇信始現，頃刻而四方皆悉其詳，前此一二人所僅知者，今乃爲衆人所屬目焉。中國苟能同此，豈不愉快。若此寸簡，可爲中國人之惠，毫末助之，俾得以洞明真理，而增智術之益，斯爲吾受無疆之貺也夫。

又　遐邇貫珍告止序　《遐邇貫珍》一書，自刊行以來將及三載。每月刊刷三千本，遠行各省。故上自督撫，以及文武員弁，下逮工商士庶，靡不樂于披覽。然刊之者原非爲名利起見，不過欲使讀是書者，雖不出户庭，而于天地之故、萬物之情，皆得顯然呈露于心目。刊傳以來，讀者開卷獲益，諒亦不乏人矣。故西方諸國，每月刊佈者，不下千百餘家，意在斯乎。兹者，本港《貫珍》擬于是號告止。嘆三載之搜羅，竟一朝而廢弛，自問殊深抱恨，同儕亦動咨嗟。然究其告止之由，非因刊刷乏資，蓋華民購閲是書，固甚吝惜，即不吝惜，而所得終屬無多，惟賴英、花二國同人，啓囊樂助，每月凖足支應而有餘。特因辦理之人，事務紛繁，不暇旁及此舉耳。至前所刊佈者，共得三十三號，願諸君珍而存之。或者中邦人士，有志踵行，則各省事故，尺幅可通，即中外物情，皆歸統貫，是所厚望也。

《六合叢談》

偉烈亞力　六合叢談小引　溯自吾西人，越七萬餘里，航海東來，與中國敦和好之誼，已十有四年於兹矣。吾國士民旅於滬者，幾歷寒暑，日與中國士民遊，近滬之地，漸能相稔。然通商設教，僅在五口。而西人足跡未至者，不知凡幾。兼以言語各異，政化不同，安能使之盡明吾意哉。是以必須書籍以通其理，假文字以達其辭，俾遠方之民，與西土人士，性情不至於隔閡，事理有可以觀摩，而遐邇自能一致矣。始吾西人之僻在西隅也，耳目之所及不遠，轍迹之所至未周，于時有人採國之奇事異聞，鐫板傳布，因此一舉一動，衆無不知，民甚便之。迨後日積月盛，其規漸拓，至於家喻而户曉，不獨富貴者能知之，即貧賤者亦預聞焉。軍國之政，先覩爲快。貨殖之書，不脛而走。蓋幾視四海如一室矣。今予著《六合叢談》一書，亦欲通中外之情，載遠近之事，盡古今之變。見聞所逮，命筆志之，月各一編。罔拘成例，務使穹蒼之大，若在指掌。瀛海之遥，如同衽席。是以瑣言皆登諸紀載，異事不壅於流傳也。是書中所言天算輿圖，以及民間事實，纖悉備載。粤稽中國，載籍極博，而所紀皆陳迹也。如六經、諸子、三通等書，吾人皆喜泛覽涉獵而獲其益。因以觀事度理，推陳出新，竭心思以探奥窔，畧舊説而刱妙法，惟在乎學之勤而已。比來西人之學此者，精益求精，超前軼古，啓名哲未會之奧，闢造化未洩之奇，請畧舉其綱：一爲化學，言物各有質，自能變化。精識之士，條分縷析，知有六十四元，此物未成之質也。一爲察地之學，地中泥沙與石，各有層累，積無數年歲而成。細爲推究，皆分先後。人類未生之際，鴻濛甫闢之時，觀此朗如明鑑。此物已成之質也。一爲鳥獸草木之學，舉一骨，即能辨析入微，知全體形狀之殊異。植羣卉，即能區別其類，知列國氣候之不同。一爲測天之學，地球一行星耳，與他行星同。遠地球者爲定星，定星之外，則有星氣。星氣之説，昔以爲天空之氣，近以遠鏡窺之，始知係恒河沙數之定星所聚而成。今之談天者，其法較密於古。中國古時有天元求一諸法，今泰西代數，最深者爲微分法，以之推算天文，無不觸處洞然矣。一爲電氣之學，天地人物之中，其氣之精密流動者曰電氣，發則爲電，藏則隱含萬物之内。昔人畏避之，以其能殺人也。今則聚爲妙用，以代郵傳，頃刻可通數百萬里。別有重學、流質數端，以及聽視諸學，皆窮極毫芒，精研物理。凡此地球中生成之庶彙，由於上帝所造，而考察之名理，亦由於上帝所界，故當敬事上帝，知其聰明權力，無限無量。蓋明其末，必探其本，窮其流，必溯其源也。泰西歷代相傳之《聖經》，曰新舊約書，自開闢宇宙，以迄聖子降生，上下數千年間，治亂興廢之事，靡不悉舉。讀之深信不疑。瀏覽古今，援考史册，知聖經所言，若合符節。今於是書中亦當詳論之，以明非世人所能臆説。其言帝子耶穌，爲世救主，普天之下，咸當敬畏，率土之濱，並宜尊崇。吾儕托其宇下者，自宜闡發奥旨，藉以顯厥榮光。因思大地之上，惟一造物主。萬民之生，惟一救世主。真道流行，無遠弗届。聖教所被，靡人不從。是則所望於格物名流也。嗚呼，疆域雖有攸別，學問要貴相資，聖人不能無過，愚者尚有一得。以中外之大，其所見所知，豈無短長優絀之分哉。若以此書而互相效斆也，尤予之所深幸也夫。

咸豐丙辰十二月，英國偉烈亞力書于滬城。

又　六合叢談二卷小引　《六合叢談》第一卷成，將刊行第二卷，而述其緣起，曰，嗚呼，學問之道無窮矣。上而天文，下而地理，中而人事，紛賾變化，莫可端倪。前卷所載畧備，而猶有未盡者，今再臚子篇。天算之學行於中國久矣，顧執是業者寥寥無幾。西國自明天算以來，代有沿革。天學源流中，言之已詳。古時閉他卧剌獨得真諦，言地球環日而行。後多禄某反其説，以地爲中心，誤宗之者，幾千數百年。明時歌白尼測得新法，與閉説吻合。惜其法未行於生前。有第谷者，弗信之，言地球在中，五星環日，日率之環地球，然未得確據。其徒刻白爾始知行星軌道是橢圜，非平圜，其行有遲速留逆，都歸一理。且知地亦環日，行星類也。至今墨守其説，無有異議。後奈端出於數尤深，是卷中將續言之，以見精益求精，西學之未有止境也。地理之學，向爲一家言，今筆之於書，與衆共明，不必矜爲秘笈矣。察地之士，於地殼中物，分其層累，於地面區其水陸，如大洲叢島，峻嶺高原，地震火山，湖河洋海，皆細加參攷。於古昔之變遷，言之鑿鑿。前卷所載，畧見一斑。若夫大地萬有，一致同源。所有泥沙與石，及動植之物，俱有次序，與地殼古跡相符。兹於是卷中，將暢説其理。夫人俯仰斯世，覺天如是之高也，地如是之厚也，而較天地更爲高厚者，則創造之主是也。格致君子，考察衆理，咸讚歎頌美，知上主之定旨，荷大造之帡幪，真道實證，稱述幾賅。讀者可以蹶然興起，而不昧其由來焉。言乎人事，則文學爲先。中國素稱文墨淵藪，於他邦之好學，亦必樂聞。西國童孺，入學鼓篋，即習詩古文辭，風雅名流，類能吟咏。艾君約瑟，追溯其始，言皆祖於希臘，因作《西學説》，以是知此學之興，非朝夕矣。且夫四海雖遠，在一積塊中耳。兆民雖多，由一始祖生耳。一國有事，列國亦必共聞。庶幾政令流通，風行雷厲，此泰西近事之所由譯也。覽之可以明治亂盛衰之故，乖和興廢之端。民俗有强弱，國君有仁暴。格物致知之學，日用行習之事，歷歷臚載，展卷可知。且全地球中，事爲亦屢變矣。前歲俄土交兵，英法以脣齒之故，義必往援。相持日久，去年正月和議乃成。波斯敗盟，終歸輯睦。印度離亂，生民有塗炭之虞，然援兵未至，叛王成禽，兇燄稍戢，可致敉平。粤東兵事方始，然望其終踐成約。西人越重瀛以貿易，本欲中外一家，如以一人一事之細，害延全局，甚非遠涉行賈之本心也。且地球大矣。今判爲東西兩半球，其間遼闊數萬里。極西之國，自古不通中土。波濤險惡，視爲畏塗。至今日近一日，廣通舟楫，火輪龍尾，駛行迅捷，極遠之地，二月可達。陸路則有火輪車，驅馳遠道，瞬息百里。然最速者，莫如電氣通標，遞達機事，其捷如神，一日間可徧全地。自英至法，由海而過，有通標一。越地中海，亦有通標一。自英而印度，而合衆，皆將作通標，功已垂成。若能行於中國，則四海一體，呼吸相通，由是而天下民人，有益可以共知，有危可以相避。昔人云，上帝作之君，作之師，因地而生，各異其俗。然列國之制，雖有攸殊，而此心之理，無不相同。天下大主惟一，真道亦惟一，耶穌之教，傳之最久，播之最遠，歷代流行，宗從日衆，俾民共受其福。觀慕君維廉所箸總論耶穌之道，於耶穌生平言行，已可昭然。顧大道不可遺，藝事亦不可廢。百工居肆，以成其事，而巧拙勤惰，遲速美惡判焉。西國如織布、印書，器具精緻，機捩巧捷，前卷所未言，今將略論焉。竊謂中國微有所不足者，在囿於見聞，有美不彰，苟且自域，宜播無從。偶有一書出，傳之不遠，不能偏告同人，使之不脛而走。遲之數月，或數年，尚無有知其名，遇而問之者，甚者，庋之於高閣，有辜作者之盛意。西國苟箸新書，人必爭售，一月間家置一編，此新出書籍之目，所以每月必書也。凡每號首所載月曆，亦可助測望之學。此曆經英曆官刊定，推算精核，躔度之次，分列明晳，天文家購新器窺測，即以月曆爲準。而器之精否，亦以此可别。其每號尾附載貨單，使各商知貨值昂賤，可以消售得時。蓋此書命意，務欲公諸同好，不以雅俗爲優劣也。前卷所述，文淺意陋，有慙大雅。且疵累百出，未免掛一漏萬，望博雅君子勿加譏哂，幸進而教其不逮焉。苟有嘉章，亦可郵筒寄示，如前卷所登數則，皆蒙不棄貧鄙，以所志相告，有疑共析，有奇共賞。好學深思之士，類皆如是，此則余所望於中國之名人碩士者也。

咸豐七年龍在丁巳涂月，英國偉烈亞力序於滬城墨海書館。

《格致益聞匯報》

匯報序　人之所貴，學而已矣。人猶工也，學猶器也。有工無器，不能成事。有人無學，行屍耳，走肉耳，昂然立天地間，既無益於當躬，又無裨於斯世，任性作爲，動輒乖度，暗中摸索，能無殞陷。惟學矣，而立身，而化民，而成俗，而致富强，而振國家，悉有賴也。記曰：雖有嘉肴，弗食不知其旨也；雖有至道，弗學不知其善也。所謂道者，微特仁義而止，自五常以迄百工，自治國以迄生財，皆有其道，即皆有所學也。

太西之學分天人二類。天學者，超乎物性之理，淵妙不能窮，終身讀之而不竟。昔法王拿波倫第一，有才略，心倨傲，黷武興戎，所往必利，併吞數國，名震歐洲。嘗與教士赫美理語，自誇其才曰：朕讀天學，六月可竣。赫對曰：臣年七十餘矣，畢世習天學，猶未出三昧，陛下何談之易也？王素重赫才，聞其言，頷之不復詰，蓋自知其言之失也。人學者，人力能致之學，種類紛繁，難於悉舉。揭其要則有格物學焉，論性理之原委；有天文焉，考天像之運行；有氣候學焉，察六氣之變更；有地理焉，記萬國之形勢；有地學焉，探土壤之藴積；有形性學焉，究形物之功用；有化學焉，驗物體之變化；有藝學焉，講製造之精巧。外此則有算學以計數，測學以探數，量學以推巨體之形，博物學以審飛潛動植之性，醫學以治病，律學以施政，兵學以行軍，文學以講詞章，史學以專掌故。凡十有七學，天學猶未與焉。若夫礦學歸地學，光電聲磁重熱氣水等學皆歸形性學。農與商，西國從無專學，乃近今維新之徒以光電等各列一學，而加以農學、商學名目，强作解人，圖眩俗目，亦不思之甚矣。

我中國聲教之行，先於泰西，而爲學反不及泰西，何也？自三代以迄宋元，志士引錐刺股，穿壁分光，其所學不過經史已耳，文詞已耳。即或披涉萬卷，博覽百家，號腹笥，號經庫，號淵府，名重斗山，口吐珠玉，要惟涉獵陳編，工於記誦，而果能仰觀俯察，窮物理以濟實用，如西國之名人者，某未之聞也。降及勝國，創爲制藝，以藝取士，以士取官，於是帖括爲科第之梯，而中國人才均爲其籠絡。其出而用世也，除八股八韵之外，罕有通實學者。實學不明，曷期振作？此中國之所以弱，强鄰之所以欺我也。今皇上明察秋毫，洞燭時弊，知時文之不足以致用也，五月五日降旨停止八股，改試策論，總期體用兼備，人皆勉爲通儒，毋得競逞博涉，徒蹈空言。知學校之必須改制也，五月十五日降旨建大學堂於京師，參仿泰西學堂，其總教習綜司功課，須選學賅中外之人；其分教習各員，亦一併精選，中西並用。又知西學之必須廣行也，五月二十二日諭各省府廳州縣，現有大小書院一律改爲兼習中學西學之學校，其地方自行捐辦之義學社學等，亦令一律中西兼習，以廣造就。噫！聖諭煌煌，誰不欽感。特是縣設小學，郡設中學，所收學徒多不過數百人耳。且幼者就學，而壯者不能就學矣；紳宦子弟易於入席，而寠人子必棄門墻外矣。中國四萬萬人，男女各得其半，男子通文者，以百中一人計之，亦得二百萬人，將此輩遺棄不教，可不惜哉？然教之何如？曰不可以學校教，可以報章教。一紙遥傳，無地不逮，入城市，登公堂，進村塾，徧山陬，達草野。以一切西學由淺及深，畫圖附説，登諸報牒，俾人人閲之，審而會之。數年之後，中國粗知西學者不下二百萬人。如是而風氣徧開，人才迭出，國富兵强，民康物阜，可操券待也。

本館不揣固陋，仰體皇上培植人材至意，自今日始，每七日出報二紙，先列格致淺近之理，俾易領悟，其深者奥者，逐漸登録。總期中國文人咸知西學，而他日應試作吏俱有把握，不爲迂拘之儔。又以時務不可不識也，故兼登上諭電音，中西要事，與夫奏章之有維新義者。惟自愧不才，措辭未能盡當，願海內高明領其義而略其文也，則幸甚。戊戌七月一日序。

《農會報》

梁啓超　農會報序　通商數十載，海內之士抵掌譚洋務者項相望，綜其言論，不逾兩塗：一曰練兵以敵外陵；一曰通商以杜内耗。百廢不舉，而言練兵，平日則購所無之物於人以靡費，臨事則餽所有之物於人以資敵，其明效大驗，天下所共聞矣。勸商固今之急圖也，然聞之萬國商務，贏絀之率，則恒視出口土貨之多寡爲差。工藝不興，而欲講商務，土産不盛，而欲振工藝，是猶割棄臂脛而養其指趾，雖有聖藥，終必潰裂。今之言商務者大率類是也。地球摶摶，百物盰盰，人取其精，以食以居。愚者天陵，智者天媚。雍冀之間，古號天府，兩京三都之所艷述，芳草甘木之所灌聚，今幾不毛焉。紅人宅墨洲數千載，全墨榛莽，舍獸蹏鳥迹外，更無長物。白人取而代之，僅四百年，遂以富庶甲天下。等一地也，而轉移之間，榮瘁霄壤，則地力之盡與不盡也。中國今日動憂人滿，然以地之方積計其每里所有人數，與歐洲英、法、德、嗹、比諸國相比例，其繁盛未彼若也。西國地文學家謂盡地所受日之熱力，每一英里可養至一萬六千人。今以中國之地養中國之人，充類盡義，其貨之棄於地者豈可數計！蒙盟各部，奉、黑、吉各省，青海、西藏、苗、回各疆，瓊、澳各島，其萬里灌莽未經墾闢者不必論，即湘鄂腹地、江南天府、閩粤澤國，以余所聞見，其荒而不治之地所在皆是，烏在其爲人滿也？不寧惟是，即已治之地，亦或淤其溝洫，蕪其隰岸，溉糞無術，擇種不良，地中應有之利仍十不得五，又烏在其爲人滿也？故西人推算中國今日之地，苟以西國農學新法經營之，每年增款可得六十九萬一千二百萬兩，見李提摩太所著八星之一總論。雖生齒增數倍，豈憂飢寒哉？昔筦子輕重之篇、史公貨殖之傳，於種植畜牧視爲重圖。子輿氏以好辯聞天下，其言仁政，則必自五畝之桑、百畝之田始；乃至雞豚狗彘，材木魚鼈，靡纖靡巨，津津道之。蓋信乎治天下之第一義，舍是末由也。秦漢以後，學術日趨無用，於是農工商之與士，劃然分爲兩途。其方領矩步者，麥菽猶懵，靡論樹藝；其服襏襫，役南畝者，不識一字，與牛犂相去一間，安望讀書刱新法哉？故學者不農，農者不學，而農學之統遂數千年絶於天下，重可慨矣。本會思與海内同志共講此義，遵麗澤之古訓，儀合羣之公理，起點海上，求友四方，將以興荒漲之墾利，扶種産之所宜，肄化學以糞土疆，置機器以代勞力。志願宏大，條理萬端，經費緜薄，未克具舉。既念發端經始在開廣風氣，維新耳目，譯書印報實爲權輿，故遠法農桑輯要之規，近依格致彙編之例，區其門目，約有數端：曰農理，曰動植物學，曰樹藝，麥、果、桑、茶等品皆歸此類。曰畜牧，牛、羊、彘、駝、蠶、蜂等物皆歸此類。曰林材，曰漁務，曰製造，如酒、糖、酪、罐之類。曰化料，曰農器，曰博議。海内通人有貽書撰文論農務者，皆附印報中，謂之博議。月刓一編，布諸四海。近師日本，以考其通變之所由；遠摭歐墨，以得其立法之所自。追三古之實學，保天府之腴壤。其諸務本之君子，或有樂於是歟。

《萃報》

梁啓超　萃報序　軍興以後，齊州學者漸知以識時務知西國爲學中第一義，於是報館霧興雲涌，一稔之間，繼軌十數，而可觀者亦三四焉。顧聞之泰西諸國之報館，國以萬計，省以千計，城市以百計，以今日中國所有視之，何其少也。西國農工皆知書，婦孺皆識字，舉國之人，視報如布帛菽粟，被之饋之，是以雖汗萬牛，闐億室，日出未有止，而莫或厭其多也。雖然作者既盛，而一人之才力勢不能盡羣報而閲之，乃不得不爲披沙揀金、和花成蜜之舉，於是乎有而立非吴亞夫奇而立非吴司報譯言温故之作。中土嗜報之俗既遠不逮西國，報雖日增，而閲報之人祇有此數，其一人閲數報者殆不數見。又報章體例未善，率互相勦説，雜采讕語，荒唐悠謬，十而七八。一篇之中，可取者僅二三策，坐是方聞之士薄報章愈甚。而内地道路未通，郵遞艱滯，每日一紙，蕪詞過半，閲者益希。啓超居常想念，宜有如而立非吴亞夫奇而立非吴司報者出，盡集羣報，擷其精英，汰其糟粕，以餉天下。天下識時務知西國之士，其必有增益，而國家亦有所賴。啓超又痛中國互市數十載，交涉之策，一誤再誤，授人阿柄，自陷棘淖。往車既折，來軫瘉甚。謂宜取數十年舊案，編爲通商以來紀事本末，所謂前事不忘，後事之師。啓超又念自今以往之中國，如夢漸覺，新政次第舉者必勿乏，不有紀述，靡以取鑑。宜用春秋大事表之例，作爲新政表，分别部居，旁行斜上，以資比較。懷此者亦有年。歲三月，見朱君强父於上海，以萃報告，且出敘若例相示，乃取疇昔所欲爲而未克就者，毅然與同志任之。嗚呼！才士也已。余交朱君之日雖淺，然讀其文，淵懿若皇甫持正明七子。其學有所受，尊其師法，愛厚逾尋常，是真能憂時之人哉！願天下之讀萃報者，且有以察其志也。

藝文

《一斑録》

朱邦任　題辭　不其先生著作才，洽聞殫見精而該。我欲效秦求趙璧，何期青鳥銜將來。正襟危坐遽披讀，雙眸陡豁出塵埃。豹文何止一斑見，拍案驚起絶疑猜。太極兩儀先天地，無極之前孰胚胎。赤縣周環大瀛海，指陳歷歷包九垓。渾沌無人亦無鬼，神僊方外徒喧豗。提綱挈領務民蔑，三餘博物及黄能。嗔彼世人好怪誕，齊諧等志供談詼。司農淵博浩如海，囊括衆説加删裁。先芬自誦家學遠，廣羅逸事真恢恢。繪圖述古奇且確，不逐瓦釜同鳴雷。猛思先生抱經濟，萬目中澤驚嗷哀。手袖一編獻當路，大興水利祛荒災。邇來萑苻肆刦掠，楚氛忽起凌江隈。智勇深沉更難匹，長纓竟縛厥渠魁。遮莫雄才奮投筆，當超魏汲嗤鄒枚。祇今閉門忘歲月，掃秃千兔疲松煤。古稱立言垂不朽，史家文苑齊三台。試問庸庸守章句，何如卓卓成通材。藏之名山熖萬丈，珠光劍氣欣昭回。鳳閣詞臣會編纂，收拾稗史登蘭臺。書生自愧眼如豆，拘墟管見從兹開。願挹春風侍几杖，仿佛帶草庭前栽。

道光二十二年，歲次癸卯，夏六月，世姪朱邦任拜題。

雜録

《職方外紀》

龐迪我　奏疏　大西洋國陪臣龐迪我等謹奏：爲欽奉聖旨事，九月初二日該靈臺官龐成等傳奉聖旨發下印板圖畫二扇，令臣等看詳四諾，欽此欽遵。臣與同伴陪臣熊三拔等看詳得圖畫二扇，係是臣國大西洋所刻《萬國全圖》。原板該是四扇，今得二扇，故爲未全。如蒙欽命，容臣等照樣補完二扇上進，或將此全圖悉譯以中國文字，别爲一書，尤便御覽。又臣國尚有刊刻《萬國圖誌》一册，其中各國圖説至爲詳備，又皆臣國人游學經商，耳聞目見，並無鑿空駕造之説。其書曾經臣等貢獻御前，但皆西國文字，未便觀覽。臣伏蒙聖恩，豢養有年，略通經書大義，如蒙欽命發下原書，容臣等悉譯以中國文字上塵聖覽，即四方萬國地形之廣袤，國俗之善惡，政治之得失，人類之强弱，物産之怪異，一覽無遺。非獨可以廣聞見，抑亦可以裨聖治矣。臣等無任激切屏營之至。爲此謹將原圖二扇略加分解，開款於後，謹具奏聞。

又　龐迪我　熊三拔　奏疏　大西洋國陪臣龐迪我、熊三拔等奏：爲欽奉聖旨事，九月初二日該看管時刻近侍龐成等傳奉聖旨發下西洋印板《萬國地海全圖》二扇，着令臣等看詳，已經回話訖。續於本月初五日有龐成等傳該御茶房牌子魏學顔御前請出原屏風二扇，着臣等再變寫明白來，欽此欽遵。思得臣國所刻《萬國地海全圖》原有四扇，今止得二扇，謹將原屏風照式圖畫，仍補完《中國圖》及《西南方國圖》二扇，共四扇，皆易以華文。恐圖中書寫不明，仍將各國政教、風俗、土産之類另爲一篇，列於下方，以便御覽，謹裝爲四軸，隨原屏風二扇一併上進者。臣自愧才質淺薄，記聞不多，所譯文字大段闕略。如蒙皇上几務之暇，欲得通知萬國情形，則有《萬國志》一册，先年原係臣等貢獻御前者。其中所説至詳至備，又皆臣國人游經商，耳聞目見傳信之書，並無鑿空駕造之説。臣等仰蒙聖恩，蒙養有年，略通經書大義，似可翻譯成書。臣今外無副本，倘聖意必須詳備，伏乞發下原書，容臣等備細變寫，上塵聖覽。即四方萬國地形之廣狹，風俗之善惡，道術術邪正，政治之得失，人類之强弱，物産之怪異，具載無遺。非徒可以廣見聞，亦或少裨於聖治。而臣等蒙恩日久，得効絲髮之勞，略解素餐之媿，有餘榮矣。外象牙時刻晷二具，或看日或看月、看星，皆可測知時刻。臣等學道餘間，頗習曆法，二物係臣等製造，謹附進御前，以爲皇上宵衆旰食之一助，臣等無任戰悚恐懼之至。爲此今將原屏風二扇併新譯圖説四軸、時刻晷二具，謹具本親賫奏聞。

萬曆四十年九月初二日該内靈臺看時刻近侍龐成等傳奉聖旨發下西洋印板《萬國地海全圖》二扇，着令陪臣龐迪我、熊三拔等看詳，已經回話，訖；續於本月初五日該近侍龐成傳該御茶房牌子魏學顔御前請出原屏風二扇，着陪臣龐迪我、熊三拔等再變寫明白來。欽此。

《西洋新法曆書・奏疏》

徐光啓　曆書總目　臣竊惟星曆之學興於邃古，如伏羲作干支，神農分八節，黄帝綜六術，顓頊命二正是已。六經可考者，則《虞書》之在璣齊政曆象授時，《周禮》之土圭致日馮相氏會天位、辨時叙也。而黄帝以下，六曆皆不傳。其傳者，自西漢《太初曆》始。《太初》以後，迄于勝國，千四百年，改曆者七十餘次，創法者十有三家。約略計之，二十餘年而一修改，百餘年而一創法，其間學士疇人、布衣草澤，流傳衍繹曾無絶緒，即有守株之陋，時呈秀林之材矣。元郭守敬兼綜前術，時抝新意，授時既就，以爲終古絶倫。後來學者謂守此爲足，無復措意。三百五十年來，并守敬之書亦皆湮没。即有志之士殫力研求，無能出守敬之藩。更一舊法，立一新義，確有原本，確有左驗者，則是曆象一學至元而盛，亦自元而衰也。我向神聖首出深明象緯元統李德芳爭言歲實消長，諭云，但以七政行度交會無差者爲是，然而二臣亦各不能自爲無差。是後命儒臣吴伯宗等翻譯西域曆書三卷，載在掌故。又面諭詞臣李翀等曰，邇來西域陰陽家推測天象，至爲精密有驗，其緯度之法，又中國書之所未備，此其有關于天人，甚大，宜譯其書，隨時披閱，庶幾觀象可以省躬修德，順天心，立民命焉。又稱，其測天之道甚是精詳，豈非禮失而求之野乎。所惜者，翻譯既少，又絶無論説，是以一時詞臣曆師無能用彼之法，參入大統，會通歸一者。又其本法係阿剌必年所造，是隋開皇己未，去今一千三十二年，其地復迤西數萬里。千年以來，天象密移，事事遷革，無從更定。數萬里外，地度經緯亦各參差，牽彼就此，自多乖違。今本科所推交食，與大統互異，五星淩犯亦未能悉合天行，蓋爲此也。邇來星曆諸臣頗有不安舊學志求改正者，故萬曆四十年有修曆、譯書分曹治事之議。夫使分曹各治，事畢而止，大統既不能自異于前，西法又未能必爲我用，亦猶二百年來分科推步而已。臣等愚心以爲，欲求超勝，必須會通。會通之前，先須翻譯。蓋大統書籍絶少，而西法至爲詳備，且又近今數十年間所定，其青于藍、寒于水者，十倍前人，又皆隨地異測，隨時異用，故可爲目前必驗之法，又可爲二三百年不易之法，又可爲二三百年後測審差數、因而更改之法，又可令後之人循習曉暢，因而求進，當復更勝于今也。翻譯既有端緒，然後令甄明大統深知法意者參詳考定，鎔彼方之材質，入大統之型模，譬如作室者，規範尺寸，一一如前，而木石瓦甓悉皆精好，百千萬年必無敝壞，即尊制、同文合之雙美，朝之鉅典可以遠邁百王，垂貽永世，且于高之遺意爲後先合轍善作善承矣。臣惟兹事義理奥賾，法數殷繁，述叙既多，宜循節次。事緒尤紛，宜先基本。今擬分節次六目，基本五目，一切翻譯譔著，區分類别，以次屬焉。謹條列如左。

節次六目：一曰日躔曆，二曰恒星曆，三曰月離曆，四曰日月交會曆，五曰五緯星曆，六曰五星交會曆。

基本五目：一曰法原，二曰法數，三曰法算，四曰法器，五曰會通。

右六節次，循序漸作，以前開後，以後承前，不能兼并，亦難淩越。五基本，則梓匠之規矩，漁獵之筌蹄，雖則浩繁，亦須隨時並作，以周事用。然而臣更有説者，大事必須衆力疾行，當無善步。郭守敬時曆學未墜，集合大僚數輩，及南北曆官，然猶五年而成曆，七年而頒行，二十餘年而典籍始備。今人數既乏，功緒倍繁，恐旁觀者議其曠日遲久，則臣有三議于此。其一，苟求速就，則豫算日月交食三、四十年，次用舊法畧加損益附會其間，數月可竣。夫曆家疎密，惟交食爲易見，餘皆隱微難見者也。交食不悮，亦當信爲成曆，然三四十年之後，乖違如故矣。此則昧心罔聖，臣等所不敢出也。其二，依循節次辨理，立法基本五事分任經營。今日躔一節六段完訖，恒星半已就緒，太陰方當經始，次及交食，次及五星，此功既竟，即有法有數，疇人世業悉可通知，二三百年必無乖舛。然其書已多于曩昔，其術亦易于前人矣。其三，事竣曆成，更求大備，一義一法，必深言所以然之故，從流遡源，因枝達幹，不止集星曆之大成，兼能爲萬務之根本，此其書必逾數倍，其事必閱歲年，既而法意既明，明之者自能立法傳之，其人數百年後見有違離，推明其故，因而測天改憲。此所謂今之法可更于後，後之人必勝于今者也。兩端臚列，事在徐圖，先其易簡，次其繁重，惟是功非朝夕，人必旁求，藉非多助，爲時愈久，此必然之勢也。若臣弱植衰年，庸才末學，即第二議必非臣所能竟，何況其三！特如精衛填海，有求成之望；愚叟移山，論可爲之理而已。伏惟聖明矜督。

崇禎四年正月□日，禮部尚書兼翰林院學士協理詹事府事，奉勅督領修正曆法事務臣徐光啓謹譔。

今第一次進呈書目，計開：

書五卷，内《日躔曆指》一卷，屬法原。《測天約説》二卷，屬法原。《大測》二卷，屬法原。

表一十八卷，内《日躔表》二卷，屬法數屬日躔。《割圓八線表》六卷，屬法數。《黄道升度表》七卷，屬法數。《黄赤距度表》一卷，屬法數。《通率表》二卷，屬會通。

又 崇禎四年八月題疏 禮部尚書兼翰林院學士協理詹事府事督修曆法徐光啓謹題：爲欽奉明旨恭進曆書事。案照崇禎三年九月二十日，該臣題：爲奉旨修曆，因事暫輟，謹畧陳事緒，以明職守事。内開先後共成曆書，并立成表一十九卷，竢辨曆畢，日糾集官生，次弟繕寫進呈覽等因二十三日奉旨，這奏修曆事緒，知道了。原議按季考成，既因事暫停，譯成書表着繕寫完日進覽，該部知道，欽此欽遵。隨將翻譯譔述過書表等二十三卷，并總目一卷，共二十四卷，行欽天監官生繕寫完備。其間卷數有多于前題者，係近日績成。有前經開載，今未完者，因本書卷數尚多，合待通完并進。爲此謹將見在曆書曆表二十四册二套，進呈覽，伏祈鑒。緣係欽奉明旨恭進曆書事理，理合具本謹具題知。

計開：

曆書一套六卷，內《曆書總目》一卷，《日躔曆指》一卷，《測天約説》二卷，《大測》二卷。

曆表一套一十八卷，內《日躔表》二卷，《割圓八線表》六卷，《黄道升度表》七卷，《黄赤道距度表》一卷，《通率表》二卷。

崇禎四年正月二十八日。二月初一日奉旨：曆書留覽。未完的繕寫續進。該部知道。

禮部尚書兼翰林院學士協理詹事府事加俸一級督修曆法徐光啓，題爲欽奉明旨恭進曆書事。案照本年正月二十八日，該臣題：爲前事恭進第一次曆書二十四卷，二月初一日奉旨：曆書留覽，未完的繕寫續進。禮部知道。欽此欽遵。一面譔述修潤，一面測算繕寫，依禮部原題，三月一考成，則四月終宜有續進，但討論潤色原擬多用人員，今止臣一人，每卷必須七八易稿，且《測量全義》十卷，《恒星曆》八卷，兩遠臣分曹著述，于時尚未全完，難以截數先進。而恒星圖表務求分秒無差，兩臣與在局人員日算夜測，最難就緒。近今繕寫齊備，凡書、表、圖像三種，共二十卷、一摺，謹具本進呈覽。臣于本年正月有進呈《曆書總目》一卷，內開基本五目，其法原、法器，今《測量全義》并前《測天約説》《大測》等書，已陳其大約矣。法數，即《立成表》，各依七政本曆附載會通，止二卷，已經進訖。法算，即係算術，暫用舊法，亦足供事。更有超捷深奥者，宜待異日。是則基本五目略已足用，今未敢多端旁騖，以致稽延。若節次六目，前已完過日躔書表三卷，今續完恒星書表、圖像八卷、一摺，其《月離曆》則稿草半就，《交食曆》、《五星曆》方當經始，容臣等陸續完進。伏祈鑒。緣係欽奉明旨恭進曆書事，理未敢擅便，謹具題知。

第二次進呈書目，計開：

《測量全義》十卷，《恒星曆指》三卷，《恒星曆表》四卷，《恒星總圖》一摺，《恒星圖像》一卷，《揆日解訂訛》一卷，《比例規解》一卷。

崇禎四年八月初一日具題，初四日奉旨：覽奏進第二次曆書，著述詳悉，知道了。該部知道。

崇禎五年四月題疏　禮部尚書兼翰林院學士協理詹事府事加俸級督修曆法臣徐光啓謹題：爲欽奉明旨恭進第三次曆書事。並於本年三月十七日題：爲月食事，奉旨：知道了。書著進覽，該部知道。欽此欽遵。謹將《月離曆指》并本表十卷，《交食曆指》并本表六卷，《南北高弧表》十二卷，《諸方半晝分表》一卷，《諸方晨昏分表》一卷，共三十卷，裝演成帙，謹具本進呈覽。竊照臣初次恭進曆書開具節次六目：一曰日躔，二曰恒星，三曰月離，四曰交食，五曰五緯星，六曰五星凌犯，除前二次，共書四十四卷，內完過《日躔曆指》并表三卷，《恒星曆指》并表圖九卷、一摺。今次完過《月離曆指》并表十卷，外其《交食曆》六卷，係是總論、總表，日食、月食所宜共用，而月食一法附載其中。若日食一法，理數甚繁，尚須譯譔《曆指》約三卷，《立成表》約二十卷，今屬草將半。又須于星度里差等事精加參訂，乃敢着爲定論。五星一節，比于日月倍爲繁曲。漢以來治曆者七十餘家，而今所傳《通軌》等書，其五星法不過一卷，以之推步多有乖失。所以然者，日月有交食可證，作者盡心焉。五星無有，故自古及今此理未晰也。回回曆則有緯度，有凌犯，稍爲詳密。然千年以前之書，未經更定。而兩書皆無片言隻字，言其立法之故，使後來者入室無因、更張無術，凡以此耳。今諸遠臣所傳獨爲詳備，而譯譔頗艱，書成亦須二十餘卷，不能不少費時日也。再惟該監官生向來在局供事，止令與訪取諸人一同推算立成諸表，繼以謄寫。進呈書冊因書籍未備，尚未能專功習學。今交食總法及月食本法既以就緒，容臣等督令到局，漸次演習。月食既通，後來書籍亦當續完，次及日食，次及氣朔躔離，次及五星，諸法可以節次成就矣。但人情安于故習，不有勸懲，無繇策勵。容臣等時加督課，其有怠惰頑梗者，輕則量懲，重則參罰。其勤學有成者，容臣依前節次移送禮部考試術業，如果精諳，懇乞明量加叙録，以示鼓舞。其見在諸人而外，該監官生有志上進者，容臣從優立格，招徠選取，一體訓習，冀其中有褎然特出悉通大義者。庶幾羲和世業復見于代也。

第三次進呈書目，計開：

《月離曆指》四卷，《月離曆表》六卷。

已上係遠臣羅雅谷譯譔：

《交食曆指》四卷，《交食曆表》二卷。

已上係遠臣湯若望譯譔。

《南北高弧表》一十二卷，《諸方半晝分表》一卷，《諸方晨昏分表》一卷。

已上係二臣指授監局官生推算：

崇禎伍年四月初四日具題：本月初十日奉旨：卿所進曆書已留覽，具見用心詳密。未完的陸續譔進，其督教勸懲等事，依議。行禮部知道。

崇禎五年十月題疏　禮部尚書兼東閣大學士臣徐光啓謹奏：爲脩曆缺員，謹申前請以竣大典事。臣于崇禎二年七月十四日欽奉明旨，督領脩正曆法事務，中因兵事輟業。至三年八月，續理前緒。四年正月二十八日以後，三次進過曆法書表，共七十二卷、一摺，于日躔月離、恒星經緯、日月交食各種法義，併立成數目略已具備，所少者止日食一卷，及五星經緯交會，以較全功，則未完者約四分之一也。猥以疎庸，仰蒙特簡入閣辦事，控辭未遂，迄今五月竟不能復尋舊業。止令在局遠臣、該監官生，併知曆人等，推算得各色立成表二十餘卷，譯譔得日躔交食及土木火星曆指藁草六卷。内立成表則諸臣自能詳加磨覆，陸續繕寫。惟曆指譯述法意，義多奧賾，臣不在局，尚未能脩潤成書也。臣曾于崇禎三年十二月初二日，以協脩缺員，具奏請補。奉旨下部，至今未得其人。今者日多草創，而莫爲成全。恐稽大典，則用人一事似屬難緩。但治曆明時，古昔視爲鴻鉅。故前漢首用丞相張蒼，而近代著作有以宰相樞密主領裁奏于上，太史令丞等測驗推步于下者，誠重之也。方今在任大臣既各有本等職掌，外臣之中，臣所知者，如山東巡撫朱大典，陝西按察使李天經，又有封疆方面之責，不得不於庶僚草澤中求之。是以廣咨博訪，徘徊數月。今看得原任監察御史告病在籍金聲，思致沉潛，文辭爾雅，博涉多通，兼綜理數，堪以委用使居討論脩飾之任，其遺文析義當復勝臣，若已成諸書，方令該監官生漸次學習。中間會通二法，亦須甄明大意者爲之董率。臣又看得原任誥勑房辦事大理寺評事，今聽降王應遴，學亦通綜，且數請脩曆，屢疏奉旨在部可據用之，率領官生可以集事。且此二臣者，不煩徵求，不增資費，在金聲病已痊癒，乞勑下都察院催取赴補，便可前來。在王應遴，見在候缺，亦乞勑下吏部，量與相應職級，使之供事。儻得此兩臣在局，而臣亦時加稽覈，即前項未完書表可計期告竣矣。若草澤中未必無人，臣所求惟取好學深思、心知其意、試有徵驗者，方敢上聞，今未敢濫及也。臣不勝惶悚待命之至，爲此具本，謹具奏聞。

崇禎五年十月十一日具奏，十五日奉旨：該部知道。

崇禎六年九月題疏　太子太保禮部尚書兼文淵閣大學士臣徐光啓謹奏：爲曆法修正告成，書器繕治有待謹申前請，以竣大典事。臣于崇禎二年七月十四日欽奉明旨，督領修正曆法事務。仰體欽若敬授至意廣集衆思求底成績已經進過曆書七十四卷。猥以疎庸，荷蒙特簡入閣辦事，會因閣務殷繁，不能復尋舊業，止于歸寓夜中篝燈，詳繹理其大綱，訂其繁節。專責在局遠臣、該監官生，併知曆人等，推算測候。業已明備，少需時日，將次報竣。不意臣以衰齡，嬰此重證，犬馬之力已殫，痊可之期尚遥。新成諸書共六十卷，如《黄平象限》共七卷，《火木土二百恒年表》，并《周歲時刻表》，共三卷，《交食表》共四卷，《交食曆指》共三卷，《交食諸表用法》共二卷，《交食簡法表》共二卷，《五星圖》一卷，《水星加減表》一卷，《方根表》二卷，《土星加減表》一卷，《日躔表》一卷，《五緯總論》一卷，《日躔增》一卷，《恒星總圖》八幅。已上三十卷，署皆經臣目手業，已謄繕。如《火土木經度》三卷，《三星緯度》一卷，《三星表用法》一卷，《三星緯表》一卷，《日躔考》二卷，《交食蒙求》一卷，《夜中測時》一卷，《古今交食考》一卷，《日月永表》二卷，《金水二星曆指》二卷，《日月五星會望弦等表》一卷，《火星加減表》一卷，《金水二星表》四卷，《高弧表》五卷，《甲戌乙亥二年日躔細行》二卷，《恒星出没》二卷。已上三十卷尚屬草藁，内經臣目者十之三、四，經臣手者十之一、二，亦可續寫進呈。其餘卷帙，及教習官生續製儀器，并料理旁通諸務，尚須擇人省成。恐局無職掌或致中廢，臣於崇禎五年十月以協脩缺員具奏請補，奉旨下部，以山東巡撫朱大典、山東參政李天經、山東道御史金聲等，堪以委任，曾經具題。内金聲復經部覆咨催，今聞聲實患病不能前來。局中臣工豈能坐待，不得不復理前説，但朱大典見有衝藩重寄，勢難移動，惟李天經分管税糧，在彼亦腹昔之羽，非當六翮之用，稍爲更置，似亦無難。而博雅沉潛，兼通理數，曆局用之尤爲得力。伏乞勑下吏部，將該道別行推補，李天經則議其事任，或以原官量兼京銜，或以銓法改補京秩，使之供事，則以討論修飾之任，更兼承前啓後之責，行見敬天立極之鴻摹，授時熙績之令範，永有光于萬世矣。臣不勝惶悚待命之至。

崇禎六年九月二十九日具，十月初四日奉旨：覽奏。具見勤恪，書成次第進覽。李天經着吏部議覆。卿還慎加調攝，痊可即出佐理，以慰延佇。該部知道。

崇禎六年十月題疏　太子太保禮部尚書兼文淵閣大學士臣徐光啓謹奏：爲治曆已有成，摹課功會應嚴核，謹將在事臣工分別上請，懇祈恩敘，以光大典事。臣才識踈庸，濫膺重任，欽承明旨，修正曆法，夙夜殫竭四載于兹業。與該局遠臣及知曆官儒等，修改測候，譯書造器，如從前進過曆書及昨報完曆書，并前後所造儀器，已經上聞用塵覽。特以微臣卧病私室，藥石罔效，日致尫羸，恐難終事，故請補缺員蒙俞允，下部議覆矣。第見在臣工勤敏有加，勞瘁堪録，惟臣察之最審，考之允當，苟不及臣目覩身承之日，陳其萬一。設朝露忽溘，後事之臣誰有爲請者，敢分別敘之。如遠臣羅雅谷、湯若望等，譔譯書表，製造儀器，算測交食躔度，講教監局官生，數年嘔心瀝血，幾于穎秃唇焦，功應首敘。但遠臣輩平素學道不願官職，勞無可酬，惟有量給無礙田房，以爲安身養贍之地。不惟後學攸資，而異域歸忠亦可假此爲勸。知曆生員鄔明著，訪舉儒士陳于階等，思精推測，巧擅繪製書器方藉，前勞講解，正需後効，所當照纂修辦事例優敘者也。知曆人如生員程廷瑞、孫嗣烈、孟履吉，監生李次霦，訪舉儒士楊之華、祝懋元、張采臣、黄宏憲、董思定、李遇春、趙承恩等，同心績學殫術承天，十狐之腋堪裘，衆集之思成益，所當照纂修効勞例量敘者也。原任大理寺評事，今帶銜光禄寺録事王應遴，武英殿辦事中書陳應登，督率官生，參訂訛正；武舉魏邦綸測算明曉，堪備策使，三臣著聲勤慎，所當同行優敘者也。其該監官生如右監副戈承科、秋官正周胤、原任五官保章今降充天文生朱國壽、五官保章正劉有慶，中官正賈良棟候缺保章正賈良琦，博士朱光顯，天文生朱光燦、朱光大等，勤學可嘉，俟學習完日另敘。伏念奏績課成，論功行賞，從來尚矣，況敬天勤民攸繫更重，如唐曆《大衍》，一行造之七年而藁成；元曆《授時》，守敬造之十年而書進，未有子來逼成如今日者。測驗推步上合天行，講究著述下窮人巧，日成月要，不敢悠忽而隳庶工。費省工良，共効精勤而襄鉅典，誠舉局之光、一時之選也。伏乞明俯賜覽裁，勅下該部，分別紀録，事完議敘，以彰激勸。臣無任惶悚待命之至。

崇禎六年十月初六日具十二日，奉旨：該部知道。

又　李天經　崇禎七年七月題疏　督修曆法山東布政使司右參政臣李天經謹題：爲欽奉明旨恭進第四次曆書事。先該故輔臣徐光啓于崇禎六年九月二十九日題：爲曆法修正告成書器繕治有待一疏，内開新成曆書共六十卷，三十卷業已謄繕，三十卷尚屬草藁，奉旨：覽奏。具見勤恪，書成次第進覽。李天經著吏部議覆，卿還慎加調攝，痊可即出佐理，以尉延佇。該部知道。欽此。隨該臣于本年五月内遵旨到任管事，除每日與在局官生晝測太陽，夜測太陰、列宿，細心講求畫一外，即將已寫諸書逐一詳加攷覈，間有字義冗長辭未達意者，臣亦逐卷稍爲更訂，是以逡巡月餘，止了前三十卷，内有輔臣所報恒星總圖八幅，係該局依經緯表點定刊刻成圖者。臣復督在局遠臣等易之以絹製，爲屏障八面，可以展轉開闔，上塵聖覽。其未寫三十卷，臣亦取稿翻閲，就中不無疑義，尚須再三磨勘，刻期録完，另疏續進。謹將見完曆書曆表二十九卷，計三套，並星屏一架，共完三十卷數，進呈覽。尚有日晷、星晷、闚筩遠鏡三器，俱係奉旨造進者，臣亦于到任後，督率該局官生夙夜製造，亦將次第告成。其安置之法，與運進夫力，容臣另疏奏請。統祈覽施行。緣係欽奉明旨恭進第四次曆書事，理未敢擅便，謹題請旨。

第四次，進呈書目，計開：

《五緯總論》一卷，《日躔增》一卷，《五星圖》一卷，《日躔表》一卷。

《火木土二百恒年表》，並《周歲時刻表》，共三卷。

已上係遠臣羅雅谷譔譯。

《交食曆指》共三卷，《交食諸表用法》共二卷，《交食表》共四卷。

已上係遠臣湯若望譯譔。

《黄平象限表》共七卷，《木土加減表》共二卷，《交食簡法表》共二卷，《方根表》二卷。

已上係二臣指授監局官生推算。

恒星屏障一架，係遠臣湯若望製。

崇禎七年七月十九日具題，二十二日奉旨：曆書及星屏留覽。未完的還着詳加考核，以正曆法。該部知道。

崇禎七年八月題疏　督修曆法山東布政使司右參政臣李天經謹題：爲欽奉諭據實奏明事。臣于本月二十五日准禮部照會二十四日接得諭：諭禮部，昨李天經所進曆書、星屏，果否與魏文魁參合商訂，着李天經奏明。欽此欽遵，該臣查得臣所進曆書二十九卷、星屏一架，俱係故輔徐光啓先年親手訂證奏聞。奉旨：書成次第進覽。臣奉命接管，不過爲之督寫代進，完輔臣未竟之緒耳。況輔臣積學深思，嘔心此道數十年，其所撰述恐非他人所能增減。即文魁亦曾經輔臣逐款駁正，有《學曆小辨》見存。則輔臣之書與屏，皆依新法測定，精心纂輯，足闡前人所未發，而補中原所未備，實未嘗與文魁參合商訂也。若夫參合商訂，實臣之心，亦臣之職。臣初有微臣遵旨任事一疏，奉有李天經既到任受事，着與該監局及魏文魁悉心攷驗，參究異同之旨，煌煌明綸，誰敢屑越！況臣受茲委任，方思博採羣議，廣羅夙學，以襄大典，得文魁而朝夕講究，以收同心之益，豈非臣之至願哉。乃六月初六日，蒙賜給修曆關防，隨于十二日到任，次日即移文禮部，催取魏文魁到局，公同監局官生，參究異同，以仰副講求畫一之旨，乃久之未至也。臣又托彼相知開諭，以勿執己見爲是。當思道理無窮，還宜虚心參證，共完鉅典，而亦久之未至也。但託人傳語，若銜曆局夙昔辯駁之隙，必不欲見局中一人，亦不欲向局中一步，僅與臣一相面于往復私邸中，又何關于考驗參究之事哉！臣于是乎無術相强，雖欲與之參合商訂，勢無繇也。總之，曆數一家，今爲絶學，輔臣讀文魁之書而不敢輕用，夫豈無見！臣必試文魁之法，驗之而後敢用。前此異其來，與之互相訂證，不得已，姑俟驗之月食。今俱不可問矣。惟有遵奉明綸，晝夜考測七政諸行，庶可定其疎密。伏乞勅下禮部，移送魏文魁到局，與諸官生各捐成見，預將一月諸曜行度先期依法算定，以本月秋分爲始，容臣開坐奏聞，仍照原題劄委司官一員，臨局公同測驗孰合孰不合，據實奏報，則各法是非自見，而萬年寶曆亦不致聚訟一堂矣。如謂文魁之法與學不必試驗，而即奉爲主盟，此則非臣所敢任也。謹將故輔原咨録呈覽，統乞鑒裁。緣係欽奉諭據實奏明事，理爲此具本謹題請旨。原咨見《學曆小辨》。

崇禎七年八月二十七日具題，本月三十日奉旨：曆書星屏原屬前輔臣手訂，知道了。魏文魁曆法着另局修定備考。禮部知道。

崇禎七年十二月題疏　督修曆法山東布政使司右參政臣李天經謹題：爲遵旨恭進曆書，併奏繳錢糧事。該臣于十一月二十四日具有謹陳儀器始末等事一疏，接奉旨：李天經以參證曆法任用，正宜詳稽互質以求脗合，何得因所見不符輒思引退，着照舊供職。該部知道。欽此欽遵。臣捧讀明綸，不勝感激涕零。臣何人，斯叨此異數，且責以參證互質之後効也。使臣非外感陰陽之患，内惕憂危之情，病勢日深，豈敢假託以誑君父。然恭承明命，曷敢不勉結前局，更圖新効，以盡臣子報稱之萬一，而後遂私請乎。除稍痊即朝見任事外，顧臣所謂前局者，輔臣徐光啓未竟之緒也。所有原報曆書三十卷，輔臣手訂及半，臣受事以來，詳加較閲，今繕寫已完，外加二卷，悉照原題，恭呈覽。前後五次所進共計成書一百三十七卷，其間著定交食七政各有二百恒年表，可爲二百年内推算之法。又有太陽太陰永表，可爲千百年後再算之根。又各有曆指，以晰諸行之理，并究舊法所以差謬之原頗明，且盡如甲戌乙亥日躔細行二册，其節氣先後，晨昏出入，異于大統舊法，可見一端。此書進呈，而前局結矣。乃臣以新効自期者，兹蒙恩任以參證曆法，又命臣詳稽互質，以求脗合，是臣未竟之業也。大槩新法與舊法之不同所當參證者，約有二十餘款，容臣條列奏奪外，輔臣前後支取過户、禮、工三部錢糧銀八百七十三兩五錢，皆輔臣取給各項之用。比因疾劇，故疏請待臣銷算。臣受事之日，止收册一本，錢糧毫未經手。今書器俱完，合據原册開報。若日、星二晷，輔臣止請發銀一百兩，及製完，所費不啻倍之，皆臣自捐。奏造而不敢瑣屑，以仰瀆聖聽也。至于局中供事知曆生儒，因事例停止，自六年三月至今，未支升斗廩餼，而朝夕拮据，多有勤勞。曾蒙允輔臣題叙紀録，容臣另疏請旨。恭係遵旨進曆書，併奏繳錢糧事，理未敢擅便，謹題請旨。

第五次進呈書目共三套，計開：

《五緯曆指》共八卷，《五緯用法》一卷，《日躔考》共二卷，《夜中測時》一卷。

已上係遠臣羅雅谷譯譔。

《交食蒙求》一卷，《古今交食考》一卷，《恒星出没表》共二卷。

已上係遠臣湯若望譯譔。

《高弧表》共五卷，《五緯諸表》共九卷，《甲戌乙亥日躔細行》共二卷。

已上係二臣指授監局生儒推算。

奏繳錢糧數目，據太子太保禮部尚書兼文淵閣大學士徐光啓册開修政曆法用過錢糧，逐一開造于後：

崇禎三年正月，收户部事例銀一百兩。

本年九月初九日，收工部銀三百兩。

崇禎四年六月十三日，收户部銀二百兩。

本年閏十一月十七日，收禮部寫曆銀七十九兩五錢。

崇禎五年七月十五日，收工部銀九十四兩。

崇禎六年三月初三等日，收户、工二部造進呈儀器銀各五十兩。

以上共收過銀八百七十三兩五錢。

一，造儀器錢糧：

象限大儀二架，紀限大儀一架，除取用工部楠木標皮外，用過工料銀七十八兩三錢八分八釐。

石晷一座，料價、工食、刻字，共銀一兩八錢二分五釐。

壺漏一具，工料銀五兩五錢九分四釐。

銅弧矢儀一具，工料銀十兩零二分。

鐵弧矢儀一具，工料銀五兩三錢。

星晷一座，工料銀七錢。

羅經一副，工料銀三錢。

象限銅儀一架，銅、鐵、煤炭等工料銀三十六兩一錢三分。

地平儀一座，銅、鐵、煤炭等工料銀二十三兩六錢九分五釐。

修整儀器用銀三兩四錢六分。

以上共用過銀一百五十五兩四錢一分二釐。

一，謄寫進呈書册紙張工食：

崇禎三年十月起，陸續給過秋官周胤等買涇縣呈文連四等紙，共銀二十二兩四錢。

寫稿太史連紙五十五刀，共銀二兩七錢五分。

剛連紙二十七刀，共銀四兩五錢六分。

崇禎三年十一月起陸續給過秋官周胤等謄寫進呈書册工食銀三十九兩四錢八分五釐。

以上共用過銀六十九兩一錢九分五釐。

一，訪取生儒廪給：

儒士陳于階二年八月九月三年八月至四年八月止，共計十五個月，每月銀二兩，共給過銀四十五兩。【略】

以上共銀四百零九兩六錢。

一，書辦寫本局夫厨夫等役工食：

禮部書辦邵化鱗每月工食銀九錢，自二年八九十月三年八月至五年六月止，共計二十七個月給過銀二十四兩三錢。【略】

以上共銀一百零七兩三錢。

一，裝釘刻印等工食：

第一次裝書工銀一兩五錢。綾料等銀三兩三錢三分。

第二次裝書工銀一兩五錢。綾料等銀三兩五錢四分。

第三次裝書工銀一兩五錢。綾料等銀五兩六錢七分。

刻板八版工銀一兩二錢二分。

印書工銀一兩零七分五釐。

畫格心紅膠礬共銀二錢八分。

以上共銀一十九兩六錢一分五釐。

一，曆局添蓋西順山房二間，工匠瓦磚物料共用過銀一十二兩一錢三分。

一，自三年十月起共經日月食六次，測候飯食銀共八兩四錢。

一，崇禎六年五、六等月鑄造星晷龍柱並下盤，銅料、工食等項總用銀七十五兩五錢三分八釐。

一，日晷平面石並座，及星晷座，石工價運價共用銀二十四兩四錢三分。

以上通共用過銀八百八十一兩五錢三分。除收過户、禮、工三部八百七十三兩五錢外，多用過銀八兩零三分，俱係輔臣經手收放。

一，遠臣羅雅谷、湯若望，每月供給銀十兩，自二年八月起，至六年六月止，共四十七個月，共銀四百七十兩，俱係輔臣自備。

一，製造：

進呈星屏一架，共用銀四十三兩五錢，係遠臣湯若望自備。

一，崇禎七年六、七等月，打磨日晷等石及鐫字等項共用銀一十三兩三錢。

一，鑄造日晷銅表星晷上盤，並銅料打磨工食等項，共用銀五十兩零四錢五分。

一，日晷銅表並星晷銅盤鍍金，共用銀六十一兩二錢三分。

一，繕寫：

進呈曆書並裝釘綾殼紙張工食等項，共用銀二十五兩五錢。

一，自本年八月以來，給過生員程廷瑞，儒士楊之華、祝懋元、張寀臣、黄宏憲，原任保章朱國壽等，廪給銀共七十五兩六錢。而生員鄔明著、孟履吉，儒士陳于階，仍係自備廪給。書辦胡純良工食銀共一十兩零五錢，局夫雷鳴工食銀共四兩八錢。

已上共用過銀二百四十一兩三錢八分，係臣天經自備。

崇禎七年十二月初三日具題，本月初六日奉旨：曆書着留覽，造過錢糧着該衙門核銷。

崇禎九年四月題疏　督修曆法山東布政使司右參政臣李天經謹題：爲欽奉明旨，恭進旁通書器事，先該臣崇禎八年四月二十七日敬申旁通事宜一疏，奉旨：據奏，旁通拾事亦屬利用要務，知道了。生儒量加職銜，該部遵旨議奏。欽此欽遵。臣一面督率辦事各官晝夜在局推測，一面督率兩遠臣將旁通諸務逐一講求，稍有次第可舉，但其中有政在翻譯尚未脱藁者，有翻譯已竟猶未繕寫謄真者，亦有鳩工將及其半庀材苦于無資者。年來併力已完得渾儀書四卷，計一套；渾天儀一具，星球一具。此依遠臣湯若望法，用以考求七政性情之始基，而占法猶俟再加推衍者也。是第一款中之一端也。又完得運重一具，附有圖說。此依遠臣羅雅谷法，用以昇高致遠，或挽木石，或利糧艘，力省功多，而大有裨于興作河渠者也。又第七款中之一端也。至若日月星牙晷二具，體質狹小，便于移置。仰備不時清玩而製之，則遠臣湯若望也。謹將已完書器數種進呈覽。

【略】

計開：

渾儀書四卷一套，《運重圖説》一册，渾天儀一具並盝，星球一具並盝，牙晷二具各有盝，運重一具。

崇禎九年四月二十八日具題，五月初二日奉旨：這所進書器知道了。其墊過銀兩着户、工二部照數覈補，如有不足，另行奏奪。該衙門知道。

崇禎十二年七月題疏　督修曆法加光禄寺卿李天經，謹題：爲代獻芻蕘以裕國儲事。微臣蒿目時艱，措餉爲急，每欲于生財一節仰佐司計一籌乃一切屯田鼓鑄與夫鹽法水利在廷諸臣言之詳矣，烏容復贅。惟于修政曆法之餘，同修曆，遠臣湯若望等，遵旨料理旁通諸務，以圖報稱。簡有西庠《坤輿格致》一書，窺其大旨，亦屬度數之學，于凡大地孕毓之精英，無不洞悉本源，闡發奥義。即礦脉有無利益，亦且探厥玄微，果能開採得宜，煎煉合法，則凡金銀銅錫鉛鐵等類，可以取充國用，亦或生財措餉之一端乎？第開採一事，向者費鉅而利微，且建議者別有肺腸，以致明主所厭聞。乃言利者事不典雅，又爲士人所羞道，使此書而爲一人之臆説，或空言而無據，臣曷敢冒昧以熒聽耶。誠聞西國歷年開採皆有實效，而爲圖爲説刻有成書，故遠臣携之數萬里而來，非臆説也。且書中所載，皆窺山察脉、試驗五金，與夫採煆有藥物，冶器有圖式，亦各井井有條，而爲向來所未聞，亦是或一道矣。去冬臣與遠臣湯若望及辦事曆局加銜光禄寺禄事楊之華、黄宏憲等，正在商議翻譯恭進，比值臣遂奉旨坐守朝陽門，弗獲躬任其事，而遠臣湯若望等感恩圖報，芹曝急公之義，正不在臣後。故曾于敬獻微塵疏内，業已題明。隨因奉旨再爲該監官生傳授新法，遂不能專意繪製。邇者傳習已完，燃膏繼晷，謹先撰譯繕繪，得《坤輿格致》三卷，彙成四册，敬塵覽。尚有煎煉爐冶等諸法一卷，工倍于前，匪能一朝猝辦。如蒙明俯採，一面容臣督同遠臣湯若望及局官楊之華、黄宏憲等，晝夜纂輯，續進，一面勅發各鎮所在開採之處，一一依法採取，自可大裕國儲，其於措餉不無小補。再按遠臣原係守素學道之人，不過據理研窮，依經纂輯，用攄忠悃於萬一已。

崇禎十二年七月初二日具題，本月初六日奉旨：這《坤輿格致》書留覽，餘書著纂輯續進。該部知道。

崇禎十三年六月題疏　督修曆法加光禄寺卿仍支正三品俸加俸一級臣李天經，謹題爲遵旨續進《坤輿格致》以裕國儲事。臣報國有心，點金無術，因于旁通十事内採擇西庠《坤輿格致》一端成書三卷，于去歲七月内恭塵覽，隨奉旨：這《坤輿格致》書留覽，餘書著纂輯續進。該部知道。欽此欽遵。竊思今天下之言開採者比比而卒無一效者，其法未詳也。蓋開採不惟察尋地脉，有法試驗，有法採取，有法即煎煉爐冶，其事較難，其法較密。前所進書雖備他法，而煎煉爐冶之法，書尚未成。既奉明旨纂輯續進，微臣曷敢少緩。因即督同遠臣湯若望及在局辦事等官，次第纂輯，務求詳明。晝夜圖維，于今月始獲卒業。爲書四卷，裝演成帙，敬塵覽。倘蒙鑒察，勅發開採之臣，果能一一按圖求式，依文會理，盡行其法，必可大裕國儲所有。遠臣湯若望，于此格致等書譯授局官，既費心精覓工圖繪，亦捐資斧，蓋感沐恩，瀝誠報效，此亦其一也。伏祈明採納施行。再按臣局供事官生楊之華等，向因遞年推算交食七政著勞，題奉明旨下部，業經禮部于去年三月内，將楊之華等六員名比炤欽天監五官正品級，對品改加外銜，覆請紀録。隨奉有：楊之華等俟學習完日，果係術精勞著，准炤例加銜之旨，嗣于去年五月内，部監公同試驗，脗合不差，題明在案學習。亦于八月内，部疏報竣，且供事十載積有成勞，繕製書器，列名御前，正與術精勞著之明旨相符。懇乞明將楊之華等勅下吏部，遵奉炤例加銜之旨，察炤禮部原題，俯賜加銜，庶明旨不致夕虚，而諸臣之勞績亦加勸勉矣。念係臣局繕書製器人員，翹首望恩已逾一載，故于進書而併及之。謹題請旨。

計開：

《坤輿格致》四卷。其一套。

崇禎十三年六月初二日具題，初六日奉旨：這續進《坤輿格致》書留覽，餘著該部議覆。

又　湯若望　順治二年十一月奏疏　欽命修政曆法掌管欽天監印務臣湯若望，謹奏爲新曆告成，恭呈御覽，以昭成憲，以光史册事。臣竊計聖人御世，憲天時行，我朝定鼎之初，即頒示臣所修新曆，俾晝守無或浮議，唐虞敬授，今古同符矣。顧曆書之成，始於測驗，測驗又始于布算。測驗者，占星以分度。布算者，立表以窮景。日躔盈縮，月離遲疾，去極遠近，既以測定分秒，所謂十二宮辰，不越掌握，徑寸無得之，蓋得其理，又得其數也。元郭守敬弧矢圜算，如所謂横弧矢、立弧矢，赤道變爲黄道，黄道變爲白道，雖足以發前人之所未備，後之曆官但知拘泥成法，無從窮求曆本，是以積漸差忒，氣朔不齊，刻應不驗，豈天道難知哉。臣自西洋入中國，海陸計程八萬里，孰遠赤道，孰近赤道，臣考驗最詳。臣創立新法，規製儀象，以測諸曜視行，如日出没，如地半徑三差，如蒙氣差，如諸曜諸行之距赤道遠近，最高最卑，與夫歲差環轉、歲實參差，天有緯度，地有經度，宿有本行，日月五星有本輪，日月有真會、視會，此皆守敬之所未詳者也。臣閲歷寒暑，晝夜審視，著爲新曆一百餘卷，恭遇聖朝龍興，特用臣法開局演習，咸知布算成曆、測驗合天，非聖德隆盛，何以首重治曆如此。然而新法理明數著之功，終難泯也。以故是書在今日爲已驗之法，在異日爲不易之法，即百千年後，又爲測究差度，因而變通以求合天，無異今日之法。伏望宣付史館，用著本朝曆法度越前代，爲億萬年曆數無疆，永以爲訓，天下幸甚，微臣幸甚。緣係史臣移文考究事理，臣謹捐資剞劂，修補全書，恭進御覽施行，臣不勝榮忭待命之至。爲此具本，謹具、奏聞。

計開：

進《西洋新法曆書》壹百卷。拾叁套。

順治二年十一月十九日上，十二月二十一日奉聖旨：新曆密合天行，已經頒用。這所進曆書考據精詳，理明數著，著該監局官生用心肄習，永遠遵守，仍宣付史館，以彰大典。湯若望勤慎可嘉，宜加叙賚，著吏、禮二部議奏，該衙門知道。

《西洋新法曆書·測食》

復大冢宰崧翁李老先生命測月食書　今歲仲春之望，據曆月復應食，望奉命測算，造次呈覽。猥蒙軫念孤旅，候命邸中，以所測説轉達春曹，隨蒙大宗伯林老先生差官至寓取稿，伏惟盛德弘仁，不遺遐遠，誠上國之柔遠，而風慕義之極思也。第匆遽間即以所測原幅輕褻于當世大人之前，思之殊爲悚慄。兹承嚴命測算，望不敢以所食分秒時刻一圖，漫爾塞責，故忘其固陋，輒拾小邦之遺軌，述食理之梗概，敬呈台階，以塵清目，或不即見笑于大方也。兹書上篇，略言食之所以然；下篇則言食之義理。倘不以人廢言，而游心于食之所以然，究其義理之所歸，則于天學七政，或不無少裨。

《格物中法》

梅啓照　李善蘭　曾紀澤　弁言　承示大箸《格物中法》一卷，引摭極廣，考定極確，佩服無量。謂西法爲中國所有，鄒徵君書已及之，近人言者尤多，然無如此書之博大精深者。經生家著述畢竟與衆不同。愚欲作一器，令人含口能伏行水中，試爲我稽古書成之，盼甚。友生梅啓照。

前年蒙寄書，已悉大略。兹復蒙示數卷，乃知徵引羣書至數百種之多，又多人間罕見書。其證西學皆確有見地，與耳食附會者不同。此本朝絶大著作也。幸早刻，俾予暮年見之。前囑已遵辦，後日奉邀一聚，何如？愚兄李善蘭頓。

于西學無所不通，而不爲所囿。昔朱子遍覽釋典，而一歸于聖學，君殆有意方之耶？余在歐洲談及各學，人人皆以爲法本東來，特從而推擴之，故加精耳。青出于藍而勝于藍，不可忘其爲青也。然則治西學者，獨可譽西而謗中乎！君爲吴子登編修高第弟子，宜其精深博大也。曾紀澤拜讀。

《時務報》四二册

梁啓超　大同譯書局叙例　譯書真今日之急圖哉！天下識時之士，日日論變法，然欲變士，而學堂功課之書，靡得而讀焉。欲變農，而農政之書靡得而讀焉。欲變工，而工藝之書靡得而讀焉。欲變商，而商務之書靡得而讀焉。欲變官，而官制之書靡得而讀焉，欲變兵，而兵謀之書靡得而讀焉。欲變總綱，而憲法之書靡得而讀焉。欲變分目，而章程之書靡得而讀焉。今夫瞽者雖不忘視，跛者雖不忘履，其去視履固已遠矣，雖欲變之，孰從而變之？無已，則舉一國之才智，而學西文，讀西籍，則其事又迂遠，恐有所不能待，即學矣？未必其即可用，而其勢又不能舉一國之才智而盡出於此一途也。故及今不速譯書，則所謂變法者，盡成空言，而國家將不能收一法之效。雖然，官譯之書，若京師同文館、天津水師學堂、上海製造局，始事迄今，垂三十年，而譯成之書不過百種；近且悉輟業矣。然則以此事望之官局，再自今以往，越三十年，得書可二百種，一切所謂學書、農書、工書、商書、兵書、憲法書、章程書者，猶是萬不備一，而大事之去，固已久矣。是以憤懣，聯合同志，創爲此局。以東文爲主，而輔以西文；以政學爲先，而次以藝學。至舊譯希見之本，邦人新著之書，其有精言，悉在采納。或編爲叢刻，以便購讀；或分卷單行，以廣流傳。將以洗空言之誚，增實學之用，助有司之不逮，救燃眉之急難，其或憂天下者之所樂聞也。

一，本局首譯各國變法之事，及將變未變之際一切情形之書，以備今日取法。譯學堂各種功課，以備誦讀。譯憲法書，以明立國之本。譯章程書，以資辦事之用。譯商務書，以興中國商學，挽回利權。大約所譯先此數類。自餘各門，隨時間譯一二，種部繁多，無事枚舉。其農書則有農學會專譯，醫書則有醫學會專譯，兵書則各省官局尚時有續譯者，故暫緩焉。

一，舊譯之書，或有成而未刻，刻而已佚者，隨時搜取印布，或編爲叢書，以便新學購讀。

一，中國人所著或編輯之書，有與政教藝學相關切實有用者，皆隨時印布。

一，海内名宿，有自譯自著自輯之書，願託本局代印者，皆可承印，或以金錢奉酬，或印成後以書奉酬，皆可隨時商訂。同志之士，想不吝見教。

一，本局所印各書，行款裝潢，悉同一式，散之則爲單行本，合之則爲叢書，收藏之家，至爲便益。

一，本局係集股所立，不募捐款，印出各書，譯費印費，所糜甚鉅，已在上海道署存案，翻印射利者究治。

物理會通總部

物理總論部

題解

方以智《通雅》卷首三《文章薪火》　三知終于知言，此格人我、格内外、格古今之大用也。

不能知言，又安能自達其所言乎？有專言德行者，專言經濟者，專言文章者，專言技藝者，專言權勢者，專言兵符者，專言法紀者，專訓詁者，專記事者，專寓喻者；統而言之，無非道也，無非性命也，而有專言性命之道者，離事離法以明心，而舉其冒統者也。因有專言生死鬼神者，因有廢世事以專言仙定者，因有專言養生者，因分忘世之言、出世之言、因有別傳善巧若奇兵者，要不出于質論、通論。攷測天地之家，象數、律曆、聲音、醫藥之説，皆質之通者也，皆物理也，專言治教，則宰理也；專言通幾，則所以爲物之至理也，皆以通而通其質者也。百家紛如，何以折中？聖人罕雅藏用，彌綸道器，優優乎洋洋哉！

胡兆鸞《西學通考》卷一《格致總考》

格致學

觀看試驗以求物理，謂之格致學。其學務求其實，較平常之實益精。觀看者即求其實，試驗者以天生之物化分，較觀看更細。人常見水結冰，試問冰何以結，即格致也。人常見木浮於水，以格致言之，木體積輕於水之等體積故也。格致者非與平常有異也，不過將平常之理，去其謬誤，得其真諦，其理既得，人即當循理而行也。

又　西學流別

學莫通於從善，莫醜於狃弊。漢學家流弊在碎義，非闕疑無以善之。宋學家流弊在近禪，非不空言亦無以善之。漢《藝文志》：子不以空言説經。借他山石，可也。操同室戈，不可也。況居今言學，即如西學之天文學，分言之曰星學、天學、天視學。質學，分言之曰格致質學，與天文質學、光質學、地理質學。地學，辨地中層次。地理學，金石學，西謂鑛學，爲金石學。電學，化學，氣學，分言之曰天氣學、蒸氣學。光學，火學，亦名熱氣學。水學，重學，亦曰力學。分言之曰靜重學、動重學。流質重學，氣質重學，身體學，身理學，幾何原本學，代數學，曆學，植物學，動物學，較動物學，稽古學，風俗學，武學，農學，商學，工學，師範學，此格致學派又有文學派之辨學，亦交涉之不可不知者。又有醫學派、法學派，若教士學，則學其所學。皆格致學也。《洋務實學新編》。

艾約瑟《格致總學啓蒙》卷上　格致之學，即由各種測試辨論得知綑束萬物之條理。

世人心目中所同知之理，與人用格致法所得知之理，二者不可判分。由來遺老傳聞之講解論義，與格致家以法究出之講解議論，亦不能歧分爲二。凡世人所共知者，均應歸於格致學之綱領條目下耳。格致家所用之講論分辨法，無以異於遺老傳説之從正講論分辨；測試之法，不能謂其與世人之測試法不同也。蓋無一人無一時不加測試，惟格致家較世人之測試法，微加真，微加詳，微加清楚耳。嘗見幼童之於玩物也，偶得一前未曾見者，伊必注目反覆細視，側耳靜聽，精手摸索，便於詳知其性情形式。格致家於平時從未得見之新鮮物件，亦若是之詳細審視，觀聽摩弄，嘗試而謹慎測驗之也。【略】

格致家審察事理之美備法，既須圓滿周到，復宜親切詳明，兼使無據之推揣，無機混淆於內。

試驗之法，可謂佐人審察事理之美輔助。其法，即取各等物至，或故爲之雜置一處，或分於二處而兩相對較，或更易出若許景象，要皆爲設法試看意也。格致家選取試驗之法，總本乎其所見之理，較他人精深遠到耳。

審察物理之法，有平時大衆所共知者，有專爲格致家所獨知者。有如水結爲冰，固爲大衆所共知者矣，而格致家於水結冰之一節，既詳細究察其結冰之所以始，復謹慎探索其冰解之所以終，遂以清白之詞記註出矣。大木浮泛於水面，亦爲人所共知者也，而格致家於浮泛水面之大木測量之，即知其全體積分兩之若干重，等於所壓開之水重。世人恒云木質輕鬆，可浮泛於水面，外此從無他講解。有格致諸家出，而壓開之水，與其物體積等重之講解興矣。

格致家所有之講論剖辨，與常人談物之講論剖辨，其所異者，即此精詳而彼粗疏。常人所審察物理之法，與格致家所審察物理之法，其不同者，即此精細，彼疏略。審察物理至恰無誤處固難，講論剖辨至恰無誤亦難。

格致家之揆度物理，審察事情，每先將若許端事故集聚一處，細爲探索研求，繁瑣也而使之簡約，雜亂也而歸於純正。將其堪爲提挈綱領者選拔出，以爲應接其同類事物之準則。世間人之揣度物理，殆均不外乎是。幼童恒云，石子爲堅硬物，緣其手把玩之石子爲堅硬者，故連類推之，於他處無論遇何等石子，以爲其均屬堅硬者。童子於石子既如是，與格致家之即其物而窮其理，舉一例百，即近知遠，類推之法終歸綱領，何以有別哉！此格致家窮究物理所用之第一法也。反而論之，童子絶不肯納石子於口，以齒齧而嘗試，其故伊何，即因其方寸中有穩妥綱領，告以堅如石子之物，决非我齒所能齧而破，於此一石子即定意不齧。藉前所閲之各事理，以證今所遇之一事物，是即格致家憑理度物，所用之第二法也。蓋心既究察得物理之真實綱領，故見事則知之切而處之當，不爲他歧所惑，隨所遇而得安耳。

【略】天地間不可勝數之事理，由來爲人所審察時，見其各有自具之性情，所言範圍其事物之各種條理，實不外此。格致家即各事物而極深研幾，慎審思辨，推求所得之事實條理，即其格致之效也。於既得其事物之條理後，復以藉理證事之法精心窮究，得其内所藴藏之各理。由來格致家代代相傳授之心法，能於業百工技藝者，有大勗助，於格致學增光輝者，均憑藉維持萬物之條理得來也。

天下人自然共知之理，與格致家殫心究出之理，不惟不相反也，乃適以相合。其所有不同者，不過格致家將大衆共知之理，不足者補增之，無用者删去之耳。格致家所論辨之理，與世間遺老所傳述之理，大畧相同，惟在詳細粗疏有分。假使於世間相傳人所共知之事理中，更加工思索，則與格致家所論辨者無異矣。

趙惟熙《西學書目答問・藝學》　格致學

格致者，西藝之總名，西學之初階，即物以窮理，因理以知物也，凡西書以格致名者録此篇中，餘如化、電、聲、光成格致之一種，然各有顓門，悉歸其類。

王景沂《科學書目提要初編・格致科》　物理學者，研究物象而操天工人代之權也。或謂爲形性學，若光、水、重、熱、聲、電諸科，並隸焉。故始以化學考究原子，至於冥漠無朕，靡物質可尋，必恃此學發見而後造物，萬有皆爲我用，可謂神矣。乃今讀其書，階級井井取懷而予，然則人患不學耳。臨淵羡魚不如退而結網，務實之士知所勉夫。

論説

方以智《物理小識》卷一《天類》　四行五行説　問：中國言五行，太西言四行，將何决耶？愚者曰，豈惟異域，邵子嘗言水、火、土、石，而畧金、木矣。地藏水、火，分柔土、剛土爲土、石也。朱隱老曰，四爲體，五爲用。金、石同體，言金而石隱矣。周子尊水、火在上，次表中土，下乃列金、木焉。金、木者，從土中生出者也。令所據者，地之五材也。金爲土骨，木爲土皮是也。水爲潤氣，火爲燥氣，木爲生氣，金爲殺氣，以其爲堅氣也。土爲冲和之氣，是曰五行。黄帝曰，六合之内不離于五。既言五運，又分六氣，不參差乎？播五行于四時，非用四乎？《易》曰，一陰一陽之謂道。非用二乎？謂是水、火二行可也，謂是虚氣、實形二者可也。虚，固是氣，實形，亦氣所凝成者，直是一氣而兩行交濟耳。又况所以爲氣，而宰其中者乎！神不可知，且置勿論。但以氣言，氣凝爲形，藴發爲光，竅激爲聲，皆氣也，而未凝、未發、未激之氣尚多，故概舉氣形光聲爲四幾焉。《楞嚴》七大：地、水、火、風、空、見、識也。地、水、火、風之四大，猶之水、火、土、氣也。有四實，則有四空，實皆空所爲也，而猶有容餘之空，故表空焉，皆因人目之見而顯，見本于識，而藏于識，故表見識焉。心藏神而主性，腎藏精而主命，以見識表之，亦可悟五藏六腑之實是二行矣。若欲會通，正當舍二求一，而後知一在二中，謂之二即是一，謂之不二不一，謂之三兩，謂之九六，謂之七八，謂之四五，謂之五六，無不可者。且請學《易》。

傅泛際　李之藻《名理探・五公》卷一　名理探兼有明用二義　諸學有屬用，有屬知。務窮物理，不必致用，是謂知學，如因形性學與超形性學是已。窮物理以致諸用，是爲用學，如克己治世之學是已。

南懷仁《窮理學・理辯之五公稱》卷一　理推學兼有明用二義　諸學有屬用，有屬知。務窮物理，不必致用，是謂知學，如因形性學與超形性學是已。窮物理以致諸用，是爲用學，如克己治世之學是已。

又南懷仁《新製靈臺儀象志序》　夫古帝王憲天出治，未有不以欽若敬授爲兢兢也。皇古以前可不論已，若夫堯典置閏餘而定四時，紀七政而明天度，必在璿璣玉衡以齊之者。誠以曆必有理與象與數，而儀器即所在首重也。夫儀也者，曆之理由此得精焉，曆之法由此得密焉，度數之學實範圍於此而莫可外焉矣。聞之古人，每遇交食分至及五緯淩犯諸變異，乃始静悟於心，繼必詳録於策。而猶恐攷驗之無憑也，乃復法象而製爲器，以其次年之所測較勘於前年之所驗者。推而廣之，接續成書，精確不刊，以貽來世，使後之學者師其意而不泥其跡，則凡諸曆諸數靡不可因之而有所攷究焉。且曆者歷也，言其歷久而常新也。夫歷世愈遠，則其理愈精，而其爲法乃愈密。然非器之有合乎法，又烏從闡微抉奧，使法極其密而理極其精乎？且夫天距地之遠者幾何，日月五星各列本天，而各天有上下層次及遠近相距一定之度。列宿諸行之細微與夫七曜各有本道，而諸道各有南北不同之兩極，又各有本道所行各與地遠近，與其行最低最高之處皆各有定期，又皆各有本體一定之度分。五緯各有遲疾順逆諸行之不同，亦有留而不行之定日。凡此象數萬端，難以測量之際，要皆恃儀象而爲之準則焉。故作曆者，舍測候之儀而欲求曆之明效大驗，蔑由也。是以稽曆者必以儀爲依據，明曆者必以儀爲記録，失推者必以儀而改正，筭合者必以儀而參互，較曆者非儀無由而信從，學曆者非儀無由而啓悟。良法得之以見其長，敝法對之而形其短。甚哉，儀象之爲用大也！如康熙四年間，挺險之徒出而恣騰其邪説，以淑擾乎天常，數年之内或以大統，或以授時，或以回回諸家之舊曆黜竄遞更，茫然無措，甚之倒用儀器，强天從人，乃以赤道儀測新法黄道之所推步，而曆典於是大壞矣。康熙七年戊申冬十有二月，洪惟我皇上乾綱獨運，離炤無私，特下明綸，有曆法關係重大，着議政王貝勒大臣九卿科道掌印不掌印官員會同確議具奏之旨。隨蒙會議題請，即奉有着圖海、李霨、多諾、吴格塞、布顔、明珠、黄機、郝惟納、王熙、索額圖、柯爾科代、董安國、曹申吉、王清、葉木濟、吴國龍、李宗孔、王日高、田六善、徐越等厺測看之旨。越明年己酉春正月初三日，是日立春，諸公卿銜命僉同視測，隨蒙議政王大臣會題疏内，有奉旨差出大臣赴觀象臺測驗立春、雨水、太陰、火星、木星，南懷仁測驗與伊所指儀器逐欵皆符，吴明炬測驗逐欵皆錯，南懷仁測驗既已相符，應將康熙九年一應曆日交與南懷仁推筭等語。隨奉有南懷仁授欽天監何官，着禮部議奏之旨。是年秋八月，復蒙部議新造儀器併安設臺基，俱炤南懷仁所指式樣，奉有依議之旨。仁自受命以來，夙夜祇懼，畢智竭能，務求精乎儀象之有利於用，而以密測天行貽爲典則，此愚分之所矢，素心自盡者也。雖然，儀象之作蓋以定永遠之明徵，而使後世有以私智自用者無所騁其臆説，則其事可易言也哉？是何也？夫諸儀有作之法，有安之法，有用之法，三法備而後諸法可次第舉也。況夫測天之儀貴恰肖乎天本然之象，故其造法亦必以天象爲準。但廣大莫如天也，覆冒無外；輕清莫如天也，健駛難形；堅固微妙莫如天也，運行終古而無虧，經緯秩然而不紊。使非會通而得其全，乃漫云吾以製器也，則必得此而失彼，掛一而漏萬，竊恐廣大、輕清、堅固、微妙之四者，未有能兼備而無遺者矣。說者曰：儀之體制鉅，則合天爲易固已然。所謂鉅者，其徑線長、週面闊也，則度數易分，而分秒之微亦易見。然其體鉅，則勢必不能輕巧；而若少用其銅，亦作徑長面濶之形，則又必薄弱而不適於宜矣。故特舉輕重學之數法並五金堅固之理以詳其用焉。然諸儀應天道之度，分南北兩樞，又列春秋二分、冬夏二至，先後皆有常期，黄赤二道、地平天頂、子午過極、過至、過分諸圈彼此相交於一點細微之内，而各道各圈之中心，又必同歸於一天體之中心，而不使其毫髮之或謬斯已也。但儀爲小天之形，未免拘限，要能合符天象，無所過差，此其作儀之難者一也。今諸儀已成，界線布星固稱詳密矣，然又使安置無法，則窺測不靈，而儀亦歸於無用矣。此其安儀之難者二也。且古來皆重正南之向，然或稍偏東西，則何所取以爲定？如勝國先所營觀象臺，在當時作者以爲諸儀正對之規模，萬向之標的。由今察之，其正面方向正南北線已多乖違，何論東西與上下左右哉？蓋儀中各道、各圈、各極、各經緯之度分，在天固有相應之元道、元圈、元極、元經緯之度分也，彼此互相照應者也。假有一端之不應，則測候即有不合者矣。然安定正對之法既得矣，苟用之未能通變，反誣良法有不合天者。此其用儀之難者三也。世更有未嘗用儀窺測，妄云星緯間有錯行，而不知天度有一定之理，儀象爲證天之器，間嘗出所撰著已辯其誣，而進呈於黼座矣。乃今之所闡者，亦惟明夫諸儀之用法，以及於推測之所施。蓋欲使學者由器而徵象，由象而攷數，由數而悟理，有所依據而盡心焉。用以歷久遠而世禆夫羲和，恢恢乎其有餘矣。嗟乎！自漢迄元，改曆者七十餘次，而創法者十有三家，其間剏造儀象者，指不多屈焉。不可以見其難也哉？仁不敏，深懼曆學之不明乎世，而敬於昭代新創之諸儀，逐節伸明，演爲解説，精粗兼舉，細大不捐，而復圖之以互相引喻，總以期乎理精法密，不愧傳流，以無負聖天子欽若敬授垂憲無窮之至意也云爾。予小臣敢自多其力與？謹序。

時大清康熙甲寅歲日躔娵訾之次，治理曆法極西南懷仁撰。

欽天監治理曆法臣南懷仁謹奏爲恭際欽造之儀象告成，益幸合天之曆法有據，謹按器闡明，著有書表，繕塵御覽，以光國典事。

竊惟古帝王之治曆，所以正天運、定歲功而節宣和氣爲布政敷化之基，誠爲邦之首務也。粤稽堯之命羲和也，則曰欽若昊天曆象日月星辰敬授人時；而舜於受命之初，在璿璣玉衡以齊七政，蓋以爲治莫大於明時，明時莫先於觀象，觀象莫先於製器，虞書之文可攷也。迨於後，而其制蕩於秦火。西漢以來改曆者七十餘次，創法者十有三家，而其中肇造儀象者不多概見。即間有所創鑄，或適於一時之用，而不能經遠；或合於一事之宜，而無當全用。製器尚象蓋若斯之難也。我大清聿興定鼎，釐曆數，改正朔，簡用新法，命爲時憲曆，頒行天下，事事密合天行。故修政曆法先臣湯若望屢奉世祖章皇帝恩綸褒美，將所進呈曆指諸書宣付史館。新法之善，於斯概可覩已。然曆法雖已久行，猶未鑄有儀象。於康熙四年，内忽挺險之徒出而撓亂成憲，妄用弊法，迄于四載，矯誣天常，曆典大壞。幸我皇上乾綱獨運，洞察臣之所推驗與天密合者，爲是復用時憲新法。續蒙部議新造儀器，併安設儀器臺基，應聽工部俱照南懷仁所指速造，奉有依議之旨，欽此。以部臣之庀材督造，並臣之指授嘔心，以及監員之畢力供事，今工已次第告竣，業將諸儀安列於觀象臺上，自是諸儀參互並測於以順天而求合，當無有弗合者矣。然曆有理、有數、有象、有器。蓋曆非明夫理則舛，而理非數則無以顯其微，數非象則無以通其變，象非器則無以得其精。則今之諸儀是器也，而理與數與象咸寓焉。故諸儀有作之法，有用之法，有安定與夫一切運動堅固之法。凡此非見諸發揮，精粗具舉，則是惟臣知之而人不知，豈所以公諸天下而垂永久之意乎？以故融貫舊聞，抒以心得，覃精研慮，縷析條分，而且推類旁通，繪圖比切，有説有表，次爲一十六卷，名曰《新製靈臺儀象志》，要使肄業之官生服習心喻，不致扞格而難操傳之，後世亦得憑是而有所攷究焉。此臣之所爲仰答皇上委畀以典曆之命，而盡愚分之所當然也。

洪惟我皇上聰明天縱，聖學日新，則此象數之言，實有切於治曆明時之學。以之敷陳黼座而備乙夜之觀，其於皇上欽若授時之治，未必無補高深於萬一也。謹兹繕寫編次成帙，恭進御覽。抑臣更有請焉，是書理數兼明，圖表備載，燓然其不齊也。鈔謄不易，繪畫爲艱，使非版行，勢難盡人而給，且無以遺久。仰祈勅部鏤版一副，交臣印刷，以資給發官生，則守是業者皆手習一編而無闕如之憾矣。至於與事諸員，皆急公勤慎，克底有成。伏望我皇上憫其微勞，量加優敘，以鼓後效，則亦國家酬庸激勸之典也。臣從曆法起見，字多逾額，如果芻蕘可採，伏乞睿鑒施行。臣謹將所著書表稽首進呈，臣無任悚仄屏營之至，爲此具本親齎具奏以聞。

康熙十三年正月二十九日具奏，二月初三日奉旨：曆法天文，關係大典。據奏儀象告成，製造精密，南懷仁殫心料理，勤勞可嘉，着從優議敘具奏，餘着一併議奏該部知道，書圖併發。

鄭光祖《一斑録》卷三《物理》 物理總論

天地之中，一陰陽也。陰陽分而天地定，陰陽交而萬物生。天地有理，陰陽有理，萬物有理。人因其理而人事興，人道立，亦無往非理，物之理何窮盡乎！抑知一切之物，皆在天地之中；而一切之理，皆不出天地之外。天地以内有理，有理則可以人心求之。天地以外無理，無理則人心無思索之處。或者曰，未有天，先有理，此言不但不知天，不知理，并未知自己，何以爲人？夫人與萬物同生，天地之中共舍一理，正以天之外無理，所以化成夫之内有理也。未有天之前，實同天之外也。豈先有蒙蒙昧昧之空中乎！豈先有無日無月昏昏暗暗之處所乎！何得謂未有天先有理哉！然無理以成有理，即無極而太極，乃真物理之源也。故必先辨而明之，斯可以縱言物理。

鄭復光《費隱與知録》

五行四行各明一義

客有問于予曰：《費隱與知》原本泰西之説歟？曰，然。西説可盡信歟？曰，吾信其可信者而已。曰，自古言五行，西士言四行，孰可信？曰，吾兼信之。曰，四行之説，吾固非之矣，利氏乃斥金、木不足以配五行，見《乾坤體義》。是交譏耳，子安得而兼信之？曰，利氏之抑金、木于水、火、土是也，其訕五行非也。古人偁五行是也，今斥氣于四行之外，亦非也。何則？五緯之著于天，雖山人命之，亦可知其從來者舊矣，未聞西士易金、木之名也。後人説理，附會陰陽，穿鑿生克，吾固弗信，而卜筮諸術往往神驗者，固不可謂非陰陽生克之實理也。則金、木焉可删也！氣在天地，充滿流行，變化之所從出，能以西士四行之説爲誣乎？西洋水、火、土、氣，即利氏地、水、火、風，蓋西域稱述如是，不始利氏也。是故古人偁五行，蓋錯舉其要，實足以該乎萬物，而獨不言氣者，非遺之也。氣不可見，故渾而不言。如蓋天之學，非不知天爲渾象也，氣不可執，故寄于五行，猶四端之推，未始外信于五常也。今必以氣爲不可言行，是囿于中西之見耳，豈足爲通論哉！至于西士之于四行稱爲元行，元行也者，非以爲包舉萬物，特于萬物之中，拔其尤異者，縣于衆間。若曰天下之物莫識所始，莫究其終，惟此四行耳，此豈金木之所能匹乎？而執是謂五行爲非，又豈識立言之各有當乎！此吾所以不盡然西士之説，而亦可以兼信者也。曰，然則卜筮諸術之推宗五行，誠可信矣。而不盡驗者，術未精耶？曰，非也。至精者，亦偶中焉，蓋幾先見耳。曰，如此，則不得謂出于實理。曰，不有實理，安得有幾？猶之料人料事，必本于實理，以爲揣測之端。而知士哲人亦不無千慮一失，故聖人不貴億中也。曰，然則子之論唯求是耳，何中西之足云而曰原本西法耶？曰，丙子之秋，小住維揚。北華族弟推究物理，頗合于西士之旨。予因舉《泰西水法》等論互相證明，遂援筆記之。日積月累，編爲一帙，將以就正通儒，烏敢忘其所自也。客曰善。

五材六府無妨增減

問：古人稱五行，西人述四行，子兼信之，誠有説矣。然則兼采中西，删其重複，曰金、木、水、火、土、氣，亦可稱六行耶？曰，是不必然，然固無不可也。前人立説，一人倡之，衆人和之，比比皆是。如水、火、金、木、土、穀，是爲六府；水、火、金、木、穀，是爲五材，宋胡宏論祭祀郊社云，五祀者，穀與水火金木也。人所日用，莫過五材。然則吾中士之所謂五行者，豈必增一不可、減一不能者哉？

胡兆鸞《西學通考》卷一《格致總考》 物理當知

既無偶然，當知其理。人不守理，所行不端，知理者惡焉。若人不知物理，何以生於世？格致與藝事之興，在明物性與力，以便人用。不能用者，物過大而不能明其因果也。如人不能改四時，不能變植物長法，然知四時與植物長之之理，可以因時種植而得其利。人不能使風起，然風一起，可行船與水磨。人不能止電，然有電，可以引電綫，引入地，不爲人害。不知電之理者，不能爲引電綫。西國諺云，先知先備，洵然。

理與故之别　物之果，必有因。故以石無阻可及地者爲理，以重者之必墜下也。鉛軟，而重火石硬而脆者，亦理，以鉛本軟，而火石本硬也。夫物性、物力與物之道，固可謂物之理，然理者，祇論當然之道，非論所以然之故也。【略】人理與物理不同者，人理或有不行，而物理不可不審。

基礎理論分部

綜述

方以智《東西均》 張平子作地儀，祖(堩)[暅]之作《綴術》，則羲、和、洛下疏矣。吴草廬説九層耶(蘇)[穌]合圖，滿剌加諸星接井狼與箕尾，爲開闢所未有，是天象至今日始全。一行山河兩戒，千餘年尊奉之，豈知説夢哉？韓非曰：地形以漸往，使人東西易面而不自知。新率測中國申時，歐邏巴方子時，則中國足之所履，必有足履此足之底者，如蟻之行屋梁是也。赤(度)[道]之下，兩度春秋。河漢之明，乃屬細星。北方有煮羊脾而天明者，從此再轉，則有日光不没之國。都利聿斯言人禍福，郭璞青囊葬乘生氣，皆非先王所詳，何乃應之如響？木綿、抄(紅)[紙]、雕板、搊扇，俱備于後代，是後人有增加精明于前人者，則後出之理未可誣以爲非先王之法言也。

艾儒略《西學凡》 理學者，義理之大學也。人以義理超於萬物而爲萬物之靈。格物窮理，則於人全而於天近。然物之理藏在物中，如金在砂，如玉在璞，須淘之剖之以斐禄所費亞之學。此斐禄所者立爲五家，分有門類，有支節，大都學之專者則三四年可成。

初一年學落日加。夫落日加者，譯言明辯之道，以立諸學之根基。辯其是與非、虚與實、表與裏之諸法，即法家、教家必所借徑者也，總包六大門類。一門是落日加之諸豫論，凡理學所用諸名目之解。一門是萬物五公稱之論，即萬物之宗類，如生覺靈等；物之本類，如牛馬人等；物之分類，如牛馬人所以相分之理；物類之所獨有，如人能言，馬能嘶，鳥能啼，犬能吠，獅能吼等；物類聽所有無物體自若，如藝於人，色於馬等。一門是理有之論，即不顯形于外而獨在人明悟中義理之有者。一門是十宗論，即天地間萬物十宗府。一謂自立者，如天地人物；一謂依賴者，不能自立而有所賴焉口成。自立獨有一宗，依賴則分而爲九。一爲幾何，如尺寸一十等；二爲相接，如君臣父子等；三爲何狀，如黑白冷熱甘苦等；四爲作爲，如化傷行言等；五爲抵受，如被化受傷等；六爲何時，如晝夜年世等；七爲何所，如鄉房廳位等；八爲體勢，如立坐伏側等；九爲得用，如用袍裙、如得田池等。一門是辯學之論，即辯是非得失之諸確法；一門是知學之論，即論實知與億度，與差謬之分。此第一家也。

第二年專學費西加，爲斐禄所之第二家。費西加，譯言察性理之道，以剖判萬物之理，而爲之辯其本末，原其性情，由其當然以究其所以然，依顯測隱，由後推前。其學更廣博矣，亦分有六大門類。其第一門謂之聞性學，又分爲八支。其一爲費西加之諸預論，其二總論物性，其三總論有形自立之物性，其四講物性之三原，其五總講變化之所成，其六總講物性之所以然，其七講依賴有形者，如運動、作爲、抵受、處所、幾何等，各有本論，其八總論天地與其有始無始否、有盡無盡否。而此八大支論各有本書具載，此爲闡性之學也。其第二門則論有形而不朽者如言天之屬。三門論有形而能朽者如人獸艸木等，與其生長、完成、死壞諸理。四門總論四元行本體火氣水土與其相結而成物。五門詳空中之變化、地中之變化、水中之變化。六門論有形而生活之物，分爲五支。其一先總論生活之原所謂魂者是也，次論生長之魂與其諸能，次論知覺之魂與其五官之用、四識之職等，次論靈明在身之魂與其明悟愛欲之諸理，次論靈魂離身後之諸能何如，而性命之理盡，格物之學可造矣。

鄭復光《費隱與知録》 物體兩類曰凝曰流

問：流體、凝體，説本泰西。蠟當屬何體？曰：天生之質，水與汞，純乎流者也。玉石諸類，純乎凝者也。餘則多有兼體，如蠟與五金是也。北華言，油與蠟有近五金處，以其滚極則能成火，故内有物，或其本身所挾查滓，久熬則能焦貼融底，而其本體乃清潔焉。以是推之，是水自能澄滓爲一類，油近水而略難澄，又兼蠟體爲一類。蠟與瀝青近五金，鎔之則滓可去，然質輕，滓必下澱。五金質重，滓皆上浮，各爲一類。汞屬五金。五金凝而能流，汞獨流而不凝，參錫則相入爲錫大鉡，又爲一類。頗黎，聞係錫與博山石粉參和爲之，故得巨火則鎔，可任制造，近似五金。敲則碎如石粉，又爲一類。牙角近木，可任雕鐫，而角獨能鎔液而不流，又各爲類。惟火與氣動而上升，與流體之就下相反，又各一類。

鄒伯奇《鄒徵君遺言·學計一得》卷下《論西法皆古所有》 《考工記》，輪輻三十，以象日月也，蓋弓二十有八，以象星也。伯奇按：輪以利轉，故取象日月，晦朔弦望，循環不窮，蓋以覆下故取象星辰斡繫，然不過假象以紀數，如《易·繫》言乾坤之策凡三百有六十，當朞之日云爾。而於此可見割圜之術古已精密，古算經不傳，至魏劉徽、宋祖冲之、元趙友欽等，或以圜容六邊起算，或以圜容四邊起算，皆屢求勾股而得圜周，及明末，西人入中國，又有六宗、三要、二簡法，以求割圜八綫以爲理精法密，古所未有，然錯綜加減，僅越五分而得一正弦，其每分每秒仍用中比例，至杜德美傳求弦矢捷法九條，則任設畸零之弧，弦矢皆可猝得，割圜之術於是觀止矣。嘗謂此雖出於西人，必古割圜之本法，至是而後，天啓其衷，燦然復明於世，視屢求勾股者超越何啻倍蓰哉？蓋輪人之爲輪牙，其入輻之鑿及蓋弓宇際相距，欲其分度之均，則必有數矣。非割圜則安取之？而三十邊二十八邊，又非劉趙諸法可得也，故欲得真數輪，别以輪崇爲徑，而求圜容六等邊爲本弧弦，又求本弧五分一之弦，或求圜容五等邊爲本弧弦，又求本弧六分一之弦，蓋則以蓋廣爲徑。而求圜容七等邊爲本弧弦，又求本弧四分一之弦，或求圜容四等邊爲本弧弦，又求本弦七分一之弦，或以輪蓋全徑求三十分之一、二十八分之一之通弦，夫求本弧七分一之弦，五分一之弦，及徑求通弦之法爲六宗三要之所不備，而古考工之所需，則西法豈能度越前古哉？

《記》曰：望而眡其輪，欲其幎爾而下迆也，進而眡之，欲其微至也，無所取之，取諸圜也，伯奇按：幎爾而下迆即幾何所稱圜界，與輻綫必爲直角也。微至者，即八綫之正割數，必大於半徑全數也。西國有圜書引見，天學初函諸部，考工數語，其亦中國之圜書矣乎？

《考工記》：築氏爲削，長尺博寸，合六而成規。又《弓人》職云：爲天子之弓，合九而成規。爲諸侯之弓，合七而成規。大夫之弓，合五而成規。士之弓，合三而成規。則古人於割圜弧矢之術，真知灼見，故能言之鑿鑿，而動不失規矩，爲算學者輒以周三徑一爲古法，實未學之失也。

梅勿菴言：和仲宅西，疇人子弟散處西域，遂爲西法之所本。伯奇則謂：西人天學未必本之和仲，然盡其伎倆，猶不出《墨子》範圍。《墨子經上》云：圜一中同長也。即幾何言圜面惟一心圜界距心皆等之意。又云：同重體合類，異二體不合不類，同異而俱之於一也。同異交得放有無此比例規更體更面之意也。又云：日中正南也。又《經下》云：景迎日，又云景之大小説在地，亦即表度説測影之理，此墨子俱西洋數學也，西人精於制器，其所恃以爲巧者，數學之外有重學、視學。重學者能舉重若輕，見鄧玉函《奇器圖説》，及南懷仁所纂《靈臺儀象圖志》説最詳悉。然其大旨，亦見《墨子經説下》，招負衡木一段，升重法也。兩輪高一段，轉重法也。視學者顯微爲著，視遠爲近，詳湯若望《遠鏡説》，然其機要亦《墨子經下》臨鑑而立，一小而易，一大而正數語，及《經説下》景光至遠近臨正鑑二段，足以賅之。至若泰西之奉上帝，佛氏之明因果，則尊天明鬼之旨，同源異流者耳，《墨子經上》云：此書旁行舌無非。西國書皆旁行亦祖其遺法，故謂西學源出《墨子》可也。《法苑珠林》以爲造書凡有三人：長名曰梵，其書右行，次曰佉盧，其書左行，少曰倉頡，其書下行，欲以西國之書駕羲黄之上，豈不謬哉？

西學之精，惟在制器，然古人非不能制器也，《考工記》曰：智者創物，巧者述之守之，世謂之工，百工之事，皆聖人之所作也，後儒不讀考工之書，凡有造作，輒以爲器數之末，委之拙工，古法日以消盡，遂爲西人所笑，然西人説之最新者謂日静地動，則漢張衡曾作地動儀矣。其言橢圓兩心差，伯奇亦嘗於緯書及

《靈憲》《廣雅》參考得古人所定之數。日體黑點，非遠鏡莫能見者，而《淮南子》諸書傳日中有烏之説，即謂此物，是古人已於遠鏡窺得之，傳聞失實，乃謂烏爲烏名，蔽於所見也。乃若比例規以五金，與水比較輕重體積，乃重學之一種，而《史記・五帝本紀・正義》引《尚書・帝命驗》説五府之名義，有曰園矩者，黑帝汁光紀之府名曰園矩，矩，法也，水精園昧能權輕重，故謂之園矩。然則以水權輕重之術，亦古算經所當有矣。

艾約瑟　王韜《格致新學提綱》《中西通書》一八五三　明嘉靖二十二年，波蘭歌白泥著《天象旋轉考》，始言太陽居中不動，五星及地球俱環繞之，故太陽行十二宫，諸星晝夜盤旋，皆系地球運動。西洋諸國宗之。二十四年，以大利佳但始造開立方法。三十九年，玻爾大初作穴室取影之法。隆慶十一年，弟谷測定客星較遠於月，又明月離之道，又言金水二星附日而行，繞於地球。萬曆三年，茅鹿理哥始明人目内觀物之理，而造遠視、近視眼鏡。十八年，弗蘭西肥乙大究明代數學，以西洋二十五字頭代數目字，不論已知未知，俱可推之。又造開三乘方法，著《數學紀要》。是年，英國奇白德著《磁石論》。十九年，以大利加離略著《重學》，始明一斤重與十斤重下墜同遲速落地之理。二十七年，荷蘭史德文明斜面上力重比較之理，及分力並力之理，知入水愈深，壓力愈大。三十七年，刻白爾著《火星運動》書，論行星軌道皆爲橢圓，又論行星用橢圓面積爲平行。三十八年，以大利伽離略造遠鏡，初見水星有四附星。明年又見金星有晦朔弦望，一如太陰，又見土星有兩耳，又見太陰之體有高低凸凹之形。三十九年，刻白爾改正清蒙氣差，論氣水中俱有光差，又因悟人目視物之理，如穴室取影。四十二年，英國那比爾造對數，用加減代乘除，以二零七一八二八一八爲元。四十三年，伽離略用木星附星掩食定東西里差。四十五年，荷蘭師納拉測定地上若干裡，合天上若干度，依此推之，可知地球周圍多少里。四十六年，刻白爾論行星行于橢圓周，時刻方之比，同於行星距太陽十字線立方之比。四十七年，師納拉造光差算術，凡光出入於空質中，必成光差角，與原角恒有比例。泰昌元年，英國備根著《格物窮理新法》，實事求是，必考物以合理，不造理以合物。天啓四年，英國巴理知思發明對數之理，始取十爲元，以令一對十，二對百。崇禎四年，佳生地初見水星過日面。五年，伽離略專論天静地動，坐此下獄，强使反其説，乃出之。十年，弗蘭西代加德合代數幾何，以發明直曲諸線之理。十二年，英國好洛斯初見金星過日面。順治元年，到裡直理造量風氣輕重之器。十一年，荷蘭國國里該初造風氣車，能出器中之風氣。十五年，海更士發明鐘擺之理，始作有擺之鐘，又名儀墜了。十六年，海更士初見附土星兩耳，實則一光帶，又見一附星，作《土星考》。康熙二年，英國格勒哥裡作回光遠鏡。三年，於觀天器上作遠鏡窺筒。是年，奈端初論微分法。此法及積分法爲最深算術，凡借根、天元等法不可推者，用此則可。五年，奈端初知天上地下萬物皆有相引之理，是以重物向地心下墜，與月環地球之理同。六年，空理師造曲線面積算術。八年，奈端作分光法，白光入三角玻璃分爲七色，再加一三角玻璃，仍合爲白光。九年，拉那作寒暑表。十年，葛西尼初見土星第二附星。是年，初明鐘擺近赤道則遲，遠赤道則速，如明地力在赤道最大，在兩極最小。十一年，奈端初作回光顯微鏡。十五年，大泥勒墨爾初明光動之理。是年，葛西尼推定木星自轉九小時三刻十分。十七年，海更士初知星光自遠及近，如海潮迅速射及目中，人始能見其光。二十三年，葛西尼初見土星又有三顆附星，並前而五。二十六年，奈端著《格物原本》，中言日月星小環於大之理，所行之路，或橢圓，或單曲線，或雙曲線，諸行星及地球、月俱行橢圓，客星、彗星俱行單曲線與雙曲線，重物向地心下墜，與太陰自東而西行，一理貫通也。四十三年，奈端著《視學》，論回光角與原角等。是年，葛西尼始見土星有兩光帶。五十七年，弗郎西國主命天文大臣推算地球經緯裡差，始知地體系扁圓。五十九年，革來考正琥珀氣之理，好里考正月行之理。雍正五年，英國白拉裡考正地動恒星視差之理。八年，英國海特裡造紀限鏡儀，以測太陽高弧。十三年，西國考正地球扁圓周徑。是年，西國創考驗萬物相引法，懸物空中，近山則線斜。乾隆二年，弗郎西格來羅考明三動物相牽引之理。十年，白拉里始知地球南北極有動差，十九年一周。十二年，米利堅佛蘭格林始明琥珀氣與電氣同。十三年，歐樓詳考各行星相引微差之理。二十二年，好里預推之彗星見，每七十五年一周天，適符其數，道光十五年又見。是年，道倫德造無暈遠鏡。遠鏡透光俱有彩暈，惟此鏡無，以對暈二式玻璃合而盡消其暈。二十六年，歐樓闡明差等數，初造積分法。二十七年，白拉格始明陰熱氣之理。三十九年，英國始明地質鬆緊之理，測定同體地水二質，其較多五倍半。四十年，弗蘭西拉白拉瑟闡明海潮之理。四十六年，英國天文大臣侯失勒初見土星之外有一行星，名之曰於咴瘠士。四十七年，侯失勒以遠鏡測見白氣數點，如傳説積屍之類同于天河，亦系無數小星之光。五十二年，拉白拉瑟講明太陰軌道之理。五十三年，拉格浪用微分法詳解動静重學之理。五十四年，侯失勒名威靈造極大遠鏡，測見土星又有兩附星，並前而七。嘉慶四年，拉白拉瑟著《天文重學大成》。五年，侯失勒初明太陽所出之氣，有熱氣、光氣、化物氣之別，穴室照影肖像法用第三氣。六年，以大利亞必亞齊初見木星火星之間有一小行星，名曰穀女。七年，日爾曼阿爾白士測見第二小行星，名曰武女。八年，侯失勒測見定位星，有雙星互相環繞。九年，日爾曼哈爾定測見第三小行星，名曰天后。十二年，阿爾白士測見第四小行星，名曰火女。是年，侯失勒測見天王星有六附星。十九年，西國初明露水之理，空中恒有水氣，遇地面冷，必垂而爲露，夜中無雲，地面熱氣易向太虛透發，故露下，如雲掩地面，熱氣難透，必不成露，樹林遮蔽與雲無異。二十四年，日爾曼爾士德發明磁石與電氣異同之理。是年，日爾曼恩格測定彗星行度，約(六)[三]年餘，一周天。道光二年，侯失勒名約翰，用大遠鏡測定位星，有單星、雙星、三星、四星之別，各互相環繞。三年，日爾曼弗倫好弗初見日光分爲七色，中間有無數黑線，其相去度分俱一定。諸行星之光與日大同小異，因借日之光故也。定位星則各不同，因自生光故也。(四)[六]年，日爾曼比乙拉測定第三彗星行度，(三)[六]年餘一周天。十年，英愛理發明光學，言日月之光，激動空氣，如波浪然，千層萬疊，宕漾人目，而後覺有光。二十年，日爾曼德路威測得太陽率諸行星，(環繞女藏星)[今向女藏星相近處而行]，一年行三千三百三十五萬里。後有梅特勒測得昴宿爲太陽及天河内諸星所環繞星數數千，無異象，因其軌道極大故也。二十五年，日爾曼亨該測見第五小行星，名曰嚴女。二十六年，咈蘭西力佛理亞用算術推知天王星之外必更有行星牽動天王星，並推得其度分，其友用遠鏡細測，果見有海王星，與所推度分僅差四分耳。是年，英國阿但史亦用算術推知海王星所在度分。二十七年，亨該測見第六小行星，名曰稚女。是年，英國欣特測見第七小行星，名花神，第八小行星，名虹神。又有人測見海王星有兩附星，亦有一光帶，此事尚未有確據。二十八年，英國格來漢測見第九小行星，名曰獵師。

彭瑞熙《格致之學中西異同論》《格致書院課藝·丁亥春季》 中國有格致之學，西人亦有格致之學。然中國之格致，兼道與藝言之也。西人之格致，專以藝言，而亦未嘗非道也。世有迂闊者流，深薄西學，以爲非聖人之教。而沉溺於西學者，則謂中學專尚空談，不如西學實事求是，其失又甚矣。是不可以不辯。夫中國格致之學，無所不有，無所不包。其深者，探造化之源，究性命之理。其大者，辨彝倫之敘，考平治之經，以及官司之守，器用之資，一名一物，一草一木，莫不有理，莫不當知。所謂衆物之表裏精粗無不到，而吾心之全體大用無不明也。故曰，兼道與藝言之也。彼西人於器數之學，竭力殫精，深求實驗，故能窮極象緯，轉移氣質，運用水火，變化金石，馭風發電，測海凌空，火輪舟車，瞬息千里，風雨寒暑，立驗座隅。此外各種器用，並臻奇妙。就其有用者言之，雖聖人亦不能廢，豈得概以奇技淫巧斥之。故曰，專以藝言，而亦未嘗非道也。且夫中國聖賢，以道自任，而藝亦不遺。如周公多材多藝，孔子天縱多能，子産稱博物，冉求以藝傳，經傳所稱，必非虛語。至於六藝設科，考工分職，尤其彰明較著者矣。今之人特爲西學所詫，以爲非中國所有，殊不知巧樸雖異源，流實同。又中國製器，祇求適用，不尚新奇，而西人則精益求精，日新月異，此所以相形見絀耳。嘗考西人《談天》，謂天地如球形，天静而地動，似與中國蓋天、穹天、天動地静諸説不合，然中國固宗孰營度之？許氏《説文》曰，圜，天體。《大戴禮·曾子》曰，如誠天圜而地方，則是四角之不揜也。《倉頡》曰，地日行一度，風輪扶之。《書·攷靈曜》曰，地恒動不止，而人不知。《春秋元命苞》曰，地右轉以迎天。《河圖括地象》曰，地右動起於畢。彼利瑪竇、湯若望、南懷仁、侯失勒、約翰輩所述天地之形，大旨不出此也。西人談算有幾何、借根、對數、代數、微積諸術，極其妙矣。然中國自《河圖》寓加減之源，《洛書》肇乘除之祖，而隸首立法，商高授書，掌於保氏，散爲疇人，由來已久。近世所傳《九章》天元四元之書，本與西法一理，惟立式稍異。歷家以八線弧角算天，不過取其簡便，實則與六宗三要同出勾股一源耳。又中國以月度定年，故每年三百五十四日，合氣盈朔虛，而三年一閏，五年再閏，十有九年七閏，謂之一章。西洋以日度定年，故每年三百六十五日，而四年閏一日，略盡餘分，惟月數不合朔望，實不如中法之妙。《書》稱水潤下作鹹，火炎上作苦，木曲直作酸，金從革作辛，土稼穡作甘。《墨子》曰，五合水火土，離然鑠金，腐水離木。張子曰，木金者，土之華實也，其性有水火之雜，故木，水漬而生，火然而不離，蓋得土之浮華於水火之交也。金得火之精於火之燥，得水之精於水之濡，故水火相待而不害，爍之反流而不耗，蓋得土之精實於水火之際也。《亢倉子》曰，蜕地之謂水，蜕水之謂氣。以及陽燧取火，方諸取水之類，是即化學家氣化質化、化分化合之説也。又《墨子》曰，均髮均懸，輕重而髮絶，不均也。均，其絶也莫絶。一少於二，而多於五。説在重，非半弗析。倍二尺，餘尺去其一。是即重學家萬物皆趨重心之説也。臨鑑立景，二光夾一光。足被下光，故成景於上，首被下光，故成景於下。鑑者近中，則所鑑大，景亦大。遠中，則所鑑小，景亦小。非即光學家回光、折光、傳光、射光之説乎？古人聞牛鳴窌中而知宫，離羣羊而知商，聽雉登木鳴而知角，見豕負而駭而知徵，聽鳴鳥在樹而知羽，五音之妙，能以耳力得之。自黄帝命伶倫象鳳鳴而造律吕，每三分而損益，隔八位以相生，而度量權衡規矩準繩，皆出於黄鍾之管，且律吕可以候天地自然之氣，由是播諸八音，以宣八風。聽之者，可以知興亡治亂善惡灾祥之故，微妙至於如此。彼西人《聲學》一書，未必能出其範圍也。《經》曰，地載神氣，神氣風靈。風霆流形，百物露生。《關尹子》曰，石擊火生光，雷電緣氣而生，可以爲之。《淮南子》曰，陰陽相薄爲雷，激揚爲電，錬土生木，錬木生火，錬火生雲，錬雲生水，錬水反土。以及頓牟掇芥，磁石引鍼之類，中國之言電氣者詳矣。不過藥物配合，久失其傳耳。古聖人斲木爲耜，揉木爲耒，斷木爲杵，掘地爲臼，弦木爲弧，剡木爲矢，刳木爲舟，剡木爲楫，結繩以爲網罟，嘗百草以爲醫藥，范金合土以爲宫室，養蠶植桑以爲衣服，觀轉蓬、象北斗以爲輪輿，凡日用所需，莫不精心結構，然猶曰：此常器也。若大成湯作飛車，送奇肱氏歸國；周公作指南車，送越裳氏歸國，公輸子削木爲鳶，可以升天；削木爲御，可以駕車。墨子亦能削鵲而飛。《拾遺記》言秦始皇起雲明臺，有巧工二人，皆騰虚緣木，運斧斤於雲中。《三國志》言諸葛武侯伐魏，造木牛流馬以運糧。《朝野僉載》言則天時，海州匠造十二辰車，迴轅正南，則午門開，四方迴轉，不爽毫釐。中國之爲機器者，多矣！不過遺制淪亡，多不可考耳。即西人以火器稱雄海外，侵軼中華，其槍炮水雷之製，愈變愈奇，然考其始，亦原於中國。元伯顔帖木兒威行西域，始創火槍，一時制勝。是時有歐羅巴人在其麾下，携以歸國，肆力講求，遂臻其妙。諸國效之，始爲軍中無敵之技。至於火輪舟車，電報電燈之類，在彼土亦創於近歲，古未有也。上古結繩而治，自黄帝命倉頡象鳥獸蹏迒之跡以造書契，以後孳益漸多，有象形、會意、指事、諧聲、假借、轉注六書之目，彼西人以二十六字母拼合成文，僅有諧聲、假借兩端，而四者無有。又其語言文字一致，並無雅俗深淺之分，比之中國，亦已粗矣。總而論之，中國風氣重道而輕藝，西洋風氣重藝而輕道，然自古至今，治亂安危，恒繫乎道之隆污，不繫乎藝之巧拙也。今天下中外周通，强鄰窺伺，挾其所長，以傲我所短，中國於是欲師其長技以制之，此西學之講求所以難已也。至於綱常法度、禮樂教化，終爲治天下之本，其可一日少乎？權衡輕重，有識者必當知之。又格致二字，本出中國之書，譯者以意義相近，取而文之耳。考西人器數之學，本名東來法則，原本益可知矣。世有講求格致者，以道爲經，以藝爲緯，則中西一貫，亦何異之有哉！

浙江藩憲許星臺方伯原評：引徵簡要，斷制謹嚴。總論一節，力持大體，尤爲識高於頂，筆大如椽。

許方伯加評：立言得體，於中西格致之學，亦能洞見本原。

書院山長天南遁叟王評：中國格物致知之説，始見於《大學》，然於格致之旨，實無所發明，或謂其上殆有軼文。此篇能探中國格致之源，而抉其要，俾誇耀西人者，閲之爲之短氣，洵良文也。

又　葛道殷同題

《大學》言格致，在即物而窮其理。又云，衆物之表裏精粗無不到，所謂格者，亦覺精而備矣。三代而還，諸子互有發明。自明季海禁宏開，泰西好學深思之士，越重洋遠來中土，各挾其所學以進，竊以爲格致之理固無不同，而格致之事各有詳略精粗之不同。夫物莫大於天地。中國之論天地，自卵白卵黄之説而後，如揚子雲因衆儒之説，以天爲常在，日月星辰隨而東西。王蕃渾天説，周天三百六十五度，五百八十九分度之百四十五，東西南北展轉同規，半覆地上，半在地下，故二十八舍半隱。以儀準之，其見常百八十二度有奇，是以知半覆地上、半在地下也。明以前書，皆是其意。至國朝採用西法，即有地球之説，謂地處天中不動，天九重繞之，恒星最上，七政各以層數次第包環於外，運行不息。此地静天動之説也。更益以三角八線算法造歷，猶是中國之歷法。西人不然，謂日居中不動，地球亦爲行星，間於月與諸行星之間，繞日而行。又製最精之遠鏡儀器，實測久之，而知其所繞之路非平圓，并互有攝動之差。彗星，中國史不絶書，中國歷書無之。西人考測甚詳，測其所行之大圜甚橢，或數百年一見，或數十年一見，或數年一見不等，故能得其根數，立有成表。近代天算家考究尤精，故推彗之法日密一日，其意似不關休咎。置閏，中法以無中氣之月爲閏月，西法四年閏一日，一百二十八年閏三十一日，四百年閏九十七日。是步天造歷，皆有異也。言地，《尚書·考靈曜》：地有四遊。冬至地上北而西三萬里，夏至地下南而東三萬里，春秋分則中。又《續漢書》：張衡作地動儀，以精銅鑄，即是西人地球轉動之説，但步地、量地、測地之術，皆闕如也。西人以地既爲圓球，即匀分三百六十經度，又平分地腰爲赤道，迤北抵北極，迤南抵南極，各九十度爲緯度，是以測天、行海，皆憑此爲準繩。又能考究地殼土石層數，動(值)[植]各物形迹，查其古今變遷，並求其所以成形之理，名爲地學。是考地、論地，皆詳略之有異也。至論人之一身，中國醫書言理甚精，但所載骨肉臟腑經絡，多不明其體用。西書《全體新論》考之精詳，言之確鑿。是論人身有詳略之不同也。至於化學、重學、光學、電學、汽學，中國如《墨子》云，化徵易若鼃爲鶉，五合水火土，離然鑠金，腐水離木，此即化學之謂也。均髮均縣，輕重而髮絶，不均也；均，其絶也莫絶。一少於二，而多於五。説在重。非半弗斱。倍，二尺與尺，去其一。此重學之謂也。臨鑑立景，二光夾一光，足被下光，故成景於上，首被上光，故成景於下。鑒者，近中則所鑒大，景亦大；遠中，則所鑒小，景亦小。此光學之謂也。《亢倉子》云，蜕地之謂水，蜕水之謂氣。此氣學之謂也。經言地載神氣，神氣風霆，風霆流形，百物露生。此電學之謂也。《關尹子》言，石擊石生光，雷電緣氣以生，可以爲之。《淮南子》言黄埃、青曾、赤丹、白礜、元砥，歷歲生澒，其泉之埃上爲雲，陰陽相薄爲雷，激揚爲電。上者就下，流水就通，而合於海。鍊土生木，鍊木生火，鍊火生雲，鍊雲生水，鍊水反土。及夫頓牟掇芥，磁石引鐵之説，中國之言電氣特詳。但西國所言，實較中國爲更詳。如言化學，分爲兩大類，一曰化成類，如金、土、氣、水等物。一曰生長類，如動、植等物。不能化分者，爲原質，共有六十四種。原質又分兩類：一爲金類，一爲非金類。金類之品，雖多於非金類，然萬物以非金類化成者，乃多於金類。六十四種之内，氣質五，流質二，其餘不甚冷、不甚熱之時，俱爲定質。其中言愛攝之力，論質點之微，體積之分劑，多少之比例，無不極精窮奥，得諸實驗。如燐，少得空氣即漸然，置諸日中立然。考其各種氣之根源，驗其各種氣之功用，養氣爲萬物之第一要物，風、水、火皆賴以生，人物均賴以呼吸。炭氣足以殺人，而草木之呼吸，與動物相反。木本炭精，恒藉炭氣培養，而炭氣中之養氣，反成無用，而放出輕、養二氣，可以作鐙。鉀養緑養五，并玻璃粉，用燐合製爲自來火。化學之大，中國所略，而西人加詳而精焉者也。至於水學，中國僅言静、動二種，有性情之不同，故醫者取長流水以療疾。而西人言水，從涓滴相吸，以推其輕重壓力。流水則推其高低之躍，疾徐之流，波浪之理，各極精微。火學，分熱與光爲兩物。論熱，溯其來源、傳熱、失熱變化各形，以熱造表。至於熱、氣二説，爲物非物，已入幽微。論光之發源，共有五種，并解明眼目所以能視之理，云萬物中，光之功用極大，一語精當之至。直射返照，二光相抵，以遠近成方反比之理計之，可見其濃淡，均造微之論。論定氣，又分爲二。一言天氣包裹地球，漸高漸稀，約計二百里，有深淺厚薄之時，故其壓力不能常常相同。如水之在海，波浪起伏，疇重疇輕。風起之故，由於空氣壓力加減，氣浪翻騰。雨落之故，由於空氣含水，遇冷下墜。冰雪寒暑，惟南北温帶互相循環，熱帶無冬夏，南北寒帶，半年爲晝夜，人跡罕到。蒸氣，以火煮水所化，力能動機，大者可計馬力若干。測氣、用氣，皆有至理。善法得自心思，並無師承。至凝露結霜之故，起霧成雲之理，皆由於水氣冷熱縮伸，各有微論，難以殫述。聲學，謂氣以傳聲，冷則稍速，熱則微遲。若中和之候，一秒内有九十六丈可通，其疾徐與聲音之大小無涉。雖極微之聲，與巨雷相較，快慢一也。惟聲之大者，能及遠耳。且聲有浪，因氣激盪成浪，如水因風激一般。若巨聲之浪，有破紙窗、墜屋瓦之能。電學，謂電氣有空中自然成者，有造成者。自然成者，如空中雲二片，所含電氣爲相反者，則彼此交易電氣時，電火爲電氣流行之路，電聲即電火冲激之響，其響遇雲而有回聲，所以聞其聲，轟轟然有引長之意。造成之電，則有乾濕之名，其氣雖同，而發源各殊，又分正負二種。不同類二種金相切，中無流質，則一金類生正電氣，一金類生負電氣，此電氣存本金類體内，又分濃淡。鍍金，欲其光滑而質匀浄，大半恃其器具，必所發之電氣，數多而濃且匀，器内置正負材料之面大，而電氣之濃，與數之比例過小，用以鍍金，則時緩。反之，如正負材料之面小，而塊數多，則電氣之濃，與數之比例過大，所鍍各金，或成顆粒，或細粉，且必令藥水自行化分。可見鍍金所用電具，其正負材料，必合比例而配之。由摩擦而生者，謂之乾電。二金浸於强水，交感而成者，謂之濕電。濕電之用，可通音信，路有遠近，時無後先。電學亦神矣哉！力學，論物之行止升降，必藉乎力。物莫大於地與月，月被地吸繞而行，地被月吸有潮汛，二力合一，一力分二，二力一用，各有至理。物之墜地，因輕重爲疾徐；礮之擊遠，因天氣爲高低。至於助力之器，績桿、輪軸、滑車、斜面、螺絲、尖劈，人多忽略，西人之製器多賴之。此各事，莫不各具算學比例之理，西人皆能精考，實微，詳推。物莫微於昆蟲。蠶有病，精於格物之巴斯陡，併以六百倍顯微鏡窺之，遂得其要領，謂此病名爲粒瘟，又名椒末瘟，最易傳染。且母蠶病此，生卵相傳，延蔓無已，故各蠶或死於抽繭之先，或未死而成絲太弱。是格物之極其微，正格物之大其用也。嗟乎！西人之於格物，可謂無餘藴矣。顧何以煤瘴之伏礦中，無定法可免。真空以助升降，無善術可行。是礦務之猶有憾事。機織之布，敏捷而不耐久。機壓之呢，耐久而不光滑。機紡之綢，價廉而無寶光。是紡織之猶待考求。雨蟲雨豆，雨血雨毛，中西尤皆無確論。乃知合中西立教之原，積世積人積智，而物理之微而繁，非獨中人祇言其理，不能盡格，即西人專門之學，亦多有不格之處。故云格致之理無不同，格致之事實有詳略精粗之不同也。

浙江藩憲許星臺方伯原評：持論通明，佐證處亦簡而有要，知得力於西學者深矣。

許方伯加評：中西異同處，六通四闢，闡發無遺，洵爲閱歷有得之言。

書院山長天南遁叟王評：作者於西學深造而有得，而於中國格致之學，亦能探原扼要，立論具有根柢，洵傑作也。

又　趙元益同題　人爲萬物之靈，士居四民之首，格物致知，爲儒者之先務，進言之可以修齊治平，廣言之可以强兵富國，所由統中西之士，而皆致力於此也。中國格致之學，肇於堯舜，至孔孟而大彰，及程朱而益顯，聖聖相承，路徑昭然，從無異論。至陽明而一變其説，謂知，良知也。天下萬事萬物之理，吾良知自足，不須外面添一分，惟在致之而已。格物即致知之實功，意之所在謂之物。格，正也，即意念所在之物而正之，而良知致矣。去煩難而直趨簡易，略階級而徑尚空虛，高明者往往喜從其教，自聖自神，出一語更無可否，斷一事不待商量，放蕩決裂，不知自反。此吾儒格致之學，其説已有不同，而其是非不待辨而自明者也。若夫西人格致之學，亦不過隨事精察，由粗及精，由近及遠，與中土格致之學相比，異中有同，同中有異。請一一臚陳其説。《堯典》：欽若授時。爲邦首務，以閏月定四時成歲，所以信治百官，而衆功皆廣也。我朝敬授人時，聖祖仁皇帝御製《曆象考成》上下二編，鎔西法之算數，入中法之型模，理必窮其本原，數必究其根柢，非惟極一時推測之精，固已具萬世修明之道矣。西國天算之學，爲格致之大端，記測候則有薄，置儀器則有臺。《談天》之書，屢經刪補，疇人之學，亦有淵源。惟其曆法不主月而主日，所以不置閏而曆亦無差。此格致之時異而歲同也。中國自古以來，首重農桑，教稼穡則有黑壤、黄壤之殊，長地財則有宜稻、宜黍之别，誠以土化之法，不可不知，穀種之良，不可不格。此皆格致之有關於民生國計者。而西國土壤膏腴，平原綿邈，其俗藝業，首以農事爲本，他工次之。上自國君，下逮衆庶，未有不留心稼穡，肆力塲圃者。姑略言之，以見其概。如務雜穀者，則有耕穫之事。務花果者，則有培植之事。務園蔬者，力勤灌溉。務林木者，用備成材。至於紡織之事，亦屬鄉居本業，有以棉織者，如布疋之屬。有以絲織者，如綢緞之屬。又有以毛織，若大小呢、嗶嘰、氈毯之屬，以麻織，若苧葛麻布之屬。所以土産充盈，而國用無憂其不足。特中國多藉人力以成事，西人多藉水力、火力以程材，勞逸雖殊，資生則一。此格致之事異而功同也。古聖王作弧矢之利以威天下，相奪也，爲之城郭甲兵以守之。故燕無函，秦無廬，胡無弓車，合天時、地氣、材美、工巧而爲良。故同一弧也，往體多，來體寡，謂之夾臾之屬，利射侯與弋。往體寡，來體多，謂之王弓之屬，利射革與質。同一矢也，鍭矢、殺矢參分，一在前，二在後。兵矢、田矢五分，二在前，三在後。茀矢七分，三在前，四在後。智者創物，巧者述之。格致之功，皆聖人之所作也。西國古時戰攻田獵，亦藉弧矢爲利器。元明宗至順元年，日耳曼人四華司始傳造火藥法，承之以銃，命中及遠，創爲未有之舉，不知軍中火器，古已有之。《周官》有火射、枉矢之屬，已肇其端。《宋史》：虞允文采石之戰，發霹靂礮，以紙爲之，實以石灰、硫磺，投水中，而火自水跳出，紙裂而石灰散爲烟霧，眯其人馬，遂敗之。又魏勝創礮車，施火石，可二百步。其火藥用硝石、硫黄、柳炭爲之，此近代用火具之始。明初有火車、火傘，大一、二、三將軍等礮，及椀口銅銃、手把銅銃、佛郎機等品。建文東昌之戰，燕軍爲火器所乘，死者萬餘。征南時，張輔以神銃擊破交趾象陣也。先圍京城，于忠肅欲放大銅銃，掘土坑藏身，親燃火於藥線以擊敵，是皆火攻之試於用者。特西人勤於製造，推而廣之，雖屢經修改，然終未能有利而無弊。此格致之貌異而質同也。古者九數，列於六藝，掌於保氏，以教國子，故七十子之徒，身通其術。秦漢而後，代不乏人，各有著術，號爲專家。唐宋設明經，算學科，其書頒在學宫，令博士弟子肄習，誠以算雖小學，用以齊七政，正五音，敬天授民，格神和人，以至同量衡，通食貨，便營作，莫不賴之，以爲統紀，實格致之要務也。我聖祖仁皇帝御製《數理精藴》，訂古今之同異，集中西之大成，承學之士、專門名家者接踵，或昌明中法，或綜貫西學。宣城梅氏集中西之大成，有發明而無掊擊，識者韙焉。乾隆中，朝廷開四庫館，中土古書盡出，自是天元、四元、大衍求一諸術盛行，而西學浸微。考西國之代數術，略與中土天元之理同，而法則異。其原始即借根方，西國名阿爾熱巴拉，係天方國語，言補足相消也。昔人譯作東來法者，非。此法當中國六朝時，希臘有丟番都者，得其法，或自創，或傳自東方諸國，不可考。但其法用數不用記號，而天竺已先有之，且精於丟氏。能推一次二次式，並有求一法，甚賅備，幾與秦九韶大衍術相埒。波斯天方，皆傳其法。及元時，意大里薄那洗，學自天方，以傳於其國。歷三百年，習者寥寥。至明嘉靖間，思鐵法利以其法傳於日耳曼，白勒得利傳於法蘭西，立可傳於英國，由是此學漸盛。初，天竺代未知數用五色名，波斯天方則各用方言之物字，其傳入歐羅巴也，意大里、英國仍用物字，故即名物術。

是時惟未知數用字代，已知數皆用本數。至肥乙大始盡以字代，是爲今代數術之始。厥後精益求精，創爲方程式，即借根方之相等法也。既而佳旦造三次式，拂拉利造四次式，代加德造指數，而用益便。至奈端造合名法，而登峯造極矣。當借根方入中國時，西國於此術尚未深，殆不及天元、四元，借根方記號殊簡略，其加號用上，與今代數同。昔名多，今改名正，減號用一，今用丁，昔名少，今改名負，相等號用＝，與今同。其右數，昔名等數，今改名同數。而諸自乘方之指數，開諸方之根數，皆昔所未有之號也。又借根方之根，今改名元，今所謂根數，非元也。凡此諸名之改，皆從天元四元，而天元四元之位次，則加易以記號，更便於布算。此格致之術異而數同也。古今言刻漏者數十家，悉多疎謬。沈存中因其步漏之術，皆未合天度，於是占天候景，以至驗於儀象，考數下漏，凡十餘年，粗見真數。成書四卷，謂之《熙甯晷漏》，皆非襲蹈前人之跡。《小學紺珠》載薛季宣云，晷漏有四：曰銅壺，曰香篆，曰圭表，曰輥彈。西洋製自鳴鐘，其制出於古之刻漏。儀徵阮文達公云，輥彈，即自鳴鐘之制，宋以前本有之，失其傳耳。西人之製器也，其精者曰重學，重學者以重輕爲學術，凡奇器皆出乎此。而其佐重學以爲用者，曰輪，曰螺，是以自鳴鐘之理，則重學也；其用，則輪也，螺也。古漏壺盛水，因漏滴水，水乃漸減，遂以爲輪之轉運，是水由重而漸減爲輕也。自鳴鐘以鐵爲卷，置銅鼓之中，捩之使屈其力，力由屈求伸，亦由重而漸減爲輕也。此格致之物異而理同也。《文心雕龍》云，庶務紛紜，因書乃察。《思辨録》云，致知功夫，莫備於六書。蓋天地間一物，必有一字，而聖賢制字，一字必具一理。能即字以觀理，則格物之道存焉。許氏《説文》雖略存古人之意，而理有未備。吾友王子石隱作《六書正論》，每字必據理精思，直窮原本，其精確處竟可作《爾雅》讀，爲格致之學者，不可不知。玆考倉頡之始作，先有文而後有字。六書象形，指事多爲文，會意，諧聲多爲字，轉注，假借文字兼之。歐洲之國，通用臘丁文字，即古羅馬國之字也。但其字音言語，亦復不同。蓋其字雖一體，而用則各別。所用字母，雖僅二十有六，而天下萬事萬物，皆賴此以書之。其字相并而成，變化無盡，用之之法，以字調音，定音成言，積言成句，或兩三字而調一音，或五六音而成一言，間有并至七八字以及十餘字者，蓋計之則有限，變之則無窮。凡書之字，皆以横行，讀法由左達右，以左幅之頁爲首，非如中國之從上至下，以右幅起也。字分真、草二體，真字之中，又有大小之别。既便於書，復便於用。所謂字母者，觀左圖便知。其中祇三字有意可以獨用，如A、I、O是也。A者，一也。I者，我也。O者，歎詞。餘則必須連貫，乃能成音成意。至如圖側之字，乃阿喇伯數目字體，現海外諸國以其便用，俱通行之。雖其數不過九字，然自小數以至億萬數，無不易明。

羅馬字母廿六圖式

一	二	三	四	五	六
數目字	大真	小真	書草	音法	又音
1	A	a	a	野去聲	亞
2	B	b	b	卑	啵
3	C	c	c	西	西
4	D	d	d	地	哋
5	E	e	e	衣	衣
6	F	f	f	鴨夫	嚧
7	G	g	g	紙	咍
8	H	h	h	咽痴	嘻
9	I	i	i	嗳	唉
10	J	j	j	遮	嗻
11	K	k	k	怯平聲	唭
12	L	l	l	咽尼	啦
13	M	m	m	厭捫	咪
14	N	n	n	奄翁	呢
15	O	o	o	鷖	阿
16	P	p	p	披	被
17	Q	q	q	鳩	舊
18	R	r	r	爾	耳
19	S	s	s	葉斯	吐
20	T	t	t	梯	體
21	U	u	u	虞	友
22	V	v	v	非	啡
23	W	w	w	得步如	武
24	X	x	x	咽各斯	刻士
25	Y	y	y	外	外
26	Z	z	z	細	晄

與中國算書中號碼同意。此格致之文異而用同也。中土醫經，創於古聖，精覈詳密，超絶古今，載籍歷然，悉可檢按。自各口通商以來，西人遍設醫館，以治華人之疾。所用藥餌刀鍼，與中土異，往往特著奇功。彼族未曾目覩漢籍，自誇開創，固無足怪。乃中醫之不學者，或喜其新而宗之，或疑其奇而闢之，皆非也。今略舉一端，以見梗概。西國各醫院，有剖驗大辟之囚，以課生徒，令知全體之部位功用，筆之於書。近年有譯成漢文者，如合信氏之《全體新論》，柯爲良氏之《全體闡微》，皆繪圖立説，徵引詳明，不啻爲華人導其先路。不知解剖之學，古已有之。《靈樞經·水篇》曰，夫八尺之士，皮肉在此，外可度量切循而得之，其死可解剖而視之，其藏之堅脆，府之大小，穀之多少，脈之長短，血之清濁，氣之多少，十二經之多血少氣，與少血多氣，與其皆多血氣，與其皆少血氣，皆有大數。解剖之言，始見於此。《漢書·王莽傳》：莽誅翟義之黨，使太醫尚方與巧屠共刳剝之，量度五臟，以竹筳導其脈，知所終始，云可以治病。趙與時《賓退録》云，廣西戮歐希範及其黨，凡二日割五十有六腹。宜州推官靈簡皆詳視之，爲圖以傳於世。崇甯間，泗州刑賊於市，郡守李夷行遣醫並畫工往視，抉膜摘膏肓，曲折圖之，盡得纖悉。介校以古書，無少異者。張果《醫説》云，無爲軍張濟

善用鍼，得訣於異人，能親解人而視其經絡，則無不精。因歲饑疫，人相食，凡視一百七十人，以行鍼無不立驗。《赤水玄珠》載何一陽説云，余先年精力時，以醫從師征南，歷剖賊腹，考驗臟腑，心大長於豕心，而頂平不尖，大小腸與豕無異，惟小腸上多紅花紋。膀胱是真脬之室，餘皆如《難經》所云，無所謂脂膜如手掌大者。中土辨臟腑經絡，取之實驗如此。可知西醫之法，莫非三代以來古法所舊有，無庸震驚而誇耀之也。此格致之醫異而驗同也。修鍊之術，起於道家。《史記》曰，黄帝采首山銅，鑄鼎，鼎成，龍下迎黄帝。《抱朴子》曰，鄭君唯見授金丹之經。又曰，九轉丹内神鼎中，皆道家服食之法，以求神仙羽化者，往往祕而不宣，其法亦由是失傳。西人製鍊物質，取其精華，名曰化學。又考究萬物内所有之各質，而定某物爲原質，某物爲雜質。所謂原質者，化學家無法能分，近所知者，有六十四種。所謂雜質者，其類繁多，皆以原質爲根本，或兩原質，或數原質化合而成。用化分之法，即分出雜質，得原質。凡物已化分，得其原質，復可將原質復化合成原物。此爲確據，可知其化分之工不誤。造藥品之化學工，藉數質彼此化合，或彼此化分之性而成。即如一物，内含能飛散之質，加熱則化分而飛散。今醫方有五毒之藥，作之合黄堥，置石膽、丹砂、雄黄、磁石其中，燒之三日三夜，其煙上著，以雞羽掃取之。以注創，惡肉破骨則盡出。此即輕粉、粉霜、銀硃、生生乳製法詳見於《黴瘡祕録》。之祖。《本草圖經》曰，飛鍊水銀爲輕粉。醫家下膈，最爲要藥。李時珍曰，水銀乃至陰毒物，因火鍊丹砂而出，加鹽礬鍊而爲輕粉，加硫黄升而爲銀硃，輕飛靈變，化純陰爲燥烈，其性走而不守。然則西人製鍊之法，中土道家醫家俱能之，特其法至今尚無人細考耳。此格致之藥異而法同也。五金之内，惟鐵最賤，而其用處，亦惟鐵最廣。《史記・貨殖傳》：邯鄲郭縱以冶鐵成業。蜀卓氏之先，趙人也，用冶鐵富。魯人曹邴氏亦然。江淹《銅劍讚序》：古以銅爲兵。至於秦時，攻争紛亂，兵革互興，銅既不克給，故以鐵足之，迄今承用未改也。近泰西有鐵甲船、鋼礮，以爲行軍之用，幾於所向無敵。當事者知其爲利器也，設局鼓鑄，開爐仿造。而淺見之士，皆以爲西洋煉鐵之法，特具神工，華人萬不能及，必用洋師指授，方能成事。不知煉鋼鐵之法，中國古時已能之，不讓西人獨步也。《夢溪筆談》云，錢塘有聞人紹者，常寶一劍，以十大釘陷柱中，揮劍一削，十釘皆截，隱如秤衡，而劍鋒無纖跡。用力屈之，如鈎，縱之，鏗然有聲，復直如絃。關中種諤亦畜一劍，可以屈置盒中，縱之復直。張景陽《七命》論劍曰，若其靈寶，則舒屈無方。蓋自古有此一類，非常鐵能爲也。又云，世間鍛鐵，所謂鋼鐵者，用柔鐵屈盤之，乃以生鐵陷其間，泥封煉之，鍛令相入，謂之團鋼，亦謂之灌鋼。此乃僞鋼耳，暫假生鐵以爲堅，二三煉則生鐵自熟仍是柔鐵，然而天下莫以爲非者，蓋未識真鋼耳。予出使至磁州鍛坊，觀煉鐵，方識真鋼。凡鐵之有鋼者，如麪中有筋，濯盡柔麪，則麪筋乃見。煉鋼亦然。但取精鐵煅之百餘火，每鍛秤之，一鍛一輕，至累鍛而斤兩不減，則純鋼也。雖百煉不耗，此乃鐵之精純者。其色清明，磨瑩之，則黯黯然，青且黑，與常鐵迥異。觀此二説，華人煉鐵之法，自古已精，特製器之法，未能推廣之以求精耳。此格致之器異而材同也。綜此十端，亦可見中西格致異同之大略矣。若乃氣球可以凌虚，電機可以報遠，顯微鏡辨析微纖，傳真鏡影留逼肖，雖爲西人之獨擅其長，而中人亦有能之者。總之，學無常師，中人以身心性命、三綱五常爲格致之根原，西人亦當加意考求，而後不違於名教。西人以水、火、光、聲、化、算、電、熱爲格致之綱領，中人亦當潛心研究，而後可至於富强。兼聽並觀，周諮博訪，勿傲己長，勿責人短，彼此相資，各得其益，庶幾異者日少，同者日多，由格致而漸臻於平治，無難也。

浙江藩憲許星臺方伯原評：舉十端以賅格致之學，繁稱博引，包括靡遺，是平日留心西學者。

許方伯加評：源源本本，徵引極博，而筆亦酣鬯淋漓。於西學是有心得，非同掠影浮光者。支蔓處宜删。

書院山長天南遁叟王評：於中西異同之故，詳對無遺，剖析精當，作者於格致之學殆三折肱矣。此當今未易才也。

胡永吉《物體凝流二質論》格致書院課藝・辛卯秋季特課 有天地即有萬物，有萬物即有萬物之體。萬物之體，非凝即流，非流即凝，此其本然之質也。凝者使之流，旋使之復凝，流者使之凝，旋使之復流，此變化氣質之功也。中國以變化氣質，施之於人，爲身心之學，蓋以人爲萬物之靈，故理學家嘗悉心致力之。至物質之變化，大抵循其常法。有若金、銀、銅、鐵、鉛、錫之屬，則其體本可凝可流。有若瓦、甒、瓶、罍、罇、盎之屬，則其體非凝，其用在凝。有若朱丹、膠漆、采色之屬，則其體非流，其用在流。此中國與泰西無二致者，所謂常法也。泰西精參物理，爲專立化學一門，於是變化物質，幾幾乎無所不可。近驗一身，遠察萬類，大則竅邃山海，小則剖析毫芒，爲物爲流，見者直將忘其體質矣。綜覈其要，大凡有四。一曰性變。蓋鐵可流而爲酒，煤可流而爲油，米漿可凝而爲器，油炭可凝而爲腴。剛柔燥濕之性，可互變其凝流也。一曰色變。蓋硫磺與水銀合，則流而爲朱色。銅與硝强水合，則流而爲藍色。海藍與黑鉛合，則流而爲黃色。木炭與硫黃合，則流而爲清水色。青黃赤白之色，又疊變其凝流也。一曰味變。蓋養、硝二氣，凝時無味，流爲硝强水，則味酸。木、炭二質，凝時亦無味，流爲紅白糖，則味甜。海水流時味薄，凝成鹽則味厚。牛乳流時味膻，凝成精粉，則味和。酸甜苦辣之味，復遞變其凝流也。一曰形變。蓋五金之類，其質本重，一經氣化，則目不能覩其形。鹽氣之屬，其質本浮，一經水銀，則轉足以堅其形。絮布鍊之以爲紙，則厚薄之形異。毛羽織之以爲紬，則美惡之形異。虛實輕重之形，且屢變其凝流也。總之，天地間形形色色，人可變其自然之凝流，而別成其爲凝，別成其爲流者，要不外硫、硝、鹽、醋之力，烹鍊淘汰，各因其體質所宜，分而化之而已。若夫天地自然之忽凝忽流，則又皆空氣之使然也。空氣者，虛浮縹緲，蹤迹莫窮，凝流之質，人皆見之。空氣則人莫信之，不知雲之流行而不墜者，空氣托之也；風之流動而自生者，空氣助之也；雨之流注而下降者，空氣因壓力而不勝也；露之流潤而飄零者，空氣得陰寒而漸縮也。天之自然而流也，有如此。雨凝而爲雪，露凝而爲霜，微雨半空，驟凝爲霧；大雨半空，驟凝爲雹，則又以空氣得熱則漲而上融，得寒則縮而難融也。天之自然而凝也，有如此。雨露冰雪，滲入土石，積漸成多，得隙而湧出，是爲溪澗之流。江河湖泊之流，或出於溪澗，或互爲流通不等，而千支萬派，莫不歸宿於海。其所以周流無滯者，非皆地勢使然，有空氣推行於其間也。魚龍諸水族沈浸於中則生，畜之盆盎則不生者，空氣不足故也。地之自然而流也，又如此。江海胡爲而無冰，溪澗胡爲而易冰，地大則空氣之往來亦大，寒沍不以阻之。彼咫尺之水，其氣不敵也。石卵出於淺灘，明珠藏於深淵，其所以能凝結者，皆空氣孕之也。金玉之精華，煤產之富饒，其所以能凝實者，亦空氣涵之也。無土不凝，實無地非空氣也。地之自然而凝也，又如此。變化之凝流若彼，自然之凝流若此，理可窮而物不可窮；物不可窮，而凝流亦與之無窮。有志於察物者，本理學中變化氣質之功，因而衍其緒餘，無誤於爐火之異術，無惑於丹汞之旁門，揆其物體，攷其分化，攻已驗之成效，辨目前之各質，又何難窺厥堂奧，底於精純，駸駸乎駕泰西而上之哉！

又　陶師韓同題　泰西化學，實有格物致知之功。物體共有二質：一爲原質，一爲雜質。雜質内必涵原質，皆數質配合而成，至少者二。不能判爲二者，謂之原質，計六十有五，分二類：一金類，一非金類。原質中稠體者五十八，是爲凝質。氣質者五，流質者二，原質之獨稟賦成者少，與別質并成一物者多。自西歷一千八百年以前，僅知原質二十有九，如五金等，皆爲世所常見。嗣後復陸續考得三十有六，必多備器藥，設法分化，始覩其質。大抵以彼物與此物配合，則凝者可化爲流，流者亦可化爲凝。顧流質之汞、溴二物，固可以他物化之便凝，而凝質則或成形，或變色，或化汽，各有不同。其能化爲流質者，有之；其不能化爲流質者，亦有之。水火之力居其半，藥水之力居其半，尤當濟以巧思，參以活法也。雖然西人之闡明此法爲時未久，今已流傳中土，不乏致力之人。將來中外好學深思之士，旁搜遠紹，因此悟彼，凡地球所産之物，層出不窮，有其體必有其質，爲世人所未見者，當亦不少。吾知凝質必不止仍爲五十八，汽質必不止仍爲五，流質亦必不止仍爲二也。安能據目前西人所記述，遂著爲定論也哉。獨怪華人之於化學，往往不求甚解，專賴西國之傳書，西人之陳説供其剽竊，即有一知半解，偶得凝流二質之大略者，類皆小試其端，未能裕其根源、竟其功效，僅以玩好之類，或得些微祕術，輒敢妄自稱能，無復更求精進，殊不知凝流二質，華人早已研究，豈僅爲西人所明辨。即如荳之爲物，凝質也，研碎後煮爲漿，則成流質，以食鹽或石膏點之，則成腐，而仍爲凝質。五金，凝質也，煆以火而得熱，即成流質，火熄而得冷，即仍爲凝質。汞，流質也，由鑛取出，再加甑鍊，始成水銀。復以水銀鍊成辰砂、銀硃，使流質化爲凝質。如此類者，不一而足。凡操其業者，皆優爲之，惟於所函之質，所有之氣，以及配鍊力、化力、熱度、鎔度、色變、味變、形變、臭變之類，尚未盡得奥妙、深明定準而已。誠能由淺及深，即小見大，推而廣之，會而通之，何難與西人並駕齊驅乎？

又　金元善同題　今夫盈天地間，皆物體也。凡有化生成形、知覺運動者，謂之動物之體。有地土所出，枝葉菓實者，謂之植物之體。顧萬物之體，有大有小，有粗有精，有蠢有靈，有動有静，有長有消，有生有化，是物體之繁多，固不止千百萬種矣。然而種類雖有萬殊，而綜核夫物體，止有二質。二質維何？一曰凝質，一曰流質。統物體而賅之以凝流二質，則物體之散見於天地間者，夫豈有外於凝流二質哉！試進爲申論之。

一曰地球之體。夫地球凝質也，亦有流質也。其地面有陸地，有洋海。陸地居地面四分之一，即大洲、海島、平地、山嶺、沙漠等，皆凝質也。水約有四分之三，即洋海、江河、湖泊等，皆流質也。其陸地平闊而無山嶺者，謂之平地。其勢有平而高者，名曰高原。有平而低者，名曰平原。亦有低下者，名曰下隰。惟平地大半泥土肥美，可以種植，人民聚居，易於富庶。至地球一周，共有三百六十度，右爲東半球，左爲西半球，以經線、緯線縱横計之，四周得三百六十度，每度得二百三十里。而地形之廣大，一曰亞細亞洲，一曰歐羅巴洲，一曰阿非利加洲，一曰南亞美利加洲，北亞美利加洲，以里數計之，周圍八萬三千餘里，統計有六萬六千萬餘方里。由此觀之，而大地之度數，亦大略可知矣。然總言天地球之質，由於泥沙土石而成。除洋海外，皆爲凝質。除陸地外，皆爲流質。而又要不可以一例論也。何則有時陸地之凝質消而爲洋海之流質，有時洋海之流質長而爲陸地之凝質，高岸爲谷，深谷爲陵，造化循環，變遷莫定，如是而凝流二質其不可執一以論也明矣。

一曰高山之體。山之爲體，由於堆聚而成形質，固明明其爲凝質也。宇宙之中，山嶺衆多，小而無名者無論矣，五洲内有大山南北平列者，如阿爾泰天山，崑崙雪山，乃地球中之至峻者。在俄羅斯、印度之間，如温的牙、東加的斯、西加的斯、尼克里等山，皆在印度、外興安嶺及滿洲之間。雲嶺南北嶺在中華、印度，雲山在西域、新疆之間。烏拉嶺在俄國西界，高加索在裏海、黑海之間，而原夫山之所以爲山，其始亦由於流質也。然謂山之成而由於流質，其誰信之？曰有可信者在。蓋山當未成之時，其初由河流之水流力漸衰，其勢不能迅急，於是水中之泥沙停滯沉下，積而不流，平鋪於河底，一層加一層，迨增高繼長，復得地中炎熱之氣，且得天鍾毓之氣，經數千百年而積累凝結，逐漸掀起，遂成爲大小諸山。可知山之爲山，由今而論，固爲凝質；由昔而論，亦爲流質也。一曰流水之體。天地之有水，猶人身之有血脈，其質爲流質，而非凝質也。而原夫水之所由成，則水雖清活流動，聚散無常，然其涓滴之至細者，亦有相吸之力。觀於浪之前行，非水之前流也，不過水面改换形勢耳。推求其故，係因風壓水面，力有重輕，力重則水被壓低下，其旁自然高起。風之傳力而過，遂見波浪之起伏，故凡物浮水，重心愈低，其物愈穩。如舟中載物，必以重者置於艙底，輕者在上，倘重心在形體中心以上，每至傾仆。必重心在形體中心之下，始能穩固。然此姑不論。第水之爲物，雖曰流質，若遇天有冷氣，便凝結成冰，是流質而化爲凝質也。且流質之中又有凝質在，如水中泥沙之類，流極勢衰，淤積成形，又長而成爲沙渚，迨一成沙渚，則堅結凝固，即成爲凝質矣。

一曰氣質之體。夫氣質有凝，亦有流，又有凝而不流，流而不凝者。蓋以熱在氣中，則其氣質易流，氣而不熱，則其氣質乃凝。惟熱氣易於傳引，因氣常行動不息，故熱與之同行，若在密室、洞穴之中，則氣質不動，即不能引熱而爲凝質矣。有人造氷箱者，亦依此理而成之。其法，將箱作二層，内層盛水，外層有氣，再加封嚴，使氣不動，凝滯，所以外面之熱氣不得入，而箱内之水已凝結爲氷矣。是流質之使成凝質者，由於氣之引熱與不引熱之故也。引熱則氣爲流質，不引熱則氣即爲凝質耳。

一曰五金之體。五金各有其體質，其所以成其爲體質者，皆得天地之氣，經年月之積累而藴之於礦者也。其體重其質堅，皆爲凝質，而非流質。然而其體雖曰堅凝，其質可使流動也。蓋其成爲凝質者，天之工；可使爲流質者，人之事。如金體甚堅，加以二千零四十熱度，則其質不凝。銀體本堅，加以一千八百七十熱度，則其質不凝。銅體亦堅，加以一千九百九十熱度，則其質不凝。鐵體極堅，加以二千七百八十四熱度，則其質不凝。錫體亦堅，加以四百四十四熱度，則其質不凝。是其體質之始爲凝，而終爲流者，豈非成其爲凝質者，天之工；使其爲流質者，人之事乎？

一曰水族之體。水族之多，有二萬餘種。如欲詳稱博引，未免紛煩而無當。今就蚌族一類，可考其凝流二質也。夫蚌之爲物，具體塊然，藏身一殼，浮生水面，西人總稱此物曰毛品斯格。華人無總名，均謂水族。其生成之硬殼，係凝質也。殼式不一，非偶然而成。此種有此種之式，彼種有彼種之式，用殼以護身，可開而亦可合也。南洋炎熱處，有一種蚌名曰德利達納，壽可百年，長數尺。法國巴黎博物院中有二殼，重有三百二十五觔，供人觀玩，亦一奇物也。蒙昔隨使法京，嘗親見之。又有蚌之小殼，可以研粉，黏貼高牆，且以之修刷屋壁，歴久不壞，是又可爲日用之物也。至殼内之身，有小絡，有目睛，又有明汁、潤汁，皆屬流質。其殼内又生一贅肉，柔軟有力，稍稍移運，藉以取食，有時能捲而爲槽，受汁以餬口，所有明汁、潤汁，皆吸水以成之。是蚌之爲物，外殼與身雖爲凝質，而内有流質，所以滋養其身命也。且蚌即爲頑物，亦有知覺，故趨吉避災，無甚異於蟲豸。若論其孳生之多，有出人意想之外，大約一月之間，可生卵十餘萬、至二十萬，以故近水之地，漁人之捉摸者，若有取之無盡耳。

一曰昆蟲之體。萬物之内，惟蟲類有無數奇形，或飛或跳，或爬或走，皆具天然能力，並有凝流二質在其體中也。夫蟲之爲物雖小，而有君臣之分，以及工役之别。其兩種，均有公母，易於分别。所以成其形體者，由卵化成也。化成形體，凝質也。卵，流質也。卵由尾後生出，尾後有卵管，生卵時必先出有粘水，粘水爲流質也。其卵或生於草木之上，或生於草内，即爲粘水膠柱，不致脱落。生卵之法，如在土内，先刺成洞，將卵管插於洞内，而後生卵。至物之有用者，莫如蜂，則試以蜂論，他可畧而弗論也。蜂有王蜂、工蜂之别，身長約半寸，其色樱黑，身外多毛，排列甚密。其翅與足之動筋連於胸外，其翅有兩對，大小各一，有鈎能相連，令兩對平動。其足有三對，在前爲最短，在後爲最長，上有凹袋如杯然，所收吸花心之粉，裝於袋内，便於帶動，使裝袋之花粉不致散出。其身之後半多小孔，能通養氣。此孔有小管通至胸内，並通至全身最巧之處。其所作之窠，多通養氣，可知蜂以空氣爲不可少之物，所以蜂雖未見有流血之質，而恃以爲生長者，惟以花粉之凝質，與露之流質爲最要。第蜂之爲物，有生卵之雌蜂，即有不生卵之雄蜂。其生卵者，從春至秋，連生卵不止。如夏熱之日，一日内生卵二百餘個，傳流種類，不可以數計。是以中外養蜂之家，得利獨厚。於此知蜂之全體，雖無血汁之流質，而所釀之蜜，則明明爲流質也。此流質之本於凝質也耳。

一曰植物之體。植物之多，何可以數計！今即物體有凝流二質之最顯者論，莫如蔗之一物。雖各樣植物，其含有甘汁者，皆可製以爲糖，顧製糖者必用甘蔗，從未有以他物製成者。夫蔗之體固爲凝質也，惟用器榨取其甜汁，即滴瀝而下，百斤之内，有九十斤爲流質，可取以製糖，蔗(稿)[槁]祗有十斤，以成其爲凝質耳。夫糖爲食物之品，不特味可適口，且更足以養生。考糖内又有三物在焉。一爲炭，二爲空氣，三亦氣，可與空氣合成水，謂之輕氣，又曰養氣。雖同一含炭與空氣、養氣，然亦分爲二等：能結晶者爲上，不能結晶者次之。上等糖，中含炭十二分，輕氣二十二分，養氣十一分。次者，炭六分，輕氣十二分，養氣六分。是在精於化學者，乃能條分而縷析之也。昔西歷一千八百六十一年，英法交兵，英人禁將糖售與法人，全國幾無從得食。法王乃下令曰，有人能思得製糖新法者，受上賞。有化學士飛密司，以紅蘿蔔製成爲糖。蓋以紅蘿蔔之物體，内含流質，多而且甜也。於是風行各處，以代甘蔗而製爲糖。且因英之禁售，又反多一大宗土産也。總之蔗爲植物中大用之物，外雖爲凝質，而内實爲流質，是流質即出於凝質中也。蓋天下之物體甚多，與其逐一而論，近於煩瑣，何如約以求之，猶得簡且明也。以上雖止八類，亦足略見一斑矣。

又　孫維新同題　嘗思天下之物，分之則萬殊，合之惟一質而已。蓋凡物莫不有體，凡體莫不由質聚合而成。是質實萬物之根源，亦萬物之胎胚也。無質則無體，無體則無物也。而宇宙間直同虚浮烏有矣，然人舉目周觀，見身外色相光明，備呈於目，此呈色者，物也。側耳旁聽，聞身外擊動發聲，遠達乎耳，此發聲者，物也。伸手捫觸，覺身外有軟硬冷熱，此軟硬冷熱者，亦物也。是知一身之外，所見、所聞、所捫者，無非有形、有色、有聲、有體之物也。物既有體，體必由質而成也明矣。昔西人有謂物體色相，皆由光而顯，無光則無物體色相，因以爲四大皆空，不啻明鏡非臺也。旋經格致名家詳爲駁諸，乃知天下事物共分兩端，一曰有重、有積之物，水、氣、金、石、動、植等是也；一曰無重、無積之物，光、熱、電、氣是也。有重、有積者，謂之質。質之微者，謂之點。質點積聚，則成體。體有形色大小，則謂之物。物有生死，質分凝流，飛潛動、植，其生物者也。金石、泥沙，其死物者也。鐵、炭、錫、鉛，其凝質者也。汞、油、水、氣，其流質者也。凝、流二質，有相同之性，亦有獨異之性，約計其要，蓋有九焉。一，凡凝質，必有立積。立積者，質體所佔地位也。即其體之長寬與厚，以立積界限，而定質體形式。無論自然生成，人工造作，各有定形，人可識别。惟各流質，則無定形，盛以何器，即隨何器而成形。一，凡凝質，皆不並容。即一質體容於此處，則不能同時以他質容於此質之處。譬之擊釘入木，必有容釘之隙，釘始可入。又若投石於水，水必外溢而讓之也。一，凡凝質，皆能剖分更小。如沙一粒，可分爲二，二而三，以至無窮，爲人目所不能辨。即體質之堅者，亦可剖分。業有人將鉛抽絲，細若秋毫，每三萬根併僅一寸，可謂分之細矣。以金打箔，每二十八萬二千層，厚僅一寸，可謂分之薄矣。推之動物之血，植物之液，皆爲極微細分之質所成。如人身之血，粒粒皆爲扁圓形片，名曰血輪，徑略三千五百分寸之一，其輪可謂極小矣。然輪内猶有微蟲數個，蟲之全身，已較血輪爲小。而此微蟲之血輪，應小至若何也。一，凡凝質，皆含微隙。即其質點之間，各有孔竅，孔竅愈多而大，則質愈鬆。故壓之能縮，擠之則堅，而熱亦易傳其微孔之内。一，凡凝質，皆有結力，能自相團聚，固結莫解。惟各質結力有大小，而體遂有堅疏之别。一，凡凝質，皆存重力，能彼此相引。此力爲天地萬物體質第一要事。苟無此力，則日月分離，地球散碎，一切人物均無所之矣。此力恒與質體之重有比例，故名重力。又以其能彼此相引，則名曰吸力，亦曰攝力。質體愈大，此力愈雄。地球大於地面各物，莫可比擬，故地面一切物體，皆爲地球所攝。物體既存此力，不惟能彼此相引，猶能自相吸聚。故使任行無阻，則能歸乎球形。如水之涓滴，汞之粒散，露之凝珠，雹之成顆，皆自歸球形也。一，凡凝質，皆存永靜性，即不肯移離方位之性。似乎其質體，非特不能自移至别位，即力爲移之，亦存不肯移動之性。既有此性，則不能起首自動，及已動後，又不能隨意自停，即有永動性也。一，凡質體，又有不能泯滅之性。如煤一塊，爐中燒之，僅餘灰燼，似大半已消滅矣。然燒時所發煙霧，適等灰燼所少，煙霧在空氣內，雖不得見，而仍爲實有之質，與在煤內時同。故凡物體，形雖可改，原質可分，而終不能纖毫泯滅，歸於烏有。此天地間之物質，所以從古如斯，毫無增減也。一，凡凝質，有具凹凸力者，雖受壓力、屈力、牽力，仍復原形。有數質體，此力甚大；有數質體，此力全無。大抵質硬者，凹凸力大，象牙、火石、鋼條是也。質軟者，凹凸力小，生泥、油蠟、油灰是也。以上皆凝質形性也。至於流質，則有數性，與凝質不同。水、汞、酒、油之類，質分稠稀，形無定則，是其形不同也。循低就下，任決而流，是其性不同也。搏而躍之，可使過顙；激而行之，可使在山，是其勢不同也。一處加壓，六面顯力，插以微管，緣而上升，是其力不同也。況水尤有特異之性四，於萬物大有關涉：一水無臭味，一水有涼性，一水能消化，一水能容氣。水之無臭無味，於人畜大有裨益，無論飲也、食也，皆無不便、使人難堪。即體內極細極微之腦筋遇之，亦無損傷，反覺暢適。設使水有臭味，則口鼻日日經受，勢必薰惹不堪，人將何以聊其生耶。水之涼性，於動植物皆有大益。凡乾燥之處，空氣時收皮膚臟腑之水，而化散之。水散時，則體膚覺爽，熱燥全消。而飲水，或以水洗浴，亦覺神氣清爽，因水能收身之餘熱也。故人出汗時，有水化散，令皮膚涼；口呼氣時，有水化霧，令肺腑涼。可見水進身內以收熱，霧出體外以散熱，俱有益於人物，能免因熱生病等事。淨水不獨能與酒等流質融和，更能消化各凝質。凡硝鹽、礬鹼之類，莫不爲所消化。動植物之能長養體質，俱賴水所消化之質。蓋動植物不能自取凝流以養，必藉水消化之，始能流通全體，補養一身。故植物吸取土質以養，人畜食植物以生，莫不由水之消化性所成。水能容氣之性，於水族魚類甚有裨益。化學家孜知水內所容淡養二氣之比例，與空氣內者不同。空氣每百分有養氣二十一分，水中所容則有三十一分至三十三分。故魚等水族，易得所需之養氣。設水內所容者，與空氣等，水族類將難聊生矣。至於氣類，亦屬流質，雖無形可見，仍有積可量，有重可權，故知其爲定質也。其性與水等流質大致相同，惟較水更易流通行動耳。凡此，皆凝流二質之總性，人之五官所能知覺者也。然質之分凝、分流，本無一定之界，惟視熱度爲何如耳。蠟，一物也，熱在一百五十度時，仍爲凝質，及至百五十九度，則質漸軟而稠，形漸化而稀，清活走動，已成流質，不復有凝形矣。再加大熱，則散漫無束，升騰縹緲，而流質復變爲氣形。鐵，一物也，尋常之熱燒之仍堅，及熱至二千度時，雖堅亦鎔爲稀汁。水，一物也，常本清活流通，易散易聚，及冷至三十二度以下，則依然冰結，流變爲凝，形性大改。油，一物也，冷之亦漸稠漸凝，冷至極，當亦變爲凝質。可見凡各物質，熱之無不可化水者，冷之亦無不可結冰者。今雖有不能化、不能冰者，亦以人所造之冷熱，未至其極耳。此就格致質學論之也。

陳漢章《墨子經上及説上已啓西人所言曆學、光學、重學之理，其條舉疏證以聞》《格致書院課藝·甲午春季正課》

《墨子·經説》上下四篇，爲子墨子所自著，亦名《墨經》。晉魯勝引《説》就《經》，各附其章，而爲之注，久佚不傳。乾嘉諸老師表章古學，墨子書有盧紹弓校刊，畢秋帆注釋，顧謂《經説》有似堅白異同之辨，其文難曉。張皋文以爲多錯字，孫伯淵以爲有脱字，汪容甫亦以爲苦獲、已齒、鄧陵子之屬，觭偶不仵之辭相應者也。其時西學未明，固不能通曉。近儒始知《經説》所謂臨鑑而立，景到；鑑位量一小而易，一大而缶，景光之人煦若射，下者之人也高，高者之人也下，光至景亡，足敝下光，故成景於上，首敝上光，故成景於下；景之臭無數，而必過缶，諸文即西人所謂光學。均髮、均縣，輕重而髮絶，不均也。均，其絶也莫絶，即西人所謂重學。其説並是。詳《格術補》《洋務新論》。顧所引皆《經説下》篇之文，不知《經上》及《説上》，已言厤學、光學、重學之理也。其云：體，分于兼也，故西人言獨體、合體。《説》云，大故有之；體，若二之天有重數，八綫割圜所本。圜，一中同長也，倍爲二也。《説》云，圜，規寫攴，則非句股求弦，亦非徑一圍三粗率。故西人言弧三角求心。方，柱隅四歡也。《説》云，方矩見久。古字歡與觀同。故西人言矩度作直角方形。久，彌異時也。宇，彌異所也。《説》云，久，古今旦莫。宇，東西南北。原文有誤字衍字，今從高郵王氏念孫《讀書雜識》訂正。故西人言歲差里差，而曆學之理啓矣。其云：厚，有所大也。《説》云，厚，惟無所大。言無所往而不大，畢注誤會其意。故西人有凸鏡放大法。遠鏡以凸面玻璃爲之，光聚折向玻璃厚處，令視力增大。窮，或有前不容尺也。《説》云，莫不容尺，無窮也。係反釋其意。故西人有凹鏡視遠法。聚光不及眼底，故不能遠，視加凹鏡變淺則可見。有向中也，間不及旁也。《説》云，有間，謂夾之者也。間，謂夾之也。與《説下》二光夾一光意同。故西人有三四五重深淺倒象鏡。遠鏡筩中必有公聚光點作界綫，格以測視度，故可測量，不可游覽。纑間虛也。盧校云，纑，猶壚。王注云，纑，乃櫨之借。並誤。纑，古字通臚，臚間，即目中。故西人言光由目外透入目中。所見之光，並由目外光綫射入透光質目中，有井欄能收展有睛珠能出入筋網盪動，與光浪盪動相合，故能虛受。而光學之理啓矣。其啓重學之理者，《經》云，舉，擬實也。《說》云，舉，告以文名。舉彼實也。即助力所由起。凡物體質皆實，舉此實體有助力器，若槓桿、滑車、輪軸等器皆是。《經》云，同重，體合類。《說》云，同，二名一實，重同也不外於兼，體同也。俱處於室，合同也。有以同，類同也。即動體生力所由起。《經》云，異，二體不合不類。《說》云，異，二必異，二也。不連屬，不體也。不同，所不合也。不有同，不類也。即公法通力所由起。假如相等之物相觸，或以輕物運重，或以重物施輕，或以重物徐行、輕物疾行，皆合類同異二體以生通力。《經》云，法同則觀其同，法異則觀其宜。動或從也。《說》云，法取同觀，巧傳法。即吸力、攝力所由起。兩體質相等，則牽引之力亦相等。若一大一小，則大者牽引小者之攝力，爲小者牽引大者攝力之倍，即攝力比例法。又，物體稠而微點多，故吸力大。體鬆而微點少，故吸力小也。《經》云，莫不然也，始當時也。《說》云，盡但止動，始時或有久，或無久。始當無久。即動静阻力所由起。止即静也。體相定者謂之静，重學體之動者，謂之動重學。動始於静，静始於動，動者非力不静，静者非力不動。既動則不能驟静，既静則不能驟動，知各種所生阻力矣。凡此皆前人所未闡者也。子墨子自云，讀此書旁行，故惟讀旁行書者能通之。他若化(若)鼃爲鶉，有化學之理。服執説巧轉，有汽學之理。次無間而不攖攖也，有聲學之理。執此意以求之《列子》《莊子》《管子》《亢倉子》《關尹子》《淮南子》，觸類皆通。蓋泰西獨得之祕，其初並出於中國，不獨借根方爲東來法，火器自蒙古攜歸也。《墨子·經説上》篇，猶其顯焉者爾。

又　王輔才同題　昔嘗讀《墨子》而至《魯問》《公輸》等篇，未嘗不歎其至理名言實開機器船械之祖也。及讀《旗幟》一篇，而益怳然有悟。蓋西人舉旗燈以達言語，此篇實爲其濫觴。可知西法之精奧，恒竊《墨子》之緒餘，況乎曆學之微，光學之渺，重學之深，其理又多闡於《墨子》乎！所闡之理安在？則如《經上》《說上》是已。請先證之曆學。《經上》曰，平，同高也。此固非言曆學，然細思其理，實與曆學有關。昔奈端求月離之法，如二平均、三平均、正交均，及初均、二均、三均、末均，俱有平行高行之說，而其論高下差則云，地半徑一千萬，與日月距天頂正弦之比，既同於地平地半徑差，與本時地半徑差之比，而全與全之比。又原同較與較之比，則以半徑一千萬，與日距天頂正弦之比，必亦同於地平高下差，與本時高下差之比矣。其理雖深邃，然終不外乎平高之行，則謂其法出於《墨子》也固可。不特是也，《經上》曰，厚，有所大也。《說上》曰，厚，惟無所大。解者謂，大無所加，是所謂大。觀此則麻家之言大地，其理又可通矣。夫西法之談地球，或稱大地，而地之所以稱大者，以其厚也。蓋彼以測算之法，察地與日月行星，除水星外以地爲最厚。如以十分爲率，則地質重十分，其次爲火星、金星各九分二。再次爲月，計五分六六。日則二分五，木星二分二，天王星一分八。一分七者，海王星也。一分二者，土星也。可見地之質最厚，因其厚而名以大，豈非厚，惟無所大之意哉！此皆麻學之理，而《墨子》肇其端者也。試再證之光學。《經上》曰，閒，不及旁也。又曰，窮，或有前不容尺也。《說上》曰，窮，或不容尺有窮，莫不容尺無窮也。此似與光學無關，而實藴光學之理。西人謂光必順直線而行，所謂直線者，如目觀之物，必從物之點起，直至目中，而成圓錐形，其頂與點合，底與瞳合，無論遠近，要皆順乎直線，即日光亦然。使將雙扉緊閉，於窗中留一閒隙，日光必成一直線，逕從閒隙而入，而不能及乎旁，則閒不及旁之説，可以爲此註脚矣。光亦有時窮。蓋西人之言光，除回光、射光、磨光、折光、透光外，並有阻光。阻光者，凡光之發射，忽然被阻，其被阻之理，因於有物前峙，而光不能行，即窮之謂也。則不容尺之理，又可爲此註脚矣。此皆光學之理，而墨子抉其奥者也。按《經説下》有云，足蔽下光，故成景於上。首被上光，故成景於下。在遠近有端與於光，故景瘴内也。景日之光反燭人，則景在人與日之間。景，木杝景短大，木正景長小。又云，遠近臨正鑑，景寡貌能、白黑、遠近、杝正，異於光鑑。以及鑒大景大、鑒小景小諸説，皆爲光學之理。彼西人所言回光、射光等法，俱不外乎是也。試更證之重學。《經上》曰，力，形之所以奮也。《說上》曰，力重之謂下，與重奮也。此皆重學之理。蓋重學發源於力，静者，遇力而動。動者，遇力而静。兩力相抵而止，兩力相併而前，而重學之理以著。此其要理，在乎分力、併力。若二力加於一體，令之静，必定於併力線。令之動，必行於併力線。故知分力併力，而一切攝動諸力，悉由此明。且萬物莫不有力，如地球之運行有力，日月之相攝有力，風氣之鼓盪有力，江海之奔騰有力，電有傳力，物有愛力，水蒸氣則有漲力，火生熱則有燃力。物且如此，何況於人。然人之力隱於身，必生於形之奮，故小奮則生小力，大奮則生大力，是與形奮之説實相同矣。西人又謂，凡物不墜，因被地之吸力，其物之原質，雖至微之點，亦能被地所吸。吸力固無不同，惟體重之物，質既稠密，微點又多，故吸力尤深，其下墜也尤易，是與力重謂下之説，又脗合矣。此皆重學之理，而《墨子》導於先者也。按重學之理，《經下》《說下》爲尤多。如非半弗斱則不動，説在端。此其理一也。相衡，則本短標長。兩加焉，重相若則標必下，標得權也。此其理二也。挈有力也，引無力也。繩之引軲也，是猶自舟中引横也。此其理三也。均髮均懸，輕重而髮絶，不均也。均，其絶也莫絶。此其理四也。補證於此，以見重學實開於《墨子》。由此觀之，曆學、光學、重學之理，西人雖探其微，實中國先發其奧。彼因中國已得之理，而益加精求，遂致青出於藍而勝於藍，冰凝於水而寒於水。固不獨天元一術，彼自名東來法者，爲足見始於中朝也。今若從而學之，不啻以今復古，原非用夷變夏，學者顧猶以爲恥，抑何弗思之甚哉。

又　殷之輅同題　《墨子》五十三篇，惟《經》上下、《説》上下四篇，文難句讀，義難順解。自漢唐以來，通人碩儒博貫諸子，獨此數篇，莫能引其字句。迨後傳寫譌錯益多，愈難鈎乙，乃今西人所言曆學、光學、重學之理，早隱寓於其中，是不啻墨子啓之也。顧細按其文，光、重二學尚可尋繹，厤學則更隱微。既承明問，謹就鄙見所及，略舉數條，通以西學，不足云疏證也。

曆學舉證

平，同高也。

西人步朓朒，準以最高最卑，然必先得其平，而後高卑可定。此簡平儀所以善也。有簡平儀以求其同高之度，則最高最卑因之而顯，故曰平同高也。

同長，以正相盡也。

春秋二分，日晷同長，是時日纏正在日道南北之中。中國節氣每多後天者，用平氣以授時故也。西人則用定氣，故分正合一，以正相盡者。以春秋二正，推而至於極短極長也。

中，同長也。

此承上意而申言之。中，即日道南北之中，是時日晷晝夜同長，惟西法用定氣，乃得真中、真同長也。一曰中者，黄赤二道之中，冬夏二至，日纏同度，故冬之夜與夏之日同長也。

日中，正南也。

日纏爲曆法之主。欲考日纏，必從中起。而中無定中，以日至正南爲中。南無定南，以子午線直指爲正南。西人用日纏天度之定節氣，以置閏，故求正子午之法與器爲最精。

直，參也。

直對曲言。天體本曲測之，最難，而以直線參之，則不難矣。參者，三五錯綜之謂。此西法八線測圜之本也。

圜，一中同長也。

此與上文中，同長也，義似相類，然上以分正言，此以凡體之圜者言。中，即心也。一中者，舉一以例其餘也。同長者，自中心以至周邊，其長皆同也。一中一同長，易一中又一同長也。西人論七政諸天各有中心，各與地心不同處所，此本輪均輪大輪小輪之説所由作也。

方，柱隅四讙也。

步天之算，體圜而用方。蓋圜不可御，而以方御之。此西法弧三角所以必用諸乘方也。柱之方者，其隅四維，廣狹如一，自三乘方以上，乃成柱形。讙即維字之譌。動，或從也。止，以久也。

此二句似括天地動静之機，頗與古西法宗動天永静不動天之説，若合符節。

服執説巧轉，則求其故，大益。

此節似與西法地自轉，及繞日而轉等説相合。服執説三字，疑古方言。按《字書》説音拏，又音詣，伺也。又詁説，言不正也，蓋即設言之意。若曰地固不見其轉心，設使能巧轉，則推步者因之以求其故，是誠大便益之事矣。此與上節均屬疑似，未敢臆必，存之以備參考。

光學舉證

景，光至景亡，若在。

按，此即光學影成闇虚之理，指光原大於所照之物而言。若曰光原至大者，則所成小物之影若亡若存也。

二光夾一光一光者，景也。景光之人，煦若射。

按，此即射光、回光之理。設置白紙於室，日光照之，一室耀明，回光四散故也。加置一鏡於紙上，則光線回射之處甚明，他處反暗。若有人立於回射處，目必爲之煦灼，若有光箭射之者然。

足敝下光，故成景於上。首敝上光，故成景於下。

按，此即光順直線之理。故凡物之散光過小孔，成交點，即見此物顛倒之形。其理亦然。

在遠近有端與於光，故景瘴内也。

按，此即光線成圓錐形之理。無論遠近皆有端，端即所謂圓錐頂也。與於光者，與猶聚也。光線聚此而交點，成景於内也。瘴同墇，有排列意。

景，日之光反燭人，則景在日與人之間。

景，指物言。物得日之光，反照於人，則物景在日與人目之間。此亦與回光之理合。

景，木柂，景短大。木正，景長小。

此以表木言。表木之長短大小，未曾增損，而景之長短大小異焉，則斜正故也。光線求角度之法本此。柂猶斜也。

遠近臨正鑒，景寡，貌能白黑。

此以鏡言。《光學》云，兩平面鏡相遇成角度，置物於其閒，則鏡內成數物之形像。兩鏡所成之角度愈少，則物之形像愈多；反之角度愈多，則物之形像愈少。故無論遠近，但臨正鑒則景寡矣，而照出之貌，更白黑分明也。

遠近柂正，異於光鑒。

《光學》云，凡平面鏡與地平，成四十五度之角，即可見鏡內豎物之形爲平，平物之形爲豎。推之角度任多任少，所成之形皆不同。此即遠近柂正，異於光鑒之説也。景當俱就，去亦當俱。

《光學》云，凡觀鏡內之形像，若不在鏡面而在鏡後，形與鏡之相距，等於鏡與物之相距。故物就而近於鏡，景當與之俱就。物去而遠於鏡，景亦當與之俱去也。故曰景當俱就，去亦當俱。

鑒中之內，鑒者近中，則所鑒大，景亦大。遠中，則所鑒小，景亦小，而必正起於中，緣正而長其直也。中之外，鑒者近中，則所鑒大，景亦大。遠中，則所鑒小，景亦小，而必易合於而長其直也。末句於字下疑脱一中字。

此節發明凹鏡回光之理，文尚明暢。中者，全弧之中心，凹面之半徑也。正者，凹面平分之中，從凹面正中處，垂一直線至中心，復從中心而引長其直線，任至何遠。此直線，光學家謂之凹鏡首軸線。中之內外者，即首軸線中心點之內外。兩鑒者以下，文同而義則相反。兩而必以下，文異而義則相通也。

重學舉證

招負衡，木加重焉而不撓，極勝重也。右校交繩，無加焉而撓，極不勝重也。

按畢註，極謂權也。恐不其然，蓋即重學所謂重心也。物之圓者，重心在中。長而兩端等者，重心亦在中。重心之勝重，各有其限，所謂極也。設衡木加重過限，則亦撓且斷矣。交繩之無加而撓，有本重故。設再加重，亦不易斷。若兩端加力絞之，至於將直，則反斷矣。此衡木交繩之所以異。合而觀之，乃顯地心吸力之大。西人墩秤即準此理以造也。

相衡，則本短標長，兩加焉，重相若，則標必下，標得權也。

此即權衡之理，重學之顯而易見者。

挈有力也，引無力也，不正，所挈之止於柂也。

按，此即重學中斜面助力器之理。柂，譌字，當作施，斜也。《重學》云，引物或推車施也，平面有阻力，謂之面阻力，須用力拉之推之而後行。若面平滑則無面阻力，所引之物一動之後，可不更加力而自動。故曰挈有力也，引無力也。設欲引重升高，則用斜面器以省力，故曰不正所挈之止於柂也，言由斜面而漸升也。

兩輪高，兩輪爲輲，車梯也。重其前，弦其前，載弦其前，載弦其軲，而懸重於其前，是梯挈，且挈則行。

輲，或作輇，輪無輻也。軲，疑轂字異文。此節連下二節，畢註以車制言，然細玩其辭，似有類於重學助力器之輪軸滑車等製。所謂弦者，當是索類，梯有升高意，未知確否。

凡重，上弗挈，下弗收，旁弗劫，則下直柂，或害之也沶。梯者不得沶直也。

此節顯分、并二力及重心之理，重學之要領也。沶，古流字。害，猶失也。

倚，倍拒堅䠶，倚焉則不正。誰跰石絫石耳。

此節文多譌脱。《字書》無䠶字，疑爲躬。跰，與并同。按《重學》助器之捍有三點：力點、重點、倚點也。此或似之，未敢必也。

均髮，均縣，輕重而髮絕，不均也。均，其絕也莫絕。

此節亦見於《列子·湯問篇》。張湛注云，髮甚微脆，而能不絕者，至均故也。今所以絕者，輕重相傾，有不均處也。若其均也，甯有絕理？言不絕也。玩張注頗通順，然細按之，髮縱至均，安能勝大重而不絕？此疑義也。或曰，此言重學貴均，至均者，必無間於毫髮而後可。然亦非正義也。不如姑闕之，以待質於精重學者。

非半弗䉶，則不動，説在端。

此節在《經下篇》。其上文云，一少於二而多於五，説在建。住景二，説在重。引據者每以説在重連於非半弗䉶，又截去則不動説在端兩句。不知上文重字，承住景二而來，當讀平聲，光學之斷句也，蓋因《墨子》文本旁行，傳爲錯雜，兼多譌脱，故難以尋常理解求之。此三句似與重學之劈器相關。䉶，猶劈也。不動，指物。半與端，則兼指器物而言。惟其間尚不免有闕文也。

以上所舉各條，不過斷章取意，略爲引證，未知有當於萬一否。敢以質之精西學而兼治《墨》者。

韓應陛《論質點》《皇朝經世文續編》卷八　歐羅巴人光性論云：物之微分，人亦能分，然不能至不可分之地。蒙以爲人之不能分，非物之不可分。以幾何之理言之：物雖大合之，可至無窮，雖微分之可至無窮，尺棰之説也。而以爲物有不可分之地者，何也？定質質點大，水質點小；水質點大，氣質點小；氣中各類應又分何類質點大，何類質點小。丸與黍大小懸殊也，以囷盛丸，以盂盛黍，囷底穴，則丸相聚下，至盡囷而止；盂底穴，則黍相聚下，至盡盂而止。其下之形與水之下之形，無以異也。顧囷之穴，必大於丸；盂之穴，必大於黍。囷之穴，不大於丸，則丸不得下也；盂之穴不大於黍，則黍不得下也。故丸也黍也，以網盛則下，以布帛盛則不下。布帛以盛水則下。陶爲密矣，以盛水久，而水沁於外，陶孔大水粒小也。瓷比陶爲尤密矣，瓷質較疏者以盛水，水無沁於外；以盛油，久而油沁於外，瓷孔大油粒小也。水粒之大，大於瓷孔；油粒之大，不大於瓷孔也。據此而知，凡物質之有點，點之有原度，不獨定質，重流質亦有之。則亦可推此而知，不獨重流質，輕流質亦有之。輕流質之有質點，雖無據，豈遂不能更有他器可以測而知之者乎？而今則未有其器，可以測而知之者也。

胡兆鸞《西學通攷》卷一《格致總攷》　格致大略

格致之學於謀生之道大有關涉。舉其大略，先是算學。算學之淺者，論加、減、乘、除之四法，確乎人人所不可不知，或生物，或成物，或估價，或買賣，或管帳，總不能越此四者之範圍。即在家庭中細事，亦不能離此。至算學之深者，曰代數學，曰幾何學是也。亦名代徵積拾級，又名勾股學，又名三角數理。次是力學。亦名重學。目今製造器物，專賴機器。而凡機器，無論徑直，無論累墜，其根本即槓桿、斜面、輪軸、滑車、尖劈、螺絲諸件。而討論此諸件者，不外乎力學。再進而益深者，有蒸氣學、火學、氣學、光學、電學、磁氣學，人苟精乎蒸氣學，則知造蒸氣機器以代億萬人之工作；人苟精乎火學，則知機器所用之柴薪，何以能省；知鎔金爐扇以熱風，而不扇以冷風，庶所作之工更多；知山礦中，如何使有風可通，庶工人免於死亡；知用平安燈，以免礦之轟灼；知造寒暑表，以適各樣之用。人苟精乎氣學，則知造吸水器、水龍、泳氣鐘、積氣鑿山機，各適其用。且知時風旋風之來而避之，是火、氣二學不可不知也。人苟精乎光學，則知造眼鏡，使遠視者、近視者，及視物而常覺物之不正者，皆能明視。又知造顯微鏡，使人查考奇病死者，察其病之實在根由，以救後來人之疾苦，查考貨物之真僞。又知造千里鏡、天文鏡，及知造海邊塔表上之燈，以免舟船沉覆。人苟精乎電學、磁氣學，則知造指南之羅盤，其賴羅盤而性命、貨物得保全者，難以言盡。知造印字之銅板，更極其用。知造電報，則凡遠方來往生意，邦國交涉事務，不頃刻間而消息可以通達。至家庭，自廚中鐵竈，以迄客房案所陳之雙眼看書鏡，一則適乎日用，一則取悦於目，件件皆賴氣質學而成之。再上爲化學，其用處彌大而彌廣。漂染布匹，及印花者所作之工，皆與化學有相涉。其工之善與不善，乃視其精於化學否耳。鎔化銅、錫、鉛、銀、鐵諸工，多以化學爲本。更有漂糖者，燒煤以成煤氣而爲燈用者，合物料以爲肥皂者，合火藥者，專以化學爲本。至釀酒之適當其可，則成佳醞；或發之太過，則味變爲酸。出入之間，則得利與折本之效。欲當其可者，必需夫化學。故釀酒之作，延請化學師爲之準視，不論何項製物，不能離乎化學。且不特此製物家如是，即農亦必不能離此。但多知其然，而不知其所以然耳。苟農精乎化學，即必知泥土，及肥田物料之原質，分別某物料，及某等泥土合用某等物產。苟其精乎化學，即知如何凝結肥田之物免被衝去。且知製成物料，以作肥田之用，更有一種似石之物，初不知其爲何，後有精於化學者，考其原質，始知爲古時食動物之蛇所遺之矢，積久而成。碎而膏之田中，實爲肥沃。或作自來火，或除陰溝内之穢氣，或以日光照像，或以麵粉作餑餑，或在廢棄之物中取精華以成香料，推而至各物，莫不賴乎化學。農桑之功，製物之業，既於化學大有關涉，或有明而顯者，或有曲以致者，人可不早爲習學乎！再上是天文學。人苟精乎天文，而船隻能經歷洋海，貨物得以運行，列國得以通商，藉此各國之民不但得日用之物，且踵事增華，有如食中之甘旨，衣中之文繡，亦取之如攜。其倚天文學而航海以爲業，製通商之貨物以謀生者，不知凡幾。再上爲地學，考究地中之石質五金是也。夫鐵爲富國之大用，煤又爲機器所必需，故開礦實爲各國之首務。而開礦之秘要，以地學爲本。今在美國及歐洲各國，皆以此爲事。且英國設有礦學院、石金學院，其地學之爲益，不言可知矣。再上是動物學、植物學，講究禽獸與種植物之長養是也。雖與製用物全未關涉，然於製人之飲食諸物，確有相關。

傳記

阮元《疇人傳・年希堯傳》　年希堯，字允恭，廣寧人也。以西人測算之切要者摘録刊布，爲《測算刀圭》三卷：一曰《三角法摘要》，一曰《八綫眞數表》，一曰《八綫假數表》。又有《面體比例便覽》一卷、《對數表》一卷、《對數廣運》一卷。《測算刀圭》《面體比例便覽》《對數表》《對數廣運》。

論曰：寧波教授丁君小雅杰貽余年氏所刻算書數種，因據以立傳。又有《萬數平立方表》一種，《算法纂要總綱》一種，末附《雜算法》及《八綫表根》數頁，又一種無名目，俱係寫本，字跡圖畫，并極精美，而不著譔人姓氏，疑亦出希堯家也。

又 《陳厚耀傳》 陳厚耀，字泗源，號曙峯，泰州人也。康熙丙戌進士。安溪李光地薦厚耀通曆法，引見，上命試以算法，繪三角形，令求中綫及問弧背尺寸。厚耀具劄進，稱旨，旋請省親歸里。戊子，特命來京。己丑五月，駕幸熱河，厚耀扈行，至密雲，命寫筆算式進呈，少頃，出御書筆算，問知此法否？厚耀對曰：「皇上此法精妙，極爲簡便，臣法臆譔，不可用。」上諭云：「朕將教汝，汝其細心貫想，以待朕問。」次日又問曰：「汝能測北極出地高下否？」對曰：「若將儀器測景長短，用檢八綫表，可得高度，此在春秋分所測則然，若其餘節氣，又有加減之異。然亦不準，何也？臣聞地上有朦氣之差，以人目視之，有升卑爲高、映小爲大之異，故以渾儀測之多不合。但在天度數則不差也。」又問：「地周三百六十度，依周尺每度二百五十里，今尺二百里，地周幾何？地徑幾何？」奏云：「依周尺地周九萬里，今尺七萬二千里，以圍三徑一推之，地徑二萬四千里，以密率推之，當得地徑二萬二千九百一十八里有奇。」上復問地圜出何書，對以《周髀算經》曾言之。問何以見其圜也，對曰：「《職方外紀》，西人言繞地過一周，四帀皆生齒所居，故知其爲圜，且東西測景有時差，南北測星有地差，皆與圜形相合，故益知其爲圜。」時厚耀以母年高不忍離，乃就教職，得蘇州。未踰年，召入南書房。上問：「測景是何法？」厚耀求指示。上曰：「此法甚精，不必用八綫表，即以西洋定位法虛擬法寫示。」又命至座旁，隨意作兩點于紙上，厚耀隨點之，上用規尺畫圖，即得兩點相去幾何之法。上從容諭之曰：「《堯典》敬授人時，乃帝王大事，奈何弗講？」自是厚耀之學益進，嘗召入至淵鑒齋，問難反覆，并及天象、樂律、山川形勢，得徧觀御前陳列儀器，中有方寸器三十種。又召至西煖閣，詢問家世甚詳。從上至熱河，命賦泉源石壁詩，授中書科中書，傳旨曰：「上道汝學問好，授汝京官，使汝老母喜也。」厚耀請定步算諸書，以惠天下。上怡允，諭曰：「汝嘗言梅瑴成學甚深，今命來京，與汝同修算法。」瑴成至，上問曰：「汝知陳厚耀否？他算法近日精進，向曾受教于汝祖，今汝祖若在，尚將就正于彼矣。」乃命厚耀、瑴成并修書于蒙養齋，賜《算法原本》《算法纂要》《同文算指》《嘉量算指》《幾何原本》《周易折中》、字典、西洋儀器、金扇、松花石硯，及瓜果等克什甚多。癸巳修書成，特授翰林院編修。甲午丁内艱，命賜帑銀，着江南織造經紀其喪。喪畢，晉國子監司業，擢左諭德兼翰林院修譔。戊戌會試，充同考官。己亥告疾，以原官致仕。

所著天文、曆算書甚夥，有《春秋長曆》十卷，爲補杜預《長曆》而作。其凡有四：一曰曆證。備引漢、晉、隋、唐、宋、元諸史志，及朱載堉曆書諸説，以證推步之異；又引《春秋屬辭》杜預論日月差謬一條，爲注疏所無。《大衍曆議》春秋曆考一條，亦唐志所未録，尤足以資考證。二曰古術。古以十九年爲一章，一章之首，推合周術正月朔冬至，前列算數，後以春秋十二公紀年横列爲四章，縱列十二公，積而成表，以求術元。三曰曆編。舉春秋二百四十二年，一一推其朔閏及月之大小，而以經傳干支爲證佐，皆述杜預之説而考辨之。四曰曆存。以古術推隱公元年正月庚戌朔，杜預《長曆》則爲辛巳朔，乃古術所推之上年十二月朔，謂元年之前失一閏，蓋以經傳干支排次知之。厚耀則謂如預之説，元年至七年中書日者雖多不失，而與二年八月之庚辰，三年十二月之庚戌，四年二月之戊申，又不能合，且隱公三年二月己巳朔日食，桓公三年七月壬辰朔日食，亦皆失之，蓋隱公元年以前，非失一閏，乃多一閏，因退一月就之，定隱公元年正月爲庚辰朔，較《長曆》實退兩月，推至僖公五年止。以下朔閏，因一一與杜術相符，故不復續載焉。蓋厚耀精于曆法，所推較杜預爲密，于考證之學尤爲有裨，治《春秋》者不可少此編矣。又算術尖堆除率三十六，倚壁堆除率十八。厚耀論之曰：「尖堆得圓倉三之一，故圓率用十二，此用三十六，其比例爲三十六與十二，若三與一也。倚壁堆是尖堆之半，其除率宜倍三十六作七十二，而乃用十八者，以半圓周自乘，只得全圓自乘四分之一也，故以四除七十二爲十八。」又環田有内外周并及田積問諸數者，舊術以田積爲實，内外周并數半之爲法，除實得徑，用徑自乘，以減折半數，餘爲内周，以内周減并數，餘爲外周。厚耀論之曰：「用徑自乘句有弊，當用六因徑得十八爲較以減周總，折半而得内周，内周減總而得外周。」皆深于算學之言也。壬寅春卒，年七十有五。《欽定四庫全書總目》《春秋長曆增删》《算法統宗》《陳氏家譜》《召對紀言》。

論曰：吾鄉通天文算法之學者，國初以來，以泗源先生爲第一。焦君里堂循曰：曙峯以聖天子爲師，故其所得精奧異人。方其引見時，諄諄不倦，何其遇之隆也。世之談算法者，動推梅氏。敬觀聖祖諭梅瑴成數語，千秋定論，可不朽矣。郡志載曙峯所著《孔子家語注》《左傳分類》《禮記分類》《戰國異辭》《十七史正譌》諸書，蓋已久亡，今存《春秋世俗譜》一卷、《春秋長曆》十卷，乃《左傳分類》中之二種也。焦君與余同里，湛深經術，而尤善爲算，會通中西，折衷至當，著有《里堂學算記》十六卷。泗源先生之學，可引而弗替矣。

羅士琳《疇人傳續編・程瑶田傳》 程瑶田，字易田，號易疇，歙人。嘉慶元年，詔開孝廉方正科，安徽撫臣以易疇應，賜六品頂戴，終嘉定縣教諭。少與休寧戴震相友善，故其經術最深，生平潛心實學，精于鑒別，尤肆力于《考工記》，旁涉六書九數。蓋以其治經考古，皆莫離乎書、數二事。如解磬股與鼓相函同積說：三分其鼓三，以其一爲股博一。二分其股二，以其一爲股博六。六六不盡，以股二與股博一相乘，得積二百。以鼓三與鼓博六六不盡相乘，亦得積二百。其積同，其兩體之輕重同也之類是已。著有《數度小記》一卷，其目曰周髀矩數圖注、周髀用矩述言、天疏節示潘二生、星盤命宮說、四卯時天圖規法記、日躔宮度出地說、七尺曰仞說。又有《磬折古義》一卷，目曰磬折說并圖、造倨句式四六尺考，皆以算數證經，故述之。其他著述甚多，茲不詳載。《通藝録》《漢學師承記》。

論曰：天算之學有數端，守其法而不能明其義者，術士之學也。明其義而不能窮其用者，經生之學也。若既明其義又窮其用，而神明變化，舉措咸宜，要非專門名家不可。徵君之算，雖不甚精，然亦不失其爲經生之學耳。

又 《徐朝俊傳》 徐朝俊，字恕堂。華亭諸生。謂「天爲高，地爲厚，吾人戴高履厚，曾滄海一粟之不如。典謨爲政事之書，命官先咨曆象；官禮垂治平之法，職方臚列土風。」因遵御製《數理精蘊》全函，旁據《職方外紀》及《坤輿格致》《臺郡雜志》諸書，著《高厚蒙求》五卷，曰天學入門，曰海域大觀，曰定時儀器上、下集，曰高弧合表。其定時儀器上集目曰日晷測時圖法，曰星月測時圖表，曰自鳴鐘錶圖說。下集目曰天地圖儀，曰揆日正方圖表。又有《中星表》及《儀器圖說》二書。嘗自製鐘表、儀晷諸器，爲巧匠所不及。《高厚蒙求》《藝海珠塵》。

論曰：恕堂但工製器，其于曆算之學，則僅能依數五演而已。故所著論皆攟摭成說，隨人步趨，尤論五大洲及附載海族、海狀、海泊、海道、海產諸說，亦悉本利氏《乾坤體義》，荒遠無憑，不足取也。

諸可寶《疇人傳三編・顧觀光　韓應陛傳》 顧觀光，字賓王，號尚之，金山人。上舍生，三試不售，遂無志科第，承世業爲醫。鄉錢氏多藏書，恒往假恣讀之。博通經、傳、史、子、百家，尤究極古今中西天文曆算之術，靡不因端竟委，能抉其所以然，而摘其不盡然。時復蹈瑕抵隙，而蒐補其未備，如據《周髀算經》笠以寫天青黃丹黑之文及後文凡爲此圖云云，而悟篇中周徑里數，皆爲繪圖而設。天本渾圓，以視法變爲平圓，則不得不以北極爲心，而內外衡以次環之，皆爲借象而非真，以平遠測天也。《開元占經》魯曆積年之算不合，因用演紀術，推其上元庚子至開元二年歲積，知《占經》少三千六十年。又以《占經》顓頊曆歲積，考之《史記・秦本紀・始皇本紀》，知其術雖起立春，而以小雪距朔之日爲斷。蓋秦以十月爲歲首，閏在歲終，故小雪必在十月。昔人未之言也。李尚之用何承天調日法，考古曆日法，朔餘强弱不合者十六家，以爲未盡强弱之微。爰別立術，以日法朔餘展轉相減，以得强弱數。但使日法在百萬以上，皆可求。惟朔餘過于强率者不可算耳。授時術以平立定三差求太陽盈縮，梅氏詳説敷衍未明，讀《明志》乃知即三色方程之法。謂凡兩數升降有差，彼此遞減，必得一齊同之數。引而伸之，即諸乘差，則八綫對數小輪橢圓諸術，皆可共貫。讀《占經》所載瞿曇悉達九執曆，而知回回、泰西曆法皆淵源于此。其所謂高月者，即月孛；月藏者，即月引數；日藏者，即日引數。特稱名不同，亦猶回曆之稱歲實爲宮分日數、朔策爲月分日數之類是也。

其論婺源江氏冬至權度，推劉宋大明五年十一月乙酉冬至前以壬戌丁未二日景求太陽實經度。而後求兩心差，乃專用壬戌。今求得丁未兩心差，適與江氏古大今小之説相反。蓋偏取一端以伸己見，其根誤在高衝行太疾也。西法用實朔距緯求食甚兩心實相距，術緐而得數未確。改之以前後兩設時求食甚實引徑，得兩心實相距，不必更資實朔，較本法爲簡而密矣。西人割圓止知內容各等邊之半爲正弦，而不知外切各等邊之半爲正切，乃依六宗三要二簡諸術，別立求外切各等邊正切綫法，以補其闕。杜德美求圓周術，用圓內六邊形，起算雖巧，而降位尚遲。謂內容十等邊之一邊，即理分中末綫之大分，距周較近，且十邊形之周與邊同數，不過遞進一位。而大分與全分相減，即得小分。則連比例各率，可以較數取之，入算尤簡易，因演爲諸乘差表。可用弧度入算，而不用弧背真數。然尤慮其難記，且仍不能無藉于表，因又合兩法而用之，則術愈簡，而弧綫直綫相求之理始盡。錢塘項氏割圓捷術，止有弦矢求餘綫術，以爲亦可通之切割二綫，因補立其術。西人求對數，以正數屢次開方，對數屢次折半，立術緐重。李氏探源，以尖堆發其覆，捷矣。而布算猶緐，且所得者皆前後兩數之較，可以造表，而不可徑求。戴氏簡法及西人數學啓蒙，并有新術，而未盡其理，乃別爲變通以求二至九之八對數。因任意設數，立六術以御之，得數皆合。復立還原四術，又推而衍之，爲和較相求八術，自來言對數者未之聞也。又謂對數之用，莫便于施之八綫。而西人未言其立表之根，因冥思力索得之。仍用諸乘差法，迎刃而解，尤晚歲造微之詣也。其它凡近時新譯西術，如代數微分諸重學，皆有所糾正類此。同縣錢教諭熙輔刊「重學」，婁韓舍人應陛刊《幾何原本》後九卷，皆與參訂。

咸豐間，粵匪日逼，人心惶然，强以算理自遣。十一年，賊入鄉，避亂東走奉賢、南匯間。既而暫歸，藏書多毁。而次子澐爲賊擄，驚憂不復出。同治元年卒，年六十有四。所著曰《算賸初續編》，凡二卷：曰《九數存古》，依九章，爲九卷，而以堆垜、大衍、四元、旁要重差、夕桀、割圓、弧矢諸術附焉，皆采自古書，而分門隸之；曰《九數外録》，則隱括四術，爲對數、割圓、八綫、平三角、弧三角、各等面體圓錐三曲綫、静重學、動重學、流質重學、天重學，凡記十篇；曰《六曆通考》，則據《占經》所紀黄帝、顓頊、夏、殷、周、魯積年而爲之考證；曰《九執曆解》，曰《回回曆解》，皆就其法而疏通證明之；曰《推步簡法》，曰《新曆推步簡法》，曰《五星簡法》，則就疇人所用術，改度爲百分，趨其簡易，而省其迂曲。蓋于學實事求是，無門户異同之見，不特算術，而算術爲最精。此外有《古韻》二十二卷，《七國地理考》十四卷，《國策編年考》一卷。又《周髀算經》《列女傳》《吴越春秋》《華陽國志》諸校勘記，若干卷。所輯古人已逸之書，曰《神農本草經》，曰《七緯拾遺》，曰《桓子新論》，其曰《古書逸文》者，即所以補馬氏《繹史》者也。餘凡所校輯，已刊入《守山閣叢書》《指海》者，不復及。

友人韓應陛，字對虞，號緑卿，婁縣人。道光二十四年舉鄉試，官内閣漢票籤中書舍人。少好讀周秦諸子，爲文古質簡奥，非時俗所尚。既而從同里老儒姚處士椿游，得望溪、惜抱相傳古文義法，尤究心世事，遜志劬學不倦也。西人點綫面積之學，莫善于《幾何原本》，凡十五卷，明萬曆間利譯止前六卷。咸豐初，英吉利士人偉烈亞力續譯後九卷。海寧李壬叔氏寫而傳之。舍人反覆審訂，授之剞劂，亞力以爲泰西舊本弗及也。外若新譯諸重學、氣學、光學、聲學諸書，每自校録，復爲之推極其致，往往出西人所論外，故發于文益奇。十年夏，粵匪陷蘇犯松江，倉皇走避，道途觸暑，鬱鬱發病死。所遺稿多散失，其友南匯張明經文虎爲之編定，爲《讀有用書齋雜著》二卷，藏于家。《九數外録》《舒藝室雜著》。

論曰：顧上舍有言曰：「積世、積測、積人、積智，曆算之學，後勝于前。微特中國，西人亦猶是也。舊法者，新法之所從出，而要不離舊法之範圍。且安知不紬繹焉，而別有一新法在乎？故凡以爲已得新法而舊法可唾棄者，非也。中西之法，可互相證，而不可互相廢。故凡安其所習而黨同伐異者，亦非也。」嗚呼，真通人之論哉！上舍之于古今中西諸算術，無所祖，而皆有所發明，可謂能澈中邊者已。而對數逕求十有八術，獨于并時戴、李而外，拔幟立幟，唯變所適，每唱愈高。夫豈褊陋自畫，與夫逞臆武斷信口詆諆者，所可同年而語歟？上舍遠矣。

又《夏鸞翔傳》 夏鸞翔，字紫笙，錢塘人。道光十九年，年十七，補博士弟子員，後以輸餉議叙，得詹事府主簿。精于算學，爲項學正名達入室弟子。又于戴處士煦爲世好。年少聰穎，講究曲綫諸術，洞析圓出于方之理。匯通各法，更推演以窮其變。

譔《洞方術圖解》二卷，自序云：「自杜氏術出，而求弦矢得捷徑焉。顧以之求弦矢，猶煩乘除，演算終不易。向思一可省乘除之法，而迄未得也。丁巳夏客都門，舟次宿遷，爲舲唇傷足，不能步履者屢月。晝長無事，因細思連比例術者，尖堆底也。尖堆底之比例，與諸乘方之比例等，以之求連比例術，必合諸乘方積而并求之。設不得諸乘方積遞差之故，方積何能并求乎，且并求方積而欲以加減代之，又必得諸較自然之數而後可，誠難之難矣。既而悟之曰，方積之遞加，加以較也，較之遞生，生于三角堆也。較加較而成積，亦較加較而成較，且諸乘方積之數，與諸乘尖堆之數，數異而理正同。三角堆起于三角形，故累次增乘，皆增以三角。方積起于正方形，故累次增乘，皆增以正方。三角之較數，增一根則增一較。方積之較數，增一乘則增一較，理正同也。累次相較，較必有盡，惟其有盡，乃可入算。相連諸弦矢，所以愈相較而較愈均者，正此理矣。諸較之理，皆起于天元一，而生于根差遞加，根一，諸乘方根差皆一，一乘之數不變，故可以省乘。若增其根差，則非復單一乘，不能省弦矢表弧背之差，或差一秒，或差十秒，即以一秒或十秒弧綫當根差，按根遞求，即可盡得諸乘方之較。即以較加較，而盡得求弦矢各數矣，豈不捷哉？爰乘數月暇，演爲求弦矢術，俾求表者得以加減代乘除，并細釋立術之義。編爲兩卷，以俟精于術數者采擇焉。」

又譔《致曲術》一卷，曰平圓，曰橢圓，曰拋物綫，曰雙曲綫，曰擺綫，曰對數曲綫，曰螺綫，凡七類。類皆于杜德美氏、項梅侶氏、戴鄂士氏、徐君青氏、羅密士氏即譔《代微積拾級》者諸術外，自定新術，參互并列，法密理精。惟雙曲綫內，有笠體以小徑爲軸，鐘體以大徑爲軸，各求截蓋殼積術未定。記云：「右二術刻意求之，殊不可得。因雙曲綫求殼，立法必緐，不能不分級數。而求級之招差，須以半心差畀乘半徑畀除。又餘弦畀乘半徑畀除，以降其位。今雙曲綫之半心差，與餘弦俱大于半徑，若用爲乘除法，則位數不惟不降，而反升矣。且以橢圓例之，凡求殼必先求餘弦上殼，用減半球殼爲蓋殼，而雙綫之正餘兩弧，無理可通，何能易餘爲正乎。若用正弧正矢以逕求蓋殼，則乘除之例，尤多轇轕。因闕此二題，以俟明算君子之補綴焉。」

復著《致曲圖解》一卷，謂天爲大圓，天之賦物，莫不以圓。顧圓雖一名，類乃萬族，循圓一帀，而曲綫生焉。西人以綫所由生之次數，分爲諸類：一次式爲直綫，二次式有平圓、橢圓、拋物綫、雙曲綫四式，三次式有八十種，四次式有五千餘種，五次以上，蓋不可考矣。今但就二次式四種，溯其本源，并附解諸乘方拋物綫，形雖萬殊，理實一貫。諸曲綫式備具于圓錐體上，故圓錐者，二次曲綫之母也。橢圓利用聚，拋物綫利用遠，雙曲綫利用散，而其理皆出平圓。苟會其通，則制器尚象，俛仰觀察，爲用無窮矣。今爲一一解之。其目爲諸曲綫，始于一點，終于一點，第一；諸式之心，第二；準綫，第三；規綫，第四；横直二徑，第五；兑徑，亦名相屬二徑，第六；兩心差，第七；法綫切綫，第八；斜規綫，又名曲率徑，第九；縱横綫式，第十；諸式互爲比例，第十一；八綫，第十二云。

又嘗專立捷術，以開各類乘方，通爲一術。可徑求平方根數十位，不論益積翻積，俱爲坦途。成《少廣縋鑿》一卷。南海鄒徵君伯奇爲之序，略云：「算學自戴東原表章古書，同其志者爲錢辛楣，而學識俱不逮。逐其塵者則李尚之、焦里堂輩，皆墨守古法而不通融。每算一數，用紙數十篇，需時數百刻，廢人廢日，所得仍復粗疏，而不足施之于用。在彼則以用盡精神，不肯割愛。付之梨棗，有讀之祇令多一重障礙而已。何如紫笙書而明白已曉乎？」同治二年，始遊廣東，與鄒徵君暨南豐吴編修嘉善相友善。三年五月，卒于廣州施舍。編修録其算書遺稿，屬徵君彙刻之，今行于世。尚有《萬象一原》若干卷，未見傳本。《洞方術圖解》《致曲術圖解》《少廣縋鑿》。

論曰：鄒徵君曰，昔沈存中以隙積、會圓二術，古書所無，自言深思而得之。今按會圓即弧田面綫相求，爲郭若思三乘方求矢之啓端，然所得非密周。孔巽軒又推至七乘方，略近之，仍不及杜德美法之吻合。隙積即堆垛，其術僅明立體，亦未及《四元玉鑑》之推至多乘也。蓋人心之靈，有開必先，欲窮其極，在人之善變而已。又授時術以垛積招差求日行盈縮，其意蓋引伸于綴術。是曲綫與堆垛相通，已露端倪。及西法出，專以諸輪三角相求，遂無有理會之者。今則以微分積分馭曲綫無所不通，然後知隙積之有裨于會圓者，固甚要也。紫笙諸書成非一時，故其術有互見者，亦有具題而缺術者，今并仍之，不加芟削，後有同好熟讀而精思之，當更有無限觸發也。徵君之學有聲中外，觀所以推崇夏宫簿者，可謂至矣。宫簿爲松如先生之盛子，而同里汪內翰年丈遠孫之壻也。家世好學，其才力又足以副之。使天假之年，孜孜孟晉，神解妙悟，啓迪方來，可傳當不止是。是不第爲吾鄉之絶詣惜也，嗚呼！

又《鄒伯奇　劉熙載　伊德齡傳》 鄒伯奇，字一鶚，又字特夫，南海人。諸生。聰敏絶世，于諸經義疏，無不肇究。覃思于聲音、文字、度數之源，而尤精于天文、曆算，能萃會中西之説而貫通之。生平寡所耆好，執業甚篤，静極生明，多有神解。

嘗作《春秋經傳日月考》，謂昔人考春秋朔閏多矣，類以經傳日月求之，未能精確。今以時憲術上推二百四十二年之朔閏及食限，然後以經傳所書，質其合否，乃知有經誤、傳誤及術誤之分。又論《尚書》克殷年月，謂鄭玄據《乾鑿度》以入戊午蔀四十二年克殷，下至春秋，凡三百四十八年。劉歆三統術以爲積四百年，近人錢塘李鋭多主其説。今以時憲術上推，且以歲星驗之，始知鄭玄之是，劉歆之非。其解《孟子》「由周而來七百有餘歲」句，謂閻百詩《孟子生卒年月考》據大事記及《通鑑綱目》，以孟子致爲臣而歸，在周赧王元年丁未，逆數至武王有天下歲在己卯，當得八百有九年。今考《綱目》年數，本之劉歆，然共和以上周初年數，史遷已不能紀，可考者《魯世家》耳，此爲劉歆《曆譜》所據。然將歆曆與《史記》比對，歆于煬公、獻公等年分多所增加，共衍五十二年。若減其所加年數，則歆所謂八百有九年者，實七百五十七年耳。又謂向來注經者，于算學不盡精通，故解三禮制度，多所疏失。因作《深衣考》，以訂江永之謬，作《戈戟考》，以指程瑶田之疏。以《文選》景福殿賦陽馬承阿證古宫室阿棟之制，以體積論臯氏爲量，以重心論懸磬之形，皆繪圖注説，援引詳明。又嘗謂群經注疏，于算術未能簡要，甄鸞《五經算術》既多疏略，王伯厚《六經天文篇》博引傳注家言，亦無辨證。因即經義中有關于天文算術，或先儒所未發，或闡發而未明者，隨時録出之，成《學計一得》二卷。

于天象著《甲寅恒星表》《赤道星圖》《黄道星圖》各一卷。自序曰：「甲寅之春，製渾球以考證經史恒星出没歷代歲差之故。然制器刻畫，必先繪圖，爲圖必先立表，此《恒星表》之所由作也。史、漢、晉、隋諸志，于恒星但言部位，至唐宋始略有去極度數。故舊傳新圖，大抵據《步天歌》意想爲之，與天象不符。國朝康熙初，南懷仁作《靈臺儀象志》，然後黄赤經緯各列爲表。乾隆九年，增修《儀象考成》，補其缺誤。道光甲辰再加考測，爲《儀象考成續編》，入表正座一千四百四十九星，外增一千七百九十一星，洵爲明備。今踰十載，歲漸有差，故復據現時推測立表，庶繪圖製器，密合天行也。」

又嘗謂繪地難于算天，天文可坐而推求，地理必須親歷。近人不知古法，故疏舛異常。因考求地理沿革，爲歷代地圖，以補史書地志之缺。又手摹皇輿全圖，自序曰：「地圖以天度畫方，至當不易。然地球經緯相交，皆成正角。而世傳輿圖至邊地，竟成斜方形，既非數理，又失地勢，其蔽在以緯度爲直綫也。昔嘗爲《小總圖》，依渾蓋儀，用半度切綫以顯迹象。然州縣不備，且内密外疏，容與實數不符，故復爲此。其格緯度無盈縮，而經度漸狹，相視皆爲半徑與餘弦之比例。横九幅，縱十一幅，合之則成地球滂沱四頽之形。欲使以圖繪圓，其圖乃肖也。」

又變西人之舊，作《地球正背兩面全圖》。其序曰：「地形渾圓，上應天度，經緯皆爲圓綫。作圖者繪渾于平，須用法調劑，方不大失形似。然視法有三，皆爲畫圖之用。其一在圓外視圓，法用正弦，則經圈爲橢圓，緯圈爲直綫。其形中廣而旁狹，作簡平儀用之。其一在圓心視圓，法用正切，則經圈爲直綫，緯圈爲弧綫，中曲而旁殺，其形内密而外疏，作日晷用之。斯二者綫無定式，量算緐難，且經緯相交，不成正角。又其邊際，或太促而褊淺，或太展而狹長，以畫地球，既昧方邪之本形，復失修廣之實數，所不取也。其一在圓周視圓，法用半切綫，經緯圈皆爲平圓，雖亦内密外疏，而各能自相比例。西人以此作渾蓋儀，最爲理精法密。今本之爲地球圖，分正背兩面，正面以京師爲中，其背面之中，即爲京師對衝之處，尊本朝也。旁爲廿四向，審中土與各國彼此之勢，定準望也。經緯俱以十度爲一格，設分率也。」

因推演其法，著《測量備要》四卷。分備物致用、按度考數二題。備物致用，其目四：一丈量之器，曰插標，曰綫架，曰指南尺，曰曲尺，曰丈竹，曰竹籌，曰皮活尺，曰著紙簿，曰鉛筆。二測望之儀，曰指南分率尺，曰立望表，曰三脚架，曰矩度，曰地平經儀，曰平水準，曰紀限儀，曰迴光環，曰折照玻璃屋，曰千里鏡，曰象限儀，曰秒分時辰標，曰行海時辰標，曰析分大日晷，曰風雨針，曰寒暑針。三檢數之書，曰志書，曰地圖，曰星表，曰星圖，曰度算版，曰對數尺，曰八綫表，曰八綫對數表，曰十進對數表，曰現年行海通書，曰清蒙氣差表，曰太陽緯度表，曰日晷時差表，曰句陳四游表，曰大星經緯表，曰對數較表，曰對數較差表。四畫圖之具，曰大小幅紙，曰硯，曰墨，曰硃，曰顔色料，曰筆，曰五色鉛筆，曰筆殼，曰指南分率矩尺，曰長短界尺，曰平行尺，曰分微尺，曰機翦，曰交連比例規，曰玻璃片，曰橡皮。按度考數，其目四：一明數，曰尺度考，曰畝法，曰里法，曰方向法，曰經緯里數。二步量，曰量田計積，曰步地遠近，曰記方向曲折，曰認山形，曰準望所見。三測算，曰測量方向遠近法，曰測地緯度法，曰論平陽大海地平界角，曰測地經度法，曰經緯方向里數互求法。四布圖，曰正紙幅，曰定分率，曰縮展，曰識别，設色終焉。又因修改對數表之根源，求析小術是開極多乘方法，可逕求自然對數即訥表根，以十進對數根乘之，即得十進對數。

著《乘方捷術》三卷。招培中爲之序曰：「吾甥鄒特夫所著算書，曰《乘方捷術》。是書隱括董君方立割圜連比例、戴君鄂士開方捷法之説，而立開方四術，演圖詳解，以明其理，右通左達，以同其條。俾學者開卷瞭然，布算不紛。其于訥白爾表，以連比例乘除法，逕開一無量數乘方以求之。又立求對數較四術以求之，亦用連比例乘除法一以貫之，立術最爲簡易。近者徐莊愍公造各表簡法，及李君壬叔則古昔齋算學，俱有求對數較法。而操算各殊，惟夏君紫笙《萬象一原》，有求真數之訥氏對數四術，其布算與特夫略同。但倍借對數以起數爲異，特夫謂此是求對數較法。凡本真數與借真數比例等者，其對數較必同，故不得從借對數起數也。此四條『次置第一數倍之』一句，當改作『次置對數根倍之』，則通矣。此夏君偶失檢，而特夫之精審可見。至對數開方計息諸草，所以著其術之切于日用。末附《十億對數表》及《純雜表》，則手此一編，即可取數以省他檢也。」又創對數尺，蓋因西人對數表而變通之，爲算器增新製，爲算術開捷徑，畫數于兩尺相并而伸縮之，使原有兩數相對，而今有數即對所求數。一曰形製，二曰界畫，三曰致用，四曰諸善，五曰圖式，爲記一卷。

又嘗譔《格術補》一卷。同郡陳京卿澧序之曰：「格術補者，古之算家有所謂格術，後世亡之，而吾友鄒特夫徵君補之也。格術之名見《夢溪筆談》，其説云：『陽燧照物，迫之則正，漸遠則無所見，過此則倒。中間有礙故也。如人搖艣，臬爲之礙，本末相格，算家謂之格術。』又云：『陽燧面窪，向日照之則光聚，向内離鏡一二寸，聚爲一點，著物火發。』《筆談》之説如此，皆格術之根源也。若其推衍爲算術，宋時蓋有其書，後世失傳，遂無知此術者。徵君得《筆談》之説，觀日月之光影，推求數理，窮極微眇，而知西洋製鏡之法，皆出于此，乃爲書一卷，以補古算家之術。夫古所謂陽燧者，鑄金以爲鏡也，西洋鐵鏡即陽燧也，其玻璃爲鏡，亦與陽燧同一理。故推極陽燧之理，可以貫而通之。有此書而古算家失傳之法，復明于世。又可知西洋製器之法，實古算家所有，此今世算家之奇書也。若夫宋時算術，後世失傳，如此者當復不少。吾又因此書而感慨係之矣。」

同治初，南豐吴編修嘉善、錢塘夏宫簿鸞翔游粤，皆與訂交甚篤。宫簿客死，爲之痛傷，刻其遺書以傳之。三年，湘陰郭侍郎嵩燾特疏薦之，請居同文館以資討論。五年、七年，兩奉優詔，令督撫送咨。徵君澹于利禄，堅以疾辭，俱未赴。湘鄉太傅文正公督兩江日，欲于上海機器局旁設書院，延徵君以數學教授生徒，屬興化劉學政熙載致書，亦未就也。六年五月，無疾而卒，年五十有一。

劉熙載，字融齋，興化人。道光二十四年進士，改翰林院庶吉士，散館授編修，後遷詹事府右春坊右中允。同治季年，寓居上海，主龍門書院講席。久深于音韻之學，自譔《説文雙聲》《四聲切韻》二種，以欬意烏于攝一切音，分析條理，曲盡其致。兼長算學，著有《天元正負歌》四則，簡捷易明，最便初學，見《昨非集》。

又徵君同縣弟子伊德齡，字善卿，著有《求弦矢通術》一卷，刻入《傳習録》中。《南海縣志》《鄒徵君遺書》《舒藝室雜著》甲編，又《詩存注》《昨非集》《傳習録》。

論曰：鄒徵君天姿過人，力學甚摯。聞其讀書，遇名物制度，必窮晝夜探索，務得其確。或按其度數，繪爲圖，造其器而驗之，涣然冰釋而後已。故其解識，多前人所未發。又能正舛誤，别是非，皆以算術權衡之。晚年論算家新法，曰：「自董方立以後，諸家極思生巧，出于前人之外。如華嚴樓閣，彈指即見，實抉算理之窔奥。然恐後之學者，不復循途守轍，而遽趨捷法，將久而忘其所自，是可憂矣。」人于是益服所慮之遠。夫曆算必善測量，測量必資儀器，而製器精巧，與西人所稱重學、光學、化學相連。徵君獨深明其理，證之古籍，皆由冥摻而得。測地繪圖，尤多創解。今《南海縣志》諸圖，爲徵君手定義例，跬步實測，密合無憾，雖以西人爲之，微妙不是過也。使九服州郡，焉得盡人盡地而仿之，合成鉅觀，豈非千秋之業乎？若夫尚志高蹈，任天而行，又豈好爵所能縻哉？於虖，難已。

又《李善蘭傳》 李善蘭，字壬叔，號秋紉，海寧人。諸生。曾從長洲老儒陳徵君奂受經，于辭章訓詁之學，雖皆涉獵，然好之終不及算學。故算學用心極深，其精到處，自謂不讓西人，抑且近代罕匹。方年十齡，讀書家塾，架上有古《九章》，竊取閱之，以爲可不學而能，從此遂好算。應試杭州，得《測圓海鏡》《句股割圜記》以歸，其學始進。三十後，所造漸深。因思割圜法非自然，深思得其理，時有心得，輒復著書。與同郡戴處士煦，南匯張明經文虎，烏程徐莊愍公、汪教諭曰楨，歸安張茂才福僖及并世明算之士皆相善，時有問難。咸豐初客上海，識英吉利文士偉烈亞力、艾約瑟、韋廉臣三人，從譯諸書。十年在莊愍幕府。粤匪弄兵，吴越淪陷。同治改元，乃從湘鄉文正公安慶軍中，相依數歲。七年，用湘陰郭侍郎嵩燾薦舉徵入同文館。文正資送之應詔至都，奏派算學總教習，叙勞積階至三品卿銜，户部郎中，總理各國事務衙門漢章京。光緒十年卒于官，年垂七十矣。

京卿之學，會通中西。序《測圜海鏡》云：「魯論記孔子之言曰：『參乎！吾道一以貫之。』又曰：『賜，女以予爲多學而識之者歟？非也。予一以貫之。』此聖人傳道之要旨，自曾子、子貢而外，莫得而聞焉。顧聖學始于志道，終于遊藝。故不獨道有一貫，藝亦有焉。元李敬齋先生著《測圜海鏡》，每題皆有法有草。法者本題之法也，草者用立天元一曲折以求本題之法，乃造法之法，法之源也。且算術大至躔離交食，細至米鹽瑣屑，法甚繁已。以立天元一演之，莫不能得其法。故立天元一者，算學中之一貫也。明顧應祥《海鏡釋術》但演諸開方法，而去其細草，重櫝輕珠，殊可笑焉。善蘭少習《九章》，以爲淺近無味，及得讀此書，然後知算學之精深，遂好之至今。後譯西國代數、微分、積分諸書，信筆直書，了無疑義者，此書之力焉。蓋諸西法之理，即立天元一之理也。今來同文館，即以此書課諸生，令以代數演之，則合中西爲一法矣。丁君冠西欲以聚珍板印古算學，問余何書最佳。余曰：『莫如《測圓海鏡》。』丁君曰：『君之學得力此書最多，將以報私淑之師耶？』余曰：『然。然中華算書，實無有勝于此者。請讀阮文達公之序，始知非余阿私所好也。』」

自譔諸書，惟《群經算學考》未卒業，而燬于兵，餘皆刻于金陵，都爲《則古昔齋算學》，凡十三種，二十有四卷：曰《方圓闡幽》一卷，專言理而不言數，凡十條。曰《弧矢啓秘》三卷，則以尖錐立術，而弧背入綫皆可求。曰《對數探源》二卷，亦以尖錐截積起算，先明其理，次詳其法。自序云：「正數以乘除爲比例，對數以加減爲比例。正數連比例之率，以前率與後率遞減之，則所餘者仍爲連比例之率，且仍如原率之比例對數連比例之率。以前率與後率遞減之，則所餘者必爲齊同之數。是故有對數萬求其遂一相對之正數，則爲連比例萬率，其理夫人而知之也。有正數萬求其遂一相對之對數，則雖歐羅巴造表之人，僅能得其數，未能知其理也。間嘗深思得之，歎其精微玄妙，且用以造表，較西人簡易萬倍，然後知言數者之不可不先得夫理也。」曰《垛積比類》四卷，以立天元一詳演細草，序云：「垛積爲少廣一支。而元郭太史以步躔離近，汪氏孝嬰以釋遞兼，董氏方立以推割圜，西人代數微分中所有級數，大半皆是，其用亦廣矣哉。顧歷來算書中不恒見，惟元朱氏《玉鑑》茭草形段、如象招數、果垛叠藏諸門，爲垛積術。然其意在發明天元一，故言之不詳，亦無條理。汪氏、董氏之書，有條理矣，然一但言三角垛，一但言四角垛，餘皆不及，則亦不備。今所述有表、有圖、有法，分條別派，詳細言之，欲令習算家知垛積之術，于九章外別立一幟，其説自善蘭始。」曰《四元解》二卷，序云：「汪君謝城以手抄元朱四傑《四元玉鑑》三卷見示。天元之外，又有地元、人元、物元。書中每題僅列實方廉隅諸數，無細草，讀之茫然。深思七晝夜，盡通其法，乃解明之。先釋列位及加、減、乘、除相消諸法，復以天物相乘、人地相乘諸數，無可位置，爲改定算格，取首四問，各布一細草。目明開方之法，恐初學仍不能通，復取細草逐節繪圖詳釋之。術雖深，讀此可豁然矣。」曰《麟德術解》三卷，序云：「元郭太史授時術中法，號最密，其平立定三差，學曆者皆推爲創獲，不知麟德術盈朒遲速二法，已暗寓平定二差于其中，郭氏特踵事加密耳。竊謂僅加立差，猶未也，必欲合天，當再加三乘四乘諸差，後世有好學深思之士，試取我説而演之，其密合當不在西人本輪均輪橢圓諸術下。而李氏實開其端，創始之功，又何可没也。暇日取史志盈朒、遲速二法詳論之，以質世之治中法者。」曰《橢圓正術解》二卷，《新術》一卷，《拾遺》四卷，序云：「新法盈縮遲疾，皆以橢圜立算。徐君青中丞謂其取徑迂回，布算繁重，且差，皆係借算，非正術也。因譔是卷，法簡而密，尤便對數，駕過西人遠矣。但各術之理俱極精深，恐學者驟難悟入，客窗多暇，輒逐術爲補圖詳解之。」曰《火器真訣》一卷，序云：「凡鎗礮鉛子，皆行抛物綫，推算甚繁，見余所譯重學中。欲求簡便之術，久未能得。冬夜少睡，復于枕上反覆思維，忽悟可以平圓通之，因演爲若干款，依款量算，命中不難矣。」曰《對數尖錐變法釋》一卷，序云：「善蘭昔年作《對數探源》二卷，明對數之積，爲諸乘方合尖錐，金山錢氏刊入《指海》中。後與西士遊，譯泰西天算諸種，其言雙曲綫與漸近綫，中間之積即對數積，核其數與善蘭所定諸乘方尖錐合，而其求對數諸較，則法又不同。蓋善蘭所用正法也，西人所用變法也，不明其故，幾疑二法所用之根不同，故特釋之以解後世學者之惑。」曰《級數回求》一卷，則明代數者，序云：「凡算術用級數推者，有以此推彼之級數，即可求以彼推此之級數。設數題如法演之，爲一切級數互求之準繩。」曰《天算或問》一卷，則記友人門弟子答問之語，擇其理之精者，録存于卷。其後又附《考數根法》一卷，數根者惟一可度而他數不能度之數也，立法凡四，則可補幾何之未備云。

至于所譯《泰西算書提要鉤元》，亦詳自序。《幾何原本》後九卷，續譯序云：「泰西歐几里得譔《幾何原本》十三卷。後人續增二卷，共十五卷。明徐、利二公所譯，其前六卷也，未譯者九卷。卷七至卷九，論有比例無比例之理。卷十論無比例，十三綫。卷十一至十三，論體。十四、十五二卷，亦論體，則後人所續也。無七、八、九三卷，則十卷不能讀。無十卷，則後三卷中論五體之邊不能盡解。是七卷以後，皆爲論體而作，即皆論體也。自明萬曆迄今，中國天算家願見全書久矣。道光壬寅，國家許息兵與泰西各國定約，此後西士願習中國經史，中士願習西國天文算法者，聽聞之心竊喜。歲壬子來上海，與西士偉烈君亞力約續徐、利二公未完之業。偉烈君無書不覽，尤精天算，且熟習華言。遂以六月朔爲始，日譯一題。中間因應試避兵諸役，屢作屢輟，凡四歷寒暑，始卒業。是書泰西各國皆有譯本。顧第十卷闡理幽元，非深思力索不能驟解。西士通之者亦尟，故各國俗本掣去七、八、九、十四卷。六卷後，即繼以十一卷。又有前六卷單行本，俱與足本并行。各國言語文字不同，傳録譯述，既難免參錯。又以讀全書者少，翻刻譌奪，是正無人，故夏五三豕，層見叠出。當筆受時，輒以意匡補。偉烈君言異日西士欲求是書善本，當反訪諸中國矣。甫脱稿，韓君緑卿寓書請捐資上板，以廣流傳，即以全稿寄之。顧君尚之、張君嘯山任校覈。閲二年功竣，韓君復乞序之。憶善蘭年十五時，讀舊譯六卷，通其義，竊思後九卷必更深微，欲見不可得。輒恨徐、利二公之不盡譯全書也，又妄冀好事者或航海譯歸，庶幾異日得見之。不意昔所冀者今自爲之，其欣喜當何如耶！雖然非國家推恩中外，一視同仁，則懼干禁網不敢譯；非偉烈君深通算理，且能以華言詳明剖析，則雖欲譯無從下手；非韓君力任剞劂，嘉惠來學，張、顧二君同心襄力，詳加讐勘，則雖譯有成書，後或失傳。凡此諸端，不謀麔集，實千載一時難得之會。後之讀者，勿以是書全本入中國爲等閒事也。」

又《重學》二十卷，附《曲綫説》三卷，序云：「歲壬子，余遊滬上，將繼徐文定公之業，續譯《幾何原本》。西士艾君約瑟語余曰：『君知重學乎？』余曰：『何謂重學？』曰：『幾何者，度量之學也；重學者，權衡之學也。昔我西國以權衡之學製器，以度量之學考天，今則製器考天，皆用重學矣，故重學不可不知也。我西國言重學者，其書充棟，而以胡君威立所著者爲最善，約而該也。先生亦有意譯之乎？』余曰：『諾。』于是朝譯《幾何》，暮譯《重學》，閲二年同卒業。韓君綠卿既任刻《幾何》，錢君鼎卿亦請以《重學》付手民，同時上板，皆印行，無幾燬同于兵。今湘鄉相國爲重刊《幾何》，而制軍肅毅伯亦爲重刊《重學》，又同時得復行于世。自明萬曆迄今，疇人子弟皆能通幾何矣，顧未知重學。重學分二科，一曰静重學，凡以小重測大重，如衡之類，静重學也；凡以小力引大重，如盤車轆轤之類，静重學也。一曰動重學，推其暫，如飛礮擊敵，動重學也；推其久，如五星繞太陽，月繞地，動重學也。静重學之器凡七，桿也、輪軸也、齒輪也、滑車也、斜面也、螺旋也、劈也。而其理維二：輪軸、齒輪滑車，皆桿理也；螺旋劈，皆斜面理也。動重學之率凡三，曰力、曰質、曰速。力同則質小者速大，質大者速小；質同則力小者速小，力大者速大。静重學所推者，力相定，或二力方向同定于一綫，或二力方向異定于一點。動重學所推者，力生速，凡物不能自動，力加之而動。若動後不復加力，則以平速動，若動後恒加力，則以漸加速動。而其理之最要者有二，曰分力并力，曰重心，則静動二學之所共者也。凡二力加于一體，令之静，必定于并力綫，令之動，必行于并力綫。且物之定，必定于重心，物之動，必行于重心綫，并力綫必經過重心也。又凡物旋動，必環重心，地動是也。二物相連而相繞，必環公重心，月地相攝而動是也。故分力、并力及重心爲重學最要之理也。胡氏所著凡十七卷，益以《流質重學》三卷，都爲二十卷。制器考天之理，皆寓于其中矣。嗚呼！今歐羅巴各國日益强盛，爲中國邊患，推原其故，制器精也。推原制器之精，算數明也。曾、李二公有見于此，亟以此付梓。上好之，下必有甚焉者。異日人人習算，制器日精，以威海外各國，令震攝奉朝貢，則是書之刻，其功豈淺尠哉？」

又《代微積拾級》十八卷，序云：「中法之四元，即西法之代數也。諸元、諸乘方、諸互乘積，四元别以位次，代數别以記號。法雖殊，理無異也。我朝康熙時，西國來本之、奈端二家。又創立微分、積分二術，其法亦借徑于代數，其理實發千古未有之奇秘。代數以甲、乙、丙、丁諸元代已知數，以天、地、人物諸元代未知數；微分積分，以甲、乙、丙、丁諸元代常數，以天、地、人、物諸元代變數。其理之大要，凡綫、面、體，皆設爲由小漸大。一剎那中所增之積，即微分也，其全積，即積分也。故積分逐層分之爲無數微分，合無數微分，仍爲積分。其法之大要，恒設縱横二綫，以天代横綫，以地代縱綫，以⿰彳天代横綫之微分，以彵代縱綫之微分。凡代數式，皆以法求其微係數。係于⿰彳天或彵之左，爲一切綫、面、體之微分。故一切綫面體之微分，與縱横綫之微分，皆有比例。而疊求微係數，可得綫、面、體之級數，曲綫之諸異點，是謂微分術。既有綫面體之微分，可反求其積分。而最神妙者，凡同類諸題，皆有一公式，而每題又各有一本式，公式中恒兼有天地，或兼有⿰彳天彵。但求得本式中天與⿰彳天之同數，或地與彵之同數以代之，乃求其積分，即得本題之全積，是謂積分術。由是一切曲綫，曲綫所函面曲面，曲面所函體，昔之所謂無法者，今皆有法。一切八綫求弧背，弧背求八綫，真數求對數，對數求真數，昔之視爲至難者，今皆至易。嗚呼，算術至此觀止矣，蔑以加矣。羅君密士，合衆之天算名家也，取代數、微分、積分三術，合爲一書，分款設題，較若列眉，嘉惠後學之功甚大。偉烈君亞力聞而善之，亟購求其書，請余共事譯行中國。偉烈君之功，豈在羅君下哉？是書先代數，次微分，次積分，由易而難，若階級之漸升。譯既竣，即名之曰《代微積拾級》，時《幾何原本》刊行之後一年也。」

又《談天》十八卷，序云：「西士言天者曰：『恒星與日不動，地與五星俱繞日而行。故一歲者，地球繞日一周也。一晝夜者，地球自轉一周也。』議者曰：『以天爲静，以地爲動，動静倒置，違經畔道，不可信也。』西士又曰：『地與五星及月之道，俱係橢圜。而歷時等，則所過面積亦等。』議者曰：『此假象也。以本輪均輪推之而合，則設其象爲本輪均輪；以橢圜面積推之而合，則設其象爲橢圜面積，其實不過假以推步，非真有此象也。』竊謂議者未嘗精心考察，而拘牽經義，妄生議論，甚無謂也。古今談天者，莫善于子輿氏，苟求其故之一語，西士蓋善求其故者也。舊法火、木、土皆有歲輪，而金、水二星則有伏見輪，同爲行星，何以行法不同？歌白尼求其故，則知地球與五星皆繞日。火、木、土之歲輪，因地繞日而生。金、水之伏見輪，則其本道也。由是五星之行，皆歸一例。然其繞日非平行，古人加一本輪推之不合，則又加一均輪推之，其推月且加至三輪四輪，然猶不能盡合。刻白爾求其故，則知五星與月之道，皆爲橢圜，其行法面積與時恒有比例也。然俱僅知其當然，而未知其所以然。奈端求其故，則以爲皆重學之理也。凡二球環行空中，則必共繞其重心。而日之質積甚大，五星與地俱甚微，其重心與日心甚近，故繞重心即繞日也。凡物直行空中，有他力旁加之，則物即繞力之心而行。而物直行之遲速，與旁力之大小，適合平圜率，則繞行之道爲平圜。稍不合，則恒爲橢圜。惟歷時等，所過面積亦等，與平圜同也。今地與五星本直行空中，日之攝力加之，其行與力不能適合平圜，故皆行橢圜也。由是定論如山，不可移矣。又證以距日立方與周時平方之比例，及恒星之光行差，地道半徑視差，而地之繞日益信。證以煤坑之墜石，而地之自轉益信。證以彗星之軌道，雙星之相繞，多合橢圜，而地與五星及日之行橢圜益信。余與偉烈君所譯《談天》一書，皆主地動及橢圜立説。此二者之故不明，則此書不能讀，故先詳論之。」又京卿所譯西書，尚有《植物學》一種，凡八卷，無關算術，不具詳焉。《舒藝室詩存注》同文館本，《測圜海鏡》《則古昔齋算學》《幾何原本全書》《重學》附《曲綫説》《代微積拾級》《談天》。

論曰：李京卿邃于數理，專門名家，用算學爲郎，王公交辟，居譯署者幾二十年，勳階比秩卿寺，遭遇之隆，近代未之有也。夫其聰强絶人，蓋有天授。讀所譯諸書，剖析入微，奥窔盡闢，體大而思精，言簡而義賅，其爲薄海内外所傾倒也，宜已。嘗聞治算之要，理與數也云爾。加減乘除開方也者，法也有理焉。推垜，招差、天元、四元，與夫對數、代數、微分、積分也者，所以用法之法也。是術也而數起矣，數有萬變，理惟一元。術無論古今中西新舊也，其皆能捨加、減、乘、除、開方，而他有所用法乎？是故異者其名耳，而其實正同也。同者何？理而已矣。執理之至簡，馭數之至繁，衍之無不可通之數，抉之即無不可窮之理。人胡爲相畛域哉？昔者借根方法進呈，聖祖仁皇帝諭蒙養齋諸臣曰：「西洋人名此書爲《阿爾熱巴拉》案原本作八達，謹據西法改正。譯言『東來法』也。」于是悟借根之出天元，梅氏發之于前。今知變四元爲代數，京卿證之于後。如于《重學》卷中附《天元數草》，課同文館生，演《海鏡》以代數，非欲學者因此識彼究其一致乎？自得京卿，而梅氏之説弗湮，亦有梅氏，而京卿之説益信。立言不朽，此類是也。吾知天下後世之讀京卿書者，謂其心爲梅氏所共見之心，而其義爲梅氏所未及之義。論其世可想見其爲人，必曰梅氏以後，一人而已。阿好云乎哉，豈弗盛歟？

又 《侯失勒約翰 比各格 武賽斯 莵德傳》 侯失勒約翰，英吉利國人。傳作國之斯羅地人。父維廉，博學，精天文測望事。約翰既長，善讀書，通各國方言，能背誦《幾何原本》。年十七，入堪比日大書院，學益精。因選爲院中第一，比各格次之。又有武賽斯首創新規，以三角術開導後學。約翰本武説自譔一書，又與同學共譯《微分學論》。其後三人另附精理推算諸式，約翰所附爲有限較數説。嘉慶十九年由西曆譯改者。選爲會士，已遇莵德，大悦之，引爲他山之助。治天學，述父之業。莵德有至精無暈遠鏡，測得諸雙星。適天學公會創始之時，莵德輔成之，約翰爲書記長。凡算術均改以簡易，其推法必通天重學之理。道光元年迄三年，偕莵德于倫頓亦作倫敦，英國都也。合測諸雙星而詳誌之。既莵德以倫頓天氣不甚清朗，往巴黎，斯法國都也，二人合測之事遂中止。然莵德所測，亦未見勝也。七年，約翰爲天學公會總領。十年著《天文略》，即《談天》初稿。至二十九年，詳推諸根增廣之。今行世本，已重刊十二次矣。其書首例末表，凡十有八卷。一論地，二命名，三測量之理，四地學，五天圖，六日躔，七月離，八動理，九諸行星，十諸月，十一彗星，十二攝動，十三橢圜諸根之變，十四逐時經緯度之差，十五恒星，十六恒星新理，十七星林，十八曆法，奄集衆長，詳考實測，天學之功臣也。咸豐九年十月，偉烈氏口譯，李京卿删述爲篇，刻于墨海書館者，行世未廣。同治十年三月，約翰卒于家，年七十有八。十三年七月，無錫徐君建寅重校，以聚珍板印之，即今傳本焉。《談天·侯失勒約翰傳》

又 《艾約瑟傳》 艾約瑟，英吉利國人。通習重學，并精算術。道光季年寓居上海租界，熟諳中國語言文字。咸豐初，海寧李京卿善蘭續徐文定公之業，補譯《幾何原本》後九卷。因博訪西士，亦與相識，乃共譯胡氏《重學》十七卷。約瑟以胡書言流質重學未詳備，專集論略得三卷，附益之，共成二十卷。其總論云，金、木、土等類爲定質，氣水等類爲流質。定質各點凡體皆無數細點所積而成。重定不移，流質各點周流無定。定質滯力大，流質滯力微也。流質有二，曰輕流質，如氣氣動成風，故曰風氣。之類是也。曰重流質，如油、水、水銀及五金鎔液之類是也。流質有二力，曰互攝力，曰互推力，二力略相等。重流質亦微有滯力，何以明之？凡濺水空中必略如球體，不竟成球體者，各點互相攝引，外面諸物亦相攝引故也。又試以平面體加于流質，上舉時必增力，此其證也。又集圜錐曲綫説三卷，亦譯附而行。圜錐任意割之，其所割之面有六種界，一頂點，二三角形，三平圜，四橢圜，五雙曲綫，六抛物綫。其綫之公名必先明之者，爲中點，爲徑軸，爲徑，爲屬徑，爲截徑，爲通徑，爲弦綫，爲切綫。次切綫爲法綫，次法綫爲心，爲兩心差，倍兩心差，所以求之之法，不出乎比例，而加、減、乘、除、開方盡之矣。譯既卒業，初爲金山錢教諭熙輔刊行。今所傳，則京卿重刻本也。約瑟又識烏程張茂才福僖、南匯張明經文虎、金山顧上舍觀光，并爲算友。四年，由京卿、茂才處得見錢塘戴處士煦著述，大歎服，轉譯之，寄入彼國算學公會中。專至杭州贄所刻《代微積拾級》等書。踵門求見，處士以故辭，乃失望返。五年，仍居上海。京卿、明經、上舍三人者，皆體肥。約瑟嘗曰：「吾西國爲算學者多瘦，君輩何獨不爾？」明經因有詩自嘲解焉。初，京卿又與其國人韋廉臣共譯《植物學》，但得前七卷，未卒業，韋病歸國，約瑟亦爲續成第八卷云。《重學曲綫説》《戴府君行狀》《舒藝室詩存注》《植物學序》。

論曰：錢教諭之言曰，漢志權與物鈞而生衡，衡運生規，規圓生矩，矩方生繩，繩直生準，是規矩準繩，皆本于權衡矣。乃方圓平直之理，《九章》諸書言之綦詳，而獨不及于重學，豈久而失傳耶？西人重學，遠有師承，近百餘年間，愈入愈深。且用以步天，而知七政之行，由地球與諸曜之互相攝引。故其遲疾時時不等，遂于小輪不同心天之外，別開門户。艾君謂言天學者必自重學始，因偕李君同譯胡氏書而附益之。余謂可以補算術之闕文，導步天之先路。而用定質、流質爲生動之力，以人巧補天工，尤爲宇宙有用之學。爰商之同縣顧君、南匯張君，詳校而付之梓。書中多以代數立説，與中法天元大略相似，讀者以意會之可也。教諭書後語如是。蓋自此書出，而明季舊譯之《泰西水法》《奇器圖説》等編，舉無足道矣，艾氏之功，誠偉已哉。

又《偉烈亞力傳》 偉烈亞力，英吉利國人。道光二十七年，越八萬里航海而來，寓居上海北門外租界。開墨海書館，日與華人相討論。熟習中國語言文字，精于算學。初譔《數學啓蒙》二卷，專詳筆算，起加、減、乘、除諸分比例，至開諸乘方對數而止，附《十進對數表》于末。咸豐三年刊行。自序云：「天下萬國之大，無論中外，有書契即有算數。古者西邦算學，希臘最盛。周之時，閉他卧刺、歐几里得、亞奇默德，漢之時，多禄某、丟番都，之數人者，皆傳希臘之學。然猶未明以十而進定位之理也，此方算術，至唐中衰。獨印度自古在昔，已審乎十進之理，無乎不該。自時厥後，阿喇伯諸國盛行其術。蓋阿喇伯得于印度，而歐羅巴人復得之阿喇伯者也。此術既明，比例開方諸法，益爲精密。明萬曆間，英士訥百爾始造對數。今歐土諸國，皆以筆算用之，算數諸法于是乎大備。中國算學，肇自黄帝。嬴政焚書，《周髀》《九章》尚在人間。後人靡不祖述此書，若夫求一之術出于《孫子算經》。南宋末，秦道古因之以成大衍策。元初，李冶、朱世傑兩君，以立天元一術，大暢厥旨，薈萃各家，窮極奧渺。自元迄明，此學既絶。而盤珠小術，盛行于世。至萬曆時，西士利瑪竇等至京師，釐定曆數，絶學因之復明。利公授西學于李之藻，所著有《同文算指》，第西法與中法同原。康熙朝《數理精藴》一書，于中西諸法皆有次第。西法中有名借根方者，宣城梅氏謂與元人天元術同法，而天元更爲精密。于是諸家遂修立天元一，而不習借根方矣。夫古今中西算術，義類甚深。儒者視爲疇人家言，不能使閭閻小民習用易曉。竊謂上帝降衷，實有恒性，知識聰明，人人同具。彼數爲六藝之一，何以至今不能人人同習耶？余自西土遠來中國，以傳耶蘇之道爲本，餘則兼習藝能。爰述一書，曰《數學啓蒙》，凡二卷，舉以授塾中學徒，由淺入深，則其知之也易。譬諸小兒，始而匍匐，繼而扶牆，後乃能疾走。茲書之成，姑教之匍匐耳，扶牆徐行耳。若能疾走，則有代數微分諸書在，余將續梓之。俾覽其全者，知中西二法，雖疏密詳簡之不同，要之名異而實同，術異而理同也。」

時與海寧李京卿善蘭相善，共譯西書。序《幾何原本》後九卷，略謂：「夫儒者之學，亟致其知，致其知當由明達物理耳。物理渺隱，人才頑昏，不因既明累推其未明，吾知奚至哉。吾西陬國雖褊小，而其庠校所業，格物窮理之法，視諸列邦爲獨備焉。故審究物理之書，極緐富也。几何家者，專察物之分限者也，其分者若截以爲數，則顯物幾何衆也。若完以爲度，則指物幾何大也，其數與度，或脱于物體而空論之。則數者立算法家，度者立量法家也。或二者，在完書。當是時，埃及國王多禄某問曰：『幾何之法，更有捷徑否？』對曰：『夫幾何若大路然，王安所得獨闢一途也。』自此方輿之内，繙譯是書者，亞于《新》《舊約全書》。余來中國，見有《幾何》六卷，明泰西利氏繙，算學家多重之。知其未爲全書，故亦不甚滿志。宣城梅氏云：『有所秘耶？抑義理淵深繙譯不易故耶？』學問之道，天下公器，奚可秘而不宣。不揣檮昧，欲續爲成之。顧我西國此書，外間所習，或六卷，或八卷，俱非足本。自來海上，留心蒐訪，實鮮完善。仍購之故鄉，始得是本。乃依希臘本繙我國語者，我國近未重刊，此爲舊板，校勘未精，語譌字誤，毫釐千里，所失匪輕。余媿譾陋，雖生長泰西，而此術未深，不敢妄爲勘定。會海寧李君秋紉來游滬壘，君固精于算學，于幾何之術，心領神悟，能言其故。于是相與繙譯，余口之，君筆之，删蕪正譌，反復詳審，使其無有疵病，則君之力居多，余得以藉手告成而已。是書六卷，後至十五卷始全。末二卷出自他手，非歐几里得所著。以全書綱領言之，前四卷論綫與面，第五卷論比例，第六卷論面與比例相合。此利氏譯。第七、八、九卷論數，第十卷論無比例之幾何，分二十五類，明各類各綫，與他類諸綫俱無等，此卷在幾何術中最爲精奥。第十一卷至末卷，俱論體。而第十三卷論中末綫之用。第十四、十五卷，申言等面五體。此余所譯。書既成，微特繼利氏之志，抑亦解梅氏之惑，殊深忻慰云。」

又《代微積拾級》十八卷，九年四月墨海書館刊行。序云：「幾何之學，自歐几里得至今，專門名家，代不乏人。粤在古昔，希臘最究心此學，爾時以圜錐諸曲綫之理，爲最精深。亞奇默德而後，其學日進。至法蘭西代加德，立縱横二軸綫，推曲綫内諸點距軸遠近。自有此法，而凡曲綫無不可推，故曲綫之數，多至無窮，而以直綫爲限。一例用曲綫之法馭之，既得諸曲綫，依代數理推之，可得諸平面、諸曲面、諸體。其已推定之曲綫，略舉其目曰：平圜綫、橢圜綫、雙綫、抛物綫、半立方抛物綫、薛荔葉綫、蚌綫、擺綫、餘擺綫、和音綫、次擺綫、弦切諸綫、指數綫、對數綫、亞奇默德螺綫、對數螺綫、等角螺綫、交互螺綫、兩端懸綫、葛西尼諸橢圜綫、平行動綫，而圜錐諸曲綫與他曲綫統歸一例，無或少異。此代數幾何學也。自有代數、幾何，而微分學之用益大。微分學非一時一國一人所作，其源流遠矣。數學有數求數，代數無數求數，然所推皆常數。微分能推一切變數，創法者不一家，理同而術異。來本之者，日耳曼人也。立界説曰：『以小至無窮之點，積至無窮多推其幾何，名爲推無窮小點法。』難者曰：『無窮小之點，雖積之至無窮，不能成幾何。』解之曰：『但易無窮小爲任何小，即有積可推矣。』故其説雖若難解，而其理未始不合也。而英國奈端造首末比例法，不用無窮小之長數，乃用有窮最小長數之比例，而推其漸損之限。其幾何變大則爲末限，變小則爲首限。此法便于幾何，而不便于代數。後造流數術棄不用，而謂萬物皆自變，其變皆有速率。凡幾何俱可用直綫顯之，故速率之增損，可用直綫之界顯之，此説學者皆宗之。嘉慶末，法蘭西特浪勃造限法，自云不過用奈端首末比例耳。而蘭頓别創新法，凡微分一憑代數，不云任近限，而云已得限，名曰『勝理』。拉格浪亦造法，多依附戴老之理，大略與蘭頓同。總論之，微分不過求變幾何最小變率之較耳。家數雖多，理實一焉。奈端來本之同時，各精思造法，未嘗相謀相師也。奈端于元上加點，以顯流數，如申爲甲之流數是也，用以推算覺不便，故用來氏之彳號以顯之。積分者合無數微分之積也，亦用來氏之禾號以顯之。微分、積分爲中土算書所未有，然觀當代天算家，如董方立氏、項梅侣氏、徐君青氏、戴鄂士氏、顧尚之氏，暨李君秋紉所著各書，其理有甚近微分者。因不用代數式，故或言之甚繇，推之甚難。今特偕李君譯此書，爲微分、積分入門之助。異時中國算學日上，未必非此書實基之也。」

又《談天》十八卷，九年冬自刊之。序云：「天文之學，其源遠矣。太古之世，既知稼穡，每觀天象，以定農時。而近赤道諸牧國，地炎熱多，夜放群羊，因以觀天。間嘗上考諸文字之國，肇有書契，即記及天文，如《舊約》中屢言天星，希臘古史亦然。而中國《堯典》亦言中星，曆家據以定歲差焉。其後積測累推，至漢太初三統而立七政統母諸數，從此代精一代，至郭太史授時術，法已美備。惟測器未精，得數不密，此其缺陷也。中國言天者三家，曰渾天，曰蓋天，曰宣夜。然其推曆，但言數不言象。而西國則自古及今，恒依象立法。昔多禄某謂地居中心，外包諸天，層層硬殼。傳其學者，又創立本輪、均輪諸象，法綦繁矣。後代測天之器益精，得數益密，往往與多氏説不合。歌白尼乃更創新法，謂太陽居中心，地與諸行星繞之。第谷雖譏其非，然恒得確證，人多信之。至刻白爾推得三例，而歌氏之説始爲定論。然刻氏僅言其當然，至奈端更推求其所以然，而其説益不可摇矣。夫地球大矣，統四大洲計之，能盡歷其面者無幾人焉。然地球乃行星之一耳，且非其最大者。計繞太陽有小行星五十餘，大行星八，其最大者體中能容地球一千四百倍，其次能容九百倍也。設以五百地球平列，土星之光環能覆之。而諸行星又或有月繞之，總計諸月共二十餘。設盡并諸行星及諸月之積，不及太陽積五百分之一。太陽體中能容太陰六千萬倍，可謂大之至矣，而恒星天視之亦只一點耳。設人能飛行空中，如最速礮子，亦須四百萬年方能至最近之恒星。故目能見之恒星，最小者可比太陽，其大者或且過太陽數十萬倍也。夫恒星多至不可數計，秋冬清朗之夕，昂首九霄，目能見者約三千。設一恒星爲一日，各有行星繞之，其行星當不下十五萬，況恒星又有雙星及三合、四合諸星，則行星之數當更不止于此矣。然此僅論目所能見之恒星耳。古人論天河，皆云是氣。近代遠鏡出，知爲無數小星。遠鏡界内所已測見之星，較普天空目所能見者多二萬倍。天河一帶，設皆如遠鏡所測之一界，其數當有二千零十九萬一千。設一星爲一日，各有五十行星繞之，則恒星之數，當有十億零九百五十五萬。意必俱有動植諸物，如我地球。偉哉造物，其力之神，能之鉅，真不可思議矣。而測以更精之遠鏡，如天河亦有盡界，非佈滿虛空也。而其界外別有無數星氣，意天河亦爲一星氣，無數星氣，實即無數天河。我所居之地球，在本天河中近，故覺其大。在別星氣外遠，故覺其小耳。星氣已測得者三千餘，意其中必且有大于我天河者。初人疑星氣爲未成星之質，至羅斯伯之大遠鏡成，始知亦爲無數小星聚而成，而更別見無數星氣，則亦但覺如氣，不能辨爲星之聚。設異日遠鏡更精，今所見者俱能辨，恐更見無數遠星，氣仍不能辨也。如是累推，不可思議。動法亦然，月繞行星，行星繞太陽。近代或言太陽率諸行星更繞他恒星，與雙星同。然則安知諸雙星不又同繞一星，而所繞之星，不又繞別星耶？如是累推，亦不可思議。偉哉造物，神妙至此，蕩蕩乎民無能名矣。」

同治改元後，乃以年老歸國。至今西士譯書者，皆推亞力爲首焉。《數學啓蒙》《幾何原本全書》《代微積拾級》《談天》。

論曰：偉烈氏精通中國語言文字，又好博覽典章，能見其大，學識亦足以副之。故所譔譯，序次厘略，皆有可觀焉。于《啓蒙》第二卷列開諸乘方又捷法，蓋即我秦道古書實方廉隅商步益翻之舊。其自記曰：「無論若干乘方，且無論帶縱不帶縱，俱以一法通之，故曰捷法。此法在中士爲古法，在西士爲新法。上下數千年，東西數萬里，所造之法，若合符節，信乎此心同此理同也。」所言如是，是非中西一揆之明徵乎？彼曉曉于新舊優劣者，曷與讀偉烈氏之書。

張文虎《顧尚之別傳》《舒藝室雜著》甲編卷下　國朝曆算之學，陵越百代。蓋自宣城梅氏始，而同時吳江王氏亦能研究中西，深涉窔奧，其後學者各以心得箸書自見，然大都主於發明西法。進元和李氏解釋三統、四分、統天諸術，用數之原，及正負開方方程、天元如積之術。甘泉羅氏發揮四元，演爲細草，古法大昌。而咸豐以來，西人新術益入中國。錢唐戴君煦、海甯李君善蘭，別以其術，精求對數，超出西人本法之上，於是不特古法爲土苴，即西人舊術亦荃蹏矣。吾友顧尚之氏曰：積世積測，積人積智，曆算之學，後勝於前，微特中國，西人亦猶是也。舊法者，新法之所從出，而要不離舊法之範圍，且安知不紬繹焉而別有一新法在乎？故凡以爲已得新法，而舊法可唾棄者，非也。中西之法，可互相證，而不可互相廢，故凡安其所習，而黨同伐異者，亦非也。烏乎真通人之論哉！

君名觀光，字賓王，尚之其別自號也。世居金山，以醫學行於鄉里，爲善人。君生未能言即識字，或呼壁間字，輒手指之，百不爽。每啼器，輒以此餌之。能立後，常持箸醮水畫之，若作字者。父教以讀書，日夜輒數十行。九歲畢五經四書，學爲制舉文。十三補學官弟子，旋食餼，三試鄉闈，不售。而祖父相繼没，遂無志科第，承世業爲醫。鄉錢氏多藏書，恒往假恣讀之，遂博通經傳史子百家，尤究極古今中西天文曆算之術，靡不因端竟委，能抉其所以然，而摘其不盡然。時復蹈瑕抵隙，而蒐補其未備。如據《周髀算經》笠以寫天青黄丹黑之文，及後文凡爲此圖云云，而悟篇中周徑里數皆爲繪圖而設。天本渾圓，以視法變爲平圓，則不得不以北極爲心，而内中外衡以次環之，皆爲借象，而非真以平遠測天也。《開元占經》魯曆積年於算不合，君用演紀術，推其上元庚子，至開元二年歲積，知《占經》少三千六十年。又以《占經》顓頊曆歲積，考之《史記·秦本紀》《始皇本紀》，知其術雖起立春，而以小雪距朔之日爲斷。蓋秦以十月爲歲首，閏在歲終，故小雪必在十月，昔人未之言也。李尚之用何承天調日法，考古曆日法朔餘，强弱不合者十六家。君以爲未盡强弱之微，別立術，以日法朔餘展轉相減，以得强弱數，但使日法在百萬以上，皆可求，惟朔餘過於强率者，不可算耳。授時術，以平立定三差，求太陽盈縮，梅氏詳説敷衍未明。君讀《明志》，乃知即三色方程之法，謂凡兩數升降有差，彼此遞減，必得一齊同之數，引而伸之，即諸乘差，則八線、對數、小輪、橢圓諸術，皆可共貫。讀《占經》所載瞿曇悉達九執曆，而知回回、泰西曆法，皆淵源於此。其所謂高月者，即月孛；月藏者，即月引數；日藏者，即日引數；特稱名不同。亦猶回曆之稱歲實爲宫分日數，朔策爲月分日數之類是也。其論婺源江氏冬至權度，推劉宋大明五年十一月乙酉冬至，前以壬戌丁未二日景，求太陽實經度，而後求兩心差，乃專用壬戌，今求得丁未，兩心差適與江氏古大今小之説相反。蓋偏取一端以伸己見，其根誤在高衝行太疾也。西法用實朔距緯求食甚，兩心實相距，術繁，而得數未塙。君以前後兩設時求食甚，實引徑得兩心實相距，不必更資實朔，較本法爲簡而密矣。西人割圜，止知内容各等邊之半爲正弦，而不知外切各等邊之爲正切。君依六宗三要二簡諸術別立，求外切各等邊正切線法，以補其闕。杜德美求圓周術，用圓内六邊形起算，雖巧而降位。尚遅君謂：内容十等邊之一邊，即理分中末線之大分，距周較近，且十邊形之周與邊同數，不過遞進一位，而大分與全分相減，即得小分，則連比例各率，可以較數取之入算尤簡易，因演爲諸乘差表，可用弧度入算，而不用弧背真數。然猶慮其難記，且仍不能無藉於表，因又合兩法而用之，則術愈簡，而弧線直線相求之理始盡。錢唐項氏割圓捷術，止有弦矢求餘線術，君以爲亦可通之切割二線，因補立其術。西人求對數，以正數屢次開方，對數屢次折半，立術繁重。李氏探源，以尖堆發其覆，捷矣，而布算猶繁，且所得者，皆前後兩數之較，可以造表，而不可徑求。戴氏簡法及西人《算學啓蒙》，竝有新術，而未盡其理。君別爲變通，以求二至九之八對數，因任意設數，立六術以御之，得數皆合，復立還原四術；又推而衍之，爲和較相求八術，自來言對數者未之聞也。君又謂：對數之用，莫便於施之八線，而西人未言其立表之根，因冥思力索得之，仍用諸乘差法，迎刃而解，尤晚歲造微之詣也。其它凡近時新譯西術，如代數、微分、積分、諸重學，皆有所糾正類此。君於輿地、訓詁、六書、音韻、宋儒性理，以至二氏術數之學，皆能洞徹本末。尤喜校訂古書，綴緝其散佚。嘗以馬氏《繹史》尚多漏略，寫補眉上，字如蠶子，無空隙。錢通判熙祚輯《守山閣叢書》及《指海》，以屬君，君以治病不能專力，舉文虎自代，仍常佐校，讐中多所商定。別校刊《素問》《靈樞》，用功尤深。錢教諭熙輔輯《藝海珠塵》壬癸二集，及刊《重學》，錢縣丞培名輯《小萬卷樓叢書》(叟)，韓中書應陛刊《幾何原本》後九卷，君皆與參訂。

君視疾，不以饋有無爲意。性坦率，貌黑而肥，衣服樸陋，不知者以爲村野人。嘗有富人招君，君徒步數里遇雨，因跣足至門，僕豎詰姓名，告曰醫者也，入則主人相視錯愕，耳語以爲冒顧先生來者。診已定，方伸紙疾書脈及病狀，引據《內經》、仲景，洋洋千百言，曰向所治皆誤，今當如是。主人乃改容爲禮，具肩輿以送，君大笑不受，仍跣足歸。本善飲酒，然三四行即稱醉，固强之數十觴，縱談忘告起矣。咸豐間，粵寇日逼，人心惶然，强以算理自遣。十年遭母喪。明年賊入鄉，避亂東走奉賢南匯間。既而暫歸，藏書多毀壞零落。而次子澐爲賊虜，驚憂不復出。明年婦唐及季子源先後死，慘悼成疾。將終，以所箸書屬長子深曰：求爾師爲我傳，及李壬叔序之。遂無它言。卒年六十四。深嘗從文虎游。壬叔者，李善蘭也。深、澐皆諸生。當賊至時，深獨挈君書逃浦江東，得以免。

君所箸：曰《算賸初續編》，凡二卷。曰《九數存古》，依《九章》爲九卷，而以堆垜、大衍、四元、旁要、重差、夕桀、割圜、弧矢諸術坿焉，皆采自古書，而分門隸之。曰九數外録，則櫽括四術，爲對數、割圓、八線、平三角弧三角、各等面體圓錐、三曲線、静重學、動重學、流質重學、天重學，凡記十篇。曰《六曆通考》，則據《古經》所紀黃帝、顓頊、夏殷周魯積年，而爲之考證。曰《九執曆解》、曰《回回曆解》，皆就其法，而疏通證明之。曰《推步簡法》、曰《新曆推步簡法》、曰《五星簡法》，則就疇人所用術，改度爲百分，趨其簡易，而省其迂曲。曰《古韻》，則本休甯戴氏陰陽同入之説，兼取顧、江、段、孔諸家，分爲二十二部，雜以《詩》《騷》，證其用韻之例。上皆種別爲卷。曰《七國地理》，考以七國爲綱，隸諸小國於下，而采輯古書，實以今地名，凡十卷。曰《國策編年考》，求策文年次先後，以篇目四散隸之，始周貞定王元年，訖秦始皇二十六年爲一卷。曰《周髀算經》、《列女傳》、《吳越春秋》、《華陽國志》諸校勘記，皆記其異文脱誤，或采補逸文。曰《神農本草經》、曰《七緯拾遺》、曰《帝王世紀》，皆所輯古人已佚之書。其曰《古書逸文》者，即所以補馬氏《繹史》者也。餘凡所校輯，已刊入《守山閣叢書》及《指海》者，不復及。以上皆君所手訂。其身後，深所搜括，而文虎爲之別編者：曰《算賸餘稾》、曰《雜箸》，凡若干篇。君又據林億校注《傷寒金匱》，謂今次非是，別各編宋本目次，於《傷寒論》，審訂譌舛，略采舊説，間下己意爲注，未成書，僅成辨脈、平脈、太陽、上中凡四篇。嘗以學者讀《禹貢》不得其條理，因爲之釋，遠近爭傳，寫之爲讀本，然往往牽於俗見，以意改竄，失君本指，別見文虎《序》中。

蓋君於學，實事求是，無門户異同之見，不特算術爲然，而算術爲最精。夫後有作者，君所未知不敢言，若其既見，則可謂集大成也已。

華世芳《近代疇人著述記》 吳縣馮景亭桂芬，著《弧矢算術細草圖解》一卷，本李四香十三題，而詳演天元加減乘除開方各式，意淺語詳，有裨初學，刻入《昭代叢書》中。咸豐之季，西人新術初入中土，通其法者尠，而李壬叔所譯《代微積拾級》一書，尤爲難讀。因取其書逐節疏解，與上元陳子雋瑒同譔《西算新法直解》一書，惟輕改其所記之號，所代之字，此正如戴東原之變易舊名，轉足以疑誤後學也。又有《中星表》，按咸豐辛亥天正冬至星度立算。

金山顧尚之觀光，著書甚多，全稿名曰《武陵山人雜著》，其言算者有十一種：曰《算賸初續編》凡二卷；曰《九數存古》，依《九章》爲九卷，而以堆垜、大衍、四元、旁要、重差、夕桀、割圜、弧矢諸術坿焉，皆采自古書，而分門隸之；曰《九數外録》，則櫽括西術，爲對數、割圓、八綫、平三角、弧三角、各等面體圓錐、三曲綫、静重學、動重學、流質重學、天文重學。作記十篇，曰《六曆通考》，據《開元占經》所紀黃帝、顓頊、夏、殷、周、魯積年，而爲之考證；曰《九執曆解》、曰《回回曆解》，皆就其法而疏通證明之；曰《推步簡法》、曰《新曆推步簡法》、曰《五星簡法》，皆就疇人所用術，改度爲百分，趨于簡易，而省其紆曲；曰《算牘餘稿》、曰《雜著》，則身殁之後，余師張嘯山先生爲之分别編次者也。

杭州夏紫笙鸞翔，遺書凡四種：曰《萬象一原》、曰《致曲術圖解》，推究縱横綫之條理，研求微積分之奥竅；曰《洞方術》，探索夫遞加數尖堆底之原，可以加減代乘除，爲求弦矢之捷徑；曰《少廣縋鑿》，專立捷術以開各類乘方，通爲一術，可徑求數十位方根，無論益積翻積，俱視爲坦途矣。

臨川紀慎齋大奎，著《筆算便覽》，其書以筆算爲名，而兼及籌算，述宣城梅氏之義，具見簡明，同治庚午南昌梅氏重梓《算經十書》，曾取其書附刻于後。

廣州何報之夢瑶，曾删訂《算法統宗》，及輯梅定九、朱吟石兩家之書，共爲四卷，繼復鈔撮《數理精蘊》，得八卷，合爲一書，凡得十二卷，名曰《算迪》。今伍氏刻本祇八卷，蓋非其全稿也。

南海鄒特夫伯奇，遺書曰《學計　得》，以算術解經義，爲治經者之助；曰《補小爾雅釋度量衡三篇》，博引傳注，考證詳明；曰《格術補》，述夢溪之遺緒，爲算學之支流；曰《對數尺記》，因西人對數表而變通之，以尺代表，製簡用廣；曰《乘方捷術》，首立開方四術，以明其理，又立求對數較四術，以探其賾，末設對數開方計息諸草，以著其術之切于日用；曰《存稿》，則雜文也。嘗繪輿地全圖，其經度無盈縮，而緯度漸狹，相視皆爲半徑與餘弦之比，横九幅，縱十一幅，合之則成地球滂沱四隤之形，以圜繪圜，其形維肖。又準咸豐甲寅歲前恒星經緯繪赤道南北恒星圖二幅。其未定之書尚有《測量備要》二册。其弟子伊善卿德齡有《求弦矢通術》一卷，刻入《傳習録》中。

【略】

長沙丁果臣取忠，爲楚南絶學之倡，嘗校刻《白芙堂算學叢書》。其所譔述者：曰《數學拾遺》，多發明古今算家未盡之旨；曰《輿地經緯度里表》，據魏氏《海國圖志》，以補張氏《揣籥小録》，爲之析旗部增海國推距里，惟魏圖轉輾鈎摹，所紀經緯不足爲據，而據以推算，不無毫釐千里之謬。即如今實測英國倫頓爲中國京師中綫偏西一百十六度二十八分，而此表乃云一百二十七度十分，差至一千二百餘里，其他各國誤率類是；曰《粟布演草》，其書以發商生息爲題，彙輯各家術草，以明開方之術，而鄒特夫截算、續商二法，亦藉以附見焉；曰《對數詳解》，一本乎代數之法，而闡明對數之理，與用算式緐重演算不易，則曾栗諴之力也。

海寧李壬叔善蘭，與西士偉烈亞力續譯《幾何原本》之後九卷，以竟徐文定公未完之業。又譯《代數學》十三卷、《代微積拾級》十八卷、《重學》二十卷、《曲綫説》三卷、《談天》十八卷，刊行于世。代數者猶中法之天元四元也，惟天元四元之所重者在行列位次，而代數則不論行列位次，一切皆以記號明之，故其理雖同，而爲用尤廣。微分積分者，凡綫面體，皆設爲由小漸大，一刹那中所增之積即微分也，其全積即積分也，一切曲綫及曲綫所函面曲面，及曲面所函體八綫弧背互求，真數對數互求，昔之所謂無法而難求者，今皆有法求之而甚易矣。重學者，其學分動静兩支，静重學所推者力相定，動重學所推者力生速，速有平速漸加速之分，而其理之大要有二：曰分力并力，曰重心，則静動兩學所共也；又有流質重學，其力有二：曰互攝力，曰互推力。曲綫者圓錐三曲綫也，一爲橢圓綫，二爲雙曲綫，三爲抛物綫。置圓錐形截之，其截面錐底交角，小于錐腰錐底交角者，爲橢圓綫；等于錐腰錐底交角者，爲雙曲綫；大于錐腰錐底交角者，爲抛物綫。《談天》者，西士侯失勒所著天文之書也，其言日與恒星不動，而地與五星俱繞日而行，地與五星之繞日，與月之繞地，其軌道俱係橢圓，而歷時等，則所過面積亦等，此真順天以求合，而非爲合以驗天也。凡此數者，皆西人至精之詣，中土未有之奇，以視明季所譯，殆遠過之矣。所自著者，有《則古昔齋算學》凡十四種：曰《方圓闡幽》、曰《弧矢啓秘》、曰《對數探源》，皆以尖錐立算，發古人未發之秘；曰《垛積比類》，則本《玉鑑》遺法，而分條别派，詳細言之，于九章外别立一幟；曰《四元解指明算例》《改定算格詳演》《細草圖解》，術雖深，讀此可豁然矣；曰《麟德術解》，以李氏盈朒、遲速二法爲授時術，平定二差所託始，因取史志所載校正而解明之；曰《橢圓正術解》，以徐所立正術，俱極精深，遂術爲補圖詳解之；曰《橢圓新術》，則又變通正術，而益趨于簡易；曰《橢圓拾遺》，拾西説之遺義，以究曲綫之極致；曰《火器真訣》，以抛物綫之法，通之于平圓；曰《尖錐變法釋》，考西術之異同，别用法之正變，可以抉對數之藩籬，而無餘藴矣；曰《級數回求》，爲一切級數互求之準繩；曰《天算或問》，則雜紀其荅問之詞，單文賸義，剖晰入微；曰《考數根法》，數根者惟一可度，而他數不能度之數也，立法凡四，可補幾何之未備。

黄鐘駿《疇人傳四編·方以智傳》 方以智，字密之，桐城人。官檢討，博極群書，兼通算術。所著有《通雅》十二卷。明亡不仕，出家爲僧，號無可。子中通，承其家學，所用圓率徑十七周五十二。《欽定四庫全書提要》《通雅》。

論曰：《史記》家業世世相傳爲疇，律年二十二，傳之疇官，各從其父學。三代上重黎、羲和，皆世官也。秦漢以後，雖不世官，而尚世其業。此編所録，如鄭興、鄭衆、祖皓、高謙之、李崇祖、遵祖、李播、周傑、苗訓、方以智等，皆世業疇人，拾遺補闕，足備徵考，即庾詵、郭榮、王良金、齊義輩，亦特爲表章，以勵後之學者。

黄節《王徵傳》《國粹學報》第一年史篇第六期　王徵，字良甫，又字葵心，陝西涇陽人。明天啓壬戌進士。授廣平推官，開清河閘，利濟運輸。起復揚州推官，講禮正俗，政刑清簡，士民胥化，弗拜魏璫之祠。以邊才薦授登萊監軍僉事，未閱月告歸。米賊竄亂秦中，所過州縣率被殘掠。徵里居，倡立忠統營，屢出奇兵卻賊，以故涇、原一邑獨全。

自來中國多尚義理之學，而於製器尚象之旨，皆失其意，則以爲奇伎淫巧，而無與於形上之道。徵嘗嘆考工、指南而後，宗工哲匠弗傳其術，而諸葛之木牛流馬，雖擅千古，後人亦弗克發明。乃製爲虹吸、鶴飲、輪壺、代耕，及自轉磨，自行車諸器。未通籍時，每春夏耕，多爲木偶以供驅策，或舂者，或簸者，或汲者，或飲者，或操瓶杖抽風箱者，機開轉捩，宛如生人。至收穫時，輒用自行車束載以歸。其所居室，竅一壁以通言語。每一人語於竅，雖前後相隔數十屋，悉聞之。泰西德律風發明距今不及三十年，而徵時已解此理。皆其心所發明者。

及讀艾儒略《職方外紀》，則慕乎多勒多城山巔運水之器，亟而幾墨得一舉手轉運海舶之術，則爽然自失。曰：「西儒所言，當不得妄，何緣當吾世而一覩之也？」以是探賾索奇，思通其術。故當其未第也，就里中金四表者，授泰西文字。既舉進士第，補銓如都，則龍華民、鄧玉函、湯若望泰西諸儒，方集都下候旨修曆。徵乃與諸儒遊，舉《外紀》所載質之，於是得窺西儒所著《製器圖説》，而先從事於度數之學。嘗述西儒之言曰：「因度而生測量，因數而生計算，因測量、計算而有比例，因比例而後可以窮物之理，理得而後法可立也。」

卒就鄧玉函口授，而譯次之。其言曰：力藝，重學也。力如人力、馬力、水力、風力之類；藝則用力之巧法，如用人力、用馬力、用水力、風力之類，所以善用其力而輕省之也。此重學，其總司唯一曰運重。其分所有二：一本所在內，曰明悟；一借所在外，曰圖籍。所正資而常不相離者，度數之學。原釋曰：造物主生物有數，有度，有重，物物皆然。數即算學，度乃測量學，重則此力藝之重學。重有重之性理，以此重較彼重之多寡，則資算學。以此重之形體，較彼重之形體、大小，則資測量學，故數學，度學，正重學之所必須。蓋三學均從性理而生，如兄弟内親不可相離者也。所借資而間可相輔者，視學及律吕之學。原釋曰：夫重學本用在手足，而視學則目司之，律吕學則耳司之，似若不甚關切者。然離視學，則方圓平直不可作；離律吕學，則輕重、疾徐、甘苦、高下之節不易協。況夫生風、生吹、自鳴等器，皆借之律吕。故兩學於重學實相輔而不可少也。徵既發明重學之原理與支配其學之各科，又復演爲《圖説》，爲《重解》《器解》《動解》諸篇。

而所最精者尤在《重解》一篇。曰：重，何物？每體直下必欲到地心者，是物之本重。原釋曰：本重者，如金重於銀，銀重於鐵之類。重之體，必定自有點綫面形。原釋曰：内有容，外有限曰形。其中點爲形心，有直綫過心兩邊不出限者爲徑。形有二：一面形，一體形。重之心，重繫於心則不動。原釋曰：假如有重於此，以綫繫之，果在其心，不偏不動。倘不在心，則必偏且垂下矣。每重各有其心。有直綫過重心爲出兩限者，爲重之徑。有重綫過地心，交於地平，作兩直角者，爲重之垂徑。有重體不論正斜，皆有徑綫。從徑綫分破，其側面，爲重之徑面。有三角形，從角至對綫於中作一直綫，直綫内有重心。有三角形，其重心與形心同所，求三角形重心。有三角形，每直綫從過角重心到對綫，其分不等，爲二倍比例。有法四邊形，其重心分兩平分，爲徑。有法多邊形，其重心、形心所同。平圓與鷄子圓形，其重心、形心同所，求直綫平形之重心。每多棱有法柱，其重心在内徑中。每多棱有法體，其重心、形心俱同所。有體求其重心。每重不在其所，則必下俯地心，作正垂綫。每體重之更重，必在重之心。重下墜，其心常在垂綫。有重繫空，或高，或低，其重常等。每垂綫相距，似常相等。以上止明一重之理，以下又以兩重相比言之。每重徑面分兩平分。有兩體其重等，其容亦等。爲同類之重。同類之重，有重容之比例等。有兩重，其容等，其重不等，爲異類之重。重之類有二：曰乾，曰濕。原釋曰：乾如金、石、土、木之類，不流者是；濕如水、油、酒、漿或水銀之類，能流者皆是。每乾重繫於直綫，而想直綫有兩德，一無重，一不破。有重插於直綫，或在上，或在下，但在垂綫中者不動，否則必動而轉下。水搏不得。水面平，有水在器，被迫則必旁去。天下水，皆同類。有水之重，求其大。有定體，其本重與水重等，則其在水不浮不沉，上端與水面準。定體，其本重輕於水，則其在水不全沉，一在水面之上，一在水面之下。有定體，其本重重於水，則其在水必沉至底而後止。有定體，本輕於水，其全體之重與本體在水之内者，所容水同重。有定體在水，即其沉入之大，求其全體之重。兩水或重或輕，有兩體同類相等。其重水與輕水之比例，即兩體沉多沉少之相反之比例。凝體在水，輕於在空，視所占之水多少，即其所減之輕多少。兩體同類，同重，但不同形，在水其重恒等。有兩體，其大等，但一是凝體，　是流體，已有凝重，求流重。有凝體、流體相等，已有流重，有凝重，有凝流兩體之重相等，已有凝容，求流容。有凝流兩體之重等，已有流容，求凝容。有兩凝體相等，已有彼重，求此重。兩凝體重相等，已有彼容，求此容。有兩體容之比例，本重之比例，已有此重，求彼重。有兩體，已有本重之比例，已有此重，已有此容，求彼容。其大之比率，求本重之比率。其推論重心與夫凝體流體之容重，皆吾國三百年上之創聞。要其所言，大率分静重學、動重學兩類。

其論製器十九條：曰度數尺，曰驗地平尺，曰合用分方分圓尺，曰闔闢分方分圓各由一分起至十分尺，曰規矩，曰兩足規矩，曰三足規矩，曰兩螺絲轉闔闢定用規矩，曰單螺絲轉闔闢任用規矩，曰盡銅鐵規矩，曰盡紙規矩，曰作鷄卵形規矩，曰作螺絲形規矩，曰移遠盡近規矩，曰寫字以大作小以小作大規矩，曰螺絲轉母，曰活鋸，曰雙翼鑽，曰螺絲轉鐵鉗。

所用物六十六條：曰柱，曰長柱，曰短柱，曰梁，曰横梁，曰側梁，曰架，曰高架，曰方架，曰短架，曰槓杆，曰軸，曰立軸，曰平軸，曰斜軸，曰觚軸，曰輪，曰立輪，曰攪輪，曰平輪，曰斜輪，曰飛輪，口行輪，曰星輪，曰鼓輪，曰齒輪，曰幅輪，曰觚輪，曰燈輪，曰水輪，曰風輪，曰十字立輪，曰十字平輪，曰半規斜輪，曰木板立輪，曰木板平輪，曰鋸齒輪，曰半規鋸齒輪，曰上下相錯鋸齒輪，曰左右相錯鋸齒輪，曰曲柄，曰左右對轉曲柄，曰上下立轉曲柄，曰單轆轤，曰雙轆轤，曰滑車，曰推車，曰曳車，曰駕車，曰玉衡車，曰龍尾車，曰恒升車，曰索，曰曳索，曰垂索，曰轉索，曰纏索，曰水戽，曰水杓，曰連珠戽，曰鶴膝轉軸，曰風蓬，曰風扇，曰活輥木，曰活地平，曰活桔槔。皆静重學一類。

其論諸器所用二十九條：曰用器，曰用人，曰用馬，曰用風，曰用水，曰用空，曰用重，曰用槓，曰用輪，曰用龍尾，曰用螺絲，曰用秤杆，曰用滑車，曰用攪，曰用轉，曰用推，曰用曳，曰用揭，曰用墜，曰用薦，曰用提，曰用小力，曰用大力，曰用一器，曰用數器，曰用相等之器，曰用相勝之器，曰用相通之器，曰用相輔之器。

諸器能力十一條：曰能以小力勝大重，曰能使重者升高，曰能使重者行遠，曰能使在下者遞上而不窮，曰能使不動者常動而不息，曰能使不鳴者自鳴，曰能使不吹者自吹，曰能使大者小，曰能使小者大，曰能使近者遠，曰能使遠者近。皆動重學一類。

其妙乃至於用空，其神乃至於人飛。故其所言曰：省大力，免大勢，解大苦，釋大難，節大費，長大識，增大智，致一切難致之物，平易無危險也。吁戲！吾國言重學之源流，多尊之墨子。曰挈有力引無力也，動重學也。曰翟之爲車轄，須臾刻三寸之木，爲任五十石之重，静重學也。《漢志》曰：權與物鈞而生衡，衡運生規，規圓生矩，矩方生繩，繩直生準，是規矩準繩皆本於權衡，乃方圓平直之理。《九章》諸書言之綦詳，而獨不及於重學，豈久而失傳邪？

泰西重學發明於亞而幾墨得，殆即徵所嚮慕之人。然有亞而幾墨得創之於前，而有千百如徵者求之於後，以故泰西近百年來物質之進步，無一不資於重學。吾國則如徵其人者，已不可多得。而當時以爲曲藝，其乃詆及西儒。以爲僅資耳目，而無與於「君子不器」。見徵《自敍》。今有言徵者，舉國將驚而疑之，且不知徵之爲何人，大抵皆是也。悲夫！

徵之言曰：「學原不問精粗，總期有濟於世人；亦不問中西，總期不遠於天。兹所録者，雖屬技藝末務，而實有益於民生日用，國家興作甚急也。」吁戲！若徵者，殆吾國之胡威立者爾。胡威立，英人之精於重學者，著書十七卷，分静重學、動重學兩大支。徵又言曰：「民生日用之常，漸有輕捷省便之法，使猶滯泥罔通，似於千古尚象製器之旨，不無少拘。覩彼大圜輪，輪遞轉，匪一機以自輯，疇萬象之更新，而顧爲是拘拘者邪？」吁戲！使後之人有如徵者，由重學而發明萬匯物體物質之變，於此三百年間，吾國實業當不至窳敗若是，而顧爲是拘拘者邪？

當是時，葉臺山、徐元扈當國，以王佐才交章推薦，未獲起用。而李自成陷西安，脅徵使效力，則佩刀自矢不肯赴。聞京師失守，思陵殉社稷，闖賊入關，據地而帝。乃設帝位哭於家，七日不食死。著有《兩理略》《奇器圖説》《諸器圖説》《了心丹》《百子解》《學庸解》《天問辭》《士約》《兵約》《元真人傳》《歷代發蒙辨道説》《山居詠》集諸。學者私謚曰端節先生。

黄史氏曰：予讀《明史》，於王徵僅一識其名而已（附《祝萬齡傳》）。蓋死節士也，然或以爲死於癸未十月李自成之陷西安，《明季北略》亦云然。則徵之死，死闖耳。及讀陝西志書，徵之死固在思陵殉國，闖賊入關之後，徵猶得爲位以哭故君。悲夫！徵以此才未盡其用，而乃不肯苟生，後之人不得聞其風，遂不能本其説而有所發明。則非徵之不幸，而中國之不幸也。後之人修史之罪也。當徵之時，唯物唯心論未入中國，而徵之言曰：耳目有資，手足有資，而心獨無資乎哉？西儒資心之書，猝難究竟，其尚俟諸異日。悲夫！設徵不遇國變死，則其所以饗後世者，亦復何限乃僅僅得此，而後之論之者，又謂其「荒誕恣肆，不足究詰」，（四庫全書總目）。誣之惟恐不力。悲夫！得之三百年上，而不知寶貴，今始駭而求之，則晚矣，則晚矣！

《清史稿·鄒伯奇傳》 鄒伯奇，字特夫，南海諸生。聰敏絶世，覃思聲音文字度數之源。尤精天文曆算，能薈萃中、西之説而貫通之，静極生明，多具神解。嘗作《春秋經傳日月考》，謂：「昔人考《春秋》者多矣，類以《經》《傳》日月求之，未能精確。今以《時憲術》上推二百四十二年之朔閏及食限，然後以《經》《傳》所書，質其合否，乃知有《經》誤、《傳》誤及術誤之分。」又謂：「《尚書》克殷年月，鄭玄據《乾鑿度》，以入戊午蔀四十二年克殷，下至春秋，凡三百四十八年。劉歆《三統術》以爲積四百年，近人錢塘李鋭皆主其説。今以時憲術上推，且以歲星驗之，始知鄭是劉非。」其解《孟子》「由周而來，七百有餘歲」句，謂閻百詩《孟子生卒年月考》據《大事記》及《通鑑綱目》，以孟子致爲臣而歸在周赧王元年丁未，逆數至武王有天下，歲在己卯，當得八百有九年。然周共和以上年數，史遷已不能紀，可考者魯世家耳，此爲劉歆《曆譜》所據。然將歆《譜》與《史記》比對，歆於煬公、獻公等年分多所加，共計五十二。若減其所加，則歆所謂八百有九年者，實七百五十七年耳。

又謂向來注經者，於算學不盡精通，故解《三禮》制度多疏失，因作《深衣考》，以訂江永之謬。作《戈戟考》，以指程瑤田之疏。以《文選·景福殿賦》「陽馬承阿」證古宫室阿棟之制。以體積論㮚氏爲量，以重心論懸磬之形，皆繪圖立説，援引詳明。

又嘗謂羣經注疏引算術未能簡要，甄鸞《五經算術》既多疏略，王伯厚《六經·天文篇》博引傳注，亦無辨證。因即經義中有關於天文、算術，爲先儒所未發，或發而未闡明者，隨時録出，成《學計一得》二卷。

於天象著《甲寅恒星表》《赤道星圖》《黄道星圖》各一卷，自序略曰：「甲寅春，製渾球，以考證經星、恒星出没歷代歲差之故。然製器必先繪圖，繪圖必先立表，此恒星表之所由作也。《史》《漢》《晉》《隋》諸志，於恒星但言部位，至唐、宋始略有去極度數，蓋舊傳新圖，大抵據《步天歌》意想爲之，與天象不符。國朝康熙初，南懷仁作《靈臺儀象志》，然後黄、赤經、緯各列爲表。乾隆九年，增修《儀象考成》，補正缺誤。道光甲辰，再加考測，爲《儀象考成續編》，入表正座一千四百四十九星，外增一千七百九十一星，洵爲明備。今踰十載，歲漸有差，故復據現時推測立表，庶繪圖製器密合天行也。」

又謂：「繪地難於算天，天文可坐而推，地理必須親歷。近人不知古法，故疏舛失實。因考求地理沿革，爲《歷代地圖》，以補史書地志之缺。」

又手摹《皇輿全圖》，自序略曰：「地圖以天度畫方，至當不易。地球經緯相交皆正角，而世傳輿圖，至邊地竟成斜方形，殊失繪圖原理，其蔽在以緯度爲直線也。昔嘗爲小總圖，依渾蓋儀，用半度切線，以顯迹象。然州縣不備，且内密外疏，容與實數不符，故復爲此圖。其格緯度無盈縮，而經度漸狹，相視皆爲半徑與餘弦之比例。横九幅，縱十一幅，合成地球滂沱四頽之形，欲使所繪之圖與地相肖也。」

又變西人之舊，作《地球正變兩面全圖》，其序略曰：「地形渾員，上應天度，經緯皆爲員線。作圖者繪渾於平，須用法調劑，方不失其形似。然視法有三，其一在員外視員，法用正弦，則經圈爲橢員，緯圈爲直線，其形中廣旁狹，作簡平儀用之。其一在員心視員，法用正切，則經圈爲直線，緯圈爲弧線，其形中曲旁殺，内密外疏，作日晷用之。斯二者，線無定式，量算繁難。且經緯相交，不成正角。其邊際或太促褊，或太展長，以畫地球，既昧方斜本形，復失修廣實數，所不取也。其一在員周視員，法用半切線，經緯圈皆爲平員，雖亦内密外疏，而各能自相比例，西人以此作渾蓋儀，最爲理精法密。今本之爲地球圖，分正背兩面。正面以京師爲中線，其背面之中，即爲京師對衝之處，尊首都也。旁分二十四向，審中土與各國彼此之勢，定準望也。經緯俱以十度爲一格，設分率也。」

因推演其法，著《測量備要》四卷，分《備物致用》《按度考數》二題。《備物致用》其目四：一丈量器，曰插標、曰線架、曰指南尺、曰曲尺、曰丈竹、曰竹籌、曰皮活尺、曰蓄紙簿、曰鉛筆；二測望儀，曰指南分率尺、曰立望表、曰三脚架、曰矩尺、曰地平經儀、曰平水準、曰紀限儀、曰迴光環、曰折照玻璃屋、曰千里鏡、曰象限儀、曰秒分時辰標、曰行海時辰標、曰析分大日晷、曰風雨針、曰寒暑針；三檢薮書，曰志書，曰地圖，曰星表，曰星圖，曰度算版，曰對數尺，曰八線表，曰八線對數表，曰十進對數表，曰現年行海通書，曰清蒙氣差表，曰太陽緯度表，曰日晷時差表，曰句陳四游表，曰大星經緯表，曰對數較表，曰對數較差表；四畫圖具，曰大小幅紙，曰硯，曰墨，曰硃，曰顔色料，曰筆，曰五色鉛筆，曰筆殼，曰指南分率矩尺，曰長短界尺，曰平行尺，曰分微尺，曰機翦，曰交連比例規，曰玻璃片，曰橡皮。

《按度考數》其目四：一明數，曰尺度考，曰畝法，曰里法，曰方向法，曰經緯里數；二步量，曰量田針積，曰步地遠近，曰記方向曲折，曰認山形，曰準望所見；三測算，曰測量方向遠近法，曰測地緯度法，曰論平陽大海地平界角，曰測地經度法，曰經緯方向里數互求法；四布圖，曰正紙幅，曰定分率，曰縮展，曰識別設色。

又因修改對數表之根求析小術，是開極多乘方法，可徑求自然對數，即訥對數，以十進對數根乘之，即得十進對數，著《乘方捷術》三卷。

又創對數尺，蓋因西人對數表而變通其用，畫數於兩尺，相併而伸縮之，使原有兩數相對，而今有數即對所求數。一曰形製，二曰界畫，三曰致用，四曰諸善，五曰圖式，爲記一卷。

又嘗撰《格術補》一卷，同郡陳澧序之，略曰：「《格術補》者，古算家有格術，久亡，而吾友鄒徵君特夫補之也。格術之名，見《夢溪筆談》，其說云：『陽燧照物，迫之則正，漸遠則無所見，過此則倒，中間有礙故也。如人揺艣，臬爲之礙，本末相格，算家謂之格術。』又云：『陽燧面窪，向日照之，則光聚向内，離鏡一二寸，聚爲一點，著物火發。』《筆談》之說，皆格術之根源也。宋以前蓋有推演爲算書者，後世失傳，遂無有知此術者。徵君得《筆談》之説，觀日光之景，推求數理，窮極微眇，知西人製鏡之法皆出於此。乃爲書一卷，以補古算家之術。蓋古所謂陽燧者，鑄金以爲鏡也，西洋鐵鏡，即陽燧，玻璃爲鏡，亦同此理。故推陽燧之理，可以貫而通之。有此書而古算家失傳之法復明，可知西人製器之法，實古算家所有，此今世之奇書也。至若古算失傳，如此者當復不少，吾又因此而感慨係之矣！」

同治三年，郭嵩燾特疏薦之，堅以疾辭。曾國藩督兩江日，欲以上海機器局旁設書院，延伯奇以數學教授生徒，亦未就。八年五月，卒，年五十有一。

著録

梁啓超《西學書目表》上

格致總

《西學啓蒙》	艾約瑟	稅務司本	十六本	七元	已將尤要數種散見各類。
《格致啓蒙》	林樂知、鄭昌棪	製造局本	四本	六百	
《格致須知》	傅蘭雅	自印本	三集	一元五角	淺明，嫌太簡。
《格〔致〕〔物〕入門》	丁韙良	同文館本	七本	一兩八錢	可緩讀。
《格致略論》	傅蘭雅	格致彙編本			勝于《格致須知》。
《格致小引》	羅亨利、瞿昂來	製造局本	一本	四十	
《格物探原》	韋廉臣	廣學會本	四本	一元	
《物理推原》	[不著撰譯人]	徐家匯印本	一本	五角	以上二種，皆教門之書。
《博物新編》	合信	廣州刻本	一本	二角五分	
《格致釋器》	傅蘭雅	格致彙編本	三本	六百五十	極要。
《格致新機》	慕維廉	廣學會本	一本	一角	

又 圖學

《測地繪圖附鋅板印圖》	傅蘭雅、徐壽	製造局本	四本	六百
《繪地法原》	金楷理、王德均	製造局本	一本	一百四十
《行軍測繪》	傅蘭雅、趙元益	製造局本	二本	二百四十
《畫形圖說》	傅蘭雅	益智書會本	一本	一角五分
《西畫初學》	傅蘭雅	格致彙編本		
《論畫淺説》	[不著撰譯人]	上海排印本	一本	三分

又《西學書目表》附卷《近譯未印各書》

《海面測繪》	傅蘭雅、黄宗憲	製造局		未譯成。
《測繪海圖全法》	傅蘭雅、趙元益	製造局		付印未成。
《繪圖測量諸器》	傅蘭雅	製造局	一本	未印。
《圖説》	趙元益			
《繪畫船線》	傅蘭雅、徐建寅	製造局	二本	未印。

以上圖表。

康有爲《日本書目志》卷二《理學門》 地球之闢，自歐人始也，電綫、鐵路環球而繞之者，數十匝。宫室、橋梁、道路、服食、器用，壯麗騰踔，皆百年來所驟進，四千年所未有也。于是揚跨海之巨帆，闢大荒之新地，盡横地舊國翦滅而蹙踊之，真可謂盛强者也。夫歐洲所以驟至盛强者，爲其兵之練歟？爲其炮械之精歟？爲其機器之巧歟？昧我思之，其有不然歟？其有本原者存焉。日本蕞爾島國，其地十八萬方里，當中國之一蜀，而敢滅我琉球，剪我朝鮮，破我遼東，躁我威海，虜我兵船，割我臺灣。日本所以盛强者，爲其兵之練歟？爲以砲械之精歟？昧昧我思之，其有不然歟？其有本原者存焉！嘗考歐洲所以强者，爲其開智學而窮物理也，窮物理而知化也。夫造化所以爲尊者，爲其擅造化耳。今窮物理之本，製電、製雨、製冰、製水、製火，皆可以人代天工，是操造化之權也。操造化之權者，宜其無與敵也。昔吾中人之至德國也，必問甲兵砲械。日人之至德國也，必問格致。德相畢士馬克曰，異日者中國其爲日弱乎！觀日本請求格致之書，諸學粲然，而理學之書繁博，分小學、高等之級，入門、讀本之次，教授之法，及其大學紀要之詳。嗚呼！吾其宜爲日弱哉！夫今天下之戰，鬬智而不鬬力，亡羊補牢，及今或猶可也。若猶但言軍兵砲械，而不與物理之學，吾豈知所税駕哉。

《中學物理書》，二册，西松二郎譯。一圓六角

《改正學校用物理書》，四册，山岡謙介譯，小林義直閲。五角

《通俗鄉入簡易物理學》，一册，坂下龜太郎著。四角

《中等教科物理學》，二册，近刻。

《百科全書物理學》，文部省藏板，二角

《物理學》，三册，飯盛梃造譯。三圓九角五分

《改訂五版物理學》，一册，宇田川准一譯。一圓五角

《物理學參考書物理學原論全》，四册，英國氏原著，理學士木村駿吉補譯。五圓

《物理學現今之進步》，六册三版，理學士駿吉講述，一圓五角五分

《物理學講本》，三册，神户要次郎纂譯。二圓四角

《訂正四版物理學教科書》，二册，菊地熊太郎編，一圓四角五分

《酒井物理學教科書上下》，二册，酒井佐保編。一圓二角

《物理學新書》，《普通學全書》第二篇，富山房編，一角八分

《物理學粹》，一册，山田董編。七角五分

《物理日記》，七册，市村盛三郎筆記。一圓五角七分。

《物理應用解説》，一册，峰是三郎著。二角五分

《改正增補物理階梯》，大字，三册，文部省編輯。三角五分

《小學校生徒用物理書》，小學校用，三册，後藤牧太外三名合著。四角二分

《士氏物理小學》，小學校用，三册，蘆葉六郎著。六角

《士氏物理小學問答》，小學校用，一册，蘆葉六郎著。二角五分

《物理小誌》，小學校用，三册，宇田川准一纂譯。六角

《改正物理全志》，二册，宇田川准一譯。一圓二角

《普通物理學》，一册，菊地熊太郎編。七角五分

《小學物理書》，小學校用，三册，志賀雷山譯。七角

《訂正六版小學物理學》，一册，敬業社編纂。三角五分

《受驗應用小物理書》，《通俗教育全書》十二篇，谷口政德著。一角二分。

《新編中物理學》，一册，理學士木村吉駿同野田合編。一圓五角

《增補再訂新編物理學》，一册，木村吉駿編。二圓三角

《增訂新編小物理學》三版，木村吉駿編。六角五分

《增訂士都華氏物理學》，再訂十版，二册，清野勉增訂補譯，二圓五角

《增訂士都華氏物理學問題》，再版，英國氏原著，理學士平山順校正。八角

《訂正四版士都華氏小物理學》，中西准太郎編。二角五分

《百科全書動静水學及氣學》，文部省藏板，三角

《百科全書光學及音學》，文部省藏板。一角六分五

《奇機新話》，一册，麻生弼吉，五分

《受驗問答物理一千題》《通俗教育全書》三十四篇，須永金三郎著。一角二分

《物理學試驗問題答案》，一册，鈴木榮藏編。一角二分

《近易物理一鑤百驗》，一册，渡邊敏著。三角

右物理學三十八種。

《物理學中》，一册，飜刻。一圓一角

《物理學初步》，一册，飜刻。二角

右横文物理學二種。

《理化學》，一册，田中敬義著。一角五分

《簡易器械理化學試驗法》，四册，後藤牧太、三宅米吉合著。三角五分

《理化學教授法》，一册，大石保吉著。一角

《理化學問題及解答》，一册，林信廣編輯。三角

《簡易理化獨修》，一册，中村外吉著。一角二分

右理化學五種。

于是泰西物理佳書水氣光音殆盡譯矣。程子曰，能通所以然，是天下第一等學人。通所以然者，能作仰觀俯察，類族别物，不物于物，而贊稽物，然後操縱而闔闢之矣。有小學，有中等學，有讀本，有初步，有教授，有問題、解答，有試驗，有普通，于是物理學之條理亦畧備矣哉。

又　卷八《工業門》

《土地丈量新書》，一册，木原白照著，三角七分

《量地表》，一册，田中夫德鈴木長利共編，二圓

《角度測量野簿》，一册，小畑順編，二角五分

《測量早學》，一册，小船并理吉著，二角

《測量教科書》，四册，原龍太野林龍太郎倉田吉嗣合譯，二圓八角

《測量執典》，二册，陸軍省文庫，五角

《測量全書》，三册，中曾根慎吾著，三角

《測角便蒙》，三册，陸軍省文庫，六角

《工學必携》，一册，長嶺讓，四角八分

《高低測量野簿》，一册，小畑順編，二角五分

《枝線測量野簿》，一册，小畑順編，二角五分

右測量學十一種。

康有爲曰，吾中國之工人，豈有通算學測量者哉。泰西之工人，皆士人爲之，尺寸規矩準繩，皆有學焉。點線面體，不殊抄黍，故其製作密合，無黼差杪黍之患，宜其精絶哉。算學以測量爲實用，日本以訓工人，有教科便蒙之書矣。

又　卷九《商業門》

《度量衡法規》，一册，農商務省藏板。二角

《度量衡法規註解》，一册，米本吉太郎、吉技隅次合著。五角五分

《度量衡全書》《法律叢書》第廿九卷。七分

《度量權衡部》大日本貨幣史參考之内，一册，印刷局藏板。二角

《度量衡檢定規程》，一册，農商務省藏板。六分

《唐尺秘書》，一折，木林常著。六分

《中外貨幣度量比較考》，二册，明石春作抄譯，三角

《各國貨幣度量譯字例》，一册，參謀本部編。五角

右度量衡書八種。

《書》曰，同律度量，治之法也。而中土家殊而户異。一度也，民尺與工部尺異，匠尺與民尺又異。一量也，大斗、小斗，地地異。一衡也，大秤、小秤，處處異。此亦宜檢定規程，非細故也。若夫外國之異，亦當使民曉然通之，然後互市便也。日人固無不用厥心哉。

徐維則《增版東西學書録》卷二《商務》

《中國度量權衡表》一卷，《江南商務報》本。日本藤田豐八譯。顧補。

又　卷三《格致總》

《格致總學啓蒙》三卷，《西學啓蒙》本，一册。

英艾約瑟著。先論物理，次論體質，次論心性，取其切近者條剖縷分，罕譬而喻，務盡其理，於格致學之通義略備於此。

《格致啓蒙》一卷，製造局刻《格致啓蒙》四種本，上海石印四種本。

英司韋藿著，美林樂知譯，鄭昌棪述。凡九十章，專言動力、愛力、吸力、漲力、縮力、傳力、壓力、速力及流定變化之性，最便初學。《格致益聞彙報》印有法

白耳脱保羅撰，王顯理譯《格致初桄》，未成。

《格致小引》一卷，製造局本，一册，上海石印本。

英赫施賚著，英羅亨利、瞿昂來同譯。第一章論物與格物，第二章論有體質之物，第三章論生物。卷頁雖少，然推論公理甚爲明晰，講水學、重學、氣學者先以此爲綱要。

《格致質學啓蒙》一卷，《西學啓蒙》本，一册。

英艾約瑟著。凡十一章，前言萬物之力，後言各貨之形性，論電力尤詳，末附用器格言、器物價值亦便，大旨與司氏《啓蒙》相似。

《格物算學入門》一卷，《格物入門》七種本，日本明親館重刻本。

美丁韙良著。

《格致質學》十卷，附一卷，美華書館印本。

美史砥爾原本，美潘慎文譯，謝洪賚述。言物質體變爲格致首要之事，是編前多論公性、公力、公理，後分論各學而力學、電學爲尤詳，其説多與司氏《啓蒙》、艾氏《質學啓蒙》相出入。《彙編》一有范約翰《格物論質》，可參觀。

《格致略論》一卷，《格致彙編》本。

英傅蘭雅著。書從英國《幼學格致》中譯出，雖簡括而明備，尚勝於《格致須知》，論動物一門分類極佳，首論地文、地質，後論人之形性，亦甚簡顯。

《格致舉隅》一卷，益智書會本，一册。

英莫安仁譯，魏壽彭述。凡十章，多論聲、光、氣之淺理，與花木之資生煤之原因，每論皆明以圖，最便初學，後論蜜蜂操作之理，可與《格致彙編》中《養蜂法》參看。

《體性圖説》一卷，益智書會本，一册。

英傅蘭雅著。體質、性情與動静之理爲格致重學首要功夫，講重學者宜先觀。

《格物雜説》無卷數，《格致彙編》本。

英傅蘭雅輯。此書從各國格致書中摘要譯出，凡天地萬物無所不載，皆西人新推測之理，每季譯印數則，啓人智慧不少。

《形性學要》十卷，附圖，格致益聞報館印本，四册。

法迦諾著，彙報館譯。第一册四卷，講力、重、氣、水諸學，附圖一百三十餘；二册二卷，論聲學、熱學，附圖八十六；三册二卷，論光學、磁學，附圖一百餘；四册二卷，論電學、氣候學，附圖百餘。鈞元提要，與《格致質學》用意相同，而較爲簡顯易曉。顧補。

《格致源流説》□卷，《新學彙編》本，廣學會單行本。

美林樂知選輯，任延旭譯。徐補。

《西學格致新編》□卷《蒙學報》本。

日本小杉豐甕編，日本平阪閎補，日本松林孝純譯。全書計五篇，曰植物大要、動物大要、礦物大要、物理大要、化學大要，凡三十八章，又名《小學理科新篇》。顧補。

《格致叢談》□卷，《蒙學報》本。

日本古城貞吉譯。西學關鍵□卷《彙報》本。

彙報館譯。言聲、光、化、電諸學，設爲問答，附以圖説，頗便初學。顧補。

《格物探原》六卷，廣學會本，四册，活字印本。

英韋廉臣著。論天地物産之性質，歸功天主，學者當分別觀之。《彙編》二有《混沌説》，又有韋氏《格致窮理論》，可參觀。

《物理推原》一册，徐家匯印本。

法羅愛第著，李muda譯。以天象始，以推原終，是其命意之所在，而於各種物理僅言大略，其書與韋氏《探原》合氏《新論》相似，然亦多教中語爲可厭。東亞書局譯有《近世物理論新編》，未出。

《博物新論(編)》三集，上海墨海書局刊本，廣州刻西醫五種本，一册，重刻單行本，樂善堂刊本，三册。

英合信著。《初集》論地文及光、電，《二集》論天文，《三集》論動物，書雖太舊，尚備大旨。

《博物新聞》無卷數，《格致彙編》本。

英艾約瑟譯。此書疑即艾氏之日記，擇其聞見涉於博物者條論其理，與《格物雜説》相同。

《格致大全》五卷。

泰西毋路伯特蒲郎著。於各種格致新聞紙中收集各家之説，不分門户，隨時編輯，如《格致彙編》焉。顧補。

《格致釋器》三册，《格致彙編》本。

英傅蘭雅輯譯。如測候、化學、重學、水學、照像、測繪諸器無不具載，有圖有説，並列用法、價值，而根數比例之法亦可窺其大較。其書已散見各類，講新學者宜亟讀之。

又　卷四《理學》　先理學，次文學，附書目。

《斯賓塞爾文集》□卷，《時務報》《昌言報》連印本。

英斯賓塞爾著，曾廣銓譯，章炳麟述。斯氏爲西國格致名家，創天演之説，深研夫質力聚散之幾，推極古今萬國盛衰之由，著書造論貫天地人而一之，而大旨以任天爲治爲本，剖析精微，折中至當，實爲奇論，惜譯者未精斯學，未能曲達其旨，讀者未免掩卷耳。勸學篇一卷《侯官嚴氏叢刻》本英斯賓塞爾著，嚴復譯。此書以勉人治群學爲宗旨，以爲凡人民自相生相養、通功易事以至於禮樂、刑政之大，皆從能群之性以生，故惟群事爲最難，亦惟治群學爲最要。是篇以近今格致之理推明日用人生之事，以及治平之大，精義妙説深切著明，惜僅譯第一篇耳。徐補。

《天演論》二卷，侯官嗜奇精舍石印本，上海重印本。

英赫胥黎著，嚴復達指。因斯氏創任天爲治之論，而赫氏盡變其説，謂天不可獨任，貴乎以人持天，所論保種保群、自强進化之公理，皆與斯氏異説以救斯氏之末流，其有裨於國計民生殆非淺鮮。是書經嚴幾道觀察譯而文之，縱横奥頡，大能達其旨趣，附著《論説》復能曲申其義例，中譯之善本無有過於此書者。英斯賓塞爾撰有《群誼篇》，柏捷特撰有《格致治平相關論》，皆嚴復譯成，未刻。《國聞彙編》有嚴復譯斯氏《勸學篇》，亦未刻全。

《物競論》□卷，譯書彙編社刊本。

日本加藤宏之著，楊廷棟譯。是書據生物進化之例，以驗天賦人權之説，以發明强權之理。先總論，次舉人類中五大競争而分論之，一治人者與被治者，二貴族與平民，三自由民與不自由民，四男與女，五國與國。博綜約説，勃率理窟，廉頑立懦，有功世道。徐補。

《辨學啓蒙》一册，《西學啓蒙》本。

英哲分斯著，英艾約瑟譯。人生之初有知識即知分辨，窮理度物、審情推事，大小精粗無不各有界説，創斯學者首自希臘，其後西人殫心探討，其理日精，而大書院中遂爲教授童蒙課程。是書所列條理僅舉大略，足以窺見辨學之門徑，亟宜考究其理由，淺人深詳，列問答以成一書，借爲課蒙之用。利瑪竇有《辨學遺牘》，與此異。

《格致新機》七卷，廣學會本，一册。

英慕維廉著。序言指爲培根爲理學家言，與尋常言格致不同，但譯筆甚劣，未能深明其義。《彙編》一有慕氏《格致理論》，可參證。又二有慕氏《格致新法》，疑即《新機》之節本。

《理學須知》一卷，光緒二十四年格致書室刊本，一册。

英傅蘭雅著。其書專揭分晰事物之法，于理學爲論辨，於辨學爲理辨，與艾約瑟所譯《辨學啓蒙》相出入，而文詞之明白過之。學者欲窮格致之要，宜讀此以植其基，而旁考《西學略述》中之言理學與赫胥黎《天演論》下卷以窮其流，於真理庶乎無疑。

《理化示教》□卷，《教育世界》本。

【略】

《日本理學書目》□卷，《亞泉雜誌》本。

亞泉學館譯。分十三類，一理學，總記學校用理科書，二物理學，横文物理學、理化學，三化學，四天文學、曆書，五氣象學，六博物學，七生物學，八人類學，九動物學，十植物學，十一地質學，十二地震學，十三礦物學。顧補。以上書目。

又　《增版東西學書録》附下之上《中國人輯著書上》

《權度通議》一卷，梅文鼎，未刻。

《權量録》一卷，吴中順，未刻。

《中西度量權衡表》一册，不著撰人名氏，天津局石印本，元和江氏《靈鶼閣叢書》本，江南重刻本，湖南重刻本，石印本。

《中外權衡度量釋義合數表》一卷，鄒凌沅，《通學齋叢書》本。

《中西權度合數考》一卷，楊毓輝，石印本。

《中外度量衡表》二册，宣人哲，石印本。

顧燮光《譯書經眼録》卷四　理化第十一首物理，次化學。

《格致讀本》二卷，南洋公學排印本。

英莫爾顯著，李維格、伍光建訂。計四十課，述英國童子佛勒唯諾偕有妹娜賴問答之辭，於動植物各學言其大略，語其淺顯。

《格致讀本》卷三一卷，上海時中書局排印本。

英莫爾顯著，時中書局編譯所譯。全書列課六十，附圖七十九，第一課至第二十二課則論水雪空、淡碳養各氣，二十三至四十七則論動物，四十八至六十則論植物，其佛勒唯連問答一仍南洋公學所譯卷一、卷二體例。

《埋化示教》上下二卷，《科學叢書》本，二册。

樊炳清譯。上篇曰物理示教，凡九章，列圖四十三；下篇曰化學示教，凡十五章，列圖六十二。本書以實驗爲主，所言類多淺顯，後附《理化通論》則綜論全書之要。

《初等理化教科書》一册，文明書局洋裝本。

侯鴻鑒編譯。凡十五章、八十二課，皆言試驗物理各法，間附設問答以明教授之旨，復附圖七十以相發明。卷末列《中日度量權衡比較表》四幅，其名詞多用新譯，故附舊名於下，以資參考。

《格物課程》上卷一卷，湖北洋務譯書局排印大字本。

法亨利華百爾所著，陳箓編譯。是書爲課蒙之用，故説理淺明，計列課十五，所言皆無機之物，尚有下卷未譯。

《格致教科書》一卷，商務印書館洋裝本。

商務印書館編譯。書凡八章，一總論，計五節；二論三種物質，計四節；三熱學，計十四節；四光學，計十二節；五聲學，計十節；六電學，計十五節；七磁學，計九節；八重率與密率，計二十六節。每節各有習問，每章各有提綱，卷末則附格致問題以相證明。全書圖説詳明，論理新穎，其八章論重、密二率各節尤扼全書之要。

《中等格致讀本》四卷，南洋公學第二次石印本，八册。

法包爾培著，徐兆熊譯。論中等教科之用，編爲四卷，每卷分爲上、下，列課若干，凡動植、礦物、化學、生理各類皆逐類言之，頗爲明晰，插圖若干幅，附以練習問題，皆足爲發明各理之用。第二卷英保羅伯德著，徐□□、陳昌緒合譯。

《物理學上編》四卷，上海製造局刻本，石印本六册，又石印大字本四册。

日本飯盛挺造編纂，日本丹波敬三、柴田承桂校補，日本藤田豐八譯，王季烈潤辭。書凡四卷，一曰總論物理學之區别、性質、公力；二曰定質重學，凡重心、器具運動略詳論其理；三曰流質重學，言流質壓力及運動；四曰氣質重學，言空氣之用。卷各爲章，章各爲節，析理既精，譯言亦雅，言格致者亟宜讀之。

《物理學中編》四卷，製造局大字刻本，四册。

日本飯盛挺造編纂，日本丹波敬三、柴田承桂校補，日本藤田豐八譯，王季烈重編。書凡四卷，卷一曰浪動通論，凡四章，總論各物浪動之理；二曰聲學，凡二章若干節，總論聲音、樂音及緊要發音體；三卷曰光學，分爲上、下，凡六章，論發光、傳光、回光、折光、光之分列色，及光學器具、光之本性；四曰熱學，凡四章，論熱之本性及熱源第一、二、三功用，漲大變化、熱度各理。中插圖凡二百五十九，論理新確且各有實驗，列式以相發明，洵理科中善本也。

《物理學下編》四卷，製造局刻本，四册，支那新書局石印本。

日本飯盛挺造［編纂］，丹波敬三、柴田承桂［校補］，藤田豐八譯，王季烈重編。凡書四卷，一曰磁性學，凡九節，論磁性定義、種類，及磁鐵之吸引力、功用、感應製造各法；二曰電學上，凡十二節，論静電氣各類及器具之功用；三曰電氣下，凡二章若干節，言動電氣之生起强弱功用及電氣磁性，及附電所用工藝中致用之理，並附録動静電氣以相印證；四曰氣候學，凡四章，論包圍地球之空氣濕度、光學現象。插圖二百二十九，皆立説證明實驗，列代數算式以求其理之確當，譯筆亦清疏可喜。

《新物理學》一卷，《新世界學報》本。

馬敘倫譯。書爲日本普通教科書之一，附圖若干以發明物理試驗之功用，語簡能詳，譯筆亦足達之，足備小學之用。

《蒙學理科教科書》四卷，文明書局石印本，四册。

無錫三等學堂編譯。上篇二卷，譯日本高等小學校理科教科書，删其深奥之理暨彼國之物産，而存其日用淺顯與吾國之兒童常伴合者，缺者輯而補之，蓋鄉土格致之類也；下篇二卷，則專言普通物理，分類列入，大半譯自東籍，參以吾國教授經驗之本。明晰簡便，頗適教科之用。

《新編小［學］物理學》一卷，《科學叢書》本。

日本木村駿吉著，樊炳清譯。凡十三章，於各物之力質體氣言之極詳，列圖凡八十八，以明其用，後附問題一卷，尤便教科之用。

《小學理科教科書》四册，教科書輯譯社洋裝本。

日本棚橋源太郎、樋□勘次郎合著，曾澤霖譯。書共四册，每册分三篇，適合兒童一學年之用，所載悉以農、工、水産、林業並育兒、衛生、家事，以成科學之全體焉。

《格物探原》四册，英韋廉臣輯，廣學會本。是書爲教會之本，語不離宗，節取而已。

《博物新編》一册，英合信輯，廣州本。

《格致釋器》，英傅蘭雅撰，《格致彙編》本，中有測繪器、化學器、重學器、水學器、氣學器、紡織器、顯微鏡説、遠鏡説等多種，於《格致彙編》中月出一册，説以詳之，圖以明之，習專門學者最要之本。

王景沂《科學書目提要初編・格致科》

《格物質學》，美國史砥爾著，博習書院譯本，二册。

《形性學要》，上海匯報館輯譯本，十卷。

《中學物理教科書》，日本水島久太郎著，義烏陳提譯補，上册。

《江南製造局譯書提要》卷二《格致》

《格致啓蒙》四卷。

美國林樂知口譯，海鹽鄭昌棪筆述。多實驗法，學堂用之甚宜。

第一卷化學，第二卷格物學，第三卷天文學，第四卷地理學。

《格致小引》一册。

英國赫施賚撰，羅亨利口譯，寶山瞿昂來筆述。書凡四章六十七節，條理頗覺秩然，但不免稍畧耳。

又 《天學》

《談天》十八卷，附表

英國侯失勒撰，偉烈亞力口譯，海寧李善蘭删述，無錫徐建寅續述。論天文者，以刻白爾橢圖之理，與奈端繞重心之理，爲最精。故此書幾全據此理立説，以論太陽及各行星推測之法。洵爲天學之要書也。

第一卷	論地	第十卷	諸月
第二卷	命名	第十一卷	彗星
第三卷	測量之理	第十二卷	攝動
第四卷	地學	第十三卷	橢圖諸根之變
第五卷	天圖	第十四卷	逐時經緯度之差
第六卷	日躔	第十五卷	恒星
第七卷	月離	第十六卷	恒星新理
第八卷	動理	第十七卷	星林

《小學理科新書》一卷，《便蒙叢編》本。

王季點譯。全書計二十章，語簡能賅。

又 卷八 本國人輯著書

政治法律第二

《中外度量衡表》一卷，宣人哲，《南洋官報》本。

《中西度量衡備考》一卷，鄧端瀫，湖北洋務局刊本，《北洋學報彙編》本。

又 理化第十

《科學叢録》二卷，《北洋學報》編輯，《北洋學報彙編》本。

《科學分類舉要》一卷，《北洋學報》編輯，《北洋學報》「科學叢録」本。

《物理學》一卷，北洋學校司編纂，北洋官報局排印本。

《物理易解》一卷，陳稅，教科書輯譯社本。

《物理實驗》□卷，章宗元，未刊。

《蒙學理科教科書上下編》二卷，無錫三等公學堂編。

《蒙學格致教科書》一卷，錢承駒，文明書局再版本。

《物理化學問答》一册，侯鴻鑒，日本遊學社洋裝本。

趙惟熙《西學書目答問・藝學》 格致學

《格致總學啓蒙》三卷，訂一册，英艾約瑟譯，税務司本。

《格致質學啓蒙》一册，英艾約瑟譯，税務司本。

以上二書均在《西學啓蒙》十六種中，前書泛論人物，此則專言各物之體質，故曰「質學」。

《格物啓蒙》四册，關林樂知譯，鄭昌棪述，製造局本。是書與上同爲一本而譯筆稍異。

《格致入門》七册，美丁韙良譯，同文館本。

《格致須知初集》八册，天文、地理、地志、地學、演算法、化學、氣學、聲學各一卷；《二集》八册，電學、量法、畫器、代數、三角、微積、曲線、重學各一卷；《三集》五册，力學、水學、礦學、全體、光學各一卷。

英傅蘭雅撰，上海本。淺明極便初學，第論述太略，僅資談助，所謂門徑中之門徑也。

《格致略論》一册，英傅蘭雅撰，《格致彙編》本。

第九卷　諸行星　　第十八卷　曆法

圖學

《器象顯真》

英國白力蓋輯，傅蘭雅口譯，無錫徐建寅筆述。首論畫圖器具，次論幾何法作單形，次以幾何法作機器視圖，次機器視圖匯要。最爲明晰，爲學者必讀之書。

第一卷　論畫圖器具

用器總論

規　單比例尺　分角器　平行尺　鋼筆　針　畫圖紙　畫圖方板　丁字尺　直界尺　三邊板　曲線板　鉛筆　蓋釘

畫圖總説

第二卷　論用幾何法作單形

畫圖總論

幾何界説

第一章　直線題　　第五章　撱圓線拋物線題

第二章　直線交圓線題　　第六章　牆柱正花線八種

附各形鋪滿平面

第四章　比例更面題

第七章　各種擺線

附用方板丁字尺法

第三章　圓面角面題

第三卷　以幾何法畫機器視圖

第一章　總論　　第四章　箭體視圖

第二章　視圖比例　　第五章　各體相貫視圖

第三章　界線分粗細

第四卷　機器視圖匯要

第一章　螺絲視圖　　第四章　汽機事件視圖

第二章　機件視圖　　第五章　觀已成之器具作草圖

第三章　齒輪視圖

《繪地法原》一卷

美國金楷理口譯，懷遠王德鈞筆述。專論繪畫經緯線、正側視形。經緯既定，則山川大陸位置得。宜此繪大圖必需之學也。

第一章　論諸曜運行及地球形體　　第七章　論製造地球法

第二章　論本軸旋轉及從黃諸線　　第八章　論平面圓圖式

第三章　論地循黃道分四季五帶　　第九章　論繪平面圓圖法

第四章　論月繞地球及朔望交食　　第十章　論繪各測各國分圖法

第五章　測定本處經緯　　第十一章　論繪圓柱形全圖法

第六章　考定地體扁圓　　第十二章　畫圖餘論附表

《行軍測繪》十卷

英國連提撰，傅蘭雅口譯，新陽趙元益筆述。首界説，次畫養法，次測量法，次儀器之用，次高下，次論次序，次草圖，次大地，面測畧法。坿各種線號。卷帙雖畧，而繪測之要旨已備矣。

卷首　界説

第一卷　畫行軍圖法　　第六卷　紀限儀用法

第二卷　地面分三角形　　第七卷　測高下各法

第三卷　測量之法　　第八卷　相地畫圖依次總解

第四卷　測向羅盤用法　　第九卷　論行軍畫圖各法

第五卷　平面棹用法　　第十卷　測大地面之畧法

《運規約指》一卷

英國白德起輯，傅蘭雅口譯，無錫徐建寅筆述。首論單形，次論諸形相合，次論更面。凡百三十六題。能括形學之大綱，洵爲精簡之書。第四十七題，求圓内容七等邊形，議者謂非通法，然此即中國古法正六面七之義。蓋圓徑一尺，其差不及一釐。若圖於尺幅之中，更可不計。作者非不知之也。

第一卷　論單形　　第二卷　論諸形相合

第三卷　論更面

《測海繪圖》八卷，附一卷

英國華爾登撰，傅蘭雅口譯，新陽趙元益筆述。凡十九章。以底線原三角爲主，參以天文學，水中測量較測地面爲難，故法更密于測地。

第一卷　總論　論器具與配用之物件　測海繪圖事總説

第二卷　論底線　原三角形測量法　繪圖度點法　行船測海繪圖法　論

畫海邊界線

第三卷　測海水深數　潮水　論陸地之情形　論測高

第四卷　論測量而定緯度之法

第五卷　改正度時表差

第六卷　論經線相距　論真方向

第七卷　海面測量方位之各法　論畫成之圖　測深海之深數

第八卷　論零星之要事

《測地繪圖》十一卷，附一卷

美國富羅瑪撰，傅蘭雅口譯，無錫徐壽筆述。其要旨，以底線三角爲本，參以天文學，用儀器以定經緯。繪地圖者，能貫通此書，思過半矣。

第一卷　總論　　第七卷　證驗高低諸器

第二卷　測量底線　　第八卷　臨摹鐫刻諸法

第三卷　分地面爲原三角形　　第九卷　經畫新疆屬地

第四卷　圖内實補衆物　　第十卷　球形相關之事

第五卷　行軍揭要　　第十一卷　天文相關之事

第六卷　準平綫以定高低　　附卷　論天文算法并表

《廣學會譯著新書總目·格致》

《格致彙編》，現存五年。每年價洋一元。

《格物質學》，一本，價洋八角。

《格致課藝》，一部，價洋一元五角。

《格致指南九種》，一部，價洋二元五角。

《格致新機》，英國貝根著。一本，價洋五分。

《格致進化》，英國馬林著，以黜霸興王歸功造物爲主義。一册，價洋二角五分。

《物理標準》，英書院牛負所著，特備高等學堂課本，莫安仁君譯，輯成此書，又經華士多人詳加校閲，頗爲完全。一册，價洋四角。

《格致舉隅》，論光線之功用，今古之大觀，計十章。價洋一角五分。

《觀物博異》，英季理斐先生譯，廣西李小浦君述，計八卷，俱繪圖畫。一厚本，計洋一元五角。

《格致問答提要》，華陸震譯，季理斐先生鑒定，計二十八章。一册，價洋二角。

《驗礦砂要法》，施德明譯。一册，價洋五分。

雜著

《應用教授學》，爲校師必用之書，分二篇。上總論，下分敍。各科教授，皆係實驗方法，師範之準繩也。一册，價洋四角五分。

《物理學教科書》，日本著明理化大家所著，共分九章，附圖一百六十餘幅。一册，價洋四角五分。

《水學須知》水居四行之一，其用綦多。飛潛動植，諸物無不賴以潤養，如人之日用内飲食滌濯所必需，統萬物而計，水亦人生須臾不可少之一物也。一本，價洋八分。

質學

《質學新編》，是書備學堂一年之課，共六卷，三百五十節。移熱、電於前，光、聲於後，其分卷之次序與舊用質學書略異。此編力求新穎，故物無線電報透物其光等，皆闡其要理。一厚册，價洋一元。

《質學源流考》，學界之風雲，迄於二十世紀，變幻極矣。今日文學家之思想，皆往昔歷史上所未經道及者，是蓋教化之進步，而亦智力之日有發明也。然欲知其大效果，必先溯其大原因。就現時而論，西士皆推究從前之學術程度，及其現今學業之擴張矣。一册，價洋二角五分。

又《氣學須知》，天地間之物質總分三類，一曰定質，一曰流質，一曰氣質。定質有堅有輭，體常定而不易，如木、石是也。流質或稠或稀，形能活潑流動，如水、汞是也。氣質虚浮幽渺，蹤跡難尋，如空氣是也。惟流、定二質，有形有色，人皆信其質實。而空氣不見不聞，人鮮覺其爲物，故常人每視之爲虚，以爲其無關切也。然細考之，究屬非虚當其静也。一本，價洋八分。

圖録

孫維新《物體凝流二質論》《格致書院課藝·辛卯秋季正課》

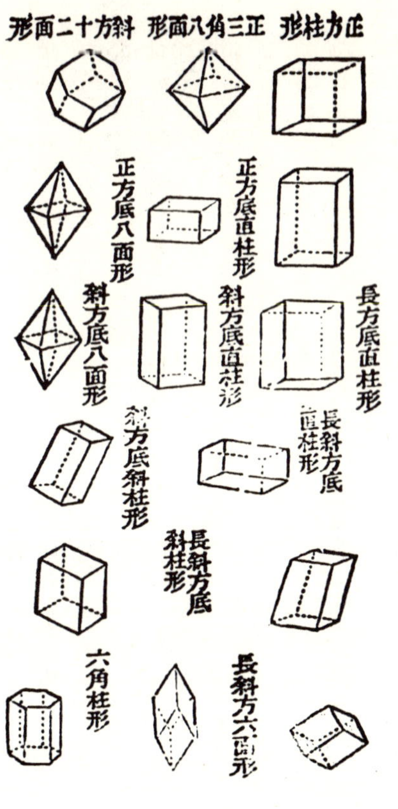

以如顆粒學論之，凡凝質皆有顆粒，如石英有六角形顆粒，灰石有長斜方六面形顆粒，食鹽有正立方形顆粒是也。各質顆粒，皆有定形。人欲識別，可由其顆粒辨之。攷各顆粒之形，總分六類，謂之元式。如圖，一爲正方柱形、正三角八面形、斜方十二面形；二爲正方底直柱形、正方底八面形；三爲長方底直柱形、斜方底直柱形、斜方底八面形；四爲長斜方底直柱形、斜方底斜柱形；五爲長斜方底斜柱形；六爲長斜方六面形、六角柱形，此六類元式，各式各異，並皆有循環更變之理。物質結成，皆由此各顆粒凝聚而成。初結極小之形，由漸積疊，結成大形。如以海水，或鹽水，置器中徐徐加熱，則水面上漸結鹽粒，初時甚細，後則漸大，見每粒皆爲正方形，後則重而沉下，遞層增長，足成大顆。故鹽結成之顆，剖析至極細，仍爲正立方形。糖水或礬水，置冷處亦初結細粒，漸成大顆。詳細剖驗，粒粒分明。雲氣作雪，乃逐漸結湊成六出花，水之結冰初成花形，後結成片，以是知萬物凝結之序，必從微點以成顆粒，從顆粒以成花形，從花形以成堅實。其式雖異，其理則同。夫乃歎天地之造化萬物，神妙無窮矣。夫攷物體凝結成形，其法有三。一物於水中消化，其質點自能流動，及水漸乾，則各點漸相湊合，凝結成形。一物遇熱鎔爲汁，其質點自能流動，及熱漸退，則各點漸相湊合，凝結成形。一物遇熱化爲氣，其質點自能流動，及熱漸減，則各點漸相湊合，凝結成形。又有不必流動，而亦能凝結者，如鋼鐵打碎，見碎口中俱有顆粒，粗細不一。其粗者，皆細者湊合結成也。若以鋼鐵熱至紅，驟淬於冷水，則質點乍相湊合，不及結成粗顆，而質已堅定。故粗顆之鐵，淬水可變細花。又物常受震動，或擠壓，則其中質點能互相湊合，日久結成粗顆。如車路鐵軌，或汽機飛輪，往往用久有忽碎折者，觀其顆粒，已變極粗矣。凡粗顆皆由細粒湊合而成，而細粒乃由極細微點而成。微點者，小而無內，細而莫覩，即化學所謂之質點也。舊說以爲質點之形式，亦若細粒之形狀，猶之元式長比寬廣大二倍，而其質點亦應長比寬廣大二倍也。嗣有人攷核此說，多窒礙不通，爰立新說，以質點皆爲渾體，如圖，一類質點爲圓球，二類質點爲橢圓球，三類質點爲扁橢圓球，其橫直徑之大小，仍與元式爲同式比例，質點既爲渾體，正累之則形正，斜累之則形斜，其間含有空隙，故可壓之使扁，引之使長，惟不能使兩質點同在一處。粒常遇結成之式，有兩形合併爲一者，有數形合併爲一者。

如雪花形，如六體輻輳，亦如三本交加，從本生枝，從大枝復生小枝，而成六出之形，繁簡不一。石膏之雙形如燕尾，鉛粉礦之合形似十字，此皆孿胎駢果之例也，分之皆可成單形。又有結成之形，甚奇異者，或爲籐蔓形，或爲鍾乳形，或爲腰子形、葡萄形、叢樹形、鋸形、毛形、絲形之類，大抵皆湊合之體塊，而爲元式之變形也。足見化工造物之巧，千奇萬狀，遞出無窮焉。此物質顆粒學之大端也。至以化學論之，凡物皆由原質變化而成。原質者，純一無雜之質也。分之不能復分，合之可成萬類。今人所攷知者，已得六十有四，內有氣質五種：曰養，曰輕，曰淡，曰緑，曰弗，是爲輕流質；另二種：曰溴，曰汞，是爲重流質。其餘不冷不熱之時，皆爲凝質。兩間萬物，皆由此六十四原質變化而成。蓋原質各具相吸相引之性，能彼此愛攝湊聚，成各雜質，而變化無窮。尤可奇者，流質化合，可變爲凝，凝質化合，可變爲流。凝、流互變，質性改殊，由分而合，死可轉生。是則原質之功用，在乎成雜質；雜質之功用，在乎生植物；植物之功用，在乎養動物；而動物之能養，植物之能生，皆循天地變化，各遂其生生之道，而原質之功用，其韙矣哉！此物質之化學奥妙也，於以知凝、流二質，互相爲功：有流無凝，則不能成物之體，有凝無流，則不能養物之神。蓋凝質，其呆滯者也。不以流質消化，則不能流通走動，即積高增大，亦塊然死物，絶無知覺。必有流質運通，始克靈活。如人之必賴血脈以生，樹之必資汁液以養者然也。流質，其活潑者也。有逕必達，無微不入，凝質消化於内，則挪移補湊，配搭從容，凝結成形，以壯雅觀。苟無凝質，則空有靈活，不克成其功績。故凝質猶物之體骨也，流質猶物之血液也。有體骨，則物堅實；有血液，則物靈活。萬類變化，百物長養，或凝或流，缺一不可。此凝、流二質所以爲萬物之根源，所以爲萬物之胎胚也。信矣。

上海會文學社版《普通百科全書》

《物理學問答》書影

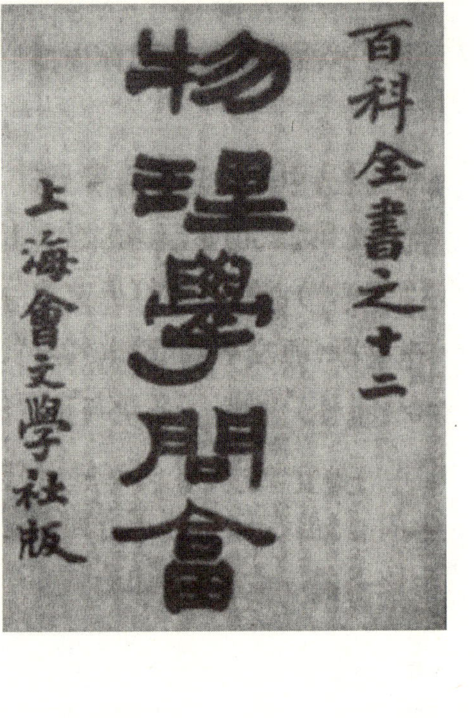

《物理學新書》書影

物理測量與儀器分部

綜述

徐光啓《條議曆法修正歲差疏》 度數旁通十事

其一，曆象既正，除天文一家言災祥禍福、律例所禁外，若考求七政行度情性，下合地宜；則一切晴雨水旱，可以約略豫知，修救修備，於民生財計大有利益。

其二，度數既明，可以測量水地，一切疏濬河渠、築治堤岸、灌溉田畝，動無失策，有益民事。

其三，度數與樂律相通，明於度數即能考正音律，製造器具，於修定雅樂可以相資。

其四，兵家營陣器械及築治城臺池隍等，皆須度數爲用，精於其法，有裨邊計。

其五，算學久廢，官司計會多委任胥史，錢穀之司關係尤大。度數既明，凡《九章》諸術，皆有簡當捷要之法，習業甚易，理財之臣尤所亟須。

其六，營建屋宇橋梁等，明於度數者力省功倍，且經度堅固，千萬年不圮不壞。

其七，精於度數者能造作機器，力小任重，及風水輪盤諸事以治水用水，與凡一切器具，皆有利便之法，以前民用，以利民生。

其八，天下輿地，其南北東西縱橫相距，紆直廣袤，及山海原隰、高深廣遠，皆可用法測量，道里尺寸，悉無謬誤。

其九，醫藥之家，宜審運氣；曆數既明，可以察知日月五星躔次，與病體相視乖和順逆，因而藥石針砭，不致差誤，大爲生民利益。

其十，造作鍾漏以知時刻分秒，若日月星晷、不論公私處所、南北東西、欹斜坳突，皆可安置施用，使人人能分更分漏，以率作興事，屢省考成。

右十條於民事似爲關切。臣聞之《周髀算經》云：「禹之所以治天下者，勾股之所繇生也」。蓋凡物有形有質，莫不資於度數故耳。此須接續講求，若得同事多人，亦可分曹速就，伏乞聖裁。

佚名《理法器撮要》卷一

原天

古之言天者，所宗有三：渾天、蓋天、宣夜也。宣夜之傳授無之。所謂天了無質，仰望無極，譬之遠望黄山皆青，俯視深谷皆黑，日月星辰浮于太虛，無所根繫，此漢郄萌之記，所謂宣夜也。其説甚誕。至于蓋天，言天如笠蓋，地如覆槃，天地皆中高四下，日月環行其旁，北極爲天頂，是謂地下無天也。其説亦扞格難通。渾天言天如鳥卵，天包地外如卵白，地在天中如卵黄，周天三百六十五度四分度之一，半在地上，半在地下，南北有樞極旋轉，斜倚地中；北極出地三十六度半，南極入地三十六度半；兩極之中處爲赤道，如帶繫天之中，日月星辰俱斜轉上下爲晝夜，出入赤道爲冬夏。大略如是。其理圓，其跡合，故歷代曆家皆主其説。

量天測地法

用篾長六尺，于二寸處鑽小孔，以錐釘于平地，使可旋轉，别用長釘著其外端，畫地旋作大圜，即以篾隨圜紋量之，得三丈六尺五寸二分六，此即周天三百六十五度零也。分作四股，每股各九尺一寸三分零處，作東西南北四點記之，畫作十字徑，量之皆得一丈六尺一，此即圍三徑一之法也。乃以圓爲天，而方爲地，用法度之。

周天之半，一百八十二度零。其形圜而上，與地徑一百一十六度一平，而直不相準也。當以方矩弧弦法求之。即從十字徑而方之爲井格，每格十度，四面皆得五十六度零，乃于四點之兩間再作四點，每點各得四十五度六五七五，其點即八卦方位，各以本卦識之，乃從震兑巽艮四點，各取其弦爲大方，則每弦得八十二度一八二六，其弧背各九十一度三一四，乃九歸之數也。然則天圜一度，地平實得九分，弧弦使然。更從乾坤坎離處度至弦，得一十六度九五八七，是爲矢度，其弧亦九十一度三一四，如矢而一歸之，每矢一度得弧五度三九。然則天徑九十一度外皆側立見高，而地平實狹，乃孤矢使然。由是以求北距之距天中五十五度三一四，實平徑四十九度七八二六，斗杓距極三十五度；實徑三十一度五，黄道北陸距極六十七度三，實徑六十度五七；黄道距赤道内外各二十四度，實徑二十一度六；合北極至黄道南陸一百十五度三一四，實徑一百零三度六七二六。其南北空處止有十二度三一七四。此徑之大略數也。于是衡山夏至無影求之，衡山至周王城，約四千五百里，而得影一尺五寸，每寸得三百里爲勾，八尺之臬爲股，以其勾乘其股，日去地二萬四千里也。天頂至地心，即周徑之半五十八度零，用歸二萬四千里，每度得四百一十三里八，爲度里。此天徑地徑相符合之數也。置黄道北陸距極度，減去天中距極度，餘一十度七八七四；用度里乘之，得四千四百六十三里八二六一二，爲黄道北距天中里實。所以古人謂土圭之景，尺有五寸爲地中，良非虛也。里實既得，乃取周徑而半之，得五十八度爲地徑。地數耦也，中天南北各二十九度，則赤道正當地脊之上；再以度里乘五十八，亦得二萬四千爲地徑里實，與日去地之里亦合。乃知地平居天之半，而地徑又得天中之半，與耦數適符。是以古人有地徑二十四度之説，殆以千里爲度，其數本合，而不知里數實而度數虛，亦由蓋天之説誤之也。今先以度里之實求之，大略如是。欲得其精，更當以管窺驗之。用八尺之管，中空徑寸，高懸于上，必直而正，從下仰視管中有星，則詳而記之。此星即正當其下土也。然後用循弧之法，誠爲可據，非空言懸解者也。

天體

天體渾圓，包乎地外，周旋無端。其形渾渾，元氣充塞，圍注地心，而地乃得懸空而不偏隊。西士航海，以遠鏡望之，則見天體稜層凹凸，堅而且輕，又如葱頭之皮，明而無色，層層通透，光似琉璃。日月五星皆逐層附麗而動，其最上一層爲宗動天，則自東而西；其下八層，則自西而東；各動其所本動，而後四時、寒暑、積閏、歲差，皆從此出。

天本無度，以日行爲度。天本無黄、赤二道，測天者就南、北極中分之，因畫南、北半天之腰，爲赤道；又就日所經赤道内外各二十三度半强，斜交于赤道南北者，爲黄道。天本無十二宫次，以日月所宿爲次。此皆古人因天定歷，而各立主名，爲推步張本。仰觀者第以二十八宿之運動爲宗，而諸重天之遲速，皆可得而定焉。

地體

地體之周，以天度計之，每以二百四十六里當一度，當得九萬里。又以徑一圍三計之，其厚當得二萬八千六百三十六里零百分里之一，其半徑當得一萬四千三百一十八里九分里之二。爲人物所居之面，若論形橅，則沙土山海合成一個圓球。古人謂地方者，語其德，非語其形也。何以見之？如人向北直行二百五十里，則見北極出地高一度，南極入地低一度；如向南直行二百五十里，則視北極遠一度，視南極近一度。如人在極南，能見南極諸星，而北極之星不見；人在極北，所見者反是，則地體之圓可知矣。昔曾航海入中國，忽見南北二極之星皆在平地，蓋所到之處，已在球之晝夜平線間。更轉而南，過大浪山，則見南極出地三十五度，可知其地正與中國上下相對，而歷其地者，仍仰而望天，未嘗視天在地之下，則益見地球之圓，而周圍並可居人也。

天地相離遠近

天有九重，層層相包，其相間各有道里可測。第一重宗動天，離地六萬四千七百三十三萬八千六百九十餘里；第二重二十八宿天，即經星天，又名歲差天，每歲東行，差行五十一秒。離地三萬二千二百七十六萬九千八百四十五里零；第三重填星天，即土星天，離地二萬零五百七十七萬零五百六十四里零；第四重歲星天，即木星天，離地一萬二千六百七十六萬九千五百八十四里零；第五重熒惑天，即火星天，離地二千七百四十一萬二千一百里零；第六重日輪天，離地一千六百零五萬五千六百九十里零。

以上六重離地甚遠，其諸星體較地球甚鉅，故不妨就地面測之。若金、水、太陰去地不甚遠，必須就地心測之，法須另算地形半徑。

第七重太白天，離地中心二百四十萬零六百八十一里零；第八重辰星天，即水星天，離地中心九十一萬八千七百五十里零；第九重月輪天，離地中心四十八萬二千五百二十二里零，於地爲最近。

日月地球大小

地球一周三百六十度，每度二百四十六里。日輪天一周亦三百六十度，每度當得數萬餘里。蓋天大于地，則天度自廣，地度自狹。嘗以器測日，見天度半度爲日全徑之度，則日輪之大，亦當得數萬餘里，而大于地球可知。至于月輪，則去地不甚遠，而其體亦較小于地球矣。説見後《七曜形體大小》篇。

七曜行度

宗動天一日一週，周三百六十五度四分度之一。太陽隨天左旋，實每日右旋一度，故積三百六十五日有奇，而與天會，以成歲。

太陰出入黄道内外，春青、夏赤、秋白、冬黑各二道，而爲八道。每日右旋十三度有零，積二十七日有奇，而與天會；積二十九日有奇，而與日會，爲一月。

土星右旋，平行二十八日移一度，二十八月移一宫，二十八歲一周天，晨始見，去日半次，順行八十日，始留三十四日，不行而旋退，逆行一百一日，復留三十三日有奇，而旋復，八十五日而伏，晨伏二十一日有奇，而見東方，夕伏同。

木星右旋，平行十二日移一度，一歲移一宫，十二歲一週天，晨始見，去日半次，順行一百三十日，留二十四日而疾；逆行九十三日，復留三十四日有奇，復順一百一十四日而伏，晨伏十七日，行四度而晨見東方，夕伏十八日，行四度而與日會。

火星右旋，以十月入太微，受制平行，二日移一度，二月移一宫，二歲一周天；去日半次，順行二百七十六日，始留，不行而旋退，逆六十日，復留十日，不行而復順，二百七十六[日]而伏，晨伏七十一日，行五十一度，而晨見東方；夕伏同。凡一日半行一度，疾則七日半行五度。

金星右旋，附日平行，一日移一度，一月移一宫，一歲一周天，出以辰，入以丑，未春出東方，秋出西方，過午爲經天，日出曰晝見，晨始見，去日半次，逆六日，始留八日，不行而旋退，順四十六日而疾，順一百二十五日，遲四十六日，留七日，不行而旋退，逆六日而伏，晨見同。

水星右旋，附日平行，一日移一度，一月移一宮，一歲一周天，晨始見，去日半次，逆十日，始留二日，不行而旋順，六十七日順疾，遲十日，十八日而伏，伏十八日而夕見西方。

凡水星近日則遲，遠日則疾；火則近日疾，而遠日遲。木、火、土三星，夜半經天。金、水二星不經天，旦見丙巳之地，則速以追日，及之而伏；昏見丁未之地，則遲行以待日，及之而又伏。此日、月、五星行度之大略也。

七曜形體大小

日輪大于地球一百六十五倍八之三。嘗以遠鏡測，見其出没時，體不甚圓，形如卵，邊如鋸齒，其面有浮游黑點，大小不一，隱見隨從，每閲十四日則周日面之徑，前點出，後點入，不能解其何物何故。

月輪則小于地球三十三倍又三之一。其體面凹凸不平，其明處如山之高處，得日而明；暗處如山之卑處，不得日而暗。以日較月，則日大于月六千五百三十八倍又五之一，而視之若不甚大小者，則以遠近之不同也。

土星大于地九十倍又八之一，其形則兩旁有二小星，或合或離，如卵兩頭，又如鼓之兩耳。

木星大于地九十四倍半，近木別有四小星，左右隨從，又有蝕時。

金星小于地三十六倍二十七之一，其形如月之有盈虧，上下弦周一歲，如月之周一月也。

火星大于地半倍。水星小于地二萬一千九百五十一倍。此二星之形體，遠鏡中望之，亦只此樣，別無所見。

附經星數

經星大小，向分六等。最大一等大于地一百零六倍又六分之一，其數一十有六。次等大于地八十九倍又八分之一，其數六十有八。三等大于地七十一倍又三分之一，其數二百有八。四等大于地五十三倍又十二分之十一，其數五百十二。五等大于地三十五倍又八分之一，其數三百四十有二。六等大于地一十七倍十之一，其數七百三十有二。總計一千八百七十八星。

王大海《海島逸誌》卷五《聞見録》　量天尺　和蘭行舟不重指南車，以量天尺量之，則知舟行幾許。《漳》本、《域》本缺「知」字，按文意增。又能按圖知海中沙石泥濘之處，毫無差錯。《齋》本、《舟》本作「故荷蘭行舟不重指南車，又能按圖知海中砂石泥淺之處，毫無差謬」，置於文末。其形略似紙箋（《齋》本、《舟》本「其」作「量天尺」）能開闔。有一横尺、一斜尺，尺中有分有寸，《齋》本、《舟》本作「有分寸」。俱書和蘭字。每量必於午刻日中之際。其横者以定均平，《齋》本、《舟》本作「其横尺定均平」。其斜者以觀道途之遠近、海中之深淺，情理頗奥。《齋》本、《舟》本作「斜尺觀道路之遠近」。華人有從其學者，終莫能得其旨焉。《齋》本、《舟》本無此十四字。

又　定時鐘　定時鐘三字據《齋》本、《舟》本增。　一日十二時分爲二十四點。《齋》本、《舟》本作「以一日分十二時，鐘分十二點」。子時爲一點，《齋》本、《舟》本無「爲」字。巳時末爲十二點，《齋》本、《舟》本無「時」字。午時又爲一點，《齋》本、《舟》本無「爲」字。至亥時末又爲十二點。《齋》本、《舟》本作「亥末又十二點」。合一日爲二十四候，是亦一道也。《齋》本、《舟》本無此二句。其鐘大小不一，小者盈寸，《齋》本作「鐘小者盈尺」，《舟》本冠有「鐘」字。大者高數尺。鐘鳴之後，又有小鐘十餘事，如八音，鏗鏘可聽，名曰鬧鐘。

天船

其船短小，式如亭，《齋》本、《舟》本作「天船短小如亭」。可容十人，内置風櫃，極其精巧，如渾天儀，《齋》本、《舟》本作「精巧如渾天儀」。用數人極力鼓之，《齋》本、《舟》本無「用」字。便能飛騰至極高之處，自有天風習習。欲往何處，則揚帆，《齋》本、《舟》本此數句作「飛騰揚帆」。以量天尺量之。至其處，乃收帆聽其墜下。《齋》本、《舟》本作「收帆墜下」。《舟》本評：「此必無之事」。相傳曾有被日火燒毁並爆死者，所以不敢頻用也。《齋》本、《舟》本無此二句。

風銃

風銃二字據《齋》本、《舟》本增。狀與銃略相似，《齋》本、《舟》本無「略」字。有索可挽，用時引索實子放之，《齋》本、《舟》本「引索實子」作「實子引索」。聲不甚響，亦能傷人。和蘭法度森嚴，民間違禁，有之則究，莫敢置者。

又　奇技

風鋸，《舟》本冠有「製造一切皆奇巧」一語。水鋸、風磨、水磨；吊橋，城門吊橋重數千觔，早晚開閉，《舟》本「閉」作「闔」。一人可挽；千觔稱，式如筒，以鐵爲之，中用螺銓，一人可銓，雖厦屋巨舟，銓之立即敧斜；《舟》本「稱」作「秤」，「銓之立即敧斜」句作「銓之，斜者即正」。顯微境；自鳴鐘，飛禽走獸，自能鳴動，木偶如生。不可畢舉也。

侯失勒約翰　偉烈亞力　李善蘭　徐建寅《談天》卷三《測量之理》　前二卷論地球之大凡，諸曜之相屬，測量所憑諸事及諸名目。今以天學之實事及諸法詳論之。其要每法之立，必考求其測量之理。蓋不明測量之理，不能深信其法。故特詳論之，俾學者確知古法之誤，而今有法以改其誤，然後歎立法之精密，無可疑焉。

造測天器，爲工之最精細者，非精通幾何之理，不能充此工。如作銅環，分爲三百六十等分，置其中心於軸端，令其面恰平。似甚易事，而不知此事極難。蓋測角度用遠鏡，設遠鏡力爲一千，則測天差一分，一若差一千分矣。設一尺爲半徑，則一分角度爲周線三百五十分寸之一，非顯微鏡不能察矣。然此尚爲測天麤器。今西國觀星臺之器，能分一秒之角度。夫一秒之弧，不滿二十萬分半徑之一，故以六尺爲徑，則一秒之弧不滿六千八百分寸之一，非大力顯微鏡不能分也。於銅環周分三百六十度，令無微差，已非易事，況度既成，再作分，分既成，再作秒，世未有能作如此細分而無差也。即曰能之，而寒暑及質重俱能生差，蓋寒暑能令銅長縮，不能令環通體同變，故生差。而四周所憑，不能如一，故質重亦生差。又安環於架時，必微有震動，亦能生差。故近法先安環於架，然後分爲度分，再用諸巧法分爲極細分，然亦不能無差也。要之，天學家所願得之器，良工不能造。不得已，精心設法，補救良工之差。故測量必當擇時，又必當知器之差，又必當知器之質性，考之既詳，乃用其正者，去其差者，此爲天學家之妙用。然理甚深曲，此特言其大略耳。

用有差之器，能令測得之數不差，爲天學家之要事。其法必精心勤求其差，或改正器，或改正所得之正之。循環察驗，其差易去也。考天地自然之法，必由漸而精。先用疎器，測得數亦疎，命名亦疎。以所得數細考之，而知其不合，或仍其名，而釋其理，或立新名，如此考察，必至其名與測量之實合而止。當考求時，大法之中又生小法，故初所立名及數，皆當改易。而用新法時，其中又有分支之法，必再考之。凡初得之法，其理往往誤會。心以爲如此，與所測恒不合。初以爲偶然，再四推之皆然，然後知器必有差，乃推其差之最大當得若干。若最大之差，大於測望當得之差，則器爲無用。或棄之，或改正之。改正非能消其差，但令差益明，而知前所立法俱當改，故幾次測望新理乃明。

凡考天，覺有不合埋處，必思有未知之理隱而未顯，則以測望之數列表，見表有級數之理，則再改正器，復測之。而不合之數與前不同，則或係器差，用幾何之理，推其差之根。凡器必有差，若不知其差之例，恒誤謂天地之理，蓋天地之理與器之差，恒雜而難分也。此差非同測量之差生於偶然，由於器之病，器不改，差不減。所以或造器，或安器，必俱有一定法推其差。此差既明，方知其中有一級數之差，與此不合理之事合。昔所難分者，一旦忽分，故測望能正器之差也。

天學家最要者，常先明器之理。此理明，則造器、安器差俱能知，而有法以消其差，測天乃密也。假如器數。考器生差之故，其大端有三。一曰自然之差，人力不能爲，氣之變化是也。所以蒙氣差雖有表，與實測恒不合，其理人不能知，故大小不能定。又器之大小方向，亦因寒暑而生差。其餘不能備述。二曰測量之差，乃人不巧便，或目力不精，或測量略先略後，不得真時之度，或天氣不清，或器之力不足，或器微動。如是者亦難枚舉。三曰器之諸差分爲二端，其一器不精，或軸筒不正圜，或環心不在正中，或非的係正圜，或非真平面，或度分不停勻。其他亦難盡言。此非心目之過，測天者每恨之。其一置器不審，或配合未能恰好，或動分相屬未能恰好，此不能免者。如地面或房屋不十分堅實，雖生差甚微，在他事可不論，而於測天則不能不論也。又如工匠安器時，非極穩固，久而生差。此諸差最難知，蓋非用本器，不能知器之地平子午卯酉地軸等諸要線有差與否。而用本器測本差，則甚難也。

設所差有定數，則能用法改正之。而自然及測量諸差，參差不齊，故必累次測望，約取其中數，則出入相消，而得數略近也。至於工匠及安器諸差，須恒防之。凡人之手，器之體必不能成正圜及直線垂線，但其差甚微，目不能見，手不能揣，而測望時必能覺之。蓋人所造之器，與造所生之物，以大力鏡勘之，而知人所造者其差甚大，可立見也。故先測望，以所得之數造法。即以其法考測望之器，求其誤而改以太陽每至子午圈爲日之本，考諸恒星之日，爲二十三小時五十六分四秒〇九，俱同。故知此係地球自轉一周無疑。

太陽太陰之周時，與公法不合。故二物自有動法，無論或真或視，與地之動法無涉。欲測證之，不必用器。任取一牆之界線，用銅板中開小穴，安定一處，令不動。人立於牆之北方，以鐘表考各星過穴之時。太陽過時，用煤薰玻璃，測其東西二邊至界線之時，取其中數，即太陽心至界線之時。依此測之，即知日至子午圈，每日不同，或早於鐘，或遲於鐘。故太陽周時長短不同，冬至大於平周時半分，秋分小於平周時半分。相連二周時，長短不同。故太陽之視動，不獨與恒星異，且每日不同。其遲速可以法測之，測此理必用精器，非徒仗目力所能也。既有子午儀，再細考鐘表之差。如此考之，至器之理極精細，則知太陽周時差中，又恒生諸細差。昔未知者，因與器差相雜故也。海中之平面可比太陽之平周時，一月之潮差，可比一年中太陽之差。

太陽日與恒星日之別，爲西歷諸法大綱之一。恒用者，太陽平日。中術起於子正，至明日子正爲一晝夜。西術起於午正，至明日午正爲一晝夜。惟民事間常用者，自子正至子正，與中術無異。如正月初二午初，歷家謂一日二十之理，環與活軸當同心，而人所造不能一定同心，則考其不同心當得差若干。乃準幾何理，環軸不同心，一邊之角必較小，一邊之角必較大。又兩心相去，無論若干，於環之相對二分，各測其角，取所得之中數，必無差。蓋此大彼小，恰相消也。又器之理，其軸當與地軸平行，而人所安不能恰平行，則當考其不平行之差。凡此考器差之理，乃最要事。若一一明之，則器雖不精，用以測天仍精密也。此準幾何理考之不難。後凡言器，俱作精器論也。

上所論，凡欲從事天學者必應知之。天學必由疎漸密，今略舉數條言之。古未有測天之器，有俱大智慧者，仰觀而知各星每晝夜繞極一匝，後用疎器測之，覺諸星繞極之道，非平圜而近橢圜，愈近地平愈橢，考知非器之差。推求其故，忽悟蒙氣之理，與前論太陽同。則知測望所得星道有蒙氣差，以法推之，而得真星也。

未有器時，覺諸曜一晝夜俱繞地心一匝。後用器測諸曜過午，以鐘表測時，知有不同。且亦非測量之差。細測諸恒星至子午圈時俱同，而一匝非同太陽二十四小時，乃爲二十三小時五十六分四秒〇九，故有恒星日，有太陽日，二日不同。若以太陰言之，所得之日更長，爲二十四小時五十四分也。三小時，初二未初，歷家謂二百一時，此法有便有不便。二地推時必不同，此自然之理。爲地球相對二地，此方日中，彼方夜半，此方日出，彼方日没，甚或差至一日，是甚不便也。近立新法，徧地球同用一時，不以本地晷影中星爲主，而以太陽躔度爲主，名之爲分點時，其詳見後。

以天文言時，其要有二。一、顯動角。地球平轉一匝，各星用平時繞地，故以各星過子午圈時計之，爲星之赤經度。一、用曆法之時，恒爲自變數。天文之大綱，在求諸曜之動法及其故。而星視動之法，及考其過去見在未來之方位，用此法與測量比較，必先有古測望之簿，及測之時。

楊毓煇《問古設律度量衡，所以測點、線、面、體也。自聲學、熱學、光學、電學之説出，而尋常律度量衡之用幾窮，西人測音、測熱、測光、測電，果何所憑藉而知其大小多寡，能詳言其法歟》格致書院課藝・庚寅春季特課 今夫一事也，始而驚爲神奇，繼而或見爲庸腐，非事之始終異致也，蓋有超乎其上者，則其事遂以數見不鮮矣。一物也，始而誇爲精妙，繼而或視爲平常，非物之先後不同也，蓋有軼乎其前者，則其物遂以相形見絀矣。天下事物之消長，大抵如斯也。即如古設律度量衡，本爲測算計也。測算之理雖奧，測算之事雖繁，約而計之則有四。一曰點。點如針芒，無闊狹，亦無短長。假如測日月行度，祗視其中心一點，此點所到，即爲躔離真度也。一曰線。線有弧直二種，假如測日月相距度，皆自太陽心算至太陰心，是爲弧線。假如測日月離人遠近，皆自人目中一點，算至太陽太陰天，是爲直線。一曰面。面之形有方有圓，無厚薄之分，而有闊狹短長之别，故謂之羃。羃也者，所以冒物，如量田畝界域，只論其土面之大小，而不論其淺深是也。一曰體。體有長短，有闊狹，有厚薄，其形式又有方有圓，圓體如柱如球，方體如斗如櫃。以上四者，其所以測算亦精矣。故當時之律度量衡，胥誇爲測算要器，謂其可以纖微畢悉，可以毫髮無遺。初不意有駕而上之者也，乃未幾而聲學出矣。攷西人之言聲，謂傳聲俱賴空氣，無空氣則不能傳。若空氣中和之候，一秒内有九十六丈可通，其聲音之大小無殊，惟大者能及遠耳。且空氣之傳動，實與浪因風激相同，故謂之聲浪。聲浪之行速，其謂每秒一千零九十尺者，以空氣冷至冰度而言也。若熱至二度半，則每秒行速一千零九十一尺。熱至八度半，則每秒行速一千一百零九尺。熱至十二度，則每秒行速一千一百十三尺。熱至二十六度六，則每秒行速一千一百四十尺。其測算之精微如此，實非尋常之器所能同也。此所以聲學出而律度量衡之用幾微也。未幾而熱學出矣。西人之言熱，謂天下無無熱之物，不論物之冷有多少，內面有熱氣，即傳之於外面；此端有熱氣，即射之於彼端。而且各物之面，俱能回熱，各物相近，亦能吸熱，其理極奧極精。又謂水之化氣，惟熱氣爲根，又謂欲攷物容熱度之率，必先明其功效；功效同則熱氣多少亦恒等。用能如法測度，纖細靡遺。此所以熱學出而律度量衡之用又寡也。至於光學之出也，爲時已久，而近時則益精。昔人皆謂人所見之光，自目中而至目外，有精於光學者窮究研索，始知由目外而至目中，其中奧渺，難以縷述。且光之類亦不一，凡物發光而至他物，必有回射之光，則曰回光，亦曰射光。光線射至物上，或改其原方向，有似折形，則曰折光。透出物面，則曰透光。傳於別物，則曰傳光。至若光線由小孔而透，光發順直線而行，以及光發之性情，光行之速率，皆可測算，不爽毫釐。此所以光學出而律度量衡之用更鮮也。至於電學之出也，實自擦磨琥珀始，厥後愈考愈精，始知電有自然者，有造成者。其自然者止一種，爲空中雲二片，相激而成。其造成者有二種，一乾一濕。乾電，用乾燥之物磨擦而出，濕電用電瓶注水，和陰陽二金製成。製成者又分正負，如將鋅與鉑各一片，入酸水內，則其水外二端之電氣，即有相反之性。鉑端顯正電，鋅端顯負電。再將二片聯以金類絲，則正電在絲上，向負電而行；負電在絲上，向正電而行。其理亦甚微奧。至若電線，無論遠近，瞬息可通，不尤神乎其神哉。此所以電學出而律度量衡之用又絀也。是故猶是律度也，猶是量衡也。而向也皆驚爲神奇者，至是皆見爲庸腐矣。向也皆誇爲精妙者，至是皆視爲平常矣，蓋其用幾窮矣。且夫西人之於聲學熱學光學電學皆有實用，即西人之於測音測熱測光測電非託空談也。其所以知大小多寡者，夫豈無所憑藉哉！夫果何所憑藉哉？則請詳言其法。一論測音之法也。測音與測光略同。蓋光有透光，音亦有透音也。光有回光，音亦有回音也。其測透音之法，如後第一圖。取炭氣，盛於極薄之象皮毬內懸於架上。如乙，其旁又懸一表，如物，則所發之聲浪，遇氣毬即行透過，而折聚一點，與光相同。又以漏斗一隻，置於毬之對面，如巳，相去約數尺許，以其管對人耳，左右遠近漸移以試之。其聲最大之處，即爲聚聲點，漏斗若不對聚聲點，即不聞其聲。取去氣毬，雖有聲而甚小，可見甚小之聲，其聚聲點之聲，亦甚大也。以此法測驗他物，亦能不爽毫釐。其測回音之法，如後第二圖。用橢圓凹回光鏡二面，其一覆懸於屋頂，如寅。其一仰置於桌上，如卯。相距二丈五尺許，若挂一表於光點，如物，則他處不聞有聲，惟在甲點，其聲甚清，與執在手者同聽。其聲非自上而下，實自下而上，而其回音之大小，不難一驗而知也。以此測驗他物，亦能不爽毫釐。若夫測聲浪之行速也亦精，其法雖多，而最靈捷者則莫如用礮。嘗有人用巨礮一具，置於三千二百七十尺以外，而從三千二百七十尺以內聽之，則燃放之後，即見其光，惟歷三秒許，始能聞其聲。因測知聲之傳行，每秒約爲一千零九十尺。以此類推，他皆可知。如見電光後，停幾秒而聞雷聲，即知發雷之處，相距幾何遠也。若夫測金類之傳聲也亦易。有西人用測傳聲器測之，知金類之熱度不同，傳聲之速率亦異。熱度加而速率減也。惟銀與鐵則不然。銀鐵熱二十度，速率一萬六千八百二十二尺。熱一百度，速率加至一萬七千三百八十六尺。熱二百度，速率減至一萬五千四百八十三尺。蓋熱度至其定限，速率最大；或過或不及，速率俱小也。不特是也，至於測音，又生音之動數，則其法尤精。如後第三圖，將氣吹入此器，觀時表之秒針指六十秒，急按左柄，如乙，則器面之針即動，待針秒轉一周，仍至六十秒，急按右柄，如甲，則器面之針即停，觀針所指，若在一千四百四十，而板之孔十六，則十六乘一千四百四十，得二萬三千零四十，即一分時音叉之動數，以六十約之，得三百八十四，爲一秒時音叉之動數。此種測法，實屬精微。他如絃音、管音、鐘磬之音，以記聲器、準音器驗之，亦無差誤。此西人測音之法，所以精而微也。一論測熱之法也。測熱之法約有數端，試先論傳熱。各物性質有傳多傳寡之殊，金類中惟金銀銅最易傳熱，鉛則次之，玉石磁器玻璃木植最難傳熱，炭則次之。然果何以測而知之也？則有一簡法在。如後第四圖，欲測某物之傳熱大小多寡，即用某物製成圓柱，以蠟包其上端，使之與銅器相切。銅器內盛熱水，或熱油，其熱氣傳至圓柱，必化開上端之蠟。凡難傳者，其鎔化近而少。易傳者，其鎔化遠而多。故不難一測而畢悉也。次論射熱。射熱之理，各質皆同。如以洋鐵匣盛滿熱水，其射熱與鐵球之燒紅無殊。人身不然，冰亦然，較冰再冷之物質亦然。不過射之大小，射之多寡，各有不同耳。然又何以測而知之也？則亦有妙法在。如後第五圖，即測射熱之器，厥名爲測射熱較度表，法將兩球盛滿風氣，中藏紅色硫磺强水，設加熱度於一球，風氣漸漲，即抵硫磺强水至別管內，如兩球熱度俱同，則兩管內硫磺强水高低一例。兩球熱度各異，則何管之硫磺强水較高，因之可測射熱之大小多寡也。且射熱之能力，關於物面之滯滑，面愈滑，則射熱愈寡。面愈滯，則射熱愈多。如後第六圖，以金類立方箱，置在球體鏡前，用一測射熱較度球，放於鏡之針心處，箱内盛熱水，則各面熱度俱同，測各面射熱度之效，在最滯面上，其表度最高，比滑面之熱度，加三倍有奇。他面愈滑，表度愈低。他面愈滯，表度愈高也。次論吸熱。凡物之吸熱皆同，而所以吸熱則不同。即以太陽而論，凡萬物皆爲太陽照熱，其所照之熱無異，所受之熱即有異，蓋吸熱之能力，亦關各物之性質，故或吸受寡，或吸受多，不容一概而論也。如以測射熱較度表測之，即知其理。設以表之兩球，同置太陽之下，一球爲原色，一球爲漆黑色，復熱以薄物，則其熱較度之大小，即關於所熱之性質。用金銀爲蓋，則吸熱甚小。用黑紙爲蓋，則吸熱甚多。蓋金銀之性，有返照之能，故吸熱少也。知乎此，則他可類推矣。次論回熱。回熱之能力，亦視各物之性質，與各物之滯滑，其測驗之法亦甚多。若以測熱表測之，即可知其大小多寡。又一簡法，略可試驗。即如以熱物放在彗星曲線鏡之針心處，其熱必平行於彗星曲線徑之方向，再以別鏡置於相近之地，使人能受所射之熱，其熱必聚在彼鏡之針心處，以火紙放於此，紙即能燃，因可測而知之也。蓋回熱與射熱相反，物愈光滑，回熱愈多。物愈阻滯，回熱愈少。如用鏡兩面，一鏡有漆，一鏡無漆，其有漆者回熱必少，其無漆者回熱必多也。以上測傳熱射熱吸熱回熱之法，可謂精矣，然猶不止是也。各物之容熱也，有容熱大者，有容熱小者；有容熱多者，有容熱寡者。又何所憑藉而測之哉？則以有測熱標準也。如後第七圖，用鐵皮製成三器，重複套下，以碎冰盛於外層兩器中。第一套鎔冰化水，可從甲閘流下。第二套鎔冰化水，可從乙閘流下，並用精細鐵絲，阻其冰塊，不使塞於孔管之處。則外面之熱，必爲第一層冰所隔，不能至第二層。裏面之熱，即從丁器化下，不能至第一層。丙層、丁層之冰，亦必爲熱鎔化，其化下之水，在甲點、乙點，可以測知其多寡。此器之用甚多，不拘何物皆可測試。如欲測試鐵容熱之率，將鐵球熱度加至一百，置於裏面器中，即速蓋好。則熱度加至三十二度時，測量鎔開之水若干。又熱度加至二三百時，測量鎔開之水若干。傳出熱之多少，與冰化水多少之比例恒等，可測而知。所化之水，以愈高愈加長爲率。準此測知鐵容熱之率，與熱度大小一同改變。此僅就鐵之容熱而言也。若欲測各物容熱之率，則當升各物熱至相等之度，從熱度點時，降至三十二熱度點時，測其冰化水若干，即得容熱之率也。至於測空氣之熱，其法最易明曉。如第八圖，厥名爲寒暑表，以玻璃管爲之，下端有圓球，内存水銀，管連於架，其表面則刻度數。觀水銀之升度若干，即知熱度若干也。此則西人測熱之法，所以靈而捷也。一論測光之法也。光之濃淡可測，光之速率亦可測。測濃淡之法，平方反比例盡之矣。而又有一簡法，亦可試驗。其法立竿於白屏前，以一燭火置其前，即見一竿影。以二燭火置其前，即見二竿影。設兩燭火離屏之遠近同，其成影之暗亦同，則其光力之濃淡亦同，可知也。若一影暗，一影更暗，則影暗之燭火，其光較淡，更暗之燭火，其光較濃，更可知也。蓋凡物皆光之力愈濃，所成之影愈暗也。用此法以測他物，亦可不差。測速率之法，昔丹國人名六麻者，在法巴黎城内，測望木星小月之食，木星離日四萬七千五百六十九萬三千英里，因而又得一據。凡光行過空處之速率，每秒約十九萬二千五百英里，然其法頗繁。又有傳珂者，測得光行速率爲每秒十八萬五千一百七十七英里，光學家多宗其説。其法如第九圖，仔爲暗室之牆，辰爲方孔，以回光鏡置於暗室之外，以白金條豎於方孔之内，令光條透過方孔，而至室中，則白金條分光條爲二。又用無光色差之透光鏡，如丑，光條透過此鏡之後，射至寅平回光鏡，回光鏡旋轉之速率甚大，且其回射之形像成於空中，在空中之行速率，爲回光鏡速率之加倍。此形像射至嗔凹回光鏡，其鏡面之中心，合於寅鏡旋轉之角線，從嗔鏡回射之光，復至寅鏡，再從此鏡回射而過丑鏡，成一白金絲之形像。若寅鏡旋轉不速，所成之形像，即合於白金絲，其咳爲平行面之玻璃片，在白金絲與透光鏡之間。所以從寅鏡回射之形，至玻璃片而回射，則透過巳目鏡，倘寅鏡不動，而或旋轉甚遲，嗔寅兩鏡回射之光線，射於寅鏡上，其形像與原回射之形像相合，後從寅鏡回射，至咳玻璃片之甲點，從此處有幾分回射，至目鏡之丁點，成一形像。甲丁等於甲辰，其形像即用巳目鏡觀之。此即測光行速率所憑藉之器也。又可用此器，測光行於流質内之差數。其法用一長管，如呷叱，長三碼，計每碼二尺，共六尺長也。置於嗔寅兩回光鏡之間，光線二次透過管内之流質，從寅回射，透過丑鏡至丙，自丙回射而成形像於辛。相距之差數，流質大於空氣質，故空氣内光行之速率，大於流質内光行之速率。因而測知空氣内每秒十九萬二千英里，水内十四萬四千英里，剛石内七萬七千英里，玻璃内十二萬八千英里也。以上二者，皆測光之總法也。若分而言之，則又有回光。昔有精於格致者，測知各物回光迥異。若射光線爲回光面之垂線，以光線一千分而論，則水回射之光線十八，玻璃回射之光線二十有五，水銀回射之光線六百六十有六。若不爲回光面之垂線，則水與玻璃回光較多，以光線一千分論，假如射角四十度，則水面回光線二十有二，射角六十度，則水面回光線三百三十有三。射角八十度半九，則水面回光線七百二十有一。此時水銀之回光線，亦與水同。其測驗之法甚簡，如用水一盆，以燭火照之，而仔細看其回射之光，迨至燭低，而目亦低，將近水面，燭光更明，即可測知其理也。又一法，可用回光鏡測之，亦極明晰，惟不及前法之簡便耳。又有透光。西人測得，凡物有透光，有不透光者；有濕時透光，乾時不透光者。即如用水一盆，以紙浸其中，紙即透光；以白布浸其中，則白布之色稍減。蓋濕布透光多於乾布，回光少於乾布也。又有數種石類，乾時亦不透光，浸於水中，其光即透。蓋其物雖異，而其理則同也。測透光之法，則全憑藉透光鏡。其鏡分爲二種：一令平行光線透過鏡後而漸離，一令平行光線透過鏡後而漸聚。其二種鏡，每種有三式，兹將其名列表如左。

計漸離透光三種鏡：一爲平凹鏡，二爲雙凹鏡，三爲凹凸鏡，

計漸聚透光三種鏡：一爲平凸鏡，二爲雙凸鏡，三爲凹凸鏡。

惟漸離透光凹凸鏡之凹面平徑，大於凸面平徑。漸聚透光凹凸鏡之凸面半徑，大於凹面半徑，稍有不同耳。憑此六鏡以測透光，可以纖細無餘矣。又有折光。西人測得光線凡自空氣射入水中，則折光線即近於垂線。自水中射入空氣，則折光線即遠於垂線。其測試之法，如第十圖，甲爲水中發光點，乙爲射光線，丙爲垂線，其射光線出水面而入空氣，即更遠於垂線。若射光線之度數加多，則出光線之度數亦加多。如有出光線與水面平行，則射光線亦不出水面，而射入水中矣。觀乎此，即可知凡物折光之理。既知折光之理，則折光指即光差亦可知。如玻璃瓶内用醋，則折光指爲一三三六。用橄欖油，則折光指爲一四七。用柏角油，則折光指爲一五三八。用以脱里克酯，則折光指爲一三七二。用燐，則折光指爲二二四。用炭硫，則折光指爲一六七八。皆可試驗而知也。又有光力。西人之測量光力，或大或小，或寡或多，全憑藉量光力器。其器甚多，而以活樞量光力器爲尤善。如第十一圖，其器爲克羅克司所設，用極輕細之金絲，或銀銅等絲，作十字形，如乙，中加一硬銅釘，如甲，此釘靠於小杯凹内，如丙，用能任意轉動。其十字絲之端，用圓通草片作球形，如丁，兩黑兩白，裝於白玻璃泡内，抽盡空氣而密封之。此器遇光即動，其轉動之遲速，視光力之大小。光力大若干，則轉動即速若干。光力小幾度，則轉動即遲幾度。前曾有人試此種器，執燭火距器二十寸，則二百八十二秒内轉一周。距器十寸，則四十五秒内轉一周。距器五寸，則十一秒内轉一周。如用燭兩隻，則所轉之數視前加倍。用燭三隻，則所轉之數視前加三倍。又用燭火置於小器中，距器約五寸許，令光行過各色玻璃，則淡紅色玻璃二十秒轉一周，紫色玻璃二十八秒轉一周，緑色玻璃四十秒轉一周，黄色玻璃二十一秒轉一周，藍色玻璃三十八秒轉一周，橘色玻璃二十六秒轉一周。其轉動之遲速不同，實其光力之大小各異也。故某種玻璃光力大，某色玻璃光力小，俱可一測而知也。此則西人測光之法，所以神而奇也。一論測電之法也。測電之法亦多，蓋電有濃有淡，有少有多，有疾有徐，有大有小，其爲類不一，故其測法亦不一也。然則測濃淡果何所憑藉乎？曰有妙法在。昔西人測得含電之物，其外廓愈大，則電氣愈淡。其外廓愈小，則電氣愈濃。其法如第十二圖，用鐵輪軸，裹以薄鐵片數重，使之加厚。而以電表高懸於軸上，電氣放滿於輪中，則電表之二團離不甚遠，可見物加大，而電反淡矣。及將鐵片撤去，則二團立即遠颺。可見物加小，而電反濃矣。又一法，可測來頓瓶之電氣濃淡。其所憑藉者，如第十三圖。甲爲象牙半周，丁爲所連之木桿，乙爲乾稻草針，針端有樹心球，而掛於半周心之釘處，其木桿之下又有釘，如丙，可插於瓶球之上。若瓶之電氣愈淡，則稻草成角愈小。瓶之電氣愈濃，則稻草成角愈大。故觀其角度，即可知其電氣之濃淡也。又有一法，可測空氣之電氣濃淡。如弗打測器，及各種測器，均可測之。後有英人測得自西七月至十一月，即華六月至十月也，空中電氣濃始增大，每日之二十四小時，内有兩次極濃，兩次極淡。可見無論何項電氣，其濃淡皆可測知也。然則測多少又何所憑藉乎？曰亦有妙法在。蓋西人測電之多少，其法不一，而其最簡便者，莫如電表。電表亦有三種最靈，其一如第十四圖，用大玻璃筩一具，筩内懸一鐵針，針尖有燈草團，包以金箔，其筩之周圍，畫有度數。使此表依有電之物，則觀其針行之度數，即知其電氣之多少也。其二如第十五圖，以絲線二條，懸燈草團二枚，如探電式。使依有電之物，電寡則二團微離，電多則二團遠颺。其三如第十六圖，用電架一具，上插鐵柱，旁懸鐵針，有沾機可以轉動，外加半圈如弓形，圈中畫以度數，針上插以燈草團，離開鐵柱若干，即可按其度數，而知電之多少也。又有一法，可測來頓瓶電氣之多少，其法則憑藉量電氣器。如第十七圖，子爲小瓶，倒套於銅桿外，銅桿連於摩器之收筩，將容電氣之來頓瓶外皮連於此氣之乙球，而以咿卯二瓶，

記子瓶容滿電氣所放之次數，便可以子瓶測來頓瓶所容之憑數。其卯球之桿在申，而有螺絲旋動，可使卯卯二球或離或即，即知每次所放電氣之數或少或多。蓋桿旁有分度，故能測之極準也。可見無論何項電氣，其多少亦可測知也。至於電氣之疾徐也，每無定論，惟電氣之透過各物，確可知其疾徐。西人測得憑過鐵絲，有於一秒内行至二萬洋里者。電過銅絲，有於一秒内行至二十八萬洋里者。其疾徐之不同如是。測驗之法，於電線空隙之下，置大平鏡一具，上懸平板如輪，令其捷於轉運，追電光過時，返照其上，觀其二光之方向，即可度其先後所差之分度。蓋將一秒分作百小分，設若二光先後只差一小分，目視必不能晰，假使大輪外廓於一秒内能轉百丈，則是每丈佔一小分，二光之相差必係一丈，由是可定電氣之疾徐矣。至於電力之大小也，亦有確據。其測之之法，無非憑藉乎器而已。其器亦不一。法拉待所設者，名曰量化電氣管。微巴所設者，名曰切線指南針。量化電氣管，法用玻璃管，刻分度，每分能指所容氣質若干，復以水盛於管之右端，封密之，覆於發電氣器水内金類片上，則通電氣時所放氣，必由管内上升，觀其每若干時放氣若干數，即知其電力之大小也。切線指南針，法用小指南針，掛於銅圈内，將圈立向南北，其圈一通化電氣，針必偏差若干度，觀其所偏之度數，即知其電力之大小也。又有白底愛所設之器，其測法亦甚靈。如第十八圖，甲爲大銅桿，由玻璃罩中透出，上端連球，如乙，下端連於亞布内脱圓板，如丙。此板爲器底桿中作圈，圈内容小指南針，而能轉動。其用法，轉動全器，至指南針停止不動時，將電氣容於乙球，則電氣傳於銅圈，指南針必偏。偏若干度，即電力若干大也。由是可測電力之大小矣。此則西人測電之法，所以微而渺也。以上測音、測熱、測光、測電，其法可謂精矣，可謂美矣，可謂神奇而不庸腐矣，可謂精奥而非平常矣！雖然，以天地之大，以事物之繁，理必有所未窮，知必有所未盡。其機關奥竅者，尚多有餘不盡之藴，以待後人之研求。是故今日之見爲庸腐平常者，即昔日之見爲神奇奥妙者也。又安知今日之見爲神奇奥妙者，非異日之見爲庸腐平常者乎？所以我中國講求西學，不貴拘執乎西法，而貴變通乎西法。西法所有者，擴而充之；西法所無者，超而上之，善益求善，精益求精，則今日以中國比西洋，固不及；異日以西洋視中國，亦難同矣，豈不懿歟？豈不懿歟！

又　歐陽驥同題

嗟乎！西人測算之法，至今日亦精且備矣，而要非始而精也，由粗而精也，而又非始而備也，由漸而備也。當夫未精未備之先，固皆恃律度量衡之用也。夫律度量衡之設，果何爲哉？則以測點也，測線也，測面與體也。大凡論度數，必始於一點，自點引之而爲線，自線廣之而爲面，自面積之而爲體，是名三大綱。此三大綱，非律度量衡，無以測其大小也。非律度量衡，無以測其短長也。非律度量衡，無以測其厚薄闊狹也。是其器非不精，是其用非不備，乃自聲學、熱學、光學、電學之説出，而精者遂益精矣，而備者遂益備矣。而向之見爲精者，至此反不覺其精矣，而向之見爲備者，至此反不覺其備矣。此律度量衡之用，所以至今日而幾窮矣。然則西人測聲，測熱，測光，測電，果何所憑藉，而知其大小多寡哉？則請詳言其法。一曰聲。西人測聲，雖恃乎器，而亦不僅恃乎器也。其測聲浪之大小，以法蘭西人爲最精。法用一礮，置於遠處，相距三千二百七十尺，燃放之時，即見火光。至聞聲之時，約得三秒，因知每秒聲之傳行，爲一千零九十尺。其法極便，而又極靈，故聲學家皆祖其説也。又試驗鐵質傳聲與空氣傳聲速率之大小，法用鐵條長數十尺，一人以耳切於鐵條之此端，另使人以椎擊其彼端，則二耳各聽一聲，即可知其大小。因一聲自氣傳來，一聲至鐵傳來也。又有記音器，可測各音動數之大小多寡，其器係西人達夫所創，法用銅筩一具，筩口連銅圓板，筩底連進氣管，内有小孔，列成四圈，内圈八孔，外圈十孔，再外十二孔，再外十四孔，又用銅板，外徑與各孔並同。其筩口之圓板中心有鋼軸，又用螺釘，以接鋼軸之上端。吹氣於管，而上板自能旋轉。各孔或對或不對，而氣或吹或塞，則成哼哼之聲，轉速而連續成音，則聽其音，即知其大小多寡也。由是觀之則知，西人測聲之法，所憑藉者亦簡也。一曰熱。凡測日光之熱率，共有數法。最精者，莫如量日熱之器。其器用一長圓玻璃泡，滿盛藍色藥水，其泡之右端，釘以銀螺絲，可旋轉運動，以加減其中空之處。其泡之左端，有寒暑表之管，可見藍水漲出若干度，且其泡中亦有小寒暑表，表管透過銀螺絲而出，用以顯藍水若干熱。其用此器之法，置於日光中一分時，又置於陰處一分時，各記其兩端之表漲縮若干度，即可推算日光之熱率大小多寡也。又凡物面散熱之性愈大，則傳熱之性愈小。曾有西人於離地十二尺處，掛一寒暑表；復於地面亦置一寒暑表。地面之表，先以綿絮墊之，而置於長草之上，則見下表之熱度少，上表之熱度多。兩表之較，爲法倫海表二十八度半。且可用此法，以測他物。如以長草傳熱散熱之較爲一千，則各物傳熱散熱之較，其率如左表：

礫	二八八	磚瓦	三七二	石片	三九〇
河沙	四五四	朽草敗葉	四七二	斯里脫	五七三
紙	六一四	鐵片	六四二	雪	六五七
錫片	六六七	白鉛片	六八一	黑羔毛	七四一
炭粉	七七六	白石粉	八二七	有色羔毛	八三二
紅銅片	八三九	玻璃	八六四	法蘭絨	八七一
煙煤灰	九六一	長草	一〇〇〇	白棉花	一〇八五
絲	一一〇七	麻	一一八八	白羊毛	一二二二
白兔皮	一二四〇	野兔皮	一三一六		

觀此表，可見各物傳熱散熱之較，皆可一測而知也。而且測物質之容熱，其法亦異。蓋西人測最冷之物，則用醋酒寒暑表，以醋酒可極冷而不冰也。測最熱之物，則用白金量火表，以白金雖極熱而不鎔也。至若冰界以上之冷，水銀沸界以下之熱，則可用水銀寒暑表測之。其大小多寡，亦不爽毫釐也。由是觀之則知，西人測熱之法，所憑藉者頗靈也。一曰光。西人測光所憑藉者，厥名爲測光器。無論回光、傳光、射光、透光，以及光浪之短長，光行之遲速，皆可一測而知其大小多寡。又有顯光力器，可以測顯光力之大小。大凡日、月、燭火等光，不但亮而有色之線，有光力；即暗而無色之線，亦有光力，不過大小不同耳。有西人將分光帶各色之光線，一一聚於顯光力器上，則能量得其光力之數。其測試之時，設一房，將器周圍用棉花與盛水之大瓶遮住光，惟進光處留一光路。用回光鏡，令日光恒在相同之方向入房內，遂測知光帶內最大力之處，在外紅色之內；而最小力之處，在外茄花色內。若以最大力之數爲一百，則光帶各色之力之比例數如左表：

外茄花色	五	茄花色	六	靛藍	八
藍	二二	綠	四一	黃	五七
橘皮黃	六六	紅	七三	深紅	八五
外紅	一〇〇				

又有活樞量光力器，可以測量光力之大小。法用極輕極細之金類絲，作十字形，中加一硬釘，此釘能任意轉動，與量風力器相同。其十字絲端，用通草片，或煅過千層紙之薄片，兩黑兩白，裝於薄玻璃泡內。蓋此器遇光，其轉動之遲速，與光力之大小有比例。如置於燒鎂之火内，或日光内，其轉動時通草片不能分辨，祇見一圈形，以其光力過大故也。前有西人用此器，測燭火之光力，相距二十寸，則一百八十二秒内轉一周，再將燭移距十尺，則四十五秒内轉一周；又移距五寸，則十一秒内轉一周。故各種光力，用此器測之，皆極準也。由是觀之則知，西人測光之法，所憑藉者維妙也。一曰電。測電之法甚多，試舉其最精者而言之。蓋欲顯電性之正負，並電氣之有無，則憑藉顯電氣器。測電氣之大小，與電數之多寡，則憑藉測電氣器。此二器固至精之器也。西人苟勒白得與哈回所造顯電氣器，用金類細條，兩端有樹心輕球，球外包金箔，細條中有小凹，套於尖針之末。如將容電之物，與此器之球相近，則細球必轉動。觀其轉動之度，即知電之有無，與電之正負也。果倫白所造之扭力測電氣器，用玻璃筒，並以玻璃板爲蓋。上有指扭力之針，與指分度之表。其器雖善，而用法甚繁。又有測電筒器，其中有指南針，其外刻有分度。凡電氣傳入此器，其針即轉動，觀其轉動之度，即可知電之大小，並電之多寡也。此外又有正絃測電氣器，切線測電氣器，以及金箔顯電氣器，哈里司顯電氣器。其器雖異，而其所以爲用，則皆小異大同也。由是觀之，則知西人測電之法，所憑藉者甚多也。以上測音、測熱、測光、測電，其法之靈妙如此。此西人測算之法，所以至今日精而且備也。夫豈非自粗而精哉？夫豈非由漸而備哉？

又　李國英同題　今夫古今之世變亦屢矣。論仁義道德，則今人不及乎古人，論技藝智術，則古人不及乎今人。蓋人心愈用而愈精，斯法制愈趨而愈巧。此固非一事一物如此，而天下之萬事萬物莫不如此也。即以測算而論，古有律度量衡之設，皆以測點、線、面、體也。大凡有長短而無闊狹，謂之線，有長短闊狹而無厚薄，謂之面，有長短闊狹而並有厚薄，謂之體。惟點無長短，無厚薄，其間不能容分，不可以數度。然線之兩端即爲點，而線、體、面皆由此生，是以點實爲衆數之本也。此數者，以律度量衡測之，未聞其測法偶爽也，未聞其測法不靈也。乃忽焉聲學出，而測法愈妙矣。忽焉熱學出，而測法愈新矣。忽焉光學、電學出，而測法愈精而愈備矣。此律度量衡之器，所以設於古，而律度量衡之用，所以窮於今也。然則西人測音、測熱、測光、測電，果何所憑藉，而知其大小多寡哉？夫亦憑藉乎器而已矣。今夫測音之器亦多矣，而其簡要者則有二。一名測音器。西人用此器，測聲浪之行速，而知空氣之熱愈加，則聲浪之行愈速。空氣之熱愈減，則聲浪之行愈遲。由是遂測得空氣熱至百度，寒暑表之半度，則聲浪之行速，每秒一千零八十九尺。熱二度一，每秒一千零九十尺。熱八度半，每秒一千一百零九尺。熱十二度，每秒一千一百十三尺。熱二十六度六，每秒一千一百四十尺。一爲記音器。爲西人達夫所創，可測各音每秒之動數。又有西人仿達夫記音器，稍爲改變，而另造一器。其器更靈，其式作二箭，上下相對，中以桿託之。其箭皆有管，上箭之管上仰，下箭之管下俯，將空氣吹入二管，則他管同時出聲。且上箭有齒輪，與接輪，可以摇使旋轉，並有針以指旋轉之度。觀其若干度，即知各音之動數大小多寡也。測音之神妙如此，吾故曰，聲學出，而測法愈妙也。今夫測熱之器又衆矣。蓋熱之類不同，有空氣之熱，有日光之熱，有物質之熱，故其測法亦異也。其測空氣之熱，則憑藉水銀寒暑表，然此表不過測天氣之冷熱而已。若空氣之高處，其熱之大小，則非乘輕氣球不能測也。六十年前，有西人乘輕氣球，上升至二萬二千八百九十六尺，測其熱，比地面少法倫表之七十二度半。約每高三百十尺，減熱一度。後又有人乘球，上升至一萬九千一百八十五尺，與二萬零三百五十一尺之間，測其熱度，算得每高四百八十五尺，減熱一度。並云，愈高，則空氣之熱度愈少。但此二人所測之大小不同，似不可據。然曾聞西國熱地之高山，其上亦有永不消之雪，則愈高愈冷之説，可無疑也。其測日光之熱，可用兩個黑色塗黑之寒暑表，一置日光中，一置於陰處。觀其各至若干度而止，以兩表之較度，爲日光加熱於地之度。又有一簡法，任用某物，置日光中若干時，使變其原形。如冰化爲水，或水受熱而散化爲氣，或將玻璃杯盛黑氣之水，水中浸一最精之寒暑表，置日光中五分時，又置於陰處五分時，觀其加減若干度，即知日光至地之熱度大小也。其測物質之熱，除寒暑表、醕酒寒暑表外，莫如白金量火表，可以測最大之熱。西人但以里之法，全用白金、筆鉛二物，取其白金不鎔，筆鉛不漲也。其法用筆鉛作管，而以白金條置其中，再以磁末塞管口，用小木條築實之。加熱而白金漸漲，磁末能出而不散，減熱而白金漸縮，磁末即定而不動。如將容熱之物移使相近，則觀其漲縮之度數，即知物質之容熱大小多寡也。測熱之新奇如此，吾故曰，熱學出，而測法愈新也。至於光之測也，其器更精。如測光器，量光力器，以及透光鏡、回光鏡，皆可測試。又有西人傳珂者，測光行之速率大小，其所憑藉者，爲測光行速率器計。測得空氣内之光，每秒行十九萬二千英里。水内之光，每秒行十四萬四千英里。玻璃内之光，每秒行十二萬八千英里。剛石内之光，每秒行七萬七千英里。其大小之不同如此。又有西人奈端者，測光圈之大小。其法，置一大鏡之弧面透光鏡於玻璃片上。兩物之間，必有空氣，離中愈遠，空氣愈厚，故成一厚薄不同之空氣片。然後用單色之光，照於透光鏡上，則成明暗相間之圈。此圈之所在，與光浪奇偶差數有相關。其測算空氣片厚薄若干，所用之光，以金黄與正黄兩界中之色爲最明。所以測得第一圈空氣之厚，爲十七萬八千分寸之一，其餘各光圈空氣片之厚，則一圈十七萬八千分寸之一，二圈十七萬八千分寸之三，三圈十七萬八千分寸之五。又光圈所間之暗圈，其空氣片之厚，則一圈十七萬八千分寸之二，二圈十七萬八千分寸之四，三圈十七萬八千分寸之六。測光之精微如此，吾故曰，光學出，而測法愈精也。至於電之測也，其器更備。今試舉一二，以概其餘。有西人哈里司者，測得容電氣之數綦詳，其憑藉者，厥名爲測電氣寒暑表。其表有玻泡兩個，以鉑絲繫於上泡内，以有色水盛於下泡中，泡之底銲連玻璃長管，管彎連於分度之面。上泡之頂有螺絲，可以旋轉。若以電氣傳過鉑絲而發熱，則傳於泡内之空氣，空氣漲大，即壓下泡之水，入管内而上升。視分度，可知升高之數。此升高之數，即與電氣數之平方有比例。故不難一測而知大小多寡也。又有西人創設電表，無論何種電氣，其大小多寡，皆可一測而知。其表亦不一，而有一種最精。法用鐵柱插於引電架上，旁懸鐵針，有活機可以轉動，外加半圈如弓形，上畫度數，針上插以燈草團，離開鐵柱幾分遠。即可按其度數，而知電之大小多寡也。又有測電氣器、顯電氣器，用以測電，亦甚神妙。測電之精備如此，吾故曰，電學出，而測法愈備也。然則西人測聲、測熱、測光、測電，其法之妙，其用之靈，不且遠勝於古哉。此所以律度量衡之器設於古，而律度量衡之用窮於今也。

又　程瞻洛同題　古之善測量者，未有無體質之物，而能知其大小多寡者也。故律度量衡之設，皆有體質之物，故能測其點、線、面、體。雖太虚之中，黄道、赤道，經度、緯度，渾渾淪淪，而列宿七政，懸象著明，要皆有所憑藉。自聲學、熱學、光學、電學之説出，而尋常律度量衡之用窮矣。乃不藉律度量衡，而能分秒不差者，則《陰符經》謂至静之道，律歷所不能契，爰有奇器，是生萬象是矣。試即聲學言之。聲學之要，莫重於發聲之處，知其道里之遠近，以有關於軍務耳。夫聲之發於物者，賴天氣之動盪，颺至人耳，天氣之稠稀，以冷熱而變，聲音之大小，亦隨氣之稠稀而略殊，即自彼至此之遲速，並因而稍異。據天氣中和之候，爲立算之根，或謂一杪内行九十六丈，或謂一杪内行一百二十八丈五尺零。而《格物入門》云，若一杪内以百丈計之，亦不甚懸殊，且易於起算。此法似較簡捷。至所藉者，極準之驗時表，扣準分杪。如隔遠放礮，已見其煙，未聞其聲，可知其聲已出，而此地尚未行到。自礮煙一出，至聞聲而止，看表上得幾杪，如得五杪，即知其發聲之處，相距有五百丈。第丈尺長短，各國不一。《格致啓蒙》云，五千二百八十尺爲一英里，一千七百六十丈爲一中國里。礮彈行里數，較礮聲行里數十倍速，此皆有關軍務者也。而測雷之法，自見電至聞雷，視其杪數，亦即知發雷之處，距此地若干里數矣。且聲之大小，亦可隨遠近而推。蓋漸遠則漸小，漸近則漸大耳。若四面散布，聲之大小，正如其地之尺寸，成方反比。即如地近一倍，聲大四倍，地遠四倍，聲即小十六倍也。至於低聲樓，傳聲管，揚聲筒，接聲筒，及醫士之聞證筒，乃考知天氣之聚散順逆，聲之鉅細，從而變更。又考知鐵木等實質，較天氣倍善揚聲耳。中國江慎修先正，人僅知其融貫中西測算，不知其亦善製奇器者也。其製造内有製一竹筒，中用玻璃爲蓋，有鑰開之。開則向筒説數千言，言畢即閉，傳千里内，人開筩側耳，其音宛在，如面談也。過千里，則音漸澌散不全矣。惜其法不傳，以意揣之，此筩能留聲，當有與脱影術能留影同理者。《論語》云，出辭氣。是辭宣於氣，筩中宜有機關，容受其出辭之氣，故能達遠。江氏精音律之學，與聲學同理。又宜有機關，肖人之喉舌、唇、齒牙，故能如面談。過千里，則音漸澌散不全者，氣有定限也，未知是否。中國之大，草澤之中，竟無如江先正者否。西士聞風而起，當有能紹江氏之絶學，而免製德律風之煩者矣。更即熱學言之，亦無形無質也。其小大多寡，又有藉算法而知者，熱氣之外射，與光相似，愈遠愈散，如遠近兩處之熱，即按兩處遠近成方反比之數。比如離火二尺，較離火四尺之處，即熱大四倍，如十六與四數反比也。而尤藉有奇器。奇器者，何？寒暑表是也。寒暑表者，以之量度冷熱者也。製法不一，或以水銀，或以酒精，或以天氣，而又有雙頭表、百度表、自記寒暑表、熱表等製，愈出愈奇。其最靈之水銀表，以手捻之，或以熱氣呵之，水銀即行漲升，冷風吹之，即縮而降下。醫士因藉此性，亦用寒暑表，察人身熱度，以代診脈。中國醫家説人身之火，杜撰多種名目，視人身若一火球者然。果如其説，則以寒暑表探於人身，衆火齊發，針當錯雜亂動，如冬令北方曉時雨路電氣電機便亂之理。何以人身本熱，有寒暑表上九十六分之定度，藉知過此限則爲熱證，不及此限則爲寒證也。而其大用，尤在化學與礦學。如令堅實之物化水，需熱若干；令流動之物化汽，需熱若干。而各物之性，化水化汽需熱多寡，又各不一。非藉此表，則熱之小大無準，多寡無定，司爐火者安能胸有成竹哉！且夫器之奇者，莫如火轉舟車也。火輪舟車之運動，以火蒸水化汽也。其保無危險者，水學之中，尤賴知熱學之理。其汽尺之製，與寒暑表理同。職其事者，望尺以驗汽勢猛弱，尺遇某度，即爲險報，略洩甑中之汽，以免爆炸之虞。今熱學之用，愈推愈廣。製造紡織，悉用機器。《博物新編》云，汽之來由於水，而水之沸由於煤，以西國火輪汽具，晝夜不息，日費煤以數千萬計，智者遠慮，各思設法以代之。聞江慎修先正所製奇器，家中耕田，悉用木牛，行城外騎一木驢，人以爲妖。先正曰，此武侯成法，不過中用機關耳。此法自武侯後，原久失傳，先正亦不傳其法。但聞其取猪尿脬，置黄豆以氣吹滿，而縛其口，豆浮在中。有願爲弟子者，便令先對此脬，七日不厭不倦，方可教也。由是觀之，先正此術，當是木牛木驢，腹中悉用機關，納氣令滿，以運動其體，如火輪機器、蒸汽撥輪之理。前有欲以氣運輪，不用煤火者。良工心苦，數載無成，惜無先正江氏爲之師也。此無關於熱學，因論熱學之類而附及之。亦以其法若行，其用氣之節制，亦必有如熱學中之熱度表者也。更即光學言之。西士據木星四月之行度，用法推算，光行遲速一杪内能行十九萬二千洋里，約中國六十萬里，比音聲快九十萬倍。隔遠放礮，先烟後聲，其理可明。而光之濃淡，亦如其遠近尺寸，成方反比。假如甲、丙、丁離燭二尺、四尺、八尺，此三處之光，即如四與十六並六十四之數反比。故甲處之光，比丙處濃四倍，較丁處濃十六倍也。而光學之中，奇器尤多，製鏡是也。鏡分兩類：曰照鏡，曰透鏡。照鏡分三種：曰平，曰凹，曰凸。按《張子正蒙》云，火日外光，能直而旋。金水内光，能闢而受。即透鏡之理。凡透光之物，皆可爲透鏡，而用透光之玻璃爲多。其形亦有數種，兹不瑣贅。而鏡之大用，在凹、凸二鏡。凹鏡之返照，其鑑後之影，較本物放大，而凸鏡則較本物收小。及至視物，則凹鏡視物收小，凸鏡視物放大，而其光心亦皆相反。如凹鏡亦有用以聚熱燒物，融化金類，若火鏡者。而火鏡光透於後，凹鏡光聚於前也。其凸鏡之奇者，曰顯微鏡，能將微渺之物放大。凡目力所不能及者，此能無微不顯，且有法算其鏡力。蓋凡視至微之物，離目五寸，能看真切，再近則反模糊。若用凸鏡，使光歸於鏡，前成影，其影離鏡半寸，則放大十倍；離鏡一分，則放大五十倍。此指闊狹而言。若論通體面積，則十倍係百倍，五十倍係二千五百倍矣。

曰遠鏡，能將極遠之物影放大若近，易於窺測。小遠鏡名千里眼，看地上諸物。大遠鏡名千里鏡，看天上日月星辰。此遠鏡者，行軍用之，可察敵壘敵船，使礮無虚發。天學家用之，雖以管窺天，能見從來所未見之天象焉。而凹凸鏡之妙用，又有裨於醫學。顯微鏡能察從來醫家所未知之體質矣。而又有能調劑人之目力者，如人目中原有生成凸鏡，其光心適在眼底，外物成影於此，故能見之甚明。近視眼者，其鏡太凸，則成影之光心近，而不至於底，而視物模糊，愈遠愈甚。凹鏡可抑其有餘也。老年人目中凸鏡稍匾，則成影之光心又遠，而出於目底之後，而視物多昏，愈近愈甚。凸鏡可補其不足也。至火鏡之理，以太陽光熱並行，故能聚光，即能聚熱。凸鏡之所以聚光者，以折光使歸一處耳。輕養吹火未興時，火之極熱者，以此爲最。化學家恒用以鍛鍊各物也。而冰亦透光之物。以冰製成大式凸鏡，亦能取火，其冰不化者，以日光由此面透至彼面，始熱極生火。故玻鏡取火而玻不熱，冰鏡取火而冰不化也。《爾雅》以艾爲冰臺。陸佃《埤雅》云，《博物志》言，削冰令圓，舉而向日，以艾承其影，則得火。艾名冰臺以此。李時珍遂誇艾之功能可取太陽真火，劉潛江遂和朱丹溪説，謂艾屬火，而有水。此不知光學之咎耳。夫古人未知有透光玻璃，故削冰爲鏡而灸，火以太陽之火爲宜，灸病之草，以艾爲善，故用艾取火。其理，乃艾得太陽之火，非艾能於水中得火也。今之火鏡，或草，或紙，罔不可灼，皆謂其屬火有水乎？此據火鏡之理，足糾中醫之謬者也。至太陽之光中含七色，亦從來所未知。光學家將一大房四圍密封，獨留一小孔，以三面玻璃條塞之。則光射透玻璃，而入房中之壁，光分七色，其下正紅，其上橙黄，再上正黄，再上正緑，再上正藍，再上老藍，極上青蓮，老藍即青，青蓮即紫也。試以寒暑針，試於黄藍緑各光之中，無甚變動；若移入紅色光處，針内水銀即行上升，可知日熱寓於紅光之内。試以染物顔料，口曬即能變者，以之置於紅黄緑光之中，均不能變；若移入青蓮光中，其色頓改。可知變色之力，寓於青蓮光中。是説也，不惟增益人之知識，而人物皆受太陽之氣，亦可爲明物察倫之助，而有裨於醫學矣。若脱影之法，能映或人或物，或書或畫於玻片，或紙上常存而不滅，則奇器中之尤奇者。而門外漢懸揣妄議，謂其藥水中配有人睛，不知原自化學而來，少所見則多所怪也。更即電學言之。西士以凡物皆有輕重，惟光、熱、電三者無輕重之可權，故謂之三輕。夫既無輕重之可權矣，何所藉以知其大小多寡也？一則視蓄電之物，一則有電表焉。蓋蓄電之物，外廓愈大，則電氣愈淡，愈小，則電氣反濃。試之之法，以鐵輪軸上，加薄鐵片，裹之數層，使之加厚。軸上懸以電表，輪上放滿電氣，則電表之二團，離不甚遠。足見物加大，而電反淡矣。及將鐵片放開，則二團遠颺，足見物小而電反濃矣。電表者，所以度量電氣之多寡也。其式有三。一以絲線二條，懸燈草團二枚，使依有電氣之物，電少則二團微離，電多則二團遠颺矣。一以鐵柱插於引電架上，旁懸鐵針，有活機可以轉動，外加半圈如弓形，上畫度數，針上插以燈草團，離開鐵柱若干，即可按其度數，計電之多寡也。一以大玻璃筩，上以銀線横懸鐵針於筩内，針尖有燈草團，以金箔包之，筩内周圍，畫有度數，亦可試電也。而又有電秤之法，可知電力多寡，能吸重若干也。夫電氣之術，爲極危險之事，設無法以量其氣之多寡，計其力之大小，保無如俄國博士引電太多之慮乎？謹對。

杞廬主人《時務通考》卷三〇《測繪上》 度田用量面積器 每畝田之面積，欲在圖内推算者，用量面積器最能省工。其比例尺不可小於二十牽爲一寸，而可大至三四牽爲一寸。其二十牽爲一寸者，英國所作道路之圖，其三四牽爲一寸者，乃各産業之圖。路之尺寸必照法測量，每若干相距，作横線以證各數。其測量簿内，亦照法寫明各事。線之左右各要物，必用經緯儀測角而得其交點。測角之處或在線之兩端，或在線中間便當之處。作圖之時，得此角點，而從測量簿内得其各垂線。其餘相度之工，如田之界線，或别種線，更易爲之。雖有小差，必是極微之數。

補圖恃目力 補圖之時，各事各數並地面之形像，隨畫於圖上，而不用測量簿，則亦無藉乎器具，而專以人之目力爲之。其人必久練精熟，方能心手相應。此事於武事之圖相關。

用儀器繞道測法得失 所量之線，有阻礙之物而不便量其步數者，則有補救之法。又有數種測量相距之事，不能用平常之法者，亦可不必用三角法。然用經緯儀，或紀限儀等器，究能比繞道測法更好。

測鐵路法 空壙之地，有鐵路經過，或欲興造鐵路，其測量之法畧與用帶尺與經緯儀測平常之路相同。惟鐵路之線本甚長，故必詳細爲之，而所有之角，亦必詳測，又必以鐵路已經行過之方向證之。如英國所定各鐵路之比例尺寸而作圖，其紙幅之寬，必依准造之路。所設之線，而從此線能容路之偏左或偏右。

補圖有最要事 圖内作各三角點，並檢測量簿而補圖，有最要之事數件。如三角形之邊，平常用長桿規，從所推算之相距而度之，各三角形之點，必畫在各分圖之上，以便從此分圖，補畫所有之物於總圖。即如英國之圖，各次三角形之邊，爲已測之線，而各線上之垂線，盡依此各次三角形之邊。若比例甚大，如城圖等，則各三角點從一個公經線而度之，則所成各三角形之邊，能從此而證之。

測量英國各圖比例　一、城圖爲五百分之一，即十尺五六代一里，亦即一百二十六寸七二。二、縣圖爲二千五百分之一，即二十五寸三四四代一里。依此比例，則英國一畝爲一方寸。三、府圖爲一萬五百六十分之一，即六寸代一里。四、國圖爲六萬三千三百六十分之一，以一寸代一里。英國測量之時，有數處初成之圖，用別種比例。但現在不外乎以上四者。第一比例恐過大，則半之而以五尺代一里，亦得清楚。第二比例則以六寸代一里，雖爲更小，亦不差至甚遠。測量畫圖之費，第二法每田一畝，四開一枚。第三法種植之地，每畝六分四開之五，荒蕪之地每畝二分四開之一。第四法即一寸爲一里，每方里金錢八圖，四開七枚。從測量簿作各線與垂線，其比例尺之式樣與大小各有不同。又一種用牙尺，中有一槽，另有▌脊在內移動，則左右之垂線易作，有人喜用兩尺分開者。英國地圖南邊數省以二寸爲一里，其餘各處，並愛爾蘭以六寸爲一里。

照法比例　近用照像之法照圖，頗能省時省費。同比規縮小、放大之比例，爲十二與一。若用照法，其比例之大小可更多。如五百分之一之比例，可改至六寸代一里之比例，即同於二十一與一之比。若用同比規，必兩次爲之，同比規畫圖減至一寸代一里之比，可將地面要緊之處畫出。近用照像之法，則無論何形，一齊現出。又嫌太密而不清，所以另設一法，用薄紙摘摩要處，而再照此摘摩者。近有更妙之法，用極淡色之紙，以石板法將白粉色印其全圖，再用黃色潤出欲留之線，如有路或房屋欲放大者，亦用黃色放大，然後以照法爲之，則所有黃色之線，能得其影，曬成數幅備用。如用舊法，必須以臨摩之工作三幅，一幅爲刻圖之用，兩幅爲畫地面之形勢所用，其臨摩之工甚繁也。

用照像爲減小之法　測量英國，用照像爲減小之法，城圖爲五百分之一之比例，縣圖爲二千五百分之一之比例，再減小至六寸代一里，即爲府圖。惟此照法不過代縮小放大之工，若欲印行甚多，究不及銅板與鋅板之法，價廉工省也。

照減小圖差數　照法減小之圖，終不能全準，目鏡必有光差也，幸所差無幾，非若同比規與別種法之所差更大。

縮小地圖必用能畫能刻者三人　史谷德云，縮小地圖，必用能畫能刻者三人。各人有各擅之長，第一人，將印成六寸代一里之界線圖，平剖面線或有或無者，親歷測量之處，用平密線法以毛筆憑眼法畫成地面之形勢。第二人，將前圖並一寸代一里之界線圖，用鉛筆畫成平剖面線，又依第一人之圖，用毛筆畫成縮小之圖。第三人，將第二人之圖，所有山之形勢，用立密線，或粗或細，或疏或密，畫成者，依其用墨之濃淡，刻在銅板上。第一人之工更能精到，直可不用第二人之工，而用照法減小其比例至一寸代一里，然後將此照成之圖使刻板之人刻出。

宣人哲《中外度量衡表》《南洋官報》第一期　是表爲高郵宣人哲編，未題年月。觀表中所列金價，採之滬上報章，大約在戊戌之春，至今歲，隔越五年餘。各國金價雖有漲落，然表中核算之法，與各國度量衡之譯名，固無以易也。本報附登商務，而我華商往往昧於外人圜法，與夫度量衡之歧，互與爲□遷，茫忽蹉跌，亦頗不少。今故取全書次第刊之册尾，俾內地閱者他日可拆訂成書。蓋原書係石印，作者非以牟利，故推行不廣。目前坊市無從購覓，亦未始非商業之一助云。

敍曰，太古陰陽畸，男女生，中古夫婦倫，家室成。家室成，故人我之界明；人我明，故多寡之較精，聖人有憂之。於是有度量衡，以絜短長，以識贏盈，以齊重輕。五洲之族，十四萬萬人之心，舍是術奚其平。是故《月令》記角斗甬，而二仲之政舉；孔子稱謹權量，而四方之政行。《老》曰黑雌，使民知，而不知。《莊》曰剖折，使民爭，而不爭。夫豈人情歟！夫豈人情歟！中國衡生於量，量生於度，度生於律，在《小爾雅》《孔叢》所釋先秦之制，詳且實哉！粤我仁皇，定横黍之度，以正樂，縱黍之度，以營造宫室。暨乎純廟，迺定嘉量，頒之行省，莫敢用誕。夫惟斐洲黑奴，墨之紅夷，懸貝而來，抱布而歸，或無心計，蠢蠢蚩蚩。自餘有國，隆準深目，多財居奇，訴及秋毫，矧刀矧錐。咸豐中，海禁大開，爰畧例。

一，度類析子目四：曰長短尺，曰距離尺，曰面積尺，曰立積尺。量類二目：曰定質量，曰流質量。衡類二目：曰物衡，曰金銀衡。度類，曆法如中國宫度分秒等，爲疇人專門之學，非日用習見之名，不録。

一，西人撰述，歲出數千部，言度量衡者斷無，獨缺專書。西人大類書及大字典備列名物，於是類銓釋必詳，又法國外部有《海軍道里表》，備列各國道里異同，[見《隨軺游紀》]推之商户各部。推之别國，知度量衡諸制必有存於有司者，惜無好事采譯，用餉學人。是表止輯譯書，未能求諸西籍，陋矣！其名有出於諸書之外者，旁及報紙，蓋恤無也。覽者無誚矣。

一，譯書通例，於人名、地名及此類實字，畧義取音。然中國方音鄉縣殊異，故粤人譯本不諧於閩人之口，南人譯本不熟於北人之耳。舌人自是，文人嗜奇，故同一名也，獺祭十數册，即歧出十數名，滋惑學者，莫此爲甚。徐氏《瀛寰志畧》，何氏《朔方備乘》，詳列地名異同，用意極善。是表子注多録譯音，用省學人鉤稽之苦，且覩于底西邁當，則知光西買脱當爲兑西；覩很特威脱，則知亨特匯當爲亨特；覩先忒，則知仙士當爲仙士；覩密爾來斯，則知末路利當爲末路利。決疑刊誤，對鏡易矧。

述盧《中外權衡度量釋義合數表》鄒凌沅《通學齋叢書》

中合英法數第一 德義奥比瑞荷班葡希瑞巴秘智等十三國與法同。

名目	中數	合英	合法
營造尺	一寸	一寸二分一釐七毫二絲二忽二微	三十密理邁當又一密理邁當之九
	一尺	一尺零一分七釐三毫二絲二忽	三百零九密理邁當
	一丈	十尺一寸五分三釐二毫二絲	三邁當又九生的邁當，即三千零九十密理邁當
海關尺	一寸	一寸四分九釐七毫二絲四忽九微七纖零	三十五密理邁當又一密理邁當之五
	一尺	一尺二寸一分二釐四毫九絲七忽二微四纖零即十四因制又十分因制之一	三百五十五密理邁當，即三十五生的邁當又一生的之五
	一丈	十一尺九寸，即一百四十一因制	三邁當又五十五生的邁當，即三千五百五十密理邁當

名目	中數	合英	合法
兩	一兩	貿易權二十一打蘭又三分之一弱計二十一打蘭，又打蘭三分之一，合中權一兩零三毫。	
觔	一觔	一磅又三分磅之一	
	百觔	一百三十三磅零三分磅之一	
里	一里	洋里三分三釐三毫三三不盡即每中國九里合英三里，英之洋里及海里不同見下。	
方里	一方里	一方里十分之一，即中十方里爲英一方里	
畝	一畝	英畝一分六釐三毫三絲三三不盡，即中六畝英一畝	

英吉利合中數第二

譯名	釋義	合營造尺	合海關尺
因制	此英之寸也英制每十二分爲一寸即一因制	八分二釐一毫四絲七忽五微	七分零九毫二絲一忽九微
幅地	此英之尺也計十二因制爲一幅地即英一尺	九寸八分五釐七毫七絲	八寸五分一釐零六絲三忽八微强
依亞	英三尺爲一依亞即三幅地也	二尺九寸五分七釐三毫一絲	二尺五寸五分二釐一毫九絲一忽四微强

續表

譯名	釋義	合營造尺	合海關尺
花當	二衣亞爲一花當即英六尺也	五尺九寸一分四釐六毫二絲	五尺一寸零六釐三毫八絲二忽八微
布耳	二花當又一依亞半爲一布耳即英十六尺五寸	一丈六尺二寸六分五釐二毫零五忽	一丈四尺零四分二釐五毫五絲二忽七微
富呵朗	四十布耳爲一富呵朗即英六百六十尺也	六十五丈零六寸零八釐二毫	五十六丈一尺七寸零二釐一毫零八忽
迷里	八富呵朗爲一迷里即英五千二百八十尺也	五百二十丈零四尺八寸六分五釐六毫	四百四十九丈三尺六寸一分六釐八毫六絲四忽
方依亞	方依亞者即依亞乘方也		六方尺四寸六分八釐七毫二絲

以上度，以下衡。衡有二種：一曰貿易常用之秤；一曰金銀寶石藥料之秤。

譯名	釋義	合中秤
克冷	此英貿易常用之秤而最小者與秤金銀寶石之克冷不同	一釐五毫六絲二忽五微
打蘭	三十克冷爲一打蘭英貿易常用之秤第四等者也	四分六釐八毫七絲五忽
温司	十六打蘭爲一温司英貿易常用之秤第三等者也與下温司不同	七錢五分
磅	十六温司爲一磅英貿易常用之秤第二等者也與下不同	十二兩

續表

譯名	釋義	合中秤
頓	二千二百四十磅爲一頓英貿易常用之秤最大者也　船載以容積計者每五十立方英尺亦稱一頓	一千六百八十觔
克冷	此英秤金銀寶石藥料之用而最微者也　與上貿易常用者不同	一釐七毫一絲四忽
本尼懷脱	二十四克冷爲一本尼懷脱英秤金銀寶石藥料之用第三等者也	四分一釐一毫三絲六忽
温司	二十本尼懷脱爲一温司英秤金銀寶石藥料之用第三等者也　與上不同	八錢二分二釐七毫二絲
磅	十二温司爲一磅英秤金銀寶石藥料之用而最大者也　與上不同	九兩八錢七分二釐六毫四絲

以上衡。

譯名	釋義	合中數
買爾	英計里曰買爾即洋里也與海里不同除行海日已用海里外餘如地圖等項皆按洋里計每一洋里凡五千二百八十英尺	三里
海里	英之海里六十等於洋里六十九又半　計每海里凡六千零八十六英尺又十二分之七	三里三分三三不盡　即每三海里爲中國十里
方里	此英開方之法大於中國十倍	十方里
畝		六畝

以上里畝。

譯名	釋義	合中數
加倫	此英流質之量也每一加倫容積二百七十七立方英寸强　即中國營造尺一百五十三立方寸又六分四釐强	六升一合四勺有奇

以上量。

密力	按通商册凡針一千根爲一密力
各羅斯	按通商册以自來火一百四十四匣爲一各羅斯

以上附録。

法蘭西合中數第三

譯名	釋義	合中秤
格郎姆	此法貿易常用之秤　一作葛棱麼一作克蘭姆	二分六釐四毫六絲六忽八微四纖
吉羅格郎姆	此亦貿易常用之秤大於格郎姆千倍　一作啓羅格郎姆一作吉羅或啓羅者省文也	一觔十兩四錢六分六釐八毫四絲二忽
剛達里	此亦貿易常用之秤大於吉羅格郎姆百倍	一百六十五觔六兩六錢八分四釐二毫
頓	此大於剛達里十倍	一千六百五十四觔二兩八錢四分二釐
加哈	此法金銀寶石藥料之秤合格郎姆千分之二百零二分	五釐三毫四絲六忽三微零一沙六塵八埃

以上權衡。

譯名	釋義	合營造尺	合海關尺
邁當	此法尺度每一邁當爲黄道徑四千萬分之一　又每邁當合英三尺三寸三分七釐零八絲	三尺二寸三分四釐二毫一絲二忽八微　或作三尺一寸者疏	二尺七寸九分三釐二毫九絲六忽　或作二尺八寸一分七釐者疏
底西邁當	十分邁當之一爲底西邁當但作底西者省文一作得西邁當或作密達	三寸二分三釐四毫二絲一忽二微八纖	二寸七分九釐三毫二絲九忽六微
生的邁當	百分邁當之一爲生的邁當　但作主利者省文　一作生時	三分二釐三毫四絲二忽一微二纖八沙	二分七釐九毫三絲二忽九微六纖
密理邁當	千分邁當之一爲密理邁當但作密理者省文	三釐二毫三絲四忽二微一纖二沙八塵	二釐七毫九絲三忽二微九纖六沙
啓羅邁當	一千邁當爲啓羅邁當	三千二百三十四尺二寸一分二釐八毫	二千七百九十三尺二寸九分六釐
方邁當	此即邁當乘方也		七方尺八寸零二釐五毫零二忽五微四纖三沙六塵一埃六渺
亞呵	大於方邁當百倍		七百八十方尺零二寸五分零二毫五絲四忽三微六纖一沙六塵
愛克達呵	大於方邁當萬倍即一百亞呵也		七萬八千零二十五方尺零二分五釐四毫三絲六忽一微六纖

以上尺度。

譯名	釋義	合中數
阿爾	此法量地計畝之度中等者也	三畝零八分四釐四毫
生搭爾	十分阿爾之一爲生搭爾計畝之小者也	三分八釐四毫四絲
合搭爾	十倍阿爾之大爲合搭爾計畝之大者也	三十八畝四分四釐
里	法國計里亦曰啓羅邁當　一作結羅米特　每一爲英步一千零九十三步每步三英尺共三千二百七十九英尺即英里八分之五	一里半零九十二尺一寸一分一釐六毫二絲八忽此以海關尺計　按法國五百七十八邁當合海關尺一千六百一十四尺五寸二分五釐零八絲八忽是爲中國一里。
利脱耳	法計流質之量容積一立方底西邁當即中國營造尺三十三立方寸又八分三釐强	

以上畝里量。

俄羅斯合中數第四

譯名	釋義	合中數
藍納斯	此俄量木植之尺也其量別物恒用英尺歲計政要云一百零三英尺爲一百藍納斯	海關尺八寸七分六釐五毫九絲五忽七微一纖四沙　營造尺一尺零一分五釐三毫四絲三忽一微
磅	此俄貿易常用之衡也歲計政要云俄四十磅爲英三十六磅	十兩零八錢
十磅		六斤十二兩
波特	俄四十磅爲一波特	二十七觔
頓	六十波特爲一頓	一千七百零一觔
阜斯得	一作佛士脱俄計里名凡英三千五百尺約半英里又一分六釐五毫弱	二里弱

丹麥合中數第五

譯名	釋義	合中數
磅	此丹麥貿易常用之秤也　政要云每磅合英一磅又千分磅之百零二分	十二兩二錢四分四釐
十磅		八觔四兩四錢四分
頓	此丹裝載之頓　政要云合英二頓由此推算計一丹頓即一雪布來斯得	三千三百六十觔
福得	丹量長短之尺也　政要云合英一尺又百分尺之一　每一福得即丹一尺	
否得利	丹油酒流質之量其容積合英一加倫又十分加倫之七	一斛二升一合半勺弱

土耳其合中數第六

譯名	釋義	合中數
瓦格	此土貿易常用之秤最小者也	三十四兩零九分零九微强
進得	土貿易常用之秤大於瓦格四十四倍　政要云合英一百二十五磅	一千五百兩　即九十二觔十二兩
吃格	土貿易常用之秤大於瓦格一百八十倍　政要云合英五百十一磅零三八	六千一百三十七兩即三百八十三觔零九兩
杭達實	土量長短之尺也　政要云長二十七英寸每一杭達實即土一尺	營造尺二尺二寸一分七釐九毫八絲二忽五微　海關尺一尺九寸一分四釐八毫九絲三忽三微
阿根	土量地計畝之小者　政要云合三十英寸	營造尺二尺五寸四分六釐五毫七絲二忽五微　海關尺二尺一寸九分八釐五毫八絲一忽四微
毒能	土量地計畝之大者政要云合四十見方英步每步三英尺共一百二十英尺	營造尺一百十八尺二寸九分二釐四毫　海關尺一百零二尺一寸二分七釐六毫五絲六忽
格羅	土米麥之量合英量九分一二	

奧斯馬加合中數第七

譯名	釋義	合中數
福衡德	奧秤物之小者也	一錢二分
勝德南	一百福衡德爲勝德南　政要云合英一磅	十二兩
扣拉夫得	奧量表短闊厚三面之尺即立方尺也　政要云照英尺每尺六十七尺之數	
約	計畝之名　政要云以英碼計一畝四分三釐每一約即奧一畝	八畝五分八釐
買爾	計里之名　計長二萬四千奧尺合英四里七八半每買爾即奧一里	十四里二分半
愛滿	油酒之量　政要云合英十四加倫又九分四	見上加倫
碼蚩	奧米麥之量　政要云英爲一石七	

餘均與法國同故不表。

比利時合中數第八

譯名	釋義	合中數
吞拏	比秤物之頓重與法頓同	
赫德來德	比之量也分二種一米麥之量一油酒之量　量米麥者如英二斛七分五之數　量油酒者合英二十二加倫	一石三斛五升零八勺
赫得	比量地計畝之名也　合英地二畝零四十七分即此一畝	十四畝八分二釐

餘均與法國同故不表。

德意志合中數第九

譯名	釋義	合中數
買爾	德計里之名　合英四里零三千一百六十八尺	十三里半有奇
方里		一百八十方里

餘均與法國同故不表。

瑞典合中數第十

譯名	釋義	合中數
里	瑞典每里爲英六里六分四釐	二十二里一分三釐三三不盡

餘均與法國同故不表。

日本合中數第十一

譯名	釋義	合中數
貫	日計權數輕重之大者	一百兩
刄	計權數輕重之大者	一錢
間	計里之法始於間	六尺以營造尺計
町	六十間爲一町	三十六丈似營造尺計
里	三十六町爲一里	六里有奇合營造尺一千二百九十六丈
坪	計方里之法曰坪	六尺方地

義大利、葡萄牙、西班牙、荷蘭、希臘、瑞士、巴西、秘魯、智利，以上九國均與法國同。故不表。

佚名《中西度量權衡表》　目録

各國錢幣合英磅

又《中西度量權衡表》録《西國師船圖表》卷一一

英尺合中國工部營造尺

據李氏善蘭所著《談天》凡例，謹遵《數理精蘊》每度二百里，每里一千八百尺，依西法密推赤道周徑，以三百六十度約之，推得

一英尺爲工部營造尺九寸八分五釐七毫七絲。又十二分之爲寸。英十二寸爲一尺。

一英寸爲工部營造尺八分二釐一毫四絲七忽五微。據《鄒徵君遺書》圖式，見《學計一得》卷上。

一英尺合工部營造尺九寸七分。

一英寸爲營造尺八分零八毫三絲三忽。

遵《會典》圖式，推得

一英尺合工部營造尺九寸六分一釐二毫。

一英寸合工部營造尺八分零一毫。

工部營造尺合英尺

據李氏凡例，遵《數理精蘊》，竊按營造尺，推得

一營造尺合英尺一尺零一分七釐三毫二絲二忽。

一營造尺每寸合英寸一寸二分一釐七毫三絲二忽二微。

據鄒氏尺圖，推得

一營造尺合英尺一尺零三分七釐二毫一絲六忽。

一營造尺每寸合英寸一寸二分三釐七毫二絲一忽六微。

遵《會典》尺圖，推得

一營造尺合英尺一尺零四分八釐四毫三絲八忽。

一營造尺每寸合英寸一寸二分四釐八毫四絲三忽八微。

邁當合工部營造尺 邁當，即密達。凡十分邁當之一，曰底西邁當，百分邁當之一曰生的邁當，千分之一曰密理邁當。或底西，或生的，或密理，單言者，省文也。

據李氏凡例，遵《數理精蘊》，推定

一邁當爲英尺三尺三寸三分七釐零八絲。按此推得

一邁當爲工部營造尺三尺二寸三分四釐二毫一絲二忽八微。

據鄒氏尺圖，推得

一邁當爲營造尺三尺一寸九分。

遵《會典》尺圖，推得

一邁當爲營造尺三尺一寸五分五釐。

工部營造尺合邁當

據李氏凡例，遵《數理精蘊》，竊按營造尺合邁當，推得

一營造尺合邁當三百零九密理邁當。

據鄒氏尺圖，推得

一營造尺合邁當三百一十三密理邁當。

遵《會典》尺圖，推得

一營造尺合邁當三百一十七密理邁當。

今按英尺與工部營造尺詳細推求，惟與李氏所推者諸多符合。又據李氏係遵《數理精蘊》定率，以西國近測地球密率相求，尤爲得其精奥，足以取法。復推之，《會典》及鄒氏尺圖，其數雖執器按圖，量而得之，所差較甚，殊難爲法。

英尺合中國海關尺 現行海關尺與營造尺不同。

近刻《税則簡要》，據英約通商第四欵，

中國海關尺一尺，即英國十四因制又十分因制之一。英寸曰因制。

一英尺爲中國海關尺之八寸五分一釐。今覆算應合八寸五分一釐零六絲三忽八微强。原推稍疏。

一英寸爲海關尺一寸之七分零九毫二絲一忽九微。

中國海關尺合英尺

按《税則簡要》所載，英約通商第四款所定，

中尺每海關尺，合英尺之十四因制又十分因制之一，即英尺之一尺二寸又十分之一。

中國海關尺合邁當

按《税則簡要》，據法約通商第四款，

一中國海關尺，合三百五十五密理邁當。

邁當合海關尺

一邁當爲海關尺二尺八寸一分七釐。今覆算，應合二尺七寸九分三釐二毫九絲六忽。

中國擔數合英磅

據英約通商第四款，中國

一擔，即係一百勆。以英國一百三十三磅零三分之一爲準。推得中國一勆，合英國一磅零三分之一。

英磅合中國擔數

一百磅合中國七十五勆。

一磅合中國十二兩。

英噸合中國勆數

英國二千二百四十磅爲一噸，依此推得

一噸爲中勆一千六百八十勆。

中國擔數合啓羅格郎姆法約作吉羅葛棱麼，但稱啓羅者，省文也。

按法約通商第四款，中國一擔，即係一百勆。以法國六十啓羅格郎姆零四百五十三格郎姆爲準。依此推得

一勆，合六百零四格郎姆零五十三分。

一兩，合三十七格郎姆零七百三十八分。

啓羅格郎姆合中國擔數

一百啓羅格郎姆，合中國一百六十五勆六兩六錢八分四釐二毫。

一啓羅，合中國一勆十兩四錢六分六釐八毫四絲二忽。

一格郎姆，一千格郎姆爲一啓羅。合中國二分六釐四毫六絲六忽八微四纖。

德國噸合中國勆

一德國噸，一千啓羅爲一噸。合中國勆一千六百五十四勆二兩八錢四分二釐。英國一噸與德國一噸有異。船載以容積計者，每五十立方英尺亦稱一噸。

中國量法合利脱耳嘎倫

西國計流質之量曰利脱耳，容積一立方得息邁當，十分邁當之一爲得息邁當。即部尺三十三立方寸又八分三釐强。謹遵《會典》嘉量斛容積二千五百立方寸，推得

一利脱耳，爲中國一升三合五勺有奇。

英國嘎倫容積二百七十七立方英寸强，即部尺一百五十三立方寸又六分四釐强。推得

一嘎倫爲中國六升一合四勺有奇。

中國銀兩合英磅

英錢十二辨士，或作本士。爲一施令，或作先零。二十施令爲一磅。據光緒十三年春磅價，四施令四辨士兑上海規銀一兩，計每一英磅合規銀四兩六錢一分五釐，同治年六施令兑一兩，每磅合規銀三兩三錢三分。今昔懸絶如此。合規銀一百零九兩六錢，合庫平紋銀一百兩。以英磅合庫銀，即依此升算。磅價與時變易，贏絀無常，姑舉一時市價，用備參核。

【略】

中西權度比校表第一以中國整數比英國及法、義各國之散數。

中國	英國	法國 奧德義比瑞荷日葡希諸國同
一擔即百勆	一三三,三三三三不盡 百　磅　照貿易常用磅	六十　四五三 啓羅
	一六二,〇七三　照銀石料應 百　磅　金寶藥磅	
一勆即十六兩	一三三 百　磅　照貿易常用磅	六百四　五三 克蘭姆
	一,六二〇七三　照銀石料應 磅　金寶藥磅	
一兩每兩十錢每錢十分按此算法	二十一,三三一　或□□　三三三三不盡 打蘭姆　照貿易常用磅	三十七　七三八 克蘭姆
	〇,一〇一二九　照銀石料應 磅　金寶藥磅	
一尺海關尺按中英商約法	一四,一 十因制	〇　三五五 邁當
一丈	一四,一　或　一一九 百因制　十尺因制	三　五八一三三五 邁當
一寸	一,四一 因制	〇　〇三五八一三三五 邁當
一分	〇,一四一 因制	〇　〇〇三五八一三三五 邁當
一方尺	〇,一五四五九 方依亞	〇一二八二五九六〇三八二二二五 方邁當

以上所載，舉其切用者，略具梗概。此外尚有量流質、量乾物之法，權寶物、權藥料之名，又有至微極細、虛有其名並無其物者，雖亦可推算而得，以非切用，暫略不載。再英法各國大小金銀錢各有名目，然與中國通用紋銀比校，隨時價高低，月異而歲不同。綜十年中至高之價，與極低之價相去至十之二，故不能列表。將來如欲編列，只可將攙和之質、輕重之等、大小之式，圖列於表，而以時價之高低附註於後。其他計里數、畝數諸表，亦應補入，今暫從闕。

中西權度比校表第二以英國之整數比中國及法、義各國之散數。

國　中	國　法	國　英
一二 十兩	四五克,五九二六四五 百　蘭 姆	易此 常磅司温六十即磅一 用實
○,七五 兩	二八,三四九五四 十克 蘭 姆	蘭打六十即司温一
○,○七六八七五 兩	克,七七一八四六 蘭 姆	冷十即 克三蘭打一
○,○○一五六二五 兩	克,五○九○六一五 蘭 姆	冷克一
九,八七二六四 兩	三七三,二四二 百　克 蘭 姆	之石金此 用藥銀磅司二即磅一 料寶秤　温十
○,八二二七二 兩	三克,一○三五 十蘭 姆	脱尼十即 懷本二司温一
○,○四一一三六 兩	克,五五五一七五 蘭 姆	克十即 冷四二脱懷尼本一
○,○○一七一四 兩	克,○六四七九八九五 蘭 姆	冷克一
○,八五一○六三 尺	○,三○四七九四四九 邁 當	地幅一即尺一
二,五五三一八九 尺	○,九一四三八三四七 邁 當	地幅三即亞依一
○,○七○九二一 尺	○,○二五三九九五四 邁 當	地一制二每因即 幅爲因十制一寸一
五,一○六三七八 尺	一,八二八七六六九四 邁 當	亞依二即當花一
一四,四二五三九 十尺	五,○二九一一 邁 當	牛亞依五即耳布一
五六一,七○一五八 百　尺	二一,一六四三七 百邁 當	亞二即 十二朗呵富一 依百
四四九三,六一二六四 千　尺	一六九,三一四九 千　邁 當	亞十百千即 依六七一里迷一
六,四六八七二 方 尺	○,八三六○九七一五 邁 當	亞依方一

表後附註同前。

中西權度比校表第三以法、意各國之整數比英國及中國之散數。

法國（奧德義比瑞荷日荀希諸國同）	英國	中國
一克蘭姆	〇,〇〇二四〇〇六二 磅（照貿易常用磅應） 一五,四三二三四九 多克兌冷司（照金銀寶石藥料應磅）	〇,二六四五三 兩
一啟羅克蘭姆	二,二四〇〇六二 磅（同上） 二,六七九二二七一五 磅 或 一五,四三二三四九 萬 多克兌冷司	二六,四五三 十兩
一剛達里（即一百啟羅克蘭姆）	二二四,〇〇六二 百十磅（同上） 二六七,九二二七 百 磅（同上）	一六五,五三 百 斤
一噸（即一千啟羅克蘭姆）	二二四〇,〇六二 千百 磅（同上） 二六七九,二二七 千 磅（同上）	一六五三,五 千 斤
一加哈金石克千二二 秤寶合姆之零 銀用蘭分百	三,一一七三三四四九八 多克兌冷司	五,三四三五〇六 釐
一邁當（即黄道四千萬分之一）	三,二八〇八九九二一 尺 或 三六三三五六 依亞	二,八一七 尺
一得西邁當（即邁當十分之一）	〇,三二八〇八九九二 尺	二,八一七 寸
一生的邁當（即邁當百分之一）	〇,〇三二八〇八九九二 尺	二,八一七 分
一密里邁當（即邁當千分之一）	〇,〇〇三二八〇八九九二 尺	二,八一七 釐
一啟羅邁當（即一千邁當）	一〇九三,六三三〇五六 千 依亞	二八一七 千 尺
一方邁當（即邁當乘方）	一,一九六〇三三二六一 方依亞	七,八〇二五〇二五四三六一六 方尺
一亞呵（即一百方邁當）	一一九,六〇三三二六一 百方依亞	七八,〇二五〇二五四三六一六 百方尺
一愛克達呵（即一百亞呵）	二,四七一一四三二二 亞克耳	七八〇二五,〇二五四三六 萬 方尺

表後附註同前。

紀事

徐光啓　李天經　湯若望《西洋新法曆書·奏疏》　太子少保禮部尚書兼翰林院學士臣姜逢元，題爲遵旨酌議參請裁事。祠祭清吏司案呈奉本部送禮科抄出兵部左侍郎加從二品服俸暫署部事王業浩等，題覆邊氛孔棘等事。崇禎九年十一月初二日，奉有羅雅谷、湯若望禮部酌議之旨。欽此欽遵。抄出到部送司，奉此查得戎政衙門于敵偪近郊之日，疏薦羅雅谷、湯若望等料理，前領發神器，奉有羅雅谷、湯若望等着隨營指授，以折狂氛，有功，從優叙賚之旨，追敵退城守有功，一體列名叙録，内稱羅雅谷、湯若望心遊方外，制入彀中，既無服官之榮，思宜從以成高尚，或查贍養之原疏，酌給以示懷柔。及兵部題覆：奉旨着臣部酌議，案查崇禎六年十月内，該太子太保禮部尚書兼文淵閣大學士徐光啓，治曆已有成摹一疏，内開羅雅谷、湯若望等譔譯書表、製造儀器、筭測交食躔度，講教監局官生，數年來嘔心瀝血，幾于穎禿唇焦，功應首叙。但遠臣輩守素學道，不願官職。勞無可酬，惟有量給田房，以爲安身養贍之資。不惟後學攸資，而異域歸忠亦可假此爲勸等，因奉旨：禮部知道。欽此。又崇禎七年十二月十二日，該督修曆法山東布政使司右參政李天經，題書器告成叙録宜加一疏，内開羅雅谷、湯若望等譯書譔表殫其夙學，製儀繕器據以心法，可謂勞苦功高矣。當如原題查給田房等，因奉旨：禮部酌議具奏。欽此。崇禎八年八月二十日，又該天經，題恭懇恩破格柔遠一疏，稱其修曆一役，仰邀不次之典，已非一端，如臣以一分外吏，而業照京官例開領俸薪矣。在局生儒鄔明著等所請職銜，蒙準下部議覆，似亦得叨升斗矣。但臣等所翻譯成書，推測合度，實參西法，而即兩遠臣之法也。臣等猥蒙異數，而遠臣輩殫其所學，捁据六載，曆務甫竣，繼以旁通，乃戮力盡瘁以願効忠于本朝者，顧使之肄業無所、恒産無資，非所以廣恩、風遠人也。縱大官稍有所給，乃月僅兩餘，未供饔飧。而萬里孤踪仕進弗甘，生産又絶，何以爲勞臣勸乎。則一廛之受、數椽之棲，諒非浩蕩之所靳也，等，因奉旨：該部覈議具覆。欽此欽遵。前因通查案呈到部，看得兵部題叙領發神器遠臣羅雅谷、湯若望奉旨酌議一節，爲照修曆遠臣羅雅谷、湯若望學究天人，思精理數，推測不遺餘力，考驗其有明徵，且撰書製器不一而足，勞苦功多。故輔臣徐光啓已經首叙疏開兩臣守素學道，不願官職，勞無可酬，惟有量給田房，以爲贍養之資。即曆臣李天經亦如前請。近緣城守叙勞，復有或查贍養之原題。案查兩臣九萬里來賓，七載于兹矣。饔飧未繼，大官之養日止共領下程銀三分、米四合，似亦不堪清苦，故諸臣以贍養之資再三控請。且修曆生儒同叙者已邀一命，城守諸臣共事者亦各膺秩級，在兩臣固無服官之榮想，然既奉有有功從優叙賚之明旨，相應如諸臣前請，將羅雅谷、湯若望各量給房一所，田數頃，以資安養，俾得于曆事完日仍畢力旁通，仰佐國家。欽若要務，是亦勸功柔遠之一道，然非臣部所敢擅擬也。既經兵部具題前來，相應議覆，恭候命下臣部，劄行順天府，查給田房，資其朝夕。伏乞明裁度施行。

崇禎九年十二月十八日具題，二十一日奉旨：羅雅谷等修曆演器著有勤勞，自當從優叙賚。這量給房田果否妥便，還著確議具奏。

督修曆法山東按察使司按察使照京官例正三品支俸臣李天經，謹題爲遵旨製器告竣，請乞裁，以便恭進事。案照崇禎九年五月初六日准内靈臺掌印王魁等送到，本月初五日奉傳着新局造星球一座來進，徑過要二尺大，一切星象不可遺漏，應用錢糧于工部支領。欽此欽遵。臣當移文該部，關領應用錢糧，督令在局官儒星夜鳩工如法製造，隨一面將故輔原進兩遠臣譯譔《恒星經緯表》二卷，與臣所進前屏式再加考測，就中經緯度分務期合天，稍有未妥者，無妨更置之。蓋此係數百年來創舉，臣何敢溺于舊聞，偏執己見，而不仰體欽若之至意乎。迨崇禎九年十一月内，復奉有星球着儹造進覽之旨，臣敢不兢業從事，畢力勉圖早竣厥事，無奈球體廣潤，工緻細密，而製圓一法尤巧匠所難，是以冶鑄鏤刻動經歲月，有非一人一手所能猝辦者。今幸業已就緒，旦晚進呈覽。伏乞勅下該衙門，撥給人夫輿運，仍乞定安置何所，以便擇吉恭進。臣于此尤有請焉。我事事求真，處處務實，則此勒之金石、登之大内者，其欲傳信不欲傳疑也，必矣。乃臣等所列星座，俱皆有器可測，有象可憑，一一依經緯點定，與舊圖原自不同。如舊所載天廟，稱其在張宿下十有四星。所載器府，亦稱其在軫宿下三十二星等類。今按之實微渺難窺，匪器可測，臣何敢以漫無可測之星而輕圖之也。又如團圓十三之天壘城，今測之，僅見其三。團圓十三之軍市，今測之，亦僅見其五。甚且人星本三也，而舊繪以五。天廐本三也，而舊繪以十。諸如此類，難以枚舉。臣又何敢依樣葫蘆，而狥此耳食之見乎。且有昭然顯著之星，舊圖原未盡載者，兹且悉爲測定增入。但緣舊未有名，今亦第以增、等別之，然而恭繹明綸，一切星象不可遺漏，臣等再四思維星球之製，但取令天，何嫌同異。且從古及今，天文各家代有更易，何獨拘泥成説而疑于今日乎。益以見我大聖人之作用超出前代萬萬矣。所有用過錢糧，容臣另疏奏銷，統候裁。

崇禎十年閏四月初一日具題，初四日奉旨：是著于中正殿安。餘知道了。該衙門知道。

内官監啓奏，奉旨，進西安門，走玄武門，赴中正殿安製器。

督修曆法山東按察使司按察使照京官例正三品支俸臣李天經，謹題爲遵旨恭進儀器事。先該臣于崇禎九年五月初五日，奉傳，着臣局造星球一座來進。臣當督率在局官儒星夜鳩工庀材如法造完，隨于崇禎十年閏四月初一日題爲遵旨製器告竣等事一疏，本月初四日奉旨：是著于中正殿安。餘知道了。該衙門知道。欽此欽遵。行據欽天監擇于閏四月二十四日壬戌宜用辰時安置，吉。臣即移會内靈臺如期啓奏，仍移行工部營繕清吏司，會同内官監撥給人夫輿進。臣謹于是日同兩遠臣督率各官儒，恭詣中正殿，相度方向，如法安置。臣竊以此星球也，非同前者。星、日二晷僅取審定時刻，未免借資星、日，固當置于殿陛之前。兹球則列宿森羅，一轉移之頃或晝或夜，而一時之天象燦於目前。自是用重器，宜安置殿中，庶便之覽，亦免風日之剥蝕，而不宜與二晷並列者也。又因將前所進《渾天儀説》摘其與本器相關者，彙爲一册，名曰《星球用法》，按法運儀，以求七政之經緯，羣星之出没，於推步占驗有大用焉。外此尚有黄赤經緯全儀，爲用甚大，需費無多。容臣等如法製造恭進，以與日、星二晷並列東西，庶測量諸器盡置内庭，而若大典，我手握璣衡，非若前代徒託之空文者比也。統候裁。

崇禎十年閏四月二十一日具題，廿五日奉旨：知道了。其黄赤經緯全儀著製造進覽。該部知道。

督修曆法山東按察使司炤京官例正三品支俸臣李天經，謹題爲交食届期，測驗宜明，伏乞明勅令各法同日報進，臨期仍冀内廷親驗，以一是非，以定疎密事。臣以一介外吏，荷蒙特簡欽給關防，命臣督修曆法事務，其一切曆法事宜，臣該得而直陳之；一切言曆諸人，臣該得而覆驗之。但緣臣以孤子之身，膺兹千秋鉅任，故操異議者，遂分門角技，借勢傾排，無所不至。窺其立意，不但欲撓臣局已成之法，并欲驅臣局任事之人而後可；結彼欺誑之局，以塞修完備考之責。至于屢疏詆誣，而臣寧以緘默自守不屑與較者，非惟自愛，其鼎恃有明在上，公論在人，天象昭垂，事久論定，何屑與之角口舌哉。且明知若輩于曆法實無所學，終難結局，故爾籍勢影射，横行無忌，異人一有指摘，遂加人以嫉忌之名，而彼得巧卸其欺罔之罪。故臣自任事已來，惟知埋首著述，推測考驗，以啚報稱。前後共譯算過曆書一百四十餘卷，製過新式儀器十數種，并恭進。乙亥、丙子、丁丑叁年，七政經緯凌犯諸新曆見在前，是臣局曆法已于乙亥年告成矣。其頒行事宜，惟俟明裁奪。目今正在奉旨製造黄赤經緯全儀，并推譯有書數種，可以刻期報竣。其戊寅年七政經緯等新曆，已在繕寫，不日恭進。昨又于本月二十日准内靈臺親送出，本日傳奉旨：西洋遠臣進到星球有蛇、鳥、小斗等星，有無占驗，著靈臺官去問。欽此。除蛇、鳥等星性情占驗，已經移會靈臺官回奏訖。臣一面督同遠臣羅雅谷、湯若望等，細將各星有關徵應者，著爲《天文實用》一書，次第進覽，以仰副我精心象緯釐正，欽若敬授德意。所有本年十一、十二等月陰陽兩食例，應先期上聞。第因另局之蔣所樂等，借今歲元旦日食，薦邊大順率領其另局，至期不驗，而邊大順遂安分引退。今又借夏至日景，薦郭凝之率領其另局，奉有郭凝之果否淹通曆學，併著核驗奏奪之旨。續因部覆，復奉有仍俟交食公同部司監局等官測驗，據實奏奪之旨。恭繹明綸，是欲于交食之際，令各官公同以測驗凝之之法，抑令凝之公同各官以爲測驗之人乎？凝之乃執公同兩字，疏中每脱卸其推筭之責，自許以測驗之任矣。此無論于核驗果否淹通之明旨，大不相侔。且既爲另局引薦之人，安望有虚中無着之見，是不任筭，固無以顯其所學，而徒任測，又何以服臣等之心耶！且臣所惴惴懼者不但此也。今歲元旦日食，另局謂，于法實爲不食。臣局報食一分有奇，至期臣法果驗，百官救護，衆目難掩。且續奉有邊大順等所推日光微侵秒數測驗未符之旨，而所樂等尚妄奏爲雲掩日體、大道未明，以滋欺溷。而此番交食，臣又不得不爲䚡䚡過慮焉。伏乞明勅令另局門人并郭凝之，將日、月兩食各出已法，與臣局同日報部，一齊封進，以防其依傍那移之弊。臨期仍冀將内庭日、星二晷依法測驗，以定疎密。儻有不行推筭，而支吾推諉致羈測驗者，即律以欺誑之罪，庶大典不爲羣議所淆，而真法亦不爲影射所撓矣。緣係云云。

崇禎十年十月二十五日具題，本月三十日奉旨：該部看議具奏。

督脩曆法山東按察使臣李天經，謹題爲恭進戊寅年七政經緯新曆，仰祈明獨斷畫一，以定曆法事。竊照臣于考測繕製之餘，督同在局諸臣，依新法推算，得崇禎十一年戊寅歲七政經緯新曆各一册，裝演成帙，進呈覽。伏查臣局新法久已告成，未蒙畫一通行者，葢緣我上敬慎欽若至意，必欲于推算精詳之後，尚須取驗于天行。臣即與部監諸臣隨時測驗，迄今三載，無不密合。此非臣之臆説也。即該部曾于奏明節氣疏内，亟稱其新法之用，天度自確乎其不可易，宜有以貼挈壺之心，而息保章之訟也。然該監亦曾于回奏測驗疏内，自謂其測驗俱與新法相合，而新法用緯度推算更爲詳密等語。且目今日、月兩食，幸蒙明洞鑒，其臣局新法爲近，餘俱疎遠，見在致部看議畫一奏奪。誠仰見我神聖天縱，手握璣衡于衆議紛紜之日，而獨判疎密于宸衷，是數百年未有之典，原自我肇其始；而億萬載永垂之法，亦必我考其成。伏乞明英斷，則闡千古之曆元，成一朝之鉅典，寶曆維新，普天共慶，臣惟日望畫一于欽定矣。緣係云云。

崇禎十年十二月十八日具題，奉旨：畫一曆法已屢有旨了。所進書册留覽。該部知道。

督修曆法山東按察使司按察使照京官例正三品支俸臣李天經，謹題爲達臣盡瘁身殞，優賚屢旨久虚，懇乞勅部速覆，以酬前勞，以慰忠魂事。切照修曆遠臣羅雅谷者，係原任督修曆法故輔臣徐光啓于崇禎三年五月内，因遠臣鄧玉函病故，修曆乏人，具疏上請，内稱訪得諸臣同學尚有湯若望、羅雅谷二臣者，其術業與玉函相埒，而年力正强，堪以効用。伏乞勅下就便移文，敦諭二臣并行所在官司資給前來，庶令人出所長，早奏厥績等，因本月十九日奉旨：曆法方在改修，湯若望等既可訪用，着地方官資給前來。該衙門知道。欽此欽遵。隨于本年七月内據河南開封府知府袁楷具文，資給羅雅谷前來。本月初六日故輔臣徐光啓，題奉旨：羅雅谷准朝見供事。該部知道。當經朝見，赴局供事，九載于兹，公同遠臣湯若望等譔成曆法書表一百四十餘卷，繕製新式儀器十數種，見在前。且于數年已來指教臺官，嘔心瀝血。其日躔月離雖已傳授習熟，幾于頴秃唇焦。臣與輔臣曾已屢疏列名首叙，叠奉有紀録酌議之旨，在部未經議覆。復于九年七月内，奉有羅雅谷等即着隨營指授，有功從優叙賚之旨，兩臣即登陴指授。嗣因城守叙勞，復奉有羅雅谷等修曆演器，著有勤勞，自當從優叙賚之旨。兹無論一時同叙之大小文武臣工，俱膺擢陞秩級，即捐助如吴守義者，亦荷勅賜建坊奬勵。秖因兩臣守素學道，不碩官職，已經禮部題准，各給房一所，田數頃，允在案。而兩臣又苦于書役之谿欲難饜，豪强之覇占可虞，爲是具疏控辭，復荷明不忍泯其前勞，仍勅禮部另議。兩臣翹首望恩，已成隔歲。有本局博士等官，不忍坐視向隅，乃于今春二月間具呈禮部，堂司已批即題隨經祠祭司郎中何三省循例具稿，每人每月各給湯飯卓半張、廪米一石，并纂修酒食等項，以見朝供事之日爲始，照例補給，向後仍令関支等因，呈堂批行。臣等伏念兩臣自任事已來，每日止共領光禄寺下程銀三分、米四合，清苦奚堪。且以造曆未成，如魏文魁者，生叨湯飯，殁徼秩級之外，尚蒙照前補其俸廪，父子霑恩。而谷等造曆有成，守城著績，兩奉有優賚之旨，較之自應加優。況若各給田房，價值奚啻數千金！今每人補給湯飯，爲數不多，即每月各補一張，在恩或弗靳予，豈意復逾一月尚未題覆。至曆法各仍《大統》，新局推測屢近，明旨昭然，其所以旁求更正一節，曾未見該監虚心商及于臣，僅見其通同妬嫉，仍蹈游移之故轍，而不遵畫一之屢旨，尚爾侈言再測，狃舊憚新。正嗟頒布無期，河清難俟，而遠臣羅雅谷又以積勞成疾，忽于三月十三日一旦溘然長逝矣。然此臣之忠懷素藴，學術淵微，推測不憚于燠寒，著作奚分乎晝夜，以致年未艾而鬚髪早白，甘貧淡而面鵠形鳩，氣息奄奄，既已致身于世，而遺骸之埋瘞，不無有望于仁。伏乞明勅下該部，即如所議，速爲題覆。俾湯若望之生者得以資其朝夕，而羅雅谷之死者得以充其殯埋。庶我國家澤枯之德與柔遠之仁，足以遠播于遐陬，而兩臣修曆與城守之微勞，亦不致終歸泯滅矣。臣于此又有請焉。伏查臣局曆法書器久已告成，業蒙明判斷畫一，將疎遠者散遣回籍，差悮者准令更正，獨留新法之推測屢近者，存監學習。今羅雅谷雖已物故，而交食七政經緯，與夫氣節晦朔弦望等項，臣局各官俱素嫻推算，然教習臺官不無賴于遠臣湯若望也。此臣曆學專門精深博洽，足以辦此，但苦一人之精力有限，又有本等道業，誠恐指授與旁通兩事難以獨肩。自稱若望同學見有汪爾斐者，推測素諳，年力正壯，堪以訪用。伏乞明勅下，容臣移文所在官司，資給前來，共襄大典。其于治曆明時，不無小補矣。至若遠臣羅雅谷殁于王事，萬里孤魂不堪歸櫬，見有利瑪竇之例可援，其會典亦有成例可攷，優卹特典出自裁，非臣之所敢擅議也。

崇禎十一年三月十八日具題，二十四日奉旨：該部看議，速覆。

禮部題爲遵旨酌議恭請裁事。祠祭清吏司案呈案查，先該本部題覆修政曆法遠臣羅雅谷等，奏爲明柔遠過渥，徹臣圓報未遑，謹預辭允田房，以表忠盡事等因。崇禎十年九月十七日奉旨：羅雅谷等奏辭田房，不必再行查給。該部還另議具奏。欽此欽遵。抄部送司，隨准督修曆法山東按察使李天經，手本開稱城守叙録谷等幸叨優叙，但緣兩臣不願官秩，題准查給田房，具疏控辭，既蒙勅部另議，可不亟爲另行措處，給與兩臣自行構置，仍一面比照鄉民吴守義等見行事例，題請建坊奬勵等因在案，又經移文曆局，備查兩臣來京修曆日期，去後續據李天經手本，内開遠臣羅雅谷自崇禎三年七月初六日見朝供事，遠臣湯若望自崇禎三年十二月初二日見朝供事，迄今已及八載，每日止領光禄寺下程銀三分、米四合，似未足供日用，清苦堪念。既奉另議之旨，相應題請回覆。前來正在查議，題覆間又該督修曆法山東按察使司按察使照京官例正三品支俸李天經，題爲遠臣盡瘁身殞等事云云，非臣之所敢擅議也等因。崇禎十一年三月二十四日奉旨：該部看議，速覆。欽此欽遵。抄出到部送司，所據遠臣羅雅谷已經物故，請乞優卹一節，即已行查。主客司今據手本内稱備查卷案，無憑稽考，回覆前來隨經移文，曆局確查前疏所引遠臣利瑪竇等卹典成例，係于何年月日題覆，備録過司，以憑議覆。去後續據修曆按察使李天經手本，開稱該本司備查利瑪竇優卹原疏，係萬曆三十八年四月二十三日本部署部事左侍郎吴道南主客既經畫一更正，似難久羈，再乞明嚴勑該監欽遵明旨，以新萬年實曆事。崇禎十年十二月二十七日該禮部一本，爲遵旨看議具奏等事。十一年正月十九日奉旨：欽天授時大典奉旨畫一，該部何得一味游移？這曆法著遵會典仍舊行《大統曆》，如交食經緯、晦朔弦望因年遠有差誤者，准張守登等傍求參考更正。新局推測屢近，着炤回回科例存監學習。李天經等議叙郭正中速赴卅任，仍賞銀二十兩，紵絲二表裏，蔣所樂、魏象乾各賞銀二十兩，紵絲一表裏，其餘的各賞銀十兩，俱散遣回籍。魏文魁歷過俸廪作速查給。該衙門知道。欽此欽遵。臣既奉命督修，即宜有所條奏，以圖速正舛訛，上合天道。蓋緣明旨原以更正責成該監，想該監諸臣自能仰遵屢旨，畫捐成心，將數年測驗之實徵，多人學習之新業，修政曆法遠臣湯若望等，謹奏爲敬獻微塵仰報恩萬一事。臣谿原任督修曆法輔臣徐光啓疏薦修曆，奉召來京，荷蒙豢養隆恩，每思無從圖報，日夕跼蹐靡寧。嗣因丙子歲醜虜内犯戎政，及都察院等衙門以善知火器謬薦，及臣奉有著即隨營指授，以折狂氛，有功從優叙賚之旨，臣等當即登陴，將銃車規制并治藥演放之法，一一指授。事平叙録，復奉有修曆演器著有勤勞，自當從優叙賚之旨。禮部題請各給田房，業奉俞旨，臣等隨即具疏控辭，以表忠悃。禮部復比炤魏文魁成例，請補湯飯酒食等項，奉有著按數補給之旨。昨經光禄寺查炤魏文魁成例，按數補給。又蒙准賜給扁額種種殊恩，捐糜莫報。竊念臣等緣係守素學道之人，苟于布衣蔬食之外，不敢過爲妄費。是將補銀兩構置數椽，恭奉造物天主，朝夕祝頌壽，以圖報稱。所有贏餘，願輸芹曝之獻。頃見醜虜復爾狂逞，臣等義切同仇，恨不滅此而後朝食，無奈臣祇孑然一身，此正在奉旨傳授新法，今幸法已傳完，臣等目擊時艱，仰見君父宵旰于，臣等寧敢寢食自安！乃于傳習新法之餘，日同在局諸臣譯有臣鄉《坤輿格致》一書，專言開採煆煉之法，儻能依法採取，可以大裕國儲。正在繪圖繕寫，俟完日另疏恭進覽，少慟懷。敬捐補酒飯銀二百兩，少獻蟻悃。伏乞明俯鑒愚忠，勑令該衙門炤數查收，庶遠臣得報恩于萬一矣。

崇禎十一年十二月初八日具奏，□日奉旨：湯若望等酒飯銀不必捐助。該部知道。

督修曆法加光禄寺卿支正三品俸管曆局事臣李天經，謹題爲報完傳習新法併恭進己卯年七政經緯新曆以竣大典事。切炤治曆明時，係國家之首務，自不宜久襲舛訛。向因日食不合，特奉諭專勑修改。今開局已歷十載，書器久已告竣，去冬荷蒙内庭親驗，奉有新法爲近，餘俱疎遠之旨，欽定畫一，勑部議覆。于今歲正月

司郎中林茂槐等，題給葬地，奉旨，是隨經署府事府丞黃吉士，查給阜城門外二里溝籍没私刱佛寺三十八間，地基二十畝，付竇塋葬，此前疏所引之成例也。復查明會典内一欵，夙外使病故，如係遠臣未到京者，本部題請翰林院撰祭文，所在布政司備祭品，遣本司堂上官致祭，仍置地塋葬，立石封識。到京病故者，行順天府給棺，祠祭司諭祭。今羅雅谷正與典例相符，且係奉召來京，又兼修曆演器，屢著勤勞，兩奉有優賚之旨，未及叨恩而身先物故，例應破格優卹。但據遠臣湯若望呈，稱望等俱係守素學道之人，生既不敢萌服官之榮想，死亦不敢徼逾分之榮施，惟乞題補湯飯酒食銀兩，俾生者得以資其朝夕，殁者得以克其殯埋，令彼自行塋構，仍冀比照吴守義見行事例，勑賜扁坊，聽其自行置辦，則見我國家一字之褒榮踰華衮，庶于勞勩酬，而澤枯柔遠之仁渥矣等因，通查案呈到部。看得西洋遠臣羅雅谷、湯若望城守効勞，部院題叙，奉有羅雅谷等修曆演器著有勤勞，自當從優叙賚之旨，隨經本部議給，無礙田房，又經兩臣具疏控辭，奉有田房不必再給，另議具奏之旨，臣等再四思維各部寺錢糧闕正額者，無容議，惟陰陽事例銀，雖交兑在户部，與臣部相表裏，然支給之間殊有未便，所未敢輕議、酌無可酌，隨據博士楊之華等呈，稱遠臣羅雅谷、湯若望修曆，在局供事，迄今兩名每日止領光禄寺下程銀三分，米四合，不足資其朝夕，覆，看得光禄寺湯飯一節，在朝廷于遠人既有大官餼贍之典，而來賓者祇受有名，比照魏文魁例查補以優異之。隨經移查朝見供事日期去後，在魏文魁修曆未成，業蒙恩賜，兩臣以萬里梯航，殫精步筭，測驗多合，用襄欽若大典，且其抉秘指授，達折狂氛，而歸忠盡瘁，功亦足紀，按數補給，誠不爲過。此臣等之初議也。隨經督修曆法李天經開載羅雅谷、湯若望朝見供事俱在崇禎三年間，臣等更屈指扣筭，未免歲計有餘，積少成多，若得按數補給，則浩蕩出于仁，使之仰戴中國聖人之高厚，而慕義頌德於無窮矣。利瑪竇優卹一節，萬曆三十八年曾經賜給墳地，據若望等自稱不敢邀逾分之榮，其學道守素相應允從，不必另議卹也。旁求參考更正，在督修與欽天監俱當遵奉明旨，無滋諉卸可耳。汪爾斐協同推測，李天經既身任督修曆法之責，所舉應不謬妄，合無聽李天經行文所在官司，支給前來供事，統候明裁定，勑下臣部遵奉施行。緣係云云，謹題請旨。

崇禎十一年四月廿二日具題，二十六日奉旨：是湯飯着按數補給，不許再延。攺正學習前旨已明，該監如何不遵。汪爾斐不必行取。

督修曆法山東按察使司按察使炤京官例正三品支俸臣李天經，謹題爲曆法

十九日，奉有如交食經緯晦朔弦望因年遠有差誤者，准張守登等旁求參攷更正，新法推測屢近，着炤回回科例，存監學習之旨，該臣隨移文會同欽天監堂屬各官，于六月初三日開講學習，即率同遠臣湯若望等，將新法交食七政、推測法數，一一盡法傳授已完。其監局學習堂屬官生勤敏可嘉、積勞已久者，容臣聽該監遵旨自爲更正，後另疏分別題叙，以示激勸所有。已卯年新法七政經緯所度，該臣局官生于學習之餘推算繕寫，恭進覽。但查該監推算七政，皆曆科五官正等官職業，而臣局官生原係奉旨炤例存監者，今猶然。以司曆博士而辦五官正等官之事，未免有事繁祿薄之苦。及查回回科例，于該監内另立一科，設有秋官靈臺挈壺等官。臣以爲，各官既已見在曆科開俸辦事，似不必另立一科。惟乞勑令該部將臣局推算官生，各加推算應得職級，公同曆科各官，共推新法，以襄鉅典，庶治曆得人，而臣工知所勉矣。事關曆法，敢因報完傳習進呈七政而併及之，臣不勝惶悚待命之至。

崇禎十一年十二月二十六日具題。

督修曆法光禄寺卿支正三品俸臣李天經，謹題爲恭進壬午年七政經緯新曆事。該臣督同在局諸臣，依新法推算得崇禎十五年壬午歲七政經緯新曆各一册，裝演成帙，進呈覽。臣謹按本局所推新法諸曆，悉依天度起算，其節氣交宫與夫伏見行度等項，皆在天真正之實行度也。所有置閏之法，首論合朔後先，次論月無中氣。除十三年臣局依天度所推本年四月有閏，已蒙明洞鑒，新法合天，衆心允服矣。兹臣恭進十五年新曆，而十月與十二月中氣適交次月合朔時刻之前，所以兩月間雖無中氣，而又不該有閏。蓋新法置閏，專以合朔爲主。若中氣適在合朔時刻前者，是中氣尚屬前月之晦，則無閏。若在合朔日時後者，則前月當有閏而無疑也。今臣等預察得崇禎十六年正月後有閏，因正月後止有驚蟄一節，而春分中氣在次月，合朔之後是十六年，當閏正月而無疑矣。臣惟一代之興，必有一代之曆。臣自奉命修改數載已來，諸曜皆蒙明内庭親測新法脗合，似難枚舉。即如本年日月兩食，該臣具有交食屢測可驗一疏，奉有新法已有旨了，著作速覆議來行之旨；又爲日食事，隨奉有御前測驗這次日食時刻分秒，西法近密之旨；至臣於舊歲十三年恭進新曆一疏，更奉有本内交食節氣等項用新，神煞月令諸欵用舊，務求折衷畫一，以歸至當之旨矣。伏察從來，督令禮部看議畫一，及准該監旁求更正。明命炳若日星，想該部自能一一欽遵，以副我欽若敬授之德意。臣等猶冀我詳察而乾斷焉。緣係云云事，理未敢擅便，謹題請旨。

計開：《七政新曆》一册，《經緯新曆》一册。

崇禎十四年十二月一十八日具題，十五年正月初八日奉旨：禮部知道。

督修曆法加光禄寺卿仍支正三品俸臣李天經，謹題爲恭進癸未年七政經緯新曆，再懇敕部速覆原疏，以弘大典事。該臣督同在局諸臣，依新法推算得崇禎十六年癸未歲七政經緯新曆各一册，裝演成帙，進呈覽。臣謹按本局所推新法諸曆，悉依天度起算，其節氣交宫與夫伏見行度皆在天真正實行之度也。歷蒙明洞鑒，内庭親測屢驗，新法合天，衆心允服矣。其新法置閏來歷，前疏已悉，不敢贅陳所有。禮部于前歲題爲謹遵屢旨等事一疏，專門傳習嚴加申飭之旨，併臣條議一疏，俱奉旨下部已久，尚未題覆。伏祈敕部速覆，俾各官生得以專意在局傳習，共推新法，以勷鉅典，以鼓舞在局官生任事之心焉。臣復察《大統》所推金星於本月十七日在虚八度，夕伏不見。新法則推至本月二十五日始伏，二十八日始與太陽合伏。臣坐守廣寧門，時同諸臣于十七以後見日落時金星明明在上，去地平甚高，可謂伏否？時科臣光時亨素留心象緯者，亦同訝金星之未伏，而許新法之密令也。敢存此一段，以爲測驗大定之一據云。敬因進呈而併及之，臣不勝惶悚待命之至。

計開：《七政新曆》一册，《經緯新曆》一册。

崇禎十五年十二月二十五日具題，十六年二月二十二日奉旨：這進曆准留覽，原疏着與速覆。其金星合伏日期，察該監官何故推測互異。着更用心講習，務求至當。該部知道。

督修曆法加光禄寺卿仍支正三品俸臣李天經，謹題爲日食事。該臣於正月十三日具本，題知本年二月初一日乙丑朔日食分秒時刻，依本局新法，推步日食五分三十秒初虧，辰初四刻弱食甚，巳初初刻强復圓，巳正初刻半弱并具圖像，及各省直食甚分秒時刻不同諸數，俱已逐一開坐，進呈覽矣。臣因坐守廣寧門，預先移會修政曆法遠臣湯若望，暨本局供事等官黄宏憲等，至日前赴觀象臺公同測驗。本月初一日，據本局供事加光禄寺署正黄宏憲等回呈到臣開，稱是日隨遠臣湯若望，公同禮部主客，司員外劉大鞏、欽天監監副周胤，及該監曆科天文科五官靈臺保章監候博士等官，與本局供事加通政司經歷朱光大等，在臺用本簡儀，并所携新法赤道日晷測至辰初四刻弱，用遠鏡映炤，果見初虧。測至巳初初刻强，果見食甚五分二十餘秒，測至巳正初刻半弱，瞻見復圓。其日食分秒時刻，并起復方位，皆與本局新法所推密合。此係公同瞻測較驗無異等，因備呈前來，即臣同坐門科臣光時亨、臺臣鄭楚勛、戚臣李國柱等官，亦用遠鏡及新法儀器映炤測驗，一一悉與新法脗合。據實具題，再祈勑令禮部速覆另立新法科一疏，庶便專門傳習，更正無稽，而盛世之大典亦得刻期告襄。

修政曆法臣湯若望，謹奏，爲懇乞聖明垂鑒遠旅孤踪格外施恩事。臣自大西洋八萬里航海來京，不婚不宦，專以昭事上帝，闡揚天主聖教爲本，勸人忠君孝親，貞廉守法爲務，臣自購置天主堂聖母堂共一所，朝夕焚修，祈求普祐，迄今住京二十餘年。于崇禎二年間，因舊曆舛訛，奉前朝勅旨，修政曆法，推測日月交食、五星躔度，悉合天行，著有曆書表法一百四十餘卷，并測天儀器等件，向進内庭，擬欲頒行。幸逢大清聖國俯念燕民遭賊荼毒，躬行天討，伐罪吊民，萬姓焚頂，没世難忘，此乃天主上帝寵之四方，隆以君師之任，救天下蒼生于水火者也。兹臣仰讀内院傳示，令旨中東西三城居民搬移于南北二城，以便大兵憩息。是誠聖明軫恤便民至意，敢不即便欽遵。但念臣住居宣武門内城下中城地方房屋半爲賊火焚燬僅存天主聖母二堂，并小屋數椽，朝夕在内，虔誠誦禱，況臣八萬里萍踪，一身之外，並無親戚可倚，殊爲孤孑堪憐，且堂中所供聖像，龕座重大，而西方帶來經書，不下三千餘部，内及性命微言，外及曆算、屯農、水利，一切生財大道，莫不備載；至于翻譯已刻修曆書板，數架充棟，誠恐倉猝那移，必多散失，而臣數十年拮[据]勤勞，無由效用矣。伏乞皇上軫念孤忠，特賜柔遠之典，倘蒙俯准微臣仍舊居住，使臣得以安意精修，祝延聖壽而保存經典書籍，冀圖報于異日，洪德如天，感恩無地矣。臣爲此激切冒瀆天聰，惟聖明俯宥，垂察施行，臣不勝瞻仰、惶悚待命之至。爲此具本親賫，謹具奏聞。

順治元年五月十一日具奏，十二日奉攝政王頒給清字令旨一道，張諭本堂門前。

修政曆法湯，爲公務竊照前朝崇禎二年間，因察舊曆差訛，專敕任大學士徐光啓等悉依新法修政，特設修公署于宣武門之東，奉旨訪舉知曆官生，在翻譯書表，製器測驗，推算七政，迄今十餘年，著成創法，闡理諸書一百四十餘卷，製就星球、星屏、地平、日月星晷，與夫窺筩機巧等器，盡進御前内庭親測，在天行度屢與新法脗合。望等拮据盡瘁，尚候頒行。兹幸恭遇大清一代之興，必更一代萬千之曆，台臺薦賢，爲國自無葑菲之遺，職掌攸関，理合將本局事實并供事官生職銜，謹照例開列，前去禮部，祠祭清吏司，煩爲察照來文内事理，一體呈堂開造，勒令列名各官生儒，晝夜在局照常修改推算施行。須至手本者。

【略】

修政曆法臣湯若望，謹奏爲敬陳本局應行緊要新法事宜以抒葵赤事，竊照曆法大典所關萬世，匪直誇耀一時而已，目今寶曆既已大定，則行遠傳後之計，不可不亟講也。而微臣又再四思維，曆之所可貴者，上合天行，下應人事也。苟徒矜推測密合之美名，而遺置裨益民用之實學，聊將一切宜忌仍依舊法鋪註，終非臣心之所安。以故曆局諸務徐俟異日續請，若目前緊要之事，謹約舉條議二欵，伏乞聖鑒施行。

計開：

一，考驗七政情性，原與人事各有所宜，不明此理，則一切水旱灾荒無從預修救備之術，而兵農醫賈總屬乖違。臣西庠是以有《天文實用》一書，已經纂譯首卷，未暇講求，合無恭請勅下臣局陸續纂成，嗣後悉依實用新法鋪註，庶國計民生大有裨益矣。至若占驗一事，原係該監職業，相應仍照舊規，勅令天文科官生晝夜輪直，在臺占測，俟臣局《天文實用》纂畢呈進之日，另依新法占報，伏候聖裁。

一，推測七政真正行度，必藉新法精奥書器，庶測與算合，種種密符天天。臣于前朝修曆以來，著有曆法書表百十餘卷，雖經刻有小板，聊備教授後學，開推筭之用，況遭流寇殘燬，缺畧頗多，合無請旨勅下臣局再加詳訂，將闡發新法奥義曆指，并推布七政躔度立成諸表，約成數十卷，用官樣大字，格式刊刻進呈，藏之内府。再有新法測天儀器十數種，臣等擬欲請製急用者三器，如渾天星球，及地平經緯與黄赤全儀，以爲測驗七政會合沖照之用。以上書器爲費無多，或勅該部措辦，或聽臣局勸輸，陸續造完應用，以成一代鴻謨，以垂萬年法式。伏候聖裁。

順治元年十月十五日奏，十八日奉聖旨：禮部一併看了來説。

修政曆法遠臣湯，爲敬陳本局應行緊要新法事宜等事。該本局奏前事，奉有禮部一併看了來説之旨，本月初九日准貴司手本，稱奉堂諭，即將曆法書表所刻小板送部查閲，如果僫壞缺畧不堪，另行翻譯大字，所需板片刷印刊刻工價、紙張，并渾天星球等三器合用物料、造作工價，一一開報，以憑入奏，無煩再請等，因到司移會，到局查照，得本局前疏，稱將闡發新法奥義曆指，并推布七政立成諸表，約成數十卷，再加詳訂，用官樣大字格式刊刻進呈，藏之内府，以成一代鴻謨之意，非以原刻聊備教授推筭之小板，漫爲進藏而褻鉅典也。其小板原係遠人自行刊刻，所有缺畧不堪者，遠人自能修補，可以仍供推筭之用，亦不因其僫壞，始議另行翻譯，以溷珍藏。況充棟之板未易搬送查閲，即欲另刊官樣大字板片，去繁就簡，約有一千餘塊，謹將小樣書表刷印數葉附覽，便知其詳。至於測驗儀器，向經承造黄赤星球二種，費止有千餘金，今益地平經緯全儀，論工價約增十分之五，總之俱屬創製，精工造完始見。勸輸念切，原不欲耑請錢糧，其他一切物料板片，工價等項，自應隨時斟酌，務求節省，似難預爲臆度懸擬者也。合用手本回覆，前去禮部祠祭清吏司，煩爲查照前疏事理，應否成造，與夫勸輸措辨，悉聽貴部裁酌施行須至手本者。

順治元年十一月十一日修政曆法湯若望。

修政曆法湯，爲敬陳本局應行緊要新法事宜等事。該本局奏前事，奉有禮部一併看了來説之旨。本月初九日准貴司手本，稱奉堂諭等因，移會到局，隨時即回覆手本，開明訖復，又發回手本，再問刊刻板片工價，并渾天星球等費。謹按擬緊要應刊官樣大字，進呈曆指書表板片一千餘塊，隨傳刊字匠問其板價若干，言板每塊價約五分，每板兩面，字約八百餘個，刻字工價每百約銀六分，總共約銀五百五十餘兩。其測驗儀器三種，依新法式樣，製造輕巧，竭力節省，所費約一千餘金，以上之費已經奏請，不敢求之内帑，相應招徠捐助，以成國家大典。既經詳問前來，不得不擬度回覆合用手本，併發回手本，一併回覆，前去呈堂，一一題覆施行須至手本者。

順治二年正月十八日管監正事湯若望。

修政曆法管監正事臣湯若望，謹題爲恭進萬年寶曆事。照得丙戌年民曆式樣，例應順治二年二月初一日具本恭進，隨發刊刻，四月内頒行。微臣曉夜督率局監各官，悉依西洋新法推算，得順治三年丙戌歲時憲民曆式樣一册，謹繕寫裝演，進呈御覽，伏乞勅下照例刊刻，頒布各省直遵奉施行。緣係恭進萬年寶曆事理，未敢擅便，謹題請旨。

計開：民曆式樣一册。

順治二年二月初一日題，初四日奉聖旨：禮部知道，曆式併發。

《明史紀事本末》卷七三　冬十一月日晷、星晷儀器告成。上命太監盧維寧、魏征至局驗之。先是西儒羅雅谷、湯若望在歷局造測儀六式：一曰象限懸儀，二曰平面懸儀，三曰象限立運儀，四曰象限座正儀，五曰象限大儀，六曰三直游儀。復有弩儀、弧矢儀、紀限儀，諸器不槩録。

《元明事類鈔》卷一　測儀六式

《明紀事本末》：西儒羅雅谷、湯若望在歷局造測儀六式：一曰象限懸儀，二曰平面懸儀，三曰象限立運儀，四曰象限座正儀，五曰象限大儀，六曰三直游儀。復有弩儀、弧矢儀、紀限儀，諸器甚多。

黄伯禄斐默《正教奉褒》　崇禎二年五月朔，日食。監官據《大統曆》元統，號抱拙子，陝西長安縣人。明太祖洪武十七年爲漏刻博士，取元朝《授時術》，删訂四卷，進呈，名之曰《大統曆法》，擢統爲欽天監監令。推食三分二十四秒，回回曆。回回曆，回教所用之曆。隋唐以來已見於中國。明太祖既造《大統曆》，命欽天監將回回曆參用推步。推食五分五十二秒。禮部左侍郎徐光啓，依西法推北京食二分有奇，南京食六分有奇，瓊州府屬廣東。食既，大寧縣屬山西隰山。以北不食。届期，驗光啓所推，密合天行。《大統》《回回》各曆，皆不合。帝切責監官。五官夏官正戈豐年等，言《大統》乃國初監臣元統所定，即元太史欽天監監正。郭守敬字若思，直隸邢臺縣人。精於曆算，輯授時術。元世祖成宗朝，知太史院事。之授時術，古今稱爲極密。然守敬以元世祖至元十八年造曆，越十八年，爲成宗大德三年八月朔，推當日食二分有奇。詎至期不食。六年六月朔日食，反又失推。時守敬方知太史院欽天監。事，亦付之無可奈何。彼立法者尚然，況後之斤斤守法者哉。今欲循守舊法，向後不能無差。欲行修改，更非淺陋所及。於是禮部奏請徵召西士，開局修改，以光啓督修新法。勅曰，西法不妨於兼收，諸家務取而參合，用人必求其當，製象必覈其精。責有攸歸，爾其慎之。七月光啓奏舉太僕卿李之藻，并疏言，西洋大學臣利瑪竇等，曾經部覆推舉，今有同伴鄧玉函、日爾曼國人。龍華民，居住賜宇，必得其書其法，方可較正增補。並須造象限儀六，紀限儀三，平懸渾儀三，交食儀一，列宿經緯天球一，萬國經緯地球一，平面日晷三，轉盤星球三，候時鐘三，望遠鏡三。報允。九月癸卯，開局。局設宣武門内，天主堂東首善書院，名曰曆局。本朝仍令西士居此治曆。世祖章皇帝御書匾額曰：勤慎可嘉。聖祖仁皇帝御書門額曰：天文曆法，可傳永久。堂中匾曰密合天行，曰盡善盡美。後廳匾曰聲清氣和。聯曰，雲從高處望，琴向静中彈。其監官仍居欽天監在闕東、禮部東鴻臚寺南，西向。依舊法《大統》《回回》兩曆推算。

崇禎三年五月，徐光啓又徵湯若望、日爾曼國人。羅雅各意大利國人。襄授製器演算諸法。

崇禎四年正月，龍華民等進曆書二十四卷，旋又進二十一卷。

崇禎五年，湯若望進曆書三十卷。

崇禎六年十月，徐光啓以病辭職，薦山東參政李天經字長德，直隸趙州人。萬曆三十一年進士，歷署河南、陝西藩臬。崇禎十一年，進光禄寺卿，仍管曆務。代董曆務。

崇禎七年，湯若望進呈曆書二十九卷，并星屏一具。嗣又進曆書三十二卷。其時日晷、星晷、窺筩即望遠鏡。諸儀器，俱已製成。奏聞，上命太監盧維寧、魏國徵，至局驗試用法。旋令若望，將儀器親賫進呈。督工築臺，陳設宫庭，上亦步臨觀看。畢，就内廷賜若望宴。自後上頻臨觀驗，分秒無錯，頗爲嘉奬。一日有内庭應用物件，打至宫中，須經儀器之旁。內宦之黨同監官者，乘機將儀器移動，遂致測驗不符。上詫異，召若望至，詰以不符之故。若望驗看儀器，知已移動，即復如法安置。上究其事，知內宦因與守舊監官相善，爲此隱詐，以害若望。遂嚴加申飭。

崇禎十年，帝以歷年交食陵犯，派大臣登臺觀驗，獨西法密合天行。《大統》《回回》各法，俱有差謬，欲廢舊曆，專用新法。而舊監中各官，多方阻撓。內宦又左右之，帝意遂不決。

崇禎十年十二月，欽天監官自知測驗不及西士，心甚嫉妒，乃上疏言湯若望等所講天主教道理，大悖堯、舜、孔子之道，請禁止傳習。上疏後，又賄囑內宦，在帝前毀譖西士。帝飭軍校至天主堂，將所譯教中書籍盡數搜去，交部臣逐一詳加磨勘。部臣覆奏，勘得教中各書，俱無乖理之處。上又親加核閱，降諭：爾監官等，推測疏誤，前已有旨。何得挾私傾陷，更端求勝？且本內詞語，肆口揑誣，全無忌憚。着傳旨申飭。

順治元年六月，湯若望具疏，稱臣於明崇禎年間，曾用西洋新法，製測量日月星晷、定時考驗諸器，近遭賊燬。臣擬另製進呈。今先將本年八月朔日食、明年正月望月食，照新法推步京師所見虧蝕分秒，並起復方位圖象，與各省所見不同之數，繕册恭呈御覽云云。奉旨留覽。

順治元年七月，湯若望將所製渾天星球一架、地平日晷，窺遠鏡各一具，併輿地屏圖一幅，進呈御覽。并疏言敬授民時，全以節氣交宫，與太陽出入晝夜時刻爲重。若氣節之時日不真，則太陽出入晝夜刻分俱謬矣。歷稽《大統》《回回》舊曆，所用節氣，止泥一方。且北直之節氣，春分秋分，前後俱差一二日，況諸方乎！新法之推太陽出入平地環也，則有此晝而彼夜、此入而彼出之理。而舊法，以一處而概諸方，遂致差訛，難以枚舉。今以臣局新法，所有諸方節氣及太陽出入晝夜時刻，俱照道里遠近推算，共增數頁，加於曆册篇首云云。奉旨：是。自是時憲書，遂冠有各省節氣、太陽出入時刻表。

康熙十三年正月二十九日，欽天監治理曆法南懷仁奏稱奉命製造儀器，臣指授嘔心，業已告成，安列於觀象臺上。由是覃精研慮，繪圖表次，爲一十六卷，名曰《新製靈臺儀象志》。是書樊然不齊，使非版行，勢難盡人而給，且無以遺久。仰祈勅部鏤版一副，文臣印刷，以資給發官生。則守是業者，皆手習一編，而無闕如之憾。至於與事諸員，皆急公勤慎，克底有成。伏望我皇上憫其微勞，量加優叙，以鼓後效。謹奏請旨。二月初三日奉旨：曆法天文，關係大典。據奏儀象告成，製造精密，南懷仁殫心料理，勤勞可嘉，著從優議叙具奏。餘著一併議奏，該部知道，書圖併發。欽此。

康熙十三年二月二十二日，禮部尚書哈爾哈齊等議覆，題稱本年二月初三日奉旨：南懷仁製造儀器勤勞可嘉，著從優議叙，餘著一併議奏，該部知道。欽此。欽遵查儀器告成，作何議叙之處。臣部無檔案可稽，惟查順治三年六月，准吏部咨稱，看得湯若望創立新法，勤勞懋著。據禮臣查照前朝欽天監碑記，吴昊字仁甫，江西臨川縣人。明成化中爲欽天監監正，弘治中造渾、簡二儀，進太常寺卿，卒於官。以監正，於弘治十年，陞太常寺少卿。今湯若望應加太常寺少卿職銜，仍管欽天監監正事等因。奉旨：是，欽遵在案。今臣等議得南懷仁製造儀器告成，從優議叙，及與事諸員議叙之處，應交與吏部議。其儀象志書，應交與南懷仁酌量刊刷，散給官生可也。二月二十四日，奉旨依議。欽此。

康熙十三年三月二十八日，太子太保、文華殿大學士、管吏部尚書事臣對哈納等，謹題爲恭際欽造之儀象告成，益幸合天之曆法有據，今按器闡明，著有書表，繕呈御覽，以光國典事。二月二十七日，吏科抄出禮部題前事到臣部。臣等議得，禮部疏稱南懷仁製造儀器告成，從優議叙，及與事之員議叙之處，應交與吏部議等語。查明季以來，儀象俱未修成，其修造官員，未有准何議叙之例。順治三年，因湯若望創立新法，加太常寺少卿銜，仍管欽天監事等語。查康熙八年六月內，禮部將南懷仁題補欽天監監副，南懷仁具奏請辭，奉准在案。南懷仁現今無官，以閑散治理曆法。天文各項儀象，關係大典。南懷仁親身指示，修製告成，應從優議叙。將南懷仁授爲欽天監監正，加太常寺少卿職銜。歷查舊例，無有製造儀象告成者，亦無有將在事各官議叙之例。順治三年新曆告成，止將湯若望議叙，並未議及欽天監別項官員。且在事官員，係南懷仁指示修造，相應將與事各官俱無庸議叙。臣等未敢擅便，謹題請旨。三月三十日奉旨：南懷仁製造儀器勤勞可嘉，著加太常寺卿職銜仍治理曆法。其在事官員，著再議叙具奏。欽此。

康熙十六年四月初五日，安文思卒。初六日上諭，今聞安文思病故，念彼當日在世祖章皇帝時，營造器具，有孚上意。其後管理所造之物，無不竭力。況彼從海外而來，歷年甚久。其人質樸夙著，雖負病在身，本期療治痊可，不意長逝。朕心傷憫，特賜銀二百兩，大緞十疋，以示朕不忘遠臣之意。特諭。

安文思殮後，越數日，侍衛襲薩等三員奉旨來堂，問何日安文思出葬。照天主教，用何禮儀。利類思、南懷仁等，恭繕儀單，內載御亭一座，內供上諭一道。十字聖架亭一座，天主聖母聖像亭一座，總領天神聖像亭一座，欽賜安文思影亭一座，前有銘旌一架，告示牌十六面，聖教長旛十五對，每亭一座，俱列鼓手細樂。提爐五對，捧爐五對，宫燈五對，左右執香持蠟，次第隨班行走。末後，柩上有棺罩綢綵。襲侍衛等據罩回奏，天顔喜悦。垂問備辦此等儀物，前賜銀兩足用否。侍衛復來詢問。利類思、南懷仁等回奏，皇上賜用有餘。至出葬日，上又差侍衛襲薩等三員送至塋地，并諭到塚前，詳看葬時天主教所行諸禮，及衆奉教者羣集跪念經文等儀。將所見者，逐一回奏。

康熙二十一年二月，聖駕詣陵，巡幸關東。南懷仁奉命扈從，恩賜御監馬匹乘坐。諭隨帶内廷測天測地儀器，以備隨方應用。

圖録

利瑪竇　徐光啓《測量法義》

造器

測量者，以測望知山岳樓臺之高、井谷之深、土田道里之遠近也。其法先造一測望之器，名曰矩度。造矩度法，用堅木版或銅版作甲乙丙丁直角方形，以甲角爲矩極，作甲丙對角線，次依乙丙、丙丁兩邊，各作相近兩平行線，次以乙丙、丙丁兩邊，各任若干平分之。從甲向各分各作虚直線，而兩邊之各外兩平行線間，則作實線。

如(上)圖，即外兩線間爲宗矩極之十二平分度也。其各内兩平行線間，則于三六九度亦作實線，以便别識。若以十二度更細分之，或每度分三、分五、分六、分十二，視矩大小作分，分愈細，即法愈詳密矣。次于甲乙邊上作兩耳相等，耳各有通光竅。通光者，或取日光相射，或取目光透照也。或植兩小表代耳，亦可。其耳竅表末，須與甲乙平行，末從甲點置一線，線末垂一權，其線稍長于甲丙對角線，用時任其垂下，審定度分。既設表度十二，下方悉依此論。若有成器欲驗已如式否，亦同上法。其用法，如下方諸題。

論景

法中俱用直景、倒景布算，故先正解二景之義，次解其轉合于矩度，以資後論。

直景者，直立之表及山岳、樓臺、樹木諸景之在平地者也。若于向日牆上横立一表，表景在牆，則爲倒景。

如(上)圖，作甲乙丙丁直角方形，于乙丙、丁丙各從丙任引長之，令丁丙爲地平面，或爲地平平行面，其乙丙亦向日作面，與地平面爲直角，即甲丁爲丁丙平面上直立之表，而甲乙爲乙丙平面上横立之表也。次以甲爲心，丙爲界，作戊己丙圜，次引甲乙、甲丁線，各至圜界。夫地球比日天，既止一點，説見天地儀解。即甲點爲地心，丁丙面在地心之下，而戊己丙圜爲隨地平上日輪之天頂圜矣。即戊乙亦可當地平線，而己丁線爲正過頂圜矣。則丁丙面離地平線者，甲丁表之度；而乙丙面離過頂圜線者，甲乙表之度也。故日輪在庚，其光必過地心甲，截丁丙面于辛，而遇乙丙之引長面于壬，則甲丁表在丁丙面上之丁辛景，爲直景；而甲乙表在乙丙面上之乙壬景，爲倒景。若日輪在癸，則丁丑爲直景，而乙子爲倒景。若日輪在寅，則丁丙爲直景，而乙丙爲倒景。是甲乙丙丁直角方形之内，隨日所至，其直景恒在丁丙邊，倒景恒在乙丙邊也。

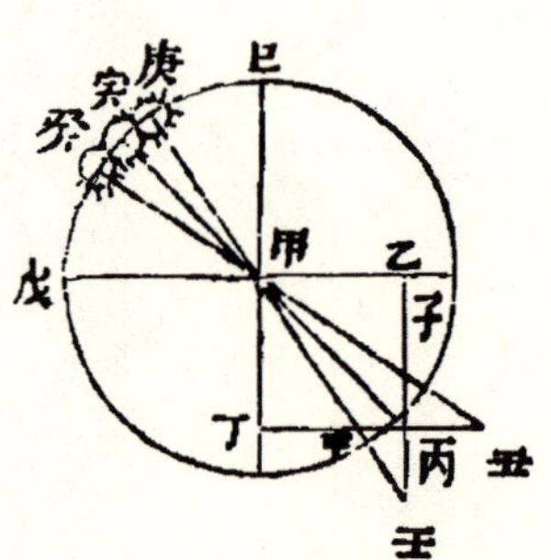

凡測量，于二景得一，即可推算，但須備曉二景之理，何者？有直景過丁丙邊之外，有倒景過乙丙邊之外。如上圖者，則直景過丁丙邊，如丁丑，當用倒景代之；倒景過乙丙邊，如乙壬，當用直景代之也。若日光至丙，即直、倒景等，可任意用之，因兩景各與本表等故。

欲知目前日景所至在丙耶，在丁丙、乙丙之内耶，又有一法：如日輪離地平四十五度，即景當在丙；日在四十五度以上，即景在丁丙之内；日在四十五度以下，即景在乙丙之内。

論曰：戊甲己、己甲乙、乙甲丁、丁甲戊，既四皆直角，即等，而對直角之各圜界亦等，三卷廿六。是每分爲四分圜之一也，而戊己亦四分圜之一也。又甲丙對角線分乙甲丁角爲兩平分，一卷三十四注。即丁甲丙、丙甲乙兩角等，戊甲寅、寅甲己兩交角亦等，一卷十五。而戊寅、寅己兩圜界亦等。夫戊己圜界既九十度，即戊寅必四十五度，則日在寅，景必在丙，日在寅之下，倒景必在乙丙之内；日在寅之上，直景必在丁丙之内。凡云某卷某題者，皆引《幾何原本》爲證，下同。

今從上論，解二景之轉合于矩度者。如日輪高四十五度，而其光過甲乙，即矩度上權線在丙；日在四十五度以上，即權線在乙丙邊之内；日在四十五度以下，即權線在丁丙邊之内。故矩度上之乙丙邊爲直景，而丁丙爲倒景。

論曰：前圖之甲戊己分圜形既四分之一，試兩平分之于庚，即日在庚，爲四十五度；在辛，爲四十五度以上；在壬，爲四十五度以下。設于辛、庚、壬各出日光下射，爲辛甲乙、庚甲乙、壬甲乙三景線，同過甲心，而以矩度承之。其甲爲地心，而甲乙邊與日景相直，次以己甲線引長之，至地心下爲丙，而甲丙爲矩度之權線。夫戊庚、庚己圜界既等，即戊甲庚、庚甲己兩角亦等，三卷廿七。戊甲己既直角，即戊甲庚、庚甲己皆半直角，一卷十五。而矩度上之乙甲丙角，在庚甲乙景線及甲丙權線内者，亦半直角。凡直角方形之對角線，必分兩直角爲兩平分，即甲丙爲依庚甲乙景線之甲乙丙丁直角方形之對角線，一卷三十四注。則日在庚爲四十五度，權線必在丙。又己甲辛角小于己甲庚半直角，即辛甲乙景線及甲丙權線内之乙甲癸交角，亦小于半直角。一卷十五。凡直角方形之對角線，必分兩直角爲兩平分，一卷三十四注。則于依辛甲乙景線之甲乙丙丁直角方形上，若作一甲丙對角線，其權線必不至丙，必在乙丙之内，而分乙丙邊于癸。是日在四十五度之上，其權線必在乙丙邊之内也。又己甲壬角，大于己甲庚半直角，即壬甲乙景線及甲丙權線内之乙甲癸交角，亦大于半直角。一卷十五。凡直角方形之對角線，必分兩直角爲兩平分，一卷三十四注。則于依壬甲乙景線之甲乙丙丁直角方形上，若作一甲丙對角線，其權線必過丙，必在丁丙之内，而分丁丙邊于癸。是日在四十五度之下，其權線必在丁丙邊之内也。故矩度之内，其傍通光耳之分度邊爲直景，而對通光耳之分度邊爲倒景。

本題十五首。

第一題　日輪高四十五度，直景、倒景皆與表等；在四十五度以上，則直景小于表，而倒景大于表；在四十五度以下，則直景大于表，而倒景小于表。

依矩度，即可明此題之義。蓋上已論日輪在四十五度，權線必在丙，即顯乙丙直景、丁丙倒景皆與甲乙、甲丁兩表等。何者？直角方形之各邊俱等故也。若日在四十五度以上，權線必在乙丙分度邊上，而倒景當在丁丙之引出邊上，是直景小于倒景，而倒景大于甲丁表。若日在四十五度以下，權線必在丁丙分度邊上，而直景當在乙丙之引出邊上，是倒景小于直景，而直景大于甲乙表。

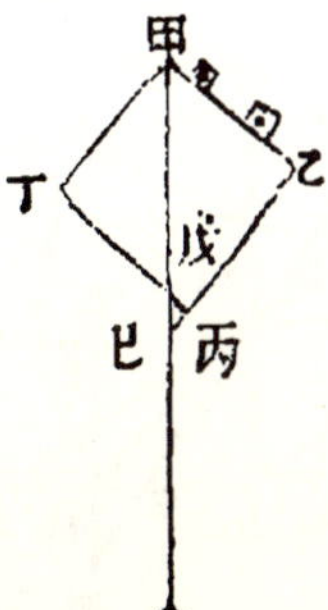

第二題　表隨日所至，皆爲直景與倒景連比例之中率。

先設日輪在四十五度，而權線在丙，題言甲乙或甲丁表皆爲乙丙直景與丁丙倒景連比例之中率。

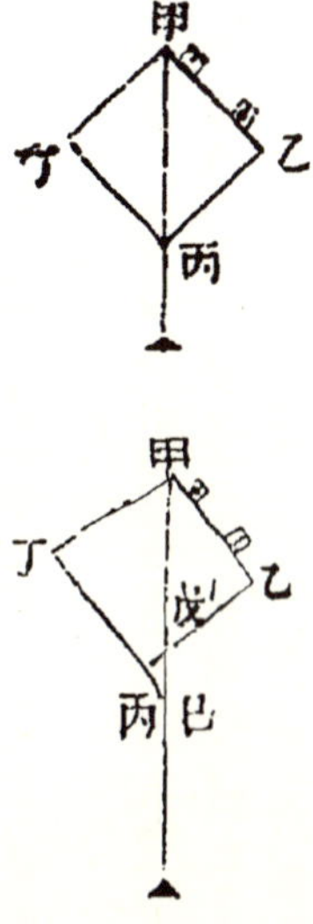

論曰：甲乙丙丁直角方形之四邊既等，即乙丙直景與甲乙或甲丁表之比例，若表與丁丙倒景。何者？三線等，即爲兩相同之比例故。

次設日輪在四十五度以上，權線在乙丙直景邊内，分乙丙于戊，而倒景在丁丙之引出邊上，遇權線于己。題言甲乙或甲丁表，爲乙戊直景與丁己倒景連比例之中率。

論曰：乙與丁兩直角等，而乙甲戊與己相對之兩内角亦等，一卷廿八。即甲乙戊、己丁甲爲等角形。六卷四。則乙戊直景與甲乙或甲丁表之比例，若表與丁己倒景，是甲乙或甲丁表爲兩景之中率。六卷八之系。

後設日輪在四十五度以下，權線在丁丙倒景邊内，分丁丙于戊，而直景在乙丙之引出邊上，與權線遇于己。題言甲乙或甲丁表，爲丁戊倒景與乙己直景連比例之中率。

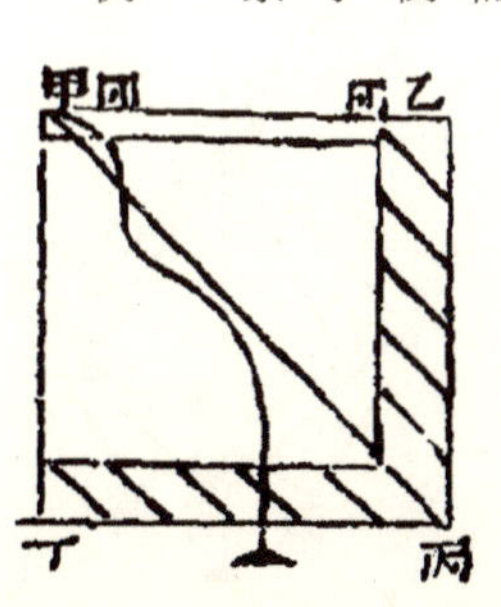

論曰：丁與乙兩直角等，而丁甲戊與己、甲戊丁與乙甲己，各相對之兩内角，各等，一卷廿八。即甲丁戊、甲乙己爲等角形。六卷四。則丁戊倒景與甲乙或甲丁表之比例，若表與乙己直景，是甲乙或甲丁表，爲兩景之中率。六卷八之系。

注曰：直景、表、倒景三線，既爲連比例，即直景、倒景兩線矩內直角形，與表上直角方形等。六卷十七。故表度十二，則其冪爲一百四十四，若以爲實，以所設景數爲法，除之，即得所求景數。假如權線所至，在倒景之三度，即以三爲法，除其實一百四十四，得四十八度爲直景。又如權線所至，在所設景之五度三分度之二，即所求景爲二十五度十七分度之七。何者？以五度三分度之二爲法，除其實一百四十四，即得二十五度十七分度之七，是二景互變相代法。畸分除法見後附。

第三題　物之高，立于地平以直角，其景與物之比例，若直景與表，亦若表與倒景。

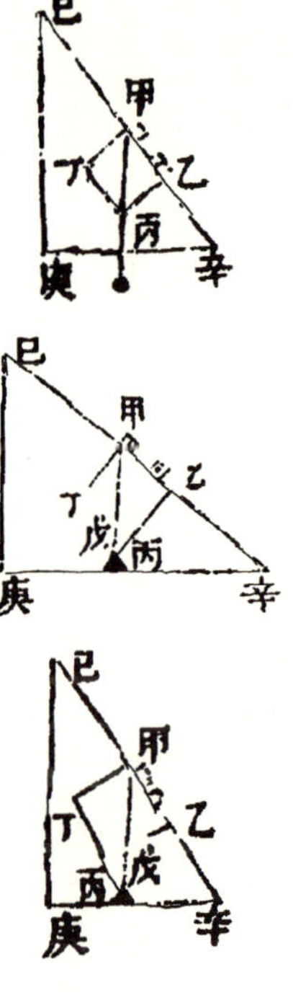

解曰：物之高，以直角立于地平，如己庚，其景在地平上，爲庚辛。題言直景與表之比例，若庚辛與己庚，又言表與倒景之比例，若庚辛與己庚。凡言地平者，皆依直線取平，若不平者，須先準平，然後測量，後倣此。

先論權線在丙者。曰：權線恒與物之高爲平行線。何者？兩線下至庚辛，皆爲直角故。一卷廿八。即辛甲丙角與己角等，一卷廿九。而乙與庚兩直角又等，則甲乙丙、己庚辛爲等角形，一卷卅二。是乙丙直景與甲乙表之比例，若庚辛景與己庚高。六卷四。

二論曰：若權線在乙丙直景邊內，而分乙丙丁戊，依前論，顯乙甲戊角與己角等，一卷廿九。乙角與庚角等，即甲乙戊、己庚辛爲等角形，一卷卅二。是乙戊直景與甲乙表之比例，若庚辛景與己庚高。六卷四。

三論第一圖之倒景曰：權線在丙，其己角、丁丙甲角，各與乙甲丙角等，一卷廿九。即自相等，丁角與庚角又等，則甲丁丙與己庚辛亦等角形，一卷卅二。是甲丁表與丁丙倒景之比例，若庚辛景與己庚高。六卷四。

後論曰：若權線在丁丙倒景邊內，而分丁丙于戊。依前論，顯乙甲戊角與己角等，一卷廿八。即丁戊甲角與己角亦等，一卷廿九。丁角與庚角又等，則丁戊甲、己庚辛爲等角形，卷卅二。是甲丁表與丁戊倒景之比例，若庚辛景與己庚高。六卷四。

注曰：前既論本篇第一題。日輪在四十五度，直景、倒景皆與表等；在四十五度以上，直景小于表；在四十五度以下，表大于倒景，即顯日輪在四十五度，各物在地平之景，與其物之高等；在四十五度以上，即景小于物；在四十五度以下，即景大于物，如上三圖可見。

第四題　有物之景，測物之高。

法曰：如前圖，以矩度向日，甲耳在前，取日光透耳兩竅，以權線與矩度平直相切，任其垂下，細審所值何度何分，若在十二度之中對角線上，則景與物必正相等，本篇三題注。故量其景長，即得其物高。若權線在直景邊，即景小于物，本篇三題注。則直景與表之比例，若物之景與其高。用三數法，以直景上所值度分爲第一數，以全表度十二爲第二數，以物景之度爲第三數，算之，即所得數爲其物高。三數算法見後附。

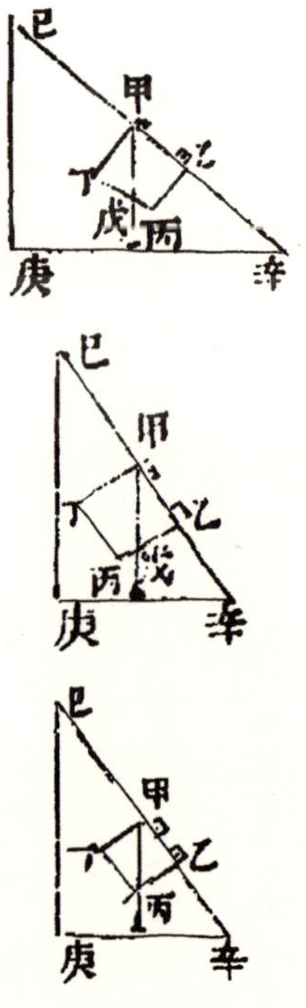

注曰：欲測己庚之高，以矩度承日，審權線，如在直景乙戊得八度正，庚辛景三十步，即以表度十二，庚辛三十步相乘，得三百六十爲實，以乙戊八度爲法，除之，得四十五，即己庚之高四十五步。

若權線在倒景邊，即景大于物，本篇三題注。則表與倒景之比例，若物之景與其高。用三數法，以表爲第一數，以倒景上所值度分爲第二數，以物景之度爲第三數，算之，即所得數爲其物高。

注曰：欲測己庚之高，以矩度承日，審權線，如在倒景丁戊，得七度五分度之一，庚辛景六十步，即以丁戊七度五分度之一，庚辛六十步相乘，得二千一百六十爲實，以表度六十分爲法，除之，得三十六，即己庚之高三十六步。因權植有畸分五分度之一，故以分母五通七度，通作三十五分，以分子一從之，爲三十六分，其表度十二，亦通作六十分，說見算家六分法。

第五題　有物之高，測物之景。

法曰：如前圖，以矩度承日，審值度分，若權線在丙，則景與物等。本篇三題注。

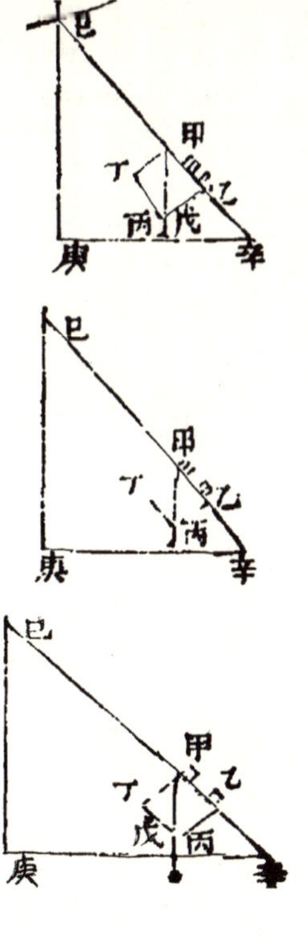

若權線在直景邊，即物大于景，本篇三題注。即直景與表之比例，若景與物；反之則表與直景，若物之高與其景。五卷四之系。用三數法，以表爲第一數，直景度分爲第二數，物高度爲第三數，算之，即所得數爲景度。

若權線在倒景邊，即物小于景，本篇三題法。則表與倒景之比例，若景與物；反之，則倒景與表，若物之高與其景。五卷四。用三數法，以倒景度分爲第一數，表爲第二數，物高度爲第三數，算之，即所得數爲景度。

第六題　以目測高。

法曰：欲于辛目測己庚之高，先用一有度分之表，與地平爲直角，以審目至足之高，次以矩度向物頂，甲耳在前，目切乙後，而乙辛爲目至足之高，以權線與矩度平直相切，任其垂下，目切于乙不動，而以甲角稍移就物頂，令目光穿兩耳竅至物頂，作一直線，如不能以目透通光耳中，只取兩耳角或兩小表相對，亦可。細審權線值何度分。依前題論，直景與表之比例，表與倒景之比例，皆若庚辛或等庚辛之乙壬若自乙至壬作直線，即與庚辛平行相等，見一卷卅四。與己壬。壬庚與乙辛等，見一卷卅八。觀上論本篇三題。及本圖自明。蓋三圖之甲乙丙、甲乙戊、甲丁戊，各與其己壬乙爲等角形，則量辛庚之度而作直景與表之比例，皆若辛庚與三數法所求得之他數，即得己壬之高，次加目至足乙辛之高，即得己庚之高。

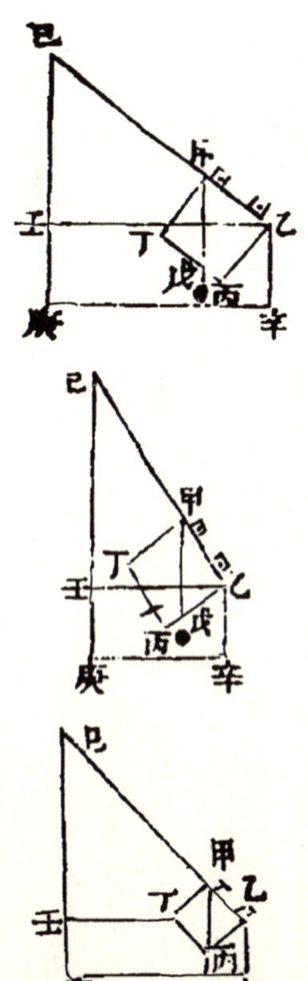

注曰：如欲測己庚高，權線在直景，即以直景乙戊爲第一數，表爲第二數，庚辛爲第三數。若在倒景，即以表爲第一數，以丁戊倒景爲第二數，庚辛爲第三數。各算定，各加自目至足乙辛數，即得。

若權線不在丙，而有平地可前可卻，即任意前卻，至權線值丙而止，即不必推算，可知其高。

若辛不欲至庚，或不能，或爲山水林木屋舍所隔，或地非平面。則用兩直景較算。其法依前用矩度向物頂，審權線在直景否，如在倒景，即以所值度分變作直景。本篇二題注。次從辛依地平直線，或前或卻，任意遠近，至癸，仍用矩度向物頂，審權線在直景否，如在倒景，亦以所值度分變作直景。本篇二題注。次以兩直景度分相減之較爲第一數，以表爲第二數，以辛癸大小兩相距之較爲第三數，依法算之，即得己壬之高，加自目至足乙癸，即得己庚之高。何者？兩景較與其表之比例，若兩相距之較與物之高故。下論詳之。

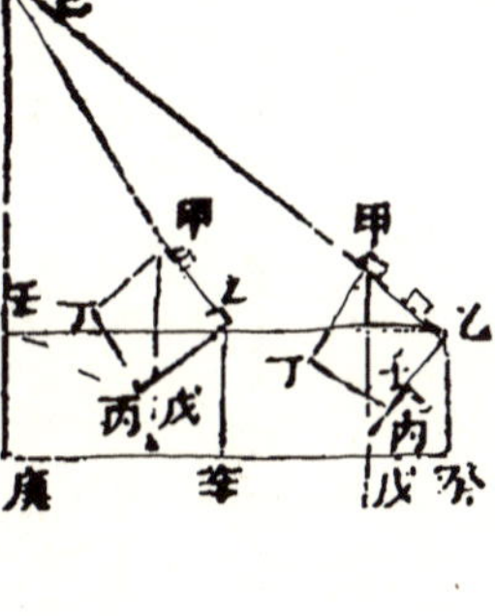

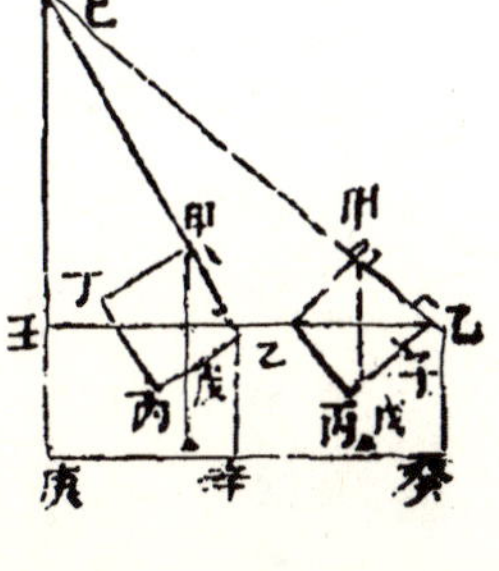

論曰：以兩直景之小乙戊線，減其大乙戊線，存子戊線，爲景較。以兩相距之小庚辛線，減其大庚癸線，存癸辛線，爲距較。則子戊較線與甲乙表之比例，若癸辛較線與己壬線。何者？依上論，本篇三題。大乙戊直景與甲乙表之比例，若乙壬或等乙壬之庚癸大相距之遠，與己壬之高。更之，即大乙戊直景與大相距癸庚之比例，若甲乙表與己壬之高。五卷十六。依顯小乙戊直景或等小乙戊之乙子，與小相距之庚辛之比例，若甲乙表與己壬之高，則大乙戊直景與大相距庚癸之比例，亦若乙子小直景與小相距之庚辛也。夫大乙戊與大相距庚癸兩全線之比例，既若兩所減之乙子與庚辛，五卷十九。轉之，即大乙戊與庚癸兩全線之比例，亦若兩減餘之子戊與辛癸。五卷十九。而前已論乙戊全與庚癸全之比例，若甲乙表與己壬之高，則兩減餘之子戊與辛癸之比例，亦若甲乙表與己壬之高。五卷十一。更之，則景較子戊與甲乙表之比例，若距較癸辛與己壬之高。五卷十六。

注曰：如前圖，欲測己庚之高，先于辛得直景小乙戊爲五度，次卻立于癸，得直景大乙戊爲十度，景較五度，以爲第一數，以表度爲第二數，次量距較癸辛十步，以爲第三數，依法算得二十四步，加自目至足乙辛或一步，即知己庚高二十五步。如後圖，先于辛得直景小乙戊爲十一度，次卻立于癸，得倒景九度，即如前法變作大乙戊直景十六度，景較五度，以爲第一數，以表度爲第二數，次量距較癸辛二十步，以爲第三數，依法算得四十八步，加自目至足乙辛或一步，即知己庚高四十九步。

若山上有一樓臺，欲測其樓臺之高，先于平地總測樓臺頂至地平之高，次測山高，減之即得。有樓臺高數層，欲測各層之高，倣此。

第七題　地平測遠。

法曰：欲于己，測己庚地平之遠，先用一有度分之表，與地平爲直角，以審目至足之高爲甲己。若量極遠者，則立樓臺或山岳之上，以目下至地平爲甲己。欲知山岳樓臺之高，已具前測高法。次以矩極甲角切于目，以乙向遠際庚，如前法稍移就之，令甲乙庚爲一直線，細審權線值何度分，如權線在丙，則高與遠等，若在乙丙直景邊，即高大于遠，而矩度上截取甲乙戊與甲己庚爲等角形。何者？兩形之乙與己各爲直角，庚甲己與乙甲戊爲同角，即其餘角必等故。一卷卅二。則甲乙表與乙戊直景之比例，若甲己高與己庚遠也。六卷四。若權線在丁丙倒景邊，即高小於遠，而矩度上截取甲丁戊，與甲己庚爲等角形。何者？兩形之丁與己，各爲直角，己甲庚與甲戊丁相對之兩內角等，一卷廿九。即其餘角亦等故。一卷卅二。則丁戊倒景與甲丁表之比例，若甲己高與己庚遠也。六卷四。次以表爲第一數，直景爲第二數，以倒景爲第一數，表爲第二數，各以甲己爲第三數，依法算之，各得己庚之遠。

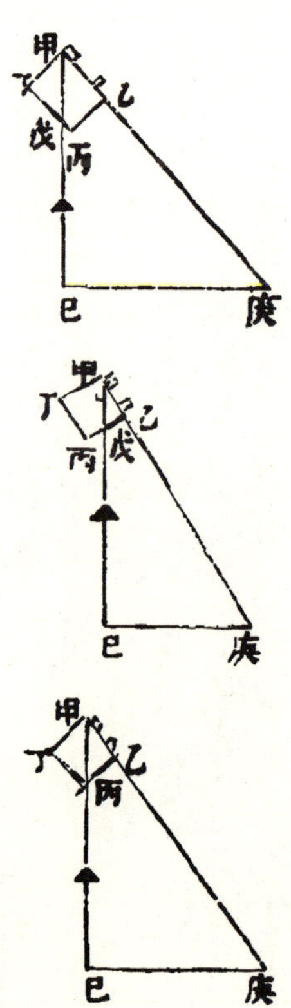

第八題　測井之深。

法曰：己壬辛庚井，其口之邊或徑爲己庚，欲測己壬之深，用矩極甲角切目，以乙從己向對邊或徑之水際辛，如前法稍移就之，令甲乙己辛爲一直線，即權線垂下截取矩度之甲乙戊，與己壬辛爲等角形。何者？兩形之乙與壬各爲直角，壬己辛與乙甲戊兩角，爲己壬、甲癸兩平行線井甃必用垂線，故與權線平行。之同方內外角等，一卷廿九。即其餘角亦等故。則乙戊直景與甲乙表之比例，若等己庚口之壬辛底與己壬深也。六卷四。次以直景爲第一數，表爲第二數，己庚爲第三數，依法算之，即得己壬之深。

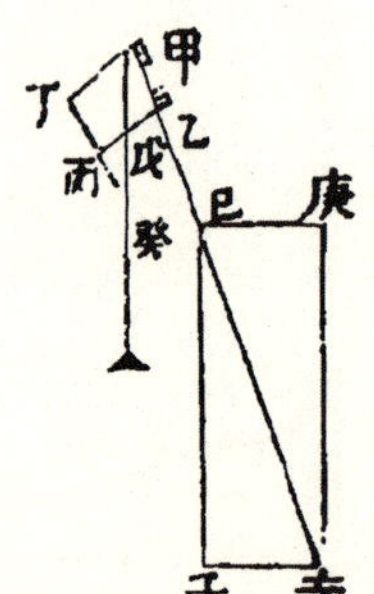

若權線在倒景，即表與倒景之比例，若井之己庚口與己壬深，觀甲癸丁角形可推。何者？癸與乙甲戊相對兩內角等，一卷廿九。即與壬己辛角等故。以表爲第一數，倒景爲第二數，己庚口爲第三數，依法算之，亦得己壬之深。

注曰：乙戊直景三度，己庚井口十二尺，依法算得四十八尺，即己壬之深。丁癸倒景四十八度，依法算同。

第九題　以平鏡測高。

法曰：欲測甲乙之高，以平鏡依地平線置丙，人依地平線立于丁，目在戊，向物頂甲稍移就之，令目見甲在鏡中心。是甲之景從鏡心反射于目，成甲丙戊角，即目光至鏡

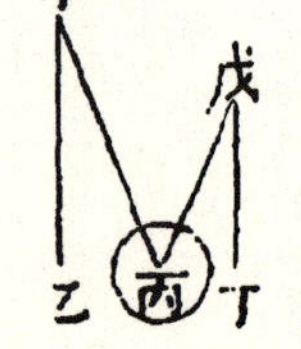

心偕足至鏡心兩線，作戊丙丁角，與甲丙乙角等。此論見歐几里得《鏡書》第一題。即甲乙丙、戊丁丙爲等角形，乙、丁兩皆直角故。則足至鏡心丁丙，與目至足之高丁戊之比例，若物之底至鏡心乙丙，與其高甲乙也。六卷四。今量丁丙爲第一數，丁戊爲第二數，乙丙爲第三數，依法算之，即得甲乙之高。

注曰：可以盂水當鏡，若測極遠，可以水澤當鏡。

第十題　以表測高。

法曰：欲測甲乙之高，依地平線，任立一表于丙，爲丁丙，與地平爲直角。凡立表，以線垂下，三面附表，即與地平爲直角。次依地平線退立于戊，使目在己，視表末丁與物頂甲爲一直線。若表僅與身等，或小于身，則俛首移就之可也。或別立一小表，爲己戊亦可。次量目至足之數，次想從己目至甲乙上之庚點，作直線，與乙戊平行，而分丁丙表于辛，即己辛丁、己庚甲爲等角形，六卷四。則等丙戊之辛己與辛丁之比例，若等乙戊之庚己與庚甲也。次量丙戊爲第一數，辛丁爲第二數，乙戊爲第三數，依法算之，即得甲庚之高，加目至足之數己戊，即得甲乙之高。

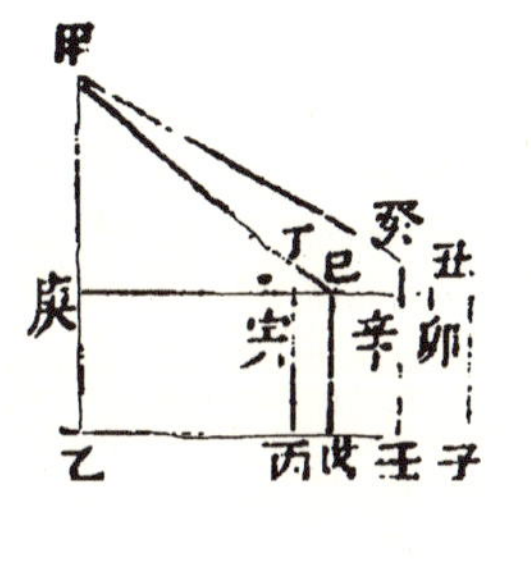

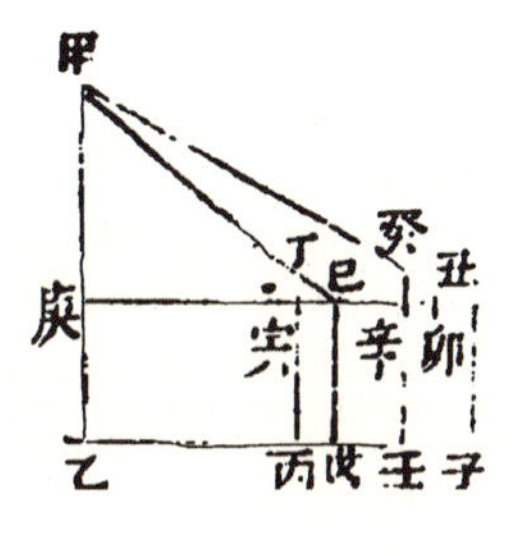

若戊不欲至乙，或不能，則用兩表較算。如前圖，立于戊，目在己，己得辛己等丙戊之度。次依地平線，或前或卻，又立一表或即用前表，或兩表等。爲癸壬。依前法，令丑子與己戊目至足之度等，而使丑癸甲爲一直線，即又得寅丑等壬子之度。其壬子若移前，所得必小于丙戊。何者？己辛與辛丁之比例，若己庚與庚甲，丑寅與寅癸，若丑庚與庚甲，六卷四。而己庚與庚甲，大于丑庚與庚甲，五卷八。即己辛與辛丁，亦大于丑寅與寅癸也。又辛丁與寅癸既等，癸壬、丁丙元等，所減寅壬、辛丙等，即所存亦等。即己辛必大于丑寅也。五卷十。次以兩測所得之己辛，與丑寅相減，得卯辛較，以爲第一數，以表目相減之較丁辛或癸寅爲第二數，以兩相距之較戊子或己丑爲第三數，依法算之，即得甲庚之高，加目至足之數，即得甲乙之高。

論曰：兩測較卯辛，與表目較辛丁或癸寅，其比例若距較戊子或己丑與庚甲。何者？己辛與辛丁，既若己庚與庚甲，五卷四。更之，即己辛與己庚，若辛丁與庚甲也。五卷十一。依顯丑寅與丑庚，若寅癸與庚甲也，則丑寅與丑庚，亦若辛丁與庚甲也。辛丁與寅癸等故。而己辛全線與己庚全線，若己辛所截取之己卯，己卯與丑寅等故。與己庚所截取之丑庚也，則己辛全與己庚全，亦若己辛分餘之卯辛，與己庚分餘之己丑也，五卷十九。前已論己辛與己庚，若辛丁與庚甲，即卯辛與己丑，亦若辛丁與庚甲也。更之，即兩測較卯辛，與表目較辛丁，若距較等子戊之己丑，與甲庚也。若卻後而得壬子，則反上論之。

第十一題　以表測地平遠。

法曰：欲于甲測甲乙地平遠，先依地平線立一表爲丙甲，與地平爲直角，其表稍小于身之長。次卻立于戊，目在丁，視表末丙與遠際乙爲一直線。次想己丙作直線，與甲乙平行，而分丁戊于己，即丙己丁、丙甲乙爲等角形。六卷四。何者？甲與己兩爲直角，丙丁己、乙丙甲爲平行線同方内外角等，一卷廿九。即其餘角必等故。一卷卅二。則表目較丁己與表目相距之度己丙之比例，若丙甲表與甲乙也。次以丁己爲第一數，丙己爲第二數，丙甲爲第三數，依法算之，即得甲乙之遠。

第十二題　以矩尺測地平遠。今木工爲方所用。

法曰：欲于甲測甲乙地平遠，先立一表爲丁甲，與地平爲直角，次以矩尺之内直角置表末丁，以丁戊尺向遠際乙，稍移就之，令丁戊乙爲一直線。次從丁丙尺上，依一直線視地平，得己。次量己甲爲第一數，丁甲爲第二數，又爲第三數，依法算之，即得甲乙之遠。

論曰：己丁乙既直角，若從丁作丁甲，爲己乙之垂線，即丁甲爲甲己、甲乙之中率。六卷八之系。次以丁甲表自乘爲實，以甲己之度爲法，除之，即得甲乙之遠。六卷十七。

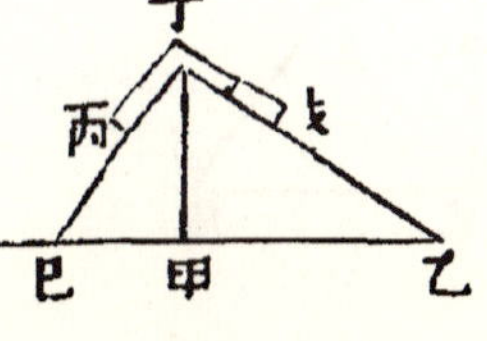

第十三題　移測地平遠及水廣。

法曰：欲于乙測乙戊地平遠，及江河溪壑之廣。凡近而不能至者，於此際立一表爲甲乙，與地平爲直角，次以一小尺或竹木等爲丙丁，邪加表上，稍移就彼際戊，作一直線，次以表帶尺旋轉向地平，視丙丁尺端所直得己，次自乙量至己，即得乙戊之數。

論曰：甲乙戊與甲乙己兩直角形等，即相當之乙戊與乙己兩邊亦等，則量乙己得乙戊。一卷廿六。

又論曰：若以乙爲心，己戊爲界，作圜，即乙己戊爲同圜之各半徑等。

注曰：如不用表，以身代作甲乙表，不用尺，或以笠覆至目，代作丙丁，如上測之，尤便。

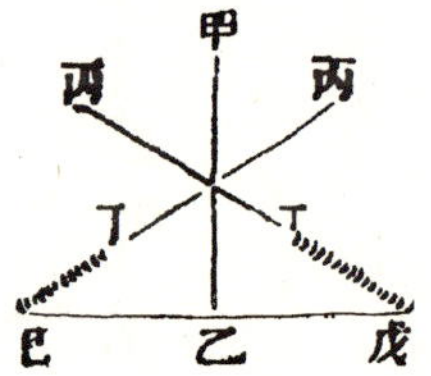

第十四題　以四表測遠。前題測遠諸法，不依極高，不得極遠，此法于平地可測極遠。

法曰：欲于乙，測甲遠，或城或山，凡可望見者皆是，不論平否。擇于平曠處，前云依地平線者，必依直線取平，此不必拘。立一表于乙，次任卻後若干丈尺，更立一表爲丁，令兩表與甲甲者是所測處，指定一物，或人，或木，或山及樓臺之頂皆是。爲一直線。次從乙，依乙丁之垂線，任橫行若干丈尺，更立一表爲丙。次從丁，與乙丙平行，任若干丈尺，稍遠于乙丙，又立一表爲戊。四表俱任意長短。從戊過丙望甲，亦作一直線。次以丁戊、乙丙相減之較爲第一數，乙丁爲第二數，乙丙爲第三數，依法算之，即得甲乙之遠。

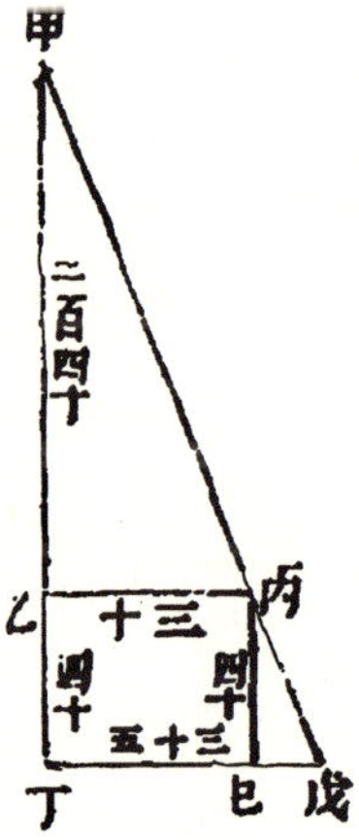

論曰：試作丙己直線，即得丙己戊與甲乙丙爲等角形。六卷四。何者？甲乙丙、丙己戊兩爲直角，丙戊己、甲丙乙爲平行線同方內外角等，一卷廿九。即餘角必等故。則戊己與等丙己之乙丁之比例，若丙乙與乙甲。

注曰：如丁戊爲三十六，乙丙爲三十，乙丁爲四十，即以三十與三十六之較六爲第一數，以四十爲第二數，以三十爲第三數，依法算之，得二百四十，爲甲乙之遠。

第十五題　測高深廣遠，不用推算，而得其度分。不諳布算，難用前法，其有畸分者更難，今求不用布算，而全數畸分，俱可推得，與布算同功。其法曰：凡測高深廣遠，必先得三率，而推第四率。三率者，其一、直景或倒景；其二、所立處至所測之底，若不能至者，則景較或兩測較；其三、表或距較也。設如測一高，景較八，距較十步，其景較八與表十二之比例，若距較十步與所求之高，此不論目至足之高。則于平面作甲乙、甲丙兩直線，任相聯爲甲角。從甲向乙，規取八平分，任意長短，以當景較爲甲丁。次用元度，從丁向乙，規取十二平分，以當表度。次從甲向丙，規取十平分，其用度，與前度任等、不等，以當距較爲甲戊。次從戊至丁作一直線，次從乙作一直線與戊丁平行，而截甲丙線于丙。次規取自甲至戊諸分內之一分爲度，從戊向丙，規得若干分，即所求之高。

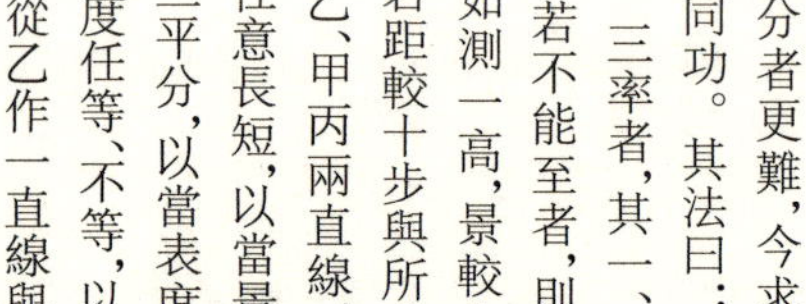

論曰：甲乙丙角形內之戊丁與乙丙兩線平行，即甲丁與丁乙之比例，若甲戊與戊丙，六卷二。則戊丙當爲十五分，與三數法合，加目至足之高，即得全高。

又法曰：若景較七度有半，距較八步三分步之一，即物高度十三步三分步之二，如後圖，加目至足之高，即得全高。

若恒以甲丁爲第一數，丁乙爲第二數，甲戊爲第三數，即恒得戊丙爲第四數。

徐光啓《測量異同》

《九章算法》勾股篇中，故有用表、用矩尺測量數條，與今譯《測量法義》相較，其法略同，其義全闕，學者不能識其所繇。既具新論，以考舊文，如視掌矣。今悉存諸法，對題臚列，推求同異，以俟討論，其舊篇所有，今譯所無者，仍補論一則，共爲測量異同六首，如左。

第一題與前篇第四題同。　以景測高。

欲測甲乙之高，其全景乙丙長五丈，立表于戊爲丁戊，高一丈，表景戊丙長一丈二尺五寸，以表與全景相乘，得五萬寸爲實，以表景百二十五寸爲法，除之，得甲乙高四丈。

此舊法與今譯同。

第二題與前篇第十題同。　以表測高。

欲測甲乙之高，去乙二十五尺，立表于丙爲丁丙，高一丈，卻後五尺立于戊，使目在己，戊至己高四尺，視表末丁，與甲爲一直線。次以丁丙表高十尺，減目至足辛丙四尺，得表目之較丁辛六尺，以乘乙丙二十五尺，得百五十尺爲實，以丙戊五尺爲法，除之，得三十尺，加表十尺，得甲乙高四十尺。

此舊法以甲壬丁爲大三角形，以丁辛己爲小三角形，今譯以甲庚己爲大三角形，丁辛己爲小三角形，其實同法同論。何者？甲壬與壬丁，若甲庚與庚己也。六卷四。

第三題與前篇［第］八題同。　以表測深。

甲乙丙丁井，欲測深，甚徑甲乙五尺，立一表于井口，爲戊甲高五尺，從戊視丙，截甲乙徑于己，甲至己得四寸。次以井徑五尺，減甲己四寸，存己乙四尺六寸，以乘戊甲五尺，得二千三百寸爲實，以甲己四寸爲法，除之，得井深五丈七尺五寸。

此舊法以戊甲己爲小三角形，己乙丙爲大三角形，今譯當以戊甲己爲小三角形，戊丁丙爲大三角形，其實同法同論。何者？戊丁與丁丙，若丙乙與乙己也。一卷卅四可推。

第四題與前篇第十題後法同。　以重表，兼測無遠之高，無高之遠。

欲于戊，測甲乙之高，乙丙之遠，或不欲至，或不能至，則用重表法。先于丙立丁丙表，高十尺，卻後五尺，立于戊，目在己，己戊高四尺，視表末丁，與甲爲一直線。次從前表卻後十五尺，立一癸壬表于壬，亦高十尺，卻後八尺，立于子，去壬八尺，其目在丑，丑子亦高四尺，從丑視癸、甲亦一直線。次以表高十尺，減足至目四尺，得表目較癸辛或丁寅六尺，與表間度癸丁或壬丙十五尺，相乘，得九十尺爲實。以兩測所得己寅、丑辛相減之較卯辛三尺此較，舊名景差，今名兩測較。爲法，除之，得三十尺，加表高十尺，得甲乙高四十尺。若以兩測所得之小率丙戊五尺，與表間度癸丁或壬丙十五尺相乘，得七十五尺爲實，以卯辛三尺爲法，除之，即得乙丙遠二十五尺。

此舊法測高以癸辛或丁寅與辛卯，偕甲辰與等壬丙之丁癸，爲同理之比例，今譯以癸辛或丁寅與辛卯，偕甲庚與等戊子之己丑，爲同理之比例，舊用壬丙，表間也，今用戊子，距較也。其實同法同論。何者？甲辰與辰丁，若甲庚與庚己也，辰丁與丁癸，若庚己與己丑也。六卷四。平之，則甲辰與丁癸，若甲庚與己丑也。

補論曰：舊法以重表測遠，則卯辛與等丙戊之己寅之比例，若等壬丙之癸丁與等乙丙之丁辰。何者？甲辰癸、癸辛丑爲等角形，六卷卅二。即丑辛、癸辰爲相似邊。六卷四。甲辰丁、丁寅己爲等角形，即己寅、丁辰爲相似邊。是丑辛與癸辰，若己寅與丁辰也。六卷四。更之，則丑辛與己寅，若癸辰與丁辰也。今于丑辛減己寅之度，存卯辛，于癸辰減丁辰，存癸丁，則卯辛與己寅，若癸丁與丁辰也。所減之比例等，所存之比例亦等。

第五題與前篇第十四題同。　以四表測遠。

欲測甲乙之遠，于乙上立一表，次于丙、己、丁上各立一表，成乙丙己丁直角方形，每表相去一丈，令丁乙二表與甲爲一直線。次于己表之右戊上，視丙表，與甲爲一直線，戊己相去三寸。次以乙丙、乙丁相乘，得一萬寸爲實，以戊己三寸爲法，除之，得甲乙高三十三丈三分丈之一。

此舊法與今譯同。

第六題與前篇第十題後法，同理。　以重矩，兼測無廣之深，無深之廣。稍改舊法，以從今論。

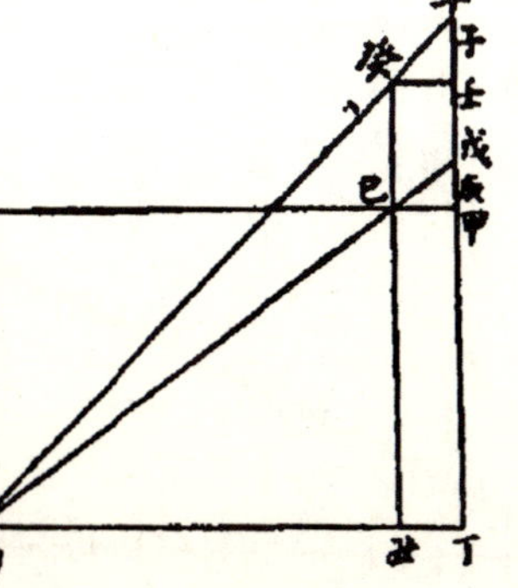

有甲乙丙丁，壁立深谷，不知甲乙之廣，欲測乙丙之深，則用重矩法。先于甲岸上，依垂線，立戊甲己句股矩尺。甲己句長六尺。從股尺上，視句末己，與谷底丙爲一直線，而遇戊甲股于庚，庚甲高五尺。次于甲上依垂線取壬，壬去甲一丈五尺，于壬上依垂線，更立一辛壬癸句股矩尺，壬癸句亦長六尺。從股尺上視句末癸，與谷底丙爲一直線，而遇辛壬股于辛，辛壬高八尺。次以前股所得庚甲五尺，與兩句間壬甲十五尺相乘，得七十五尺爲實，以兩股所得庚甲、辛壬相減之較辛子三尺爲法，除之，即得乙丙深一十五尺。若以句六尺與兩句間十五尺相乘，得九十尺爲實，以辛子三尺爲法，除之，即得甲乙之廣三十尺。

測深論，作癸己丑直線，與本篇第四題重表測遠補論同。測遠論，與前篇第十題重表測高論同。

熊三拔　周子愚　卓爾康《表度說》　表度説五題

曆家有渾天儀，有平儀，有圭表，有正方案，以測七政星辰高下之分，以察日至之景，以審日月方位。因而隨時隨地可用測驗日輪高下度分及午正初刻也。有法于此，任意立表取景，以表景度分，得日高度分甚爲簡便。第欲明表景之義，先須論日輪週行之理及日輪大于地球之比例。二論爲説甚長，俱有全書，今特舉要略，作五題焉。

第一題　日輪周天，上向天頂，下向地平，其轉于地面俱平行，故地體之景亦平行。

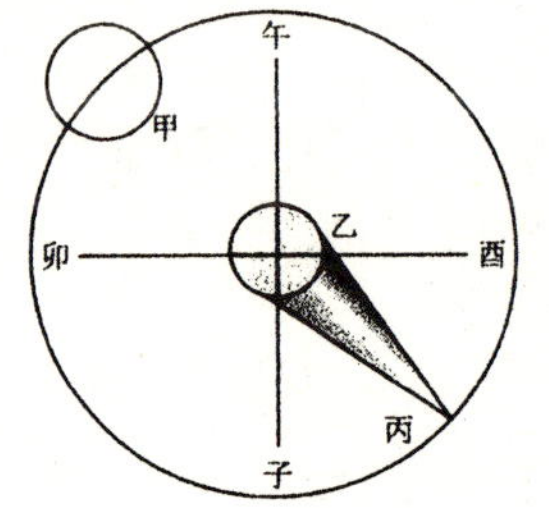

解曰，週天三百六十度，分爲四圈分，每分九十度，所謂周天象限也。試如(上)圖，午酉子卯周天也，午酉象限九十度也。日輪自卯向午，每刻行三度四十五分，每時平行三十度，至午得三時，自午向酉亦如之，故一周得十二時，終古如此。因知其終古平行也，其所照物景周行地面，亦平行也。令日輪在甲，照乙地球，其景必至丙。日在甲，向午上行一度，景在丙，亦向子下行一度，故景與日輪恒平行相等也。

第二題　地球在天之中。

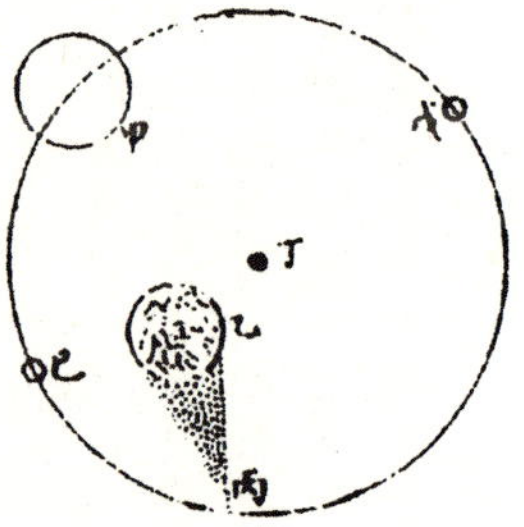

解曰，令地球不在天中，在其一隅，如(上)圖，丁爲天中，設地球在乙，日輪在甲，照乙地球，其景必至丙，則地之景必不能隨日輪而平行轉周。蓋日行從甲過戊至丙，景必從丙過己至甲，是日輪行大半圈分，而景行小半圈分，遲速不等甚矣。依第一題，日輪與景不得不平行相等，故不得言地球不在天中也。又春秋二分，日躔赤道，晝夜平。是因地在天中，故日輪六時在地平上，爲晝，六時在地平下，爲夜，非在正中而何？

第三題　地球小于日輪，從日輪視地球，止於一點。

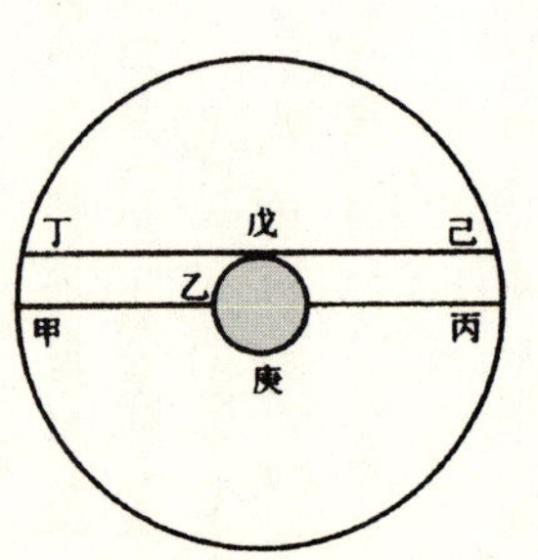

此題全説見天地儀解，今約略論説，以明表景之理焉。依第二題，地在天中，而分日天爲兩平分，欲分圈界爲兩平分，其徑線必過圈心。如(上)甲乙丙線，分圈于甲丙，必遇乙心而爲兩平分。令不過心，而過心之上或下，如丁戊己線，過戊在圈心之上，而兩分圈界于丁己，則非兩平分也。今地球分日天爲兩平分，隨人所至地面恒得見天體之半。又春秋二分晝夜平，故其大比日天當止一點。令非一點，而爲大如戊庚，即人在戊地面不得見天體之半，其地平線平行至丁己，亦不能分日天爲兩平分也。從日輪視地，既小如一點，今從地視日，乃大如小車輪者，日輪本大于地球一百六十倍故也。此論見《乾坤體義》。

第四題　地本圜體。

解曰，造物主之初造物也，必定物之本像焉。地之本像，圜體也。世有云：天圜地方，動静之義，方圓之理耳。今先論東西，後論南北，合證地圜之旨。

日月諸星雖每日出入地平一遍，第天下國土，非同時出入。蓋東方先見，西方後見，漸東漸早，漸西漸遲。如有人居東，又一人居西，東西直相去試七千五百里，則東人見日爲午正初刻，此際西人乃見日在禺中爲己正初刻也。周天三百六十度，每度爲地二百五十里，若相去百八十度，則東方之午爲西方之子；相去九十度，則東方之午爲西方之卯矣，餘度俱依此推。

如左圖，午酉子卯爲日天，甲乙丙丁爲地球。令日輪在午，而人居甲，即日正在其天頂，得午時。人居丙，即得子時，日在其天頂衝也。東去甲九十度，居丁得酉時，日既過其天頂將没于地，則午甲丙子爲其地平也。西去九十度，居乙即得卯時，日向其天頂方出於地，亦午甲丙子爲其地平也。依此推筭，令日輪出地平在卯，人居丁得午時，居乙得子時矣。此何以故？地爲圜體，故日出于卯，因甲高與乙障隔，日光不照，故丁之日中，乙之半夜也。若地爲方體者，如上甲乙丙丁，則日出卯，凡甲乙丁地面人宜俱得卯，日入酉，宜俱得酉，不應東西相去二百五十里而差一度，又七千五百里而差一時也。故明有時差者，不能不信地圜也。又丁乙與甲異地，即異天頂，即異日中，而又與甲同卯酉，即丁之午前短、午後長矣，乙之午前長、午後短矣，獨甲得午前後平耳，而今之半晝分天下皆同，何也？則明有半晝分者，不能不信地圜也。

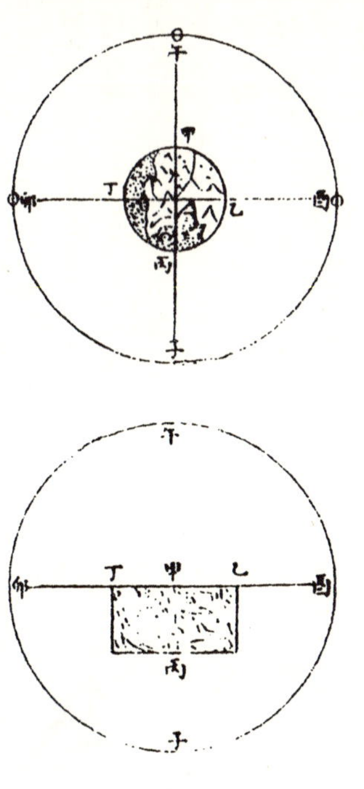

或問曰：此理甚明矣，然于言，兩地相遠，一得午、一得子，晝夜時刻天下各異，何自驗之乎？曰：敝國諸儒多習曆象之學，推驗天地經緯度數，皆與天應，以爲推筭七政、測量地海之用。其推驗經度稍易，大抵用午正日晷或星高及南北二極取之。其推驗緯度稍難，必於月蝕取之。夫月食與日食異，日或食或不食，或食而分數多寡，時刻先後隨地各異。月之食限，分數時刻天下皆同，但入限有晝夜，人有見不見耳。今以之推，顯地度每測得一處月食甚于子，即他處在其東者必食甚於丑矣，在其西者必食甚於亥矣。可見此一方之子時乃東方之丑時、西方之亥時也。若兩地相去九十度，則東方見食於子者，西方見食于酉矣。若相去百八十度，則此方見食于子者，彼方必于午不見食矣。蓋月食有定，而天下之見食各異，又每去九百三十七里半而差一刻，可見時刻天下各異，各以日到本天頂爲午正初刻也。又月平行自西而東，一日大約十三度强，每一時約一度五分度之一。其所離列宿次舍每時各異。故西士曆家慾知兩地東西相去道里之數，即兩地相約于同夜測月輪與某星同經度分爲何時刻分。如東方與此星同度分爲子，而西方與同度分爲丑，相隔一時即東西相去遠七千五百里也。以此推之，知天下時刻各因日輪所至不可疑也，即地爲圜體又何疑焉？

自南而北地爲圜體亦可推也。試如有人居廣東，測北極出地得二十二度；北行二百五十里，見北極稍高，測得二十三度，次每行二百五十里皆如之，至京都，測北極出地得四十度矣。亦見北界星，廣東不見者，其在廣東亦見南界星，京師所未見者，此由地爲圜球，人乃循球而行，故南北二極及附近諸星隨而漸次隱見也。若地爲平體，隨人所至，恒見天星高于地平若干度矣。

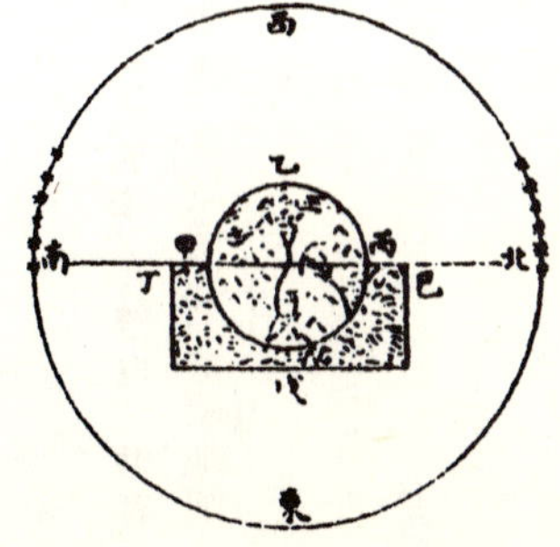

如(上)圖，西南東北爲周天，甲乙丙爲地之圜球，丁戊己爲地之方面。若人在圓球之乙，即見在南諸星，從乙漸向丙，即南諸星漸隱矣，漸向甲者反是。若人在平面之丁，即得俱見南北二極之星，其在戊在己亦如，南北極諸星何由得漸次隱見乎？則地爲圜體亦可證也。

又地周三百六十度，每度二百五十里，其周圍實獨有九萬里，令地爲方四面，其一面應得二萬二千五百里。人居一面地平之上，其二萬二千五百里之内並宜見之。乃今目力所及，極大略能見三百里，即於最高山上，未有能見四五百里者，則地之圜體突起于中，能遮兩界故也。不惟高山，即空際之雲亦然，試令兩方相去四五百里，其一密雲甚雨，其一日色晴霽，此密雲處不見日，彼晴霽處不見雲矣。人聞雷聲而不見密雲者恒有之，蓋雷聲所極可至三百里以外，故耳可得聞。而雷起處必有密雲，而三百里以外空際之雲人遂不能見之。夫向所云平地不見四五百里，猶云目力有限。乃空際之雲物在三百里以外者，遂不能見之，則豈非地爲圜體，人所及見之面至於三百里而止乎？

以此地圜故，若有二國，東西相去四萬五千里，得一百八十度，半地之周。居西二人約往東國，一向西，一向東，令同時發行，而以發行之第六日相遇於東國。其同發時爲月之朔日，則向東者遇之日爲月之六日，向西者遇之日爲月之五日。此兩人行同，至同，所更歷時刻同，而一爲六日、一爲五日何也？蓋東行者迎日而行，漸就於日，故此人恒先得見日出地，而日先得至其天頂。西行者與日俱馳，漸遠於日，故此人恒後見日出地，而日後至其天頂也。今大西洋估舶至小西洋歲歲有之，若二船同日解維，其一東行，其一西行，後相遇於小西洋。東行者若筭得月之六日甲子，即西行者必筭得月之五日癸亥。

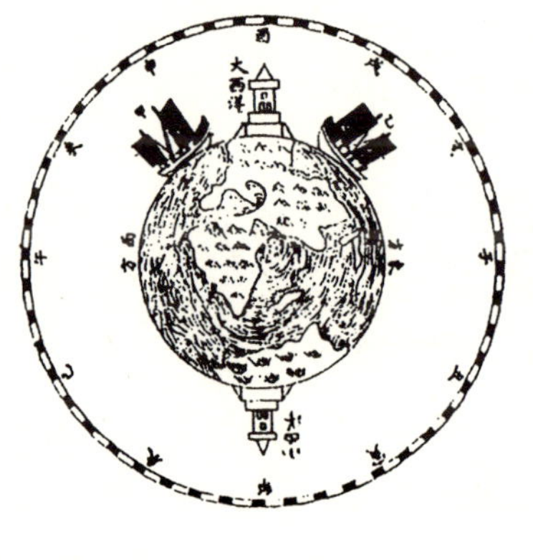

試如(上)圖，甲乙二船俱從大西洋往小西洋，同以三月初一日午時解維。甲船望西行至申，即申爲其天頂。乙船望東行至戌，即戌爲其天頂。因日輪自東而西，當先至戌，後至申，戌在申東，即日輪第一周先至戌。乙船以戌爲天頂，是得午時，從昨開洋，至此得一日足。甲船以申爲天頂，日未至，自戌至申須二時，則乙船之午是甲船之辰，扣至一日足，實少二時。次乙船至亥，甲船必至未，各以亥未爲其天頂。日輪第二周先至亥，後至未，自亥至未隔四時，則東船先四時而得午正，從開洋扣得二日足，西船更須四時乃得午，爲二日足也。次乙船至子，甲船必至午，而子午爲其天頂，日輪第三周先至子，後至午。東船在子，先得午時爲三日足，自子至午隔六時，西船在午，須六時乃得午，爲三日足。次至丑、至巳亦如之。及東船至寅，西船宜至辰。日輪自寅逩東至辰隔十時，故十時之初，東船先得五日足，而西船尚須十時乃適足。故甲乙二船自開洋至此際，一得五日，一得四日零二時。既抵小西洋，而卯爲其天頂，日輪至卯，即向東者實滿六日，向西者實滿五日。是故雖同發俱至，而先後差一日也。此何以故？地爲圜體，人居東先得見日輪出地，居西後見故也。五日、六日，假說之實行者，不論一年二年，皆差一日，其理同也。

或問：地果圜體，則上下四旁皆生人所居，不知在下者安所佇其足哉？曰：地球之説，其理甚廣，西庠有專書備論，今獨舉一二端明徵此理。其一曰，天下萬物各有本所，最上本所爲天之上，最下本所則爲地之中心也。其二曰，物之體質有輕有重，最輕渺者就最上所，如火是也，最重滯者就最下所，如土是也。其三曰，物重者各有體之重心，此重心者在重體之中。試觀于衡，均重則不攲，物重之重心得在其中故也。其四曰，既地中之心爲諸重物各重心之本所，物之重心悉欲就之，欲就之勢，其下，必爲垂線也。如人上山，山之陡面不能正佇人足如佇地平，與其直角造室，立柱於山之陡面，亦不能與爲直角也，何故乎？人體之重心所欲就者，爲地之心，下就之勢，作一地之心而垂線，欲垂線立柱亦然。山之斜面與地中心，非相對待如地平之面，故人體、柱體與其峻面，悉不能爲直角也。

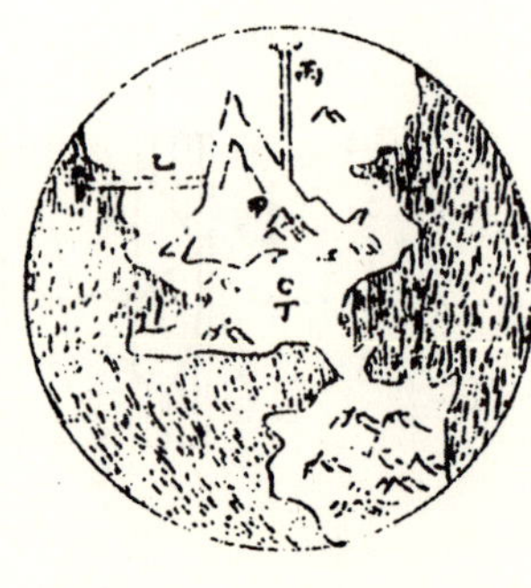

如(左)圖，甲山欲立柱作直角于山之陡面如乙，必傾矣。其體之重心所願就者爲丁地心，非甲山之心也。雖陡面，必與地平爲直角如丙乃安，何故？其體之重心與丁相直耳。故凡重物居地面之上，各以地心爲下，以天爲上，因其重心願就地心，遂得安于地面，能佇其足矣。因是可知上下之分，凡謂下者，遠于天而就地心也；謂上者，就天而遠于地心也。

是故地之圜球懸於空際，居中無着，常得安然，蓋四方土物皆願降就于地心之本所。東降欲就其心而遇西就者，南降欲就其心而遇北就者，悉悉如此。相遇之際皆能相衝相逆，故凝結于地之中心，即不相及者以欲就，故附離不脱，得令大地懸居空際也。

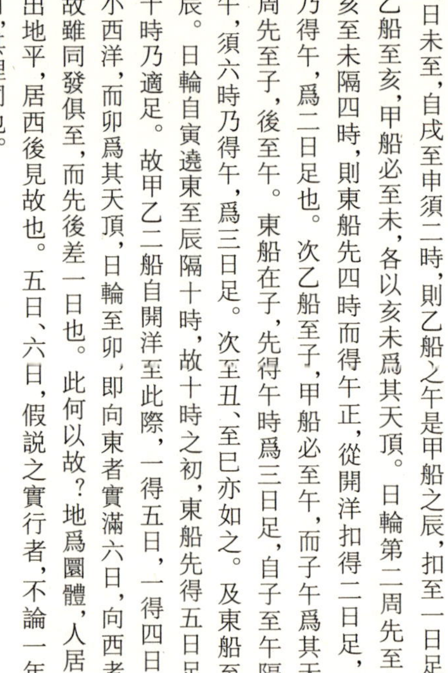

如(上)圖，丙爲中心，甲乙兩分各爲地之半球。甲東降就其心，乙西降就其心。其兩半球又各有本體之重心，如丁如戊。甲東降，其本性必欲令本體之重心丁至于丙，然後止，而不可得，何者？乙西降，亦欲其體之重心戊至丙中心，然後止也。故兩半球相遇于丙中心，甲不令乙得西，乙不令甲得東，一衝一逆，力勢均平，遂兩不進亦兩不能退，而懸居空際，安然永奠矣。試于一門，二人出入，其一在内，其一在外，在外者衝欲開之，在内者逆欲閉之，若同衝同逆，爲力均平，門必不動。甲乙半球，其理同也，推至四方八面、一塵一土莫不皆然，隤然下凝，職由于此矣。

第五題　表端爲地心

解曰：地球之大比日天只止一點，本篇三題解。況地上山嶽、樓臺、樹木及所立之表，何足算乎？亦與大地共爲一點而已。故雖人所立表，表景隨日輪若在地面，第以一點論之，則表端之景與地心之景一也。故表端不得不爲地也。欲徵其實，試作一赤道晷，其法於平面作圈，圈界平分三百六十度，每三度四十五分每一度變四分。爲一刻，每三十度爲一時。立表于圈心，候之，即見表景平行每刻三度四十五分，每八刻爲一時，每時三十度，與日輪旋轉地心度數相等。設非表端爲地心，安能日景平行，且用此平行日景作日晷數十百種，一一合徹乎？既明表端爲地心，因可隨地隨時立表取景，以得日行周天定度也。

凡立表取景，必于兩平面之上求得兩種景。其一，立表平面上，與地平爲直角，其所得景，直景也，如山嶽、樓臺、樹木等景在平地者是。

如(右)圖，甲乙爲表，丙乙丁爲地平面，戊爲日輪。立甲乙表，任意長短與丙乙丁地平面爲直角。令日輪在戊爲表東，其光必過甲表端，表端景必在表西丁，則乙丁爲直景。

其一，倒景者，横表之景也。如嚮日有墻，于其平面横立一表，與地平爲平行者是。

如(右)圖，甲乙爲墻，丙丁爲表，戊爲日輪。立丙丁表于甲乙墻之平面爲横表，與地平平行。令日輪在戊，其光過表端，表端景必在己，而丁己爲倒景。

立表取景，以表之度分量此二種景，可得其短長，以短長之度數，可得日軌離地平分秒，又量得一種景，推筭可得別種，但須先得二景之比例，及表與二景相求之法，乃悉其立法所由。今引説數條，推明指義如左。

其一曰，日軌出地平，從一度至九十度，漸升上就天頂，既過一象限，從九十度漸入地平，下離天頂。故表景因日上下而得消長，日上，直景消、倒景長；日下，倒景消、直景長，皆至午正而復。

其二曰，直景與倒景之比例，表與二景之比例皆在日輪出入上下度分也。令立二表相等，取兩種景。日出地平則倒景表無景，其端正對日光故也，而直景之表有無窮景，無數可量，其景與地平平行故也。如二圖，甲爲表，乙爲日軌出地平，于直景見甲表爲無窮景，與地平爲平行線，故不能交於地平。其故見《幾何原本》卷之一。次見倒景之表甲，正對日軌出地平之乙，故無景。

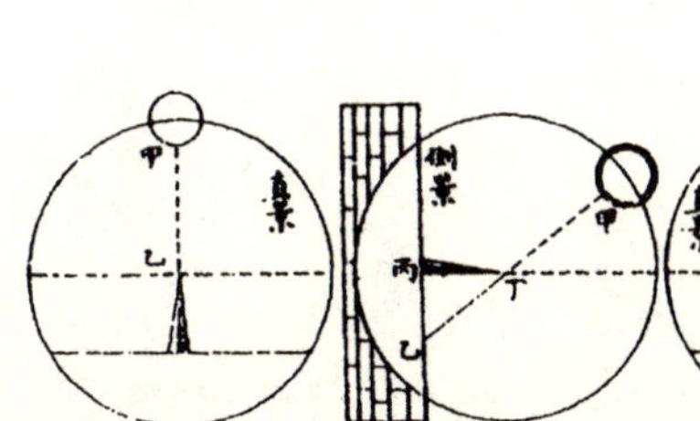

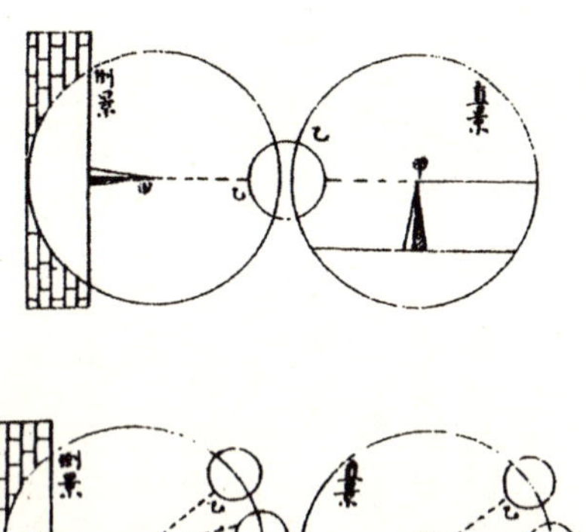

其三曰，日軌既出地平，漸向天頂而上，至高四十五度，此半象分內，二景一消一長。直景漸消，顧大于表，倒景漸長，顧小于表。日過四十五而上，直景亦消而小于表，倒景亦長而亦大于表。試如上圖，甲爲日軌，在四十五度以下，到丙，而丙戊大于戊己表，其到丁，而丁戊小于戊己表也。若乙爲日軌，在乙四十五度以上，其直景到丁，而丁戊小于戊己表，倒景到丙，而丙戊大于戊己表矣。又日向天頂而止，非獨所立表之直景漸消，而山嶽樓臺樹木之景亦然。

其四曰，日軌高四十五度，爲半象限，即二景得相遇，其長皆與表等。如上甲爲日軌，高四十五度，即丙丁二景之表等，因知二景與表皆等。蓋日軌在甲，表景必在乙，即顯乙丙直景、倒景皆與丙丁兩表等矣，諸物之景亦然。故測得日高四十五度，此際量得山嶽，樓臺，樹木之景度分，即得物高度分也。

其五曰，日軌至天頂高九十度，即直景表無景，而倒景之表有無窮景。試如日軌在甲天頂，乙直景之表端正對于甲日軌，故無景，乙表之倒景必與丙丁墻面平行，故爲無窮景，此與第二論同義也。蓋如直景因與地平爲平行線，故不能交於地平，倒景乃與墻面亦爲平行線，卻不能交於墻面也。

其六曰，日出地與日高九十度，二景之理既同，即一度至，其間相反相對者，理並同也。試如日高二度，直景得長，倒景得短，日高八十九度，倒景得長，直景得短，則日高二度之直景，八十度之倒景，其長同也，其短反是。以至日高三、四、五度，二景短長與日高八十七、八十六、八十五度並同也。假如立二表相等，各十二平分之，日高五度，直景之長爲表之一百三十七度，即日高八十五度，倒景之長亦爲表之一百三十七度。日高五度，倒景之短爲表之一度，日高八十五度，直景之短亦爲表之一度。二景一消一長、相反相對無有不合。故用日高度分表景短長，立法布筭，得一推二，致爲簡便也。

表得分十二平分

直景日

日高之分因直景	〇 表 度	〇 表 分	一 表 度	一 表 分	二 表 度	二 表 分	三 表 度	三 表 分	四 表 度	四 表 分	五 表 度	五 表 分
〇	無窮	之景	六百八十七	三十四	三百四十三	四十四	二百二十九	〇	一百七十一	三十七	一百三十七	十
十	四千一百二十七	五十三	五百八十九	十六	三百十七	十四	二百十六	五十四	一百六十四	四十四	一百三十二	四十三
二十	二千六十二	二十三	五百十五	四十六	二百九十四	三十一	二百六	三	一百五十八	二十三	一百二十八	二十三
三十	一千三百七十六	六	四百五十八	二十二	二百七十四	五十四	一百九十六	十三	一百五十六	二十九	一百二十四	三十八
四十	一千三十一	四十五	四百十二	二十九	二百五十七	四十	一百八十七	十六	一百四十七	一	一百二十	五十六
五十	八百二十五	十三	三百七十四	五十五	二百四十二	二十八	一百七十九	六	一百四十一	五十六	一百十七	三十八
六十	六百八十七	三十四	三百四十三	四十四	二百二十九	〇	一百七十一	三十七	一百三十七	十	一百十四	十一
	八十九		八十八		八十七		八十六		八十五		八十四	

倒景日

高之度

日高之分因倒景	六 表 度	六 表 分	七 表 度	七 表 分	八 表 度	八 表 分	九 表 度	九 表 分	十 表 度	十 表 分	十一 表 度	十一 表 分
六十	一百十四	十	九十七	四十四	八十五	二十三	七十五	四十六	六十八	三	六十一	四十四
五十	一百十二	四	九十五	二十六	八十三	三十七	七十四	二十四	六十六	五十五	六十	四十七
四十	一百八	七	九十三	十五	八十一	五十五	七十三	一	六十五	四十九	五十九	五十二
三十	一百五	十九	九十一	九	八十	十八	七十一	四十三	六十四	四十五	五十八	五十九
二十	一百二	四十	八十九	九	七十八	四十四	七十	二十七	六十三	四十三	五十八	七
十	一百	八	八十七	十四	七十七	十三	六十九	十四	六十二	四十三	五十七	十六
〇	九十七	四十四	八十五	二十三	七十五	四十六	六十八	三	六十一	四十四	五十六	二十七
	八十三		八十二		八十一		八十		七十九		七十八	

高之度

直景日高之度	表十二		表十三		表十四		表十五		表十六		表十七	
日高之分	度	分	度	分	度	分	度	分	度	分	度	分
〇	五十六	二十七	五十一	五十九	四十七	八	四十四	四十七	四十一	五十一	三十九	十五
十	五十五	四十	五十一	十八	四十七	三十二	四十四	十六	四十一	二十四	三十八	五十一
二十	五十四	五十三	五十	三十八	四十六	五十八	四十三	四十七	四十	五十七	三十八	二十七
三十	五十四	八	四十九	五十九	四十六	二十四	四十三	十六	四十	三十一	三十八	四
四十	五十三	二十四	四十九	二十一	四十五	五十一	四十二	四十七	四十	五	三十七	四十一
五十	五十二	四十一	四十八	四十四	四十五	十	四十二	十九	三十九	四十	三十七	十八
六十	五十一	五十九	四十八	八	四十四	四十七	四十一	五十一	三十九	十五	三十六	五十六
倒景日高之度	七十七		七十六		七十五		七十四		七十三		七十二	

高之度	表十八		表十九		表二十		表二十一		表二十二		表二十三	
倒景日高之分	度	分	度	分	度	分	度	分	度	分	度	分
六十	三十六	五十六	三十四	五十一	三十二	五十八	三十一	十六	二十九	四十二	二十八	十六
五十	三十六	三十四	三十四	三十一	三十二	四十	三十一	〇	二十九	二十七	二十八	三
四十	三十六	十三	三十四	十二	三十二	二十三	三十	四十四	二十九	十三	二十七	四十九
三十	三十五	五十三	三十三	五十三	三十二	六	三十	二十八	二十八	五十八	二十七	三十六
二十	三十五	三十一	三十三	三十五	三十一	四十九	三十	二	二十八	四十四	二十七	二十三
十	三十五	十一	三十三	十六	三十一	三十二	二十九	五十七	二十八	三十	二十七	十
〇	三十四	五十一	三十二	五十八	三十一	十六	二十九	四十二	二十八	十六	二十六	五十七
高之度	七十一		七十		六十九		六十八		六十七		六十六	

直景日高之度	表二十四		表二十五		表二十六		表二十七		表二十八		表二十九	
日高之分	度	分	度	分	度	分	度	分	度	分	度	分
〇	二十六	五十七	二十五	四十四	二十四	三十六	二十三	三十三	二十二	三十四	二十一	三十九
十	二十六	四十五	二十五	三十二	二十四	二十五	二十三	二十三	二十二	二十五	二十一	三十
二十	二十六	三十二	二十五	二十一	二十四	十五	二十三	十三	二十二	十五	二十一	二十一
三十	二十六	二十	二十五	十	二十四	四	二十三	三	二十二	六	二十一	十三
四十	二十六	八	二十四	五十七	二十三	五十四	二十二	五十三	二十一	五十七	二十一	四
五十	二十五	五十六	二十四	四十七	二十三	五十三	二十二	四十四	二十一	四十八	二十	五十六
六十	二十五	四十四	二十四	三十六	二十三	三十三	二十二	三十四	二十一	三十九	二十	四十七
倒景日高之度	六十五		六十四		六十三		六十二		六十一		六十	

高之度	表三十		表三十一		表三十二		表三十三		表三十四		表三十五	
倒景日高之分	度	分	度	分	度	分	度	分	度	分	度	分
六十	二十	四十七	十九	五十八	十九	十二	十八	二十九	十七	四十七	十七	八
五十	二十	三十九	十九	五十	十九	五	十八	二十二	十七	四十一	十七	二
四十	二十	三十一	十九	四十三	十八	五十七	十八	十五	十七	三十四	十六	五十六
三十	二十	二十三	十九	三十五	十八	五十	十八	八	十七	二十八	十六	四十九
二十	二十	十四	十九	二十七	十八	四十三	十八	一	十七	二十一	十六	四十三
十	二十	六	十九	二十	十八	三十六	十七	五十三	十七	十四	十六	三十六
〇	十九	五十八	十九	十二	十八	二十九	十七	四十七	十七	八	十六	三十一
高之度	五十九		五十八		五十七		五十六		五十五		五十四	

日景直

日高之分因直景	三十六表 度	分	三十七表 度	分	三十八表 度	分	三十九表 度	分	四十表 度	分	四十一表 度	分
〇	十六	三十一	十五	五十五	十五	二十二	十四	四十九	十四	十八	十三	四十八
十	十六	二十五	十五	五十	十五	十六	十四	四十四	十四	十三	十三	四十三
二十	十六	十九	十五	四十四	十五	十一	十四	三十九	十四	八	十三	三十九
三十	十六	十三	十五	三十八	十五	五	十四	三十三	十四	三	十三	三十四
四十	十六	七	十五	三十三	十五	〇	十四	二十八	十三	五十八	十三	二十九
五十	十六	一	十五	二十七	十四	五十四	十四	二十三	十三	五十三	十三	二十四
六十	十五	五十五	十五	二十二	十四	四十九	十四	十八	十三	四十八	十三	二十
	五十三		五十二		五十一		五十		四十九		四十八	

日景倒

高之度

四十二表 度	分	四十三表 度	分	四十四表 度	分	四十五表 度	分	四十六表 度	分	四十七表 度	分	日高之分因倒景
十三	二十	十二	五十二	十二	二十六	十二	〇	十一	三十五	十一	十一	六十
十三	十五	十二	四十八	十二	二十一	十一	五十六	十一	三十一	十一	八	五十
十三	十	十二	四十三	十二	十七	十一	五十四	十一	二十七	十一	四	四十
十三	六	十二	三十九	十二	十三	十一	四十八	十一	二十三	十一	〇	三十
十三	一	十二	三十四	十二	八	十一	四十三	十一	十九	十	五十六	二十
十二	五十七	十二	三十	十二	四	十一	三十九	十一	十五	十	五十二	十
十二	五十二	十二	二十六	十二	〇	十一	三十五	十一	十一	十	四十八	〇
四十七		四十六		四十五		四十四		四十三		四十二		

高之度

日景直

日高之分因直景	四十八表 度	分	四十九表 度	分	五十表 度	分	五十一表 度	分	五十二表 度	分	五十三表 度	分
〇	十	四十八	十	二十六	十	四	九	四十二	九	二十三	九	三
十	十	四十五	十	二十二	十	一	九	四十	九	十九	八	五十九
二十	十	四十一	十	十九	九	五十七	九	三十六	九	十六	八	五十六
三十	十	三十七	十	十五	九	五十四	九	三十三	九	十二	八	五十三
四十	十	三十三	十	十一	九	五十	九	二十九	九	九	八	五十
五十	十	三十	十	八	九	四十七	九	二十六	九	六	八	四十六
六十	十	二十六	十	四	九	四十二	九	二十三	九	三	八	四十三
	四十一		四十		三十九		三十八		三十七		三十六	

日景倒

高之度

五十四表 度	分	五十五表 度	分	五十六表 度	分	五十七表 度	分	五十八表 度	分	五十九表 度	分	日高之分因倒景
八	四十三	八	二十四	八	六	七	四十八	七	三十	七	十三	六十
八	四十	八	二十一	八	三	七	四十五	七	二十七	七	十	五十
八	三十七	八	十八	八	〇	七	四十二	七	二十四	七	七	四十
八	三十四	八	十五	七	五十七	七	三十九	七	二十一	七	四	三十
八	三十	八	十二	七	五十四	七	三十六	七	十八	七	一	二十
八	二十七	八	九	七	五十一	七	三十三	七	十五	六	五十九	十
八	二十四	八	六	七	四十八	七	三十	七	十三	六	五十六	〇
三十五		三十四		三十三		三十二		三十一		三十		

高之度

日景直

日高之分直景	六十表		六十一表		六十二表		六十三表		六十四表		六十五表	
	度	分	度	分	度	分	度	分	度	分	度	分
〇	六	五十六	六	三十九	六	二十三	六	七	五	五十一	五	三十六
十	六	五十三	六	三十六	六	二十	六	四	五	四十九	五	三十三
二十	六	五十	六	三十四	六	十七	六	二	五	四十六	五	三十一
三十	六	四十七	六	三十一	六	十五	五	五十九	五	四十三	五	二十八
四十	六	四十五	六	二十八	六	十二	五	五十六	五	四十一	五	二十六
五十	六	四十三	六	二十六	六	十	五	五十四	五	三十八	五	二十三
六十	六	三十九	六	二十三	六	七	五	五十一	五	三十六	五	二十一
	二十九		二十八		二十七		二十六		二十五		二十四	

日景倒

高之度

六十六表		六十七表		六十八表		六十九表		七十表		七十一表		日高之分倒景
度	分	度	分	度	分	度	分	度	分	度	分	
五	二十一	五	六	四	五十一	四	三十六	四	二十二	四	八	六十
五	十八	五	三	四	四十八	四	三十四	四	二十	四	五	五十
五	十六	五	一	四	四十六	四	三十二	四	十九	四	三	四十
五	十三	四	五十八	四	四十四	四	三十	四	十五	四	一	三十
五	十一	四	五十六	四	四十一	四	二十七	四	十三	三	五十九	二十
五	八	四	五十三	四	三十九	四	二十四	四	十	三	五十六	十
五	六	四	五十一	四	三十六	四	二十二	四	八	三	五十四	〇
二十三		二十二		二十一		二十		十九		十八		

高之度

日景直

日高之分直景	七十二表		七十三表		七十四表		七十五表		七十六表		七十七表	
	度	分	度	分	度	分	度	分	度	分	度	分
〇	三	五十四	三	四十	三	二十六	三	十三	三	〇	二	四十六
十	三	五十一	三	三十八	三	二十四	三	十一	二	五十七	二	四十四
二十	三	四十九	三	三十六	三	二十二	三	八	二	五十五	二	四十二
三十	三	四十七	三	三十三	三	二十	三	六	二	五十三	二	四十
四十	三	四十五	三	三十一	三	十七	三	四	二	五十一	二	三十七
五十	三	四十二	三	二十九	三	十五	三	三	二	四十八	二	三十五
六十	三	四十	三	二十六	三	十三	三	〇	二	四十六	二	三十三
	十七		十六		十五		十四		十三		十二	

日景倒

高之度

七十八表		七十九表		八十表		八十一表		八十二表		八十三表		日高之分倒景
度	分	度	分	度	分	度	分	度	分	度	分	
二	三十三	二	二十	二	七	一	五十四	一	四十一	一	二十八	六十
二	三十一	二	十八	二	五	一	五十二	一	三十九	一	二十六	五十
二	二十九	二	十六	二	三	一	五十	一	三十七	一	二十四	四十
二	二十六	二	十三	二	〇	一	四十七	一	三十五	一	二十二	三十
二	二十四	二	十一	一	五十八	一	四十五	一	三十三	一	二十	二十
二	二十二	二	九	一	五十六	一	四十三	一	三十一	一	十八	十
二	二十	二	七	一	五十四	一	四十一	一	二十八	一	十六	〇
十一		十		九		八		七		六		

高之度

日高之分因直景	八十四表 度	八十四表 分	八十五表 度	八十五表 分	八十六表 度	八十六表 分	八十七表 度	八十七表 分	八十八表 度	八十八表 分	八十九表 度	八十九表 分	日高之分因倒景
直景日高之度													
〇	一	十六	一	三	〇	五十	〇	三十八	〇	二十五	〇	十三	六十
十	一	十四	一	三	〇	四十八	〇	三十六	〇	二十三	〇	十	五十
二十	一	十一	〇	五十九	〇	四十七	〇	三十四	〇	二十一	〇	八	四十
三十	一	九	〇	五十七	〇	四十四	〇	三十一	〇	十九	〇	六	三十
四十	一	七	〇	五十五	〇	四十二	〇	二十九	〇	十七	〇	四	二十
五十	一	五	〇	五十二	〇	四十	〇	二十七	〇	十五	〇	一	十
六十	一	三	〇	五十	〇	三十八	〇	二十五	〇	十三	〇	〇	〇
倒景日高之度	五		四		三		二		一		〇		

用日高度分直景倒景短長立筭

右各圖皆以直景、倒景長短立筭而得日高度分。最上最下各橫書一行日高之度也。上行順筭，自一度至九十度，用之因直景度分而得日高之度；下行逆筭，自九十度起筭至一度，用之因倒景度分而得日高之分也。右行從上起筭，自一分至六十分，用之因直景而得日高之分；左行從下起筭，自一分至六十分，用之因倒景而得日高之分。假如立豎表取直景，若量其長得表之五十五度四十分，欲知此時日軌高幾何度分，檢取圖中表景度分，下五十五度四十分所在，即直視本行最上得十二度，橫視右行相對得一十分，是爲日軌高十二度十分也。若立橫表取倒景，而得表之長五十五度四十分，即下行日高得七十七度，左行相對，得五十分，是爲日高七十七度五十分也。

分表之法

凡立表取景，先定表長，以表之長任意平分爲若干度。右圖表度十有二，故今以十二爲法，分表爲十二平分，以十二平分之一爲度，每度更六十平分之，共得七百二十分。表長無定度，愈長景則愈準。

立表之法

凡立表，必作垂線于平面，而與爲直角，表偏其端，則下而景短。立法若表長一尺法以內，則以表之位爲心，從心作一圈，任意大小，次三平分圈界作三，立表于圈心，用規從界之一點量至表端爲度，用此度量第二三點，皆至表端，則表正矣，一不至表端者改之。若表長數尺至數丈者，或四面、八面各懸垂線正之，如周禮八繩附臬之法。

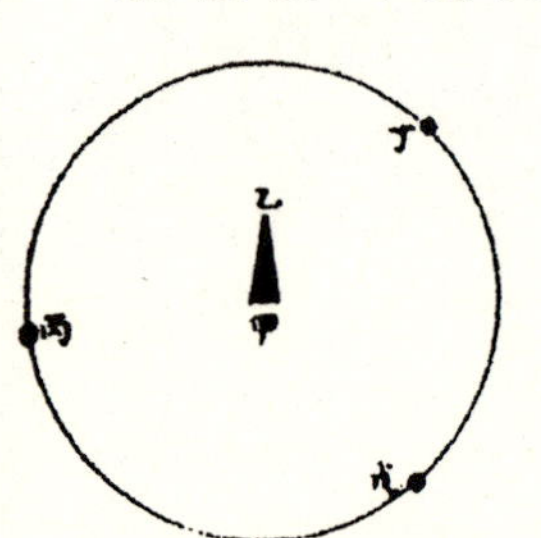

試如(上)圖，甲爲表位，以甲爲心作丙丁戊三平分圈界，作丙丁戊三點，用規從丙界點量向表端得度，用元度從丁從戊量至表端，皆等，則表正也。

用法

第一，隨地隨時測日軌高幾何度分。

凡測候者，欲定時成歲也。定歲之最急者，爲隨地隨時測日軌高度分，以知二至之日，時、刻、分。西儒多習曆造器以測日高，其法甚衆，立表是其一法，特爲簡便焉。

欲以直景測日高，依法立表，承日取景，視表景于平面所至，依表之度分量其長，既得景長，爲表之幾何度分，檢上圖得所求。

假如立表取景，以表之度分量景長得四十三度十六分。檢上圖，表景度分下四十三度十六分所在，此爲直景，視上行日高度，得十五，視右行日高分，得二十，是日軌高于地平十五度二十分也，倒景測驗亦如之，但檢圖當視下行日高度，左行日高分耳。

第二，隨地隨時測午正初刻，測本日日軌最高度分及定方面正法。

日輪自出地平，至午正時，漸近子午線而上；過午正，漸近地平而下。故日輪出地最高之度爲午正初刻。欲得午正初刻，測本日何時太陽至子午線上及日行所至最高之度即是也。依上法立表取景，若直景者，日軌漸上，直景漸消，日軌漸下，直景漸長，故表景甚消之時，即日軌最高之度，視表景消極長初即得午正初刻。

立表取景測午正初刻。先於午前數刻視表景之末點識之，次用日晷或任意視景，每過一刻或半刻許，俱如前累識之。若累短者，法所謂景消，爲日升，爲午前也。

復依前法累識之，至表景得累長，法所謂景長，爲日降，爲午後也。次檢表景識，識中最短者得本日午正初刻。依法量其長，即得本日日軌最高度分。又自表位至景末，作線即得本地子午線，依子午作垂線，得天元卯酉，爲定方面之正法。

第三，隨地隨日測南北極出入地幾何度分。

南北極出入隨地不同，曆家測驗先須得此。不然即晝夜長短、日月出入、躔度高下、交食分數悉不可考，悉不可論。故元太史郭守敬分道測驗以爲曆準，然周行四極，輶軒錯出，而所得止二十七處，意其爲術亦大艱難矣。今用此法，但是八跡所至都會郡邑一測便得，不勞餘力矣。

依第二法，立表測得本地午正初刻，日軌高幾何度分，次求本日日躔距赤道幾何度分，次視日躔赤道南北筭之。若日躔赤道南，則以距度加高度，得赤道至地平之高，以赤道高減周天象限度即得赤道離天頂度，亦即本極出地度。日躔赤道北，則以距度減高度，如法筭之，亦得本極出地度分。

假如順天府於天正春分日，依第二法立表測午正初刻。測得日軌高五十度，又依距度得本日日躔黄赤道之交，無距度，即赤道高于地平五十度，減周天象限九十度，得四十度，即赤道離天頂度也。南北極出入地，其度分與赤道離天頂同，故北極出地亦四十度。又霜降日，日躔赤道南，是日午正初刻，測得日軌高三十八度三十分，次依距度得十一度三十分，以加日軌高三十八度三十分，亦得赤道高于地平五十度，如上法筭得北極出地四十度。又立夏日，日躔赤道北，是日午正初刻，測得日軌高六十六度四十分，次依距度得十六度四十分，以減日軌高六十六度四十分，亦得赤道高五十度，如上法筭，得北極出地四十度。

第四，隨地測節氣定日。

二十四節氣者，黄道二十四平分也。日循黄道，自西而東，每日約行一度，歲行一周。行至黄赤二道之交，爲天元春秋分，離南、離北去赤道各二十三度半强，是二道相距甚遠之處，爲冬夏至。曆家分黄道作四大限曰春秋冬夏日。自春分東陸至夏至北陸，爲九十日有奇，六平分爲六節氣，每節氣得十五日有奇，曰春分、清明、穀雨、立夏、小滿、芒種。夏至北陸至秋分西陸亦九十日有奇，六平分爲六節氣，曰夏至、小暑、大暑、立秋、處暑、白露。自秋分西陸至冬至至南陸亦如之，爲六節氣曰秋分、寒露、霜降、立冬、小雪、大雪。自冬至南陸至春分東陸亦如之，爲六節氣曰冬至、小寒、大寒、立春、雨水、驚蟄。共二十四節氣，爲黄道二十四平分，故曰節氣者，黄道平分也。諸節氣距赤道南北遠近每相反相對者，度分皆同，故得六距度即得二十四距度。第其高下距地平不同，故諸節氣各有測驗本法焉。欲用此法，又先用各距赤道幾何度分及本地北極度分，故具列二圖如左。

假如順天府北極出地四十度，欲知夏至高于地平度分，當以本日日距赤道二十三度半强求之。凡北極出地度分與赤道離天頂度分等，即順天府赤道南離天頂四十度。又自地平至天頂恒爲九十度，今赤道離天頂南四十度，其至地平必五十度，即赤道高于地平五十度。而夏至日躔赤道北上二十三度半强，以加五十度，得七十三度半强，爲夏至日午正日高于地平度分也。日高七十三度半强，即表景得表之三度三十三分，故夏至前後各二三日，每日立表取景，視某日午正表景長得表之三度三十三分，爲夏至。

冬至日在南，距赤道二十三度半强，以減五十度爲赤道高于地平二十六度半弱，即冬至日午正日軌高于地平也，依法得是日表景長得表之二十四度〇四分。若冬至前後各二三日立表取景，視某日午正表景長得表之二十四度〇四分，爲冬至。

春秋分爲黄赤二道之交，無距度，正得赤道高于地平五十度，無加減，日軌高亦五十度，表景長得表之十度〇四分。春秋分前後各幾日立表取景，視其日午正表景得表之十度〇四分，爲春秋分也。凡黄道南北諸節氣相反相對者，筭法並同，節氣在北，即自春至秋分，加其距度分于赤道高度分，得各節氣高于地平度分。節氣在南，即自秋至春分減其距度分于赤道高度分，亦得各節氣高于地平度分。以其高于地平度分依法測表景長短，得各節氣本日。

每節氣本所及離赤道度分圖。

春分日軌出赤道南，入赤道北，當二道之交，無距度分，本地赤道高于地平度分，即日高度分，其宮爲白羊之初，無加減。

清明距赤道北六度十九分，其宮爲白羊之中。加

穀雨距赤道北十一度三十分，其宮爲金牛之初。加

立夏距赤道北十六度四十分，其宮爲金牛之中。加

小滿距赤道北二十度十二分，其宮爲雙昆之初。加

芒種距赤道北二十二度四十六分，其宮爲雙昆之中。加

夏至距赤道北二十三度半强，其宮爲巨蟹之初。加

小暑距赤道北二十二度四十六分，其宮爲巨蟹之中。加

春秋分	夏至	冬至
十度	三度	二十四度
四分	三十三分	四分
七度	一度	十七度
二十九分	九十四分	四十七分
九度	三度	二十二度
三分	五十三分	十三分
九度	三度	二十二度
二十三分	六分	六分
八度	二度	二十度
四十三分	四十分	二十三分
八度	二度	十九度
二十四分	二十六分	三十五分
六度	一度	十六度
五十六分	二十二分	十三分
六度	一度	十五度
三十九分	九分	三十八分
七度	一度	十六度
十三分	三十五分	四十九分
六度	一度	十五度
四十七分	十六分	五十五分
五度	○	十二度
六分	六分	三十九分
五度	○	十四度
五十一分	三十一分	三分
五度	○	十三度
三十六分	十九分	三十四分
四度	○	十二度
五十一分	十九分	十三分
五度	○	十三度
二十一分	六分	六分

大暑距赤道北二十度十二分，其宫爲獅子之初。加

立秋距赤道北十六度四十分，其宫爲獅子之中。加

處暑距赤道北十一度三十分，其宫爲室女之初。加

白露距赤道北六度十九分，其宫爲室女之中。加

秋分日軌出赤道北，入赤道南，當二道之交，無距度分，本地赤道高于地平度分，即日高度分其宫，爲天稱之初，無加減。

寒露距赤道南六度十九分，其宫爲天稱之中。減

霜降距赤道南十一度三十分，其宫爲天蝎之初。減

立冬距赤道南十六度四十分，其宫爲天蝎之中。減

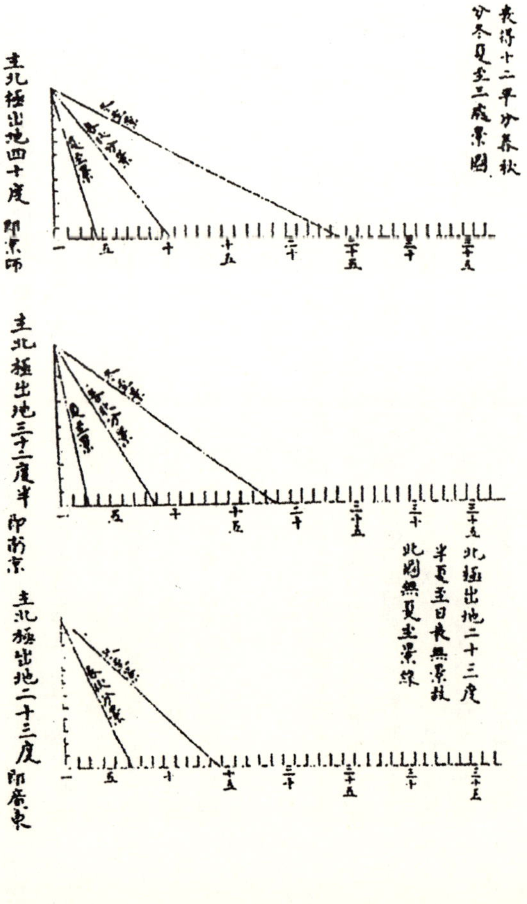

表得十二平分春秋分冬夏至三處景圖

圭北極出地四十度 即京師

圭北極出地三十二度半 即南京

圭北極出地二十三度 即廣東

北極出地二十三度半夏至日表無景故此圖無夏至景線

小雪距赤道南二十度十二分，其宫爲人馬之初。減

大雪距赤道南二十二度四十六分，其宫爲人馬之中。減

冬至距赤道南二十三度半强，其宫爲磨羯之初。減

小寒距赤道南二十二度四十六分，其宫爲磨羯之中。減

大寒距赤道南二十度十二分，其宫爲寶瓶之初。減

立春距赤道南十六度四十分，其宫爲寶瓶之中。減

雨水距赤道南十一度三十分，其宫爲雙魚之初。減

驚蟄距赤道南六度十九分，其宫爲雙魚之中。減

北極出地度數及春秋分、冬夏至表景度分。

右北極出地度數止南北二京及江西、廣東已嘗測驗無疑，其餘據地圖約量之，其確與否未能明也。又北極出地每二百五十里差一度，一省之中各郡邑各有本地度數，故諸方測驗者須先定本地北極出地度分方能行測。

凡用右二圖，當先知測驗法，測驗之理略有數端。其一曰自地平至天頂爲九十度。其二曰南北極不出入地者，其赤道正爲天頂。若北極出地，南極入地，

其度分與赤道南離天頂同也。北極入地，南極出地，其度分亦與赤道北離天頂同也。其三曰北極出地度分以減地平至天頂九十度即赤道高于地平度分。其四曰欲以表景測節氣本日，先考節氣高于地平度分。其五曰節氣在赤道北爲在赤道上而遠于地平。欲得幾何度分，當加其距赤道度分于赤道離地平度分。節氣在赤道南爲在赤道下而近于地平。欲得幾何度分，當減其距赤道度分于赤道離地平度分。

第五，依表之度分、物景之長得物之高。

日軌在四十五度直景、倒景皆與表等，故物在地平之景與物之高亦等。在四十五度以下，直景大于表，則物之景必大于物之高。在四十五度以上，直景小于表，則物之景亦小于物之高。故量其景長即得其物高。試如依第一法測得日高度分，以表之景度分便得物在地平之景度分，所據物景之度分及表度分推算，便得物高度分。

假如依第一法量得日高四十五度，此際量物景之長，或山嶽之景、或樓臺之景、或樹木之景，其景或長三丈。據上法，日高四十五度，物在地平之景與其物之高等，是物之高亦三丈，不可疑矣。次若日高三十度，物景之長五丈，據上法，日在四十五度以下，物景多于物之高，減其多，必得其物之高也。次檢前圖日高三十度之景係二十度四十七分，內減表度十二餘八度四十七分爲餘景。今取五丈之晷亦分作二十度四十七分，裁去餘高八度四十七分，而其餘即其物之高也。若日高五十度，物景長二丈者，據上法，日在四十五度以上景短于物，當用加法。查前圖景得十度四分，較表度十二不足一度五十六分，即以二丈之景分作十度四分，外補一度五十六分，得物之高，餘倣此。

第六，日晷。

日晷者，定時之器也。凡定時刻皆憑表景，故造晷者，先明表景之法。日晷定時，凡數百種，其理甚廣，別有成書。今因表景及之，止就用景而造者略説一二器耳。先論其理，略有數端。其一曰，表景與日躔平行，日出地而上，或過午時而下。每行三度四十五分得一刻，行三十度得一時。表景亦然，一長一消具有定度，因其定度則可定時。每日行三度四十五分，而檢其表長定刻也。每日行三十度，而檢其表長，則定時也。午前則檢其直景之消、倒景之長。午後則檢其直景之長、倒景之消也。

其二曰，日愈高，直景愈短，倒景愈長。日之升于地平，隨地各異，表景之長在地面亦隨地各異也。所以然者，日之高下于本地平隨南北極出入高下也。南北極之出入于本地平，其高下也亦隨地各異也。

其三曰，赤道離天頂各與其極出地度分等。如北極出地三十度，赤道離天頂亦三十度，而高于地平六十度。蓋地平于天頂恒爲九十度，故北極出地四十度，赤道離天頂亦四十度，而高于地平五十度。是故二分之日，日躔赤道而測午正初刻。若本地所得北極出地三十度，測即日躔高六十度。本地所得北極出地四十度，即日躔高五十度。是知午正初刻日高于地平隨地各異也。

其四曰，日躔赤道高于地平，既隨地各異，即過此而躔赤道北或南，其高其下亦隨地各異也。故夏至測午正初刻，本地所得北極出地三十度，即日高八十三度半强。若所將北極出地四十度，即日高七十三度半强也，冬至亦然，諸節氣亦然。

其五曰，午正初刻之日軌高既隨地隨節氣各異，即諸時諸刻之日軌高亦隨地各異也。假如二分日日躔赤道，或南或北，測量巳未二時，其本處爲北極出地三十度，即日軌高于地平六十二度。若北極出地四十度，即日軌高五十九度，諸時諸刻亦然。是其表景亦隨日軌高下而得長消。故日軌高下隨地隨節氣隨時刻各異，表景長短亦隨地隨節氣隨時刻各異也。故以表景測時刻，當先得本地及本節氣每時每刻日軌高幾何度分也。

其六曰，既得每時每刻日軌高度分，即可用表景定時刻也。假如順天府北極出地四十度，夏至初日，巳未二時，日軌高于地平五十九度，即直景長得表之七度十三分，倒景長得表之十九及五十八分。立表取直景，候至景長七度十三分，即巳未時也。若取倒景，候至景長十九度五十八分，亦巳未時也。其餘時刻，推此類焉。求各處，各節氣，每時每刻，日軌高度分，具見《簡平儀説》，今舉一二處爲例如左。

造柱晷

造圓柱晷法，用堅木或銅作圜體如柱，任意大小長短，其圜必中規而上下等。次于兩端之圈界各十三平分之。依所分各界兩兩相對作直線，俱平行，各線與柱體亦平行。柱體之周爲十三直線，皆平行相等，每線直二節氣，惟夏冬二至各得一線，名爲二十四節氣線。即任取一線爲冬至，次右二曰小寒大雪，右三曰大寒小雪，右四曰立春立冬，右五曰雨水霜降，右六曰驚蟄寒露，右七曰春分秋分，右八曰清明白露，右九曰穀雨處暑，右十曰立夏立秋，右十一曰小滿大暑，右十二曰芒種小暑，右十三曰夏至。

北極出地四十度每節氣每時直景倒景度分

節氣	午正直景度	午正直景分	午正倒景度	午正倒景分	午初未初直景度	午初未初直景分	午初未初倒景度	午初未初倒景分	巳正未正直景度	巳正未正直景分	巳正未正倒景度	巳正未正倒景分
夏至	三	三十三	四十	三十二	四	四十四	三十	二十六	七	十三	十九	五十六
芒種 小暑	三	四十二	三十九	十五	四	五十一	二十九	四十二	七	三十一	十九	四十二
小滿 大暑	四	十五	三十三	五十三	五	十	二十六	四十七	七	四十	十八	三十
立夏 立秋	五	六	二十六	十六	六	三十三	二十二	三十四	八	三十四	十七	八
穀雨 處暑	六	二十三	二十二	三十四	七	二十一	十九	三十五	九	四十二	十四	四十九
清明 白露	八	六	十七	四十七	九	三	十五	三十五	十一	二十二	十二	二十六
春分 秋分	十	四	十四	十八	十一	〇	十三	六	十三	三十四	十	三十七
驚蟄 寒露	十二	三十六	十一	三十五	十二	二十	十	四十六	十六	十三	八	五十五
雨水 霜降	十五	五	九	三十三	十六	三十一	八	四十三	十九	五十六	七	十三
立春 立冬	十七	四十七	八	六	十九	五十八	七	十三	二十二	二十二	六	七
大寒 小雪	二十	四十七	六	五十六	二十三	三	六	十五	二十八	十六	五	六
小寒 大雪	二十三	三十	六	〇	二十五	十	五	三十六	三十二	六	四	十二
冬至	二十四	四	五	五十九	二十六	二十	五	二十八	三十二	五十八	四	〇

節氣	巳初申初直景度	巳初申初直景分	巳初申初倒景度	巳初申初倒景分	辰正申正直景度	辰正申正直景分	辰正申正倒景度	辰正申正倒景分	辰初酉初直景度	辰初酉初直景分	辰初酉初倒景度	辰初酉初倒景分	卯正酉正直景度	卯正酉正直景分	卯正酉正倒景度	卯正酉正倒景分
夏至	十	三十七	十三	三十四	十五	五十	九	三	三十五	十	五	四十三	四十六	二十四	三	六
芒種 小暑	十	五十	十三	二十	十六	七	九		三十五	五十	五	五十	四十八	八	三	一
小滿 大暑	十	十	十三	三十三	十六	五十一	八	三十四	三十六	五十七	五	十	五十四	八	二	三十二
立夏 立秋	十二	十三	十一	四十	十六	二十九	七	四十八	三十一	十六	四	五十六	六十六	三	二	七
穀雨 處暑	十三	四十八	十	三十六	二十	四十七	六	五十六	三十五	五十三	四	一	九十二	〇	一	三十五
清明 白露	十五	五十五	九	三	二十四	三十六	五	五十三	四十四	四十七	三	十三	一百三十	二十七	〇	五十
春分 秋分	十八	二十九	七	四十八	二十九	四十二	四	五十一	六十三	四十四	二	二十				
驚蟄 寒露	二十一	十六	六	四十三	三十六	五十六	三	五十四	九十一	九	一	三十五				
雨水 霜降	二十六	五十一	五	六	四十六	八	三	〇	一百三十一	五十七	〇	五十				
立春 立冬	三十四	五十一	四	八	六十四	三十五	二	十三								
大寒 小雪	四十二	八	三	二十六	[illegible]	〇	一	四十五								
小寒 大雪	四十六	〇	三	〇	[illegible]	十二	一	十六								
冬至	四十八	〇	二	五	八十七	三十六	一	九								

北極出地三十二度每節氣每時直景倒景度分

節氣	午正直景度	午正直景分	午正倒景度	午正倒景分	午初未初直景度	午初未初直景分	午初未初倒景度	午初未初倒景分	巳正未正直景度	巳正未正直景分	巳正未正倒景度	巳正未正倒景分
夏至	一	四十	八十	〇	三	四十	三十九	〇	六	三十	二十五	〇
芒種 小暑	一	五十	八十五	十	三	五十	三十六	十	六	四十	二十二	四十
小滿 大暑	二	三十	五十六	四十	四	〇	三十六	〇	七	〇	二十	四十
立夏 立秋	三	十	四十四	五十	四	四十	三十	三十	七	五十	十九	三十
穀雨 處暑	四	十	三十三	〇	五	五十	二十五	三十	八	三十	十七	五十
清明 白露	五	五十	二十四	五十	六	五十	二十	〇	九	五十	十五	三十
春分 秋分	七	三十	十九	十	八	三十	十六	四十	十一	十	十二	五十
驚蟄 寒露	九	五十	十五	十	十	三十	十三	四十	十二	〇	十一	〇
雨水 霜降	十二	三十	十二	五十	十二	四十	十一	三十	十五	三十	九	十
立春 立冬	十三	三十	十	四十	十四	十	九	四十	十六	五十	七	五十
大寒 小雪	十五	三十	九	十	十六	五十	八	五十	二十	四十	六	五十
小寒 大雪	十七	〇	八	五十	十八	五十	七	四十	二十二	十	六	十
冬至	十七	三十	八	十	十九	十	七	三十	二十二	四十	六	〇

節氣	巳初申初直景度	巳初申初直景分	巳初申初倒景度	巳初申初倒景分	辰正申正直景度	辰正申正直景分	辰正申正倒景度	辰正申正倒景分	辰初酉初直景度	辰初酉初直景分	辰初酉初倒景度	辰初酉初倒景分	卯正酉正直景度	卯正酉正直景分	卯正酉正倒景度	卯正酉正倒景分
夏至	十	三十	十三	五十	十六	〇	九	〇	二十七	〇	五	二十	五十六	〇	二	三十
芒種 小暑	十	三十	十三	四十	十六	二十	八	五十	二十七	三十	五	十	五十九	〇	二	二十
小滿 大暑	十	五十	十三	二十	十七	〇	八	三十	二十九	〇	五	〇	六十五	〇	二	十
立夏 立秋	十一	三十	十二	三十	十八	〇	八	〇	三十二	四十	四	三十	八十	〇	一	五十
穀雨 處暑	十二	二十	十一	三十	十九	〇	七	十	三十五	〇	四	〇	一百八	〇	一	三十
清明 白露	十四	〇	十	十	二十	十	六	二十	四十三	〇	三	二十				
春分 秋分	十六	〇	九	〇	二十六	〇	五	三十								
驚蟄 寒露	十八	五十	七	四十	三十三	〇	四	三十								
雨水 霜降	二十二	二十	六	三十	三十六	〇	三	五十								
立春 立冬	二十五	五十	五	三十	四十六	〇	三	十								
大寒 小雪	二十九	四十	四	五十	五十七	〇	二	二十								
小寒 大雪	三十三	〇	四	二十	六十三	〇	二	十								
冬至	三十四	十	四	〇	七十	〇	二	〇								

北極出地三十度每節氣每時直景倒景度分

節氣	午正直景度	分	午正倒景度	分	午未初直景度	分	午未初倒景度	分	巳未正直景度	分	巳未正倒景度	分
夏至	一	二十	一百五	十	三	十一	四十	○	六	十五	二十二	五十
芒種 小暑	一	三十	九十五	○	三	四十	三十九	十	六	三十五	二十二	○
小滿 大暑	二	○	七十	○	三	五十五	三十六	五十	六	四十五	二十一	三十
立夏 立秋	二	五十	四十九	十	四	二十五	三十二	四十	七	十	二十	○
穀雨 處暑	四	○	三十六	四十	五	十五	二十七	二十	八	○	十六	五
清明 白露	五	十	二十七	十	六	二十五	二十二	五十	九	五	十五	○
春分 秋分	六	五十	二十	四十	八	五	十七	四十	十	四十	十二	二十五
驚蟄 寒露	八	四十	十六	三十	九	五十五	十四	三十	十二	三十	十一	三十五
雨水 霜降	十	三十	十三	三十	十二	○	十二	○	十四	五十	九	四十五
立春 立冬	十二	三十	十一	三十	十四	○	十	二十	十七	五	八	三十五
大寒 小雪	十四	二十	十	○	十六	○	九	五	二十	○	七	十
小寒 大雪	十五	五十	九	十	十七	二十五	八	十五	二十一	四十	六	二十
冬至	十六	十	八	五十	十八	○	八	○	二十二	二十	六	五十

節氣	巳申初直景度	分	巳申初倒景度	分	辰申正直景度	分	辰申正倒景度	分	辰酉初直景度	分	辰酉初倒景度	分	卯酉正直景度	分	卯酉正倒景度	分
夏至	十	二十	十三	五十	十六	十	八	五十	二十七	五十	五	十	五十九	○	二	二十四
芒種 小暑	十	三十	十二	四十	十六	三十	八	四十	二十八	十五	五	○	六十一	○	二	十五
小滿 大暑	十	五十	十二	二十	十七	五	八	二十五	二十九	四十	四	五十	六十八	○	二	五
立夏 立秋	十一	二十	十二	四十	十八	○	八	○	三十二	五	四	三十	八十五	○	一	四十
穀雨 處暑	十二	三十五	十一	三十五	十九	五十	七	十五	三十六	三十	三	三十五	一百二十四	○	一	十五
清明 白露	十三	四十五	十	二十五	二十二	○	六	二十	四十二	三十	三	二十				
春分 秋分	十五	四十	九	十	二十五	四十	五	三十五	五十二	○	二	四十五				
驚蟄 寒露	十六	五	八	○	三十	三十	四	四十	六十八	○	二	五				
雨水 霜降	二十二	十	六	四十五	三十六	四十	四	○	九十七	○	一	三十				
立春 立冬	二十四	三十五	五	五十	四十二	○	三	三十								
大寒 小雪	二十六	十五	五	五	五十二	○	二	四十五								
小寒 大雪	三十二	○	四	四十	五十九	○	二	二十五								
冬至	三十二	四十	四	二十	六十二	○	二	十五								

表得分十二分

主四十度

次作表，表長短無定度，約柱之長短而定其度。既得其長，依前分表法十二平分之爲表度，每度六十平分之，凡十二度七百二十分。若表體小者，每度六平分之，次依上圖視每節氣、每時刻表景長短幾何度分而移之柱晷之節氣本線，即得各時刻。

假如甲乙丙丁爲圜柱，其甲乙等附柱十三直線，則二十四節氣線也，戊己表度十二平分也。若于夏至線欲定午正，檢上圖夏至倒景，于午正得表之四十度三十一分，即規取戊己表之四十度三十一分於柱之夏至線上。自乙向丙移量之得午正初刻也。午初，未初，倒景得三十度二十八分亦如之，諸時諸節氣俱如之。

安表之法

晷之上端爲樞，表體之長信其度長，爲空於餘表，而入之樞，令表之度皆在晷體之外也。表之末與樞之心爲一直線。用時以晷與表各展轉就日而測之。

用法

視本日爲某節氣第幾日，轉表加于晷端界第幾日上，次轉晷承日景，令表景與節氣線平行。視表末所至，得時刻，造方晷以倒景其法同也，其節氣線以分黃道法爲疎密度，略見簡平儀說。

用直景造圜晷及方晷，其法竝同，但表爲立體晷體，則橫安之。

南懷仁《靈臺儀象志圖》

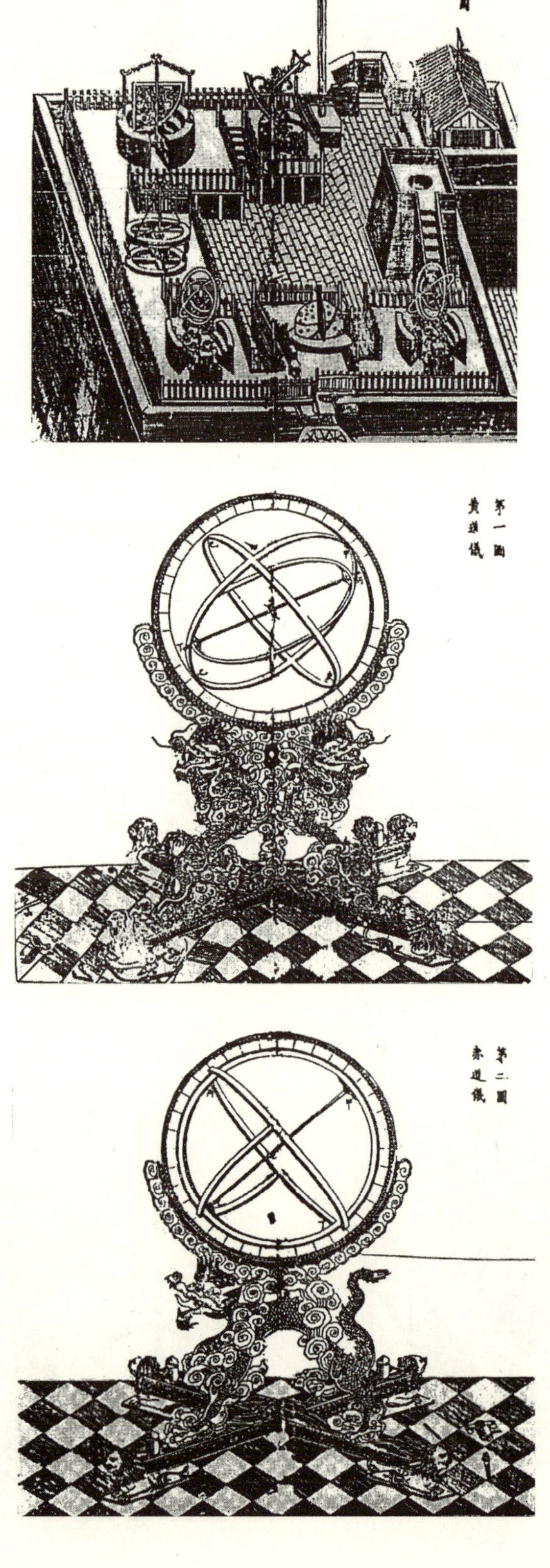

第三圖 地平經儀

第四圖 象限儀

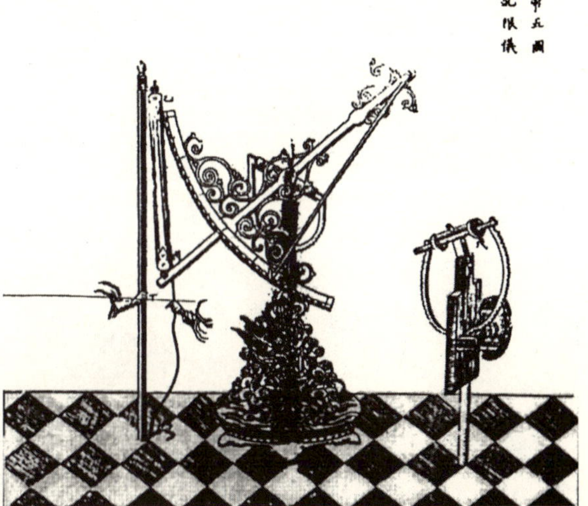
第五圖 紀限儀

第六圖 天體儀

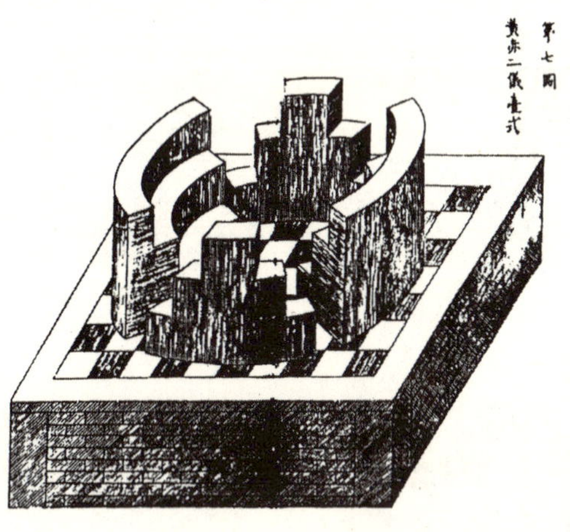
第七圖 黄赤二儀臺式

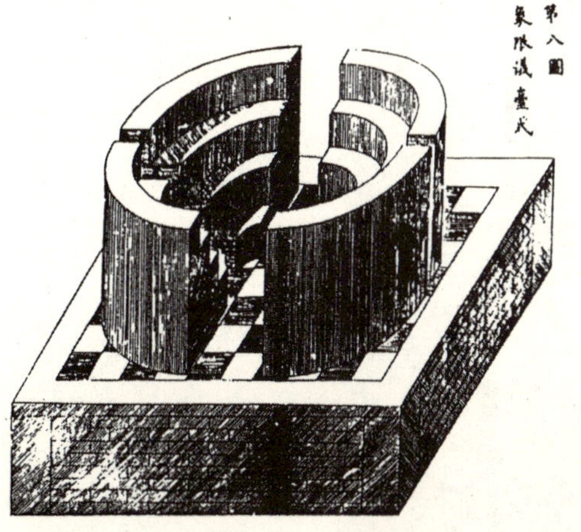
第八圖 象限儀臺式

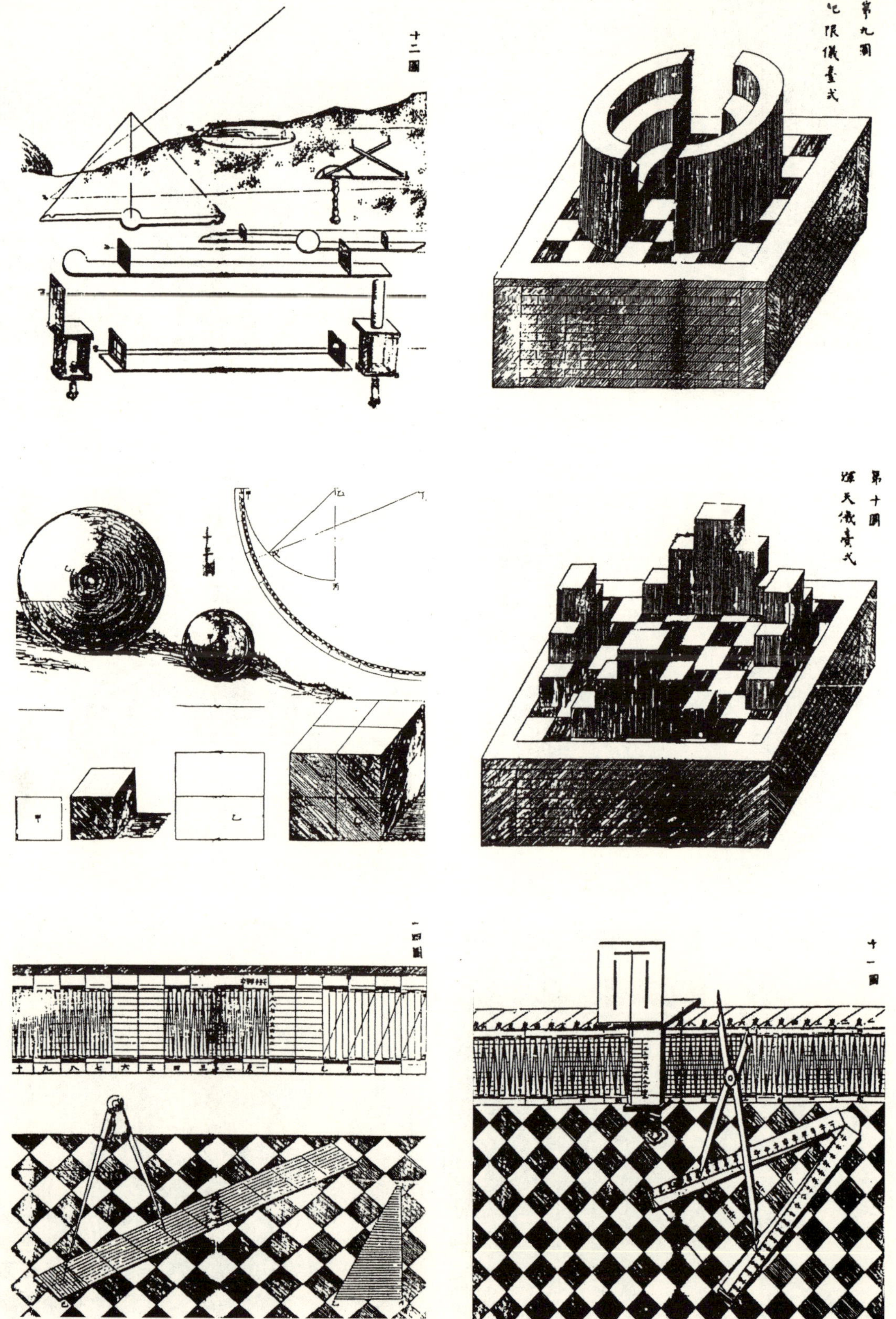
第九圖 紀限儀臺式

第十圖 渾天儀臺式

十一圖

十二圖

十三圖

十四圖

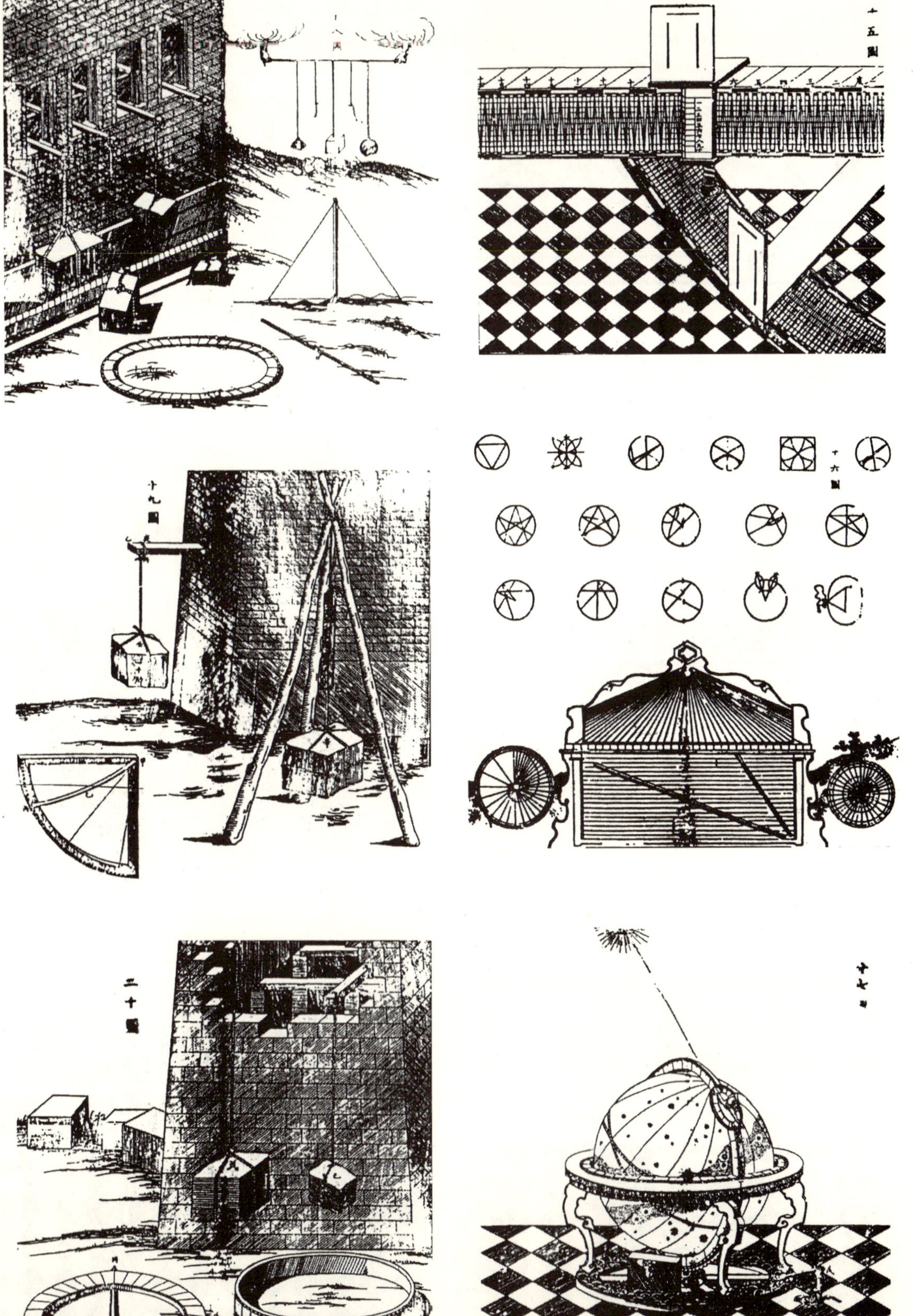
十五圖
十六圖
十七圖
十九圖
二十圖

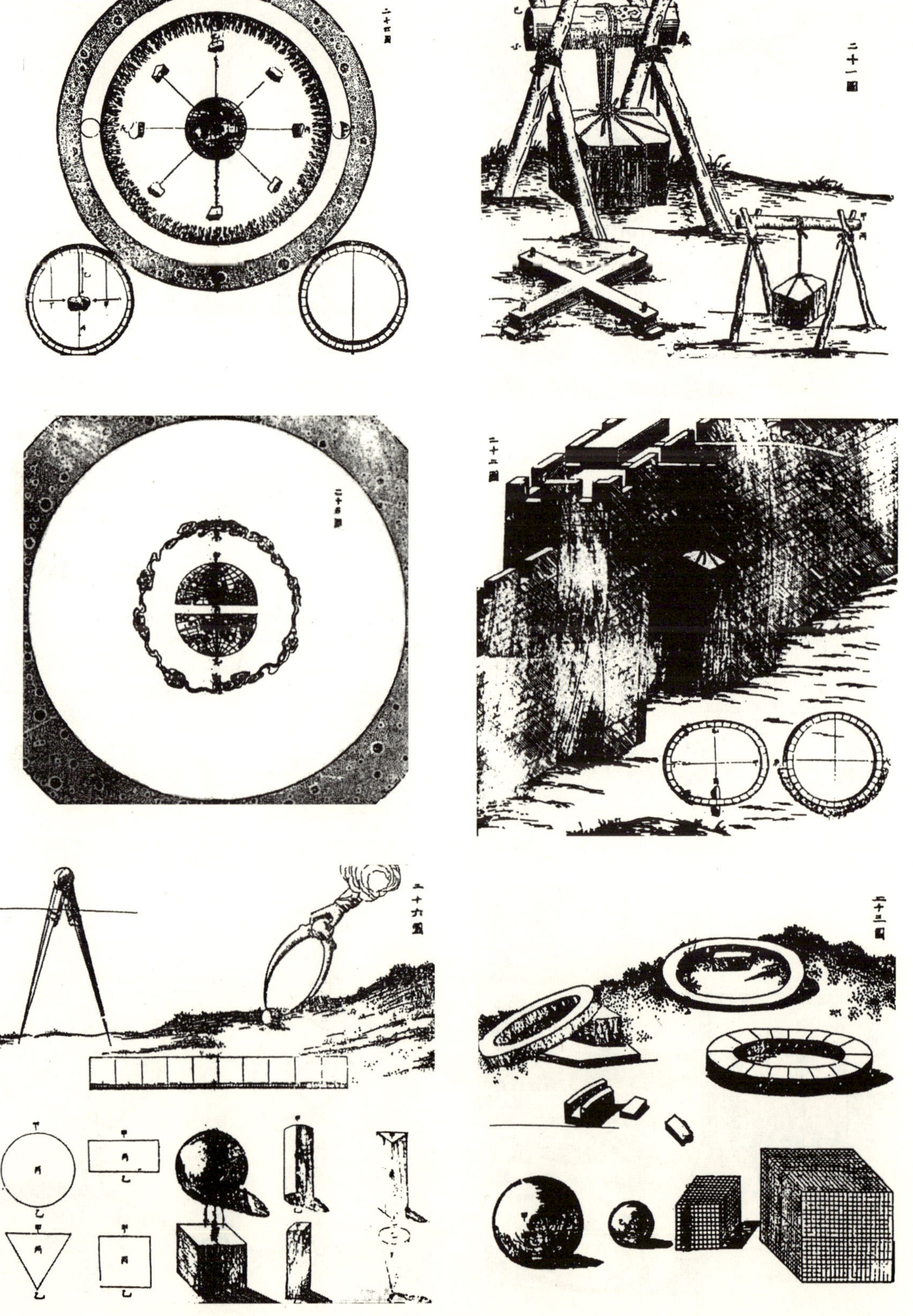
二十一圖
二十二圖
二十三圖
二十四圖
二十五圖
二十六圖

二十七圖

二十八圖

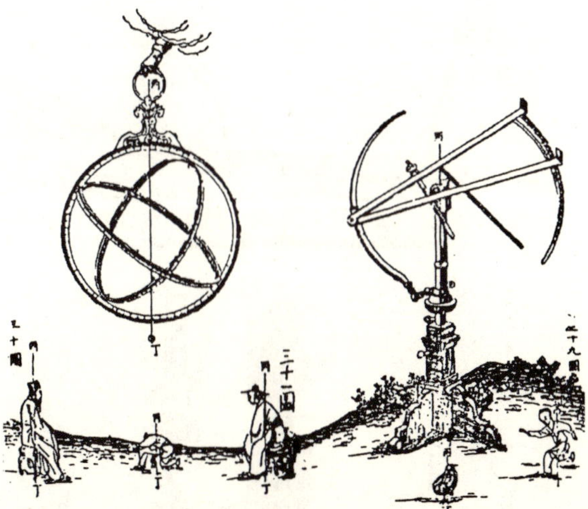

二十九圖

三十圖

三十一圖

三十二圖

三十三圖

三十四圖

三十五圖

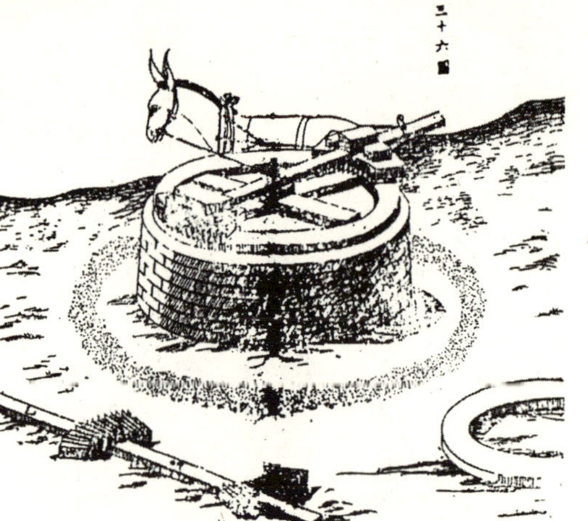

三十六圖

三十七圖

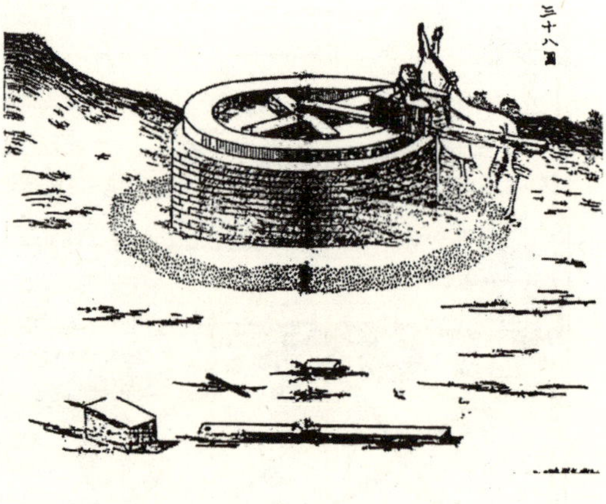

三十八圖

三十九圖

四十圖

四十一圖

四十二圖

四十三圖

四十四圖

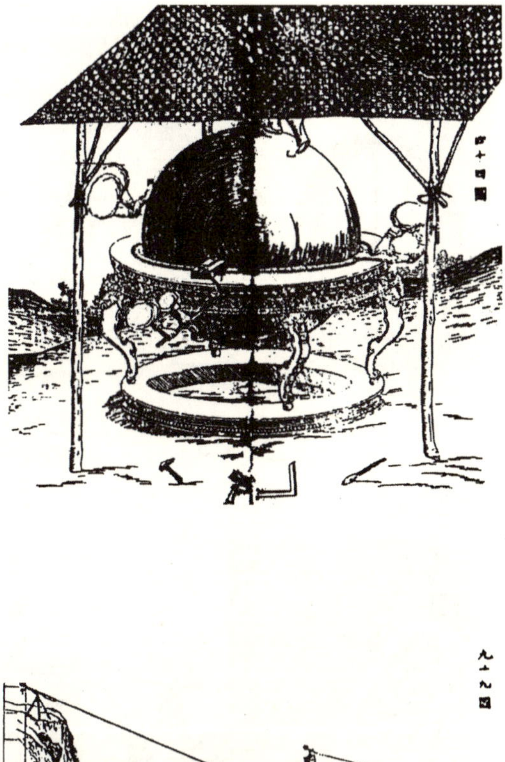

九十九圖

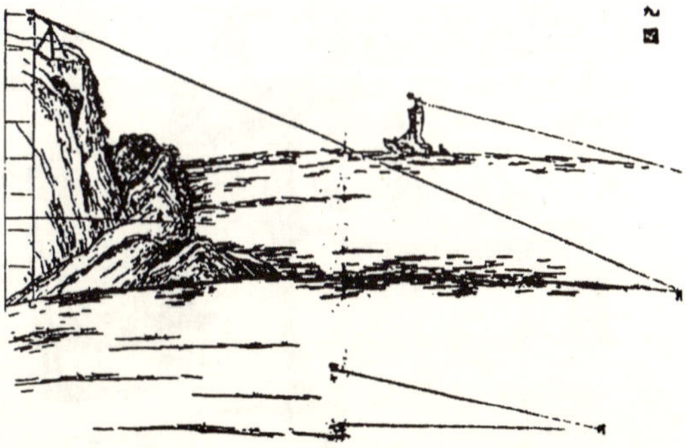

一百圖

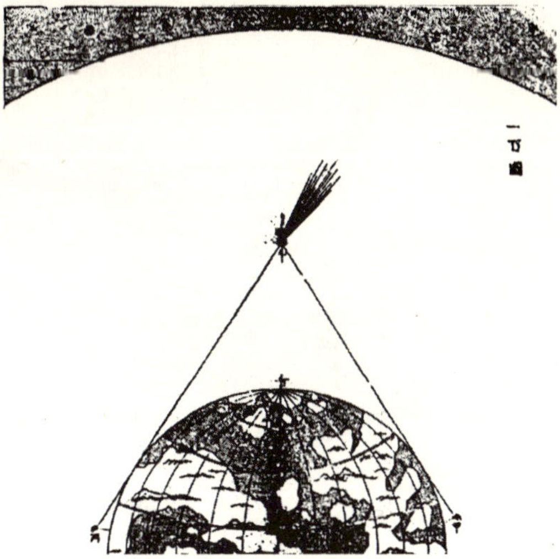

一百○一圖

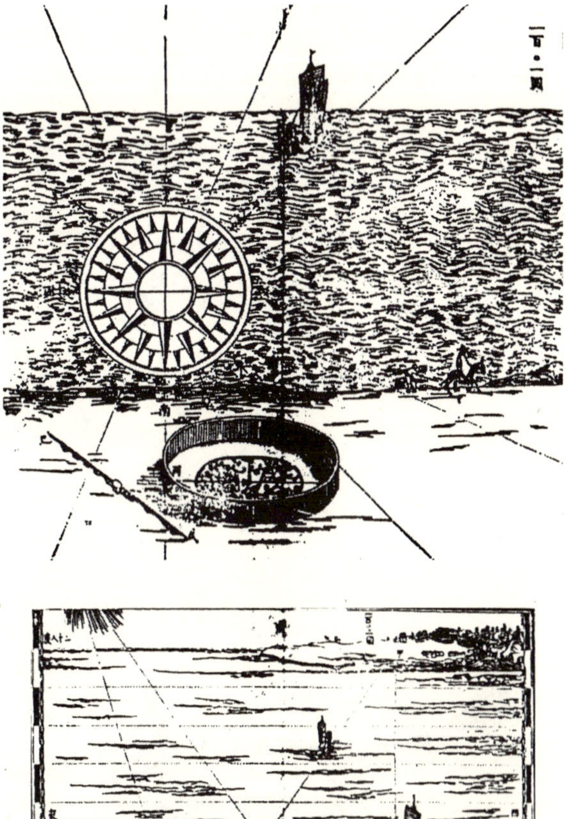

一百○二圖

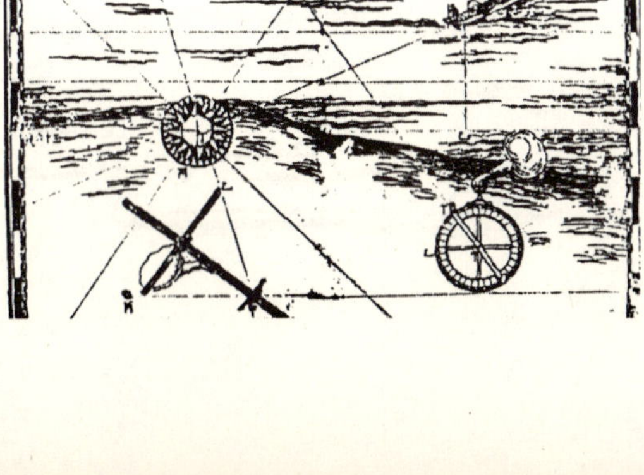

一百〇七圖

一百一十圖

一百一十二圖

一百一十二圖

一百一十四圖

一百一十三圖

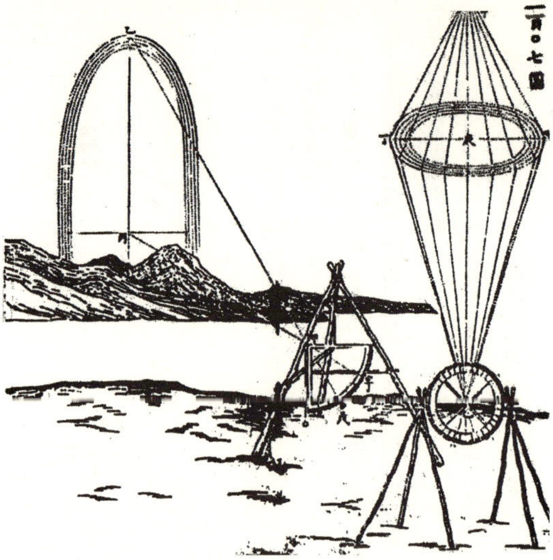

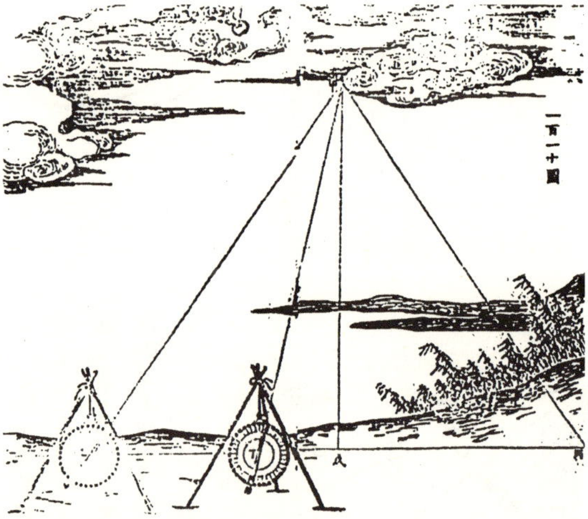

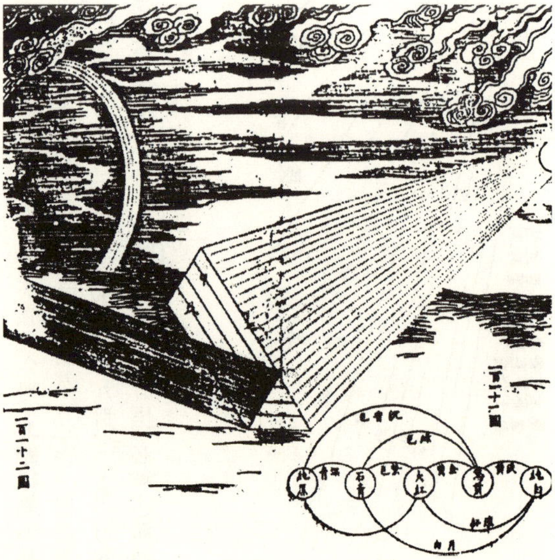

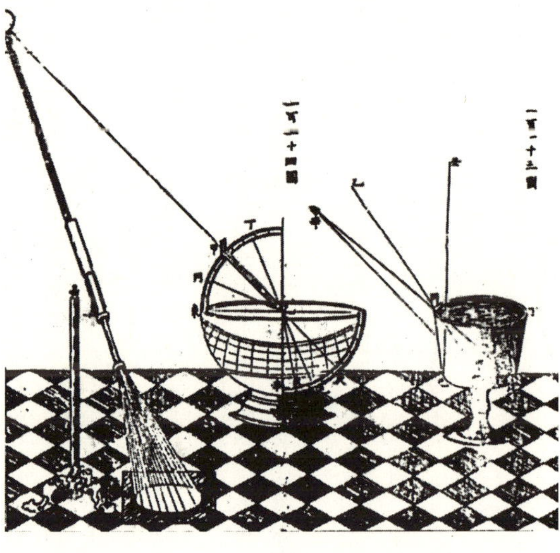

一百一十五圖

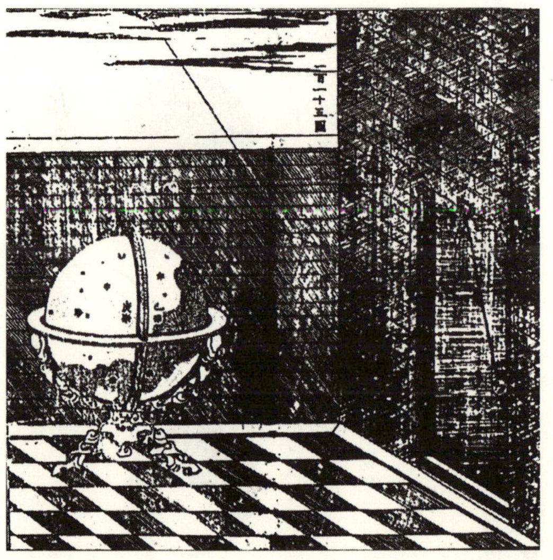

佚名《理法器撮要》卷一《日月交食》 日有食者，月魄掩日故也。日月當晦朔之時，所行適當九道交處，故下掩其光。蓋月不行黄道，止行二青二赤二白二黑之八道，此八道，皆斜出于黄道内外。月經天十三次，則有二十六次出入于黄道内外，凡二十四次不與日會，會日惟二次，故通計一百七十三日有餘，而有一交。然而有食有不食者，因日月同道之際，道有分數，故食之分數因之，或少有盈縮，從邊而過，故有食有不食也。

凡月行内道在黄道之北，則食；行外道在黄道之南，多不食，以中國地尚偏也。

西士云，日食必在日月經緯同度處。若緯不同度，如日在北，月在南，經度雖同，日不食也。

月有食者，月與日相望而掩其光也。蓋月最近人，日則遠而在外，故晦朔則日照月之上面，而下面無光；弦則月東行，漸與日遠，日從旁照，自漸得一線之明；望則對照下面，而全明矣。惟然，而所謂對照者，總是從旁相對。惟日月各當九道之交，上下相對，則爲正對，而月乃食也。

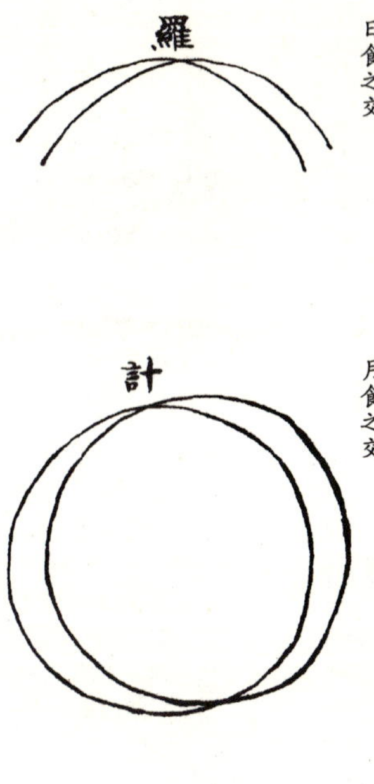

日上月下，月行疾，日行遲。月趕及日，恰于兩道當交處，則食。故食必從西起，月在西故也。

月在上交之，東行疾；日在下交之，西行遲。恰當上下兩交正對處，則食。月在天之東，日在地下之西，故月食從東起。其有東南東北之不同，則交内交外之分，所謂陰曆陽曆也。

朔朏之月，向日近，故白光外缺，兩角如弓弰眉尖。

弦月去日漸遠，在人頭上，故見半明如弓弦。

晷影一寸千里辨

朔朏弦月

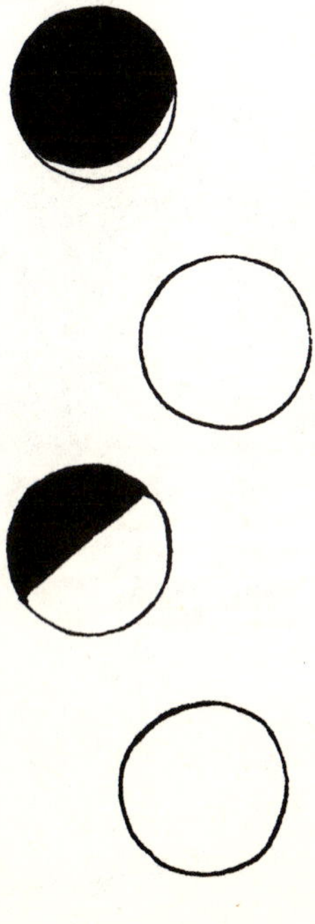

寸影千里之法，不知何所起？今僅見于陳子《周髀》。張衡因之作《靈憲》。自是馬、鄭注《周禮》，王蕃釋渾儀，皆用其法，而不知其謬。至李淳風考定《周髀》，謂宋元嘉十九年，遣使往交州度日景；夏至之日景，在表南三寸二分。《太康地理志》「交趾去洛陽一萬一千里，陽城去洛陽一百八十里」，則交趾去陽城一萬八百二十里，而景差尺有八寸二分，是六百里而差一寸也。況復人路迂曲，方諸鳥道，所較彌多，大約未及五百里而差一寸。後開元十二年，南宫説于河南平地候景，又云大率五百六十里，晷差二寸餘；南候林邑冬至，晷六尺九寸，夏至在表南五寸七分；北候鐵勒夏至，晷四尺二寸三分，冬至晷二丈九尺二寸六分。計陽城南距林邑徑六千一百十二里，五月日在天頂南二十七度四分，殆不及三百里而差一寸也。自是皆知寸景千里之不實，與古法每度一千九百里及諸緯家之二千九百三十里，皆爲荒誕不經矣。蓋景之遠近以漸而斜，必不一律，故從景以計里，必漸遠而漸增；若從里以計景，又必漸遠而漸減，此然之數也。今列表于左。

里差　從影計里，必漸遠而漸增。

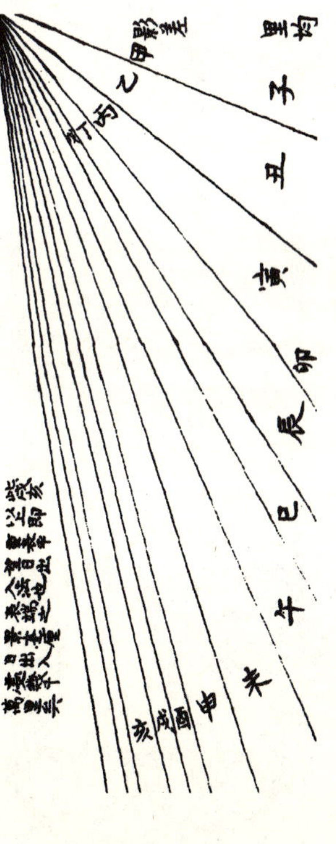

影差　從里計影，必漸遠而漸滅。

景均則里差，里均則景差，必然之理。故《周髀》勾股法，未嘗以一勾爲定例也。

星圖

古者黄帝使鬩苞規星，星之有圖，其來久矣。顧相沿繪寫，頗多參錯，若訂之不真，奚免貽誤後人！故特作星圖，詳其形體，定其位次，考其大小，别其光色，庶開觀羅列目前，仰望不失分寸。

首紫微圖，向北看。後二十八圖，依二十八宿分列，向南看。

紫微圖

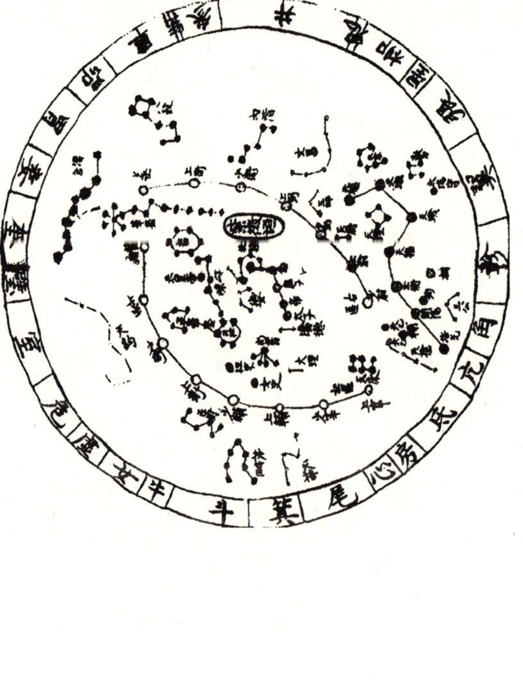

角十二度一

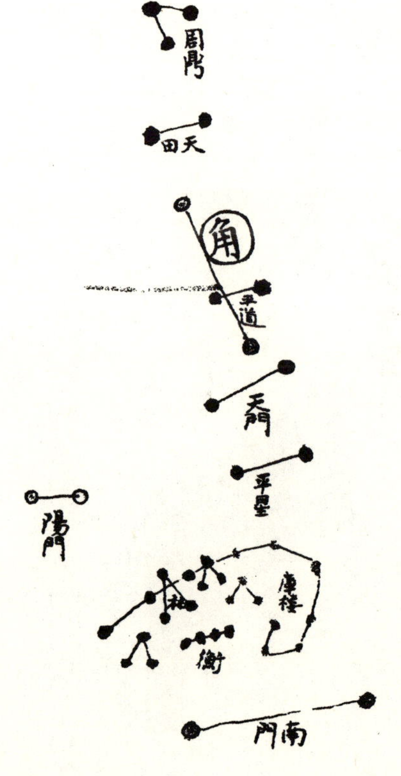

亢九度二

氐十六度三

房五度六　心六度五

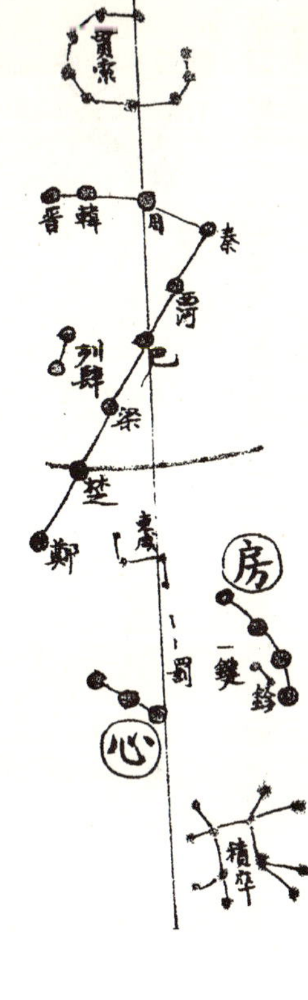

尾十九度一

天市垣中

箕十度四

天市垣左

斗二十五度二

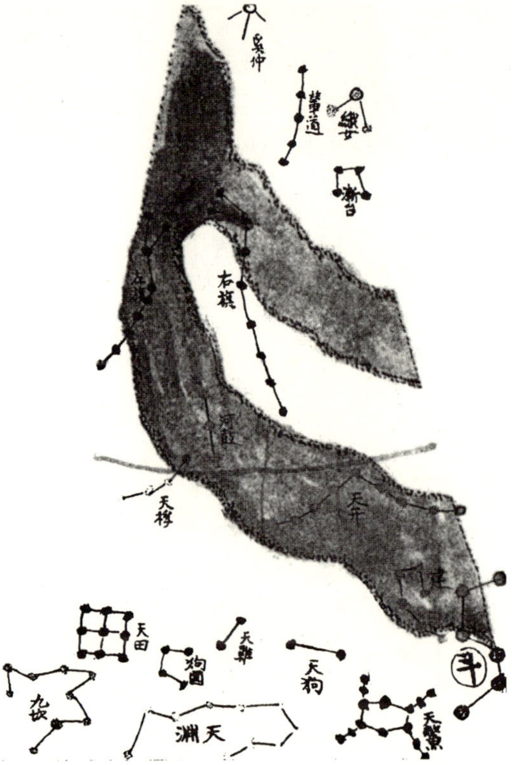

牛七度二　女十一度三五　虛八度九五七五

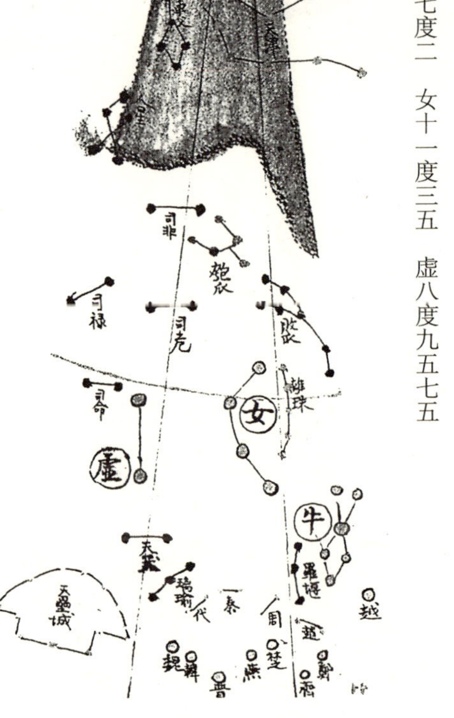

危十五度四

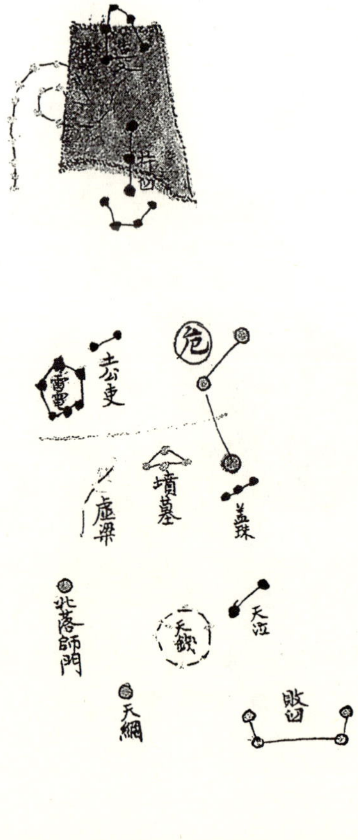

室十七度一　壁八度六

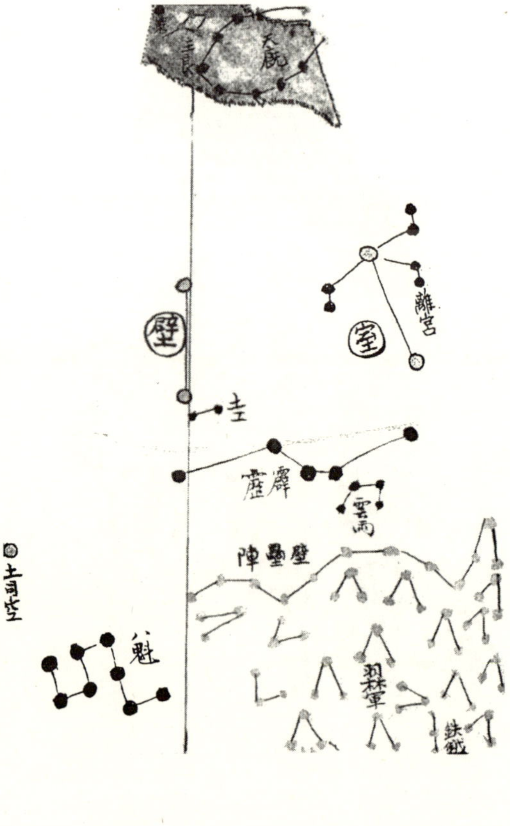

奎十六度六　婁十一度八

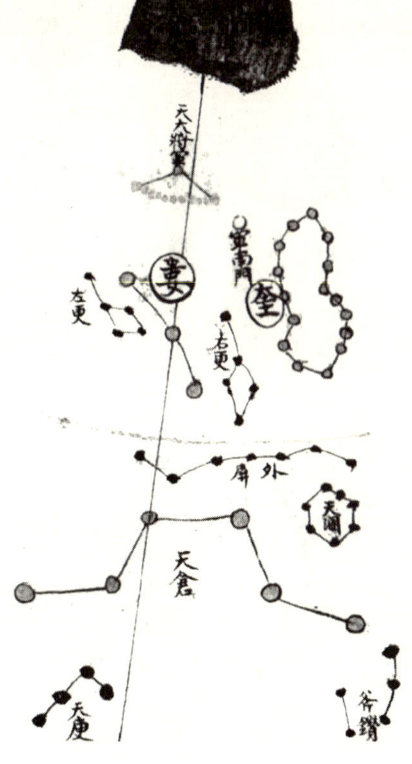

胃十五度六　昴十一度三

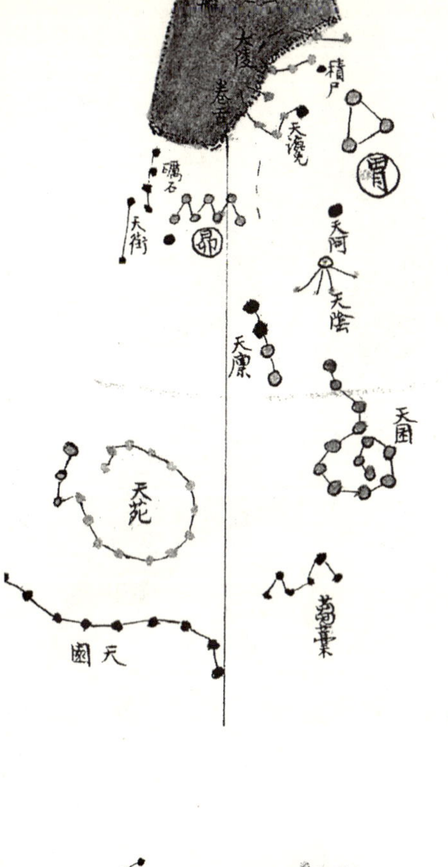

畢十七度四　觜五分　參十一度一

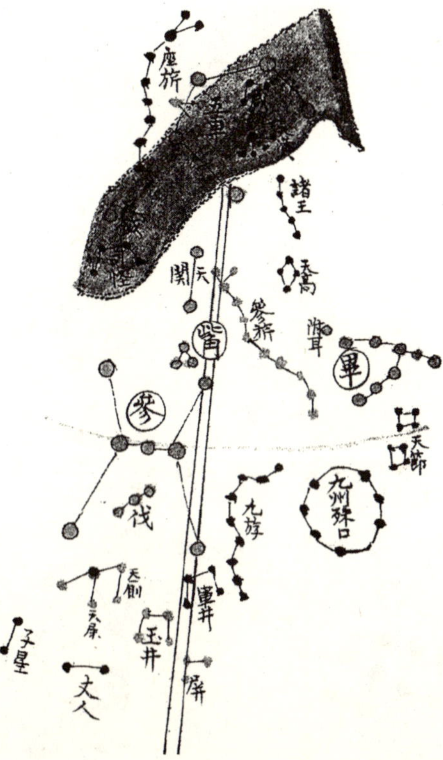

井三十三度三

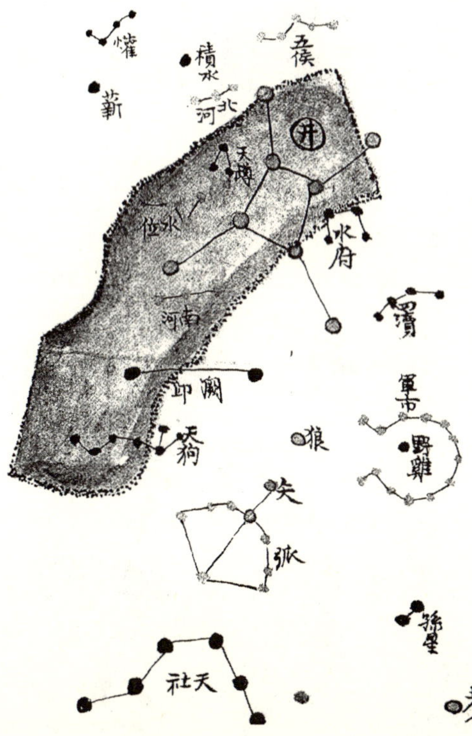

鬼二度二　柳十三度三

星六度三　張十七度二五

翼十八度七五

軫十七度三

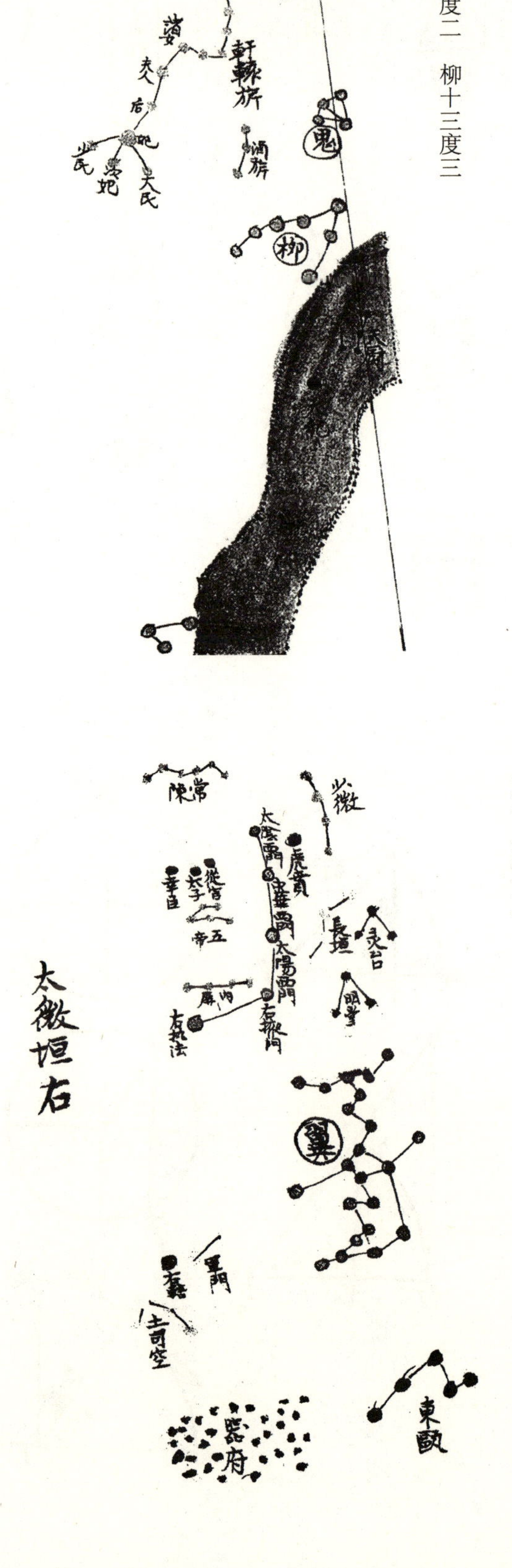

又 卷二《平三角法》

點：● 如針芒，算之所起。假如算日月行度，只論日月中心一點，即爲真度。

弧線：(自一點引而長之，至又一點則成線，中規者爲弧線。

直線：❘ 自一點引至又一點，中繩者爲直線。

平行直線：‖ 兩線相距等者，爲平行直線。

面：凡圓乃一線所成，乃弧線也。若直線，必三線以上始能成形。

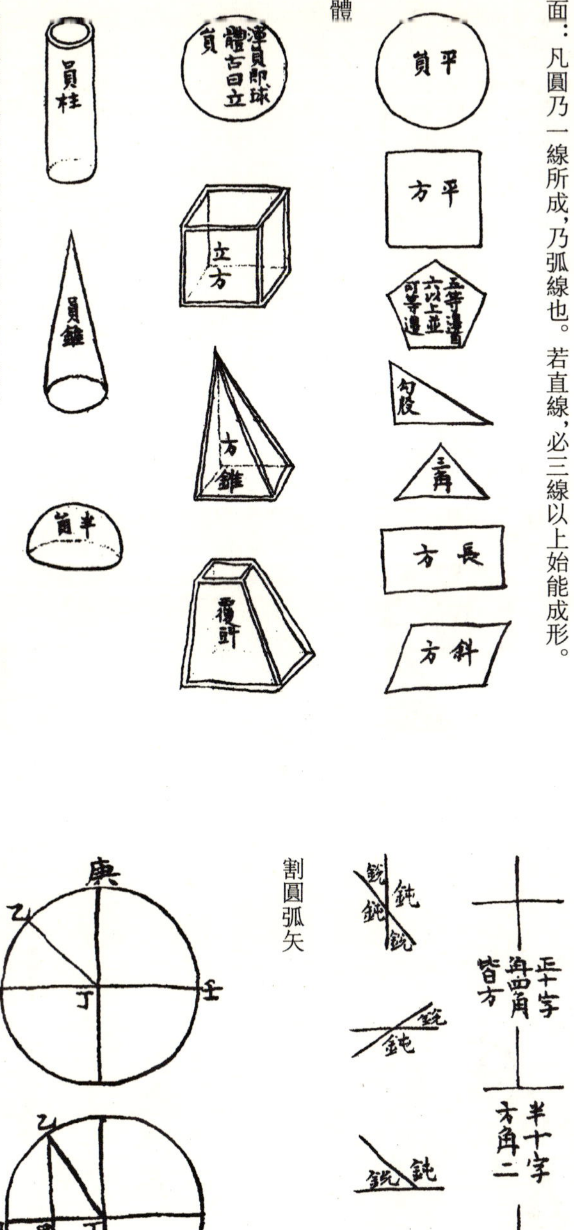

三角形：欲明三角之法，必詳三角之形。

多線皆可成形，析之皆可成三角，至三角則無可析矣。故三角能盡諸形之理。

角：法，用三角，所以異于勾股者，以用角也，故論角。

兩線直遇，皆爲方角。兩線斜遇，則一爲鋭角，一爲鈍角；鈍角必大于方角，鋭角必小于方角也。

偶十字 方角一

同上

半十字 方角二

正十字 爲四角皆方

鈍 鋭

割圓弧矢

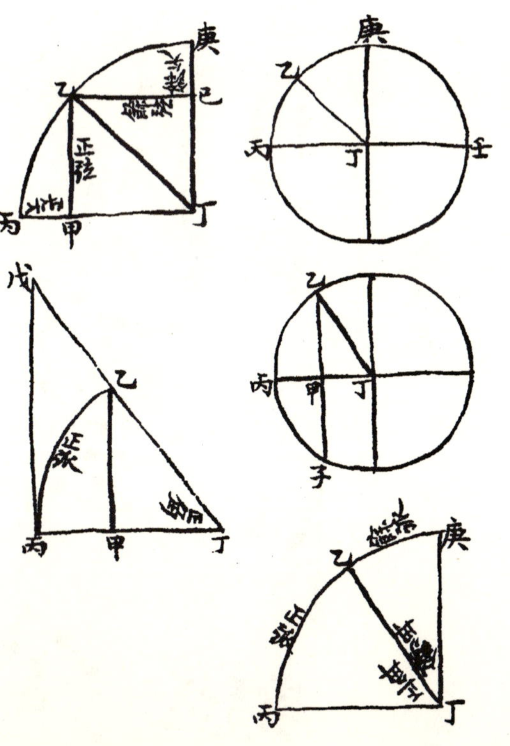

割線切線割圓八線

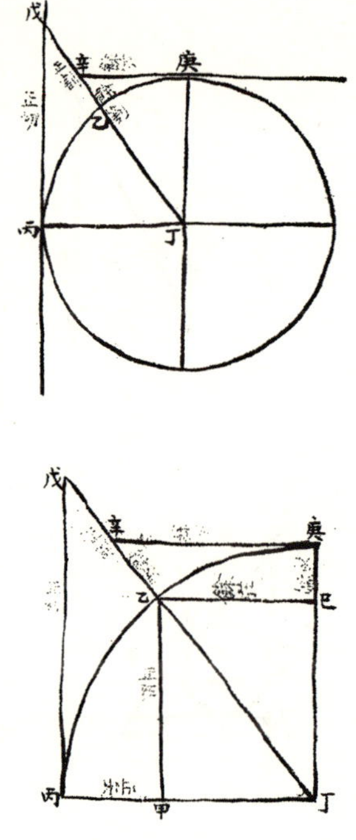

角度：凡三角形併三角之度皆成兩象限。

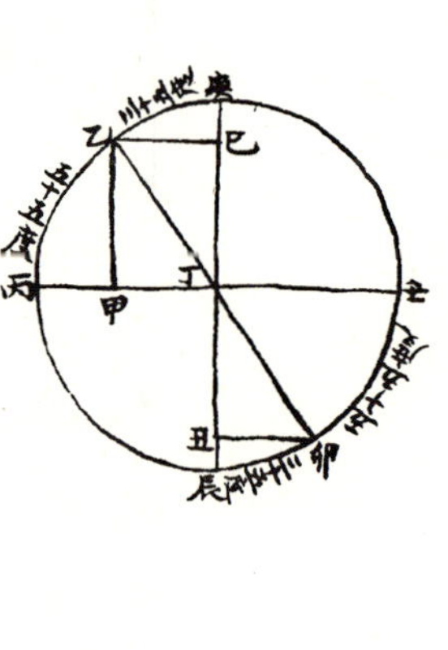

假如乙甲丁勾股形，其丁角五十五度，當乙丙弧；則乙角必三十五度，當乙庚餘弧。兩角共一象限，九十度。其甲角止方，原係九十度，合三角成一百八十度。

異乘同除圖

原有股十四尺 為法
同名相除
原勾十一尺二寸
異名相乘
乘得一百一十二尺 為實
截小股十尺
截勾八尺 法除實得截勾

平方徑十寸，其積百寸。內作同徑之平圓，圓內又作平方，正得外方之半，其積五十寸。平方開之，得七寸〇七有奇。乃自四隅之旁增爲八角曲圓，爲第一次，至第二次則爲十六，第三次爲曲三十二，每次加倍，至十二次則爲曲一萬六千三百八十四，於是方不復方，漸變爲圓矣。其法逐節以大小勾股弦冪相求，至十二次所得小弦，以一萬六千三百八十四乘之，得三十一寸四分一釐五毫九絲二忽，爲徑十寸之圓周，與祖沖之徑一百一十三周三百五十五合，此割圓圖也。

三角求積第一術

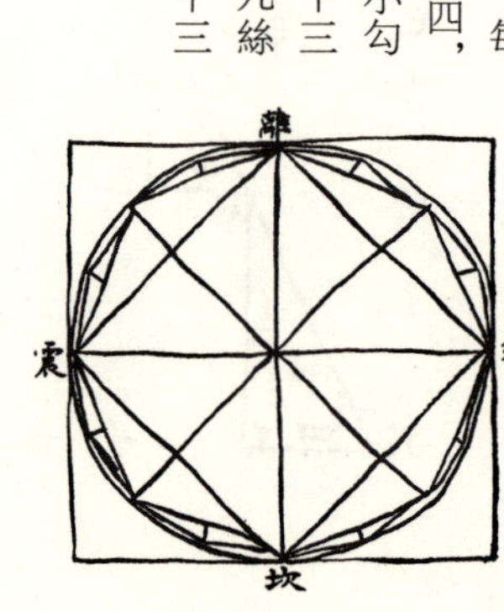

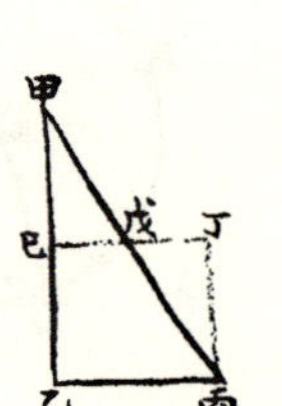

右勾股形，以勾爲底，以股爲高。若以股爲底，則勾又爲高，可互用也。

第二術

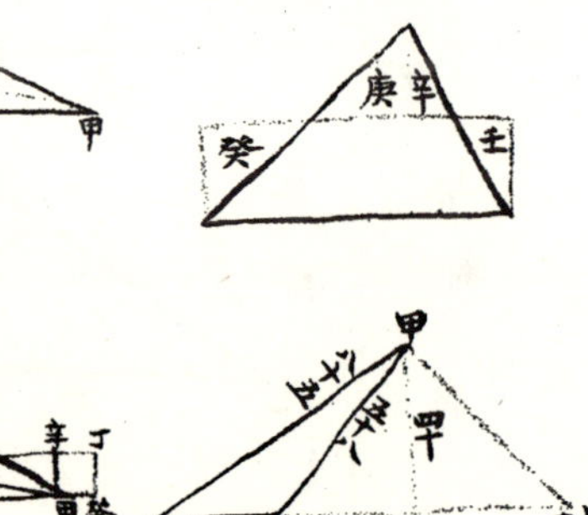

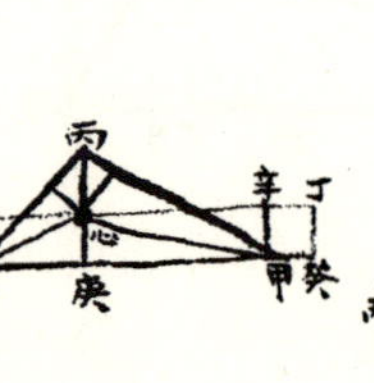

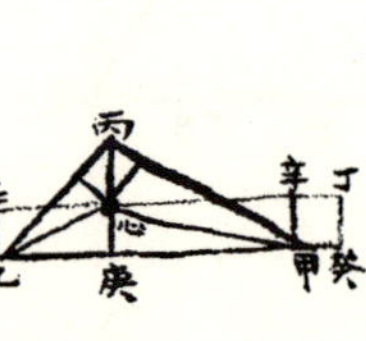

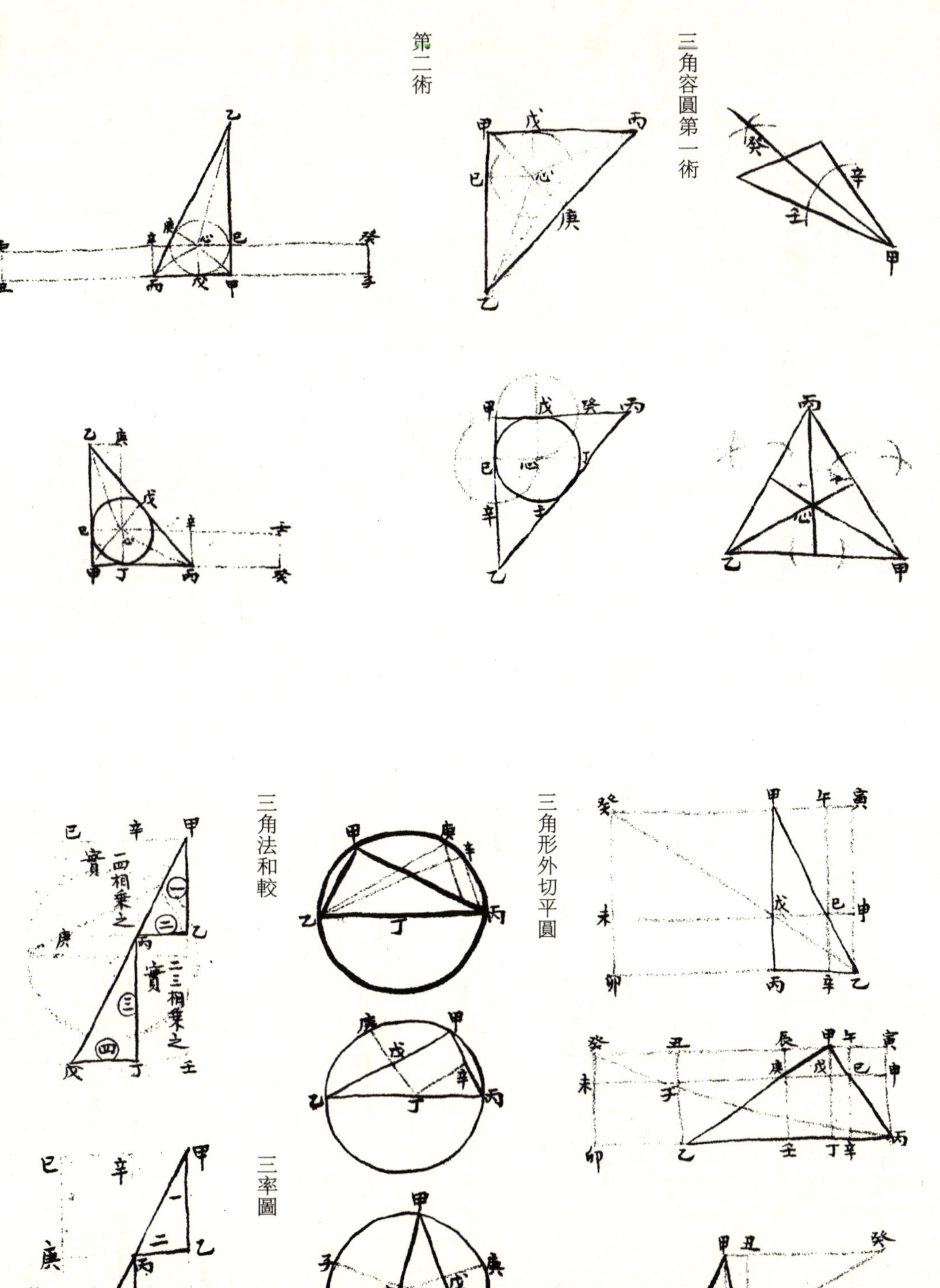

附分角術

附三角求心術

三角容圓第一術

第二術

三角容方

三角形外切平圓

三角法和較

三率圖

弦與勾股較求勾股

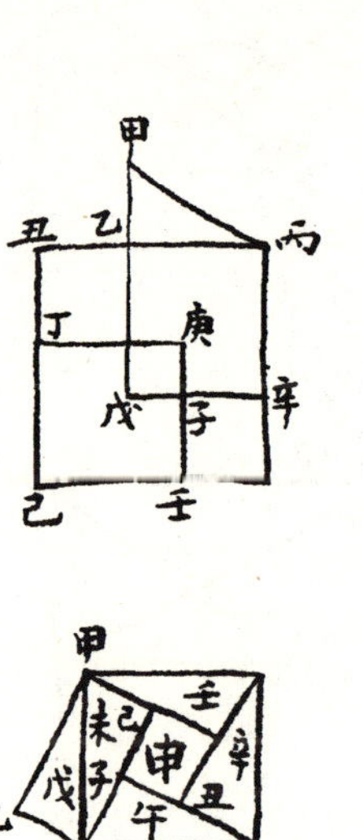

股與勾弦較求勾弦

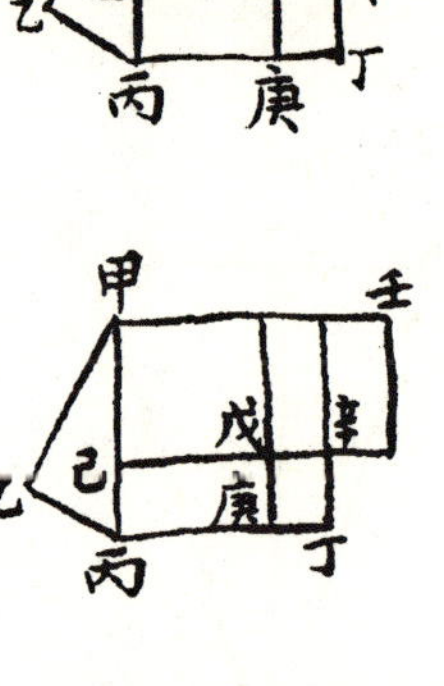

句與股弦較求股弦法同於上方。

勾弦求股

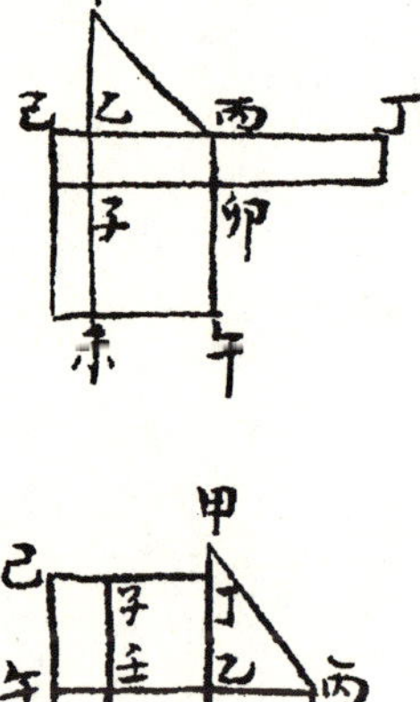

股弦求勾

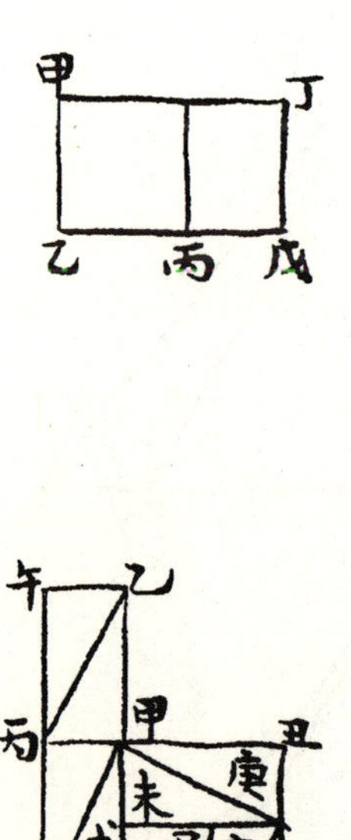

勾股

橫曰勾，縱曰股，斜曰弦。三線相聯而成勾股弦形也。此勾股形也。三線中最大者必弦，其二線或等或不等，必勾、股。以其一角正方，故無三線等。

勾股求弦

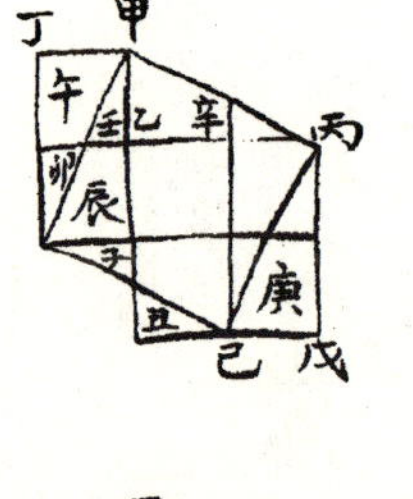

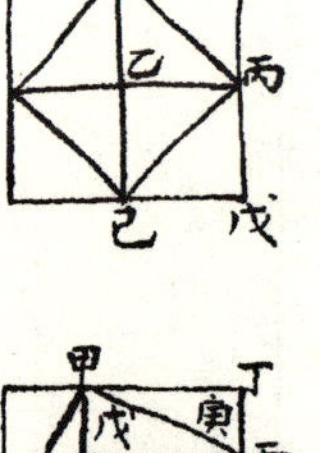

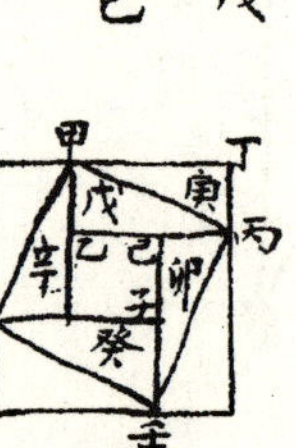

附隔水量田法

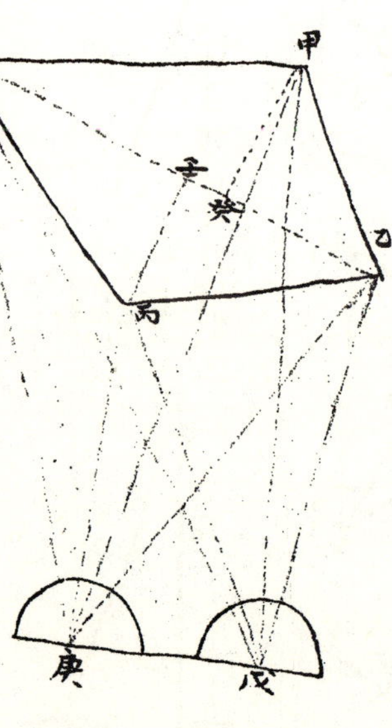

三角深測法

測井之深及闊

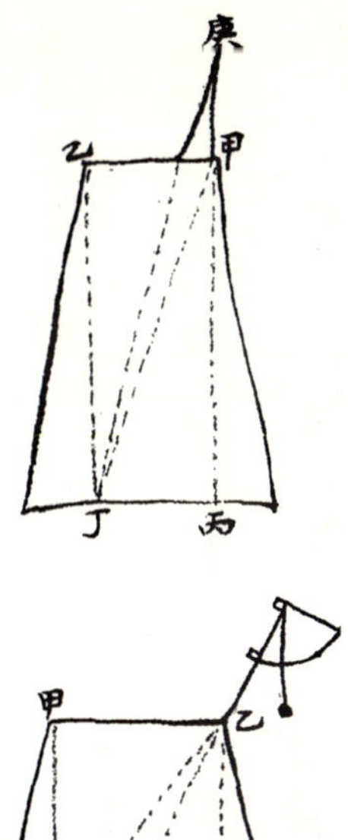

登兩山測谷深

三角測斜坡

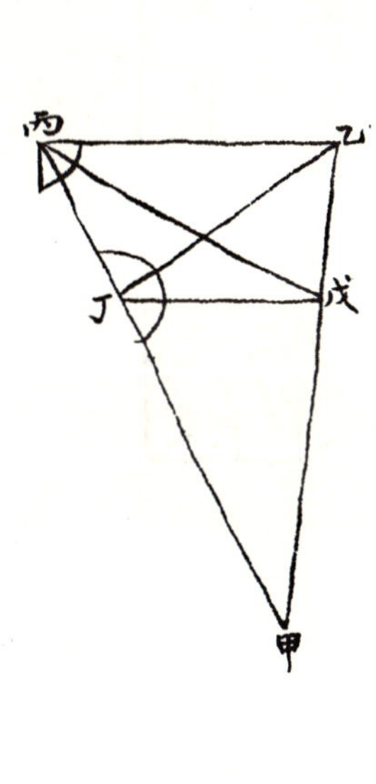

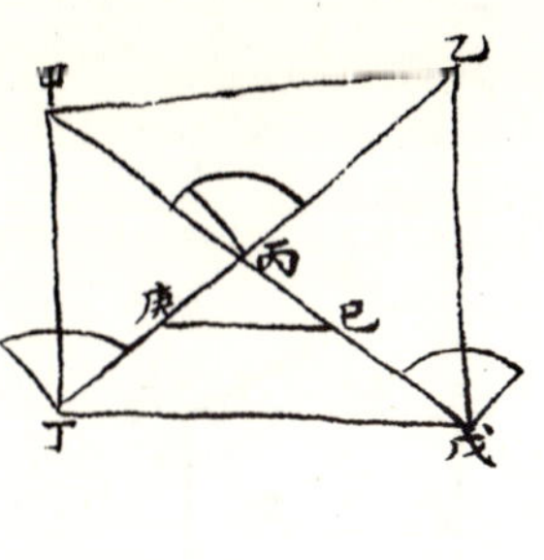

三角測遠

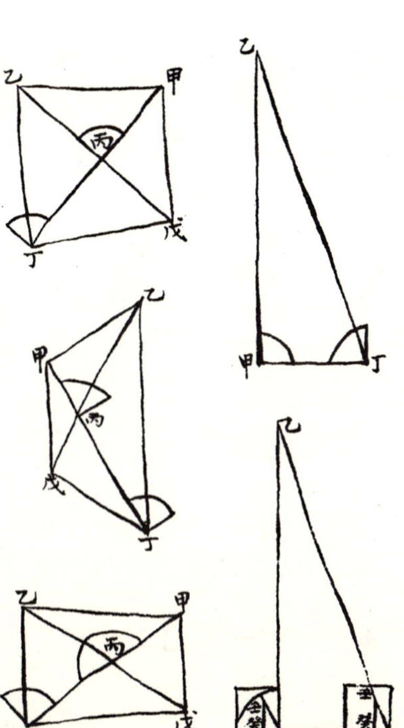

三角法測高

自平測高

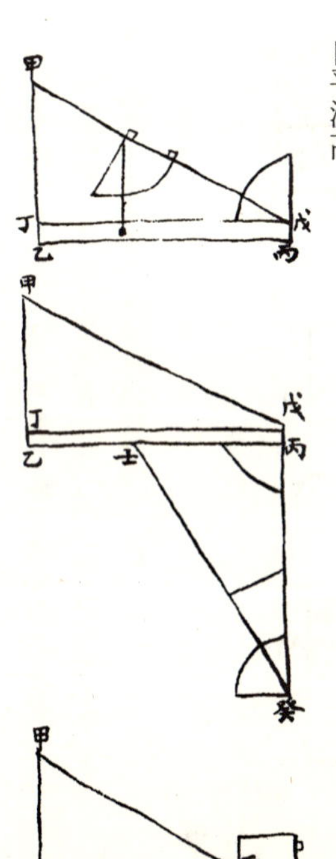

重測法

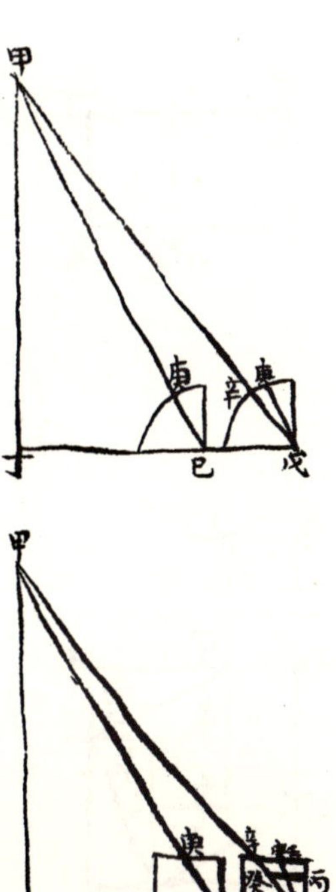

第二法

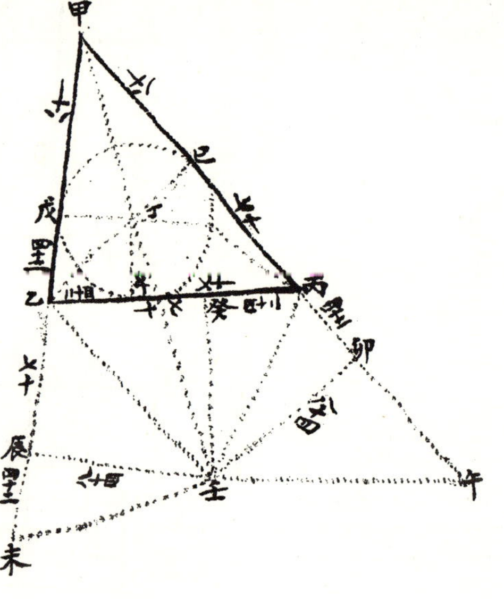
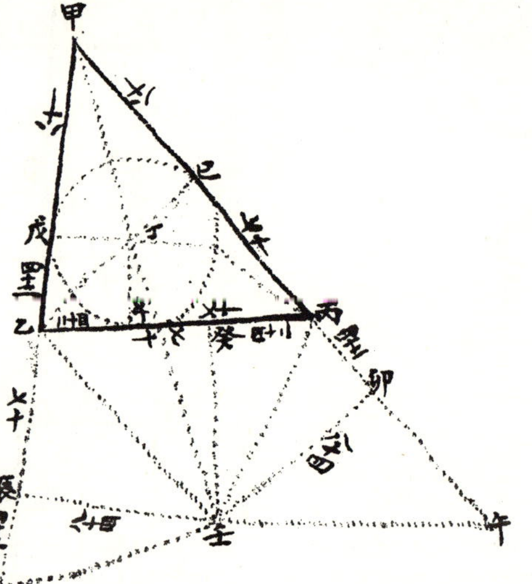

互視圖

三角勾股比例

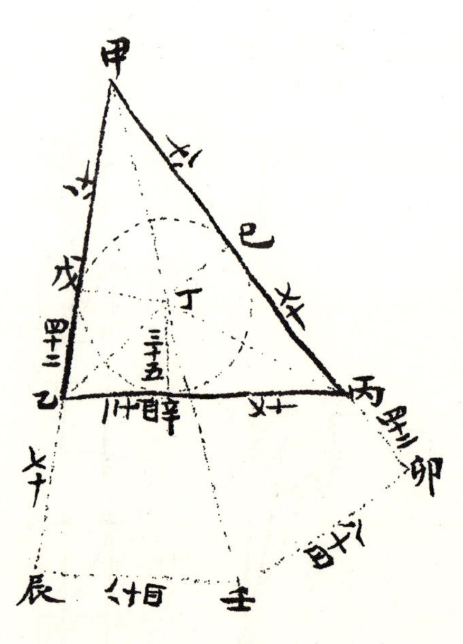

弦與勾股和求勾股

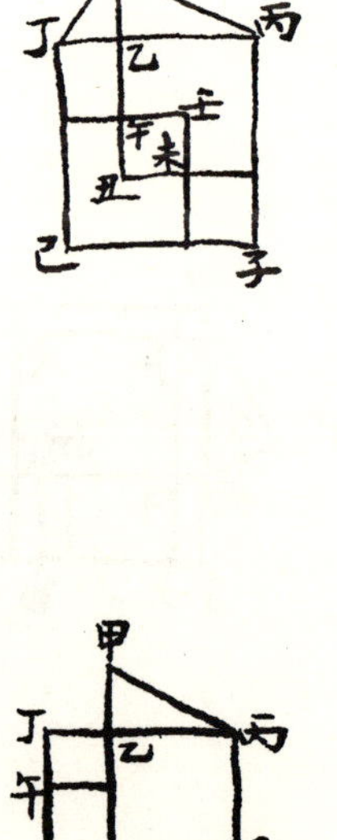

股與勾弦和求勾弦

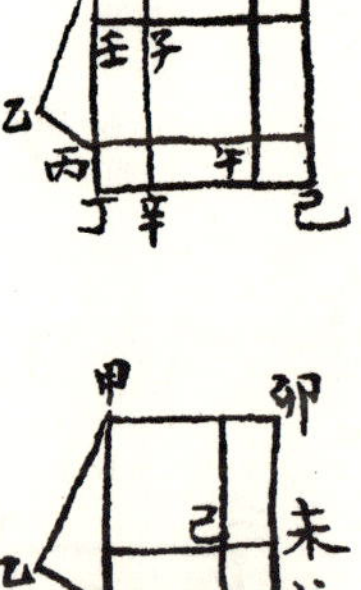
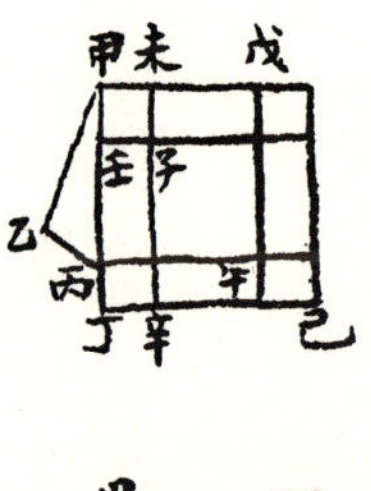

勾與股弦和求股弦法同上方。

勾弦較股弦較求勾股弦

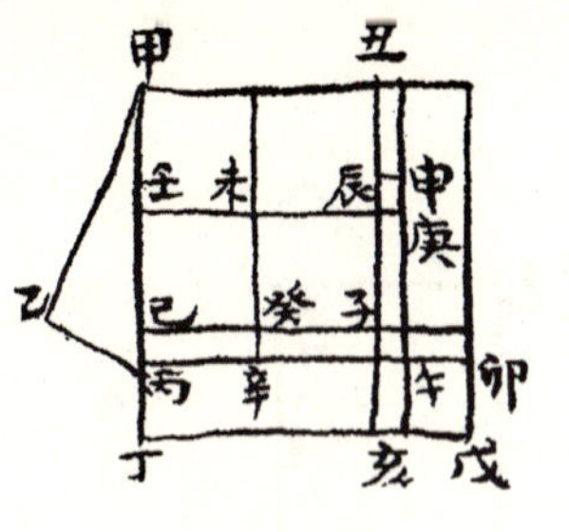

勾股較勾弦較求勾股弦

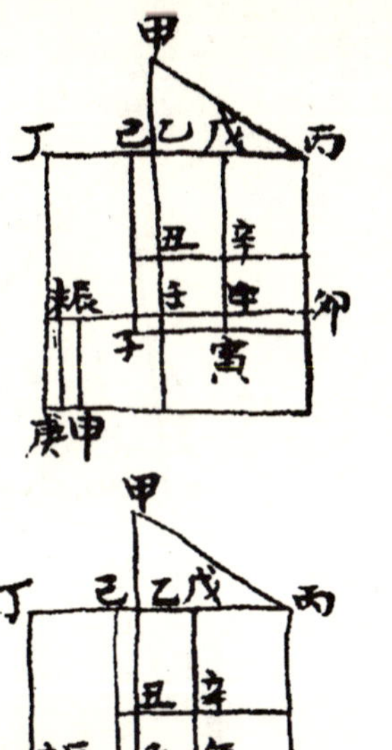

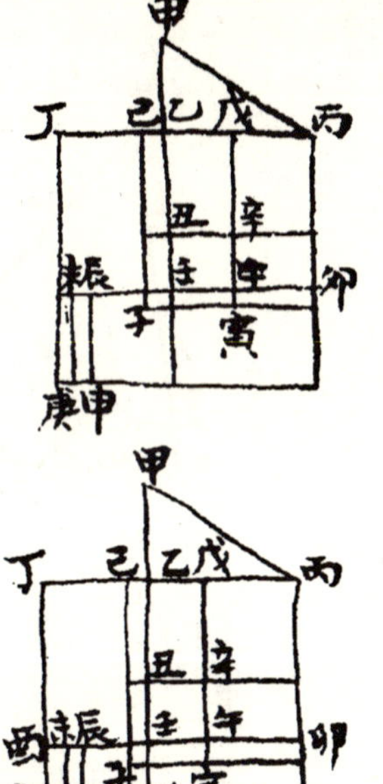

勾股較股弦較求句股弦法同上方。

勾弦和股弦和求勾股弦

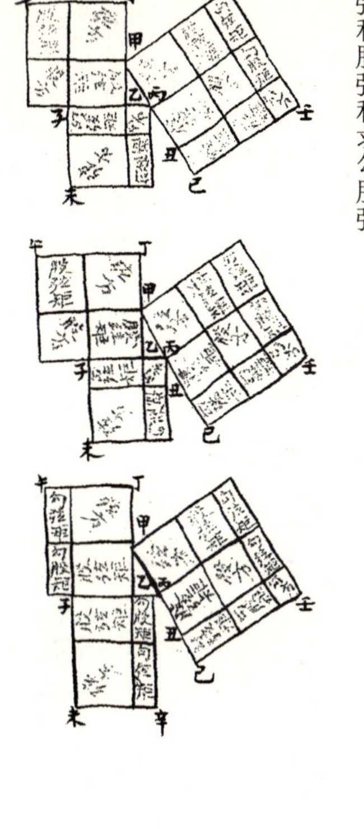

勾股和勾弦和求勾股弦

勾股和股弦和求勾股弦法同上方。

勾股弦形中求容方

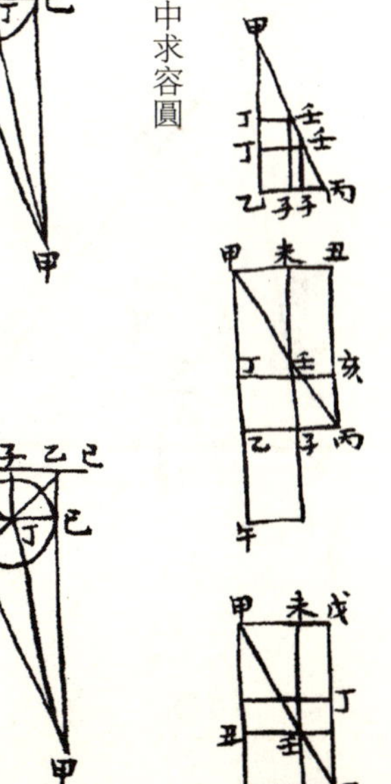

勾股弦形中求容圓

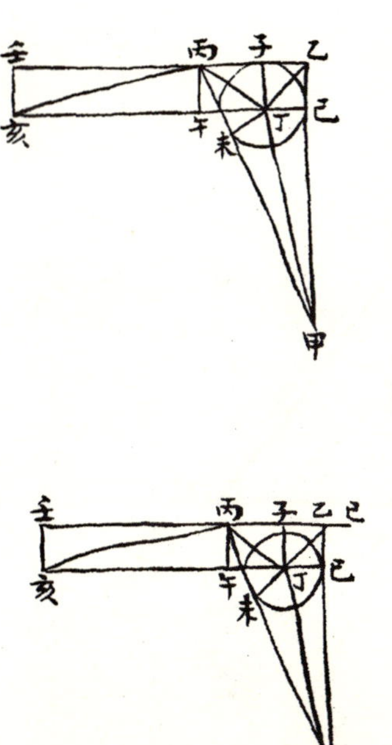

通率表

通

面線	不同面積相等
○	一○○○○○○○
△	一三四六七七三八
□	○八八六二二七○
⬠	○六七五六四八○
⬡	○五四九八一八○

尺寸	不一積數相等
○	一○○○○○○○
立方	○八○五九九六○
圓錐	一二五九九二一一
圓柱	○八七三五八○五
雙錐	一一六二四四七四
	一一三
寸	○兩　錢　分
金	一　六　八　○
水銀	一　二　二　八
銀	○　九　○　○

率

面線	相等面積不同
○	一○○○○○○○
△	○五五一三二八九
□	一二七三二三九四
⬠	二一九○五七九六
⬡	三三○七九七三一

積數	不一尺寸相等
○	一○○○○○○○
立方	一九○九八五九二
圓錐	○五○○○○○○
圓柱	一五○○○○○○
雙錐	○六三六六一九七
	兩　錢　分
鉛	九　九　三
銅	七　五　○
鐵	六　七　○
錫	六　三　○

表

圓線	內各形比例
○	一○○○○○○○
圓內△	○四一三四九六七
圓內□	○六三六六一九七
圓內⬠	○七五六八二六七
圓內⬡	○八二六九九三三

圓線	外各形比例
○	一○○○○○○○
圓外△	一六五三九八六七
圓外□	一二七三二三九四
圓外⬠	一一五六三二八四
圓外⬡	一一○二六五七八
調	三　五　五
	兩　錢　分　釐
石	二　五　○　○
水	○　九　一　七
油	○　八　二　○

知一邊求垂線	
立方	一○○○○○○○
四面	○八一六四九六五
八面	○七○七一○六七
十二面	一一一三五一六二
二十面	○七五五七六一四

知一邊求一面	
立方	一○○○○○○○
四面	○四三三○一二七
八面	○四三三○一二七
十二面	一七二○四七七四
二十面	○四三三○一二七

求球內各形之一邊	
○	一○○○○○○○
四面	○八一六四九六五
立方	○五七七三五○三
八面	○七○九一○六七
十二面	○三五六八二二一
二十面	○五二五七三一一

求球內各形之一面	
○	一○○○○○○○
四面	○二八八六七五一
立方	○三三三三三三二
八面	○二一六五○六四
十二面	○二一九○五四六
二十面	○一一九六八一七

求球外各形之一邊	
○	一○○○○○○○
四面	二四四九四八九七
立方	一○○○○○○○
八面	一二二四七四五○
十二面	○四四九○二八三
二十面	○六六一五八四五

求球外各形之一面	
○	一○○○○○○○
四面	二五九八○七六
立方	一○○○○○○○
八面	○六四九五一九二
十二面	○三四六八九三七
二十面	○一八九五二七一

知一邊求體積	
立方	一○○○○○○○
四面	○一一七八五一一
八面	○四七一四○四五
十二面	七六六三一一八○
二十面	二一八一六九五二

求球內各形之體積	
○	一○○○○○○○
四面	○○六四一五○○
立方	○一九二四五○○
八面	○一六六六六六六
十二面	○三四八一四五三
二十面	○三一七○一七九

求球外各形之體積	
○	一○○○○○○○
四面	一七三二○五○七
立方	一○○○○○○○
八面	○八六六○二五八
十二面	○六九三七八七五
二十面	○六三一七五七○

知一邊求面積	
△	○四三三○一二七
知徑數求面積	
圓	○七八五三九八二
知大小徑數求面積	
橢圓	○七八五三九八二
知底徑高數求體積	
圓柱	○七八五三九八二
知上下各大小徑高數求體積	
橢圓臺	○一三○八九九七

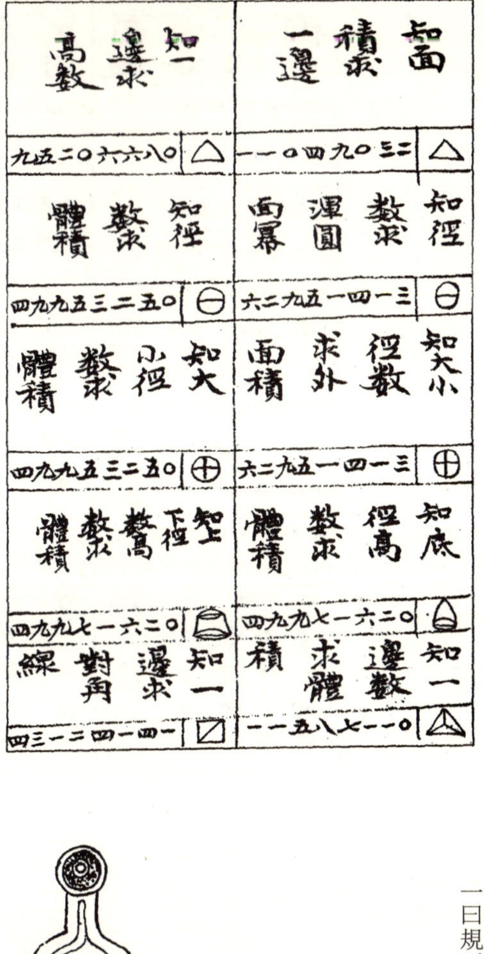

知面積求一邊	知一邊求高數
一一〇四九〇三二 △	九五二〇六六八〇 △
知徑求數渾圓面冪	知徑求數體積
六二九五一一四一三 ⊖	四九九五三二五〇 ⊖
知大小徑數求外面積	知大小徑求數體積
六二九五一一四一三 ⊕	四九九五三二五〇 ⊕
知底徑高求數體積	知上下徑數高求數體積
四九九七一六二〇	四九九七一六二〇
知一邊數求體積	知一邊求對角線
一一五八七一一〇	四三一二四一四一

方圓冪積

假如外大平方之積一百，則内小方之積必五十，平圓亦然，此加倍之比例也。

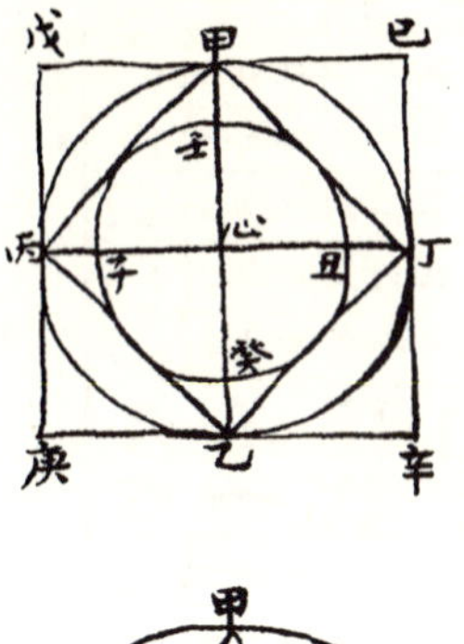

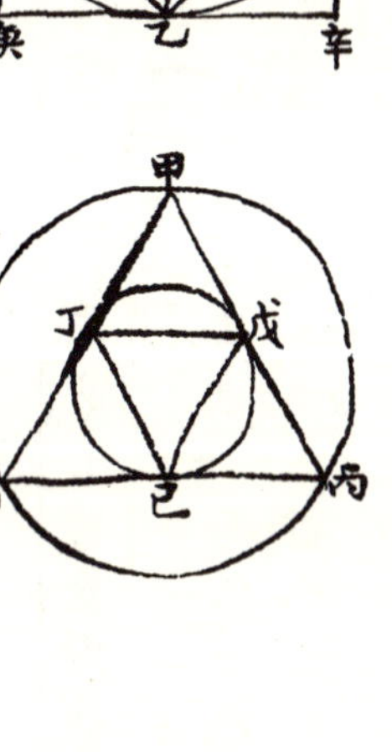

假如外三邊形之積四百，則内三邊之積必一百，圓面亦然，此四分之一比例也。

又　卷三《利器九法》

一曰規：凡作圓線及量度之用。

此三倍比例也。

二曰矩：用以驗勾股之準，以鋼爲之。

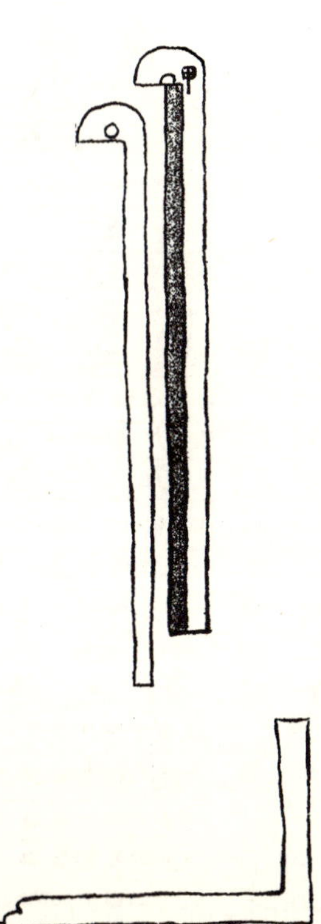

三曰尺：以鋼片爲之，用以作直線。

四曰度板：以銅板爲之，爲造晷截度之母，板愈大則愈適用。

五曰節氣板：用紙畫準，移于銅板上，利錐畫之。用法圖如左。

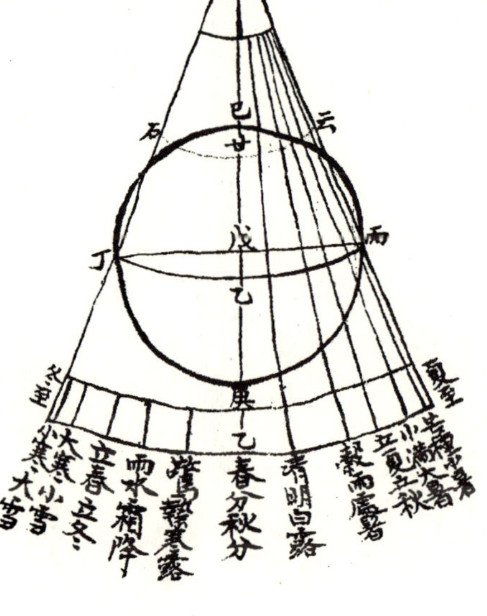

一分斜行節氣疏密法；一分平行節氣疏密法。

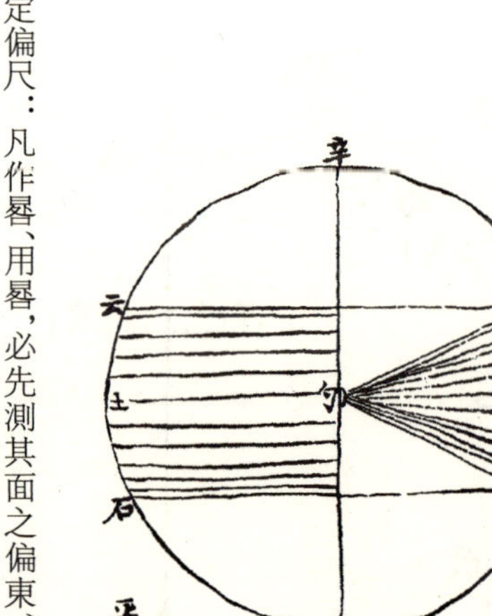

六曰定偏尺：凡作晷、用晷，必先測其面之偏東、偏西、偏俯、偏仰，若作偏晷，更爲緊要。

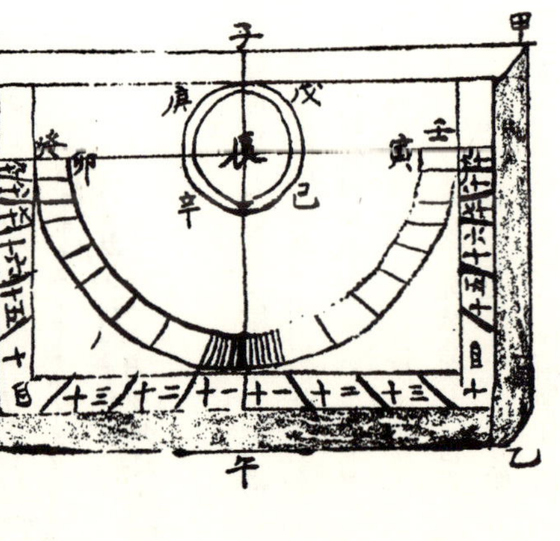
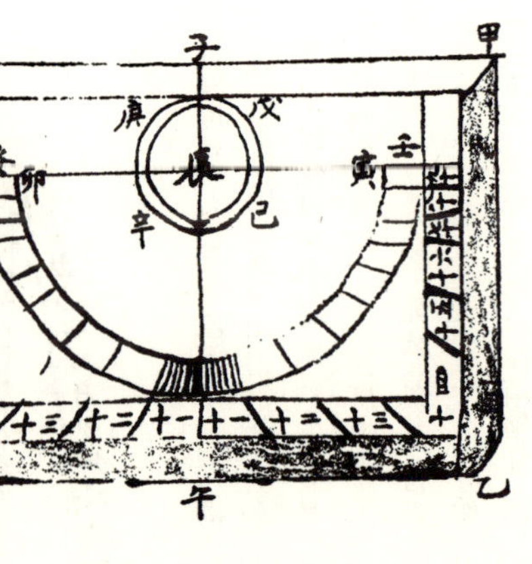

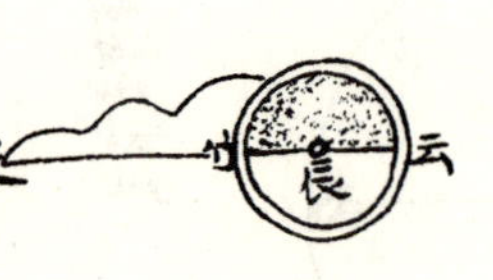

七曰定平尺：用以置晷于上以測時，使表影無欹偏之患。

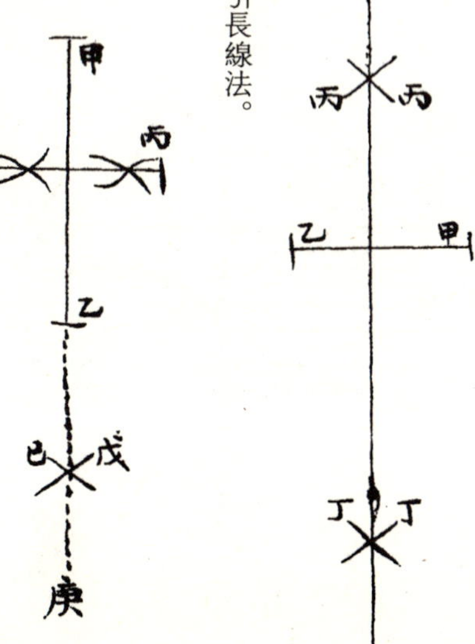

八曰平分尺，九曰分釐尺。

自戊至己十九分，平分尺也。自甲至辛，分厘尺也。

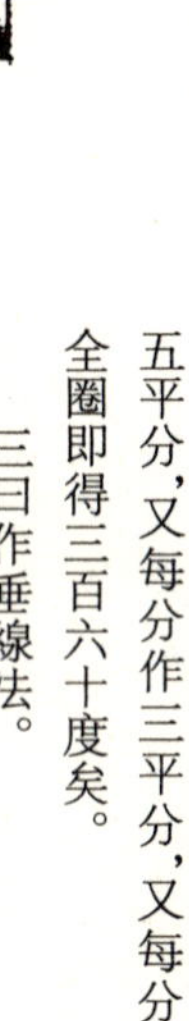

總法五要

一曰平分線捷法：以上即漢字自一至十九數目也。

二曰平分圈度法：如有甲乙丙丁全圈，欲分九十六刻，則取全圈四分之一，用規先分三平分，便得十二時。又每分爲兩平分，得二十四節氣。又每分爲兩平分，得四十八分。又每分爲兩平分，則全圈共得九十六刻之分矣。如欲命分三百六十度，則于如甲至丙一分内先作三分，又每分作五平分，又每分作三平分，又每分作兩平分，則全圈即得三百六十度矣。

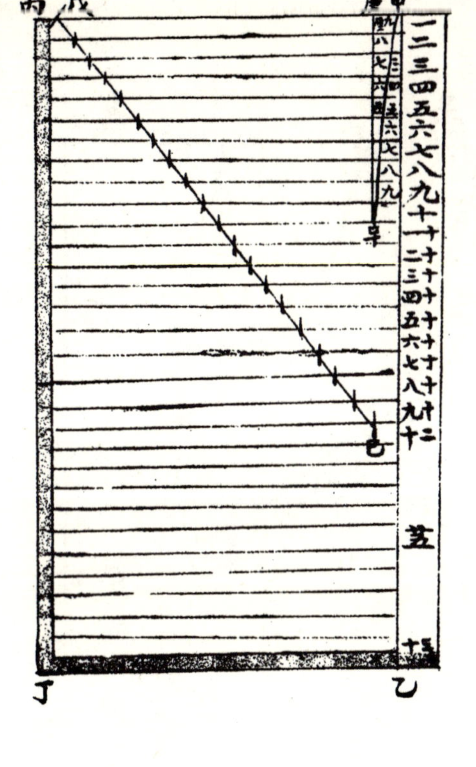

三曰作垂線法。

四曰作引長線法。

五曰三點求心法。

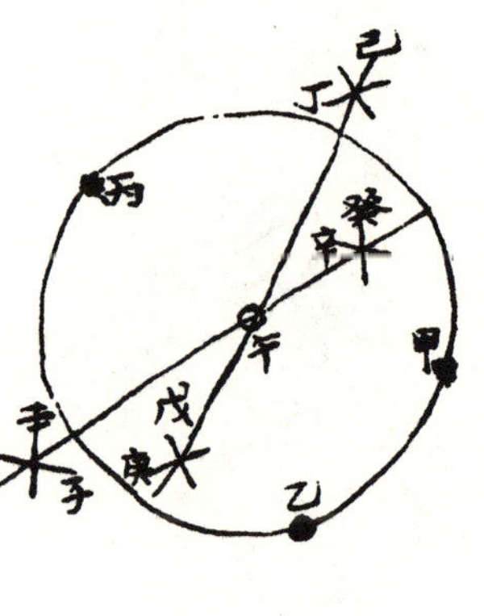

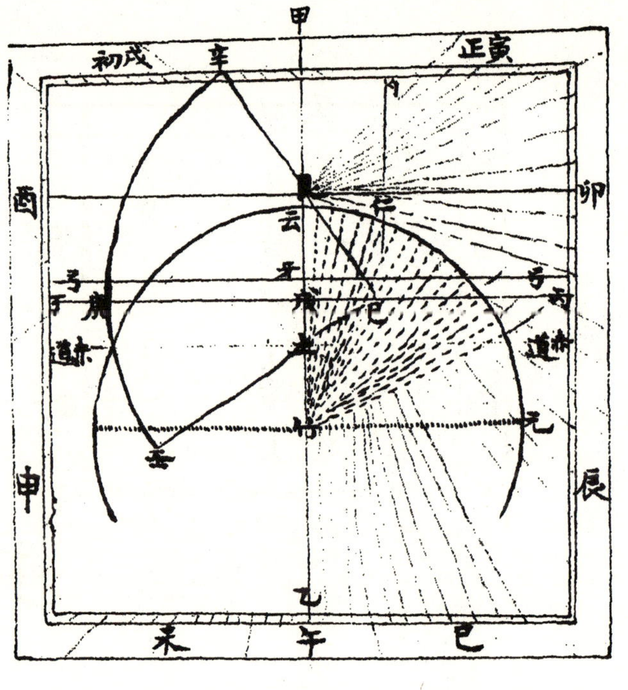

面南地平晷

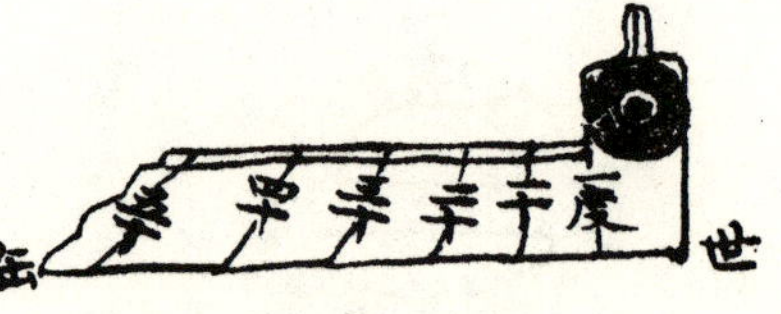

羅經平晷

平晷加節氣線法

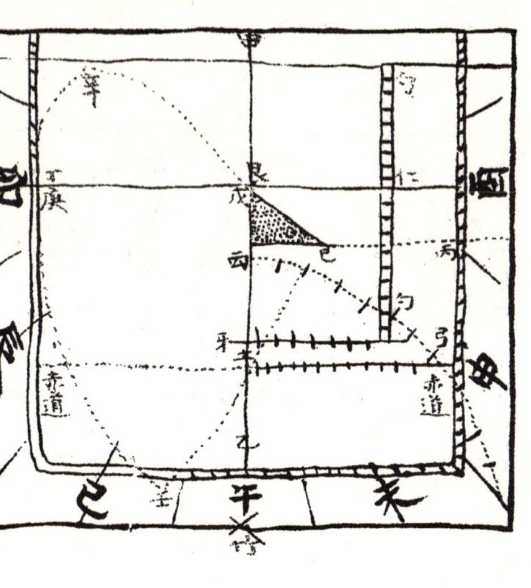
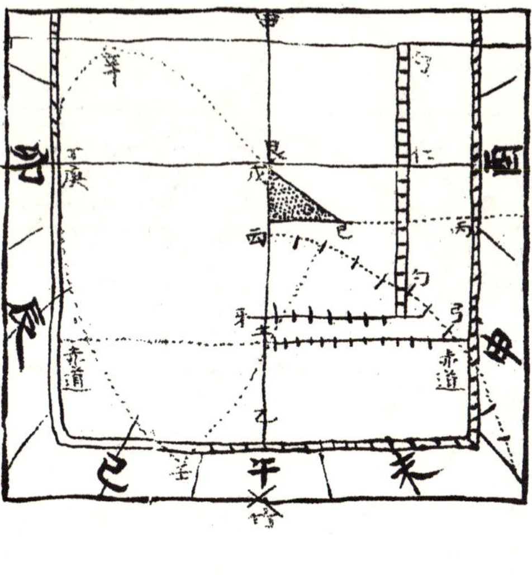

面南天頂晷

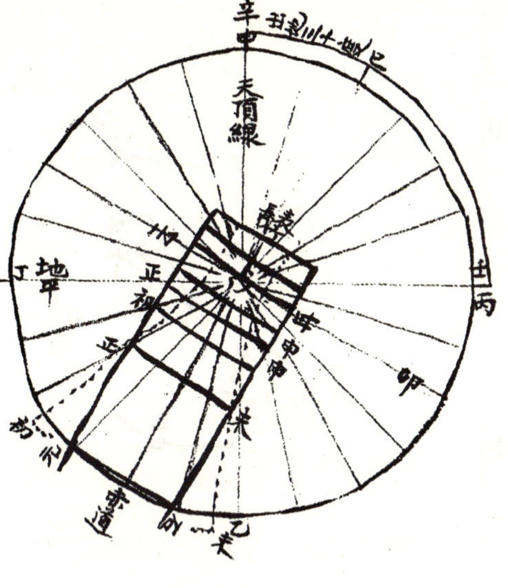

東西晷

葵心晷

中星儀表

外第一盤刻三百六十度及二十四節氣，爲歲差盤，每歲向東移過五十一秒以就歲差，與第二盤刻四十五大星者釘牢。第二爲星盤。内一層爲時刻盤，中作活紐，須下重上輕，以銅爲之，以垂子午，正局中懸絲繩爲中線，時盤之上施一垂線爲測線。用儀之法：如立春節視天上某星正中，即看星盤上將某星切于中線之下；次引垂線切于立春第幾候，視時盤上線切某時幾刻，即得現在時刻。

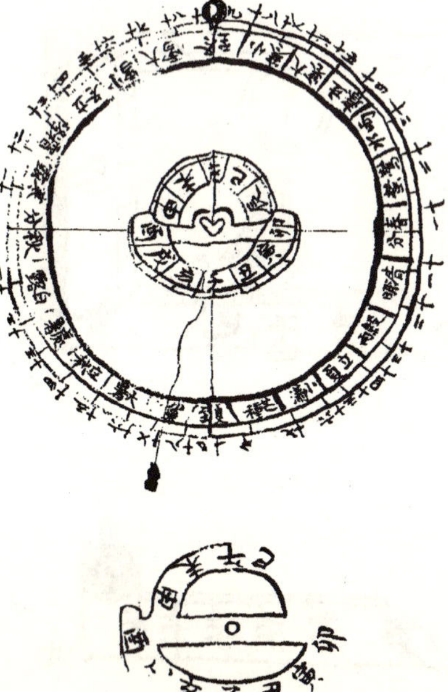

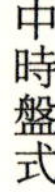

中時盤式

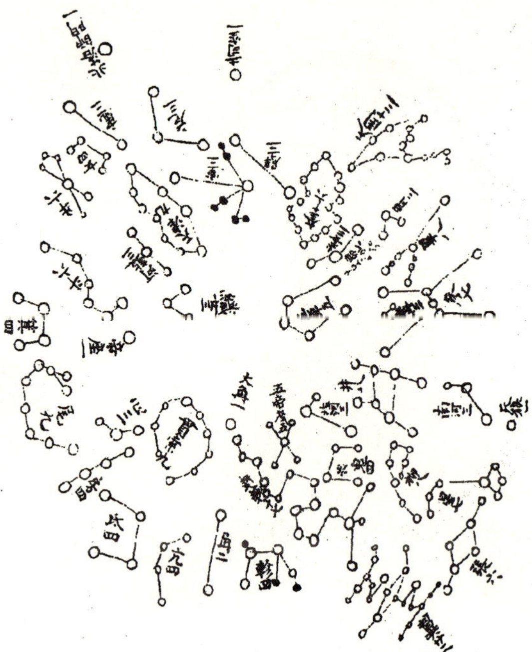

四十五大星位：即中星儀中盤所列。

測日躔表

時刻盤

定時刻線捷法

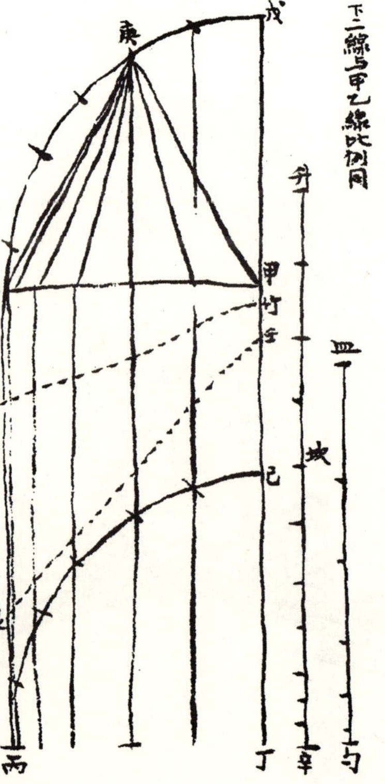

清《皇朝禮器圖式》卷三

欽定天體儀

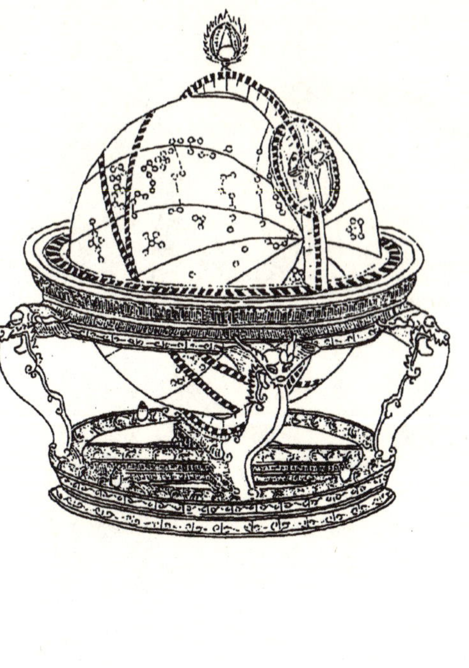
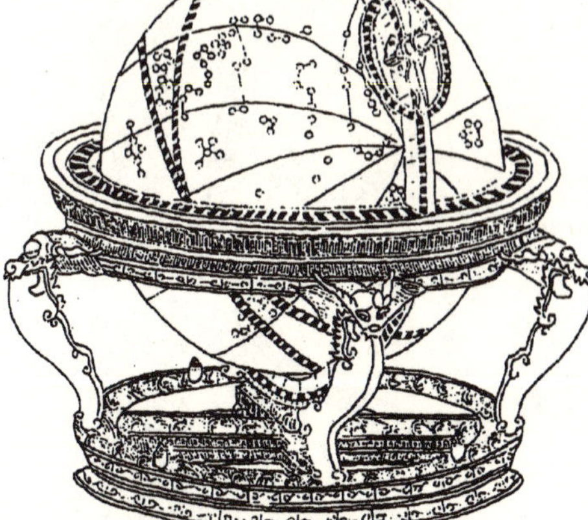

欽定黃道經緯儀

欽定赤道經緯儀

欽定地平經儀

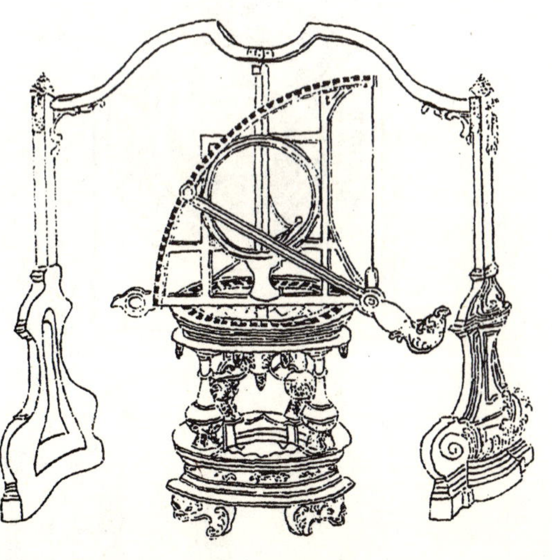

欽定象限儀

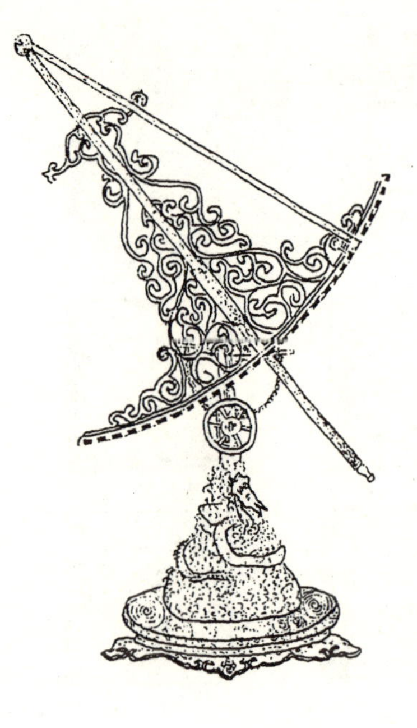
欽定紀限儀

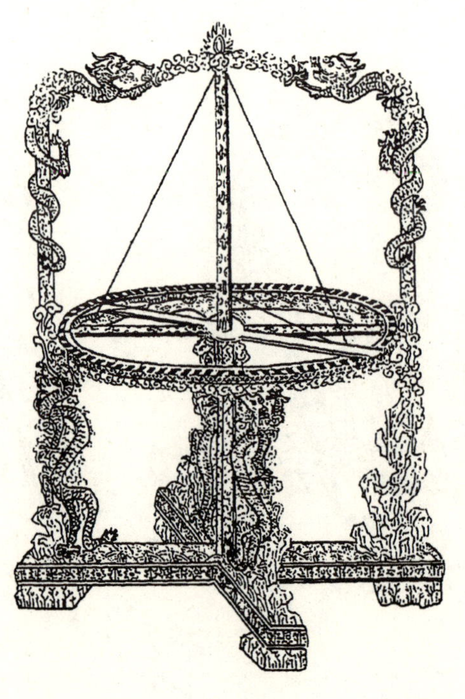
欽定地平經緯儀

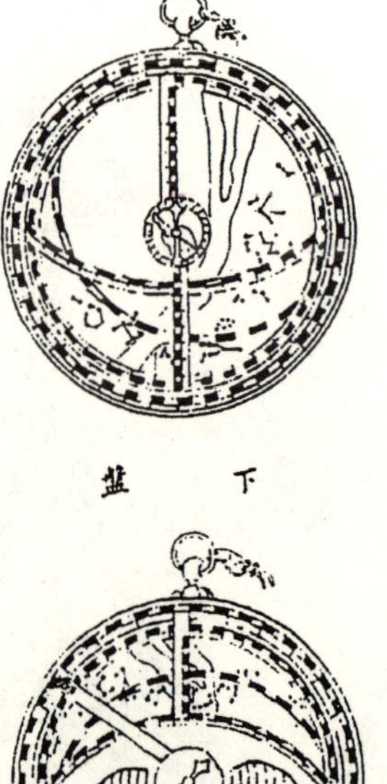

御製簡平儀

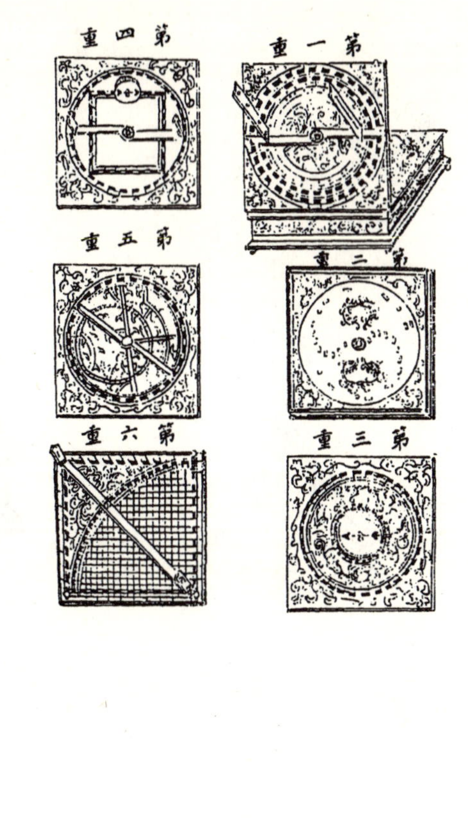

御製三辰簡平地平合璧儀

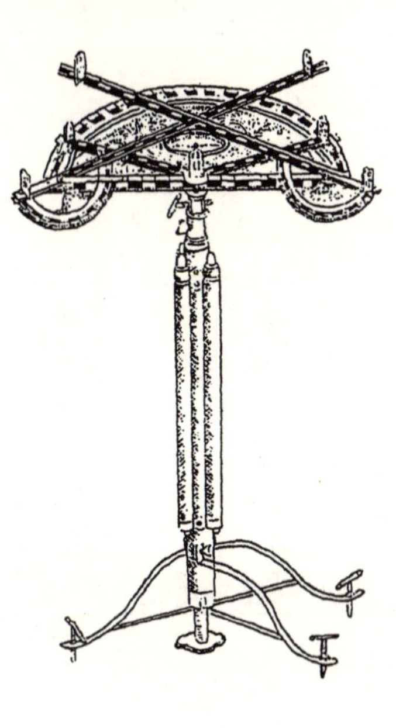

御製四遊表半圓儀

御製矩度象限儀

御製方矩象限儀

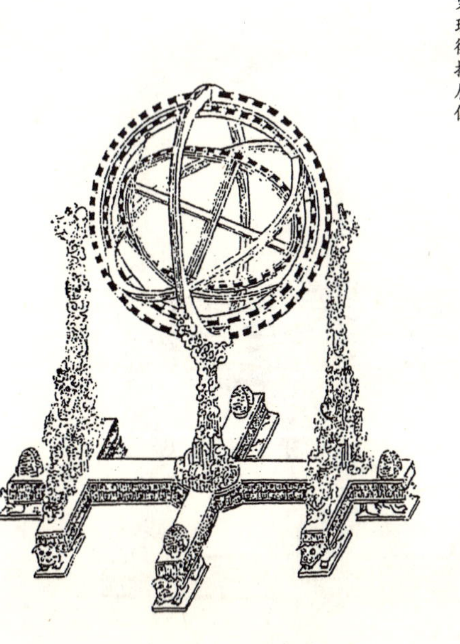

御製璣衡撫辰儀

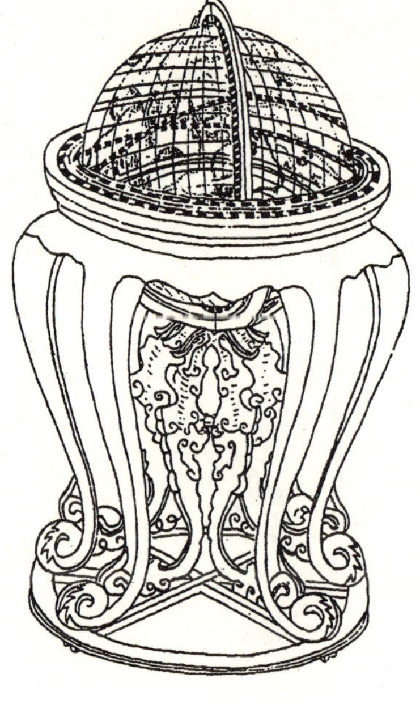

御製地球儀

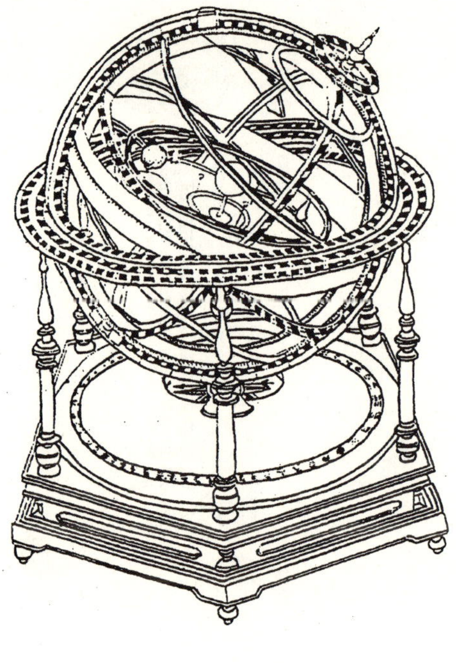

渾天合七政儀

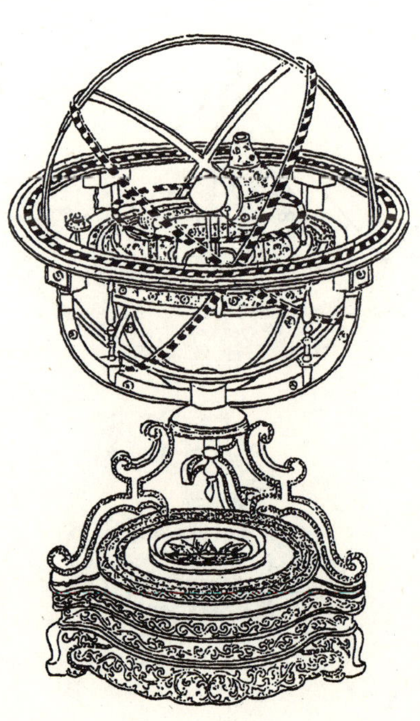

七政儀

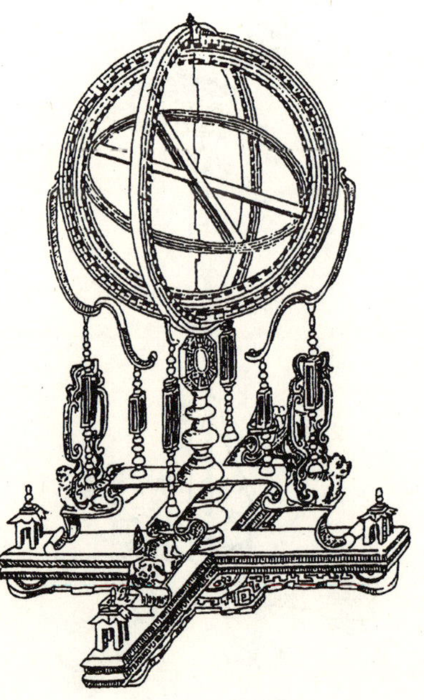

三辰儀

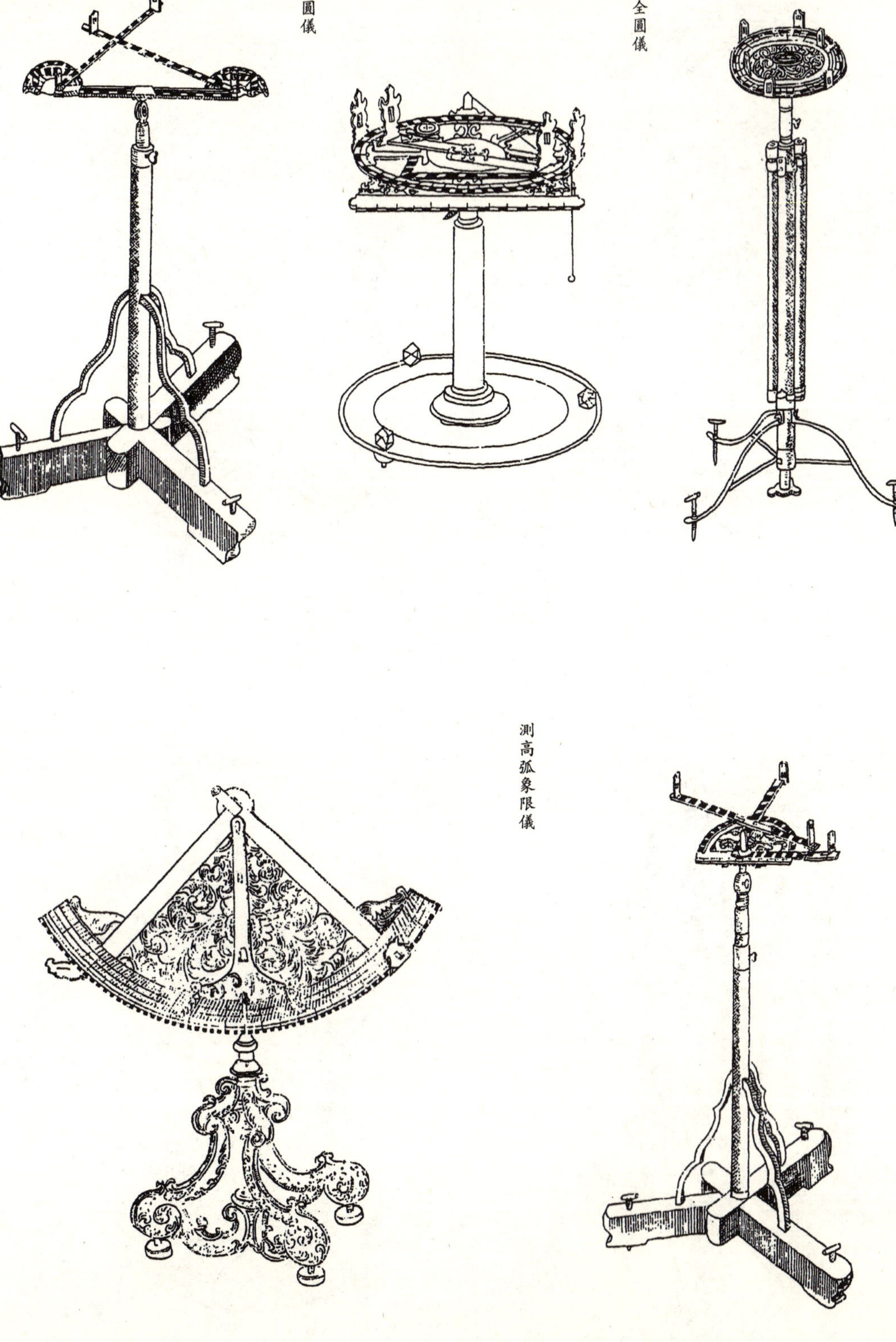

四定表全圓儀

矩度全圓儀

雙半圓儀

雙遊表半圓儀

測高弧象限儀

壺漏

御製壺漏銘

粤昔重黎，分司地天，迎日授景，參分測辰，明時敬授，欽若昊乾，予承百王，省歲祈年，齊政協紀，命彼嚮人，徵官於井，料衡酌權，範金規木，製茲漏進，五注金箭，水火燥寒，協其高平，別以方圓，九十六刻，成一日焉，視彼陽晷，明晦無愆，較自鳴鐘，淫巧徒傳，攝提有紀，孟陬用乎，于以考時，寢興慎旃，我以熙績，勤民種賢，業業兢兢，術察仰觀，器與道偕，是監是度，作銘垂誡，貽百曾元

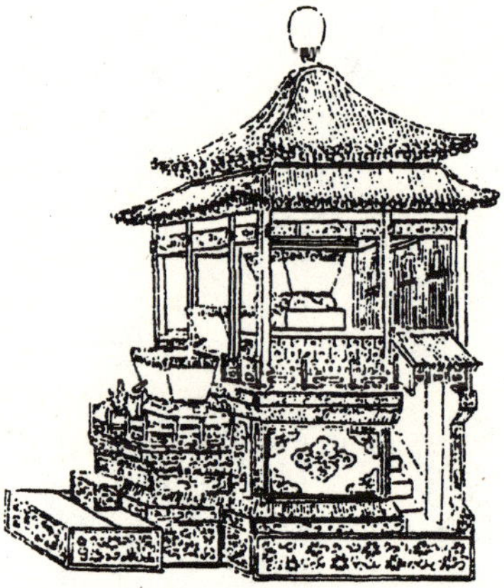

自鳴鐘

鄭光祖《一斑録》附編《權量》

度量權衡

國家有一定之則，然以天下之大，而欲使五方共昭畫一，勢有所難。故律雖有私造斗斛尺秤不平之條，而另有例可遵，録之備查。乾隆二十八年，户部議覆御史吴綬詔條奏，市用升斗，悉令改照官倉定式，一律較定一摺。查市集所用升斗各項名色，歷來民間使用，相安已久，自可聽從其便。即如京城錢行，有庫平市、平南市、西市諸名色，總以錢平之大小，定錢價之低昂，通融經理，與升斗事同一例，勢有不能盡歸畫一者。若如該御史所奏，悉照官倉定式較定升斗，呈驗烙印，給發交易，其門面升斗等項，限日繳銷，如有隱匿，從重治罪，不但京城内外所有米糧行户，一時驟令改易，事涉紛更，且驗烙官斗，輾轉領給，徒啓吏胥需索之端，於實政殊無裨益。應將所奏之處無庸議。

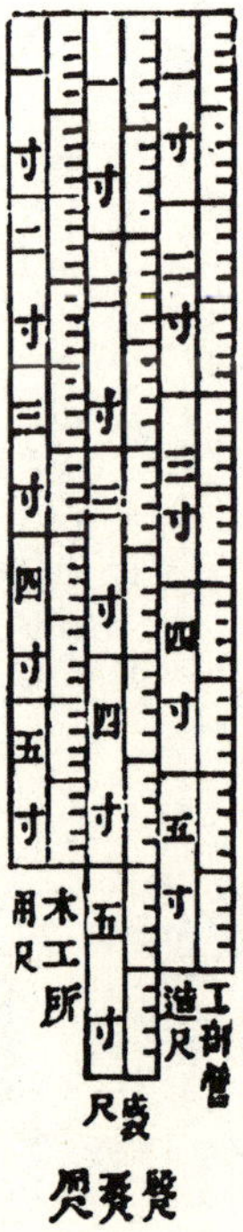

夏尺

此尺立方二千五百寸，爲常熟河下斛一石。

蘇州楓橋斛一石，合此尺立方二千四百寸，校常熟河下斛少一百寸爲少四升。

地上二百五十里，合天上一度。用天三百六十度，合地周九萬里。今《會典》則云，地上二百合天上一度，未知於何徵信。

今將民間所用各尺繪圖備考。百五十里，《會典》則云二百里，不工尺今用裁衣尺乎存忝。

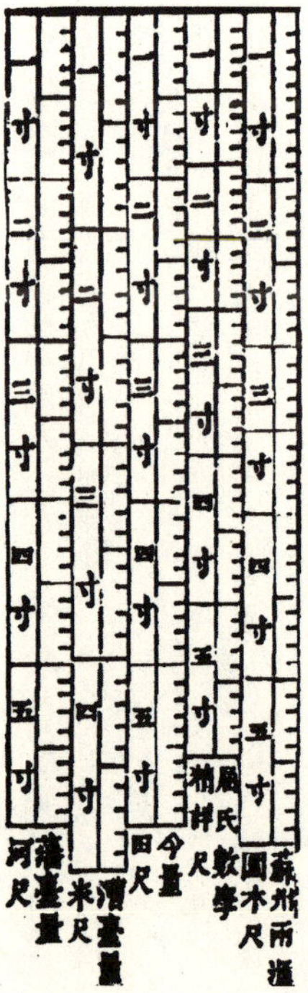

東西兩匯圖木尺

此尺一尺，合成衣尺九寸八分。

木行論價稱換，土語口音呼作貫，實换字也。換大小依木時價貴賤無一定，而蘇州東西兩匯各行圍量碼子則一定。似碼子因木大小爲重輕，實有緣情定制之義。姑録之備查。量木圖圖例必去根五尺量。

圖木七寸	碼一分	七寸半	碼一分二釐半
八寸	一分半	八寸半	一分七釐半
九寸	二分	九寸半	二分二釐半
一尺	二分半	一尺五分	三分
一尺一寸	三分半	一尺二寸	四分半
一尺三寸	六分	一尺四寸	七分半
一尺五寸	九分	一尺五寸半	一錢五釐
一尺六寸	一錢二分	一尺七寸	一錢五分
一尺八寸	一錢八分	一尺九寸	二錢三分
二尺	二錢八分	二尺一寸	三錢三分
二尺二寸	三錢八分	二尺三寸	四錢三分
二尺四寸	四錢八分	二尺五寸	五錢三分
二尺五寸半	五錢八分	二尺六寸	六錢三分
二尺七寸	七錢三分	二尺八寸	八錢三分
二尺九寸	九錢三分	三尺	一兩三分
三尺一寸	一兩二錢三分	三尺二寸	一兩四錢三分
三尺三寸	一兩六錢三分	三尺四寸	一兩八錢三分

若圍量每寸之餘多半寸槁，亦加半。多四分，亦作半寸。多七分，即作一寸。

屈氏數學精詳尺

同邑屈曾發省園著有《數學精詳》，刊定尺式，每尺合裁衣尺八寸七分，不知何本。而漫云工部營造尺，今爲校核，而知非也。諸如此者，均未可輕信。闊八分，則合此尺無差。

量田尺

武林沈士桂丹甫，康熙時人，著有《算法大全》，刊定尺式，每尺合裁衣尺九寸五分，意木板久而銷縮，當是九寸六分，與下藩臺頒下量河尺同也。云，此尺立方二千五百寸爲量一石。以工部營造尺立方三千一百六十寸爲石計之，只九斗六升有零，以我邑河下斛計之，只八斗八升五合不足。殆此尺必有本也。每尺準裁衣尺九寸六分算。

以本縣丈量書所執掌步弓核之，每弓合此尺五尺。

侯失勒約翰　偉烈亞力　李善蘭　徐建寅《談天》卷三《測量之理》　古測時用水漏、沙漏，沙漏最疏。而未有鐘表時，水漏製造亦甚精。今因不及鐘表，故廢之，獨用鐘表。近代武弁迦得，以法令水銀恒滿器中，下開微穴，恒漏而不淺，測時承以斜溝，令注他器。測畢去其溝，秤他器水銀之輕重，即得二時中間之分秒。此法甚妙，可用也。

擺鐘及度時表，表之別一種，乃最精者。曆家恒憑以測時。近日二器造法益精密，一晝夜差至一秒。即以爲無用，故所用者十二時以内，其差不過十分秒之二三。然積時愈多，其差必大，故相連數日，欲全憑鐘表，必不能。須逐日察其差而改之，則積時雖久，與暫無異焉。

測中星，得時最準確，故曆家取最明便測之星定時，以察鐘表之差。

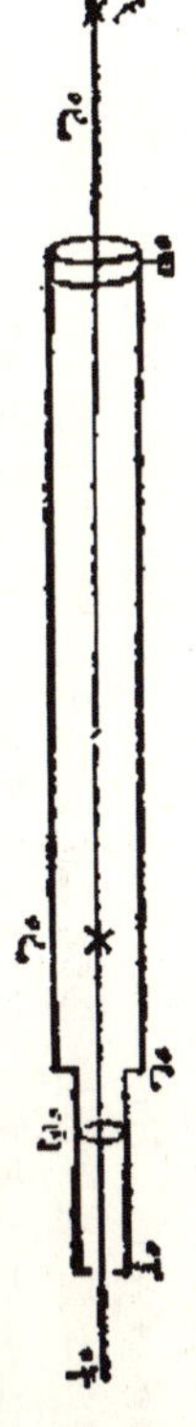

用光差遠鏡測中星法，如圖，呷吃爲筒，以螺旋定於架。呷爲象鏡，用二種玻璃相合而成，令無紅藍暈色，鑲以銅圈，圈周作螺旋，旋入筒口，令不動。丙爲目鏡。或用數鏡，依光學令視力增大，視物更明。目鏡亦須旋定，令象鏡、目鏡、筒，三者合爲一體，則不生變。吧咔線過象目二鏡之心。此線之方向與筒合，名曰視軸。吙爲所測物，吧爲吙之倒象，在象鏡聚光點。從目鏡窺之如真形，目鏡力增大，如真形增大焉。此象在筒之空際，無實體。故當象處作二正交徑，或用銅絲，或畫於平面玻璃俱可。窺之見二徑交點與物點吻合爲一。設微不合，目鏡增大力能覺之，即知視軸非正射戊，則微轉螺旋令恰合乃止。用此法，而置鏡又極平，則縱有差角，不過十分秒之二三。測物每患不恰當視軸，有此法，可免此患。如此用遠鏡能分微角，如顯微鏡之能察微物焉。再用變大理，推其微度，能知其形狀，所得與幾何所推，幾無別焉。

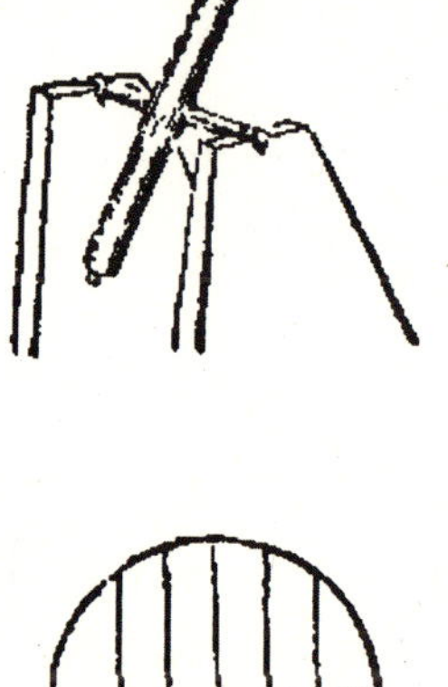

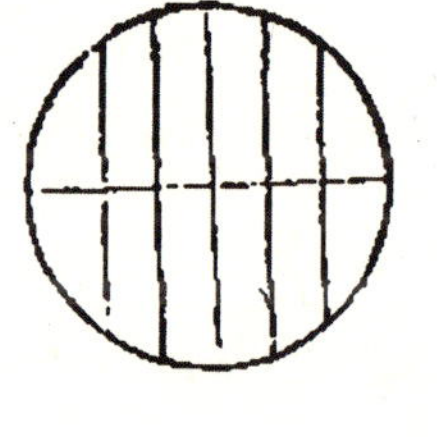

測中星之鏡，名子午儀。其鏡連一橫軸，鏡與軸必正交，則測望所得皆真。軸之兩端其徑必等，以銅爲圜轂，兩半合而固之。轂之下半，堅定於石。安軸時，必正其高低及卯酉二方向，高低憑視軸準。卯酉憑測望，皆用螺旋正之。當目鏡聚光點處，作一地平線，正交視軸。又作垂線若干，相距俱等。皆以細銅絲爲之。測時須令諸線全見，晝則映以日光，夜則用法映以燈光。線之外圈，用螺旋正之，令中垂線正交視軸。則星過中線，即過子午圈，驗表記其時，再以所測星過左右諸線之時，較其誤否。若恐器不平，則易置橫軸之東西而測之，所得仍不異，則筒與橫軸果正交，而筒旋轉恰在天空大圈面內也。最精子午儀測中星，除鐘表差外，所差不過十分秒之二三。

視軸旋轉之面，當令本地之子午面。考察法，取恒見界中一星，測其二次過鏡中線，若在中線兩邊之時相等，俱得半周時，則其面爲真子午面。蓋子午面必正交星所行圈於相對二點也。

用子午儀及鐘表測度分，所得即赤極之角度也。此法即以地球自轉之時刻爲準，不必用銅環之度分。蓋若干時，有一定若干弧分過去也。其率一時十五度，若非赤道經，欲知其度分，須作銅環，細分度分秒以測之。如圖，呷吃哂叮爲銅環，分爲三百六十度，用天地人諸輻連於中心，心開圜孔，孔中鑲以短活軸，可旋轉。軸上裝一遠鏡，鏡之視軸呷吃與環面平行，而正交短軸。鏡之腰連一橫桿，桿正交視軸。短軸轉動，則鏡與桿循環而轉。假使欲知呻哂二物之距度，先令環合於呻哂及人目所居之面，而以法定環，令不動，乃轉鏡令視軸正射申。復定鏡令不動，而視桿端小針所指察其度，或恰滿一度，但察其度。或在二度之間，須細察分秒，法詳後。復移鏡，令視軸正射哂，定鏡察其度。二度之較，即環中心之角，呻哂之距度也。

一法，遠鏡筒與環合爲一體不動，而活軸另連一銅墩，理亦同。如圖，哂爲遠鏡筒，以巳己二柱連於呷吃環。叮爲環之活軸，轉於吠吠銅墩。墩裝一曲尺吧，其端有針近環乙，以指環之度。鏡與環轉時，過針之度分，即角度也。針若鐘表之針，如甲。或用佛逆，如乙。最妙者，用疊顯微鏡，如丙。法於目鏡、象鏡公聚光點處，作正交二線，用細螺旋轉之。如丁，先令交點與所察點之最近度合，乃轉螺旋。復令與所察點合，螺旋若干轉，即知距視軸所指點若干分秒。鏡力須極深，螺旋須極佳。此法能辨度分之極微，與遠鏡之細測，相輔而行也。用此法測量，全憑三事。甲乙筒向物須的準，一也。環之度分須極勻，二也。二分中間須細辨其秒微，三也。察筒之方向，甲乙兩端或用交線，或開小穴，或一端用交線，一端開穴俱可。皆全憑目力。若易以遠鏡，象鏡在乙，目鏡在甲，而於公聚光點置交線，則遠勝目力之細測也。

前條爲測度分之最簡法，但僅能測不動之角度，如地平界之類。若天星則刻刻漸移，此法不能合，惟測二恒星視道相距則亦合。諸星每日周行天空，所成之道，若有迹可見，隨時可測其相距。今無迹可見，然鏡之交點與星合，即與其道合。故候星過時，以交點合之，而定其鏡，察其度分，乃轉遠鏡候他星過，復以交點合之，而定其鏡，察其度分。二度分之較，即二星道之距也。連測之以考其誤否，此乃牆環之理。牆環者，即前條之環，而與子午面合。法令環連一地長軸，堅固不動，軸深入石牆，用螺旋正其高卑及東西方向，令環與子午面合。凡恒星道皆正交子午圈，牆環測得二星過子午圈點中間之角度，去蒙氣差，爲二星道之距，即二星赤緯之較，亦即子午圈高度之較。

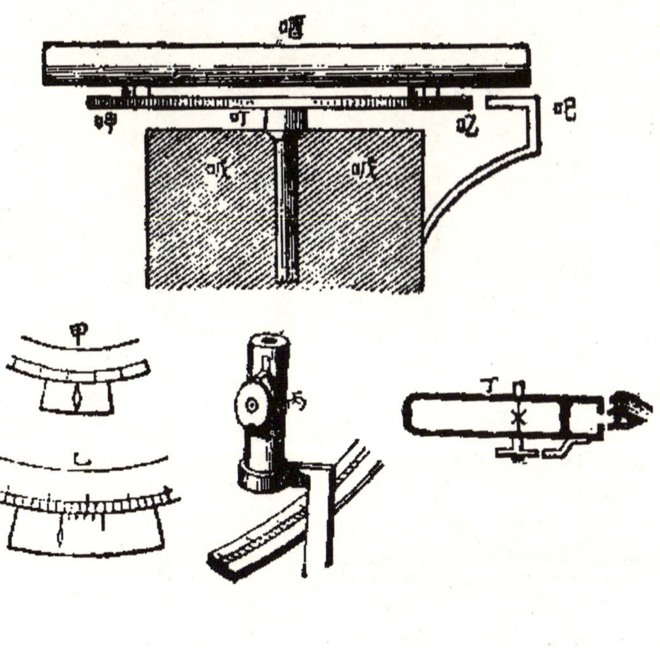

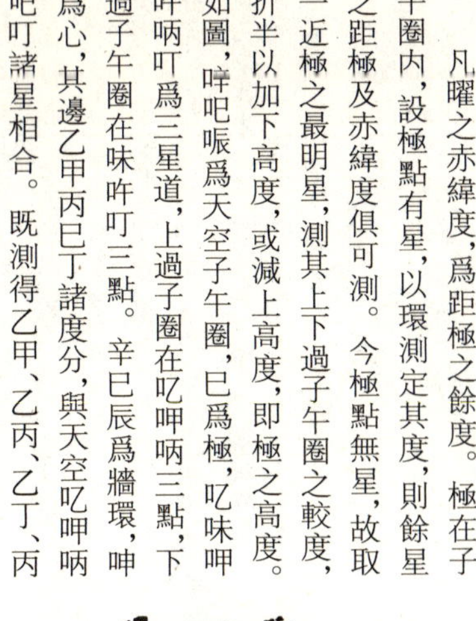

凡曜之赤緯度，爲距極之餘度。極在子午圈內，設極點有星，以環測定其度，則餘星之距極及赤緯度俱可測。今極點無星，故取一近極之最明星，測其上下過子午圈之較度，折半以加下高度，或減上高度，即極之高度。如圖，哷吧哌爲天空子午圈，巳爲極，吃味呷咋呐叮爲三星道，上過子圈在吃呷呐三點，下過子午圈在味咋叮三點。辛巳辰爲牆環，呻爲心，其邊乙甲丙巳丁諸度分，與天空吃呷呐吧叮諸星相合。既測得乙甲、乙丙、乙丁、丙

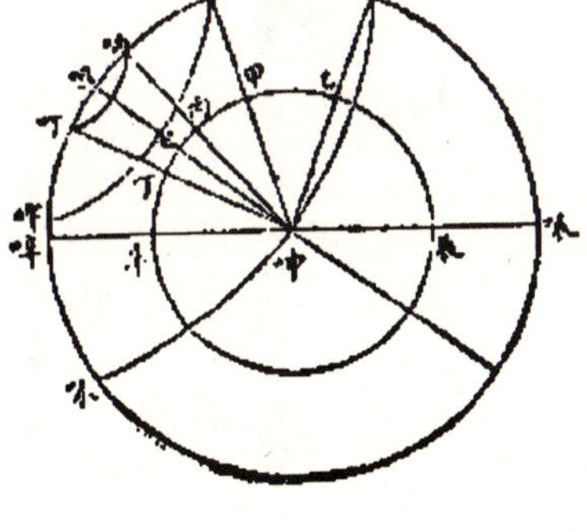

丁四度分，則各星距極俱可知。蓋呐吧等於吧叮，故丙巳等於巳丁，俱爲丙丁之半。則環之極點已知，而巳乙、巳申、巳丙三星距極度分，亦可知矣。

極星爲最近極之明星，距極約一度半，過子午圈上下二點甚相近。極出地度多，則二點距地平俱遠，蒙氣甚微，又甚明，晝亦可測。故天學家恒用之，以正諸器之差。如子午儀測此星，以驗其合子午圈與否，法見前。是也。

環上極點既測定，永爲原點。諸星距極度皆準之。設環上度分或有不匀，可旋轉其環，再測、三測，比勘以定之。移動遠鏡，有螺旋能定之，故環可任意旋轉也。

牆環上更有最要者，爲地平點。一切子午圈高度皆準之，測定之法與極點同。天空地平交子午圈點無星，法於夜中測一星過子午圈，明夜測水銀中此星之影過子午圈，環上二測中間之度，去蒙氣差，爲星之倍高度。折半，得地平點。準視學理，光射平面之倚度，與回光之倚度等。水銀之面恒平，星在地平上，影在地平下，其度恒相等也。故水銀面，名曰借地平。

牆環之軸，惟一端着於牆，力不甚固，亦不能如子午儀兩端可易置，以正其差，故其用不若子午儀。然其環可連於子午儀之軸，與鏡同轉。定顯微鏡於銅墩，以測其分秒，名曰子午環，可并測赤道經度及距極度。測時用鐘表定其過午時，用顯微鏡察其分秒。欲造恒星表，用此法。經緯度一時同得，甚便也。子午環上之遠鏡，其力無論若干大俱可。牆環鏡太大，則重力不能勝也。

環上定地平點，爲天學最要事。其法不一。曰借地平，曰垂線準，曰酒準，曰視軸準。借地平已見前。垂線準用極細鐵絲，或銅絲，或麻線，下懸碓。碓浸入水中，則不擺動，線之方向，即地心力方向。此法非精心細察最易差，故今不用。

酒準用玻璃管貯燒酒等物，微不滿，令中有小空。著於直板，上邊微凸，準平則小空恒在中。如圖，呷吃爲管，定於直板呐叮。先置板令底極平，於小空之界甲乙二點各作識。後凡置準，令小空與甲乙合，則呐叮必與地平合。若稍不平，小空必偏向高邊也。如欲驗吧咋合地平否，置呐叮板於上，視小空二界合甲乙。反置之，視小空仍合甲乙，則吧咋必合地平。若不然，則小空所向

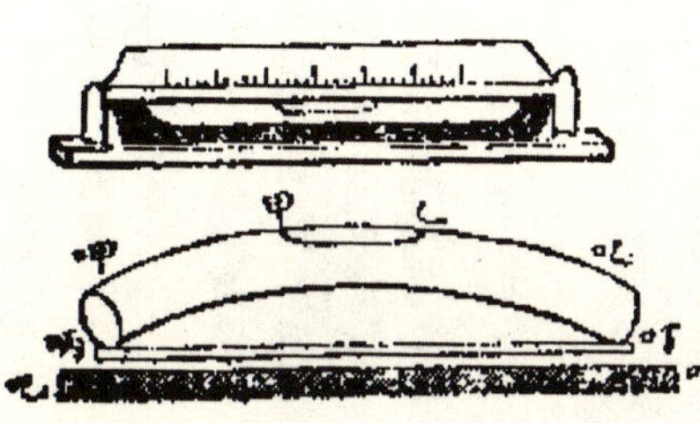

一邊，必偏高也。天學家所用酒準，皆有細分，視小空二界所在，能辨一秒之角差。此準必用法細磨管內，非易造也。

用酒準定環之地平點法，如圖，甲乙爲遠鏡，與哦吧環相附，而轉於橫軸哂。其軸亦可東西易置，見前。而環固定於軸。吅爲酒準，正交哦吧桿。而於吧或哦，用顯微鏡或佛逆察其分秒。吧哦桿與哂軸連，或令易轉而軸不轉，或與軸俱轉。將遠鏡正對物呻，乃定之。令酒準之小空合呷吃二點，亦定其桿，則桿與鏡成一定角度，乃察巳點之度，而以橫軸東西易位，令環南北易位，復將環與鏡同轉於軸，令鏡仍對申定之，如前定酒準。再察巳點之度。二測中間之度折半，得申距天頂度，其餘弧爲高度，知申之高度，即可定環之地平點。此法雖繁，然用酒準必如此，不能簡也。

視軸準者，迦得所創。乾隆五十年，立敦厚始依光學之理用之。此器佳者，用遠鏡。當聚光點有交線，其鏡之筒連以二柱，橫立於厚鐵板上，而鐵板浮於水銀面，故與地平成角恒同。用燈映鏡中之交線，交線在象鏡聚光點，令光線出鏡平行，復聚於他鏡之聚光點，與同方向天空之星無異。鏡之倚度，即星之高度。故測二線之交點，如測星焉。法置視軸準於環之兩邊，距環遠近不論，以環之鏡二次窺之，俱令二鏡交線之點相合，則環上半之度，即倍距頂點度。故天頂及地平點俱可知。準鏡二交線，一正交地平，一與地平平行。環鏡二交線，俱交地平四十五度，故測時交角之度互相平分焉。後便孫伯又變化其法，即以環鏡正對水銀面，而以燈榜映鏡中之交線。交線之光，出象鏡平行遇水銀面，而回復入象鏡聚於聚光點，成交線之象。故轉動其鏡，令象與線合，即知鏡之視軸，正對天底點。

子午儀與牆環，皆所以測諸星過子午圈之時刻，測星過子午圈時刻，以正遠鏡方向最易。蓋星視道與鏡中交線之橫者平行，而用螺旋能細移至密合。少有未合，有餘暇改正，他處不能也。凡測角務得真確。若角有變者，則當於最大最小時測之。蓋比時不驟變，有餘暇可安徐細測也。星之高度亦然。其變之最大最小，皆在子午圈上。

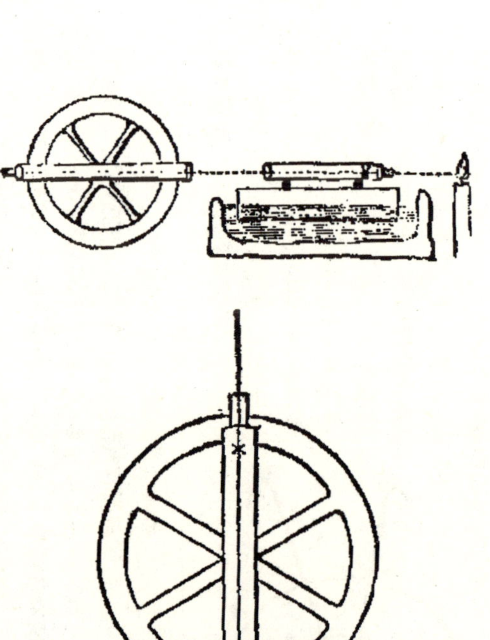

星任在何處，皆當測之，不定在子午圈也。其法，天球上無論何點，以正交二大圈定之，幾何所謂點之縱橫線是也。如知地面之經緯度，即知本地之點。知赤道之經緯度，即知本星之點。知地平經度及高度，即知出地之點是也。

欲任測星道上何點，先當置遠鏡，令有上下及四周二旋動。法用二環，令所居之面恒正交，亦與遠鏡旋動之二面平行。二環之軸亦正交，一爲本軸，其兩端裝入銅竅，可旋轉。餘一軸即裝入本軸之腰。二環或用二佛逆，或用二顯微鏡。一着於石墩，一着於本軸。察其度，二環俱可任意定於軸。其定之之物，亦連於墩及軸。此器測天之大用，在置本軸哂叮，有二方向。一與地軸平行，直指天空之極，則呷吃環與赤道面合。測其時角，即赤經度之較。哂叮軸旋轉，則咦哱環恒與天空之諸時圈合，其環之度分，爲赤緯度，或距極度。此置法名赤道儀。欲久測一星，此器最便。蓋遠鏡已正對其星，則遠鏡與極軸交角，等於星距離度，乃定遠鏡於咦哱環，隨極軸而轉，如此鏡所指不出星道也。正赤道儀最不易。其法，先隨極星轉一周，則知極軸偏於何方向，而改正之。極軸已定，乃以緯度環，依子午圈定於極軸。任取數星緯度大不同者，各測其過子午圈，若其過午之時較，俱與表合，則鏡正對子午圈，而環之軸恒正交極軸。或與表有不合，則視其差而改正之。近時赤道儀用輪法，測時能自轉於極軸以隨星，測者但專心候星，無煩手轉也。法用懸錘，轉諸輪以轉極軸，錘力極準，恰二十四小時極軸一轉。二令本軸爲地平垂線，而呷叱環與天空地平面合，㖊啐環恒與天空垂大圈合。呷叱環上之度，爲地平經度。㖊啐環上之度，從頂點起，則爲距天頂度。從地平起，則爲高度。此置法名地平經儀，用垂線準正本軸，或用酒準置器上而轉之，視小空不變，即正矣。定平環上南北二點，則以垂環正向子午，用考子午儀合子午面法定之。見前。又法，取子午圈東邊一星，令與遠鏡內之交點合。察地平環上之度分，乃定鏡於垂環。俟此星過午後，轉器隨之，至星復與交點合，再察平環之度分，乃以二度分之較折半，即得地平之南北點。蓋前後所測二高度等，凡星在子午圈兩邊之高度等，則兩點距午之地平經度亦必等故也。此名等高度法。曆家恒用鐘表測二高點之時較，折半，得午正。此法亦可正鐘表之差。

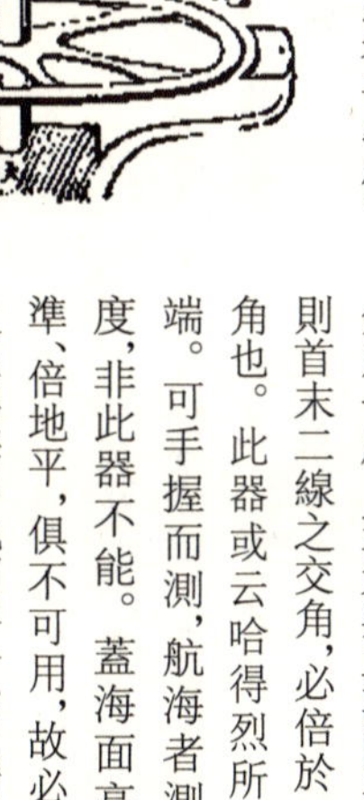

地平環上南北點已定，以垂環正對之，即與子午面合。乃轉鏡正對地平環上之北點，視交線所合之點識之，南點亦然。過此二點之線，爲午線。地平經儀之妙用，莫大於測蒙氣差。法先取一過天頂之星，再取一切地平面過之星，俱測其視道。考每點與平圜差若干，即知蒙氣大小。

天頂尺、地平尺，製與地平經儀皆略同。天頂尺，細測近天頂諸星，垂環惟用下面之一分，餘俱不用。故垂軸極長，環之半徑極大，令弧度寬大便於細分也。地平尺，用以測地面諸物。遠鏡俯仰無幾度，故不用垂環。或用小者，亦不必細分也。遠鏡連一横軸着於二柱，與子午儀同。二柱竪定於平環之輻，與環同轉。

又有紀限儀，用以測二物之距度，或測一物之高度。如圖，呷叱爲全圜之六十度，分爲一百二十等分，吶叱半徑上有鏡，半回光半透光，正交儀面，而與呷吶半徑平行。吶哦爲活半徑，可移動。其末有佛逆哦，可細測度分。其端有回光鏡吶，亦正交儀面，而與本半徑平行。呷吶半徑上有遠鏡，視軸與叱吶半徑成吧叮吶六十度角。如欲測吧吘二物，先以遠鏡從叮之透光鏡正對吘，乃移動活半徑，令吧光線從吶回至叮，從叮回入遠鏡筒，至遠鏡內二物之象合於一，即定其活半徑，則吶吧吘二線之交角，必倍於哦吶呷角，即二物之距度也。故此儀倍其分數，以三十分爲一度。蓋光與二次回光三線在一面內，則首末二線之交角，必倍於二回光鏡面之交角也。此器或云哈得烈所造，實則作於奈端。可手握而測，航海者測星距太陰及高度，非此器不能。蓋海面高度，酒準、垂線準、倍地平，俱不可用，故必用此器，令所測之星與海中地面界合，即得星距地面界之高度。見前。減地面界深度，即得真高度。陸地可用惜地平，無地面界深度也。

正紀限儀之差，法最簡。令活半徑所指之度爲〇，則二回光鏡當平行。若不平行，則任測一星，令遠鏡見丁透光回光鏡中星之二象合爲一，即知其差數。蓋象合時，其度當爲〇。若不爲〇，所得度分即差數。每測去其差數，即得真度分焉。若回光鏡不正交儀面，則鏡傍有小螺旋，可旋動正之。大率活半徑上之回光鏡，造儀者已詳細定之，無須正。惟叮鏡當正其差，而遠鏡之視軸，亦必詳審，令與儀面平行。其正差法，用一地平線、一垂線相交，而以儀面合地平之垂面，以遠鏡正對交線，移動活半徑，令地平線與回光之影相合。又轉小螺旋，令垂線與回光之影相合。視地平線仍與影合，即正矣。

回光環之用，與紀限儀同。而圜周皆有度分，此器有三佛逆，每測俱察其度分，以三度分相并約之，三差相消，略得真度分。故此器稱最精妙。

疊測之例，寶大所造。有大小二環，遞次疊測，可任至若干次，故其差幾可消盡也。如圖，呷嗔呾爲定環，吁呾爲遠鏡，定於甲乙丙環，與呷嗁活桿共轉於定環之心嗁。活桿之端有針，或佛逆。設欲測吧吘二物之距度，先以遠鏡正對吧，察其度，乃定桿於吶環

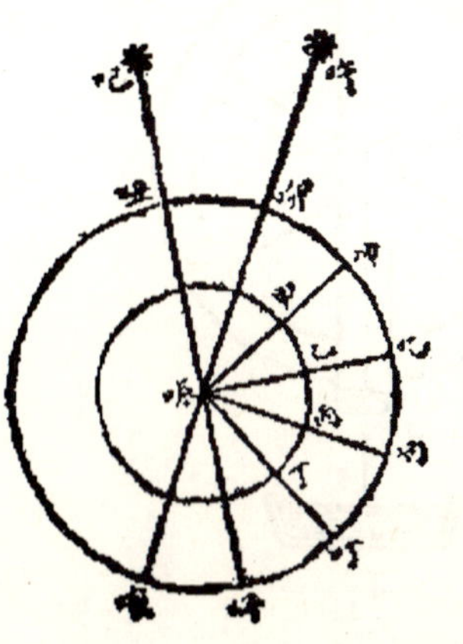

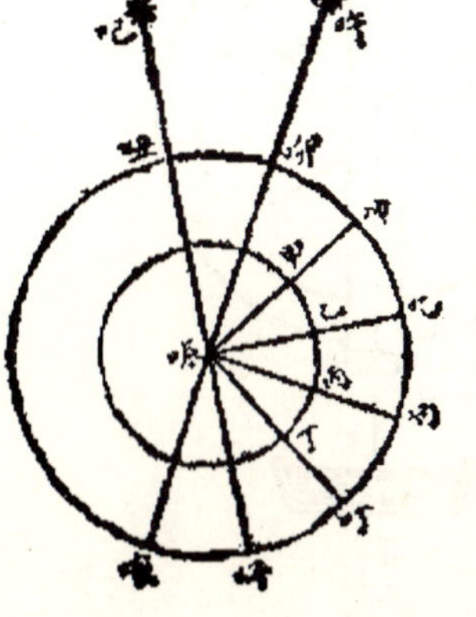

旋鏡正對吘，桿隨之俱轉，過環呷吃弧，與吧哌吘角度等，再察其度。二度之較，必等於吧哌吘角。然必有二差。一分度差，一測量差。乃定桿於定環，脱於呐環，轉遠鏡向吧，復定桿於呐環，脱於定環轉遠鏡向吘，桿同轉至呐，所過吃呐弧，亦等於吧哌吘角，再察其度。二次察得度之較弧呷哌呐，倍於吧哌吘角，亦有二差。如此累測，至十次，得十倍，所求之角以十約之，則其差幾可消盡。此法甚妙。然依此測之，仍有差，未知其故，俟測者考之。

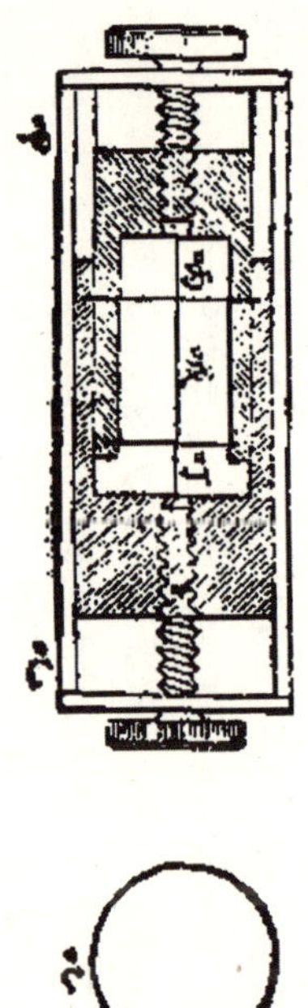

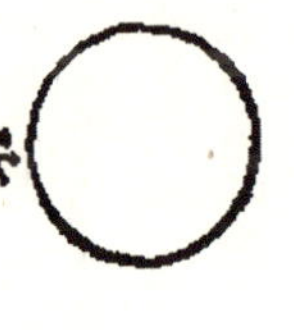

分微尺能細分角度之秒微，可測諸曜視徑之角度。其妙全憑螺旋。法於遠鏡內象目二鏡公聚光點，置二平行線，以細銅絲爲之，定於二活架。用二螺旋移其架，其動之方向，俱正交平行線。令二線恰至星之二界，再轉至二線相合，視螺旋轉幾周幾分，知在星界時二線之相距，以轉數化爲度分秒即得。或僅用一螺旋移一界之線亦可。

分微術或用光學法，能變其象爲雙象。如圖，呷爲本象，變爲相等、相似呷吃二象，其相距若干及方向，一任測望者令之。故可令二象相切，如呷呐。復令移於又一邊相切，如呷叮。自此切移成彼切，所過之分秒，即象之倍徑也。

變一象爲雙象，法甚多。一法，平分象鏡，即能變其象爲二。以象鏡之兩半分置二架，而參差移動之。此名量日鏡，用以量日之徑，最便也。如圖，呷吃爲象鏡之兩半，準光學理，二半鏡之象俱在本軸上，故目鏡窺聚光點處，有二相似之象並列。轉螺旋能令相近、相遠也。一法，用水晶之一種，視物成雙象者。此水晶中有一線，名光軸。二象之相距，準此線有定限，最近至相合，最遠至限而止。用此水晶作球，代目鏡。轉其球，則球之光軸，與目之視線角度漸變。當光軸與象鏡之視軸合，則象爲一。轉之至光軸正交視軸，則見本象分爲二。漸離而遠，視晶球所轉度分，而知二象相距度分也。

又一法，最簡易。凡三稜體二種玻璃一名冕號玻璃，一名火石玻璃。相併，能消去光之彩暈，而視物形狀不變，但有光線差。法令二稜體彼此相對，各面略近平行，光線差甚小，約五分，平剖之，兩半各裁爲正圜，鑲以銅架，而以尋常平面玻璃隔之。如圖，虛線爲一半玻璃架之輻，實線爲又一半玻璃架之輻，令在後之架能轉動，亦可察其轉之度。若二半相合，其差角爲十分，則相逆必無差角。而自相逆至相合，俱有差角，自〇至於十分，皆以圜架之轉若干計之。凡光自象鏡至聚光點，成尖錐形，置此兩半玻璃於尖錐之腰，恰占截面之半，則象鏡之光一半有差，一半無差，故成雙象，其分合之度可測也。若象鏡不大，則置於象鏡之外。貼近象鏡，其徑較象鏡之徑，比例當爲七百零七與一千。又輻略礙光，約爲七與十。

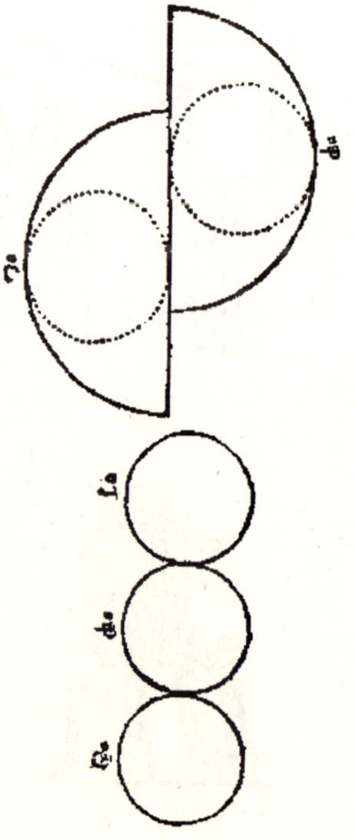

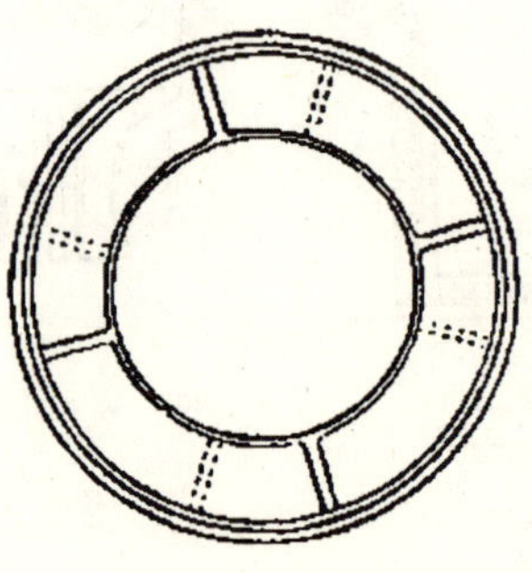

方位分微尺，只一線轉於目、象二鏡之公聚光點，恒正交遠鏡之視軸。取視界中一線爲準線，依準線以定二物聯線之方向。法轉分微線，令與二物相合，或與二物聯線平行。遠鏡外有度分小環，察其度分若干，即聯線與本線之交角也。此尺若用於赤道遠鏡上，則本線方向合於赤緯，其方位角恒從原點一邊計之，自北而後而南而前，原點之方向，正北也。九十度之方向，正東，即後也。一百八十度之方向，正南也。二百七十度之方向，正西，即前也。

續二星相近而能並見，欲定共聯線之方向，則不用單線，而平行雙線。若二星大小不等，此法更便用。

法使二星在雙線之間，而相配，則易知其聯線之方向。若人立之勢，頭正直立，則更易準。

凡在夜中窺測，必用燈光，使視界亮而線暗，或視界暗而線亮，否則分微尺中之交線難見。使視界亮之法，以燈光自遠鏡筩邊之孔，映入筩内不亮之白面，使光四散，不凝成象之尖錐形光也。惟所用燈光之色爲要，試知用紅色之光，見線甚明於別色之光，使交線亮之法，以燈光映入筩内交線向目之面，燈光之餘者，或至筩内之黑面，或自對面之孔入黑箱中，皆能滅也。

窺測太陽，必用暗玻璃隔之。紅玻璃易透太陽之熱而傷目，不可用。若用深紅玻璃而久觀之，則目眩而不能見。惟用青緑二色之上品玻璃相疊，最佳。此二色相疊，透純黄之色而略無熱焉。日之光熱，遇玻璃面，亦能返照而甚減小。其返照者，約爲正光千分之二十五。故造窺測太陽之回光遠鏡，可用玻璃作回光象鏡，二面俱凹，前面合抛物線與聚光點之距相合，後面合大曲率之球體，使其餘光由玻璃透出而折射，散入空中。故或正、或斜、或粗、或細，俱無妨也。前面所回之光，已能顯甚清之象矣。若第一次回光，光尚太多，則或多用數平行玻璃回光，以減之。或用三稜玻璃，以一面回光，一面放餘光，則所回得之光，約爲正光九百分之一。因依光差之理，使面與光線成正角，可稍得回光而減小甚多也。若用大力之鏡，細察太陽面之小處，可用金類板作小孔，安於聚光點，以透所欲察太陽面小處之光，則光熱多爲所阻，而至目鏡者已甚少，可不害目矣。導斯栁設此法，能見太陽面最奇之狀。別法所不能也，後詳論之。

天學家多用回光大遠鏡，其體重大，難於安置。使鏡面不改方位，故必有便易之法，可時時試較其視軸。設鏡面有改方位，可改正其視軸，故用視軸準之法，見本卷視軸準條。外以燈光映之，視軸準象鏡之端，向回光鏡。自回光鏡筩之目鏡窺見視軸準内之銅絲，對燈火，則與窺同方向之星無異。視軸準之倚度，即星之高度也。因使此銅絲正對一星，則回光鏡或平動，或立動，其銅絲仍必對其星。而星之光線，與視軸準之視軸仍平行，故可用視軸準之視軸，爲回光鏡之實視軸，而回光鏡筩之軸非爲回光鏡之實視軸也。惟欲測微差，或所窺之物不明，及視界不明，而不能用此法，則必時時試較回光鏡之改動，而有機稍動回光鏡以改正之，使分微之銅絲，與回光鏡之視軸相合。

楊毓輝《問古設律度量衡，所以測點、線、面、體也。自聲學、熱學、光學、電學之説出，而尋常律度量衡之用幾窮，西人測音、測熱、測光、測電，果何所憑藉而知其大小多寡，能詳言其法歟》《格致書院課藝・庚寅春季特課》

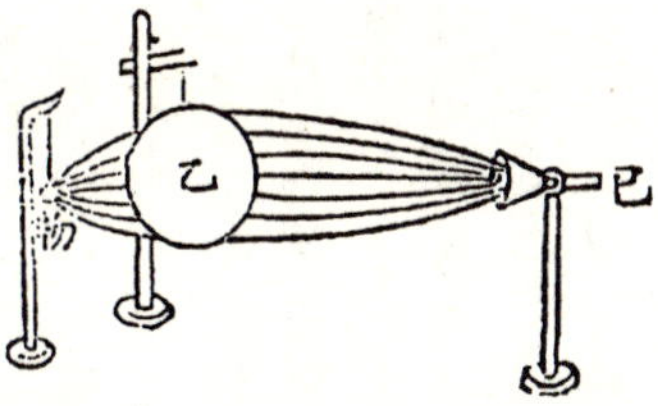

第一圖

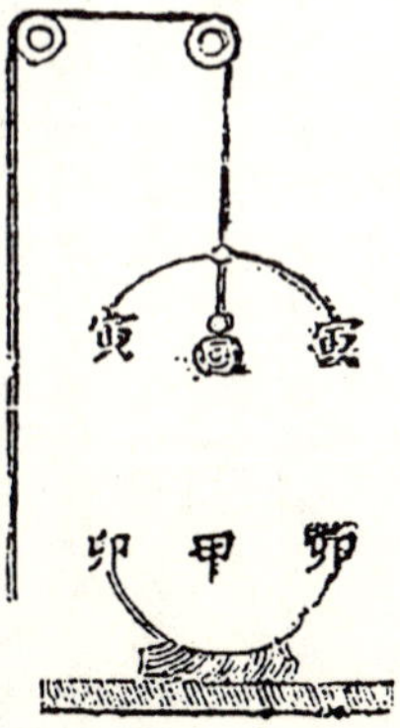

第二圖

第三圖

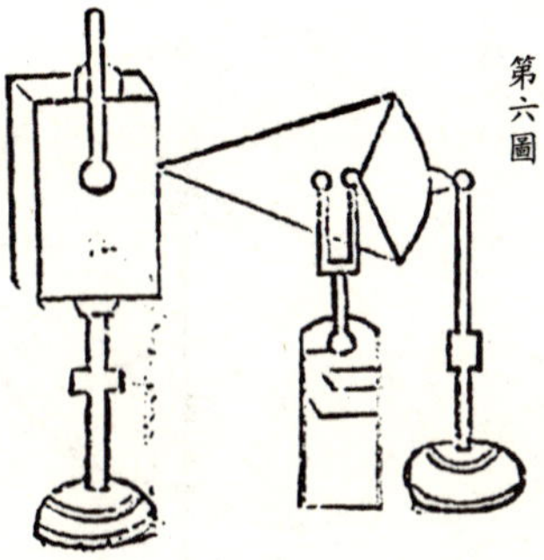

第四圖

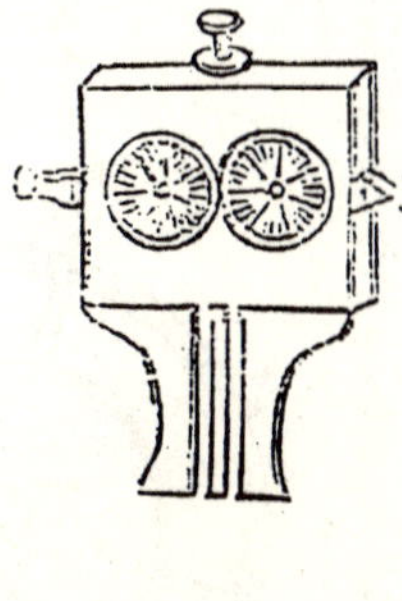

第五圖

第六圖

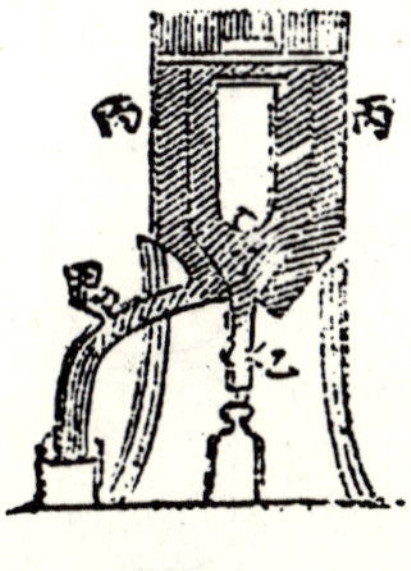

第七圖

第八圖

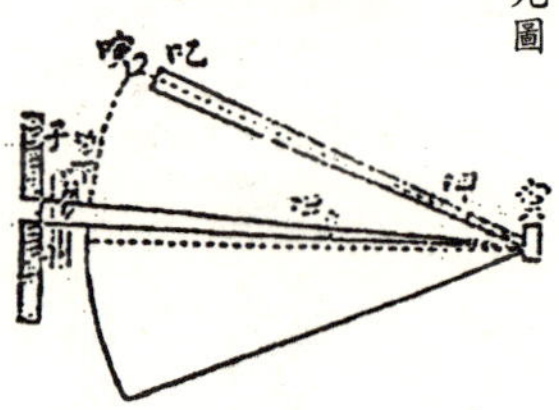

第九圖

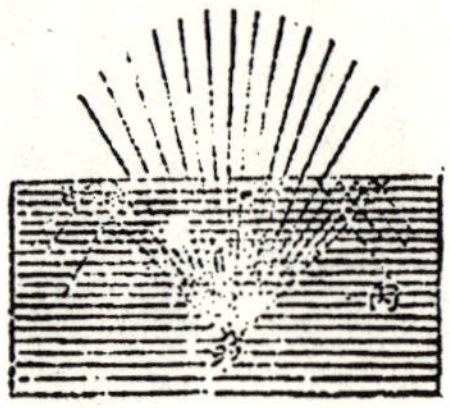

第十圖

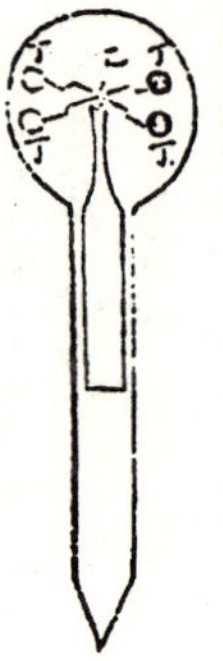

第十一圖

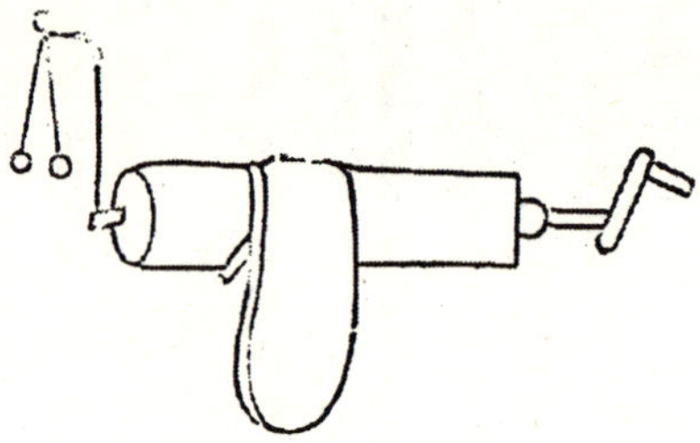

第十二圖

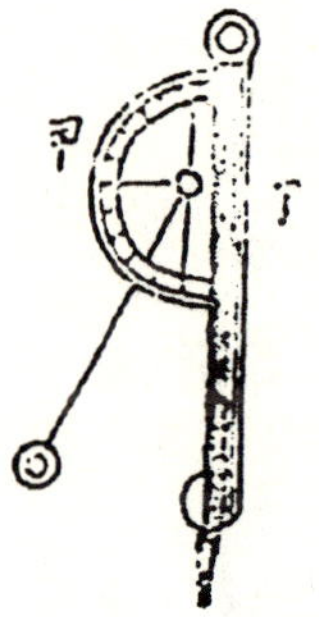

第十三圖

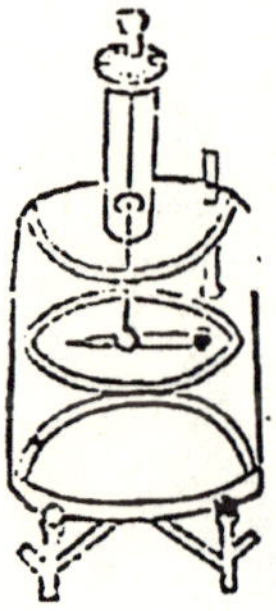

第十四圖

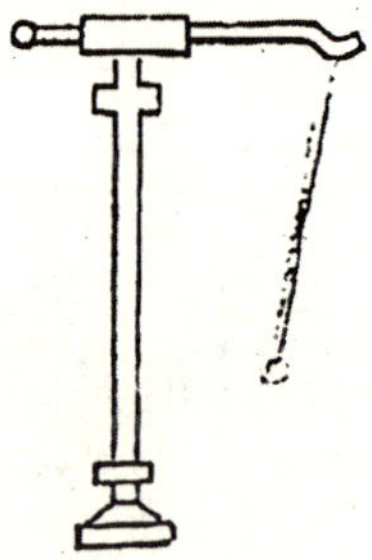

第十五圖

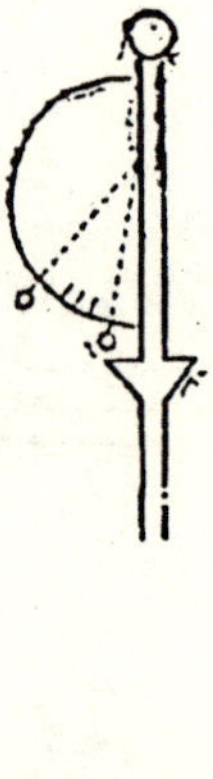

第十六圖

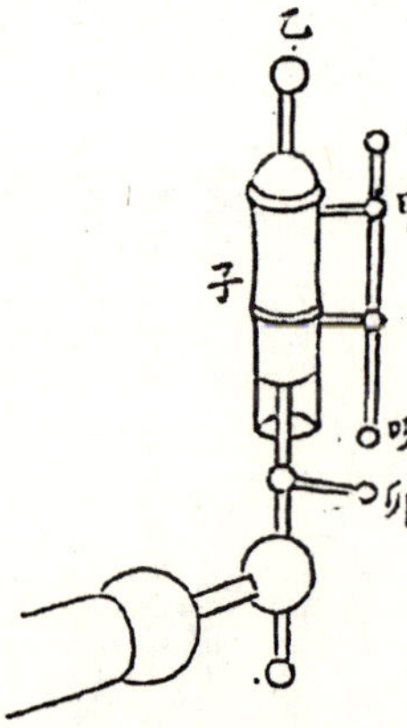

第十七圖

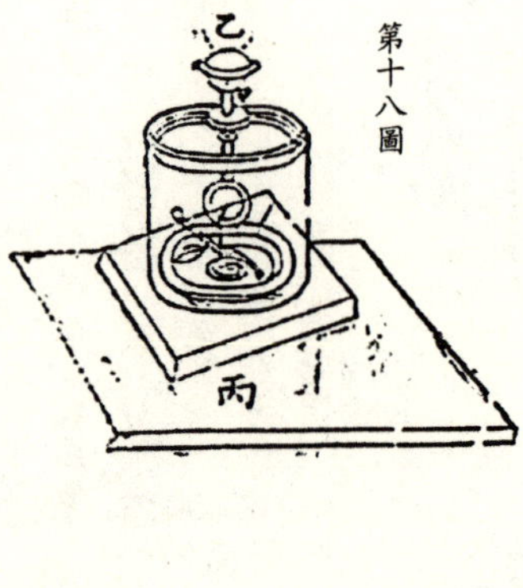

第十八圖

又　王輔才同題　今夫天下之器物，一猶天下之世運也。世運有盛有衰，故器物亦有消有長。當其長也，而用大，别無妙法超乎前。及其消也，而用窮，遂有新法出其右。此亦似莫之致而自致，莫之爲而自爲者也。即如律度量衡之設，當其規模悉具，功用方新，以測點，則針芒之度可不差，未有不推爲神者矣。以測線，則弧直之形有必悉，未有不詡爲神奇者矣。以測面，以測體，則方圓與厚薄並晰，長短與闊狹無遺，未有不誇爲至精，並未有不嘆爲至美者矣。此其器之盛，而用之長爲何如也。乃未幾而見爲長者，又未幾而見爲消矣。何以消，則以其用幾窮也。何以窮，則以聲學、熱學、光學、電學之説出也。噫，器物之有長有消，顧如斯哉。則且分論聲熱光電如左。

説者謂中國聲學實精於泰西。古人於五音之妙，可於耳力得之。如牛鳴窌中，聽之而知宫。雉鳴木上，聽之而知角。豕負而駭，聽之而知徵。鳥鳴在樹，聽之而知羽，離羣羊而知商。而且聽八風，可以知災祥之兆。聽六律，可以知治亂之機。中國之言聲亦精且備矣。其實中國之言聲，不過務其大者、遠者，且亦徒存其理，法則早已淪亡。西人則無論物之微者，事之細者，苟與聲學相關，即不憚縷晰條分，以筆之於書，以傳之於世，此西人測音之法所以反能日異月新也。夫總而言之則曰聲，分而言之，則又有傳聲、回聲之殊，行聲、透聲之別。聲之傳也，全賴空氣，而其傳動之勢，與海浪同，故又名聲浪。聲之回也，回折數次，每次漸淡，故曲折峯巒內，回音必大，繼則漸小，以至於無聲。行則與光行之理相同，聲透則與光透之理無異，並可以同法試驗。至若弦音、管音，及一切鐘鼓之音，明其質點，詳其功用，西人亦推闡入微，此所以聲學出，而尋常之器之用幾窮也。其測音之法雖繁，然亦無非憑藉乎器也。有一種測音器，無論何音，皆可一測而知其大小多寡。又有法人拉不拉司，測空氣傳聲，其所憑藉者，如左圖，厥名玻璃壓氣筩，上端黏以火絨，筩內盛漬硫之棉花，急按其挺桿，棉花即自燒燃，延及火絨，可知空氣擠緊，即能加熱。又用一器，以空氣壓緊於其內，移時再旁開一孔，而令其氣噴射於寒暑表之水銀球，立見水銀下降，可知空氣放鬆，即能減熱。聲浪經過空氣，其質點各自相擊，即生二事：相擊而加緊，必同時加其凹凸力，一也。相擊而加熱，必同時加其凹凸力，二也。因知每一聲浪，前有緊層，後必有鬆層，此層之加緊而加熱，等於彼層之減鬆而減熱，皆可用此器測驗也。又有西人測得各質傳聲之速率，亦視質點之位置，質點亂列者，縱橫之傳聲大小咸同。質點位置有定狀者，如地質之顆粒，生質之樹木，四面傳聲之速率大小，各不相同。其法不一，而最簡易者，如本圖，亦略可試驗。其法用大樹之外面，鋸出方塊，午未爲樹橫剖面，甲乙寅卯爲鋸出方塊之橫剖面，傳聲自寅至卯，則速而大。自甲至乙，則緩而小。可知質點位置不同，傳聲之速率大小亦異也。他物亦可用此法測之，可見西人測音之法甚簡也。

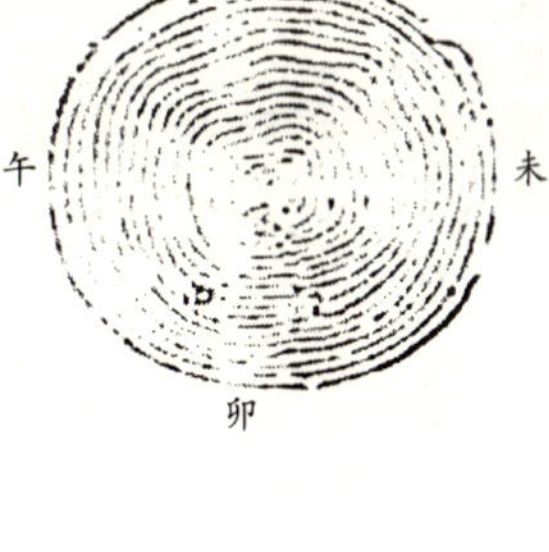

說者又謂，泰西熱學亦遜於中國遠甚。古人鑽燧取火，隨時變遷，故春則取榆柳之火，夏則取棗杏之火，秋則取柞楢之火，冬則取槐檀之火，甚爲神妙。而且某物之性熱大，某物之性熱小，書籍中亦言之綦詳，是中國之熱學亦精矣。然中國之言熱，其說固妙，西人之言熱，其說更詳。其長，亦不可盡掩也。查西人謂太陽爲熱之根源，其餘各物皆有熱，即如冰與雪，本爲極冷之物，然其中亦有熱，不過極微耳。又有數法亦能得熱。一爲兩體相磨，如以銅鈕扣磨於木板上，其熱即生。一爲兩體相擊，如以鋼刀擊於火石上，則生火能燃紙煤。他如將定質，或流質，或氣質，壓之令其體積更小，則亦生熱。將濃硫强水或石灰合於水中，則亦生熱。至於萬物之傳熱收熱，大不相同。有易收易傳者，有難收難傳者。而且有物於此，一冷一熱，則熱者傳其熱於冷者，必至兩體熱同而後止。其說極詳，其學極備，而欲尋常器用之不窮得乎。其測熱之法，最簡易者莫如寒暑表。其表以玻璃管爲之，下端有圓球，內盛水銀，其面上則刻度數，自十度起，至二百二十度有奇。可用以測空氣之熱，及各物質之熱。蓋觀其管中水銀升若干度，即知其大小多寡矣。此表中國甚多，人所共曉，固無容繪圖以明之也。又有一器，恃電氣而用之，亦甚精巧，厥名爲量度大熱表。蓋寒暑表不過可測尋常之熱，最大之熱，非此表不能測也。其法如左圖，用白金線通於鐵管中，而於管之首端，令線繞成螺絲形，其阻力在某度，已知之鐵管內。有火泥管作襯，如將管端通於爐內，或鎔化之金內，則管內之熱，不久即與外熱同。管之下端，有連電線器，此線通至測阻力之器，其器爲兩個玻璃管，內盛硫强水，並白金片兩塊，與電線相連，令電氣通過，則其水化分成輕氣及養氣，而聚於管之頂，能令其水下落。其管上刻有分度，所指水之度數，即能指出化氣若干數，已知第一管之氣數，又知第二管之氣數，則可推算其阻力。既知阻力，即可知熱度。蓋熱度愈大，則阻力愈增。熱度愈小，則阻力愈減也。凡各物質，皆可一測而知也。此可見西人測熱之法甚靈也。

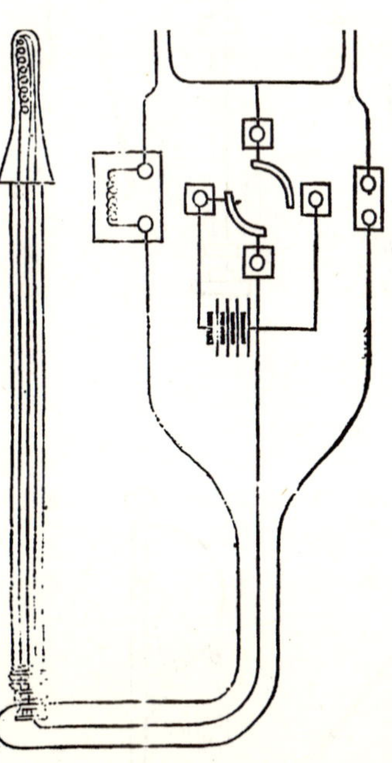

說者又謂，墨子云，臨鑑立景，二光夾一光，足被下光，故成景於上。首被上光，故成景於下。鑑者近中，則所鑑大，景亦大。遠中，則所鑑小，景亦小。此即光學家回光、折光、傳光、射光之說也。然而中國雖有其說，西人則説之更詳也。蓋西人之言光，凡物之讓光行過者，謂之透光體。不讓光行過者，謂之不透光體。而且回光之大小，視其物面之滑澀。折光之多寡，與其疏密有比例。至於光浪，行於玻璃內，不及行於空氣之速。且其光之長短，視其色之所分。一個紅光浪之長，爲三萬九千分寸之一。紫光浪之長，爲五萬七千五百分寸之一。其餘各色光浪之長，悉如紫色。若夫光行之速率，則以傳珂所測爲極準，蓋每秒十八萬五千一百七十七英里也。光學之精微如此，彼律度量衡之用所由窮也。其測光之法，則有測光器。無論傳光、回光、折光、射光，其大小多寡，測之不爽毫釐。又有一法，可測光力之大小。如左圖，用通草條一條，如甲，右半爲黑色，左半爲白色，繫以繭絲，而挂於玻璃泡內。丙爲小吸鐵，乙爲小回鏡，俱連於通草條上。丁爲大吸鐵，連於玻璃之外端，能移令上下，而使通草條上小吸鐵之力或變小，或變大。並將此器内空氣，全抽出而密封之。後置於黑色翦絨爲裏之套內，套内有孔，能放光線進出。其已爲燈火，所發光線入器內，遇回光鏡，如乙，則被乙鏡發回。至刻分度之面，如庚，從此能知通草條轉動之數，而測光力之大小矣。蓋光力小，則旋轉之度少。光力大，則旋轉之度多也。前有西人用此器，測燭火之光力，所得之數，列表如左。

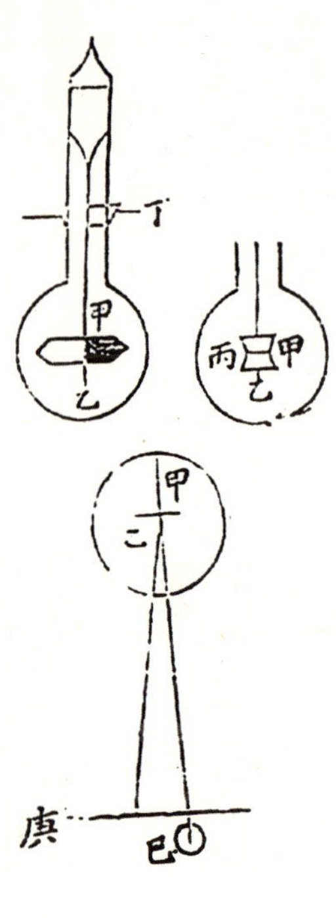

計燭火距器之遠		計通草條旋轉之數	
六尺	十尺	二百十八度	七十七度
十二尺	十八尺	五十四度	二十四度五
二十尺	廿四尺	十九度	十三度
三十尺		八度五	

觀此表，可知光力之大小不同，即旋轉之度數各異也。設再添一燭火，則所轉之數即加倍。如相距六尺，單燭得二百十八度者，雙燭即得四百三十六度也。再添兩燭火，則所轉之數即加兩倍，如相距六尺，單燭得二百十八度者，三燭即得六百五十四度也。以之測各種光力，皆屬極準，實精妙之器也。此可見西人測光之法甚精也。

說者又謂，《關尹子》言，石擊石生光，雷電緣氣以生，可以爲之。經云，地載神氣，神氣風霆。風霆流形，百物露生。《淮南子》言，黃埃、青曾、赤丹、白礬、元砥，歷歲生澒，其泉之埃上爲雲，陰陽相薄爲雷，激揚爲電，上者就下，流水就通，而合於海。鍊土生木，鍊木生火，鍊火生雲，鍊雲生水，鍊水反土。及夫頓牟掇芥，磁石引鐵之說，中國之言電氣詳矣。實則西人之説更詳也。何以言之？蓋西人説電，天空之電則分爲三類。一類長而窄，邊清色白，亦有時現紫色，或茄花色，路曲折而不直，遇地面之物，有時分成叉形。二類爲鋪散甚大，色或青，或紅，或茄花，常不離電雲之邊，其動速不及第一類。三類爲多而相聚，阿辣果名爲球形電，闊而彎曲，頃刻即滅。此三類皆天空之電也。造成之電，則分爲二種。一爲乾電。如擦磨琥珀松香，及一切乾燥之物，皆能生電。由乾而來，故名乾電。一爲濕電。如以不同類之二金，浸於强水，則交感成氣，其電即生。由濕而成，故名濕電。此二種皆造成之電也。又有電魚、電鱔，亦能生電。至若指南針，指北針，鍍金、包金、發報、治病、放砲、演水雷，電之用，則更無窮。近更有人得一新法，可藉電氣傳遞物件。其法壓縮空氣，假彈力伏鐵管於地中，以物件置之管中，傳遞甚速。電之功用愈大，亦電之測算愈精，此尋常之器所由不能並立也。其測電之法甚多，試擇簡要者言之。如左圖，可測物體所容之電多寡。其法用玻璃管平卧於架上，如甲乙，其辛爲玻璃柄，摇之可以使管轉動。管外繞金類薄條，如丙，條之一端連絲線，如巳，再將樹心球顯器，如戊，連於銅架，以電氣容於金類薄條，則樹心球必相離。引其絲線，使金類皮條繞開，則樹心球漸相近。因電氣減小故也。金類薄條若長，而容入之電氣少，二球便能相即。再摇辛柄，使金類條繞於管上，則二球仍相離。觀其一即一離，即可知電之多寡大小也。又有一器，可測來頓瓶放電之多少。如左圖，爲西人來捺所創造。其法用摩器收篇球一枚，如甲，用來頓瓶一具，如乙，瓶上竪以銅絲，如戊，絲間横以玻璃彎管，如丙，管端有銅球，如叮，球中有孔，貫以銅絲，其叮球之兩旁，又有銅球，如丁巳。銅絲在叮球之孔内，能移動，可使丁球距瓶上之球，或遠或近，即可知其電氣之多少也。至若測空中之電氣多少，則唐生測候簡器爲最精。又有顧路子在英國不路末非而勒地方，用銅絲長千餘尺，挂於樹心，而以管託之。回克司在英國山得爲志地方，挂銅絲於二禮拜堂之塔，長一千一百尺，皆所以測空中電氣之大小多寡也。此可見西人測電之法甚神也。由是而觀之，則知律度量衡之見爲消者，實因聲熱光電之見爲長也。噫，器物之有消有長，顧如斯哉。

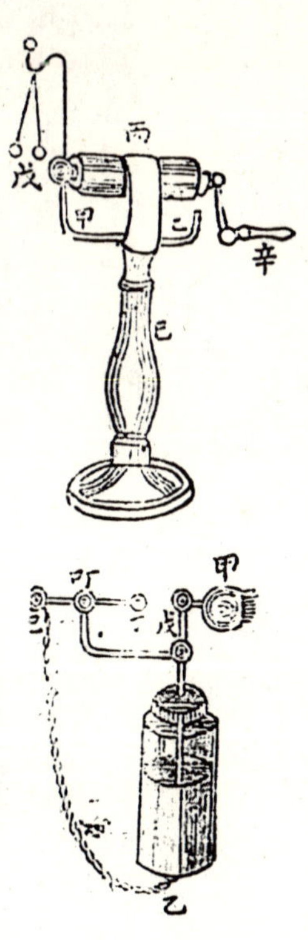

力學部

題解

鄧玉函　王徵《遠西奇器圖説録最》卷一《力藝》　表性言　力藝，重學也。力是氣力、力量，如人力、馬力、水力、風力之類；又用力、加力之謂，如用人力、用馬力、用水風之力之類。藝則用力之巧法、巧器，所以善用其力、輕省其力之總名也。重學者，學乃公稱，重則私號。蓋文學、理學、算學之類俱以學稱，故曰公。而此力藝之學，其取義本專屬重，故獨私號之曰重學云。

偉烈亞力　王韜《重學淺説》　重學原始

重學中亦分二科：一曰静重學，如權衡、輪軸、槓桿、滑車、斜面、螺旋、尖劈之類；一曰動重學，如流質、水、火、風、氣、船舶、槍砲、圓球、秒擺之類。而其理之最要有二：曰分力、并力，曰重心，爲動、静二重學之樞紐。蓋萬物以重心爲定，若二力加於一體，令之静，必定於并力綫；令之動，必行於并力綫。故知分力、并力與重心而環繞攝動諸力，一切重理皆從此出，得其要領，而重學思過半矣。其學雖無甚奥，衍而施之，平常實用俱有確證，於以知重學之不可一日廢也。

重學之發，原由於動、静二力。動者遇力而静，静者亦遇力而動。兩力相抵而止，兩力相併而前。西人機捩之學，胥本乎此，蓋力之爲用廣矣！顧論之根源，肇始於太陽，由是而星月之相攝有力，地心之吸動有力，波濤之摧壓有力，風氣之鼓蕩有力，水蒸氣則有漲力，火生熱則有焚力，以及電有傳力，物有化合之力，皆力之大較也。西人因創爲助力、借力之器，於是一髮之力，可引千鈞；一夫之手，能移萬石。爰考其制，皆恃槓桿、輪軸、轆轤、斜面、螺絲、齒輪、尖劈七類，以爲之用。凡造鐘表之擺錘，器具之機簧，無不藉此七類而爲之。神明而變化，其用豈有窮哉！

重學於諸學中爲最要，即以其淺者而論之，如權，有輕也，而可稱數十斤重物者，以衡之長，而有繫乎其衡者也。釘之入木至深也，而一手之力能拔而出之者，非僅手之力，而恃乎箝之力也。數百斤大石，非一人之力所能動，而以長木横乎小石之上，按其一端，而大石即動者，則全恃横木與小石墊之之力也。起物於下難，而設以滑軸，則執其繩，而起之即易。舉物於高難，而設以横板，則推其物而上之即易。此無他，恃乎滑軸、横板之力也。皆所謂借力於器也。此重學之顯而易見者也。由是而推之於製造，精益求精，鎗砲、兵輪、機器，無不出乎此。重學之用，亦廣矣哉。

重學有動、静，亦分有流質、氣質二種。亞奇默德曾考流質重學，著有一書，内言如盛水器中，其從各方向來壓於各點之力相等時，水必静而不動。逮前明崇禎末年，意人多利遮里潛究同一水也，何以能沿吸水管而上行，久之乃悟吸水管中風氣先經人以法取去，其間水面既無壓力阻礙，而管外四周井水皆有風氣下壓，管中之水自必有上行不止之勢。風雨表亦是多公所創製。後來英人奈端考察諸他質物游行於流質内有何隔阻之理，旋有法人巴斯加勒創製壓櫃，能以一斤之力，起舉四百斤之物，其法亦由流質壓力各點相等而悟出者也。

【略】

重學莫精於英人胡威立。其理根於算學，兼通格致，不惟有用於製器，並有裨於考天。言物之測算，則爲度量之學。言物之輕重，則爲權衡之學。蓋幾何者，度量之學也。重學者，權衡之學也。昔西人以權衡之學製器，以度量之學考天，今則製器、考天皆用重學。重學中有推算一法，知無論何器，能增力者不能增速；能增速者必費大力。至機件運動，一切有法。凡機器之繁，均藉六類簡器并合而成。重學實用爲造機器，汽機各書無一不從重學中來。邇來輪船、火車、工藝製造，各廠工程之鉅者，悉由此出。重學詎不爲格致之要學也哉！

又　重學總論

凡物用力與動，推其理名曰重學。重學中之力，與化學中之力異，而功效亦不同。重學之力加於質體，祇可使之移動，或易其形狀，改其方位，而不能令本質變化。化學之力則能變化本質，改移物之形性也。如青石，或用硾擊，或用水衝，可令碎爲粉，然本質不變，原性不改，此重學之力也。若用磺强水，令化爲粉，則本質盡變，形雖爲粉，而已變爲石膏，與青石粉原質本性大不相同。此化學之力也。重學中之器分爲二科：一曰簡器，如桿與鉗之類。一曰繁器，則合數器爲一器，總名爲助力之器。重學之器，或論其理，或論其用，皆有用力之巧法寓於其内。其大端，不過受他力加於物，而所得之力較本力更爲簡便，即以速行之小力，可變爲遲行之大力。有時用法，令發出奇巧之力，一若器自能生力者。重學之大要，乃用力抵定對面之力；所用之力曰力，所抵之力曰重。僅用手，不用器，得力不多。故凡工作，皆用器助己之力。野蠻用一木治田，與最奇巧之器理歸一致。深於格致者，能詳細言之。助力之器有三種：曰桿，曰滑車，曰斜面，是謂原器。又有三種：曰輪軸，曰劈，曰螺旋。輪軸即桿類，劈與螺旋即斜面類，是謂次器。凡繁器，大率合此六器而成。分言之，各具一理；合言之，總歸一公理：即增力不能增速，增速不能增力也。凡機器之制，無論繁簡若何，用法若何，均不能出此六器之中。

傅蘭雅《重學圖説》 總論

重學乃論體之相定與體之動理。專論體之相定者，謂之静重學；專論體之動理者，謂之動重學。【略】總而言之則曰重學。

已悉重學之理，則知所生阻力不拘大小，均可以法勝之，又能使各種機器行動。邇來機器廣用，其類甚繁，今人因之得益非淺，獲福良多。依理制器，精巧可施，以器衛生，力權足秉，藉重學以祛煩勞，洵古人夢想所不及焉。

機器之制，無論若何繁，不拘作何用，均爲數種簡便器具合而成者。故重學中之器特分兩科：一曰簡器，即桿或輪之類；一曰繁器，乃數簡器相聯合者。簡器又名助力器，共分六類：一曰桿，二曰滑車，三曰輪軸，四曰斜面，五曰劈，六曰螺旋。

六類簡器可化爲更約之數，蓋輪軸乃桿類變形，劈與螺旋乃斜面變形，故助力簡器實僅三類，即桿與滑車及斜面也，是謂之原器；而輪軸、劈、螺旋三者，則謂之次器。

杞廬主人《時務通考》卷二六《重學上》 原始

動静重學源流　重學分二科，一曰静重學。凡以小重測大重，如衡之類，静重學也，凡以小力引大重，如盤車、轆轤之類，静重學也。一曰動重學。推其暫如飛礮擊敵，動重學也；推其久如五星繞太陽、月繞地，動重學也。静重學之器□七：桿也，輪軸也，齒輪也，滑車也，斜面也，螺旋也，劈也。而其理維二：輪軸、齒輪、滑車，皆桿理也。螺旋、劈，皆斜面理也。動重學之率凡三：曰力，曰質，曰速。力同，則質小者速大，質大者速小。質同，則力小者速小，力大者速大。静重學所推者，力相定，或二力方向同定于一綫，或二力方向異定于一點。動重學所推者，力生速。凡物不能自動，力加之而動。若動後不復加力，則以平速動；若動後恒加力，則以漸加速動。而其理之最要者有二：曰分力、并力；曰重心，則静動二學之所共者也。凡二力加於一體，令之静，必定於并力綫；令之動，必行於并力綫。且物之定，必定於重心；物之動，必行於重心綫。并力綫必經過重心也。又凡物旋動，必環重心，地動是也。二物相連而相繞，必環公重心。月、地相攝而動是也。故分力、并力及重心，爲重學最要之理也。

重學本名原是力藝　力藝，重學也。力是氣力、力量，如人力、馬力、風力、水力之類；又用力、加力之謂。如用人力，用馬力，用水、風之力之類。藝則用力之巧法、巧器，所以善用其力，輕省其力之總名也。重學者，學乃公稱，重則私號，蓋文學、理學、算學之類，俱以學稱，故曰公。而此力藝之學，其取義本專屬重，故私號之曰重學云。

重學與化學異同　重學之力，加於質體，衹可使之移動，或易其形狀，改其方位，而不能令本質變化。化學之力，則能變化本質，改移物之形性也。如青石，或用硾擊，或用水衝，可令碎爲粉，然本質不變，原性不改。此重學之力也。若用磺强水令化爲粉，則本質盡變，形雖爲粉，而已變爲石膏，與青石粉原質本性大不相同。此化學之力也。又重學論氣質，而包地之氣，合諸氣而成，乃化學家之理也。計百分氣中有養氣二十分，或二十一分；淡氣七十分，或八十分，二氣和洽而成，故氣在化學中獨異，非若他物，合諸質體變化而成也。

沈桐生《東西學書提要總敘》卷下《重學》 重學總敘

重也者，力之謂也。能力，可以任重。能力，可以起重。實爲權衡之本，機器之原，其理至確，其用至廣，此重學之所以可貴也。按《墨子·經下》云，招負衡木加重焉而不撓，極勝重也。右校交繩，無加焉而撓，極不勝重也。蓋即重學所謂重心者是。又云，挈，有力也。引，無力也。不正所挈之止於柂也。蓋即重學中所謂斜面助力器者是。又云，凡重上弗挈，下弗收，傍弗劫，則下直柂。蓋即重學中所謂分併二力者是。又云，均髮均縣，輕重而髮絶，不均也。均，其絶也莫絶。吸重之法也。一少於二，而多於五，説在重。定重之法也。此雖强爲比坿，却有至理可繹。至若西人之言重學者，則云當中國秦時有希臘人亞奇默德者，能以大鐵鉤覆沈敵船，此事實爲權輿。逮及前明，意人伽離略始得物墜爲吸力之理，英人瓦利斯始得兩物相撞之理，荷人海根斯始得時鐘擺綫之理，英人奈端始得拋物之徑路，水液兩質之流動，并物力互相攝引之理，而重學於是日新月盛。壓水之鐵櫃，起重至百萬噸。浮海之鐵船，載重至二萬噸。此之謂静重學。推水碓風磨之意，借瀑以運機輪，廣柳條龍尾之車，引泉以登樓閣，此之謂動重學。至於蒸水化汽，即以汽運機，細至於鐘表刀針，大至於橋梁砲壘，或以借力，或以傳力，或以壓力，或以托力，或以張力，或以縮力，或以磨擦之力，或以牽引之力，在在與重學有所關係。而其理之最著者，曰重心，曰分力，曰併力，實動靜二重學之樞紐。所謂重心者，物體穩立之心也。凡物之全體，恒聚重心，如取木箸居中，擔於指上，兩頭均勻，自然平穩。此重心之證也。所謂分力、併力者，二力合一、一力分二也。蓋重學發源於力，静者遇力而動，動者遇力而静。兩力相抵而止，兩力相併而前。觀於舟之渡河，水力愈大，沖下愈遠。此二力合一之證也。觀於船之藉風航海，雖風自旁吹，可張帆斜懸以接之。蓋船旁之水力，與旁風之横力相抵，此一力分二之證也。故有分力、併力，而一切攝動諸力，悉可由此而明。他若物之墜地，因輕重爲徐疾。砲之擊遠，視天氣爲高低。澄思渺慮，至理可稽。此所謂重學之理也。至考重學中所用之器，則又分析至精，各當其用。其爲助力之器，如木板、天平盤、掛碼、鐵鈎釘之屬，均是。此外略分六類，一曰槓桿。或製以鐵，或製以木，乃以力倚重各點之方位定之。二曰輪軸。蓋輪與軸連成一體，可以接連常動也。三曰滑車。乃架内停軸轉動之輪也。周邊有槽，便於容繩以拉物上升，其製有動滑車、繇滑車、横連滑車、同心滑車等類。四曰斜面。凡用平板一端而斜倚者，即斜面之形也。五曰尖劈。其體具三稜形，如斧類是。六曰螺旋，以斜絲纏於圓柱，而以旋轉起動諸物。中國亦有此器。論其致用，則譬諸巨石重物，人不能移，則用槓桿。舟車裝載重物，須置斜面。井中汲水，則以輪軸。重物提上，則用滑車。劈木起石，則用尖劈。如用壓力，則以螺旋。此則静重學諸器致用之略也。若論動重學之器，有離心擺，離心鈎，顯轉輪，速轉筒等器。如流質水火風氣，船舶槍砲，鐘表秒擺，俱賴此重力，以較速率，以定準則，此則動重學諸器致用之略也。今西法齊動力之輕重疾除[徐]而制器物，又能使小力增大，舉重若輕，如三十五噸之大砲，以汽機運動，進退高下，無不如意。重學之用，即此一端其效可睹。噫，丁此時會，如鐵路、輪舟，礦務、兵政，一切工程製造，有非人力所可及者。重學者，所以補人力之窮也，所以奪造化之巧也，學者苟能明其理而致其用，則所裨豈淺鮮哉。述重學。

《廣學會譯著新書總目》《力學須知》

力學者，動重學也。重學本分兩支：一曰静重學，專論體之相定；一曰動重學，乃論體之動理，各力之根源。力生於體，無體則無力。欲明各力之理，須先悉質體之性，首以體性論。

論説

熊三拔《泰西水法・水法本論》 昔者造物主之作天地萬物也，如大匠之作宫室器用也。工人造作，必先庀具。土木金石物具，而後攻之。所造宫室器用，必也土木金石爲之體焉。造物之主備大全能，能以無爲有，其始有之物，爲元行。元行四，一曰土，二曰水，三曰氣，四曰火。因之以爲體而造萬物也，非獨爲體而已。既生之物，不依四行不能自存，不賴四行不能自養，如人一身，全賴四行會合所生。會合所成，身中温煖，蒸化食飲，令成血氣。是用火行，身中脈絡，出入嘘吸，調和内外；是用氣行，身中四液，津潤臟腑，以及百骸；是用水行，百體五内，受質成形，外資食物，草木、血肉，是用土行也。人身若此，萬類盡然。因此四行，爲是世界所須，至切至急，以故造物之主作此四行，遍在世間，至廣至足。試觀氣行塞滿空際，人物有生之類呼吸其中，草木百昌，因緣茁發；又觀火行，因緣于日，温煖下齊，萬物發生，成熟變化；土則承載萬生，發育品類；水則遍滋群有，任意斟酌。是此四行，隨處可得，任物取資，不若珍寶諸類，深藏希有。人珍寶諸類不切世用，則深藏希有；水氣火土世用至急，則遍滿充足。伊誰之力，實本玄功。以是可推，生物之初必有造物之主，其綜理籌度，悉由仁愛裁制，多寡具有權量也。四行之論，其理甚廣，其説甚長，宜有專書備論，今獨就水行，略言其緒。夫四行各有本所，水之本所當是海也。海不遍大地，即又作爲流泉、溝洫、江河、川瀆，令平地高山遍有之；又不能遍大地爲江河，即又作爲地脈，旁通潛演，掘地穿井，無不得之。井養之利，足資人用。人力有限，或熯竭之地水所不至，高原上地水脈甚深，物生其間，無由滋潤。遂其長育即又作爲雨、露、霜、雪，用霑溉生養之，于是爲海、爲川、爲井、爲雨，皆水之本所。有生之類，受澤于兹，取之無禁，求之至足矣。王宰之恩，猶未既也，復神人靈，承天制用。于是古先迪哲作爲水器，以利天下。或取諸江河，或取諸井，或取諸雨雪，藉以救災捍患，生物養民。積久彌精，變化日新焉。嗟夫，深心實理，巧思圓機，誰令人類得與于斯，斯亦造物之全能乎？□道餘晷，偶及兹事，一二見知，謬相賞歎，仍令各制一器。夫百工藝事，非道氏之木棠，竊嘉諸君子哀人之深，勉副其意，仍託筆爲書，梓而傳之。倘當世名賢體天心，立人命，經世務，憂時艱者，賜之荛采，因而裕民足國，或亦遠臣矢心報効之一班也。

薛鳳祚《曆學會通》 重學敘

聖人製器以利天下，凡百工之技皆有巧寓焉。以重學言之，今支磯、輪盤、等子、轆轤、滑車諸物，其資益世用久矣。但人日用由之，而不知其所以然。不明其理，則不能變通諸法，即美利在前，亦以無所傳述而不悟度數。重學其輕捷省便處，新奇玄奥，令人心花頓開。雖其中有費時之慮，然得其意而善用之，自有遲速咸宜之妙。人情莫不欲逸，世人勞劇繁苦，竭蹶而不能至者，費工不及十之一二，而措辦無難。人情莫不欲富，世人畢智竭能，冀蠅頭微息而不得者，用力不過十之一二，而封殖即厚。此度數之餘技，其關切人已如此。若曰機事機心，懼啓人心之幻，自□□人之巧僞，日難方物，即令制器尚象之旨，執泥罔通，亦不能反末俗之涼薄而淳古之也。起重、引重、轉重，三種爲類頗煩，每種取一端爲三隅之反，非謂此學已盡於此，非謂此學尚未盡於此也。

偉烈亞力 王韜《重學淺說》 重學原始

重學之由來古矣。製物造器無不出於重學，不知重學則不明夷險之理。當中國春政之世，希臘亞奇默德創立重學法，於適當其中之處，立杆懸物，輕重適均，遠近如一，視其倚點而悟其理。重學且可施之於戰陣焉。時西西里國濱海建都，與鄰國構怨交兵，鄰國駕艨艟直逼城下，城人洶懼，王命造備禦之具。亞奇乃製大鐵鈎，鈎取敵船，舉而覆之，城賴以全。其法胥出於重學。由是亞奇重學之名著於一時。凡考重學之理者，於物由高墜下之時，可知地面吸力大小，而明其速率，前明意大利人伽離署始得此理。至於考獲兩物相撞之理者，爲英人瓦利斯。考獲時鐘擺線之理者，爲荷蘭人海根斯。考獲拋物之徑路、水液兩質之流動，并物力互相攝引之理者，爲英人奈端。

中國講求重學，偶見於古史。《墨子》：均髮均懸，輕重而髮絶，不均也。均，其絶也莫絶。一少於二，而多於五。說在重。非半弗𣃔。倍，二尺餘尺去其一。是即重學家萬物皆趨重心之說也。鐘擺之理，殆即重學之肇端。晷漏有四：其一曰輥彈。西洋製自鳴鐘，其制出於古之刻漏。儀徵阮文達公云，輥彈，即自鳴鐘之制，宋以前本有之，失其傳耳。西人之製器也，其精者曰重學，重學以輕重爲學術，凡奇器皆出乎此。而其佐重學以爲用者，曰輪，曰螺。是以自鳴鐘之理，則重學也；其用，則輪也，螺也。古漏壺盛水，水乃漸減，遂以爲輪之轉運，是水由重而漸減爲輕也。自鳴鐘以鐵爲卷，置於銅匣之中，捩之使屈，其力由屈求伸，亦由重而漸爲輕也，二者物異而理同。故不明重學之理者，不足與言製器。【略】

前明崇禎年間，意大利國弗羅連城爲格致之士所薈萃，遂創立格致會，以招徠四方文學。會中人查有氣質緣熱加漲之說，繼遵是說而創製寒暑表。逮至我朝順治年間，英人拜勒與法人馬略德同測獲寒暑無變之時，其風氣疎密與壓力有恒比例。迨康熙末年，泰西人造有水氣引水及諸用水氣之他器，惟是物動於風氣中，皆有何阻礙，英人奈端獨能推得其確數。又有火藥自經燃着，其内諸氣質之體驟漲，較大於原體三百倍，亦爲博識者所查獲。當乾隆三十四年，英人瓦得始創製以水氣運機之器。嘉道之間，復有人查獲水氣漲力其數幾何，氣質重學通於機器。今則鐵路周陸，輪船徧海，耕織之繁，多藉機器以倍其利，可知氣質重學爲益匪細。

杞廬主人《時務通考》卷二六《重學上》 原始

重學力原始　論之根源，肇始於太陽。由是而星、月之相攝有力，地心之吸動有力，波濤之摧壓有力，風氣之鼓盪有力。水蒸氣則有漲力，火生熱則有焚力，以及電有傳力，物有合化之力，皆力之大較也。

氣質重學原始　前明崇禎年間，意大利國弗羅連城，爲格致之士所薈萃，遂創立格致會，以招徠四方文學。會中人查有氣質原熱加漲之說，繼遵是說，而創製寒暑著表。逮至我朝順治年間，英人拜勒與法人馬略德同測獲寒暑無變之時，其風氣疎密，與壓力有恒比例。迨康熙末年泰西人造有水氣引水，及諸用水氣之他器。惟是物動於風氣中，皆有何阻礙，英人奈端獨能推得其確數。又有火藥自經燃著，其内諸氣質之體驟漲，較大於原體三百倍，亦爲博識者所查獲。當乾隆三十四年，英人瓦得始創製以水氣運機之器。嘉道之間，復有人查獲水氣漲力其數幾何。

流質重學原始　亞奇默德曾考流質重學，著有一書，内言，如盛水器中，其從各方向來壓於各點之力相等時，水必静而不動。逮前明崇禎末年，意人多利遮里，潛究同一水也何以能沿吸水管而上行，久之及悟吸水管中，風氣先經人以法取去，其間水面既無壓力阻礙，而管外四周井水皆有風氣下壓管中之水，自必有上行不止之勢。風雨表亦是多公所創製。後來英人奈端，考察諸他質物游行於流質内有何隔阻之理，旋有法人巴斯加勒，創製壓□能以一觔之力。起舉四百觔之物，其法亦由流質壓力各點相等，而悟出者也。

袁清舫　晏海瀾《西藝通考・重學考叙》　自西人重學翻譯成書，於是中國稍知權衡之學之用，較度量之用尤精且廣，乃罕能言之，實學問之士之一大缺憾也。夫海外諸國，各以其富强争雄於地球之上，究厥由來，制器精耳。制器之精，度量權衡之學名耳。昔西人以權衡之學制器，以度量之學考天，近數十年，則並考天皆用重學。新理日辟，妙義環生，是亦我中士之士，所亟宜講求者也。

《廣學會譯著新書總目》　《重學須知》

致知先言格物，曆象必推算學。至於重學，不但令人無講求者，即古傳書籍亦不論及，且無其名目，是可知中國本無此學也，實學問中之一大缺憾事。西人之通中西兩文者，繙譯《重學》一書，兼明格致、算學二理，久經行世，人數快睹也。

著録

梁啓超《西學書目表》上　重學

《重學》　艾約瑟、李善蘭　金陵刻本　三種合二十本　三種合二千七百

《重學淺説》　偉烈亞力　上海排印本　在王氏《西學輯存》中

《重學圖説》　傅蘭雅　益智書會本　一本　一角五分

《重學器》　傅蘭雅　格致彙編本　在《格致釋器》中

徐維則《增版東西學書録》卷三《重學》　重學第十三先重學，次力學，次重學器。

《重學淺説》一卷，上海排印本在王氏《西學輯存》中，一册。

英偉烈亞力譯，王韜述。首述重學源流，備舉創法諸人，後論分科發原權衡、動静等理，又有總論曰簡器、曰繁器而總名之曰助力器，意簡詞明，最便省覽。

《重學須知》一卷，《格致須知》二集本，一册。

英傅蘭雅著。篇幅雖少，於静、重學之義理擇要著之，初學最易通曉。

《重學彙編》一卷，《西學大成》本。

英傅蘭雅輯譯。此書所論攝力、重力合於體質者言之，若重學之義理此不詳論。

《重學》二十卷，附圓錐曲綫説三卷，同治五年金陵局重刊三種合刻本無首卷有附卷，上海石印本，成豐己未錢氏活字板本作十七卷有首卷無附卷，《中西算學大成》本。

英胡威立著，英艾約瑟、李善蘭譯。重學分爲二科，曰静重學、曰動重學，而其理之最要者有三，曰分力、曰並力、曰重心，爲動、静二學之樞紐。蓋萬物以重心爲定，若二力加於一體令之静必定于並力綫，令之動必行于並力綫，故知分力、並力與重心三端，凡環繞攝動諸力之理皆由此出。是書前七卷論静重學，後十卷論動重學，末三卷附流質重學，以演算法推論諸理，深切著明，實爲善本。

西人原書本分三編，此僅其中編。

以上重學。

《力學須知》一卷，《格致須知》三集本，一册。

英傅蘭雅著。第一章總論體性，第二章略論各力，第三章略論重心，第四章略論動理，第五章略論擺動，第六章略論圜動。此皆力學之要理，尚粗淺，宜先讀。

《力學入門》一卷附圖，《格物入門》七種本，《西學大成》本名《重學入門》，日本明親館重刊本。

美丁韙良著。所言皆諸重學之公理，設以答問，力求簡顯，中言動力尤詳。

《力學測算》三卷，同文館《格物測算》七種本。

美丁韙良著。第一卷六章，論物之動静重質相吸之力、墜物之理，以微積分發明墜地之理，物之重心，以微積分求重心；第二卷六章，論力之分合、旋物之理，火器物之相觸，索綫物之擺動；第三卷七章，論横杆、輪軸、滑車、斜面，斜面下墜之理，螺絲尖臂磨阻之力，梁木之理。每章逐款設爲問答，繪圖衍代數式，間及微積，皆極簡明，又皆有演題以爲法式，附題以資練習。其書實爲推廣《格物入門測算》一卷之用。又李氏所譯《重學》本爲未竟之書，如殘周面積、抛物線面積、求重心其法皆闕，是書一出其術始備，餘亦頗多新理、新法，别有水、火、氣、光、電等卷，通名曰《格物測算》。

以上力學。

《重學圖説》一卷，益智書會本，一册，《西學大成》本。

英傅蘭雅著。以重學中器具分爲兩科，曰簡器、曰繁器，一一剖析其理，説頗簡達。

《重學器》一卷，《格致彙編》本在《格致釋器》中。

英傅蘭雅著。專述器具，首助力器，次杆，次滑車，次斜面，次輪軸，次螺絲，次論重心，次論離心力，共分六十圖以明之。學者按圖作器，悉心試驗，自能究其妙理。

以上重學器。

趙惟熙《西學書目答問·藝學》 重學

《重學》二十册，英胡威立撰，英艾約瑟譯，李善蘭述。南京本。威立爲重學名家，其學道源於算術，兼及格致諸理，故其書亦由淺入深，頗稱精博，兹譯爲原書之中編，非全豹也。《重學入門》一册，美丁韙良撰，同文館本。

《重學淺説》一册，英偉烈亞力撰，上海本。

《重學彙編》一册，英傅蘭雅撰，益智書會本。

《重學圖説》一册，英傅蘭雅撰，益智書會本。

《重學器》，在《格致釋器》中。

王景沂《科學書目提要初編·格致科》 《水學圖説》同上，二卷。

剛體力學分部

綜述

鄧玉函　王徵《遠西奇器圖説録最》 凡例

一正用

重學　數學

借資　視學

窮理格物之學　(呂律)[律呂]學

度學

【略】

一制器器

度數尺　晝紙規矩

驗地平尺　作雞蛋形規矩

合用分方分圓尺兩端即兩規矩。

闔闢分方分圓各由一分起至十分尺　移遠畫近規矩

規矩　寫字以大作小、以小作大規矩

兩足規矩　螺絲轉母

三足規矩　活鋸

兩螺絲轉圜定用規矩　雙翼鑽

單螺絲轉圜闢任用規矩　螺絲轉鐵鉗

畫銅鐵規矩

一記號

號必用西字者。西字號初似難記，然正因其難記，欲覽者怪而尋索，必求其得耳。况號止二十，形象各異，又不甚煩、不甚難乎。今將西字總列于左，即以中字並列釋之，以便觀覽。且欲知西字止二十號耳，可括萬音萬字之用。

a e i o u z ç k p t j v f g l m n s x h

丫額衣阿午則者格百德日物弗額勒麥搦色石黑

以上記號，蓋因圖中諸器多端，須用標記，而後説中指其記號，一一可詳解耳。用之不盡不論也，圖之簡明易知者，則不用。

一每所用物名目

柱　長柱　短柱

梁　横梁　側梁

架　高架　方架　短架　横杆

軸　立軸　平軸　斜軸　觚軸

輪　立輪　攪輪　平輪　斜輪　飛輪　行輪　星輪　鼓輪　齒輪　輻輪

觚輪　燈輪　水輪　風輪　十字立輪　十字平輪　半規斜輪　木板立輪

木板平輪　鋸齒輪　半規鋸齒輪　上下相錯鋸齒輪　左右相錯鋸齒輪

曲柄　左右對轉曲柄　上下立轉曲柄

單轆轤　雙轆轤

滑車　推車　曳車　駕車　玉衡車　龍尾車　恒升車

索　曳索　垂索　轉索　纏索

水戽　水杓　連珠戽　鶴膝轉軸

風蓬　風扇　活輥木　活地平　活桔槔

一諸器所用

用器　用人　用馬　用風　用水　用空　用重　用槓　用輪　用龍尾　用螺絲　用秤杆　用滑車　用攪　用轉　用推　用曳　用揭　用墜　用薦　用提　用小力　用大力　用一器　用數器　用相等之器　用相勝之器　用相通之器　用相輔之器

一諸器能力

能以小力勝大重　能使重者升高　能使重者行遠　能使在下者遞上而不窮　能使不動者常動而不息　能使不鳴者自鳴　能使不吹者自吹　能使大者小　能使小者大　能使近者遠　能使遠者近

一諸器利益

省大力　免大勞　解大苦　釋大難　節大費　長大識　增大智　致一切難致之物平易而無危險

一全器圖説

起重圖説　轉重圖説　取水圖説　轉磨圖説　解木圖説　解石圖説　轉碓圖説　轉書輪圖説　水轉日晷圖説　代耕圖説　水銃圖説　取力水圖説　書架圖説　人飛圖説

又　卷一　奇器圖説，譯西庠文字而作者也。西庠，凡學各有本名，此學本名原是力藝。力藝之學，西庠首有表性言，且有解，所以表此學之内美好；次有表德言，所以表此學之外美好。今悉譯其原文本義，兩列於左。

力藝(原名)

表性言

【略】

原解表性言

蓋此重學，其總司維一曰運重。

凡學各有所司，如醫學所司者治人病疾，算學所司者計數多寡，而此力藝之學其所司，不論土水木石等物，則總在運重而已。

其分所有二：一本所，在内，曰明悟；一借所，在外，曰圖籍。

人之神有三司：一明悟，二記含，三愛欲。凡學者所取外物外事，皆從明悟而入，藏於記含之内。異日明悟愛之而欲用之，直從記含中取之足矣，此學之本所在内者也。至古人已成之器之法，載在圖籍，則又吾學之借所也，故曰在外。

其造詣有三：一由師傳，一由式樣，一由看多、想多、做多。

凡學皆須由此三者而成，而此力藝之學，賴此三者更亟。不得師傳，不會做；不有式樣，亦不能憑空自做。兩者皆有矣，而眼看不熟、心想不細，手做不勤，終亦不能精此學。蓋大匠能與人規矩，不能使人巧，巧必從習熟而後得也，故曰習慣如自然。三者並重，而第三尤爲切近，何也？師傅易明，但師不克常在則難，式樣最便，然亦有有式樣而不能便惺然者，故自己看多、想多、做多，尤切近也。

其作用有四：一爲物理，二爲權度，三爲運動，四爲致物。

理如木之有根本也，木有根本，則千枝萬實皆從此生，故人能窮物之理，則自能明物之性。一理通，而衆理可通；一法得，而萬法悉得矣。窮理原爲學者之急務，而於此力藝之學，尤爲當務之首。理既窮矣，假如兩理不知誰重誰輕，則必權之度之，理因相比而可較然其自分也，故權度次之。夫理窮而權度亦既審矣，夫然後遇物之重者，舉人力所不能運、所不能動者，以此力藝學之法之器而運動之，無難也，故運動又次之。顧運動何爲？總欲致其物耳。假知人生有飢有寒，則思致餘食致衣服諸物，避風避雨，則思致城郭致宫室諸物，防物害防敵攻，則又思致干戈致火器諸物。凡此諸物，非此力藝之學莫能致之，故以致物終之者，正以明此學大用之終竟耳。四用似有先後，而實皆相聯，假如欲致物，不得運動法則不能致；欲運動，不得權度則運動無法，而權度不根諸窮理，則將孰權孰度焉？故四者相須，總爲此學之大用。

其所傳授因起則有五：一，始祖遞傳；二，窘迫生心；三，觸物起見；四，偶悟而得；五，思極而通。

相授之原從人之始祖亞當受之造物主，以後遞相傳於子孫，然特傳其耕作器耳。至後將近四千年有一大人，名亞希默得，新造龍尾車、小螺絲轉等器，又能記萬器之所以然。今時巧人之最能明萬器所以然之理者，一名未多、一名西門。又有繪圖刻傳者，一名耕田、一名刺墨里。此皆力藝學中傳授之人也。其云窘迫生心者，如因饑寒所迫，則思作飲食作衣服；因風雨所迫，則思作城郭作宫室；因物害敵攻所迫，則思作干戈作火器之類是也。觸物起見者，如觸於魚之摇尾水中，則因之作柁；觸於魚之以翅左右，則因之作櫓；觸於松鼠之伏板暨尾渡水，則因之作帆之類是也。偶悟而得者，如一國王以純金命一匠作器，匠潛以銀雜之，王欲廉其弊弗得也；亞希默得因浴而偶悟焉，謂金與銀分兩等，而體段大小不等，金重而小，銀重而大，以器入水，驗其所留之水誰多誰寡，則金與銀辨矣，遂明其弊，而匠自服罪之類是也。思極而通者，人能常思常慮，則心機自然細密，明悟自然開發。所謂思之思之，又重思之，思之不得，鬼神將通之者是也。此數者雖不由傳授，然有因而起，故統系傳授之下，而另列之爲因起云。

論其料，曰理曰法，縱千百其無盡。

料者，力藝學中之材料也。如一重物難起，或用人力、或用馬力、或用關楔、或用輪盤。一法不足，百法助之。其機種種不同，其材料不越理法兩端，隨人明悟，相度取用，可千變萬化而不窮也。

核其模，有體有制，實次第而相承。

模即體制，蓋有材料而不有體制作模，則必不能成一器。然體制雖或千百不同，而其實則各各次第相承而不紊。譬如自鳴鐘，大輪小輪，其中名目甚多，必一一次第相聯而後可以自鳴也，一紊其序，則不成其用矣。

所正資而常不相離者，度數之學。

造物主生物有數、有度、有重，物物皆然。數即算學，度乃測量學，重則此力藝之重學也。重有重之性理，以此重較彼重之多寡，則資算學；以此重之形體較彼重之形體大小，則資測量學，故數學、度學正重學之所必須。蓋三學均從性理而生，如兄弟内親，不可相離者也。

所借資而間可相輔者，視學及律呂之學。

夫重學本用在手足，而視學則目司之，律呂學則耳司之，似若不甚關切者。然離視學，則方圓平直不可作；離律呂學，則輕重疾徐、甘苦高下之節不易協，況夫生風、生吹、自鳴等器，皆借之律呂，故兩學於重學雖非内親乎，而實益友，可相輔而不可少也。

此其取精也既厚，則其奏效也必宏，故能力甚大，其所裨益於人世者良多也。命曰重學，學者其可忽諸？

夫此重學既從度數諸學而來，其學可謂博而約矣。原非一蹴而成功，自可隨奏而輒效。只就起重一節言之，假如有重於此，數百千人方能起，或猶不能起，而精此學者，止用二三人即能起之，此其能力何如也？既省多力，又節大費，且平實而不致險危，其裨益於人世也又何如？故名以重學，雖專爲運重而立名，亦以見此學關繫至重，有志於經世務者，不宜輕視之耳。

或問：表性言一句耳，而解奚爲如此之多？曰：此學最奇，亦最深。不詳解，不能遽曉此中之妙、之法、之性理，故解已詳。而余復爲詳註之者，總期人人之易曉也。

表德言

前所表者，重學之内性耳，兹復表其外德。

力藝内性圖

- 先
  - 所：明悟 圖籍
  - 傳：窘迫 觸物 偶悟 思極
  - 造：師式 想習
- 本
  - 料：曰理 曰法
  - 資：度學 數學 視學 律呂
  - 模：有體 有制
- 後
  - 司：一總 曰重
  - 用：窮理 權度 運動 致物
  - 效：容易 節省

是重學也，最確當而無差。

天下之學或有全美、或有半美，不差者固多，差之者亦不少也，惟算數、測量毫無差謬。而此力藝之學根於度數之學，悉從測量、算數而作，種種皆有理有法，故最確當而毫無差謬者，惟此學爲然。非如他學，此或以爲可，彼或以爲否，此或見以爲是，彼復駁以爲非者比。蓋人同具明悟，知其所以然，自不得不是之，非强也。間有差，亦非此學之差，則器之材質或有差，不則人之所作如法與不如法耳。

至易簡而可作。

蓋器之公者止有一，器之所以然亦止有一，且至爲明白，不依賴於多體。況其體相聯不多，如通一體，則他體可以相推，但一留心，自可通曉，不似他學費盡心力，而猶或不易曉也。其理易明，其法有迹而易見，其器又悉有成式而可擬，故此學至易至簡，而人人可作。

然奇古可怪，聞者似多驚詫非常。

人多勝多，或人多而勝寡，不怪也；人寡能勝人多，則可怪。如以大力運大重，奚足怪？今用小小機器，輒能舉大重，使之升高、使之行遠，有不驚詫爲非常者鮮矣。然能通此學，知機器之所以然，則怪亦平常事也。試觀千鈞之弩，惟用一寸之機；萬斛之舟，祇憑一尋之柁，豈不可怪？而世因常常用之，則亦視爲日用家常物耳。

而精妙難言，見之自當喜慰無量。

饑得餐，渴得漿，則自生喜慰，而此精妙之器，乃吾人明悟之美味也。同具明悟者寧能不喜？況有大重於此，用大力多力不能起者，一旦用小力而大重自起，見之有不喜慰者乎？故器之精妙，筆舌難盡形容，但人一見器之精妙，未有不歡欣慰悦者也。昔亞希默得，欲辯金與銀雜之故不得，偶因沐浴而悟得其故，則歡慰之極，至於忘其衣著，赤身報王，是一證也。

堪爲工作之督府。

凡工匠皆有二等：一在上，一在下。下者奉上之命，躬作諸務，有同僕役，上者指示方略，而不親操斧鑿者也。自有此學，總百工之在上者亦皆在下，而此學獨在其上。蓋百工之在上者，非此宗工，無所取法、無所禀承。其尊貴有五：一能授諸器於百工，二能顯諸器之用，三能明示諸器之所以然，四能於從來無器者自創新器，五能以成法輔助工作之所不及，故曰督府云。

可開利益之美源。

民生日用，飲食衣服宫室種種利益，爲人世急需之物，無一不爲諸器所致，如耕田求食，必用代耕等器；如水乾田、乾水田，必用恒升、龍尾、轆轤等器；如榨酒榨油，必用螺絲轉等器；如織裁衣服，必用機車翦刀等器；如欲從遠方運取衣食諸貨物，必用舟車等器；如欲作宫室所需金石土木諸物，必用起重、引重等器。人世急需之物，何者不從此力藝之學而得？故即稱爲衆美之源可也，不寧惟是，即救大災、捍大患，如防水害，則運大石以築堤；防火災，則用吹筒以灑水；遇猛獸，則用弓弩刀槍；遇大敵，則用拂郎大銃。就中以寡勝衆之妙，不能盡述。則夫通此學者，寧非濬開萬用之美源也哉？推而廣之，如鑿礦砂，采取金鐵資貿易兵甲之費；製風琴，自奏音響，佐清廟明堂之盛；自鳴鐘自報時刻，濟日晷晴陰之窮，諸般奇器，不但裕民間日用之常經，抑可裨國家政治之大務，其利益無窮，學者當自識取之耳。

公用，則萬國攸同。

力藝外德圖

一 最確當
二 至易簡
三 似可怪
四 實可喜
五 工之督
六 美之源
七 徧萬方
八 傳千古
九 始人祖
十 合天然

夫文物之邦，無器不用，固矣。乃窮荒絶徼，如緑頭國人在北極，出地七十多度之下，無城郭州縣，可謂至僻之地、至野之國矣，亦知用皮船取水族，用弓矢取鳥獸，然則器用之公，普大地無不同然，何其廣耶！

創垂，則千古不異。

造物主造有天地以後，至洪水時，人民衆多，有一國王，是女主，名塞密刺密，造一大府名巴必暖。其城周六萬步，高二十丈，廣厚五丈，周造城樓二百五十座，用役一百三十萬人，一年造完。彼時無器不有、無器不用，傳至於今，新新不已，豈不千古如常也哉？

制器之初，本於人祖。

造物主造有人之始祖名亞當者，與其妻名厄襪者，置之地堂良和之處。其初人無病疾，亦無老死。五穀果木等類，皆大地自然生成，不勞人力。其中一切鳥獸聽命於人，無有毒害。自亞當與厄襪不遵主命、犯誡得罪以後，遂爾五穀難生，鳥獸毒害，有饑有寒，有病有死，男子則罰其耕田勞苦，女子則罰其生育艱辛。於是亞當始作耕田等器，自求衣食，故器用皆從始祖創制。蓋亦繼天而立極，半從人力，半從天巧而得之者也。

立法之妙，合乎天然。

天下之物皆天然自生自成，而此器之法，乃因物理而生而成，所謂有物必有則者，此也。然法雖由於造作，而比於生成之物，則或有相似、有相幫、有相勝、有相笑者，非一端也。譬如天體晝夜自行運旋，而器之自轉磨、自行車、自鳴鐘等類，輒能一一與天相似。人之耳目手足，自視自聽、自行自持，而器之製成人像者，輒又手能自持自起、足能自行自止、目能自閉自張，一一與人相似。不謂巧擬化工矣乎？間有物力人力不能及者，或以螺絲、龍尾、轆轤、輪盤，或用風、用水、用空，皆可使之助其不及，是爲相幫。所云參贊輔相，殆亦此義歟？至於以小力起大重、運大重、轉大重，雖至重之物，悉足勝之無難，是天地間無有勝過此器者矣。且重之性原在下，而此器不特勝之，更能使重者自上而不覺，如龍尾取水，水止知其已下也，而不知其已上也，豈不可笑也哉？有此數端，故云立法之妙，合乎天然。詎曰小道之可觀，實爲大學之急務，然此特撮其梗概，下文方細爲敷陳。

力藝

四解

前內性外德，特總括此學之大略耳。其詳解更有四端，列爲四卷如左。

第一卷　重解

此學總爲運重而設，儻無重，何必運？且將何運？故重之解列爲一卷。

第二卷　器解

重不得起，須用器而起，器不一而足也。器之中又求最巧之器，故器之解列爲一卷。

第三卷　力解

巧器用以起重、引重、轉重，固矣。然器必借力而運，或人力馬力、或風力水力，或即借重物之力，故力之解列爲一卷。

第四卷　動解

有重於此，或欲升之高，或欲致之遠，或欲令其轉旋往來而不已，此皆運動法也。或薦或揭、或推或曳、或手轉足躡，種種不同，故動之解列爲一卷。

方以智《物理小識》卷八《器用類》　起重法　以剛鐵作蠡絲旋，旋入臾鐵方基中。既成，二物牝牡相合，左旋則入，右旋則出。乃以承重，物先左旋則縮之，後右旋而伸之。其漸長處寔之以楔，如此屢加則起矣。凡引重，用一轆轤省力一倍。以筒筒圓木入滑汁其中，以繩捲筒上，其力更省。宋治平中，河中府浮梁漲絶，鐵牛投河，募出之者。僧懷丙以二大舟實土爲木衡以鉤牛，乃除其土，舟浮牛出。轉運張燾以聞，賜之紫衣。暄曰，稱象者曾仿此法。

又　稱杆輪運　凡運重石，先立稱杆。以木作架，架立衡輪下，複以輪轉之，隨所置而審之，其省力多。今之樹牌坊、造橋，皆如是也。智癸亥隨老父在都見運皇極殿磉，高闊以丈，特築黄土於禦道，以衆繩牽之，不用下輪者，内司利於糜費也。

南懷仁《新製靈臺儀象志》卷二

新儀輕重比例之法

夫儀之重輕，與其大小必有一定之比例。因其輕重，可推而知其大小；又因其大小，可推而知其輕重。凡爲輕重者，必以其體形相等爲主。兩物體形相等者，彼此有輕重多寡之比；不相等者，其輕重無相比之定理。如有銅球於此，其徑一尺，不可以爲一定之輕重。若相等形之他球，如同徑之鐵球、木球，斯可以比之而定其輕重。蓋鐵球比銅球爲輕，比木球爲重也。輕重學有云，凡銅色之球，如皆爲銅或鐵等，其輕重之比例，爲其全徑三加之比例。如有兩銅球甲與乙，見二十三圖。甲之徑爲二尺，乙之徑爲一尺，若甲球重三千零四十斤，則乙球之重必三百八十斤。因此比例法，從輕推重，從小推大，又從同色之類，推大小之同類。譬如將黄蠟作球，從此蠟圈、蠟球之輕重，可推金銀銅等項之同徑球之輕重。凡鑄銅儀，先用蠟作各儀之式樣。其法曰，造諸色同徑之體，如球體或立方體，權之得其輕重之差，以爲比例之根率。如下表，縱横兩行列諸色之體名，上邊之横行，從最重起至最輕止。傍邊之縱行，從最輕起至最重止。縱横兩行相遇之方位，所得之數，即兩同類異色之體輕重之比例也。

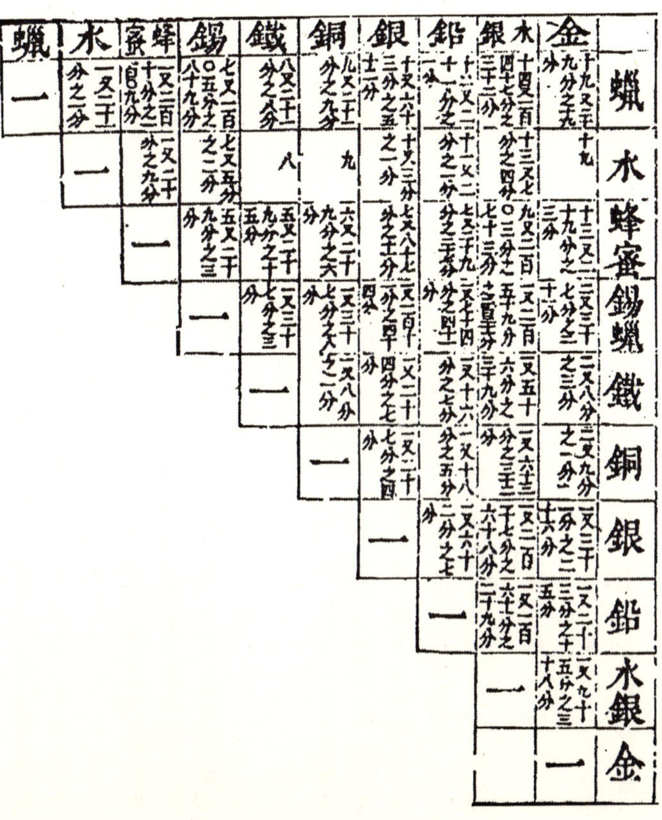

	金	水銀	鉛	銀	銅	鐵	錫	蜂蜜	水	蠟
蠟	十九又二十九分之十九分	十四又二百四十七分之三十三分	十二又二十一分之一分	十又六十三分之五十一分	九又二十一分之九分	八又二十一分之八分	七又一百〇五分之八十九分	一又二百十分之一百九分	一又二十一分之一分	一
水	十九	十三又七分之四分	十一又二分之一分	十又[illegible]之一分	九	八	七又五分之二分	一又二十分之九分	一	
蜂蜜	十三又十九分之三分	九又二百〇三分之七十三分	七又二十九分之二十六分	七又八十七分之二十一分	六又二十九分之六分	五又二十九分之十五分	五又二十九分之三分	一		
錫	二又三十七分之二十四分	一又二百五十九分之[illegible]分	一又七十四分之四十三分	一又二百十一分之四十四分	一又三十七分之八分	一又三十七分之三分	一			
鐵	二又八分之三分	一又五十六分之三十九分	一又十六分之七分	一又二十四分之七分	一又八分之一分	一				
銅	二又九分之一分	一又六十三分之三十三分	一又十八分之五分	一又二十七分之四分	一					
銀	一又三十一分之二十六分	一又二百二十七分之六十八分	一又六十二分之七分	一						
鉛	一又二十三分之十五分	一又一百六十七分之二十九分	一							
水銀	一又九十五分之三十八分	一								
金	一									

異色之體輕重比例表

此表之用法有二，其一求兩等大異色體之輕重差，其一求兩異色等重體之大小差，兩法從先所引輕重學之一題而生。若求兩體輕重之差，則以其輕體者當一，或斤兩等分。若球本體大小之差，則以其重者當一。假如球蠟與銅輕重之差，蠟比銅輕，則蠟當一，而蠟銅縱横兩行相遇之方内，書在九倍又二十一分之九分。解曰，若蠟球有一斤重，則同徑之銅球有九斤重，又一斤二十一分之九分。欲觀水與水銀之輕重差，則在卷内之十三分又七分之四分，可考也。又如水之重約一斤，則水銀相等，有十三斤又一斤七分之四。若儀器銅圈應厚一寸，寬二寸，其徑該六尺長，求其銅之斤兩。法曰，先作有一尺徑蠟圈，寬厚與銅大圈相等，因而照前表法，求等大之銅圈；次從一尺之徑圈，因而推六尺之徑圈。看《新法測量全儀》第五卷，然後看前表。凡銅鑄儀，其座架并方圓各形之柱、表、梁等，先無不用蠟而作大小各式樣，因可推其應作銅鐵元柱尺梁等各輕重之斤兩矣。凡此係前表之第一用法。今照第二用法，有銅、有蠟兩球，輕重相等，求其大小之差。銅球必小當一，而銅蠟縱横兩行相遇之方内，書在九又二十一分之九分。解曰，銅球之大，與蠟球之大，如一與九又二十一分之九分，則蠟球包含銅球之大，約九倍半。其餘比例皆倣此。

新儀之重心向地之中心

凡有重體之論，必以其重心爲主。所謂重心者，即重物内之一點，而其上下左右兩重彼此相等也。如二十六圖。甲乙體内丙點是也。但每重體獨有一重心，儀器則有本形之中心，亦有本體之重心。凡儀器中心，必當天之中，即地之中心也。蓋凡推筭日月五星、二十八宿等在天所行之度分，必以天之中心爲主。從天之中心出線，至天上各星，則定某星在本天大圈之某度分，乃從儀之小圈以測驗之，而準其度分。必儀之小圈之度分，與在天大圈之度分相應相合。然在天之大圈與儀之小圈之度分，上下既一一相應相合，則在天之大圈與儀之小圈所向之中心，必爲一無二矣。今人用儀之時，雖在於地面之上，而離地之中心，即天之中心，約一萬五千里。其從地面所測天上之度分，即如從地中心測驗之無二。蓋地半徑之差，與天之最高最遠無比。惟月天暑有可比之理，因有數分地半徑之差而生也。夫儀之重心，以地之中心亦爲定向。蓋凡重物之體，自上直下，必欲至地心而止者是也。試觀二十四圖，甲爲地球之中心，乙丙戊皆重物各體，皆直下向地心而方止。蓋重性就下，而地心乃其本所故耳。譬如磁石吸鐵，鐵性就石，不論石之在上在下、在左在右，而鐵必就之者，其性使然也。何況地之中心，六合内最下之所，物離其中心，不得爲下，必爲上也。此地道寧静而永不動之故也。蓋凡謂下者，必遠於天而就地心；凡謂上者，必就天而遠于地心。而地一圜球，懸于空際，居中無著，常得安然。而四方土物，皆降而就于地心之本所，東降欲就其心，而遇西就者不得不止；南降欲就其心，而遇北就者亦不得不止。凡物之欲就者皆然。故凡物相遇之際，皆能相衡相逆，故凝結於地之中心。即不相及者，以欲就，故亦附麗不脱，致令大地懸居空際也。如二十五圖，丙爲地上㠯甲乙兩分各爲之半球，甲東降就其心，乙西亦降就其心，兩半球又各有本體之重心，如丁，如戊。甲東降，必欲令本體之重心丁至丙中心然後止。乙西降，必欲其本體之重心戊至丙中心然後止。故兩半球相遇于丙中心，甲不令乙得東，乙不令甲得西，一衝一逆，勢力均平，遂兩不進，亦兩不能退而懸居空際，安然永奠矣。譬有一門于此，二人出入，在外者衝欲開之，在内者逆欲閉之，一衝一逆，爲力均平，門必不動。甲乙半球，其理同也。至四方八面一塵一土，莫不皆然，隤然下凝，職此之由也。

《御製數理精蘊》下編卷三〇　各體權度比例

數學至體而備，以其綜線面之全而盡度量衡之用也。蓋線面存乎度，體則存乎量。求輕重則存乎衡，是以又有權度之比例。其法，槩以諸物製爲正方，其邊一寸，其積千分，較量豪釐，俾有定率。然後，凡物知其體積即知其重輕，知其重輕即知其體積，而權度無遁情也。且體之爲質不一，邊積等者輕重不同，輕重等者邊積不同，皆有互相比例之法，而各體無混淆也。

赤金十六兩八錢	紅瑪瑙二兩二錢
紋銀九兩	硨磲一兩五錢二分
水銀十二兩二錢八分	青石二兩八錢八分
紅銅七兩五錢	白石二兩五錢
白銅六兩九錢八分	紅石二兩五錢六分
黄銅六兩八錢	象牙一兩五錢四分
鋼六兩七錢三分	牛角一兩九錢
生鐵六兩七錢	沉香八錢二分
熟鐵六兩七錢三分	白檀八錢三分
高錫六兩三錢	紫檀一兩零二分
六錫七兩六錢	花梨八錢七分

倭鉛六兩　楠木四錢八分
黑鉛九兩九錢三分　黃楊七錢五分
白玉二兩六錢　烏木一兩一錢
金珀八錢　油八錢三分
白瑪瑙二兩三錢　水九錢三分

《康熙幾暇格物編》 地震

朕臨攬六十年，讀書閱事務體驗至理。大凡地震皆由積氣所致，程子曰，凡地動，只是氣動。蓋積土之氣不能純一，閼鬱既久，其勢不得不奮。《老子》所謂地無以寧恐將發，此地之所以動也。陰陽迫而動於下，深則震雖微而所及者廣，淺則震雖大而所及者近。廣者千里，而遥近者百十里而止。適當其始發處，甚至落瓦倒垣，裂地敗宇，而方幅之内遍以近遠而差。其發始於一處，旁及四隅，凡在東西南北者，皆知其所自也。至於湧泉溢水，此皆地中所有，隨此氣而出耳。既震之後，積氣既發，斷無再大震之理，而其氣之復歸於脈絡者，升降之間猶不能大順，必至於安和通適，而後反其寧静之體。故大震之後，不時有動摇，此地氣反元之徵也。宋儒謂陽氣鬱而不申，逆爲往來，則地爲之震。《玉曆通政經》云，陰陽太甚則爲地震。此皆明於理者。西北地方數十年内每有震動，而江浙絶無。緣大江以南至於荆楚滇黔，多大川支水，地亦隆窪起伏無數，百里平衍者，其勢欹側下走，氣無停行。而西北之地彌廣磅礴，其氣厚勁坌涌，而又無水澤以紓洩之，故易爲震也。然邊海之地如臺灣，月輒數動者，又何也？海水力厚而勢平，又以積陰之氣鎮乎土精之上，《國語》所謂陽伏而不能出，陰迫而不能烝，於是有地震，此臺灣之所以常動也。謝肇淛《五雜俎》云，閩廣地常動。説者謂濱海水多，則地浮。夫地豈能浮於海乎？此非通論。京房言地震云，於水則波。今泛海者遇地動，無風而舟自蕩摇，舟中人輒能知也。地震之由於積氣，其理如此，而人鮮有論及者，故詳著之。

梅瑴成《增删算法統宗》卷一

諸物輕重率 謂輕重皆見方一寸其輕重不同如此。

金，重十六兩　銀，十四兩　玉，十二兩　鉛，九兩五錢　銅，七兩五錢　鐵，六兩　石，三兩

柳下居士曰，此率不知所本，數多不確。西書比例，鉛次于金，而重于銀。向在蒙養齋，曾製各物較之，西説良是。此率殆不可用，姑存之以志權輿。

《御製數理精蘊》輕重率即蒙養齋較準之率。

赤金，十六兩八錢　紋銀，九兩　水銀，十二兩二錢八分　紅銅，七兩五錢　白銅，六兩九錢八分　黃銅，六兩八錢　鋼，六兩七錢三分　生鐵，六兩七錢　熟鐵，六兩七錢三分　高錫，六兩三錢　六錫，七兩六錢　倭鉛，六兩　黑鉛，九兩九錢三分　白玉，二兩六錢　金珀，八錢　白瑪瑙，二兩三錢　紅瑪瑙，二兩二錢　硨磲，一兩五錢二分　青石，二兩八錢八分　白石，二兩五錢　紅石，二兩五錢六分　象牙，一兩五錢四分　牛角，一兩九錢　沈香，八錢二分　紅檀，八錢三分　紫檀、花梨，八錢七分　楠木，四錢八分　黃楊，七錢五分　烏木，一兩一錢　油，八錢三分　水，九錢三分

鄭光祖《一斑録》附編《權量》 以工部營造尺立方一寸，定金銀玉石牙角沈檀各物重輕：

赤金	十六兩八錢	紋銀	九兩
水銀	十二兩二錢八分	紅銅	七兩五錢
白銅	六兩九錢八分	黃銅	六兩八錢
鋼	六兩七錢三分	生鐵	六兩七錢
熟鐵	六兩七錢三分	六錫	七兩六錢
高錫	六兩三錢	倭鉛	六兩
黑鉛	九兩九錢三分	白玉	二兩六錢
金泊	八錢	白瑪瑙	二兩三錢
紅瑪瑙	二兩二錢	硨磲	一兩五錢二分
青石	二兩八錢八分	白石	二兩五錢
紅石	二兩五錢六分	象牙	一兩五錢四分
牛角	一兩九錢	沉香	八錢二分
白檀	八錢三分	紫檀	一兩二分
花梨	八錢七分	楠木	四錢八分
黃楊	七錢五分	烏木	一兩一錢
油	八錢三分	水	九錢三分

鄭復光《費隱與知録》

重能搏輕力亦藉勢

問：重能搏輕，理也。此愈重而彼愈輕，則搏之應愈遠。夫紙輕于石，無分數可言。以手發石，能及數十步，紙則不能，何也？曰：重之搏輕，力也，而有勢焉，前言之矣。蓋空中悉是氣，氣綿而（蜜）〔密〕，夫無厚，方能入有閒，氣雖讓物，而彌綸無閒。紙雖無厚，而形體頗大。又兩物相觸，輕者讓重，紙與氣觸，輕重幾等；石與氣觸，輕重懸殊，未可比例也。且以手發石，遠生于此力，而勢兼生于彼重，重與力配，乃顯其能。弓之發矢，弓力必稱乎矢重，搏之仆敵，我巧更借夫彼力，胥是理也。

又　金重水輕空則可浮

問：金入水而沈，木入水而浮，金重木輕，性也。《奇器圖説》謂水分數輕，則不能載物。若水之分數重于物之分數幾何，則物之浮出水而亦幾何。又若不係乎金木之性也者，何邪？曰：《奇器圖説》謂黄金一兩，錘打成箔可數萬張，銀則不能，以爲金性稠密于銀之故。因悟得金性實而密，故内含氣少而重于水。木性虚而疏，故内含氣多而輕于水。凡水之浮物，由于水有本重，既爲流體，不得不平。忽物來水面，壓下數寸，則物底之水逼下數寸而旁溢，上出之水力欲下趨物底，復其原位取平，故與物相抗，而負之使浮也。金石之屬堅重異常，有非水重之力所能勝者，遂速讓之，而出其上以取平，故沈也。是知物之沈者，雖由于重，而其重之數，不論多寡，衹視其形之大小與水等，其重强于水則沈，如金作鉤爲實體，其大不能以寸，雖重數兩，入水必沈也。物之浮者，雖由于輕，而其重之數不論多寡，亦視其形之大小與水等，其重弱于水，則浮。如金作球，爲虚，體厚一釐，其大一尺，雖重有三斤四兩七錢八分，入水必浮矣。故銅盤上無水，則凹處悉是氣，計其大與水等，則水方及尺重卅斤零七兩四錢五分，必重于盤，故浮。若内盛水令滿，計其大與水等，則銅方不過寸餘，而相等之水重不過數兩，是銅重于水，必沈也。觀舟雖沈不至水底，木性虚而疏，内含有氣，重不及水耳。余因檢寸方定率，得水寸方重九錢三分，紫檀是木，寸方一兩零二分，斷其入水必沈。黄楊入乎亦堅重，寸方七錢五分，較水則輕，決其入水必浮，均試之而驗。油，寸方重八錢三分，故應常浮水面也。

沈香能沈寸方不合

問：入水沈浮，黄檀、紫檀以寸方定率推之，皆無不合。唯沈香寸方重八錢二分，何以能沈？曰：谷應泰《博物要覽》云，黑而沈水者爲沈香，半沈浮者爲雞骨香云云，是沈香自有輕重寸方定率，但據一種言之邪？又聞潘宏遠言，雜木久浸則透水微沈，惟杉木不透，因悟沈香其木質性易透，與他木殊。以本重加透水之重，則較水微重，故能沈邪？獨得沈名，殆由于此。存訪通人。

冰輕故浮將化則沈

問：冰是水結，輕重應等，何以常浮水面？曰：均是此水，其中亦分純雜精粗。故本體亦微有輕重之不齊。今貯水一缸，其上層必是純者。精者故得在面，冰從面結，體應較輕，此一理也。又，天氣乍冷，水遇冷斂，方其斂時，上已成冰，則冰有定重。天氣益冷，下水益斂，則較冰加重，故冰浮也。聞冰將化，便有沈者，正是天已回暖，水復外舒，冰尚未解，欲舒未能，反重于水，故有沈者矣。

艾約瑟　李善蘭《重學》卷一 此下七卷論静重學。

論桿

桿以鐵或堅木爲之，所以衡重、任重、起重者也。有直桿，有曲桿。桿之理爲綫，上有定點，有重點，有力點。桿兩端升降時，三點總在一箇平面上，所加重力，亦與桿同在一箇平面上。凡重力恒在桿兩端升降所成之面。凡桿不論質重。

公論一

凡相等重力直加於桿之兩端，重力方向與桿成直角，謂之直加。離中心等，力重各有令桿動之能，因適相等，必令桿定。蓋二力在兩端，一切俱等，不能共令桿動，亦不能各令桿動，所以桿必定。

如有兩相等力，在定點兩邊直加於桿，令桿不動，則兩力點離定點必等。不如是，離定點遠者必令桿動。如有兩力離定點等，直加於桿，令桿不動，則兩力必等。不如是，力大者必令桿動。如有重加於直桿，桿有兩定點，離重點等，則兩定點之抵力必等。如有相等兩重加於桿上，桿有兩定點，離兩重點各等，則兩定點之抵力必等。

公論二

若有相等兩重，直加於桿，令桿定，則不論桿之長短，定點之抵力必等於兩重和。

公論三

若有相等兩重，直加於桿之兩端，而桿有兩定點，離兩端俱等，則兩定點之抵力和，必等於兩重和。因抵力全用以載全重，抵力必等於全重，全重必等於諸分重之和，知此，則二、三公論之理自明。兩重不相等，抵力亦必等於兩重和。今但論相等者，取其易明也。

又　卷五　論重心

無論一體、合體，必有重心，地力加之，諸點任何方向必定於此點。何以知有重心？如後款中無論何合體，俱可推測此心所在，故知必有重心。且知此心只有一箇，而無第二箇，各體無論或斷或聯，此心俱可推測。

卷中有數條不論地力，但論體大小，或但論平行能力，亦可推測其心。因不言重，故名大小體心。或名平行能力心。若有綫或面過合體重心，將此綫或面舉起，合體必定於此綫、此面。因重心既定，不論何方向，合體俱定故也。

艾約瑟《格致總學啓蒙》卷中

所謂重，實屬何意。

於茲時也，可略論乎物之重。伸手取物，或由地下提舉，或持手中把握，覺有力發出，余等即目之曰物重。假使有物架懸於空，去地或僅數寸，或及數尺，設將其擎架之物，或懸繫之物除去，其物必向地隕墜去，余等即言其物重。凡地面之物，無論何者，直向地落，余等即謂其生來之性本如是。且即下雨之一事喻之。夫雨爲無數水點零落也，在中國，在印度，在亞非利加洲，在亞美利加洲，無論何國，下雨時設無纖微風吹，其雨點皆以直線下垂而墜地面。余等所深知者，地爲球形也。南亞美利加洲中某處，與中國成對足式也。將地球圖之西半球顛倒之，使南極向北影照於東半球下，觀其何處與中國相對，即中國之對足處。設中國北京下雨時，南亞美利加內與之對足點亦下雨，二點之方向實相對，雨點必均向地心垂去。實緣地心之力，能將地面周圍之各物，向彼處牽引。凡余等言物體重，即謂均按本性向地面墜去意也。譬猶余等云，某物甚重，即言其物若無持扶者，必落於地。我等手提物時，恒言其物沉重，即余等自以爲手若不施發力助其物，其物必向地墜去耳。

萬物牽引之力。

往古之人僅知物體有輕重，經格致家用心察考，乃知各物有互相牽引之力，不惟知萬物向地心垂墜，兼知萬物有彼此互攝遷就之理。雖一山一石，亦有力彼此互吸。近數百年中，究察出之事理甚夥，茲時確知無論何種有形質之物，俱按其本性，欲向他種有形質之物就去，與雨點之下就地面同然，倘無物力從中阻隔，各物必互相移動，而即於相間之某一處矣。

講解此意，可藉二枚雨點發明之。是二枚雨點也，可假爲天地間獨有之物，其外無他，且俱權爲球形，中直徑僅有十分寸中之一分。二枚雨球大小有定，且相等，形式亦無二，無論相距遠近若干，必立向一處遷就。相距愈近，遷就愈速，終必遇之於二球相去之適中處。設其二雨球形式不相若，乃一大一小者，則見其大者行較遲緩。二球相遇處不能在適中點，必在近大球之一偏。假使有一與地球體同大之水球，彼一水球依舊之與雨點同大，直徑猶爲一分，二球俱向相對之方向行去，大球向小球所行去之路，較小球向大球所行來之路，乃爲不足言論之無窮少，儼同未嘗行動然。由旁觀者，即覺大球不惟未嘗動，且攝小球來就已，而小球行去甚速矣。

論輕重之故，論互攝，論力。

萬物何以有輕重之原理，爲余等毫末所不知。各種物由空墜地，如云實因萬物有互相牽攝之理，猶未言及其原由。惟各物均向地心行就去，爲余等所親目而知者耳，亦非謂於物向地就之始末原由，盡知透澈也。所可知者，各物行遷有迅速遲緩之不同，並知其行遷之爲速爲遲，俱以其體積之有若何大小爲比例。至問各物之所以因何行遷下就，又非余等所可知矣。

人恒云，有攝力，有吸力，有牽引力，皆即平時論道呼稱之語牽强而用之也。地焉能有繩牽手攝吸取之事？地本無繩鉤與援引之手，如是道之，極覺勉强。云地有攝力，非真攝也。云地有吸力，非真吸也。云地有牽引力，非真牽引也。余等所可知者，惟小物向大物就去耳。

余等恒云，萬物有牽引力，萬物有互攝力，試爲思之，所呼爲力者，何也？人或推物使出，或挽物使入，均是向其物加切壓，無論移物使行動，或與虎豹猛獸等角勝相拒抵，孰得勝即謂孰之力大，人於拋球場賽拋球時，其人能令球拋出者遠，且行之速者，即謂其人之力大。是所謂力者，或以物出之遠近爲度，或以壓力之大小爲度，亦或可以物行之遲速爲度也。

據是理論之，力即爲使物行遷之本源，或爲物經力壓之原由也。譬猶云物有牽引之力，余等身負戴夫有斤兩之物，所以覺有壓力之故，爲余等所不能解，所可知者，惟其壓力較他物輕重若干耳。

常人言論時，錯用能力、牽引力、攝力、吸力各等語言，儼若是各等力可自爲一物，與本物有分析者然。究乎其實，力不能與物分離，亦不能出余等目視耳聞之根枝本末外，祇爲余等見有諸情節，未曾確知其原由，是以强名爲力耳。諸生初留心於格致學，應曉明諸事，切勿被其中之失誤所惑也。

至此時，可總論乎所已知有輕重諸物之理矣。設有二枚有形質之物於此，旁無拘執之者，亦無窒礙之使不便行者，二物必由漸增速，而移就其二物中間之某處，並其於尚未遇合之先，所行過之路，必與各物體積有相反之比例，是即所謂萬物有相攝之力也。而所謂重，即地上諸物與此條理符合之一名目，緣未知其所以然之故，是以謂之力。所宜切實知者，惟其實事也。人於平素所呼道爲力，雖屬有誤，余等亦非不可用，應知其故爲所不得確知，權藉力名之而已。

水之輕重，恒以水之體爲率。

各物之有重輕，於上文既畧論矣，而此節專論夫水之輕重。杯內滿水時，較杯空無水時重，此説果何如乎？即因提取其水杯時，有水者覺出力多，無水者覺出力少，水愈加多，出力愈宜加多耳。設有一滿桶水，欲提挈起，益使余等出大力。惟有一滿缸甕水，余等縱施出大力，亦不能提舉起矣。由是而知，水愈多者，重愈多，水愈少者，重愈少。倘有人云，余掌中滴水少許，分毫不覺重，則將謂其言有誤矣。試爲反爾之手，必見其水落地，故不能謂水少無分兩也。數千點水可盈滿此水杯，千點水有分兩，一點水亦必有分兩，一點即其千分之一耳。蓋余等於物身覺有輕重，乃爲甚粗疏事，不足奉以爲輕重之率。分兩不甚大之物，余等手覺之重，亦不足爲準，惟用器衡量方妥，即所謂權物重輕之天平也。

天平爲權物輕重之器。

市廛店肆中所用之天平，備有分兩砝碼，有鈎懸繫衡桿之適中處，以爲衡物之倚點。其衡桿之兩端，各以繩懸繫一盤，二盤中空無物時，衡桿兩端無高無下。設將有分兩之物置於一盤，此一盤即下，彼一盤即高。譬猶爾以手按其高起之一盤，衡桿則可照舊衡平。手所出之力，或多或少，即視彼端盤內物之分兩爲準。倘其物重一兩，一指按此端衡桿即可平。物重一斤，應用手按，恐非指之所能勝。物重及十斤，恐非手力所能壓之平，宜用全臂之力。至彼端物重及五十斤，又非一全臂力之所能勝矣。用二臂之力，庶幾可。倘物重增至二百斤之多，則不據何如人之力，亦不能以臂拽其天平復平也。

假使代指、代手、代臂，而以重物置於此端盤內，彼端重百斤，此端重物分兩增至百斤時，即與之相抵，其天平橫桿即平矣。二盤向地心之勢乃相等，故甚寧静不動。亦猶之二童子角力相拽，力相同時，彼此皆不動。設或一人力小，一人也力大，力小者必被力大者拽倒。

水體大小相同時，重亦無異，體積之疏密相若。

諸生設有天平於此，於其二端之盤內，各置一極薄刻有分兩記號之玻璃空桶，衡其輕重，無所低昂上下。繼此，以一滴水滴於一端之玻璃桶內，其天平果靈活嘉美，必見此端微有下沉式，以是爲據，可知一滴水之微，亦有重矣。兩端玻璃桶內，均有爲多爲寡之詳細度數，由是思之，此端注於玻璃桶之水，無論重有若干，彼一端亦應灌入若干重之水，方能二端相平也。觀此，即知水之體均勻相等，冷熱無異時，其重亦必相若矣。

於上十八節中，已論及彼此二物，動而互相行就時，其遲速恒以物所渾容之體積爲反比例。物行之遲速，可以有定之時刻行若干路爲率。倘彼此二物，一於一秒鐘頃行一尺遠，其一於一秒鐘頃行二尺遠，二尺遠者之速率即加一倍。設有人問云，以何法可測量物體積有若干乎？或相其物體所渾容處，以爲準而測量之乎？抑即物內質點之輕重，以爲準而定其體積之多寡乎？則將應之曰，諸生習格致學，無待多時，即知世間各物體之大小無定矣，緣其形狀，有時因他物壓於上而更變，亦因天氣之寒冷暑熱不等有變，易所無變者，即其物之輕重也。蓋物離地心之遠近，未嘗有改時，其分兩之輕重始無改耳。由是觀之，是物中諸質點之多寡，可將其分兩之輕重爲準矣。從可知權物之分兩輕重相同時，體段大者體積稀，體段小者體積密，知其物之體段，並知其物之體段內若干分有若干重，兼可知其體積疏密若干也。

水之輕重體積疏密既如是，他種有形質之物，亦不能有二理也。上所言之玻璃桶，設俱有於此，將其一桶內甫足一斤之水傾出，試以利刃將鉛割下，足一斤之一片，代水同空桶置於天平之彼一盤中，其分兩輕重，宜與此盤之玻璃桶相同。如是之一片鉛，即可作爲一斤之砝碼，以權其水之若干輕重。蓋鉛、鐵、銅皆可定爲有準之大小，成砝碼權水用也。而其鉛、鐵、銅等之諸體段，定較與其同重水之體甚小，因而知金銀銅鐵等體積疏密率，較水之體積，必密而體段小也。【略】

鐵屑入水沉底，即鐵較水重故也。於此，設有馬口鐵一片，擲入水中，其大小等體之重，若重於水，則必沉水底，而不浮水面也。

於是更將馬口鐵成造之盒罐拋擲水中，乃浮於水面，不沉水底，與以木成造之小舟無異。此理果如何講解哉？鐵爲較水重之物，理應入水即沉，於此乃浮水面而不沉，不幾於理不合乎？豈知非有不合於理也，上文言與水體大小相同之物，輕於水即浮水面，於是先權其鐵盒罐之分兩，復將與盒罐體大小相等之水，權其分兩，亦非甚廢周折事。馬口鐵罐壁質極薄，其罐之外與罐之內，即大小言之，大抵皆同。由是權其罐內滿注之水，知其分兩爲若干數，復權與罐體同大之水，乃差者無幾，彼此更代無礙。從可知罐内之水，較無水之罐，多重數倍矣。蓄罐體雖爲鐵者，而其内無水體輕於水，故可浮水面不沉落也。諸生不聞知有鐵甲船乎？以極厚之鐵板，排釘連爲一體，其重不在數千噸之下，必將有人訝而致問曰，鐵甲船若是之體重，緣何不下沉水内乎？則將答以鐵甲船浮水面之理，與馬口鐵罐無異也。一船所容水之分兩，較全船之分兩猶沉，故浮於水面不沉水下矣。

水之爲物也，性能將較己輕之物托於上，復以其各點到處易變方位，職是之故，凡湖海江河之水，人可開引爲水道，駕舟而出入往來游泳。無論何等屬體重之奇異物，欲使其浮泛水面，惟載彼者之體式足其大即可。故箱、罐、匣、盒與船等，所能容與己體同大之水，應較己體重，並較内所載之他物重爲要耳。船浮水面時，水之各點靈活移動極易，左分右分、前進後退均可。船藉風力、火力，摇櫓、鼓棹力，在水上任意遊行，或藉絳挽力而迎風破浪，初何嘗有所阻礙哉！

顧觀光《九數外録》卷一

静重學記

重學之本始於權衡，權與物均而衡平，則左距與右距等。若不均而衡平，則左距乘左重，與右距乘右重等。比例之法由此起矣。桿之異於衡者，不惟其平，而惟其定直。桿或平或斜，並與衡同。曲桿則視力綫與桿之交角，其角正得九十度，比例同於直桿；不正得九十度，則左距乘左重與右角正弦，若右距乘右重與左角正弦。或有曲桿之折角，而求左右兩角，則左距乘左重爲實，右距乘右重爲法，實如法而一，内減折角餘弦，折角正弦除之，即左角餘切也。求右角者倣此。

二力綫之引重而行也，二綫相合則用其和，二綫相對則用其較。若不相合，而未至於相對者，以二力綫補成平行四邊形，作對角綫，爲二力之合率。三力以上，其理一也。

引重之器有七，其助力各不同。桿之助力，爲右距與左距之比。輪軸之助力，爲軸徑與輪徑之比。齒輪之助力，爲小輪齒數與大輪齒數之比。單滑車之助力，爲一與二之比。連滑車之助力，爲一與二依滑車數少一乘方積之比；或爲一與素數之比，或爲一與二依動滑車數乘方積少一之比。斜面之助力，爲股與弦之比。劈之助力，爲劈背與劈邊之比。螺旋之助力，爲兩螺綫距與柄長爲半徑所成圓周之比。七者或分或合，或複或單，皆能以小力運大重。其力與重，皆若重動速與力動速也。

獨體、合體均有重心。自重心作垂綫，必與地平成直角。只三邊形，各於半邊作對角綫，三綫相交之點爲重心。其距角與距邊，若二與一也。兩兩相等四邊形，於相等邊之半作聯綫，兩綫相交之點爲重心，其距兩邊恒相等。四不等邊，以對角綫分爲兩三邊形，各以法求其重心；兩重心聯爲一綫，則大形垂綫與小形垂綫，若小形之重心距與大形之重心距也。凡尖錐體，先求底之重心，自底心至尖作聯綫，其四之一爲底心距重心。若去其尖，則以上下兩重心作聯綫，全體之重心必在此綫上矣。設諸面體之角各爲質點，而以綫聯之，又或斷而不連，或動而不定，亦必有此重心。引重之器，以力與重聯爲一綫，力降則重升，而聯綫上必有定點，即重心也。

既有重心，可明定理。體之定於一點者，自懸點作垂綫，必過重心。體之定於一面者，自重心作垂綫，必與定點相合。體之定於一點及一面者，自重心作垂綫爲一邊，自面之定點作綫，直交於面，爲又一邊，面之定點距重心爲底，則兩定點相距爲三角形之大分邊，體之定於兩點者，以此兩點引而長之，必交於重心所作之垂綫也。體之定於兩面者，兩定點之抵力綫各與其面成直角，引而長之，亦必交於重心之垂綫也。

凡體已定而微動之，或復原處，或離其原處，則固定與非固定之别也。設小半球切於大半球之凸面，其重心恒爲球半徑八之五。自切點作綫與地平成直角，重心在此綫内者爲固定，在此綫外者爲非固定。法：以兩半徑相乘爲實，兩半徑相併爲法，實如法而一爲固定率。若切於大半球之凹面，則兩半徑相乘爲實，兩半徑相減爲法，實如法而一爲固定率。

屋梁相定之理：三梁相合成兩等邊三角形，加重於頂，自頂點作垂綫，分爲兩句股形，則句爲梁平力之率倍，股爲梁垂力與加重之率。三梁相屬，以次遞降。自下梁重心作直綫，引中梁綫與之相遇，復自相遇點至下梁下端作斜綫，則與地平綫成句股形。句爲下梁平力之率，弦爲下梁垂力之率。四梁相屬，長短輕重如一，合地平綫成五不等邊形，自頂點作垂綫，則與地平綫成大句股。又自下梁上端作地平綫，則與垂綫成小句股。小股對角之正切，與大股對角之正切，若一與三也。

橋環相定之理：先令諸劈之大小形狀左右俱等，自橋頂作垂綫，以諸劈之左右切面引而長之，必與垂綫遇於一點，此點即環心也。各切面與垂綫之交角，其切綫較爲各㔶重率；割綫爲各㔶抵力率。不合此率而又無面阻力，橋必圮矣。由㔶之重心作垂綫，自切面之中作綫，直交於切面爲抵力綫，引而長之，與左右兩垂綫相遇，必在㔶行之中。若出㔶外，而又無膠固力，橋必圮矣。橋之下面爲圓綫者，自圓心作地平綫，又以圓半徑爲股，橋頂至圓心之垂綫爲弦，取其句於垂綫上自圓心截之，復作一地平綫，此綫自中至邊漸與橋之上曲綫相近而永不相合。任於此綫上作一垂綫，交於下地平綫，又自圓心作一斜綫，乃取交點距橋頂之度，於斜綫上自圓心截之，即上曲綫所到也。橋之上下面俱爲地平者，中間必爲垂面，各切面與垂綫之交角其切綫較，爲各㔶重率，即爲各㔶面積率。抵力綫不出㔶外，與橋環同。

凡糙面有二阻力，一在平面，一在斜面。光面則衹有平面之阻力也。任何面體行於平面，其重即爲抵力。兩面俱木而紋平行者，取抵力二之一。兩面俱木而紋横直相交，或兩面俱金者，取抵力四之一。兩面一木一金者，取抵力五之一。各以乘抵力爲面阻力。斜面之阻力，則置物於平面，而以一邊徐徐舉起，於物欲下未下之時，測斜面與地平之交角，其全數與角正切，若抵力與面阻力也。橋環、諸㔶之重不合於切綫較，則抵力綫與切面斜交。試於抵力綫之端作綫，直交於抵力綫，又於直交綫之中，依斜面阻力角度，左右各作一角，即爲斜交綫之大限。切面在此二限之中，環亦定矣。

有小圓柱旋轉於大圓柱中，其相切處亦生面阻力。兩面俱木者，取抵力十二之一；兩面一銅一鐵者，取抵力七之一；各以乘抵力爲面阻力。輪軸、滑車率皆準此。

動重學記

凡動，無他力加之，則方向必直，遲速必平。若加以他力，而方向異於本動者，以二方向綫補成平行四邊形，作對角綫，爲二速之合率。力之加於物而生動也，不論正加、旁加，其動力恒等於抵力。故左重與右重，若右速與左速。二物相引，則速之大者必減，小者必增，各以其重乘所增減之速，其數亦相等也。

凡球行於平面，是生平力。二球相擊，其體平而復凸，是生凸力。球之無凸力者，或鉛，或瓦，擊時二速消盡，二球必止而不行矣。凸力有等於平力者，謂之全凸力。有小於平力者，謂之朒凸力。呢紗等球，凸力爲平力九之五。象牙球爲九之八，玻璃球爲十六之十五。正相擊後，二球分行於二對面，各生新速，其擊前速與擊後速，若平力與凸力也。設二球皆全凸，力正相擊後，小球之速必減，而大球之速必增，二重和與二重較爲倍。大重與減速之率，又爲倍小重與增速之率。各以其重乘速而併之，擊前與擊後亦等。二球之凸力等，而正相擊後小球止而不行，其大球與小球必若平力與凸力也。若以動球擊静球，而二體相等，又皆爲全凸力者，其動静必互相易。動球小於静球，則小者返行，而大者前行，必小於小者之前速。動球大於静球，則小者之速必大於大者之前速，而大者隨行，其速小於前速。三球在一綫上，以次遞小，而大、中二球之較，大於中、小二球之較者，大球由中球傳速於小球，必大於直傳速於小球；若中球爲大小球之中率，則傳速最大矣。

自擊點過二球心作交綫，其合於球行之方向者爲正相擊，不合者爲斜相擊。二球方向一直一横，則擊後横者斜行。以擊前二方向綫引而長之，補成平行四邊形，作對角綫，即斜行之綫也。二球俱斜，則擊後二方向綫與擊前二方向綫互爲平行，自方向綫之端作綫，直交於交綫前後，各成兩句股形，其兩句必自相等。又以擊前二方向綫引之相交，則交角之對邊，即擊時之兩半徑和也。

二球相距，必有重心。至相擊時，重心即爲擊點。二球相對而行，則重心恒不動，故左重與右重若右距與左距。相隨而行，而後速大於前速，則重心隨而前行。法：以兩重各乘速而併之爲實，併兩重爲法，實如法而一，即重心行也。設二球平行於二斜綫，重心必平行於一直綫，以二斜綫引之相交，取二遠之度自交點截之爲兩腰，作聯綫爲三角形之底，則左速與右速若右分邊與左分邊，乃自分邊處至交點作直綫，即重心行也。

凡有凸力之球，斜擊於不動之面，則擊後必斜行。自擊點過球心作交綫，又自方向綫之端作綫，直交於交綫成前後兩句股形，凸力全者兩句股形相等，而方向綫與交綫之交角前後亦必相等；凸力不全，則後角與前角之正切，爲平力、凸力之率，後角與前角之正弦，爲前速、後速之率。無凸力者，擊後行於面邊，其前速與後速，若全數與角正弦也。

凡動有二，一爲平速，一爲漸加速。平速動成長方形，速爲闊時爲長，則路爲長方積。漸加速動成塹堵形，力爲高時爲長與闊，則速爲長方積，路爲塹堵形積。物在空中，爲地力所引而下墜，愈下愈速，即漸加速也。地形撱圓，長徑過赤道，短徑過兩極，徑冪與地力爲轉比例，故兩極下地力與赤道下地力，若百四十五與百四十四。兩極、赤道之間地力適中於一秒中測物之下墜，凡十六尺又萬分尺之六百九十七倍之爲一秒之地力，依塹堵形求之，速與路俱可得矣。聲之行爲半速，一秒中凡千十七尺。設投石井中，歷幾秒聞水聲，則以地力除二、開平方，爲石過井率。以聲速除一爲聲過井率併之，以比所歷之時，即井口距水之深也。大小二重懸於定滑車者，大重必隨地力而下，二重和與二重較，若地力與長加力。物自斜面下行，兩面皆爲光面，必相切而行，非旋轉而下。斜面之弦爲重率，股爲力率，力乘地力即斜面之長加力。以塹堵形之比例通之地力乘股，以除二弦冪，即時冪也。二地力以乘股，即速冪也。故不論弦之長短，但股等，則速亦等。以重引重，令行於斜面，垂面之重大，則重上行；垂面之重小，則重下行。以垂重乘弦，與斜重乘股之較，乘地力爲實，併二重以乘弦爲法，實如法而一，即長加力也。設有圓面直交地平，自頂點至圓界作諸通弦，則物任行於何通弦，自頂點至末點時刻俱等，大小兩圓面之頂合爲一點，直交地平。自頂點至大圓界作諸大通弦，中有諸小通弦，則物行於兩通弦之較，自小圓界至大圓界時刻俱等。凡此相等之理，皆由地力而生也。

拋物空中上行，極則彎環而下，其兩端恒相等，是名拋綫。拋綫與地平之交角，適足四十五度者，拋界最大。其左右皆漸小，而兩兩相等。至九十度，則無拋界矣。若拋物於斜面，則視斜面與九十度之交角，拋綫中分此角者，拋界最大，其左右亦漸小，而兩兩相等。至九十度，則無拋界矣。以拋綫之切綫爲弦，則垂綫爲股，地平綫爲句，切綫生於平速之拋力，故時速相乘，而得弦垂綫生於漸加速之地力。故半地力乘時冪而得股，以平三角之比例通之，拋綫交地平之倍角正弦乘速冪爲實，地力爲法，實如法而一，即平面拋界也。拋綫交地平角與拋綫交斜面角，相併爲和，相減爲較。和角、較角兩正弦之較，乘速冪爲實，較角餘弦冪乘地力爲法，實如法而一，即斜面拋界也。九十度之拋綫，即爲拋高；倍之爲平面之最大拋界。又以斜面交九十度角之大矢除之，即斜面之最大拋界。故平面之拋界，視斜面爲大矣。自拋高上端作橫綫爲規綫，規綫距拋綫頂之度，與拋綫頂距心之度等。自心作橫綫，直交於心距規綫兩端，皆抵拋綫，此綫必倍於心距規綫，即末率也。心距規綫以二拋高爲最大，故末率以四拋高爲最大。拋綫與平綫之交角，自地平上以漸而小，至拋綫頂則與平綫合而爲一，無交角矣。垂綫所截之地平綫爲實，拋綫交地平角之餘弦冪乘二拋高爲法，實如法而一，以減拋綫交地平角之正切，即交角正切也。若以同速拋各物，而同在一平面者，歷若干秒，各物所到之點聯之成平圓形；若不在一平面，成立圓形。其拋點距圓心之度，即若干秒中地力下行所過之路矣。

懸物空中，左右限以曲綫，令物一往一來，則與曲綫乍合乍離，而其行又成曲綫，是名擺綫。倍圓徑爲擺長，又倍之爲擺綫周，則圓周爲擺綫之界綫，即橫徑也。於橫徑之中作垂綫，必抵擺綫之底點。以此垂綫爲圓徑作平圓形，則任於垂綫上作橫綫，其所截平圓之弧綫，必等於平圓外之橫綫；而所截之擺綫周，必倍於平圓內之通弦。物自擺綫下行，爲地力所引，其速與垂綫等，以測各處地力之大小，至易見也。一秒之地力爲實，圓周率三一四一五九二六五三自之爲法，實如法而一，爲秒擺長。秒擺者，一秒擺動一次也。設地力爲定數，則擺長之平方根與時刻成正比例。擺長爲定數，則地力之平方根與時刻成轉比例。故以秒擺長除擺長，或以地力除原地力平方開之，皆爲擺動一次之時刻也。若以較數求之，則擺長者動遲，擺短者動速。以擺長與秒擺長之較，乘一晝夜八萬六千四百秒爲實，倍秒擺長爲法，實如法而一，即一晝夜擺動加減次數。地形高下處處不同，高則擺動遲，下則擺動速。一晝夜加減次數，爲兩處高下差之率，倍之爲兩處地力差之率。擺綫之用盡於此矣。

有諸質點，各以堅綫聯於平面，力加一點，則諸點隨之而動。此與獨動不同，因諸質點各有抵力，環軸時必互相感召，或生動，或阻動也。距軸愈遠，用力愈少，力距相乘積等則速亦等。自軸心作地平綫爲句，自諸點各作垂綫爲股，諸點之距軸綫爲弦，各以質重乘弦冪而併之，即諸點之質阻率。力乘距冪爲實，質阻率爲法，實如法而一，即實生力也。諸質點爲地力所引，亦各有長加力。自軸心作直綫，則分諸點爲左右兩邊，各以質重乘句，視諸點在直綫之一邊者相加，在兩邊者相減，用乘地力。又以所求點之距軸綫乘之爲實，質阻率爲法，實如法而一，即所求點之長加力也。諸質相距必有重心，其距軸綫爲弦，垂綫爲股，所截之地平綫爲句，合各質重以乘重心之句，與質重各乘距軸綫之句以相併者，其數正等。引重心距軸綫而長之，即爲擺心，重心、擺心兩距軸綫相乘，即環軸半徑冪也。自重心作直綫，與距軸綫成直角，亦分諸質點爲左右兩邊，而諸點之距重心綫爲弦，直綫爲股，所截之距軸綫爲句，各以質重乘句，其在重心之兩邊亦相等也。合各質重以乘重心距軸冪，又以質重各乘弦冪而併之，亦與質阻率等。重心距軸綫與距擺心綫相乘，即環重心之半徑冪，合各質重乘之，與質重各乘弦冪以相併者，其數亦等。重心爲心軸，心爲界，作平圓形。任於圓綫上取一點爲懸點，擺次並同，若以擺心爲界，其理亦同，故懸點與擺心點可互易也。二重，一加於輪，一加於軸，而在輪周者下行，在軸周者上行，輪軸之長加力各如其半徑之比。三輪相屬，或聯以索，或銜以齒，而二重一加於第一輪，一加於第三軸，輪軸之長加力，如三輪半徑連乘，與三軸半徑連乘之比。不等二重加於桿之兩端者，二重之長加力，各如距重心之反比矣。凡圓體有轉動，有過面動，此二動常相因也。以索之一端纏於圓體，一端過定滑車，而以重懸之。設等質之實圓柱，則柱重乘地力以加懸重爲實，三因懸重以加柱重爲法，除之，即過面動之長加力。懸重乘柱徑，又乘地力爲實，三因懸重加柱重以乘柱徑冪八之一爲法，除之，即轉動之長加力。若圓柱空而極薄，則柱重乘地力爲實，倍懸重以加柱重爲法，除之，即過面動之長加力。倍懸重以乘地力爲實，倍懸重加柱重以乘柱半徑爲法，除之，即轉動之長加力。設索之一端纏於圓體，一端着於定點，則過面動之長加力，實圓柱爲地力三之二，空圓柱爲二之一，球爲七之五也。圓體由斜面而下，兩面皆爲糙面，令圓體不爲直動而爲轉動，則不用地力，而用直動之長加力，其比例並與此同。不等二重加於靜滑車者，令大重下行之長加力，即令小重上行之長加力。若加於二滑車，而一靜一動者，動滑車之長加力爲靜滑車二之一，因速減半故也。若加於連滑車，而一靜數動者，第一動滑車之長加力，爲靜滑車二之一，第二動滑車爲四之一，第三動滑車爲八之一。既得諸器之長加力，用和分法推之，即可知諸器之動矣。

凡二體相切，相磨，皆能生面阻力，而動速漸減。使牽力與面阻力等，則物之行恒爲平速矣。車行於石路之牽力小者，爲物重千分之十六，大者爲二千分之三十九。路極不平處，至千分之二十四，火石路爲千分之六十四，鐵軌路牽力或爲物重二百四十分之一，或爲三百分之一，平石路爲七十分之一，石子路爲十五分之一。若車行於斜而其所加之牽力等於股，爲實，弦爲法，設斜面二丈最高一尺，則比平面牽力加物重二十分之一也。陸路不論速之大小，阻力恒同。水路則速冪漸大，阻力亦漸大。故車或五小時行十里，或一小時行十里，牽力並同。而舟則一小時行十里，較五小時行十里者，牽力當加二十五倍也。惟一小時十里以上，阻力增率甚小，因舟甚速而高出水面耳。生動之力有六：曰定質重，曰流質重，曰定質凸力，曰流質動力，曰流質漲力，曰人畜能力。皆以力乘路爲當程功。定質重之動力，斜面與垂面不同。設自行車路高一百尺，長四千尺，輕車一千斤，以重車四千斤下行之力引之上行，面阻力爲二百分重之一，法以重較三千斤乘高一百尺得三十萬，爲當程功，以二百除一千，得五斤，爲上行阻力，以二百除三千，得十五斤，爲下行阻力，併之以乘長四千尺，得八萬爲實程功，是當程之功比實程爲四倍弱也。用於垂面，則以重乘路，當程之功即爲實程之功矣。流質重之動力，以水言之，其當程功與定質同。而水中又有横流之水互相推盪，不能用以程功，故水激上半輪當程功，與實程功若五與四；水激下半輪當程功，與實程功若十與三也。捕鳥鼠之巧機能生暫動，巧偶鐘表之發條能生長動，皆凸力也。發條動時，抵力恒有改變，故以繞軸漸卸時所過微路，乘各秒中所加抵力之路，爲所程功。風氣之力有二：風槍用漲力，風帆用動力。水氣亦有漲力與動力，其動力大小之比，皆若速立方大小之比矣。人畜能力以靜體爲最大，人力二十八斤又五分斤之四，馬力一百四十四斤，行則力必減小，行至極速則力不能程功。而一小時中極速之限，人行六里，馬行十二里，故求人所程功者，以一小時里數與六里相減餘數自之四因五除，爲人力；求馬所程功者，以一小時里數與十二里相減餘數自之爲馬力，各以里數乘之爲所程功也。

車以平速行於平路，其力必等於面阻力。若有阻物如小石類，而車體甚堅，阻物與輪周僅遇於一點，過此點時，車必減速，加力則速不減矣。車過阻物，上行時，所加之力爲重阻力。車行忽改方向，震動時所加之力，爲震阻力。法以輪半徑除阻物高爲第一數，輪半徑冪倍之，以除阻物高冪爲第二數，以此兩數之較，乘平速冪爲震阻力率，地力乘阻物高爲重阻力率，併兩率以乘車重，即車過阻物之加力也。若阻物高小於輪半徑，則平速冪爲震阻力率，輪半徑乘地力爲重阻力率，或以薄鐵片附於軸下，取其凸力，令輪心漸離直綫而不震動，阻力可減大半也。

以物擊物，其受擊物之抵力，由兩物相遇而生。故鐵錘之力，大於紗球，鐵墩所抵之能，大於軟枕，而錘之能力消於墩之抵力。其所歷之時刻又有不同。時刻愈小，抵力必愈大，而物性受凹愈少者，時刻亦愈小也。鋼鐵凸力率九百萬尺，如以鐵錘擊鐵墩，則錘高加墩高，以乘錘高，又以錘下行數乘而倍之爲實，凸力率爲法，實如法而一，平方開之，即錘墩共凹之路。錘高乘凸力率，又以錘下行數乘而倍之爲實，錘高加墩高爲法，實如法而一，平方開之，即鐵墩之抵力也。若以錘擊釘入木，則力爲平力，而釘能動抵力必小。釘長加錘高，以乘木徑，倍凸力率除之，即釘入木之路。鍾高乘平行數，木徑除之，内減釘入木路，即錘釘共凹之路也。

又 天重學記

日居中而不動，地球環之，其旋轉於本心而一日一周者，晝夜之故也。其循行於本道，而一歲一周者，寒暑之故也。旋轉之勢，依赤道。循行之勢，依黄道。二道交角今爲二十三度二十八分，交點每歲西行五十秒一，故地行黄道一周三百六十五日五小時四十八分四十九秒七，再加二十分十九秒九而後復，於恒星即歲差也。黄道橢圓，而日不正當橢圓之中，兩心差〇〇一六七八三六，最高每歲東行十一秒八，故地繞太陽一周三百六十五日六小時九分九秒六，再加四分三十九秒七，而後復於最高，即歷周也。最高差與歲差，共一分一秒九，積二萬九百八十四年，而最高周於黄道則復其初矣。地行於橢圓周，每日五十九分八秒三三，所歷之時刻等，所過之面積亦等，而最高半周角度小於積度，則實行差而遲。最卑半周角度大於積度，則實行差而疾，故日距地之平方與速率有反比例，日距地之面積與時分有正比例也。中距日視徑三十二分三秒三，高則變小，卑則變大，大小之比同於日距地之反比矣。黄道橢圓，而地形亦爲橢圓，長徑過赤道，短徑過兩極，二徑之比，若二百九十九與二百九十八。地之旋轉近赤道則漸疾，而下引之力減。近兩極則漸遲，而下引之力增。故物在兩極，較赤道重一百九十四之一。各度加重之比，同於緯度正弦冪之比也。地徑與日徑比，若一與一百十一五。地徑與黄道徑比，若一與二萬三千九百八十四。故日之地平視差爲八秒六，各度視差之比，同於視距天頂正弦之比也。赤極環繞黄極二萬五千八百六十八年一周。爲諸星所攝動，而黄、赤大距古大今小，約百年差四十八秒，其最大差爲一度二十一分。赤極又爲月所攝動而成小橢圓之行，長徑十八秒五，短徑十三秒七四，凡十九年一周。長徑恒向黄極，故大距又有微差矣。地以二十四小時旋轉一周，而考之鐘表，亦有微差。一爲橢圓遲疾差。近最高，則行遲而自轉有減分；近最卑，則行疾而自轉有加分。一爲黄、赤升度差。近二分，則黄道一度當赤道不足一度，故自轉有加分；近二至，則黄道一度當赤道一度有餘，故自轉有減分。合二差，以加減平時，即真時也。光行之速，一秒凡五十五萬五千里，而地行黄道，一秒僅五十五里。故光速率與地速率，若半徑與二十秒五之正切，是爲光行差。近地恒有蒙氣，能令七政升卑爲高。地平視差三十三分，地平以上漸小，而其差又隨時隨地不同，此必徵諸實測，非算術所能御矣。

月繞地而又繞日，其旋轉於本心與環繞乎地球，皆二十七日七小時四十三分十一秒五而一周，故月向地之面終古不易也。月行白道，與黄道斜交，其角五度八分四十八秒，交點退行於黄道，每日三分十秒六四，故月行南北二十七日二一二一而一周，即交終也。白道橢圓，而地不正當橢圓之中，兩心差最大、最小之比，若三與二，其中數爲〇〇五四八四四二。最高每日順行六分四十一秒〇八，故月行遲疾二十七日五五四五五而一周，即轉終也。月行於橢圓周，每日十三度一七六四，亦以面積爲平行，角度爲實行，與太陽同中距月視徑三十一分七秒，大小之比，亦爲月距地之反比矣。月、地之行，每日差十二度一九〇七五，積二十九日十二小時四十四分二秒八七而復合，是爲一月。地徑與月徑比，若一與〇二七二九。地徑與白道徑比，若一與五十九九六四三五。故月之地平視差，其中數爲五十七分六秒也。日、月二半徑和，加月地平視差，其最大者一度三十四分二十七秒。日、月兩心距小於此數，則地面必有見食之處，故日食限之距交爲十六度五十八分。法：自日體之兩邊各作綫，與月體相切，引長之成尖圓，其尖或過地，或不及地。若以兩綫交互切月，引長至地，界内即生淡影，人在淡影中則見食，在尖圓中則見食既也。月與内虚二心距，等於月外虚二半徑和，即月入外虚之時；等於月内虚二半徑和，即月入内虚之時。故月食限之距交爲十一度二十一分。法：自日體之兩邊，各作綫與地球相切，引長之成尖圓，即内虚也。若以兩綫交互切地，引長之過月體，即外虚也。日光透過蒙氣則折而下，其交外虚綫之角，即倍地平蒙氣差；其交内虚綫之角，即倍蒙氣差與日視徑之較。月入外虚爲昏黄色，入内虚則淺者爲藍緑色，深者爲紅紫色也。凡攝力之大小，與相距之平方有反比例。月距地心約地半徑之六十倍，故地攝月力爲地面攝力三千六百之一。日之攝力甚大於地，而日、地距大於月、地距約四百倍，故日攝月力僅得地攝月力一百七十九之一也。白道長徑與地之行每日差五十二分二十七秒二五，積二百五日八九四而復合。此一合中兩心差有增減，長徑亦有進退，而增減進退之差，在最高者較大，在最卑者較小。大小之比，若二十八與二十五矣。朔望前，二象限切力恒令速率增，增則長徑變長。朔望後，二象限切力恒令速率減，減則長徑變短。又朔望左右各五十四度四十四分。法力向外，令曲率略小，兩弦前後各三十五度十六分。法力向内，令曲率略大，其最大差爲一度四分，一月而復，名二均差也。月受日之攝力，朔時距日近而略大，望時距日遠而略小。故日心斜交地月之綫，令月增減於橢圓行，其最大差爲二分，名月角差也。地行於橢圓周，最高後距日漸近，則日攝月力漸大。最卑後距日漸遠，則日攝月力漸小。其最大差爲十一分，一歲而復，名年差也。二千年間，地道兩心差恒變而小，約百年差二萬五千分之一，則年差亦微有不同，而月之平速恒變，而大約百年差十一秒九。其一終之時甚久，未能徵諸實測也。二體相距必有重心，其距二體心遠近之比，若二體輕重之比。聯日、地爲一直綫，其公重心在日體中。聯月、地爲一直綫，其公重心在地球中。故月、地之公重心繞日，地之公重心，而自人視之，一若月繞地，而地又繞日焉。然因此而日之經度亦有微差，一月而復，因名之曰月差。其最大者，不能至八秒六八秒六者，日之地平視差也。白極環繞黃極，十八年六而一周。而赤道既退行於黃道，又退行於白道，則赤極所行方向，恒正交赤、白二極距，故不成正圓，而爲次擺綫。其速率亦時大時小，二道所生二差之比，若一與五矣。

五星繞日而行，軌道並爲橢圓，與地球同。其兩心差，各以長半徑，準之水星○二○五五一四九，金星○○○六八六○七，火星○○九三三○七○，木星○○四八一六二一，土星○○五六一五○五。距日中數，以地道半徑準之，水星○三八七○九八一，金星○七二三三三一六，火星一五二三六九二三，木星五二○二七七六○，土星九五三八七六一。地與五星周時平方之比，各同於距日立方之比，推得五星之恒星周：水星八十七日九六九二五八，金星二百二十四日七○○七八七，火星六百八十六日九七九六四六，木星四千三百三十二日五八四八二一，土星十萬七百五十九日二一九八一七。其交黃道之角：水星七度九秒一，金星三度二十三分二十八秒五，火星一度五十一分六秒二，木星一度十八分五十一秒三，土星二度二十九分三十五秒七。其交點與最高點，行皆甚遲，故聯兩交點爲一綫，恒平分黃道焉。外星之攝動內星也，於內道上取距外星綫，等於日距外星之兩點，內星自等距點至交點者，交點退而後；自交點至等距點者，交點進而前。內星之攝動外星也，二道相距小於內道距日者，於內道上取距日與外星相等之兩點，其交點之進退，與外星攝內星同；二道相距大於內道距日者，二星在交綫之兩邊，交點退而後；在交綫之一邊，交點進而前。若二星中有一星正當交點，則交點不動矣。二道漸相近，而攝力又引之近；二道漸相遠，而攝力又推之遠，則交角變大。二道漸相近，而攝力反推之遠；二道漸相遠，而攝力反引之近，則交角變小。引之近者，交點退；推之遠者，交點進。故交角之大小，與交點之進退不相應也。法力能變曲率向內，則曲率增。向外，則曲率減。切力能變速率順，則速率增，逆則速率減。故法力向內，而星近高點，則長徑退；近卑點，則長徑進。自高至卑，則兩心差增；自卑至高，則兩心差減。法力向外者反是。切力順而星近高點，則兩心差減；近卑點，則兩心差增。自高至卑，則長徑退；自卑至高，則長徑進。切力逆者反是。是兩心差與最高行互爲消長，而切、法二力亦互爲消長。故五星之橢圓周，古今不甚相遠也。人視五星，見其忽順忽逆忽留，若無法者，因地不在星道之心，而又繞日環行故也。若自太陽視之，則有遲疾而無留退，故求地心經緯度，當以日心經緯度爲根，先用弧三角形直角爲一角，星道交黃道角爲一角，最卑交點二經度較爲兩角所夾之弧，求得對直角之弧，以加減星距最卑度，即星距交度。仍以直角爲一角，星道交黃道角爲一角，星距交度爲兩角所夾之弧，求得對交角之弧，即日心緯度。又求對直角之弧，以加減交點距春分度，即日心經度也。次用平三角形直角爲一角，日心緯度爲一角，星距日爲對直角之邊，求得緯度角之對邊爲星距黃道綫，又求得兩角所夾之邊爲星對邊，又以星對邊爲一邊，地距日爲一邊，星、地二日心經度較爲兩邊所夾之角，求得對角之邊爲日對邊。又求地距日之對角，以加二日心經度較，再加地之日心經度，即星之地心經度，又以日對邊與星距黃道綫爲夾直角之兩邊，而求星距黃道綫之對角，即地心緯度也。土、木二星之互相攝動也，二星一合爲七千二百五十三日四，積至三合，則土二周、木五周而多八度六分，以除三百六十度；又以一合日數乘之，得三十二萬二千三百七十三日，約八百八十三年。然其差因積久而大，故九百十八年而一周。此一周中，一星速率增而周時變短，則一星速率減而周時變長。其最大差，土星四十九分，木星二十一分。二星經度之比，若二星體積各乘長徑平方根之反比也。金星之攝動地球也，一合爲五百八十三日九二，積至五合，則地八周、金十三周而少二度二十四分，以除三百六十度，又以一合日數乘之，得八萬七千五百八十八日，約二百四十年而一周。此一周中，地速率減則日、地中距變大；地速率增，則日、地中距變小。其差甚微，然因此而月之速率亦有增減，其最大差爲二十三秒。金星攝力又有直加於月者，地轉三終，則金轉五終而多二十七日十三小時七分三十五秒六，較月轉終少十分五十六秒七，約爲三千六百二十五分月轉終之一，凡二百七十三年而一周，其最大差爲二十七秒四，是又在日、地二攝力之外矣。五星、地半徑差並小於月，測之甚難，而聯日、星與地爲三角形，則星距日與地距日，若星距日度正弦與地道半徑差之正弦，此差一年而周，與光行差相似。若以光行差與地道差爲直夾角之兩邊，而求地道差之對角，即星所在之度也。彗星行法，與五緯同，而橢圓之長徑甚長，兩心差甚大，故或數十年而一見，其星甚多，不能盡知其根數也。因格彗半長徑二二一六四，兩心差〇八四七四三六，交黄道角十三度七分三十四秒，凡三年一一而一周。迪未谷彗半長徑三〇九九四六，兩心差〇六一七二五六，交黄道角二度五十四分四十五秒，凡五年一六七而一周。勃陸孫彗半長徑三一五〇二一，兩心差〇七九三六二九，交黄道角三十度五十五分七秒，凡五年二一六而一周。比乙拉彗半長徑三五〇一八二，兩心差〇七五五四七一，交黄道角十二度三十四分十四秒，凡六年二〇二而一周。飛彗半長徑三八一一七九，兩心差〇五五五九六二，交黄道角十一度二十二分三十一秒，凡七年一六一而一周。達喉彗半長徑六三二〇六六，兩心差〇七五六七二，交黄道角三十一度二分十四秒，凡十五年三二五而一周。好里彗半長徑一七九八七九六，兩心差〇九六七三九一，交黄道角十七度四十五分五秒，逆行凡七十六年一〇六而一周。又有乾隆三十五年之彗，兩心差〇七八五八，交黄道角一度三十四分，凡五年半而一周。道光二十三年之彗，最卑距日〇〇〇五五八，交黄道角三十五度三十六分二十九秒，逆行凡二十一年八七五而一周。又有順治十八年之彗，約一百二十九年而一周。嘉靖三十五年之彗，約二百九十二年而一周。康熙十九年之彗，約五百七十五年而一周。上考往古有當見而不見者，必近日而晝見；有雖見先後一、二年，則爲他星所攝動也。乾隆五十一年至道光十八年，因格彗已十五周，每周減百分日之十一。洪武十一年至道光十五年，好里彗已六周，每周增千分年之四百四十五，增減之故，未得而詳。彗之頭如星氣，漸近中心漸厚，尾恒背日。蓋太虚中之薄氣，故借日光而明，有時隔彗能見恒星，知其爲薄氣，而非實體矣。

杞廬主人《時務通考》卷二六《重學上》　質類

質點之證　定質質點大，水質點小。水質點大，氣質點小。氣中各類應又分何類質點大，何類質點小。丸與黍大小懸殊也，以囷盛丸，以盂盛黍，囷底穴則丸相聚，下至盡囷而止。盂底穴則黍相聚，下至盡盂而止。其下之形，與水之下之形，無以異也。顧囷之穴必大於丸，盂之穴必大於黍。囷之穴不大於丸，則丸不得下也。盂之穴不大於黍，則黍不得下也。故丸也，黍也，以網盛則下，以布帛盛則不下。布帛以盛水則下，陶爲密矣，以盛水久而水沁於外，陶孔大，水粒小也。甆比陶爲密矣，甆質較疏者以盛水，水無沁於外；以盛油，久而油沁於外，甆孔大，油粒小也。水粒之大，大於甆孔；油粒之大，不大於甆孔。據此而知，凡物質之有點，點之有原度，不獨定質，重流質亦有之，則亦可推此而知不獨重流質，輕流質亦有之。

求諸質點之長加力　諸質點爲地方所引，亦各有長加力，自軸心作直綫，則分諸點爲左右兩邊，各以質重乘句，視諸點在直綫之一邊者相加，在兩邊者相減，用乘地力；又以所求點之距軸綫乘之爲實，質阻率爲法，實如法而一，即所求點之長加力也。

測諸質等體重法　用物入流質之理，可測諸定質之等體重。諸定質體相等，輕重各異，由於質重各異也。如方寸鐵或方寸金，重於方寸水。又如一瓶水銀，重於一瓶水。欲測各質等體異重之率，法甚難，今以水較之則甚易。凡定質入流質中必減重，用算術推之，則爲所減之重與全重，流質等體重與定質等體重之比例。

定質流質名義　金、木、土等類爲定質，氣、水銀等類爲流質。定質之各點重定不移，流質之各點周流無定。定質滯力大，流質滯力微矣。

定質重流質重不同之力　定質重爲向下之力，流質重爲向上之力。

定流質抵力不同之故　定質、流質抵力不同。定質抵力静動只有一箇方向，即加能力之方向是也。流質抵力處處皆其方向。如以水滿貯牛胃，手執其口，執處抵力與各處抵力等，蓋任在何處所出抵力，必通於各處，與互相攝引之理無涉。

流質重於定質　定質爲流質所載，重者必變而輕。故竹木入水必升，鐵入水銀亦升，因等體積之流質，重於定質故也。

流質動同於定質　流質以動加於定質，與以定質學定質無異，故必生動於定質，可以定質受擊之理論之。其擊力之大小，視流質之動率大小，又凡流質之動，與定質無異。設有流質一段，不連他物，空中下墜，必與定質同。如雨點，及貯流質器下墜，是其證也。

流質不動生變與定質同異之證　流質之動，有時忽止，所生之變，其比例若止動時分之反比例，與定質理同。然流、定二質轉動之理不同。流質忽然不動，所生之變必轉傳於各處，如用多管通於積水處，一管開令水出，不論用何速，若驟令水停，所生之變各管俱知，面積等則生等變，脆薄處必破裂。西國各城用轉水管，若大管中水忽停流，數里外小管一時俱裂。用此理可教水上射，至極高處。

輕流質點互相加力與定質重輕質異　諸流質中凡屬氣類，非水類，即有互推力，此力乃成風之根。故諸質點互相加力之理，與定質異，并與重流質異。定質中諸點之力互相擁擠，令諸點各居本處，不能移動。重流質中諸點之力，僅能令諸點於各平面互相往來，一無阻礙。惟輕流質中諸點之力，能令諸點四面散行，直至遇物阻攔而止。

求流質擺動同於定質之率　流質擺動，亦與定質同。故擺錘中多有用水銀者。若曲玻璃管，滿水其中，擺動時一如定質，其二端之動比，若二管長短平方根之比。

質物爲正方體求相定　設定質物爲正方體，各點質重停勻，則物重等於等體流質重，物即定。此第一要理也。

以定流質二重心求相定　若非正方體，各點質重又不停勻，則當用重心。有二重心：一定質物重心，一等體流質重心。定質本重一如收於定質重心，爲向下之力。等體流質重一如收於流質重心，爲向上之力。此二(一)力方向平行且對面。若二力相等，又在一箇垂線上，則物必定。

求定質重當程功實程功之率　定質重之動力，斜面與垂面不同。設自行車，路高一百尺，長四千尺，輕車一千斤，以重車四千斤下行之力引之上行，面阻力爲二百分重之一，法，以重較三千斤乘高一百尺，得三十萬，爲當程功，以二百除一千得五斤爲上行阻力；以二百除三千得十五斤爲下行阻力，併之以乘長四千尺，得八萬爲實程功，是當程之功比實程爲四倍弱也。用於垂面，則以重乘路當程之功，即爲實程之功矣。

袁清舫　晏海瀾《西藝通考》　卷　二三至二七目録

重學攷一

總攷

重分動静　静重學記　動重學記　静動之義　重輕之義　重學力之義　助力之法　助力之義　流質重學記　天重學記

重學攷二

静重學一

論七器

七器之名　桿　公論三則　公論一　公論二　公論三

桿分三種　第一種桿　求加力法　求物重法　求力倚距法　求重倚距法　天平桿　秤桿　第二種桿　第三種桿　疊桿　曲桿

輪軸　輪軸之義　輪軸之益　輪軸之用　齒輪　凡齒輪力重各乘離心綫之比，同於兩輪心正離合力方向綫之比

滑車　定滑車　動滑車省力比例　第一式連滑車省力比例　第二式連滑車省力比例　第三式連滑車省力比例

斜面　斜面省力比例　劈　求劈力阻力之比例　螺旋　任何助力器公比例

論并力分力

并力分力乃謂能力加於一點之理　凡分力綫上補成平行四邊形，則并力綫即對角綫，兩邊爲二分力方向大小率，對角綫爲并力方向率　若有兩力加於一點，分力大小方向率爲平行四邊形之兩邊，則并力大小率爲對角綫　凡綫平行於力之方向，綫之長短與力之大小有比，則綫可爲力之率因平行於力之方向，與力之本方向無一也。　有諸能力在一個面上加於一點，求并力　有諸能力在一個面上加於一點，求并力　有謂能力不在一個平面上，加於一點，求并力

重學攷三

静重學二

論重心

凡合體質，無論以何方向定於一綫，重心必在此綫上　有二質點，求重心法　有多質點，求重心法　有諸質點在一直綫上，求重心法　平行四邊形求重心法　三角形求重心法　四邊相對二角之邊，兩兩相等，求重心法

四邊面兩邊平行求重心法　三角錐體求重心法

多邊立錐體求重心法　論剛質相定之理　有諸力方向在一個平面上，加於桿如諸力加於定點，定點抵力等於諸力之并力　三角能力加於剛體，今體定，則每一力等於餘二力之并力，且爲并力之對面抵力，而方向綫必經過二力支點

天平兩端有不等二重，求定於何角　抛物綫體在地平面上，求定於何點

同底圓立錐及半球合爲一體，球面任何方向定於地平面上，求體大法

剛體加於三垂足架上，求每足抵力

四不等邊剛質面以一邊加於地平面，求定於何點　剛體定於一點及一

面，則載體之對力有二　剛質垂面定於兩點求方向　有桿定於兩箇斜面，求方向　有大小兩球，相切定於二斜面，求方向　固定　小半球加於大半球之上，求固定點

論面阻力

質體切於純光面，面生阻力，其方向必直交於面　質重若同，雖切面改變，而阻力恒同　測面阻力大小　二平面相切，用面阻力相定，若無面阻力，求交面當用何方向　圓柱以陰陽面相切面阻力

重學攷四

動重學一

論質體動之理

識别四則　平速動路等於速乘時　凡推速率不論何動法以時率□一秒。中平速富過之路爲準　變動俱有根源　動理第一例　漸加力　平漸加力所生之速等於力率乘秒數　動理第二例　質與動相涉之理　動理第三例　漸加力與抵力所成之比例　物有不肯動之性　擊力　廣動理第三例　論平動相擊　有二體無凸力大小不等正相擊　已知擊前二速求擊後二體共速　有二體凸力等正相擊已知擊前二速求擊後二速　有二體相擊已知方向亦知凸力及擊前速若干求後速　二球隨行於一直線上求相擊在何處　二球在一箇平面用二速平動於二直綫上求相擊之處

論平加速及互相攝引之理

動體行於直綫平加能力所過之路與所歷之時自乘方恒有比例　有質體以某速抛於空中，别有能力長加於同方向綫上，求路時速諸率　地心攝引物依垂綫下墜　物向地心之理　有質體行於斜面求長加大　以重引重令行於斜面求長加大

論動體繞定軸之理

凡諸力生動於合質體在各處所滅動力必相抵定　諸質點合加於地平軸，求地力加點之長加力　有堅合體環繞於地平軸，體中各點漸加速不同，求何處一求地力攝引同

論動面阻力

面阻力分三等　用等於面阻力之力令物行於地平面上率必恒平　物行時面阻力與遲速無涉即有涉亦甚微　測定水陸之面阻力

又《重學考一·總考》

靜動之義

靜者，安定無爲之謂。凡體皆有此性，似乎永鎮一處，不肯移全别位也。即力爲移之，亦若有爲之阻者，此其永靜性也。質體既具此性，則不能起首自動，必以力加之，始能生動。若動力與其阻力等，則仍相定而靜。動者，質體移其方位也。已動之體，則又有不能自停之性，即永動性也。亦必以力加之，始能定靜。可見靜體不能自動，動體亦不能自靜也。

重輕之義

重由地心而發，因凡體皆含攝力，體大而質密者，則攝力大而重。體小而質鬆者，則攝力小而輕。地球較地面各物，大至無比，故地面所有之體，皆爲地球所攝，即地面諸物，皆有輕重。而地球攝各物之方向，恒向地心，故謂重由地心而發也。

重學力之義

重學中之力，與化學中之力功效不同。重學之力，加於質體，祇可使其移動，變其形狀，改其方位，而不能令其本質變化。化學之力，能變化體之本質，能改換物之形性。如青石一塊，以錘擊之，或用水衝之，雖可使碎爲粉，然本質不變，而仍爲青石之粉，原性不改。此重學之力也。若用硫强水，令化爲粉，則本質盡變，形雖爲粉，而質實變爲石膏，與原青石粉，性情大不相同。此化學之力也。

助力之法

體之静者，必須加力方能移動。故小體可施小力，大體必用大力。惟極大之體，重力亦極大，似乎不能動之，然可以法助人之力，使易移動。如用桿可用以起重，用輪可助以行遠，用滑車可助以高提，用斜面可助以升上。要皆以小力可動大重也。

助力之義

用器助力，其益能將長路之小力，變爲短路之大力，一若其器自能生力者然。非真能增力也，不過能變其力之用耳。蓋凡助力器，用以省力，則必費時；用以省時，則必費力。如起重一斤，至百尺之高，須用百斤之力，而費時甚少。若起百斤之重，至一尺之高，則祇需一斤之力足矣。惟用之時，必百倍於前。未明此理者，偶見起重轆轤與壓水櫃等，俱能以小力起極大之重，以爲用此等法，可以使動大船，殊不知力雖增大，速即減小，仍不適用。可見無論何法，力與速

不能同增也。

傳記

《清史稿・顧觀光傳》 顧觀光，字尚之，金山人。太學生，三試不售，遂無志科舉，承世業爲醫。鄉錢氏多藏書，恒假讀之。博通經、傳、史、子、百家，尤究極天文曆算，因端竟委，能抉其所以然，而摘其不盡然。時復蹈瑕抵隙，蒐補其未備。如據《周髀》「笠以寫天，青黄丹黑」之文及後文「凡爲此圖」云云，而悟篇中周徑里數皆爲繪圖而設。天本渾員，以視法變爲平員，則不得不以北極爲心，而内外衡以次環之，皆爲借象，而非真以平員測天也。

《開元占經》《魯曆》積年之算不合，因用演積術，推其上元庚子至開元二年歲積，知《占經》少三千六十年。又以《占經》《顓頊曆》歲積考之《史記・秦始皇本紀》，知其術雖起立春，而以小雪距朔之日爲斷。蓋秦以十月爲歲首，閏在歲終，故小雪必在十月，昔人未及言也。李尚之用何承天調日法考古曆日法朔餘强弱不合者十六家，以爲未能推算入微。爰别立術，以日法朔餘輾轉相減，以得强弱之數。但使日法在百萬以上皆可求，惟朔餘過於强率者不可算耳。《授時術》以平定立三差求太陽盈縮，梅氏《詳説》未明其故。讀《明志》乃知即三色方程之法。謂凡兩數升降有差，彼此遞減，必得一齊同之數。引而伸之，即諸乘差，則八線、對數、小輪、橢員諸術，皆可共貫。讀《占經》所載瞿曇悉達《九執術》，知回回、太西曆法皆源於此。其所謂高月者即月孛，月藏者即月引數，日藏者即日引數，特稱名不同，亦猶《回曆》稱歲實爲宫日數，朔策爲月分日數也。

其論婺源江氏冬至權度，推劉宋大明五年十一月乙酉冬至前以壬戌丁未二日景求太陽實經度，而後求兩心差，乃專用壬戌。今用丁未求得兩心差，適與江氏古大今小之説相反。蓋偏取一端，其根誤在高衝行太疾也。西法用實朔距緯求食甚兩心實相距，術繁而得數未確。改以前後兩設時求食甚實引徑得兩心實相距，不必更資實朔，較本法爲簡而密矣。

西人割圜，止知内容各等邊之半爲正弦，而不知外切各等邊之半爲正切。乃依六宗、三要、二簡諸術，别立求外切各等邊之正切法，以補其缺。杜德美求員周術，用員内容六邊形起算，巧而降位稍遲，謂内容十等邊之一邊，即理分中末線之大分，距周較近。且十邊形之邊與周同數，不過遞進一位，而大分與全分相減即得小分，則連比例各率，可以較數取之。入算尤簡易，可用弧度入算，不用弧背真數。然猶慮其難記，仍不能無藉於表，因又合兩法用之，則術愈簡，而弧線、直線相求之理始盡。錢塘項氏割圜捷術，止有弦矢求餘線術，以爲可通之割、切二線，因補其術。西人求對數，以正數屢次開方，對數屢次折半，立術繁重。李氏《探原》以尖錐發其覆，捷矣，而布算術猶繁。且所得者皆前後兩數之較，可以造表而不可徑求。戴氏《簡法》及西人《數學啓蒙》，又有新術，而未窮其理。乃變通以求二至九之八對數，因任意設數，立六術以御之，得數皆合。復立還原四術，並推衍爲和較相求八術，爲自來言對數者所未有也。又謂對數之用，莫便于八線，而西人未言其立表之根，因冥思力索，仍用諸乘方差，迎刃而解，尤晚歲造微之詣也。其它凡近時新譯西術，如代數、微分、諸重學，皆有所糾正，類此。

所著曰《算賸初》《續編》凡二卷。曰《九數存古》，依《九章》分爲九卷，而以堆垛、大衍、四元、旁要、重差、夕桀、割圜、弧矢諸術附焉，皆采古書而分門隸之。曰《九數外録》，則隱括四術爲對數、割圜、八線、平三角、弧三角各等面體、員錐三曲線、静重學、動重學、流質重學、天重學，凡記十篇。曰《六曆通考》，則據《占經》所紀黄帝、顓頊、夏、殷、周、魯積年而加以考證。曰《九執曆解》，曰《回回曆解》，皆就原法疏通證明之。曰《推步簡法》，曰《新曆推步簡法》，曰《五星簡法》，則就原術改度爲百分，省迂迴而歸簡易，蓋於學實事求是，無門户異同之見，故析理甚精，而談算爲最云。其友人韓應陛，亦以表章算書顯。

圖録

鄧玉函　王徵《遠西奇器圖説録最》卷一《遠西奇器圖説重解》款凡六十一

第一款

最重無過於地，地在天之下，必在中心。

試觀(右)圖，甲乙丙丁爲星天，戊爲大地，丁丙爲地平。人常見者，自丁至甲至丙爲半天，故知地

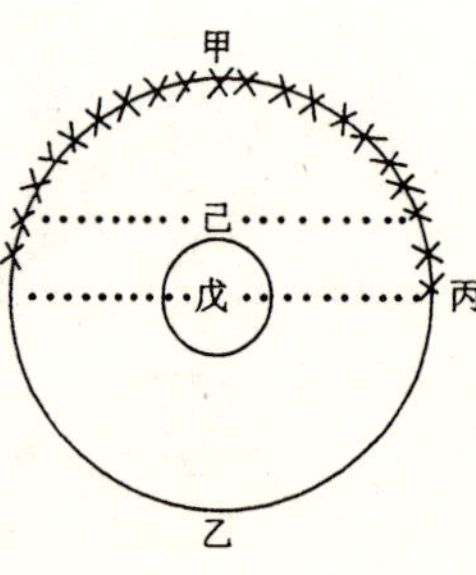

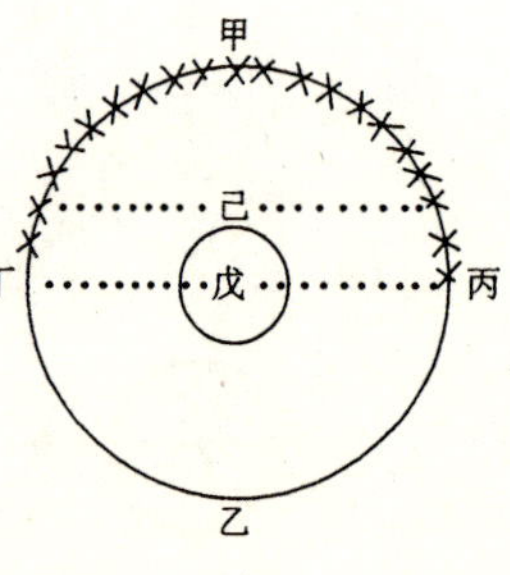

在天之卜中心也。儻使地或在己，則其徑特爲少半，而星在丁丙上者，不得見矣。

第二款

次重無過於海，海附於地合爲一球。試觀(上)圖，甲爲日輪，乙爲地海，丙爲月，丁爲日影。日在地下，月在天上，日過地則有影，影遇月則爲月食。惟地與海合爲圓球，其影亦圓，故月食漸漸如半規也，觀第二圖自見。儻地形是方，則其影亦方，月食當截然如直線之形，不作半規形矣。詳具天文書中。

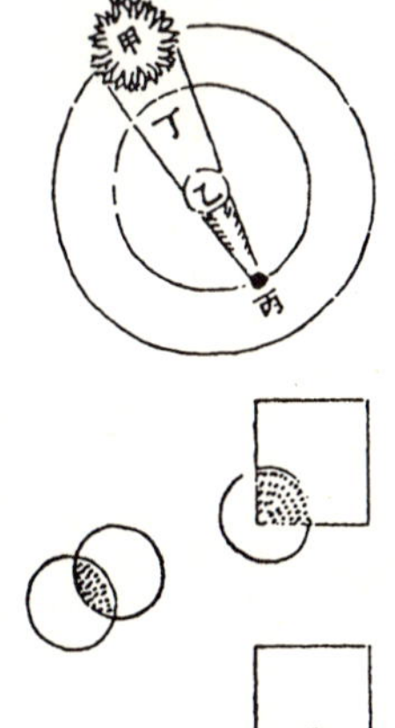

第三款

重之廣大，無過地球，其面與其心，相距一萬餘里。

每圓界三百六十度，所以地球圓界亦有三百六十度，每度有二百五十里，所以相乘得九萬里。因圓界甲丙丁戊有九萬里，所以甲至丙徑，用二十二與七比例，得二萬八千六百三十三里，自甲至乙，半之，得一萬四千三百十六里餘，故云地球之面與其心，相距一萬餘里也。何以知一度有二百五十里耶？假如杭州北極出地三十度十三分，上海，北極出地三十一度十三分，是相距爲一度矣。上海雖在東北，但與蘇州太湖東西相對，所以南北同度。計曲路三百餘里，正路則止有一百五十里耳，第二圖自明。

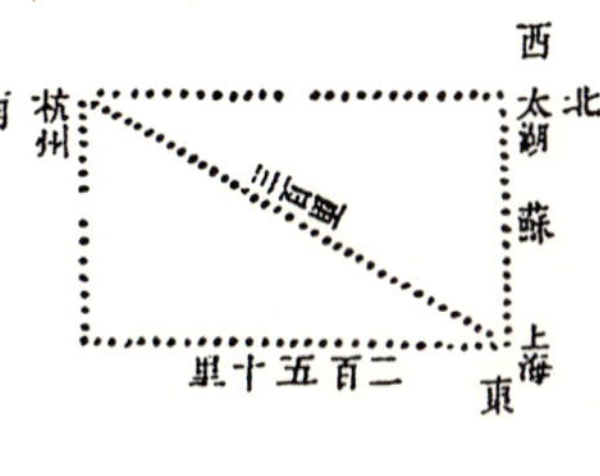

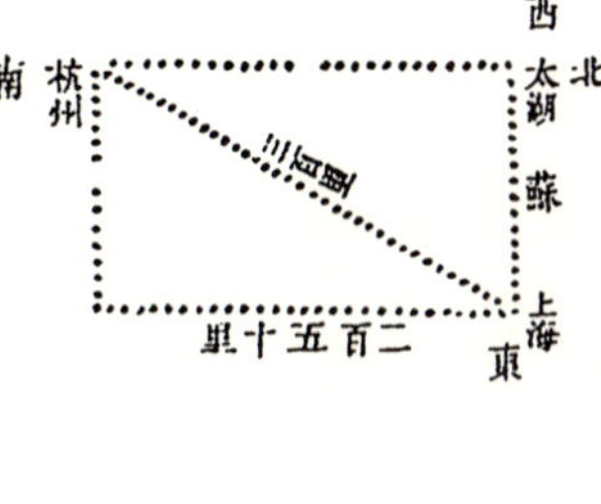

第四款

重何物？每體直下，必欲到地心者是。

試觀(左)圖，圓爲地球，甲爲地球中心，乙丙戊皆重物，各體各欲直下至地心方止，蓋重性就下，而地心乃其本所故耳。譬如磁石吸鐵，鐵性就石，不論石之在上在下、在左在右，而鐵必就之者，其性然也。重物有二：一本性就下；一體有斤兩。

第五款

物之本重

本重者，如金重於銀、銀重於鐵之類是也。蓋金與銀體段一樣，而金重銀輕，是金之質原本重於銀也，非以一兩金與十兩銀相較之重，故曰本重云。

第六款

重之體必定自有點、線、面、形。

內有容、外有限曰形，其中點爲形心。有直線過心，兩邊不出限者爲徑線。形有二：一面形，一體形。假如上圖，點線之外，甲平圓、乙長形、丙三角、丁方形等，俱是面形。體形有三度：或長、或闊、或厚，如上戊、己等體是也。

第七款

重之心，重繫於心，則不動。

假如有重於此，以線繫之，果在其心如甲，則不偏不動；儻不在心如乙，則必偏且垂下矣。

第八款

每重各有其心。

假如有重於此，兩邊重相等，則重心必在其中無疑也。每重但有一重心。

第九款

有直線過重心不出兩限者，爲重之徑。

假如甲三角形，重之心在中點，直線從乙至丙過中心，則爲重之徑也。諸重皆然。如上立方圖，三徑皆從重心直過，故重之徑無窮盡也。

第十款

有重線過地心、交於地平，作兩直角者爲重之垂徑。

假如(上)圖，圓爲地球，中有地心，横有地平，線上有方重，其線過地心交於地平線，作兩直角，故其立線爲重之垂徑也。

第十一款

有重體，不論正斜，皆有徑線。從徑線分破，其側面即爲重之徑面。

假如(上)圓圖，徑線甲乙。從徑線開之，即作兩半球，半球平面即重之徑面也。又如(上)方圖，丙丁戊爲外周徑線，分之則兩半方形，其分開之内兩平面，即重之徑面也。如從己庚徑線開之，則兩側面即重之徑面也，因徑面常過重心，所以兩分相等。

第十二款

有三角形，從角至對線，於中作一直線，直線内有重之心。

假如從甲角至乙丙對線，作一直線，於丁分兩平分，必定甲丁之内有重心也。乙至戊亦然。

第十三款

有三角形，其重心與形心同所。

假如上三角形，甲爲形心，亦爲重心。

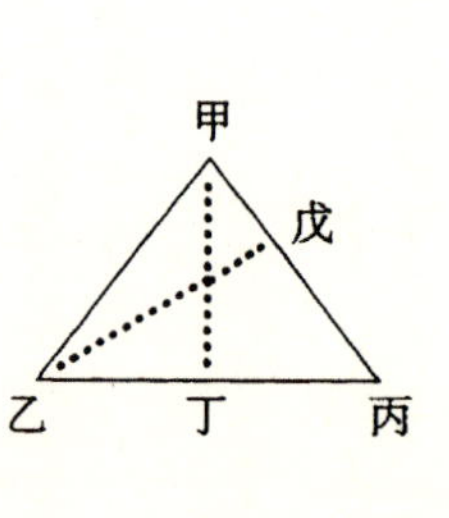

第十四款

求三角形重心

法曰：有三角形，各分兩分，起線各至角爲一直線，相遇十字交處便是重心。假如上甲與乙，中分有丙，丙至丁爲一直線；次丁與乙，中分有戊，戊至甲爲一直線。兩直線相遇十字於心，即得所求。

第十五款

有三角形，每直線從角過重心到對線，其分不等，爲二倍比例。

假如(上)圖，甲乙從角過心到戊丙對線爲兩分，甲己線大於己乙線二倍，其丙己線亦二倍大於己丁線。

第十六款

有法四邊形，其重心分兩平分，爲徑。

假如(上)圖，四邊有法長方形，其重心是甲，其徑乙丙爲一線，丁戊、己庚各一線，各線每徑長短不同，俱兩平分。

第十七款

有法多邊形，其重心形心同所。

假如上六角形，其角等，其邊亦等，是名有法多邊，其重心與形心總是一心。

第十八款

平圓與雞子圓形，其重心、形心亦同所。

圓界與多邊形相似，故其心皆同。其雞子形與平圓形亦相似，故其心亦同。

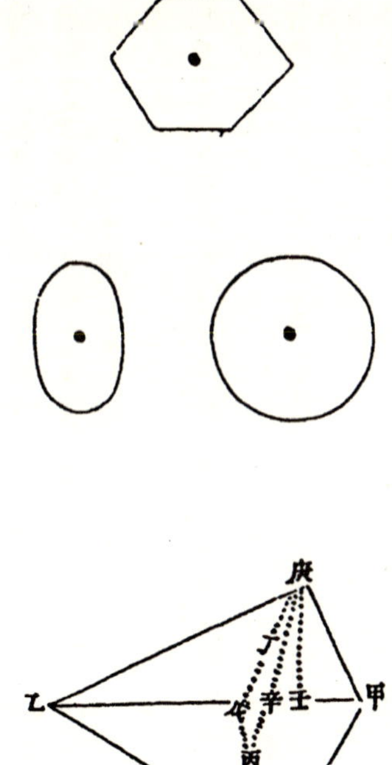

第十九款

求直線平形之重心。

假如上無法四邊形，先分作兩三角形。從對角打兩垂線到分線上，甲與乙分，既成兩三角形，用前十四款求三角形重心法，即得丙丁兩心。丙與丁作直線。次用比例法，戊已大垂線與庚壬小垂線比例，等於丙辛與辛丁比例，辛乃所求之重心也。

第二十款

每多稜有法柱，其重心在内徑中。

假如上立方六稜柱，其重心在方徑内心。甲至丙爲内徑，就是其軸。乙之内心乃其重心也。

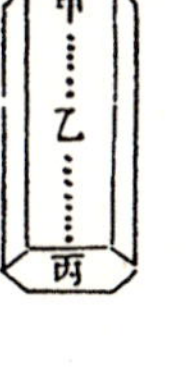

第二十一款

每多稜有法體，其重心、形心俱同所。

假如上八稜有法柱，甲乙丙是其内軸，乙即其重心、形心是也。

第二十二款

有體，求其重心。

假如上無法之面，欲求重心，先於上作平線，繫甲；次於乙垂一直線緊靠一邊，又次於丙亦作一垂線緊靠一邊，即從甲往下，以墨直點作線，乙至丁、丙至戊兩線是徑之面。復轉繫體，再如乙丁、丙戊作兩線如前，就得第二徑之面。即向上端下端看兩線，十字交處即得重之徑也。又將繫體横轉，從已處繫於甲上，求徑線至庚，亦向十字交處看之，則得辛是重心也。

第二十三款

每重不在其所，則必下俯地心，作正垂線。

天下之物各有本所，物之性亦各喜得本所。每物不在其所，則必與性相反，且别物得以攻之，故各就本所，乃各物之所喜向也。假如火本炎上，使之入水，則非本所，便就滅息。重之性下，水土其本所也。且物性直捷，重之垂下，不作迂曲。況天下之物性最巧，直線之途必短，迂曲之線，其途甚長，物喜短捷之便，故不肯拂性而迂曲也。

第二十四款

每體重之更重，必在重之心。

假如重物長短、厚薄、方圓爲體不一，而每體必有更重者，爲重之心。譬人身之内有心，一家之内有長，爲一體中之主，故也。

第二十五款

重下墜，其心常在垂線。

如(上)圖三角形心墜下，必在直線，不然必左傾右倒，不能直下矣。所以重物在空，更重者雖在上，亦必先轉向下。

第二十六款

有重繫空，或高或低，其重常等。

如(上)圖，或在甲、在乙、在丙，其重之斤兩常等。

第二十七款

每垂線相距，似常相等。

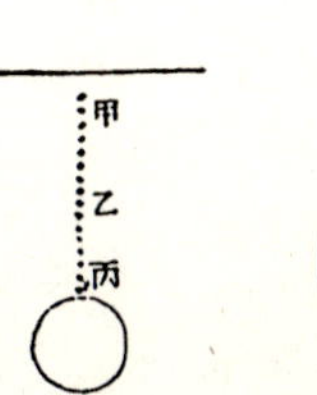

每重垂線引長必到地心，所以每垂線之末必與地心相合，前第三款之圖已明。此垂線非平行線也，但如後旁圖長短四樣三角形，最近則兩直線之尖相合亦最大，最遠則兩直線之尖相合最小。而直線初分，祇覺其平行，不見其末之相合，故以爲相距似也。

以上止明一重之理，今又以兩重相比言之。

第二十八款

每重徑面，分兩平分。

兩平分者，既從重心之徑面分，自然兩重相等，爲兩平分也。

第二十九款

有兩體，其重等，其容亦等，爲同類之重。

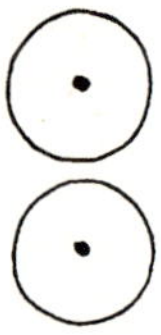

假如上兩圓球，其體俱是鉛，其大等，其重自等，所以名爲同類之重。

第三十款

同類之重，有重容之比例等。

假如上大方圖八倍於小方圖，其重爲十六斤，則小方圖之容自八倍小於大方圖之容，其重當爲二斤也。

第三十一款

有兩重，其容等，其重不等，爲異類之重。

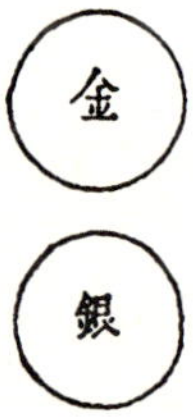

假如上有兩體，形相等，但一是金、一是銀，其重自不相等，何也？金之體殆將二倍於銀，所以名爲異類之重。或問：金何以重於銀將近二倍也？曰：金之體最密而稠。試觀作金箔者，一兩金可作數萬張，銀則不及，故耳。

第三十二款

重之類有二：曰乾、曰濕。

乾，如金石土木之類，不流者是；濕，如水油酒漿或銀水之類，但能流者是。

第三十三款

每乾重，繫於直線，而想直線有兩德：一無重，一不破。

想者，未有直線而先有無形直線之想也，故無重，故不破。

第三十四款

有重插於直線，或在上或在下，但在垂線中者不動，不則必動而轉下。

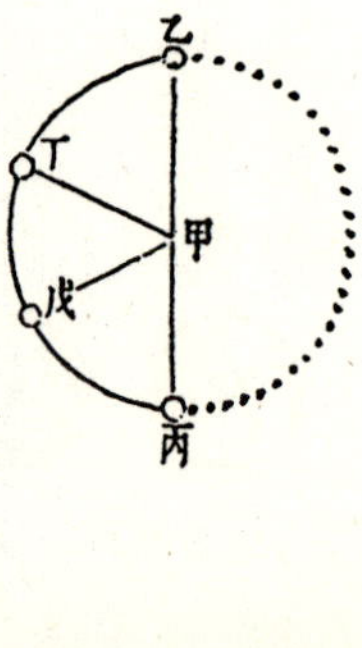

假如(上)圖，甲爲直線不動之一端，重在乙，是正在垂線之上而居中者也，不動；重在丙，是正在垂線之下而居中者也，不動；或丁或戊，則必動而轉下，作圓觚線。

第三十五款

水搏不得。

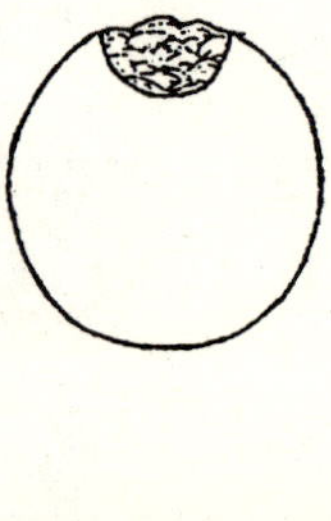

假如有銅球於此，水已滿其中矣，欲再强加別水，必不得。雖銅球分裂，亦必不能再加。何也？水體最密最稠，再搏不去，故也。

第三十六款

水面平。

水隨地流，地爲大圓。水附於地，其面亦圓。前第二款已言之矣，而兹復云水面平者何？蓋大圓不見其圓，祇見其長，故亦祇見其平面耳。

假如地平之上有低凹處，四周水來必滿凹處與地相平而後流焉。故水隨地而圓，亦隨地而平也。

第三十七款

有水在器，被迫則必旁去。

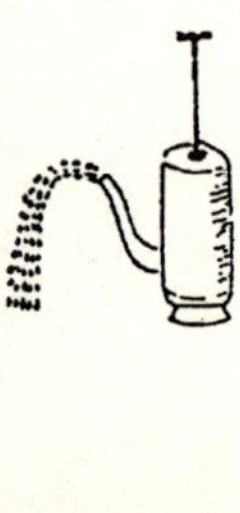

其所以然已見三十五款「水搏不得」之下，此又明其一所不容兩體，故他體一入，此體被迫，而必旁溢去也。

第三十八款

天下水皆同類。

江河溪海，水性無不同者，但水之鹹者，則其體微爲重耳。

第三十九款

有水之重，求其大。

假如壺中有水十三斤，不知其大爲幾斗，或幾升、或幾合也？

法曰：一尺立方容水六十五斤，今用三率法：

一　六十五斤　一尺壺中容水
一　十寸　就如一尺之容
三　十三斤　壺中有水
四　二寸　原壺之大

第四十款

有定體，其本重與水重等，則其在水不浮不沉，上端與水面準。

如(上)圖，乙爲水庫之容，甲爲定體之重。定體與水重既等，則定體上端必平，與水面相準也。

第四十一款

有定體，其本重輕于水，則其在水不全沉，一在水面之上、一在水面之下。如(上)圖，乙爲水庫之容，甲爲定體之重，定體既輕於水，則半沉半浮。蓋因水更重，所以驅定體而少上焉耳。

第四十二款

有定體，其本重重於水，則其在水，必沉至底而後止。

如(上)圖自明。或有乾板薄而寬大，或是金、或是鉛，但平平徐置水面，則亦不沉何也？薄而寬大，則板上之氣與板體相合，氣與水面相逼，故雖金鉛本重而不致沉也，但有小隙上水，則必沉矣。

第四十三款

有定體，本輕於水，其全體之重，與本體在水之内者所容水同重。

假如上水内立方是水，甲浮水外，乙沉水内。甲乙全重只以沉水多半體爲則，多半體所占是水重，即是本體重。

第四十四款

有定體在水，即其沉入之大，求其全體之重。

假如甲乙是全體，在水内外。但知乙在水内之容爲一萬尺，求其全體甲乙之重。用三率法，一尺容當六十五斤，則知全體該六十五萬斤重也。

第四十五款

兩水，或重或輕；有兩體，同類相等，其重水與輕水之比例，即兩體沉多沉少相反之比例。

假如一是海水，一是河水，海水自重於河水，但看上兩體俱同，而甲沉入之多與乙沉入之少，則輕重之比例見矣。如甲入水視乙之入水爲二倍，則海水必重於河水二倍也。

第四十六款

凝體在水輕於在空，視所占之水多少，即其所減之輕多少。

假如上空中立方銅體重十六兩，即以同大有水立方形較之，水可二兩，則在水立方銅體，十六減二，輕於在空之體，爲十四兩重也。

第四十七款

兩體同類同重，但不同形，在水其重恒等。

假如上圓球與立方其體皆銅，其重皆五兩，則其沉水之重常相等也。

第四十八款

有兩體，其大等，但一是凝體，一是流體。已有凝重，求流重。

假如有鉛球二十三斤，水球等於鉛球，該重若干？

法曰：將鉛球以馬尾線繫於天平一端，沉之水中，於天平一端加權度，至平準而止，則鉛球止得二十一斤。以二十三斤在空之重，減在水之重二十一，留二斤，即爲水球之重也。其證見前四十六款。

第四十九款

有凝體、流體相等，已有流重，求凝重。

假如流體是水，爲一百斤，求鉛體相等之重。

法曰：將鉛體其重二十三斤，用水與鉛體同等，其重得二斤。就用比例法，二與二十三比例即爲一百與一千一百五十斤比例，則得鉛體之重一千一百五十斤。

第五十款

有凝、流兩體之重相等，已有凝容，求流容。

假如有鉛球大十寸，水球重與鉛球等，求其大若干。

法曰：將鉛體二十三斤，與水體大等，得水重二斤。就用比例法，二與二十三就是十與一百十五比例，得流容一百十五寸也。

第五十一款

有凝、流兩體之重相等，已有流容，求凝容。

假如水容爲一百十五寸，鉛重與水重同大，求鉛容若干。

法曰：將鉛體二十三斤，得水二斤，就用比例法，二十三與二爲一百十五寸與十寸比例，得鉛容十寸也。

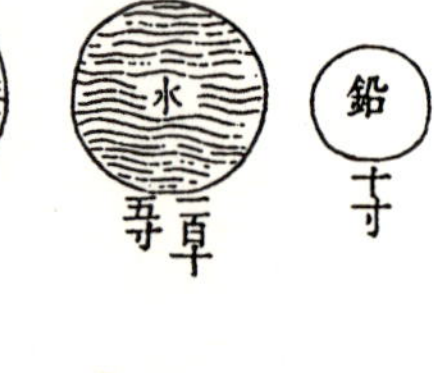
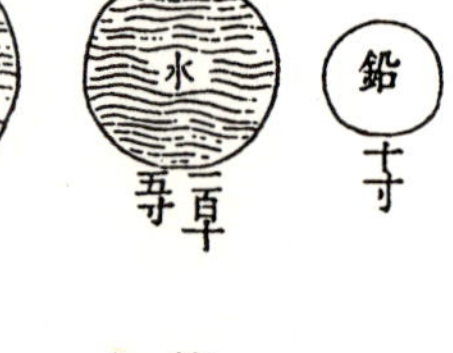
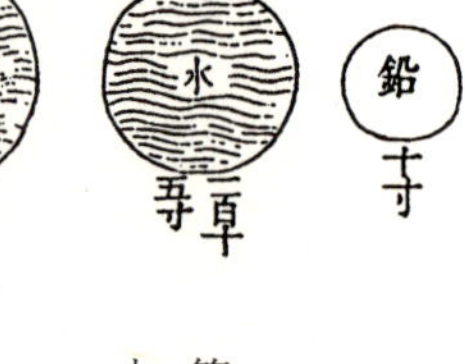
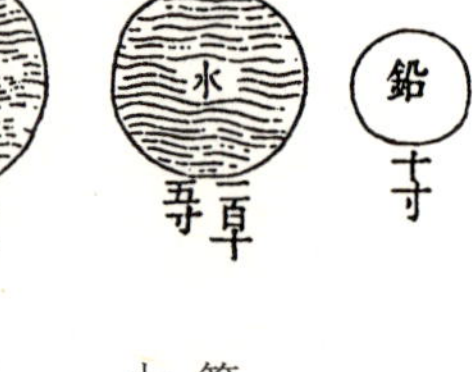

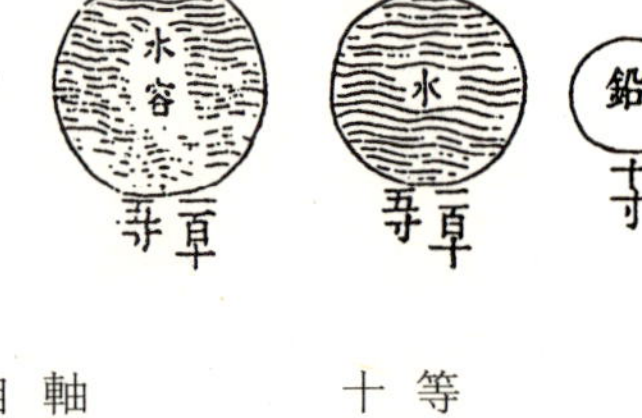
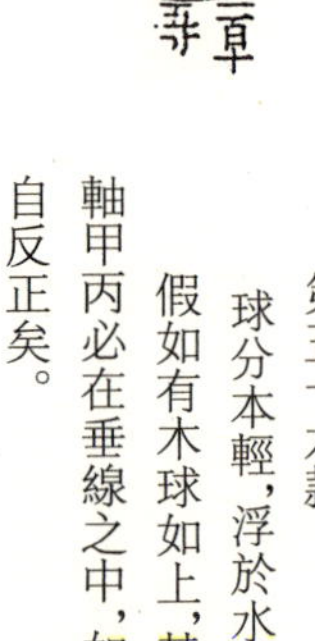

第五十二款

有兩凝體相等，已有彼重，求此重。

假如鉛球，其重一千一百五十斤，求錫球同等之重若干。

法曰：將鉛錫兩體同重者相較，又將兩水體，一箇等於鉛，一箇等於錫。一球水重七十四斤，一球水重一百十五斤。用比例法，一百十五與七十四爲一千一百五十與七百四十斤比例，就得錫體之重七百四十斤也。

第五十三款

兩凝體重相等，已有彼容，求此容。

假如鉛體容爲七百四十寸，錫體等重，求容若干。

法曰：將鉛體重一百十五斤，以錫體相等，重得七十四斤。用比例法，七十四與一百十五比例爲七百四十與一千一百五十比例，則得錫容一千一百五十寸也。

第五十四款

兩流體相等，已有彼重，求此重。

假如油體重五百五十斤，水體與油體相等，求重若干。

法曰：取鉛體與水體等大者，得水之重或是十二斤，亦取鉛體與油體等大者，得其重爲十一斤。就用比例法，十一與十二則爲五百五十與六百，則得水重爲六百斤也。

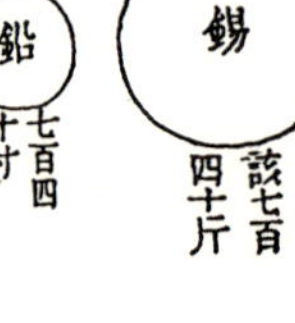
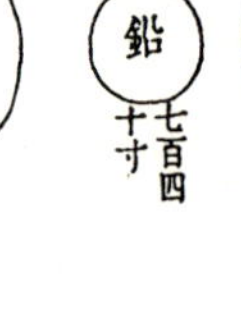
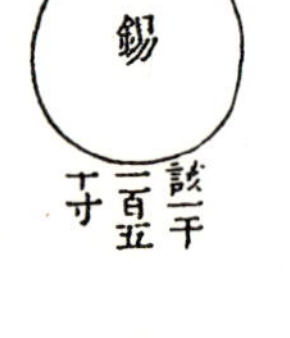
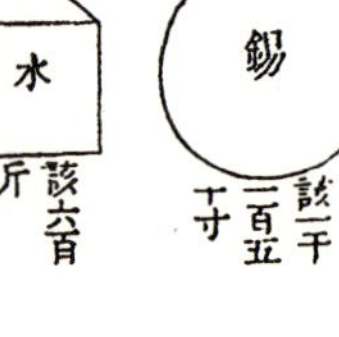
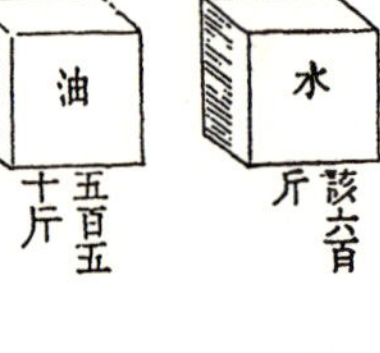

第五十五款

兩流體相等，已有彼容，求此容。

假如油容爲六百寸，水之體與油體同大，求其容若干。

法曰：將鉛體與水體相等，得水重十二斤。將鉛體與油容等，得其重爲十一斤。用比例法，十二與十一爲六百與五百五十比例，則得水容爲五百五十寸也。

第五十六款

球分本輕，浮於水，其底在上，球之軸必在垂線中。

假如有木球如上，其平底在水中，必在上，必不偏倚，其軸甲丙必在垂線之中，如甲丙之在乙丁也。儻强斜之，彼必自反正矣。

第五十七款

水力壓物，其重止是水柱，餘在旁多水皆非壓重。

求水壓物重處，止於所壓物底之平面；求周圍垂線於水上面，如水中之柱，柱乃壓物之重，如上水中柱圖。下面口底甚小，從底口垂線直至上面，中間水柱爲壓重。餘水皆無干也。

第五十八款

水來平衡於閘，求其衡勢之重若何。

如上求水柱法，止以所衡閘面高低，作甲乙垂線，垂線平行至丙，相等，即從垂線上面之甲斜行至丙，則是水衡半柱之重。其餘多水俱無干也。

第五十九款

有兩體容之比例、本重之比例，已有此重，求彼重。

假如甲乙兩容，其比例甲三倍於乙，本重甲爲銀、乙爲金，其比例爲一與二。已得甲重六斤，求乙重若干。

法曰：以銀三分之一等與乙，銀三分全爲六斤，三分之一爲二斤。用比例法，一與二比例，就是二斤與四斤比例，則得乙爲四斤重也。

第六十款

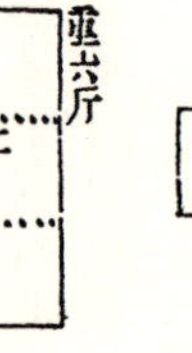

一　三　爲比率之大數

二　一　爲比率之小數

三　二十四　爲甲之所容之數

四　八　爲乙之所求之容

有兩體，已有本重之比例，已有其重，已有此容，求彼容。

假如甲重六斤、大二十四尺，乙重四斤，其本重比例爲一與二，今欲求乙之大爲若干。

法曰：先要甲乙所容之比率，而後方可得乙之所容。其六斤與四斤比率，乘於甲乙本重之比率，此比率乃是一與二也，則用乂字架法乘之，卻不用正乘法也。六與二乘得十二，其四與一乘得四，所以新來之比率十二與四，即是約而爲三倍之比率也，所以甲三倍於乙。今用三率法。

第六十一款

有兩體，已有其重，已有其大之比率，求本重之比率。

假如甲乙兩重爲六與四，其大比率爲三倍，要求銀與金之比率。

法曰：以兩所有之數用乂字架相乘，則兩者之比率爲本重之比率。六一相乘得六，其四三相乘爲十二，所以有六與十二之比率，約之則爲二分之一也。故銀體之輕與金體相比，則自然差一半矣。

又　卷二款凡九十二

第一款

凡匠人器皿原多，若人欲解此器皿之運重，其釘與繩等物俱可用也。但其本用則可助運重之便，非可助器用者也。故不解説釘繩等物之理。

力藝所用諸具，總名强運重之器。此力藝學所用器具，總爲運重而設。重本在下，强之使上，故總而名之曰强運重之器也。

第二款

器之用有三：一，用小力運大重；二，凡一切人所難用力者，用器爲便；三，用物力水力風力，以代人力。

輪圖

假如一重物，百人方可運動，而此器止以一人運之，故爲小力運大重也。又若海船之内底有小隙，日日滲水，人如不取，舟必沉矣，故必用氣管探下取之，則水從此管中取出，而取桶杓所不能取者，是器爲用實便也。其用物力水力風力以代人力，諸器中有明載者不贅。

第三款

器之質不一種，大都用木、用銅、用鐵居多。

木必用堅者，如榆槐桑檀馬栗等木，總之要有筋絲、有横力、不受變者爲佳。塗木時宜用核桃油或芝蔴油、菜油、棉花油更妙，不可用脂油也。脂油性熱，易燒木，且易磨有聲耳。鐵要煉到，銅則紅者爲佳，黄者性脆故耳。

第四款

器之模不一式：一直線、一輥圓、一藤線。

器有形象。直線者，杆、槓、柱、梁之類是也。輥圓者，滑車、輥木、轆轤、車輪之類是也。藤線則螺絲、龍尾等類。

第五款

器之能力最大最多，然自不能用，或止受人之力，以得所求；或必待人用之，而後能力可顯。

假如等子類，受人金銀等物，乃可以權輕重。又如斧能劈木，斧自不能劈也，人用斧而後劈木之能力顯矣。每器之公者皆然。

第六款

運重之器與所運之重各相稱，有比例。

假如金銀，少者可用等子權度，多至千兩萬兩，則等子不足用矣，故必天平之大者，方可權度之耳。諸如此類，比例各各有等，難以盡述，能者明者當自解之。

第七款

器之能力最大者，其用時必多。

假如有石重萬斤，百人運之止可一刻；以一人用器運之，則爲時必待數刻而後可。

第八款

器之總類有六：一天平，二等子，三槓杆，四滑車，五圓輪，六藤線。

天平、等子、槓杆皆直線之類；滑車、輪皆輥圓之類；藤線有類蛇盤皆螺絲龍

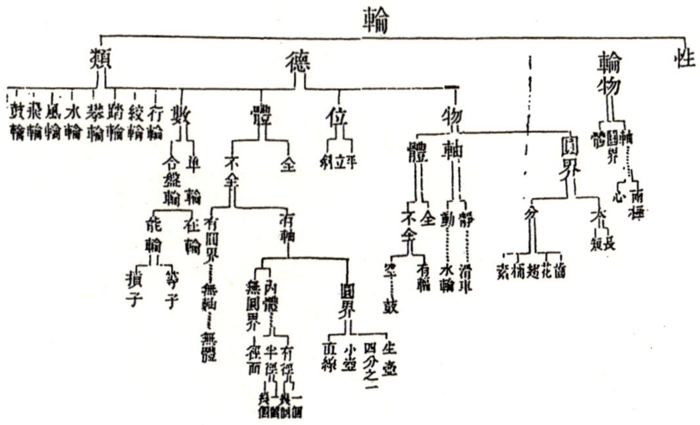

尾之類。上五者皆爲權度之器之象，如以一端用手用力，譬如等子小權下加手之圖，則五者又皆運動之器之象也。藤線亦可權度，但用以轉運，其用更多，故不設權云。

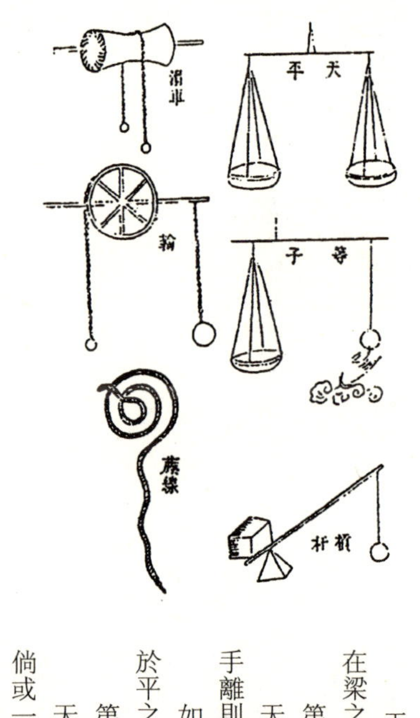

天平解

第九款

天平之物有三：横梁一，指針一，垂準一。

横梁分左右，兩分其中曰心，心連於梁而不動者也。其左右兩盡頭處曰端。指針者，兩端平，則指針垂線如一。垂準者，重垂之線也，平則準，但兩端略輕略重，則指針必偏左偏右不準矣。

第十款

天平用法有三：其重或即在兩端盡處，或繫於兩端，或盛於盤中，如後三圖。

第十一款

天平針心有三在：或在梁之上邊，或在梁之下邊，或在梁之居中，如(後)三圖。

第十二款

天平梁，其心在上，其兩端加重各等，一端用手扶起，手離則必自動至平而後止。

如(上)斜起者是扶起一端之圖，兩平者是自動必至於平之象也。

第十三款

天平梁，其心在下，其兩端加重各等，梁準地平則不動。倘或一端斜起，則斜下者必翻轉一過而後止。

如(上)第一圖，有地平字者，既與地平準，則常平不動。倘如第二圖斜起者，則必翻轉一過，針心必反而在上矣。所以必反之者，重之心在下故也。

第十四款

天平梁，其心在中，其兩端加重各等，與地平準者固不動，即或左斜右斜，亦不動。

兩平不動，人知之矣，斜之而亦不動者，何也？因兩重相等，故不動，倘使一端略加些須，則動矣。

第十五款

天平正立重。

天平右端垂線聯於重板中徑如乙，板下支角如丙，板在丙尖上不動，板因天平左端加重，則垂線自起，至平而準，是名天平正立重。正立者，因垂線而爲名者也。

等子解

第十六款

等子之物有二：一横梁，一提繫。

第十七款

横梁與天平之梁同，但提繫不在中，微不同耳。提繫者，垂準之換體也。

有兩重不同，左右繫於等之橫梁，橫梁與地平準，則兩重名爲準等。

假如甲一斤繫於右，乙四斤繫於左，橫梁兩平，兩重名爲準等，蓋別於相等之等也。

第十八款

有兩重相等相似，一繫橫梁一端之下，一橫附於橫梁。附橫梁者，其重心必在橫梁一端盡處，則橫梁平。

假如甲重繫於橫梁一端之下，其重與丁重相等，其形與丁形相似。而丁重則平附橫梁，其重心在丙，丙乙端與乙戊端相等，則等梁自兩平也。所以然者，甲重心直在戊下，丁重心橫在丙下，故必相準。

第十九款

此款乃重學之根本也，諸法皆取用於此。

有兩係重是準等者，其大重與小重之比例，就爲等梁長節與短節之比例，又爲互相比例。

假如乙大重八斤，與甲小重二斤爲準等，其比例爲四倍；則橫梁長節從提繫到戊爲四分，短節從提繫到丙但有一分，其比例亦是四倍。所以兩比例等，其兩比例又是互相比例法。

第二十款

重在提繫長節一端愈遠愈重，其垂下愈速。

假如上甲二斤，其重乙八斤，其梁愈長二斤，則丁爲十四斤矣。

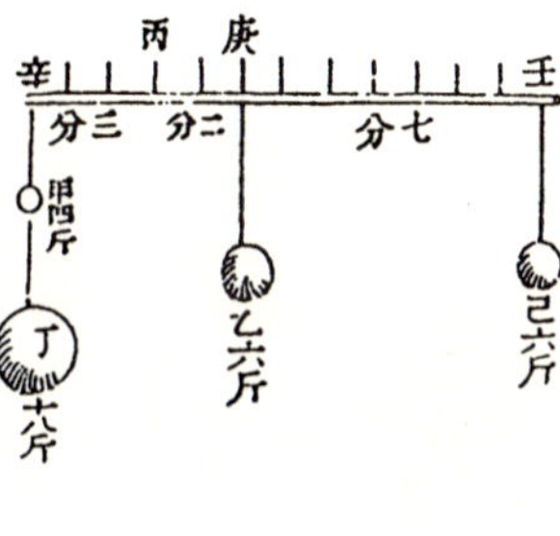

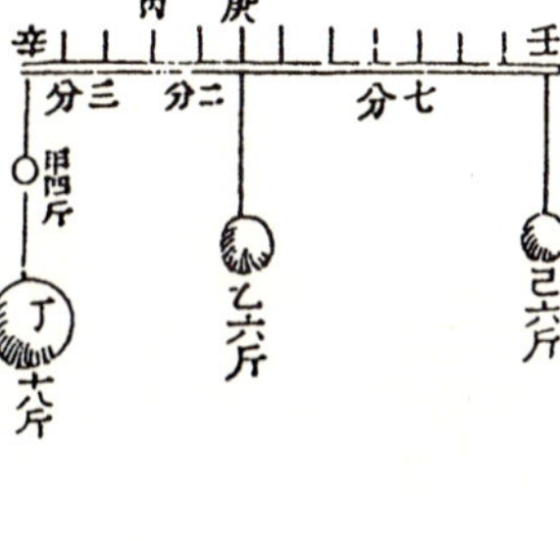

第二十一款

有兩重相等，係於等子，爲準等於權，其重比例，視遠比例。

假如等梁爲辛壬，其長爲十二分，其紐丙在第三分之上。其一重係庚下者爲乙，重六斤，準等於甲重之在辛下者。一重爲己，重六斤，在壬下者準等於丁。甲丁之重比例，視等梁丙壬與丙庚之比例。假如用數丙壬九分、丙庚二分，其名四倍半比例。丁十八斤與甲四斤，亦是四倍半比例。

第二十二款

有兩重不等，係於等子，爲準等於權，其重比例，視遠比例。

假如等梁爲十六分，丙小重爲三斤，係丁下，遠於紐心十二分；甲大重十八斤，係乙下，距紐心二分；丙小重準等於庚九斤，甲大重準等於辛九斤。甲重十八斤與丙重三斤爲六倍比例，丁戊十二分與乙戊二分，亦爲六倍比例。

第二十三款

有等梁是重體，另有重係一端下，其係紐不定，可近可遠，到梁準等於重，其比例爲後一二三四之兩比例。

一　重爲六十斤　六十

二　等梁全體假如重四十斤　四十

三　梁左長端八分，與右短端二分之差爲六　六

四　右短端二分，二倍爲四分　四

第二十四款

有等梁是重體，另有重係一端下。若係紐定一所在，得前一二三四率之兩比例，自然梁之重，與係重準等。

覽上二十三款圖自明。

第二十五款

等子便，天平準。

等子與天平相較，等子人用最便，爲止一權，且隨物重輕，皆可用也。然而天平則更準，何也？等子紐前一端最短，故間有不準。天平兩端皆長，故更準於等

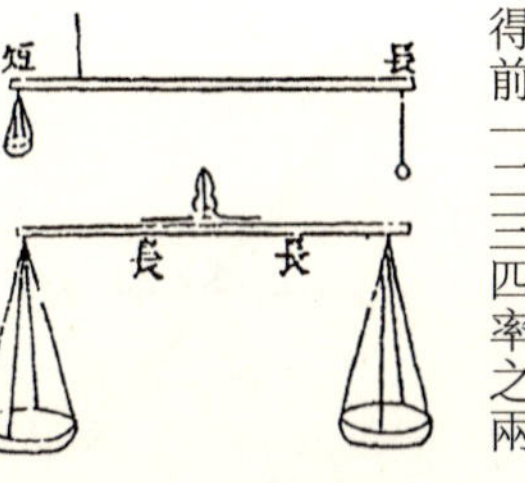

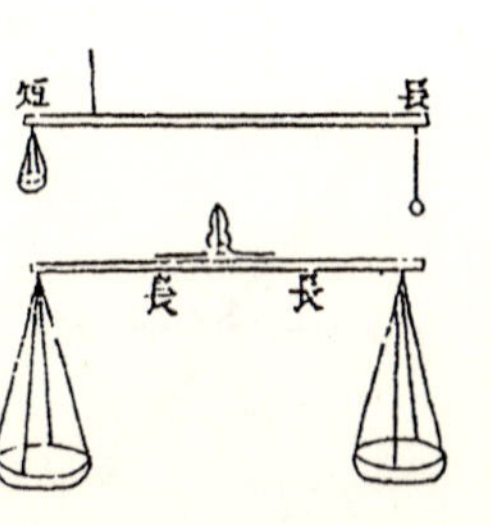

子云。

第二十六款

有兩重係等梁兩端，求係紐之定位於準等。

甲重六斤，在丁一端；乙重二斤，在戊一端，等梁全體四分，要知係紐宜在何分。法曰：甲乙相加爲八，就用比例：

一　八　爲兩重總數
二　二　爲乙重之數
三　四　爲梁體全數
四　一　爲丁丙端數

紐宜丙分之上。

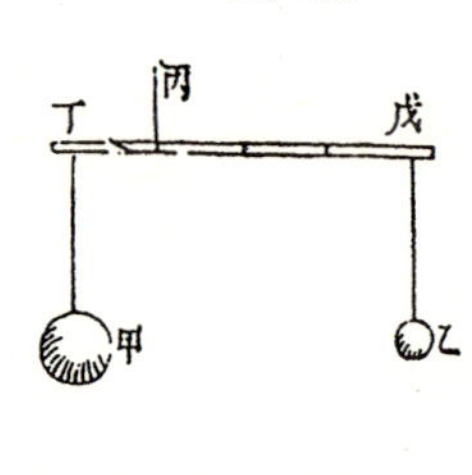
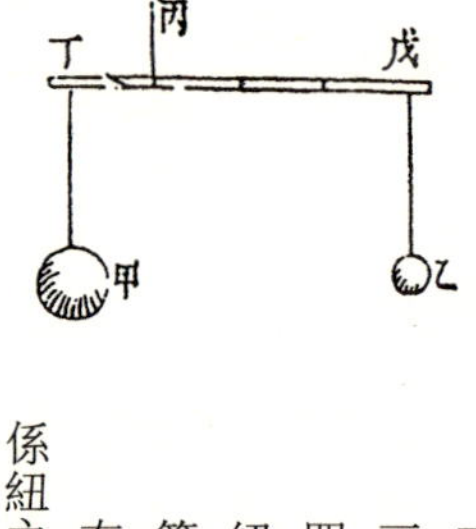

第二十七款

有等子重體，有其重，亦有其分，亦有一重係一端下，求係紐之定位於準等。

等子之重爲十二斤，全梁六分，係重甲二十四斤，要知紐宜何分。法曰：平分等梁爲兩分，自乙至戊是等子重心，則想戊爲十二斤，加於甲二十四斤，爲三十六斤，就用比例：

一　三十六斤　爲兩重總數
二　十二斤　爲等梁重數
三　三分　爲丙戊之分數
四　一分　爲丙丁之分數

紐宜丙分之上。

第二十八款

有等子重體，有其重，有其分，亦有一重，但係一端少內，求係紐之定位於準等。

等梁重爲二十四斤，全分十八，係重之甲爲十二斤，係於丙分之下，要知紐宜何分。法曰：得重心徑在戊，想戊下所繫二十四等重，戊至丙爲六分，在兩重之中，兩重相加爲三十六，就用比例：

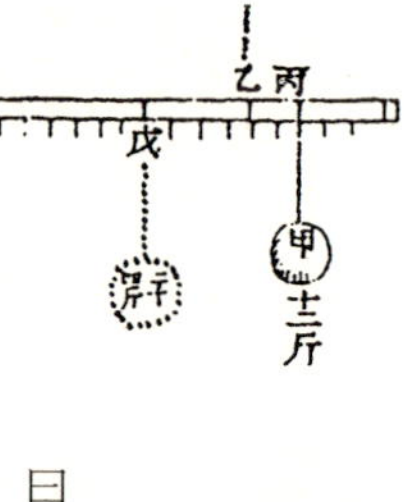

一　三十六斤　總數
二　十二斤　係重
三　六分　兩重中梁
四　一分　從丙到乙

紐宜乙分之上

第二十九款

有等子重，有其分，但兩係重在內不在兩端，求係紐之定位於準等。

等子重十二斤，其全分十八，甲大重爲十八斤，乙小重爲六斤，要知紐宜何分。法曰：依法二十八款，用比率：

一　十八　爲梁之全分
二　六　爲乙重數
三　六　爲丙至庚之分數
四　二　爲從丙至戊之分數

再用比率：

一　三十六　爲兩重總數
二　十八　爲戊下之重數
三　十個　爲丁至戊之分數
四　五個　爲丁至庚之分數

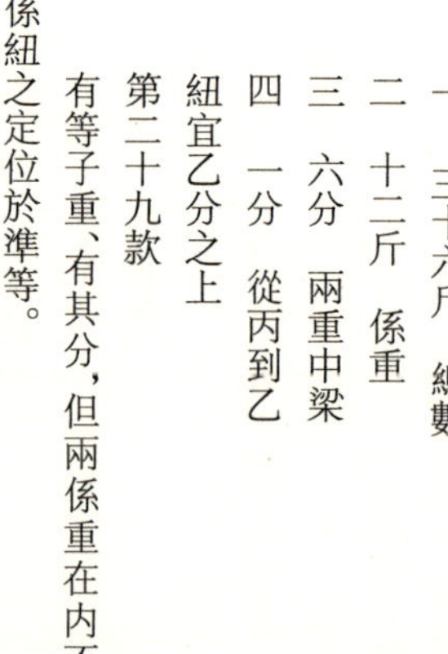

所以，庚爲紐線，則兩重爲等體之重，俱是準等。

第三十款

有兩重準等，有定係紐位，已得此重，求彼重。

甲重爲八斤，等梁爲六分，係紐在二分之丙，求乙重若干。法曰：用第十九款比例：

一　四分　梁數長端
二　二分　短端
三　八斤　甲重
四　四斤　乙重當爲四斤

第三十一款

有繫重，有等梁重，以準等求係紐之位。

假如等梁之重爲四十斤，其分有十，係重爲六十斤，求係紐之位在何分。法曰：梁重心在丁，從丁到乙爲五分，用比例法：

一　一百斤　爲梁重、係重總數

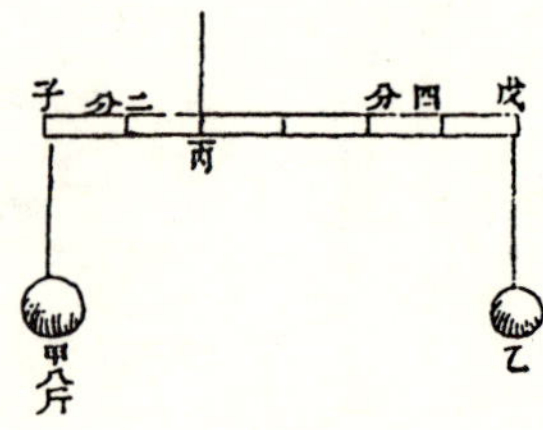

二　六十斤　爲係重之數

三　五分　爲丁乙之分

四　三分　爲從丁到戊係紐之位分

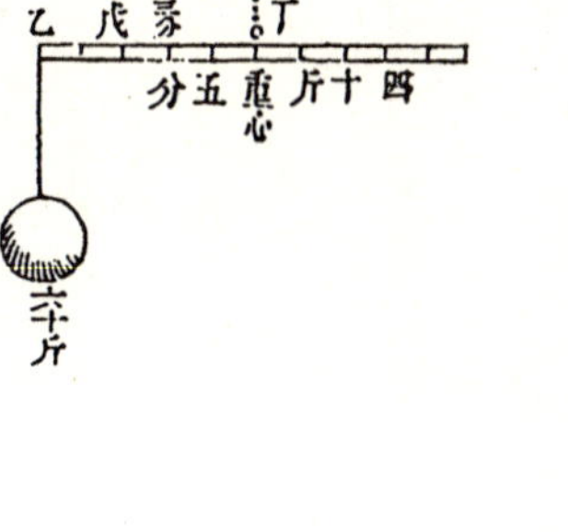

第二十二款

有兩重準等，已有此端梁之長，求彼端梁之長。

假如甲重九斤、乙重三斤，係兩端之下，已得丙至戊二分之長，求戊至丁長之分數。法曰：依第十九款比例：

一　三斤　爲小重

二　九斤　爲大重

三　二分　爲梁之小端

四　六分　爲梁大端之分數

第二十三款

有等梁重，不用權，權物之重。

梁重有四十斤，分作十分，不知係重多少，但那移係紐至準等，得其定位。假如從重到係位是二分，則大端爲八，相減爲六，就是差數。用三率法：

一　四分　爲小端二倍

二　六分　爲大小端差數

三　四十斤　爲梁之重

四　六十斤　爲係重之重

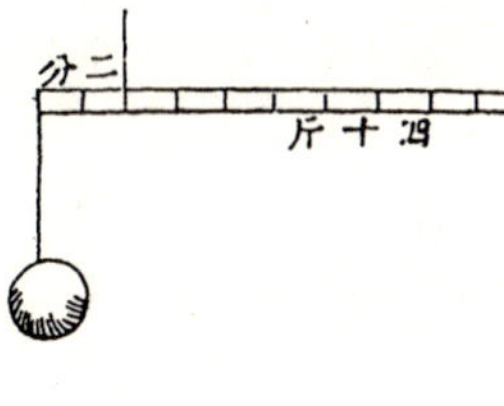

槓杆解

第三十四款

槓杆有三名：一曰頭，一曰柄，一曰定所。外有依賴所，曰支磯。

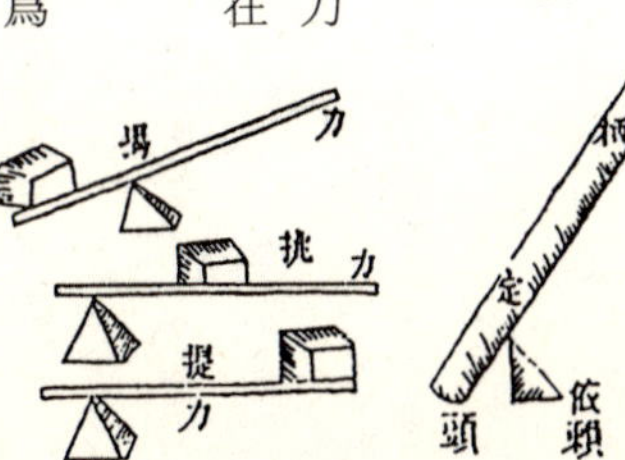

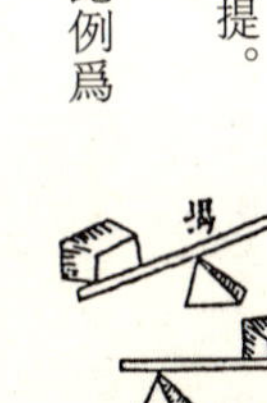

第三十五款

槓杆之類有三，總以薦起其物者也。一，支磯在中、力在柄、重在頭，其名曰揭。二，支磯在頭、重在中、力亦在柄，其名曰挑。三，支磯在頭、力在中、重在柄，其名曰提。

第三十六款

揭槓平在支磯之上，頭有重、柄有力，重與力之比例爲兩端長短互相之比例。

假如揭槓之長爲九分，支磯在戊，短端三分，長端六分。甲之重四十斤，乙力必定二十斤，依第十九款比例，甲與乙二倍，長端與短端亦二倍。

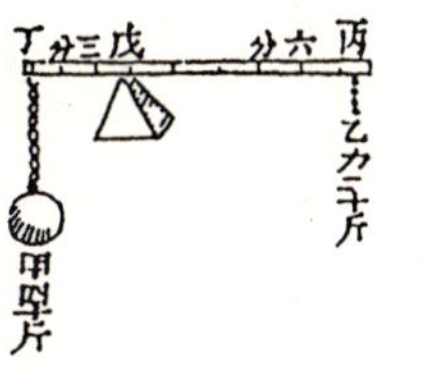

第三十七款

挑槓平在支磯之上，頭在磯、重在中、力在柄之比例。

從甲重到支磯是槓之分與挑槓比例，就是力與重等。假如丙至丁九分，戊至丁三分，是爲三分之一，所以重六十斤，力止二十斤也。蓋係重愈近於支磯，用力愈可少，故挑槓常常省力。

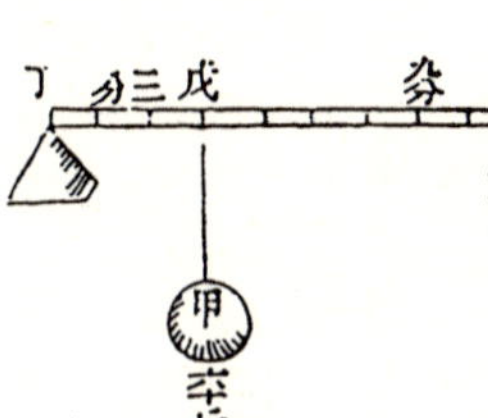

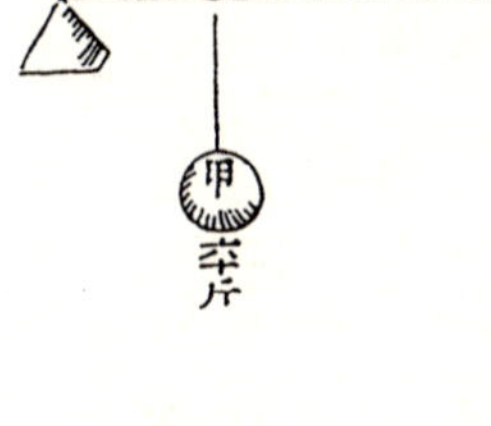

第三十八款

有挑槓之分十尺，其本體重四百斤，上另有千斤之重，得槓之重徑、重之中徑，求挑力。

法曰：丁戊與丁丙比例要等四百與一千比例。假如戊丁爲二尺，就用比例，十尺與二尺比例，爲一千四百斤兩重之於二百八十斤比例。

第三十九款

提槓頭平在支磯上，柄有重，力在中之比例。

全槓丁戊與從支磯到力乙丙分數比例，等於力重之比例。假如丁戊爲十二分，戊丙爲四分，是三倍比例，力六十斤與重二十斤亦是三倍，係重力常要倍於重，故少用。

第四十款

力用槓子挑重，其比率等與槓兩分：一分從支磯到點垂線，從心來到槓所；二分從支磯到力所。

假如乙甲爲槓子，丙爲支磯。能力在乙爲三百斤，甲丁重爲九百斤，所以比率是三分之一。今從丁中心打垂線到槓上，到戊點，就戊到丙長與丙到乙長比率亦是三分之一。若戊丙爲兩分，則丙乙爲六分，是三分之一明矣。

第二圖，甲丁重係槓下，與甲庚二處祇用戊丁垂線，則不用甲庚兩點。其後萬法皆然。

第四十一款

能力挑重，中心在地平槓上，起重愈高，則用能愈少，若重愈低，則用能力愈多。

假如乙甲槓子在丙上，地平的，其垂線爲丁戊。起重在上，則用能力在乙。從垂線丁點到庚，其庚到丙短於甲到丙之長，故用四十款之能力少也。若重在地平之下，則從垂線爲丁到己，己丙與甲丙長，所用前款，力在於辛，故力多。

第四十二款

揭槓在平，重心在上，重心起愈高，能力愈少。

如(上)圖，重心起高，垂線到甲，視下平重，去支磯愈近，故用力愈少也。

第四十三款

重心在揭槓頭內，槓杆或平或斜，其能力等。

如(上)圖，重心在平在斜，去支磯皆等，故其能力亦相等也。

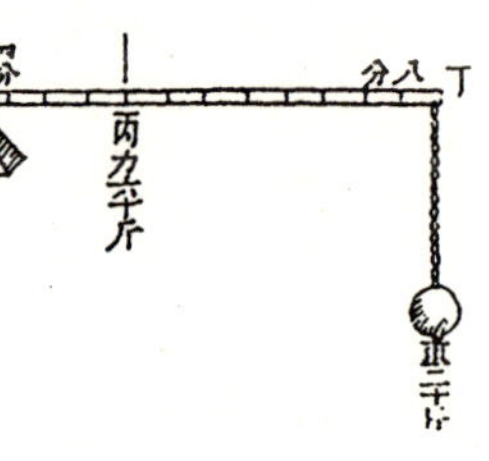

第四十四款

有重係槓頭上，支磯在內，槓柄用力。從平向下相距之所與槓頭係重向上相距之所比例，等於槓杆兩端之比例。

假如上支磯前相距小端與支磯後相距大端爲三分之一，蓋小端與大端亦爲三分之一也。後挑槓亦然。

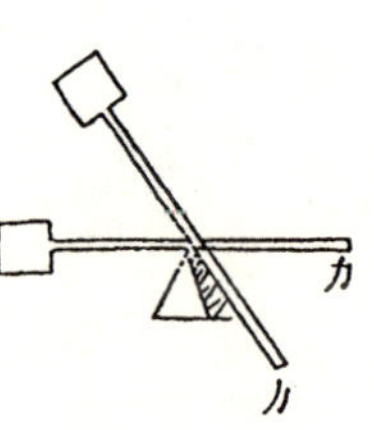
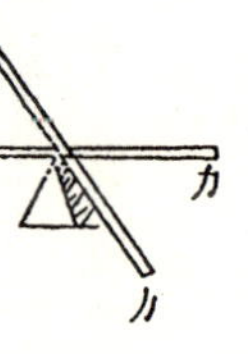

第四十五款

有重，有槓杆，有力運重，求支磯所。

假如甲重百斤、力十斤、槓杆二十二分，求支磯所在。用比例法：

一　一百十斤　爲能力與重之數

二　二十二分　爲槓長之分數

三　十斤　爲能力之分數

四　二分　爲支磯之所

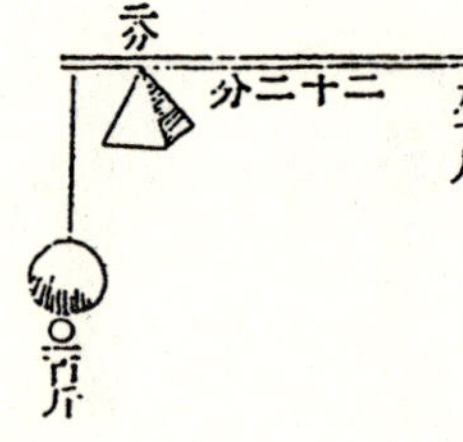

第四十六款

有幾重，有支磯，有槓杆之長，求能力幾何。

假如有三重，甲四十八斤在頭，乙二十四斤在九分界，丙十二斤在三十八分界，支磯在二十一分界，槓杆共長六十分，求能力宜用幾何。法曰：甲乙中，槓爲九分，求兩重支磯，得小端三分爲戊。自戊至庚槓有三十五分，用比例，又得五分爲己。第三次，支磯到力丁爲三十九分，從支磯到己爲十三分，比例等於三。重八十四斤與力爲二十八斤。

第四十七款

有幾重，有槓長之數，有能力之數，求支磯所。

法即用上四十六款之圖，先求準等。如已爲八分，自已至力爲五十二分也。

用比例法：

一　一百十二斤　爲甲乙丙丁三重與力之數

二　二十八斤　爲能力之數

三　五十二分　爲槓長短之分

四　十三分　爲從己重心到支磯所之分

第四十八款

有重物，有重體槓杆，有支磯所，求能力幾何。

假如已重爲二千斤，其心爲丙；槓杆兩端爲丁庚，其體重四百斤，其重心在辛。槓杆斜起在支磯乙上，甲乙是其定所，重徑爲丙壬。壬辛爲六分，癸庚爲十二分，庚用能力宜幾何？法曰：先求重物與槓體之重心，用比例法：

一　二千四百斤　爲重與槓兩重之數

二　四百斤　爲槓重之數

三　六分　爲從壬重心到辛重心之數

四　一分　爲從壬到戊之分數

所以戊辛爲五分，再用比例法：

一　十二分　爲力庚到支磯癸之分數

二　一分　爲戊癸之分數

三　二千四百斤　爲兩重之全數

四　二百斤　爲能力之數

滑車解

第四十九款

滑車，體全是輪，輪周之側面，兩旁高，中則凹，無輻、無齒、無軸，而有軸之眼空。

輪小而厚亦不多，兩旁高而中凹，以容繩轉其中者也。自身無軸，止有容軸之空眼。另有架安軸，而此輪貫於軸上。其滑最利繩轉，故名爲滑車，南中呼爲羊頭搰轆者此也。如上，甲爲小輪，其中有空眼；乙爲轉繩，從凹槽中上下者也；丁乃其架，丙則其所貫之軸耳。

第五十款

滑車亦是天平之類，所以能力與重相等。

天平兩重相等則平，一重一輕則必偏而下矣。此滑車之力所以常常與重相等。或云乙丙一轉則不平矣，何以云是天平？曰：乙丙徑線周圍悉是，則轉轉都是天平，無天平之名，而有天平之實，故謂與天平同類。

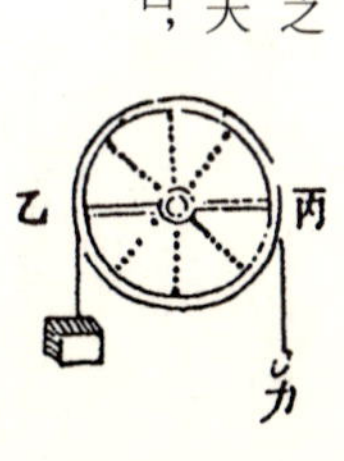

第五十一款

滑車大與小，能力皆同。

槓杆等器皿愈大，其能力亦愈大，滑車不然，或大或小，其力皆一，爲何？兩徑相等故耳。

第五十二款

滑車不甚省人力，但最便人用。

如人從井提水，則臂力易疲，有此滑車在上，而人從下挽之，雖不甚省人力乎，而手挽視手提，則必有分矣。

第五十三款

滑車之繩，一端向上，一端向下。其向下之力與向上之重相距常等，其爲時刻亦等。

第五十四款

滑車之繩兩端在上，一端繫重，一端用力，力半可起重全。

假如繩定於甲，從丙丁至乙用力，架之下端繫重一百斤如庚，從乙用力起之，五十斤力可起百斤之重，爲何？甲丙繩子不動，所以丁丙似挑槓，丙似支磯。因繫重在中戊之下，用挑槓比例，丙戊與丙丁比例常爲半徑與全徑之比例，故半力足起全重也。

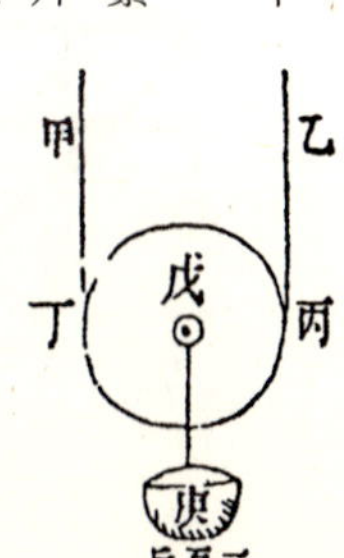

第五十五款

滑車之繩兩端在上，一端繫重，一端用力，用力雖則一半，爲時則須二倍。且繩之向上相距之所，必倍於繫重相距之所，覽上圖自明。

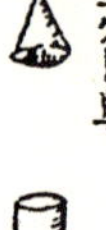

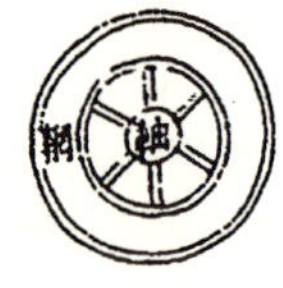

輪盤解

第五十六款

圓體有三種：一球，二尖圓，三長圓。

輪之物三：其全體一，其在中曰軸一，其在外曰輞一。

第五十七款

有輪，其軸兩旁長出，與輪相粘。軸有繫重，人在輞邊平處用力。其重與能力，有輪半徑與軸半徑之比例。

如(上)圖，輪之半徑爲甲丙，軸之半徑爲甲乙，甲丙要平行，丙下有力或重如丁，軸上纏索，繫重爲戊。因甲丙四分、甲乙一分，兩半徑有四倍之比例，所以戊重爲八百斤，能力止用二百斤即相準也，再加少力，則重起矣。

第五十八款

輪即等子類，如滑車即天平之類。

看上圖，丙庚平線爲等子之梁，甲即等不動所，力與重準等，即第十九款比例，故輪即等子類也。

第五十九款

用輪常常省力。

因輪半徑常大於軸半徑，故繫重之起常常省力。其軸倘更細，則用力愈更省也。

第六十款

輪半徑線不平，繫重於線，其比例亦不同。

如(上)圖，有甲丁不平半徑線，其柄在丁上，下繫重爲庚，其垂線從丁到戊，在甲丙平線上。軸之係重三百斤，如己，與力庚比例是甲戊與甲乙比例，因甲戊爲三、甲乙爲一，所以三百斤用力一百斤也。若不用重而用手，則在丁與在丙省力常等，蓋因攀而斜下，其垂線常在輪之周也。倘必欲用重，則於輪周加一滑車，其重之係索從滑車而轉，則亦力省矣。

第六十一款

輪周攀索之下與軸係重之上比例，爲兩半徑之比例。

假如甲乙爲四丈與丙丁等，人在乙所，攀甲而下，到乙即有四丈，而丁重之起但能到戊，止得一丈，蓋因甲庚爲四分、庚丙爲一分，故比例爲四倍也。

第六十二款

輪之用，省力而費時，比例。

假如不用輪法，欲起千斤之重，其費時止一刻耳。若用此輪法，則費時當須四刻，蓋用力則省，而爲時則多也。

第六十三款

有重、有力，欲用輪起，求輪法。

有重爲六十斤，能力十斤，用甲乙直線爲軸與輪兩半徑，用比例法：

一　七十斤　爲重與力之總數

二　十斤　爲力之數

三　十四分　爲甲乙直線之分數

四　二分　爲乙庚之分數，即得軸之半徑，所以庚甲十二分，爲輪之半徑也。依賴前五十八款，甲力準等于乙繫重，故得此法。

第六十四款

輪勢多端，論其輞有長有側。

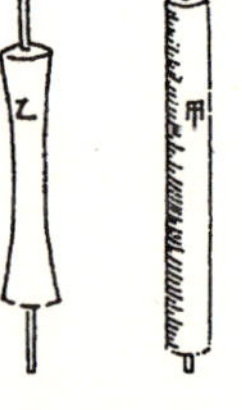
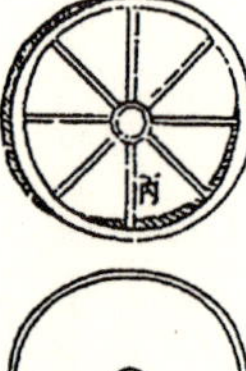
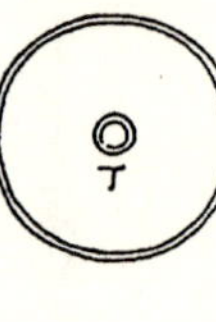

輞輪有四：第一長者如甲，第二長者如乙，第三側者如丙，第四側者如丁。

第六十五款

論輞之物，或牙齒、或波浪、或觚稜、或光輞、或輞外加板、或輞是燈輪、或周圍另安雙角、或另安水筒、或另安風扇，如後圖。

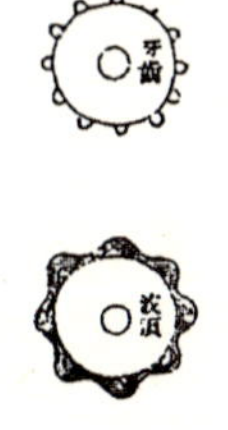

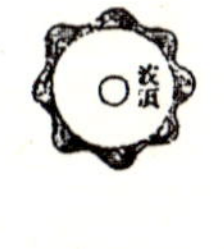
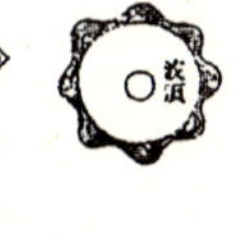
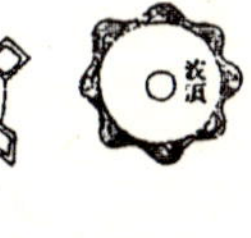
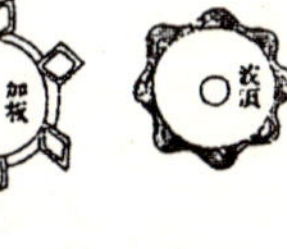
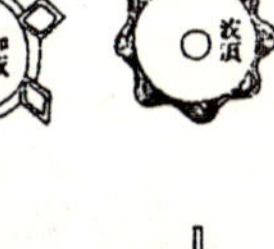
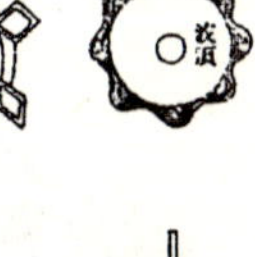
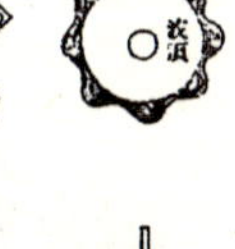
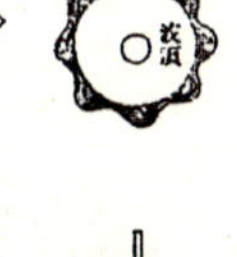
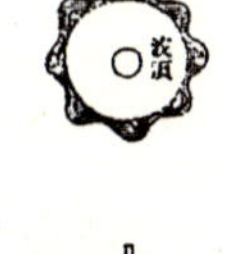
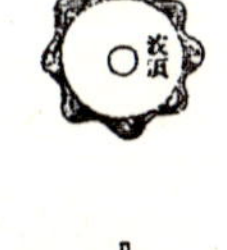
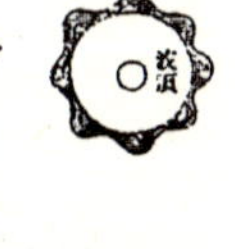

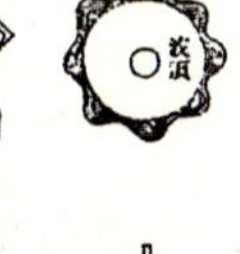
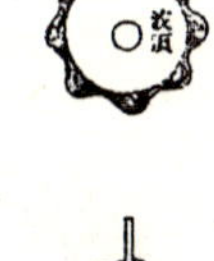
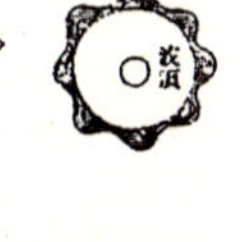
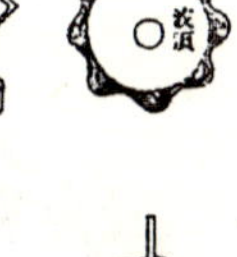
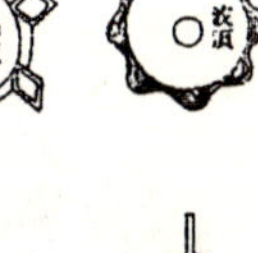
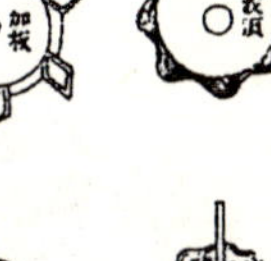

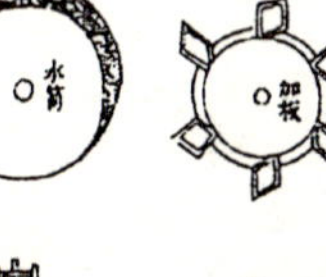
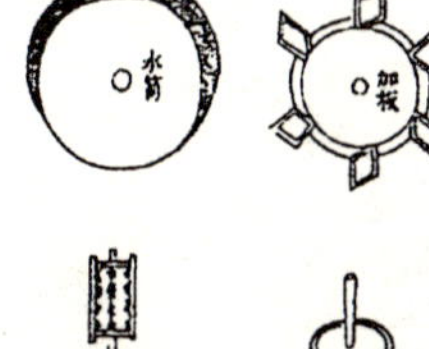
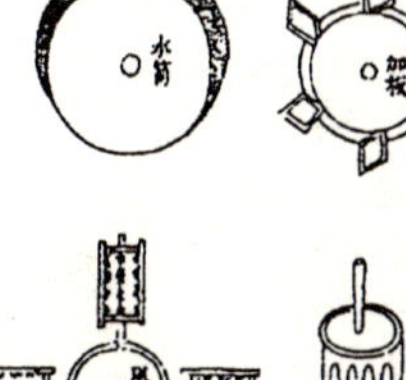
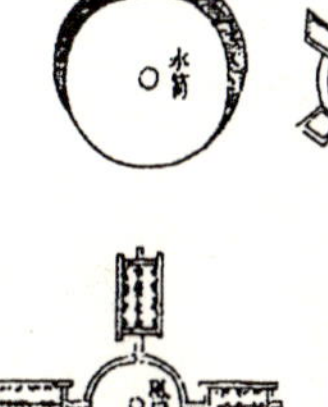
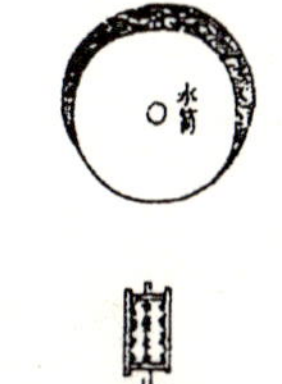
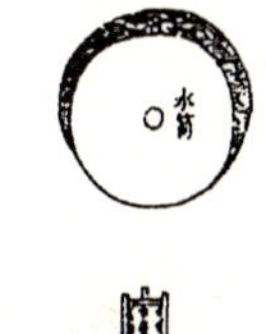
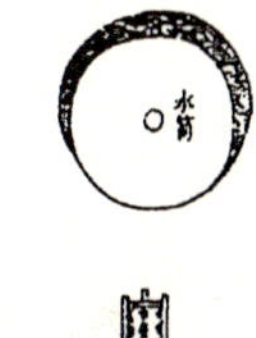
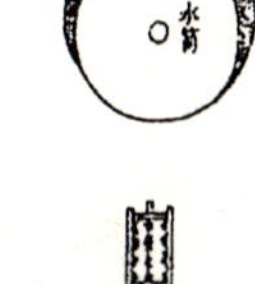

第六十六款

論軸有三：或無軸，止有軸眼，滑車之類是；或有軸甚細，自鳴鐘之類是；或圍圓廣厚，以便轉索，如轆轤之類是。

第六十七款

論輪體，有板輪，有有輻之輪。

第六十八款

論置輪位，有平輪，有斜輪，有立輪。

第六十九款

論輪之物，有全、有不全者。不全者，或缺一、或缺二。

但有輞，無軸、無體，如甲；若有軸，其輞半輪，如乙；或爲四分之一，如丙；或止一觚，如丁；但是一線，或軸外爲柄，如戊；或軸中作曲柄，如庚。

有軸，有體，無輞，其類亦多。軸有一徑爲天平如己，或幾徑爲轆轤如辛，或止半徑一個或幾個，如辛。

第七十款

論輪之體，有相合而爲用。

相合者有二種：有全輪兩個在內、在外者如甲；有不全兩輪、但同軸有兩半徑而無輞如乙，此皆相須爲用者也。

第七十一款

輪子所多用者，有八種：

一、行輪　或人或獸行於輪內，以轉他重。

二、攪輪　或人或獸在輞外，或推或曳。

三、踏輪　止是人用足踏。

四、攀輪　止是人用手攀。

五、水輪　水力激之而轉。

六、風輪　風力鼓之而轉。

七、齒輪　齒與他輪齒遞相轉。

八、飛輪　前七輪受力而不加力，飛輪受力而又以己之重能加其力者也。

藤線解

第七十二款

有線稜從圓體周圍迤邐而上，曰藤線器，如藤蔓依樹周圍而上，或瓜蔓與葡萄枝攀纏他木，皆是其類其象。

第七十三款

藤線之物有三：一圓體，二圓體之軸，三藤線。

如上甲爲圓體，其內有乙丙直線爲其軸，外線稜周圍迤邐而上，乃依賴於圓體並其軸者也。

第七十四款

藤線器有三類：一柱螺絲轉，二球螺絲轉，三尖螺絲鑽。

蓋因圓體有三：一柱圓，二球圓，三尖圓，故藤線依賴而上，遂成三類。柱圓用以起重；球圓天文家所必須；至尖圓，乃開堅深入之器，工匠頗多用。而此重學所常用者，柱圓而已。

第七十五款

前諸器皆有妙用，而此器之用更大更妙。

何以見此器更妙於前諸器也？爲其用最廣，其能力又最大耳。假如水閘木重且長，人力不能起者，用螺絲轉則不難起。又如長大木，其尖爲鐵，入地甚深，人力不能起者，用螺絲轉則能起之。又或欲壓有水有汁之物，他重物不能壓，即壓不能盡其汁與水者，惟此螺絲轉爲能壓之盡，且令物之糟粕、渣滓、浮石，不能比其乾也。西庠印書亦用螺絲轉，故其書濃淡淺深，曲盡款畫之致。至於定置諸物，不拘銅鐵金木之器，其釘一人，便自安穩堅定，又不費力，抑且可開卸也。況別器有大能力者，須用長用大，此器即最短最小，無不可作。器愈小而愈有能力，可怪也。試觀天象，如日，一年一周，從冬至到夏至也，只是一個球螺絲轉。又如雨風陡遇盤旋擊搏，即大木大石可挾而上。又如波中洄漩之水，能吸人物下墜。草木如藤如瓜如豆如葡萄之類，百種不一，皆具此象。海中水族如螺絲之類者，不可勝數。故此物最貴重，南人以之作貝代金銀也。此蓋天地顯以大用妙用，托示物象以詔人用者。不獨運重之學不可離此，即如人間日用繩索微物，及弓弩琴瑟等弦諸用，匪此旋轉交結之法便不得成。故其德方之前六器中，此器爲更妙也。又況其製簡便，長大者之堅固不待言，即甚小者，亦甚堅固而絕無危險。所以亞希默得常常多用此器，蓋取其奇耳。能通其所以然之妙，凡天下之器都無難作者矣。細心之人，不難曉解。

第七十六款

有立三角形，其底與地平。每交上各有一球，平繫於鈎，兩球相等，右交與左交之比例，爲右球與左球之比例。假如右交一半與左交，所以右球與左球其位亦是一半。其三角形兩旁爲斜立面，如三稜柱狀。

第七十七款

有立三角形，其底與地平，右交爲半于左交。每交上亦各有一球，平繫于鈎。但右球爲半于左球，必定兩球爲準等。

若三角形下是直角形，其右交左交就是股弦之比例，等於右左兩球之比例。直立曰股，斜行曰弦，下底曰勾。直立與下底相交，即名勾股。

第七十八款

有三角形同前，但不繫於鈎，依賴滑車而過，垂重向下。垂重與斜重比例，亦是股弦之比例。鈎與滑車似不同類，然重從鈎內過，與從滑車之外過則同一行也，故其比例亦同。

第七十九款

滑車一邊繫重、一邊有懸空，繫重在支磯尖上，名斜立重。

假如甲重板有重徑斜行線，一點不動者，定於乙支磯上。一點如丙，繫於繩，斜行而上過滑車，有垂重爲丁，所懸重板不上不下，因丙戊直線是斜行者，所以丁重名爲斜立重也。

第八十款

三角形兩旁兩重皆繫於角上，亦如天平、等子之用，但其梁不是横平，而是有角，如後圖。

第八十一款

或從斜面上運重，或用斜面起重，理皆同。

有斜面，欲於其面運重，或從面下邊薦重使之上，或從面上邊提重使之上，此兩者斜面不動。或有重球在地，將斜面尖斜入球下移進，使重自上，此又動斜面以起重法也，其義與前二者同理。假如(上)第二圖，重球在地如甲，前有所阻如乙，用斜面尖入球下如丙。用力推進，其球自起至丁矣。

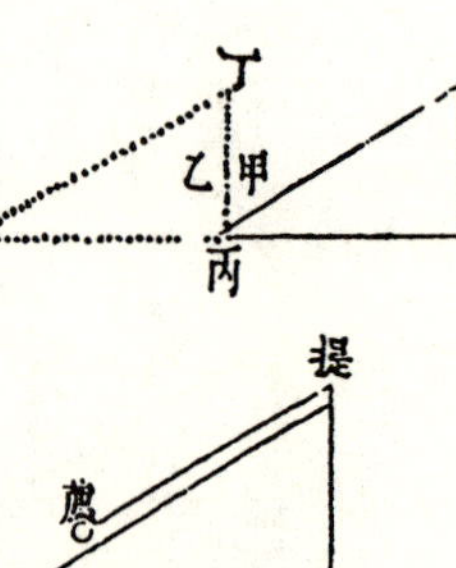

第八十二款

斜面轉行圓柱上，即藤線形。

用斜面形起重有不便者，其體必長故也。故即以斜面之長轉纏圓柱之上，作藤線之器，以約其長，如上斜面甲丁丙弦，其體甚長，與柱之藤綫等，股甲戊與柱之高等，勾戊丙與柱之圓界等，則知斜面必用長體，而圓線迤邐而上，不必長也。

第八十三款

重與能力比例，就是藤長與高之比例等。

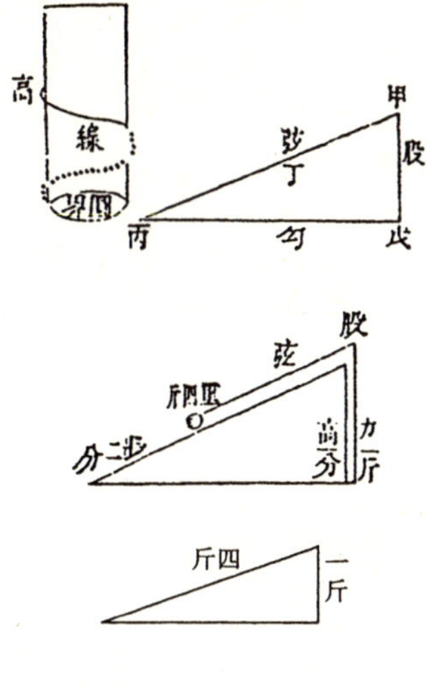

如上，弦爲二倍於股；重依賴七十八款亦是二倍於力。今弦爲藤線之長，股即藤線之高，所以與重之比例等。

第八十四款

藤線愈密，其能力愈大。

假如上三角形藤線之長與前三角形等，而股止一半之高，則弦上之重四斤，能力前用二斤者，此只用一斤足矣。

第八十五款

兩柱不等，藤線高等，柱大則能力亦大。

假如甲柱小、乙柱大，藤線高相等，而大柱之弦四倍於股，小柱之弦二倍於股。所以大柱四斤之重止用一斤之力，視小柱四斤之重須用二斤之力者不同也，與藤線密義同。

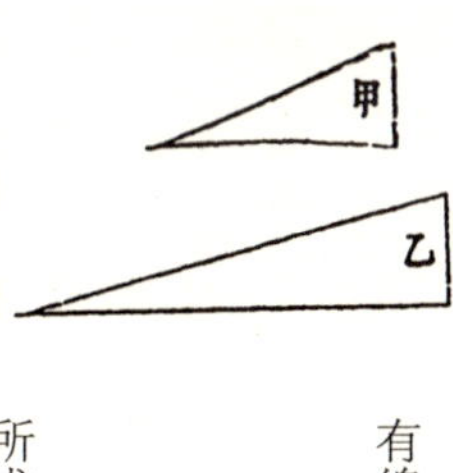

第八十六款

藤線用力最省，其費時必相反。

藤線之弦二倍於股，用力一半足矣，但費時必二倍於垂線。如上圖，用力在丁，一垂重至戊，一重斜至甲。一時用力，戊重到丁，甲重止可到乙，再費一時，方得到丁。然甲重用力止可二斤，戊重則須用力四斤，所以用力一半者，路必二倍，故費時與省力相反也。

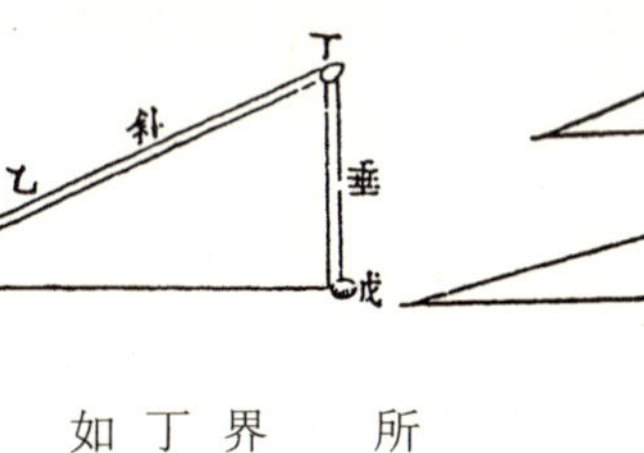

第八十七款

藤線器之料有三：鋼一，木一，銅一。

以不致彎曲，用鋼，須要平滑一律，無滯爲妙。欲其行之利，宜用油，油又可令其不鎔也。小藤線器，牡者用鋼，牝者可用紅銅，蓋銅與鋼相合，不致鎔澁故耳。然大器則必用鋼而後可。木須用堅，已見前解。

第八十八款

有柱徑，亦有藤線之斜，作藤線器。

假如甲丙是甲乙丙柱之徑，亦有角。定藤線斜上之形，要作藤線之器。法曰：先打直線甲至庚，用規矩取甲丙柱徑之長，按直線甲丙等於徑要三個再加七分之一，爲戊丁，就有甲乙丙柱之圓界。又用規矩，從甲丙處作一角形，等於斜角形。丁上打垂線，遇角上斜線至乙，就有三角形。甲丁爲柱底圓界一周，則甲乙爲藤線之一周矣。移甲角之尖到乙，接轉而上，可至無窮。

第八十九款

有藤線、高線之比例，求其角。

假如藤線之長八分，其高線一分，要求其角，有數法、有線法。數法用比例：

一　八分　藤線之長

二　一分　藤線之高

三　十萬　圓徑半界

四　一萬二千五百　爲半弦，其角爲七度十一分，如所求

線法：有甲乙直線分兩分於丙，以丙爲心、以甲爲界，作半圓形如甲戊乙。因甲乙爲八分，取一分從甲到丁，在圓界線上爲甲丁直線，丁與乙作直線，則甲乙丁角如所求。

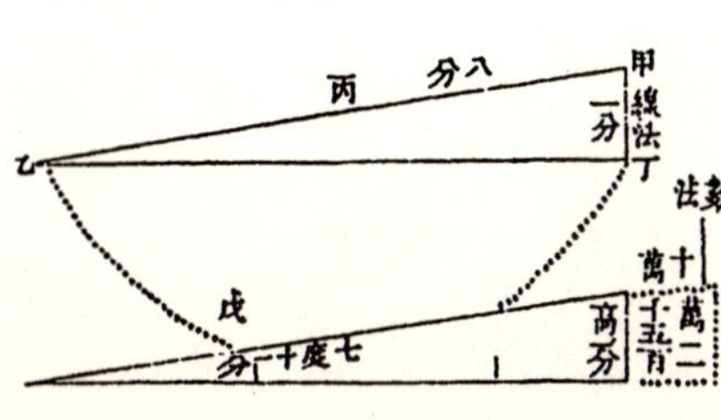

第九十款

有藤線之器，求其用。

有柱徑三分，其高八分周，要知藤線斜行之角。法曰：以柱徑求其圓界爲

乙丙，上打垂線等於柱高，分八分，乙丁爲一分。從丁到打直線，就得乙丙丁角，如所求。更有約法，若從乙丙線上打垂線，其高等於藤線一周之高，爲乙丁，相連於丙，亦得所求。

第九十一款

有藤線器，求其力。

如用上法得其角矣，用八十四款比例則得所求。如上圖甲乙一分，甲至丙爲八分，則八分止用一分之能力矣。

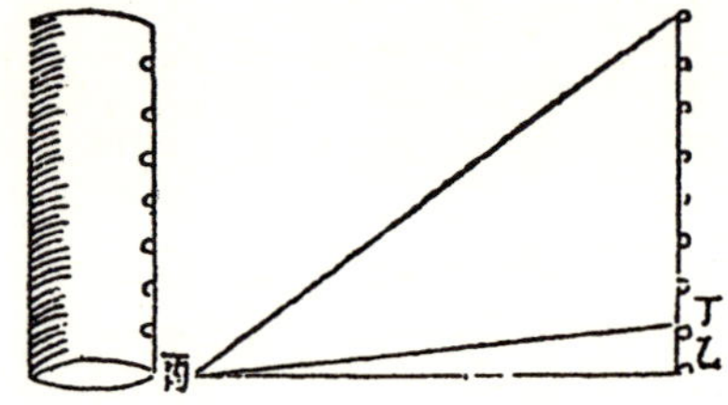

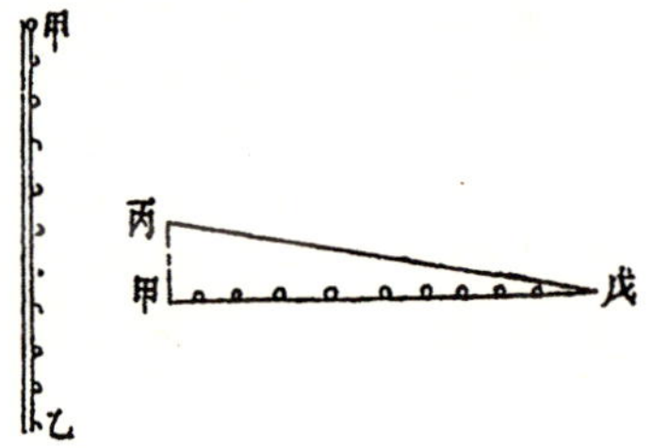

第九十二款

有重，有力，求藤線器運。

假如有重一千斤，人力一百斤，用何等藤線之器可運？注曰：用十分比例。

如上甲乙垂線，十分內取一分爲甲丙，用規矩取十分，按直線上，從丙到戊，則得甲丙戊三角形。用此三角形作藤線器，則人力百斤可起重千斤也。

梅文鼎《曆算全書·度算釋例》 第十五金線即輕重之學。

物有輕重，以此權之。獨言五金者，以其有定質也。

五金之性情，有與七政相類者，因以爲識。

金，太陽。水銀，水星。鉛，土星。銀，太陰。銅，太白。鐵，火星。錫。木星。

分法　用各分率及立方線。

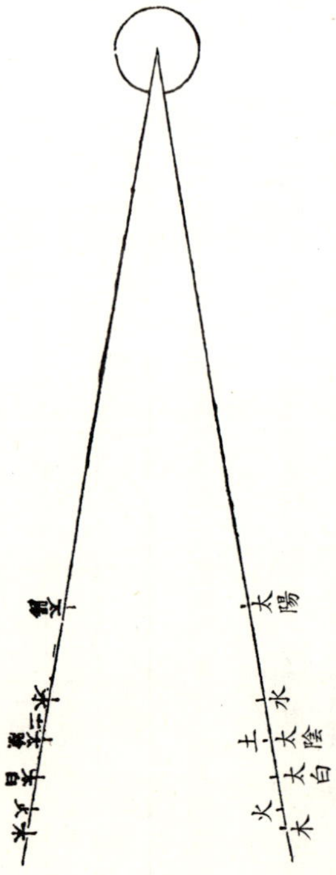

比例率　先取諸色金造成立方體，其大小一般無二，乃權其輕重，以爲比例。

黃金一　銅二又九分之一

水銀一又七十五分之三十八《儀象志》　鐵二又八分之三

作九十五分之三十八。

鉛一又二十三分之一十五　錫二又三十七分之二十一《比例規解》

銀一又三十一分之二十六

原作三十七分之一，則錫率反小于銅、鐵，而輕重之序乖。今依《儀象志》。

金體最重，故以爲準。自尺心向外，任定一度，爲金之根率，自此依各率增之。並以金度爲立方線上十分之底定尺，次依各率爲底，進退求等數，取以爲各色五金之根率，自心向金率點外作識。

解曰，此同重異積之率也。于立方線上求得方根作識于尺，則同重異根之率也。金體重，則其積最少。謂立方體積。各色之金，謂銀、鉛等。體並輕于金，故必體積多，而後能與之同重。然立積雖有多少，非開方不得其根之大小，故必于立方線求之也。

又解曰，先以同大之立方權之得各率者，同根異重之率也。而即列之爲同重異根之率，何也？蓋以根求重，則金最重而他率輕，以重求根，則金最小而他率大，其事相反，然其比例則皆等。假如金與銅之比例爲一與二強，若體同大，則金倍重于銅矣。若其重同者，則銅之體必倍大于金，其理一也。

又法　用立方根比例率。

黃金一六六弱　銅二一三

水銀一九一弱　鐵二二二
鉛二〇二　錫二二八
銀二〇四
若金立方根一百六十六，銀立方根二百〇四，則其重相等。他色倣此。

今本線用此，以二二八爲末點，依各色之根作識。

用法一　有某色金之立方體，求作他色金之立方體與之同重。或立圓，及各種等面體，並同。

假如有金球之徑，又有其重，今作銀球與之等重，求徑若干。

法：以金球徑數置本線太陽號爲底定尺，而取太陰號之底數，作銀球之徑，即其重與金球等。

用法二　若同類之體，其根同大，求其重。

假如有金銀兩印章，體俱正方，而其大等。既知銀重，而求金重。法：以銀圖章之根數，置太陰號爲底定尺，而取太陽號底數，次于分體線上，以銀章重數爲兩弦，太陽號底數爲底定尺，而轉以太陰底數即銀章根數。進退求等弦，得數，即金章之重。

附：輕重比例三線法

重學爲西法一種，其起重運重諸法，以人巧補天工，實宇宙有用之學。五金輕重，又重學中一種。蓋他物難爲定率，可定者獨五金耳。然《比例規解》雖載其術，而數多牴牾，未可全據。愚參以《靈臺儀象志》，其義始確。因廣之爲三線：曰重比例，曰重之容比例，曰重之根比例。既列之矩算，復爲之表若論以發其凡。康熙壬戌長夏。

重比例異色之物，體積同，輕重異。

水	與蠟若廿二與廿一		一九八	一八九
	與蜜若二十與廿九		一二〇	一七四
	與錫若五與三十七		〇二五	一八五
	與鐵若一與八		〇二四	一九二
	與銅若一與九		〇二一	一八九

續表

	與銀若三與三十一		〇一八	一八六
	與鉛若二與廿三		〇一六	一八四
	與湏若七與九十五		〇一四	一九〇
	與金若一與十九		〇一〇	一九〇

解曰，重比例者，同積也。積同而求其重，則重者數多，輕者數少。若反其率，則爲容積比例矣。

用法　假如有金一件，不知重，法：以水盛器中令滿，權其重。乃入金其中，則水溢。溢定出金，乃復權之，則水之重必減于原數矣。乃以所減之重變爲線，于比例尺置于水點爲底，乃于金點取大底，即金重也。又如有玉刻辟邪，今欲作銅者與之同大，問用銅幾何？法如前，以玉器入水，取水減重之數，置水點爲底，取銅點大底，即得所求。若作諸器，用蠟爲模亦同。或作蠟輕難入水者，竟以蠟重于蠟點爲底，而取銅點大底，更妙也。

重之容比例輕重同則容積異，亦謂異色之物。

蠟	與水若廿一與廿二		一八九	一九八
水	與蜜若廿九與廿		一七四	一二〇
	與錫若卅七與五		一八五	〇二五
	與鐵若八與一		一九二	〇二四
	與銅若九與一		一八九	〇二一
	與銀若三十一與三		一八六	〇一八
	與鉛若廿三與二		一八四	〇一六
	與湏若九十五與七		一九〇	〇一四
	與金若十九與一		一九〇	〇一〇

解曰，容比例者，同重也。同重而求其積，則重者積數少，輕者積數多。反其率，亦即爲輕重之比例矣。

又解曰，容積比例，以立方求其根，則爲根比例矣。故輕重當爲三線也。

用法　假如有水若干重，盛器中滿十分。有湏與水同重，盛此器中，問幾何滿？法：以水滿十分之數，作水點之底，而取湏點小底，則知湏在器中得幾分。

用法二　有同重之兩色物，欲知其立方根。法：以容比例求其同重之積，再于分體線求其根。

用法三　有金，或銅、錫等，不知重。法如前，入水，求得水溢所減之重，變爲線，乃以水重置金點爲底，若銅、錫，亦置銅、錫點。于水點取大底。此借容比例求重，故反用其率。　若用蠟模鑄銅器，亦以蠟重置銅點爲底，而于蠟點取大底，即得合用銅斤。

解曰，有二法、三法，則只須容比例一線足矣。蓋反用之，可以求重；既得容，可以求根。用三線者，取其便。用一線者，取其簡。可任意爲之也。

又容比例附

金	
	與湏若五與七
	與鉛若廿三與三十八
	與銀若三十一與五十七
	與銅若九與十九
	與鐵若八與十九
	與錫若三十七與九十五
	與蜜若廿九與三百八十〇
	與水若一與十九
	與蠟若廿一與四百一十八

又容比例

金	〇一〇〇〇〇〇〇
湏	〇一四〇〇〇〇〇
鉛	〇一六五二一七三
銀	〇一八三八七〇九
銅	〇二一一一一一一
鐵	〇二三七五〇〇〇

續表

錫	〇二五六七五六七
蜜	一三一〇三四四八
水	一九〇〇〇〇〇〇
蠟	一九九〇四七六一

解曰，容比例有三率也，其實一率而已。第一率以水爲主，取其便用也。第二率以金爲主，取其便攜也。第三率平列，乃立方之積數也。其作線于尺，則皆一率而已矣。

此外仍有通分之法，亦愚所演，然其理皆具原表中，故仍載原表而附之如後。

輕重原表

	金	湏	鉛	銀	銅	鐵	錫	蜜	水	蠟
蠟	十九又廿一之十九	十四又一百四十七之卅二	十二又廿一之一	十又六十三之五十二	九又廿一之九	八又廿一之八	七又一百〇五之八十九二	一又二百十〇之二百〇九	一又廿一之一	一
水	十九	十三又七之四	十一又二之一	十又三之一	九	八	七又五之	一又廿分之九	一	
蜜	十三又廿九之三	九又二百〇三之七十三	七又廿九之廿七	七又八十七之十一	六又廿九之六	五又廿九之十五	五又廿九之三	一		
錫	二又廿七之廿一	一又二百五十九之三百廿一	一又七十四之四十一	一又二百十一之四十四	一又卅七之八	一又卅七之三	一			
鐵	二又八之三	一又五十六之卅九	一又十六之七	一又廿四之七	一又八之一	一				
銅	二又九之一	一又六十三之卅二	一又十八之五	一又廿七之四	一					
銀	一又卅一之廿六	一又二百七之六十八	一又六十二之七	一						
鉛	一又廿三之十五	一又二百六十一之廿九	一							
湏	一又九十五之卅八	一								
金	一									

右表，《靈臺儀象志》所引《重學》一則也。其法，同重者以直推見容積，同積者以横推見重，重比例、容比例皆在其中矣。既得容，可以求根，則根之比例亦在其中矣。《比例規解》五金線蓋原于此，原書金與蠟之比例，訛廿一爲廿九，今改定。

通分法亦容比例之率。

分母

湏九五，

鉛廿三，乘得二一八五。

銀三十一，又乘得六七七三五。

銅〇九，又乘得六〇九六一五。

鐵〇八，又乘得四八七六九二〇。

錫三十七，又乘得一八〇四四六〇四〇，爲金率。

以湏分母九十五除金率，得一八九九四三二，以乘分子三十八，得七二一七八四一六。加金率，得二五二六二四四五六，爲湏率。

以鉛母廿三除金率，得七八四五四八〇，以乘子十五，得一一七六八二二〇，加金率，得二九八一二八二四〇，爲鉛率。

以銀母卅一除金率，得五八二〇八四〇，以乘子廿六，得一五一三四一八四〇，加金率得三三一七八七八八〇，爲銀率。

以銅母九除金率，得二〇〇四九五六〇，以乘子一，得如原數。加金率二，得三八〇九四一六四〇，爲銅率。

以鐵母八除金率，得二二五五五七五五，以乘子三，得六七六六七二六五，加金率二，得四二八五五九三四五，爲鐵率。

以錫母卅七除金率，得四八七六九二〇，以乘子廿一，得一〇二四一五三二〇。加金率二，得四六三三〇七四〇〇，爲錫率。

金	一八〇四四六〇四〇	一八强	各取首三位	日		三六强加倍
湏	二五二六二四四五六	二五少强		水		五〇半强
鉛	二九八一二八二四〇	二九太强		土		五九半强
銀	三三一七八七八八〇	三三少弱		月		六六少强
銅	三八〇九四一六四〇	三八强		太白		七六少弱
鐵	四二八五五九三四五	四二太强		火		八五太弱
錫	四六三三〇七四〇〇	四六少强		木		九二太弱

按自古歷算諸家，于尾數不能盡者，多不入算。故曰半已上收爲杪，已下棄之。其有不欲棄者，則以太、半、少强弱收之。假如一百分，則成一整數。九十爲一弱，百一十爲一强。二十五爲少，即四分之一也。若二十爲少弱，三十爲少强。五十爲半，四十爲半弱，六十爲半强。七十五爲太，即四分之三也。七十爲太弱，八十爲太强。

重之根比例異色同重之立方。

金	一〇〇		折半五〇		四之三	〇七五
湏	一一二弱		五六			〇八四弱
鉛	一一九半强		六〇			〇八九半强
銀	一二二半		六一			〇九二弱
銅	一二八少强		六四			〇九六少弱
鐵	一三三半弱		六七			一〇〇少弱
錫	一三六太强		六八			一〇二半强
蜜	二三五太强		一一八			一七六太强
水	二六六太强		一三三			二〇〇
蠟	二七三弱		一三六			二〇四太弱

附：求重心法

乙甲癸子形，求重心。先作甲乙線，分爲乙子甲、乙癸甲兩三角形。次用三角形求心術，求得乙子甲形之心在丙，乙癸甲形之心在丁。作丙丁線聯之。又作子癸線，分爲癸乙子、癸甲子兩三角形，求癸乙子形之心在庚，癸甲子形之心在辛，作庚辛線聯之。此二線相交于壬，則壬爲本形心，即重心也。試作乙巳正角線至子癸線上，又作甲戊線至子癸線上，此兩線之比例，即兩形大小之比例也。法爲癸乙子形與癸甲子形之比例，若乙巳與甲戊也。

以此比例，于庚辛兩心距線上，求得壬點爲全形之重心。法爲乙巳線與甲戊，若辛壬與庚壬。

一　子巳與癸戊二線并

二　子巳

三　丁丙

四　丁壬

如圖，子巳與癸戊之比例，若丁壬與丙壬也，餘並同前圖。

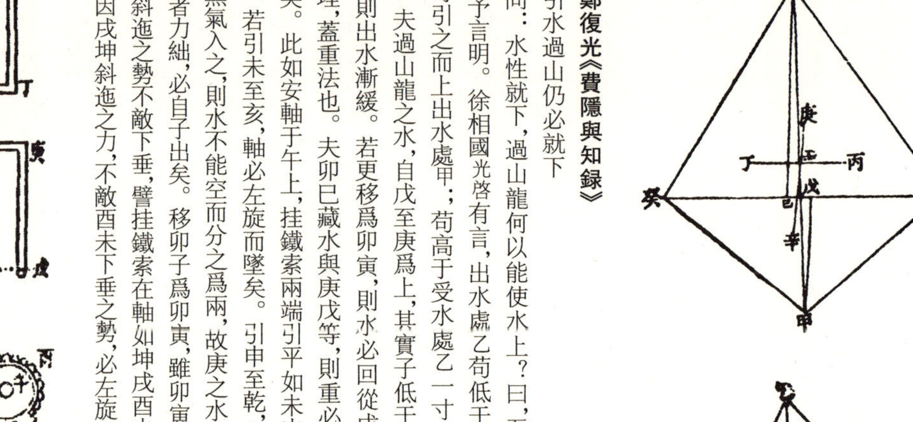

鄭復光《費隱與知録》

引水過山仍必就下

問：水性就下，過山龍何以能使水上？曰：吾友鮑澤之中謙昆仲，嘗深究水理，爲予言明。徐相國光啓有言，出水處乙苟低于受水處甲一寸，則雖數十丈丁至乙。可引之而上出水處甲；苟高于受水處乙一寸，則水必回矣。水自乙出矣。是説最確。夫過山龍之水，自戊至庚爲上，其實子低于戊，是仍就下也。若卯子第移爲卯丑，則出水漸緩。若更移爲卯寅，則水必回從戊出矣。何者？戊低于寅也。予推其理，蓋重法也。夫卯巳藏水與庚戊等，則重必等，加巳子一段，故重于庚戊，而下墜矣。此如安軸于午上，挂鐵索兩端引平如未申，則軸不動，以酉未與戊申其重均也。若引未至亥，軸必左旋而墜矣。引申至乾，軸必右旋而墜矣。故水既到壬，而辛處無氣入之，則水不能空而分之爲兩，故庚之水欲出戊，而卯之水欲出子，兩相牽引，輕者力絀，必自子出矣。移卯子爲卯寅，雖卯寅之重等于卯子，而卯子下垂，卯寅斜迤，斜迤之勢不敵下垂，譬挂鐵索在軸如坤戊酉未，則坤戊重于酉未，當右旋，自坤下墜，因戊坤斜迤之力，不敵酉未下垂之勢，必左旋，自未下墜，不能右旋而下也。

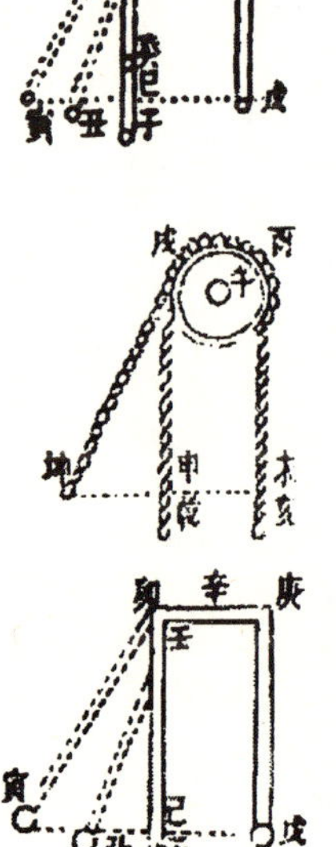

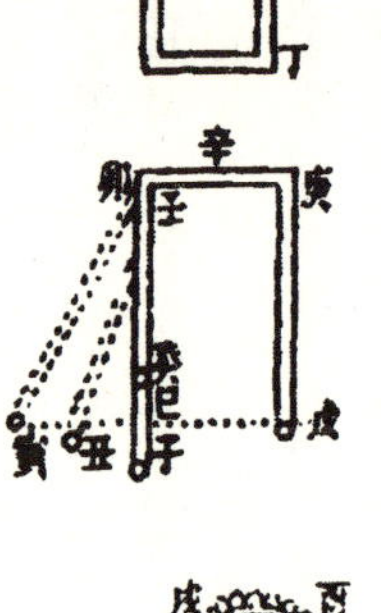

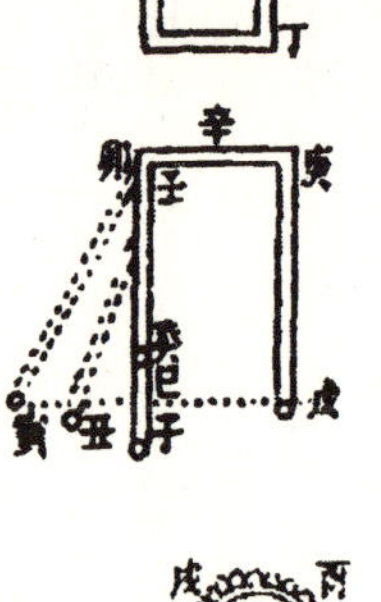

柁捩舟環旋轉無已

問：柁捩則舟環而旋轉無已，何故？曰：凡物之性好化異以爲同，喜伸曲而爲直，但在凝體勢不自遂耳。試觀物入土中，久則成塵土，變之使同乎土也。物入火内，有化爲無，火爍之使純乎火也。物投水際，或浮水面，或沈水底，漚之漬之，漸就腐蝕，水消之使純乎水也。是化異以爲同也。草木之屬，拳曲在苞，漸伸漸長，竹角爲弓，百彎百縱，固由物性，亦因物在氣中，欲其直以順之耳。是伸曲而爲直也。今船在水，既不能沈，與水相異，故水不容其常在于此，欲其速去，是以船勢常動。柁既捩後，成磬折形，如後圖。

船如甲乙，柁如乙丁，捩之，則如乙丙成甲乙丙磬折形矣。水當甲乙處，順其理矣，而與乙丙相值處其理不順，則水之心不快也，因欲移丙至丁。夫丙移至丁，則甲必至戊，而船頭如甲。轉矣。甲乙丙變爲戊乙丁，是仍不順也。不順，則移之不止，故舟環水中也。曰：捩柁與扳槳同，殆扳水使頭轉也。曰：不然。苟是，扳水而轉，則捩柂之後不復更捩，何以舟仍環轉邪？

倨句外博制器精微

問：舟用竹篙，其端一尖一鉤，名曰挽子。鉤，所以挽固也；尖，所以犁直前，豈不得力？乃無不斜出者，何也？曰：此《考工記》冶氏造戈，倨句外博之説也。戈以援刺敵，刃不向前則不得力。以胡鉤敵，太彎向内，則不得勢。所謂已倨則不入，已句則不決也。不入者，刺不得力也。決，猶決斷之決，謂一鉤即得，百不一失也。然所以必倨句外博者，未經指明。蓋胡既旁出，則斤兩偏重，用之不能稱手，故令援稍外博，則斤兩偏重之勢稍殺也。故先言已倨已句之病，而以倨句外博一語釋之，其不得不然之勢，使人于言外領取。邇來古戈出土者甚多，僕嘗取數種較之，其倨句外博，無不相準，而其鋒端，必稍曲向内，猶恐太倨也。挽子之尖斜出，正是此理。曰：冶氏言戟，則曰倨句中矩，抑又何也？曰：戈所常見，戟出土者則未之見。《通藝録》程易田先生瑶田著。有戟圖，謂胡與刺之倨句中矩，則胡與援之倨句外博，是援與胡兩邊斤兩相稱，則刺與胡無妨

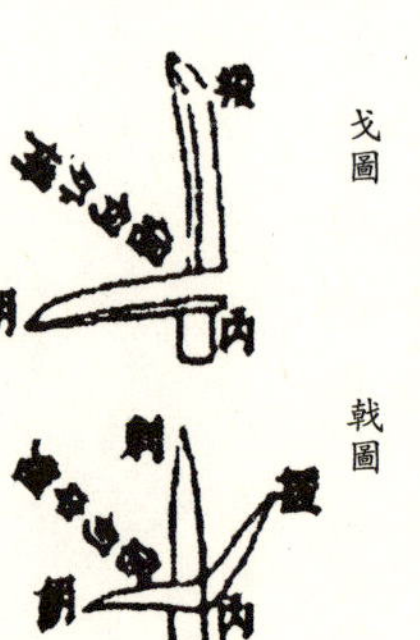

戈圖　戟圖

中矩矣。《通藝録》載圖未知果是得見真載否？或由相其文義想象爲之。然形制即未合，其倨句中矩，與左右岐出，則確然無疑。

鄒伯奇《學計一得》卷下《鄒徵君存稿》　磬求重心術

程易田考磬爲直懸，汪衡齋又以衡法求懸孔居線右，使左重率乘左重心距樞線之積，與右重心距樞線乘右重率之積等，詳《通藝録》。然所謂右重心、左重心，皆非真重心所在，則此法未爲的也。伯奇嘗以求重心術求得磬之通體重心所在，乃從重心引直線，作孔懸之，孔居線左一分三釐五毛五絲二忽，與汪氏設算一分二釐有奇，差一釐有奇。今著其法於左。

先解求三角形重心術

如圖，甲乙丙三角形，以甲乙折半於己，作己丙線，分甲丙己形、乙丙己形，其積等。又折甲丙於戊，折乙丙於丁，分積皆等。三線之交在庚，則其重心也。試依庚丙、庚乙、庚甲分全體爲三，其積皆等。故以各邊之半除各積，得重心庚距各邊之線。即庚辛、庚壬、庚癸。

再解求四角形重心術

如圖，甲乙丙丁四角形，從甲向丙分爲兩三角形，依法求得甲丙丁形重心在己，甲乙丙形重心在壬。又作乙丁，分爲二：乙丙丁形，重心在戊；甲乙丁形，重心在庚。戊壬己之交在辛，即全體重心所在。如丙丁皆爲直角，則不用求積，併乙丙甲丁爲一率，丁丙爲二率，甲丁爲三率，求四率，得甲丙乙丁之交辰，距甲丁邊，而壬戊己庚形邊常爲本形邊三之一，而未子亦爲丙丁三之一，故三歸辰午得辛未，併未子得辛子，爲重心距乙丙邊之數，或徑以辰午併丙丁三歸，得數同。又併甲丁乙丙爲一率，甲丁爲二率，甲丁又爲三率，求得四率。併乙丙三歸之，得辛卯，即重心距丁丙邊數。

甲乙丙丁戊己爲全磬體，甲乙爲股博三寸，乙丙爲股脩六寸，丙丁爲股脩九寸，丁戊爲股博二寸，己角、丙角俱一百三十五度，爲倨句一矩有半。求重心法：依庚己綫分全體爲二：一丙丁戊庚體，庚戊一十一寸，其積二十寸，依上法求得重心癸距丙丁邊一寸〇三釐三毫三絲三忽，即癸壬；一甲乙庚己形，上邊乙庚三寸一分七釐一毫五絲七忽，下邊甲己六寸一分七釐一毫五絲七忽，左邊乙甲三寸，其積一十四寸〇一分四十釐，依上法，求得重心子距乙庚邊即子丑。一寸六分六釐〇五絲四忽，距乙甲邊子寅二寸四分一釐六毫〇五忽。置乙丙減乙丑，即子寅。餘丑丙三寸五分八釐三毫九絲五忽，併丑子共五寸二分四釐四毫四絲九忽。用斜求方率之，得三寸七分〇八毫四絲一忽，即如變丑子爲子辰，變丑丙爲丙辛，而移丙辛爲辰卯，共得子卯矣。乃移壬癸爲卯未減之，餘未子二寸六分七釐五毫〇八忽。又以全體積三十四寸〇一分四十七釐爲一率，未子爲二率，右分體積二十寸爲三率，求得四率一寸五分七釐二毫八絲九忽，爲子虛，以減子卯，餘卯虛二寸一分三釐五毫五絲二忽，爲虛危直線距丙丁邊，即全體重心所在。於此線作懸孔如危，則磬直懸矣。以卯虛減股博二寸，是懸孔居庚己線左一分三釐五毫五絲二忽。

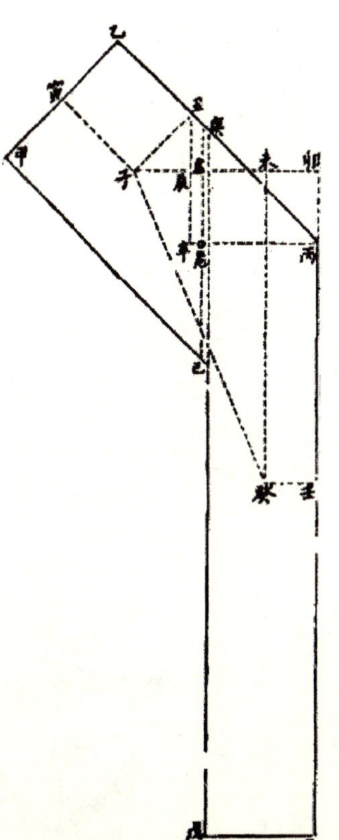

又鄒伯奇《求重心説》《鄒徵君存稿》

立體求重心法

凡立體各形等邊等面者，其容圓心即爲重心。如方臺、方亭、芻甍、芻童等，面邊不等，則剖爲長方、長圓、立錐、塹堵各形求之。凡長方、長圓上下等面，其重心距各面兩兩相等。立錐重心則當垂線四分之一，塹堵重心則當垂線三分之一。立錐者，三角錐，方錐以至多邊錐、圓錐，皆同。

如有石上方三尺，下方四尺，高四尺八寸，求重心。依上方邊各剖至底，則成甲丁子壬癸戊丙乙長方形，積四十二尺二爲重率，設辰午爲垂線，其重心必在折半未處。又得甲壬辛丑子丁，及丙癸巳寅子丁兩壍堵形，其積一十四尺四，其重心當垂線三分之一申處，距午一尺六寸。又得一丁子寅丑庚陽馬形，即斜立錐，其積一尺六，其重心當垂線四分之一酉處，距午一尺二寸。此如以三項異重之物，掛於辰午一杆，而求一提繫以取平。先以壍堵、陽馬共積一十六尺爲一率，陽馬積爲二率，申酉之距四寸爲三率，求得四率四分爲申壬，壬即共重心。又併三項，共積五十九尺二爲一率，壬未距八寸四分爲二率，前二項共積一十六尺爲三率，求得四率二寸二分一釐三十七分釐之一，即未癸，爲全體重心卯，距垂線折半之度。又以長方及子癸巳寅丁丙壍堵形，共積五十尺〇四，其重心在橫線戊亥之角，距戊一尺五寸，即甲乙之半。甲丁丑子壬辛壍堵積七尺二，其重心當橫線之亢，距亥六寸三分寸之二，即丑子三分之二。丁丑子寅庚陽馬形，其積一尺六，其重心當橫線之氐，距亥六寸二分五釐，即丑子八分之五。乃以一壍堵、一陽馬共積八尺八爲一率，亢氐之距四分一釐三分釐之二爲二率，壍堵積爲三率，求得四率三分五釐四十四分分之一，爲氐房，房即當二項共重心所在。又併全體積五十九尺二爲一率，前二項爲二率，亥戌橫線四尺，減亥氐氐房及角戌，餘一尺八寸三分四十四分分之四十三爲三率，求得四率二寸七分三釐一百四十八分釐之七十一，即角心，併角戌得全重心卯，距乙丙巳戊直面一尺七寸七分三釐有餘。以未癸加辰未，得全重心卯距甲乙丙丁平面二尺六寸二分一釐餘。又捷法：以未癸加辰未，得二尺六寸二分一釐餘爲二率，上下方邊之較一尺爲三率，高四尺八寸爲一率，除之，得四率。加上方邊三尺折半得重心卯乙丙巳戊直面一尺七寸七分三釐餘。

又如有正方石一塊，方六寸，缺一角，求重心。如圖，甲乙丙丁爲所缺虛角，甲丙甲乙甲丁各三寸，其積九寸，重心當卯，距丑七分五釐，即甲丁四分之一。又甲癸庚辛戊正方虛體重心當辰，距丑三寸，即戊巳之半，乃以正方虛體二百一十六寸，減缺角九寸，餘二百〇七寸爲一率，卯辰距二寸二分五釐爲二率，所缺虛角積爲三率，求得四率九分七釐三毫二百〇七分釐之八十九爲辰午，以減辰寅三寸，爲重心距各全面之數二寸〇二釐六毫餘。若以加辰丑爲重心，距各缺面之數三寸九分七釐三毫餘。前問上下不等方石，變爲方錐，可倣此法。此外，凡有形加減皆倣此。

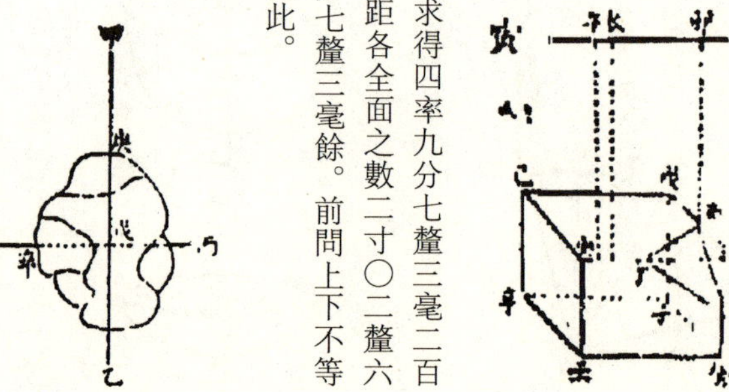

如有器物橫柱參差，及雕鏤玲瓏，難量體積者，則任以繩懸一處如辛，依丁辛繩直垂作虛線至內，又以繩懸一處如庚，亦依甲庚作虛線至乙，兩線交於戊，即通體重心也。

又　數體合成求重心通法

如有編木，長短不等共四根，徑皆六寸，求重心。法：以此圓柱體上下等徑，其中心即重心，以衡法求之。如以丁戊爲衡，懸於其上丙爲提繫，距丁一尺，必得共重心如丑，距提繫如寅丙，乘共重之數，丁處置權稱之，亦得各重心如巳庚辛壬等距提繫，乘各根重率之數，如丈二乘三寸，得三尺六寸。又七尺乘九寸，得六尺三寸。尺五乘丈三，得一丈九尺五。二尺一乘一丈，得二丈一。併之，得五丈〇四寸，是丁處懸一五丈〇四寸重之灌，必能勝諸木之重，而衡可平。按因徑同，故即以長爲重率，又每加六寸，即重心距提繫。故以所併得五丈〇四寸爲權重，乘距提繫一尺，又以各根重率併得四丈二尺除之，得一尺二寸，即共重心丑距甲乙邊也。若諸根齊頭者，則以甲癸邊直指子爲提繫，而以卯辰爲衡，以諸木懸一邊，又於卯距提繫一尺懸權稱之，必得共重心丑距提繫，如午子乘共重之數，亦得各重心距甲癸乘各重率

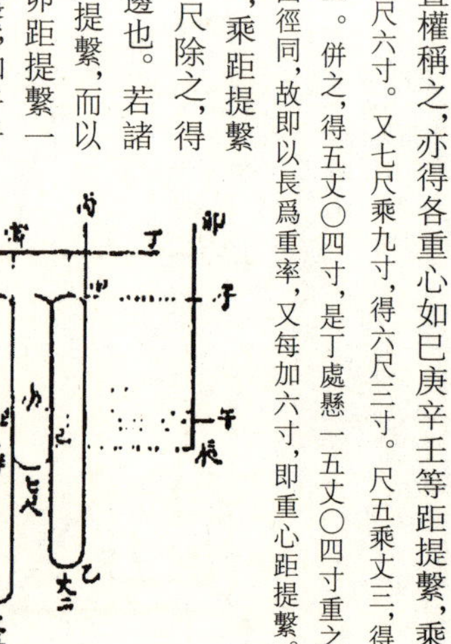

之數。今既齊頭，則各重心距甲癸即半長之數。長又即爲重率，可省算，故以長自乘折半而併之，得二百三十一尺，即爲外處權重率一尺，乘之如故，乃併各根重率四十二尺，除之，得五尺五寸，即共重心丑距甲癸邊也。同午子。若不齊頭，亦當作甲癸虛線，而以距各重心乘重率如上法。如各體形不等者，如上上下不等方石是也，先求各重心及重率，乃倣此法算之。此法雖多不亂，又只一次除，故爲通法。

曲線體求重心法

如有鐵線一根，曲如象限，半徑一尺，求其重心。法：以半徑自乘，象限長一尺五寸七分餘，除之得六寸三六六一九七六，如甲乙，即乙丙。以方求斜率之得九寸〇〇三一六三二，如甲丙。與半徑相減，餘丁丙，即重心距曲線之度也，丙爲重心。此以象限細分爲千萬分，而各取其離甲乙垂線之數併而均之，又以半徑乘之得數，與象限曲長除半徑自乘冪正等，故更爲此簡法。

如平面象限半徑一尺五寸，求其重心。法：以半徑三分去一，餘一尺，依上曲線法，求得重心在丙，丙甲即重心距直角丙丁，即重心距象限邊。

此如以象限面置於下，而以鐵線象限各處作直線懸之，故求得曲線之重心，即爲曲面之重心。

如有瓜皮形，分圓冪爲數千萬瓣之一瓣，言橫綫幾於直矣。半徑一尺，全徑二尺，求其重心。法：以半徑求得半周三尺一四一五九二六五四，歸之得七寸八五三九八一六二五，即甲丙之距。丙，其重心所在也。此以瓜瓣横分爲千萬分，各以其闊乘距巳甲線之遠，併而均之得五。此如以甲丙爲衡，以甲爲提繫，而別以上下等此腰闊之瓜皮形掛於戊如丁戊中如子甲之半，必得平。而丁與原形若三一四有餘之與二，故比例而得重心丙距甲七寸八五有餘也。

如有四分渾圓之一，全徑二尺六寸三分寸之二，求其重心。法：以半徑四分去一，得一尺，爲重心曲面所在，即巳庚迹。依上法，求其曲面重心，得甲戊，即上甲丙之度。以此度繞作象限如戊丁爲曲線，又依上曲線求重心。法：得重心在丙，丙辛之距五寸，括之則爲半徑八分之三也。此於曲體求曲面，曲面求曲線，以曲線求重心，即爲曲面之重心，亦即爲曲體之重心。

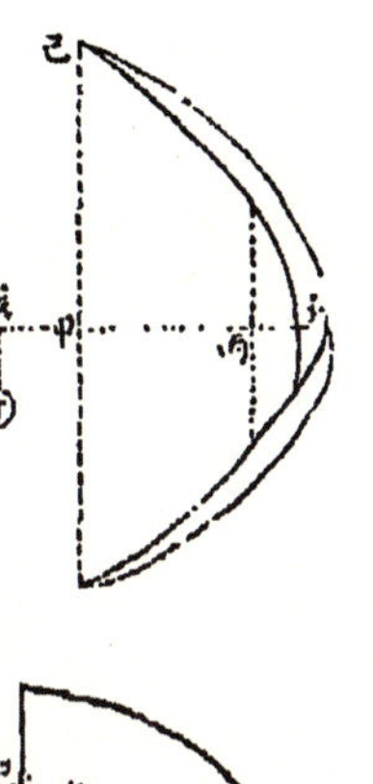

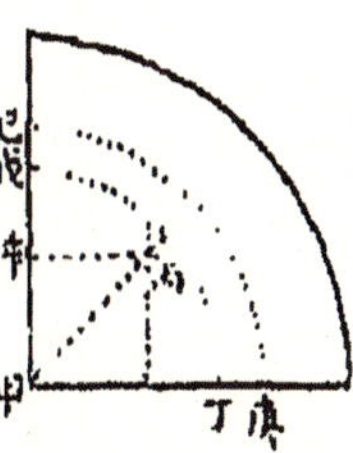

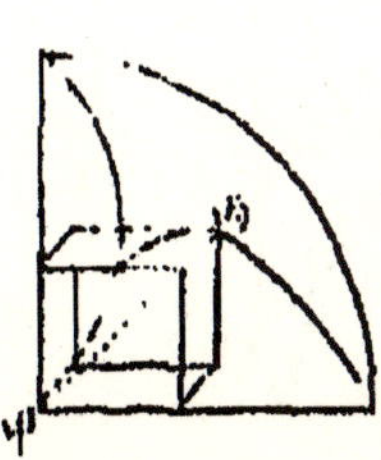

如有八分渾圓之一，半徑二尺六寸三分寸之二，求其重心。倣上法，取半徑八分之三，得一尺，爲立方形，用求其對角斜線法，得甲丙一尺七三二〇五〇八，即重心距正方角之度八分。渾圓之一有三平面皆等，自重心作垂線至各平面，又至平面點作垂線至直邊，必皆等，故爲立方形，知邊則知對角線矣。

如有半圓空中曲面，口徑三尺，深一尺五寸，求重心。法：以深一尺五寸，爲中垂截半處，即重心。蓋凡重心居中者，必上下積等。而圓球冪與圓柱旁冪逐截皆相應，故平分甲乙於丙，亦平分圓冪於戊巳，戊巳上冪與下冪等，甲丙丙乙又等，故知丙爲重心也。

如有渾圓小半體，口徑尺六寸，高四寸，求重心。法：以口半徑爲股，高四寸爲勾弦較，求得弦一尺，即甲巳半徑。以減較，得句六寸爲虛圓錐體中垂，以尺六寸爲底徑，其積四百〇二寸一二三八五九二。又以高四寸，乘全周爲曲底冪，以半徑乘之，三歸得八百三十七寸七五八〇四，爲虛實共積。減圓錐虛體，餘四百三十五寸六三四一八〇八，爲實體積。乃取半徑四分之一，加實體之高八分之三，共四寸爲虛實體共重心距曲底巳之度，即丙巳。又以虛錐體中垂四分之三四寸五分，爲虛體重心距上尖之度，如甲丁。併兩度減半徑，餘丁丙一寸五分。乃以實體積爲一率，虛體積爲二率，虛體重心距共重心爲三率，即丁丙。求得四率一寸三分八釐四毫六絲二忽，即丙戊。與共重心距曲底相減，餘戊巳，即實體重心戊距曲底巳二寸六分一釐五毛三

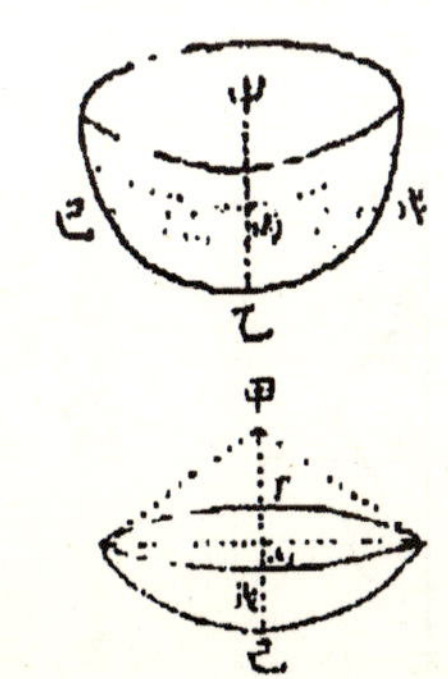

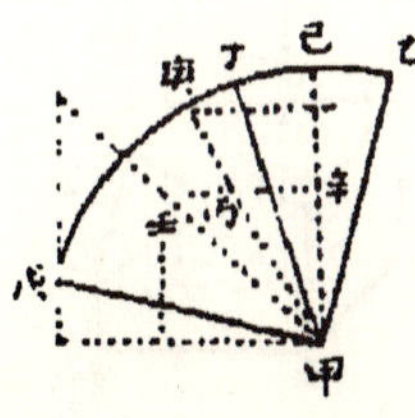

絲八忽。此加積求重心法，若過半圓，當減積，倣此推之。

如有象限半徑一尺五寸，分去乙甲丁一角三十度，求丁甲戊角重心。法：以乙丁減乙戊九十度，餘六十度，折半三十度。即巳庚。以其正弦五乘全體重心丙距正角甲九寸〇〇三一六三二，得四寸五〇一五八一六。即丙辛。乃以丁戊爲一率，乙丁爲二率，丙辛爲三率，求得四率丙壬二寸二五〇七九〇八，併丙辛得辛壬，以方求斜法，求得甲壬九寸五四九二九六四，即丁戊角重心距鋭角之遠。其餘若曲線、曲體不足象限者，倣此。此法更之則以全象限重心距直邊六寸三六六一九七六，以丁戊角通弦乘之，象限九十度除之，得壬甲之長。

傅蘭雅《重學圖説・圖》

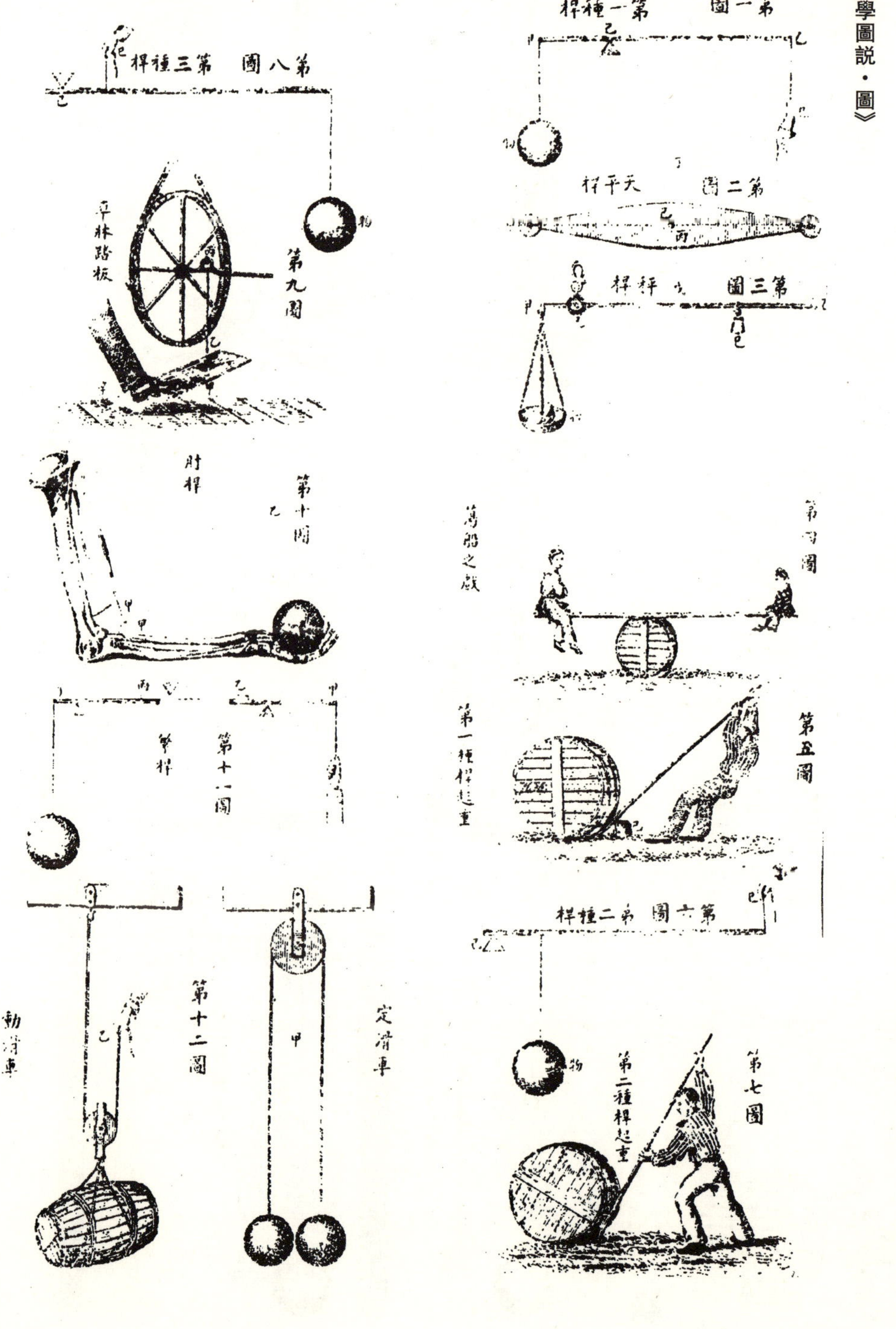

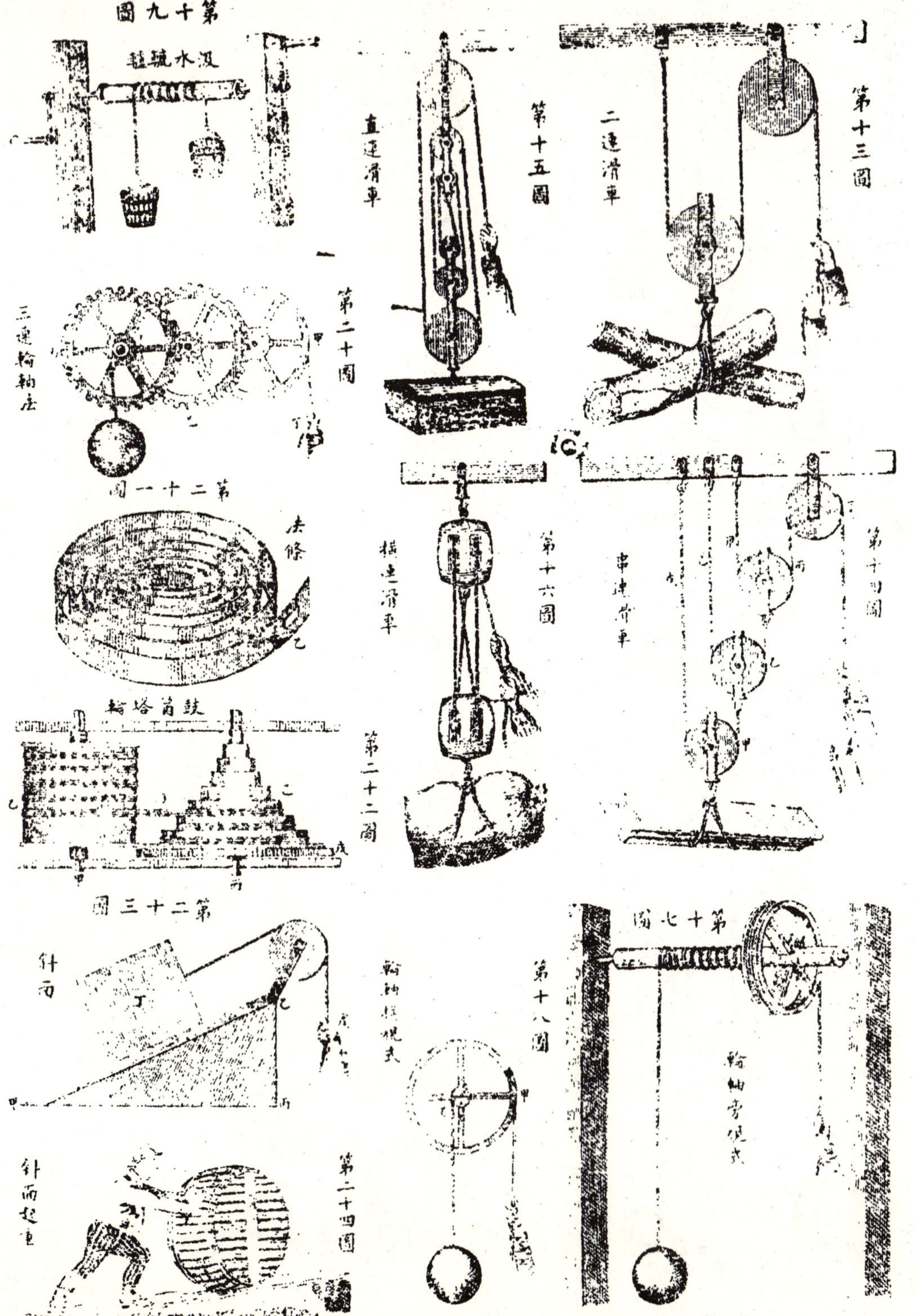
第十三圖
二連滑車
第十五圖
直連滑車
第十九圖
汲水轆轤
第十四圖
第十六圖
第二十圖
三連輪軸
第二十一圖
第二十二圖
鼓筒塔輪
第十七圖
輪軸旁視式
第十八圖
輪軸正視式
第二十三圖
斜面
第二十四圖
斜面起重

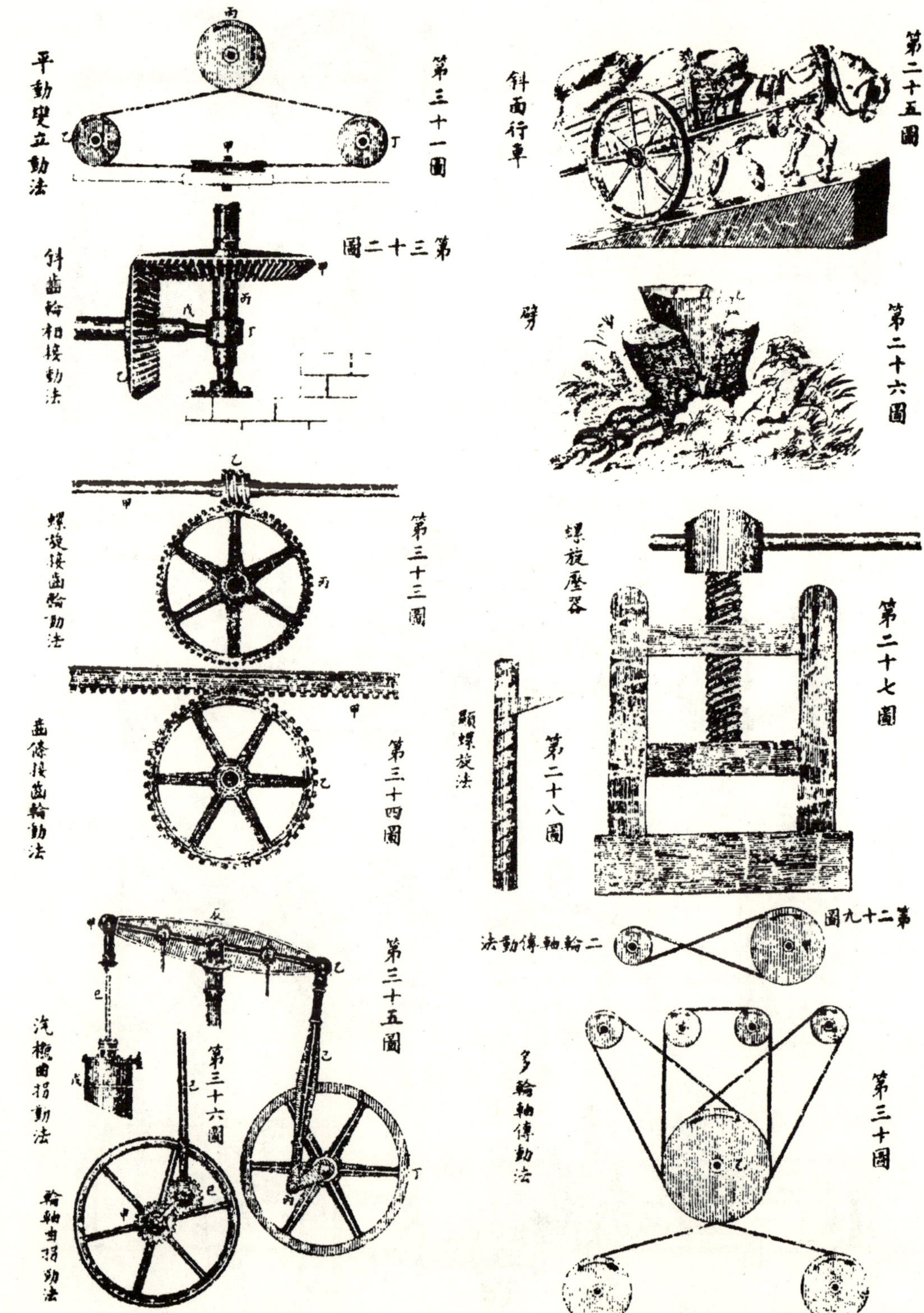
第二十五圖
斜面行車
第二十六圖
劈
第二十七圖
螺旋壓器
第二十八圖
顯螺旋法
第二十九圖
二輪軸傳動法
第三十圖
多輪軸傳動法
第三十一圖
平動變立動法
第三十二圖
斜齒輪相接動法
第三十三圖
螺旋接齒輪動法
第三十四圖
齒條接齒輪動法
第三十五圖
汽機曲拐動法
第三十六圖
輪軸曲拐動法

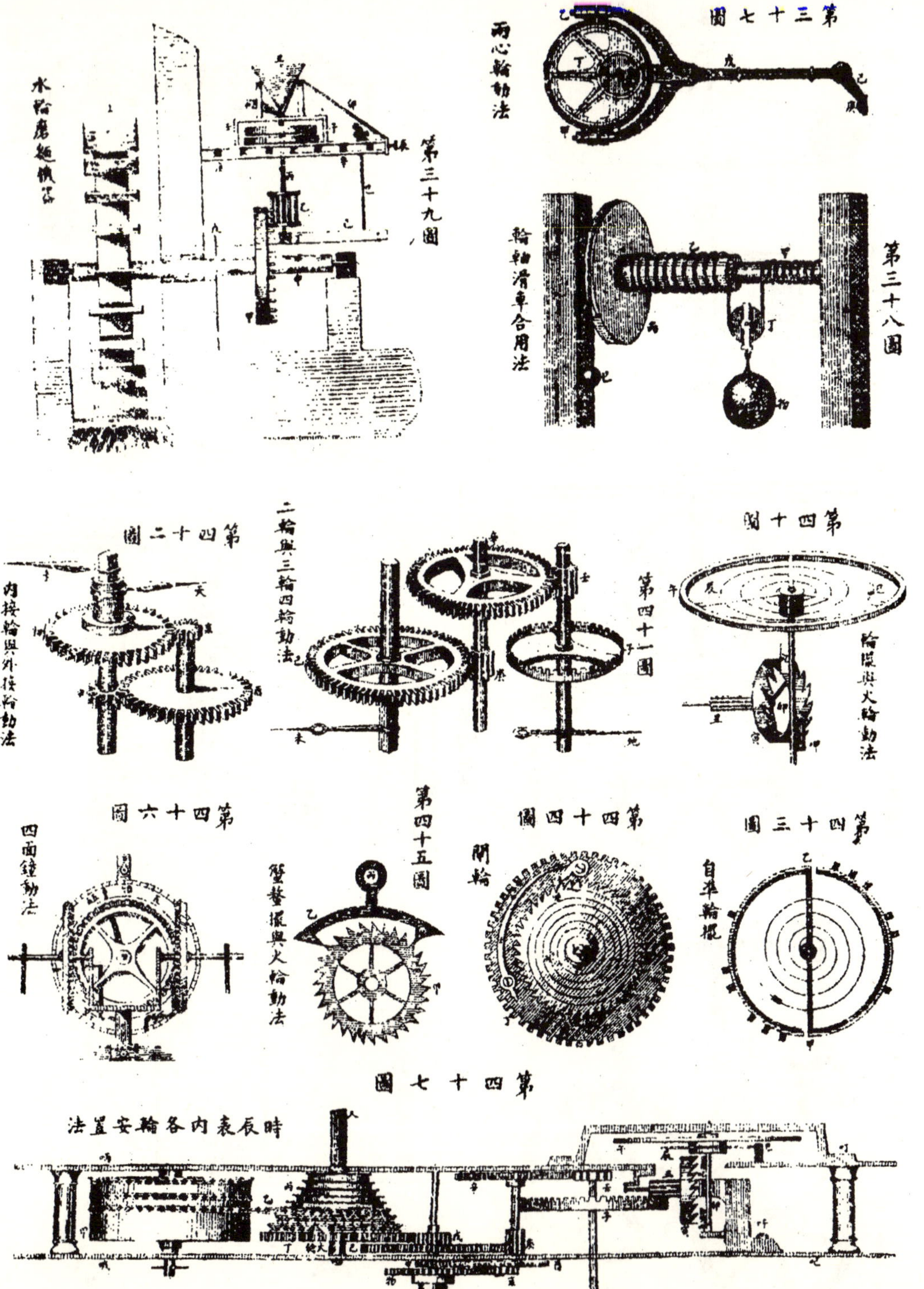

第三十七圖 兩心輪動法

第三十八圖 輪軸滑車合用法

第三十九圖 水輪磨麵機器

第四十圖 輪擺與火輪動法

第四十一圖 二輪與三輪四輪動法

第四十二圖 内接輪與外接輪動法

第四十三圖 自準輪擺

第四十四圖 閘輪

第四十五圖 擎擺與火輪動法

第四十六圖 四面鐘動法

第四十七圖 時辰表内各輪安置法

流體力學分部

綜述

高一志《齊家西學》卷五 水瀍第十章

水法有二，地多水，求去之；地無水，求致之。凡田自湧水，或旁注多水，致損苗，一法，相地高卑，掘卑益高，則高處乾，卑處成溝，聚水或留用，欲外泄，皆可也。又法，引外來溪川之水，沖漂污泥之地，內注之水，無不從外水洩者。又法，偏種多木，木長餘濕漸消，又木根左右開長，致地墳起，又積年所落之業漸填水脈，不使湧溢矣。發水之地，不大不闊者，另有法，用器汲餘水，使外流，法見後。或又壘沙礫，堆薪木水中，覆以善土焉，其或無水，則用取水之法。夫水法關于農業甚大者，以水之於地，如血之於體，體無血不活，地無水不潤也。其法有二端，一隨地勢，覓可取之水，善用之，地勢高卑，乾濕、腴瘠不等，或外引溪河湖瀆，或內掘井池，一備水器，得水多而用力寡者，西器爲妙，譯華文者數種，畧見《泰西水法》。近有新出者，更省力焉。

方以智《物理小識》卷八《器用類》 轉水法 其來處何高，則所激之高可與之比，或故使之瀑，下就以筒，承瀑則水激而上出，上既出則流通而不止矣，如今過山龍之出酒也。然水器宜精密，勿使洩氣，初引以氣吸之，器大，則以火生氣而抽發之。昔漢靈帝作番車渴兔，注云，渴兔爲曲筒，以氣引吸上也。則漢時中國已知此法矣。池塘中用筒激水，亦可高數丈而出之。或下用輪激，此須制具。如東坡所云，蜀井用竹筒抽汲之法，凡井皆可爲也。灌田急宜講此。水碓磨南方類爲之，漢杜詩、魏韓暨之水排是也。用風帆六幅車水灌田者，淮揚海堧皆爲之。暄曰，遠國用轉龍逆流水以爲已下也，而不知其已上也，與抽吸過鬬、濺沫成卉諸法，皆稱奇絶。

又 運機 不因流泉、不因風轉而自運者，有機焉。縣甬而開小流，則漸輕而上，其機亦轉。有積沙以壓之而漏之者，此外則因乎始動而發，《華陽國志》一士獻木牛流馬于諸葛者是也。錯鑰卷轉七輪交催，約處十二齒，大者同天度。自張衡、一行、祖沖之皆能作平儀，運機自動。《蘇鶚》載新羅獻萬佛山木人稽首，其機在鐘。《楓窗》載太平興國中張思訓上渾儀，七人直七政，十二神直時皆以機發。魏朴、馬鈞俱通此，亦人自悟耳。孫孺理寸自鳴鐘，乃訝之哉。龍溪孫大娘稱奇工。

《康熙幾暇格物編》 潮汐 潮汐之説，古人議論最多，總未得其詳。惟朱子之説得其理。朕到海邊如山海、天津、大江、錢塘等處，每察來去之時，與本土人詢問，大約皆不同，所以將各處令人記時刻，而亦不同。後知泉井皆有微潮，亦不準時候。問及西洋人與海中行船者，皆不同，所以難明。依朱子之言，屬月之盈昃，其理甚確。

又 風隨地殊 諺云，千里不同風，百里不同雨。昔人謂雨有咫尺之殊，何必百里。不知風亦不可以千里論也。嘗記驗風候，如畿內，是日爲西北風，山東去京爲近，而其日風乃東南。蓋風隨地起，隨地而殊。《抱朴子》謂鳴條之風百里，折枝之風五百里。是言風之有無，初不論方向也。朱子曰，風與天相似，旋轉未嘗息。此處無風，或旋在他處，或旋在上面，都未可知。玆論最善。又上下之間亦有不同者，如起火初迸裂時，其煙南向，及升雲際，煙又北向，此其驗也。

風無正方 《呂氏春秋》以八風配方隅，而繫以四時。《春秋・運斗樞》以四方配四時，而分主客。其説亦有未盡然者，朕留心觀察凡風，自西南起者爲主風，餘俱屬客風。《易》之先天巽卦，在西南可見，聖人取義之精，爲萬古不可易也。又《淮南子》云，風者，天之偏氣。偏字義旨微妙，蓋風之所起，不自東西南北正向，皆從四隅而發，及其旋轉，則有時而偶值正方。曾以此諭海西人，彼初未深信，今至觀星臺驗相風烏，乃歎服焉。此皆功近之事，却未有人道出。

水底有風 風者，氣也。氣無處不流，風亦無處不到。故水上行風，水下亦行風。東風解凍，先從下坼，知水底風力更猛迅也。元人雜説載，有人浴於河者，卒中寒風拘攣，謂風來水底，其利如箭，理實有之。

鄭復光《費隱與知録》

潮汐應月理有可微

問：海水潮汐，《泰西水法》云，月爲陰精，與水同物，勢當相就，故月輪所至，水爲之長，而成潮汐。長則氣入，水爲之輕。潮降氣出，水復故重。《高厚蒙求》引舊説云，日行地底，所過水熱，月升而令，激漲成潮。月輪在天，所射之處亦令，再激爲汐。然同物相就，必有實理。遇冷而激，何以能漲？理必有在。曰：氣之舒斂爲之也，氣與物接，不少間斷，凡屬疑體，不動不變，氣欲稍斂，勢難相就。惟水爲流體，能與氣相就。月性光寒，其升在空，則空中氣寒，不得不斂。氣斂而上，則與水欲離。水與氣接，不能離空，故舒而就之。水是實物，舒是水中之氣。《泰西水法》酒輕于水者，内涵氣分也，可見水内本能涵氣。故水爲之長，此潮汐之所由生也。至潮汐應時，則諸書言之詳矣。摘録二則于左。

松郡朝朔望于午潮來，月升當在卯酉。蓋申浦早郡城五刻，浦東更早。可知發潮處原在卯酉，迤邐西至郡城，不能不遲耳。《高厚蒙求》。

白樂天詩：早潮才落晚潮來，一月周流六十回。自是北人未諳潮信，今杭之潮，每月朔日以子丑二時到，每日遲三刻，餘，至望，則子潮降爲午，後半月復然。故大月五十八回，小月五十六回。月之麗天，出東入西，大月二十九回，小月二十八回。《日知録》。

潮分子午秋潮獨大

問：謂潮因月冷，則子潮似也。何以午亦有潮？謂午因對射，則焉有午時而能名爲冷者乎？且水冷則斂，何以反升？謂潮因乎冷，則冬日尤冷，何以八月獨大？曰：水與氣接，連如一體，若兩者俱熱，水固無處可升。黜兩者俱冷，水又何得而斂乎？夫因冷而升者，正謂空中冷而水不冷也。而謂午時不可言冷者，亦就人所居處論之耳。天上冷際何時不冷。故月對射之衝，在人所居上際，此際既冷，則此處地氣上行，而水爲之上升矣。此午潮理也。以子時論，一日太陽所繞一周，大地皆温，而月升之處其氣獨冷而斂，故水亦爲其所斂而上升，是潮汐皆兼有水暖之理。水未必暖，因氣更冷，則覺其暖。夏日手心極熱，搽一身之肌膚皆覺爲冷，相形而自見物理類然矣。夫一歲之暖盛于夏至之後，(太)《泰西水法》。則水之暖，莫如秋時。而天清月朗多屬秋日，則月光之寒亦莫盛于秋夜。月冷水暖，故潮大宜于秋日。而七月爲秋之始，水暖而月寒未甚，九月爲秋之終，月寒而水暖將退，故八月潮獨大也。

水能激水力馮乎勢

問：水性就下，搏而躍之，激而行之，則能上出固也。今觀水龍必蔽其孔，使力既足，而後放之，乃能高遠，何也？曰，水龍之水上出，因管中之水少而輕，箭中之水多而重，以重搏輕，是以上出。然重之敵輕，力也，而搏激之則有勢焉，故不小其孔，而加以人力，則雖上出，能不高遠！然則蔽其孔者，所爲欲開先閫，以足其勢也。夫勢鋭于初，猛于速，而水之性好連，其所以斷者，氣閒之也。當其初出管口，已能高遠，人速激之，使不及斷，故雖後出之水，無不乘勢連遽以及高遠矣。

風善入隙力在交角

問：風無微不入，窗紙破損雖至數寸，室内或不覺涼。而當窗坐處有一綫之隙，即致受寒，名曰賊風，何故？曰，風之入隙，力專勢鋭，中人必病，無可疑者。蓋風大隙小，其過隙也，亦成一角，即有交角之限。其能力之大，全在此交，過此則散開，而與室内之氣融和不成風矣。故不甚覺涼，而人不靠窗，雖窗紙破損，亦不至病。獨窗紙有隙，坐時恐恰當其交，故戒之，名賊風也。

風日交角過限力殺

問：風日交角，以隙之兩邊綫約行相合而成，故有定限。然穿過此交仍出兩綫，何以其力遂殺？曰，几風日出一綫，其力必欲直。遂令兩線斜出，至其交處則合爲一，夫一綫止有一力，兩綫合一，則有兩力，且所謂兩線者，錯舉上下爲言耳。而周圍層層則有無窮之線，皆聚此交，即有無窮之力合成一角，故其力極大。過此交後，皆欲直行，則上綫敵下，左線敵右，即有餘力，亦止各得一力而已，能勿殺乎！

崩岸之水力大無匹

問：水之力視其重爲大小，理也，然崩岸之勢，其力無匹，何故？曰，水之所趨，其地必下，來源必上。來源斤兩悉注所趨，故莫重乎此，所以無匹也。又凡物之力藉勢則加大，或不可量。如椎之力，生于椎重，以人運之，能力至大矣。夫水之赴壑，其勢沛然，且無閒不入，綿綿不息，故力至大也。然水爲流體，亦緣有閒隙則然耳。若岸堅緻無瑕，水將順其軌而滔滔去矣，何暇攻岸哉。

一指掌舟能使之離

糧艘並泊，手撼之，重如山岳。若以一指點之，漸即移動。何故？曰，水惡異已，故船勢常動，此理可驗。蓋水勢平者，一河之水其力常均，船浮水上，則壓水使下，故此處水欲其去此，彼處水亦欲其去彼，然勢均力齊，故不能動。船而常有欲動之意，今以一指掌之，雖指力無多，而此處之水多借一指力，使船不來。船不來，則四旁之水皆欲入船底所壓者而取平，故驅船離去耳。若手撼之使驟去，惡能勝任哉！來船相觸，手推足踣，雖亦一夫，然須俟其自去，非徒待力也。

第二論流質重

用流質重之動力，與定質之理同。故水當程之功，爲水重乘水下行之路。實程之功，或用抵力，或用流力，俱以乘得速當過之路。即水重能過之路。

然水之速不能全用以程功，故別立法，如令水之各點速依垂綫上行，至得速當過之路，則全速已消盡。一如全水不動，亦有下行過此路之能，故當程之功，爲重乘路也，若實程之功。則因水之各點力，互相加減，消去全力之幾分。此幾分不加於作工之輪，而加於他處，不能用以程功。故無論何水輪，或激輪上半，或激輪下半，實程之功皆少於當程之功。以能力之幾分消於不可推之阻力，而水中又有横流之水故也。由是論之，凡用水輪以舉重，如用其全力，則水重乘得速當過路，等於所舉重乘重所過路。而能力中有幾分不能用，必增加所用之水力，所用水之若干力，與速有恒比例，而得速當過路與速方有恒比例，故所程之功，與速立方有比例。今英國造器者，測得水激下半輪當程功，即所用水力。與實程功比若五與四比，阻力不論。水激上半輪當程功，與實程功比若十與三比。

又　第四論氣力氣動爲風，故或稱風氣。

氣之力有二：一漲力，一動力。如風鎗，不用火藥，用氣漲力，故放時無聲。如西國煮肉器，懸於火前，器中有巧機，氣感於火，生動於機，令肉四面旋轉，用氣動力也。又如風車、船帆，俱用氣動力。推動力，與流水之理同。推漲力，若干氣當程之功，等於漲力之并重乘得速當過之路。路以高下言之。今用風車所程之功，推得風力大小之比，若速立方大小之比。

第五論水氣力

水氣用漲力，及被冷熱加減之能。冷則氣縮，熱則氣盈。欲知程功之率，可如他物之有凸力者，推之其與他物不同者數端，詳論如左。

火輪器有三種。其一，水氣化水時，令風氣加抵力之器，謂之風抵力火輪。其二，令推機進退之水氣有二路，一路水氣方泄，氣盡化爲水；一路水氣方盛，水盡化爲氣，互爲盛衰。此器水氣漲力，或能大於風氣漲力。其三，水氣不化水，長令推機向風氣而阻其抵力，故水氣漲力必大於風氣漲力。此器火力最大。

風抵力火輪之制，爲推機進退於空柱中，有與風氣同漲力之水氣，由柱底入，令推機行至柱端，於是水氣化水，推機爲外面風氣所抵，行至柱底，則又放水氣入，行至柱端。如此進退不已，而水氣所程之功，在退時而不在進時，但進退必互用以成動。

又　卷一八

論物在流質中或升或降之理

設不合上條中要理，則物在流質中必或升或降，以物本重或大或小于等體流質重故也。令物升降之力，等于物本重與等體流質重之較。凡輕物，或木箱、錫箱、牛胃等物，中有風氣，入水中必升浮水面，即此理也。用此等物，可起深水中之重物，如大舶沈水中，欲起之，用木箱滿貯水，入船底兩旁，用皮條或繩搭住，以長氣機管取出箱中之水，箱即舉船而起。舉船之力，即二等體重之較也。魚在水中，能自升降者，因腹中有風氣胞，能大能小，故升降甚便。欲升時，風氣胞漲大，令等體流質重大于魚身重，即升。欲降時，風氣胞縮小，令等體流質重小于魚身重，即降。人入水中，等體流質重亦大于身本重。又胸中空處能大能小，胸放大，可令兩重較更增大。設誤落水，但昂其頭，胸必放大，且以兩手入水，則必不沈。若手出水，則等體流質重減小，小于身本重，頭必沈矣。身既下沈，直至水底，抵力能減縮身之體積，則身本重大于等體流質重，不能復升矣。凡自高下墜，入水必深，縮力加多，身之體積驟減小，亦不能復升也。死後體漲大，復升浮水面，因等體流質重大于本重故也。氣球上升亦此理。令球上升之力，即球本重與等體氣重之較。初作氣球時，用熱氣，冷熱二氣其重較不小，等體冷氣重，大于熱氣并所帶或船或車重，球必上升矣。近時氣球中所用氣，以法煉之，其重小于常氣四五倍，故球上升又速又高。水中小氣泡上升，亦即此理。愈近水面，泡愈增大，所撼動之水體，亦愈近水面愈大也。此有二理：一水愈深，抵力愈大；一氣凸力之比，同于等體空之反比。

論熱氣上升之理

聚火處開煙囱，令煙速出于上，亦前條之理也。熱氣輕于等體冷氣，當漸熱時，體必加大，所以撼動冷氣漸多，即等體冷氣重漸大。二重之較，即令熱氣上升之力。又人口中所出之氣，亦常上升，煙中有無數細黑點，故可見；他熱氣無此黑點，故不能見也。煙囱若高，能成熱氣長柱，而動力甚大。譬以長木入深水，其上升速于短木數倍也。故煙囱一百五十尺高，較五十尺高，出煙幾倍速。又高煙囱之煙向上直升，恒高于頂若干尺，外面風力不能敵。低煙囱之煙，有時不敵外面風力，即不能出，有反入室中之患。英國造布火機房，及冶房煉藥房等處，必建高煙囱，因此也。

出煙專用此大煙囱，各處之火，用小煙囱通入大煙囱，令下面有熱氣長柱，其大動力可代橐籥，故諸火俱極旺。若諸火俱滅，一時不能復然，因氣不流通，須先用枯草，或刨花入大煙囱中燒之，令氣漸熱，復成長柱，然後流通，諸火乃可復然也。

又 卷一九

論輕流質

前卷中論流質抵力，及物入流質中，所言流質不分輕重，因地力所加，理無異也。然輕流質之理，有與地力無涉，而爲諸質點互推力所生者。今詳論之。諸流質中，凡屬氣類，非水類，即有互推力，此力乃成風之根。故諸質點互相加力之理，與定質異，并與重流質異。定質中諸點之力，互相擁擠，令諸點各居本處，不能移動。重流質中諸點之力，僅能令諸點于各平面互相往來，一無阻礙。惟輕流質中諸點之力，能令諸點四面散行，直至遇物阻攔而止。故器内有氣，必加抵力于器之四面。然則氣之定時，必有外來之力，抵定諸點。若諸點之推力，與外來之力稍不相等，即不能定矣。此抵定之力，名氣漲力，與地心力無涉，故氣可作無輕重論。而凡氣閉于器中，必生抵力于四周。曰，設于器上開小穴，當穴處無抵定漲力之面，如此，氣動乎外，氣入乎内，氣出乎，抑内外俱不動乎？曰，内外氣輕重冷熱等，則俱不動，内外二力相抵定；若輕重冷熱異，則不能相抵定而動矣。其動依大力之方向。

論漲力

凡氣之冷熱不變，則漲力大小，與所處空體之大小恒有反比例。此理英國鮑以勒始發之，凡氣漲力與抵力恒等。試用長空圓柱，其兩端一塞一通，以通之一端倒入水中，漸下，則柱中氣所處空體爲水逼漸小。故令柱下行之力，必漸加大，而令柱下行之力，即柱口與氣漲力相抵之力，亦即氣之漲力。所處空體愈小，漲力愈大。故空體與漲力，恒有反比例也。用推機進退空柱中，理同。若寒暑表熱度加大，漲力亦加大，則比例又不同。

又測法，如圖，甲乙丙玻璃管，自甲漸以水銀入之，能擠乙丙之氣令漸小，縮入丙丁空體内。水銀愈增，丙丁之空體愈小。甲戊中水銀重，即爲丙丁中氣漲力之率。如法驗之，與上空柱入水所測合。不論何氣，其體質厚薄，與空體大小，恒有反比例。何謂厚薄？體質多而密爲厚，質少而疎爲薄。所處空體愈小，則愈厚；愈大，則愈薄。漲力大小，與體質厚薄有正比例，與空體有反比例。

玻璃罩内之氣，用氣機管出之。氣漸出，所留者復漲大，仍充滿罩中，故漸薄。每推機進退一次，氣必遞薄一次，而漲力必遞小。至漲力小極時，不能開掩機，則氣不能復出矣。故氣機管不能出盡罩内之氣也。又有倒氣機管，其用與氣機管相反，能令氣擠入器中，愈入愈厚，漲力亦愈大，至漲力大極時，外面之氣不能復擠入，謂之定限。前所言體質厚薄，與漲力大小有正比例者，用此器測而知之。風鎗即此理。鎗内有小空體擠氣令漸入，體質愈多愈厚，漲力愈大，發鉛子猛烈，與火藥等。

恒升車内用氣匣，最易顯氣之漲力。古時恒升車，不能令水常流不息。近加氣匣，内有氣與外不通，先擠水入此匣内，然後上升，則常流不息矣。蓋水入時，能擠小匣内之氣，以生漲力，令水由小管上升，小管與恒升車所舉水同高，故能不息也。氣匣之用甚廣，火輪器用之，可免炸裂之患，可免霎時機停令器壞之患，又能令全器相切之諸面歷久不壞。救火之水龍亦用之。而用之最大者，莫如引水筩。于一小房中，用火機及氣匣以引水，而一大城中數十萬煙户，無出汲之勞，并不必蓄水高處，省人工無數。器之利用，無過于此者。

流質漲力之妙用，莫如大抵力火機。凡水熱至寒暑表二百十二度，水必化氣，其漲力與尋常氣漲力等。若再增熱度，則水氣漲力極大，雖至堅之器不能當之。故熱度大于二百十二度，謂之大抵力火機，其漲力非尋常氣漲力可比。此力爲諸巧機之根，用之造器，歷數十世不能盡其巧法。

論各種氣分合之理

包地球外之氣，非一種也，乃各種氣相和而成，可以法分之、合之，俱有精理，而與地心力無涉。試以二瓶，一貯水母氣，一貯炭氣，水母氣最輕，炭氣最重，以輕者居上，重者居下，各啓瓶口對合之，須臾水母氣下降，炭氣上升，和洽極匀。設貯氣之器有隙通外氣，則内氣必出，外氣必入，内外相和，其出入處方向對面而不相礙。

英國達爾敦嘗細察此理，知輕流質本有互相推盪之理。若輕流質爲兩種氣，即無此理。蓋兩輕流質，彼此互視俱如空體，故此氣質點流入他氣質點中，不相阻礙。但有點與點相擊之微細阻礙，一如水入沙中，亦如風透薄紗也。凡二氣，此氣漲大時，他氣諸點之質阻率，能減小此氣諸點之動速。迨二氣和洽後，則諸點僅能加抵力于本氣之諸點，此論能解難解之理。蓋屢測輕流質相合時，恒與地力之理相反，如炭氣重于水母氣二十二倍，輕者居上，重者居下，能相和洽。此理最難解者，得此論，始釋然矣。近人復以法攷之，用水和燒酒，以器盛之，置玻璃罩內，以氣機管漸出罩內之氣令薄，則二物必俱漸化爲氣以補之，至罩內氣質復厚，漲力復原，則二物不復化氣。乃以石灰入罩內，水所化氣必與石灰合，氣之體質復薄，水復化氣，而罩內有石灰，所化氣復與之合，如此，可使器內之水盡化爲氣，與石灰合，至僅存燒酒而止。然則水氣足，即能阻水之化氣；燒酒氣足，即能阻燒酒之化氣。去一氣，留一氣，則一無阻之者，故復化氣；一有阻之者，故不復化氣。蓋二物各有化氣之能，各不相雜。此可證達爾敦所言之理甚確也。

論地球外有風氣包之

地球外有氣四圍包裹，何以知之？地面處處有雲浮行空中，且處處有風，又仰觀最高山頂，亦有雲，有風，雲外蔚藍無際，此氣厚之證。試觀深水，澄碧一色，同此理也。若無氣，仰視空中，必純黑無色，而晝夜俱能見星矣。包地球之氣，不論何地，不論何時，亦不論高卑，爲諸氣和洽而成恒同。諸氣中淡養二氣爲多，他氣俱甚微。加于氣之力有二：一諸點互相撼動推盪之力，一地心力，令諸點相定。

論氣抵力

地心力加于氣所生抵力，以輕重論，與重流質之理同。抵力大小，與深淺有正比例是也。自地平面至氣盡界，氣之積最深，故最重。地漸高，則氣漸淺，亦漸輕也。明崇禎十三年，伽離略始測定氣之重，其門人據此以發明恒升車。水升之理，測氣之器，即風雨表也。其法用玻璃管，長英尺三十二寸，兩端一通一塞，滿貯水銀，倒植水銀器中，管中水銀必降下，最卑至二十八寸，最高至三十一寸而定。升降逐時不同，管之內徑不得小于八分寸之一，其水銀必極淨，又必擇最精者。凡用法作空，此管之空最真。玻璃管高不至二十九寸，水銀必升至頂而無空。若管高過二十九寸，即有空。欲求其故，試置風雨表于玻璃罩內，以氣機管出其氣，則水銀必漸降。再放氣入，則水銀必漸升。觀此，可知水銀定于管中者，因氣之重擠之，令不能降也。既明此理，即可用水銀柱高，爲氣之重率。

如圖，甲乙玻璃管，倒置丙丑丁器中。丙丁爲器中水銀面，子爲管中水銀面，子戊爲氣重力所擠不能降之水銀柱。設柱徑爲八分寸之一，以丙丁面分作與柱底相等之若干小面，則各小面向上之抵力，必等于子戊水銀柱向下之抵力。各小面上之氣向下抵力，必與向上抵力等。故氣柱徑八分寸之一，其重與戊子水銀柱等，彼此可互爲輕重之率。

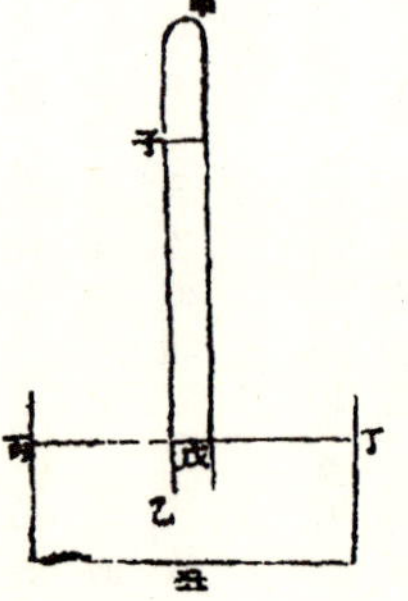

風雨表可當作水銀平準，前所論燒酒平準，止能于同平面高卑處用之，若非同平面高卑，則當以大平原爲高卑之準。而以海面爲準者，更精更確，此必以風雨表測之。如在海面，水銀高二十九寸九分二釐二毫，至山上，水銀必降，蓋即上所論氣淺而輕故也。深壑中水銀必升，氣深而重故也。約略高九百英尺，水銀降一寸。山高一萬八千尺，水銀柱高十四寸九分六釐一毫；山高三萬六千尺，水銀柱高七寸四分八釐〇一。依此用連比例，任若干高，俱可推也。

論氣若逐層等質當若干高

前論，因氣爲流質，不論在何點，抵力與柱長恒有比例；又氣爲輕流質，其厚薄與抵力亦恒有比例。然則地面抵力最大，氣之質最厚，漸高則抵力漸小，質亦漸薄矣。氣質厚薄，上下逐層不同，故高卑不可測。設上面之氣擠緊，令厚薄皆與地面等，則依法推之，其高約得五里。英國每里五千二百八十英尺，約等中國三里有奇。故以抵力論之，若氣質逐層等，則其高約得中國十五里。

一率　氣厚薄
二率　水銀高
三率　水銀厚薄
四率　氣高

氣之質厚薄，恒有小變，故抵力亦恒有小變，必以中數爲準。用大小不同徑之水銀柱比較知之，有方寸面水銀柱，即知方寸面氣抵力。凡水銀方寸體積重七兩八錢五分，三十二寸，重二百五十一兩二錢，即十五斤。十分斤之七，爲方寸面氣抵力之率，計人之身，有氣三萬斤重壓之，而人不覺者，因通體互相抵定故也。其抵定之理有二：一流質通抵力，處處如一；一氣漲力與質之厚薄恒有正比例，與所處空體恒有反比例。人身外邊氣抵力四面擁擠，與身內氣之漲力相抵定。設外抵力略大，身之所處空體必略小，內之漲力必略大，內外二力仍相抵定。如海底採珠者，入水十六尺，外抵力加半倍；三十二尺加一倍，身體擠小，內之漲力亦加大半倍、一倍，故不害也。醫者爲病人打火罐，罐中有火時，氣因熱漲大而質薄，打後火滅而冷，氣質不能變厚，漲力小，不能與身內之漲力相抵定，故罐口皮肉俱腫脹。

寒暑表水沸時熱度以氣抵力爲準。若無氣，水沸時熱度必甚小。氣抵力時有小變，故水沸熱度亦時有小變。

論倒器口風氣抵力

倒器中能令水倒懸不出者，因器口有氣抵力抵定故也。試以有底之管，貯水于中，以底向上倒懸之，水必不出。若以法令水面不動，各點俱定，則無論器大小，俱可倒懸，水必不出。試用玻璃碗，滿貯水，貼紙于碗口，徐倒之，紙下有氣抵力，必能令上面之水不出。蓋用紙貼之，能令水面諸小點不移動故也。若以此器平覆几上，去其紙，水猶不出，微舉離几，水即盡出于几上。

據此可明吸酒管之理：吸酒管內兩邊倒懸之水，俱欲下行，在頂點有兩分之意，而頂點無空，勢不能分，其不能有空者，因氣力擠之。若頂點高三十二英尺，英國以十二寸爲一尺，中國一尺約抵英尺十四寸。即空矣。故極大之吸水管，高不得過三十二英尺。此器中有二抵力：一在長端之口，一在又一端之水面。二水柱一自長端口至頂點，一自水面至頂點，長短不齊，兩端水皆滿，水柱長者重，必令短者倒流而上，遂流轉不息，而吸管中水恒滿也。蓋吸管中水動之力，因氣加于所吸之水面而生，若吸管中水不滿，必有中分之處，而因氣抵力擠之，令水恒滿，不能中分也。故水之過吸管，其理一如極光滑之銕索懸於一點，兩端不齊，自能滑過卸下也。若兩端齊，即不動。一端略長短者，必隨長者而動矣。水在吸管中亦然。令兩邊水柱等長，水必不斷亦不動。故若令一端之水面，與一端之口在一箇地平面上，水必不流轉也。

論氣層層包裹之理

觀前論流質相定之理，即可明氣層層包裹之理。氣之中間，不論何點，其質之厚薄，與抵力大小恒有正比例。以此推之，離地面漸高必漸薄，其外疑有盡界，其盡界必略如球面。然則其盡界之面，必與洋面平行。故太空之氣與大洋之水，俱爲流質海，其旋轉及地心力攝引之理俱同。所以氣之盡界，必爲平球面。地球面至氣之盡界，自內至外，逐層分爲無數球面，氣定時，其抵力、其厚薄、其冷熱，每面上必處處相同。試于一面上任取二點，二點之抵力同，厚薄冷熱亦同，則氣必定。氣球爲無數同心球面，自小至大包疊而成，逐層球面自內至外厚薄由漸而變，層層不同。言光差之理者，以先明無數球面之理爲最要事。

論風

上論相定，言其理耳。氣球爲流質大海，必無處處相定之時。蓋氣之本性最易流動，故若一點略有撼動，即傳之各處，俱不能定，而成風矣。風之起，其最大之因，爲太陽晝夜往來感動之故。其他所因俱甚小。蓋氣定時，逐層之面，冷熱俱同，太陽能亂其冷熱。十二時中，從太陽中所來之熱氣刻刻不同。而冷熱又有因于地勢而變者，而氣遂不能定矣。各處緯度異，冷熱亦因之而異。蓋向日之正斜不同也。赤道之地，太陽常過天頂。兩極之地，半年有日，半年無日。若于二地取相等二小面，其受熱氣多寡懸絶矣。正居日下，熱氣正射，則熱多。若斜射，則熱少。愈斜，則愈少。赤道北緯四十五度之地，冬與夏所受熱氣其較甚大，非冬遠日而夏近日也，日之正射斜射異也。故離赤道漸南漸北之地，一年中熱氣中率必以漸而變，俱可推定。或有不合，必因地勢之故；而合者居多。赤道之地一年熱氣中率，寒暑表八十四度。倫敦小寒大寒時，三十六度，小暑至處暑六十一度，一年中中率五十度。距赤道北七十六度四十五分之地，中率十八度。七十八度之地，中率十六度。准此推之，北極之地，中率約四度。然則近赤道一帶之氣，較他處必甚熱，故體積加多，蓋熱度增，體必漲大故也。而因漲大，則必輕于他處之氣，故必上升。而其下兩旁之冷氣來補之，復受熱氣漲大上升，兩旁復有冷氣來補之，于是赤道上升之氣，如流之不斷；南北來補之氣，亦如流之不斷。遂生上下二潮，上自赤道流向二極，下自二極流向赤道，而名之曰風。地球面有常風，上潮若無他故，則北半球恒南風，南半球恒北風。下潮若無他故，則北半球恒北風，南半球恒南風。而因地球每日自轉，風亦隨之而轉，下潮近赤道地球緯度之速漸大，風不能追及，一若退行，故北半球變東北風，南半球變東南風。赤道左右三十度內，常常如此。海船最易行至近赤道，風從東來之路漸消而盡，蓋已得地球之速，故一若無風，或僅正南北風。

上潮有時降行地面，亦成常風。在北温道外，恒爲西南風。在南温道外，恒爲西北風。此一因于地球自轉，一因于上潮方向也。蓋上潮有向東之速，乃地球赤道上自轉所生。故北温道外，上潮向東之速，大于北方諸地面向東之速，迨熱氣消盡，必下降至地面，而所得赤道之速尚未消盡，仍大于各地面之本速，故既至地面，即爲大西南風也。在南半球，則爲大西北風。

攷驗上潮，有二據。大西洋海中有高山，名德內黎非，山巔與山脚之風方向恰對面。又海中火山，頂噴煙焰，方向與海面之風亦對面。蓋煙焰初出山頂，在氣之下潮中，其力甚猛，直上不動；及入上潮，力漸衰，乃隨風之方向而横行也。准此，測得上潮之行甚速。或云海中常有颶風，其故亦因于此。蓋上下方向對面，遂成迴旋之風也。竊意東南東北二常風，久之其力定能減小。地球自轉之速，雖小阻力，積久能成大也。幸上潮時時降行地面，消去其阻力，故不變也。蓋地球面上，恒有此類相等諸能力，雖時地不同，而無加減也。又中國東海之風，夏常西南，冬常東北，亦即此理，因太陽緯度而異也，其大略可類推。

論氣之盡界

包地球外之氣，若無盡界，日月諸行星亦兼包于內，則太陽居氣球之中，亦仍與地球外氣球理同。然以意度之，而知氣有盡界，不兼包日月諸行星也。何則？蓋氣之漲力，能推諸點向外行，令漸遠地心，其方向與地心力恰對面，漸高則漲力必漸小，直至漲力與地心力相等之處，則氣之諸點不能復相推，而有盡界矣。漲力漸小，又因漸高漸冷之故，以此二理推之，氣之盡界，當不及一百五十里。近時格致家言氣或有盡界，或無盡界，未有確據，未可强定。

論氣球合諸氣而成

包地之氣合諸氣而成，乃化學家之理也。計百分氣中有養氣二十分，或二十一分。淡氣七十九分，或八十分。二氣和洽而成，非變化而成。故氣在化學中獨異，非若他物合諸質體變化而成也。氣中又有炭氣、水氣，然俱甚微。諸氣和洽而成包地之氣，故氣球中有養氣球、淡氣球、炭氣球、水氣球，尚有他氣弦驗未明。諸氣球各自充滿，各不相礙，設去其一，餘仍如故也。各氣視他氣，皆若質之視空。此理甚微妙，不易解也。

又 卷二〇

論流質之動

凡流質之動，與定質理無異。設有流質一段，不連他物，空中下墜，必與定質同。如雨點，及貯流質器下墜，是其證也。故如有氣一段，四面俱空，不連他氣，墜地時必鏗然與石無異。又流質擺動，亦與定質同，故擺錘中多有用水銀者。若曲玻璃管滿水其中，擺動時一如定質，其二端之動比，若二管長短平方根之比。于此益可信重學之動理。

論流質出口遲速

凡器中流質，出器口，入氣中，行成柱體。若無物阻之，其柱之面恒不變。當出口時，各質點之速，等于空中下墜已過若干路所當得之速。用此理推得二事。一、出口時速之大小，由于口離流質面之深淺，不由于本質之厚薄。故諸流質空中下墜，俱同速也。如水與水銀出口時，若口之離面深淺同，其速之大小亦同。然當口處水銀下壓之力，甚大于水，設口離面三十二英尺，水上面所加之抵力，等于地面之氣常抵力，而水銀十三倍之。一、同流質出口，速之大小比，若經過之高平方根之大小比。蓋各物空中下墜，每秒中速之比，若經過之高平方根之比故也。如有貯水器一百尺高，旁開二口，一離水面一尺，一離水面一百尺，則流出之速，下口必十倍于上口。若于二口中間離水面四尺、九尺、十六尺、二十五尺等處，又開各口，其流出之速必二倍、三倍、四倍、五倍于離面一尺之口。然用此理測量流出之速，必略減，不能恰合，蓋尚有面阻力。上所論之理，與面阻力無涉，若欲知其定速，必細測面阻力所減若干，已測定一口，則餘口可推算而知也。

出口之速與多有定比例。如一秒中，下口較上口其流出之多加若干倍，則其速亦必加若干倍。故實程之工，等于當口處抵力大小當程之工也。此凡與水同類不能縮之物皆然，若能縮之物則不然。又流質之上面，若氣之常抵力外又另有抵力，令流質之面與口氣之抵力不同，則加高器中流質柱推之。蓋流質自器中出，入氣中，其上面必有抵力傳于口，傳于口之力，與口外氣阻出口之抵力同。故流質自器瀉入氣中，無異于在真空中下墜。如玻璃罩內抽出氣，即成真空。若流質上面別加抵力，如以砧迫之之類，則出口處必增速與多。欲知增若干，其比例當以同輕重加高之流質柱爲率。若上面抵力減少，小于口外氣抵力，則流質出口不易。海舶中水桶，必有二口：一在上面，一在下旁。水出時必有氣在器中水面，其漲力加水柱重之力，必略大于口外氣抵力。若略小，水必不出，所以上面必有通氣之口也。

論流質出口形狀

凡流質出口，在器底必直向下行，在器旁必依抛物線行，皆作柱狀而漸縮。設口爲徑寸之平圓，則所作柱狀，近口處亦必徑寸，漸遠漸縮，最小至八分寸之五，謂之小平圓截面。流質各點出口時，俱欲向此截面。此面距口有一定遠近，過此面則柱之形狀不變矣。其故蓋由出口之流質處處遲速不同之故。設流質各點，用同速行，其方向皆平行于柱軸，則自出口至地形狀如一矣。乃器中之水，必用無數方向流至口，故出口有倒尖錐之理。錐尖在口外，即當小平圓截面之處，流質各點俱欲向錐尖之點，故擠成小截面也。無論在器底、在器旁，皆然。

尖錐形狀視口之形狀，及截面距口遠近而異。截流柱爲無數截面，口爲平圓，則諸截面皆爲平圓。口爲正方，則諸截面形狀不一。略遠口諸角俱無，再遠則爲八角形，有四大邊、四小邊俱相等，再遠則爲八等邊形，而諸邊微曲，漸近平圓；再遠則爲四曲邊形，凹面向外。若口爲他形狀，則流柱之變狀又不同。其故皆生于各點在器中趨口之方向。測流質出口多少，不用口面積，而用截面積，約爲口八分之五。

論助口管

接小管于口外，能令流質出口加多，管之形狀可任意爲之。若圓柱形，與口大小同，加于器底，方向爲垂。先將流質充滿其中，則出口視前較多。若不先充滿，則流柱仍如前，漸遠漸縮，不能着管之邊，而管爲無用。最妙者，用二尖錐形管，以二尖相連，近口之錐與流柱形狀同，外錐加長，其底口與原口等。流質至小平圓截面處，遇外錐，流柱必由小而漸大，用此管流質之出多于前，若十五與十之比。此助口管之妙用也。蓋外錐加長，則下面各點之速大于上面各點，又有相分之勢，則中有空處，各點不擁擠，故流出加速。又口外每有氣之擠力阻之，用此管能去此病也。

論流質阻力

凡物行于流質中，必生阻力。阻力之大小，視流質之厚薄，及行之遲速。若用小速行于薄流質中，阻力幾等于無；若速大，如礮子之類，則阻力亦大，必能減速。又物緩行水中，阻力極小；漸速，阻力亦漸大。如船初行一小時一里，繼二里，繼三里，水之阻力必漸大。其漸大之比，若速方漸大之比。故一小時船行二里之阻力，必四倍一小時行一里之阻力。而一小時行三里，則阻力必九倍也。物之面有受阻力多者，有受阻力少者，欲求阻力最少之面，理有多端。如船尾當作若何形狀，離船首當若干遠，船腹當作若何形狀，今攷驗尚未明也。

物行流質中，推其阻力，不同者有二：一物或全在水中，或半在水中；一或行于闊處，或行于狹處，俱不同也。故上所論水阻力漸大之理，有時竟不合者。如一小時行四五里，有常阻力，與上論合，若于狹處一小時行十二里，至十四里，阻力反變小，或幾等于無，則不合矣。又舟載人約七十五至九十，用二馬牽之，一小時行十里，馬不病。若一小時行六里，馬必斃，阻力反大也。且一小時行十五里，較易于六里，其故由于船頭激生之浪，其動法因遲速而異，愈速則船出水愈高，故阻力愈小。又水面大小與船大小，亦有一定比例。

凡氣加于闊面，其阻力可以輕氣球下墜時用傘之理明之。輕氣球下必綴以傘，下墜時爲氣所阻，故幾秒後不復增速，傘與人俱用平速而下。又鳥之飛亦藉此阻力，阻力加于翅尾，如舟柁以正方向。

論流質動之功用

流質以動加于定質，與以定質擊定質無異，故必生動于定質，可以定質受擊之理論之。其擊力之大小，視流質之動率大小。最大之浪擊船，有時能令錨索絶。風一小時行六里，人幾不覺；行八十里至一百里，則能拔木發屋。凡風帆、風碓輪、水碓輪之作，皆本此理也。

流質之動有時忽止，所生之變其比例，若止動時分之反比例，與定質理同，然流、定二質轉動之理不同。流質忽然不動，所生之變必轉傳于各處。如用多管通于積水處，一管開，令水出，不論用何速，若驟令水停，所生之變各管俱知。面積等則生等變，脆薄處必破裂。西國各城用轉水管，若大管中水忽停流，數里外小管一時俱裂。用此理，可激水上射至極高處。

論川中水流

水流于川，遲速不同，其故多端：底有高卑，邊有曲直，又有面阻力及他故，俱能減流速，且令改方向。開港若高卑同，且甚直，流速最易推。凡水流，上面速于下面，中流速于兩邊，因底及兩岸有面阻力，且多曲處故也。通水管中流速不同，亦然。用面阻力推之，能知一小時管中過若干水。凡港之灣，凸邊之流速于凹邊，此生于各點互離心力，能令水積于凸邊故也。水之上下面，非但速不同，或方向亦異，甚至方向對面亦有之。如通海之港，潮來時，鹹水從下入，淡水從上出，是也。鹹在下，淡在上者，輕重異故也。故油入水必上浮，熱水入冷水亦必上浮。凡大川入海，離口若干里，海面之水俱淡，然下必鹹也。

論浪

浪乃略高之水行于水面。凡一浪行于水面，各小面以次相傳，俱生高卑動。立海岸觀浪，一若水向海邊流，然水行未必依此方向。水在浪中，僅有向上，或墜下之方向。其本方向，或與浪同，或與浪對面。水與浪之方向各不相涉，故舟在水面，日經過數千浪，或不行，或因風前行，或因水前行，全不關浪也。又浮木水面，浪雖推擊，木不行，然則浪不能動水面之物，故水不因浪行，浪自行，水自行也。浪長、浪落，水不過向上、向下行，初未嘗横行。人見水面浪行方向，以爲水行者，誤矣。

深潭止水，投小石，必感動水面，疊生圓浪，經過水之通面。若投二石，各爲浪心，生二圓浪，必相遇。遇時各不變方向，無相阻力也。凡疊浪，先生者必高于後生者，如是遞卑，至于無浪。遇物阻，浪不能向前，則阻物復爲浪心，生半圓回浪。回浪遇本浪，與二石所生二浪相遇無異也。浪速之比例亦可推。如水邊距投石處十尺，浪自浪心行二秒至水邊，則一秒行五尺，即浪速。

浪每因風而生，浪之高根于水之深。水闊二三百尺，深三四尺，浪高不過二三寸。水深二三十尺，浪高約尺半。地中海浪低于大洋浪。大洋浪最高時，二船雖甚近，亦能遮隔不相見。故可以浪高低，爲海深淺率，今推測尚未能定也。浪速因高卑而異，亦因形狀而異。形狀刻刻變換，故浪速難推。大洋之水每日升降二次，海邊之地有潮來去，因此也。近有推得浪速者，大西洋一小時約行七百英里，近海岸或一百八十里，或六十里，或三十五里。通潮小川中，不過十三里，川愈深，潮入愈難，而愈緩。

論測潮

測潮有二法：一常測一處，一偏測各處，而比較之。

測一處者，逐日測其早晚高卑，而知由于日月經緯及遠近之故，僅測數日，僅測數地，必有大不合理、不可解處，須常測、偏測，然後知不合理者，皆合理也。當攷者有六事。一、各地月過中線差。潮張在月過中線後若干時刻，日日不同。大率此差宜用朔望爲準，然亦須用多日之中數，以定中差。二、半月差。月過中線差，因月距日又生差，須以日月赤道緯度，及地心差之中數攷之。此差半月而復，故名半月差。此差各地當相同，然亦須測之，或變，或不變，未能定也。上潮時刻，須以半月差爲準。三、潮距朔望差。潮期後于朔望，或一日，或二日，或三日。故大汛潮不在朔望一日半中，而在其後一日半中。上潮距月過中線差平數時，不在朔望一日半之中，而在其後一日半中。朔望時刻距月過中線差平數時刻，即潮距朔望時刻也。四、潮日差。一日二潮，高卑不同。某月早潮高，某月晚潮高，須于各地測之。五、潮隨地不同。或有地兩潮從兩路來，或無日差，或二潮合爲一潮，十二時只一次，所生之差又異。六、日月地心差不同。赤道緯度不同，俱能變潮之高卑及時刻，測驗須久且精，方密而確。

測潮須測水張至極高之時刻，及水之高卑。然有浪，測之難準。須用木或錫作長管，立海中，旁開諸小孔，以通水。管中水面浮以小木，隨水上下。木上立一細表，密刻分秒。用此法，即確知水之張落若干高下也。水漲極高時，用最準時表查其時刻，與曆書中月過上下中線時刻相減，得每日月過中線差。

各處同測而比較之者，欲知潮頂及所向之路也。潮頂即水最高處，潮頂至處，即水漲極高時。設各地同時水漲極高，于地球圖中作一線，名各地同潮線。朔望二日，每隔十五度，作各地同潮二十四線，爲大地同潮圖。此圖可攷潮路方向。欲作同潮線，須先知各地月過中線差，或測而知，或比較而知。欲測每地月過中線差，須用逐日所測水漲極高時真時刻。除朔望二日外，又須加減半月差。一法，欲知同潮線，但以各地同時同潮比較而得，更便捷，不必用中線諸差也。如半日內，于各地測潮，用其時刻相比較，即知各地潮之早晚。此時刻較數視推算所得時刻，更真也。測潮之人必居海濱，每日細測月過中線差、半月差、距朔望差，每日高下差等事，與各地比較，即知一月中潮有改變與否。

潮頂之行，與海水之行，須詳細分別其方向。蓋潮自行，水自行，不相涉也。如桅上旗，因風生綺浪，其方向與旗行方向不同也。有多地潮自長落，水亦自行，各自有方向。

潮長時水進口，潮落時水出口，理之常也。然惟海邊、海彎則然。有多地，潮之長落與水之進出，時不相應。又兩端通海之川，潮漲至極高後二三時，水方不動，其前水仍進口也；潮落至極卑後二三時，水仍出口也。

有諸海港合而復分，水道變方向，與前又異。有時成環繞之行，半日中水道歷盡羅經各方向，或東南西北，或東北西南。水道變，遲速亦變，故測潮須兼測水道。其法，先測有進退之水道否，若有，須測潮長落後，歷若干時，水方復本道。設有環繞水道，其變方向，更須細測之。

傅蘭雅《水學圖説》卷一　流質性情

水爲流質，有動有静。論静水之學，屬乎重學一門。而論水或他流質静時之壓力，按西文原意，謂之平水學。

流質分水類、氣類二大支，此爲天然最簡之分法。舊説則以有凹凸力，與無凹凸力別之。蓋古人疑流質無凹凸力，而氣質之凹凸力甚大。後經名家查驗，試知流質能受壓力，使體積收小。最簡試法，爲英人堪敦所創，即將管滿盛經沸之水，記其在空氣時之高。後置抽氣筩之玻璃罩內，抽去空氣，則水在管內升上益高。是知空氣壓力，能壓流質，使體積減小。壓小之數，略爲原體積二萬二千分之一倍。根氏試驗此事，更覺可憑。其法用黃銅柱形空筩，頂上有孔，孔插一桿，在孔内能起落靈動，而不洩水。桿上套以簧圈，任移至桿之何處，即停留不動。其上有蓋，以螺絲連之，能護其桿。蓋上有孔，可容水出入。筩滿以水，將圈桿蓋依法安裝，沉入五百拓深之水内。少待取出，則見簧圈移高八寸，因知其桿在水深處壓入筩中八寸矣。桿所受之壓力，爲一千三百磅；桿端面積略爲筩内水面積九分之一，而筩長二尺，推知水爲桿所壓，令體積較小二百十六分之八，即全體積二十七分之一也。

水等流質之質點，所顯壓力，周圍上下，所向皆同。每一質點抵周圍之各質點，能力相等。而被各質點所壓之力，亦相等。凡水等流質所切之定質面，或包容其流質之定質面，所受壓力亦各處均等。其故，因流質各點受地心吸力，與他質點毫不相關也。又因其彼此顯壓力之法，則臆其質點擺列，並非疊成柱形。若第一圖之式，蓋依此式列之，即不顯旁壓之力。故疑其列法，乃錯間斜累，如第二圖之式，即一點磊於二點之上，勢若用劈。如此，則不但顯下壓及旁壓之力，並能顯出上壓之力。

胡永吉《潮汐應月説》《格致書院課藝·辛卯秋季特課》 波濤之震撼於江海者，無定時，無定則，一應乎風力之大小而已。潮汐則不然。漲退有定時，大小有定則，謂爲應乎天地之氣候，與夫陰陽之消長，或亦不謬。然其故，固未嘗深切著明也。昌昭《潮候説》曰，卯酉之月，陰陽之交，故潮大於餘月。朔望之後，天地之變，故潮大於餘日。是説也，可於天地陰陽而得潮汐之大凡矣。然欲譬之如響斯應之機，擬之上感下應之妙，則莫如驗諸日月。夫朝曰潮，夕曰汐，一朝夕間，漲退者二。其漲也，略三時而足，略一刻乃漸退。其退也，亦略三時而足，略一刻又漸漲，歷晝夜十二時三刻餘，周流而無滯。其自子午層遞以下，由終復始者，準以晝夜所羨之三刻，固豪釐不爽，次第不紊也。所以然者，則本於日月吸引之故。泱漭巨區，受日月之吸力，則水離地而起，是爲潮漲。日月過其吸力，則水伏地而平，是爲潮退。月在上弦、下弦，日月相距有九十度之角，分力引水，其潮小。朔則日月同處一偏，望則日月下上相對，合力引水，其潮大。漲退應乎周行，大小應乎盈虚，執此説以驗潮汐，殆無疑義歟！雖然，以球體按日月所行之地，月光離地較日爲近，則月之吸力，宜其較日爲易及。故曰，潮之漲退隨月而成。蓋不僅月光直吸之處，水爲之漲；即被吸於地球之背，水亦能漲也。月本太陰之象，水亦陰氣所凝，以陰應陰，舍日而從月焉，固塙有其理也。然統計一歲之中，潮之最大者，何以在立春立秋之交？其必曰，此二時，日近於地，吸力大，潮故大也？則何解於應月之説？又驗諸冬夏之間，何以冬日每大於朝，夏日每大於汐？又必曰，陽盛故大於夕，陽藏故大於朝，日，陽象也。又何解於應日之説？更觀諸離海之河流，何以潮汐不至？又必曰，水勢遼遠，力不足以達之也。日月無私照，復何解於應日、應月之説？吾爲之静推其理，默會其通，斷之曰：日月之吸力，非大海不能容之，故潮汐有不至之區也。日之吸力，固能吸引乎潮，然非常然之理也。月與潮，皆陰象，則謂之潮汐應月，可也。

又 陶師韓同題 潮汐發源洋海，漸消漸長，不失其常。泰西海戰，每俟潮漲八分，始行開仗，至潮半退而止。誠以潮漲時，水拓之淺深難測，沙礁之有礙可虞，皆屬敵所顧忌。苟能審之在先，則彼方進退維谷，我獨遊行自在矣。候潮亦烏可不知哉！然不明其應月之理，終無以探本窮源，而得候之之一法。按太虚中有質之物，必相吸引，月與地水均爲有質之物，月繞地而吸引海水，則向月處漲爲潮。且吸引地球全體，使之微就，則前月之面，其水受吸力小，不與地俱，亦漲爲潮。地之二面有二潮，故每日漲退各兩次，此潮汐次數之由於應月者也。或謂日月相吸，始成潮汐。然日離地遠，而月離地近，日之吸力小於月，惟日月同度，合力吸引，或日月相對，一吸水令高，一吸地令離水，則潮汐大。倘日距月九十度，則吸力分而潮自小。是潮汐有次第，所漲之大小不同，其於每月朔望所以爲大汛者，日月交會之故也。其於上下兩弦所以爲小汛者，日月相違之故也。第日雖能吸引海水，而亦與月相應，非藉月之吸力，即不能獨成潮汐，則潮汐究屬應月耳。此潮汐大小之由於應月者也。至於春秋二分，日月適當赤道，其吸力較平時尤大，潮汐亦最大。是潮汐之因時使然者，未嘗不應月也。地居温帶者，月常正照，其潮較大。地近二極者，月每斜照，其潮較小，是潮汐之因地使然者，亦未嘗不應月也。凡潮汐漲退，均以三時，然地球日轉一周，月日行十三度强，是地轉一周後，須更轉十三度，方與潮會，每次約遲二十五分，每日約遲五十分，實有不止六時者。總之，潮汐漲足，約歷三時，必静一刻而始消，消盡約歷三時，亦静一刻而如前再漲。消盡漲足二次，共十二時三刻四分，則潮漲之遲，非不應月也。凡潮漲必在月過午線後一時半。蓋有質者，必有阻力。洋海水中，亦具質阻力。當月之初吸時，其力尚小，水體猶静，未能令之即動，故未能使潮即漲。約歷一時半，吸力漸積漸大，水之質阻力全消，然後潮汐漸漲，則潮漲之漸，亦爲應月也。特是洋海多風而生波濤，波濤之大小遲速，雖出於水之廣狹、底之淺深，而亦視風之大小遲速。故江河平流，其潮亦有因風而滋大者。況潮水之來，一線横流，未必全憑日月吸引所成，而亦憑各海之平流。平流生於海底高低，海瀛斜直之形勢，與夫流道之大小方向，所以平流不同，潮汐因之相異。間有一日而漲退四次者，初非應月之故也。且潮有高低之别，亦由地之形勢而然。大洋潮水，其高罕踰三尺。太平洋潮漲之際，高僅一二尺。若來自狹海者，則高至三四十尺，或六七十尺不等，是又潮汐之不盡應月者也。

又　金元善同題　夫月則在天也，潮汐在地也，月與地相去有二十四萬四千六百英里之遠，則其相遠若此，烏能應乎潮汐哉！然而不能應者勢也，必可應者理也。何則？蓋月之爲月，繞行地球自有吸力，惟水質甚輕，易於吸動，是以潮汐能應月耳。試即其應月之故，而進證其説。夫月之爲言闕也，有闕必有滿，有滿必有闕。然其月之所以滿者，以月體無光，其光由日光反照而得，向日則見爲滿，背日則見爲闕。蓋月則向地球繞行，無時或息。方其月近乎水，水乃高起。而月遠乎水，水即不能高起。其所以能高起者，有月之吸力以相應故也，此應月之一證也。《淮南子》云，積陰之寒氣爲水，水氣之精者爲月。是知水爲陰象，月亦陰象，陰與陰相感，亦陰與陰相通，所謂同聲相應，同氣相求，自有相應之理也，此應月之又一證也。或者謂日亦有吸力，既有吸力，亦可吸水成潮。然日之距地有二萬三千九百二十四地半徑之遠，（一地半徑有四千英里。）故其吸力甚小。小則所吸之潮小而難見。惟月之距地，祇六十倍地半徑，較之日近二萬三千九百二十四倍，故能吸水成潮。是潮汐之至也，惟月是應也可知矣，此應月之又一證也。《慎子》云，月爲陰精。潮之所附，朔望之際，月近於日，故月行疾而潮應大；朔望之後，月遠於日，故月行遲而潮應小。以是知潮之大，以月近於日，日之吸力有以助月之吸力。故潮之小，以月遠於日，日之吸力不足助月之吸力，故而潮汐之大小，惟視月行之遠近以爲準，此應月之又一證也。總之，潮汐應月，中外天文家均有此説。今引其説而證之，應月之説，不愈明哉。

楊毓輝《風性表説》《格致書院課藝・辛卯秋季特課》　風者，氣也。氣順時而遭變，風因氣以轉移，故其性有疾有徐，其勢有順有逆，其信有大有小，其力有剛有柔。然而格致家何以能明其底蘊？則以測驗之功也。一經測驗，何以竟探厥精微？則以器具之妙也。蓋推驗風性之器，如風雨表，測風器，風力表，其用皆精。請詳説之。風雨表約有數種，極準風雨表創自福而丁，輪風雨表創自胡克，響管風雨表創於該路撒克，自記風雨表創於米勒那。測山者以尼古類氏所造爲良，航海者以費次來所造爲善。他如强水風雨表，水瓶風雨表，波爾敦之金弧風雨表，費第之真空盒風雨表，浩孫之長尺風雨表，莫不精良。其表有佛逆，有度數。有水銀管，所記空氣改變之事，爲記事點，無論風雨燥濕，一測可知。如空氣極燥，則下水銀高三十一寸，定晴則高三十寸五分，晴則高三十寸，天時不定則高二十九寸五分，雨則高二十九寸，大雨則高二十八寸五分，風雨大作則高二十八寸，此爲定法。而其預卜風雨之事，尚有十端：一、水銀上升極遲，則知天定能晴；二、水銀升，空氣燥，夏日減熱，則知將有北風，俟雨下，天乃晴；三、水銀升，空氣濕，且減熱，則知將有風雨自北而來；四、水銀升時有南風，則知將晴；五、水銀停，空氣燥，冷熱得中，則知天必久晴，如忽然速降，必將風雨大作；六、水銀速降，時有西風，則知大風雨將自北來；七、水銀速降，時有北風，則知有大風雨，若夏爲雹，冬爲雪；八、水銀降，空氣如濕且加熱，則知風雨將自南來；九、水銀降，空氣燥，冬日增冷，則知將雪；十、水銀降時，若前數日天晴而暖，則知將雨及大風。用能測驗極準，且其用又甚普。即如礦中恒多毒氣，氣之祕也固無虞，氣之發也即有損。若有風雨表，則凡毒發及一切危險之事，水銀必降，有時水銀高點，忽然下落，尤宜加意防閑，斯可有備無患，是其有裨於礦務非淺也。農家春耕秋穫，專賴風雨得時，若但憑臆度，以爲風而未必果風，以爲雨而未必果雨。既有風雨表，則風雨皆可先知，不難預爲布置，是其有益於農務良多也。船家漁家用之，可以避颶風，而不致遭危險，是又有功於航海。格致工藝用之，可以測天空，知燥濕，是更有助於人工，然則其用不亦宏乎！此風雨表，能驗風性之説也。測風器專測風性，其器不一。英人陸萍生及林德所製，最爲簡便。陸萍生所製者，下端有座，座上豎以直軸。軸之上端，聯以四輻，輻頭有杯，如球形。其直軸之下端，有螺絲，能撥動小齒輪，小齒輪即撥動大齒輪，輪面如時辰表式，中有針，能指出各輪旋轉之數。如風小其性緩，則旋轉之數少，風大以及烈風，颶風，其性疾，則旋轉之數多。故風性剛柔疾徐，均能於表面指出。其表面宜用四數，一指萬數，一指千數，一指百數，一指十數。試驗時先看第一面之萬數，再看千百十等數。筆而記之，則常年風性如何，均可知矣。林德所製者，略異於前。器之兩端，悉用玻璃彎管，一端口直，一端口向於外。中有一板，上畫分度，按在長樞之上，能自轉動。其頂上有對風板，恒對正風之方向。用法，將水裝入玻璃管，無風時二管水面齊平。風來時，無論大小兩管，水即有高低。觀其高數齊於板上之分度若干，即知風性之大小分數寸數也。此測風器能驗風性之說也，不特是也，化學家考驗礦質，就有風力表焉。蓋研究五金等質，所用之燈或爐，悉賴吹風，而風性必須勻和，不可多，多則易於誤事；不可少，少則亦不爲功。於是化學家製表，以驗風力。其表下爲木座，並連進風管，座上連雙彎玻璃管，管中有水銀，管旁有度數。用法，將進風管連於燈或爐旁而吹之，則不進風時，兩管水銀齊平，進風時，受風之一邊之水銀，壓之向下，而對面一管之水銀，獨自升高。觀水銀下若干度，則知風力若干大。倘水銀久不搖動，必係風力平勻。水銀時有高低，必爲風力參錯，以此測之，百無一失。此風力表能驗風性之說也。尤有說者，測驗風性，其法尚多，不但恃乎表也。即如測風勢流動，及方向順逆，只須用片板作風旂，豎於長竿軸上，下作表針，以指定盤之度分，則風勢之流動順逆無不知矣。如察風性剛柔，只須作方尺平板，板後有活尺及輭簧，如洋秤式，倘以板面正受風，而視活尺之分寸，則風性之剛柔無不曉矣。如考風行速率，只須作一器，內有螺絲，以軸正對風，而觀螺絲旋轉遲速，則風行之速率無不明矣。嗚呼！測風之術，至今日不誠精且備哉。

又　胡家鼎同題　盈天地間者，皆空氣也。氣之所動，風即隨之。蓋地球外皆空氣包羅，空氣者，合養氣、淡氣而言，即中國所謂天地氤氳之氣也。地球隨氣而轉，氣爲流質，一點略有撼動，即傳之各處，俱不能定而成風矣。西曆一千六百四十三年，意大里有人名杜利率利者，始造一器，測空氣之壓力，而得其數。其法用玻璃管長約四十三寸，徑十分寸之二，至十分寸之四。先用吹火筩封其管之一端，即將水銀用小漏斗灌入管中，再用杯子亦實以水銀，乃將指按其管之上口，而倒置水銀杯中，則管之口在水銀中，而指可放去。其管內之水銀必有數分落至杯中。而所留存之水銀，不能落下。其高約三十寸，名曰水銀柱。此水銀柱所受空氣壓力之重，正與不用管之水銀柱壓於水銀面之重相等。惟因空氣之壓力，時有更變。故水銀在管中，亦時升時降，隨之而變。觀水銀之升降，即知空氣壓力之數，是爲泰西風性表之祖。厥後製造日精，益求新異，有用之航海者，有用之開礦者，有用之測潮汐者，其式不同，而其利則一。非特可以知風，并可以卜雨，其用法一以水銀爲準。設表之水銀上升加速，則知天色不定。設水銀升，空氣燥，夏日減熱，則知將有北風。俟雨已下，天乃定晴，設水銀升，空氣溼，且減熱，則知將有風雨自北來。設水銀停，空氣燥，冷熱得中，則知天必久晴。如忽然速降，則將風雨大作。設水銀降，空氣加溼，且加熱，則知有風雨自南來。設水銀降時，以前數日天晴而暖，則知將有雨，且有大風。西人於此履驗不爽，可謂精於格致矣。愚按風之所生，因空氣之有冷熱，空氣熱則漲而上升，即有他處冷氣來補其虛，隨補隨升，循環不已。風有二種，自熱處吹向冷處者，爲高層之風。自冷處吹向熱處者，爲近地面之風。熱帶內氣候常熱，故氣漲而升，南北兩極氣候常冷，故風向熱帶吹來。至赤道相遇而合，仍復上升，分向兩極。蓋由兩極吹向赤道之風，名曰恒風，亦謂之貿易風。上自赤道流向二極，下自二極流向赤道，遂生上下二潮。上潮時若無他故，則北半球恒南風，南半球恒北風。下潮時若無他故，則北半球恒北風，南半球恒南風。而因地球每日自轉，風亦隨地而轉。下潮近赤道，地球緯度之速漸大，風不能追及，一若退行者也。北半球乃變爲東北風，南半球乃變爲東南風，赤道左右三十度內恒如此。若夫颶風，爲空氣流行旋轉所致。其旋轉之圈甚大，有徑二三千里者，海舶遇之最危險。按颶風起處，多在熱帶內，凡近海島，其勢尤猛，惟近赤道則反無此風。其旋轉之勢，在北半球者皆右旋，在南半球者皆左旋，愈近中樞，則風力愈大，若已在中樞之內，則反覺無風。考地球常起颶風處有三：一在西印度羣島西北，一在中國東南洋間，一在印度洋東北。其風有定候，略最熱時爲多。近來行海者皆能避之，即或猝不及備，亦能知風之所旋，而駛出颶道，皆風性表之力也。水銀得空氣以爲升降，空氣之升降，由於地球之冷熱，冷熱不同，風即因之而起。人在空氣之中，猶魚在水中，人四圍受空氣所壓，故能骨肉停勻。若一離空氣，則百脈僨張，氣喘欲絕。今試閉人於悶室，四面無空氣呼吸，而風亦爲之不通。人必易於致病，故監獄之中，每多痍斃。西人有空氣筒之製，抽出空氣，則納以鳥獸而立斃。燃以火藥而無光，皆其證也。而空氣之壓力，惟水銀足以驗之。故風性表一以水銀爲準耳。古者有相風之器，而無占風之術。如相傳黄帝有相風鳥，能知四時之候。又船家繫雞羽於檣尾，或鵝毛等物以驗風。楚人謂之五兩，文選占五兩之動静，是也。今泰西之測風器，即其遺義。又有所謂自記測風器者，能將風之方向與壓力，在紙上自記之。如欲查某年某日某時之風何如，則易於稽考。蓋置器在高屋之上。而另有機器在室中，記其方向與壓力，以備歷年比校，而可豫爲之防。最爲有益之用，蓋風性表，能於風未動之先，知其風之所從起，測風器，能於風既定之後。記其風之所由來，二者固並行不悖也。爰因風性表而論及之。

又　李元鼎同題　一物不知，儒者之恥。風學亦格物之一端也，風由氣而生，既有旋風、烈風之殊，更有海風陸風之別。自格一物之士出，研究風學之理，凡風性之剛柔緩急，無不一驗而知。其所憑藉者，爲風性表。按風性表，略同測風器，見《格致新編》其制大小不同，體用迥異。就其用而申説之，而知其固大有裨於各學也。天氣冷熱，風能變之也。用表驗之，可知其故有二。一風性能使海水熱處流至冷處，一風性能使熱空氣，並藏熱之水氣，運至冷處。故天氣之寒暖燥濕，往往朝夕不同者，風之運動也。必明風能運動之性，始明天氣變化之理。則謂風性表，有裨於天學也可。海水汪洋一望無際，有時起大風，或至壞船，或並不壞船，則以其性異也。如用表歷經試驗，則可知某處風性過猛，最易壞船；某處風雖大，而性柔，於行船並不相礙，自明趨避之法。即如大浪山一帶，風波最大，而其性反不惡，故行船安穩如常。非用表屢驗，又安能知也。則謂風性表，有裨於地學也可。農家三時作苦，秋乃收成，將穫之先，倘遇猛性之風，禾稻必皆有損。故風將起時，能用表試驗，則知風性善惡何如。善則不妨，惡則設法保護，或及時割刈，斯保全不少。非攷驗，又烏能洞悉也。則謂風性表，有裨於農學也，亦無不可。朝曰潮，夕曰汐，其漲退遲速，亦與風性有關。風性柔，則潮汐之來遲；風性剛，則潮汐之來速。而用兵海港，每視潮汐消漲，以爲進退，必先驗明風性，始可當未漲未退之先，預爲之備，不致失時也。則謂風性表，有裨於兵學也，又無不可。兹特就其大有用者，申而説之耳。若夫爲工藝中玩具，無裨大用之處，又何煩縷述乎？

又　陶師韓同題　風也者，天氣、地氣所釀，而非天地之氣也。《史記·天官書》以雲風爲天之客氣，《後漢書·郎顗傳》云，風者號令，天之威怒。《張奂傳》亦云，風爲號令，動物通氣。《慎子》謂山氣暮合而爲風。《莊子》亦謂，大塊噫氣，其名爲風。《河圖·地通記》曰，風者，天地之使。《春秋·元命苞》曰，陰陽怒爲風，即此意也。天地間有空氣，空氣之冷熱無常，輕重不等，故風分方向，亦能旋轉，不無遲速大小之異。可由天氣、地氣而知風氣。風氣生於地面，其漲力之重可測而知。試以方玻璃器，抽出風氣，外面風氣擠逼立碎。風氣愈高愈薄，漲力愈小，即此可推風氣之性。楊泉《物理論》曰，風者，陰陽亂氣激發而起者也。怒則飛沙揚礫，發屋拔樹。喜則不搖枝動草，順物布氣。天地之性，自然之理也。夫天地之性，非即風之性乎？欲知風性，宜製表以測之。西人之測風性，向有風雨表。表必用水銀，水銀之質流而重，以玻璃管連木架，或包黄銅殼，名曰水銀柱，下盛水銀之杯。或用玻璃，或用輭羊皮。管外畫成度數，能測空氣之壓力，升則主晴，降則主雨，驟降則防烈風，漸降則防風雨。風雨時，水銀雖深，其晴尚未可定。須待升高，則風雨自止。近時其法日新，其式不一，有拂逆以度量細線，有記事點以預卜風雨，有寒暑表以測其熱度。更有直管彎管，其烏自記水瓶，强水真空盒、小空盒、金弧輪風雨表諸名目，機件各異，用法不同。間有不用水銀而如時辰表者，表内有盤，用鋼條壓抵空氣輕重，有鍼相聯，隨漲縮而旋轉盤面，以定度數。其餘用水及强水者，亦甚利便，皆可以驗風性，即謂之風性表亦宜。其專驗風力與其方向者，名曰測風器，須推算而後明，不若自記測風器，能將風之方向，與壓力時刻，雨數，自記紙上，不勞推算，亦風性表之類也。航海每慮颶風，颶風即旋風，勢若旋圈，有識别風、長風、界風、徑風、憑據風、尾風之辨，非因恒風而變者也。颶風在旋圈内，似無定向。倘以此表考驗，先事預防，可於無定向中，求其移動之向，以得定向之所在。苟知其性，則前後左右，隨風移動，俱有趨避之術。然必神明其用，始無不準。如携表上山，愈高則水銀愈降，蓋漸高則天氣漸輕而淺，地勢相異，天氣因之不同。高下之度，尤當勤考而互證也。惟山高入雪界者，山頂常有冰雪，寒氣恒流至山下平原而爲冷風，凡地氣變熱而薄者，四面寒氣即流入之，此二極寒氣所由每流至赤道也。風性亦然。是以南北赤緯二十五度之地，四時之氣相同。有所謂貿易風者，於行船最利。即或地有窒礙，變其方向，亦成正南正北，可以無須此表。特此外洋海之風，變幻不測，其性亦彼此懸殊，需表之處正多。由風之有定者，推諸無定，覺無定中自具一定之理，要在用表者之因地制宜，隨時變化，俾行駛之間，無違其性而已。然則有人不可無表，有表亦不可無人，人以表而益顯其能，表以人而益彰其妙，可見人因表重，表因人重。欲測風性者，必識表性；欲明表性者，必盡人性也。顧有人而表不適用，有用之人究非無用，有表而人不能用，有用之表，終歸無用。斯表不如人，非人不如表耳。而人於是足重矣，而表於是不足重矣。

又　胡永吉同題　夫中國聖人吹十二律，以應十二風，故盛平之世，風皆應候。下此有相風之竿，候其之羽。至於術數之家，豫知天道，然而理數精微，習者益鮮。是以熙熙羣黎，日居大塊噫氣之中，而其能知其變化也。泰西精於化學，謂風爲天氣變化風一種力，風能移運熱空氣，並藏熱之水氣至他處，所以熱處之氣能至冷處，又能使海水，成自流行之性，所以熱處之水能流至冷處。冷熱與燥溼迺關乎天氣，變化之至要者，而風能運動之，使流行於他處。苟不能明夫風之運動之性，則亦不能明天氣變化之故，西人於是有風信表之製焉。原其製，始於以大利人杜利率利者。製器之法，用玻璃管實水銀於中，承之以杯。水銀爲流質之最重者，故以水銀柱測空氣壓力。其柱能爲最短，且其質能不多化散，又不黏於玻璃面上。設以水若油易之，俱不及也。然而淘洗水銀之質，融沸水銀之氣，其法又不可不究。蓋水銀之中雜有異質，當用淡醋酸或淡硫强水洗之使淨，再以極細寒暑表之玻璃管，將水銀灌入，視其直抵管之下端，且流勢甚速，則水銀自淨矣。水銀入管之後，又必察其柱上之空處，有空氣與水氣，蓋與氣壓水銀柱向下，而水銀升高之數勢必有差。設法以去其所含之氣，將水銀管置木炭上，加熱，令水銀沸，測管内所含之空氣與水氣，必漲大，而自能散去。散去既淨，而後視表管内之水銀，或升或降，則其杯内之水銀面，亦必依比例而隨之高低。於是準之以尺，刻畫度數而驗之，百無一爽。其他如福而丁之法，佛逆之用，及隨地所用之表，式目繁多，制度亦少有異同。要不外淘沸水銀，使與天地之氣相應，而又必視各方之氣候，以較其中，然後驗之無失也。至其爲用，不獨格致家必用此器，即如開礦、製器、行船，及農夫、漁家、園丁，皆宜置此。而我以行船之用爲尤要。蓋風雨雷雪，發之在天，陸地居民或知之而不爲災，即爲災而亦能避；行船之人，方風日清朗，放乎中流，颶風陡作，不免有桅折帆沈之禍。故此表之製，驗風尤要於驗雨，我苟習而明之，製而用之，未必非行海測天之一助云。

艾約瑟《格致總學啓蒙》卷中　有體質不屬飛、潛、動、植之諸物

十二節　水

水爲衆人所習見，亦爲衆人所時需，於水中事不知者，自無一人矣。第未嘗殫心考察，恐其於所知者疏忽過，不曾於水之細理加意也。亦祇略知夫水之性，未足將水制服物、成就物之理，明以相告耳。曾經察考之人，究出有道不盡之若許理，未經察考者，并易言之數事，亦不能清白講説。余等於此，以水爲格致之原頭，亦恐爾諸生有若彼之積習也。

十三節　杯水

譬猶有一水杯於此，水僅半滿，試思其杯爲何物，如何而有，内盛之水如何而有，功用何若，徐爲推想之，則知杯爲玻璃成者。原乎其始，必有人以數種泥石鎔化於火，先成柔質，經匠人妙手經營，方成此杯形，是杯爲人手所造者也。而内盛之水不然。水爲天生之物，無論於江河、井泉、池沼，隨手取之均可。或於天降雨時，置缸甕於檐下接水，可立待其滿盈。水之爲物，能透光，並能解人物之渴，且能消化糖類。本性原涼，第茲時無暇論其若許事，姑先論乎尤便者而已。

十四節　水體佔據地面，有阻力阻物，本體有重，經物激動可傳動於他物中，且爲有形質之物

杯中既有水及半高處，其杯中空之下半，即爲水所佔據。設復取一較盛半杯水之水杯小者，納入盛半杯水之水杯内，小水杯下及水面時，水即有阻力來抵。假使其半杯水爲無旁出路可高升去者，小水杯絶不能進入。非因水有阻力乎！仿如人由高山下投入水也，身觸水面，即覺有大驚動。覺有驚動，即水阻力大之故耳。

水爲體重物，設將其杯内水傾出，衡乎其水杯，知其較有半杯水時輕多矣。

譬猶將水向立不穩固之物傾潑去，水流動沖擊其物時，物必仆倒。究乎其故，即因人之力施於水而水動，水並將動力傳於物，使物倒耳。如是之諸事，雖製辦由吾人之裁奪，要均屬以水爲根由，使之行出。凡經水所行出之事，殆俱屬乎水之性乎。

大凡物之佔據長闊高深地面，有阻力，本體重受外來之動力，能傳其動於他物者，舉可名之曰有體質之物。據是論之，水雖爲透光之流動物，亦須歸於有體質之物中耳。

十五節　水爲流質物

謂水爲佔據地方，非謂水之本體有定形也。杯、盤、釜、甑、缸、甕，有何形狀，水入内亦成何形狀。殆器圓者水亦隨之圓，器方者水亦隨之方。器爲斜欹式，水變橢圓形乎！水所居之地，不留餘隙，四面皆充盈流滿，倘以手指探水中，任其浮沉上下，徧游泳水之各處無阻隔，水面亦無痕，隨指之出入，而速開速合。設欲以二指將水拈取起少許，固爲勢之所不能，苟欲令水積聚如山而壁立，亦爲勢之所不能也。水既有如是之情形，可知其各點極動活，此點、彼點俱貫通，無所阻窒妨礙矣。試將盛水之玻璃杯斜欹，使其水高過於彼面杯邊上，水必向外溢漾，緣無玻璃杯邊收斂，故出杯而傾於地下也。水既傾至地，勢必四外分流散佈，非徐徐滲入地内，即流至地之最低處。

水中各點雖若是之活動，易於分流散佈，然亦能彼此連合爲一體。試以指尖探及水面，必有水染於指上，於是徐將手指提起，使指尖離水面，必見有水隨指尖立起，成極細水柱形，旋即破碎而歸水面。不惟是也，雨後及晨興，出門赴園圃，顧瞻菜蔬葉面、禾稼梢頭，露水成箇箇球體，益明夫水之各點，無論在球

體、柱體中，俱互相粘附矣。

凡質性似水，形狀同於盛彼物之器皿，且無物收斂約束，即向四外散漫流溢者，此等體質之物，即所謂流質物也。水祗爲流質物中之一耳。外此復有氣質物類，質性亦有似流質處。蓋各細點可離散分飛者爲氣質物，各細點可粘附連合者爲流質物。水乃於未沸時爲流質，既沸則成氣質矣。

十六節水爲幾至不能壓擠縮小之物

水之能阻止他物，不使其進而佔據已之地位，均與他等有體質物相同。而他等有體質物，雖有阻力，間或有數種，一經壓擠即收斂縮小者，若水之爲物不然，幾爲經壓擠不能縮小少許者，他流質物亦同。或以極大之壓力加施，庶可於其體積微有減小。雖屬如是，其性質於他物極有讓避之靈活。蓋論及不受他物之壓擠，水之性堪比金銀銅鐵五金之不能縮小。至論及其易於經物壓開之故，即緣其質軟而易於變形也。譬猶設法約束之，使其不變形勢，嗣後知壓擠甚非易易。有人測驗水，於器內四面嚴閉時，用每一方寸足十一斤四兩。英國十五斤。重之壓力加於其上，水之體減去者，第有二萬分中之一分。假使以西人藥室中所用之汲筩一具，務視其筩中活塞桿，與筩四面切合與否；惟切合方可適用。試將筩口浸入水中，提拔其塞桿，水即滿灌其筩中。於是使筩出，離水倒轉口向上，手加力於活塞桿端，見水漬出少許。觀此，即知盈筩內者，水之外無他物矣。繼此將指堵塞其筩口，不使其筩口水洩出，復於是端用大力推其活塞桿，實不能使其塞進入。設微有少許向內移，必有水出旁擁擠出，譬猶其活塞端圓面足方寸，周圍恰與筩附合，而管內之水亦權爲長及一寸，即應有三萬英斤重之力，方能令其塞進入十分寸中之一分也。

又 二十六節凡浮水面之物，其全體之重，與浸水面下者所壓開水之分兩輕重相等

物入水內，所壓開之水重，等於其物之全體重，譬猶百斤重之木浮水面，其壓開之水，亦必百斤。但木不能全體入水中，浸於水中之若干，上所露者，即輕於所壓開之水者。惟將其浸入水面下之半體重，由所壓開之水重內除之，所餘者即其物上半體之重。二者合計，始足抵所壓開水之重也。水每一立寸重足二百五十二格蘭有半約五錢餘，蓋四百八十格蘭爲一兩也。倘上所言之馬口鐵箱罐，成爲正方形式，其立體足百寸，則其同體大之水，必重及二萬五千二百五十格蘭。設其鐵箱重足八千四百一十六格蘭，浸水面下者，亦僅有三分中之一分。設其鐵箱重足一萬二千六百二十五格蘭，浸入水面下者，即有其半。設其鐵箱重及一萬六千八百三十二格蘭，浸入水面下者，即有三分之二矣。果於其鐵箱浮水面時，於其箱旁水面平齊處，劃一道記號，以指明其水面至何處，其浸入水面下箱體之大小，即無難測量也。假使以尺測之，爲三十個立寸，則其鐵箱之重，必等於三十個二百五十二有半之格蘭。總計其數，即七千五百七十五個格蘭。約近一斤。如是核之，可以云水經物壓開時，代水居水面下者，有漂浮之物，深足爲物於水面壓開水表式也。倘諸生用壓力壓浮水面之物，即覺物下時，水有抵力相阻。諸生於浮水面物若不加壓力，水必立將浮物托上。如思是之，可知水於浮物下，以抵力托其物矣。水於有抵力之外，復有旁壓力，加於物之四周。此說於何知之乎？即因其鐵箱壁如爲極薄者，必不爲四面水之旁壓力破之也。則試用極薄之玻璃瓶，以木塞嚴堵其口，沉之深水中，非木塞被壓擠進瓶口去，即玻璃瓶不勝水之壓力而破。

二十七節水於各面恒有壓力

凡物之浸於水內者，水於六面有壓力加於其上。

設於此有長管一具，無論爲竹者、木者、銅者、鐵者，均可立植。於是將其下端從鬆堵以木塞，由管之上端徐注水，使水滿木塞上管之中空處，水之壓力即加於木塞上，於是將手按於管之下端，從嚴托其管，即覺手掌上管之內，有水之壓力壓來。管中水愈多時，壓力愈覺大。由是遞而增其壓力，或手力不能勝，而將手移開，水必洩於地。設堵其管端者仍爲塞，亦必被水沖出。此所言之壓力，即水之重力也。譬猶代水而易用與水同重之鉛條納空管內，亦屬一理，其木塞亦必落下也。

假使其貯水管爲方者，方管裏面之高下廣闊，四面皆爲一寸，其各寸所容者，即各有一立寸水也。蓋每寸水重即二百五十二格蘭有半，其方管如向高處開展，至二十七寸半時，管內滿貯之水，必重及英國斤一斤，即七千格蘭也，合中國斤之十二兩，亦即西語之一磅。如云方管內之水重十五磅，其管之高應爲自三十三尺至三十四尺之間，於方言之若是二數，記出其二種分兩，以爲二方管水壓力之準則。一方管高二十七寸半，一方管高三十四尺，是於管底方寸大之面間，二方管均有如是大之壓力加於其上也。

鉛之重，較水多十一倍，復增以百分中之四十五爲零數，即其體積較水密及十一倍有半也。試將鉛條截作四方式，六面寬皆爲一寸，其體長，即較與其等重

若干高之某水柱短及十一倍矣。將此方寸大之鉛條，代水入管內，加於管下端之壓力，依舊與水柱同大也。

及至是時，知鉛之理，與水之理有區別矣。因鉛非流質之物，故不能有四面旁壓之力也。去下管端不遠處，挖一小孔，以木塞塞之。鉛則無壓力加於管孔，不似水之多注於管，足其高即可將木塞沖擠出，同於由上壓管底間之塞出也。由是觀之，是水壓力之加於四旁，與加於下者，無二理耳。此理易於明曉，試取一極長之玻璃管至，其下端如爲折彎，有塞木周裹者更嘉，以之插入水桶內，必見其水在玻璃管內高與桶內相平。觀此，即知管水旁壓之力，與其垂壓之力適相等也。蓋水由內向外之橫壓力，與其由上下垂之壓力，二者恰相等。譬猶水注壺中，壺膛之水，與壺嘴內之水，高下一式平齊，俱無異理耳。

且取用玻璃造成馬掌形，兩端高出，中間窪下之玻璃彎管至，由一端灌入清水，其管中之水面，兩端內必平齊高。管之中彎處，無論爲若何形式，與兩端內水面之同高毫無干涉。縱其二端與中間彎處中空圓直徑各處闊狹不等，亦無妨礙，並不能因其彎角度有差，而使其水面於二端內即有高下也。

如上所言，水用橫壓力，由桶內貫注於管中某點，其高度即以桶內水面，用垂線定之高度爲準。蓋無論何等豎立水法，其垂線高度皆可與橫來水之力相抵也。垂線高度，即由水面向地心下垂之線於其上畫出之高度也。仿如用一鉛錘繫於繩之下端，於繩之上端正與水面平處畫出記號即垂線高度之頂高處。譬猶以二端皆通之直玻璃管，立置於盆水內，其管之形式無論爲寬、爲狹，若何變幻，管中進入之水，總與管外之水平齊。然其水之在管內、管外者，有玻璃相隔，內外能通處，惟在管之底間。

泰西各國城中，多將鐵管埋地下引水。於街巷間分佈大小若許鐵管，無論房舍之何處，均可曲折貫通達到。雖樓房高處亦可啓管口接水。其式即於接水之管口內，安有活機關，用水即啓而水流出，不用即嚴閉。各桶如樹幹生枝，四通八達，大管在街衢，小管分散與屋宇。比户連檐之家，俱可有水送入也。譬猶順其通小水管之大管，而溯洄從之，能追至來水之蓄水處。至彼，即知大小管之交合接連者，有若許旁支別派，無不按法布列，致將水送達與無論遠近高低之用水處矣。而大小管支與泉源，合成一形式，如大樹之巨管矣。順其泉源外之溝瀆，而溯游從之，見水會集於蓄水處，而蓄水處之水，應較各房室高處俱高。不然，或用汲水車法，於中途某處，使之向高處倒行去亦可。由是觀之，是蓄水處與房室高管，並街衢通水管合言之，可謂一兩端高、中窪之大水管也。各屋宇水管內之水，有與上游蓄水處同高之勢，緣此，故將管中活機關轉動，水必洩入室中水櫃也。

二十八節水流動傳動

假使有木工造成之大水桶，桶底處之旁面有小孔，孔間安有便啓閉之活機關，其截面適足方寸，管中注水滿時，由孔管至頂，水深足一丈，設活機關嚴閉其孔，水於上壓擠其寸面之力有二萬五千二百五十格蘭，即英國之三磅半，合中國二斤十兩，且與水桶底間每一方寸之壓力相等。

試將其活機關一轉，其孔管之水，既無截止堵塞之物，必經桶內壓力催逼，出而成流。當水之初出桶孔也，見其橫沖至遠處，始由漸彎斜下垂。此誠何意哉？蓋桶水既高及一丈，即有一百方寸之大壓力，爲催其水出流於外之力，水流橫出，其沖擊之遲速遠近，以桶內橫壓力之大小爲準也。譬猶將西國童子恒持以戲耍之象牙球玩物，安於盛其球之象牙盌內，置於桶孔橫出之水流處，水必將盌中之球沖擊出，順水前行之斜方向飛去。桶水流出時，能將其動傳於不動之物上，使不動者亦動，是即水有使物行動之力也。水體益大，流行益速，所傳出之動力亦必益以猛烈。桶水深，壓力大時，雖極大之象牙球，亦能沖之躍動。水之出桶孔也，始則橫行，繼乃以速曲線勢飛落在地。水流行於曲線之理，與手拋出球與石子等物，行曲線之理同。水由橫力流出，可視其與人手從橫拋物無異耳。

水流出桶，行於曲線之理有二。一因水爲重物，既出於桶，無他等持扶者，是以不能不向地墜，一因水出桶後，沿路經風氣阻遏，水橫行之動力即隨時減少。倘有人云風氣之爲物，極輕淡，極靈活，焉有阻物之力？則將應之曰，風氣有阻力，極易驗試也。舉肱揮扇，即見有風氣來阻。寂靜無風時，禽鳥飛行於空中，入我耳者，每有風聲。水橫流之由漸彎曲，即屬此故耳。

水出桶孔後，倘無風氣之阻力，亦無地心之牽引力，水流必無所謂遲速，一往向直前行去，永不停止。

水流出桶，由漸而行遲，其曲線度亦由漸歸於直，墜及地較速。桶中水少，及幾至無水時，其水出桶孔，近似順垂線直落地。設有人問此屬何理，可告以水面由高減下，水高寸數減少，其壓力亦漸小。水壓力既小，水出孔力亦必減少，蓋水壓力即水動力之原由也。水動力減少，其出孔橫行時，墜及地必速快，至末而横行之力毫無，水出桶孔即順直垂線方向而落地矣。

二十九節動水之力

於是仍用此水桶，其孔亦依舊在桶底間之旁面，譬猶以半折之曲管插入其孔内，使彼半平横，此半向上直立。桶水滿時，將截閉孔之活機關一轉，水即由孔串入曲管，自其上舒之端，向空直升，至某高點而止。水流向四面翻躍，而成分飛勢矣，與泰西園囿之噴水泉同。

諸生試爲酌之，水自桶孔出，向旁横流，與過管向上流躍，何以不能相同？設置風氣阻力於弗論，其由桶孔横流出之水，並無他等阻礙，水流可永遠平行去。惟有一事，水本體之重，令其出桶前行之路，由漸向地就去，成爲慢曲形式，及地始止也。

惟向上流躍之水，乃與此大不同矣。恒有因本體重下垂之勢，與他重物無異，殆向上流躍之水有二力約束之也，一爲水桶中倒壓力催之上升，一爲地心牽引力攝之下墜，二者何一力大，水即向何面行去。設二力相等相抵，無所謂大小，水必無少微移動。究之水上升時較少，中停時亦僅見，地牽引力永遠無變，水終必落地也。

理既如是，出管口向上流躍之數分水，實因使其行動之速力，於一秒鐘頃催向上升之路，微大於攝向地心下就之路，故水在空中分飛躍動也。

試復思之，水於一秒鐘頃所行之路，諸生知之乎？權假爲僅有催動上升力，並無地心攝吸力者行之路，權假爲毫無催動上升力，止有地心攝吸力者行之路，二者所行路之較數，即是數耳。且於其一秒鐘頃甫畢時，催向上升之速率，必依上所言之分兩，而向慢中減少。由是觀之，殆於此一秒鐘頃，水向上流躍之催動力，經地心力攝吸，已虧去若許乎！失者不能復得，是以水復向上流躍，於此第二秒鐘頃，催動之力較小，行出之路益少矣。向上催動之力雖有遲慢減少，而地心牽引之力乃永無變更，一秒鐘頃如是，二秒三秒鐘頃俱如是，未嘗微有所減。水向上流躍，於此第二秒鐘中所行出之路既少，其所用之速數亦必少。懸想而類推之，可知遲不數秒頃，水必就地心而垂落也。蓋向上催動之力既盡，水可有轉瞬間之憩息。過此，仍由慢而快之順地心攝力趨歸地面耳，與各等重物失擊架即墜地，理無異也。

水流躍旋墜地之理，可取一譬喻之。嘗觀童子駕扁舟於水面遊戲，大力人戲當其路，以手拒小船，小船首忽觸其手，大力人用力一推，船即因大力人之推力，倒退甚速。惟其童子立於船尾，依舊之鼓櫂，則見其每一鼓櫂，即減船後退之速少許，繼乃與大力人推船倒退之力相抵，船暫停息，可謂駕船童子勝之矣。頃之，船仍向前直行去。論至船後退之若干尺寸，均因大力人一時中施發出力傳與船，而童子費數秒鐘頃之鼓櫂力始復回也。及船歸應泊處，舟子即息其力不施發矣。

腰臂强而能負舉重之人，余等即稱其人爲力大者。人力之爲大爲小，即以其所工作者爲率也，或以其能勝之抵力爲準亦可。上文所言大力人推舟之譬，覈其力有若干，即以舟退之若干路爲準耳。

人於平常評論時，云人之工作有力，云牲畜之工作有力，並可將此言類及於冥頑不靈無知覺之物。云其工作亦有力，譬猶有直前行路之一物，能勝其所遇之阻礙後，方將其身内自具之力，由漸散盡而自止息，余等即言其物有能力工作矣。

設於觀水流動之時，欲知其力有若干，可以其所勝過對面來之抵力，與其力未用盡之先所已行過路，合乘之總數以爲率。上文所言，水桶孔出水之譬，非云水流行力勝於地心牽引力乎？無論其爲時或久或暫，要俱以水流催動之速爲準也。且水流行動之速，皆關乎水桶孔上桶中水之高度若干爲準。上文所言水由桶孔横流出之力，桶中水面遞降，亦由漸遞減，還而即水出桶向上流躍之垂線論之，水於桶中以漸遞落，其流躍力亦必由漸減少。水體減其高，其分飛流躍勢，亦以漸遞下而無矣。

流動之水力極大時，雖極堅之壁壘屋宇，亦能沖刷壞。設有人用法約束激逼之水之沖擊力，乃可於人大有用。水出山泉下流，其行之遲速疾徐，均關乎其道途之斜直，由高下趨者若干，恒步步增加。山麓溝壑，每於霪雨大雪後，經溜猛號怒之水，將巨石掀翻摧裂，無論何物俱沖刷去。海水於風清浪静不揚波之候，自人視之，儼若軟弱無能物，不能有害於人，並不能有害於物者。時逢烈風既起，水乃波浪滔天，洶湧倒地，顯出若許力，克將巨石與枯朽物等擁列於海岸，行海灘所見之大小碎石塊，多爲起風時由海漂出者也。

無論何種水磨，均屬將下流之水，或遲而力小者，或速而力大者，引以爲余等用。先製有巨輪，輪之四周增造有若許或木板、或水斗、水槽，皆遏水不能疾行之物也。水流擊撞其水槽、水斗，即將己之力傳於水斗上，其水斗即移動而磨輪旋轉矣。

當磨輪之旋轉也，亦惟加阻力於流行之水，而水反傳其動力與磨輪，磨輪經水沖而微加迅速退避，如是之每一水槽斗等經水勢湍激，能使水流之動力傳與磨輪，而輪之轉動，由水斗之多寡、水流之疾徐，亦可得一定之遲速矣。

水輪之式，爲數段木輻輳於一處。不動時無力，一經轉動，藉其轉動之力，即可成就一切磨動之工。譬猶有一條麻繩於此，一端繫鉛塊，彼一端繫於水輪中心軸，輪軸轉動，麻繩即向軸上繞纏，而鉛塊亦由漸自下舉上，水磨如是轉動，能有操作之工，與人與牲畜，殆無或異乎！設使欲得其水輪旋轉之力有若干大，即以鉛塊之分兩爲準，而度其時刻，即觀繩纏繞之若何速也。如是度之，流水傳與水輪之力，即知其有幾許大矣。

水磨房設置之各機關，均爲遞續傳力者。其力由水施於水輪，由水輪散發與安有機關可工作之各處。譬猶以磨石磨麪之事，即欲藉水力代牲畜力，於水磨旁依次置出若許輪，惟願其將水輪力遞傳，使各磨石轉動也。

三十節水之諸性恒無更變

於沛然下雨時，取雨水驗視之，即知其水與上所言水之各種性無異矣。細爲測之，知其體爲屬於幾至不能壓小者，且一升之重，約足十二兩。無論亞細亞洲、亞非利加洲、亞美利加洲，何地何國，取雨水驗試，此等各性質均屬相同。倘有數百年前所收存之雨水，至今日仍嚴堵其口，存於瓶内，開瓶驗之，亦不能有異。自是而後或百年，或千年，雨降地面時，視其水仍無新奇，乃必然之理。益可知水之形色體式，雖屢有變易，而其性永無異變矣。

三十一節水中增熱水體必漲大

輕重有定數之多寡。水冷熱無所異時，其體亦同，於上文二十二節已講論矣。兹時可解明冷熱有變，水體亦有變等事。煖室中久蓄之水，由彼而移置於冷室，其體必微見縮斂。於是反論之，當以法使水熱時，體必漲大。大抵水銀與燒酒等，各種流質物俱如是也。試觀夫寒暑表爲一小空球，戴極長之細頸式，内所貯者，或爲水銀，或爲燒酒精，於平素時，見其由球座間，上發至不甚高處，其平日之熱度高下，即可證明矣。假使於其球内之流質而加以熱，其體即漲發，順長頸而上升。反論之，減去其球内流質之熱，長頸中體必降下，流質還縮入球中，其細長頸管内高度遂減而至下。

假使於表管外，刻有數目記號，或在其表管旁之框上亦可，將表移置於滚水内，表管中之水銀等流質升至何高處，即畫一記號；復將其表移置於尚未化盡之冰水内，表管中之水銀等流質可降至何卑處，亦畫一記號，即所謂水沸點、結冰點也。試將其高下二點之中間處，均分爲一百八十相等之度，水沸度與結冰度即定有準矣。緣法輪海得寒暑表，水沸度權在二百十二點，結冰度權在三十二點，於二百十二中由下除去三十二，餘者即爲一百八十。斯時以彼之造法爲法，故如是定之也。設置表處爲冷熱永屬相同時，表管内之水銀流質物恒在一點平齊，無高無下，因此即名其爲測寒暑之器也。

熱水較冷水分兩輕，諸生不見信乎？可設法測知之。於浴盆旁安一熱水管，並安一冷水管，同時轉動其二種水之機關，使冷熱二水同於一時注滿浴盆，嚴禁他等物件攪和其水，其熱者必盡在上，冷者必盡在下。如以物攪動調和之，則不然矣。試取水一升，以寒暑表測爲六十二度時，權之亦重足十二兩。倘復加熱度於其水，水之體必益以漲大。如上文二十四節所言之諸物較水輕重表，體既有定，熱水較冷水即輕矣。

於上文二十二節中，非曾經道及，止於水之冷熱有定時，其體之大小不易，則分兩之輕重無變乎，兹時復述論一立寸水足二百五十二格蘭，又半之重，亦祇於法氏表水熱度六十二時，有若是之重數也。然僅在平常温和時，熱度如是。縱其水之冷熱有所加減，不過毫釐之差矣。水體之縮小漲大，於寒暑表每一度中，即法氏表六十二度上下言之，亦不過差三千分中之一分。以此爲率，其數不甚微乎，故平時不收入算法内，約畧計之，可以二百五十二格蘭有半，爲一立寸水之重也。

三十二節增熱於水中不已終致水變爲氣

增熱入水，雖一度、二度之寡，水體亦有更變。增入熱益多，水體之變亦益以大矣。則且以諸生所均知者徵之。以小鐵釜注水，置火上，少頃即見水面有蒸氣。火加入久之，水熱至法氏表二百十二度時，釜中水變蒸氣甚速，如烟霧之沖空散飛。過不數刻，水向空飛盡，而釜中毫無。旁觀者不加細揣，粗俗論之曰，釜中水經火耗盡也。豈知其水未經火耗去點滴哉！第因有變化之事，流質變爲氣質，水變爲氣，而水實未減，没倘用法收氣而涼起，氣仍可轉爲水耳。

於是代鐵釜而易用鐵壺，無庸多注水，從嚴覆蓋，置火上燉之，水滚沸時，即有一流水氣由壺嘴出，向空飛去，由是滔滔不窮，至壺中水盡而氣止矣。

熱氣由水壺嘴出時，其熱最烈，斷不可以手指入而探試，恐致指受湯傷也。

譬猶以蜂蠟一片，近其壺嘴上，熱氣中懸試之，即見其融化，與將蠟置近火處無異。則試細爲觀之，見出壺嘴之氣，於切近壺嘴處，透光無白色，及微遠壺嘴，則有白色而不透光矣。後遂速散於天空，爲目所不能見。

三十三節水氣減熱，氣變爲水

試取一瓷勺，或一瓷盤，務以涼者爲要，使之切近壺嘴出之一道氣，頃刻之間復看視，即有形同露珠之若許熱水在其上，或瓷勺，或瓷盤，亦變熱。譬猶以極長而涼之空管，平套於壺嘴外，頃之，其管之彼端所流出者，非氣，乃盡水，復捫其長管，已變爲熱而不涼矣。

於是熟思之，知其熱之所由來，乃自火傳入水壺，自水壺傳與壺中水，爲時益久，水必益熱。至其水中所包容之熱數足時，水即變而爲氣矣。熱氣觸於涼瓷盤，或涼鐵管，其熱即歸入盤與管中，能使水變爲氣之熱，即由氣內出傳遞與管鐵、盤瓷等，水氣熱即回歸變爲液質耳。

由是觀之，是氣與水二種質物，乃爲物同而狀異者矣。所不同者，惟其氣內熱多，水內熱少耳。

三十四節水變氣體大及千七百倍

水壺中之水，諸生或能先詳測其體段，並其分兩，火加於壺下，使壺內水盡變爲氣，嗣復詳測其體段與其分兩，即知其體段約已大及千有七百倍，而分兩仍與水同也。諸生設有一六面皆方之方寸空器，內注水僅爲一立寸，將此水加熱，使之盡變爲氣，其氣所佔據之地面，約可滿一方尺有二分方尺之二有餘。蓋一方尺爲一千立寸，而氣之體段較水爲千有七百倍立寸也。夫一立寸水重，非二百五十二格蘭有半乎，所成之氣，重亦得如是之數。既屬如是，可以謂火熱加入水時，水體漲及千有七百倍矣。在諸物較水輕重表中載者，水氣之數，應較水亦輕及千有七百倍矣。於是反而論之，取熱水氣一升，使之變冷，目視其化爲水，所得水之體，亦止千有七百分丌之一。水雖如是之纖微無多乎其重，與若許大氣之分兩相等，所以謂水漲即爲體大若干之氣，氣縮即爲體減若干之水耳。

及水漲爲氣時，所生出之力極大，諸生試將壺嘴堵塞，壺內氣漲時，必將其壺蓋鼓張開，繼乃以有分兩之物，加壺蓋上壓之，移時，其壺必漲裂，諸生不聞汽機有爆裂事乎？即不外乎是故也。

三十五節論風氣與他等氣質物

有一長頸口闊之玻璃瓶於此，灌注水至瓶口，人俱云其瓶已滿水。復將瓶水傾出，人即云瓶已罄空。試還而問之諸生，其瓶果罄空乎？可嘗試觀之，將玻璃瓶之口倒而向下，直接入將水盛滿之玻璃桶中，由旁觀之，夫其瓶實爲空者，其瓶中之水，與瓶外之水，不應高下齊平乎？此竟不然。乃見其水僅於瓶口進及不甚高之處。設用無底、二端皆通之空玻璃管，壓入水中，其管內、管外之水同高。假使由水中提出，以指代塞嚴堵其上端，復立按於水中，即見水進入管內者無多。上文所言有底之玻璃瓶，亦如是也。人不云其瓶與管中空乎，其實瓶與管未嘗空也！緣有阻水入之物在內耳。其物維何？即籠罩於地球外之風氣也。風氣在地外，高百餘里，其爲物本體有重，觀《格致質學啓蒙》即知。且風氣之動，能將其動傳與他物，使花草樹木各植物，經風而扶摇翻舞，親目見之即知矣。

風氣既如是之爲無數質點所成，同於他物之有質點爲其本體，然風氣亦爲流質之物也。能流行至東西南北無定之方向，偶入器皿之中，即爲器之形式矣。蓋風氣各點之易於行動，與水無異。苟非然者，余等即每一揮動手足時，必覺有風氣阻撓不易行。今既未嘗如是，是其各質點易於散動，大有據也，風氣流行於天空，吹噓之而拂頭迎面，風氣由風箱發出，使火燄飛爆起伏，何莫非風流之憑哉！凡物入於風氣中，風氣必由四面加壓力於其上。

然風氣復有不同於流質物處，即以其有漲有縮也，而流質之物不然。驗時見水入有風氣之倒口瓶中，不能高及瓶底，即風氣力與水力相抵，風氣經水壓而縮小之故。設令有風氣填滿嶶起之茵褥於此，人以手握之，即可將氣擠小。假使汲水桶內，不裝滿水，而裝滿風氣，不似水之不能壓小矣。倘其活塞甚嚴緊，手加壓力方可進入若干路。至手壓力不加於塞，其活塞由桶內乃突而躍出。究乎其故，即因其桶內風氣縮而復漲之力。由是觀之，水殆爲不能縮斂之流質物，風氣爲縮而復漲之流質物也。熱加於氣，能使氣漲發，熱加於水，亦能使水漲大，所異者，水因熱而漲者少，氣因熱而漲者多耳。

三十六節水氣縮漲與各等氣無異

如上文所論者，水氣於縮漲之各種事內，殆與風氣無所或異乎？

於是復用玻璃瓶，內注水少許，其他處人之所謂空者，實非空也，有風氣存焉。可取火將其瓶內水炙熱，炙至滚沸，見有若許氣泡翻滾。細視其式，盡是先成泡於水內，後上升及水面，則破裂消滅，氣即散於瓶空處，水上之風氣盡逐出。

設瓶仍爲熱者，其空處盡滿之水氣，乃無形無色，與風氣無異。且由瓶口透出水氣，仍爲無形色之清氣，及至微向上升，即漸變冷，成爲無數細水點，望如一道白煙騰空矣。

水氣體輕於風氣，故能於風氣中上升，正與較水輕之各物，由水中上浮爲一式也。

三十七節論氣質變流質難易之二種

風氣於冬令嚴寒時，仍爲氣質，欲令其變爲流質，亦非不能行之事也。用極卑熱度，復加以極大壓力即可。如是觀之，是風氣並他等難成流質之各種氣，與水氣較之，所有區別者，即因變流質有難易也。然既有是分別，可分爲易變流質、難變流質之二種氣質。人之呼爲水氣者，其水亦祇在二百十二度上，與在二百十二度時，能爲水氣也。水氣涼至不及此熱度者，大半即速還爲熱度相同之水，且復下涼至結冰點，亦有水氣。第此等水氣，與滾水壺之水氣有異矣。

如上文所言，水滾沸之玻璃瓶，其内所存者，止有水與水氣。設將其瓶口嚴堵，將瓶下之火移開，於熱度尚在二百十有二時，水氣每立寸之重約爲七分格蘭之一，蓋一百立寸水氣重約十五格蘭也。設其玻璃瓶内，沸水面上空處能容一百立寸，此一百立寸蒸氣必爲十五格蘭之重。設於是瓶由漸減熱，蒸氣還歸爲水者不乏，繼此熱益減而涼益加，水氣有數分仍在瓶内也。熱度縱減及三十二度，瓶中猶有數分水氣佔滿其百立寸之地位。減及同於人身内血熱高九十八度時，瓶中之水氣雖佔據百立寸，重僅一格蘭耳。至減及同於春秋令室中温和氣寒暑表高度六十時，其百立寸處之氣，重乃爲三分格蘭之一。減及結冰點三十二度處，則百立寸之水氣，重僅爲八分格蘭之一矣。由是觀之，是熱度益卑，水氣在某定體内之各點益疎，致使諸物較水輕重表内水氣之重，亦益以少，而水體依舊無異。且水沸點之水氣經壓時，所發出抵外來力之阻力，殆與風氣阻力相同。及減至熱度不高處，水氣阻力減少縮小最易，還而與風氣較，則大相懸殊矣。

譬猶以質性活軟能縮能漲之囊，繫於水滿滾沸之壺嘴上，果有法使之與沸水熱無異，其囊必被水氣鼓脹足。風氣由外加壓力，亦不能使之縮小。於是復將盛滿水氣之囊，由壺嘴上取下，使之由漸冷起，見其囊即由漸縮平歸原。囊外之風氣六而擠壓，囊内之水氣不能拒抵，蓋熱度不多之水氣，實不能勝風氣之壓擠也。設移去火，憑其涼起，啓瓶口，外之風氣即勇猛進入矣。

三十八節熱度不甚高下水變爲氣之理

試將水酌於瓷盤内，移存於清涼室中，或置於露天之下，遲之時日或多或少，必見盤中水盡無。嘗見人將澣過之衣，晾於背陰之繩架，衣上所帶之水如無多，移時即乾。究乎其故，即緣水變熱度不大之氣而去也。此等水氣，體段相同，質點較疎稀，恰與不高熱度相配時，即與他等氣無異之與風氣渾合歸一處。是以湖海江河之面，既恒有蒸氣上騰，而天空風氣内，永含有若許水氣，乃爲無足怪異事。蓋水面散發蒸氣，熱時放出者多，冷時放出者少，永無不散放之時耳。

風氣之濕乾，即以其所含蒸氣之多寡爲準也。風氣内包容水氣，雖有多有寡，終不能逾乎其限。假使風氣一百立寸内，渾涵水氣之重在某定熱度内，或已至其界限之極處，或幾至其極處，水氣在風氣内有若是之多，此等風氣可云爲濕風氣矣。設其熱度微有減少，水氣必有數分變歸爲水。倘使於熱度大，天氣熏蒸濕潮時，取一玻璃杯，酌入方汲出之極涼泉水，試觀之，即有露珠滯留於杯面，此果何理哉？即因切近玻璃杯之水氣，涼至不能全數爲氣，必有數分歸爲水，在杯外面沾濡若許水珠即是也。且於此等時日，濕衣晾曬不能乾，即因風氣中包容水氣原有定限，寒暑表之熱度已極高處，風氣極濕，不能復容濕衣之水氣，是以曬晾物不得乾耳。

三十九節熱水歸涼時先縮後漲

即上文所講論者熟思之，已知夫熱加入水，所變之形式爲若何奇異矣。始也，由漸微漲，及至水沸點，忽而漲至極大，流質物遂成氣質也。

於是反而論之，熱水由漸變涼，體段亦由漸縮減，至不過涼、不過熱之温和地位而止。設在天氣寒涼時，水之熱度可減至法氏寒暑表三十九度處，及此，水體之縮將更而爲漲矣。即此事論之，水之爲物，與他等不極冷、不極熱時恒爲流質之物不同矣。緣此而知，清水於三十九度其質點極密，此等熱度之一升水，較他等熱度者之一升水分兩重。是以器水熱度減至三十九度時，其在器頂者，可沉而下至器底。反覆論之，器底之水涼至較三十九度下，質點必益疎稀，即可升至器頂。

四十節水加涼可結冰

冬令嚴寒之夜，將盛水之玻璃杯置於室外，必由漸而減熱增涼，至熱度三十九時，杯内水遍處皆爲三十九度。於是復減熱增涼不已，增涼之水質點疎稀，即於水面透顯聚積意，及熱度減至三十二，而水即凝結爲薄冰一層。倘復增寒不已，即由上層冰下，層層遞結，雖底間之水初猶較煖，久則由漸俱凝爲冰矣。

水既結冰，而變爲定質，即能阻擋他等物，不使其侵己所居之地，有抵力，有分兩，並能將己之動傳與他物，使他物因之動。冰體之形，乃爲有定者。由杯中傾出，仍帶有杯狀，性極堅硬。設加壓擠之力於其上，亦能使冰裂，同於玻璃破裂，並可以物磋磨爲冰粉，使之堆集屯聚，與沙無異。

水雖如是之凝結爲冰，而其體之輕重，與水並水氣無所或異，蓋減其熱，未嘗減其分兩也。

四十一節冰之重少於同體水之重

玻璃杯中之冰，與未結冰時之水，分兩無異，而其體不能相同。由三十九度水體漸漲計起，降而至三十二度時，已漲及十一分體之一。設於此將一升水之重權爲一，冰之重僅爲九一六耳，即水一千，冰爲九百一十六也。

水結爲冰之時，體漲之數微細無多，然其力與水氣漲發，同一十分猛烈，有萬物之抵力不能擔當勢。設用一鐵鑄之開花砲，膛中空，無火藥與彈，貯滿水，將螺螄旋轉緊，置於極冷處，使結堅冰，能將砲膛漲裂。泰西國横卧地下運水之鐵桶，冬令嚴寒時，偶有凍裂，實緣水體滿而漲大，周圍無可出之路也。高山之巔，與深谷沖風處，極堅固之磐石，每歲中亦有無數處崩裂。由外視其情形，儼同於石工曾鑿琢之式。究乎其故，實緣夏令大雨時行，雨水浸灌入石縫，存聚至冬，結冰甚堅，冰體漲大，石即或有裂開而坍倒者矣。

四十二節霜爲風氣中之水氣結成冰花

冬日嚴寒，天氣晴明之候，仰瞻屋瓦，並草木諸植物枝頭，均有露結之霜。晨興目視户牖，見敷於玻璃面者，有薄雪花一層。無論植物上之霜，或玻璃面之雪，刮取少許，置於掌心，經掌心熱即化爲水，可知其霜雪皆冰也。用顯微鏡向玻璃窗之雪花，凝眸細窺，見其爲無數細冰塊，結成爲有定形之花式。設有人問此等細冰塊由何而來，則將答以由室内之風氣中得之。室内風氣，較熱於室外者，且室内風氣，含多水氣，有人口吐出者，並有由各種潮濕物放出者。玻璃片體既極薄，經外之風氣使涼，室内水氣切近玻璃時，必由熱變涼，氣化爲水，成爲微細星點，散於玻璃面。玻璃體由漸涼起，故先化爲星點水之在玻璃面者，遂凝爲冰，而有雪花式矣。當微細水點之初結雪花也，各點有各面類相似之平面，彼此斜交，成爲各種有定之角度式，仿如萬花桶内，各玻璃塊有各定形，而湊成各花瓣朵然。蓋霜雪之爲冰，與衆目共覩之大冰塊不同。衆所見之大冰塊，其内之細微冰凌，俱屬嚴緊結連，非人目所可分清。霜雪不然，盡爲可分清不嚴切之小冰塊也。

四十三節冰加熱度至三十二即化爲水

水澤腹堅之候，於露天之下，取一塊風氣熱度或三十或二十之冰，至煖室内，由漸而加以熱時，始猶不化，加至三十二度，冰即消化爲水。冰化爲水時，熱度無更變，其水可暫停於三十二度之點。

設將一塊冰投於炭火内，於冰未化盡之先，熱度仍爲三十二，從不能加高至三十三四五度也。究察是理，與煑水至滚沸點相同。水尚未盡化爲氣，不能加於二百十二度上，且沸水所化之氣，初出沸水時，盡爲二百十有二度也。

四十四節冰與水並水氣原爲一物，各以熱度之某定數爲根

設有人云，冰與水並水氣三質物，仿如絶不相若者也，何以謂三者爲一物？則將如是答之，余等以水氣與水並冰爲一物之語，即以其輕重無異，漲力工作無異，所含之輕氣、養氣無異也。試先言其輕重，取一立寸水權之，於凝結成冰時權之，復於化水成氣時權之，分兩輕重無異，皆爲二百五十二格蘭有半之重。更用一相同之力，使冰能流行，水能流行，水氣能流行，其遲速既相同，行動時所關切之三物各成作之工，亦不相懸殊。至其内所含之輕氣、養氣，觀《化學啓蒙》即知矣。蓋無論取冰與水並水氣至，而拆分之，其輕、養二氣分兩無殊，且無他物。無論取一立寸水，或取千有七百立寸水氣，或取冰一立寸又加十一分立寸之一，拆分其爲輕、養二氣時，所得之輕氣各在二十八格蘭復加十八分格蘭取一之數，所得之養氣，各在二百二十四格蘭復加十八分格蘭取八之數。即每點内輕氣一、養氣八也。其餘他事，詳下文五十節。

即冰與水並水氣如是之分兩無差觀之，可明曉夫加入水以成氣，加入冰以成水之熱，並無所謂分兩也。是以昔時有人云，熱之爲物，乃無分兩之物，今人則無是語。細觀下文，即知今人講論矣。

四十五節所謂熱，即各物之原點從速行動所生者

夫熱能爲摩盪所生，乃顯而易見事也。雖沖幼童子，亦知銅作之紐扣經摩劃而生熱耳。嘗觀精巧有能之鐵匠，以鎚擊打鐵塊，能使鐵塊變紅發熱。車輪軸不點油膏，轉旋時長，而車之軸轄生熱。雖以二塊冰來往互摩，所生之熱，亦

可化冰爲水。人所呼之熱，並由熱而生之各等變化，均爲各質點從速動盪生者。且可援爲據者，亦不第此也，復有他等可爲據之事，後此諸生，觀《格致質學》，即瞭然矣。

然不動而静之物，亦非不能生熱者。譬猶一杯水而熱足百度，復有一杯水而熱爲二十二度，且二杯俱静，而不動，必將有人反詰云，何以謂熱因物動而生？某物内含熱益大，其動必益速哉！

則將答以使物有熱之動，並非其全體可見之動，乃謂其物内所含有無數細點之戰動耳。且其各點之動，亦非徑行直前者，原屬在一有定之界限，來去移盪。熱在物中之摇盪，可從粗取譬於應時鐘内之擺條，或時辰表内之調勻擺。其行動極微細，極快速，余等深可謂熱微細戰動，儼同彈撥琴弦之戰動然。心領神會者有聲，據實直指無憑。嘗見人之領首歌詩也，每先擊定音鋼叉，以示衆吐音之高下，其二股叉經擊撞發下濁音時，遂見其潑潑顫動，鏗然成聲。諸生至長木一段之卧處，耳附於木之此端静聽，在長木彼端，安有甫經人擊之定音鋼叉，此端人即聞有戰動聲傳入耳中。緣木端各點承鋼叉戰動，亦俱有戰動，將其動遞續不絶之向此端傳來。倘木之各點不傳動，耳中亦不能聆之有聲耳。顧或者謂木未嘗移動，豈知木之全體實未嘗動，而其内之各點在其所居之微處，俱震動也，緣各點之震動極微細，是以衆目視之，謂木未嘗稍動矣。

設有人問曰，如上文所言，能動盪使人覺熱之各點，果爲何物？可答以觀下文即知。

顧觀光《九數外録》卷一　流質重學記

物各有質，木石之類爲定質，風水之類爲流質，而流質又有輕重之分。輕如風氣，重如水液，其體皆得熱而大，得寒而小。而水之質獨異。當寒暑表之四十度，爲極小之限，更寒則反增大，至三十二度而成冰矣。成冰之時，其體增大最速，故瓶盆貯水，每因冰而迸裂也。流質在器，爲地力所引，必皆平於地平。地球旋轉生離心力，地心下引生向心力，二者又有併力，而水面必直交於併力。故海面當赤道，則曲於球形；當二極，則平於球形。月過處有引力，又合地力而生併力，必令水面改變，即潮汐之理也。水之小者，同於平面，故測兩地高卑，以水爲準。若二處流質相通，必升至於平面。以法激之，能令水自下而上，能令水載大重而上升。或不用水，而用風氣，理亦同也。定質抵力，惟在引力所加之方向。流質抵力，處處皆同。設水在器中，於其四周開相等之四小穴，以短柱塞之，令可進退。一柱漸進，則餘柱必漸退，其抵力之比，同於穴大小之比。去其一柱，器必向對邊而傾，以一邊無抵力也。流質愈深，抵力愈大。立方一尺之水，抵力六十二斤半，以乘體積，即水抵力之重矣。

流質抵力必有重心。設上下不等正方體，水滿其中，重心必近於大方。令大方在下，則重心低而抵力大；大方在上，則重心高而抵力小。若有兩器同底，同高，不論方斜尖直，其底之抵力並同旁面，抵力必在重心之下。設爲平行四邊形，則抵力心之高爲三分高之一；設爲兩等邊三角形，角尖在上，則爲四分中垂綫之一；角尖在下，則爲二分中垂綫之一。凡水閘當抵力心處，必多加能力以阻水也。

定質爲流質所載重者，必變而輕。故竹木入水必升，鐵入水銀亦升，因等體積之流質，重於定質故也。定質重，爲向下之力；流質重，爲向上之力。二力同在一垂綫，相等，則物必定。由此可得體積相等、輕重不等之率。如金重三十五分，入水中則重三十一分，所少四分，即等於金體之水重，是知水與金之重率爲一與八七五矣。若不合相定之理，則物在水中或升或降，令物升降之力，即等體積之水重與物重之較也。人入水中，身重小於等體積之水重，又胸中空處能大能小，首昂則胸大，而兩重較更大，且以兩手入水，必不沉也。若手出水，則身重大於等體積之水重，而身必沉；沉至水底，抵力愈大，身之體積愈小，而不能復升矣。人於桅端下墜，入水必深，以身重大於等體積之水重也。歿則體漲大而復升，以身重小於等體積之水重也。氣球上升亦同此理。其上升之力，即球重於等體風氣重之較矣。風氣又有冷熱之分，而熱輕於冷，又熱則體必加大，而等體之冷風氣愈重，二重之較，即令熱風氣上升之力。聚火處開烟囱，令煙速出於上，即此理也。烟囱高，則熱風氣向上直升，恒高於頂數尺外，風不能敵之。低，則熱風氣亦低，或不能敵外風，而迴入室中矣。

凡空處皆有風氣。風氣漲力四面散行，直至遇物攔阻而止。設冷熱等，則漲力大小與空體大小有轉比例。如有長空圓柱，兩端一通一塞，以通之一端入水，則柱中空體爲水所逼漸下漸小，而令柱下行之力必漸加大，此即風氣之漲力，以漲力與抵力恒相等也。水熱至寒暑表之二百十二度，其漲力與風氣等。每方一尺抵力二千一百二十斤，更熱，則漲力極大，雖至堅之物，不能當之矣。

地球外之風氣，層層包裹，近地最厚，漸高漸薄，至一百五十里，則無風氣矣。用玻璃管長三十二寸，内徑極小，不過八分寸之一，兩端一通一塞，滿貯水銀，倒植水銀器中，則管中水銀必降，最卑至二十八寸，最高至三十一寸。其不能再降者，爲風氣之所抵，而風氣厚薄時時不等，故升降亦時時不等也。海面水銀高二十九寸九分二釐二毫，在高山則必降，風氣薄而輕也。在深壑則必升，風氣厚而重也。大率高九百尺，水銀降下一寸，是又爲測高之簡法矣。

水在器中，或倒懸而水不出，以口有風氣抵力也。虹吸內兩邊倒懸之水俱欲下行，在頂點有兩分之意，而頂點無空，勢不能分；兩邊一短一長，必令短者逆流而上，所以無空者，風氣抵之也。若頂點高過三十二尺，即有空矣。故極大虹吸，高不得過三十二尺。

風氣冷熱，處處不同。赤道之下，日光正射而熱。入必多斜射，則熱少，愈斜則愈少。故一年熱氣中率，赤道之下寒暑表八十四度，兩極之下僅得四度。然則赤道下之風氣較他處熱而輕，故必上升。而其下南北之冷風氣入之，復受熱，氣上升，而其下之冷風氣又入之，如水之流，終古不斷，遂生上下二潮：上自赤道流向兩極，下自兩極流向赤道，而名之曰風。風氣恒隨地球而行，地球右轉之勢，近赤道者較速，近兩極者，較遲。故上潮恒速，而下潮恒遲。及其降至地面，遲則與地轉相逆，而北半球爲東北風，南半球爲東南風。速則與地轉相順，而北半球爲西南風，南半球爲西北風。其勢正相反也。赤道下有颶風，亦由於此，蓋上下方向相對，遂成迴旋之風矣。

擺，用流質與定質同其動之比，同於綫長平方根之比。水自器中出口，其速之比，同於口離水面平方根之比。設於器旁開二口，一離水面一尺，一離水面一百尺，則一百尺之速必十倍於一尺之速。如有少於此者，面阻力爲之也。口在器底，則水向下直行；口在器旁，則水依拋物綫行。設爲徑寸平圓之口，則近口處徑一寸，漸遠漸小，小至八分寸之五，謂之截面。此面距口有一定之度，過此則形不變，故測流質出口多少，不用口面積，而用截面積也。

舟行水中，阻力之比同於速冪之比，而阻力又有大小之不同。全在水中則大，半在水中則小，行於闊處則大，行於狹處則小。若於狹處一小時行十餘里，舟行愈速，出水愈高，其阻力必大減矣。水行川中，上面速於下面，中流速於兩邊。因底與兩岸有面阻力，且多曲處故也。曲處凹邊之流速，於凸邊因各點有離心力，能令水積於凹邊也。上下行速不同，方向或異，甚至有對面者，如海口潮來，鹹水從下入，淡水從上出，以重者下，而輕者上也。浪乃略高之水，行於水面，與水行方向不同，如桅上旗，因風而生綺，浪亦與旗行方向不同。故木浮水面，浪雖擁擊，而水不行也。浪每因風而生，水闊二三百尺，深三四尺，浪高不過三寸。深二三十尺，浪高約尺半，故可以浪之高低，測水之深淺矣。潮汐高卑，由於日月攝力。朔望時用其和，兩弦時用其較，而二攝力之大小時時不等，因日月距地時時不等，而攝力與距地之立方有轉比例也。日力大小，自十九至二十。月力大小，自四十三至五十九。故潮之最高與最卑，若兩大數和與兩小數較，即若十與三之比也。各地早晚不同，當考者有五事。一爲月過中綫差。潮漲在月過中綫後若干時刻，日日不同，大率當以朔望爲準。二爲半月差。月過中綫又因距日而生差，當於日月赤道緯度及地心差爲中數時測之，此差半月而復，故名半月差。三爲潮距朔望差。潮之大汛，不在朔望，而在朔望後之三潮。上潮距月過中綫之平數，即潮距朔望也。四爲日差。一日二潮，高卑不等，或早潮高，或晚潮高。當於各地測之。五則日月地心差不同，赤道緯度不同，潮之高卑時刻亦因之而變，測之既久，乃知變者皆其常也。有諸海港合而復分，水道屢變，有時成環繞之行。水道變，則遲速亦變，是又當兼測水道矣。

杞廬主人《時務通考》卷二六《重學上》 質類

流質有二　流質有二：曰輕流質，如氣之類是也；曰重流質，如油、水、水銀，及五金鎔液之類是也。

流質不分輕重之故　流質抵力，及物入流質中，所言流質不分輕重，因地力所加，理無異也。

輕重流質有相同之理　輕重二質理多同者。如熱則體增大，寒則體減小，此其一也。

輕流質氣可作無輕重論之故　器內有氣，必加抵力於器之四面，然則氣之定時，必有外來之力抵定諸點。此抵定之力，名氣漲力，與地心力無涉。故氣可作無輕重論。

重流質滯力之證　重流質亦微有滯力，何以明之？凡濺水空中，必略如球體。又試以平面體加於流質，上舉時必增力，此其證也。

求流質重當程功實程功之率　流質重之動力，以水言之，其當程功與定質同。而水中又有橫流之水，互相推盪，不能用以程功。故水激上半輪，當程功與實程功若五與四；水激下半輪，當程功與實程功若十與三也。

流質二力　流質有二力：曰互攝力，曰互推力，二力略相等。

流質重心諸率　流質抵力必有重心。設上下不等正方體，水滿其中，重心必近於大方。令大方在下，則重心低，而抵力大。大方在上，則重心高，而抵力小。若有兩器同底同高，不論方斜尖直，其底之抵力並同。旁面抵力，必在重心之下，設爲平行四邊形，則抵力心之高，爲三分高之一；設爲兩等邊三角形，角尖在上，則爲四分中垂綫之一；角尖在下，則爲二分中垂綫之一。凡水閘當抵力心處，必多加能力，以阻水也。

流質全體定與不定之故　凡諸物相近，距地心等，可作在一箇地平面上論。蓋諸流質之面，爲平於地平之面，則地心力加於各點俱等，各點必俱定。設面非平於地平，則地心力加於各點，有較多、較少之處，而處處有不等之抵力來往其中，流質全體不定矣。

流質阻力不同者二　物行流質中，推其阻力不同者有二：一物或全在水中，或半在水中；一或行於潤處，或行於狹處，俱不同也。

流質阻力大小之證　凡物行於流質中，必生阻力。阻力之大小，視流質之厚薄，及行之遲速。若用小速行於薄流質中，阻力幾等於無。若速大，如礮子之類，則阻力亦大，必能減速。又物緩行水中，阻力極小，漸速，阻力亦漸大。如船初行一小時一里，繼二里，繼三里，水之阻力必漸大。其漸大之比，若速方漸大之比。故一小時船行二里之阻力，必四倍一小時行一里之阻力，而一小時行三里，則阻力必尤倍也。

求流質阻力最少之面　物之面有受阻力多者，有受阻力少者。欲求阻力最少之面，理有多端。如船尾當作若何狀，離船首當若干遠，船腹當作若何狀。

求流質壓於平面之抵力　欲知流質壓於平面，抵力若干，當以流質高乘面積，得體積，其重即平面抵力也。

求任何面上流質之抵力　流質任何點，其抵力必等於上面垂綫各點向下力之和。因各垂綫向下力方向俱平行，故任何面爲於流質中可推面上之全抵力，以本面爲底，以本面重心距流質面爲高，高乘底得體積，命此體積爲流質柱，柱重等於面上全抵力。

推流質之抵力心之率　流質體所加諸力，可以并力代之。并力所加之點，爲抵力心。假如貯水器之底面爲平地面，則底面并力點與重心無異，因力方向皆平行，并力方向俱同故也。若貯水器旁面之抵力心，必在重心之下。設旁面爲平行四邊形，抵力心之高爲三分面高之一，設爲等腰三角形，倒置之，抵力心之高爲面之中垂綫二分之一，正置之，則爲四分之一。

流質抵力愈深愈大之故　流質各點因地所生之抵力，流質愈深，抵力愈大。蓋流質定於器中，各層流點自下而上，俱爲地力所加。澄然大動，因各點抵力大小相併相抵故也。

流質旁面抵力之證　船行海中，後面放水，可令船向前。因此亦可明火箭之理，藥筒火發，筒中四周爲大抵力所加，前後二面相定，開其後面，則後面抵力散於空中，前面無相當抵力，故令火箭(而)[向]前而飛。

流質出口遲速有二事　凡器中流質，出器口入氣中，行成柱體。若無物阻之，其柱之面恒不變。當出口時，各質點之速，等於空中下墜已過若干路所當得之速。用此理推得二事。一出口時速之大小，由於口离流質面之深淺，不由於本質之厚薄。故諸流質空中下墜，俱同速也。如水與水銀出口時，若口之离面深淺同，其速之大小亦同。然當口處水銀下壓之力，甚大於水。一同流質出口速之大小比，若經過之高平方根之大小比。蓋各物空中下墜，每秒中速之比，若經過之高平方根之比故也。

流質出口速與多比例　出口之速與多，有比例。如一秒中下口較上口其流出之多加若干倍，則其速亦必加若干倍。

流質出口各形狀　凡流質出口，在器底必直向下行，在器旁必依拋物綫行，皆作柱狀，而漸縮。設口爲徑寸之平圓，則所作柱狀，近口處亦必徑寸，漸遠漸縮，最小至八分寸之五，謂之小平圓截面。流質各點出口時，俱欲向此截面，器中之水必用無數方向流至口，故出口有倒尖錐之理。錐尖在口外，即當小平圓截面之處。尖錐形狀，視口之形狀及截面距口遠近而異。截流柱爲無數截面，口爲平圓，則諸截面皆爲平圓。口爲正方，則諸截面形狀不一，略遠，口諸角俱無；再遠，則爲八角形，有四大邊、四小邊俱相等；再遠，則爲八等邊形，而諸邊微曲，漸近平圓；再遠，則爲四曲邊形，凹面向外。若口爲他形狀，則流柱之變狀又不同。其故，皆生於各點在器中趨口之方向。

流質出口難易　流質上面別加抵力，如以砧迫之之類，則出口處必增速與多。欲知增若干，其比例當以同輕重加高之流質柱爲率。若上面抵力減少，小於口外氣抵力，則流質出口不易。

測流質出口之數　測流質出口多少，不用口面積，而用截面積，約爲口八分之五。

流質自器瀉入氣中與在真空下墜無異之故　流質自器中出入氣中，其上面必有抵力傳於口。傳於口之力，與口外氣阻出口之抵力同。故流質自器瀉入氣中，無異於在真空中下墜。

流質自然成面之故　流質在滿貯密封之器中，流質面之形狀，即器内面之形狀。今欲明流質自然所成之面，試貯流質於相藏諸器中，諸面高下，必俱在一箇地平面上。此共見共知也。以理推之，乃地心攝引力加於同距心之流質，大小俱等而然。

物入流質或升或降之故　物在流質中，必或升或降，以物本重或大或小於等體流質重故也。

推物入流質必變輕之理之人　觀定質物浸入流質中，似與地力攝引之理不合。如竹木之類，入水必升；鐵入水銀必升，炊煙在風氣中或升或降，雲浮風氣上，與輕物浮於水無異。昔希臘國彌底推得其理，謂物入流質中必變輕，所減本重等於等體流質重。

物入流質減重之理　物入流質中，觀所減之重，必因流質載之而然。蓋物未入之前，有等體流質先在物所居之處，此等體流質可當作定質體，與四面流質一似不相連屬，先在物所居之處不動，因有向上抵力，恰等於體重抵定之故也。所以物入居之而定，必有向上抵力載之，物重必等於先所居之等體流質重。如此，凡物入流質中，物重若等於先所居等體流質重，必相定，而物重即減盡。設物重大於等體流質重，物必下降；設物重小於等體流質重，物必上升。是則物體定於流質中，必等於流質同重之體。因物入時所讓開之流質，其重必等於物本重故也。

風由於氣　氣球爲流質，大海必無處處相定之時，蓋氣之本性最易流動，故若一點略有撼動，即傳之各處，俱不能定而成風矣。

地心吸力最大又加風氣以至無極之理　地心吸力最大，漸遠漸減，以至地面，又加風氣，漸遠漸減，以至無窮，永無盡界。地心極也，其漸遠漸減而無窮者，無極也。故風氣盡界説，稱風氣愈高愈薄，漲力愈小。漲力能推諸點四面散行，漸遠地心，其方向與地心力對面，此言是也。至稱漲力漸小，至與地心力相等，風氣諸點不復推開，而有盡界者，其義非是也。

常風變風之故　地球面有常風。上潮若無他故，則北半球恒南風，南半球恒北風。下潮若無他故，則北半球恒北風，南半球恒南風。而因地球每日自轉，風亦隨之而轉，下潮近赤道，地球緯度之速漸大，風不能追及，一若退行，故北半球變東北風，南半球變東南風。赤道左右三年度内，常常如此，海船最易行。至近赤道，風從東來之路，漸消而盡，蓋已得地球之速，故一若無風，或僅正南北風。上潮有時降行地面，亦成常風。在北温道外，恒爲西南風；在南温道外，恒爲西北風。此一因於地球自轉，一因於上潮方向也。蓋上潮有向東之速，乃地球赤道上自轉所生，故北温道外，上潮向東之速，大於北方諸地面向東之速，迨熱氣消盡，必下降至地面，而所得赤道之速尚未消盡，仍大於各地面之本速，故即至地面，即爲大西南風也。在南半球則爲大西北風。

颶風之故　或云海中常有颶風，蓋上下方向對面，遂成迴旋之風也。

風大之率　最大之浪擊船，有時能令錨索絶。風一小時行六里，人幾不覺；行八十里至一百里，則能拔木發屋。

中國東海風方向之異　中國東海之風，夏常西南，冬常東北，因太陽緯度而異也。其大略可類推。

風之冷熱由太陽而生　風之起，其最大之因，爲太陽晝夜往來感動之故，其他所因俱甚小。蓋氣定時，逐層之面冷熱俱同，太陽能亂其冷熱。十二時中，從太陽中所來之熱氣，刻刻不同，而冷熱又有因於地勢而變者，而氣遂不能定矣。各處緯度異，冷熱亦因之而異。

風氣冷熱處處不同之故　風氣冷熱，處處不同，赤道之下，日光正射，而熱入必多；斜射則熱少；愈斜則愈少。故一年熱氣中率，赤道之下，寒暑表八十四度；兩極之下，僅得四度。然則赤道下之風氣，較他處熱而輕，故必上升。而其下南北之冷風氣入之，復受熱氣上升，而其下之冷風氣又入之。

風氣抵力之證　水在器中，或倒懸而水不出，以口有風氣抵力也。虹吸，内兩邊倒懸之水俱欲下行，在頂點有兩分之意，兩頂點無空，勢不能分兩邊，一短一長，必令短者逆流而上，所以無空者，風氣抵之也。若頂點高過三十二尺，即有空矣。故極大虹吸，高不得過三十二尺。

地球外風氣高卑厚薄之證　地球外之風氣，層層包裹，近地最厚，漸高漸薄，至一百五十里，則無風氣矣。用玻璃管長三十二寸，内徑極小，不過八分寸之一，兩端一通一塞，滿貯水銀，倒植水銀器中，則管中水銀必降，最卑至二十八寸，最高至三十一寸，其不能再降者，爲風氣之所抵，而風氣厚薄時時不等，故升降亦時時不等也。海面水銀高二十九寸九分二釐二毫，在高山則必降，風氣薄而輕也。在深壑則必升，風氣厚而重也。大率高九百尺，水銀降下一寸是又爲測高之簡法矣。

包地球風氣之證　地球外有氣四圍包裹，何以知之？地面處處有雲浮行空中，且處處有風，又仰觀最高山頂，亦有雲有風，雲外蔚藍無際，此氣厚之證。試觀深水澄碧一色，同此理也。若無氣，仰視空中，必純黑無色，而晝夜俱能見星矣。

包地球各氣分合之法　包地球外之氣，非一種也。乃各種氣相和而成，可以法分之合之，俱有精理，而與地心力無涉。試以二瓶一貯水母氣，一貯炭氣，水母氣最輕，炭氣最重，以輕者居上，重者居下，各啓瓶口，對合之。須臾水母氣下降，炭氣上升，和洽極匀。設貯氣之器有隙通外氣，則內氣必出，外氣必入，內外相和，其出入處方向對面而不相礙。

地球外有最多之氣　包地球之氣，不論何地，不論何時，亦不論高卑，爲諸氣和洽而成恒同。諸氣中淡、養二氣爲多，他氣俱甚微。

測地面氣高之法　一率氣厚薄，二率水銀高，三率水銀厚薄，四率得氣高之數。

地球上氣定之證　地球面至氣之盡界，自內至外，逐層分爲無數球面。氣定時，其抵力，其厚薄，其冷熱，每面上必處處相同。試於一面上任取二點，二點之抵力同，厚薄冷熱亦同，則氣必定。

氣之盡界必爲平球面之故　知流質相定之理，即可明氣層層包裹之理。氣之中間，不論何點，其質之厚薄與抵力大小恒有正比例。以此推之，離地面漸高，必漸薄，其外疑有盡界，其盡界必略如球面。然則其盡界之面，必與洋面平行。故太空之氣，與大洋之水，俱爲流質海，其旋轉及地心力攝引之理俱同，所以氣之盡界，必爲平球面。

氣有盡界之説　包地球外之氣，若無盡界，日月諸行星亦兼包於內，則太陽居氣球之中，亦仍與地球外氣球理同。然以意度之，而知氣有盡界，不兼包日月諸行星也。何則？蓋氣之漲力，能推諸點向外行，令漸遠地心，其方向與地心力恰對面，漸高則漲力必漸小，直至漲力與地心力相等之處，則氣之諸點不能復相推，而有盡界矣。漲力漸小，又因漸高漸冷之故，以此二理推之，氣之盡界，當不及一百五十里。

始測定氣之重之人　自地平面至氣盡界，氣之積最深，故最重。地漸高，則氣漸淺，亦漸輕也。明崇禎十三年，伽離略始測定氣之重，其門人據此以發明恒升車水升之理。

作氣球法　球上升之力，即球本重與等體氣重之較。初作氣球時，用熱氣、冷熱二氣，其重較不小，等體冷氣重，大於熱氣，并所帶或船或車重，球必上升矣。近時氣球中所用氣，以法煉之，其重小於常氣四五倍，故球上升又速又高。水中小氣泡上升，亦即此理。愈近水面，泡愈增大，所撼動之水體，亦愈近水面愈大也。此有二理：一水愈深，抵力愈大；一氣凸力之比，同於等體空之反比。

氣球爲言光差者之要事　氣球爲無數同心球面，自小至大，包疊而成。逐層球面，自內至外，厚薄由漸而變，層層不同。言光差之理者，以先明無數球面之理爲最要事。

論二氣分合能解難解之理　凡二氣，此氣漲大時，他氣諸點之質阻率，能減小此氣諸點之動速；迨二氣和洽後，則諸點僅能加抵力於本氣之諸點。此論能解難解之理。蓋屢測輕流質相合時，恒與地力之理相反。如炭氣重於水母氣二十二倍，輕者居上，重者居下，能相和洽。此理最難解者，得此論始釋然矣。

氣抵力與重流質相同之故　地心力加於氣，所生抵力以輕重論，與重流質之理同。抵力大小，與深淺有正比例是也。

氣加闊面阻力之證　凡氣加於闊面，其阻力可以輕氣球下墜時用傘之理明之。輕氣球下必綴以傘，下墜時爲氣所阻，故幾秒後不復增速，傘與人俱用平速而下。又鳥之飛，亦藉此阻力。阻力加於翅尾，如舟柁以正方向。

考氣出入不相阻礙之理之人　英國達爾敦，嘗察知輕流質本有互相推盪之理，若輕流質爲兩種氣，即無此理。蓋兩輕流質彼此互視俱如空體，故此氣質點流入他氣質點中，不相阻礙，但有點與點相擊之微細阻礙，一如水入沙中，亦如風透薄紗也。

人身氣相抵定其理有二　計人之身，有氣三萬斤重壓之，而人不覺者，因通體互相抵定故也。其抵定之理有二：一流質通抵力處處如一，一氣漲力與質之厚薄恒有正比例，與所處空體恒有反比例。人身外邊氣抵力四面擁擠，與身內氣之漲力相抵定。設外抵力略大，身之所處空體必略小，內之漲力必略大，內外二力仍相抵定。

玻璃罩內氣不能出盡之故　玻璃罩內氣，用氣機管出之，氣漸出，所留者復漲大，仍充滿罩中，故漸薄。每推機進退一次，氣必遞薄一次，而漲力必遞小。至漲力小極時，不能開掩機，則氣不能復出矣。故氣機管不能出盡罩内之氣也。

氣閉器中開穴以驗氣之動不動　凡氣閉於器中，必生抵力於四周。或曰，設於器上開小穴，當穴處無抵定漲力之面。如此，氣動乎？外氣入乎？内氣出乎？抑内外俱不動乎？曰，内、外氣輕重冷熱等，則俱不動。内、外二力相抵定。若輕重冷熱異，則不能相抵定而動矣。其動，依大力之方向。

高煙自能令熱氣上升　聚火處開煙囱，令煙速出於上，熱氣輕於等體冷氣，當漸熱時，體必加大，所以撼動冷氣漸多，即等體冷氣重漸大。二重之較，即令熱氣上升之力。小人口中，煙囱若高能成熱氣長柱，而動力甚大，譬以長木入深水，其上升速於短木數倍也。故煙囱一百五十尺高，較五十尺高，出煙幾倍速，又高烟囱之煙，向上直升，恒高於頂若干尺，外面風力不能敵。低煙囱之煙，有時不敵外面風力，即不能出，有反入室中之患。英國造布火機房，及冶房煉藥房等處，必建高煙囱，因此也。

煙囱使熱氣流通　出煙專用此大煙囱，各處之火，用小煙囱通入大煙囱，今下面有熱氣長柱，其大動力可代槖籥，故諸火俱極旺。若諸火俱滅，一時不能復然，因氣不流通。須先用枯草，或刨花，入大煙囱中燒之，令氣漸熱，復成長柱，然後流通，諸火乃可復然也。

凡物縮漲之理　物之縮也，或因有力自内吸者，或因有力自外逼者。物之漲也，皆因自内有力驅而散之也。大抵如物之熱而漲，冷而縮耳。

水酒化氣不化氣之别　近人復以法攷之，用水和燒酒，以器盛之，置玻璃罩内。以氣機管漸出罩内之氣令薄，則二物必俱漸化爲氣以補之。至罩内氣質復厚，漲力復原，則二物不復化氣，乃以石灰入罩内，水所化氣，必與石灰合。氣之體質復薄，水復化氣，而罩内有石灰所化氣，復與之合，如此可使器内之水，盡化爲氣，與石灰合至僅存燒酒而止。然則水氣足，即能阻水之化氣；燒酒氣足，即能阻燒酒之化氣。去一氣，留一氣，則一無阻之者，故復化氣。一有阻之者，故不復化氣。蓋二物各有化氣之能，各不相雜。

水銀方寸面氣抵力之率　氣之質厚薄，恒有小變，故抵力亦恒有小變，必以中數爲準。用大小不同徑之水銀柱，比較知之，有方寸面水銀柱，即知方寸面氣抵力。凡水銀方寸體積，重七七兩八錢五分，三十二寸，重二百五十一兩二錢，即十五斤十分斤之七，爲方寸面氣抵力之率。

水及水銀面異　水及水銀貯器中，其面異，近邊處水必略高，水銀必略低。貯小管中，近口之面水銀必凸，水必凹，蓋另有二力：一流質諸點互相合力，一流質與器口諸質點相合力。流質面直交二合力之并力，并力愈大，曲度愈多。

水氣盈縮之故　水氣用漲力，及被冷熱加減之能。冷則氣縮，熱則氣盈。

水氣漲力增多之功有二法　一令水氣之熱，大於沸水之熱，則漲力大於風氣漲力。此非煤多不能。一令水氣漲足，自能滿器之空處，法於推機過空柱幾分時，塞閉管口，則已入之水氣漲足，令推機行至路末。此法功多而煤省，較風抵力火輪更妙。

洩水氣之法　火機器鐵鍋中，水極沸時，水氣漲大，恐鍋裂，任於鍋上預開小穴，掩以機板，能自開閉。水氣抵力太大，鍋欲裂時，機板即自開，水氣即洩。

推動力漲力　推動力，與流水之理同。推漲力，若干氣當程之功，等於漲力之并重，乘得速當過之路。

漲力動力之用　風氣之力有二：風槍用漲力，風帆用動力。水氣亦有漲力與動力。

始推漲力之率之人　凡氣之冷熱不變，則漲力大小，與所處空體之大小，恒有反比例。此理英國鮑以勒始發之。

冷化致用　水與水氣有熱化冷化之别，冷化器推機進退，由於兩邊水氣，一邊之氣方盛，一邊之氣化水。此器水氣漲力，恒大於風氣漲力，最爲利用。

水熱極大之證　水熱至寒暑表之二百十二度，其漲力與風氣等，每方一尺，抵力二十一百二十斤，更熱，則漲力極大，雖至堅之物，不能當之矣。

極寒時水體增大之率　測各物之性，以定體增減之率，而水之體性特異，至極寒時，體反增大。用法輪海所造寒暑表測之，寒漸增，水體漸減小，至四十度爲減小限，乃質多體少之極處。此時水之質最密，若寒再增，水體復漸增大，至三十二度，而成冰矣。當成冰一霎時中，體增大最多，亦最速。

水不能令縮之説不足據　昔人論水不能令縮，意大里亞弗羅倫之地，多格致士，嘗用空金球滿貯水，密封無隙，用器四面擠之，水必透金出，如微露點點，云水不能令縮之據也。今細窮其理，此不足據，只可云令水透金，易於令水縮耳，水實可縮。

水可縮之確證　試以瓶貯淡水，密封口，沈海底。出驗之，水必變鹹，蓋由淡水縮、海水入之故。因思瓶之口塞，必先入，乃刱法，用銅瓶置分釐尺於口塞旁，驗縮入若干，乃有定率，如法測得水深五千尺，水體積縮二十分之一。因其可縮，而知水有凸力。瓶出海時，口塞必復原處，是水先縮後長，有凸力也。曰，安知非銅瓶改變形狀之故耶？曰，瓶之内外抵力同，必無改變形狀之理。故決定爲水之縮也。

漲力與空柱有比例之故　凡空處皆有風氣，風氣漲力四面散行，直至過物攔阻而止。設冷熱等，則漲力大小與空體大小有轉比例。如有長空圓柱兩端，一道、一塞。以通之一端入水，則柱中空體爲水所逼，漸下漸小，而令柱下行之，力必漸加大。此即風氣之漲力，以漲力與抵力恒相等也。

空體漲力比例有别　所處空體愈小，漲力愈大，故空體與漲力恒有反比例也。用推機進退空柱中理同。若寒暑表熱度加大，漲力亦加大，則比例不同。

力熱互易之證　以力止動物，其力化爲熱氣也。以熱氣之多寡，即可度量其力矣。如以手擦物，因有滯礙，便覺熱矣，此力化熱氣也。又如擊釘許久，錘釘皆熱，同此理耳。熱化熱氣，熱復生力，二者互相變化。有熱氣若干，便生力若干，即如燒煤一斤，能運物幾何，皆可核算也。

水速實程之功少於當程之功之故　實程之功，則因水之各點力互相加減，消去全力之幾分，此幾分不加於作工之輪，而加於他處，不能用以程功，故無論何水輪，或激輪上半，或激輪下半，實程之功，皆少於當程之功。以能力之幾分消於不可推之阻力，而水中又有横流之水故也。

水速當程之功爲重乘路　水之速不能全用以程功，故别立法，如令水之各點速依垂綫上行，至得速當過之路，則全速已消盡，一如全水不動，亦有下行過此路之能，故當程之功，爲重乘路。

水力壓物重在水柱旁水無干　求水壓物重處，止於所壓物底之平面，求周圍垂綫於水上面，如水中之柱，柱乃壓物之重，水中柱下面口底甚小，從底口垂綫，直至上面，中間水柱爲壓重，餘水皆無干也。

貯水器中有旁面之抵力　水貯器中，旁面抵力兩邊相平相定，故滿貯水器，無偏動於一邊之勢。設於此邊開一小穴，器必向彼邊自倒，因去一邊之抵力故也。

水搏不得　假如有銅球於此，水已滿其中矣，欲再强加别水，必不得。雖銅球分裂，亦必不能再加。何也？水體最密最稠，再搏不去故也。

人在水升沈之理　人入水中，身重小於等體積之水重，又胸中空處能大能小，首昂則胸大，而兩重較更大，且以兩手入水，必不沈也。若手出水，則身重大於等體積之水重，而身必沈。沈至水底，抵力愈大，身之體積愈小，而不能復升矣。人於桅端下墜，入水必深，以身重大於等體積之水重也。殁則體漲大而復升，以身重小於等體積之水重也。

魚在水升降之故　魚在水中，能自升降者，因腹中有風氣胞，能大能小，故升降甚便。欲升時風氣胞漲大，令等體流質重大於魚身重，即升。欲降時，風氣胞縮小，令等體流質重小於魚身重，即降。

以二等體重可以升水中之物　令物升降之力，等於物本重與等體流質重之較。凡輕物或木箱、錫箱、牛胃等物，中有風氣，入水中必升浮水面，即此理也。同此等物，可起深水中之重物。如大舶沈水中，欲起之，用木箱滿貯水，入船底兩旁，用皮條或繩搭住，以長氣機管取出箱中之水，箱即舉船而起。舉船之力，即二等體重之較也。

水性重輕　江河溪海，水性無不同者。但水之鹹者，則其體微爲重耳。

水之大面小面不同　水之平面，以小面言之，與地平面略無差别。若統論其大面，如海及江湖，即大不同。

水向平之故　水隨地流，地平之上，有低凹處，四周水來，必滿凹處與地相平而後流焉。故水隨地而圜，亦隨地而平也。

水平面定於地球　地球可作球形論。陸地之面必有高卑，海面定時無高卑，故海面爲平曲度之球面，測量而知其如此。準地心攝引之理推之，亦當如此。若作别形狀，則面不能定矣。蓋面之諸點離地心不等，則加於諸點之攝引力亦必不等，故必成球體，乃俱相定也。是以球面爲定面，今作平面論之。設地面皆水，則止一箇平面，今因有陸地高卑，不止一箇平面，諸平面離心遠近不等，而最大者爲洋面，他平面俱以此爲準。

水面與并力相關之證　任有何能力加於流質，流質各點之面必直交各點，諸能力之并力綫，以此理爲據，合無窮水面必成球面。小面爲地平面，全面爲球面，然略近球面，而非正球面也。蓋地球旋轉生離心力，離心力及地心攝力合生并力，水面必直交并力，所以海面及地面當近赤道處，曲於球形；當二極處，平於球形。又近高山處，水之定面形狀恒稍變，必直交所加諸能力之并力。月過處，月力合地心力，亦生并力。并力方向異於地心力，方向必令水面改變，即潮汐之理也。故水面恒直交於并力，并力動，水面亦動也。

水上下方向之異　水之上下面，非但速不同，或方向亦異，甚至方向對面亦有之，如通海之港，潮來時，鹹水從下入，淡水從上出是也。鹹在下，淡在上者，輕重異故也。故油入水必上浮，熱水入冷水亦必上浮。凡大川入海，離口若干里，海面之水俱淡，然下必鹹也。

川中水流遲速之故　水流於川，遲速不同，其故多端。底有高卑，邊有曲直，又有面阻力，及他故，俱能減流速，且令改方向。開港若高卑同，且甚直，流速最易推。凡水流，上面速於下面，中流速於兩邊。因底及兩岸有面阻力，且多曲處故也。凡港之彎，凸邊之流，速於凹邊，此生於各點互離心力，能令水積於凸邊故也。

泉成瀑布之理　設有泉脈從山頂通山腹，山腹四周俱不通。水積成數百尺高之水體，加大抵力於四周，四周土石不能抵，必開裂而成瀑布。

泉穴之理　土中有泉穴，穴中之泉，從土中向上直行。嘗觀開井，有時水躍出，高於地面數尺。蓋地球之外皮土石各層，處處高卑不同故也。

投石生浪之證　深潭止水，投小石必感動水面，疊生圓浪，經過水之通面。若投二石，各爲浪心，生二圓浪，必相遇。遇時各不變方向，無相阻力也。凡疊浪，先生者必高於後生者，如是遞卑至於無浪。遇物阻，浪不能向前，則阻物復爲浪心，生半圓回浪。回浪遇本浪，與二石所生二浪相遇無異也。

水與浪方向各不相涉之證　浪乃略高之水，行於水面。凡一浪行於水面，各小面以次相傳，俱生高卑動。立海岸觀浪一若水向海邊流，然水行未必依此方向。水在浪中，僅有向上或墜下之方向，其本方向或與浪同，或與浪對面。水與浪之方向，各不相涉。故舟在水面，日經過數十浪，或不行，或因風前行，或因水前行，全不關浪也。又浮木水面，浪雖推擊，木不行，然則浪不能動水面之物。故水不因浪行，浪自行，水自行也。浪長浪落，水不過向上向下行，初未嘗橫行，人見水面浪行方向，以爲水行者，誤矣。

浪速難推　浪速因高卑而異，亦因形狀而異，形狀刻刻變換，故浪速難推。

求浪速之比例　浪速之比例亦可推。如水邊距投石處十尺，浪自浪心行二秒，至水邊，則一秒行五尺，即浪速。

浪高之率　浪每因風而生，浪之高根於水之深。水闊二三百尺，深三四尺，浪高不過二三寸。水深二三十尺，浪高約尺半。

以浪高低爲海淺深之率　浪之高根於水之深，地中海浪低於大洋浪，大洋浪最高時，二船雖甚近，亦能遮隔不相見，故可以浪高低，爲海深淺率。

以地重心計海洋之深淺　依重心之理，而論大西洋必深於太平洋。赤道以北之洋，必深於赤道以南之洋。何以故？凡地球吸力，非地心所生，是地球全體各質點皆有吸力，各點互吸其力，必聚於公重心，猶之一重物各質點皆有重率，而重心必歸於一點也。所以地面上有物墜下，必向地球之公重心，而海面恒與重心至地面經綫成正交，故重心即球心也。又因地球以二極爲軸，每日東轉一周而生離心力焉，故北半球之垂綫俱向地心而稍偏南，南半球之垂綫俱向重心而稍偏北，維赤道與二極地方之垂綫直向重心，是以地球爲微遍形矣。今閲地圖，北半球陸地多於南半球，若使海洋深淺略同，則北半球地質多於南半球，是北半球重，而南半球輕，其公重心必偏在北半球，海水亦隨之而北，乃北半球之低地没爲海，南半球之淺海變爲陸。何能成現在之形狀？以鄙意度之，北半球之海洋，應倍深於南半球之海洋，故北半球洋面雖少，以深補之，仍不爲少；南半球洋面雖多，以淺消之，仍不爲多。乃兩半球之地質輕重俱等，而重心亦無偏北之勢，庶能成現在之形狀。又大西洋應深於太平洋之理，亦然。不知此論然否，須質諸泰西測海家，驗以實測，方可自信。如其不然，必因地質有鬆密，北半球地質多而鬆，南半球地質少而密，亦能輕重相等，可使重心不偏也。

潮與水方向不同之證　潮頂之行，與海水之行，須詳細分別其方向。蓋潮自行，水自行，不相涉也。如桅上旗，因風生綺浪，其方向與旗行方向不同也。有多地潮自長落，水亦自行，各自有方向。

潮有大小之故　日之吸水成潮，潮之大小差池，可以爲憑也。日月若不並行，則晝夜應有潮汎四次。惟日致之潮，小而難見，至日月並行一面，或分行對面，斯二潮歸併而更大矣。朔望之大汛，職是故耳。潮汛逐日漸大漸小，亦由於日月之分合也。

潮汛疾徐之故　潮既對月、背月，而如浪凸起，則隨月而行，必一晝夜有奇，周行地球，以此計之，是一時行二千洋里矣。第潮浪於淵海之中，如摇繩揚波，然雖波之凸處前行，而水不易地也。且海面凸處甚闊，潮不過數尺之高，故舟行遇之而不覺。至近岸淺處，催水前流，成爲急溜。快者，有一時行至百二十里者，有行數十里者。蓋緣就淺就深，有無阻礙，便分疾徐耳。

上潮行速之證　攷驗上潮之據，大西洋海中有高山，名德内黎兆，山巓與山脚之風方向恰對面。又海中火山頂噴煙焰，方向與海面之風亦對面。蓋煙焰初出，山頂在氣之下，潮中其力甚猛，直上不動；及入上潮，力漸衰，乃隨風之方向而横行也。准此，測得上潮之行甚速。

潮速之率　大洋之水，每日升降二次，海邊之地，有潮來去，因此也。近有推得浪速者，大西洋一小時約行七百英里，近海岸或一百八十里，或六十里，或三十五里。通潮小川中，不過十三里。

潮汛高低之故　洋海之中，大潮不過七八尺，小潮不過五尺。至近海之處，因岸畔曲折不能徑達，其勢相逼，故致其流急，而其高加倍，有時數浪相逢，高至數丈者，而於由海入江之門户，往往如此。浙江錢塘大潮，即此故耳。

潮汐高卑由於日月攝力大小之數　潮汐高卑，由於日月攝力。朔望時用其和，兩弦時用其較。而二攝力之大小，時時不等。因日月距地時時不等，而攝力與距地之立方，有轉比例也。日力大小，自十九至二十一。月力大小，自四十三至五十九。故潮之最高與最卑，若兩大數和，與兩小數較，即若十與三之比也。

日亦吸水成潮　日、星均吸海水，星或小而極遠，吸力可以不計。且四面均有多星，其力相抵而消，故有若無。日雖去地極遠，緣其體質極大，故其吸力可以綜核。向日之水，應高二尺，背日亦然。與上文向月、背月同理。

地被月吸致有潮汛之證　月之吸地，海之潮汛可證也。究潮汛之所以然，實無他解。復思潮之長退，恒隨月之運行，此顯而易見，盡人而知之者也。牛董嘗以地與月之遠近輕重，測量其事其理，正相符合。

背月高起致有潮汛之理　背月高起，致有潮汛，其理似深，然細究之，亦不外吸力也。比如水球之上下，共分若干層，最上之一層，向月被吸數尺，次層即上移較少。層層如此，則最下之一層，向月挪移最少，似落後拽長然。蓋被吸不如他處之多，而亦凸起也。略如水珠下墜，勢若兩頭拽長，亦此理耳。地球盡水，固應如是。而陸地不過四分之一，其有水之處，自宜爾爾也。即質體堅硬，亦爲月之所吸，惟一齊挪移，故陸地不見，於水面顯之耳。

向背皆潮　水向月高起，背月之處，亦高起也。若衹向月而高，則一晝夜間，止潮一次矣。晝夜既有二潮，是知月在上一潮，月在下亦潮。

潮長進口潮落入口之變　潮長時水進口，潮落時水出口，理之常也，然惟海邊海彎則然。有多地潮之長落，與水之進出，時不相應。又兩端通海之川，潮漲至極高後二三時，水方不動，其前水仍進口也。潮落至極卑後二三時，水仍出口也。

測潮之法　測潮有二法：一常測一處，一徧測各處，而比較之。

測潮須常測徧測　測一處者，逐日測其早晚高卑，而知由於日月經緯及遠近之故。僅測數日，僅測數地，必有大不合理不可解處。須常測、徧測，然後知不合理者，皆合理也。

測潮六事　當攷者有六事。一、各地月過中綫差。潮漲在月過中綫後若干時刻，日日不同。大率此差宜用朔望爲準，然亦須用多日之中數，以定中差。二、半月差。月過中綫差，因月距日又生差，須以日月赤道緯度，及地心差之中數攷之。此差半月而復，故名半月差。此差各地當相同，然亦須測之，或變，或不變，未能定也。上潮時刻，須以半月差爲準。三、潮距朔望差。潮期後於朔望，或一日，或二日，或三日。故大汛潮不在朔望一日半中，而在其後一日半中。上潮距月過中線差平數時，不在朔望一日半之中，而在其後一日半中。朔望時刻，距月過中綫差平數時刻，即潮距朔望時刻也。四、潮日差。一日二潮，高卑不同。某月早潮高，某月晚潮高，須於各地測之。五、潮隨地不同。或有地兩潮從兩路來，或無日差，或二潮合爲一潮，十二時只一次，所生之差又異。六、日月地心差不同。赤道緯度不同，俱能變潮之高卑。及時刻測驗，須久且精，方密而確。

測潮須知每日月過中綫差之法　水漲極高時，用最準時表，查其時刻，與曆書中月過上下中綫時刻相減，得每日月過中線差。

測潮須測水道方向之改變　有諸海港合而復分，水道變方向，有時成環繞之形。半日中水道歷盡羅經各方向，或東南西北，或東北西南。水道變，遲速亦變，故測潮須兼測水道。其法，先測有進退之水道否，若有，須測潮長落後歷若干時水方復本道。設有環繞水道，其變方向，更須細測之。

測同潮綫二法　各處同測而比較之者，欲知潮頂及所向之路也，潮頂即水最高處，潮頂至處，即水漲極高時。設各地同時水漲極高，於地球圖中作一綫，名各地同潮綫。朔望二日，每隔十五度，作各地同潮二十四綫，爲大地同潮圖。此圖可攷潮路方向，欲作同潮線，須先知各地月過中綫差，或測而知，或比較而知。欲測每地月過中綫差，須用逐日所測水漲極高時真時刻，除朔望二日外，又須加減半月差。一法，欲知同潮綫，但以各地同時同潮比較而得更便捷，不必用中線諸差也。如半日内於各地測潮，用其時刻相比較，而知各地潮之早晚，此時刻較數，視推算所得時刻更真也。測潮之人，必居海濱，每日細測月過中綫差、半月差、距朔望差、每日高下差等事，與各地比較，即知一月中潮有改變與否。

測水漲落之法　測潮須測水漲至極高之時刻，及水之高卑。然有浪測之難準，須用木或錫作長管，立海中，旁開諸小孔，以通水。管中水面浮以小木，隨水上下。木上立一細表，密刻分秒。用此法，即確知水之漲落若干高下也。

袁清舫　晏海瀾《西藝通考》　卷二三至卷二七目録　重學攷五

流質重學一

總論流質　論縮力　論抵力　論流質面形狀　論平面　論二處流質相通必升至本平面　論流質抵力愈深愈大　論任何面上流質之抵力　論流質抵力心　論旁面抵力　論物浸流質中之理　論物入流質中減重之理　論相定之理　論等體重　論物在流質中或升或降之理

論輕流質　論漲力　論各種氣水合之理　論地球外有風氣包之

論氣抵力　論氣若逐層等質當若干高　論倒器口風氣抵力　論氣層層包裹之理　論風　論氣之盡界　論地球合諸氣而成　論流質之重

論流質出口遲速　論流質出口形狀　論助口管　論流質阻力　論流質動之功用　論川中水流　論浪　論測潮

又　流質重學一　總論流質

金、木、土等類爲定質，氣、水等類爲流質，定質之各點，凡體皆無數細點所積而成。重定不移。流質之各點，周流無定。定質滯力大，流質滯力微也。流質有二：曰輕流質，如氣氣動成風，故一名風氣。之類是也；曰重流質，如曲、水、水銀及五金鎔液之類是也。流質有二力：曰互攝力，曰互推力，二力畧相等。重流質亦微有滯力，何以明之？凡濺水空中，必畧如球體，不竟成球體者，各點互相攝引，外面諸物亦相攝引故也。又試以平面體加於流質上，舉時必增力，此其證也。所增之力即爲滯力率。輕重二質，理多同者。如熱則體增大，寒則體減小，此其一也。測各物之性，以定體增減之率，而水之體性特異，至極寒時，體反增大。用法輪海所造寒暑表測之，寒漸增，水體漸減小，至四十度，爲減小限，乃質多體少之極處。此時水之質最密。若寒再增，水體復漸增大，至三十二度而成冰矣。當成冰　霎時中，體增大最多，亦最速。瓶盎因冰迸裂，即是故也。

又　卷八九至九〇目録

氣學攷一

空氣之性

静性

空氣静性　空氣有質　空氣原質　空氣有積　空氣有重　空氣無微　空氣不與他物並容　空氣能浮託他物　空氣漲縮　空氣傳聲

空氣動性　通風之理　風之力　風之用　成雨之理　水氣之理

動性

略論空氣動性　成風之理　降雨之故　雨之益　生氣之説

空氣之力

静力

空氣静力　空氣結力　空氣重力　空氣阻力　凹凸力　空氣抵力　空氣託力　空氣壓力

顯壓力

略論顯壓力器　空氣壓水面之力　起水筩　虹吸管　空氣壓水銀之力　壓力表

氣學攷二

測氣等器

抽氣筩

略論抽氣等筩　抽氣筩之至　雙筩抽氣筩　雙行抽氣筩　抽氣玻璃罩　抽氣水銀表　進氣筩　革里該初作抽氣筩　第一類試空氣重與阻力之器　第二試空氣漲力之器　第三類試空氣壓力之器　第四類測空氣壓力之器　論輕氣球　氣球之用　天氣機　氣槍　氣礮　氣車　積氣筒　積氣泉

續測氣表

測雪氣造源流　迦離畧初知空氣有重　巴斯果試驗之事　晦正士所試之事　代加德所造之表　晦正事所造之表　雙管風雨表之利弊　論胡克所造之雙管風雨表　短形風雨表　尖管風雨表　連管風雨表　分圓形風雨表

王季烈《物理學語彙》

英	中	日
A		
Aberration.	收差	
Absolute rigidity.	絶對固性	
Absolute temperature.	絶對温度	
Absolute unit.	絶對單位	
Absolute weight.	絶對重量	
Absorption.	吸收	
Absorption of gases.	氣體之吸收	瓦斯ノ吸收
Absorption spectrum.	吸收光帶	吸收スペクトル
Absorptive power.	吸收力	
Acceierated motior	加速運動	
Acceleration.	加速度	
Action.	作用	
Adhesion.	黏着力	
Adsorption.	凝着	
Air chamber.	空氣室	
Air pump.	抽氣機，空氣唧筒	排氣機，空氣ポンプ
Amplitude.	擺幅	
Aneroid barometer.	空盒風雨表	アネロイド晴雨表
Antitrade wind.	反對貿易風	
Apparatus.	裝置器具	
Apparent expansion.	可見之漲大	見掛ノ膨脹
Aqueous humour.	水狀液	水樣液
Archimedes.	亞幾默德氏	アルヒメデス氏
Archimedes screw pump.	螺旋起水機	螺旋水揚機
Area.	面積	
Areometer.	浮秤	
Arm.	臂	
Atmosphere.	大氣，氣壓（單位之名）	
Atomiser.	吹霧器	霧吹器
Attraction.	引力	
Atwood's machine.	阿脱胡特氏器	アトウド氏器械
Axis.	軸	
B		
Balloon.	輕氣球	風船
Balance.	天平，游絲	天秤，小撥條
Barker's mill.	巴加水輪	バーカー氏水車
Barometer.	氣壓表，風雨表	氣壓計，晴雨計
Barometric pressure.	大氣壓力	
Baume's hydrometer.	蒲美浮秤	ボメ氏浮秤
Beam.	桿	鞲
Beat.	升沈	唸り
Bellows.	鞴，風箱	鞴
Buoyancy.	浮力，浮度	
C		
Capillary depression.	毛細管推力	毛細管斥力
Capillary elevation.	毛細管引力	
Capillary phenomena.	毛細管現象	
Cartesian diver.	浮沈子	
Causes.	原因	
Center.	中心	
Center of gravity.	重心	
Center of inertia.	慣性之中心	
Center of mass.	質量之中心	
Center of oscillation.	擺動之中心	振動之中心
Center of suspension.	懸點	
Centi-gram.	𦽛，生的克蘭姆	センチグラム，𦽛

Centi-meter.	糎、生的米突	センチメートル、糎
Central motion.	循心運動	
Centrifugal force.	遠心力	
Centrifugal machine.	遠心機	
Centripetal force.	向心力	
C. G. S. unit.	糎克秒單位	C.G.S.單位
Change.	變化	
Circuit.	輪道	
Circular motion.	圓運動	
Circular polarization.	環旋分極	迴環分極
Closed pipe.	閉管	
Coefficient.	係數	
Coefficient of expansion.	漲大係數	膨脹係數
Coefficient of friction.	摩擦係數	
Coërcible Gases.	强制氣體	强制瓦斯
Coercive force.	頑性	
Communicating tubes.	連通管	
Communicating vessel.	連通器	
Component.	分力	
Composition.	成分	
Compound machine.	複式器械	
Compound pendulum.	複擺	複振子
Compressibility.	壓縮性	縮壓性
Condensing pump.	濃氣機	
Conduct pipe.	導管	
Conjugate foci.	共軛點	
Conservation of energy.	能力之不滅	エネルギーの不滅
Conservation of mass.	物質之不滅	
Consonance.	調和	
Constant.	恒數	

Contact angle.	接觸角	
Convection.	對流	
Convergent.	收斂	
Correction.	補正	
Couple.	偶力	
Cover.	蓋	
Crest.	山	
Cubical expansion.	體漲	體膨脹
Curve motion.	曲線動	
Cyclone.	大旋風	
Cylinder.	圓筒、圓柱	

D

Dasymeter.	達言米突	ダシエメートル
Decimeter.	粉、得夕米突	デシメートル
Declination.	偏倚角、方位角	
Declination compass.	測偏倚盤	
Dekameter.	籵、达加米突	デカメートル
Dense.	密	
Density.	密度	
Depolarisation.	復極	
Displacement.	變位	
Diving bell.	泳氣鐘	
Divisibility.	可分性	
Ductility.	延性	
Duration of oscillation.	擺動時間	振動時間
Dynamic measure of iorce.	動力之度量	
Dynamics.	力學	
Dyne.	達因	ダイン

E

Ebonite rod.	硬橡皮棍	エボナイト棍

Eccentric sheaves.	兩心輪	遠心環
Effect.	効果	
Efficiency.	有効率	
Efflux.	流出	
Elastic body.	彈性體	
Elastic force.	彈力	
Elasticity.	彈性	
Elevation.	高度	
Ellipse.	橢圓	
Elongation.	延長	
Energy.	能力	エネルギー
Equilibrant.	平衡力	
Equilibrium.	平衡	釣合
Equivalent simple pendulum.	相當單擺	相當單振子
Erg.	愛格	エルグ
Ether.	以脫	エーテル
Expansion.	漲大	膨脹
Experiment.	實驗	
Explanation.	說明	
Expansibility.	漲大性	膨脹性
Extension.	填充性	
F		
Falling body.	墮體	落體
Female screw.	雌螺旋	雌ネヂ
Fix.	固定	
Fixed pulley.	定滑車	
Flexure.	撓	
Floating body.	浮體	
Fluid.	流體	

Fly wheel.	飛輪	正轉車
Force.	力	
Force pump.	壓上唧筒	
Free fall.	無礙直墜	無礙直落
Free reed.	遊離舌	
Freezing.	凝固，結冰	
Free fall.	無礙直墜	
Free reed.	遊離舌	
Freezing.	凝固，結冰	
Freezing mixture.	發寒劑	
Freezing point.	凝固點，冰點	
Friction.	摩擦	
Fulcrum.	支點	
Fusing point.	融解點	熔融點
Fusion.	融解	熔融
G		
Galileo.	加利利阿	ガリレイ
Gas.	氣體，加斯	瓦斯
Gaseous density.	氣體比重	
Gasification.	氣化	
Gasometer.	蓄氣槽	
Geissler's tube.	蓋司拉管	ガイスレル氏管
General forces of bodies.	物體之公力	
Golden rule of the mechanies.	重學之黃金律，重學定理	
Governor.	調整器，節制器	
Graduation.	刻度	度盛
Gram.	克，克蘭姆	瓦グラム
Gravitation.	宇宙引力	
Gravitational unit.	重力單位	

Gravity.	重力	
H		
Hair hygrometer.	毛髮濕度表	毛髮濕度計
Hardness.	硬度	
Hectometer.	海他米突,粨	ヘクトメートル
Hero's fountain.	海羅噴水器	ハロ氏噴泉
Hinderance of motion.	運動之障礙	
Horizontal Intensity.	水平分力	
Horizontal plane.	水平面	
Horse power.	馬力	
Hycnometer.	比重瓶	
Hydraulic press.	水壓機	
Hydrometer.	浮秤	
Hydrostatic Paradox.	靜水學異象	
Hydrostatic pressure.	靜水壓力	
Hygroscopic matter.	引濕物	
Hygrometer.	濕度表	濕度計
Hygroscope.	驗濕器	
Hyperbola.	雙曲線	ヒエペルベル
Hypothesis.	假說,想說	
I		
Impenetrability.	不可入性,礙性	
Impulse.	力積	
Impulsive force.	擊力	
Inclination.	傾斜角	
Inclined plane.	斜面	
Indestructibility.	不滅性	無盡性
Indifferent equilibrium.	中立之平衡	中立の釣合
Indifferent zone.	不偏帶	
Inertia.	慣性	惰性

Intensity.	强度	
Intensity of pressure.	壓力之强	
Isobar.	等壓力,等氣壓	
Isochor.	等體積	等容積
Isochronism.	等時性	
Isoclinic line.	等傾斜線	等伏線
Isodynamic line.	等力線	
Isogonic line.	等偏倚線	
J		
Jolly.	喬利	ジョリ
Junction.	接口	繼目
K		
Kilogram.	瓩,啓羅克蘭姆	キロガラム,瓩
Kilogrammeter.	瓩米	キロガラムソトル
Kilometer.	粁,啓羅米突	キロメトル
Kinetic energy.	運動之能力	運動のエネルギー
Kinetic friction.	運動摩擦	
Knife edge.	刃	
L		
Laboratory.	實驗室	
Law.	定律	法則
Length.	長	
Length of pendulum.	擺之長	振子ノ長サ
Level.	水準器	
Level surface.	水平面	
Lever.	槓桿	
Limit of Eiasticity.	彈性之際限	
Linear expansion.	線漲大	線膨脹
Lines of force.	指力線	
Lip pipe.	唇管	

Liquefaction.	液化	
Liquid.	液體	
Locomotive.	機關車	
Longitudinal wave.	縱波	
Luminous. tube.	蛇紋管	
M		
Magdebury hemispheres.	麥葛得堡半球	マグデバルゲ半球
Magic Disque.	驚盤	
Magnifying power.	倍率	
Male screw.	雄螺旋	雄ネヂ
Malleability.	展性	
Manometer.	測壓器，氣體張力表	氣體張力計
Mass.	質量	
Matter.	物質	
Maximum and minimum thermometer.	最高最低寒暑表	最高最低寒暖計
Maximum thermometer.	最高寒暑表	最高寒暖計
Mean solar day.	平均太陽日	
Mean relocity.	平均速度	
Measure.	尺度	
Medium.	媒介體，媒質	
Melting.	融解	
Melting point.	融解點	
Mercurial air pump.	水銀空氣唧筒	水銀空氣ポンプ
Mercury thermometer.	水銀寒暑表	水銀寒暖計
Metacentre.	擬中點	
Meter.	米，米突	メートル
Micrometer screw.	測微螺旋	微計螺旋
Middle shot water wheel.	中擊水輪	中擊水車
Migration.	移動	
Milli-gram.	瓱，密里克蘭姆	瓱，ミリグラム
Millimeter.	粍，密里米突	ミリメートル
Minimum thermometer.	最低寒暑表	最低寒暖計
Modulus of rigidity.	固性率	
Molecule.	分子	
Moment.	能率	
Momentum.	運動量	
Motion.	運動	
Movable pulley.	動滑車	
N		
Natural bodies.	萬有物體，自然物體	
Natural law.	萬有定律，自然定律	
Natural science.	萬有學，自然學	
Nature.	萬有，自然	
Neutral equilibrium.	中立之平衡	中立ノ釣合
Newton's law of gravitation.	奈端宇宙引力之定律	ニュートン氏宇宙引力之定律
Nicholson's hydrometer.	尼古爾生浮秤	ニコルソン氏浮秤
Nodal line.	節線	
Node.	節	
Non-uniform motion.	不等速運動	
Normal.	法綫	
Normal. pressure.	標準壓力	
Normal. temperature.	標準溫度	
Norrenlurg's polariscope.	那林伯分極器	ニョルレンベルグ氏分極器
North pole.	北極	
Number of oscillation.	擺動數	振動數
O		
Obershot water wheel.	上擊水輪	上擊水車

Observation.	觀察	
One oscillation.	一擺動	一振動
Open pipe.	開管	
Oscillating motion.	擺動	
P		
Papin's digester.	巴賓釜	パピン罐
Parabola.	拋物線	パラーベル
Parallel.	列、平行	
Parallelogram.	平行四邊形	
Particle.	質點	
Pascal.	巴司開爾	パスカル
Path.	路	
Pendulum.	擺	
Penumbra.	半影	
Period.	週期	
Permanent gas.	永久氣體	永久瓦斯
Perturbation.	驟變	
Phase.	位相	
Phenomenon.	現象	
Pipe.	管	
Pitch.	高	
Pitch of a screw.	螺旋之級	ネヂの步
Piston.	鞴鞴、活塞	唧子、活塞
Plane of oscillation.	擺動面	振動面
Plate.	板	
Plumb line.	垂直綫	鉛垂
Point of application of a force.	着力點	
Pole.	極	
Porosity.	有孔性、鬆性	
Position.	位置	
Pressure.	壓力	
Pressure gauge.	壓力表	壓力計
Primary coil.	第一圈	第一コイル
Principal axis.	主軸	
Principie.	原則、原理	
Principie of Archimedes.	亞幾默德之原理	アルヒメーデス氏の原理
Principle of virtual displacements.	假設運動之原理	
Progressive motion.	進行動	
Progressive wave motion.	進行波動	
Projectile.	拋擲體	
Projectile motion.	擲射運動	
Properties of matter.	物性	
Prototype.	原器	
Psychrometer.	乾濕球濕度表	乾濕球濕度計
Pulley.	滑車	
Pump.	唧筒	
Pyknometer.	比重瓶	
Pyrometes.	高温表	高温計
R		
Radius of curvature.	曲率半徑	
Radius vector.	動徑	
Rain guage.	雨量表	雨量計
Rare.	疎	
Reaction.	反應、反作用、反動	反應、反動
Reaction of discharging water.	流水之反動	
Reactive rigidity.	反動固性	
Real velocity.	實速度	

Reaumur's.	列氏之(寒暑表)	
Rectilinear motion.	直線動	
Regulator.	節制器	
Relative rigidity.	比較固性	
Repulsion.	推力	斥力
Resistance.	阻力，抵抗	抵抗
Resistance box.	阻力箱，抵抗箱	抵抗箱
Rest.	靜止	
Resultant.	合力	合成力
Retarded motion.	減速運動	
Richman.	李知門	レチモン氏
Rider.	騎子	小鉤子
Rigid body.	剛體	
Rigidity.	固性	
Rigidity for torsion.	旋轉固性	
Rod.	棒	
Rolling friction.	轉動摩擦	
Rolling motion.	轉進動	迴進動
Römer.	路梅氏	リョーメル氏
Rontgen.	倫得根	ルョントケン
Rotation.	旋轉	
Rotatory motion.	旋轉動	迴旋動
Rough.	粗	
Rubber tube.	像皮管	ゴム動
S		
Savarts toothed wheel.	薩物拔特齒輪	サバート氏齒輪
Scale.	尺度，音階	
Screen.	隔簾	スクレン
Screw.	螺旋	ネヂ
Screw-gange.	螺旋指	ネヂ指

Secondary action.	續發作用	
Simple harmonic motion.	單絃運動	
Simple machine.	單式器械	
Simple pendulum.	單擺	
Sliding friction.	滑動摩擦	
Smooth.	滑	
Sole.	底	
Solenoid.	蘇倫諾	ソレノイド
Solid.	固體	
Solidification.	凝固	
Solidifying point.	凝固點	
Solution.	溶液	
South pole.	南極	
Space.	距離	
Specific gravity.	比重	
Speed.	速	
Spheroidal state.	球狀態	
Spherometer.	測球儀	スフイロメトル
Spiral balance.	彈條秤，簧秤	彈條秤
Sprengel's mercury air pump.	司潑林克水銀抽氣機	スプレンゲル水銀ポンプ
Spring balance.	簧秤	
Stable equilibrium.	安定之平衡	安定の釣合
Stability.	安定度	
State (of aggregation).	狀態	
Statical friction.	靜止摩擦	
Static measure of force.	靜力之度量	
Stationary wave.	定在波	
Stationary wave motion.	定在波動	
Steelyard.	桿秤	

Strain.	歪，應力變形	
Stress.	歪力，應力	
String.	弦	
Sucker.	吸引器	
Suction pump.	吸上喞筒	
Surface tension.	表面張力	
Syphon.	虹吸	サイホン
T		
Temperature.	温度	
Tension.	張力	
Tenter.	貯水車	
Theory.	理論，學說	
Time.	時	時間
Tooth wheel.	齒輪	齒車
Torricellion vacuum.	脱爾吉里真空	トルリチエルリ氏の真空
Torsion.	捩	
Torsion balance.	捩秤	
Trade wind.	貿易風	
Transverse wave.	横波	
Trough.	谷	
U		
Under shot water wheel.	下擊水輪	下擊水車
Undulatory motion.	波動	
Undulatory theory.	波動說	
Uniformly accelerated motion.	均等加速運動	
Uniformly retarded motion.	均等減速運動	
Uniform motion.	等速運動	
Unit.	單位	
Universal gravitation.	萬有引力	
Unstable equilibrium.	不安定之平衡	不安定の釣合
Upward pressure.	上壓力	
V		
Vacuum.	真空	
Vacuum pan.	真空鍋	
Vacuum tube.	真空管	
Vaporization.	氣化	
Vapour.	蒸氣	
Vapour density.	氣體密度	
Vapour pressure.	蒸氣壓力	
Vapour tension.	蒸氣張力	
Variations.	變異	
Varyingly accelerated motion.	不等加速運動	
Varyingly retarded motion.	不等減速運動	
Varying motion.	不等運動	
Velocity.	速度	
Vena contracta.	縮脈	
Vernier.	物逆	ウエルニエル
Vertical.	垂直	
Vertical downward pressure of a liquid.	液體之下壓力	
Vertical throw.	垂直擲動	
Vibration.	擺動	振動
Virtual (displacement).	假設(變位)	
Volume.	體積，容積	
W		
Water wheel.	水輪	水車
Wave.	波，浪	
Wave front.	等相面	

Wave length.	波長	
Wave motion.	波動	
Wave theory.	波動説	
Wedge.	楔,劈	楔
Weighing machine.	臺秤	
Weight.	砝碼,重	分銅,重
Wheel and Axle.	輪軸	
Whirling table.	遠心機	
Work.	工作	仕事

圖録

鄭復光《費隱與知録》 熏煙取水氣法之精

問:《奇器圖説》有虹吸法,鮑澤之曾作小様,竟不能取水令上。然吸用橐籥,其法甚妙。沈鳧邨先生鈁言竹筩取水,有熏以煙者,其法如何?曰:過山龍用口吸者,以筩内藏氣吸盡,入口則筩空而水入矣。故虹吸器人口不能吸,用橐籥則吸盡,理無可疑。煙熏之法,愚所未見。其理固有可言者,如筩甲乙欲引水從甲至乙,則塞甲口以火熏乙處,如筩甚長,則筩外多設火于丙、于丁、于戊,使筩遍體俱熱,則筩内之氣盡從乙出,爰塞乙口,而納甲于水,自水中去甲乙兩塞,則水自行。然塞乙拔甲不容稍緩,恐筩冷則裂也。因又推得一法。吾歙有瓦梘,燒就方筩有榫,可接砌入地中,無則用磚砌亦可。先塞庚、辛兩口,從壬灌水令滿,再塞壬口,萬勿走氣。爰拔庚、辛兩塞,則庚入辛出,而水行矣。若器小則不須此,只用常筩,先倒其筩,灌水令滿,爰堵兩端,令水勿出。安置如法,一齊放其兩端所堵,則水自行。諸法皆是使筩不藏氣,俾水代實其空,不煩詮説也。至虹吸小様不靈,當作大様試之。然恐作者本是空談,未徵實耳。姑記于此,存考。

丁韙良《格物入門》卷二《氣學》 論天氣

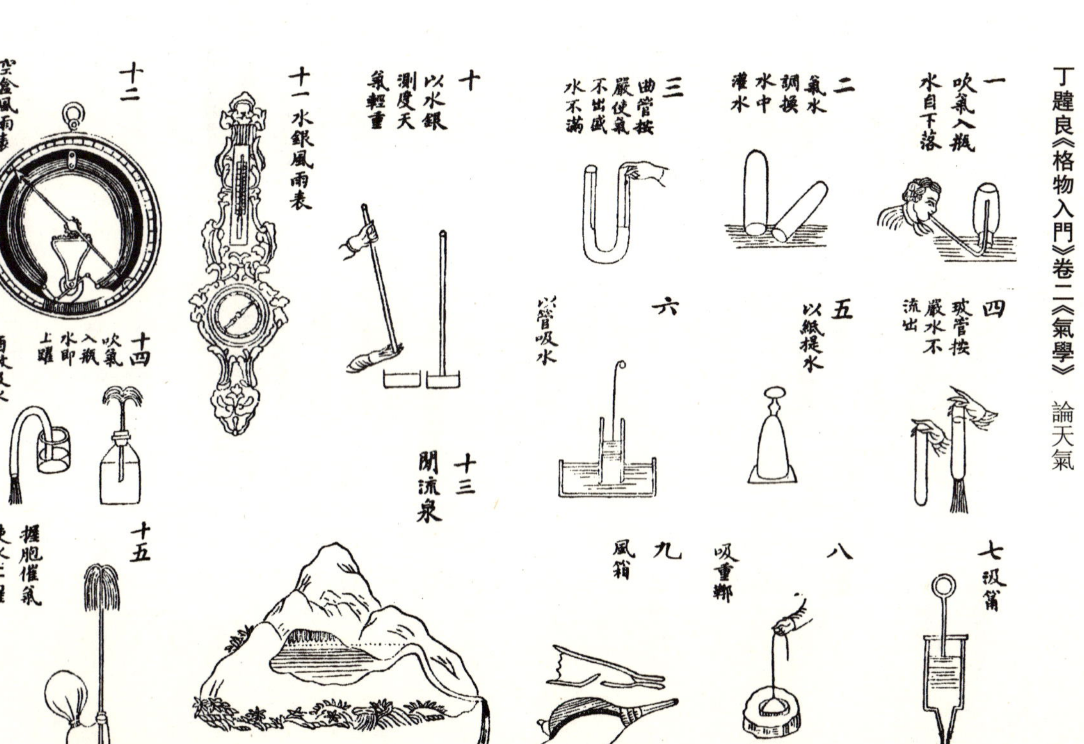

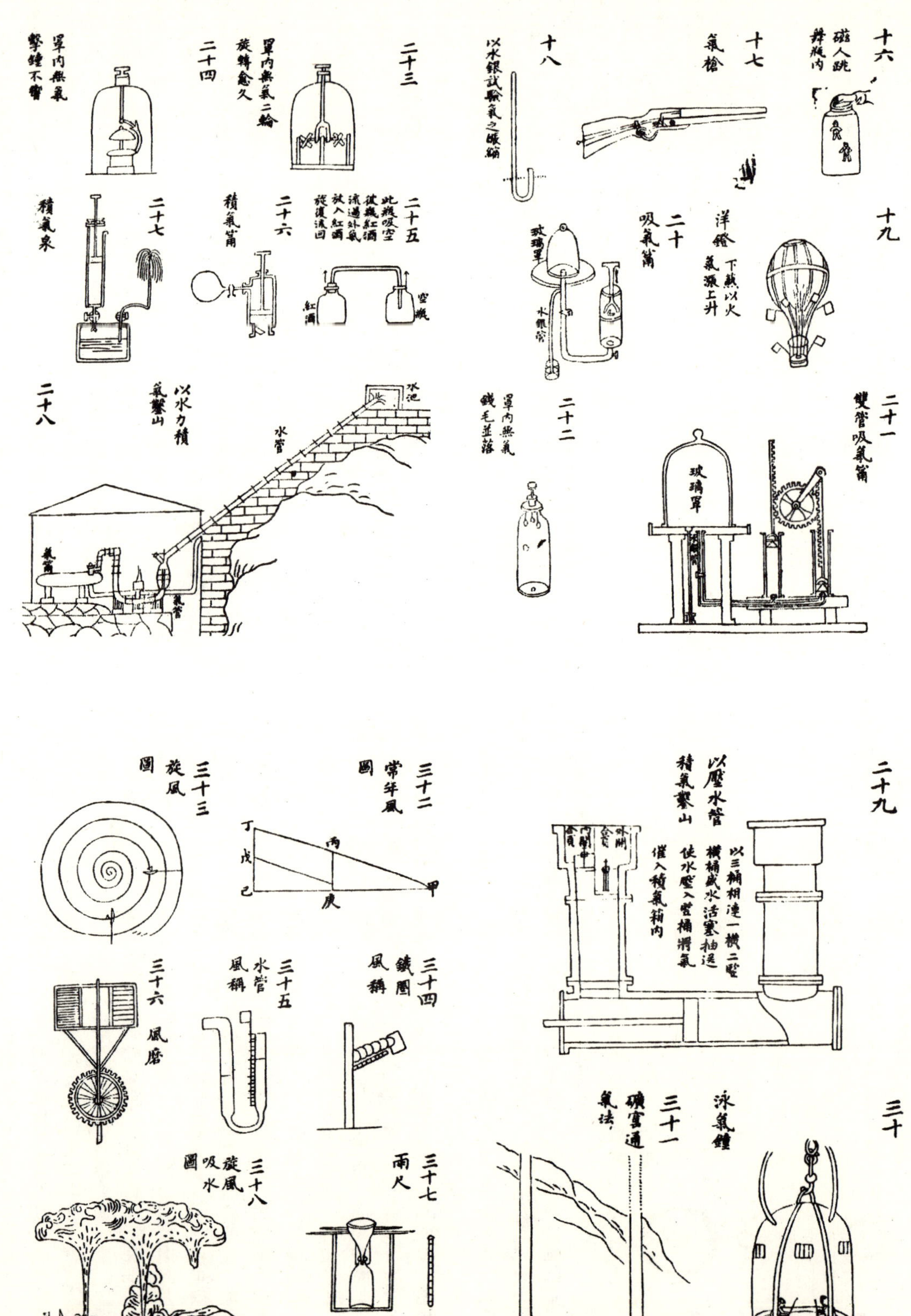
十六
磁人跳舞瓶内
十七
氣槍
十八
以水銀試驗氣之漲縮
十九
洋鐙
下熱以火
氣漲上升
二十
吸氣筩
玻璃罩
水銀管
二十一
雙管吸氣筩
玻璃罩
二十二
罩内無氣
錢毛並落
二十三
罩内無氣二輪
旋轉愈久
二十四
罩内無氣
擊鐘不響
二十五
此瓶吸空
彼瓶紅酒
流通外氣
放入紅酒
從復流回
空瓶
紅酒
二十六
積氣筩
二十七
積氣泉
二十八
以水力積
氣鑿山
水池
水管
氣筩
氣管
二十九
以壓水管
積氣鑿山
以三桶相連一横二豎
横桶盛水活塞抽送
使水壓入豎桶擠氣
催入積氣箱内
三十
泳氣鐘
三十一
磧窖通
氣法
三十二
常年風
圖
甲
乙
丙
丁
戊
己
庚
三十三
旋風
圖
三十四
鐵圈
風稱
三十五
水管
風稱
三十六
風磨
三十七
雨尺
三十八
旋風
吸水
圖

孫維新《潮汐應月説》《格致書院課藝・辛卯秋季特課》 竊思水澤者，地之血脈也；潮汐者，地之喘息也。衆水聚而成海，海水漲則成潮。潮之生也，晝夜兩次，在朝曰潮，在夕曰汐。漲凡三時，退亦三時，漲足而退，退盡復漲。退漲循環，無時或已。此濱海之人，所習見者也。然水所以生潮，而潮所以漲退者，人多莫知其解。或曰，天河之水與海水合，天轉則激湧而成潮。或曰，鰌魚穴居海底，入穴則潮上，出則潮退。出入有節，故潮水有期。或曰，數丸生江海邊，取土作丸，數至三百，則潮至，此皆荒謬之談，固無足取以爲解也。即稍有見解合宜者，亦徒知其當然，而未能道其所以然也。如宣昭潮候説，卯酉之月，陰陽之交，故潮大於餘月。朔望之後，天地之變，故潮大於餘日。又曰，月有盈虛，潮有起伏，故盈於朔望，虛於兩弦，息於朒朓，消於朏魄，而大小準焉。此固知潮汐應月爲消長，隨時有進退也。然究之卯酉月之大潮，非關陰陽之交，朔望日之大潮，亦非天地之變。其所以然者，別自有説。茲竊取西學格致所論潮汐之理，以爲之説，似覺當而合理，實而足據焉。夫潮生於洋海，恒隨月而成。每經一太陰日，兩次漲退，迭爲消長。自水高至再高時，常歷六時二十五分二十四秒。惟近朔望二日，則潮最大，而兩潮相距之時，則最小，僅六時十九分也。近二弦之日，則潮最小，而相距之時則最大，即六時三十分也。潮足之時，以月過子午線爲準。凡月正當本地午線或子線時，☆月繞公重心軌☆☆則潮漲適足，或將足。月當卯酉二線，則潮退適盡。月升有遲早，而潮至亦有遲早。以是知潮汐之生，實應月也。然其所以應月者，其故安在？在乎月之吸力，有以攝引之耳。蓋宇宙萬類，自諸曜之大，以至質點之微，莫不各具吸引之力。各物相吸，則有相向欲前之勢，凡體愈近，其吸力愈大。月之於地，爲最近者，故其吸地球之正面力，較吸地球之中心更大。地球之正面，有洋海者，其水即被月吸高而成爲潮，此潮向月，固應離地而高。然地背月之面，亦漲成潮，其高等於向月之潮。如圖，右月吸地水向月，成甲潮；而地背月之處，復成乙潮。是月每向地一次，則向背兩處，潮汐同時，而成兩潮也。此事甚奇，至今無暢解其理者。舊説以月吸地球中心之力，更大於吸地球背面之力，故向月處，水爲月攝動而漲高背月處，月牽攝地球離水，其水因受吸力小，遂亦漲高。假如向月之水，被月攝高三度，而地球體被月牽進二度，兩數對除。餘一，故潮汐漲高祇一度。背月之水，離月較遠，被月攝進僅一度，而地體已牽離二度，兩數對除餘一，故潮汐亦漲高一度，儼同正面之高。此説雖通，然未能深合重學之理。蓋僅就地月之向心力言之也。以向心力論潮，則向月者可解，而背月者不可解也。故近來格致家，另據一理，以解背月之潮。按重學理，凡體繞行，既有向心力，亦必有離心力。離心力者，欲離中心而直行也。地月相攝，月固繞地而轉，地不能繞月而轉，以地體大，而月體小也。然地雖不能繞月，而必繞一公重心。地既繞公重心，則必有離心力。此離心力，足致背面水漲成潮。夫月離地，計七十二萬里。地大於月，凡四十九倍。依理準核其公重心，離地心八千零六十一里，離月心七十一萬一千九百三十九里。月繞地時，必繞此公重心；而地繞日時，亦兼繞此公重心。如圖，地繞此公重心時，所生離心力即足令背面之潮，高與向月之潮等。如此，則地球背面之潮了然易明矣。況地面潮汐，不獨因月而成。太陽之力，亦能攝水成潮。其向心力，與月向心力之攝水同。而地繞日，亦生離心力，致背日之水成潮，亦等於向日成潮之高。故地面潮汐，有較大較小之時。一每月朔望，潮汐大於餘日。如圖，月朔時，日月同在一邊，吸力相合，則引水離地更高，成潮更大。地繞日，兼繞月地公重心，生離心力加大，而背面成潮亦大。月望時，地略居日月之間，日月相望，各引地面之水高起，復加以地離心力，故潮亦大。一月當二弦，日月分力引水，成潮則小。如圖，月在下弦，日月相距，有九十度之角，各引水成向背二潮。其力既分，潮成自小。月在上弦時亦然。惟日距地遠，地吸力薄，所成之潮，幾乎莫覺。蓋日距地約二十七千萬里，月距地僅七十二萬里，彼此相較，日地距實多於月地距，故雖日體大於月，吸力多於月，而以相距之遠，則牽引海水尤較月小三倍。又因地繞日爲橢圓軌，其周略五萬萬零七千萬英里。設於此橢圓一邊，作切線，長一萬英里，則切線之端，

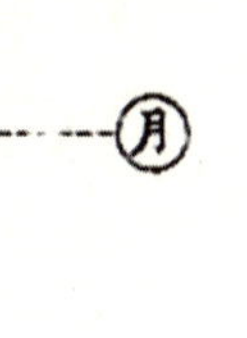

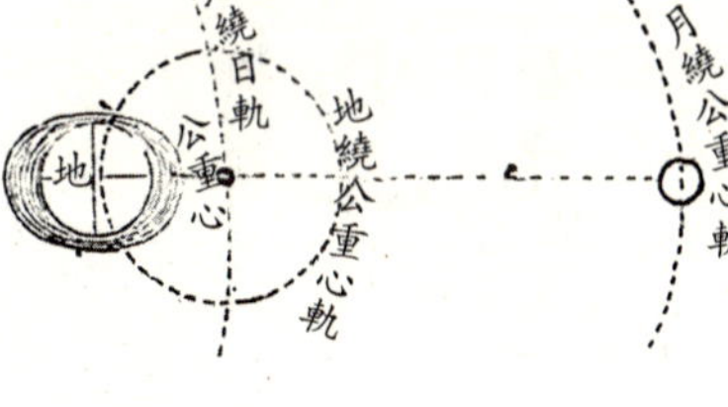

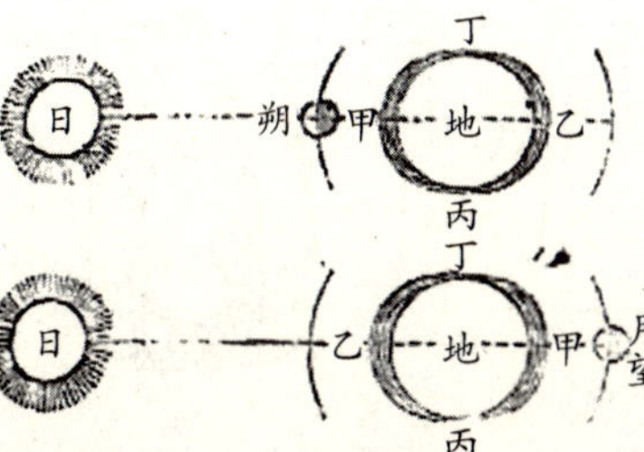

與地軌相距僅半英里。故知地繞日所生離心力，必小於地繞月地公重心所生之離心力，是以月潮能大於日潮也。每年春秋二分，潮汐大於餘月。蓋地行橢圓軌，是時較近於日。而日之吸力，即較大於餘月。故潮之或漲、或退，較他月爲尤大。是據格致之理而論。然潮之人小，各時不能一律，朝夕之潮亦然。在冬日常朝潮大，夏日則夕潮大。且潮之大小，又關乎地勢。大洋中，潮漲水高不過三尺；而狹隘處，有高至二丈，或三丈、六丈、十餘丈者。若際狂風掀簸，潮當更大。夫潮應月爲漲退，凡月當子午線時，其潮似應漲足。然各地潮漲，恒在月子午線之後始足者何也？其故有二。一，地球自轉，由西而東，其水成浪，儼有向西之勢；浪下之水，仍由西旋東而行動，及與月會，復爲月牽使向西，則潮已遲在子午線後。一水有永静性，月之吸力不能遽勝其静力，故潮起必在月過子午線之後。如朔望日，潮約在午後二小時，夜潮必在子後二小時。此後每日潮遲五十分四十八秒，匝一月，周而復始。其故蓋月繞地一周，應二十七日三時四刻四十三分，月繞地時，地亦繞日前行，月須追隨，故歷二十九日六時四十四分，始能合朔。即月行每日遲五十餘分，而潮亦遲五十餘分時也。夫潮之生，固因月有遲早，亦隨地勢而緩急。凡江口或海灣等處，向東者潮流甚急，向西者潮流則緩。蓋西岸逆水，潮水相激，故視潮浪甚急。東岸順水，潮勢漸進，故覺其緩。至於通洋海之江河，其水本無潮而有汛，乃隨大洋之潮汐而成。潮退則河水汛進洋海，潮漲則水仍退回平流入河。間有退回甚遠者，以是知日月攝水成潮，惟在大洋海中，非在小水之處。故江河湖泊等水，皆無潮也。然以重學論之，湖泊小水，既受日月吸力亦應成潮，惟其潮與人洋之潮不同。其高亦甚小於大洋之潮，故不覺其有潮也。再推之凡有吸力之體，近於地球，皆能攝水成潮。設有小於月之體，逼近地球，其吸力不難令洋海高漲，淹溢大地。非其吸力大於月也，實因其體逼近地球，故吸力雄，以是知太陽吸力雖大於月，因距地遠，則攝海水成潮汐，更小於月。而月距地甚近，則攝潮汐較大於日。故小潮因日而生，雖漲不高；大潮由月消長，隨時而至。題曰潮汐應月者，其正以此也。

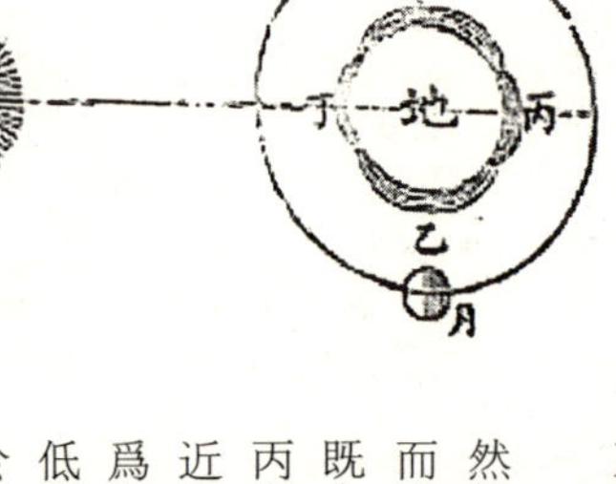

赫士　周文源《天文揭要》卷下　論潮汐

第一節何爲潮汐　潮汐者，乃海面之水，每經一太陰日，二次迭爲起落者也。取其均數而言之，自水高至再高時，歷十二點鐘二十五分二十四秒。惟近朔望二日，潮則最大。而二潮相距之時則最小，即十二點十九分也。近二弦之日，潮則最小，而相距之時則最大，即十二點三十分也。二潮之高低不同，乃隨地而異。如在紐約，則二潮之當朔望者，比弦時之高，有若5．4尺比3．4尺云。

第二節各海口潮汐之時　各處海口，各有其滿潮之時，即在月過午線，或子線後之某點鐘也。而航海者每自朔望月過午線，至潮滿所歷之時爲準。如在紐約，自月過午線至潮滿，其平時爲八點鐘十三分，而一月內潮最高時，較此數或疾或徐，不過約刻半耳。

第三節潮汐與月遠近相關之理　潮汐之高低，不第與月之朔望有關，且隨月距地之遠近而變。近則高，遠則低。朔望之潮固高，如爾時月距地近則更高。至弦時之潮固低，如爾時月距地遠，則更低矣。【略】

第四節生潮汐之故　由上所言，知潮汐固因月吸海水而生，然細究其故，非因月吸海水，乃因海面受月之吸力，有大小不同而生也。見第一節。甲丙戊庚爲裏地之水，子爲月吸力與遠近既有乘方反比之理，則月吸甲點之力，比吸乙辛之力自大，而比丙庚尤大。至戊點，其所受之吸力更小。海面之癸點，距月既近，其所受之吸力，必大於地體所受者。故水必在癸點凸起，即爲潮滿。惟此凸起之水，自丙、庚處而來，故丙、庚二處之水最低焉。若壬、戊之水既比地實體距月遠，其所受之吸力，自必小於地體所受者。故戊點比壬點多向月行，而壬點之水見似高起，亦爲潮滿。於是統海而觀，必爲橢圜式，而其長徑常向月焉。夫日既吸地，亦必有所生之潮汐。然日之吸力雖大，而生潮汐之力則小。蓋地之向日、背日，二面受日之吸力畧同故耳。然仍有所差，故日亦有所生之潮。當朔望時，潮之所以大者，因日月生潮之力相助故也。當二弦時，潮之所以小者，因日月生潮之力相敵故也。

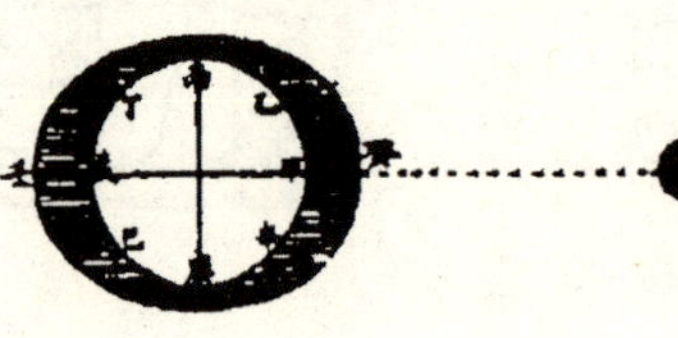

第五節潮汐與月緯度其關何如　各處潮汐之高低，亦隨月之緯度而變。若月

有圈緯度，則赤道諸地潮汐最大。迤南迤北，則漸小矣。且各處每日之潮汐高低宜同。若月有北緯度，見第二節則北半球凡與月同緯度諸處，每日必有一大潮，即當月近午線者也。若當月近子線者，則小矣。北半球如是，南半球則相反。二潮高低之差，名曰潮之日差。

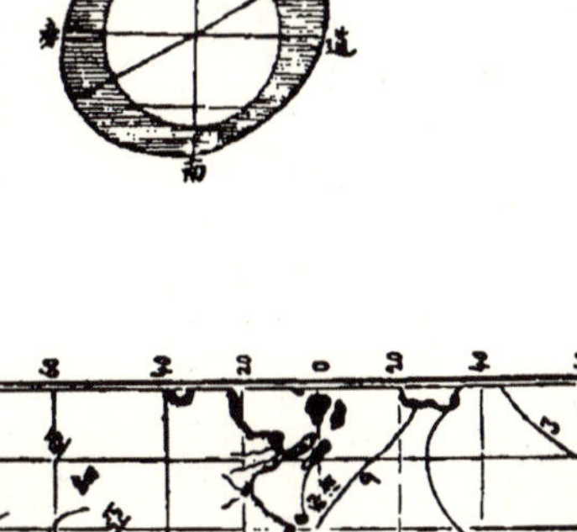

第六節潮汐爲何不循當然之理　地之全球，若俱爲水所裹，則潮汐之理，自當如上文所言，顯而易明。而究之不能盡循其當然之理者，何也？其故有二。一、水居球面，不過四分之三，且洋海之水深淺不等，深不及三里者不鮮。二、球之陸地，有二大洲，自近北極處向南，一至南緯五十餘度，一至南緯三十餘度，故水分有二大洋。若大西洋之水，自北流於太平洋，必經比令海腰而過。但此腰不過百零四里之寬，故所過之潮浪不足論。若自南流於太平洋，必經南亞美利加與南極洲中間之海股而過，此股不過千五百里之寬，潮浪過此，恒自西徂東，又與常例相逆，故不能循其當然之理也。

第七節同潮線　潮浪既如此被阻，不能循其當然之理，故欲推潮浪之來源，必先於各處，測潮汐之來時與高低，復將同時有潮之處，繪一連線，名同潮線。下圖乃全地之同潮線，各線相距三點鐘時，如將其圖展大，按線細推，可知潮之原點，起於南亞美利加西之太平洋，距洲約三千里。此處有潮，約在月過午線後兩點鐘時。【略】

第八節潮行之速率　月在赤道時測之，每點鐘約西行一千英里。以理而論，則浪之速當亦如是。但洋海多有水淺之處，浪遂不能如此速矣。自原點向西北，過太平洋之深水，每點鐘行八百五十英里，歷十點鐘，方行至干乍德嘎土股。向西南，水既略淺，每點鐘祇行四百英里，歷十二點鐘，方行至牛西蘭羣島。又歷十七點鐘至好望角，至大西洋。水既略深，每點鐘約行七百英里，故又歷十一點鐘，始至美之東界焉。

第九節浪有自行被逐之別　據理而論，潮汐之浪，俱宜隨月自東向西，繞地直轉。但惟因水深則浪行疾，水淺則浪行徐，且海中深淺之區又無定所，浪不直西行之故，此其一也。又海之傍岸，有灣股之異，形式各別，自東至西，自南至北，無式不有，而浪必沾沾然以隨海之式耶。浪不直西行之故，又其一也。除此二故，無論浪之巨細，仍自東向西，惟潮汐原點處不然。蓋其處之浪，無分於東西南北，各向俱有。如投石於水，而有周出之浪瓊然。若月之吸力，忽然間斷，海浪前行之速率，祇隨水之深淺，此等浪爲自行浪。然月每點鐘既西行約一千英里，而吸力絡繹不絕，水之正當月下者，必躍躍有欲生浪之勢。此等浪向西之速率，既隨月之吸力，而不隨水之淺深，可謂之變浪。欲知潮汐浪究係何等，可就大西洋潮浪之速率推之。此洋自赤道至北緯五十度，浪之速率既略均，每點鐘約六百四十英里。然以大西洋水深淺之平數，推自行浪之速率，每點鐘宜行者，約四百三十英里。於是潮汐既不足一千英里，又過於四百三十英里。可知非盡爲自行，亦非盡爲變者，乃半爲自行浪，半爲變浪也。

大洲沿海形勢，與潮之高低，亦有相關。海邊多有海股，而股口寬者，則潮亦寬而不高。然潮已進股口，則前者阻於岸，後者迫於勢，後浪擁前浪，擁則必奮擊而躍起，此增高之一故也。且股愈窄，水必夾岸激湍，浪尤矗起，此增高之二故也。如自哈德拉斯角，至弗羅利達，南畫一直線，向西海股最寬處，約五百八十里，潮在哈德拉斯與弗羅利達，高不過二尺。至撒凡那即股頂，高有七尺。又如自色伯勒土角，

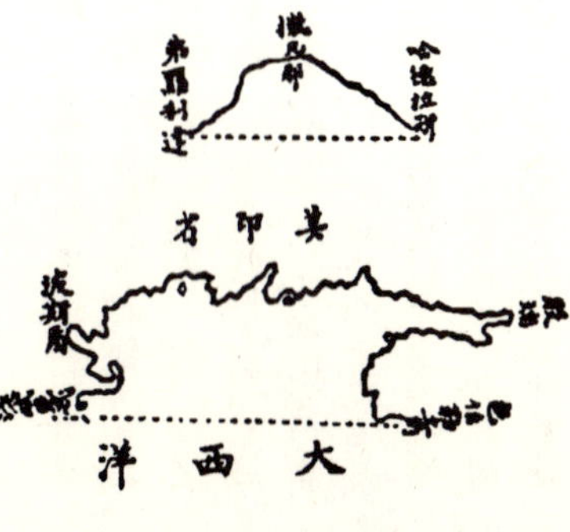

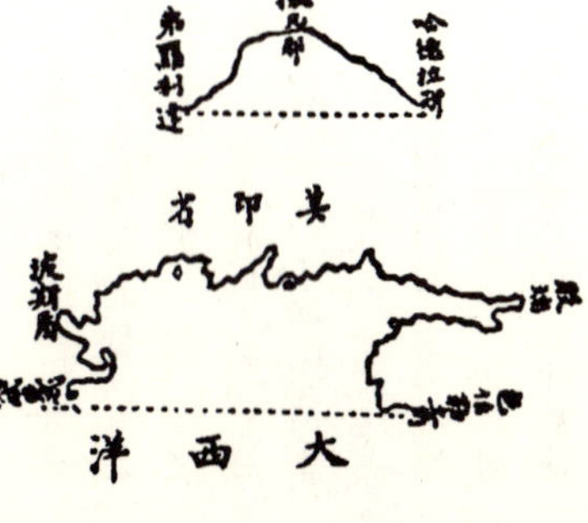

至澳忒克忒島畫一線，線之西北有海股，其潮爲最奇者，潮在澳忒克忒高止二尺，至股端則七十尺。若股口有島則不然，如美希哥海股，因股口有古巴及巴哈瑪羣島沮滯浪勢，故股内之潮處處皆小。至江河之潮汐，亦可以同理推之。浪初入河口，原力尚存，故浪勢猶峙。至漸以入内，河道漸狹，河水漸淺，浪力亦漸殺，以至浪平無踪。其故蓋以河岸阻力，河底磨力，而潮力漸盡矣。

第十節每日有四潮處此何以故　每日二潮，此海之常例。然有不止二潮者，如蘇格蘭以東之海沿，有每日四潮之處，其故非也，地勢使然也。北海每日之兩潮，各自西南而來，先至愛而蘭，遂分爲二：一由蘇格蘭北入此海，一由英格蘭海岔入此海。故蘇格蘭之東，有二潮齊到之時，此固與當例無異；又有一早一晚，相差兩三點鐘之處，是一潮分爲二潮矣。一潮既分爲二潮，故一日有四潮焉。

第十一節南太平洋潮小之故　於太平洋近悛賽伊第羣島，經度自一百四十至一百七十度，南緯度自十三至十八度之處，其潮俱小於洋海他處，平日之高，不足一尺。朔望之高，不過十二寸。弦時之高，不過二寸半。其故蓋以月過其午線，約六點鐘時，潮浪初至其處，而水之高起者，月即欲令之低平，故所來之潮，除能補月所徹者，而所餘無幾耳。即論他處之潮，亦不能依舊如原來之潮。誠以一路奔騰，多受日月之變更故也。

第十二節湖海之潮汐　凡不甚通大洋之湖海，其潮雖與大洋不同，而其理則同。蓋其潮之高低，較大洋潮之高低，猶海之長短，較地之全徑。即如地中海，其長約爲地全徑之三分之一，而其潮之高低，約爲大洋高之三分之一。又如米西干湖之平數，約爲大洋潮之二十三分之一，而其湖之長短，約爲地全徑之二十三分之一也。

力學儀器和機械分部

綜述

熊三拔　徐光啓　李之藻《泰西水法》卷一　用江河之水，爲器一種。

龍尾車記

龍尾車者，河濱挈水之器也。治田之法，旱則挈江河之水入焉；潦則挈田間之水出焉。治水之法，淺涸則挈水而入方舟焉；疏濬則挈水而出畚鍤焉。不有水之器，不得水之用。三代而上，僅有桔槔，東漢以來，盛資龍骨。龍骨之制，日灌水田二十畝，以四三人之力。旱歲倍焉，高地倍焉。駕馬牛，則功倍，費亦倍焉。溪澗長流而用水，大澤平曠而用風，此不勞人力自轉矣。枝節一蔞，全車悉敗焉。然而南土水田，支分櫛比。國計民生于焉是賴。即茲器所在，不爲無功已。獨其人終歲勤動，尚憂衣食，乃至北土旱災，赤地千里，欲拯斯患，宜有進焉。今作龍尾車，物省而不煩，用力少而得水多。其大者，一器所出，若決渠焉。累接而上，可使在山，是不憂高田；築爲堤塍而出之，計日可盡，是不憂潦歲與下田；去大川數里數十里，鑿渠引之，無論水稻若諸水生之種，可以必濟，即黍、稷、菽、麥、木棉蔬菜之屬，悉可灌溉，是不憂旱。濬治之功，出水當五分之一，今省十九焉，是不憂疏鑿。龍蟠之斗，旱熯之年，上源枯竭，穿渠旁引，多用此器。下流之水，可令復上，是不憂漕也。蓋水車之屬，其費力也以重。水車之重也，以障水，以帆風，以運旋本身；龍尾者，入水不障水，出水不帆風，其本身無銖兩之重，且交纏相發，可以一力轉一輪，遞互連機，可以一力轉數輪。故用一人之力，常得數人之功。又向所言，風與水能敗龍尾之車也，在鶴膝、斗板。龍尾者，無鶴膝，無斗板，器居水中，環轉而已。湍水疾風，彌增其利。故用風水之力，而常得人之功。若有水之地，悉皆用之。竊計人力可以半省，天災可以半免，歲入可以倍多，財計可以倍足。方于龍骨之類，大略勝之。然而千慮之一，以當起予，可也。智士用之，曲盡其變，不盡方來，或者無煩覼縷焉。

龍尾者，水象也。象水之宛委而上升也。龍尾之物有六：一曰軸。軸者，轉之主也，水所由以下而爲上也；二曰墻。墻者，以束水也，水所由上也；三曰圍。圍者，外體也，所以爲固抱也；四曰樞。樞者，所以爲利轉也；五曰輪。輪者，所以受轉也；六曰架。架者，所以制高下也，承樞而轉輪也。六物者具，斯成器矣。或人焉，或水焉，風馬牛焉，巧者運之，不可勝用也。

一曰軸。

圜木爲軸，長短無定度，視水之淺深，斟酌焉而爲之度。二十五分其軸之長，以其二爲之徑。木之圜，必中規而上下等。以八繩附臬之法，八平分其軸之周，直繩而施之墨。軸之兩端，因直繩之兩端而施之墨，八繩之交，得軸之心也。

以八平分之一分爲度，以度八繩之墨，皆平行相等而爲之界。以句股求弦之法，兩界斜相望而墨爲之弦，弦之竟軸，而得一螺旋之墨，因螺旋之墨而立之墻，爲螺墻。墻之間而得螺旋之溝，爲螺溝。螺溝者，水道也。軸得一墨焉，則得一墻焉，一溝焉，水得一道焉。或二之，或三之、四之，以上同于是。多則均，一則專，惟所爲之。既墻而圍之，既建而迤之，而轉之，水則自螺旋之孔入也。水之入于螺旋之孔也，水自以爲已下也，而不自知其已上也。故曰：軸者，轉之主也，水所由以下而爲上也。

注曰：圜，與圓同，量水淺深者。下文言句四股三弦五，則岸高九尺者，軸之長當一丈五尺也。凡作軸，皆度岸高，以三五之法準之。二十五分之二者，如軸長一丈，則徑八寸。如本篇第一軸立面圖，己丁長一丈，則丁丙之徑八寸也。此略言軸欲大耳。若徑至三寸以上，不嫌長丈；八寸以上，不嫌長二丈也。軸過小，則水爲之不升。八繩附臬者，《周禮》「樹八尺之臬，縣八繩下垂，皆附于臬」。今軸身作線，大略似之也。八平分者，如軸兩端圖。甲乙丙丁戊圈爲軸之周。所分甲乙、乙丙等八分者，平分度也。軸之兩端，卧其軸。各作己甲過心線，依法分之，即上下合也。次于軸兩端之邊，依所分各界，兩兩相對，各作平行直線八線，附木皆平直，是爲八平分軸之周，如立面圖己丁、庚丙諸線是也。次于兩端，各作甲己、丁丙諸線，則得軸兩端之各庚心也。以八平分之一爲度者，謂以甲乙爲度，從庚至辛，作庚辛、辛壬等短界線，至丙而止。八線皆如之。各線之短界線，皆平行，皆相等也。墨爲之弦者，從庚向癸，依句股法作庚癸斜弦線，内纏之至子，外纏之至丑至寅至卯至辰，斜纏軸面，竟軸而止，則得一螺旋線也。單線則爲單墻，單溝也。若欲爲雙溝者，則平分庚丑線得午，從午外上向已，内下向未，亦依法作螺旋線也。若作四槽者，又平分庚午于壬，依法作之。欲作三槽六槽九槽者，先分軸爲九平分，欲作五槽十槽者，先分軸爲十平分。依法作之。

二曰墻。

軸之上，因各螺旋之繩而立之墻。墻之法，或編之，或累之，皆塗之。墻之兩端，不至于軸之兩端，其至也，無定度，惟所爲之，以樞之短長稱之。八分其軸長，以其一爲墻之高，可減也，不可加也。墻，其累之也，欲堅而無墮也；其編之也，欲密而平也；其塗之也，欲均而無罅也。兩墻之間謂之溝。溝，水道也。水行溝中，而墻制之，使無下行也。故曰：墻者，所以束水也，水所由上也。

注曰：編墻之法，削竹爲柱，依螺旋之綫而立之。每立一柱，即與軸面之八平分長線爲直角，如立柱于本篇一圖之午，即柱爲垂線，與庚丙長線爲直角也。而又與軸兩端之丙丁爲一直線也，若本篇二圖之癸丙是也。削柱欲均，安柱欲正，列柱欲順，立柱欲齊。既畢，則以繩編之，略如織箔之勢。繩以麻，或紵，或萓，或布，或篾，惟所爲之。既畢，以瀝青和蠟，或和熟桐油，融而塗之；或以生桐油和石灰、瓦灰塗之；或以生漆和石灰、瓦灰塗之。凡瀝青加蠟與桐油，取和澤而止。石灰、瓦灰相半，桐油或漆和之，取燥濕得宜而止。累墻之法，取柔木之皮，如桑槿之屬，剥取皮，裁令廣狹相等。以瀝青和蠟，依螺旋之線，層層塗而積之。累畢，如前法塗之。既畢，而兩墻之間成螺旋之溝。水從溝行，而墻不漏者，是墻之善也。八分之一者，如軸長八尺，則墻高一尺。此亦略言高之所至也。一以下，任意作之，故曰可減不可增。一法，若欲爲長軸，則墻之高與軸之徑等。

三曰圍。

墻之外，削版而圍之，版欲無厚。墻之兩端，順墻柱之勢，穿軸而立四柱焉。依墻之高而束之環，圍板之端入于環，圍之外，以鐵爲環而約之。長者中分圍之長，以鐵環約之；又長者三分其長，以兩環約之。圍之版，其相合也，與其合于墻之上也，皆合之以塗墻之齊。圍之外，皆塗之，以受雨露也。圍其合也，欲無罅；圍之合于墻也，欲無罅。有圍，故水入螺旋之孔而不絶；無罅，故水行于螺旋之溝而不洩，則水旋而上也。故曰：圍者外體也，所以爲固抱也。

注曰：圍之板，量圍徑之大小與其長，酌全體之重輕而制厚薄焉。其長竟墻，其廣一寸以上，視圍徑之小大增損之。太廣而合之，則角見也。其内面稍刳之，以就墻之圓。外面者，圍既合而削之。當墻之盡，穿軸爲四柱者，所以居環而受圍也，如本篇三圖之卯、寅、辰、午等是也。環以堅韌之木爲四弧，弧各加于環柱之上，合之成環焉。環之下方，或爲溝焉，居中以受圍板之端。或居外，或居内，爲刻而受之。如爲溝于未，此居中也；爲刻于申，此居外也；于酉，居内也。鐵環之束在兩端者，與木環相抵，卯午也，戌亢也。或中分約之者，心斗是也。若兩中環者，則在尾與箕也；或不用鐵環，以繩約之而塗之，齊與劑同。合以塗墻之劑者，瀝青和蠟，或油灰，或漆灰也。若塗圍之周者，則漆灰爲上，油灰次之，瀝青和蠟者，恐不耐暑日也，爲下。而欲速成，則用之；欲解而時脩，則用之。是者，暑日架之，則以苫蓋之。水入于螺旋之孔者，孔在環之内，軸之外，四柱之中，戌亥角亢之間是也。雖下向必入者，以迤故，水趨于圍也。既其出，則在卯寅辰午之間矣。一法，墻之兩端以二圓版蓋之，開圍板之下端而水入之，開上端之圓板而出之，其效同焉。

四曰樞。

軸之兩端，鐵爲之樞，當心而立之。樞之用在圜。輪在圍若在軸者，皆圜之。輪在上樞，方其上樞之上；輪在下樞，方其下樞之下。方之者，以居輪。立樞欲正欲直，不正不直者，輕重不倫也。既正既直，輕重均，轉之如將自轉焉，則雖大而無重也。故曰：樞者所以爲利轉也。

注曰：當心者，本篇一圓之庚，心也。樞之大小長短無定度，量全體之輕重，制大小焉；量輪之所在與地之所宜，制短長焉。輪所在者有七，下方詳之也。方則止，故可以居輪。正者，當庚之心；直者，與軸端圓面爲直角，與軸上八平分線俱爲一直線也。求正尚有軸端諸線可憑，求直稍難焉。今立一試法：視一圖軸兩端諸分線，以規一抵軸端邊之乙，一抵樞之頂心爲度。次去乙抵戊量之，又去戊抵己量之，皆至于樞之頂心者，即樞直也。如將自轉者，口速之甚也。

五曰輪。

輪有七置，輪有三式。七置者，當圍之中焉，圍之兩端焉，軸之兩端焉，兩樞焉。在圍者，夾其圍而設之輻輻之末周之以輞焉。輞，樹之齒焉。在軸與樞者，方其處而入之轂。轂，樹之齒焉。凡輪，皆以他輪之齒發之，具疾徐之數，視輪與他輪之大小焉，其齒之多寡焉。故輪欲密附而少爲之齒，輪附而齒少，他輪大而齒多，則其出水也必疾矣。故曰輪者，所以爲受轉也。

注曰：輪有七置者，因地勢也，量物力也，相大小而制徐疾也。在圍之中者，本篇四圖之丁是也；在圍之兩端者，丙與戊是也；在軸之兩端者，乙與己是也；在兩樞者，甲與庚是也。若車大而軸長，出水之地高，則在丁矣；若平地受水，而用人力畜力風力者，當在甲乙丙矣；用水力，當在戊、己、庚矣。夾圍之輻，子丑之類是也。辛者，容圍之空也；壬癸，輞也；寅卯之類，齒也。方其處者，軸與樞當受轂之處也。辰，入樞之空也；戌，入軸之空也；午，轂也；酉，亦轂也；未申亥角之類，皆齒也。他輪者，或人車，或馬牛贏車，或風車，或水車之輪也。此諸車之輪者，非謂其大卧輪也，蓋指接輪焉。接輪者，農家所謂撥子是也。試言人車，則有卧軸也。卧軸之一端有接輪，卧軸之上有拐木也。今于甲乙丙任置一輪焉，如置在軸之乙輪，即以卧軸之接輪交于乙輪。人踐拐木而轉之，接輪與乙輪相發也。若馬牛贏車及風車，則有卧軸也。卧軸之兩端皆有接輪。今以其一交于乙輪，以其一交于彼車之大卧輪，駕畜焉，颿風焉而轉之，接輪與乙輪相發也。若水轉之車，則有卧軸也。卧軸之一端有接輪，卧軸之上有立輪，立輪之外，有受水之箑也。今于戊、己、庚任置一輪焉，如置在軸之己輪，即以卧輪之接輪交于己輪，水激于箑而卧軸爲之轉，接輪與己輪相發也。疾徐之數與他輪相視者，如乙己之輪齒十二，人車之接輪齒十二，是拐木一轉而得一轉也；如樞輪之齒八，而人車之接輪齒十六，是拐木一轉而得二轉也；人車之接輪齒二十四，是一轉而得三轉也；若樞輪之齒八，而駕畜颿風之卧輪齒七十二，是一轉而得九轉也。故曰：輪欲密附，密附則齒爲之少；他輪欲大，大則齒多。然而密者過密焉，則力爲之不任；大者過大焉，則遲。故曰：因地勢，量物力，相大小，而制徐疾焉。今圖樞輪之齒八，軸輪十二，圍輪十六，約略作之，非定率也。趣欲使兩輪之交，疎密相等焉，長短相入焉，相關相發而不滯，則足矣。其小者，欲無用輪，方其樞之末，別爲衡。衡之一端入于樞焉，其一端植之柱焉。柱之體圓，又爲之掉枝，而首爲圓孔焉。以掉枝之圓孔，入于柱而轉之。若大者而欲無用輪，則以兩掉枝同加于柱，兩人對執而轉之。最大者，兩掉枝之末，各爲持衡，四人或六人對持其衡而轉之。

六曰架。

架者，一上一下，皆爲砥柱，或木焉，或石焉，或瓴甋焉。柱之植，欲堅以固也。下柱居水中，以鐵爲管，施之柱首，迤而上向，以受下樞之末。制管高下，量水之勢，令得入于螺溝之下孔而止也。上者居岸，以鐵爲管，施之柱首，迤而下向，以受上樞之末。若輪與衡在上樞之末者，則中樞而設之頸，以鐵爲山口，而架樞其上，出其樞之末，以受輪與衡也。制高下之數，以句股爲法，而軸心爲之弦。弦五焉，則句四焉，股三焉。過偃則不高，過高則不升。

注曰：瓴甋，磚也；堅者，其本體堅，固者，其立基固也。上柱者，本篇五圖之甲乙是也，下柱者，丙丁是也。上管以受上樞，戊也；下管以受下樞，己也。句股法者，一高一下，如四圖之亢房線而置之，令上樞之末在亢，下樞之末在房也。三四五者，如上樞之末爲亢，至下樞之末爲房，長一丈，如法置之，則自下樞之末房，依地平作平行線，自上樞之末亢，作垂線，而兩線相遇于氐，其亢氐線必長六尺，氐房線必長八尺也。若迤建于岸之側，謂無從作垂線者，則以句股法反用之。以圍板爲倒弦，別作一尾箕垂線爲股，尾爲直角，作尾心横線爲倒句。若尾箕長一尺五寸，偃仰移就之，令尾心長二尺，即心箕必二尺五寸，而亢房線必合三四五之句股法也。凡圍板長一丈，水高必六尺，求多焉不可得。相水度地制器者，以此計之。若水過深，岸過高，器不得過長，則累接而上之。累接之法，亦以接輪交而相發也。

又　卷二　用井泉之水，爲器二種。

玉衡車記恒升車附

玉衡車者，井泉挈水之器也。既遠江河，必資井養。井汲之法，多從綆缶，饔飧朝夕，未覺其煩。所見高原之處，用井灌畦，或加轆轤，或藉桔槔，似爲便矣，乃俛仰盡日，潤不終畝。聞三晉最勤，汲井灌田，旱熯之歲，八口之力，晝夜勤動，數畝而止。他方習惰既見其難，不復問井灌之法。歲旱之苗，立視其槁。饑成巳後，非殍則流，吁可憫矣。今爲此器，不施綆缶，非藉轆轤，無事桔槔，一人用之可當數人。若以灌畦，約省夫力五分之四。高地植穀，家有一井，縱令大旱，能救一夫之田；數家共井，亦可無饑餓流亡之患。若資飲食，則童幼一人，足供百家之聚矣。且不須俛仰，無煩提挈，略加幹運，其捷若抽。故煙火會集之地，一井之上尚可活一縈民也。

玉衡者，以衡挈柱，其平如衡。一升一降，井水上出，如趵突焉。玉衡之物有七：一曰雙筩。雙筩者，水所由代入也；二曰雙提。雙提者，水所由代升也；三曰壺。壺者，水之摠也，水所由續而不絶也；四曰中筩。中筩者，壺水所由上也；五曰盤。盤者，中筩之水所由出也；六曰衡軸。衡軸者，所以挈雙提下上之也；七曰架。架者，所以居庶物也。七物者備，斯成器矣。更爲之機輪焉，巧者運之，不可勝用也。

注曰：趵突泉水上出也。

一曰雙筩。

鍊銅或錫爲雙筩。其圜中規而上下等，半其筩之長，以爲之徑。下有底，中底而爲之圜孔，以其底之半徑爲孔之徑。筩之旁，齊于底而樹之管。管外出而上迆也。管之容，其圜中規；管之下端抒之以合于筩。開筩之下端，爲楕孔，融錫而合之于管。管之上端亦抒之，既樹之，則與筩之邊爲平行。三分其底之徑，以其一爲管之徑。底之圜孔，爲之舌以揜之。舌者方版，方版之旁爲之樞。底孔之旁爲之紐。樞入于紐，如户焉而開闔之。舌之開闔，與管之孔無相背也。紐居左，則管居右。舌其合于底也，欲密。管之孔合于筩之孔。欲利而無罅，樞紐之動也，欲不滯。凡水之入也，必從其底之孔也，有舌焉而開闔之。開之則入，闔之則不出。左開則右闔矣，是左入而右不出也。是恒有一孔焉，入而終無出也。故曰雙筩者，水所由代入也。

注曰：凡徑，皆言圜孔也，肉不與焉。如本篇一圖，甲至乙、丙至丁是也。半長爲徑者，徑三寸，則筩長六寸。如丁丙廣三寸，則甲丁長六寸也。半徑爲孔者，徑三寸，孔徑一寸五分。如丁丙三寸，則辛壬一寸五分也。上迆者，斜迆而上，如戊至巳、丙至庚也。抒者，斜削之，如戊至丙、巳至庚是也。楕，長圜也，欲與戊丙之孔合也。融錫合之，小釬也。管之上邊與筩邊平行，將以合于壺之下孔也，巳庚是也。三分之一者，底徑三寸，則管徑一寸，未至申之度也。方板者，丑寅卯午是也；樞者，卯辰午是也；紐者，癸子是也。舌如橐槖籥之舌，以樞合紐，令丑卯之板，恒加于辛壬孔之上，向丙而開闔之也。

二曰雙提。

旋堅木以爲砧，其圜中規而上下等。曷知其中規而上下等也？砧之大，入于雙筩也。欲其密切而無滯也，展轉之，上下之，猶是也。斯之謂中規而上下等。當砧之心而立之柱，三分其砧之徑，以其一爲柱之徑。柱之短長無定度，以水之深也、井之高也，斟酌焉而爲之度。柱之上端，爲之方柄而入于衡。凡水之入也，入于雙筩之孔也。孔有舌焉，砧升則舌開，而水爲之入；砧降則舌合，而水爲之不出。水之入而不出者，舌也。舌之開闔者，砧也。砧之上下者，柱也。舌闔矣，水不出矣。砧又下焉，水將安之？則由筩之管而升于壺，左右相禪也。故曰雙提者，水所由代升也。

注曰：砧，形如截蔗，本篇一圖酉戌亥角是也。其高不言度者，趣其入于筩也，不轉側動搖而已矣。若爲鼎足之柱以固之，即無厚可也。三分之一者，砧徑三寸，則柱徑一寸。如酉角三寸，則亢氐一寸也。凡雙筩入井，近下則水濁，近上則水竭。故柱之短長，宜量水深與井高也。柄，筍也，當房心之上，刻而方之，爲尾箕是也。

三曰壺。

鍊銅以爲壺。壺之容，半加于雙筩之容。其形楕圜，腹廣而上下弇之。弇之度，視廣之度殺其十之二。當其弇而設之蓋。壺之底，爲楕圜之長徑，設二孔焉，皆在其徑。孔之楕圜，其大小也，與管之上端等。融錫而合之。壺之兩孔，各爲之舌而揜之。舌之制，如筩中之舌也。壺之内，當兩孔之中而設之紐。兩舌之樞，悉係焉而開闔之，左右相禪也。當蓋之中，爲圜孔焉，而合于中筩。蓋之合于壺也，欲其無罅也。既成，以鐵爲雙環，而交纏束之。當其合而錮之以錫，以備繕治。夫水之入于管也，左右禪也，而終無出也。水從管入者，以提柱之逼之也，則上衝而壺之舌爲之開，以入于壺。水勢盡而彼舌開，則此闔矣。是代入于壺也，而終無出也。其代入也，壺爲之恒滿而上溢，其終無出也，而有筩之容，以俟其底之入也。故曰：壺者，水之總也，水所由續而不絶也。

注曰：半加容者，如之又加半焉。如雙筩共容四升，則壺容六升也。弇，斂也，腹廣而上下弇，如本篇二圖，甲乙丙丁形是也；蓋者，戊己庚辛也；椭圓之長徑，底圖之乙、丙是也；二孔者，未申也，酉戌也，皆在其徑者。二孔之心，在乙丙綫之上也。二孔椭圓者，如酉戌短，乾亥長，以合于一圖之未、申、己、庚也。二舌者，寅卯也，辰午也。紐者，子丑也。以樞合紐，令寅卯之板，恒加于未申孔之上，向丙面開闔之也。辰午加于酉戌，亦如之，左右相禪也。蓋之圜孔，庚辛是也。蓋合于壺者，己戊加于甲丁也。雙環纏束者，本篇三圖之角亢氐房是也。既錮之又束之者，水力大而易渫也。

四曰中筩。

鍊銅或錫以爲中筩。中筩之徑，與長筩旁管之徑等。中筩之下端，爲敞口以關于蓋上之孔，融錫而合之。其長無定度，量水之出于井也，斟酌焉而爲之度。或銅錫之中筩，裁數寸，其上以竹木焉續之。竹木之筩之徑，必與下筩之徑等。其上出之徑，寧縮也，無贏也。水之入于壺也，代入也，而終無出也，則無所復之也，必由中筩而上。故曰中筩者，壺水所由上也。

注曰：中筩者，本篇三圖之坎、艮、庚、辛是也。上出之徑，必縮于下合之徑者，所以爲出水之勢也。

五曰盤。

鍊銅或錫以爲盤。中盤之底而爲之孔，以當中筩之上端，融錫而合之。盤底之旁，爲之孔而植之管，管外出而下迤也。盤之容，與壺之容等。管之徑，與中筩之徑等。管之長無定度，其下迤也，及于索水之處也。中筩之水，其上溢也，盤畜之，管洩之。故曰盤者，中筩之水所由出也。

注曰：本篇四圖之甲乙丙丁，盤也。丙丁爲孔，以合于中筩之上端。上端者，三圖之坎艮也。底旁之孔者，戊己也。下迤者，己庚也。

六曰衡軸。

直木爲衡。衡之長，無過井之徑。雙提之柱，其相去也視雙筩。雙提之上，枘入于衡之兩端，其相去也視雙提。直木爲軸，軸長于衡而無定度。圜其尾，去首二尺而圜其頸。當頸尾之中而設之鑿，當衡之中而設之枘。衡，衡也；軸，縱也。鑿枘而合之，欲其固也。軸展側焉，衡低昂焉，提上下焉，左右相禪也。故曰衡軸者，所以挈雙提下上之也。

注曰：衡之長，本篇四圖之壬辛是也。枘入于衡者，子丑是也；軸之長，卯午是也；卯尾午首，辰頸也；衡軸鑿枘之合，寅是也。鑿，孔也，衡横軸縱，卯辰子丑之交加也。

七曰架。

井之兩旁爲之柱，或石焉，或瓴甋焉，或木焉。柱之上端爲山口。山口者，容軸之圜也，以利轉也。軸之首，設之小衡，與衡平行也，長二尺，或三尺。小衡之兩端，設二木而三合之，如句股，以小衡爲弦。句股之交，立之柄，持其柄而摇之，以轉軸也。水之中，穿井之脇，而設之梁，横亙焉。梁之上，爲二陷，以居雙筩之底，欲其固也。中其陷而設之孔，稍大于雙筩之底孔，水所從入也。梁居水中，其木必榆。榆爲木也，無味，水不受之變。梁在其下，柱在其上，車所由孔安而利用也。故曰架者，所以居庶物也。

注曰：本篇四圖之卯亥也，辰乾也，柱也。當辰卯爲山口者，以容軸之圜也。小衡者，申未也。三合者，未申酉爲三角形也。酉戌，柄也。立之柄者，立柄于酉，戌酉未爲直角也。坎艮，梁也。角亢氐房，陷也。心尾，陷中孔也。

若欲爲專筩之車，則爲專筩專柱，而入之中筩，如恒升之法而架之，而升降之。其得水也，當玉衡之半，井狹則爲之。

注曰：專，一也，架法見恒升篇。

恒升車記雙升車附

恒升車者，井泉挈水之器也。其用與玉衡相似，而更速焉，更易焉。以之灌畦治田，致爲利益矣。若爲之複井，井之庋爲竇而通之。以大井瀦水，以小井爲筩而出之，則無用筩也。若江河泉澗，索水之處過高，龍尾之力，有不能至，則用是車焉。挈水以升架槽而灌之，或迤而建之，以當龍尾。

恒升者，從下入而不出也，從上出而不息也。恒升之物有四：一曰筩。筩者，水所由入也，所以束水而上也。二曰提柱。提柱者，水所由恒升也。三曰衡軸。衡軸者，所以挈提柱上下之也。四曰架。架者，所以居庶物也。四物者備，斯成器矣。更爲之機輪焉，巧者運之，不可勝用也。

一曰筩。

刳木以爲筩。筩之長無定度。下端所至，居水之中，已上則易竭，已下則易濁。上端所至，出井之上，度及于索水之處而止。筩之徑無定度，因井之大小，索水之多寡，斟酌焉而爲之度。筩之容，任圜與方。其圜中規，其方中矩，而上下等。筩之周，以鐵環約之。環無定數，視筩短長，斟酌焉而爲之數。筩之下端，爲之底。欲其密而無漏也，中底而爲之孔，孔之方圜反其筩。若圜筩而方孔，七分底之徑，以其四爲孔之徑；若方筩而圜孔，七分底之徑，以共五爲孔之徑。孔之上，象孔之方圜，爲之舌而掩之，如玉衡之雙筩。掩之欲具密而無漏也，開闔之欲其無滯也。筩之上端爲之管，質外出而下迤也，本廣而末狹也，水從孔入焉。既入，而提柱之勢能以舌掩之。既掩而提之，提之則從管而出也。故曰筩者，水所由入也，所以束水而上也。

注曰：玉衡之雙筩與中筩爲二，此則合之。筩入于井，量井淺深、筩長短而置之。近上，趣恒得水而止；近下，趣無受濁而止，與玉衡同也。圓筩用竹尤簡。用木，則方筩爲易焉。如本篇一圖，甲乙丙丁，圓筩也；丙丁，其底也；戊己，底方孔也；庚辛壬癸，方筩也；壬癸，其底也；子丑，底圜孔也；寅，方舌也；酉，圜舌也；甲卯辛卯，管也；辰午未申之屬，環也。環之多寡疏密，趣不漏而止。餘見玉衡篇。

二曰提柱。

鍊銅以爲砧。圜者中規，方者中矩。砧之大，入于筩也。欲其密切而無滯也，展轉之，上下之，猶是也。當砧之心而設之孔，孔之方圜，孔之徑，皆與筩底之孔等。孔之上，爲之舌以掩之。舌之制，如筩底之舌也。直木以爲柱。柱有二式，一用長，一用短。用長者，爲實取之柱；用短者，爲虚取之柱。實取之柱，其砧入十水而升降焉。其長之度，下及于筩之底，上出于筩之口。其出于筩之口無定度，及于衡而止。虚取之柱，無用長，入筩數尺而止。升降于無水之處，以氣取之。欲挈之先，注水于砧之上。高數寸，以閉其罅而噏之。凡井淺者，實取焉；井深者，虚取焉。五分其筩之徑，以其一爲柱之徑。砧之合于柱也，鍊銅或鐵爲四足，隅立于方砧之四維，方孔之四旁，而皆上聚之。聚之度，趣不害于舌之開闔而止。以其聚，合于柱之下端，合之欲其固也，砧之厚，以其枝于隅足也，可無厚。既合而入于筩，砧降而底之舌爲之掩，砧升則開之。開之則水入，掩之則水不出。一升一降，是水恒入而不出也。既入之水而砧隆焉，則無復之也，則上衝于舌，而入于砧之孔。砧升，而砧之舌爲之掩。一升一降，是水恒入而不出也。兩入而不出，則溢于筩而出，常如是。虚者實者，同于是。故曰提柱者，水所由恒升也。

注曰：玉衡之提柱，與壺之孔之舌爲二，此則合之。又玉衡之水皆實取，此有虚取之法焉，氣法也。凡砧之入于筩，求密切而無滯也。求密切之法，成砧而入之，能無漏者，國工也；不能無漏者，稍弱其砧之徑，以氈罽之屬、皮革之屬，附于砧之四周焉。附之法，若砧厚者，稍剡其周之上下，如鼓木，當其剡而刻爲陷環，既附而堅束之。砧薄者，則爲兩重之砧，夾其氈或革，以隅足貫之而椉之柱，如本篇二圖之甲乙是也。四足者，丙丁戊酉也；砧者，己庚辛壬也；砧之孔，癸子也；其舌，丑寅也。砧可無厚，無厚則輕。餘見玉衡篇。

三曰衡。

直木以爲衡。衡之長無定度，量筩之大小、水之淺深多寡焉。長則輕，衡之兩端，皆綴之石以爲重，其兩重等。五分其衡，二在前，三在後，而設之鑿。直木以爲軸，軸之長無定度。圜其兩端，中分其長而設之枘。衡，衡也，軸，縱也，鑿枘而合之，欲其固也。軸之兩端，各爲山口之木而架之。中分其衡之前，而綴之提柱，綴之欲其密切而利轉也。抑其後重，而提柱爲之升，揚其後重，則前重降，而提柱隨之也。提柱之降也，實取者，挹水而升于砧也；其升也，則下入于筩而上出于筩也。虚取者，降而得氣焉，氣盡而水繼之。故曰衡者，所以挈提柱上下之也。

注曰：氣盡而水繼之者，天地之間，悉無空際，氣水二行之交，無間也。是謂氣法，是謂水理。凡用水之術，率此一語爲之本領焉。本篇三圖之甲乙，衡也；丙丁，兩石重也；戊己，衡也；子，衡軸之交也；庚辛壬癸，山口之木也；寅，提柱也，綴之于丑；卯辰，筩上端也；午，管也。餘見玉衡篇。

四曰架。

木爲井幹以持筩，持之欲其固也。筩之下端，爲盤以承之。盤與筩，合之欲其固也。中盤而爲之孔，孔之徑，稍强于筩底之孔之徑。盤之下爲鼎足，而置之井底。

注曰：本篇四圖之卯未辰午，井幹也，加于地平之上。申戌酉亥之間，爲正方之空，夾筩而持之。丁戊，井面地平也；己庚，井底也；辛壬癸，盤也；辛子、壬丑、癸寅，盤足也。

若欲爲雙升之車，則雙篙焉，如玉衡之法而架之，而升降之，此升則彼降，用力一而得水二也。是倍利于恒升也，尤宜于江河。

注曰：力一水二者，一升一降，各得水一焉，無虚用力也。恒升者，一升一降而得水一也。架法見玉衡篇。

方以智《通雅》卷一一《天文》 曆測 燈漏、沙漏，皆因漏刻而名也。歷家大抵以漏刻極長于六十、極短于四十。嘗聞前輩言，惟正統己巳官曆，晝刻三十九、夜刻六十一，以爲陰過，故有土木之變。元《授時曆》則長極于六十二刻，短極于三十八刻，以爲驗于燕地，稍偏北故。然外國有蒸羊脾未熟，而天明者，則短又不止于三十八刻而已。燈漏今不傳其製。沙漏今多有之，以瓶貯沙，漏下定刻，皆本于水漏，以水浮箭也。遠公弟子于匡山，作芙蓉漏，浮水上，便于轉水。吴處厚曰：「龍圖燕公肅任梓橦青社，作蓮花漏刻，倣匡山也。」漏水之製，以銅作四櫃，一夜天池，二日人池，三平壺，四方分壺，自上而下，一層低一層，以次注水入海，浮箭刻分而上。每刻計水二斤八兩；二箭當一氣，每氣率差一分半，四十八箭，周二十四氣。其漏箭以百刻分十二時，每時八刻二十分，每刻六十分，初初、正初各十分，故每時共五百分。十二時總計六千分。歲統二百十六萬分，悉刻之于箭。以今尺度箭之刻分，尺之一分準刻之十分，初初、正初如尺之一分，初一、正一如尺之六分，此其大略也。議者謂冬寒水澁，不能如法流行。近有以鐵丸圓轉，代流水者，如今自鳴鐘，亦一法也。又元朝立簡儀，爲圓室一間，平置地盤。二十四位于其下，屋背中間作圓竅，以漏日光，可以不出户而知天運。此與日晷之用正同，才可施之晴晝耳。出外别有燈漏、沙漏，色目人有玲瓏儀，皆巧製也。

南懷仁《新製靈臺儀象志》卷二 新儀堅固之理

夫曆之爲學也，其理其法，必有先後之序，漸以及焉。故由易可以入難，而由小可以推大，未有署形器，而可驟語夫精微之理者也。如《幾何原本》諸書，爲歷學萬理之所從出，然其初，要自一點、一線、一平面之解，及其至也，窮高極遠，而天地莫能外焉。今之學歷者，於凡發明器數之書，忽爲平常而不屑寓目，輙希頓悟於要渺之途，譬之登高而不自卑，何由至也！即有自命博雅，以格物窮理爲學，然而務大而遺小，務貴而畧賤。夫道無往而不在，豈事物之大與貴者理在，而事物之小與賤者，而理即不在乎？殊不知形上之理，不越乎形下之中也。今仁之著測天諸儀説也，不惟論其用法，與夫測天之細微，以及推諸天諸星之奥義，其于制作法、輕重法、堅固法之衆理，亦必詳載而論列之。蓋精粗表裏，互發而益明也。夫欲儀制之堅固，不在乎尺寸之加廣、銖兩之加重，而徒以粗厚名也；大率在于儀徑長短之尺寸，與儀體輕重之銖兩，相稱而適均，乃爲得耳。蓋儀之徑愈長，則儀愈難承負。儀體既重，若又加銅以圖堅固，則徑反弱而自下垂。如赤道、黄道經緯諸規，兩端懸于南北兩極之軸，若銖兩加倍，則東西兩半太重，必自下垂而不合乎天上所當之平面圈矣。若豎立之，則上下兩半又下垂，而圓圈又類卵形矣。其長圓之徑表兩端定處，則中心太重，必自下垂，而離南北之徑線。又象限儀之横梁，紀限儀六尺半徑之幹等，皆須與地平線平行，而用權衡之理，依據于中心之一點，若過加銖兩，則兩端必下垂而不合于本圈之徑線。造儀之難正在於此，而儀之準與否，亦即在于此。今更取五金所以堅固之理以明之。夫五金等材堅固之力，必從人之所推移而見，又必從壓之以重物而始見之。姑借方圓柱所承之力以類推焉。凡形之長者，必有縱徑，有横徑，其縱徑之力與横徑不同。儀之中，有方柱、圓柱，有長方各梁柱，有長遠表。其中有豎立者，有與地平線平行者，有横斜用者。縱徑、横徑，各有説焉。今先論縱徑之力，以定横徑所承之力。西士嘉理勒之法曰，觀于金、銀、銅、鉄等垂線繫起若干斤重，漸次加分兩，至本線不能當而斷。如金及銀之垂線，其横徑一厘，試加斤兩至二十三斤而斷。又同徑之銅、鉄線，試加斤兩至十八斤而斷。因此法而推論曰，有金銀立柱于此，其横徑有六厘，必得八百二十七斤之分兩能當之。銅鉄柱，必得六百四十七斤之分兩能當之。有同徑之烏木等材料之立柱，約得一百一十八斤之分兩能當之。如十八圖，蓋凡兩柱大小之比例，爲其兩横徑再加之比例，而其堅固之比例，必與之相同。譬如有金線于此，其横徑爲一厘，若能當二十斤，則一分徑之金線，必能當二十斤矣。蓋一厘之徑，與一分之徑，如一分之徑與一寸之徑，則一厘之徑與一寸之徑，如二十斤與二千斤同，是再加倍之比例，從此而推方圓等柱，以其横徑之所當分兩若干。如十九圖，有方柱豎立爲戊巳，其縱徑僅足拉斷之斤兩，即辛繫在于巳，又有方柱甲乙丙丁於地平線平行，其大小于豎立之方柱戊巳相同，其横徑僅足拉斷之斤兩，即壬繫在於兩。題曰辛之斤兩于壬之斤兩，如戊巳柱之縱徑，于甲丙柱之横半徑，蓋丙丁線損杆之類。其支磯在丁，其用力在丙。由此論之，試令本柱之横半徑丙庚，有其縱徑甲乙四分之一，而辛之斤兩爲四千斤，則壬之斤兩不過一千斤，而原柱依其横徑必墜斷矣。又有兩長方之柱見二十圖。甲乙丙丁，而甲乙之厚面及丙丁之寬面，兩面于地平線平行，與兩柱之一端，各有繫于本力相稱之斤兩，如戊與巳。若再加之斤兩，則兩柱必不能當而墜斷矣。題曰甲乙柱厚面之橫徑，於丙丁柱寬面之橫徑加倍之尺寸若干，則戊之斤兩，于巳之斤兩加倍若干。解曰，甲乙柱厚面之橫徑，與内丁柱寬面之橫徑如五與一，因而若巳之重一百斤，則戊之重五百斤矣。有兩柱見二十一圖。甲乙丙丁、戊巳庚壬，其長短等，其粗細不等。其粗柱之堅固與細柱之堅固，有巳壬之橫徑與乙丁之橫徑三加之比例，如乙丁有巳壬三分之一，而細柱之堅固能當三千斤，則粗柱之堅固能當八萬一千斤。因此而推圓柱之長，應加若干之尺寸，以知其不能當本體之重，以知其橫繫于空中時，若釘此一端於壁，則彼一端自弱而重垂下，必橫斷矣。如甲乙柱見二十二圖。橫懸於空中，其長徑五尺，於地平線平行，其本體之重有六百斤，若再加一千斤之重，繫在于丁，則圓柱墜斷。今球應加若干尺寸，以知其自垂而斷之處。依本法之理以論之，若于本柱加一丈五尺，共得二丈，則本柱不能當本體之重，自垂而橫斷矣。總而論之，甲乙柱之斤兩與本柱之斤兩，並其所繫於丁斤兩之加倍，如五尺與二丈一尺七寸之比例。今於二丈乙尺七寸，再加本柱之長五尺，而三倍之，其積數共得八丈零乙寸。若此數并五尺之數中，取中比例數，得二丈，即所求甲乙柱之尺寸矣。從圓或方柱之理，可推他類。從五金之柱形，可推他形并材料。又筋系蔴等繩堅固之力，同一比例之理。以上摠論，依勾股之理，方圓等柱堅固之理。今依勾股之弦，斜向之柱，萬變不同，其堅固與否，其自弱而垂下之勢若干，皆照其斜向之勢若干，欲明此理，必須先知方圓等柱，各依勾股各弦之斜向，加減本體之輕重若干，而後可也。詳載舉重學論内。

徐朝俊《自鳴鐘錶圖説》 鐘錶名目

一曰掛鐘。下用絲繩垂鉛錘以轉捩，難敝易修，爲家居適用之器。

一曰擺鐘。内用鋼腸，案頭可隨處置放。

一曰問鐘。隨時可問時刻，一撥即發鐘聲若干響，屢問不爽。凡鐘較準時刻記數，如丑未初一響，丑未正二響，寅申初三響，寅申正四響，卯酉初五響，卯酉正六響，辰戌初七響，辰戌正八響，巳亥初九響，巳亥正十響，午未初十一響，午未正十二響，于交時自打鐘則然。若用手撥動閘機，鐘便多增一響，與時針所指不對。問鐘不然，故并便昏夜夢餘之用。

一曰鬧鐘。如遇朝祭大典，在某時刻應起身冠帶，則將閘針裝對某時，届期便大發鐘聲，喚醒酣夢。

一曰報刻鐘。每刻雙椎打鐘，一刻兩響，二刻四響，三刻六響，四刻則單椎打出針指某時之數。

一曰樂鐘。其種有二：一種每交半時先打小鐘，其小鐘自小至大或五或九，多寡不定，各有工尺。小鐘打畢，大鐘打針指某時之數。一種是報刻鬧鐘，每交一刻，小鐘各鬧一轉，二刻兩轉，三刻三轉，四刻四轉。鬧畢刻數，大鐘打針某時之數。此亦問鐘也，暗中不惟問時，并可問刻。

一曰錶。機軸如鐘，收大爲小，有單針、兩針、三針、四針之別。單針指時指刻，兩針并指分，三針并指秒，四針并指日。又有打鐘錶：一種單針走時，擺無游絲，鐘亦案時一響至十二響。一種與問鐘同又有問錶，衹走時刻，交時並不打鐘，如欲知現在某時刻，不必看時針所指，衹須將柄椎進放手，即單椎打出針指某時記數，并雙椎打出某刻記數。隨推隨報，故名推報。

又 輪齒

鐘錶輪軸之齒本無一定，惟輪齒密而軸齒疎，則同一發條同一絲繩，上足則走時便久。而其間配搭呼應之處，又一齒不可差。余作鐘往往任意先作走時一套，上足發條，任其走動。審大輪一轉，太陽走幾刻幾時，即配出時刻輪應在何軸，應齒若干，互爲呼應。其法甚活，但非入手者所能，兹特配定幾法如左。

走時輪軸，如大輪作九十六齒，二輪可配八十四齒，軸八齒，上配側輪七十二齒，軸六尺，爪輪二十七齒，軸六齒。如此齒數可從二輪用長軸出刻，配刻輪四十齒，接刻輪四十止，作起閘釘一。刻輪一轉四刻，則接刻輪亦一轉打鐘一次。軸六齒接出時輪七十二齒，則接刻輪十二轉出時輪一轉。又如大輪作六十齒，可配二輪五十四齒，軸八齒，接三輪四十八齒，因齒少故多此一輪上接側輪三十六齒，爪輪十五齒。如此齒數亦當從二輪出刻，可配刻輪十六齒，接刻輪三十二齒，輪邊作二釘，每一轉打鐘兩次，軸八齒接出時輪四十八齒，其餘軸皆作六齒，晝夜時針二轉。

古二法皆從二輪出刻，又有時刻從大輪出者。如大輪作六十齒，可配二輪五十四齒，側輪四十八齒，爪輪十三齒，軸皆六齒。大輪用長軸配接時刻輪，軸輪作三十六齒，接出刻輪十八齒，作一釘起閘，軸接出時輪四十八齒，則大輪帶接時刻輪一轉，出刻輪走兩轉一時，出時輪走八齒。又如大輪五十四齒，配二輪五十四齒，側輪四十二齒，爪輪十九齒，可於大輪軸套小輪四齒接出時輪六十四齒，則一晝夜單針走一轉而無刻針。又如大輪六十齒，二輪五十四齒，軸十齒，三輪四十六齒，軸六齒，側輪三十六齒，爪輪十五齒，軸六齒，從大輪出軸作十五齒，接出時輪九十六齒，則一晝夜單針亦走一轉而無刻針。余作天文錶，刻太陽形模，旋轉以當針，指各節氣太陽出入在何時刻，每用此法。

打鐘輪軸如大輪八十四齒，可配二輪六十四齒，軸八齒，勻作八釘，上接撥鬧輪五十六齒，軸八齒，次接候時輪五十二齒，一釘軸七齒，上接風輪軸七齒，則二輪一轉打鐘八記，候時輪一轉，二輪走八齒，又如大輪二輪皆作五十四齒，軸八齒，用九釘打鐘，當配撥鬧輪四十八齒，候時輪四十二齒，風輪軸六齒。

右乃擺鐘作法，如掛鐘則大輪或作七十二齒，周圍即作十二釘以打鐘，上接內缺輪六十齒，候時輪六十齒，即接風輪軸皆六齒。則大輪一轉，內缺輪必十二轉，鐘打一下，候時輪必一轉。又從大輪用長軸出軸輪六齒，上接外缺輪之夾輪三十九齒，則大輪一轉夾輪走六齒，與缺輪恰好呼應，打鐘十二下。

鬧鐘輪如大輪六十齒，可配打鐘輪四十二齒，軸作八齒，前後相間各作七釘以打鐘，上配接輪三十六齒，軸六齒，風軸六齒。

樂鐘輪、翻水輪皆不拘齒數，端在臨時配搭呼應恰好。且鐘有翻水及從側輪接出秒針，最易停擺。所謂作無益以害有益者，此類是歟。茲特略存其法，若欲就鐘錶得真時，所重不在是也。凡樂鐘輪齒呼應之處，在內外兩缺輪及打鐘釘管輪，其要在起鬧時內缺輪機出缺，使外缺輪起缺，候時輪釘壓住。及時到，機落則鬧小鐘。外缺輪依釘管輪走，邊作一釘起大鐘鬧，其候時機即聯內缺輪機。小鐘未及打畢，則一頭壓住大鐘風輪。及小鐘一畢，外缺輪機落，則大鐘所壓風輪之機起，而大鐘發聲。或報刻，則另作四刻記數輪，同問鐘十二記記數輪作。

作法

作輪軸要極圓，近用線床規矩最準。作齒之法：分得勻，銼得準，打磨得光，無他法矣。輪軸勸合要準要緊。軸頭軸根貴細不貴粗。配軸眼喫齒貴深不貴淺。

一作火輪。凡擺之兩耳者則九齒，多至三十一齒，三十三齒皆可。其齒尖須極銛利。

一作塔輪法。凡鐘錶必用塔輪者，由發條初上足時其力緊，漸卸漸鬆，故作此以齊發條之力。塔輪之上另作一鬧，塔輪軸下另作一活機以止應開轉數。

一出時輪管須作活鍵，以便較時撥針，否或針上作套管，緊套時輪管上。

一作大輪軸上接時刻輪及二輪上刻輪。皆用硬簧墊起銷緊。

一作擺鐘及錶內大輪，皆於輪面刳深，一盤藏挺簧及倒閘尖齒鬧輪于內。

一作掛鐘外缺輪法。先勻分七十八分，隨定一分起一記鐘。次數二分銼一缺，使兩記鐘落缺。再數三分銼一缺，遞至四分至十二分各銼一缺，則鐘聲自由少而至多，是爲缺輪。次另作一輪，與缺輪較小，下接大輪軸上小輪，即依缺輪上七十八分，以兩分爲一齒，則與大輪上六齒之軸自相呼應。

一作問鐘內記數輪法。先作圓輪，中用套管。自管至邊勻分十二分，作十二圈線。又周圍勻分十二分。從中心並作直線，依線逐分銼進。其靠邊一分，即打一記鐘之處迤邐而轉，漸進一分，即增一記。至靠管至狹一分，即打十三記之處也。銼準其缺，即合釘于十二尖齒輪。上立柱夾板，下用挺簧套于柱上，用活銷銷定。

一作齒鬧法。上作齒面，下作跳機。其弧形尖齒上接撥鬧，下跳機斜按記數缺輪。更于夾板角邊立柱裝一割鬧，而尖齒便可配矣。配齒之法，任齒鬧下挺簧挺住，先撥記數輪第一記處，令與跳機搭住，即依割鬧所割之處作識。次撥記數輪第十二記處，令跳機搭住，亦依割鬧所割之處畫作識。從兩識相距勻分十二分銼成尖齒于十二分左右各多作一二齒，配準撥鬧，使打畢恰好搭住鬧根。則刻輪撥轉一尖齒，於記數輪必狹一分，齒鬧便多放一齒，而鐘便多增一記矣。如作報刻鐘，可於跳機上另作一跳機，搭在四刻記數輪上以打刻鐘。又有另作鈎鬧分出三刻記數。又有即從十二記數輪上逐分中各銼報刻缺者。隨意變通，法異而理一。

一作游絲法。用細鋼絲，以利刀兩面刮削，圈作小盤，微火逼成燕子青色，擇其軟硬恰好者配用。

一作發條法。用鋼打薄如鋸條，銼勻刮光，剪齊捲好，燒紅蘸火，復融鉛以退其性，裝入腸殼以配用。

一作發條軸法。一頭銼方，套一小輪，下用螺軸爲收放。或如擺鐘法，於夾板外套一千斤閘爲收放。更有好洋發條不用搭輪，即從發條硬開者，則于發條軸邊另立一釘，套一閘輪，而于發條軸上套一撥鬧，配準應開若干轉，先將鬧輪裝對若干齒，則開一轉撥過一齒，開到應住手時，則撥鬧搭住鬧輪而自止矣。

停擺之病

一因發條軟。凡鐘錶未及走畢或停擺經年，則發條逼緊既久，放開則軟而無力。法將發條取出腸殼，從外盤倒捲進去，抹去油膩，重裝殼內。

一斷發條。接有兩法：一用鈕扣，一用釘釘。凡用釘釘者，務退火一二分銼渾接頭。釘要極平，則放開方無開礙。

一陂齒。或銅質不精，或脱擺卸壞。修法當以薄鉗鉗正，如或鉗斷，寧換一齒。接法於斷齒下銼陰陽筍，勱緊兩面毛牢銼光，以小銲抹之。如鐵軸斷齒，可于斷處銼一細槽，勱入一齒，用黄銅紫銲做光。

一因軸曲。凡洋鐘有火之鋼，能斷而不能曲。其曲者必鋼之無火者也，不妨用椎直之。

一因軸眼寬。修法須視其寬處用圓鑿鑿之，錶祇須用細鑿，就眼四邊，釘八九細眼便緊。

一因擺不開。其所以不開之故，或爪輪齒頹，則當銼令極尖；或喫齒淺，須將爪輪軸旋起；或擺軸鋒頹，須銼出鋒口如刀，并將承軸之槽用薄銼開細，則擺開而難停。

一因偏擺。欲驗偏擺，如平放則停，欹放則走，是偏擺也。須視或左或右何處墊起肯走，即將擺梗向墊處彎過便是。

一因鈎闇。此惟問鐘有此病。欲驗鈎闇，如長針走在左面，撥記數輪時忽然停擺，以手撥針，能退而不能進，是鈎闇也。法當將長針退下，上足打鐘發條，打過鐘則針亦能進，而擺自不停。

一因不起機。凡掛鐘或停在打鐘前，則機或喫緊内缺輪，欲起而不能起。可將落缺之機微抹香油，使起機滑而輕即走。

一因螺鑽鬆。視有鬆者，旋緊即走。

一因塵膩。鐘錶久不修理，塵膩粘滯，亦易停擺。可拆開細細擦净，於軸眼内畧上香油即走。

一游絲。或礙擺盤，或礙夾板，皆能停擺。須修平游絲，使不礙即走。

一錶大輪三角閘釘活動不平，或大輪下銷軸釘長出，致礙出時輪不走。

一三針錶針礙針停擺，須裝好使不硬便走。

一錶偏擺。驗法，俟其停時，看定蟹爪輪，將擺向外微撥，看爪輪動否。如不動，再向内微撥。如向外撥而爪輪動者，須將游絲畧收。向内撥而爪輪動者，須將游絲畧放。

一錶夾板脱去銷釘，亦能停擺。

打鐘諸病

一問鐘或打之不止者。非齒閘之管脱銷，即割閘之管脱銷，銷好便止。

一起閘不打鐘。或齒閘下挺簧無力，或撥閘粘住閘根。如病在簧軟，可拆下挺簧彎開，如撥閘粘滯，須擦淨機與閘相搭之處，則機一起而閘即開，鐘亦即打。

一全開放足，而鐘不滿十二下。一因齒閘下挺簧軟，一撥或過一二齒，故記數少，又或套管軸向上微曲，則齒閘與撥閘喫齒大緊，亦一撥而竟過一二齒，故記數亦少。

一或記數不準而多。必因齒閘與套管之軸向下微曲，致與撥閘契，齒或淺則有撥不過之齒，故記數或多。一鐘聲不明。須將鐘上螺墊旋緊，并旋鐘配椎，使發聲響亮便是。

一樂鐘或一面打樂、一面即打時鐘。其病在右面起機在缺輪上，左面不能關住風輪之故。法將此機兩頭彎配恰好，則時鐘必待樂鐘既畢然後發聲。

一修理鐘錶不可輕用錘銼。以作者規矩本無差池，其不走之故或銅質不良，或用久而敝，又或觸損機軸，祇須細心看準，還其本然，慎勿以噫見敲長銼短。

裝拆鐘錶法

一凡裝拆掛鐘走時一套，可任意裝拆，惟裝刻針須配定起機釘，使針尖恰指□上，釘機恰落敲鐘。其打鐘一套，處處要留心配齒，如裝大輪，須配鐘椎下跳機，使機與釘恰脱爲準。如向右裝過，則缺落椎開，挺簧挺住鐘椎，每有機起而不打鐘之病。或向左裝過，往往機已落缺，而鐘留住一下，故須配搭恰好。裝内缺輪須配定内機，使落缺頂住，即下配大輪釘，使恰好撥過跳機。上配候時輪，使候時輪釘與候時機相去四五齒爲率。如釘與機相去太遠，往往在起缺時打轉得勢，則釘與機迎住，不惟鐘不能打，即擺亦因此而停。裝外缺輪，先使内缺機兩相迎住，而後旋十一缺中之寬緊恰好者，裝定銷住。至于風輪，不過使輪板不礙上下而已。

一裝拆坐鐘，不同掛鐘之可以任意，以内有發條力猛故也。法須先去時面，一面拆去齒閘任其打鐘，一面拆擺使兩套發條一齊放盡，然後拆去腸軸上千斤閘。次將撥閘機及時刻輪取下。次拆夾板四銷，將輪拆出，修理完畢，從上裝下，輕輕將夾板蓋上，先配出時輪軸，次配閘輪軸此二軸最長，次配兩塔輪及發條軸，此二軸次長次配四角柱眼，次將其餘輪軸一齊配準。其或一時不能合筍，必有一軸參差，務宜撥正，勿用蠻力致斷軸頭。其裝打鐘輪配候時之釘，亦不得與候時之機太遠。

一裝樂鐘釘輪，亦當留心配齒，其法總以樂鐘打畢落閘，使釘輪恰在無釘處便是。其餘與兩套頭坐鐘畧同。

一裝拆時辰錶。先以左手中指緾住錶帶，拆開外殼，其中暗銷有二，或用大拇指抵進下面泡釘使開者，或用指甲掐在柄上一掐即開者。外殼既去，當以大拇指抵住側輪或輪在内不能抵，當撚紙銷銷住。拆開擺蓋。次去游絲銷釘，然後取擺。此時要留心，往往有游絲頭尚未出眼，及未出快慢輪墊縫，即取擺起，不但曳壞游絲，并有打頽爪輪之慮。擺既取起，放鬆側輪，使鍊條卸畢。次拆快慢輪盤。次取夾板銷釘。凡四釘各有長短，切宜記明，裝時毋得任意换。銷發條殼外軸，向來用螺軸作關鍵，今亦或用雀輪矣。其用雀輪者，收放與鐘同。其用螺軸者，欲收緊發條，則向錶内旋進，欲放寬則向外旋出。

一裝鬧鐘錶。其出時輪内緊套鬧時管，以管下缺輪落鬧爲準。配時管時針恰指子午之正，便是用法。將鬧時針撥指某時刻，則時針到某時刻内，自落缺打鬧鐘。此鐘凡遇夜間朝祭大事，醒睡最佳。

一裝拆問錶。拆去螺鑽，露出夾板外諸輪機，細心裝拆。凡作問錶，其一應齒軸較凡錶倍極工緻。夾板内，輪類鑽細眼作識，配合輪軸，故機械較多，裝拆較易。

一裝鐘。銷釘螺鑽務宜㮇緊，惟掛鐘面上時針銷，則宜寬而不宜緊。

一裝發條。法先將發條稍上之釘裝入腸殼眼内，逐層盤進便是。

用鐘錶法

一上鐘錶。凡上鐘錶，順則能轉，逆即迎住，本易明曉。然備此器者往往開錯。蓋鐘錶有從正面開者，有從反面開者，或左或右，不可執一。其法當以時面之字爲記，總以自工向正開，轉覺迎住便止，再無開壞之理。如在正面開，則循工正順轉，若在後面開，又當逆轉。以所開塔輪之軸前後所同，後面逆轉，論正面仍是順轉也。或開舊錶，恐塔輪雀齒頽，放手一卸，往往斷鍊，則放手須緩，覺已雀牢，然後將匙取起。

一鐘錶較時。凡鐘錶久停欲上，針與太陽不對，須將日晷測得時刻，將長短針撥對，令其走時。較錶撥針，須將指爪將針取鬆，然後撥轉，則無斷針之患，順逆俱可。如較掛鐘，衹須將刻針順撥到某刻某分，次撥長針到某時初正，次取、起缺輪機，聽其打鐘記數，使恰合時針便止。若問鐘，先不拘順逆，撥準短針。次順撥長針分刻，使兩針恰對太陽在某時某刻。次用細扒撥記數輪，使記數與時針恰合便止。凡撥記數輪，逆撥過一齒鐘聲便增一下，撥至記數恰對時針即止。凡較時不可輕易撥針，何也？余每見較時專撥長針，則如針指子正鐘必打過二下，而太陽或在辰初應七下鐘，則長針必須撥至五轉方合。若針指戌正鐘必打過八下，直須撥至十一轉方合七記之數。長針屢撥則針管與墊簧易寬，每有時走而針不走之病。如有此病，錶則拆出刻輪管，畧放松香少許，鐘則將墊簧畧畧打彎，便能㮇緊帶動。

一較走時快慢法。凡鐘錶走時，遲速不能畫一，或因天氣燥濕，或因塵膩粘滯。較法，如掛擺則遲速全在擺鐘，旋上則速，旋下則遲。擔擺于擺旁另有一活錶，錶上有釘，推進則速，推出則遲。梳擺將兩錘掛進則速，掛出則遲。圓擺管擺錶中所用居多，較遲速全在游絲，收短則速，放長則遲。蟹螯擺於下垂彎處有簧，另軸懸錘，錘高則速，錘低則遲。

一報刻鐘較時。其針不可亂撥，必撥過一刻，打過鐘，然後再撥一刻。若一轉一撥，不但記數不準，且或撥壞。

一收放游絲法。凡游絲必另作一管套盤下，將此管左旋則放長，右旋即收短。

一錶擺不開，自宜將火輪推進。倘錶蓋另釘承軸，亦可旋轉，使㮇齒畧深。

阮葵生《茶餘客話》卷一三　自鳴鐘

自鳴鐘，鑄金爲之，中承以柱，下爲方匱，面設表盤。十二分，上起子午正，右旋，一日再周，以短針指時長針指刻，起丑未初鐘一鳴，盡子午正十二鳴，其初正自一鳴至四鳴各四刻。匱内藏鋼輪三重，中爲大輪四，軸上間小輪三，聯之以旋時刻。針左爲大輪三，軸上間小輪二聯之，旁大輪一，綰繫具，以繫鐘知時。右亦如之，以擊鐘知刻。三重皆施墜線，繫具皆有銅片，爲作止之限。表盤徑二尺一寸五分，羃以玻璃。匱木質，髹漆，繪金花文。四隅皆有柱，中爲周闌，髹以金。縱距四尺七寸，横五尺七寸五分，通高一丈六尺六寸。

時辰表　時辰表，鑄金爲之。形圓，盤徑一寸五分二釐，均分時刻，以針指之。内施輪齒，皆如自鳴鐘之法，具體而微。盛以金合，當盤面處空之合徑一寸五分二釐，通厚八分。周飾雜寶，金索三行三就，開鏤花文。

趙翼《簷曝雜記》卷二　鐘錶

自鳴鐘、時辰表，皆來自西洋。鐘能按時自鳴，表則有針隨晷刻指十二時，皆絶技也。今欽天監中占星及定憲書，多用西洋人，蓋其推算比中國舊法較密云。洪荒以來，在璿璣，齊七政，幾經神聖，始洩天地之秘。西洋遠在十萬里外，乃其法更勝，可知天地之大，到處有開創之聖人，固不僅羲、軒、巢、燧已也。鐘錶亦須常修理，否則其中金線或有緩急，輒少差。故朝臣之有鐘錶者，轉悞期會，而不悞者皆無鐘錶者也。傳文忠公家所在有鐘錶，甚至傔從無不各懸一表於身，可互相印證，宜其不爽矣。一日御門之期，公表尚未及時刻，方從容入直，而上已久坐，乃惶悚無地，叩首階陛，驚懼不安者累日。

阮元《揅經室三集》卷五《自鳴鐘説》 自鳴鐘來自西洋，其制出于古之刻漏。《小學紺珠》載薛季宣云：「晷漏有四，曰銅壺，曰香篆，曰圭表，曰輥彈。」元謂輥彈即自鳴鐘之製，宋以前本有之，失其傳耳。西洋之製器也，其精者曰重學。重學者，以重輕爲學術，凡奇器皆出乎此。而其作重學以爲用者，曰輪，曰螺。是以自鳴鐘之理則重學也，其用則輪也螺也。古漏壺盛水，因漏滴水，水乃漸減，遂以爲輪之轉運，是水由重而漸減爲輕也。自鳴鐘以鐵爲卷，置銅鼓之中，捩之使屈其力，力由屈求伸，亦由重而漸減爲輕也。鐘凡二鼓，一鼓以記時，一鼓以擊鐘。記時之箭外纏綆，以奪第二塔輪之力。塔輪者，形如卧塔，所以受綆也。塔輪奪第三中心輪之力，記時之鍼，管乎中輪。中心輪奪第四直輪之力。直輪奪第五齒輪之力。若齒輪無物以節之，使齒聲其數以漸退，則各輪之力不勝鼓中鐵卷之力，砉然立解，其綆頃刻已盡，而其卷亦驟伸矣。故有懸錘往來搖動，藉以節之，與齒輪之齒相應，齒輪漸退，則四、三、二輪亦遞退，綆漸解，而卷漸伸也。擊鐘之箭外纏綆，以奪第二塔輪之力。塔輪奪第三擊輪之力。擊輪者，外管擊齒，内樹杙，以動鐘錘。第三擊輪奪第四鳥頭輪之力。第四鳥頭輪奪第五小輪之力。第五小輪奪第六風輪之力。若無風輪，使其力少重而滯于轉，則其擊鐘也甚速無節矣。擊鐘之鼓，其機亦管乎時輪，時至則擊齒卸，而鼓中鐵卷之力伸矣。伸少者擊少，伸多者擊多，擊畢則齒礙而關其力，以待後時。或以二鉛錘代鐵卷之力，則無兩鼓。其爲重學也益明。兩鼓各輪皆合于二銅版。其合也，皆螺釘之力。其轉也，皆輪之力。究其塔輪與鐵卷，亦皆螺旋也。綜其理，皆由重以減輕，故曰重學也。此制乃古刻漏之遺，非西洋所能創也。

鄒伯奇《説自鳴鐘》《鄒徵君存稿》 自鳴鐘之術，起於候時。墜子其法，詳《靈臺儀象志》。蓋以銅爲墜子，以線懸於無風處，牽而摇擺之，數其一刻得若干往來，則每一往來爲若干秒，可得而算也。其往來爲時久暫，以線長短爲率，然其比例，則以時之自乘與線長爲比例。如有兩墜子，各數得若干往來，而一爲時百秒，其自乘一萬；一爲時二百秒，其自乘四萬，是爲一與四之比，其線長亦必一與四之比也。自鳴鐘之擺，即取法於墜子，以擺之長短，爲遲速之節制。又作諸輪催迫，使無墜子停擺之慮。然擺之長短不在銅條之度，而在重心之高下。重心高者，短也。重心下者，長也。於擺署加小鉛，或纏以銅線，則遲速異，非因重故，重心移也。諸輪之動力在鉛墜，或用鋼條，力有輕重，亦能變其遲速，催迫有緩急也。故鉛墜、鋼條之力趣於與擺力相應，其消息在輪軸之廣狹、輪齒之疏密，此皆較自鳴鐘者所當共曉也。然較自鳴鐘，不可徒以日晷。自鳴鐘報時，天周平行之數也。日晷加時，則有太陽均數、黄赤升度兩種時差，以此時差加減，然後與天周相應。時差總有至一刻者，若但以日晷爲據，而詫自鳴鐘之失行，是以終日較量而遲速迄無定準也。今將所步周歲逐日時差，總録於後。

或問，有自鳴鐘，欲加一針，令其一歲一周與太陽行度相應，其法若何？答曰，作五輪相加。第一輪牙八十三，與時針輪軸六廉相輗，其輪軸七廉。第二輪牙亦八十三，與第一輪輪軸相輗，其輪軸十五廉。第三輪八十八牙，與第二輪軸廉相輗，其軸無廉。別爲一大輪，與第三輪同軸，其牙一百三十七，爲第四輪。與第四輪相並者，爲第五輪，牙一百〇四，與第四輪牙相輗。此論一歲方轉一周，出其軸端安針於軸，針鋒所指，成一渾圓之迹，是爲日行輪。又畫一圈，圓心距軸四度平分十二宫，每宫注明節氣，宫三十度。以現在最卑在宫度當日行輪最卑處，遇交節氣時刻，將此針移至本節氣度上，然後任其自行，則針鋒所指與太陽行度相合。別作一圈，平分三百六十五日二十三刻四分，與歲周相應。以初日加在本年元旦子正初刻太陽所在度分，隨視鍼鋒所指，距元旦若干日，順數之，即知本日爲某月某日。

或問，一歲一周，此歷家太陽右旋也。若人目所見，只見天左旋，日月亦隨之而左旋而稍遲，欲作一輪以顯迹象，若何？答曰，當作一輪爲日行輪，日轉一周，別有機輪，令其自轉。其牙九十，出其軸端加針於外，爲日行針。又作一輪爲天行輪，牙七十五，其軸通心如車轂，貫日行輪之軸中，亦出轂端又作一圈，固以十字架，中開一孔安轂。端外周平分一十二，次及二十八宿度分，爲黄道圈。天行、日行二輪旁安二輪，同固一軸中。其一輪牙七十三，與日行輪牙相輗；一輪牙六十一，與天行輪牙相輗。遇交節時刻，將日行針指本節氣度分，自後任其自行，視針所指，即知本日太陽在黄道某宫度分；視何宿度行到至高，即知現時某宿度中星到天頂。此法按之天行，驗之目測，皆無所失。至於酌定輪牙之處，立意微妙，別有説。

林樂知　鄭昌棪《製油燭法》卷一 論各浮表即較輕重表。

浮表，即量流質之厚薄輕重與水比較。其理云何？凡水讓物，物有若干分兩，水亦讓若干分兩。試以讓物之水數，與在水之物質比較分兩必相等。此自然之理。製用之浮表量酒則爲酒表，量糖則爲糖表，量乳則爲乳表，量鹼則爲鹼表。以玻璃管底有圓玻璃泡，中置鉛子一粒或置水銀以令浮表竪立不倒，玻璃管上刊有分寸量度，其最要者，不可沈到底，不可浮在面。表之準度，視水爲準。水重一千分，如有他質水即重一千分有零。其零數即物質重數也。有以表之中腰刊定準度，如流質比水重或比水輕，表上浮則自中間起一數逆數而上，表下沈則亦自中間起一數順數而下。蓋有重質則表升，有輕質則表沈也。惟是製以管過長易碎不便，是以今製分作兩表，一爲量輕質之表，一爲量重質之表。欲試驗流質有幾許物質於百分内得有若干分，則如辣鉀養鹼水浮表量得與水較重有一·〇四七，應知水内加若干鉀養鹼方合一·〇四七之數。有如後之第三表有與水較重一·〇四七八。即爲一千零零四十七餘倣此。對行表明每百分内有五分·〇〇二。又如鈉養炭養鹼水浮表量得與水較重一·〇七〇八，有如第六表有與水較重一·〇七〇八查知結顆粒之鈉養炭養鹼有十八分，即並知無水鈉養鹼有六·〇七〇也。凡流質之濃稀若干，其較重於水亦若干，此不易之理。今通行之浮表業已照表刊明較重之定數。每百分内有十八分鈉養炭養者，浮表總量到一·〇七〇八，不致參差。故表上刊明十八二字於某處也。平常所用之表刊有分寸，暴麥浮表亦然，惟較重於水較輕於水分作兩表。其製表法，取清而無質之蒸水，將新製之玻璃表量之，表必沈至底，即於表上之水沿處劃一〇，以爲準度。如以之量有質之水即從〇處起數。又將水八十五分，鈉綠十五分，合化爲一百分以表量之，則表升十五分，即於表升之水沿以下至近圓球處，分作五十分刊之。即已足用此較重於水之表也。其較輕於水之表，又有製法。將十分鈉録調勻於九十分水内，用玻璃表量之，表沈至底，假如水内有二十分鈉綠，則表升若干度，即於表升水沿處劃至近圓球原沈處，分作二十分，復於水沿以上再照分寸分作數十分，亦已足用。此等爲比較之表，須加於有質之水量之以定分寸。今將驗過各質水而刊定分寸，列表於後，以便於用，免隨時量算之煩。如後第一表爲暴麥與水較輕之表，第二表爲與水較重之表，即如鈉養炭養水。浮表量三十一度，有第二表三十一度之次行，著明較重一·二五六二，復查第四表一·二五六二之次行，著明百分内有鈉養炭養鹼二十一分，便知三十一度有二十一分鹼質也。又百度表，指明確實物質如量酒，量糖水，量乳等。確指百分内有若干物質，各質不等，則表亦不等，因復列表以便查檢。然各質遇熱度加減，其質之輕重變異不等。必先定寒暑表熱度，以永爲準率，而製造浮表即依此一定之熱度以造之。遇有所量之流質與造表之準度不符者，即將流質之熱度，改令與浮表準度相符，然後量之，庶無舛錯。暴麥造表以五十四度爲表一定之準率，如此流質鹼水内或有他質，亦可量明。

紀事

鄭仲夔《玉麈新譚·耳新》 番僧利瑪竇，有千里鏡，能燭見千里之外，如在目前。以眂天上星體，皆極大，以眂月，其大不可紀，以眂天河，則衆星簇聚，不復如常時所見。又能照數百步蠅頭字，朗朗可誦。瑪竇死，其徒某道人挾以游，南州好事者，皆得見之。

鄭光祖《一斑録·雜述》 太西水法

熊三拔，太西人，明萬曆年來中土。其地人心精巧，於一切事物之理類，能鉤深致遠，故有所製造，皆他方所不逮。著有《太西水法》一卷，其戽水有龍尾車者，形如大木桶而長過丈，中具機巧，人爲旋轉，則水逆而上。道光十四年，本地開白茆河，郡中發下神仙車，即太西法也。試之，機雖巧而終藉人力，且製造匪易，儻有損傷，修葺爲難，不如當地水車爲便易。然其巧妙，實大過人，不可概没也。至云天下之水，皆應月成潮，海洋廣大，故潮大；池沼狹小，其潮甚微；故人不及覺。然洞庭、鄱陽諸巨澤，何竟無尺寸之潮乎？似三拔格物尚未精當，其説並不足爲據。

道光十六年，清江浦治河需戽水之具，購得龍尾車法式，謂可以自爲運動，製成爲用，藉以省河上工費不少也。於時制軍陶設局贊化宫費及三千金，成之車大四五抱，扛擡需百夫，壞牆垣以出。試於池沼，立刻告涸。然運轉甚重，推挽亦必多人，乃纔試一二而關鍵已壞。然即不壞，亦全資人力，非果能自爲行運也。卒歸廢棄焉。

梁章鉅《浪跡續談》卷八 自鳴鐘

《楓牕小牘》云：「太平興國中，蜀人張思訓製上渾儀，其製與舊儀不同，爲樓閣數層，高丈餘，以木偶爲七直人，以直七政，自能撞鐘擊鼓，又有十二神，各直一時，至其時，即執辰牌循環而出。」此全與今之自鳴鐘相似。吾鄉福州鼓樓上，舊設十二辰牌，届時自能更换，相傳此器是元時福寧陳石堂先生普所製，傳流至康熙間，爲周櫟園方伯取去，則亦中土人所造巧捷之法，又豈必索之外洋人哉！今閩、廣及蘇州等處，皆能製自鳴鐘，而齊梅麓太守彦槐以精銅製天球全具，界以地平，中用鐘錶之法，自能報時報刻，以測星象節候，不差毫釐，則雖以西人爲之，亦不過如此矣。

圖録

熊三拔　徐光啓　李之藻《泰西水法》

龍尾一圖

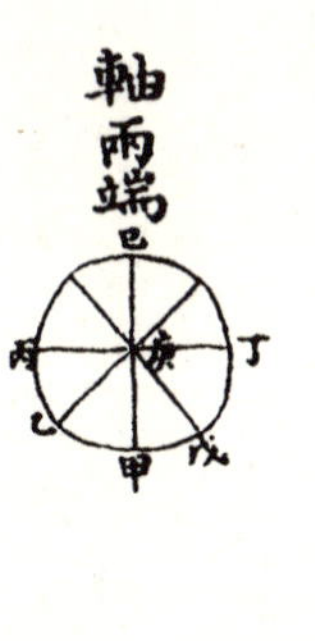

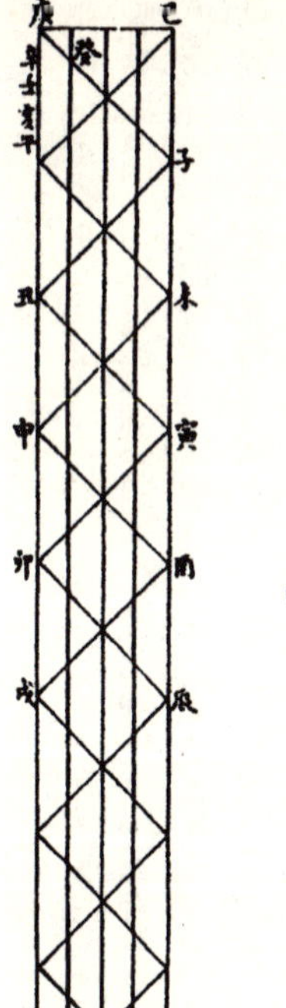

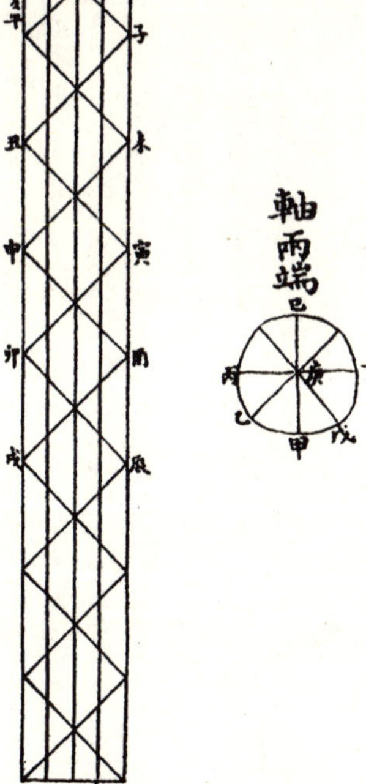

龍尾二圖

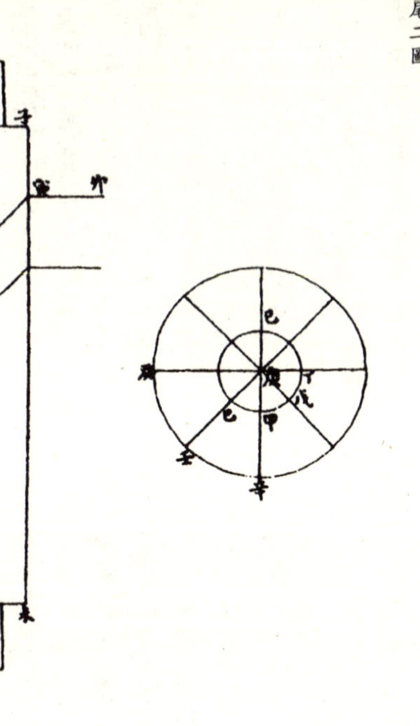

龍尾四圖

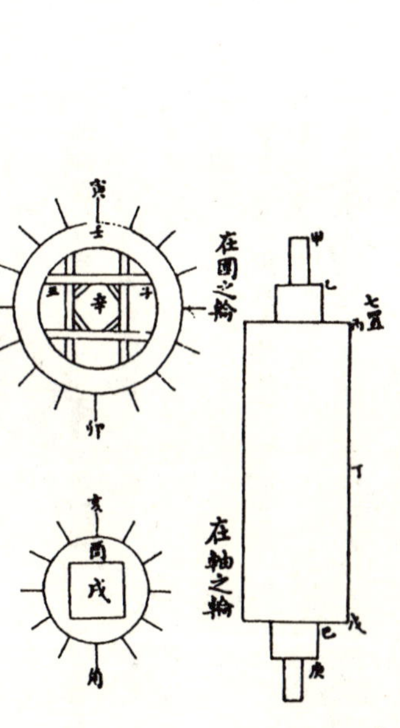

龍尾三圖

龍尾五圖

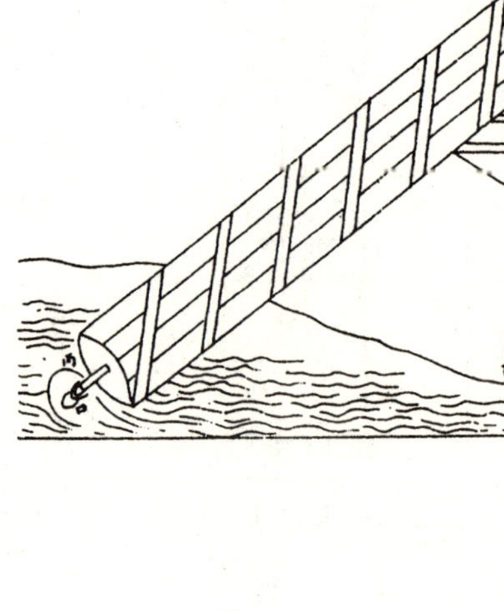

玉衡一圖

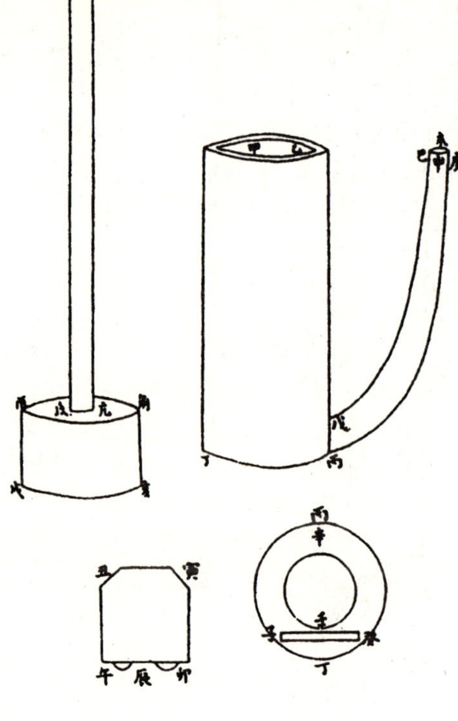

玉衡二圖

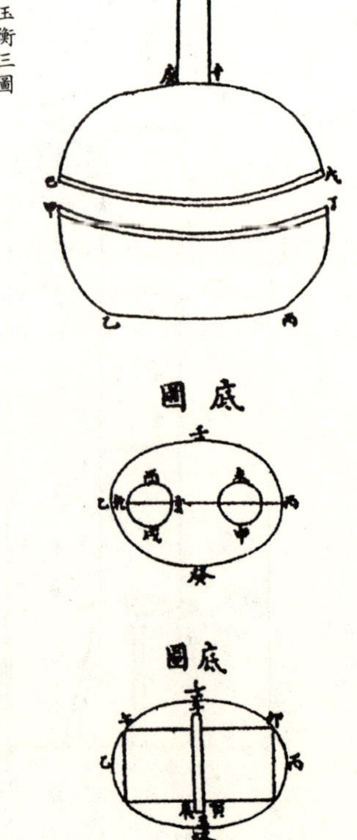

玉衡三圖

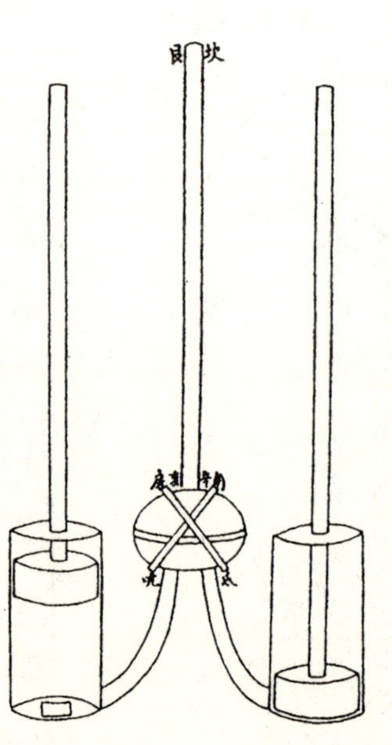

玉衡四圖

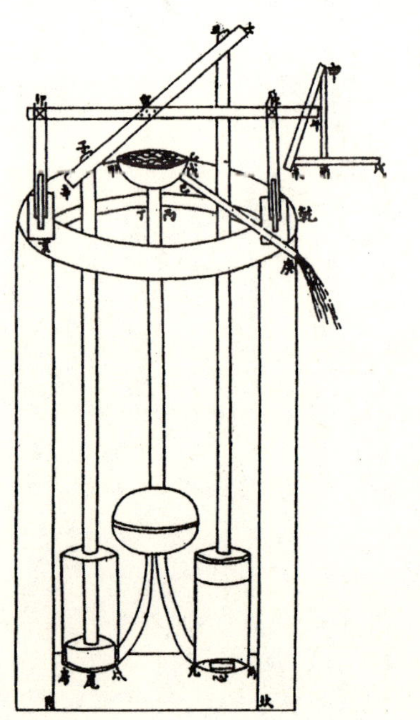

恒升一圖

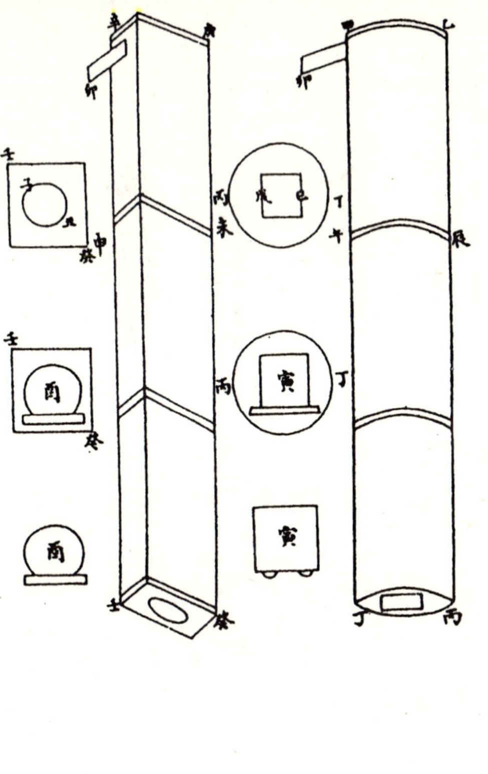

恒升二圖

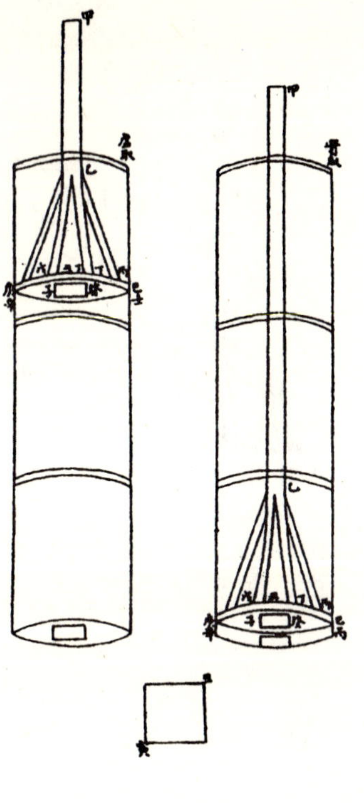

恒升三圖

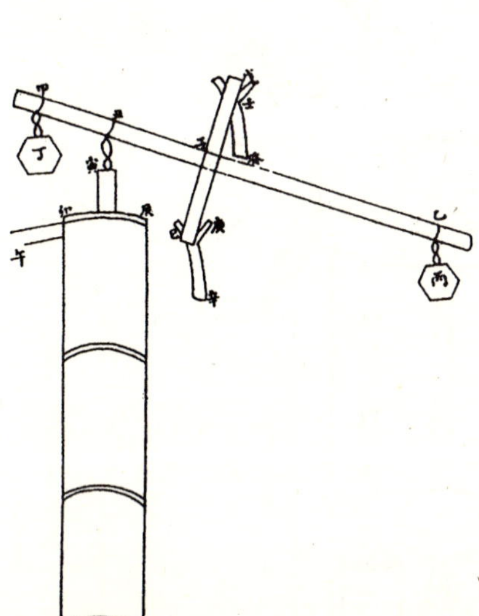

恒升四圖

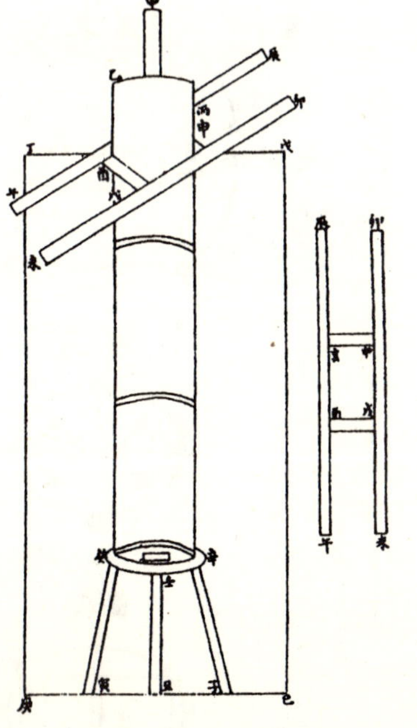

水庫一圖

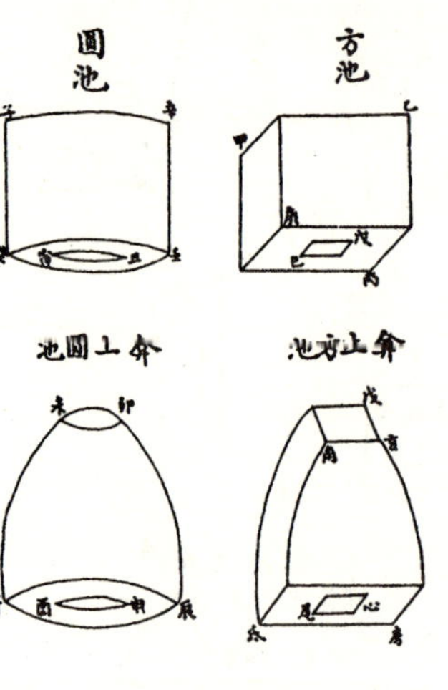

水庫二圖

水庫三圖

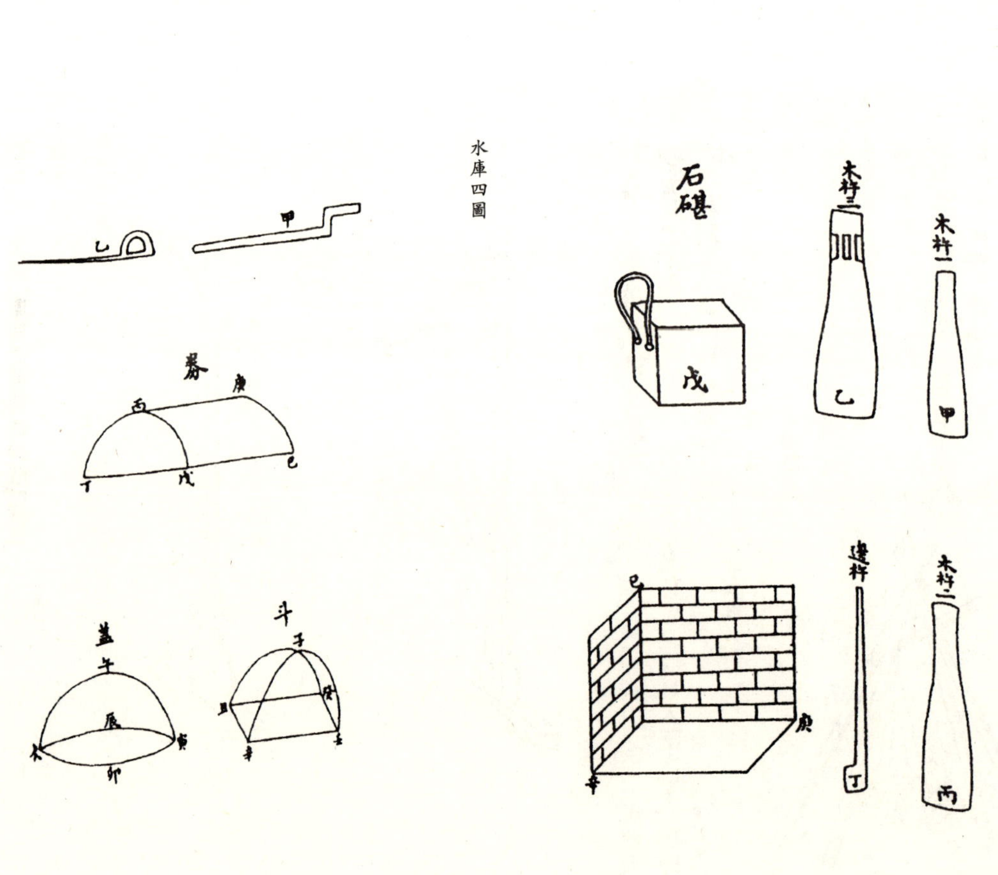

水庫四圖

水庫五圖

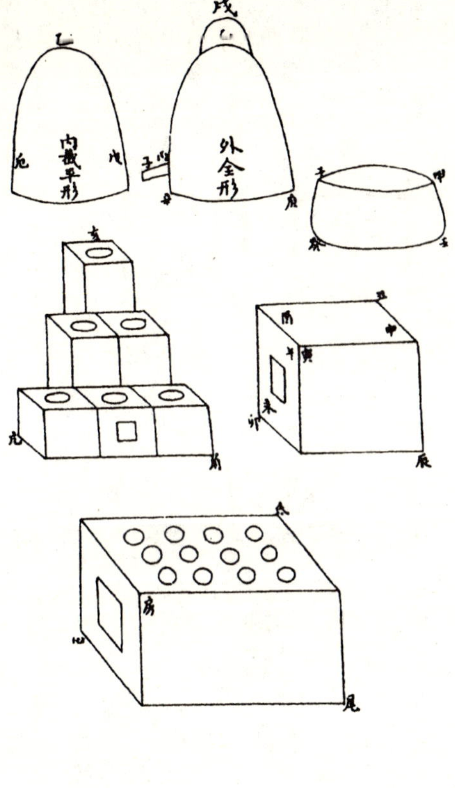

藥露諸器圖

鄧玉函　王徵《遠西奇器圖説録最》卷三

起重

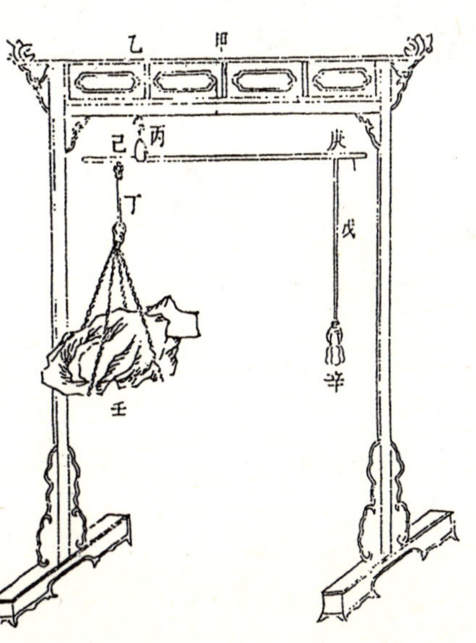

起重第一圖

第一圖説

假如有石，重五百斤，欲起之使高。先用立架一具，如圖中之甲；次於横梁之乙，繫繫秤之索如丙。秤頭之丁爲舉重之索，秤尾之戊爲人墜之索。秤杆長十有一尺，秤頭至己爲一尺，秤頭過己至庚爲十尺。辛爲人力，乙爲石重。夫丁至己既爲一尺，是爲一分；丁至庚既爲十尺，是爲十分。以十分而舉一分，故一人之力可起五百斤也。

第二圖

第二圖説

假如途次，猝無立架，止用直木三根或四根，以索緊縛一頭豎之，三根作三足形，四根作四足形。以秤杆中心繫索，繫在上端中央，以秤杆前端一尺者繫重物，以後端十尺盡處繫人用力之索，更便也。

第三圖説

假如有石若干重，欲起之。先作三足形立架，上收下開。上端收處平安短鐵横梁，梁上繫滑車一具，下繫滑車一具，緊鉗石上。用索一端，從上滑車轉垂而下，即從下滑車内轉輪而上，復過上滑車而下，或即用人力曳之，可矣。如石太重，則滑車上下各加一具，或加二具亦無不可，愈多愈輕，人力愈可少也。如石仍太重難起，即於兩豎架上，安一轆轤在内，轆轤兩端，各十字相反安四椿木，用人力轉其滑車内所轉之索，更便，且力甚勁也。兩法總具[上]圖中。

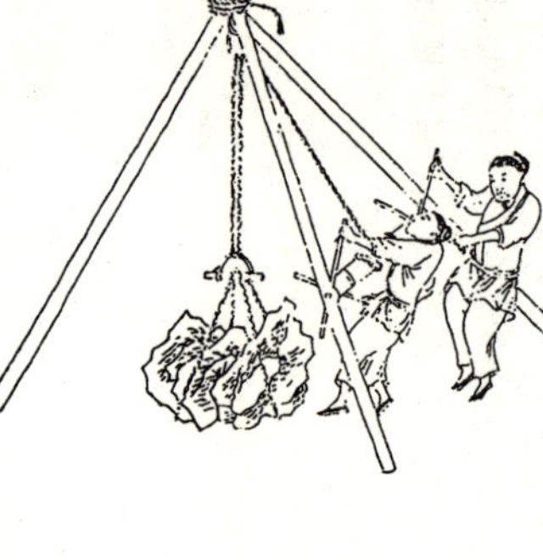

第三圖

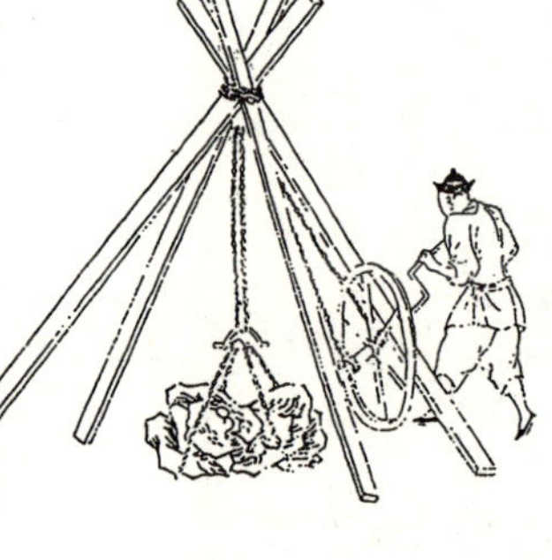
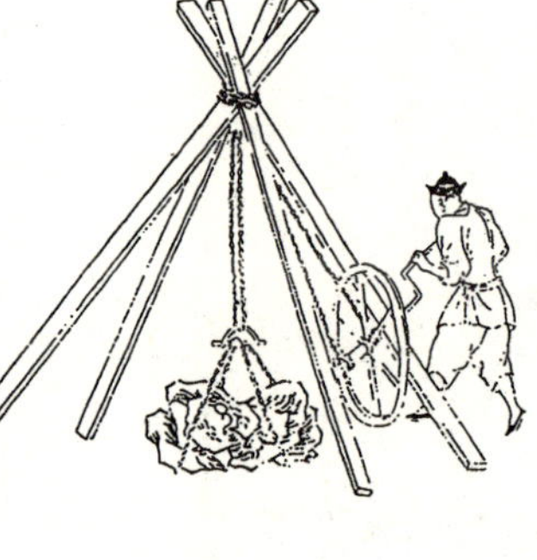

第四圖

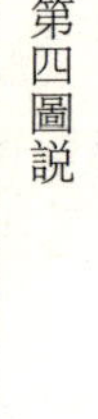

第四圖説

假如有石太重，即用六滑車并十字轆轤法，仍或不起，則以轆轤改作大輪，如[上]圖。用人轉輪，重可起也。

第五圖説

假如石爲鉅重難起，即用六滑車并轆轤改作大輪矣。或仍不起，則從傍再置一架，平安十字大輪。用四人遞轉架上立安大輪所轉之索，其力愈大，斷無不起之理矣。

第五圖

第六圖説

假如照前有四足架，上用滑車繫其重，兩傍架上各安轆轤一具，其轉轆轤之柄，卻在架外。繫重兩索俱從滑車上轉垂而下，分纏兩轆轤上，以人力各相轉動，重自起矣。

第六圖

第七圖説

假如作屋作牆，起運磚石泥土之物，即不大重，然或桶或框，一人可運五六框桶。其法：上用夜义平架，兩頭各安滑車一具。每滑車貫長索一根，其兩索各一端定縛長杆一根，將所用框桶諸物鈎懸杆上。下用兩轆轤，各將前垂長索一端繫定，安置架上。如物力不大重、不大多，則人轉轆轤足矣。倘物或太多太重，則於兩轆轤中而更安一大輪，大輪另有索旁繫一轆轤上。其轆轤另是一架，一人轉此單轆轤，曳動大輪之索，則雙轆轤自轉，諸物俱運上矣。

第七圖

第八圖

第八圖説

用一長架，有横梲如梯狀，兩頭各安兩立柱，下端安一滑車樣大榾轆，上端安一轆轤。但轆轤之製分作四分，如南瓜瓣樣，其中相架梯長短作戽子，不拘多少，一如水車戽子之製，戽子中實以土泥諸物。一人用力轉動上端瓜瓣轆轤，則諸戽可以流水而上矣。

第九圖

第九圖説

長架同前，或不用戽子，止用桶相聯而轉，上用螺絲轉，法如[上]圖，亦便。

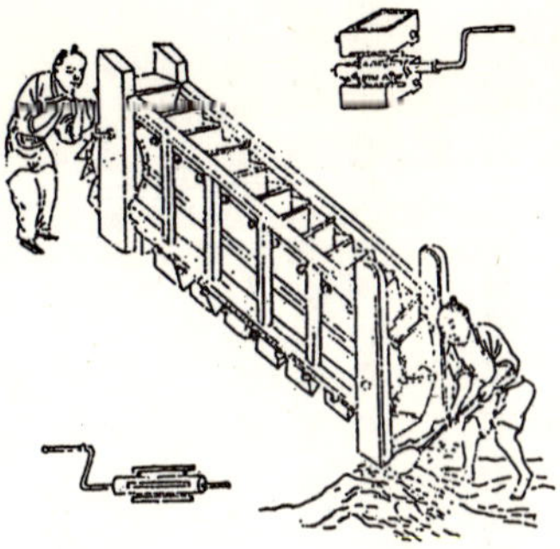

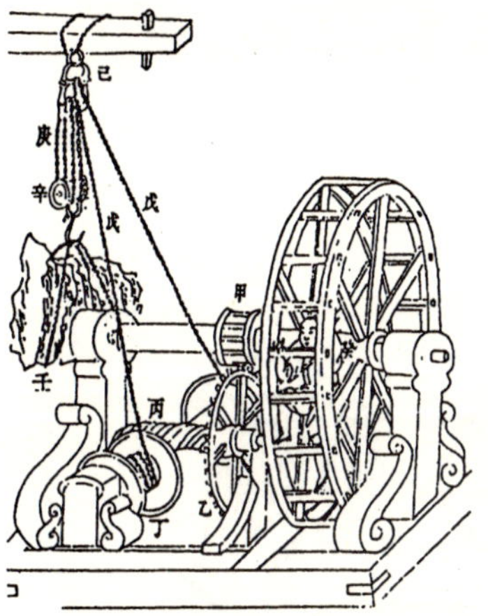

第十圖

第十圖説

先作一行輪。行輪者，人從輪中行而不止，以動他輪者也。行輪本軸安銅輪，有齒如甲，以轉有齒大輪如乙。大輪本軸則有或銅或鐵螺絲轉如丙。其丙螺絲轉緊靠亦是螺絲轉如丁。但丁螺絲轉大於丙螺絲轉數倍爲牝，而丙乃其牡耳。丁螺絲轉兩端，各繫起重之索如戊。其索各上繫於傍架滑車如己。上端滑車並懸兩旁，兩層共是四個如庚，下端滑車並懸兩個如辛。有重石如壬，繫罥滑車，直貫至牝螺絲轉兩端，則以一人如癸行於大輪之内，而石自起矣。

第十一圖

第十一圖説

先作一大架如甲，次作一十字攪輪如乙。上安小輪，周有長齒如丙，安架之一邊。於對邊架上安大平輪，周有齒，與小輪周之長齒相合如丁。大平輪立軸上端，亦安小輪，齒横安如戊。又於架之上横梁中，安一大輪，有齒，與立軸小輪横齒相合如己。即於横梁大輪軸上，繫起重之索一端如庚，其一端從架上別安滑車上轉貫而過如辛，直至於重如壬。以人力各攪轉十字輪如癸，則重起矣。儻滑車平定一遠架上，又可作引重法也。

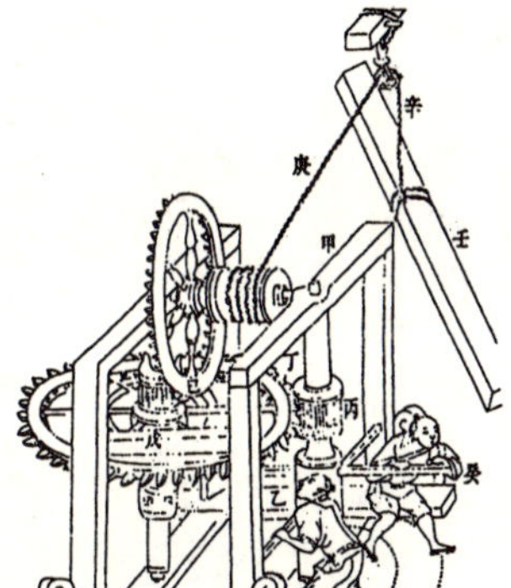

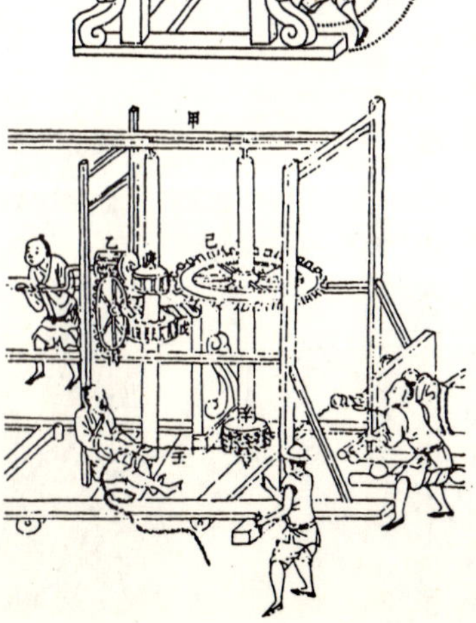

引重第一圖

引重

第一圖説

先爲方架如甲，次用轆轤，一人轉之如乙，但此轆轤如瓜瓣樣，有六齒。緊靠轆轤齒，立安大輪，輪周有齒與轆轤之齒相合如丙。大輪之軸，斜安鐵螺絲轉如丁。緊靠此螺絲轉豎一立軸，軸下端亦平安斜鐵螺絲轉如戊，上端安小輪，有齒如庚。小輪緊靠有平安大輪如己，周有齒，與小輪齒相合。大輪同軸下端有小滑車，如轆轤狀，上纏索三迴如辛，以一端繫重，以一端用一人曳之如壬，則重行矣。

第二圖説

先爲方架如甲，架之前端安立軸如乙，中有大輪如丙。輪周有螺絲轉齒如丁，輪上有立齒如戊，立軸下端有星輪如己。緊靠星輪兩旁，各有立柱，亦各安星輪如庚。兩旁星輪上有纏索之榾轆如辛，緊靠螺絲轉大輪安立輪如壬。立輪之齒與大輪上立齒相合。立輪之軸有長螺絲轉如癸，其長螺絲轉緊靠有大立輪，亦是螺絲轉齒如子。立輪兩旁，繫繫重之索如丑。前端立軸大輪之外，有螺絲轉之柄如寅，以一人轉之，則重行矣。凡重之下，有長輥木如卯，遞輥遞支而前。

第三圖説

先爲大平車，下有活安長輥木如甲。車前端兩旁安有斜柱，上有軸，兩端各有十字木樁如乙。於其前再爲兩車，各如其製如丙、如丁，但其前兩空車用時，暫梶不動，待載重之車至近，然後起而移之前也。

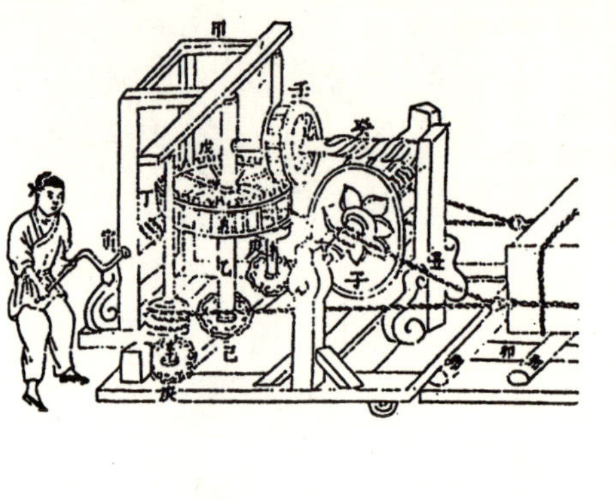

第二圖

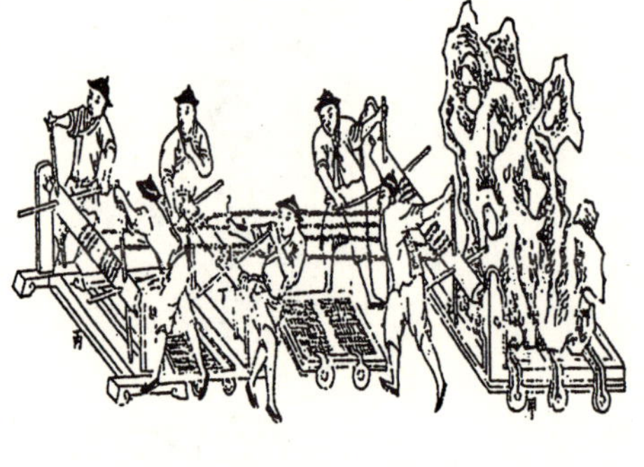

第三圖

第四圖說

爲大輪，一軸兩輪並列，軸之中繫大桶，或繫別重，以長杆繫軸上，軸不轉而兩輪轉。一人肩杆而曳之，或於杆頭安横桄，一人推之，皆可行也。

爲兩小輪，中有軸繫杆，木杆之中懸大桶或別重。一人肩而曳之，或用横桄推之，皆可。

第四圖

轉重第一圖

轉重

第一圖說

先爲立柱，中央作方曲拐形如甲。立柱上下直對要正，旁拐立枝爲手所轉處。中爲小軸，外貫木筒或竹筒，便可轉也。或於下端作輪，或於上端作輪，以爲轉他重之機。惟人所作立柱，兩端盡處各爲鐵鑽，安於架之鐵臼中，則其轉也無不利矣。

第二圖

第二圖說

先爲大輪，有齒如甲，安兩柱中。次爲轆轤，周圍有齒，與大輪齒相合如乙。一人在柱外轉其柄，則重可轉也。或人力不勝，則於轆轤一端近柱處，安飛輪一具如丙。飛輪者，已似無用，而實能以重助他人之力者也。故轆轤轉之不足，加一飛論，則人力必大勝矣。

取水

第一圖說

先爲大立輪，中藏水戽如甲，轉水至槽池中如乙。大立輪同軸又有次立輪，有齒如丙。再爲龍尾車三具，以次而上如丁、如戊、如己。第一龍尾車下端有小鼓輪，亦有齒如庚，與次立輪之齒相合，上端又有旁齒小輪如辛，則與第二龍尾車下端，輪齒相合。第二龍尾車上端與第三龍尾車下端，輪齒各以次相合，則水自上矣。

龍尾車之製，詳具《泰西水法》中。

第二圖說

先爲大立輪，層累而上，爲三有齒之輪，與三龍尾車上端輪齒各相合。柱下爲平輪，輪之齒各以立板作之，外端彎曲如杓様，向水勢衝處。水衝其杓，杓杓相推，則大立柱自轉，而三龍尾車自然依次而上水矣。但龍尾車各從池水槽中轉旋，恐漏水不便，故於池中先作空筒，上下各長於槽，嚴安槽中。龍尾車自筒中旋轉，庶不致已貯之水下漏，爲微妙耳。

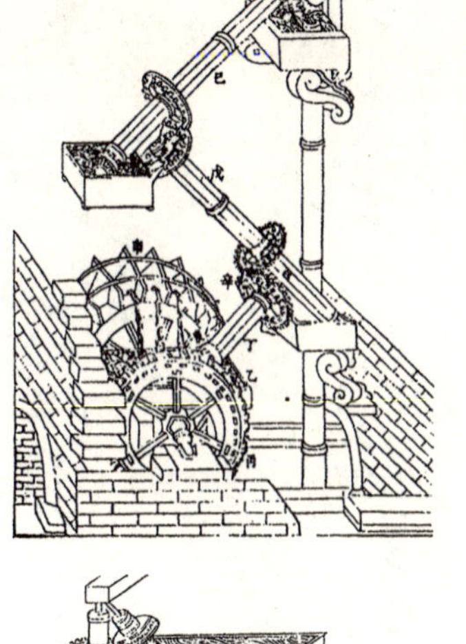

取水第一圖

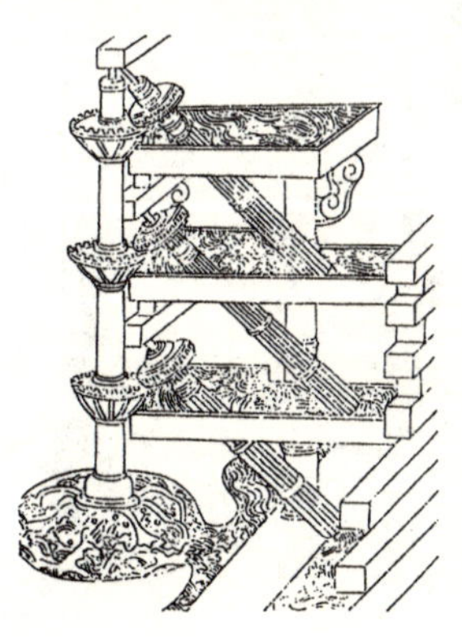

第二圖

第三圖說

先爲飛輪之架，次於飛輪軸之兩端，各安一鐵曲柄，但一端向上則一端向下，必使相反。故以一端繫於恒升車取水竿頂可上可下之木，以一端用人力轉之，則水升矣。飛輪者，助人用力之輪也。

恒升車之製，亦詳具《泰西水法》中。

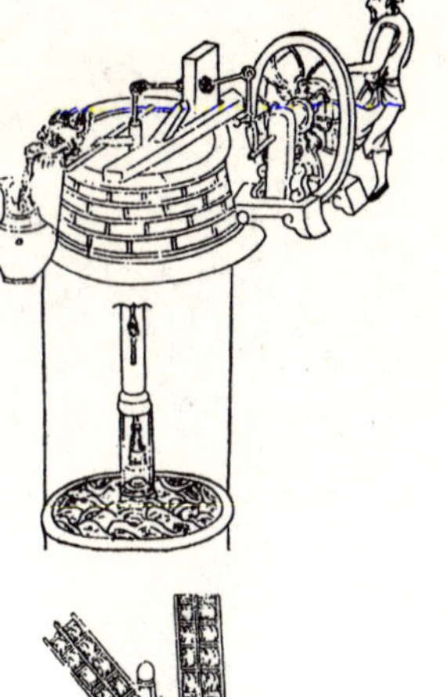

第三圖

第四圖

第四圖說

井中水不能上，先作風車以代人畜。風車有軸，即在井上，以轉井中取水之戽者也。但此圖水戽之製，非此中常用之戽，乃是長筒直貫井底。筒底有軸，筒中有索，貫諸皮球如雞子樣，上下俱小，以便筒中上下，狀若聯珠。其數不拘多少，惟視索垂井底水中，折轉從筒中而上，直至井上池中，環連不絶爲度。蓋以風輪轉軸，軸轉皮球之索，從筒底軸遞轉而上，遞塞其水，直從筒中遞湧而上，而後吐之井上池中也。其作球作筒之法，詳如圖旁散形。風車之製多端，詳後轉磨諸圖中。

第五圖說

爲長槽，前寬後窄。於其中平安一軸，其前端安一木杓。杓上有環，繫槽前上端横木上，槽前下端有小長板如甲。杓入水則滿，至高處則因下端小長板所靠，不得不倒而吐矣。

嚮余曾自作一引水器，一名鶴飲，一名活桔槔，其製一一與此相合，但此前端用杓更爲妙耳。

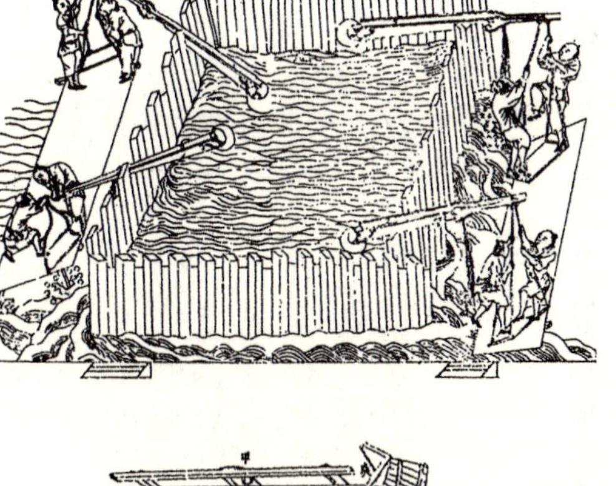

第五圖

第六圖

第六圖說

先爲四方立架，視天平杆兩端水筒所至高處覆水爲度，如甲。其下於架之中央水中，用方石安鐵窠如乙，中爲立柱，下有鐵鑽。立柱下端安立板大輪如丙，少上，安半規斜輪，一角漸次而下、一角漸次而上如丁。於半規輪之上，另有樞軸在下半規輪軸中央如戊。其樞軸少上，中開長孔，横安轉軸如己，以貫天平杆之中心，使之可上可下。樞軸上端，則安在架之上樑，勿令動也如庚。再於天平杆兩畔近半規輪上弦行處，護以圓木如辛，或護竹皮，使其滑澤無滯。其天平杆兩盡頭處，各安戽筩如壬，但須於杆旁横安小杆，繫筩如癸，始無礙於杆身，而覆水槽中之爲便耳。

第七圖説

先爲兩立柱之架如甲，立柱上端有軸。次爲大木杓如乙，旁有兩耳中貫横木如丙。其杓柄爲水出之槽，即貫在立柱架上，軸内可以轉旋上下如丁。耳中所貫横木有索，繫於旁立桔槔之前端，後端有垂木，中鑿多孔，便安木柄，隨人高低，可用力也。此器取水甚多。桔槔杆另立巧法，任人意爲之。

第七圖

第八圖

第八圖説

先爲行輪，人行其中如甲。行輪中軸兩端，各安曲拐，一邊曲在上，一邊曲在下，如乙。曲拐方孔之中杆上，安滑車如丙。於滑車貫處爲立圈，下端定在恒升車取水杆頭如丁。行輪轉動，兩邊自然一低一昂，水可遞引而上矣。

第九圖説

先爲星輪如甲。星輪者，輪周作大圓齒，間中與齒相等；亦作圓孔，與大星光芒四射相似，故名星輪。星輪之外，作鼓廂如乙。鼓廂者，上下總一圓圈，兩旁以木板廂之，其形似鼓，故名鼓廂。鼓廂一面底中，開一小孔，入水如丙，鼓廂上面開一方孔如丁。方孔中安一方屑，上方下圓。方屑兩旁各安小滑車，使方屑易上易下也，如戊。其安鼓廂及安方屑上下之架如己。于方屑方孔之前，開孔向上，斜安孔筩如庚，以便出水。先將星輪安置鼓廂之中，務使星輪兩旁，與輪周齒端圓處緊靠鼓圈板爲則。其星輪之軸直出兩旁架外，有曲柄如辛，便人運也。或另水轉之輪，以轉此星輪，亦無不可。蓋鼓廂之架安置水中，下面小孔然入水，乃以星輪遞轉而上，至方屑圓頭垂處，水不能再過而前，則惟從斜孔筩中出水而已。

第九圖

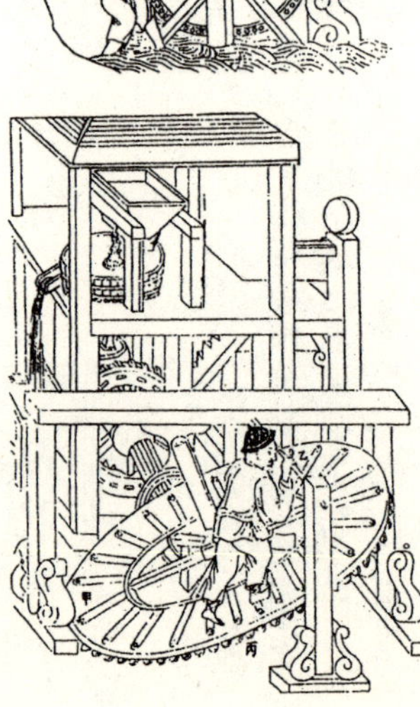

轉磨第一圖

轉磨

第一圖説

爲大輪，周有齒，中有輻條如甲。惟有車軸斜安，則輪自然斜轉矣。次於斜輪兩旁立架頂上，安一横梁如乙，以一人手攀其梁，而足踏輻條之上，欲上不能，而輪則必自轉也如丙。輪外另安小輪，有齒與大輪之齒相合。小輪之軸連於轉磨之樞，齒各相得，磨則無不轉也。用力少而人不大勞，此其一種。

第二圖説

爲大行輪一具。行輪之説已見於前。第此輪極大，可容兩人並行耳。行輪兩旁，各安有齒小輪，遞轉樞，則兩磨可俱轉也。一見自明，故不細贅。

第三圖説

磨中之樞，下安鐵曲拐如甲；樞下端再安十字木杆，杆末各安鉛柁如乙。

樞下安鐵鑽，入鐵窠中如丙，於曲拐中安木桄，兩端各爲轉環如丁。一端轉環安人手曳桄上如戊，其人手所曳之桄上端安於架上。立恍亦有轉軸如己，一人斜曳其手中之木，可前可後，而樞端下面十字鉛柁爲之助力，則磨自可轉矣。倘或磨重，於對旁再增一曲拐，再用一人對曳如前法，尤有餘力。

第二圖

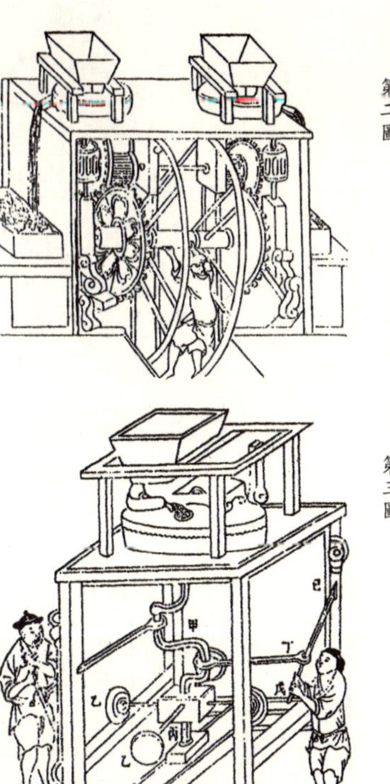

第三圖

第四圖説

磨悉如常。惟旁有立柱，安大立轆轤，繫纏垂重之索如甲。轆轤之上安平輪，周有懸齒，以轉轉磨樞之立輪如乙。下有十字杆，待重垂下至地，用人力推杆，則重可復上如丙。於立柱之旁另有立架，上横以梁如丁。横梁中開長孔，安三小滑車如戊。垂重之上有小立框，中安兩小滑車如己。立柱大轆轤所纏之索平轉，從旁立小架滑車之下而過，如庚，從而上之，過梁上第一在左之滑車折轉而下，又從小立框下一滑車之下折轉而上，過梁上第二在右之滑車折轉而下，又從小立框上一滑車而下折轉而上，過梁上第三在中之滑車折轉而下，始繫定於小立框上端小梁上如辛。小立框下端小梁有環，垂重之上有鈎，鈎於環内如壬。重下，則磨自轉矣。所以必用此許多小滑車者，總令垂重遲遲而下，不易到地，其磨可多轉耳。垂重下又加小重者，欲人視之多寡自爲增損云爾。

此自轉磨也，嚮余曾臆想作此，試之甚便。今得此，實先得我心之同。然但此遲遲垂重之法，初則夢想不及也。

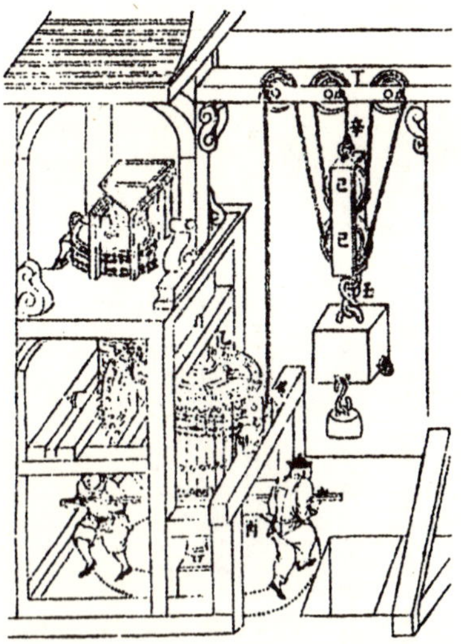

第四圖

第五圖

第五圖説

蓋或人多遠行，此磨載之車上，如[上]圖。兩磨安於兩頭，中安一大立柱，下安平輪有齒如甲。其輪軸下端有鐵鑽，安車中平木中央鐵窠内。輪齒兩旁，各安有齒小輪，平轉兩邊磨中之樞。其立柱於平輪之上，平安横木，中央開孔而上。上端安有横梁如乙。横梁兩頭長過於車，各安下垂立柱如丙。以馬轉兩立柱，則兩磨可自轉也。其車行，各可載他輜重，故甚便之。

余意横梁若作十字，則用四風扇，或直豎車上，或亦周垂車外，又可作風磨也。

第六圖説

爲大輪，外周安横桄如甲。内有長軸，兩端安兩立輪，各有齒轉兩磨立樞燈輪之齒如乙。用三人手攀横梁，足踏輪周横桄，則兩磨轉矣。儻止用一磨，則一人足矣。在人酌而爲之耳。

第七圖説

大輪轉兩磨燈輪之樞如甲，總用常法。惟大輪軸爲大立柱，柱下端有鐵鑽入地臼窠中，柱半身處安大木平架，中開圓孔，柱從孔中透出上去，以轉動便利爲度，如乙。柱上半身安十字兩層横桄，各有立檔如丙。四立檔外，各掛一大方布框如丁。布框可展可收，向風吹處則自然展開，受風過則自收。遞展而遞相受風，故兩磨可自轉也。布框每面有兩索斜繫如戊者，恐風大，布力不能當，易至損耳。

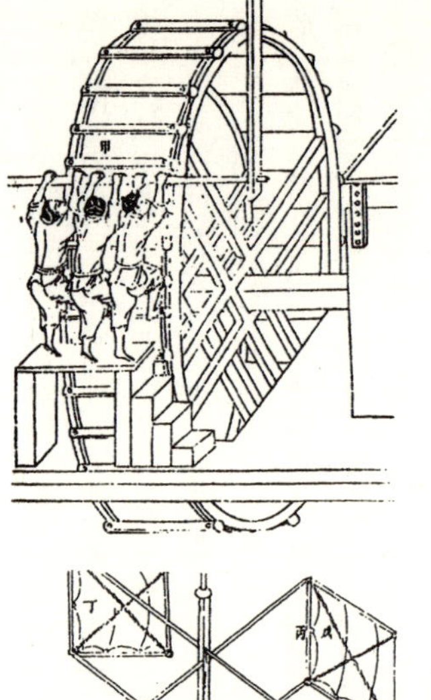

第六圖

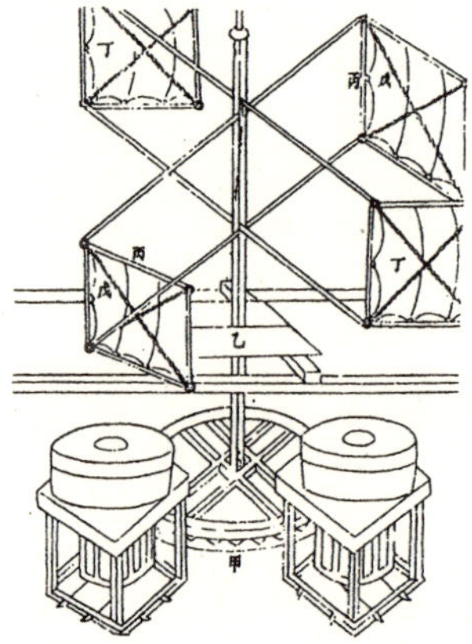

第七圖

第八圖說

其下悉是常法。惟是大輪齒不得遽及磨樞燈輪之齒，故各再加兩燈輪，立軸上，再安有齒之輪，庶易及磨樞耳。其上風扇，則爲長三角形如甲，兩面以薄木板爲之，更易受風，其力尤大也。

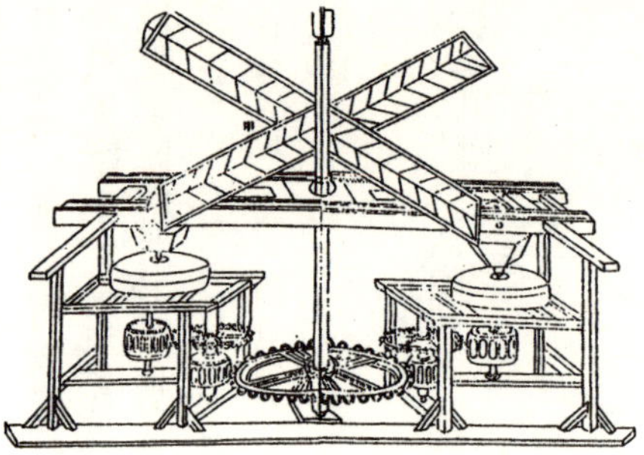

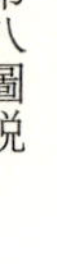

第八圖

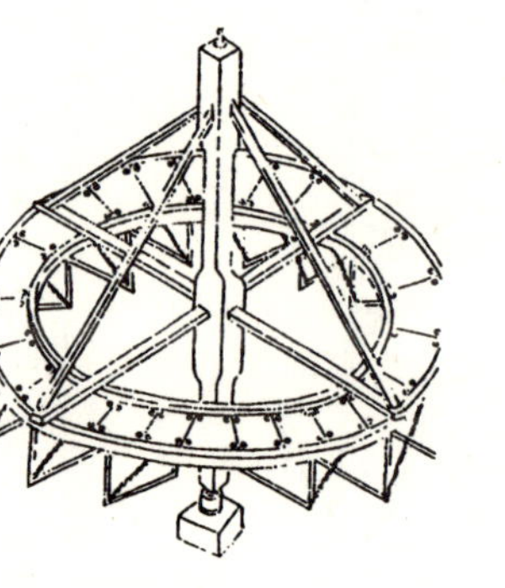

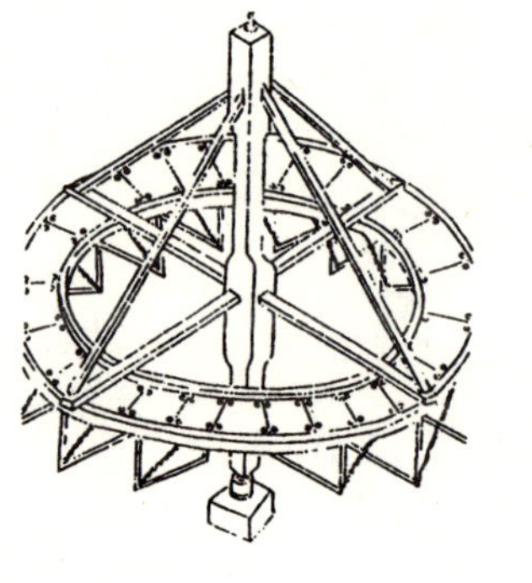

第九圖

第九圖說

餘皆同前。惟方板風扇垂在輪下，上以四斜根撐輪，爲少異耳。

第十圖說

餘悉同。止是立柱平安十字，周作輪形如甲。於輪上周圍，以木板作方風扇如乙，每扇一面各有一索繫緊。風來則板直立，受其吹而自轉，然有索繫，則又不能前去。過風則又自然少垂，不阻風也。

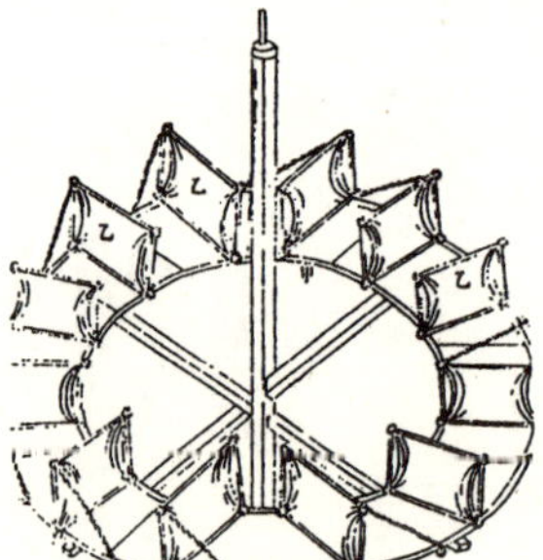

第十圖

第十一圖

第十一圖說

餘悉常法。惟是上層周圍有牆，每面少開一方，以受風入如甲。其立柱則上至屋頂，轉樞柱安十字木板，上下長、横少弱耳。

第十二圖說

餘如常。止立柱上安八風扇爲異，其風更大也。

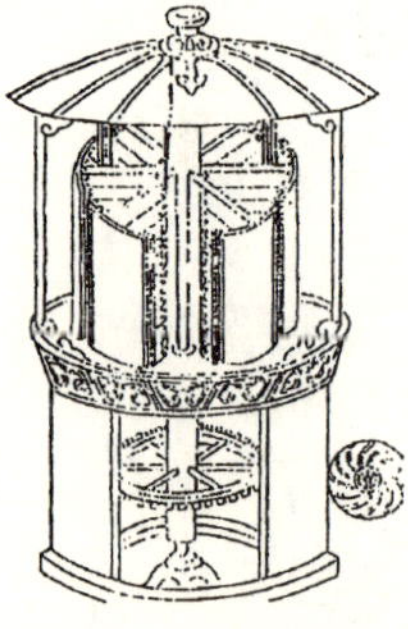

第十二圖

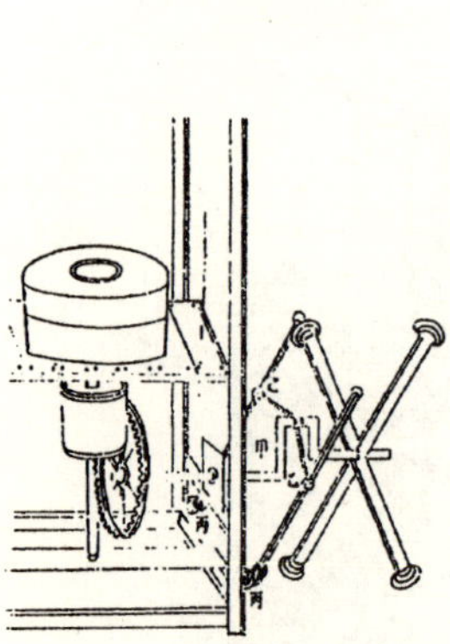

第十三圖

第十三圖説

餘俱如常。惟於轉磨樞燈輪之立輪安長鐵軸於架外，作曲拐方形如甲。於鐵軸盡處，定安十字木，兩頭悉是鉛柁，使重而易轉以助人力，有如飛輪。於曲拐方形轉處貫以鐵環，兩端各繫以索。其索一端，繫木杆中環上如乙；其杆下端，則定在地上，有環可轉如丙。兩人對曳其杆，一來一往，則飛輪助力磨之轉甚便，且省力也。視人周行磨外，節勞不啻數倍矣。

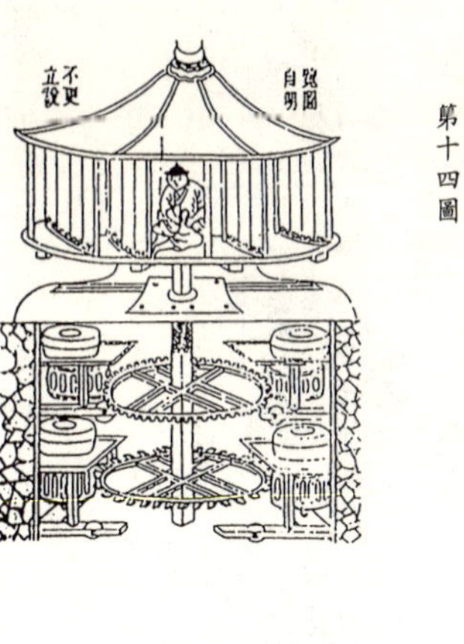

第十四圖

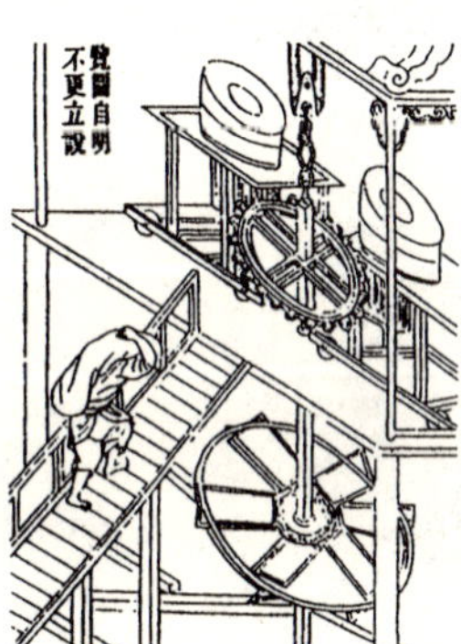

第十五圖

【略】

解木

第一圖説

先爲水輪並架如甲，水輪軸一端出架外，連以曲拐如乙。曲拐之上連有立鐵杆，兩頭有環。下端環貫曲拐之末，上端環貫鋸之下檔木上。鋸齒居中，兩旁連檔立柱，則各上下兩立槽中如丙。外水輪轉，則曲拐一上一下，而鋸齒亦隨之一上一下矣，此解法也。但能使木來就鋸，則其中尤有巧法，須細詳之。蓋木置架上，架兩頭有四立柱之夾木如丁。架又總安一長槽中，下有小圓棍木數個如戊。木之未解左端盡處，有索繫於架下斜齒鐵輪之軸如己。旁有長杆，尖頭有鐵叉以起斜齒之齒如庚者，則又定在遠旁大轉木之下端如辛。大轉木上端，有小杆，亦斜連於鋸下檔之下如壬。鋸一上，則帶轉木上端小杆亦上，轉木亦必少少斜轉而上，有鐵叉之長杆勢必起一斜齒，而自出其上矣。鋸一下轉，木亦必少少斜轉而下，則叉杆又入第二齒下矣。以此起齒，即以此纏軸之索，故木自來就鋸也。又恐斜輪齒上而復回，則又以短叉小鐵杆緊隨而疾阻之如癸。此皆微機，妙不容言。

解木第一圖

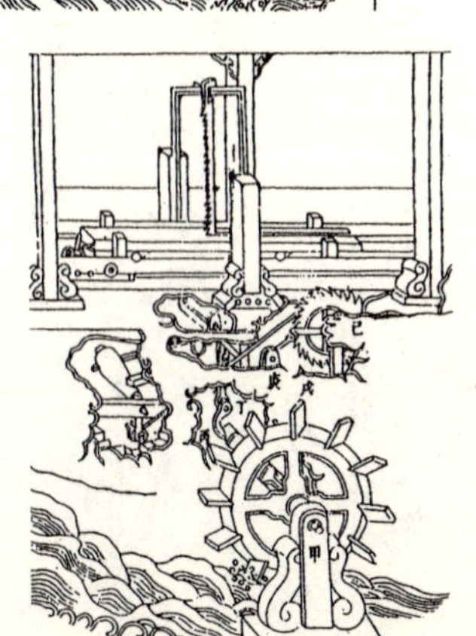
第二圖

第二圖説

先爲立柱架，安大水輪如甲。水輪同軸另安有齒之輪如乙。一邊齒轉燈輪，燈輪助以飛輪如丙。飛輪與燈輪同軸，軸之一端有鐵曲拐，上連曳鋸之木如丁。又水輪有齒之輪，一邊轉小燈輪。同軸又有小燈輪遞轉，旁安有齒小輪如戊。有齒小輪遞轉上小燈輪。小燈輪同軸有鋸齒鐵輪如己。鋸齒鐵輪之軸，則繫轉木就鋸之索者也。其阻齒勿回之叉，則以鋸上端之木，旁轉而上下之如庚，其消息與第一圖略相同。

第三圖説

安鋸置木之架，圖自分明，不細贅。惟是架中兩旁，各有長輻條之大輪如甲。其輻條盡頭，須各挨入人攬大輪之輞少許，使人攬輪上旁安之小木樁，易掛轉也。兩輪通爲一軸，軸纏轉木之索，使木來就鋸。其人攬兩輪亦通貫一軸，但軸之中作曲鐵拐，貫兩長鐵杆，直貫於轉鋸上下之長横梁上如乙。兩軸外各安曲柄相對，兩人攬之，鋸自可轉。而每輪一周，木樁可轉一輻條，木亦自來就鋸也。

第四圖説

解法用人如常。第架上後端，立兩有力之竹弓如甲，則省人力多多矣。覽圖自明，無容多解。

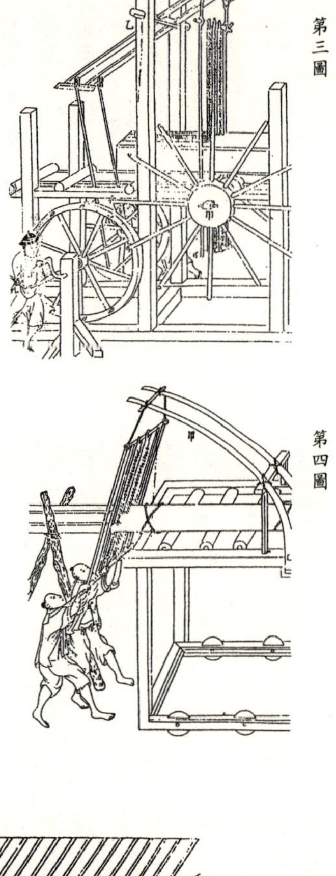
第三圖
第四圖

解石

解石圖説

假如有石，欲解成幾板，則有架如甲。於架近一頭處安立軸，上安有齒平輪如乙。平輪轉旁燈輪如丙，燈輪又轉小立輪上如丁。小立輪軸外有曲拐如戊。曲拐之端貫直鐵杆，兩端有環如己。一端環貫曲拐之末，一端之環則貫曳鋸之長木杆下端。長木杆上端有軸可轉。木杆立貫鋸於兩頭活滑車榾轆中如庚。鋸或二或三，俱精鐵爲之，第無齒耳。兩曳鋸長木杆下端，連以鐵杆，兩端有環如辛。以一馬轉立軸平輪，則曲拐往來，鋸自行矣。

轉碓

轉碓圖説

先爲架，安碓或一或二，或三或四如甲，下各以臼承之如乙。次爲飛輪，中大外小共三輪如丙。飛輪長軸兩旁各出架外，安曲柄如丁。軸之兩旁安小鐵椿，相錯上下如戊。其鐵椿相對，每碓各有擒碓枝之桔橰小杆如己。一碓兩碓，一人從一旁轉輪，則碓自然上下。如碓多，則兩旁兩人轉之自足也。

書架

書架圖説

先爲大輪，外形同鼓廂如甲。内爲有齒之輪，相等者共九輪：八面各一，中央一輪。又於八輪之内，各安相等八小輪，俱有齒。中央輪動，則八小輪自轉，而八大輪隨之。其詳旁有散圖如乙。其書安置八大輪一旁軸上，有座有軸，其詳亦旁有散圖如丙。大輪安置架上如丁。欲檢某書，大輪一轉則某書自來就人。而餘書雖已轉過，仍各上下自如，不隨輪而顛倒也。

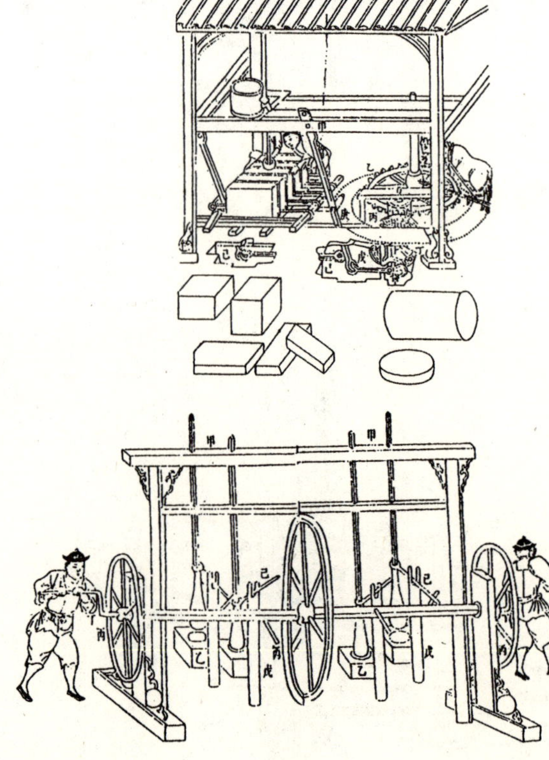
解石之圖
轉碓之圖

書架圖

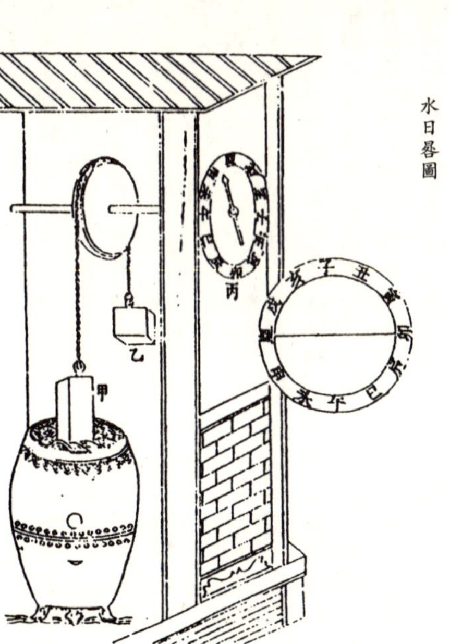

水日晷圖

水日晷

水日晷圖説

先以小鍋承水，於底鑽一小孔，徐徐出水。上安小桿轆長轉軸出牆外。桿轆上纏以索，下端繫重木如甲，然亦不必太重，上端繫小重如乙。牆外軸端，定安日晷如丙，水徐徐下，則重木亦必徐徐下，而日晷以時轉矣。此省便法也。

代耕

代耕圖説

先爲兩轆轤架如甲。兩轆轤係兩長索，貫犂其中如乙。兩人遞轉轆轤之索，一人扶犂往來，自可耕也。

嚮余在計部觀政時，曾以臆想作此，不期與此圖甚相合也，可謂先得我心之同然矣。

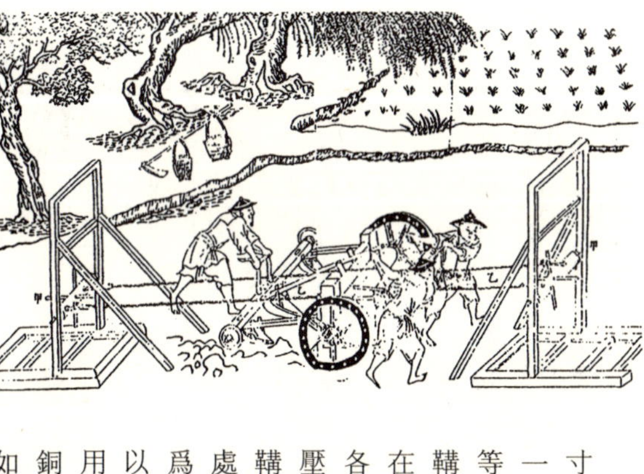

代耕之圖

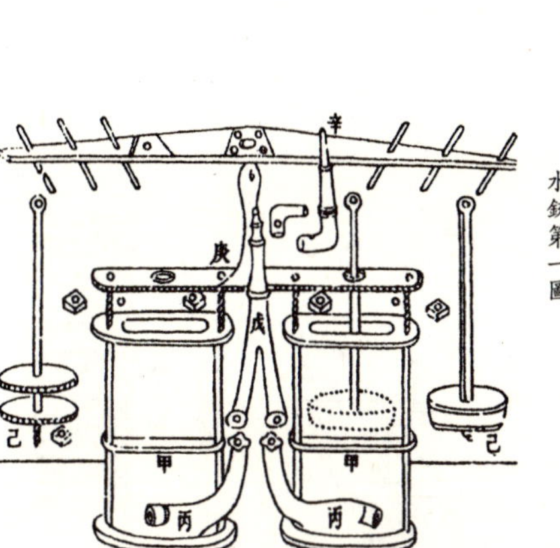

水銃第一圖

第二圖

水銃

水銃圖凡三説從散形圖爲之説者。

先鑄兩銅筒如甲，其容之廣，從二寸或至十寸，任人意爲之。其高少或一尺、多或一尺有半，内容務上下相等。其底要最堅厚，其氣眼如乙。有鞲或在旁、或在底、或在底旁少許，但在底更便。旁安管，少彎曲向上如丙，各有小鞲如丁，上有兩乂總管如戊，緊壓合於兩彎管上，無絲毫漏隙爲則。鞲共四個氣眼，入水處兩個，彎管出入處兩個。另有柁二具如己，其柄以鐵爲之，其柁則銅。柁用兩層銅，柁周圍以滿銅筒之容爲度。銅柁兩層中間，用輭皮數層擠實爲則。兩銅筒俱安一銅鍋内，要極穩勿動爲則。鍋底要平，如無銅鍋，堅大木桶亦可。

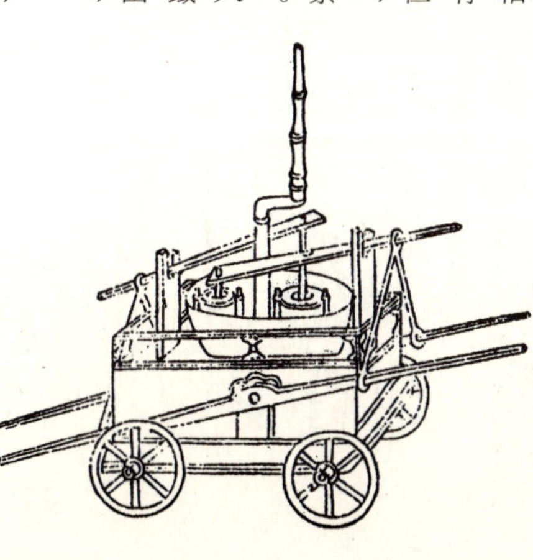
第三圖

於兩銅筒之上，安横梁如庚，兩旁中央安兩鐵孔，是兩柁所由上下者。居中有鐵天平立柱，其柱頂頭有小轉軸眼，上横安天平長木擔，於兩柁上下處，用環連於擔上。兩端多設平木樁，以便多人攀舉。又有直角小管如辛，貫於總管出水上口之外。要最嚴密，又要可周旋轉動，使之四面八方去也。就中有小圓槽，施以短釘，務令可轉而不可上。其必用槽用釘者，水力最大，不則衝之去矣。此管上又有直角管，但其嘴少長於辛，爲壬，其長少亦三尺，愈長其出愈遠。但嘴必少弱於管身，爲出水之勢耳。直角長管與短管相貫處，亦必用槽用釘，如前法。此管則人用手可轉，或上或下，或正或斜，皆可向有火處施放之也。此器有二種，或定在一處如第一圖，或用船車無輪者如第二圖，其法皆同。又有一種，其器同，但在有輪車上，不用横梁，止用槓子天平如第三圖，任人意消詳作之耳。其運水之法，排定多人，人人可接遞皮袋之水至於盛銅鍋內，周轉無窮。必用皮袋運水者，視他器便且不破壞耳。

第四圖

此水銃可以滅火，可以禦火，可以防火，乃新有之器。其能力最便最大最奇，諸器所難比其功用者也。蓋倉卒之際，火力正勝，人不可近，但有此器，則五六人可代數百人之用。又不空費一滴之水，不拘多高多遠，皆可立到，有似大雨噴空，無處不霑。不但可滅已㷔之火，仍可預阻未燃之火。況有圖有説，作此不難，工力價直且不甚費。凡城邑村坊，悉當置此二三具，其於捍患禦災，最有裨也。已作小樣試之，良驗。有志於仁民者，其尚廣爲傳造焉。

王徵《新製諸器圖説》

引水之器二圖説引

田高水下，苦難逆灌。爰制引器，用利高田。厥器凡二，一名虹吸，一名鶴飲。虹吸引之既通，不假人力而晝夜自常運矣。鶴飲雖用人運，然視他水器，則猶力省而功倍焉。矧其制簡易，尤便作者，故並圖説之如左。

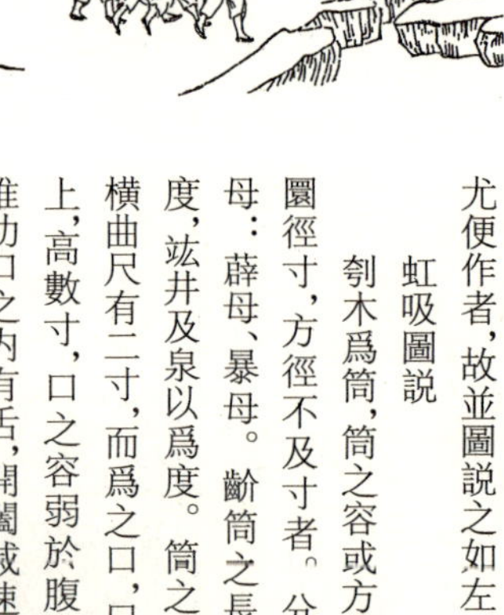

虹吸圖

虹吸圖説

刳木爲筒，筒之容或方或圜。圜徑寸，方徑不及寸者。分之二母：薛母、暴母。齘筒之長無定度，竑井及泉以爲度。筒之下端，横曲尺有二寸，而爲之口，口迤而上，高數寸，口之容弱於腹之容。惟阞口之内有舌，開闔咸速，而無倚於圍。筒之上端出井及尋，横曲二尺有奇迺垂，垂四尺奇，迤而下，長及常而爲之管。管視筒之腹，惟愬筒之曲若審，惟樸屬爲良。筒之圍肉以寸緄縢之，斂以油灰之齊，腥塗其郤母，俾釗芒之或秏。筒兩端有檠，相以施約，無瓾、無杌，而止管入以籥惟嚴。假鞴鼓之，度水衝於管，遄捎其籥，則霤吐如趵突也以終古。

薛，破裂也。暴，墳起不堅緻也。齘，切齒怒，亦偪窄之意。竑，量也。阞，謂三分之一。八尺曰尋，倍尋曰常。愬，小孔也。審兩木交湊處，樸屬附著堅固也。緄，繩也。縢，約束也。斂，塞也。齊，與劑同。腥，厚也。瓾，壞；杌，動也。遄，速也。捎，除去也。泉水之上出者，曰趵突。

鶴飲圖説

爲長槽，或以巨竹，或以木。其長無度，竑水淺深以爲度。尾殺於首三之一。首施戽，惟樸屬爲良。戽之容則以觳，戽鬢施木刀如棹末之制，俾與水無忤。中其槽設兩耳，函軸迺於岸側，菑兩楹，高地僅尺，俾母杌。楹之巔對設以軹，貫軸其中，惟活。昂其尾，入之戽也。水滿，則首一昂而流之奔於槽外也，其孰禦。視桔，桔虛功挈，無虛而捷也，可省夫力十之五。

戽，水戽，所以盛水者也。觳，受一斗二升。鬢，謂下面覆處。菑，樹立也。楹，柱也。軹，不穿也。

又　轉碓之器三圖引

碓，必須物也。每嘆人若畜用力甚艱，爰制三器，代以節之：一名輪激，一名風動，一名自轉。輪激雖用一人撥轉，然坐運可無太勞，且疾視常碓以倍。若風動、自轉二器，則憑機自動，其不用人也。全矣，故並圖說之如左。

鶴飲圖

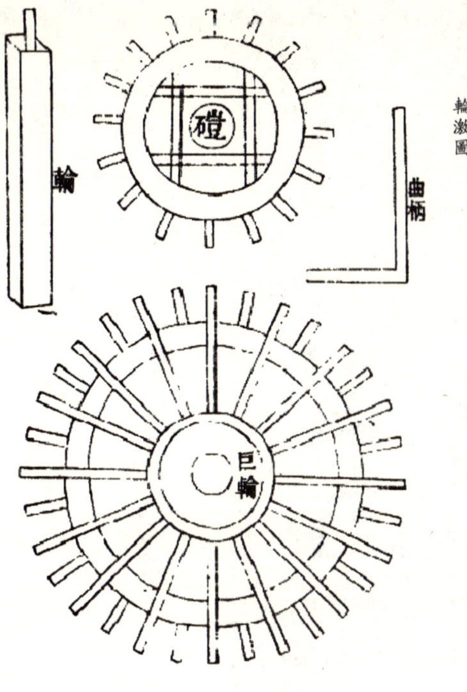

輪激圖

輪激圖說

爲巨輪一，徑六尺有奇，準田車，樸屬微至，如其制。輴亦準獨牙，之外施齒，或金或木，惟堅。齒殺其末，長五寸，間同之。轂外端施曲柄一，六分其巨輪之崇，捎三以爲小輪之徑。厥牙少弱於巨輪齒，與間則視巨輪莫二，無轂無輻。爲井木，施磑周函之，無杌無朳。磑盤之側，坎其地爲揁穴，立縣巨輪其中以半，期利轉無閡而止。巨輪齒與磑周輪齒之相親也，必一一無爽爲弔。一人坐運，約省夫力十之九。

微至，至地者微也。輪圓乃能若是。輴，軸也。牙讀作迓，謂輪輮也；或又謂之罔。殺其末，謂衰小之也。間，兩齒相離之中也。捎三，除去六分中之三分也。反，反側意。坎，陷也。揁，長圓孔也。弔，精至之名。

風磑圖

風磑圖說

爲層樓一座，上七下八，方徑各長丈有二尺。樓上層不圍，下層三面圍牆，一面門。樓下安磑以臺，臺高三尺。磑上扇中鑿方孔，深三寸，用安將軍柱。下端將軍柱長丈有二尺，上端安鐵鑽，俗所謂六角六面是也。其尖入上橫梁，橫梁當四方之最中處，安鐵窠，窠即爲柱尖入處。柱下端爲方枘，相磑上扇中所鑿方孔爲之。將軍柱從樓板中央貫上，直至横梁。横梁下尺許以下、樓板上尺許以上，始安風扇。風扇凡四，每扇横長六尺，上下五尺。堅木爲框，中加十字木棖一面，用篛障之。邊皆以索連之框上。先於將軍柱，樓板上尺許以上、横梁下尺許以下，安夾風扇木輪二，各厚尺許。周圍除安將軍柱外，寬仍尺許，各十字鑿五寸深槽，槽視風扇框厚薄爲之。風扇入槽以裏，仍兩端爲孔，安上即用索緊束柱上，勿令活動爲則。風扇可卸、可安，樓之製，照尋常；礎亦尋常用者，無他謬巧，止借風力省人之力云耳。此蓋西海金四表先生所傳，而余想像損益圖説之若此。觀者肯廣爲傳製，或於民生日用不無小補云。

南懷仁《新製靈臺儀象志圖》

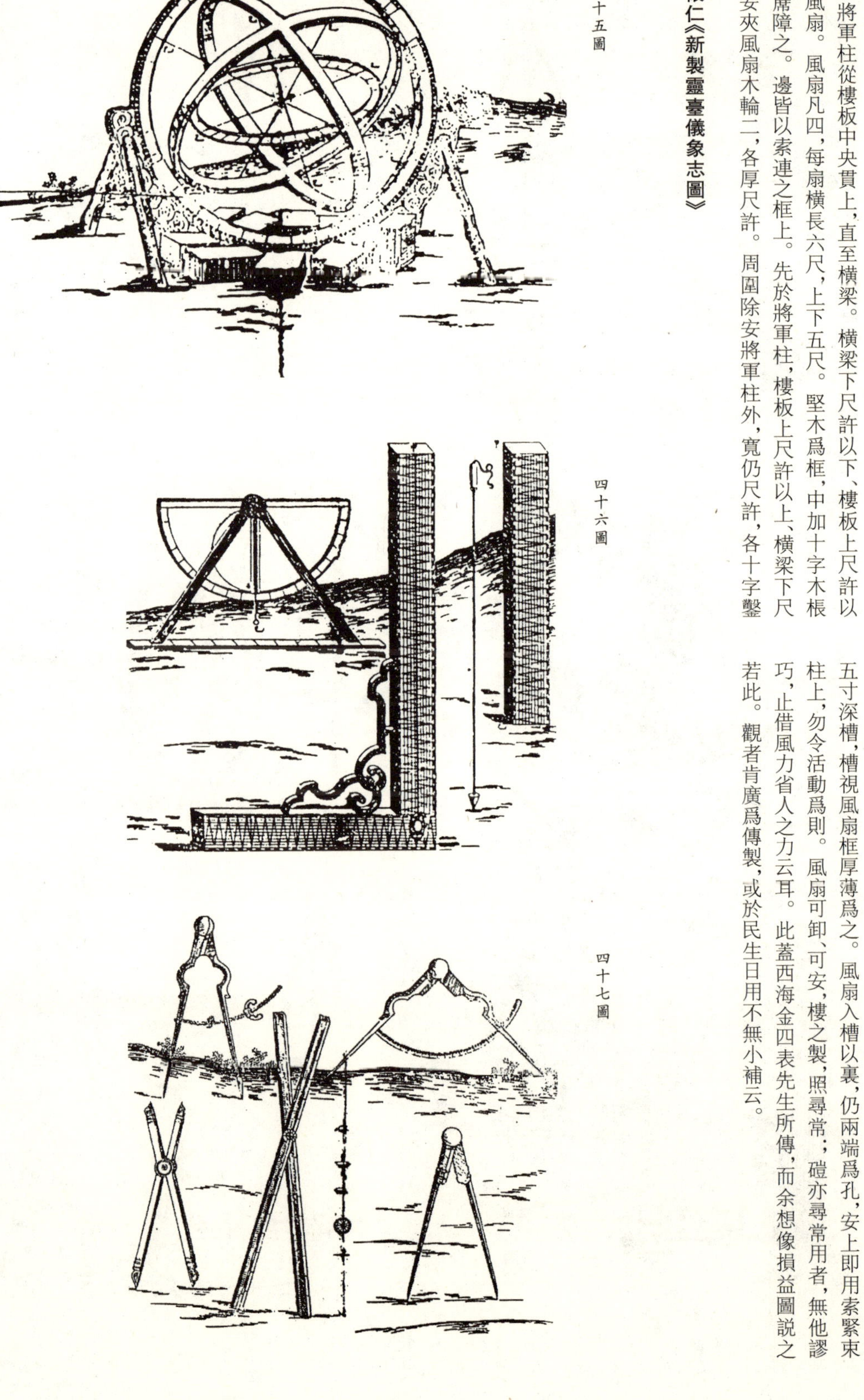

四十五圖

四十六圖

四十七圖

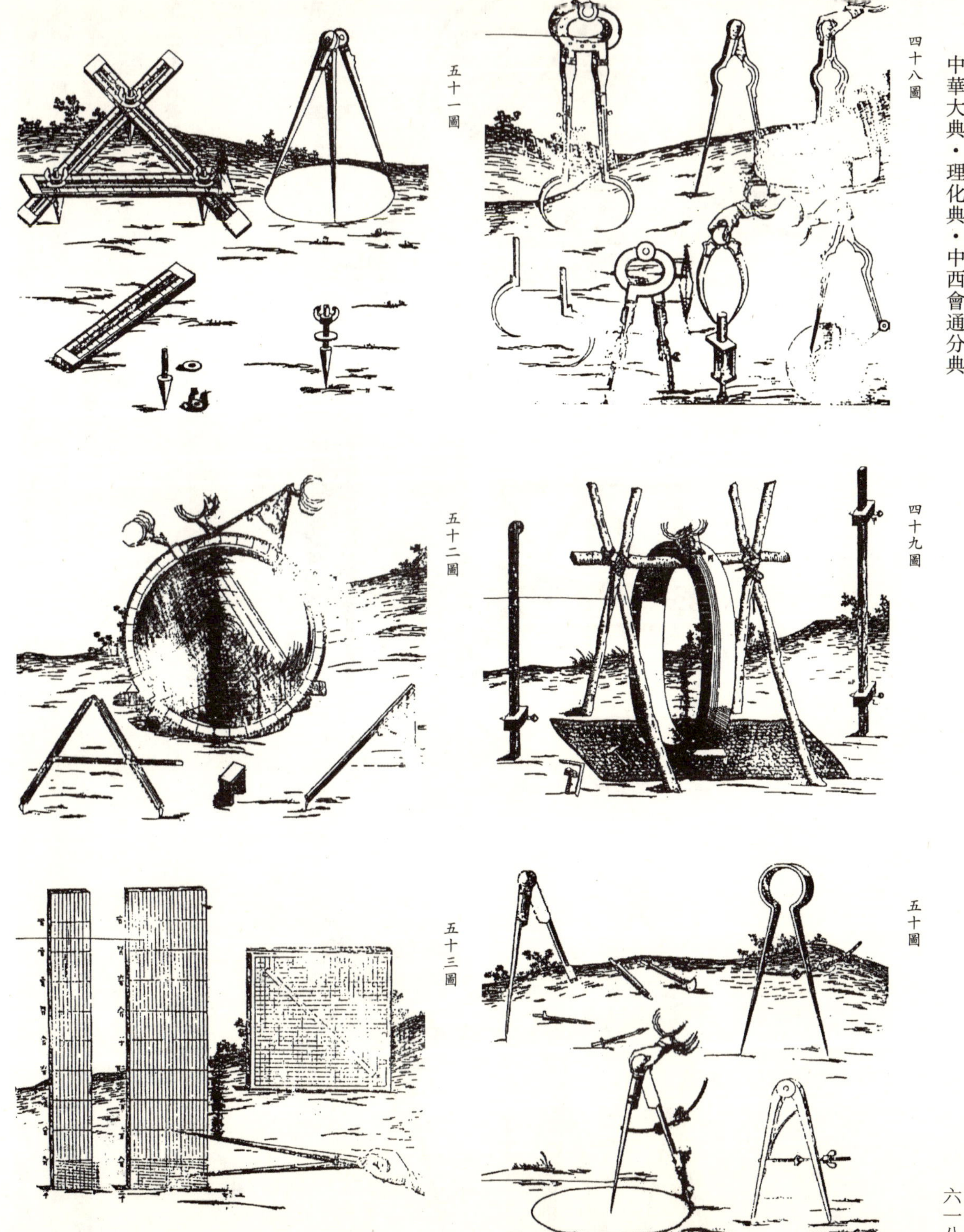

四十八圖

五十一圖

四十九圖

五十二圖

五十圖

五十三圖

五十四圖
五十五圖
五十六圖
五十七圖
五十八圖
五十九圖
六十圖
六十一圖

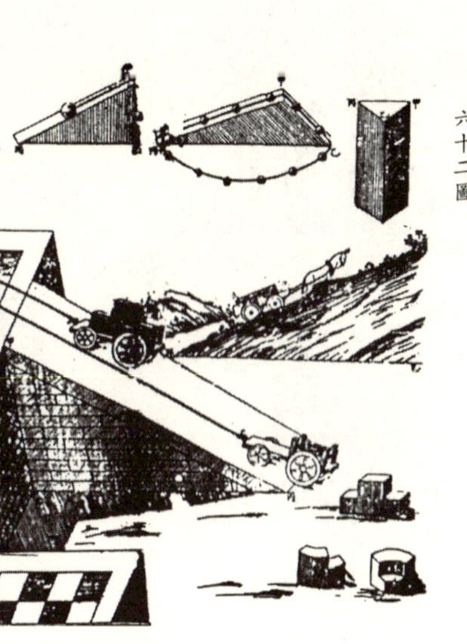

六十二圖

六十三圖

六十四圖

六十五圖

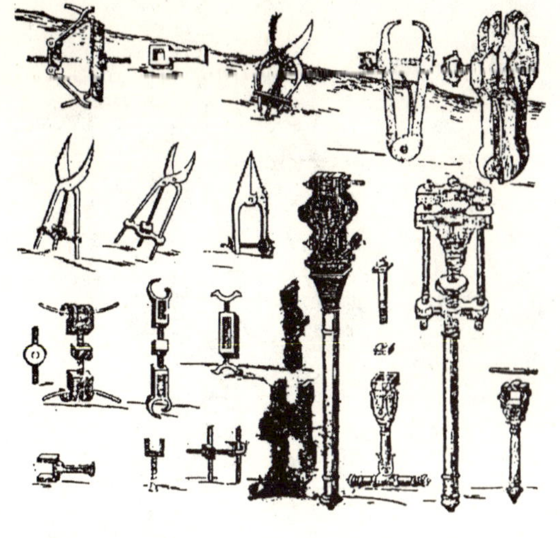

六十六圖

六十七圖

六十八圖

六十九圖

七十圖

七十一圖

七十二圖

七十三圖

七十四圖

七十五圖

七十六圖

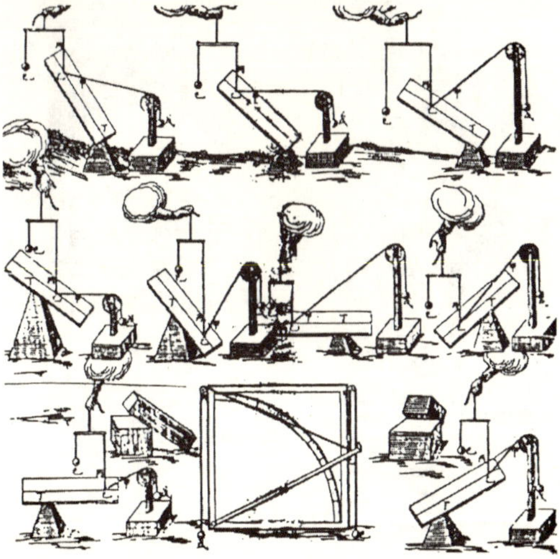

七十七圖

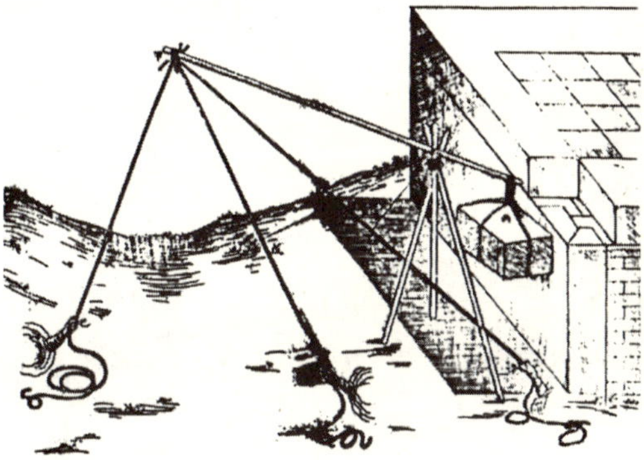

七十八圖

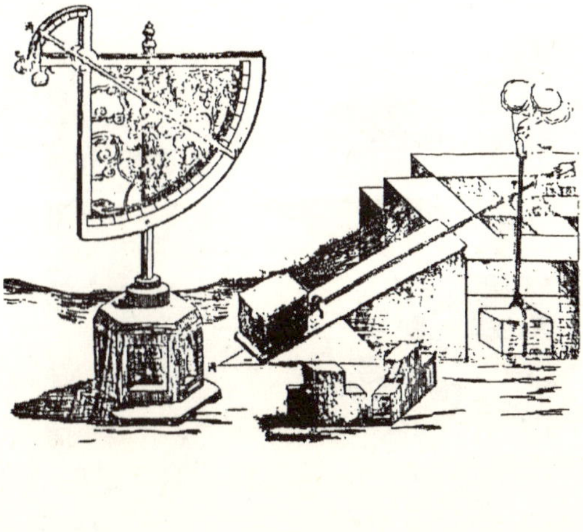

七十九圖

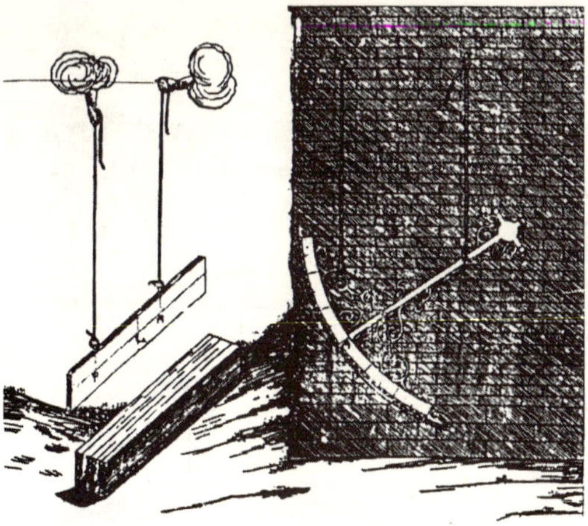

八十圖

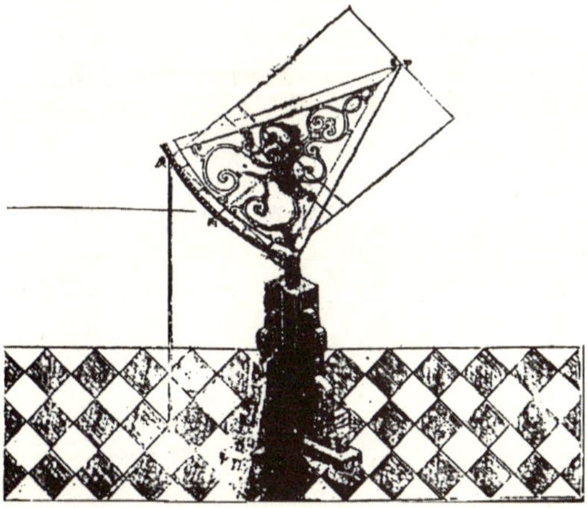

八十一圖

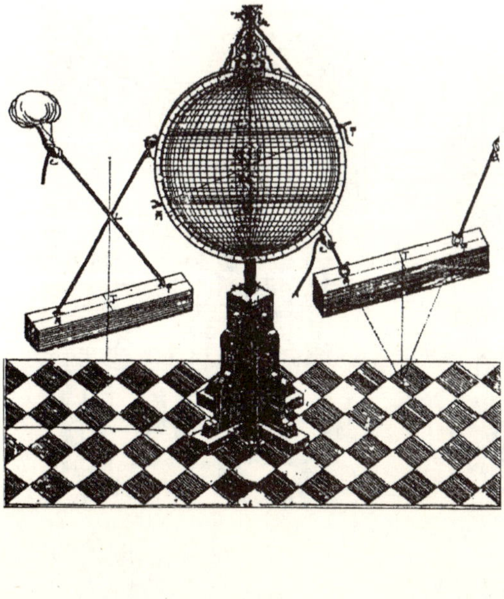

八十二圖

八十三圖

八十四圖

八十五圖

八十六圖

八十七圖

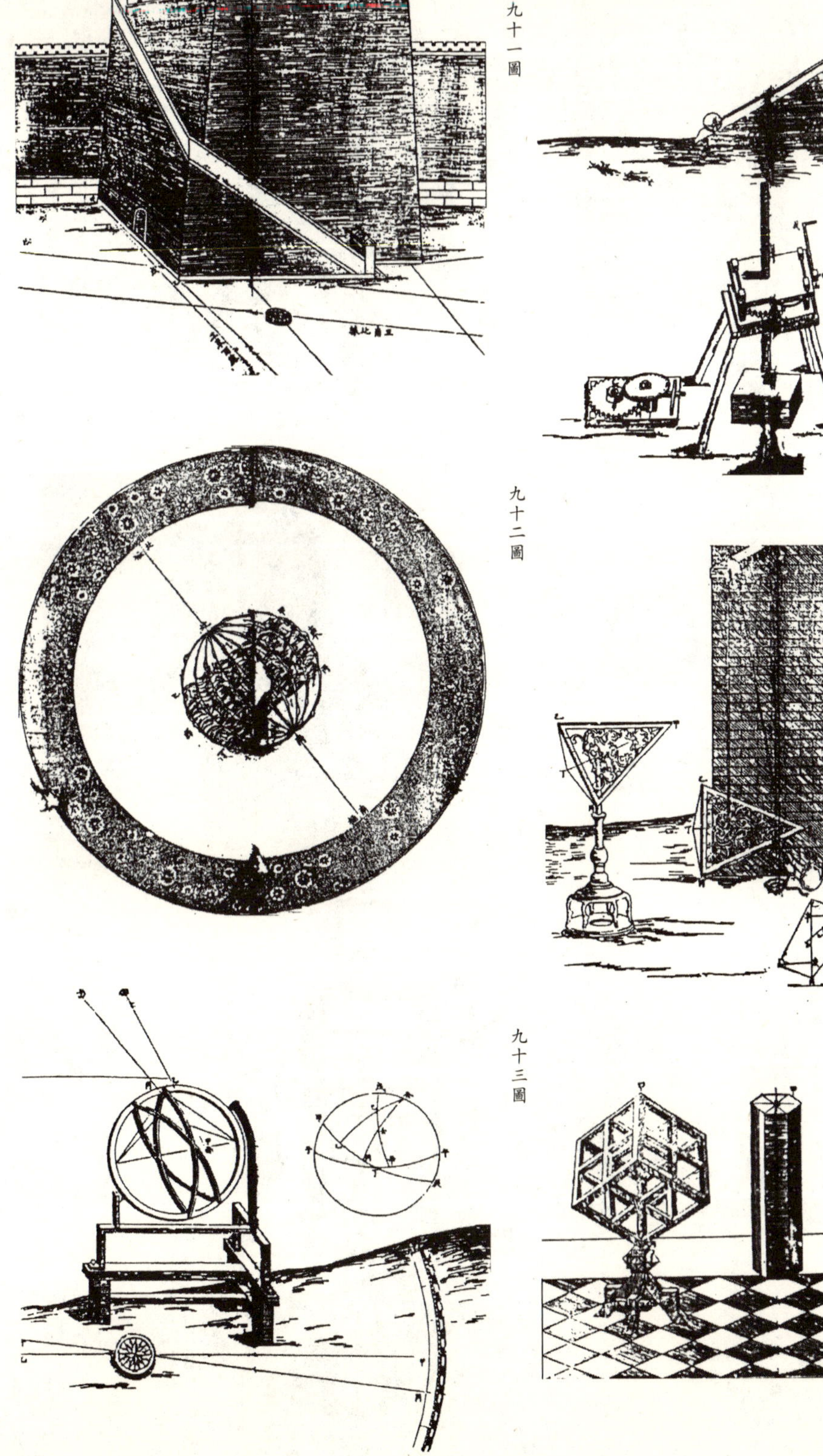

八十八圖

八十九圖

九十圖

九十一圖

九十二圖

九十三圖

九十四圖

九十七圖

九十五圖

一百〇六圖

九十六圖

一百一十六圖

一百一十七圖

徐朝俊《自鳴鐘錶圖說》

鐘錶事件名目并圖

一曰量天尺，一曰走時輪。量天尺俗謂之擺，有掛擺、擔擺、梳擺、圓擺、管擺、蟹螯擺之別。走時輪有火輪、側輪、三輪、二輪、大輪各事件。火輪有圈尖齒、工字齒、平尖齒之別。凡圈尖齒火輪配掛擺、擔擺、梳擺、圓擺，其齒必從單。工字齒火輪配管擺。平尖齒火輪配蟹螯擺。大輪有二種，凡掛鐘，大輪合以釘輪，旋牢釘輪之上，如兩套各一錘者，則走時釘輪中亦藏挺簧倒閘，與打鐘大輪同。凡擺鐘大輪，另有旋輥輪，俗名塔輪，內藏挺簧倒閘，螺痕繫鍊或絃，下聯腸殼。

一曰出刻輪、出時輪、接時刻輪。凡刻輪有從二輪軸上出者，有另立一柱出者。時輪有一晝夜一轉，一晝夜兩轉者。接時刻輪有從大輪軸上出者，有另作橋蓋因接刻以接時者。

一曰打鐘輪，有風輪、候時輪、內缺輪、大輪各事件。凡掛鐘在大輪出軸，軸套小輪，上接記數輪，帶轉外缺輪，以定記數。凡擺鐘可問之鐘，有齒閘、割閘、撥閘、記數合十二尖齒輪各事件。報刻鐘另有四刻記數輪。樂鐘有釘管輪，俗名刺毛輪，外缺輪各事件。問錶有推報輪、問時問刻輪各事件。

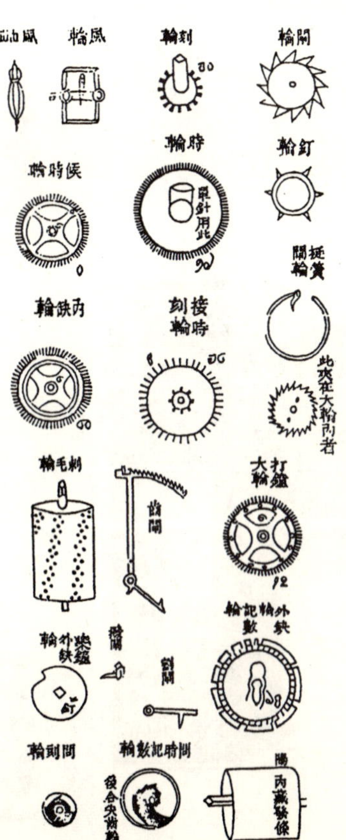

一曰機。有起閘機、候時機、起內缺機、起外缺機。報刻鐘有讓椎機。樂鐘有壓大鐘機，椎下有跳機，有挺簧，尖齒跳簧。報刻鐘有布橋。跳樂鐘有排椎排簧，此外有墊輪軟簧，墊輪硬簧、煞輪盤各事件。

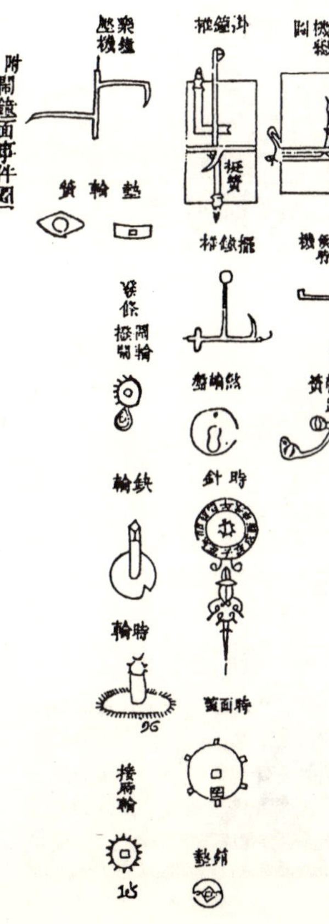

丁韙良《格物入門・水學》上

論靜水

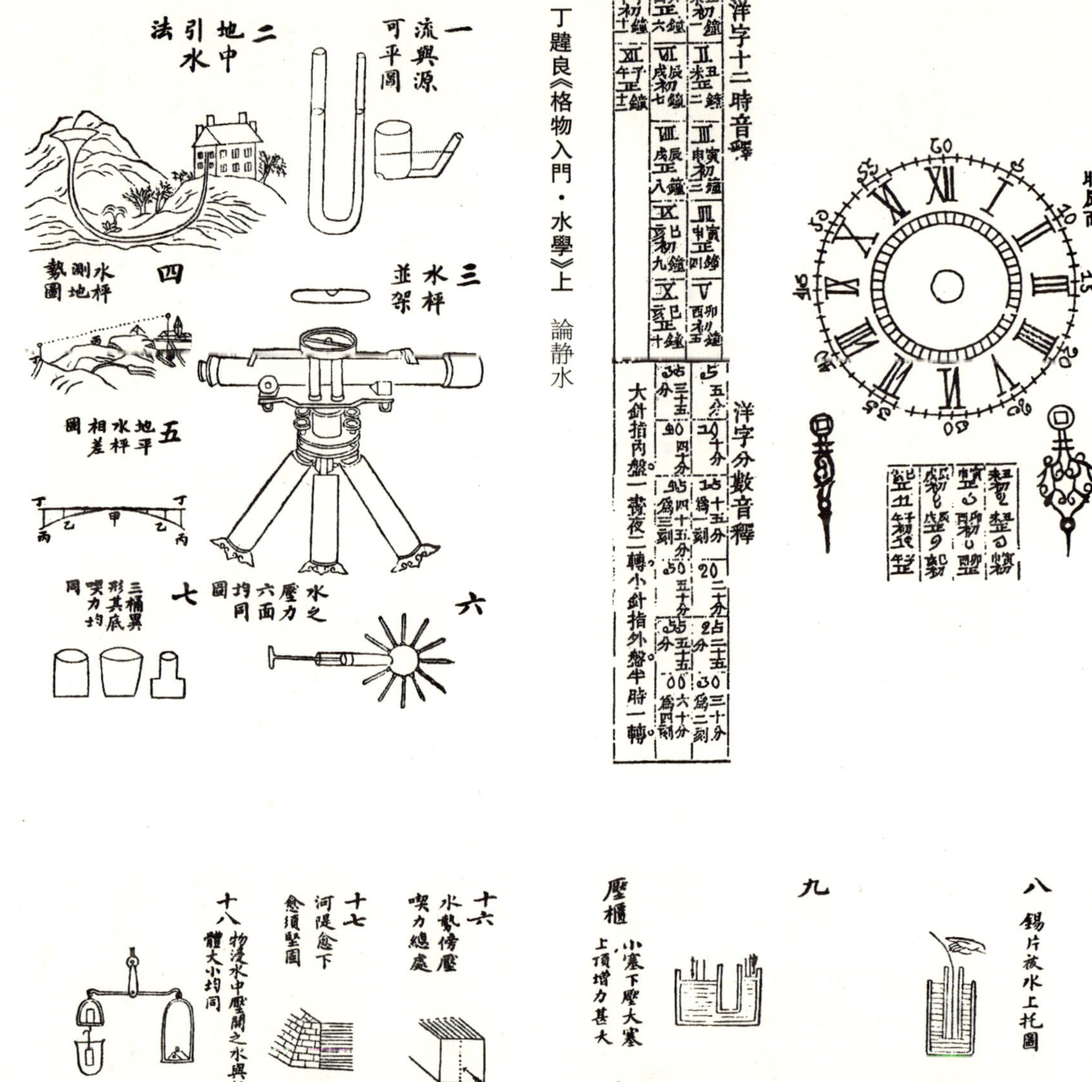

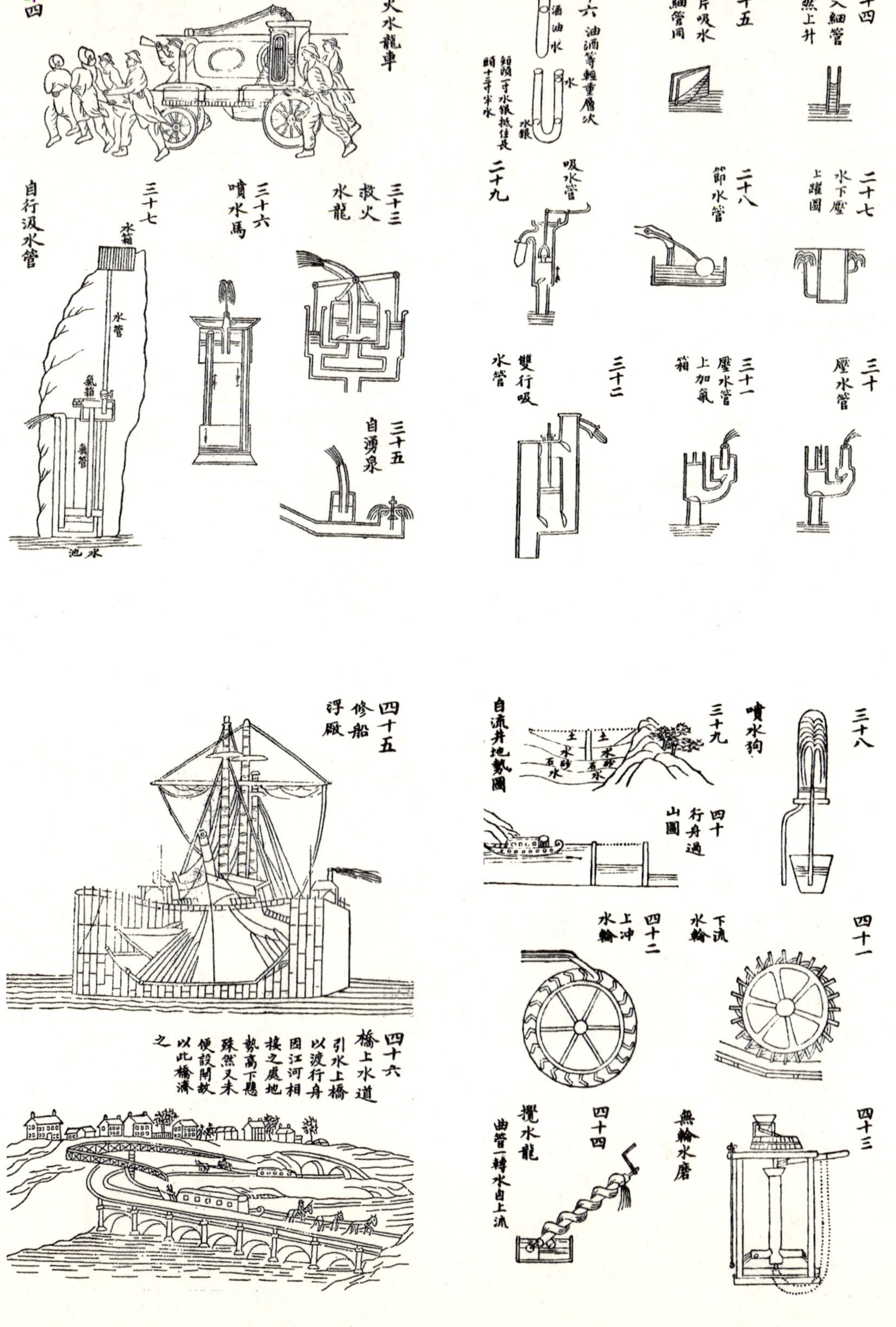
二十四 水入細管自然上升
二十五 玻片吸水與細管同理
二十六 油酒等輕重層次
酒
油
水
水
水銀
鉅頭一寸水銀抵佳長
頭十三寸半水
二十七 水下壓上躍圖
二十八 節水管
二十九 吸水管
三十 壓水管
三十一 壓水管上加氣箱
三十二 雙行吸水管
三十三 救火水龍
三十四 救火水龍車
三十五 自湧泉
三十六 噴水馬
三十七 自行汲水管
水箱
水管
氣箱
氣管
水池
三十八 噴水狗
三十九 自流井地勢圖
四十 行舟過山圖
四十一 下流水輪
四十二 上冲水輪
四十三 無輪水磨
四十四 攪水龍 曲管一轉水自上流
四十五 修船浮廠
四十六 橋上水道 引水上橋以渡行舟因江河相接之處地勢高下懸殊然又未便設閘故以此橋濟之

四十七 火船暗輪理如螺絲

四十八 水磨卧輪

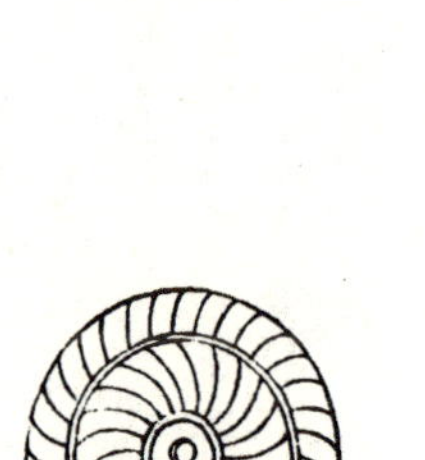

藝文

王徵《新製諸器圖説・虹吸圖説銘》 爾躬匡梃，爾腹淵然，一氣孔宣。厥灘斯泉，載沃載漣。惠我菑田，祝爾萬年。

又《鶴飲圖説銘》 冽彼下泉，澤蔑及畝。爾奮爾力，遑恤濡首。載沉載浮，爰噏爰嘔。吁嗟！爾云勞矣！匪爾之勞，誰其長此禾黍？

又《輪激圖説銘》 操獨柄者，人耶？遞相親者，輪耶？居重馭輕，觀磨而化者，其無垠耶？

康熙賜牙金扇《七言詩》黄伯禄斐默《正教奉褒》 康熙三十三年六月二十八日，上傳徐日昇至黼座前，賜牙金扇一柄。内繪自鳴鍾、樓臺花樹。御題七言詩云：晝夜循環勝刻漏，綢繆宛轉報時全。陰晴不改衷腸性，萬里遥來二百年。

雜録

熊三拔　徐光啓　李之藻《泰西水法》卷五 水法或問

既作水器，諸公見之。每辱獎歎，時及水理，有所酬對，序而録之。第四行論辨，更僕未悉，垂問所全，則舉一二。若絲抽蔓引，爲緒又長，故每從截説，非能連貫也。

或問：海爲水之本所，何謂也？曰：造物之初，渾淪剖判，四行之物，各有本所。火之體質，最爲輕紗，居最上矣；氣輕于水，居火之次；水之體質，稍輕于土，附地居焉。惟地形質，獨爲至重，凝結水下，萬形萬質，莫不就之。水既在地，地有崇卑，海之爲處，于地甚卑。故百川會焉，匯爲巨壑也。

問：地居水下，即水之下全爲順土乎？曰：不然。四行之中，惟火至純，不受餘物，而能入于餘物。其外三行，皆能相容相受矣。水受三行，如海水夜明，燒酒能熱，有火分也。水體同重，爲酒則輕，有氣分也。積雪消之，沙土下凝，有土分也。氣受三行，如雲氣上升，激成雷電，有火分也。陰霾晝晦，黄霧四塞，有土分也。雨、露、雪、霜，虚升實降，有水分也。地體雖重，于重之中，又分虚實。地中最重，蓋在其心。自心而外，漸有虚所，虚所之内，三行傳入。試觀山下洞穴，宛轉相通。大地空所，亦同斯類矣。空虚之中，是氣本所。氣與水火，皆相接無際，而能相化。地既空虚，空虚之所無不是氣，故地中有氣也。氣與水接，水隨氣到；即水所不到，而土情本冷，氣遇其冷，亦化爲水，故地中有水也。日爲大光，萬光之主，光徹于地，則生温熱；温熱入地，積成燥乾，燥乾之極，乘氣爲火。積火所然，土石爲燼，復乘氣出，共成炎上。隔于雲雨，鬱爲雷霆，升于晶明，上成彗孛。此二物者，火之精微，别有洞火上通，全體俱出，則爲西國火山。蜀中火井，若遇石氣，滋液發生，則成硫黄。泉源經之，即爲温泉。火道所經，鎮壓不出，則爲火石。故地中有火也，氣水在地，皆因空虚。雖居洞穴，終是地上。實亦未嘗離其本所，火在地中，非從本所而降，蓋由熱生。以成濟萬物，因緣上升，仍歸本所，遂其本性焉。

問：海水必鹹，何也？曰：鹹者，生于火也。火然薪木，既已成灰，用水淋灌，即成灰鹵，燥乾之極，遇水即鹹，此其驗也。地中得火，既多燥乾，燥乾遇水，即成鹹味。鹹者之性，尤多下墜。試觀五味，辛、甘、酸、苦，皆寄草木，獨是鹹味，寄于海水，足徵四味浮輕，鹹性沉重矣。今蜀道鹽井，先鑿得泉，悉是淡水，以筩隔之，更鑿數丈，乃得鹵焉。又鹽池雨多，水味必淡，作爲斗門。洩其淡水，下乃鹵焉。鹹重淡輕，亦其證也。海于地中，爲最卑下。諸鹹就之，積鹹既多，淡入亦化。非獨水也，海中山岳，或悉是鹽，故鹹重歸海，海水爲鹽也。

問：鹹既因火，火因于日，日遍大地，大地之下，悉有鹽乎？曰：豈不然乎。蜀道鹽井，三晉鹽池，西國有海名曰地中，實不通海，而是鹹水。西戎北狄，多有鹽澤，彼以鹹故，悉名爲海。足徵大地之下，無不有鹽矣。

問：鹽既下墜，蜀井可徵。則凡鹽所出，宜悉在下，乃今鹽池鹽澤，去地非遥，不如蜀中之井，深數十丈，何也？曰：鹹生于火，火淺鹹淡，火深鹹深。平原澤國，火不地見，鹽不地出。惟是高山峻嶺，上多亢陽，下多洞穴，地中有火即成鹹焉。今蜀中鑿井求鹽，或得火井。井中之火，覆蓋則滅。然火投之，隨而上焉，是則井火在下，與水同深，遇水成鹵，不遇成火矣。晉中河曲，乃有火石。火石恒熱，大行河西，亦産硫黄。可見晉中火淺，故晉有鹽池，亦在淺土，又有小鹽，刮地作之，略如硝𪉖也。西地中海，其水亦鹵。周數千里，在其側近，遂有火山，高數千丈，其上火穴徑千餘步。厥火炎上，古今不絶。足徵鹽之與火，相切則成，亦復相視，以爲淺深也。

問：水遇于火，既得成鹹，云何不熱？温泉乃熱，既由于火，云何不鹹？曰：鹵水不熱，向言之矣。火熱所炎，既成灰燼，水經其燼，因而得鹹，云何有熱？今火燼成灰，漉灰得鹵，無有熱也，然而海水不冰，亦具有熱性矣。火在地中，助于土氣，發生萬物。五金八石，及諸珍寶，皆由于火，陶煉而成。自餘諸物，不可數計。諸物之中，最近火性者，無如硫黄。硫黄所在，水從過之，則成温泉。故温泉沐浴，所能療者，冷氣虚痹，與硫同治。然火能成硫，硫即非火。水因硫温，隔越于火，如鐺煑水，火爲鐺隔，水不遇灰，不成鹵矣。今温泉嗅之，多作硫氣，亦有不作硫氣者，是水來之處，復與硫隔，如重湯煑物，但得其熱，不染其味也。或云不作硫氣者，本之朱砂礜石，無是理焉。

問：鹹既火生，何不隨火炎上？顧令下墜，火所在上，何以抑遏使居地中？造物之主，豈有意乎？曰：豈無意乎？鹹能固物，使之不腐，卻能歛物，使之不生。火在地中，藉其温煖，多所變化，儻居地上，任其焚燒，有何不滅？若火與鹹，俱令在地，動植之物，悉皆泯矣。故曰光生熱，因熱生火。旋用水土壅閼，恒使在下，助生萬物。有時有處，間一發見，即歸本所。不得一時游行地上，偶一游行，目爲災異也。因火生鹹，亦令性重。恒居在下，歸藏于海，爲人作味，不令侵出地上，以爲物害也。且海益于人，不止作味，鹹水生物，美于淡水，故海中之魚，旨于江河之魚。鹹水厚重，載物則强，故入江河而沉者，或入海而浮也，此皆用海，爲人利益。故鹹水恒重，因重歸海也。

問：海水潮汐者，何也？曰：察物審時，窮理極數，即應月之説，無可疑焉。月爲陰精，與水同物。凡寰宇之内，濕潤陰寒，皆月主之。既其同物，勢當相就。月爲濕本，濕能下施，故方諸對月，而得水焉。月既下濟，水亦上行，欲就于月，故月輪所至，水爲之長，而成潮汐也。當潮長時，江河溪澗，以及盆盎，無處不長。長則氣入，水爲之輕，潮降氣出，水復故重。今人以缾盛水，每日權之，輕重不等，則潮升時輕，潮降時重耳。獨小水之處，升降甚微，人所不覺。海水既大，灌注江河，升降盈涸，事理顯然，故獨稱海潮也。不獨水矣，凡水族之物，月望氣盈，晦即氣縮，故月虚而魚腦減，月滿而蚌蛤實也。又不獨水族矣，草木百昌，苟資濕潤，以爲生氣，無不應月虧盈，月滿氣滋。月虚氣燥，故上弦以後，下弦以前，不宜伐竹與木，以爲材用是者，易蠹生氣在中也；下弦以後，上弦以前，伐而爲材，即不作蠹，爲少脂潤，空質而已。亦猶春夏氣滋，秋冬氣歛，斧斤時入之意也。由此而言，月爲水主，月輪所在，諸水上升，海潮應月，斯著明矣。

問：江河之水，則能滅火；海水入大火，如益膏油，既不能滅而反熾盛，何也？曰：海水之鹹，本從熱乾而生，由燼灰而出，即自具有熱乾之性，亦且挾有燼灰之體。凡物熱乾多易生火，硝硫之類是也。灰水作鹹，本從火出。人溺亦鹹，蓋由身中具有火行；畜溺亦鹹，犬馬火畜，積溺所成，絶似硝𪉖。故鹹者，火情也。鹵不滅火，而反熾盛，以此故焉。

問：海水浮物，强于江河之水。嘗見海舟，載物未增，入于江河，驗其水痕，頓深尺許；又見海濱煎户，以石蓮試鹵，鹵未成時，投蓮必沉。及至鹵成，蓮悉浮矣。三入三浮，乃登牢盆，以見鹹性愈重，載物愈强。此爲何故？曰：海水由火而生，今用沐浴，膚皆赤色，或至皴裂，燥熱之效，亦已明矣。燥熱之情，本自堅勁，加有鹹味，中挾燼灰，微渺之分，比之凡水，稠而密理，故載物獨强也。

問：鹵水之燥，因于燼灰，信其然歟？今以乾灰一升，别置水一升，挹水入灰。水盡不溢，灰亦如故。既是寒灰，豈能損水？水既不損，灰豈無質。二升並一，絶不加多，其故何也？曰：灰雖有形，而質器已盡，多是虚體，體中無處不虚，故水皆滲入。其質存者，亦有微分。緣其燥情，略能損水，水損微分，與灰存質，適足相當，故二升並一，不加多也。

問：人溺作鹹，人汗亦鹹，其故何也？曰：人飲水、漿、茶、酒之屬，其中精粹，是爲上分。上分者，因于真火，宣越流通，化爲四液。（略見四元行論）筋脈受之，髓骨肌肉，賴其長養。此如水氣成雲，離于燥鹹矣。其中粗濁，是爲下分。

下分者，重墜沉墊，燥鹹在焉。筋脈不受，入于膀胱，由下竅出，故溺味恒鹹也。若暑月炎酷，或作務煩勞。中外皆熱，真火所煉，去其上分，所存下分。挾有燥鹹，不入筋脈，未下膀胱，因于熱煎，横溢而出，則成汗矣。汗亦溺類，故夏月汗多則溺少，冬月汗少則溺多也。譬於大地，鹹之本所故是大海，熱乾所化，宜流于海。火盛煎逼，溢地而出。鹽池、鹽井，汗之屬乎，膀胱水海，義亦相類矣。

問：人熱而汗，于理允矣。人病亦汗，此爲何因？病中之汗，又分冷熱。久病汗冷，新病汗熱，又何故也？曰：人身水飲，上分爲液，下分爲溲，略言之矣。若恣飲無節，過其度量，或本無過度，而脾胃虚弱，二者皆不及運化。運化所餘，上不成液，下不成溲，因而留滯，是名剩液。剩液者，液之不良分也。此物留滯，容于脾胃，實惟真火，可以消之。若節嗇珍養，真火力盛，漸次消盡，安隱無疾。若有積無消，而求溢出，必化爲汗。積液過多，真火又微，不能勝之，其汗則冷。冷汗多淡，爲火微故。積液既少，真火能勝，汗乘火出，亦熱亦鹹，液盡疾瘳也。醫家或以吐下當汗，皆求去其剩液而已。

問：海爲水所，水性就下，歸于海矣。江河之地，視海爲高，江河之水，反從高出，何自來乎？曰：江河者，生于海者也。何以知之？曰：江河終古入海，而海不溢，故知海水之下，地脈潛通，復爲江河也。海水既鹹，復爲江河。其味則淡，何也？曰：水爲元行，元行無味。鹹非水體，從外合焉。凡可合者，即復可離。海水入地，經砂石土，滋液滲漉，去其鹹味。又水性在下，不可得上。其從下而上，得爲江河者，或受日温，隨氣上騰，或受月攝，因時而長。當其上時，皆如蒸餾。今用鹻鹵之水，如法蒸之，所得餾水，其味悉淡。海中之水，蒸氣成雲，海雲作雨，雨亦淡焉。足徵鹹性就下，不隨淡升矣。有此二端，故江河復淡也。亦有山下出泉，積聚成川，沿流會合，成其深廣。今人疑江河之水，悉本山泉，不知江河之底以及平地，隨處出泉，開河鑿井，足爲徵驗，不盡由山也。若雨雪之水，山阜田原，悉歸江河，以注于海。此理甚著，無勞詮説。

問：山下出泉者，何也？曰：凡物之情，皆欲化異類爲己同類也。兩物相切，弱者受變，兩强相切，少者受變。故四行俱能相變焉。凡山皆以石爲體，自非石體。昔當胚渾之際，不成山也。因其石體，下有洞穴。洞穴之内，純得土性，其處最寒矣。天地之間，悉無空際。凡有空處，氣悉滿焉。洞穴既空，爲氣所入。氣情本煖，煖氣遇寒，變成水體，積久而洩，尋求石罅，乘氣出焉。亦有洞穴深長，潛引地脈，海水相通，因而攝受，不須氣化，積漸而成者。故曰：山澤通氣，山下出泉也。

問：掘井得泉，何也？曰：凡地之中，必有水伏流焉。其源也，或本于海，或本于泉；其委也，或入于河，或入于海，皆有條理，宛如人身脈絡。砂土之脈，其行散漫，俗稱溝水。溝水之來，廣或尋丈，深一二寸。山石之脈，其流專一，俗稱泉眼。泉眼所出，或徑寸許，乃至數寸。故掘井者，惟下地澤國。所在得泉，不論脈理，其他山鄉高亢，必尋水脈，不得水脈，終不及泉。尋脈之法，略見上方矣。有工于井者，辨視石色，即知泉眼所在，如玉人辨璞也。既知泉眼，即留取不鑿，迨下方工畢，鑿石出泉，用力既省，積水甚多。

問：近海斥鹵，而掘地得泉，有鹵有甘，何也？曰：地中之脈，有萬不齊，掘井得水，視所由來。若此泉脈，由河入海，則是甘泉，由海入河，即鹵泉也。

問：井中之水，夏寒冬熱，何也？曰：三夏之月，日暴于地。地上數尺，其熱欲焦。冬月氣寒，加以飄風。夏熱在土，爲寒所逼，下入于地，井水成暖。三冬之月，積寒于地，迨夏暑熱。冬寒在土，復爲熱逼，下入成寒。非冬煖夏寒，各從下上也。煖情爲火氣，火氣無時不上升焉；寒情爲水土，水土無時不下降焉。

問：雨者，何也？曰：日光照地，既成温熱。温熱薄于水土，蒸爲濕氣。氣情本煖，煖者欲升，復得日温，鬱隆騰起，是有火行。火所爔爇，飄颺如煙，復挾土體，相輔上行，氣行三際。（略見四元行論）中際甚冷，氣升離地，漸近冷際，因于水土本情，是冷是濕，結而成雲，是一雲體中，具有四行也。凡物體具四行，及將變化，勝者爲主。雲至冷際，冉冉將化，本多濕情。濕情若勝，即化爲水。水既成質，必復于地。地爲大質，萬質所歸，有質之物，無緣離地，可得頓置也。正如蒸水，因熱上升，騰騰作氣，雲之屬也。上及于蓋，蓋是冷際，就化爲水。既已成水，便復下墜。雲爲行雨，即此類焉。若水土濕氣，既清且微。日中上升，即爲風日所乾。迨至夜時，升至冷際，乃凝爲露；夜半以後，去昨已遠。寒氣微深，亦如一歲之寒，盛于日至之後也。當其寒時，氣升稍重，故晨露尤繁。夜有烈風，亦受風損，故風盛即露微矣。若長夏大旱，了無濕氣，則夜中并無露焉。

問：雲生必爲雨乎？有密雲不雨者，有旱雲益旱者，何也？曰：氣升不等，所具四行，各有偏勝。故或爲霾霧，或爲雷霆彗孛也，豈必氣升皆雨乎？風之爲物，亦是熱乾，與雷霆彗孛，一本所生，但不得直升横騖地上，此爲異耳。雲雖濕熱，上升遇冷，凝結所成，變化爲雨，是其常分。但旱暵之時，氣行大體多是燥乾，雲起于地，孤行獨上，雖至中際，無有濕性。與相協助，尚未化雨。濡滯之間，或遇大風，飄向地方，成他方之雨；或木體之中，濕情既微，風性燥烈，遂泯其濕，徒存燥乾，上爲奔星耳。所以晴日雲高，而反不雨。大旱之年，山雲屹峙，行復散失，徒見流光，有嘒其明也。若氣行大體，濕性既多，雲起于地，遇其冷濕，不能直上，遽化爲水。故雲近于地，反得雨焉。每有高山之上，俯瞰雲雨，皆在其下，下視震雷，如水發漚也。

問：雨水勝于地上之水，何也？曰：日照于地，水土之氣，蒸而成雲，是水之精華，如燒酒藥露，皆以清升，微其粹美也。其中有火上氣之情，既化爲水，各相分背矣。凡水略經撓動，即清升濁降，雨之爲物，上騰下降，撓動已極，全得其清。故雨水爲良也。地上之水，美惡不等，地中所有，以及所生，水一過之，即爲染著，受其氣味。蓋地上元行真水，百無一二，比之雨水，故爲劣焉。

問：雪者，何也？曰：雪者，與雨同理。故將雪之日，必先微温，不温氣不上升也。惟冬之月，冷際甚冷，氣至其際，變爲雪焉。露之爲霜，其理略同也。

問：雪花六出，何也？曰：凡物，方體相等，聚成大方，必以八圍一；圓體相等，聚成大圓，必以六圍一。此定理中之定數也。凡水居空中，在氣行體内，氣不容水，急切圍抱，不令四散，水則聚而自保。自保之極，必成圓體，此定理中之定勢也。氣升成雲，雲遇冷際，變而成雨，因在氣中，一一皆圓。初圓甚微，以漸歸併，成爲點滴。雨既水體，既並復圓，未至地時，悉皆圓點。冬時氣升，成爲同雲，遇冷而變，亦成圓體。既受冷侵，一一凝冱，悉是散圓，及至下零。欲求歸併，卻因凝冱，不可得合，聊相依附，求作大圓，以六圍一，即成花矣。曰：既因依附，求成圓體，就不相合，亦宜摶聚，云何成片，而復六出，平輳即合，直輳即離，其故何也？曰：地體不動，天行左旋，日行一周，火在氣上亦隨天運。氣體近地，依地不動，上近火者，隨火旋焉。冷際亦動，動勢神速，難可思惟。有物遇之，如鋸出屑，雪既凝結，受其摩盪，平中輳合，尚得自由，直處逢迎，勢不可得。正如濕米磨粉，易令作片，難以成摶也。

問：雨水與雪水，孰勝？曰：雨水勝。何故？曰：水爲元行，不雜他味，方爲真水。雨從雪出，雲從氣升，氣非日蒸，不致上騰。當其上騰，挾有火情。火情熱乾，熱乾炎上，其熱壯猛。土之精者，亦隨而上，故興氣成雲。一雲之中，具有四行，但時有偏勝，水勝時多耳。間或火土合氣，水情絶少，力勢既盛，土之次分，亦隨而上。上遇冷際，力勢稍微，土之次分，復歸于地，則成霾霜。若火土自升，水雲復盛，火土上行，阻于陰雲，難歸本所。陰雲逼迫，既不相容，火土之勢，上下不得，亦無就滅之理，則奮迅決發，激爲雷霆。是其破裂之聲，電是火光，火迸上騰，土經火煉，凝聚成質。質降于地，是爲劈歷之楔矣。就其陰雲之中，亦有火土二體。上遇冷際，爲水所勝。氣變成水，火情挾土，能在氣中，與之俱上，是則土之上紗者也。熱燥輕微，與火爲體，火性炎上，初隨氣升，氣既變水，水將就下，火土二體，不復從之。如蒸水成氣，氣至甑蓋，化而爲水，仍歸釜中。若其熱性，自能透甑而出，不復就下矣。既與雨分，火土相挾，決起而上，亦有火土自升。不遇陰雲，不成雷電，淩空直突者，此二等物。至于火際，火自歸火，挾上之土，輕微熱乾，略似炱煤。乘勢直衝，遇火便燒，狀如藥引，今夏月奔星是也。其土勢太盛者，有聲有迹，下及于地，或成落星之石，與霹歷同理焉。若更精更厚，結聚不散，附于火際，即成彗孛。附麗既久，勢盡力衰，漸乃微滅矣，是則雨從雲降。分于火土，亦無有氣，故雨爲元行，真水其味特勝也。若雪天之雲，與雨雲等，亦具四行，獨是冬月，冷際甚冷，火至其處，勢亦稍殺。土雖輕微，其勢不能挈與俱上，一時雲氣，驟凝爲雪，上亦與焉。火雖獨歸其所，雪中之土，仍與同性，略如灰燼、炱煤之屬。故大雪時，試取純雪，融化爲水，下有微細沙。土所融雪水，仍作燥乾之味。不然，雪遍大地，塵土被壓，所取浄雪，不雜地上之土，融水得沙，自何而來？故雪水不如雨水，中有火土二情也。若融化既久，澱去沙土，離于二情，亦成元行真水，與雨水同焉。又氣方上升，未盡化水，遽凝爲雪，有氣雜揉，雪體輕虚，職由于此矣。

問：冬雲成雪，既由冷際。極冷，春秋成雨，當由冷勢稍減乎？即三夏之月，愈宜減矣。乃夏月之雹，有絶大者，傷及人畜，壓損田苗，比于冬雪，十百倍之，敢問雹由冷乎？熱乎？若由冷也，冬何不雹？若由熱也，熱反凝水？此理何由？請聞其説。曰：氣有三際，中際爲冷。即此冷際，下近地温，上近火熱。極冷之處，乃在冷際之中。自下而上，漸冷漸極，二時之雨，三冬之雪，蓋至冷之初際，即已變化下零矣，不必至于極冷之際也。所以然者，冬月氣升，其力甚緩，非大地興雲不能相扶，以成其勢。故雲足甚廣，雲生甚遲，必同雲累日。徐徐而起，漸至冷際，漸亦凝冱，因而結體，甚微細也，自餘二時。凡雲足廣闊，雲生遲緩，即雨勢舒徐，雨滴微細，亦皆變于冷之初際矣。獨是夏月，鬱積濃厚，決起上騰，力專勢鋭。故雲足促俠，隔塍分壠，而晴雨頓異，雲起坌湧，膚寸暫合，而溝澮旋盈，蓋因其專鋭，故能逕至于冷之深際。若升氣愈厚，即騰上愈速，入冷愈深，變合愈驟，結體愈大矣。若其濃厚專鋭之極，遽升遽入抵于極冷極冷之處，比于冬之初際，殆有甚焉。以此驟凝爲雹，雹體小大又因入冷深淺爲其等差。愈速愈深，當愈大也。是以雹災所至，白有畦畛，因其專狹。雹雲上升，與雨雲異，因其迅猛，善審觀者，見雲生有異，知當是雹，可得亟避矣。雹興夏月，火土之體，加雪數倍。雹因驟凝，土隨在焉，故雹中沙土，更多于雪。因其驟結，并氣包焉，故雹體中虛，虛者是氣。惟雪與雹皆體具四行，未相分背，與雨水特異也。

問：器中貯水，曾無漏泄，貯以冰雪，外成濕潤，何也？曰：水土而上，氣行充塞，凡器之外，悉皆氣也。冰雪甚寒，氣暖在外，暖因寒逼，漸變成水。雲至冷際，而變爲雨氣入地中，而變爲泉，是其類焉。

問：灌溉草木，不論用河用井，皆須早晚，而避午中，何也？曰：灌溉草木，多在夏月。正午炎歊，于時用水，如以熱湯，則傷其根。故灌必早暮，或作池畜水，乘夜發之。如是説者，旱種則然。若水種者，惟懼過寒，是生食節之蟲，故不避日中，而忌夜灌。積雨太冷，宜洩去之，山泉初出，匯以唐池，既受日暘，而後灌之。或作池畜水，書日發之。

問：向者，水法委屬利便，力少功多矣。第江河不得，求之井泉，井泉不得，求之雨雪，兼之江河井泉，亦待雨雪以增其潤。究竟農民所急，當在雨矣。然而雨暘時，若不可歲得，水旱蟲蝗，或居强半，不知何術可得豫知，以爲其備乎？曰：天災流行，事非偶值。造物之主，白有深意。若諸天七政，各有本德所主，本情所屬，因而推測災變。歷家之説，亦頗有之。然而有驗不驗焉，蓋數術之贅餘，君子弗道也。儻居人上者，果有意養民，欲爲其備，則經理山川，興脩水利，勸課農桑，廣儲粟穀，阜通財貨。即水旱災傷，自可消弭。太半脱值，不虞有備無患矣，又何事前知爲乎？且水旱不齊，大略一災一稔。十年之中，宜爲三年之備。必于不免，知與不知，又何異焉？！

問：田家有術，以知一時晴雨，有之乎？曰：此則無關數術，殆四行之實理也。究極言之，百端未罄，略舉一二，餘可推焉。其一曰：竈突發煙，平遠望之，亭亭直上，旱徵也；蜿蜒而起，如欲上不得者，雨徵也。何故？曰：水土之氣，上騰爲雲，雲凝在上，未成爲雨。空中氣行，悉皆燥乾。故令火煙直上，無礙。雲將成雨，空中氣行，皆成濕性。煙爲濕礙，不得上升，令其宛曲也。將雨，土石先潤以此；將雨，礎潤以此；將雨，燈爆以此。

又問：曰朝日出，光黯淡，色蒼白者，雨徵也，何故？曰：晴明之辰，氣行清净，作玻瓈色。日則晶明，無有障隔。將雨，水濕上升，氣稍稠濁，光則黯淡也。蒼白者，水色也。

又問：日出時雲多破漏，日光散射者，雨徵也，何故？曰：氣升作雲，未成爲雨，體凝質密，及至成雨，體質消化，故輕薄透漏也。

又問曰：密雲四布，牛羊齕草如常者，不雨。若啖食匆遽，似求速飽，雨徵也；蠅蚋蚊虻，匆遽咂食，雨徵也；蠼蜎之屬，倉皇飛驚，雨徵也；穴處之蟲，羣出于外，雨徵也，何故？曰：濕氣上升，凡是諸物，皆能有覺也。

又問曰：朔日至于上弦，視月兩角，近日一角，稍稍豐滿，雨徵也；月暈白主晴，赤主風，色如鉛者，雨徵也。何故？曰：月輪在上，本無有暈，受氣籠罩，是生暈焉。若氣行清净，星月皎然，乃無暈矣。因氣而暈，若白色者，水分猶少，乃得不雨。赤是火分，故爲烈風。若如鉛者，氣受水濕，其色然也。月角厚薄者，日暴水土，其氣上騰，近日則厚也。

顧禄《桐橋倚棹録》卷一〇 自走洋人，機軸如自鳴鐘，不過一發條爲關鍵，其店俱在山塘。腹中銅軸，皆附近鄉人爲之，轉售於店者。有壽星騎鹿、三换面、老跎少、僧尼會、昭君出塞、劉海灑金錢、長亭分别、麒麟送子、騎馬韃子之屬。其眼舌盤旋時，皆能自動。其直走者，只肖京師之後轄車，一人坐車中，一人跨轅，不過數步即止，不耐久行也。又有《童子拜觀音》《嫦娥游月宫》《絮閣》《鬧海》諸戲名，外飾方匣，中施沙斗，能使龍女擊鉢、善才折腰、玉兔搗藥，工巧絶倫。翟繼昌《自走洋人》詩云：「盤旋直走一般同，機軸大然製造工。便到中華遵法度，饒伊疾足亦環中。」

王韜《甕牖餘談》卷五《星隕説》 流星隕石之異，古來史不絶書，未可以爲災祥也。同治丙寅春，上海郵信至粤，謂於三月初二日，有大星如斗，其次者巨猶如椀，隨有小星無數，約計萬餘，從東南隕於西北，聲如雷轟，逾刻始静。其時將黎明，衆多有聞聲起者，城廂内外，萬目共瞻，咸嘖嘖稱異焉。考星隕如雨，載於春秋，説者以爲即佛生之歲，固附會可笑，而星隕之理，究未有明言其指。昔西士曾細加辨察，其質爲火石硫磺鐵黄灰白鉛不等；其重自數斤至千萬石皆有之；其行之捷，一秒可八十里；體質在空中每自發光。尤異者，星隕之時，空中有若槍礮金鼓聲，與地球相去或數十里，或數百里。大抵流行空中則見爲星，一隕於地遂成爲石。西國曾有隕石自空墜下，去地八十里，計其重可一千萬石。其中有一方墜地，大異尋常，使非天空之行甚速，則地面吸力可引之盡下。西國格致家參考其故，有云月距地球最近，其中常有火山吐燄，或有鎔化之質噴出，偶落空際，墜下極速，地氣吸之，故能至地。有云行星中有無數小體，由於大體分裂，有時本質自散復聚，環日而行，至地球軌道，爲地力吸引，至天空而發光，其行甚捷，變爲隕石流星諸異象。有云凡體在天空，一杪可行三里，能吸空氣之熱，故易於發光；以寒暑表計之，約三萬度，故初隕之石，氣猶甚熱。上海所見流星，大抵行星中分裂小體耳，奚足爲禨祥之先見哉？近時西國時人家俱究心於流星隕石之理。便孫伯、勃蘭特二人，欲知其道與地道之交角，細測初見至隱之時分。大抵流星之行道，設有方向速率，略與地同，而又近地，則必爲地面攝力所留。而繞地若爲實體，能借光照地，則有時必於一刹那中見之，即入闇虛而隱。道光二十七年七月初九日，有大流星過法都巴黎斯，土魯士星臺官白底，推得其繞日之道爲雙曲線。白底所測諸流星中有一疑其繞地如月，然距地面尚一萬四千五百里。有云流星隕石，二者不同。太虛中薄氣略厚處，能阻彗星，此乃數萬彗星過最卑時，所留尾上餘質漸積而成。或意是無數小體，與日相屬，俱若小行星，各有本道，各有周時，距地甚遠，故視之甚微。所見尖錐一若日光透門隙，見光中無數微塵也。此諸小體所併，較日體尚甚微，不可比，故攝動不能覺。然其各道相交，則有時必相遇而相擊，或落於日中，或落於行星中。各國史中所載隕石隕鐵之事，即此物也。西史有四人爲隕石所擊死。周貞定王四年，隕石於土耳其之哀咢卜大摩，其大六十石。後梁龍德元年，以大利之那尼隕石於河中，高出水面四尺。明泰昌元年，隕鐵於印度本若之斜林特，其王日杭格鍛以鑄劍。隕石於英國十六次，一在倫敦。嘉慶八年三月六日午正，法蘭西諾曼的省蘭格城，空中有大火球裂爲數千石而隕，偏散於地，方里者七八十，王命人往觀之不誣。昔人謂此係地面或月中火山吐燄時飛出者，非也。今人皆知空中小體與行星同類，其隕時有火光，至地尚甚熱，或於空中碎裂者，蓋其下行速率遞增甚大，與氣相磨，力甚猛，故發熱且生火也。至於流星，與上鐵石諸小體異，當別是一質。每見大流星曳長光或大火球，經過地氣之上層，有時過後，所曳光帶留於空中，歷時數分始滅；有時空中作喧沸聲，其體豁裂而隱；有時無聲而自隱，此必地氣外之物，偶入地氣中而發光也。乾隆四十八年七月二十一日，有大流星經過歐羅巴洲，從蘇格蘭之舌蘭島至羅馬，其速率一杪中約九十里，距地面一百五十里；其光較望時之月尤大，實徑一里半；其狀屢變，後分爲數體並行，各曳光尾，爲最異焉。或有時見流星多至無數，如花砲亂放，如雨雪交紛，光滿天空，歷數時之久，徧大洲大洋皆見之，或兩半球皆得覩。此必在冬至後五六兩夜，或立秋後二三兩夜，常有大流星皆曳光尾，徹夜不絕。意地球行道，每周至此處，必過無數流星，繞日道之面，一二日始過盡。其過時諸流星及地球之路，皆當作直線。立冬後五六兩夜所向之點，近軒轅第十二星。立秋後二三兩夜所發之公點，恒近傳舍第七星。流星道非必與黄道同面，但設爲橢圜。若諸流星匀列於橢圜道，則地球繞日，每年必一次遇之。若諸流星分作數隊，依次相隨行於橢圜道，而周時與地球不同，則或間數年，所遇之隊有疏密，故所見各異。述星隕者，其理盡於此矣。

佚名《重力行車説》 嘗聞西學中有重學之一端，雖曾歷游歐墨各洲，未嘗與彼都人士考究其實，心竊疑之。昨日見新聞紙載，有虹口路新造飛龍島，試有自行車招人乘坐。初不知島形何若，又不知何以名之曰島，更不知車之何以自行。及偕茂苑賦秋生往觀，始恍然悟。因語賦秋生曰，此固重學之一端，曾不可以淺覰。特借告白中不爲之表明，致有志者不知爲何物，登車者亦不知其何以有用爲，慨嘆者久之。因念余與亞士尼爲能亦相識有素，曾承其贈余《高脚鐵路圖説》一册，蓋即此車之製也。此車任重，自高而下，勢同建瓴。取其重力墜下，必趁力激上，一墜一激之間，其車自然行走。更當接長，便自任重致遠，不煩人力，不煩馬力，不藉火力，不藉汽力，妙用殘覺。凡一切煤礦、鐵礦、銅礦、鉛礦之所，運貨達船最爲適用。其礦離水次稍遠者，尤爲合宜。既不費力，又極迅速，何便如之！聞往年直北曾用此車輂運重物由津至京，殆即載三海中之機器鐵路也。嗣聞河南鄭工堵築潰隄，亦頗購取此等車輛載土達隄，既便取携，又省人夫，以致易於合龍，是真大有裨益之具。更聞之西人云，日生此車，行走一次，可以免夫疾病。緣人身五臟六腑安頓腹中，久滯不動，難免壅阻之患，此車自高而下，其疾非常，人坐車上，一經脱卸出於不意，未有不驚特其精神而掣動其臟腑者。臟腑一動，則氣之開者亦開矣，食之停者亦運矣。較之火輪車、馬駻車之輾動，尤爲得力。是於養身之道，不無小補。然則此車豈可與他項玩具同日而語哉！麥君不講中國文理，不能立一説以自聲明，而登報章招人乘坐，人之閲報而往游者，亦遂漫然乘之，漠然視之，但覺此身忽然被其抑之而降，忽然被其撮之使升，升降何常不能自主，亦不知誰爲之主。不似入仕途者，可以憑己之力，夤緣而上升；可以受人之力，排擠而下降，升降之間，已與人皆可爲主。及細察其車裂，平正通達，愧然一坐，具耳四輪而外，絶無機軸，然後歎其心思之巧絶，而測算之精微焉。余不解重學，即登此車，亦但知其然，而不知其所以然，故略爲此說以剖明之，仍望此間之精曉重學者，究余之說而引伸之，且爲測算而詳陳之，庶不辜負麥君之一片苦心耳。至麥君之爲人，精明幹練，曾以有功我國，經疆吏保薦至總兵官，身雖膺夫二品之秩，而帖然意下不矜才，不使氣，目下暫作六月之息，旅居洋場，娶中土之婦，處中土之室，服中土之衣，啖中土之食，絕不以中土大人自誇，亦有道之士。充其才力，使之辦理中土之鐵路，必然得心應手，卓有成效之可觀。若此重力行車一端，特其餘技耳。尤可異者，此邦之人不識重力行車之益，獨驚輕力行車之樂。輕力行車之謂何，則近日所製以馬駕駛鋼絲輪軸之車是也。輪用鋼絲，輕而易舉，緣以象皮行地無聲，車既迅疾異常，而坐於其中、立於其旁者，皆無聒耳之煩。昔人詩云，車走雷聲語未通。使乘此車，則雖喁喁細語，亦甚了了可聽。我中土原有蒲輪安車之說，爲國家禮賢下士之典，相提並論，何華洋之懸殊，而奢儉之遠別耶！余旅歐洲時，知有此等車製，以目未曾覩，詢及西士，據稱。此等鋼絲車輛，乃盜賊所乘者，取其行駛無聲，馳驟較捷，以防失物人家追獲。故泰西士尚、衣冠中人，絕不乘坐。觀於本埠旅居之西人，雖殷富，亦無此等之車製，亦可恍(言)[然]大悟矣。此間豪客大都不學無術之徒，若録事參知，則但務奢華，他何所顧！而一二衣冠文物中人，切勿隨波而靡，貽西人以恥笑，此則余之所厚望也耶。因論重力行車，而縱論及之，幸勿哂余爲馮諼之彈鋏興歌也可。

熱學部

題解

沈桐生《東西學書提要總敘》卷下　汽學總敘

西法有測天空之氣者，有以火化水氣使積力而生動者，謂之汽學。自此理明，於是鉤心鬥角，窮奇極巧，一切機輪括鍵，導窾批郤，利用前民，制作日新，無不權輿於是。總名之曰汽學，分言之曰天氣學、蒸氣學。其所謂天氣學者，古書云，風寒在下，燥熱在上，溼氣在中，火遊行其間，寒暑亦入，故令虛而化生。此即西人清蒙氣差之所從生，亦與中國氣之輕清者爲天之説頗相合也。按西人言汽學者，謂譬如置流質於露天，或乾燥室中，漸化極微之質而上升，名曰汽。此汽，即和入空氣之中，雖不見其化汽；然水亦漸少，久則自乾。近且稱風有術，量雨有術，此汽質之義也。又言以鼻呼吸，覺其出入。以扇摇拂，覺其涼爽。船帆藉汽以駛行，風車賴汽以盤旋。尤足奇者，如氣球之製，扶摇萬里，空際飛行，此汽質之用也。其餘上空氣之有結力，空氣之有阻力，空氣之有托力，空氣之有抵力，瀰漫天空，無形無色，目不能覩，手不能捫，足徵造化之妙元之又元者也。其所謂蒸汽學者，即煮水滚沸，化去其汽，以助漲力之法。據西人拉德那云，如一斤水化汽，漲開之力，足將三十七噸之物頂起一尺。一石煤燒水，熱度之力，能將五百噸之物，拽起百尺。其力之鉅，有爲龍象所不能及者。至攷其刱始，則昔英人有吴斯德者，因茶壺貯水，偶見蒸氣水沸而壺蓋頂起，因悟得蒸汽之力，而汽機以作。厥後專門名家迭興踵起，如塞氏、牛氏皆有盛名，而推瓦氏爲尤精。今所用火輪機關，皆其所定之模式，曰號馬力者，定汽筒之容積也。曰實馬力者，就汽筒所有漲力測算，以驗行駛之速率也。至若以汽力代紡者，有若阿克來。以汽力代織者，有若克德來。造火輪車之汽機者，有若德微底，有若斯提反筍。造火輪船之汽機者，有若塞明敦，有若富拉噸。皆能開物成務，利國便民。其冥心孤往，遂將疑鬼神而奪造化矣。至汽機之公理，不外乎冷之熱之，漲之縮之，傳之引之，發之散之等用。若綜其要義，厥有四端。一曰簡器。如汲水有管通力，有輪。穩行有球，節火有機。恒升之車，凝水之櫃，凡此諸端，機簧咸備。一曰試汽。盛水於鍋，下爇以火，冷點下沈，熱點上升，水沸成泡，全質俱滚。熱度既漲，抵力乃生。一曰考力。汽機綱領，巧力咸呈牽力、擠力、扭力、折力，統爲任力。必與材料結力相稱，運動速率比較以明。一曰致用。汽機之作，以補人工，或以驅車，或以駛舟，或以製械，或以劚礦鼓鑄所需，紡織所需，軋蔗所需，壓綿所需。兵農工商，其用靡窮。凡此四者，孰非汽機之理與用乎？噫，惟天有氣，故能包涵萬象。惟地有氣，故能吸引庶類。惟人有氣，故能調和營衛，運行筋骨。而合水火以爲汽，則機輪磨盪，力摧山嶽。氣也，汽也。一而二，二而一者也。述汽學。

基礎熱學分部

綜述

湯若望《主制羣徵》卷上　二以氣向徵

天氣豈自向者哉？觀之山泉，泉雖高崗，以雨雪滲入而成。然久無雨雪，其源應竭，而永不竭者何？蓋賴有外氣氤氲于山之空，變爲水體以繼續之，故得源源而流，衍成江河。繇此觀之，氣豈非水之母哉？氣之所生，一爲風，風有多利，姑舉四端。其一，拂動近氣，令就平和，以利呼吸，人與諸生緣此以免閉塞之傷。蓋近氣無風，則聚積不散，有傷生命故也。其二，帶雲成雨，以滋內地。蓋內地氣微，旋生旋滅，力不足成雲雨之功。惟大海廣受日照，猛起濕熱之氣，蓬蓬勃勃，升至中域，太陽返照，光力不及之際遂乃變熱而涼，先結成雲，漸散成雨。然使無風帶入內地，則濕氣所成雲雨復歸初升原處，何繇利內地之人乎？其三，燥地所餘潮氣，悦生動物、速熟諸果。其四，助舟楫之力以通貨財，以利天下是也。

氣生雨雪霜等，無一自向者。雨生涼解渴，人物利焉，而潤澤草木，爲功最甚。蓋當水氣騰起時，微有肥露，海水本肥，以生養潛族故。內含微火(日照所生)，合此二氣草木得之，生長最易。且雨自高而下，未及下地，先散而小，漸漬巽入，而無衝突之患。雨霽則雲散，然散必徐徐者，所以下覆乎地，不使日出驟燥之，以損雨利而阻植物之效也。雪者，夏從高崗漸滲，以養江河之源，冬即覆地，以除霜毒，一厚陰力，一扶陽氣，大利地生矣。霜之降也，于冬先後者，以遏土氣，弗使揚散而負來春播種之望。利在農圃，亦非偶然。凡氣所生諸效，其出必有定時，蓋順各物生長之性，而出以相輔，非獨爲草木也，飛者、潛者、走者皆分其利而揔以利乎人。于此徵制，恩施洋溢矣。

龍華民《地震解》 民也甲子谷雨日，謁李崧毓先生，坐次，蒙獎借曰：貴學所算二月月食，時刻分秒不差，真得推步之奇，想其師承訣法，必極奥妙。若頃者地之發震，吾等不諳原因，莫不詫異驚恐。貴學格物既精，則其所以然定有考究而可言者。惟不祕，揭以語我。予曰：誠有之，蓋吾西庠先達格物窮理者探索討論，載籍中可鏡，容詳稽以肅復。於是摘其著顯者，略述九端如左云：

其一震有何故，其二震有幾等，其三震因何地，其四震之聲響，其五震幾許大，其六震發有時，其七震幾許久，其八震之豫兆，其九震之諸徵。

第一章　震有何故

地震之由，若俗所謂地下有蛟龍，或鼇魚轉身而致者，此無稽俚談，不足與辨。論其正理，凡地之震動，皆緣地中有氣，閟閟而欲强發，猝不得路，則或前或却，旋轉狂勃，肆力破圍而出，故而大動，且有亂響也。

或問氣本微薄，曷能摇地之厚重？曰：氣之力極大。不觀風之發乎，其猛烈也能走大石，能拔木、能摧屋。

或問地中何以有氣？曰：地嘗着熱而發氣，其故有三：或太陽所照，或地中自有火，或三冬熱氣伏藏，皆能生氣也。

或問地震發於地中之氣，何以驗之？曰：泰西古賢亞利斯多得勒（後俱省作亞利）曾博考之，謂有兩驗。其一係於時，蓋地震率在春秋之月，緣此二時，氣最易生亦最易盛；其二係於所，蓋地震率在土理疏燥多空之所，以其能容藏多氣，翕聚既盛，而勃發焉。然要之，地中常有氣亦不常發震，爲氣本非常飄動以觸地者。而其致動之故有三：其一，凡氣既充盈，又有新增之氣重倍而來，難乎併容，氣乃迫蹙鬱勃，奮激求發；其二，凡地下着冷而收縮，乃致其氣自避，適彼適此，則仍衝突其地；其三，凡地下熱氣爲冷氣圍逼，攝斂其熱力，愈收愈約，極而舒放，激搏其地。政如銃藥在巍樓巨塔之下，得火而發，無不被其衝倒者矣。且地震之發，不特由氣，亦由地下之火，併由穴中之風，蓋此三者力勢皆等。在地之中迫縮拘斂，悖其性情，則凡欲求出之時，必撓動其地也。

地震有氣、火、風三者乃其常也，間亦有自動者。蓋地中或有窟隧，其上之土體或馴致損壞，政當空處崩墜成谷，旁體亦皆震矣。泰西古賢色搦加解曰：地體有墜者，或爲溼液所解，或爲火燄所燼，或爲猛氣所衝。

第二章　震有幾等

地之震有多等，蓋氣之情勢與其多寡不齊，亞利格物窮理宗師。分有二等：一曰摇。摇者或往左或往右；二曰踴。踴者或昇上或降下。又古聖亞爾北耳多分六等：一曰摇，即往左往右；二曰反，則上而轉下，下轉而上；三曰裂，則忽開大路大穴；四曰鑽，則多生小孔；五曰戰掉，則倏離原位，倏而反歸；六曰荒廢，則别其本所矣。以上諸等，間出不齊，非一時全有者。

第三章　震因何地

夫發震之地，多少不齊，稽其常理，大都有六：

其一，凡近南北極之地則少震，爲其太寒，不能多生熱氣也。

其二，凡近赤道大熱之地，如厄日多國等者，則少震，爲其地氣爲太陽大熱所勝，故易散而息也。

其三，凡諸虚空之地，如意大理亞國等者，則多震，爲彼具有發震之資也。若地雖多空，有竅當天，即可無虞，蓋其所藴之氣無所窒礙，隨時自能嘘散也。

其四，凡有山崗之地，則多大震勝於平地，緣崗地率多洞穴，平地則否。又或平地别有本然之故，則發震勝於崗地。

其五，海中之島如西濟理亞島、吕宋島等者，則多密震。蓋周圍水漬，蔽閟硝磺，致生熱氣，熱氣既盛，致密發震也。

其六，凡沙地與泥地，罕震。爲沙地之氣不受閟而易散，泥地無空可藏氣焉。

第四章　震之聲響

夫聲響出於兩形之相觸擊也。地震既由於猛氣之衝突，即必有聲響同之。然響雖與震同時，以嚮屬空來，微薄而迅捷，故先至人耳也。聲響乃多等不一，譬之於人咽喉有大小，呼出之氣有麤細，則其聲音有高低。地中所發之氣有多寡，而所由出之處又有寬狹乾溼直曲諸等之殊。由寬廣而出，其聲轟洪；由狹隘而出，其聲纖細；由乾堅而出，其聲厲嘶；由溼輭而出，其聲嘔啞；由直平而出，其聲清亮；由曲阻而出，其聲鏗韻，蓋各隨其勢以異焉。又有地雖不震而發響者，或勢當易出，止能發聲，弗克致動也。

第五章　震幾許大

若地震之大，論其常，必無大塊通震如一域一境者。一則藏氣之穴無如是之廣，二則氣不能輳集如是之多，而奮其力如是之遠。若史册記有城國大方、通發地震者，非一大氣動一大地，乃各處各氣各動爾。自有地以來，四方大震止有一次，乃造物主降生爲人，救贖萬民之日也。然此非自然之事，而獨繫於造物主之全能，以曉示衆民，俾之感於大恩而求其真福也。

第六章　震發有時

地震之常，以歲論之多，在春秋。蓋冬大寒而氣難聚，夏大熱而氣易散也。以日論之，多在夜中與午中。夜中熱被寒敵，退韞於密，既密則積，既積則猛而暴馳焉。午中太陽當頂，有大力能提升其氣，而令之舒盛也。

第七章　震幾許久

震之久暫，皆係其氣之厚薄多寡。蓋厚氣之消緩於薄氣，多薄之散遲於寡氣。又係其地凝氣之力有大小重輕，蓋氣凡遇地之有疎有輭，則易得其路而出；凡遇地之有密有硬，則難破而久持。然動無久，一動即止，但動而斷續，自至於久矣。

第八章　震之豫兆

地震之先有豫兆，畧揭六條：

其一，凡井水無有一切他故，而忽溷并發惡臭者，震兆也。蓋多氣强出，乃噴土與礦相雜而發濁發臭也。古賢弗肋祭德，一日嘗井水即言地震。

其二，凡井水滚上，震兆也，下氣上沖之故。

其三，凡海水無風而漲，震兆也，亦下氣上沖之故。此三者以氣之發而知之也。

其四，凡空中時不當清瑩而清瑩，震兆也。蓋因氤氲諸氣盡下地中，而致其震也。

其五，晝中或日落後，天際清朗而有雲，細如一綫甚長，震兆也。蓋此細雲既得久存不散，便證空中絶無微風，便知諸氣悉收於地下之窟穴也。

其六，凡夏月忽有異常之寒，震兆也。蓋蒸氣由前暑而生者，必避其寒之敵而退於洞窟之内。此三者，以氣之斂而知之也，然亦非決定不易，據理如是。

第九章　震之諸徵

地震之徵，非吉凶休咎之説，乃震後種種成迹，故謂之徵。

其一，警人以恐懼。蓋凡人見聞地震與隨地震之諸情，則不得不畏懼，如此身旦夕不保者。然斯乃造物主御制萬民之仁術。緣人忘己忘本，但營暫世之僞業，故因自然之物見非常之事，令人驚惕思省，速遷於善也。

其二，或此處之地忽旋繞，轉遷於他處。爲地中有旋風能舉運其地，令之改徙也。

其三，或有兩敵之氣，一時對遇，攻擊房屋林木諸物而不至壞。緣兩氣相拒相抵，而物在其中不被動摇損傷也，倘兩敵者一勝，則勝者之勢，必害於物矣。

其四，或地裂開，如張巨口吞陷全城全村，而其口隨閤者。爲其在下之窟穴，政當其上之城村也。

其五，或地墳起高山而更不復低。蓋由地下之氣雖先奮發，而衝舉之力隨衰息不能轉壞。故在地有生新山，在海有長新島焉。

其六，間有海底豁開大穴，吞吸海水後即復閤，以致鱗介諸類，不得與水同下而膠於涸地者。

其七，有時暴風自海底上衝，沸激海水，高如大山，轉徙於平地焉。

其八，或有江河中之地被氣衝高，乃令其水泛濫，故逆流或旁散焉。

其九，亦有地震之故，發出新泉、新湖、新溪、新河，而其舊之泉湖溪河皆乾没焉。蓋其地氣左右衝突，開其新脈，塞其舊泒也。

其十，又有地震之後，温泉之水反冷，而冷泉之水反熱。蓋發震之氣亂其脈絡，以致舊温而改遇冷脈，舊冷而改遇温脈也。

其十一，有時震後，地下發火。爲地下燥氣猛迫，既迫則熱，乃變火而出焉。

或問：所論地震情勢甚詳甚確，心信無疑，但世所習聞如旱潦、兵革與夫大災、疾病之類，是地震所致否？曰：論其自然，地下之氣衝動其地，或震或裂或沈而氣以散矣，何有繫呈而萌殃孽哉？【略】京師邊地大震，或過而問焉，則以告李太宰者告之，因刻以廣之。

跋

西洋之可傳者有三：一曰機器，一曰曆法，一曰天文。三者亦有時相爲表裏。今觀《西方要紀》所載，亦可得其大凡。然必與其國人之能文者相與往復問難，庶足以廣見聞而資博識也。心齋居士題。

高一志《空際格致》卷上

引

空際所睹變化之跡，繁矣，奇矣，明著矣。而究其所以然者，古格致之學，恒以爲難。茲餘將測其略，須先推明其變化之切根然後可。切根者，惟四元行，所謂火、氣、水、土是也。

元行性論

將論元行之性，先陳其名義、次序等類，而終以各行之説。

行之名義

行也者，純體也，乃所分不成他品之物，惟能生成雜物之諸品也。所謂純體者何也？謂一性之體，無他行之雜。蓋天下萬物，有純雜之別。純者即土、水、氣、火四行也，雜者有五品，如雨露雷電之類、金石之類、草木五穀之類、禽獸之類、人類。此五品無不有四行之雜，惟元行雖略有清濁，其性則不雜而純也。所謂所分不成他品之物者何也？萬物有全有分，凡分與其全有同名者，有異名者。如一撮曰土，大山亦稱土，一滴曰水，大海亦稱水，氣火皆然，則分與全皆同名也。若他物不然，如手足不可名人，葉枝不可名樹，則分與全皆異名矣。所謂惟能生成雜物之諸品者何也？雜物五品，如上所云皆無不包四行之雜，如人身骨肉屬土，痰血屬水，喘息屬氣，肉熱屬火。雜物之類，所得四行之雜，多寡不等。如金石等以土爲主，其餘次之，煙霧等以氣爲主，電彗等以火爲主，雜物諸品皆然。故欲洞徹諸雜物之性情，非先洞明元行之性情，無由也。

行之數

古有于四元行中止立一行，以爲萬物母者。其説各異而不相通，後名哲皆病之，定四爲行之確數，曰土、水、氣、火，不增不減。其可證之理非一端，茲且拈其五。一曰元情之合。蓋散于萬物者，元情止有四，主作且授者。二曰熱。曰冷主被且受者二，曰乾，曰濕。冷熱屬陽，幹濕屬陰，今任相合，如熱乾相合成火。火性甚熱次乾，或曰二情皆甚而無次，亦通。濕熱相合成氣，冷濕相合成水，乾冷相合成土。元情有四，元行亦有四。蓋情如性之傳種然。若冷與熱、乾與濕相反，則不能成行。蓋相對則必相拒而不相能，于後圖可見。二曰輕重之別。純體者或輕或重。甚輕者，火也；甚重者，土也；次輕者，氣也；次重者，水也。即雜體亦不能外輕重，但不得稱爲元行。要其中甚輕者以火爲主，甚重者以土爲主，次輕者以氣爲主，次重者以水爲主而已。三曰元動之別。動中亦有雜有純，純動又有三，皆以地心爲界。旋動周心，乃諸天之本動也；從心至上，乃輕行之本動也；從上至心，乃重行之本動也。惟輕重又有甚次之別。故甚重至心者，土；甚輕至天者，火；次重安土上者，水；次輕繫火下者，氣。純動之界，惟四，則元行惟四而已。四曰雜體之散壞。凡雜體散壞時，必遺其內所含之迹。假如木被火焚時，必有氣之煙、水之濕、土之灰、火之炎，漸漸渫出，則豈不驗雜體原結以四行乎？否則木所遺四行之迹，由何發乎？人身所含四液，亦應四行，則驗人身亦爲四行所結成耳。禽獸之體皆然。亞里斯多《性理捴領》又證之曰：天體恒古旋動，即宜有不動之體以爲其中心，是即地也。地性以甚重、甚濁，得甚低之位，則宜有一甚輕、甚潔者對以敵之，必火也。兩敵體以相反之性，不能相適相近，以生成物，故復須氣水二行。人居兩體之間而調和之，則原行必欲四，始爲不多不寡。

問：金木爲元行否？中士曰：吾中華從古有五行之説，即于土水火三行，更加金木，以成五行。未知此説同于西學否。餘曰：利西泰昔已設論，茲略述其要以證之。中華論五行，古今多不同。按諸前論，所謂行者乃萬形之所從出也，則惟元行爲至純也，既純必無相雜矣。試觀萬物之成，概不以金木，如人蟲鳥獸諸類是也，則金木不得爲萬物之元行也。又誰不知金木者實有水火土之雜乎？雜則不能爲元行矣。設雜者可爲元行，則草石等物宜置之于元行之列，則又不止于五矣。何獨取金木耶？昔大禹陳謨，特以水火金木土與穀列之爲六府，只云其切于民生者，洪範亦然，未嘗謂爲元行及萬物之本也。後儒言水而木，木而火，火而土，土而金，乃以爲相生之序。此説誠有難以順非者。夫木中兼有火土，何獨由水生？而火水未生時，木安得自成乎？如土未生先，木將于何地植乎？夫物之相生，今宜無異于昔也。乃今之水無土與太陽之火，莫能生木，必先有木種入土，後以水漬，以太陽照，而後下生根、上萌芽，而長成矣。則古昔亦應如是，何無所據而殊其説乎？又木如生火，則木性至熱矣，水何能以至冷者生至熱之木耶？水既生木而木生火，水乃祖，火乃孫，則祖孫何至相反相滅，一不仁，一不肖至如此極也乎？初未有土金木時，獨水于何居存、用何器受含乎？金由土生，則與木何異？蓋金生乎土內，木生乎土上，本皆自土發矣。且《易》注天一生水，地二生火，天三生木，地四生金，天五生土；則五者之生，若有先後定序矣。今曰金生水，則金四當先于水一矣。曰土生金，則土五當先于金四矣。火二雖居土五之前，然隔三四，何以生土木？三雖居水一之後，然隔火二，何以承生于水一乎？是其序均難解，以故五行之説，似于性理無合無據，仍宜存前所定四元行之數也。

行之序

序者，萬物之文也。四元行不雜不亂，得所則安，不得則强。强力已盡，自復本所。本所者何？土下而水次之，火上而氣次之，此定序也。其故有三。一曰重輕。重愛低，輕愛高，以分上下。重輕又有甚次之别，因是上之中有下，下之中有上，以分元行之四。蓋水輕于土，氣重于火，水在土之上，氣在火之下也。但水曰重而不曰輕，氣曰輕而不曰重，較從其衆故也。蓋水對一土。曰輕，對二火氣。曰重，氣對一火。曰重，對二水土。則曰輕也。以是知水必下而不上，氣必上而不下也。二曰和情。蓋情相和則近，相背則遠。假如乾冷成土，濕冷成水，土水以冷情相。和，故相近。濕熱成氣，濕冷成水，水氣以濕情相和，故亦相近。乾熱成火，濕熱成氣，氣火以熱情相和，故亦相近。若背情之行，相反則遠。假如水冷而濕，火熱而乾，二情正背，故以相遠。問土火以乾情相和而極遠者，以土火雖有相和之情，重輕大異，故權衡二故，可以走四行之序。三曰見試。蓋四行之序，目前易試也。火發爲焱，常有從下至上尖殺之形，西曰火形。蓋不能安下而奮力以上，必向極高是也。氣偶入土水之中，不能得安而欲上行，在土爲地震，爲山崩，在水爲漚，爲泡。試强一球至水底，忽然突出是也。水若騰在氣域，必被强而不得安。迨强力已盡，自歸本所。如成雨者以太陽熏蒸地濕爲雲，雲稀屬氣，故輕而浮。雲密屬水，故重而墜。墜者復其本所也。土入水必下，至水底而後安。或問水多在下，而土在上，何也？曰造物主初造天地，無山無谷，地面爲水所蔽，但欲適物之便。故山峙谷降，水乃流而盈科，如人身血脈周流，非土在水上也。就上論，可知火較諸行爲尊。蓋其性與情，皆精于諸行，而其能力尤强尤速，其功尤大尤廣。以故其所居之所，宜高于諸行，乃易通達而輔造化之業也。各行後有本論，以詳其性情。

行之形

古或曰：天圓地方，又曰水氣火無定形，乃隨所居之器以爲體。況天以旋運，故宜圓形。四行直行，何須圓耶？惟性理正論曰：四元行必圓，其理有二。一曰：宇宙之全，正爲一球。球以天與火氣水土五大體而成，則皆宜形圓。今天爲圓，上已證之，其餘四體亦圓無疑矣。二曰：四行皆在月天之下面相切也。若有他形，則火形之上面，或方或尖而不圜。必于月天之下面，未能相切，以致有空闕爲物性所不容也。四行之上面既圓，則其下亦然。苟下有他形，則地心之周圍亦不成圜。地面既無不圜，則其相連之水與氣，亦無不圓矣。每行之形，後有本論更詳，此姑就其摠爲圓形者言之耳。若上所云，地方火尖有易解，于本論具之。或問四行何取于圓乎？曰：上論天性，已詳圓形之妙，此又曰圓形存物，方者易散而毁，以故非特四行諸天，至于人物肢體、草木果實，無不皆圓。至滴水必成珠，性固欲合以存，不欲散以致亡也。

行之厚

古或較論四元行之廣厚者，云：每行愈高，亦愈廣厚于其下者，否則高行既尊且清，非廣厚于下者，其尊清無所顯矣。此説于性理不合。夫四元行之尊清，繫于情性，而驗以功效，非由于質體之廣厚也。不然，是土之山尊清于樹，樹尊清于象，象尊清于人，豈不謬乎！至言各行之廣厚，古今有定論。土之周約有九萬里，則土之厚二萬八千六百三十六里三十六丈。蓋徑爲厚，而從周求徑，得三不及之一。此徑一圍三法，應作二十二之七爲準。土外有水，水之淺深不等，摠以大海爲宗。即極深處，不過十餘里，而其周圍難定，惟與地並成全球而已。水土球外有氣，氣分三域，解在後。共厚二百五十餘里，氣外有火，火之厚四十六萬七千九百五十三里八十二丈。因知火行極厚，土次之，氣又次之，水居衆行之薄。各行之厚，必有實驗可據，而于各行之本論詳之。即此可知四行之厚，不必以位之高低爲準也。

行之情

古嘗云：四元行各有本情。火清而輕，氣次之，土濁而重，水次之。故諸行之動，或上或下由之而異焉。然察之復有可疑者。試觀火或從上而下于氣域之内，則火非極輕矣。黄金、水銀、黑鉛等物，皆重于土。浮石以土爲主而浮于水上，人屍亦然。又海中多島，流浮不停，則土又非極重矣。西有湖水，投之石木不沈，則水又有重于土者。氣非極輕，則稍帶重而雜，水非極重，則稍帶輕而雜，雜則非純情矣。以上觀之，則四行之情未必確定，且于上論難合也。雖然，按性理惟火爲極輕，而氣次之，惟土極重，而水次之，非由其情之雜也。蓋四行之性，雖有清濁之異，而皆本純無雜。則其情雖異，亦無不純，惟相較之時，似雜而實無雜者也。情隨性，豈有性純而情雜者乎？是以火本極輕，故非至極高弗止；氣本次輕，故至于火輪之下，即止而不復欲上；土本極重，故非至極低弗止；水本次重，故至土上即止，而不復欲下矣。試觀水偶在土位之内，必上；而氣偶在火位之内，必下，則豈非其自然之情乎？但所謂氣下水上，非真下真上也。蓋趨于重物之本位，謂之真下；趨于輕物之本位，謂之真上。乃氣從火之中而反本位，非趨重物之本位，豈宜謂之下耶？水從土之中反本位，非趨輕物之本位，豈宜謂之上耶？惟俗言然耳。或曰：四行相較時似然，而實非然，亦通。由是則上所設諸疑，可水釋也。若所謂火下而出乎本輪之外，是必爲上天之勢所强，非自然之情也。至金鉛水銀之情，是皆重于所見雜性之土，而不重于深藏純性之土也。蓋諸金之所以重而下者，必得之于土，乃何能以土勝土，而以土之重勝土之重也。惟由于土之或純或雜耳。至人屍浮與石不沈之情，是皆物内所含之氣使然。若又所言島浮之事，未爲可信，（則爲）可信其爲内含多氣，不使沈也，亦明矣。吾斯所論者，惟元行之純情，而居其所、得其序，姑不及其遇空與序之亂者也。

行之動

元行或在本所之外，或在本所之内，其動皆有定論。先曰：動類揔有二，曰純，曰雜。純體有二種，衆天爲一，四行爲二，則純動亦有二種：一曰旋動，即衆天之動也；一曰直動，即四行上下之動也。若雜動，則或直或旋，即禽獸及人任動之類是矣。今元行或被强而離本所，力儘自還本所。重者下、輕者上，以直線爲路，不曲不邪，其動必極速。蓋直線乃萬線之徑，必短故也。乃已得本所之動，又大不然，何也？將復其所之動，自然也。已得其所之動，强也。假如火行因近天，輕而易動，故從天動之强。第强之者，離所强愈遠，其動必漸衰，以至于無。是故氣之下域，不見宗動之强矣。試觀彗孛，正系氣之上域，明受宗動天之强旋，乃火輪居于氣上，豈不更受宗動天之强乎？凡力能至遠者，必先至近故也。若宗動天之强，不至其氣下域之近，必亦不至其水土之遠矣。不能動其輕且浮者，胡能動其重且定者乎？或問曰：元行已得本所，必致安静，豈可强而動乎？强不能常動，豈可常乎？曰：火氣二行，雖遇宗動之强，但其動未出本所之外，故此動非爲全强。何也？論本所，自然也；論動，强也；宗動，常也；其二行之動亦常。若他動之强，則不然矣。如氣强纏地下，必爆爲地震，在水下必發爲波濤。二者在本所之外，因其强不可常也。

行之純

上云：四行純而不雜，每行各有定位，雖相借而不肯相和，敵土不著水，水不得著火，火不得著土，有入即出，其性然也。但目所見而理所驗者，四行時相攻破，以致生物，則各行未有不相雜者也。雖然，欲釋此疑，須知其純雜有二種焉：一曰性體之純雜，一曰情勢之純雜。四行爲元行，未常有性體之雜，否則定不謂元行矣。假如火之質止懷火之理模，以成火行，未能並容他行之模，否則火非爲元行，反爲四行之雜。至論情勢，四行多雜而不純者，蓋相攻相鬥之際，未免以情相破相損矣。假如土氣相鬥，而土冷乾之情或被氣暖濕之情所攻損，于是土雖不得其冷乾之甚情，反有異情之雜者，而其本性猶然全存，不壞不雜也。他行皆然。但緣各行之界内，多有他行相雜，故四元行亦謂之雜，不爲全純矣。假如地中多有水氣及火，水中有土、有氣，氣中有雲、有風、有水是也。獨火輪離氣以上，及地近中心之處，或爲全純，無稍雜矣。

又　氣行有無

古或以氣無色，不屬五外司，疑爲無有。此説大謬，可證者有六。一曰，無氣則天内空矣，地何以不戀空而得居于中，萬物何以得生，日月星辰何得以外光或以隱德，養育萬生乎？蓋物惟聯統，庶得相濟相保，空虚是所大忌避也。二曰，禽鳥無所賴，則不能飛。飛者以翼御氣，如人用手御水而得浮也。三曰，風寂時人急趨走，則前面若有物觸之者然，是非氣而何？四曰，人向空中揮鞭，定有聲響，凡彈射皆然。大聲從二物相擊而生，若空中非有氣，必無他物以生聲矣。五曰，一室中兩門相對，開閉此一門，則彼一門亦動。又人在室中急行，其窗之紙及諸繫懸之輕物亦動，非由氣而何？六曰，室中寂静無風，見隙影内塵埃滚滚上下，所謂野馬者，何也？必氣使之然矣。數端不足證有氣乎？至其變幻莫測，則因小大應感之不倫耳，非難明也。氣惟實有而萬不可無，一則以資喘息之功，一則以運天光物像及人物聲音之迹，一則以存火水等類之性。蓋氣一缺，則人物之呼吸遂輟，而内心火及其生機並滅。又上天所射之光、形物所發之像、諸體所出之聲無所憑據，無由至于所當至，而資存共所包含内物之體也。若言氣無色體可見，遂謂之無，則彼風聲臭味及鬼神人物之魂，諸不屬人目者，悉當謂之無乎？夫外目所不及者，有理之内目可及也。如上篇已詳之矣。

氣之厚域形動

前既論氣之有矣，而其形體性情各有本論，不可能淆，析之如左。

先曰：氣之厚，按諸名學之論，約有二百五十里。何以爲證？太陽攝土水清氣，無所阻而徑沖，直至火輪而止，乃以甚乾甚清，易燃而變火。其微者一燃即散，是爲流星；厚者燃不易滅，久懸空中，是爲彗孛，必係氣之最高域矣。用法測其高，不過二百五十里。使氣再加厚，則所視彗孛宜更高懸。若强以彗孛之上，尚有清氣，此氣非變于火亦近火性，當于火域内置筭，不足筭于氣域矣。渾儀諸書，多端證此説，可考。

次曰：氣厚分有上中下三域。上域近火，近火常熱，下域近水土，水土常爲太陽所射，足以發暖，故氣亦暖中域。上遠于天、下遠于地則寒，各域之界由何而分？以絶高山爲界，上爲上域，風雨所不至，氣甚清，人物難居；下爲中域，雨雪所結；自此以下爲下域矣。第其寒暖之分處，又有厚薄不等。若南北二極之下，因遠太陽，則上下暖處薄，中寒處厚。若赤道之下，因近太陽，則上下暖處厚，中寒處薄。以是知氣域之不齊也。次曰，氣之情，雖本甚濕次熱，因所切之他行他物易染于熱，而失元情之純。假如上域太熱者，以其切近火輪，上恒接火星之隕，下恒接乾氣之升，又被運于宗動，能增其熱也。下域雖不若上域之燥熱，而亦過本情者，一因土中發出之熱氣，一因日暈從土反退之力，一因山洞内常有火炎沖上，而染其情。若中域反爲甚冷，一則上遠于天、下遠于地，一則所接土水山升之氣，既遠本所，易失所借之熱而反本情之冷，乃生雲雨等屬陰物之端。次曰，氣之形雖難結注，大概爲圓。蓋下域循周土水之球，故亦與球同圓。若上域因切火輪，而隨上天之運，易致浮動，且或厚或薄，以故未能圓若下域矣。次曰，氣本止有上動之自然，蓋純體止有一純動也。乃其止有上動，不能復欲他動者，物之所以動，以得所而全性也。氣惟未得所，故上動以求之，至既得矣，即足而静矣，何須復動乎？因知氣既爲純行，止有一自然之上動而已。若上域所受宗動天之旋動，不爲自然矣。若爲自然，則中域、下域何不並旋運乎？蓋物分之情勢亦爲全之情勢故也。如氣火之全性本欲上，則氣火之各細分亦必升矣。土水之全性本欲下，則土水之各微分亦必欲下，何疑之有？夫氣之下域既自不旋動，則上域之旋動，安得爲自然哉？次曰，氣之清濁和乖，或上由星辰之異照，或下由土水之異情。蓋星辰各有隱德，資育萬物，乃因各相會相對之勢，必致異情異效。而氣體又甚軟甚順，易受諸天之變、諸效之染者也；又甚輕甚浮，以其所染外情，易入人物而熏染之；又土水時發濕乾二氣，無不帶原情，而傳于空中之氣也；由是推知人物之智愚、美惡、妍媸、强弱等情，皆于各所吸之氣大有關係矣。

火行有無

古者或意氣上無火，而以地下之火爲元行，或又以置之于地山之内，以外所見者爲内火之迹也。然依性理實論，無不認四元行中火爲最尊、爲最貴，而位于三行之上。此論大旨，上已概舉，兹宜略詳之。凡萬物之生育，以熱爲主。蓋熱主作而力甚大，非他元情之力可比。元情必有所從所主之行，如水主冷，土主乾，氣主濕，火主熱；則熱情非有元火之行何所從，何所歸，以爲主也？又火性清細，宜爲至輕。既爲至輕，即宜沖飛于諸元行。之上。試觀下火之燃炎上，乃分火之性情，必不異于全火之性情也。若火輪之不見是必有故，蓋元火非如下土焚爇之火，極浄極熱，但因無薪炭供焚之料以傳其光，無體可見。倘遇可爇之物，則光必立發，如彗孛及流火可證。譬如陶窑，火候既到而火息，雖目不見火，而遇物便燃，更速更易也。其詳另列于後。

元火厚圓等情

論性者名師，定元火之厚，約有四十六萬七千九百五十三里八十二丈，何以驗之？從下面始，則視彗孛，便知氣火相分之處也；從上面始，則觀月輪，便可以測月天與火相分之處。上下二界已定，則其中之隔處如指掌矣。然元火必如是寬者，何也？曰：一因其甚遠于地，一因其甚關于物。使不然，則其熱不足敵水土之寒，而太陽之光照，亦不足以氤氲宇宙之廣大，即人物無由長育矣。且南北二極有半年夜時，非得空中元火之廣博，何由以遂其生乎？

或曰：火域既寬如是，而其熱力又本大，非他行之比，不有焚燼下物之患乎？曰：否也。火域上下，必有他體之力以破抑之。上則月與土星俱有陰德，下則中域之氣有所含冷濕之情，時時破火之烈，不使肆殘下物也。況彼上火之體，最稀且薄，即其焚爇之力亦短，不似下火爲質粗厚，因而焚爇之力亦甚大也。如火熛之焚爇不如炭火，炭火又不如着火之鐵是也。或又曰：下火非時得薪料必息，上火何以無料而常燃乎？曰：下火係居本所之外，因受他行敵攻，故非恒得薪料之供，萬不能永存。上火居本所，遠于對敵，又本域廣厚，易自存，不復須他料以供之矣。下火易隕滅，故人備爨火之方耳。二曰，元火之形，大都爲圓，蓋上面切于月天，天圓即火亦圓。不然，火上面或爲他形，天火之際未免有空，物性所不容也。若下面依上諸論不至圓，因其與氣，或赤道下、或二極下有厚薄之故也，則所謂腰子形是也。是雖非全圓，而亦近圓矣。或曰，下火上炎時，形不圓而尖。分火之形如是，則全火之形無不然矣。曰：否也。下火係居本所之外，恒須薪料以養其燃，故其體有清濁輕重之不同。清且輕者，先炎而升，其次者連升于後，濁且重者，又復在後，其形故尖，何足定元火之本形耶？三曰，元火固爲純行，止有一自然之純動，乃其所以趨上者是也，上論已詳。此外上被宗動天之動，自東而西，但係天動非順火性，故不謂之自然；亦非逆火性，故不謂之全强。惟是受動于天，猶然不離本所，因能永久而不壞。若諸他動或縱或横，皆屬强而不得已之勢也。

下火

上云：人備多許爨火之方，今試詳之。或以玻璃、水晶等窪器向日映取，或以硬體擊發，或以宿火引傳。然硬體相擊而生火之所以然，極難測難解。名士有論曰：硬體相擊時，其間虛氣，被逼迫遂成清薄。既薄則易熱，既熱遂燃而射出其光矣。試觀相擊者，體愈實且硬，其生火愈速且大，何也？蓋體既堅實，則其逼氣不肯少寬，于是所逼之氣愈易薄細，因速于感熱而焚燃。以故鋼速于鐵，鐵速于骨，骨速于竹，竹速于木，因是知相擊時，先燃者中所逼之氣也。氣既燃，便致燃鄰物，而物之乾且薄者，愈易受燃，如硝磺、如草綿等物也。至論日光所生之火，亦有他故。蓋光本足生熱，遇諸窪體不能透過，乃退而以重暈之力聚熱鄰氣，蓋窪者能收氣不散故也。又有周邊厚中心萡之玻璃鏡，日光透過，亦足燃所射之物。蓋日暈收束于萡心，故力大而光毒也。

【略】火滅之故有三：或被敵攻，或乏供料，或小火爲大火所逼。三者各有本論以證之。凡火受土水氣冷濕之攻浸，而不能敵其强，便滅而不復甦矣。又凡火被外氣漸削其力，而不繼以補力之料，亦不能不滅。又雖薪料不缺，第其料驟加不稱火力，不惟不能養火，或且致滅熄與無料等。假如油本以養燈之光，使油太甚失宜，必致燈滅。此理非特大也，即人致養之道亦然。蓋人有内火，軀命所関，其與外火生滅，同一道耳。若上所云小火或爲大火所逼者，大火以强力擅取諸料，而小火一則被外氣之攻，一則因無料以補力而存體，故亦不得不滅也。然小火概奏爲大火至成一火而。實不能滅矣。或問曰：火既爲外氣所攻而滅，又何須氣以存之乎？火藏器内，無氣出入，則必滅息也。曰：氣也者，亦供火之需也。蓋火燃時，常生煙煤，此物甚礙火之清養。故非得新氣時入而逐散之，并供元火，必致隕滅。彼塞其器口，氣無由入，而内無料可食，又爲濁煙所滯，得不滅乎？又有云：外氣之涼濕，約抑喜飛之火性，不使散涣。倘火約注于小口之器，必致氣甚熱，難得清涼之氣以濟之，故終不得不滅也，亦通。但言火必須新氣以存者，必非太濕太冷之氣，不然，火力能敵而不滅哉？因知將滅之火，輕煽之則復燃而長，大煽之則易消而敗。又火居陰處久存，居陽處易敗，概由陰氣之涼，抑約浮性而不致散涣，陽氣以熱相通引，火力既散，故易致滅熄也。或曰，上云外氣攻下火，終必滅之；兹云火必須氣以自養存，二説不矛盾乎？曰：否也。火氣二行，以熱相視，可以互相保存；又以乾濕相敵，可以互相隕滅。下火之體雖微，惟以强力攻氣，則氣亦易化爲火而自養焉。下氣之力雖微，惟以大體攻火，則火亦漸化爲氣而自益焉。夫二行相攻相敵，以致相隕相滅，旋又相資相益，以致相養相存。造化之功，其妙如是。

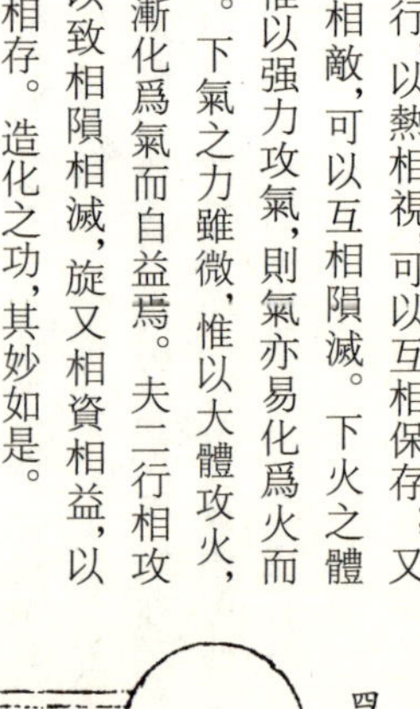
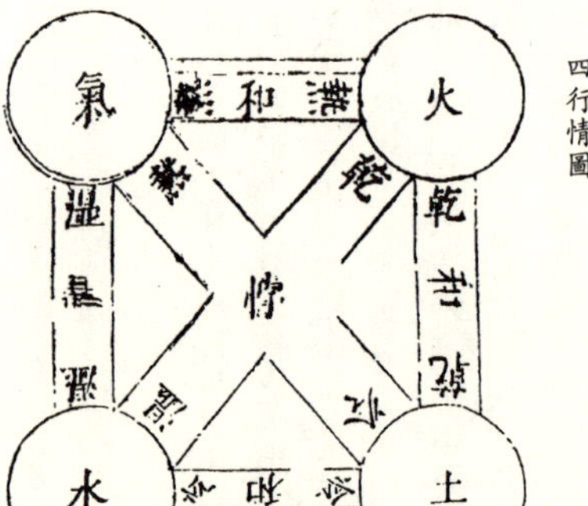

四行情圖

或問曰，元行各足懷保物生，如氣于禽鳥，水于魚鱉，土于走獸，乃火域甚寬，獨無此功耶？曰：古者多云下火亦足懷保生物，西言火虫，然後學多非之。云生物萬不能存于火内，何也？夫物之生，必欲熱冷乾濕四元情之和。若火甚熱且乾，必勝敗諸他情；和情既絶，生意何由存乎？由是亦知諸他負形之物，于火内必不能永存。雖然，火域之不懷保生物，非其性之卑、力之弱也。適以見甚清甚强，不容他情之雜，其懷保之功，更非諸他元行可比也。

又　**卷下**

元行生物

凡元行始交，必以相反之情，相攻相雜。則各行之情已見損破，而其元性仍存，不至見滅變于他物。假如乾氣之生從土，濕氣之生從水，被熱之異情所雜，故衝上生風、生霧、生雨、生露等類。則風霧雨露等類，雖不存其土水元情之純，然其元性猶然在矣。因知元行交結所生之物有二品：一變而未離其類，謂未成之物品，如風、雲、雨、雪等類是；一失本性而變成他物，謂成體之物品，如金、石等類是也。此止舉其未成者，乃有四焉，或屬火，或屬氣，或屬水，或屬土。因序立論，以析其情性如左。

火屬物象

其象甚繁而大且顯者，約十有四，爲火熛、爲火鋒、爲狂火、爲躍羊火、爲垂線火、爲拈頂火、爲雙火、爲單火、爲流星、爲隕星、爲飛龍、爲雷、爲電、爲彗孛，此皆從乾氣而遇火燃，結成其象。

火熛

𤏐氣繁而清，漸騰空際，伸而長之，忽遇火燃，則有火熛，若俗所云火把之象也。第氣之質厚薄、清濁不等，故其光之巨微、體之長短及隱顯之速遲亦不等矣。惟氣愈清薄，愈易燃而亮，愈易滅而散。

火熢

氣至空中，長廣等齊，停注不動，而火燃之，如火鋒，或火箭，或火棟。

狂火

乾熱氣濁，且多含膏油不能沖高，忽值寒氣圍逼，或風所觸激，則易燃而浮，且非法亂動，故謂之狂火也。人于夏秋月夜間疾行，多見之，或在人先後左右，何也？其先，因人疾行時逐其氣故也；其後，人引其氣比從故也；其旁，因氣爲風，或他體所運故。蓋此種氣易爲動浮，大抵多顯于丘墳中，以内有積屍氣也。故空懸之屍，生是氣尤多，此中名曰燐火。

躍羊火

燥氣衝高，其體不廣而長，厚薄不等。始燃時，先從其氣之清薄者，傳跳于其厚者，致成羊躍之象。或曰氣之體質略厚，其外圍之氣略薄，似羊身之絨。火燃于外，又連于中，若羊躍燃。

垂線火

燥氣不均，下厚且濁，上薄且清，清者先燃而炎，濁者後燃而下。乃其成若檻立，或一垂線，上尖下厚之象也。

拈頂火

薄細之氣，從土飛出，浮游不能定立，以故易燃易散。然多見燃于人行時之髮，或于馬行時之騣，因髮與騣有膏油故。今毳毛及細繒，以手孚之即發火，且磔磔有聲，亦是其類。

雙火單火

單火，因地上𤏐熱之氣甚肥且黏，偶被外風鼓擊，或遇外寒圍逼，因而燃之。其氣猛而未散，必生暴風。雙者是氣，既分爲一，乃消散之兆，因知暴風將息矣。故單火多兇，雙火多吉，航海者屢驗之，俗多以爲鬼神所顯，謬矣。

流星隕星

有二種。一者或氣微而長，清而細，燃其一端，或横或直，漸燃至于他端而盡，乃成星流星墜之象，而氣實未移動矣。一者或煙微而短，一經燃着，更輕而易動。或無阻而上，遇雲之寒所逼，即燃而横飛漸化，或有氣多含渣滓，受火煆爲石而隕，乃成流星隕星之象。非特夜間有之，即白晝更多，特爲太陽光所奪，故不顯如星宿也。若星流隕多者，必驗暴風之起。蓋流星與風，槩從一元質生發，若多方見星流隕，則多方必有相拂之風，將至而撓物也。或問曰，二種流星行時，似遺明跡成一火線，或一火路，謂火星從此跳彼不可也？答曰：是惟目之謬耳。星流之捷使人惟視其所從起，及其所至，而不分其由行之漸次。譬之雷下甚疾，人不及細分其下之漸次，止見其所遺之跡，如一火線耳。

飛龍

地出之氣，不甚熱燥密厚，衝騰之際，忽遇寒雲，必退轉下。乃其旋回之間，必致點燃，而成龍飛之象。又因其氣上升之首本清潔，其退回時，點燃之象猶龍吐火，而旋下之尾又爲寒雲所逼，因細而蜿蜒，猶龍尾然，俗以爲真龍，謬矣。

又

風

古者多以風爲充塞空際之氣也。静則謂氣，動則謂風，此説非也。蓋無風時，空際之氣，猶多端可動。假如人摇手、使扇、揮鞭等，氣即摇動，如銃發、鼓響、金鳴、樓偃屋毁，其週圍之氣大動，乃誰以爲風耶？即依性理正論，先曰風本質乃地所發乾熱之氣，有多端可證。一，試春秋時多風，何也？是時空際多聚乾熱之氣。二，曉晨時多風，何也？日出而升，必攝多氣。三，雪化時多風，何也？雪内多有乾氣，是氣將分别于冷濕，故生風。四，空際忽見火色，知後必有風。何也？火者，乾熱之氣所致也。五，風愈大，而物愈燥。何也？風之元質乾熱，故也。由是可知空際之氣，雖動時或生風，亦能如風之清涼人物，然其實與風不同。則風之元質多屬乾氣，而乾氣中或亦有濕氣參之。故春時之風與海上之風，多致物朽，可以爲驗。

次曰，乾熱氣騰上，至于中域，爲冷寒氣所扼。既不得上，而性輕又不得下，則必致横飛也。又其飛之速遲强弱，由於氣之衆寡清濁，及其上衝之力與勢也。蓋氣之衝上者疾急，一值阻扼，其退飛亦必速迅。由是可知風飛時，其前後左右之氣，無不動而隨之者，是以氣動爲風者，亦必有故也。

次曰，正風惟有四，即四方所發東西南北是也。正東、正西，乃赤道下二分時，日所出入之方，則正東西二風，必由是方而發，南北二風之理亦然。若諸他風，謂之旁風，其要有四，其小者至有二十四。蓋平分地平圈爲八分，又再分爲十六，又再分爲三十二，其數之實，航海者明士屢驗而無不然。

次曰，風之情勢，必隨其氣之元質。氣之元質，或乾、或濕、或熱、或冷，則其所生之風亦然。又因所經之地而風必帶其勢，北風、西風經多雪山乾地，故寒且乾；南風東風，多從海出，又經赤道下之熱地，故熱且濕也。又因各地以沾其美惡清濁之染，能轉染人物也。又風消長之規不一，日出時驟發風，因日照煖氣而使之動。若先有風，而日漸化其氣，又能致風息。又日落時風有長息者氣，已失日照，故弱。又因無日晞化其氣乘旺，故風或發。捴之時地熱冷之異勢，致風有大小發息之不同也。又説諸風之情，在各方不同。吾歐邏巴諸國，以北風爲尚，以南風爲雪，利未亞諸國反是，他方亦然。而其所以然者，皆不出上所陳數端矣。暴風約有三：一曰迅風。乾熱氣積于空，或遇冷雲繞圍，如在垓中，不禁久逼，乃自奮力撞雲爆出而下，無法横肆，與雷略相似，因而凡所遭樹木、房樓、舟航必致毀敗矣。西來航海者，凡至赤道下，一見黑雲必收其帆，以備不虞，蓋是地多有迅風之害也。且此風吹肆之時併帶最熱大雨，一溼人衣服，必朽腐之，且多生虫矣。二曰旋風。若上所論，乾熱之氣入數雲内，復各爆出，適相撞結。因各隨所向之地，互相推逐，以成旋輪。譬之川水，其急流時，忽值山石阻遏，無由可出，即回而爲旋窩也。又譬之諸風，凡從廣闊之地歸入隘巷，而無路可出，必回旋矣。是風在平地，值物多起，在海中值舟多沉。三曰炎風。其氣或在雲内，或出雲時，忽着點燃，横飛而下，乃凡所遭人物，必致焚燃而毀敗矣。或至海上，必使其水忽泛濫，正如鼎沸象也。

次曰，宇内各方，驟有定時、定限之風，每日以几何時爲候，或隔几何日爲候，或連數日數月而爲候，或夏多而冬寡，或冬多而夏寡。其所以然雖不一，捴由海地與日照之近遠異勢也。久吹之風，必有根源，海地發氣之所積也。根源處廣窄不等，則氣之積亦不等。但積已成，即風不得不出而行，其積已罄，則風又不得不息也。以瘧疾可驗此理。試觀人失内和，則有定時以發寒熱，經數日數月，曾無改異者。何也？邪氣之積必有定數，數滿疾發，積散已盡而疾必退矣。其後邪氣復生，而積復滿，乃疾亦復發如前矣。

又 水屬物象

水屬物象，約有十，曰雲、曰雨、曰霧、曰雪、曰雹、曰冰、曰露、曰霜、曰蜜。若他類者，無不歸此十門矣。

雨雲

雲乃溼氣之密且結者也。地水之氣，被日爆煖衝至空際中域，一遇本域之寒，即棄所帶之熱，而反元冷之情，因漸凑密終結成雲；則或薄而稀，或厚而密者，又由于氣之乾濕、清濁相勝之異勢也。薄稀者輕浮，易爲風所撥散，難以成雨，是爲枯瘠無益之雲。若厚密者，多含潤澤，故易化雨，而益物。則雨無他，乃施雨之雲耳。雨有二種：一細而濛濛，則驗雲質之薄；一大而易過，則驗寒氣逼雲之急。又雨水之異味、異色，多由氣所原染之地勢。蓋地或紅或白，故其所發之氣，氣所施雨，或紅如血，或白如乳，而實非真血與真乳也。真血與乳，非得活物必無由生，乃雨中一時或所帶虫魚等物，或得生物之諸所以然。故生于空際與在地水中生者無異，或被旋風從地水之中取携而置之他方，使併雨而降，亦未可知矣。

風雨預兆

預驗風雨之端甚繁，此概舉其要。

一，太陽晚落及早出時，俱清潔，天必將晴。早出時見大於常，又稍帶青色，皆驗有雨。未出而其旁雲紅已出，而其色又紅，即驗有風。紅雲之間，有或白或黑之襍，是爲指雨。雲從西而東，即致天晴。雲積而不行指風，風後致雨。太陽出時，爲雲所圍，雲愈密將至之風愈大。圍雲始開其方必有風，圍雲一時冰化，必將晴矣。

一，太陰出時，明亮清潔，則晴。若紅指風，黑指雨，初四五日月角鈍，驗雨；角直，驗風；又其向北之角尖鋭，又驗北風；其對角鋭，亦驗南風。若月于初四日，有紅圍，必將風雨；月望時，大半清潔，指後連晴。若紅指風，黑指雨，圍圈始開，必指其方有風；圍圈或重者，又指暴風將至，而圈愈多愈黑，將至之風大。月初出之上角略黑，其消退之時，必有多雨；下角黑即于望日前，必致有雨；中體黑，即于其望日必有雨。月望有圈半清半濁者，即從清之方指風，月于初四日不見，但有西風，一月有雨；于十六日見紅如炎，必致暴風。

一，星辰與空中所見之流星，亦可以預驗風雨。凡星光昏，後必有風雨。星有圍圈，從南面始開，亦將有雨。若從他面始開，即從其方有風。倘圈不開，而一齊消涣，天必將晴。若流星四方飛流，必有四面之風亂發。若止一方星流，即從其方將發風矣。

一，雲坐山頭指雨，雲潤而白，指雹雲坐谷下，驗晴。

一，火炎時或見青白，或聞響鳴，必大風雨。燈燭發炮，指雨，其焰斜飛指風。火匿于灰，或發星或灰自凝結，或炭燃大亮，皆爲雨。山林風静時，或有鳴響，必指來風之大，空際毛飛。海中沫浮，亦爲大風之兆。一生物亦有指于未來者。海静時羣魚見躍，指風；海亂而見噴水者，反指晴；水鷄異常鳴者驗雨，海鳥入林皆指風雨，鶴雁嘿而高飛、蝙蝠雨中多鳴者，指晴。烏鴉多鳴而揭翼久者，即風不久即雨；烏鴉與地上之禽，或向水鳴，或以水潑濕其羽者，皆指雨。燕切水而飛、鴨連嘲飛而戾雲、牛向天如嗅而逆舐其毛，蟻急急而匿其蛭、螻出于土、蠅嘬人加狠而驅之不去者，是皆風雨之兆也。

或問曰：禽獸至蠢無靈，猶能預覺風雨之變，乃人至靈，反不能知之。何也？答曰：禽獸因不靈，故止專五司之事，其覺天氣之變爲更切，故預防之以自保。若人多參以他慮他務，雖或有所感，亦不自覺。雖然，觀察禽獸之業，可以悟學而自勉也。

霧

溼氣自水中發生，沖上空際結雲，雲化施雨，而歸于元水，此公論也。第雲内之溼氣，或濁清不等，則清者仍化水成雨，其濁者不能化水，乃落而成霧。譬之飲食之清者，化而養人體，若濁者既不足化血致養，必棄之爲渣滓也。霧有二種：一稀者，日照易散而爲晴；一密者，難容日光，亦難于消化矣。此密者，又有二種：一附地面，不能騰高，此將竟容日照漸化而散，因爲將晴之驗。一雖密，而竟沖入中域，與所值溼氣，合結而終致施雨也。

雪

潤雲正在中域，或爲本域之冷寒所逼，不能化水，乃結成雪。是雪非他，乃雲之結凍耳。此雲較施雨之雲更乾，爲中域冷氣逼去其濕，是雪較雨亦爲更乾。故不如雨之連涣，而如絮花之散落矣。若其色之白，一則由于氣之清，正如水之沫，其色白，因水被動擊時，其氣之清者，遂分别于濁者而外顯也；一則由于氣冷。試觀寒地之人，多白于煖地之人，若雲愈稀者愈白。因近元氣，易受外光，愈密者反是。以故施雪之雲多白，而略可透光。若雲之黑者，多無雪也。雖然，或見别色，因其久于地，其氣之清者必襍而染，因失其潔白也。雪落時，必冬與初春，因彼時日遠而天寒耳。雪之多處爲山頂，一因近于上冷域，一因遠于下之煖域，又爲四風所恒鼓也。雪久于地，多益百穀。蓋以所懷肥濃之土氣，壅籽百穀之根，又以所帶潤澤之水氣，漸滋之。故多雪之年，占其爲豊。又不止此，且能透大山之脈内，結生水晶等寶物。此另有本論，以析其詳。

雹

天甚亢炎時，自地招攝乾氣于空際，被中域之冷結雲，雲化施雨。雨落時，又被外炎氣繞圍逼迫，使雨内之冷氣更加甚，至凝凍而成冰雹也。然天寒時，空中之冷乾氣亦足致雨，凝凍而成雹。若問雨凝結之難易，曰：凡水具熱氣者，其凝結更易于無熱氣者。試置熱水于露天中，其致冷凍，更速于不熱者。其所以然，因水受熱氣，内必清薄，則冷之氣易入而攻服之。若水之厚密者，能久敵外冷而難服，難結凍矣。又知冰雹結凝之處，非獨中域，即下域亦有之，又非止于冬月，即夏月更多。蓋夏之下域愈熱，亦愈緊逼乎冷氣，使結冰矣。試觀冰雹之内，多見草芥，足驗雨水已近于地取所值之下物，而同凝結也。若冰雹之凝結，則無定時，但氣得其冷與熱相稱之宜，即可結矣。試觀春月下氣之域，甚爲煖和，而是時屢見冰雹。雖然，夏秋二季冰雹更密更大，即雨亦然。因下域之氣，更熱乾耳。又晝多于夜，又化速于雪者，亦是故耳。若論冰雹之體亦無定形，止隨外氣攻逼，與水體水冷之勢而結。但其形圓且微者，其結之處必高。蓋雹初結必大而有角，由高落下，漸消磨其角，遂成圓體而微小矣。若多角且厚者，其結之處必低，因所存爲元形也。緣水氣無定數，其冰雹之巨細，亦無定度也。

冰

冰乃水之結凍者也，其水必多帶土氣，又遇寒氣之嚴。蓋不寒則無能結之勢，而無帶土之乾氣，寒雖嚴，亦無可結之質也；否則水既係四元行中之甚冷，宜恒結凍而不□矣。矧水之本濕者，自不能凝結，故必須土之乾氣，以爲凝結之資。試觀水化之時，必多貽塵埃，冰雹與雪之結凍者亦然，不必復論。或問海水凍否？古者多以海水不凍，因其多含熱氣也。然人航海者，近南北極下每見海冰，止而不能通，則海雖含熱氣之多，猶不能爭敵外氣之甚寒，以免結凍。

露霜

露霜之質體，乃濕氣之微薄者也。日照土水，恒攝其濕氣，或承所攝之力大，即升高結雲之類，而爲中域之象。或所承之力少，則沖注下域，及日落後必失其勢力，又以被夜氣之冷，即反本性而墜落也。外冷不大，則成露。如春夏時，冷大即結霜，如秋冬時，是也。又惟氣静時，露霜始結，如遇風與陰晦，則氣散而不能矣。譬水之注，停者易凍，流動者難凝也。露霜多于谷低，而寡于高嶺者，一因濕氣多由于谷低之濕處，一因高地爲風所擊，而散濕氣也。露霜得其時，無不益于草卉百穀者，蓋露以所帶濕氣潤澤而滋育之。如旱時之甘雨，霜以所寒之冷氣，抑遏熱氣于地脈之內，使養育百穀之根，而不至出散矣。倘違其時，其害不淺也。凡露見日照而不速化者，必致花菓朽蠹。又露之黏濁者，一坐草上，非害其草，必害食草之畜。若霜之害損，猶大焉。春初花木之萌芽，一值霜降，必焦萎。何也？霜以乾冷氣，先滅物內之熱，次擠取物內之濕氣，終致物乾而焦萎也。然物或止萎其外葉，或萎其枝，或至萎其深根，是皆由于霜之薄厚、乾濕與凝結之異勢也。

又高一志《斐録答彙》 問：熱冷着物，作者雖去而猶存。光則不然，如太陽一照，生光生熱，日隱光滅，而所生之熱猶存者何？

答：熱冷等情，入物之體，光不過在物之皮而已。入物體者，作者雖去，實未去其所入之情，故冷熱尚存。光之在物，原未透入其體，故作者既去，而其情亦與之俱去也。

問：日曬蠟變白，曬人變黑者何？

答：人經日曬，其血爲炎氣所薰炙，漸就乾結，斯愈黑矣。日曬蠟，蠟中所藏蜜液漸歸融化，蠟愈純，色愈白矣。

問：日照泥則硬，照蠟則軟者何？

答：日之熱力透入泥內，必抽其液而化之，泥無液必乾，故硬。蠟中所懷之液如油蜜，而甚粘，非日力所能化，惟從其內體召之于外，四散潤發，漸致于軟也。

問：月望時，魚虫及卉木甚盛，異于他時者何？

答：月主陰氣，望時光盈，則其所生之陰氣必盛。魚虫樹木等屬陰，物從其類，月望時不能不盈盛也。西國智者，於治疾及栽植稼穡等事，無不察月之勢以施其功焉。

問：冬時日出，比深夜更寒者何？

答：冬時日出之寒，其故有三：一則因日入地平已久，止照地下面，故淩晨地寒比深夜爲甚。二因晨早多降霜露，其氣凛冽，亦致地及地上之氣作寒。三因日出時恒多起風，風氣亦能生寒也。

風雨類

問：日出時，風或息或長者何？

答：風乃土水濁氣所噓而成，如氣分寡，則日能起而化之，故風或息；氣分多，則反受日之力，風因之更發揚矣。

問：風雨當交作時，雨下而風忽息者何？

答：土水之氣，上騰成風，理之常也。如氣多濕分，又爲日所蒸曬，遂變而爲雨，此時風已失其相挾之情，故雨施而風息也。

問：雨時見泡起，必爲雨兆者何？

答：水中之泡，繇重濁之氣而成。蓋雨下注時，水必退開，急含所著外氣，遂成泡形。如先下之雨重濁，則驗空中濕氣猶多，後必大雨。若雨無泡，則知所降輕清，空中濕氣無幾，不足致大雨矣。

問：空中無風，人急行時或變風而逆人者何？

答：氣塡塞空際，人當趨走時，必衝動周圍之氣而强闢之。氣被撞逐，必思動而反其原所，似覺變風逆人耳。

問：南風吹時，獵犬不能嗅禽獸之跡者何？

答：風從南來者必濕而重，吹拂地面，因而掃散禽獸所留之跡。若他方之風既乾而輕，即更高掃空際，獵犬嗅迹追逐，百不失一矣。詳動物類。

問：夏雨後，日照熱氣甚於雨前者何？

答：空中之氣因雨而加濕濁，復受日光薰炙，則更深更固，熱氣奮烈，必甚于雨前時。

問：每日子午二時，空際槩静者何？

答：日初出時，地上水土之氣亦起，故空際之氣無不動焉。日至午，陽光直射，熱力更大，土水之氣悉就晞化，而空際之氣消矣。至子時亦然。日落時，所發風氣至半夜遂息，空際仍静不動，是子午槩静之故也。

問：南風吹時人體弱，北風反更强者何？

答：南風煖而濕，能召散人體內之熱，或塡塞血氣所流脈道，故力多倦弱。北風乾冷，逼圍人體內之火，不使涣散，故脈道開張，血氣流通，其力不能不强健矣。

問：北風時，人易饑而喜食，南風則反是者何？

答：人以脾健受食，南風主熱，熱則脾倦，多不喜食。北風既冷，人之內火收斂更强，食物在脾，速於消化，故易饑而喜食也。

問：日熱於風，不如風乾物之速者何？

答：物之不乾，緣有濕氣。風質乾熱，能攝物周圍之濕氣，濕去則乾矣。日雖熱，止灼物一面，不能一時消其濕氣，反遜風乾物之速也。

問：迅雷能致人死或顛狂者何？

答：雷聲發作，凡耳邊周圍之氣無不震動，耳司雖細，未有不緣之動者。腦府本静，遽爾震動，遂致神亂而狂，或神脱而死耳。

問：雪必成六角形者何？

答：雪體即雨，雨遇寒氣結而成雪。雨點體圓，變雪豈易其體？但當變結時從周圍趨斂於中心，周圍既薄，遂平開六角形，用以自存故也。體圓，中心必厚，故更聚不裂，爲六角之根耳。此論亘古已然，近世之士以爲未確。云雪開六角形，是雪性所原自取者，如樹木花卉等各具有定形，難容思議也。詳水法或問。

問：冬時晴更寒、陰更煖者何？

答：熱爲濕生，寒爲乾生。天晴則乾，故能生寒，陰則空際悉成濕雲，濕則不甚寒矣。又曰，風生寒，天陰則無風，蓋風質變爲雲也。

下火類

問：火炎上時，其首尖微、其體寬厚者何？

答：凡料質所燃之火本濁，當焰發時，體之清者必居其上，稍濁者次之，更濁者又次之，故致成尖微寬厚之形也。

問：取火於石，必擊其角，而不擊中體者何？

答：角上之氣微薄，一擊之易熱而燃。又角有一定之處可擊，中體則反是矣。

問：火性炎上，擊石取火，火多垂下者何？

答：凡人持鐮擊石取火，必强逐之使下。又其火不純，多帶濁氣，或帶石内微埃，故光必垂下而不上沖，非失其炎上之常也。

問：火熛焚爇，其焰不如炭火，炭火又不如鐵火者何？

答：火因其所著之料質以施其力。料質凝結堅確，則火透之雖遲而附之甚久，其施力更速且烈也。若料質柔脆輕薄者，火入之雖速，出之亦甚易，燃物之勢反爲劣弱矣。

問：火在陽，不若在陰之久存者何？

答：陰氣本凉，能圍火性之内熱，不使四散。陽氣既熱，反能引熱氣外散，散則火自不能久存矣。

問：炭熾時，灑以水更烈者何？

答：炭中之火，微灑凉水以敵其氣，火氣略退，隨出而敵水，其力必倍，故更覺其烈。如人病熱時，沃以冷水，發熱反甚，其理同也。

問：二燈上下並然，下者忽滅，烟近于上，旋即然著者何？

答：滅燈之烟亦爲濁氣，其内原有養火之質，一遇所然之火，未有不速著者矣。

問：火藥在銃，始着即震烈發響者何？

答：火藥中有黄、炭、硝三種。硝性甚冷，黄得炭着火，火反其性，冷甚實，火甚虚。一分硝，能變火廣開爲百分，銃管不能容而迸出，必速召外氣，因力猛而爆聲大也。

問：鹽投火中，作響者何？

答：鹽性雖熱，中含濕氣。投入火中，火攻其濕變而爲風，風不能含藏，必强破其圍而出，因之致響也。

問：微鹽投大火中不炸者何？

答：幾何之鹽，不能當大火之猛力，遂速滅而無暇爆烈。若遇小火力微，所含濕氣猶可暫敵，因炸而作聲矣。

問：人向大火，汗寡；小火，汗多者何？

答：火雖能召濕氣，然過于猛烈，反致内濕乾結，皮遂塞其汗流之孔。若小火，則漸漸啓開皮孔，引其濕氣，而汗流必多也。

問：地潑膏油，遇火燃烈，以水沃之，未滅，以沙石及布衣等撲之，乃滅者何？

答：膏油甚濃肥，且甚熱而結黏。一經火燃，沃之以水，反藉爲薪，而熱更猛烈。惟撲以硬滯乾實之物，乃可息其上炎之勢也。

問：銅器燃着傷物，輕而易瘳，鐵器則反是者何？

答：銅質鬆而軟，燃時火力不深不烈，或著體膚，其傷不深，故易瘳。鐵質面密而硬，燃時深受火力，所致之傷，深而難瘳矣。

問：高山之頂，恒古爲雪所掩，而山腰及脚，多噴火星火烟者何？

答：高山遠於氣下域之煖，而入于中域之寒，故恒有積雪也。又高山腹内多巨洞，容受熱燥之氣，是氣爲頂雪之寒氣所逼鬱，易至燃着，而噴火星濁烟等物也。

問：焚香灰中，則久而遠聞，焚之火，則易滅，而氣反劣者何？

答：灰力不甚燥烈，焚香時其力漸透于香，清氣徐徐噴出，因能久存而遠傳。若火力巨猛，香質微弱，勢不相敵，香必速爍，不能久存，遠聞之，香氣反遜也。

問：凡物或動，或相擊，易熱且燃者何？

答：物相撞擊，中間氣被迫逼，遂成清薄。薄則易熱，熱則易燃，併燃及左右諸物也。是知物愈堅硬者，愈易熱而速生火，如鋼速於鐵，鐵速於石，石速於竹木是已。

南懷仁《新製靈臺儀象志》卷四

驗氣說

氣者，四元行之一。蓋天之於地有上中下三域，上域近火，近火常熱；下域近水土，水土常爲太陽所射，故氣煖也；中域上遠於天，下遠於地，故寒也。然則各域之界由何而分？今姑以極峻之山晝三界以喻之。山之巔爲上域，風雨之所不至者也，故其氣極清而人與物不可居焉。其下爲中域，霜雪必爾凝結也。又其下則爲下域。而其寒煖之分又有輕重厚薄之不同焉。若南北二極之下，因遠太陽，則上下之煖處薄，中之寒處厚。若赤道之下，因近太陽則上下之煖處厚，中之寒處薄。以是知氣域之不齊也。

四元行之中，惟氣行爲最易變。以氣在天地之間，上依星辰異照，下依土水異情。其星辰各有德性而資育萬物者也。然各曜又因相會相對之勢而變異其情，則其効遂因之而亦異。且氣甚微甚順，易受諸天之變、諸効之染也。但其所爲易變者難以分別，而大槩則自冷熱乾濕而來。然能驗其爲然者，則全賴人觸覺之官。蓋人之五官所司，惟觸司頑鈍而不能顯證其氣細微之變。其觸司所以能覺者，賴一身脈絡所通之肌膚。何以言之？如有外熱攻伐吾身，而身內之本熱與之相等，則觸司必不之覺也。惟外來之熱有過不及於吾身之熱，而人之觸司方能辯其熱之强弱也。故仁特造一器，而藉視司即五司之最靈者以補足觸司之所不及焉。其器之屬有三：一作法，一用法，一効驗之所以然。所謂作法者，用琉璃器如甲乙丙丁置木板架，如一百九圖。上毬甲與下管乙丙丁相通，大小長短有一定之則。木架隨管長短分三層，以象天地間元氣之三域。下管之小半以地水平爲準，其上大半兩邊，各分十度。其所晝之度分俱不均分，必須與天氣寒熱加減之勢相應。故其度分離地平線上下近遠若干，則其大小應加減亦若干。假如冬月在本球內之天氣加厚，而其從前所占八寸之地自收斂而歸於二寸之地。若五日內如皆八分之冷，則球內之氣第一日加厚一寸，第二日不及一寸，第三日不過五分，第四五日加至三分而不動矣。若六日內八分之冷氣與此相同，而其加厚之寸分每日不同。蓋冷熱之驗有所必然者，故候氣之具自與之相應，而以冷熱之度大小不平分相對之。至於用之法頗多，總歸於一，即所謂辯冷熱之分是也。冷熱者，天地萬變之所起，造化之功所由成也。今姑舉其用之有四以驗之：一測天氣，一測地氣，一測人物氣，一測月星等之氣。先以測天氣言之。天之氣晝夜無間而無不變易。在卯、酉、子、午時，其氣之升降不同，器內之水亦應之。如卯時太陽上地平，天氣加熱而升，午時氣更熱而更升，氣升降之理有本論。在乙庚管之水亦然。酉時太陽下地平而天氣降，子時更降，在管之水隨之而歸於地平。如明日較今日天氣熱冷若干，而在管之水因而升降亦若干。蓋晝夜如此，而周年每節氣日亦如此。是以冬氣與春氣，又春氣與夏秋等氣彼此相比，因管之水升降度分若干，可以推其冷熱若干。又今年之節氣於次年之節氣彼此相比亦然。欲辯東西南北等風之氣何如，則以此管對之，風熱則水必升，風冷則水必降，捷如影響，毫不爽焉。又以測地氣者言之，凡山谷房屋上下左右之地氣，其清濁、輕重、乾濕諸理，即以冷熱之分而大略可推焉。蓋凡此諸氣之理，或從冷熱而生，或因他有而起則冷熱隨之。元行之輕而且微，以其所染外氣易入人物而薰染之。由是推知人物之智愚强弱病否諸理，皆感受於其各地之氣而有所異焉。今欲辨其各地之氣何如，則置此器於地內，少頃視水之升降，可以別其地氣之冷熱矣。又以測人物之氣者言之。譬有兩人於此，其齒同，欲分別其氣質何如，則使之各摩上球甲至刻之一二分，一分即六十秒。定分秒之法有本論，大約以脈一至可當一秒。視水升降若干，則兩人之氣質分矣。醫者用是法可定病之輕重進退，亦可以別藥材花草等香味力氣，以定其性之温熱平冷，其用無窮也。又以測太陰金木等星之情氣者言之。或曰天星之光下照必同帶熱氣。今欲辨之，則用此器而對太陰之光，則乙庚之水必退分數而向地平。若有他物遮隔其光，則水必上地平而歸原數，故知太陰之光全屬冷氣。測金木等星之情氣皆倣此，但星光愈微則所用測器必愈大矣。又以升降之所以然者言之。夫水之升降爲熱冷之效固矣，然其故何也？蓋如上球甲，一觸外來熱氣則內所含之氣稀微舒放，奮力充塞，則球隘既無所容又無隙漏可出，勢必逼左管之水從地平而下至丁，右管之水從地平而上至戊矣，此熱之理所必然也。若冷之理則反是，蓋冷氣於凡所透之物收斂凝固。如本球甲，一觸外來之冷氣則內所含之氣必收斂，左管之水欲實其虛，故不得不强之而上升矣。總之天下之物皆貫通聯屬，必相濟而後能相保，此空虛之所以必欲其實也。今甲丁之氣既被外冷而收斂，則原占之所較前必小。假如前占甲丁之所，而自收斂之後不過甲己耳。設丁丙水不上以至己，則己丁之管盡無氣而空矣。然物性既不容空，則丁丙之水勢不得不强升以補之。假使塞管之口而不使通外氣，則甲丁內氣爲外冷所逼，勢必收斂凝固。雖甲丁之器爲銅鐵所成，必自破裂而受外氣，以補盈其空闕矣。又自外來之氣甚熱，而內氣必欲舒放，無隙可出，則甲丁既無所容，亦必自破裂而奮出矣。

測氣燥濕之分

夫燥氣之性，於凡物之所入即收斂而固結之，濕氣之性反是。欲察天氣燥濕之變，而萬物中惟鳥獸之筋皮顯而易見，故借其筋弦以爲測器。見一百九圖。法曰：用新造鹿筋弦，長約二尺，厚一分，以相稱之斤兩墜之。以通氣之明架空中橫收之。上截架內緊夾之，下截以長表穿之，表之下安地平盤，令表中心即筋弦垂線正對地平中心。本表以龍魚之形爲飾。驗法曰：天氣燥則龍表左轉，氣濕則龍表右轉。氣之燥濕加減若干，則表左右轉亦加減若干。其加減之度數，則於地平盤上之左右邊明畫之，而其器備矣。其地平盤上面，界分左右，各畫十度，而濶狹不等，爲燥濕之數。左爲燥氣之界，右爲濕氣之界。其度各有闊狹者，蓋天氣收斂其筋弦，有鬆緊之分，故其度有大小以應之。譬如人用力緊紉一物，初用八分之力，其物可旋繞一周，再用八分之力，物繞不及一周，復再用八分之力，而物繞則僅半周矣。其用力同而旋繞不同，夫天氣加減燥濕之氣收斂筋弦之理亦有然者。凡欲分別東西南北各方之風氣，或上下左右各房屋之氣燥濕何如，以此器驗之，無不可也。夫氣之有厚薄也、踈密也、輕重也，加減而遞相爲焉，何以明其然邪？今以氣自然所在之地爲七十分之一分而設言之。假如有氣於此，其自然所在之地止能盈寸，若用法以强之，則此一寸之氣能放而盈七十寸之地。又有氣於此，其自然所在之地則盈七十寸，若用法以强之，而即擎斂於一寸之地。此諸氣厚薄輕重之力與諸測法也。其强之法與器詳見水法之本論。

又南懷仁《坤輿圖説》

地震

或問地震曷故。曰：古之論者甚繁，或謂地含生氣自爲震動；或謂地體猶舟浮海中，遇風波即動；或謂地體亦有剥朽，乃剥朽者裂，分全體而墜于內空之地，當墜落時，無不摇動全體而致聲響者；又有謂地內有蛟龍或鼇魚轉奮而致震也。凡此無稽之言，不足深辯，惟取理之至正者而姑論其數端，及其性情之自然者如左。其一，地震者，因內所含熱氣所致也。蓋地外有太陽恒照，內有火氣恒燃，則所生熱氣漸多，而注射于空隙中。是氣愈積愈重，不能含納，勢必奮怒欲出，乃猝不得路，則或進或退，旋轉鬱勃，潰圍破裂而出，故致震動，且有聲響也。正如火藥充實于礮銃內，火一燃而衝突奮裂，乃必破諸阻礙而發大響也。或疑氣似不能動地。須知氣之力堅猛莫禦。試觀夫風，初亦莫非微氣所發，積而至于走石拔樹，頹屋覆舟。夫氣之困鬱于地，其奮發必力，奮而震摇乎地體，理之自然者也，何足異哉？欲證其所由然，則有二端可以明之。一震之時率在春秋之月。蓋因此二時氣最易生也。一震之所必在土埋疎燥及多空窟之地，以其易容多氣。故山崩之處，內多洞穴者，其震猶更密也。若地有空竅向天，而可以嘘散所藴之氣者，則終不致震耳。又海中之島亦多震者，因外圍之海水與內所含之硝磺多致生熱氣。熱氣既熾，必發震也。所以本土之人每多掘井，欲其氣透而易散，以免地震故也。大凡地震之或先或後，必久屬亢旱，或并多風肆暴，而致總之氣之爲烈耳。其氣爲烈之故，則有三焉。其一，凡地內之有空洞，氣既充盈，而又生新氣以增益之，勢難並容，不勝其鬱勃而奮力求出，故致震撼也。其二，凡地被寒氣侵閼，秘自收縮，乃致其內所含熱氣自爲流遁，而遂亂相衝擊其地也。其三，地內所藏熱氣一被外之冷氣侵閼，則必退而斂約，斂約愈極，其力愈長而質愈稀清，愈稀清亦愈欲舒放而得廣所，斯乃摇動觸震地體也。夫震之久暫，首係氣勢，凡氣之厚且多者緩消，薄與寡者速散；次係地勢，凡地之疎輭者易開，密且硬者難出。因其久爲衝奮，或連或斷，而復續竟致久動矣。其實一動非能久也。凡致地震之烈氣，積在地內，不過數十百丈之深。則遇低窪之處，如江海山谷等，易出而散，因而震動不越一郡縣或一山谷之地而止。若猛烈之氣藏于地內，至數十百里之深，則既難發洩，必致四面衝奮，尋其所出之路，因而震數省之地，致數千里之遠也。

海水之動

海水自然之動止有其一，即下動也。凡外動爲强，則非自然可知矣。其强動甚多。其一，外風所發，風既不一，動亦不一。其二，自東而西，凡從歐邏巴航海西向而行，則順而速；東向而行，則逆而遲。此動非特大海，又于地中海可見。其所以然從太陽自西而東行以生焉。見風氣説其三，自北而南，凡航海者從北向南，必順而速；從南而北，必逆而遲。夏月行北海者，常見冰塊之廣大如城如海島。曾有見長三百餘里者，從北而南流。其所以然者，北極相近之海大寒，比年中多雲雨、多冰雪。與赤道相近之海大熱，每日海水之氣甚多被日薰蒸，沖上空際。蓋南海之勢處卑，北海之勢處高，故水北而南流也。

海之潮汐

潮汐各方不同。地中海迤北迤西，或悉無之，或微而難辨；迤南迤東則有而大。至于大滄海中，則隨處皆可見也，第大小速遲長短各處又不同。近岸見大，離岸愈遠，潮愈微矣。地中海潮水極微。又吕宋國莫路加等處不過長二三尺。若其他如大西拂蘭第亞國，潮水長至一丈五尺，亦有一丈八尺至二丈之處。安理亞國隆第諾府現長至三丈，其國之他處長至五六丈。阿利亞國近滿直府長至七丈，近聖瑪諾府間長至九丈。此各方海潮不同之故，由海濱地有崇卑直曲之勢，海底內之洞有多寡大小故也。況月之照海各方不同，則其所成功亦不能同。其長退之度或每以三候，或長以四候。或其長極速，即騎馳猶難猝脱，則一候倏淹覆四百餘里，而又一候倏歸本所。又始起長之時亦不同，大槩每日遲約四刻，朔望所長更大。嘗推其故，而有得于古昔之所論者，則以海潮由月輪隨宗動天之運也，古今多宗之。其正驗有多端：一曰潮長與退之異勢，多隨月顯隱盈虧之勢。蓋月之帶運，一晝夜一周天。其周可分四分，自東方至午，自午至西，自西至子，復自子至東，而潮一晝夜槩發二次，卯長午消，酉長子消，若隨處隨時略有不同，是不足爲論，别有其所以然也。二曰月與日相會相對，有近遠之異勢，亦使潮之勢或殊。假如望時月盈，即潮大，月漸虧，而潮漸小。三曰潮之發長每日遲四刻，必由于月每日多用四刻，以成一週而返原所。蓋月之本動從西而東，一日約行十三度，從宗動天之帶動，自東而西，必欲一日零四刻方可以補其所逆行之路，而全一週也。四曰冬時之月多强于夏時之月，故冬潮槩烈于夏潮。五曰凡物屬陰者概以月爲主，則海潮既由濕氣之甚，無不聽月所主持矣。即月所以主持海潮者，非惟光也。蓋朔會時，月之下面無光，至與吾對足之地，亦無光，海當是時猶然發潮不息，則知月尚有他能力，所謂隱德者，乃可通遠而成功矣。是月以所借之光或所具之德致使潮長也。如磁石招鐵，琥珀招芥然。或生多氣于海內，使其發潮也。如火使鼎水沸溢然。

或問潮汐之爲理者何也。曰：一則以免腐朽患。蓋水久注必朽。一則以清外聚之垢。蓋地上丕惡之積，由江河而歸于海，乃潮長復發吐之也。一則以輔航漂渡之事。蓋潮長則從海易就岸，潮退則從岸易入海。觀此則海潮之益不淺矣，造物主豈無意乎！或問海水之鹹曷故。曰：多由于乾濕二氣之滲。證曰凡滋味必從二氣之雜，乃乾而甚燥必生鹹，如灰溺汗等是也。則海既含多氣，或風從外至，或日從內生，故其水不能不鹹也。試用海水濯物，必温和乾燥，較諸他水爲濁，其霑濡如油何也，其含土之乾氣故也。又試觀海水或流沙內，或被火蒸，必甘，何也？失土氣之大分故也。又試取浮薄空器塞口沉于海中，其內所浸入之水必甘，因水從微孔入，少帶土氣故也。又從海氣聚結之雨必甘何也？氣上時，其土之濁多墜失故也。觀此多端，海水鹹從土極乾燋之氣而生也明矣。雖然，太陽之亢炎亦能致鹹。驗之海面之水鹹甚于海底者。近受日暈之射，而底之水日光不及故也。又試之夏月海水多鹹于冬月，蓋日軌甚近之所使然矣。

江河

夫地內多藏積水。常見鑿礦者多遇池瀆及速泝之澗，又隨處掘井者，或淺或深，無不得水之源，又觀乾地屢開竅發水，而或成湖澱，或淹房屋人物也。因知地中非函大積之水，定無是事也。又造物者初收水于深淵時，遺多分于地內。又隨處開闢匿空隱渠，以徧運潤澤之恩，正如人體內多備脈絡筋骨，以運血氣之潤澤也。蓋地原本至乾，非得水之潤，自難凝結，又不能養育卉木金石之類，濟捄人物之用。因知天地造成之初，地面即多發泉川江湖，以備後用。夫江河溪泉多由于海水。證以四端：一曰天下江川日日入海，而不溢者，必有他出。若無出而不溢，極難解矣。二曰江河之洪大者，非源于海，更無此大源矣。蓋地內從氣所變之水，萬不足供大江之常流也。三曰從古嘗有江湖泉川新出，其味如海之鹹，其魚亦如海內之形。則江河非由于海而何？四曰凡近海之地必多泉川，愈遠于海者，其川亦愈寡矣。又江河雖多從海而出，但泉川亦有從氣變生者。蓋地中所藏多氣，既不能出外，又被圍山之冷攻之，因漸變涣而滴流，致成泉溪之永源。試觀最高之山，大都有永泉，甚甘、甚冽。然海水或相去甚遠，其地或甚低，其水又濁且鹹，又何能致甘冽乎？又觀人屋近于山麓，閉其户牖，必多濕而發水何也？其內藏之氣易變水也，矧山穴之內乎？又入山中諸洞等旁多滴水成水渚，乃溪澗之永源備矣。或問：海卑地崇，水何能逆本性上流于地面乎？曰：海水所由之匿空隱渠必曲非直，乃水因潮長時强入其內，不能復退，惟有漸進，勢不得不上湧矣。況星辰之隱德必招攝海水以滋萬物，而土爲極乾，又招水以自慰其渴，因濟外物之須，則水之上流也。觀其私性爲逆，觀衆物之公性則不爲逆也。正如凡遇空時水土必上，火氣必下，而是上下之動者，論各元行之性爲逆，論衆物之性不逆是也。

又　氣行

古或以氣無色，不屬五外司，疑爲無有。此説大謬，可證者有六：一曰無氣則天内空矣，地何以懸空而得居于中，萬物何以得生，日月星辰何以得外光，或以隱德養育萬生乎？蓋物惟聯統庶得相濟相保，空虛是所大忌避也。二曰禽鳥無所賴則不能飛，飛者以翼御氣，如人用手御水而得浮也。三曰風寂時，人急趨走，則前面若有物觸之者然，是非氣而何？四曰人向空中揮鞭，定有聲響，凡彈射皆然。夫聲從二物相擊而生，若空中非有氣，必無他物以生聲矣。五曰一室之中兩門相對，開閉此一門則彼一門亦動。又人在室中急行，其窓之紙及諸係懸之輕物亦動，非由氣而何？六曰室中寂静無風，見隙影内塵埃滚滚上下所謂野馬者何也？必氣使之然矣。數端不足證有氣乎？至其變幻莫測，則因小大應感之不倫耳，非難明也。氣惟實有，而萬不可無。一則以資喘息之功；一則以運天光物像，及人物聲音之跡；一則以存火水等類之性，蓋氣一缺則人物之呼吸遂輟，而内心火及其生機并滅。又上天所射之光，形物所發之像，諸體所出之聲，無所憑據，無由至于所當至而資存其所包含内物之體也。若言氣無色體可見，遂謂之無，則彼風聲臭味及鬼神、人物之魂，諸不屬人目者悉當謂之無乎？夫外目所不及者，有理之内目可及也。

夫氣厚分有上中下三域。上域近火，近火常熱。下域近水土，水土常爲太陽所射，足以發煖，故氣亦煖。中域上遠于天，下遠于地，則寒。各域之界由何而分？以絶高山爲界，上爲上域，風雨所不至，氣甚清，人物難居；下爲中域，雨雪所結；自此以下爲下域矣。第其寒煖之分處又有厚薄不等。若南北二極之下，因遠太陽則上下煖處薄，中寒處厚。若赤道之下，因近太陽，則上下煖處厚，中寒處薄。以是知氣域之不齊也。

風

夫風之本質，乃地所發乾熱之氣，有多端可證：一試春秋時多風何也？是時空際多聚乾熱之氣。二曉晨時多風何也？日出而升，必攝多氣。三雪化時多風何也？雪内多有乾氣，是氣將分別于冷濕，故生風。四空際忽見火色，知後必有風何也？火者，乾熱之氣所致也。五風愈大而物愈燥何也？風之元質乾熱故也。由是可知，空際之氣雖動時或生風，亦能如風之清涼人物，然其實與風不同。則風之元質多屬乾氣，而乾氣中或亦有濕氣參之，故春時之風與海上之風多致物朽可以爲驗。大海中黄道之下恒有東風，故船往西行者必宜順風，則行而疾，如東行，則逆風而遲。蓋太陽從冬至迄夏至輪轉恒行黄道下，而其爆煖不絶照于空際正對之氣，令之沖上然，其故恒隨太陽從東而西，則東邊之風氣必後隨之，而恒補前氣之缺矣。大海之水亦然，恒隨太陽從東而西。蓋太陽西行無一息之停，以其爆熱恒照而吸西海之水氣，令之上沖而成雲霧，因而在西之水面比在東之水面恒卑。蓋東高西卑，則海水從東而西流，以補其缺，此自然之理也。夫乾熱氣騰上，至于中域，爲冷寒氣所扼，既不得上，而性輕又不得下，則必致横飛也。又其飛之速遲强弱，由于氣之衆寡清濁，及其上沖之力與勢也。蓋氣之沖上者疾急，一值阻扼，其退飛亦必速迅。由是可知風飛時，其前後左右之氣，無不動而隨之者，是以氣動爲風者，亦必有故也。或問：旋風何？曰：若上所論，乾熱之氣入數雲内，復各爆出，適相撞結，因各隨所向之地互相推逐，以成旋輪。譬之川水，其急流時忽值山石阻遏，無由可出，即回而爲旋窩也。又譬之諸風，凡從廣澗之地歸入隘巷，而無路可出，必回旋矣。是風在平地，值物多起，在海中，值舟多沉。夫風有多利，姑舉四端：其拂動近氣令就平和，以利呼吸，人與諸生緣此以免閉塞之傷。蓋近氣無風則積聚不散，有傷生命故也。其二帶雲成雨，以滋内地。蓋内地氣微，旋生旋滅，力不足成雲雨之功。惟大海廣受日照，猛起濕熱之氣，蓬蓬勃勃，升至中域，太陽返照光力不及之際，遂乃變熱而涼，先結成雲，漸散成雨。然使無風帶入内地，則濕氣所成雲雨，復歸初升原處，何由利内地之人乎？其三燥地所餘潮氣，悦生動物，速熟諸果。其四助舟楫之力，以通貨財，以利天下是也。

雲雨

雲乃濕氣之密且結者也。地水之氣被日爆煖，沖至空際中域，一遇本域之寒，即棄所帶之熱而反元冷之情，因漸凑密，終結成雲。則或薄而稀，或厚而密者，又由于氣之乾濕清濁相勝之異勢也。薄稀者輕浮，易爲風所撥散，難以成雨，是爲枯瘠無益之雲。若厚密者，多含潤澤，故易化雨而益物。則雨無他，乃施雨之雲耳。凡初雨之時，必濛濛而細，漸而近地，則其雨點愈大矣。蓋雨落時多細微，雨點彼此相沾，若下之路遠，則相沾之更多而加重大，故山頂比山根之雨點微小，因雲離山頂近，離山根遠故也。又冬月比夏月雨點微小，因冬月天冷時雲離地不遠，夏天大暑日雲高離地更遠然。雲遠則雨點從上而下，一路彼此相沾之多而加重大。雲近則路短，而相沾之雨點小。雨雹時亦然。若當時有大風，雹子而横斜下，其體更加重大。蓋横斜之路比正直之路更遠，路遠則雹子相沾之多。間有如彈丸大者，若剖而細視之，則灼見多小雹子沾于一處，由此故也。

四元行之序並其形

四元行不雜不亂，蓋有次第存乎其間，故得其所則安，不得其所則强，及其强力已盡，自復歸于本所焉。本所者何？土下而水次之，火上而氣次之。此定序也，其故有三：一曰重輕。重愛卑，輕愛高，以分上下。重輕又有甚次之别，因上之中有下，下之中有上，以分元行之四。水輕于土，氣重于火，水在土之上，氣在火之下。然水以重言，氣以輕言者，較從其衆故也。蓋水對一土曰輕，對二火氣曰重。氣對一火曰重，對二水土則曰輕也。以是知水必下而不上，氣必上而不下矣。二曰和情。蓋情相和則近，相背則遠。假如乾冷成土，濕冷成水，土水以冷情相和，故相近。濕熱成氣，濕冷成水，水氣以濕情相和，故亦相近。乾熱成火，濕熱成氣，氣火以熱情相和，故亦相近。若背情之行相反則遠。假如水冷而濕，火熱而乾，二情正背，故以相遠。間土火以乾情相和而極遠者。以土火雖有相和之情，重輕大異，故權衡于二者之故可以定四行之序矣。三曰見試。蓋四行之序，目前易試也。火發爲焱，常有從下至上尖殺之形。西曰火形蓋不能安下，而奮力以上，必向極高是也。氣偶入土水之中，不得其安，而欲上行，在土爲地震，爲山崩，在水爲漚，爲泡。試强一毬至水底，忽然突出是也。水若騰在氣域，必被强而不得安，迨强力已盡，自復歸于本所。如成雨者，以太陽薰蒸地濕爲雲。雲稀屬氣，故輕而浮；雲密屬水，故重而墜，墜者復其本所也。土入水，必下至水底而後安。夫四元行必圜，其理有二：一則宇宙之全正爲一球。球以天與火氣水土五大體而成。天體既圜，則四元行之皆爲形圜也斷然矣。一則四行皆在月天之下相切，若有他形，則火形之上或方或尖而不圜，必于月天之下未能相切，以致有空闕，爲物性所不容矣。四行之上既圜，則其下亦然。苟下有他形，則周乎地者亦不圓矣。地既無不圓，則其相連之水與氣亦無不圓可知矣。蓋凡物必圓而後能存，如方則易散而毁矣。以故非特天地與四元行皆圓，至于人物肢體及草木果實無不皆圜也。即如滴水而必成珠，此固物合以存，不欲散而毁也。

王韜《西學圖説・空氣説》 空氣合養氣、淡氣、輕氣、炭氣而成。試以百分論淡氣，約歸七十五分半，養氣約歸二十三分二毫半，炭氣、輕氣約歸一分二毫半，故淡氣之重而大，較諸氣爲甚。然其氣亦有時變壞，因其中或有穢氣雜之，而人吸空中之氣於内，亦常有變壞者，因所吸之養氣或入於血，或出而變爲炭氣。蓋人吸入者爲清氣，出者即爲濁氣。假如多人處於一室中，其呼出之氣充滿於中，人易疾病，炭氣多而養氣少也。人於半時中，能吸氣約二百四丈立方尺，及氣之出，則盡變爲壞氣，空中氣亦因此而壞。若使無法以處之，恐人多受病而死。幸賴海中之風，將炭氣散盡，并有日光及草木中常出之養氣，以生人命。空氣之環繞於地球外也，如蛋白之包裹其黄。即至高之山頂，計之其相去，猶高一百五十里，其氣能滋長百物，化生萬類，人離此氣則不生，物離此氣則不長。其流行於諸空處，如水之流下，遇隙即入。其氣不獨在諸生物中，凡濕物中亦俱有之。氣近地球，其力更厚而大，猶海底之水，較海面爲厚耳。試至於山頂，漸高則氣漸薄，至忙孛浪山之巔，高九里。其氣之薄，幾至人難吸取。雖然氣離山之最高者一百五十里，此猶約而言之。人在氣球中，業經試驗，極高可升至六十丈。吾人見上之青氣爲天，不知人若上升，青氣漸無，若至山頂一百五十里外，則天爲昏暗。其氣能常引濕氣於中，濕氣過多則爲雨。博學者業經推算，若空中之濕氣齊降於地球，爲雨不過八寸。其氣之收攝濕氣，熱時較寒時更多，然時熱，濕氣雖多不爲雨；時寒，則不然。蓋寒風至則氣亦寒，濕氣蒸爲雲，雲即爲雨。以寒暑針測之，地球之面較山頂爲熱，因愈高則愈冷，故雲行至山下，則漸消熱故也；行至頂，則成雨，頂處冷也。氣之圍繞於地球，其用甚大。氣有二層，外層氣薄，内層氣厚。如無氣，即無雲、無雨、無虹，且不能使日光轉射而入，如日在天心，其光始能直射，乃日在天之偏側，其氣能使日光斜折而入。始入則少斜，繼進則更折，因第二層之氣較初層爲厚耳。人接其光，而所見一若無所偏側者，故知在天之物，比本體之所在恒高。假如人在地球之己上，日在甲，人何以見之如在乙然？因其光斜折故。自在己之人，若見爲直射者，其實即此斜折之理。其光之斜折也，亦非一定。日在朝暮，其光更斜，因近於天地交接之處，其氣厚故。在未出已没之時，亦能見者，是其氣能引日光轉折而入也。考諸圖，自可細知其理。比如人在己，日在戊，業已没山，不能見

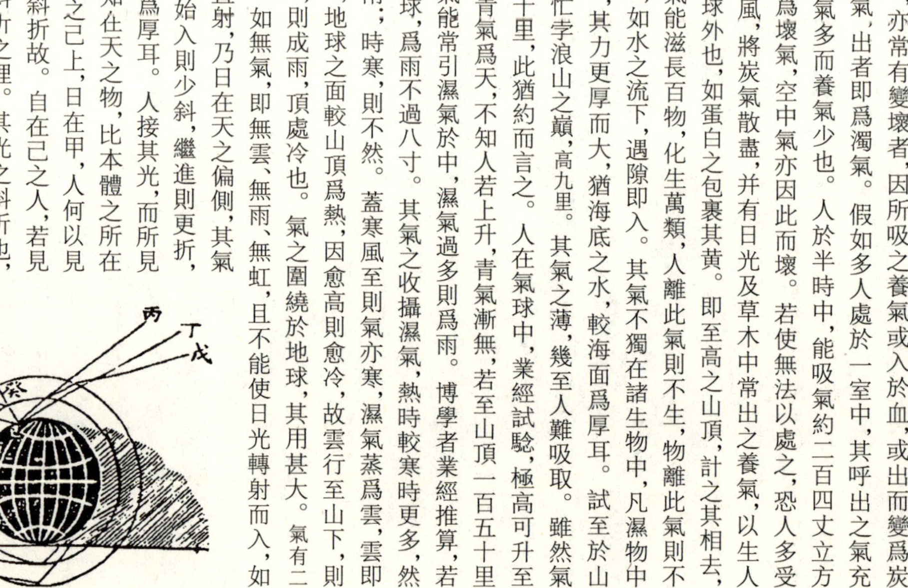
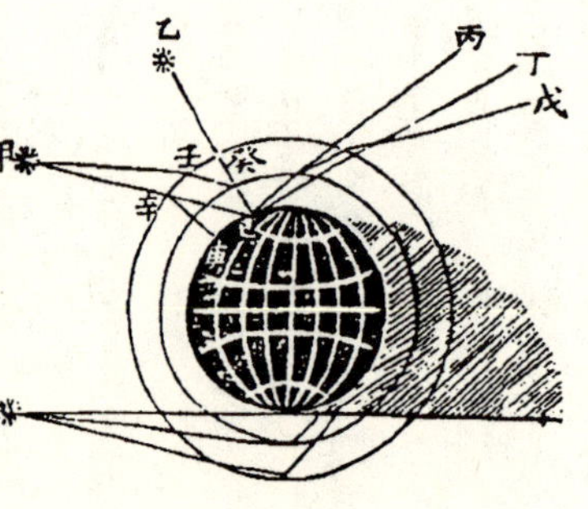

也，因有轉照故。與在丙同至初層氣，漸折而進至二層，則更折，在己之人猶能見之。故視日之出，更見其早；其没，更覺其晚。且其氣不特可使日光之斜折，并能散日光爲返照。如無返照之理，人僅能直視其物，而横側處猶不及見。今乃上下偏正無數諸星瞭如指掌者，豈非返照之故歟！

杞廬主人《時務通考》卷二七《汽學二·試汽》　發汽原始　盛水於鍋，下爇以火，其質點循環交互甚速，冷點下沈，熱點上升。欲驗之，用畧等重不鎔之粉，投諸鍋中，可見粉點循環交互之狀也。水將沸時，鍋底聚成小泡，升至水面。小泡即汽，初時不升水面，因冷而仍凝故也。然泡雖不升水面，其熱已散於全質，故倏忽而小泡漸多，相并而漸大，全質俱滚，汽出於水面矣。汽與生汽之水，質性不同。蓋汽與氣質同類，擠實，則漲力甚大；散鬆，則漲力微小。用火可加其漲力，與氣質擠實相同也。凡汽目所不能見，至凝水時始可見。汽機測水管，水面上之汽不見，即此理。

化汽漲大之數　水一立方寸，能化爲等空氣之汽一立方尺，即一千七百十八立方寸。若化爲全抵力，大於空氣壓力之汽，則體積與全抵力有反比例。蓋凡氣質，其體積與全抵力皆有反比例也。水一立方寸，化爲汽一立方尺，其全抵力等於空氣壓力。若擠爲半立方尺，則全抵力爲空氣壓力之二倍；再擠至三分之一，則全抵力爲三倍。所謂大抵力汽者，即束小汽之體積也。體積束小之比，即全抵力加大之比。汽之全抵力有大小，其顯熱之度雖隨之大小，而容熱之數所差無多。若汽與水面相離，而再加以熱，名爲重加熱汽，不在此例。蓋可增其全抵力，即增其容熱。而不增其重也。尋常汽機，重加之熱不甚大，故汽之全抵力無論幾何，其重若等，則容熱亦畧等。蓋顯熱度雖與漲力同增，而隱熱度則畧以同比而減。顯熱與隱熱相并之容熱，其數畧不改也。顯熱之度雖極大，而容熱之度僅稍增也。容熱不甚增大，而顯熱增大之故。如微溼之海絨，放鬆之時不甚溼，擠之極緊則甚溼，汽亦與此相似，鬆則熱度不甚大，緊則熱度甚大也。海絨或鬆或緊，所容之水不異，而汽或鬆或緊，所容之熱亦不異。故將空氣擠之極緊，即生大熱，能使煙臭燒燃。

重加熱度　漲大之例同於空氣，即體積之漲大，與熱度之加大有比，每加熱一度，其體積漲大爲三十二度時之體積四百五十九分之一。設三十二度之空氣一百立方尺，加熱至二百十二度，則體積之漲大，共得一百三十六方尺七三，不切水面之汽，已有熱度若干，重加熱度若干，漲力不加而求體積漲大之數，則將二熱度各加常數四百五十九，而以小數約大數，再以小熱度之體積數乘之，即得體積漲大之數。空氣并同。

汽漲力與熱度相當　色得捺詳測汽之各事，而得一法可之。汽之各熱度相當之漲力。將汽之熱度加五十一度三，檢其對數，以一三五·七之對數二·一三二七九四〇減之，再以五·一三乘之，得數。檢其真數，再加常數〇一，即得現有熱度之漲力，使水銀升高之寸數。若已知水銀升高之寸數，而求汽之熱度，將此寸數以常數〇一減之，檢其對數，以五·一三約之，再加對數二·一三二七九四〇，檢其真數，再以五十一·三減之，即得現有漲力之熱度。

全抵力熱度　法國人來闊精心詳測各全抵力之熱度，所得之數似能更確，然瓦特與色得捺之法亦無甚差，故各國通用而不改也。來闊嘗言，設有汽重若干，其全抵力之數增，則容熱之數亦稍增，所以汽之隱熱與顯熱不能爲定數。若汽之全抵力等於空氣壓力，即一平方寸有十四磅七。則顯熱得二百十二度，隱熱得九百六十六度六，容熱得一千一百七十八度六。若有九十磅之全抵力，則顯熱得三百二十度二，隱熱得八百九十一度四，容熱得一千二百十一度，可見水重若干，化爲等空氣之汽，與化爲九十磅全抵力之汽，其容熱少三十三度。

以化汽考用水之數　鍋鑪内每化等於空氣壓力之汽一立方尺，必添水一立方寸。若汽之全抵力或大或小於空氣壓力，則將汽熱度加常數四百五十九，而以三七·三乘之，再以每平方寸汽全抵力之磅數約之，即得化汽一立方尺，用水之立方寸數。

隱熱　隱熱者，隱於物内而不顯之熱也，寒暑表所不能測，然能使物質變形。如冰鎔爲水，水化爲汽，所收外熱甚多，而以寒暑表測之，並不增熱，故曰隱熱。如言水能隱熱若干，即三十二度之冰若干，盡鎔爲三十二度之水，所用之熱若干也。汽能隱熱若干，即二百十二度之水若干，盡化爲二百十二度之汽，所用之熱若干也。豈非不顯熱度而能變形耶。汽之隱熱，即使二百十二度之水若干，盡化爲二百十二度之汽所用之熱，與使等重之水，加熱幾度所用之熱，兩事相比。如汽之隱熱畧爲一千度，即若干重之汽所隱之熱，能使與汽等重之水，設不化汽，加熱一千度；亦即一千倍汽重之水，加熱一度。水之沸界二百十二度，冰界三十二度，相較得一百八十度。故使三十二度之水一磅，盡化爲汽；所用之熱，多於使水一磅，加熱一度，所用之熱一千一百八十倍。即沸水一磅盡化爲汽所用之熱，等於三十二度之水五磅半，熱至沸界所用之熱。因五·五乘一百八十，得九百九十，畧言之爲一千也。

容熱率　容熱之率，乃物質若干，加熱若干度，所用之熱數也。此事如各物以水較重同理。物質若干，能容熱若干，即如若干立方尺内，能容物重若干也。水銀之與水，體積若等，其重必不等。熱度若等，其所容之熱數亦不等。故各物之容熱，必以一物相比，而得其率，定各物之容熱率。以水爲主，而命爲一，各物容熱率之或大或小，皆可與水相比。將任物與水各一磅，同加熱至若干度，若此物所用之熱數得水所用熱數之半，即此物容熱率之數，得水容熱率數之半。

論燒　燒者，物質化合之猛烈也。即二相反電氣相滅而成，如煤得大熱度，即與養氣有大愛力而能化合極猛，所生之熱，不特能存原有之熱度，且能驟加至極大，以適於用。

空氣原質　空氣，乃養氣與淡氣相和而成。每養氣一磅，有淡氣三磅二九。每煤一磅燒盡，需用養氣二磅六六，所以燒煤一磅，必有淡氣八磅七五經過火中。然燒時所過之養氣，不能盡與煤化合，餘賸之數約三分之二。故必用空氣十六磅至十八磅，空氣十八磅，得三百四十立方尺。

煤之原質　煤内大半是炭，尚有數種别質，而又各煤不同。英國之煤，每一百分含炭八十分至九十分，餘爲土質，與能化散之質，如輕氣、淡氣、養氣、硫磺之類。而硬煤與煙煤又各不同，硬煤百分，含炭九十一分，又七分爲能化散之質，二分爲土質，即灰也。上等煙煤百分，含炭八十三分，又十四分爲能化散之質，三分爲土質。

燒煤用空氣　硬煤一百磅，含炭九十一磅四四，含輕氣三磅四六。使炭一磅盡成炭養氣，必用養氣二磅又三分磅之二，故九十一磅四四計用養氣二百四十三磅八四。使輕氣一磅成水，必用養氣八磅，故三磅四六，計養氣二十七磅六八。兩數相并，得二百七十一磅五二，始得燒盡硬煤一百磅。而空氣百分，養氣居二十三分三二，欲得養氣二百七十一磅五二，必需空氣一千一百六十四磅。不冷不熱之空氣，每一百立方尺計重七磅五，所以燒煤一百磅，必有空氣一萬五千五百二十四立方尺。此乃養氣盡與煤化合之數。然養氣之不盡化合者，常有三分之二。故需用之空氣，多至二萬四千二百立方尺也。間有多至三萬二千立方尺者，其多少之數，依火鑪之式。

燒煤化汽之水數　測得燒炭質一磅，使所生之熱全容於水内，能使一萬四千磅之水加熱一度，亦即十四磅之水加熱一千度。如將六十度之水，化爲十五磅全抵力之汽，必容熱一千一百十八度九。以一千一百十八九，約一萬四千磅，得十二磅五二。即炭質一磅，能化六十度之水爲十五磅全抵力汽之水數。然而實有之數，恒不及此，因各種煤之火力不同，而與所含之炭畧有比。煙煤之力，不及硬煤。好硬煤一磅，能使沸水九磅半至十磅盡化爲汽。好煙煤一磅，能使沸水八磅半盡化爲汽。次煙煤一磅，能使沸水六磅半盡化爲汽。美國人曾測好煤一磅之力，等於松木二磅半至三磅。則松木一磅，能使沸水二磅半盡化爲汽，若極節省，則松木一磅能使沸水四磅半盡化爲汽。别有未成之煤，比松木之力稍多者。枯煤之力，與最好之硬煤相等。或有更勝者，化水之多少，不但在煤之美惡，尤在鍋鑪之形式。中等之鍋鑪燒煤一磅，化水六磅至八磅。瓦特所造中等陸地鍋鑪，每燒上等煙煤八十四磅，化水十立方尺〇八爲汽。即一磅煤，化水七磅半爲汽也。果臬書鍋鑪，燒煤一磅，能化沸水十一磅爲汽，即一担一百十二磅爲一担。能化沸水二十一立方尺爲汽。

爇火　煤膛刮除潔浄之後，即盛以煤。法將生煤鋪於柵面，前後普徧，以免冷氣自灰膛之後潛通煙管，務使所進之氣盡經煤罅爲要。煤已盛訖，在火門近口，堆積木柴及油紗舊麻而後爇火，此時緊閉風門，則風氣盡自火門透入，使柴煤並熾於門口，已熾之焰又被風氣推進生煤之上，頃刻而滿柵延燒，乃風氣直透火面，煽動火焰，熱氣充滿鑪内，故延燒甚速也。至火盡熾，乃開風門，飽受風氣，再關火門。

節省燒法　煤須打成小塊，以少許頻頻添入煤膛，鋪於鑪柵宜匀薄，其厚薄之度，依吸風之大小。凡中等陸機鍋鑪，或船鍋鑪，吸風之力小者，鋪層宜薄。汽車鍋鑪有汽噴入煙通，吸風之力甚大，鋪層宜厚。若風力小而煤層厚，則炭養氣至上面，再與煤内之炭化合成炭養氣，費熱必致甚多。若風力大而煤層薄，則冷風過煤，衝入鑪内而減熱。無論鋪層厚薄，總宜極匀。若有空處，必致冷風竄入。燒木柴者，宜比燒煤加厚六寸。又有一種未成之煤，宜比木柴加厚三寸至四寸。設用此物，須低其鑪柵，使遠距鍋鑪之頂。

緩燒　緩燒爲省煤之法，乃實測而得。因養氣與炭化合，歷時愈久，化合愈全也。然中等鍋鑪，常不能緩燒，若能緩燒，不特省煤，且能盡皆化合，而不成煙炱。果臬書鍋鑪，燒煤甚緩，煙炱極少。且用威勒士煤，此煤發煙更少。如製造大廠，雖燒煙煤，而鍋鑪之火切面甚大，鋪層合宜，故亦可以不生煙也。又如船機鍋鑪，火路内之火切面亦大，雖緩燒而火爐内熱不甚大，亦能多收其熱。非若車機鍋爐，火路内須有極大之熱，方能多收熱也。蓋一小時化水一立方尺熱汽，車鍋爐之火切面，不過五六平方尺，而船鍋爐之火切面，有十平方尺至十二平方尺，故船鍋爐之爇火可緩也。

燒煙　英國曼知司塔，數十里之地，盡係紡織棉布之所，其器俱用汽機運動，煤煙蔽空，人畜受害。故將火鑪改作甚大，使煤緩燒，而能燒盡不生煙炱。法將煤堆於近火門處，少頃即成枯煤而甚熱，乃推後使近火壩，煙經此處，即燒盡而不結炱。若添進空氣於火路之内以燒煙，殊非善法。因煙常忽有忽無，鑪内忽遇冷氣，忽遇熱煙，不久生鏽而滲漏。漲力大者，每致磔裂。且放入空氣之數，又不能適配生煙之數，煙少而空氣過多，必費熱而費煤也。如放入之空氣果能適配生煙之數，始可省煤百分之十，至百分之十二。

燒煙之法不同　燒煙之法雖多，然大半爲添進空氣入火路之内，而使煙再過火内，或使過極熱之燒料。又有燒去煤内能燒之氣，不使與不能燒而成炱之質相合者。然此各法，究無大益，弊竇多端。即如衛廉士所造空心火鑪，亦非善法。蓋恒進空氣於火鑪，而火鑪不恒發煙，故無用也。惟普里度之制咸稱有益。因添進之空氣，配準所生之煙，不生煙時，不添空氣也。其式，以鐵作百頁窗，共連横桿，提起即開，放下即關。添煤之時，横桿爲火門帶上；添煤之後，百頁窗盡開，空氣過多層百頁片而至火路，其氣已熱，能燒煙内所有能燒之質，而不能傷鍋鑪之體。後煙漸少，空氣亦能少進。旁置小筩，内有鞴鞲，漸漸落下，而横桿亦漸下，以關百頁窗。鞴鞲落下之遲速，即百頁窗關之遲速。筩旁有塞門消息之，開大則速，關小則遲。又有瓦特燒煙之多法，皆爲添煤近火門，使所生之煙，經過熱火而燒盡。俟已成枯煤，而不發煙，乃推後而再添新煤於前。如煤緩燒而能漸成枯煤，則甚善於另添空氣之法也。近人倣用瓦特之法，作鑪柵並定板，向内斜下甚多，使煤易推向後。如蒲頓華德所作三十馬力之陸汽機鍋鑪，鑪柵與定板共長四十寸，斜置三十度。此法常用之。間有用轉動之鑪柵以燒煙，而不用定板者，有時用自添煤者。

用自添煤法燒煙　鑪柵作平輪之式，煤箱内之煤漸落於輪上之一方，煤漸燒而輪漸轉，漸帶已燒之煤轉入，幾及一周，盡成灰，而落於灰膛。初落於輪上之煤，燒時所生之煙，經過已燒之煤上而燒盡，此陸機之鍋鑪也。若用於船機，更有大益。因大風時及天氣炎熱所添煤平鋪鑪柵之上，甚爲難事。若以汽機運動使自添，不特不畏炎熱簸盪，且可省人工之費。惟平輪鑪柵之外，尚有別法皆有利有弊。一法，鑪柵在火門之端，相間迭更上下，煤自溜入。一法乃久客司所造，其鑪柵之形，節節相連，如鏈環繞於火鑪前後之輪，輪轉甚慢，恒帶鑪柵向内而行，將火門口之煤，漸漸移進，至遇後輪之時，即傾入灰膛。一法，乃磨特色利所造鑪柵，爲空管而横置鑪内，每根之端有小齒輪。在旁共接一長螺旋，帶轉各齒輪盡轉，而空管鑪柵即將煤滚進。

二層鑪柵便於自添煤燒煙　有自添煤法，或可將燒料先在火鑪燒成炭養氣，以炭養氣再燒，亦屬有益。而近時鍊金類之煤氣火鑪法，或亦可變通，用於船内。則可用二層鑪柵，且船内窄狹，鑪柵恒不能大。用二層鑪柵，固是甚善，但恐下層鑪柵之火所生之汽，被上層灰膛内所進之冷風傳冷而費熱。若用煤氣燒火之法，則火鑪任可加長。

燒煙非一人之法　諸法之外，尚有何而古步蘭各得生、羅由生、司低分孫、哈色丁、因治步里司多、阿脱胡特各人，俱作重燒煙之法。又有鑪柵作空管，兩端皆通鍋鑪之内而斜置，使火過各管間而向下，管内通水，火愈大，水在管内流愈速。此法或善。前三年，法國京都博物院内有替而里所造之鍋鑪，將汽燒至極熱，有管斜置火門之上，使汽斜噴於火中。總之，燒煙諸法，皆不若燒枯煤之善也。

汽罨更番進出　汽罨者，所以制汽之進出於汽筩也。成式頗多，有長半圓罨，有空腹罨，以銅或鐵爲之。密蓋於二汽孔，腹内空虚，通汽外出。或入縮櫃其腹内之長，恒能蓋一進汽孔與出汽孔，以兩心輪推引往復，使汽更番進出。汽筩程功以後之汽，自出汽孔放出。而鍋鑪内之汽，同時放進，由進汽孔至鞴鞲之彼面。如此更番進出，鞴鞲往復程功矣。又有鞴鞲未至路端，兩心輪之方向，已能使汽罨行過中點，出汽因此而早。鞴鞲返回之時，自無對力，名曰出引汽。汽罨與鞴鞲之往復，有若相反，亦若相隨。鞴鞲自此端一往至彼端，汽罨則自中點往而復於中點，兩心輪與曲拐正交而稍成鈍角，畧同共連一軸之二曲拐相交成正角也。船汽機有藉彼汽筩之機帶動者，亦有即於此汽筩之摇桿帶動者。車汽機之汽罨，亦有藉彼汽筩之機帶動者。

出引汽可省燒料　鞴鞲在路端起行之時，先開進汽孔之闊數，爲引汽之數。即鞴鞲未至路端，已開對面之進汽孔也。此孔先開之大小，以兩心輪與曲拐相交鈍角之大小制之。汽機行速者，如車汽機等，以鞴鞲未至路端，先開出汽孔爲最要。因可免對力也。昔時作者不知此理，故縻力甚多。近時將汽罨作餘面，使汽自漲，因知轆轤未至路端，而先開出汽孔，亦有大益也。未用此法之時，汽車每行一里，燒枯煤四十磅者，用此後，每行一里，僅燒枯煤十五磅。

速行機宜出引汽　汽機行動甚速者，必於轆轤未至路端汽已放出，謂之出引汽。否則轆轤返行，對面之汽不及盡放而生對力。蓋轆轤將至路端，行動已慢，汽雖先放，而推機之力不甚減也。洎轆轤返行，出汽孔大開，汽得放盡，自無對力矣。昔時車汽機不用此法，更兼煙管之共横剖面甚小，出汽管之吹力必甚大，因此二事，枉費汽機能力之半。新式車汽機，煙管共横剖面積與出汽管口皆加大，又轆轤行至路端，出汽孔早已全開，故縻力甚少。

另作漲門　早絶進汽，以得自漲力之法，有另作漲門，以凸輪帶動之者。如果臬書汽機，有欲轆轤行十二分路之一，而閉絶進汽者，必用此法。平常轉行汽機，則不必用。若有進退弧者，將弧移過幾分，即能減短汽罨往復之路幾分。減短往復之路，同於增多餘面，亦能多得自漲力，故亦不必另作漲門也。若欲自漲力甚多者，則又以漲門爲要器。因半關汽管扇門，而減小進汽，必稍縻汽之功力。蓋進汽遲慢，總不如忽進多汽，而忽絶之善也。惟不欲自漲力甚多，而餘面本是不多，則以減小進汽爲善，而漲門爲可有可無者矣。

漲門不一式　運動汽罨不用進退弧者，其自漲力之多少，不能任意加減，故必另作漲門，而以凸輪動之。有用轉行扇門者，此門能轉動而不切外殼。又有一種，用於緩行汽機。及果臬書汽外殼之内作短圈，圈内有平板，平板定而短圈可上下，平板有架扶之，使不偏倚，短圈放下，則上端之内邊與平板相切，而下端之外邊與殼相切，俱不洩汽。提上則開通汽路，因平板定而短圈動，故不爲漲力所抵而易開。有用閘門在汽罨匣之，或背或旁，或在汽罨之背者，則用兩心輪運動。

車汽機用司買二氏法　車汽機，用司底分與買百利之法，俱是減短汽罨往復之路，而得各級自漲力，不用凸輪。司氏以兩心輪二箇，一主汽機順轉，一主汽機退轉，各作餘面與引汽之角度，另有進退弧二端，各與推引桿相接。弧中有長槽，活含罨桿之楗，而可移動。將弧移至順轉之推引桿正對罨桿，則汽機順轉，反此則退轉，移至中節而機停。買氏則以推引桿端之楗，移於直槽之内，其直槽之一端爲定點，而又一端接於罨桿，將推引桿端移近定點，則汽罨往復之路長；移遠定點，則反是，故可任得自漲力之何級。此法用單兩心輪，而活含於大軸者。

車機鍋鑪化汽　鍋鑪合法，各類汽機皆然。惟車上之鍋鑪，則以尺寸爲尤要也。鑪柵之面積宜小，則煤膛内之熱度自能增大，而煤亦可省。車鍋鑪，鑪柵面每一方尺，應須總火切面八十方尺，每一小時應燒枯煤一百十二磅。煤膛之熱度增大，其熱自能速傳於水。蓋熱體傳熱與冷體，其速爲冷與熱相較之平方數，所以煤膛之熱度能其大。其熱在煤膛之時，大分已傳於水内，賸下無幾，乃自煙管分傳。熱度若小，則熱之大分須至煙管而傳，故必加多煙管之火切面，方能盡收其熱也。一方尺之鑪柵面，每小時應化水十六立方尺，而每小時化水一立方尺，應火切面五方尺。此數比諸船鍋鑪與陸鍋鑪之火切面減少一半。車鍋鑪之火切面可減少者，因煤膛之熱度甚大，而傳熱甚速也，乃與多加火切面相同。

又《汽學三・考力》　論真空　清虚無物謂之空，一切氣質俱無者，即謂真空。真空之力，與空氣壓力相較而生，非真空自能有力也。空氣能壓氣内之物，即如水能壓水内之物。設轆轤之二面皆有水，則上面之水不能壓轆轤向下，因上下抵力相等，如天平之兩端等重也。取去此端之重，則彼端之重立顯其力而下墜，同於去轆轤下面之水，而上面之水始顯抵力也。故轆轤之一面進汽，而一面去其汽，則抵力亦顯。去其汽，即真空也。真空所顯之力，並非自有之力，乃因彼面有實力，此面無有對力所生也。所以真空不能自動汽機。

縮表漲表　測真空者名縮表，能顯縮力之數，過於凝水櫃者也。測漲力者名漲表，能顯漲力之數，通於鍋爐者也。看鍋爐内水之高低，其法有二：一用數塞門，上下匀列於鍋爐之面；一用玻璃管直立，兩端各鑲銅管，與塞門俱通鍋爐之内，玻璃管内之水面，即鍋爐内之水面也。兼用二法則更妙。【略】

擺動次數　擺動次數依懸梗或線之長，此長以擺動重心與懸點相距爲度。其重心所行弧迹，雖有長短，而次數終無改變。如弧迹或得圓周百分之四，或百分之二十五，而次數各等也。若擺能行真擺線，則次數毫無異矣。所以時辰鐘之擺常使行短弧，取其與直擺線不甚差也。

論助力器　助力器者，能將長路之小力，變爲短路之大力也。常學諸書，常以助力器分爲若干種。各種各具一理，實乃諸法皆歸一理，可以不必强分也。蓋以速行之小力，可變爲遲行之大力。計其重速積數，毫無增損。故凡助力諸器，不過爲變力之用，非能增力也。

曲拐無縻力　人常謂曲拐有縻力者，以其行至直線二點之處無力也。此因誤混往復之速無環繞之速而然也。不知在此二處，固亦未嘗費汽，既不費汽，自無縻力。設以若干平行距等線橫分拐軸心所行之圓軌，則拐軸心任自何一線，與圓軌相交之點，至次線與圓軌相交之點，所費之汽，並所生之能力恒皆同。因此線所分之圓軌，雖長短不勻，而所分之徑則勻也。曲拐過直線二點，環繞之路雖長，而所費之汽不加多。所增之路，恰合所減之力，故任行平行線所分圓軌之何分，所現之重速積力必等也。

面阻力滯力磨力　面阻力即滯力，又名磨力，係二物之面相磨而生也。此力之生，或因物質之攝力，或因二面質點之凹凸相錯，所以相磨之時，二面之質內生動，由動生熱，所生之熱等於生此滯力之能力。測得滯力所生之熱，令水一磅加熱一度，所用之力，能起一磅之重，高至七百七十二尺，此名熱力率。若二物之面爲異質，滯力自能減小。或謂同質者，其質點之排列相同，故相錯密合而滯力大也。相磨之面加大，而抵力不加，則滯力亦不增。相磨之時不多發熱，不多消磨，則抵力與滯力略有比。所以相磨之面，無論何質，愈大愈佳。不但滯力不增，且可久磨不消也。磨面過小，相磨不久即消。

滑質機軸可免消磨　汽機之軸頸軸枕，當考任受之壓力，量用滑質之稠稀。壓力大者，宜用稠質。用滑質之理，即以免二面緊切而消磨也。然或太稠，則雖能免消磨，而粘力甚大，故滯力亦加大，所以必依磨面之方寸數，及壓力之大小，配以何等滑質。若爲流質油，則每平方寸受壓力九十磅，其滯力爲最小。惟相磨之面過小，而壓力過大，則滯力增多，而易於消磨。

任力與結力相稱　凡汽機任受之力，必與材料之結力相稱。汽機之任力，分言之，爲牽力、攝力、扭力、折力、剪力；合言之，爲擠力、牽力。材料之結力，以任此二力之界度之。

生熟鐵條之斷屈界　牽力與擠力之斷界，各物不同。最精之熟鐵條，每橫剖面一方寸，牽力斷界爲六萬磅。生鐵每橫剖面一方寸，牽力斷界爲一萬五千磅。生鐵擠力屈界，每橫剖面一方寸約得十萬磅。熟鐵擠力屈界，每橫剖面一方寸僅得二萬七千磅，尚或不及此數。兩事相較，熟鐵之牽力斷界，比生鐵爲四倍；而生鐵之擠力屈界，比熟鐵爲三倍有餘；熟鐵之牽力斷界，比擠力屈界爲二倍；生鐵之牽力斷界，得擠力屈界六分之一。

鋼銅牽力斷界　上等鑄鋼與泡面鋼之牽力斷界，每橫剖面一方寸得十三萬磅。密鐵與此略同，比諸熟鐵爲二倍餘。汽機軸襯之礮銅，每橫剖面一方寸牽力斷界爲三萬六千磅。搥打之紅銅，每橫剖面一方寸牽力斷界爲三萬三千磅。模鑄之紅銅，每橫剖面一方寸牽力斷界爲一萬九千磅。

鋼之擠力倍於牽力　鋼之擠力，二倍於牽力。如堅鋼作搥，恰能搥穿熟鐵板，厚等於搥徑。蓋剪力界與牽力界相等。若所穿孔周皮積，與牽斷熟鐵條之橫剖面等，則所用之力亦必等。凡搥穿一寸厚之鐵板，孔周皮積等於三寸一四一六，與板厚一寸相乘，得三平方寸一四一六，即剪斷之面積。而搥端面積爲平方寸七八五四，則擠屈鋼條之力，比牽斷熟鐵條之力爲四倍。而擠屈鋼條之力，比牽斷鋼條之力爲二倍也。此各等數，皆以實測而得。

熟鐵條凹凸力界　熟鐵條受牽、擠二力而變長變短，同於極勁之螺絲簧，其長短與所受之牽、擠二力有比，加力不過定界而即去之，必復原形；若過定界，質已受傷，雖去其力，不復原形，即如簧之受力過大也。此定界名凹凸力界。凡熟鐵之凹凸力界，每橫剖面一方寸可受牽力一萬七千八百磅尚不受傷。鐵之精者，竟可受十頓，其受牽力而加長，則橫剖面一方寸受力一頓，長約萬分之一。

生熟鐵條之受擠力　常用之數，每橫剖面一方寸，牽力得一萬五千三百磅。然嫌過大，中等熟鐵恒不及此，況生鐵乎！若與熟鐵條同受擠力若干，其縮短之數，比熟鐵縮短之數爲二倍。然熟鐵條每橫剖面一方寸，受擠力過十二頓，則短漸多而屈。生鐵條每橫剖面一方寸，長十尺者，受擠力一萬磅，縮短十分寸之一，熟鐵條與之等徑等長，而使縮短十分寸之一，必加擠力二萬磅。而二鐵條各受擠力至十二頓，其縮短之數略等，過此則熟鐵條之縮短反增矣。生鐵條加牽力至將斷之界，長六百分之一，加相等之擠力，則短八百分之一。

槓桿任受折力　任受折力之桿，莫如大槓桿。其上下二邊爲全力所聚之處，無論轄輨抵力大小，桿之受力必依桿體長與闊之比。桿之二邊，一因牽力而斷，一因擠力而屈。故上下二邊，可設爲二柱，一受牽力，一受擠力。如桿之長闊相等者，其二柱之受力與三邊形桿之邊同理。蓋三邊形桿之邊，以定點至力、重二點爲二柱也。若受力之邊，往復之路等於推機路，則所受之力，必等於轄輨之抵力。如往復之路爲推機路之半，即闊爲長之半。則所受之力，必倍於轄輨之抵力。故無論何等機件，其所受之力與速之比，若原動之力與速之反比。如動速比轄輨之速小，則受力必比轄輨之抵力大。動速比轄輨之速大，則受力必比鞲鞴之抵力小。凡受力與行速恒有反比例也。故其邊必能任牽、擠二力，而薄處不過連屬二邊，使不變形而已。

急力常力　驟加之力，與移動之力，其數雖等於常定之力，而器之任受之者，已覺倍重。任受常定力之器，堅固宜比斷界多三倍，故任受移動之力，如鐵路鐵橋等，其堅固必比斷界多六倍。

自漲力運動汽機　配合進汽之門，使鞲鞴未至路端汽路閉絶，其已進汽筩之汽，再行自漲，而推鞲鞴至路端，名曰用自漲力運動汽機。此能省汽而增汽之功力。然功力雖增，而汽機之能力則稍減，因自漲力必遞小於原抵力也。故同程若干功，汽筩之容積必加大，而所用之煤則可減少。設鞲鞴至半路而閉絶汽路，則用汽惟半，而其功力必多於半，因已在汽筩内之汽，而再現自漲力，此力未費鍋爐之汽，則亦未費燒料也。

用自漲力與汽機有所增減　汽之功力增大，而機之能力減小者，設汽在汽筩内漲大四倍，其全功力得二倍有餘，而鞲鞴一推之能力，則比同一汽筩，用汽四倍，而不用自漲者幾減半。故汽機欲用自漲力者，汽筩之容積必加大，或使鞲鞴之行加速。加大加速之數，必與欲用若干自漲力有比。

馬力　馬力者，一馬力能於一分時起重三萬三千磅高至一尺也。此數爲瓦特所定，乃英國京都大馬之力。有此定率，各汽機之能力皆可藉此度之。其義因昔時多用馬以程功，後易以汽機，故汽機之力，仍與馬力相比也。

號馬力　在瓦特之時，所言某汽機有二百馬力，即二百馬之每馬力，能於一分時起重三萬三千磅高至一尺也。而今則不然矣，乃近人改汽機之制，而汽之漲力加大也。故言二百馬力之汽機，其能力大於瓦特時二百馬力之汽機，而所稱馬力，變爲號馬力，僅以言汽機之大小，而不能計其能力也。

號馬力有差等　今時汽機一號馬力，於一分時起重至一尺之高，常多於三萬三千磅。有能起五萬二千磅至一尺高者，有起六萬磅者，有起六萬六千磅者，竟有比號馬力大至八倍者。故欲比較二汽機之能力，必求其實馬力也。

求實馬力法　求實馬力，必用指力器，測汽筩内每方寸之均力，而後將均力之磅數，減去運動全機之滯力，及恒升車之縻力共一磅半，得浄均力數。以此數與鞲鞴面積方寸數相乘，再與鞲鞴每分時總行之尺數相乘，得數是爲能力之數，以三萬三千除之，即得實馬力之數。又法，將汽筩全徑自乘之方寸數，與浄均力數相乘，再與每分時鞲鞴總行之尺數相乘，得數以四萬二千零十七除之，得數與前同。

定號馬力法　定號馬力，可以任意設法。若依瓦特之法定凝水機，則將汽筩全徑自乘之方寸數，以鞲鞴每分時總行之尺數乘之，以六千除之，即得號馬力數。蓋瓦特之法，以每方寸均力爲七磅，故不必再以七乘，而徑用六千除之也。然必用瓦特所定推機路之數，與鞲鞴速率之數。

大抵力機實馬力　大抵力機之實馬力，與凝水機相同，亦視指力器以爲準。汽車不引重時，在鐵路上之縻力，每鞲鞴面一方寸有一磅，另有汽機之滯力磅一四，無恒升車之縻力。然入算之時，亦減一磅半爲較便。其法亦以汽筩全徑自乘方寸數，與浄均力數相乘，又與鞲鞴速率之尺數相乘，以四萬二千零十七除之，得數即實馬力之數。

大抵力機號馬力　定大抵力機馬力之法，從未有人言及。今以凝水機之實馬力與號馬力相比，而推至大抵力機之實馬力與號馬力，亦使有相比也。則凡汽機有若干號馬力，可以無論大抵力機、凝水機，其程功俱同矣。將汽筩全徑自乘之方寸數，與推機路之立方根數相乘，以一五·六除之，即得大抵機之號馬力。準此法，則號馬力爲等體凝水機之三倍。蓋大抵力機之號均力，常爲二十一磅，而凝水機之號均力爲七磅也。又鞲鞴速率之號尺數，與凝水機亦同，俱用推機路之立方根數，以一百二十八乘之。

實馬力號馬力之別　實馬力爲推算汽機能力之數，號馬力爲度量汽筩容積之數，二事本不相涉，故雖先知其號馬力，不能算得其實馬力，猶之先知實馬力，亦不能算得其號馬力也。此事須知號馬力爲造機時之量數，買賣汽機俱用此數。同於度量之法，不能以實測之法考究，須有權者定之。如定度量相同，實馬力乃實測之數。如重學之理，以某重致某遠須某時，故必先知均力之數，與鞲鞴速率之實數，始可推算。既得實馬力，即可考汽機之功率。

以功率定機力　功率者，即燒煤若干，與程功若干之相比。欲知其數，必先知程功之數。如平時磨汽機，或船汽機，不可預定，必視指力器，方能計所程之功，因其用力常不均也。惟有起水汽機所起之重常均，故視挺桿每分時往復若干次，與所起水之數，即可計所程之功。次以燒煤若干，得程功若干，定其功率。其燒煤之數，常以一籃煤爲率，計燒煤一籃，能起若干重高一尺，即爲汽機功率之數。然英國南陲哥奴瓦，以燒硬煤一籃，重九十四磅，定功率之數。而北陲牛卡司里，則以燒烟煤一籃，重八十四磅，定功率之數。故欲比較諸汽機之功率，必以言明何處之籃。

以實馬力求功率　確知每小時内一實馬力燒煤若干，亦可求其功率。以每實馬力一小時内燒煤之磅數，除一萬六千六百三十二萬，此數係六十乘三萬三千再乘八十四而得。即得功率之磅數。設已知功率之磅數，欲求每實馬力一小時内燒煤之數，則將功率之磅數，除一萬六千六百三十二萬，亦得每實馬力一小時燒煤之磅數。若算汽車之功率，則以鐵路上引一噸重至一里，用枯煤若干。但此法不甚確，因同燒枯一磅，同引若干重，汽車之行走愈速，而功率愈小，其遲速與功率之比，尚未考定。

汽車吸風力　車鍋鑪之風力，與别種鍋鑪不同。如陸鍋鑪之最好者，煙通之吸力，等於水柱高一寸半至二寸半。車鍋鑪之煙通，其吸力大者，等於水柱高十二寸至十三寸。平常者，亦等於水柱高三寸至六寸。吸風力之數，各汽機不同，依煙管之横剖面等事而異。如車汽機之餘汽，有水銀高一寸之抵力，即煙櫃有水柱高一寸之吸力爲中數。無論吸力大小，而此比例不改。故煙櫃内有水柱高六寸之吸力，必得餘汽等於水銀高六寸之抵力，即等餘汽管口一平方寸有抵力三磅。

火櫃煙櫃吸力之較　實測得中等汽車火櫃内之吸力，得煙櫃内吸力之半，然依煙管横剖面之大小而異。又實測煙管四十七根，外徑一寸又四分寸之三，長十三尺十寸，爐栅面九方尺半，而車行無論遲速，煙櫃之吸力，與火櫃之吸力恒爲三與一之比。煙櫃之吸力，等於水柱高十二寸。火櫃之吸力，等於水柱高四寸。可見吸風使過爐栅之間，須水柱高四寸之抵力，使過煙管之内須水柱高八寸之抵力。

煙通吸力有大小　稍闗煙通扇門，即可減小煙通之吸力。減小餘汽管口之徑，即可加大煙通之吸力。減餘汽管口徑之法，有多人剏設，而以司低分孫者爲最妙。用錐形短管，在餘汽管口之内，推引上下，而餘汽管口之内，亦作尖圈，配合短管之外，其徑小於短管之大端，而大於小端。短管推上，則大端密切尖圈之口，而汽自短管之小口噴出，其力自大。短管引下，則汽過短管之内外，而自餘汽管尖圈之口噴出，其力自小。

陸地鍋鑪煙通法　蒲頓華德定陸地鍋鑪煙通之法，將鍋鑪内一小時燒煤之磅數，與十二相乘，以煙通高之平方根約之得數，爲煙通最小處横剖面方寸數。尋常二十號馬力之鍋鑪，煙通高八十尺，一號馬力配煙通横剖面二十平方寸。一號馬力，一小時合燒煤五十磅。而二十號馬力之鍋鑪，一小時共燒一千磅，依法將一千與十二相乘，得一萬二千，再以高數之平方根九約之，得一千三百三十三，即煙通最小處之横剖面積。若增其高，而不增其横剖面積；或增其横剖面積，而不增其高，俱非法也。又將一小時燒煤磅數，與五相乘，以煙通高之平方根約之，得爐栅間空處之面積。

鍋鑪任力　鍋鑪鐵質之任力，與别種鐵器同理。横剖面每方寸，任受牽力五萬磅至六萬磅，爲其斷界。然至此數三分之一，鐵質已傷。故鍋鑪之任牽力，每横剖面一方寸，不得過四千磅。又常有生鏽等事，其數更當減少。

車鍋鑪任力　車鍋鑪，每平方寸恒受漲力八十磅。鐵板厚十六分寸之五，鍋鑪徑三十九寸，每長三寸二，得鐵板横剖面一方寸，而所任牽力之數，爲長三寸二，乘徑三十九寸，再乘每平方寸之漲力八十磅，得九千九百八十四磅。而圓箭二邊，各有横剖面一方寸，所以二邊各任四千九百九十二磅。

船鍋鑪任力　船鍋鑪平面之處較多，故全恃牽條以爲固。牽條横剖面一方寸，任力不可過三千磅。因常與水相遇，生鏽而減小也。凡船鍋鑪所任之力，宜甚小於車鍋鑪所任之力。因内外面皆易生鏽也。所用牽條宜小而多，大則兩端難免漏洩，漏洩則鍋鑪外面易鏽。凡鍋鑪製成，須用壓水器試之，使任抵力大於後日常用之抵力二、三倍。用至日久，亦宜再試，恐有生鏽已傷，猝然遇患也。

鍋鑪鐵質銅質任力大小　前數年美國有公會，詳測鍋鑪任受牽力斷界之數，知熱度愈大，鐵質之任力亦可愈大，至五百五十度爲限。熱再大，而任力又必減小。以横剖面一方寸，任牽力至斷界爲率，在三十二度，任力五萬六千磅；熱至五百七十度，任力六萬六千五百磅；熱至七百二十度，任力五萬五千磅；熱至一千零五十度，任力三萬二千磅；熱至一千二百四十度，任力二萬二千磅；熱至一千三百零十七度，止任九千磅。有人誤致鍋鑪遇熱，覺任四萬五千磅已至斷界。又測銅質任受牽力，熱度愈大，任力愈小。其熱度加大之立方，與任力減小之平方有比，熱在三十二度，横剖面一方寸，能任牽力三萬二千八百磅，熱大而力小。

鐵條任力不同　鐵板順紋剪開之條，任受牽力，大於横紋剪開之條一百分之一。鐵質屢次折疊燒紅，捶打使黏合，則堅固亦加大。若用數種并合，則不合法。鐵板搭釘者，其任力，比整塊者減三分之一。以上各數，與英國非而畚所測之數略同。

船汽機抵力大於陸汽機　陸汽機，轆轤面每方寸任受全抵力，恒得十二磅至十三磅。而船汽機與車汽機，則有數倍於此者。設每方寸之全抵力加二倍，則各件實體之尺寸，必合二倍大之汽機。故可設公法，依全抵力之大小，而定汽機各件實體之度。鍋鑪内一方寸之漲力，與縮櫃内一方寸之縮力相并，即轆轤面一方寸之全抵力縮力一方寸，略得十五磅。

汽車引重力　車與鐵路俱合法者，則緩行之車，共重一噸，須用引力七磅半，即引力爲所引之重三百分之一。車之極精者，其引力爲五百分重之一。蓋緩行之車，引力略勝阻力，即能行走。而阻力大半在軸頭，即滯力。小半在輪周。鐵路甚平者，輪周之阻力不過千分重之一。極平之馬路，引力爲所引重三十六分之一。各數俱是實測而得。

滯力能引重　鐵路潔淨，而全溼或全乾，則滯力爲五分重之一。半乾、半溼或稍有油，則滯力爲十分重之一，或十二分重之一。有此滯力，始能引重。近時汽車之重，常得二十噸，或二十五噸，故引力甚大。

汽車速行緩行能力之别　同行若干路，速行者之能力，必甚大於緩行者。其故，多因空氣阻力，與擊横阻力；次因行速而使鐵路震動成微浪，如車行於浪上者之阻力。若一小時引客車而行三十里者，每引一噸，有空氣阻力十二磅。【略】設鍋鑪内一小時化水二百立方尺，即有實馬力二百匹，引重一百一十噸，而一小時行三十里，一噸重所用之引力七磅半，則一百一十噸爲八百二十五磅，輪徑六十六寸，推機路十八寸，先以輪半周與徑爲比，再以輪徑與推機路爲比，得轆轤須推力四千七百五十七磅。放汽管口一平方寸得六磅，設汽車不引重之滯力，以轆轤一平方寸爲一磅，轆轤徑十二寸，合計一千五百八十二磅，又引重所加之滯力，爲引力七分之一，實測之數較小於此。計六百七十九磅四，共得七千零十八磅四。一小時行三十里，則一分時轆轤行四百五十七尺八，將此數與前數相乘，得三百二十一萬三千零二十三磅五，即一分時能起此重高一尺也。以三萬三千約之，得九十七馬力三，再加空氣阻力每噸十二磅、一百十噸，得一千三百二十磅，等於一百〇五馬力八。兩馬力數相加，得二百〇三馬力一，與二百馬力稍差。空氣阻力常無此之大，此以路之曲彎不平俱歸空氣阻力計之也。

汽車重車動力不同　汽車重車雖等重，其行動汽車之力，必大於重車，因汽機自有滯力也。用稱力器實測之數，汽車與重車共重一百噸，一小時行十三里一者，汽車與煤水車，每噸全阻力十二磅三八；重車每噸全阻力七磅五六，中數每噸得九磅〇四。一小時行二十里二者，汽車與煤水車，每噸得全阻力十九磅；重車每噸得全阻力八磅一九，中數每噸得十二磅二。一小時行四十四里一者，汽車與煤水車，每噸得全阻力三十四磅；重車每噸得全阻力二十一磅，一中數每噸得二十五磅五。一小時行五十七里四者，汽車與煤水車，每噸得全阻力三十五磅五；重車每噸得全阻力十七磅八一，中數每噸得二十三磅八。

船受水阻力之例　船受水阻力，略與速之平方有比。所以欲船加速，其所需之能力略與速之立方有比。設令船行速二倍，必用力四倍，即平方之比也。惟行速二倍，則同行若干時，行過之路亦二倍。故必用能力八倍，即立方之比也。此以船之首尾入水相等者言之。

行船減小阻力　首作鋭角，則推水可甚遲於首作鈍角者。因船首鋭角者，前行之路已甚多，而在同時中劈水横開，可以不必甚遠，即船行之速，能大於水行之速。因阻力既與水行速之平方有比，故尖首之船，用力小而行能速也。船式巧妙者，祇以力之小半用於劈水横開，而以力之大半，消去水與船體之磨力。所以船體行水之法，減小磨力亦爲敢要也。

行船減小磨力　水切面磨力，與船速之平方略有比。一小時行二海里，則磨力與速之一·八二三方有比。一小時行八海里，則與速之一·七三方有比。所謂磨力，非真爲磨擦之力，乃爲水粘滯船體之力也。船行極速者，磨力略減小，因速極勝水之粘滯也。水有不及粘滯之意也。然亦有定率，其磨力或言與定質之磨力同理，亦無定據，未曾實測。

行船海水淡水阻力不同　船體同式，入水同深，行於海水之阻力，比行於淡水稍大，因海水重於淡水也。然海水浮物之力，大於淡水，所以船體同式、全車相等者，阻力亦相等。

行船阻力半因粘力　船體之形，若欲其首尾之阻力最小，而不計磨力，必將水漸漸劈開，初慢漸速，繼而漸慢，至中腰則停；過此而返回，亦初慢漸速，繼亦漸慢，至尾而停，有如鐘擺之行迹。試用筆相連於擺，將紙側立，平勻動過就之，筆繪於紙，所成之線，即爲船之平水線。依此法所造之船，除磨力之外，水之阻力極微。然比常式合法之船，蓋處亦不甚大。蓋船首推水成浪，與船尾吸水成空，所費之力，不若前人所言之大也。可見船受阻力，大半因粘力。

行船之力速率不同　行船之力，與船體合比例，則速率不能相同。所以行大船與行小船，其力難準大小之比，而大船之行必速於小船。如較駛帆船，大者必讓小者先行若干路也。大船與小船之形式，並風帆而積之比例相等。其速率之比，若船尺寸平方根之比。以數船證明此理，如費利螺輪船，改造依原尺寸大三倍，則入水體積大二十七倍，入水中橫剖面積大九倍，行船能力亦用九倍，船體之長得四百三十七尺，闊八十三尺四寸半，入水深十三尺半，入水中橫剖面積七百二十九方尺，號馬力一千〇八十，因原船與此船尺寸之比，爲一與三之比，則二船行速之比，必爲一之平方根與三之平方根之比，即一與一三之比。英國所造極大之輪船，名大東，入水橫剖面積二千方尺，實馬力八千，一小時行十四海里，能率爲六百八十六，與費利之能率四百六十四八相較，未至其比例。故平方根比例之法，尚非密率也。但依前考能率之法，入水中橫剖面七百二十九方尺之船，一小時行二十二海里半，實馬力三千二百七十九，則能率應得二千四百七十一。然大東輪船若用全力於螺輪，而不束用明輪，且螺輪更伸向後，則能速甚多。

明輪船穈力　明輪有二種，一定翼，二活翼，俱爲常用之式。定翼者穈力甚多，因出水、入水恒斜迤也。活翼者無此穈力，因出水、入水恒直立也。無論何式，推水之時，水必向後而行。因水非定質，受力必退讓也。輪牙之速必大於船行之速，即是此故。汽機所用之汽，與輪速爲比，而汽之功力，則與船速爲比。

明輪船任力心　活翼在水内時，其内外邊之速相等，故任力心正在翼之中心。定翼之外邊，速於内邊，任力亦外邊大於内邊，故任力心必在内外重力相平之點。力既聚於此點，故同於活翼中心之功用。又因流質之阻力，與速之平方爲比，設令各翼盡入水内，輪轉而船不動，因翼之外邊，所行之周大於内邊，故翼面無論何處，其任力與距輪心之平方有比。若僅數翼入水，則惟有一翼全在水内，而餘翼則否，所以翼之無論何處，其任力之比，較距輪心平方之比稍大也。故入水、出水翼之任力心，常自翼之外邊向内而移，惟定翼者不能移至翼之中心。

輪船直翼能力穈於斜翼　直翼能力多穈於斜翼者，因斜翼之任力大於直翼也。直翼所任之力，不過船與輪二速之較，非若斜翼之初入水者，平擊水面所任之力，即輪轉之速也。此以輪入水至輪心而言。無論船行與否，此力恒同。故輪上任何翼之任力，與距直翼有比，即愈遠直翼而愈大。惟動船之力，則反是，即愈近直翼而愈大也。故入水不深者，直翼前後相近之斜翼，動船之力亦頗大。若活翼之輪，則入水之翼皆直立，而任力必與各翼橫動速之平方有比。故橫動之速最大之翼，即動船之力最大之翼也。

輪翼要説　欲汽機轉速，而減小翼之面積，船亦不能加速，惟減小輪徑，而使汽機速轉，則船能加速。且作活翼，以免斜推水之穈力，爲更得之。凡輪之輥圈，切不可在水面之下，恐出水、入水之時，必帶多水衝激。輪之尺寸合法，則水讓之速，等於任力心之速四分之一。若各件合法，水讓能愈少。已知汽機之轉速，並船之行速，即可知輥圈之徑，將輥圈徑加水讓數之徑，即得輪翼任力心繞行圓界之徑。

螺輪船推水力　螺輪推水之力，不在螺翼面積，而在螺徑之平圓面積。辣得辣輪船，螺徑十尺，面積得七十八方尺五，推力八千七百二十二磅，則每方尺爲一百〇八磅半，入水中橫剖面三百八十方尺，即橫剖面一方尺，得推力二十三磅，一小時推船行九里二也。船體同式者，小船入水中橫剖面一方尺之推力，大於大船一方尺之推力。如彼里根輪船，入水中橫剖面一百〇九方尺又四分方尺之三，入水中橫剖面每方尺得推力三十磅，而一小時行九里七。明客司輪船，入水中橫剖面八十二方尺，螺徑四尺半，面積十五方尺九，其每方尺之推水力二百十四磅，入水中橫剖面，每方尺得推力四十一磅，一小時行八里半。徒火法輪船，入水中橫剖面六十方尺，螺徑五尺八寸，面積二十五方尺二二，其每方尺之推水力一百〇九磅半，入水中橫剖面，每方尺得推力四十六磅，一小時行九里，比諸辣得辣適爲二倍。可見小船所受阻力，不依比例而減，故螺輪亦應依比例而加大也。

螺輪船當行速率　螺距乘轉數，與船行速率相較，即得水讓之速。即螺穈也。螺距乘轉數，爲螺絲行於定質之速，即螺輪當行之速也。精巧之輪，與船首之阻力相配者，螺穈不至十分之一。形式不精，而螺穈至十分之三者有之，且更多者亦有之。當有最精之船，並無螺穈。不得無之，反有速於當行之數者，亦未藉風力也。此寄事也，然有妙理存焉。因螺距甚小於螺徑者，旋轉必甚速，故螺輪推水之離心力，衝激於翼面之後邊而成劈形，同於加大螺距。故輪轉相同，而實行之路自加，又因船行甚速，近船之水必隨而前進，輪既轉於前進之水内，船行必加速矣。所加之速，藉汽機已現之力，並未另費能力也。

船尾尖狹增速率　雷富們輪船，入水積四百八十六噸，汽機原有二百馬力，一小時能行八海里。又地率輪船，入水積二百九十六噸，汽機原有一百馬力，一小時能行六海里半。後地率汽機移於雷富們船，而地率換用四十馬力之汽機，將二船之尾俱改尖狹，雷富們船之速率仍如前，惟地率則一小時行七里半，地率之原汽機，移至雷們船內，比前多行一里半，而船之入水積，反略爲二倍。地率船新汽機之馬力減少六十，而行反多一里，此爲造螺輪船者，不可不究之事。

造船減小螺縻　近人有減小螺縻各法。蓋水之讓輪而退行，多因水之離心動甚速也。試觀船泊而轉螺輪，將水四面扇開，船不前行。水既成離心之動，必往抵力最小之處，即水面也。輪體入水深者，水雖離心，難於四散，亦難上浮，故螺縻可減矣。所以螺輪入水愈深，螺縻愈少。惟入水過深，常不便，故又剏思新法數種。如船體甚長者，船行之力以十分之九帶水向前，螺輪行此向前之水內，而螺縻亦減。船恒遇大逆風者，欲螺縻減小，則宜置螺輪於船尾向前之處。設輪翼不作螺絲形，而置於船尾向前之處，或在船底之下，轉動之時船亦前行。因水切於船尾尖殺之處，輪在此攪擾使動，能成相擠之力，推船向前也。故螺輪而置於此處，螺縻自可不大。

明輪船螺輪船用煤比較　同式同力之船，一用明輪，一用螺輪，俱對逆風而行，則明輪爲勝。所勝者不在速，而在省煤。因明輪船遇逆風，則行必慢，汽機之轉亦慢，燒煤亦由此而省。所省之煤，與船之減速略有比。螺輪船遇逆風，其行亦慢，惟汽機之轉，不甚慢，轉數雖不甚減，而行亦不加速。故尋常之逆風，二船之速略相等。若遇逆風極大，而二船略至不能前進，則螺輪又勝於明輪。然此爲不常有之事。總以尋常而論，螺輪船燒煤多，而行速與明輪略同。蓋定螺長之時，原與小逆風相配，若遇最大逆風，則阻船之力過大，而螺長不足以勝之。輪在水內旋轉，不能合螺絲之路，必推水奔向兩旁，前行之數自減。此與停泊之船，使輪旋轉，而推水向兩旁者相同。明輪則推水向兩旁之弊。

輪船牽力比較　二種船前行之力，業經實測，辣得辣螺輪船與阿力多明輪船，二船同式同力，其容積俱八百噸，汽機二百馬力。奈遮螺輪船，與巴西里司明輪船，二船亦同式同力，其容積俱一千噸，汽機四百馬力，各於潮平風静之時，在大海用長索連，二船之尾相背而行，螺輪船能引明輪船退行。其所以然者，並非螺輪之力大於明輪，因螺輪轉甚速之時，水勢泛成大浪，衝激船尾，而助推船之力也。蓋螺輪船有物阻之而能前行，其翼面推水，能成離心之力極大，泛起之浪甚猛，船之前行大半爲輪之推力，小半爲浪之激力。反其事以證之，仍用前二船，以船首相對，用索連之，而退轉汽機，使得退行，則二船乃相定。又以稱力器，測驗二船之能力，果屬相等。因知螺輪之引退明輪，並非力之大也。試詳論之。凡輪船前行之力，等於水阻力與粘力，並等於輪翼任力心之力。明輪船已知輪之尺寸，又知水退速率，即知其力數。水退速率加船行速率，乘此力數，等於鞲鞴能力。螺輪船亦同此理。所以鞲鞴有若干抵力，而水退有何速率，則二船同式同力者，或快行，或慢行，鞲鞴之抵力既同，而水之阻力與粘力並同。二船前行之力，亦無不同。故無風之時，同式之船，前行同速者，則前行之力必同。所以二船連尾背行，其向前之力亦必同也。

船用風帆以螺輪爲便　船不甚大，常遇逆風，自必專用汽力，則以明輪爲善。若可以兼用風力者，則以螺輪爲善，船體甚長者，螺輪可得水已動之力，亦勝於明輪，所以螺輪兼用風帆，便於明輪兼用風帆。蓋螺輪深藏水中，船雖欹側，無妨行走，帆索亦無阻礙。且風帆能減船入水體之阻力，同於加大螺輪之徑。有螺輪之助風帆，故風帆更能得力。因風遇已動之帆而不返回，力必增大也。若遇旁風，而螺輪助其前行，則同行若干時，其得風力之路，必能加多。可見風帆能加螺輪之益，而螺輪又助風帆之利，兩相濟也。

造船兼用明輪螺輪　明輪加螺輪之益，同於螺輪之兼風帆。蓋明輪而得螺輪之助，其所現之力，能相濟而俱加大。故二輪之縻力，俱小於單角一輪者。若單用明輪或螺輪，而作推水之面甚大，則益處亦同於兼用也。步倫捺所造大東輪船，容積一萬八千九百十五噸，兼用二種輪。又有兵船名皮，亦兼有二種，而未嘗同用。

胡兆鸞《西學通考》卷八《汽學考》　天氣　用一瓶，口旁有螺絲塞蓋，將氣吸盡，置天秤上。較對平準後，開其塞，則瓶又偏重，以天氣入瓶故也。足見天氣亦有分兩，人自不覺。《格物入門》

天氣能浮　物浮空中，與浮水中其理一也。雲能浮空，與天氣較輕也。仝上。

天氣下壓　用竹管入以活塞，如吸筩然。將管一頭置水中，拔塞，令上，則水亦隨之而上，以天氣下壓之也。或以木桶覆活蓋，中鑽一孔，復安一管，用力壓蓋，水即入管上行。亦實天氣下壓之也。仝上。

氣有實質　試以手搖之，即覺觸手。以扇揮之，隨扇生涼，而口鼻呼吸亦覺其出入。若成爲風，則耳能聞聲響，目可辨其方向，船帆藉以駛行，風車賴之盤轉，此皆有質之據也。《氣學須知》。

汽質之義　置流質於露天或乾燥室中，漸化極微之質而上升，名曰汽，此汽即和入空汽之中。空汽之寒暑度若干，即能和若干汽。熱汽加和汽愈多，故以水露於空中，雖不見其化汽，然水亦漸少，久則乾。《汽機發軔》。

天氣漸高漸薄　瑞士國有人往極高山下炊糧，不易熟，天氣輕故也。必釜上加蓋，其炊始熟。以水氣不出，亦如天氣壓之也。又如釜水正滚沸，蓋之即不滚，亦水氣倒壓之故。人登極高之山，便覺頭悶膚脹，亦因天氣較輕，而體中之氣偏重，故脹滿不安耳。

天氣愈高愈輕　升高十里，天氣即減一半。再升十里，再減一半。每升十里，每減一半。如此計算，以至於盡。蓋升高十里之處，每方寸天氣壓力十一觔三兩。二十里，每方寸壓力五觔九兩五。餘可類推。

養淡二氣　養、淡二種，每五分中養氣居其一，淡氣約居其四。動物吸氣之時，收養氣若干以養身。命養氣過多，則動物吸之喘息甚速，肢體狂躁，不久即死。必有淡氣和之，始無傷損。

風雨　天氣有淺薄之處，則氣向之而聚，動盪而爲風。天氣薄輕，則雲必低垂，故落雨。風雨表之爲物，管之上口無孔，管外畫成度數，下面水銀盛於皮袋，因天氣之輕重，以考驗風雨，故名。至於表外所計風雨陰晴度數不同，蓋天氣地勢有改易也。以上《格物入門》。

生露之義　空汽依寒暑之度與汽相和，既和之後，瀰漫空中而不見。一遇冷體，則附著其面而成小珠形。如多人聚處一室，其汽散滿空中，遇壁即凝，常見有水自上流下。又將冷水一杯，置熱室中，少頃見杯外有水，皆此故也。凡自天空中成者，名爲露。

生露之源　生露之源，爲地面發散之熱，故夏天生露，在熱地更顯，以熱帶中之露爲尤多也。若空中有所遮隔，即不成露。故有雲之夜無露，若鋪布幅於地面，亦無露。夜中有風則露少，蓋露未成，而被吹散也。植物賴地長養已枯，而藤類仍生，可知藉露之故。

熱之本源　熱之本源，其略有三，有日射所生，有人工所生，有化合所生。其最要爲人工化合之熱。凡燃内之事，俱係化合。以上《汽機發軔》。

火氣　火山恒有熱水、硫磺、碎石湧出，皆蒸氣之力催之也。北冰洋海島中有著名火山，山麓有極大温泉，間流間止。其流也，上躍數十丈，噴氣若雲霧，激響若雷霆。究其故，因山中之火，遇水而成蒸氣，别無出路，遂致壅塞，積聚壓於水面，而催水上躍。氣盡則止，氣滿復流。《格物入門》。

寒暑表　物質熱限之大小，準以寒暑表之度數。

熱冷之驗　物質加熱，更變有三，曰漲，曰鎔，曰化。其減熱而更變亦有三，曰縮，曰結，曰凝。適與加熱相反。

奇理之益處　無論地面寒暑，地内不甚深，大約常得寒暑表四十度。淡水最大，疏密率以四十度爲則。若或冷或熱，俱漲。故冰常浮於水面，而日曬易鎔。水能冷熱俱平，設與常理合，則冰當沈下，雖夏日不能曬鎔，積久生大害矣。此奇理惟淡水有之，或言海水冷則更重。

白金量火法　最好火表但以里所作，其功用全賴白金、筆鉛二物。蓋白金不鎔，筆鉛不漲也。用白金作條，置於筆鉛管内，條稍細，管稍長。再以磁末塞口，管用小末條築實之。加熱而白金漸漲，磁末能出而不散。減熱而白金漸縮，磁末即定而不動。外接弧表，以量白金之漲度。弧表之度，與水銀表之度相合，故可藉弧表之度加接水銀表之度。

人工所生之熱　兩質相磨可以生熱，此爲司汽機所當慎。如火軸與軸枕其蓋太緊生熱，甚之發熱銅漲，其害乃生。有時銅襯鎔粘於軸者有之。搏擊亦能生熱，鐵條可擊之使熱，熱甚而紅。若恐氣忽然擠實，其熱亦能生火。

燃理　凡燃必合三事，一要柴類，煤炭皆是。一要空氣中之養氣，一要空氣不冷。故有熱空氣與燃料相合，則能燃。西國都會之路燈，名曰波特光，一燈可照數十里，其光乃獨養所成。又冶爐用風車推風進爐，火輪船艙門進風太慢，而火不旺，則用汽機帶轉風車之助風，即加添養氣之意。以上《汽機發軔》。

節火機　有管通於蒸釜上，以滑車鐵練懸錘，垂於管之上口。彼頭以練應鐵板，通於爐之火道。如火大氣稠，釜水由管上升，將錘浮起，而鐵板下垂，火道截住。若火小氣微，釜水由管下退，錘亦低落，而鐵板提起，火道復通。如此節制，火無盛衰之慮矣。

天氣漲縮　以紙少許然著，置盃中，手掌按嚴。迨其既熄，手起而盃亦隨之不落。因盃中之氣被火催出，外氣不能復入内，氣漸涼漸縮，如吸空然，外有天氣托之，故不落。與把火罐醫病同理。

天氣火輪　邇來有人設火輪法，只用天氣。緣漲開之力較水汽尤大，以之印書、推磨、鋸木等事尤便。惜不能用於行船，因器具過重也。

水氣蒸氣　水不熱而化爲氣，謂之水氣。極熱而化爲氣，謂之蒸氣。水氣由於自然，運行空中作雲下雨。蒸氣藉乎製造，惟憑火力運動氣機。初非二氣也，因冷熱易其名耳。

蒸氣有力　蒸氣之用極多，如印書、汲水、推磨、鋸木、紡織，均足以代人工。至運車行船，尤爲捷便。有力可用，古人知之。歐羅巴地方古時崇一神像，怒則雷震雲行，時多敬畏之。有智者因神像中空有孔，究其隱，係以像代釜，中注以水，下爇以火，迨熱稠力大，便將塞子催出，訇然作響，如雷氣由孔出，油然雲作矣。漢武帝時，希臘國有希羅者，昉造蒸機器，不過玩物耳。

靜水　水學大綱有三，一則靜水之面必平而不側；二則水之壓力不僅向下，六面皆同；三則水勢愈深，壓力愈大。

流水　於湧泉處，用厚板兩邊壓起若隄，其長丈餘。在下流盡處高起若門字形，内安活塞可以上下，如門之啓閉。又於中間置氣箱一箇，上有水管，下有合頁。水流緊溜，則門塞自然向上而開，水旋流入氣箱，而門塞下落，箱内氣漲，即催水從管中躍。此流彼止，彼流此止，時止時流，無需人力。以上《格物入門》。

水氣冷熱度數　凡各物貨，皆能冷漲熱縮，水亦有然。如以玻璃管盛水，下爇以火，熱至二百十二度，則沸而爲汽。此時水之漲大，僅爲原體積二十三分之一。冷之，則水漸縮，縮至三十二度，則驟漲而結冰，其體積較原水大至九分之一。即如水深九寸，則能結冰一尺，足見水不能如氣之多漲縮也。《水學須知》。

氣海　空氣彌漫於地球周圍，猶如氣海，高厚約一百三十餘里，故地面一切人物皆受包涵。凡各孔隙無微不入，因曰不能覩，手不得捫，故曰空氣。然實非空，確有質性可驗。

空氣結力　凡體能聚合不散者，因有結力也。空氣雖薄，亦含結力，故能限制，不至散於烏有。惟其結力極小，因質點相切甚疏鬆也，故一經微熱，即漲而升。

空氣重力　重力，即向心力，能爲地心吸力所攝，故其雖易飛散，地心力總能勝之，使不離開地球。設不如是，則遇熱立散，自開闢至今，地面不幾早無氣乎？而一切人物，將何以聊生也！

空氣阻力　即與物面相磨阻之力。故凡物行動，無有不停者。

凹凸力　凡體壓之，或屈之、牽之，而仍復原形者，謂之有凹凸力。

空氣抵力　抵力者，似乎推物之力也。譬門一扇，自内抵之，則向外開；由外抵之，則向内開。若内外抵以相等之力，則門不開不闔。空氣抵力亦同此例。故凡兩面抵力不等時，其大者能勝其小者。

空氣托力　烟霧能浮於空氣者，乃空氣有托力也。以上《氣學須知》。

天氣颺聲　玻璨罩内置自鳴鐘，放些須天氣入於罩内，則微聞其鐘有聲。氣愈稠，聲愈大也。天熱則氣稀，大聲講話便覺費力。天冷則易，亦此理也。在極高山上放槍，其聲不過如拍手然。若在北極之黑道，二人相去三里之遥，尚可通語言，因天冷氣稠耳。

他物颺聲　最能揚聲者，水木鐵石等物。即如人在水中，以二石相擊，浸耳於水内聽之，較之平地聲音更大。有極長大木，以耳貼其一頭嚴緊，一頭或以指甲刮之，其音即達於耳。非藉木達之不能也。如以鐵著懸以索而撞之，其聲原不甚大，若以繩之兩端令人耳杜嚴，復撞之，則音如巨鐘矣。人或重聽，聞樂不真，以鐵條啣於口中，一頭置樂器之上，其音由口入耳，聞之甚響。

二氣相觸滅音　以口底均大之玻璨盞置几上，復以定音叉橫於上而彈之，其音自盞中迴響。再以前式玻璨橫向叉口，將聞其音忽斷忽發，因二盞之氣動盪相觸，故滅其音也。如二浪成平，二光成暗之理耳。

氣嗓分兩節　氣嗓分爲兩節，上節大，下節小。二節相接之處，生薄翅如笙之簧，氣出則動盪而成聲，鬆緊隨意，以收放音聲之高低。音之最佳者，高低能分十層。八音爲一層。一音又分上中下，則共計二百四十音，均由一口而出。此但論喉嚨也，至唇舌能分音辨字，以至於數千，均可以意爲之，發乎自然。迨出口而成聲，他人以耳接受，遂能領會，其間賴天氣以颺之，三者若合符節，足徵造物之妙用，元之又元者也。以上《格物入門》。

鍋爐需用諸件　汽蓄聚於鍋鑪，萍門漲權與水銀漲表，所以驗汽之漲力也。測水門與測水表，所以測水之淺滿也。鍋爐或用數座於通汽管之近鍋爐處，用阻汽門，以啓閉之。鍋鑪之大概，前面水列空洞或三或四，高約四尺，下界近地空洞之内，斜置鐵條，横隔爲上下二處。鐵條之數無定，名爲鐵柵。承爐柵之前端者，名爲定樑，其闊足敷爐柵之漲縮。爐柵常分兩節，按處再用鐵條承之，後端亦同，皆名柵樑。爐柵之上所以盛煤，即名煤膛，下名灰膛。空洞之上下二口，各有門，上曰火門，下曰風門。空洞之形如筩，平置鍋爐之内，深約五六尺，總名爲火爐。諸火爐之熱氣，相聚於大櫃，自經行之路以至烟通，或名爲曲管鍋爐，或名爲烟管鍋爐，以離火爐之熱氣。

汽機綱領　氣質推機之法，作有空圓柱，名爲汽筩。用厚鐵板密切筩内，使氣不稍洩，名爲鞴鞴。鞴鞴之二面空氣抵力相等，故定而不動。今有三法可以運動。其一，以此面減小空氣之抵力，彼面不變。其二，以此面加多抵力，彼面不變。其三，以此面抵力加多，彼面對力減少。如此三法，俱能運動轄轄。

大抵力機　此機常用雙行之理，而縮櫃、恒升車俱省，蓋不用凝水之法也。其汽程功之後，即自出汽管放出天空，因全機所占之地甚少，故常用於鐵路上，並河內之小船中。雖費煤較多，而有省地之利。若此機放出之汽引至烟通，又能助烟通之吸力。

行船汽機　行船汽機與陸地汽機有別，方可安置船上。蓋陸地汽機占地雖大無妨，且可將縮櫃與恒升車藏於地下，其汽筩槓桿可任意高低大小，諸桿可任意長短。若船上汽機則不然，必以船之淺深廣狹，定機之高低大小。且汽機愈小，餘地自大，始爲船上之利。以上《汽機發軔》。

空盒風雨表　邇來西人製一種風雨表，惟以銅條，其式略如時辰表，內有吸空之盒，盤以鋼條，不使外氣透入。惟恃此條抵敵天氣之壓力，隨其輕重漲縮，有針相聯，可以旋轉。盤面畫有度數，查針運行之度，即知天氣重輕，而驗風雨矣。

積氣泉　西國酒肆用此，使酒自能流躍也。酒池之上，加以積氣筩，有管使通，櫃外由氣筩將氣放入，壓於酒面。將管內螺絲合頁一開，酒被氣催，即由管外躍也。

吸氣筩　二百年前布國俄陀者，所做筩中置活塞，筩底有外開合頁，側面有嘴，置内開合頁。如欲吸氣，將嘴入於器之口內，必須甚嚴。即下接其塞，則筩底合頁外開，而筩中之氣出盡矣。上提其塞，則側面合頁內開，將氣吸入筩中。再按，則側面閉住，下面復開，氣由筩底出。再提，則餘氣亦吸出矣。

氣車　以鐵管長數里，內極光滑，加以活塞，使不透氣。聯有小車，兩頭均有火輪。吸氣筩將氣吸出，則活塞被外氣所壓直至彼頭，車亦隨之而去，回路亦然。英國倫敦曾造此車，惜無甚大用耳。

積氣筩　與吸氣筩相似，而其用相反。此係將氣催入器中，惟筩底合頁內開，側面合頁外開，方能合用。

稱風　測量風力，以鋼條盤繞，一頭釘於木架，一頭置方尺之板。條旁設置木，畫成度數。以板向風，風力吹回若干，條即退回若干度。又法，以玻璨曲管，一頭如鶴頸，有口向外，所以受風。一頭上直，外畫度數，管中灌水，則二管之水均平，迫彼管受風，水必下退，此管之水上升。視其度數，便知分兩矣。

量雨　以器承受，即知當時之兩數，如此積算，便知一年之中落雨之數。即如英國京都，歲中得雨一尺七寸，俄國京都得雨一尺三寸，意大利得雨二尺六寸，葡萄牙得雨八尺八寸，印度京都得雨八尺四寸，南亞美利加某處得雨一丈九尺八寸。量雨之器，以方尺之器鐵爲裏衣，復以方寸之管，外畫分寸度數。如將器內雨水灌入管中，設高一尺，便知得雨一分。蓋方尺之器，百倍於方寸之管也。

動水化汽之力　據拉德那云，一觔水化汽，漲開之力足將三十七噸之物頂起一尺。三十七噸，十六石爲一噸。即五百九十二石。若一石重之物，亦能升起五百九十二尺也。

石煤化汽之力　煤窑內常以一石煤燒水，及其化汽之力，能將五百噸拽起至一百尺高，即一百馬儘一日之力也。

高氏汽機　據法國傳記云，本國高斯於明末首創此法，其法有釜如球，上安二管通於釜底，一灌水令入，一催水使出，下爇以火，迫蒸氣壓於水面，便能催水上躍也。如此管或曲或長，則水隨勢遠到矣。又攷法國傳録，高氏究此法，緣思推廣其用，爰因某相爲之居間廷獻，某以無用置之。高屢乞不已，觸某怒，遂囚之。

吳氏汽機　英國有吳斯德侯，遭亂囚獄。因茶壺貯水，偶見壺蓋頂起，悟得蒸氣之力。其法，滚水釜兩旁各有水桶，上皆有管達於釜內。水桶各豎長管通於桶底不遠，以出水也，復有橫管引水入桶。合頁一開，蒸氣即入水桶，催水由管上躍矣。

塞氏氣機　康熙年間，英紀一千六百九十八年，有塞法利者，偶因飲酒時銅壺置火上，其酒滚沸將盡，蒸氣極濃。遂以壺嘴倒浸，冷水內旋，見水由壺嘴逆流而上，盛滿酒壺，因而設法。其法，蒸釜與氣筩俱以鐵爲之，復以鐵管相連。氣筩另有二管，一下通井水，一旁出，使水外流，均有上開合頁。氣筩之上，又有二管，亦有合頁。須以手開合，一通氣管，使蒸氣入筩。一放冷水，入於氣筩。蓋蒸氣入筩，便催天氣外出。冷水入筩，蒸氣便化，筩內空虛，井水被天氣下壓，遂由管中逆流而上，如冷水之逆入壺嘴也。

牛氏汽機　英紀一千七百五年間，有牛國民者，變通氣機，亦藉天氣壓力，添一轉輪，堪作諸工，較吳、塞尤便。法用蒸釜、氣筩，均以鐵爲之，有管相通。氣筩中置活塞，塞柄上設橫梁，隨之俯仰。蒸氣由釜灌入，則催使活塞上行。迫冷水灌入，蒸氣化水，筩內空虛，天氣下壓，令活塞下行。橫梁俯仰運動，轉輪無已時也。惟機器之上合頁二處啓閉需人。初有童子司其事，因好嬉戲，壓之，思得一法，以機代人，而得以自便。其法，將合頁之柄，以索繫於横梁之上，隨俯仰而自能啓閉矣。由是又省一夫之力也。

耳德汽機　有瓦德者，童年嬉戲，以器煮水，勾股畫地，習以爲常。及長，洞察牛氏之弊，欲設法補其不足。其法，於氣機之上加添多件，而最要者有二，一則於活塞之上再加氣管，令蒸氣復催活塞下行，不必賴天氣矣；一則另設水箱，引蒸氣入箱化水，不必放水於氣筩，免致遇冷力消。如此則氣筩常熱，其力更大，而其用更省。不但將活塞頂上，亦將活塞催下，往返均賴蒸氣，故又名雙行氣機。至今所用火輪機關，仍瓦德之模式也。

火力代紡原始　英國有阿克來者，素貧，業修髮匠，每以五行之物研究其理爲樂。見鄰衆業織者多，而紡工不及，益思仿造機器，以代人工。其妻見其終日若癡，毁其諸具。阿離妻而造如故，厥功告成，試之靈巧，一具氣機足抵百夫之力，家遂小康。聞於君主，以創法甚善，且能裕國便民，錫爵銜勞之。

火力代質原始　英國教師克德來，素有名望。火輪紡既作，克思變通其器，定能代織。迨十餘年機器始成，而家業已消之矣。旋與富翁偕夥，廣置氣機，爲久遠計。乃工甫竣，而遽遭回禄，克無所依，賴以硯田爲生。然所造氣機由此遠播，旋聞於君上，亟嘉獎之，酬金三萬，以爲養老之資。溯其立志之初，至此廿四寒暑矣。

火輪車原始　先是英國山中，凡窑礦内將重物裝運海口，係以鐵造成道路，駕車仍賴馬力。雖有火輪氣機，不過因之汲水、提升重物而已。有德微底者，於嘉慶五年間，創造未盡，嗣有斯提反筍者，父子相繼造之，因合用而通行焉。迨道光七年，某處修造鐵路，僉稱有能造鐵馬者，以千金酬之。父子造成試之，一點鐘行九十里，人奇之，號爲火箭。由是火輪車傳廣，而鐵道亦多矣。行動極遠者，一點鐘能行二百里。載重者，一點鐘行七八十里。尋常客車，一點鐘行百餘里。

火輪船原始　乾隆末年，蘇格蘭有塞明噸者，造小輪船一具，於湖間載客，以爲游戲。嘉慶五年，復造稍大者於江中。惟機器未能盡善，旋廢之。彼時美國富拉噸者，於法國京城興造輪舟，國主那波侖見而稱許，旋以行未甚速，亦廢置不用。而富氏恒心不易，措貲返國於鈕約克，又製輪舟一具。迨嘉慶十年，其功始竣。入水試之，忽停滯不行，客有笑其拙者，有憚其險者。富慰之曰，毋懼，亦勿病也。爰搜其弊而理之，其行如故。傍岸居民見其迎風逆水行之無礙，且能迅速，夜間火光發燿，駭以爲怪，羣逃避之。自是輪舟興起矣。以上《格物入門》。

王季烈《物理學語彙》

英	中	日
A		
Aberration.	收差	
Absolute rigidity.	絶對固性	
Absolute temperature.	絶對温度	
Absolute unit.	絶對單位	
Absolute weight.	絶對重量	
Absorption.	吸收	
Absorption of gases.	氣體之吸收	瓦斯ノ吸收
Absorptive power.	吸收力	
Acceierated motior	加速運動	
Acceleration.	加速度	
Accommodation.	調節機能	
Action.	作用	
Adhesion.	黏着力	
Adsorption.	凝着	
Air chamber.	空氣室	
Air pump.	抽氣機，空氣唧筒	排氣機空氣ポブプ
Air thermometer.	空氣寒暑表	空氣寒暖計
Alcohol thermometer.	酒精寒暑表	酒精寒暖計
Amplitude.	擺幅	
Aneroid barometer.	空盒風雨表	アネロイト晴雨計
Apparatus.	裝置器具	裝置
Apparent expansion.	可見之漲大	見掛ノ膨脹
Aqueous humour.	水狀液	水様液
Area.	面積	
Areometer.	浮枰	
Arm.	臂	
Atmosphere.	大氣，氣壓(單位之名)	

Axis.	軸	
B		
Bad Conductor.	難傳體,不良導體	不良導體
Balloon.	輕氣球	風船
Barometer.	氣壓表,風雨表	氣壓計,晴雨計
Barometric pressure.	大氣壓力	
Baume's hydrometer.	蒲美浮秤	ボメ氏浮秤
Beam.	桿	鞴
Bellows.	鞴,風箱	鞴
Boiling.	沸騰	
Boiling point.	沸騰點,沸點	
Bole.	巴爾	ボル
Bolometer.	抵抗微熱表	抵抗微熱計
Boyle's law.	波以爾定律	ボイル氏の法則
Bramah.	白拉馬氏	ブラマ氏
Buoyancy.	浮力,浮度	
C		
Calorie.	加路里(熱量之單位)	カロリ
Calorific equivalent.	發熱當量	
Calorific intensity.	發熱度	
Calorific power.	發熱力	
Caloritic value.	發熱量	
Calorimeter.	測熱器,熱量表	熱量計
Caoutchouc stopper.	橡皮塞	ゴム栓護栓
Causes.	原因	
Celsius.	攝氏	
Center.	中心	
Centigrade.	百度表	攝氏寒暖計
Centi-gram.	甅,生的克蘭姆	センチグラム,甅
Centi-meter.	糎,生的米突	センチメートル,糎

C. G. S. unit.	糎克秒單位	C.G.S.單位
Circuit.	輪道	
Circular motion.	圓運動	
Closed pipe.	閉管	
Coagulation.	凝結	
Coefficient.	係數	
Coefficient of expansion.	漲大係數	膨脹係數
Coefficient of friction.	摩擦係數	
Coërcible Gases.	强制氣體	强制瓦斯
Coercive force.	頑性	
Coherer.	哥希拉,凝聚器	コヒーラー
Cohesion.	凝聚力	
Communicating tubes.	連通管	
Communicating vessel.	連通器	
Component.	分力	
Composition.	成分	
Compressibility.	壓縮性	縮壓性
Condensation.	液化,凝縮	
Condenser.	凝縮器	冷卻器
Condensing pump.	濃氣機	
Conductivity.	傳導度	
Conductometer.	導熱比較器	
Conductor.	良導體,易傳體	導體
Conduct pipe.	導管	
Conjugate foci.	共軛點	
Conservation of energy.	能力之不滅	エネルギーの不滅
Constant.	恒數	
Critical angle.	臨界角	
Critical temperature.	臨界溫度	
Cryophor.	結冰球	

Crvstalline lens.	水晶體	
Crystallisation.	結晶法	
Crystalloid.	晶質	
Cubical expansion.	體漲	體膨脹
Cylinder.	圓筒,圓柱	
D		
Dasymeter.	達昔米突	ダシエソトル
Decimeter.	粉,得夕米突	デシメトル
Dekameter.	杆,造加米突	デカメトル
Dense.	密	
Density.	密度	
Dew point.	露點	
Dialysis.	滲透分析法	
Differential thermometer.	示差寒暑表	示差寒暖計
Diffusion.	擴散	
Dip angle.	傾斜角,伏角	
Distillation.	蒸餾	
Dry and wet bulb hygrometer.	乾濕球濕度表	乾濕球濕度計
Dynamic measure of force.	動力之度量	
Dyne.	達因	
E		
Ebullition.	沸騰	
Eccentric sheaves.	兩心輪	遠心環
Effect.	效果	
Efficiency.	有效率	
Efflux.	流出	
Energy.	能力	エネルギー
Engine.	發動機,汽機	蒸氣機關
Equilibrant.	平衡力	

Equilibrium.	平衡	釣合
Erg.	愛格	エルグ
Ether.	以脫	エーテル
Evaporation.	蒸發	
Evolution.	發生	
Expansion.	漲大	膨脹
Experiment.	實驗	
Explanation.	說明	
Expansibility.	漲大性	膨脹性
Extension.	填充性	
F		
Fahrenheit.	華氏表	華氏寒暖計
Franklin's pulse glass.	弗蘭克令氏沸騰球	フランクレン氏沸騰球
Freezing.	凝固,結冰	
Freezing mixture.	發寒劑	
Freezing point.	凝固點,冰點	
Fusing point.	融解點	熔融點
Fusion.	融解	熔融
G		
Gas.	氣體,加斯	瓦斯
Gaseous density.	氣體比重	
Gasification.	氣化	
Governor.	調整器,節制器	
Graduation.	刻度	度盛
Gram.	克,克蘭姆	瓦ガラム
H		
Hair hygrometer.	毛髮濕度表	毛髮濕度計
High pressure engine.	高壓汽機	高壓機關
Hinderance of motion.	運動之障礙	
Horizontal Intensity.	水平分力	

Horizontal plane.	水平面	
Horse power.	馬力	
Humidity.	濕度	
Hycnometer.	比重瓶	
Hydraulic press.	水壓機	
Hydrometer.	浮秤	
Hygroscopic matter.	引濕物	
Hygrometer.	濕度表	濕度計
Hygroscope.	驗濕器	
Hypothesis.	假說，想說	
I		
Insulated wire.	絕緣線	
Insulator.	絕緣體	
Intensity.	强度	
Intensity of pressure.	壓力之强	
Isobar.	等壓力，等氣壓	
Isochor.	等體積	等容積
Isochronism.	等時性	
J		
Joule.	佳爾	ジュル
Jolly.	喬利	ジョリ
Junction.	接口	繼目
L		
Laboratory.	實驗室	
Latent heat.	潛熱	
Law.	定律	法則
Linear expansion.	線漲大	線膨脹
Lip pipe.	唇管	
Liquefaction.	液化	
Liquid.	液體	
Locomotive.	機關車	
Low pressure engine.	低壓汽機	低壓機關
M		
Manometer.	測壓器，氣體張力表	氣體張力計
Mariotte's bottle.	摩里凹脫瓶	マクオツト氏罎
Mariotte's law apparatus.	摩里凹脫定律試驗器	マクオツ氏試驗器
Mass.	質量	
Matter.	物質	
Maximum and minimum thermometer.	最高最低寒暑表	最高最低寒暖計
Maximum thermometer.	最高寒暑表	最高寒暖計
Measure.	尺度	
Mechanical equivalent of heat.	熱之工作當量	熱工事當量
Medium.	媒介體，媒質	
Melting.	融解	
Melting point.	融解點	
Mercurial air pump.	水銀空氣唧筒	水銀空氣ホンプ
Mercury thermometer.	水銀寒暑表	水銀寒暖計
Meter.	米，米突	メトル
Milli-gram.	毦，密里克蘭姆	瓱ミリガラム
Millimeter.	粍，密里米突	ミリメトル
Minimum thermometer.	最低寒暑表	最低寒暖計
Molecular attraction.	分子引力	
Molecular force.	分子力	
Molecule.	分子	
Moment.	能率	
N		
Non-conduction.	不導體	
Normal pressure.	標準壓力	
Normal temperature.	標準溫度	

O

Osmose.	交流	
Osmosis.	滲透	

P

Papin's digester.	巴賓釜	パピン罐
Partial pressure.	部分壓	
Pascal.	巴司開爾	パスカル
Piston.	鞲鞴、活塞	唧子、活塞
Pressure.	壓力	
Pressure gauge.	壓力表	壓力計
Principal axis.	主軸	
Principal focus.	焦點、燒點	
Principie.	原則、原理	
Principie of Archimedes.	亞幾默德之原理	アルヒメーデス氏の原理
Psychrometer.	乾濕球濕度表	乾濕球濕度計
Pyrometes.	高温表	高温計

R

Radiation.	輻射	
Radiation of the heat.	熱之放射	
Radiometer.	熱射輪	ラヂオメートル
Reaction.	反應、反作用、反動	反應、反動
Reaumur's.	列氏之(寒暑表)	
Red.	紅	
Red heat.	紅熱	

S

Saturated vapour.	飽和蒸氣	
Shunt.	近路	
Shunt dynamo.	並列捲發電機	
Silent discharge.	無聲放電	
Solid.	固體	
Solidification.	凝固	
Solidifying point.	凝固點	
Solution.	溶液	
Solvent.	溶劑	
Spark.	火花	
Specific gravity.	比重	
Specific heat.	比熱	
Steam-engine.	汽機	蒸氣機關
Stop-cock.	活塞	活栓
Superfusion.	過融解	
Supersaturation.	過飽和	
Surface tension.	表面張力	
Syphon.	虹吸	サイホン

T

Tatal pressure.	全壓力	
Temperature.	温度	
Tension.	張力	
Tenter.	貯水車	
Thermal capacity.	熱容量	
Thermal unit.	熱單位	
Thermometer.	寒暑表	寒暖計
Torricellion vacuum.	脱爾吉里真空	トルリ左リオン氏の真空

U

Unstable equilibrium.	不安定之平衡	不安定の釣合
Upward pressure.	上壓力	

V

Vacuum.	真空	
Vacuum pan.	真空鍋	
Vacuum tube.	真空管	

Vaporization. 氣化
Vapour. 蒸氣
Vapour density. 氣體密度
Vapour pressure. 蒸氣壓力
Vapour tension. 蒸氣張力
vertical downward pressure of a liquid. 液體之下壓力
Volume. 體積，容積 容積

W

White heat. 白熱

著録

梁啓超《西學書目表》上 汽學

《水學圖説》 傅蘭雅 益智書會本 一本 一角五分

《熱學圖説》 傅蘭雅 益智書會本 一本 一角五分

《水學器氣學器》 傅蘭雅 格致彙編本 在《格致釋器》中

又 中 工政諸書多未讀者，不敢妄加圈識。已讀諸書識之。

《汽機發軔》 偉烈亞力、徐壽 製造局本 四本 六百四十言汽之理頗詳。

《汽機必以並附卷》 傅蘭雅、徐建寅 製造局本 六本 八百

《汽機新製》 傅蘭雅、徐建寅 製造局本 二本 二百八十

《新式汽機圖説》 傅蘭雅 格致彙編本 一本 一百

《汽機中西名目表》 製造局本 一本 一角五分凡名目表皆要。

《兵船汽機》 傅蘭雅、華備鈺 製造局本 八本 一千二百

又 附卷《近譯未印各書》

《測候易知》 費理飭 益智書會 未印

《測候諸器記》 傅蘭雅、江衡 製造局 二本 未印

《風雨表説》 傅蘭雅、華蘅芳 製造局 一本 未印

《燥濕表説》 傅蘭雅、徐壽 製造局 一本 未印

以上天文。

《熱學》 金楷理、江衡 製造局 二本 未印

《物質遇熱改體》 傅蘭雅、徐壽 製造局 一本 未印

《汽機尺寸》 傅蘭雅、徐建寅 製造局 二本 未印

《造汽機等手工》 傅蘭雅、徐壽 製造局 二本 未譯成

以上汽學。

康有爲《日本書目志》卷八《工業門》 機器學

《舶用汽機新書》四册，水交社刊行。三圓四角五分

《器械運動解説》二册，麻生武平譯。一圓三角

《百工器械新書》三册，宫崎柳條纂輯。四角

《汽罐使用法》器械運動解説附録。一册，麻生武平譯。二角

《汽罐取極書》一册，荒川新一郎著。二角

《機關車諸部名稱録》一册，天沼熊作編。七角五分

《百科全書蒸氣篇》，文部省藏版。一角八分五

《蒸汽罐全書》二册，曾根直之進著。八角五分

《富國全書蒸氣機關編》二册，松本駒次郎譯。五角

黄慶澄《訓蒙捷徑・格致入門書》 汽機學汽機之學淺而易見，華人向未考求，遂震爲奇巧。即以中國器具論，如紡車、水車、水碓之類，何一非機輪之理，特狃於成法，不知擴充耳。

《水學圖説》

《熱學圖説》

《汽機入門》最明白。

《汽機發軔》極有條理，視各書易入門。

《汽機必以》

《汽機新制》

《新式汽機圖説》

《汽機中西名目表》

《兵船汽機》

徐維則《增版東西學書録》卷二 工藝第八

《汽機發軔九卷表》一卷，製造局本，四册，《西學大成》本無表。英美以納、白勞那合著，英偉烈亞力譯，徐壽述。先論汽機公理，末論真理，中論機件、論行

船泊船及兵船所司事，大旨與《必以》相同，此於水面所用之汽機尤加詳。《彙編》一有《汽機要説》，可參觀。

《汽機必以》十二卷，首一卷，圖一册，製造局本，六册，《富强叢書》本。英蒲而捺著，英傅蘭雅譯，徐建寅述。汽機之制愈出愈精，此書所論諸法頗詳，首卷言造機公法，乃推論其理，講此學者最宜深究，與《發軔》參觀。

《汽機新制》八卷，製造局本，二册，《西學大成》本。英白爾格著，英傅蘭雅譯，徐建寅述。書中論水陸所用各機件宏纖具載，記大小尺寸數目皆薈萃諸人製造試驗之盡善者著之，然非明斯學者驟觀未易悉其理，若近年改良之新法，宜另采一編以補之。

《汽機入門》一卷，附圖，《西學大成》本。美丁韙良著。

《汽機原始》□卷，《彙報》本。彙報館譯。言汽機之理甚詳，附圖六幅以明之，頗便初學。顧補。

《新式汽機圖説》一卷，益智書會本，一册。英雷奴支著，英傅蘭雅譯。汽機制式繁多，非先繪畫圖像、熟習名目無以深明其理法，書中擇總要之機件淺顯論之，不求繁瑣。

《新式陸地汽機鍋爐圖説》一卷，《格致彙編》本。英傅蘭雅輯譯。近來各國講求陸地汽機鍋爐，年精一年，此編所載皆英國退辣車命公司所造新式汽機鍋爐圖樣，尺寸、價值並列。製造局印有英傅蘭雅、徐建寅譯《汽機尺寸》二册，未出。

《兵船汽機》六卷，附一卷，製造局本，八册，《富强叢書》本。英息尼德著，英傅蘭雅譯，華備鈺述。專言理法及近今合用之式，於汽機源流與舊式汽機概置不論，詞從淺近，算法深奥，事爲便管理兵船之用。附一卷爲重印時所補輯，中言三合抵力汽機與封挑煤艙以强風力二事爲詳蓋，近來均用此法。

《工程機器器具圖説》一卷，《格致彙編》本。英傅蘭雅輯譯。一泥土工程器，二工藝家手用器，三鐵工輪工器，四特設工程器，五新法木工器。按工程之器具最繁，今擇最要者譯成一卷，足以備用。《彙編》一有《輪鋸圖説》、《打樁汽機説》，可參觀。製造局印有英傅蘭雅、徐壽譯《造汽機等手工》二册，未出。

《新式工程機器圖説》一卷，《格致彙編》本。英傅蘭雅輯譯。皆采各國報章所載近時新出機器擇要載之，爲圖十二。

《汽機中西名目表》一册，製造局本。不著撰人名氏。是表本以《汽機發軔》所定名目爲主，後更續譯《汽機必以》、《新制》等書，名目漸多，今將光緒十五年所有成書内已定名目輯成是表，其名目皆指形象物，亦有言其功用與英文本義不甚吻合者，間有名目爲從前所定撰之於今稍有不稱者，宜參互考證之。《彙編》一有徐壽《汽機命名説》，可證。

以上汽機總。

又 卷三 氣學第十八先氣學，次水學，次火學，次熱學，次器具。

《氣學須知》一卷，《格致須知》初集本，一册。英傅蘭雅著。書列六章，略論空氣之動静性及静力，又諸器及測候器，推論試驗理法多以圖明之，甚爲淺顯。

《氣學入門》一卷附圖，《格物入門》七種本，《西學大成》本。美丁韙良著。專論蒸氣力用與力學書互參，後論氣器紡織之益、火輪舟車之式及創造之始，足備工程家省覽，雖未詳備，尚便初學，末附論聲音。

《氣學測算》一卷，同文館《格物測算》七種本。美丁韙良著。凡二章，上章論天氣，下章論熱地，附測算音學，亦設爲問答，繪圖衍式，演題附題，與《力學測算》同例。

《氣學叢談》二卷，時務報館本，一册。英傅蘭雅譯，華蘅芳述。以化學幾何之學以證空氣壓力之理，非尋常談氣學之比，書中凡風雨表、寒暑表源流及各器利弊與製造致用原因，一一申論，講格致學者不可不讀。

《氣球考》□卷，《彙報》本。彙報館譯。書中言勃利司利之兄見弟所著之《西學大全》，悟氣之輕者必上，以熱氣納物中必將升上，遂用紙爲球，燒羊毛、稻草吹氣入球，遂乘風而上，繼之者愈闡愈精而氣之用漸廣。篇中列表、列圖，頗便翻閲。顧補。

以上氣學。

《水學須知》一卷，《格致須知》三集本，一册。英傅蘭雅著。總匯各説集成六章，以圖明理，于初學尚便。

《水學圖説》二卷，益智書會本，一册。英傅蘭雅著。例尚説圖，未多講理，論動静水學，依圖立説，尚便檢閲。

《水學入門》一卷，《格物入門》七種本。美丁韙良輯。此書論水學公理，與《重學入門》體例相似。

《水學測算》一卷，同文館《格物測算》七種本，美丁韙良著。凡二章，上章論静水，下章論流水，亦設爲問答，繪圖衍式，演題附題，與《力學測算》同例。

《水鑒》□卷，《彙報》本。彙報館譯。顧補。

以上水學。

《火學入門》一卷，《格物入門》七種本。美丁韙良輯。此書論火學之公理，與《重學入門》體例相似，惟上章論熱氣、下章論光學，猶《氣學測算》之附音學也。

《火學測算》一卷，同文館《格物測算》七種本。美丁韙良著。專論熱之功用，蓋熱者火之隱，火即熱之顯，因熱氣而究及漲力、汽力，亦設爲問答，繪圖衍式，演題附題，與《力學測算》同例。

以上火學。

《熱學須知》一卷，《格致須知》三集本，一册。英傅蘭雅著。但言熱性、熱度、熱理之大要，與《熱學圖説》相同，若蒸力、火力乃詳於《氣學》，此不具。

《熱學圖説》二卷，益智書會本，一册。英傅蘭雅輯譯。前論熱性，後論熱力，而於空氣内之冷熱度論之甚透闢。《彙編》一有《論量大熱度表》，可參觀。製造局印有美金楷理、江衡譯《熱學》二册，未出。

《物體遇熱改易記》四卷，江南製造局本，□册。英瓦特斯著，英傅蘭雅、徐壽同譯。一、二、三三卷爲總説及分説氣質、流質、定質得熱而漲之理，四卷言物質漲大之公式及分説各種物體遇熱之漲數，其推闡極爲透闢。徐補。

以上熱學。

《氣學器》一卷，《格致彙編》本在《格致釋器》中。英傅蘭雅著。氣學器以抽氣爲主，已於化學器内擇常用者論之，此皆化學器内未經列入之氣學器。

《水學器》一卷，《格致彙編》本在《格致釋器》中。英傅蘭雅著。書分兩類，曰静水學、曰動水學，静詳而動略，内有一門專論起水、引水理法，謂之發水學，一併言之。

以上器具。

又　附下之上《中國人輯著書》上

《機器圖説》八卷，傅雲龍。

《新造機器圖》三種，朱依典，見《湘輶叢刻》内。

《汽鍋用法》一册，不著撰人名氏，天津機器局印本。

又

《火輪圖説》□卷，鄭復光。附《鏡鏡詅癡》後，道光丁未以後又補本。

《造船法》□卷，不著撰人名。

《船機圖説》三卷，戴煦，王朝榮續，未見。

顧燮光《譯書經眼録》卷八　本國人輯著書

理化第十

《水機圖説》一卷，陳忠倚，《農學叢書》二集本。

《熱學》一卷，伍光建，商務印書館洋裝本。

《火説》一卷，謝洪賚，《普通學報》本。

趙惟熙《西學書目答問》

政學第一　工政學

《汽機入門》一册，美丁韙良譯，同文館本。

《汽機發軔》八卷，訂四册，英美以納、白勞那合撰，英偉烈亞力譯，徐壽述，製造局本。是書多論汽機之理。

《汽機新制》八卷，訂二册，英白爾格撰，英傅蘭雅譯，徐建寅述，製造局本。

《汽機必以》十二卷並附卷，訂六册，英蒲而捺撰，英傅蘭雅譯，徐建寅述，製造局本。以上二書多論汽機之法。

《兵船汽機》六卷並附卷，訂八册，有圖，英息尼德撰，英傅蘭雅譯，華備鈺述，製造局本。

《汽機中西名目表》一册，製造局本。

《新式汽機圖説》一册，英傅蘭雅輯，《格致彙編》本。

又　藝學第二　汽學

凡汽機致用各書已入工政門，兹僅著其論述此學者。

《熱學》二册，布金楷里譯，江衡述，製造局本。

《水學圖説》一册，美傅蘭雅輯，益智書會本。

《熱學圖説》一册，美傅蘭雅輯，益智書會本。

《水學器》《氣學器》，在《格致釋器》中。

王景沂《科學書目提要初編·格致科》

《物體遇熱改變記》英國瓦特斯輯，英國傅蘭雅、無錫徐壽同譯，四卷。

又　工藝科

《汽機發軔》英國美以納白勞那合撰，英國偉烈無錫徐壽同譯，九卷坿一卷。

《汽機必以》英國蒲而捺撰，英國傅蘭雅無錫徐建寅同譯，十二卷。

《兵船汽機》英國息尼德撰，英國傅蘭雅金匱華備鈺同譯，六卷坿一卷。

右造船學三種。滬局初譯是書，意蓋欲自造兵艦，然三十年來，自閩省船政外，無聞焉。而閩廠又因循鮮功，且爲法工師世襲權，甚矣其難也。戰艦之外，商舶航路實爲富强之本根。重彼輕此，非云得計。他日振起斯學，帆影汽聲梭織江海，其必兼營并進，乃能握商戰之要哉。

《江南製造局譯書提要》卷二《工藝》

《汽機發軔》九卷

英國美以納、白勞那同撰，偉烈口譯，無錫徐壽筆述。有圖八十三，並附各表。論汽機各部及各家製法異同。

第一卷　汽機公理論　第二卷　鍋爐

第三卷　汽機事件　第四卷　汽機分類

第五卷　整理汽機條例　第六卷　行船條例

第七卷　兵船要事　第八卷　泊船餘事

第九卷　汽機算理

《汽機新制》八卷

英國白爾格撰，傅蘭雅口譯，無錫徐建寅筆述。論汽機各部之算律及式樣。

第一卷　大抵力汽機　第二卷　槓桿汽機

第三卷　螺輪汽機　第四卷　摇筩汽機

第五卷　諸門　第六卷　陸用鍋爐及船用鍋爐

第七卷　雜件　第八卷　汽機成式

《汽機必以》十二卷，首一卷，附一卷

英國蒲爾奈撰，傅蘭雅口譯，無錫徐建寅筆述。專論汽機全事各件之制度、致用，及各家製造式之異同。較《發軔》《新制》二書爲詳顯。

首卷　論造機公法

第一卷　論汽機諸式　第二卷　論熱燒汽

第三卷　論用自漲力　第四卷　論汽機能力

第五卷　論鍋爐尺寸　第六卷　論汽機尺寸

第七卷　論汽機善式　第八卷　論船行水

第九卷　論船機成式　第十卷　論陸地用汽機

第十一卷　論製造鍋爐　第十二卷　論造機司機

附卷　論續增新制

《兵船汽機》六卷　附一卷

英國息尼德撰，傅蘭雅口譯，金匱華備鈺筆述。有圖二百六十二。息尼德爲英國兵船學堂教習，著此書專發明汽機新式理法，舊式幾棄置不問。後增三合抵力汽機，與封挑煤艙以强風力二事。論理用淺近之辭，布算去深奥之説，務取簡明爲主。不獨學生一目了然，即兵船官之非專考汽機者，亦易通曉，頗合教課之用也。

第一卷　論船汽機公法

一源流　二功力及利益　三熱之性情　四水加熱法

第二卷　論鍋爐

一燒煤省煤法　二排列汽機法　三需配各件　四鏽壞與耐久

第三卷　論汽

一汽之功益　二令汽自漲之功益　三三合抵力汽機　四汽之凝水

第四卷　論汽機行動各件

一制汽門並各種自漲汽門及其相配各器　二汽罨及其相配各器　三起水器與進退器　四汽筩與其相配各件　六轉動各器　七大小合抵力及大中小合抵力

第五卷　論船動

一船動之事　二功力之係數與其曲線　三明輪　四螺輪

第六卷　船機雜事

一漲力表與自記漲力圖　二起水阻水暨滅火法　三副汽機與其相配各件　四管理與司機之事　五造機所用材料

附卷　一合抵力汽機漲力表理圖　二依幾何法顯明曲拐扭力　三汽機往復動及各件之永静性　四至五英國及其商部公司所定汽機章程　六英水師學堂考汽機各題

又《格致》

《物體遇熱改易記》四卷

英國瓦特斯撰，傅蘭雅口譯，無錫徐壽筆述，新陽趙元益校録。明白條鬯，足備研求。書中各表，觀之尤能得益。

第一卷　總説　氣質得熱而漲之理　熱之真零度數

第二卷　流質得熱而漲之理　求汞實漲數之法　汞之顯漲數並定玻璃器體積漲數　別種流質之漲數

第三卷　定質遇熱漲大之數　定長之漲數法　定體積之漲數法　流質與定質之熱率各熱度漲之倍數之相關

第四卷　物熱漲大之公式　汞遇熱之漲數　水遇熱之漲數　別種流質遇熱之漲數　定質遇熱之漲數　顆粒遇熱之漲數

又　《天學》

《測候叢談》四卷

美國金楷理口譯，金匱華蘅芳筆述。案是書爲測騐氣候之書，天時地位均有關係，亦格致之一端也。

第一卷　總論　日光爲熱之源　以化學重學之法　論天空氣　空氣愈高熱度愈小　論水陸傳熱散熱之異　論空氣中水氣變化之理

第二卷　論風　温帶内風改方向之理　颶風　論空氣之浪　量風之法　論海水流行　論海水氣凝而降下　測空氣中所含之水氣　露　霜　霧　論散熱之霧及水面之霧　鬆霧成雲之理　雲之形狀　成雨之理　冰雹　雪　永雪界　雷電

第三卷　論推算天氣中各事之變數　定函數之各變數及常數　一晝夜壓力之變數

第四卷　論空氣含水之量　空氣中含水之數　論空氣水氣壓力熱度與風之方向相關　論空氣所現之形　虹霓　光環　極光差　雲之顔色　海市　電極光　隕星　旋風

《廣學會譯著新書總目・電學》《熱學須知》　熱之爲學，似光若電，更加聲學，皆屬無積無量者。熱與光本出一源，形性多同。電固無物，不有熱亦體物不易。聲賴空氣動蕩以傳，無空氣則無聲，熱賴以脱震動而發，無以脱則熱無由傳。故今格致家皆以熱爲非物也。一册，價洋八分。

熱學儀器和機械分部

綜述

王人海《海島逸誌》卷五《聞見録》　察天筒三字據《齋》本、《舟》本增。　以玻璃筒二式如筆管，長一尺餘，内實水銀，置之匣中，《齋》本、《舟》本無「之」字。　旁書和蘭字。其水銀自能升降，大約晴明則水銀下沉，陰晦則水銀上浮。《齋》本、《舟》本無「水銀」二字。浮沉有高低，覘其旁字以察風雨晦暝，《齋》本、《舟》本無「其」字，「暝」作「明」。未嘗不驗。《舟》本「驗」作「騐」。

蒲而捺《汽機必以》卷首　測驗諸器

測真空者名縮表，能顯縮力之數，通於凝水櫃者也。測漲力者名漲表，能顯漲力之數，通於鍋爐者也。看鍋爐内水之高低，其法有二。一用數塞門，上下匀列於鍋爐之面。一用玻璃管，直立，兩端各鑲銅管，與塞門俱通鍋爐之内。玻璃管内之水面，即鍋爐内之水面也。兼用二法則更妙。

又　卷四　測驗諸器

漲表量汽縮表量空

縮表，以玻璃管爲之，管内盛水銀，與凝水櫃相通。櫃内成空，水銀縮上。漲表，則用小鐵管爲之，一端通鍋爐而下垂，再彎而上通空氣，亦盛水銀。鍋爐内之汽現漲力，必將水銀壓下。此端壓下，彼端必上升，二端水銀面高低之較數，即漲力之數。一端上升一寸，則二端相較得二寸，而水銀二寸，等於每方寸之漲力一磅也。鐵管不能見水銀，故用小木浮於水銀之面，再加竹絲爲表。水銀升時，將表浮上，指明寸數。此外尚有數式，今所多用者，係蒲頓所剏之法。其外面如時辰表，内用扁銅管彎作玦形，或加抵力於内，或加抵力於外，加力有大小，其開闔隨之而多少。一端固定於通汽之處，爲定端。又一端，以開闔而指其所受之力。近人又加度面，而在動端用象限齒輪接遊針，使針轉動，以指面上之度分，取其視之易明也。又有尚克所作之式，如寒暑表，而泡爲扁形，汽抵扁泡之内，水銀自能上升。

美以納　白勞那《汽機發軔》卷一　汽機公理

第一款　汽

汽爲氣質，水受熱而化散者也。亦名爲漲流質。

第二款　水

水爲雜體，而非原質。化學家業經實測，乃輕、養二氣化合者也。其理以分合之法徵之，可用金類電器分水爲二氣，又可再將二氣同盛一器，以電器復合爲水。惟二氣之體積，輕氣倍大於養氣，始得分合之率。

第三款　熱

熱之形迹可驗而知。格致者探索其所以然，專書詳論，茲不贅言。祇以外現之迹，可見之驗，略論所由，名爲熱元。熱元者，即熱限所由起也。

第四款　寒暑度

物質熱限之大小，準以寒暑表之度數。

第五款　熱冷之迹

熱，即物質所當之寒暑度。冷，即無熱之意。

第六款　熱冷之驗

物質加熱，更變有三：曰漲，曰鎔，曰化。其減熱而更變亦有三：曰縮，曰結，曰凝，適與加熱相反。

第七款　漲之理

前論加熱必漲，減熱必縮，是爲公理。而漲縮之多少，又隨各物之質性。蓋氣質之漲，多於流質，流質之漲，多於定質也。

第八款　漲率之比例

物質之漲率，其比例各有不同。在氣質爲平加之比例，在流質、定質爲遞加之比例。設有輕氣或養氣，與等體之乾汽相較，所加之熱度相等，而其漲率亦必等。若再加以倍熱，而漲率亦倍大，故曰平加也。若定、流兩質之遞加則不然。蓋其漲率各不相同，熱度愈多而漲率愈大也。丙表附後。乾汽者，鍋爐内未凝水之汽，又放汽管口明澈而不見者亦是。若有所見，已屬霧體，亦名帶水汽。

第九款　各質之漲

顯定質之漲，用鐵一條，冷時與模相合，加熱則不相容。顯流質之漲，用玻璃小管，下端作泡，泡内滿盛流質，加熱則上升於管。顯氣質之漲，用囊盛氣不滿，塞口而置熱水之中，囊體即時飽滿。顯兩種金同漲之較，用銅鐵各一條，并合爲一，加熱則稍彎。内爲鐵，而外爲銅，蓋銅漲多而鐵漲少也。

第十款　漲縮之用

凡欲物體緊密，可用金類束之，如輪牙鐵環，熱時箍上，冷則縮緊。箍桅亦用此法。又行輪大軸裝配曲拐，將拐燒至極熱，熱退而固甚。并合兩鐵片爲一，將捎釘乘熱釘之，冷則釘縮而極緊。各金之漲多少不同，正可相因而用。設螺釘與螺蓋並以同類爲之，其冷熱鬆緊俱同。若鐵釘而銅蓋，則冷鬆而熱緊矣。挺桿裝於轉輪之中，必用銅爲螺蓋，即此理也。擺梗冷熱必有長短之異，如欲無差，則用銅鐵相消以補救之。時辰表之擺環，精者亦用此法。測量地面之器，製造者不知此理，則有意外之虞。房内熱水管不可與壁相切。冷水管、煤氣管及一切時冷時熱之長管，其相接之處，使可伸縮，則冷熱無妨。打造鐵橋、鐵屋，亦必推究此理。倫敦有大鐵橋，夏令比冬令漲高一寸。英國有過海洞橋名密柰，夏令彎下比最重火輪車過時更多。壁内火爐鐵背須盎，否則熱甚而裂。厚玻璃杯於冬令傾以沸水即裂，因内漲外不漲故也。夏令驟傾以冰水亦然。此節俱論漲縮之理，以後即將此理明造鍋爐之法。

第十一款　漲縮別有奇理

熱漲冷縮，有一事不合。如熱水以寒暑表驗之，自沸界漸冷而縮，至四十度。若再冷，則反覺其漸漲。設水甚静，可下至十二度而冰。比冰界少二十度。或言泥土亦加熱而縮，或言不然，因風氣散出而密切也。

第十二款　奇理之益處

無論地面寒暑，地内不甚深，大約常得寒暑表四十度。淡水最大疏密率，以四十度爲則，若或冷、或熱，則俱漲。故冰常浮於水面，而日曬易鎔。水能冷熱均平，設與常理合，則冰當沈下，雖夏日不能曬鎔之，積久生大害矣。別有專書，細論此理。此奇理惟淡水有之，或言海水冷則更重。

第十三款　求常理與奇理不合之據

作二寒暑表，一盛水，一盛水銀，並縮至四十度，若再冷，水銀必再縮，水乃從此稍漲矣。所以不能用水作寒暑表也。

第十四款　求各物之冷熱

物質之最熱者，用白金量火表測之。水，冰界以上；汞，沸界以下，用水銀寒暑表測之。水，冰界以下，至於最冷，用醇酒寒暑表測之。醇酒，雖極冷不冰。白金，雖極熱不鎔。

又　卷一〇

物質熱限表乙

	萬千百十度		百十度
回治武測熱表極限	三二二七七	錫鉍等重相和鎔	二八三
生鐵鎔足	二〇五七七	硫黄鎔	二二六
生鐵初鎔	一七九七七	極鹹水沸	二一八
鍛粘熟鐵大限	一三四二七	純水沸	二一二
鍛粘熟鐵小限	一二七七七	鉍五錫三鉛二相和鎔	二一二
純金鎔	五二三七	鉍八錫三鉛五相和鎔	二一〇
純銀鎔	四七一七	醇沸	一七四
瑞顛國純紅銅鎔	四五八七	蜜蠟鎔	一四二

續表

黃銅鎔	三八〇七	鯨魚油鎔	一二二
日中鐵見紅色	一〇七七	人血熱	九六
黃昏鐵見紅色	八八四	牛羊油鎔	九二
火熱初限	七九〇	橄欖油結冰	三六
暗中鐵見紅色	七五二	純水結冰	三二
白鉛鎔	七〇〇	海水結冰	二八
水銀沸	六六〇	酒結冰	二〇
西國漆油	六〇〇	松香油結冰	一四
鉛鎔	五九四	醇一水三相和結冰	七
磨光純鋼見深藍色	五八〇	次醇結冰	〇
松香油沸	五六〇	醇水等重相和結冰	下七
鉍鎔	四七六	水銀結冰	下三九
磨光純鋼見糙米色	四六〇	醇變稠	下一三二
錫鎔	四四二		

加熱漲長表丙

定流兩質俱準寒暑表三十二度以一〇〇〇〇〇〇爲率

加熱至二百十二度漲長如後表

生鐵	一·〇〇一一一一一
鋼條	一·〇〇一四四七〇
鑄鋼淬水未退火	一·〇〇一〇七八七五
淬水鋼退火變黃色	一·〇〇一三六九〇〇
淬水鋼退火變藍色	一·〇〇一二三九五六
鐵	一·〇〇一一八二〇三
打鍊熱鐵	一·〇〇一二三〇四五
純金	一·〇〇一五〇〇〇〇
純銅	一·〇〇一九一〇〇〇

續表

模鑄黃銅	一·〇〇一八七五〇〇	
純銀	一·〇〇一八九〇〇〇	
錫	一·〇〇二八四〇〇〇	
鉛	一·〇〇二八四八三六	
白鉛	一·〇〇二九四二〇〇	
玻璃	一·〇〇〇八六一三〇	
玻璃二百一十二度至三百九十二度	一·〇〇〇九一八二七	
玻璃三百九十二度至五百七十二度	一·〇〇一〇一一四	以上定質
水銀	〇·〇一八〇九九	
水銀二百一十二度至三百九十二度	〇·〇一八一八四	
水銀三百九十二度至五百七十二度	〇·〇一八八七〇	
汞三十九度至二百一十二度	〇·〇四三三二〇	
醇至一百七十四度	〇·一一〇〇	
定質油	〇·〇八〇〇	以上流質

又 物質容熱表巳 以水爲準

純水	一·〇〇〇〇	淬水堅鋼	·一二三〇
水	·九〇〇〇	退火輭鋼	·一二〇〇
橄欖油	·七一〇〇	熟鐵	·一一九〇
醇	·七〇〇〇	黃銅	·一一六〇
西國漆油	·五二八〇	紅銅	·一一四〇
松香油	·四七二〇	白鉛	·一〇〇〇
煤	·二七七七	炭灰	·〇九〇九
西國火石白皮	·二七〇〇	銀	·〇八二〇
鹽	·二三〇〇	錫	·〇七〇四
硫黃	·一九〇〇	白色鉛粉	·〇五七〇

續表

煤灰	·一八五五	金	·〇五〇〇
筆鉛	·一八三〇	鉛	·〇四二〇
愛而姆木灰	·一四〇二	水銀	·〇三三〇
鐵	·一三〇〇		

又 物質重率表庚

質名	重率比例	立方一尺之重 磅	方一寸之結力 噸
空氣	·〇〇一二三八	〇·〇七六八	
純水	一·〇〇〇	六二·五〇	
海水	一·〇二七	六四·一八	
水銀 在三十二度	一三·六一九	八五一·一八	
水銀 在六十度	一三·五八〇	八四八·七五	
鉍 模鑄	九·八二〇	六一三·八七	·三三五〇
黃銅 模鑄	八·三九九	五二五·〇〇	一·七九六八
黃銅 絲	八·五四四	五三四·〇〇	
鋼 模鑄	八·六〇七	五三七·九三	一·九〇七二
鋼 皮	八·七八五	五四九·〇六	
鋼 線	八·八七八	五六〇·〇〇	六·一二二八
鋼 條			四·八〇〇〇
鋼 熟者	七七八〇	四八六·二五	一二·〇〇〇〇
鋼 剃刀堅刃	七·八四〇	四九〇·〇〇	一五·〇〇〇〇
熟鐵 英國所鍊	七·七〇〇	四八一·二〇	二五·一/二
熟鐵 搥打者			三〇
熟鐵 條	七·六〇〇至七·八〇〇	四七五·五〇 四八七·〇〇	二五·一/二

續表

質名	重率比例	立方一尺之重 磅	方一寸之結力 噸
熟鐵 俄國條			二七·
熟鐵 瑞顛國條			三二·
熟鐵 英國線 徑十分寸之一			三六·至四三·
熟鐵 俄國線 徑二十分寸至三十分寸之一			六〇·至九〇·
鐵皮縱剖之條			一四·
鐵皮橫剖之條			一八·
鐵條 橢圓圈大徑六寸條體徑半寸			二一·一/二
鍊條 白倫頓中徑有橫撐			二五·
生鐵 加倫所出 二號冷風	七·〇六六	四四一·六二	一·六六八三
生鐵 加倫所出 二號熱風	七·〇四六	四四一·三七	一·三五□五
生鐵 加倫所出 三號冷風	七·〇九四	四四三·三七	一·四二〇〇
生鐵 加倫所出 三號熱風	七·〇五六	四四一·〇〇	一·七七五五
生鐵 的溫所出 三號冷風	七·二九五	四五五·九三	
生鐵 的溫所出 三號熱風	七·二二九	四五一·八一	二·一九〇七
生鐵 白弗立 一號冷風	七·〇七九	四四二·四三	一·七四六六
生鐵 白弗立 一號熱風	六·九九八	四三七·三七	一·三四三四
生鐵 可達倫 二號冷風	六·九五五	四三四·〇六	一·八八五五
生鐵 可達倫 二號熱風	六·九六八	四三五·五〇	一·六六七六
生鐵 可達倫 三號冷風	七·一九四	四四九·六二	
生鐵 可達倫 三號熱風	六·九七〇	四三五·六二	
生鐵 愛而西加 一號冷風	七·〇三〇	四三九·三七	
生鐵 密而頓 一號熱風	六·九七六	四三六·〇〇	
生鐵 慕格而格 一號冷風	七·一一三	四四四·五六	

續表

質名	重率比例	立方一尺之重（磅）	方一寸之結力（噸）
生鐵　菓格而格　一號熱風	六·九五三	四二四·五六	
鉛　英國所鑄	一一·四四六	七一七·四五	·一八二四
鉛　轢成皮者	一一·四〇七	七一三·九三	·三三二八
鉛　抽線	一一·三一七	七〇五·一二	·二五八一
銀	一〇·三二二	六四四·五〇	四·〇九〇二
錫　模鑄	七·二九一	四五五·六八	·五三三二
白鉛	七·〇二八	四三九·二五	
槐木	·六九〇至·八四五	四三·一二至五三·八一	一·七二〇七
檀木	·八五四至·六九〇	五三·三七至四三·一二	一·五七八四至一·七八五〇
樺木　英國	·七九二	四九·五〇	一·五〇〇〇
樺木　花旗國	·六四八	四〇·五〇	
黃楊木　乾	·九六〇	六〇·〇〇	一·九八九一
楠木　加賴達　新者	〇·九〇九	五六·八一	一·一四〇〇
楠木　加賴達　乾者	〇·七五三	四七·〇六	
栗木	〇·六五七	四一·〇六	
松木　幾斯底安　中等者	〇·六九八	四三·六二	一·二四〇〇
松木　未末鶴　中等者	〇·五九〇	三六·八七	
松木　嗹國　名司普魯司	〇·三四〇	二一·二五	一·七六〇〇
松木　英國	〇·四七〇	二九·三七	·七〇〇〇
松木　愛而姆　乾者	〇·五八八	三六·七五	·三四八九
松木　新英	〇·五五三	三四·五六	
松木　里加	〇·七五三	四七·〇〇	一·一五四九至一·二八五七

續表

質名	重率比例	立方一尺之重（磅）	方一寸之結力（噸）
松木　油	〇·六六〇	四一·二五	·七八一
松木　紅	〇·六五七	四一·〇六	
松木　米利堅　黃	〇·四六一	二八·八一	
生木　西國果名	一·二二〇	七六·二五	一·一八〇〇
紅木　司班牙	〇·八〇〇	五〇·〇〇	一·六五〇〇
麻栗木　英國	〇·九三四	五八·三七	一·七三〇〇
麻栗木　加拿他所產	〇·八七二	五四·五〇	一·〇二五三
麻栗木　淡即	〇·七五六	四七·二四	一·二七八〇
麻栗木　亞得亞所產	〇·九九三	六二·〇六	
麻栗木　阿非里加　中等	〇·九七二	六〇·七五	
新加坡木　乾者	〇·六五七	四一·〇六	一·五〇〇〇
核桃木	〇·六七一	四一·九三	·八一三〇
煤　威勒士　冶爐所用	一·三三七	八三·五六	
枯煤　威勒士	一·〇〇〇	六二·五〇	
煤　阿爾夫敦	一·二三五	七七·一八	
煤　白脱勒	一·二六四	七九·〇〇	
白脱勒　枯煤	一·〇〇〇	六八·七五	
石煤　威勒士	一·三六八	八五·五〇	
石煤之枯煤　威勒士	一·三九〇	八六·八七	
石板形煤　威勒士	一·四〇九	八八·〇六	
煤　德比干奴	一·二七八	七九·八七	
煤　幾給尼	一·六〇二	一〇〇·一二	
枯煤　幾給尼	一·六五七	一〇三·五六	
石板形煤　幾給尼	一·四四三	九〇·一八	

續表

質　名	重率比例	立方一尺之重　磅	方一寸之結力　噸
煤　盆賴婦面	一·四二六	八九·七五	
枯煤　盆賴婦面	一·五九六	九九·七五	
煤　考其	一·四〇三	八七·六八	
枯煤　考其	一·六五六	一〇三·五〇	
煤　斯達佛	一·二四〇	七八·一二	
煤　算西	一·三五七	八四·八一	
煤　維安	一·二六八	七九·二五	
煤　哥拉斯哥	一·二九〇	八〇·六二	
煤　牛茄索	一·二五七	七八·五六	
煤　干奴　次色者	一·二三二	七七·〇〇	
石板形煤　干奴	一·四二六	八九·一二	
火石外皮　西國	二·七八四至 一·八六九	一七四·〇〇至 一一六·八一	
瓦石　威勒士	二·八八八	一八〇·五〇	一·二八〇〇
泥	一·九　九	一一九·九三	

林樂知　鄭昌棪《製油燭法》卷一　論寒暑表　自人身未能詳辨寒暑度數，不能不置一器以辨之。顧必得有熱漲冷縮之物而，定質之物雖漲不顯。氣質之物，漲又太甚，不適於用。則必於流質中求之。流質莫如水銀與火酒醋二物人所合用，緣水銀熱度雖極高而不沸溢，火酒醋冷度雖極低而不冰結。於以造玻璃管下綴以玻球，玻盛水銀令滿溢至玻管細孔十分之二，即於水銀沿處起度數，將玻管劃作兩極，其下極爲冷度，即爲冰化水之度，其上極爲沸度，即爲水成汽之度，如是通行四海，無不皆同。惟或天氣壓力有厚薄不同則有異耳，自冰化水之度起至水成汽之度相距，中間勻分度數，則寒暑表成矣。顧表雖一，而分度數之法則有三。一曰生替格雷得之法，一曰駱木爾之法，一曰法輪海脱之法。生替格雷寒暑表係瑞丹國醫生名舍爾西愛斯所造，歐洲各國均用之，惟英國則不用是耳。駱木爾，法國醫生一千八百三十一年所造，表之冰化處起度至成汽處止，兩人皆同，惟中間相距分劃度數各異，舍爾西愛斯劃作一百度，駱木爾劃作八十度。是駱木表之一度較生替格雷表四分多一分，又生替格雷表之一度較駱木表五分少一分，如將駱木度數變爲生替格雷度數須加四分之一，又將生替格雷度數變爲駱木度數須減五分之一。法輪海脱布國人，一千七百十四年在丹雪地方製造。荷蘭、英吉利、美利堅用之最多。本編所載寒暑表度數均用法輪海之度。法輪海表起度之處與衆不同，當其製表時用磠砂與冰雪和勻，以表量之，視其冷度降至某處以爲〇圈，從此起度上行，至冰化之度即三十二度，復從冰化之度量至沸度，分劃作一百八十度，合成二百十二度，水滚成汽。由是將法輪海表量冰化真正三十二度，生替格雷表一度即法輪海表一度八分，是生替格雷五度，正對法輪海九度。法輪海一度，即生替格雷五分有奇，假如法輪海八十五度改爲生替格雷若干度，應先將冰化以下之三十二度除去而作爲五十三度，以九對五之法算之即生替格雷表二十九度九分四，又如生替格雷表度變爲法輪海表度，亦應先加冰化以下之三十二度，以五對九之法算之可也。

杞廬主人《時務通考》卷二七《汽學一·簡器》

大抵力機凝水機　大抵力機之汽，推送鞴鞴行足，而放出天空，故其功力爲汽之全抵力，與空氣壓力之較。凝水機之汽，推送鞴鞴行足，而放入凝水櫃内，即真空處也。其功力爲鞴鞴此面全抵力，與鞴鞴彼面對力之較。彼面果屬真空，而無對力，則爲汽之全抵力推鞴鞴矣。其全抵力乃萍門漲權所制之力，加以空氣壓力也。

凝水機有三式　凝水機有直行者，有轉行者，有圓面者。直行之制，不用曲拐，而但使上下起水機是也。轉行之制，以曲拐轉大軸，船汽機、磨汽機是也。此乃變往復爲循環也。圓面之制，或即以汽生轉動，或亦以鞴鞴生轉動，亦不用曲拐。然此法未嘗得大利，故以直行、轉行二類，爲適用之器也。

汽機有單行雙行之别　單行汽機，乃一面受汽漲力而往，以對面之重力使復也。雙行汽機，則二面互受漲力而往復也。間有雙行而不用曲拐者，則以運動上下二面皆能起水之器，有數處起引礦内之水用之。但不用曲拐者，單行爲多，久已習用成式也。所以不用曲拐之機，即謂之單行者矣。

轉行機　轉行之機，常有飛輪消息其動，或用二汽筩運動一軸，而二曲拐配成直角。雖有不平之處，亦已略自相消，故不用飛輪，如船汽機、車汽機是也。惟紡織之機，必得轉動極勻。昔以飛輪爲要器，近設精法，亦可不用飛輪矣。

外火鍋鑪　汽機皆有鍋爐，故言汽機者，必自鍋爐始。蒲頓華德初造汽機之時，其鍋爐之式，名曰外火鍋爐。雖爲舊式，今時單行汽機，亦常用之。且欲明新制，尤當先知舊法。其式頂圓而底平，爇火在爐下，四圍用磚砌成曲路，使火環繞各處，而爐内並不通火，名環包之法，因火環包鍋爐四圍也。間有加空筩於鍋爐之内，使火至鍋之後，折進空筩，而分繞鍋爐之二邊，向後而入煙通，此名分火路之法。

鍋爐相連機件　鍋爐之頂，前端爲桶形者，即容汽之所，亦名汽櫃。上面有蓋，用螺釘旋緊，洗滌鍋爐之内，開此而人可進出。此蓋之上，又有内開之門，名曰空氣萍門。若鍋内成空，而外受壓力，此門即能自開。後有曲管，名曰進汽管，汽即由此進汽筩。此管之後爲餘汽管，萍門所放之汽，由此而出。放汽萍門藏於箱内，箱在鍋爐之上。萍門必以鉛鐵重物壓之，而有定限。漲力過限，門即自開，而汽得放出。

船鍋爐　船鍋爐有二種，一爲曲管鍋爐，一爲煙管鍋爐。曲管鍋爐者，其火分路曲繞鍋爐内之曲管，最後各路相會而至煙通，蓋以曲管内之火，先自下層向後折至上層，再折向上而至煙通也。

煙管鍋爐　煙管鍋爐者，火爐之火直透多小管，即煙管。而至煙通。煙管以銅或鐵爲之，長約六七尺，徑約三寸，上有汽櫃，容汽以備汽筩之用。若汽水共出，能在此略停，而水不上矣。汽櫃之制，船鍋爐大半有之。櫃前有門，名煙門。煙管内炱已積多，可開此門掃出之。

汽機分四類　汽機分爲四大類。其一，單行陸機，爲起水所用。其二，轉行即雙行。陸機，爲磨器及機器所用。其三，轉行船機，爲駛船所用。其四，轉行車機，爲鐵路引重所用。惟車機用大抵力，餘者多用凝水法。轉行陸機亦有用大抵力者。

陸機有單行雙行之别　單行陸機，常作大槓桿，中點爲定樞。桿之前端連鞲鞴，後端連起水柱，柱體甚重，自能下墜，與鞲鞴迭更上下，而成往復也。雙行陸機，乃瓦特所初造，其制汽筩之上爲鞲鞴，兩面皆有出入之汽，推動而成往復，鞲鞴中心樹挺桿，上端連於大槓桿之前端，更爲搖桿。上端連於大槓桿之後端，下端連於曲拐，以搖飛輪。鞲鞴一往復，飛轉一周，汽機全力，恒積於飛輪。

凝水櫃　凝水櫃在冷水池内，櫃旁之噴水管，噴進冷水以凝汽，有門以制噴水之多少。櫃底與恒升車相通，有底舌門。恒升車亦在冷水池内，恒升車之升挺桿，連於槓桿，起水盤内。又有門使水不下洩，恒升車之上端，與熱井子相通，添水筩即取熱井水入鍋爐。又有起水筩，吸起泉井之水，入冷水池。

平門汽罨　四平門同連一桿，此桿連於升挺桿，而與之同上下。此桿下時，即開上一出汽門，與下一進汽門，並闔上一進汽門與下一出汽門。此桿上時反此。

汽筩縮櫃　汽筩出汽至縮櫃，噴進水收其熱而變爲熱水，即爲恒升車所取出。起水盤上時，下面成真空，所變之熱水，即由底舌門流過恒升車。起水盤下時，水爲舌底門所隔，即透至起水盤之上，遂將此水提上，送至熱井。添水筩即取熱井之水，添入鍋爐。

船機有二類　行船汽機有二類，一用明輪，一用螺輪。明輪者，翼用多平板且輪有二，一在船之左，一在船之右，大軸與船正交。螺輪者，其翼或二或三、四，皆令螺絲，而在船尾之下，螺軸與船平行。此爲二大類，其分支又有數種。運動之力，凝水機爲多，間有用大抵力機者。

明輪汽機　明輪之類，以邊桿汽機、搖筩汽機爲最要。此外如空挺機、環形機、果翹機、塔形機，雖有其制，而不多用。夫明輪汽機無論何種，必以熟鐵爲大軸，横卧船面。二端各連一輪，輪翼俱用螺鈎定於各輻，共輳於轂盤。如尋常之水力輪，又有活翼之法，每翼之背有一小軸，連於輻而活動，使出水入水之時，略合垂線。此二種常以二汽筩運動，二曲拐之相交成正角，運動之時，輪翼激水向後，而軸向前行，與蕩槳同理。明輪之運動，大概如是。

邊桿汽機　邊桿汽機，即變陸機，大槓桿之式，使與船内合宜，故於汽機之左右，作二桿，名邊桿，置於極低之處，挺桿上端，戴以横擔稍長於汽筩之徑横擔之二端，各接挺搖桿，而下端連於邊桿之後端，二邊桿之前端，各連大搖桿下端之横尾。大搖桿之上端搖曲拐以轉輪，蒲頓華德所造來得路發，與細底奥幹答比里二船之汽機，甚爲精緻，安置鍋鑪與汽機以木樑，汽機以大螺釘□穿船底而旋緊之。鍋鑪則以本重定於其上。爲進汽管，通汽櫃内之汽，而進於罨匣，再進上下二汽孔，而迭更出入爲凝水櫃，爲恒升車，以升横擔與升搖桿，連於二邊桿而帶動邊桿之中樞，横穿凝水櫃，而二端外出爲熱井，以添水筩吸取其水。自進水管添入鍋鑪之内，爲挺桿，以横擔與挺搖桿連於二邊桿，爲大搖桿。任受邊桿之力，以摇曲拐，而轉大軸。大軸有架，爲平行動桿，推引汽罨之兩心，輪函於大軸，外有兩心環圍之。環旁速推引桿能往復而動汽罨，即與曲拐同理也。鍋鑪內有曲管，更爲萍門，爲鹹水塞門。因船行大海，必恒放鹹水，恐水漸積漸鹹，而損鍋鑪也。

摇筩汽機　摇筩汽機之大軸明輪，並與前同。惟邊桿、摇桿、横擔皆不用。其汽筩在大軸之下，挺桿直接曲拐，汽筩中腰有兩耳，即爲摇動之樞，而代摇桿之用。兩樞中空汽自此樞入汽筩，程功之後，即自彼樞放出也。帶動恒升車之曲拐，在大軸之正中。立尼所造比得哈大輪船之汽機，用單恒升車，斜置於二汽筩之間，另以曲拐帶動。爲汽筩，爲二挺桿，爲汽罨，爲帶動汽罨之兩心輪，爲進退柄，拉之可使汽機或進或退或止。爲進汽管，下連進汽之空樞，爲出汽之空樞，爲添水筩，連於汽筩。汽筩摇動之時，即帶動而添水爲出水管。恒升車取出之水，由此推出船外。

活翼明輪　活翼之法，輪翼出水入水之時，皆可畧合垂線，翼背有樞連於輻端能活動，樞後有柄，柄連於桿，各桿俱向輪內，達兩心輪之合環。其兩心輪定於船舷，故輪轉之時，各桿迭更伸縮也。

螺輪汽機　螺輪汽機有二大類，一爲摇輪汽機，一爲直接汽機。每類又有數種，凡螺輪之螺軸，其轉甚速於明輪之大軸。若曲拐之轉率相同者，必以齒輪相接，始能使螺軸之轉加速也。曲拐之轉率甚速者，亦可不接齒輪矣。

接齒輪汽機　接齒輪之機，大半與明輪陸汽機畧同。以摇桿摇曲拐，曲拐轉大齒輪，而接以小齒輪。螺軸之轉，即小齒輪之轉也。大輪之齒用木，小輪之齒用鐵。大小二輪皆如多輪累疊，而齒乃前後參差。其意分齒爲多分輪，轉得以均匀也。其式有用槓桿動摇桿者，有汽筩横卧者，有直立挺者，有直立摇筩者。

汽機車　汽機車之用，所以牽引重車行於鐵路。其鍋鑪爲圓柱形，而横置煙管以銅爲之。二汽筩横卧，以挺桿接摇桿，而摇行輪之二曲拐。二曲拐正角相交，一曲拐在直線，一曲拐適能横受全力。車之前行，皆賴行輪牙與鐵路緊切之阻力。運動之汽力，不用凝水，而用大抵力，因車上不能多載冷水也。程功後之汽，引放於煙通之內，以其噴出甚速，能助煙通吸風之力，鑪栅而因可減小，而鍋鑪化汽之力亦增大。

車式新舊之殊　司底分孫所造六輪汽車，雖非極新之式，亦不爲過舊。爲汽筩，爲摇桿，爲曲拐，爲兩心輪，爲通汽管。此管在火鑪之後端有門，又有曲柄通至火鑪之前，可開可闔，以制進汽之多少，爲放汽萍門有簧壓之。爲出汽管，程功後之汽由此至煙通。汽筩徑十二寸，推機路十八寸，行輪徑五尺。若行遠路，車後另牽一車，以載枯煤與水。近時汽車形式畧如舊式，英國顧知所造行走極速，用於闊鐵路。顧氏者，汽筩徑十八寸，推機路二十四寸，行輪徑八尺。火櫃內即煤□。之火切面一百五十三平方尺，煙管徑二寸，共三百五箇。管內火切面一千七百九十九平方尺，共得火切面一千九百五十二平方尺，一小時能化水三百至三百六十立方尺，引重二百三十六噸，一小時行四十里。若引重一百八十一噸，則一小時能行六十里。汽車本體共重二十一噸，煤水車本體重八噸半，載滿之時，共重五十噸。格氏之汽車，名立法鏞，汽筩徑二十四寸，推機路十八寸，行輪徑八尺，鑪栅面二十一平方尺半。火櫃內之火切面一百五十四平方尺，煙管外徑二寸又十六分寸之三，共三百箇，管內火切面二千一百三十六平方尺，共得火切面二千二百九十平方尺。鍋鑪內滿水時與車體共重三十五噸。前十九年，二汽車俱在英國博物院比試，當時以此二車之力爲最大。然其體太重，常致壓損鐵軌，或思新法，欲用多輪分任其重，可免壓損之弊。然重既分任，行輪之滯力亦減，必致游滑不能引重。此外尚有一難。英國鐵路大半窄狹，兩條相距僅四十八寸半，所以鍋鑪之徑不能過大，煙管亦不能過多。欲行速者，必大力；欲力大者，必多火切面；欲多火切面者，必多小煙管，且必徑小而長。既小而長，風力必大，否則火力不能至管末。前八年，英國博物院，與前三年法國博物院，皆有汽車更重於前者，力亦更大，然恐不能適用。若欲用之，必用鋼條作路，行輪亦必用鋼，又須整塊製成爲佳。若欲鍋鑪能任受大力者，必須粘桿而成，或整塊打成。比諸搭釘者甚固，每平方寸能任漲力一百六十餘磅。近時汽車有燒煙煤者，又美國有用煤油作滑質，而自添至各相磨處及汽筩內者，人可不必經意。

鍋鑪六要　鍋鑪之尺寸，有要事數端。其一，鑪栅面必依化若干水所燒之煤，當用風氣得以暢通。其二，火切面必能盡收所有之熱，不致外散。其三，火路及煙通之容積，必能使火足得其當有之風力。其四，鍋內必能多容水與汽，以防忽然多用而不足，且免汽水共出。其五，鍋鑪之重與體，俱不可過大，且宜作易開之門，人可進內收拾。其六，最要在堅固，足任大抵力。

船車鍋鑪尺寸　鍋鑪之力，以化水爲汽而定之。惟號馬力，本無一定之數，不能爲用汽之比例。故已有汽機，而欲配鍋鑪尺寸之數，當用欲得實馬力之數爲率。若欲定鍋鑪生力之度，先依號馬力求汽筩之容積，次定韝鞴行幾分路之一而用自漲力，即知一小時内用汽之體積。再依欲得實馬力之數，而求當用若干全抵力之汽，即可知一小時内當化水之體積。故但依汽機之號馬力，不能配用汽之數也。尋常船汽機之實馬力，恒配多於號馬力三倍，可以加大火切面三倍，或用自漲力，而得汽之功力三倍。又或合此二事，以得三倍，一小時内化水一立方尺爲汽，配火切面九方尺，即爲一實馬力。若不用自漲力，而欲三倍之能力，必有火切面二十七方尺，若用自漲力而得三倍之能力，必以韝鞴行七分路之一。閉絶進汽，則火切面又可不加。設定韝鞴行三分路之一而閉絶進汽，則用火切面十三方尺，亦能三倍之能力。此即二事合用之理也。其理以自漲力，可用若干，即用若干，而尚不足三倍者，再加火切面以補之。如固志汽車，在泰西鐵路，實測汽車、煤水車、客車共重一百噸，一小時行五十里，阻力得三千磅，每噸得三十磅，即行輪之周。現滯力須三千磅，而汽機之力必更大，方能勝此而動。故韝鞴面之力，與輪周力之比，必如倍推機路與行輪周之比，行輪徑五尺半，其周十七尺二七八，推機路十八寸，倍之，得三尺，韝鞴面之力，必大於行輪周之力，爲三與十七二七八之比，計一萬七千七百二十八磅，以韝鞴面之方寸數除之，即得一方寸之均抵力磅數，再定韝鞴行幾分路之一而用自漲力，即可推用汽之立方尺，並鍋鑪内當得漲力之磅數。再推一小時用水之立方尺數，由用水之立方尺數，即可用後各數定鍋鑪之尺寸。至船鍋鑪之理法，與此盡同，必先知船行之速數，並水阻力之數，並磨力之數，以推用汽之數，再定鍋鑪之尺寸。

火切面尺數　果臬書鍋鑪，一小時化水一立方尺爲汽，配火切面七十方尺。外火鍋鑪與船鍋鑪，配八方尺至十方尺。車鍋鑪配五方尺至六方尺，又若鑪柵面一方尺，配火切面四十方尺。外火鍋鑪配十三方尺至十五方尺。車鍋鑪配五十方尺至九十方尺，然常以八十方尺爲得宜。外火鍋鑪，每一馬力配總火切面火爐與火路各處。九方尺，此爲大鍋鑪各面俱能收熱者用之。若小鍋鑪之火切面，必宜加大，如蒲頓華德所造二馬力外火鍋鑪，火切面共三十方尺，即每馬力十五方尺。又造四十五馬力之外大鍋鑪，火切面共四百三十八方尺。即每馬力九方尺半。凡船汽機之鍋鑪，火切面之數與此畧同。磨得色利所造泰西輪船之原鍋鑪，每號馬力之總火切面十方尺，此以能切火之面而計之。又造勒得利布身輪船之鍋鑪，其體大於泰西之鍋鑪，而火切面則反小。蒲頓華德所造之船鍋鑪，一小時化水一立方尺爲汽，配總火切面九方尺，同於陸鍋鑪火切面之數。近時之船汽機，號馬力之能力，甚大於實馬力之能力，故蒲頓華德造鍋鑪，每號馬力常作火切面多於前數，且止以曲管或煙管之上與兩旁爲火切面，而下不爲火切面。故陸汽機外火鍋鑪，仍用瓦特原定之數，即不分實馬力與號馬力也。其數，以鍋鑪一實馬力，一小時能化水一立方尺爲率。

鍋鑪燒煤之數不同　鑪柵面一方尺燒煤之數，各鍋鑪不同。外火鍋鑪鑪柵面一方尺，一小時燒煤十磅，至十三磅。果臬書鍋鑪，燒煤三磅半至四磅。車鍋鑪，燒煤八十磅至一百五十磅，然常以一百十二磅爲最宜。

曲管量熱率放熱率　蒲頓華德之船鍋鑪，一號馬力火爐上孔之面積，有十九方寸，曲管横剖面有十八方寸。一號馬力曲管之横剖面，名量熱率。置此爲實，以曲管之長數爲法，約之，即得放熱率。以放熱率爲法，約之，亦得曲管之長數。曲管船鍋鑪之最精者，其放熱率以二十爲小鍋鑪之數，以二十五爲大鍋鑪之數。而曲管横剖面向煙通漸小，蒲頓華德常以此法製造。而别廠所造者，一號馬力配鑪柵面十分方尺之六，曲管近煤膛端之横剖面，爲鑪柵面七分之一。近煙通端之横剖面，爲鑪柵面十一分之一。具向煙通漸小者，因煙内之熱漸散，而體積減小也。配曲管内之火切面，十四方尺至十六方尺，造煙管鍋鑪，亦皆用此法。

火路　蒲頓華德所定船汽機之曲管、煙管二鍋鑪，與外火鍋鑪火路之尺寸不同，而其理則無不同。外火鍋鑪火路之周，所能傳熱之處，與全周如一與三、或一與二·五之比。所以火路有横剖面若干，其長必比全周能傳熱者爲二倍半，或三倍，否則傳熱不足。而此放熱率，與前放熱率，必爲一與二·五，或三之比，即得外火鍋鑪之放熱率爲八至十一也。煙管鍋鑪之量熱率，半於曲管鍋鑪，即諸煙管共横剖面，一號馬力得八方寸至九方寸。然大於此數，而稍關風門，使風得盡過各管最善。所造四十五馬力外火鍋鑪，火路之横剖面，每馬力得十八方寸。若鍋鑪減小，則横剖面必增多。如二馬力之外火鍋鑪，每馬力得八十方寸，因鍋鑪之式等而有大小，則小者自短，而火路之横剖面不得不大也。且鍋鑪小而火路加大，内面易於收拾。而配火切面三十方尺，火路高十八寸，闊九寸。十二馬力之外，火鍋鑪配火切面一百十八方尺，火路高三十六寸，闊十三寸。設二馬力者與此同比，其闊止可六寸半，若此，則二鍋鑪每方尺火切面，所配之火路横剖面相同，而二馬力者，火路應長十九尺半；十二馬力者，火路應長三十九尺。即火路之長數與高數，以同比而增也。

火路長數增減　火路之橫剖面積相等，若改變其式，而加多其周，則其長數可減。若減少其周，則其長數必加，否則火切面不能相配。茲列蒲頓華德所造船鍋鑪火路橫剖面積比例之數，俱以火切面一方尺爲率，二馬力者，火路橫剖面五方寸四；三馬力者，火路橫剖面四方寸七四；四馬力者，火路橫剖面四方寸三五；六馬力者，火路橫剖面三方寸七五；八馬力者，火路橫剖面四方寸三三；十馬力者，火路橫剖面三方寸九六；十二馬力者，火路橫剖面三方寸六三；十八馬力者，火路橫剖面三方寸一七；三十馬力者，火路橫剖面二方寸五二一；四十五馬力者，火路橫剖面二方寸〇五。若四十五馬力之鍋鑪，每馬力以火切面九方尺計之，則得火路橫剖面十八方寸。

煙管　船鍋鑪煙管恒常於四尺半，則量熱率當小於十八方寸，而得此數三分之二，煙管之量熱率減小有二，益因量熱率過大，火不能全，經各管，或風力減小，管內必多結煙炱也。以上所言者，俱爲號馬力。號馬力與用汽，原無一定之數，而用之定鍋鑪尺寸，固是不足取法，然爲俗所常用，故仍之也。

鍋鑪磔裂　張力過大，鐵板過薄，爲磔裂之首事。又有曲管、或煙管外無水，而燒熱至紅，或放汽萍門不靈，或牽條鏽壞，若水淺而致曲管燒紅，則爲張力抵進而成小磔。最可畏者，外體之大裂。然有時小磔，亦爲危事。因司機者，常以此受傷也。有時外體大裂，而曲管或煙管同時小磔，危險之極。此二事所以同時者，因煙管燒紅之際，添水箭忽添多水，漫至管上，驟生多汽，萍門不及放出，鍋鑪外體因此亦裂。又有曲管不合式，汽不得上，水不得下，汽積於下，致鐵板甚熱。大曲管之下面，因火衝撞，每有此病。鐵板受熱而軟，張力抵之而上盎，則汽易積聚也。又有水內鹽類，結皮於曲管之面，不能傳熱，致鐵板紅熱而皮忽離，亦成小磔。

預防鍋鑪磔裂　各鍋鑪各作放汽萍門與張表，所以免張力過大之病，不全恃萍門者，恐門或生鏽，或門桿彎曲，或張力過大，而鍋鑪頂之形式改變，以致萍門阻滯，不能自開。故必以張表相輔，自可一望而知張力幾何也。設有過大之事，速開鍋鑪外通之各門，並遏熄其火，以減張力。凡置放汽萍門，宜直通鍋鑪，不可通於汽扇門之外，恐汽扇門偶或阻滯，而汽不得放，間有在放汽管之內，置錐形管，以收汽所帶出之水。然錐形管偶然脱落，塞於放汽管之口，汽亦不得暢放。又法，預在鍋鑪作孔，用易鎔之金類密塞之。張力既大，熱度亦大，此金即鎔而仍爲孔，汽得放出。然此法雖巧，尚不合用。因易鎔之質，以水銀爲主，難得勻和，日久而水銀爲汽抵出，所留者仍然難鎔，必致誤事。又有車鍋鑪，在火爐之頂作鉛塞，頂若露出水面，鉛鎔即報危險，其或見水隨汽而出，多於添水箭所添入者，鍋內之水必漸淺，而曲管或煙管將致甚熱，離患不遠。司機者見水已淺，而知尚未紅熱，若不及將火取出，可速開火門，澆潑冷水數箭於火鑪，雖不能滅火，而亦不再熱。人宜躲於門旁，免致汽噴受傷。若火鑪之頂已紅熱，切不可添水進鍋，尤不可取出鑪內之火，宜速開各處放水塞門，或各處出沙孔，以放盡其汽與水，使張力甚小。則雖已紅熱，不致抵進。

萍門張權　張權，即所以制萍門。鍋鑪內之張力滿限，萍門自開，餘汽放出。張力若未至限，萍門常閉不開。法於汽櫃之上作孔，面幕足出所生之汽，孔之面冪，應與火切面之面冪合比例。孔上蓋萍門，門之中心豎鐵桿，桿鎮以重，即名張權。或作橫桿如衡，衡杪掛重，重之多少，準萍門孔之面冪。合計鍋鑪每方寸所任之張力定爲限，此乃造機者所豫定，司機之人不可擅加。設張力之限爲十磅，則萍門之每方寸可用重十磅，餘例並同。凡鍋鑪必有二萍門以備，一有滯塞，又一仍能自開亦可，故汽而無害。孔須大小得宜，過大則汽水共出，過小汽必緊束而不舒。弊端有二，必遇其一。蓋汽之疏密率愈大，漲力亦大，必至鍋鑪磔裂。若能任大力而不裂，則漲力雖大，而放出之汽亦愈多。所放與所生，强能相等。往往於火旺之時，汽機忽停，萍門自開。而漲表之度數，仍在漲力過限之所，即此故也。嘗有修整舊船而改造鍋鑪，以十四磅張力之煙管鍋鑪，代易四磅張力之曲管鍋鑪，而萍門仍用舊制。每見此事，所以萍門孔之面冪，與火切面之面冪，必合比例爲要也。前言漲表仍指過限之所，蓋雖萍門太開，汽已暢放，而漲力尚大於重限，至一磅半或二磅，且煙管鍋鑪化汽之力，甚速於曲管鍋鑪，故釀禍更烈焉。萍門或作環形，則與環孔之面冪雖相等，而出汽之路可稍舒，其制與恒升車之環形門相似。

萍門張權有宜加重之時　萍門之權，造機者核定成章，即當謹遵毋改。然有時必須加重，或追敵，或失風勢而近岸，加重之後，張力亦大。追敵者，輪轉既速，固無疑義。惟近岸者，因失風勢，而輪轉稍遲，故雖汽之張力驟增，而凝水櫃亦得成空。然應加何重，造機者亦預備定限，以畀司機乃可臨時酌用。

反萍門利鍋鑪之用　汽之張力大於空氣之壓力，固宜備其磔裂，然有相反之力，若不預防，亦爲鍋鑪之患。如機已停，火已熄，則鍋鑪之外皮，受機艙之冷氣而發散其熱，所有之汽速凝爲水，而張力減小。又如火力偶小，所生之汽不敷汽機之用，此二者，必致空氣之壓力大於汽之漲力，而擠鍋鑪內凸。故於鍋鑪作自開之門，名爲反萍門，未至受害，而外面之空氣即踵門而入，以補其虚矣。此門或名內萍門，或名空萍門，或曰空氣萍門，其制並同，惟向內爲異耳。其自切於本處之法，加權於稱桿之端，倚點即萍門，權必準汽至小之限，門乃自開。但今不用權，而用簧者爲多。凡安此門，舊法在鍋鑪之頂，今則以前面爲便，免得觸損，及爲穢滓所塞。門向上開，尤爲妙處。雖上壓他物，或有物墜下，亦無妨也。漲力減小，則空氣抵開此門而進鍋鑪，大抵力機之鍋鑪，堅固特甚，此門可不必用矣。

鍋鑪結鹽結皮　鍋鑪結鹽，船鍋鑪內常有此事，司機者刻刻留意，方能免患。水已過鹹，則所有火切面之內，必結鹽一層，隔水不能傳熱，而鐵板漸漸紅熱，漲力雖不甚大，鐵板自能彎凸。況船鍋鑪常用含泥含鹽之水，以致內面結皮一層，與煮水器內結皮同理。結成之皮，置諸淡水之內，不能全爲消化。因水化汽時，各質依次結成，多有鈣養硫養、鈣養炭養二質，而此二質已結，則不能消化於水也。故鍋鑪內有遺留棉花、布、木者，久後取出，必變成石，結皮若厚，其層累亦如石。

吹鹹水　常法，使鍋鑪內之水在一二小時內稍高，後開吹水塞門，使鹹水吹出，至水面低下數寸，即關塞門。此爲定吹。或用小塞門，使鹹水恒吹，或使鹹水箭恒吸出。無論何法，必用量鹹水表，連於鍋鑪。若含鹽過多，一望而知，即可補救。測驗含鹽之法甚多，大半以浮量爲主，又有用小器盛淡水，置鍋鑪內，亦有漲表，以此漲表之磅數，與鍋鑪漲表之磅數相較，即知含鹽之數。

防鍋鑪外面生鏽　船鍋鑪外面生鏽之故，有數端。近汽櫃處之生鏽，因船面滴下之水。底之生鏽，因船內積水漫上。灰膛口之生鏽，因用海水澆潑退出之火灰。此三事皆可豫防。鍋鑪頂鋪氈一層，氈外蓋鉛皮一層，銲連接縫，第一事可免。安置鍋鑪，底用油膏，第二事可免。以鐵板一層，蓋於火膛之口，螺釘旋定，鏽則重易，第三事亦免。

防鍋鑪內面生鏽　船鍋鑪內面生鏽，常在汽櫃之內，其故極難明曉。若言鐵遇海水而鏽，則火鑪之上面，及切海水諸處，俱不甚鏽；用汽凝之淡水，添入鍋鑪，而汽櫃內仍生鏽。鍋鑪用至五六年，已覺鏽傷，即用此種鐵，造作同大陸地鍋鑪，可用十八年至二十年之久。若陸地鍋鑪恒用鹹水，其所用之年數，與用淡水亦同。船鍋鑪在水內之面不生鏽，用之既久，拆出細視之，鐵面椎痕尚在，蓋因所結之皮護之也。然鍋鑪各處之生鏽，不能豫定。有二鍋鑪，同在此處，一已鏽壞，而一者毫不傷損。又有一鍋鑪之內，汽櫃之此邊鏽壞，而彼邊毫無損，又或生黑鏽，可以層層剥下如樹葉。或有似浸於强水內之鏽，若在鍋鑪外包氈一層，則內面生鏽更速。內面結厚皮，比結薄皮者生鏽亦更速。煙通經過汽櫃中者，汽櫃內面之生鏽亦更速。鑒此各事，而細思其理，知內面生鏽各事，皆因重得熱之汽所致，其理足可破疑鍋鑪外包氈熱不易散，汽必重得熱結厚皮者，必因水甚鹹，鹹則沸界大，汽能重得熱。煙通經過汽櫃之中，汽亦重得熱，俱致內面生鏽。要之，凡能省煤之法，即是鍋鑪內速生鏽之法，乃其據也。

添水器二則　添水之多少，用塞門或螺絲開闔之平門制之。然用塞門爲便，因螺絲之平門易壞，且不準也。無論何法，各鍋鑪必各作一門。又有依水面高低而自能限制者，常法用浮物，但船鍋鑪水常摇動而不準，故用銅球上連一桿，置於管內，管通於鍋鑪，水雖摇動，管內仍静。桿端與限制塞門之柄相連，若添水管宜通鍋鑪旁之近底處，則添入之冷水先遇曲管與火鑪之底而傳其熱，且不遇化出之汽，致復凝水，可以省煤。或使冷水先經煙通之外，收其熱而入鍋鑪。法，作水箱，圍煙通之外，添水入此，下有管通至鍋鑪，另有管放出餘水。凡火切面不足，而煙通內熱過大者，宜用此法。添水管近箭之端作支管，內有活平門，汽機行動之時，限制添水之門忘開，管亦不致磔裂。因水抵力過大，活門即自開，水由支管放出。進水之管亦必有塞門，可以限制進水之多少。又有副添水箭，汽機不動之時，另有添水箭以人力運動，或以附汽機運動，因停船稍久，餘汽放出，必有此器以補水之不足。箭外通連數管與塞門，以取海水入鍋鑪，或噴水沖洗船面，或救火，或取出積水。鍋鑪之水沸時，常常化費，故必另有添水之源。令水添入鍋鑪之內，手運之器固亦可用，然欲節省人工，必用汽機帶動。機每一轉，水進一次，名曰添箭，其所添之水，宜甚多於化汽水與吹出之水，常以三四倍爲率。所以鍋鑪洩漏之時，仍有餘水可補其不足。添水器用推水之法，有推水柱，有萍門，名爲進水門。推水柱上時，令水入筒內，另有萍門名爲出水門。推水柱下時，令水通至添水管，即引進鍋鑪。此管近鍋鑪處有塞門，能制進水之多少。水已足用，此塞門自可暫閉，當有别路以分餘，則另作萍門，名餘流門，門上有簧或有權，令定於本處。若水不通鍋鑪，則推柱之力即抵此門之下面而開，水則回至熱井，或出船外矣。餘流門桿不洩水，推水柱亦不可稍洩，俱有輭墊臼。所添之水，來自熱井，比海水較淡且熱，因有凝水在內之故，其熱常有百度也。又餘流門上之重，必大於鍋鑪內之漲力，塞門開時，水始易進。嘗有添筩不用實柱，而用起水盤，與恒升車同制。此僅有提理而無推理矣。古時邊桿機，其推水柱爲恒升橫擔所引，此當隨宜，可不拘也。若速行，汽機之添水器必作氣泡，以免急撞。

戽斗　船底雖無漏水之處，而汽筩殼與通水諸門，並汽機停時吹通尾舌門，俱有多水漏出，積爲臢水。故各汽機必有抒水之器，方可去盡臢水也。此器與添水器同類，而更簡易，名曰戽斗。其制爲戽柱，有進水門、出水門，多眼漏，浸臢水內。有吸水管與出水管，常用恒升橫擔帶動，而在添水器之對面，有管通水至熱井，後用管通水至船外。其法比前法較好。若通熱井，不無有木屑、麻線起上將門阻礙，則熱井之水反還至臢水之內，最爲不便。蓋水通船艙，必壞船內貨物，嘗有船水已滿上，幾及鍋鑪之風門，人尚未知其故也。若以臢水抒出船外，管口應比水面多高，否則船入水或深，及有時搖擺，水進管口，亦必至臢水之處。不得已而管近水面，其管口須用舌門，庶可斷絶海水也。凡戽斗之吸管，與臢水內無論何管，俱用紅銅製造。其接環用黃銅，捎釘必用紅銅，若用鉛管，多致壓癟而塞，滯也。

放汽萍門面積　放汽萍門面積，以平圓寸八配一號馬力，即平圓一寸配一號馬力又四分之一，漲力無論大小，此數皆合用。推算之法，將汽筩徑寸數自乘，再以鞲鞴每分時總行尺數乘之爲實，另將每平方寸漲力磅數，與三百五十七相乘爲法，以法約實，即得萍門孔面積之方寸數。鍋鑪化水之力，與汽機用汽之數相配者，可用此法。車汽機，及各種大抵力機皆可用之。但今俗此門之制尚未一定，有大於此數者，有小於此數者，因製造者各存己見也。如相利所造汽車，不論鍋鑪之大小，萍門徑皆作二寸半，門上加以稱桿，桿末用螺簧壓之。其桿之定點至倚點，倚點至重點，若五與一之比。因門之面積爲五方寸，視螺簧之磅數，即知每平方寸漲力之磅數。萍門有一箇者，有四箇者，然用二箇者爲多。車鍋鑪則常用二箇，門徑有四寸者，得面積十二方寸，有一寸又十六分寸之三者，得面積一方寸。漲權之制，多用螺簧與稱桿，稱桿長短二端之比，常爲門孔面積與一之比。如門孔面積十二方寸，則螺簧至倚點之長，比倚點至定點爲十二倍。故視簧稱之磅數，即知每平方寸漲力之磅數。惟稱桿既爲十二與一之比，而螺簧之伸縮不多，萍門難得大開，故有作弓形簧多層相疊，即壓萍門之上，或二萍門兼用兩式，爲更好。

進汽管橫剖面積　緩行汽機進汽管之橫剖面積，常爲汽筩橫剖面積二十五分之一，即徑爲汽筩五分之一，汽筩之長與徑略等者，一號馬力得進汽管橫剖面積一方米。鞲鞴每分時行二百二十尺者，用此數爲合宜。出汽管之面積宜稍大，若漲力大，而再用自漲者，宜更大。尋常凝水汽機，漲力大於空氣壓力四磅至八磅者，進汽管橫剖面每號馬力不可小於一平圓寸。將號馬力數，以〇八約之，得數開平方，即得此種汽機進汽管內徑之寸數。

進汽管面積　進汽管之面積，必使汽筩內之抵力與鍋鑪內之漲力無甚差，出汽管之面積，亦以此爲則。若已知汽筩之徑，及鞲鞴速率，即可知汽管內汽行之速率。因汽筩橫剖面積，若大於汽管橫剖面積二十五倍，即汽管內汽之行速，大於鞲鞴之行速二十五倍。而汽行之速，即汽管二端抵力之較所生也。欲知一端抵力較數，先求成此行速需配汽柱之高數，而與汽之重率相乘，即得抵力之較。然尋常汽機，進汽管內稍有凝水，故必稍過此數。

恒升車凝水櫃容積　瓦特汽機恒升車之徑，與起水盤行路，俱得汽筩之半，而容積爲汽筩八分之一。凝水櫃之容積，等於恒升車。新式汽機，漲力加大，故恒升車之容積亦必加大。宜作恒升車徑爲汽筩徑十分之六，而往復路仍爲推機路之半。凝水櫃之容積，亦與恒升車相等，如能加大更善。至於雙行恒升車之容積，可爲單行恒升車之半而稍餘。蓋單行恒升車，惟起水盤提上時吸水與空氣，雙行恒升車則往復皆吸水與空氣也。雙行者，筩之二端皆有進水、出水之門，而起水盤內無門。單行者，筩之下端有進水門，上端有出水門，而盤內亦有門。新式直接螺輪機，多用雙行者，別種汽機俱未多用。

外冷凝水不如縮櫃噴水　此法用甚大甚薄之銅板，作凝水之器。汽入其內，而外面以冷水流過，汽遇冷面，即凝爲水，而不與冷水相和，謂之外冷之法。瓦特曾用此法，後因其器過大，且冷水混濁，結皮一層，以致不能傳熱，所以改用噴水之法，即縮櫃也。瓦特用此法之前，乃用冷水噴入汽筩以凝汽，瓦特以後有荷而者，刱外冷器，使汽噴入小管之內，而外用冷水流過，至今已不多用，惟漲力甚大之汽機必用此法。

汽筩挺桿　凝水汽機不甚大者，汽筩之厚，宜爲筩徑四十分之一，漲力大於空氣二十磅，則筩體之質，每橫剖面一方寸，任受牽力四百磅。搖汽筩空樞之厚，宜爲筩徑三十二分之一，其長宜爲樞徑之半。大抵力機汽筩之厚，宜爲筩徑十六分之一。漲力大於空氣八十磅，則筩體之質每橫剖面一方寸，任受牽力六百四十磅。大抵力摇汽筩空樞之厚，宜爲筩徑十三分之一，其長亦宜爲樞徑之半。蓋汽筩之厚，不特任受漲力，並欲任用時振動之力，且欲製造時車鉋而不致變形。凡汽筩徑愈大，其厚與徑之比可稍減小。筩徑四十寸者，厚爲一寸，而徑八十寸者，厚可少於二寸也。徑若不及四十寸者，其厚依此比而稍加。如春氏所造十二馬力，汽機筩徑二十一寸半，厚十六分寸之九，徑四十寸之汽筩，厚一寸。里本與布點甲與煙都司三輪船，其摇汽筩機，筩徑七十六寸，厚一寸又十六分寸之十二。挺桿之徑，常得汽筩徑十分之一，即横剖面爲汽筩横剖面一百分之一。車汽機及速行之船汽機，此數不合用。車汽機挺桿之徑，爲筩徑七分之一。凡鞲鞴上抵力甚大者，挺桿必加大。

陸機挺摇桿大摇桿　挺摇桿之横剖面，爲汽筩横剖面一百十三分之一，其長爲推機路之半。生鐵大摇桿之横剖面，常爲十字形，每象限之通弦爲桿長二十分之一，中節之横剖面積爲汽筩面積二十八分之一，二端之横剖面積爲汽筩横剖面積三十五分之一，長爲推機路三倍半。然此大摇桿，用熟鐵者爲佳。其各尺寸，可與船汽機相同。

陸機大槓桿　鞲鞴面一平圓寸受全抵力十八磅，則槓桿中節，必合鞲鞴面每平圓寸受力三十六磅。推算中節尺寸之法，將中節合鞲鞴面一平圓寸受力磅數，以二百五十約之，以槓桿半長之尺數，乘之爲泛數，若厚數已定，則將厚之寸數爲法約之，得數開平方，即得闊之寸數。二端之闊爲中節之闊三分之一，小抵力機槓桿，中節之闊等於汽筩徑。其長爲推機路之三倍，厚之中數爲長一百零八分之六，而邊之厚爲薄處三倍，因任力全在此處也。新式汽機鞲鞴面每平圓寸全抵力多於十八磅。

輪齒　推算生鐵輪齒之尺寸，置齒心界徑之寸數，以一分時之轉數乘之爲實，將輪所傳之實馬力與二百四十相乘爲法，以法約實爲泛積。若已知齒心距，而欲求齒闊，則以齒心距寸數之平方爲法，約泛積，即得齒闊之寸數。若已知齒闊，則以齒闊寸數約泛積，得數開平方，即得齒心距之寸數，以齒心距數八分之五爲齒之長數。齒心界之行速一分時至二百二十尺者，大輪必用木齒，尺寸如常，可耐消磨。最小之輪，齒數至少以三十。

飛輪　先知汽機一推之能力，及使飛輪得常速所須之推數，即可定輪體之尺寸。以全力推飛輪而不别用者。尋常飛輪所容之重力，爲一推之力二倍半至六倍，即二推半至六推，能得常速也。若輪體之重，等於鞲鞴面之抵力，則輪轉之速，必等於重物自二倍半至六倍。推機路之高，下墜之末速，若欲轉動極勻，必作輪體更重，或轉更速。

又《汽學二・試汽》

試汽漲表縮表　縮表以玻璃管爲之，管内盛水銀，與凝水櫃相通。櫃内成空，水銀縮上。漲表則用小鐵管爲之，一端通鍋鑪而下垂，再彎而上通空氣，亦盛水銀。鍋鑪内之汽現漲力，必將水銀壓下。此端壓下，彼端必上升，二端水銀面高低之較數，即漲力之數。一端上升一寸，則二端相較得二寸，而水銀二寸，等於每方寸之漲力一磅也。鐵管不能見水銀，故用小木浮於水銀之面，再加竹絲爲表。水銀升時，將表浮上，指明寸數。此外尚有數式，今所多用者，係蒲頓所剙之法。外面如時辰表，内用扁銅管，彎作玦形，或加抵力於內，或加抵力於外。加力有大小，其開闔隨之而多少。一端固定於通汽之處爲定端，又一端以開闔而指其所受之力。近人又加度面，而在動端用象限齒輪接遊針，使針轉動以指面上之度分，取其視之易明也。又有尚克所作之式，如寒暑表，而泡爲扁形，汽抵扁泡之内，水銀自能上升。

察看漲表　新换司機，未諳本機舊例，必於初次生汽之時，首察漲表，細試水銀之面，果與浮表相切否。漲表變例，間有使浮表所指之度數，小於鍋鑪内之實漲力，所以視若力小，而程功已大。此法將浮表截去數寸，用輭木塞中心作孔，塞至近水銀面，浮表之球即置其上。水銀未升，不切浮表之球，因不在起度處也。故浮表初動，已有漲力二三磅。浮表任指何度，欲核其實，必外加此二三磅也。

記數表　記數表，可記挺桿往復之次數，式與時辰鐘内之機畧同。挺桿往復一次，表面之針指過一數，汽機每分時若干轉，一望即知。此器之末輪，作順逆齒，有活閘連於汽機往復之處。汽機一往帶動活閘，撥進一齒，汽機退時，有定閘，使順逆輪不退。順逆輪遞接數輪，各輪之齒數配針所指之位數。若末輪以螺絲連於轉動之處更好，因在往復之處，有時不及推進一齒也。又有愛列所作之表，用螺絲動二輪，而二輪同穿一軸，首輪比次輪多一齒，視二輪轉之較，即知汽機之轉數。

看水玻璃管　看水管，與看水塞門與浮表，俱可知鍋鑪内水之高低。看水管者，以玻璃長管爲之，二端俱通鍋鑪之内，望之即知水面高低，因水面恒平也。管之上下，各有塞門，可使吹通，不致積穢模糊。其制宜易於裝拆。玻璃管或破碎，隨可更換。上端用管通至極上汽內，卜端用管通至極下水內。水沸之時，不致混亂。鍋內之水面應在玻璃管之上半。

看水塞門　看水塞門者，在鍋爐之面，作數塞門，而高低不一處。任開一門，視其或水或汽，即知水面所在。此因玻璃管或有穢積不通，故預備此製。但鍋內汽漲力若甚小，則用玻璃管便。因開塞門，反有空氣入鍋內也。試開此門，其最低者應必有水流出，最高者應必有汽吹出。

陸機浮表　浮表者，用於陸地汽機，有細桿出鍋爐之上，視其桿之升降，即知水之高低。細桿下端連沈物，在水面之下，以鐵或石爲之。另有物對其重，而不使離水面，與舊法之浮木同理。或將其桿接連於進水門，水高則桿升而閉，低則降而開。陸汽機所用之水，由水箱添來，有管通至鍋爐之內。管內水之長短，以對汽之漲力。

噴水門　噴水門者，能制起水機之遲速，即噴水器之塞門也。有一小鞲鞴，在筩中可上下，置於大水箱內。一面有掩門，向內開，故水可自大水箱入筩，對面有塞門，小鞲鞴墜下，則水自塞門噴出，起水大桿即帶小鞲鞴相連之提桿同上，水即自掩門流入，提桿上足，即與大桿相離，自有重力墜下，壓水噴出塞門，而入縮櫃之內，汽機生力而動。此門若閉，則小鞲鞴不下墜，水亦不噴，而汽機亦停。若少開，則下墜遲遲，水亦漸漸噴入，汽機亦遲遲而動矣。所以開塞門之大小，汽機運動之遲速隨之，故噴水門能制凝水機之遲速也。

用餘汽定吸風力　吸風力之大小，以餘汽管口徑之大小定之。吸風力欲大，必減小管口之徑。但減小管口，鞲鞴反面之對力必加大。故風力若已能足用，則管口不必多減。二汽筩之餘汽管通入煙櫃，而向上會爲一管，相會處宜近煙通，使在煙通內有單管十二寸至十八寸。若單管太短，則二管之汽迭更斜噴，而風力減小，且煙通易壞。單管不可向上漸小，宜上下同徑，至近口截然而弃。

陸機鍋爐容汽容水積數　蒲頓華德所造二號馬力之陸機外火鍋爐，一馬力得容汽積數八立方尺又四分尺之三，容水積數十八立方尺半。二十號馬力之陸機外火鍋爐，一馬力得容汽積數五立方尺又四分尺之三，容水積數十五立方尺。再加大至三十四十五十號馬力者，其容汽積數反加至畧近六立方尺。

船鍋爐容汽積數　蒲頓華德初時所造者，其容汽積數大於汽筩容積十六倍。若用二汽筩者，則大於二汽筩之共容積八倍。此數與前言陸鍋爐，每號馬力有五立方尺畧同。

汽機初動汽水共出　汽機初運動時，汽水共出，因忽減鍋爐內之汽，而水面之壓力驟輕，所以汽能暴沸。此外尚有雜質調和水內，如河水污濁而河底生氣，其泥沙泛上至水面，此則所有雜質阻汽不得上通汽櫃，故爲汽所推而合水上衝。若水內再有滑膩之質，此弊更甚。此水乃深灣海口潮汐定期之處，海苔與爛草所成。又行船出鹹水進淡水，與出淡水進鹹水，亦生此弊。或以爲淡水之沸界小於鹹水，鍋爐之熱度已大，而換添淡水，其沸更暴。然與出淡進鹹，尚屬費解，故不能爲確理也。欲除此弊，常以牛羊油加入於鍋爐，然有用此法而共出反甚者。總之此弊之由，乃汽櫃之式非制，與大小之度不合，非舟師及司機所能爲，故此款不論，畧言之。若汽櫃更大，火更慢，鍋爐內之水面稍寬，似爲較可。故用哥奴瓦之汽機者，本不知有此事也。

汽機最患汽水共出　鍋爐內之水沸騰之極，而發多泡噴濺，水點隨汽而出，乃汽機之大病，必減汽機之功力，且使汽筩鍋爐生危險。蓋熱水至凝水櫃，則櫃內難得真空，致恒升車之縻力加多，汽機之速自減。或水入汽筩，而無放水平門者，鞲鞴必遇水而忽停，因未至路端，汽罨之餘面，已閉出汽之路，水不能出，忽停之時，汽機必有受傷之處。水既隨汽而出，鍋爐之水必虧少，添水筩不及補足，曲管與煙管之上面，必致燒壞。

汽水共出之故　汽水共出之故多端，一因容汽積數太小，汽體忽緊忽鬆；二因水面太小，汽泡叢聚；三因管間相距太小，汽之上升不暢，水之下降不速；四因鍋爐內污濁，水質稠膩。凡鍋爐新者，其弊更多於舊者。船自海內入江，其弊亦更多於常用海水與常用江水者，或因淡水沸界小於海水沸界也。又有忽開放汽萍門，亦見此弊。萍門若近進汽管口者，水點亦隨汽而入汽筩，所以車鍋爐之放汽萍門，與進汽管口宜極遠，雖稍開而水點不入汽筩。

救止汽水共出　鍋爐盛用淡水而初生汽時，汽水共出，宜關煙通扇門，再將煤火推進，或用人運添水器，或添水小汽機，多添冷水以止其沸，庶可免共出之弊。若鍋爐易犯此弊者，常宜加慎。法，須密閉阻汽門，不使驟沸，而突進汽筩，起行時乃稍開。至若預防汽水共出之法，入牛羊油於鍋內，此事有用水筩者，有在添水器另置塞門油壺推入者，又有附汽機推入者。若汽之漲力減小，可由反平門，或測水玻璃管吸進也。間有在鍋爐內近汽管處，前後置多眼鐵板二塊，其眼不宜直對汽管之路，而二板之眼亦不對，則水通前板之眼，必遇後板而止。又加大其汽櫃，亦可除共出之弊。法，在鍋爐之頂，作空桶形，桶下之原鐵板鑽通多孔以通汽。又有法，於初運動時，畧開其阻汽門，以當攔激板之用，亦能阻水不進汽筩。今又剏思另作一器，承受汽水，故共出之時，水可不至汽筩之內。

水入汽筩補救之法　司機者見有水入汽筩，可稍開扇門，使汽少進汽筩。閉絶噴水門，使水不入縮櫃。開火門而使汽慢生，減少水點。若因容汽處太小者，可使鍋爐内漲力加大，而多用自漲力。在鍋爐與汽距之間，作多孔鐵板，水點上至此板，自能回下。或另作一汽櫃，在原汽櫃之上而作多小孔相通。若因鍋内污濁者，水沸之時污濁必浮於水面，可用器撈去，或在水面放出之。若因水太淺，或煙管間相距□近者，可加管於鍋爐之外，上端通水面，下端通水底，使水由此下降，而煙管間止有上升之汽與水，自得暢通，同於管間放大也。凡火切面之位置，宜使添水進於最低之處，漸升漸熱，至水面而化爲汽。其進汽管，必通鍋爐最高之處。

車鍋爐無汽水共出之弊　車鍋爐一小時化水一立方尺，配容汽積數五分立方尺之一。因汽櫃之頂高於水面數尺，而進汽管在鍋爐内之端有多孔，汽櫃又居鍋爐之中段，故容汽處雖小，而汽水共出之弊亦不多。

生汽蓄火　鍋内之水未熱，生汽不速。其故有二：一水爲容熱甚多之質，故使水熱必費時；一火遇冷鐵，其焰之熱必分傳，故火不能速旺。可試其據，將小棉線浮於油面燃之，用冷鐵圈圍於外，其火立熄，所以必用蓄火之法。蓄火乃省煤之意，如汽機暫停片時，又須再行，則用此法。事無急促，可停一二時之久，則於初停之時熄火，密閉阻汽門，任水漸冷，待欲再行，而熱火亦得省煤之利。合稱屢試此事，得其確據。蓄火之法，將煤推近火墻，用溼碎煤盦蓋，扭關煙通扇門，設無此門，或有而不密，則關風門，所存漲力之多少，必視事之緩急，與風力水力之大小，及風勢變向之遲速而酌定之。若汽已減少，漸至等於空氣之壓力，而再欲生汽，全在煤之美惡，及空氣之冷熱，故必需時二十分至三十分也。凡蓄火之事，不特專爲省煤，或有停船之時，適遇大風猛浪，以及潮水洶湧，亦須存汽收放錨鏈也。若停船不久即行，則關扇門，或關風門，而將火煤稍推往後，亦可省煤。若欲起行，汽機立能運動，汽亦不甚減小於極大漲力。若煙管鍋爐，則開煙門，而生汽即停。設鍋爐之水減淺，亦當推後火煤，而開煙門，免致損傷鍋爐。蓄火之時，或開萍門洩汽，以舒鍋爐之力。但此法未善，蓋放汽出外，鍋爐之水必漸鹹，又須添換之繁。若常使所生之汽，不過漲權之限，未必危險。故不用此法，而并關阻汽門，以全存鍋爐之汽量蓄火所生之熱，與鍋爐發散之熱相等，則事簡而收全利矣。汽雖漸生，而鍋爐亦已稍冷，必凝水落下，并於原水之内，水亦不致變鹹。

阻汽門　鍋爐之汽，舊制任通汽管，今則於汽管節處，用平門以阻隔之，名爲阻汽門，司機者可以隨宜啓閉。如汽機大船鍋爐固有數座，然又不必盡用。若無此門，則所用之鍋爐生出之汽，必通至不用者而凝水。又如蓄火之時，所存汽之漲力，能畧大於空氣之壓力，故其火一旺而汽即生。若無此門，則所存之汽隨通汽管，進汽筩而凝水，凝水既多，費煤不貲。且鍋爐之水，更易變鹹，因稍鹹之水，化汽而去，所留者爲鹽與泥沙也。有此門以阻隔之，則所化之汽，盡聚於鍋爐，雖外面爲冷氣所逼，而凝汽爲水，仍在鍋爐之内，與水相和。所以蓄火無論暫久，水不虧少，自不變鹹，而機艙亦能涼爽。因汽之發熱，獨在鍋爐故也。凡兵船俱用阻汽之門。設汽管爲礮子擊去，或擊爲孔，汽有所阻，不致衝滿機艙，司機者可以即時修理。若汽機初動之時，或有汽水同出，宜少開此門以阻水，即同攔激板之理。

又《汽學三·考力》

指力器　凡言汽機之實馬力，用指力器考知，即以剏此器人之名，命之曰麥拏德。其制旁有立柱，環包以紙，外用薄銅片如乂形，夾紙之兩端。下有樞活，裝於架，可旋轉。樞下用發條舒卷，所以引柱退轉。柱周用小繩回繞，所以引柱進轉。此繩繫於汽機行動之處，汽機每轉，則引繩而使立柱進退旋轉。立柱進退旋轉，自可知汽機之均力。有螺簧，有挺表，安置鉛筆，連有活節，不用可收之，用則張之，使筆尖著於立柱之紙。有小鞲鞴，在筩内密切而能上下。筩之上端通空氣，有塞門，下與汽筩相通。鍋爐之汽進汽筩，則抵小鞲鞴上行。汽進凝水櫃，而得真空，則空汽壓小鞲鞴下行。設不開塞門，則汽機帶動立柱左右旋轉，而筆不上下，所畫者止爲横線，名曰空氣線，即界線也。設爲凝水機，則所繪之形，約半在上，而半在下。大抵力機，則全形在上，故即以空氣線爲底線。又設挺表上下而立柱不轉，則所畫止一直線，一次不改。在空氣線上之長，等汽之漲力；在空氣線下之長，等於空氣壓力。惟汽機往復一次，而帶動立柱亦旋轉一次，挺表亦上下一次，故能畫成方形曲線，名爲均力圖。視圖即知汽機所有之均力。

指力器作均力圖　作均力圖時，若挺表忽然上行極速，上則停而不動，待立柱進轉一周，忽然下行，又停於下而不動待立柱退轉一周，則所成之圖，必爲平行四邊形。其形之高，即漲與縮之全力，亦即推轉輴之全抵力也。然今時汽機，概用自漲力，其挺表必非忽而上，又雖已上，鉛筆亦不久停柱端，汽路通時，鉛筆上行，因漲力均平，故能略停。繼則汽路忽絶，漲力漸小，而鉛筆漸漸下降。所以繪成之圖，不爲直線正四邊形，而爲曲線斜四邊形矣。若此形與正曲邊形愈相近，則均力愈大，而用汽亦多。故何次所畫之圖，即顯何次之均力，皆以形内之面積計之。

汽車指力器　顧志捌造新式指力器，專爲汽車之用，比前法更妙。其制爲小筩，横置之爲小轉輴，壓以二弓簧，即通連大汽筩之管，爲掩門，當塞門之用。有管可吹出所凝之水，挺表之端，接一横桿，桿有定點，在大分、小分之間，大分上端安一鉛筆，筆之行路比挺表之行路必長數倍，但其界不作直線，而爲弧線也。表有二柱，一爲鉛筆所畫之用，一爲捲紙之用。故可連畫數圖，不必需人每次換紙，所以更妙也。此圖雖屬弧形，然可改爲方形，然以弧線作直綫觀，理亦易明，殊可不必更改也。

稱力器　稱力器可稱汽車引重之力，及船行之力。汽車所用者有二平簧，二端相連，引重之時，其簧相離若干，即知用力若干。簧中接針，指面上之度分，視之更爲顯明。二簧之間作小筩如汽筩之式，旁有小孔，筩内滿盛以油。簧已相離，而力忽減，小筩中之油，自小孔噴出，始得相近，可免二簧相擊。欲知明輪行走之力，將稱力器繫於大栰，在船尾曳繩以引之，視其度分，即知其力若干。稱螺輪推船之力，如平常之稱相似，稱簧之力不甚大，可稱螺輪推船甚大之力。有鉛筆連其上，另有器將紙推過，筆畫其上，可見每轉之力，而取其中數。所指之數，若爲明輪，則將推力與輪徑之大小定之，因小輪之推力大於大輪也。若爲螺輪，則將推力與螺距之大小定之，因螺距小，則推力大，與螺絲入定質同理。

又《汽學四·制用》

船汽機有時必藉人工　舊製陸汽機，其熱氣先通鍋爐之空洞，折旋而繞外面，以進煙通。行海汽機，其熱氣或入空洞，或分入煙管。而煙管密列於鍋爐之内，以防燬船。鍋爐既盛海水，則汽漸化出，而鹽乃積聚漸多，必須用法去之。又有數事必藉人工，蓋船在海中欹側擷簸，鍋爐内之水面不能與鍋爐平行故也。若陸汽機，則可無庸人工矣。

船機宜隨時更改　汽蓄聚於鍋爐，而固閉太甚，生事必烈，自宜預防。萍門漲權與水銀漲表，所以驗汽之漲力也。測水門，與測水表，所以測水之淺滿也。汽機停後，鍋爐或空，反有外氣抵壓之虞，用反萍門以消息之。大抵力機之鍋爐，其體堅固，可不必用矣。鍋爐或用數座，其汽必使可通可塞而各不相涉，則於通汽管之近鍋爐處，用阻汽門以啓閉之。行海既用鹹水，其鹽積聚必多，則用諸管諸塞門以吹出之。若論鍋爐之大概，前面平列空洞，或三或二，高約四尺，下界近地，空洞之内斜置鐵條，横隔爲上下二處。鐵條之數無定，名爲爐柵。承爐柵之前端者，名爲定樑，其闊足敷爐柵之漲縮。爐柵常分兩節，接處再用鐵條承之，後端亦同，皆名柵樑。爐柵之上，所以盛煤，即名煤膛，下名灰膛。空洞之上下二口，各有門，上曰火門，下曰風門。空洞之形如桶，平置鍋爐之内，深約五六尺，總名爲火爐。諸火爐之熱氣相聚於火櫃，自經行之路，以至煙通，或名爲曲管鍋爐，或名爲煙管鍋爐。已離火爐之熱氣，而使徑進煙通，尚嫌太熱，所以空洞鍋爐必使迴繞曲折，水得傳盡其熱，而後自煙喉以至煙通，即曲管鍋爐也。英國兵船舊用此法，今則更改制度，使熱氣離火爐而分入煙管，即煙管鍋爐也。

船機鍋爐位置　船體寬大，鍋爐宜多，必用四座以上，量用汽之幾何，開鍋爐之若干。有時獨用一座，亦須諸件全備，與並用相同。惟餘汽與煙，盡歸大煙通與餘汽管而出。各鍋爐之汽，皆會於公汽管，而至汽筩。若欲隔絶其一，阻汽門可以轉閉。四鍋爐之位置，舊法相背聚列，火門分向前後。今則分置二行，左右對列，火門相向，而中間有路。然此尚屬未便。蓋並用之時，有凝添煤也。近有至大之船，名大東者，亦相背聚列，而火門分向左右，與煤箱相對，此法似較便矣。

明輪船摇筩汽機易於修理　明輪船内以摇筩汽機爲要，乃畚氏所捌。因佔處小而事件不繁，易於修理，體輕而牢固。惟聯軸上運動恒升車之曲拐，欲其牢固甚難，必用曲形之鐵板三塊，相疊鎔黏打成，庶得牢固。板面宜凸，打時淬易擠出而能黏合。燒煅之時，熱不可過大，恐鐵之外面燒壞，而内層之熱尚不足，難以黏合也。或用兩心輪運動更好，但必甚厚，使磨力散於大面，方免生熱。

摇筩船機有利無害　摇筩汽機初造之時，人皆不信。或言汽筩必變橢圓，空樞必生大熱，轉節必易洩漏。空樞既任大力，筩體之兩旁必凹凸，大軸忽轉忽停，汽筩必裂，挺桿必彎。惟深知汽機者，則以爲未必然。已有摇筩機用過多年，其汽筩與軟實臼内所變橢圓極微，較諸邊桿機所用年數相同者，所變之橢圓甚少。此因樞頸之滯力小，而筩體摇動甚易也。邊桿汽機平行諸件，稍有不準，轉輴必偏於汽筩之一邊，易致消磨。此機空樞之内，汽常經過，故能不能大熱。

空樞與汽管相接，襯麻合法，不得洩汽。設有洩漏而在出汽邊者，則在輭墊臼口接空筩，其長爲輭墊臼三分之一，或四分之一。筩内盛水，則水入而空氣不入，縮櫃之内吸力不致減小。汽筩體尺寸合法，亦可無凹進凸出之病。拐軸與曲拐相連，自有活動之法，船體雖振動，不傳至聯軸，汽機各件不受强拗之力。

空挺桿汽機遜於摇筩汽機　明輪船内，稍次之式，爲空挺桿汽機，乃立尼所捌。其式之精巧，與用之便益，畧同摇筩機。挺桿爲大圓管，通過鞲鞴之内而相連牢固。圓管進出於汽筩二端之蓋，而不洩汽。摇桿連於圓管之中而摇動，故名空挺桿。惟桿周皮積甚大，每進出一次，遇空氣而稍冷，必凝汽爲水，内空亦大，常常散熱，凝水更多，故費汽不少，惟此遜於摇筩者耳。若直立者，空挺内可盛以油，能免内面散熱之病。

螺輪船以返折摇桿汽機爲最　螺輪船内，以返折摇桿汽機爲最好。英國戰船始用此種。汽筩横卧於船旁，一鞲鞴有二挺桿甚長，直通至對面，共連一挺鍵，行於鍵輔之内。挺鍵爲兩曲，中連摇桿，返折至船之中心，以摇曲拐。二挺桿連於鞲鞴，一在大軸之上，一在大軸之下。挺鍵正對汽筩心而平置，二端有曲臂以接二挺桿之端。升挺桿、添水筩桿、戽筩，俱連此曲臂。

直接螺輪製作法　直接螺輪製作合法，行動雖甚速，亦能無弊，但比緩行者更須堅緻，相磨之面，亦須加大。尤必有重權連於大軸，與曲拐成對面相稱，以平往復各件之重力。簡法將生鐵鑄成圓盤，固抱於大軸之端，一邊偏重，而在輕邊置拐軸以代曲拐，則偏重者適與鞲鞴各件之重相稱。凡用單汽筩者，體制簡易，散熱少而可省煤，然惟横卧者爲宜。

汽筩宜有殼　果臬書汽機，進汽先入汽筩外殼，而再入汽筩。或作螺絲路環繞汽筩之外，引一火路之熱入其内，俱使汽筩内不冷之意。瓦特初時未用此法，殊覺費煤，故後亦補用。近時汽筩之有殼者，實測而知其燒煤恒省。昔有以爲汽筩殼大於汽筩，散熱之面更大，必無省煤之意。近有人名朱里，細考其理，知汽筩内汽之熱度能不減小，則所增之力能甚大，故有筩殼之外，再裹以氊。用木條圍抱，而鐵箍束緊者。有不用外殼，而獨用氊木圍包者。果臬書汽機，有在汽筩底蓋亦作殼者。蓋上軟墊作甚深，或用銅環作墊，而通汽入内。雖有漏洩，所入汽筩内者，非空氣而爲汽，不減其吸力。摇汽筩蓋上輭墊，亦作甚深，使輭墊雖受挺桿之拗力，亦不致損鞲鞴也。

汽筩罨匣合縫處宜磋平　汽筩不與罨匣鑄連者，其合縫之處，宜鉋磋甚平。以金類密切，不可用生鏽之法，使不漏洩。大汽機用長汽罨，而罨匣長者，則罨匣與汽筩合切之處，宜用活節之法。否則，汽入匣内，將匣抵開，或致拗裂汽筩也。汽筩非摇動者，吹氣門之殼，可鑄連於罨匣。汽筩二端作放水平門，螺簧壓定，汽筩有水爲鞲鞴所擠，則能抵門使開，而水放出，用管引之，不使噴射傷人。軟墊難於加緊者，須作甚深，亦可不漏。有用銅圈切挺桿，再在圈外塞麻緶者，平行動不差，則耐用而省油。蓋用銅作圈，能使挺桿得光滑，遠勝於麻緶也。邊桿船汽機，汽筩連固處之面積常太小，而摺邊亦太厚，摺邊太厚反不固，因筩體薄而邊厚者，鐵質漲縮不匀，而易裂。故連斜牽條之面宜薄，而大螺釘帽切邊之處，宜鑚刨極平。若難於鑚平，可用鋼螺釘，不用帽，而根作倒尖。摺邊厚而可用方釘者，其方段必同穿二孔，俱用熟鐵箍固束汽筩口，以防開裂。

鞲鞴護環之制　大汽機之鞲鞴，外襯金類圈謂之護環。環之接處作方筍相錯，或另用金類長塊，順環鑲入環端，或環端斜而相錯，外面皆光平，俱使汽筩内面不消磨，而留高脊，環内用簧，抵環貼切汽筩。摇汽筩則不用簧，而用麻緶塞緊。環邊之内角稍圓。小汽筩之鞲鞴，用二環並列，而兩端亦斜錯。其斜之方向，二環相反，則不致消磨筩體爲橢圓。護環之制，先作整圈大於汽筩之徑，車刨圓平，而截去一段，强入汽筩之内。用小椎於環内多打，以增其簧力，取出，夾於鞲鞴之内，再車刨之，使更圓而光滑。環之側邊，用磋刮之法，密切鞲鞴之槽内。若二環者，則二環相切，亦磋刮密切。環之側環作數釘，與鞲鞴穿連，使不轉移。孔須稍長，以備環體消磨，仍可抵出。環内之簧抵力不可過小，其式如弓，須用多根周圍匀抵。各簧中段皆用螺釘連於鞲鞴，簧式甚多，無論何式，而護環或單或多，俱宜用桿稱準簧、環二者向外之共抵力。

畚氏摇汽筩用單護環　畚氏摇汽筩，用單護環，環端作方筍相錯，環内用麻緶塞緊，上邊襯以黄銅皮之狹圈，則麻緶可高於環，而得壓緊。環之下邊，密切鞲鞴之邊内作圓角，鞲鞴之壓蓋壓緊環内之麻緶，又切環之上邊。

挺桿尺寸須便於拆卸　鞲鞴中心之孔，恒作尖錐形。其二面口徑之相較宜大，則能當挺桿拔出之力，鞲鞴不致磔裂。挺桿之端，車成圓槽數圈，以緊繞麻緶，而入鞲鞴之孔内，用長劈穿固。有在挺桿作螺絲，用螺蓋壓緊者，螺蓋作六角形，有半作圓形，而嵌入鞲鞴内者，鏽則往往不能拆開。辣分希作此螺絲，一面直，一面斜，如鋸齒之式，任力之面加大，又無劈開螺蓋之力。邊桿汽機，挺桿連於横擔，兼用長劈與螺蓋。今以定式爲例，挺桿徑七寸，螺絲徑五寸，入横擔孔之圓枘，長一尺五寸半，其徑自五寸半，漸大至六寸又十六分寸之十三，此爲極合宜之式。小端之徑若更大，拆卸甚難。

昚氏汽罨最利於用　大汽機之汽罨，以昚氏相定之式爲最好。背上鑄成凸圈，另用一圈車刨圓正，圍於凸圈之外，上切罨匣之蓋内，而不洩汽。圈内面積等於汽罨之平面，圈下有槽圈托之。槽圈有四耳，用螺釘抵於汽罨之背，槽内襯以麻緶。將螺釘退出，則抵圈切匣蓋，圈内有管通凝水櫃，可放出漏入圈内之汽。匣蓋有四孔，正對槽圈之螺釘，以螺絲塞之。槽圈之螺釘作閘輪，用匙入背内旋退之，可知同過幾齒，而四邊高低等。此種汽罨，汽箭之放水門必甚大，因汽罨不能離汽箭平面也。車汽機亦多用此式。即空腹汽罨。

汽罨加挺簧用之有效　汽罨再加挺簧，用之有效。阿速夫螺輪船之汽罨，其背圈在八角板，而罨背有八角孔容之。板下有彎平簧，水或偶入汽箭，汽罨能離汽箭之平面，水得自放汽管而出。

兩心輪有活含固定之别　船汽機無論螺輪、明輪，若緩行者，恒作單兩心輪，活含於大輪，而可轉動。用權以稱其偏重。輪用生鐵鑄成，二半相合之處有槽筍，再以倒尖根之螺釘穿固，釘根與輪周相平。若用方帽之釘，可無劈開輪體之病，勝於倒尖根者。或另作摺邊，而用螺絲穿固者，兩心輪之擋在第一釘處，恒易折斷。故在擋面之前，亦必作釘，或作擋連於整圈者。未上曲拐，先套此圈，或作擋連於二半圈，而合於軸上。直接螺輪之汽機，則用兩心輪而固定於軸上。

恒升車機件用銅　新式船汽機，恒升車之起水盤與門俱用銅。車箭之内，亦襯銅。先將外箭車圓，而以□皮作箭，置其内。在内多打使緊，再車圓之。亦有用銅鑄成整箭者。升桿用黄銅，或礟銅，或鐵，而外包黄銅。在韝鞴孔内之枘，恒鏽壞，故包銅須直至枘端，而入韝鞴孔内。長劈亦宜用銅。孔下有銅蓋，若桿端所包之銅有小孔，水必滲入，使鐵桿生鏽。用礟銅者勝於黄銅。若用黄銅，枘之角度宜鈍。否則難於拆脱。入升横擔之枘，用長劈穿固，兼用螺蓋更好。

起水盤護環今不多用　銅作護環，非爲善法，今不多用。惟用麻緶密繞盤周槽内，亦用壓蓋，以螺絲旋緊，亦有用木爲護環者，又有即將盤周車至光圓而密切箭體者，盤之外周再車深槽數道，使槽内積水自可不洩。

恒升車各門之式　汽機緩行者，起水盤上或用柱形門，或用萍門，或用蝴蝶門。而底門與出水門，常用鉸鏈。惟此各式運動時必有擊撞之病。栢里所刱者，其式如扇門，惟中心之軸稍偏，使能自開。仿此式而爲底門，與出水門較好於今時常用之式。出水門有置於恒升車之外者，有置於升箭之上口者，難於收拾起水盤，可用磨得色利之法，將上口加厚，而車成槽，以門架嵌入。門架中心連小箭，其上口有摺邊接輭墊臼，即爲其底。在升箭之上面，用螺釘通入旋固之，輭墊即着於小箭之相邊。開升箭之蓋，門架亦可取出。門用數銅環同心安置，謂之環形門。惟此環常有斷折之病，乃製之不良，非法之不善也。速行汽機多用象皮作門，緩行汽機亦有用象皮圓板或圓環爲門者。進水、出水二門，在升箭之二端。與起水盤上之門，俱有櫺栅爲架。象皮門蓋此架上，不用直輔而用空提桿。

恒升車雙行不如單行　直接螺輪汽機之雙行恒升車，或明輪汽機之單行恒升車，制作合法，吸力相同。但雙行者每有弊病，因有時抽水忽多，有時抽水忽少，以致吸力不能常足，且各件受急力而易壞。曾測糖坊内所用之汽機，煮糖鍋之□汽箭以汽機運動者。其緩行之時，比諸速行之時鍋内真空反足。汽機之恒升車，與此相同。因各栅架下多積空氣，水盤往時空氣擠小，水所推出者減少；復時則空氣又自漲大，仍占空處，水所入者亦減少。縮櫃内積水漸多，而對力漸大，爰能推出所積之空氣，則恒升車忽抽多水，而吸力漸大，噴進之水亦多，至成真空之後，栅架下再積空氣如前。又有空氣自輭墊洩入者，則一端能抽水，而一端不能抽水。要之，用象皮門而横卧之雙行者，雖二端俱不洩氣，尚不改單行者也。

添水韝鞴距添水箭底宜遠　船鍋鑪之添水箭，或銅或生鐵；添水韝鞴，常用銅。添水韝鞴與箭底宜相距畧遠，恐有堅物入箭，必將箭底打去。船内積水，間有即用此箭取出者。積水内常有煤或雜物也。箭體下旁連腮壺，内置萍門三箇，外連三管，下者通熱井，中者通鍋鑪，上者亦通熱井。與添水箭相通之處，在中門、下門之間。添水韝鞴提上，吸取熱井之水，進下門而至箭内。添水韝鞴推下，逼送箭内之水，由中門而入鍋鑪。若稍關添水塞門，則添水少進，而即抵開腮壺之上門，仍回至熱井。上門用簧壓定，簧力大於鍋鑪内之汽漲力。此法比諸用活門連於添水管，而另用管引水之船外者更便。

塞門外殼宜有底及輭墊　汽機各塞門之外殼，皆宜有底，及甚深輭墊，用銅螺釘四箇壓之。若連於鍋鑪者，壓止塞門，不可用單螺釘過外殼底之式。因漲力甚大，塞若甚尖，單釘受大力而或斷或脱，塞即彈出，每致傷人。塞門俱用銅鑄，若甚大者，外殼之底宜鑄就。有用錫焊連者，久遇鹹水，錫消去而洩漏，或即脱下。塞門之斜度極爲要事。斜度過多，自必離出，難於壓緊，沙泥易積其間而致消磨。斜度過少，必阻滯而難轉，亦易銷磨，久致内外之孔不對。定法，以每長一寸，斜度八分寸之一，即大端與小端兩徑之較爲四分寸之一。若作三分寸之一者，亦可用。塞底與殼底宜相離有空，孔之上下，相切之面宜長。

放水門宜貼近鍋鑪　放水門宜貼近鍋鑪，其間若接以管，則或斷或破，汽水噴出，不能補救。故各塞門鑄連一短曲管，而接鍋鑪之底。其殼距鍋鑪前面約一寸，以便將塞取出修理也。每鍋鑪宜各有放水門，可以各自放水，而各鍋鑪不必相通。常法，在機艙地板下，横置總放水管，二端俱通船外。外口用大塞門，近時用景敦之式，其塞推出即開。外與船體相齊，内管或塞門傷損，提上此門，即可拆下修理。

縮櫃噴水門宜用塞門　船汽機縮櫃上噴水門之式，常用閘門，然欲易開，且不致自關者，無如塞門也。吹鹹水門，同此式而尺寸或稍大。明輪船之噴水管，必通於輪前。蓋輪後之水多藏空氣，不便於縮櫃也。餘水管自熱井通至船外，必以滿載之時其口尚出水面，則船停泊時，外水不致由管入船内。餘水門在管口近船旁之處，有用萍門者，有用平門者。若用平門，汽機已動而忘開，熱井與管必致磔裂。受抵力而能自關者，謂之萍門；不能自關者，謂之平門。

看水玻璃管兩端俱作塞門　看水諸塞門，共連一管，管之二端皆通鍋鑪。另用長漏斗受放出之水，引至船底，或用諸塞門平列，各有管通入鍋鑪而高低不等，看水玻璃管之上下二端，連於鍋鑪之節，俱作塞門。玻璃管偶然破裂，即可關閉。下端另有塞門，所以放出管内之污濁。凡此諸塞門，俱宜有底及輭墊，若水自塞底放出者，可以不用。舊時皆不用底與輭墊，然用之不久，即有滲洩，又無漏斗受水，而噴於鍋鑪外面，或流至灰膛而生鏽。

螺輪軸長與轂等　軸上作二方槽，長與螺輪之轂等。轂内對翼之處，亦作二方槽，與軸槽相配。先用有頭方楗嵌入軸槽，楗長爲轂長之半，楗端貼切槽端，隨將螺輪套於螺軸，二者之槽相合而成方孔。另用方楗打入，畧與前楗相遇，即於孔口鑿出少許，蓋住其楗，使不活動，再用螺釘旋入軸端，螺釘之墊壓於轂端，螺輪永無脱離之病。

船尾用套管分螺輪之重　船尾螺軸套管，外面鑄連凸環數道，車至圓正。船尾之柱作大孔，孔前置木架，架上鑲生鐵大方塊，中亦有孔與柱孔直對。將套管安此孔内，則分任螺軸之重，而不全壓於尾柱。套管外端齊尾柱，用大螺蓋旋於管外壓住，或用闊環以螺釘旋於管外之耳壓住。套管之内通體車圓，而襯極堅之木。相磨之面宜大，不致消磨。

明輪船定活翼之制　近時有活翼之法，兹特言定翼之制。明輪善法，轂作方孔，而大軸亦作方枘，相入甚寬，用大方楗八根，打入其間，使之緊固。再將孔口鑿出蓋住楗端，不使自出。楗之斜度不差，雖舊而鏽，鑿去所作之蓋，反打之方楗即能退出。磨特色利作輪，轂之孔車鑚圓正，大軸亦作圓枘，與孔密合，可用單楗固定。然新時難免活動，日久難於拆開，未爲善法。輪輻連於轂盤，倫頓各坊，盤面鑄就凸條，輻端嵌於條間，再用螺釘穿固。固來得江邊各坊，轂盤邊作長方深孔，而以輻端裝入，用方釘楗之，每輻之端對面有小孔，拆去大軸以鋼種入其内，一打而輻退出。輻端必作丁字式，用小釘釘連外層牙環，輻之中段作十字式，釘連内層牙環。釘不可過大，恐牙環不固。有用圓釘者，造時若不相配，必漸鬆而轉動，相磨易壞。有在牙環作方孔，將輻裝入者，然甚難造而有弊病，因裝入時雖打之極緊，而將輻端打出帽頭，不久仍欲鬆動也。

攔激板爲不可少之物　攔激板之制，因船行海中，而經大浪擷簸，能攔阻鍋鑪之水左右衝激。昔之曲管鍋鑪亦嘗用之。其板與船平行，而立置於鍋鑪之中，上連鍋鑪之頂，下與火鑪相接。今之螺翼輪船，有時風帆與汽機並用，此板爲必不可少之物。蓋船甚欹側，而鍋鑪之高邊無水，則火鑪之頂與上層煙管俱受大害矣。

船機煙通宜用扇門　輪船汽機之煙通，宜用扇門。其式爲平圓形，或二半圓形，平置煙通之内，柄出於外，再接曲柄。人在般面可扭轉，而使之或横或豎，即吸氣之或塞或通，理與汽管内之扇門相同。即□汽門。若汽機不行，而煤膛又欲蓄火，或遇順風順水，而無庸多汽，皆須阻止吸氣之力，此爲有用之制也。

除噴水管阻塞法　鐵身輪船，噴水管之孔最易阻塞，乃久浸鹹水之内，面生海苔之故。又銅皮包裹之船久泊，亦生此病。春季更甚，因海苔同於草類，春暖滋長尤速也。如有此病，不可開尾舌門，與餘水平門，乃開噴水塞門與吹汽平門，則汽能吹通噴孔矣。所以不可使汽分洩於尾舌門與餘水平門者，可將噴水管内結聚之海苔，專藉漲力吹盡也。凡船擱陸地之後，管口或爲沙泥阻塞，用上法亦可吹出。或言恐非通法，噴水管口既甚低，汽之漲力不足抵外水之壓力也，此未必然。蓋今之汽機，汽與空氣較餘之漲力，罕有小於十磅者，凡水高二尺，壓力一磅，入水雖至十六尺，其漲力尚勝壓力而可用。設漲力爲十二磅，則入水可至二十尺也。惟入水愈深，得漲力之用愈小耳。

作尾舌門宜防害處　作尾舌門於縮櫃之底旁，所以推出水與空氣也，此門即通臢水。凡推出之物，皆至臢水之内。有小汽機不用此門，則櫃内之水與空氣吹進熱井，通餘水管而外出矣。初生汽時，欲令縮櫃成空，而遇尾舌門洩漏，即有空氣通進而爲鞲鞴之對力。若因雜物夾於門縫，可將冷水傾澆門上，自能衝去。或爲麻絲所纏繞，則非水能衝去矣。此等弊端雖屬小事，竟生大患，乃預料所不及者也。今制尾舌門，作於恒升車之底旁，偶忘不關，則底舌門之一邊有空氣壓力，噴水既成縮櫃之空，起水盤提上，底舌門不開，而水不能運出，必聚於縮櫃而溢入汽筩，以致停機，且必損壞。鑒此可知因小事而生大患，語誠不誣矣。昔蘇格蘭曾有一般，其尾舌門下祇有海苔一絲，竟致汽機受害。

船用大抵力汽機宜有限制　車汽機恒用大抵力汽機，船内亦已有用之者，惟汽漲力不可過四十磅，而吹換鹹水更宜加慎。所進之海水，不可偶缺，吹出鹹水之管，通於鍋鑪近水面之處，又應作浮物接連門柄，以制開門之大小。浮物以銅作空球，合縫之時，球内盛水少許，使内外抵力相平而不致洩漏，或用石而另以重對之，功用同而易造。

新式輿制在輪之内面　新式輿制，皆在輪之内面，舊式者皆在輪之外面，今已廢棄。凡窄鐵路之汽車，輿在輪内，若汽筩再欲在輿之内，則安置甚難。二汽筩若能鑄連爲一，自可佔處小而加大筩徑，即能多得自漲力而功率亦大矣。輿用熟鐵，兩端用横桿相連，挂於輪軸之簧。舊式之輿，兩旁用堅木二條，外包鐵板，兩端用横桿相連，中段亦有横桿。則搖桿或推引桿斷折，亦不落下至地。輪殼用鐵板與輿等長，當輪處向上成半圓形，輪殼内有生鐵塊，連於軸枕。

汽車輪簧畧同馬車輪簧　汽車之輪簧，畧同馬車之輪簧，用鐵板數層相疊，中段連於軸枕，而上板之二端各有一孔，用短節連於輿旁。或置簧於輪殼之間，又有一種，上層之簧稍彎於下層，二端皆不切，而各層之間襯銅板，至加重之時，逐層相切，任重雖小，亦有簧力。

車用汽筩有内外之别　外汽筩者，汽筩在輿之外，拐軸連於行輪。内汽筩者，汽筩在輿之内，大軸曲成拐軸。若以二者相較，各有利弊。外汽筩者，車體必左右搖動，致有不軌之病。其搖動之故，因鞲鞴推足而有停歇之意也。此力離中心愈遠愈大，然可在拐軸對面連重物於輪上以稱之，若二汽筩俱在輿之中心，而以直角方向置之，共連一曲拐，則毫不搖動。或置一汽筩於中心，而置二汽筩於二邊，同時往復，然甚繁而無益。

車輪宜相連同轉　昔人言四輪汽車極是不穩，一輪若壞，車必傾倒。然與煤水車相連牢固者，雖壞一輪，亦可行走。但今時車體甚重，若四輪而欲速行，必損鐵路。又言，六輪者不合汽車之理，較諸四輪者更是不穩。因鐵路有水或油而滑，司機者不免將行輪簧之螺絲旋緊，使重多任於行輪，則更損鐵路，且有震動。故新式者，於各輪輻上各作拐軸，用桿連各輪同轉，以得各輪牙與鐵路之滯力。牽引甚重之車，有用八輪者，亦用此法。

車機汽筩須容鞲鞴往復　汽筩内長，能容鞲鞴之往復，更宜二端各有空處半寸。車體或震動，而簧上下，鞲鞴不撞汽筩之底蓋。二汽筩之位置，皆與行輪軸在平面，搖桿連於行輪輻之拐軸，或連大軸之曲拐。汽筩底蓋之厚，比汽筩加三分之一，皆可拆下。汽孔平面與汽罨相磨處宜凸出，因水内有沙，而水入汽筩則與汽罨平面相擦而致消磨，凸出則易於修整而泥沙又能推於低處。汽罨匣鑄連於汽筩，匣背有平蓋可開，亦有不鑄連者，易致斷折。汽筩二端各作塞門，以放積水其四塞門之柄相連爲一，扭一柄而四門俱開。外汽筩之式，汽筩或有不與大軸俱在平面者。

鞲鞴與挺桿用整鐵造成　鞲鞴之式甚多。常法，用熟鐵而與挺桿整塊打成，在鞲鞴外周車成數槽，可各用鋼圈嵌於其内，或用雙圈共嵌一槽，比數塊湊成更好。

鍵輔之式　鍵輔之式，用鐵板連於輿架上，挺鍵之兩端有銅襯夾於鍵輔之内面。鍵輔則鋼者更好，前端連於横桿，後端連於汽筩蓋之其中段，比二端更宜牢固。凡有活動之處，宜作外殼封密，不通空氣，使塵埃不入。又宜作各管，而用地油通至各活節，仍由管匯入箱内，可循環用之。用地油者，因價廉也。

搖桿之式　搖桿之式，爲厚板而兩邊去稜，然能長短不變爲最要。因汽筩二端之空處無多，搖桿若有長短之變，必致鞲鞴擊壞汽筩之底蓋，故前端於拐軸者，用彎擔以方楗定於其端。而在銅襯後，以長劈緊之。日久向外銷磨而變長，即在後端補救之。後端接於挺鍵者，亦用彎擔銅襯，而以扁栓長劈穿固，向内消磨可將長劈打進，自能減短也。兩端之長劈，俱用小螺釘定之，兩端作油杯，杯内有管，高於油面，用棉紗吸油，自管入襯内。

行輪軸用鋼　行輪軸用鋼，其二曲拐即相連打就，恰合二汽筩相距之數。軸端加人，所以裝入輪內。又作二頸在枕、襯內轉動，以任車輿。打法用鑄鋼大條，彎作曲拐粗形，後再車鉋而成。若外汽筩者，則行輪用直軸，而拐軸定於輪輻。摇桿前端之襯，抱於拐軸之頸，使不偏倚。摇桿若有偏倚之病，必致車體摇動。各頸皆作圓球形，更無偏倚。

軸枕用銅　軸枕用銅，其任力全在上半，下半不過以遮隔沙土。枕上有油杯，用棉紗引油添入，司底分孫用生鐵作枕，而内襯以銅。杯内用定質油，相磨生熱，油即鎔而由孔流入襯内。有外枕者，亦必有内枕定於輿之横桿，枕與軸頸或稍離，軸若傷折，此枕任力，鍵輔亦定於此横桿。

兩心輪連於軸上　舊制，兩心輪用生鐵。如内汽筩者，兩心輪在二曲拐之間，必作大小兩塊合於軸，以螺梢穿固，用螺釘定於軸。傾鑄之時，預留一孔，孔内嵌銅，銅内入螺絲。如外汽筩者，則兩心輪鑄成全圓，以方楗定於軸。司底分孫與何拖捺之法，於兩心直線，剖爲二半，而於中輻作孔，孔内入螺絲穿合。然不牢固，有時鬆而移動。近時打連於軸上，爲最善之法。

兩心環必用熟鐵　兩心環必用熟鐵。若用黄銅，易於斷折。後半環與推引桿打連，而前半環合上，穿合之螺釘用雙螺蓋，始不退出。用熟鐵者，内必鑲銅如軸襯。若全用黄銅爲二環，則推引桿作叉形，連於環耳，兩邊俱用螺蓋，可以遷就桿之長短，然不若將桿端之肩切環耳。環若消磨，可另加一圈墊之，罨桿通過其鍵。亦有用二螺蓋者，可以較準其長短。

進退柄夾於象限弧　進退柄夾於象限弧内，柄下又有小柄，小柄連有牙，納於象限弧之齒凹。將小柄近大柄，則牙出齒凹，而大柄可移，反此即定。

進退柄起動汽機　進退柄，或提上，或放下，則進退弧之一端接罨桿；若置中處，則中段接罨桿，汽罨不能動，而汽機即停。以進退弧之一端接罨桿，汽機即起動，而或進，或退。

添水筩推水柱各制　添水筩必以銅爲之，而推水柱或可用鐵。常與挺鍵相連，或用桿連於兩心環，其與水車相通之管，内作球門一箇，通鍋鑪之管，内有球門二箇，切近鍋鑪有塞門。若球門有病，可闢此門，使水不回出。球門有罩，罩之用，所以使球之起落不過高也。罩頂之内爲半空球，而旁作孔。嘗有頂内作平面者，七日後而球已壞。此罩之制有數法。二管相接之處，另作腮壺，二管口作闊邊以接之。球與罩俱在腮壺之内，罩必作螺絲旋緊。球内須空擊力可小。推水柱連於挺鍵者，行動時添水管阻塞，若無放水平門，挺桿必致彎曲。添水管内，有不用球門，而用平蓋門者，但甚易生差。此門若能使闢時蓄水於罩内，則可免擊撞之弊。凡平蓋門而開闢甚速者，下面宜作圓錐形以減衝激之力。門開不可過高，恐不及闔，而水多返回。格法德所剏噴水器，可代添水筩之用。

添水管通於煙櫃有時不可用　添水管通於鍋鑪之中段而近底，有通於煙櫃端而稍低於水面者。煙内之熱可多傳於水内。若汽櫃與通汽管俱近煙櫃者，此法不可用，因汽遇所入之冷水而凝水也。

通水管宜便於裝拆球門　水車與汽車通水之管，宜便於裝拆球門，兩車間相接之處，必可彎曲離合而仍不洩漏。其節作球形如節骱，則左右上下皆活動。又作套節而用軟墊相接，自能伸縮長短。凡兩車間之通管，其各節俱用此二法。

水櫃汽車必有添水附汽機　近時有將水存於鍋鑪之或上、或下、或旁者，此名水櫃汽車。此種汽車若無噴水器，必有添水附汽機。附汽機可添沸水入鍋鑪，而噴水器則不能也。噴水器添入鍋鑪之水，必在九十度以下。如用附汽機添水，則用餘汽加熱於水，故添入之時已沸也。噴水之法，亦有用餘汽入噴水器内者。

造車輪各法　英國所作車輪，用熟鐵或鋼。牽引客車者，行輪徑恒大於别輪，行能速而平穩。牽引貨車者，行輪徑與别輪相同，用桿連接三輪同轉。舊法用生鐵爲轂，用熟鐵爲輻與牙，今則全用熟鐵爲之。將各輻作大頭相湊，黏打成轂。若以生鐵作轂者，用鐵條打成輻，外端作丁字形，而内端相湊，置於模内，將已鎔之生鐵傾入模内，再將丁字形各端，打黏成内牙。如丁字太短，則加劈形之鐵接長之。或用熟鐵爲輻而内空如管，其牙亦熟鐵，而轂爲生鐵，將輻端車圓裝入轂外。又有輻端不作丁字形打成内牙，而作叉形釘連於外牙者。今時外牙多用鋼，將鋼鑄成圓塊，以面錐在中心揰作大孔，將孔屢次打大，至雙軸間軋之，再打再軋而成。又或用鋼鑄成整輪，而不用輻，但薄其輻處，而曲摺成同心圈形。新式車輪，無輻者爲最好。有輻者，轉速之時，必有扇動塵土上飛之病。何謂無輻，即整塊圓板也。其制有二種：一用木輻密輳而成，相切無間，外有鋼牙圍之；一爲整鋼打成，薄處作同心圓摺紋，使有簧力，轉動平穩。又有一種，牙之内面有槽，槽内有簧，亦能平穩。要之，輪與鐵路能久用不壞，全車之重宜匀任於諸輪，各輪與鐵路俱作摺紋，則簧力更大。各輪之輻，俱連球形之拐軸，而用桿連之，使各輪同轉。惟欲使汽車能行於極曲之路，尚未有善法。

車輪外牙制有新舊　外牙舊制，不用全鋼，常於凹邊再作倒凹，而鑲鋼條。或用數節打入，若有壞者，可以修補，但須釘之極固，否則轉速之時，每致飛出。新式外牙，多用整塊打成者。

外牙內徑小於內牙外徑　外牙之內徑，稍小於內牙之外徑，先置輪於平面，壓使不動，將外牙加熱至紅，速即箍上用釘釘固，用起重車提起，速投水深五尺之池，遂又提出，再投再提，至冷而止。後再不必加熱，釘帽嵌入牙內，無有凸出。

陸汽機分行動定處二種　車汽機與起水汽機之外，凡紡織磨粉之屬，以及一切用大力者，並近時農事各機器，無不以汽機運動。分爲二種：一行動之機，一定處之機。

行動陸汽機之制　行動之陸汽機，其制大同小異。鍋鑪皆有內火櫃與煙管，畧同於車汽機。汽箭置於鍋鑪之上，挺桿與摇桿亦同於車機，大軸之端有滑輪，用皮帶傳力至别器，各種式樣畧異。有梁生之制，古留頓之制，古陸士苟辣之制，加利得之制，脱捺之制，何臬司比之制，特克司福德之制，步實辣之制，把里得之制，凡此數種，俱價廉費省，功率甚大，司機甚易。英國公會每年齊集各處陸汽機，分别等次而奬賞之。有一善式，立使各處仿造，故能逐年更精。

定處陸汽機之制　汽箭横卧者，槓桿者，邊桿者，摇汽箭者，有邊桿而置於方檯上者，有汽箭在上而曲拐在下者。汽箭倒安，有汽箭在下而曲拐在上者。汽箭直立，其制如梁生之制，巴里得之制，何臬司比之制，特克司福德之制，邊生之制，弗來皮之制。凡此數種，亦俱價廉費省，最稱利用。

起水汽機起動之法　進汽管內已得漲力三磅，汽箭殼已熱，試開放水塞門，見有多汽噴出，即開進汽罨，使汽吹出汽箭縮櫃內之空氣與水，歷時數分而關之。縮櫃內之汽，爲櫃外之冷水所凝，而稍成真空。汽箭內之汽與空氣即入縮櫃，亦凝爲水。再吹，再關，如此數次，至縮力等於水銀三寸，即稍開噴水門，而隨關之。數次之後，同時開進汽、出汽、噴水三門，如汽機不動，必再如前吹汽一次，至自能起動。若起水箭內無水，則汽扇門與進、出二汽罨俱不可多開，恐韝韛有擊撞之弊。起水已多，而汽箭內之抵力尚小，亦不可大開進汽。俟往復三四次，後果覺太遲，方可多開。初動之時，必使韝韛每次行足。暫停之時，宜關噴水塞門，又宜置韝韛於極上，使汽箭內積水自能流出。因上面積水，再起動而多費汽也。單行汽機，必須遲速皆宜，一分時往復一次可，一分時往復十次亦可，始爲無病。不能如此，即須修理。

深井起水宜求無弊　深井起水，進水管仍用吸水之法。井若再深，可以接長，水或漲高，起水箭尚不致淹入水中，仍可收拾進水出水之門。井甚深者，此門易壞，因水高則壓力大，而每次擊撞也。補救此弊，厥有數法，以哈皮回司得者爲佳。其制式似小箭，二端皆通，中心有桿，連一圓板，圓板定而小箭可上下。放下，則箭內切於圓板之邊而阻塞，壓力爲圓板所當，而箭易上下。箭之上端，密切於平板之孔內，平板連於外殼。相切之處，皆作圓錐形。哈氏箭內之門，即仿此法。故水之壓力雖大，而門不擊撞。又作下端稍大於上端，使能自開。下端襯木一層，亦以減小擊力。此門雖不甚擊撞，惟使開闔必用大力。井若甚深者，其水抵上之力恒不大，故仍未盡善。近又用鉛錫鎔和墊於門下，覺有益。或用象皮平板爲門，擊撞可減，然亦易壞。近時之法，進水、出水兩處，俱作客氣之泡，吸水之管亦減短，因長則水有上衝之力也。

轉行起水車可抵單行汽機　轉行起水車，以阿布得所造者爲最好。以多翼湊於軸，藏於外殼內而旋轉，激水使由管內而上。向來僅爲灌田之事，與起水不高之用，起深井之水不多用。若用此法，必廢單行汽機矣。

起水機以直行爲善　直行之善者，汽箭之韝韛，與起水箭之起水盤。以挺桿對面相連，在挺桿上置一豎撥，所以撥動汽罨桿之二擋。汽罨後有小韝韛，在小箭之內，下面有槽，小箭與汽罨匣相通，罨桿動時，小韝韛牽掣汽罨桿，不使被擊過遠。起水盤推足之時，兩端能相通，水既相通，可免衝擊。

打麥　打麥若用四馬力之汽機，汽箭徑六寸，每方寸之漲力四十五磅，一分時一百四十轉，十小時燒煤三擔，能得淨麥三百二十斗。但此恐屬過大，當以此數三分之二爲中數。蓋汽機之用力，與麥之美惡相關。好者，麥多而一出易也。

轉磨　汽機之實馬力，二十三有半，能轉麪磨二具。其一每分時八十五轉，其一九十轉，磨徑俱四尺八寸。又能轉雀麥磨二具，其一每分時一百二十轉，其一一百四十轉，徑亦四尺八寸。又有搜麩取麪器，扇麪器，篩麥器，篩麪器，皆能帶動。實馬力二十六有半者，能轉麪磨二具，每分時俱八十七轉，磨徑四尺八寸。粗磨一具，徑亦四尺八寸。雀麥磨一具，每分時一百十一轉，徑四尺八寸。又一具，徑三尺八寸。搜麩取麪器，長七尺六寸。小磨與粗麪磨之轉更速，每小時得細麪五斗，雀麥麪二十斗，粗麪五十四斗。餘器盡皆行動，然同一汽機漲力加大者，程功亦加多。嘗有汽機初用實馬力八六五之時，動雀麥磨一具，徑四尺半，每分時一百轉，麪磨一具，徑四尺八寸，每分時八十七轉，每小時磨麥五斗。後加至實馬力十二之時，添動麪磨一具，徑四尺八寸，每分時八十九轉，二麪磨每小時俱磨麥六斗。又加豆磨一具，徑四尺八寸，每分時一百五轉，再加至實馬力十八之時，更添剔麩取麪之器，徑十九寸，每小時剔麩二十四斗，麪磨之速減爲每分時八十五轉，豆磨減爲一百轉，每小時所出之麪亦減。

軋蔗　軋蔗之器，用大軸二根，軸長五尺，徑二十八寸者，用二十馬力。軸長四尺半，徑二十六寸者，用十八馬力。軸長三尺八寸，徑二十六寸者，用十六馬力。軸長四尺二寸，徑二十四寸者，用十二馬力。軸長三尺十寸，徑二十三寸者，用十馬力。每分時俱爲二轉，又三分轉之一，軸面之速，一分時不可過十六尺。過此數，蔗汁不能放盡。舊制軸轉太速，糜者多。

紡織　實馬力一，能轉紗錠三百五箇，用人照管者。半紡三十六號之鬆紗，每分時四千七百轉；半紡三十六之緊紗，每分時五千轉。或轉紗錠二百三十一箇，不用人照管者。半紡三十六號之鬆紗，每分時四千八百轉；半紡三十六號之緊紗，每分時五千八百轉。或轉定紗錠一百四箇，紡得之紗爲三十四號，每分時四千轉，並有相連之機器，或動織布機十具半，機闊三十七寸，織成之布亦闊三十七寸，每分時織一百二十三縷，每一寸得六十八縷。另有將鬆紗作線之器，共二十七具，每具有定線錠九十六箇，每分時線錠二千二百轉，錠徑一寸又八分寸之七。繞線之處長二寸又八分寸之三。又連車牀四具，專車木錠、磨光木錠之車牀三具，車木錠之自行車牀機器二具，輪鋸二具，繞線之架二十四具。轉動以上各器之汽機，實馬力二十八有半。不動別機，而但轉線錠，則用實馬力二十一，每馬力能轉線錠一百二十二箇八四。

鋸木壓棉花　大抵力機，汽筩徑十寸，推機路四尺，每分時三十五轉，每方寸漲力九十磅至一百磅。圓筩鍋鑪徑三十寸，長二十尺，共三座，能動直鋸二尺，往復路三十四寸，每分時鋸開黄松木長三十尺，闊十八寸。又有大抵力機，汽筩徑十四寸，推機路四尺，每分時往復六十次，每方寸漲力四十磅。圓筩鍋鑪三座，徑二十寸，長二十六尺，鑪柵面三十二方尺，皆無小煙管，能動壓棉花架四具。齒輪有六與一之比，每架有二螺絲，徑七寸半，螺距一寸又八分寸之五，十二小時内共壓棉花一千包。又有大抵力機，汽筩徑十寸，推機路三尺，每分時四十五轉至六十轉，每方寸漲力四十五磅至五十磅，壓水櫃有二，推柱徑十二寸，往復路四尺半，水筩徑二寸，往復路六寸，每小時壓緊棉花三十包。

打樁起泥　大抵力機用雙汽筩，徑六寸，推機路十八寸，每分時往復六十次至八十次，每方寸漲力六十磅，能起大樁二箇，每樁重一千磅，每分時起落五次，直輔之高二十四尺。又有大抵力機，汽筩徑十二寸，推機路五尺，每分時二十轉，每方寸漲力六十磅至七十磅，每分時起泥六桶，在水面下三十尺，或起十桶，在水面下十八尺。

耕田　耕田之事，近已各處通用機器。常法用二汽機，分置田之二邊。一汽機將犁牽往，即停而移向前；又一汽機將犁牽回，亦停而移向前。犁頭之多少與形式，宜準汽機之力，與地之堅輭。又有奥沙之制，用耒輪車，以汽機轉耒輪，而推車前行。耒端車之式，畧如汽車，前輪能轉彎，可行曲路；中輪甚厚，自左至右連而爲一，雖塗泥不陷。後端有横軸，軸上置耒輪，起土之深淺，另有齒弧限制。耒輪與汽機之間，接以齒輪，故轉動慢而力大。耒輪之外爲耒，周列三行，各耒之端戴以耜，每行横列數耜。行過之處，起土甚闊。中輪甚厚，汽筩搖桿俱備大軸，上有小齒輪，接大齒輪，大齒輪之軸有小輪連之，接中輪之齒輪。大齒輪又接耒輪軸上之小齒輪，耒輪軸托於架，架爲活節，更爲限制耒輪之齒弧，因活節與大齒輪同心，故雖上下，而耒輪相接無遠近。

又《汽學五·製造修補》

製造機件首重材料　製造機件，首重材料。故汽筩之鐵，必須兼有堅、固、韌三者之性。當用多種生鐵，共置冶爐，鎔和掉匀。種數愈多，質愈密而堅固。因各種之質點大小不同，和匀之時，大小各點湊合而得緊密。昔以爲熱風之鐵，比冷風者輭，今以爲熱風之鐵，比冷風者堅也。專以一種而論，其堅固不與以水較重相比，以水較重之數愈小，其凹凸力與結力愈大，而以第三號、第四號生鐵爲最大。圓筩冶爐所鍊者，不及空氣冶爐所鍊者。傾入緑色沙模内者，不及傾入黄沙或泥模内者。鎔鑄時之天氣寒暑，並燒料，俱與鐵質大有相關。如用冷風法而冬天鎔鑄者，勝於夏天鎔鑄者。因冬天之空氣，乾於夏天之空氣也。若以吹入爐内之風，先過鈣緑箱之中，則溼氣收去而鐵質自好。此法所費無多，鈣緑已溼，煆而乾之，可再用也。

作汽筩模範之法　作汽筩模範之法，在中心作轉柱，用木板以螺釘連其上，依旋轉之界，用磚砌成圈。泥沙、馬糞掉匀，以代石灰，砌磚數層，間以生鐵圈一層，模殼成後，用沙泥遍塗内面，屢轉屢刮，光圓而止。次作模心，如前法，而塗沙泥於外面，模心外徑與模殼内徑之差，即筩體之倍厚。筩外所有凸出之處，如汽路平面等。俱用木作式樣，於砌磚時同砌於其位。切木樣之面，遍塗沙泥，成後取出。若欲多鑄同式者，其式樣可用生鐵爲之。煏乾模殼之時，無庸取出，自不走樣。砌磚作模，與用泥水和沙作模，俱用炭粉與稀泥漿掉匀，敷於模面，厚八分寸之一。後用器研之光平，鑄成器面甚光甚平。作此模必築於鐵箱，以便煏乾。鑄成之物，式樣不差而更省工。若水和沙作模，不煏乾而即鑄者，用極細炭粉，包於布袋，輕撲其面，匀而且多。如法研光，成器之後，亦甚光平。

機件車工　汽筩鑄成之後，而車治内膛，必用車牀工夫。如徑爲七十四寸，則車軸以四分半時轉一周，計刀尖之行，一分時五尺。黄銅之器，刀行宜更慢。恒升筩内膛，常以黄銅爲之。刀尖之行，一分時三尺，速則刀尖消磨，其徑初大漸小矣。所以鐵汽筩與銅升筩，在一汽機所用者，車刀之行，每分時之轉數可相同。恒升筩之徑爲三十六寸半，則車軸以三分時一轉。汽筩之徑六十寸，車軸亦宜三分時一轉。恒升筩徑三十六寸半而爲黄銅者，車成内膛須六日。即六十小時。鐵者，須二十八小時。紅銅者，須二十四小時。熟鐵之軸，其徑十二寸又四分寸之三，車光外周一分時五轉，計刀尖之行，一分時十六尺。多用肥皂水，刀尖行可更速。尋常攻治機件之車牀，轉動之速必能自六分時行一轉，至一分時行二十五轉。

汽筩車工先事　汽筩未上車牀之時，先在平處直立，求準其心，展規作圓界線於筩口，以尖鑿隨線琢成數點，藉點而顯線痕，兩端皆然。是後移置車牀，必要極平極準，二邊用螺絲抵之，較準筩口之圓線，必使兩端相對，筩體自能圓正均匀。大汽筩直立時雖圓，而横卧則爲本重所壓，稍成長圓。即此而貿然車治，取下直立，反不合正圓矣。筩底鑄連者，必致近底正圓而上口長圓矣。故又剏思新法，即以直立兩車，可免此弊。至於横卧而鉋汽筩平面，汽筩亦覺改形，以致平面不準。宜在内面對徑十字撐住，或直立而鉋平面，亦更好。但汽筩横卧而變長圓，非立刻而成，其差由少漸多，如筩體甚大，而必在車牀上攻治數日者，自宜較準，而用螺絲抵正。

汽筩磨工　工藝平庸者，車畢之後，即以爲内膛已成。若精細如畚氏輩，則不然，畢後仍將汽筩横置，用鉛一塊，合具内膛，作二柄出筩口之外。人執其柄往復，而另使汽筩漸漸轉動，油調寶沙置其間，磨至不見刀痕，而顯直光爲度。作鉛塊法，將熱鐵數塊，漸近汽筩使漸熱，然後鎔鉛傾入即成，否則筩體猝遇熱鉛而磔裂。

摇汽筩空樞車工　車治空樞，必與汽筩内膛成正角。内膛已車圓正而口已車平，則將木二塊，横撐於汽筩口與底之内，在木上取準中心作點，次在二空樞之端各鑲鐵板，板心有尖孔，以含車牀之軸尖。又有螺絲可將鐵板移動，使尖孔適在樞心，再將二直尺横於汽筩之底與口，過汽筩之心而平行，固定其上。另用一直尺比其尖孔，而將鐵板之螺旋移就，使尖孔對直尺，則空樞中心必在直對汽筩心之面，而無左右之偏，再定上下之位，即與汽筩口平行之面。自口度至尖孔，移使兩兩相等，則兩空樞之心，必與筩口之面平行，而無上下之差。然後置車牀之上，以軸尖抵住鐵板尖孔，車圓空樞外之頸，再用木作枕，夾於頸外，而車空樞内盛輭墊之處。如多造摇筩機者，用四箇軸尖之車牀，不必用直尺度之也。

鞲鞴刮工　鞲鞴各件相切之處，舊法將各圈之面磨平，使密合。今法多用刮刀刮平其面，亦有用寶沙與油磨平者。將鞲鞴置於轉動之圓檯，用横木阻住其圈使不轉，再用木塊匀墊於圈内，使圈不離其位，然須稍鬆而微可移動，否則鞲鞴之邊磨成槽。其刮平之器，用平面舊磋，彎作弓形，磋邊磨成方口，横執而削之。或將平面舊磋之端，磨成方口，直執而剷之。後用三角磋將角磨快，而横剖之。凡刮器必用最好之鋼，隨刮隨磨，使鋒利。

瀛罨鉋工　瀛罨平面與瀛筩平面，先置鉋牀鉋平，後用直界尺比而磋之。凡鉋末一層之先，宜稍放鬆抵壓之螺絲，順其性而復其形，恐金類有凹凸力之性，受抵壓而變形，取下之時，或致不平也。磋刮平面，必用平界面比較之法。將紅泥調油擦於平界面，以所磋者蓋其上，相切移之，則高處得紅色，磋刮使平。再比、再剖、再磋，至面上盡得紅色爲略平。將平之時，蓋於平界面移動比之，必須壓至極緊，則高處紅色淺，而低處紅色深。若初時用色太少，則惟有最高可見，而稍低者不顯，并不知所高之多少。若未時用色太多，則微高者不得顯，所有二面相切點之或多或少，或盡能相切，各依其用處若何，然必各相切之點，平分於其面，而不可偏多偏少也。凡直界尺與平界面俱宜多備，尤宜另備一平面爲模。各直尺與平面臨用之時，先在此模較準。半圓形汽罨之背，慎勿與面不平行，若不平行，輭墊易壞。將汽罨覆置於平界面，用器度其背之高處，磋去，使二端中段無微差。

修補蜂窩　汽罨與汽筩之平面，或别處相切之面，鑄時有小孔，可用質紋略同之生鐵補之。先鑽其孔使圓，再用偏心鑽鑽之，使口小而内稍大，孔之深約至體厚之半，後用生鐵一塊，磋圓如孔口而甚緊，打入孔内，再屢打如打帽釘法。

外面磋平，若作方孔，亦宜口小內大，同法爲之，亦不落出。

機件用料須無弊　汽罨汽筩平面，業經歷試各種，無論何料，皆有弊。惟以二面皆生鐵者，爲稍好。舊法，汽筩釘連礮銅平面，而汽罨即用生鐵平面，亦有用礮銅作汽罨者。又有汽罨用礮銅平面，而汽筩爲生鐵平面者。如用礮銅作汽罨，則面上須橫鉋二槽，槽內嵌以硬生鐵，否則久後面上消磨成直槽，然用礮銅平面，久後常磨成直槽，若用生鐵作平面，必爲汽之熱滓等所侵，而面變粗毛。初時固不即變，惟在汽孔之角，偶有小塊變起，漸漸蔓延四出，不久而全面粗毛矣。既有此病，即相磨生熱，又因汽易漏過於凝水櫃，而櫃內必致甚熱，若用紅銅進汽管，則平面之鐵生電氣，更易侵傷。若用熟鐵管者，內面之鏽隨汽而至平面，移動之時，易磨平面成槽，尚不如紅銅者好也。又有試用鏡銅與鋼作平面者，亦無大益。礮銅作平面，連於汽筩，或汽罨者，用礮銅螺釘多許，旋入本體，螺釘有斜肩，上有大方頭，用長柄匙旋之極緊，而後磋平其方頭。有時銅平面格外加厚，而四邊作低層，螺釘旋此低層之上。

艌塞罅漏　漏縫鏽法，今已不多用。然造汽機者，亦宜知之。用淡輕綠一兩，生鐵屑鑽出者。一磅，或十八兩，以水掉溼，待數小時後用之。或加硫磺細粉八兩，並磨鐵之滓少許，用鏨打艌於縫內甚緊。鏨闊四分寸之三，厚四分寸之一，後將縫之螺絲加力旋緊。凡用此法，必去二邊之鐵衣，使鐵質潔淨。若縫罅有油，必用硝强水洗去，再用水洗去硝强水。然艌塞之處，常有油流至者。油能激去其鏽而仍漏，若紅銅有漏縫，則用石灰研細，與卵白或血塊掉成膏，紅銅鍋爐，即用此法。

鐵面變鋼　常法，將鐵置鐵箱內，塞以牛角皮屑、動物炭等，封蓋固密，入爐內燒紅，變成之厚薄，以時之久暫消息之。又法，將鐵器置鐵皮箱內，塞以骨粉，封蓋固密，鐵絲捆緊，再護以泥。驟加大熱至紅，半小時後，速開箱取出，投諸冷水之內。凡汽機重大之件，則用鉀二衰三鐵，其功用與動物炭等相同。將鐵加熱至暗紅，以鉀二衰三鐵粉撒其面，或用大塊擦其面，或將鐵件在粉內磨擦，再入火爐待數分時取出，投入水中。或謂其面變鋼不勻，未變成之處，視若有油，然而相磨不多之處，此法已可用也。至於變鋼所用之料，尤宜留意。熟鐵各件，本以小塊合成之鐵條爲最好，若欲外面變鋼者，則又不可用。因變鋼時，必改形也。蓋外面變鋼，收炭入內，炭既收入，必稍腫大。而各種鐵收炭之多少，各不同，收炭多者腫必多，有時變成鋼後，各件不能相配，致有重做者。所以外皮變鋼之器，必用一種鐵爲之，如羅暮而，或實令等鐵是也。

製銅襯　配合銅襯之料，用銅與錫相合。舊紅銅一百十二磅，錫十二磅半，鋅二兩至三兩。如用新紅銅，錫可用十三磅。若欲極堅，則用錫一磅半，鋅一磅半，銅十磅。若欲任大重，則用銅二磅，錫二兩半，鋅半兩。凡各銅襯體，咸宜從厚，否則變形而滯力加大。若以軟金類作襯，用八皮得之法，用黃銅一磅，銻一磅，錫一磅，將銅先鎔，次加銻，次加錫，罐面鋪炭屑一層，以隔養氣，次將加襯之物件，鍍錫一層，所有不欲粘錫之處，用泥水塗之；欲其粘連者，用醇溼之，撒以淡輕綠，加熱至淡輕氣散出，隨入已鎔之淨錫內，慎勿使錫與養氣化合。見面上附錫一層，取出置於水中，洗去所留之淡輕質，用白泥洗淨。待乾，加熱至錫鎔之界，再加揩擦，合於鐵模。其模與軸頸同式，模內作孔，徑一寸至一寸又四分寸之三，將已鎔之料，由此灌入，冷後用細沙磨光，即可用。此襯比常用者更耐消磨，滯力亦小，然任力大、添油少，則生熱而自鎔，且有流去者。若不用此法，而用錫作細粉掉成膏，擦於軸頸，殊能較勝。

配合銅料　黃銅，用紅銅一磅，鋅四兩半至九兩。管口之接環，欲燒銲者，用紅銅一磅，鋅半兩，鉛八分兩之三，們子銅，用鋅四十分，紅銅六十分。黃銅可熱打者，用紅銅五十分，鋅五十分，至二十九分。鐘銅用紅銅一磅，錫四兩半至五兩。鏡銅用紅銅一磅，錫七兩半至八兩半。銲藥最老者，紅銅三分，鋅一分。次者，黃銅八分，鋅一分。嫩者，黃銅六分，鋅一分，錫一分，又方錫與紅銅等分。

裁翦鐵板　空筩鍋爐之鐵板，其厚多用八分寸之三，帽釘之徑八分寸之三至四分寸之三。鍋底之釘，原帽宜大而在外面，因爲火所切也。頂上之釘，原帽宜在內面，各釘之心相距二寸，而距板邊一寸。板邊相接之處，皆宜裁剪平直。全鍋釘畢之後，用鏨靠板鑿擠板邊，使密而不洩。鏨口厚四分寸之一，椎重三四磅，一人執鏨，一人執椎打之，此法乃瓦特所剏，甚奇極妙，至今遵用。後改爲一人左手執鏨，右手執椎，因曲管之內，不能容二人也。且有不能用右手執椎，而必用左手者。

試漏　各縫緊密之後，滿盛以水，見有漏洩之處，重加擠鑿。隨用人尿消化淡輕綠，拭於各縫，俟生鏽之後，加熱熇乾，再用極細乾石粉，與胡麻油掉勻如稀漿，塗於各縫再加熱使乾，以指甲不能刻入成痕爲度。慎勿遇熱，至油燒壞；又不可欠熱而未乾。

築砌火甎火泥　常受大熱之處，必用火磚火泥築砌。鍋爐後端，轉角之處，爲火所環遶，宜用鐵板遮護，以免燒壞。所砌之磚內，以鐵條爲骨，使不坼裂。離火稍遠之處，可用最好之石灰。石灰遇水欲壞者，必加荷蘭石灰。砌成之後，外塗石灰膏一層，使不洩氣。所有煙炱積聚之處，必作進人孔，以便收拾。生鐵作門蓋之，縫用泥砂封密，近煙通處作閘門，有槽可啓閉，以制吸風力之大小。

船鍋爐釘數　船鍋爐與陸鍋爐略同，惟鍋爐外體釘宜雙行，釘徑十六分寸之十一，釘心相距二寸又八分寸之三。雙行之釘任力，二倍於單行者。煤膛至多用鐵板三塊，一爲頂，二爲兩旁，必用上等羅碁而鐵，或賓令鐵，或司塔福得西牙鐵。煤膛下旁之釘，宜在爐柵之下，免致燒壞。鑲煙管之鐵板，其厚八分寸之七，亦必用上等羅碁而鐵，或賓令鐵。外體之鐵板，其厚十六分寸之七，用上等司塔福得西牙鐵，或拖尼固落夫得鐵。

鍋爐勿與船體銅釘相切　船內安置鍋爐，慎勿與船體之銅釘相切。因相切則必引金類電氣，而切點生鏽成孔。鍋爐下襯木板兩層，上縱而下橫，下層之板厚三寸，鐵釘固連於船體。釘帽打至陷入板內，板縫油麻艌密，再鋪稀油灰一層，上層板一厚寸半，鋪於油灰之上，與下層釘固，釘帽亦打至陷入板內，面上再鋪油膏一層甚平。此膏用煅過之泥、密陀僧與胡麻油掉和而成，即將鍋爐置此膏上，隨用木鏨將膏艌塞極緊，使四面空處皆滿。再用木條逼近鍋爐四圍，釘於底板成圈，圈與鍋爐之間亦用油膏塞滿，艌之極緊。面作向外下斜，鍋爐外淋下之水，得以流去，不積於底外。

爐柵不得過六尺　爐柵之長過六尺，大不便於疏挑煤滓。然尋常鍋爐，多有長過此而狹者，故後邊之火難使合宜。若船行遠路，或遇大浪，爐柵過長者更爲不便。且爐柵後邊，每有空氣竄入，以致化水之力減小。嘗有爐柵過長，而改短者，立見生汽多，而用煤仍相等。爐柵宜向內斜下，則煤易推入，每根之兩端，必留空處，不可抵住爐體。若二節者，中間之柵架，必用雙根，爐柵對接之端，中間亦留空處，使灰燼易落。若無空處，則過熱漲長，必致彎曲而壞。爐柵之端，不可抵於牽條之帽，因漲長之時，必致挺壞也。

以火泥甎築火壩　火壩在爐柵之後，以火泥磚築砌，形似矮牆。其用，使火入火路孔之面積減小也。或有用鐵板釘成者，內空容水，上作斜面，汽得上升，然亦多致坼裂，究不若用磚者佳。火爐不甚高者，火壩必甚近爐頂，收拾之時，人不得進，可置活動之大火磚數塊，取去而後進出。火壩之益，能使化汽加多。有添煤者，誤將火壩打倒，立見漲力減少，此其據也。蓋有火壩，則火爐內之熱度增大，而熱在火爐之時，已多傳於水。火切面雖稍小，化汽亦足，曲管通煙通處，有作挂壩者，用鐵板自上挂下，以蓋曲管口之上半。因所出之或火、或煙，熱者上浮，爲此壩所阻而留於內，冷者下沈而得放出，法之微妙者也。量熟率不過大者，可以不用，恐化汽之力反減小也。煙管之挂壩不能用此式，必將鐵板作多孔，置於煙櫃內，各孔皆與煙管口正對，放下則阻煙管口之上半。又有作百頁門而可開闔者。以上兩法，今惟車鍋爐用之。然煙管鍋爐，無論船、車、陸，無不可用。

打造煙管　船鍋爐之煙管，用鐵者多，徑三寸，長六尺至七尺。亦有用銅者，徑可稍小。銅煙管鑲於板孔，或用襯圈抵緊。若熟鐵管與厚銅管，則將管端打緊孔內，而不用襯圈。鑲管板之孔，在火櫃之端，微小於煙通之端。孔之外口，俱作圓角，向外稍侈。各煙管皆自煙通端之大孔穿過，而至火櫃端之小孔。初用小椎打入，視各管俱已安入孔內，板外止留二三分，則用大椎打至留出少許，可保鑲板不壞。再用小椎勻打管口之內，如打帽釘之法，使密切板孔。且轉管口，使出板面甚少，後用拿捶入管口內，而打其中劈，使管口切板孔與侈口更緊，更密矣。拿捶之式，爲多塊合成之圓柱，外式恰合管口之內，端有簧圈束之，中容圓劈，打此圓劈各塊外張，此後或用肩鏨，以其凹肩對管口，四圍用小椎勻打，使其光圓。

煙管用螺蓋壓緊　鍋爐內或用數煙管，二端作螺絲，用螺蓋壓緊以代牽條。雖管口打成之帽已燒壞，有此仍能牽固，鑲板不致外凸。或少用數煙管，而用數鐵條徑同於煙管，入鑲板孔以作牽條，兩板之內外二邊俱用螺蓋，俱襯白鉛圈而旋螺蓋。各條安好，然後再安煙管。凡管口之與板孔宜相切極緊，否則管之長者，放汽與水時，漲長而鑲口必致鬆離。銅煙管之大而長者，雖用襯圈，仍欲鬆離，故用銅管徑以稍小爲佳。昔用銅管覺生電氣而板孔易鏽，此亦相切未至極緊，隙內有水滲入也。今則絕無生鏽之弊。

煙通相連機件　行海輪船，作煙通之鐵皮長九尺，厚十六分寸之三，數鍋爐共用一煙通者，則在煙通內用鐵板作分隔，煙扇門宜在煙喉，不可在煙通之內。煙通雖因風浪折去，而煙扇門仍可闔也。餘汽管宜與煙通同高，以免餘汽所噴之處，煙通不久鏽壞。餘汽管下端，宜有活節，大風浪時，煙通雖搖動，餘汽管可不損折。煙通外宜作箍二道，絆以鐵索二層，上箍雖斷絕，尚不致傾倒，因上箍爲餘汽生鏽易斷也。汽櫃之上，用鐵板作艙面板，而以角鐵作梁，中作大孔，孔內作短管，大於煙通。以角鐵作圈釘連孔邊，煙通下端置此短管之內，短管上有蓋稍大，亦用角鐵作圈而釘連於煙通，雨水不致淋入火艙。引出餘汽管內凝水之管，宜通於船外，不可引至船內，因此管亦有出汽，艙內甚爲不便。

製車機三大事　車鍋爐分爲三大事：一爲圓筩內藏煙管，二爲火櫃有內外兩層，三爲煙櫃，上接煙通。圓管煙櫃，火櫃外層常用鐵，火櫃內層，或用鐵，或用銅。煙管多用銅，口內加襯圈，亦有用鐵者。任受漲力之處，當用上等羅碁而鐵板，或竇令鐵板。無論何種，宜用質紋長而韌者，若質紋短者，或亂列者，或成層累者，俱不可用。圓筩鐵板之厚，十六分寸之五至八分寸之三，以板之長順筩周，使質紋方向任力合宜。筩徑三尺至三尺半，帽釘徑十六分寸之十一至四分寸之三，釘心距二寸至二寸又八分寸之一。若相搭而打粘成圈，或打成整圈，而各圈搭釘者更好。火櫃有內外二層，其間即盛水之處，用條穿固二層，內端作帽，外端用螺蓋旋緊，牽條相距四寸半至五寸。有用銅者，有用鐵者，然銅者亦未見經久於鐵，而堅固則遜於鐵，非善法也。牽條之外套空管，內外二層之下邊，用兩曲之鐵板相連，火門口之內層向外凸，而外層向內凹，其間用銅圈厚一寸又四分寸之一，闊二寸，用長釘直穿內外二層，與銅圈釘固，釘徑四分寸之三。外層若圓形者，鐵板厚八分寸之三；若方形者，厚八分寸之四。內層用銅板者厚十六分寸之七，用鐵板者厚八分寸之三。內層用鐵板而作圓形者，亦宜搭粘，不可搭釘，因釘帽易致燒壞也。若作方形者，各面俱用整板，而接縫在四稜，將邊曲過三寸，搭釘相連。內層之頂，用闊横梁數條，梁端俱微彎，切於頂之邊，使梁與頂相離。用短牽條多根，穿固横梁與櫃頂。牽條之外，墊以圈，横梁下面惟墊圈之處作平面，餘俱作鋭口，使汽易於上升也。

造爐柵必闊而薄　車鍋爐之熱度甚大，爐柵常因此而層層剥落，且熱極而軟，爲煤壓彎致斷，故必闊而薄，上面厚八分寸之五，下面厚八分寸之三，闊四寸至五寸，最爲合宜。爐柵有用活架者，將架放下，煤滓自落。然煤滓每鎔而將架膠連，致不能動，故以架定而爐柵活者爲好。欲去煤滓，將爐柵逐根挑起，使滓活動，即可取出。爐柵常用熟鐵，别種鍋爐之爐柵，亦熟鐵爲宜。熟鐵者，可薄而密排，小煤不得落下。灰膛之鐵板，厚四分寸之一，深不可少於十寸，底高於鐵路九寸，煙通之鐵板厚八分寸之一，徑與汽筩同，且可稍小，高於鐵路面不過十四尺。

造汽櫃形制　汽櫃在火櫃之上，或作半卵形，或作半球形，或作方錐形。內汽管藏於櫃內，管周密作小孔，汽入小孔而至進汽管，有另作短圓柱形，而在圓筩之上者，徑二十寸，高二尺，鐵板厚八分寸之三，頂作半卵形，接縫不搭釘，而用搭粘。下邊外曲，釘連圓筩，司底分孫初時汽櫃之頂作方錐形，因有平面，必用角鐵與牽條栢利所作半球形之汽櫃，不用牽條與角鐵。近時火櫃上有不作汽櫃者，或有作甚小者。

鍋鑪上另作餘汽支管　鍋爐上另作餘汽支管，通至水車之內。汽車暫停，可將餘汽放入水中，水乃盡收其熱，而省煤，鐵路經過山谷下行之時，用汽極少，餘汽亦可噴入水車；至上行之時，水已熱而化汽速。

煙管鑲板　煙管之鑲板，厚八分寸之五至四分寸之三。若八分寸之七者更善。厚則襯圈打入管口之內，不甚變板孔之形。管間相距，不可少於四分寸之三，板孔向外稍侈，外口作圓稜，使管端在板孔內得牽固。用稍殺之襯圈打入管口，使緊切於板孔。襯圈在火櫃之端，用鋼者；在煙櫃之端，用熟鐵者；或二端皆用可打之生鐵者，此種生鐵，冷時可打薄，與熟鐵相同。若鋼者，必用作簧之鋼。英國有一處專做此物，若不用襯圈，則用圓頭鏨。在管口之內，以小椎漸打漸移，使管漲大而緊切於板孔。或再用傘揷置於管口之內，用法使漲大而緊切於板孔。

造總汽門之式　限制汽之進汽筩，用總汽門。常在火櫃之上，其式有二類：一爲平板，一爲圓錐，皆有桿可使開闔。平板之類有數式。有扇門者，作圓平板，板中有軸可轉動，轉開則四邊通汽。或略如蝴蝶門，有司低分孫者，作閘門蓋於汽罨恒之上，有桿連之，過煙櫃至司機處，與進退柄平行，便於執持。又有司低分孫者，係窗檽平移門，作二方板，一定一活，可移動不多，而開大孔。圓錐之類，亦有數式。有旋轉之塞門，常致滯澀不能開闔。有而利之式，亦爲塞門而稍異，此門以果臬書鍋爐之式爲最好。因無大阻力而易開闔，近時仿用甚多。

煙管鍋鑪除去結皮　放盡鍋爐之水，將木柹置曲管之內成數行，前後相連，開萍門用火引燃之，曲管之鐵受熱速漲，皮則難傳熱而緩漲，自能裂而相離。可用噴水洗去，自出沙孔沖出。若未結厚，用椎擊之，亦能脱離。或於汽機停火後，放去鍋爐之水，而不放其汽，藉汽之熱與溼，能使皮軟而易去。慎毋使鍋爐內成真空，須開諸塞門，煙管鍋爐結皮，各處不同，多在煙管近火爐之端。嘗有鍋爐吹水依常法，一年之後，見煙管近火爐之端，結皮厚至各管相連，以致熱水不能上通，最宜留意。除去之法，必用起錨轆轤與連滑車，拔出各煙管。三人之力，一日可拔五十根至七十根。拔出之時，其皮自去，再應刮浄其面，用二舊磋夾於大鉗成叉形，將煙管置其間抽之，再將管口加熱至一千度，插入木屑之内，冷後稍軟，可打之圓正。日易打成帽，拔出之時，必有管口壞而太短者，則爲無用。故鑲管之板宜斜，而各管有長短管，在此孔太短，可移於彼孔用之。若不吹鹹水，而免結皮之法，用鹽强水或一輕緑入鍋爐，但此物能侵蝕鐵質，隨汽而入汽筩，亦使生鏽。故新鍋爐依時吹水，不必用此法。舊鍋爐已結皮者，可用之。

掃刷煙炱　煙管内之煙炱，必用圓刷。結成黑皮，必用圓刮。管口有襯圈者，圓刮難進，所以今時煙管不用襯圈。然煙管已拔出而重裝，又管厚十分寸之一者，俱不得不用襯圈。管厚八分之一者，始可不用襯圈。

修補鍋爐　曲管或火爐，其上面有破損，補綴一塊宜在外面。如補於内，則破處留積别物而不傳熱，必致燒壞。鐵板有裂縫，則在裂處鑽多孔，打大帽之釘，以蓋其縫。曲管或火爐因水淺而致彎下，可用木柴生火，將彎處燒熱，以螺絲起重器抵出之。然不若剜去一塊，而補綴者之易也。

輪環已壞權時補救法　兩心輪之擋，或兩心環已壞，一時不能修好，必將進退柄連於鄰汽筩，使於往復之處，或連於本汽筩摇桿之件。邊桿汽機之進退柄，常在斜股之上，可用繩過滑輪，連於鄰汽筩之邊桿，另掛重物壓之使退。又法，用木條以繩斜繫於受傷者之横尾與大摇桿，另用鐵條或木條相連於進退柄，則汽罨亦可往復。若爲摇筩汽機，可稽汽筩之摇動，以動汽罨。

拐軸斷折　明輪雙筩汽機，拐軸偶有斷折，則用單汽筩轉一邊之輪，船亦可以行走。螺輪雙汽筩者，而前拐軸斷折，亦可單汽筩轉輪。若後拐軸斷，則與螺軸螺輪斷折彷彿，修理甚難。

油杯新制　船汽機之油杯，近時之制，比昔時更能省油，添進更得均勻。油杯之邊有小軸，軸上有順逆輪，軸端有小擺。汽機動而擺亦動，即使小軸漸轉，帶動小油筩，盛油傾入漏斗，自漏斗通至相磨之處。或用鐵絲連於小軸之上，以代小油筩。鐵絲轉過，必沾一滴入漏斗。然汽機緩動者，油未至漏斗而已落下，不及用小油筩也。又法，用活塞門在油杯之下，亦用擺動，使塞轉動，塞内作曲孔，每轉放出一孔之油。

軸頸生熱　磨面太小，或磨處不相配，或枕蓋之螺絲太緊，或油孔阻塞，或油内有膠，阻塞引油之棉紗，或銅襯内有分油十字槽而致油乾，若轉動一周者，襯内用十字槽無妨，横桿邊桿等之軸頸，不滿一轉者，襯内有十字槽，軸頸常因此而壞。宜作一字横槽，則油在最高處流下，皆可得油。槽之二端，不可通於外。通於外，油必流去。軸頸偶生大熱者，先須稍鬆枕蓋之螺絲，後使汽機或暫停，或緩轉，再將熱水先噴，然後繼以冷水，隨硫磺研細粉，與油和勻如漿，添於軸頸之内。待冷，而仍將螺絲漸緊，速行螺輪機。此事更宜謹慎。初生微熱，少頃忽然而大，因轉速也。故各頸皆宜有引水塞門，纔覺生熱，即噴水其上。又宜用油與水相和添入，則油水自能磨勻，而成肥皂之性。此肥皂不但滑膩，且能散熱，用油可省。惟將停之先，必專用油，否則停後頸内生鏽。

傳記

王端履《重論文齋筆録》卷五《筆記小説大觀》册二八　錢唐黄鐵年超再司吾邑學鐸，人間亦嘖有煩言。【略】鐵年原名楨。精於天文推步及九章算術，能自製寒暑表，不差累黍。余素不諳其學，故未嘗與談也。生平著述甚多，今恐亦散失矣。

紀事

南懷仁《熙朝定案》　康熙二十八年春正月，皇上差侍衛趙、御前一等哈鄔，賫捧黄袱，内包白金，到堂先叩拜天主，次傳畢、洪二臣出廳，隨宣上諭：朕將這些銀子賜你們爲果餌之費。宣訖，畢、洪謝恩而領。即邀二大人入内座，待茶談敘間，侍衛趙云，萬歲爺一路來，凡遇西洋先生，俱待得甚好。畢隨稱謝，云，萬歲待我輩遠人如此大恩，感謝不盡。談久，留飯而去。至中午，畢、洪赴行宫謝恩，隨帶方物十二種。值駕他往，畢、洪即入宫門，俟候少頃，聖駕回宫。畢、洪即俯跪叩謝皇恩，隨獻方物。侍衛趙捧入奏獻，即出傳旨：朕在杭州，曾收殷鐸澤一二色。在蘇州，亦收潘國良一二色。今你們所獻，朕見如收一般，但不却你們來意，亦收二色，用表你們之心，可也。宣訖，畢、洪隨奏，臣等遠人，屢沐皇恩，無可仰報。今之所獻，不過西海土物。但各省遠臣俱蒙聖恩，臣亦替各省遠臣叩謝萬歲，伏祈皇上全納，不獨二臣感激，即各省遠臣均有攸賴。奏訖，侍衛趙即入啓奏，隨出傳旨：據所奏，爾既爲各省西洋人之意，再收四色，餘可攜歸。若仍懇奏，朕全不收。畢、洪遵旨謝恩訖，侍衛趙又云，這二架驗氣管，萬歲爺要收下，奈途次難帶。先生往後遇便，可送至京師。

曾國藩《曾文正公家書・日記同治元年七月》 華蘅芳、徐壽所作火輪船之機，來此試演。其法以火蒸水氣貫入筒，筒中三竅，閉前二竅，則氣入前竅，其機自退，而輪行上弦；閉後二竅，則氣入後竅，其機自進，而輪行下弦。火愈大則氣愈盛，機之進退如飛，輪行亦如飛。約試演一時。竊喜洋人之智巧，我中國人亦能爲之，彼不能傲我以其所不知矣。

黄伯禄斐默《正教奉褒》 康熙二十九年四月十五日，畢嘉送儀器抵京。先是上年二月中，聖駕駐蹕金陵時，畢嘉、洪若進驗氣管等儀器，奉旨著便送京師。至是畢嘉躬送至都。十七日，趨朝至隆宗門，紫禁城内保和殿西首。請旨陛見。隨有内大臣出隆宗門，宣旨：畢嘉等皆係朕前之人，不必如外官規例。著趙昌、徐日昇引見。本日，即蒙召見，恩待甚隆。

《郭嵩燾日記》咸豐六年二月 初九日。偕尹練溪觀察雲南人、黄松舲，往看火輪船。先至大西洋國領事處名必理。有陳姓者隨往。導至一船，則英吉利富領事船也。船旁有懸梯，小夷目二人侍立兩旁極秀美，引繩導客。外夷示敬之禮如此。船面巨炮五千斤者一尊，三千餘斤者十數尊，指南日圭兩座，撥船一隻，並安架船頭上。富領事者，免冠相見，攜手一敘。又有密姓者，通漢語，爲傳姓氏。因導往後艙，先觀舵前輪葉，又與他船異式。蓋他船兩旁安輪，此側僅後一葉，上下兩片，狀若卷蓬，範銅爲之。據云，每一轉輪記行十三尺，爲時一分可轉六十四輪。從中艙縋梯而下，至前艙安輪處，皆以鐵綱冪之。其中或方，或橢，或曲，或重環，大率鐘錶之比，皆銅爲之。又梯而下，則船首置火處也。兩旁爲水箱，每水箱下安火門三，每箱貯水三百餘石。水箱上旁氣管粗約二尺圍，至網艙左右，管亦漸小，圍可數寸而已。火烈水沸，則水氣冲入氣管，網艙中大小輪齊動，機之所觸，力亦漸大，兩旁及底暗消息轉入，輪葉乃翻動如風。網艙右旁氣管安鐵柄二，可扭而進退。蓋氣管中有小門，進則門伸而閉，退則門屈而開，所以測水氣之緩急而宣洩之也。其上安氣表三，所以測氣者也。旁安鐵架若磨式，據云，往後一推，亦可激船使退。網下有鐵箱二，水氣過盛，則泄而出之。水箱取水，用皮筒吸之。前安玻璃管一，可以測水之多寡。其他輪船，法亦略同。惟兩旁安輪，外覆其半，狀若橋，行制爲稍異耳。富君言船式隨人創造，而自詡其法之□，倍於他船也。網艙之後，左右皆小房，最後爲大廳。設幾席，置酒相款。食物四器，若蛋糕、條酥之類，皆牛油爲之。酒味甘醲，即所謂西洋葡萄酒也，内地無其匹也，而皆冷咽之。睡床制藤爲兜，懸舟兩旁，隨之搖擺。廳内巨鏡二。一爲老者像，高額有道氣。密姓者云：此山姓，高宗時入都謁天子者，此君也。一方面，狀甚英鷙。密姓者云：此范姓，近時人，造船爲周行地球之計，至極北地，船爲冰所裂，遂不得還。凡諸所言，皆富姓講授，密姓者代宣之。船身皆裹以銅皮，四周樹牆，安炮門。懸梯處爲門限，以通出入。大桅凡三。小鐵筒一，以泄炊煙，後離數尺，即火箱洩氣大鐵筒也。船面正中，相去數武，輒安一玻璃窗，故内艙極爲明爽。船中金邊冠者數人，皆有職分者。富姓金邊冠、金邊袖，船人皆尊事之。【略】

夷人所住，靡不精潔。大船不下數十人，銅鐵諸事多加烏油，火箱旁屯聚煤炭，而皆不甚覺其污穢。行海各船，略有三等：其一加緑油者，形制略小。烏油者兩種，一即火輪船也。製造各殊，目所及見，大概三種而已。鶴汀云：各國領事，惟佛郎機名伊擔者最賢淑，與伊往返甚勤。其居室最華靡者，必理也。坐廳陳設絶精，而四方各安巨鏡，高約七八尺，金邊雕鏤，至奇麗也。兩鏡相對，其光層迭收入，照之覺門限十餘重，皆一例精雅。有瓷器數種，細緻精妙，非中國所能爲也。晚歸，會宴鶴汀處。同坐爲饒梅山、沈蘭士兩大令。沈君廣東人，隨同饒君奉委赴上海與江蘇會辦厘務者也。成五齋福則廬營委提餉者。周子湘紹蓮送羊燭、火腿二事。周君爲邵淹之弟，其兄與予至好也。是日晚歸已三鼓，得金眉生信，因復一函，並函達滁帥，陳近事八條。

王韜《瀛壖雜誌》卷六 嘗見南史祖冲之造千里船，不因風水，施機自運，此其巧妙與西國輪船無異，但純用機楔，不藉煤火，制度稍殊耳。其以千里命名，迅捷可知。又楊么之樓船，激水駛輪，其速莫比，此亦西國輪船之濫觴。由是觀之，可知器物之精，中國已先西人而爲之；惟異巧絶能，世不經見，人死即復失傳，世之人又不肯悉心講求，畏難自域，俾器與人同亡，殊可惜已。

西國所製火船，有明輪暗輪之別，無論風浪順逆，俱可駛行。速者一時可行六七十里，遲亦約得五十餘里。最懼海底礁石，故以鉛砣測淺深，必慎。顧輪船涉海雖迅利，而不可一日斷煤，煤極重滯，勢不能足兩月用，是以西人於瀕海各處，皆設埔頭；即海中小島，亦設官置兵，專司輪舶往來煤火淡水之需，以備不虞。在滬有水營煤炭局，倉卒解纜，取予無匱，慮誠周密矣。近有深究化學者，謂能別創新法，可以廢煤而用氣。是説也，余未之敢信。貨舶亦堅固異常，利於涉遠。其駕駛無論風之順逆，俱可揚帆。桅上繩索縱橫，無慮數百頭，舟子一一理之不少紊。緣繩上升，其捷如猱，能直上桅杪，以遠鏡瞭望。西船近亦賃於華商，或出重價購之，當事者似可如法製造爲戰艦，以之出洋搜盜，勝於他船多矣。

又王韜《甕牖餘談》卷五　西國天船　偶閲西洋器藝雜述云：有天船，其式短小如亭，可容十人，内置風櫃，極其巧捷，有若渾天儀。用數人極力鼓之，便能飛騰至極高處，自有天風習習，欲往何處則揚帆，用量天尺量之，至其處乃收帆，聽其墜下。相傳曾有被日燒燬並曝死，所以不敢頻用。此想即輕氣毬也，特言之詳耳。惟輕氣毬一升，即不能自主，若徑上一百五六十里，則在氤氳氣之外，人即不能通呼吸而死，故御毬者欲升，則撤去囊中之沙，欲下則略洩毬中之氣。惟所至何處，則一任爲風氣所使矣。然舊時製之極大者，亦僅容三四人。今西國多已試之，極爲靈便。曾試之行軍，知敵虛實所在，於上揚旂指揮，兵士合力攻之，竟獲大捷。現西人欲得是理，細加研究，意欲乘之渡海，自花旗至英京，約費數日之程，並期透徹明悟，不拘駛往何處，俱可如我之意，如舟楫然。夫是毬大小若干，即可容人若干，苟能縱駛如志，即可代兵船之用。且軍中不必用炮，而祇用彈丸足矣。蓋彈丸自上墜下，其勢甚易，炸裂必速。竊思若果如此，遇攻戰時不徒防敵自前來，亦當防敵從天下。此誠奇技妙法，直可以洩造化之微矣。

圖録

南懷仁《靈臺儀象志圖》

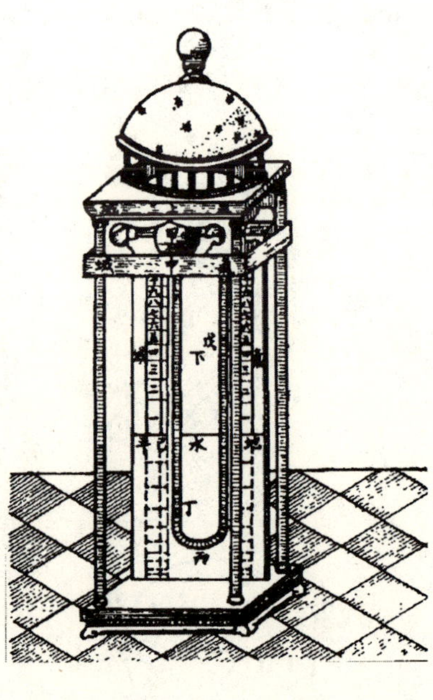

一百八圖

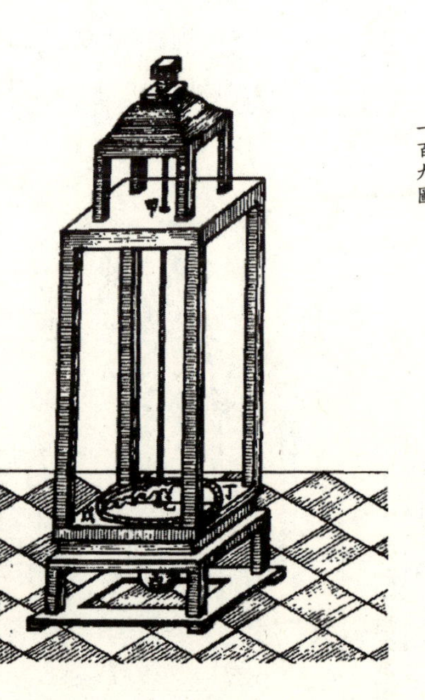

一百九圖

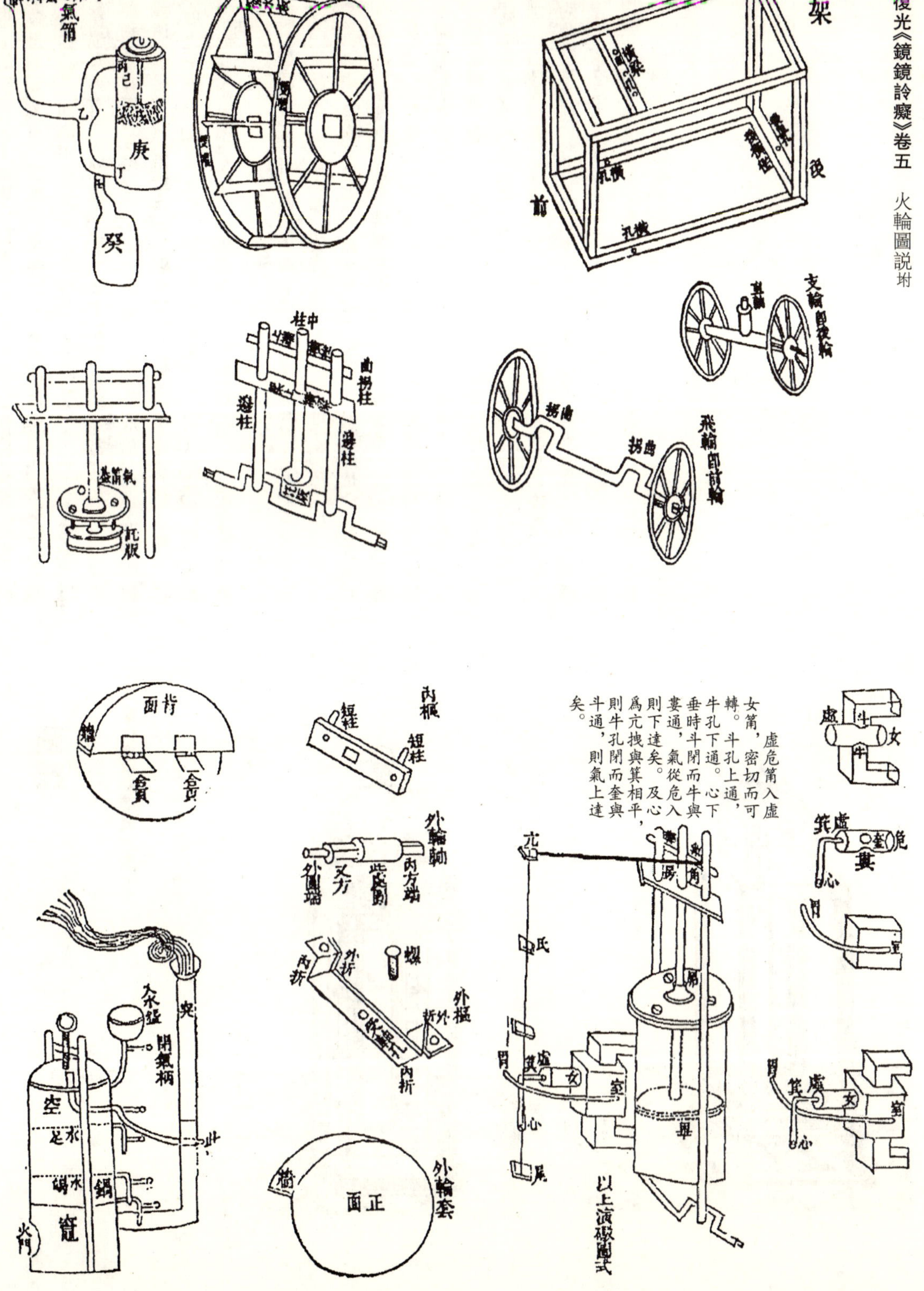

虛危箭入虛女箭，密切而可轉。斗孔上通，牛孔下通。心下垂時，斗閉而牛與婁通，氣從危入則下達矣。及心爲亢拽與箕相平，則牛孔閉而奎與斗通，則氣上達矣。

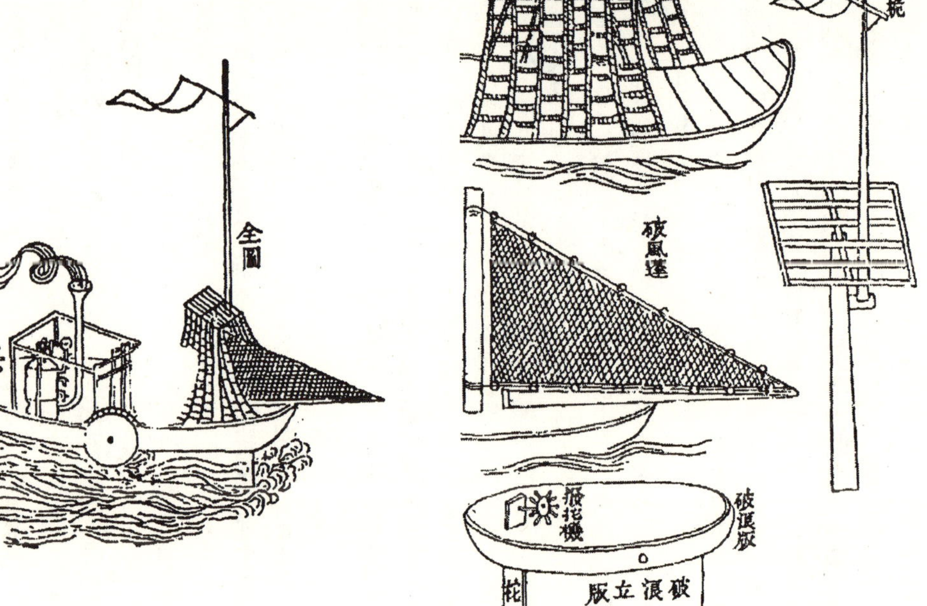

火輪船圖說 坿

曩見《圖説》甚略，不能通曉。嗣見小樣船約五六尺，其機具在外者已悉。兹來都中，見丁君心齋處傳來之圖，止是在内機具，蓋别一用，而火輪船之法備矣。因爲之圖説。其尺寸則就小樣約之。其質多用銅，大舟未必盡然，閲者勿泥。

一曰架。銅爲之。下爲檻，凡四根，長短各二，連成長方以爲底。上爲梁，亦如之。四角各豎一柱，而架成矣。其近前梁處加一横梁，從上而下，直穿三孔，中一旁二。其後檻居中處亦穿一孔，其兩旁長檻當横梁處各穿一横孔。其大小稱船之艙。

二曰輪。後輪有二，命爲支輪。此輪小於前輪，取其支架令平，可行陸而就舟也。形如轎車輪式，而軸中豎一短柱，柱端亦爲軸，入後檻直孔中，則兩輪可前後轉以便左右也。輪在舟内。前輪有二，命爲飛輪。名本《奇器圖説》緣輪體重而形圓，則一周之輕重如一，故其未動也，似多一重；而其既動也，則多一力。所謂已似無用，而能以其重助人用力者也。輪心方孔，軸圓而榫方，定置輪上，如大四輞而有輻也。近榫處作兩曲拐以轉輪，曲拐外入旁檻横孔中。輪在舟内而檻外。外輪有二，命爲行輪。輪周雙環，如水碓之輪。連之以板。板無定數，八片以及十餘片皆可，用以撥水如槳然。在舟外兩旁。轂孔亦方。

三曰柱。曲拐有二，運之以柱，命爲邊柱。下端各作圓孔以受曲拐，兩柱上穿横梁兩邊孔。其中孔别穿一柱，命爲中柱。三柱上出，貫以横拴，連合爲一，使上下齊同也。中柱下短，入氣筩中。氣筩頗粗，筩面有蓋，蓋中心有管，恰受中柱下端，鬆而不寬。鬆以便柱下上之利，不寬欲其氣不甚洩也。氣動中柱，則邊柱同動，而曲拐運輪矣。

坿氣筩機具：甲乙爲總管，藏在鍋内。氣從甲下行至乙，則分爲二。上由丙入己，下由丁入庚。作鐵條如辛。即如中柱。筩蓋開孔，如子。即如管與鐵條密合，以出入不甚洩氣爲度。條端安託版，如戊。徑與筩密合。别作一管，如壬。上通丁，下通癸。原説謂癸爲盤，其式不類，殆是筩也，内氣化水則入於此。疑癸外更有盤貯冷水，浸癸於内，恐滚氣過盛使化氣爲水，不致迸裂機器也。乙内有舌如門扇，軸安左方，上下開闔如風箱。氣從乙入，爲舌所礙，不能兩管並進，必尋隙而行。假隙在丙，舌必下而掩丁，氣全入己，則戊爲之下矣。迨戊下巳足，氣來不止，必尋隙入丁，舌自上而掩丙，氣全入庚，則戊爲之上矣。夫己、庚相等，則勢均力齊，因子稍洩氣，癸能化水，自生呼吸，所以上下甚活。中柱上下帶動邊柱，而曲拐運轉矣。原説不甚詳備，稍修飾之。但曲拐之轉，因柱上下，未免可左可右；然飛輪一動，重助其勢，則左之必左，右之必右，自有順無逆，理甚微妙。此心齊所説也。又，己、庚相等云云，疑舌下則不復能上故。以意解之，理誠有然。嗣又得晉江丁君星南《演礮圖説》一圖，增一角、亢、尾等事件，亢、氐、尾皆重而下墜。女虚爲圓管，内有危室、箕心。其危室亦爲圓管，下開孔如婁，旁開孔於奎。其室端作曲拐如箕心，心端繫亢尾線。横拴隨三柱上，則心箕爲亢尾拽平，斯孔與斗對，而牛孔閉，氣從胃入室，上行壓昴使下矣。横拴若下，則箕心爲亢、氐、尾諸重墜下，斯斗孔爲管所閉，而婁孔與牛對，則氣下行，託畢使上矣。其生根在角而不在房者，角房與心箕同長，亢拽心平，則亢尾恰合地平垂線故也。此必後來加增益妙者也。

四曰外輪軸樞。機内樞用銅版，厚一分，闊七八分，長視前輪徑稍殺，中作方孔，受軸之内端，版片兩端各立短柱，入前輪兩輻之閒，輻動則撥兩柱，而軸隨之轉矣。外輪之軸，内端方而外圓，連内方處又圓之，入舟舷。連外圓處又方之，入輪轂。方端入内樞，圓端入外樞。外樞亦用銅版，其厚、闊與内樞等。長視外輪徑稍盈，則向内一折，使足函外輪也。又向外一折，各作兩孔，用兩螺丁固於舟舷。版片中心作圓孔，受軸之外端，所以管輪而利軸轉也。

五曰外輪套。徑足函外輪而止，内外兩層。外爲正面，全圓之。内爲背面，半圓之。連合以牆，亦半圓而止。所以圍外輪而闌其水，使水上不致旁傾也。背面下邊安兩合頁，用兩螺丁固於舟牆之上。

六曰鍋竈。形如鬃髮匠擔之鍋，下安竈，後開火門。鍋上有蓋，旁立兩柱夾之。柱端上安横梁，中開牝螺孔，以螺丁固其蓋。前安竈突以出烟。鍋上邊旁有管横出而曲上，端如盌，以入水。盌底接管處有閉氣柄横出，右推則開以入水，左推則閉不洩氣。此管以下，次第安兩出水管，各有閉氣柄。水齊上管則水足，過多則無以容氣。水齊下管則水少，不增則無以敵火，宜斟酌消息之。鍋竈置架内後半，氣筩在前横梁下。別有長管從鍋頂内下垂，曲赴氣筩以達滾氣也。曲拐柱下別有下垂一管，亦安閉氣柄，想是與氣筩相通，或爲洩氣以泊舟，兼俟氣化以出水之用也。

七曰桅。大木兩截，參差相接。下截高過於架，端作長方架如柵欄，長約尺半，闊八寸。上可棲人以窺遠，並用礮下擊也。上截安柵欄上，爲張帆之用。

八曰繩梯。上結柵架，下結船邊。

九曰破風三角篷。有木如桅，卧安船頭，長四五尺，突出船頭者三尺餘。端繫兩繩，一坿於木，繫桅根。一斜迆而上，繫下截桅頂，成三角形，大約合句四股三之度。上安三角布篷，斜邊及下邊安銅圈無算，套兩繩上。逆風張之以破風，不逆則收之。然收必解繩，方不窒礙。用銅圈者，爲一捋則收，摺如扇耳。

十曰破浪立版。柁坿。版立舟底，約高及尺，厚二三分，前齊舟底，後殺於底者寸餘。別坿一木，高稱之，闊約寸餘，爲之柁。柁幹上入舟處，有木套套之，似石碑形，藏其機於内。高及胸上端，横出一軸，軸端有加版輪，名出《奇器圖説》。順旋則柁左，逆旋則右。

十一曰全圖。原傳圖説言，篷雖設而不用，逆風日行二千里。圖説俱不明了。晉江丁君《演礮圖説》云，夾版船大，順風日夜行六百里，火輪船順逆風順逆流亦行六百里。以表與脈較準，一呼一吸爲一秒，二船皆行二丈一尺云云。似屬徵實，非空談也。然日一周八萬六千四百秒，以二丈一尺乘之，里法一百八十丈除之，得一千八里，與六百里不合，則所據推算之殊，不足異也。至原傳圖説所謂篷設而不用，則何必設？又，畫有法條，實爲無用，其圖故不足據。或謂風力可以飛石移山，並其逆風能行者，疑之竊恐未然。夫飛石移山，即順風亦不可行。蓋所謂逆風，原不指此。殆謂他舟袖手，此可徑行，若風稍順，亦自張帆，則諸疑可釋。其巧在三角篷以破風，立版以破浪，行船之巧在飛輪，運輪之巧在曲拐。夫風浪之力所以大者，氣法也。水火之力，亦氣法也。破風、破浪，則氣之力失勢，用火、用水，則氣之力得勢。彼失此得，其增損之比例，誠有不可擬議者矣。逆風能行，何渠不信？日二千里，不無誇張，然海中固當別論。且製造之工、薪火之費，亦甚不貲，假無妙巧，誰爲爲之哉！

歲丁未二月，刻《鏡鏡詅癡》既訖，附入《火輪船圖説》。先是丁君星南寄到《演礮圖説》，所載有微異處，未能明晳。作札相訊，嗣稍有會悟，即改稿付刊。工畢，而丁君又寄來轉動入氣機具小様，乃知前此之誤會，重訂《圖説》，補於後。

上，則軫缺漸轉向井露隙。井孔外接室胃之管，則滾水之氣從荒孔而入，浮托板鍵之使可轉動而不脱。圓柱上下刻作缺隙，如翼及軫。曲拐端金。爲寒暑線弔心圓短柱形，丁君名圓錐，初擬爲空心管者，誤也。其圓徑恰如立方柳及參孔爲度，心孔，又從井達鬼、從尾達奎亦俱作通心孔。自六面視之，各皆有一孔。次作實如圖，作妻木觜畢立方，形爲實心。共有六面，丁君名方車。從柳達參作一通

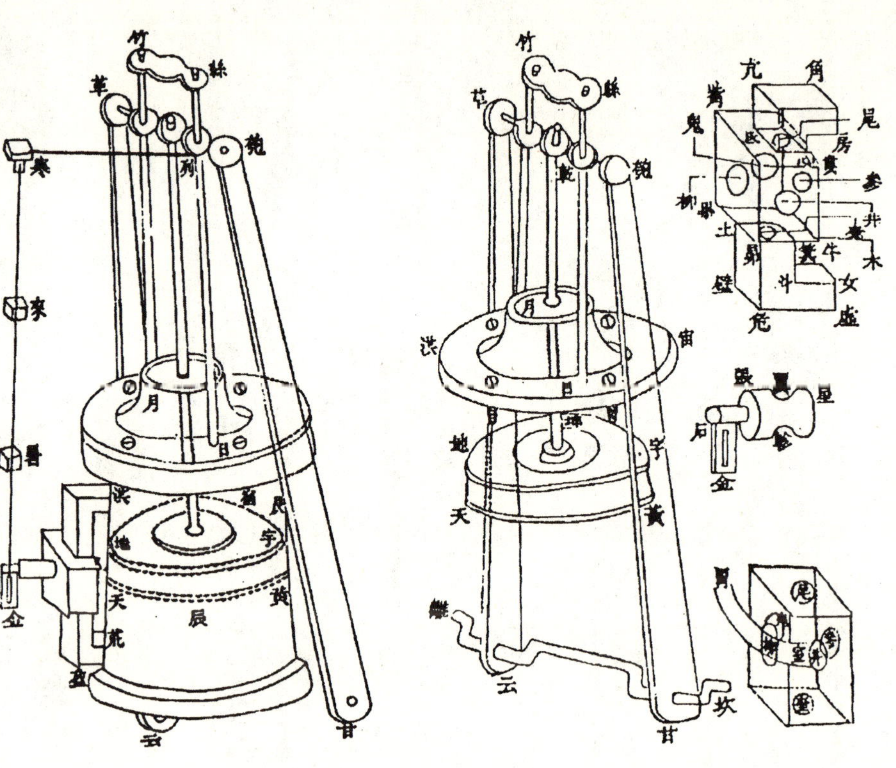

黃辰天。使中柱乾。上行，掣匏、革同上，提軸坎及離。之曲拐使上，而氣筩昃盈。上半空處之氣宿。即逼從洪出尾孔，向翼隙至鬼而外出矣。託板上至頂不可上，則金爲來暑重下墜，斯翼缺漸轉向井露隙。井孔外接室胃之管，則通滾水之氣，從尾孔而入，抑託板宇地。使中柱下行，帶匏、革俱下，案軸之曲拐使下，而氣筩昃盈。下半空處之氣辰。即逼從荒出奎孔，向軫隙至鬼而外出矣。氣一入一出如呼吸然，所以託板一上一下，其行甚速，而運輪甚疾矣。此丁君寄來機具之大旨也。蓋氣有入必有出，方得活潑流行，否則必多滯凝矣。前竊疑之，因心齋先生傳圖有癸事件，故以滾水化氣之說爲解。今得此，則知癸事件尚是初製，而所見小樣，竊恐未盡如法也。至其運軸拐作匏甘與革云兩事件，而別作兩柱，絲日與竹月。安定氣筩蓋上。如日與月。柱端上聯橫梁絲竹。者，蓋欲使進前。法用力推右，則甘、云偏右，大輪左轉，而舟前行。欲使退後，法用力推左，則甘、云偏左，大輪右轉，而舟退後矣。至於託板，宇黃地天。圓徑必與氣筩密相切合，方不泄氣。然非國工不能。故法於周邊繞棉紗小帶，塗以脂膏，使滑而密也。又，氣微行遲，則閉出氣管，俟氣滿閉之，則行速。此皆前說未備，詳見《演礮圖說》。故亦補於此。

合信《博物新編》一集《地氣論》

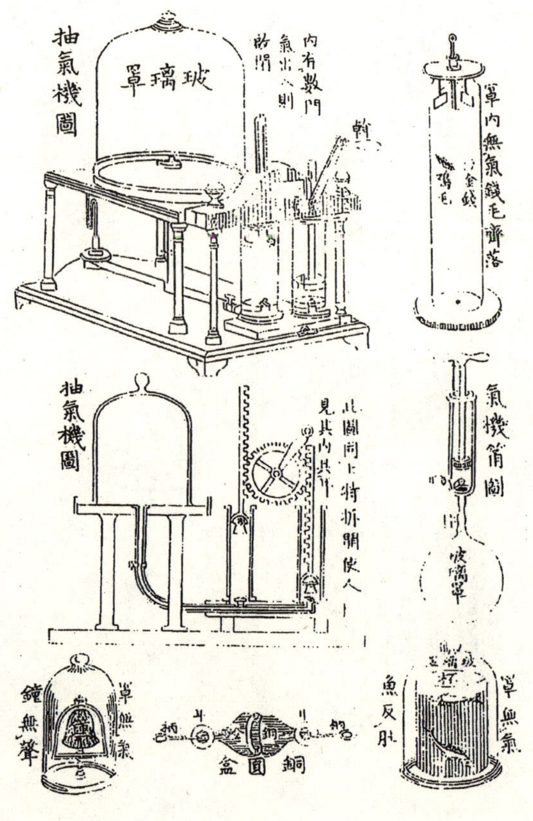

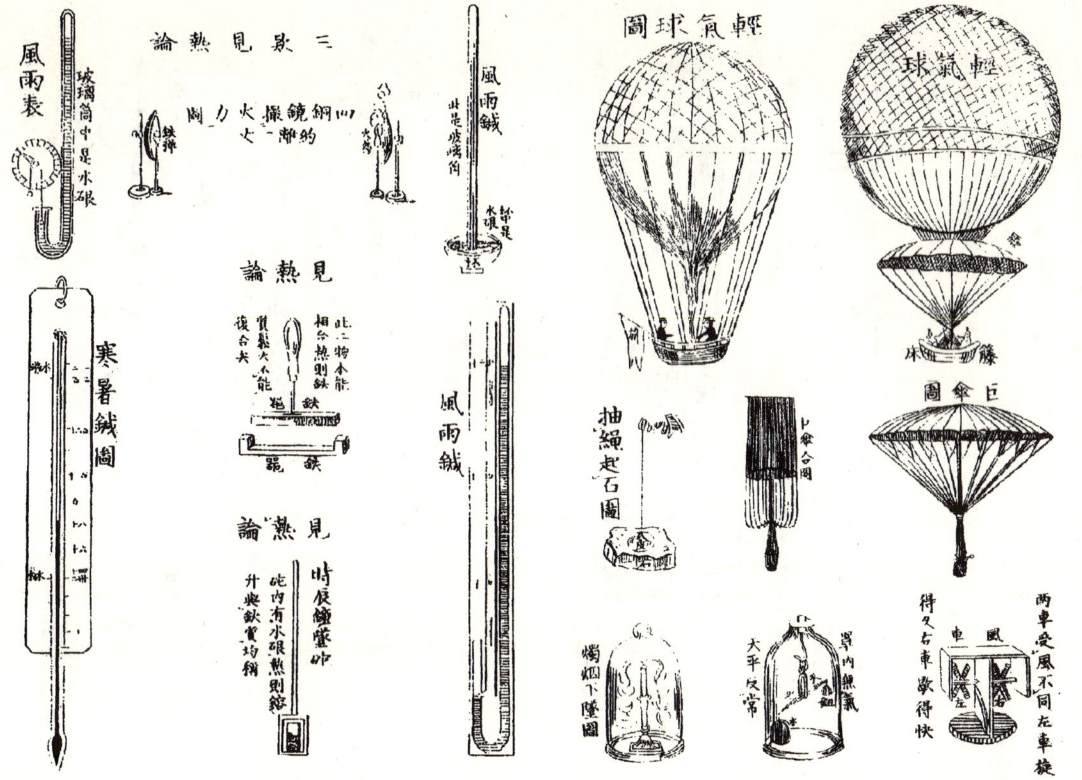

風雨表

玻璃筒中是水銀

二 見熱論

凹銅鏡攝火力圖

風雨鍼

此是玻璃筒

水銀盂

輕氣球圖

輕氣球

藤床

巨傘圖

寒暑鍼圖

見熱論

此二物本能相合熱則鐵質較大不能復合矣

見熱論

時辰鐘擺

砣內有水銀熱則鉛升與鐵質均稱

風雨鍼

抽繩起石圖

巨傘合圖

燭烟下墜圖

罩內熱氣 大平反常

兩車受風不同左車旋得久右車轉得快

丁韙良《格物入門》卷二《氣學》

論蒸氣

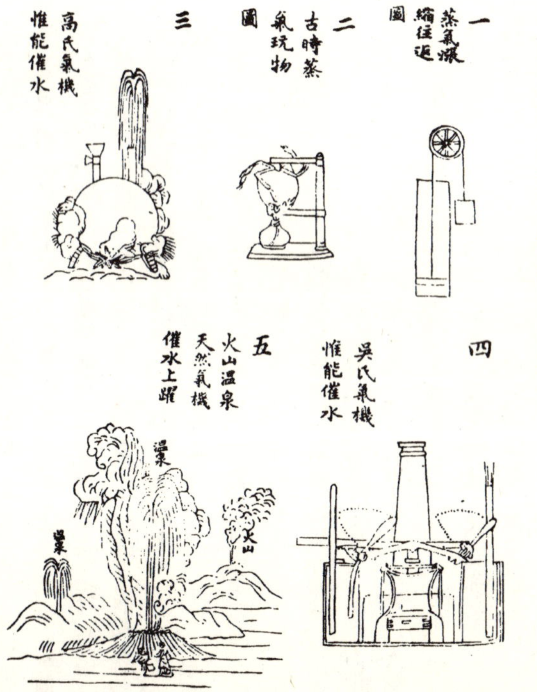

一 蒸氣縮徑返圖

二 古時蒸氣玩物

三 高氏氣機惟能催水

四 吳氏氣機惟能催水

五 火山溫泉天然氣機催水上躍

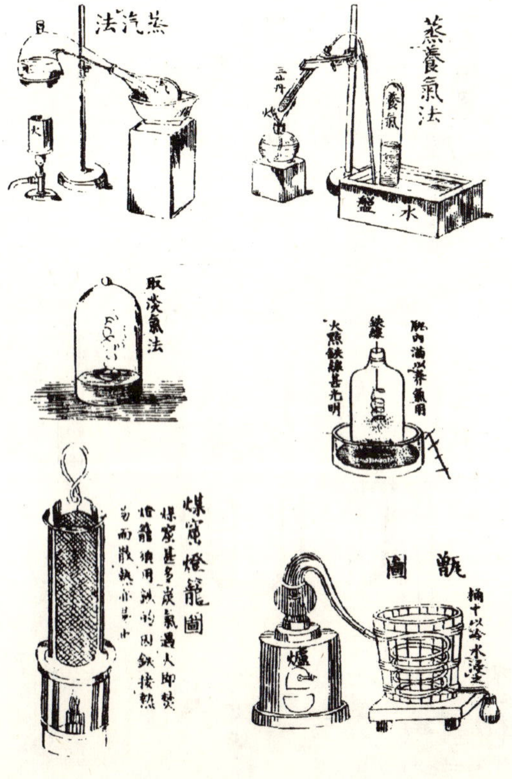

蒸汽法

蒸養氣法

取炭氣法

瓶內滿以養氣用火點鐵絲甚光明

煤窯燈籠圖

煤窯甚多炭氣遇火即焚燈籠俱用鐵絲網因鐵接熱易而散熱亦易也

甑圖

桶中以冷水澆

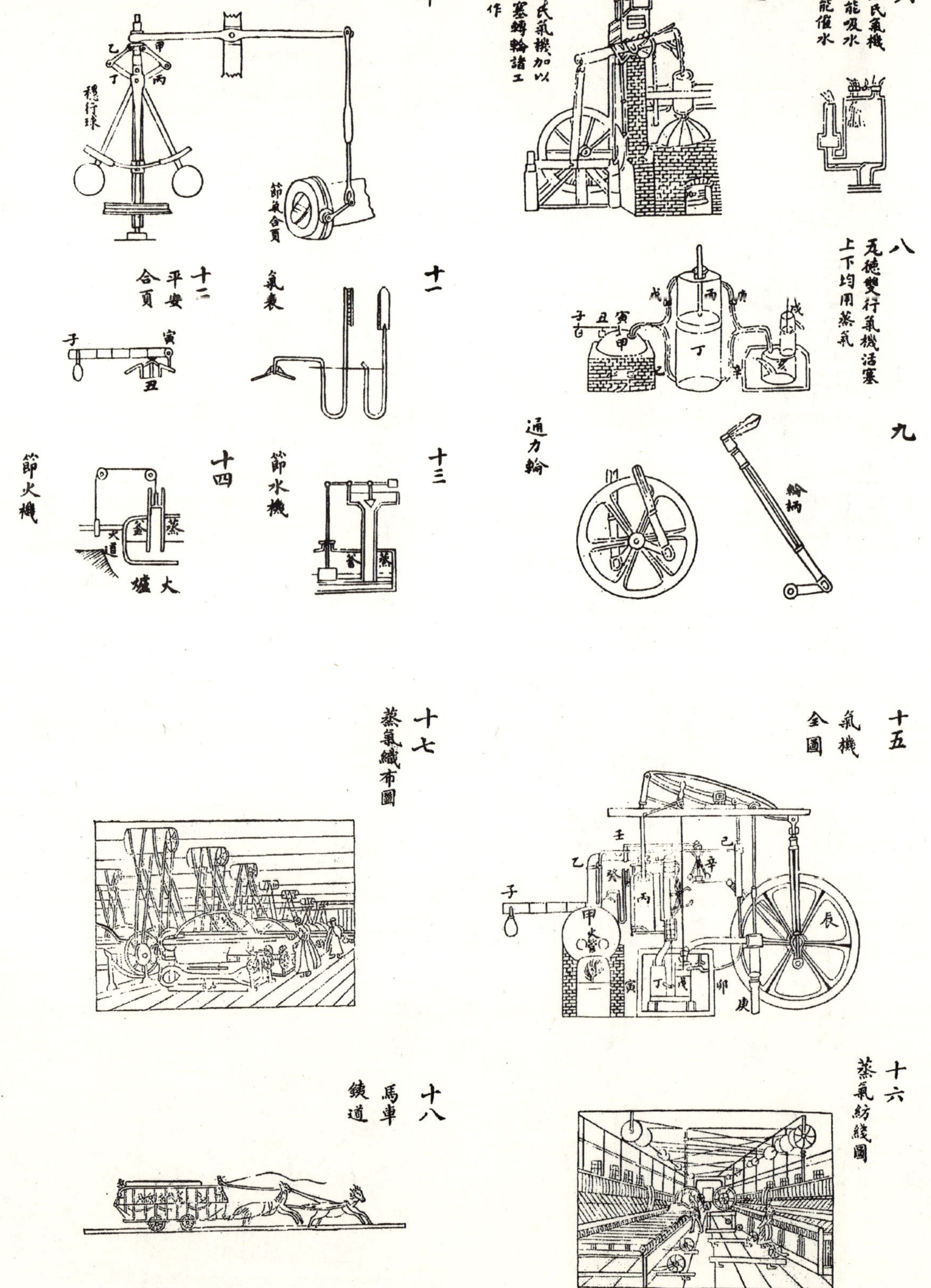
六
寒氏氣機
亦能吸水
亦能催水
七
牛氏氣機，加以
活塞、轉輪諸工
可作
八
瓦德雙行氣機活塞
上下均用蒸氣
九
輪柄
通力輪
十
穩行球
節氣合頁
十一
氣表
十二
平安
合頁
十三
節水機
十四
節火機
火道
大爐
十五
氣機
全圖
十六
蒸氣紡綫圖
十七
蒸氣織布圖
十八
馬車
鐵道

十九 火輪車氣機全圖

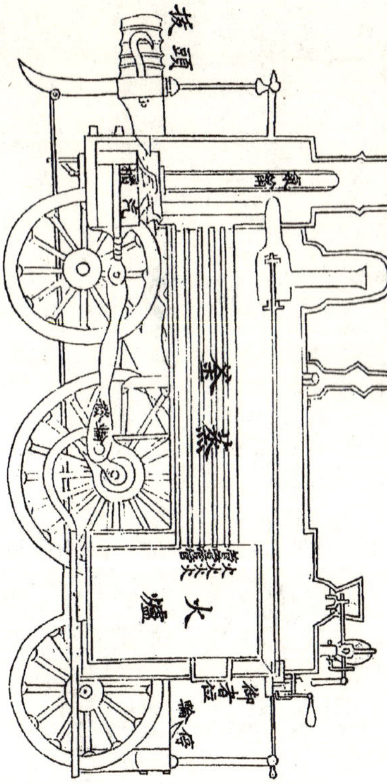

二十 火輪車行路圖

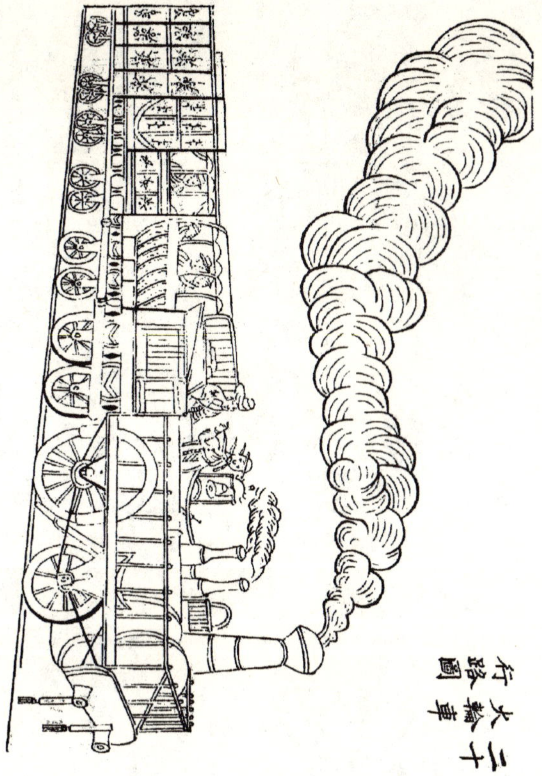

二十一 火輪車鐵道穿山而過圖

二十二 火輪船

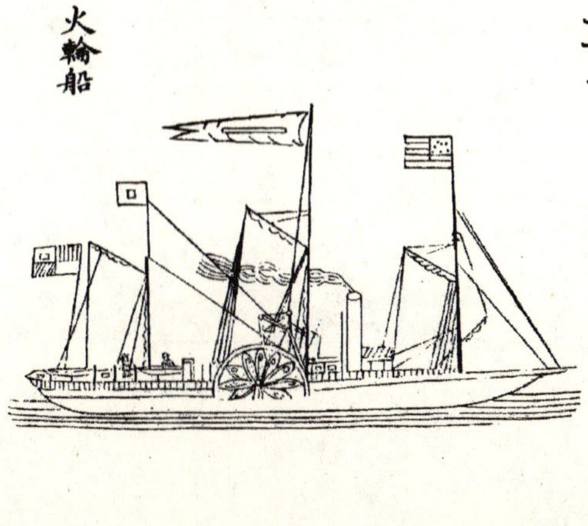

又 卷三《火學》 論熱氣

一 驗物遇熱則漲圖

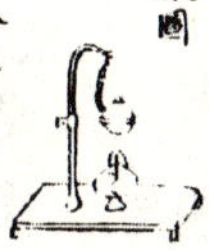

二 鐵球冷過鐵圈熱則漲而不過

鐵塊冷則入缺熱則漲而不入

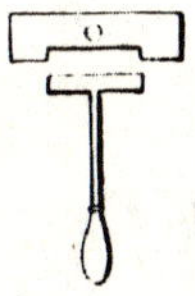

三 自均鐘擺四季無差

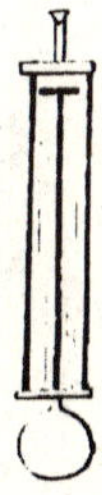

四 以鐵鉛配之

自均鐘擺

以水銀節之

五 寒暑表

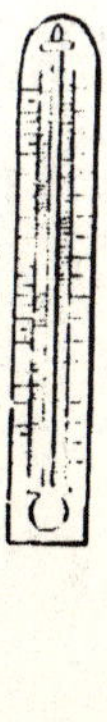

以水銀為之

六 寒暑表

以天氣為之

七 雙頭寒暑表

八 同上

九 熱表 以鏡聚為之

十 凹鏡聚熱生火

十一 測熱量之法

十二 同上

十三 冰使水沸

傅蘭雅《格致彙編》 汽機要説

西國近來所設有益之新法內，莫大於汽機。前有用人力者，有用牛馬之力者，有用風力、水力者，然皆不足以作大事。蓋人力與牛馬之力，均易疲乏而盡，苟作大事，必須增添人數或牛馬之數，豈不費浩而事繁。若憑風力或水力，則風有停息，或雙方向，或忽大忽小等時，致必悞事。用水力，則水有乾涸之時，或泛濫汪洋，且水性趨下，有若干事不便於用。惟汽力則不然。風雨毫不相關，各處皆能適用，且其力可以歷久不變。作小事者，配以小汽機，有半馬力者。爲大事者，配以大汽機，致有數千馬力皆可。且汽之力能增至無限，凡製造工藝，大半依運動之力而成其事。故自設汽機之後，則各種製造工藝大爲盛行，至今尚未得其益之盡界也。將來年精一年，不知後世精至何極也！總之，設立汽機之法，俾天下之人獲益無窮。

汽機之能動者，藉汽之漲力也。此漲力爲各國多年所知之事，間有人設法趁此漲力造機器，惟其法不靈，未能勝於別種之力，只可爲嬉戲玩物而已。略二百年前，所設之器漸至有用。至西曆一千八百零五年，英國牛葛孟者得一妙法，造凝水汽機，能在開礦洞內作起水之用。此器大略用鐵鍋盛水，鍋下造爐生火，鍋內水化之汽，開門則引入汽筩，藉汽漲力，則汽筩之韝韛向上而推，推至筩頂，即另開噴冷水之塞門。而噴冷水入筩內，此冷水令汽凝水，而筩內因得真空則外空氣之壓力能令韝韛自行落下，如是迭更起落，則運動起水之筩，自能令起水也。初設此汽機者，乃派一童，專司啓閉水與汽塞門。後此童因終日看管，不勝煩悶，意欲結伴戲頑，故自想法以繩繫於汽機活動之件，令能自行啓閉而省己力，試之果效，由是又省一夫之力也。但此汽機最爲拙笨無甚大用。至一千七百六十九年，英國之瓦德，設立凝水櫃之法，因前法汽筩內凝水，則汽筩之體必受冷，再進汽時，至遇着汽筩之冷面則凝結速，而不能顯其全漲力。如凝水之事在凝水櫃內做之，則汽筩之體不受其冷，可免大糜費也。從瓦德時至今，造汽機之理與法不甚改變。惟瓦德所設之汽機不過爲起水之用，後有人設法於舟中安置汽機與鍋爐，而備以大輪，藉機汽力運動之，使舟前行，則謂之輪船。復將汽機置於車中，令車輪轉動自行，即成火輪車。此火輪車與船爲西國斷不可少之物，其益處難盡言也。近今汽機之用更爲寬廣，所有製造廠內，藉其運動各種機器，且粗細各工無不能爲。至於農家則藉以起水、耕種等事，而工程家用之窟泥開路、開煤開礦，並化礦成銅鐵等金類，或軋成板，或條或皮，俱可爲之。又紡織研磨各工之藝，非汽機之力亦不能靈捷也。現在英國全境內所有大小各種汽機，略省三百萬馬力，如必養此若干牲畜豈不大費草糧，欲令國富，不幾難哉！兹將汽機之圖式略而言之，雖此書不能盡其底理，然再閱《汽機發軔》《汽機必以》等書，自可通曉。此亦可爲小補云爾。

如第二十圖爲陸地常用

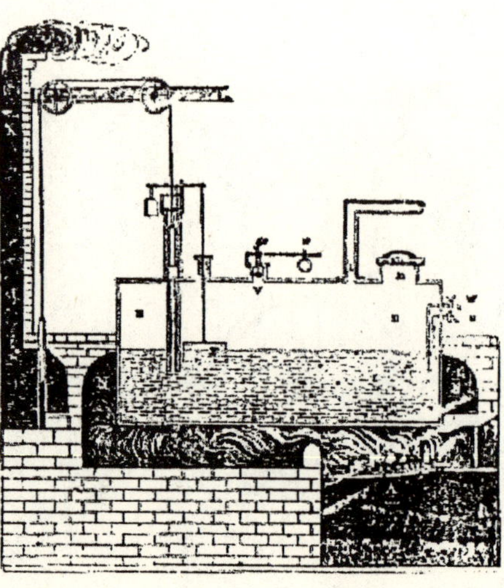

第二十圖

安定不動之鍋爐剖面式，其鍋以厚鐵板爲之，外砌磚墊圍之。其火生於爐下，有火路引至鍋底，往來數次，能令鍋內之水多受其熱。其餘之煙，自煙通放出。而鍋內有浮表浮於水面，表上有桿通至鍋外，能啓閉添水之管門。其鍋內之水足用時，則門自閉。水落不足時，則門自開。又有萍門，能令鍋爐內汽之壓力不過限而磔裂。凡遇汽力過大，則萍門自開放出若干汽，而免鍋鑪有磔裂之險。鍋上有汽管能通鍋內之汽入汽筩，其煙通愈高，而火力能愈大。煙通之底有自行風門，能節制火力之大小，不使有盛衰之虞。如第二十一圖，爲常用陸地之凝水汽機。其汽由進汽管入汽罨，汽罨之孔開時，則汽入筩內，令韛鞴推一次，至推盡，則汽爲抽汽筩吸入凝水櫃，使凝爲水。其韛鞴之挺桿有摇桿，此摇桿動其大横桿，而横桿動其大飛輪軸上之曲拐飛輪轉動，能令所有相連之機器而運動。用飛輪之意，欲使運動之力爲均匀齊整，庶免遲速之弊。以上鍋鑪與汽機爲尋常起水，或煽風等事，並製造大廠中所用者，至於大船上之汽機，用舊法者，與此兩圖理同而形異。惟此汽機之鍋鑪所燒之煤，比用别法之汽機者更省，每一點鐘時每顯一馬之力，所燒之煤不過爲一磅至三磅，皆以鍋爐與汽機之靈蠢而異之。即晝夜運動不息，其所燒之煤每馬力亦不過爲二十五磅至三十四磅。計煤之價，比養馬之費殊屬簡省，故可見汽機之有大益處也。所謂一馬力者，爲度汽之力，有一定之數，即一分時內能起重三萬三千磅高至一尺，即一晝夜能起重三萬三千磅高至二十四尺。此乃英國等拉重車之馬力，其馬高而體大，其力能當中國平當馬二三馬之力也。

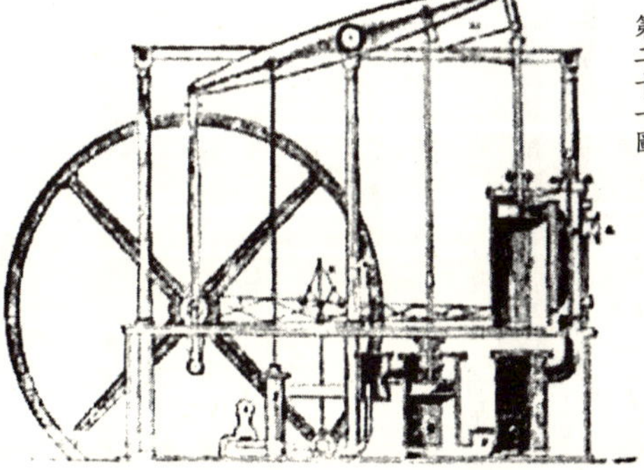

第二十一圖

如第二十二圖，爲大抵力之陸地汽機。其鍋爐與前者畧同，但所用汽之力更大，且不用凝水之法。其汽令韛鞴推盡之後，則放出汽筩外，或可以收入水內，令水得其熱，預備添入鍋內，而省火力。此種汽機之價最爲便宜，其小者價洋不過百元，惟鍋鑪之價不在其內。凡欲用汽力之微小者，則購辦此種之汽機可也。所占地方亦少，其運動之力每分時可環繞數百周。

第二十二圖

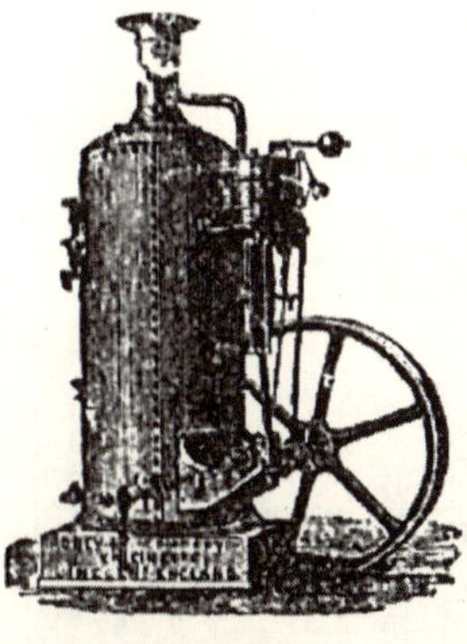

第二十三圖

如第二十三圖，爲汽機與鍋爐合成一器，其爐有多通煙小管通過鍋內，而鍋內之水更易受熱。此汽機亦最便於用，所占之地頗少，價不過數百元而已。

如第二十四圖，爲農家常用之汽機。其理與前兩圖畧同，惟鍋爐底下安置四輪，便於牛馬牽動往所用之處。凡農夫之事，無所不能爲。即如令汽機繞繩牽至田中，往來耕耘，或將數犂連於架上，又能運動相麥之器，又能運動風箱去殼之器，又能運動研磨之器，又能運動起水之器，又能運動輪鋸鋸木之用，又能運動磨泥磚瓦之器。

第二十四圖

小者有三四馬力，大者有數十馬力，雖以馬力牽拉之，然大勝於有養許多牛馬之費矣。況近來所造者能自行動，任往各處，無須牛馬牽之矣。至不用之時，將其煙通依其絞縺横於器上，如圖。

如第二十五圖，爲平常火輪車之式。此種車因依鐵路而行，其汽機必輕而體積小，所顯之力須大，所以其形與前所言者不同。西國常用者左右各有汽筩，其兩大動輪徑略六尺，每一小時能行六十餘英里，約中國二百里。惟尋常之載客車或裝貨車不及其速之半，其大者有一千馬之力，能牽數百噸之重。內用通火煙小管，外有進退柄，能令火輪車進退。所用之枯煤與水，另有車裝之。觀圖即易知其大略，於此卷尚未便詳言。俟後欲將火輪車與鐵路並而論之。

第二十五圖

聲學部

題解

沈桐生《東西學書提要總敘》卷下《聲學》 聲學總敘

聲學之由來尚矣。古人聞牛鳴，聽之而知宮。離羣羊，聽之而知商。雉登木，鳴，聽之而知角。見豕負而駭，聽之而知徵。鳴鳥在樹，聽之而知羽。五音之妙，能以耳力得之。自黄帝令伶倫象鳳鳴而造律吕，每三分而損益，隔八位以相生，而度量準繩，權衡規矩，皆出黄鐘之管。且律吕可以候天地自然之氣，由是播諸八音，以宣八風。聽之者，可以知興亡治亂、善惡災祥之故，其神妙可謂莫測矣。雖然，中國之言聲，不過務其大者、遠者，徒存其理而已。而西人之所謂聲學者，則於細事微物皆深思實驗，亦不得以其細而忽之也。按西人之講求聲學者，毋慮數十家。如精究人身能出音之理者，有若莫勒。別立新法，測知極聰之耳，低聲可聞之顫次者，有如不爾。考得各金類傳聲、速率者，有若活底未。近以是學列爲專門，蓋亦格致家所當知也。請先言其理。夫人之所以有聲者，蓋因其咽喉下通肺腑，上連聲管，氣自肺升，上經聲管，其管爲數脆骨所成，故發揚爲聲也。至於物之顫動，傳至耳内，使腦有所覺者爲聲。而聲又分而爲二，曰音，曰響。蓋顫動之有定次者，爲音。若響，則頃刻間即過，無從想像，如槍砲、爆竹等類。又或紛無定次，如波濤之泙湃，風雨之交加，諸錯亂之聲皆爲響。至於聲之有無，惟視其顫力之大小。如象皮本至易顫，而略如無聲可聞者，爲其顫力小也。鋼條雖不易顫動，而聲卻洪大者，爲其顫力大也。若論聲之大小，則隨其浪之寬窄而異。浪愈寬，力愈大，而聲亦然。又因氣之動静、風之順逆而異。至致聲之所以成者，厥有三故。一賴本物震動而覺爲聲，一藉空氣盪動而傳爲聲，一憑耳管接受而覺爲聲。其理甚確。總而言之曰聲，分而言之則有傳聲、回聲之殊。蓋聲之傳也，全賴空中之氣，而其傳動之勢，與海浪同。故又名聲浪。聲之回也，回折數次，每次漸淡，故曲折峰巒内，回音必大繼則漸小。此理之可憑者也。其外尚有聲行之理，聲密之理，聲透之理，聲稀之理，各有其故，均可試驗。至於聲學之用，一有益於行軍也。譬如隔遠放炮，已見其煙，未聞其聲，可知其聲已出，而此地尚未行到。自炮煙一出，至聞聲而止，用極準之驗時表，扣準分杪，如得五杪，即知其發聲之處，相距有五百丈。蓋砲彈行里數，較砲聲遲十倍也。由是而推，則砲之道里遠近，瞭然如指掌矣。一有益於醫術也。西國醫士有聞病筒，其法先以鐵或銅作内空之半球，一面裹以象皮，一面有管通之，其端有嘴，用時須先積氣於内，按之胸間，以耳附嘴，聽肺中之呼吸，或聽心脈之跳，即可知其病氣如何矣。此聲學之致用也。若論聲學中所用之器，甚多，而其簡者有二。一曰記音器，可測各音動數之大小多寡。其器係用銅筩一具，筩口連銅圓板，筩底連進氣管，内有小孔，列成四圈，内圈八孔，外圈十孔，再外十二孔，再外十四孔。又用銅板，外徑與各孔並同，其筩口之圓板中心有鋼軸，又用螺釘，以接於銅軸之上端，吹氣於管，而上板自能旋轉，各孔或對或不對，而氣或吹或塞，則成哼哼之聲，轉速而連續成音，聽之即可知其大小多寡也。一曰測音器，西人用此器測聲浪之行速，而知空氣之熱愈加，則聲浪之行愈速。空氣之熱愈減，則聲浪之行愈遲。由是測得空氣熱至百度，寒暑之半度，則聲浪之行速每杪一千零八十九尺。熱二度一，每杪一千零九十尺。熱八度半，每杪一千一百零九尺。以此測驗，毫髮不差。此皆所謂測音之器也。至若弦音、管音，及一切鐘鼓之音，皆能明其質點，詳其功用，推闡入微。所以聲學出而格致之理愈明也。噫，言學至聲音之細，無端倪之可尋，無迹象之可稽。而西人察其理以明之，設其器以測之，殆《陰符經》所謂至静之道。律歷所不能契，爰有奇器，是生萬象，其此之謂也夫。述聲學。

綜述

方以智《物理小識》卷一《天類》 聲論　目以水照，故物攝其中而見。耳有三門，故氣貫而留之乃聞。目與鼻口，皆當面直受之者也，耳乃旁貫中通者也。氣自有聲，空自生聲，惟耳攝而通之，惟心静而知之。天以雷風爲聲，地以竅穴爲聲，皆陰陽之氣相摩盪而不已者也，而人可知矣。暄曰，氣本有聲，故物擊物，氣擊氣，物擊氣，氣擊物，皆成聲。不相擊而氣自飛亦有聲，特微耳。聲之始也，肺促其氣于喉，喉分于舌，脣鼓其氣于管，管出於孔。銃之爆于空也，雷之震于雲也，空谷之傳呼胥井之遥語也，天鼓星裂，釜鳴户響，地下樂作也，氣擊氣也。鍾之摇，絃之馳，杖揮空，蟬振翼，蚊聚蠅飛，蟋蟀切股，箭哱哨聒，石崖浪激，松下濤生，破槖吹息，委巷屟嚮，無之而非聲，則無之而非與物相擊，亦無之而非氣也。入于地穴，藏于瓮中，倚于磬側，靜而聽之，皆有所聞。即萬籟俱寂，掩耳于深夜間，不使有聞，亦若有聞。蓋氣以自飛不定，而復相遇也。中德曰，氣貫聲作，心亦有聲。默誦暗記，心亦有字。乃知想從心相，意從心音。中通曰，氣之成聲有二端，一相擊而成，于宣言之詳矣。一穿竅而成，然穿竅而不能成聲者，要有二端，或止獨竅，氣不能出入；或兩竅相穿，旁竅走氣，氣不能留。凡此則氣不回環于其間，皆不成聲。故耳鼻之不如喉者，喉因上有鼻孔，内有氣管，故耳使氣管有走氣之處，而不專出入于會厭之關，則啞矣。不見簫管有損則不響乎？耳之聞聲者，聲入于左，必穿于右。聲入于右，必穿于左。故左耳受聲，則聽在右。右耳受聲，則聽在左。近不能辨，遠則覺也。今之治耳閉者，右耳閉，則以葱貫左耳。左耳閉，則以葱貫右耳。理必文互，可徵也。

聲異　《遯齋閒覽》言，歐公過高唐驛，聞空中人畜聲。父老云，二十年曾晝過。此謂之海市。《酉陽雜俎》言，掘井聞下車馬人物喧哄聲。又公敍弟宿福清紫微院，夜聞讙呼聲，皆是浙音，人謂之鬼市。曹能始《名勝志》云，蜀中江縣寧國寺有響壁，若人虔者，按手而應，則絲竹管絃聲達于外。太姥有空谷傳聲處，每呼一名，凡七聲和之。老父以問壇石熊公，公曰，峽石七曲也。人在雪洞，其聲即有餘響。若作夾牆，連開小牖，則一聲亦有數聲之應。層樓檻内，門窗紙上，大小破隙，則風來作絲竹之音。若高山日暮，聞城市之喧聲，以日氣斂而人靜聽也。愚嘗江上晡出三山峽，即聞魯港鳩茲之人聲。風順夜靜，則山頭聞百里，不爲奇矣。暄曰，荒谷傳聲，瓮裏藏聲，兩者一理也。凡地遠者，聲下則聽上，中隔則聲左而聽右，風順則聲近而聽遠。空中有聲，所謂傳也。大西有益耳遠聽法，與遠鏡同功。中德曰，狗夜聽最遠，以得地氣也。逐虎者以邊鼓覆地雷之，其聲入地穴而愈震也。中通曰，地中有穴，地上之聲悉藏之。戚南塘以大瓮覆人聽鑿地道，或以竹筒貫地穴而耳之。

隔聲　私鑄者匿于湖中，人猶聞其鋸銼之聲。乃以甕爲甃，累而牆之，其口向内，則外過者不聞其聲，何也？聲爲甕所收也。暄曰，廣孝曾用此法造器械。又燒空瓦枕就地枕之，可聞數十里外軍馬聲。

同聲相應之徵　《夢溪筆談》曰，叒有琵琶，以管色奏雙調，則琵琶有聲應之，以爲異物，殊不知乃常理。二十八調，但有聲同者，即應。若編二十八調而不應，則是逸調也。古法一律七音，共八十四調，更細分之，逸調至多。偶見其應，便以爲奇耳。智按，洛鐘西應，即此理也。今和琴瑟者，分門内外。外彈仙翁，則内弦亦動。如定三弦子爲梅花調，以小紙每絃帖之，旁吹笛中梅花調一字，此絃之紙亦動。曹師夔鑢磬，不應鍾，猶之茂先知銅山崩也。聲音之和足感異類，豈誣也哉。中通曰，通在高座殿上，以足頓地，而鼓有聲。拍掌則鼓不應。因悟曰，亦各從其類也。

《康熙幾暇格物編》

雷聲不過百里

雷電之類，朱子論之極詳，無復多言。朕以算法較之，雷聲不能出百里。其算法，依黃鍾準尺寸，定一杪之垂線，或長或短，或重或輕，皆有一定之加減。先試之銃砲之屬，烟起即響，其聲益遠益遲，得準比例而後算，雷砲之遠近即得矣。朕每測量過百里，雖有電而聲不至，方知。

同聲相應

審音之道理極平易，而闇者不識，皆由習焉弗察耳。即以人聲論之，喜怒動於中，聲音達於外，當其情動聲發，聽者不必觀氣採色，可以知其情之爲喜爲怒也。又兩人對語，其發聲高者，則應之者亦高；其發聲卑者，則應之者亦卑。反是則不和矣。此即同聲相應，自然之至理也。惟樂亦然，發於何音，止於何音，爲某調，爲某宮，爲某字，是猶聞人聲而辨其情之何屬也。取琴瑟之類，置二器均調一律。鼓此器一絃，則彼器虛絃必應。推之八音之屬皆然。莊子所謂以陽召陽，以陰召陰，鼓宮宮動，鼓角角動，音律和矣。是猶人聲相感、高卑相應也。夫天地精微之理皆在現前，而人不能格物窮理，朱子所謂愚者不及，智者過之也。至若清池之方響應蕤賓而躍，光宅之塔鈴應姑洗而鳴，志籍所載，或驚爲怪異，或疑其虛無，此雖皆耳食者然，亦因前人之説過於高遠也。朕故以人聲之感應明之，亦近取諸身之一端耳。

鄭光祖《一斑録》卷三《物理》　聲影皆有微理

空中融氣有所震而成聲，前有牆一，曲聲爲勒轉，必成應聲，若牆外有圈洞則愈甚。故山多之處，應聲百出，其變也。空曠之地，壁立數尋巨石，人貼石而立，隔石發火銃、放花爆而不聞，聲不到也。不知者，遂謂爲聾石。人家牆壁，以空甏橫砌而成，使口盡向内，則室中所作之聲盡收入甏，雖貼鄰不聞。人家堂屋中行步聲，有上應梁宇者，必其屋上覆高大且深，而地下磚又鋪空，故聲相應也。順風耳，用銅製，式如喇叭而較大。人以口就之而喊，其聲洪大，可聞於隔山對江。若以耳就之，所聞亦較朗。三夏蟬聲遠來，以扇當之，則聲似移近。半夜牀頭聞細雨，以手捧耳旁，則聽亦加清。凡平地數十里外人馬大衆行，聲可探之於地下。法以四五尺大竹，通去其節，直埋入地，留尺上出。以耳就之，其聲轟轟然。聲音之理出於自然。嘗聞舟子摇艣，其歌同調。農夫戽水，其歌又别同一調。蓋本其所爲之事而爲之節奏，雖欲不如是，不能也。情動於中，而形於聲，即可信聞其樂，而知其德也。

凡物吹之成聲者，平。震之成聲者，上。挫之成聲者，去。擊之成聲者，入。四聲之分，出於自然。而成此聲者，理亦微矣。

艾儒略《性學觕述》　耳之官

耳之聞，亦有四焉，略同于目。所謂聞之界者，音聲是也。此聲不寓於出聲者，而寓在氣中，或在水中，而氣與水將音到耳。然須有三者，音方可成。譬之於鐘，先有撞者爲楹，受撞者爲鐘，受音者爲氣在楹鐘之間。楹與鐘觸擊，氣必迫出而成音。成音之後，暈開漸大，猶水爲物之所動而波紋漸開，愈開愈寬也。聲音隨暈入人耳內，因有聽聞。然此音聲遠聞又不在于重大，而在於清鋭，猶色不在大，不在多，在於明顯，如青如緑雖大且多於白，而不如白色之更顯也。然色之呈露，但遇透明之體，不須傳送即至人目，無有等待。音聲則原非形象，借氣以運，未免由近及遠，畧有節候，不能與色一齊俱到。所以隔里遥望伐木，先見其象，後聞其聲。或自遠望見放銃者，亦必先見點爇與見火光，而後銃聲乃漸到于耳也。電是雷火之光，見電在先，聞雷在後，亦其證也。其有音出而即聞者，近則速到，不覺其有先後也。又有遇順風者，風擁氣來，易聞且速。若遇逆風，則氣爲風阻，聞必稍遲，或竟不聞，此見暈氣爲聞之繇也。次觀于水，亦可以爲聞之繇焉。人有習水性者，入於水中，能聞水上人語。緣水之於氣，性頗相近，但體稍粗厚，暈聲稍遲稍濁矣。論聞之具，人腦中有二細筋，以通覺氣至耳。耳內有一小孔，孔口有薄皮，稍如鼓面，上有最小活動骨捶。音聲感之，此骨即動，氣急來則急動，緩來則緩動，如通報者然。耳外之輪，向前而兜，其故有二：一則音聲之來，以耳輪留而駐之，不使徑過；一則音聲或急，一時驟難直入，必外面層層攔當以徐其氣，可令緩緩而納，不壞內具。譬如水欲驟至，隄以防之，引使緩流，不致泛溢也。一則耳之周圍有此輪廓，亦使諸虫不能進入，如重門之避寇，亦是防閑之義。

論聞之原力，非爲耳具，乃在內性，自能用耳以聞，即所帶覺氣者是。如匠人之能不在器具，而在善用其器具者也。又耳有一孔應喉，故喉內之聲亦可以聽，以喉通於耳也。常有因乞耳垢，喉忽生咳者，必是微垢墮而觸之耳。又人之首仰，故耳以正受；獸首俯地，故其欲聽，必先直豎其耳。比理虐云：記在耳墜，此非記性在墜也，乃與記心相應，故長者恐人忘事，則提耳以醒其記心。

或問：人重聽者，忽遇輕聲，則難於聞，不審可有法以助其聰乎？曰：人或以手置耳後，推使稍前，便可兜氣以入，亦一法也。西國更有用極薄銀片爲耳管者，外傳內細，進入耳內，能多翕音氣，與眼鏡之功相同。

或問：生而聾者，其人必啞，何也？曰：人之所以能言者，從幼熟聽人言學習之也。生而聾者，自來未有所聞，何以能言乎？其長而聾，亦或不啞，以曾有所學故耳。人謂耳與口有相連之筋，失耳必失聲，試看世之期期口吃者，亦豈盡出于聾乎？則二者不相關之故明矣。

或問：人在城中，多有晝聞難入，夜聞易入者。蓋緣晝喧夜寂，此不待辨也。至於郭外静居，晝夜等寂等聞，何以晝亦聞難達，夜則衆響皆徹乎？曰：空氣日夜皆有，但晝氣熱，熱則如火之發，其中微有響聲，故混而難聞；夜氣涼，涼則無夾雜，故清而易聞。然不特此也。晝間五官多散，有聞聲不入者；夜間五官收斂，有聞聲而即知者。猶如病人，日間或不覺痛，比到夜時，其痛較劇，正亦五官之收散不同耳。

或問：人於現在之事則樂觀之心甚於欲聞，及至古事，則樂聞誦説甚於自閲自讀，何也？曰：或緣耳聞不甚勞心，披閲則頗煩心力乎？或緣聲聞宛轉，可聽可悦，而披閲者無音聲之激發乎？或緣所聞過耳，其聲態活動易記，而讀者不過字畫死象，難以留駐乎？或緣談論有伴，而讀者孤孑無助乎？或緣聞人之言，欣悦聽受，而獨誦之時未免縱心懈怠乎？或緣聽人言語，即觀人言語之色，兩官並用，而自閲者止以目之一官相對乎？或緣講説者每多加數語點綴，而讀則直覺其文，淡而易厭乎？耳目一體，而耳之功用較多于目。

或問：人在户内，於户外之聲則聞之易，于户内之聲則聞之難，何故？曰：聲自內出則分散，分散故難悉聞；聲自外入則收斂，收斂故易收攝。視色亦然。

問：老者、懼者、凍者，其聲多顫，謂何？曰：老者衰憊，出聲不穩，如無力之人，取物多怯也。懼與凍，一身之火畢聚於內，而外氣孤虚，故亦不能自主，因而聲顫。

或問：看書默誦與口誦孰愈？曰：默誦止繇目一路而入，口誦則繇目耳口三路而納。是故，默看易忘，而口誦易記；然口誦而心不静，則反難入。就其大凡而論，口誦則便于記文字，默誦則便於記事理焉。

問：山谷有出聲者即有應聲者，然又有不應者何故？曰：依前所論，物有音聲，自乘暈氣，規運而行。輭體、實體、多孔體、不平體，則氣散。若遇硬體、空體、兜體、乾體，則氣圠而旋轉以入人耳，如復成音聲也。試看井中池中，動水成波，暈開邊際，無所復往，則又迴暈向中，此其一證。

又問：山谷應聲，多有人言十數聲，僅應後二三聲者，何也？曰：一言自有一應，但語時不覺其應，語畢其應乃聞耳，非前不應而後應也。

問：五官之中，獨聲音可分善惡，其或色或臭或味，雖有好醜，難語善惡者，何也？曰：聲音由人而調，人有善惡之心以出之，故聲有善惡也。色香與味不從人出，其所以視、所以嗅、所以味則亦有善惡焉。而但曰色耳、香耳、味耳，則何善惡之有？

問：人身百骸，以心爲尊，其目與耳乃心之所役使，何以耳目居上，心反居下？曰：心爲百骸之主，一身最尊，故居身之中央，如王者宅中，便於傳命四方也。耳目爲心之使令，專以伺察爲職，以便一身之走避。故居高如登臺遠探敵情以報其主者然。

問：病者耳鳴，嘗聞如蚊、如雷、如水奔騰之聲，謂何？曰：耳聽藉氣血以養，而氣血藉四行之液以調。病者之四液則有强有弱、偏盛偏衰，亂動衝擊其耳，故隨其衝急之輕重巨細各成其聲也。聽病人之聲音者亦然，良醫聞聲，知病之治與不治，亦用此道。

問：造物主之生人，一其口必兩其耳目者謂何？曰：耳目爲用最大，隨時隨處皆不可缺。必兩其明、兩其聰，庶周萬物之情。若夫口進飲食，主淡主薄，止于一焉可矣。況人之聞見不厭其多，言語則欲其寡，造物主不無意焉。況耳目易壞，口固不壞乎？

高一志《空際格致》卷上

雷

旱地發燥熱之氣，漸沖入大厚雲中，被雲之寒濕圍遶攻逼，若欲滅之者。而乾熱主動，又迫欲自全，故奮力飛流往來求出。其飛流之際，氣愈加清薄，性愈欲開散，不容鬱逼于內，以故衝擊致響，而爲轟雷。當雷鳴時，寒濕爲燥熱所勝，旋即燃裂，忽爆出而有光有聲，如銃爆然。光即電，詳後論中。聲即迅雷也。其體大，其聲亦大，或寒濕圍遶不固，乾熱以漸透出，但殷雷而已。殷雷聲之小也，與轟雷相似。春夏多于冬秋，赤道下多于二極下。蓋春夏之月、赤道之下，生燥熱之氣甚繁，易結爲轟雷故也。然雷聲亦有不必先燃而後鳴者，因二體相撞，猶足鳴響，如鞭激氣時，必致鳴，但氣不必燃耳。又有説曰，雷鼓之鳴，非止氣衝雲之勢也。凡二大厚雲相擊，亦可成雷。何也？二氣相擊相鬭，足致雷鳴，則雲相撞相破之時，何不足成雷乎？或難之曰，雲山時時相撞，何不響耶？答曰：雲與山相撞之勢，大不同于二雲相撞之勢。蓋山本停寧，不强鬭裂乎物，雲遇之，因而圍遶，悉無生響之勢。即或作響，亦以風勢猛烈，遇山岑强敵之，故終不成雷聲耳。或又曰，向者太西天晴無雲，曾有火山倏崩而吐火沙硫黄與惡氣甚衆，其沖空際爆響如雷。因知雲響之勢，有從他體鼓擊者，非止氣强鬭雲而生矣。又知轟雷約有二種，或氣流雲內，久而無路可出左右衝突，其響連綿幽深，正如牛聲，其一也；或氣流而終鬭雲大響，其二也。但雲之厚，多有其層，則氣之勝而鬭裂。夫雲也，每層必鳴，多層亦必多鳴也。又迅雷之雨必大者，因其激散，遂合併俱下也；其霽必速者，激散已盡，盡復積滯也。

又

地震

古論甚繁，或意地含生氣，自爲震動；或意地體猶舟浮海中，遇風波即動；或云地體亦屬老朽，乃朽壞者裂分全體，而墜于內空之地。當墜落時，無不揺動，全體而致聲響者；又有云地內有蛟龍或鰲魚轉身而致震也。此皆無稽，不足深辨。惟依正論略陳數端，及其性情如左。

一曰，地震者，乃地內所含熱氣所致也。蓋地外有太陽。恒照，內有多火恒燃，則所生熱氣漸多，而射注于其空窟中。是氣時積時重，不容含注，勢必欲强出，而猝不得路，則或進或退，旋轉狂勃，肆力破圍而裂出，故致震動，且有聲響也。正如火藥藏樓舍下，火一燃衝突烈奮，必至破裂四圍，且值諸阻礙，而發大響也。或疑氣似不能動地，須知氣之力甚大。試觀夫風初亦莫非微氣所發，猶足走石、拔樹、頹屋、覆舟，至氣被困鬱時，奮力倍常，其震揺地體，何足異哉！欲詳證其然，先立三端。一震之時，率在春秋之月。因此二時，氣最易生；二震之所，凡土理踈燥及多空窟之地，以其易容多氣故；三震之或先或後，久屬亢旱，并有多風肆暴。摠之，震之所以然，惟氣之甚耳。其甚之故亦有三：一曰，凡地內空洞，氣既充盈，而又有新氣增加，難可並容。即迫擁鬱勃，奮力求出，終致震盪。二曰，凡地被寒氣圍逼，必自收縮，乃致其內所含熱氣自爲躲避，遂亂衝其地。三曰，地內所藏熱氣，一被外之冷氣圍逼，必退而約屈。約屈愈極，其力愈長而質愈稀清，愈稀清亦愈欲舒放而得廣所，乃飄動觸震地體也。然地震非特由于氣，又由于地內所生之火，或自外入地之風焉。蓋火氣風三者之力勢皆等。

凡在地内迫欝而尋出路，未免撓動其地。大槩三所以然，或得其一或二三相併，俱能致震，乃其常也。間亦有他體損壞破裂，或山偶崩損，摇動旁側之地，正如房室頽毁時，其諸鄰宅，無不震動是也。

又曰，地氣之情勢及其多寡不等，則其所致之震亦不等，約其要有二：一曰摇，摇者或左或右而摇動也；二曰踴，踴者或上或下而震動也。後賢更詳説六種。一曰摇即或左或右；二曰反，即翻覆地體，使上者下，而下者上；三曰裂，坼裂成罅；四曰鑽，開鑽小孔；五曰戰、掉，倏離本位，倏而反歸；六曰荒廢，則棄本所，而他適。

又曰，發震之勢，其踈密巨微，各地亦有不同。屬二極之下者，稀震，因其地甚寒，所生之熱氣甚寡。近赤道之下亦少震，因其地甚熱，又太陽近而易消散諸致震之氣也。地多虚空者，足容多氣，故易震。而山崩之處，内多洞穴者，猶更密震矣。若地有空竅向天，可噓散所蘊之氣，則終不致震矣。又海中之島亦多震，因外圍之海水，與内所含之硝硫，多致生熱氣。熱氣既甚，必發震也。若地多沙泥，因無空穴以藏氣，或雖有空穴而氣之出無窒阻，故罕震矣。

又曰，地震之廣狹，雖無定數，槩不遠延于數十里之外也。因含氣之空窟，無如是之廣，因致震之氣，無如是之衆且强也。若史氏誌古大地通發震者，非一大氣動一大地也，乃各處、各氣、各動，因其相近相引，似惟一震之聯耳。

又曰，凡聲響由于二形體之相觸擊者也，則氣之衝突地體，必致聲響矣。但氣始流于地内，其聲猶微，而破圍而出之聲更大。又響聲亦不等，一因其氣發有多寡，所由出之處又有廣狹、乾濕、曲直之不齊等。出于廣闊者，其聲轟洪；出于狹窄者，其聲微細；出于乾堅者，其聲厲嘶；出于濕軟者，其聲嘔啞；出于直順者，其聲清亮；出于曲逆者，其聲鏗鏘。或其氣僅足鳴響，而不足震動，則其氣之力薄，聲如牛吼而已。

又高一志《斐録答彙》 聲音類

問：孩聲清細，至十四歲後，聲漸洪大者何？

答：人生之年，每七歲爲一級，孩年十四則倍之矣。自此已後，陽漸勝，血氣初旺，從濕變熱，多熱能開咽喉之孔，故聲必變爲洪大也。

問：孩童與女子，病者之聲，多微細者何？

答：此三者皆因體弱，故所發之内氣並微，微則輕而不能鼓暢外氣，發聲亦漸微細也。又，音之粗細，繇於喉道之寬窄，如簫笛之管，細則音亦細，大則音亦大。孩童女子之喉管微狹，故音亦因之。

問：老年、有病、多懼之人，語恒期期者何？

答：語言不順，多繇舌結，舌以氣血旺而便於出聲，老病懼者之口吃，皆緣力弱故。蓋主動之力必以血，且以熱氣爲主，三者皆乏血，氣餒而力不足，故語自期期不明也。

問：凡人性熱烈，發聲必大者何？

答：性熱烈者，多吸外氣，凡聲從内外相鼓之氣勢而出，性烈者之力更大，以大力鼓擊多氣響，未有不大者。又，聲出之勢，亦繇喉道之寬狹順逆，性熱則能鑠諸壅塞，以得喉道之寬，故聲自大也。

問：哭之音多清細，笑之音多粗大者何？

答：凡哭者之情戚，戚主收斂；笑者之懷暢，暢主發揚，故其聲清細與粗大自異耳。

問：人怒大叫，則失聲者何？

答：怒時大叫，必動内火，血氣躁發，上衝喉管，以致壅塞内氣，逆阻不能順出，遂喑啞不能發聲，或發而亦粗濁者也。

問：人竟夜過勞不寐，次早聲必濁而嘶者何？

答：凡人血氣運動，必欲静以節之，則氣調而聲清。竟夜不寐，内外各司過於疲倦，氣分淆亂，所出之聲多濁而嘶矣。

問：人嘔後，醉後，出聲皆粗濁者何？

答：凡人吐嘔與過飲，多招濕液，從腦流下，一沾滯於喉吻，一膠澀於舌端，内氣被阻塞而不得外傳，氣既阻，則發必遲，因致聲音粗濁也。又曰，嘔時觸動一身之熱氣，醉時薰爍五臟之元神，其聲焉得不異於平時乎？！

問：急迫之聲粗，畏懼之聲細者何？

答：人值忙迫，血氣從内急發於外，急則不暇調揖，聲因之粗濁，懼時血氣收斂於内，斂則潛藏，出而成聲，自輕細矣。此理之常也。

問：從上發聲，下聞最明，從下發聲，上聞則不明者何？

答：聲從口出，必帶濕氣，濕氣重滯，難上易下。故從上而來者易徹于下，從下而上者不然。蓋在上時，氣散于空而無所滯，在下則氣聚於地，未免有阻澀也。

問：深夜聞聲，遠而猶明者何？

答：夜時群動俱息，境極寧静，空中之氣亦静，其聲易傳無阻，人聞之更覺明矣。且此時各外司俱安其位，耳無雜聞，各司之氣，內斂而集於虛。耳竅更徹，聲一入耳，則聽專而且捷，若有以益其聰也。

問：人在新粉之牆，所聆音聲，比未粉牆更明響者何？

答：聲以闢氣而成，必前無阻塞，響乃外達。新粉之牆，平潤無裂，聲音無有阻匿，故倍覺明響，若牆之坎坷者，聲音自不同矣。

問：人於谷洞曲屋中，發聲必應者何？

答：聲音所發，惟氣爲流通，值彎曲處爲阻，不能徧散，遂聚於一角而退回，因致應聲。人每于洞穀邃宇，曲折廻環之處，以聲傳聲，致有多聲之應，是其驗也。

問：人呼呵時，聞諸外來之聲不明者何？

答：人當呼呵，逐出內氣必多濕而且厚，撞激外氣，混淆衝突于耳內，又內氣多上而充滿耳孔，聽外聲自不能明矣。人欲明聞外聲，必提揖其氣，勿使呼吸可也。試觀呼呵時，耳鼓必響，繇于內氣之沖突故耳。

問：人之聲各有限止，惟人多同聲，覺踰限更遠聞者何？

答：聲乃出喉之氣，氣大則衝動週圍之氣，所聞必遠。若一人少力，能併衆人大力，則衝開之氣亦多，故一人之聲有限，而合以衆聲所聞自遠也。如推重者，一人之力有限，能合衆力而推之，便可踰限而致遠矣。

問：凡人聞錯鋸磨石聲，必拂而不樂者何？

答：兩物相戛擊之聲，皆以逆而成。人性無不喜順惡逆者，耳爲性司聽之官，凡遇戛擊之聲，必傷其性而不樂聞也。

問：人聽樂與人物美音，多酣睡者何？

答：美音能攝人之精力，不使流散於外務，使胃更得專於內化，食不積滯，以致氣易發生。蓋脾氣克則思睡也。不寐之疾，多因傷脾，脾喜樂而惡愁，人聞樂則喜，喜則宿食消，脾氣暢，暢斯安眠矣。古人以樂侑食，王日舉三樂亦此意。

問：室內之聲傳於外，不甚大明，外來之聲傳於室內，更大明者何？

答：室內之聲響，發而外出，則分散於四處，故不能大明；外來之聲響，入于室內，則萃聚于一處，合激耳司，故必大而明也。

問：光神於音，迺光不能通透實體，而音反能者何？

答：光之本勢，惟直線可以傳通，值旁曲阻塞，則不能透而過焉。音聲則異是，遇直線固可傳通，即旁曲阻塞，亦莫不然。人視亦如光，非因直線不成，故亦不能通透實體內也。

丁韙良《格物入門》卷二《氣學下》　論音聲

問：音聲從何而起？

答：耳內有脆骨，蒙蔽如鼓，外有輪廓，收束接受。外物相觸，天氣動盪颺，至耳內而成聲。

問：天氣颺聲，何法試驗？

答：玻璃罩內，置自鳴鐘，吸盡天氣，鐘雖擊而不聞聲。是知地上雖有極大聲音，斷難達於星月之際，以無天氣颺之也。

問：天氣之稠稀，與聲音之大小相涉否？

答：放些須天氣入於罩內，則微聞其鐘有聲。氣愈稠，聲愈大也。天熱則氣稀，大聲講話，便覺費力。天冷則易，亦此理也。在極高山上放槍，其聲不過如拍手然。若在北極之黑道，二人相去三里之遥，尚可通語言也。因天冷氣稠之故耳。

問：天氣颺聲疾徐何如？

答：冷則稍速，熱則微遲。若中和之候，一杪內有九十六丈可通也。其疾徐與聲音之大小無涉。雖極微之聲，與巨雷相較，快慢一般也。惟聲音之大者，能及遠耳。

問：發聲之遠近可算否？

答：比如放炮，見光後若五杪始聞其聲，即知有四百八十丈。又如電光後十杪始聞雷聲，便知雷發之處，相距九百六十丈。若一杪內以百丈計之，亦不甚懸殊，且易於核算，雷近可危？遠則無礙矣。

問：聲音之大小，隨發聲之遠近，其理何如？

答：聲音漸遠漸小，漸近漸大。若究其理，則聲音之大小，正如其地之遠近尺寸，成方倒比也。即如近一半，大四倍。遠四倍，即小十六倍矣。至若光亮、熱氣、電氣，並地球之吸力，莫不從成方倒比之理也。成方倒比，見《火學下章》。

問：天氣颺聲，能聞幾許之遠？

答：風之順逆有別，地與海亦有別，因地不平而有礙，海水平而無礙也。如海平風順，大砲之聲，有聞至六百里之遥者。西印度海島有火山，對岸爲荷蘭屬地，相距九百餘里，火山爆開之聲，有時聞於對岸。

問：除天氣以外，更有他物颺聲否？

答：有颺聲較天氣尤勝者，有不通聲音者，凡物一擊便顫者，莫不通聲音也。

問：最能颺聲者何物？

答：水木鐵石等物是也。即如人在水中，以二石相擊，浸耳於水内聽之，較之平地聲音更大。有極長大木，以耳貼其一頭嚴緊，一頭或以指甲刮之，其音即達於耳。非藉木達之不聞也。如以鐵箸，懸以索而撞之，其聲原不甚大，若以繩之兩端，令入耳杜嚴，復撞之，則音如巨鐘矣。人或重聽，聞樂不真，以鐵條啣於口中，一頭置樂器之上，其音由口入耳，聞之甚響矣。

問：按此理，醫士造何器具？

答：西醫有物名聽肺木，以堅木爲之，長不過尺。遇患肺疾者，一頭依於病者胸次，醫者枕其一端而聽之。隨聽隨移，審其呼吸，辨其部位，可知病者肺間致疾之大小重輕矣。

田大里《聲學》卷一

各氣傳聲速率表以冰界爲準。

	每秒
空氣	一千零九十二尺
養氣	一千零四十尺
輕氣	四千一百六十四尺
炭養二氣	八百五十八尺
炭養氣	一千一百零七尺
淡養氣	八百五十九尺
炭四輕四氣	一千零三十尺

格致家攷得養氣與輕氣傳聲之速率，與二氣重率之平方根有反比例。前表各數，俱試驗而得者。養氣重於輕氣十六倍，故輕氣傳聲速於養氣四倍。養氣每秒傳聲一千零四十尺，輕氣每秒傳聲四千一百六十尺，與試得實行之數無大差。

流質傳聲之速率，可以推算而得，與奈端推算空氣傳聲之速率同理，因流質之重率可以推算而得，其壓力可量而得。又試驗各水傳聲之速率數，知試驗與推算之數所差甚微，因知聲浪傳過水内有鬆緊，而改熱不能改其速率。前者格拉頓與司打麻二人在京尼法湖，攷得淡水傳聲之速率每秒四千七百零八尺，後有人攷得各種雜水傳聲之速率，如左表。

各水傳聲速率表

	百度表之熱度	每秒傳聲之速率
河水	十五度	四千七百十四尺
河水	三十度	五千零十三尺
河水	六十度	五千六百五十七尺
海水用海水之料消化而成者。	二十度	四千七百六十八尺
食鹽水	十八度	五千一百三十二尺
鈉養硫養五水	二十度	五千一百九十四尺
鈉養硫養二水	二十二度	五千二百三十尺
鈉養淡養五水	二十一度	五千四百七十七尺
鈣綠水	二十三度	六千四百九十三尺
酒	二十度	四千二百十八尺
醕	二十三度	三千八百零四尺
松香油	二十四度	三千九百七十六尺
以脱	零度	三千八百零一尺

各水傳聲之速率不同，消化鹽類速率即大，消化鈣綠爲尤大。水之熱度大，傳聲之速率亦大，與空氣相同。

自各流質能壓小之數，可知傳聲之速率。自傳聲之速率，亦可知能壓小之數。有活底末與格拉西二人攷究此事之數，如左表。

	活底末攷得流質能壓小之數	格拉西攷得流質能壓小之數
海水	○、○○○○四六七	○、○○○○四三六
食鹽水	○、○○○○三四九	○、○○○○三二一
鈉養炭養二水	○、○○○○三三七	○、○○○○二九七
鈉養淡養五水	○、○○○○三○一	○、○○○○二九五
醕	○、○○○○九四七	○、○○○○九九一
以脱	○、○○○○一○○二	○、○○○○一一○

流質能任壓力愈大則凹凸力愈大，故急去其壓力，而凸出愈速，所以傳聲亦愈速。

定質之凹凸力與重率之相比，更大於流質，故定質之傳聲更速。活底末攷得各金類傳聲之速率，如左表。

金類傳聲速率表

	百分表二十度 每秒之速率	百分表一百度 每秒之速率	百分表二百度 每秒之速率
鉛	四千零三十尺	三千九百五十尺	
金	五千七百十七尺	五千六百四十尺	五千六百九十一尺
銀	八千五百五十三尺	八千六百五十八尺	八千一百二十七尺
銅	一萬一千六百六十六尺	一萬零八百零二尺	九千六百九十尺
鉑	八千八百一十五尺	八千四百三十七尺	八千零七十九尺
鐵	一萬六千八百二十二尺	一萬七千三百八十六尺	一萬五千四百八十三尺
鐵絲	一萬六千一百三十尺	一萬六千七百二十八尺	
鑄鋼	一萬六千三百五十尺	一萬六千一百五十三尺	一萬五千七百零九尺
英國鋼絲	一萬五千四百七十尺	一萬七千二百零一尺	一萬七千三百九十四尺
鋼絲	一萬六千零二十三尺	一萬六千四百四十三尺	

金類之熱度不同，傳聲之速率大異，熱度加而速數減也。惟鐵與銀則不然，鐵熱二十度，速率一萬六千八百二十二尺。熱一百度，速率反加至一萬七千三百八十六尺。熱二百度，速率減至一萬五千四百八十三尺。蓋熱度至其定限，速率最大。或過或不及，速率俱小也。銀亦如此。

試驗鐵質傳聲，與空氣傳聲速率之相較，用鐵條長數千尺，一人以耳切於鐵條之此端，另使人以椎擊其彼端，則二耳各聽一聲，因一自鐵傳來，一自氣傳來也。

各質傳聲之速率，亦藉質點之位置。質點亂列者，縱橫傳聲速率咸同。質點位置有定狀者，如地質之顆粒，生質之樹木，六面傳聲之速率各不相同。不特傳聲如此，傳熱、傳攝鐵氣、傳電氣，亦如此也。以木球隔於攝鐵與指南針之間，攝鐵氣順其紋理而傳過，其推開速。橫其紋理而傳過，其推開遲。木球傳熱與此相同。凡木之傳聲，其速率有三：順木之直紋最大，橫木之圓紋次也，順木之圓紋又次也。其數如左表。

各木傳聲每秒速率表

	順木之直紋	橫木之圓紋	順木之圓紋
阿客西牙木	一萬五千四百六十八尺	四千八百四十尺	四千四百三十六尺
杉木	一萬五千二百一十八尺	四千三百八十二尺	二千五百七十二尺
樺木	一萬零九百六十五尺	六千零二十八尺	四千六百四十三尺
橡木	一萬二千六百二十二尺	五千零三十六尺	四千二百二十九尺
松木	一萬零九百尺	四千六百一十一尺	二千六百零五尺
榆木	一萬三千五百一十六尺	四千六百六十五尺	三千三百二十四尺
楓木	一萬四千六百三十九尺	四千九百一十一尺	三千七百二十八尺
槐木	一萬五千三百一十四尺	四千五百六十七尺	四千一百四十二尺
阿辣打木	一萬五千三百零六尺	四千四百九十一尺	三千四百二十三尺
阿司丙木	一萬六千六百七十七尺	五千二百九十七尺	二千九百八十七尺
另種楓木	一萬三千四百七十二尺	五千零四十七尺	三千四百零一尺
柳木	一萬四千零五十尺	四千六百尺	三千四百四十四尺

用大樹之外面鋸出方塊，可以試此三事。如第十二圖，午未爲樹之橫剖面，甲寅乙卯爲鋸出方塊之橫剖面，傳聲自寅至卯，速於自甲至乙。各木皆然。可知質點位置不同，傳聲之速率亦不同也。西國醫士以木之善於傳聲也，用作一器，名曰聞症第，切人胸前，能聽心肺之病。

第十二圖

杞廬主人《時務通考》卷二八《聲學》

聲原總論

腦髓知聲　人身之知覺運動，全賴腦髓以主之，尤藉腦筋之分縷貫通，徧佈百體而傳達焉。聲至耳內，即動耳內之腦筋，腦筋即傳其動於腦髓，而知爲聲。此所謂動，非是全腦筋牽掣也，衹是腦筋內之質點，遞相往復盪動而已。

耳膜　空氣內聲浪，傳音至耳膜，而感動腦髓之理：人耳諸件，最外爲外管，管底有膜如鼓，謂之耳膜。膜後有四小骨，一名椎，連於耳膜之後。二名砧，與椎有節相連。三名珠，連於砧。四名馬鐙，連於珠骨。後有二孔，一橢圓，一正圓。鐙之底成橢圓形，而蓋於橢圓孔底，邊有薄而窄之膜，與孔邊相連。骨後有螺紋，紋内滿水，而分爲多少房腦筋之微絲，列於螺紋之外。傳音之時，耳膜受動，即傳過各骨至内膜，内膜傳動至螺紋之水，水傳動於腦筋。

螺紋水　螺紋内水之傳動，尚不直至腦筋。螺紋内有簧力之小毛，毛端甚鋭，生於腦筋各微絲之間。各毛能擇其相配之動而自動，再傳動於腦筋之微絲，微絲傳動之腦髓，而覺爲音。螺紋内又有晶粒，名阿地里得，亦在腦筋微絲之間。

耳弦　螺紋内有一最奇之物，其形如有絃之樂器。此器之弦，共有三千條。人耳之内，有此奇妙之樂器，能受外來之諸音，而達於腦髓。各弦受各音相配之動，其空氣之動，雖極繁，此小弦皆能分別之。

耳功多於目　光分各色，亦因其動數不同，與聲同理。惟耳之功用，比目甚靈。耳能聽十一調之音，目僅見一調之色。耳辨音之動數，最多與最少，爲二千與一之比。目辨色之動數，最多與最少，僅二與一之比也。

顫動不移　顫動物之所以與行動物不同，即行動物移其居之位，顫動物不移其居之位也。復有獨樂之轉動，旋極速不甚移其所居之位，亦動而不移行之一物也。顫動物微似於獨樂。

以鋼條發明顫動式　鋼條諸質點來去搖動時，諸質點即戰戰然動矣，如撞鐘敲鑼也。謂爲鐘鑼之諸質點顫動，彈搏琴弦也。亦謂爲琴弦之諸質點顫動耳。

顫動次數　凡顫動之樂器等物，一秒内擊風氣之次數，少者音重濁而低，多者音輕清而高。是聲音之爲高爲低，均關乎顫動。樂器一秒内擊風氣之次數多寡也。凡聞得宫商角徵羽中，無論何等高低上中下音時，皆可測得一秒内風氣受擊之次數若干。因每一聲音，均有相應顫動之次數。

傳聲

空氣傳聲　空氣生動傳動而成聲之理，因空氣之質點盪動，而撞耳底之膜也。但空氣之質點，非一直透過也。因前之空氣受力，雖必速動，然爲更前之空氣所阻，不能直透，衹能傳其動於相近之空氣。而相近之空氣，又傳其動於稍遠之空氣，如此層層遞傳、佈散，以至各人之耳，即覺其聲。

聲隨風氣　鐘鼓於無風氣處擊撞之，不能發聲。蓋無論琴瑟鐘鼓何等樂器，均含有力。受擊撞撫弄，即鼓盪震動，擊打乎風氣。風氣將其所受之擊打力，傳送於耳中耳。儻非有風氣隨處充足也，樂器動而傳出之力，將憑何者以傳入耳中乎？

風氣擊動颺聲　大凡物之有顫動，與物之有移動，俱可發明物之有力。當夫物速行顫動也，各質點均屬由此面達彼面，由彼面達此面。如欲以手阻撓其諸質點之動，其物必將擊手。風氣阻撓動物，動物即擊風氣。設木棍與切近，其動力亦即擊木棍也。鐵絲上端，每一來去搖動，即一次遵其來去方向擊風氣。風氣經擊，顫動而生出波浪，數數被擊，其顫動之力即多，不能不傳其所受之擊動力，與相與附近之風氣。附近之風氣經傳來之擊動，遂亦傳與相表裏依輔之風氣。顫動之機，傳遞不已，遂起無形之外翻波浪，由此達彼，由近及遠，觸及人之耳輪，波及於耳中之腦氣筋，腦氣筋内禀與腦海有聲自外入來矣，豈知即風氣所受之擊動而颺聲哉。

傳聲大小視空氣鬆緊　聲浪傳動，專賴空氣。不但無空氣不能有聲，即空氣漸鬆，亦傳聲漸難，故放槍於絶高山，其聲甚小。因高則氣鬆，聲浪無力，即減小也。然聲之大小，關於發處空氣之鬆緊，不關聽處空氣之鬆緊。

聲浪命名之理　其層層傳動之勢，實同海浪傳行之狀。浪行而水不行，聲往而空氣亦未往，不過質點往復盪動而已。故聲之行動，亦以浪名，謂之聲浪。聲浪傳動之速，每秒畧一千零九十尺。

王季烈《物理學語彙》

英	中	日
A		
Acoustics.	聲學	音響學
Apparatus.	裝置器具	裝置
Auditory canal.	聽道	
Axis.	軸	
B		
Bad conductor.	難傳體，不良導體	不良導體
C		
Chemical harmonia.	輕氣發音	水素調音
Chladni's sound figure.	克拉特尼音圖	クラドニ一氏音響圖
Closed pipe.	閉管	
Communicating tubes.	連通管	
Communicating vessel.	連通器	
Concha.	耳輪	
Conductivity.	傳導度	
Conductor.	良導體，易傳體	導體

Conduct pipe.	導管	
Consonance.	調和	
Consonant tones.	和音	
D		
Dissonance.	不調和	
Dissonant tones.	乖音	
E		
Ear drum.	鼓膜	
Ear trumpet.	聽管	
Echo.	回聲	反響
Effect.	効果	
Elevation.	高度	
Ellipse.	橢圓	
Elougation.	延長	
Experiment.	實驗	
Explanation.	說明	
F		
Fifth.	第五(音)	
Fix.	固定	
Free reed.	遊離舌	
Fundumental tone.	原音	
G		
Glottis.	聲門	
Governor.	調整器，節制器	
Graduation.	刻度	度盛
H		
Harmonies.	倍音	
I		
Interference [sound.	干涉，交叉	
Interference of the	音之干涉	

Interrupter.	斷續器	
Interval. [scale.	音程	
Interval of the diatonic.	全音階之音程	
L		
Laboratory.	實驗室	
Longitudinal wave.	縱波	
Loop.	腹(弦)	
Loudness.	强(音)	
M		
Magnifying power.	倍率	
Medium.	媒介體，媒質	
Microphone.	顯微音器	
Musieal sound.	樂音	
Mutual induction.	互感應	相互感應
N		
Nodal line.	節線	
Node.	節	
Noise.	噪音	
Non-conduction.	不導體	
Number of oscillation.	擺動數	振動數
O		
Octave.	第八音，第八度	
One oscillation.	一擺動	一擺動
Organ pipe.	風琴管	
Oscillating motion.	擺動	振動
Osmose.	交流	
Osmosis.	滲透	
Overtones	倍音	
P		
Period.	週期	

Perturbation.	驟變	
Phase.	位相	
Phenomenon.	現象	
Phonogramm.	音字	
Phonograpb.	蓄音器	
Pole.	極	
Porosity.	有孔性，鬆性	
Position.	位置	
Primary coil.	第一圈	第一コイル
Progressive motion.	進行動	
Progressive wave motion.	進行波動	
Properties of matter.	物性	
R		
Receiver.	接受器，受信器，受話器	
Rectilinear motion.	直線動	
Reed.	舌	
Reed pipe.	舌管	リードパイプ
Reflected ray.	反射線	
Reflection.	反射	
Regular reflection.	正反射	
Regulator.	節制器	
Relative rigidity.	比較固性	
Resonance.	共鳴	
Rest.	静止	
S		
Scale.	尺度，音階	
Solid.	固體	
Sonometer.	琴	
Sound.	音	
Space.	距離	
Speaking trumpet.	話管	
Stationary wave.	定在波	
Stationary wave motion.	定在波動	
String.	弦	
Striking reed.	觸繫舌	
String instruments.	絃樂器	
Syren.	賽林	サイレン
T		
Timber.	音趣	音色
Time.	時	時間
Transmitter.	發送器，發信器，送話器	
Transverse wave.	横波	
Trough.	谷	
Tuning fork.	音叉	
U		
Undulatory motion.	波動	
Undulatory theory.	波動説	
V		
Vacuum.	真空	
Velocity.	速度	
Vertical downward.	垂直	
Vibration.	擺動	振動
Violin bow.	胡弓	
Virtual (displacement).	假設(變位)	
Vocal chord.	聲帶	
Vocal ligament.	聲帶	
W		
Wave.	波，浪	

Wave front. 等相面

Wave length. 波長

Wave motion. 波動

Wave theory. 波動説

Wind instrument. 吹樂器 吹奏樂器

傳記

華世芳《近代疇人著述記》 無錫鄒敬甫安鬯，精究琴理，著《琴律細草》一卷。篤好天元一術，校讀算書，每有所得，輒題于上。嘗以郁刻秦道古《數書九章》謬訛錯出，演算不易，故用力尤勤，而辨正爲多，有沈、李、毛、宋諸所未及者。竊擬編次其説爲《數書校議》一册，庶幾鄉先哲之學術可以不没云。

著録

梁啓超《西學書目表》上 聲學

《聲學》 傅蘭雅、徐建寅 製造局本 二本 二百四十

《聲學揭要》 赫士、朱葆琛 益智書會本 一本 二角

《西國樂法啓蒙》 狄就烈 益智書會本 一本 一角五分

徐維則《增版東西學書録》卷三 聲學第十六先聲學，次音學。

《聲學須知》一卷，《格致須知》初集本，一册。英傅蘭雅著。專言成聲、受聲、傳聲、附聲之理，後備論音律，足以考證中國聲律諸書。《彙報》四十七號起譯有《聲學總論》，可參觀。

《聲學揭要》一卷，益智書會本，一册，登州文會館本。美赫士譯，朱葆琛述。凡七十一節，所論諸聲之理簡淺易曉，頗便初學。

《彙編》一有論傳聲器、像聲器二則，可參觀。

《聲音學測算》一卷，同文館附《格物測算》七種本附《氣學測算》後。美丁韙良著。

《聲學》八卷，製造局本，二册，《西學大成》本，《富强叢書》本。英田大里著，英傅蘭雅譯，徐建寅述。西人論聲音之理日精，此書所載半屬淺説，然論發聲、傳聲、成音、音浪頗覺透闢，中國極少新譯之本，讀此足以稍窺崖略。英艾約瑟有《音學》，譯成未刻。

趙惟熙《西學書目答問》 藝學第二 聲學

聲之學漸精，聲之用亦曰廣，山川之遠聲可以傳，歲月之久聲可以記，蓋巧奪天工矣，現譯本尚未及此，當俟諸異日也。

《聲學揭要》一册，英赫士譯，朱葆琛述，益智書會本。

《聲學》八卷，訂二册，英田大里撰，英傅蘭雅譯，徐建寅述，製造局本。

王景沂《科學書目提要初編・格致科》 《聲學》，英國田大里輯，英國傅蘭雅、無錫徐建寅同譯，八卷。

《江南製造局譯書提要》卷二《聲學》

《聲學》八卷

英國田大里撰，傅蘭雅口譯，無錫徐建寅筆述。專論各種聲音之理。

第一卷 傳聲發聲 第二卷 成音之理

第三卷 論弦音 第四卷 鐘磬之音

第五卷 管音 第六卷 摩盪生音

第七卷 交音浪與較音 第八卷 論音律相和

《廣學會譯著新書總目・礦物學》

《聲學揭要》 一本，價洋二角五分

又 《化學》

《聲學須知》 凡人身不體無一爲虛設者，目司視，耳司聽，鼻司嗅香，舌之辨味，莫不各有其職也。究非自能之知覺，各事者全主乎腦，腦髓分散，腦筋徧佈百體，各適應用，遇有外事，即傳動於腦。是腦猶主，耳目舌鼻各司職也，均有相關之外務。惟耳之爲聲，聲之爲類甚多，聲之成有三要事：一本物震動而發爲聲，一空氣盪動而傳爲聲，一耳官接受而覺爲聲，三者互相爲依。格致家考求此事，其理微矣至矣。 一册，價洋八分

圖録

清《皇朝禮器圖式》卷三

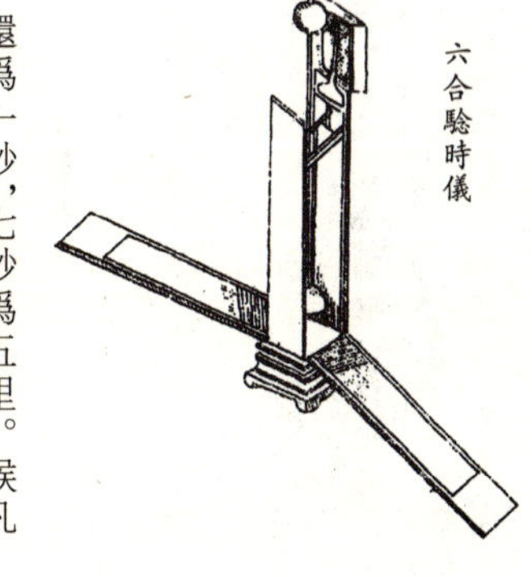
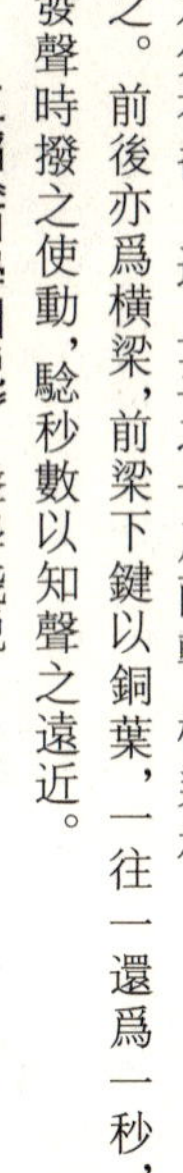

六合驗時儀

六合驗時儀　謹按本朝製六合驗時儀，鑄銅爲兩球，下球徑六分有奇，重二十四銖。上球減十之二，貫以鋼鋌，長四寸六分有奇。近上三之一爲兩軸，横梁承之。前後亦爲横梁，前梁下鍵以銅葉，一往一還爲一秒，七秒爲五里。候凡發聲時撥之使動，驗秒數以知聲之遠近。

王韜《西學圖説》　聲學淺説

大凡有聲之器懸諸空中，以物擊之，其體若見爲戰動，而耳中已聞其聲。其聲何自而至？蓋戰動時有空中之氣爲之引導耳。若無空中氣，其聲定無所聞。設有一物，形似小鐘，其内具機鍵似表，以匙開之，其舌自爲擊動，置諸抽風器内，雖遠亦聞其聲。如以器中之氣漸爲洩出，則舌雖擊，而鐘若無聲。後復鼓之以氣，其聲復得而聞。如空中氣較平時爲厚，則其聲更亮。器内之之氣較外爲厚，則聲亦更亮。比如入水鐘沉於水内，下面之水將氣上逼，人雖輕語於中，聞者不覺其細。若同於尋常之語，則覺其聲之喧鬨矣，氣厚故也。假使人放鎗於山頂，而下若無聞，或兩人於山頂叙語，稍離則其語難聞，因山頂之氣較地爲薄。以是知東擊而西應者，空中氣之圍繞於人也。雖然，有響斯應者，空中氣能引之，而實體之物爲尤甚。試以大木論兩端相去十丈，我立於此端之前，使人輕擊其彼端，而寂然無聞。若以耳按於木，則彼端之擊雖輕，而其聲無不覺者，有如聲出於地中。地雖深，而自能使之上達。故火山欲裂之前，其中先有聲響，人尚未聞，而犬馬之類先知，以其耳近於地故也。有美洲西境人，以耳向地，於人馬未至時，先能預知，乃地爲之引其聲也。博學者推之知聲之行也，一杪時能行一千二百三十七尺。故聞其聲，即能知其路之遠近。譬之於雷，自電閃時，至雷發聲，計幾杪，即知雷之相去幾何。如電閃後一杪雷聲即起，知雷遠一千二百三十七尺；二杪，則倍之。且實體物之引聲也，較空中氣更遠。設有中空之筒，約長三千五百丈，貼一鐵圈於其口，圈内懸一小鐘，人於一時中擊其鐘，并擊其圈，使一人於彼口聽之，鐘之聲不若鐵圈之聲爲速。因鐘懸於空，圈則實貼於筒也。蓋實體物之引聲，較空中氣速十倍有半。且聲之行也，直如光然，凡遇物之堅而光者，聲即回，猶谷聲之相應也。或所遇之物，峻嶒而不平，或柔軟而小者，其聲即不能回。人欲其聲之回也，必直對之，而其聲乃聞。

比如人在甲，其聲至乙之光面，及其聲之回，人在丁與甲者俱聞之。或其聲横出者，則可見第二圖。

比如人在丙，聲至甲，因非逕直，故聲不回。其聲由甲而回至丁，蓋聲之所出，與聲之所回，其斜折之路同也。以故聲之直至者，其回也亦直；聲之斜出者，其聲必斜至彼面也。

假使聲出於光面，所至者亦光面，其聲之應也不一。有如聲自甲出，至丁而復回於甲；或聲由甲而至丙，其回聲則至於戊乙與己亦同。

第一圖　第二圖 　第三圖 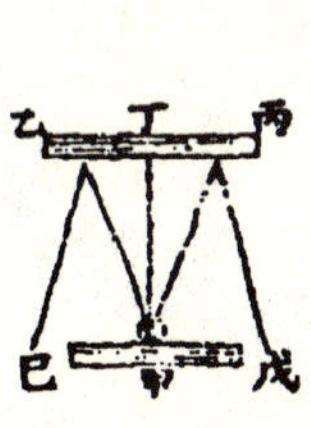　第四圖

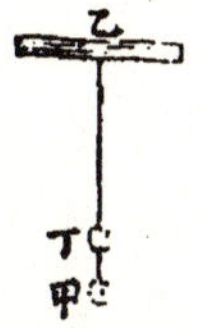

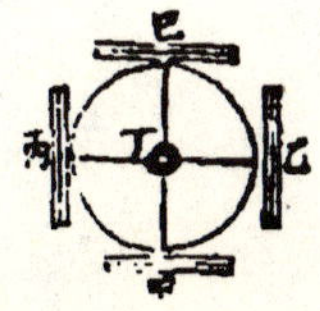

如人在圓圈内，聲自丁出，四面之回聲俱集於中，故聲最響。

第五圖

或有房如擠式，聲出於甲，或至丁，或至戊，遇光面，聲俱回至乙。比如甲上出三聲，人在丙丁戊聞者，僅各一聲；如在乙，則三聲俱聞。因聲之回，俱集於乙也。面之光者，回聲自遠。如人立於兩岸，其聲隔河可聞，倘易以地同此遠近，則無聞矣。因水之面光也。故砲發於海，遠處俱聞，如有浪起，則聲不遠傳。即如歐羅巴與阿非利加交界處，中間以海約三十里，如風順而浪平，則彼此之聲可聞。洋鎗之聲可聞二十里，如數鎗舉發，則聲較遠。紀元一千六百七十二年，荷蘭在海角戰之時，英國雖相距六百里，其砲聲亦常聞之。

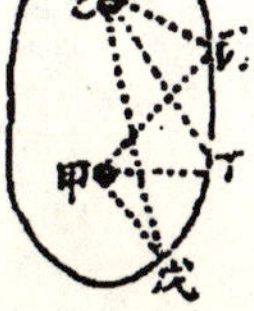

丁韙良《格物入門》卷二《氣學》

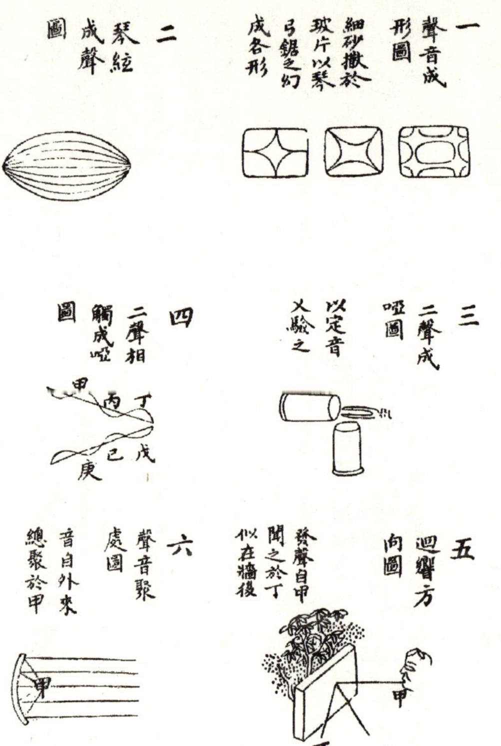
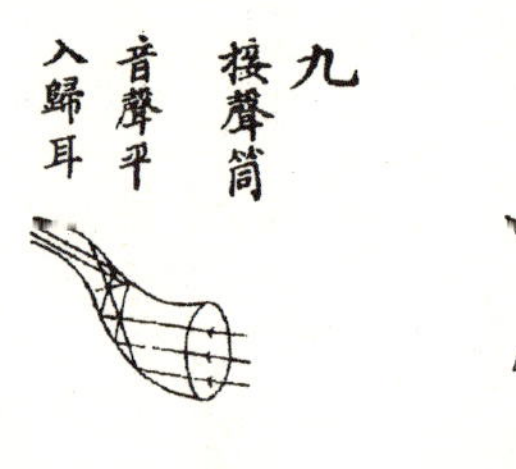
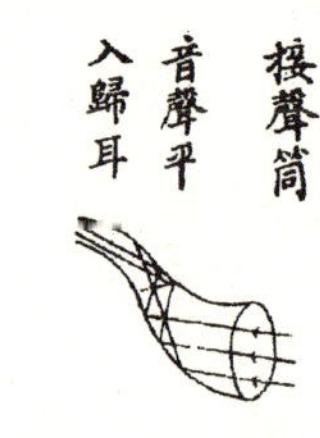

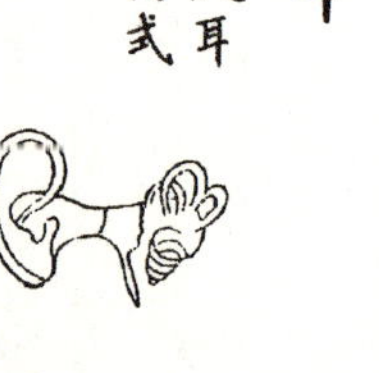
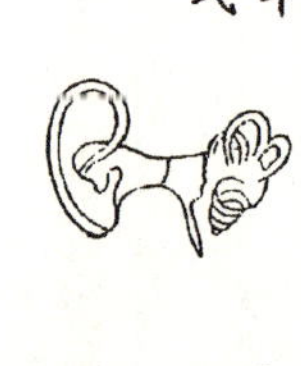
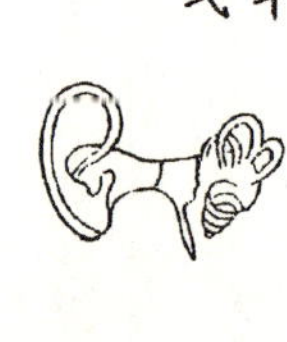
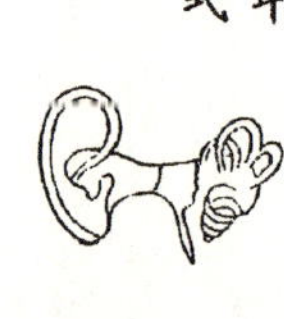
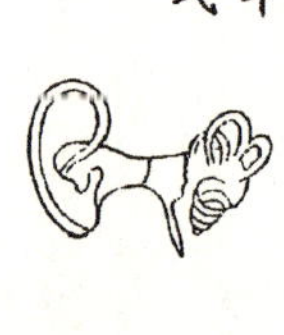
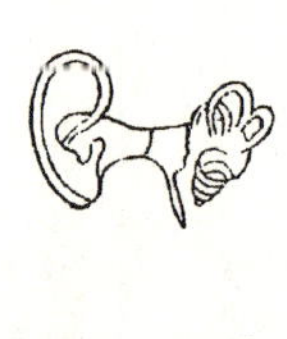
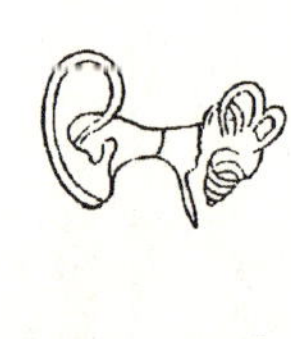
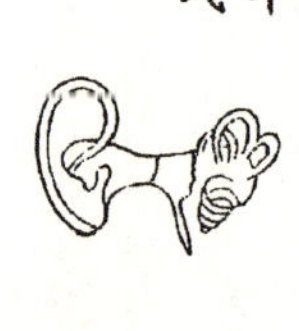
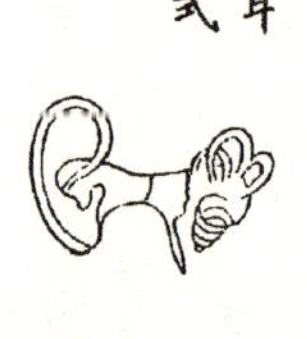
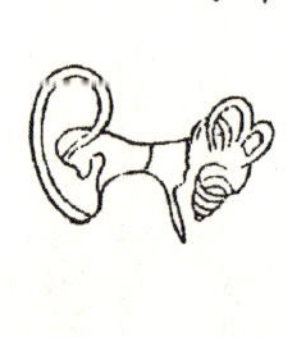
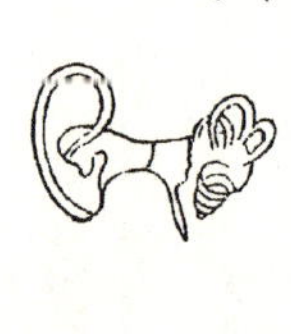
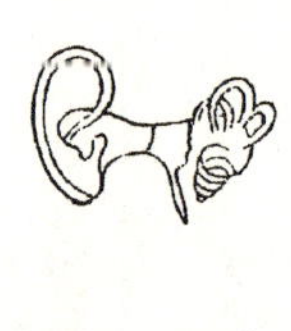
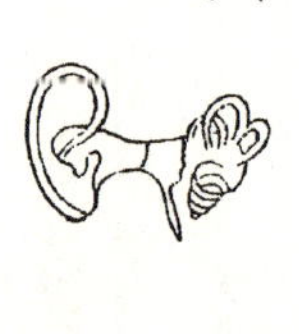
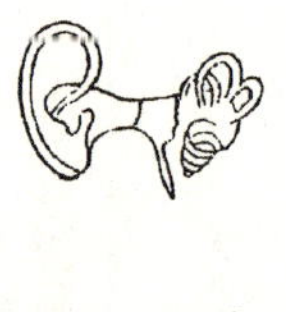
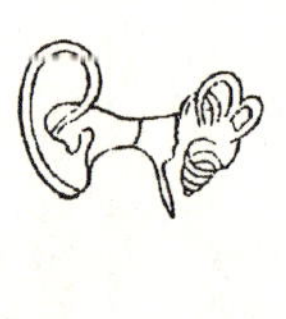
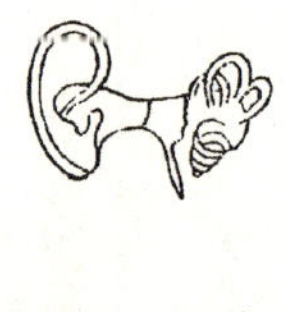
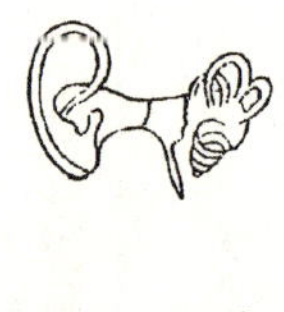
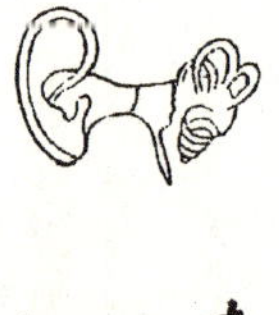
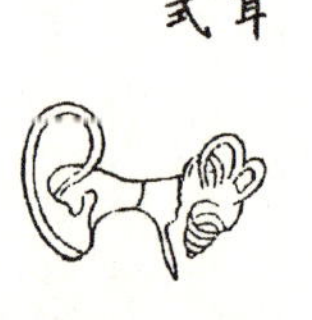
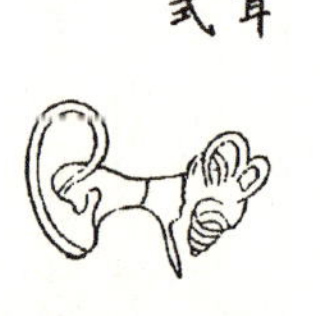

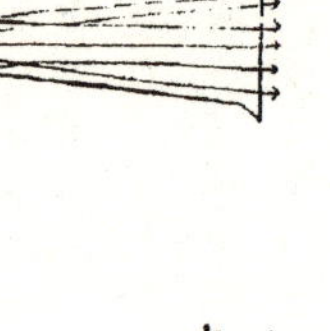
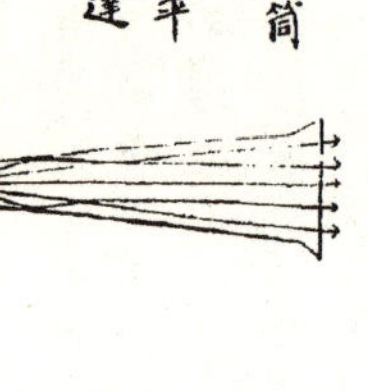
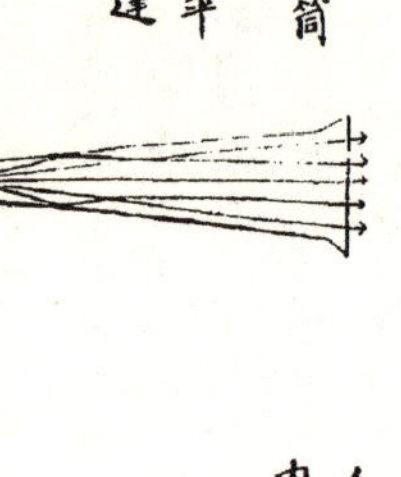

一 聲音成形圖 細砂撒於玻片以琴弓鋸之幻成各形

二 琴絃成聲圖

三 二聲成啞圖 以定音叉驗之

四 二聲相觸成啞圖

五 迴響方向圖 發聲自甲聞之於丁似在牆後

六 聲音聚處圖 音自外來總聚於甲

七 依聲樓式 音發於甲總聚於戊

八 揚聲筒 音聲平出遠達

九 接聲筒 音聲平入歸耳

十 人耳內式

十一 大洋琴 家庭撫之人聲和之其音甚美

十二 大風琴 其音洪響數里可聞

田大里《聲學》卷一　總論發聲傳聲

人身之知覺運動，全賴腦髓以主之，尤藉腦筋之分縷貫通，徧佈百體而傳達焉。設偶傷手指，即感動指内之腦筋，腦筋即傳其動於腦髓而知痛。舌之知味，鼻之知香，目之知光，莫不皆由腦筋傳達腦髓，而使腦髓知之也。而耳之知聲亦然。聲至耳内，即動耳内之腦筋，腦筋即傳其動於腦髓而知爲聲。此各種之動各不同，皆與五官專用之腦筋相配，而莫能相易。嘗味之腦筋，不能傳光之動；視光之腦筋，不能傳香氣之動；覺香之腦筋，不能傳聲之動也。此所謂動，非是全腦筋牽掣也，祇是腦筋内之質點遞相往復盪動而已。其傳動之速，業已試知每秒九十三尺。

空氣生動傳動而成聲之理。如開放火鎗，人耳覺有聲者，因空氣之質點盪動，而撞耳底之膜也。但空氣之質點，非如鎗彈爲噴力衝出，而一直透過也。因鎗口前之空氣，受力雖必速動，然爲更前之空氣所阻，不能直透，祇能傳其動於相近之空氣，而即自停。相近之空氣，又傳其動於稍遠之空氣，而亦自停。如此層層遞傳佈散，以至各人之耳，耳即覺其聲矣。其各層空氣傳動之勢，實同於海浪之狀，故名曰聲浪。空氣冷至冰度，聲浪傳動之速每秒一千零九十尺。

聲浪之傳動，藉空氣各層之點，稍有來往盪動成浪而前行，並非直透各層而過也。如第一圖，用玻璃球數箇列成一行，另用一球擊之，則第一球所受之動傳於第二球，第二球傳於第三球，各球以次遞傳而自停，至末球則無所傳而拋去甚遠。此即空氣之點傳聲之理也。空氣各點相傳其動，至耳中空氣之點，亦動而衝撞耳底之膜，使之震動。膜即傳其動於司聽之腦筋，腦筋傳至腦髓，而覺其爲聲。欲問腦筋傳其動於腦髓，腦髓如何能覺爲聲，其理尚無有解之者。又如第二圖，以甲乙丙丁戊五童魚貫成列，各童之手伸直，而搭於前童之肩。設有人忽推甲童之背，甲童必推乙童，乙童推丙童，丙童推丁童，丁童推戊童，戊童因前無所推，必向前而仆。設前有大鼓，其手必擊動鼓面而作聲，雖有百童亦必如此。此二事可明空氣各點皆僅一小盪而即停之狀。甲童受推力，即動向前而推乙童，力已傳盡，仍自後退。如此，各童遞傳其力以至戊童焉。其傳而復退，

第一圖

即同於氣點傳聲時之狀。氣點因有凹凸力，聲浪經過之時，空氣各層向前擊其鄰層，經過之後，仍自後退。氣點之凹凸力愈大，盪動愈速，傳聲亦愈速。

傳聲憑賴空氣，若無空氣，不能有聲。以自鳴鐘置於玻璃罩內，如第三圖，用輕氣入罩頂而驅出在內之空氣，試按上柄使其機轉動，雖見其椎叩鐘，不甚近之不能聞其音。次再取去輕氣，雖極近之亦不聞有音。惟其鐘必用絲線掛之，否則聲自底傳至桌，而亦至人耳矣。

第二圖

第三圖

高處之空氣漸鬆，傳聲漸難。或云登至高之山巔而放槍，其聲甚小，略如開荷蘭水瓶塞之聲。蓋聲自輕物傳至重物，聲即減小，猶之鐘在鬆氣之罩內，其聲亦小。又如人純吸輕氣入肺內，發聲亦甚小。因輕氣之重爲空氣十四分之一，故會厭雖動盪，其聲不能大也。

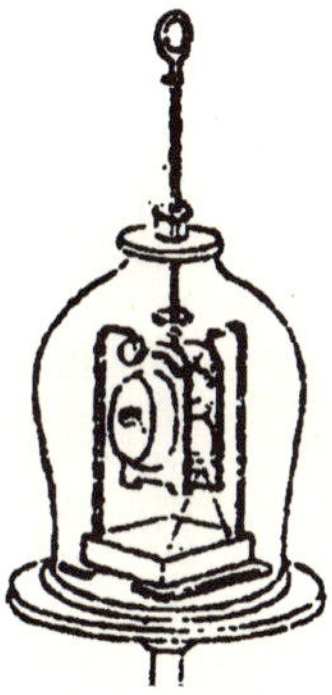

聲之大小，依發聲處氣之緊鬆，不在聽聲處氣之緊鬆。如登高山之巔放礮，而人或在山巔氣鬆之處聽之，或在山下氣緊之處聽之，其遠若同，其聽得聲之大小亦同。或用同大之二礮，一在山巔放之，人在山下聽之，其聲甚小。一在山下放之，人在山巔聽之，其聲甚大。即此理也。

聲浪之發也，上下周圍散開而前行，故距發聲處愈遠，其聲愈小。如發聲之物其周圍相距一尺之皮積爲一，周圍相距二尺之皮積必爲四，以至三尺爲九，四尺爲十六。聲浪散開前行，所動空氣之皮積，與距發聲點之平方數有正比例。其聲之大小，與距發聲點之平方數有反比例。

開放火礮，其礮彈打的之力，一依彈體之重，二依彈行之速。故其力與彈重有比例，與行速之平方亦有比例。此事詳於重學。礮彈之打的，與氣點傳聲衝撞耳內之膜，其理一也。聲浪經過每氣點，其氣點即前向鄰點，其速初小而漸大，繼而又漸小，至遇於鄰點而退回，其事相同，其速既由小而漸大，繼而漸小，必有一極大之時。而聲之大小，與此極大速之平方有比例。聲浪經過時，各氣點往復路之長謂之動路。聲之大小，亦與動路之平方有比例。聲之大者，因其氣點之行速大而動路大，撞衝耳膜之力亦大也。聲之愈遠愈小者，因周圍散開故也。若聲入內面極光滑之管中，則僅能前行，不能周圍散開，可以傳至極遠而不甚減小。如第四圖，用銅管長十餘尺，一人對管之此口小語，雖相近者不能聞；又一人以耳在管之彼口，能聞其語甚清。或置一表於此口，在彼口能聞其擺動之聲，同於即在彼口者。又以燭火對彼口如丙，而對此口合掌一拍，燭火盪動至將滅。將二書如乙乙向此口對拍，燭火即熄。然其熄非因拍書所生之風，乃因聲浪之動盪也。欲証之，將管內滿盛濃煙，如前法一拍，燭火亦熄，其煙不衝出，必少待而漸漸散出，可知吹熄燭火非因所拍之風，而因聲浪之傳過也。又將象皮管內徑一寸，長數百尺，一端侈口如漏斗，人對此侈口小語，彼端之人亦聞之。人若遠距侈口，雖大聲呼喚，彼端之人不能聞也。法國之士名比何者，在法國京都試過路下通水之鐵管，長三千一百二十尺，在彼口小語，此口亦能聞之。在彼口放一手鎗，此口可熄燭火。

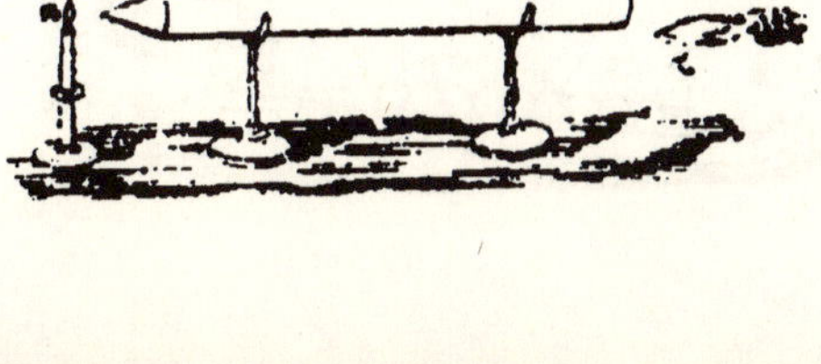

第四圖

聲之行，光之行，熱之行，其理相同，俱盪動如浪散開，而力漸減經過光滑之管中，則力皆不甚減。

光學部

題解

沈桐生《東西學書録提要總敘》卷下《光學》　光學總敘

自光學既興，而凡天下之大莫能載，小莫能破者，無可遁之形，無難顯之情，種種奇器，權輿於是。所謂範圍萬物而不遺，曲成萬物而不過也。按之中國載籍，源流於墨氏《經説下》云，臨鑑立景，二光夾一光。足被下光，故成景於上。首被上光，故成景於下。即窪鏡之理也。又云，鑒者近中，則所鑒大，景亦大。遠中，則所鑒小，景亦小。即突鏡之理也。又云，在遠近有端與於光，故景瘴内也。此即今光綫成圓錐形之理也。又云，景，木杝，景短大。木正，景長小。此即今光綫求角度之理也。然其理甚微，素無深究其事者。自西人竭力殫精，闡明奥旨，於是究極光面之旋度者，有如畢亞。用光色分原之法者，有如各出弗。算光行速率者，有如傅到飛續。測算光行差者，有如白拉里。著書立説，致用益廣，而光學於是爲格物之根原，工藝之權輿。按光之爲象，虚而實者也。其源有六，其色有七：曰日光，曰火光，曰燐光，曰蟲光，曰鹹汐光，曰電光。此六者，惟火與日爲正光，其質輕清，其行直捷，是所謂光之源也。曰紅色，曰橙黄色，曰正黄色，曰緑色，曰藍色，曰青色，曰紫色。此七色者，除紅藍黄外，餘皆二色相合而成。至白色，則爲日光之本。設以三角玻璃，向日中射影於地，則其狀畢現。近有七色分隔繪畫之圓紙，以機摇動，則各色不見，惟見白色，是所謂光之色也。至於光形之直綫，如形學家所言，有長無廣者，謂之光綫。無數光綫成一尖樞者，謂之光芒。又凡自具光之物，其體之諸點動盪直速，而坿近之微氣隨其動盪而成浪，謂之光浪。又以燭光爲準，比較他光之濃淡者，謂之光表。其餘尚有發光、透光、返光、折光之理，難以縷述。試即其最著之物而詳説之，以見光學之精妙，光器之致用焉。一曰遠鏡者，即回光之理焉。能將極遠之物影，放大若近，易於窺測。其大者，長至二丈有奇，可以觀看天象，如太陽之輪廓，月中之火山，行星之軌道，恒星之體質，以及星團、星氣、日虧、月蝕，無不可窺其形而求其故。其小者，可以用諸行軍，如敵壘之高低，敵船之大小，雖山高海廣，懸隔至千百里之遥，宛如覿面，能使砲無虚發。此遠鏡之用也。一曰顯微鏡者，即折光之理也。其器有小玻片、增光鏡、回光鏡、微蟲籠、畫形器、量微尺等類，其鏡大者至五千倍，能將微物放大，以助目力，且有法算其鏡力。蓋凡視至微之物，離目五寸，能看真切。再近，則反覺模糊。若用凸鏡，使光歸鏡成影，其影離鏡半寸，則放大十倍。離鏡一尺，則放大五十倍。此指闊狹而言，若通體面積，則十倍係百倍，五十倍係二千五百倍。其最精之鏡，至能察水中血中之微蟲，蠶身椒末之瘟病。即雖野馬塵埃，大如車輪。誠所謂無微不顯者矣。此光學中顯微鏡之用也。一曰照相鏡，此凸鏡折光之理。是鏡之用，凡天地閒有形有質之類，近取諸身，遠取諸物，上則日星，下則河嶽，皆可攝入一紙，窮形盡相，不爽毫釐。其所用者，有象皮盤、觀影匣、點像藥、縮放箱、洗像盆、軋像輪、照像鏡等器。近更以化學參之，鏡藏袖中，攝影揣形不逾一瞬，納須彌於芥子，雕棘刺以獼猴，可謂巧奪天工者矣。此光學中照像鏡之理也。一曰視鏡。蓋人之目球原有生成凸鏡，其光心適在眼底，外物即成影於此，故能見之甚明。近視鏡者，其鏡太凸，則成影之光心，近而不至於目底，視物模糊，逾遠逾甚。凹鏡則可抑其有餘。老人目中凸鏡稍扁，則成影之光心又遠而出於目底之後，視物多昏，愈遠愈甚。凸鏡則可補其不足。此光學中視鏡之理也。其餘如火鏡可以取火，影鏡可以現影。事雖習見，理原一貫也。噫，太空冥冥，無端有光，色即是光，光即是色。三辰有光，茂育羣倫。雙眸有光，明察庶類。電光火光，倏明倏滅，光行迅速，光力雷煜。光用至大，光理至顯。徒以器驗，徒以物證，掛一漏萬，奚足言光。述光學。

論説

佚名《論光》何良棟《皇朝經世文四編》卷一〇《光學》　充塞乎天地之間，(乎)充實[乎]古今之際，習而不察，終身由之，而不知其道者，光是也。凡物之質，可分爲四：有發光者，有透光者，有回光者，有食光者。何爲透光？如空氣、玻璃、清水等類是也。何爲回光？如水銀類、金銀銅鐵錫類，凡化學之所謂金類者，皆是也。何爲食光？如樹葉、黑絨等類是也。發光之易者，莫如磷質。然磷質與空氣化合，故發光耳。若未與空氣化合，仍不能發光也。宇宙之原質，無一種是原能發光者，惟與别質化分或化合，則發光耳。火之顯然者，柴薪。遇熱與空中之養氣相化合，於是發光。日之所以發光者，據天文家言，空中小體爲流星之類，皆飛至日體，與日體相化合而生光。計一點鐘之久，飛至日臘者，周徧日而約有五寸厚，如爐竈之添置柴炭者然，可謂善喻。中國光學見諸《墨子·經上》篇、《淮南子》日大外景、金水内景之説。今之沈存中《夢溪筆談》亦嘗引申之，《張子正蒙·參兩扁》謂火日直而施，金水闢而受，得無有取於是耶。夫火之與日，皆物質化分、化合之所也。化分、化合，則物質之變動速，故光輝外發焉。金類皆回光，回光者反光也。反光者，不受光也。全不受光，故能以其光反照入於人目。水中透光，透光者不阻光，又不反光也。人能於水鑑者，水不純清，底有土石，如玻璃底之有水銀然，故可鑑也。曰闢而受者，陰陽内外之説，其所由來者久矣。哥白尼倡地繞日之説於三百餘年之前，第谷非之，閲百[餘]年。奈端以吸力證之，於是哥白尼之説爲天文家最新最確之案。嘉、道時，揚州阮氏輯《疇人傳》，泥於上下天地定位之經典，斷哥白尼爲離經畔道，而不知蹈西人愚夫之故轍也。雍乾時，西人蔣友仁已將哥白尼之説發揮，於是變本輪均輪之拙曆法，而爲橢圓地動之巧曆法。但中國之天算家仍以爲借象，不敢信天地之本象真如是也。至咸豐年間，英國偉烈亞力在上海繙譯侯失勒約翰《談天》一書，然從中國天算家始信橢圓地動爲真象，而非借象。倘使阮氏增多數十年之壽，其懺悔之心，豈止如汪衡齋之於杜德美割圓捷術耶！南海鄒徵君伯奇知阮氏之誤，而宇宙内如此確案，竟爲西人先發，中國失色，心大不甘。於是檢翻古書，則《尚書·考靈曜篇》發有四游，人居地上，不知地轉，猶居舟中，但覺岸移之義。且東漢時張衡曾作地動儀矣，可以爲中國挽回體面。然而地球九圖器説竊謂地球之轉動，實日球之光力撥之，日球左旋，則其光亦左旋，於是乎撥地球右旋，竟天何而轉動，則自數千年有人文字以來，地球之人未有言之者。余閲傅蘭雅君所輯第四年《格致彙編》量力由西而東，或曰月球常以一面向地球，而不爲日光所轉動，何也？日光能轉動地球，何以不能轉動月球耶？答之曰：月去地球近，去日球遠，受地球之吸力，大於受日球之光力，故常以一面向地球。此一説也。凡光力不如吸力之大，月球之受日球光力者，面積之一半耳，而受地球吸力者，則體積之全也，故常以一面向地球。此又一説也。且地球有回光反照於月球，日球左旋，則欲撥月球左旋；地球右旋，則又欲撥月球右旋，雖回光之力大不及正光，然亦有相消之能焉。此又一説也。或問曰，子言日光力能使地球轉動，我懸一小鐵球於空中，何以日光力不能轉動之乎？豈力能轉動地球之動者，反不能轉動小鐵球之輕者乎？答之曰，上文光力不如吸力之大云云，已經詮解，今更可設一譬喻以明之。日球能吸大洋之水成潮，而不能吸池塘之水成潮，其理略類乎此。是耶非耶，敢以質之天文家、光學家、重學家。

又　論光學植物

近人考求光學之理，言太陽之光原爲紅黄藍三色合成，以三角分之，則各得其色。此三色可相配而得各雜色，與人物之生長、化學之離合大有關繫。其紅光帶熱，有補養之力。藍光帶寒，有化分之力。黄光明亮，有顯揚之力。映像之片見光，銀藥即時化分，惟遇紅黄二光則無。眼染熱疾，忌見紅光，故戴緑眼鏡。緑爲黄藍之並色也。人身虚弱，宜穿紅内衫。而植物之發生，全賴紅光，而畏藍光。夫植物賴光而生，人皆知之，惟全賴紅光而畏藍光，則前人未之知也。近有法國博士名琴美羅付藍馬倫者，在沼委市埠耕稼，學舍讀書，得新理，極其大用。用花盆四個，同置於一處，每花盆種花樹一枝，熱度常相同。水土各無異，惟所受之光不同。一盆爲紅光，一盆爲緑光，一盆爲白光，一盆爲藍光。其取光之法，用有色之玻璃，接漏日光也。自落種以至兩月，其受經光者高至一尺六寸，受緑光者僅五寸，受太陽之全光者高四寸，而受藍光者衹高一寸，其得紅光者，僅五禮拜即開花，其枝葉皆青緑柔嫩可愛，壯大異常。其受藍光者，則無花而又枯濁可厭。其受紅光者，枝葉極靈動，以手弄之，即時舒而捲矣。受緑光與藍光者，全無靈性。而受白光者，雖稍有靈性，惟及粗硬枝節太多，兩月之久，雖有花而未開。此人又將其法施他物，如蛇母子之類，所得結局亦同。受紅光者，得菓早而大。受藍光者，全無花菓。此法一傳，人争試驗，將見植物之世界，别現新景。於嘗嘆世人因粒食維難，以至戈干不靖，每欲考究農學，將中國一造禾改爲三造，一造禾改爲二造，今有此法，將不止二三造已也，而收成必更倍蓰矣。吾人奚不稍變成法哉。

黄鍾駿《疇人傳四編》卷一一　論曰：自伽離略創造遠境，見天空之界最遠，故測天更精，其視物已大一千倍，近三十餘倍，冠遠鏡諸器上，爲今大遠鏡之祖。格里留舍、尼格勒哥里、海更士、弗浪德繼造之，更精于前。侯失勒、維廉又繼造之，視力率一百九十二，較目力所及，遠一百九十二倍。能測定天河爲無數小星，并測見諸星氣。至羅斯伯之大遠鏡，繼弗鑾斛拂、梅特勒而出，雖維廉之僅見爲星氣者，亦知爲無數小星聚而成，更別見無數星氣及星氣諸奇異狀，其視力大于侯氏之鏡，又不知若干倍也。設使造遠鏡者，精益求精，如是屢測，不可思議，必有如偉烈亞力氏所言者，豈後人之心思靈敏，能遠駕前人哉？智者創，巧者述，創難而述易也。譬諸積薪，後來者居上矣。

基礎光學分部

綜述

徐光啓　李天經　湯若望《西洋新法曆書》　《月離曆指》計四卷。首卷論測月平行策及遲疾加減正數。乃因視差及蒙氣差參錯，難分月體。且月體恒虧，無從測心，以此測月最繁，度分難得其準。須按西古今法，于月食時驗而知之。晉史姜岌亦以月食衝驗太陽所在，然而考太陽之躔度易，考太陰之離度難，在姜爲倒用，兩率皆疎矣。且平行非一食可驗也，蓋任用一食，僅得當時之行度，何由遽定平行？必擇前後兩食，各率均齊者，以爲兩限，然後取其中積平分之，庶免日去地時近時遠，所生闇虚時大時小，與夫月轉時遲時疾，時在最高，時在最卑，諸凡月行不平之緣也。但欲得此前後食，務須求之記載。今考二十一史天文志，但記有年月日，而晷時刻分秒，無已，借西曆補之。

論測正中交行度。益月本圈之自行度曰轉行，及于黄道曰交，而轉滿一周曰交終。其在後不及轉之度，即謂兩交之逆行也。測法亦用月食，考古無傳，仍依西史如前法。用兩月食測其前後各率均齊，得交逆行日三分十一秒，歲十九度零十九秒四十三微，此爲二千年前古測。後史各加密測，推得交行每年盈一秒四十二纖應減。

論用不同心圈。與用小輪名異理同，皆藉以分佈度數，解明七政盈縮遲疾之行。乃公借古今測定本輪之大小、遠近之比例以求加減差，立推算各表之法。然而創始難工，增修易善。曆家積功二千餘年，至近代測驗而後漸次加精，較古爲密也。

終定太陰諸行曆元。宜命一定地以憑起算，即依本地初度初分爲準，以加以減，推算各地本時本曜之各所在度分。此法從古未有，且測北極出地中率不合，蓋前人未悟地半徑差與蒙氣差，于二至所測之高應有加減，故未得真高也。

二卷論測次輪、次加減遲疾及半徑差，月徑、地景徑等，乃引古今西史月天諸輪之圖，解各所遲疾行之理并經緯隨時度分，更推假如。令數與圖互相發明，因知欲求月離真所，非一均數可定。蓋雖加減本輪之自行度可得定朔定望，緣距限在五度内故。然而二弦及弦左右之自行差，則異于朔望，其距限大至七度半强矣。故據次輪之自行加減立第二均數，于理爲盡，從是可得太陰之視行實經度。

次定交周、交行及交行之曆元，皆于月食取法。蓋須前後兩月食，其距太陽之最高遠近均等，兩食分等，兩食之在陰曆陽曆正交中交亦畧等。則因兩食之中積而得交會及交終之數，依此用三率法，以各數推得交行之度分。又得月平行距交之度並其平行距宫次或節氣之度，兩數之較爲三分十一秒，是爲兩交一日逆行之數，所謂羅計行度也。若交行之曆元亦于兩月食得其諸率各等，則必并得其距交亦等。蓋交終由兩食之經時而知。今定交應則因兩食之月距交等度，考其中積時自行滿交周外，即得其距交幾何度分，是曆元也。遂命曰某年天正冬至爲曆元，而某處某府爲曆元本所。

又次測黄白二道相距度分。法求月軌極高，以免諸視差加減故。乃得距赤度分，去減黄赤距度，餘爲黄白距度。此西古今通法，中曆黄白相距恒大于西術，謬矣。其推月食恒小于天驗，殆緣于此。

論月視差。此因地半徑而生，與他曜同。但月天視地爲近爲卑，則地與本天各半徑之比例，其視差並大。古今累測，得數無異，約一度。故測太陰，先得其視高，乃以地半徑差加之，得數，又以蒙氣差減之，此爲實高。如反推，則得其實高。乃以地半徑差減之，得數，又以蒙氣差加之，此爲視高，具見本表。但蒙氣之差因地因時所在各異，必求本地勢本時刻之確數定之。

終測月徑、地景徑。或由月食測定食分，并推求其自行距交距黄道等率而得。或以測太陽之似徑，比于地，而并記其月距地。設三角形，推月與地各徑，又地半徑之比例，而兩徑可定。

三卷論測日月地大小近遠之比例，引古今法數種。先求各視徑大小，如日食時，月視徑隨地不等，其各視徑與實徑大小絶異。又如月視地爲小，月天視之曜天爲小，去人又近。後定日月之實徑，推各體之容，詳測日月各距地之高，論月天象數及諸月表之原。

四卷論測太陰見伏光體并四餘，辯天行無紫氣等。引古今交食以證新法，並爲後學之資。蓋因中史失載交食分秒及陰陽曆與太陽之距最高太陰之自行度分等，後人無憑推步以資修改，故悉取之西史。

《交食曆指》第一卷詳太陽光景地景及日食之故。先引界説如何爲暗體、原光、照光、次光、滿光，又如何爲初景、次景、滿景。蓋食生于景，景生于光。滿景非暗也，稱光暗之中，即日月食可辨。

凡交食，或地食光于月景爲日食，或月體食光于地景爲月食。乃日月地三球各體大小不等，有静有動，去人有遠有近，當求其大小遠近之比例，推其施光受光之體勢，乃得交食之體勢。今設兩球大小等，一暗一明，明者半面施光，暗者半面受光，無分遠近，未有交食者也。若明球小，暗球大，暗以小半受光，明以大半施光，此爲太陰照地而地受其隔日之光也。凡大施小受，施以小半，受以大半，二體彌近，大者施光之小半彌小，小者受光之大半彌大，此即日居最卑而食之勢也。若夫小施大受，則又二體彌遠而施者亦彌小，受者亦彌大，此月食之分數有多有少，而月近地居景厚處食分多，遠地居景薄處食分少。總由大小遠近之比例而生也。

又詳景之處所在受光之背面，乃因月與地勢能出景。在日食則爲月景下至于地，月食則爲地景上至于月。景形爲角形，緣出景之圓體與太陽大于地于月之倍數相當也。月望月有食，乃地景隔日光，令月不受照，有時失滿光，有時全失光。月朔日有食，乃月隔日光，令地不受照，有處射滿景，有處存少光，皆係景之作用也。至論月在景之光色，或赤或雜、或青黑色，皆有占驗，或生于氣景，或映于旁光，或染于近地之清蒙氣，皆能令月現種種色也。論食之期，二景既隨日月所至，終古不爽，即有定候，一在定朔，一在定望，當食必食，多寡先後，上下千百世可知，此則本卷益加詳焉。

第二卷詳交食諸類，及推交食之原與簡法。蓋日月之行雖有隅照、方照、六合照等，悉無交食，獨相會相望亦名合會、照會。有食。詳之則有實會、中會、視會之别，皆爲推步之原。三會或較于地心，或較于地面，各異。實會、中會相距又無定度，必先推求各元法，從本天大小圈以曆元並以三角形細推，乃能成表。爲密求法，以便後人。蓋因得其所以然，而後握簡御繁無難也。

第三卷求推交食。依人目所見，儀器所測之時刻，及所食分數之原，必應改實時爲視時，而此地此時見食，彼地則異時見食也。故可隨地推交食之有無，又可上推往古，下驗將來，萬年悉如指掌。若食百分之多寡，既原于日月地景之各視半徑，則定視徑分秒之數，逆計太陰居最高或最卑，本視徑差地景即因太陽居高居卑不同，其照地生景之差以得各實差，然後食分可得而定矣。

第四卷詳食限，食甚前後時，及繪食圖，以解各食向位。論限，日與月不同。蓋雖同以所行各道經度距交幾何爲有食之始，然而月食則太陰與地景遇，因而兩周相切，即以兩視半徑並較白道距黄道度，推交周度以定食限；日食則太陽與太陰遇，雖亦兩周相切，而有視差，必先加入視差而後得距度定其食限也。惟其食限各異，故推太陰越五月能再食，越七月不再食；而太陽越五月七月皆能再食。

至于食分則以距度求之。蓋兩周之心相距之度也，在月食則爲太陰心實距地景之心，愈近食分愈多；在日食則爲日月兩心以視度相距，其近遠不依實度，而依目視之所及爲準。此即月食分天下皆同，而日食分隨人目東西南北各異之原也。

食分以緯度而定，食甚前後時刻則並以經緯而定。蓋太陰本時距度多寡不同，即入景淺深亦不同。淺則歷時少，深則歷時多，此蓋從緯定也。若就經論，太陰之自行時疾時遲，緯與視徑雖同，而自行每食不同，即所得時刻亦必不同。但太陰入景之弧與出景之弧畧等，故依其行弧推食甚前之時，倍之，隨得食甚後至復圓之時。乃日食時刻則又以視差有異焉。

交食圖列方位。方位者，日月失光之面所向之方也。法先考本食是陰曆或陽曆，更考黄道是斜交地平與否。蓋黄道斜交，日月亦依以斜行，食時方向必異，不可不審也。故繪圖以一直線過日月二心，審其與地面相遇之勢，乃定日食方位。過日景二心，審其與地平相遇之勢，乃定月食方位。舊法徒以陰陽二曆求之，疎矣，驗時安得合乎？

第五卷詳日月視差及日食掩地面幾何。凡推步日食，要以人目爲主，目見之會，非實會而視會也。此差雖由地半徑生，以人目在地面不在地心故。更爲人目差分，别有三等。一高卑差，以天頂爲限；一南北差，以黄道爲限，此限能變諸曜緯度；一東西差，以黄道九十度爲限，其左右能變經度及時刻。測此三差，悉用三角形，因設地半徑爲一邊，日月各距地高爲一邊，各距地面之遠爲一邊測之，乃得高弧，或正或斜交于黄道。以四方分視差，然東西南北二差又時有變，務彼此相較，展轉推求可也。

論日食之掩地面，必係全食，或係應不見光之地面，又或本日太陽適在最卑，而其視徑大似太陰之視徑。若此，則雖二曜之心合，而周邊大小微異，乃見金環焉。又總論見食之地其廣幾何，且見食進退一分應地面幾何，由是以推各國各省能見食與否並食分多寡等義。

第六卷依原算日食以顯推表及其所用之所以然。必以視差求視會，因詳前引三差恒垂向下，高卑差爲正下，南北差爲斜下，東西差獨中限之一線爲正，左右皆斜。此是太陰所變距黄道度，及順黄道經度用以加減時刻並求食分可矣。但除地半徑差外，別有三差，名外差，不生于日月地，而生于氣。一曰清蒙高差。乃地所出清蒙之氣能變易高下。二曰清蒙徑差。日月居其中，隨變本徑之大小。三曰本氣徑差。本氣者，即月天以下空中氣也，較清蒙爲更精微，亦能變太陽之光照，令月所見之視度視徑隨地隨時大小不一也。

第七卷測考食分方位及時刻。務推與測並行，以自驗其法密與否。西曆家創法之初，審之于天，以求其當然，成法之後，復考之于天，以證其必然，正此意也。交食推法既備前卷，本卷則引測交食多寡之式。如測日月各食分，或于室內，或于室外，以真光形如遠鏡等承其射光之容，即食分多寡可得，非舊法水盤所能及也。至二曜食時所向之方位，或正或偏，測與算合，不爽毫末。又日月或全或零食之時，其變形之限，如二食所共者，初虧、食甚、復圓，月食所獨者，食既生光，皆可得其準也。

《五緯曆指》[第]一卷公論定各星古今次序，測五星平行均數。據古傳太陰最近地，其次爲水、爲金、爲日、而火、而木、而土、而恒星。古又謂諸天皆以地心爲本心，今測則惟日月與恒星爲然，五星各與地不同心，即各視差及各高卑距地遠近可徵也。

五星諸行較恒星與太陽而得，古今其法也。乃先記其各平行，而因各本行圈皆與地爲不同心圈，并亦定其本行。而更以古今圖様解之，且增以新測五星左右異像焉。

第二卷至六卷，第□卷測定五緯一星之最高，及本天與地中兩心之差，並各星表曆元，以得各自行及歲行加減等度分。但金木二星之行相似，與火木土異。蓋火木土或會或衝太陽，以其實行爲歲行之界。而金水即以太陽平行爲本天之平行，其本天不出太陽之本輪，因加小均輪以齊其順逆，行天一周有二伏二見之時，非彼三星每歲一會一衝太陽可比也。又火星或以其行甚曲，或以其行之遲疾不等，有時四五旬日行過一宫，有時二百餘日不及一宫，行似無法，茲窮究其理，以著于圖，定其經緯高卑之行，使測與推諸用法皆明也。

第七卷論五星緯行。推其與恒星或互相照，或同出入，以定其淩犯近遠見伏諸類。蓋舍緯行南北多寡，而止論經行，即淩犯諸類，無從得其全也。故引古今累測遊星之緯，記其各本道與黄道之交角，並繪圖。用三角形所推兩道闊狹，以顯其實相距之比例，又定五星各本天交行，而較火木土于金水，詳其緯從何而生，從何而有異同也。

第八卷著諸曜淩犯相照伏見之原，解七政遲疾二行、五星留逆順合衝各情，並著表繪圖，求入宫入宿等法，并論農家占歲、醫家療疾、人預知天時之雨暘皆由日月五星所命，又定月大月小節氣閏月諸法。

第九卷依古今法測五星各距地之遠近，以推其降施之力，測各視徑及實徑之大小，定其淩犯及諸照之密合，查五星光色，以考其照物之性情。蓋星皆借日光之分，而所發光色各異。有如鏡者，有如水者，有如金者，殆由各染本體之色而然。又據新法新測以考中曆之古測，乃知古則晨夕二留，日時折半，以求合伏之時非法也。又其所用表晷簡平等儀，皆與星行之道絶不相似，而用以測五星則非其器也。大約測五星，須用黄赤全儀、弧矢儀、經緯象限等與其行相類者，而又常較之于恒星，乃可得其準也。

已上畧引書目，皆歸曆原，以全修曆之學，闕一不可。古之論曆者，或務改曆元如氣應等，或務正定歲差，不則求之合朔，求之五星，求之宿度而已。總皆掛一漏萬，其法立窮。必如新法，乃爲無歉。且此外更著學曆要書，如《割圓法》《八線表》《視學》《幾何要法》《測量全義》《渾天儀用法》《比例規》《籌算開方等法》，以爲旁通之學，而曆學于是乎大備，後有學者宜究心焉。

高一志　韓雲《空際格致》卷下

氣屬物象

火屬之物象已明，次宜言氣屬者。其象多異色而顯，故必言其色之所以然，而後列陳其性情。

空際異色

色有二種，一從寒熱乾濕，四元行之情相交而生，是乃真實者。然止于裸體之物可見，若純體必不能見矣。一從光照物體，又逷返之勢而生，是乃幻妄者，易顯亦易散矣。其真實者，別有長論，于此無與，其幻妄者當詳論之，而究其所以然。始論其色之質，或氣或水。氣欲略厚而密，水欲略薄而稀，方可成色。又其所顯之處，大槩在空際。其模者，即光也；其作者，即太陽與射光之物也；其爲者，即宇宙之美，萬有之全也。其色之異品，或由氣質厚薄，或由輝光進退，或由空際之異勢，或由目視之强弱。凡光照空際之體，甚厚，其所生色必深而黑；其體稍薄而濕，色必青。若又略薄，則色見紅；其體又薄，則色青緑；體又精而稍帶厚，則色爲黄。如日月星辰之異色，多爲空際之染所致，正如火焰之異色，多由其交煙之異勢也。

虹霓

虹霓本然之妙，及其所以然之奇，爲衆象首，兹述其結成之次如左。

凡成虹之雲，必欲薄其前以容日照，而厚其後以逷所受。日光，正如玻璃鏡然，若稍有不然，雖接日光，定未能結而成虹。故形容虹者曰：虹，乃潤雲被日對照所成，多色之弧也。曰雲乃虹之質體也；曰潤以指虹質之勢也。蓋雲非方化雨者，不能生虹，故曰被日對照，以指其虹之造作者，并其受造之處也。蓋虹非雲接日光，不足以生，而日非正對，又不足成。故虹朝西而暮東，或東北也。曰弧，以指其形之曲也；曰多色，以别于諸一色之他弧他象也。次曰：人必居雲與日之間，始可見虹，何也？雲正如鏡，回退所接日光，因而成虹。則人非居日雲之間，萬不能見雲所退之日光，并其所製之虹象也。設雲在日與目之間，雖面目之分成虹，而面人目之分，必無虹。設日在雲與日之間，雖迎日之雲成虹，而太遠又不及見于人，何也？虹之色象，能擊及人目者，十五里之遠而已。若彼日外之虹，其遠不止十八度、四千五百里，因知人目必宜在日與雲之間，而天虹乃可得而見也。

次曰，同時多虹可成。假如日及午，東西方各有足成虹之雲，日照之無不成虹，第人止見其一，因人不能并居二異方，故也。又使一方并有二可成虹之雲，日光對照，其一正對者成虹矣。且復回所受之日光，照相近之他雲而成第二虹矣。又從第二雲之日光，遂傳至于他雲，仍成第三虹矣。但論其色之奇，第三不如第二，第二又不如第一。因第一乃獨受正照之日光，而第二、第三所受者，特日光邪逷之照故也。

次曰，月亦成虹，但不能如日之虹有多色，止見一白色，或又稍帶黄色而已。蓋對月之雲，雖足成虹，而月之光，懦弱不能深透雲體，以成多許異色也。

次曰，虹之異色，皆幻而非真，如燈燃或見多色圍遶，又對日噴水時，亦見多色于空中。又白鴿向日其頸亦發多色。則是諸色僞幻不實，何也？諸色時顯時涣，由于日照雲之勢，而不由元情之交正色，故也。虹色雖繁，而其要者約分半圈爲三，其上如香圓色，中如青草色，下如紅花色。若其所以不同，由于雲之薄厚異勢。蓋雲之上面略薄，故接日照，即顯黄色；中體略厚，故顯緑色；下面更厚，故顯紅色矣。又其雲薄厚之異，必由于氣之勢異也。氣之愈清且薄者，其騰愈高而接。日光愈深，其回光愈弱，其所生之色愈輕淡矣。氣之愈濁且厚，其騰愈下，而接日光愈淺，其回光即愈强，故所生之色亦愈濃深矣。至言第二虹，較之第一，其色雖等，而其序相反。蓋上反爲紅，中緑自若而下者反黄矣。其故以鏡發象之情勢可推也。二鏡相對時，其所照物之象，必正相反。蓋一以爲上，一必以爲下；一以爲左，一必以爲右是也。

次曰，虹之形小半圈而已，其故由于雲之質、日之照，人視之之勢不能不然矣。又虹高必由日低，虹低必由日高。又日或在東西之時，其虹必短而濶，在中天時，虹必窄而長。又書短時虹甚密，夏日午後則甚稀，至秋分後時時可見，乃雲氣及日照之勢使然也。

次曰，蝃蝀爲雨兆，蓋雲必潤而將化雨，方可成虹。則虹于午後顯發，必指來雨之多，至晚時，顯知雨之微薄矣。若顯色深重，其雨尤多，因降雨之雲爲多故也。二，蝃蝀又爲晴兆。蓋雲之厚而且結者，未能成虹，則必降大雨。若成霓之雲，薄于前而厚于後，已化散爲微雨矣。化既盡，天必將晴，因知霓雖指雨，必不能大且久也。

雲窟

深夜空中多顯形象，未徹其所以然者，必生忌諱，兹舉其要而釋其由。

凡清氣繁騰空際，叠結廣延，其内略密，其圍稀薄，乃在星光與人目之際，即成深穴象。蓋其外稀薄，能受星光，故見淺；而内密厚，未能深受，故見深，與窟穴無異也。繪法，凡欲畫深者遠者，必多置墨，而以粉地圍之，若欲畫高者，反是。

圍光

地氣多積于空中，或結雲與否，但其氣週圍均齊，厚薄不至相勝，于此忽被日月或火星從上來照，其光不能通透，氣乃退而閃散于週圍，致成圈光之象也。此象月下多，而日下少者，因日光之力原大，化散其氣不使結成圈矣。若月光不然，倘光圈漸密，必爲雨來之兆。蓋驗濕氣上升之衆，氣衆必多結雲而致雨也。倘是圈又從三方化散，必爲多風之兆。若又自化而開散，必驗天晴之意。蓋氣之熱者，消化其濕者，雨無由可生，而天白晴矣。

墜條

氣至結雲時，其厚薄不齊，則承日之旁照，而其光深淺不等，因所致之僞色，亦甚異。然其色承雲勢，退而下垂，正似日射之暈，故成墜條之象。其色與其體，俱無定數，而色多類虹也。

多日之象

太陽行時，不拘南北，忽遇潤雲在旁，其雲向日之面爲薄，故深受日光；及像其背日之面爲厚，故所受光與像不能通透，乃退而下及人目，與成虹之雲略相似，致見日有二，其一係本輪乃真者，一係旁雲乃僞者。正如對鏡者，必生像于鏡內，凡在旁者見一真人，與鏡中所退宛有二像矣。又清水亦可取驗，其在泉或在盂，一受日照，無不生日像，在天與在水，二像無異也。若雲之正面不清薄，必不能深容日光；背面不厚密，必不能回退日光。內體之清，密厚薄或不均，齊必不能于日之全像，或受或退也。試之鏡與水，無不然矣。倘此雲或二或三，在旁相列，無不相傳相承，致人見有多日矣。又説曰：惟日升降時，則致多日之像，若在頂則難得成。蓋日在頂，直射其暈于地，即遇潤雲必晞，化之難以久存，而成是像也。又雲太遠日者，不能受光，又太近日者，未免化散，惟遠近得中，方能成之。

或問曰：日則見二或三矣，若月如何？答曰：月亦然。其望時輪既滿，而力更大，故值潤雲而備數端者，無不傳其像，而見二或三矣。三者惟中爲真月，在旁者僞也。日亦然。

或又問曰：依性理凡像自不可見，惟引人由像至見其物而已，日之真體維一，乃何見之如三乎？答曰：日之實體維一，而像之三者，皆引人由是以見一日也。但日自所發本體之像，直擊人月面引之，人遂直見日體如在本輪。若其花雲垂下之日像，曲傳而下，則引人見日，如在雲內而已。故三像止傳一日之體，而其所由之道，有所不同矣。

又説，凡見日多者，必爲雨來之兆，蓋濕氣衆也。若僞日在真日之南，其雨更多，因南方之雲，尤濕而易化爲雨故。

方以智《物理小識》卷一《天類》 氣嘆差　魏朴亦言之矣，空中皆氣，江海水浮射之，其叀綴之算影，皆不直也。置錢于盌，遠立者視之不見，注水溢盌，錢浮于水面矣。此猶日未出而水光浮，日初出而不熱之理也。溆川董漢陽穀謂京日至瓜洲，江面一千三百餘櫓，一櫓之力，不過三尺，則四百丈也。中有金山，廣百五十丈，南北水面共二百五十丈，可以八十餘艘作浮橋。每舟二丈，中虛一丈，加版通行，當名朝宗萬歲橋。昔宋取南唐，繫浮橋于采石，雖暫，亦知其可爲矣。《寰宇志》：京口江闊四十里。蔡寬夫曰，瓜洲在江中也，今闊十七里。憶崇禎乙亥測量，言二千丈餘者，以目光爲水光奪，以水嘗飽，視其中爲極，而所餘猶半也。空中久視，亦爲日光所摇，非固精凝定者。測量空遠，豈能準哉？暄曰，氣能使物大，氣能使物顯，氣能使物近。江中見逆風使檣者，隔岸望之，舟已觸岸，而久不迴帆，乃知所望之岸，非真岸也。又江中有洲，此岸望之，則洲近彼岸距十分之一。彼岸望之，則近此岸距十分之一。是知十與一，乃中數也。故立清蒙差算法。然地上浮游之氣，日少而夜多，豎少而横多，千差則蒙中有清，清中有蒙，蒙差少而清差多，要在算者之自得于心也。中通曰，測遠須重表。凡數測而後算，始能無差。又須彼岸有樹，或屋，或物，可作準的，方能測度。不然，則一線江岸，左右無定，宜其不準也。日初出，大而不熱者，地氣横映，故大；氣厚隔遠，故不熱也。日午熱而不大者，地上氣淺，故不大；氣淺易透，故熱也。又日初出，光切地圜之界，力輕，故不熱。日午，光直射地平，力重，故熱。日初出，人目力横視遠，故大。日午，人目力上視短，故小。

光論　文鏡曰，兩間變狀，皆氣光之所爲。潛草曰，兩間之光，皆太陽之火也。黄帝經曰，天明則日月不明。蓋天凝其陽精爲日，而月與星用之，萬物皆用之。《説文》：光，從火，在人上。人正用天之火種，而心正傳天之神光者也。以體質言之，火用爲燈而發光。以理言之，未有燈火之前，光之理已具矣。愚者曰，光理貫明暗，猶陽之統陰陽也。火無體，而因物見光以爲體，猶心無體，而因事見理以徵幾也。晦夜皆黑，地雖遮日，空自有光。人卧暗室，忽然開目，目自有光。何訝虎梟猫鼠之夜視耶？氣凝爲形，發爲光聲，猶有未凝形之空氣與之摩盪噓吸，故形之用，止于其分，而光聲之用常溢于其餘，氣無空隙，互相轉應也。暄曰，氣本有光，借日火而發。以氣爲體，非以日火爲體也。故日火所不及處，處窗空中皆有之，則餘映也。然映日之光黄，映火之光赤，固爲從類。而月星光白，野燐光青，暗室光黑，則輾轉互映而遞減者也。水鏡，玻璃，能照物而不發光。木葉，塔影，能發光而不照物。目之神光，具各種異色，從暗摇之而見，閉而摇之而亦見。可見無物不含光性，以氣爲體，不專日與火也。日火，皆氣也。　中通曰，光小者不隔，而影有窮時。故徑寸之火，影不百丈。光大者，雖隔而影不蔽光，故太陽之照，光能含地。

轉光　日射地上之水，或置鏡及放光石，使火照之，則光入于屋梁。今術家使人見光之法，亦暗縣一鏡于衣襟，或袖口，列燈燭香煙于地，引人拜祝，燭照鏡光，摇鏡則光見于壁。或縣貓精與大金剛石，則能成五色光。萬曆戊午，老父在蜀，爲閔夢得公讞一魔術，知其轉光梁上，射入暗室之鏡，使男女自照鏡中，見其前身，以惑人云。

又《曆類》 圜體 天圜地方言其德也。地體實圜在天之中，喻如脬豆。脬豆者，以豆入脬吹氣鼓之，則豆正居其中央，或謂此遠西之說。愚者曰，黄帝問岐伯地爲下乎？岐伯曰，地人之下天之中也。帝曰，憑乎？曰，大氣舉之。邵子、朱子皆明地形浮空，兀然不墜，以世無平子、沖之、一行、康節諸公耳。孔子曰，天子失官學在四夷猶信，世士不考相傳地浮水上天包水外，謬矣。地形如胡桃肉凸山凹海。 中通曰，以簡平儀測天星，每二百五十里差一度。金幼孜《北征録》云，沙城鳴鑾戍，夜視北斗在頭上，古梵埸長清塞則南望北斗矣。以此推之非圜體而何。

附記 《通雅》云，直行北方二百五十里北極出地高一度，足徵地形果圓。周九萬里厚二萬八千六百三十六里零三十六丈，上下四傍皆生齒所居。利公自泰西浮海入中國，至晝夜平線，見南北二極皆平轉，南過大浪山見南極去地三十二度，則大浪山與中國正對矣。故以瓜喻之。自北蒂而南臍爲五帶，曰北極圜內，曰南極圜內，遠日而冷者也。曰在晝長、晝短二圈之間其地甚熱，赤道近日故也。曰在北極晝長二圈之間，曰在南極晝短二圈之間，此二地謂之正帶日迤照者也。又以地勢分五大洲。

又 光肥影瘦之論可以破日大於地百十六餘倍之疑 利瑪竇曰，地周九萬里徑二萬八千六百六十六里餘，日徑大於地一百六十五倍又八分之三。距地心一千六百零五萬五千六百九十餘里。熊伯甘曰，燈體如指半寸內熱不可堪，炬如拳三寸內熱不可堪，野燒如車輪三尺內不能堪矣。西法測日輪乃倍於離地之空處，則地上焦灼何堪哉。寧都邱邦士曰，燈炬野燒大小遠近之熱誠然矣。但西法日輪之大未嘗倍於離地之空也。按上數算日離地中視日徑且三倍有餘。倍日去地中之數，則日天之徑，以徑七周二十二之法求之。日天之周當一萬萬里有奇，其三百六十之度每度二十七萬餘里。西法又謂每半度爲日之全徑，然則日全徑僅十三萬餘里耳，何得百六十餘倍於地耶。西學不一家，各以術取捷算，於理尚膜，詎可信乎。細攷則以圭角長直線夾地於中，而取日影之盡處，故日大如此耳。不知日光常肥地影自瘦，不可以圭角直線取也。屋漏小罅日影如盤，嘗以紙徵之。刺一小孔使日穿照一石，適如其分也，手漸移而高，光漸大於石矣。刺四五穴就地照之，四五各爲光影也，手漸移而高，光合爲一，而四五穴之影不可復得矣。光常肥而影瘦也。 中通曰，所謂取影者，地影礙日而蝕月而不蝕他宿，必日影之窮也。故從月天以兩直線夾地取日輪耳。日之大定以半度爲準，光肥影瘦之説，通嘗測之。高四百倍於其物之徑而影絶焉。 中履曰，日未出而天光曙，日已入而地猶白。赤道下爲朦朧影者，凡六刻有餘。南北極爲昧爽黄昏者，各一月有半。豈地影所能盡障乎。若日較地大百餘倍，則地在日中僅一點耳。即以南北千里之殊，止共一點，而南無雪北無雷，寒暑氣候迥然不同，則是太陽不能偏蒸羣地而曰日體遠過於地。安足信乎。

按：西學初入時，於日地體積之比較，厥有二説。梅文鼎《曆學問答》亦言其一云大一百六十五倍、一云大五倍有奇，兩數相差太遠。據今日實測，則太陽大于地一百餘萬倍，因其距地太遠，故日光僅一部分及地。燈炬野燒之喻光肥影瘦之説，一曲之見也。

日、月食 月質以映爲光，合朔日食月質掩日也，望有月食地球之影隔日也。凡見月之處見食皆同，而日食則異。其不當頂而斜迤者皆不見日食也，故分抄各別此質測也。

黑子 日中黑子蓋恒有之，或見或不見。太白有二黑子，填星有四黑子，旋轉其上。其暈而爲黑子者，則光所盪也。 中通曰，金水二星附日爲輪，止在日下則爲黑子。

按：日中黑子，係電子放射一種現象，與行星過日時所呈之黑影不可混而言也。

又方以智《通雅》卷一一《天文·曆測》 雲漢，細星之光也。 《夏小正》：七月，漢案户，言天河直户也。《埤雅》曰：「河精上爲天漢。」楊泉《物理論》曰：「水氣發而升，精華浮上，」西學以窺天鏡窺之，皆爲至細之星，如郎位、旄頭而微，望之則若河耳。智來嶺表數年，又見一奇事，河漢以十月收，以二月見，天下皆然；而嶺表臘月晴暖之夜，仍見河漢，總不收隱，此從古無人道破者。今西圖增入微星，又測觜入參度四十分，皆前所未有。《博物志》言：「天河與海通，浮槎見織女，歸訪君平。」乃寓言耳。

顧炎武《日知録》卷三〇 月食

日食，月揜日也；月食，地揜月也。今西洋天文説如此，自其法未入中國而已有此論。陸文裕《金臺紀聞》曰：「嘗聞西域人算日、月食者，謂日與地同大，若地體正掩日輪上，則月爲之食。」南城萬實《月食辨》曰：「凡黄道平分，各一百八十二度半强，對衝處必爲地所隔。望時月行適當黄道交處，與日正相對，則地隔日光，而月爲之食矣。」按其説亦不始於近代。漢張衡《靈憲》曰：「當日之衝，光常不合者，蔽於地也。是謂闇虚，在星星微，月過則食。」載《後漢・天文志》中。俗本「地」字有誤作「他」者，遂疑别有所謂闇虚，而致紛紛之説。《宋史・天文志》「日火外明，其對必有闇氣，大小與日體同」者，非。

靜樂李鱸習西洋之學，述其言曰：「月本無光，借日之照以爲光曜。至望日，與地、日爲一線，月見地不見日，不得借光，是以無光也。或曰：『不然，曾有一年月食之時，當在日没後，乃日尚未沈，而出地之月已食矣。東月初升，西日未没，人兩見之，則地固未嘗遮日月也，何以云見地不見日乎？』答曰：子所見者非月也，月之影也，月固未嘗出地也。何以驗之？今試以一文錢置虚器中，前之卻之，不見錢形矣，卻貯水令滿而錢見，則知所見者非錢也，乃錢之影也。日將落時，東方蒼蒼涼涼，海氣升騰，猶未水然。其映而升之，亦月影也。如必以東方之月爲真月，則是以水面之錢爲真錢也。然乎？否乎？又如漁者見魚浮水面，而投叉刺之，必稍下於魚，乃能得魚，其浮於水面者，魚之影也。舟人刺篙，其半在水，視之若曲焉。此皆水之能影物也。然則月之受隔於地，又何疑哉！」

南懷仁《新製靈臺儀象志》卷四 測天諸氣之法，於蒙氣之差所係爲最大。其差加減之於高度，則其所測之合天與否可定也。其測法并其差表具載日躔曆指諸書中。但蒙氣差細微之處，極繁不過數分秒耳。今姑舉他體通廣之差并其測法差表以明其理，而推廣夫儀器之用法。夫通廣之體有二：一光明易爲透徹，一難透徹。皆由本體各有厚薄之分。厚薄有加減，則其所通光之差亦因之而有加減。又凡其所差，以天頂線爲主，其頂線則立於光所初入之地。夫日月諸星之光若從易通光之體而入難通光之體，則其所透之光必向頂線而凝聚矣；若從難通光之體而入易通光之體，則其所透之光必離頂線而渙散矣。見一百十三圖。假如丙丁爲水盈之盤，於其底而置一錢，而錢所升之象與太陽之升光同一理也，其象交水盤之邊而初人空明之氣。若立頂線如壬丙己，則明見其象不依直線而射於乙，必更離於壬丙己頂線而偏射於辛，因從難透之水體入易透之氣體故也。又試觀空明之地，如辛有光，而以頂線壬丙己從本盤之底已至立水面丙立有直表，而辛光之一道照至於丙點，其光道與表影不依直線而射戊地，必依曲線向壬丙己頂線而偏於甲，因從易透空明之氣體入難透之水體故也。其測法，用兩象限儀，一在水面上，一正對於水面下，而以水中表影所射之度數對比於水外日高之度數。假如東西壬辛爲半球空影，其東西全徑於地平線平行，其壬東辛西兩象限儀各平分九十度，兩象限儀相對，同穿於壬辛頂線軸上，而任意左右轉移，以對於太陽之高度。次半球形用水盈之地平東西之線令齊，而甲乙窺衡表對於太陽之高度，則半徑辛乙表端之影水中所對射之度數，爲氣水高下差之度數矣。若不用日光，則目依窺衡表甲乙線，水中所窺對之度數爲氣水差之度數也。今照比例法列爲六等之表，以明三等體所通光之差。各體立氣水等差二表，見於後篇，今約舉數端以解之。

水差者，光既從空明之氣而入透於水，則其水中所射之高度比在空明氣之高度所差若干度分也。見一百四圖。假如太陽空明處距天頂線八十度，而其射光一道，徑過半徑表端甲，若圓球形之器内無水，測其光道與表影在圓器内，依徑線正射八十度矣。若充其水齊邊，測其光道止射五十度矣。因而通氣通水之光道差三十度，爲其玻璃差者，則光或是物象，同一理。從空明之器透玻璃離於徑線近遠之差也。見上氣水差之圖。而以丁線爲直徑線，以水盈之，圓球形爲玻離球形也，凡玻璃望遠、顯微等鏡，其所以發現物象近遠大小暗明正斜之衆端，皆可從此差之理而明之，詳見本論。

水氣差者，則光或物象從水中升出而射空明之氣，其所以射光之線水内氣内各離頂線近遠不同之差也。假如射光之道，其在水内離頂線五十度，其在空明氣内離本頂線六十五度，兩差十五度，則此推表之度數準合於儀器之所測矣。試於大盂内照氣水差表製界節氣線日晷，盂中注水與表端齊，則太陽之光照表，其表影盂底正對於本日節氣線及時刻纖毫不爽也。若盂内無水，則表影與本節氣線不對，而大謬矣。其照界節氣線日晷依常法空明氣中製之，則表端與本節氣線難免有過不及之差，今依氣水差表製之，豈有表影與其所測之高度不相合者哉？

諸曜出入地平蒙氣廣度差表

諸曜出入地平，必在蒙氣之中，故其出入之廣度有加分、有減分。北加而南減，多寡不等，依各地北極之高度多寡不等也。今依蒙氣之高差最大者三十四分，而推其出入廣度之差分，悉照各方極之出地之高度，列表如左。

氣水等差表

極高度	蒙度	氣分	差秒	極高度	蒙度	氣分	差秒
四	〇	〇二	二二	三八	〇	二六	四三
六		三	二二	四〇		二八	四三
八		四	三四	四二		三〇	五三
一〇		六	〇〇	四四		三三	一七
一二		七	一五	四六		三五	四四
一四		八	三三	四八		三八	〇八
一六		九	五〇	五〇		四〇	三三
一八		一一	〇七	五一		四二	二一
二〇		一二	二五	五二		四四	二二
二二		一三	五〇	五三		四六	〇二
二四		一五	一七	五四		四七	五二
二六		一六	四五	五五		四九	四二
二八		一八	一二	五六		五一	三二
三〇		一九	四〇	五七		五三	二二
三二		二一	二四	五八		五五	一二
三四		二三	一〇	五九		五七	〇三
三六		二四	五六	六〇		五八	五五

氣水差者,即光及物象從氣入水,而斜透水内高度之差也。所謂水氣差者,即光從水入氣而斜透,則氣内高度之差也。氣玻璃差及水玻璃差等俱倣此。皆以光離天頂之遠近爲主。假如太陽離天頂線四十度,氣水差表内相對爲三十度,其相差者乃十度也。水氣差表内相對之度爲五十一度,其差則十一度也。氣玻璃差表内相對之度爲二十五度,則所差爲十五度也。其餘倣此。

論飛葭之無合於曆

如前驗氣之法,其微妙如此,且不可以測天上之節氣分也,況葭管飛灰,其術莫驗,又安所用之哉?故凡引鍾律以爲驗節氣法者,不過欲附會欺世而攙紊曆法耳。天其可欺也哉?今約舉四端以辯之。

一、春分之日,太陽正交赤道之日也,萬國同是此日,故萬國同日皆可以測驗。飛灰候氣,全係地氣,地氣有冷熱乾濕之不同,萬國有不同之地氣,無不一之春分也。

二、每年太陽一交赤道,便爲春分,則春分萬年如一,永不改變。若地氣至春分時,各國每年改變不同,設欲以地氣測春分,則春分年年不同矣。

氣水差全表

距天頂度	度	分	距天頂度	度	分	距天頂度	度	分	距天頂度	度	分	距天頂度	度	分
一	〇	四六	二一	一六	一一	四一	三〇	[illegible]	六一	四二	五一	八一	五〇	一二
二	一	三三	二二	一六	五七	四二	三一	[illegible]	六二	四三	二三	八二	五〇	二三
三	二	二〇	二三	一七	四二	四三	三二	[illegible]	六三	四三	五三	八三	五〇	三二
四	三	七	二四	一八	二七	四四	三二	[illegible]	六四	四四	二二	八四	五〇	四一
五	三	五四	二五	一九	一二	四五	三三	[illegible]	六五	四四	五〇	八五	五〇	四八
六	四	四〇	二六	一九	五六	四六	三四	[illegible]	六六	四五	一七	八六	五〇	五四
七	五	二七	二七	二〇	四〇	四七	三四	四一	六七	四五	四四	八七	五〇	五八
八	六	一三	二八	二一	二五	四八	三五	一九	六八	四六	一〇	八八	五一	一
九	七	〇	二九	二二	一〇	四九	三五	五七	六九	四六	三四	八九	五一	三
一〇	七	四六	三〇	二二	五〇	五〇	三六	三五	七〇	四六	五八	九〇	〇	〇
一一	八	三二	三一	二三	三八	五一	三七	一二	七一	四七	二一			
一二	九	一八	三二	二四	二一	五二	三七	四七	七二	四七	四三			
一三	一〇	四	三三	二五	四	五三	三八	二四	七三	四八	[illegible]			
一四	一〇	五〇	三四	二五	四七	五四	三九	〇	七四	四八	[illegible]			
一五	一一	三六	三五	二六	三〇	五五	三九	三五	七五	四八	[illegible]			
一六	一二	二二	三六	二七	一三	五六	四〇	九	七六	四九	[illegible]			
一七	一二	九	三七	二七	五五	五七	四〇	四三	七七	四九	一七			
一八	一三	五五	三八	二八	三七	五八	四一	一七	七八	四九	三三			
一九	一四	四〇	三九	二九	一九	五九	四一	四九	七九	四九	四七			
二〇	一五	二五	四〇	三〇	〇	六〇	四二	二一	八〇	五〇	〇			

三、春分只有一日,春分前後幾日,地氣乾濕冷熱大概相同,難以分別。況春分等節氣只在本日一刻之間,本日自朝至暮地氣亦大概如一,又難以分別。何可就地氣以測定春分在某日某時刻乎?

四、地氣本乎地勢,或傍山、或近江湖,常有變换,又有風雨雲霧皆能變易地氣,春分之日全憑太陽交赤道度,距地甚遠,與地何涉?豈可以多變之地氣測驗不變之春分也？

距天頂度	氣水差度	氣水差分	氣玻璃差度	氣玻璃差分	水玻璃差度	水玻璃差分
一○	七	四六	七	○○	九	二八
二○	一五	二五	一三	三○	一八	三○
三○	二二	五○	一九	三○	二七	○
四○	三○	○	二五	○	三五	○
五○	三六	三五	三○	○	四二	三○
六○	四二	二一	三四	三○	四九	三○
七○	四六	五八	三八	三○	五六	○
八○	五○	○	四二	○	六	○

距天頂度	水氣差度	水氣差分	玻璃氣差度	玻璃氣差分	玻璃水差度	玻璃水差分
一○	一二	五	一三	○	一○	三○
二○	二四	三○	二六	三○	二	三○
三○	三七	三○	四○	三○	三三	○
四○	五一	○	五五	○	四五	○
五○	六五	○	七○	○	五七	三○
六○	七九	三○	八五	三○	七○	三○
七○	九四	三○	一○一	三○	八四	○
八○	一一○	○	一一八	○	九八	○

測中域雲高度之法

假如空際有雲象，其一端爲甲。兩人各用象限儀，一從乙處，一從丁處，(從丙處更便)測其高度。因于甲乙丁三角形内，得其三角，並乙丁線之步數，故照法推知甲乙線。今以甲戊線爲從雲而下之垂線，甲乙戊三角形内既得甲乙線，而甲戊乙爲直角，則依勾股法之理推知甲戊線之步數，而可得雲之高度矣。虹霓諸類之高度與雲象諸測法皆倣此。其測彗孛新星等另有本論。若測雷起處距地近遠等，則以測時刻分秒之垂球儀可推而知也，詳見別集。

測空際異色并虹霓珥暈諸象

格物家論色之異有二：一真實，一幻妄。何謂真實？蓋從寒熱燥濕四元行之情相交而生，然必雜體可見，而純體不可見也。何謂幻妄？蓋從光照物體退返之勢而生，雖易顯著，亦易涣散。夫二者亦各分五等，正相反者有二：純白、純黑是也。又中等者有三：黄、紅、青是也。由是五等彼此相交相變，而各色生矣。姑以各色玻璃相交映之勢言之。於一密室中，户牖皆閉，務令幽暗。或户或牖微開一隙，其大小與玻璃相稱，而以通日光隙内。置各色玻璃，用潔白紙對之，其日光透射玻璃，玻璃所映之色必映於紙上。如隙内並置玻璃兩片，一黄、一紅色者，則紙上必現黄金之色矣。如並置兩片，一黄、一青者，則紙上必現綠色矣。如並置兩片，一紅、一青者，則紙上必現紫色矣。餘倣此。若以銅圓柱鏡對於通日光之隙，則周圍返照之光而五彩虹霓之象俱顯矣。至於各色明麗深淺濃淡之加減，則隨其圓柱鏡之光有斜正返照之勢而生焉。蓋圓柱鏡返照之日光愈斜，則其所映之光愈昏，而其色之變異遂去日之原光愈遠矣。若夫真實之色，别有闡發，今止就幻妄之色而論之。大凡有形象者，皆由質、模、作、爲四者而成諸異色也。其質者，即空際之氣也，氣必稍厚而密方可成色。其模者，即光也，光道愈密則各色必愈明麗矣。其作者，即太陽與射光之星月也。其爲者，即六合品彙之全而萬有之美也。其色之異者或由大氣質之厚薄，或由夫光輝之進退，或由夫空際之異勢。蓋凡光照空際之體厚，則其所生之色必深而黑；若體稍薄而濕，則其色必青；若又稍薄，則其色必紅；若體薄甚，則其色青綠，若體精而稍厚，色則爲黄矣。即日月星辰之異色，多爲空隙之所映射而致，正如火焰之異色由煙氣熏灼而成耳。

夫空際彩色之異從雲氣之厚薄而生，前論已悉之矣。今更借玻璃之五彩以明之。如三稜角玻璃，從每角起至對角面止，則玻璃之體漸次加厚。見一百十二圖。甲乙戊己爲三稜角玻璃，分三等厚薄之界線，因而所見彩色約分三等焉。如香圓色、紅花色、天青色是也，其餘諸色從此三色交映而生。蓋太陽之光斜透玻璃，必多混雜，其玻璃厚薄若干，則日光混雜亦若干，而其所現彩色濃淡即若干矣。如玻璃上層甲甲乙較他層更薄，日光易透，故其所映之光稍混，而彩色與原光相近，其所現之色淺淡如香圓色是也。玻璃下層戊己較他層厚甚，日光雜透，故其所映之光朦混，而彩色與原光相遠，其所現之色深濃如天青色是也。玻璃中層在厚薄之間，故人目透視之日光其彩色乃在青黄之中，如紅花色是也。然則日光之濃淡昏明無不從玻璃之厚薄而生也。審此，則玻璃所現之彩色與虹霓之彩色，其理固無異矣。又虹霓本然之妙及其所以然之奇爲衆象首，原夫虹霓乃潤雲被日對照而成多色之弧也。蓋雲者，虹之質。而雲之潤乃所以必成其虹質之勢也。一被日對照，而虹乃由之以成矣。夫雲非當其化雨，則不能生虹；而雲非承日光，則虹無由而成；又日光非正對，則虹又無由而成。故虹之見也，必朝西而暮東，亦或東北也。日弧者，虹形之曲也；日多色者，别虹於諸色他弧他象也。次曰同時多虹可成，假如日當於午，東西方各有雲氣，日光照之，遂成虹矣。但因人目限於一方，止見其一而不能并見其他耳。假使一方而有二雲，日光照之，其一正對者變虹矣，而其回光照及相近之雲，又二變而爲虹矣。又由此雲所照之日光退傳至於他雲，又三變而爲虹矣。若論其色之奇，三變不如其二變，二變不如其初變。蓋初所變之虹則受日光之正照，而二變與三所變之虹不過受斜退之光已耳。虹色雖多，約分爲三：上如香圓色也，中如青草色也，下如紅花色也。然其所以不同之故，由於雲之厚薄異勢。故雲之上白而且薄，接日之照則現黄色；中之體厚，則現緑色；其下尤厚，則現紅色矣。至若雲之厚薄之異，由於氣之勢異也。氣之輕且薄者騰愈高，接日光愈深，其回光愈弱，所生之色愈輕淡矣；氣之濁且厚者騰愈下，日光愈淺，其回光愈强，所生之色愈濃深矣。至言二變之虹，較之初變之虹色雖同，而序相反，上反爲紅，中緑，自若而下者反黄矣。次曰日月暈虹霓等象皆爲圓形。其所以然者，乃由日光斜透之勢耳。凡現虹霓之時，皆太陽所映彩色，故碧落之雲無不變現，但人目止見一圓弧之異色。因其斜透圓弧之光道，皆離太陽及離人目有一定之遠近故耳。如鵓鴿之頸、孔雀之翎向日，空中雖發多色，人目旁見之，必有一定之近遠。若或過或不及，則異色俱不見矣。天文家常測得虹霓之半徑爲四十五度，日暈半徑爲二十二度半。如甲爲日，乙爲人目，丙丁爲日暈，中心爲庚，過中心之光道甲庚乙爲日暈之軸也。太陽所透周圍之光道各離日暈之中軸二十二度半，而此度數以内以外之光道，乙目皆不得見其所映之彩色矣。月暈日珥及日月旁氣之象，其彩其形皆倣此。凡此類通光並生雜色之雲氣，比之取火之玻璃鏡。如太陽之透玻璃鏡，近遠無不射其光，但其聚光聚火之處在圓光之中，離玻璃後面有一定之近遠。人目所見雲内彩色之處亦在過不及之中耳。

凡從原光所生之彩色，皆爲次光之類，比之原光猶燈光之比日光焉。然燈光白日淡而不顯，夜則大顯，五彩之光亦然。暗地則大顯者，是各發其所以映之異色也。夫太陽在地平之上，終日照耀四方，無不斜透空際之雲氣而映成多色矣。凡異色於白日不顯，至晨昏倍覺分明，職此故耳。

《康熙幾暇格物編》

蒙氣

蒙氣離地甚近，四十度以上，即不用蒙氣表矣。故地方高朗清處，皆無蒙氣。近有測量地里圖人早行，晨雞未發，忽見天際如日方升，林木村舍依稀辨色，須臾，昏黑如故，移時東方始明。蓋日在地平之下，光暎蒙氣而浮上也。正如置錢碗底，遠視若無，及盛滿水時，則錢隨水光而顯見矣。

又　地絶處

黑龍江以北地方，日落後亦不甚暗，個半時日即出，蓋地之圓可知也。近北極，太陽與地平週掩無多也。朱子云，唐太宗收至骨利幹，置都督府，其地夜易曉，夜亦不甚暗。蓋地當絶處，日影所射也。又云，《通鑑》説有人適外國，夜熟一羊胛而天明，此是地平之處，日入地下，而此處無所遮蔽，故常光明。以此知古人紀載皆有確據，非好爲新奇之説也。

又　山氣

海市見之於書，人皆知之，不知山巒之氣亦然。塞外瀚海早行，春秋之際，空闊之處望之亦有如城郭樓臺者，有如人物旌旗者，有如樹木叢生、鳥獸飛舞者，遠觀景象無不刻肖，逼視之則不見。是皆山氣之所融結，可與海市並傳也。

鄭光祖《一斑録》卷三《物理》　聲影皆有微理

舟上撑篙，篙入水如曲。渡人獵魚鼈，照所見不獲也，須求之於下乃獲。盌中置一錢於底，遥望不克見。注水於盌，令極滿，則錢影浮於水面。

光有所遮而成影，光過小穴，入暗室照於地，照於壁，其光中帶過之影皆倒。不知者漫以爲奇。余嘗見屋漏日光，在地如錢，光中有雲影推過，皆向西北，知天上之雲，實向東南。舟中蓆棚遮暗，隙綫漏入之光，帶進棚外各影亦倒。在天日食，仰視耀目，可將厚紙刺一穴，照於日。另以一紙在穴下，承其影視之，則日食分秒畢見，而影亦倒。銅鏡面凸者，物被照入影收而小。面凹者，切近照之，影正而加大，遠照之影亦倒。

眼鏡過凡物之影以入人眼，入自内視之也。若自外視之，則凡物之影皆二，蓋其内外平面各主一影也。若將眼鏡折疊照之，則凡物之影皆四。此猶以秤衡物，物甚少，則權進紐内亦可衡也。

又　人眼視物，遠近多弊。製玻璃水晶之凹凸濟之，眼鏡之用宏焉。明時或行單照，或製兩圓如錢。康熙四十二年，上賜蔣文肅公母曹太夫人，即今之製。凡物遠視則難。西洋製窺遠鏡，山川、城郭、島嶼、舟帆，收遠爲近，視小爲大。窺天上日月諸星，竝能得其真形，且能於白日窺見。

又　**《一斑録·雜述》**　晷景午時最久

日月出入爲青濛氣所騰，本未出者，已見其出；本已入者，尚見未入。不獨卯、酉然也，即辰、巳、未、申皆有差，惟午正乃無差。余嘗留心體察，知日在巳初三刻，而晷影已到巳正；日在未正，而晷影尚在未初三刻。故以晷影定時刻，一日中惟午時爲最。久則欲定時刻，須以自鳴鐘在午正時與晷影配準，又須按指南鍼偏東度數配準，則所行晝夜時刻乃無差悞。

或云，日過赤道北，則青濛氣向北，日月之影上騰。日過赤道南，則青濛氣向南，日月之影下騰。夏日午時最長，冬日又午時最短。是未必然。特立論精奇，不可不並存其説。

鄭復光《鏡鏡詅癡》卷一　原目

一、目中心黑點，資乎腎水。亦水類也，是爲内光，故含影見物。

二、目照物，似不通光之鏡，實則通光之體，但居明視暗，他人不能見其通光耳。

論曰：目照物與含光鏡同，若不通光者，然而視物則有獨擅之能者，知其實通光也。如云不然，何清矇内膜照物自同，而視焉不見乎？《遠鏡説》云，人睛中有眸，張閉自宜。睛底有◎原本如此，想是圖其象耳。屈伸如性，高窪二鏡自備目中云云，若不通光，屈伸何爲？《人身説概》云，腦中從頸髓生兩細筋，上合爲一，復分爲兩支到兩眼。又云，五官容受外來，送至腦中與總覺之司，如置郵然云云。若不通光，又何物之能送？

三、目睛内有物如水晶球，本《人身説概》。故外面包裹其形必凸，凸者返照物景恒小，能使當前全境畢照。蓋視法有二，其一，從目中心出兩線射物上下，以取物全體，而得其形；其一，從睛上下二邊各出一線以射物，細分而察其質。兩法之線，皆三角理，凸則角愈展而物景小，故全境皆收入也。

四、視法近大遠小，是遠差也。原色七。間有遠而覺大者，則濛氣差也。

五、睛形有二解：一曰外凸，有聚光能力；一曰内長，有伸縮能力。外凸之光線，以廣行爲用；内長之光線，以收展爲用。故妙齡睛足，可聚成三角，以察近細；亦能展殺三角，以矚高遠。其劣者，則爲短視，爲老花，各有二種，分疏於後。

六、短視之睛凸多深，老花之睛凸多淺。凡凸者照景必小，凸深愈小。景之小者，視物必覺大也。引鏡自照，景與面相若也。而目中面景，不能充滿黑子焉。短視凸深，與小而近者宜，而不能見遠。睛凸深者不見遠，而視近則愈明。如蜻蜓之屬，目若半球，深極矣，故一二尺外，絶不畏人，不見遠也。若近至寸許，雖捷者攫之則難，視近至鉅且明也。老花凸淺，與大而遠者宜，而不能察近。蓋物雖大而遠，遇凸之深者，其景束於黑子微至之處而不大；景束愈小，則視覺愈大，茫然不見矣。物雖小而近，遇凸之淺者，其景溢於黑子輪廓之外而不小；景溢愈大，則視覺益小，昏而不清矣。此短視、老花之一種也。

論曰：目凸深則微至，《考工記》之言察輪欲其微至，謂輪至地者微也。凡圓與平相切，欲至則圓者，理也。而圓小愈微者，勢也。微至，則物大而景小。景小，則以三角視物，而形覺大，故宜視近。凸淺，則幾平。幾平，則景小亦殺。去聲。景殺，則似平行視物而線角展，故宜視遠。景束、景溢，其理必然。第在本人目力既有定限，亦有難於自覺者。然以常人之目試視一字，頗明顯也。徐徐近之，必有昏花之處，以意牢記其大小；再驟引遠至明顯處，必覺略大；再漸遠之，然後漸小。夫近大遠小者，遠差理也。今反遠大近小，非景溢而覺其小乎？由是，則老花之理明，而近視之理可反推矣。

七、人有終日一編，視不逾几席者，即成短視。有務於眺遠，不耐近察細書者，即成老花。緣睛爲長體，其面爲凸，其底爲凹，《遠鏡説》所作◎，疑是圖其凹形。凹與凸合，伸長則見近，縮短則見遠。習於伸者，不良於縮，是以不見遠也。習於縮者，不良於伸，是以不察近也。此短視、老花之又一種也。本《遠鏡説》《人身説概》云，近視，小球不在前而近中心。殆因已縮，不能再縮視遠耳。

一系，試法：目前數寸隔紗視物，合眸微啓，則紗之經緯井然，而外物模糊不清。若昦，其目則外物呈露，而紗之經緯茫然矣。豈非伸縮眸子之故乎？短視者多矇朧其目而覷遠，知其伸縮皆與常人反也。

八、目有兩，閉一用一，其視力相若者，光同故也；各視一物，則一明一昏者，心不二用也。故常人視物，必兩目並集，使兩光相疊，而視益明。蓋光複必深也。原光十四。若爲物所礙，兩目不能並用，必閉其一，而視亦明，視力專也。本儀象志。是以眇一目及睛斜者，止一目得力，雖不相疊，亦不害於視耳。

論曰：兩目左右各出視線，會於一物，不惟欲使光疊益明，且目有兩，不致一眇而廢視，此造物所加意也。故目有疵者，或一斜一正，則兩視線不能相會，爰用一目左右互代，亦不廢視。如云不然，則視線到物兩岐，豈不物一而見兩乎？醫家謂精不足則視物兩岐，此又一理，以一目之光，散成兩線也。試以指按目，視鐙頭，則見岐成兩三鐙頭也。短視，竟有兩目深淺者，曾見定造鴛鴦眼鏡云。

九、目線視物，因物大小以收展合視法。然人目有不同，故兩線角亦有大小，而視物大小各不同矣。

論曰：月初出地，或謂如盂，或謂如輪，由人心所擬不同，何至相懸若是？故知視角異也。

一系，試法：取數寸之物，逼目視之，睟不動，必不能見兩端；徐引遠之，使恰見兩端而止。量目距物，可知此人目角幾何也。

二系，目有雀盲者。雞及諸禽，入夕則瞑不能視，而非盲也。如鵂鼠，明於夜而瞀於晝；魚鰕察於水而眊於陸，此物各一性，觸覺之殊，無關光也，在人則爲病耳。醫家謂，爲肝血不足。蓋肝主目，肝不足，故觸覺應異常人也。此專論光，姑略焉。

十、目上邊必射物上邊，下邊必射物下邊。故物入目，各如其分而不淆。若有他故隔礙，則寧昏然不見，而目線仍如常不變。

解曰：目線三角，或深或淺，因物收展，其常也。設物隔小孔，孔束物線成交，目出交外，則目順交線即爲交隔，故目仍如常。三角視孔，止見物塞滿孔隙，昏然不見物形矣。如云不然，則目順交線，豈不見物爲倒象乎？

十一、目爲內光，原光二。故照物見景。在人見爲見景，在己即見物形。若取景，則不必於內光，原光四。而可見倒景於目。在人見爲見倒景，在己反不能見物形，有交線隔目線故也。本章十。

解曰：照物得景，內光含其景故。取景得倒，格術原線八。聚其光故。含其景，是目中有物象也。聚其光，非目中有物象也。夫取景法，物必塞滿孔之邊，景恒溢出眸之外。故物景之大有定度，目線之法無所施，取景雖明，視物反室矣。如云不然，則物既見倒景入目矣，使目亦見物形，豈不倒順兩景交錯乎？

十二、塵封垢膩，光之累也，洗拭是宜。目液涵濡，所以洗之；闌干目眶也。啓閉，所以拭之。本《人身説概》。

一系，目以收展三角，視近遠是也。而謂老花爲平行，則非矣。《遠鏡説》不得於言，順文失當，今正之。故體其意，而圓其語也。

又　卷三　圓疊

一、通光鏡兩平相疊，視物如常。如疊多層，亦稍昏暗者，如隔濛氣，過厚則物景迷離耳。原色七。相切與離無異也。若兩凹或兩凸相切，則淺者可加深。一凸併一凹，則深者可使淺。至於兩疊相離，及三疊、四疊，斯變化生而諸用出焉矣。

二、凸與凹相反則相制，原鏡八。故凸與凹併，其力等者，則適如平鏡。否則，凸深者成淺凸，凹深者成淺凹。

三、凸與凹併，若凸之順收限六，而單凹之側收限一，則相制而適平。蓋單凸之順收限六，其側收限料必一，故其力等也。

四、凸與凹併，相切，令內外互易，其視物自同。若兩不相切，使凹在內，指近目言。則視物遠者近，小者大；反之，使凸在內，則視物近者遠，大者小。

五、凸與凹相切而成平者，凸加凹外，相離，則視物仍大，愈遠愈大，如凸理。凹加凸外，則視物仍小，愈遠愈小，如凹理。蓋凹切於目，是凹有定度，則力止於此，凸遠則力大故也。凸以視物大爲能力，離目愈遠，則愈大。圓凸十九。凸切於目，反此推之。凹以視物小爲能力，離目愈遠，則愈小。圓凹十九。

六、凸離目視物，出光線交，圓理九。則景昏。凹切目視物，違目線角，則目昏。若兩鏡離而疊之，則景清而不昏目，以凸凹相制而相濟也。本章二。然相距有定度，視凸凹之深淺，物象之遠近爲差，過其度則不可用。此一凹一凸，爲遠鏡之所本也。

七、凸之用能大物象，然其弊視遠則昏。凹之用爲大光明，然其弊視物則小。凸與凹疊，相切而力相制者，即無所用，如平鏡矣。本章二。相離而用相得者，即無其弊，成遠鏡矣。本章六。

八、物遠在限距界外，圓凸十一。凸切目視之則昏，外加一凸切之則益昏矣。若離之，則外凸以離目視遠物得倒小象，圓凸十九。有大光明理。圓凸十五。內凸以切目視近鏡即外凸。得順大象，有顯微理。圓凸二十四。故外凸之倒者，內凸順之仍爲倒。內凸之昏者，外凸制之使不昏。設內凸順收限一，其距外凸二，則出限當昏。然外凸既得大光明理，即其能力與凹同，故能制內凸之昏也。外凸之小者，內凸助之，則或小或大也。兩凸俱淺或俱深，皆見物小。內深外淺則見大，內淺外深則見小。兩凸相距，必有定度，名曰距顯限。此限取之最易，其推算法：兩凸同深者，則倍順收限；內深外淺者，以兩順收限併之。若內深外淺，翻轉則爲內淺外深，距短而無用，略焉。距顯限稍有深淺亦無不可，惟內深外淺相懸者，翻轉爲內淺外深，則目距外凸稍遠，已入清界，無須內凸矣。且景小而遠，與遠鏡翻轉同，又奚取邪？

九、距顯限，兩凸不論深淺，見物皆清。若兩凸相距在內凸切顯限內，圓凸十九。則外凸之微疵如泡或紋之類。畢竟，而外象多昏。引之使出切顯限外，則外凸之疵漸隱，而外物之倒象遂清，成距顯限。再引之出距顯限，則視外物不清。至倍距顯限，則視外凸亦不清。而引目稍離內凸，則顯外凸大而光爛然。使引目再離如法，則物清而小，復成順象，內凸距外凸既倍距顯限，距目又出順收限外，則視外凸爲倒象其視外凸所含之倒物景必復順矣。如凹理，是爲大光明限。

十、凸鏡相疊爲用者，或兩面，或數面，當各立主名，以干支爲號。如有兩節，則一以干，一以支。

十一、凸鏡相疊，自二以上多至五、六，皆能使合成凹理。但加一凸，則須縮短。設有兩凸，如甲乙相等，深淺任用，茲特舉相等者見例耳。則甲距乙用距顯限。設有三凸，如甲、丙，內含乙凸，而三，只舉首尾。餘仿此。則甲距丙即用倍距顯限，爲大光明限。蓋甲距乙、乙距丙，皆是距顯限，故甲距丙得倍距顯限也。此限以目切甲視外物，即一無所見，而其光則爛然。引目離甲如法，則物小而清，且見順象，與凹同理，故爲大光明限。然兩凸相疊，則目之離甲必極遠，不便用矣。必三凸相疊，乃得此遠鏡所資者也。然遠鏡之製，所見者不一。內凸用三疊，其恒也。邇來佳製多四疊，閒有五疊，多至六疊而止。五疊、六疊，長者故勝。其短者，亦只如常，似可不必。四疊佳者，則丙丁不動，甲乙或有淺深數箭，以備調換。蓋物遠尚大，而時值其闇，則用淺者，取其光顯。物遠甚小，而時值其明，則用深者，取其景大也。然每加一凸相疊，則多一距顯限，不合大光明限矣，必每距俱縮，使統長仍如三疊之度，方恰合耳。今推其算法，則每兩凸相疊，各置距顯限爲實，四凸者用一五除，五凸者用五折，六凸者用四折即得。

解曰：距顯限，四凸者用一五除，五凸者五折，六凸者四折，何也？距顯限三疊者二倍，四疊必三倍，五疊必四倍，六疊必五倍也。而大光明限，設三凸者八寸，則三倍爲十二寸，四倍爲十六寸，五倍爲二十寸。夫十二與八是一倍半，十六與八爲二倍，二十與八爲二倍半。倍半是用一五除，則二倍用二除，二倍半用二五除。而二除即五折，二五除即四折故也。

十二、凹與凸相切，則深者可使變爲淺，名變淺限，然有不可過之界焉。如凸深限四，凹深限亦四，則相比而適平。本章三。故凸深限四，凹深限五，則爲凸深變淺限。若凸深限四，凹深限三，則成凹深變淺限矣。是故變淺而至於適平，則無數可言。無數可言，即其不可過之界也。蓋凸限二，而凹限四，爲凹限加倍。凹限加倍，是凹淺減半，則變淺之限亦必加倍而得四矣。假令凹限減一而得三，則凸限之變淺必加一而得五。若使凹限再減一而得二，則與凸限相比而適平矣。夫凹限既減得二，則變淺限當加得六。而不然者，以相比則適平，而無數也。無數也者，非無數也，即此凸鏡所變極淺之數云爾。故凹限再減即爲凹深而凸淺，凹深凸淺即爲凹限變淺，則亦各有其數矣。是故能自有而之無者，必能自無而之有。是爲物之情，是爲算之理。故曰，無數者，即其不可過之界，而非無數也。

十三、凹與凸相離則昏者，可使變爲顯，名變顯限。其推算法，以凹側收限一、凸順收限十二爲定率，謂之足距。足距者，兩鏡相距恰與凸順收限等也。若凹深於定率，謂凸十二而凹不足一。則不可用。若凹淺於定率，謂凸十二而凹不止一。則爲差距，可設四率求之。

解曰：有單凹，側收限三寸；凸，順收限九寸六分，試得差距二寸五分六釐，因推足距。法：以九寸六分爲一率，三寸爲二率，二寸五分六釐爲三率，得四率八分爲足距。爰以八分歸九寸六分，得一寸二分，故以一與十二爲定率。凹，若不止一，則凹淺，其距必短於順收限，故爲差距。凹，若不足一，則凹深，其距必長於順收限，故不可用也。求差距法，假如有凹，限一寸；凸，限九寸六分，法：以定率先求得凹限八分，爲足距數。爰以今凹限一寸爲一率，足距八分爲二率，凸限九寸六分爲三率，推得四率七寸六分八釐，爲差距數。

論曰：定率凹限一而凸限十二者，凡單鏡側收限一，則順收限六，是十二者，即六之倍也。

十四、凸凹相疊，使凹離於凸，內用變顯限，本章十三。即成遠鏡。本章四與六。凸鏡相疊，自甲、乙以上多至甲巳，皆能使合成凹理，本章十與十一。則是淺凸在外，加數深凸合成凹理，離於內，亦必成遠鏡矣。

十五、遠鏡外凸內凹，本《遠鏡說》。其作法云，須察二鏡之力若何，相合若何，長短若何，比例若何，而不詳其法。今皆得而言焉：察鏡力法，凹以側收限，凸以順收限，二鏡相合法：凸深者凹宜深，凹淺者凸宜淺。凸深凹淺，則不到限。限既不到，必縮而求之，力不充矣。凸淺凹深，則欲出限。限不可出，必强而置之，過其劑矣。力不充者，物雖清而小。過其劑者，物雖大亦昏。至於淺深相懸，則並不堪用焉矣。度長短法：俱深則距短，俱淺則距長。求比例法：以凸之順收限爲則，凸限十二，凹限一，則相距亦十二，恰當其分，所謂足距也。本章十三。

論曰：物遠則景小而色淡，原色七，原景一。遠鏡法以凸大之，圓凸十六。以凹顯之耳。圓凹十五。凸之順收限爲視物最大處，圓凸十六。故應以足距爲佳。

十六、距顯限，兩凸相等者，俱深或俱淺，其順收限止及半距，目出限外既遠，故視物小，不可以爲遠鏡。若外淺内深，則淺限極長，深限極短，其全距與淺限相近，故視物極明而大，物景雖倒，可藉以得中景，原景十二。是亦遠鏡也，故窺測用之。

論曰：距顯限，兩凸相等者，則其距爲倍順收限，本章八。是外凸爲清倒象，内凸爲顯微。故外凸之小物象，内凸能使之稍大。至外淺内深，則全距與淺凸限相近，正是昏極大極之處，使加一深凸切之，必見倒、小而清。引深凸近目，必漸大矣。能清能大，故具遠鏡之用也。測量必用窺筩者，求中景也。而窺筩必用細孔者，以太偏易見，微偏難察也。然視物不暢，故後來又增長縫、十字等法，今用兩凸取其倒景大象。夫倒景線法，物景偏下，移下反不見，以物實在上故。則是景偏下一秒者，反當上移一秒，是一秒見爲二秒也。且以凸大其象，是一秒不啻數秒也。視物彌暢，中景彌確，又況加細孔爲束腰，並加十字於其中，尤爲準確可知矣。

十七、甲、乙、丙三深凸相疊，成大光明限，四凸以上同論。以其光爛然，故曰大光明；以其離目視遠，見物象小而清，故曰同凹理。本章九。然則外加子淺凸，必成遠鏡矣。其相合法，甲丙深者子宜深，甲丙淺者子宜淺，與一凸一凹之理同。本章十五。所差異者，有甲丙相合之力也。是故相合深者，距稍縮焉，則稍淺；相合淺者，距稍伸焉，則稍深。是可以消息子凸之深淺而爲之劑。如外淺過劑，内合又淺，則目不能近甲。設近甲，其弊乃白如望羊而不真。内合太深，則目必須靠甲。雖靠甲，其弊仍倀乎幽室而無見。弊在淺，或加一焉。弊在深，則必易之。此言太深之弊。其長短法：設子凸限二尺，以甲、乙、丙凸二寸五合足距，器長定用四尺，取物景倒而清，得大光明理也。子距丙約三尺，取其近初清限也。丙距目約尺餘，取足甲丙大光明限，而有餘地也。必留餘地，取其伸縮，以合遠近目力之異也。

論曰：伸縮者，遠鏡要法也，三種遠鏡皆有之。惟兩凸一種，伸縮既微，其用專於測量，遂可不用。至於一凸一凹，已爲要務。若純乎凸者，出入稍差，遂謬千里，不可不知。是故甲、乙、丙深不必力等，甲、乙、丙距不必長同。以故離目太遠，則伸甲、乙可也，視丙太小，則縮乙、丙可也。

又論曰：鏡法諸限，皆不可移，獨大光明限，稍可伸縮。緣有二端：一以甲、丙有兩距，此盈彼朒，故伸縮適調其劑也。一以甲、乙與乙、丙皆本距顯限。夫距顯限之所顯者二：一顯鏡光，一顯物景。物景必當限乃清，鏡光則出入猶可。大光明限乃取其光，非取其景。若見物景，反爲過劑，不可用，故伸縮恰當其分也。

十八、遠鏡三種，應各立名以資後論。今以一凸一凹者，非大至尋丈不足用，止可施於觀象，名曰觀象遠鏡。兩凸者，專施於窺筩，名曰窺筩遠鏡。四凸以上者，大之固妙，小之至尺餘，能力亦勝，遊覽最便，名曰遊覽遠鏡。

論曰：遠鏡剏於默爵，止傳一凸一凹。《疇人傳》云，制一似平非平之中高鏡，其淺可知。厥後湯若望著《遠鏡説》，南懷仁撰《儀象志》，皆無異辭。惟《天經或問》謂外平中凹，蓋因凸淺而誤也。至云凹恢物景，則謬甚，其不足據亦明矣。然所見洋製小品，長五六寸，止可於三五丈内見人眉宇耳。其大者，徑不過二寸，長不過五尺，則皆純用凸鏡，視一凸一凹工力倍繁，於十數里内窺山岳樓臺，頗復了了，或視月，亦大勝於目，至觀星象，則勝目無幾。後來改作，而能力反不及，何邪？以意逆之，《遠鏡説》雖無大小之度，然其圖，筩有七節，至短必尋以外。又凹能縮凸，其徑非五六寸不可。依顯，此器重大，可觀象戴進賢《星圖》曾有言，非大遠鏡不能窺視云云。而不便登臨，此改作所由來歟？曾見純凸數種，懷之可五六寸，展之可三尺者。又見外口蓋銅，開孔露鏡止二三分者，遠寺紅牆，徑寸能辨其署書，亦遊覽一快也。想此種果及尋丈，能力應亦更勝，緣非常用之器，故鮮得遇之。今以前出者名觀象鏡，後出者名遊覽鏡，舉其所重者名之耳。又見《皇朝禮器圖儀》上窺表有施遠鏡者，其作法不詳。梅餘萬先生曾以家藏遠鏡一具見示，中有鐵絲十字，下有託一、銅球一，疑爲儀器事件。近見西洋堂發出儀器，大小兩具，各安一筩，誠如所疑。故名窺筩鏡，取其專長名之也。

十九、觀象鏡不用倒法，遊覽鏡必取倒理者，用其大光明也。夫子凸中既見倒景，非再倒之不得成順象。然甲、丙所合者是順小象，而能使子凸中倒景成順者，何也？蓋甲、丙合而視遠切目，止見白光，非離目遠，不見順象。因其順象而小，故謂同凹理。本章十七。其實中有倒法，甲、丙雖合凹理，而究不同者，凹切目視物，無論遠近、昏目與否，皆小而順。甲、丙離目遠，視遠與凹同，切目視遠，則無所見。無所見者，即不必是順象。故視近如法，則見倒大象，亦一證也。試析而言之。設子凸深尺六，甲、乙、丙各深二寸，置子距目約三尺，見倒象。内加甲、乙或乙、丙，皆見順小象，何者？甲、乙與乙、丙本距顯限，距顯限皆倒象，能不倒子使復順乎？第順象則小，何者？子凸倒象本清而小，圓凸十六。甲、乙與乙、丙其距顯限深略同，則倒象亦小。本章八。是故，有甲、乙、子，加丙於甲、乙外，必大矣，離顯限理也。有乙、丙、子，加甲於乙、丙内，必大矣，切顯限理也。圓凸十九。此兩顯限皆不出順收限外。如出限，則昏。今甲距乙乃倍之，丙距子乃十之，而不昏者，何也？蓋外凸距内凸雖出限，而外凸既爲倒象，即是大光明，故解其昏。本章八注。此又一理。然内凸視外凸，疵纇悉隱，未始非出限之故。故視鏡自昏，顯象自明也。然則共用四凸，是兩層倒象使順而清，兩層顯微使清而大也。

論曰：以上各條，多舉甲、乙、丙三凸者見例，以其餘通爲一理也。試論甲丁四凸者，則子見倒象，加乙丁必復順，是甲爲顯微也。或加甲丙，亦必復順，是丁爲顯微也。他皆倣此。唯甲、乙兩凸　種，本無此製，其加乙於子内，亦未能遽見復順，以乙之凸力淺故也。然加甲既能成遠鏡，則乙自有倒子者在，試伸之，遂見復順，亦可徵其理有必然者矣。

二十、或疑遠鏡三種，外用淺凸既從同矣，内則或凹或凸，不亦異乎？曰：觀象鏡外凸内凹，是用變顯限法。本章十四。故以凸使遠者大，以凹使昏者顯，理最明著也。窺筩鏡止有兩凸，是用距顯限法。本章十六。其淺限與深限相接之交，在淺凸，爲極大而不清之處；圓凸十六。在深凸，爲極大而切顯之處；圓凸十九。在目，爲淺凸初倒未小而入大光明之處。圓凸十五。所以雖倒物象，視遠殊勝，此理亦易知也。若遊覽鏡，則兼此兩法。其一以甲丙合成内凹，前已言之詳矣。本章十一。其　以甲丙合成深凸，夫甲丙合則凸深，無煩詮説，然所以必具數面者，所見遊覽鏡之内凸，自三面迄六面不等，兹雖止舉甲丙三面者見例，然實通論，曰數面概之也。兩法皆所必然。蓋欲凸得大光明，有丙乙可矣，但不加以甲，不能切目爲顯微也。欲凸爲切顯限，有甲可矣，但不加以乙丙，不能倒子使復順象也。然則遠鏡三種，其製雖異，而使大、使顯，理則一以貫之矣。

一系，遠鏡之理，約言之，不過凸凹相濟，一比例而已。目睛外凸，而内長有凹，原目五與七。其長以寸計，見可數里。假令展長至數尺，必可見數十里，此比例之不得不然者。至其凸凹相濟，則有數徵。夫人視物，能近而不能遠者，以遠則形小色淡耳。原色七。今離目加凸，是推睛之凸使遠。睛凸遠，則遠物近，故見爲大。然凸不可望遠，以大而昏也，圓凸二十三。故清之以凹。凹爲大光明，圓凹十五。此徵諸凸鏡者一也。抑目加凹，是殺睛之凸使淺。睛凸淺，則視可遠矣。然凹不可混施，圓凹十六及十八。故解之以凸。此徵諸凹鏡者二也。若夫物遠而小，則昏然如點點積塵，其理同老花之察近，不能辨也，原目六。故深之以凸。睛凸，加以凸鏡故深。老花察近，得凸斯析。此徵諸老花之目者三也。抑物遠，離目隔以凸鏡，則小者可大而茫然，若閃閃奪光。原目六。其理同短視之望遠，莫能明也，故殺之以凹。睛凸、鏡凸，再加以凹鏡，故凸殺。短視望遠，得凹乃清。此徵諸短視之目者四也。

二十一、遠鏡外凸，愈淺則愈長，其能力愈勝。然凸鏡徑寸半者，限四尺已幾於平，而四尺之筩猶未足以觀象，且凸過淺難於中度。用變淺限法，則凸順收限二尺二寸，加側收限四寸五分之凹，可變凸爲七尺七寸焉。此亦妙用也，洋製佳者多有之。

一系，凹若嫌深，亦可變淺。雖凹無順限，借虚率，反此求之。凹用凸率，凸用凹率，如法入之可也。

論曰：凡平鏡相疊，恒如濛氣加厚，本章一。兩凸相切亦然。獨離之爲距顯限，則愈明，得其用故也。凸凹相切，既得其用，故無慮此矣。

二十二、兩凸及兩凹相切，則限加深，本章一。當名爲變深限。但凹加深，其限無可據，惟凸加深，則順限必短，其理可得而詳焉。夫兩凸同深，相疊則加深一倍，而限必減一半。若甲深乙淺，相疊變深，則必短於甲之全限，而長於甲之半限可知也。若乙愈淺，則變限愈長，而終不能長過甲之全限，亦可知也。今揣其理，如甲、乙俱深三寸，則變深必得寸五。設甲深三寸，乙或深六寸，其變深必得二寸二分五，何也？蓋三寸比六寸加深一倍，則三寸凸鏡一面，即與六寸凸鏡兩面相並同。三寸凸並六寸凸，即與六寸凸鏡三面相並同。兩面三寸凸鏡相並，既變深爲寸五，則四面六寸凸鏡相並，亦必變深爲寸五。今三寸凸並六寸凸，既如三面六寸凸鏡相並，則其變深必長於四面六寸相並，短於兩面六寸相並，而在兩較之閒也。夫四面六寸，爲寸五；兩面六寸，爲三寸。其數爲倍與半，則兩較既在其閒，必爲寸五之半，而得七分五。故加七分五於寸五，共得二寸二分五也。爰推其算法，以甲凸加倍變深之限寸五，減乙凸限六寸，得較四寸五爲實；以甲凸三寸，除乙凸六寸，得倍數二爲法；法除實，得二寸二分五，爲所求。又法，以甲三寸除乙六寸，得倍數二。以倍數二除甲倍限寸五，得七分五；減甲限三寸，得二寸二分五，爲所求。

論曰：前法，以兩凸同深者言之，則無倍數，亦無較數，而有變深限數。以兩凸不同深者言之，則有倍、有較，又有變深限數，但其較數不可以例變深限。然兩凸同深者，其甲倍限與乙順限較，甲倍限者，謂甲凸三寸加倍之深限寸五也。下倣此。與乙順限較者，謂乙亦深三寸，與甲倍限寸五相減之較寸五也。則所得之較數即如其變深數。故兩凸不同深者，即借甲倍與乙之較以爲較，則其倍數二與較數即如變深數。四五〇之比，即同於倍數一與變深數即如較數。二二五之比也。此異乘同除之理也。又，以甲三寸爲主，使乙由三寸而殺之，則變深自寸五而漸長，不能過三寸。以乙六寸爲主，使甲由六寸而殺之，則變深自三寸而漸長，不能過六寸。故以寸半減深凸三寸，餘亦寸半，爲乙與甲同深，其變深與甲深之較。以是較減淺凸六寸，餘四寸五，爲乙與甲不同深，使淺凸乙變深之數。夫甲既三寸，則變深之數不能出三寸，而乃得四寸五者，以乙淺於甲之順限，有其倍故也。求其倍得二，以與變深數比例，則一倍與四寸五爲原有數，二倍爲今有數。以今有之倍二，與原有之倍一，若原有之變深四五〇，與今有之變深二二五也。此同乘異除之理也。又法，以寸五者，甲、乙同深之變深數，亦即變深數與深凸之較數也。今甲、乙不同深，則必有其倍數，求得倍數二，以除較數寸五，即得所求之較數七分五，以減甲深三寸，得二寸二分五，爲所求之變深也。

一系，鏡作凸凹，小淺大深爲難。圓凸二。如圖，乙丁與己辛同甲角，而庚壬雖長，己辛猶淺，欲求再長則難乎料矣。丙戊雖短，乙丁己深，欲求再短，則難乎工矣。此凸法變淺所以妙也。有時用凹嫌深，亦可倣變淺法求之。本篇十二。至於兩凸相切，不過使凸加深，爲用甚稀。曾見洋製遠鏡，其外鏡三面，子凸、丑凹，又加一寅爲淺凸，未解其意。然度其理，殆因子丑相合稍覺其淺，故加一淺凸使略深耶？亦製作之巧也。

圓率

一、凸限全率表

	表一單		表二雙		表三畸					
	正面	景面	正面	餘面	正面	副面	正面	副面	正面	副面
側收限	一〇〇	三〇〇	一〇〇	一〇〇	一〇〇	一一〇	一〇〇	二〇〇	一〇〇	二九〇
側展限	九〇	二七〇	九〇	九〇	九〇	九九	九〇	一八〇	九〇	二六一
側均限	一九〇	五七〇	一九〇	一九〇	一九〇	二〇九	一九〇	三八〇	一九〇	五五一
順收限	六〇〇		四〇〇		四一〇		五〇〇		五九〇	
順展限	五四〇		三六〇		三六九		四五〇		五三一	
順均限	一一四〇		七六〇		七七九		九五〇		一一二一	
兩收限較	五 此較無用		三		三 此較無用		三 此較無用		三 此較無用	

用一：有單凸，正面側收限一寸，求深力即順收限。幾何。

答曰：一尺二寸。

法：置正面側收限二寸，檢表一順收限得六，謂之單率六，此爲單率所恒用。入後止稱單率六，以從省便。爲法，乘之，即所求。又法，檢表一較率得五，以乘側限，加之。

用二：有單凸，景面側收限六寸，求深力幾何。

答曰：一尺二寸。

法：置景面側收限六寸，檢表一景面側收限得三，順收限得六，爰六乘、三除，即所求。又法，置六寸，倍之。

用三：有雙凸，每面側收限二寸，求深力幾何。

答曰：八寸。

法：置二寸。檢表二順收限得四，謂之雙率四，此爲雙凸所恒用。爲法，乘之，即所求。又法，檢表二較率得三，以乘二寸，加之。

用四：有畸凸，則收限正面二寸，副面三寸八分，求深力幾何。

答曰：九寸八分。

法：以正除副，得倍數一九。檢表三側收限得相近略小者，正一〇，副一一，爰以副一一與一九相減，餘較八。其順收限四一，乃加較，得四九，爲法，乘正面二寸，即所求。又法，檢表三較率得三，以乘正限二寸，得六寸，加副限三寸八分，亦得。

用五：有單凸，順收限一尺二寸，求正面側收限幾何。

答曰：二寸。

法：以單率六除之，即所求。又法，五因、三歸之。

用六：有單凸，順收限一尺二寸，求景面側收限幾何。

答曰：六寸。

法：六歸，三因之，即所求。又法，半之。

用七：有雙凸，順收限八寸，求側收限幾何。

答曰：二寸。

法：以雙率四除之，即所求。

用八：有畸凸，順收限九寸八分，側收限正面二寸，求副面幾何。

答曰：三寸八分。

法：檢表三較率得三，以乘正二寸，得六寸，爲法，減順收限，餘得所求。

用九：有畸凸，順收限一尺四寸一分，側收限副面五寸一分，求正面幾何。

答曰：三寸。

法：以副限減順限，餘九寸，以較率二除之，即所求。

用十：有甲、乙兩凸，側收限甲一面四寸，一面一尺二寸，乙一面二寸，一面五寸，求兩凸異同。

答曰：甲單乙畸。

法：以深約淺，恰得三倍者爲單，不足三倍者畸也。

用十一：有雙或畸凸，順收限九寸，求同深之單側收限幾何。

答曰：一寸五分。

法：以單率六除之，即所求。若各以側收限爲問，則如法各先求其順限，雙法見用三，畸法見用四。以六除之。

一系，系載全率，用或不具，凡製器者，每求一數，必兼數法考核之，則得數準確，不可不知。本《渾蓋通憲》。

二、凹限全率表

	側收限	側景限	側均限	深限	較率
表一單 正面	一〇〇	[illegible]	一九〇	六〇〇五	此行無數
表一單 景	〇	〇	〇	〇	
表二雙 正面	一〇〇	九〇	一九〇	四〇〇	三
表二雙 餘面	一〇〇	九〇	一九〇		
表三畸 正面	一〇〇	九〇	一九〇	四一〇	此較無用
表三畸 副面較	一一〇	九九	二〇九		三
表三畸 正面	一〇〇	九〇	一九〇	五〇〇	此較無用
表三畸 副面較	二〇〇	一八〇	三八〇		三
表三畸 正面	一〇〇	九〇	一九〇	五九〇	此較無用
表三畸 副面較	二九〇	六二一	五五一		三

用一：有單凹，側收限二寸，求與凸相切適平，問凸順收限幾何。

答曰：一尺二寸。

法：置側收限二寸，檢表一深限得六，亦謂之單率六，乘之，即所求。此與凸側限求順限同，其又法不備載，餘倣此。

用二：有單凹，側收限二寸，求與雙凸相切適平，問雙凸側收限幾何。

答曰：三寸。

法：置二寸，六乘，四除，即所求。蓋置二寸，六乘、四除者，先求得深限，再除得側限也。

用三：有雙凹，每面側收限二寸，求與凸相切適平，問凸順收限幾何。

答曰：八寸。

法：置二寸，檢表二深限得四，亦謂之雙率四，爲法，乘之，即所求。

用四：有雙凹，每面側收限三寸，求與單凸相切適平，問凸側收限幾何。

答曰：二寸。

法：置三寸，四乘、六除，即所求。

用五：有畸凹，側收限正面一寸二分，副面三寸，求與凸相切適平，問凸順收限幾何。

答曰：六寸六分。

法：以正除副，得倍數二五，檢表三側收限得相近畧小者，正一〇，副二〇。爰以副二〇與二五相減，餘較五。其深限五十，乃加較五，得五五，爲法，乘正面一寸二分，即所求。此法與下用六互文見例。

用六：有畸凹，側收限正面一寸二分，副面三寸，求與單凸相切適平，問凸側收限幾何。

答曰：一寸一分。

法：檢表三較率得三，以乘正限，得三寸六分，加副限，以單率六除之，即所求。

用七：有雙凹，側限三寸，求同深單凹側限幾何。

答曰：二寸。

法：四乘、六除，即所求。

一系，凹，無順限，而理與凸通。故借凸順限爲深限虚率用之。

三、兩凸相離距顯限率表

	順收限	距顯限
表一 內外凸同	一	二 併得
表二 內外凸異	二	三 併得

用一：有甲乙兩凸相等，順收限二寸，求距顯限幾何。

答曰：四寸。

法：併兩順收限，即所求。

用二：有甲乙兩凸不等，順收限甲一寸五分，乙一尺九寸，求距顯限幾何。

答曰：二尺零五分。

法：併兩順收限，即所求。

用三：有兩凸不等，距顯限二尺〇五分，或知深凸，順收限一寸五分，求淺凸幾何。或知淺凸順收限一尺八寸，求深凸幾何。

答曰：深凸一寸五分者，淺凸一尺九寸。淺凸一尺八寸者，深凸二寸五分。

此謂四凸不等，其兩凸一深一淺，各爲一距顯限則相等者。

法：置距顯限二尺〇五分，以減深凸一寸五分，餘爲所求淺凸一尺九寸。若減淺凸一尺八寸，餘爲所求深凸二寸五分。

用四：有深凸，順收限一寸，求足距之淺凸幾何。

答曰：八寸。

法：置深凸限一寸，八之，即所求。

用五：有淺凸，順收限四尺，求足距之深凸幾何。

答曰：五寸。

法：置淺凸限四尺，八而一，即所求。

四、凸凹相切變淺限率表

	凸率	相加凹率	界率
表一	一	二	三

	凹率	相加凸率	界率
表二	一	二	三

凡到界則適平，平則無限。然既以爲界，則無限而有數。故取以爲率，期適其用而已。

用一：有凸，側收限四寸；凹，側收限八寸，相切。求變淺限幾何。

答曰：四尺八寸。

法：檢表一界率三，乘凸限四寸，得一尺二寸。以凹限八寸減之，餘較四寸。以加凸限四寸，得八寸，爲側限數。爰以單率六乘之，得四尺八寸，爲所求。

用二：有凸，順收限三尺六寸；凹，側收限一尺一寸，相切。求變淺限幾何。

答曰：七尺八寸。

法：檢表一界率三，乘凸限三尺六寸，得一丈〇八寸，爲實；以單率六乘凹側限一尺一寸，得六尺六寸；減實，餘較四尺二寸；以加凸順限三尺六寸，得七尺八寸，爲所求。

用三：有凸，順收限二尺三寸，變淺限五尺，求相切之凹側收限幾何。

答曰：七寸。

法：檢表一界率三，乘凸限二尺三寸，得六尺九寸，爲實；以變淺限五尺減之，餘較一尺九寸；以加凸順限二尺三寸，得四尺二寸，爲凹深限。爰以單率六除之，得七寸，爲所求。

用四：有凸，側收限五寸五分，變淺限七尺八寸，求相切之凹側收限幾何。

答曰：九寸。

法：檢表一界率三，乘凸限五寸五分，得一尺六寸五分；以單率六乘之，得九尺九寸，爲實；以變淺限七尺八寸減之，餘較二尺一寸；以加凸順限三尺三寸，得五尺四寸，爲凹深限；爰以單率六除之，得九寸，爲所求。

用五：有凸，變淺限一丈，相切之凹側收限一尺，求原凸順收限幾何。

答曰：四尺。

法：檢表一界率三，加一數得四，爲法；以單率六乘凹側限一尺，得六尺，加變淺限得一丈六尺，爲實；法除實，得四尺，爲所求。

坿：天元細草

草曰：立天元一爲凸順限，得 〇| 以界率三乘之，得 〇||| 以變淺限減之，得 |〇||| 加一天元，得 |〇|||| 寄左。乃以單率六乘凹側限一尺，得六尺，爲同數。消左，得 |〇||||

商 實 法
四六 一〇 四

下法上實，除之，得原凸順限。

用六：有凸，變限七尺八寸，相切之凹側收限九寸，求原凸側收限幾何。

答曰：五寸五分。

法：檢表一界率三，加一，得四，爲法；以單率六除變淺限七尺八寸，得一尺三寸，加凹側限九寸，得二尺二寸，爲實；法除實，得五寸五分，爲所求。

坿：天元細草

草曰：立天元一爲凸側收限，得 〇| 以界率三乘之，得式 〇||| 以單

率六除變限，得一尺二寸，減式，得下 加天元得 下法寄左。乃以凹側收限九寸爲同數。消左，得 上實，除之，得原凸側收限。

一系，凹求變淺，檢表二，倣此求之。

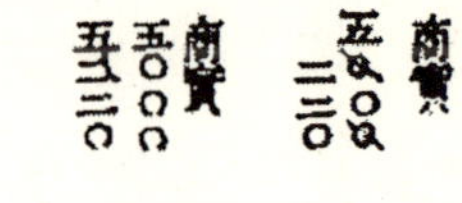

五、凸凹相離變顯限率表

表一	凹側收限 一	凸側收限 二
表二	凹側收限 一	凸順收限 一二

用一：有凸，順收限九寸六分，求加凹得變顯限足距，問凹側收限幾何。

答曰：八分。

法：以凸率一二爲一率，凹率一爲二率，今凸限九寸六分爲三率，得四率，即所求。此用表二之率。

又法，置凸順限，二歸，又六歸，即得。蓋凸順限二歸之爲凹深限，故以單率六歸之得凹側限也。此用表一之率。

用二：有單凹，側收限三寸，求加凸得變顯限足距，問凸順收限幾何。

答曰：三尺六寸。

法：以凹率一爲一率，凸率一二爲二率，今凹側限三寸爲三率，得四率，即所求。

又法，置凹側限，六因、二因，即得。

用三：有單凹，側收限三寸，凸順收限九寸六分，求差距變顯限幾何。

答曰：二寸五分六釐。

法：先求足距同用一。以定率一二爲一率，定率一爲二率，今凸限九寸六分爲三率，得四率八分，爲足距之凹側限。爰以今凹側限三寸爲一率，足距八分爲二率，今凸順限九寸六分爲三率，得四率，即所求。

用四：有凸，順收限九寸六分，知差距變顯限二寸五分六釐，求原凹側收限幾何。

答曰：三寸。

法：先同用一，求得足距八分。爰以變顯限二寸五分六釐爲一率，凸限九寸六分爲二率，足距八分爲三率，得四率，即所求。

用五：有單凹，側收限四寸，知差距變顯限二尺七寸，求原凸順收限幾何。

答曰：三尺六寸。

法：先同用二，求得足距凸順限四尺八寸爲首率，變顯限二尺七寸爲末率。用連比例法，以首率、末率相乘，得十二尺九十六寸。開平方，得中率三尺六寸，即所求。

付：天元術草

術曰：以定率一二乘凹限，與變限相乘，爲正實。從空。一爲負隅。平方開之。

草曰：立天元一爲凸限。以定率一乘之，得 合以定率 除之，不除，便爲足距。內寄 爲母。又以凸限乘之，得 合以凹限 除之，不除，便爲差距。內寄 爲母。寄左。以兩母相通，得 。以變限距得 爲同數。相消，得 開平方。

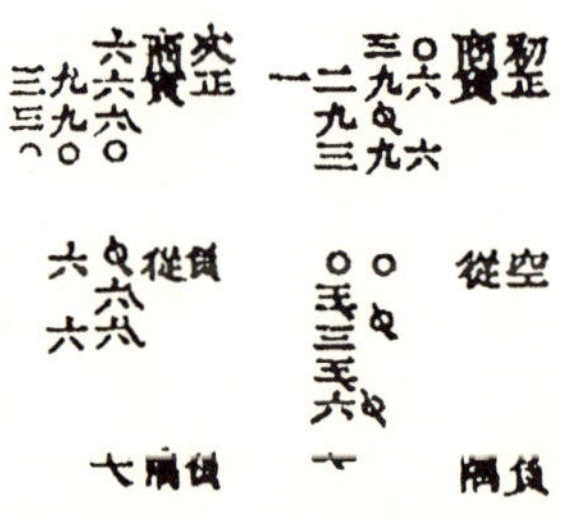

六、凸凹相切變深限率表

表一	甲乙 凸	順收限 一〇	半甲限 五
表二	子丑 凹	側收限 一〇	半子限 五

半甲限即甲倍限。圓疊二十二論注。明其理曰：甲倍限，據其數曰半甲限。

用一：有甲加乙凸，順收限甲四寸乙一尺六寸，問變深限？

答曰：三寸五分。

法：以甲除乙，得四倍，爲法；乃檢表一，其半甲限五，謂之半率五，入後止稱半率，五從省。以折甲限，得二寸；即以減乙限，餘較一尺四寸，爲實；法除之，爲所求。

用二：有單凸甲加乙，側收限甲二寸、乙四寸，問變深限？

答曰：九寸。

法：以單率六各乘，得順收限。甲一尺二寸，乙二尺四寸。以用一法入之，得所求。又法，以甲除乙，得二倍，爲法；以半率五折甲限，得一寸。即以減乙四寸，餘較三寸，爲實；法除之，得一寸五分，爲側限中數；以單率六乘之，亦得。

用三：有雙凸甲加乙，側收限甲一寸、乙五寸，問變深限？

荅曰：三寸六分。

法：以雙率四各乘，得順收限。以用一法入之，得所求。又法，求得側收限中數九分，以雙率四乘之，亦得。即用二又法。

用四：有畸凸甲加乙，側收限甲正面六分、副面一寸二分；乙正面二寸、副面三寸，問變深限。

荅曰：二寸五分。

法：先各求其順收限。法詳圓率一之用四。求得甲順限三寸，乙順限九寸；爰以甲三寸除乙九寸，得三倍，爲法；以半率五折甲限三寸，得一寸五分；即以減乙限九寸，餘較七寸五分，爲實；法除之，得所求。此即用一之法。

一系，有單凸加雙或畸，及有雙凸加畸，法皆先求其順限，以用一法入之。至於單、雙互變，畸例雙、單，詳圓率一。變通在人，兹不備具。

用五：有變深限二寸，甲凸順限三寸，問乙順限？

荅曰：四寸五分。

法：以半率五折甲限，得一寸五分以乘甲限，得四尺五寸，爲實；副以變深限二寸，減甲限三寸，餘較一寸，爲法；除之，得所求。

坿：天元術草

術曰：以變限減甲限，餘一寸，爲一率；以半率五折甲限，得一寸五分，爲二率；甲限三寸爲三率；推得四率，即乙限。

一率　較　一〇

二率　甲限　三〇

三率　半甲限　一五

四率　乙限　四五

草曰：立天元一爲乙限，得 太丨 合以甲限〻分除之，不除，便爲倍數。內寄 ||〇 爲母。副置甲限，半之，得 丨≡ 爲半甲限。以母通之，得 |||≡〇 爲帶分半甲限。以母通天元，得 太〇||| 爲帶分乙限。內減帶分半甲限，得 太〇||| |||≡〇 爲帶分較數，爲實。以倍數天元除之，得 太〇||| |||≡〇 爲變深限。寄左。以變深限 ||〇 爲同數。消左，得 |||≡〇 丨〇。下法上實，合問。

論曰：此法用天元如常，而前有寄母、後不寄母，及改寸爲十分，最易眩惑，故爲解之：本法求較，用半率五以折甲限三寸，則得一寸五分，是不得不改寸爲分，以就單位也。至寄母三十分，本寄於天元內，後復以天元除帶分數，則所寄之母即已消去，故寄左數遂無寄母也。試取較 太〇||| |||≡〇 改草曰：合以天元法除之，不除，便爲變深限。內寄天元 太丨 爲母。寄左。副置變深限 太〇|| 以天元母通之，得 太〇|| 爲同數。消左，得 |||≡〇 丨〇 與前法同。

用六：有變深限九寸六分，乙凸順收限三尺，問甲順收限。

荅曰：一尺二寸。

法：以乙順限三尺乘變限九寸六分，得二百八十八尺，爲負實；乙順限三尺爲正從；半率五釐題以分爲單位，故半率當退位爲釐。爲負隅；以和數平方開之，得所求。

坿：天元草

草曰：立天元一爲甲順限。以除乙順限，得式 太≡ 元 |||〇〇 爲倍數，爲上法。副置天元，半之，得 太≡ 元 |||〇〇 爲半甲限。以減乙順限，得 太≡ 元 |||〇〇，爲較數，以爲實。合以上法除之，不除，便爲帶分變深限數。內寄上法 |||〇〇太 爲母。寄左。副置變深限 ≡丅 以母通之，得 ||≡Ⅲ〇〇太 爲同數。消左，得 ||≡Ⅲ〇〇 和數。平方開之，合問。此開得第一數也，第二數四尺八寸無用。

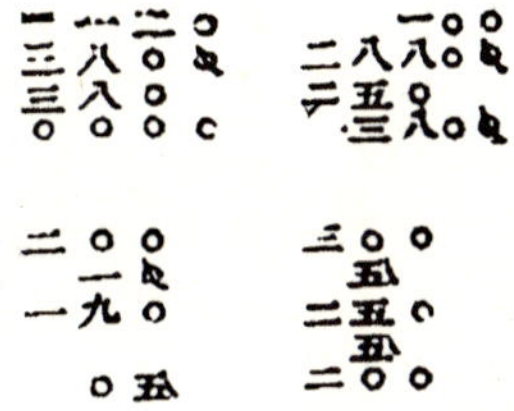

用七：有子、丑兩單凹側收限，求變深。法與求凸用二同。求凹俱與求凸同。餘倣此。

用八：有子、丑兩雙凹側收限，求變深。法如用三。

用九：有子、丑兩畸凹各面側收限，求變深。法如用四。以凹深限虛率當凸順限數算。

一系，凹無順限，無緣得有變深數以求子或丑也。如虛設數爲問，則依用五、用六法求之，無容設例矣。

又鄭復光《費隱與知録》

大地塵埃藉隙光見

問：日入隙必見塵埃，知大地以上無不塵埃者，非藉日光不能見耳。謂目宜居暗視明，方易明顯似也。然移目于隙日中，仍能見之，何也？曰：居暗視明，乃目之視理，此一端也。異質斯現，乃物自顯之理，又一端也。蓋日入隙，一綫光中其氣暖，無日之處其氣涼，涼暖異質相錯，故塵埃見焉。若大日之中純乎暖，無日之中純乎涼，何塵埃之可見？凸鏡向日，光綫難見，以就隙中則顯然矣，此理可驗。

削冰取火凸鏡同理

問：《博物志》云，削冰令圓，向日以艾承景，則有火，何理？曰：余初亦有是疑，後乃試而得之。蓋冰之明澈，不減水晶，而取火之理，在乎鏡凸。嘉慶己卯，余寓東淘時，冰凍甚厚，削而試之，甚難得圓，或凸而不光平，俱不能收光。因思得一法，取錫壺底微凹者，貯熱水旋而熨之，遂光明如鏡。火煤試之而驗，但須日光盛，冰明瑩形大，而凸稍淺。徑約三寸，限外須約二尺。又須靠穩不摇方得，且稍緩耳。蓋火生于日之熱，雖不係鑛質，然冰有寒氣，能減日熱，故須凸淺徑大，使寒氣遠而力足焉。

又 隙無定形漏日恒圓

問：日光穿隙，無他物隔于隙之内外，必見圓光，而隙不必圓，光何以圓？曰：此日體也。予嘗見篁漏日光，悉是半月形，忽悟爲日食，果然。凡光照平壁，皆見光體所發之光，而不見光之體形，故中隔片版，則見版景。使版有方孔，則版景中現孔方。光若引版漸遠于壁，則孔之光漸糢糊。再遠，則方孔變爲圓光而極清。若再遠，則仍是圓形，其光漸大而淡矣。試以月上下弦時必半圓形而爲倒象，是月體也。蓋凡光穿孔，則上邊照下，下邊照上，右照左，左照右，當其版離壁近，則金光在孔中心，甚小。故日體外浮光俱入孔内，照孔之象甚清。推而遠之，其于視法，則孔體覺漸小，日體覺漸大。至日體恰塞孔面，則日外浮光不見，故孔之方景糢糊，而日體倒入見焉。若方孔中離板下邊多一物，則其景必在上邊，而成倒象，離孔之遠，視孔小大。若孔方分則約離孔約三寸以外，可遠不可近。此塔景倒垂之理也，《夢溪筆談》所謂算家稱爲格術者也。格術者，日之照物，從日上下兩邊各出光線，下射于地，中格一物有孔漏光，日大孔小則光線約行。孔若近地，則日上邊仍射孔上邊，下邊仍射孔下邊，光現孔形無異也。若引孔遠于地，則兩線必交成角，而上下之相射，必相反矣。左右亦然。所爲交角也，能不成倒參乎！格一物而成倒象，故老花眼鏡以凸處光線之交如物格之，所以取火見倒日，取景見倒人，亦此理也。詳《鏡鏡詅癡》。

雲過景移因乎凸凹

問：天棚架影，隨目漸移，緩固不覺，然影因日生，雲過而影移，何故？曰：此凸凹鏡理也。雲無定形，非凸則凹。凡目視物，皆爲直線，若隔鏡凸者，視小成大；隔鏡凹者，視大成小。皆可以折綫入目，故目與物參直，中隔一凸或凹，亦參直，則物影在自本所。若凸鏡偏左，則物影偏右；凸鏡偏右，則物影偏左。凹鏡反是。是以目與物參直，中持凸凹鏡渡過此綫，則物影不能循漸移入鏡中，往往跳躍而入，遂見爲移動。空中雲氣既有光而不平，即如凸凹鏡矣。日與架參直而成影，忽有雲光渡過，雲光亦有其影，日影濃而雲影淡，不能相奪，而能相亂，故見爲移動也。試取鏡試之，安繩于日中，繩景在地。持鏡于繩之上或下緩移而過，若是平光，雖鏡過，而影如常不動；凹則景動爲甚，凸稍次之。鏡離繩須遠，若靠繩近，恐凸凹鏡有黑景不能灼見清晰矣。凸凹鏡受日光，更能奪日之明，不比雲景尤顯著矣。蓋是日與繩及景三事參直，鏡自左而右，日入鏡中，則鏡中日所視日本所稍左，故景反在右。鏡漸右，則景漸左移矣。欲知此理，以目對物，物略長於鏡徑，持凸凹鏡于中，鏡邊外見物真形，鏡中是物景。乃移鏡左右，則上下真形與鏡中景不接屬，故知是景偏左右也。隔火視物，火氣上蒸，亦是凸凹不平，故物亦見移動。

氣動移景理與雲同

問：雲過景動，前謂雲有凸凹似也。偶設方案測景，表東有樹，時方晴霽無雲，微風動葉，表景亦伸縮那移。何也？曰：即此可知地上清濛氣無時不有也。故葉拂氣動，氣有厚薄，是生凸凹，而見景動也。曰：濛氣不可見，何表景能動？曰：氣不可見，然與玻璃同。玻璃能生差，故氣差亦然也。氣差、水差、玻璃差，見《儀象志》。

鐙日穿隙交角理同

問：鐙與日同發光，何日隙不見倒鐙體？牖與隙同透明，何至壁止見方匡形？曰：此大小比例理也。使然炬能長數尺，則遠照入隙，必現倒尖。安牖高至千尋，則光透下，土必有圓輝矣。蓋惟牖大而離壁不遠，與孔小而離壁極近同理。鐙小而隙不更小，與隙離日近，能見月外之天同理。余嘗見燈盞把脱，現圓孔如豆，距燈光三寸，置燈距壁亦三寸，儼現倒尖景焉。蓋隙距燈，與隙距壁恰合交角中限也。詳《鏡鏡詅癡》。

又 水映物大凸鏡之理

問：物在水中，其形較大，與日星初出地平，爲清濛氣掩映同理。泰西人言之屢矣，而未言其所以然。曰：此凸心鏡理也。地爲圓形，水附于地，亦圓，故其中有物，如隔凸視之，故覺大也。濛氣出地，高畧相等，附地圓面亦成圓體，故日星行度低時得見爲大，至行漸高則漸小者。或以爲漸高則濛氣漸收所致，非也。蓋日初出，濛氣正濃，行度漸高則漸收，誠然。若星則不能收濛氣，何以亦低大而高小？嘗取平光玻璃，隔四五層，不見物大。故知凸使然也。曰：行度高低，凸之深淺自同，低大高小，其説不可通矣。

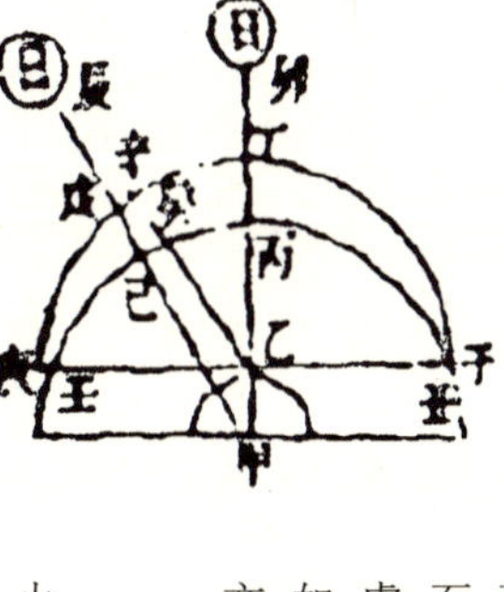

曰：此視法不同也。何者？以卯與辰爲日，壬内丑弧與庚丁于弧等，則己之凸原不深于丙之凸，但目在地心甲，則壬己丙弧爲其弧。今目在地面乙，則庚辛丁弧爲其弧，而濛氣弧則爲壬己丙。夫乙目視庚辛丁，固與視庚丙丑等；而視壬癸丙必不得如視庚丙丑矣。何者？試取淺凸鏡，先正對物視之，見物幾何大，再稍側之則淺，凸必較深，而物加大矣。此如以庚辛丁凸側作壬己丙凸，則視辰于癸，必大于視卯于丙也。《遠鏡説》云，日初出非正圓，乃似雞卵。今取凸心鏡上下側之，則物方而見長，可證也。

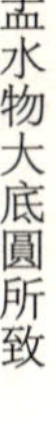

盂水物大底圓所致

問：水趨地心而成圓面，其在盂内則凸甚微，所顯盂底之物應甚微也。今置錢盂底，側視不見，冲水盂内，則現半錢。水圓之凸，不應如此其大。曰：錢形微大，由于水凸錢見；其半，則不盡係乎水凸也。《儀象志》有水差、氣差、玻璃差之説，譬如玻璃對照，必直線而入。玻璃隔物，亦必直線而出。故其形浮象水面，而能見半錢耳。此一理也。至盂中之錢雖不甚大，以盂而水之凸推之，尚大不及此，則又因盂底之圓所致。凡凸鏡正反皆能顯物形大，詳《鏡鏡詅癡》。

水能返照上闇下明

問：張衡《靈憲》言火則外光，水則含影。劉邵《人物誌》言日火不能内見，金水不能外光。引以證沈水上闇下明之理。夫下視明矣，上視對明，何以返問？曰：水，猶鏡也。鏡透明者，能見兩面。兩面者，如水面一層，水底一層。此需面皆能含景，因皆能受光。含景之法，必于對面。故水面視水底，則底含面景，故受空際之光而明也。水底視水面，則含面、底景，故受沙泥之色而闇也。曰：水面通光，豈不能透空際之明？曰：凡通光鏡，必平面直視，方能透見。若斜視，及凸不合度，皆難見。若凸深者，甚至一無所見，能勿闇乎？水晶未成器者，凸凹不平，則色昏黝，是其證也。人入水，動必無平，理可知也。理詳《鏡鏡詅癡》。

水照日光見古錢形

問：置碗水于檐際，日中對碗隔紙，則見紙上日影中心作四弧形，兩兩相背如古錢狀。何理？曰：碗爲圓邊，水能含影天光，四際空明，碗邊四遮成四弧影現，故此狀矣。曰：碗之圓周渾然無角，即天光四垂，亦是圓體四角之影，何自而來？曰：天雖圓體，宅院則方。日道自東而南，而西，空中之所受光，日所居處最盛，對面次之，兩旁又次之。即如剖而爲四，此四弧影，所以合成四角也。如云水之受影如碗團團，則碗邊外曲倒入水中成影，必當作凸形，乃變爲凹形，亦勢有不能知者。試易方物貯水，則所見之影爲直形，可證也。

又　凸鏡取火由于光濃

問：凸鏡取火，由于光線交角，詳《鏡鏡詅癡》。而日穿孔，亦有交，何故無火？曰：日光生火，必由光盛，故鏡有凸淺無火者。必徑一寸以内，而交角長數尺，如中花鏡之類是也。有凸深無火者，必徑六分以内，而日景止如粟，加遠鏡内凸之類是也。蓋凸深而徑短，則光小不盛焉；凸淺斯限長，則光淡不盛焉。鏡小限長則浮明四映，故虛淡不真。日之穿孔雖有交角，若孔大徑寸，則交角必數尺，此所謂光淡不盛也。若交角數寸，則孔體分必許，此所謂光小不盛也。日之穿孔隨在有之，若易得火，則人共危矣！此亦造物之微意也夫。

短視不衰亦當別論

問：老花短視，一由于睛長之伸縮，一由于睛凸之甚微，故有視近視遠之分。《鏡鏡詅癡》言之詳矣。或謂短視人視近，至老不衰良然，其理安在？曰：目之不同，除病傷外，止少目、老花、近視三種。少年睛之光力既足，遠近咸宜，固無論已。其老花、短視，皆目之不良者也。但老花由于精衰，短視由于目累，故老花必在齒長之年，短視或在垂髫之日矣。至于一切能力老則漸衰，老花、短視其情一也。顧老花以視近見絀，老則彌甚，人亦覺其衰。短視以視近見長，老仍能視，人不覺其衰。唯一已可默喻也。而或不甚留意，或不引人以自證，虛已以推求，則已亦終不覺矣。且人情無不好勝，諱言衰老，其蔽之也衆矣。若夫老花視遠時竟勝于少年，則非此老花之精足，乃適值彼少年稍稍短視，而不自知者耳。至短視者八九十歲，雖自言視近如常，而觀其目睛如隱雲霧，微作藍色，非目衰之證歟？

老花近視優劣辨別

問：老花能視遠，而短視不能，宜若精不足矣。然月下或黃昏，反能察細書，又何也？曰：視遠視近，由睛不同，不以衰旺論，其緒甚長。詳《鏡鏡詅癡》。至于短視不見遠，而能察昏暗者，正以昏暗非近不可，固短視者所長也。試于黃昏察細書，加凸鏡視之，則墨濃而字顯矣，是可證也。

目視近遠收展其光

問：《鏡鏡詅癡·原目》云，睛形二解，一外凸聚光，一內長伸縮。故妙齡可聚成三角，以察細近；可展殺三角，以矚高遠。又一系云，目前數寸隔紗視物，合睥微啓，則經緯井然，而外物不清。若張其目，則物呈露，而紗茫然。以爲伸縮眸子之證，理故應爾。而又云，短視多矇矓，其目而視遠，知其伸縮與常人反，何以驗之？曰：遠鏡視遠應縮，故知張目爲縮也。短視以矇矓覰遠，而用遠鏡，必更縮，以斯知其與常人反也。

隔孔取景凸鏡異同

問：隔孔取景，可現倒象，如凸鏡理。而以目置取景處，則不見物象，與凸鏡亦同，交線隔之也。所謂隔術也。然則理無二致矣，而出交線外，孔之取景則倒。象仍現，目之視孔則物象不見，而鏡則目當凸交不見物象，目遠凸交又見倒景，何以獨異？曰：凸與孔其同者，交線也。其異者，小大也。交小而物大，故能束物象而取其景，鏡與孔同也。鏡大而交小，故出交則交線無權，而交之四旁鏡光明通，倒攝入目之能力顯矣。若孔能取景，是交力也，故與凸同。出交則孔外四旁無明，且非攝景之物，何能見倒景乎？其精甚長，餘詳《鏡鏡詅癡》。

鄒伯奇《格術補》 密室小孔漏光，必成倒影。雲鳥東飛，其影西逝。日圓影圓，月缺影缺。影距孔近，則小；影距孔遠，則大。常若視徑之比。孔束愈小，則影界愈清。孔徑一分，則多複光一分。再展大若視徑，則影模糊不肖形。

小孔不論方圓三角，其影必肖日月本形，光複淺在影旁少故也。大孔漏日月光，其影則肖孔形，而邊有虛淡之影，亦光複也，距地愈遠，則光複愈多，而影邊虛淡愈甚。立柱之影，近根則清，光複淺也。近端則淡，光複深也。愈上則漸不見，光複過物徑也。

日面無數光點，俱射入小孔中，是爲光線交。過孔則侈而至地，遂成日體之影。若作數十小孔攢聚，則每孔俱受日光線，各侈而至地，則光複中濃而邊淡。通爲一孔，其理亦然，所以邊界不清也。若小孔攢聚至於方廣數寸，或成長條，或成三角，則其光複至地，形亦如之。大孔所以肖孔形，亦其理也。

以通光平鏡蓋大孔，亦成大孔形。光濃而不聚者，光線直故也。以凸鏡蓋大孔，則光線穿鏡面，而聚光成點，合衆光點而聚成日形，可以取火，線折而斂也。日蝕則闕，月滿則圓，非因孔鏡之圓也。

凡鏡，底面厚薄均者爲平鏡，左右厚薄不同者爲斜鏡。光線至平鏡，仍直穿而下；光線至斜鏡，則折角而下。

有物在前，隔以平鏡視之，方位不移，直望故也。隔以斜鏡，倏然易向，折照故也。折照所差之角，必與斜面所成之角等。

斜鏡雖左右厚薄不同，而底面各爲平面，光線折而不聚。凸面圓鏡漸曲而下迆，中厚而邊薄，近邊則差角多，而折照勢斜；近中則差角少，而折照勢直。惟中線不折，近左者折而入右，近右者折而入左，皆交於中線，是謂聚光。過聚光點，則線侈行而散。聚光之遠近，視圓凸深淺。淺凸則聚光遠，深凸則聚光近。同此圓凸，又視物光爲遠近：物遠則聚光近，物近則聚光遠。

物之遠者，莫如日。凸鏡向日取得火，則聚光最近限也。凡言收光限，皆準此。以之取遠物影，亦僅至此而止。物若近，則影加遠。算法：置日限尺寸，自乘爲實，以物距鏡減日限爲法，除之，得影加遠之數，併入日限，爲影距鏡尺寸。或置日限尺寸爲實，以物距鏡乘之，物距鏡減日限除之，亦同。若先有影距鏡數，與物距鏡相乘，與物距鏡相併爲法，除之，得此鏡之日限。若物距鏡倍日限，則影距鏡亦倍日限。既得倒影，再以鏡取順影，其算法亦同。若物距鏡足日限，則影距鏡爲無涯。凡聚光成影，皆光線斂故也。影距鏡遠至無涯，則與平行等。若物距鏡不及日限，則光線變爲侈行。先有倒影，接以凸鏡，其相距不及限，理亦同。平行線無交點，斂行線之交點，即在聚光處。侈行之交點，反在鏡上。

算侈行線交點法：置物距鏡與日限相乘，物不及日限除之，即交點距鏡之數。

凡線斂行則聚，侈行則散。斂行之線，交點順下；侈行之線，交點逆上。

凡光平行入鏡，凸鏡透光則聚，回光則散。凹鏡透光則散，回光則聚。皆以交點爲限。

凡玻璃鏡兩面皆凸凹者，爲雙凸雙凹，透光回光，兩面各成折照，則交點有二。單凸單凹，一面是平，平面無交點，則交點惟一。然底面光明互映，則有玻璃差。惟銅鐵鏡，回光只一面無差。

有兩凸相疊，求聚光法，以兩凸聚光限相乘，兩凸聚光限相併除之，得兩凸相疊聚光限。若先有相疊聚光限，與一凸聚光限相乘，與一凸聚光限相減爲法，除之，得餘一凸聚光限。

目之見物，非目能及物也。目睛如凸鏡，物光點射至睛面，折照而聚光點於眼底，合成物倒影，乃能見之。若視遠物，而睛過凸，則聚光不及眼底，故不能遠視。加凹鏡變淺，則聚光及眼底，而可見矣。若視近物，而睛淺，則聚光過眼底，故不能近視。加以凸鏡變深，則聚光僅至眼底，而可見矣。蓋睛過凸者，光線廣行入目，乃能聚眼底。今視遠物，則物光線以平行入目矣，加以回鏡，令光線侈而變爲廣行入目也。睛淺者，光線平行入目，乃能聚眼底。今視近物，則物光線以廣行入目矣，加以凸鏡，令光線斂而變爲平行入目也。此作眼鏡之理也。

前言目睛凸能視近，目睛淺能視遠，就目生成明皮之形言之也。而凡人目內，有井欄能收展，有睛珠能出入，視明則金井收狹，視暗則展大，視遠則睛珠縮入，視近則睛珠伸出，所以視物咸宜，不用加鏡。而習於伸者，不良於縮，遂不能視遠。習於縮者，不良於伸，遂不能視近。是以睛凸雖同，而能力各異。此又因習慣成自然也。

物之大而近者易見，微而遠者難分，此人所共曉也。然物體有大小，其入目也，又因遠近爲視徑大小。物雖大，移遠則視徑小；物雖小，就近則視徑大。物本近，離遠則視徑小；物本遠，逼近則視徑大。所以視徑有大小者，以物光入目，所成目底倒影有大小故也。

遠鏡之理。物既遠，不能使之近，隔以淺凸鏡，則收光限處聚光而成倒影，目可近矣。然以目承倒影，目皮有物影，而光線散入目底，則不成影，但見鏡光而已。置目在倒影之前，則光線未聚，以斂行入目，聚影不及目底，不可見矣。置目在倒影之後，則光線既加以深凹，使光線變爲平行，則目底成影而可見矣。置目在倒影之後，則光線既聚，復以廣行入目，再聚影過於目底，亦不見矣。加以深凸，使光線變爲平行，則目底成影而可見矣。加深凹者見形順，加深凸者見形倒，皆視徑變大，以內鏡深凹深凸之限，歸除外鏡淺凸之限，而得其比例焉。

作遠鏡。外淺凸、內深凹者，物形已見順，故只用兩鏡而已。目可切鏡而視，內深凹可狹，足自瞳而止，廣亦無用。外淺凸宜廣，廣則視物多。然筩中無公聚光點，不能作界線以測視度，故游覽可用，而測量舍旃。

作遠鏡，外淺凸、內深凸兩鏡者，目切鏡而視，則視物少，外淺凸狹限之也。則外鏡要大。須離內深凸如收光限處，作小望眼，亦足目瞳而止，以收外內鏡光。其視物之多，因內凸鏡之廣；其聚光之盛，因外凸之廣。故外鏡狹，不過光不盛；內鏡狹，則令見物少。其率以望眼距內鏡，與內鏡距外鏡之比，同於望眼徑與外鏡徑之比，內鏡徑則必半於外鏡徑焉。外凸鏡收光至此，內凸鏡亦收光至此，是爲公聚光點。於此作微絲界格，則可量取度分，是爲兩凸倒象測量遠鏡。

於外凸鏡收光限之前，加一深凸，令聚光縮短。再於聚光之後，加一更深凸爲目鏡，令光線平行，則物形亦倒，而視徑愈變大。其中鏡目鏡之距，以中鏡收外鏡光可至目鏡，目鏡收光限不能至中鏡爲率。目鏡徑可小，中鏡徑宜大，大則視物多也。其公聚光點，在中鏡、目鏡之間，亦可爲界線以測度。此作三凸倒象鏡之法也。

三凸倒影鏡。凡物左右光線，俱遍穿外鏡面而入目，故光色皆等也。二凸者，若外凸狹，惟物中點光盛，餘則漸微。因左右點光線穿外鏡旁而入目，所得光漸少也。是以二凸外鏡須廣。三凸則外鏡狹亦色暗，廣亦色明，而中與左右光必等焉。

若於外淺凸鏡收光成倒影之後，加一深凸鏡，其深凸鏡距倒影長於深凸鏡收光限，則能復成順影。微長則順影距鏡遠，影大而光微。太長則順影距鏡近，影小而光盛。酌中以倍深凸收光限爲率，則倒影、順影距鏡若一焉。再於順影後加一深凸，此深凸收光限短於中鏡。距順影恰如其收光限，則光線變而平行入目，可見物順象焉。然以目靠鏡，亦見物少，礙於外鏡口也。離鏡如收光之倍作望眼，則見物象滿近目鏡矣。近目鏡徑宜等於中鏡徑，見物象乃多。又外鏡須甚廣，光色乃等。此作三凸順象之法也。以三凸順象之鏡，於中鏡之前，倒影之後，加一深凸，其收光限比中鏡略短，其相距則略長。又於近目鏡之內，過順影之前，加一深凸，其收光限比目鏡略長，相距亦如其收光限。如此則近目鏡徑可小，目可靠鏡而視，視徑增大，又得順象。外凸雖狹，光色亦齊等，此外一淺凸、內四深凸盡善之法也。

凡置鏡之法，欲物象光線平行入目，而目底成影；欲鏡質光線斜行入目，而目底不成影。故五四凸之鏡，內所成倒影、順影之處，斷不宜置鏡。不然，則鏡質與物象並見，而鏡質之疵類，雜亂物象矣。

凡作鏡筩之法，外鏡爲一截，內鏡爲一截，兩相套合，用以視物，物近則伸長，物遠則縮短，近視眼則縮短，老花眼則伸長。若順象三凸以上者，則爲三截相套。欲視物多，則縮內鏡，伸外鏡。欲視徑大，則伸內鏡、縮目鏡。其物之遠近，目力之深淺，亦因之以得極清明而止。此又活套之法也。

凡作鏡，但取物光線入目而止。其不能入目，鏡雖廣而無用。然鏡不可鑲至甚狹，恐垢膩難拭去。故四深凸之鏡筩，當於中兩深凸之內，作一束腎小孔，其位置適當外筩口鏡質影聚處，其徑適足鏡質影大小。物光線雖多，盡經此已。又於近目兩深凸之內，作束腎大孔，其位置適當物象順影處，其孔徑適足束順影，此即爲公聚光界。於此爲微絲界格，可量視度焉。此束腎之法也。束腎略小，則不盡鏡光之力。束腎略大，則漏無用之鏡光而眩目。故以恰好爲佳。

作玻璃遠鏡，俱以透光爲用。其視物增目力多少，因鏡凸凹深淺。欲增大力，外鏡欲其淺，極淺，則爲筩須長廣而難攜。內鏡欲其深，極深，則鏡徑不能廣，而視物少。故大力遠鏡，施之觀象爲宜，游覽則不便也。

作回光鐵鏡之法：爲長廣銅筩，筩口虛空，中置深凹小鐵鏡，面向內，背用曲柄持正，外連螺絲柄取進退。筩底內安淺凹大鐵鏡，面向外。中開孔如小凹鏡徑，以受光線。筩底外安短小筩，徑如大鐵鏡之孔，筩前後各安一深凸玻璃鏡。前鏡收光，要長於筩。後鏡收光，要短於筩。筩口外再安短筩蓋，鑽小孔爲通光望眼。物光由大筩口內四周空虛射入，淺凹大鐵鏡面受之，回光成倒影後，射上深凹小鐵鏡，再折而下過大鐵鏡孔，透深凸玻璃鏡而入，復成順影。又透入後深凸玻璃鏡，變平行入目。望眼必小者，以稍大則漏外光，然太小，則但見小鐵鏡黑影。須由小漸鑽大，至適足容大鐵鏡回光之小影而止，則視物象明顯也。此鏡爲用回光。大鏡淺凹，則回光長，而成倒影大。接以深凹，受光既短，又回光折照於深凸玻璃之下，則發光遠而成順影更大矣。以透光玻璃鏡言之，如筩口安淺凸，透光成倒影亦大。接以深凸，復成順影。倒影距深凸既近，則順影距深凸必遠，而影更大，其理一也。然透光直下，筩須倍長，回光則折上而復下，筩可減半，此其巧也。

又法，物光射入淺凹鐵鏡回光，及其未成倒影，接以深凸回光小鐵鏡，則光線折而下，透筩底下深凸玻璃，亦成倒影甚大。再隔深凸視之，見物倒象亦甚大也。以透光言之，如外淺凸、內深凹之鏡，物光線過深凹鏡之後，本已變爲平行線，雖極遠不能成影，使抽深凹稍出，則光線仍斂行，可成倒影。其理又一也，而其爲筩亦當倍長於回光者焉。

透光玻璃清澈，不礙光線，所易知也。而回光小鐵鏡有橫柄持之，亦不礙光線者，物光一點，俱遍射鏡面，鏡面所得光線，皆回光聚爲一點，爲小橫柄所隔處，雖無回光，固未損其十一也。以透光遠鏡比之，如有透光遠鏡，視物明顯矣。乃用一紙條，橫帖於淺凸鏡口，其視物無損也。若以紙帖過半，或只留中心一孔，則光不過略暗，而物象如故。蓋目所見者，聚光限之物影，而目非能透鏡外以及物也。

用鏡觀象，必須作架，上下四方，轉側咸宜。然平視則逸，仰視則勞。乃作側接回光之法，於鏡受物光之後，側置平面鏡於中，以接光線，使光線折而横射。乃如法作深凸視之，則測地平至天頂，莫不平視矣。

遠鏡觀象，光盛眩目，視日須加黑玻璃，視月加藍玻璃。光不甚盛，則用紫玻璃。以一凸鏡向日取影，以板承之，板距鏡遠，與所成影徑之比，常若一百〇七分之一。設收光一尺，則影徑九釐。若以遠鏡向日，力大者則影必大。算法：置所得影徑，以一〇七乘之，以影距望眼之遠除之，得此鏡視物若干倍大，是爲若干倍力。

顯微鏡之理：物既近矣，仍小而難見，移之再逼近，則物光線以廣行入目，目底不成影，不可見矣。乃爲深凸鏡隔之，令收光限適及物點，則物光線以廣行至鏡，過鏡則折而平行，入目可見矣。鏡凸愈深，則物愈近，視徑愈大。此一凸顯微之法也。

鏡不能甚凸，則以一凸隔物，一凸切目。其兩鏡相距短於收光限，則視物更大，仍得順象，而物距鏡應愈近。蓋物距鏡近，以廣行線至鏡，過鏡仍爲廣行。加一深凸，乃變爲平行入目也。若物距鏡過收光限，則光線過鏡變爲斂行，及其未交，接以深凹鏡，則變爲平行，仍得順象。及其既交，接以深凸，則亦爲平行，而得倒象，當交內有倒影故也。目鏡愈凸，則距交愈近，適足收光限故也。物距外鏡愈近眼，則成影愈遠愈大，兩鏡相距亦遠，目近而視大影，所以見形甚大也。此用兩鏡，與望遠用兩鏡同理。三鏡以下，倣此推之。

嫌兩凸鏡爲筩太長，則於未成倒影之前，加一深凸，使影縮入，其收光限宜長於目鏡，其鏡宜廣，與三凸倒象遠鏡同法。窺遠與顯微，皆取倒影在筩內，皆欲其影大。惟窺遠物不可近，則筩口鏡宜淺凸，筩宜長，乃影大，然影必小於物。顯微物可近，筩口鏡深凸，而筩長，則影大於物矣。

遠鏡欲增大力，則換近目鏡加深。顯微欲增大力，則換物鏡加深。此以一具爲數具之用也。

胡兆鸞《西學通攷》卷七《光學攷》

論光之源　光之爲物，虛而實者也。其源有六：一曰日光，二曰火光，三曰燐光，四曰鹹汐光，五曰蟲光，六曰電光。凡六者，火與日爲正光，其質輕清而甚微，其行直射而彌捷。有傳光，有回光，有出入折綫光，有光芒，無光綫。光之明，分以路遠近平方反比爲準；光之行，分以木星上小月蝕時之時刻比例布算。《光論・序》

論光之色　光呈即色呈，其數有七。合則爲白，分則爲紅、爲橙黄、爲正黄、爲緑、爲藍、爲老藍、爲青蓮。設以三角玻璃條，試向日中射影於地，立見其效。紅色最熱，青蓮色變化他物之色最易。太陽光中有無數定界黑綫，惟電氣、油火、燒酒諸光，但有明綫而無黑綫。仝上。

發光之體　太陽恒星與火，皆爲發光之體，能生此光，又能發此光，不受別種發光體之光，即光之原也。《光學》。

折光之理　凡光自阻光少者，斜入阻光多者；或自阻光多者，斜入阻光少者。其光綫改向，即爲折光。然光垂入物面者，則不被折。《光學揭要》。

目光爲光學之原　目睛爲球，前有目胞，後有目窠。胞內之皮曰罩睛皮，罩睛皮之內有明角罩，所以透光而見萬物者，目睛球凡三層：外層曰白殼，中層曰血絡黑油衣，內層曰腦筋衣。油衣之內，又有曰隔簾者，其中爲孔，爲瞳人，前後有清水，曰前房水、後房水。簾外又有細微肉絲三層，內層絲圓紋，外層直紋。隔簾能自開大以取光，又能斂各光於內而無遺。其內則睛珠如稠結明膠一粒，有薄明胞衣包之，衣內微有清水，所以收束外入之光，以通於腦筋衣者也。其充滿睛球之內，前至睛珠，後至腦筋衣者，曰大水房。所以奪目珠已斂之光，而達於腦者也。格致家考驗目中如許奇妙，故凡外入之光，大而山河、日星，小而毫釐絲忽，莫不畢現。於一粒粟中。雖至電光之速，而睛珠能狀而留之。且光學家言，光之原本爲球形，又論眼能透光之理甚詳。於是而悟照像之有透光鏡，於是而悟筋網即腦筋衣。之爲糙玻璃，於是而悟發光、斂光、回光、射光之闢闔於睛球筋網，而神奇莫測，斯之謂天然之光學。《湘學新報》。

發光物　光出，附於物，故出光物俱有輕重可度，亦曰發光物。《光論》。

透光物　凡透光物光綫傳於鬆緊恒平之內必射於直綫方向所遇之面或光或滯方向即反呈。仝上。

光綫光芒　光作一直綫，名曰光綫。無數光綫成一尖樞，謂之光芒。仝上。

光綫光筆　光綫者，即光行之直綫，如形學所言，有長而無廣者是也。光筆，即諸光綫相並於一處也。平行者，爲平行光筆。向一點聚者，爲聚光筆。自一點散者，爲散光筆。《光學揭要》。

透光不透光半透光三種物　一不透光物，如木、石、金類；一透光物，如風、氣、水、玻璃類；一半透光物，如明角薄紙，蜊殼類。設人置水中，深二十丈，見太陽如平。人見太陰相倣，光不能全透。《光論》。

光浪　凡自具光之物，其體之諸點動盪極速，而附近之微氣隨其動盪而成浪，謂之光浪。《光學揭要》。

光表　光表者，以燭光爲準較，比他光之濃淡者也。

光報　光報者，藉日光以通信者也。

光心　光心有實、幻之分，而實者有二：曰大光心，曰聯光心。

光中　凡透光鏡之正軸，必有一定點。由此點而過之光，其出入皆平行如過玻璃頁然。此點謂之光中。

光器　凡透光鏡及返光鏡，或透光與返光相配而成之鏡，皆爲光鏡。

光源　光之來源有七：日也，星也，熱也，化合也，冷光也，電也，北方曉也。以上均《光學揭要》。

光綫　任看某物之一點，從此點起，至目中，順直綫而行，此各直綫名曰光綫。《光學》。

光力　日光、燭火等光，不但亮，而有色之綫有光力。即暗而無色之綫，雖人目不能見者，仍有光力。《量光力器圖説》。

倫傳德光表　此表乃以二燈所照之影爲比。《光學揭要》。

本孫光表　此表乃以二燈所透之光爲比。

惠司盾表　此表乃以二燈之返光爲比。

冷光　冷光有五：一、活物冷光，二、感熱冷光，三、力生冷光，四、重生冷光，五、日感冷光。

日感冷光　日感而生冷光之最者，如鈣硫、鎴硫、鋇硫是也。

返光　光浪前行，遇物而返者，謂之返光。

返光鏡　凡金類與玻璃，其面能返光成像者，即爲返光鏡；而其式不同，曰平，曰凸，曰凹，曰曲綫，曰圓錐。

返光遠鏡　返光遠鏡有四：一、貴勾利，二、渴斯吉仁，三、牛頓，四、侯失勒。

遠鏡　遠鏡者，即用測天空諸曜之器也。而按其物鏡可分二類：曰透光或曰折光。者，曰返光者。

正交鏡　凡二平鏡相交，其角愈小，成像愈多。如交角九十度，則有三像；六十度，則有五像；四十五度，則有七像。

平行鏡　二鏡平行，按理，像應無窮矣。然光愈返愈淡，返至多次，而光極淡，故像亦漸淡，至於不可見矣。

平行光　前言極遠之物，其光方能平行，然物距鏡苟百倍於鏡半徑，即可成像於大光心，而幾爲平行光矣。

曲鏡　曲鏡者，依弧率所作之返光鏡也。

透光鏡　透光鏡大抵以玻璃爲之，而玻璃有不同，故折光亦不同。惟視其有無鉛耳。

透光鏡之光心　其光心乃被折之光綫，或被折引長之光綫相遇之點也。而光心亦有幻、實之別。實者，乃折綫自相遇而成；幻者，乃引回之虛綫相遇而成也。仝上。

尋光心法　欲尋雙凸鏡之大光心，即使其正軸向日，於鏡後設糙玻璃一頁，前後游移，見光聚成最小之明點，即大光心之所在也。

求流質折光指　若流質甚少，欲求其折光指，須用雙凸鏡。

光圖復原　光圖之各色，原爲白光分而成者，故七色；合而仍爲白光，命曰復原。

光圖之用　光圖之用甚廣，醫家、化學家及商賈，常用之。

稜彎光　光經物稜，或邊、或孔，而分諸色者，爲稜彎光。其所以分色者，仍因相礙耳。

奇光　光淺，過透光物被折，有仍爲一綫者；亦有分爲二綫者。所分之二綫，即爲奇光。

求極光角法　卜司德以透光之物偏測其極光角，知返、折二綫互正交時，返綫即謂極光。故極光角便於求也。

極光面　被返而成之極光，其極光面，即極光角所居之面也。仝上。

折極光　折極光有二，單折、雙折是也。

尼可鏡　此鏡之妙，即減光少，且所分之二光，惟透其一也。

單顯微鏡　即大光心距鏡近之雙凸鏡也。所欲察之物，亦須在大光心内。

瓦拉斯盾顯微鏡　瓦拉斯盾稍變前式，以二平凸鏡代雙凸鏡，使其平面皆向物。

磕定盾顯微鏡　其鏡之作法，即以徑約半寸之玻璃球，磨成雙凸鏡。

疊顯微鏡　疊顯微鏡，乃二鏡或數鏡配合而成者。以上均《光學揭要》。

回光鏡　凡微體能透光者，台下須用回光鏡。其鏡二面，一平一凹，皆能回光。其用能收光，聚於微體之下，通過其體，令極細之紋皆顯之甚明。【略】。

積光鏡　又有一器，能令光積聚於微體之上，謂之積光鏡。仝上。

遠鏡名目不同　遠鏡之益視遠若近，故名遠鏡。大者功在觀天，故又名天文鏡；小者可以視遠，俗又名千里鏡。仝上。

成體鏡　成體鏡者，即使二成體畫，視若放大而合一之鏡也。《光學揭要》。

牛頓鏡　牛頓鏡所顯之環，與肥皂水等同理。《光學揭要》。

各色光浪之長短　紅，長爲千萬分之二百四十四英寸。朱，長爲千萬分之二百三十英寸。黄，長爲千萬分之二百十有七英寸。緑，長爲千萬分之二百零五英寸。藍，長爲千萬分之一百八十七英寸。青，長爲千萬分之一百七十七英寸。紫，長爲千萬分之一百六十七英寸。仝上。

透光質阻光質　凡物質能讓光綫透過者，名曰透光質。又有一種質，能滅入質之光綫，名曰阻光質。《光學》。

射光角回光角　若於光綫遇回光面之點，測其回光面之垂綫，光綫與垂綫所成之角爲射光角，回射光綫之與垂綫所成之角爲回光角。仝上。

歧光　光浪之行，速率最大，則折光角最小。光浪之行，速率最小，則折光角最大。愛而倫刻斯罷内二股浪之速率不同，故有兩折光綫成歧光。仝上。

光行遲速　一秒内能行十九萬二千洋里，約中國六十萬里，比音聲快九十萬倍。《格物入門》。

透光物之輕重　其物愈重，光折愈多。惟油與酒雖較水輕，而折光仍多。

仝上。

光非一物　光非一物，内有許多相合配成。如太陽白光内，有許多各色光是也。《光論》。

中西光色　西國分紅、朱、黄、緑、藍、青、紫七色，中國分青、黄、赤、白、黑五色。然西國七色，大端不過紅、黄、藍三色，餘皆二色相合而生。至中國五色，白爲日光之本色，無光則黑，除白、黑二色，亦三色也。惟中國以青爲本色，西國以藍爲本色耳。《格物入門》。

間色　凡二物相合不成白色者，即爲間色。如紅、藍色而爲玫瑰是也。《光學揭要》。

餘色　凡二色相含爲白者，即互爲餘色。如黄爲藍之餘色，藍亦爲黄之餘色紅爲緑之餘色，緑亦爲紅之餘色是也。仝上。

光學家數　右曼，西士，考究回射之極光。　法勒特，西士，化學家，試驗極光旋度之事。　伯脱離奈斯所考知，丹人。　發郎胡發，普魯斯人。　普兒斯登，西人，考究穎紋之理。　華剌司脱，英人，用法考究黑綫者。　潘雙意言，法人。　畢亞，法人，考究極光面之旋度。　各出弗，用光色分原之法。　奈端，英人。　脱麥斯養，福而司農，二人考究光理得其確據。　韋子頓，英人，初作西畫用回光之法。　突郎圓，西士，考究日體紅凸之形。　傅珂、飛續，二人格致士，算光行速率者。　侯失勒，英人。　六麻，丹人，即初造水銀寒暑表者。　白拉里，西士，測算光行差者。　德牢理物，瑞士人，攷參曲面之理。　馬勒司、卑受諾立、匿可、克路克司、率教、海更士、六刻六兒，以上西士。　賽特、楊斯姆、阿勒、司密，以上均《光學》。　武臘斯頓，英人。以上《光論》。　貴勾利、渴斯吉仁、牛頓、嘎利利漚、惠司盾、磕定盾、倫傳德、瓦拉斯盾、郭農、戰孫、尼可、費奏、拉克爾、奴林伯、富告得、發郎互發、卜司德、劉麻、本孫。以上《光學揭要》。

杞廬主人《時務通考》卷二九《光學》

光原總論

太陽化學　設用一縫以透光，若令燒鈉之光，與日之白光，同時透過此縫，又透過同式三稜體，即於白屏上，能見日光帶，又能見日光所成之黄色明線。此黄色明線，合於日光帶上丁號之發郎胡發線。如日體無内球，衹有外包發光之氣，則光帶上有丁號發郎胡發線，不爲暗而爲明。考其性情，與其線之所在，自鈉光發出，故可知日體外包發光之氣有鈉。看鈉光黄色明線，即分數行明線，此日光帶丁號發郎胡發線，亦分數行明線，因有黑色間之也。又以成明線之各種金類考之，若觀日氣帶上發郎胡發線，亦與金類明線之所在，與數相合，不過黑色耳。故可知日體外包發光之氣内，有鐵、鈣、鎂、鈉、鉻。

行星化學　月與行星，借日之光以爲光。若回射之光，與外包之氣無涉，即月與行星光帶上之發郎胡發線，與日無異。月光帶之發郎胡發線同於日，故可知月外無氣包之。觀木星之光帶，可知有空氣包木星之體，且氣之嗡光不少，又知木星外之空氣，與包地球之氣有數種相同。土星之光帶内，無極清之發郎胡發線，内有數線，與木星之發郎胡發線相同。土星與木星光帶上所有之發郎胡發線，火星之光帶無之。火星光帶上藍色之處，大半被嗡，蓋因火星紅色故也。

恒星化學　畢宿大星外，有氣包之，其氣中有輕氣、鉀、鎂、鈣、鐵、鉍、碲、碲、汞。參四星外，亦有氣包之，其氣中亦有鉀、鎂、鐵、鈣、鉍。設某恒星能成一星光帶，光帶内即有發郎胡發線。且恒星之發郎胡發線各自不同。故可知某恒星爲何種金類氣所成。紅、黄兩色之恒星，有極清之發郎胡發線。白色之星發郎胡發線亦甚多，其色甚淡也。若以各色之恒星光帶比較之，即可知所現光帶。由星體外包各氣，故得此發郎胡發線於光帶中甚多，此色已被星外之氣蝕去，其餘之色可射至人目。

星氣化學　星氣有明線而無明光帶，又有一種星氣，有明光帶。大約有明光帶之星氣，非氣質所成。有明線之星氣，其光從極大熱度之質而來，且必爲氣質所成，故光不甚濃也。氣質之星氣中，以意度之，必有輕氣與淡氣。

日體外有紅凸之形　天文家於日食既時，測見圓周外有凸出之形，色似玫瑰，此凸處從日體伸入天空，有數千里之遥。尋常時，目不能見，因日體之光甚濃也。若月在地與日之間，月體能掩日之濃光，故自地球上能見日體紅凸之形。考究日體紅凸之形，日體外有無數紅質包之，又日體外有紅質全包之，若用斯必得倫鏡，觀紅凸形之光帶，即知此凸形爲火燒輕氣而成。此輕氣内有鉀、鎂二氣合之。若令成輕氣明線之光，透過數箇三稜體，即令其分列而淡。若已淡而不能再分列，則燒輕氣之光，在光帶上可蝕去其輕氣相配之色，用此法測日體外包之輕氣，而得其實據，能知日體有輕氣全包之。又以明線之長短，分輕氣之厚薄，而得其中數，有五千里。且日體外之輕氣，若大海然，淺則明線短，深則明線長，紅凸處爲輕氣之大浪，此大浪有時高七萬里也。

虹　日之光線，射斜至兩點内，即折光而回射於兩點之後面，既出兩點之後面，入空氣中又有折光。光線既被折兩次，白光條即分爲各顔色，從此處回射於人目。其觀虹之人，必背日也。日光線出雨點之後，必漸離而甚淡，人目幾不能見之。然角度甚高處之射光線，已兩次被折，屢次回射，此處光線出雨點時，幾爲平行，所以光濃而目能見之。此種濃光線，與抛物線鏡回射之光線無異。假如自日體至人目，作一直線而引長之，再自人目起作一線，與第一線成四十二度三十分之角，此線引長至雨點，此雨點所發平行光線之紅光條至人目，以後一切雨點之紅光條至人目内，皆有四十二度三十分之角，即有紅色之虹。自日體過人目引長之線，爲圓錐形之軸線，圓錐形之底爲一虹周，即紅虹也。圓錐形之頂，爲兩倍四十二度三十分之角，頂爲人目，日徑約爲半度，故紅色之虹約濶半度。若從人目作一線，與第一線即自日體過人目引長之線。成四十度三十分之角，此線引長至雨點，此雨點所發平行光線之紫光條至人目。凡與軸線成四十度三十分角之線，引長至雨點，必爲紫色平行光線至人目内，人目既爲圓錐形之頂，若頂角爲兩倍四十度三十分之角，即在圓錐形之底周，有紫色之虹。紅、紫兩色之内，有其餘各色之虹。虹之在空中，即一光帶也。雨點，即透光三稜體也。虹濶約二度，虹之大小與日高於地平若干有相關。日出没地平時之虹爲最大。斯時人立於曠野間，能見虹之半周。若立於高山之頂，能見虹大於半周。其外又有副紅亦名分映紅。其色稍淡，而色之次序，與正虹相反。正虹之紅帶在上，副虹之紅帶在下也。副紅之各光線，在雨點内有兩二回光、兩次折光，因兩次回光，故副虹之光更淡。成正虹之各光線，自雨點之上半射入，由雨點之下半而出。成副紅之各光線，自雨點之下半射入，由雨點之上半而出，則射光線與回光線成交點，而射至人目。副虹闊三度半，較之正虹高七度半。正虹與副虹間兩點内之光，不回射於人目。故兩虹之間，不甚明也。虹現天空如弓然，欲明其故，設線自太陽起，行至人目而止。而從人目引長至天，假如從人目作線，成四十二度三十分之角，而能繞線軸轉動，則此線必能行過一切發紅色平行光線之雨點，故見紅色弧在別色之上。又以此法從人目作線，成四十度三十分之角，而能繞線軸轉動，此線必遇一切發紫色光線之雨點。此二角爲虹外界之角，其餘各色之光角俱在中間，故必在太陽對面之方向，有光帶，其色與分光求原鏡之邑同。虹之大小，在乎太陽離天際線之高低。如太陽正在天際線，則虹必大。若人立高山看之，能見所成之虹，幾爲全圈，外有次虹，因日光自雨點之底射入，及透過之時其偏差與回光各有二次。蓋原虹在下，次虹在上，而次虹之紫色亦在上，其色較原虹淡，因二次回光，其光力已失若干也。

日光帶　日光所成之帶，爲諸分合而成者。各分之長畧等，一爲紅色外分，一爲現七色分，一爲紫色外分。兩端二分常不能見，而各分之性不同。紅外之分，熱線最多；現七色之分，明線最多；紫色與其外之分，化線最多。

胡發線　設有白光條透過一縫，再透過三稜體，則光帶上必排列縫形數行。若縫甚闊，則光帶上彼此遮蔽幾分。若欲觀極清光帶，不可有遮蔽之形也。如欲觀極清光帶，則所用之縫須甚窄，令光條透過數箇三稜體，則光帶之分列甚大。若用此法，得一日光帶，必有多黑線間之。考究此黑線者，始於英人華剌司脱，後有普魯斯人發郎胡發，用法考究黑線，母線定其記號，後人即名之曰發郎胡發線。假如代電氣光用一球，大如日體，且球外包燒金類之氣，此金類氣能自然發其光線，球體所發之光線不能透過金類氣，故有發郎胡發線。日體似鎔化之球，球外包發光之氣，若發光氣之光與球所發之光同，其氣必噏去球内發出相同之光線，故日光帶上有發郎胡發線。

胡發線亦可云日之明線　假如減去日體内球，而留其外包發光之氣，合發郎胡發線，照於黑屏上，即爲有光之線，目能見之。且此線之形，與金類氣光之明線無異。此發郎胡發線，可云日之明線也。

電光帶　設用電氣之光，透過三稜體，而射至白屏，則成電光帶。若於電氣光條内，燒鈉成光，則電光帶上無黄光，且電光帶本有黄光處成暗影。

光原　太陽恒星與火，皆爲發光之體，能生此光。又能發此光，不受別種發光體之光，即光之原也。

光性有二　格致家論光之性有二，一直發，一浪動。凡發光體，光自質點發出，恒行直線，遇人目能令人覺視，此即直發之性也。晕擬天空之中，與各體微點之内，均有一種極稀極輕流質，西名以脱。發光體能使此以脱震動，周圍衝成微浪，謂之光浪。遇人目即感動腦氣筋而使見，此即浪動之性也。

化學試光色　化學家以各金類，并金類雜質，吹火試之，因其火色之改變，而分別其原質，不爽毫釐。西士本生所造之燈，幾無別種顔色。若用鉀燒於本生燈内，其火色爲黄色。與鈉配合之雜質，可化爲氣質者，燒於本生燈内，其色亦爲黄色。用尋常之鹽，即鈉緑。燒於本生燈内，其色甚黄。紅銅燒之，則燈光變爲緑色。鋅燒之，則燈光變爲紅藍色。鎴燒之，則燈光變爲紅色。

受光體　假如視一物，而其所有之光不發於本體，而得於發光之體，則謂之受光體。如房屋、樹木、人畜等物，皆可以受光而散於各方向，有至人目中者，即能見此受光之體也。

幻火變大　無色之光頂，目不能見之。在此光頂，可燒鎔物質，又可令不能鎔之物質，燒成白色，則令無色之光線，現光帶之色。且不能化之物質，阻住無色之光線，則無色之光線，變爲有色之光線，譯曰幻火。紫色外不能見之光線，亦可變爲能見之光線。設用雞哪一分，硫養一分，加於其上，則甚爲光明，目能見之也，譯曰變火。幻火之處，有不易鎔之物質，其質點盪動，更速於光浪之盪動。且光浪遇此質點，盪動更速，故光線之折光角加大一。變火之處，此光浪能令物之質點盪動，稍遲於光浪之盪動，故光線之折光角減小。由此而知紅色水光線折光角加大，紫色外光線折光角減小，不能見之光線，即能見之。

不能見之光線　紅、紫兩色外之各光線，名曰不能見之光線。原不應有是名，因所能見者非光線，不過爲光線所照之物也。天空中有各曜之光線往來，空而不見，空中之傳光氣，亦不能見也。

三稜體分列　凡兩箇透光三稜體平分折光指若干，必有相等者。然其分列光色若干可不同。若減大分列三稜體之角，即可合其分列若干，等於小分列三稜體分列若干。又可令一箇三稜體之分列，減去兩箇三稜體之分列，而不減其折光指。

光動橫動　空氣傳聲之時，其質點順聲行之方向，前後盪動傳光氣。傳光之時，左右盪動，或上下盪動。故聲浪爲直行，光動爲橫動也。

變度　傳光氣盪動之絡，有大小，名曰變度。光之濃淡與此有相關。變度與光明之比，若變度平方之比。又光明之比，若傳光氣質點動盪最大速率平方之比。水浪内各水點之升降若干，或浪比水鳥高低若干，即變度也。

光浪　浪之彼此相減而爲平，猶聲浪之彼此相減而無音也，猶熱浪之彼此相減而成冷也，亦猶光浪之彼此相減而生暗也。光學中知光有浪之性情，故謂之光浪焉。

光浪度數　第一分隔處應差一浪之長，第二分隔處應差二浪之長，第三分隔處應差三浪之長等。試驗此事，所用之縫闊一三五密理邁當，一密理邁當等於英寸約二十五分之一。量第一分隔處相距角度一分三十八秒，第二分隔處相距角度加一倍，第三分隔處相距角度加三倍等。

各色光浪不同　各色之光浪其長不同。故光帶中各色之光線，射於透光片上，紅光浪準合，則他邑之光浪不準合。紅光明者，藍光必不明。藍光明者，紅光必不明。光浪愈長，透光片宜加厚。設如有一透光片，其厚若干，可滅某色之光浪，不能滅他色之光浪者，因他色之光浪適準合也。若透光片各處厚薄不同，而有白光射於其面，即現數色。

光浪行速行遲　光氣之凹凸力不匀，故透過此物之光浪分爲二股，一股浪依其凹凸力之大者而行速，一股浪依其凹凸力之小者而行遲。

光浪依原方向　若玻璃片之兩面平行，則光入之光浪亦必先從對面而出，既出玻璃面之速率加大，未出者速率未加，故光浪改爲原方向而行，此事與浪之性情亦合。

兩浪相遇則平　設所視之處，離兩石中間奇數半浪之長，如一半浪、三半浪等是也。半浪爲凹處，則一凸浪至此處，有一凹浪遇之，如此則一浪之力欲降，一浪之力欲升，兩浪之力彼此相減而爲平。凡所視之處，離奇半浪之長，可見其如是也。此浪與彼浪相遇，或更高，或更低，或彼此高低而爲平，此爲光浪或加或減之理。

轉浪　光浪環繞各體之後，名曰轉浪。欲詳察轉浪之理，必當用一點或一線爲光原，若用一大面或大體爲光原，則轉浪之理，因其發光點之浪，彼此相滅不能顯也。又可於暗室之壁間一細縫，令日光由此縫透過圓柱形透光鏡，於其光頂成一線，即光原也。亦可用内面漆黑之玻璃管，令回光而成一線。又有數種試驗之法，不必用透光鏡、回光鏡之法，而令日光透過暗室小孔或小縫，以明轉浪之理。

兩浪凸處　若有兩光原盪動傳光氣而成光浪，則必彼此相阻，或彼此相撞。此種形狀，可以水浪譬之。假如水面本無浪，同時投兩石於水内，此兩石遇水面之處，各有漸大漸近之浪圈。設仔細看兩石中點，見兩浪相遇之處，爲兩浪之凸處，即兩浪之總高數也。兩浪之凹處相遇，即兩浪之總低數也。

視樞線　冰面之垂線而透過之，即無歧光，順愛而倫刻斯罷之樞線而透過之，亦無歧光。無論何質光線，順一方向透過，此方向之周圍質點排列平勻，即無歧光。無歧光之樞線，名曰視樞線。

光條有二　其一，合於尋常折光之理。無論射光角大小如何，其射光角與折光角必有一恒比例，謂之常折。其二，不合於尋常折光之理。折光指亦不爲恒比例，且折光線與射光線大約不在一平面内，謂之歧折。

歧光　光浪之行速率最大，則折光角最小。光浪之行速率最小，則折光角最大。二股浪之速率不同，故有兩折光線，而成歧光。成顆粒之物，有歧光者甚多。若成顆粒之各質點排列不勻，而各方向之凹凸力不同，即色質點傳光氣各方向之凹凸力亦不同，故成歧光。

歧折光指　愛而倫刻斯罷内之歧折光指，一四八三至一六五四，因射光角與折光角正弦比例，最小者爲一四八三，故以此數爲歧折光指。

極光　光線透過第一塊愛而倫刻斯罷，已分爲歧光之後，有兩箇面似嗡鐵之二極，故光質點遇第二塊愛而倫刻斯罷，或透過或滅去，□論此兩面似陽陰二極，即名之曰極光。

平面極光　若此普墨林厚薄適中，而一切光浪其傳光氣質點盪動之方向，合於視樞線之方向，則光條極易透過，其餘各方向之盪動幾似滅去。故光浪難於透過也。此易透過之一光條，其質點盪動，合於同平面，名曰平面極光之光條。

極光射角　回射之光亦有兩箇面之性情。凡光條射至玻璃面，不論射角之大小，其回光有幾分極光差。即光浪之盪動，幾分順同平面也。各質皆有一定之射光角，或大或小，其光條回射之後，盪動之方向，順同平面，此一定之射光角，名曰極光射角。知極光射角與透光質之折光指有相關，所以知某質之折光指等於極光射角之正切。凡一光條射至透光質上，幾分回光，幾分折光，若回光線與折光線成正角，則射光角爲極光射角。

極光射角度數　透光質之折光指愈大，極光射角亦愈大。水之極光射角五十三度，玻璃極光射角五十八度，金剛石極光射角六十八度。

極光面　尋常光條内，傳光氣質點向各方向盪動，若光條射至某質之角，爲極光射角，而傳光氣質點盪動之方向，與其質面平行，其面名曰極光面。

極名片分名片　用兩片普墨林，(零)〔另〕置一透光片於其間，即成一極光鏡。普墨林之第一片，名曰極光片，第二片名曰分光片。

橢圓形　尋常極光并力之形，總爲橢圓形。自金類面回射之光有橢圓形，且透光質之有大折光指者，其回射之極光，亦成橢圓形。

旋度　如用極光順水精之視樞線透過，即光旋轉其極光面，若極光片與分光片已成九十度之角，即無光而暗。再以水精夾在兩片之間，其光即能透過兩片。故欲減其光，即當旋轉極光片若干度，此旋轉之度數，名曰極光面之旋度。

旋度之理有二　旋度之理其故有二。極光條爲圓形者，彼此相激，其光條順顆粒之視樞線，速率不同。一光條旋轉，自左向右。又一光條旋轉，自右向左。故有旋轉之事也。

日光入孔相聚必圓形　若於暗室之窗，開任何形之小孔，日光射入壁上，所成之光必成圓形。如日體大如一點，所近之光，必同於小孔之形。今日體既甚大，其面上各點發光射入壁上，形與孔同多點發光過小孔，而相聚必成圓形。日光射於樹葉之上，成影於地，皆爲圓形，亦此理也。

比較光濃淡法　如白屏之前豎立一竿，於竿之前置一燭火，即於白屏上見竿之影。

燭火光力遠近與成影同　可於燭火之傍，再置一燭火，白屏之上即另加一影。設此燭火相離甚近，兩影在屏上亦相離甚近。欲比燭火所成之影，而知光力近，則易於相比也。

分别光色　日光可分之爲各光線，此各光線折光角各不同。設日光透過三稜體，其各光線分爲各色之光線，名曰分别光色。發光體所成之光浪，其長不同。光浪透過折光質，短浪減小之速率，遇於長浪減小之速率，所以短浪之折光角，大於長浪之折光角，因此而成分列光色。

光線顯色　凡光線入各質内，或滅其光，或嗡其光。然各體所滅之光線不同，故能顯出各種顔色。

紅長紫短　傳光氣浪，紅色者爲最長，以後每色遞減，至紫色者爲最短。一箇紅光浪之長，爲三萬九千分寸之一。紫光浪之長，爲五萬七千五百分寸之一。其餘各色光浪之長，爲五萬七千五百分寸之一。其餘各色光浪，在紅紫兩數之間。

光行直線　光之行動恒爲直線。如暗房窗户開一小孔，令日光射進，則日光進入暗房。顯爲直線。

光線順直線而行　任看某物之一點，從此點起至目中，順直線而行，此各直線，名曰光線。凡光線至眼中成圓錐形，其頂與點相合，其底與瞳人相合，人目看此點，在圓錐形各光線成交點之處。光順直線至目中，不能於線之斷界後見其光。設有發光體一點，自目中至此點有隔光之物，則此物必在目與光點相速之直線内。今窗上之孔漸小，至一點，則太陽光過此點之時，暗室中所有之光，成直線一條，即光線也。設從物至各點起，遇小孔而至白屏作直線，則物之各界合於直線過屏之點，可知光線順直線而行之理。

透光質阻光質　凡物質能讓光線透過者，名曰透光質。又有一種質能滅入質之光線，名曰阻光質。然質之透光與阻光，不過人見之以爲如是耳。若云透者皆透，阻者皆阻，必無是理。極精之玻璃與水晶，亦能稍密光線，無論何種金類之箔，亦稍有透過之光線。即如英國京城内天晴之時，觀太陽之光有紅色，此因大城内燒爐之煙浮於空中，此煙亦近乎透光之質，故能讓紅光線透過此煙也。水之清而深者，其色甚藍，因水能滅此紅光線也。

傳光氣　其傳光之質，凹凸力甚大，且甚鬆而淡，可借名曰傳光氣。

金石之光　顆粒之面，各物不同，故光亦異焉。大約分爲六種：一金光，二玻璃光，三松香光，四珠光，五絲光，六鋼光。凡玻璃光之物，若内有碎裂之縫，則耀成紅藍五彩，無定色。松香光，如硫磺之白鉛礦，其色黄，珠光如雲母，其次者如美合尼西養，絲光每在筋紋，如炭酸灰及石膏等物，或本體味光，而筋紋絲光、鋼光有時與金光相似，則爲金剛光，如白鉛礦，每有此光。

金石透明分四等　物之透明者，因光能出入於物體也。分爲四等：透形如不隔者，爲第一；能透形而不甚分明者，爲第二；明而不透形，僅見光亮者，爲第三；其邊角薄處微明，厚處不明者，爲第四。如一點不明者，爲之暗。

金石光極　凡事之最相反者，皆謂之極。如羅針之南北二極，電氣之增減二極是也。今論光之出入於物，亦有極，適當極時，其光特異。蓋光之透物，有方向最易，有方向最難，故亦謂之二極。試以圓玻璃一片，中作樞，令可轉旋，使日光透過玻璃映射紙上，而轉其玻璃，則紙上之光不變。如再以一回光鏡，先使日光射於鏡，令回光透過玻璃，而射於紙，則光與玻璃交角五十四度時，其玻璃轉時，紙上之光有時多，有時少，有處有光，有處無光，因此而知返照之光與直射之光，其情性各異也。此五十四度，即爲玻璃之光極。試以普墨林二片，順置之則回光能透過，若轉其片過一象限，則不能透過矣。蓋回光進物，只有一箇方向能透過，所以兩片相順，則兩片之樞線平行而能透。稍不順，則有處透，有處不透，而生暈，相逆則全不能透矣。此亦歧折之理也。如以一歧折之物，兩片疊之，使回光透過之，射於紙上則暈，若一片旋轉一象限則亦暈。觀此可知，其物有一歧折，則其暈有一箇極；其物有兩歧折，則其暈有兩箇極，間遇樞線一律之物，亦有時有暈。如鴨捺兒西姆結成之顆，其光亦有暈，暈内黑線交錯成文，法蘭西天文士徐拉果，攷知各金熱而生光，其光各有極，極之度數各不同。所以測其光，可知其質。又測知煤氣火之光無極，與日光同，所以知日之光，由氣而生，非流質定質也。按此光極之理，可測知某行星是某質所成。

論影

凸鏡成影　如爲變凸鏡，此種鏡遇平行光線，即聚於一點。如遇太陽所來之光線，謂之聚光點，又謂之原心點。行過鏡心，與鏡面正交之線，謂之原軸線。如從所來之光線，行過鏡則顯於點，各光線亦在相配之各點而顯，於是所顯之影爲實影，且爲倒者。

凹鏡成影　如爲雙凹鏡，令物體從所來之光線行過其鏡，則被折而入人目，似從物體來。如此物體顯影較本物更小，爲正形，乃虚影。

物體倒影　如暗房之門開一小孔，孔外有受大光之體，其光線射進孔内，映於對面暗牆，則成倒影，頂、底倒置。其故，因光線與孔内相交，而後依直線伸長，即成倒影。

鏡内成反影　人立回光鏡前，見鏡内人之右目爲左，左目爲右，俱成反影，如反字。鏡内爲正，正字。鏡内爲反，如印書，板係反字。照鏡内即爲正字，是可得鏡内成反影之理。

正影副影　成影與直線之理相關。如發亮之光，原爲一點，有不透光之體置於前，則體後必成影。此影，本影也，亦正影也。如發光之體大於不透光之體若干倍，正影外必另有一影，較正影淡，謂之副影。如日蝕時，太陽、太陰之位置，月在日、地之間，其影遮地面若干分，在此分内見日爲全蝕。月影外另有副影，在副影内，只見太陽蝕幾分。

幻影　海面空氣常有折光之事，能見海島，或旱地，或城垣，或船隻，顯影於水面之上，即所謂海市蜃樓類也。有時於冰洋内，更能見船之倒影，或正影於空氣之内。諸層空氣比海面俱熱，而愈近海面愈密，愈向上愈稀，如船所來之光線，行過各層空氣被折，與垂線相離，則射角大於限角，故能全光回射，入空氣則向垂線而彎，至人目之光線，似乎從光線射來，而船如懸空氣内矣。成倒影之故，説者謂光線尚未至人目之前，彼此相交，故成倒影。

球體影　一點之光，原照於球形之體，此球體之影形如圓錐，其頂對準光之一點，有影之界，觀之頗能分明。若光之原亦爲球體，而照於同大之球體，上所成之影形如圓柱，而界外必有闇虚。

球體如圓錐　若光之原爲一球體，而照於更小之球體上，所成之影形如圓錐，其底合於更小之球體，而其頂在更小球體之後，影之周圍必有後虛。日體大於地球，與月體，所以地球與月體之形，亦如是焉。

圓錐形　人目在圓錐形之月影內，則太陽之光遮蔽不見。在闇虛內，太陽之形亦如殘月。或在圓錐形之後，望太陽宛如拱璧，中暗無光，觀日食之時，此三種形像俱有之。

平方反比例　光之濃淡，與其相距有反比例。燈相距一尺，有平方板，受燈若干光，其濃可號爲若干度數。設移板離燈二尺，此光即鋪散於四倍大之板面。若三尺，則光鋪滿之面，大爲原板九倍。從可知二尺之距，其光之濃，爲距一尺者四分之一，距三尺則九分之一。此謂平方反比例也。如離光原一碼，二尺爲一碼。受光之力爲一，離光原二碼，受光之力爲四分之一。離光原三碼，受光之力爲九分之一。若離光原十碼，受光之力爲百分之一。餘類推。此爲平方反比例。

眼形與平方反比例　眼底有腦氣筋，其密如網，能受外物之形像，與白屏無異。眼所見者，光原之形像，與光力之濃淡無涉也。眼離光愈遠，眼內之形像愈小，此理亦合於平方之反比例。若空氣內明浄無雜質，凡能見之光，其明相同，但其光原大小，與遠近有相關，即平方之反比例也。

光行速率

光行速率　如放礮情形，相去數里之處放礮，必屬先見火光煙燄，間數秒頃，方聞有聲。是光可於放礮立有見，聲不能立有聞矣。且目見火光，果屬見光時即礮火著時乎？其實光來吾目，亦非毫無間隔也。惟光來入目，較聲來入耳口耳。行星中有呼爲木星之一大星，有距居之地面近時，有距居之地面遠時，復有四五星在其外環繞，中有一按有定時日經遇水星面之小星，以力火之遠鏡窺之，見其小星經歷木星面時，體乃黑圓，謂木星去地遠時，見小星遇木星面似較遲，所測而應經歷之分秒已至，小星猶不見至，即本星光由其所居之所射來入目時，已逾數分頃，適與由遠地放礮，礮聲入我耳時，已與發響時間有數秒，無異也。如地球在戊時，見此月之蝕，比地球在戊時，早十五分，從此知木星之月寅，所發最末之光，即剛入木星影時所發之光，行遇地球軌道須十五分時，於是知光行之遠，每秒有十九萬二千五百里。若在地面細測兩處之相距，得光行速，較前更小，每秒只十八萬五千里。無風時之雨，順垂線而下，設有人速向前行，所遇雨點，若不順垂線，宛如斜雨而著速行之人。日星之光線，因地球在黃道移動極速，故光線亦如斜行，謂之光行差。又遇雨點角度，即可算兩垂垂下速率，所以已知地球行於黃道速率，又知光行差角度，即可算光行速率。若言光線折時，與垂線所成之角更小，此時光行之速率加大。依此理，則光在水內之速率，大於空氣中之速率；在玻璃內之速率，大於水內之速率；在金剛石內之速率，大於玻璃內之速率。折光指愈大，光行之速率亦愈大。

光行速率同軋倫　光行之速率甚大，則光質點應小至無窮。設此光質點稍有重率若干，再加之以速率，必傷人目。尋常之質，有一軋倫軋倫，英國乾物量名也。等於：一六立方尺。其動速率同於光行之速率，則一軋倫質之重，可等於一礮彈之重，即與重一百五十磅之礮彈，每秒速率一千尺者無異。

光質點無重率　若光質點竟小至無窮，則空中各曜發出之光質點，其速率皆同。因各曜之吸力不同，而光質點分重輕，則發出之時應不同也。然而未有不同者，可知光質點竟無重率。

光非質點　説有一恒星，其質之疏密，同於日質之疏密，又此恒星之全徑，二百五十倍於日之全徑，因其吸力甚大，可阻所發之光質點，不令其甚速。更小之恒星，吸力更小，阻光質點發出之力亦更小。則大恒星發光之速率，應小於小恒星發光之速率，然而各曜發光之速率，無有不同者，可知光非質點也。

光浪速率　光浪在玻璃內之行速率，小於空氣內之行速率。故玻璃內之光浪，不能追及空氣內之光浪也。

光行空氣水玻璃石之里數　光行速率，空氣內每秒十九萬二千英里，水內十四萬四千英里，玻璃內十二萬八千英里，剛石內七萬七千英里。

折光質與光行速率有相關之理　如有兩線，可爲氣、水兩質內光行速率。氣質內光速率，當射光角之正弦。水質內光速率，當折光角之正弦。折光指，即兩質光內速率之比例。設水折光指爲三分之內，氣質中光速率，與水質中光速率之比，若四與三之比。玻璃折光指爲二分之三。氣質中光速率，與玻璃質中光速率之比，若三與二之比，故空氣中光速率，爲水內光速率一又三分之一，爲玻璃內光速率一又二分之一，爲金剛石內光速率二又二分之一。且空氣中光速率，爲容羅科雖脱其合質爲□養鈷養之質內之三倍。因此物之折光指最大。則折光指不可以空氣爲主。必從真空中而射於折光質內，以真空中光速率爲實，以某折光質內光速率爲法，除之，得數即爲其折光指。

光行漸減　地球旋轉於黃道，與木星相距漸近，此十五分光行之時，亦必漸減而至於無。

光行有定　光行過空處，有一定之時。算得光行速率爲每秒十九萬二千五百英里。

回光

回光　凡光射及磨極光平之金質物面，光必迴而返照。如將一既燃著之燭置於玻璃鏡前，即見鏡中有燭之形影，非鏡中實有其形體，實緣燭射出之諸道光芒，由鏡面返迴，復照入目。凡物體能爲目所見皆因其能回所受之光也。物光亂回，即散於其體之周圍，無定方向。如爲平面鏡，所受之光線設爲點之垂線，則回光回行爲射光角，爲回光角。凡回光合法者，其回光角必等於射光角。

全回光　若水内光線，與水面成角遇於四十八度半，則光線不射入空氣中，即從水面回射於水中，此謂之全回光。

射光角回光角　若於光線遇回光面之點，測其回光面之垂線，則光線與垂線所成之角爲射光角。回射光線之與垂線，所成之角爲回光角。

射光角回光角相等之理　凡觀平面鏡内之形像，若不在鏡面而在鏡後，形像與鏡之相距等於物與鏡之相距比，與射光角回光角相等之理有相關。如引一直線而代剖鏡之圖在其線之前面作一點，從此點至鏡面之射光，囗自鏡面回射而抵人目之瞳人，此瞳人爲圓錐形光線之底若引長圓錐各線，至鏡後必成交點，而人目觀鏡前面之點，若在此交點也。案此交點，即圖案此交點即圓錐形之頂也。

回光面光線遠近不同　回光之面不平，則回光面發出光線之處離目遠近不同。如立於河邊，而觀物之形象在水中回光，或變爲長條之形，因風吹水面成浪也。

各物回射之光不同　若射光線爲回光面之垂線，以光線一千分而論，水回射之光線十，入玻璃回射之光線二十五，水銀回斜之光線六百六十六。

垂線　若光線遇回光面，爲其面之垂線，則光線回線之方向，同於光線射至回光面之方向。若光線斜遇回光面，則回射之光線亦斜。

回射光線多於垂線　若射光線不爲回光面之垂線，水與玻璃回射之光線，則多於爲垂線時之數。如囗用四十度，以光線一千而論，水回射光線二十二。射角六十度，則光線一千，水回射光線三百三十三。射角八十度半九，則光線一千，水回射光線七百二十一。

空氣回光　空氣能折日光，而發回光之事，在黄昏時顯之最明。如日光入於空氣，因空氣各層疏密不等而光被折。及遇地面，即行曲線路，入人目之光線，如從地之切線而來，尚能見太陽之形，故太陽已落天際線下，而人視之猶在天際線以上。因此折光之事，能令太陽早出晚落。既落之後，尚是黄昏，設太陽一落即黑，於人大爲不便。惟在熱道之處，黄昏最短，因太陽落至天際線，似乎爲正角，故不久即黑。從此可知，天空諸曜因折光之事，在人所見之高，實遇於其本體之高。又可知其光在天際之時，其差最大，愈升則愈小，至天頂則無差。其故因光線行過空氣之厚薄而别。

界角度數　定全回射光界之角，謂之界角。水之界角爲四十八度二十七分，平常玻璃之界角爲三十八度四十一分，金剛石之界角爲二十三度四十二分。

雙鏡回光影度　設如將二平面回光鏡置成正角方向，再置物體其間，則體在鏡内成三影。内二影即鏡之回光，第三影即鏡之雙回光。觀其體與三影成爲長方形之四角，離二鏡爲等距，則體與三影共成爲正方形之四角。設二鏡置成之角爲六十度，則有五影。四十五度，則有七影。三十度，則有十一影。如體與二鏡之距相等，則依其角度能現六邊、八邊、或十二邊形之角。若二鏡對面平行置之，則能成影無數。

金石回光四等　凡回光分爲四等。光，如明鏡，能照鬚眉者，爲第一。能照見形而不甚分明者，爲第二。不能照見形，而能回光射光者爲第三。視其面如有光，而不能回光者，爲第四。如其面如泥、如粉、如反景而無光者，謂之暗。

平面鏡回光　凡體置於平面回光鏡前，於鏡後顯影，影在鏡後之距，等於體在鏡前之距。如爲影與體方位之相關，回光鏡向某體，或離某體，移動之，即影所行之路較鏡多一倍，如有人立鏡前，鏡向人移一尺，則影在鏡内移近二尺。

平面旋轉　若將平面鏡旋轉，即可見鏡内形像所成之角，大於鏡面旋轉之角一倍。

高弧度數　用水銀之類，爲借地平之法，測日星之高弧，此度數大於真高弧一倍，因所測之角度，爲回光角與射光角餘度數相加之角度，半之而得射光角之餘度數，即高弧之度數也。

物之豎半　若干面鏡與地平成四十五度之角，即可見鏡内豎物之形爲平，而平物之形爲豎。

移動速率　凡移動平面鏡，而不改鏡面之原方向，即可見鏡内形像移動之速率，大於鏡面移動之速率一倍。

凹面鏡回光　如其軸線，亦爲鏡之垂線，日光射於鏡面，點綫在弧面心，與鏡面之正中點謂之原心，或曰聚光頂，又可謂平行先線之聚點。如有光線從弧面心點外射於鏡面，其聚點必在聚光頂與心點之中。若置發光體。與點合則光線必自發回而無聚點。如置於心點外，所來光線回射，中各有點所來之光線，亦聚於中間相當之各點。如此則成影爲倒置者，小於本物，然爲實影。因從所來光線回射後，實聚於二心之內。如置物於聚光頂，則其光線回射之後，目視其體，似在鏡背之後，成影大於本物，且爲正形，此謂之虛影，與平面鏡所成虛影無異。

光線行法不同　順直線而行之光線，其行法不同，或漸散，或平行，或漸近。地上各物所發之光線皆漸散者，日星所發之光線俱爲平行，因離地甚遠也。地上各物所發之光線，可射至凹鏡上而合，其光線或變爲漸近，或爲平行。

聚光頂頂距　凡平行射光線，回射之光頂，皆謂之聚光頂，案，聚光頂本名爲聚光點，圖此點爲圓錐形之頂，故改名爲聚光頂。凹鏡面與聚光頂相距若干。謂之頂距。

光頂實中虛　若發光點點在聚光頂，此與凹鏡之間，光線自凹鏡面回射必漸離，不能有實光頂也。若以漸離之線引長至凹鏡之背成一圓錐形，其頂爲之虛光頂。

凸面鏡回光　如爲球面回光鏡，其將物置於鏡前，則所受光線回射之後，人目視之，似從光線來，其物中間各點，亦歸同理，故成影比本體更小，而爲虛影。各平行光線既經回射，即從此點起漸漸相離。

凸鏡影大　微細之物照凸鏡中，可映爲大物。法，即將凸鏡置於欲映大之物旁，使之相去甚近，便可映照如意。譬猶以此等鏡觀星，觀日月，則不能使之體大矣。惟以雙鏡法方可也。即用二凸鏡，一鏡體大，足以取日月星之象聚於鏡後，與以大鏡對日取火之式無異。外復有能顯微物之鏡一面，將大鏡所照聚之影像，映至極大。

形像所在　設欲定凸面回光鏡内之形像，并兩箇交互形像之所在，即自物件作次軸線過鏡中心，再自物件至鏡面作一線，即半徑。與射光線相遇成角，即射光角。又作相等之回光角，以此回光線引長，與次軸線作交點，即形像之所在也。

形小非倒置　用法可任取物之一點，而定其形像之所在。又可知凸鏡内之形像，小於物之長形，而非倒置也。

首光頂　設欲定凸鏡聚光頂之所在，即應用平行光線射至鏡面，此平行各光線，與鏡面各相對半徑所成之角等，此回射光線，俱爲漸離之光線。若引長之至鏡背之後，即相合成一點，亦謂之首光頂。

對正圓旁長圓　易其鏡之形勢，權爲形圓，中厚、邊薄之凸鏡，由對面視之，鏡爲正圓形。由旁面視之，鏡爲近似棗核式之長圓形矣。

球影差　若光線不合於燃頂，此差數亦謂之光行差。球形回光鏡，不容聚各光線成一光頂，此差數謂之球影差。

球形光差　光線透過凸鏡邊，不能與透過鏡心之光線同聚一點，則謂之球形光差，此事大礙於成影之清晰與否。故平常所有用雙面凸鏡處，必不使光行過鏡邊，皆以不透光隔圈掩之，如照相鏡所用之隔簾是也。

燃曲面　設回光鏡爲弧面之大分，則回射之光線不聚於一點，各光線彼此相交處，成一極明之面。論光學之理者，謂之燃曲面。

虛燃曲線與燃曲線同　爲凸面回光線之圖，即置末光原於丙點之右，其相距等於在丙點之左，即可令回射光線引長至鏡背之後，而與首軸線成交點，則有一虛燃曲線，其形與燃曲線同。

曲線大小不同　設光原仍在末點，射至甲申乙凸鏡上，即成一虛燃曲線。爲甲亢乙而小於甲巳乙，且兩種曲線相遇於甲乙二點，此兩種曲線大小不同者，因光原近於凸鏡，遠於凹鏡也。

燃曲面之切線　若用回光鏡試驗，即能見其燃曲面。燃曲線繞本軸線一周，即爲燃曲面，且回射各光線，爲燃曲面之切線。

燃曲面之燃頂　圓玻璃盃，可代圓柱形之凹回光鏡。若以牛乳滿於玻璃盃内，至八九分，置一燈火於玻璃盃之旁，即於牛乳之面，顯一燃曲線。若將全玻璃杯鍍錫汞，又成燃曲面球形，謂之鏡之聚光頂，謂之燃曲面之燃頂。

折光

折光　凡光線透過某物，一出一入時，即改其方向，謂之折光。且自此質透過彼質，其被折又各異，如從空氣透入水内，顯見其方向改變，似乎折彎；而在空氣内所行之方向，與水内又異。如爲射光線，更爲水面垂線，則線入水所行之方向，必向垂線而折。又令仍爲射光角，爲回光角，是可顯折光之例。假如爲心爲界作平圜，再作二線，與水面平行，則入水之方向，式如四/三。此爲由空氣入水之折光數，若自空氣入玻璃之折光數，則爲三/二。反之，光線自水入空氣，其折光數爲三/四，由玻璃入空氣，則爲三/三。從可知光線由疏質透過密質，其光線俱向垂線而折，由密質透過疏質，則光線俱離垂線而折，此爲折光之例。

水面垂線　線一千而論，爲水面之垂線，祇有十八光線，自水面回線，其餘九百八十二光線，透入水質之中。

恒數光差　射光角之正弦爲實，折光角之正言爲法，約之得數爲恒數，乃光學中之要理。此兩角不論其大小，所得之數恒同。設此角減小，彼角亦減小；此角加大，彼角亦加大。此恒數謂之折光指，即光差也。

垂線方向　設有一光條爲水面之垂線，其透入質之方向，同於射至水面之方向。若光條射至水面不爲垂線，則於入水之後，改其原方向。

折光方向　光從斜方向射照水面，入水時，所行之線，必被折而斜曲較少矣。試反而論之，光出水面入風氣時，某所行線之斜曲即較多也。儻以透光之薄玻璃代水，光行之方向與在水中無異，其經玻璃體之折度，亦必較少。光於未入玻璃體前，與透出玻璃體後，所行斜方向同，惟於玻璃體中有異。謂其所行方向同，非謂其行於一線之若等式也，以其線行之方向爲平耳。

折光色度不同　各色光照於邊稜，色不同，被折度亦不同。紫色之被折度最多，紅色之被折度最少，紅、綠二色中間者，有橘黄、正黄二色，橘黄色折光度多於紅色，正黄折度多於橘黄，綠色多於正黄色。綠、紫二色中間者，復有藍與靛青二色，藍色折度多於綠色，靛青色折度多於藍色，而紫色之折光度並多於靛青色矣。

交包色　凡兩色可合之而成白色者，名曰交互色。亦名曰相合色。光帶之中，有四帶交互色。一、紅色與正綠色正藍之和色；二、金黄色與衰安授真譯曰藍母。正藍之和色；三、正黄金與深藍正藍之和色；四、正綠正黄之和色與淡紫色。

折光回光　凡有折光之事，同時必有回光。如浪静之時，人立湖邊，見對岸林木山色，映於水内，多成倒影，但其影頗覺模糊，因從本物入水之光線，爲水所遮，不能全回至人目。而人愈斜視水面，則見影愈清切，因所回之光多，即此可顯射光、回光二事交關之理也。

稜體折光角　假如光線射於透光三稜體，而與其一體之一面成正交線，則光線透過後，不合於原射之方向，此稜體兩等面所成之稜，名曰稜體折光角。

金石折光　凡光線出入於厚薄二質之間，其行必折。光射若直行，應至左角之上。今乃稍下，或大下，是皆非直線而爲折線也。

金石歧光　透明之質映視他物，有能分爲二形者，此光有歧折故也。如於紙上畫一直線，以丐而刻斯罷。置紙上映而視之，則見兩線。如旋轉之，則見兩線或漸離，或漸近，近極則并爲一線，而比原線稍長。若於紙上作一點，如前映視之，則見兩點，如旋轉之，則見兩點或漸離，或漸近，近極復漸離，終不能相并，但覺兩點互相旋轉，有最遠、最近之時而已。其所分二形，一爲常折，一爲歧折。歧折之故，由於樞線有長短，若樞線一律者，只有常折，無歧折。如一樞有長短，則有一歧折。如三樞俱不等，則有二歧折。蓋樞線有一異，則視物多一歧也。歧折之大小，因人目與樞線之交角而殊。假如磨平其物，使兩面均與樞終直交，則人目視物與樞線交角爲○，其歧折最小。若交角爲九十度，其歧折最大。其最小、最大之數，亦各物不同，因各物之樞線不同故也。光之歧折，蓋因光線走入物時，分二路而行。及出物面時，不能復并，故成二形。如玻璃本無歧折，若一邊偏熱之，或一邊重壓之，則視物亦有歧折。蓋因質點改易其位故也。

光線依原方向行　凡光線，或從空氣，或從他質，斜射平行面透光質，而仍入空氣，或他質，此光線即依原方向而行。如光線從此質而透過彼質，或濃或淡，以後折光線仍入前質，再折光而得原方向，即此理也。

目之光線必有光差　人在水面而看水底光線，自水面至目成垂線，必無光差。其餘至目之光線，必有光差。若以有光差之光線，引長至水中而與垂線作交點，必不在水底。因光線自水中射入空氣内，光線更遠於垂線也。

直視較淺　人目斜視水底，較之直視水底必稍淺，亦因折光之故。

空氣折光　氣質與流質、定質，同可回光，亦可折光。因氣質之折光指甚小，故回光與折光甚微。但測望之時，必須知蒙氣差，即空氣折光之故也。用三角法測地，亦須知蒙氣差。日未出地平之時，已能見日；日入地平之後，仍能見日，亦因有蒙氣差也。

光浪折光　至玻璃片之前斜，遇玻璃面，則光浪之先入者，速率改小，而阻住在後之光浪。故光浪改其方向，而過玻璃，即有折光之事。

論器

暗箱　此畫器也。用斜邊箱，其内敷黑色，使之無回光。頂有立方箱，此爲兩半湊合。大半套於小半之外，可以任配長短。立方箱内，有回光鏡，連以軸，可任取其若干斜度。箱底有二面透光鏡，若將此箱對準遠處山水等物，其影即照入立方箱内，過回光鏡，即回光向下；過透光鏡，照其影於箱底之紙，循影描摹，其所得之形，與真形無甚差易。於大箱旁之斜面，另開二孔，上孔可視箱底物影，下孔可探手描畫。立方箱之套節，可以配準光距。

球形透光　透光鏡亦爲弧面之一小分，若不合於弧面之一小分，即爲數形透光，過鏡後而漸離。

透光有二　透光鏡常以玻璃爲之，其式或二面俱曲，或一面平、一面曲，即聚光鏡、散光鏡也。透光鏡分爲二種，一令平行光線透過鏡後而漸聚，一令平行光線透過鏡後而漸離。

漸聚漸離各有三式　漸聚透光鏡，一爲雙凸鏡，二爲平凸鏡，三爲凹凸鏡。此鏡凸面之半徑大於凹面之半徑。漸離透光鏡，一爲雙凹鏡，二爲平凹鏡，三爲凹凸鏡。此徑凹面之半徑，大於凸面之半徑。細觀鏡式，知聚光鏡之中心，厚於其邊，散光鏡之邊，厚於其中心，以此法辨各種透光鏡也。

透光色差　透光鏡，不能令各色光線合爲公聚光頂，此爲透光鏡之光色差。

首軸線　凡光線過透光鏡之中心，爲雙凸面之垂線。此線亦謂之首軸線，凡光條射於凸鏡上，與其首軸線平行，既過凸鏡之後，其各光線即於軸線上成交點。此交點亦謂之聚光頂。

光色遠近　各光色之折光角不同，故不能用單透光鏡，令各光色合於一箇聚光頂。正藍色光線折光角，大於正紅色光線折光角，故藍色各光線之交點，離透光鏡畧近；紅色各光線之交點，離透光鏡畧遠。

萬花筩　此筩能窺各色花樣，西名觀錦花，華名萬花筩。筩内置玻璃二長片，背面敷黑色料，以爲回光鏡。長邊彼此斜成三十度之角；筩後端有活套，外面安毛玻璃圓塊，内裝各色小玻璃塊，或各色小珠，或稍裝有色明水。再内以明玻璃圓片隔之，筩外而於架筩前端有小孔，對光窺之，漸轉筩後活套，則成美觀之花樣，變幻無窮。

量光尺　格致家量光，在日本生所創，每用之量煤氣燈光力。作法，用黄銅架，面刻分度，有移動紙屏，其屏心有油點，將所欲比試之二光置於不之兩端而移動紙屏，至見油點之光與紙面光等，再視二光與屏之距數，即能定其光力之濃淡。如煤氣燈與油燭之光，燈距屏五尺，燭距屏三尺，則光力若二十五與九之比，即燈光大於燭光，爲二又九分之七與一之比。此器之理，設屏受一光，原若油點所透之光，較紙面他處更多，則油點比他處更亮，而油點之回光比他處更少，則油點亦比他處更暗。設用二光，分置對面，配以屏之遠近，令其油點與屏面他處之光相等，而兩面視其光相同，則知油點所透之光，在燈邊與燭邊相等。

分光求原　有鏡能將各種光帶分之，以求其原質。直視分光求原鏡，分三管，用螺絲相連。不用之時，三管分拆，置盒内。爲立孔，有螺釘，能配準其寬窄，光進窄孔，先過凸鏡，與窄孔相合。其光線過此鏡，再行過管内之一副三稜玻璃，即分成各色。

光帶線有四　化氣所成之光帶，其各原質在暗面所現之線不同，爲數質光帶之線，其一爲鈉霧之線，其二爲鍶霧之線，其三爲鋰霧之線，其四爲鉀霧之線。

物含原質　將物焚燒，令其發霧，視其光帶之線，即知其物含何原質。因凡物質燒之，各有其光線，雖爲雜質，亦必有各質相配之線，故細察光帶之線，即知含何原質。

回光鏡　窺察天文之遠鏡，又名天文鏡。分爲二種：一爲回光遠鏡，一爲折光遠鏡。其回光鏡，當中有圓孔，圓孔相對之處，此端有目鏡筩，彼端頗遠處有小凹面回光鏡。其理因回光鏡收遠物之光線，聚倒影，後則其回光線，彼此相交過於小回光鏡，再回光平行，過透光鏡，則二次放大其形，而改影爲正。再過目鏡，而放大入目。其小回光鏡，連於桿循鏡筩之邊，能進退以配準其光距。又用長大之筩，一端開通，一端封密。封密之端，有凹面回光鏡，與筩之邊斜成小角，其遠物之影，在開通筩邊而成，另有特設之目鏡，令其放大。

金石回光量角器　西人胡立思登創造回光量角器，任顆粒極細，只要其面平而能回光者，皆可用此器量之。欲量之角，光點射至面上之點，回光至目，人視之。如設旋轉其物，使光射之面，目視之仍如光在之處，則未旋轉之面，與既旋轉之面，皆在一箇平面。而旋轉之度爲角，即角之外角也。準此造回光量角之器，其大盤，盤周分三百六十度。盤之軸，其中空心，佛逆旋輪，連於空心軸，手轉之，可使大盤運轉。内軸容於空心軸之中，而兩端長出，其一端安一小旋輪，以便手旋；一端連二活節，亦爲旋輪。又爲含其軸之管，及爲粘物之板，佛逆定於架不動，而輪盤及軸均可轉旋，亦可令大盤定，而内軸轉旋。用此測器之法，先於室中離窗六尺，至十二尺處，置一堅固不動之小桌。桌面之高須適便於擱肘。然後置此器於桌上，令器之軸與窗檻平行。又於窗檻間牆面距地不遠處，作一黑線，與檻平行，或不作此線，而於桌上用一黑板畫一白線，置於測器之前亦可。次將所測之顆粒，用蠟粘於子板之上，務令所欲測顆粒之稜，與器之軸心在一直線上。其較準之法，或屈伸二活節，或旋轉其旋輪，使板轉側，或移動所粘之物，以挪移遷就之，無一定之法。準訖，則以目切近而視顆粒之面，必能照見向明窗户之一處。如顆粒安置已準，則所照見窗户之横格，必與所畫之線平行，乃用手旋轉其輪軸，至顆粒中所見之窗欞横格，與窗下或板上所畫之線，合爲一線而止。如不能合爲一線，則必是所置之顆粒尚未正也。必再較準之，務令合爲一線而止。既合之後，再轉左之小輪，至顆粒第二面中，能見窗欞之本格。再旋之，則見横格與所畫之横線亦合爲一線。如不合，則顆粒之第一面雖準，而第二面尚未準也，必再挪移遷就，以較準之。若手法靈敏者，則移置二三次，即能各面俱準。顆粒既準之後，乃旋轉左之大輪，使度分圈之一百八十度，與佛逆之圈度相合。再轉左之小輪，使所照見窗之横格，與所畫横線亦相合。再轉左之大輪，使物與度分圈同轉，至見顆粒之又一面所照窗之横格，與所畫之線相合而止。乃視佛逆之〇度所切度分圈之何度，即爲所求之度。惟度分圈上之線，若不能適切佛逆之〇度，則是度下尚有分數，須逐視佛逆上之某分，必有與度分圈上之線相合者，即其分數也。此器能量一秒之角，故爲極精。近有於器之下面增一回光鏡者，則對光更易，且更明亮。

折光鏡　折光遠鏡，與回光者造法不同。如因其距目較遠，物爲更近，則視角之大小迥異。故見其遠物，似乎放大，遠鏡能放大遠物，自然賴影之大小，即影與物鏡相離愈遠，則物鏡之光距愈長，現形亦愈大。故折光遠鏡内，其物鏡之光距必最長，因此其筩亦必最長。含目鏡之筩，必套於物鏡筩内，便於伸縮，配準光距。如欲其形明亮清晰，則必用更大物鏡。故觀星台所用之物鏡，徑有長十六寸，光距二十四尺者。

顯微繁式　繁式顯微鏡有二鏡，一與物相近，謂之物鏡，一與目相近，謂之目鏡。如將小物置於物鏡之原心外，少離則於相對之心，成倒影而放大。另配目鏡，令此倒影在其原心與目鏡之間，則見其影更加放大如正影。依此法，則一顯微鏡能放大物形三十倍至五百倍，或可更多。平常目鏡爲數層玻璃合而成者，令物形更能顯明。然合用多鏡，其理實與只用一鏡者同。各鏡務須明浄無色，看物始清。顯微鏡間有用雙筩者，即有二目鏡，能對一物鏡而窺，此法最便。

顯微簡式　顯微鏡能將小物放大，其簡式乃雙凸面鏡，將物置於原心與鏡之間，則物所發光線爲鏡所折，人目視之，似從實體而來，見其形放大甚多。所放之形，頂底與本物頂底相對，而爲正影。

合光力　如將光内之任一原色欲分之，必不能。其各性情，爲此色相屬之性情，因其性情不能與本色分開，故其外紅色光内有一光線，推顯光力器之力，作爲一百，又在外紅色最亮之處，有一光線，其推力爲五十者。此推力並非隨其光之熱線而有之，俱藉其光浪之長，與其光之折角也。由此可見，熱與光兩事不能依其性情而分之。因欲免名目之混淆，故將太陽或燭火等所發一切之光線，名曰合光力。

論視

目中小質　凡目之各質内皆有不透光小質，有人目内有黑點，有黑圈，有似水浪紋之質。因瞳人不甚小，故筋網上無小質之形。設瞳人大如一點，而目内有此不透光之質，大約不能視物也。若此小質近於筋網，即能成形，用針刺小孔於紙上而觀天，即可見已目中之小質。

視軸　過明角罩中心，至筋網作一直線，此直線名曰視軸。有人視軸太短，筋網與明角罩太近之故。各光線之光頂，不聚於筋網，而在於筋網之後。高年人明角罩稍平，光頂在筋網之後，視物有昏花之象矣。

透光有三質　人眼能見各物，亦可謂透光鏡也。内有三質：前後房水一也，睛珠二也，大房水三也。

假肥形　凡所視物形大於實體者，謂之假肥形。

二目合視　視物時，二目内各有一形，而卒不爲兩形者，因二目同看一物也。如二目看物，則二線過二睛珠之心，與其凸面成正角，此二線謂之視軸線。而其所成之角，謂之視角。但二目能自行配準，令其視軸與物相交，故二目所見之形無異，而腦内所覺之形亦無異。若二目視小物，同時又有物置於其外，則必見爲雙形。此因二目所受之影，遇將筋衣在不同之處，即目之影成於視軸之左右。又如二目向視，則亦必成雙形，又一目亦可視成雙形。如將厚紙一片，用針穿二孔，相距約八分寸之一，將紙對一目而看二孔於相距不遠之處，置一物對視之，則看成二物爲叠形，此因針孔所成彼此相交所見之二物色，必一淡一深也。

王季烈《物理學語彙》

英	中	日
A		
aberration	收差	

absorption	吸收	
absorption spectrum	吸收光帶	吸收スペントル
achromatic lens	滅色透鏡	色消レンズ
achromation prism	滅色三稜鏡	色消フリズレ
angle of aberration	差角	
angle of incidence	入射角	
angle of rdflection	反射角	
angle of refraction	屈折角	
apparatus	裝置器具	裝置
apparatus for refraction	屈折器	
arc lamp	弧燈	
arc lighting	弧光	
astronomical telescope	星學遠鏡	星學望遠鏡

B

band spectrum	綫條光帶	帶スペクトル
biconcave lens	兩凹透鏡	兩凹レンズ
biconvex lens	兩凸透鏡	兩凸レンズ
blue	藍	
Bohnen berger's machine	波念白格氏器	ホノチンペルケル氏機
bottle prisms	空三稜鏡	
bright line spectrum	輝線光帶	輝線スペクトル

C

camera lucida	寫影器	
camera obscura	暗箱	
candle power	燭光	
chromatic oberration	色收差	
chromatic polarization	現色分極	
complementary colours	餘色,補色	
compound dynamo	複捲發電機	
compound light	複光	
compound machine	複式器械	
compound microscope	複顯微鏡	
concave convex lens	凹凸透鏡	凹凸レンズ
concave lens	凹透鏡	凹レンズ
concave mirror	凹面鏡	
conjugate foci	共軛點	
continuous spectrum	連續光帶	連續スペクトル
contrasting colours	對比色	
convergent	收斂	
convex concave lens	凸凹透鏡	凸凹レンズ
convex lens	凸透鏡	凸レンズ
convex mirror	凸面鏡	
correction	補正	

D

develop	現像(照像術)	
dew point	露點	
diffraction	屈折	
diffused light	散光	
dispersion	分散	
dispersion of the light	光之分散	
dispersive power	散色力	
distance of distinct vision	明視之距離	
double refraction	複屈折	

E

emission spectrum	發光分散帶	發光スペクドル
extraordinary ray	變光線	非常光線
eye	眼	
eye piece	接目鏡	

F

fluorescence	螢光	

focal distance	焦點距離	
foci	焦點	
Fraunhofer's dark line	發郎胡發之黑綫	フラウンホーフエル氏黑綫
G		
globular lightning	球電光	
glow discharge	微光放電	
H		
halo	暈	
heliostat	日光反射器	ヘリオスタツト
homogeneous light	單光	
Huyghens	晦艦司	
I		
illumination	照度	
illuminating power	光力	
image	像	
impenetrability	不可入性，礙性	
incandescent lamp	白熱燈	
incandescent light	白熱光	
incident ray	入射線	
inclination	傾斜角	
index of refraction	屈折率	
inflexion of the light	光之曲撓	光之枉撓
infra-red	紅外	
intensity	强度	
intensity of light	光度	
interference sound	干涉，交叉	
irradiation	光滲	
irregular reflection	亂反射	
L		
laboratory	實驗室	
lens	透鏡	レンズ
Lenz's law	林兹之定律	レンツ氏定律
light	光	
line of collimation	視線	
long sighted eye	遠視眼	
luminosity	光度	
luminous	閃電板	
luminous body	發光體	
luminous tube	蛇紋管	
M		
magic disque	驚盤	
magic lantern	幻燈	
microscope	顯微鏡	
mirage	蜃樓	蜃氣樓
mirror	鏡	
myopy	近視	
N		
Newton's coloured disc	奈端七色板	ニユトン氏七色版
Newton's ring	奈端輪環	ニユトン氏輪環
normal	法綫	
normal eye	正眼	
O		
objective	對物鏡	
observation	觀察	
ocular	接目鏡	
old sighted eye	老眼	
opaque	不透明	
opaque body	暗體	
opera glass	雙眼鏡	

optical axis	光軸	
optical center	光心	
optical ismerism	旋光性	
optics	光學	
orange colour	橙黄	
ordinary ray	常光線	
P		
partial dispersion	部分色分散	
penumbra	半影	
perturbation	騾變	
phase	位相	
phenomenon	現象	
phosphorescence	燐光	
photometer	光度表	光度計
photography	照像術	
plane concave lens	平凹透鏡	平凹レンズ
plane convex lens	平凸透鏡	平凸レンズ
plane mirror	平面鏡	
polariscope	分極鏡	
polarization	分極	
polarization of the light	光之分極	
polarized current	分極電流	
polarized light	分極光	
polarizing angle	分極角	
pole	極	
presbyopy	遠視	
primary colours	原色	
primary rainbow	第一虹(正虹)	
principal axis	主軸	
principal focus	焦點,燒點	
prism	三稜鏡	
projection apparatus	投影器械	
pupil	瞳孔	
R		
rainbow	虹	
rare	疎	
raree show	瞰視箱	
real image	實像	
red	紅	
red heat	紅熱	
reflected ray	反射線	
reflection	反射	
reflectory telescope	反射遠鏡	反射望遠鏡
refracted ray	屈折線	
refracting ledge	屈折稜	
refracting plane	屈折面	
refraction	屈折	
refractive power	屈折力	
refractory telescope	屈折遠鏡	屈折望遠鏡
regular reflection	正反射	
remaining images	殘像	
retina	網膜	
S		
secondary rainbow	第二虹,副虹	
shadow	影	
sheet lightning	面電光	
short sighted eye	近視眼	
simple microscope	單顯微鏡	
Solar spectrum	太陽光帶	
spectroscope	分光器	

spectrum	分散帶，光帶	スペクトル
spectrum analysis	光帶分析術	スペクトル分析術
speed	速	
spherical mirror	球面鏡	
spherical aberration	球面收差	
stationary wave	定在波	
stationary wave motion	定在波動	
St. Elmo's fire	愛爾姆司火，電火	エルムス光
stereoscope	實體鏡	
T		
telescope	遠鏡	望遠鏡
terrestrial telescope	地上遠鏡	地上望遠鏡
total dispersion	全色分散	
total reflection	全反射	
translucent	半透明	
translucent body	半透明體	
transmitted light	透射光	
U		
ultra violet	紫外	
umbra	本影	
umbra ombre	陰影核	
undulatory motion	波動	
undulatory theory	波動說	
V		
virtual (displacement)	假設(變位)	
virtual image	虛像	
virtual focus	分散點	
visual angle	視角	
vitreous humour	玻璃液	
W		
wave	波浪	
wave front	等相面	
wave length	波長	
wave motion	波動	
wave theory	波動說	
X		
X-rays	愛克司放射綫	X放射綫
X—Strablen	愛克司放射綫	X放射綫
Y		
yellow	黄	
Z		
zigzag lightning	綫電光	
zoetrope	驚盤	

圖錄

陽瑪諾《天問略》

日蝕

問：日蝕所以日（日蝕）非日失其光，乃月掩其光也？［曰：］月之天在日天之下，朔時月輪正遇日輪之下，南北同經，東西同緯，故掩其光若有失之耳。

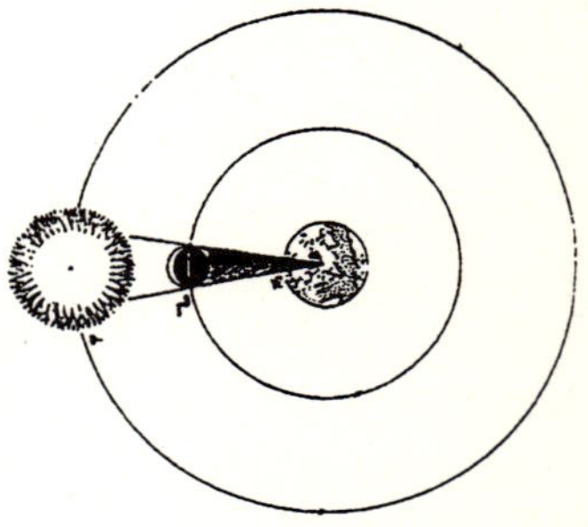

如（上）圖甲爲日，乙爲月，丙爲人居地面。月輪隔在其中，使日光不能照地面，而人目不能見日輪也。因知日食非各處共有之，或一處見食，别處見光，或一處全食，别處半食，皆因隨地異也。聞貴國先時一年日食，司天言當幾分，草澤言當幾分，後卒如草澤言說者，以爲筭法疎密使然，實不爾也。

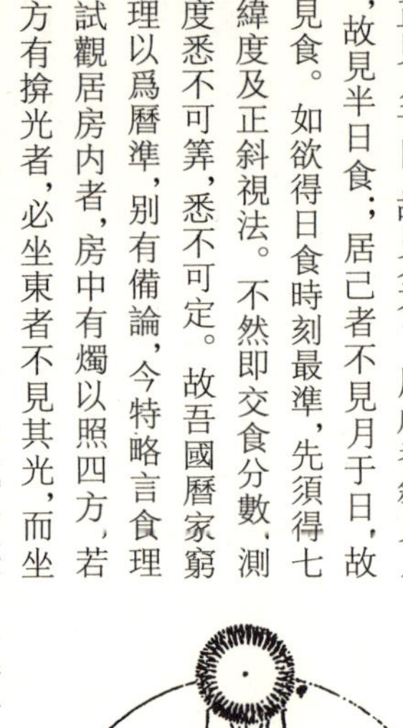

如(右)圖，丙地面、乙月輪、甲日輪。居丁者正見月于日，故見全食；居己者不見月于日，故見半日食；居戊者斜見月于日，故全不見食。如欲得日食時刻最準，先須得七政經緯度及正斜視法。不然即交食分數、測驗躔度悉不可筭，悉不可定。故吾國曆家窮究此理以爲曆準，別有備論，今特略言食理也。試觀居房内者，房中有燭以照四方，若于東方有揜光者，必坐東者不見其光，而坐南北西方者得光也，各方如是。如滅其光，則居諸方内者四方見燭無光矣，與食同理也。若月食，則所食全缺分秒，萬人萬目共作是觀，別無同異與日不同。

問：日蝕由于月揜其光，凡每朔時日月同度，又正過其下宜皆得食。今不盡然，何也？曰：日躔惟一黄道，終古無出其外也。月于黄道有時在南在北，故月道半出黄道北，半出黄道南，而爲南北二交，吾國所謂龍頭龍尾是也。朔時若月在二交之外或南或北，與日非經緯同度不能揜日光也。南北爲經，東西爲緯，凡是朔日經度必同，如更同緯度適在二交之上，乃能揜其光而食耳。

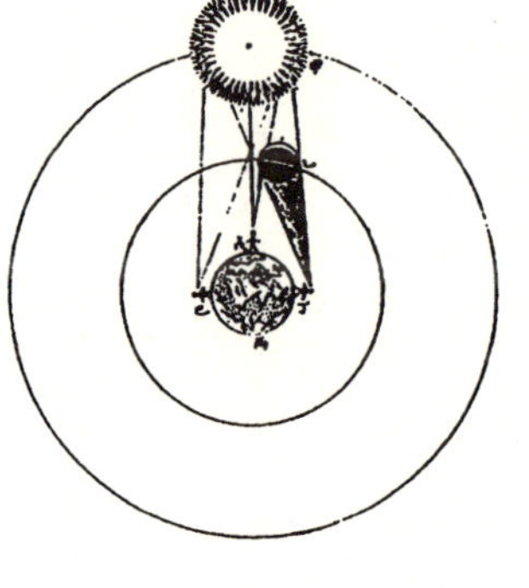

如(下)圖，月道交黄道于龍頭龍尾，甲爲月道在黄道南，丙在北。試使月朔時在龍頭，則經緯同度，月正過日輪之下，揜其光而食焉。如朔時月在甲黄道之南，日乃在乙黄道之上，而緯不同度，則日在北，月在南矣，故不食也。

問：日食若因月天在日天之下，則水星金星天亦在日天之下，而不見揜其光。且月天在金水二星之下，月亦宜揜其光，而金水有食如日矣，今其食不顯何也？曰：水星金星雖正過日輪之下，而有與日同度時，然金星大於水星，而日大於金星一百倍，二星之體比日體甚小，豈能揜其光而使人不見日也？吾國曆家過金水二星與日同度，恒見日輪中有黑點，以星體不能全揜日體故也。月輪正過二星之下，亦宜揜其星光使人不見。今不顯其食如日者，非月不能揜之，乃二星之光甚微，其體甚小，故不明顯也。

問：《天地渾儀説》曰，地球大於金星三十六倍又二十七分之一，大於月輪三十八倍又三分之一，是金星大于月輪也。夫月球能揜日光，則金星更大，亦何不揜日光乎？曰：凡物以形相揜，非惟論其大小，又當計其遠近。蓋人目視物之時，自目至物之體射兩直線爲直角形，故愈近于目，其物雖小而徑愈大，愈遠于目，其物雖大而徑愈小。

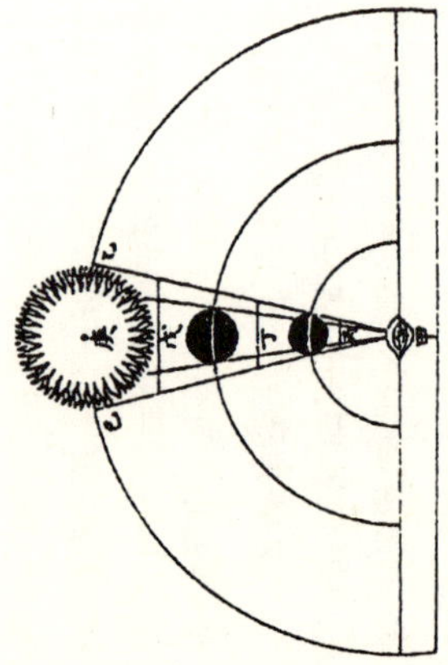

如(右)圖，甲爲人目，庚爲物體，甲乙、甲己爲人目所射兩直線，則經愈近愈小，愈遠愈大，故戊大于丁而丁大于丙也。試以人手隔目，手愈近于目則愈揜物體矣。是故金星雖大于月，乃在月天之上，去人目甚遠，故不能揜日光也。月雖小丁金星，乃在金星天之下，去人目最近，故能揜日光也，此其理也。

問：日大于月固矣，日輪較地球不知其大有幾？曰：吾國曆家著明此理，有論甚廣，測七政高下及大小之度分，有器甚準。日大於地一百六十五倍又八分之三，欲徵之宜知圓光照圓體之影也。圓光若照圓體同大，其影廣恒等而無窮；若照圓體更大，其影漸大而亦無窮；若照圓體更小，其影漸小而有盡。

試觀(右)圖，甲爲圓光，乙爲圓體，丙爲體影。第一圖甲圓與乙圓體相等，丙影亦等無窮盡矣。第二圖甲圓光大于乙圓體，丙影漸小而有盡矣。

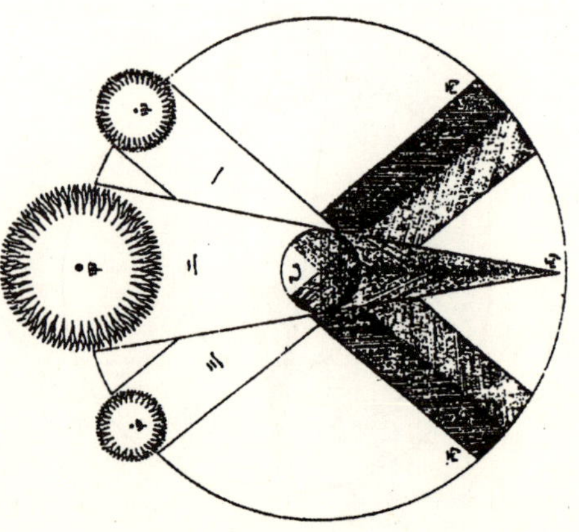

第三圖甲圓光小于乙圓體，丙影漸寬大而亦無窮矣。太陽照地之時，地影非恒等亦非漸大，譬之物影其爲漸小而有盡，如第二圖也，則以日輪圓光大于地形也，地之影漸鋭而小至有盡焉甚明也。凡星月無光，借日之光，太陽照及其體則光生焉，不然則否。儻日與地等，地或更大焉，則其影爲無窮之影，宜射蔭直過諸星之天，必見諸星有食焉者矣。今惟地體甚小，鋭影有盡不到諸星之天，故日光無礙照及木、火、土以及列宿諸天，而諸星恒明光無朦也。其地影之盡可過第一、第二重天，至第三重天而不及第四重天，所以月因地影得食而諸星不食也。地球一周三百六十度，每度二百五十里，日天一周亦三百六十度，其每一度有數萬餘里焉。吾國曆家有器量得日天之度，每半度爲日一全徑，因知其圓形亦得數萬餘里，而非地形可比。譬如山高二十餘里，上有人焉，居下者視之如小鳥也。日天之高自地面至太陽中心相隔一千六百萬餘里，今視日輪如小車輪，猶之二十里高山視人如鳥矣。

問：太陽早晚出入時近于平見大，午時近于天頂見小，何也？曰：地球懸於空際居中無著，其四際離天諸方同一無近遠也。以理論之，其在東西出入方也，太陽離地凡一千六百萬餘里矣。而人立地面，或自東視西，或自西視東，半徑幾一萬五千里焉。以一千六百萬餘里又加以一萬五千里，人之視日宜小也。日在午方從下視上，止一千六百萬餘里，人之視日宜大也。今宜小而反大，宜大而反小者，此非由于地之遠近也，濕氣使然也。蓋夜中水氣恒上騰，氣行空中悉成濕性，濕以太陽自下而上映帶而來晃漾焉、蓬勃焉，人望之以爲如是其大耳。若太陽當空浮翳，盡掃無所映隔，真體明浄，較之旦暮爲小，凡月與諸星見于地平，必有濕氣障隔，爾時所見亦必大于午時。試觀水中所見或石或木，必大于水外者，皆濕性之勢也。

問：人在地面視東視西者，半徑各得一萬五千里，豈以人之所立恰在地中乎？曰：地是圓體，人之所立無論遠近中邊，從其所立分之各得一半。

月食

問：望日月與日正對，則月光當滿圓矣，然而或全無光，或一分有光、一分無光，其故何也？曰：地球懸于十二重天之中央，如鷄卵黄在青之中央。故日由西照地，地必有景射東，照東必有景射西。夫日輪恒在黄道上，若遇望日而月輪亦在黄道上與日正對望，則地毬障隔日月之間，月輪必入地景之内，太陽不能照之，故失光而食矣。漸出地景之外，太陽能照之，乃漸復得原光也。若渾然相對，全失光；若一分對一分不對，對者失光、不對者否矣。因知月輪失光而食，悉由于地景也。

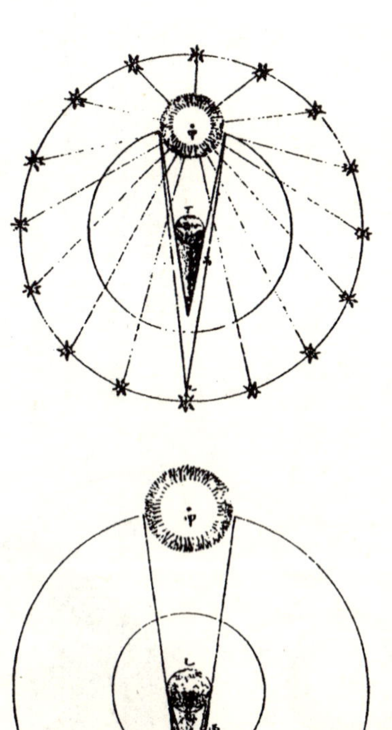

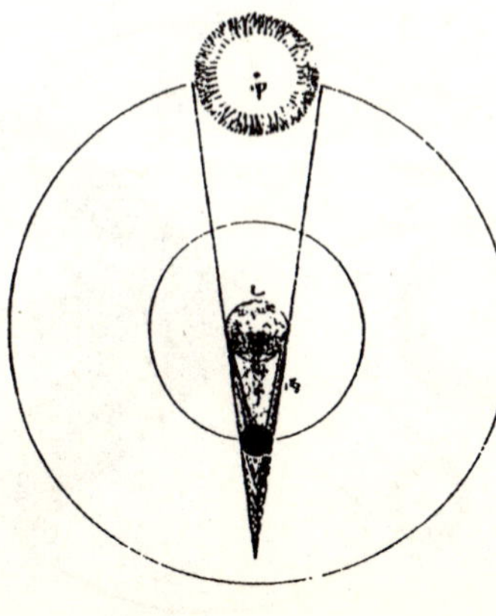

如（下）圖，甲爲日輪，乙爲地球，丙爲地影，丁爲月輪。即見日月正對，故月輪全居地影之内，而居地上者視月無光，月無光則食也。

問：日輪值望必與月正相對，相對月必過地影，過影必當每望食矣。今月之遇食不過什一焉，地影之説毋乃礙乎？曰：日輪恒行黄道上，不出入内外，地體之影正對于日，亦恒在黄道上，不出入内外焉。月輪惟行龍頭龍尾之上，乃行黄道。故望時月輪適當龍頭龍尾，適過地影之内，則食；若出黄道内外或南或北，地影不便不能食，即食亦分秒不同。此望日日月雖對，而亦不能常食也。

問：月正對則相遠必百八十度，半周天也。故月在地平上，日必居其下；日在地平上，月必居其下。然有月食而日月皆在地平上，則月食非由地影矣，何也？曰：從古至今，凡月食皆以望日爲限，其相遠必半周天，不然不食也。月食時日月俱在地平上者，或日在西以將入，月在東以始出，或月入而日出也。夫月將出而日將入，其視月在地平者非月全出也，則海水或濕氣所影映也。蓋地平傍近恒有濕氣清微如煙，或空中對月輪偶有輕薄白雲，或值當海水，皆能令月影映于其内，而目力所成宛一月焉，此視法之理也，固有别論。今試于空盤，若盤底内置一錢，人漸遠于盤或八步或十餘步，盤内之錢已不見矣。令斟水滿盤，即仍八步或十餘步，而錢忽見之，何也？所視非錢體也，錢影也。然則地平之見月，非月體也，月影也。

問：月食時刻不同，或所食時辰，或時短，何也？曰：月食長短由于地體之影及月輪之行也。月天之内別有小輪以帶月，爲帶月輪，此小輪之動與月天之本動非同一也。乃月天行自西而東，小輪其上半周行自東而西，其下半周行自西而東，故月輪近遠于地心恒異也。月輪若居小輪之下，必近于地；若居小輪之上，必遠于地也。地景漸鋭而有盡，其愈近于地愈寬，愈至于鋭愈狹。若月行小輪之下，所經影界寬，故食久；若行小輪之上，所經影界狹，故食暫也。小輪之説及其上半周何得行自東而西，其下半周自西而東，別有正論。

如(右)圖，甲爲日輪，乙爲地形，丙爲小輪，丁爲地影漸鋭，故影寬于戊而狹于己。月行地影之内，在戊小輪之下必久于在己，在己小輪之上必速于在戊，故其時刻長短異也。因知二食之時刻長短，由于地影及月輪之行也。

朔日既過，月光漸長，望日以後，其光漸消，則月行地平上其光非同也。蓋月輪每日自西而東約行十三度，朔日以後每日離日輪亦十三度。故朔日日輪入地平而月在日東十三度爲三刻未入地也。次日又離十三度，次日亦然，以至于望月與日正相對，故日入地下而月出地上也。望日以後月漸近于日，以至合璧焉。因知居地面者其有月光朔日以後每日多三刻，望日以後每日少三刻。欲知每日多寡，試觀(下)圖，第一上圈月日自初一日至第三十日也，第二中圈月在地上每日有光幾刻也，第三内圈一刻之分也。假如初六日欲知日入以後月光照地幾何刻分，視上圈第六日即得第二圈六日正下十九刻與三圈三分。

問：既朔日以後月光漸長，又每日離日輪十三度，則第二日日入地平，月在日東十三度遠，則月高于地平亦十三度遠。自第二日以後，宜無不見月光者。乃今之見光，或在朔後二日，或在三日，或在四日，其不同何也？曰：其故由于地平及黄道也。人居地面而以見月光者，必月輪在地平上高十二度方可得見，不然則否。蓋月之度數有離日輪之度，有離地平之度，月光之見否由于離地平之高低，不由于離日輪之遠近也。故黄道交于地平不同，有斜相交，有正相交。朔時日月同度，若其同度在于斜交之宫，則居地面者遲見月光也，若在于正交之宫，則速見其光也。

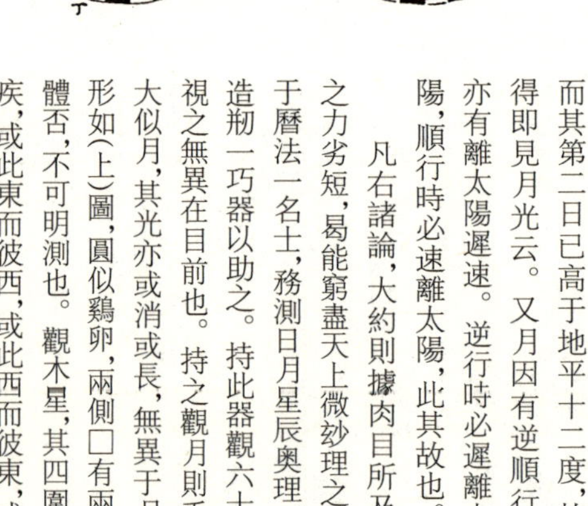

視(右)二圖，甲乙爲地平，丙丁爲黄道，戊爲月輪在地平上，己爲月輪將入地平。第一圖乃甲乙地平斜相交于丙丁黄道戊。月輪雖離己日輪十三度或十五度，乃其高于地平非十二度。故合朔之次日其月雖離日輪十三餘度，因未至地平十二度高，故居地面者第二日不能見其光，或在第三第四日之間也。第二圖甲乙地平乃正相交于黄道戊。月輪之離日輪及地平並同也，故均爲行十三度。而其第二日已高于地平十二度，故得即見月光云。又月因有逆順行，亦有離太陽遲速。逆行時必遲離太陽，順行時必速離太陽，此其故也。

凡右諸論，大約則據肉目所及測而已矣。第肉目之力劣短，曷能窮盡天上微眇理之萬一耶？近世西洋精于曆法一名士，務測日月星辰奥理，而哀其目力尫羸，則造剏一巧器以助之。持此器觀六十里遠一尺大之物，明視之無異在目前也。持之觀月則千倍大于常。觀金星大似月，其光亦或消或長，無異于月輪也。觀土星則其形如(上)圖，圓似鷄卵，兩側□有兩小星，其或與本星聯體否，不可明測也。觀木星，其四圍恒有四小星，周行甚疾，或此東而彼西，或此西而彼東，或俱東俱西，但其行動與二十八宿甚異，此星必居七政之内別一星也。觀列宿之天則其中小星更多、稠密，故其體光顯相連若白練然，即今所謂天河者。待此器至中國之日，而後詳言其妙用也。

湯若望《測食》卷上

似食實食説第一

人恒言日食月食矣，輒槩混焉。不知月實食，日則似食而寔非食也。何者？日爲諸光之宗，永無虧損，月星皆借光焉。朔，則月與日爲一線，月正會于線上，而在地與日之間。月本厚體，厚體能隔日光于下，于是日若無光，而光實未嘗失也，惡得而謂之食？望，則日月相對，而日光正照之，月體正受之，人目正視之，月光滿矣。此時若日月正相對如一線，而地體適當線上，則在日與月之間。而地亦厚體，厚體隔日光于此面，而射影于彼面。月在影中，實失其所借之光，是爲食也。然其食，特地與月之失日光耳。而其光之失，因光在地面，與月體之上，地與月互相遮掩耳，日固自若也。總之日也、月也、地也，使三體並不居一直線，則更無食矣。若食，則日體恒居一直線之界末，而彼界則月體地體疊居焉。月體居界末，則月面之日光食于地影矣。地體居界末，則地之日光食于月影矣。

日食圖

月食圖

實會中會似會説第二

夫日月星宿之會，總名也。第有實會、有中會、有似會。實會者，以地心所出直線，上至黄道者爲主，而日月五星政當此線，則是實相會也。如後圖，日在甲、月在乙、地心在丙，甲乙丙線，直至黄道圜之丁是也。即南北相距，不同在一點，而總在此線正對之過樞圜，亦爲實會。蓋過樞圜者，過黄道之兩極，而交會于黄道，分黄道爲四直角者也。則從北而視南，雖不在地心所出之一線，欲與地心所出之一線，東西不偏，而正相對，猶一線矣，故爲實會也。然月與五星居小輪之邊，地心所出線，上至黄道，而小輪之心，正當此線者，則爲月與五星之中會也。但日無小輪，而日天本圜，與地不同心，兩心所出，必有兩線。此兩線若爲平行，而月輪之心，正當居地心線者，則是日月中會也。夫實會既以地心線者，射七政之體爲主，今此地心線，過于小輪之心，則謂之中會矣。如地心爲丙，日天之圜心爲戊，月小輪之心爲巳，日在甲，甲日與戊心之戊甲徑線，而從地心丙出線，至黄道辛平行，乃是中會矣。然實會、中會俱凖于地心，而吾人所居乃在地面。而從心所對一線，從面所對又一線。惟正當天頂之圜，則兩線同在一線，與實會無異。過此，而偏左偏右，即分兩線矣。今人所見日食，皆地面上人目所對之線也。日月在地心所對之線，爲實會，則在人目所對之線，不得爲實會，而特爲似會矣。如後第二圖，地心爲丙，地面爲壬，天頂爲癸，癸壬丙定爲一直線也。若甲日乙月即在癸丙線上，則實會，併是似會矣。若日在子，月在丑，與地面壬爲一線，則似會也。必月至寅，與地心丙爲一線，方爲實會耳。則是實會在午前，必先于似會；寔會在午後，必後于似會也。惟日食全以似會，故地面有不同，而食之分數時候因之，所以隨地所見亦不同也。第合朔論實會，交食論似會。寔會似會之線，在日月本天，無度分，而全依宗動天上黄道圜十二宫之度分，則必當極論會線至黄道之處。實會線所至，謂之寔處；似會線所至，謂之似處矣。以寔會線上之日月爲據，而目視日至黄道，有日似處。目視月至黄道，有月似處。得其似處，可以較寔處之距度矣。如第二圖，子寅丙爲寔會線，至黄道卯，則卯爲實處。若壬目視子日，至黄道辰，視寅月，至黄道午，則辰爲日似處，午爲月似處也。然所用既皆實會似會，而并論中會者。凡地與日圜不同心，而與列宿天則同心。心同則徑同。而日圜之心在列宿天心與地心之上，則日圜之徑，亦在列宿天徑與地徑之上。列宿天之

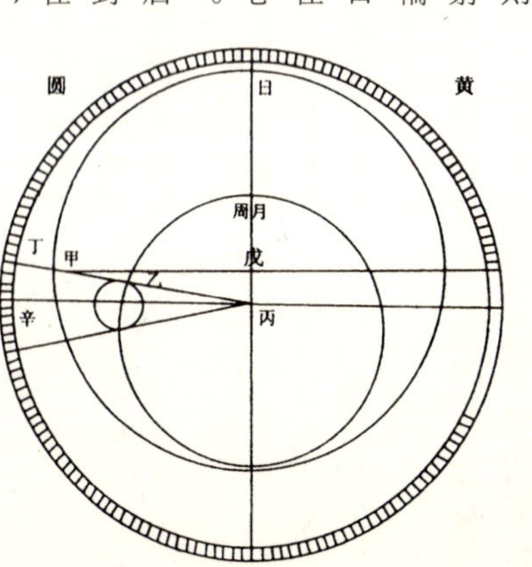

徑，割日圜爲大小兩分，兩分雖有大小，而各應黄道之一百八十度。此空度隔度之所出，故不得不辯。夫必用地中會線者，求準對日與黄道遲速不均不平之本動，又因而求實會之準則焉。

食之徵第三

凡日月相會，未必皆食。惟因會之有似有實，而悉其差之遠近幾何，此必須測驗而後得。凡人居赤道北者，月之似處，比實處恒若偏南，若偏低者。然夫月在日與目之一直線上，不偏斜，不低昂，乃能掩日而爲食。若精察之，較月食更難焉。第觀日月似會之時，其距度比日月之半徑或大或等者，必無食也。小，則必食矣。愈小則食愈大矣。考之在龍頭龍尾，若正當頭尾，或與頭尾不甚遠，則當測其食否。若與龍頭尾相遠，而月似會之距度過三十四分，則無食矣，可不必測矣。月食則于望日求之。月之距度，若小于月半徑與地半影者，必食也。其食之處，定在龍頭龍尾之兩傍十三度三分度之一。過此，則月之行道不相涉，而不相掩矣。如甲子年八月望日，月經龍尾不遠，則應測其食，而考其所經之躔度乃在黄道白羊宫二度五十六分四十一秒，其躔道距度則五分三十六秒矣。夫月半徑得十六分四十三秒，而地影之半徑則四十五分十三秒。二數併之，即爲六十一分五十六秒，距度止五分三十六秒，是最小于月徑及地影之半，而全體必盡食，地影必且有餘矣。若乙丑年八月望日，其月在龍尾雙魚宫二十三度半，夫月半徑十七分十五秒，而地影之半徑則四十六分三十秒，二數併之，得六十三分五十二秒，月距躔道四十八分二秒，則小過于地影之半徑，而月體必半入地影，而不得全食也。

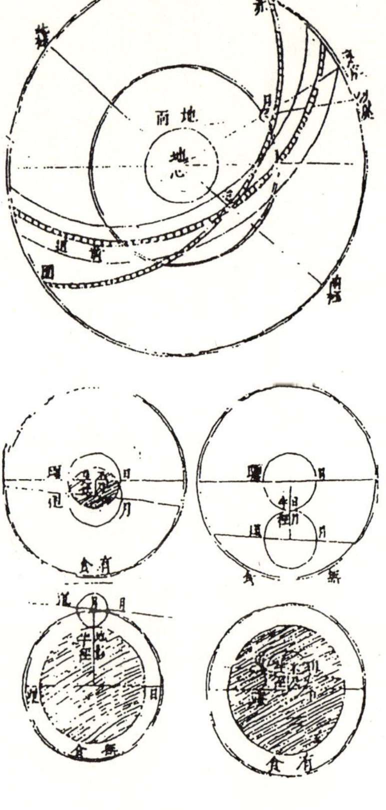

食之處第四

龍頭龍尾者何？是日躔之兩界，月食所經之處也。昔人測日月之食，必在躔之二處，而月之距此益遠，則距度益廣，廣者象腹，則其所起所止，象頭尾矣。十二宫右旋，從頭至尾則左旋。而此頭尾二處，非定于二宫，但設爲多圜，嫌于繁混，故止取龍之頭尾，以略徵之也。如(右)圖，甲丁乙爲日躔圜，甲丙乙爲月行圜，兩圜交于甲于乙。而從甲上升，左旋至丙至乙，故甲爲頭，乙爲尾，丙丁相距最廣爲腹也。但甲在白羊宫，則乙在天稱宫，而腹在磨羯宫。若甲在雙魚宫，則乙在室女宫，而腹在人馬宫。凡十九年，乃復原處。故日月之食，不十九年，不能在本躔同宫同度也。

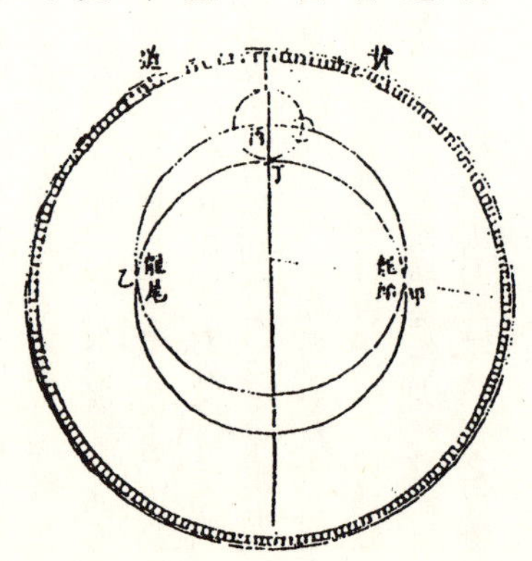

日月地影之徑説第五

日月之徑，原自平分，今因日在本圜，月在小輪，有遠有近，近則見其徑大，遠則見其徑小。又地影者，是日與地所生，故日之遠近，亦能爲影之大小也。然無有食而月不居本圜之高處。第就月居小輪，日居本圜，則每食自不同，而其徑之大小，與小輪與日本圜無一定之規則。惟用日月之本動，方可考定。今考月體本動之法，每四刻若行半度，則知其徑亦半度矣。日體每四刻若行二分三十秒，須以十三乘之，則知其徑十三倍于二分三十秒矣。此係一定之常法。但日月之行，時刻不均，故以是法測其體之大小，未免少差。蓋日愈高，其體愈覺小，其動亦愈覺遲。日愈下，其體愈覺大，其行亦愈覺速。月在小輪，其高下遲速亦然。其考地影之法，須先定日之最遠處，月徑假月三十三分，即以三率法求月體于影。如五與十三之比例，即等于三十三與八十五零五分之四之比例也。若日不在最遠，先當考日之居所，離最遠處幾何度，次考日行，比最遠處幾何疾。以疾行之度減去地影，則得所求矣。

食大小遲速辯第六

夫距度廣狹，實爲月食大小遲速之分。故望日之月，視其進地影厚處，則其食遲；進地影淺處，則其食速。朔日之月，視其似會少偏日躔，或似會大偏日躔，而其故總由日月遠乎龍之頭尾也。望日之月，在頭尾正躔，則月食至大至深。若少偏，而躔影之半徑與月體之半徑等，則雖全食而即復。若距躔影又遠，則食不全也。若日雖全食，亦不能久。因月徑之似處小，僅能遮日體，而須臾便過，故但能全掩，不能久掩也。今欲知食分大幾何，必須定其分數幾何。蓋西洋取日月本體，爲十二平分，移此分寸，量月所經之處。若日月食十二分有餘者，是謂至全至大之食也。但欲精察不謬，月食，則究食甚時，月道距躔道幾何；日食，則究食甚時，月似處距實會幾何。

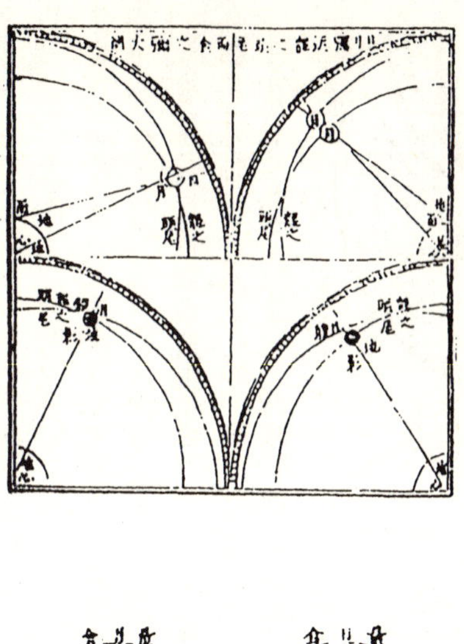

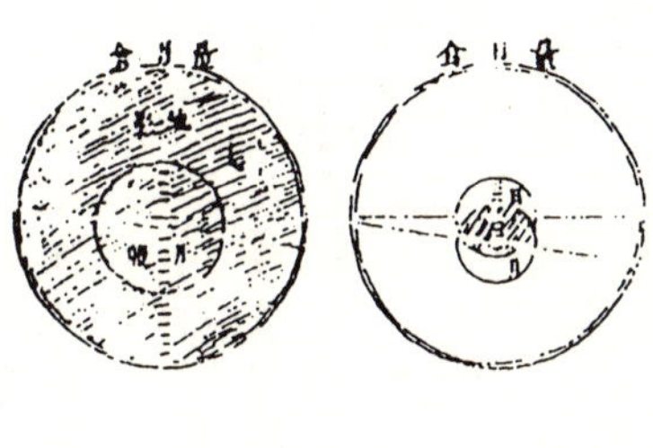

經候幾何第七

欲知食之經候幾何，須知日月之本動。設若日月本動相同，則月必不能進影，進亦必不復出矣。今月行黄道，比日甚速，能逐及于日，而又過日前。故但較月過速，日過遲之兩候，即知日月食經候，得幾何也。此有筭就立成。凡某時刻，日月當食，其本動之度幾何，則以日過遲之少數，减去月過速之多數，次取立成。視月多行之度幾何，則得。蓋以過速之多數除初食至食甚之度數，即係初食至食甚經候之度分也。食甚至復圓，亦如之。顧日食之中前中後，與月食有異。蓋日食惟在躔道，九十度正天中者，中前中後均平無異。若其食偏在東西，即有異矣。偏東，則初食到食甚，短于食甚至復圓；偏西，則食甚至復圓，短于初食至食甚。故求日食毫釐不差，必須較看日月行動先後兩時刻度分。其一在未食前，其一挨復圓後，而初食至食甚度分，用以除食前一時刻度分，食甚至復圓度分，用以除復圓後一時刻度分，即是日食中前中後之經候度分也。

日食月食辯第八

夫日食與月食，固自有異。蓋月食天下皆同，而日食則否。日食此地速，彼地遲，此地見多，彼地見少，此地見偏南，彼地見偏北，無有相同者也。而月食，則凡地面見之者，大小同焉，遲速同焉，經候同焉。唯所居不同子午線者，則時刻不同矣。蓋月一入影，失其借光，更無處可見其光也。

右所舉，不過略言食之固然與夫所以然耳。若精求合朔之時刻，日月之真方位，及月離躔道之距度，考南北東西差，每處不同，日月每時行幾何度分與夫月進地影食甚時，以較太陽行度幾何遲速，及他種種議論，種種見解，是書皆未及言，俱各有本論，及立成，并井臚列，俟翻譯後，開卷一目便已了然。

又　卷下

月食爲地影所隔第一

問：月食必在于望，因日月相對之故，其説明矣。至謂地影隔之而食，竊有疑焉。曰：月對日而受其光，苟日月之間非有不通光之實體，爲之障蔽，則必不能阻日光之照月體，無論空中之火、空中之氣與夫天體不能掩月，即金水二星，雖居日月之間，其影俱不及地，況能過地而及月乎？則知能掩日者，惟有地體，一面受光，一面射影。而月體爲借光之物，入此影中，安得不食？而半進則半食，全進則全食矣。

月體當食尚有光色第二

問：無光之月，一入地影，遂全失其借光也。然食時，尚有依稀可見之光。天文家每視食月之色，預言食之徵驗。若人以目切墻屋，掩其未食之光體，而獨視共既食之烏體，其光尚明于星也。蓋物之可見，必借外光。不獨能見物體，且更能發越物色也。月既在地影，即失借光，安得尚有色乎？曰：月體雖食，尚有微光。今直以影爲明者，誤也，以影爲暗者，亦誤也。稱影爲明暗之中者，庶爲近之。蓋日所正照，爲最光明。有物隔之，而四傍之氣映射，或對面之光反照，雖無最光明，亦有次光明也。如一室之外，爲最光明；一室之内，爲次光明也。雲之上，爲最光明；雲之下，爲次光明也。直至所隔愈深，去光愈遠，并次光明亦漸微，微而又微，以至絲毫無光，乃爲暗耳。夫人與地近，日與地遠，人居地此面，日在地彼面，至夜子初，人在地影至濃之中，近物尚能别識，何況月在地影至鋭之處，次光明正盛，其有光色，又何疑乎？且人在極暗，則月光雖微，視之反覺明也。

日食在朔月體掩之第三

問：前言月在日前，能掩日光是已。金水二星，亦皆在日前，又皆寔體。且水星雖小，而金星則大于月也，何獨以食屬月乎？曰：二星于人甚遠，不能掩日百分之一二。而日光甚盛，即虧百分之一二，人亦不覺。且二星去日甚近，去地甚遠，所出鋭角之影亦甚短，決不能及地面也。若夫月體，雖不及太白之大，然去地近，去日遠，一指足蔽泰山，又何疑乎？由此言之，求一實體之能全掩日，又從西而東，過之甚疾，唯月爲能。蓋月之右旋，比諸天更速，且必至合朔，方有食，則日食于月，決然之理也。

因食知月體不通光第四

問：月體受光，而返照之，必不通光，如銅鐵鏡。蓋通光，則不能受日光而反照他物，亦不能掩日而生影也。曰：鏡之設譬似矣，而尚未盡。夫鏡之照物，而反生之象，其大小遠近必與物體相當，然後可以鏡喻月。今觀鏡之面，有突如球，有平如案，有窪如釜。惟平者所生之象，乃與物體相當。若如釜者，所生物象，必倍于物體；如球者，所生物象必小于物體矣。試以球鏡照遠物，而人又從遠視之，則物象必倍小。嘗持球鏡照太陽之體，其小如星。倘月體如球鏡，欲其反生太陽之象，烏可得乎？又問：合朔後，月之下半未受日光，而月體微光比諸星更顯。若不通明，則此光又從何生？且觀其掩日，而日全食時，月之邊際覺稍明于月之中心，似中間厚處難通，而薄處稍可通透乎？曰：前既言月在地影最中處，乃天光映照之明。若合朔時，則有光之天，與月體最爲切近，而日光上照月體，約有大半，四邊豈得無光？或言月既非極通光如玻瓈，或半通光如玉石，特因在後之物，其體質不明，故不能映見在後之物乎？曰：試觀日食甚之時，天光盡黑，星體亦現。爾時太陽在後，體質最爲明顯，何以不能映見絲毫？可知月體絶不通光也。或言在月後之物，必更堅密于月者，然後能照見。若較月更通徹，即不能見乎？曰：若然，日體在月後，堅密不亞于月，而亦不能見，可言日體爲通徹乎？又凡目所注，必須有色，及所照之光，此二者，必不通徹之體乃能受之，則月體從可推矣。

月食時人目不及見月受光之面第五

上言日光照月體大半，則知日比月體至大。然日食甚之時，人目所見之面何故絶無絲毫之光？曰：凡人視圓球，止見小半。蓋球有大圜，有小圜。若以兩線切大圜，其線必爲平行。今目所注視之線，既不能平行，則不切至大圜可知，而目亦僅能及小圜矣。詳見幾何一卷二十八題又望後三日，雖月每日行十三度有奇，而月邊尚似圓圜，可見人目正及其小圜也。或曰：望日所見月體之面，即月所受光之面，其光爲大半，則二三日，其光尚在大半之內。則晦後月輪稍移，便宜見光，而光今竟不即見，何也？曰：月掩日之時，一則人所注之圜，與日光照月之圜爲平行。一則日食時，不過一兩刻，則兩線亦不能相切。至望則不同矣。又望時，日光照月少于他時。蓋晦日，日與月止隔金水二星天，而甚近，故所照亦多于望日。望日與月隔金水二天，及月本天之體，而甚遠，故所照亦少于他日。然晦日所照，雖多于望日，而人目所及，止見小圜，而月光不即見，職由此矣。

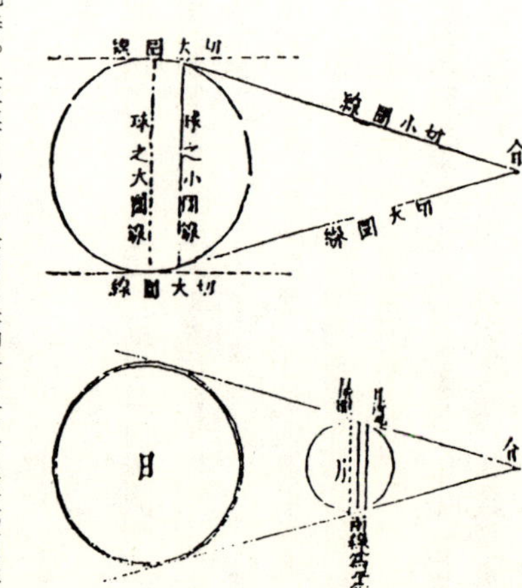

鄭復光《鏡鏡詅癡》卷一　明原鏡以鏡物，不明物理，不可以得鏡理。物之理，鏡之原也。作明原。

原色

一、天下之物，無不有色。不越乎本色，借色而已。析之則曰實、曰虛、曰有形、曰無形、曰有質、曰無質。

解曰：實色，謂生而有色。如丹砂、石青，透觀則闇，有質也。若燕支、靛花，透照則明，無質也。虛色，謂本非其色。如螺蛔有光，側視之，則或紅或緑，有形而虛也。若太虛無物，遠視之，則時青時黑，無形而虛也。本色兼借色，如土壤色黄，日照則紅；粉牆色白，日匿則黑是也。

二、目覩物而知形，然形非色不見，色非光不見，故色必資乎光。晝資乎日，夜資乎月、星與火。光盛則色顯，光微則色隱。

三、物依色而現。其形，色濃則明，色淡則藏。色立乎異，則相得益彰。色傍乎同，則若存若亡。

解曰：以氣異者，如冬寒候冷，噓氣如雲，暖冲寒出，氣異而見也。寒盡春回，暖與氣同，故不見。以色異者，如烘雲託月，紈素生輝，白與黑異而見也。雪滿空山，白鷴失素，白與白同則不見。

四、凡色萬有不齊，皆可以五色該之，皆可以濃淡概之。如深緑似青，則青可以該深緑也。淺緑似黄，則黄可以該淺緑也。而青之與黄，間色成緑，是緑淡於青而濃於黄也。

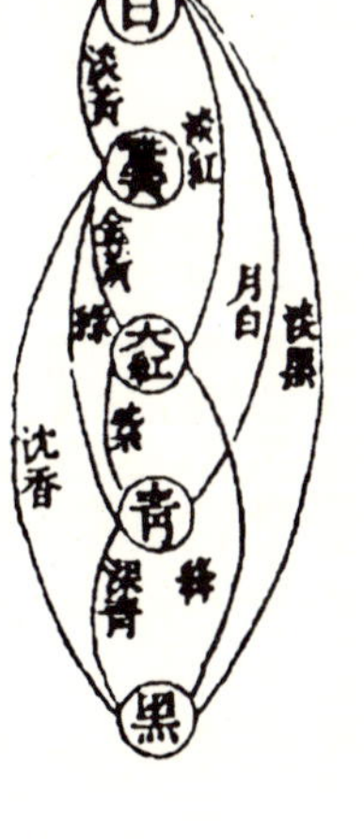
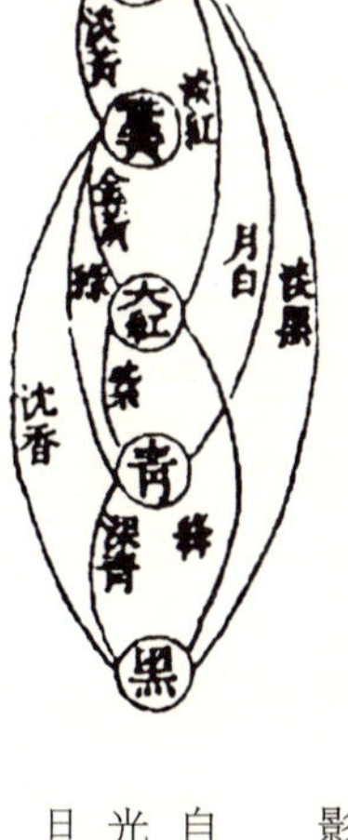

五、實色，濃淡有定者也。人巧間之，本章四。遂成多種虚色。在空隨時變幻，本章一解。固亦宜，然大抵不越乎濃淡而已。本章四。爲次其等，白爲最淡，深則黄，深則紅，深則青，最深至黑而止。試觀深黄與淺紅，似未可亞也，而辨藤黄之畫於鐙下，視若無色者，唯黄連濃汁，鐙下可見，色較深也。較紅淡矣。又觀淺青與深紅，似未爲勝也，而辨石青之畫於黄昏，無殊夫黑者，視紅濃矣。

六、色莫淡於白，白亦有濃淡。粉爲最濃，以次而淡，至空而止。解曰：玻璃視物，雖若無隔，究能辨之者，是亦淡白也。空中無物，白書、黄昏究覺有別，是空非無色也。或疑空雖淡白，然白書未必淡於玻璃。此鈞金輿羽之説，非正論也。何也？兩色同類，唯淡色中見濃則顯，濃中見淡則不顯，異類則否。如烘雲託月之類，本章三解。今玻璃與空同一淡白，隔玻璃於空，見玻璃之色。隔空於玻璃，不見空之色。此濃淡之分矣。

七、凡視物，近大而遠小，是爲遠差。色近則顯而濃，色遠則淡而隱，亦遠差也。一由於目力不及，一由於濛氣迷離。本西人第谷説。論曰：或謂物遠則淡由於濛氣，其理易明；物遠則小，其理難測。曰，此視法中度數之學也。如圖，物大戊己，移遠則如丙庚，夫丙庚與戊己其大自等。而自甲視之，在己爲六十度者，移至庚，止得三十度，故小也。

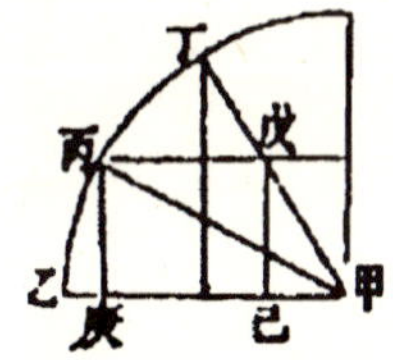

原光

一、光亦色類也，然有異乎色者。色以黑爲濃，以白爲淡。光以白爲濃，以黑爲淡。夫色以自顯，必須借光。光能顯色，亦須借色，故襯以黑暗則更顯。若光在明處，反閃爍映目而不真。

二、物之光者，一曰外景，日與火是也。一曰内景，金與水是也。本性理。外影者，射影生光也。内影者，光能含影也。今名内光、外光。本《靈憲》。

三、外光、内光，皆是光體。然有本體之光，有借光，有發光。如日爲外光，自他有耀，本體之光也。月爲内光，視日圓缺，故爲借光，受光於此，發之於彼，光所不到，返照生明，是爲發光。體光濃於借光，借光濃於發光。按劉邵《人物志》曰，金水内映，不能外光。是指金水本體而言耳。若借光，則亦發爲外光矣。

四、光以形爲體，如日之圓、火之尖。以明爲用。如日燭乎書，火燭乎夜。體之光必濃，於其用，其射物者，用也。惟入鏡則見體形，鏡爲内光故也。本章二。其穿通光而射至他壁，仍是其用，壁非内光故也。若束以細孔，去壁遠近如法，則能見倒體形，謂之取影。鏡心凸者，透照；凹者，對照。俱能之，詳於後。

五、光近則顯而濃，光遠則淡而隱，亦遠差也。原色七。但光力勝於色。

六、鏡是内光，有二種：一曰通光，能透照見物。玻璃之類。一曰含光，祇返照見物。銅鏡之類。

七、光莫盛於日，萬光之主，火於焉生。記小説載一事，云伍相國使西北，命西洋人齎火具，往至一處，不見日光。西洋人云，此處火已不熱。更前，並火不能存矣。因試以貂裘，毛不焦灼。可見火生於日也。故日性下濟，火性上炎，子母相感，形尖親上，體殊用似，而光次之。月與星借日爲光，本章三。又其次也。星體太小，麻書言，星體甚大，此專論其視體。姑不論。若月之遠耀，絶勝於火，而月下察書，不及一鐙熒然者，借光不如本體之光也。

八、白晝空明之中皆有光焉。日出迄入，雖日所不及，室陬皆見，實本體之光所映，可知其盛矣。唯朦景刻分，本麻書，爾昧爽、黄昏候也。乃日光返照，空中生明，透光下土，是亦借光，故光力遜耳。

九、物在空中，亦必有光焉，乃能見物。原色二。此光二種：一曰大光明，一曰次光明。本《遠鏡説》。大約居暗視明，則物愈明，是大光明也。居明視明，則物亦明，是次光明也。若居明視暗，則物不可見。

十、大地之上，水土溼，蒸爲清濛氣，原色七。隨時厚薄。此氣與玻璃相似，因其有淡白色，故能借光生光，含影成象。黄人抱珥、海市蜃樓，皆原於此。因其附地而圓，故能升卑爲高，映小成大。日在而見月食，星大而若有芒，多原於此。詳後。

十一、外光不能含物影，内光則無論通光與否，皆能受光發光。但不通光者，專以受光爲用，故名含光。通光者，專以透光爲用，而兼能受光。故含光者，受光顯。通光者，受光微。受光顯者，發光顯。受光微者，發光微。

十二、光體受光，而發於他處，正對則正發，與本光體合一而不見；斜對則斜發，與本光體岐分而生明。其發光有大小，或由鏡形不等，或由遠近生差。

十三、光體發光，由於光面。面有一點未光，則無可發；或一點凹凸，則光線不同，所發光中必見黑影。

十四、兩光體同照，光複處必深，而各體之本光不亂。本麻書。

十五、有大光體射於地上，中有暗體，分光爲二，即如二光體。本麻書。

十六、光之所照，中有物焉，必有物影見於地。若物去地近，則影濃而清；如物小而去地遠，則影淡而糢糊；如物大而遠，則影中濃而邊淡。《元史》所謂表高影虛，罔象非真，是也。蓋光雖被物遮，餘明映照，猶能溢入景際。承景之地，離物既遠，遮光之體少，受光之地多，故餘明映發而景淡也。

如圖，物在甲，則甲至乙一段爲受光之地，若遠至丙，則丙至丁一段受光之地必多於甲乙。故餘明力大而景淡矣。

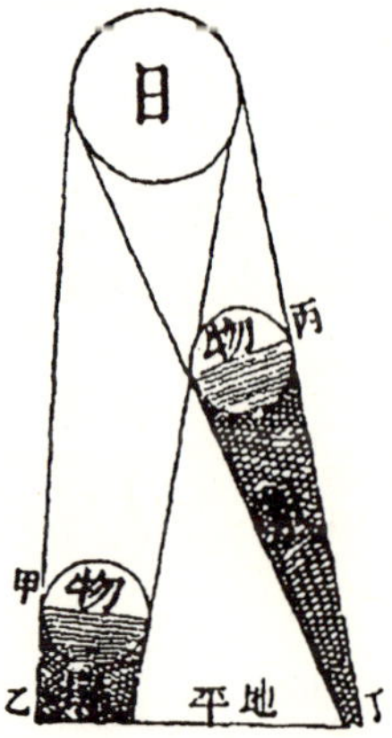

十七、日光下射，中縣暗體，地下有影焉。以日射物言，則日上邊射物上邊，日下邊射物下邊。若以目測，則目在物下邊，必見日上邊。目在物上邊，必見日下邊。兩者似相反，而理則相需。若牆有方孔，牆景中必現方光孔形，則孔之上邊必當光之上邊，孔之下邊必當光之下邊。然而在孔爲上，在牆則爲下。蓋孔居牆中，牆之下是孔之上，孔之下又爲牆之上矣。

十八、空明之中或别有光體，其映照所及，必有所見，是爲暈光。此光複必深之理也。本章十四。

原景

一、物之可見者，色也。色之顯露者，光也。原色二。光之入目者，景也。故物遠則色小光微而不見，日暮則光微色暗而不見。由入目之景淡也。

二、景，有形、有色、有形色兼。日照大地，鐙照一室，其景皆紅者，色也。物入光中，景肖物狀者，形也。鏡花水月，景不殊真者，形色兼也。

三、景，有對光見者，有背光見者。物對內光，景入光內，對光見景者也。物在外光之中，景落于地，背光見景者也。對內光者，其景真，有形有色也。背外光者，其景黑，見形不肖色也。本章二。是故欲見色必對內光，不對內光，不能肖色。惟取景則不必對內光而可以肖色，但其形倒耳。原光四。

四、景若不肖色，則景有自具之本色，其色恒黑。此色有濃淡二種：其一，背外光見景，其色必黑，本章三。近濃而遠則淡。蓋景以光襯，如烘雲託月，近則合度，遠則空明映入，所謂罔象非真，故淡也。原光十六。其一，對內光見景，欲取其色，緣有他故，取色不真，謂時已黄昏，鏡之照物必不能仍肖本物之色之類。但具爲體，其色亦黑，必淡於本物之色。是又一理，未可泥於黑爲五色最深之説也。原色五。

五、景自肖形，然由於光相對之面而生，光與面不必正相當對，于是乎景遂變易物之本形，而有不肖者矣。

六、光與物大小相等，其景雖遠，相等而無盡。物大光小，則景漸遠漸大而無量。物小光大，則景漸遠漸小而無景矣。本《測天約説》故物逼於鐙，移物漸遠，則景漸小。物逼于壁，移物漸遠，則景漸大。光小物大故也。若日中置物于地，移物遠地，則景漸小者，日去地甚遠，視日似小而實則大也。麻書謂，日大于地，五倍有奇。

解曰：此指日體兩邊出線而言。而光之照物必具兩種，其一自日中心出線，射物兩邊，則現大景。北華云，曾挂鈕子于樓上，地下見胡桃大景，但淡而難見耳，即此景也。

七、景自肖形，然有透照之景，有返照之景。原光六。透照與返照相反，故透照肖形者，返照必左右易位。

八、影自肖形，若物在空明之中，物之方者，影可變成三角。

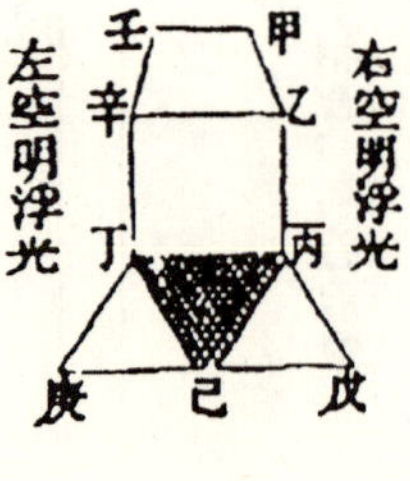

如圖，甲乙丙壬辛丁爲方物，緣空明光大，似分爲兩光體。左邊有光，成丁己戊丙景。右邊有光，成丙己庚丁景。空明光淡，故景亦淡，而丙丁己則兩景相複而深，故成鋭景也。若日遠，視徑小，難分兩體，又光盛景濃，止見方景焉。

九、物必有景。鏡通光，雖似有似無，而既成爲物，即有其景，但微而難見耳。然必有鏡形見于壁，是其景也。

十、景必肖形。故內光者反照物景，雖左右易位，本章七。而其肖形，則光體薄者能現厚影，光體近者能現遠景，物切光面能成合景，物離去聲。光面能成離如字。景。

解曰：設有盆貯水，深如丙子，中安半規形如已辛癸，必見已壬癸景于盆水内。夫辛丙足九十度，則丙壬亦必足九十度，不得不成已壬癸矣。光體止於丙子，而子壬乃出盆外，是光薄見厚景，光近見遠影也。如云不然，是物雖已辛癸，景只已子癸矣。然使更設已丑癸形，必見已子癸景，是物兩而景止一，有是理乎？又，如寅卯與戌亥皆光面，設午申未形，午未切光面，成辰酉巳景，必合成全圓，爲合景。如設角、氐、亢形，氐、箕不切，光面成心、房、尾景，則房距箕亦必不切，爲離景。

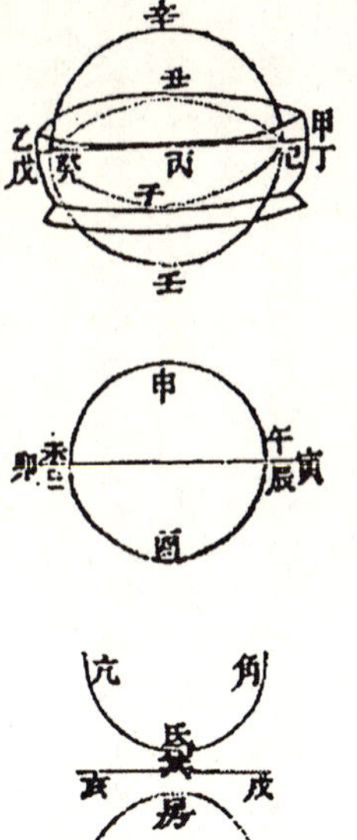

十一、景必肖形。故形實者，景虚而亦實；形虚者，景虚而又虚。解曰：凹爲虚圓，鏡罩凹者，平面必相背成凸景。凸爲實圓，鏡罩凸者，平面必相背成凹景。然凹景雖凸，仍爲凹用；凸景雖凹，仍爲凸用。形虚者景虚，形實者，景雖虚而實也。

十二、日爲圓體，光照大地，地上有物如横梁，景落在地，其横梁上邊反是日之下邊，横梁下邊反是日之上邊。必于横梁上開細孔，透露日光，方是日之中心，是爲中景。本《元史》影符説。

十三、借光取影，由于交線。或因孔束之線成交，或因鏡面彎環之光線成交。原光四。其理自同，而交處則不同：有在向光前面者，有在背光後面者。

解曰：前無所礙則順入，如甲丙與乙丁。順入則出交得景。如過孔自戊至庚。出交者雖遠，皆能取景，但漸淡耳。前有交線如寅。礙之，則倒入。如子入辰、丑入卯。倒入，則約光成景。如卯辰入午。約光者，稍出入即

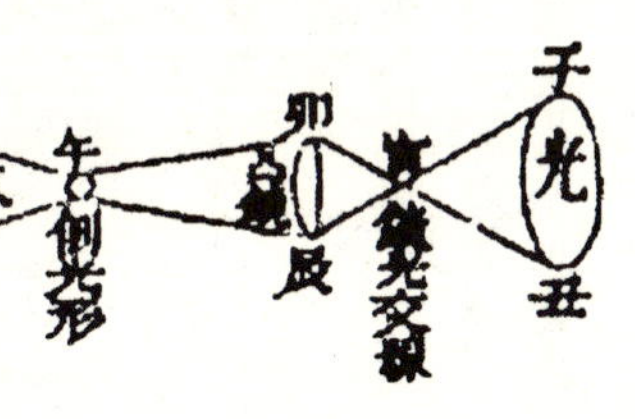

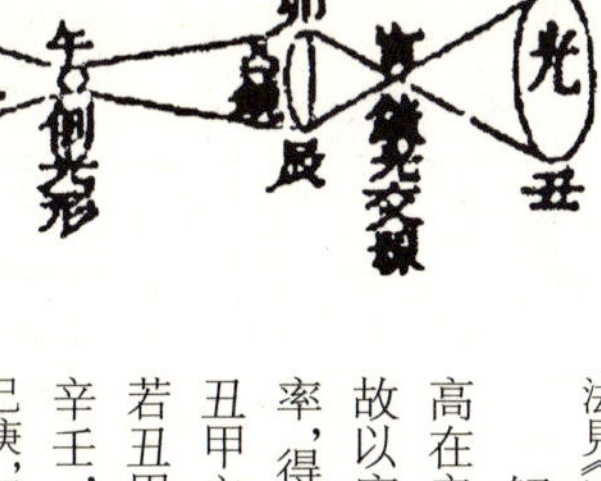

不能取景，緣交處異勢故也。

原線

一、物與物交，必有相射之線。光能照，有光線。目司視，有目線。景承光，有景線。鏡受景，有鏡線是也。

二、兩線相距等而不相合者，爲平行線。若相距不等，一端相距狹，一端相距濶者，名廣行線。此幾何家舊稱也。今以同一廣行線，又視其所舉者而異辭，如自狹向濶言之，名侈行線；若自濶向狹言之，名約行線。侈行線愈行愈濶，永不相合；約行線愈行愈狹，必交合爲一而成角，名交角線。過交復岐爲二，又永不相合矣。

平行線

廣行線
約行
交角
侈行

三、線之相射，或正或斜，或自此射至彼而反折，皆是直線而無曲。

四、一線自此處射至彼處而反折，與此線仍合而爲一，不能見其反折也。若一線自此處斜射至彼處，復反折而斜射至他處，是二線也。原光十二。論其形岐，可名侈行；其會一，可名交角。而原其爲一線所生，故名折線。

五、折線必是斜射，故其所會之角，必正而不偏。此鏡心測高之法所本也。法見《測量全義》

解曰：乙丁丙爲鏡，平置地上。有高在辛人目，於鏡心見之，則目必在己。故以庚甲爲一率，已庚爲二率，甲壬爲三率，得辛壬高。試依庚壬作丑甲垂線，則丑甲辛與丑甲己二角必等。如云不然，若丑甲癸與丑甲己二角不等，是四率仍辛壬，而高實子壬，則不可測矣。寅戊即如已庚，甲戊即如甲庚，故兩形相等，則甲角必相等。

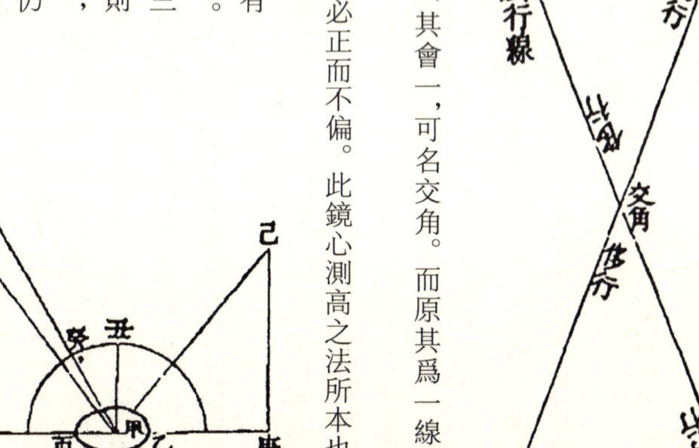

六、凡線者，點引而長也。面者，點積而廣也。物與物交射在於面，線亦出於其面。面之積點無窮，故線亦無窮。今撮舉立論，則概之以上下兩線，或左右兩線。

七、物線相射，因相對而生。相對者，必無不正，而物與物則有大小不等。此之上邊射彼上邊，此之下邊射彼下邊，則成廣行斜線。然而人見爲斜，在線仍是正相當對。如或非正，則不能相射矣。故有平面在前，如甲乙。與平面鏡如辛戊壬。相對，人目在甲，可見丁於辛，不能見乙於辛。以甲與辛若辛與丁，方爲正對也。若自甲視戊，則可見乙矣。又設辛癸壬圓面凹鏡，則自甲視辛，可以見乙。以丙辛癸與子乙丑正對也。依顯，自甲視壬，必見甲成倒象矣。

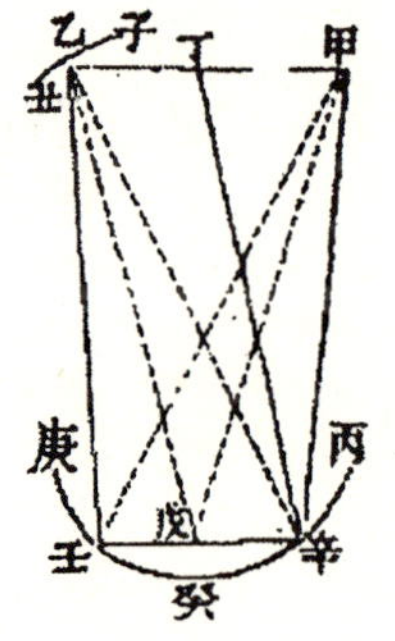
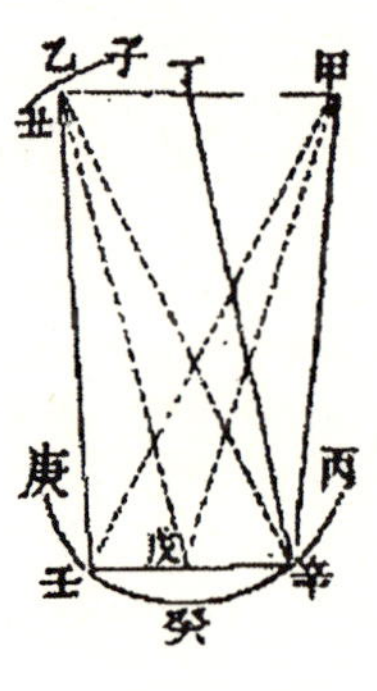

八、兩物相射，約行線自此至彼則止，不能有交。若中有物隔，則約行至所隔之物而止。設隔處有孔，則射線穿孔約行，不至彼物不止。如彼物甚遠，則約行必交，穿交而過，則此之上邊必反射彼下邊，此之左邊必反射彼右邊者，勢也，能無成倒景乎！塔景倒垂此，其理也，本麻書。算家稱爲格術。本《夢溪筆談》格者，隔也。譬如擊槳，手後則槳前，隔於槳椿也。譬如搖艣，人左則艣右，隔於艣臍也。又如兩人憑窗，東西列坐，鳶自東而西兩人皆見；或閉窗開孔，西坐見鳶，則東坐必不見，而鳶之景亦在西壁；迨鳶飛至西，景必反移至東壁，推之上下，不得不然，豈不成倒景乎！

九、日光射物，萬線齊發，光徹上下，無處不照。設光中有屏，屏受日光，止得日體之一分。去聲。故只見日光，無所爲日之形體也。

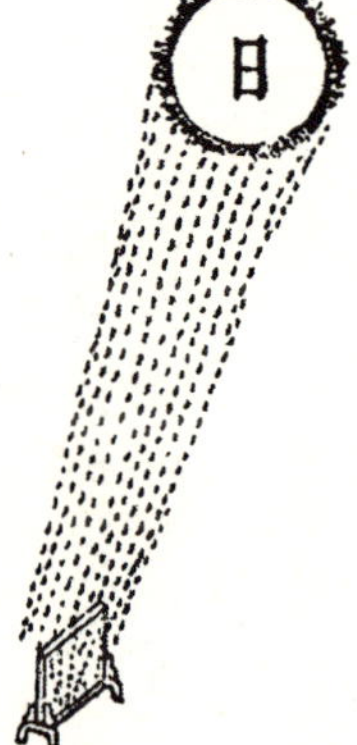

十、日光射屏，只見爲光，不見日之形狀，此爲有色無形。原影二。若中隔堵牆，牆中有孔，如柳氏。光線穿孔，爲孔所約，必交於尾。使設屏於交內，用承其光，如觜參。必孔方景方矣。如移屏置當交處，則孔景模糊。若漸移出交，則日邊全納入孔，爲無窮光線所聚，光複必深。原光十四。夫納入全分，故見日體；景出交線，故成倒形。此爲有色兼有形也。原景二。孔雖方，必成圓象矣。凡過此交，不論孔形，皆見光象。日圓，故圓。過此皆圓，第漸淡耳。光線過交則侈，故力漸殺。依顯，屏在交外，則無論遠若虛危、近若張星，此兩線界中有物在星，必見景於斗；移物至張，必見景於牛，亦成倒景。惟物近孔，則不倒；若貼孔，則無景。何也？物既貼孔，即如與孔合一，成不方孔，孔所居者，模糊之處，則物亦適當模糊之處，而景落虛無，原光十六。故但見倒日體而已。

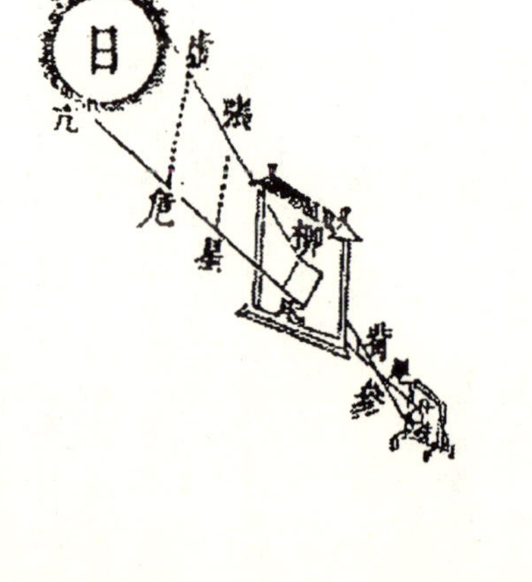

一系，旭日穿隙，西壁固見圓光，然日爲圓體，倒景無徵。設造塔東壁之外，與日參直，果塔距壁遠合度，必見倒景於西壁所見光中矣。此麻書所謂塔景倒垂者也。若塔近不合度，則景大，遮孔無光；或孔大，距西壁在交內，皆不可見。

二系，取景有大小，因光與孔之大小而生差；取景有遠近，因光距孔之遠近而生差。蓋交角大，則景亦大；交角長，則景遂遠。此其大較也。然孔之束光，雖亦能使濃，但孔過小，則光力不暢遂；而孔不小，則距交必極遠，故餘明侵入，取景猶未盡善也。獨凸凹鏡法，與孔相較，爲體既大，縮光甚短，又有鏡光爲助，其能力固應有特異者矣。孔至大者，徑二三分，距約數尺。鏡酌中者，徑五六分，距二三寸，大相逕庭矣。

十一、光亦色類，原光一。而較濃。日穿户隙，每見圓輝，他物有色，不易得見者，物明户亦明故也。若暗室隙中，時亦見倒景矣。如塔景倒垂之類。惟凸鏡光力，初不事暗室，然暗則更勝。此取景法所必資者也。

又 鏡形

一、平形者，惟銅鏡可一面平。若玻璃鏡，無論用通光，用含光，作鏡，皆須兩面砥平，方爲平鏡。故銅鏡磨工不足，及玻璃揀選不精，隱有起伏痕跡者，是平而不平也，皆有改形之累。

二、鏡面必合度。如平者必中準，凸凹必中規是也。設破爲二，未經移動，照物自仍如常，度未改故也。若稍移動，即如二鏡，必物一而景二矣。多一破，即多一景。

三、鏡以能力勝者，愈大愈佳，盡其才也。

四、含光鏡對物得景，故光線所對，無不畢含。而人之見物，則視立處之目，所射鏡兩邊線之角，大幾何，止見幾何。

論曰：如一圖，甲爲鏡，目在乙，線射戊而折到庚，射己而折到辛，止見庚辛界内。若進至寅所見漸廣，目線角大也。若移丙，則射戊到子，射己到丑。移丁，則射壬、癸亦然。蓋物入鏡到目，各從其線而不亂。如二圖，未自入卯，申自入辰，故物在酉，必右入卯，右入辰，在戌者，見酉不見戌也。如云不然，豈不物景重疊乎？

一圖

二圖

五、凡目視物，在目前者可見，在目後者不可見；無隔者可見，有隔者不可見。而鏡線反折，能使可見者不見，不見者可見。

解曰：如一圖，甲爲鏡，乙在目前，丙在目後，見乙不見丙也。而甲鏡所照，緣爲丁隔，能使見丙不見乙。如二圖，甲爲鏡，戊無隔，而己有隔，見戊不見己也。而甲鏡所射，緣戊居癸辛線外，能使見己不見戊。

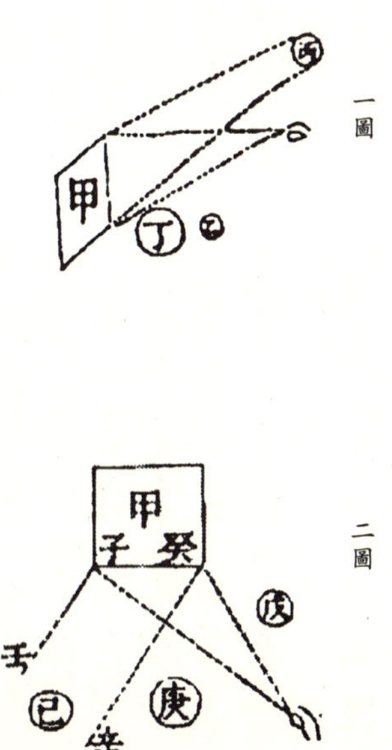

一圖　二圖

六、含光鏡對物得景，若以鏡對鏡，人居其間，必見鏡中含鏡，而見多景。何也？鏡亦有景，而景中有鏡也。若兩鏡相距愈近，則鏡景亦愈多。何也？視線近，而角大也。

論曰：司馬彪注《莊子》，謂鑒以鑒景，而鑒亦有景。兩鑒相鑒，則層景無窮。而梅勿菴、徵君則曰，六七層以上，亦遂有窮。今按，無窮者，理也。有窮者，勢也。亦不可限其層數。蓋照一層，必遠一層，原鏡十。而小一層。遠則深，深故暗，小則微，微故隱，勢窮於不見也。原色七。故移兩鏡距，使視線近，則暗者顯，視角大則微者鉅，其層數必較多矣。

七、方形六面俱平，通光四照，如晶章類。是非鏡也，然具有鏡理，故論之。至方體不通光者，則無可論焉。然必物自背透，景從面見，故斜對其面，能見其背所切之物，而目與物真形反不相參直，是亦折線。原線四。

論曰：如圖，盌底置錢，目在乙，視錢於甲，爲盌邊丁所遮而不見。若充以水至丙，則見矣。夫水爲通光，甲自透景於丙爲直線，目自乙視丙亦直線，丁遮甲而不遮丙，其見之也，宜矣。而乙丙與丙甲實爲折線，設廣盌邊之丁於庚，則庚不遮甲目線，至甲雖直射而無所蔽，亦必見錢於丙，而不能見錢於甲也。如云不然，豈不置一錢，而見兩錢乎！又設圖以明之。有直竹四節，兩根相等，一根平置如子巳，一根插池内，必當如子丑。而目自子視之，則爲子辰寅。夫子丑本直竹，乃至辰若折者，辰丑之景透浮水面爲辰卯，而辰丑真形爲斜迆，故景亦斜迆，而似辰寅也。又辰寅本與午巳等，緣丑上透，卯必成垂線，故辰寅若短

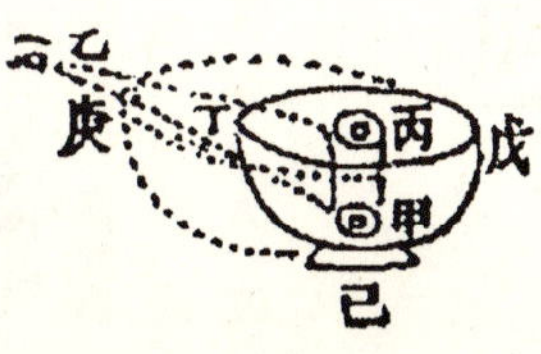

於午巳也。叉魚者居子，見魚在寅，其投叉必下向丑。漁夫習之，熟，故知之。悉此通光視物不得不然之理，本《遠鏡説》。或謂池底之物既浮，其景則應在水面，是見丑於卯，非見丑於寅也。曰，丑自浮於卯，而象若在寅，此水差也。本《儀象志》即鏡中遠差之理。如云不然，則銅鏡之光在面無厚，返照物景有近有遠，乃以同含於面之故，遂謂物之遠近並在一處，其可乎？

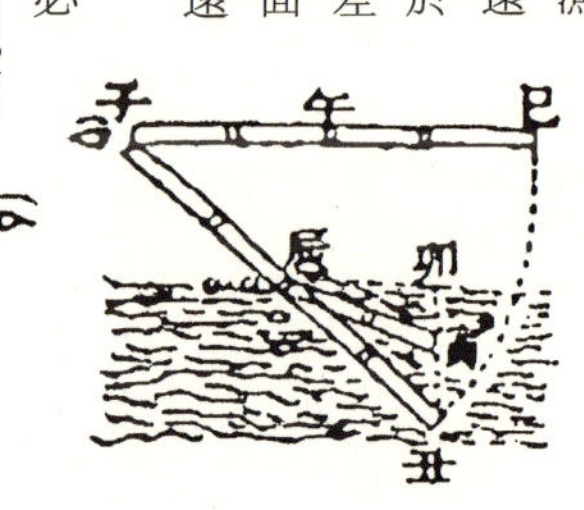

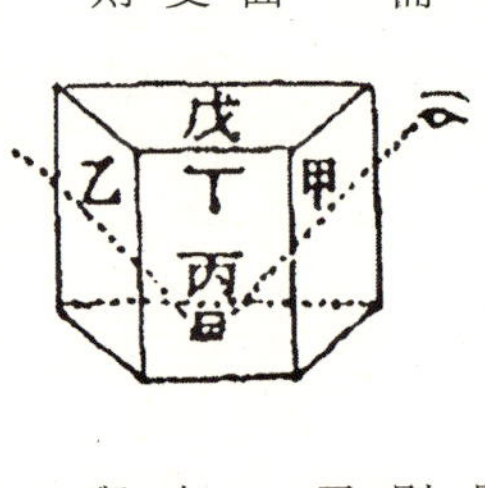

八、方形通光者，每面能受四面之光，而視其受光，必因斜折線而見，故受光者止見一斜面。每面皆透空際之明，而視其透明，必因直穿線而見。故透明者止有一對面。

解曰：如己底面，甲、丙、乙、丁旁四面皆其斜面，而對面止有正面戊。故遮戊面，則目於己面無復透明處矣。若受光，雖有四面，然自甲視己，其折線止射於乙。若遮乙面，則目自甲視，不見受光。理矣。

一系，圖正方體，必斜畫以合視理。西法更以近濶遠狹者，並視差之分寸而圖之。今欲圖三面於正視中，不得不反西法，作近狹遠濶之狀。雖於視理乖謬，時亦有所取爾。蓋圖以明説，不比繪事，必以形求肖也。又，舊法密不容書，則作圈引線，圖外書之。至背面，則別作背圖。今於背面作爲△，圈其背面，記號皆作左書，覺易明了。兩法皆屬創始，相其宜參用之。

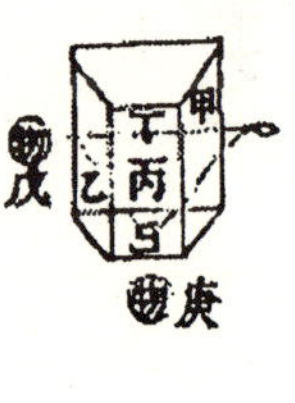
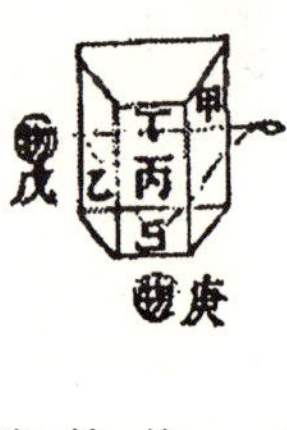

九、方形，正視能透背面之物，側視能受斜面之光。但透物之面即不能受他面光，受光之面即不能透面外物。

解曰：自甲正視乙，能透見外戊，則不見乙受光矣。自甲側視己，既見受乙光，則不見透外庚矣。

論曰：自甲視丙，必以折線返照至乙，故能受乙之光，即能阻丙之透。夫甲既透明，故受光處能見也。而甲與乙對，丙與丁對，自甲穿丙視戊，則目線爲斜，而鏡線爲拗，故透戊物處不能見也。若置目在己庚棱線之間，則戊當辛壬棱線，目跨見甲、丁兩面之交，則物分到乙、丙兩面。是目自甲穿乙，得順線可透。自甲穿丙，得拗線不透。自丁穿丙，得順線可透。自丁穿乙，得拗線不透。夫丙與乙本各爲一面，而各有透、不透之殊，則必成半透、半不透之面，而生丑寅及癸子兩線爲之隔矣。夫丑寅與癸子兩線，實辛壬一棱之景所縮而成。辛壬棱既各縮於兩邊，見其景，則辛壬之實線如處空虛，反不可見，而丑壬及辛子兩半透之面，必相連成一透明之面矣。

一圖

二圖

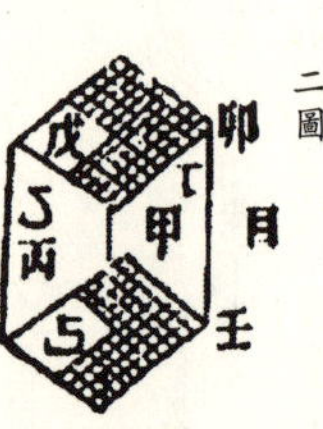
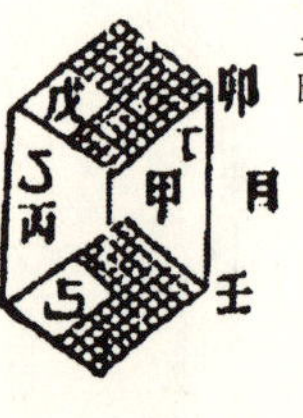

十、方形斜視，不透明而受光。若對明外視，自丁窺乙，則乙背明必闇，然見其不透，不見其受光矣。乙外向明，返對丙面，故爲背明。若向明下視，自甲窺己，空明下透，則己受乙光，必爛如汞錫，故見其受光而不透者，亦即如汞錫之阻其通也。

十一、方形受光，能阻其通，故字雖切鏡不見也，字在鏡外也。若作字鏡面必見也，墨染鏡上也。夫切鏡之與鏡上，一閒耳，然而墨既染焉，則已連爲一體矣。

十二、方形斜視，自甲窺己，己本方面，如子辛。緣目線斜射，光線斜受，兩線相會，適得其半。如癸。故必縮庚辛線爲壬癸，變方成扁矣。若作方字，亦必成扁字矣。

十三、方形向明，自邊視底，則方縮成扁。夫橫之爲扁者，直之即爲長。故置目甲丙之閒，跨見兩面，其在甲窺己，縮戊庚爲癸子。因丙面斜向所礙，則庚之所縮不能到寅而到子，則成癸辛壬子半圭形。丙面所見亦必如之。而半圭之首斜邊，兩形相等而適合，必併成一曲尺形矣。目在卯壬棱線之閒，下視其底，上視其面，皆爲內縮，故曲尺形必外向。如二圖。若移目出卯上，而下視其面，則爲上縮。或移目出壬下，而上視其底，則爲下縮。其曲尺形必皆內向矣。如三圖。夫同一底方而縮成兩形，同一縮法而縮於兩面。若作一方字於上，必見爲一扁字、一長字矣。如四圖。

三圖　四圖

論曰：下視底見己，上視面見戊。在己稱下縮，在戊稱内縮，非有二也。

十四、方形斜視，作字則可見。字在乙面，甲透其景，丙、丁皆受其光，則一字應見三字。但目居甲、丙之閒，爲丙面所礙，止見半景。若字偏乙面之右，目亦稍偏於甲，必見右半面全景，是一字成三字矣。唯丁所受字，斜線不得到丙，故丙面止透空明耳。

十五、平形通光者，側面甚微，姑不論。其餘各體皆有側面。但方形六面爲直角，否則爲鋭角、鈍角。夫直角斜視不透明者，以視線斜故也。至於鈍角，大於直角，則視線愈斜，愈不透明可知也。若鋭角，小於直角，則斜線漸殺，必漸透明矣。

十六、方形斜視，受光不透，亦因乎體斜線拗，故色深而黑闇耳。體愈厚，線愈拗。若殺其厚，則爲鋭角；殺其黑，則爲青、紅、黄諸色。原色五。故三棱體自其一棱透視對面，必由薄漸厚，而厚不至直角。掩映空明，必由淺漸深，而深不至黝黑。遂能透見外物，而生紅緑采色矣。雲氣厚薄，掩映日光，見爲虹霓，其理也。本《儀象志》。

十七、平鏡及多面雖各不同，而就其面論之，皆不外乎平耳。異乎平者，惟凹與凸。鏡有凹凸，其形既殊，其變自異，爲用甚廣，爲論亦繁，非更端未易終也。特詳後篇。

十八、鏡有柱形，其縱面與平同理，其横面與凸同理。

又 卷二 釋圓鏡多變者，惟凹與凸。察其形，則凹在圓外，凸在圓内。天之大，以圓成化。鏡之理，以圓而神。作釋圓。

圓理

一、鏡之光線，面平者，因物收展，可平行，可廣行，故有隨時而移者，以順目光線。面圓者，因物收展，必廣行而不平行，故獨有其不移者，能濟目光線。夫以順目爲用者，自無所違忤。以濟目爲用者，失其理，即反以爲累。原鏡八。

二、圓界分三百六十度，所作徑線自界約行至心，會成一點。圓有定界，則心有定處，而界線之濶狹亦有定處。鏡之圓者，其光線亦然。

三、圓界分三百六十度，大圓與小圓等也。所異者，圓愈小則界愈曲，度愈狹，徑愈短。鏡之圓者，其光線亦然。

四、圓兩徑線約行至心，則交成角。過心，則侈，復岐爲二，永不復交。鏡之圓者，其光線亦然。

五、物之相射，其線必直。故目正對處，其視瞭然；斜對處，其視眊然。目能四顧於物，無不正對。余嘗斜迆車中，不坐起，則塗遇之物不能確見，足徵斜對之理。若以管窺，則太斜處並隔於管口而不見。使管外口安一平玻璃，物象雖斜入鏡，而斜對者不能入目也。若凹與凸，則能入目矣。何者？凹能收物使小，凸遠於目，則倒物象而亦小，故皆能斜攝物景。蓋物之所居雖偏，而鏡之環面所對則正。是以環愈甚者，其斜攝之境愈大也。

六、凡圓形，以弧而見。弧出於曲線，線愈曲，弧愈深。若同一曲線，平視之而曲淺，側視之而曲深者，視線長短爲之也。

解曰：正圓以九十度爲最深。橢比正圓，大徑較大，必深；小徑較小，必淺，理也。夫橢與正圓形不同，而曲無異勢，九十度既最深，而橢能更深者，正圓之曲有定，橢圓之曲無窮也，故深極可以至於不見。而小徑反之，亦無礙於較淺。依顯，凸同，正對視物稍大，側則漸大，可成倒景，視線長短故也。如圖，辛、戊凸同，而丁戊短如橢小徑，庚子長如橢大徑，甲視已雖同，必變爲一深凸、一淺凸矣。

七、弧側成橢，能使凸加深，本章六。此一理也。凸遠於目，能使物見大，此又一理。夫凸深則見物大，遠目則見物愈大。凹與凸反，故凹深則見物小，遠目則見物愈小。但凸遠目，大極能倒物象而轉小，乃如凹理矣。依顯，凸鏡上下側之，則上下有遠近，而物方者見長矣。使左右側之，則左右有遠近，而物方者見扁矣。若凸之深者，恰值物象將倒處，使上下側之，是上下倒而左右不移也。或左右側之，是左右易而上下如常也，是正面變反面也。推之凹理，側則加深，亦能使方者爲長、爲扁，但凸是側處顯大，凹是側處顯小，似同而實異。又凹不能倒物，亦無所爲正變反矣。

八、圓徑之理，與圓體鏡光線同理。而有不同者，圓界與鏡之凸凹相等，則半徑線與鏡光線必不等。何也？圓徑線以中心交角爲斷，鏡光線以取景收光爲憑，收光生於交，而不在交處，故必長於半徑也。圓徑線各因弧而不變，鏡光線兼隨照而生差，故其長短無定也。

凸鏡上下側方者長

凸鏡左右側方者扁

深凸上下側上下變

深凸左右側左右變

九、鏡有光，則有光線。唯圓形者，可於取景、借光見之。蓋聚衆光於一處，光複極濃，故能見象於空中也。然此雖可見，實不足以爲鏡光線。蓋真鏡光線有二，一出弧背，如甲丙乙。則有背交，如子。從交侈行，子壬與子癸。名弧背光線；一出弧面，如甲己乙。從面約行，甲丁與乙丁。則有面交，如丁。名弧面光線。甲庚與乙戊。凡約行皆有交。穿交皆變侈行，

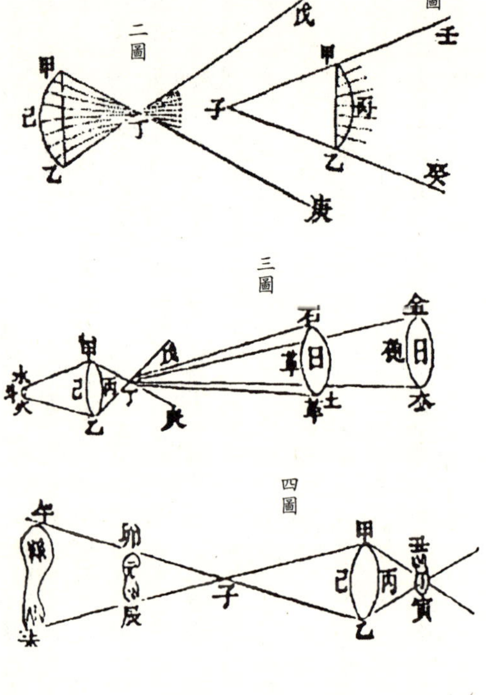

愈行愈濶。凸鏡兩弧相背，故有此兩種光線，乃生三限。因其順透得光，名順三限。此三限者，一因光在極遠，如日。視徑甚小，函於弧面光線戊庚。界內，背距丁革。甚長，爲面交所隔，故隔射倒入於鏡，甲丙乙。透鏡而出，爲背線甲水與乙火。所函，不得不約行。約極則成象。此處水火。以目視光，則見恰塞鏡面；以版承光，則見成爲倒象。而面距如己斗。有定度，爲第一限。一因光在極近，恰當面交，如丁。交止一點，光體則大，交不能函，且背距甚短，無交可隔，故光體上下丑、寅。自出兩線，丑甲與寅乙。直射順入於鏡。甲丙乙。透鏡而出，爲背線甲子乙子。所函，不得不約行，則有背交，穿交乃倒，變爲侈行，侈則漸大，遂亦成象。此處任遠，如己絲。以目視光，皆見恰塞鏡面；以版承光，皆見成爲倒象，而背距丁丙。則有定度，爲第二限。一因光在遠近之間，如胃丙或畢丙。光體既大，如虛危或亢氐。丁之交線不能函光，光不當交，子之視鏡不能塞滿，於是面交、背交，此兩交分權。面距、背距，斯兩距恰等。此處如昴。以目視光，亦能恰塞鏡面；以版承光，亦能見爲倒象，而兩距必皆有定度，爲第三限。第一限，因收光成象，名順收限。第二限，因展光成象，名順展限。第三限，因光象相等，此伸彼縮，迭相消長，名順均限。至於鏡之對光返照則成折線，原線三。折線所成亦有三限，同此一理，必稍側乃見，名側收限、側展限、側均限，以資後論。凸返照即凹，亦有側限。凹不能取景，即無順限，故側三限尤爲凹鏡所專賴。

五圖

解曰：凡光射物，中無所隔則直射，中有所隔則隔射。直射則散爲明，不見光象；隔射則聚其光，倒呈厥體。故光照孔爲直射，穿孔既遠，光線相交，交爲之隔，變成隔射。蓋光之邊束於孔之邊，而聚成一交，則上射下、下射上，乃見倒光象，此取景理也。是故鏡既通光，即無殊孔；凸有線交，即如物隔；光塞鏡，鏡束光，不得不聚成交而見爲倒象者，勢固然也。在順收限，如第三圖。是光居遠處，如日。目在交處，如斗。見光塞滿，使目不動，移光任遠，則光度應漸小，而塞滿如故。何也？光射丁，而函於戊丁庚角故也。蓋光遠極小至一點止矣，而光線交角亦止一點，故光既到角，如丁。順鏡散射，鏡面自無不滿矣。此推得順

收限之理：因隔射而倒成滿光，因直射而收爲光體也。在順展限，如第四圖，是光居丁處，已無交隔，目在遠處，如元或絲。見光塞滿，使光不動，移目任遠，則光度應漸小，隔凸視物，大極則倒，復小而清故也。而塞滿如故。何也？過交而散爲午子未角故也。蓋光線穿子則侈，愈遠益濶，自無不滿矣。此推得順展限之理：因直射而入於鏡面，因隔射而展爲倒象也。若光出丁角之外，如第五圖，則不得不隔射，而體非丁角所能函，又不能移鏡光之交，故弧面之線丁戊與丁庚。爲無權，而弧背之線甲室與乙壁。乃當令。何也？弧背之線愈遠愈侈，雖光體甚大，固罔有弗函者也。夫既函於弧背光線之內，則必變隔射爲直射。光既直射鏡面，則透鏡而過，不能不出交而成倒象。必出交而成倒象，則引目近鏡，不能不收象而使不塞滿。此皆移光、移目，逐漸生差之故也。且凡視法，漸遠漸小；凸鏡視法，漸遠漸大。順收限，引光任遠，皆恰塞鏡面，無復大小，故知是光之入交無改移，必穿交隔射也。順展限，引目任遠，皆恰塞鏡面，無復大小，而倒象則漸遠漸大，故知是景之出交成倒象，必光體直射也。凡光體射鏡，因爲光線大力交隔所攝，故變隔射；不爲光線大力交隔所攝，故能直射。今順均限，既有光線交隔，則不應直射；而溢出光線界外，則不能隔射。乃毅然決其爲直射者，以有弧背光線之大力在，則是弧背光線當令，因使弧面光線亦退處於無權，乃能循弧背線順入鏡面，及透鏡而出，穿弧背線之交，遂能取景。故知是光之出交成倒象，必弧背光線直射也。而引光近鏡無定度，透鏡倒象亦無定度，此伸必彼縮，互爲消長。又知弧背線攝光直射，不與光體自生之線直射同也。

一系，凸鏡順收限，其光線雖借光可見，然在巨日之中，亦閃爍不明。其法，宜俟日照暗室，閉門留縫。野馬也，塵埃也，以鏡承光，仿佛似之。又法，含煙噴之，光線遇煙尤灼然明顯。若凹鏡側收限，宜取含光者，其光線方濃而易見。

二系，平鏡透明，即如物之有孔；對日大光，即如孔之漏日，不應有交。但鏡大於孔，不啻倍蓰，其交益遠，且無弧面光線攢聚一處大力，故取景甚淡，亦無足用，姑略焉。

十、側三限與順三限，皆同一日光穿孔之理，而有不同者，其勢異也。故以其同而言，不過一格術耳；而以其異而言，則鏡與孔異。孔之交在背光面，鏡之交在向光面。不惟此也，即順限與側限亦異：順限長，而側限短。不惟此也，即收限與收限亦異，光小約行，而光大則侈矣。

論曰：順收限，無論光大小，距鏡既遠，皆以約行入交，過交復侈入鏡，及其穿鏡而出，則視光體大小，爲收光之大小。前解皆以約行立論者，緣所舉者，祇日與鐙。鐙不過寸許；日雖大，視徑本庳書。實小，取景皆不出一二分耳。設於室中取庭心之景，則鏡徑一寸，景徑可二三寸，勢必侈行矣。然而仍以收限名者，景體必小於光體故也。展限則否。惟均限景亦較小，而名均者，以其在未收、未展之間，而兩距又等，故稱均焉。

十一、取景之法：於取景處置目，鏡中光象必見塞滿。不滿則取景不真，未到限故。然亦有不同者：均一滿光，順收限視光體不清，灼灼射目而已；順展限則鐙體、鐙心皆一一可辨者，何也？蓋展限短於收限，若九與十。適合鏡光線交，乃視物最大處。收限較長，則大極將昏處也。均限更長，倍鏡光線交。固無論已。

十二、取景之法，凸鏡愈深，收光愈小，展光愈大。蓋鏡光線交，凸深則角大，而距長則凸淺，故角大者則展物象愈大，距短者則收物象愈小，各有其比例耳。

十三、兩物相射之線，有平行、侈行、約行三種。平行姑可不論。侈、約二線，平鏡亦有之。特在平鏡其侈行必因乎物大，其約行必因乎物小，適稱本形矣。至凸與凹，則其侈、約兼，視鏡之環面生差；能强物形而大小之，則其鏡線交所生諸限爲之也。

十四、鏡有凸心、凹心，形之異也，鏡有透照、對照，用之異也。形同者，異用則異理；形異者，異用則同理。是故通光凹與含光凹，通光凸與含光凸，皆同形，對照無異也。而透照與對照則異。通光凸與含光凹，通光凹與含光凸，皆異形，對照固異矣，而透照與對照則同。然通光者必有透視之反形，又有反映之虛形，是凹中有凸，凸中有凹，對照必非一景，第通光專以透照爲用，可姑置而弗論焉。

十五、凹鏡透照，見物恒小，同理者亦然。凸鏡透照，見物能大，同理者亦然。凸鏡對照，見物恒小，凹鏡對照，見物能大，同理者亦然。

十六、凸鏡透照大物形者，以有鏡線交能生諸限故也。凡交內能大物者，當交則大極，過交漸昏，昏極至於不可見，復漸清而倒，漸清漸小矣。同理者亦然。凡鏡線有交者，照物能倒物象，對光亦能取景，同理者亦然。

圓凸

一、鏡本平面，滂沲四隤，乃成凸形。故謂凸在中央，以次漸殺者，指凸之一鏡言則可，指凸之真形言，則大謬矣。何者？凸鏡多截球體，故中厚而邊殺，然其真形實出於球。球自圓心至界任作半徑線，無度不等，則何處不凸！如有一點未凸，即不中規，而凸不可用矣。

二、凸之淺者，宜無過一度；其深者，宜無過三百六十度。然鏡之鏡物，未有用球者，特截其中一弧而已。欲較其淺深，量取則難，惟以順收限爲主。圓理九。今業鏡者謂之幾寸光。凸愈淺，限愈長，凸愈深，限愈短。故又名以凸深限。今以球徑一寸，驗其深限，不止一分。依顯，凸鏡一寸，深限無一分者，不然能無橢乎？故欲求作凸鏡，深限一二分，則非小不能。

三、通光凸，有一凸，有兩凸。兩凸者，兩面皆凸，必合兩面爲力，須分別論之。今一凸者名單凸，兩凸相等者名雙凸，兩凸不等者，名畸凸。

四、凡通光者，受光有兩景：一爲面受光，一爲背受光所透。鏡資二。故凸之面與含光凸等，其背所透與含光凹等。然鏡能鑑景，凸亦有景。原景九，原鏡九。凸反景成凹象，凹翻轉又成凸象，故對照雖有凹理，而透照仍爲凸用也。

五、凸鏡光線因環面生交，故其透出能收光爲順收限。又緣鏡能發光側出倒射，亦能收光爲側收限。此兩者因環面爲大小，亦因光體爲大小；因環面爲長短，亦因遠近爲長短。至其定限，則側收限必短於順收限者，透照與對照其勢殊也。

六、凸鏡三種，各具兩面，立名以資後論。雙凸，兩面既等，任以一面名正面，其一面即名餘面。畸凸，一深一淺，深面名正面，則淺名副面。單凸，一凸一平，而平面亦有凸景，凸面名正面，則平名景面。凡雙凸，正面側收限一，餘面亦一，其順收限四。單凸，正面側收限一，景面必三，其順收限六。故側收與順收兩限相求之法，皆以正面爲主。雙凸以四爲率，單凸以六爲率。側求順，則以其率乘之；順求側，則以其率除之。唯畸凸正面與副面無一定之分數，則無一定之率數，須先以正求副，得其分數，乃可求其率數。詳見下條。

論曰：鏡面既兩，如單凸，甲面金石絲，乙面竹甘匏，則甲面有金木絲對弧景，對弧而生，名對弧景。此甲面景也。乙面既受光，有竹土匏對弧景，但形爲竹土匏，必縮而坿於竹甘匏平面內。原景十。又，乙面有竹土匏弧景，亦必反照，而有竹革匏對景景，對景而生，名對景景。此乙面景也。然則一凸面，三凸景，共成四凸。依顯，雙凸，則甲面有子卯丑景，乙面有午辰未景，而子申丑、子戌丑、午亥未、午酉未，共成八凸。景各有所坿，不可圖，以橫書爲識別。透照之虛景無權者，其力一，則對照之虛景。當權者，其力必八。兩面爲八與一，則測其一面必四與一，故率用四也。單凸，凸一而景三，故透照之虛景無權者，其力一，則對照之當權者，其力三。然單凸之凸面，視雙凸減半，則單凸之力亦必減半。力減半者，限必加倍，故率用六也。力三，加倍得六。雙必合兩面爲力，推其測數，準七五折。力八與六，若一百與七五。

又論曰：雙凸之凸，所以知其有八者，證以單與畸也。蓋鏡以光爲用，而光照於面，面雖無厚，能含遠近各景，原景十。故物有幾色，則鏡之面亦幾形。鏡有兩面，通光面透背景，故一鏡具有兩面。則物之景見兩象。蓋畸凸與兩單相並之理同，而畸之向光爲一面，畸之出線爲一面，其凸力八，皆坿於出線之一面。兩單相並，其向光爲一面，其出線則兩面，向光之面不能出線。故凸力亦八，乃分坿於出線之兩面。是以推算之理，原可通於畸，而推算之法，則畸爲又別也。如一圖，爲畸。乙向光，則丑受景，出午線，而乙不與。丑向光，則乙受景，出庚綫，而丑不與。二圖，爲兩單，並其乙與丑無異也，然各有一正面、一景面受光，而有長短兩種七，畸凸，正面一寸，其副面自可任長之。然長至三寸則爲單，短至一寸則爲雙，不成畸矣。故雙與單，即爲畸凸限兩界，而其率亦可推求。其法，先以正除副，得其倍數。夫雙凸餘面得正面一倍者，其率爲四。單凸景面得正面三倍者，其率爲六，則畸凸副面得正面二倍者，其率必五。蓋一倍與三倍之中數爲二倍，而四與六之中數則五也。然則由二倍而減至一倍一者，其率必爲四一；增至二倍九者，其率必爲五九可知也。餘倣此求之。

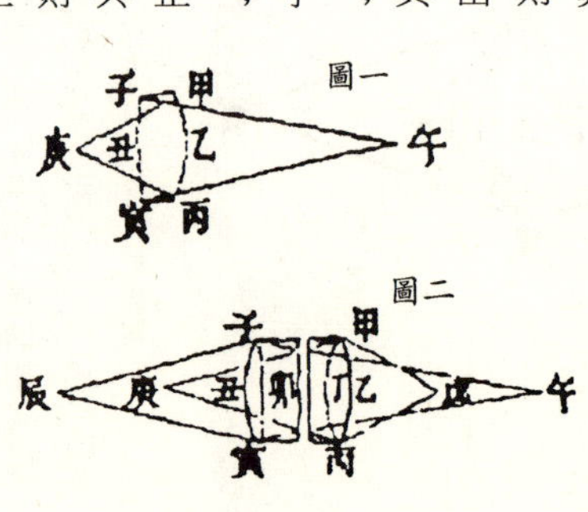

解曰：以數明之。如單凸，正面側限一寸，順限六寸，若並一單，使正面側限二寸，則順限必加深而殺於六寸矣。以推之畸，將毋同乎？然兩單相並，其側限是分測所得；畸正面與副面是合測所得，正副聯體，舉一並雙。設平其一，則限變長。故並兩單以證畸，可以明加深之理。而用以求率，則畸與雙、單，例自相通。而兩單相並，另爲一支。詳後圓疊。

八、凸鏡線不可見，借光原光三。乃見。一在發光，原光三。一在暈光，原光十八。皆於取景徵之。

解曰：發光兼含光、通光鏡兩種而言。取景者，側收限所用也。如單凸，以平面對光體，或日，或鐙。稍側之，以紙蒙板片，取其潔白，或白板亦無不可。切鏡稍離，用承其光，漸離漸小，小極即見倒光象，是爲側收限。過限漸大而淡，無復光象，徒發光而已。暈光專指通光鏡一種。取景者，如單凸，以凸面正對光體，板承其下，切鏡漸離，鏡透之光鏡圓則圓，鏡方則方，光隨乎鏡，則方圓不等，皆同鏡形。漸離漸小，小極即見倒光象，是爲順收限。過限漸大而淡，無復光象，與側收限同。再離漸暗，至倍限，則見鏡黑景，原景九，原鏡九。更遠則黑景外見虛光，愈遠愈大。此暈光也。緣日大而遠，故景與鏡略相等；若光小於鏡，則景漸大；若光大而近，則景漸小。原景六。而暈光則恒大者，出於鏡線侈行故耳。凡此皆諸凸所同，專言單凸者，取其於收光之理易見也，觀圖自明。依顯，光線，必有鏡線爲之根。

九、雙凸者，以丙丁乙向日，其順收限出於丙丁乙鏡光線，丙甲乙之反照虛景亦助其力，而丙甲乙之鏡光線則無權。其側收限出於丙甲乙鏡光線，丙甲乙之反照虛景亦助其力，而丙丁乙之鏡光線則無權。依顯，單凸以平向日，應有側收限，亦有順收限。反之，以凸向日，應有順收限，即有側收限。但單凸之側收限，兩面必有長短，而順收限則反復皆同。此單之所以兩面任用，而凸深之力等也。

十、通光球鏡，雙凸之足度者也，可借以徵凸理。蓋凸鏡多是三百六十度中之一弧，其度無從量取，然其形實未有不自球截者。如圖，甲乙丙丁爲球，丙丁爲全徑，甲丁、乙丁爲鏡光交，與子丁相當。試截爲不足度之弧，如丑丙寅子，其交仍在丁，爲丑丁、寅丁，與卯丁相當，則凸同而數不等。故命丙丁爲鏡光度，則數亦等矣，是雙凸之鏡線交與全徑等也。光在極遠，其順收限爲甲辰、乙辰，與子辰相當，宜取丁辰爲順收限，以較鏡光交必稍長，若十與九。夫鏡光交理應在丁，驗以球之順展限，必入火乃見，可證也。若側收限，爲球所無。今以不足度之凸合而推之，如丑丙寅子。則順收限卯辰。十，順展限卯申。九，順均限十九。其側限皆得順限四之一，此雙凸率，本章六。是則順展爲丙丁，側展必丙卯，一倍半徑，一半半徑。依顯，鏡光交即全徑，丙丁。均限即收、展相併也。鏡多截弧，厚爲其矢，取數則微，諸限悉可不論，此特明其理耳。

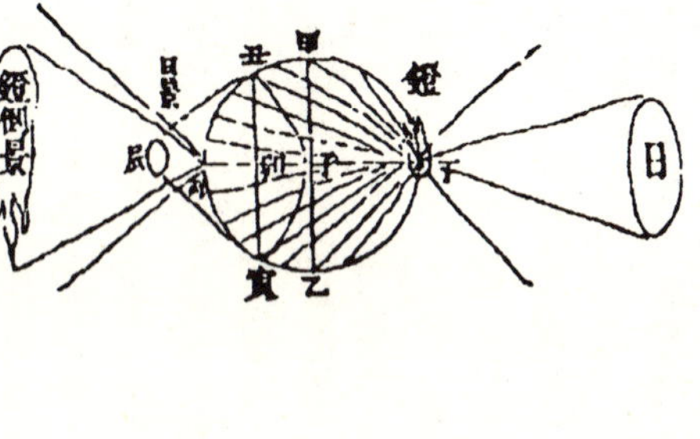

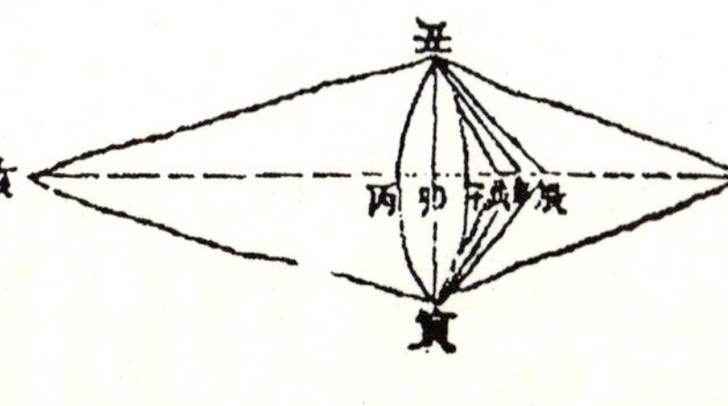

十一、收限、展限，雖因凸而有定度，然收限之光、展限之壁，其距鏡必遠，方無改移。約鐙體寸餘，凸深即順收限。寸餘，則遠須尺餘。若凸深八九寸，則遠須丈餘無定率，不可爲限，今名曰限距界，愈遠益確。凡驗凸深淺，宜用日月之光，職此之出。

十二、順三限同理，故順收限之取景成倒也，順展、順均亦然。順收限之見物塞滿也，順展、順均亦然。而三限殊勢，故順收限之取景小，循鏡線約行之勢也。順展限之取景大，當鏡線出交之勢也。順均限之取景在小大之閒，當兩限中處之勢也。三限異度，故塞滿之象，順展限大猶可見，順收限昏而難見，順均限茫無所見，距交短長之差也。三限各地，故順均限有定不移，其取景止於其所。順收限光可遠而鏡有定，其取景小而有常。順展限光不移而壁任遠，其取景大而無量。

十三、取景之理，如孔受光，必四邊塞滿，遮其浮光，而光體之邊線得以聚而加濃，故物象倒而清也。然物既塞滿，四邊之體爲孔所遮，必不可見，故取景愈清之處，易目視之，必模糊不見物形矣。然限既有定，而順展限獨可移壁近遠者，何也？蓋取景因乎塞滿，壁在限距界，已見滿象，再遠必無不滿故也。第過遠光力有窮，未免漸淡難用耳。

十四、含光凹對照與通光凸透照同理，而無順三限，然用其側三限，則與順三限同理，不重贅焉。

十五、凸鏡是次光明，原光九。故無論合目與否，鏡近而視遠則昏。若鏡遠而視遠，出順收限外，及物成倒象，必小而轉清，是兼有大光明理。蓋鏡質本屬至明，目近鏡與合一，而物明不如鏡，是爲居明視暗也，故昏不可視矣。交線能攝景濃，物入鏡與合一，而目遠視鏡景，是爲居暗視明也，故次光明變爲大光明矣。

十六、目切凸視近，在順收限內，則物必大。視遠出限，即昏不可視。雖凸淺可視，物必反小。若目離凸，則昏而漸人。若目離適到限，則大塞滿。若目離出限，則物倒小而更清。皆鏡光諸線爲之也。

解曰：凸如甲丙乙，光線兩種，一爲鏡光線，恒交於丁。一爲順收限，線恒止於庚辛。收限雖由鏡線生，然因物形大小而收展，以射物上下兩界。故在鏡線雖似乎展，而在物實受其束。物近在庚辛以内，順其三角之勢然也。物束愈小，入鏡愈大，此凸切目視近而大之理也。若物遠出庚辛以外，如子丑。則物上下兩界射至丁交，順鏡線倒入鏡甲乙，是爲隔射。而目線無隔射法，故自丙視之，仍自出兩線，一爲丙子，一爲丙丑，必拗鏡線穿寅、穿卯，寅子與卯丑爲丁子、丁丑所約，丙寅與丙卯爲甲丁、乙丁所礙，此凸切目視遠昏而反小之理也。若目不切丙，物在庚辛以内，固與切凸視近同，而物更大，何也？目愈離鏡，鏡束愈小，有遠差理。物束小，故視覺大也。若物遠在庚辛以外，目離丙在順收限如辰巳。内，如午。則目線順鏡線，爲未、申，是展丙子、丙丑爲未子、申丑。此凸離目視遠，雖昏而大之理也。若引目當限，如酉。則爲酉甲、酉乙兩線。此凸當限視遠，物大塞滿之理也。若引目出限如酉。外，離鏡既遠，物自以隔射法倒入鏡與合一，目自出其目線，遠視鏡中之象。此凸出限視遠，倒、小而清之理也。

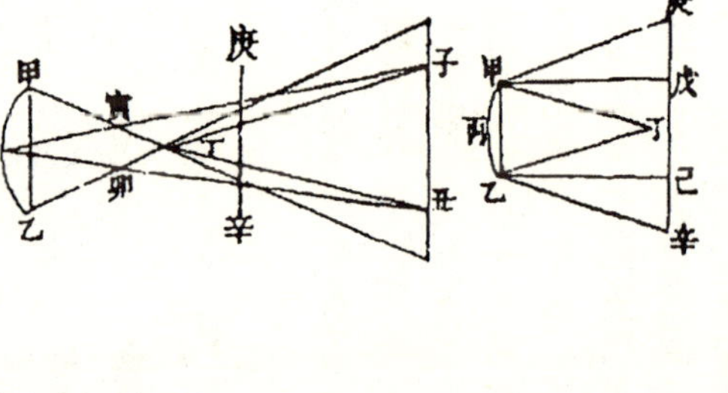

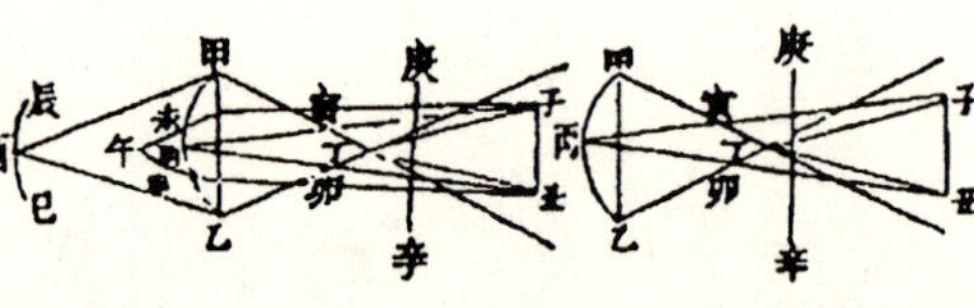

論曰：庚辛亦隔丁爻，未嘗昏目；亥丙中有戌交，未嘗礙目，何也？蓋庚辛雖在丁交之外，而既爲順收限，自有其鏡線。且本是鏡線交甲丁、乙丁所展而成，丁角既展，即如無爻，不惟不昏，且助目矣。此限之物當極清，處此限之外，必爲丁交所不能展，故能礙物。夫礙物云者，亦礙其直射爲隔射耳。然則鏡光之戌交，不過礙目景，使見倒象於鏡而已，何嘗礙目光，使不見鏡面之丙乎？且鏡既透明，宜不隔物，今不能直見子丑正象，而見倒象，此即所謂礙物也。

又論曰：鏡線丁交即有一定，何以又展於庚辛？蓋物有小大定分，既值透明之鏡，必能逐分函之，而後全象見焉。鏡有會聚定角，故能束約其物，必將逐層束之，而後全象函焉。物束於鏡線，不得不縮。線函乎全象，不得不展。彼縮此展，是二是一；既交且展，是有是無，故毫無挂礙。然必有其處，則庚辛以内是也。至庚辛以外，乃交角當權之地，物縮所不能，交展所不及，雖透明者不能遽使不見，必生種種荊棘矣。

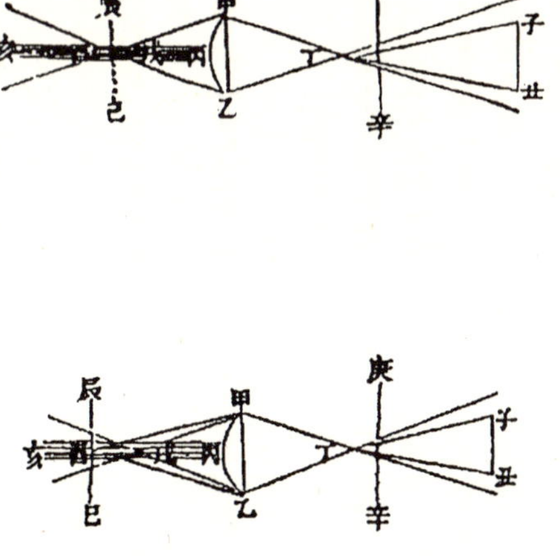

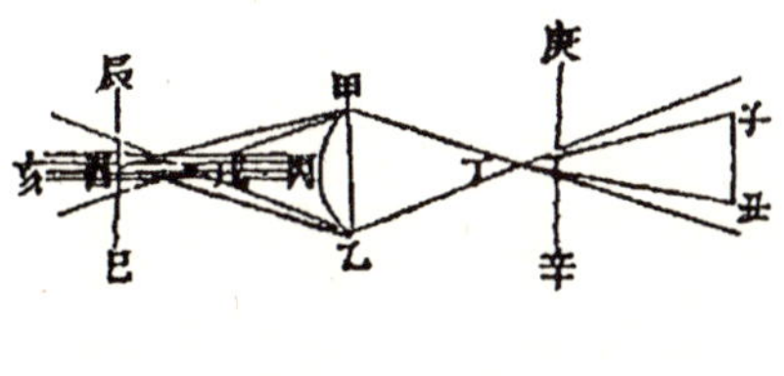

十七、物之上下，本乎天地定其位。物之左右，因乎對待易其名。故平鏡對照，上下不移，左右必互易。惟凸以環面生交，雖上下可以互易而見倒景。然必在交外方見倒象，在交內仍是順象也。

十八、目切凸視近必大，蓋有二端：一以光線收物甚小，故入鏡必大。入鏡大者，視亦大也。一以中凸照景甚小，故入目必小。入目小者，視覺大也。原目六。

解曰：入鏡大者，設單凸以平面如甲丙。對物，如己丁。物線侈行，過甲丙入甲乙丙，必展而長。如以凸面如子丑寅。對物，如辰卯。物線平行入子丑寅，及到子寅，必見其長。此入鏡皆大之故，目視鏡中，能無大乎？單凸如此，雙凸可知。入目必小者，設雙凸任以一面對物，雖大如巽兑，景止一點，如坎。故其線之展甚大，而視亦大。雙凸必然，單凸可推矣。平面有虛凸故。此二端相反，而義實相須也。《遠鏡說》未備。

論曰：凸之大物也，二端：質言之，皆以曲線長於直線故。然凹亦是曲線，不惟不大物，而反小物者，何也？蓋虛實異勢耳。凸爲實環，如甲丙乙。必長於甲乙。物如丁。入長面，甲丙乙。目必由短面甲乙。相窺，物如壬。入短面，甲乙。形必於長面。甲丙乙。透景，故俱見爲大。而凹爲虛環，如子丑寅。亦長於巳午，物如辰。入短面，巳午。目必由長面子丑寅相窺，物如卯。入長面，子丑寅。形必於短面巳午。透景，故均見爲小。蓋物入虛環，其在凹面入者，如弓甲丙乙。之上弦，甲乙。弦必短於弓幹也。其在平面入者，如弓戊壬己。之度地，庚辛。地必短於弓弛也。物入實環，其在凸面入者，角尾亢。如柱角尾亢箕。之圍箍，氐房心。箍必長於柱徑角亢。也。其在平面入者，壁女。如弓壁危女之液角，斗室牛。角必長於弓弦斗牛。也。

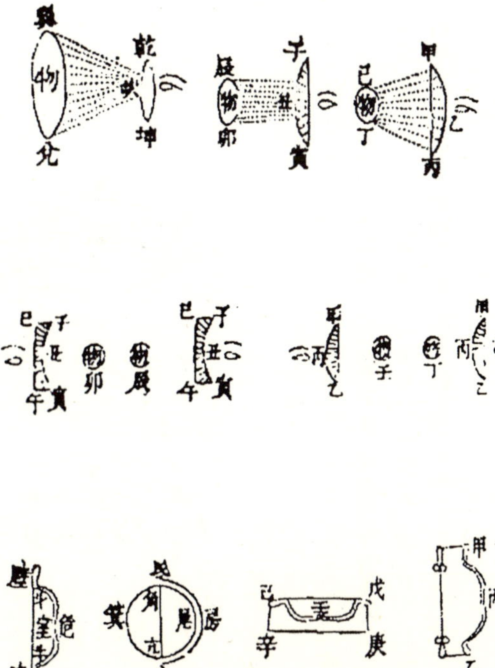

十九、凸能大物，並能小物，以光線廣行交角之故。故物近目在鏡光交內，置凸切物，漸離則漸大而顯，至凸切目而止，名曰切顯限。即鏡光交。凸距物合切顯限不動，引目離鏡漸遠更大，至大極未昏則止，名曰離顯限。約目距鏡亦不出鏡光交。若凸距物恰合順收限之半，則物雖大，引目再遠遂不復大，鏡之能力未充其量也。此交線廣行漸侈之故也。如反之，置物遠在限距界外，目切凸則昏而小，目遠凸則昏而大，漸遠至順收限，則昏極、大極，殆不可見；再遠則見倒象復小，愈遠愈小而復清矣。此交線廣行過交漸約之故也。其極清亦有定處。第凸淺，則初倒即清，尚大於本形，其距交不足一限。凸深，則倒未遽清，已小於本形，其距交不止一限。此則因凸生差，不可爲限也。

二十、凸之能力，用切顯限視物，極明且大。本章十九。若目不動，移凸近物則昏者，此專指老目遇稍淺凸而言。若短視或少年遇凸深一二寸者，不盡昏目也。凸力不足，即如目太近物而昏，非關鏡也。用離顯限視物，亦極明且大。若目不動，移凸近目則昏者，物出順收限，即如切凸視遠而昏，非關目也。不關目者，無論凸之淺深，其昏則同。不關鏡者，稍淺而昏，極淺即否，何也？淺凸之順收限本長，目距物既遠，雖老目視自不昏，況加以凸乎？

二十一、鏡線拗目線則昏，以光線爻錯也。如甲。凸之雙者，此與彼各自成線，如乙。凸之單者，面與景各自成線，如丙。皆不交錯，故視近則明。若以視遠，則非鏡線所及，目線必穿鏡線視物，故成交錯之勢，不得不昏矣。

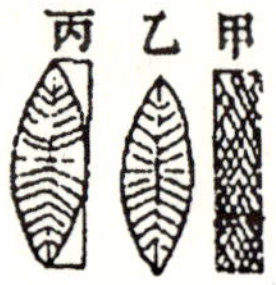

二十二、凸鏡照物，具有數象，而人之用之各不相亂者，蓋就其得力光線視之，其餘自不相溷也。

解曰：鏡有兩面，各有透照、返照之象，是共四象。而鏡面凸者，又有順景、倒景各象，散見各條，不復枚舉。凹鏡。同論。

論曰：凸鏡如丙壬乙辛。切目如甲。視近，如子交内。物自以甘石入辛，得顯象，而他線不與焉。使置目於坤而視遠，如丁戊。物自以到交如癸。倒入丙乙，目視丙乙得倒象，而他線亦不與焉。即任置目至不見物處，如乾視丁戊。雖爲諸線所礙，而所見昏象亦不爲他線所雜。此無他，所見各形各隨其線，必不相溷也。

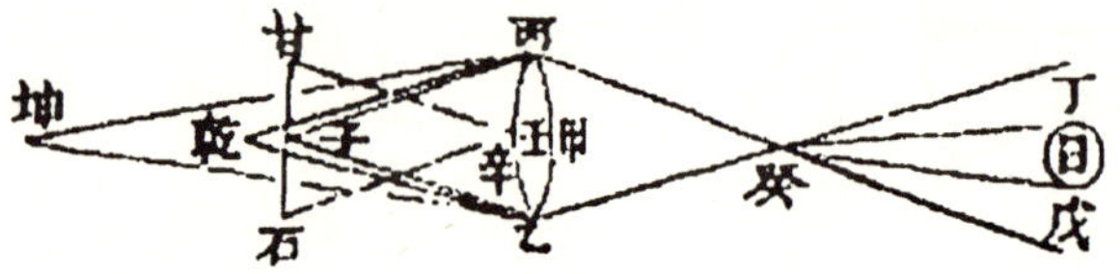

二十三、目切凸視近，見物明而大矣，但物出順收限，則昏而復小。目離凸視遠，見物大而昏矣，然目遠順收限，則倒而復清。穿交線與不穿故也。

解曰：切凸出交則昏而小者，緣丙子乙角大小有定度，光線所聚，能力甚大，置目壬邊，如物出交角外在坤，以鏡理推，當爲兑坤巽角，與丙子乙角等。以視法論，不得不收成丙坤乙角，角度收，故象小復常。而目出兩線視物，實用井辛鬼角，而辛井與辛鬼目線力穿子交，故礙目而昏也。若置物在乾，則不穿子交，故不昏。艮乾震角與丙子乙角等，故象大也。此一説也。又，目切壬視丁戊，即如目與鏡合爲一體，成一深凸之睛，故視遠不明，如短視人之視遠然。此又一説也。後説與凹切目而昏同理。離凸遠交則倒而清者，緣目在斗，視日如丁戊，中爲丙乙凸鏡所隔，即如斗視丙乙，因有鏡光子交，隔日直射，使至交則倒入丙乙鏡面，透出至順收限，爲丑寅取景倒象。故目視丙乙，即如斗視丑寅，線聚光濃而無隔，所以倒而更清也。此一説也。又目離凸視物，即如物與鏡合爲一體，成鏡中畫象，無論象之清否，皆瞭然可辨，固無所昏花也。此又一説也。後説與凹離目而明同理。

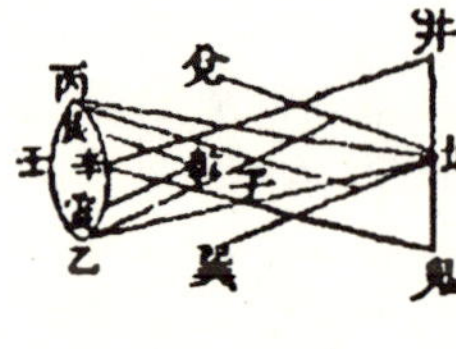

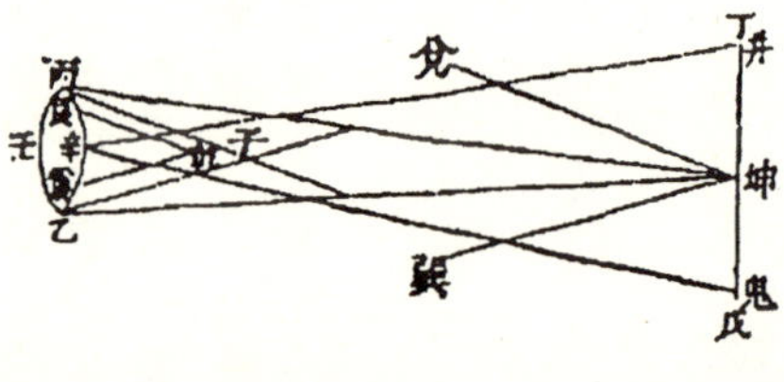

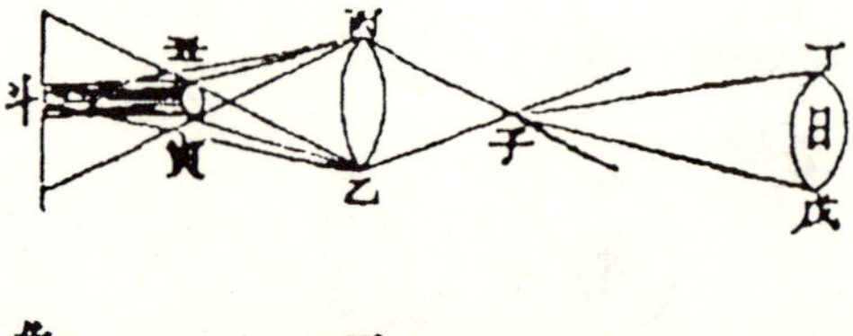

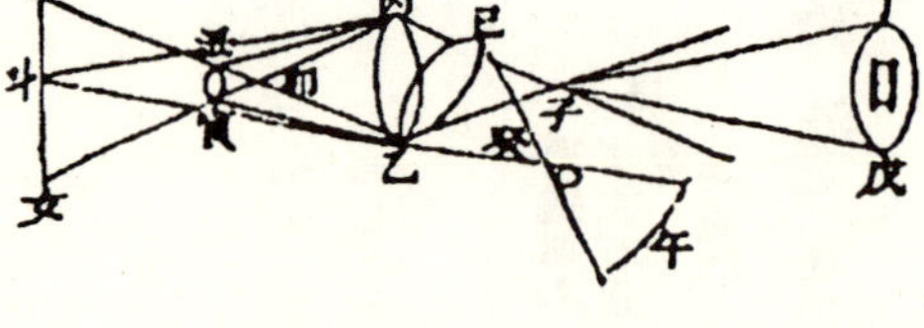

論曰：或問，日自丁至乙、自戊至丙，有子一交，當成倒象，且置目於午視己乙巳，見倒象矣，其穿丙至女、穿乙至牛，亦應有交，如卯。豈不復成順象乎？然目在斗，視丁戊仍爲倒象，何也？曰：日射凸鏡，自丁射丙，自戊射乙，爲鏡光線子交所束，不得直入，所以塞滿鏡面，取景於丑寅而倒也。故置目於子透視物，或置目於癸反照物，皆見其塞滿，究未成爲倒象。此與隔孔同理，日到孔邊，何曾倒乎？惟目出癸交至午，方見倒象。而癸與卯同理，則午與斗同理。午見倒，故斗見爲倒也。夫物入凸鏡，其象不一，各隨光線而見。雖既有子交，則必倒入丙乙，而子交之線，實以攝光使滿，故物大而近，遂變辰交，辰與庚同，雖爲虚交，却因子實交而生，庚生於卯亦然，故交得力處能凝目光。如目在丑寅，則視丁戊一無所見矣。蓋目之視線，本無穿交倒見之理，故當交即礙目；而遠交至斗，則交力不及，其視丙乙，即如視丑寅，無所爲倒而復順之理也。曰：丑寅處於空虚，豈能有物見景？曰：此鏡法之神妙也。凡目視一物，止此一處，止有一形。

今隔凸視物，以爲目到丁戊，則有丙乙隔之。以爲目到丙乙，則有卯交隔之。以爲日順到丙乙，則應無子交。以爲日倒入丙乙，則應無斗交。蓋其見倒景在寅丑也，是合日與鏡與子三者，並成之象，見于丑寅也。其見滿光在丙乙，是合日與子二者，並成之象，見於丙乙也。紛紛各鏡線，是二是一，難以拘執。而謂倒象在丑寅者，就取景處證之耳。或問，視法之理，物入目成小景，則覺物大；入目成大景，則覺物小，理也。今置光於丑，置目於癸，視丙乙，見滿光，是光入鏡大也。而移目於壬，視丙乙之照丑也不小，其於視理無乃窒乎？曰：不窒也。物在丑爲小形，故丑入寅視覺大視覺大者，其在丙乙實小也。物入丙乙見大象，故壬入目景必小。景之小者，視在丑覺大也。或問，視理，目之兩線必因物形大小而侈約。物小如丙丁，不出戊交，成丑丙、丑丁兩線，於甲戊、乙戊固無所礙，而視物明矣。若物大如己庚，豈不成丑巳、丑庚兩線，而穿辛、穿壬，爲甲戊、乙戊鏡光所礙乎？曰：鏡光線稱上下二線者，省文耳。原線六。其左右則有觜戊、畢戊兩線矣。不惟是也，以一周論，則參至柳不一度；以半徑論，則金至火不一周。每度一線，已得三萬二千四百，咸聚於戊焉，其能力爲何如乎？今斗虛穿室戊於牛，自斗至牛，鏡線固多，以斜穿論，則線端所觸，亦一線穿一線耳，豈可與戊數萬線同年語乎？況物在戊，彼自順照入斗，不勞目力。若物出交在胃昴，彼將順鏡光倒入丙乙，而目在奎視婁之照胃昴，出婁胃、婁昴兩線，穿戊視物，豈不甚難？曰：若物大如柳星，則穿金、穿石，應是一線穿一線矣，而昏不免焉，何也？曰：婁柳、婁星兩線，特舉上下兩界耳，其中各線，如婁絲，亦爲數萬，豈能越過戊交哉？

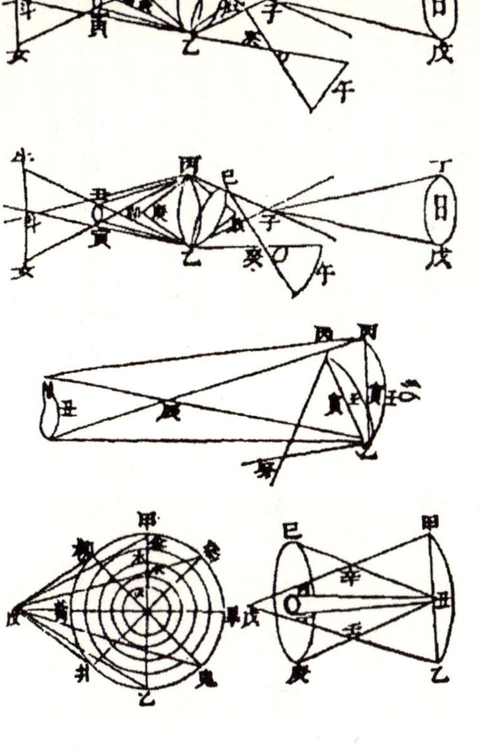

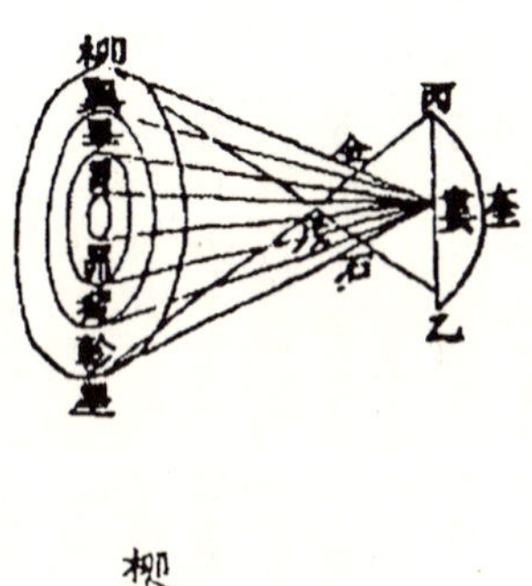

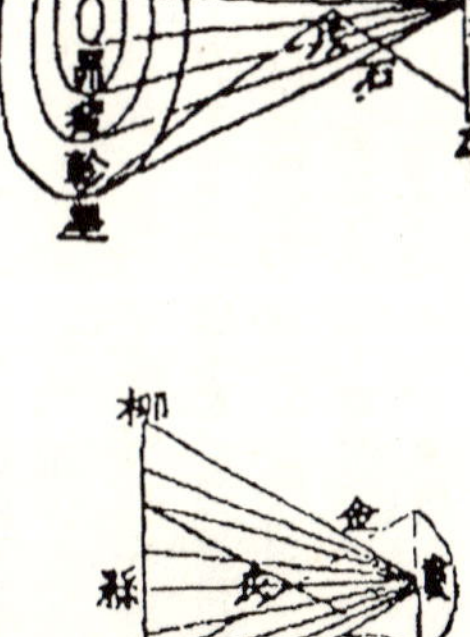

二十四、凸鏡爲老目視近而設也，雖屬次光明，然視物能大，故有不合度之昏，無不合目之昏，可作顯微之用也。

解曰：不合度之昏者，物出順收限外，雖老人用淺凸不可也。無不合目之昏者，物在順收限內，雖短視人用深凸亦可也。顯微之用，該乎衆矣。

二十五、凸能大物，故凸鏡與平鏡其徑等，其所照之地必狹，而平鏡所能見之處不見矣。然引目離遠，至物倒復小，必能見平鏡所不見之地，而斜攝入目矣。圓理五。

二十六、凸離目愈遠，視物愈大，過遠復小而倒，是上下左右皆倒，而位互易矣。然上下側之，是上下有近遠，而左右等也。若左右側之，是左右有近遠，而上下等也。夫相等，則有定。遠則大，過則倒而小，於是乎物形正而方者，能使或濶或狹，而左右反也。物形方而順者，能使或長或短，而上下倒也。

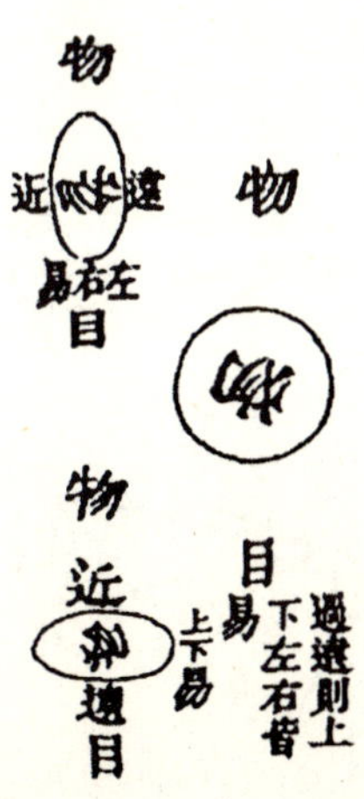

二十七、欲制凸鏡，淺者取材必大，深者取材必小，否則不易作。

解曰：玻璃徑寸餘者，淺凸之順收限四尺，則面幾如平矣。深凸之順收限四寸，則厚須二分矣。依顯，欲淺而小，欲深而大，皆不易作。今約之限一丈者，徑必五寸以上；限一寸者，徑必六分以下。

一系，水晶頂，其凸即球，然剖而平其一面，亦不可以作鏡用，緣其體不正圓；光亦不足也。蓋制凸之法，必先制凹器，以之旋轉，乃能中度。今造眼鏡者，用破釜，取其凹也。然凹有定，而凸無定，猶未免恃目巧矣。若頂之凸爲最深，則專以意爲之，其出光工力亦不甚足，以所重不在此也。火鏡亦然，此業鏡者俞姓云。

二十八、不通光凹與通光凸同理。雖圓在形外，而背之所襯得實地，如單凸之平向光，究與凹異，故用與凸同。

又 卷三 圓凹

一、鏡本平面，刳空爲圓，故弧與凸同用，與凸反。

二、凹之深者，無過百八十度。度漸少，凹漸淺，難以量取，惟有側收限可馮。若欲與凸通爲一例，則借算虛取之，爲凹深限。凹愈深，限愈短，悉同乎凸，第是側收限短至一分止矣。《遠鏡説》稱有窪如釜者，其側收限應最短，已鮮所用，姑略焉。

三、凹通光者，其形三：有一凹者，有兩凹相等者，有兩凹不等者，其理悉與凸同。故一凹者，曰單凹。兩凹等者，曰雙凹。兩凹不等者，曰畸凹。名各從其例焉。

四、凹無順限，以其側限爲深，未爲不可。緣畸凹必須會計兩面，故借凸率虛取之。本章二。其法，雙凹，用雙凸率，置正面側收限數，以四乘之，爲凹深限。單，則單凸率，置正面側收限數，以六乘之，爲凹深限。畸，則畸凸法，以正面側限，除副面側限，得其倍數，按倍數兩界，自一倍一至二倍九。求相當率數兩界自四一至五九。爲其率，以乘正面側限，爲凹深限。並如凸法。俱見圓凸六及圓凸七。

五、玻璃受光必有兩景：一面景，一背景。鏡質二。故通光凹之面受光，與含光凹等；其背受光，與含光凸等。以凹景必成凸，故然。用其透照，實則凹象，故仍爲凹用也。

六、凹鏡光線，因彎而生。圓理九。雖自鏡邊出線與凡鏡同，而凹散光本《遠鏡説》。與凸異。凹彎在面，與凸彎在背，向日發光，約行取景，則凹與凸同，是亦側收限也。圓理九。此限專爲凹所重。

七、凹鏡以通光爲用，通光以透照爲用。其對照，以用同含光，則與含光凹等。而含光凹與通光凸透照同，應附《圓凸篇》。圓凸二十八。

八、凹鏡背面所透凸象，用其對照，與含光凸等。而含光凸與通光凹透照同，衹能照物形小，殊少所用，不多及焉。

九、單凹與雙凹，深淺異而用同。本章三。則單凹之理明，而雙凹不煩辭費矣。

十、凹鏡線不可見，必於借光徵之，亦與凸同，但無順收限，故以側收限爲主。而其借光亦有發光、暈光，略與凸同。

解曰：發光者，即側收限所用也，與單凸之環面在背同法。以版片在上斜對取光，反映版上，先切鏡漸離，其光漸小，小極處見倒光體形，即側收限。過眼復大，遠極大盡而止。暈光者，正對日光，透光于地，見鏡微景之中，又暈出虛光。如以凹向日，背切于地，凹之正面受日，透背而出，離地漸遠，見一淡白大圓形于地，愈遠益大，是爲侈行，故不得有限，其生于鏡光線，則與凸同也。

十一、凡側收光線出于彎者，面爲實，景則虛。凸面實，凹則實而虛。凹景虛，凸則虛而實。景附于面，實；不附則虛。附體景凸，實；凹景附體，則虛。故單凸平面不應有限，而不然者，圓凸六。景附于體，而出自凸也。若單凹返景附體者，無側限矣。但發光如平鏡。然雖無側限，其深限自與單凸之率六同也，以單凹並單凹推算知之。然則雙凹、畸凹，其率亦必通爲一例矣。本章四。

十二、雙凹者，暈光有兩：一順暈，見于透光地上；一反暈，見于發光壁上。單凹者，以凹向日，其反暈固同于雙凹之凹面，其順暈尤爲背線所應有。若以平向日，論其凹在背，虛景反照，則發光當有異，然試之却同平鏡，是應異者而反同矣。論其凹下覆，光線約行，則順暈宜必無，然試之却有暈光，是應無者而反有矣。後論詳之。

十三、透光者，反照之發光必淡，以透明不能阻其光故。鏡資四。通光凹雖有側收限，光必淡矣。

十四、通光鏡能自照其景。本章五。單凹者，平面必有相肖之凹景。凹有光線，景亦有光線，但不可見耳。此光線透照則爲用，返照則無權。蓋光力鋭入，透鏡而過，雖凹面向日，其反照已淡，何況平面虛凹之景耶？又；平鏡本能發光，且出於實面，而平面凹景發光既淡，且出於虛景，縱有微光，必爲所掩而不見。此平面向日發光却同平鏡之理也。本章十二。至其透照，雖凹面下覆，光線力大，射至背面，則背面之光線愈濃，使反照之虛凹之線景亦顯，且又與透照光體之線相順，而背面實凹光線反不順透照光體之線，故實凹之面無權，而虛凹之力見矣。此暈光之所以應無而反有也。本章十二。然而雖有暈光，蓋亦淡矣。

十五、凹鏡是大光明。原光九，原凸十五。故逼目視物，有合目不合目之分，而遠於目則極明顯。

十六、通光凹切目視物，專爲短視人視遠設也。原目六。非短視及視近必昏，且傷目。蓋目與凹合，則目線入鏡線中；不合必拗故也。原鏡八。若離目則見物小而極清，蓋物與鏡合，而目線出鏡線外，視物如常故也。夫視物如常，又加以光明鏡體，而攝以廣行凹線，原線二，原鏡八。所以爲大光明也。

十七、單凹，以凹爲正面，其凹實。而背有凹景，其凹虛。實凹有光線，其線虛而實。虛凹亦有光線，其線虛而虛。然得其用，不惟虛可當實，而實者反退處無權。故鏡雖單凹，其合目者，反覆自同，與凸同論。

解曰：睛凸深者，三角視物，不能展而見遠，原目六論。故以凹向遠，是物平行入鏡，如丙。鏡線展成三角，如甲丙乙。合短視法矣。以平向遠，是物平行至卯入，反照之虛凹光線，如子卯丑。亦得三角視法矣。

論曰：目線自震到巽，必穿離兑。自艮到巽，必穿離兑。而不相拗，何也？凡物相拗者，必因乎實體，而凹在圓外。本章一。抑相拗者，或因有實形，而光非有物；又或因他相淆雜，而線景則分背而不交錯，觀圖自明。又或因爲難，而虛線則合併而得資助。是以所用在實線，則虛線自無所用。在虛線，則實線少力，故不相拗也。上論與凸同，下專論凹。且凹主乎散，故能散日光至於無光。本《遠鏡說》夫散光之線，力亦不能凝目耳。如云不然，何以凸鏡離目視遠，能使物象不見，圖理十六。而凹極深者，常人切目視遠，能使巨炬如香頭一點，終不能使物景消滅乎？

十八、凹鏡切目，若非短視，及短視淺而凹深，則視物必昏。以凹過深，散睛之凸幾乎也。使引鏡漸遠，必有不昏之處，凹淺則短，深則長，應有定度。然因乎其人之目生差，目凸深則短，淺則長，不可爲限也。

解曰：目之射線雖有兩種，一爲丁己戊，一爲甲乙丙，原目三。而物之成形，必有上下兩界，如甲、丙，無兩界則不成形。自乙分射甲、丙，賴此兩線爲用。故無論近視與否，皆不能舍此三角法。試論兩人，趙，目線爲甲乙丙角，與寅辰卯及壬巳癸二角俱等，自丑視子，自辛視庚，皆必昏矣。錢，目線爲申乙酉角，與寅午卯及壬未癸二角俱等，則自丑視子，自辛視庚，亦必昏。移午、移未，必不昏矣，各得其目線故也。而以兩鏡較，則辰子必短，巳庚必長。以兩人較，則午子必短於辰子，而巳庚必長於未庚也。

十九、凹鏡切目，視物較小，雖短視人亦然。而不甚覺者，以合目故。若離目，雖短視人必覺驟小，漸推漸小，必有小極之限。過限復大，至鏡切物，稱本形矣。此限必有定度，但目之距物，或遠或近，不無伸縮，略與凸之順收限同。惟物距目過遠，則出小入大一段遂成平行，與凸獨異者，凸既出限，復有倒限故也。若夫凸之倒限出小入大，乃與同科，然無關大用。姑略焉。

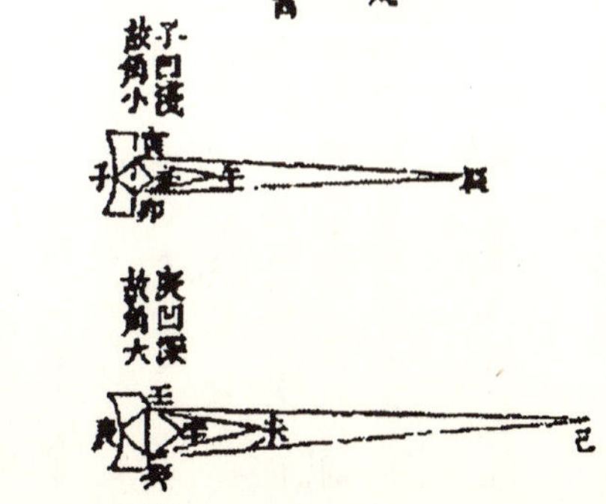

二十、凹鏡能小物形，本章十九。則凹鏡與平鏡其大若等，其所照之地必廣，能見所不見之處，而斜攝入目。圓理五。本《遠鏡說》。

解曰：物大如丑戊，置目於己，置平鏡如庚辛。物入平鏡，止見甲戊，不見丑甲也。如其度，置目於壬，置凹鏡如癸子，則物入癸子，見爲寅未。夫寅未者，丑戊所縮而成之象也。故寅未之度似與甲戊等，而其象乃與丑戊等，則是丑甲爲平鏡所不見者，入凹鏡必見爲寅卯矣。在鏡之象，庚辛得四分，癸子得五分，豈非斜攝入目乎？

二十一、凹離目愈遠，視物愈小，本章十九。而物形不變也。若上下側之，使上邊距目近，則下邊必遠，而物景必上大下小。其左右兩邊又遠近相等，則物景必大小如常，

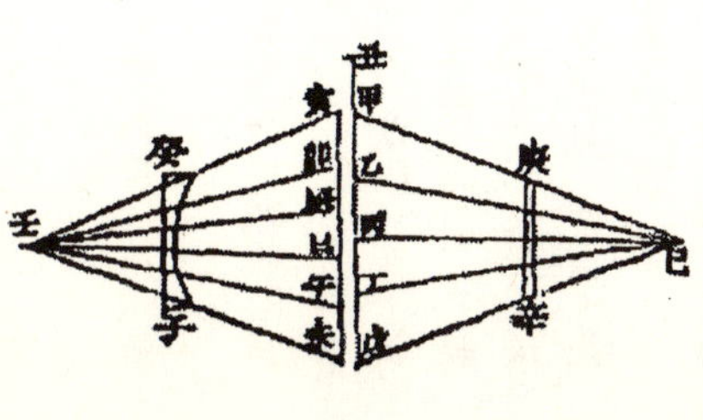

而物方者必短之使扁焉。依顯，左右側之而物方，必狹之使長矣。圖理七。理與凸之變形同，圖凸二十六。而大小之勢相反，特不能倒物象耳。

二十二、通光凹對照，與含光凹同形同理，而照象則淡，特用以取景成側收限，以求凹之能力，爲大用耳。

二十三、不通光凸與通光凹異形同理，故能小物象。古銅鑑小者，其中心微凸，取其收人全面，頗見匠心。本《夢溪筆談》。至凸作球，止充玩飾，於鏡理無取爾。

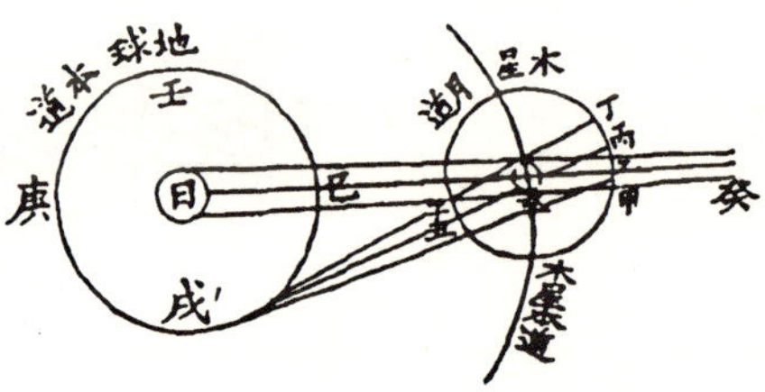

王韜《西學圖説·光動圖説》 新法論光自出光之處，至受光之處，自遠及近，有行分名曰光動。以木星證之，如圖，辛爲木星，丁甲子爲木星月道，巳壬庚戌爲地球道，木星之月繞木星行，至巳，則木星上見日食；至甲乙，則月入木星之影，無光而爲月食；至丑，則地球上見木星中有黑點；至丙，則地球上見木星掩月。地球在巳壬庚半周，恒見木星之月出影；在庚戌巳半周，恒見入影。兩出兩入之間，爲木星月一周時刻。最近木星第一月一周恒爲二十一時一刻十三分三十五秒。而地球在庚時見出入影，及有黑點與掩食，恒遲十六分二十六秒；在巳時，恒早見十六分二十六秒；在壬戌時，較在庚早八分十三秒，較在巳遲八分十三秒。豈非木星之光自巳至庚須行十六分二十六秒乎？以比例推之，日光至地球行八分十三秒，至土星行五刻三分二十三秒，至水星行三分十秒，至海王星行四時强。最近定位星光行至地球最少三年四十五日，鉛子疾飛一年，與一秒中光行其路恰等也。竊思光行之理與質體行之理不同，而與聲行之理同。質體之行可測量者，水星最速，一秒中行九十里，光行速於水星行約六千倍。

光動證圖

第一圖説

凡氣、水、玻璃等物，俱爲透光之質，亦曰空質。空質有厚薄，水厚於氣，玻璃等物厚於水。光之出薄入厚，或出厚入薄，俱成斜線。如甲乙爲厚薄界線，與子丑成十字線，丙光過戊點，當至丁，若出薄入厚，則成戊辛，近于子丑線；若出厚入薄，則成戊庚，遠於子丑線。戊辛、戊庚俱爲光差，子丙爲子戊丙角正弦，辛癸爲辛戊癸角正弦，此兩正弦恒有比例，庚壬與丙子亦然。

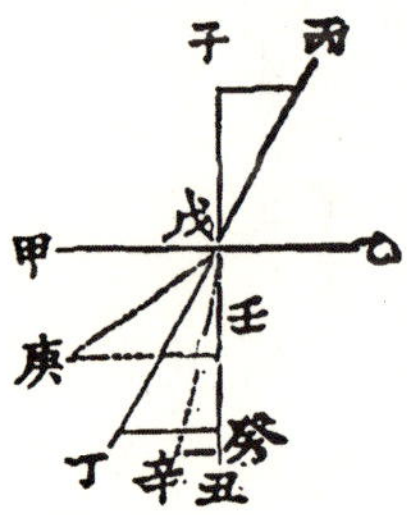

第一光差圖

第二圖説

凡有平面如金水等物，其面能照物生影者，謂明面。光之射于明面也，必成反照。如甲乙爲明面，丙光射于戊點，反照在丁，子丑與甲乙成十字，丙戊子、丁戊子二角必等。

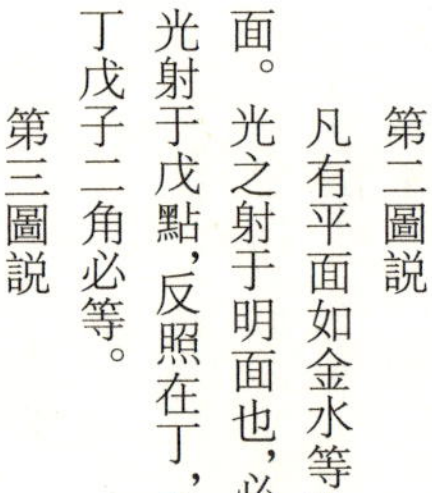

第二回光圖

第三圖説

凡光由薄質而出入于厚質，厚質之兩面平行，則出入之線亦必平行。如甲乙丙丁爲厚質，子光由戊點入，復由己點出至丑，甲乙、丙丁爲平行面，故戊了、己丑成平行線。

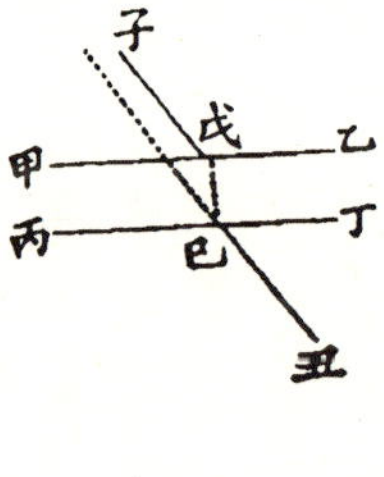

第三圖

第四圖説

凡光出入于厚質，厚質之兩面不平行，則出入之線亦不平行，而與面所成之角必等。如甲乙丙爲三角體厚質，甲乙、甲丙兩面不平行，則子光由戊入必由巳出至丑，子戊、巳丑亦不平行，而子戊乙、丑巳丙兩角必等。

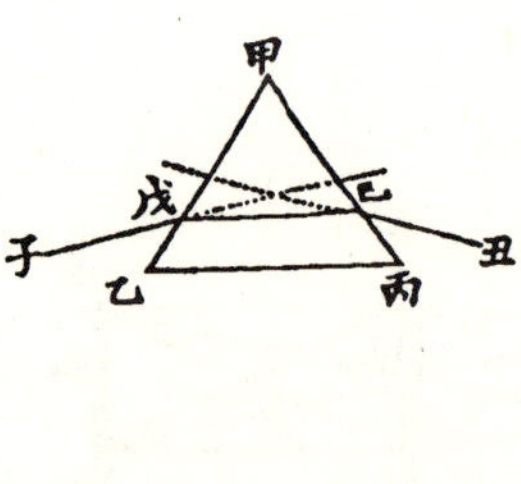

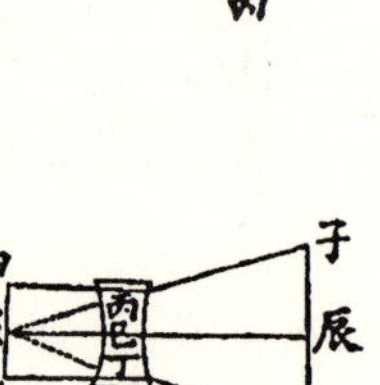
第四圖

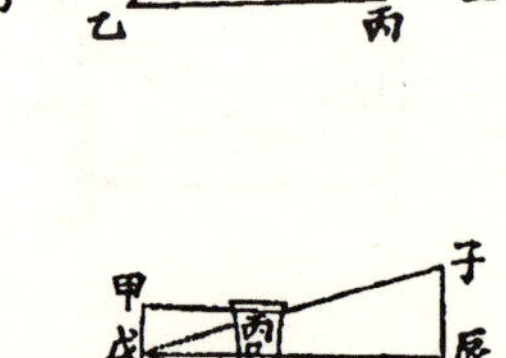
第五圖

第五圖説

以空質作透光鏡，有凹鏡，有凸鏡。光之透凹鏡也，則能變小爲大。如甲丙、戊己[巳]、乙丁三平行線過凹鏡，惟巳辰中線與戊巳平行，丙子、丁丑俱向外，不與甲丙、乙丁平行，而甲乙變爲子丑，所成之象大于本物也。

第六圖説

光之透凸鏡也，最小之處成一點曰聚光點，亦曰光點。如甲丙、戊巳、乙丁三平行線過凸鏡，惟巳子中線仍與戊巳平行，丙子、丁子俱斜向内，不與甲丙、乙丁平行，而成聚光點于子。若平行線爲庚丙、壬巳、辛丁，則惟巳寅中線仍與壬巳平行，丙寅、丁寅俱不平行，而成聚光點于寅。若平行線爲乙[酉]丙、戊巳、亥丁，則惟丑巳中線仍與戊巳平行，丁丑、丙丑俱不平行，而成聚光點于丑。

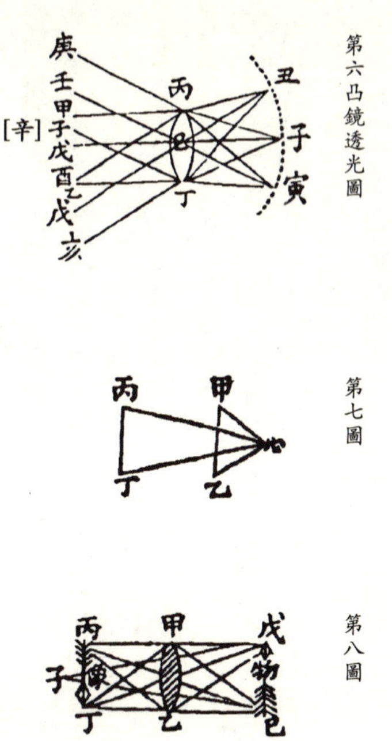

第六凸鏡透光圖　第七圖　第八圖

第七圖説

人目視物近，則見大；遠則見小，其大小生于視角。如心爲人目，物在甲乙，其視角爲甲心乙，移物于丙丁，則其視角爲丙心丁。甲心乙角大，故見物亦大；丙心丁角小，故見物亦小也。甲心乙角正切，與丙心丁角正切之比，同于視大與視小之比。

第八圖説

凡凸鏡照物，在聚光點必有物之反像。物近，則反像大，物遠，則反像小。人目窺鏡，見像不見物。物遠像近，視角變大，故所見亦大。如甲乙爲鏡，戊巳爲物，丙丁爲像，子爲人目，丙子甲角大于戊子巳角，故能變小爲大也。聚光點離鏡爲鏡點距。造千里鏡，以凸鏡置窺筩之外端，筩之長短較鏡點距令多五寸，光點上有物之反像，人目離五寸，視之最分明也。

第九圖遠鏡説

如圖，戊巳爲物，甲乙鏡映大十倍，人目不免離開像六寸。人若又欲映大，置于像目之間點距一寸之鏡，又以六倍相乘之，得六十倍光，平行入目，無不明矣。若物近，像則遠，于前鏡，如是鏡上之小筩宜退出些須，故作可進可退之鏡。另有回照遠鏡，以銅與玻璃爲之。近年英國三品官員名老師，作極大回照鏡，能見星中之白氣，仍於諸星之體歷歷分明。

第十圖説

顯微鏡之理，欲視小成大，必使物像之光平行入目爲最要理。蓋物像之位甚近于目，視之甚大而糢糊，必使光平行入目，則大而且明。凡光自聚光點起，再過一凸鏡，則變平行。乃以聚光點最近之鏡，置于目前甚近，以光點切于物像，則物像之光平行入目，視之必明矣。如甲乙爲前鏡，亦曰映大鏡，戊己爲物，庚辛爲物像，在前鏡光點上，丙丁爲後鏡，其光點切庚辛。人目自壬觀之，物像甚大而甚明也。後鏡置之離映大遠之鏡爲千里鏡，離映大近之鏡爲顯微鏡。物近則像離前鏡遠，物遠則像離前鏡近，故前後二鏡必置大小二筩可進退窺之。

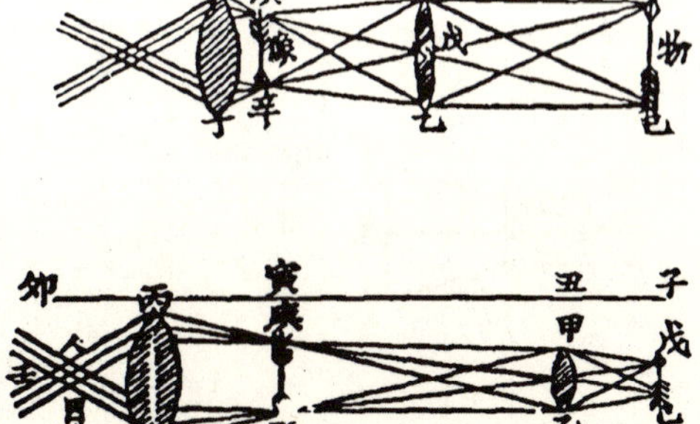

第九圖觀星遠鏡　第十圖顯微鏡

附光差表

空一	油一四六
氣一〇〇〇二九	厚玻璃二五一四
水一三三六	緑玻璃一五七
水晶一五六二	金剛二四三九

空明之質俱有光差，質愈厚，差亦愈大。表數與差角恒有反例比。

張福僖《光論》　光出附于物，故出光物俱有輕重可度，亦曰發光物。各物爲諸小質點所聚而成，故各明體亦爲諸明點所聚而成。

凡透光物光線傳于鬆緊恒平之内，必射于直線方向，所遇之面或光或滯，方向即反呈。

設光線經過鬆緊不平物内，其傳光方向變成曲線，不以直線入人目，所以天空中日月與星見在何處，不是真處。

光作一直線，名曰光線。無數光線成一尖樞，謂之光芒。

光芒爲尖錐，設發光點相置甚遠，如日月。光芒可當兩面平行體。故不論何面，引諸線至太陽心點，總是平行。

光之明分可以測量。故光可任意加倍，或一倍、兩倍。有人細測量之，知四枝燭火離二尺，與一枝燭火離一尺，光分相同。準此，則光之明分減小之比，同于路遠近平方加大之比。

凡物有三種：一、不透光物，如木、石、金類；一、透光物，如風、氣、水、玻璃類；一、半透光物，如明角、薄紙、蝌殼類。設人置水中深二十丈，見太陽如平。人見太陰相倣，光不能全透。

設太陽經過小穴，影在屏風，面上所成之形，必爲平圓形，不能肖穴之形，不論穴之方斜尖鋭，不相干涉，總屬平圓。此因太陽射出之光，爲平行光芒故也。設穴爲小四方形，則太陽各點出口亦必成一小四方形于對面，而無數小四方形必即聚成一小平圓，爲太陽影之恒圓。又樹影之内，見太陽影透光，必成橢圓于地。若影在正交方内，必成平圓。日食時食分甚少，見太陽影在樹葉下，成無數偃月之形，甚覺美觀。

球面鏡，照光與熱氣俱聚于聚光點，如光線切在球面鏡上，方向皆爲平行，其回光線必聚于半徑之平分點。外國更照樓用球面鏡，反照光于極遠處，用發光點諸光線侈行切于球面鏡，反照其光達于地平之方面，如用許多燈火置在球面鏡半徑之平分點，切在至大銀面之鏡，回光方向俱平于地平方位。

光遇物面，出于此物入于彼物，出角與入角正弦之比，理恒不變。若其物質有變，比例即變。設用半空球盛之以水，水面爲甲乙，甲申乙弧線爲上半球，設日光從丙點入水，光行在申丙線上，則在水内行于丙戌。申丙乙爲原角，戌丙未爲差角。作申丁線，正交于丙午，爲申丙午之正弦。作戌己線，正交于丙未，爲戌丙未之正弦。細測兩正弦之比，時爲四與三之比。設又有酉丙光線，于丙點入水，行線在丙亥。作酉戊線，爲酉丙午之正弦。作亥庚線，爲亥丙庚之正弦。細測兩正弦之比，亦爲四與三之比。光線設任何角出風氣入水，比例差角無不準，此謂之出入角比。各種物質但有各種角比。設水變熱度，或内和他物出入，兩角之比即變。玻璃物爲三與二之比，各種小玻璃各有小分別。近年佛來斯納耳測出入兩角之理，推無數三角玻璃條，其條之角度各有大小分別。又用玻璃質地相同測得之數，與推得之數，至一百萬分之位，無不相同。

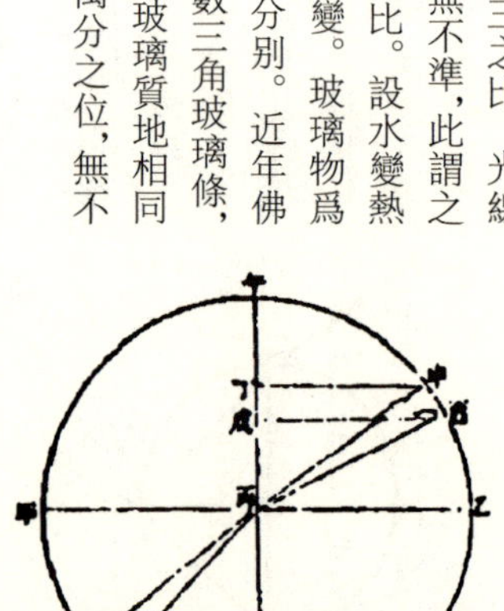

甚遠之處有時見物，亦有時見其正像，或見其倒像，并映大縮小之形，如蜃樓等項，或見其物高于本地之位，或在海上，亦有時見其對面之舡倒像、雙像。埃及北地俱屬平原沙地，所見蜃樓最多。泥羅河水漲時，其平原地俱没于水，小鎮邨莊或近泥羅河，或遠泥羅河，均作室于泥墩小山之上。其時天氣晴朗，日出時，許多小山村莊在至遠之地，見甚清明。日高時熱熖甚大，平地沙石較風氣更熱，令近地幾層之風氣熱漲上行，其旁邊風氣即横加補入，成許多横流方向遲速不一風氣，有震動象，故令遠地之物成假像，甚糊塗而不清，各種物類有時能見，有時不見。此非蜃樓，理同蜃樓一致。英吉利國亦有此種幻景。設近地幾層風氣不横流，亦不動蕩，爲沙石傳熱得至大之度，所見蜃樓十分清明，在高處地；見村莊小山假像甚高，在低處地。方其本物爲地面所限見，其反像甚明。準此，見其假反形像，一如視在大湖中樓臺諸物形像皆倒，又如在清水中有穹蒼反照之形，所見假像之人，或向前行，行至見像之地，既至其處，但見一片熱沙之石，不見村莊小鎮。及相距甚遠，又見其假像，如行路人行至曠野漠地，口渴人疲見前面有一大湖與許多樹林房屋等像，及至見像之處，則見其平沙熱石四際無崖，前所見幻景，但屬子虛，此是光差變像。

如甲乙爲平原沙地，爲日所照甚熱。相近地上風氣，較上層風氣更熱，所以層層遞高遞密，至一不變，疏密地位爲風氣相平。過此地位，則又遞高遞疏，其風氣之理如此。今光線從物之高處發光，可究行在何線至人目内。設目在戊，線從庚點發光，目見其物，定用庚戊方向。今光行不走直線，行于曲線之上，今見庚點高，因風氣層層疏密不同所致。庚點四周圍所發光線中，總有數條從庚癸、壬辛、午未、己戊至人目內,其至目之方向,當爲見物之方向。所以見在物在戊己亥線上成一倒像,一如用平鏡之理。又庚癸線斜交之角切在辛點層之風氣,此層薄于壬層,改變方向較小,其線漸進漸行,遞入風氣,直面數層風氣面,各層遞低,其交角遞斜,光線交角遞大,至光線反折而爲回光,一路前行,則又遞經密風氣,至疏風氣,入人目內,行于圖上所繪之線。昔佛蘭西奈伯倫將兵至埃及,有格致士名蒙日,證明此理。設人疑此說不确,可用鐵條燒紅,在其面上置放一物,能見真形,并見假像、倒像。熱鐵面上之風氣,如上所說漸近漸疏之理相倣。

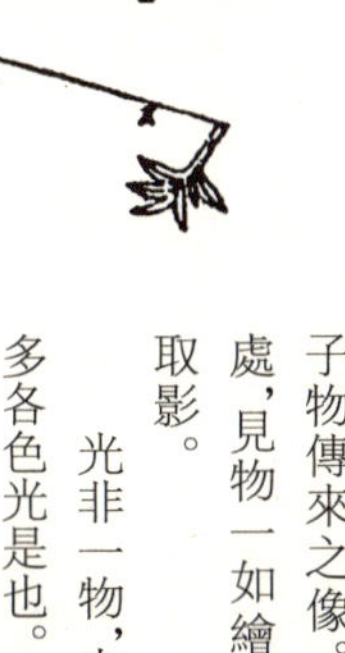

海濱高山,行船時見,在海上見之甚高,亦有清蒙氣差升卑爲高之理。光線初發,從上層切疏風氣時方向即變,下行入目,令人目見之略高。

三長平面體之玻璃條,考理甚便。如甲丑、甲寅、乙寅三平面體,光經過甲丑丙面,則乙丑楞即玻璃條頂,即西國所稱伯利孫之頂,甲寅面爲底,又光如經過甲寅乙寅面,則丙寅楞爲玻璃條頂,甲丑面爲底,又四長方面體或爲諸面體,西國但稱爲伯利孫。

以三角玻璃條平加地平,其頂向上,令目近置一面,以變波面之光,則見其物之光線方向已變,而物甚高,在條頂面上,見各物邊彩有七色。在平地面上,見各物邊諸垂面俱是本色。玻璃條之底面,被以黑色,或蓋以紙,以免光之不準而有回差。條頂向下,內見各物俱爲倒像,成映大之形,不在真地之位。或以條之垂面豎置之,以三角邊爲底,必見形像相同。在平行之方向,若以頂條向上爲準,其形像不過顛倒,左之方位改變在右,右之方位改變在左。試用此見窗上直楞,或暗房內光能令見者驚奇可愛。

英國武臘斯頓造一機器,易表明上理。如圖,甲乙丙丁爲四邊玻璃條,乙爲直角,甲丁丙角爲一百三十五度,子壬光線直交于乙丙,遇丁丙面行回光線,至甲丁面又行回光線在丑戊線,因光線傳行,遇丙丁、丁甲二面,其元角大于限角,故又行于直交甲乙方向成丑戊線,設目置寅位,在玻璃條頂處之甲,定見子物傳來之像。略于戊己方向之下承之以紙,如庚己處,見物一如繪于紙上,可用筆平畫在紙,較捷于穴室取影。

光非一物,內有許多相合配成。如太陽白光,內有許多各色光是也。如圖,日光光芒照于午未鏡上,鏡之方位令斜向,俾回光方向在平于地平經入窗小穴,進暗房,加在屏風光芒方向正交屏風,成太陽白圓影于寅點。以甲乙丙玻璃條置在中間,不成白光圓像于寅。成諸顏色長光形于子丑,目在前面,見其形成無數顏色。七色,其明著者也。各色方位不同闊狹,子丑長形之闊,等于寅直徑;子丑長形之長,以玻璃條之質及光差角爲準。設欲顏色最明,法當以子丑長形之遠近,令子丑形之長闊較加倍,而七色形照甚清時,見其排比爲紅、橙黃、正黃、正緑、正藍、老藍、青蓮等色居中,五色光差角各有分別。此七色即伯利孫七色,又謂之虹七色。目見色雖分七形,其中配合聚成遞有無窮之多。

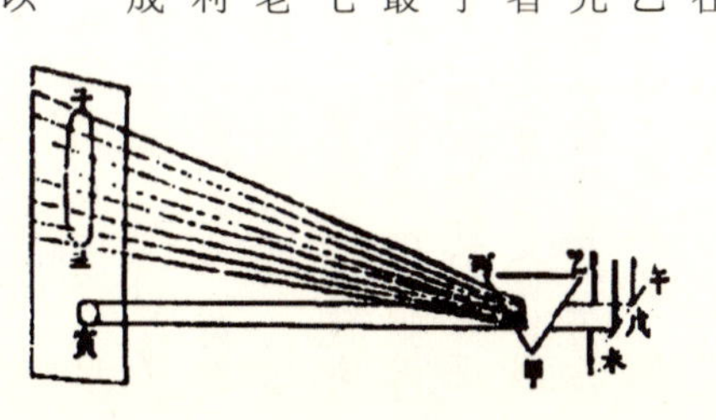

如上所說,日之白光,因回光之差分爲七色,可以虹證明之。是衹在下雨時,餘點未收,在人前面,太陽在人後面。光照雨點甚覺明亮,方成爲虹。此一片虹可視爲尖錐底界面,尖錐之頂相遇在目,尖錐軸線引長至于太陽心點。不惟雲雨未收時成此虹影,即泉水噴出上行,亦能映成彩色。因此知非從雨點變出,實由日光進雨點,即有光差,從裏面界上回照。

又行光差理,當以雨點作正球演明算術。如圖,有光進暗房中,遇水球爲丑甲,證以光差理,定變爲甲乙方向。取甲乙子遇角令光線不出球界,反照全行于乙丙,回線光從丙點透出,又行光差于丙戊線,設日光光芒遇任何球體依此光差行線,則遇雨點正球,亦可作如此推。然光入雨點時,定分色爲七,而七色遇

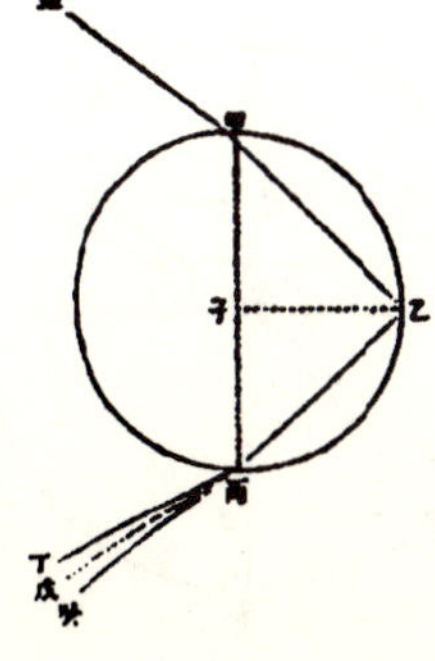

于乙點各異角度，因各有光差故也。乙點爲七色形之中心，紅色遇在乙點上，青蓮遇在乙點下。若七色形之中心，反照至則諸紅線必在丙乙之内，諸青蓮色必在丙乙之外，又成一光差于丙點處，各線排例紅線行于丙癸，青蓮線行于丙丁。試用玻璃空球盛水令滿，舉球高于頭面，太陽在人後面，則見七色形，最高爲紅，最低爲青蓮，七色形明分各處不同，内有一最明點相近在橙黄、正黄交界之地；其明分平分中點相近在藍色之中。七色形中有熱煾亦各不同，從青蓮色至紅色，以漸而大，至紅色外熱尚不止。以寒暑表置在紅色之外，亦可略見水銀針上無光處亦有熱煾。由此知日光内有無光之線，其光差小于紅光，能發熱煾，不能發光。七色中亦有化物能力，用□□□藥加在青蓮之外，藥黑神速；藥移入青蓮色内，黑分漸少。移在藍色内，黑分更少，漸移以至紅片，則黑更減。七色形亦有吸引物之能。近有英國女格致家，爲蘇木耳末拉，造一物，作爲憑證。用剛針，置在青蓮之傍一大時之久，其針端相近在顔色處，即向北面，與指南針作用相同。又測量在老藍、正藍、緑色三處，皆即牽引力之能，不過其力漸小。至正黄、橙黄、紅三色，則不能牽引。又有格利斯低，用向南針，或鋼針，或玻璃針，擺蕩在太陽發光處，見擺蕩之路在太陽光中較小，較之無太陽處擺蕩漸小，路更快。因知太陽之光能牽引物減小路程最速。

人目前面有凸出之處相似球體，如此對剖圖形爲一目之一截面，子子爲眼白殼，其質堅韌，有許多筋加在眼白殼上，令眼能變動。卯卯爲明角罩，前面蓋于眼白殼之上，如同玻璃罩加于錶上，外來之光透過明角罩，次加于眼白殼之上。丑丑爲血絡黑油衣，其色黑，其質乃一薄衣所成，爲車轂褶紋，爲臘氣盤轉所生。辰巳爲有顔色之一平遠衣，謂之簾，居中有空竇，即謂之簾孔，世人所稱瞳神是也。光多，隔簾減小；光少，隔簾加大。眼之顔色，根于簾，或爲黑，或爲青，或爲藍。簾不透光。簾若透光，則目壞成瞽，黑漆不見，如同無孔簾隔相似。簾須一分光不欲透過，簾之内有睛球，如丙在薄明胎衣之内，簾之内外分大小甲乙兩房，皆有水灌其中，因中華無名，强名曰前房水、後房水。

設有發光點，距人目爲八九十英寸，加于眼白殼之軸上，其光芒外有數分，必遇于眼白殼，進前房水，而光芒又分中、外，其外之諸光線照于簾上，内之諸光線納入簾孔，再過睛珠後房水，至腦筋衣，至血絡衣上。其簾上所變光線四周反照發散于明角罩上，能見顔色及形狀。簾孔所納光線從睛珠傳入，宛似雙凸鏡之透光，睛珠光差較前後水光差更大，外來之光至此已變爲歛光，可成發光原點形像于内。如圖，午點發光線射至腦筋衣之壬點，或至血絡黑衣未點，發光點爲又一線，成等勢像于癸，準此，則午未真形必見壬癸像于眼背，其像爲倒像。

用將殺畜之目，置于暗房小穴口，剥去後面厚皮，令前光透入。設人在暗房内，必見發光物像于眼背。準此，則人目見物，與光透鏡内光差之理相同。

設光從風氣入水，從水入風氣，其方向雖變，其線且作直論。如圖，甲乙爲器物，丙爲器邊。器内置錢爲丁，人目退行在戊，見錢倚在器邊，其線爲丁戊線。器内置水，錢景即浮出水面，全身皆現，光線方向爲丁戊己。準此，光在風氣内爲直線，在水内亦爲直線，風、水二質皆可視作鬆緊恒平之物。或用小木一枝，置在水内，理亦相同。風氣與水遇處，小枝木折下爲兩直線。如欲見水内一端，人目低置于戊點之下，可以見取；置在戊點，則不能也。星光傳入風氣，線行俱曲，與此圖不合。在鬆緊不平一條後。

設一晴房，上開小穴，光行納入，亦分内外。如光從甲乙穴納入暗房，未爲明物心，作未甲丙線、未乙丁線，引長之，遇丙丁屏風面。丙丁俱在深影内，未爲頂，丙丁爲底，成明錐體面，其餘處俱不能明。然明物尚有午申爲明點，則光生小明錐差，令影内之卯乙丁子甲丙尚有一點餘光，爲二外影。屏風上丑寅爲最明，因光從各點明物照入所致。丙丁亦可爲明點，惟丙子丁卯之外影光分不多，謂之餘影。設明物相近小穴，則各點納入光點角分可知。若用太陽光，傳光但行于平行線上，因光芒爲平行，故丙丁明處不寬于甲乙。在太陽影恒圓一條前。

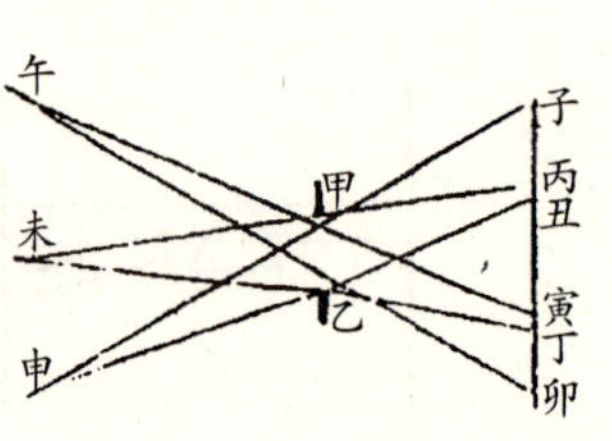

球面體之半徑俱是正交。今光線遇于鏡點，切光點之線即回光線之方向。

如圖，午未爲半球體鏡，其曲度心在丙，設有光線相遇鏡面，與甲丙軸平行，則子壬一線在壬點回光，成丙壬巳角，等于子壬丙角。又丑癸一線遇于甲點下之癸，令甲癸同于甲壬，丑癸之回光亦必射于己點，其間無數光線皆必聚于己點，謂之聚光點，謂己爲發光點，回光線皆平行于子壬、丑癸。

設發光點在軸上寅點，有寅壬、寅癸光線遇鏡面回至己點，在甲丙之內，甲丙軸上之聚光點爲甚明。試爲再設兩發光點爲卯、辰，作卯丙子、辰丙丑兩線，辰、卯兩點之光線必回至庚、辛兩點，爲聚光點。但在卯子辰丑軸上，辰卯線內光線射回，定聚于庚、辛點，所以庚巳辛線上成一假像，爲發光物之倒像，較之發光物其形又小。試用薄紙置于己點，物像見于紙上；或以發光物安在己點，成假像于寅，必不明而暗。以上二條在球面聚光一條前。

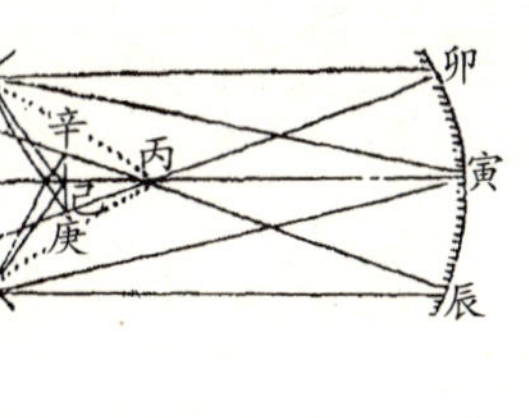

光線之入若厚于本物之物，如出風氣入玻璃，則差角必小于原角，令光之方向線近于正交他物面之線。又設光線入薄出厚，如出玻璃出水、入風氣，其差角必大于原角，令光線遠于正交他物面之線。即前所論，從此物至彼物，從彼物至此物光行線之理。

原角，最小爲無。故光線正交于出入物面上一直向前，方向不變，原角大于無，即變方向。用任何原角比本物較厚光線時能相入，如玻璃等項；比本物較薄，光線亦有時不能相入。故用光線須求可推之角，如所用角大于玻璃片相對之某角，亦不能入風氣，其出玻璃，出水，即無相對某角，謂之角限。如申壬光線，遇甲乙面，其角小于直角，入水或入玻璃，行于壬戌線。反而言之，戌壬光線入風氣，行于壬申或亥壬光線，入風氣行于壬酉，設光線原角大于亥壬未之原角，令其差角等于直角，則入風氣時必行在甲乙面上。又設原角或更稍大，則光線不出物面，不能入風氣，反行于回光之線，射于本物之內，如壬子線。準此理，則諸限角之大小，俱以各物質地爲準。水以四十八度三十五分，玻璃以四十一度三十五分，若原角大于此數，光必行于回光線，所以其明分不變。準此，水內如有發光點有數處地方，目不得見，設目在水內，亦可從某物切面之回光見其形像。以上二條皆在幻景條前。

又測量光分，宜用暗室，不然不得明清影。如木版爲窗，內開小穴，太陽不能一直進內。法用平鏡對太陽光，回其光照在地平面上，故日光照入似從對面納入相倣，窗穴任何形狀平鏡必成明分，且影屬平圓，爲反照于對面壁上。太陽影恒圓一條尾。

設太陽光從小穴甲入暗房，用子甲乙爲方向成小白圓影于乙，若以玻璃條加置中閒，光向必變，從片頂折下至(內)[丙]，成長影正交于玻璃條之諸面，折光色爲七，名曰光色差。三角玻璃條光色差一條尾。

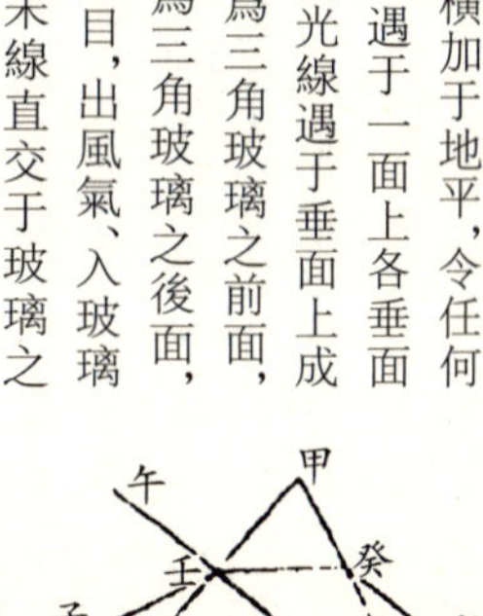

上說三角玻璃條，以一平面橫加于地平，令任何垂面爲三角形，茲論各光線傳來，遇于一面上各垂面上，其光線方向之差理俱如前，而光線遇于垂面上成何變線方向，今更明之。如甲乙爲三角玻璃之前面，謂之光入面，子壬光遇之甲丑，爲三角玻璃之後面，謂之光出面。光線行于戊癸線入目，出風氣、入玻璃時，子壬線之方向變于壬點，午未線直交于玻璃之前，午未與甲乙爲十字交線。壬癸光線略近于午未在後面，壬點之出光線方向又變癸戊光線，略遠于午未。丑癸戊角大于壬未癸角，故言略近、略遠。以出風氣、入玻璃，與光過玻璃面之元角。又造立成表，今略論其理。接前條。

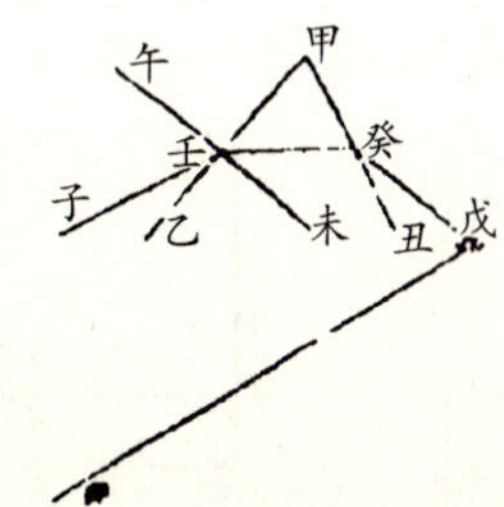

考光線出本物入彼物，如何能透光前行，如何不能透光反折爲回光之理，凡光線前行，有時較元物方向線變，不能經透，如風氣等項，定有一元角，令光在後垂面上行于回光線。以通玻璃之限角，命爲軋，以玻璃變方向之角即玻璃頂角。命爲甲，試略論三題明之。一爲甲等于倍軋，一爲甲等于軋，一爲甲小于軋。其第一題，玻璃頂角倍于限角，光入前面不能出後面，至後面時必行于回光線至玻璃條底，以此玻璃塞在房穴之口，纖微之光不能透入，如以不透光之物塞在筒口。又第二題，玻璃頂角光線透出者半，不透出者亦半，任何光線如子壬遇于午壬線底之下，俱能出後面；遇于午壬線頂之上，不能出後面，定折爲回光。第三題，玻璃頂角小于限角，則午壬線頂之各光線俱可出後面，午壬線底之各光線俱不能出後面。如上所論之理可證以測量。接前條。

七色形已爲伯利孫所分，再用一同質同角之伯利孫，倒置其器，七色仍還白光。第一玻璃條頂設向上，第二玻璃條頂設向下，兩器底面俱要平行。前後二條中閒光芒爲七色，至經過出後條之外，仍見太陽一白圓像。設後條角等、勢等，面積甚大，可置地位略遠，能變七色全形亦能成白圓像。準此，測量玻璃條內時有化白光爲七色、化七色爲白光之能。色之互化，俱因光差之故，並非玻璃能力。又七色再化白光，各色未必復至前次方位，祇求光仍聚一點。測量之法，如左。　第一法，七色形遇午未回光鏡，反照于申戌酉亥綫上，成反像七色形于戌亥，七色形各色相交聚在己點，爲聚光點。于此點上，用小屏風一具，或有混玻璃鏡一面，則成太陽白圓像，十分明亮。目遇其光，誤認爲原光，不意出自回光。準此，則各色聚于同點，足成白光；設光芒回轉，所照之物不正，變在聚光點，或略遠，或略近，不能成白光在聚光點之外見各色方位倒置。　第二法，七色形遇透光凸鏡，各光線聚于聚光點，得白光成圓像于此點上。邊上尚有無數顏色，因各光差不同，不能在鏡位之後聚在同距之聚光點，又于聚光外再見七色形方位倒置。準此，各光線相交任在何點，不變其像，仍還一條光線，設用斜面子丑鏡，置在聚光點己上，光線回轉成七色形于上邊庚辛屏風，第二法同于第一法。　第三法，厚紙一片，直徑約一尺，中心爲黑小平圓，邊上亦爲黑大圓圈，兩黑中閒用各色紙條粘上，其顏色排比與闊狹，俱倣七色之形。任設若干次，以心爲軸，令紙急速盤旋，則兩黑之中各色俱不得見，成一白光。設各色不準闊狹，則光非正白。設七色易于紅紙，盤旋時止見紅圈，不見白圈。任用何一種顏色，俱見本色。如用火把，一端有火盤，旋時止見火色之圓圈，玆因七色一同盤轉，見紅圈、黃圈在一方位上，所以盤轉七色圈，變成一白圈，見七色與見白色無異。分別七色後一條。

七色形最明清時，見許多橫線，有黑、有不黑。此許多橫線，有武臘斯頓，及弗蘭和林，必兩人同時共見，和弗必畫定界線圖最佳，即因人以名其線曰弗蘭和林必定線，此定界黑線，惟太陽光則然。

紅五十六。橙黃、二十七。黃、二十七。綠、四十六。藍、四十八。老藍、四十七。青蓮八十九。共合三百六十度。以上在論月光之前。

丁韙良《格物入門》卷三《火學・論光》

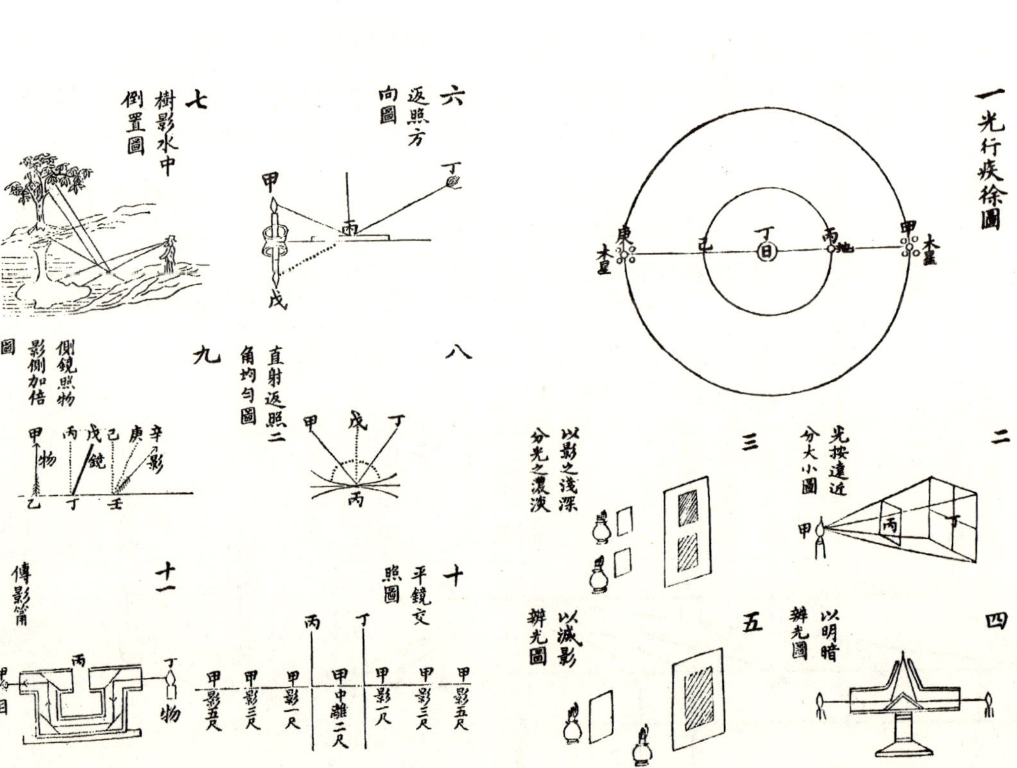

十二 凹鑑返照圖

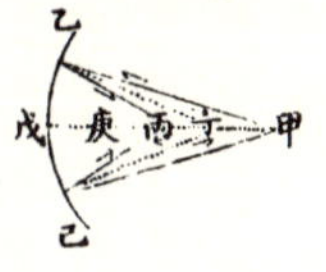

十三 凹鑑成影圖

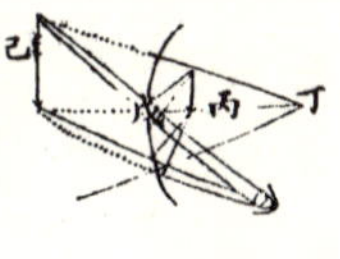

十四 奇鑑成影圖

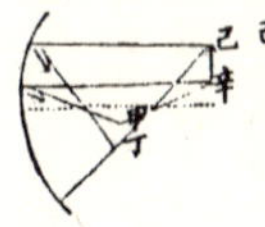

二十 透鏡各式

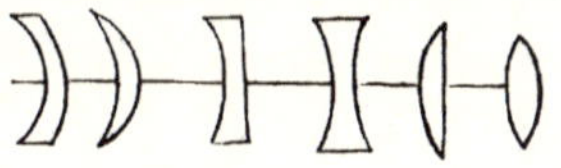

十五 直竿斜入清水視似被折

十六 錢在水底似浮而見

十七 光被折方向圖

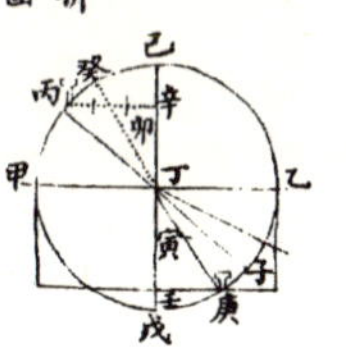

二十一 凸鏡視物放大圖

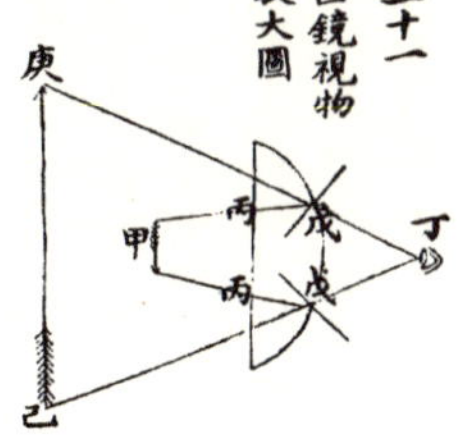

二十二 凸鏡成影圖

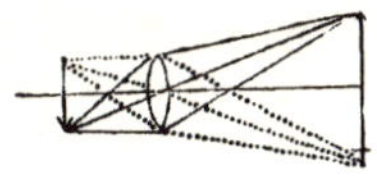

十八 比物折光之力

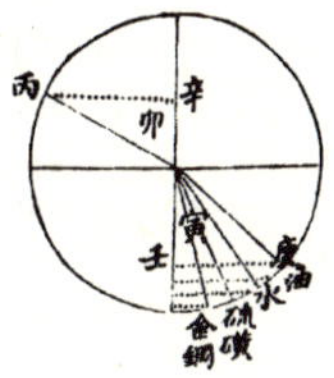

十九 分影鏡

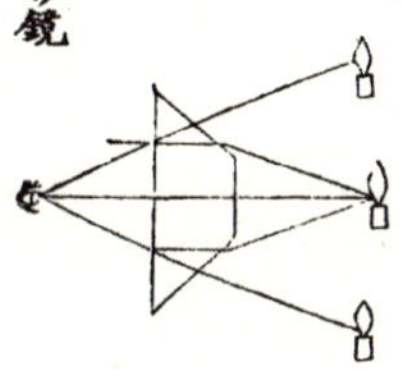

二十三 大鏡取火圖

二十四 雙面凹鏡

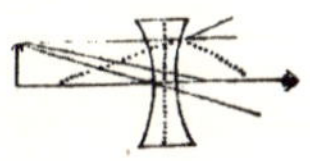

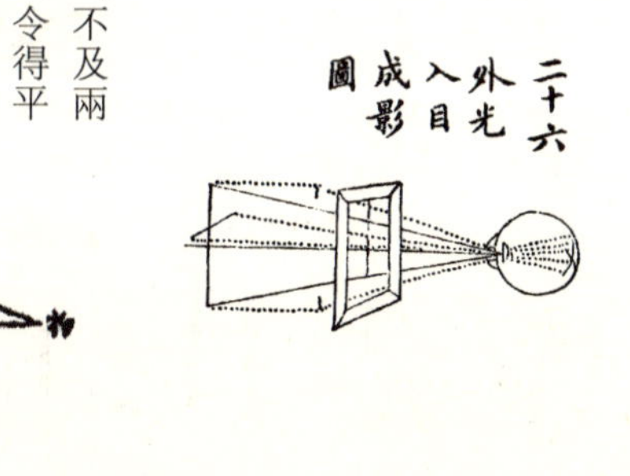

二十五 眼目內外圖

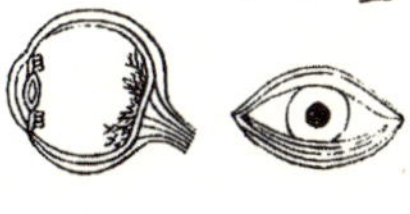

二十六 外光入目成影圖

鄒伯奇《格術補》 吴子登問兩凸相距，不及兩光限之併，光必侈行，欲以一凸或一凹間之，令得平行，間去前凸若干置之。設前凸限六，後凸限四，相距六，加凹力一。

答曰：加凹，去前凸四。

法曰：以距不及兩限四，凹力一乘之，得四，爲面積。乃以距不及兩限四，爲長、闊和，用和數開平方，得闊二，以減前凸限六，餘加，爲去凸數。

又設前凸八，後凸二，距八，加凸四。

答曰：加凸去前凸四。

法曰：以距不及併是二，以加凸力四乘之，得八，爲面積。以距不及併二，爲長、闊較，用帶縱開平方，得長四。減前凸限八，餘四，爲所加凸去前凸數。

有甲亥鏡，半徑甲乙，有光限乙壬，有物距乙，求影辛距乙。

乙丙即乙壬，又即乙艮，物乙即乙癸。壬癸即物距鏡減光限。丙甲庚我物甲辛角等。依甲壬截甲庚於己，又作己戊，與甲壬平行，截甲辛於丁，成甲己丁形。與甲丙物甲壬癸兩形同，而庚辛亦與甲壬平行，故甲庚辛亦與甲己丁同式可比例矣。

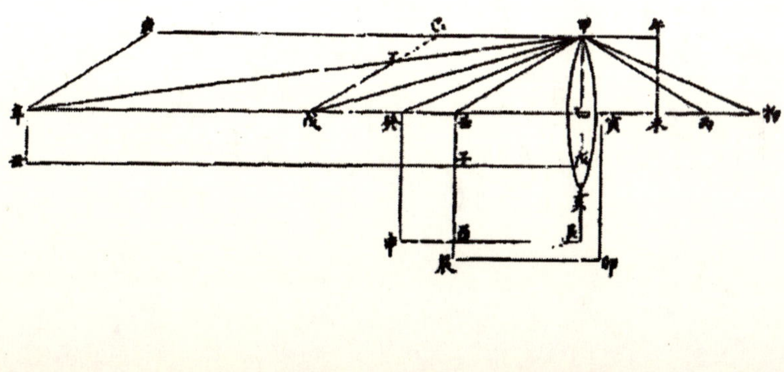

壬癸即物丙，又即己丁，爲一率。甲壬即甲己爲二率。庚辛即甲壬爲三率。求得四率即甲庚，又即壬辛，而二三率同數相乘，成壬辰卯寅正方。一率壬癸，即壬子，乘四率壬辛，成壬子丑辛長方等，加乙戌子壬方，即成乙戌丑辛長方。以壬癸即乙戌除之，可徑得乙辛長，爲影距鏡矣。移乙戌子壬於壬癸申酉，則爲寅卯辰酉申癸形，此形旁之寅卯辰磬折形，即午未乙甲同積，鏡半徑自乘方也。乙癸申艮形即光限乘物距也。以之相併，與乙戌丑辛長方等，乙戌即壬癸同物減光也。除之，得乙辛影距鏡也。

光學儀器分部

綜述

湯若望《主制羣徵》卷上　七以天行向徵

自造遠鏡以來，諸天殊異更著，不獨其動然也。如太陰其形不圓，其面顯泡，其不滿之內邊高低不等；太白時盈時缺，亦有上下弦，距日近即圓、遠即缺，如月然。因以徵其恒上下者，悉繞日爲程也。歲星周邊見四小星，或先行、或隨行，或皆現、或各現，甚不一也。日輪上見血點，時密時疎，時進去而復來，以人意測之，必非日體有此點染，或係他星經行其下耳。若恒星則見所未見者益多，若天漢霧氣，從前不解者，今乃知由無數小星密聚而成此象。夫諸天異動異體，其星又異等。如此皆非純性所宜有者，揆厥所由，良由大主以其全智全能宰制其間，而後異同乃不能爲礙，豈其性然哉？！

方以智《通雅》卷一一《天文·曆測》　唐之水臬，即《考工》之置槷、眡景也。《匠人》：「水地以縣。置槷以縣，眡以景。爲規。」此郝氏讀也。故書槷或作弋，玄謂即臬。《通卦驗》曰：「立八神，植八尺之表。」《考靈曜》曰：「從上向下八萬里」，故以八尺爲法。四角四中，故須八神，神即引也。伯厚曰：神即垂。非也。《宋·天文志》韓顯符造銅候儀之制有九，九曰水臬，十字爲之，以水平滿而準也。

徐光啓　李天經　湯若望《西洋新法曆書》　近六十年，西土有多名家先後繼起，較前人用測更精，立法更盡，造圖更美。其一未葉大，因悟不同心規與小輪難于推算，于是更創蛋形圖，以解天文根本。設七政三測，求最遠點。又求地心與不同心差。又求各輪比例等理。其二第谷，竭四十年心力窮究曆學，備諸巧器以測天度，不爽分秒。第谷本大家，饍養知曆人，造器市書，計用二十萬金，著書計六卷。

第一卷　取二分真氣至時。

第二卷　取北極之高，并解前人之謬，解蒙氣反光之差。取二至真氣至時，并解二至難得真時之故。求太陽最遠點、并地心與太陽心之差。求加減數，證最遠點之行度及太陽平行。求歲實并推立成表，用立成求日躔宫度而考其法。

第三卷　以二十一月食求月平行。設月行新圖以齊月行。用兩大規及三小輪，詳其所以然，推立成并其用法，仍各設假如。求月緯度加圖及立成表算法。因求月食，又求月與地相距幾何。立推交食法，因測五緯之真經緯度，先考列宿之真經緯度。

第四卷　解測星應用儀器。乃駁古測有誤。取金星與日與某星相距度，以求某星距日度分幾何。取近黄赤二道距度并之，以合周天全度。復取六星之距度，以經度相併，適合周天之全度。求角宿經緯度，以起周天之度。再求近赤道十二星經緯度，證星之黄道緯度今古不同。求星之經度，并解其時八百餘星之真經緯度，五十三年前。復加百餘星赤道經緯度説。

第五卷　解其時新見大客星，計十二章。一詳初起及漸大至與金星等并漸減。二取附某宫星以定其經緯度。三解測新星所用諸器。四取新星與他星距度。五解其更度幾何。六用各法以求新星經緯度。七求新星赤道經緯度。八證新星不麗空際而麗列宿天。九考新星之大小。十取新星之似徑，得三分三十秒。十一證新星大倍于日，大于地三百六十倍。十二考衆星參差。

第六卷測器諸圖　圖計五章：一解用測器求三曜之高，二解用測器求星之緯度，三解用測器求星相距度，四解各儀象，五爲天文答問。

又第谷彗星解十卷。

測彗星之高度、尾之長短、光之隱顯及其方向。考十二星在黄道上度，以求彗星之真所在。設彗星離兩星之度，求黄赤道，經緯度。求彗星每日赤道經緯度。求彗星所行之道及其道交黄赤之角處。依每日彗星行黄赤二道作立成表。證彗星在月上，較月更遠于地，爲三百地半徑，故知彗星在日月二天之中。證其尾恒向日與金星。作彗星行度圖，徵彗星之大爲月二之一，尾長爲九十六地半徑，每地半徑爲一萬五千里。因考前人彗星之論當否。

第谷没後，望遠鏡出，天象微渺盡著。于是有加利勒阿，于三十年前創有新圖，發千古星學之所未發，著書一部。自後名賢繼起，著作轉多，乃知木星旁有小星四，其行甚疾，土星旁亦有小星二，金星有上下弦等象，皆前此所未聞。且西旅每行至北極出地八十度，即冬季爲一夜，又嘗周行大地，至南極出地四十餘度，即南極星盡見，所以星圖記載獨全。

已上諸賢所著，皆屬推解曆理，近因古學奥深，學者爲難，曆學家别有立成表及測天諸器，以便初學。又有永年曆，亦立成之類，預紀七政經緯及交食淩犯諸行，取準於天，其舉其證蓋由推測二功相佐而成，不可疑也。今論測器，惟渾儀爲最，用之取日光求其躔度，求日緯度，求北極出地幾何。日出，求東西之緯度，求太陽午正之高，推時求日星之高，求太陽赤道經度，求星出地平之時刻，求太陽距子午規時刻，求太陽出入并晝夜時刻，以日星高求時刻。又作地平日晷，求朦朧時刻，隨時求東出黄道宫度分。

又渾儀挾持未便，因又約爲平儀。體制雖異，而施用不殊。名渾蓋。乃有造平儀及百游各儀法，其説甚多，其用甚廣。

又有日晷多種，約言其法。如作象限，作卵形，考墻面之方向，求子午線，設時求日之高，設日之高求時。分論有法日晷，蓋有六種：一地平上晷，一向南平面晷，一向東平面晷，一向西平面晷，一向北平面晷，一向赤道平面晷。詳每日晷有十二種線，以景證日之行如此。從地平起時線，從子午起時線，節氣線，晝線，過頂圈線，日高線，地球之徑圈，八十二種高線，幾節氣出地平上線，日出地平算某時刻，日入地平算某時刻，每日平分晝爲十二時線。名七政時線。又有向南向北斜面，雜向立面，雜向倒面，挖面或正圓、或長圓、正球、偏球、各日晷及各正表斜表法，槩因無有定向，稱無法日晷。又設日晷一圖，以大爲小，以小爲大焉。夫日晷大不越數尺，小僅數寸，而天之高遠，太陽之行度、經緯悉備，變相以通其理，多方以盡其能。故曰曆學之廣大，即日晷可微也。

右皆造日晷法，然造晷用圖，平行垂線最多，下手爲難，乃用立成表。其法更精，成功更速。又日晷之度數，或用立成表查，或用幾何要法，或用比例尺諸規矩，究竟所得皆符，不爽毫髮。即此而推，所算日躔之密合亦并可見矣。

合而觀之，西庠之于天學，曆數千年，經數百手而成，非徒憑一人一時之臆見貿貿爲之者。日久彌精，後出者益奇，要不越多禄某範圍也。已前所引，在全書僅十分之一，覽者即所見以推所未見可也。

西新曆法

余著新法，悉本西傳，非敢强天就法也。乃爲法以合天，以測候爲曆家之首務。故修政以來，除西製大銅儀數具外，在局别造有半徑儀三座，自心至邊或一丈、或八尺，具刻宫度分秒，一一詳明，以求適用。日督同監局官生晝測日、夜測月星。三儀所測或並同、或兩同者取以爲準。若三各不同，則置之，俟再測。如是者數年，列宿距星遠近異同悉于是時考定。凡遇五星淩犯伏見、日月交食，公同部司赴視象臺測驗，務求密合。累蒙欽遣内臣同來審視，又因交食，差官四方測驗異同。嗣後奉命造進黄赤大儀及星晷、天球、大日晷等。或内庭親測，或偕内靈臺諸臣測，如是者又數年，于是上下相孚，朝野悦服。上乃決計散遣魏文魁等回籍，一意頒行新法。惜兵事倥偬，未免有待將來耳。

中土往代修曆，不過加減四餘四應歲實等項已耳。一時合天，久則仍錯。有數十年一改者，有數年一改者。前改既非，後改亦復如是。曆學廢弛，非一日矣。余初奉命修曆時，亦有以畧改舊法請者，謂作者可免創始之勞，述者兼得習熟之便，然而不能也。詳考舊法，其在算數，乃在基本，不清其基而求積壘，不治其本而理枝幹，其術未有濟焉者。余故不辭艱瘁，晝夜測驗天行，參考西法，然後正其紕繆，補其闕畧，約有數十餘欵。于是著成曆書，解明法原，詳整法數。自太陽太陰恒星交食以迄五緯，莫不條分縷析，綱舉目全，其計百有餘卷，已經進呈御覽，蒙恩宣付史舘，刊本傳布四方，與海内知曆者共之矣。兹更將法原諸書，逐卷挈其大指，以便觀覽，如左。

日躔曆指，測準歲實，平視二行，盈縮元，及大差大距度等。其題一求南北正子午線，以定諸徑圈及十二時之界，以記太陽行滿晝夜每日之始末。乃取準于天，非如從前徒用一指南針而已。

一求北極出地度分，以定日出入，晝夜長短，日月帶食，日食有無并諸曜正斜照地等類。此用象限儀，或測日軌午正高得距赤道度，餘即北極出地高度；或測近極一星在最高，又測之在最卑，折中取之，即正北極高也。

一求各氣差。氣從地發，蒙昧空中，故自天頂以迄地平，諸曜逐緯詳測，定差分秒多寡，因而加減原測，即得各曜真位也。

一求黄赤二道之距，以定太陽赤緯。于夏至前後一二日測午正日軌，必于午正者，免蒙氣也。乃于所測度内減去地半徑差并赤道高，餘即二道相距真度分。

一求太陽盈縮之元，以定平行加減，乃得每宫度相應之實行。蓋設太陽以平行旋天，每日前移一度，則宜自秋至春與自春至秋日行之度數相等矣。今天度等，而所行日數不等，相差八日有奇，此何以故？蓋因地在太陽天内，非其正中也。故設一直線貫地心，而以兩端接日天。必分爲大小兩半，大半之頂距地遠，日行經過之時久；小半之頂距地近，日過此必速矣。且日體近冬至現大，近夏至現小。冬至之月食大小又異于夏至之食，總由地景長短大小係于日光遠近之故。西古曆家二千年以來闡明此理，並立測法傳之後人，即日躔並日月交食皆正其本矣。乃此中曆家，羲和而下，守敬而上，舉無有悟此者何也？

又一求太陽年日及時之平行，以定歲實，以确立推算之根，所謂曆元也。法先後隔數年，或春或秋，于午正時測日軌，務得二分之準時。太陽在二分，其緯大，日約得二十四分，分應四刻，敬較他時所得爲準。乃于先後間總時以中年分之，得每年之平行，即真歲實。而歲實又以周天平度三百六十。分之，得一日之平行，時亦倣此。但因日天心異于地心，漸移右行，二心相距遠近未有定數。雖所移甚微，而一二百年後必少覺之，千年後差乃顯著。則依本法復測復推，以加以減，即造曆無異今時，故新法實永法也。昔郭守敬若知此法，可免歲餘上推百年增一、下推百年減一之議，惜乎不能也。

一求太陽最高所在及地心與日輪天心相距之差，以定加減始末，以得隨時推日實行确法。蓋太陽西行及東本行之外，其最高亦順十二宫漸漸東行，二心即太陽本圈心與地球心。相距歲歲減少，古測斷不可泥。曆家若不諳此，日躔無根，又何憑以推五緯乎？古西士去今千八百年，以三角形測日軌，記最高在申宫五度三十五分，兩心之差爲全徑百分之四分强。千年後又一士測之，得最高在申宫二十二度十七分，二心相距爲百分之三分半强。及據今測，又在未宫六度强，二心之差不及百分三之半矣。中曆從來以夏至爲準，泥在未宫初度，相沿不改，豈非大誤。

一求太陽視差，即地半徑差。此差既由各天與地球大小之比例而生，則欲求此差者，須取一天與地最遠無可比例者爲之則，恒星天是已。故于恒星天設三角形，查與太陽交角相對之弧，他曜倣此。弧有大小，而本差之多寡即見矣。

一論日差，以齊諸曜之行。所關者大，故詳推一立成表，以便曆算，即太陽實行贏縮每日不等是也。彼旋地一周復于元界子午圈是。爲日必等者，稱用日，蓋民間所用也，曆家若亦泥之，則大惑矣。

《恒星曆指》三卷，其一以金星測恒星及黄赤道度等。法于日未出時，先測恒星與太白之距，日出後又測太白太陽之距。晚測反是，先測太白與太陽，而日没後，乃測太白與恒星，因而求太白經緯視差及太陽經度。則以曲線三角形法推得兩經度，以較同測之星加減之，并得本恒星之經度。今以畢宿大星、婁宿北星、角宿距星等爲假如，定赤道經緯，即餘星倣此可推矣。

又測近黄赤二道所有諸大星。任定幾星作距星爲界，或自西而東，或自東而西，求兩測之距度及距赤道之緯度。用三角形法推得其經度差，因連綴求之，以迄一周。所得經度若既合于赤道周，則所測各距之經度必皆密合矣。乃復用之爲界，以測衆星。皆可，無不合者。再以恒星赤道經緯度推其黄道經緯，反復相求，非三角形無由而得。蓋或星居兩道之中，或南或北，或居兩道相交之左右，必設各極所出之曲線遇星而交，而復相離各底本道而止。乃爲三角形者數矣，最便推算。且恒星依本法彼此相推，不但其緯度終古不易，即相距之經度差亦終古不易。故凡推七政者，必用恒星爲界，而後諸曜之遠近灼然不爽也。

終引所資以測恒星者，如測器、如子午線、如北極出地高、如視差等皆是也。蓋測星有三求：一求出地平上度分，則用象限儀；二求相距，則用紀限儀；三求距黄赤二道之度，則用渾天儀。若子午線者，諸星行度升之極、降之始也。北極出地者，所以正高下也。凡用儀，必以儀上極與本地之極高下相當，即經緯皆相當。故測星者，使無子午以正東西升降，無極高以正南北高下，即一切推算之法無從措手。若視差就地半徑差論，恒星以距地遠得免。就清蒙差論，則恒星近地平，必皆有之，測時宜用減矣。

第二卷測恒星黄赤本行，其行黄道上即歲差也。中曆論歲差，有曰：未能測其所以然，第以全曆推之，二萬六千八百八十年差一周天，每歲差一分三十餘秒。上推至帝嚳甲子四十年，日在虚六度；至夏王不降乙未三十五年，日退入女宿；商武乙丙寅四年，日退入牛宿；周簡王丁亥十二年，日退入斗宿；宋度宗戊辰四年，日退入箕宿四度二分餘。且言此定算也。又或測日度者，以月食衝求之，可謂巧矣，然而皆非也。夫每歲所差甚少，月食分數頗寬，安得借此求彼，此其謬一。謂日退者，即日逆行，右來測日，但有盈縮、有公行、有本行，退逆之行，理所必無，此其謬二。既言未測其所以然，何從而得一定之算，此其謬三。西法則以黄道二分二至爲界，據古所測某恒星距界之度，從而復測之，乃見遷移。以較中右上右，此星離冬至漸遠，如前此居冬至者虛也。今已順行東去，繼之者爲女、爲牛、爲斗，又後爲箕矣。是知歲差係恒星前行，與七政依黄道本行無異，此爲真所以然，非日退之説也。且西測星，非詳得其分秒，置不用，非三四器三四人同時並得在一分以内者，置不用，此新法所以獨密也。所得歲差定數爲五十一秒，依六十算。由此得恒星歲實小餘爲二十四刻九分又約二十七秒，乃古今不易之則也。

孫雲球《鏡史》 二十四種昏眼鏡、二十四種近視鏡、二十四種童光鏡、遠鏡、火鏡、端容鏡、焚香鏡、攝光鏡、夕陽鏡、顯微鏡、萬花鏡，外有鴛鏡、半鏡、多面鏡、幻容鏡、察微鏡、觀象鏡、佐礮鏡、放光鏡、一線天、一線光，諸鏡種種，人所不恒用，或僅足供戲玩具者，概不列載。

昏眼鏡　凡人老至目衰，視象不能斂聚，一如雲霧蒙蔽，惚恍不真。或能視鉅而苦於視微，或喜望遠而不能視近。用鏡則物形雖小而微，視之自大而顯，神既不勞而自明也。量人年歲多寡，參之目力昏明，隨目置鏡，各得其宜。

近視鏡　凡人目不去書史。視不踰几席，更於燈燭之下，神光爲火光爍奪，則能視近而不能視遠。又有非由習貫，因先天血氣不足，視象不圓滿者。用鏡則巧合其習性，視遠自明。量人目力廣隘，配鏡不爽毫釐。

童光鏡　人之年老目衰，皆由平昔過用目力，神明既竭，時至則昏。觀諸文人墨士，及鉤畫刻鏤諸藝，專工細視，習久易昏。彼牧豎販夫，不藉兩眸者，老至不昏，差足徵也。此鏡利於少年，俾目光不隨時而損，西士謂之存目鏡。成童即用，十數年後去鏡，目終不衰，至老仍如童子。若顔淵熟視白馬。夫子預決其短天。則目司爲一身精氣所聚，存養瞳神，可以延年永壽，豈小補哉？

遠鏡　此鏡宜於樓臺高處用之，遠視山川河海、樹木村落，如在目前。若十數里之内、千百步之外，取以觀人鑒物，較之覿面，更覺分明。利用種種，具載湯道未先生《遠鏡説》中，兹不贅列。筒筒相套者，取其可伸可縮也。物形彌近，筒須伸長；物形彌遠，筒須收短；逐分伸縮，象顯即止。若收至一二里，與二三十里略同，惟一里以内，收放頗多。鏡必置架，方不摇動。視欲開廣，那動鏡床，左右上下，宜緩勿急。前鏡勿對日光，日光眩目，鏡光反昏。若必需對日視象，須於暗處置架。視鏡止用一目，目力乃專。人目雖同，其光萬有不齊，如甲所定之分寸，乙視之則不合。須以筒進退之，極微爲得。薄子珏云，須平時習視數日，由顯之微，自近至遠，轉移進退，久久馴熟，然後臨時舉目便見。倘一毫未合，光明必減，奚鏡之咎。衰目人後鏡略伸，短視人後鏡略縮，目光亦萬不能同，自調爲得。鏡面勿沾手澤。倘蒙塵垢，以浄布輕輕拂拭，即復光明。勿用綢絹揩摩。諸鏡仿此。

火鏡　周官司烜氏取明火於日，司爟氏四時改火，以救時疾。古先王用心於火政，必非無故也。李時珍先生云，石中之火損人頭目，今習之不察者久矣。此鏡於日中取火，無煤自燃，用以代燧，且大似金錢，便於攜帶，舟車途次，尤所必需。

端容鏡　鏡小如錢，用以鑒形，鬚眉畢備。既不如銅鏡之累墜，可免衣冠不飾之譏。更與美女相宜，懸之扇頭，系諸帕角，隨時掠鬢，在處修容，顧影生妍，香閨異寶。

焚香鏡　香置鏡下，隨日東西，以架相逆，無火自爇。且香味極佳，絶無煙火氣息。一餅龍涎，可以竟日。南窗清供。似不可無。

攝光鏡　鏡置極暗小室中，即西洋所謂月觀者是也。素屏對鏡，室外遠近上下，動静大小物類，俱入屏中，細微體色，畢現如真。

夕陽鏡　人有患赤火眼者，於天光明亮處，即不能視物。用鏡則涼氣沁膚，目痛立止。雖炎炎烈日，一如夕陽在山，猶酷暑熱惱中一服清涼散也。

顯微鏡　鏡用俯視，以極微細之物，置三足之中。視醯雞頭尾了然，視疥蟲毛足畢現，蚊蝨宛如燕雀，蟻虱幾類兔猿。博物者不特知所未知，信乎見所未見。

萬花鏡　此鏡能視一物化爲數十物。如視美人，頃刻金釵屏列；視花朵，忽來天女繽紛；遠視山林臺樹，儼然海市蜃樓，層疊參差，光華燦爛。蓬萊閣上，恐反無此變幻觀也。

鄭復光《鏡鏡詅癡》卷一　原鏡

一、鏡爲内光，故能含光、透光、借光、發光。

二、鏡之類，概言之，不越乎通光、含光兩種。鏡之體，概言之，不越乎平面、凸面、凹面三種。而析言之，則有多種，分詳於後。

三、通光鏡，其質四：曰燒料，曰玻璃，曰水晶，曰玻瓈紙。其色五：曰五色玻瓈，曰五色晶，曰薰黑玻璃。其形十一：曰平，曰凸，曰凹，曰方，曰三棱，曰多面，如多寶鏡之屬。曰空球，如金魚缸之屬。曰實球，曰空管，如寒暑表之屬。曰實管，如料絲鐙之屬。曰轉筋管。如水法條是也。

四、含光鏡，其質二：曰玻璃，曰銅。其形五：曰平，曰凸，曰凹，曰球，曰柱。其色一，曰白。

五、通光之用二十一，不以鏡名者八：曰玻璃窗，曰玻璨鐙，曰表殼，曰水法條，形如螺挺，旋轉則如水上下，自鳴鐘内飾也。曰玻璃瓶，以貯藥露，暴諸日中，耗水不洩氣。曰玻璃金魚缸，曰寒暑表，曰料絲鐙。此八種皆資其明，故隸焉。然不煩詮説。其以鏡名者十有三：曰眼鏡，曰顯微鏡，曰火鏡，曰取景鏡，曰放字鏡，曰諸葛鐙鏡，曰三棱鏡，曰多寶鏡，曰萬花鏡，曰測高遠儀鏡，曰視日鏡，曰測日食窺筩鏡，曰遠鏡。

六、含光之用七，不以鏡名者一：曰球。施之帷幄以爲飾，亦無大用。其以鏡名者六：曰照景鏡，曰凸心鏡，曰地鐙鏡，曰陽燧取火鏡，與地鐙鏡同而用異，故别出。曰透光鏡，曰柱鏡。

七、鏡所資要藥二：曰水銀，曰生浄典銅錫。

八、鏡有光線，各因其形與位置者而生，故能受光，能發光，能攝光使相順，能拗光使不通，能聚光使濃，能散光使無，是以鏡線與目線相順則顯，相拗則隱，相同則加深，相反則克制。順目則宜，拗目則不宜。加深與克制，則有宜有不宜。夫有宜有不宜者，得其用則有濟，失其用則爲害。

解曰：相順者，如透視平鏡，無施不可。相拗者，如斜視立方，豪無所見。理詳後鏡形章。相同者，如凸與睛同，宜視近，雖短視人可作顯微，而視遠則昏。相反者，如凹與睛反，宜短視，人視遠，非短視則昏，而視近必除。

九、鏡以鑑景，而鏡亦有景。原景九。通光者，兩面透光，必能自相照而成多景。然雖有此理，非目在局外者所能見耳。

十、凡物近目大、遠目小，爲遠差，鏡亦宜然。故物切鏡則景與形等，遠則見小。然有大小之不可以常理論者，則由於鏡形之光線殊科，而其爲差則一也。

解曰：凹視物，遠則驟小；凸視物，遠則反大，似不可與遠差同論矣。而漸遠漸差，其理自同。説詳於後。

十一、鏡不合目，離目視物，雖無所見，亦無損也。切目視物，即有所見，必害目矣。

論曰：鏡不合目，其線相拗，必至昏然，甚則豪無所見。本章八。蓋鏡既切目，是强目線穿鏡光線，拗折害目，固不待言矣。若離目視物，景縱不到鏡，不過見爲空鏡而已，目之視鏡，與視他物同；日視物景，與視鏡質同，無所於强也，又何損焉？

類鏡鏡之製，各有其材；鏡之能，各呈其用，以類别也。不詳厥類，不能究其歸。作類鏡。

鏡資

一、透照資乎通光，返照資其受光。透照者，必取通光體。返照者，必取受光體。通光體兼能受光，故玻璃亦可作含光鏡。

二、有光之體皆能受光，光在其面則面受光，光在其體必背受光，乃可資其返照。

三、銅爲光體而不通光，以爲鏡，則色帶黄，必資汞錫助其光。

解曰：銅色本黄，雜錫則青。青近白，故宜於鏡。磨鏡藥亦汞錫爲之。

四、玻璃爲通光體而兼受光，以爲含光鏡，必資汞錫阻其通。

解曰：玻璃作含光鏡，其取之蓋有二端。一取玻璃爲光明之最。緣通光而受景微，宜阻其通。然或不能貼合，未善也。唯錫潔白，汞最光明，且汞能柔錫，使貼合玻璃爲一體，故能阻其通而受光爛焉。此資汞錫助玻璃之用者，一也。一取水銀爲受光之最。緣其體流，必凝於物而後可，此銅鏡所爲作也。然銅色光劣，塵侵易退，未善也。錫故當勝，而遇汞則化，不能自立，唯用玻璃爲之幹，而蒙其面，能隔塵而不隔光。此資玻璃妙汞錫之用者，二也。

鏡質

一、鏡質貴明浄，疵累有二：一由於生質，一由於形質。故揀選必嚴，工力尤宜到也。

解曰：料色混，玻璃有紋、有泡，水晶有綿之類，生質之疵也。平鏡不平，凹凸不圓，則光線相拗，磨礲草率，則鏡光未瑩，形質之疵也。若是者，則有不清不確之累。

二、鏡照物雖真，而通光者返照必有玻璃差。本《儀象志》。蓋内光體能受光，而體既通光，則正面透見背面，背面亦透見正面，兩面各照一物，是生兩景，而有相距之差矣。

三、銅鏡質堅，其光在面，面者無厚，故無玻璃差，是其所長。惟鑄成後必須刮磨，刮易磨難，工惜磨力，故砥平者鮮。驗法：斜迤日中，視發光處瑩如止水，工力乃到耳。否則亦不易驗。

四、玻璃作含光鏡，瑩徹不染纖塵，是其所長。然質脆，又性畏魚腥，程魯眉云，玻璃鐙下魚湯薰蒸，往往碎裂。解法，地鋪椶薦則無礙。又輴用椶底，則玻璃窗不畏炮震。物類相制也。且由火化吹成，《多能鄙事》有錬琉璃法：黑鉛四兩，硝石三兩，白礬二兩，鎔三物，以白石末二兩搗飛極細，和之，用鐵箸夾抽成條。此當是作料絲法。予親見張明益鎔玻璃於鐵管一端，其一端套木嘴，含而吹之成泡。欲作管，則火而長之；欲作方，則火而範之。據云，聞廣人以博山石粉加鉛藥錬成料，亦如此吹成大泡，再火而平之。予曾遊粵，見肆中吹成之泡，高三尺餘，大如甕，剖成者形似瓦，洵不誣也。故多泡多紋，不能砥平，更有玻璃差，是其所短。惟紅毛又名荷蘭，有謂即英吉利，有謂近爲所并，非即英吉利地，大約是大西洋總稱。其國甚多，粵人亦不能析也。玻璃堅厚少疵，但質愈厚，玻璃差愈大耳。曾見屏風鏡，高三尺，厚半寸者，此甚難得。其厚二分者，時一遇之。程魯眉云，紅毛玻璃不畏魚腥。

解曰：玻璃貼以汞錫，含光在背，背透景於其面，面亦含光有景，故生玻璃差。此兩景一濃一淡，以面通而背阻也。鏡資四。正視則遮，側視則見，乃側視至於目與鏡切，則背景漸近於面，兩景又合一而不見矣。

一系，試以指甲切鏡面，目稍側，則見濃景在背面，與指甲相離；別有相切淡景，乃正面所照，故必有兩也。閒或甲景内又有一虛圈，有似三景者，則是正面所照指端之景，非甲景也。試翦甲使尖，可證其非。又，或玻璃薄，止見一景，乃相距甚微之故。諦視之，必應有見。故兩景相距大小，可驗玻璃厚薄。

五、洋料側視之其色亦白，與視玻璃側面或緑或黄者稍異，應別一種。佳者，明淨殊勝。傳山料佳者，亦明淨。閒有入火變米湯色，故火鏡中多有混色者；取火差可，照物殊不了了。

六、水晶爲天生玉石之類，明徹最勝，惜不能大而無綿。得其淨者，取以爲鏡，別爲銀晶，以示貴重。今海州所產，其白爛然奪目，洋產稍黑而明淨。黑宜養目。凡晶性涼，能消熱氣，目力久用不無眦火，眼鏡宜之。然則料自火出，必忌作眼鏡矣，當慎辨之。其別有五。一曰綿。綿是其病，然正如玉之萊菔花，硯之鸜鵒眼也。一曰紋。銀晶無綿，法，閃側向明，睨而審諦，見有如水波、雲頭堆起之紋，摸之實無，此不能僞爲者也。一曰綯。晶不必定有紋，然必有晶之形，則橘皮綯是也。視法同上，若肌膚之有毛孔然，然視之較難，須善會之。一曰重。晶與料較重，必鎮手，亦猶玉之與料。一曰舐。與玻璃等同時舐之，晶則其涼徹骨，此法最易而無失。

七、玻璃紙爲天生雲母之屬，起層似明瓦。其透若玻璃，色明而稍黑，其薄似紙，軟脃不可摺。然擲地不碎，入火不焦，亦一異也。向來用之窗櫺，近今玻璃價減，殊形其陋。然用以鈎字，明而無玻璃差，又可拭除改易，是其獨擅之長。

一系，焚香者意取幽細，以玻璃紙置鑪炭上，投沈香片，其香清永而不烈。

二系，近自東洋來水晶扇，頗似玻璃紙。形質既大，插骨、收摺，均非玻璃紙所及。然不甚行，想因不堅牢故耳。余曾漬以水，則漲成混色，似涼粉之所爲者。然則作字其上，不可蘸水拭除矣。附記於此。

鏡色

一、水晶生具五色，除金晶見紀文達公小説，忘其書名。貴重罕見外，其餘諸色衹可充玩器。惟墨晶能養目及視日，具有大用。蓋目最畏明，以光相奪也，黑能殺之。視久生火，晶能涼之。色深者，能視日不眩。料厚益黑，故作眼鏡者，以厚爲貴。獨墨晶以薄爲貴，蓋薄而能黑，乃真墨晶也。別有茶晶，乃其淺者，價則大減。然亦稍能養目也。色亦有僞作者，久則退。本《博物要覽》。

二、玻璃作窗室，内視外，爲居暗視明，原光九。是其長處。五色玻璃作窗，外人更難於窺伺。且煇煌可觀，閒一用之，亦致飾之美也。

一系，《多能鄙事》錬琉璃法云，欲紅入硃，欲青入銅青，欲黄入雌黄，欲紫入赭石，欲黑入杉木炭。張明益云，玻璃内五金皆可參入。據此，則物皆可參，所以能成五色。然未見有黑者。惟絳色，似黑，而透照仍帶紅。即墨晶亦然。豈本是黑色，因透照映光，致似絳邪？抑黑則無所見，故取絳代之邪？觀圍棋黑子，稍透者，映光必帶紅黄。而鐙薰玻璃，除視日外，一無所見。殆兼有二理矣。

三、視日食無黑玻璃，則用薰黑玻璃視之，日光雖盛，絶不射目。法：取平玻璃於油鐙煙上，薰徧用之。薰熱時，宜放紙上，俟其自冷。最忌風與溼，蓋冷與熱相激，則有迸裂之患。

一系，《博物要覽》云，凡水晶，不可用熱湯滚水注之，粉裂如擘。蓋水晶體本冷，故與熱不宜，不可不知。

又 卷四 述作知者剏物，巧者述之，儒者事也。民可使由，不可使知，匠者事也。匠者之事，有師承焉，姑備所聞。儒者之事，有神會焉，特詳其義。作述作。

作照景鏡其類有二：曰銅，曰玻璃。

一、銅，色紅者爲純銅，故柔。雜倭鉛，即白鉛，又名碗錫。則剛，其色黄。鉛少則成色高，皆爲熟銅。鉛、銅各半，則脃，色淡黄，是爲生銅。銅末、廢器重鎔者，皆以生銅論。因其中有小鉼之錫不能提盡故也。鏡用生銅，取其色淡近白耳。白銅、青銅，別是一種。或謂參和之法不同。以非常用，雖業銅者不能詳。作鏡青銅最良，近白也。生銅作器，皆藉一火鑄成，不受椎故也。而後刮之，而後磨之。磨工足則平如砥，照形不改。然用鏡者價取其廉，究心或鮮。作鏡者力惟其省，苟簡尤多。求其平正無疵者，十不獲一焉。鏡質三。

一系，《攷工記・攻金之工》：金有六齊，六分其金而錫居一，謂之鐘鼎之齊。五分其金而錫居一，謂之大刃之齊。五分其金而錫居二，謂之削殺矢之齊。金錫半，謂之鑒燧之齊。注：鑒燧，取水火於日月之器也。鑒，亦鏡也。凡金多錫則忍，白且明也。疏：四分以上爲上齊，三分以下爲下齊。校勘。記：忍，古堅韌字。謂堅忍而色明白。一作刃，忍、刃皆有堅意。又《㮚氏》：改煎金、錫則不耗。凡鑄金之狀，金與錫，黑濁之氣竭，黄白次之；黄白之氣竭，青白次之；青白之氣竭，青氣次之。然後可鑄也。注：上言改煎金、錫則不耗，分金、錫而各鎔之。此言鑄金之狀，齊金錫而合鎔之。《儀象考成》云，凡鑄黄銅，用紅銅六成，倭鉛四成，鎔鍊精到，鑄之。按《攷工記注》，錫，即鉛也。古或鉛亦稱錫。曾詢之今業銅匠張姓者，云，銅斷不可參錫，小銲用錫，故廢器重鑄即成生銅，以内有小銲也。易五兄蓉湖爲余言，鉛爲五金之母，錫爲五金之賊。誠不易之确論也。鉛有二種，聞之廣東銅行。一云，每銅百斤，參白鉛六十斤、黑鉛五斤，則銅水易流注而鑄器光澤。一云，白鉛七十五斤、黑鉛三斤，則堅軟得宜，不致銅多性軟、鉛多性硬。按，李瑞《印宗》云，紅銅性純，和青鉛則淡，古多用之。和白鉛則黄而硬，古無用者。陳六橋云，古銅色紅，而非今之紅銅。蓋其鎔法久已失傳。其説不一，存參。張姓銅工又云，銅不可參錫，以不受椎，易碎也。聞響銅如樂器中鐃鈸之類，其中有點錫，大約其錫亦甚少，不知是何參法，然亦易碎。

二系，鏡用生銅，其法用鑄，無須銲藥。其餘銅事件，則銲藥爲所必需。坿記於此。

銅小銲方：取水銀先用香油製死，然後入高錫參勻，以備臨時用。

銅大銲方：菜花銅一斤，頂高之銅。白鉛半斤，紋銀一錢八分，合化。然後入點錫四錢八分。速攪勻，即得。

二、鑄鏡既成，磨以方藥則明。磨法：先著水少許，以洗凈。亂髮磨去垢膩，再以布轉緊作裹，蘸水磨熱，撮藥少許，研細，稍去其中之礬，磨之。方列後：

一方：汞一兩。上好生點錫，夏秋七分，春冬八分。成器好錫不可用，中有松香，則色混也。明礬，夏秋一錢，春冬錢半。亦必擇明凈者。加鹿頂骨更妙。或云鹿角燒灰。

二方：白礬六錢，汞一錢，錫一錢。將白鐵爲砂子用水銀研如泥，淘洗白。入錫及礬，研極細，用。如色青，再洗令白。

三方：鹿頂骨燒灰，枯白礬。銀母粉，即銀母砂，等分。共爲細末，和勻。磨一次可過一年。

四方：磨古鏡，用猪、羊、犬、龜、熊五物膽，各陰乾爲末，以水溼鏡，滲覆向地上，不磨自明。按，此當指古鏡不可磨者而言。

一系，第一方出《古今秘苑》，曾親試過，但色白而混。詢之錫工，云，是錫不純凈之故。語殊有理。一、三、四方出《多能鄙事》。又云，凡錫雜松香作銲，低錫不可，過高錫亦不可。按圖索驥之戒，良有由矣。然則諸方中有不用水銀者，恐不免有語焉不詳之弊。姑記於此。

坿錫大銲方：先用錫化大著松香，屢撈攪之，以去其灰。再逼出凈錫，離火稍停，再參水銀，自不飛汞。視錫六而一，不可過多。錫内水銀過多，則易研碎。

解曰：錫工小銲，低錫不可，宜也；高亦不可，何也？蓋銲必較本身易化，故金銀工銲用銀參銅及硼砂，銅鋏銲用銲藥參硼砂，銅小銲用高錫參水銀，錫大銲用次錫，水銀參松香，錫小銲用次錫參松香，咸取其易化也。銲藥之錫過高，則銲藥未化，而本身先化矣，故不可用也。錫用小銲，則多不平。成器後，錯刮費力。用大銲則無是。張銅工云，鍊礬者，上層爲硼砂，中爲明礬，下爲爛礬。爛礬，水滴衣上，即成孔。然打磨銅器，以此水略浸，即時一擦光亮，爲必需之物也。《本草綱目》硼砂别一物，此未確。

坿噴銀法：用銅鍋盛烏梅斤許，水煮，搗爛細。錯銀末，加硼砂少許，入傾銀罐内化之。連罐撇入烏梅鍋内，去其破罐，攪勻，再煮一滚，納銅器煮之，即白。如礬煮銀器，取出，擦之，研之，屢煮屢研，擦之以光爲度。此易五兄説。又，《高厚蒙求》法：用銀屑一錢，黑官鹽一兩。搓和，裝入泥罐，武火鎔化，傾出，候冷，研細待用。先將銅事件用烏梅水浸透，臨時仍用酸水在瓦罐中煎至三四沸，以銀屑細細滲勻。有薄而未到處，再煎再滲，取出拭乾，以軟稻草殼擦之使亮。

坿鐘表銲藥：以銀銲爲良方，用菜花銅六分，紋銀四分，則老嫩恰好。亦出《高厚蒙求》。

三、古鑑微凸，收人全面，用意精微。磨而平之，沈氏所傷。見《夢溪筆談》。好古者慎諸。

四、銅鏡磨後，須幙以袱。忌油手塵侵，使鏡面花斑不明。如有塵侵，宜粉撲撲粉輕擦，忌水。

右銅。

五、紅毛玻璃厚而平浄，可作屏風、大鏡。廣片多疵，不能過大。龐子芳先生云，邇來廣人亦能作大者，是用風鞴鼓之。

一系，易五兄云，大玻璃亦是吹成，甚爲費力。曾用風鞴，而玻璃厚薄不匀，且當風處或致破損。蓋人氣温煖，而鞴之氣則寒涼，冷熱相激，是以不免有破損之患。邇來不復用風鞴也。

二系，造玻璃，聞用石粉，及鉛、錫、硝石鎔錬而成。又説，必博山泥。未能詳也。然其理固有可推者：五金皆屬土，曾見生銀形黑如煤，其質似石，敲之則碎，鎔之則化。觀水晶及諸凍石之類，皆能透明，疑博山泥或石粉本皆透明之質，但泥與石體不能鎔化，故雜鉛錫使能鎔化，亦其理也。

六、裁玻璃法：先畫墨線，用橄欖烙鐵端鏡稍肥，似橄欖形。二根互换，燒紅烙之。起首如不開，烙熱，抹微唾，即激裂。順其裂紋徐引之，迨至邊，則移烙須速，否則慮有斜迸之患。見《高厚蒙求》。若裁圓，則用鉗剪剪形似鉗，不可利口。帶剪帶擘，漸漸去其圭角，須有手法。至裁小玻璃，可用火石屢屢畫之，俟有畫痕，向背一擘即開。其剪圓形者，圭角太大處，徐剪則費時費力，亦可用火石法去其大角，餘自易剪。邇來傳得粤法，是用金剛鑽。愚游粤時，見作坊玻璃吹成如缸，高三四尺，大徑尺餘，外畫墨痕，手執金剛鑽自口探入，照墨一畫，向外一擘即開，百不失一。今江南肆中亦能爲之。但選鑽甚難，又各人用貫之鑽，彼此不能互易耳。鑽故宜鋭。太鋭則痕起灰。

七、襯箔法：玻璃擺箔上，雖反照亦有景，而不甚濃顯，以相切而非相連也。鏡質四解。故必黏箔於玻璃上，使貼合爲一體。傳其法者不一。項輪香翁云，最要在箔上水銀必蓋以紙，再放玻璃於上，抽紙即黏。余謂，水銀不無有塵，蓋紙抽之者，殆去塵之意耶？今從易五兄得其法，目擊且手驗矣，諸説概從姑舍。其法，先將玻璃裁好，玻璃裁痕欲深而不毛，金剛鑽過鋒鋭者，則玻璃痕内起灰，即知痕毛不鉻，向背擘時多致破損，不可不知。次用牙灰牙灰詳後。擦之使浄，俟乾，再拭一徧，置大盤内。盤如託盤，放桌上斜池之，使靠懷一邊稍低，以便水銀聚而不散。盤内斜放一極平石板，板上糊紙一二層，須將懷内墊起，使在盤中恰合地平，再將錫箔放石板上，取汞些須加箔上，用一指輕擦徧，以箔光明爲度。再多加水銀於箔上，使堆起不致流走爲度，然後以紙紙宜細而不滑。細則易抽，不滑則易去鉛塵。梅紅單帖即可用。蓋上，次放玻璃於紙上，左手按之，右手抽紙，次連石取起，豎瀝之，則水銀流下而箔即黏。汞有賸者，到邊刮去之，仍將鏡迆二三日，方乾牢。其賸汞内有箔化之錫，仍可下次再用。蓋水銀内無不有鉛者，此亦參假之一端。然鉛爲五金之母，以母召子，正欲借鉛爲用，故不忌耳。然又錫爲五金之賊，亦欲借錫死汞也。箔亦來自廣東，較常箔稍厚，略似火金。不宜陳，及塵污。牙灰擦玻璃極浄，無有勝之者。此二者爲襯箔法之秘妙。

一系，牙灰亦來自廣，其色白稍黄，似象牙色，故名。其質甚粗。製法：用泥罐裝糠，築緊封口，埋大炭火内，燒罐極紅，俟出火，擊罐取灰，則已結成一箇，研碎待用。曾試爲之，亦可擦物，但色青似磚灰，恐罐不浄，或尚未得法邪？愚按，牙灰擦銅錫器俱妙，蓋質甚粗糙而鬆爽，又經火錬成灰，故去油垢而不損物，此所以妙也。愚嘗用乏砂，碾玉用乏至不可用，將棄者也。以擦玻璃銅鐵，無不皆妙。蓋寶砂極堅，用乏則極細。堅，故無垢不去。細，故本體不傷。與牙灰質正相反，而得用則一也。又，肆中擦用鐙心，亦爲其爽而粗也。

二系，玻璃與料之分，以側面白者爲料，其有黄或緑者爲玻璃。相沿如此，未能詳也。愚意疑是一物，以出處及造法不同耳。料猶材料也，故有博山料、洋料、土料之稱。存考。

八、玻璃鏡面不畏塵，而背忌霉溼，及擦碰。汞，久或脱損，多由於此。故以紙蒙背上，而糊其邊，以免溼氣；又空其後，以免擦傷。霉爲尤忌，往往舊鏡多見黑點，此鉛錫之氣，因霉溼透入骨也。不惟有箔不可摩擦，即去盡箔，洗擦亦不能去，非碾砣不可。此業眼鏡者爲愚言如此，當不妄也。

九、愚在粤，見紙札所用小鏡，詢之，據云，此不須水銀，但烘熱以箔貼之。蓋錫鎔自黏，襯箔上著水銀，其箔即縐紋漸生，敷腐欲化，可知錫化乃黏也。第恐錫鎔成珠，則不可用，此又須有火候手法耳。

右玻璃。

作眼鏡其類有三：曰平光、曰近視、曰老花，其質有二：曰玻璃、曰水晶，而作法則皆從同。

一、保光鏡，平鏡也。兩面皆須極平，稍有凸凹即不適用。凡作晶玉，法以鐵□□安車上，水蘸寶沙碾之。先□□形，然後用火漆爲砣碾之。又用牛皮爲砣碾之。名爲出光其實皆磨法，先粗後細，細極乃光耳。出光爲別一行當。火漆砣、皮砣皆得自傳，聞未能詳也。

二、眼鏡入匡，或稍大則剪之。水晶雖堅然眼鏡甚薄亦可如玻璃剪法。照景鏡二之二。惟近視鏡近視中凹則邊厚。及料厚者，仍須碾耳。

三、少年目力至足，無須於鏡。然終日一編，用之過度，遂生眦火。水晶性涼，故能清目而保光也。患目羞明，更宜墨晶。若玻璃，經火而成，不惟無益，且有害矣。或行路暫取遮塵，用舊玻璃如舊磁然，久則退火。差可耳。

四、保光鏡宜於觀書或養静。蓋觀書正用目力時，鏡性涼，則消眦火也。養静正不用目力時，鏡有景，則韜目光也。故尋常視物，用鏡如無鏡，若夜行，則有鏡反不如無鏡矣。

右平光。

五、老花鏡，凸鏡也。或一面凸，一面平；或兩面俱凸。然必中度，否則不適用。作法：先製爲片，然後於破釜内蘸寳沙磨之。釜形凹，故鏡成凸。然愚謂，此工人手熟，故得合度耳。觀水晶頂及火鏡，悉心諦觀，多不中度，正由於此。若作凹，砣旋之，必較勝矣。

六、中年以後，目力漸衰，故睛凸處漸平。或氣血不足，睛内不舒，長則視遠如常，而視近昏花矣。凸鏡所以益其不足也。但中年所用，其凸無幾，視遠尚不覺昏，不知者寳而用之，終日不去，以致目益加甚，不可救藥矣。法宜視近即用，視遠即除，凸甯淺爲妙。

一系，黄昏月下，少年及短視人皆能察書，惟老人不能者，老人之目近物則昏，而光暗之時，視遠字則墨色漸淡故也。凸鏡視物，能使物色加濃，且凸可近物而視，必能黄昏察書矣。

七、凸鏡能力，以順收限驗之。圓理九。眼鏡限，極老無過九寸，極嫩不過二尺四寸。九寸以下，二尺四寸以上，别有他用。詳於後。

一系，凸淺視近，間有昏花，則目老鏡嫩之故。圓凸二十。稍去物遠，即合度不花矣。

二系，眼鏡自洋舶初來，止用一片，用時持而照之。不知何時增爲兩片，挂於耳際。便則便矣，而終日不除之獘，由此而生，必有陰受其害者。又，舊時價頗昂貴，故其式甚小。戴鏡觀書，偶一視遠，則眸子上注出於鏡外，此亦妙用。近時料薄而價賤，取其大樣以爲美觀，失之矣。洪石農姻家範曾定造老花眼鏡，上半平，下半凸，爲臨畫之用，殊得此意。

八、凸鏡不宜視遠，尤忌夜行。不惟鏡景韜光，且能視夜加黑故也。

右老花。

九、近視鏡，凹鏡也。或一面凹，一面平；或兩面俱凹。人，生而睛凸，或習於視近，以致睛不開廣，見近極明，視遠茫然。凹鏡所以損其有餘也。然讀書人微帶短視，至老不花不足爲累，惟短視太甚，非聞聲不能辨人，誠不能不藉凹鏡爲用，不知者寳而用之，或並戴以觀書，致短視日甚，則用之者過也。法宜少用，凹甯稍淺爲妙。作法：與凸鏡同，第治凹之器，反爲凸耳。

十、凹鏡能力，以側收限驗之。圓理九。眼鏡限，極深無過一寸，極淺無過三寸。三寸以上，一寸以下，惟作遠鏡用之，有深至三分者。

十一、凹鏡專爲短視人視遠而設。至於夜行，雖短視甚者不得已用之，然鏡景韜光，實無益也。

右近視。

艾約瑟《格致總學啓蒙》卷中　四十六節　考論水有體式與否

清水之爲物，極清潔透光。上文業經講明，當人目之觀夫水也，此水彼水，不見其有何分别，均無經緯羅織之紋理，亦無成行之體裁格式。惟余等不得因，未見有何異狀，視爲内無他物之準也。緣人之目力有限，恒於他等物目視爲質體無不同者。及以顯微鏡窺視，則見有遠不同之多質體。譬猶取白色紙一張，以目視之，乃極光滑平匀也。而以力小之顯微鏡窺視，即辨明此一幅紙中爲材料之各種絲條物。設以力極大之顯微鏡窺視，雖此片紙之微，亦宛同於極粗糙不平之一幅蘆席也。

假使用插於顯微鏡中之玻璃片，窺視物形，滴一微點水於其面，復蓋一極薄之玻璃片於上，使水四散衍開，成爲薄膜式，薄及萬分寸之一分。以力極大之顯微鏡窺視，體格仍屬渾一不變，處處均匀相同，無纖微之駁雜分别。然猶不敢信此果足爲水非多互離質點凑合成者之确據也。其質點爲細微可比並，即用力大至四五千倍之顯微鏡，亦不能分開。實緣鏡力有所不足，鏡力再加數倍，難云終不見耳。

即定質物而論，將其原點細分開時，其所分之諸點，亦可至用力極大之顯微鏡所不能窺見之地。地中海東濱所産，屬於樹膠之馬斯低革，入水中不能消化，入燒酒精内可消化。泰西國人，恒用燒酒精消化馬斯充油用，驗試時，將水兑合於馬斯油内，水與馬斯油中燒酒精合一處，馬斯即下沉，變爲色白形似嬭酪之定質物，即爲所易見之無數白點凝聚成者也。試爲易一法，用馬斯油料一滴，置入半升水内，用匙從優研磨調和之，其馬斯下沉時，爲無數定質細點，而仍不能見，惟見水微透白色。

所言水中之白色,乃爲馬斯香之無數極細定質點,均分於水之各處透顯者。譬猶取其水一滴,用上文所用之二片玻璃磨壓開,以力極大之顯微鏡窺視,亦不見其諸點,宛與清水無異。泰西現今所造成色極高之顯微鏡,雖於一寸判分爲十萬分之一分物,猶可看視清楚,而於馬斯之點不能見,可知其質點之直徑,較寸判爲十萬分者之一分尤微細矣。由是觀之,設水之質點爲百萬分寸中僅一分闊厚之細微者,西人所作成色極高之顯微鏡,不能判出其質點之毫末也。定質物馬斯之各點尚如是,水爲流質物,更爲目所不能見其一點者矣。

王大海《海島逸誌》卷五　千里鏡　千里鏡能觀遠景者,無足稱奇,有屈曲管者,能覩其室之偏隅,房中幽隱之處,無不遍及。其佳者每管價值數千金,用以禦敵,可望敵營中,能週知其虛實,女牆衣壁人數多寡,洞見底裏,誠鬼工之奇技也。

斌椿《乘查筆記》　顯微鏡　法國使臣來答拜,告知有以顯微鏡照壁,見各異物者。往觀。乃巨屋一大間,中頗闇穴,西面壁嵌玻璃,其上如錢大始有光。人面壁坐觀。術者以水一滴彈玻璃上,如黍米,映兩丈壁上,滿壁皆作水紋,中有蟲如大蝎,千百隻往來如梭織。又滴醋照壁上,作蝦蟹形,其金鐵鑛中水變化各種草木,形狀奇異,不能盡述。據云皆水中本有之物,極纖細,非此鏡不能見耳。然則蠻觸之鬥,殆非莊生寓言。俄頃雨作,往園亭小飲,賞雨片時。歸途觀夜劇,皆著名女優演本國昔年君主事,惜不解。各國方言不同,王公貴官皆能習數國語言,多以英法爲官話。若市肆祇習土語,不能解也。又觀公所鳥獸各骨,有取於山石及海中者。骨化爲石,尚可辨認。珊瑚高六七尺,與各石之怪異者,咸萃於此樓。

志剛《初使泰西記》卷一　顯微鏡　晚在寓有作電氣光視顯微鏡,能見人所不見之物者。其法將麵糊塗於徑二尺許邊薄中厚之顯微鏡,鏡後發電氣光,人在鏡前觀之,則陳麵糊中有寸許至尺許大之蟲,或蜿蜒而行,或蠕蠕而動。蓋一切食物及湯水中皆有生機之動,動而爲生物居其中,故冷水及隔宿有湯水之物,皆不可食。觀於此而益信,當知所戒矣。

又　卷二　觀象臺　觀堪布里支之觀象臺。臺上圓屋活板,開閉視所用方向,中支木架,架裝顯微鏡,以窺日光,則曳其板以對日,由鏡窺之,則見日光之色如虹,黄紅紫緑之色,較然可分,各色中又各有烏絲界,匪夷所思矣。或曰爲兩間光氣之大本,凡四時之行,百物之生,無不秉其光氣。然天行雖然不息,生物雖然不測,而軌度寒暑,千古不忒,飛潛動植,厥類維彰,是必有其變易中之不易者。今目遇之而成色,此日光中所以有較然不紊之烏絲界歟?

又　卷三　照相之法　照像之法,乃以化學之藥爲體,光學之法爲用。所爲化學之藥者,西人率以硫磺、錟硝、鹽、鹻等物,煎煉成水,以之化五金爲强水,而各視其强水之力,化所能化之物。如磺强水能化金,硝强水能化銀之類。蓋物性有堅疏,藥性有猛弱,其法爲專門之學,不輕示人,學者必納貲若干,始能習而得也。今止言照像之藥,則化以有銀之强水,少滴於玻璃片上,令其浸濡周徧,而仍滴回瓶内,再以浄水淋之以去其火性,將藥片納於夾板,以横插於照像鏡架之後,鏡架之式如方木筒,横卧於木凳之上,筩外口有圓遠鏡,坐人於對面,使影隔鏡照於藥片之上,欲其像之大,則推鏡架而近之;欲像之小,則撤鏡架而遠之;一分工夫,乃抽藥片,而又以清水淋之,漸見影現,愈現愈真,而照像成矣。夫照之之法,夫人而知之,現影之故,則未有能抉其微者,因細繹其故,乃悟凡照之時,必於巳午未天光正照之下,而照像之屋,上有玻璃頂,隨時刻方向,或遮或敞,則其作用全藉天光,取天光照於人身,而以人身所受之天光映入濕藥片,則藥片上之銀性,受天光之明處,隱生銹意,受天光之暗處如故;再以冷水澆之,激出銹痕,漸分濃淡,而像以現。因以此言質之博物洋人,未能反其説也。

張德彝《小方壺齋輿地叢鈔》第一一帙《航海述奇·照像》　往照像處。上樓玻璃四窗、玻璃照棚。其照法則靠牆設桌凳帳幔,令本人端坐凳上,不可稍動;對面高支一匣鏡,相離十數步;匠人持玻璃一方,入一小暗室内,浸以藥水,出時以青氈遮其玻璃,不見亮光,仍放於匣鏡内,向人一照,則其影自上鏡矣。初則人影倒立,片刻照畢,持入屋中,以白水洗滌數次,隔日以紙向日曬之,一時可印數紙。彝等遂各照一張而回。

王韜《瀛壖雜誌》卷二　滬地多西洋奇器　滬肆諸物騰貴。談箋濮刀,著名已久,今皆失其初製。闤闠間所陳西洋奇器,俱因天地自然之理,剏立新法,巧不可階。如觀星鏡、顯微鏡、寒暑針、風雨針、電氣秘機、火輪機器、自鳴蟲鳥,能行天地球之類,下至燈瓶盂碟一切玩具,製甚精巧,亦他地所無。

又　卷六　照相之法　西人照像之法,蓋即光學之一端,而亦參以化學。其法先爲穴櫃,藉日之光,攝影入鏡中。所用之藥,大抵不外乎硝磺强水而已。一照即可留影於玻璃,久不脱落。精於術者,不獨眉目分晰,即纖悉之處無不畢現。更能仿照書畫,字跡逼真,宛成縮本。近時能於玻璃移於紙上,印千百幅,悉從此取給。新法又能以玻璃作印板,用墨搨出,無殊印書。其便捷之法,殆無以復加。法人如李閣郎,華人如羅元祐,皆在滬最先著名者。或云近來格致之學，漸悟攝影入鏡可以不用日光，但聚空中電氣之光，照之更勝於日，故雖夜間亦可爲之。技至此，疑其爲神矣。孫次公洋涇雜事詩云：添毫栩栩妙傳神，藥物能靈影亦新，鏡裏蛾眉如解語，勝從壁上喚真真。

黎庶昌《西洋雜志》卷六《談天彙志》 予素未習天文家言，自到倫敦後，往觀格林里止觀象臺，見其儀器之精，詫爲未有。臺中有巨儀三，一爲子午儀，一爲地平經緯儀，一爲赤道經緯儀。即子午一器，監正告以費至二十萬金之多，各儀用法已詳羅、李兩記，不贅述。宜其天學之夐乎獨絶也。後至巴黎，亦曾登其天文臺，儀器約畧與格林相仿。然此二處，皆是晝觀。惟在伯爾靈天文臺，距使署不遠，曾夜一往。監正導至觀星處，啓其圓房頂門，遠鏡正指觜參兩宿，窺之與目所見者無甚殊異。又窺月缺處，悉如玻璃上凝結露珠。及來馬得利，黄宗憲攜有四寸遠鏡，用以頻測金、木、土三星。木星能見其四月。土星形如雞卵，外有光環斜束之，而與星體相離甚遠，附月僅見其一。金星有圓缺，由初虧以至一線，與月體無異。而以窺初二出見之月，絶似破爛元寶銀邊。又窺日食，食處如黑鐵一塊覆蓋其上，其邊微有缺痕。又窺日中黑瘢，頻頻移徙，此皆經余所目驗者。然則一星一地球之説，雖欲不信，而有所不能矣。西人向亦言日繞地球，自百數十年來儀器日精，始悟爲地球繞日，故直以地爲行星之一。設此例以類推之，而天象乃頭頭是道，無不脗合。各行星繞日之道爲橢圓形，日不正居中心。因有攝力之故，恒在橢圓之帶徑心。即以推知天空之中，各體無不互相交攝。其各體攝力之大小，與本體重積相比。苟無空氣阻之，輕體下墜之速率與重體同。必明此理，始可以言天象。以下論日。日之爲體，大於地球百萬倍，星月皆賴以發光。用大力遠鏡窺之，中有黑瘢十餘，頻頻移動。每月所行軌道，亦自不同。當黑瘢現時，其光稍減，別有一種光紋，如菊花形，或似乾樹枝杈枒交錯，現於其面，然非遠鏡玻璃大至一尺者不能見。以下水星。行星最近日者爲辰星，離日三千五百萬英里，徑長得地之三，八十四日一周天，軌道最小，不離日左右，故祗於日出入時及見之。其軌與黄道畧相同，出入有盈虧，如月晦時最與地近，望斯遠矣。體質較地球爲重實，因距日太近，不能測其面有無雲水如大地。以下金星。其次爲太白，離日六千六百萬英里，徑長約與地等，二百二十四日一周天，又二十三日四分小時之一自轉一周。離日雖較辰星爲遠，然祗能旦暮見之。東有啓明，西有長庚，皆此一星也。有盈虧如月，晦時距地最近，望時最遠，近時較遠時大六倍有奇。體質畧如地球，以大遠鏡測之，其面有黑處游移不定。金、水二星，皆較大地近日，故於大地上能見辰星、太白經日，而不見他行星經日，二星有盈虧，而他星無盈虧也。以下地球。金、水之外，大地次之，離日九千一百萬英里，赤徑七千九百二十五英里又百分里之六十五，極徑七千八百九十九英里又百分里之一十七。因地心攝力之故，兩極處稍扁。故赤道大周爲二萬四千八百九十九英里，兩極處較少一十六英里又百分里之四十八。凡三百六十五日六小時九分繞日一周爲一歲，又每日二十三小時五十六分自繞本軸一周。因其自轉與日有向背，而晝夜分焉。其自轉軸去黄道面正交線二十三度有奇，是謂黄赤大距。以下月繞地球。月繞地球而行，爲附地之行星，徑長二千英里。所行之軌爲白道，每二十七小時四十三分而繞地一周，亦自轉一周。其向地一面，有常不變。因爲實體，受日之光以返照於地球，故向日一面常明，背日一面常暗。合朔時，以日同度，暗面向地，斯不能見也。體質皆凝，無雲水。以下火星。大地之次爲熒惑，去日平率一萬三千九百萬英里，徑長得地之半，六百八十六日一周天，又二十四小時半自轉一周。軌圓最橢，有時近地約祗三千萬英里。其自轉軸去黄道面正交線二十九度，氣候畧與大地同。色常赤，以遠鏡窺之則不見，但見光暗相雜，光處較多於暗處四倍。暗處爲流，光處爲凝。其極時有白頂，天算家以爲積冰。重率與球相等。以下小行星。熒惑之外，則爲小行星。近時測得之數，約一百三十星，然時有所增。見其小者，約與空中第十等之小星光埒，其面如小島而已。以下木星。太歲爲最大之行星，徑長十倍於地，距日四萬七千六百萬英里，四千三百三十三日一周天，每十小時自轉一周。其形橢球，以遠鏡窺之，上有白氣如帶，周繞其間，或見黑處游移無定，天算家以爲蒙雲之破隙。附星有四，名爲歲星月，與大地之月同。第一以二日而繞木一周，第二以三日半繞一周，第三以七日繞一周，第四以四十六日又四分日之三繞一周。此月所行之軌，與歲星軌道出入無多，故常見經食。過面曰經，過背而爲主所掩，不受日光，曰食。歲星自轉之軸，去黄道面正交線四度有奇，故知無四時如地。其積較地大一千三百倍，然重祗較地三百倍，重率得地四分之一。以下土星。此外爲填星，徑長較地九倍，重率得地八分之一，去日八萬七千二百萬英里，一萬零七百五十九日一周天。以遠鏡窺之，上有白氣如帶，與歲星同。其最異者，外周有大環，極耀，凡三重。最外一重，徑一十六萬六千英里，然厚不過一百三十八英里，天算家以爲衆月之集。每十小時半自轉一周，轉軸去黄道面正交線二十六度半，故有四時如大地。環外有填星月八，所行之軌與填星軌道出入過多，少見經食。以下天王。填星之外爲天王，徑長較大地四倍，重率得地五分之一，去日一十七萬五千三百萬英里，三萬零六百八十六日一周天，附月有四。以下海王。天王之外爲海王，徑長較大地過四倍，而質較天王爲輕，去日二十七萬四千六百萬英里，六萬零一百二十六日一周天，附月一。此爲離日最遠之行星，其察得也，天學家因填星在軌道中，其行累緩，知爲他體所吸，布算以知其處，察之果得此星，此外則未有知者。至於恒星之遠，不可思議。恒星能自發光，天算家以爲太陽之比。雖以大力遠鏡窺之，不過光芒略加明耀，與目所見無甚懸殊。以下日食。日食者，日爲月體所掩。凡月朔，月在日與地之間，日月經緯度相同，則見爲食。月影斜交，下射爲錐尖，如粽子形。指經地面，成一黑線。線之兩旁，復有淡影。如人在黑線中，正對錐尖，即爲食既，食盡時有火燄從四周噴出。在淡影中，則祇見爲食若干分。出淡影，則不見食矣。若錐尖雖正對，而日距地近，月距地遠，錐尖之影尚未及地面之頃，月體小於日，不能盡掩其光，四周溢出一線，如金邊然，故謂金環食。若初虧在地平上，復圓在地平下，或初虧在地平下，復圓在地平上，又謂之帶食也。以下月食。月食者，月爲地體所掩。凡月望，地在月日之間，日月相對，同一緯度，而經度各距一百八十，則見爲食。日食有見有不見，月食則大地皆同。地體較大於月，錐尖亦較長。當月將食時，先有淡黑影一層蓋之，其光頓暗，所謂暗虛。暗虛已過，乃入濃處，爲食既。食後復行暗虛。故月食必良久乃復明者，職是故也。此數者，在天文中爲極淺近之說。西國五尺童子，大率能言之。自余至歐土數年，與羅稷臣、嚴幼陵、黃玉屏諸君數數討論，始知其梗概，而得於玉屏者爲尤多。志之，所以見余之陋也。

傅蘭雅　徐壽《色相留真》卷一　第一章

劃玻璃　洗玻璃　敷蛋白

照像之事，須擇極平極明之玻璃，劃準尺寸以備用。若爲大片，宜備一平面之桌，其面長四尺，闊三尺，以綠色之呢粘糊於上。桌邊之二縱一橫，以硬木條爲鑲邊。此條闊一寸，厚十六分寸之一。雖爲薄玻璃片，尚能稍高。木條之上刻分寸，祇在二縱邊，從交角起，向左作識。再備直尺，長三尺半，闊二寸，厚半寸，必以極硬之木爲之。金剛石有鑲柄者，可以購買。如金剛石依法用之，則劃成之線如快刀劃於木面相同，與鐵釘劃於木面則大不同。劃好之後，用手分開。力之方向，半彎半拉，自能此端裂至彼端。惟劃線起止二處，必須透頭，而其中間亦不可忽深忽淺。如有此病，則開裂之縫不直。金剛石之快鈍，有一定之方向，劃線欲平勻，必試得此方向而記之。

各器備齊，將玻璃片置於桌面，而緊靠右端之鑲邊劃之。其左端不作鑲邊，便於鉗牢玻璃片而揩擦。桌面之下作抽屜，内有分隔，可藏劃準之玻璃，以及金剛石、磋刀、麂皮、絲布、麻布等物。

照像之先一日，將玻璃片，無論新者舊者，浸於淡硝强水。此以硝强水二兩，蒸水二升相和，俟六點鐘至八點鐘，則面上所有一切污穢消盡。

又法，用硫强水二兩，鉀養二鉻養三兩，蒸水二升，此二法之功用略同。

又有簡法，玻璃片用過者，亦能消去前用之藥料，但無前法之好。即浸於淨冷水，而漸加熱至沸。前工既畢，遂將玻璃片以水淋洗，用淨海毧揩其二面而再淋，然後可加蛋白皮。作蛋白料之法，在阿苦蘭書中摘出，依法爲之，可封密於瓶内，多年不壞。將雞蛋若干枚，專取其白，另將冰形醋酸，即極濃者二十厘，蒸水一兩，用玻璃條掉勻，即以蛋白八兩，添在其内。再以玻璃條掉之，須歷一分時，再俟一小時不動，後用紗羅篩濾清，而添極濃之淡輕養半錢掉勻，藏於瓶内封密。

前料一兩，盛於杯内，添水五兩掉勻。將平底淺資盤洗極淨，用玻璃片作條，置盤底之兩邊。傾以前料，浸没此玻璃條。如水面有氣泡，必用紙條撈盡。將前洗淨之玻璃片，一端先靠於玻璃條，而漸漸放下，與第二玻璃條相切。此事必備銀小鈎，則起落俱便。玻璃片取起之時，視其面或有不勻之處，或有小點，即宜淋洗淨盡，而再照前法爲之。必須毫無小疵，始置於架上。俟水流乾，再置於煖處之架待乾。作此事之處，必須極淨地板與器具無有纖塵，牕户亦無微風吹進，庶免片上之沾污。其置片之架，用鍍鋅之鐵皮，作多曲，有現成者可買。

玻璃面先加蛋白料，大有益於照像之事。如不用此法，須用石粉與酒醇揩擦，費工甚多。今則可稍省。更有益者，哥路弟恩之皮，不生小泡或痕迹，並可免銀養淡養化分銀質而粘土。間有洗像之時，哥路弟恩之皮往往脱落。既先用此蛋白皮，必無此病。蛋白之皮甚薄，不久即乾，視之不能見。欲辨何面有此料，可呼氣於上，霧迹立散者，即爲此料。以上各事，當在暇時預爲之。

戴榕《黃履莊小傳》張潮《虞初新志》卷六　附奇器目略

一，驗器。冷熱燥溼，皆以膚驗，而不可以目驗者，今則以目驗之。

驗冷熱器，此器能診試虛實，分別氣候，證諸藥之性情，其用甚廣。另有專書。

驗燥溼器，内有一針，能左右旋，燥則左旋，溼則右旋，毫髮不爽，並可預證陰晴。

一，諸鏡。德之崇卑，惟友見之。面之媸妍，惟鏡見之。鏡之用，止於見己，而亦可以見物，故作諸鏡以廣之。

千里鏡，大小不等。取火鏡，向太陽取火。臨畫鏡。取水鏡，向太陰取水。顯微鏡。多物鏡。瑞光鏡，製法大小不等，大者徑五六尺，夜以燈照之，光射數里，其用甚巨。冬月人坐光中，遍體生温，如在太陽之下。

一，諸畫。畫以飾觀，或平面而見爲深遠，或一面而見爲多面，皆畫之變也。

遠視畫。旁視畫。鏡中畫。管窺鏡畫，全不似畫，以管窺之，則生動如真。上下畫，一畫上下觀之，則成二畫。三面畫，一畫三面觀之，則成三畫。

一，玩器。器雖玩而理則誠。夫玩以埋出，君子亦無廢乎玩矣。

自動戲，内音樂俱備，不煩人力，而節奏自然。真畫，人物鳥獸，皆能自動，與真無二。燈衢，作小屋一間，内懸燈數盞，人入其中，如至通衢大市，人煙稠雜，燈火連綿，一望數里。自行驅暑扇，不煩人力，而一室皆風。木人掌扇。

一，水法。農必藉水而成，水之用大矣。而亦可爲諸玩，作水器。

龍尾車，一人能轉多車，灌田最便。一線泉，製法不等。柳枝泉，水上射復下，如柳枝然。山鳥鳴，聲如山鳥。鸞鳳吟，聲如鸞鳳。報時水。瀑布水。

一，造器之器。工欲善其事，必先利其器。況目中所列諸器，有非尋常斤釜所能造者，作造器之器。

方圓規矩。就小畫大規矩。就大畫小規矩。畫八角六角規矩。造諸鏡規矩。造法條器。

張山來曰，泰西人巧思，百倍中華。豈天地靈秀之氣，獨鍾厚彼方耶！予友梅子定九，吴子師邵，皆能通乎其術。今又有黄子履莊，可見華人之巧，未嘗或讓於彼，祇因不欲以技藝成名，且復竭其心思於富貴利達，不能旁及諸技，是以巧思遜泰西一籌耳。

原本奇器目略頗詳，兹偶録數條，以見一斑云。

陳其元《庸閑齋筆記》卷六　泰西測量法

泰西各國最喜測量之法，專門名家，父死子繼，不精其技不已，其用志極爲專一。每以極好千里鏡測月，謂月中有山，有川，有海，兼有火山三座，獨不能見人物。蓋彼以月亦爲地球也。其説以我所處之地球，亦是天内一星，凡天内之百千萬億星，皆地球也；金、木五星，亦一地球，人强名之金、木、水、火、土耳，彼地球中人不知此名也。月之地球與我處之地球最爲近，故可以鏡測之。又言日中本有一黑子，以盆水照驗自得。黑子之見，不爲災異，所論甚辨，亦非無理也。

又　卷九　測遠鏡

遠鏡至今日之歐洲而精極矣，用以測月，月中顯有凹凸之形；測日，則見太陽邊體齟齬如鋸齒，日面有浮游黑點，大小多寡不一；測金星，則見有消長，亦如月之上弦、下弦。此皆古人所未見者也，然非在上海用西人之遠鏡，亦不能知也。

鄒伯奇《攝影之器記》　有一密室，惟前壁開小孔透光，則室外諸物盡倒影於後壁。居東者見於西，在下者射於上，以似平非平之中高鏡安其孔，接浄白紙，則形形色色畢肖焉。紙距鏡視鏡高爲遠近，如以鏡照日遠一尺得火，則紙距鏡不過一尺爲最明，稍遠則漸暗也。若描寫爲畫與當面景色無少異變，而更之以木爲箱，中張白紙，或白色玻璃，前面開孔安筒，筒口安鏡而進退之，後面開窺孔，隨意轉移而觀之，名曰攝影之器。此畫譜之最生活者也。如欲描寫，則去其後面，別加黑布併人帳之。若先於一處描寫一幅，依直邊移遠若干丈尺，別描寫一幅，度其差數，以爲比例，而山木樓臺遠近高卑之數盡得焉。如先畫得一樹，距中線左一寸，樹距鏡一尺，中線者，從鏡直射與紙爲正角者也。左移遠五丈，又畫得此樹距中線左一寸五分，其差五分與移五丈之比，同於畫樹距鏡一尺與鏡距真樹百丈之比。又如量畫樹得高四分，與距鏡一尺之比，亦同於真樹高四丈與距鏡百丈之比，則知此樹高四丈，離初測處百丈也。此又測量之變而加捷者。或以鏡向地平，則影見於紙上，其度與地上真數之比，同於紙距鏡與鏡距平地之比。可省重測，但不能及遠，故必濟以上法也。若又以白色玻璃，變紙之平面爲半渾圓，邊各抵板鏡，居圓心令可轉側四遊，各向四方描寫畢，用火映之於平面紙上，合爲一圖，則其八面形勢一目了然。繪圖之法，莫密於此。如夜間以鏡心向上，半圓在下，使星月之光映照其中，可以量其升降經緯之度，同於郭若思仰儀之用焉。先是歲在乙未，客有以塔倒影獻疑者，取《夢溪筆談》讀而極思之，驗之室中之雲影、飛鳥之往來，因通其故，與陽燧倒影實爲一理。甲辰歲，因用鏡取火，忽悟其能攝諸形色也。急閉窗穴板驗之，引申觸類，而作此器。夫塔倒影爲陸放翁、陶宗儀等所不解，見所著《老學庵筆記》及《輟耕録》。明季有著《天香樓》偶得者，極論此事而猶非其實。今余乃爲器以顯迹象，復引而至圖畫，極之測量，通之儀器，豈不快哉！然非《夢溪》之有以啓其衷，豈能頓悟？故並記之。

畫地圖之法。余嘗製爲攝影之器，以木爲方箱，前面開孔，置中高鏡，中張一净白薄紙，後面爲門。將此器前面向所欲繪之處，以黑布蔽後面。開門視之，則此地諸物悉見紙上，形色位置不失毫釐，以彩筆摹之，則爲平遠山水一幅。又移別位，復摹一幅。以二幅各較其差角，以所繪各地距鏡心之遠近高下求之。即得各地之遠近，可以畫爲平面圖矣。變而通之，其用不窮，亦快事也。

佚名《計漸離透光三種鏡》何良棟《皇朝經世文四編》卷一〇《光學》　一爲平凸鏡，二爲雙凸鏡，三爲凹凸鏡。

惟漸離透光凹凸之面而半徑大，凸面於半徑漸聚；透光凹凸鏡之凸面，半徑大於凹面半徑，稍有不同耳。憑此六境以測透光，可以纖細無餘矣。又有折光。西人測得光線凡自空氣射入水中，則折光線即近於垂線。自水中射入空氣，則折光線即遠於垂線。其測試之法，如第十圖，甲爲水中發光點，乙爲射光，中丙爲垂線。其射光線出水面而入空氣，即更遠於垂線。若射光線之度數加多，則出光線之度數亦加多。如有出光線與水面平行，則射光線亦不出水面，而射入水中矣。觀乎此，即可知萬物折光之理，既知即光之理，則折光理即光差亦可知。如玻璃瓶内用醋，則折光指爲一三六。用橄欖油則折光指爲一四七。用柏角油，則折光指爲一五三八。用以脱里克醇，則折光指爲一三七二。用燐，則折光指爲二二四。用炭硫，則折光指爲一六七八。皆可試用而知之也。又有光力。西人之測量光力，或大或小，或多或寡，全憑藉量光力器。其器甚多，而以活樞量光力器爲尤善。如第十一圖，其器爲克羅克司所設，用極輕細之金絲，或銅銀等絲，竹十字形如乙，中加一硬銅釘如甲。此釘靠於小杯凹内如丙，用能任意轉動。其十字絲之端，用圓通草片作球形如丁，兩黑兩白，裝於白玻璃泡内。抽盡空氣，而密封之。此氣遇光即動，其轉動之遲速，視光力之大小。光力大若干，則轉動即速若干。光力小幾度，則動轉即遲幾度。前曾有人試此種器，執燭火距器二十寸，則二百八十二(稍)[秒]内轉一周。距器十寸，則四十五秒内轉一周。距器五寸，則十一秒内轉一周。如用燭兩隻，則所轉之數視前加倍。用燭三隻，則所轉之數視前加三倍。又用燭三置於小器中，距器約五寸許，令光行過客色玻璃，則淡紅色玻璃二十秒轉一周，紫色玻璃二十八秒轉一周，綠紅玻璃四十秒轉一周，黄色玻璃二十一秒轉一周，藍色玻璃三十八秒轉一周，橘色玻璃二十六秒轉一周。其轉動之遲速不同，實其光力之大小各異也。故某種玻璃光力大，某色玻璃光力小，俱可一測而知也。此則西人測光之法所以神而奇也。

傳記

《明史・曆志・曆法沿革》　崇禎二年五月乙酉朔日食，禮部侍郎徐光啓依西法預推，順天府見食二分有奇，瓊州食既，大寧以北不食。《大統》《回回》所推，順天食分時刻，與光啓互異。已而光啓法驗，餘皆疏。帝切責監官。時五官正戈豐年等言：「《大統》乃國初所定，實即郭守敬《授時曆》也，二百六十年毫未增損。自至元十八年造曆，越十八年爲大德三年八月，已當食不食，六年六月又食而失推。是時守敬方知院事，亦付之無可奈何，況斤斤守法者哉？今若循舊，向後不能無差。」於是禮部奏開局修改。乃以光啓督修曆法。光啓言：「近世言曆諸家，大都宗郭守敬法，至若歲差環轉，歲實參差，天有緯度，地有經度，列宿有本行，月五星有本輪，日月有真會、視會，皆古所未聞，惟西曆有之。而舍此數法，則交食淩犯，終無密合之理。宜取其法參互考訂，使與《大統》法會同歸一。」

已而光啓上曆法修正十事：其一，議歲差，每歲東行漸長漸短之數，以正古來百年、五十年、六十年多寡互異之説。其二，議歲實小餘，昔多今少，漸次改易，及日景長短歲歲不同之因，以定冬至，以正氣朔。其三，每日測驗日行經度，以定盈縮加減真率，東西南北高下之差，以步日躔。其四，夜測月行經緯度數，以定交轉遲疾真率，東西南北高下之差，以步月離。其五，密測列宿經緯行度，以定七政盈縮、遲疾、順逆、違離、遠近之數。其六，密測五星經緯行度，以定小輪行度遲疾、留逆、伏見之數，東西南北高下之差，以推步淩犯。其七，推變黄道、赤道廣狹度數，密測二道距度，及月五星各道與黄道相距之度，以定交轉。其八，議日月去交遠近及真會、視會之因，以定距午時差之真率，以正交食。其九，測日行，考知二極出入地度數，以定周天緯度，以齊七政。因月食考知東西相距地輪經度，以定交食時刻。其十，依唐、元法，隨地測驗二極出入地度數，地輪經緯，以求晝夜晨昏永短，以正交食有無、先後、多寡之數。因舉南京太僕少卿李之藻，西洋人龍華民、鄧玉函。報可。九月癸卯開曆局。三年，玉函卒，又徵西洋人湯若望、羅雅谷譯書演算。光啓進本部尚書，仍督修曆法。

時巡按四川御史馬如蛟薦資縣諸生冷守中精曆學，以所呈曆書送局。光啓力駁其謬，并預推次年四月四川月食時刻，令其臨時比測。四年正月，光啓進

《曆書》二十四卷。夏四月戊午，夜望月食，光啓預推分秒時刻方位。奏言：「日食隨地不同，則用地緯度算其食分多少，用地經度算其加時早晏。月食分秒，海內並同，止用地經度推求先後時刻。臣從輿地圖約略推步，開載各布政局月食初虧度分，蓋食分多少既天下皆同，則餘率可以類推，不若日食之經緯各殊，必須詳備也。又月體一十五分，則盡入闇虛亦十五分止耳。今推二十六分六十秒者，蓋闇虛體大於月，若食時去交稍遠，即月體不能全入闇虛，止從月體論其分數。是夕之食，極近於交，故月入闇虛十五分方爲食既，更進一十一分有奇，乃得生光，故爲二十六分有奇。如《回回曆》推十八分四十七秒，略同此法也。」已而四川報冷守中所推月食實差二時，而新法密合。

光啓又進《曆書》二十一卷。冬十月辛丑朔日食，新法預推順天見食二分一十二秒，應天以南不食，大漠以北食既，例以京師見食不及三分，不救護。光啓言：

月食在夜，加時早晚，苦無定據。惟日食按晷定時，無可遷就。故曆法疏密，此爲的證。臣等纂輯新法，漸次就緒，而向後交食爲期尚遠，此時不與監臣共見，至成曆後，將何徵信？且是食之必當測候，更有說焉。

舊法食在正中，則無時差。今此食既在日中，而新法仍有時差者，蓋以七政運行皆依黃道，不由赤道。舊法所謂中乃赤道之午中，非黃道之正中也。黃赤二道之中，獨冬夏至加時正午，乃得同度。今十月朔去冬至度數尚遠，兩中之差，二十三度有奇，豈可因加時近午，不加不減乎？適際此日，又值此時，足可驗時差之正術，一也。

本方之地經度，未得真率，則加時難定，其法必從交食時測驗數次，乃可較勘畫一。今此食依新術測候，其加時刻分，或前後未合，當取從前所記地經度分，斟酌改定，此可以求里差之真率，二也。

時差一法，但知中無加減，而不知中分黃赤，今一經目見，人人知加時之因黃道，因此推彼，他術皆然，足以知學習之甚易，三也。

即分數甚少，亦宜詳加測候，以求顯驗。

帝是其言。至期，光啓率監臣預點日晷，調壺漏，用測高儀器測食甚日晷高度。又於密室中斜開一隙，置窺筩、遠鏡以測虧圓，畫日體分數圖板以定食分，其時刻、高度悉合，惟食甚分數未及二分。於是光啓言：「今食甚之度分密合，則經度里差已無煩更定矣。獨食分未合，原推者蓋因太陽光大，能減月魄，必食及四五分以上，乃得與原推相合。然此測，用密室窺筩，故能得此分數，倘止憑目力，或水盆照映，則眩耀不定，恐少尚不止此也。」

時有滿城布衣魏文魁，著《曆元》《曆測》二書，令其子象乾進《曆元》於朝，通政司送局考驗。光啓摘當極論者七事：其一，歲實自漢以來，代有減差，至《授時》減爲二十四分二十五秒。依郭法百年消一，今當爲二十一秒有奇。而《曆元》用趙知微三十六秒，翻覆驟加。其一，弧背求弦矢，宜用密率。今《曆測》中猶用徑一圍三之法，不合弧矢真數。其一，盈縮之限，不在冬夏至，宜在冬夏至後六度。今考日躔，春分迄夏至，夏至迄秋分，此兩限中，日時刻分不等。又立春迄立夏，立秋迄立冬，此兩限中，日時刻分亦不等。測量可見。其一，言太陰最高得疾，最低得遲，且以圭表測而得之，非也。太陰遲疾是入轉內事，表測高下是入交內事，豈容混推。而月行轉周之上，又復左旋，所以最高向西行極遲，最低向東行乃極疾，舊法止相反。其一，言日食正午無時差，非也。時差言距，非距赤道之午中，乃距黃道限東西各九十度之中也。黃道限之中，有距午前後二十餘度者，但依午正加減，焉能必合。其一，言交食定限，陰曆八度，陽曆六度，非也。日食，陰曆當十七度，陽曆當八度。月食則陰陽曆俱十二度。其一，《曆測》云：「宋文帝元嘉六年十一月己丑朔，日食不盡如鉤，晝星見。今以《授時》推之，止食六分九十六秒，郭曆舛矣。」夫月食天下皆同，日食九服各異。南宋都於金陵，郭曆造於燕地，北極出地差八度，時在十一月則食差當得二分弱，其云「不盡如鉤」，當在九分左右。郭曆推得七分弱，乃密合，非舛也。本局今定日食分數，首言交，次言地，次言時，一不可闕。已而文魁反覆論難，光啓更申前說，著爲《學曆小辨》。

其論歲實小餘及日食變差尤明晰。曰：「歲實小餘，自漢迄元漸次消減。今新法定用歲實，更減於元。不知者必謂不惟先天，更先《大統》。乃以推壬申冬至，《大統》得己亥寅正一刻，而新法得辰初一刻十八分。何也？蓋正歲年與步月離相似，冬至無定率，與定朔、定望無定率一也。朔望無定率，宜以平朔望加減之，冬至無定率，宜以平年加減之。故新法之平冬至，雖在《大統》前，而定冬至恒在《大統》後也。」又曰：「宋仁宗天聖二年甲子歲，五月丁亥朔，曆官推當食不食，諸曆推算皆云當食。夫於法則實當食，而於時則實不食。今當何以解之？蓋日食有變差一法，月在陰曆，距交十度强，於法當食。而獨此日此地之南北差，變爲東西差，故論天行，則地心與日月相參直，實不失食。而從人目所見，則日月相距近變爲遠，實不得食。顧獨汴京爲然，若從汴以東數千里，則漸見食，至東北萬餘里外，則全見食也。夫變差時時不同，或多變爲少，或少變爲多，或有變爲無，或無變爲有。推曆之難，全在此等。」未幾，光啓入內閣。

五年九月十五日，月食，監推初虧在卯初一刻，光啓等推在卯初三刻，回回科推在辰初初刻。三法異同，致奉詰問。至期測候，陰雲不見，無可徵驗。光啓具陳三法不同之故，言：

時刻之加減，由於盈縮、遲疾兩差。而盈縮差，舊法起冬夏至，新法起最高，最高有行分，惟宋紹興間與夏至同度。郭守敬後此百年，去離一度有奇，故未覺。今最高在夏至後六度。此兩法之盈縮差所以不同也。遲疾差，舊法只用一轉周，新法謂之自行輪。自行之外，又有兩次輪。此兩法之遲疾差所以不同也。至於《回回曆》又異者，或由於四應，或由於里差，臣實未曉其故。總之，三家俱依本法推步，不能變法遷就也。

將來有宜講求者二端：一曰食分多寡。日食時，陽晶晃耀，每先食而後見。月食時，遊氣紛侵，每先見而後食。其差至一分以上。今欲灼見實分，有近造窺筩，日食時，於密室中取其光景，映照尺素之上，初虧至復圓，分數真确，畫然不爽。月食用以仰觀二體離合之際，鄞鄂著明。與目測迥異。此定分法也。一曰加時早晚。定時之術，壺漏爲古法，輪鍾爲新法，然不若求端於日星，晝則用日，夜則任用一星。皆以儀器測取經緯度數，推算得之。此定時法也。二法既立，則諸術之疏密，毫末莫遁矣。

古今月食，諸史不載。日食，自漢至隋，凡二百九十三，而食於晦者七十七，晦前一日者三，初二日者三，其疏如此。唐至五代凡一百一十，而食於晦者一，初二日者一，初三日者一，稍密矣。宋凡一百四十八，無晦食者，更密矣，猶有推食而不食者十三。元凡四十五，亦無晦食，猶有推食而不食者一，食而失推者一，夜食而書書者一。至加時差至四五刻者，當其時已然。可知高遠無窮之事，必積時累世，乃稍見其端倪。故漢至今千七百歲，立法者十有三家，而守敬爲最優，尚不能無數刻之差，而況於沿習舊法者，何能責其精密哉？

是年，光啓又進《曆書》三十卷。明年冬十月，光啓以病辭曆務，以山東參政李天經代之。不逾月而光啓卒。七年，魏文魁上言，曆官所推交食節氣皆非是。於是命文魁入京測驗。是時言曆者四家，《大統》《回回》外，別立西洋爲西局，文魁爲東局。言人人殊，紛若聚訟焉。

戴榕《黃履莊小傳》張潮《虞初新志》卷六 黃子履莊，予姑表行也。少聰穎，讀書不數過，即能背誦。尤喜出新意，作諸技巧。七八歲時，嘗背塾師，暗竊匠氏刀錐，鑿木人長寸許，置案上能自行走，手足皆自動，觀者異以爲神。十歲外，先姑父棄世，來廣陵，與予同居。因聞泰西幾何比例輪捩機軸之學，而其巧因以益進。嘗作小物自怡，見者多競出重價求購。體素病，不耐人事，惡劇嬲，因竟不作，於是所製始不可多得。所製亦多，予不能悉記。猶記其作雙輪小車一輛，長三尺許，約可坐一人，不煩推挽，能自行。行住，以手挽軸旁曲拐，則復行如初。隨住隨挽，日足行八十里。作木狗，置門側，卷卧如常，惟人入户，觸機則立吠不止，吠之聲與真無二，雖黠者不能辨其爲真與僞也。作木鳥，置竹籠中，能自跳舞飛鳴，鳴如畫眉，淒越可聽。作水器，以水置器中，水從下上射如線，高五六尺，移時不斷。所作之奇俱如此，不能悉載。有怪其奇者，疑必有異書，或有異傳。而予與處者最久且狎，絶不見其書。叩其從來，亦竟無師傳，但曰，予何足奇，天地人物，皆奇器也。動者如天，静者如地，靈明者如人，賾者如萬物，何莫非奇！然皆不能自奇，必有一至奇而不自奇者以爲源，而且爲之主宰，如畫之有師，土木之有匠氏也，夫是之爲至奇。予驚其言之大，而因是亦具知黃子之奇，固自有其獨悟，非一物一事求而學之者所可及也。昔人云，天非自動，必有所以動者。地非自静，必有所以静者。黃子之奇，其得其奇之所以然乎！黃子性簡默，喜思，與予處，予嘗紛然談説，而黃子則獨坐静思。觀其初思求入，亦戛戛似難，既而思得，則笑舞從之。如一思凝而不得，必擁衾達旦，務得而後已焉。黃子之奇，固亦由思而得之者也，而其喜思則性出也。黃子生丙申，於今二十八歲，其年月日時，與予生期毫髮無異，亦奇也。因附書之。

鄒漪《啓禎野乘》卷六《薄文學傳》 公名珏，字子珏，蘇州人也。就試浙江，補嘉興縣學生。其學奥博，不知何所傳，洞曉陰陽占步，製造水火諸器。讀書一過成誦，又從尾誦至顛，亦不誤一字，聽者異之。偉軀方面，獨坐昏昏如欲睡，與言世俗語，唯唯不能答。叩其七政盈縮、五行變化，則瑣屑畫變諄諄娓娓。或問守城行陣，以及屯牧引水諸法，則以口代書，以手代口，几案之上，即有成圖。因地制形，因器成象，了然目前。崇禎四年，流寇犯安慶，中丞張國維禮聘公爲造銅炮、炮藥，發三十里，鐵丸所過，三軍糜爛，而發後無聲。每置一炮，即設千里鏡，以偵賊之遠近。鏡筒兩端嵌玻璃，望四五十里外如咫尺也。吴生懷古鐘失聲，訴之公，公就地以火煨之，鐘聲遂如故。又造水車、水銃、地弩、箅籌、負擔等器，皆逸而功多者。創爲手儀，週圍不踰尺，而環以銅尺，日月之盈縮朓朒，星辰之伏訐傴留，合之于二道，而二十四氣定之於中星。其九道、十二道，至于鶉昴建弧諸宿位置分寸，咸以勾股絜之三和三較，相求以直線割圓輪，挈有定之角，御無方之邊，遠至億萬尋丈，總量于輳心之角，萬不失一。嘗總漢唐宋諸曆家推算，獨服郭守敬《授時曆》爲精密。蓋天地人各占二千四百一十九萬二千，合七千二百五十七萬六千爲一元，從後推則每百年增一，從前推則每百年減一。以子半虛六度積成歲差，每歲差一分五十杪，積六十六年遂退一度。繇是而證之邵子元會世，又上證之漢志章紀蔀元無不符者。每告友曰，今世配易于曆，舞文强比之，吾與之辨，未必勝。然存吾説于後世，令崔浩自悟高允爲是耳。其辨律也，亦以勾股考之，知徑三則圍非九，圍九則徑非三，至于損益相生在三分隔八之間，而詳密過于班、劉、京、何。丙子爲仇家所誣，將陷以大逆，幸友人魏學濂證救得免。性不嗜酒色，凡百工伎藝，皆身親其事。所居室器具畢備，忽煆煉，忽碾刻，忽運斤，忽操觚作文字，或相勞苦，答曰，吾所欲造器，以意示工，工無解者，故不得不躬爲之耳。生止一女，家貧，死不能斂，賴諸友會賻乃得殯。其書有《格物論》百卷，《半豹論》百卷，《測地》九，大小幾何法，測地度應天度法，行海測天知道里遠近法，渾天儀器圖説，渾蓋通憲圖説，簡平儀圖説，窺筒定中星圖説，日晷各地不同論，靈漏象天説，沙漏定時説，袖中天論，末議説，網度窺天説，半觚窺天論，各重天厚薄大小各異説，各重天有本動、有推動、有帶動論，東西歲差，天四萬九千年作一周，自西而東，宗動天一日一周自東而西，赤道樞上算。天體欹斜辨天體不凝日月星光説，天體無色辨天運之疾無物可喻論，因天運徵天圓辨察南北二極星辰運説，天形北高南下辨天形南北定東西不定説，辨《素問》天傾西北之妄，週天徑度律度辨十二辰玄枵等名義考，俱公手訂，浩汗無刻者，惟《熒惑守心論》傳于世。

論曰，明興，精曆法制器者，推唐襄文、徐文定，彼皆迥翔木天，致位台鼎，家有賜書，門多技術，故能博覽精研，成一家言。子珏一菰蘆貧諸生耳，何所憑藉，而廣綜巧會爾爾！豈非思侔造化，機合乾坤，殆張平子、洛下閎一流人乎？先帝留意曆法，招致西人，命徐文定耑領其事。《熒惑守心》至以策問定金甌之卜才如子珏，又文定鄉人不聞騰薦禰之疏前宣室之席，何耶？豈子珏意固有所不屑耶？時無狗監莫論才，真千古恨事哉！

汪士鍠《善製眼鏡孫雲球傳》 孫雲球，字文玉，吳江縣學生，漳州知府志儒子，寓虎丘，有巧思，善製眼鏡。鏡之類，不下數十。以年别者，老、少、花；以地分者，遠、近、光；百倍其明者，存目鏡；能化一物爲數十者，萬花鏡。其他以鴛名者，以半名者，以夕陽名者，以多面名者，以幻容名者，以察微名者，以放光名者、以夜明名者，種種巧妙，不可思議。而千里鏡尤奇絶，天台文康裔患短視，雲球出以相贈，因同登虎丘試之，遠見城中樓臺塔院，若在几席，天平、靈巖、穹窿諸峯，峻嶒蒼翠，萬象畢見，迺大驚曰：「神哉！技至此乎！」著《鏡史》一卷行世。

《吳縣志》卷七五《列傳·藝術二》 薄珏字子珏，長洲人，居嘉興。其學精微博奥，凡陰陽占步、戰陣屯牧、製造雕鏤，皆以口代書，以手代口，遠近歎服，然莫知所授。崇禎中，流寇犯安慶，巡撫張國維令珏造銅砲，砲發三十里。每發一砲，設千里鏡視賊所在，賊先後糜爛。又製水車、水銃、地雷、地弩等器，殲賊無算。國維薦於朝，不報。退歸吳門，蕭然蓬户，室中器具畢備。嘗造渾天儀，周圍不踰尺，而日月之盈縮朓朒，星辰之宿離伏逆，不爽累黍。其法用直線分割圓輪，以有定之角絜無定之邊，東西南北，遠至億萬里如在咫尺。即勾股法也。於古來諸曆家獨推郭守敬《授時曆》。海外亦重其名，然卒以窮死。

又 孫雲球字文玉，一字泗濱，居虎邱。母董如蘭，通文藝。雲球幼稟夙慧，年十三爲縣學生。父殁，家墜喪亂，常賣藥得資以供母。雲球精於測量，凡有所製造，時人服其奇巧。嘗以意造自然晷，定晝夜晷刻不違分杪。又用水晶創爲眼鏡，以佐人目力。有老、少、花、遠、近光之類，隨目對鏡，不爽毫髮，聞者不惜出重價相購。天台文康裔患短視，雲球出千里鏡相贈，因偕登虎邱試之。遠見城中樓臺塔院若接几席，天平、靈巖、穹窿諸峯，峻嶒蒼翠，萬象畢見，乃大詫且喜曰：神哉，技至此乎？雲球笑曰：此未足以盡吾奇也。又出數十鏡示之，如存目鏡，百倍光明，無微不矚。萬花鏡，能視一物化爲數十。其餘鴛鏡、半鏡、夕陽鏡、多面鏡、幻容鏡、察微鏡、放光鏡、夜明鏡，種種神明不可思議。著《鏡史》一帙，令坊市依法製造，遂盛行於世。董母序之曰：夫人有苦心，每不敢求人知，甚至有不欲爲人所知者，故無恒産而有恒心者惟士爲能。今吾子不得已，託一藝以給薪水，豈吾子之初心哉！康熙初卒，年三十三。

王韜《瀛壖雜誌》卷五 張南坪茂才，名福僖，歸安人，通天算之學。某學使觀風，拔冠一軍，名譽鵲起。卒以不工時文，不能列於前茅。生平布衣蔬食，居貧耐苦，泊如也。橐筆海上，時與西士紬繹疇人家言，然未有成書。徐君青中丞開府吳中，徵之至幕下。庚申城陷，僅以身免。同治初元「湖郡被圍危急，南坪老母弱婦俱困圍城中，乃冒險往省，卒爲賊所獲，疑爲間諜。南坪大駡不屈，備諸酷刑，遂遇害。賊懸其首於竿。凡賊過其下，仰而視之者，輒病寒熱。於是營中驚爲神明，以禮葬之。嗚呼！豈其忠義之氣，蘊而不散，作厲鬼以殺賊歟？所著有《彗星考》《日月交食考》。事定，郡中紳士爲之請恤典，贈國子監學正。或有詩弔之云：男兒斷頭死，未必非考終。仲子九原下，魂魄毅且雄。平生性質直，頗有前賢風。廿年學天算，列宿横心胸。書成《彗星考》，西法皆開通。攜來吴市上，傾倒撫部公。晚遊東海隅，回望烽煙紅。皤皤七十母，棄擲豺虎叢。思量間道入，迎自干戈中。親朋走相送，黯淡無歡容。千言蠟丸書，密密衣間縫。兹行勉將士，内外期交攻。崢嶸賊壘滿，顧望山城空。歧途誤投足，適與群凶逢。羊牽更犬繫，試頸棱棱鋒。張目奮罵賊，吾血當成虹。誰能草間活，負此七尺躬。嗚呼惟仲子，不愧孝與忠！翹翹趙觀察，大節堪追蹤。群思牖下盡，只與牛毛同。

諸可寶《疇人傳三編・程恩澤　俞正燮　鄭復光傳》 程恩澤，字雲芬，號春海，歙縣人。嘉慶十六年進士，改翰林院庶吉士，散館授編修，先後在南書房上書房行走，官至户部右侍郎。道光十七年薨于位，年五十有三。學識超時俗，六藝九流，皆好學深思，心知其意。嘗謂近人治算，由九章以通四元，可謂發明絶學，而儀器則罕有傳者，乃與鄭君復光有修復古儀器之約。所著詩文遺集十卷，有《釋彗》一篇，又《國策地名考》二十卷，皆爲南海伍氏刻入《粵雅堂叢書》中。

交友最善者，俞正燮，字理初，黟縣人。道光元年舉人。負絶人之資，篤好讀書，尤善言天象暨曆數，以爲泰西法積精。然豈三代秦漢人所豫解，以某時曆衡某時法，是非區分，則三代秦漢人不能委其過。凡理初手成宏鉅書，不自名者甚夥。年逾六十，而聰强審密不倦。自著爲《癸巳類稿》十五卷，侍郎刻而爲之序。其論蓋天宣夜恒星七曜古義五行傳，用亥正及古憲九道四分九執諸篇，一切皆隸焉。又有《癸巳存稿》十五卷，靈石楊氏刻入《連筠簃叢書》中。

又同縣友人鄭復光，字浣薌，亦作澣香。上舍生。精算術，侍郎嘗病齊梅麓氏創面東西晷，自午初至未初無景，因與上舍謀而補成之。《揅經室續集》《癸巳類稿》《存稿》《程侍郎遺集》。

論曰：皖南言算術者，梅氏以來，其卓然成家，無慮十數，罔弗理數精詳，體用該備已。程侍郎、俞孝廉後起黟歙之間，一則持議名通，一則留心法物，步天制器，薪傳不息，可不謂之盛乎？

又《張福僖傳》 張福僖，字南坪，烏程人。諸生。助教稱爲英敏過人，研習算學，精究小輪之理，著有《彗星考略》如干卷。咸豐初，與海寧李京卿善蘭友。因同識英吉利士人艾約瑟。又于京卿處見錢塘戴處士煦著述，因訪之。小住數日，抄副本去。後與京卿同客徐莊愍公撫幕，公方刻項學正《象數原始》諸書。又同任讐校之役。刻垂成，未有印本，而粵匪陷蘇州，同治元年春，攻湖州且急。茂才以母在圍城中，將謀入省之，倉卒爲賊執，以爲我偵也，遂烙死于城下云。《緝古算經細草》《圖解》《音義》《算法大成》上編、《舒藝室詩存注》《戴府君行狀》《湖州府志》。

論曰：南豐吴編修嘉善曰：「凡平三角大小弦冪相減，與大小句冪相減相等。故句較與弦較之比，同于弦和與句和之比，爲互視比例。今以天元人之，不必知此識別，而與知識別者等。」平三角者，陳靜菴氏所謂有用者也。天元四元者，陳氏所斥爲無用者也。然遇此題，不以元術人之，當如何殫精竭慮，乃得其法，則無用者果爲無用矣乎。夫陳助教于天元四元數理，未嘗究其體用，乃至失言。編修之訕宜已，且獨不考夫陽城太守以天元演緝古乎，固殊塗而同歸者也。然觀助教之書，苦心孤詣，自足名家。若定句股弦三數，皆整法表列股弦較，自一至九萬九千四百五十八遞加數，自二至八百九十二。設爲姑求十萬以内諸不同式形，而皆爲度盡之數。誠自然之妙，未洩之奇。餘如倍弧求通弦，及諸三角邊角互求易弧爲平。所創新法，亦頗洞見本源，專精比例，當時奉爲大師，豈倖致哉。至謂西人竊取乘除而爲比例，竊取句股而爲八綫，良非虚語。愚又謂西人竊取四元而爲代數，竊取招差堆垛而爲微分積分，則其書後出，惜乎助教之不及平議矣。

黄鐘駿《疇人傳四編・殷家儁傳》 殷家儁，字竹伍，湖南湘陰人。南海鄒特夫徵君伯奇著《格術補》一書，長沙丁果臣明經取忠重刊于《白芙堂算書》中，而家儁爲之箋，并爲之補算與圖。其自叙曰：「格術之補奚爲者？鄒君特夫覽沈括《筆談》，慨格術之失傳而補也。篇首以漏光之孔，擬凸鏡之限，繼將限影順，反復推詮爲格義。一隅之舉，以俟通變者之觸類而擴充之也。苟能充之，則撬之支衡之繫者亦格也。桔槔之俯仰也，舳艫之左右也，墜與輪之往復而周旋也，胥格之爲也，凡若此者，皆在物之格，人所易知者也。推而至于八綫之正餘，距緯之南北，日月之交食，舉凡天道之陰陽剥復，人道之進退消長，與萬類之相悖相反者，莫不中有一格爲之主持，使其勢不兩立而并行也。格之時義大矣哉！補斯術者，其有愛禮之遺意乎？何憂之遠也。鄒君躬通絶學，名動公卿，海内習算名家，咸推重之，余心慕焉，未由與之交也。鄒君既卒，其友人刊其遺稿，而丁果臣先生尤喜此《格術補》一書，欲重刊于《算學叢書》之中。謬謂余明算理，屬爲校之。余間以所見正其譌誤，先生甚喜，寓書廣州友人，以爲宜并鄒氏遺書中本改正之。廣州友以鄒君既往，雖有誤，他人不能代正之也，必欲正之，宜別行，于是更屬余爲之箋。而左君壬叟、黄君玉屏皆謂算例亦所宜補，故又爲之補算與圖。圖算者，相輔而行者也。今之言算者，喜新法，而余之言算，樂推千古。景鑒者，墨子之遺術也。故又多引墨子經説，傅會箋之。蓋所箋已非鄒君原作之式，而要爲補鄒君之所未備，亦猶之鄒君所補，已非《筆談》格術之意，而要爲格術之所宜闡者也。因題數語，以志緣起。」又著有《自鳴鐘説補正》一篇，亦足補鄒氏所未備，其他著述尚多。《格術補箋》《自鳴鐘説補正》。

又《侯失勒威廉傳》　侯失勒維廉，一名威靈，日耳曼之阿諾威人，約翰之父也。爲英國天文大臣。生于乾隆時。其父精音律，少時遷居英國，以音律授徒。又以精思作視學諸器，遂專治天學，不假師授，著名當世。初侯失勒欲測天，貧不能得遠鏡。既習視學，乃自造之。乾隆二十九年造五尺長回光遠鏡，後屢造回光鏡，成五百多枚售人，擇最精者留以自用。既而測得天王星，名遂著。因築室于斯羅王宫之側，製大遠鏡，各國天算家皆來觀之。筩長四丈，回光鏡徑四尺，厚三寸半，重約二百斤，視力率一百九十二，較目力所及，遠一百九十二倍也。地面所見，最明者爲老人星，然極遠。其餘諸星，皆小于此，則更遠。而侯失勒之鏡，其力所及，較最小星更遠一百九十二倍。成于乾隆五十四年，于六十年告成。先于四十六年測天，見井宿諸星中有一星光，能變大，後二夜又見其易處，意爲彗星。諸天文家亦意爲彗星。久測乃知係行星，即天王也。侯失勒以英主之名名之，曰惹爾日。諸天文家又以侯失勒之名名之。後因其道在諸行星之外，定名曰于尼孥士，譯即天王星也。其道在諸行星之外，得此星而日所屬之界倍遠，蓋其距日倍土星也。又以遠鏡測天河，知目所見天河之白光，實爲無數小星之光。又于四十七年測見白氣數點，如傳説積尸氣之類，同于天河，亦係無數小星之光。以後頻測益多，名曰星林，分爲六類：一星團，其星皆明朗可見，有二種，作無法之形；二爲星氣，若遠鏡更精于今，意亦能分爲諸星也；三亦星氣，則絶無可分之證，視其光大小，區爲數種；四行星氣，五恒星氣，六雲星，皆昔人所未見者。又測見土星旁有兩附星，并前而七。又于嘉慶五年明太陽所出之氣，有熱氣、光氣、化物氣之别，穴室照影有像法用第三氣。又于嘉慶八年測見定位星，有雙星互繞，因密測諸雙星相與之方位，細驗其視差，恐有一定變法，乃作雙星表，共五百。其中又有合三星四星多星者。蓋有此表，可據以測視差也。又測得恒星中之變星，所作恒星表，詳每星光若干分，爲考變星之助云。又推得日與恒星諸平行綫之合點，其法甚繁，不能悉載。又于嘉慶十二年測見天王星旁有六附星，蓋自葛西泥測得土星第五月後，百年來無新得星。侯失勒初測天時，日所屬之諸行星諸月，及好里彗十八而已。侯失勒獨測得九星，天王并六月及土星二月也。合前後共二十七星。又曾言普天之星皆向女藏星而行，今人謂恒星繞昴宿，實自侯失勒發之焉。《西國天學源流》《西學原始考》《談天》。

論曰：中土疇人家業，世世相傳爲疇，西國何獨不然？按侯失勒氏稱英國天算名家，維廉與其子約翰先後爲天學公會總領，潛心力學，超越尋常。今世學天文者，咸奉爲標準。其妹曰加羅林，相助測天，功亦不細。約翰長子亦名約翰，爲印度軍中武官，即有博學之名；次子名亞力勤，習天學，爲天學内之一師。弓冶箕裘，世守勿替，亦西國之翹楚也。天地靈秀之鍾，豈必擇地而後生哉？

又《羅斯伯傳》　羅斯伯，英吉利阿爾蘭之白爾堡人。于道光二十二年始造回光鏡，徑六尺，其面大于侯失勒之鏡約四倍，重約八千斤，其筩約長五丈，架于二牆之間。器雖重且大，然人可以一手任意轉之。自有此鏡，而視天更明。當鏡之初造也，甚難。羅斯伯親督功，身當其危，自創始以至告成，皆獨以堅忍大力任之，費貲不少，卒成最精之器。西國諸天學家受益不少，故群稱之，日感之。則羅斯伯之鏡，其有功于測天也大矣。《西國天學源流》《西學原始考》。

《清史稿·張福僖傳》　福僖，字南坪，烏程諸生。精究小輪之理，著有《慧星考略》。

著録

梁啓超《西學書目表》上　光學

《光學附視學諸器説》　金楷理、趙元益　製造局本　三本　二百八十

《光學揭要》　赫士、朱葆琛　益智書會本　一本　四角

《光學圖説》 傅蘭雅 益智書會本 一本 一角五分

《顯微鏡遠鏡説》 傅蘭雅 格致彙編本 一本 一角五分

《量光力器圖説》 傅蘭雅、趙元益 格致彙編本

又 中 工政

《照像略法》 傅蘭雅 格致彙編本 一本 二百

《照像乾片法》 傅蘭雅 格致彙編本 一本 八十

《照像器》 傅蘭雅 格致彙編本 一本 一角五分

《脱影奇觀附續編》 德貞 北京刻本 五本 一元五角

又 附卷 通商以前西人譯著各書《四庫》著録及叢書中有刻本者，皆注出。

《遠鏡説》新法算書本，《四庫》著録，藝海珠塵本【略】

以上湯若望。

又 近譯未印各書 其未譯成及已佚者，皆附見。

《分光求原》 偉烈亞力 製造局 一本 未譯成

以上光學。

康有爲《日本書目志》卷一《生理門》

《臨床實驗顯微鏡診斷學》 一册 山田良叔譯 一圓二角五分

【略】

《顯微鏡術攬要》 一册 田口和美編纂 一圓五角

《病床顯微鏡檢查新説》 一册 今井政公譯 七角五分

《酵母顯微鏡圖解》 一册

《顯微鏡檢查指針》 一册 足立寛講述 七角

《顯微鏡用法》 一册 柴田承桂譯述 九角

右顯微鏡五種。

徐維則《增版東西學書録》卷二 工藝第八

《照像略法》一卷，《格致彙編》本。

英傅蘭雅輯。分十有八章，皆論器具，材料而照像法亦具於中，在講求斯學者推究其理、神明其用耳。然近來西人復創照骨與照色之法，此書早出，其法未具，當别求新本參考之。照像幹片法一册益智書會單行本附《照像略法》後不著撰人名氏，英傅蘭雅譯。照像用濕片，其事繁重不便，此書專言近設幹片之法，前仍論照像之工，後論照像器具，蓋與《略法》相輔而行。

《照像器》一卷，《格致彙編》本在《格致釋器》中。

英傅蘭雅著。專論照像應用器具，故獨詳於制器之法，然亦間有載於《略法》中者，學者宜互考之。

《脱影奇觀》三卷，《續編》一册，北京醫院刻本，五册，《中西聞見録》本摘刻未全。

英德貞著。此書所言即燈影鏡套大之法，然近來於脱影一事法更加密，放大照像有用電光以攝影者，可爲奇妙，書中所論尚屬舊法。

又 卷三 光學第十七 先光學，次光學器。

《光學須知》一卷，《格致須知》三集本，一册。

英傅蘭雅著。書凡六章，略論光性、回光、折光以及視理、光器之理，蓋集光學諸書摘要而成者。

《光學圖説》二卷，益智書會本，一册。

英傅蘭雅輯譯。前論光之性，後論視之理，其説多見於田氏之《光學》，然此頗簡明便讀。《彙編》七有《光理淺説》，亦傅氏撰，可參觀。

《光學揭要》二卷，益智書會本，一册，登州文會館本。

美赫士譯，朱葆琛述。西人光學新理日出不窮，然大致皆備於此，後附論然根光即近年所創照骨之法，此書所説猶未完具。

《光學入門》一卷，《格物入門》七種本。

美丁韙良譯。一論光性，二論回光，三論折光，四論視理，五論光色，六論器，所述諸説皆透發妙理，雖近來新理日出，其大要已不外此。

《光學測算》一卷，同文館《格物測算》七種本。

美丁韙良著。凡三章，第一章論光性，第二章論返光，第三章論折光，亦設爲問答，繪圖衍式，演題附題，與《力學測算》同例。

《光學》二卷，附視學諸器説一卷，製造局本，三册，《西學大成》本，石印本名《光學大成》，《富强叢書》本。

英田大里、西里門同輯著，美金楷理譯，趙元益述。論諸光之理已得其大較，其辨别日月恒星虹霓之光氣，近譯天學書中所言較密，蓋新制之器愈精，其功用愈大，田氏所著《論聲學凹凸之質力及速率》足與是書互證其理。

《格影》一卷，《求是報》本。

英亞克母雷低著，陳壽彭譯。有形有光然後有影，西人深測夫影之遠近濃

淡，全分以驗光力，復推光與影相射之理，以明眼中之小血管相通，書中粗言其理，足以知西人辨影之大略。

以上光學。

《顯微鏡遠鏡説》二卷，《格致彙編》本在《格致釋器》中。

英傅蘭雅著。自有微、遠二鏡，實爲世界上加無限力量，此書專言其功用，新奇可讀。

《量光力器圖説》一卷，《格致彙編》本，一册，《西學大成》本。

英傅蘭雅譯。此器爲英國格致家克羅克司所創，書中論量光與光力之理，並言造器之法，精乎此，於測算之學又加‖等功力矣。

《透物電光機圖説》□卷，《彙報》本。

彙報館著。始於西曆一千八百五十一年隆高福創有電筒，繼之者爲德人高倫根，其制始精，篇中言透光機之理頗詳，附圖七幅亦甚明晰。《知新報》有《義光新器説》《嶺學報》，有《堅倫鏡説》，《中外日報》有曷格斯《射光鏡説》，並可參觀。顧補。

以上光學器。

又　**附下之下**　中國人輯著書下

《視學》二卷，年希堯，康熙己酉刻本，又乙卯重刻本，一名《視學精蘊》。

《鏡鏡冷癡》五卷，鄭復光，《連筠移叢書》本。

《格術補》一卷，鄒伯奇撰，殷家儁箋，《鄒徵君遺書》本，《白芙堂叢書》本。

《光學述墨》一卷，馮澂，未刻。

《光論》一卷，張福禧，元和江氏《靈鶼閣叢書》本。

以上光學。

趙惟熙《西學書目答問》　藝學第二　光學

光學一事，其事似微而用實大，可以補造化之缺陷，得奇辟之新理，天下之至大者莫如七政，以遠鏡窺測而得其真形；至細者莫如微生物，以顯微鏡察視而識其變態，致用之處不勝僂指，誠卓絶之詣矣。

《光學》二册，附《視學諸器圖説》，英田大里輯，布金楷里譯，趙元益述，製造局本。

《光學揭要》一册，英赫士譯，朱葆琛述，益智書會本。

《光學圖説》一册，英傅蘭雅輯，益智書會本。

《量光力器圖説》一册，英傅蘭雅譯，趙元益述。《格致彙編》本。

《顯微鏡遠鏡説》，在《格致釋器》中。

《照像略法》一册，英傅蘭雅撰，《格致彙編》本。

《照像乾片法》一册，英傅蘭雅撰，《格致彙編》本。

《照像器》一册，英傅蘭雅撰，《格致彙編》本。

王景沂《科學書目提要初編·格致科》

《光學》　英國田大里輯，布國金楷理新陽趙元益同譯，二卷。

《光學揭要》　美國赫士輯譯，二卷。

《光學圖説》　英國傅蘭雅箸，二卷。

《江南製造局譯書提要》卷二《工藝》　《照相鏤板印圖法》一卷

美國貝列尼撰，美國衛理、烏程王汝騋同譯。計分九章，法頗詳晰。

小引　照相鏤板之源　烏德貝利法　他種法

第一章　象片

第二章　透光影片

第三章　炭粉底

第四章　令銅板光潔與買銅板擇銅板法　銅板做粒紋面法

第五章　銅板發現象模法及備酸質透入膠面蝕銅法

第六章　配酸質用酸質法

第七章　洗銅板擦銅板與修改銅板法

第八章　印圖法　銅板鍍鋼面法

第九章　材料與器具

又　《光學》上下卷

英國田大里輯，美國金楷理口譯，新陽趙元益筆述。凡五百零二節，附視學諸器圖説一節。論説翔實，足備研求。

上卷　光行直線　光線過小孔　影　光之濃淡有平方反比例反比較　明光行速率　光行差　回光　回光之試驗及鏡　凹面回光鏡　回光之照面　球形鏡之照面　凸面回光鏡　折光之理　透光質有時不能透光　全回光　透光鏡　自能透光之理　瞎點　物形在目中之時　眼中小質　西畫鏡

下卷　論光之性情并回光折光之性情　光體發無數質點而成光　光浪　透光之積體　光分各色　不能見之光線　光浪盪動與筋網盪動有相關　論色　光色差并生光色差　人目覺色之異　光色分原發光與受光之事　論清光帶與

發郎胡發線　發光與熱及嗡光與熱有交互之事　論太陽光學　行星化學　恒星化學　星氣化學　日體外有紅凸之形　虹霓　光浪彼此相阻之理　光浪之長　透光片之色　歧光　極光　回光折光　歧光法成極光　論光線透過愛可倫刻罷之事　旋轉之極光

附卷　論透光三棱體　論透光鏡　論回光鏡　論弧面回光鏡　論顯微鏡　論遠鏡　論太陽顯微鏡　論收景暗鏡　論收景明鏡

《廣學會譯著新書總目・光學》《光學須知》

光之爲用，奇妙莫名。光之來源，不一其端。日爲衆陽之宗，其光特甚。恒星遥處天空，光遠而微。月與行星本自無光，藉日光回照，亦入人之眼。他若熱極發光，化合生光，電掣成光，北曉散光，無非光也。是書而爲初學入門始基，閲者由此深求，不難精造矣。一本，價洋八分。

紀事

張寧《方洲雜言》　因記向在京時，嘗于指揮胡豅寓所，見其父宗伯公所得宣廟賜物，如錢大者二，其形色絶似雲母石，類世之硝子，而質甚薄。以金相輪廓，而衍之爲柄，組制其末，合則爲一，歧則爲二，如市肆中等子匣。老人目昏，不辨細字，張此物于雙目，字明大加倍。近者又于孫景章參政所，再見一具，試之復然。景章云，以良馬易得于西域賈胡滿剌，似聞其名爲僾逮。二物皆世所罕見，若論利用於人，則火浣雖全疋，亦當退處于僾逮也。

朗瑛《七修類稿》　眼鏡　少嘗聞貴人有眼鏡，老年觀書，小字看大，出西海中，虜人得而制之，以遺中國，爲世寶也。予意恐即《文選》中所謂玉珧海月。及讀《臨海異物志》，載海月如鏡，白色正圓，有腹無口，目可炙食。又《緯略》引郭璞《江賦》，晉安《海物異名記》《侯鯖》等録，明玉珧處俱不言制鏡之事。後與霍都司子麒言，霍送予一枚，質如白琉璃，大可如錢，紅骨鑲成二片，若圓燈剪然，可開合而折疊。問所從來，則曰：「舊任甘肅，夷人貢至而得者。」予喜甚，置之眉間，未若人言也。每疑而問人，豐南禺曰：「乃活大車渠之珠囊制之者，常養之懷中，勿令乾死，然後可照字。」予意西番所來是矣。然西番少車渠，人養亦未必然。得已廿年，寶之無用，不猶鼠之藏金乎？書出而傳之，博識者必有以告我。

《明史・曆志・曆法沿革》　三十八年，監推十一月壬寅朔日食分秒及虧圓之候，職方郎范守己疏駁其誤。禮官因請博求知曆學者，令與監官晝夜推測，庶幾曆法靡差。於是五官正周子愚言：「大西洋歸化遠臣龐迪峩、熊三拔等，攜有彼國曆法，多中國典籍所未備者。乞視洪武中譯西域曆法例，取知曆儒臣率同監官，將諸書盡譯，以補典籍之缺。」先是，大西洋人利瑪竇進貢土物，而迪峩、三拔及龍華民、鄧玉函、湯若望等先後至，俱精究天文曆法。禮部因奏：「精通曆法，如雲路、守己爲時所推，請改授京卿，共理曆事。翰林院檢討徐光啓、南京工部員外郎李之藻亦皆精心曆理，可與迪峩、三拔等同譯西洋法，俾雲路等參訂修改。然曆法疏密，莫顯於交食，欲議修曆，必重測驗。乞敕所司修治儀器，以便從事。」疏入，留中。未幾雲路、之藻皆召至京，參預曆事。雲路據其所學，之藻則以西法爲宗。

四十一年，之藻已改銜南京太僕少卿，奏上西洋曆法，略言臺監推算日月交食時刻虧分之謬。而力薦迪峩、三拔及華民、陽瑪諾等，言：「其所論天文曆數，有中國昔賢所未及者，不徒論其度數，又能明其所以然之理。其所製窺天、窺日之器，種種精絶。今迪峩等年齡向衰，乞敕禮部開局，取其曆法，譯出成書。」禮科姚永濟亦以爲言。時庶務因循，未暇開局也。

梁廷枏《粵道貢國説》卷三《荷蘭國》　二十五年，國王耀漢連氏、甘勃氏，遣陪臣賓先巴芝表貢方物：哆囉絨十疋，烏羽緞四疋，倭緞一疋，嗶嘰緞二十疋，織金花緞五疋，織金大絨毯四領，白幼軟布二百十九疋，文彩幼織布十五疋，大幼布三十疋，白幼毛裏布一百疋，大珊瑚珠六十八顆，琥珀十四塊，照身鏡，江河照水鏡各二面，照星月水鏡一面，自鳴鐘一座，琉璃燈一架，聚耀燭臺一懸，琉璃杯五百八十個。

又　貢使至京，恭進萬年如意八音樂鐘一對，時刻報喜各式金表四對，鑲嵌金小盒一對，鑲嵌帶版四對，珊瑚珠一百八顆，琥珀珠一百八顆，千里鏡二枝，風鎗一對，金銀線三十觔，琥珀四十觔，各色花氊十版，各色羽緞十版，各色大呢十版，西洋布十匹，地毯二張，大玻璃鏡一對，花玻璃壁鏡一對，玻璃掛燈四對，燕窩一百觔，檀香五百觔，荳蔲一百觔，丁香二百五十觔，檀香油三十瓶，丁香油三十瓶。

又　卷四《西洋諸國》　雍正三年，西洋意達里亞國教化王伯納第多，遣陪臣噶嗟都易德豐奉表，謝聖祖仁皇帝撫恤恩，并賀世宗憲皇帝登極，貢方物。使臣至京，貢厚福水五十瓶、緑玻璃鳳壺一、哩阿嘣波羅杯一、蜜蠟杯一、小蜜蠟杯一對，蜜蠟小瓶三、琺瑯小員牌三、蜜蠟小刀柄二、銀纍絲四、輪船一、小銅日規一、連銀纍絲瓶二、纍絲花二、水晶滿堂紅燈一架、各寶玩器共十八件、咖石喻鼻煙罐一對、各色玻璃鼻煙壺十二、各寶員球八十二、各寶鼻煙壺十六、銀纍絲大小花盤四、實地銀花盤一、連座銀纍絲船二、銀花匣一、連銀纍絲小花瓶一對、鑲寶石花二枝、銀絲小漏盤一、線花畫五張、皮畫九張、皮扇面畫十二張、繡花紙盤四面、小銀罐二十九、花石片大下十八塊、鐵花盆二、巴爾薩嗎油二盒、咖石喻蓋杯一對、鍍金皮規矩一對、鑲牙片鼻煙盒十一、銀花素鼻煙盒一對、鑲銀花砂漏一對、咖石喻、緑石鼻煙盒各一、阿噶達片四塊、番銀筆一對、咖石喻帶頭片大小二十四塊、瑪瑙刀柄一、瑪瑙鼻煙壺一、各色石鞭頭六、小石盒一對、珊瑚珠二串、瑪瑙珠四串、各寶素珠十四串、花紙盤七面、香枕囊六、顯微鏡一套、石頭火漆印把一對、火字鏡一、玻璃棋盤、棋子共二盒、火漆八包、大紅羽緞四、週天球一、鼻煙五十罐、照字鏡二架。

劉獻廷《廣陽雜記》卷一　丙寅年。荷蘭噶嘍吧王耀漢連氏、甘勃氏。差使者賓先巴芝、通事林奇逢等。進貢方物四十種。大珊瑚珠一串。計六十八顆。照身大鏡二面。奇秀琥珀二十四塊。【略】照星月水鏡一執。照江河水鏡二執。雕製夾板三隻。

阮葵生《茶餘客話》卷九　水晶眼鏡　康熙癸未年五月，上特賜少宗伯孫公岳頒水晶眼鏡。虞山蔣文肅公，時方爲庶吉士侍直内廷，奏臣母曹年老眼昏，乞恩。上亦賜之。當時以爲殊榮，蓋其製法尚未傳世也。

又　**卷一三**　石表　朝廟衙署。庭中設石表以晛時刻。不識造自何時。按宋豫章曾南仲。通天文。宣和進士。授南昌縣尉。嘗謂古人揆景之法。載經傳者不一。止較景之短長。未與刻漏相應。乃爲晷景圖。以木爲規。四分其廣而殺其一。狀如缺月。書辰刻於其旁。爲基以薦之。缺上而圓下。南高而北低。當規之中。植鍼以爲表。表之兩端。一指北極。一指南極。春分以後。視北極之表。秋分以後。視南極之表。所得晷景與刻漏相應。二分之日。南北二表皆無景。獨其側有景。以其側應赤道。春分後日入赤道内。秋分後日出赤道外。二分日行赤道。故南北皆無景也。

陳元龍《格致鏡原》卷五八　眼鏡

《稗史類編》：少嘗聞貴人有眼鏡，老年觀書，小字看大。出西海中，虜人得而製之，以遺中國，爲世寶也。霍都司有眼鏡一枚，質如白玻璃，大可如錢，用骨鑲成二片，若圓燈剪然，可開合而折疊。問其所來，則曰舊任甘肅，夷人貢至而得者。豐萬曰，乃刮大車渠之珠囊制之。常養露中勿令乾死，然後可照字。【略】《方洲雜言》：嘗於指揮胡寵寓所，見其父宗伯公所得宣廟賜物，如錢大者二，其形色絶似雲母石，類世之硝子，而質甚薄，以金相輪廓，而衍之爲柄。紐制其末，合則爲一，岐則爲二，如市肆中等子匣。老人目昏不辨細字，張此物於雙目，字明大加倍。近者又於孫景章參政所，再見一具，試之復然。景章云，以良馬易得於西域賈胡滿剌。似聞其名爲僾逮。《名物通》：靉靆，大如錢形，質明而透，色如雲母，用作眼鏡。取名如輕雲之籠日月也。《庶物異名疏》：靉靆，今俗謂之眼鏡是也。若壯歲目明者用之，則反昏闇傷目，殊不可解。粤之香山澚中，有物如大珠，置筒中，可視百里外，見人鬚眉亦具。諸賈胡藉以望海舶來，且用防海。而《思問初編》載所謂異器，能於六十里外，視一尺之物如在目前，亦此之流亞歟。《正字通》：西洋國千里鏡，磨玻璨所成者，以長筒窺之，見數十里。復制小者於扇角，近視者能使之遠。

圖録

湯若望《遠鏡説》

利用計二端

夫遠鏡何昉乎？昉於大西洋天文士也。其用之利可勝言哉？蓋凡人視近與大易，視遠與小難，遠鏡則無遠近無大小者也。約畧言之，天象地形不出其照，而至若山海之間，尤爲備盗之先資，補益人世亦大矣，奈何忽爲悦目快心之具也。今試姑舉一二，以概其用。

一利用於仰觀計六條

用以觀太陰，則見本體有凸而明者、有凹而暗者，蓋如山之高處，先得日光而明也。又觀月時，試一目用鏡一目不用鏡，則大小迥別焉。

用以觀金星，則見有消長，有上弦下弦如月焉。其消長上下弦變易於一年之間，亦如月之消長上下弦變易。於一月之内又見本體間或大小不一，則驗其

遠鏡圖并説

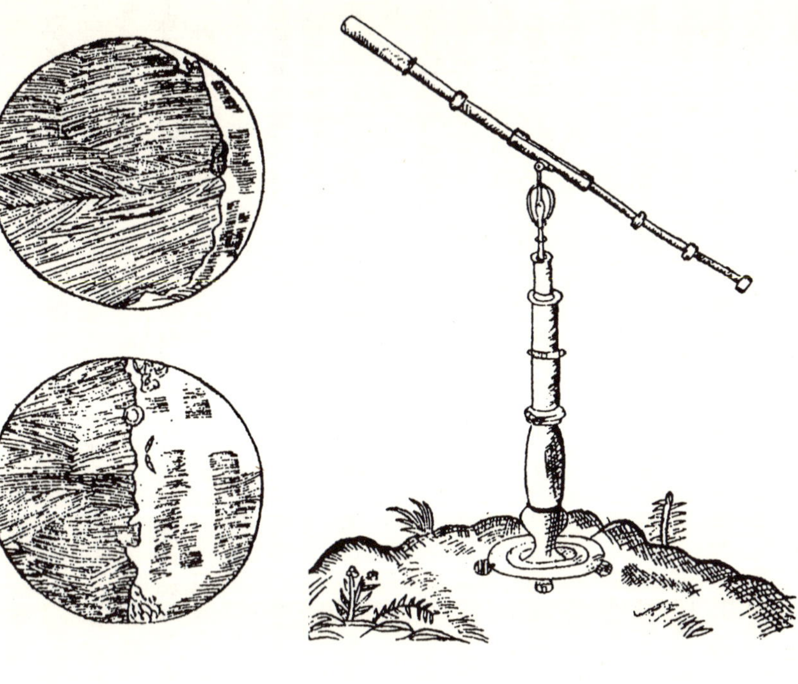

行動周圍隨太陽者，居太陽之上其光則滿，居太陽之下其光則虚，本體之大小，以其居太陽左右之上下而别焉。

用以觀太陽之出没，則見本體非至圓，乃似雞鳥卵，蓋因塵氣騰空，遮蒙恍惚使之然也。即此可知塵氣騰空高速幾許。若卯酉二時，併見太陽邊體齟齬如鋸齒，日面有浮游黑點，點大小多寡不一，相爲隱顯隨從。必十四日方周徑日面而出，前點出、後點入，迄無定期，竟不解其何故也。

用以觀木星，則見有四小星左右隨從護衛木君者。四星隨木有規則、有定期、又有蝕時，則非宿天之星明矣。欲知其與木近遠幾何，宜先究其經道圈處合下即驗矣。

用以觀土星，則見兩傍有兩小星，經久漸益近土，竟合而爲一，如卯兩頭有二耳焉。

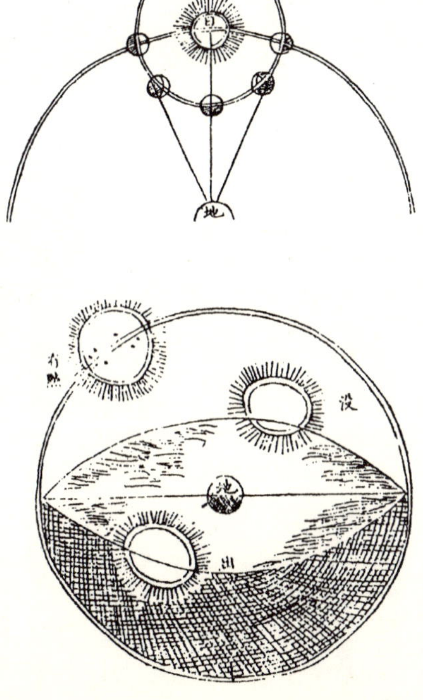

金星消長上下弦之圖

用以觀宿天諸星，較之平時不啻多數十倍而且界限甚明也。即如昴宿數，不止於七而有三十多，鬼宿中積尸氣、觜宿中北星、天河中諸小星皆難見者，用鏡則瞭然矣。又如尾宿中距星及神宫北斗中開陽及輔星皆難分者，用鏡則見相去甚遠焉。是宿天諸星借鏡驗之筭之，相去幾何絲毫不爽。因之而觀察星宿本相、星宿所好、星宿正度偏度，於修曆法尤爲切要。以上六條是聊述觀天之槩也。

一利用於直視計三條

樓臺高處用之，則遠見山川江河、樹林村落，雖人物行動，如在目前。若陡遇兵革之變，無論白日，即深夜借彼火光用之，則遠見敵處營帳人馬、器械輜重，便知其備不備，而我得預爲防，宜戰宜守，或宜安放銃砲，功莫大焉。

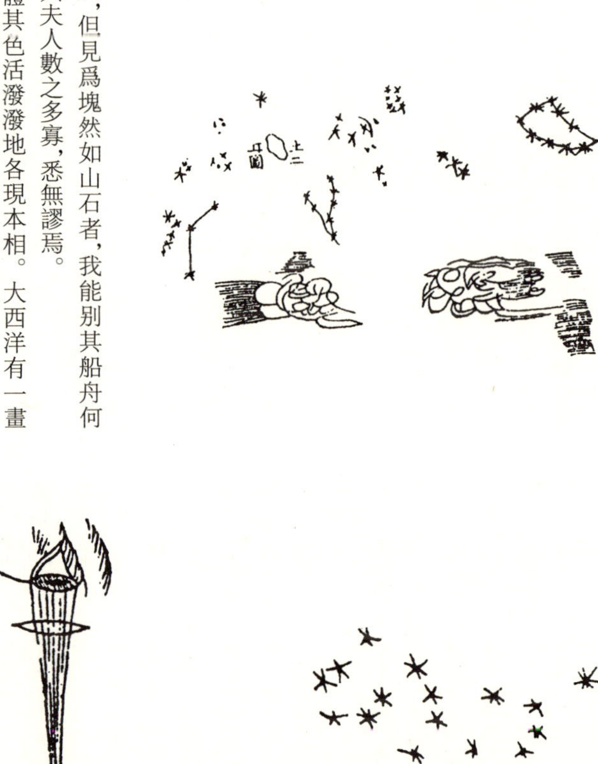

木星之圖

土星之圖

觜宿之圖

積尸氣之圖

海上用之，則數十里外之行舟人，但見爲塊然如山石者，我能別其船舟何等、帆旂何色，或爲友伴，或爲强徒，與夫人數之多寡，悉無謬焉。

居室中用之，則照見諸遠物，其體其色活潑潑地各現本相。大西洋有一畫士，祕用此法畫種種物像，儼然如生，舉國奇之。以上三條是聊述地海人間之槩也。

附分用之利計三端

夫遠鏡者，二鏡合之以成器者也。其利用既如斯矣，乃分之而製造如法則，又各利於用焉，即中國所謂眼鏡也，試言之。

一利於苦近視者用之一條

世有目少好遠游、喜遠望者，年老目衰則不苦視遠物而苦視近物，不耐三角形射線而耐平行射線，習性使然耳。若用遠鏡之中高鏡，則物象一點之小散射鏡面，從鏡平行入目，巧合其習性，視近不勞而自明也。然又有未嘗好遠遊遠望，而平日專務平直是視者，亦必老至力衰則視物不能斂聚其象，象形直射，恍惚不真，若用中高鏡，則物形雖小而暗，視之自大而顯矣。

甲乙物體射象於鏡面丙丁，入目於戊。戊目視象於丙丁，丙丁兩界引長之則至己庚，己庚大乎甲乙，此苦近視者用中高鏡視物，必大之故也。

一利於苦遠視者用之一條

有書生，目不去書史，視不踰几席，習慣成性，喜三角形視近，不耐平行視遠者。亦有非繇習慣，但眸子精力不開廣，視物象不得員而滿者。是二人者，用遠鏡之中窪鏡，則物象從鏡角形入目，乃合其習性，視物自明矣。

一分用不如合用之無不利一條

人有目精全衰、視物全暗者，則與無目同，天日不能照，固非鏡之所能與力也。乃有目精至强、視物至明者，用鏡亦反加翳焉，何也？吾人睛中有眸張閉自宜，睛底有◎，屈伸如性，高窪二鏡自備目中，何以鏡爲？若二鏡合用之。於遠鏡則不然，遠鏡者目明益明、象顯益顯，實備非常之用者也。

原繇計三端

一易象不同，而遠鏡獨妙於斜透，以爲利用之原計三條

是鏡之妙，妙乎能易物象也。何謂易象？蓋凡物之有形者必發越本象於空明中以射人目，若象目交接之間無所阻礙，則象從徑線直射入目矣。苟如爲他物形所間，則本象或斜透其照而易者有之，或反映其照而易者有之。乃是鏡易象之妙，則妙乎有斜透而無反映，此其所以利用也。

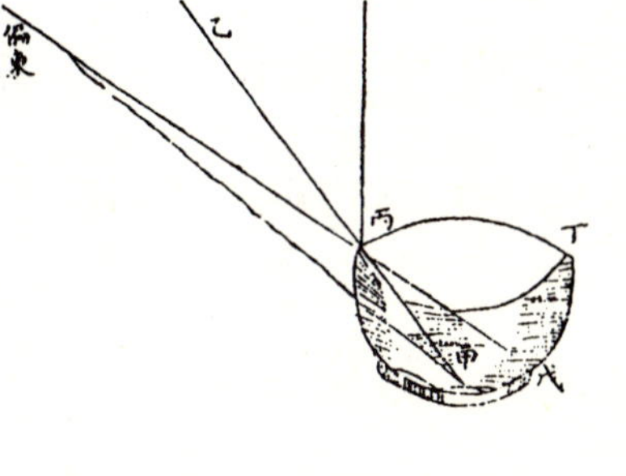

何謂斜透而易、反映而易？蓋象與目交而爲物所間，槩有二焉：一曰不通光之體，一曰通光之體。不通光之體可借喻鏡面，夫鏡有突如球、平如案、窪如釜之類，其面皆能受物象，而其體之不通徹，皆不能不反映物象。反映之象，自不能如本象之光明也，所謂反映者此也。通光之體又分二體：一謂物象遇大光明易通徹者，比發象元處更光明而形似廣而散焉；一謂物象遇次光明難通徹者，比發象元處少昏暗而形似歛而聚焉。今試以象遇大光明易通徹者言之，即如上圖。甲象居盂底直射乙目，乙目可視。乙目偏東，則象不現而目不見，礙於盂邊也。若充水齊邊，則象上映於水，遇空明氣之大光明，即邪射而象更顯焉。甲象更廣散於丙丁邊，東目視丙邊即視丙象，而象體似居戊處矣。即東目更移東尚可見象，而象體若更浮戊上矣，是又因象映而然也。又如舟用篙櫓，其半在水，視之若曲焉張斷。取魚多半在水，視之若短焉，又魚者見魚象浮游水面，而投叉刺之必欲稍下於魚乃能得魚。蓋水氣兩隔恍惚使然，漁夫習之熟，知其必然而不知其所以然耳。試以象遇次光明難通徹者言之，即如上圖。甲象在空明氣，盂底無水，直射盂底乙處，乙處可視甲象。若戊處則象不射戊不見，礙於盂邊也。盂內充水至於丙丁，則空明甲象入水稍暗，歛聚於丙丁邊，戊視丁邊則明見甲象，而象體似居己處矣，凡此皆所謂斜透者也。

夫所云間隔物體，大光明能廣散物象，次光明能歛聚物象，蓋必大與次不同體者也。若口眼二鏡亦既同體矣，而亦有廣散歛聚之別，則以同體而不同形耳。前鏡形中高類球鏡而通徹焉，是即次光明意也。所以照日光能漸聚大光於一點，而且照日生火，照第一等星光能透明於紙上，夜借燈光亦能遠照。後鏡形中窪類釜鏡而通徹焉，是即大光明意也。所以照日光則漸散大光至於無光，而且照日不能生火、不能照星、不能遠照，正與前鏡相反，然照象則甚鮮明也。

一射線不一，而遠鏡兼攝乎屈曲，以爲斜透之繇一條

光明之體間隔物象者，有正有邪，而物象之來，有直有偏。以故象直矣，而體有未正，則象來之線亦多屈曲，況體邪乎？若二鏡照物之時則必皆正者也，但物象射線不能皆直。蓋必射線直入鏡之中央，方無斜透，不然射線去中或近或遠，皆不免屈曲，所以皆不能無斜透也。

一視象明而大者，繇乎二鏡之合用計二條

二鏡之性乃相反以相制者也，獨用則偏，並用則得中而成器焉。夫遠物發象從平行線入目，則目視遠物，亦必須從平行線視象。假若二鏡獨用其一，則前鏡中高而聚象，聚象之至則偏，偏則不能平行。後鏡中窪而散象，散象之至則亦偏，偏亦不能平行。故二鏡合用，則前鏡賴有後鏡自能分而散之，得乎平行線之中，而視物自明；後鏡賴有前鏡自能合而聚之，得乎平行線之中，而視物明且大也。

前鏡視遠，去目如法，物象每見其大焉。蓋以全鏡之體照物體之分，分則見其大矣。若鏡目相近，則雖鏡體得照全象分分不遺，而象則小矣。後鏡視遠，近目如法，視物每見其大焉。蓋以全象視物之體，若鏡目相遠，則以象之一分視物之體而已。總之分二鏡而用之，則不免昏暗，套筒而合用之，則彼此相濟，視物至大而且明也。

造法用法計九端

造鏡至巧也，用鏡至變也，取不定之法於一定之中，必須面授方得了然，若但憑書，不無差謬，今亦撮其大畧而已。

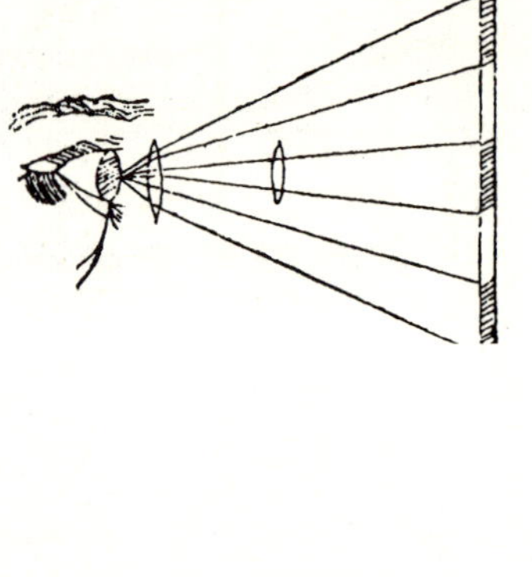

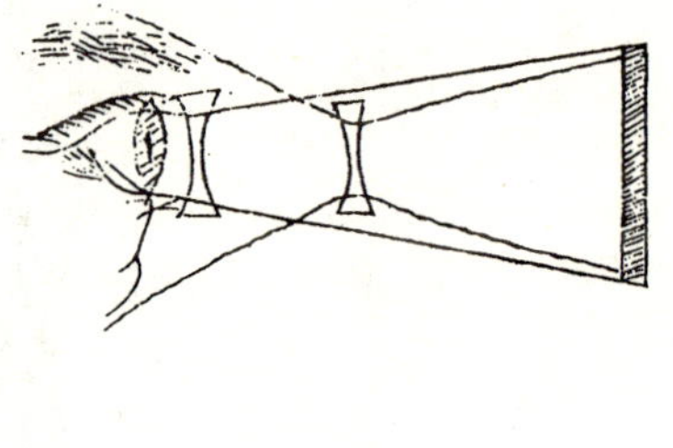

一鏡一條

造法曰：用玻璃製一似平非平之圓鏡，曰筒口鏡，即前所謂中高鏡，所謂前鏡也。製一小窪鏡，曰靠眼鏡，即前所謂中窪鏡，所謂後鏡也。須察二鏡之力若何，相合若何，長短若何，比例若何。苟既知其力矣，知其合矣，長短宜而比例審矣，方能聚一物像，雖遠而小者，形形色色不失本來也。

一筒一條

鏡止於兩，筒不止於兩，筒筒相套，欲長欲短，可伸可縮。

一遠近各得其宜一條

用法曰：鏡筒相宜以視二百步爲定，則因之而視數十里，視天象、視地形無不同之。若視二百步以內物，形彌近，筒鏡彌長，逐分伸長，物相明亮即爲限止，大要伸縮宜緩而不宜急。

一避眩便觀計三條

用以視太陽、金星，則二者光射明烈，故須於近鏡上再加一青緑鏡，少御其烈。鏡筒再伸分寸許，則光相不眩，目力乃精，視乃不幻也。

視太陽又有兩法：一加青緑鏡如上所云，一不必加青緣鏡，只以筒鏡兩相合宜。以前鏡直對太陽，以白净紙一張置眼鏡下，遠近如法，撮其光射，則太陽本體在天在紙，絲毫不異。若用硬紙尺許，中翦空圓形冒靠後鏡上，則日光團聚，下射紙面，四暗中光黑白更顯，體相更真矣。若遇依稀雲霧天，太陽本體居明暗中，不用緑鏡、不用硬紙，只以平常格式，用目視更快也。

用以視地形物色，前鏡勿對日光，以日光照鏡，則鏡光與相反昏也。

一安放調停計二條

將鏡置諸本架，或倚着實落處，使不摇動。視鏡止用一目，目力乃專，光益聚而象益顯也。

視欲開廣，將鏡床少少那動，欲左而左、欲右而右、欲上而上、欲下而下，架無不隨者，只用螺絲釘寧住，宜堅定不移。

一衰目短視用訣一條

清目人用此鏡遠視物體，更明且大無惑也，乃衰目人、短視人亦可用。蓋筒内後鏡伸長，能使易象於前鏡者仍平行線入目；縮短，能使易象於前鏡者反以廣行線入目。一伸一長，能稱衰目短視人，則巧妙又在伸縮得宜焉。又短視人尋常用眼鏡者，今用遠鏡，仍用本眼鏡照之亦可。

一借照作畫一條

室中照鏡畫像，全閉門窻，務極幽暗。或門或窻開一孔，大小與前鏡稱。取出前鏡置諸孔眼，以白净紙如法對置内室，則鏡照諸外像入紙上，絲毫不爽，模而畫之。西土所謂物像像物者，此也。

一習用訣

欲知鏡之能照遠及小與夫晝夜無異，則必於平常試驗。置書數十步内，晝借日光，夜借燈光，用鏡照之，字字可誦，比諸几案上更顯而大焉。平常習熟，臨大用時庶可無疑謬也。

一去詬訣一條

兩鏡或受塵垢，勿用手揩摸，只以新净絹帛輕輕拂拭，即復光明。

用鏡測星法

前後二鏡各加一積楮圈，圈心開圓孔露鏡，而以其周掩鏡邊。蓋惟邊掩，而心孔攝聚星像益加顯著故也。孔之大小視鏡光力，前圈孔之大以盡見月徑爲率。月徑約三十分，依此爲孔，以求兩星相距或相淩犯遠近分數，舉目可得。其法，先以鏡向月心，目向鏡心，一窺而盡得月左右邊際，是可準而用也，乃即用以窺星。倘亦一窺之中兩星並見，則知彼此相距必在三十分内矣。於是移筒使一星切居鏡邊，以求此星與彼居中星相距之遠近。或當月徑之半而羸，或當月徑之半而縮，其爲幾何分數，豈不瞭然可辨乎？然所謂一窺盡月徑者，遠鏡之短者也。若其長者，所見轉狹，一窺不盡，必數移窺乃盡焉。其法，先用鏡定向月心，目則左右任移，以盡見月邊爲率。次以鏡切月邊平行徑内某影止(月有多影)，記之。又以此影切分爲邊平行某影止，記之。如是數窺，必盡月徑。即可得每窺滿圈所容之分數幾何，於是用以測星。或亦再三移窺，則併移窺所得分數，總記之，即是兩星相距之分數矣。

用鏡測交食法

安器於本架，筒伸縮令得宜，用以直對太陽或太陰焉。餘法與視太陽前二法同。外所用浄紙預畫一綫成圈，圈中畫徑綫一，平分之。徑綫上畫短綫十平分之，圈綫之太約以二寸爲率，過大與過小皆足礙光。臨測時，務使紙與鏡直對平行，勿少欹側。其相去遠近，以光滿圈爲率。鏡一面向紙，一面向日或月。當其初虧，止見光劣，有似遊氣。後乃黑影漸侵，邊内明缺，此時務使圈之徑綫正與缺當，乃視短綫，即得交食分數。

清《皇朝禮器圖式》卷三

御製地平半圓日晷儀　謹按地平半圓日晷儀爲聖祖仁皇帝御製，鑄銅爲之。凡二重地平盤，長四寸三分，闊三寸五分，中施指南針，外畫時刻線，正北當午正，正西卯正，正東西正，後直立方盤，上加半圓，通徑中爲中心，兩旁各爲半徑，半徑上穿孔，地平中心線入之，視線影以知時刻。半圓中心施遊表，表兩端立耳穿中線，對太陽驗遊表與通徑距度，以準太陽高弧。

御製地平半圓日晷儀

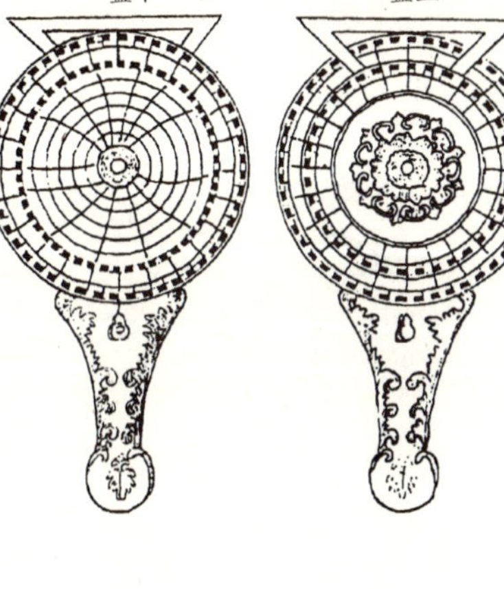
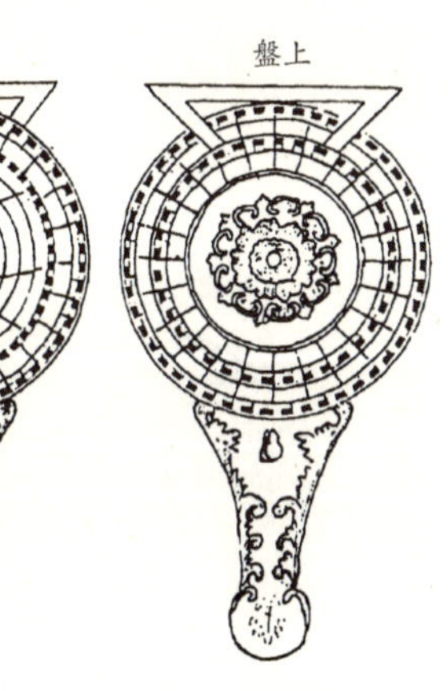

御製星晷儀

御製星晷儀　謹按星晷儀爲聖祖仁皇帝御製，鑄銅爲之，凡二重有柄地盤，徑四寸二，分列十二時初正。天盤徑三寸三分，列二十四節氣，上帶直表，兩端書帝星勾陳，以中心墜線當孔中，轉天盤直表兩端當兩星，使相參直，視節氣對時分以知時刻。下盤外列夜刻内横爲節氣線，縱爲更線，按節氣以定每更時刻。儀面圍鐫：康熙五十三年製；柄鐫：康熙御製。

萬壽天常儀

萬壽天常儀　謹按本朝製萬壽天常儀，鑄銅爲之，通高一尺一寸，制與三辰儀同。座心穿孔，對天頂，垂線用與三辰儀表末同，中腰兩表耳一實一虚，綰遊旋赤道，實者穿中縫，虚者留中線，用與三辰儀窺衡同，以遊表加遊旋赤道上，視遊表末所指，用與三辰儀表耳同。

地平赤道公晷儀　謹按本朝製地平赤道公晷儀，鑄銅爲之，徑七寸八分，地平盤分内外，外方盤施露管二、螺柱四，内圓盤列地平三百六十度，施指南針，中帶銅弧，弧上九十度，赤道環在圓盤北，銅弧入之，以定各處北極高度。環面施大遊表，表近上加立表，中有直線，環上端小圓盤内有小遊表及半環，環上穿小孔。以

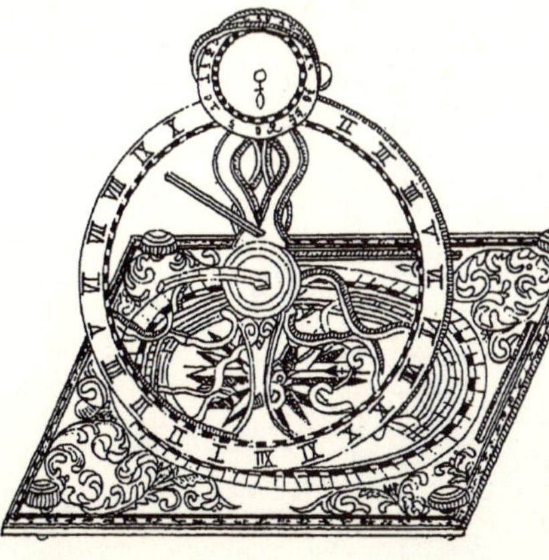
地平赤道公晷儀

大遊表對日景，從小孔透立表中線，視大遊表下端所指知時刻，小遊表所指知分數。

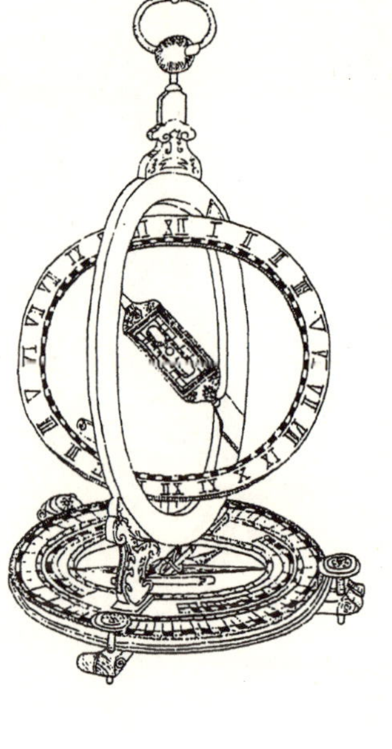
地平經緯赤道公晷儀

地平經緯赤道公晷儀　謹按本朝製地平經緯赤道公晷儀，鑄銅爲之，通高一尺。地平盤分内外，外盤畫子午線三角植螺柱，内盤列地平三百六十度，施指南針，縱横置露管盤上。正立爲赤道經圈，上環中線爲天頂，斜倚爲赤道，中施直表，列節氣宫度表，中縫加遊表，上穿孔，使透日光。經圈上平赤道，施兩表耳，測日影内盤九十度線與外盤子午線，準以赤道經圈，按度對天頂，以遊表小孔對節氣日數，視日影所臨，知時刻。以赤道經圈對日，上下轉之，日影從上表耳孔透下表耳之兩點，視赤道距天頂度，與九十度相減，知太陽距地平高度。視内盤距子午線度，知太陽距午正東西偏度。以外盤分數線與度數線對，知時刻。

八角立表赤道公晷儀　謹按本朝製八角立表赤道公晷儀，鑄銅爲之。地平盤長二寸二分，闊一寸八分，前施指南針，後爲赤道盤。横軸上下之盤周，畫時刻線，正北當午正，西南起寅正，東南止戌正。盤上施日影表，以指北。極右帶高弧表，角與弧，皆高六十度，驗影以知時刻。

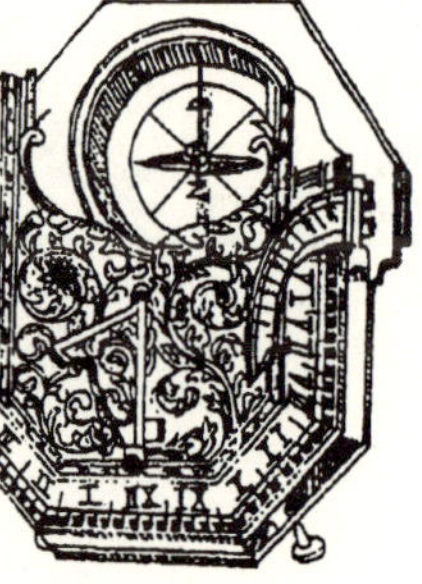
八角立表赤道公晷儀

方赤道地平公晷儀　謹按本朝製方赤道地平公晷儀，鑄銅爲之。地平四寸二分，中施指南針，後爲赤道盤，外方内圓，兩面畫時刻線，正北當午正，西南起卯初，東南止酉初，盤底有機。上下之地平，右施螺旋表，環列度數，以表指之赤道盤，中施直表指南北極，春分後向北，秋分後向南，驗表影以知時刻。

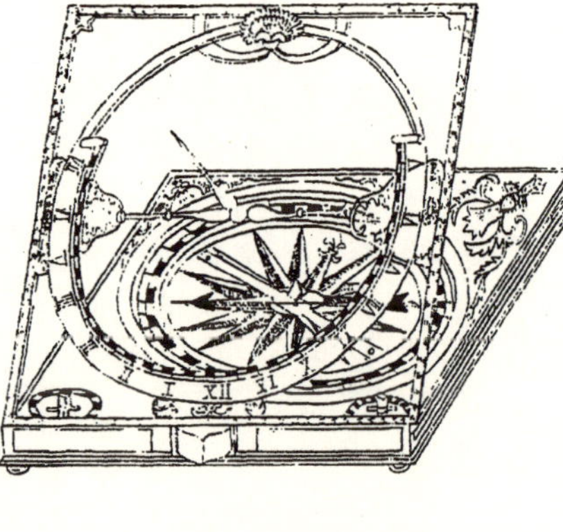
方赤道地平公晷儀

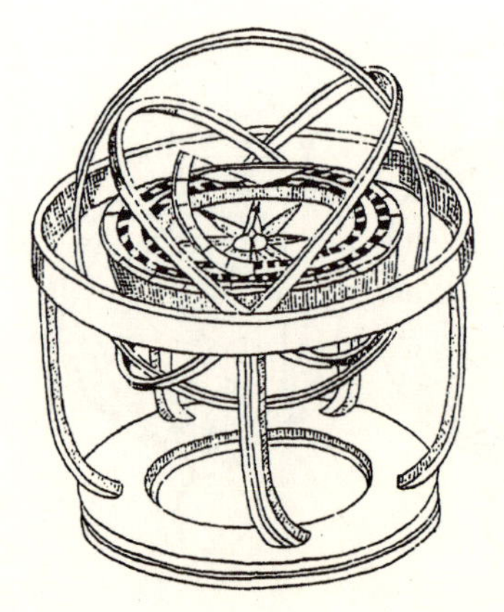
遊動地平公晷儀

遊動地平公晷儀　謹按本朝製遊動地平公晷儀，鑄銅爲之。圓座徑二寸一分，高一寸八分，内遊環三層，繫日晷、地平盤于三層環内，中施指南針，周圍時刻線三層，依北極高三十度、四十度、五十度，北有弧表，畫線亦如之。自地平中心出斜線，對弧表線，以指北極視線影，以知時刻，爲舟行測驗之器。

提環赤道公晷儀　謹按本朝製提環赤道公晷儀，鑄銅爲之，外環爲子午圈，徑七寸二分。内環爲赤道，上環爲天頂。赤道北九十度爲北極，其對爲南極。中施直表，列節氣、宫度及距緯度。表中縫施遊表，上穿孔以透日光，以上環對子午圈度數，以遊表孔對節氣日數，手提上環，旋直表，使影入赤道，内視所臨，以知時刻。

赤道地平合璧日晷儀　謹按本朝製赤道地平合璧日晷儀，鑄銅爲之，長一尺三寸，闊八寸六分，前爲地平盤，列二十四節氣圓盤，加直表其上，按節氣進退，以就日行黄道度。外橢圓形，列時刻，西起卯正，東盡酉正，後爲赤道。盤内列時刻，西起寅初，東盡亥初，外列周天度，中施斜表，表下施墜線以指北極高度，承以半圓，以輪齒低昂之，兩盤相合，定南北；視表影以知時刻。

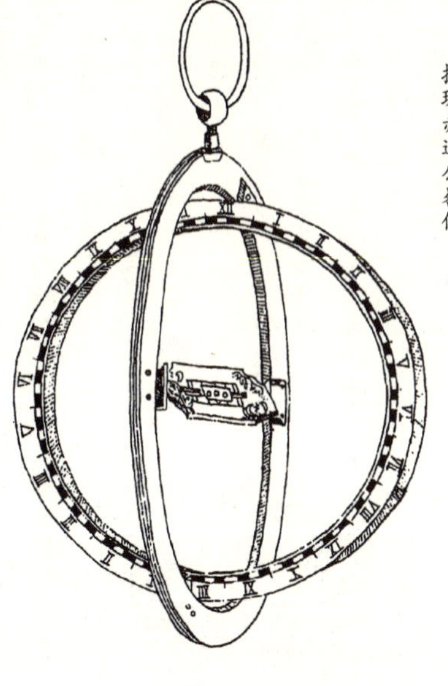

提環赤道公晷儀

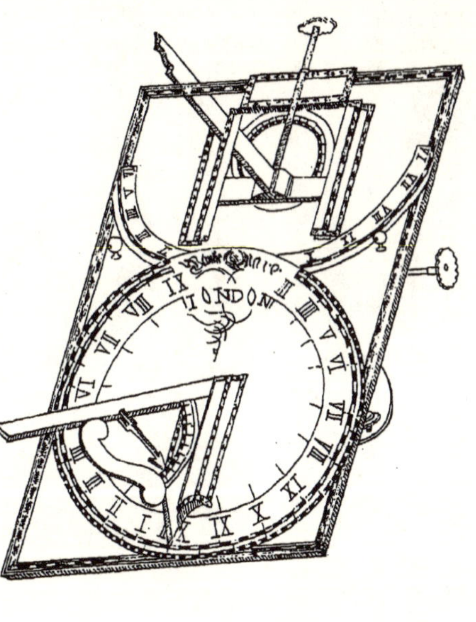

赤道地平合壁日晷儀

定南針指時刻日晷儀　謹按本朝製定南針指時刻日晷儀，鑄銅爲之。地平盤長一尺三寸五分，闊一尺一寸一分，中爲指南針，外畫時刻線七重，第一重爲二分，第七重爲二至，以次順逆數之。線各分十二時，初正兩端立表耳，中線對日，兩耳影相對，驗指南針所指，以知時刻。

定南針指時刻日晷儀

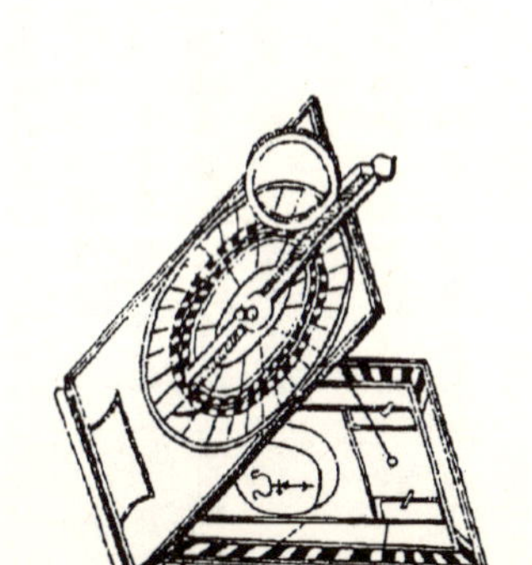

日月晷儀

日月晷儀　謹按本朝製日月晷儀，象牙爲之，凡二重，下爲日晷地平，長二寸，闊一寸四分，中施指南針，外畫時刻線，啓其上直立之。以地平中心線縮小孔内，視線影以知時刻。上爲月晷赤道盤，上列三十日，從正北起，中心置時刻遊盤，列十二時，午正初刻上出表末，以指日數。中施遊表，表端立環，對月表末指時。以上重左銅鈎，按下重側面北極高度，撦定立環内不見月光，視表末以知時刻。

圓盤日月星晷儀　謹按本朝製圓盤日月星晷儀，鑄銅爲之。圓盤徑四寸一分，下有柄，上爲日晷，兩立耳相距二寸四分，各穿孔以透日光，兩旁直線爲時刻線之起止，中爲半圓，其半爲北極，畫節氣線十九道。當北極爲二分線，間二線爲一中氣往來，

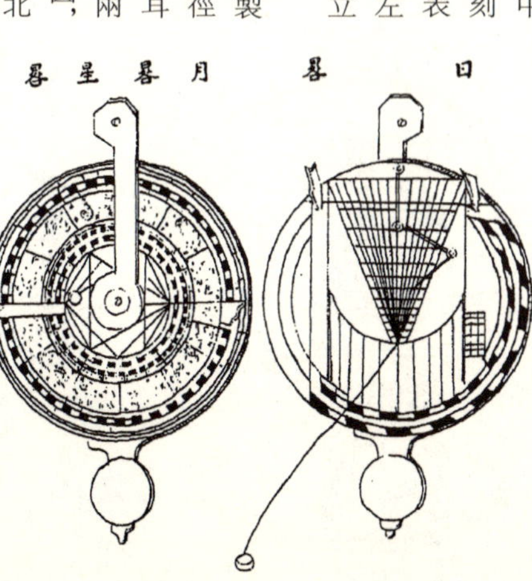

圓盤日月星晷儀

數之左盡夏至，右盡冬至，一線占一旬。白北極上横分六十度，爲北極高度，下分十二時，右起丑未初，左盡子午。正中施遊表，以表末對北極高度及節氣線，表末施墜線，穿小珠，對太陽所躔宫度，使兩耳孔日光正對，驗珠影以知時刻。背爲月晷、星晷，外分三百六十六日，内分十二宫，中心第一重圓盤徑二寸二分，外分十二時，初正午正，出真表以指太陽。内分三十日，自直表起朔。第二重圓盤徑一寸七分，周穿圓孔，中出直表，表所指之日數圓孔，下驗晦朔弦望。自第一重對太陽宫度，表起午正數之，至第二重指日數表所指，以知時刻。第三重施直表出圓盤外，表心及末皆穿圓孔，以表心孔窺勾陳大星，以表末孔窺天樞、天璇，使相參直，亦如月晷數法，以知時刻。

方月晷儀

方月晷儀　謹按本朝製方月晷儀，鑄銅爲之。徑五寸五分，上下二盤。下盤外重列十二時次，内初正各四刻次，内刻各十五分。上盤外重列三百六十度，内二重列三十日。空度起朔，爲日月同度。朔後月距日漸遠，至九十度爲上弦，倍之爲望，三倍之爲下弦，周復爲朔，爲一月。與日一會，朔弦望相距各七日半。中心施遊表，以遊表中線，對上盤日數若干度，轉上盤朔上表末，使表對月立環内無影，視表末所指，以知時刻。儀面鐫：乾隆甲子年製。

看朔望入交儀　謹按本朝製看朔望入交儀，鑄銅爲横尺，兩端木座如几形，横一尺八寸，縱七寸八分，凡三重，下爲黄道，中爲白道，各十五度三十分；上爲時刻表，左右直距以白道距黄道南北緯度爲準，正中爲黄道位，日食以日體，月食以地影，加黄道上，月體加白道上，皆按度分，以其相掩，知入交爲日月食；以相掩之分，知食之淺深。以時刻表中心，對白道表端，施直表對月行距日度，視所指知食之時刻。

看朔望入交儀

四定表全圓儀　謹按本朝製四定表全圓儀，鑄銅爲之，通徑一尺，全周三百六十度，中施指南針，圓線十層，以斜線相交成十格，分四象限，通徑線兩端各施立耳爲定表。中心設旋圓盤，其通徑線兩端施立耳爲遊表，表兩端直邊對立耳中線，以指度數。以定表、遊表相距度分，爲所測之角。平測、立測惟所宜。

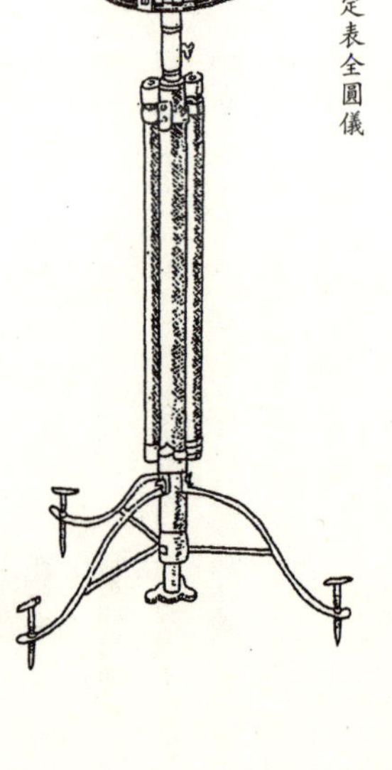
四定表全圓儀

矩度全圓儀　謹按本朝製矩度全圓儀，鑄銅爲之，通徑六寸，全周三百六十度。分半周通徑線，兩端各施立耳，爲定表。中心施遊表，表中線兩端加立耳，立耳中線與遊表中線對，上施指南針，前施墜線。表端鋭處指度數，以兩表相距度分爲所測之角。圓内下半周矩度縱横各六十分爲勾股比例之用，平測、立測惟所宜。

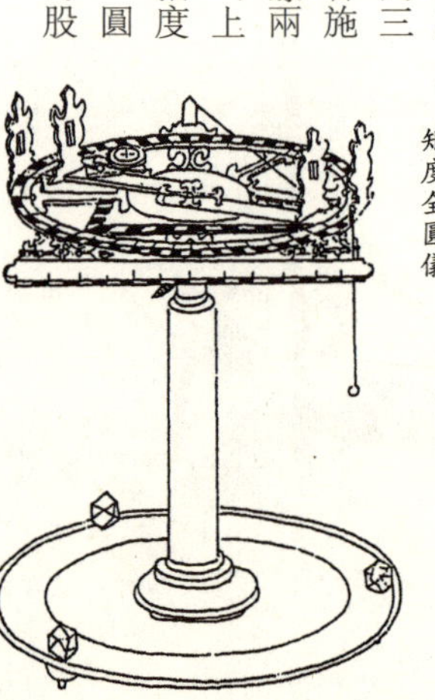
矩度全圓儀

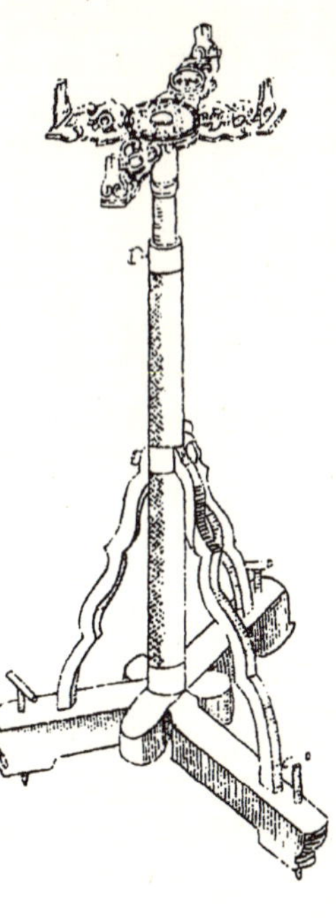
小花全圓儀

小花全圓儀　謹按本朝製小花全圓儀，鑄銅爲之，通徑二寸。以中圓花隙鋭處，對遊表立耳指度數，平測、立測惟所宜。施定表、遊表、指南針，與矩度全圓儀同。

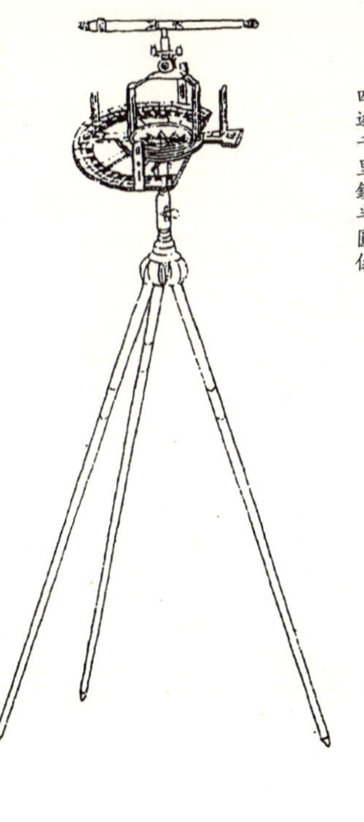
四遊千里鏡半圓儀

四遊千里鏡半圓儀　謹按本朝製四遊千里鏡半圓儀，鑄銅爲之，通徑一尺三寸五分，半周一百八十度，外圓線三重，内層十二重，每度末斜線與圓線相交成十二格，通徑線兩端立耳爲定表，其半圓心施遊表，表兩端有立耳，表端中線以指外重度分。立耳方孔中線以指内重度分，立耳内施墜線，表心施指南針。圓盤外兩柱承千里鏡，以兩軸左右上下之。以遊表、定表相距度爲所測之角。座三足，能升降，平測、立測惟所宜。

雙半圓儀　謹按本朝製雙半圓儀，鑄銅爲之。平置直尺長一尺，内開空槽，束以銅如帶鋋，施輪軸使遊動。兩半圓通徑皆三寸一，加尺端一綰槽，内半周一百八十度，内畫半方矩，縱横皆十二分，圓心各有立耳。又施遊表，長與直尺等，表端各有立耳，圓心立耳旋之，與直尺對，則爲定表之用；與遊表立耳對，則爲遊表之用。後施墜線。測量法：以定表、遊表之距度爲所測之角。量算法：以所知一邊與直尺爲比例，兩半圓進退施之，按度分以定所測之二角。兩遊表相交成三角形，承以直柱三足，能升降，平測、立測惟所宜。

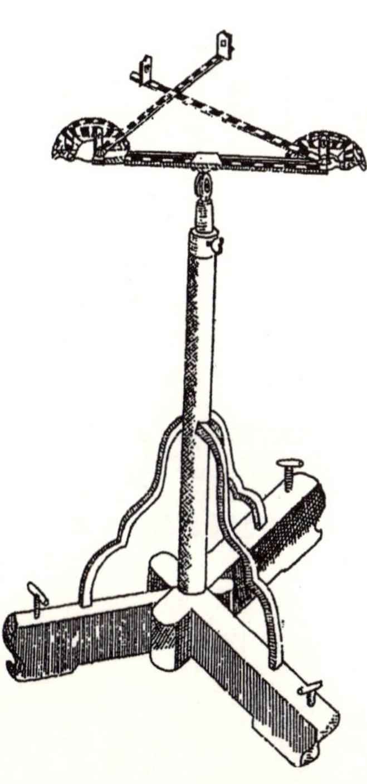
雙半圓儀

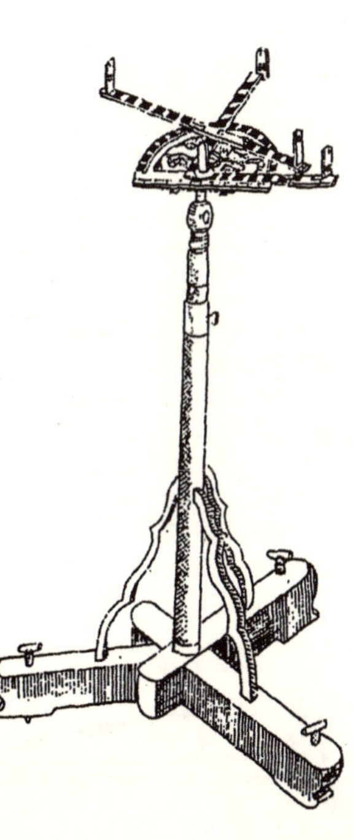
雙遊表半圓儀

雙遊表半圓儀　謹按本朝製雙遊表半圓儀，鑄銅爲之，通徑四寸八分，半周一百八十度，圓心施遊表二，其長皆爲一百五十分，其端各有立耳，開中線，與遊表中線對。圓心亦有立耳，旋之與遊表中線參直。遊表上各帶摺表一，中心與遊表中線對，共綰一直表，長與二遊表共度等，一端當摺表中心，一端隨遊表開闔。中施指南針，後施墜線。測量法：以兩遊表相距度分爲所測之角。量算法：兩邊夾一角者，以所知之邊、角，按度分安定成三角形。承以直柱三足，能升降，平測、立測惟所宜。

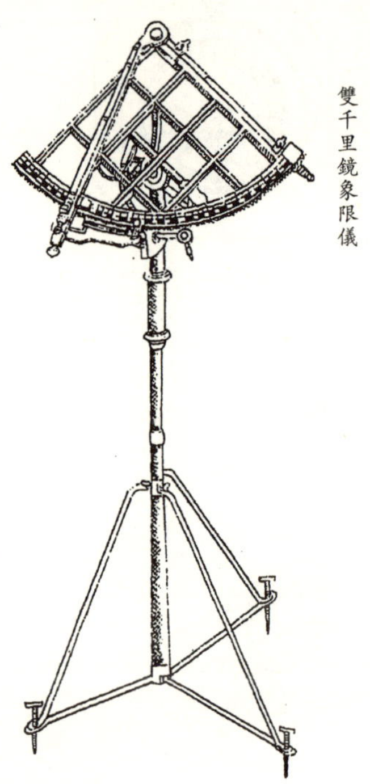

雙千里鏡象限儀

雙千里鏡象限儀　謹按本朝製雙千里鏡象限儀，鑄銅爲之。半徑一尺四寸五分，象限之周九十度，圓線十重，以斜線相交成十格，平半徑千里鏡爲定表，平中心千里鏡爲遊表，下爲半圓，縱横設兩輪，低昂之。測量法：以兩表相距度分，爲所測之角。承以直柱三足，平測、立測惟所宜。

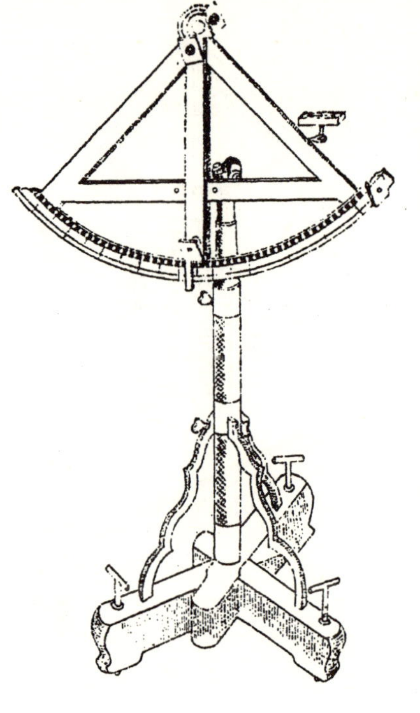

測太陽高度象限儀

測太陽高度象限儀　謹按本朝製測太陽高度象限儀，鑄銅爲之。半徑一尺二分，象限之周九十度，圓線十重，以斜線相交成十格，平半徑兩端各有立耳，上立耳中線穿小孔，下立耳中線爲空圈，内交十字半徑，旁施指南針，午正日光從小孔透十字心，與表耳參直。圓心施墜線于方銅管内，以護風。由管末玻瓈中視墜線距日光線，知太陽距天頂之度，以時刻儀驗準，對太陽測之，知太陽隨時高度。易墜線爲遊表，兩立耳皆如定表法，與所測參直，以二表距度爲所測之角。承以直柱三足，能升降，平測、立測惟所宜。

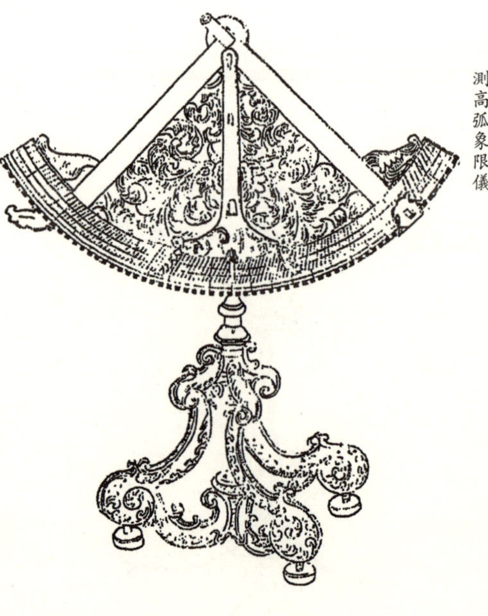

測高弧象限儀

測高弧象限儀　謹按本朝製測高弧象限儀，鑄銅爲之。半徑一尺七分，象限之周九十度，圓線十五層，以斜線相交成十五格，兩半徑線末各施立耳爲定表，中圓柱，四面穿直孔，旋之使孔中線與立耳中線相對，以受日光。圓心施銅墜線，表穿長孔，有比例，分以指分數，座中施指南針，以墜線距定表度，爲太陽距天頂度。承以直柱，有輪能升降。

測礙象限儀　謹按本朝製測礙象限儀，鑄銅爲之。用兩象限，周皆九十度，中爲初度，左右各四十五度。圓心皆施墜線，當初度以取平。座上爲横方柱，一加柱端，一倚柱旁。用時置礙上，以柱旁墜線所指，合礙末所起之度，柱中空左右各四十五度，中施遊表，穿小孔，對礙末所起之度，于孔内視礙之星斗。

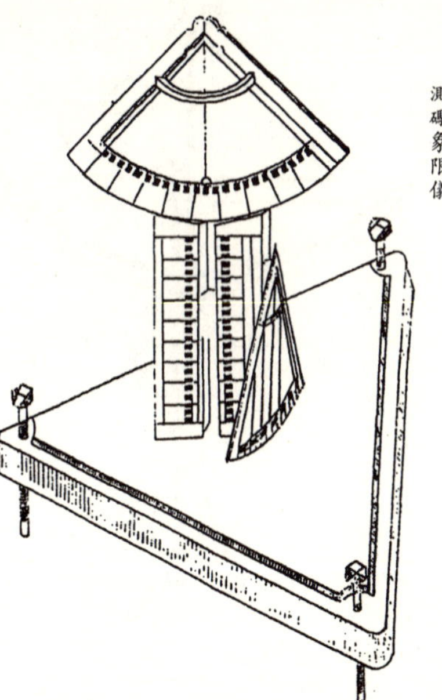
測礮象限儀

地平方位儀　謹按本朝製地平方位儀，木質，螺鈿飾，徑二寸三分，中施指南針，周列十二辰，八方列八卦，内周施遊盤，盤面分十二宫，對立直表，其長兩相等。先定子午線，轉銅環，令表與所測之處參直，距正午東西若干度爲地平偏度，以分界知其所屬方位。

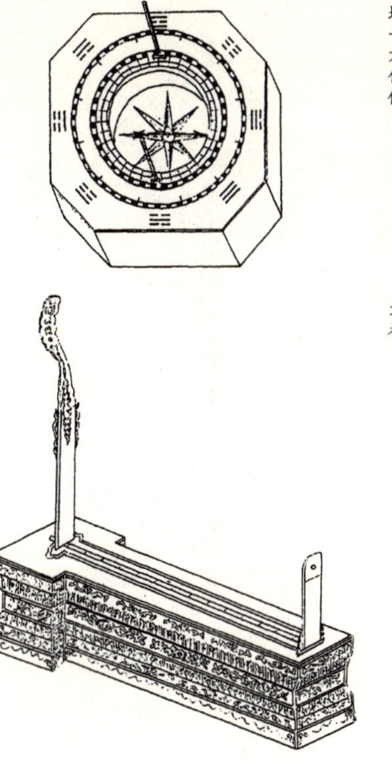
地平方位儀

圭表

圭表　謹按《周禮・春官》，大司徒以土圭之法測日景。《考工記・玉人》：土圭尺有五寸，以致日。《宋史》云，宋何承天始立表候日景。《皇祐圭表》：考古法，立八尺銅，厚二寸，博四尺，下連石圭一丈三尺，以盡冬至景長之數。明代觀象臺下設晷影堂，南北平置銅圭于石臺，長一丈六尺二寸，闊二尺七寸，周以水渠。南端植銅表，高八尺，上設横梁，用影符，以取中景。

本朝加表二尺，上端施銅葉，中穿圓孔，徑二分。午正日景自圓孔透圭面成橢形，南界爲日體上景，北界爲日體下景，中心爲中景。

京師夏至景二尺九寸四分八釐，冬至景一丈九尺九寸四分，以次贏縮。北端設立圭，高三尺五寸，冬至景上立圭二尺七寸四釐。

日影表　謹按本朝製日影表，木質。立表高八寸，上施墜線，平表長二尺七寸，中衡銅尺，三角施螺柱，以指南針盤九十度對表，候影正時，自立表下量之，視影之長短，以定節氣時刻。

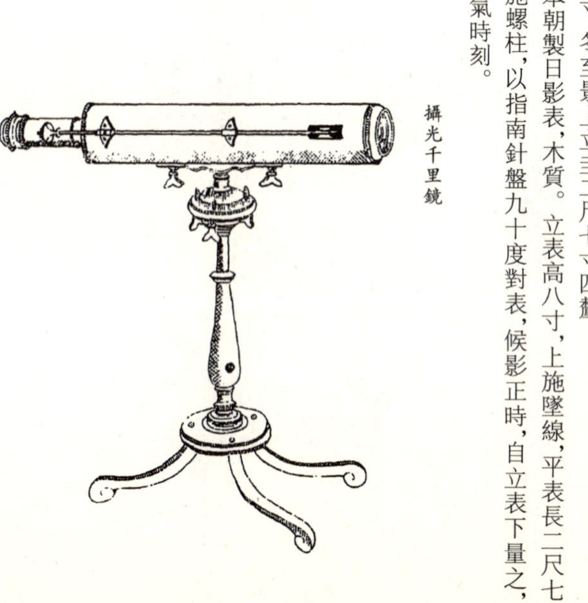
日影表

攝光千里鏡

攝光千里鏡　謹按本朝製攝光千里鏡，筩長一尺三分，接銅管二寸六分，鏡凡四重，管端小孔内施顯微鏡，相接處施玻璃鏡，皆凸向外筩。中施大銅鏡，凹向外。以攝影鏡心有小圓孔，近筩端施小銅鏡，凹向内，周隙通光注之大鏡而納其影。筩外爲鋼鋌，螺旋貫入，進退之以爲視遠之用。承以直柱三足，高一尺一寸五分。

鄭復光《鏡鏡詅癡》卷四　述作

附商鐙　十二、愚游粤時，曾見有雙副鏡。其法，用撐夾兩耳上如常，而兩旁鏡邊，别軸安眼鏡一副，用則合而重之，不用則開而置于兩旁太陽處。邇來式更小巧便用。如圖，甲乙爲鏡匡架，丙丁及戊己爲軸，子丑爲合眼常用之眼鏡，别作寅卯眼鏡一副，或與子丑等深，或較深，或較淺，以合而加於子丑上，視物加大而不花爲度。兩旁作軸，如辰午。安丙丁及戊己軸上，令可開合。尋常用子丑，置寅卯於撐邊，貼兩太陽穴，並無窒礙。偶值嫌淺時，則合寅卯疊於子丑上，便加深矣。是帶鏡一副，而具兩副之用也。庚辛與壬癸爲撐，兩段。甲上有軸，以辛上軸合之。庚上作套筩，將癸套入，壬癸在庚辛内。癸處向外作一丁，透出庚辛段之縫，丁頭綰之，使可伸縮。乙邊亦如之。兩段皆作匾片，取其輕巧而穩固。惟中梁用直，取隨手戴用，不拘上下。然未免壓鼻梁，不可久用，不如尋常曲梁爲妙。此法，老花、近視固可爲加深之用，若平光，則子丑用銀晶，寅卯用墨晶，亦便也。故爲通用眼鏡。

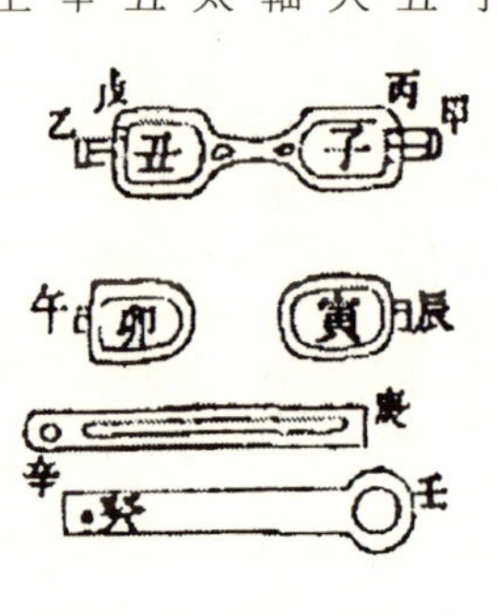

右雙副眼鏡。

作顯微鏡其類有二：曰通光、曰含光。

一、通光顯微，即老花鏡也。第用有淺深之别，時用其淺，限有尺六七寸者；時用其深，限有一二分者。

二、通光顯微以觀洋畫，限不取過深，約須一尺五六寸。其法，倒置畫册於案，側置含光於上，立置顯微於旁，目從顯微上視含光内畫，畫景自順。如圖，辰爲含光鏡，嵌入木匡，鏡面下向。甲、乙處作軸，上套螺旋，連於顯微鏡匡上，可使斜迆支撐，收合而不脱。丁爲顯微，己爲鏡柄，活入座柄。座柄之口安螺旋，使可伸縮，高低配定則轉螺旋以固之。丑寅爲畫册，倒置之，使卯入乙，寅入丙，則乙爲上，而丙爲下。自丁窺之，上下自順，惟左右必易位，故畫上有字，須用左書。

一系，丁鏡之凸不宜過深者，丑寅畫景入甲丙鏡至近不止五六寸，則鏡中之景亦見遠象爲五六寸，原景十。而丁之距辰又須四五寸，并之，是目距畫約尺六七寸。使丁鏡之凸限一尺，則畫距目出限外，必見物象復小，且昏而不清。圓凸二十三。蓋觀畫用鏡者，取其隔鏡如清濛氣，而肖真也。原光十。不專取其顯微，故凸不必過深耳。

右通光。

三、含光凹，或銅，或玻璃爲之，亦稱顯微。諸葛鐙後壁及地鐙，襯於燭後，用以助光。然諸葛鐙前鏡得力，似可不必。地鐙法殊妙，别爲一支，尚非顯微正用。予擬製，使微凹而大約逕五六寸以外，側收限一尺，用以自照，毫髮畢見，遠勝平鏡。

四、含光凹，以銅作者，多敲使凹，不盡中度。若能旋之則妙矣。以玻璃作者，駕空燒軟，其心自塘，雖光力最勝，亦不甚中度也。其粘箔法同照景鏡，照景鏡二之三。而手法較難，惟粤人能作之，然價已倍平鏡矣。

五、《虞初新志·黄履莊傳》所謂瑞光鏡，即此。其言徑大六尺，想是銅爲之。其工其料，殊不易作也。

右含光。

作取火鏡其類有二：曰含光、曰通光。

一、含光凹取火鏡，即顯微一種，顯微二之一。古所謂陽燧也。但古衹銅爲之，今或用玻璃，光力尤勝耳。作法見顯微篇，側收限宜三寸以下，徑直一寸以上，愈大愈妙。過小過淺，則無火。

二、用法：對日稍斜迆之，上置紙煤，取側收限即然。

三、通光凸取火鏡，亦即顯微之一種。顯微一之一。或料，或玻璃，或水晶。水晶最優，亦即老花眼鏡，但凸較深耳。作法見眼鏡篇，順收限約二寸以下，徑約六分以上。取其便於攜帶，力則愈大愈勝。若徑雖一寸，限及二尺，則光微；或限雖一寸，徑只四分，則光小。皆不得火。

四、用法：正對日中，下承紙煤，取順收限即然。

右通光。

論曰：日爲衆光之主，火所由生。原光七。蓋日以光爲形，以暖爲質，其所到處，必有光而氣暖，與火相似。稍異者，日性下射，而火上炎耳。然則日照生暖，是即火也。所以未成爲火者，光未極濃，暖未極盛，使萬物受之者，資其温煦，不至焦灼也。夫日體渾圓，光線散而不聚，暖氣自殺。惟通光凸與含光凹，鏡光線約行能收衆光線，疊而聚於一處，所以光複而深，原光十四。遂釀成火焉。

一系，取火者謂，收光必極小，然後有火，似也。然所謂小者，但指此一鏡而言則可耳，若鏡徑三四寸，限一尺六七寸，收日光極小，尚如龍眼，其得火愈速。若徑小凸深，其光如粟，反不得火，不可不知。蓋鏡之大小，宜與深稱，使凸深徑小，則收光既小，限際又短，易於出入，難當其分；或凸淺徑小，則限際既遠，持之易搖，且空明四映，景入罔象，原景四。難釀其光，皆不得火。

二系，鏡以浄水晶爲佳，料色混及多紋者爲劣，害光故也。依顯，擦傷則礙光，水晶頂中心穿孔，斜對日中，亦礙光，皆不得火。

三系，取火承光，紙煤最速。非惟燥性相就，光到黑處更濃也。原光一。餘如草紙、菸香，以及有色紙帛，皆可然燒。獨白紙承光，竟不得火。雖火絨爲求火之物，而極白者，得火亦緩。蓋光乃白之盛者，白乃光之似者，故白能生明，與光相映，使所取日光罔象非真矣。若點以墨污，雖布亦然，無論紙矣。若三四寸大徑顯微，白紙時亦有火，恐是紙微有菸色，非極白者。然終不易然。

四系，凸鏡取景，因日而圓，不關鏡體。故毀圓爲方，仍能取景令圓。原線十。依顯，鏡徑果大，雖殘損其半，猶可取火。

五系，水晶頂中心穿孔，戴之冠上，與日斜對，故能礙光無火。若以孔與日正對，亦無火者，凸既成球，則光收極小，而孔較大故也。依顯，頂之體大，當亦有火，故火鏡有穿孔中心者。蓋鏡徑寸餘，收光一分，若中心孔亦一分，則孔景收小不過一釐，即如無孔，故可取火也。

六系，近視眼鏡有從中開池者，其外留一圍多，內厚外薄，以便鑲嵌。若以周圍之邊論，即是凸鏡，但中心復凹耳。此有二種：一種邊不出光，則邊不透照；一種邊亦出光，則邊亦透照，能大物象，而收日光。夫收日光，極小至一二分，則中心凹塘必收小如無，即與穿心火鏡等，故邊寬三分以上者，即可取火。

七系，通光凸覆含光平鏡上，對光有側收限，其光線是凸面反入平鏡，成爲凹景透而上出者也，即與含光凹等。若凸徑大寸半以上，側限寸許者，則力大光足，亦可取火，但稍緩耳。若凸如丁。透日光，下承以含光平鏡，如甲乙。斜迤之，使平鏡受日光，斜射至他處，如丙。亦能收光如側收線。是凸鏡順限斜入平鏡，復折而斜出之光線也，即與通光凸直射之順收限等。若凸徑大二三寸以上，順收限一尺五六寸者，則力大光足，亦可取火，抑又緩矣，虛實、遠近之殺也。

八系，通光凹背襯含光平鏡上，則似含光凹形。而面覆含光平鏡上，則似凸入平鏡形。而皆不能得火者，何也？蓋凸照成凹，與箔成實圓；凹覆成凹，與箔爲虛圓。凸照成凹，與箔爲相連體；凹襯成凹，與箔爲相切體，故不同也。原景十一鏡資四解。又況凹形之背曲，平鏡之面平，以平襯曲，並不能相切乎！

九系，通光凸與含光凹對鐙亦可取景，亦有濃光，而不得火者，日性下射，火性上炎，取景於日下，光之所至，氣亦至焉；取景於鐙旁，光之所至，氣則不至矣。此一理也。日體至大，氣塞乎天地之閒。鐙體微細，無復分數可論矣。此又一理。

十系，《虞初新志·黄履莊傳·瑞光鏡》稱，徑大六尺，夜以一鐙照之，光射數里，冬月人坐光中，則遍體生温云云，似未可信。然夏日光射粉壁，對照室內，亦覺加暖，是非日氣能曲行，實亦光至則暖俱耳。本系九。然則凸取鐙景，當亦有微温。使然大炬在下，持凸於上，取其濃景，或亦可得火乎？然日與火究非同物，未可臆斷。存此爲來者考驗之資。

十一系，《博物志》有削冰取火之説，或謂陰極生陽，不必然也。冰之明澈不減水晶，令治之中度，與火鏡何異？予曾親試而驗。法：擇厚冰明潔無疵者，冰結缸邊者佳。若結缸面者，多有紋，似蘿蔔花，氣斂所致也。取大錫壺，底須徑五寸以上，按其中心使微凹，凹宜淺，視之不覺，審之微凹，即可用。貯沸湯，旋冰使兩面皆凸，其順收限約一尺七八寸，方可用。仍須擇佳日，使一人憑几，奉冰靠穩，別一人持紙煤承光，乃可得火，但稍緩耳。蓋取火因乎收光，不關鏡質。惟冰有寒氣，火自暖出，限短則暖逼於寒，殺其勢矣。又冰在日中，久則鎔化，必取材大而安置穩，日佳光足，令其速速得火，不致久曬鎔殘也。

右總論。

作地鐙鏡其類有二：一爲地鐙。其一施於陳設，而實則無用，今不取。

一、地鐙鏡，即含光凹也。舊法，錫爲燭臺，高三尺餘，後作凹形鏡各四隻，或六隻、八隻，演劇用之，亦頗助光。閒有銅者，當較勝錫。然不知用側展限，圓理九。尚未盡其妙。又低於人，則正對處射優人目。今擬作燭臺，高七八尺，置東西北隅，凹側展限尺餘，活安燭後，使可斜迤向下，則下燭如日，故當佳耳。

二、地鐙鏡宜銅，愈大愈妙，至小尺餘可也。須活安，固以螺旋，便於遠近上下相對。側收限一尺，距燭稍縮一二寸，使發光處不見倒光形而光大。晝日須冪之，既免塵侵，且妨生火。

一系，此鏡作架座，令可高下俯仰，置之案頭，可以取牖户之明。用側收限。於黑暗室中，以燭細微。置之鐙旁，可以顯大鐙光。用側展限。於帷幕之中，以照誦讀，極爲奇妙。

商鐙，非鏡也，而有鏡理。故坿焉。甲辰、乙巳始見於都門宴，挂席上，通席畢照。錫爲之，上作一蓋如凹鏡，中心開孔、起牆，狀似圓茶船而心空者，倒懸用之。上用兩繩，如丙、丁。交於戊，合而爲一，挂於庚。或用滑車，以便高低，或配就高低，用粗鐵絲爲鉤，挂承塵上，任爲之。下作小盤如乙，置燭焉，光照於蓋，蓋如凹鏡，聚光下射，能使燭盤無景，而光更明焉。己孔所以出烟，使蓋不污。隨用一次，用乏砂或糠灰擦一次可也。此鐙傳自商城，故名商鐙。然懸之書室，不礙筆硯，四照無景，几上更顯，鐙光下燭，且不射目，無須隱鐙，亦甚妙矣。

一系，此鐙雖妙，製尚未精。擬庚用雙滑車，如辛與壬。戊不必合一，而丙、丁亦各分爲二，共四處繫之。至尺餘處，則各合爲一，共二繩，各入一滑車，再並爲一繩，則鐙不轉動而穩矣。壬、癸爲兩銅條，其長有定度，燭漸燒漸短，則光漸不合，必放索湊合，不如改用蠟盌及水蠟燭，或油盞，於書鐙尤宜也。

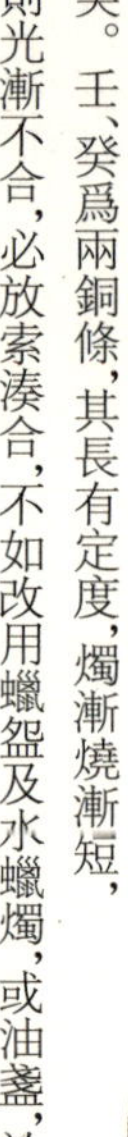

二系，有風之處，燭則易化，不如用玻璃高油盞更妙。

作諸葛鐙其式一。

一、諸葛鐙，其果出自武侯與否，不可知。今所見者，皆洋製、廣製耳。或麻荄鐵，言其輕也，俗稱作馬鉤，聲於義無取。或銅爲之，形如圓亭，作兩層相套，內層上連於頂，作甲乙丙形。甲爲提繫。甲乙及甲丙如瓦溝，使透火氣而不透光。甲之下爲頂尖，開細孔使出烟。氣不通達，則油熱而溢；烟不上出，則旁鶩而污。己辛爲內層，虛其半，如己丁戊寅。外層如丑辰。後壁作把，如乾坤。前作門，如巳午戌亥。中心作筩，如戌酉。安通光凸鏡。如申酉。門有鍵，如未。艮巽爲含光凹，安於內層後壁之內。底之中心安油盌，上有蓋，如氐亢。恐油外潑也。蓋旁作把，如亢。以便揭蓋。中作管，以安鐙心。管末分作三足，立於油盌之底，取其穩也。今廣製其凸不甚中規，其凹不用汞錫，未爲盡善。

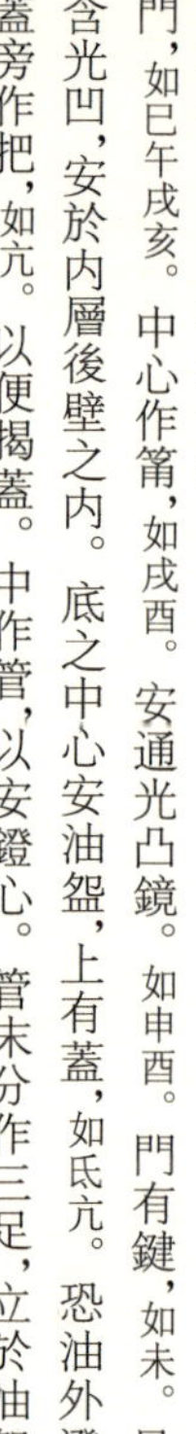

二、凸鏡距鐙順展限，約二三寸，安時稍縮之。縮無定度，使不至見倒尖形而光大爲度。

三、用法：夜卧轉內層，實處遮其門，則黑如漆。有警轉內層，虛處對其門，則燭如晝，尋丈外可以辨人眉宇也。

一系，此鐙舊有含光凹於內層後壁，對前凸安之，蓋欲使含光凹受鐙光令滿，通光凸顯凹光令圓，如放字法耳。詳後，見放字鏡篇。推其法，則鐙大徑五寸者，凹側展限只四五分，凸順展限六寸。又安凸之筩須兩層，視物之遠近伸縮對之，方得極圓。於警夜之用反不甚切，竟可除去不用。

作取景鏡其式二，一舊式，一改式。

一、取景鏡，即通光凸也。作爲木匣，如甲乙。前面空之，如戊。上面半實如丁。半虛，如丙。虛處安通光平玻璃。別作方匣，如酉戌。前面安版，版中心安通光凸。如亥。方匣之大，恰入匣前面，如戊。可進可出。別作句股相等式架座，如庚辛。斜架含光平鏡，如巳。架之大，恰入匣爲準。如乾乙坤。

二、取景鏡，凸不宜過深，順收限約尺餘爲率。匣無定度，其高宜與深稱。大約子丑寅與卯辰并不過順均限而止。設有山水園亭，欲取其景，於尺幅紙上作圖，置匣暗處，以凸鏡如亥。對之，則景自凸入平鏡內，上透通光。平鏡而出。蒙紙於丙，能收山水園亭，宛然紙上，而分寸無失。若取人景，不但鬚眉畢具，並能肖其肉色，非繪事所及。惜乎置鏡必極黑暗，取景方能逼清，難於下筆，只可取其尺寸部位而已耳。

三、方匣爲遊移尺寸而設，故安匣暗處，倘取景猶有未清，即知是尺寸未合，當移方匣就之。法：物近則移出，物遠則移進。嫌景過大，則置匣令遠而移進。嫌景過小，則置匣令近而移出。

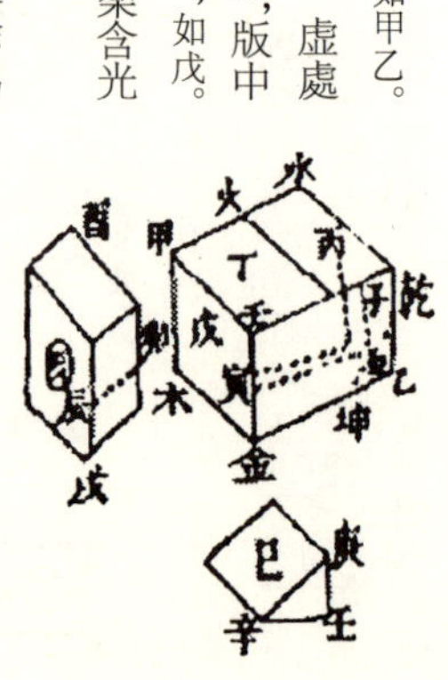

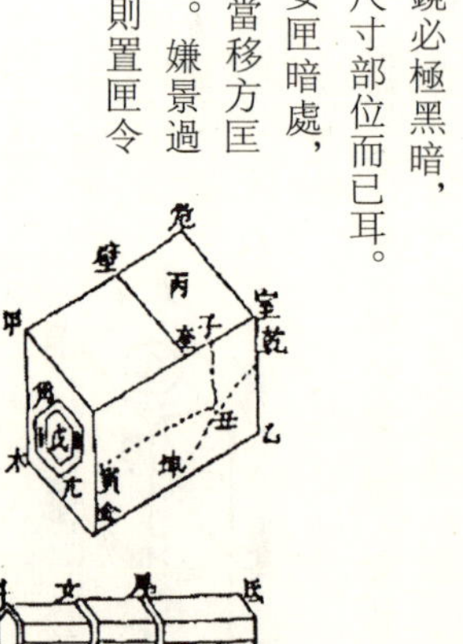

右舊式。

四、新法，將方匣改用套筩，匣俱照舊。匣前安版，如甲金。版心剞孔，如戊。孔旁起六角牆，如角亢。作六角套筩數節，如氐女牛。氐房之大，恰入角亢牆內爲度。斗牛之口安通光凸鏡，套筩之長無定度，以收足合順收限，放足合順均限均並子丑寅計。爲度，增減套筩消息之可也。六角牆高無定度，取其銜筩穩固不脱，又易安、易拔，不甚費力而已。用六角，取其易作也。配定尺寸爲表：

表

順收限	一〇〇	套筩放足	一五〇	寅丑子	七〇
順展限	九〇	尾箕筩	五二	寅丑	四〇
順均限	一九〇	女虛斗牛筩	五〇	丑子	三〇

表數皆虛率。如順收限一尺六寸，則諸數皆用一六乘之即得。

一系，凸順收限必用尺餘者，取其收人面至小可得半寸，方覺眉目如畫。若人立近，又可畧大。倘凸深，則人面如豆，似無取焉。

二系，丙爲取景處，置紙即可透景於上。用玻璃者，取其透明，又硬如案，可以擱手描畫也。舊法用玻璃紗，玻璃磨去浮光，名玻璃紗。蓋欲不見匣內機關耳，似可不必。或取其景不外眩，然加紙視之，自無此弊。

三系，安含光鏡以取景，其架座如庚壬辛。必句股相等，如庚壬與壬辛。則鏡斜弛之弦如庚辛。方正，使物自癸至巳，折而至丙，恰得其正。丙巳癸爲正角。否，或庚壬低而壬辛長，則辰午卯爲鈍角，其取景在辰矣；或庚壬高而壬辛短，則申酉未爲鋭角，取景在申矣。皆不得其正也。

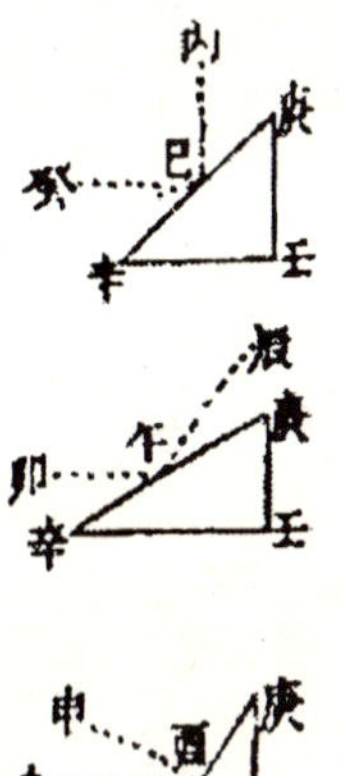

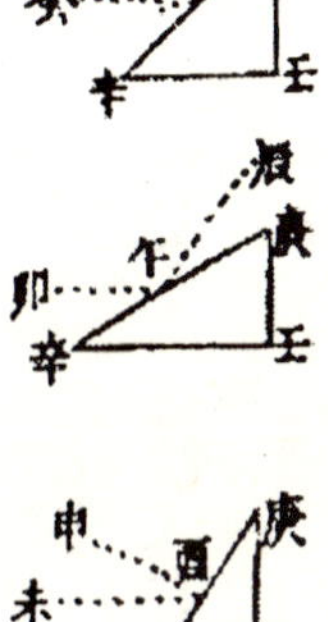

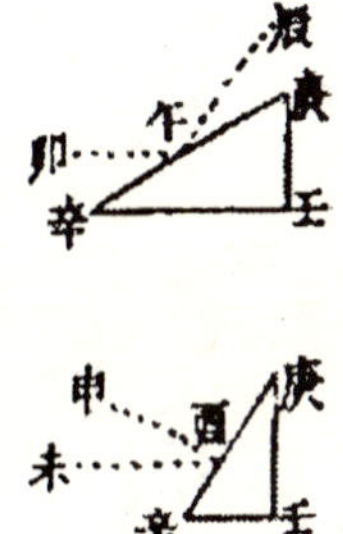

四系，收光至巳，透景於内，本是倒形，因人自内向外窺之，恰成順象。惟左右易位，是其所短。顯微二之一。若設含光大屏鏡於日中，人對屏坐，取鏡中人景，則左右可不易位，人亦不受日曬，似覺妙矣。但設屏鏡須稍高而前弛之，如甲乙。人坐須稍低，如丙。人景入屏鏡，如丁。射入筩口凸鏡，如丁戊。則人之體方不遮屏。又人坐丙處，自丙至丁折而至戊，又折而取景於己，則其線甚遠，而凸鏡之順收限必極長，恐不易作也。

五系，匣宜置黑暗處，而於匣上更帷之爲妙。蓋凸鏡取景用順收限，或日月，或鐙，或行度低時之大星，以及窗牖，皆可取景，而得其色於紙上者，光色更顯於紙色故也。餘則但見黑景者，紙色白於他物故也。此法置物於明，即如物之借光，更帷其匣，即如白紙遮黑，故無不可取之色矣。原光一及九。帷之固妙，又得一法：别作一方木匡如圖，前後長板二塊，前如畢井柳鬼，後如胃參心婁。左右稍短板二塊，左如胃昴觜畢，右如婁張軫鬼。上面方板一塊，如胃畢鬼婁。中開一孔，參井柳心安本篇四圖室奎壁危處，人目從孔下視，自黑闇而物景明顯矣。昴參井觜，及張心柳軫兩旁空處，帷以緇布，以便入手，更便。

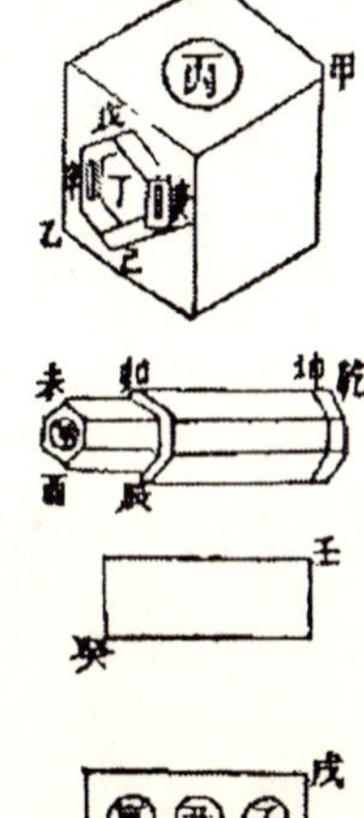

右改式。

作放字鏡其式一。

一、放字鏡，即取景法。第取景是令大爲小，用順收限；放字則令小爲大，用順展限也。原景六。作匣，如甲乙。空其後面，上面開孔如丙。出煙，前面開孔，活安深凸爲内凸，如丁。孔旁起六角牆，如戊己。牆兩旁各開長縫，如庚與辛。別作六角套筩兩節，如未酉與卯辰。内筩之端作活蓋，開孔，安淺凸爲外凸，如甲。別作長方玻璃片，如壬癸。或作長板，如戊亥。配準庚縫，板上配丁孔之度任開幾孔，如子與丑、寅。各安玻璃紙爲玻璃紙匡。二者皆爲鉤字之用，不拘若干塊，愈多愈便。匣内安鐙，鐙頭高低使正對丁孔中心。

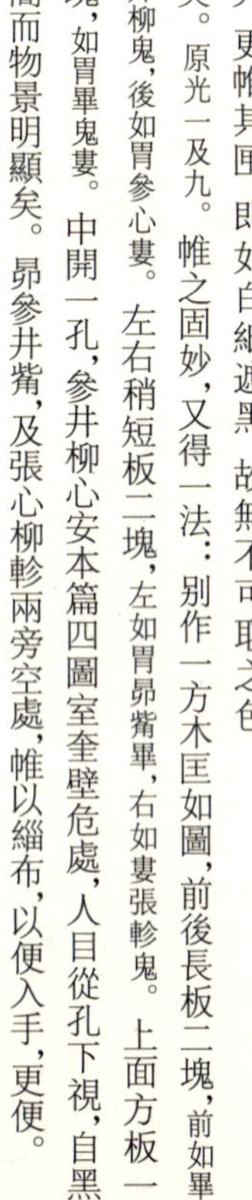

二、凸鏡兩面，内凸宜深，外凸宜淺。其深淺無定度，如匣大徑五寸，内凸順收限不得過二寸五，而内凸與外凸則若一與二爲恰好。故又一法，用相等之凸三面，以一面安於丁孔内，外一面安于乾坤之間，并爲内凸。一面爲外凸，則内凸與外凸亦若一與二。配定尺寸表於左：

表

内凸順收限二寸

外凸順收限四寸

筩長三寸

内凸，謂兩凸合一而言，其每面限各四寸也。邇來姑蘇有製就求售者，但不知用順收限，又或止用一面，未爲得法。

三、用法有二。其一，鐙光自鏡透於壁，壁處黏浄白紙，爲前法。其一，鐙光自鏡透於窗牖，牖作紗綳，綳上黏浄白紙，爲後法。取玻璃片或玻璃紙匡，鉤字畢，倒入六角牆縫内。用前法，則墨向鐙，人在室内，對壁視之。用後法，則墨背鐙，人在牖外，透窗視之。移匣遠近以定大小，近小遠大。伸縮套筩以配遠近，近伸遠縮，以光象圓而墨痕黑爲度。任意鉤取，手不遮光，後法尤善。

一系，放字舊法，翦紙作字，置鐙前，其景入壁則大，即光小物大之理。原景六。然其線侈行，原線二。是爲正切線，中密而外漸疎，字形失矣。故法必用屢放，則數次漸展，其差較微。豈如凸鏡之由圓展開，一放尋丈，不爽毫髮乎？

二系，凸順展限，能使徑寸鐙光爲數尺之倒景，見於壁上。然則徑寸之字，書平玻璃上，置於鐙前，既借鐙光，前設一凸，用順展限，即可放大矣。但凸在平鏡前，若展鐙光，則不能展鏡字。若展鏡字，則不能展鐙光。雖平鏡亦借鐙爲明，而不能受光使滿，則入壁較鐙原處稍暗，有玻璃景故也。原景九。故法，取内凸用順展限，顯鐙光於壁。凡凸顯鐙光於壁者，壁處易目視，凸則見光滿。圓理九。復取外凸用順展限，顯内凸之滿光，必成大圓光象。若字在内凸，則大圓光象内必見大字矣。

三系，書字別用玻璃，不於内凸者，取其易於調换也。雖外凸之順展限恰值内凸，則顯光清；恰值玻璃，則顯字清，勢難兼顯。然外凸顯内凸之光，稍有出入。雖光稍遜，尚勝鐙本光，況於顯字之用無礙乎！但玻璃須與内凸切近爲妙耳。用玻璃紙匡，較勝玻璃，以其質薄，無玻璃差也。鏡質二及七。

四系，凸鏡愈深，展字固愈大。第字木在内凸，則顯光顯字既難兩全，使外凸太深，則限稍出入，力必懸殊。且内凸太深，則距鐙太近，烟煤易染。故限以二寸、四寸爲率。

五系，凸深則限短，凸淺則限長。短則微出入而力相懸，長則微出入而力稍殺。故内凸深於外凸不足倍者，鐙距壁近，取景亦清，以限雖短筩伸故也。内凸及外凸俱淺者，鐙距壁遠，取景亦清，以筩縮極猶長故也。太遠則不清。○凡言太遠者，皆指限距界言之。兩凸俱淺，則有時欲大而不可，太遠則景淡難清故也。圓凸十三。外凸淺不及内凸之半，則有時欲遠而不清，太遠則出限距界故也。圓凸十一。然外凸較内凸其深當半之率謂二與一之率。與其稍深，不如稍淺。何者？假如内凸限二寸，外凸限亦二寸，以外凸顯内凸，其距鐙當四寸，適值外凸之倍限。凡倍限，鐙距壁稍遠，不合順均限者，圓理九。即成黑景。圓凸八解。○如内凸二寸，外凸亦二寸，則外凸距鐙必四寸，固見黑景。若内凸二寸，外凸三寸，則距鐙必五寸，未及倍限，其光亦稍晦。何也？凡兩凸相切，則深加倍而限反短。凡限短，則得力者愈顯，不得力者亦愈晦。故外凸限三寸、倍限六寸、距鐙五寸者，其不及倍限十二之二。較之外凸限四寸、倍限八寸、距鐙六寸者，其不及倍限十二之三，故當不如矣。是止能顯字，不能顯鐙光矣，故不可用。若外凸稍淺，不過字體稍小，無不清之患也。

六系，内凸距鐙，外凸距字，各用其順展限，此定率也。然既有兩凸，則内凸距鐙光或有稍出，可縮外凸以近之；外凸距内凸或有稍入，則移鐙光以遠之。此嬴彼朒，亦有相和得中之術焉。

七系，小字結體與大字殊科，而筆畫粗細亦異勢。但結體取其莊重，方正不欹。側者自無不可，而筆畫粗細之異，則有無可如何者。設徑寸之字，畫粗一分，空白一分，已是肥體。例以徑丈之字，則畫粗一尺，已是瘦體。空白一尺，即嫌疏闊，故古帖放之不能合格。又，徑寸之字，筆鋒如十度之角，已嫌其秃，若字大徑丈，筆鋒雖足九十度，尚覺太鋭，必鋒如散箒，方有蒼古意，誠一缺憾事。法宜枯筆粗秃，放之乃得。然見前書家苦不能作擘窠者有矣，得此能毋寠人衣褕之樂邪。

八系，凸鏡取景，火能得其光，墨能得其黑。依顯，燕支之紅，靛花之青，黄連膏黄連濃煎曬乾用之。之黄，靛加藤黄之緑，無不能取其色於楮上。故畫作人物，以爲戲具，所謂取景鐙戲也。見自序。黄色用黄連膏者，色深而顯。藤黄作畫，鐙下視之，已若白色，況取其景邪？原色五。有質之色，原色一解。畫通光玻璃上，鐙下照之，邊雖微覺有色，中則黑暗，故取景不可用。

九系，放字鏡，可與取景鏡改式并用一匣，各作套筩，用時調换可也。鐙宜水蠟燭，市中有見成者。或即用諸葛鐙内油盌爲便。若油盞，移時須側之。若燭，移時則燒短，尺寸不合矣。

作三棱鏡其式一。

一、東洋人作三棱白玻璃鏡一段，亦間有用五色者。長二三分，嵌入木片中，以娱小兒。透視外物，每見紅緑采色如虹霓，名曰天人目鏡。想是彼國中語，未詳何義。

二、三棱鏡，其一棱必外出，自一棱至平面，是爲由薄漸厚，掩映空明，自淡而濃，故生采色。見《儀象志》。原色四，鏡形十六。此無大用，取備一理。

作多寶鏡其式一。

一、通光玻璃，一面平，一面碾成多隔，每隔俱爲平面，則照一物而每隔各見一物之景，成多景。名多寶鏡。

二、多寶鏡或七隔，或十四隔，無定度。此無大用，取備一理。〇黄履莊鐙衢法或亦用之，詳於後。

又 卷五

作柱鏡其式一。

一、柱鏡者，形如柱，以銅爲之，磨以方藥。照景一之二。直處如平鏡，故照物常稱本形。横處如凸鏡，故照物長者縮短。又立柱鏡如乙丙。於案面，如丁戊。人對視之目如甲。自上而下至鏡如甲乙。一折如甲乙丙。則所含象爲斜線。故有物象如丑寅卯辰，則寅丑直線入鏡爲子丑，雖稍縮短，其形仍直。至卯辰直線入鏡，則爲巳午，不但縮短，必成曲線。依顯，畫置案面，照常作爲人物，則柱鏡中象成形者，必不成形矣。反之，畫不照常作爲人物，則柱鏡中象不成形者，亦可成形矣。

二、作畫之法，取柱鏡平分十餘分，愈細愈妙。墨畫作識，如甲、乙等識。次取潔白紙，作十字線。爰展規取鏡半徑之度，規於十字中心，如辛。用其一象限如壬癸子。作辛癸線。約人目距鏡上邊之度，如寅。取一點於丑，作丑寅線。任規一弧，如酉戌。平分十餘分，作識。自丑相望，移識於寅癸線上，俱規之。如卯、辰等。又平分壬子弧十餘分，作幅線，如亥、金等爲第一格子。別取紙，作正方形，如斗虚。從横平分十餘分，與第一格子同度，爲第二格子。爰紙蒙第二格子上，任意作畫畢，倒置第一格子，蒙紙於上。視畫，與第二格子從横相遇處，移於第一格子上畫之，必不成形。然置鏡於辛，稍移遠之，目對鏡視，無不成形矣。此無大用，取備一理。有作秘戲圖者。圓隘祇作八格。

一系，辛爲安鏡之位，然鏡心不可與辛同心，約移遠於庚者，三分鏡全徑而得其一。蓋鏡本平圓，緣置目在鏡上邊，其視下邊則生橢差，故置鏡心於辛不但曲線之景仍覺漸曲，即直線近壬、子者，亦帶曲矣。稍移鏡心，則微差可以勿計，只取一象限，亦緣乎此。其實自界及鏡，何止一象限也。

二系，作第二格子又一法，用方玻璃畫作格子，蒙畫上求其尺寸，尤妙。又一法，刻版印紅格備作備稿用更。

三系，格子縱横本無定度，亦不必相等。視鏡之長短粗細，如鏡細而長，則横線可多設數規，以景中見方爲度。但第一格子增一規，則第二格子亦加一横線，其外匡作長方形可也。

作萬花筩鏡其式一。附式二：曰羅漢堂，曰鐙衢。

一、取含光玻璃鏡三條，一端稍殺之。如甲乙丁丙。光面内向，併成三角鏡，如戊己。裝入筩内。筩如庚癸。畧長於鏡約以寸，如子壬。筩之徑適容三角鏡而止。筩内口一端，如庚辛。作木蓋，中穿一孔，安通光玻璃。其孔宜小不宜大，取其不見内三角形。筩之又一端切三角鏡處，如子丑。安通光圓玻璃鏡。鏡邊切筩無使露隙，鏡外一節空處如子癸。填以五色殘玻璃，及玻璃珠，不拘多寡。別作通光圓玻璃鏡，塗粉，護以白紙，安於筩之外口，欲其透明而不見外物也。

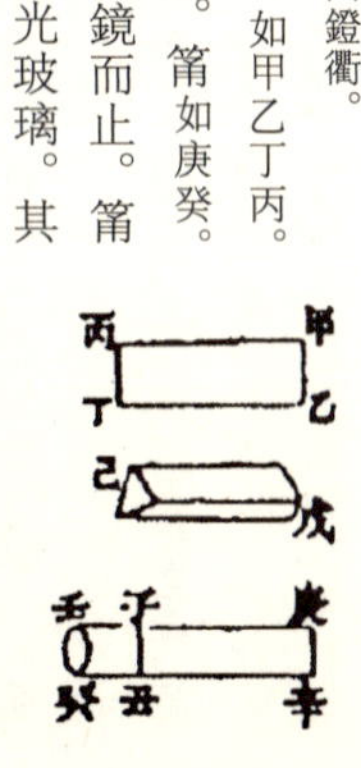

二、萬花筩，戲具耳。自其内口窺之，如五色玻璃札成六出花頭甚夥，筩動則變，萬轉萬變，而無一重複花樣。其想至奇，其製至易，而其理至精。雖無大用，當必存録。著論如左。

論曰：作三角鏡爲等邊形，如甲乙丙。夫鏡既照景，而鏡各有景，原鏡九。則甲角能反照作丁、戊等角，是一角見爲六角，成六出一花頭。而丙角又照甲角之花頭，自成丙一花頭。乙角照甲角亦然。而甲又照乙、照丙之景。此一玻璃珠必成六出一花，而一花必成多花，一動一變，所以無窮也。

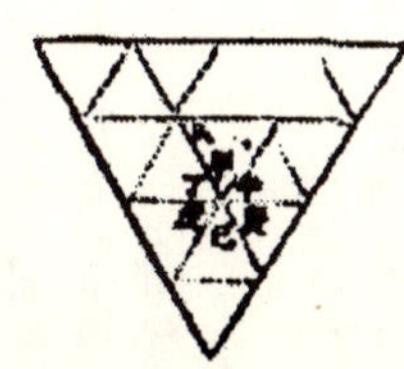

一系，萬花筩必用三角，取其省也。否或用六角亦可，然必用等邊。蓋三角等邊者俱六十度，故俱成六出。不然，設形如子丑寅三角不等，其子角爲四十五度，視其反照之景，雖亦可合成八出，而丑角與寅角設爲六十七度半，則丑寅邊景爲丑寅午，子寅邊景爲子寅卯。而丑寅午所成者爲寅午巳，子寅卯所成者爲卯寅辰。此兩形所展轉相照之景乃亂乃萃矣，故無取焉。

右本式。

三、坩羅漢堂。製爲六角木匣，如甲丙。面安通光玻璃，內塗粉、襯帋，取其透外明而不見外物。如乙。六邊俱安含光玻璃，光面内向。任取一邊開孔，如丁。露出玻璃處，去其襯錫，以便窺視。匣内作楣、棁、欄干，底畫磴磚，裝點佛堂，安金身羅漢三尊。窺之即如千門萬户百千羅漢矣。理同萬花，不無蹈襲，却善奪胎。

四、坩鐙衢。《黄履莊傳》顯微五。所作有鐙衢之目，而未詳其法。擬於斗室中安六座大屏風鏡，於四壁施鐙結綵。則坐室内者，視若鐙衢。外留一窗，安通光玻璃，或多寶鏡。多寶二。則窺户外者，皆作鐙衢觀也。

右坩式。

作透光鏡其式一。

一、銅鏡無通光之理，而有以透光名者。《埤雅》云，鏡謂之菱花，庾信賦照日則壁上菱生是也，云云。今按，水静則平如砥，發光在壁，原光三。其光瑩然。動則光中生紋，起伏不平故也。銅鏡及含光玻璃，其發光亦應瑩如止水。而不然者，玻璃質本吹成，鏡質四。銅鏡磨工不足，鏡質三。故多起伏不平，照人不覺，發光必見。獨有古鏡，背具花文，正面斜對日光，花文見於發光壁上，名透光鏡，人争寶焉。不知湖州所鑄雙喜鏡，乃日用常品，往往有之，非寶也。然非作法未詳，特原其理，以俟博雅。

二、鑄鏡時，銅熱必伸。鏡有花紋，則有厚薄。薄處先冷，其質既定，背文差厚猶熱而伸，故鏡面隱隱隆起，雖工作刮磨，而刮多磨少，終不能極平，故光中有異也。

論曰，《夢溪筆談》釋透光鏡云，人原其理，以爲背文差厚，後冷而縮。然所見三鑒一樣，惟一透光，意古人别自有術云云。愚按，沈氏蓋疑，同樣三鏡，不應獨不後冷而縮。不知磨至極平自無凸凹，則發光處瑩然，花紋何有？惟夫刮力在手，隨鏡凸凹而生輕重，故終有凸凹之迹。其大致平處，發爲大光，其小有不平處，光或他向，遂成異光，故見爲花紋也。又熱伸冷縮，自是勢異理同。然銅爲凝體，借火暫流，伸易於縮，故小易其説。玻璃剖泡治平，鏡質四。故不能中準。又吹之成片，鏡質四。故多泡多紋，求其無疵者，百或得一；求其砥平者，千不得一。然取其適用，姑可勿計，人自未察耳。又水稱至平，然流體凝體，流體，見《奇器圖説》。易動，動則發光處亦必有見，鏡之發光不可借證乎？

一系，初見吴丈子野，知所謂透光鏡之説。後於鮑雲樵、嘉蔭墨樵嘉亨昆仲處，見古鏡一、雙喜鏡一。其雙喜鏡，景中喜字頭其一稍偏，其古鏡則明白如畫，求其理不得也。及見《筆談》，恍然有悟。然欲實其證，思得一法。取雙喜鏡，先剷其背，視發光處稍有變動，則真有透光之術。如毫無變動，則不關透光可知。復力磨其面極平，視發光處仍無變動，則雖非透光，然實别有其術矣。再别取一鏡，先磨，後剷其背試之，又可知其非方藥在面矣。如此試法甚妙，惜無力爲之。鮑氏昆仲多聞好學，但屬其訪之而已。

二系，前説得之苦思，終未敢信者，以未能試也。後晤鮑君，據云，聞湖州雙喜鏡，透光者倍價。余雖未深信，然參以沈氏所疑，頗有不能釋然者。蓋鏡面既經刮磨，縱不砥平，見於發光中豈能清晰如畫？況所見雙喜鏡，背正而光偏，實非伸縮所能爲也。想其造法，應是正面亦照背文鑄之，然後刮去，俟平而仍隱有凸凹爲度，則諸疑皆可釋然。信所謂别自有術也，容當訪之湖州人耳。〇果如所擬，則由於凸凹之説確然無疑，而銅之伸縮實似是而非。蓋熱極雖伸，冷定仍縮，一伸一縮，略當相準。觀寒暑表水理可驗，則兩説均非。夫薄處所伸自薄，厚處所伸較厚，冷定雖縮，亦自較有厚薄，其説亦不全非。而此理較前兩説爲優，姑存原稿，以見格物之難。

三系，近見《野語》。湖州人所著小説，稱伏虎道場行者，不著姓名。一條云，沈存中《夢溪筆談》云有透光鏡，背銘廿字，承以日光，則背字皆透在壁上。周公謹《癸辛雜説》亦云，對日映之，背上花草盡在景中，皆詫爲異寶。今龍鳳鏡，銅質規製，止是常鏡，並非珍物，而透光之故，售者終秘不言。余每見舊鏡雖無纖翳，而鐙光照之，倒景在地，有若星點、若水泡者，偶問之鏡工，工曰，此鏡病也。範鑄初成，銅質不精，往往有砂眼。釘以紫銅磨治，後不見釘痕，惟鏡光反映他處，釘痕必見。余因悟龍鳳鏡乃鏡面鏨龍鳳文，一如其背，嵌以紫銅，磨治光平，湛如秋水，不見嵌痕，而倒映之景，龍鳳自見。沈、周二公所見透光鏡，不外此法，平平無奇，非銅質真可透光也。前賢漫不審察，强以理格，反爲俗工所嗤。《野語》如此，由于鏡工漏語，又加以參悟，而得詢所謂别有術矣。然檢周密《癸辛雜志續集》，誠以爲異，而所引《筆談》，實未舉其精要，沈未嘗以爲異寶也。至於鏡工釘砂眼用紫銅之説，原不爲透光，殆取其銅質軟熟耳。《野語》乃泥於紫字上，深信其色異故光異，遂以臆揣而云然，不知光之異由於凸凹，故能視鏡無迹，而發光顯著也。若泥於色，因紫故光顯，則光顯者色必更顯矣，豈有視其色無迹，而發爲光反顯著者乎？故愚特取其得自鏡工之語，以爲有術之證，而辨其紫銅之誤會尚非真知灼見也。嗟乎！工藝之事，小術也。沈公實已窺其所以然，而以事外之理反自疑。《野語》因與聞乎所當然，而以誤會之處爲灼見。則余之所擬者，雖皆有徵據，尚未徵諸實事，何據可自信乎？《詩》曰，人知其一，莫知其佗。信善哉。○若果湛如秋水，則光中亦必無痕。觀水晶眼鏡，誠湛如秋水矣。試背書墨字，豈不色深於紫？況質更透明，正視且實有跡，而光中竟毫無景，不可爲證乎？故知《野語》之有誤會者在也。又，《餘冬序録》：明何子元孟春著。吾子行云，磨之愈明，蓋是銅有清濁之故。假如鏡背鑄作盤龍，亦于鏡面刻作龍如背，復以稍濁之銅填補削平云云。又言，吾子行親見人碎此鏡，如其言云。復謂，觀此則鏡面之説與所擬恰合，而清濁之故其誤會與《野語》同。至謂親見如此，或工匠實用此法，容當有之。而理乃在凸凹，不係清濁也。

作視日鏡原名避光鏡，今質名之。其類有二，曰五色晶及玻璃，曰薰黑玻璃。

一、日光猛烈，不可逼視。《遠鏡説》云，用青緑玻璃。《儀象志》云，用薰黑玻璃。法：用淺深五色晶或玻璃數面不拘，但鑲嵌作方匡，如甲乙。一角作圓軸，如乙。疊安軸座上。軸座如庚辛。旁作兩軸，如丙丁。中開槽，如壬。以受乙。軸座之一邊下垂處作兩孔，如戊、己安於方版角上。如子。方版中心開孔，如丑。作爲套筩，如癸。套遠鏡內口。相日光盛微，抽撥用之，絕不射目。

右五色晶及玻璃。

二、薰黑玻璃法：用白玻璃二片，取其一，鐙烟薰遍。以視鐙不可見爲度。紙骨作匡夾之，以妨擦損。視日極明而不射目，不及前法可抽撥耳。

論曰：烟有微質，薰乃細細敷上，必有微隙。故光小如鐙，視之不見；光大如日，必可見也。若以墨塗玻璃，則不可用。因其膠色混濁，使鏡不明，且塗之則無隙故也。

右熏黑玻璃。

作測日食鏡原名倒光鏡，今質名之。本法一，附疑一。

一、作丈許窺筩，徑大五六寸，筩上口安淺凸，順收限長與筩稱配。日食時，高弧安準，令稍可對日游移。筩下端作活套筩一節，安銅柱四根，端安版。如甲乙。板糊潔白紙，上畫十字線，平分十分，按分規作五圜，外規二寸。本《遠鏡説》。外作席棚，遮暗如室。按，筩上端開孔，以受日光。

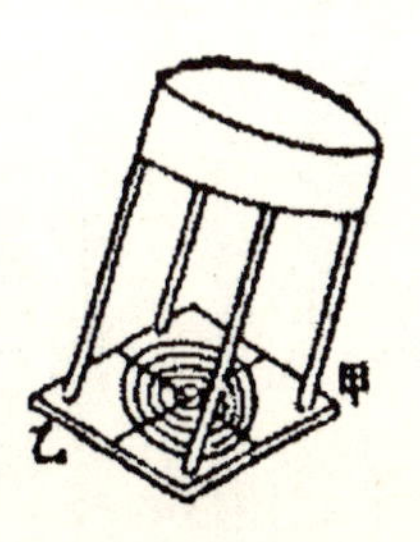

二、筩上端安凸鏡，所受日光恰合順收限，取景雖清，日體則小。法：伸套筩使光漸大，恰合外規而止，則所食之分數可驗矣。

一系，測食法聞之羅茗香士琳者，其大槩也。至於鏡之作法、尺寸，皆愚所擬如此。然或用遠鏡，或安兩凸，皆無不可。蓋日光穿隙，必有圓輝，即日倒體也，但隙遠光淡，難於真確。凸鏡取景，加以黑暗，必真确矣。茗香又云，天文科測驗時，不知塗以何藥。余揆其理，殆恐凸鏡取景，或致生火，故以微色塗之邪？蓋其慎也。又《儀象志圖》內有一遠鏡形者，頗似測日食法。余以遠鏡試之，取其收光稍遠處，與一凸鏡同。故知或遠鏡，或一凸，或兩凸，俱無不可。雖稍遠光淡，然只用以驗分秒，亦不必取乎光極濃也。

右本法。

三、坿疑。葉東卿先生志詵見示一鏡，木圈二箇，如乙、丙。合成一軸，如甲圈內各嵌一鏡。鏡本平光，似碾成棱，如丁。共五層，平分五圈。不知何用，疑爲測日月食分秒也。

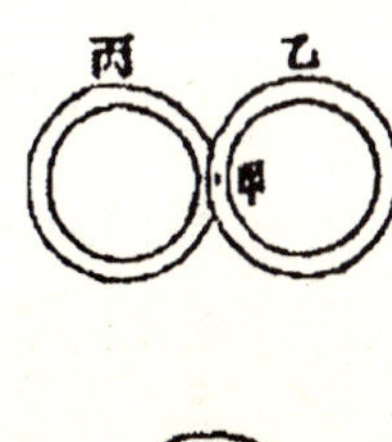

右坿疑。

四、乙巳與茗香同上觀星臺，見有方房一間，上用席頂，四旁版門各四扇，內有儀一具。儀上有鏡，約長三尺餘。據云，亦是象限儀，茗香在監時所未有也。嗣與馮景亭太史桂芬往觀，乃得見其儀，但時未測用，未能一試觀星月耳。詢春夏官正杜氏昆仲，熙英、熙齡。據云，日中黑子未能見，其五緯旁細星可見。蓋即窺筩遠鏡之一也。見後遠鏡。長三尺餘，而能力如是者，凡兩凸皆較勝於四凸，但嫌其爲倒象耳。況長三尺之凸，以作遊覽鏡即可六尺，其能力故應如是矣。

作測量高遠儀鏡其式一。○本用表測，以與鏡無關，故坿於論，不别出。

一、測量儀器向於儀邊作兩耳，每耳上下作兩孔，上孔畧大，下孔極小。或別作兩表，以螺旋安於儀上。如一圖。兩表之孔相對，須與儀邊爲平行。先以上兩孔睹其畧，再以下兩孔審其微。此初法也。邇來臺儀，兩表高三寸二分，闊九分，厚一分。於靠目之表上開細孔，下開細縫，長一寸。如二圖。外表如三圖。上開大孔，徑四分，中嵌銅片作十字，下開長縫，略闊之，中嵌銅片。較之細孔易於尋求矣。今洋製小儀，則變用鏡測。又有用遠鏡者，其法尤妙，詳後遠鏡篇。兹專取鏡測，本用論於左。

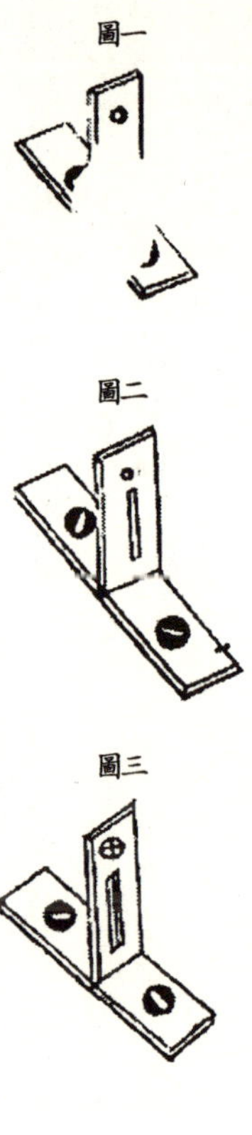

二、鏡測高遠，即鏡心測高之理。原線五。法：用堅木爲三角之弧，如甲子癸。弧合全周八分之一有奇。取其八分之一，平分九十度。如癸子。兩邊放寬寸許，以便開孔，受兩定表。如庚與丙戊。定表皆銅爲之，一上端開細孔，如庚。一上端嵌含光玻璃。如丙戊。丙戊玻璃面向甲乙，背護以銅，中腰開一縫。如己。縫之玻璃亦去其襯箔，使縫能通光。甲辛爲游表。甲乙爲含光鏡，立游表上端之上，面向丙戊。此器原名野世丹地，未經譯出，俗名量天尺。曾於粵游時得之，已二十餘年，不得其用。晉江丁君寄圖指示，稍有會悟。惟多一顯微及壬丁事件，爲圖說其略于此。

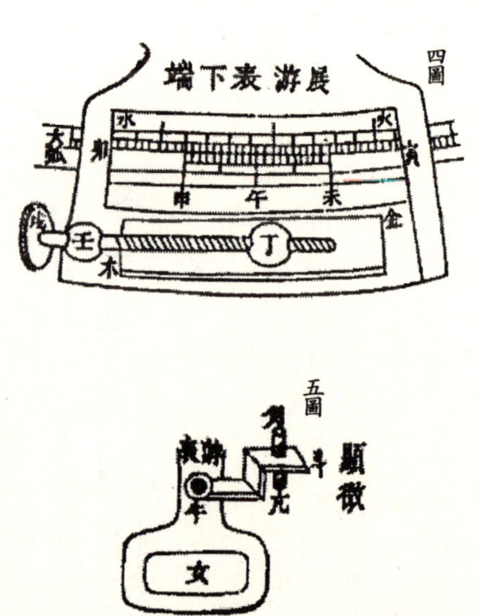

一系，此器專爲行海測日而設。江河亦同，陸則無用。蓋海舟雖巨，不無動盪，難取地平，故用鏡心測高之理。奎婁爲表上含光鏡，從鏡心作井畢線，爲中線。設日在虛，距畢高三十度，日景必在水下之室，而虛距室爲六十度矣。設日在危，距畢高六十度，日景必在水下之壁，而危距壁爲百二十度矣。作者見其肰，故弧取四十五度之地，即足九十度一象限之用矣。此法不必地平，只將日與水中日景綰定，而地平即寓其中，是其巧也。其儀上大弧，析九十度，度析三格，每格合二十分。次取其二十一格之地截于游表弧上，析爲二十格，其中線如午。爲指線，以測度分。圖隘展大。如四圖。用時執儀于丑，三圖。目從庚孔透窺己縫，水際既見日景，即視己縫上下含光處，有游表返照之日景否。如無所見，即進退游表，使恰見日，則執定游表，緊辰螺二圖。使勿動。爰審午線指大弧何度分。或值大格，則得若干度。或值小格，則一格爲二十分，二格爲四十分，即所求。設午線值某度幾十分，而有空處，是知有餘分也，則從午右行，尋游表弟幾格與大弧線相值。如第一格線與大弧線有相值者，即爲餘一分；第二格相值，餘二分；以至十格爲未相值，卯亦必相值。即十分也。倘午至未皆無相值之線，卯亦必不相值。則從申右行尋之。如第一格相值，即十一分；二格相值，即十二分，以至十格爲午，即二十分，豈不恰合大弧小格每一格之數乎？此謂每度中第一格也。若第二格，則右爲二十幾分，左爲三十幾分。若在第三格，則右爲四十幾分，左爲五十幾分矣。西洋丁氏舊法，推算以求秒、微，其數極確。後人省算，改用對角分釐法，所差極微。今靈臺八儀用之，朕究有微差。此法析度頗稀，而求度既密，且爲確數，蓋又後來新術。靈臺有鏡之儀，象限半徑不適二三尺閒，實用此法矣。

二系，丁君寄來之圖，大弧取九度五十分，共小格五十九格之地，截游表上，析作六十格，與愚所藏之器疏密相反。丁君之器，大弧五十九，游弧六十，是大弧疏而游弧密。愚所藏則大弧二十一，游弧二十，是大弧密而游弧疏也。推求其術，指線起于未，指得某度幾十分，尚有空處，則自未左行，尋得第一格，即爲十秒；第二格，即二十秒；至六格，爲六十秒，而滿一分；至六十格，而滿一度矣。與愚器理實相通，而一律挨次左行，術意尤顯。惟指線不用午而用未者，蓋甲乙鏡安游表上，不當游表中線甲午，而稍偏于右，爲甲土未耳。緣未見其器，故繪圖從愚所藏也。又思，若愚所藏器，取大弧十九小格地，截游表上，析作二十格，則亦可左行一律矣。

三系，丁壬事件，本丁君圖增補。但壬黏箸游弧，丁須黏箸大弧。而丁壬可離合，則丁距壬一段中，在弧上必當有縫，圖似未悉。蓋丁與胃昴連體，辰與大弧稍滯，游表透丁之孔稍橢也。橫徑二三分可也。

四系，顯微用螺丁，如牛。可移角亢于女，以審度分。筩亦作螺，可上下旋，以配目力。

作遠鏡俗名千里鏡。其類有三：曰窺筩遠鏡，曰觀象遠鏡，曰游覽遠鏡。其取資有二，曰筩，曰架。

一、遠鏡之類三，用各異，宜製造亦異。特各立名，分疏於後。

二、兩凸者，名窺筩遠鏡，象限諸儀以代兩耳者也。法：作筩長與儀邊稱，筩內口安深凸，外口安淺凸，其順收限視儀之大小爲則。設儀邊足安一尺八寸之筩，則筩當一尺八寸，其外凸順收限當一尺六寸，其內凸順收限二寸爲宜，所謂距顯限之足距也。圓率三之四與五。夫距顯限原無施不可，而此率則長，既與儀稱，又恰是足距，與後游覽鏡通爲一律，故著爲定率也。其求法，恒以儀體邊之長，與外凸或內凸，四率求之。筩內安十字銅絲，以窺所測，使恰合十字中心。雖物見倒象，而物小者可大，物遠者可近。窺尋既易，且得中景，原景十二。無嫌倒象也。

一系，先求外凸。以定率九爲一率，八爲二率，今統長一尺八寸爲三率，推四率得一尺六寸，即爲外凸順收限。

二系，求內凸。以定率九爲一率，一爲二率，今統長一尺八寸爲三率，推四率得二寸，即爲內凸順收限。

三系，此窺筩遠鏡，不拘目力，不論遠近，俱不須伸縮配之。

右窺筩遠鏡。

三、凡觀象遠鏡，亦止用兩鏡，所謂一凸一凹者也。圓疊十八。小者長四五寸，勝於目力無幾，殊不足用。而《遠鏡説》所極稱妙者，亦是此種，但未明言其尺寸耳。蓋用以觀象，非大不可。觀《遠鏡説》之圖，筩用七節，又有架座，以此推之，至小當有八九尺。又戴進賢星圖中言五緯旁細星，有非大遠鏡不能窺視之語，今常見大鏡，徑不過三寸，長不過五尺，不足以窺星。若倍其鏡，徑六寸，則長當一丈矣。然則此器非可用於尋常，故專屬之觀象焉。圓疊十八論。

一系，小遠鏡曾見洋製兩種，一種兩節，伸長不過四寸，徑寸半。一種長亦不過四寸，筩有十三節，徑大二寸，縮之則扁，不過高三四分，可收貯於眼鏡袋。二三丈外觀人眉宇，如在目前。以餉短視，如獲異珍矣。然欲製造，難爲良工也。

四、觀象遠鏡，兩鏡深淺，視物雖可不拘，然非相稱則力不足。法：先以凸深定其長，如外凸限一丈，徑至小必五六寸，徑大益妙，然再大則難，小則不適於用。其兩鏡之距即一丈，如法求得單凹側收限八寸三分有奇，可畧淺，定爲八寸四分可也。法見圓率五之一。

五、外凸順收限欲長一丈，作之不易，則取淺凹並深凸法，用變淺限圓率四之三。求之。設有凸順收限四尺，欲變淺爲一丈。法：置凸順收限四尺，以界率三圓率四。乘之，得一丈二尺。與欲變淺限一丈相減，餘二尺，以凸限四尺加之，得六尺，爲凹深限。爰以單率六除之，得一尺，爲單凹側收限，即所求。

六、內凹側收限欲長八寸，作之不易，則取淺凸並深凹法，用變淺限，圓率四之四。凸凹互易求之。設有凹測收限三寸，欲變淺爲八寸。法：置凹側收限三寸，以界率三圓率四。乘之，得九寸。與欲變淺限八寸相減，餘一寸。以凹限三寸加之，得四寸，爲單凸側收限。以單率六乘之，得二尺四寸，爲單凸順收限，即所求。

論曰：遠鏡初出，只凹凸一種。其大者雖未之見，然諸書已稱其觀象之勝。邇來佳製，俱是純凸一種，而反不能觀象，棄簡就繁之疑，誠不能釋然。然頗疑純凸之製必亦可以觀象，但游覽者無取其大耳。今思棄簡就繁，更有一說。蓋器大則外凸限必一丈以外，作之不易。而凹凸之製，外凸一丈。純凸之製，外凸只須五尺。若並一凹，則外凸限可二三尺便足。且外凸之徑，又不須過大，斯亦妙用。棄簡就繁之意，或有取乎此也。

七、觀象遠鏡，兩鏡之距設定爲一丈，則多不過四節，少不過二節。四節則每節可三尺，大小相套，每相銜之榫五寸，取其穩固。伸足可八尺，最內一筩三尺，餘多一尺，以爲伸縮，配所測之遠近。如欲作二節，則外筩八尺，內筩三尺可也。內筩之內，安一木隔，中心開孔，名爲束腰。孔之大小，須稱外凸，以恰見外凸鏡邊爲度。孔大則伸遠，孔小則縮近，進退求之。筩宜用木，外口安凸，內口安凹，皆活之，以便易拆去垢。

一系，《遠鏡説》圖用七節，取其靈便。然縮之至三尺，則收貯已便。若七節，亦須一尺五、六，終非後物。故八尺雖大，然穩固簡易，觀象之用，固非所嫌。

二系，束腰之法，《遠鏡説》未著其名。今遠鏡皆有之。雖於視遠無關，蓋欲使筩內遮黑，令目居暗視明也。今洋製束腰用銅，並髹令黑，恐受光礙目耳。

三系，觀象鏡外凸雖大，內凹能使之小，故外凸必宜大，而筩亦不能細矣。

四系，遠鏡之筩，或用銅，或硬楮加漆焉。今器體既大，楮難堅久。如用銅，則良工不易，薄則嫌柔，厚則嫌重，故不如用木爲良。

右觀象遠鏡。

八、游覽遠鏡，不拘大小皆妙。而《遠鏡説》獨取兩鏡者，疑是初製，否則爲其易作耳。今以收之則小，展之亦不必過大，既便携帶，於用已足。約取大小兩種，爲游覽專屬焉。

九、作游覽鏡，外用淺凸，與觀象鏡同。或一淺凸，或一深凸，與一凹並而爲一。均可內用深凸，自三面至五六面均可。或同深，或稍有淺深，亦均可。今以洋製，佳者內多用三凸，間四凸，或六凸，稍有深淺。外多用一凸，一凹相並。六凸以上，則未之見。故只以此種爲説，餘可類推。內鏡、外鏡多種，應各立名。內鏡以天干，外鏡以地支，使不混淆。圓疊十。

十、外凸深淺，與內凸深淺宜相稱。其定率，約以外凸限八倍內凸限爲足距，外可略深，內可略淺。蓋外深內淺，不過不足距，見物象稍小而光愈明顯。若過距，雖物象稍大，而景反暗，不可用矣。然內凸同深，固以八倍爲外凸定率，如不同深，法，取甲、乙、丙，並得總限數，以三除之，爲平，得之內凸；以八乘之，得外凸。若四凸者，以四平之，五、六凸者，倣此一律求之。○又法，三凸者，並其兩距，得大光明限，即內筩之長。倍之爲外凸限。若四凸者，並其三距，倍之。五凸並四距，六凸並五距，倣此一律求之。○凡純凸之製，三凸者，兩距皆爲距顯限，大光明限即是兩距顯限之並。理最明顯，法亦靡貸者也。至四凸以上，法必縮短，雖不必有一定之度，而大致總相去不遠。故今立法，以三凸之大光明限爲主，而四凸、五凸、六凸，皆縮短，使與之準。其差數，則四凸者各取其距顯限，一五除之，即六六六折，蓋三分之二也。五凸者五折，六凸者四折，則其大光明限皆通爲一律，理足而法亦無失也。至於外凸，既與內凸相應，而內凸不必同深，平之未免轇葛。今即以大光明限爲主，倍之即得。至於筩長，又與觀象之外限數即長數殊科，且用時又有伸縮。今以外凸限爲主，倍之爲極長之數，視筩酌增其相銜之榫。如筩三節，則兩銜榫，四節則三銜榫，每增一寸及五六寸，視器大小，酌之可也。

十一、作游覽鏡，極小者，長可一尺餘。內凸順收限，淺不可過寸，至深可半寸。然筩取其短，宜用深者。今約其恰好之數爲式：

甲凸深限　五分
乙凸深限　六分
丙凸深限　七分
丁凸深限　七分

距顯限一寸一分一距七分三之一
距顯限一寸三分二距八三之二
距顯限一寸四分三距九三之一

大光明限二寸五分三之一

子凸深限五寸統長一尺。

若是者，可製五筩，每筩約二寸七分，共長一尺三寸五分，收之不及三寸，用之亦佳，携帶最便也。

十二、作游覽鏡，大者長可三尺餘，內凸順收限，深不可過寸半以下，至深一寸半。然力求其勝，宜用淺者。今約其恰好之數爲式：

尺寸分
甲凸深限　一五
乙凸深限　一九
丙凸深限　二四
丁凸深限　一六
子凸深限　一四五

寸分　寸分
距顯限三四一距二三三之二
距顯限四三二距二八三之二
距顯限三三三距二一三之一

大光明限七二三之二

統長三尺

丙深限二寸四分，加丁限一寸六分，當得四寸，而不然者，距顯限必內深外淺，今內淺外深故只用丁限倍之。得三寸二分爲距顯限載此以備變例之一格餘悉同上若是者，可製五筩，每筩約長八寸，收之不及尺，携帶亦便，游覽大勝矣。

一系，內鏡、外鏡，必稱爲宜。但觀象，雖稍不稱，或凹淺，不過不足于於距；

或凸淺，不過不盡其距，凸淺即凹深，凹深應出距，出距則象倒，不可用矣。必須稍縮就之，故曰不盡其距也。二者猶勝於目。獨游覽鏡，其内鏡合數凸成一大光明如凹，乃是借其倒法而得。若有不稱，即失其理。故内鏡淺，則目距子尚在初清，猶可。至外鏡稍淺，則去初清處已遠，視物雖大，如雲如霧，甚則如漆，但照見睫毛如韭，不可用矣。

二系，觀象遠鏡，外凸之徑宜大。游覽遠鏡，外凸之徑則不妨小。故廣製有用殘片爲外鏡者。洋鏡，有鏡質本大，反作小孔於外者。緣内用凹，則視前鏡小；内用凸，其視前鏡有顯微理，故覺大也。若製配時，或見子甚小者，是丁距丙遠，乃丁出甲乙丙顯微限外之故，法當縮丙丁，而伸甲乙或乙丙可也。用殘片必宜近心，若近邊，則凸欹側，不合度矣。

三系，内鏡無論多寡，相距長則力深，相距短則力淺，以目切甲爲合度。倘目必離甲猶嫌遠，是内鏡相距太短也。倘目既切甲猶嫌深，是内鏡相距太長也。法當消息伸縮之。

四系，目能切甲，固徵淺深合度，然汗氣易於薰蒸，亦足爲累，宜畧縮内鏡，使目去甲寸許，既免薰蒸，且内稍淺，與外稍淺正相反。外稍淺者如雲如霧，内稍淺者必加明矣。

五系，凡求限之法，最難準確。兹立一法，先求初清，次求初昏，取兩數並而半之以爲限，則較準确矣。凡有一限，皆有其初處，如求距顯限，一凸切目，一凸漸離，必由昏而清，又由清極漸昏是也。如求順收限，取日之光於片板上，漸離之，必由大漸小，又由極小漸大是也。餘可類推。

此系爲求諸限準确通法，不可不知也。

六系，游覽鏡，内凸三面已足，或加多至六面，亦未見其較勝也。惟見所見佳製，皆是四面，而其中往往有丙、丁不動外，别有甲、乙數筩可以調换。曾見一具，匣内别有甲、乙筩五具，據譯言，是大遠、中遠、小遠、視日、視月、視星。其視日加墨晶宜也，視星加藍晶，或專視金星邪？至視月，只藍晶一面，或是殘失矣。若大遠、中遠、小遠之説，豈能視大遠者，反不能施之中遠、小遠乎？疑是因時製宜，備此三種。如物小而天氣清，則用深者；或物大而天氣昏，則用淺者，譯者不能深究其故耳。惟四凸方能調换，此所以三凸之用已足，而必設四凸之意與？

七系，《皇朝禮器圖》有攝光千里鏡圖説，緣未見其器，故未明其説。頃見鈔本《儀器總説》一函，蓋官書樣本，亦非全帙。載有此種，外多一圖，乃恍然有悟。兹特增入。其原説曰，筩長一尺三分，接銅管二寸六分，鏡凡四層。管端小孔内施顯微鏡，相接處施玻璃鏡，皆凸向外。筩中施大銅鏡凹向外，以攝景。鏡心有小圓孔，近筩端施小銅鏡，凹向内，周隙通光，注之大鏡而納其景。筩外爲鋼鋌，螺旋貫入進退之，以爲視遠之用。承以直柱三足，高一尺一寸五分。按《禮器圖》原説止此，《儀器總説》略同。又言長一尺三分，其功可抵長一丈千里鏡之用。其法，外筩上下兩端有二鏡，皆銅而凹。上端之鏡小，居筩中，而周遭空之，凹面向内。下端之鏡大，而中穿一孔，凹面向外。内筩上下兩端皆玻璃而凸，人目從下端測視日、月、諸星，日、月、星從外筩上口周遭空隙照入外筩。如後圖：物景從奎婁周隙通光處攝入大凹鏡如虚女。之面，返照入小凹鏡。如危室。人目自下兩顯微，如斗與牛。穿孔注視小凹中所照大凹攝受物景，而得外象也。據此，則原説甚明。夫内筩玻璃兩凸斗與牛。相疊，必是取距顯限，而含光凹與通光凸同理，圓凸二十八。蓋以斗當甲，以牛當乙，而以外筩之危室小凹，當内筩之丙凸；以女虚之大凹，當外筩之子凸也。不即與四凸之製同邪？然玻璃究勝於銅，殆一凹一凸之初改爲耳。嗣又改爲純凸，則更勝之。故今不復有是製矣。而此謂足抵一丈者，亦指勝一凹一凸言之耳。又危室小凹居内筩中央，須令周隙通光，何以生根，原書未曾論及。或作十字架空，想無不可。或安於平玻璃中心，再將玻璃嵌入筩口，更無絲豪遮礙矣。原書鈔寫頗有誤字，特本其意删改之。

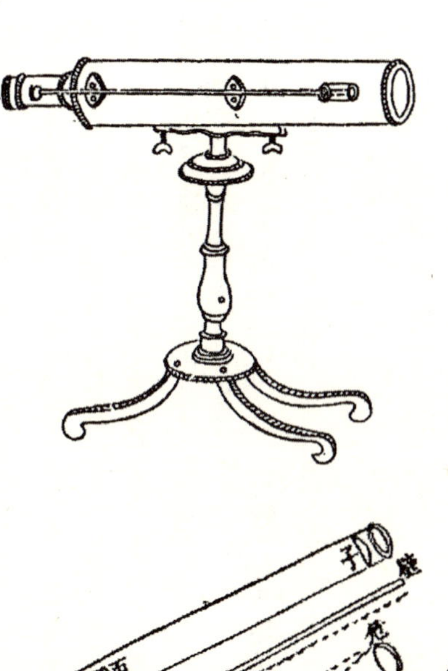

右游覽遠鏡。

十三、《遠鏡説》所見《崇禎曆書》中者，多殘缺；所見《藝海珠塵》中者，亦有不全。兹取其用鏡各條原文，作爲八系，附載於此。其管見所及，爲箋註一二，加按字爲别。

一系，鏡筩相宜以視二百步爲則。若視二百步以内，物形彌近，筩鏡彌長；逐分伸長，物相明亮即爲限止。大要，伸縮宜緩而不宜急。按，此言製筩長之度。

二系，太陽、金星光射明烈，須於近鏡上按，此指靠眼鏡也。近字下疑脱一字。再加一青緑鏡，少禦其烈。按，此已詳視日一。鏡筩再伸分寸許，則光相不眩。

三系，用以視地形物色，前鏡勿對日光。以日光照鏡，則鏡與相反昏也。按，今外鏡有多一活短套筩者，殆恐臨時對日則伸短筩，使日不能射得，居暗視明之理。原光九。

四系，借照作畫，室中全閉門窗，務極幽暗。或門或窗，開一孔，大小與前鏡稱。安鏡，以白净紙如法對之，則外像入紙，西士所謂物像像物者也。按，此即取景法，單用一凸也。

五系，前後二鏡各加一積楮圈，圈心開圓孔，按，此疑即束腰。露鏡而以周掩鏡邊。蓋惟邊掩而心孔攝聚星象益加顯著故也。孔之大小，視鏡光力。前圈孔之大，以盡視月徑爲率。月徑約三十分，依此爲孔，以求兩星相距，或相淩犯遠近分數，舉目可得。其法，先以鏡向月心，目向鏡心，一窺而盡得月左右邊際，是可準而用也。乃即用以窺星，倘亦一窺之中，兩星並見，則知彼此相距必在三十分内矣。於是移筩，使一星切居鏡邊，以求此星與彼居中星相距之遠近，或當月徑之半而贏，或當月徑之半而縮，其爲幾何分數，豈不瞭然可辨乎？然所謂一窺盡月徑者，遠鏡之短者也。若其長者，所見轉狹，一窺不盡，必數移窺乃盡焉。按，據此，則今之遠鏡視月，去鏡邊甚遠，豈一窺止盡月徑乎？一窺盡月徑，猶是短者，則其長者可知。其法，先用鏡定向月心，目前左右任移，以盡見月邊爲率。次以鏡切月邊，平行徑内某景，月有多景。止，記之；又以此景切分爲邊，平行某景，止，記之。如是數窺必盡，月徑即可得。每窺滿圈所容之分數幾何，於是用以測星，或亦再三移窺，則併移窺所得分數，總計之，即是兩星相距之分數矣。

六系，視太陽有兩法。一加青緑鏡，如上所云。按本篇二系。一只以筩、鏡兩相合宜，以前鏡直對太陽，以白净紙置眼鏡下，按，當云靠眼鏡下。遠近如法。撮其光射，則太陽本體在天在紙絲毫不異。按，上下左右，但不能不易位耳。若用硬紙尺許，中翦空圓形，冒靠後鏡上，則日光團聚，下射紙面，四暗中光，黑白更顯，體相更真矣。若依稀雲霧，太陽本體居明暗中，用目視更快也。

七系，用鏡測交食法，安器於本架，筩伸縮令得宜，用以直對太陽或太陰焉。餘法與視太陽前二法同。按，即本篇六系。外取用净紙，預畫一線成圈，圈中畫徑線，一平分之。徑線上畫短線，十平分之。圈線之大，約以二寸爲率。過大與過小，皆足礙光。臨測時務使紙與鏡直對平行，毋少欹側。其相去遠近，以光滿圈爲率。鏡一面向紙，一面向日或月，按，當云凹向紙，凸向日。當其初虧，止見光劣，有似游氣，後乃黑景漸侵，邊内明缺，此時務使圈之徑線正與缺當，乃視短線，即得交食分數。按，據此，則今所用測食即遠鏡也。

八系，視鏡止用一目，目力乃專。按，此與《儀象志》説異，不足爲通論也。衰目短視亦可用。蓋筩内後鏡伸長，能使易象於前鏡者，仍平行線入目。按，此言前鏡得力。縮短，能使易象於前鏡者，反以廣行線入目。按，此言後鏡得力。又，短視人仍加本眼鏡照之亦可。按，此則不須縮筩矣。

十四、凡作遠鏡，内鏡與外鏡距固以外鏡順收限爲定度，然又因乎所視之遠近，目力之優劣而生差。物近宜伸，順均限理也。近過其度，則不能用。○圓凸十。物遠宜縮，順收限理也。遠到其度，則不須縮。○圓凸十及十一。短視宜縮，若加本人所用之凹鏡，則不須縮。○上條八系。内鏡得力，凹理也。老花宜伸，外鏡得力，凸理也。故必較定度加表，作套筩以便伸縮之用。

十五、遠鏡數節，伸時各有定處。其伸縮以配目力及物之遠近，則在第一節、第二節相接處，其法宜緩。本篇十三之一系。洋製佳者，有用轉軸，於伸縮最宜，未詳其製。今擬之法，用銅條，如甲乙。上有齒，安内筩之外。别作齒輪，如丙丁。中心作軸，貫於外筩之外，軸端作無齒輪。如戊。轉戊，則丙丁輪齒撥甲乙齒，而筩伸縮矣。又法，轉軸如壬癸子。只作花軸，内筩上不須加條，只開一縫。如庚寅。任於一邊如丑寅。開齒花，軸插入縫中發之，更簡便也。又法，外筩開長縫，露内筩處安銅條，上作斜溝。别作厚銅蓋，如子丑。又作螺旋轉軸，如卯。使卯恰嵌寅凹處，以兩螺釘固於外筩之外。轉轉軸，則螺旋如卯。自發銅條斜溝，如午未。而筩伸縮矣。但遠鏡所伸如極長二寸，則銅條須長二寸，而縫如辰巳。須倍之，方得伸足。否則銅條藏於外筩之内，而外筩只開一孔以受轉軸之螺旋如卯。亦可。但外筩之内又必别安銅片，開縫以嵌銅條，使管住内筩不左右轉方得。

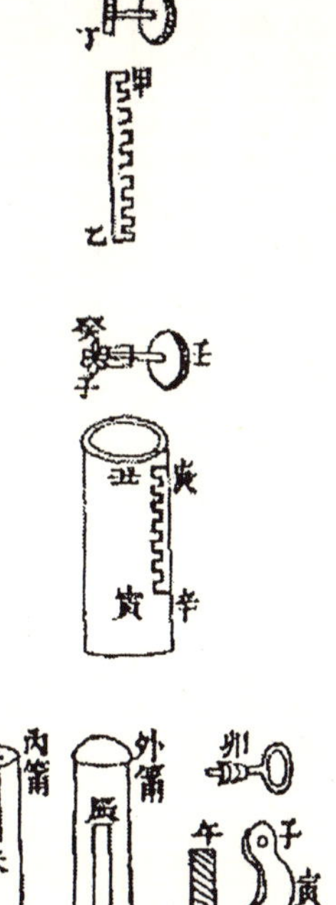

一系,《皇朝禮器圖·攝光千里鏡》云,外爲鋼鋌螺旋貫入,進退之以爲視遠之用。蓋伸縮之又一法也。

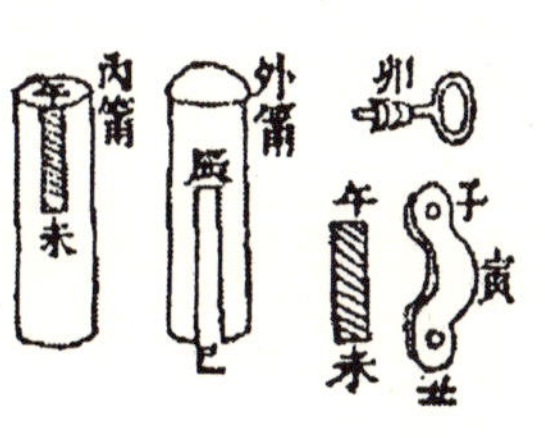

二系,易五兒曾見一器,亦是伸縮之法。如圖,柱上甲乙爲牡螺,丙作一丁,入外筩背面丑縫內,使縮住柱不得左右轉。其丙背面亦作一丁,入外筩子縫內。戊爲短筩,內作牝螺,與甲乙配。戊邊有齒,入外筩上端。外筩之內起壬及辛牆兩道,縮住短筩不得上下。外筩上口近邊安庚輪,其軸穿入外筩內,作巳齒輪,以發戊齒,則短筩轉而不能上下,柱隨短筩螺欲轉,而爲內與背面之兩丁所礙,只得伸縮以就之矣。

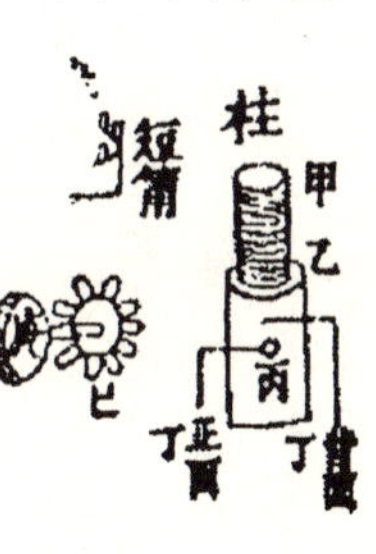

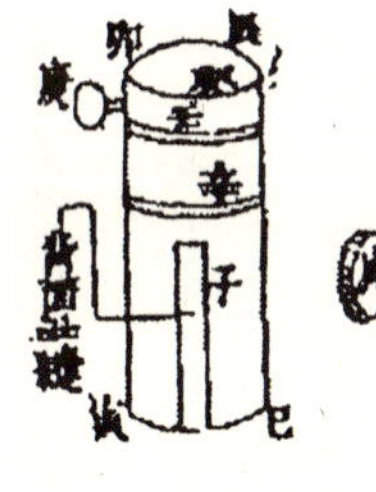

十六、作筩用硬褚法。用裱心紙裱就,約每十層爲一張,則厚薄恰好。乾透,任以圓木爲胚胎,裹硬褚於上,爲第一筩。使一端稍殺,黏好以烙。烙乾,再裹二筩。以次爲三、四、五筩,自能相套恰好。每裹一筩,均宜稍鬆,乾時方可抽出。一端稍殺,則伸足自能吃緊不脫。筩製造如法,然後漆之。

十七、作筩用木,令圓則難,作六角或八角可也。細作木工優爲之。

十八、作筩用銅最爲精緻,洋製有兩種。一種即稍殺其一端者也。本章十六。一種,每筩粗細各均,其外口俱出邊分許,內口別作一短筩,長寸許,其內口出邊,冒外筩內口上,以牡螺與外極吃緊,而活便穩固。○易五兒一具則不用皮,其短筩上刳兩箇方筐形于兩邊爲簧,此又一法也。如圖,甲子爲短筩,乙丙丁戊爲簧,就筩本身上刳一方筐之縫,乙戊相連,丙丁離空,自可作簧。用其背面仿此。

十九、安鏡之法,須易裝易拆,以便臨時擦拭。洋製安鏡全用螺絲,工力極繁,工匠所不能作。今取簡便法,於外筩外口之內寸許作一隔牆,安鏡平穩。別作一短套筩,筩邊開曲尺縫。外筩外口安一釘,將短筩套入,轉之即穩。但恐仍有走動,或將曲尺縫開於外筩之口內,短筩上安一丁,丁略放長,使入曲尺縫中稍透出外筩。其外筩之外,再加一外套筩,上開長縫,用時將外套筩退上,安鏡,裝內套筩入曲尺縫中轉足,再將外套筩捋下,使外套筩縫夾住內套筩之丁,則各筩俱不能動而穩固矣。各筩無論用木、用銅,短筩必須用銅。外套筩套外筩上,亦必縮住。其法,於外筩上亦釘一丁,嵌入外套筩上方妙。若外筩是六角,則此法不可用矣。以內套筩必須用圓才能轉入也。法須將外六角筩端一段改圓,在作者斟酌之。其內筩第一節安甲凸處,或亦如此,否則用銅或鋼一條,要耎而有力,屈在圈,將甲凸安入即收圈裝好放之。餘筩中各鏡法:於第一筩之底起牆,安丙凸,其丁丙等兩距俱作硬褚短筩隔之,均宜畧寬。又法,安鏡筩口內作一鉤,鉤上有丁,鉤要耎而有力如簧管。鏡短筩外起飛邊,內邊有孔,裝入則鉤住不動,按丁則鉤開可抽出。如今銅煙盒之蓋式工優爲之。即時辰裱殼之法也。又法,短銅邊安鎖簧,外筩口內起邊,入短筩則簧鎖住。外筩內亦有簧,簧上安一丁,露出外筩,如錶殼法,按丁則鎖簧收而短筩可出。或又有雙開鎖一種。法:其簧端錯出一榫,長出短筩之口。如圖,甲乙爲簧,丁爲榫,丙安一帽。外筩口內起邊開縫,容丁之榫。入短筩則簧開,而丁榫入縫,甲肩闊處管住不出,撥帽收簧則短筩可出矣。

一系,易五兒云,洋器精巧,由製器之器精也。作筩口螺絲法,則有螺車。車軸爲螺架,以月牙斜順其絲,有物管住,別有長縫夾刀,使可上下伸縮而不搖動。於是右踏則下刀順旋,而進以成絲;左踏則上刀逆轉,而退以回軸。至其作牝螺法,則刀有彎鐵,入而車之。見廣人作此,甚易也。

右鏡筩。

二十、遠鏡作架,大者尤爲要著。洋鏡用銅爲之,但高尺餘。若大者,可用堅木。下作曲尺插或三足,掌幹身兩節。下節空其中,方之,口安螺挺。上節爲方柱,恰入其中。用時伸縮高下既定,轉螺固之。若鏡重大,螺挺細,或擠不住,則於下節柱上每寸作一孔,加橫拴托住上節,然後轉螺可也。上節上端圓之,以套圓管,令可移而左右。或仍其方,上套之銅管則作上圓下方,再套圓管。圓管上作架。軸管之相套必密相切合,柱端之徑必寸餘,方不擺動。管端架令可俯仰，軸亦宜徑寸餘而密相切合，方不欹墜。軸上作託如仰瓦，以承鏡筩。託上安帶，令縛鏡筩穩固。

一系，曲尺插與三足宜活安，使可調换。磚石而地寬利於足，沙泥而地窄利於插，相其宜用之。

二系，凡軸欲其可游移而不脱，必軸與孔密合而相切也。法：用銅或鐵先爲之孔，再作軸。軸長而粗於孔，稍殺其一端。油濡而轉之使入，出屑如泥，則以軸身治軸孔。即以軸孔治軸身，圓乃至圓，而切乃至切矣。本《儀象考成》。軸宜大而不宜小，大則活而不脱。宜銅鐵而不宜木，木則澀而易變。變者，燥則縮，濕則伸也。如器大或作木者，則軸孔兩面必嵌銅版，銅板中心爲之孔，銅片作管爲空心軸可也。

一圖：軸三層，軸丁粗而與軸孔密切，即可游移而不墜，然非良工不能。承筩之託過長，則仰瓦式太笨，亦可止用銅條，安月牙託於兩端，觀圖自明。

二圖：軸用兩筩相套密合，託安内筩之一端，筩徑二寸許，實能游移而不墜。

三圖：柱端開縫，託下作半周有齒之輪，夾入柱端。半輪周下藏小齒輪或花軸，軸穿出柱，其端作無齒之輪，以便手轉則高下任轉，必無下墜之虞矣。

四圖：小巧之鏡架，軸只須徑稍大，多用幾片夾緊，或五片至七片足矣，自可不墜。徑大丁亦不必過粗，圓界自能吃緊。銅片不可太薄。

右架座。

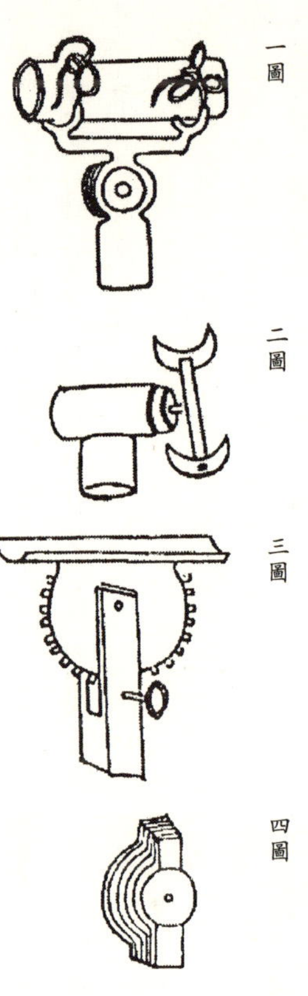

一圖　二圖　三圖　四圖

侯失勒　偉烈亞力　李善蘭《談天》卷三《測量》　用光差遠鏡測中星法，如圖，甲乙爲筒，以螺旋定于架。甲爲象鏡，用二種玻璃相合而成，令無紅藍暈色，鑲以銅圈，圈周作螺旋，旋入筒口，令不動。丙爲目鏡，或用數鏡依光學令視力增大，視物更明。目鏡亦須旋定，令象鏡、目鏡、筒三者合爲一體，則不生變。巳午線過象、目二鏡之心，此線之方向與筒合，名曰視軸。戊爲所測物，己爲戊之倒象，在象鏡聚光點，從目鏡窺之如真形。目鏡力增大，如真形增大焉。此象在筒之空際，無實體，故當象處作二正交徑，或用銅絲，或畫于平面玻璃，俱可窺之見二徑交點與物點戊合爲一。設微不合，目鏡增大力能覺之，即知視軸非正射戊，則微轉螺旋令恰合乃止。用此法而置鏡又極平，則縱有差角，不過十分秒之二三。測物每患不恰當視軸，有此法，可免此患。如此用遠鏡，能分微角，如顯微鏡之能察微物焉。再用變大理，推其微度，能知其形狀，所得與幾何所推，幾無別焉。

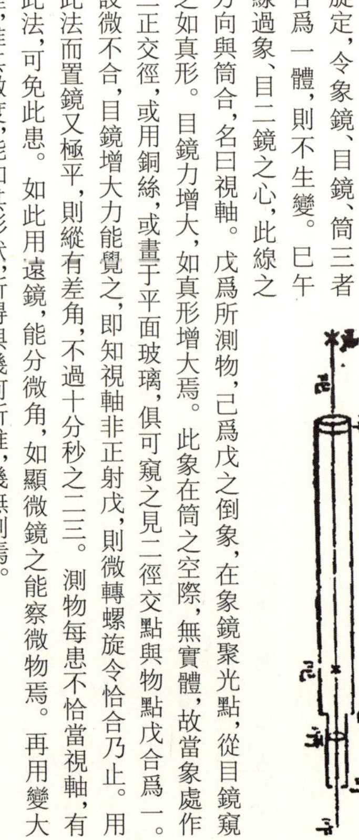

測中星之鏡，名子午儀。其鏡連一横軸鏡，與軸必正交，則測望所得，皆真軸之兩端，其徑必等。以銅爲圜轂，兩半合而固之。轂之下半，堅定于石，安軸時，必正其高低，及卯酉二方向高低憑視軸準。卯酉憑測望，皆用螺旋正之。當目鏡聚光點處，作一地平線正交視軸，又作垂線若干，相距俱等。皆以細銅絲爲之。測時須令諸線全見，晝則映以日光，夜則用法映以燈光。線之外圈用螺旋正之，令中垂線正交視軸，則星過中線，即過子午圈，驗表記其時，再以所測星過左右諸線之時，較其誤否。若恐器不平，則易置横軸之東西而測之，所得仍不異，則筒與横軸果正交，而筒旋轉恰在天空大圈面内也。最精子午儀，測中星，除鐘錶差外，所差不過十分秒之二三。

視軸旋轉之面，當合本地之子午面。攷察法，取恒見界中一星，測其二次過鏡中線，若在中線兩邊之時相等，俱得半周時，則其面爲真子午面。蓋子午面，必正交星所行圈于相對二點也。

用子午儀及鐘錶測度分，所得即赤極之角度也。此法即以地球自轉之時刻爲準，不必用銅環之度分。蓋若干時，有一定若干弧分過去也。其率一時十五度，若非赤道經，欲知其度分，須作銅環，細分度、分、秒以測之。如圖，甲乙丙丁爲銅環，分

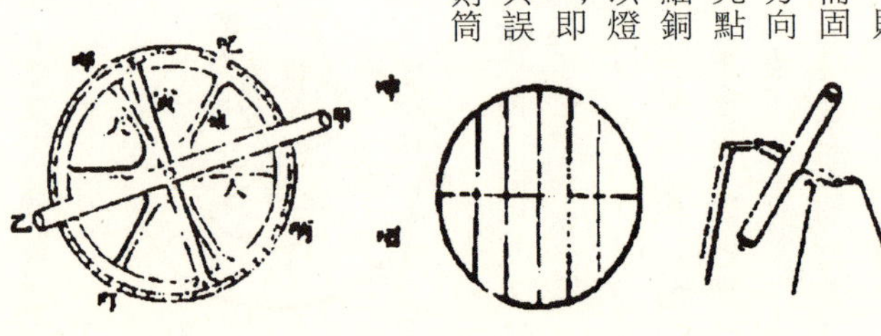

爲三百六十度，用天、地、人諸輻連于中心。心開圜孔，孔中鑲以短活軸，可旋轉。軸上裝一遠鏡，鏡之視軸甲乙與環面平行，而正交短軸，鏡之腰連一横桿，桿正交視軸，短軸轉動，則鏡與桿循環而轉。假使欲知申、酉二物之距度，先令環合于申、酉，及人目所居之面，而以法定環，令不動，乃轉鏡，令視軸正射申；復定鏡，令不動，而視桿端小針所指察其度，或恰滿一度；但察其度，或在二度之間，須細察分秒，法詳後。復移鏡，令視軸正射酉，定鏡察其度，二度之較，即環中心之角，申、酉之距度也。

一法，遠鏡筒與環合爲一體不動，而活軸另連一銅墩，理亦同。如圖，酉爲遠鏡筒，以巳巳二柱連于甲乙環，丁爲環之活軸，轉于戊戊銅墩，墩裝一曲尺己，其端有針近環乙，以指環之度，鏡與環轉時，過針之度分，即角度也。

針若鐘錶之針，如甲；或用佛逆，如乙。最妙者用疊顯微鏡，如丙。法，于目鏡、象鏡公聚光點處，作正交二線，用細螺旋轉之。如丁，先令交點與所察點之最近度合，乃轉螺旋，復令與所察點合螺旋若干轉，即知距視軸所指點若干分秒。鏡力須極深，螺旋須極佳。此法能辨度分之極微，與遠鏡之細測，相輔而行也。用此法測量，全憑三事：甲乙筒向物須的準一也，環之度分須極勻二也，二分中間須細辨其秒微三也。察筒之方向，甲乙兩端或用交線，或開小穴，或一端用交線，一端開穴，俱可，皆全憑目力。若易以遠鏡，象鏡在乙，目鏡在甲，而于公聚光點置交線，則遠勝目力之細測也。

前條爲測度分之最簡法，但僅能測不動之角度，如地平界之類，若天星，則刻刻漸移，此法不能合。惟測二恒星視道相距，則亦合。諸星每日周行天空所成之道，若有迹可見，隨時可測其相距。今無迹可見，然鏡之交點與星合，即與其道合，故候星過時，以交點合之，而定其鏡，察其度分；乃轉遠鏡候他星過，復以交點合之，而定其鏡，察其度分。二度分之較，即二星道之距也。連測之，以攷其誤否，此乃牆環之理。牆環者，即前條之環，而與子午面合。法，令環連一地長軸，堅固不動，軸深入石牆，用螺旋正其高卑，及東西方向。令環與子午面合，凡恒星道皆正交子午圈，牆環測得二星過子午圈點中間之角度，去蒙氣差，爲二星道之距，即二星赤緯之較，亦即子午圈高度之較。

凡曜之赤緯度，爲距極之餘度。極在子午圈内，設極點有星，以環測定其度，則餘星之距極及赤緯度俱可測。今極點無星，故取一近極之最明星，測其上下過子午圈之較度，折半以加下高度，或減上高度，即極之高度。如圖，啐吧哌爲天空子午圈，巳爲極，叱味、呷咋、呐叮爲三星道，上過子圈在叱、呷、呐三點，下過子午圈在味、咋、叮三點，辛巳辰爲牆環，呻爲心，其邊乙甲丙巳丁諸度分，與天空叱呷呐吧叮諸星相合。既測得乙甲、乙丙、乙丁、丙丁四度分，則各星距極俱可知。蓋呐吧等於吧叮，故丙巳等于巳丁，俱爲丙丁之半，則環之極點巳知，而巳乙、巳申、巳丙三星距極度分，亦可知矣。

極星爲最近極之明星，距極約一度半，過子午圈上下二點甚相近。極，出地度多，則二點距地平俱遠，蒙氣甚微，又甚明，晝亦可測。故天學家恒用之，以正諸器之差。如子午儀測此星，以驗其合子午圈與否法見前。是也。

環上極點既測定，永爲原點，諸星距極度皆準之。設環上度分或有不勻，可旋轉其環，再測、三測，比勘以定之，移動遠鏡，有螺旋能定之，故環可任意旋轉也。

牆環上更有最要者，爲地平點。一切子午圈高度皆準之。測定之法，與極點同。天空地平交子午圈點無星，法，于夜中測一星過子午圈，明夜測水銀中此星之影過子午圈，環上二測中間之度，去蒙氣差，爲星之倍高度，折半，得地平點。準視學理，光射平面之倚度，與回光之倚度等。水銀之面恒平，星在地平上，影在地平下，其度恒相等也。故水銀面名曰借地平。

牆環之軸惟一端着于牆，力不甚固，亦不能如子午儀兩端可易置以正其差，故其用不若子午儀。然其環可連于子午儀之軸，與鏡同轉，定顯微鏡于銅墩，以測其分秒。名曰子午環，可并測赤道經度，及距極度。測時用鐘錶定其過午時，用顯微鏡察其分秒，欲造恒星錶，用此法。經緯度一時同得，甚便也。子午環上之遠鏡，其力無論若干大俱可，牆環鏡太大，則重力不能勝也。

環上定地平點，爲天學最要事，其法不一：曰借地平，曰垂線準，曰酒準，曰視軸準。借地平已見前，垂線準用極細鐵絲，或銅絲，或蔴線，下懸碓，碓浸入水中，則不擺動；線之方向即地心力方向。此法非精心細察最易差，故今不用。

酒準，用玻璃管貯燒酒等物，微不滿，令中有小空，著于直板，上邊微凸，準平則小空恒在中。如圖，呷吃爲管，定于直板呐叮，先置板，令底極平，于小空之界甲乙二點各作識，後凡置準，令小空與甲乙合，則呐叮必與地平合。若稍不平，小空必偏向高邊也。如欲驗吧咋合地平否，置呐叮板于上，視小空二界合甲乙，反置之，視小空仍合甲乙，則吧咋必合地平。若不然，則小空所向一邊，必偏高也。天學家所用酒準，皆有細分，視小空二界所在，能辨一秒之角差。此準必用法細磨管内，非易造也。用酒準定環之地平點法，如圖，甲乙爲遠鏡，與㖿吧環相附，而轉于横軸呐。其軸亦可東西易置，見前。而環固定于軸，吅爲酒準，正交㖿吧桿，而於吧或㖿用顯微鏡或佛逆察其分秒，吧㖿桿與呐軸連，或令易轉而軸不轉，或與軸俱轉，將遠鏡正對物申，乃定之，令酒準之小空合呷吃二點，亦定其桿，則桿與鏡成一定角度。乃察巳點之度，而以横軸東西易位，令環南北易位，復將環與鏡同轉于軸，令鏡仍對申，定之，如前定酒準，再察巳點之度，二測中間之度，折半，得申距天頂度。其餘弧爲高度，知申之高度，即可定環之地平點。此法雖繁，然用酒準必如此，不能簡也。

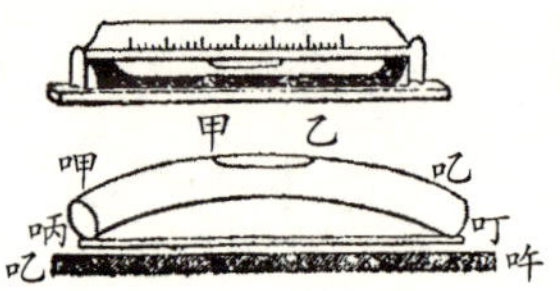

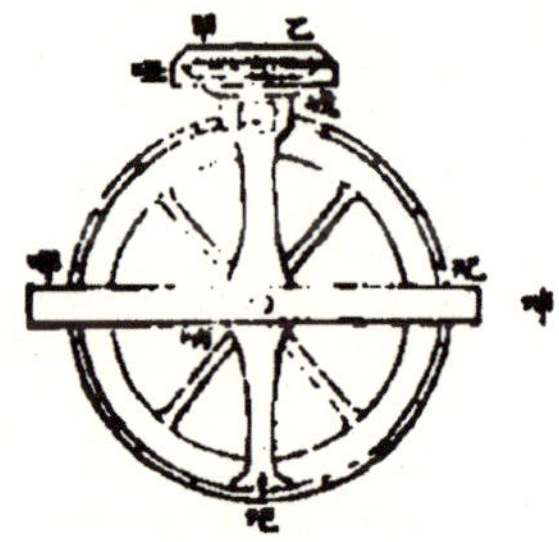

視軸準者，迦得所創。乾隆五十年，立敦厚始依光學之理用之，此器佳者，用遠鏡，當聚光點有交線，其鏡之筒連以二柱，横立于厚鐵板上，而鐵板浮于水銀面，故與地平成角恒同。用燈映鏡中之交線，交線在象鏡聚光點，令光線出鏡平行，復聚于他鏡之聚光點，與同方向天空之星無異，鏡之倚度，即星之高度。故測二線之交點，如測星焉。法，置視軸準于環之兩邊，距環遠近不論，以環之鏡二次窺之，俱令二鏡交線之點相合，則環上半之度，即倍距頂點度，故天頂及地平點俱可知。準鏡二交線，一正交地平，一與地平平行，環鏡二交線俱交地平四十五度，故測時交角之度互相平分焉。後便孫伯又變化其法，即以環鏡正對水銀面，而以燈傍映鏡中之交線，交線之光，出象鏡平行遇水銀面，而回復入象鏡，聚于聚光點，成交線之象。故轉動其鏡，令象與線合，即知鏡之視軸正對天底點。

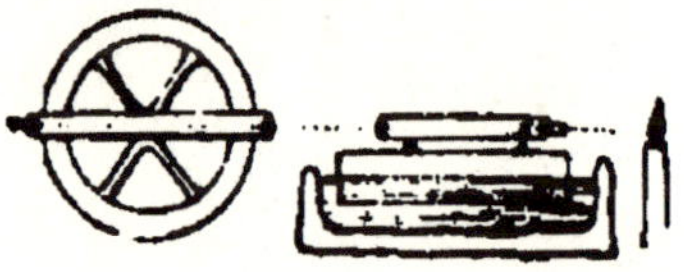

子午儀與牆環，皆所以測諸星過子午圈之時刻。測星過子午圈時刻，以正遠鏡方向最易。蓋星視道與鏡中交線之横者平行，而用螺旋能細移至密合。少有未合，有餘暇改正，他處不能也。凡測角，務得真確，若角有變者，則當于最大最小時測之。蓋此時不驟變，有餘暇可安徐細測也。星之高度亦然，其變之最大最小，皆在子午圈上。

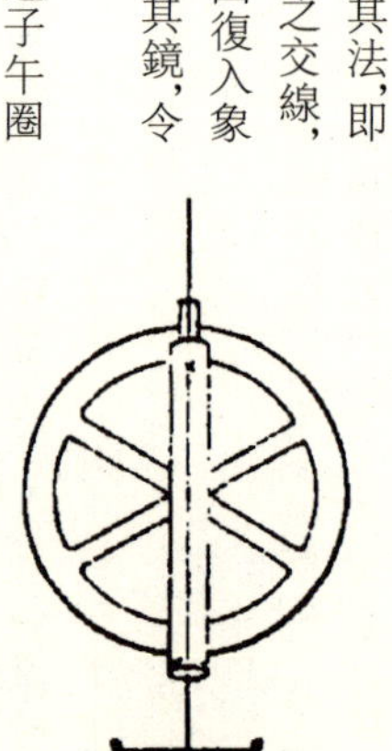

星任在何處，皆當測之，不定在子午圈也。其法，天球上無論何點，以正交二大圈定之，幾何所謂點之縱横線是也。如知地面之經緯度，即知本地之點；知赤道之經緯度，即知本星之點；知地平經度及高度，即知出地之點是也。

欲任測星道上何點，先當置遠鏡，令有上下及四周二旋動。法，用二環，令所居之面恒正交，亦與遠鏡旋動之二面平行，二環之軸亦正交，一爲本軸，其兩端裝入銅竅，可旋轉，餘一軸即裝入本軸之腰。二環或用二佛逆，或用二顯微鏡，一着于石墩，一着于本軸，察其度。二環俱可任意定於軸，其定之物，亦連於墩及軸。此器測天之大用，在置本軸呐叮，有二方向：一與地軸平行，直指天空之極，則呷吃環與赤道面合，測其時角，即赤經度之較，呐叮軸旋轉，則庚辛環恒與天空之諸時圈合，其環之度分，爲赤緯度，或距極度。此置法名赤道儀，欲久測一星，此器最便。蓋遠鏡已正對其星，則遠鏡與極軸交角，等于星距極度，乃定遠鏡于咦哰環，隨極軸而轉，如此鏡所指，不出星道也。正赤道儀最不易，其法，先隨極星轉一周，則知極軸偏于何方向，而改正之。極軸已定，乃以緯度環依子午圈定于極軸。任取數星緯度，大不同者，各測其過子午圈，若其過午之時較，俱與表合，則鏡正對子午圈，而環之軸恒正交極軸，或與表有不合，則視其差而改正之。近時赤道儀用輪法，測時能自轉于極軸以隨星，測者但專心候星，無煩手轉也。法，用懸錘轉諸輪以轉極

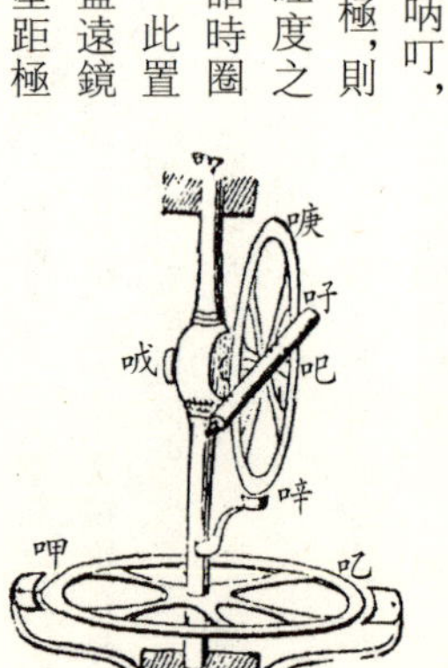

軸，錘力極準，恰二十四小時，極軸一轉，二令本軸爲地平垂線，而呷叱環與天空地平面合，嗔啐環恒與天空垂大圈合，呷叱環上之度，爲地平經度，嗔啐環上之度，從頂點起則爲距天頂度；從地平起，則爲高度。此置法，名地平經儀，用垂線準正本軸，或用酒準置器上而轉之，視小空不變，即正矣。定平環上，南北二點則以垂環正向子午，用玫子午儀合子午面法定之。見前。又法，取子午圈東邊一星，令與遠鏡内之交點合，察地平環上之度分，乃定鏡于垂環，俟此星過午後，轉器隨之，至星復與交點合，再察平環之度分，乃以二度分之較折半，即得地平之南北點。蓋前後所測二高度等，凡星在子午圈兩邊之高度等，則兩點距午之地平經度亦必等故也。此名等高度法，歷家恒用鐘錶測二高點之時較，折半，得午正。此法亦可正鐘錶之差。

地平環上南北點已定，以垂環正對之，即與子午面合，乃轉鏡正對地平環上之北點，視交線所合之點識之，南點亦然。過此二點之線爲午線。地平經儀之妙用，莫大于測蒙氣差。法，先取一過天頂之星，再取一切地平而過之星，俱測其視道，玫每點與平圜差若干，即知蒙氣大小。

天頂尺、地平尺，製與地平經儀皆畧同。天頂尺，細測近天頂諸星，垂環惟用下面之一分，餘俱不用。故垂軸極長，環之半徑極大，令弧度寬大，便于細分也。地平尺，用以測地面諸物，遠鏡俯仰無幾度，故不用垂環，或用小者，亦不必細分也。遠鏡連一横軸，着于二柱，與子午儀同。二柱堅定于平環之輻，與環同轉。

又有紀限儀，用以測二物之距度，或測一物之高度。如圖，呷叱爲全圜之六十度，分爲一百二十等分。呐叱半徑上有鏡，半回光，半透光，正交儀面，而與呷呐半徑平行。呐哎爲活半徑，可移動，其末有佛逆，哎可細測度分，其端有回光鏡。呐亦正交儀面，而與本半徑平行。呷呐半徑上有遠鏡，視軸與叱呐半徑成叱丁丙六十度角。如欲測吧吘二物，先以遠鏡從叮之透光鏡正對吘，乃移動活半徑，令吧光線從呐回至叮，從叮回入遠鏡筒，至遠鏡内二物之象合于一，即定其活半徑，則呐吧叱吘二線之交角，必倍于哎呐呷角，即二物之距度也。故此儀倍其分數，以二十分爲一度，蓋光與二次回光三線在一面内，則首末二線之交角，必倍于二回光鏡面之交角也。此器或云哈得烈所造，實則作于奈端，可手握而測。航海者測星距太陰及高度，非此器不能。蓋海面高度，酒準、垂線準、借地平俱不可用，故必用此器，令所測之星與海中地面界合，即得星距地面界之高度，見前。減地面界深度，即得真高度。陸地可用借地平，無地面界深度也。

正紀限儀之差，法最簡。令活半徑所指之度爲〇，則二回光鏡當平行。若不平行，則任測一星，令遠鏡見丁透光、回光鏡中星之二象合爲一，即知其差數。蓋象合時，其度當爲〇，若不爲〇，所得度分即差數。每測去其差數，即得真度分焉。若回光鏡不正交儀面，則鏡傍有小螺旋，可旋動正之。大率活半徑上之回光鏡，造儀者已詳細定之，無須正。惟丁鏡當正其差，而遠鏡之視軸亦必詳審，令與儀面平行。其正差法用一地平線一垂線相交，而以儀面合地平之垂面，以遠鏡正對交線移動活半徑，令地平線與回光之影相合，又轉小螺旋，令垂線與回光之影相合，視地平線仍與影合即正矣。

回光環之用與紀限儀同，而圜周皆有度分。此器有三佛逆，每測俱察其度分，以三度分相并約之，三差相消，畧得真度分，故此器稱最精妙。

疊測之例，寶大所造，有大小二環，遞次疊測，可任至若干次，故其差幾可消盡也。如圖，呷嗔吜爲定環，吇吜爲遠鏡，定于甲乙丙環，與呷唇活桿共轉于定環之心唇，活桿之端有針或佛逆，設欲測吧吘二物之距度，先以遠鏡正對吧，察其度，乃定桿于内環，旋鏡正對吘，桿隨之俱轉過環呷叱弧，與吧唇吘角度等。再察其度，二度之較，必等于吧唇吘角。然必有二差：一分度差，一測量差。乃定桿于定環，脱于内環，轉遠鏡向吧，復定桿于内環，脱于定環，轉遠鏡向吘，桿同轉至呐，所過叱呐弧，亦等於吧唇吘角。再察其度，二次察得度之較弧呷唇呐，倍于吧唇吘角，亦有二差。如此累測，至十次，得十倍，所求之角以十約之，則其差幾可消盡。此法甚妙，然依此測之，仍有差，未知其故，俟測者攷之。

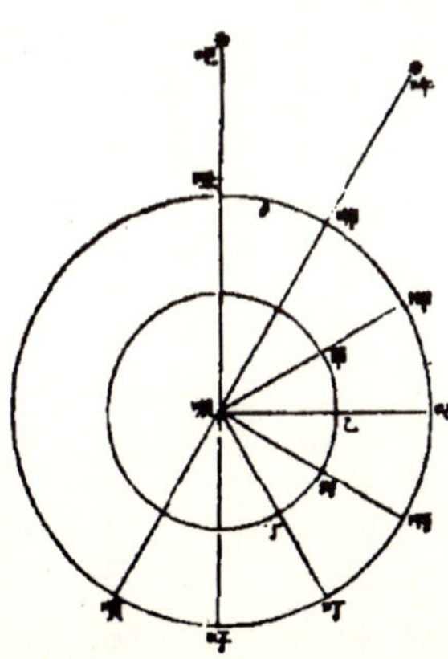

分微尺，能細分角度之杪微，可測諸曜視徑之角度，其妙全憑螺旋。法，于遠鏡内象，目二鏡公聚光點，置二平行線，以細銅絲爲之，定于二活架，用二螺旋

移其架，其動之方向，俱正交平行線，令二線恰至星之二界，再轉至二線相合。視螺旋轉幾周幾分，知在星界時二線之相距，以轉數化爲度分秒即得。或僅用一螺旋移一界之線亦可。

分微術，或用光學法，能變其象爲雙象。如圖，呷爲本象，變爲相等相似呷叱二象。其相距若干及方向，一任測望者令之，故可令二象相切，如呷呐，復令移于又一邊相切，如呷叮，自此切移成彼切，所過之分秒，即象之倍徑也。

變一象爲雙象，法甚多。一法，平分象鏡，即能變其象爲二，以象鏡之兩半分，置二架，而參差移動之，此名量日鏡，用以量日之徑，最便也。如圖，呷叱爲象鏡之兩半，準光學理，二半鏡之象俱在本軸上。故目鏡窺聚光點處，有二相似之象並列，轉螺旋能令相近相遠也。一法，用水晶之一種，視物成雙象者，此水晶中有一線名光軸，二象之相距准此線有定限，最近至相合，最遠至限而止。用此水晶作球，代目鏡。轉其球，則球之光軸與目之視線角度漸變，當光軸與象鏡之視軸合，則象爲一。轉之至光軸正交視軸，則見本象分爲二，漸離而遠，視晶球所轉度分，而知二象相距度分也。

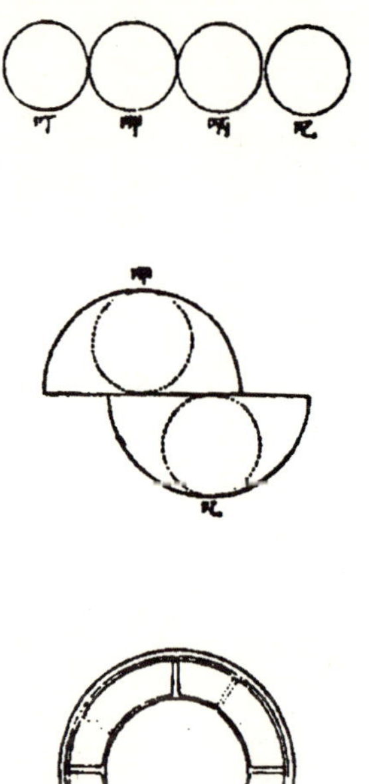

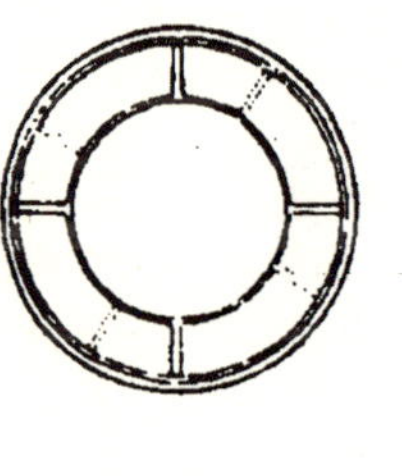

又一法，最簡易。凡三棱體，二種玻璃一名晃號玻璃，一名火石玻璃。相併，能消去光之彩暈，而視物形狀不變，但有光線差。法，令二棱體彼此相對，各面畧近平行，光線差甚小，約五分。平剖之，兩半各裁爲正圜，鑲以銅架，而以尋常平面玻璃隔之，如圖，虛線爲一半玻璃架之輻，實線爲又一半玻璃架之輻，令在後之架能轉動，亦可察其轉之度。若二半相合，其差角爲十分，則相逆必無差角。而自相逆至相合，俱有差角，自〇至于十分，皆以圜架之轉若干計之。凡光自象鏡至聚光點成尖錐形，置此兩半玻璃于尖錐之腰，恰占截面之半，則象鏡之光，一半有差，一半無差，故成雙象，其分合之度可測也。若象鏡不大，則置于象鏡之外，貼近象鏡，其徑較象鏡之徑，比例當爲七百零七與一千。又輻畧凝光，約爲七與十。

方位分微尺，只一線轉于目、象二鏡之公聚光點，恒正交遠鏡之視軸，取視界中一線爲準線，依準線以定二物聯線之方向。法，轉分微線，令與二物相合，或與二物聯線平行，遠鏡外有度分小環，察其度分若干，即聯線與本線之交角也。此尺若用于赤道遠鏡上，則本線方向合于赤緯，其方位角恒從原點一邊計之。自北而後而南而前，原點之方向正北也，九十度之方向正東，即後也；一百八十度之方向正南也，二百七十度之方向正西，即前也。

續二星相近而能並見，欲定其聯線之方向，則不用單線而平行雙線。若二星大小不等，此法更便用。法，使二星在雙線之間而相配，則易知其聯線之方向，若人立之勢，頭正直立，則更易準。

凡在夜中窺測，必用燈光，使視界亮而線暗，或視界暗而線亮，否則分微尺中之交線難見。使視界亮之法，以燈光自遠鏡筩邊之孔，映入筩內不亮之白面，使光四散，不凝成象之尖錐形光也。惟所用燈光之色爲要，試知用紅色之光見線甚明於別色之光。使交線亮之法，以燈光映入筩內交線向目之面，燈光之餘者或至筩內之黑面，或自對面之孔入黑箱中，皆能滅也。

窺測太陽必用暗玻璃隔之，紅玻璃易透太陽之熱而傷目，不可用。若用深紅玻璃而久觀之，則目眩而不能見，惟用青綠二色之上品玻璃相疊最佳。此二色相疊，透純黃之色，而略無熱焉。日之光熱，遇玻璃面亦能返照而甚減小，其返照者約爲正光千分之二十五。故造窺測太陽之回光遠鏡，可用玻璃作回光象鏡，二面俱凹，前面合抛物線，與聚光點之距相合；後面合大曲率之球體，使其餘光由玻璃透出，而折射散入空中。故或正或斜，或粗或細，俱無妨也。前面所回之光，已能顯甚清之象矣。若第一次回光，光尚太多，則或多用數平行玻璃回光以減之，或用三棱玻璃，以一面回光，一面放餘光，則所回得之光約爲正光九百分之一。因依光差之理，使面與光線成正角，可稍得回光而減小甚多也。若用大力之鏡，欲細察太陽面之小處，可用金類板作小孔，安於聚光點，以透所欲察太陽面小處之光，則光熱多爲所阻，而至目鏡者已甚少，可不害目矣。導斯栁設此法，能見太陽面最奇之狀，別法所不能也。後詳論之。

天學家多用回光大遠鏡，其體重大，難於安置。使鏡面不改方位，故必有便易之法，可時時試較其視軸，設鏡面有改方位，可改正其視軸。故用視軸準之法，見本卷視軸準條。外以燈光映之，視軸準象鏡之端向回光鏡，自回光鏡筩之目鏡，窺見視軸準內之銅絲，對燈火，則與窺同方向之星無異。視軸準之倚度，即星之高度也。因使此銅絲正對一星，則回光鏡或平動，或立動，其銅絲仍必對其星。而星之光線，與視軸準之視軸仍平行，故可用視軸準之視軸，爲回光鏡之實視軸，而回光鏡筩之軸，非爲回光鏡之實視軸也。惟欲測微差，或所窺之物不明，及視界不明，而不能用此法。則必時時試較回光鏡之改動，而有機稍動回光鏡，以改正之，使分微之銅絲，與回光鏡之視軸相合。

丁韙良《格物入門》卷三《火學·論光》

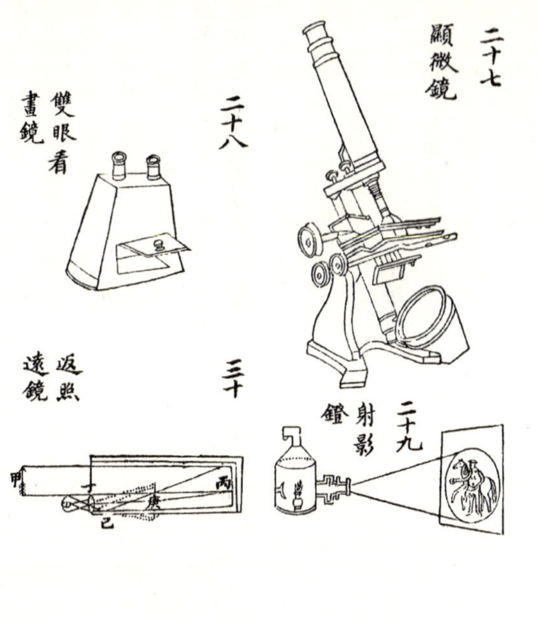

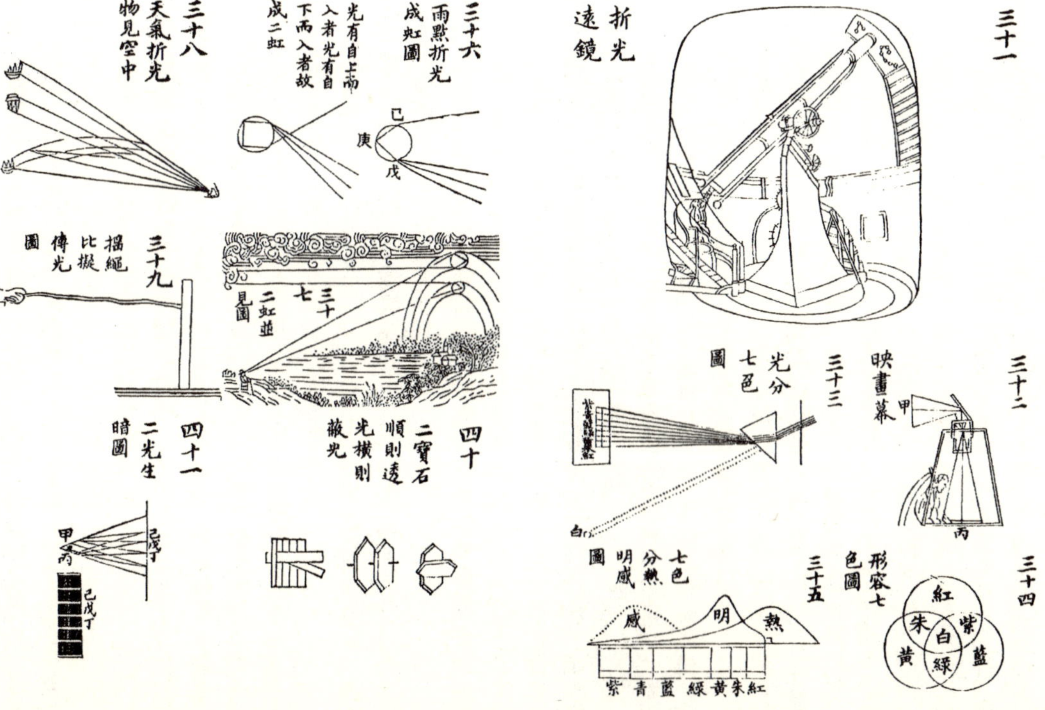

金楷理　趙元益《視學諸器圖説》

論透光三棱體

凡有無數光線聚爲光條，其形或如圓錐，或如圓柱。其圓錐或圓柱之軸線，即爲光條之軸線。若用一透光三棱體，則兩等面所成之角，謂之棱體折光角。棱體之棱，必與射光線之軸線成正交。光線出棱體之後，雖改其方向，而尚在同面內。若棱體之質，較棱體外之質更緊密，則光條之軸線入棱體後，必有折光線。棱體能分白光爲數色，此各色光線出棱體時，所成角度各不同，故成數色長條形，名曰光帶。凡用透光三棱體視一物，即知二要理：一、棱在上而觀一物，即更高於物之實形。二、所觀之物，其界之四周必有紅暈。如圖，爲透光三棱體剖面圖。其面即爲光線射過之面，而射光線與棱線成正交。巳午爲光條之軸線，光原在巳點，甲爲兩等面之交角，故午甲未爲棱體折光角，巳酉爲空氣中射光線之方向。既至棱體，則折光線之方向爲午未，此因棱體之質較之空氣之質更緊密。丑午子爲棱體面之正交線，與射光線遇於午，所以棱體內午未折光線更近此正交線。折光線午未既出棱體，其方向爲未申，而寅未卯亦爲棱體面之正交線，與出光線遇於未，光線在棱體內，近於正交線，出棱體後即更遠也。人目在申，即見巳點在巳，故觀其物較在原處更低。射光線與出光線兩方向所成之角，謂之光差角，如酉戊申角，與巳戊巳角是也。

光線從一質而入他質內，折光角度與射光角度有比例，故折光角正弦與射光角正弦有定比例。每質內比例不同，即每質之折光指也。光線過一棱體，其光差角與射光角同比例。若射光角與出光角相等之時，光差角爲最小。設欲定某質之折光指，可於暗室中持一透光三棱體，棱線向下，穴牆作小孔，光條射入，透過棱體而折光至壁，後將棱體繞本軸一周，而不改棱線之原方向，則可改射光角，又可改壁上光點之所在。若棱體周繞本軸時，見壁上之光忽不動，則爲光差角最小之時。此光差角，等於日高於地平之角度，與出光線與地平所成角度相合之數。設最小光差角，以申代之；棱體折光角，以甲代之；折光指若干，以亢代之，則得式　$亢=\frac{正弦\frac{甲丄申}{二}}{正弦\frac{甲}{二}}$

論透光鏡

透光鏡，或以兩弧面爲界，或以一平面、一弧面爲界。玆論透光鏡分十種，依光線自左而右，列之如圖。甲爲凸凹鏡，乙爲凹凸鏡，丙爲雙凸鏡，丁爲雙凹鏡，戊爲平凸鏡，己爲凸平鏡，庚爲平凹鏡，辛爲凹平鏡，壬爲小凹凸鏡，癸爲大凸凹鏡。

凡光條之各光線，或漸離，或漸近，或平行。若一光條透過一凸鏡，透光鏡中厚於邊者，即爲凸鏡，如甲、乙、丙、戊、己是也。則光線必漸近，所以漸近光線透過之後，其相近之速率更大。平行光線透過之後，必漸近。漸離光線透過之後，或漸近，或平行，或相離之速率小於未透過之時。若光條透過一凹鏡，透光鏡中薄於邊者，即爲凹鏡。如丁、庚、辛、壬、癸是也。其行法即與凸鏡相反。所以漸近光線透過之後，其相近速率更小，或平行，或漸離。平行光線透過之後，必漸離。漸離光線透過之後，其相離之速率更大。

凡所觀之物，其各點或發平行光線而入人目，或發漸離光線而入人目。天空諸曜，雖相距甚遠，因發平行光線，故能見之。某物近目，而人欲視之極清者，其物離目若干，各人不同。此事與目內之透光體有相關。設有一物離目甚近，視之反不能清楚，因其物所發光線漸離之速率甚大。若用一凸鏡，則光線漸離之速率可小，即可視之甚清也。欲詳視一物，又必知應用光若干，方能詳視。若光不及應用之數，雖竭目力，亦不能詳視。假如開窗能詳見室中之物，若將窗漸閉，則視室中之物漸不能清，光少故也。又有一要理。凡欲詳視一物，其物所發之光線成角，方能見之。蓋目爲中心，物之四周光線射至目中，物愈遠者角愈小，至後最小之時，視之即不能清楚。設用一透光鏡，即令物來光線透過之後，漸相近，目觀物之四周光線，相成之角甚大，故能見之。

設光原之一處，發一光條透過透光鏡，其各光線之過透光鏡，離其中心遠近不同，故透過後之光條，各光線不聚於一點，因此點之形像不能清楚，謂之光行差。若用數箇透光鏡合之，即能令一箇透光鏡之光行差，與他透光鏡之光行差相消，即得極清楚之形像。

凡光條透過第一箇透光鏡，其光條之軸線必透過透光鏡中心。然透過之後，改其方向，入第二箇透光鏡，則各光條之光線過第二箇透光鏡之點，離中心之軸有遠近之别。故離中心最遠之光線，與視軸所成交點，近於透光鏡；離中心最近之光線，與視軸所成交點，遠於透光鏡。所以發光之體，能詳視其中，而不能詳視其邊也，謂之球形差。光線能分爲七色，各色光線過透光鏡之後，折光角各不同，謂之光色差。因此周圍有色暈如虹，所觀形像之差，較之光行差球形差更多。

凡平行光條，透過透光鏡之後，其光線或漸離，或漸近。其漸離各光線，可引長成交點。漸近各光線，能聚合成交點。此兩種交點，與透光鏡之而相距若干，謂之頂距。

欲定凸鏡頂距若干，法，用一直尺，一端置一燭火，尺上安置一透光鏡，其軸線必與尺平行。此透光鏡在尺上略退後，再將白紙板豎起，則透光鏡在燭火與紙板之間。然後試看紙板上燭火之形像，最近而最清之時，量得紙板與燭火相距若干，則爲頂距之四倍。

如欲去透光鏡近心之光色差，即可用兩種玻璃，一名矽養玻璃，一名冕號玻璃。合成一透光鏡，彼此相消其光色差，離鏡中心更遠之光線，可用數箇透光鏡，依頂距而令其相離，則可去離心更遠之光色差。依此法，用數箇透光鏡相合，則爲無光色差之目鏡。

假如有物離凸鏡若干，遠於凸鏡之頂距，其物所發漸離之光線，過透光鏡後，即漸相近，以後彷彿成一點，成顛倒之形像，推算其數，可用代數式以明之。以戌代物與透光鏡之相距，己代頂距，亥代物形像與透光鏡之相距，所以

$\frac{一}{亥}=\frac{一}{己}+\frac{一}{戌}$　此形像與物大小之比，若亥與戌之比。

此形像之某點與相對物之某點有不同之處，物點向各方向發出光線，形像上之點，因發光之方向與透光鏡有相關，而發光之大小亦與透光鏡有相關，故與原點異。設於形像之處，置一白屏，即於白屏上見其顛倒之形像。自像之各點，向各方向發出光線，同於物之各點向各方向發出光線，但物能觀之甚清者，因發無數光線，而所成之形像光線無多。若其形像大於物體，而物體不發極多之光線，則形像不明，且透光鏡亦能稍減物體之光線。

論回光鏡

凡豎面內之光線射至平面上，其回射光線必在同面內。且射光線與平面所成之角，等於回光線與平面所成之角。如圖，午甲爲射光線，未未′來平面回光鏡，甲午′爲回光線，午甲未角與午′甲未′角相等。

午
午′
未
甲
未′

凡光條依此法射於平面，回光鏡回光之後，其光條各光線或漸近，或漸離，其速率與射光線相等。且回光線之方向，若由回光鏡之後面而來，如圖，巳爲發光點，其光線漸離，寅未爲回光鏡，射光線至未，即回射於戌，人目在戌，即能見巳之形像在巳′。此爲回光鏡後面之虛像，其離寅未後面若干，與實像離回光鏡前面若干相等。所以巳寅等於巳′寅，造測量之儀器，即用平面回光鏡改光線之方向也。

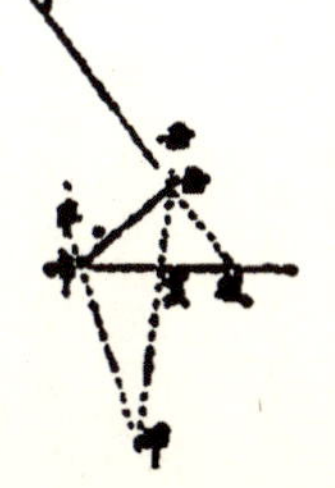

設有光線在兩箇平面回光鏡內，兩次回射，則第二次回光線與射光線所成之差角，等於兩箇回光鏡引長成角加一倍。如圖，旺壬、哱辛爲兩箇回光鏡，申旺爲射光線，旺哱爲回光線，回射之後，光線與旺壬鏡所成之哱旺角，等於呻旺壬角。後自哱點回射，成哱戊之方向。此第二次回射光線，與哱辛回光鏡所成之角戊哱甲，等於旺哱辛。但甲哱亥角等於旺哱辛外角，即等於哱旺甲角與哱甲旺角之和。且甲亥哱角等於旺亥戊角，所以亥旺戊角加申戊哱角，等於甲哱亥角加哱甲旺角。又哱旺甲角等於哱甲旺角之二倍。此因甲哱亥角必等於哱旺甲角與哱甲旺角之和。但亥旺戊角等於申旺壬角，亦等於哱旺甲角，所以去其兩箇等角，餘申戊哱角，等於哱甲旺角之二倍。

論弧面回光鏡

弧面回光鏡，與弧面透光鏡其理相同，惟有一相反之事。凹回光鏡回射之光線，相近之速率更大，其功用與凸透光鏡相同。凸回光鏡回射之光線相離之速率，較大於射光線漸離之速率，其功用與凹透光鏡相同。凡凸回光鏡，有光行差、球形差，而無光色差。天文家所用之回光鏡，因各曜之射光線，皆爲平行，其去球形差之法，再用一拋物線形回光鏡。凡凸回光鏡，欲去其球形差，則必用比圓界更凸之回光鏡。

用矽養玻璃，造極大之透光鏡，難得佳者。近時欲造無光色差之物鏡，又名象鏡。尚未得他法。所以大遠鏡，皆用球形，或拋物線形之回光鏡。天文家侯失勒造極大之遠鏡，長四十尺，其回光鏡之全徑四尺，西士羅斯伯造極大之遠鏡，長五十六尺，回光鏡之全徑六尺。

所用之回光鏡，用金類爲之，造此回光鏡者，欲去其散光之差甚難。茲將造拋物線形回光鏡之法，述之如左。用淨銀六兩、淨銅十六兩，此二質皆成長

方形，體厚與闊各三寸，用金類絲縛之，置於火爐鎔化，內加硼砂與火硝，在爐中調和之，濃如牛乳油，成一大塊，傾出，置軋輪中軋數次，後置於火爐內，令其稍軟而不脆。已成之後，爲一方片，每邊長二十八寸。去其四角，成一圓片。擊時須留意，不致損其邊。置於凹形木塊上，將銀多之面向上，銅多之面向下，鎔時銀重於銅，故銀常在下。用堅木作錘，兩頭皆圓。如圖，丙丁，先擊其邊。徐從邊旁而至中心，已擊成凹形。即將此物置於機器上，銀多之面向下，合於鋼作之凸頭，如圖之甲，旋轉於上，轉時用木錘擊銅多之一面，後用外模試之，合於拋物線否。如圖之寅，〇每通擊一次，再令其稍軟。其法，先用水令稍濕，後用炭粉一升、硝一兩兩物相合，置於濕面相黏，安置金類片於木炭火上烘之，待其所黏之粉已化氣而離散，即知其熱已足，後將此物浸於礬水內，此礬水用銅養硫養二升，又用濟水五斗或六斗沖入令淡。再置於淨水內洗之，用細砂磨光，然後置此物於鐵架內。在其頂作一小孔，即爲回光鏡之中心。用有佛逆之規，定其一尖於中心，而以一尖劃成圓周，而或鎊或銼之。置此鏡於鋼作凸頭上，如甲，擊之，後用一輕木錘，外包洋皮紙，擊之。再用外模試之，如寅，合於拋物線否。如有不合之處，作一記號，仍用木錘，外包洋皮紙，擊之，待各處皆合，可置一燭火於拋物線之光頂，若處處明亮，則可知此鏡全合於拋物線而無差。若不能處處明亮，則知不全合於拋物線，仍用外模試之，而擊其不合之處，以後置燭火而各處光勻，即爲無差。然後加折邊與背帶，用銲金銲之，如物物、庚庚兩圖。已銲之後，可以磨光。其法，先用硬木炭一塊磨之，後用橄欖油，并極細爛石粉，置於一細布袋內擦之，用細絨布醮橄欖油揩擦令淨，用鉛粉同水洗之，用軟布揩之，用手醮水與紅粉揩之，用麂皮擦之。此事非尋常人所能，須知揩擦四周，必合於拋物線之軸線。羅斯伯造大遠鏡之回光鏡，用紅銅一千二百六十四分，錫五百八十九分。造此鏡時，用一範模，其底有極細之眼，熱氣從底而出，鎔汁不致流出。令其速冷，此器特造一機器磨光，不用人工，鏡已磨成。而欲試其究準與否，即用一時辰表，置於桅竿上，與回光鏡相距九十尺。設回光鏡能回射一極準之形像，即可謂無差。

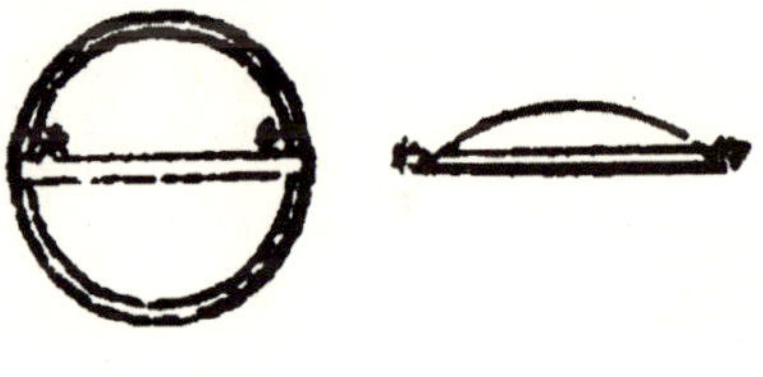

論顯微鏡

顯微鏡之用，能令近處之小物，放大而可觀。凡凸透光鏡，皆可爲顯微鏡。前已言透光鏡，有光行、光色、球形三差，透光鏡之力愈大，差亦愈多。如所觀之物衹欲其稍大，即用一凸鏡亦可。設欲觀一大而不差之形像，即用數箇凸鏡合而成之，去其差數，小玻璃球，可代大力之顯微鏡。如用光差極大之質，造一薄透光鏡，更妙。因玻璃球之頂距離其中心爲一箇半徑又二分之一，此小物離球面爲半徑之二分之一，若此玻璃球周圍作一縫，以不透光之黑質置於縫內，則玻璃球之折光更大。

金剛石之光差甚大，可作顯微鏡。又可用光差極大之寶石，作顯微鏡。如此則光行差較少於玻璃。又可用加拿大所產波勒殺末一滴，置於薄玻璃平面上，令極勻。若此漆類上不沾微塵，可代極好之凸鏡。

無光色差之顯微鏡，有四箇透光鏡，并一隔邊物鏡在外。次隔邊，次放大鏡，次內鏡，次目鏡，造相合之顯微鏡，依各透光鏡之頂距，而定其相距若干。除去光色、光行、球形三差，內鏡與目鏡相合，總名曰目鏡。物鏡與放大之鏡相合，成一大形像，與目鏡之光頂相合，人目用目鏡觀此光頂處之大形像。凡相合之目鏡，其光頂在放大鏡與內鏡之間者，爲實目鏡。若光頂在內鏡與目鏡之間者，爲負目鏡。所以實目鏡之形像在放大鏡與內鏡之間，負目鏡之形像在內鏡與目鏡之間。

顯微鏡之最精者，其物鏡用兩透光鏡相合，去光色、光行、球形三差，所以配成上等之鏡，須用矽養玻璃爲凹透光鏡，中置兩種凸透光鏡，一用冕號玻璃造成，又一種用荷蘭國玻璃片造成。

遠鏡或顯微鏡，可試知放大之力有幾倍。即將物鏡對準燭火，而在近目鏡處安置一白屏，待屏上之物形已清楚，則物鏡半徑與形像全徑之比，若物體與遠鏡或顯微鏡放大力之比。

凡用顯微鏡詳視一物，必加多光於物上。此因物小如一點，加大之，則光少而不足也。且光點透過顯微鏡，亦稍能減去其光線。故必有多光，方能詳細見之。

顯微鏡亦有用回光之法者，此器內用一凹回光鏡代透光物鏡，惟頂距不長。

此物鏡置於器内視軸之傍，與視軸相距若干，即垂線。同自垂線遇視軸之點至鏡心若干，稍大於頂距。然後在垂線遇軸線之點，置一小平回光鏡。其面與軸線成四十五度之角，而垂線並軸線遇平回光鏡之面，須爲平線。後用多光照於物上，從物發出之光條，在平回光鏡並凹回光鏡回射之後，成一大形像，用一無光色差之負合目鏡觀之。所用負合目鏡，爲荷蘭人海更士之法。

凡用一顯微鏡詳視小物，若微有震動，則看之不能清楚。故用轉動之螺絲，必用平速力而動。且顯微鏡之合用者，在乎造法之精良，得者不可不慎擇之。凡較準目鏡，必當用螺線形之法條，加緩動之夾螺絲法條抵力，不令其震動。最精顯微鏡，爲德倫敵之法，購時亦必以小物試觀。

論遠鏡

用透光之法作遠鏡，有一凸物鏡，與一目鏡。此目鏡或單、或雙，依用處相配。尋常遠鏡，有兩箇凸鏡。如圖，辰爲物鏡，其頂距甚長，所以放大之力不多。其頂距必在遠鏡管内。戊爲目鏡，頂距甚短，所以放大之力甚多。凡欲詳視遠物，此兩箇透光鏡相距若干，等於兩頂距之和數。所觀之物，其顛倒之像在壬，爲兩頂距相合之處。此形像所發光條，透過目鏡之後，爲平行光線，故人目易見之。天空諸曜，可用此遠鏡觀之也。

此法遠鏡放大之力之比，若物鏡頂距與目鏡頂距之比。所以加物鏡頂距之長，即減目鏡放大之力。若減目鏡頂距之長，即加物鏡放大之力。昔時尚未知去光色、球形兩差，故即用上法。此時測天者用一長竿，置物鏡於長竿上，目鏡在近地之處。海更士所用之長竿，長一百二十三尺。意大里人西客新實所用之長竿，長一百五十尺。

如欲得極明之物像，必知物鏡所成之形像。其光線透過目鏡之後，不可過於眼之瞳人。其光力與物鏡全徑平方有比例，又與放大之力之平方有反比例。又透光鏡亦能稍減其光線，故用透光鏡愈少愈妙。近時測望家所用透光遠鏡，有一無光色差之物鏡。以兩箇透光鏡，合爲目鏡。造此目鏡，法有數種，述之如左。

海根士法之合目鏡，用兩箇凸平透光鏡。其平面向人目，兩透光鏡頂距爲三與一之比，其兩鏡之相距爲二。如圖，已爲長頂距之透光鏡，即内目鏡與物鏡最近。如用此遠鏡詳觀一物，内目鏡在物鏡與其光頂之間，且此内目鏡與物鏡光頂之相距，等於内目鏡之半頂距。透過物鏡之光條，成一形像於内目鏡以後，即在兩箇目鏡之間，與内目鏡之相距，等於兩目鏡相距之四分之三。又因光條透過内目鏡，聚合之速率更大。故成形像之處在合目鏡之間。如壬，丙爲外目鏡，其光頂在壬，此法之合目鏡，令各光線之折光在兩鏡平分，故能減少光行差與球形差，且兩鏡頂距與相距之比例，又去光色差。此爲最佳負合目鏡，其形像最明。若用回光鏡，而又用此種合目鏡，較勝於他法。設於成形像之處，置十字線，或用分微線，即不可用此法之合目鏡。

喝浪斯登法之合目鏡，爲正合目鏡。用分微線與十字線，必用此喝浪斯登之法。如圖，其合目鏡爲兩箇透光鏡，其頂距相等，一爲平凸，一爲凸平。兩凸面相對相距之數，得頂距三分之二。欲詳觀一物，内目鏡巳距物鏡辰若干，等於物鏡之頂距，又加本頂距四分之一，則物鏡之光頂與合目鏡之光頂相合。且從壬形像發出之光線，離外目鏡戊而平行。此種合目鏡，非無光色差，但其光行差較少於海更之法。

凡用一合目鏡，無論爲負爲正，必用一隔邊於成形像之處，可去形像外之散光也。

上所言合目鏡，其發至人目内之光線，成顛倒之形像，測望天空諸曜，亦屬可用。凡欲觀天頂諸星，可用透光三棱體，或用一平面回光鏡，回射光線至合目鏡上，則合目鏡之軸線與此器之軸線成正角，此法之合目鏡，謂之對角線目鏡。

凡欲觀地面之物，必不可有顛倒之形像，所以物鏡中顛倒之形像，必用一目鏡再顛倒之。此法之目鏡，與顯微鏡有同理。即爲一物鏡，一隔邊，一加大之鏡，一内鏡，一目鏡。此内鏡與目鏡相合，或爲負，或爲正。此法多用一透光鏡而稍減光線。測望家所用之合目鏡須極明，夜間觀星不宜減少光線，故宜用觀天之合目鏡。

觀天之遠鏡内，用一凹目鏡代凸目鏡，其頂距相同。此爲意大里人割裏留之法。如用此遠鏡詳觀一物，物鏡與目鏡之相距，等於其頂距。如圖，辰爲物鏡，物體光線透過之後，成形像於兩箇透光鏡相合之光頂。但光線透過凹目鏡戊之後，俱爲平行，所以能詳觀一物。如欲知觀天遠鏡放大之力有幾，則當知物體與形像之比，若物鏡頂距與目鏡頂距之

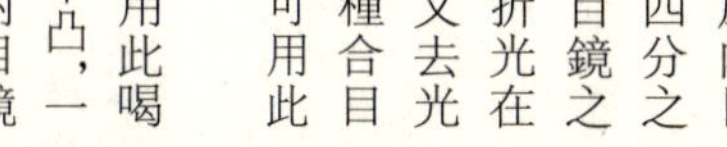

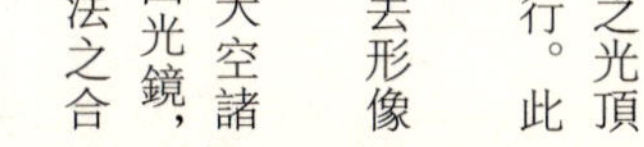

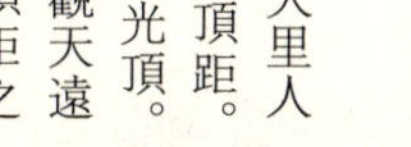

比。用回光之法作遠鏡。近時能造無光色差與球形差之物鏡，故可成極大力之透光遠鏡。然造極大之矽養玻璃甚難，故透光遠鏡無有極大者。有人用回光鏡代物鏡，回光鏡無光色差，依法而造成極大之遠鏡。造此回光鏡，有四法：一爲奈端之法，一爲格而格倫之法，一爲恰惜格倫之法，一爲候失勒之法。

奈端回光遠鏡之法：如圖，申爲凹回光鏡，物之光線回射至寅平回光鏡，再回射至合目鏡內。此平回光鏡與遠鏡軸線成四十五度之角，且在凹回光鏡與其光頂之間。從寅鏡回射之光條，成形像於壬，此爲目鏡之光頂。

格而格倫回光遠鏡之法。如圖，申爲凹回光鏡，未爲小凹回光鏡，未鏡之頂距小於申鏡之頂距，而未鏡之光頂近於申鏡之光頂，但稍遠於申鏡光頂之離申鏡。另加一合目鏡，遠物光條射至申回光鏡，回射之後，其光頂在辛即成顛倒之形像。此形像從未回光鏡回射，成一正形像，在目鏡之光頂壬，如觀地面之物。此法之回光鏡，較勝於奈端之法，因其形甚準。但奈端之法形像更明，而光行差較少。凡造此大小兩回光鏡，欲其相合，而彼此相消其光行差，非易事也。

恰惜格倫回光遠鏡之法，有二箇回光鏡與目鏡，與格而格倫之法同。惟用凸回光鏡，代其凹回光鏡。此凸回光鏡，在申處凹回光鏡與其光頂之間；與光頂相距，略短於本頂距之長。然其目鏡內之形像不正，與格而格倫之法相比，光行差較少，管亦稍短。然測天用此，不及奈端鏡之清楚，且有顛倒之形像。觀地面之物，亦不便也。

候失勒回光遠鏡之法。如圖，此遠鏡之軸線，與申凹回光鏡之軸線成一極小之角。所以遠物光線射於回光鏡上，回射至己合目鏡內，所成之形像在壬。此法衹用以作極大之遠鏡。

前法，用凹回光鏡、平回光鏡兩次回射，減散之光不少，故候失勒設此一法，令減散之光甚少也。

透光遠鏡校準并試驗之法。假如有透光遠鏡頂距長三尺半，徑三寸又四分寸之一，欲試驗其物鏡。即置管甚平，取一張有字之紙貼於牆上，離遠鏡三十或四十碼之遠，若所用之目鏡爲觀天之用，必以字紙倒置之。所用之目鏡爲觀地面物之用，必以字紙正置之。晴天之光照於紙上，再用螺絲較準遠鏡。觀紙上字黑而無他色與模糊之象，即知此

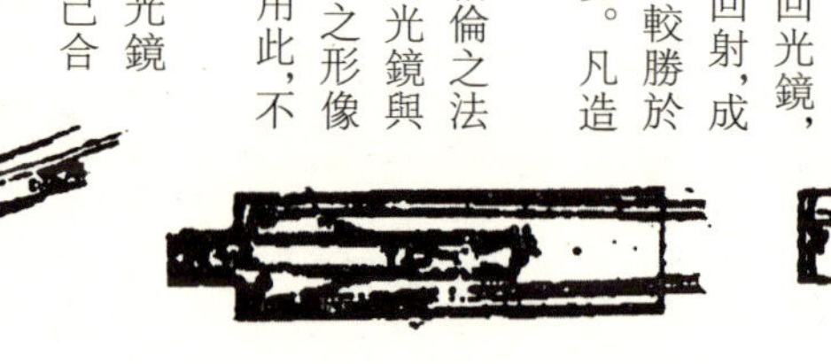

物鏡甚佳。如看字紙上有細點，即知此遠鏡看地面上之物甚佳。余意欲用遠鏡觀天，可於離遠鏡三十或四十碼之遠，貼一黑紙於牆上。此黑紙上黏一白色圓片，徑四分寸之一，或更少亦可。後用遠鏡觀此圓片，至極清楚，則用筆於管上作識。以後觀天，不必移動。設將遠鏡之管，或推進，或抽出，即見黑紙上圓片漸大，界亦不清。此不清楚之大圓界，與圓片之邊同心，即知物鏡在管之中。若不清楚之大圓界，與圓片之邊不同心，即知物鏡之心不合於管之軸線，必旋轉物鏡架之螺絲，用一圓銼，略如鼠尾形。銼令螺絲眼更長，再安置物鏡於管內。用木鎚輕擊遠鏡筩之邊，試看其心偏於何處，而擊正之，令其兩心相合。仍將遠鏡或推進，或抽出，觀其兩心已合與否。抽出鏡筩，而觀圓片周圍有白光，即可旋其螺絲，令架與遠鏡之管相合而牢固。

前事已定，即可試合物鏡之弧面彼此相對與否。此三尺半頂距之遠鏡，已得觀物清楚之識，然後以管或推進或抽出十分寸之一，而看圓片之邊有模糊之象，即可知物鏡彼此相合而無差。設進退俱能如此，即可知物鏡甚合，可無球形差與光行差。設管之進退過於十分寸之一，而圓片之邊仍能清楚，則知合物鏡不甚佳，光行差未能彼此相消也。設抽出管時，觀圓片之邊更大，且無別色，祇有白光，即可知合物鏡無球形差與光色差。

凡物鏡無球形、光行兩差，則此遠鏡觀地面之物甚佳。設欲驗此遠鏡，能否爲觀天之遠鏡，可觀月與木星，得其清楚之象而作識，後略推進鏡管，看四圍有褐色之圈，再抽出鏡管，看四圍有淡綠色之圈，即知七色之二界色即紅紫二色。已去。設所用之物鏡，其折光之力有一處不勻，若用以觀一等或二等之大恒星，必有不圓之形，即是物鏡折光之力不勻也。

試驗物鏡又有一法。先以白圓片黏於物鏡中心，圓片之全徑等於物鏡之半徑，後將鏡管或推進或抽出，而觀一物已清，即去圓片，於其周圍黏一紙圈而觀之，如亦清，即無折光不勻之弊。若須抽動而觀之方清，即有不勻之弊。又可用上法觀第一等恒星，即知所觀恒星有不圓之形。在用圓片時有之，抑在用外圈時有之，可定其不勻之處，或在邊，或在中，再用紙糊其半圓，而轉動遠鏡，試看不圓形之所在，即可得其不勻之處。用紙糊其一處，雖稍減其明，而已去其不勻之差數矣。

凡用遠鏡觀恒星之形愈小，即知合物鏡之弧面甚準。然觀恒星之形雖大，尚不足爲物鏡之弊。設有不圓之形，即知此合物鏡不能甚準。凡試驗一觀天之遠鏡，可掛一玻璃球於日光中，離遠鏡四十碼，代一恒星而觀之。試驗此合物鏡

時所觀之玻璃球，應對準物鏡之中心。依上法試驗合物鏡，其相連之目鏡，須用負合目鏡。

凡看黑紙上之白圓片，甫清楚之時，見有黄色或紅色之圓周，即知合目鏡尚有光行差。若合目鏡之兩弧面彼此相合，即可略改其相距，而去光行差。然則天之事，總須用一甚準之物鏡也。

回光遠鏡校準并試驗之法。凡欲定恰惜格倫或格而格倫法之兩箇回光鏡相距，即用喝浪斯登法之正合目鏡，能見兩鏡光頂相合處之形像。後再用此正合目鏡，置於海更士法負合目鏡之外，此合目鏡已在遠鏡管内。而由此正合目鏡試觀負合目鏡，從此得大回光鏡之形像。若於大回光鏡中心能見小回光鏡之形像，即可知兩回光鏡之相距不差。設有差，必用螺絲轉動小回光鏡，或前或後，或左或右，若大回光鏡之面與管之軸線成正角，即已配準，不可再動，設未成正角，即當修好，而後改小回光鏡之差。

凡欲試驗兩回光鏡果否彼此相合而無差，必用此遠鏡觀恒星，或觀黑紙上之白圓片，俱如上法。既觀恒星，先看恒星之環清楚與否，或已清楚而有凸處，則推進小回光鏡離大回光鏡稍遠；又抽出小回光鏡離大回光鏡更近。兩次進出，離前所定清楚之識其遠近相等，又觀恒星之環未改變，即知彼此相合而無差。凡欲試驗大回光鏡合用與否，可於管口之中心置一圓片，待形像業已清楚，然後去中心之圓片，易一外圓圈。若仍能清楚，即可知大回光鏡甚合而不必推動。設不清楚，則知此大回光鏡不合。詳測天文之事，不能用之。當圓片或圓圈在管口時，不清楚而如霧質，此爲一回光鏡或兩回光鏡有光行差，不能彼此相消。凡遠鏡開全管口觀物不能清楚，可用一蓋，其徑等於管口全徑之半。如此其孔已減，一切之光線從開處一邊而進。

論太陽顯微鏡

此顯微鏡所成之形像在白屏上，其理如圖，未爲平回光鏡太陽之光線，由此鏡回射入管内，與管之軸線平行，丙爲凸透光鏡，聚光線於辰點，即光頂。巳爲加大透光鏡，與辰點相距，遠於加大合鏡之頂距，此頂距等於巳鏡頂距四分之一。巳與寅爲加大合透光鏡，其頂距相等，其相距等於公頂距三分之二。此與喝浪斯登目鏡之法無異。丁爲隔邊，與寅透光鏡相距等於加大合鏡之頂距，此頂距等於巳鏡或寅鏡頂距四分之一。此加大合鏡一，應平凸一，應凸凹兩鏡半徑之比，若一與十五之比。用此法，形像在白屏爲平形。喝浪斯登之法亦此意也。欲成平形，其形像應在辰點，與巳鏡相距，遠於加大合鏡之頂距。所以物上光條過兩透光鏡之後，光線稍相離，成顛倒之形。物之形像離巳鏡若干，與屏離隔邊若干有相關。

論收景暗鏡

此器上有平回光鏡，山水樹木之各光線，射至平回光鏡有回射之光線，先過隔邊，再透過一平凸鏡。而各光線漸相近，即於暗箱内屏上成一形像。其隔邊與平凸鏡在一管中，管通暗箱，管外之光不能至暗箱内，隔邊與平凸鏡之相距應試定，而成清楚之形於暗箱内屏上。其屏之形爲抛物線周繞本軸所成之面，此抛物線頂之半徑，爲亢與巳相乘之數。亢代透光質之折光指，巳代透光鏡之頂距。依此法，用石膏作一弧面之屏，與透光鏡之相距，稍遠於鏡之頂距。後試觀各物形像清楚與否，與屏離透光鏡若干有相關。山水樹木近遠不同，設將收景鏡安置於人居稠密之處，即可見屏上有各物活動之形。

論收景明鏡

此器用一透光四棱體，如圖，甲乙丙丁爲横剖面形，此透光四棱體用夾軸可任意轉動，又可任意上下，離桌或遠或近。甲乙與乙丙相等，乙角爲正角，甲丁與丙丁相等，丁角爲鈍角，得一百三十五度，甲、丙兩角各得六十七度三十分。用金類片蓋於甲乙面上，其邊凸過甲棱。片有長縫，可透光。而甲棱適當長縫之間，午爲物件，午未爲物體所發光條之軸線，此線過乙丙面成直角，射至丁丙面，成二十二度三十分之角。從此面回射之光線爲未申，至甲丁面，亦成二十二度三十分之角。故射至甲乙面，其出方向爲申酉與甲乙面成直角，故無折光。人目從金類片之長縫觀之，即見午物之形像在巳。即在桌上。與甲乙面之相距，等於午物與乙丙面之相距。若令棱體升降，與桌面之相距等於物與棱體之相距，可於桌上置一紙，而畫其圖。若午物離乙丙面甚遠，必將凹透光鏡置於乙丙面前，則光線透過凹鏡，可令物形漸近，紙上之形與甲乙面之相距，亦等於物形與乙丙面之相距。

藝文

李漁《十二樓・夏宜樓・西江月》 非獨公輸炫巧，離婁畫策相資。微光一隙僅如絲，能使瞳人生翅。制體初無遠近，全憑用法參差。休嫌獨目把人嗤，眇者從來善視。

蘊端《玉池生稿·蓼汀集一·西洋四鏡詩》 數片玻瓈珍重裁，攜來放眼雲烟開。遠山逼近近山來，近山遠山何嵬嵬。州言九點亦不止，海豈一泓而已哉。君不見，昔日壺公與市吏，壺中邂逅相嬉戲。自從神術一相傳，而後市吏能縮地。斯言是真非是僞，今設此鏡蓋此意。君若不信從中視。千里鏡。

一拳即是山，一勺即是水。大鵬鷦鷯同羽翰，二禽各具生生理。小至鷦鷯亦不止，更有蟭螟來巢蚊莫知。人雖有目何能視，何況目力不同科。離婁師曠二子是，安得空青千萬斛。均分世人令醫其目來觀此。嗚呼聖人之言曰，莫顯乎微，豈徒然而已。顯微鏡。

雞聲絶，明星滅。火輪飛上海猶熱，羲和射光穿玻瓈。不學燧人鑽木穴，一團龍腦爐中爇。火鏡。

有客攜鏡來，命我持鏡視。一人當我前，便見二三四。十人當我前，其數不勝記。濟濟皆衣冠，竟無絲毫異。如蟻復如蜂，揚眉而吐氣。去鏡更一窺，餘不知所逝，眸子蔽一層，即莫辨真僞。今始覺其詐，此鏡從此棄。將此棄鏡心。可以推而及萬事。多寶鏡。

查爲仁《蓮坡詩話》 一〇七 杭堇浦編修世駿首唱《方鏡詩》二十四首，傳誦輦下。記其一律云：「雲葉裁量片片方，水仙晴漾日生芒。兩邊透照成三影，四角回中稱五光。宛似寫形蹄畫幛，不妨偷樣學青塘。劇憐空豔無人會，輪與璇圖織錦張。」

又 一二三 紅蘭主人有《西洋四鏡》詩。《千里鏡》云：「數片玻璃珍重裁，攜來放眼雲烟開。遠山逼近近山來，近山遠山何嵬嵬！州言九點亦不止，海豈一泓而已哉？君不見昔日壺公與市吏，壺中邂逅相嬉戲。自從神術一相傳，而後市吏能縮地。斯言是真非是僞，今設此鏡蓋此意。君若不信從中視。」

一二四 崑山徐原一司寇乾學亦有《西洋鏡箱》詩六首，摹形酷肖。今録其二：「移將仙境入玻璃，萬疊雲山一笥攜。若説靈蹤探未得，武陵煙靄正迷離。」「乾坤萬古一冰壺，水影天光總畫圖。今夜休疑雙鏡裏，從來春色在虚無。」按眼鏡之製，不知所自。《梁四公紀》載：扶南大舶從西天竺國來賣碧玻璃鏡。然非施於眼也。惟《方輿勝覽》稱：「滿剌加國出靉靆鏡，老人不辨細書，掩目則明。」或當權輿於此？然前賢題詠闕如，明吴寬《家藏集》始有《謝屠公送眼鏡》詩。意者流傳中國，在有明中葉耶？

乾隆《御製詩初集》卷三一 千里鏡

巧製傳西海，是物傳自西洋國，初始名之爲千里鏡云。佳名錫上京。欲窮千里勝，先辨寸心平。視此鏡者，手或攲斜，則不能見遠矣。能以遥爲近，曾無濁混清。一空初不照，萬象自然呈。雲際分山皺，天邊數鳥征。商書精論政，曰視遠惟明。

又 卷三八 千里鏡

何來千里鏡，奇製藉頗黎。適用宜山半，成模自海西。頓教清濁判，忽幻近遥齊。察察吾方戒，箴規觸目題。

潘有度《西洋雜詠》之一二 潘儀增《番禺潘氏詩略》 萬頃琉璃玉宇寬，鏡澄千里幻中看。千里鏡，最大者闊一尺，長一丈。傍有小鏡看月，照見月光，約大數丈。形如圓球，周身明徹，有魚鱗光。内有黑影似山河，倒照不能一目盡覽，惟向月中東西南北分看，久視則熱氣射目。朦朧夜半炊烟起，可是人家住廣寒。夜静有人用大千里鏡照見月中煙起如炊烟。

又 一九 術傳星學管中窺，風定銀河月滿池。忽吐光芒生兩孔，圭形三尺最稱奇。夜用外洋觀星鏡照見一星，圭形，長三尺，頭尾各穿一孔。

阮元《研經室四集·詩》卷一 御試賦得眼鏡得他字五言八韻。大考一等一名。

引鏡能明眼，玻璃試拭磨。佳名傳靉靆，雅製出歐羅。窺户穿雙月，臨池湛一波。連環圓可解，合璧薄相磋。玉鑑呈豪穎，晶盤辨指螺。風中塵可障，花下霧非訛。眸瞭寧須此，瞳重不恃他。聖人原未御，目力壽徵多。

又 卷一一 望遠鏡中望月歌

天球地球同一圓，風剛氣緊成盤旋。
陰冰陽火割向背，惟仗日輪相近天。
别有一球名曰月，影借日光作盈闕。
廣寒玉兔盡空談。搔首問天此何物？
吾思此亦地球耳，暗者爲山明者水。
舟楫應行大海中，人民也在千山裏。
晝夜當分十五日，我見月食彼日食。
若從月裏望地球，也成明月金波色。
鄒衍善談且勿空，吾有五尺窺天筒。

能見月光深淺白，能見日光不射紅，
見月不似尋常小，平處如波高處島。
許多泡影生魄邊，大珠小珠光皎皎。
月中人性當清靈，也看恒星同五星。
也有疇人好子弟，抽鏡窺吾明月形。
相窺彼此不相見，同是團圞光一片。
彼中鏡子若更精，吴剛竟可窺吾面。
吾與吴剛隔兩洲，海波盡處誰能舟？
羲和敲日照雙月，分出大小玻璃球。
吾從四十萬里外，多加明月三分秋。

陳文述《西泠閨詠》卷一三 天鏡閣詠黄穎卿

名履，蕉卿胞妹。工詩詞，通天文、算學，作寒暑表、千里鏡，與常見者迥別。千里鏡，於方匣上布鏡四，就日中照之，能攝數里外之影，平列其上，歷歷如繪。讀書過目不忘，洵名稱其實也。著有琴譜及詩詞稿。

絶世聰明絶世姝，玉臺靈憲古今無。彤奩懸作窺天鏡，斑管描成益地圖。
河漢明明雙綬帶，星晨歷歷萬衣珠。採鸞寫韻仙家事，羸得文簫禮繡襦。

吴奇生《鏡史·贈言》 大隱城隅安我素，才情前掩三都賦。負糧百里日承歡，游楚千鐘何足慕。君家藏書古有樓，令君藏書腹爲庫。逃名近在吴市中，采山釣水隨乎遇。問字群來弟子員，詩成好示鄰家嫗。獨憐清白守先賢，負薪誰灑西江鮒。西來忽遇異人傳，幾何心法得真詮。昏目看花花似霧，近視摩書書欲穿。不用金錍與刮翳，雙瞳秋水神光鮮。大造育物猶有憾，手補缺陷功何全。自古越裳使重譯，迷途何日歸鄉舶。一朝爲制指南車，萬里山川無間隔。神奇果得勝天工，道形而上將無同。

右贈泗老年社兄鏡史幾何心法一首，仿古李青蓮歌。蕁江吴奇生拜題。

雜録

李漁《十二樓·夏宜樓》 這件東西名爲千里鏡，出在西洋，與顯微、焚香、端容、取火諸鏡同是一種聰明，生出許多奇巧。附録諸鏡之式於後。

顯微鏡 大似金錢，下有二足。以極微極細之物置於二足之中，從上視之，即變爲極宏極巨。蟣虱之屬，幾類犬羊；蚊虻之形，有同鸛鶴。並蟣虱身上之毛，蚊虻翼邊之彩，都覺得根根可數，歷歷可觀。所以叫做「顯微」，以其能顯至微之物而使之光明較著也。

焚香鏡 其大亦似金錢，有活架，架之可以運動。下有銀盤。用香餅、香片之屬置於鏡之下、盤之上，一遇日光，無火自爇。隨日之東西，以鏡相逆，使之運動，正爲此耳。最可愛者，但有香氣而無煙，一餅龍涎，可以竟日。此諸鏡中之最適用者也。

端容鏡 此鏡較焚香、顯微更小，取以鑒形，鬚眉畢備。更與游女相宜。懸之扇頭或系之帕上，可以沿途掠物，到處修容，不致有飛蓬不戢之慮。

取火鏡 此鏡無甚奇特，僅可於日中取火，用以待燧。然邇來煙酒甚行，時時索醉，乞火之僕，不勝其煩。以此伴身，隨取隨得，又似於諸鏡之中更爲適用。此世運使然，即西洋國創造之時，亦不料其當令至此也。

千里鏡 此鏡用大小數管，粗細不一。細者納於粗者之中，欲使其可放可收，隨伸隨縮。所謂千里鏡者，即嵌於管之兩頭，取以視遠，無遐不到。「千里」二字雖屬過稱，未必果能由吴視越，坐秦觀楚，然試千百里之内，便自不覺其誣。至於十數里之中，千百步之外，取以觀人鑒物，不但不覺其遠，較對面相視者更覺分明。真可寶也。

以上諸鏡皆西洋國所産，二百年以前不過貢使攜來，偶爾一見，不易得也。自明朝至今，彼國之中有出類拔萃之士，不爲員幅所限，偶來設教於中土，自能製造，取以贈人。故凡探奇好事者，皆得而有之。諸公欲廣其傳，常授人以製造之法。然而此種聰明，中國不如外國，得其傳者甚少。數年以來，獨有武林諸曦庵諱口者，系筆墨中知名之士，果能得其真傳。所作顯微、焚香、端容、取火及千里諸鏡，皆不類尋常，與西洋上著者無異，而近視、遠視諸眼鏡更佳，得者皆珍爲異寶。

王士禎《池北偶談》卷二一《談異二》 香山嶴

嶴門在香山縣大海中，忽起一石，埂廣十餘丈，長六里許，首尾相屬不斷，如蓮之有莖，中途甕城名關閘，踰之抵嶴門，則如蓮菂。番人依山築城，廣袤四五里，三面皆臨巨浸，惟北通地脈一莖耳。海中諸峯包裹，前十里爲十字門，如兩眉橫列，而缺其正中。又南十里爲小橫琴，塞隘口，又南稍折西爲大橫琴，重案也。番人之停舶必於灣，灣之所在，即名澳，香山故有澳，名浪白，諸番互市其中。而今之壘門，則舊名濠鏡地，有南北二灣。明萬曆中，有大西洋人至此樂之，遂請濠鏡爲澳，而就二灣停舶。久之，益自彼國遣衆聚居，歲輸税五百金，本朝除之。番人安其業者已數世，所居率依山爲樓，三層，方者、圓者、三角者、六角八角者，俱爲螺旋形以入。其教曰天主，其寺曰三吧，高十餘丈，於屋側啓門户，石作雕鏤，金碧照耀。寺僧曰法王，以時集男女禮拜，其所奉曰天母，名瑪利亞，抱一嬰兒，曰天主，爲耶穌，被服珍怪，障以琉璃，望之毛髮生動，云漢哀帝時人也。寺有風琴，其琴銅絃，彈之以和經唄，并管簫諸樂器，藏機木櫃，聯以絲繩，輪牙相錯，一人轉機，則諸音並奏。有定時臺，巨鐘覆其下，立飛仙臺隅，爲擊撞形，亦以機轉之，按時發響，起子末一聲，至午初十二聲，復起午末一聲，至子初十二聲，晝夜循環無少爽；前揭圓槃，書十二辰，俟某時鐘動，則蟾蜍移籌指某位。有千里鏡，番人持之登高以望舶，械仗颿檣，可矚三十里外。又有玻璃千人鏡、多寶鏡、顯微鏡、小自鳴鐘，自行表，以及海洋全圖，璇璣諸器，皆極工巧。

張若義《孫文玉眼鏡法序》 予與癸未同年兄孫大若偕宦於閩，予爲司李，大若令莆田。予則困於刑名，日不暇給。大若曠懷高致，詩酒自娱，翩翩若仙吏，不受民間一絲一粒，民亦愛之如慈父母焉。嗣遇鼎革，終以民愛之故，反覆攀留，使爲刺史。旋歸故里，路遭兵燹，家徒四壁，閉户授徒，不出見有司。年姪文玉，其季子也，爲年嫂誥封孺人董氏所出。董孺人多才學，在任時，閩中女子通文墨者，日以詩文往還，署中稱師生焉。歸家後，鄰女亦皆從之，助夫君以資館谷。文玉得父母訓，幼即聰穎，經史皆母孺人口授。年甫十三，補弟子員，兩入棘闈不遇，遂澹於功名，意豁如也。近變薄産，以葬其父，擇地定穴，皆所手造。然以一身任，而家道蕭然矣。別無恒産，奉母孺人僦居虎丘，貨藥利人，得值以市甘旨。尤精於測量、算指、幾何之法，制遠視、近視諸鏡。其術乃親炙於武林日如諸生、桐溪天樞俞生、西泠逸上高生，私淑於錢塘天衢陳生，遠襲諸泰西利瑪竇、湯道未、錢復古諸先生者也。諸生慷慨尚義，卓犖超軼，工竹石山水，追蹤夏昶，省會馳譽。鏡法乃陳生所授，文玉寓武林，傾蓋如故，即以秘奥相貽。嗣遇俞生，貧而好俠，與文玉萍逢，一晤語即意氣相投，傾其所知以贈。高生靈慧天成，技巧靡不研究，挾技游吴，爲之較榷分寸。諸生載至吴門，復爲細加講解，極致精詳。文玉萃諸子之成模，參之幾何求論之法，盡洗紕繆，極力揣摩，使無微疵可議，擴爲七十二種，量人年歲、目力廣隘，隨目配鏡，不爽毫髮。人人若於有生以後，天復賜之以雙目也。嗟乎！人之智力可以無所不爲，獨不能使其目皆察秋毫之末，而遠瞻百里之外也。孫子之法能使目之昏者再明，近者倏遠，並使不昏者愈明，不近者愈遠，豈以人工之巧，奪造化之權歟？且大若遊宦，廉介清白，詒謀文玉，扶母偕隱，承顔菽水，孝友出於性生，恬澹本乎天賦，品行正未可以一端擬也。若涉獵百家，博通諸法，非又文豹之一斑乎？年家眷侍生張若義序。

董德其《鏡史弁言》 凡人之才，有大用之一時以爲榮而不可易者，亦有才大而甘於小用之，一時之人不及覺，有識者見之以爲不可及者，此蓋一時之榮不足以動其心也。吾甥孫文玉，貴公子也。吾姊丈與吾姊氏之跋涉宦海，曆覩時變，吾甥之年少多才，曲體親心，雲間昊東張老年伯，以同年同官之誼，參以吾家孫族之言，序之詳矣，莫贊一辭。但予惜甥之才，可以無所不爲，乃以戔戔鏡法自名，得毋有才而小用之乎？然昔人好爲蠟屐，工於結髦，皆不掩其風流豪傑本色。若運巧思以爲機關運動之法，刻鏤玩好之具，則亦何益於人世也？今文玉之法，能使目之昏者明、近者遠，是人之所不能得之於天者，忽然而得之於文玉也。其所利益，豈淺鮮哉？即予最近視，閲文繕寫，在見寸以内，戊午闈中，藉吾甥鏡，頓使目光遠一尺有餘，則其他可知矣。第吾甥有才而不大用，紛心於技巧之末，微露其奇，非不拮据勤劬，以課朝夕，而静督其布衣霍食，恬淡自形，絶不作羈憾態。視世之勞勞攘攘，奔逐利名者，略不足以動其心也，非養之有素歟？是文玉有大才而甘於小用，不必有識者，始知之也，是文玉之不可及也。康熙庚申春陽華旦母舅董德其書。

諸昇日如《鏡史小引》 吴門泗濱孫生，刺史大若孫公令嗣，文學中知名士也。安貧守己，居易存心，惟喜讀奇書。間制一奇器，匪奇也，所以爲庸也。莊公不云乎：道寓諸庸。庸莫庸於致孝，奇莫加焉。孫生令先子發甲於明末，遠宦閩中，正值鼎革，兵荒遷播，抱病生還，雖仕而實貧。迨殁後，孫生棄所遺薄産，獨營喪葬，竟無卓錐地矣。《禮》謂爲人子者，習必有恒業。孫生既無恒産，執一藝爲養母計，愈庸而奇，不信然歟？壬子春，得利瑪竇、湯道未造鏡幾何心法一書，來游武林，訪余鏡學。時余爲筆墨酬應之煩，日不暇給。雨窗促膝，略一指示，孫生妙領神會，舉一貫諸，曾無疑義。越數載，余因崇沙劉提台之召，再過吴門，孫生出《鏡史》及所制示余，造法馴巧，並臻絶頂。中秋月夜，相對討論，亹亹不倦，予亦罄厥肘後以述。今制諸鏡，迨無出其右矣。且謙抑韜晦，本於性生，五車二酉，莫竟其藏。迄與人相接，如良賈深居，務匿瑶彩。即造鏡一藝。獨得利、湯幾何之秘，啓發則舉一知三，而加功又人一己百。然稍聞有擅此技者，必虚衷請益，一若其反勝己者。語云：盛德若虚，大智若愚。愈足徵其謙抑韜晦之美，送養竭盡之誠矣。造鏡家，余亦閲歷數子，得其形似者十有六七，會其神理者十無二三，拈花微笑，惟孫生一人，即起利、湯而證之，恐不易吾言。錢塘諸昇日如氏題於孫生安素齋之斗室。

董德華《鏡史跋》 法莫神於西洋，以其巧由心造，非工師所能授也。然其所造，若曆法，若礮法，皆絶奇，且大有裨當世，不止作小技觀。聞之西洋曆正南公之言曰，彼中六科取士，下及百家，莫不究心幾何之學，各殫精於其中，是以法莫神焉，巧莫及焉。若眼鏡特其一耳，亦以幾何精工法，巧制之如《鏡史》所云者，良不誣也。吾甥泗濱，以詩禮之家聲，文學之彦士，試法巧於此，亦古人遊藝之一道。而四方聞聲景從，不惜數百里重價以相購，遂籍甚於虎丘孫家眼鏡之神妙，而不知吾甥之所精用物於幾何者，亦以此小試其能。若云泗濱之才止是，則小之乎視。泗濱又烏足與語西洋之學哉？是爲跋。康熙辛酉七月中元舅氏董德華書於白堤桂林深處。

文康裔《讀鏡史書後》 世有奇人，負奇才與識，不見知於世，退而展奇思，制奇器，靡不入妙要，亦知其靈心躍露，以器爲寄焉耳。吴門孫先生，字文玉，一字泗濱，博學多能，名噪黌序，薄世味，棲幽逸，卜居虎阜，菽水怡親，素貧自得，出其餘閒，探奇窮奥。嘗准自鳴鐘，造自然晷，應時定刻，晝夜自旋，風雨晦明，不違分杪，奇亦至矣。先生又出所輯《鏡史》相示，其遠鏡尤爲奇幻，偕登虎丘巔，遠觀城中樓臺塔院，若招致几席，了然在目；覩彼天平、鄧尉、穹隆諸峰，崚嶒蒼翠，如列目前，體色畢現。神哉，技至此乎！向見時晷，愚謂奇之至矣，何幸又得此幻觀也。先生曰：「是未足以盡其奇耳。」更以存目鏡相詒，試之兩眸，心曠神怡，百倍光明，無微不矚。先生資我披覽誦讀者，殆錫我以如意珠也。悉之有數十種類，各有不同。而功用亦迥别。其玄妙在幾何，高深平直，不礙不空，間不容髮。夫豈與工人贋鼎，竊見一隅，或虚擬形似，或任意仿摹，冒其巧以博世資者，可同日語哉？是觀先生器之奇，而知先生才與識之奇，偶於斯一躍露焉，而正未有涯也。因僭一言書後，敬授之梓，以公同好之來問奇者。康熙庚申中秋月望天臺文康裔拜手漫題於虎丘之石林精舍。

姚元之《竹葉亭雜記》卷三 恰克圖，讀若去聲。我國與俄羅斯交界之所，庫倫大臣所轄也。庫倫，土謝汗地，商民皆居毳帳，大臣衙門壁瓦則皆以木。交易即在恰噶爾，設監督焉，彼亦遣人於恰噶爾總其事。以我之茶葉、大黄、磁、線等物易彼之哦噔紬、灰鼠、海龍等物。恰噶爾地最高，至其地如登嶺。然俄羅斯地漸窪下，故其國氣候恒燠若矣。我之貨往，客商由張家口出票，至庫倫換票，到彼繳票。庫倫者，圈子之謂也。庫讀若平聲。今有喇嘛圈子，圈内皆喇嘛；買賣圈子，圈内皆買賣人。客貨俱載以駱駝。俄羅斯人每以千里鏡窺之，見若干駝即知所載若干物。商未至前四五日已瞭然，蓋其鏡已見於三四百里外矣。子爵策侍衛楞言之。

甘韓《照相之法可以施於政事論》《皇朝經世文新編續集》卷二一 泰西之學，技藝之學也。其施於政事，則技而進乎道者也。火輪舟車之宏遠，鎗礮水雷之猛烈，電線德律風之迅捷，自來水、煤氣、電燈之靈便，利用厚生，足兵强國無論已，乃至一留聲筒也，陶情之具耳。而獄囚對簿，收取供詞，異日覆勘，其言宛在，無可翻供矣。一氣球也，游眺之具耳，乃交兵之際，用以突圍通信，探敵觀戰，越險進攻，出奇無窮矣。

由是而推之，照相何莫不然！夫照相者，特光學之一端。凡日光所照之物，皆能攝其彩於玻璨，用藥製之，其彩不脱，印諸片紙，惟妙惟肖，非獨照人容貌也。而西俗最喜照相，知交相訪，遇不則留照片以代，名刺。親友闊别頻年，則附照片以示近狀。其用於酬酢之私有如此者。請就其施於政事者論之。法國凡罪人遇赦，必照其像以存案牘，再犯則易於緝捕。且言人目中有極細筋絡，織成一片薄皮，上達於腦，能使萬物聚影於其上。惟照相之法，能窺其細，故西人曾照一凶死新屍，於呈影中見其致死之由，此照相之可施於鞫獄者也。美國紐約有其影相師，能在空中影相。其法先將紙鳶放空中，復將機器懸繩放上，自能將地上各物照出。若兩軍交戰，苟用此以窺敵國，自無遁形。此照相之可施於軍旅者也。至於海底照相之法，則更有神乎技者。日本少佐愛爾勃革黎無司先於福託格蘭飛克時報署述新究水底攝影之法，言無論何等海底工程，水務機匠即有一定不易之法以核算之，既可驗看船底，又可詳察暗礁。水戰之時，可藉此以定位，按設水雷炸藥，及堵塞海口所需之鐵練、木料等物。此照相之可施於行海兵商各船者也。至若近日新創射光鏡之法，用之照相，則能透衣服而窺藏腑，醫者爲人治療，可使癥結畢現，不啻扁鵲之洞垣一方。於是海關用以查察私貨，凡箱内物件，無不燭照數計，其妙更有不可思議者矣。然則中國亦可施諸政事乎？曰，擴而充之，厥有數端。中國童子試自縣府以達學院，必須廩生具保鄉試，則由送考書斗識認，皆所以防槍替也。然其權全在廩保書斗，設扶同徇隱，或忽不加察，官固不得而知。苟用照相，則年貌脚色一望瞭然，承絶槍替，其善一也。捐例既開，流品日雜，他人官秩據爲己有，俗名曰飛過。海部選之員有中途物故，他人竊其憑以赴任者，佐雜微員分發試用，憚於入都，輒倩人代爲到部驗看，同鄉京官例出認識印結，認銀而不認人。到省後又取同鄉候補官印結，亦屬具文。蓋官場頂替，有較試場爲更甚者。苟用照相，則識認結之費可省，而官方亦肅矣，其善二也。軍營保奬半多僞札，輾轉假借，尤難究詰。保舉之流弊過於捐納，武弁之詐冒多於文員，苟用照相，則功成受賞，冒濫悉除，其善三也。獄囚招解，例須審視箕斗，然斬絞重犯，縱有頂兇，必自到案爲始，而軍流轉徙千里，往往箕斗不符。中途逃逸，十不獲一。苟用照相，則螺紋不待頻摹，逸犯無難大索矣，其善四也。至於山川形勝，海口險要，礮臺營壘之布置，島嶼沙礁之疏密，守邊將帥倘摹其形似，上達楓宸，使安坐廟堂，無異周巡邊塞，則虜在目中，不待伏波之聚米爲山矣。異日者寰海鏡清，方隅砥平，熊羆貔虎之士獻俘奏捷，朝廷嘉乃勳績，飭圖形紫光閣，如先代故事，宜亦請罷丹青之制，易以照相。將見褒鄂英姿颯爽酣戰，曹將軍之妙畫不能擅美於前，豈不盛哉！豈不偉哉！若夫對儀型而念，昔先人祖考之音容宛在。眈翰墨而情殷，尚友名賢之手澤，如新異卉，靈禽方物，籍資考鏡名園勝景，尺幅湧出奇觀，是又本然之功用也。烏足諮於政事之大哉。

電磁學部

題解

沈桐生《東西學書提要總敘》卷下《電學》 電學總敘

電之爲用，大矣哉。萬物日在電氣之中而不覺，電氣亦日伏於萬物之內而無形。自泰西格致家闡厥精微，而電學之用益顯。然稽之古書，固嘗有言之者矣。按《易・繫辭》曰，震爲雷，爲電。蓋雷者，空中閃電發燒之聲也。其鳴爲雷霆，其光爲閃電。又《墨子・經説下》云，火鑠金，火多也。金靡炭，金多也。即以電融金之法。又《關尹子》云，石擊石生光。雷電緣氣而生，可以爲之。《説文》云，陰陽激耀也。《埤雅》云，陰陽以回薄而成雷，以申洩而爲電。載籍所見，略可引證。然中國無考察試驗之功，故知其理，而未知其用也。今先攷其創始，次言其事理，終推其致用，以發明之。按西曆六百年前，有希利尼人查得，以琥珀用綢磨之，能吸紙片，雞毛各輕物。六百年後，羅馬博士伯利尼，以手指磨熱，亦能吸起輕物，即以琥珀、硫磺、火漆磨擦，亦生吸力。此西人知電學之權輿。至雍正七年，英人察知電理，則行電、禁電之法始出矣。厥後研求愈精，不少專門名家之士，分玻璃電氣與松香電氣者，有若法之費士，用風箏引電者。有若尼臘之羅麻司，得雲際引電之法者。有若美之富蘭林，創電堆、電池之法者。有若德之佛爾塔，其能著書造器。發明新理者，不能縷述。至若西人之電學，約分三類，曰磁電，曰乾電，曰溼電。所謂磁電者，即磁石引針，同類有相感之理焉。法以輭鐵條與磁石相切，傳爲坍吸鐵氣，名曰恒吸鐵，其性與磁石同，惟南北異極耳。化學家攷二種原質，均能發二種電氣，乃製成機式，令旋轉極速，連以包絲銅絲，使電氣流行迴環，以作諸工。其磁電之吸鐵者，因鐵含異類電氣二種流質，異類相引，而顯吸力也。指南北者，因地球有異類電氣與之相感而吸，令恒向南北也。傳成坍吸鐵者，因磁石與鐵條相吸後，二種流質彼此相通，而蓄積兩端也。此爲磁電之事理。所謂乾電者，以二物磨擦而生焉。因琥珀吸芥、玻璃吸紙之理推之，乃試推引，定正負，測傳阻，驗收放，相磨相擊，而乾電生。厥後電學家因製摩電機、蓄電瓶、放電叉、阻電欆諸器。而摩擦之電與空中之電，異事同功。蓋乾電之推引傳者，因不同類之二物相摩擦時，故能成正負二電。此爲乾電之事理。所謂溼電者，乃由金類感化而成。如以異類二金片，如鋅與銅，浸淡硫强水中，即成溼電。又以醋與硫磺化合，亦能生溼電。昔意大利有嘎喇法尼者，因剥田雞感電跳躍之事，頓悟二金相感，遇溼亦能生電。此爲溼電之事理。蓋電學雖千變萬化，而其理不外乎是也。若論其致用之處，則盧牟六合，陶鑄萬端，靡窮靡盡。試舉其大者而略述之。其用之於兵政者，曰電雷。蓋西人臨敵與防守海口時，或將火砲預沈水底，均以銅絲爲電路，復用細鋼絲或鉑絲少許，接於二銅絲之中，以通火藥，因用千里鏡窺敵所至，將電氣放出，藥燃雷震，其燄甚烈。雖大鐵甲船，一經觸發，無不損陷。此電雷之用也。其用之於通信者，曰電報。其法用木盤一，裝指南針，先用二銅絲，一通陰電，一通陽電，俾陰陽二電綫交接於木盤之指南針，電到則針瑟瑟移動，傳報時兩處各置一盤，以爲發接。盤面各書號碼，送報者摇針指碼，而此感彼應，萬里若比鄰矣。其託綫之瓶，必以磁罐。蓋金鐵引電，而磁器隔電。此電報之用也。又電氣可用之於醫術，蓋凡癱痿、麻木、血脈不仁之症，以電氣治之，使能血絡行運，精神感發。其用可在細管催水，以通脈汁，又可以專治一臂、一脛，而不致掣全體。此電醫之用也。又電氣可用之於工藝，如電氣鍍金、鍍銀、鍍銅、鍍鎳諸法，配合各質藥粉、藥水，審明進電出電之路，能使光彩鮮明。其器有阻力圈、螺絲綫等名，爲用頗捷。又西國有電氣鐫板器，電光織布器，神妙奇巧，莫可端倪。此電工之用也。化〔他〕如電氣傳語之用，則有德律風、留聲器，雖相距遥遠，不難彼此晤談，如親謦欬，即樂人曲調抑揚抗墜，毫髮無憾。至若電氣照夜之用，則有電光燈，輪機運動，使銅片、鐵片兩相磨盪，其轉動速率每分鐘時行九百周，使所生之陰陽二電，因熱生光，照耀通衢，一燈可抵萬燭矣。此電之致用顯而可見者也。總之，電之效用於人者，不外乎生力、生光，人之所用乎電者，不外乎化合、化分。萬物皆有象，而電則出於虛空。萬理皆有涯，而電則曠無邊際。疑鬼疑神，非真非幻，光也，熱也，氣也，其能力之廣大，至理之精微，誠有不可言思擬議者矣。述電學。

綜述

南懷仁《新製靈臺儀象志》卷三

大地之方向，并方向之所以然

凡定方向，必以地球之方向爲準。地球之方向定，則凡方向遂無不可定矣。夫地虚懸於天之中，備静專之德，本體凝固，而爲萬有方向之根底。一曰天兩極之向。一曰天中心之向，所謂天兩極之向者，即地球南北之極，正對天上南北之極，永遠而不離者也，并無動之之理。即便地有偶然之變，因動而離于極，則地亦必即自具轉動之能，以復歸於本極與元所，向天上南北之兩極焉。夫地球兩極正對天上兩極，振古如斯，未之或變也。故天下萬國，從古各有所測本地北極之高度，與今日所測者無異可知矣。所謂地自能轉動，以歸向天上兩極者，舉三端之理以推之。其一，地所生之鐵，及土所成之舊磚等，其性禀受於地，故具能自轉動向南北兩極之力。如燒紅之鐵，以銅絲懸之空中，既復原冷，則兩端自轉而向南北兩極。再如舊墻内生鐵鏽之磚等，照前法懸之空中亦然。假使地之本性，無南北之向，何能使所生之物而自具轉動向南北兩極之理乎？其一，地之全體相爲葆合，有脉絡以聯貫于其間。嘗考天下萬國名山及地内五金礦大石深礦，其南北陡衺面上，明視每層之脉絡，皆從下至上而向南北之兩極焉。仁等從遠西至中夏，歷九萬里而遥，縱心流覽，凡于瀕海陟衺之高山，察其南北面之脉絡，大槩皆向南北兩極，其中則另有脉絡與本地所交地平線之斜角，正合本地北極在地平上之斜角，五金石礦等地内深洞之脉絡亦然。凡此脉絡内多有吸鐵石之氣生。夫吸鐵石之氣者無他，即向南北兩極之氣也。夫吸鐵石，原爲地内純土之類，其本性之氣，與地之本性之氣無異故耳。又稽夫講五金諸書，皆以鐵性爲純土之性，即五金中鐵之體爲最近純土之體，如鐵之有鏽也。原其所從生，則亦類乎土之渣滓。此可以推其理也。其餘四金之體，皆爲雜體，則離純土之性更遠矣。所謂純土者，即四元行之一行，並無他行以雜之也。夫地上之淺土雜土，爲日月諸星所照臨，以爲五穀百果、草木萬彙化育之功純土則在地之至深，如山之中央，如石鐵等礦是也。審此，則鐵及吸鐵石，并純土同類，而其氣皆爲向南北兩極之氣，自具各能轉動本體之兩極，而正對夫天上南北之兩極，此皆本乎地之脉絡者然也。夫地之兩極，原自正對夫天上南北之兩極，猶之草木之脉絡，皆自達其氣而上生焉。蓋天下萬物之體，莫不有其本性，則未有不順本性之行，以全乎其爲本體者也。又嘗考天下萬國堪輿諸書圖，五大洲凡名山大川，皆互相綿亘至幾千萬里之遥，自南而北逶迤繡錯，其列于地者，顯而可見也。其内之脉絡蟬聯索貫，即何殊乎人身之脉絡骨節，縱横通貫而成其爲全體也哉。

其一，天下各地萬物生長變化之功，皆原太陽及諸星循四時之序照臨而成也。在各國之地平上下高卑若干，因而剛柔燥濕隨之，而萬物各得其所宜耳。今使地之兩極，不必其爲向天上之兩極而離之，或於上下，或於左右，則是天下萬國必隨之而紛擾動摇，將原在乎赤道之北者，忽易面爲赤道之南；赤道之南者，忽易而爲赤道之北近者變遠，遠者變近，夏之熱忽變乎冬之寒，則四序顛倒，生長變化之功因之大亂，而萬物滅絶矣。審乎此，則地之南北兩極，恒向乎天之兩極，亘萬古而不移也。夫何惑焉。

指南針之偏于東西而不合于南北之正向

夫指南針，而謂可以定南北之真向者鮮矣，以其或偏東或偏西也。遠西從數百年以來，知天文地理博學之名士，閱歷偏于萬國，跡之所至，必究心焉。是以知指南針之偏，而記録各地之偏若干度分，所以定地之經度，而因以推知海洋之路。仁等西儒末學，自遠西接踵而至中華，蓋由舫海曲折，以歷乎東西南北之境，約九萬里而遥。每于日出入時，依本法測騐指南針之偏，而較古人之所記録者。遂照大地之經緯度，隨地計指南鍼所偏之度分。今試舉其所以然者言之。夫吸鐵石，一交切于鐵鍼，則必將其本性之轉動，而向于南北之力以傳之，如火所煉之鐵等物，必傳其本性之熱焉。又凡鐵針及吸鐵石，彼此必互相向故，即便有針向正南正北者，而或左右或上下。有他鐵以感之，則針必離南北而偏東西向焉。今夫吸鐵之經絡，自向南北二極而行，但未免少偏，而恰合正南正北者少。故各地所對之鐵針，未免隨之而偏矣。試觀水盤内照南北之各線，按定大小各吸鐵石，而於水面各以鐵針對之，則明見多針或偏西之與偏東若干。若照盤底内，其所對之吸鐵石，偏東西又若干矣。今繪大海之圖以明之。吸鐵之筋脉在水面下者，比在水面上者其氣更全。以其爲諸星照臨之所不到，無有傷之故也。東西南北爲地球，見九十二圖。甲乙丙丁繞地面之大海，從南至北抱大地之曲線者，即大地向南北吸鐵之筋脉也。夫行海者所爲定南北之針，多偏東偏西者，因其海底吸鐵之經脉偏東西若干也。陸地之針亦然。審乎此，則指南針多偏之故，並其所以不可定南北之正向明矣。

《康熙幾暇格物編》　定南針

定南針所指，必微有偏向，不能確指正南。且其偏向各處不同，而其偏之多少亦不一定。如京師，二十年前測得偏三度，至今偏二度半。各省或偏西，或偏東，皆不一。惟盛京地方，得正南，今不知改易否也。宋沈括《夢溪筆談》謂磁石磨針，必微偏東向。而元周達觀《真臘風土記》謂定南多丁未針，《大觀本草注》

謂丙丁皆火位，庚辛受其制，物理相感耳。而推求真南之道，昔人未嘗言之。朕曾測量日影，見日至正南，影必下垂，以此定，是正南真向也。今人營造居室，如因地勢曲折者，面向所不必言，若適有平正之地，其所卜建屋基向東南者，針亦東南向。西南者，針亦西南。初非有意爲之，乃自然而然，無所容其智巧者也。又赤道之下，針定向上，此土針鋒亦畧斜向上。今羅鏡中制之平耳。海西人云，磁石乃地中心之性，一尖指地，一尖指赤道。今將上指者，令重使平，以取南，與《物性志》謂，磁石受太陽之精，其氣直上下之説相合。

鄭復光《費隱與知録》

羅鍼偏東由于地脈

問，鐵能指南，何以中國偏東，而西洋人又謂，在大浪山東則指西，在大浪山西則指東，惟正到大浪山則指南。其説可信乎？曰，西説既非身親，姑可不論。而中國偏東，京都五度，金陵三度，京都五度有奇，本梅徵君説。《儀象志》云，四度有餘，不能畫一者，蓋測日星器大法備尚難準確，況針微體細，度分甚纖，測實難矣。且羅針至大難以過尺，突出槃外，針大益高，不切盤面，則有視差故也。既見諸書確然無疑而偏，則各地不同，從《儀象志》圖悟得，是各順其地脈也。地脈根兩極南北，如植物出土，皆指天頂，但不能不稍曲焉耳。惟植物尚小，又生長活動，故曲較大，不似地爲一成之質，其脉長大，故曲處甚微焉。又地脈之根止有地心一綫，其處最直，而漸及地面，不無稍曲。鍼爲地脈牽掣，故偏亦甚微。曰鍼爲鐵造，鐵順地脈向南向北，自因生塊本所致然，理也。迨製成鍼，鐵向南處，未必恰值鍼杪。且鍼本不指南，磨磁乃然。曾聞針本指南，余試以寸針，知不確矣。墨林兄以爲確，試之而驗，但不甚靈耳。是用繡花針，蓋小而輕，較靈也。而《儀象志》又謂，燒紅之鐵，銅絲縣之，既復原冷，兩端自轉而向南北。又舊墻磚如鐵鏥者亦然。夫鍼或因磨處在鐵，故鐵獨靈，若燒紅，則全鐵，入火何以獨鐵指南？曰，鐵若圓形，無由知其指南。針是長形，雖各處皆欲指南，必輾轉相就，然後分向南北，不得不在其鐵矣。如投木于水，順其水性，亦必直行方安。有時而横者，緣木非有直指之性，不過隨水直流耳。而水之流也變動不拘，活潑特甚，若舟有柁，則柁直舟直矣。故磁石本體生于地脈，有向南處，有向北處，針杪磨向南處，則指南；磨向北處，則指北。雖磁生地中，亦有向東西處，而鍼則無有指東西時。是知磁雖四面，而南北爲脈，鍼因長體，故向必在端。鐵本向南北感磁益靈，而金性從革，非由本所也。沈存中《夢溪筆談》云，針磨磁石指南，有磨而指北者。余試以羅經，持石其旁，針或相指，或亦不動。即轉石，則針必轉，迨至針端恰指石時，即作識石上。石轉一周，必有紅黑兩識，乃别取鍼，不拘用杪用本，磨紅識處，則指南；磨黑識處，則指北。百試無爽。乃知沈蓋嘗試而爲，是言第不詳耳。或謂有磨而指東西北者，故必試準乃用。臆説也。《高厚蒙求》云，鍼必焠火，不然雖養磁石經年，終不能得指南之性。余磨之，即時指南。説乃未確，然宜從之。觀《儀象志》有燒紅之語，可知蓋物久露，則本性不純，蓄磁必藏鐵屑中，或求內，亦此理。燒紅，則變化使復其舊矣。淬水則鐵彌堅，殆助其力之意。凡鍼材，亦本有火也。

翦紙浮鍼不圓不靈

問，方家水羅，用繡花鍼浮天池中，沈則取出，挼乾再投。試用盌水投衣鍼，則多沈少浮，體大較重也。因取梅紅廢柬，翦如錢大小，輕投水上，使載鍼浮，亦可指南。然偶未翦圓，即不靈。何故？曰，此重學也。圓則易轉，方則有角爲礙。指南鍼全藉鐵磨磁石之靈，其力幾何，以鍼之重，加以紙之大，苟不極圓，安能轉動乎？有言針不須磁，自能指南者，唯繡花針能之。然亦甚緩，不及磨磁之靈動遠矣。

合信《博物新編》一集《電氣論》 天地之體，有氣曰電，雜賦於流形之内，無物不有，無時不然，與生氣絶不同類，聚動則爲電爲火，静隱則散藏於密。其本原之質，内具陰陽二性，陰陽者，非牝牡雌雄之義。得造化中庸之道，不偏不倚，無過不及。若器物之中，一爲孤陰，一爲獨陽，則陰者必合於陽者，陽者必合于陰者，務必彼此會合，一氣調和。如天空二雲，一爲電陰氣，一具電陽氣，二雲相近，勢必陰陽傳引，轟擊發聲，見火呼爲電，聞聲呼爲雷，此乃電氣陰陽不和之據也。然傳引電氣，各物不同。有易傳者，有難傳者。易傳者如五金、木、水、炭、瀛、冰雪之類。難傳者，如琥珀、玻璃、紫梗、硫磺、松香石、玉、絲、皮之類。凡易傳之物，一遇電氣，瞬息可傳萬里。若難傳之物，雖隔玻璃小片，亦不能過。西人有作電氣之法，理奇而用大。有藉以傳通音信，有藉以醫治瘋癱，有藉以引燒火炮，有藉以製作器物，功難盡述。其製之之法，用清水一盃，入磺强水少許，强水，又名火油，其料分三等，一爲磺强水，二爲硝强水，三爲鹽强水。詳見上文。然後放一銅片、一精錡精錡之質，類似白鉛，出自外國于其中，則精錡與水同化，即有電氣發出。若以鋏線與銅片相連，電氣自傳于鋏線之間，以鐵引鐵，傳遞無窮。試以物觸其端，即有光點射物，的然作響，如指彈甲。其一，製一連排木箱，每排左插一精錡，右插一銅片，中放磺强水少許，其精錡爲强水所蝕，亦有電氣發出，傳于銅片之中，每排遞相交傳，則首排精錡電氣爲減，是名爲陰。末排銅片電氣爲增，是名爲陽。即于首末兩片各繫一銅線，以手各執一線，使其兩端相遇，則有聲光透出，令人遍體驚顫。又法，以玻璃盅連排數十，每盅左置精錡，右置白銅，中內强水，以銅線歷相傳引，一如前法。另于首尾兩盅各拖銅線于外，其力比上法猛二十倍。若兩端相值，以尖炭引之，光如烈日，近看足以傷目。或將至堅之物放于光中，立即燒化。金銅石爲至堅，亦即燒化。雖置水內亦然，惟以繭絲裹其端，電氣即不能過，人手執之，亦不防礙。又法，用一玻璃筒，長約尺餘，大七寸許，中洞外圓，兩頭作木樞含其口，置于架上。一樞有曲柄，可搖動輪轉。另立一玻璃柱，柱上繫以皮包，包後掛一銅鍊，此鍊要拖至地，所以引地之電氣。置貼玻璃筒左，筒上蓋以絲綢。使筒旋轉，可與皮包相摩擦，柱下立脚處，作小推漕，貫以旋針，令進退移動自如，以爲摩擦輕重之節。又用一玻璃竿，竿上鑲一横銅管，兩頭圓渾無稜，全身光滑無疵。旁設銅梳一張，梳背着于銅管，梳齒置向玻璃筒右，相離分許。臨用時，以精錡二分，錫粉一分，水硍六分，合而鎔化，俟冷成末，調以猪油，敷于皮包。然後搖動玻璃筒，即與皮包緊相摩擦，則電氣隨之而過。其玻璃之電氣爲增，是名爲陽。皮包之電氣爲減，是名爲陰。由是透人梳齒，積聚于銅管之間。蓋因梳齒尖銳，電氣易以引入，而玻璃竿不傳電氣，所以銅管之電氣聚而不洩，是爲獨陽，名曰大引。【略】夫電氣之性有陰有陽，或推或引，其理甚奧。當其傳也，必引之使近。犯其性也，必推之使離。緣其爲性，陽合陰爲和，陽合陽爲犯，陰合陽爲和，陰合陰爲犯。凡物無大小，必有電氣。電氣無大小，自具陰陽，故渾然一物。由陰而陽，必有陰陽相遇。由陽而陰，必有陽陽相遇。此所以有和必有犯，有近必有離也。然亦有陰陽各别，終近而不相離者，如五金傳引電氣，以鐵性爲最易。蓋鐵中元質，自能分傳電氣陰陽之性，故磁石亦能吸攝鐵物，實因磁石本質，分稟電氣陰陽之性，非如他物渾然稟受。且其中具有鐵質，是彼此均能分别電氣陰陽，所以一遇即能相引而不相犯。有不信者，可將琥珀片或玻璃條，用乾燥羊毛磨擦一邊，此磨擦處，便有電氣發出，即能攝吸毛髮、棉花片、紙及他輕物，仿如磁石吸鐵之力。但一吸即推，復吸復推，必致調和而後止。惟以紫梗與玻璃相較，紫梗推物，則玻璃吸物。玻璃推物，則此梗吸物，勢必互相推吸，然皆不能分其孰陰孰陽。或以鐵針經磨磁石者，乘以木片，浮放水中，定必一端向北，一端向南。蓋北屬陰，而南屬陽故也。凡羅盤指南鍼，亦爲此理。指南鍼者，乃用鋼柱一條，中分兩端，以一端磨取磁石陽氣，約磨二十次。則其勢指北。一端磨取磁石陰氣，則其勢指南。既磨之後，此鋼遂成吸鐵，其力尤勝磁石。嗣後有欲製造指南鍼者，便可以此鋼磨之，其氣永不消滅。蓋鋼之元質，未得磁石爲引，則電氣隱而不現，既得其引，便長顯而不能復收矣。鉄質則不然。氣至則吸，氣過即止。但製造吸鐵之初，其鋼宜彎而不宜直，因直鋼防其兩端走氣。若用彎鋼，須另以片鐵約束其口使其氣環行不絶，可以久藏不變。最忌火燒水漬，或跌擲敲擊，或陰陽相犯。此蓄吸鐵之法也。凡以一鐵條，横懸日久，自然一端向北，一端向南，遂成吸鐵。又以鐵條直懸日久，在赤道以南，則上端屬陽，爲指南。下端屬陰，爲指北。亦成吸鐵。若在赤道以北者，反是。又以鐵鎚鎚擊鐵條，也有些小吸氣發出，此皆電氣陰陽之據也。致若電氣推引之理，即以吸鐵便能試驗。凡以吸鐵一條，其後引鐵釘一枚，鐵釘之後，引小釘一枚，小釘之尾，引鐵針一枚，順其陰陽相引，故皆串行粘着，蓋針釘皆得吸鐵陰陽之氣使然。若將一釘驟行倒置，則衆釘立即推離。又法，以吸鐵兩條相並，順其陰陽之性則引，倒其陰陽之性則推。又法，桌上置一吸鐵，以紙蓋之，糝鐵沙于紙上，當吸鐵兩端，鐵沙皆成旋文形。又法，中置吸鐵一條，四圍多置鐵針向之，近吸鐵兩旁之針皆直，其近兩端之針，亦作旋文形。蓋吸鐵之端爲陰，則衆針相近之處必爲陽。其向外之端，必爲陰。衆針以陰端犯陰端，故相推而爲旋文形也。又以木板兩片，浮于水面，一板置一呆鐵，一板置一吸鐵，人另執一吸鐵近之，則呆鐵來。執一呆鐵近之，則吸鐵來。若執吸鐵引吸鐵，必須以陽端引陰端，或以陰端引陽端，方能粘攝。如以陽近陽，或以陰近陰，必相推開。此乃電氣推引之據。兩國航海之客，莫不深識此理。彼渡數萬里重洋，緑水茫茫，歷盡天涯海角而弗迷者，亦憑羅盤一指南針而已。凡船上鉄器多，及雷震之時，指南針每亂行。第羅盤在赤道之時，其針平指南北。若離赤道迤北，則其針漸攲于北。漸北，則漸攲漸低。及抵北極，其針攲極而直竪。若由赤道迤南，其針亦漸攲乎南。及抵南極，其針亦攲極而直竪。故洋舶羅盤，必于針旁墜鉛，以稱其攲也。惟究其攲之之理，實因大地圓渾如球，中有無量電氣，攝吸山川人物，使之不散不亂。渾如宇宙間一大磁石，北極爲真陰，南極爲真陽，亘古不紊。即如指南針小物，亦當與地相陰陽，不能以其指南，遂實作爲陽端。蓋地之南極爲真陽，而鍼之本質應爲陰端，方合陰陽相引之理。

西人製電氣之初，尚未知與天空雷電同性。有博物者，當密雲雷電時，以麻線放一紙鳶，線尾以鐵匙繫之。見線上麻絲條條直竪，試以指節觸其線端，果有星火爍指，遍體搐顫。遂將機器較驗，歷試不爽。後有某公亦以紙鳶量度雷電，欲知其氣勢幾何。偶因失察，竟被震死。以是西國有避雷之法，各于樓房屋背，插鐵針一枝，自針脚以鐵條引出墻外，直透入地，其鉄線之外，以玻璃護之，不使鉄線與墻壁粘着。不爾，是欲避之而反引之耳。使針尖攝引雷火，由鐵條而落，則人畜屋器，可免震擊之患。凡戰艦檣桅，亦用鐵線引使入水云云。大洋之洲，有電氣魚，形如鰻鱔，或名木勺鯆。人若以手把捉，魚怒振尾，即有電氣發現，令人遍體驚顫，彼藉此以自衛，飢蛟饞鱷，莫敢近焉。

丁韙良《格物入門》卷四《電學上》 論乾電

問：電學所論者何也？

答：雷電發於雲際，人第知掣光爲電，傳響爲雷，其實一物而已。若能究其所以然之故，不獨設法可免雷擊之患，且有大用。即如以電氣療病，代炬照野，鑄製印板，通信遐方是也。

問：電氣何物？

答：萬物中具有微妙之氣，運行不已，往返神速，此電氣也。

問：何以謂之電氣？

答：此氣隱伏於萬物之中，其尤顯者，則爲雷電。

問：電分幾種？

答：分爲二種。由乾而生者，曰乾電。由溼而生者，曰溼電。此特舉其大概而言，亦有乾電不由乾而生者，溼電不由溼而生者。

問：電氣隱具於物，何法試驗？

答：其法甚多，畧述數四。

問：其一何也？

答：人髮、猫皮，暗中以手拂之，常見發光，且聞爆響。此電氣發出之驗也。

問：其二何也？

答：以玻璃一塊，揩令乾温，以碎紙近之，即被玻璃吸起。此玻璃中電氣發見也。琥珀揩熱，可吸燈草。中國以此法辨琥珀之真僞，始而西國名電氣爲琥珀氣，繼而知爲電氣，仍以此名之。至西方常用之火漆，亦能如是，均有電氣使然耳。

問：其三何也？

答：木箸一支，兩頭各插輕木輭塞，以絲綫中懸使平，復以玻璃、琥珀，或火漆揩熱，近輭塞而引之，箸即隨之轉運矣。

問：其四何也？

答：鐵盤置於玻璃盞上，以粗紙一張，火上煨熱，以手揩之，鋪於盤上。於去盤邊半分之處，以指引之，將見有一粒火星入於指矣。復將此紙一提一落，皆有火星隨之而出也。蓋萬物均有電氣在內，惟有多寡之殊，與發見之難易耳。見第一圖。

【略】

問：引電架何物？

答：以鐵筩橫架於玻璃柱上，一頭有鐵齒如鈀，依近於電機之玻璃筩，使之引電達於架上。玻璃柱者，防電入地，因電氣不能過玻璃也。其玻璃筩若轉運時，即見有火星入(如)〔于〕鐵齒，如以指近之，聞有爆聲矣。見第四圖。

問：蓄電瓶何物？

答：玻璃瓶内外俱以錫屑爲衣，瓶口及肩外敷火漆，以木爲蓋，上加銅條爲柄，穿蓋而通於瓶内。下接銅鍊，垂於瓶底。銅柄之首，與引電架相依。電氣引入瓶中，蓄於錫衣之上。迨蓄滿後，以指按其銅柄，即有爆聲。如有電瓶五六，上以銅絲聯絡，儻將電氣一齊放出，能令人遍體震動，儼若小雷所擊也。見五六圖。

問：放電叉何物？

答：狀如火剪，以銅爲之，玻璃爲柄，所以截電不入人身。以叉之一端，按於電瓶之銅柄上，叉之彼頭，依於電瓶之外錫衣上，則電氣放出，而爆然作響矣。見第七圖。

又《電學中》 附論磁氣磁石吸鐵之氣，同於電氣，故附論之。

問：磁石何物？

答：一名吸鐵石，有自然生於鐵礦者。係生鐵與養氣合成，望之似石，故名磁石。有出於人力造成者，係以輭鐵，故名磁鐵。見六十二圖。

問：磁石何用？

答：最大之用，定方向也。洋海之中，茫茫大澤，有時既無岸島，不覩日星，藉此不致迷途，海角天涯，任其往復矣。

問：磁石吸鐵，始知於何時？

答：西國自上古時已知之矣。因其不第吸鐵，且能傳力於熟鐵，使之沾有磁氣，亦能吸鐵。故西國古時以之譬擬善人，取其能感化也。爰藉吸力，製釣魚引鳥水中戲具。

問：磁石定方向，始知於何時？

答：嘗考中華指南車之作，始於周公，迨宋世西國始以之定南北之向。愚按此法，自中土流傳之也。西人賴此履海，遊歷各國。明初始過西洋，覓得亞美利加大洲，旋入東洋，歷經東來水道，遂與中華、印度由是通好。交易往來，皆賴磁石導之耳。

【略】

問：磁氣運行於地球之上，更有何據？

答：其一，以鐵條按南北方向，置久自能吸鐵。或窗櫺之鐵條，若係南北方向，日久亦有磁氣，正如鐵條被磁氣圍繞，即有吸力也。其二，磁氣運行之路，考查可得而知也。其三，每逢北方曉天開眼時，指南鍼必亂而有礙。

問：磁鐵所指方向，係正南正北否？

答：於正北、正南，稍有乖離。蓋定北鍼所指，非地之北極也係另有一處，名爲電極，北電極，於赤道七十度之北，一百十四度之西。自英國京都倫敦算起。南電極，於赤道七十二度之南，一百二十五度之東。見七十三圖。

問：地球之電極，如何查考？

答：因鐵鍼無論懸之托之，兩頭均平，復傳之磁氣，立見其北頭下沉，側而不平矣。地愈北趨，愈偏下側。迨至七十度之處，則其鍼直立矣。若南旋，則漸漸而平，及近赤道，平而不偏。又南趨，則南頭下沉，迨至七十二度，亦直立矣。其鐵鍼直立之處，即爲電極。鐵鍼兩平處，即爲電氣之正緯。

問：電極既於七十度北、七十二度南，試問地球周圍一遭，俱係電極否？

答：不能也。惟有二處在北，二處在南。地極爲奇，電極成偶也。其南北度數，既由鐵鍼偏下而得，其東西度數，即由鐵鍼偏左右而得。即如美國之馬日頓，鐵鍼偏西八度五十一分。於三盧驛，鐵鍼偏東十度四十七分。便知不偏之道，必在二處之間也。是爲電氣之正經，亦係圍繞地球一遭，所過之境，即可由鐵鍼之偏東偏西考之。至電之正經，與南北二圈相交之處，即爲電極。或謂電極即於地球極冷之所是也。見前圖。

問：定北鍼偏下，何法形容？

答：長條磁石，以數鍼懸於其上，或托之亦可。其居中一鍼，必與兩端俱平，左鍼必左側，右鍼必右側，愈偏愈側。迨至兩端盡處，鍼必直立。此處正如電極也。見七十四圖。

問：定北鍼之偏東偏西，何法形容？

答：亦如前法。惟移鍼於右側而試之，將見居中之鍼，亦與兩端俱平。左鍼左側，右鍼右側，到頭則横矣。又如以長條磁石覆以紙，上加鐵屑，以手彈令震動，將見變成紋理，如地球經綫之式。因電氣之運行於磁石者如是，其運行於地球亦然。見七十五圖。

問：定北鍼之方向，亘古不移否？

答：有漸漸改易也。人雖不知其故，然所差之分度，仍可考查。即如於一千六百年間，在倫敦鍼偏東四度半。厥後六十年，鍼指正北。以後復漸漸偏西，迨至一千八百十八年間，偏西竟至二十四度。從此以後，漸漸復原。由是觀之，地球之電極，由漸遷移，周而復始，往還一次，約計四百餘載。且定北鍼尚有每日之改移，從朝至暮，夏日差至十九分，冬日差至七分。因隨天氣之冷熱，不過所改在微渺之閒耳。然必須細心體察也。航海舟楫，惟恃此鍼爲眼目鄉導，某處險阻，某處島嶼，儻差之毫釐，斯謬之千里，閤船生命，寄託此鍼，可不謹歟！

又《電學下》 論電報

問：濕電之用，何爲最大？

答：通音信也，故名千里信，又名法通綫，又名電報。

問：能通信於幾許之遠？

答：可通於千萬里之遥，惟需千萬里長之鋼絲鐵綫以爲電路，方能達到。

問：通信遠處，需時幾何？

答：既稱電報，係以之爲號，迅如疾雷，雖路有遠近，無或後先遲早之可分也。惟路若極遠，須分數節，以次遞傳，均用機關，未免稍需時刻。然雖萬里迢迢，當日可得回信也。

問：電氣運行，疾徐何如？

答：乾電、濕電，或有快慢之殊，實難論定。惟電之透過各物，則有疾徐之不同。因物之於電，莫不有阻滯，然亦有阻滯多寡之分。即如電過銅絲，較鐵絲快多矣。過鐵絲有於一秒内行至二萬洋里者，過銅絲有於一秒内行至二十八萬洋里者，較光行尤速也。

問：電行如此之疾，何法試驗？

答：英國惠子敦思得一法，以數百里之電綫，於去路回路之間，各留空隙，令電光過此發見，以便考查。無如千里之遥，其往返甚速，似一齊發光然，有非目力之所能辨其先後者，遂以大鏡平置於電綫空隙之下，電光過時，返照於上，上懸平板若輪，令其轉運極速，看二光之方向，即可度其先後所差之分度矣。蓋將一杪分作百小分，設若二光先後衹差一小分，目視斷不能辨，假令大輪外廓，於一杪内能轉一百丈，則是每丈佔一小分，二光之相差，必係一丈，其疾徐由此可算矣。此將極短之時刻，使之放長，以便從容稽核也。

【略】

問：電報何處用之？

答：邇來西土各國均有之也。一國之中，各城各鎮俱設鐵綫電路，四通八達，分佈經緯。故無論遠近，隨時可通音信。

問：電報通信何益？

答：或遇盜潛逃，通信各方，可以迅速緝獲。或海口驟起颶風，通知各口，以便先期預防。軍令傳於遠方，能於速秘，如城邑被困，寄信神速，隨時救護，不至失陷。既有電報通信，復以火輪載兵，雖寫遠若附近，遍國如一家，保國安民，爲益綦大。格物爲治平之本，不其然哉！至若上論邸報，播諸遠方，即處邊隅，如居輦轂之下矣。

瑙挨德《電學》卷首《總論源流》

一章　初知電氣至弗蘭克令時

電氣爲近時之新學，故於上古之書籍不多見。中古雖稍知之，而未能深明其理，僅爲創始之基而已。前百餘年，忽然興行，以至今日，雖尚不爲成全之學，然已爲格致内最要之事矣。

電氣所顯之驗，古人想已見之。如天空之雷電聲光，以及黑處摸猫皮而發火星是也。古書初記電氣之説者，在前二千四百餘年。希臘國有考究格致之學者七人，當時目爲聖人内，有一人名大利司，云磨擦琥珀能引輕微之物，因思其理，以爲琥珀内必有靈性，摸擦之時，氣即外發，目不能見。擦完之後，其氣仍欲收入。輕微之物近之，即隨氣粘於其面。物稍重大，力不足以引之矣。此後三百年，地弗拉司士司書内，載有一物，似水晶，能引輕物於其面。此物想即今時地學家所謂土馬令也。普墨林。

西曆紀元後數十年，羅馬國人名不里尼，所記二種魚，有物近之，即振動。近年始知此魚爲電魚，其發出之力，同於琥珀與土馬令所顯之力。五百年前，有羅馬國人染得告脱之病，而用電魚發氣治之，此是電氣治病之始。其言若確，則古時電氣治病之力，勝於今時矣。又有果得王名胡聖馬者，其身内能發光星。又有博物士穿衣脱衣之時，身内能發電閃。

西名告脱病者，男人多於女人，常在飲食過多，身體肥胖者，勤健藜藿之人則無之。然有讀書攻苦，或心常鬱悶，或多受外冷，或多食酸物，亦生此病。並有自祖父傳下者，其病狀在各骨節處忽然大痛，但有先兆可見，即腿冷而覺如針刺，不能食而困倦，身稍動而覺辛苦，大便閉，尿色白，往往夜間忽痛，如將骨節扭斷之狀，苦楚不堪。又覺節中有甚冷之水噴出者，然耐痛數小時，即能安卧，出大汗，次日如常。若久患此病，節中漸生白石粉而不能動。

西曆紀元之後約一千二百年，始有以電氣著書者。但其間雖有人思究其理，然亦未能詳悉。明萬曆二十八年，有苟白得著書，載琥珀與土馬令之外，尚有别物磨擦，亦能引輕物。衹因初知者爲琥珀，故西人名電氣爲琥珀也。依希臘語，謂之以立克脱倫。

苟白得以前，但知琥珀、土馬令、石煤能現電氣之性，至苟白得，考知二十餘種，内有數種寶石，並玻璃、火漆、松香、硫黄，依法擦之，不但能引輕微之物，尚能引各種重物，如金類水油等。繼又考知其性，必空氣乾燥，磨擦連接而輕，能現極大之力。若空氣潮溼，其力不能多現。

苟白得從其試得之事，而後知磁石力與電氣力有别。蓋磁石與鐵彼此能相引，電氣之力須磨擦而生，此物現力，所引之物不現力。不但此也，磁石能引能推，現電氣之物，衹能引，而不能推。

順治年間，電學日進。有拜臘考試其理，但考得之事，與前人無大異，衹添數種能現電氣之物。説者謂，拜臘初見磨擦生電氣，而能發光但其書不詳，想非其所初得也。

拜臘論電氣吸力之理，與古時大利司相同，以爲磨擦之物能現粘力之氣，故於收入之時吸引輕物。當時考究電氣者，俱韙此言。

後有馬克第白克城之地方官，名格里格，已考數種格理之事，剏設抽氣筩與發電氣器。

以前考究電氣之器，甚是簡易，僅用玻璃條，或玻璃板，或松香，或硫黄，以手掌擦之，或以羊毛布擦之，故顯力甚小。格里格思刱法多發電氣，用玻璃空球，以鎔化之硫黄傾入，待冷，將玻璃打碎，得硫黄球。中用一桿爲軸，使轉動，而以手按其外，能得電氣甚多。不但能見光閃，且能聞火星之聲。

格里格以前，電氣有數種尋常之事，尚未知之，猫皮與綢緞亦未列於能發電氣之物内。電氣之有吸力，雖已知之，而吸力與發光二事，未在一物一時同見，所以尚未知發光因電氣而生。

格里格又考得電氣有推物之力，試以輕羽粘於發電氣之物，暫粘而即推開，再不肯相引，必遇別物傳去其電氣，始能再引。又見輕羽推開之後，恒有一面欲向發電氣之物。故當時留心格致者，見月常以一面對地球，乃謂月繞地球，或因電氣之吸力與推力。

後此未久，奈端思得萬物向心力之理，以徵前言之誤。而格致之士，俱欲考究奈端之理，無暇再及電氣。奈端考究雷氣亦不詳，所得之新理，不過電氣之吸、推二力。又磨擦玻璃片之此面，而彼面亦現電氣，始知電氣能過玻璃片。格里格考得電氣有發光之性，後有胡臘，考驗得理頗多。胡臘初思電氣所現之事，與天空雷電相同。磨擦大塊琥珀之時，聞簌簌之聲，每聲有一小光閃，用指近琥珀，即聞聲見光。而指覺一推，其聲與燒木炭之聲相同。琥珀一擦之後，手指速置其上，可得五六聲。故擬此小聲光，必似天空之雷電。

格里格後四十年内，電學無所增益。試得之事，但知其當然，未知其所以然。前一百四十二年，有英人名固來，嘗用繩一條，以細線掛之，意欲電氣傳於繩内。但用者爲麻線，電氣一入繩内，即由麻線而散。當時同試者，名胡臘，以爲麻線太粗，以致電氣易於通過而散，即以極細絲線换之，電氣不散。

但二人尚未知麻與絲一爲易傳，一爲難傳，思欲以金類極細之線代絲線，電氣必更不能散。不意金類更易散於麻線，由是漸知萬物内，必有此物易傳，而彼物難傳。

後有步思者，深考電學，始知萬物可分爲易傳、難傳兩類。立表分列各物，細觀其表，知磨擦而能發電氣者，如玻璃、松香等，俱難傳。磨擦而不發電氣者，如金類，俱易傳。以後再考各物，有易傳者，有極易傳者，有難傳者，有極難傳者。極難者爲玻璃與松香，極易者爲金類。

當時法國人名費，將玻璃磨擦而近金箔，金箔即推。再將松香磨擦而近金箔，金箔即引。見而異之，再試一次，仍然相同。又試先用松香，則金箔推，後用玻璃，而金箔引。所以，想玻璃與松香所發之電氣不同類，即分爲玻璃電氣與松香電氣二種。

費氏後又自言前説有誤，電氣祇有一種。前所見之不同，乃一時電氣力大，一時電氣力小，大者能勝小者也。但費氏自改其前説，實不易解。所言金箔遇玻璃推，而松香引，如引松香引力大，則何以後來金箔能爲玻璃所引，而爲松香所推？後有人細考此理，知費氏前説不誤。至今電學家常以玻璃與松香，分電氣爲二種。

當來固時，試驗電氣使人詫異，以電氣能自人身發出光星。其法，以人髮作繩，用此繩將小童掛起，磨擦大玻璃管，引電氣入小童之身，旁人以指近小童，即能發聲。但當時未知其理，實因動物之體多水質而易傳，誤以爲人之生氣，與電氣大有相關。後費氏自掛試之，因不便，而立於玻璃足之櫈上，或立於大塊松香餅上。此法外傳，各國之人俱喜試之，但不能悉其所以然。

乾隆十五年，日耳曼有博物者數家，細考以上各事之理。同振白格城，有傳授格致者，名波士没，將玻璃球發電氣，外加金類收器。初時使人在玻璃球旁，立於松香餅上，手執收器。後因不便，改用絲線，將金類掛於玻璃球之旁，用麻繩引電氣自球至收器。此繩之用，與近時所用之銅梳相同。又因一球所得之氣不足，添用多球，而將其氣引於一器之内，所現之光星，能使人自頭至足俱振動。又云能打死小鳥，然此恐言過其實。

田大里《電學綱目》

第一章論化電氣及發化電氣之器

一欵　如將浄鋅或浄鉑等同類金二片，置浄水内，添硫强水少許，令水有酸性，其鋅或鉑不能爲酸水所化。

市售之鋅不浄，因内含别金類，則易爲酸水所化。如以汞沁鋅令飽，則亦不化。此因鋅與汞所化者，即從雜質分開，故遇酸水而不化。凡化電氣器内鋅板，嘗用此法。

二欵　如將浄鋅與浄鉑等不同類金二片，置酸水内，不相切則不化。一相切，則鋅爲酸水所化，而鉑片放氣泡上升，至二金類相離而止。

三欵　如設法收所放氣驗之，其重率與輕氣等，空氣内能燃，亦與輕氣同。而成此輕氣之故，因二金類相切，則水化分，其養氣與鋅化合，成鋅養，而輕氣從鉑片放散。

四欵　如將二種金類稍入酸水，則不拘其相切於水内或水外，俱能令水化分，令鋅消化，令輕氣放散。

五欵　如將二種金類稍露酸水，上以銅絲等金類絲聯之，則與二金類相切同。故無論本體自相切，或以金類絲相聯，則俱成電路。可見成電路必有二種金類質，并一種流質，若聯以銅絲，則謂之配成電路。

小試此事，用鉑片一條，沁汞之鋅一條，并酸水盛平邊玻璃筒内，以影戲鐙之電火光等横射之，再用顯微鏡，令玻璃筒與二金類之影映牆壁上。一通電路，則鉑片放氣泡顯而易辨，一斷電路則立止。

六欵　所用銅絲，又謂之通電線，因此爲成電路之線也，西國亦名弗拉丁電氣與電路。此爲意大里亞國格致家弗拉打所設。今所考求者，不過爲配成電路之各種金類絲有何分别而已。

七欵　常用化電氣器，用鋅板與鉑板各數片，以淡强水令化電氣。近來不問電器内事，專考究器外金類絲各事。

第二章　論電氣吸鐵氣要事

八欵　如斷電路之金類絲，插入鐵屑内，則毫不顯吸鐵力。如通電路，以金類絲插入鐵屑内，則大顯吸鐵力。其鐵屑團聚絲端，即提其絲，亦粘而不脱。一斷電路，則鐵屑即盡脱。

九欵　如將吸鐵條懸以線，令易旋轉若指南針，其兩端自向南北。另於吸鐵條下平列金類絲一條，兩端同向南北，若金類絲不通電氣，其吸鐵條毫不改向。若金類絲聯於化電氣器，一通電氣，其吸鐵條立即改向，不能正向南。

傅蘭雅　徐壽《鐵船針向》卷一

第一章　論指南針偏差

造船與行船之人，當以較準指南針爲首務。指南針有差，則人命與貨財皆險。故造船、行船者，急宜考究其理也。凡造船之工師，果能預考吸鐵之各理，而按理爲之，則異日駛行其船，可恃較準之針面，而得向往之指歸焉。是書即爲造船者表明其法，所有舟師之事，雖亦多有相關，然總以造船爲主。

吸鐵有二種，一爲恒吸鐵，一爲附電變成之吸鐵。恒吸鐵以硬鋼條爲之，用法令成吸性，其二端之極點，一爲南，一爲北，即正吸性與負吸性。如將此鋼條之長截作二分，則各從中點至二端爲極點。凡二正極或二負極相遇，其性必推。若正負不同之極點相遇，其性必引。無論其吸鐵爲恒性，爲附電所成之性，推引之力並同。

附電所成者，不用硬鋼，而以純熟鐵，或生鐵爲之。此鐵原無吸性，必用恒吸鐵，令其受吸性。故遇恒吸鐵，則此二種鐵必爲其所引。如將鐵條令遇恒吸鐵，則無論何端，俱能爲恒吸鐵任何端所引。惟其鐵條既受吸性，即成正負二極點，遂與真吸鐵無異。雖調轉其方向，而吸性仍不改變。地毬爲極大之恒吸鐵，故能使各鐵質有吸鐵之性。凡熟鐵或生鐵，其形爲長體者，久與地毬之吸鐵軸平行，置之必漸變爲恒吸鐵。若改其方向，則其吸性亦改變。地毬南北之軸，與吸鐵所成之角度各處不同。如倫敦現在之指南針，不正對地毬之北，而偏西十九度。指南針若作周圍上下能轉動者，亦與地毬之面不平行，而成六十七度之角。若在英國之里味不，則成六十九度三十分之角。地毬能使鐵質有吸性，其理爲造船工師所宜急考者。

吸鐵以久暫而論，則恒吸力之外，更有二種，一爲遊吸力，略能存留；一爲暫吸力，不能存留。顧指南針之性，常與正南北稍偏，若謂之南極、北極，其名易混，當依英國欽天監之法，以向北者爲紅極，向南者爲藍極，則地毬之藍極北緯度略七十度，在格令回知之西九十八度。其紅極略七十三度三十分，在格令回知之東四十七度。凡吸鐵性相反之點能相引，故吸鐵之紅極點，常爲地毬之藍極點所引。此理類推，則地毬面所有之鐵，俱有紅極點，而亦爲地毬之藍極點所引。附電所成之吸性，或存留稍久，即是遊吸力；或立即改變，即是暫吸力。如將鐵條與地毬之吸鐵軸平行，而久不動，即變爲恒吸鐵。夫鐵船之方向常改變，每改變一次，其吸性亦改變。故將船首轉一周，則船之吸性全改變。試以鐵條對準地吸鐵軸之方向，而搥打之，亦能存其吸性。若换其方向，或反其方向，暫亦可存。惟反向之後而再搥之，極點即相反。鐵船之吸性，與此吸性常不同。其造船之料，固是同此鐵質，而吸性之來，雖亦因搥打而得，然其船造成之後，吸性永不能散。雖將造時之方向反之轉之，而再打之，吸性但能減少，而不能全改。惟須毁其船體，而吸性始散。

鐵船新造成者，必有吸性甚多，日久則漸漸減少，而成定限，即永存而不改。故造成而未出海之時，必用法，令其能散之吸性散盡。嘗有鐵船造成之後，未曾計及此事，而即行海，逐日散去之吸性甚多，其指南針雖已較準而不可恃，必致觸石擱岸而不能救。此事之不可不急考者，以此。黑夜行船，遇有砂嶕，全藉指南針爲準。設不預散其多餘之吸性，而貿然出海，難免危險。

英國格致家斯可司皮云，船爲大浪所擊，能令其全身震動而混其吸性。又有人試驗鐵船之藍點，正對地毬之藍點，而入不動，其吸性必甚減小。若鐵船受大擊力，即能增多其吸性，震動愈大，所增之吸性愈多。如有二船相撞，則震動大，而吸性之增亦多。英國造成新鐵船，名司奴鈍，初出海，而觸於西邊阿爾蘭之岸，亦因吸性之自變，其船觸岸時之方向，乃造船時方向之相反。幸船能自離岸，而未壞，其吸性則全變，而幾至於無有。又有台白輪船，觸於別船之時，其首與原造時之方向相反，其吸性暫亦全反，後乃漸漸復原。又有船名阿副路弟脫，造時之首向東，較準指南針之前，久令船首向西，其指南針較時之偏差，向右二十一度三十分。較針原在船窩，出窩而悮觸碼頭，其首西稍偏南，向右之偏差，減爲十七度五十二分。

前論大半爲檣帆之鐵船，如輪船之鐵者，其理並同。常法，試動汽機之時，令其船首之方向與造時相反，能自變至定限。然雖用盡各法，尚不免出海之時，有吸性漸變之虞。故其漸變之理，務須詳細考究。鐵船裝立之時，其吸性方向，必與地毬之吸性方向相同。如欲考知後日之吸性漸變，應用極新之法。所有配準指南針之工，係英國欽天監正所設，能定其各差之數，又開明各差數之表，所據之理爲合衆力，與平行四邊形力。用此二理，略於此事可無誤。如用別法，則平常之能力所不能爲。

設如鐵船吸性之方向，在艙面中線之偏右，或偏左、偏上，或偏下，欲求地毬或船若干平力與直力相比之數，則全力乘上下斜度之餘弦＝平力。

志剛《初使泰西記》卷三　通信線

通線信以電氣爲體，以吸鐵氣爲用，雖大地一週九萬里，而往返通信，可立而待。電氣者，空中所運無形之火，屬於天爲陽；砒硫所含有形之火，屬於地爲陰；銅鐵能含火性，故火入金鄉則凝而不散，觸而必發。磁石者，自有吸力，皆天地間自有之物，自具之性，而絶非矯揉造作之所能致。西人深體而悟會之，引伸觸長，久而得其用，此用電氣以通信之源也。先製砒硫爲水，注於銅罐，又於銅罐中浸鉛筒，則銅與鉛皆如常在火中之煆，通之者於銅罐鉛筒之邊，各繫鐵絲，爲電氣之根，其罐十數至百十數，所通之遠近不同，則所蓄電力之罐數多寡不同。各罐筒所繫之鐵絲，無論多寡，皆歸於一絲，以連於機器吸鐵石之端，蓋電氣易感而吸鐵能通其感。故凡設通線信皆兩處並設。其吸鐵石之兩端，上下相去分許，無論千萬里皆以雙絲連於兩處機器之吸鐵石，此處一按，則電氣通於彼絲之端則自動，凡幾動，成一字，如空谷傳聲之令，而信通矣。泰西之法大略如此。惟巴里機器，則又於通機之旁，另設傳真之器，鋪藥紙於機上，電氣傳至，則條往來於藥紙，灼成痕跡，能與原書筆跡相符，甚至畫像傳真，皆可畢肖，則並不慮筆畫多少，難於計算也。

王韜《瀛壖雜志》卷六　電報

西人製電以通音信，名曰電報。其法以玻璃作室，聚電氣於中，而以銅線達之各處，雖數千里之程，頃刻可至。其電氣通標，水陸均可施用。於陸則排列木柱，相距三丈餘，而繫鐵練其上，以爲聯絡。於水則以鐵練攬成巨索，外裹樹膠，沈之洪濤巨浸中。至於遞報之法，各有不同：或以鐵筆鑿字於紙，以藥水顯明字跡，此意大利人戛氏所創；或以針盤指字，盤列二十八字母，隨其針之所指；最便捷者，內設秘機，而以活字板印於紙上，此爲美國郝氏所造。滬上電報，創自連那士，自吳淞口浦東以達洋涇，轉瞬可至，固勝於驛騎遠矣。

王季烈《物理學語彙》

英	中	日
A		
Accumulator.	蓄電池	
Alternate current.	交流電流	
Alternator.	交流機	
Ammeter.	安培表	アンペア計
Ampere.	安培	アンペア
Amperemeter.	安培表	アンペア計
Apparatus.	裝置器具	裝置
Arc lamp.	弧燈	
Arc lighting.	弧光	
Armature.	發電子，銜鐵	アルマチユア，渡し
Artificial magnet.	人工磁石	
Astatic galvanometer.	無定位電流表，阿司台的克針電流表	無定位電流計，アスタチツク針電流計

Astatic needle.	無定位針	
Atmospheric electricity.	空中電氣	
Atom.	原子	
B		
Bad conductor.	難傳體，不良導體	不良導體
Bar magnet.	磁石桿，磁石棒	
Battery.	電槽	
Bichromate cell.	重鉻酸電池	重クロム酸電池
Brush discharge.	刷帚形放電	刷毛狀放電
Bulb.	球	
Bunsen.	本生氏	ブンセン氏
Bunsen's cell.	本生電池	ブンセン氏電池
C		
Cable.	電纜，海底電線	ケーブル
Capacity (electric.)	電氣容量	
Cathion.	陽伊洪	陽イオン
Cathode.	陰極	
Change.	變化	
Chemical change.	化學變化	
Coil.	圈，捲絡圈	コイル
Collector.	聚電器，收集器	
Compound dynamo.	複捲發電機	
Conductor.	良導體，易傳體	導體
Conduct pipe.	導管	
Contact angle.	接觸角	
Contact electricity.	接觸電氣	觸發電氣
Coulomb.	可倫	クウロン
Crooke's tube.	克路克司管	クルクス管
Current.	電流	
Current density.	電流密度	

D		
Daniell's cell.	但尼里電池	ダニエル氏電池
D. Arsonval galvanometer.	阿生乏電流表	アセンヴアル氏電流計
Diamagnetic substance.	反磁性體	
Dielectric.	電媒體，電媒質	
Difference of potential.	電位差	
Direct current.	直流電流	
Discharge.	放電	
Discharger.	放電叉	
Disruptive discharge.	火花放電	
Dissipation of energy.	能力之散逸	エネルギーの散逸
Drum armature.	鼓形發電子	
Dry batter.	乾電槽	
Dry cell.	乾電池	
Dry plate.	乾片	乾板
Dynamo.	代那模，發電機	ダイナモ
E		
Edison.	愛狄生	エヂソン
Effect.	效果	
Electric backstroke.	電氣之反擊	
Electric bell.	電鈴	電氣呼子
Electric connection.	電氣對流	
Electric fleid.	電場	
Electric machine.	起電機	
Electric motor.	電氣發動機	
Electric oscillation.	電氣擺動	電氣振動
Electric pendulum.	電擺	電氣振子
Electric spark.	電氣火花	
Electric wave.	電氣波	
Electricity.	電氣	

Electrification.	帶電	
Electrify.	起電	
Electro-chemical equivalent.	電氣化學當量	
Electro-chemical theory.	電氣化學說	
Electrode.	電極	
Electrogilding.	電鍍術	
Electrolysis.	電解	
Electrolyte.	電解物	
Electromagnet.	電磁石	
Electromagnetic induction.	電磁氣感應	
Electrometallurgy.	電氣冶金學	
Electrometer.	電氣表	電氣計
Electromotive force.	動電力	
Electromotive series.	動電次序	電氣發動順列
Electron.	電子	
Electrophorus.	起電盤	電氣盆
Electroscope.	驗電器	
Electrostatic induction.	靜電氣感應	
Electrotyping.	電鑄術	
Elevation.	高度	
Ellipse.	橢圓	
Elongation.	延長	
Emergent ray.	放射線	
Emission theory.	放射說	
Energy.	能力	エネルーギ
Exciter.	勵磁機	
External coating.	外被	外裝
External resistance.	外阻力、外抵抗	外抵抗
Extra-current.	餘電流	エキストラ電流

F

Ferromagnetic substance.	弱磁性體	
Field magnet.	場磁石	
Floating body.	浮體	
Fluid.	流體	

G

Galvanic battery.	賈法尼電池	瓦爾華尼電池
Galvanic cell.	賈法尼電池	ガルバニ氏電池
Galvanic electricity.	賈法尼電氣	ガルバニ電氣
Galvanic gilding.	電氣鍍金法	瓦爾華尼鍍金
Galvanic metallurgy.	電氣冶金術	瓦爾華尼冶金術
Galvanism.	賈法尼電氣	ガルバニ電氣
Galvanometer.	電流表	電流計
Galvanoplastic.	電鑄術	瓦爾華尼雕畫術
Galvanoscope.	驗電流器	
Geissler's tube.	蓋司拉管	ガイスレル氏管
Globular lightning.	球電光	
Glow discharge.	微光放電	
Grove's cell.	葛路弗電池	クルフ氏電池

H

Heat.	熱	
Heat capacity.	熱容量	
Heat of combustion.	燃燒熱	
Heat of dissolution.	溶解熱	
Heat of evaporation.	蒸發熱	
Heat of fusion.	融解熱	
Heat ray.	熱線	
Hectometer.	海他米突、粨	ヘクトメトル
Horse shoe magnet.	蹄形磁石	
Hypothesis.	假說、想說	

I		
Incandescence.	白熱	
Incandescent lamp.	白熱燈	
Incandescent light.	白熱光	
Induced current.	感應電流	
Induction.	感應作用	
Induction coil.	感應圈	感應コイル
Influence machine.	感應起電機	
Insulated wire.	絶緣綫	
Insulator.	絶緣體	
Intensity.	强度	
Intensity of magnetization.	帶磁度	
Internal coating.	内被	内裝
Internal resistance.	内阻力，内抵抗	内抵抗
Interrupter.	斷續器	
L		
Laboratory.	實驗室	
Law.	定律	法則
Leclenche's cell.	雷克蘭雪電池	レクランシ氏電池
Lenz's law.	林兹之定律	レンツ氏定律
Leyden jar.	來頓瓶	レーデン罐
Lightning conductor.	避雷針，避雷器	
Luminous.	閃電板	
M		
Magnet.	磁石	
Magnetic equator.	磁氣赤道	
Magnetic field.	磁場	
Magnetic meridian.	磁氣子午綫	
Magnetic needle.	磁針	
Magnetic pole.	磁極	
Magnetic storm.	磁氣嵐	
Magnetism.	磁氣	
Magnetize.	受磁	付磁
Mirror galvanometer.	鏡電流表	鏡電流計
Morse.	毛爾司	モルス
Mutual induction.	互感應	相互感應
N		
Natural magnet.	天然磁石	
Negative.	陰畫	
Negative electricity.	陰電	
Negative pole.	陰極	
Non-conduction.	不導體	
Normal.	法綫	
Normal element.	標準電池	
O		
Ohm.	歐姆	オム
P		
Paramagnetic substance.	常磁性體	
Permaneni magnets.	永久磁石	
Phase.	位相	
Polarized current.	分極電流	
Pole.	極	
Position.	位置	
Positive.	正，陽	
Positive electricity.	陽電氣	
Positive poles.	陽極	
Potential (electric).	電位	
Potential energy.	位置之能力	位置のエネルギー
Power.	工率	
Primary coil.	第一圈	第一コイル

Primary current.	第一電流	
Proof plane.	驗電板	
R		
Reaction.	反應，反作用，反動	反應，反動
Receiver.	接受器，受信器，受話器	
Relay.	繼電器	
Ring armature.	環形發電子	
Ruhmkorff's induction coil.	倫司夫感應圈	ルムコルフ氏感應機
S		
Secondary action.	續發作用	
Secondary battery.	副電池	
Secondary coil.	第二圈	第二コイル
Secondary current.	第二電流	
Self induction.	自感應	
Separately excited dynamo.	分勵發電機	
Series.	行	
Series dynamo.	直列捲發電機	
Solenoid.	蘇倫諾	ソレノイト
St. Elmo's fire.	愛爾姆司火，電火	エルムス光
Storage battery.	蓄電槽	
T		
Tangent galvanometer.	正切電流表	正切電流計
Telegraphy.	電報，電信	電信
Telephone.	電話	
Temporary magnets.	一時磁石	
Terrestrial Magnetism.	地磁氣	
Thermo electric current.	熱電流	
Thermo electricity.	熱電氣	
Thermo element.	熱電源	
Thermopile.	熱電堆	
Transmitter.	發送器，發信器，送話器	
V		
Volt.	弗打	ボルト
Voltaic cell.	電池	
Volta's contact theory.	弗打之接觸說	ボルタ氏の接觸說
Voltas dray pile.	弗打電柱	ボルタ氏電柱
Voltmeter.	弗打表	ボルト計
W		
Wheatston's bridge.	韋脫司登電橋	ホヰートストン氏ブリッヂ
Wimshurst's influencemachine.	威姆司好司脫發電機	ウヰマシヤルスト氏發電機
Wireless telegraphy.	無線電信	
X		
X-rays.	愛克司放射綫	X放射綫
X-Strahlen.	愛克司放射線	X放射綫
Z		
Zigzag lightning.	綫電光	

佚名《各國電報考》

電報源流

一千七百五十三年，英國有彙編書，著書人，不詳姓氏，內有一款云，可用電氣報信。嗣有多人試用，摩電氣在遠處，傳報各記號法，俱不靈。至一千八百二十三年，有英人名羅那之，設一法，能用摩電氣報信，最爲靈妙，卻有多不便處。意大里阿國司模，有人名伏勒他，查得化電氣器之法。一千八百年，以其事詳明，函達格致家彭紀司。此後有格致家二人，一名尼科孫，一名楷拉特，查得化電學化分水之法。一千八百年，有人名色米令，從尼科孫與楷來立所查得化分水之法，設一電報。其時美國本西番尼阿，有格致家司克司，亦查得同法。一千八百二十年，有格致家名愛司底特，查得電氣能令吸鐵針偏差之理。或謂此事有法國醫生已經查得。一千八百零四年，法國有書詳言之，以電氣令吸鐵針偏差，用設電報。原爲法國算學，名家拉普拉司所考得，後有格致家安配兒與烈起二人，依此意以設器。一千八百三十二年，有格致家名希令，製電報小樣以通信。俄皇面試之，以顯其法。一千八百三十三年，有哥司與微巴二人，設一電報，試於德國角丁真城内兩處，相距約萬尺，所用電氣器，爲法拉待所設者，而非伏勒他所設者。哥司另托有人名司台尼拉，考究此事，所查得新法，有大益處。一千八百三十七年，在暮尼克城内及相近處，設電線，長約四萬尺，其最有益者，爲不必用來、去二線，祇用金類絲一條，以地上當第二條。自此以後，俱用金類絲一條。一千八百三十四年，英國格致家回特孫，試電氣流行之速，用鏡轉動而得之。後在倫敦總書院内，設希令電報。德國海特白軋城内，有格致教習，名門克，講論電氣時，所用電報與希令所設者同。又英國人古克聽其説，即悟其事必與人有大益，故回英國，與回特孫於一千八百三十七年六月，合資作夥，在英國數處設立電報。有格致家麻兒司，一千八百三十二年至三十六年，費多心思，欲用電氣化分流質法以設電報。一千八百三十八年，即棄之，而用電氣吸鐵法。此法將紙條繞輪邊，有機器令轉動，通電氣吸鐵氣，紙條上即印成點與線各記號。

電報之始

銅絲能速傳電氣至數里之遠，故電氣學家思藉以傳信，即電氣之始也。

電氣通信

室中東西相連之金質線，設由東之電氣機，撤出室西邊，近切金質線之針，適於此時立更其所指方向。線長無論爲百里、千里，任何若干里，論及其爲電路，乃屬一理。使電溜附金質線流行時，縱長及數千里之遠，彼處所旁設者，有含吸物力之指南針，必立改其所指之方向。更將此端線，由電池中撤出，彼端指南針亦立歸其原指處。是金質線與電池中之極處相連時，可令距此數千里遠之針，應機轉動後，而復還原指處也。

電報通信之速

濕電之用，可通音信，故名千里信，又名法通綫，又名電報。可通於千萬里之遥，惟需千萬里長之銅絲、鐵線以爲電路，方能遠到。既稱電報，係以之爲號，迅如疾雷，雖路有遠近，無或先後遲早之可分也。惟路若極遠，須分數節，以次遞傳，均用機關，未免稍需時刻。雖然萬里迢迢，當日可得回信也。

電報要事有三

電報之内，要事有三，一發電之法，二能傳所發之電至任遠處，三遠處必有法，令其電作誌，以當報字。

電報昉於富氏

電報之興，非由一人，非出一時，遂致若是之精巧也，係各國多士，歷有年所探賾索隱考究而得之。先是電氣之引於金類，知之者衆矣。美國富氏因而創造防雷鐵時，在中國乾隆間。各國學士由是奮發研究電學，思以電爲號，此電報之昉也。

徐珂《清稗類鈔·物品類》 電線

電線，通電之線也，用紫銅絲塗鋅，以防鏽，或架空中，或埋土内，或沈水底，電報、電車、電燈等皆用之。惟土中、水中之電線，須包以絶緣防溼之物。

我國電線，發源於京畿，分三大支，又從鎮江分二支，兹依次叙之。

自京師至天津，天津西至肅州爲一支，中經保定、獲鹿、太原、平遥、侯馬、潼關、西安、涇州、固原、蘭州、甘涼等州是也。津東至琿春，愛琿、海蘭泡爲一支，中經紫竹林、北塘、大沽、盧臺、山海關、錦州、營口、旅順、奉天、鳳凰、吉林、寧古塔、琿春，伯都訥、齊齊哈爾至愛琿是也。津南至山東阿城爲一支，中經白塘、德州二處是也。又自山東分三支。阿城南至濟寧，自濟寧西至曹州，開封府爲一支。自濟寧東至威海，劉公島，中經濟南、周村、濰縣、膠州、沙河、煙臺、高村爲一支。自濟南至台兒莊、清江浦、揚州、鎮江爲一支。又從鎮江分兩支，西則至下關、江寧、蕪湖、大通、安慶、九江、漢口、荆州、沙市、襄陽、宜昌、夔州、萬縣、重慶、瀘州、成都、畢節、貴陽、宣城、雲南、大理、騰越是也。東則至無錫、江陰、蘇州、上海、南潯、嘉興、杭州、紹興、餘姚、寧波、鎮海、蘭谿、浦城、建寧、延平、福州、馬尾、烏石山是也。此外又有二支，一自福建而西，則泉州、廈門、漳州、潮州、汕頭、海豐、惠州、石龍、香港、廣州、黄埔、虎門、肇慶、梧州、昭平、桂林、潯州、横州、南寧、龍州、憑祥、百色、剥隘、廣南、開化、蒙自、蠻耗、河口至雲南府，一自安慶至廣州，中經九江，而南至南昌、吉安、贛州、南雄、韶州、英德、連州、連山、西南佛山以接廣州，又自廣西省之横州南至崖州，中經廉州、欽州、防城、東興、岸步、北海、高州、雷州、瓊州、海口、海頭、屯昌、嶺門、陵水以達於崖州而止。合計全國電線，都凡九萬餘里，又分官線、商線兩種，其區域與種類，詳述於下。

官線　由國家撥款架設之線也，其長共四萬九千四百三十里。江蘇有飛線、水線、地線、無線四種，由上海至常州，長三千三百零二里。安徽有飛線、水線二種，由安慶至壽州，長一千五百九十一里。直隸有旱線、無線兩種，由天津至大名，長二千九百四十七里。東三省有水線、裸線二種，由奉天至龍江，長一萬零二百八十八里。山東有旱線、水線二種，由濟南至王莊，長一千四百九十七里。廣東有無線、旱線二種，由廣州至肇慶，長五千六百四十六里。川邊有裸線一種，由雅州至巴塘，長二千七百里。福建有裸線一種，由福州至廈門，長一百四十四里。甘肅有裸線一種，由平涼至寧夏，長三千零八十五里。貴州有大線一種，由貴陽至黔西，長四百五十里。新疆有裸線、樹膠線二種，由迪化至伊犁，長九千九百五十六里。雲南有裸線一種，由大理至普洱，長六千二百四十二里。廣西有大線、小線二種，由南寧至全州，長六千四百十五里。

商線　由商人集資架設之線也，其長共四萬一千四百十七里半。山東有飛線、水線二種，由濟南至泰安，長三千七百零九里。山西有飛線一種，由太原至平定，長一千六百六十九里。河南有飛線一種，由開封至南陽，長三千四百零八里。陝西有飛線一種，由西安至潼關，長一千一百零四里。福建有飛線、水線二種，由福州至延平，長二千六百七十里。浙江有水線一種，由杭州至台州，長二千七百九十三里。江西有飛線、地線、水線三種，由南昌至湖口，長二千六百六十九里半。湖北有飛線、地線、水線三種，由漢口至荆門，長五千四百六十二里半。湖南有飛線、水線二種，由長沙至岳州，長二千一百六十九里。四川有飛線一種，由成都至巫山，長二千八百七十四里。廣東有飛線一種，由廣州至潮州，長一千四百九十九里半。江蘇有鉛線一種，由江寧至福山，長四百三十四里。直隸有飛線、水線二種，由天津至通州，長三千零零四里。順天有無線、旱線二種，由京師至高碑店，長六百九十七里半。蒙古有旱線一種，由蒙邊至庫倫，長二千一百七十四里半。

著録

梁啓超《西學書目表》上

電學電學諸書皆舊法，西人半廢不用。然譯出只此，欲學者宜求諸西文。

《電學》　傅蘭雅、徐建寅　製造局本　六本　九百六十

《電學綱目》　傅蘭雅、周郇　製造局本　一本　一百二十

《電學圖説》　傅蘭雅　益智書會本　一本　三角

康有爲《日本書目志》卷八《工業門・電氣學》

《電鑷兩氣論》一册，瓜生寅譯，文部省出版。一圓

《富國全書電氣編》一册，波木居芳太郎著。四角

《百科全書電氣及磁石》文部省藏版。三角

《電氣學講義》一册，今外三郎。四角

《電氣學講義》一册，今外三郎。四角五分

右電氣學五種。

地載神氣，神氣風霆，風霆流形，庶物露生，中土之稱電生庶物也。新學既興，物理蓋闢，數十年來，漸知電氣乾濕之力乃配陰陽。電燈、電車、傳聲、傳信，其用日大，電乃始萌芽哉。神氣風霆無所不布濩，將發大力，立大聲於人間世矣。日本猶其學步者耳。

徐維則《增版東西學書録》卷三　電學第十四

《電學須知》一卷，《格致須知》三集本，一册。

英傅蘭雅著。書凡六章，略論電性、摩電氣、吸鐵氣、化電氣以及發電諸器之利用，皆取淺近不及深奥，雖簡略，頗多新理。《求是報》有曾仰東譯《格致訓蒙電學》，未成。

《電學入門》一卷附圖，《格物入門》七種本，《西學大成》本。

美丁韙良輯。此書亦論諸電學之公理，與《重學入門》體例相似。丁氏長於公法，故所著書專以透明義理爲主，足爲初學入門之階也。

《電學測算》一卷，《格物測算》七種本。

美丁韙良著。凡三章，第一章測静電，第二章測流電，第三章測算阻力，亦設問答，繪圖衍式，演題附題，與《力學測算》同例。

《電學綱目》一卷，製造局本，一册，《富强叢書》本，《西學大成》本。

英田大里輯，英傅蘭雅譯，周郇述。大凡三十九章，三百五十七款，但搜集諸電學之大旨，提要分陳之，不詳言其理。初學宜先讀腦挨德之《電學》，復以此書作門徑推究其妙理，最爲有益。

《電學》十卷首一卷，製造局本，八册，上海石印本，《富强叢書》本，《西學大

成》本但刻首卷。

英腦挨德著，英傅蘭雅譯，徐建寅述。卷首總論源流，卷一論摩電學，卷二論吸鐵氣，卷三論生物電學，卷四論化電學，卷五論電氣吸鐵，卷六論吸鐵氣雜理，卷七論吸鐵電氣，卷八論熱電氣，卷九論電氣報，卷十論電氣時辰鐘及諸雜法。西人電學日精，此皆十年前舊説，然中土無新譯者，姑讀之。《彙編》六有英歐禮斐《論電》，又附論雷電，均可互證。

《電學總覽》一卷，廣學會本，一册。

英傅恒理譯著。凡七章，多言電報、德律風功用，書雖新出，而於近年講求之新理未能采譯。

《電氣成體》一卷，《知新報》本。

周靈生譯。顧補。

《説電》□卷，《萃報》本。

泰西甘能翰著。言電學各件試驗，詳明可讀。顧補。

《電學圖説》五卷，益智書會本，一册。

英傅蘭雅輯譯。論吸鐵氣、摩電氣、化電氣、電報、電鍍理法，各系以圖，語擇淺近，並多載新理、新法，爲《總覽》所未道者。原書大圖五幅，縮摹訂入，不損其真。《彙編》四有狄考文譯《侯氏電機》，可參觀。製造局印有英傅蘭雅、徐建寅譯《攝鐵器説》一册，未出。

又　附下之下　中國人輯著書下

《電學》二卷，曾紀鴻，未刻。

《電學問答》一卷，天津水雷局輯譯原刻本，《西學大成》本，《格致彙編》本。

《電氣問答》一卷，王平纂，天津水師學堂本。

《電學源流》一卷，不著撰人名氏，《西學大成》本。

《電學試驗》□卷，亞泉學館著，《亞泉雜志》本。

以上電學。

趙惟熙《西學書目答問》　藝學第二　電學

泰西電學創始于苟白得，在明神廟年間，近始深究其用，推闡日精，新理益出，譯本已嫌太舊，然愈於已也。

《電學》十二卷，訂六册，英瑙挨德撰，英傅蘭雅譯，徐建寅述，製造局本。

《電學入門附圖》一册，美丁韙良撰，同文館本。

《電學綱目》一册，英田大里輯，英傅蘭雅譯，周郇述，製造局本。

《電學問答》一册，天津水雷局譯本。

《通物電光》四卷附圖，訂一册，美莫耳登撰，英傅蘭雅譯，王季烈述，製造局本。電氣爲近時新學，其用甚大，據彼中人云此學精深靡涯，現在討論而得者不過百之二三耳，是書新出，能以電光通物，如照一人形則全身之骨節均見紙上，大有益於醫學者也。

《電學鍍金》四卷，訂二册，布金楷里譯，徐華封述，製造局本。是書在《西藝知新》續刻中，有單行本。

《電氣鍍金略法》一册，英華特纂，英傅蘭雅譯，周郇述，製造局本。

《電氣鍍鎳》一册，英傅蘭雅譯，徐華封述，製造局本。

《電學圖説》一册，英傅蘭雅輯，益智會本。

王景沂《科學書目提要初編・格致科》

《電學圖説》同上，五卷。

《通物電光》美國莫耳登撰，英國傅蘭雅長洲王季烈同譯，四卷。

又　《工藝科》

《電氣鍍金》英國華特撰，英國傅蘭雅臨海周郇同譯，一册。

《電氣鍍鎳》英國傅蘭雅無錫徐華封同譯，一卷。

《無線電報》英國克爾撰，美國衛理上海范熙庸同譯，一卷坿補編一卷。

右電氣工學三種。電氣工學，亦工科一專門業也。泰西人之究物理，非徒侈其神怪可喜，必使其曲折爲我利用焉。電學發現最晚，影響百科日進，靈奇即工藝可見已。

《江南製造局譯書提要》卷二《電學》

《電學全書》十卷　首一卷

英國瑙挨德撰，傅蘭雅口譯，無錫徐建寅筆述。論説詳明，誠電學入門之要書也。

首卷　初知電氣至弗蘭克令時　弗蘭克令至初知化電氣時　化電氣并兑飛所試各事　吸鋏電并近時新理

第一卷　磨電氣　測騐電氣　附電氣　發與容之氣　來頓瓶空氣中之電氣

第二卷　吸鋏氣

第三卷　生物電氣

第四卷　化電氣　發化電氣之器　化電氣之力　化電氣化分之力　發熱發光

第五卷　電氣吸鐵

第六卷　吸鐵氣雜理

第七卷　吸鐵電氣

第八卷　熱電氣

第九卷　電報　陸地電報　海底電線

第十卷　電鐘及諸雜法

《通物電光》四卷

美國莫耳登撰，傅蘭雅口譯，長洲王季烈筆述。有圖九十一。此書爲實驗電學者不可不讀，與無線電報同爲電學中最新之法。

第一卷　論各名目解説　弗打　安培與科倫伯　歐姆　瓦特　電容積與微法拉特　附電氣

第二卷　論各種器具　發電氣　附電圖　各種克路克司玻璃泡　顯光器　照相器

第三卷　論各事手工　捻合式之器與通達電路各法　通物電光之性情　通物電光之根原與其論證據　通物電光與真空所有之相關　用通物電光照相之初工　用顯光器並用平常照相鏡所顯之形

第四卷　論醫學内致用之益　看人身體合法之影　看骨節折斷或脱節等病及不合法之影　看骨節堅硬　牙科　看體内有異質　看輭肉質並體内各器之方位　用此光定讞　用此光滅微生物

《無線電報》一卷

英國克爾撰，美國衛理口譯，上海范熙庸筆述。凡八章。詳述考得無線電報之法，甚明晰。電學自此乃大進步，不可不知也。

第一章　論或謂東方人能不用線發號過空氣而至遠處

第二章　論有無實質

第三章　論空氣與以脱之顫

第四章　記林得西雅各波滿

第五章　論潑利衡試驗感電

第六章　論馬柯尼試驗赫而此浪

第七章　論勞德基及他人試驗赫而此浪

第八章　論無線報之用

《電學測算》一卷

撰人失名，長洲徐兆熊譯述，烏程王汝駒、江寧陳炳華校勘。凡十一章，附表。電有流力、動力、阻力三者爲最要。而又有電池、磁電之兩法。或相需，或分用。此書專詳測算電力，每章俱係設題，可作教課之用。

第一章　名義　路　時　力　程功　能力　質體重　最要之主數　生格秒主數及實電學主數　命名之義　習用之式

第二章　俄末之例　總例　由總例化得六例　單綫題　反向之電池　電路之各節　分綫題　計算分綫所過之電及合阻力之法

第三章　傳電力　阻力　同質傳電線阻力之比　同阻力傳電線之比　二線阻力之比　阻力率　求阻力之公法　重與阻力之比傳阻力　俄末例以傳電力之數代阻力

第四章　動力　支線内消去之動力及支線之粗細　推算支線逐欵粗細之法

第五章　圓密爾　以圓密爾爲面積之主數　以圓密爾法求阻力及支線之粗細

第六章　傳電傳法　三線傳電法　推算傳電之法　交流　增減平原電線之粗細　推算附電圈及銅絲轉數

第七章　程功能力　電流之能力及生熱力　由尤爾之例生發之各例　尤爾　一秒時所生之熱　瓦特數及盎彼數與時之比例　容熱力　電流使傳電線生熱　保險絲　電流所程之功　電氣馬力　生力成數及實成數

第八章　電池　化器排列法　推算電流公法　化器排列之公例　已知所需之動力及流電求化器之數及排列法　生力成數　電池内化合之理　計算動力法　電池所程之功　電池生力成數　電池内所消之材料　電氣化分襍質

第九章　磁電　代那模發電機　電動機　磁界　吸鐵力線　傳磁力　阻磁力　生磁磁電力　磁流　已知磁之吸鐵線數求所須電之盎彼轉數　推算磁流之法　磁漏　磁漏推算之式　代那模銜鐵　銜

鍊之電動力及傳電量　鼓形銜鍊　代那模之電磁卡氏吸鍊力線

第十章　各法之証

第十一章　以十三乘方推算各法

《廣學會譯著新書總目・電學》

《電學圖説》　一本，價洋四角

《電學紀要》　英李提摩太君著，常州程攷嘉述，爲電學中最簡明而切近之書。一册，價洋一角

《電學總覽》　計七章，美國博恒理譯著。一本，價洋五分

【略】

《電學須知》　格致學内有一電學焉，精微甚細，奥妙無窮，小之可試以玩娱，大之可施諸實用。如鍍金也，飾器皿以美觀。達電信也，縮千里如覿面。燃作燈燭，燈光如日，照夜似書。至於放電燃礮，有用於軍武。運機代織，有用於工藝。製針指南，有用於航海。造鐵引電，有用於防雷。是皆由電學考究而出者。一册，價洋八分

紀事

《時務報》[光緒]二三年八月一一日《英國報譯・曷格司射光二則》

曷格司射光　譯美國《格致報》西七月廿四日

美國開力福尼亞省，有醫生名郁克姆者，以曷格司射光西人郎勤以新法製成一種機器，名曰曷格司射光。凡人身及金類經此機器一照，即能洞見其蘊。照一病人之瘡管，並用照相鏡攝留一影。當照相時，病者之旁偶有一石，迨照畢，曬上紙片，以察瘡管之病，則見身旁之石中現斑點，遂察出石内有金，乃知此曷格司射光，非特能照人身，無微不見，且可以察石中之蘊。醫生今得此法於無意之中，自是而後，凡地學家、金石家，皆可持此以考察各種鑛産矣。

又　譯上海《字林西報》西八月十九日

倫敦《威斯明斯他》報言，近日法國税關試用曷格司射光，以驗貨物行李。其中所藏，纖悉靡遺，而偷漏私運者，無從作弊矣。當試用此射光時，圍而觀者甚衆。見其器如一小千里鏡，以鈾鹽之類，揸擦玻璃，然後用以照物。照時見有一盒，上標一籤曰瓷器，以此照之，中現蛋形瓷盆一。又有一包標其籤曰鞋，復以照之，見内有女鞋一對，旁有圓球二。訝之，啓其包，則杏子二枚，携自挨爾期里阿者。亞非利加地，在地中海之濱。又一盒，題曰貨樣，關吏頗疑之，以平時私帶紙煙雪茄，皆曰貨樣，試以照之，果埃及紙煙三盒，每盒百枝，并英國自來火二盒。斯時觀者如堵，咸嘖嘖稱奇，以爲見所未見，且皆稱便不置云。

圖録

合信《博物新編》一集《電氣論》

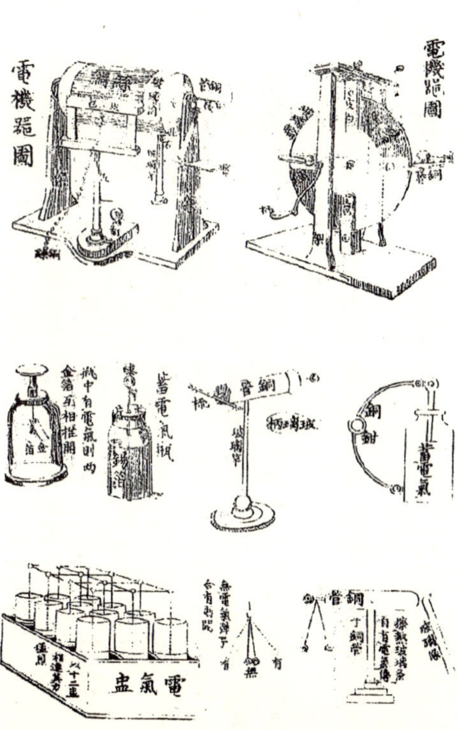

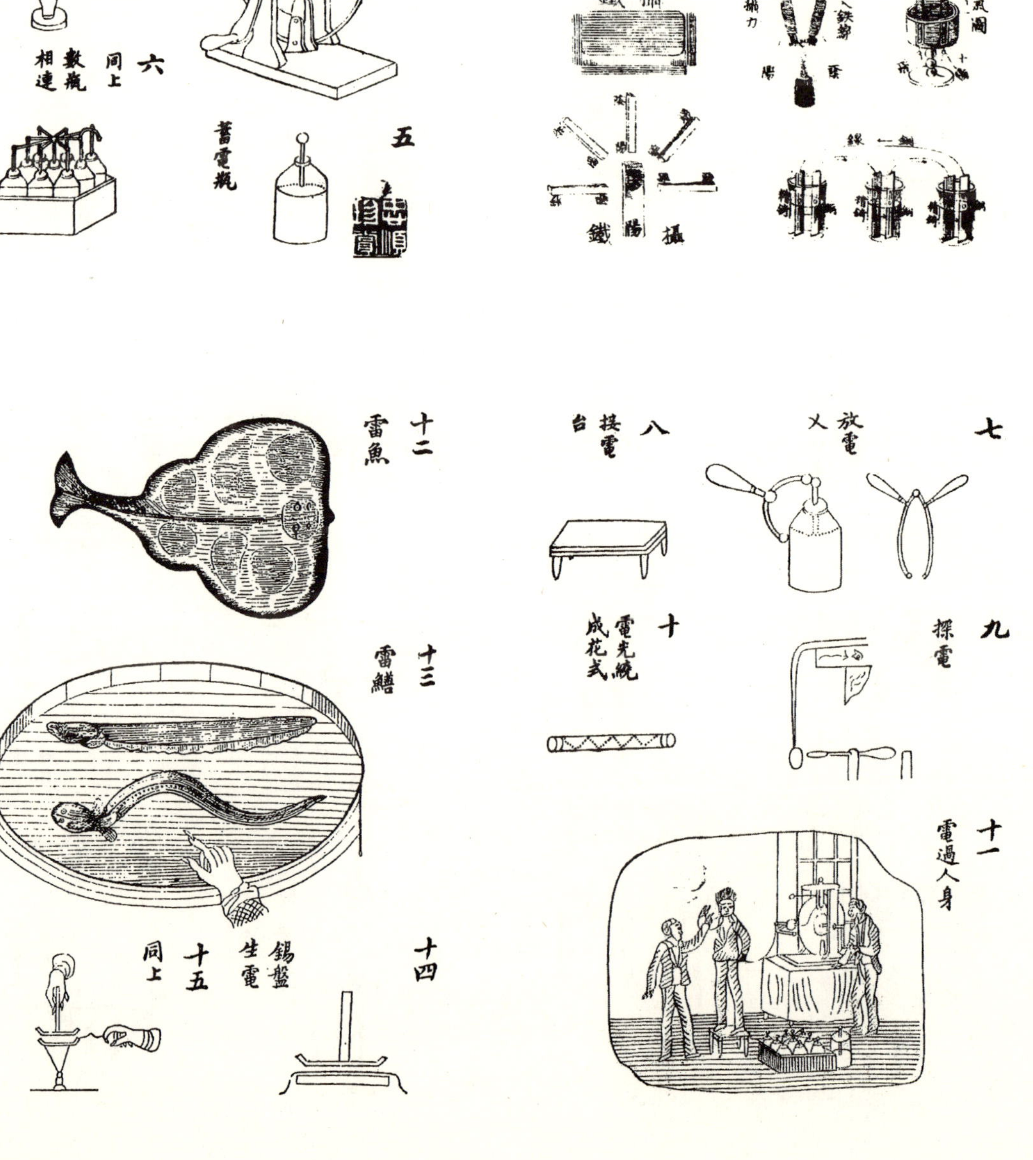

丁韙良《格物入門》卷四《電學上》論乾電

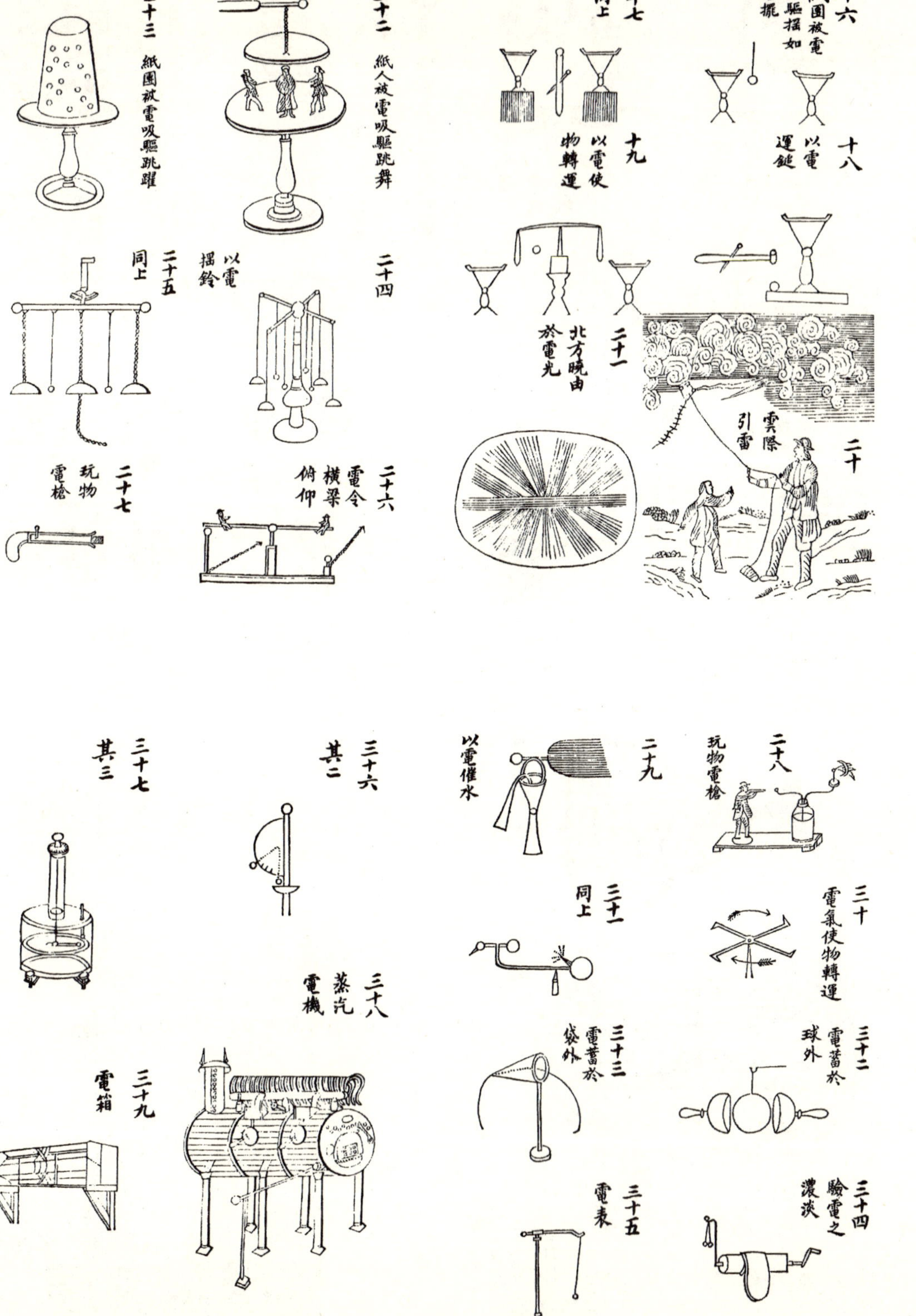
十六 紙圜被電吸驅摇如鐘擺
十七 同上
十八 以電運鏈
十九 以電使物轉運
二十 雲際引雷
二十一 北方曉由於電光
二十二 紙人被電吸驅跳舞
二十三 紙圜被電吸驅跳躍
二十四
二十五 同上 以電摇鈴
二十六 電令横梁俯仰
二十七 玩物電槍
二十八 玩物電槍
二十九 以電催水
三十 電氣使物轉運
三十一 同上
三十二 電蓄於球外
三十三 電蓄於袋外
三十四 驗電之濃淡
三十五 電表
三十六 其二
三十七 其三
三十八 蒸汽電機
三十九 電箱

又《電學中》論溼電

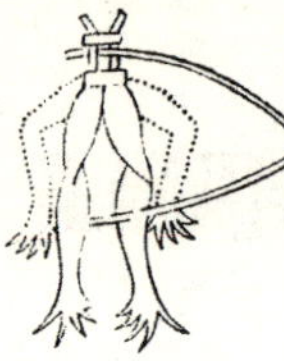

四十 二金生電由死蛙跳躍悟出

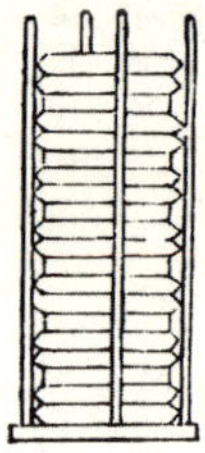

四十一 溼電堆

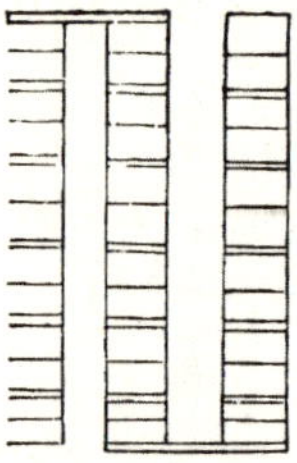

四十二 同上

四十三 溼電池

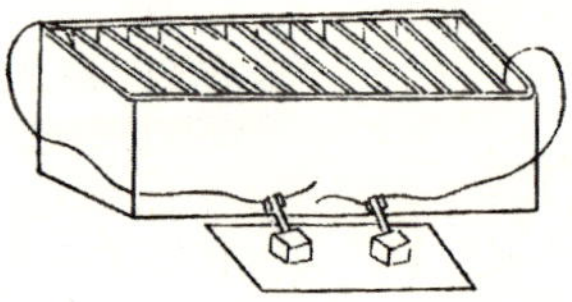

四十四 其二

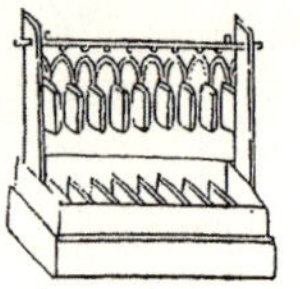

四十五 其三

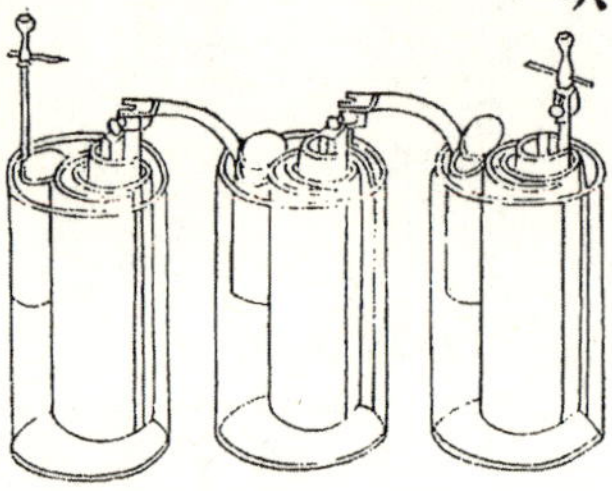

四十六 但氏電池

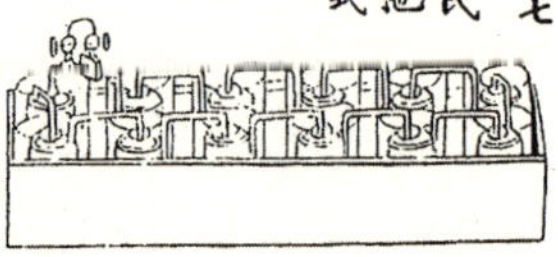

四十七 葛氏電池外式

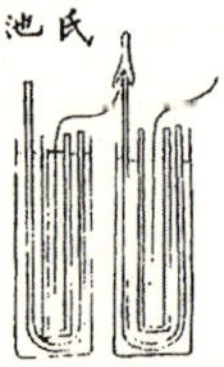

四十八 葛氏電池内式

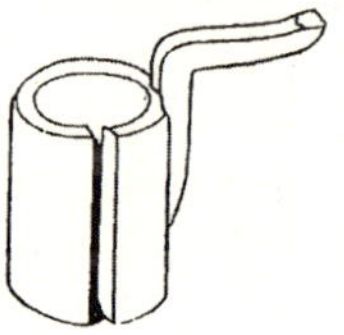

四十九 電池内用白鉛筩

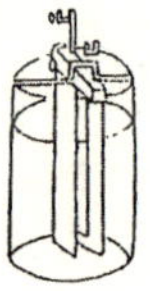

五十 斯美氏電池

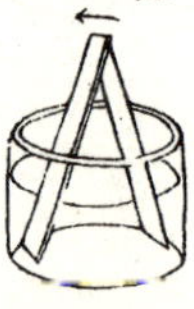

五十一 以電化水爲二氣

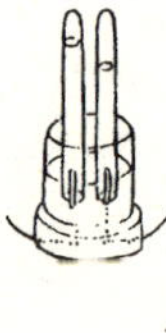

五十二 其二

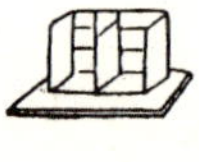

五十三 濕電化物

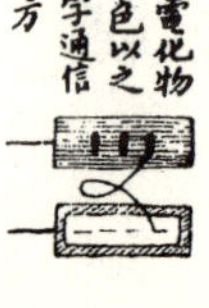

五十四 濕電化物變色以之作字通信速方

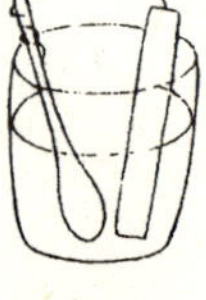

五十五 以電包金

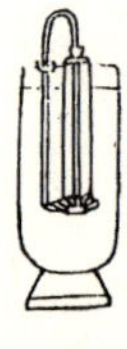

五十六 其二

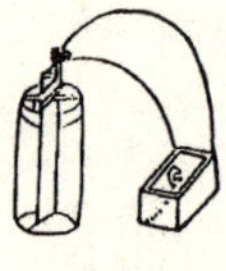

五十七 其三

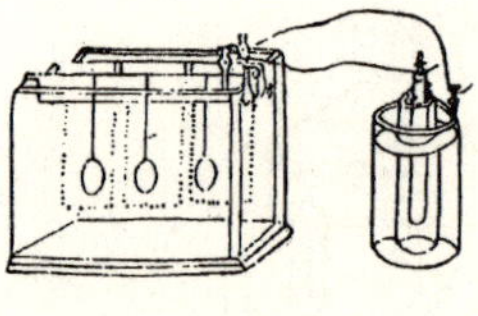

五十八 其四

五十九 電化銅板

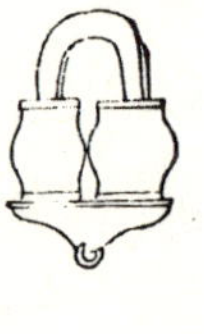

六十 電氣吸鐵

六十一 螺絲圈 同上

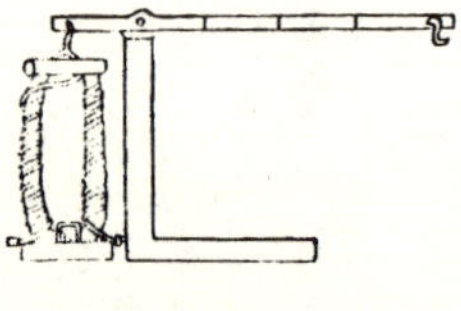

六十二 電稱

六十三 馬掌吸鐵 直條吸鐵

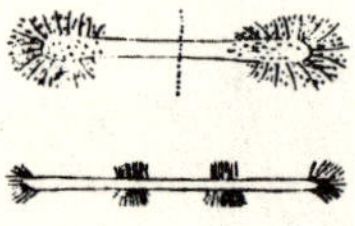

六十四 磁石吸鐵力在兩端

又　附論磁氣

六十五　磁氣運行以鐵屑形容之

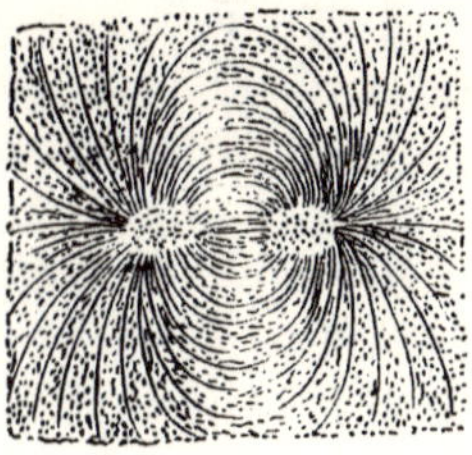

六十六　磁石吸力離中漸大

六十七　二極異同圖

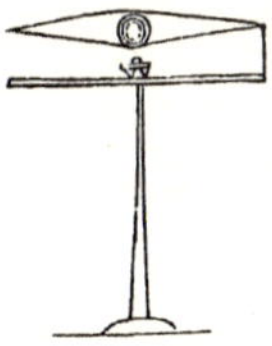

六十八　其二

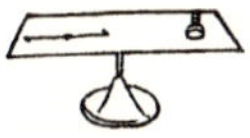

六十九　其三

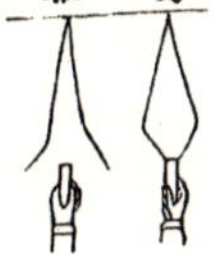

異則吸

同則驅

七十　磁石傳力圖

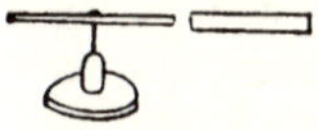

七十一　磁石吸鐵圖

七十二　磁氣於地球東西運行合鍼指南北圖

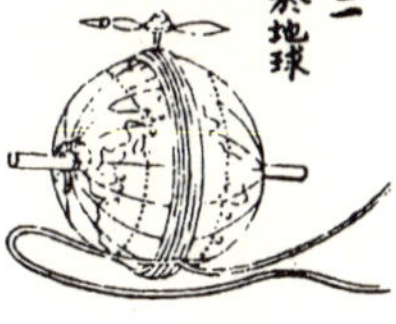

七十三　電氣運行電極與地極不同圖

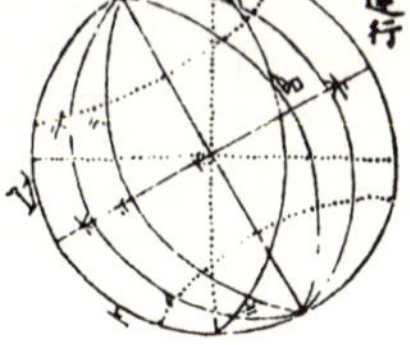

七十四　定北鍼偏下圖

七十五　定北鍼偏東西圖

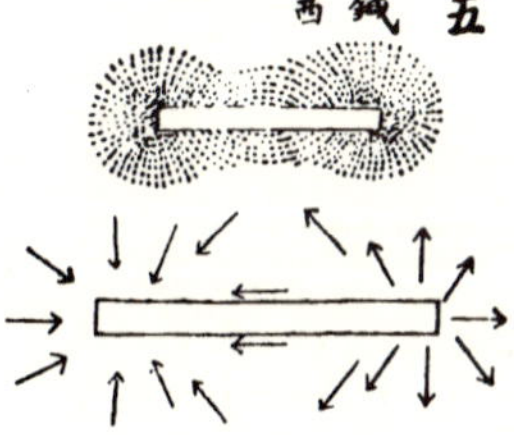

又　《電學下》論電報

七十六

定北羅盤

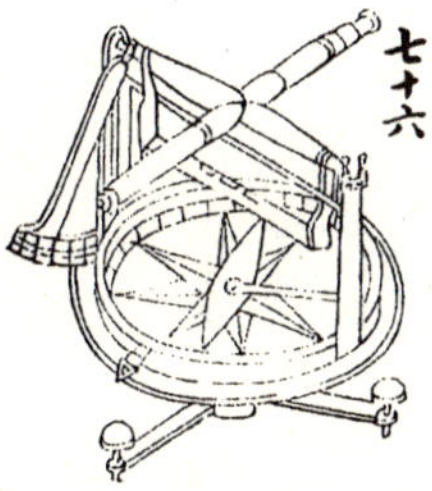

七十七

無極鍼

七十八　電報吸鐵

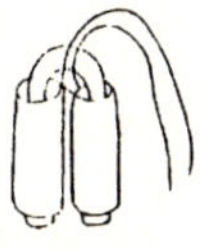

七十九

電報機式磁鐵豎立

八十　電報機式磁鐵平臥

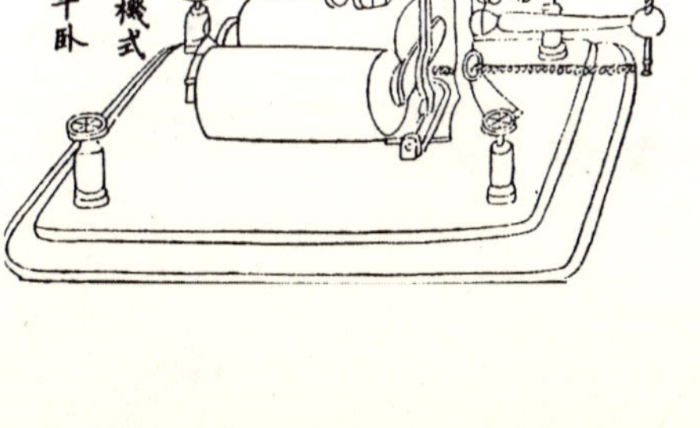

八十一　副磁鐵並畫字機

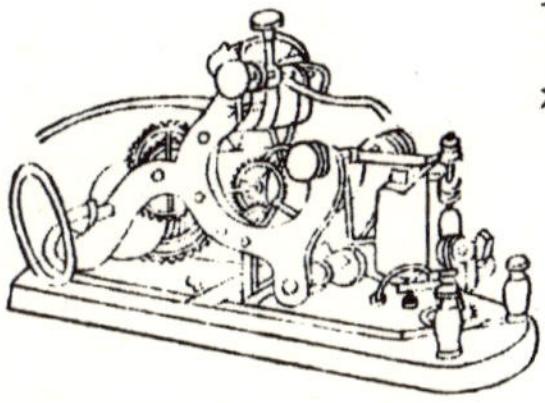

八十二　電輪

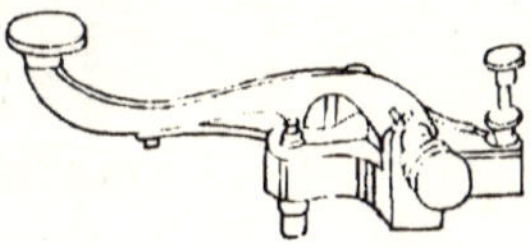

八十三　電報印字機

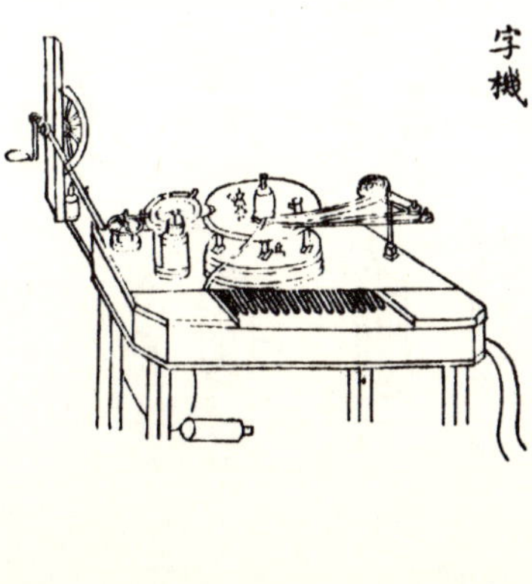

傅蘭雅《電學圖說》卷一

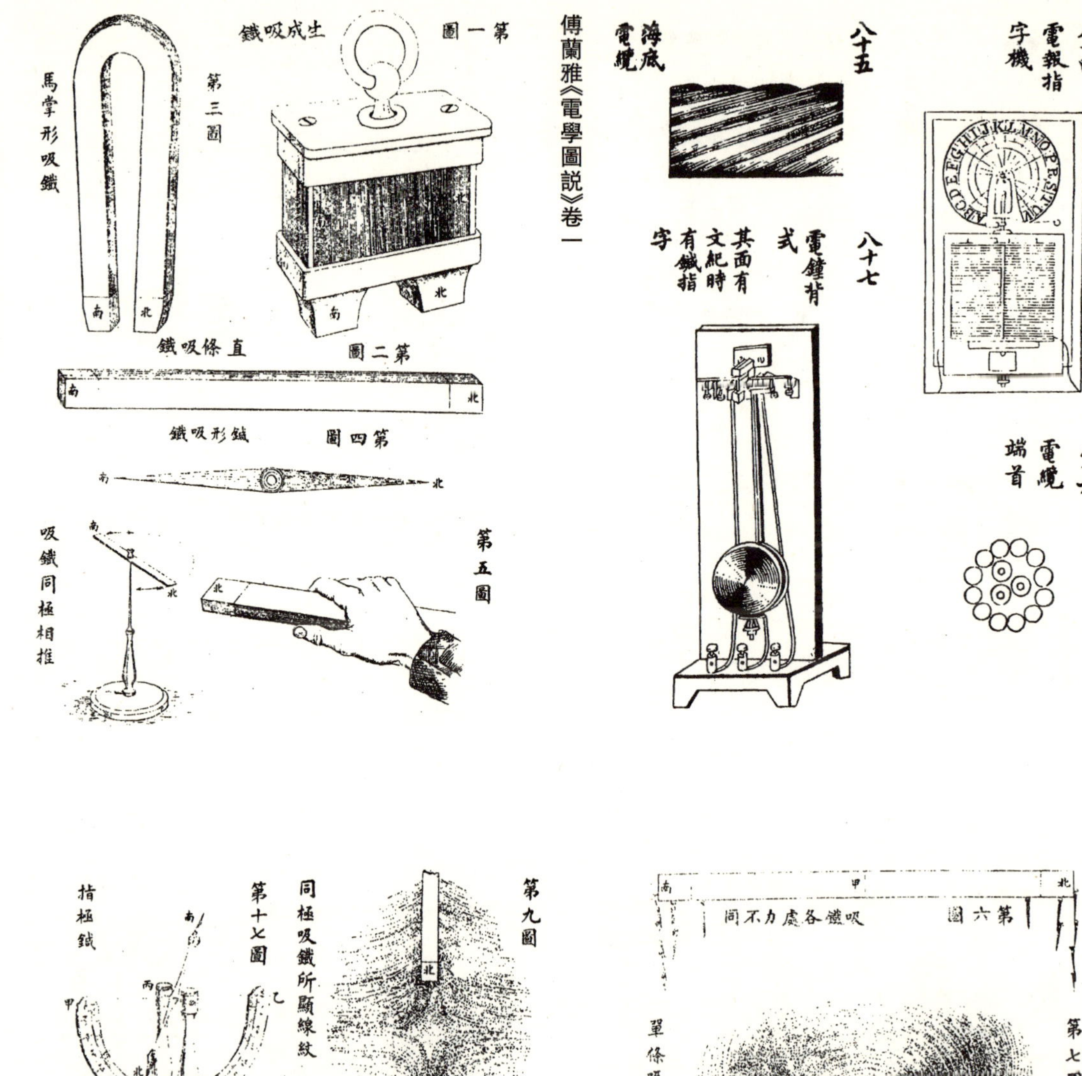

第六圖 吸鐵各處力不同

第七圖 單條吸鐵所顯線紋

第八圖 異極吸鐵所顯線紋

第十圖 吸鐵質點南北相間

第九圖 同極吸鐵所顯線紋

第十七圖 指極鍼

第十一圖 吸鐵吸引輭鐵顯附吸鐵力

第十二圖 吸鐵安卸鐵法

第十三圖 單傳吸鐵力法

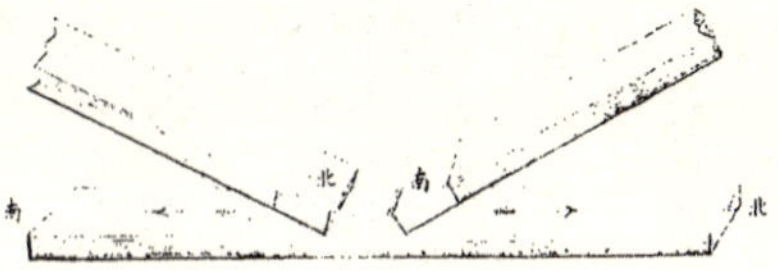

又 卷二

第十四圖 雙傳吸鐵力法

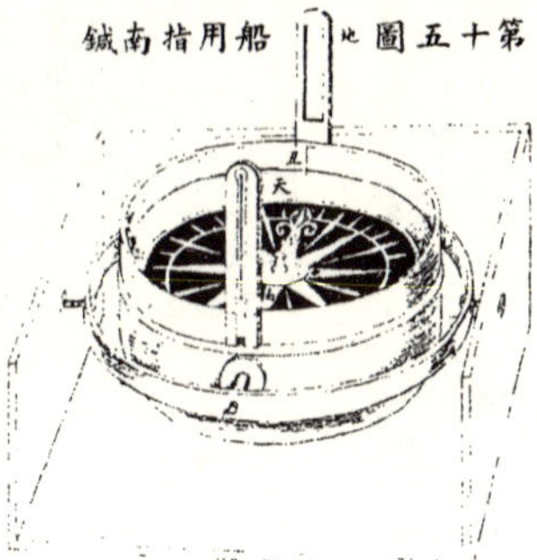

第十五圖 船用指南鍼

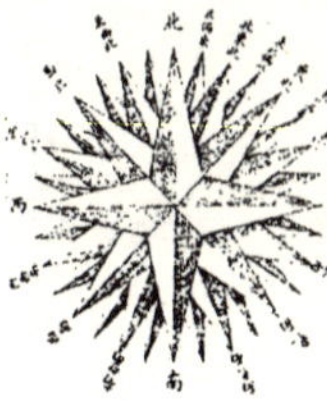

第十六圖 羅盤三十二向

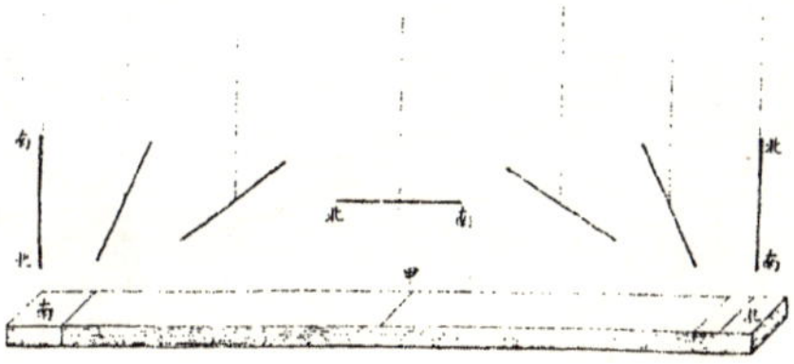

第十八圖 以吸鐵器試指極鍼斜度法

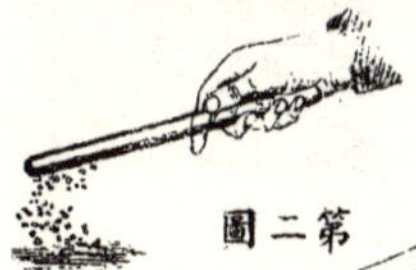

第一圖 摩擦玻璃能引輕體

第二圖 摩擦玻璃能引動木條

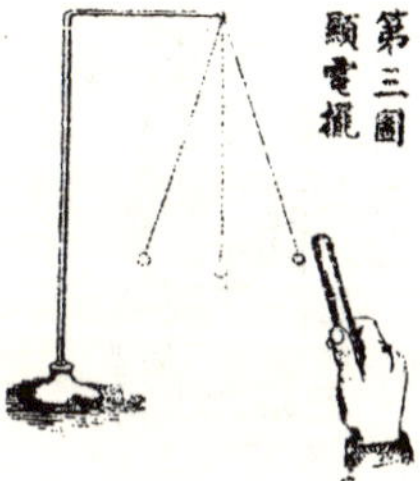

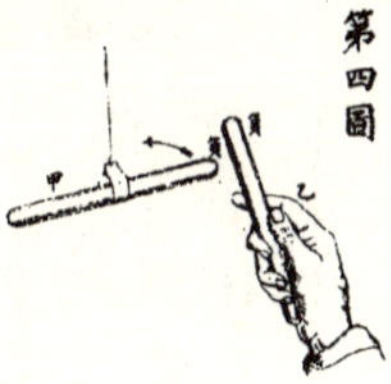

第四圖 試電正負

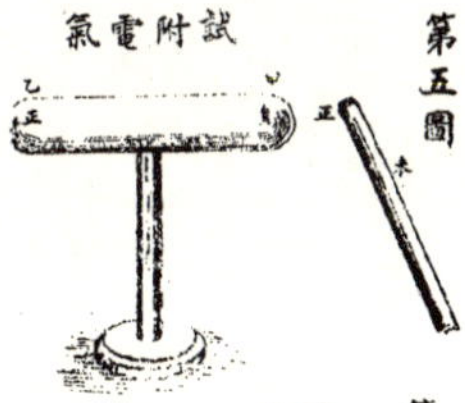

第五圖 試附電氣

第三圖 顯電擺

第六圖 金箔顯電器

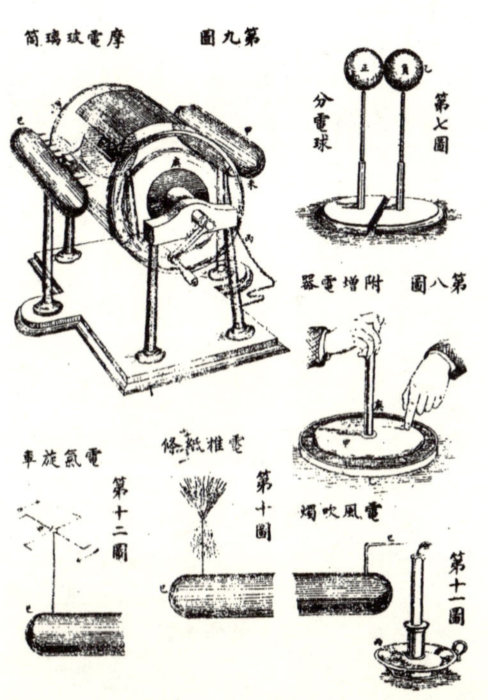

第九圖 摩電玻璃筒

第七圖 分電球

第八圖 附增電器

第十圖 電推紙條

第十一圖 電風吹燭

第十二圖 電氣旋車

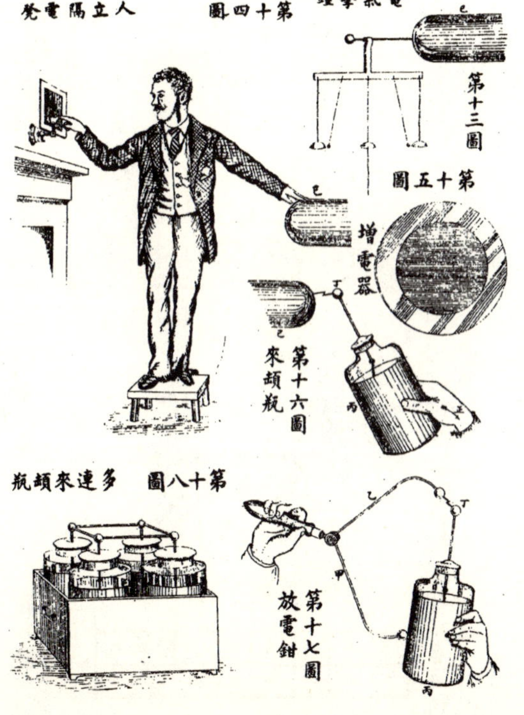

第十四圖 人立隔電凳

第十三圖 電氣擊鐘

第十五圖 增電器

第十六圖 來頓瓶

第十七圖 放電鉗

第十八圖 多連來頓瓶

又 卷三

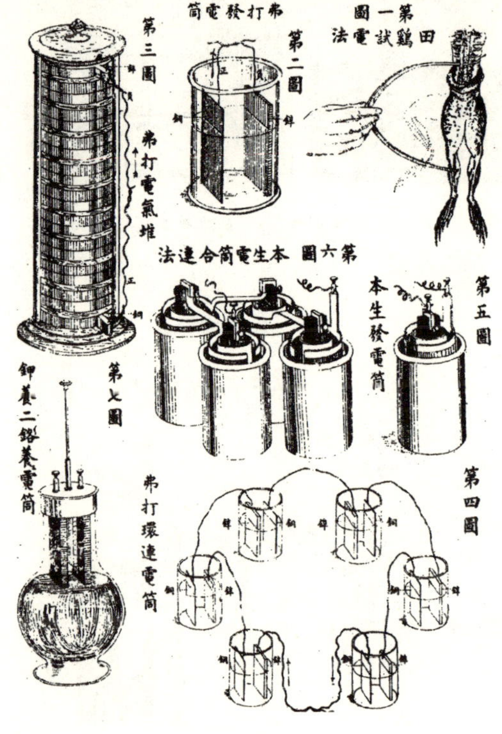

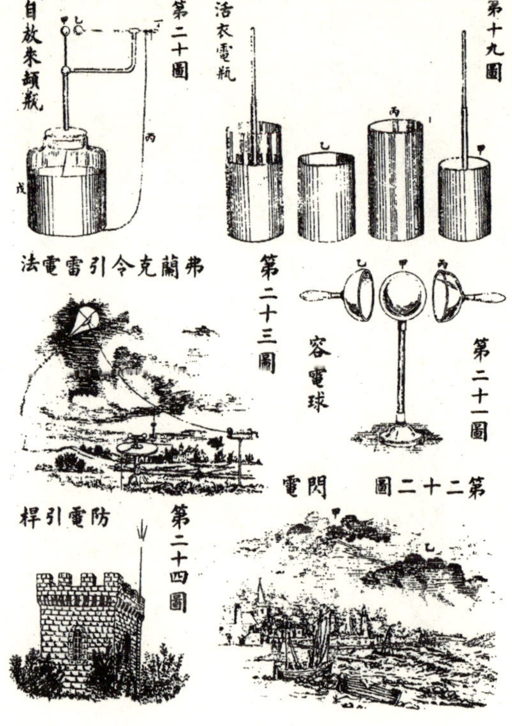

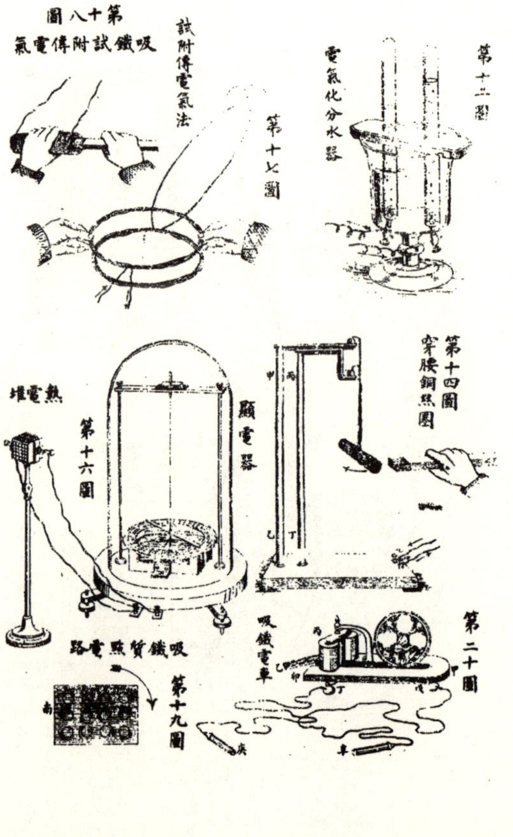

第一圖 田鷄試電法
第二圖
弗打發電筒
第三圖
弗打電氣堆
第六圖 本生電筒合連法
第五圖
本生發電筒
第七圖
鉀養二鉻養電筒
第四圖
弗打環連電筒

第十九圖
活衣電瓶
第二十圖
自放來頓瓶
第二十一圖
容電球
第二十三圖
弗蘭克令引雷電法
第二十二圖 閃電
第二十四圖
防電引桿

第十八圖
吸鐵試附傳電氣
第十七圖
試附傳電氣法
第十二圖
電氣化分水器
第十四圖
穿腰銅絲圈
第十六圖
熱電堆
顯電器
第二十圖
吸鐵電車
第十九圖
吸鐵質點電路

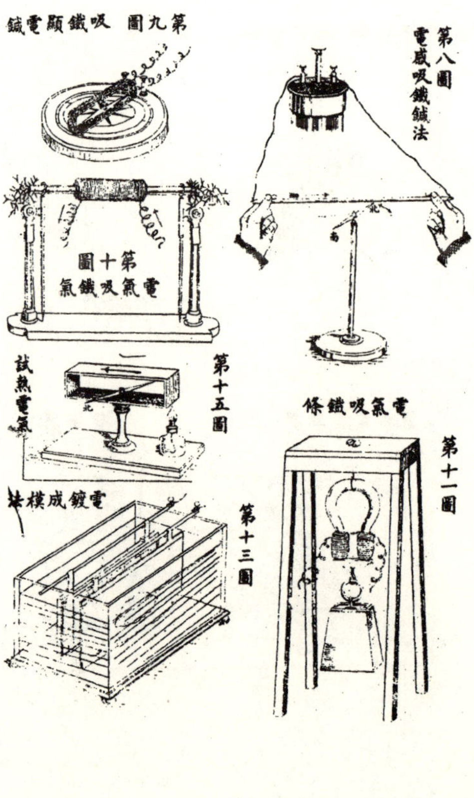

第九圖 吸鐵顯電鍼
第八圖
電感吸鐵鍼法
第十圖
電氣吸鐵氣
第十五圖
試熱電氣
第十一圖
電氣吸鐵條
第十三圖
電鍍成模法

又 卷四

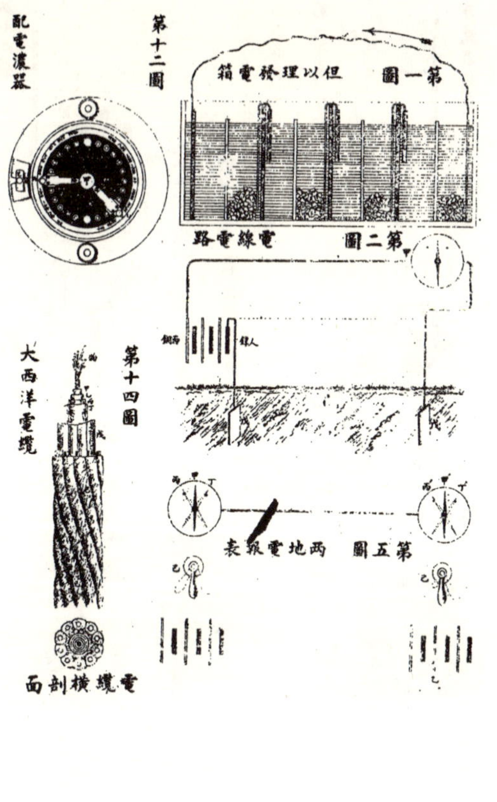

第一圖 但以理發電箱

第二圖 電線電路

第十二圖 配電瀘器

第十四圖 大西洋電纜

電纜橫剖面

第五圖 兩地電報表

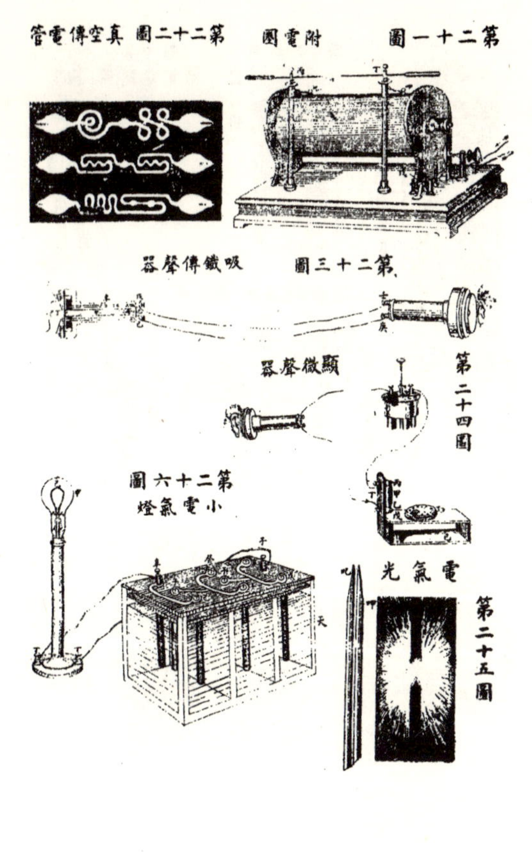

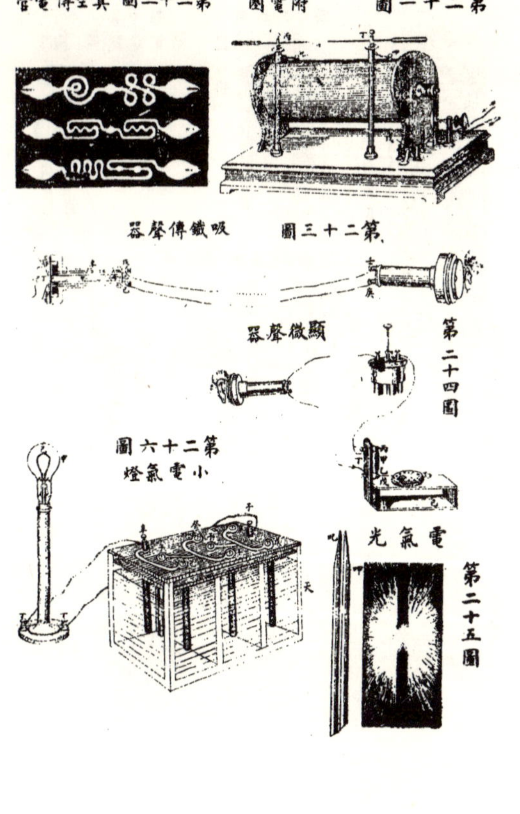

第二十一圖 附電圖

第二十二圖 真空傳電管

第二十三圖 吸鐵傳聲器

第二十四圖 顯微聲器

第二十六圖 小電氣燈

第二十五圖 電氣光

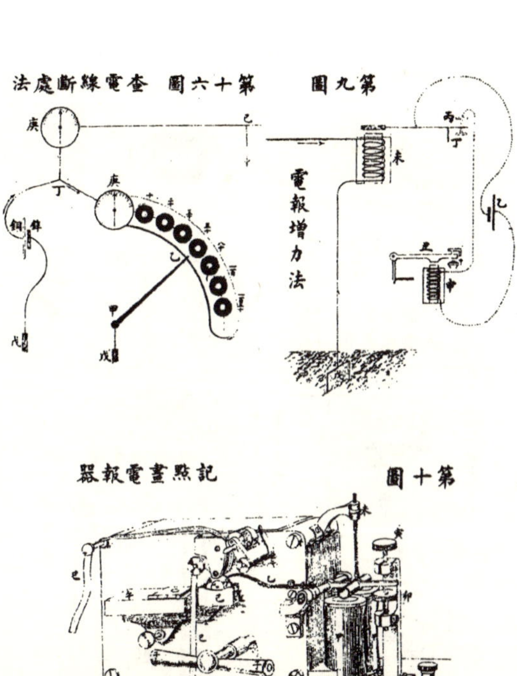

第九圖 電報增力法

第十六圖 查電線斷處法

第十圖 記點畫電報器

第四圖 反向器

第三圖 電報表

第八圖 電氣鐘

第六圖 電閘

第七圖 電報响器

又 卷五

第一圖 鋅板試電法

第二圖 鋅銅二板生電法

第三圖 電氣鍍銅法

第四圖 環連電器法

第五圖 銅板發電筒

第六圖 鋅板發電筒

第七圖 司米發電器

第十圖 弗打電堆

第八圖 胡拉司登發電器

第九圖 本生發電筒

第十一圖 衆通電報電線聯法

第十三圖 自行電報打孔字號

第十五圖 回光測電法

第十七圖 器裏鍍金法

第十九圖 熱發電器

第十八圖 鍍銀藥水箱

第二十一圖 力生電機器 即增力吸鐵電器

第十二圖 但尼里電筒合連法

第十一圖 但尼里發電筒

第十四圖 巴丙登發電箱

第十三圖 攪炭條發電筒

第十六圖 鍍銅模藥水箱

第十五圖 鍍銅模法

傅蘭雅　林樂知《電學須知》

第二十圖
制電阻力圖
第二十二圖
電燈炭條發弧光
第二十三圖
鍍銅模藥水箱連電器法
螺絲夾
圓接螺絲
螺絲夾
螺絲夾
接螺絲夾
螺絲夾
方接螺絲
第一圖
弗蘭克令紙鳶引電法
第二圖
熱發電器
第三圖
第五圖
顯電擺
附增電器
第七圖
電推紙條
第八圖
電氣旋車
第四圖
試附電法
第九圖電風吹燭
第十圖
電氣紙人
第六圖
摩電機器
第十一圖電氣擊鐘
第十二圖來頓瓶
第十三圖放電鉗

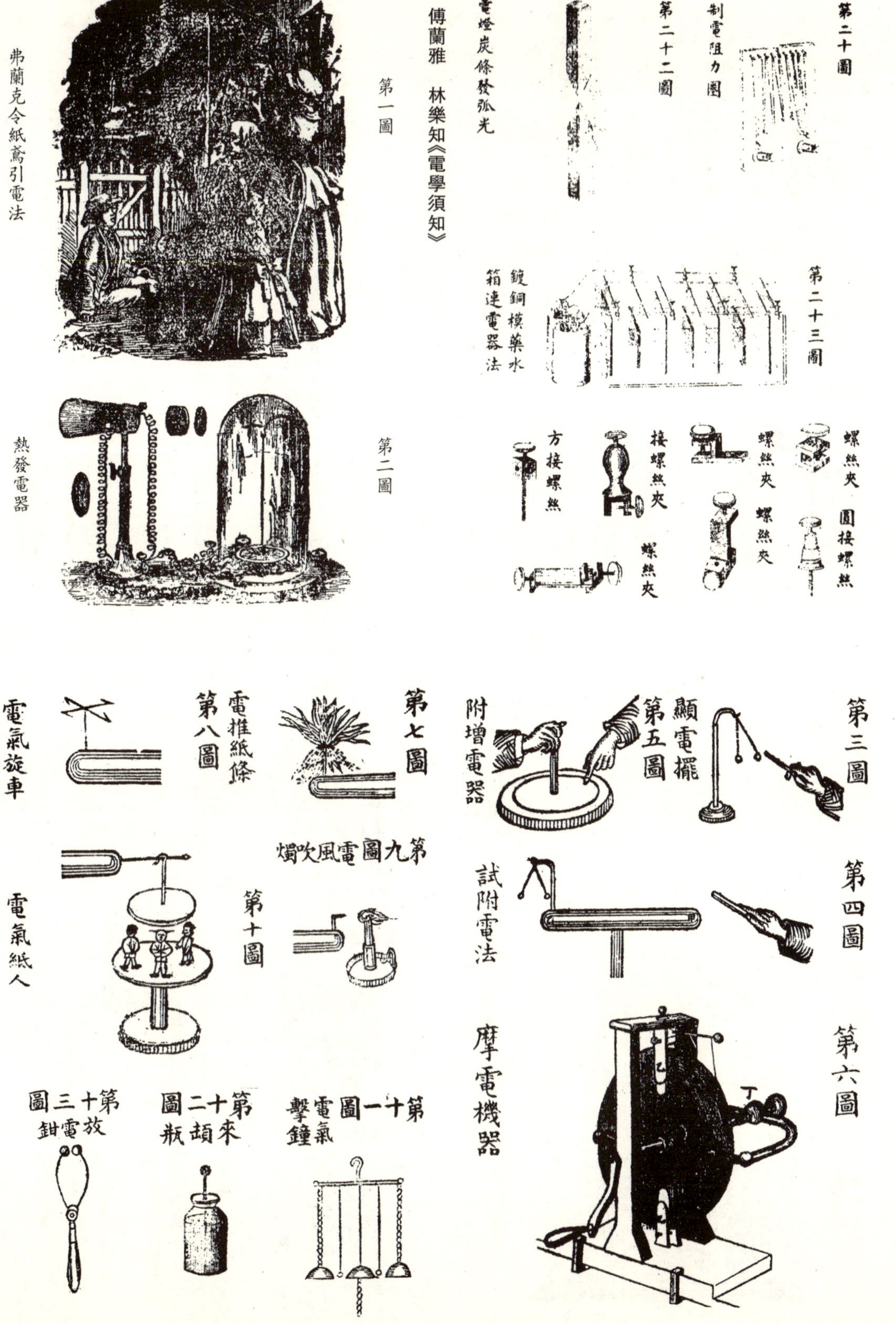

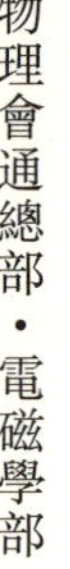

第十四圖 吸鐵條式

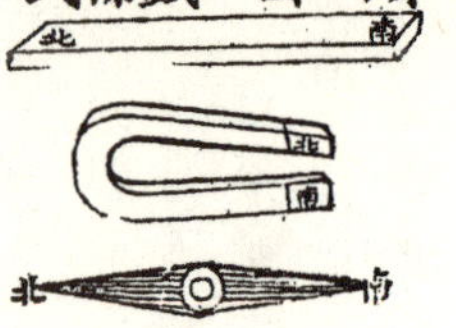

第十五圖 吸鐵曲線紋

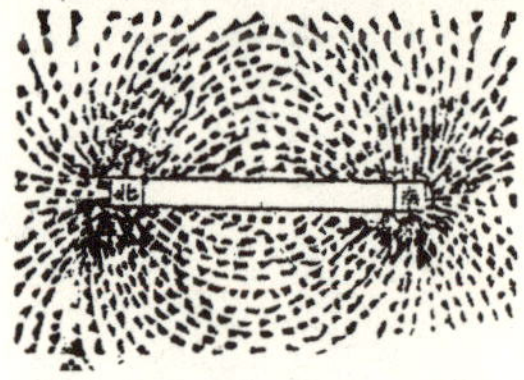

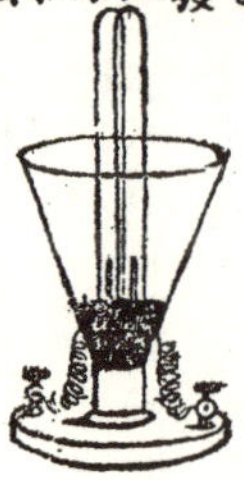

第二十一圖 電氣化分鹽類之彎

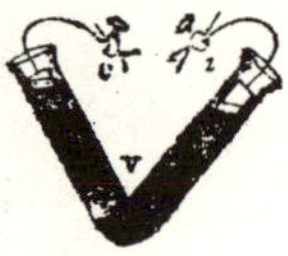

第二十二圖 試電器吸鐵力法

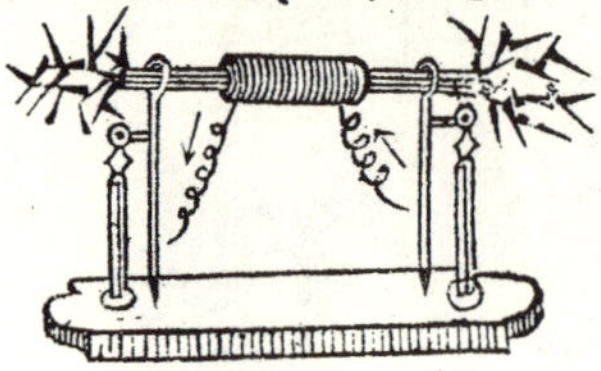

第十六圖 吸鐵曲線紋

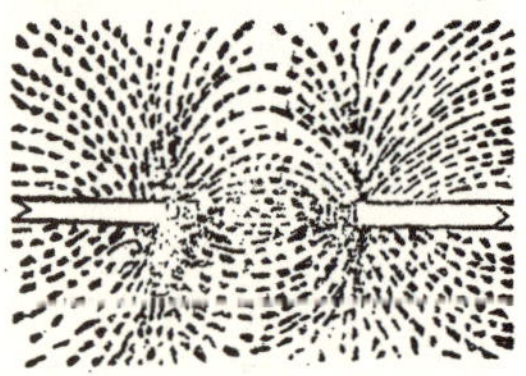

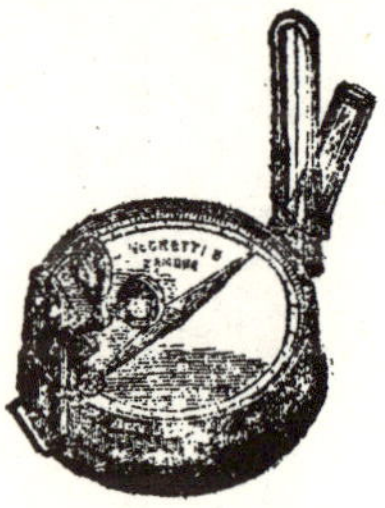

第十七圖 吸鐵曲線位

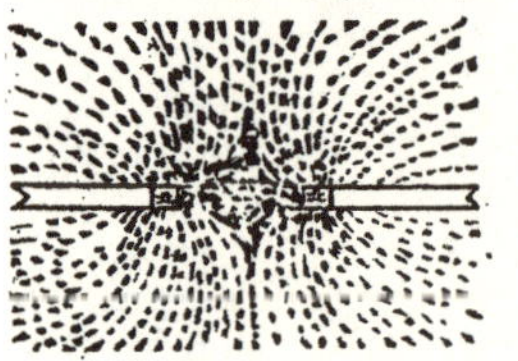

第二十四圖

第二十五圖 電氣弧光

附電氣圈

第十八圖 側向羅盤

第十九圖 發化電簡法

第二十圖 電發化分水法

第二十三圖 電氣吸鐵條

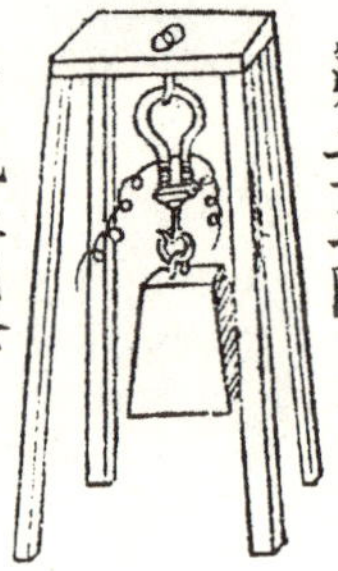

第二十六圖 電氣堆

第二十七圖 司米發電筒

第廿九圖 但尼里發電筒

第二十八圖 多連司米電器

第三十四圖 銅管發電筒

第三十五圖 銅板發電筒

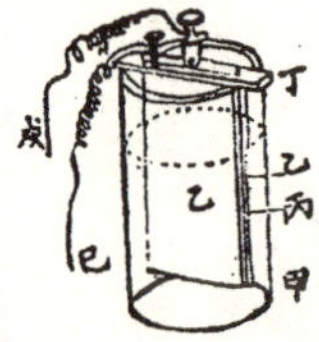

第三十圖 顧路弗發電筒

第三十六圖 吸鐵發電器

第三十一圖 紅礬發電瓶

第三十二圖 磁砂發電瓶

第三十三圖 本生發電筒

第三十七圖 電氣渡銅

第三十八圖 電氣鍍鉗

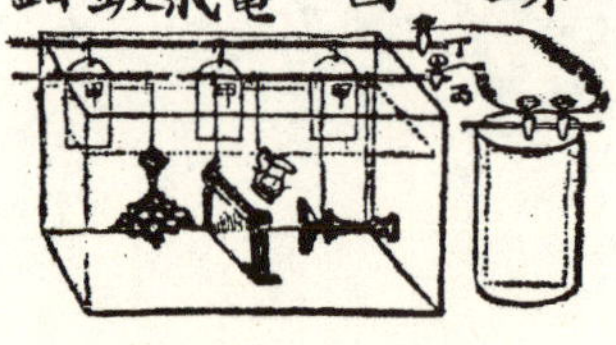

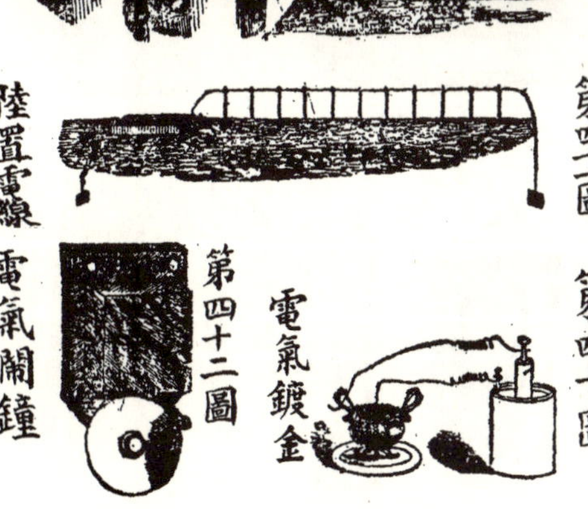

赫士《光學揭要》光學附　然根光雖名爲光，亦關乎電，終難知其屬於何類。以其與光畧近，故權名之爲光。

何爲然根光　光緒二十一年冬季，有德之格致士名然根者，用虛無筒試電冷光之時，偶得一奥光，能透過木板，遂喜疑交集，不能解其何故。後又接前法試之，凡紙、布、皮肉、羽毛等物，亦能透過，骨則微微能透，而金類幾乎全不透。然最薄之金類片，間有能透者，如鉟片是。若有金類藏於皮袋、木箱之中，雖隔數層，亦能悉見。但其理甚奥，無人能解，故西國又名X線，X，即愛革斯。因X字本西國代數學中用以代未知幾何之首字也。茲取此爲名，即表明不解爲可光也。鉟，即昔之鋁也。

然根光與他光不同　此光與他光之不同者有三：一、惟生於電。二、不能徑見。三、遇鑑不返，入鏡不折。夫曰惟生於電者，非敢謂無他法能生也，第據所知之法試之則然。曰不能徑見者，無法能見也，然置數種顆粒於其道中，但見其所生冷光而已。至於不返不折之故，亦不能解。或後日有法使之返折亦未可知。然既不返不折，似無法使其聚於光心而更濃矣。

何以知然根光之有無　此光既不能見，則其有否必須設法試之。而法之可據者，今有其三。一、以帶乾電之物顯之，若虛無筒所發之光中有此等線，以帶乾電之物近之，即失其電。二、以乾片顯之。若以乾片顯然根光，其法如下。以虛無筒之兩端，連於電機之二極，將乾片放於暗匣，或以黑紙裹之亦可。使其暗面向上，距筒若四五寸許。暗匣上置金類之物，畧待幾分時，即將乾片按法顯之，則所置之物其像可見。若將手置其上，則手之肌肉指甲等，僅能微阻其光，而其骨幾能全阻。後按法顯其像，則手之骨節清晰可見。若再將下所言之冷光片置於手上，則其像更清晰矣。然此等像雖名爲像，實非像也，而與影相似。蓋像因光聚所成，此乃被阻而成者。三、以冷光顯之，此光雖不能徑見，而使射於幾種顆粒之上，則顆粒立顯冷光。而顆粒之顯光最佳者，有二：一、鋇鈂藍是也。藍，即前二之衰也。鋗鑴養四是也。鋗，即前之鈣也。然第一種顆粒縱或較第二畧美，而其價甚昂，似不必用。即以其任何種膠於不隔然根光之定質片上，或薄木板、厚紙片、硬橡皮片皆可。即爲冷光片器。如一百八十一圖。用時即以此手執之，使近虛無筒，如一百八十二圖。

第一百八十一圖

第一百八十二圖

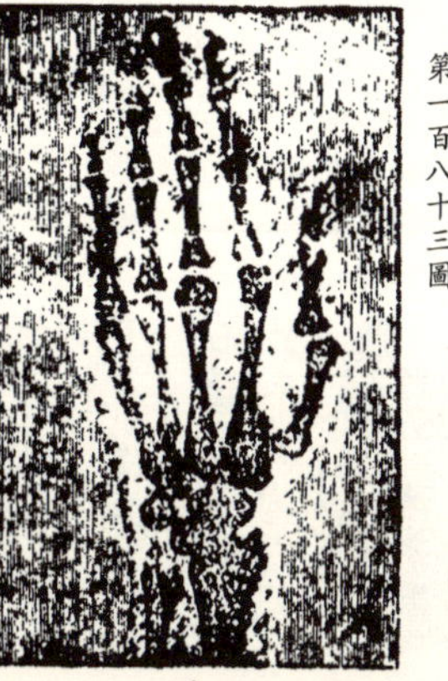

第一百八十三圖

若有然根光顆粒，即明；若無，則暗。後將彼手置於筒及冷光片之間，則手中之骨節可見矣。因骨阻處則暗，而血肉小阻，故仍明也。如一百八十三圖。若論手距虛無筒之遠近，其常率，自一尺至二尺即可。而器之最佳者，可距一丈餘。

虛無筒　電學所用之虛無筒，雖名爲虛無，實非虛無。因筒內之氣仍多也。故通電之時，筒中每顯紅紫等色之光，然使氣甚稀，則筒內不見有光。惟筒之玻璃顯冷光，而冷光之色，隨玻璃之料而異。此冷光非然根光也。而此時虛無筒中，必有然根光，其可取而用之者，皆出於陰極之對面。初次所用之筒，式如一百八十四圖，甲爲陰極，乙爲陽極，而然根光多生於丙處。甲與乙以鉑爲之。但此式之筒有二弊，一、所出之奧光多散而不濃，故不便於用。二、筒之丙處易熱，故筒易於壞焉。今有愛德森者，變其式如一百八十五圖。此等器用於副電機甚便，因二極之陰陽不時互換，而其光線仍出於筒之一面，故便於用焉。又如一百八十六圖，甲爲陰極，以鈧爲之，其形如杯。乙爲陽極，以鉑爲之，居於甲之中心。則自甲來之電，聚於乙，而生然根光。其光既自一點外發，故較濃耳。此式名獨心筒，用於文暑德或侯立斯電機，亦甚便焉。其筒力之較人者，如一百八十七圖，甲乙皆爲杯形之陰極，丙爲鈧製之陽極。此式發光甚多，名雙心筒。然須力大之電機，方可以上所言之諸筒，用之日久，其鈧絲因熱，即劈出黑鈧粉之如許微點，而粉及絲漸冷時，即收盡筒內之餘氣。待時略久，則筒中真虛無矣。無則不通電，此時若用酒燈煨筒，則鈧之微點即將所收之氣放出，乘此機通電，又可得此奧光。然此法可暫而不可久。今又有一法，如一百八十八圖，於大筒之旁，設一小筒甲，而小筒內有審氣之料，若加熱，可隨意將氣放出，以補大筒之不足，故久用無弊。

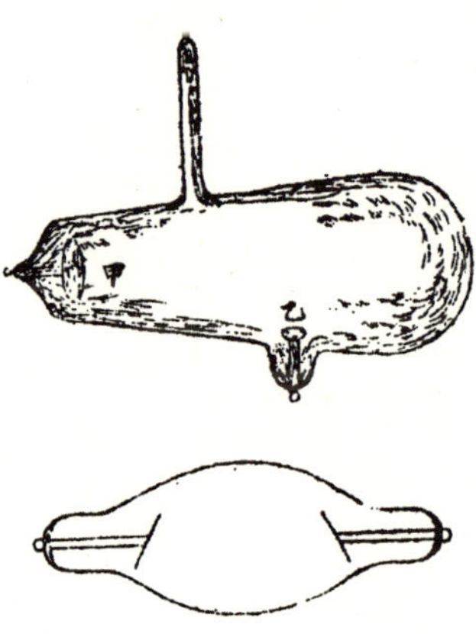
第一百八十四圖　第一百八十五圖

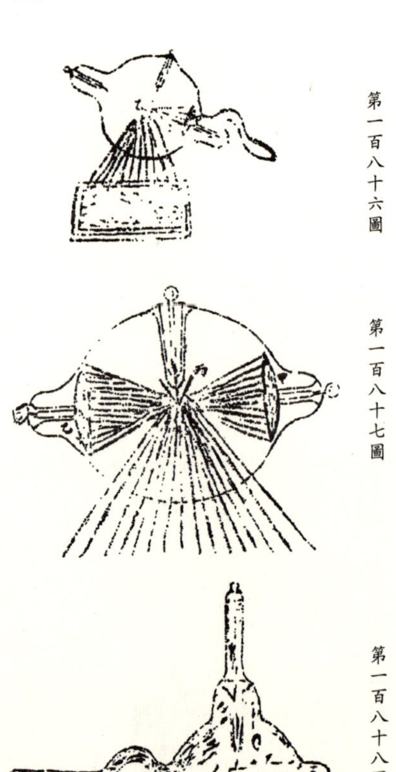
第一百八十六圖　第一百八十七圖　第一百八十八圖

然根光之用　此光之用，惟醫家爲要。如人身之骨被折，若以手試其斷折情形，難免疼痛。又如人病石淋，難定蓄石多少。鎗子擊入骨肉內，亦難知其止於何處。税關查考客商箱內等物，未免甚煩。若用此法照之，則無不瞭然矣。即欲驗石英中有黃金否，以此照之，而顯其像，亦能灼知無誤。其用甚多，不能悉述。

雜録

王大海《海島逸誌》卷四《山海拾遺》　磁石洋三字據《齋》本增。　在南旺之東，山谷間及崖岸皆有磁石，磁石性能引鐵，故其處之船，皆用竹釘爲之，《齋》本「用」作「以」。不敢用鐵釘也。來往船檝，悉當颺開，不得相近。《舟》本此數語作「其地船釘用竹，來往海舶戒不敢近」。或有被狂風驅逐而悞近者，《齋》本「驅逐而悞近者」作「驅近者」，《舟》本作「或有遭風驅迫而近者」。則被其牽引不能解脱矣。《舟》本作「被磁引制不能脱矣」。

又　卷五《聞見録》　和蘭行船《齋》本、《舟》本無此四字。　指南車不用針，《齋》本、《舟》本「針」作「鍼」。以鐵一片，兩頭尖而中闊，形如梭，《齋》本、《舟》本作「荷蘭以鐵一片，兩頭尖如梭」，《齋》本「梭」作「梳」。當心一小凹，《齋》本、《舟》本「當」作「中」。

下立一銳以承之，《齋》本、《舟》本無「以」字。式如雨傘而旋轉，《齋》本、《舟》本無「而旋轉」三字，《齋》本「式」作「或」。面書和蘭字，用十六方向，《齋》本、《舟》本「用」作「以」。曰東、西、南、北，曰東南、東北、西南、西北，曰東南之左、東南之右、東北之左、東北之右、西南之左、西南之右、西北之左、西北之右，是一道也。唐帆欲往何方，乃旋指南車之字向以繩船。洋帆欲往何方，則旋船以依指南車之字，《齋》本、《舟》本「用十六字方向」起簡作「分十六方向，洋船所向用之」。揆其理一也，但制度異耳。《齋》本、《舟》本無此十字。